DICTIONNAIRE DES SYNONYMES, NUANCES ET CONTRAIRES

Tous droits de reproduction, de traduction et d'adaptation réservés pour tous pays.

© 2005 Dictionnaires Le Robert-SEJER, 27, rue de la Glacière, Paris XIIIe

ISBN : 2-84902-107-5

« Toute représentation ou reproduction, intégrale ou partielle, faite sans le consentement de l'auteur ou de ses ayants droit ou ayants cause, est illicite » (loi du 11 mars 1957, alinéa premier de l'article 40). Cette représentation ou reproduction, par quelque procédé que ce soit, constituerait une contrefaçon sanctionnée par les articles 425 et suivants du Code pénal. La loi du 11 mars 1957 n'autorise, aux termes des alinéas 2 et 3 de l'article 41, que les copies ou reproductions strictement réservées à l'usage privé du copiste et non destinées à une utilisation collective, d'une part, et, d'autre part, que les analyses et les courtes citations dans un but d'exemple et d'illustration.

DICTIONNAIRE DES SYNONYMES, NUANCES ET CONTRAIRES

LE ROBERT
collection les usuels

sous la direction de
Dominique Le Fur

rédaction
Yaël Freund
Dominique Vernier-Lopin
Chantal Tanet *(Nuances)*
avec la collaboration de
Aurélia Marcus et Céline Martinucci

lecture-correction
Annick Valade
Brigitte Orcel, Nathalie Kristy
Anne-Marie Lentaigne
Murielle Zarka-Richard, Laure-Anne Voisin

informatique éditoriale
Karol Goskrzynski
Sébastien Pettoello

direction technique et artistique
Gonzague Raynaud
assisté de Maud Laheurte

maquette
Tetsu – Paris

Cet ouvrage est une œuvre collective au sens de l'article L 113-2 du Code de la propriété intellectuelle. Publié par la société DICTIONNAIRES LE ROBERT, représentée par Marianne Durand, directrice déléguée.

préface

UN NOUVEAU CONCEPT DE DICTIONNAIRE DE SYNONYMES

Un dictionnaire de synonymes est un outil indispensable pour rédiger ou traduire un texte, qu'il s'agisse d'éviter des répétitions, de trouver un mot plus précis, plus exact, moins banal ou de rendre son discours plus vivant, plus idiomatique.

Le *Dictionnaire des Synonymes, Nuances et Contraires* est là pour rappeler un mot ou une expression que l'on connaît mais qui fait défaut au moment où l'on rédige. Il y donne accès le plus efficacement et le plus rapidement possible.

Mais un dictionnaire de synonymes ne peut se contenter d'être un aide-mémoire et ne donner que des listes de mots du français courant. Il doit aussi être le **révélateur** de mots ou d'expressions inconnus.

Le *Dictionnaire des Synonymes, Nuances et Contraires* permet d'enrichir son vocabulaire, de **découvrir** des usages et des registres plus rares, littéraires, techniques ou anciens et de faire des incursions dans des variétés du français parlé dans les régions et dans la francophonie, notamment au Québec, en Belgique et en Suisse.

La langue est riche mais aussi économe. Il est rare que des mots dits "synonymiques" ou "équivalents" soient parfaitement interchangeables dans une phrase, un texte. S'ils partagent le même sens général et reçoivent éventuellement la même définition dans un dictionnaire général, ils ont le plus souvent une valeur spécifique. Cette valeur peut être évidente ; nul besoin alors de la commenter. Mais elle est souvent ténue : comment choisir alors entre tel ou tel mot, en fonction du contexte et du sens précis que l'on veut exprimer ?

Le *Dictionnaire des Synonymes, Nuances et Contraires* explore ces finesses, alerte sur les amalgames. Il met en regard les synonymes les plus souvent confondus et explique leurs différences de sens, d'emploi ou de connotation.

Pour atteindre ce triple objectif utilité, richesse, subtilité, le *Dictionnaire des Synonymes, Nuances et Contraires* présente un certain nombre de caractéristiques.

▸ La nomenclature

20 000 mots-vedettes

Ce sont les mots les plus connus, les plus banals de la langue française, ceux que l'on souhaite remplacer par des mots plus justes, plus précis, plus rares.

... et 5 000 locutions

Première nouveauté : les locutions les plus courantes bénéficient d'un traitement aussi complet que les mots simples. Ces tournures un peu passe-partout ne sont pas toujours les bienvenues dans un texte. Classées sous l'entrée qui en porte le sens (généralement le nom), elles sont suivies de leurs propres synonymes.

> **envie** *n.f.* **1** - désir · besoin · faim · goût · inclination · soif · appétence *littér.* · **2** - convoitise · tentation · **3** - caprice · fantaisie · goût · lubie · gré · humeur · **4** - jalousie · **5** - tache de vin
>
> ✦ **avoir envie de** désirer · convoiter · souhaiter · guigner *fam.* · lorgner *fam.* · loucher sur *fam.*
>
> ✦ **faire envie à** tenter · allécher · botter *fam.* · chanter à *fam.*
>
> CONTR. dégoût ǀ répulsion ǀ satiété – indifférence

▸ Les synonymes

200 000 mots sont proposés, des plus usités aux plus rares. Toute l'amplitude et la vigueur de la langue française est explorée :

✦ les registres, les styles et les usages : littéraire, poétique, didactique, soutenu, familier, argotique, populaire, vieilli, vieux, rare, langage des jeunes, langage des enfants, péjoratif, injurieux, euphémistique, ironique, plaisant

✦ les régionalismes, le français de Belgique, de Suisse, du Québec

✦ les termes de spécialité : médecine, photographie, cinéma, droit, etc.

✦ les anglicismes et les recommandations officielles

> **plaisanter**
>
> ▪ *v.intr.* s'amuser · badiner · rire · zwanzer *Belgique* · blaguer *fam.* · rigoler *fam.* · bouffonner *littér.* · galéjer *fam., Provence* ● [à tout propos] avoir toujours le mot pour rire
>
> ▪ *v.tr.* **se moquer de** · railler · taquiner · charrier *fam.* · mettre en boîte *fam.* · gouailler *vieilli* · chiner *vieux*
>
> **lifting** *n.m.* **1** - déridage · lissage *recomm. offic.* · remodelage *recomm. offic.* · **2** - toilettage

Le souci d'exhaustivité n'est tempéré que par la notion de pertinence. Seuls les mots de **sens équivalent** ou **très voisin** sont proposés dans les articles. Les analogies sont souvent déroutantes lors d'une recherche de synonyme. Elles sont exclues de cet ouvrage, ce qui permet d'aller droit au but.

C'est dans cette perpespective, et pour éviter des redondances, que les renvois d'article à article ont été essentiellement limités à certains mots-vedettes ou à certains sens de registre non standard.

> **azimuté, e** *adj.* → **fou**
>
> **agrafer** *v.tr.* **1 -** attacher · accrocher · assembler · épingler · fixer · joindre · maintenir · **2 -** [fam.] → **arrêter**
>
> CONTR. dégrafer ı défaire

Mais le lecteur peut s'affranchir à tout moment du cadre de l'article, circuler dans le dictionnaire en rebondissant de mot en expression et élargir ainsi son choix de synonymes.

... et 3 000 expressions idiomatiques et locutions figurées

Deuxième nouveauté : parce que la langue n'est pas une suite de mots déconnectés, certains synonymes proposés sont **des expressions, des phrases.**

Le *Dictionnaire des Synonymes, Nuances et Contraires* accorde une place de choix aux **expressions idiomatiques**, aux **tournures** les plus **imagées** et les plus **colorées** de la langue française.

> ✦ **c'est très facile, rien de plus facile** c'est un jeu d'enfant · c'est l'enfance de l'art · ce n'est pas une affaire *fam.* · c'est du gâteau *fam.* · c'est du cousu-main *fam.* · c'est du tout cuit *fam.* · c'est du billard *fam.* · c'est simple comme bonjour *fam.* · c'est du nougat *fam.* · c'est du nanan *fam., vieilli*

Le contexte

Troisième nouveauté : parce que les mots ne prennent véritablement tout leur sens que dans le discours, de nombreux synonymes sont proposés en fonction du contexte dans lequel ils s'insèrent.

Cet **environnement lexical** est soit donné intégralement, soit précisé par un **indicateur** (sujet ou objet d'un verbe ; nom qualifié par un adjectif, un domaine de spécialité, nuance d'intensité, usage, etc.).

> ✦ **dormir tranquillement** dormir sur ses deux oreilles · dormir comme un bébé, un bienheureux · dormir du sommeil du juste
>
> **arrêter** *v.tr.*
> I **1 - mettre fin à** · faire cesser · mettre un terme à · mettre le holà à · stopper • [momentanément] interrompre · suspendre · **2 -** [la vue] borner · cacher · limiter · **3 - couper** (la parole à) · interrompre

▸ Les contraires

22 000 contraires, organisés par sens, sont placés en fin d'article.

Un contraire ou "antonyme" peut s'avérer un excellent synonyme, à la négation près, et inciter le lecteur à puiser son inspiration dans d'autres articles du dictionnaire.

> **assainir** *v.tr.* **1 - désinfecter** · épurer · nettoyer · purifier · **2 - assécher** · drainer · **3 - équilibrer** · rétablir · stabiliser
>
> **CONTR.** infecter ⏐ salir ⏐ souiller – arroser ⏐ inonder ⏐ irriguer – corrompre

▸ Les nuances

500 encadrés mettent en regard près de 1 400 mots qui font souvent l'objet d'amalgame et de confusion. Leurs points communs mais aussi leurs différences de sens, d'usage ou de connotation sont mis en relief, expliqués et illustrés par des **exemples** et des **citations** extraites d'œuvres littéraires.

Ces remarques se trouvent à la fin des articles contenant les synonymes comparés.

Lorsqu'un mot fait l'objet d'un tel développement sous un autre article, le lecteur en est averti par un renvoi.

> **destin** *n.m.* **1 - destinée** · fatalité · nécessité · prédestination · fatum *littér.* · **2 - hasard** · chance · fortune · providence · **3 - lot** · sort · destinée · étoile · **4 - existence** · destinée · vie
>
> ❧ **destin, destinée**
>
> **Destin** et **destinée** sont presque toujours confondus aujourd'hui, dans tous les contextes. Les deux mots désignent le sort qui, déterminé par un fait inéluctable, est réservé à une chose ou à un être humain *(le destin/la destinée de chaque homme, d'un pays).* Cependant, **destin** marquerait plus nettement la cause *(il est inutile de forcer le destin ; suivre son destin),* dont les effets constitueraient la **destinée** *(il a uni sa destinée à celle de Marie).* Avec cette valeur, **destinée** peut s'employer au pluriel *(les destinées du monde, de l'humanité).* Il en est de même quand **destinée** se dit de l'existence considérée du point de vue de la réussite *(être appelé aux plus hautes destinées).*
>
> **destinée** *n.f.* **1 - fatalité** · destin · **2 - sort** · destin · lot · **3 - existence** · vie · **4 - finalité** · destination · vocation
> ❧ destin

Cette approche comparative et contrastive, tout à fait originale, aide à choisir le meilleur mot en fonction du contexte et du sens précis que l'on veut communiquer. C'est une promenade au fil des finesses de la langue, éventuellement déconnectée d'une recherche rapide de synonyme : un index en est donné en fin d'ouvrage.

> La clarté au service de l'efficacité

La maquette claire, élégante et **aérée** met en valeur la **structure** et la **richesse** des articles. Elle les rend extrêmement **lisibles** et **pratiques**.

Le regroupement par sens

Dans le cas d'un mot-vedette ou d'une locution polysémique, les synonymes sont regroupés par sens.

Chaque sens est précédé par un chiffre arabe, chaque groupe de sens par un chiffre romain.

Une série de synonymes débute :

+ soit par un synonyme en gras
+ soit par une indication de contexte ou de domaine
+ soit par une indication de registre ou d'usage.

Ces repères forment un plan d'article qui permet de parcourir très rapidement même les articles les plus longs et d'arriver directement au synonyme adéquat.

À l'intérieur de chaque groupe de sens, les synonymes sont classés par ordre alphabétique. Les synonymes appartenant à une langue non standard sont donnés à la fin de chaque groupe de sens.

discours *n.m.* **1** - **allocution** · adresse · conférence · déclaration · proclamation · speech *fam.* · **2** - **exposé** · laïus *fam.* · speech *fam.* · topo *fam.* · jus *fam., vieux* · **3** - **exhortation** · harangue · parénèse *vieux* · **4** - **traité** · exposé · **5** - [religieux, moral] **sermon** · homélie · instruction · morale · oraison · prêche · prédication · prône · prêchi-prêcha *fam., péj.* · **6** - [en faveur de qqn] **apologie** · compliment · éloge · louange · panégyrique · plaidoyer · **7** - [contre qqn] **réquisitoire** · charge · réprimande · catilinaire *littér.* · philippique *littér.* · **8** - [vieilli] **conversation** · causerie · dialogue · entretien · propos · **9** - [Ling.] **parole** · langage
+ **longs discours** boniment · palabres · baratin *fam.* · blabla *fam.* · tartines *fam.*

Plus qu'un outil, le *Dictionnaire des Synonymes et Nuances* a été conçu comme un dénicheur de mots et d'expressions. Il s'adresse à tous ceux qui sont soucieux de s'exprimer avec **justesse, style et subtilité**.

Dominique Le Fur

ABRÉVIATIONS, MARQUES ET SYMBOLES

▸ CATÉGORIES GRAMMATICALES

adj. adjectif, adjectival
adv. adverbe, adverbial
compar. comparatif
conj. conjonction, conjonctif
indéf. indéfini
interj. interjection
invar. invariable
loc. locution
n. nom masculin et féminin
n.f. nom féminin
n.f.pl. nom féminin pluriel
n.m. nom masculin
n.m.pl. nom masculin pluriel
plur. pluriel
prép. préposition, prépositionnel
pron. pronom
pron. pers. pronom personnel
pron. rel. pronom relatif
sg. singulier
v.impers. verbe impersonnel
v.intr. verbe intransitif
v.pron. verbe pronominal
v.tr. verbe transitif
v.tr.ind. verbe transitif indirect

▸ DOMAINES

Admin. administration
Agric. agriculture
Anat. anatomie
Arbor. arboriculture
Archéol. archéologie
Archit. architecture
Astrol. astrologie
Astron. astronomie
Biol. biologie
Bot. botanique
Chim. chimie
Chir. chirurgie
Constr. construction, bâtiments
Écol. écologie
Écon. économie
Éduc. éducation, enseignement
Élec. électricité
Électron. électronique
Géog. géographie
Géol. géologie
Géom. géométrie
Hist. histoire
Hortic. horticulture
Indus. industrie
Inform. informatique
Ling. linguistique
Littérat. littérature
Mar. maritime, marine
Math. mathématique
Méd. médecine
Métal. métallurgie
Milit. militaire
Mus. musique
Mythol. mythologie
Naut. nautisme
Opt. optique
Pharm. pharmacie
Phonét. phonétique
Phys. physique
Physiol. physiologie
Pol. politique
Psych. psychologie, psychanalyse, psychiatrie
Relig. religion
Scol. scolaire
Sociol. sociologie
Techn. techniques
Télécom. télécommunications
Tex. textile
Univ. université
Vét. médecine vétérinaire
Zool. zoologie

▸ REGISTRES, USAGES

abusivt emploi abusif
ancienmt ancienmement
anglic. anglicisme
argot argot
Belgique français de Belgique
didact. langage didactique
euph. euphémisme
fam. langage familier
fig. au figuré
injurieux injurieux
iron. ironique
lang. jeunes langage des jeunes
lang. enfants langage des jeunes enfants ou des adultes qui s'adressent à eux
littér. langage littéraire
nom déposé nom déposé, marque déposée
plaisant par plaisanterie
péj. péjoratif
poétique langage poétique
pop. langage populaire
Québec français du Québec
raciste raciste
rare rare
recomm. offic. recommandation officielle
région. régionalisme
soutenu langage soutenu
Suisse français de Suisse
vieilli vieilli
vieux vieux
vulg. vulgaire

▸ AUTRES

qqn quelqu'un
qqch. quelque chose

▸ SYMBOLES

■ introduit une division grammaticale

✦ introduit une expression, une locution

⋙ introduit une forme pronominale ou un pluriel

↝ signale un développement sur des nuances de sens

dictionnaire
des
synonymes, nuances
et contraires

abaissable *adj.* · rabattable · repliable

abaissement *n.m.* **1 - affaissement** · baisse · chute · descente · **2 - diminution** · amenuisement · amoindrissement · baisse · chute · dépréciation · dévaluation · **3 - décadence** · déclin · dégénérescence · dégradation · détérioration · **4 - soumission** · servitude
CONTR. élévation ı relèvement – amélioration ı progrès – gloire

abaisser *v.tr.* **1 - descendre** · baisser · rabattre · **2 - diminuer** · amoindrir · rapetisser · réduire · **3 - atténuer** · adoucir · affaiblir · amenuiser · amortir · diminuer · **4 - affaiblir** · abattre · anéantir · dégrader · déprécier · dévaluer · écraser · soumettre · **5 - humilier** · mortifier · rabaisser · ravaler

»» **s'abaisser** *v.pron.* **1 - descendre** · s'affaisser · **2 - se plier** · se compromettre · se soumettre · s'aplatir *fam.* · **3 - s'avilir** · déchoir · s'humilier

✦ **s'abaisser à**   daigner · condescendre à
CONTR. élever ı hausser ı relever – accroître ı amplifier ı augmenter – exalter ı glorifier – monter ı se hausser

abandon *n.m.*
I 1 - capitulation · concession · défaite · forfait · retrait · reddition · retraite · **2 - démission** · abdication · désistement · défection · désertion · renoncement · renonciation
II 1 - arrêt · cessation · fin · suspension · **2 - élimination rejet** · enterrement *fam.*
III 1 - isolement · délaissement · solitude · **2 - délaissement** · lâchage *fam.* · largage *fam.* · plaquage *fam.*
IV détente · abandonnement · nonchalance
V [Droit] **don** · aliénation · cession · donation

✦ **abandon des hostilités**   armistice · trêve
✦ **à l'abandon**   en friche · à vau l'eau · en rade *fam.*
✦ **laisser à l'abandon**   négliger · délaisser · laisser aller

CONTR. conservation ı maintien – raideur ı tension – méfiance – acquisition ı adoption

abandonné, e *adj.* **1 - dépeuplé** · déserté · inhabité · **2 - délaissé** · seul · solitaire
CONTR. peuplé ı habité ı populeux ı surpeuplé – recherché

abandonner

■ *v.intr.* **capituler** · abdiquer · céder · s'avouer vaincu · baisser les bras · battre en retraite · déclarer forfait · s'incliner · lâcher pied, prise · laisser aller · se rendre · se résigner · se retirer · caler *fam.* · laisser tomber *fam.* · décrocher *fam.* · jeter l'éponge *fam.* · se dégonfler *fam.* · passer la main *fam.*

■ *v.tr.* **1 - donner** · céder · se dépouiller de · se dessaisir · livrer · léguer · renoncer à · lâcher *fam.* · **2 - renoncer à** · cesser · se désister de · enterrer · en finir avec · sacrifier · **3 - démissionner de** · abdiquer · se démettre · **4 - partir de** · déménager de · déserter · évacuer · fuir · laisser · quitter · se retirer de ·

5 - se séparer de · se détacher de · se défaire de · fausser compagnie à · quitter · rejeter · rompre avec · tourner le dos à · bazarder *fam.* · lâcher *fam.* · laisser choir *fam.* · laisser tomber *fam.* · larguer *fam.* · plaquer *fam.* · planter là *fam.* · **6 - négliger** · délaisser · se désintéresser de · oublier · laisser en plan *fam.* · laisser en rade *fam.*

⟫ **s'abandonner** *v.pron.* s'épancher · laisser parler son cœur · se laisser aller · se livrer

✦ **s'abandonner à**   **1 - se livrer à** · céder à · être en proie à · se laisser aller à · se plonger dans · succomber à · s'abîmer dans · sombrer dans · **2 - se reposer sur** · s'en remettre à · se fier à

CONTR. résister – rechercher – soigner ⏐ soutenir – continuer – garder ⏐ maintenir – se méfier ⏐ s'observer – se raidir

⟿ **négliger**

abasourdi, e *adj.* · stupéfié · ahuri · atterré · coi · consterné · déconcerté · ébahi · ébaubi · éberlué · estomaqué · étonné · étourdi · hébété · interdit · interloqué · médusé · pantois · pétrifié · sidéré · stupéfait · soufflé · suffoqué · baba *fam.* · comme deux ronds de flan *fam.* · stupide *fam.*

abasourdir *v.tr.* · stupéfier · atterrer · consterner · déconcerter · ébahir · éberluer · étonner · étourdir · hébéter · interloquer · méduser · pétrifier · sidérer · stupéfaire · souffler

abat-jour *n.m. invar.* **1 - réflecteur** · **2 - visière**

abats *n.m.pl.* **1 - abattis** · **2 - viscères** · triperie

abattage *n.m.* **1 - coupe** · **2 - démolition** · **3 - mise à mort** · tuerie · **4 - dynamisme** · allant · entrain · vivacité

abattement *n.m.* **1 - accablement** · affliction · anéantissement · découragement · désespoir · effondrement · tristesse · **2 - épuisement** · apathie · affaiblissement · faiblesse · fatigue · harassement · lassitude · léthargie · mollesse · prostration · torpeur · langueur *littér.* · **3 - diminution** · escompte · exonération · déduction · réduction · ristourne *fam.*

CONTR. énergie ⏐ excitation – exaltation ⏐ joie

abattre *v.tr.*

I 1 - couper · trancher · scier · **2 - démolir** · anéantir · détruire · démanteler · jeter, mettre à bas · raser · descendre *fam.* · **3 - briser** · annihiler · broyer · écraser · renverser · ruiner · saper · vaincre

II 1 - accabler · affliger · attrister · consterner · décourager · dégoûter · démonter · démoraliser · déprimer · désespérer · miner · saper le moral de · **2 - épuiser** · affaiblir · fatiguer

III tuer · assassiner · éliminer · exécuter · mettre à mort · régler son compte à · buter *fam.* · dézinguer *fam.* · descendre *fam.* · flinguer *fam.* · liquider *fam.* · refroidir *fam.* · supprimer *fam.* · zigouiller *fam.*

⟫ **s'abattre** *v.pron.* · tomber · crouler · s'affaisser · s'écraser · s'écrouler · s'effondrer · s'affaler · se renverser · dégringoler *fam.* · s'étaler *fam.*

✦ **s'abattre sur**   fondre sur · se jeter sur · pleuvoir sur · se précipiter sur · tomber sur

CONTR. relever ⏐ remonter

abattu, e *adj.* **1 - fatigué** · faible · las · **2 - découragé** · affligé · dégoûté · déprimé

abbaye *n.f.* · monastère · prieuré

abc *n.m. invar.* **1 - abécédaire** · alphabet · **2 - rudiments** · b.a.-ba · bases

abcès *n.m.* · grosseur · boursouflure · bubon · furoncle · panaris

abdication *n.f.* **1 - démission** · renonciation · **2 - capitulation** · abandon · dessaisissement · désistement · renoncement

abdiquer v.tr. **1 –** renoncer à · [sans complément] renoncer au pouvoir · se démettre · déposer sa couronne · **2 –** [sans complément] **capituler** · abandonner · s'avouer vaincu · baisser les bras · céder · démissionner · se désister · s'incliner · déclarer forfait · lâcher prise · renoncer · laisser tomber *fam.*

🐍 **abdiquer, se démettre, renoncer**

Renoncer à sa carrière ou à un métier est le fait d'une décision volontaire : on abandonne son activité pour une autre plus conforme à ses goûts ou à ses capacités. La position de celui qui **se démet** de ses fonctions est différente ; il peut les quitter de son plein gré pour se consacrer à autre chose, mais également être obligé de le faire, faute par exemple d'accepter les directives qu'on lui donne. **Abdiquer** s'applique à des monarques ou à des souverains quittant leur charge volontairement, le plus souvent sous la contrainte : *Charles X fut poussé à abdiquer par la révolution de Juillet 1830.*

abdomen n.m. **1 – panse** · bas-ventre · **2 – ventre** · bedaine *fam.* · bedon *fam.* · bide *fam.*

abécédaire n.m. · ABC · alphabet

abeille n.f. · mouche à miel

aberrant, e adj. **1 – absurde** · déraisonnable · extravagant · farfelu · insensé · saugrenu · loufoque *fam.* · **2 – anormal** · atypique · irrégulier

CONTR. normal ׀ raisonnable ׀ rationnel ׀ sage ׀ sensé – régulier

aberration n.f. **1 – absurdité** · bêtise · non-sens · **2 – égarement** · aveuglement · démence · divagation · folie · **3 – écart** · anomalie · irrégularité

abêtir v.tr. abrutir · crétiniser · hébéter

≫ **s'abêtir** v.pron. s'abrutir · se crétiniser

CONTR. éveiller ׀ développer ׀ stimuler

abêtissant, e adj. · abrutissant · crétinisant

CONTR. enrichissant

abêtissement n.m. **1 – abrutissement** · crétinisation · **2 – imbécillité** · crétinisme · gâtisme · idiotie · stupidité · connerie *fam.*

abhorrer v.tr. · détester · avoir en horreur · haïr · abominer *littér.* · exécrer *littér.* · vomir *fam.* · cracher sur *fam.*

CONTR. adorer ׀ idolâtrer ׀ raffoler (de)

🐍 **détester**

abîme n.m. **1 – gouffre** · abysse · aven · puits · précipice · **2 – immensité** · profondeurs · **3 – division** · écart · fossé · gouffre · monde · océan

abîmé, e adj. **1 – détérioré** · altéré · avarié · corrompu · endommagé · gâté · moisi · pourri · déglingué *fam.* · **2 – défiguré** · amoché *fam.*

abîmer v.tr. **1 – endommager** · casser · détériorer · démolir · détraquer · gâter · saccager · saboter · amocher *fam.* · arranger *iron.* · bigorner *fam.* · bousiller *fam.* · déglinguer *fam.* · esquinter *fam.* · ficher, foutre en l'air *fam.* · fusiller *fam.* · massacrer *fam.* · niquer *fam.* · saloper *fam.* · **2 – blesser** · meurtrir · amocher *fam.* · **3 – compromettre** · ruiner · ternir

≫ **s'abîmer** v.pron. **1 – se gâter** · se détériorer · **2 – disparaître** · couler · sombrer · s'enfoncer

✦ **s'abîmer dans** s'absorber dans · s'abandonner à · s'adonner à · se plonger dans

abject, e adj. · dégoûtant · abominable · bas · écœurant · honteux · infâme · infect · ignominieux · ignoble · indigne · méprisable · odieux · repoussant · répugnant · sordide · vil · dégueulasse *fam.*

abjection n.f. · bassesse · avilissement · boue · fange · honte · ignominie · indignité · infamie

abjurer *v.intr. et tr.* **1 - se renier** · se rétracter · **2 - renoncer à** · abandonner · apostasier · renier (sa foi)

abnégation *n.f.* · désintéressement · dévouement · renoncement · sacrifice

CONTR. égoïsme ׀ individualisme

abolir *v.tr.* **1 - anéantir** · annuler · détruire · démanteler · ruiner · **2 - abroger** · annuler · casser · infirmer · invalider · supprimer · **3 - effacer** · éteindre · faire table rase de

CONTR. établir ׀ fonder

☙ **abolir, abroger**
Abroger et abolir portent l'idée générale de supprimer, d'annuler, l'un strictement dans le vocabulaire juridique (abroger), l'autre de valeur plus large mais sans qu'il puisse se substituer au premier. *La peine de mort est abolie dans un pays lorsque le pouvoir législatif a abrogé la loi qui permet le recours à cette peine.* Les rapports entre **abrogation** et **abolition** sont analogues. On parle d'*abrogation d'un texte de loi, d'un décret,* mais de l'*abolition de l'esclavage, d'un usage, d'un privilège.*

abolition *n.f.* · abrogation · annulation · suppression

abominable *adj.* **1 - répugnant** · atroce · effroyable · horrible · monstrueux · odieux · **2 - mauvais** · affreux · catastrophique · détestable · désastreux · épouvantable · exécrable · horrible

abominablement *adv.* · affreusement · atrocement · épouvantablement · horriblement · ignoblement · monstrueusement

abomination *n.f.* **1 - horreur** · **2 - ignominie** · honte · infamie · scandale

abondamment *adv.* · beaucoup · amplement · considérablement · copieusement · largement · libéralement · à flots · à foison · à pleines mains · à poignées · à profusion · à satiété · à torrents · à volonté · en abondance · en quantité · tant et plus · à gogo *fam.* · en pagaille *fam.* · à revendre *fam.* · en veux-tu en voilà *fam.*

CONTR. peu

abondance *n.f.* **1 - profusion** · avalanche · débauche · débordement · déluge · exubérance · foisonnement · flot · luxe · luxuriance · masse · multitude · multiplicité · pléthore · pluie · prolifération · pullulement · quantité · **2 - aisance** · fortune · luxe · opulence · prospérité · richesse

✦ **en abondance** → abondamment

CONTR. absence ׀ rareté – disette ׀ pénurie – dénuement ׀ indigence ׀ pauvreté

abondant, e *adj.*
I **1 - volumineux** · ample · charnu · copieux · généreux · opulent · plantureux · **2 - épais** · fourni · luxuriant · touffu
II **1 - nombreux** · innombrable · multiple · **2 - foisonnant** · fourmillant · grouillant · pullulant • [pluie] torrentiel · diluvien
III **1 - fécond** · fertile · riche · **2 - prolifique** · exubérant · inépuisable · intarissable · prolixe · pléthorique

CONTR. maigre ׀ menu – rare ׀ insignifiant – insuffisant ׀ stérile – pauvre

abonder *v.intr.* foisonner · fourmiller · grouiller · proliférer · pulluler

✦ **abonder dans le sens de** approuver · aller dans le sens de · se rallier à · se ranger à l'avis de · brosser, caresser dans le sens du poil *fam.*

✦ **abonder en 1 - regorger de** · être riche en · **2 - être prodigue de** · se répandre en

abonnement *n.m.* souscription

✦ **carte d'abonnement** forfait

abord *n.m.* **1 - accès** · **2 - dehors** · apparence · approche · caractère

✦ **d'un abord facile** accessible · abordable

✦ **d'abord 1 - dès le, au début** · au départ · dès le, au commencement · **2 -**

premièrement au préalable · avant toute chose · en premier (lieu) · pour commencer · en priorité · primo *fam.*
+ **tout d'abord**   avant toute chose · auparavant · avant tout · préalablement
+ **dès l'abord**   dès le commencement · dès le début · dès le premier instant · immédiatement · sur le champ · sur le coup · sur le moment · tout de suite
+ **au premier abord, de prime abord**   a priori · à première vue
⋙ **abords** *plur.* alentours · environs · parages · voisinage

CONTR. après ׀ ensuite

abordable *adj.* **1 -** accostable · accessible · facile d'accès · **2 -** compréhensible · accessible · **3 -** bon marché · modéré · raisonnable

CONTR. inabordable ׀ difficile d'accès ׀ inaccessible – incompréhensible – cher ׀ coûteux ׀ hors de prix ׀ onéreux

aborder *v.tr.* **1 -** accéder à · accoster · apponter · (s') approcher de · arriver à · atteindre · toucher · **2 - heurter** · attaquer · éperonner · prendre d'assaut · **3 -** [qqn] accoster · arrêter · **4 - entamer** · en arriver à · s'attaquer à · en venir à · se lancer dans · parler de

CONTR. appareiller ׀ partir – quitter

> **aborder, accoster**
Aborder quelqu'un, c'est s'avancer près de lui pour lui parler. Cette approche est plus ou moins aisée ; il ne fait pas toujours partie de vos familiers *(un collègue m'a abordé à la sortie d'une réunion)*, ni même, parfois, de vos connaissances. L'accoster, ce serait l'approcher en lui manquant d'égards *(il a accosté une femme passant dans la rue)*.

aborigène *n. et adj.* · autochtone · indigène · natif · naturel *vieux*
↝ **autochtone**

aboutir *v.intr.* **réussir** · être mené à son terme · voir le jour
+ **aboutir à, dans**   **1 - aller dans** · arriver à · atteindre · déboucher dans · donner dans · finir à, dans · rejoindre · se jeter dans · se terminer à, dans · tomber dans · **2 - conduire à** · déboucher sur · donner · mener à · se solder par · se traduire par

CONTR. échouer ׀ rater – commencer ׀ partir (de)

aboutissement *n.m.* **1 - résultat** · conséquence · [d'efforts] couronnement · **2 - fin** · dénouement · issue · terme

aboyer *v.tr. et intr.* · crier · hurler · glapir · japper · gueuler *fam.*

abracadabrant, e *adj.* · incohérent · abracadabrantesque · absurde · ahurissant · baroque · bizarre · extravagant · farfelu · invraisemblable · rocambolesque

abrasion *n.f.* · polissage · raclage · usure

abrégé *n.m.* **résumé** · compendium · condensé · digest · récapitulatif · sommaire · synopsis
+ **mot en abrégé**   abréviation

CONTR. amplification – en grand – en détail en
↝ **résumé**

abrégement *n.m.* · raccourcissement · diminution · réduction

CONTR. allongement

abréger *v.tr.* **1 - raccourcir** · alléger · couper · diminuer · écourter · réduire · limiter · restreindre · tronquer · **2 - condenser** · resserrer · résumer

CONTR. allonger ׀ développer

abreuver *v.tr.* **1 - faire boire** · désaltérer · verser à boire à · **2 - imbiber** · arroser · gorger · humecter · imprégner · inonder · saturer · **3 - couvrir** · combler · [d'injures] accabler

s'abreuver *v.pron.* **1 - boire** · se désaltérer · étancher sa soif · se rafraîchir · écluser *fam.* · s'imbiber *fam.* · **2 - se pénétrer** · s'imprégner · se nourrir

CONTR. assoiffer ı priver

abreuvoir *n.m.* · bassin · auge · baquet

abri *n.m.*
I 1 - habitation · baraque · cabane · case · foyer · gîte · hutte · logement · maison · toit · **2 -** [pour animaux] **gîte** · aire · antre · bergerie · box · cabane · cage · chenil · clapier · demeure · écurie · étable · loge · niche · poulailler · porcherie · repaire · retraite · ruche · tanière · terrier · vacherie · **3 -** [Mar.] **port** · ancrage · anse · baie · bassin · crique · havre · mouillage · rade · **4 -** [Milit.] **fortification** · baraquement · blockhaus · bunker · caserne · fort · fortin · forteresse · guérite · guitoune · mur · muraille · rempart · retranchement · tour · tourelle · tranchée · **5 -** [rudimentaire, provisoire] **baraquement** · cabane · hutte · tente
II 1 - refuge · asile · havre · retraite · oasis · **2 - cache** · antre · cachette · lieu sûr · planque *fam.* · repaire · **3 - couverture** · auvent · dais · galerie · marquise · porche · préau · toit · **4 - entrepôt** · garage · gare · garde-meubles · grange · grenier · hangar · magasin · remise · resserre
✦ **à l'abri** en lieu sûr · en sécurité · à couvert · à l'écart · en sûreté · hors d'atteinte · planqué *fam.*
✦ **mettre à l'abri 1 -** abriter · préserver · protéger · sauvegarder · **2 -** cacher · planquer *fam.*
✦ **se mettre à l'abri 1 -** s'abriter · se protéger · se réfugier · **2 -** se cacher · se planquer *fam.*

CONTR. à découvert

abriter *v.tr.* **1 -** protéger · garantir · préserver · défendre · couvrir · **2 -** cacher · dissimuler · receler · recouvrir · **3 - héberger** · accueillir · loger · recevoir · donner asile à · donner l'hospitalité à · **4 -** garer

s'abriter *v.pron.* **1 - se garantir** · se protéger · se préserver · se mettre à couvert · **2 - se retrancher** · se réfugier · se cacher · se tapir

CONTR. découvrir ı exposer

abrogation *n.f.* · annulation · abolition · retrait · révocation · suppression

abroger *v.tr.* · annuler · abolir · casser · révoquer · supprimer

CONTR. établir ı instituer ı promulguer

🙂 **abolir**

abrupt, e *adj.* **1 - escarpé** · à pic · raide · **2 - net** · tranchant · **3 - heurté** · haché · inégal · coupé · **4 - brusque** · acerbe · bourru · brutal · revêche · rogue · rude

CONTR. accessible ı doux ı facile – affable ı courtois

abruptement *adv.* · brusquement · à brûle-pourpoint · de but en blanc · ex abrupto · inopinément · sans préambule

CONTR. doucement ı avec tact

abruti, e
■ *adj.* **étourdi** · ahuri · hébété · dans les choux *fam.* · dans les vapes *fam.*
■ *adj. et n.* **idiot** · bête · imbécile · stupide · andouille *fam.* · crétin *fam.* · demeuré *fam.*

CONTR. dispos ı en forme – éveillé ı intelligent

abrutir *v.tr.* **1 -** abêtir · crétiniser · **2 -** abasourdir · étourdir · hébéter · **3 - surmener**

CONTR. élever ı éveiller

abrutissant, e *adj.* **1 -** abêtissant · crétinisant · **2 -** assommant · fatigant

abrutissement *n.m.* **1 -** abêtissement · stupidité · **2 -** ahurissement · hébétude · stupeur

CONTR. éducation ı élévation

abscons, e *adj.* · obscur · hermétique · impénétrable · indéchiffrable · sibyllin · abstrus *littér.*
CONTR. clair ı facile ı intelligible

absence *n.f.* **1 -** manque · carence · défaut · omission · pénurie · privation · **2 -** inattention · distraction
✦ **en l'absence de** à défaut de
CONTR. présence – attention ı application ı concentration

absent, e *adj.* **1 -** parti · au loin · disparu · éloigné · **2 -** manquant · défaillant · inexistant · **3 -** distrait · absorbé · inattentif · lointain · rêveur · dans la lune *fam.* · dans les nuages *fam.*
✦ **être (porté) absent** manquer (à l'appel)
CONTR. présent ı proche – existant ı ferme ı fort – attentif ı vigilant
➺ **manquer**

absenter (s') *v.pron.* **1 -** partir · disparaître · s'éclipser · s'éloigner · se retirer · sortir · **2 -** manquer · faire défaut

absolu, e
▪ *adj.* **1 -** autocratique · arbitraire · autoritaire · despotique · dictatorial · souverain · totalitaire · tyrannique · **2 -** catégorique · entier · exclusif · formel · intransigeant · inflexible · radical · **3 -** total · aveugle · complet · illimité · inconditionnel · infini · intégral · plein · **4 -** pur · fort · **5 -** parfait · achevé · idéal · suprême
▪ *n.m.* idéal · perfection
CONTR. démocratique ı constitutionnel ı libéral – conciliant ı accommodant ı libéral ı souple – limité ı partiel – imparfait ı relatif – contingent

absolument *adv. et interj.* **1 - à tout prix** · à toute force · coûte que coûte · nécessairement · obligatoirement · **2 - tout à fait** · complètement · entièrement · littéralement · parfaitement · pleinement · radicalement · totalement · vraiment · **3 - oui** · bien sûr · certainement · exactement · parfaitement · tout à fait

absolution *n.f.* · pardon · amnistie · grâce · remise · rémission

absolutisme *n.m.* · despotisme · autocratie · autoritarisme · dictature · tyrannie
CONTR. démocratie

absorbant, e *adj.* · captivant · passionnant · prenant · [travail] exigeant
CONTR. ennuyeux ı inintéressant

absorbé, e *adj.* · occupé · méditatif · préoccupé · songeur

absorber *v.tr.* **1 - s'imbiber de** · boire · pomper · s'imprégner de · se pénétrer de · **2 - se nourrir de** · assimiler · avaler · boire · consommer · engloutir · ingérer · ingurgiter · manger · prendre · **3 -** annexer · intégrer · **4 - dévorer** · engloutir · engouffrer · épuiser · faire disparaître · liquider *fam.* · nettoyer *fam.* · **5 -** accaparer · occuper · prendre · retenir
➺ **s'absorber** *v.pron.* s'enfoncer · s'abîmer · s'engloutir · s'ensevelir · se plonger · se perdre · sombrer
CONTR. dégorger ı rejeter
➺ **engloutir**

absorption *n.f.* **1 - consommation** · ingestion · ingurgitation · manducation *(Physiol.)* · **2 - disparition** · effacement · liquidation · suppression · **3 - annexion** · intégration · fusionnement
CONTR. élimination ı rejet

absoudre *v.tr.* **1 - pardonner** · effacer · excuser · remettre · **2 - innocenter** · acquitter · blanchir · disculper
CONTR. condamner

abstenir de (s') *v.pron.* **1 - s'empêcher de** · se défendre de · éviter · se garder de · s'interdire de · se refuser de · se retenir de · **2 - se priver de** · se passer de · se refuser · renoncer à · faire une croix sur *fam.* · **3 -** [sans complément] **rester neutre** · se récuser

abstention n.f. • neutralité • non-intervention
CONTR. action ı intervention

abstinence n.f. 1 - frugalité • diète • jeûne • sobriété • tempérance • 2 - privation • ascétisme • renoncement • 3 - chasteté • continence
↪ chasteté

abstraction n.f. 1 - idée • concept • entité • notion • 2 - fiction • chimère
✦ **faire abstraction de** écarter • éliminer • exclure • laisser de côté • mettre à part • négliger • omettre
CONTR. réalité

abstraire v.tr. distinguer • isoler • séparer
⋙ **s'abstraire** v.pron. **se détacher de** • s'éloigner de • s'exclure de • s'isoler

abstrait, e adj. 1 - **non figuratif** • 2 - théorique • conceptuel • intellectuel • spéculatif • 3 - utopique • chimérique • irréel • 4 - [péj.] **obscur** • abscons • difficile • hermétique • nébuleux • sibyllin • fumeux fam.
CONTR. figuratif – concret ı positif ı réel – réaliste – clair ı facile ı intelligible

absurde adj. et n.m. 1 - **illogique** • incohérent • inconséquent • irrationnel • 2 - déraisonnable • aberrant • extravagant • fou • insensé • ridicule • ouf lang. jeunes • 3 - **bête** • idiot • inepte • grotesque • sot • stupide • 4 - non-sens • absurdité
CONTR. logique – fondé ı raisonnable ı sage ı sensé

☙ **absurde, illogique, irrationnel**
On parlera d'une manière **absurde** d'agir quand elle s'oppose au sens commun : « L'absurde volonté veut envers et contre tous, veut en dépit des lois physiques, et au mépris de la raison naturelle » (Jankélévitch, *le Je-ne-sais-quoi et le presque rien*). Un comportement **illogique** évoque plutôt une façon d'être tout à fait imprévisible : « Il n'y a rien d'illogique comme les accidents. Ils n'ont aucun lien entre eux » (Jules Verne, *le Docteur Ox*). Une attitude **irrationnelle** renchérit sur le caractère incohérent, opposé à l'ordre de la raison et ne pouvant être rapporté à une norme, quelle qu'elle soit : « Ce monde en lui-même n'est pas raisonnable (...). Mais ce qui est absurde, c'est la confrontation de cet irrationnel et de ce désir éperdu de clarté dont l'appel résonne au plus profond de l'homme » (Camus, *le Mythe de Sisyphe*).

absurdité n.f. 1 - **bêtise** • aberration • ânerie • énormité • erreur • extravagance • faute • folie • imbécillité • ineptie • niaiserie • sottise • stupidité • bourde fam. • connerie fam. • 2 - illogisme • incohérence • irrationalité
CONTR. sens ı finesse ı intelligence – bien-fondé ı pertinence ı sagesse

abus n.m. 1 - **excès** • exagération • outrance • 2 - injustice • iniquité • illégalité
✦ **abus de confiance** tromperie • escroquerie • arnaque fam.

abuser v.tr.
I [sans complément] **exagérer** • passer, dépasser la mesure, les bornes • ne pas y aller de main morte • charrier fam. • pousser fam. • y aller fort fam. • tirer sur la corde fam. • être gonflé fam.
II tromper • attraper • avoir • berner • duper • leurrer • mystifier • se jouer de • blouser fam. • mener en bateau fam. • pigeonner fam. • rouler fam. • monter le job à vieilli
✦ **abuser de** 1 - accaparer • exploiter • profiter de • presser comme un citron • 2 - violer • déshonorer • violenter
⋙ **s'abuser** v.pron. **se tromper** • faire erreur • se méprendre • s'illusionner • se faire des illusions • se leurrer • se mettre le doigt dans l'œil (jusqu'au coude) fam. • se gourer fam. • croire au père Noël fam.
CONTR. détromper

abusif, -ive adj. 1 - **excessif** • exagéré • immodéré • 2 - **impropre** • incorrect • 3 - illégitime • indu • infondé • injustifié • 4 - injuste • inique • 5 - **possessif** • envahissant

abusivement *adv.* **1 - excessivement** · exagérément · immodérément · **2 - improprement** · illégitimement

abyssal, e *adj.* · insondable · illimité · immense · incommensurable · infini

acabit *n.m.* → espèce

académicien, -ienne *n.* · Immortel

académique *adj.* **1 - conventionnel** · appliqué · classique · conformiste · sans originalité · **2 - guindé** · affecté · ampoulé · apprêté · compassé · ennuyeux · prétentieux
CONTR. original ı anticonformiste – naturel ı aisé ı spontané

acariâtre *adj.* **bougon** · aigre · désagréable · grincheux · grognon · hargneux · insociable · intraitable · maussade · pas commode · querelleur · rogue · teigneux · acrimonieux *littér.* · bilieux *littér.* · atrabilaire *vieux*
✦ **femme acariâtre** mégère · harpie

accablant, e *adj.* **1 - écrasant** · fatigant · lourd · tuant · **2 - étouffant** · oppressant · pesant · suffocant • [soleil] **de plomb** · **3 - affligeant** · consternant · intolérable · **4 - accusateur** · impitoyable · irréfutable
CONTR. doux ı léger – consolant ı apaisant ı réconfortant – réfutable

accablement *n.m.* · abattement · découragement · dépression · prostration

accabler *v.tr.* **1 - accuser** · charger · confondre · dénoncer · vouer aux gémonies · **2 - surcharger** · écraser · pressurer · terrasser • [de dettes, charges] cribler · **3 - désespérer** · abattre · affliger · anéantir · atterrer · briser · consterner · décourager · démoraliser · effondrer · démolir *fam.* · **4 - combler** · abreuver · bombarder · couvrir · submerger
CONTR. disculper ı blanchir ı innocenter – soulager – décharger ı libérer ı réconforter ı relever ı remonter

accalmie *n.f.* **1 - embellie** · éclaircie · **2 - trêve** · pause · répit · **3 - calme** · apaisement · paix · placidité · quiétude · repos · sérénité · tranquillité
CONTR. tempête – continuation ı poursuite – agitation ı crise ı reprise

accaparant, e *adj.* · envahissant · abusif · exigeant

accaparement *n.m.* · monopolisation · mainmise

accaparer *v.tr.* **1 - monopoliser** · s'attribuer · s'emparer de · mettre le grappin sur *fam.* · rafler *fam.* · truster *fam.* · **2 - absorber** · occuper · prendre · réserver · retenir
CONTR. distribuer ı partager

accéder à *v.tr.ind.* **1 - entrer dans** · pénétrer dans · **2 - parvenir à** · aborder · aboutir à · arriver à · atteindre · **3 - acquiescer à** · accepter de · consentir à · se rendre à · souscrire à

accélérateur *n.m.* · champignon *fam.*

accélération *n.f.* · activation · augmentation
CONTR. ralentissement ı décélération

accéléré, e *adj.* · rapide · redoublé
CONTR. ralenti

accélérer
■ *v.tr.* hâter · activer · pousser · précipiter · presser · stimuler · booster *fam.*
■ *v. intr.* **1 - prendre de la vitesse** · appuyer sur, écraser le champignon *fam.* · avoir le pied au plancher *fam.* · mettre les gaz *fam.* · mettre la gomme *fam.* · **2 -** [fam.] **se dépêcher** · s'activer *fam.* · se bouger *fam.* · se grouiller *fam.* · se magner *fam.*
CONTR. modérer ı ralentir ı retarder – freiner – traîner ı tarder ı temporiser

accent *n.m.* **1 -** ton · accentuation · **2 -** modulation · prononciation · **3 -** inflexion · intonation · tonalité
✦ **mettre l'accent sur** → accentuer

accentuation *n.f.* · intensification · accroissement · amplification · augmentation · renforcement

accentué, e *adj.* · marqué · accusé · fort · prononcé
CONTR. atone ı faible ı inaccentué

accentuer *v.tr.* **1 - faire ressortir** · appuyer sur · donner du relief à · insister sur · mettre l'accent sur · mettre en évidence · mettre en relief · souligner · [trait, caractère] accuser · **2 - intensifier** · accroître · augmenter · renforcer

≫ **s'accentuer** *v.pron.* s'intensifier · augmenter · s'accroître · croître · s'amplifier · grandir · ressortir
CONTR. atténuer ı modérer ı réduire

acceptable *adj.* **1 - convenable** · correct · honnête · passable · présentable · suffisant · potable *fam.* · **2 - recevable** · satisfaisant · valable
CONTR. insuffisant ı faible ı médiocre – inacceptable ı irrecevable ı inadmissible

acceptation *n.f.* · accord · agrément · assentiment · consentement
CONTR. refus ı désapprobation ı récusation ı rejet

accepter *v.tr.* **1 - acquiescer à** · adhérer à · se rallier à · souscrire à · opiner à *Droit ou plaisant* · avaler *fam.* · dire amen à *fam.* · [sans complément] marcher *fam.* · **2 - autoriser** · permettre · **3 - adopter** · accueillir · admettre · agréer · recevoir · **4 - supporter** · assumer · se conformer à · endurer · se rendre à · se résigner à · se soumettre à · souffrir · subir · tolérer
✦ **accepter de** consentir à · daigner · être d'accord pour · se prêter à · vouloir bien · condescendre à *littér.*
CONTR. décliner ı récuser ı refuser ı rejeter ı repousser

acception *n.f.* · sens · signification

accès *n.m.* **1 - entrée** · abord · approche · bouche · ouverture · **2 - poussée** · attaque · atteinte · bouffée · crise · **3 - élan** · transport
✦ **donner accès à** introduire à · ouvrir sur

accessible *adj.* **1 - atteignable** · abordable · praticable · à portée de la main · **2 - faisable** · réalisable · **3 - accueillant** · abordable · affable · aimable · approchable · engageant · **4 - compréhensible** · assimilable · clair · facile · intelligible · simple · à la portée de tout le monde
✦ **accessible à** **1 -** [qqn] à la portée de · dans les cordes de *fam.* · **2 -** [qqch.] **sensible à** · ouvert à · perméable à
CONTR. inaccessible – irréalisable ı infaisable – impénétrable ı inabordable ı insensible – ardu ı abscons ı difficile

accession *n.f.* · avènement · admission · arrivée · promotion

accessoire
■ *adj.* **1 - annexe** · auxiliaire · complémentaire · supplémentaire · **2 - mineur** · anecdotique · insignifiant · marginal · négligeable · secondaire · superflu
■ *n.m.* **instrument** · outil · pièce · ustensile
CONTR. essentiel ı principal

accessoirement *adv.* **1 - secondairement** · subsidiairement · **2 - éventuellement** · incidemment

accident *n.m.* **1 - collision** · accrochage · carambolage · choc · crash · pépin *fam.* · **2 - incident** · anicroche · contretemps · coup dur · coup du sort · ennui · mésaventure · revers · bûche *fam.* · os *fam.* · pépin *fam.* · tuile *fam.* · **3 - aléa** · aventure · imprévu · péripétie · vicissitude *littér.*
✦ **accident de terrain** inégalité · aspérité · mouvement de terrain · pli · plissement · relief

✦ **par accident** 1 - fortuitement · accidentellement · par hasard · par extraordinaire · par occasion · 2 - **par inadvertance**

accidenté, e *adj.* 1 - **inégal** · bosselé · irrégulier · montagneux · tourmenté · vallonné · 2 - **blessé** · abîmé · amoché · atteint · touché · traumatisé · esquinté *fam.* · 3 - **endommagé** · cabossé · détérioré · bousillé *fam.* · esquinté *fam.*
CONTR. égal ı plat ı uni – indemne

accidentel, -elle *adj.* 1 - **fortuit** · imprévu · inattendu · inopiné · incident · occasionnel · 2 - **accessoire** · contingent · extrinsèque *soutenu*
CONTR. constant ı fatal ı intentionnel – normal ı régulier

accidentellement *adv.* 1 - **fortuitement** · par hasard · par accident · incidemment · inopinément · malencontreusement · d'aventure *littér.* · 2 - **exceptionnellement** · occasionnellement
CONTR. constamment ı fatalement – normalement ı régulièrement

acclamation *n.f.* · applaudissement · bravo · hourra · ovation · vivat • [pour faire revenir] rappel · bis
CONTR. huée ı sifflet ı tollé ı vocifération
↝ **bravo**

acclamer *v.tr.* · applaudir · faire une ovation · ovationner · faire la claque • [pour faire revenir] rappeler · bisser
CONTR. conspuer ı huer ı siffler ı vociférer

acclimater *v.tr.* 1 - **habituer** · accoutumer · adapter · 2 - **importer** · implanter · introduire · établir · naturaliser · transplanter
⋙ **s'acclimater** *v.pron.* s'adapter · s'accoutumer · se faire à · se familiariser avec · s'habituer

accolade *n.f.* · embrassade

accoler *v.tr.* · lier · joindre · juxtaposer · relier · réunir
↝ **joindre**

accommodant, e *adj.* 1 - **facile à vivre** · de bonne composition · commode · débonnaire · facile · sociable · souple · 2 - **arrangeant** · complaisant · conciliant · coulant *fam.*
CONTR. invivable ı insupportable ı pénible – exigeant ı difficile

accommodation *n.f.* · adaptation · ajustement

accommodement *n.m.* · arrangement · accord · composition · compromis · compromission · conciliation · entente

accommoder *v.tr.* 1 - **adapter** · accorder · ajuster · approprier · conformer · 2 - **cuisiner** · apprêter · assaisonner · faire cuire · préparer · mitonner *fam.* · 3 - **concilier** · allier
⋙ **s'accommoder** *v.pron.* s'entendre · s'arranger · se mettre d'accord
✦ **s'accommoder à** s'adapter à · s'acclimater à · s'accoutumer à · se faire à · se familiariser avec · s'habituer à
✦ **s'accommoder de** accepter · s'arranger de · se contenter de · faire avec · s'habituer à · se satisfaire de · prendre son parti de · se résigner à · supporter
CONTR. déranger ı opposer ı séparer – refuser ı rejeter ı repousser – réprimer ı refouler

accompagnateur, -trice *n.* · guide · cornac *fam.* · cicérone *vieilli ou plaisant*

accompagnement *n.m.* 1 - **garniture** · 2 - **cortège** · convoi · équipage · escorte · suite · 3 - **conséquence** · résultat · suite

accompagner *v.tr.* 1 - **se joindre à** · aller de compagnie avec · aller avec · marcher avec · suivre · 2 - **conduire** · chaperonner · escorter · guider · surveiller · flanquer *souvent péj.* · 3 - **compléter** · ajouter · assortir · 4 - **s'ajouter à** · se joindre à

⤙ **s'accompagner de** *v.pron.* **1 -** s'assortir de · s'émailler de · **2 -** avoir pour conséquence · être suivi de

CONTR. quitter – précéder ׀ suivre

> 🕮 accompagner, escorter
>
> On **accompagne** quelqu'un quand on se joint à lui pour aller au même endroit : « Jean dut accompagner sa mère à des eaux » (Proust, *Jean Santeuil*, Pléiade). **Escorter**, d'emploi plus restreint, c'est accompagner pour surveiller *(escorter un prisonnier)* ou pour protéger : « Que quatre ou cinq de mes gens prennent des mousquetaires pour l'escorter » (Molière, *Dom Juan*, IV, III).

accompli, e *adj.* **1 - fini** · révolu · terminé · **2 - parfait** · complet · idéal · incomparable · impeccable · irréprochable · modèle · **3 - remarquable** · achevé · distingué · excellent · expert

accomplir *v.tr.* **1 - effectuer** · commettre · exécuter · mettre à exécution · faire · fournir · mener à bien · perpétrer · réaliser · s'acquitter de · consommer *littér.* · **2 - achever** · finir · mener à son terme · terminer

⤙ **s'accomplir** *v.pron.* **1 - se passer** · arriver · avoir lieu · se produire · se réaliser · **2 - s'épanouir** · donner toute sa mesure · s'exprimer · se réaliser

CONTR. commencer ׀ ébaucher ׀ esquisser – échouer – dépérir ׀ échouer ׀ s'étioler

accomplissement *n.m.* **1 - exécution** · achèvement · réalisation · **2 - épanouissement**

CONTR. ébauche ׀ esquisse ׀ préparation – échec ׀ dépérissement

accord *n.m.* **1 - acceptation** · adhésion · agrément · approbation · appui · autorisation · aval · consentement · feu vert · permission · soutien · **2 - concorde** · alliance · communion · complicité · connivence · consensus · (bonne) entente · fraternité · harmonie · (bonne) intelligence · paix · sympathie · union · **3 - arrangement** · accommodement · compromis · contrat · convention · marché · pacte · protocole · traité

+ **d'accord** oui · O.K. · (c'est) entendu · c'est vrai
+ **demeurer d'accord de** reconnaître · avouer
+ **être d'accord 1 - en convenir** · admettre · **2 - être du même avis** · avoir le même sentiment · aller dans le même sens · être en phase · partager la même opinion · être de mèche *péj.* · **3 - vouloir bien** · accepter · marcher *fam.*
+ **se mettre, tomber d'accord 1 - s'entendre** · s'arranger · se concerter · faire cause commune · se donner la main · marcher la main dans la main · **2 - convenir** · fixer
+ **être en accord** aller (bien) · cadrer (avec) · être adapté · être approprié · être en phase · être dans la note · être dans le ton
+ **donner son accord** accepter · autoriser · permettre
+ **mettre d'accord, en accord 1 - réconcilier** · concilier · **2 - accorder**
+ **d'un commun accord** unanimement · de concert · de conserve · à l'unanimité · tous ensemble

CONTR. désaccord – brouille ׀ conflit ׀ discorde ׀ discussion ׀ mésentente ׀ rupture – contraste ׀ disparité ׀ incompatibilité ׀ opposition

🕮 **contrat**

accordéon *n.m.* **1 - piano à bretelles** *fam.* · piano du pauvre *fam.* · **2 - bandonéon**

accorder *v.tr.* **1 - adapter** · approprier · arranger · assortir · conformer · harmoniser · **2 - allier** · agencer · assembler · associer · combiner · concilier · **3 - admettre** · avouer · confesser · convenir · reconnaître · **4 - donner** · attribuer · consentir · décerner · gratifier de · laisser · offrir · **5 - attacher** · attribuer · imputer

⤙ **s'accorder** *v.pron.* **1 - s'offrir** · s'adjuger · s'approprier · s'arroger · s'attribuer · se donner · s'octroyer · se payer ^{fam.} · **2 - s'allier** · s'associer · s'assortir · se combiner · se correspondre · s'harmoniser

✦ **s'accorder sur, pour** convenir de · décider de · s'entendre sur

CONTR. désaccorder ∣ brouiller ∣ diviser ∣ opposer ∣ nier ∣ refuser ∣ rejeter ∣ repousser – contraster ∣ détonner ∣ jurer – s'interdire ∣ se refuser

accort, e *adj.* · aimable · agréable · avenant

CONTR. disgracieux ∣ rébarbatif

accoster *v.tr.* **1 - aborder** · approcher · draguer *fam.* · racoler *fam.* · **2 - se ranger contre** · aborder · arriver à · afflanquer *rare* · [sans complément] atterrir · toucher terre
➦ aborder

accotement *n.m.* · bas-côté · bord · trottoir

accouchement *n.m.* · couches · délivrance · naissance · parturition · travail · enfantement *vieilli*

accoucher de *v.tr.ind.* **1 - mettre au monde** · donner la vie à · donner naissance à · enfanter · engendrer · [animal] mettre bas · **2 - produire** · donner naissance à · donner le jour à · engendrer · **3 - créer** · élaborer · pondre *fam.* · **4 -** [fam., sans complément] **parler** · s'expliquer · cracher *fam.*

➦ **accoucher, enfanter, engendrer**

Les verbes sont dans un rapport différent pour l'homme et la femme à l'idée de mettre au monde. **Engendrer** concerne l'ensemble du processus, de la fécondation à la parturition, et accepte pour sujet aussi bien l'homme que la femme, ou les deux réunis. **Accoucher** et **enfanter** ne concernent que la femme. Le premier s'applique seulement au moment de l'expulsion de l'enfant, lorsque la femme est *en couches* ; le second, qui ne renvoie pas à l'action concrète mais au fait plus général de faire naître un enfant, n'est utilisé que dans un style soutenu. Dans leurs emplois figurés, **accoucher** et **enfanter** évoquent l'effort, et même la souffrance, mais **enfanter** est moins concret qu'**accoucher**, qui est souvent péjoratif : on opposera *enfanter une œuvre* et *accoucher d'un mauvais roman*. **Engendrer** s'éloigne de la dimension physique et réfère à des sujets non humains : *une atmosphère, un comportement, un sentiment engendrent le calme, la peur, la surprise.*

accoucheur, -euse *n.* · obstétricien · [femme] sage-femme · [homme] maïeuticien

accoudoir *n.m.* · appui-bras · accotoir · bras · repose-bras

accouplement *n.m.* **1 - croisement** · monte · reproduction · saillie · **2 - rapport (sexuel)** · copulation · coït · baise *fam.* · **3 - couplage** · assemblage · association · conjonction · jumelage · réunion · rapprochement

accoupler *v.tr.* **réunir** · accoler · assembler · associer · combiner · coordonner · coupler · jumeler · joindre · lier · rapprocher · unir

⋙ **s'accoupler** *v.pron.* **faire l'amour** · coïter · s'unir *littér.* · baiser *fam.* · se prendre *fam.* · copuler *plaisant* · forniquer *Relig. ou plaisant* · se connaître *lang. biblique*

accourir *v.intr.* · se précipiter · se hâter

CONTR. s'arrêter ∣ traîner ∣ fuir

accoutrement *n.m.* · habillement · affublement · déguisement · mise · tenue · attifement *fam.*

accoutrer *v.tr.* · affubler · arranger · déguiser · équiper · habiller · harnacher · vêtir · attifer *fam.* · fagoter *fam.* · ficeler *fam.* · fringuer *fam.*

accoutumance *n.f.* **1 - adaptation** · acclimatement · habitude · **2 - dépendance** · addiction · assuétude · **3 - immunisation** · insensibilisation · mithridatisation *littér.* · mithridatisme *littér.*

accoutumé, e *adj.* habituel · courant · coutumier · familier · ordinaire · rituel · usuel
✦ **à l'accoutumée** habituellement · d'habitude · ordinairement

accoutumer *v.tr.* **1 - habituer** · adapter · acclimater · aguerrir · façonner · faire prendre l'habitude de · familiariser avec · rompre à · [à qqch. de difficile] endurcir · plier à · **2 - immuniser** · insensibiliser · mithridatiser *littér.*
⋙ **s'accoutumer** *v.pron.* s'habituer · s'acclimater · s'adapter · se faire · se familiariser · prendre le pli
CONTR. désaccoutumer ı déshabituer

accréditer *v.tr.* **1 - affirmer** · autoriser · confirmer · propager · répandre · **2 - établir** · installer · introduire · mettre en place · présenter
CONTR. démentir

accroc *n.m.* **1 - déchirure** · trou · **2 - infraction** · entorse · transgression · violation · **3 - difficulté** · anicroche · complication · contretemps · embarras · empêchement · incident · obstacle · problème · **4 - souillure** · tache

accrochage *n.m.* **1 - accident** · choc · collision · **2 - dispute** · altercation · friction · heurt · incident · querelle · **3 - rixe** · échauffourée

accrocher *v.tr.* **1 - fixer** · agrafer · attacher · épingler · pendre · suspendre · appendre *vieux* · **2 - heurter** · bousculer · **3 - aborder** · accoster · arrêter · retenir · **4 - attirer à soi** · attraper · saisir · **5 - obtenir** · décrocher · enlever
✦ **accrocher sur** achopper sur · buter sur

⋙ **s'accrocher** *v.pron.* **1 - se tenir** · s'agripper · se cramponner · se retenir · saisir · **2 - ne pas lâcher** · se cramponner *fam.* · s'incruster *fam.* · **3 - tenir (bon)** · lutter · résister · **4 - se disputer** · se quereller · s'attraper *fam.* · s'engueuler *fam.*
CONTR. décrocher ı dépendre ı ôter

accrocheur, -euse *adj.* **1 - tenace** · acharné · battant · combatif · opiniâtre · **2 - racoleur**

accroissement *n.m.* **1 - augmentation** · accumulation · agrandissement · allongement · croissance · développement · élévation · grossissement · multiplication · progression · redoublement · renforcement · **2 - accentuation** · amplification · aggravation · intensification · recrudescence
CONTR. diminution ı perte

accroître *v.tr.* **1 - augmenter** · agrandir · développer · élargir · étendre · fortifier · grossir · multiplier · renforcer · **2 - accentuer** · aggraver · amplifier · intensifier
⋙ **s'accroître** *v.pron.* grandir · s'aggraver · augmenter · croître · se développer · s'élargir · s'étendre · grossir · s'intensifier · progresser
CONTR. amoindrir ı diminuer ı réduire ı restreindre

accroupir (s') *v.pron.* · se baisser · se mettre, se tenir à croupetons · s'asseoir sur les talons

accueil *n.m.* **1 - hospitalité** · réception · traitement · **2 - entrée** · réception

accueillant, e *adj.* **1 - aimable** · affable · bienveillant · chaleureux · cordial · engageant · sociable · sympathique · **2 - hospitalier**
CONTR. froid ı glacial ı inhospitalier

accueillir *v.tr.* **1 - recevoir** · héberger · loger · offrir l'hospitalité à · traiter · **2 - abriter** · contenir · **3 - apprendre** · prendre · recevoir

✦ **accueillir chaleureusement** accueillir à bras ouverts · faire bonne mine à
✦ **accueillir froidement** faire grise mine à

acculer *v.tr.* **1 -** pousser dans ses derniers retranchements · mettre au pied du mur · coincer *fam.* · **2 -** [à qqch.] **contraindre** · condamner · forcer · obliger · pousser · réduire

accumulateur *n.m.* · batterie · pile · accus *fam.*

accumulation *n.f.* **1 - amoncellement** · amas · échafaudage · empilement · encombrement · entassement · monceau · montagne · superposition · tas · déballage *fam.* · fatras *fam.* · fouillis *fam.* · **2 - concentration** · agglomération · agrégation · assemblage · collection · groupement · rassemblement · regroupement · réunion · **3 - collecte** · capitalisation · cumul · **4 - abondance** · débauche · faisceau · quantité · masse
CONTR. dispersion ı éparpillement

accumuler *v.tr.* **1 - amonceler** · amasser · empiler · engranger · entasser · grouper · rassembler · regrouper · réunir · superposer · **2 - collectionner** · capitaliser · cumuler · emmagasiner · mettre en réserve · thésauriser
CONTR. disperser ı gaspiller ı répandre
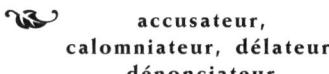 **amasser**

accus *n.m.pl.* → **accumulateur**

accusable *adj.* · incriminable · blâmable

accusateur, -trice *n. et adj.* · dénonciateur · calomniateur · délateur · détracteur

       accusateur, calomniateur, délateur, dénonciateur

En apportant la preuve des faits reprochés, l'**accusateur** fait connaître l'auteur d'une action répréhensible et punissable, alors que le **dénonciateur** s'adresse aux autorités chargées de réprimer les délits, sans souci de prouver quoi que ce soit. Le **délateur** se dissimule pour informer la police ou la justice de faits qui, sans être moralement blâmables, sont condamnés par les autorités ; son intention est d'en tirer bénéfice ou de faire mal. *Durant l'Occupation, les délateurs ont servi le gouvernement de Vichy.* La volonté de nuire fait agir le **calomniateur** : il répand autour de lui des bruits mensongers, le plus souvent sur la vie privée, pour porter atteinte à la réputation d'autrui.

accusation *n.f.* **1 - inculpation** · charge · imputation · incrimination · **2 - attaque** · blâme · charge · critique · grief · reproche · réquisitoire · **3 - calomnie** · dénigrement · diffamation · médisance

accusé, e
■ *adj.* **accentué** · marqué
■ *n.* **prévenu** · inculpé
✦ **accusé de réception** récépissé · reçu

       accusé, inculpé, prévenu

Un **inculpé** est une personne à qui s'applique une procédure pénale particulière, la mise en examen (que l'on appelait jusqu'en 1993 **inculpation**) ; on lui impute une infraction et une procédure d'instruction est engagée *(être inculpé d'assassinat et de vol qualifié)*. L'**inculpé** devient un **prévenu** lorsqu'il est traduit devant un tribunal correctionnel et qu'il doit répondre effectivement d'un délit. Il est nommé **accusé** s'il est envoyé devant une cour d'assises *(l'accusé a été déclaré coupable)*.

accuser *v.tr.* **1 - désigner** · accabler · dénoncer · **2 - attaquer** · charger · dénoncer · faire retomber, rejeter la faute sur · faire le procès de · imputer la faute à · incriminer · jeter la pierre à · mettre en cause · mettre sur le compte de · faire porter le chapeau à *fam.* ·

mettre sur le dos de *fam.* • **3 - poursuivre** • mettre en examen • inculper • requérir contre • **4 - révéler** • dénoter • indiquer • marquer • montrer • **5 - accentuer** • dessiner • faire ressortir • souligner

✦ **accuser de**   taxer de • faire grief de • reprocher

⟫ **s'accuser** *v.pron.* **1 - confesser** • avouer (sa faute, son crime) • **2 - s'accentuer** • s'accroître • s'aggraver • empirer • se marquer

acerbe *adj.* **1 - blessant** • acéré • âcre • agressif • âpre • caustique • grinçant • incisif • méchant • mordant • piquant • sarcastique • venimeux • virulent • acrimonieux *littér.* • **2 -** [vieux] acide • âcre • aigre • âpre • vert

acéré, e *adj.* **1 - affilé** • dur • tranchant • pointu • **2 - aigu** • intense • mordant • strident • vif • **3 - acerbe** • aigre • blessant • caustique • incisif • mordant
⌇ **pointu**

achalandé, e *adj.* • approvisionné • assorti • fourni • pourvu

acharné, e *adj.* **1 - tenace** • courageux • entêté • obstiné • opiniâtre • vaillant • **2 - enragé** • ardent • fanatique • farouche • forcené • furieux

acharnement *n.m.* **1 - rage** • animosité • fureur • furie • haine • **2 - persévérance** • ardeur • effort • énergie • lutte • obstination • opiniâtreté • passion • ténacité
CONTR. calme ׀ douceur ׀ bienveillance – mollesse ׀ apathie ׀ nonchalance ׀ paresse

acharner (s') *v.pron.* **persévérer** • continuer • s'entêter • s'obstiner • persister • s'opiniâtrer *vieux ou littér.*

✦ **s'acharner contre**   persécuter • brimer • harceler • martyriser • opprimer • poursuivre • tourmenter

achat *n.m.* acquisition • emplette
⟫ **achats** *plur.* **courses** • commissions • emplettes • shopping *fam.*

⌇   **achat, acquisition, emplette**

Achat est le terme le plus général et le plus usité pour désigner ce que l'on se procure à titre onéreux *(faire ses achats ; c'est un achat important, programmé)*. **Emplette** ne concerne que les achats de valeur modérée *(faire l'emplette d'un bouquet de fleurs, quelques emplettes)*. **Acquisition** n'est pas limité aux biens importants dont on devient propriétaire *(acquisition d'un appartement, d'un tableau de maître)*, mais s'emploie aussi pour des biens moraux *(acquisition de la sagesse)* ou intellectuels *(acquisition de diplômes, de connaissances)*, qui ne sont pas monnayés.

acheminement *n.m.* • transport • convoiement • expédition

acheminer *v.tr.* **1 - transporter** • amener • conduire • convoyer • porter • **2 - envoyer** • adresser • faire parvenir • livrer
⟫ **s'acheminer** *v.pron.* aller • avancer • se diriger • marcher

acheter *v.tr.* **1 - acquérir** • faire l'acquisition, l'achat, l'emplette de • se procurer • entrer en possession de • **2 - payer** • avancer les fonds pour • **3 - offrir** • payer • procurer • **4 - corrompre** • soudoyer • suborner • arroser *fam.* • graisser la patte à *fam.* • donner des pots de vin à *fam.*
CONTR. vendre

acheteur, -euse *n. et adj.* **acquéreur** • client • consommateur • payeur • preneur • chaland *vieux ou plaisant* • [au plur.] **clientèle** • pratique *vieilli*
CONTR. vendeur

achevé, e *adj.* **1 - parfait** • accompli • complet • incomparable • **2 - extrême** • absolu • consommé • fini • total
CONTR. imparfait ׀ inachevé ׀ incomplet ׀ insuffisant

achèvement *n.m.* **1 - dénouement** • aboutissement • chute • conclusion • couron-

nement · fin · **2 - finition** · **3 - terme** · clôture · exécution · fin · réception · **4 - perfection** · accomplissement · épanouissement
CONTR. commencement ı début – ébauche

achever *v.tr.*
I 1 - finir · accomplir · arriver au bout de · conduire à sa fin · exécuter · mener à bien, à terme · mettre la dernière main à · terminer · **2 - conclure** · mettre un point final à
II 1 - anéantir · épuiser · ruiner · causer la perte de · **2 - abattre** · donner le coup de grâce à · tuer
≫ **s'achever** *v.pron.* finir · arriver à son terme, à sa conclusion · cesser · prendre fin · se terminer
CONTR. commencer ı amorcer ı débuter ı démarrer – épargner ı sauver

achoppement *n.m.*
✦ **pierre d'achoppement** obstacle · écueil · difficulté · hic *fam.* · os *fam.* · pépin *fam.*

achopper *v.intr.* trébucher · broncher · buter
✦ **achopper sur** accrocher sur · s'arrêter sur · buter sur · se heurter à

acide *adj. et n.m.* **1 - acidulé** · aigre · aigrelet · piquant · vert · sur *littér.* · **2 - acerbe** · âcre · aigre · caustique · incisif · sarcastique · acrimonieux *littér.*

acidité *n.f.* **1 - aigreur** · **2 - âcreté** · amertume · causticité · acrimonie *littér.*
CONTR. alcalinité – douceur ı aménité

acidulé, e *adj.* · aigrelet · suret

acolyte *n.* **1 - adjoint** · aide · associé · auxiliaire · **2 - complice** · comparse · compère · affidé *péj.* · **3 - ami** · camarade · compagnon · copain *fam.* · partenaire

acompte *n.m.* · avance · arrhes · à-valoir · provision • [Impôts] tiers (provisionnel)

acoquiner (s') *v.pron.* · s'associer · se commettre · frayer · fréquenter · se mêler

à-côté *n.m.* **1 - supplément** · appoint · complément · **2 - détail** · accessoire

à-coup *n.m.* **1 - secousse** · cahot · raté · saccade · soubresaut · **2 - incident** · accroc · anicroche · complication · hoquet *vieux*
✦ **par à-coups** irrégulièrement · par accès · par intermittence · par intervalles · par saccades

acoustique
■ *adj.* **1 - auditif** · **2 - sonore**
■ *n.f.* résonance · sonorité

acquéreur *n.m.* · acheteur · cessionnaire · client · preneur · adjudicataire *(Droit)*

acquérir *v.tr.* **1 - acheter** · **2 - hériter** · recevoir · recueillir · **3 - gagner** · se concilier · conquérir · obtenir · rallier · remporter • [de la valeur] prendre
CONTR. céder ı vendre – perdre

acquiescement *n.m.* · acceptation · accord · adhésion · agrément · approbation · assentiment · consentement
CONTR. opposition ı refus

acquiescer *v.tr.ind.* [sans complément] approuver · dire oui · être d'accord
✦ **acquiescer à** accepter · agréer · consentir à · déférer à · souscrire à · répondre favorablement à
CONTR. s'opposer ı refuser

acquis, e
■ *adj.* établi · certain · incontestable · reconnu
✦ **acquis à** dévoué à · gagné à · partisan de
■ *n.m.* **1 - conquête** · **2 - connaissances** · bagage · expérience
CONTR. contesté ı discuté – hostile ı défavorable ı opposé – hérédité ı inné ı naturel

acquisition *n.f.* **1 - achat** · emplette · **2 - obtention**
CONTR. cession – perte
↝ **achat**

acquittement *n.m.* **1 -** paiement · libération · règlement · remboursement · **2 - amnistie** · absolution · relaxe

acquitter *v.tr.* **1 - disculper** · absoudre · amnistier · blanchir · déclarer non coupable · gracier · innocenter · libérer · pardonner · relâcher · relaxer · **2 - payer** · régler · rembourser · liquider • [une dette] éteindre · apurer

››› **s'acquitter de** *v.pron.* **1 - se libérer de** · se dégager de · payer · régler · rembourser · **2 - accomplir** · exécuter · faire honneur à · mener à bien · remplir · satisfaire à

CONTR. condamner – manquer (à) ı se dérober (à)

âcre *adj.* **1 - irritant** · acide · amer · âpre · piquant · râpeux · **2 - acerbe** · acide · aigre · amer · âpre · cuisant · grinçant · mordant · acrimonieux *littér.*

CONTR. doux ı suave

âcreté *n.f.* **1 - aigreur** · **2 - acrimonie** · amertume · âpreté

acrimonie *n.f.* · aigreur · âcreté · amertume · âpreté · hargne

CONTR. douceur

acrimonieux, -ieuse *adj.* · acariâtre · acerbe · âcre · agressif · aigre · âpre · blessant · caustique · grinçant · hargneux · maussade · mordant

acrobate *n.* · trapéziste · cascadeur · équilibriste · fildefériste · funambule · gymnaste · voltigeur

acrobatie *n.f.* **1 - voltige** · contorsion · dislocation · équilibrisme · saut · **2 - tour de passe-passe** · expédient · truc *fam.*

acrobatique *adj.* · périlleux · difficile

acte *n.m.* **1 - action** · démarche · entreprise · exploit · fait · geste · intervention · mouvement · opération · **2 -** [Admin., Droit] document · certificat · convention · exploit · minute · notification · titre · **3 - épisode** · moment

✦ **acte manqué** lapsus
✦ **prendre acte de** constater · enregistrer · prendre bonne note de · noter · tenir compte de

››› **actes** *plur.* conduite · attitude · comportement · réactions

🕭 **acte, action**

Une **action** est toujours envisagée dans son déroulement dans le temps ; elle implique un processus. L'**action** est une mise en œuvre de l'activité d'un individu, d'un groupe : *le Premier ministre coordonne, recadre l'action du gouvernement*. L'**acte** est considéré sans que l'on s'attache à son déroulement ou à sa durée. Il est perçu dans son aspect objectif, séparé de l'individu qui agit : *un acte de foi, un acte de violence, un acte criminel*. « Je connais les hommes et je les reconnais à leur conduite, à l'ensemble de leurs actes » (Camus, *le Mythe de Sisyphe*).

acteur, -trice *n.* **1 - comédien** · artiste · enfant de la balle · interprète · tragédien · **2 - protagoniste** · intervenant

CONTR. spectateur

🕭 **acteur, comédien**

L'**acteur** et le **comédien** ont pour activité principale de jouer des rôles. Leur champ d'action commun est traditionnellement le théâtre, où ils jouent la comédie au sens premier du mot (« pièce de théâtre »). Aujourd'hui, le **comédien** interprète aussi des rôles à l'écran, mais le mot est resté attaché à la scène : pour le milieu professionnel, il désigne un acteur de théâtre. Sorti de la plume de Molière avec son sens moderne, **acteur** dépasse largement son domaine d'origine, le théâtre, et il est devenu plus courant que **comédien**.
Dans les emplois figurés, seul **comédien** renvoie à l'art de simuler, à un

comportement hypocrite *(c'est un vrai comédien !)* ; on n'emploiera pas **acteur** dans ce contexte.

actif, -ive

■ *adj.* **1 - agile** · prompt · rapide · vif · **2 - affairé** · battant · bouillonnant · diligent · dynamique · entreprenant · infatigable · militant · occupé · remuant · travailleur · zélé · increvable *fam.* · **3 - en activité** · **4 - agissant** · efficace · énergique · opérant · productif · **5 - radioactif**

■ *n.m.* **patrimoine** · avoir · bien · capital

CONTR. gauche ı apathique ı lent ı lourd – inactif ı passif – paresseux

¹action *n.f.* **1 - activité** · effort · fonctionnement · marche · mouvement · service · travail · **2 - acte** · comportement · conduite · démarche · entreprise · fait · geste · initiative · intervention · manœuvre · œuvre · opération · réalisation · agissements *péj.* · **3 - effet** · efficacité · force · **4 - combat** · bataille · coup de main · engagement · **5 - intrigue** · péripétie · scénario · **6 - animation** · mouvement · vie

+ **avoir une action sur** agir sur · influer sur
+ **bonne action**   B.A. *fam.*
+ **mauvaise action**   méfait
+ **action d'éclat**   exploit · prouesse
∾ **acte**

²action *n.f.* · part · valeur

actionnaire *n.* · associé · porteur

actionner *v.tr.* · mettre en marche, en route · déclencher · enclencher · entraîner · faire fonctionner · mouvoir *soutenu*

activement *adv.* · énergiquement · ardemment · vivement

CONTR. mollement ı faiblement ı passivement

activer *v.tr.* **1 - accélérer** · hâter · presser · pousser · **2 - attiser** · aviver · exacerber · exciter · stimuler

⋙ **s'activer** *v.pron.* **1 - s'affairer** · s'occuper · **2 - se hâter** · se dépêcher · se presser · faire diligence *soutenu* · se grouiller *fam.* · faire fissa *fam.* · mettre les bouchées doubles *fam.* · mettre la gomme *fam.* · se magner *fam.*

CONTR. ralentir ı modérer ı réduire – calmer ı étouffer ı éteindre – lambiner ı prendre son temps ı traîner

activité *n.f.* **1 - dynamisme** · ardeur · énergie · entrain · vigueur · vitalité · vivacité · zèle · **2 - animation** · agitation · circulation · mouvement · **3 - occupation** · emploi · métier · profession · travail · boulot *fam.* · job *fam.*

+ **en activité** **1 - en fonction** · actif · **2 - en mouvement** · en marche · en fonctionnement · en service
+ **en pleine activité**   en plein essor · en plein boum

CONTR. inactivité ı inertie ı paresse – tranquillité ı repos – non-activité ı désœuvrement ı inaction ı oisiveté ı chômage

actualisation *n.f.* · modernisation · mise à jour · rajeunissement · renouvellement

actualiser *v.tr.* **1 - moderniser** · dépoussiérer · mettre à jour · rajeunir · renouveler · rénover · **2 -** [Écon.] **réaliser**

actualité *n.f.* modernité · contemporanéité

⋙ **actualités** *plur.* **informations** · journal (télévisé) · nouvelles · infos *fam.*

actuel, -elle *adj.* **1 - contemporain** · courant · de notre temps · d'aujourd'hui · présent · **2 - moderne** · à la mode · **3 -** [Philo.] **effectif** · existant · réel

CONTR. ancien ı passé – démodé ı désuet ı obsolète ı périmé – potentiel ı virtuel

actuellement *adv.* · à présent · aujourd'hui · de nos jours · en ce moment · maintenant · par les temps qui courent · pour l'instant · pour le moment · présentement *littér.*

CONTR. anciennement ı autrefois ı hier ı jadis

∾ **maintenant**

acuité *n.f.* **1** - lucidité · clairvoyance · finesse · intelligence · perspicacité · pénétration · sagacité · **2** - **intensité** · gravité · violence

adage *n.m.* · pensée · dicton · maxime · précepte · proverbe · sentence

adaptable *adj.* · modulable · flexible · souple

adaptation *n.f.* **1** - **acclimatation** · acclimatement · accoutumance · ajustement · intégration · **2** - **modification** · accord · transformation · **3** - **transposition** · arrangement · réduction · traduction
CONTR. inadaptation – immutabilité

adapté, e *adj.* · approprié · adéquat · conforme · convenable · idoine *littér.*

adapter *v.tr.* **1** - **assembler** · abouter · ajuster · joindre · rattacher · réunir · unir · **2** - **approprier** · accommoder · accorder · ajuster · aménager · arranger · assortir · conformer · harmoniser · mettre en accord · moduler · **3** - **transposer** · moderniser · [Cinéma] porter à l'écran · [Théâtre] porter à la scène
» **s'adapter (à)** *v.pron.* **1** - **s'ajuster (à)** · s'acclimater (à) · s'accommoder (à) · s'accorder à, avec · s'accoutumer (à) · s'habituer (à) · s'intégrer (à) · se reconvertir (à) · se mettre au diapason (de) · **2** - **aller avec** · cadrer avec · concorder avec · convenir à · correspondre à
CONTR. séparer ı détacher ı désunir ı disjoindre ı disloquer – opposer

addenda *n.m.* · additif · addition · annexe · appendice · complément · supplément · post-scriptum

additif *n.m.* **1** - **supplément** · addenda · annexe · appendice · complément · postscriptum · **2** - **conservateur** · agent de sapidité

addition *n.f.* **1** - **somme** · total · **2** - **compte** · décompte · dû · facture · note · prix à payer · relevé · douloureuse *fam.* · **3** - **adjonction** · ajout · **4** - **ajout** · additif · complément · supplément · [à la fin d'un ouvrage] addenda · annexe · appendice
CONTR. déduction ı soustraction
» note

additionnel, -elle *adj.* · ajouté · adjoint · annexé · complémentaire · en supplément · joint · subsidiaire · supplémentaire

additionner *v.tr.* **1** - **totaliser** · faire la somme de · sommer *(Math.)* · **2** - **ajouter** · compléter par · **3** - [d'eau, etc.] **allonger** · couper · diluer · étendre · mouiller · rallonger
CONTR. soustraire

adepte *n.* **1** - **partisan** · allié · défenseur · soutien · sympathisant · tenant · **2** - **disciple** · fidèle · prosélyte · recrue · **3** - **amateur** · ami

adéquat, e *adj.* · approprié · ad hoc · convenable · dans la note · juste · pertinent · idoine *littér.*
CONTR. inadéquat ı impropre ı inapproprié

adéquation *n.f.* · concordance · accord · convenance

adhérence *n.f.* **1** - **collage** · accolement · liaison · soudure · **2** - **tenue de route**

adhérent, e *n.* **1** - **membre** · affilié · cotisant · militant · participant · recrue · souscripteur · **2** - **adepte** · partisan

adhérer à *v.tr.ind.* **1** - **(se) coller à** · faire corps avec · se souder à · tenir à · **2** - **approuver** · accepter · accorder son soutien à · adopter · se rallier à · souscrire à · suivre · **3** - **s'affilier à** · cotiser à · devenir membre de · s'engager dans · s'enrôler dans · entrer dans · s'inscrire à · se joindre à · rejoindre
CONTR. se détacher ı tomber – désapprouver ı rejeter – se retirer de ı démissionner ı quitter

adhésif, -ive adj. · collant

adhésion n.f. **1 - accord** · acceptation · agrément · approbation · assentiment · consentement · suffrage · **2 - affiliation** · inscription · souscription

CONTR. opposition ı refus – démission

🙰 **consentement**

ad hoc adj. → **convenable**

adipeux, -euse adj. · gras · bouffi · empâté · enveloppé · grassouillet · gros · obèse · rondouillard

adjacent, e adj. · attenant · contigu · juxtaposé · limitrophe · mitoyen · voisin

adjoindre v.tr. **1 - associer** · attacher · joindre · **2 - ajouter** · accoler · annexer · apposer · joindre · juxtaposer · lier · rapprocher · rattacher · unir

🙰 **s'adjoindre** v.pron. s'associer · s'attacher · engager · prendre · recruter

adjoint, e n. · collaborateur · aide · alter ego · assesseur · assistant · associé · attaché · auxiliaire · bras droit · lieutenant · remplaçant · second · suppléant

🙰   adjoint, assistant, auxiliaire

L'**adjoint**, l'**assistant** et l'**auxiliaire** ont tous trois pour rôle d'apporter leur aide à quelqu'un. Une personne peut avoir plusieurs **adjoints** qui se substitueront à elle quand cela est nécessaire : *le premier adjoint du maire a pouvoir de célébrer un mariage.* Les **assistants** complètent l'action, le travail de quelqu'un et ne pourraient le remplacer : *un assistant caméraman, une assistante médicale.* L'**auxiliaire** est lui aussi moins qualifié que celui qu'il seconde ou remplace ; il fournit une aide qui, pour utile qu'elle soit, peut n'être que provisoire : *un professeur auxiliaire en voie de titularisation.*

adjonction n.f. **1 - rattachement** · annexion · association · réunion · **2 - addition** · additif · addenda · annexe · appendice · complément · rajout · supplément

adjudication n.f. attribution

✦ **vente par adjudication**   vente aux enchères

adjuger v.tr. attribuer · accorder · décerner · donner · gratifier de · octroyer

🙰 **s'adjuger** v.pron. s'approprier · accaparer · s'annexer · s'emparer de · truster fam.

adjurer v.tr. · implorer · conjurer · prier · supplier

admettre v.tr. **1 - reconnaître** · accepter · accorder · avouer · comprendre · consentir · convenir de · croire · **2 - tolérer** · accepter · approuver · autoriser · permettre · souffrir · souscrire à · supporter · **3 - accueillir** · accepter · affilier · agréer · introduire · recevoir · **4 - supposer** · imaginer

CONTR. contester ı dénier – exclure ı mettre son veto ı refuser ı rejeter

administrateur, -trice n. **1 - directeur** · dirigeant · fondé de pouvoir · gérant · gestionnaire · intendant · manager · responsable · régisseur · **2 - agent** · fonctionnaire

administratif, -ive adj. · officiel · bureaucratique · public · réglementaire

administration n.f. **1 - direction** · conduite · gérance · gestion · gouvernement · management · pilotage fam. · **2 - fonction publique** · **3 - bureaucratie** · paperasserie

administrer v.tr. **1 - diriger** · commander · conduire · faire marcher · gérer · manager · mener · piloter · **2 - donner** · faire absorber · faire prendre • [une correction] infliger · donner · filer fam. · flanquer fam.

admirable *adj.* **1 - magnifique** · éblouissant · incomparable · merveilleux · splendide · sublime · superbe · **2 - remarquable** · étonnant · excellent · exceptionnel · extraordinaire · prodigieux
CONTR. horrible ı laid – banal ı lamentable ı ordinaire

admirablement *adv.* · merveilleusement · à merveille · extraordinairement · magnifiquement · parfaitement · prodigieusement · splendidement · superbement · très bien
CONTR. horriblement ı atrocement

admirateur, -trice *n.* · enthousiaste · adorateur · inconditionnel · fan *fam.* · groupie *fam.*
CONTR. contempteur ı critique ı dénigreur

admiratif, -ive *adj.* · émerveillé · ébloui · fasciné
CONTR. méprisant ı dédaigneux ı hautain

admiration *n.f.* · éblouissement · émerveillement · engouement · enthousiasme · ravissement · emballement *fam.*

admirer *v.tr.* · s'émerveiller de · s'engouer pour · s'enthousiasmer pour · s'extasier devant · être en extase devant · faire grand cas de · porter aux nues
CONTR. mépriser ı dédaigner

admissible *adj.* **1 - recevable** · acceptable · concevable · plausible · valable · **2 - supportable** · acceptable · tolérable · **3 - suffisant** · acceptable · convenable · correct · passable · potable *fam.*
CONTR. inadmissible ı irrecevable – insupportable ı intolérable ı inacceptable – ajourné ı refusé

admission *n.f.* · entrée · accueil · adhésion · introduction · réception

admonestation *n.f.* · blâme · avertissement · exhortation · gronderie · leçon · remontrance · réprimande · reproche · sermon · semonce · engueulade *fam.* · savon *fam.*

admonester *v.tr.* · réprimander · faire la morale à · gourmander · gronder · houspiller · sermonner · engueuler *fam.* · secouer *fam.* · passer un savon à *fam.* · sonner les cloches à *fam.* · chapitrer *littér.* · morigéner *littér.* · tancer *littér.* · semoncer *rare*

adolescence *n.f.* · jeunesse · formation · puberté

adolescent, e *n. et adj.* **1 - jeune** · teenager *anglic.* · jeuns *lang. jeunes* · **2 -** → **jeune homme** · **3 -** → **jeune fille**

adonner à (s') *v.pron.* **1 - se consacrer à** · cultiver · s'appliquer à · s'attacher à · se donner à · s'occuper à · pratiquer · **2 - se livrer à** · s'abandonner à · s'abîmer dans · se laisser aller à · sombrer dans · tomber dans

adopter *v.tr.* **1 - choisir** · élire · opter pour · **2 - approuver** · acquiescer · consentir à · être d'accord avec · **3 - entériner** · faire passer · ratifier · voter · **4 - suivre** · s'aligner sur · se convertir à · embrasser · épouser · **5 - employer** · emprunter · avoir recours à · user de
CONTR. désapprouver ı s'opposer (à) – abandonner ı rejeter

adoption *n.f.* **1 - choix** · élection · sélection · **2 - approbation** · consentement · ralliement · **3 - ratification** · sanction · vote

adorable *adj.* **1 - ravissant** · charmant · gracieux · joli · mignon · craquant *fam.* · **2 - aimable** · délicieux · exquis · gentil

adorateur, -trice *n.* **1 - admirateur** · dévot · fidèle · idolâtre · fan *fam.* · groupie *fam.* · **2 - amoureux** · admirateur · amant · soupirant · galant *vieilli*

adoration *n.f.* **1 - culte** · dévotion · ferveur · idolâtrie · vénération · **2 - admiration** · adulation · amour · dévotion · idolâtrie · passion · respect · vénération
CONTR. blasphème ı impiété – mépris ı haine

adorer v.tr. **1 - vénérer** · glorifier · idolâtrer · rendre gloire à · rendre hommage à · rendre un culte à · révérer · servir · **2 - aimer (à la folie)** · aduler · être fou de · idolâtrer · raffoler de · vénérer · chérir *littér.*

CONTR. blasphémer – détester ׀ avoir en horreur ׀ exécrer ׀ haïr

adosser v.tr. appuyer · accoter · plaquer contre

⋙ **s'adosser** v.pron. s'appuyer · prendre appui contre · se mettre dos à

adoucir v.tr. **1 - édulcorer** · sucrer · **2 - atténuer** · alléger · amortir · calmer · diminuer · estomper · étouffer · réduire · soulager · **3 - modérer** · assouplir · mitiger · tempérer · mettre un bémol à *fam.* · **4 - attendrir** · amadouer · amollir · apprivoiser · désarmer · fléchir

⋙ **s'adoucir** v.pron. **1 - se réchauffer** · s'attiédir · se radoucir · tiédir · **2 - s'attendrir** · fléchir · se radoucir · **3 - se modérer** · s'assagir · se calmer · en rabattre · mettre de l'eau dans son vin

CONTR. aggraver ׀ augmenter ׀ exacerber – durcir ׀ aigrir ׀ endurcir – s'exprimer ׀ éclater ׀ se laisser aller

adoucissant, e

■ *adj.* **1 - calmant** · lénifiant · **2 - baume** · lénitif

■ *n.m.* **assouplissant** · adoucisseur

CONTR. irritant

adoucissement *n.m.* **1 - réchauffement** · attiédissement · radoucissement · **2 - allégement** · affaiblissement · apaisement · atténuation · diminution · soulagement

CONTR. refroidissement – alourdissement ׀ aggravation

¹**adresse** *n.f.* **1 - destination** · **2 - domicile** · habitation · résidence · coordonnées *fam.*

✦ **à l'adresse de** à l'intention de · à l'endroit de

²**adresse** *n.f.* **1 - agilité** · aisance · art · dextérité · habileté · savoir-faire · souplesse · tour de main · virtuosité · **2 - habileté** · art · diplomatie · doigté · entregent · finesse · habileté · industrie · ingéniosité · intelligence · maestria · maîtrise · science · subtilité · talent

✦ **tour d'adresse** acrobatie · escamotage · jonglerie · tour de passe-passe · tour de prestidigitation · truc

> **adresse, dextérité, habileté**
> Bien exécuter un geste peut se faire avec **adresse** lorsque les mouvements du corps ou des mains sont ceux qui conviennent le mieux pour obtenir le résultat escompté *(l'adresse d'un jongleur, un jeu d'adresse)*. La **dextérité** requiert plus particulièrement une très grande aisance manuelle *(la dextérité de la dentellière)*. Quant à l'**habileté**, au-delà de la dimension physique, elle fait entrer en jeu finesse et savoir-faire *(l'habileté d'un artisan horloger ; ouvrage d'art exécuté avec habileté)*.

adresser v.tr. **1 - expédier** · envoyer · faire parvenir · poster · transmettre · **2 -** [à un médecin, etc.] **diriger vers** · **3 - dédier** · dédicacer · **4 - exprimer** · présenter · proférer · transmettre · **5 - décocher** · allonger · donner · envoyer

⋙ **s'adresser à** v.pron. **1 - parler à** · demander à · interpeller · questionner · **2 - recourir à** · aller voir · avoir recours à · faire appel à · solliciter · se tourner vers · **3 - concerner** · avoir pour cible · être destiné à · regarder · toucher

adroit, e *adj.* **1 - habile** · exercé · expérimenté · expert · [tireur, etc.] d'élite · **2 - astucieux** · délié · diplomate · fin · habile · intelligent · malin · politique · rusé · subtil · insinuant *péj.*

✦ **être très adroit** être adroit comme un singe

CONTR. maladroit ׀ gauche ׀ malhabile – bête ׀ grossier ׀ inintelligent ׀ lourd ׀ stupide

adroitement *adv.* · habilement · avec adresse · astucieusement · avec tact · diplomatiquement · finement
CONTR. maladroitement ׀ brutalement ׀ gauchement ׀ mal

adulation *n.f.* **1 -** adoration · culte · dévotion · **2 -** [vieilli] flatterie · flagornerie · servilité

aduler *v.tr.* **1 -** admirer · adorer · aimer · chérir *littér.* · idolâtrer · **2 -** [vieilli] flatter · caresser · courtiser · encenser · louanger
CONTR. critiquer ׀ honnir

adulte *adj. et n.* **1 -** développé · fait · formé · mûr · **2 -** majeur · grand · grande personne · **3 -** responsable · mûr · posé · raisonnable · réfléchi · sérieux

¹**adultère** *adj.* · infidèle

²**adultère** *n.m.* infidélité · trahison · tromperie · cocuage *fam.*

advenir *v.intr.* · arriver · avoir lieu · se passer · se produire · survenir

adversaire *n.* **1 -** concurrent · antagoniste · challenger *anglic.* · compétiteur · rival · **2 -** contradicteur · contestataire · ennemi · opposant
CONTR. allié ׀ ami ׀ partenaire – partisan
➣ opposant

adverse *adj.* **1 -** opposé · concurrent · ennemi · rival · **2 - défavorable** · contraire · hostile · opposé
CONTR. allié ׀ ami – favorable ׀ bienveillant

adversité *n.f.* **1 -** malchance · difficulté · épreuve · malheur · misère · poisse *fam.* · **2 - fatalité** · infortune · mauvais sort · mauvaise fortune
CONTR. chance ׀ bonheur ׀ prospérité ׀ veine – fortune ׀ félicité

aérateur *n.m.* · climatiseur · ventilateur

aération *n.f.* · ventilation

aérer *v.tr.* **1 - ventiler** · mettre à l'air · **2 - espacer** · alléger · clarifier · éclaircir
➣ **s'aérer** *v.pron.* **1 - prendre l'air** · s'oxygéner · prendre un bol d'air · respirer · **2 - se changer les idées** · se détendre · se distraire · décompresser *fam.*

aérien, -ienne *adj.* **1 - léger** · immatériel · vaporeux · **2 - divin** · céleste · éthéré · limpide · pur

aéroglisseur *n.m.* **1 - hovercraft** · hydroglisseur · naviplane · **2 - aérotrain**

aéronautique *n.f.* · aviation

aéronaval, e *adj. et n.f.* · aéronautique

aéronef *n.m.* · aérostat · astronef · aérodyne

aéroplane *n.m.* · avion

aéroport *n.m.* · aérodrome · aérogare

    ➣ aéroport, aérodrome, aérogare

L'**aéroport**, qu'il soit international ou de dimensions plus modestes, comprend les diverses installations qui permettent le trafic aérien. Il est constitué de l'**aérogare**, c'est-à-dire de la totalité des bâtiments réservés tant aux voyageurs qu'au fret (*la nouvelle aérogare F de l'aéroport de Roissy*), et de l'**aérodrome**, soit du terrain aménagé pour le décollage et l'atterrissage des avions (*l'avion vient de se poser sur l'aérodrome*). Par extension, on emploie aussi **aérodrome** pour désigner un petit **aéroport** (*l'aérodrome du Bourget*).

aérosol *n.m.* · atomiseur · nébuliseur · pulvérisateur · vaporisateur

aérostat *n.m.* · ballon · dirigeable · montgolfière · zeppelin
↦ **ballon**

affabilité *n.f.* · amabilité · bienveillance · douceur · gentillesse · bonne grâce · civilité · complaisance · courtoisie · obligeance · politesse
CONTR. brusquerie ı impolitesse ı incivilité ı rudesse

affable *adj.* · aimable · accueillant · avenant · courtois · engageant · gracieux · liant · obligeant · poli · sociable · sympathique
CONTR. brusque ı antipathique ı désagréable ı désobligeant ı impoli

affabulation *n.f.* · mensonge · invention · fabulation

affabuler *v.intr.* · mentir · inventer · fabuler

affadir *v.tr.* **1 - édulcorer** · dénaturer · ôter la saveur de · rendre fade · **2 - atténuer** · adoucir · affaiblir · amoindrir · émousser · modérer · réduire · tempérer · **3 - décolorer** · délaver · détremper · éclaircir · effacer · estomper · pâlir
CONTR. pimenter ı épicer ı relever – affermir ı consolider ı fortifier ı renforcer – colorer ı assombrir ı foncer

affaiblir *v.tr.* **1 - anémier** · amoindrir · diminuer · épuiser · éreinter · exténuer · fatiguer · fragiliser · miner · **2 - atténuer** · émousser · modérer · tempérer · user · **3 - ébranler** · atteindre · entamer · porter atteinte à · ruiner · saper
⋙ **s'affaiblir** *v.pron.* **1 - dépérir** · baisser · décliner · diminuer · s'étioler · faiblir · **2 - baisser** · s'atténuer · décliner · décroître · diminuer · faiblir · vaciller
CONTR. fortifier ı consolider ı développer ı renforcer – exagérer ı grossir – renforcer ı consolider

affaiblissement *n.m.* **1 - fatigue** · asthénie · avachissement · dépérissement · épuisement · **2 - amoindrissement** · atténuation · baisse · diminution · **3 - déclin** · altération · décadence · déchéance · défaillance · dégénérescence · dégradation · usure
CONTR. détente ı forme ı repos – amplification – épanouissement ı essor ı progrès

affaire *n.f.*
I entreprise · commerce · firme · magasin · société
II 1 - question · problème · sujet · **2 - histoire** · intrigue · scandale · **3 - procès** · cas · cause · litige
III aubaine · occasion

✦ **en faire (toute) une affaire** en faire (tout) un monde · faire (toute) une comédie · en faire (tout) un drame · en faire (toute) une histoire · en faire (tout) un plat *fam.*

✦ **faire affaire (avec)** traiter avec · conclure avec · toper

✦ **faire l'affaire** convenir · aller · être adéquat

✦ **c'est mon affaire** ça me regarde · c'est mes oignons *fam.*

✦ **se tirer d'affaire** **1 - s'en sortir** · se tirer d'embarras · **2 - se débrouiller**

⋙ **affaires** *plur.* **1 - économie** · business *anglic.* · finance · **2 - effets personnels** · bagage · vêtements · **3 - activités** · devoirs · obligations · occupations · tâches · travail · besogne *vieux*

affairé, e *adj.* · actif · occupé
CONTR. désœuvré ı inactif ı inoccupé ı oisif
↦ **occupé**

affairer (s') *v.pron.* · s'occuper · s'activer · s'agiter · se démener · se donner de la peine, du mal · s'empresser · se mettre en quatre *fam.*

affaissement *n.m.* **1 - éboulement** · chute · écroulement · effondrement · glissement · tassement · **2 - avachissement** ·

ramollissement · relâchement · **3 - accablement** · abattement · dépression · prostration

affaisser v.tr. **1 - tasser** · **2 - affaiblir** · abattre · accabler · amoindrir · déprimer

↠ **s'affaisser** v.pron. **1 - s'effondrer** · s'ébouler · s'écrouler · tomber · **2 - plier** · se courber · fléchir · glisser · ployer · se tasser · **3 - se laisser tomber** · s'affaler · s'écrouler · s'effondrer · se laisser glisser · s'avachir fam. · **4 - s'affaiblir** · baisser · crouler · décliner · plonger

CONTR. relever – se redresser

affaler v.tr. [une voile] descendre · amener

↠ **s'affaler** v.pron. tomber · s'abattre · s'affaisser · s'écrouler · s'effondrer · se laisser tomber · se vautrer · s'étaler fam. · s'avachir fam.

affamé, e
■ adj. **1 - famélique** · **2 - vorace**
✦ **affamé de** avide · altéré · assoiffé
■ n. **crève-la-faim** fam. · crevard fam. · misérable

CONTR. rassasié ı assouvi ı repu

¹**affectation** n.f. **1 - attribution** · assignation · destination · imputation · **2 - nomination** · désignation · détachement · mutation · **3 - poste** · emploi

²**affectation** n.f. **1 - préciosité** · apprêt · grands airs · manières · minauderie · pose · recherche · chichis fam. · simagrées fam. · afféterie littér. · **2 - comédie** · bluff fam. · chiqué fam.

affecté, e adj. **1 - artificiel** · composé · contraint · conventionnel · de commande · emprunté · étudié · factice · faux · feint · forcé · **2 - cérémonieux** · apprêté · maniéré · minaudier · mièvre · recherché · ostentatoire · outré · pédant · poseur · précieux · prétentieux

CONTR. naturel ı authentique ı simple ı spontané

¹**affecter** v.tr. · feindre · afficher · contrefaire · étaler · jouer · prendre l'air de · simuler
↠ **afficher** ↠ **feindre**

²**affecter** v.tr. **1 - attribuer** · assigner · consacrer · dédier · destiner · imputer · **2 - désigner** · destiner · établir · installer · mettre en place · muter · nommer · **3 - classer** · qualifier · spécifier

³**affecter** v.tr. **1 - agir sur** · atteindre · marquer · toucher · **2 - émouvoir** · affliger · attrister · chagriner · désoler · frapper · impressionner · peiner · secouer · troubler · remuer fam.

CONTR. laisser froid ı laisser indifférent

affectif, -ive adj. · émotionnel · passionnel · sentimental

affection n.f. **1 - attachement** · amitié · amour · affinité · inclination · penchant · piété · sentiment · sympathie · tendresse · **2 - maladie** · indisposition · mal · syndrome

CONTR. aversion ı désaffection ı hostilité ı indifférence ı inimitié

affectionné, e adj. **1 - affectueux** · aimant · dévoué · fidèle · tendre · **2 - aimé** · préféré

affectionner v.tr. · aimer · avoir du goût pour · apprécier · avoir une prédilection pour · raffoler de · goûter littér. · priser littér. · kiffer lang. jeunes

CONTR. détester

affectivité n.f. · sensibilité · émotivité

affectueusement adv. · tendrement · amicalement · chaleureusement

CONTR. froidement ı durement ı sèchement

affectueux, -euse adj. **1 - aimant** · câlin · doux · tendre · **2 - amical** · chaleureux · cordial · fraternel · gentil

CONTR. froid ı dur ı insensible ı sec – hostile ı inamical ı indifférent ı malveillant ı méchant

affermir v.tr. **1 - raffermir** · durcir · raidir · **2 - renforcer** · affirmer · ancrer · cimenter · conforter · consolider · encourager · fortifier · réconforter · revigorer • [le caractère] tremper
CONTR. amollir − affaiblir ı ébranler

affichage n.m. **1 - présentation** · annonce · publication · publicité · **2 -** [Inform.] **visualisation**

affiche n.f. **1 - annonce** · affichette · avis · panneau publicitaire · placard · publicité · **2 - poster** · **3 - distribution** · casting

afficher v.tr. **1 - placarder** · apposer · **2 - indiquer** · annoncer · publier · **3 -** [Inform.] **présenter** · visualiser · **4 - manifester** · affecter · déployer · étaler · exhiber · exposer · extérioriser · faire étalage de · montrer · présenter · professer
⟫ **s'afficher** v.pron. se montrer · s'exhiber · parader · se pavaner

> ✎ *afficher, affecter*
> On **affiche** ses sentiments, ses opinions quand on en fait étalage : *afficher son niveau de vie dans le choix d'un véhicule ; afficher sa fierté d'avoir réussi un examen.* **Affecter** suppose aussi la démonstration publique, sans pour autant que le sentiment, l'opinion, etc. soient réellement éprouvés : « Ne pas affecter les qualités et les vertus que l'on souhaiterait d'avoir mais que l'on n'a pas » (Gide, *Journal*, 1927).

affidé, e n. · acolyte · agent · homme à tout faire

affilé, e adj. **1 - affûté** · aiguisé · coupant · pointu · tranchant · **2 - acéré** · aigu · incisif · pénétrant · vif

affilée (d') loc. adv. · à la file · à la suite · de suite · d'une seule traite · durant · en continu · non-stop · sans arrêt · sans s'arrêter · sans interruption

affiler v.tr. · aiguiser · affûter

affiliation n.f. **1 - adhésion** · enrôlement · inscription · **2 - admission** · entrée · incorporation · intégration · rattachement

affilié, e adj. et n. · adhérent · cotisant · inscrit · membre

affilier v.tr. **intégrer** · enrôler · incorporer · rattacher
⟫ **s'affilier à** v.pron. **adhérer à** · entrer à, dans · s'inscrire à · rejoindre

affinage n.m. **1 - raffinage** · dépuration · épuration · purification · **2 -** [du fromage] **maturation** · **3 - finissage**

affiner v.tr. **1 - amincir** · **2 - épurer** · dégrossir · purifier · raffiner · **3 - éduquer** · civiliser · délier · perfectionner · polir · raffiner
⟫ **s'affiner** v.pron. **1 - se préciser** · prendre tournure · **2 - s'éduquer** · se perfectionner · se raffiner
CONTR. alourdir ı épaissir

affinité n.f. **1 - parenté** · analogie · conformité · correspondance · harmonie · liaison · rapport · relation · ressemblance · **2 - accord** · attirance · attraction · goût · inclination · penchant · sympathie
CONTR. opposition ı désaccord − antipathie ı aversion ı dégoût ı répulsion

affirmatif, -ive adj. **1 - catégorique** · brutal · net · péremptoire · sans appel · tranchant · **2 - assertif** · positif
CONTR. confus ı équivoque ı évasif − négatif

affirmation n.f. **1 - déclaration** · allégation · assertion · attestation · jugement · propos · prise de position · **2 - démonstration** · confirmation · expression · manifestation · preuve · témoignage
CONTR. démenti ı négation − doute ı question

ॐ affirmation, allégation, assertion

L'**affirmation** exclut le doute sur le contenu de ce qui est dit : celui qui parle donne pour vrai ce qui est exprimé : *une affirmation péremptoire.* Avec l'**assertion**, ce que l'on dit est soutenu comme étant vrai, mais peut en fait être faux : *un article truffé d'assertions définitives ; il est toujours nécessaire de vérifier une assertion.* L'**allégation** présente pour vrai ce que l'on avance, mais de manière peu fondée et, souvent, mensongère : *ses allégations calomnieuses ; je réfute ces allégations.* Le mensonge et l'**allégation** sont d'ailleurs souvent associés : « Cette allégation est un pur mensonge, bien qu'elle traîne partout » (Montherlant, *Malatesta*, III, V, 1946).

affirmé, e *adj.* · net · tranché · visible

affirmer *v.tr.* 1 - assurer · alléguer · avancer · certifier · déclarer · maintenir · prétendre · soutenir · 2 - manifester · confirmer · démontrer · exprimer · extérioriser · montrer · prouver · témoigner

≫ **s'affirmer** *v.pron.* 1 - s'affermir · se confirmer · se consolider · se fortifier · se renforcer · 2 - se manifester · se déclarer · se dessiner · s'exprimer · s'extérioriser · se montrer · se produire

CONTR. contester ׀ démentir ׀ nier – cacher ׀ celer ׀ dissimuler ׀ taire

affleurer *v. intr.* · se manifester · apparaître · émerger · percer · poindre · sortir · transparaître

CONTR. s'enfoncer

affliction *n.f.* · chagrin · abattement · accablement · amertume · consternation · déchirement · désespoir · désolation · détresse · deuil · douleur · peine · souffrance · tristesse · tourment

CONTR. allégresse ׀ gaieté ׀ joie ׀ jubilation

affligé, e

■ *adj.* **peiné** · abattu · accablé · affecté · attristé · contrarié · chagriné · désespéré · désolé · navré · souffrant · triste

✦ **affligé de** frappé de · atteint de · doté de · pourvu de

■ *n.* [littér.] **malheureux** · déshérité · infortuné · malchanceux · pauvre · paria · réprouvé · gueux *péj.*

affligeant, e *adj.* 1 - attristant · décourageant · démoralisant · déplorable · déprimant · triste · 2 - lamentable · calamiteux · consternant · désastreux · désespérant · désolant · misérable · navrant · nul · pitoyable · minable *fam.*

CONTR. réjouissant ׀ consolant ׀ réconfortant – encourageant ׀ prometteur

affliger *v.tr.* 1 - peiner · affecter · attrister · chagriner · contrarier · désespérer · fendre le cœur de · contrister *littér.* · 2 - consterner · abattre · accabler · désoler · navrer · 3 - frapper · accabler · atteindre · faire souffrir · mettre à l'épreuve · 4 - [iron.] doter · nantir

CONTR. réjouir ׀ consoler ׀ ravir ׀ réconforter

affluence *n.f.* 1 - afflux · arrivée · écoulement · flux · flot · 2 - abondance · avalanche · débordement · déferlement · déluge · foisonnement · pluie · profusion · quantité · 3 - foule · multitude · presse · rassemblement · réunion · rush

ॐ **foule**

affluer *v.intr.* 1 - couler · arriver · se déverser · monter · 2 - converger · accourir · se bousculer · déferler · se masser · se presser

afflux *n.m.* · affluence · arrivée · déferlement · flot · flux · ruée · vague

affolant, e *adj.* 1 - effrayant · alarmant · épouvantable · inquiétant · terrible · 2 - excitant · affriolant · aguichant

CONTR. rassurant ׀ sécurisant ׀ tranquillisant

affolé, e *adj.* **1 - effrayé** · alarmé · effaré · épouvanté · terrifié · **2 - désorienté** · agité · bouleversé · déboussolé · égaré · troublé · qui a perdu le nord · qui a perdu les pédales *fam.*

CONTR. calme ı serein

affolement *n.m.* **1 - peur** · alarme · crainte · effroi · épouvante · inquiétude · panique · terreur · **2 - agitation** · bouleversement · désarroi · émotion · égarement · trouble · **3 - désordre** · hâte · précipitation

CONTR. calme ı sérénité

affoler *v.tr.* **1 - effrayer** · alarmer · apeurer · effarer · épouvanter · inquiéter · paniquer · terrifier · terroriser · **2 - déboussoler** · agiter · bouleverser · désorienter · égarer · troubler · **3 - exciter** · aguicher · affrioler · enflammer · troubler · allumer *fam.*

≫ **s'affoler** *v.pron.* **1 - prendre peur** · s'effrayer · paniquer · perdre la tête · perdre le nord *fam.* · perdre la boule *fam.* · **2 - s'angoisser** · s'alarmer · se faire du souci · s'inquiéter · se tourmenter · se frapper *fam.* · **3 - se dépêcher** · s'agiter · se hâter · se précipiter · se dégrouiller *fam.*

CONTR. calmer ı rassurer

affranchir *v.tr.* **1 - libérer** · briser les fers, les liens, le joug de · délier · délivrer · émanciper · **2 - décharger** · débarrasser · défaire · dégager · détaxer · exempter · exonérer · soustraire à · **3 - timbrer** · composter · taxer · **4 -** [fam.] **informer** · initier · mettre au courant · renseigner · mettre au parfum *fam.* · rancarder *fam.*

≫ **s'affranchir (de)** *v.pron.* **1 - se libérer (de)** · briser, rompre ses liens · secouer le joug · se délivrer (de) · s'émanciper (de) · couper le cordon (ombilical) *fam.* · **2 - se débarrasser de** · se défaire de · rejeter · se soustraire à

CONTR. asservir ı assujettir ı dominer ı soumettre – astreindre ı contraindre ı obliger

affranchissement *n.m.* **1 - timbrage** · compostage · **2 - libération** · délivrance · émancipation · **3 - indépendance** · franchise · liberté

CONTR. asservissement ı assujettissement ı domination

affres *n.f.pl.* · **tourments** · angoisse · torture · transes *vieux ou littér.*

affréter *v.tr.* · louer · fréter · noliser

affreusement *adv.* · horriblement · épouvantablement · terriblement

affreux, -euse *adj.* **1 - laid** · difforme · disgracieux · hideux · horrible · monstrueux · repoussant · répugnant · vilain · moche *fam.* · **2 - effrayant** · effroyable · épouvantable · monstrueux · terrible · **3 - odieux** · atroce · détestable · exécrable · horrible · ignoble · infect · **4 - désagréable** · pénible · triste

CONTR. beau ı charmant ı gracieux ı joli ı ravissant – rassurant – agréable ı adorable ı aimable

affriolant, e *adj.* · désirable · aguichant · alléchant · attirant · charmant · charmeur · émoustillant · ensorcelant · excitant · séduisant · sexy *fam.*

affront *n.m.* **1 - offense** · gifle · humiliation · injure · insulte · outrage · vexation · camouflet *littér.* · **2 - échec** · honte · mortification · **3 - ravage** · outrage

CONTR. louange ı éloge ı panégyrique

affrontement *n.m.* **1 - bataille** · choc · combat · guerre · heurt · **2 - face-à-face** · duel · mise en présence · **3 - match** · rencontre · tournoi

affronter *v.tr.* **1 - combattre** · attaquer · s'attaquer à · lutter contre · s'opposer à · **2 - faire face à** · se colleter à · s'exposer à · faire front devant · se heurter à · rencontrer · **3 - défier** · braver · se mesurer à

≫ **s'affronter** *v.pron.* **1 - se heurter** · s'attaquer · se combattre · être en conflit ·

s'opposer • **2 - être en compétition** • être en, se faire concurrence • se mesurer • se rencontrer

affublement *n.m.* • accoutrement • défroque • déguisement • harnachement

affubler *v.tr.* **1 - accoutrer** • déguiser • travestir • vêtir • attifer *fam.* • fagoter *fam.* • harnacher *fam.* • **2 - donner** • gratifier de • octroyer • coller *fam.*

affût *n.m.* **1 - cache** • **2 - guet**
✦ **être à l'affût** guetter • être aux aguets • épier • observer • surveiller

affûtage *n.m.* • aiguisage • affilage • repassage

affûté, e *adj.* **1 - aiguisé** • tranchant • **2 - fin** • aigu • pénétrant • rusé

affûter *v.tr.* **1 - affiler** • aiguiser • émoudre • repasser • **2 - appointer** • tailler
CONTR. émousser ∣ épointer ∣ moucheter

affûteur, -euse *n.* • aiguiseur • émouleur • rémouleur

afin de *loc. prép.* **pour** • dans le but de • dans le dessein de • dans l'intention de • de manière à • en vue de
✦ **afin que, afin de** pour (que)

a fortiori *loc. adv.* • à plus forte raison • raison de plus

after-shave *n.m. invar.* • après-rasage

agaçant, e *adj.* • énervant • contrariant • crispant • déplaisant • enrageant • excédant • exaspérant • horripilant • insupportable • irritant • rageant • casse-pieds *fam.* • chiant *très fam.* • collant *fam.* • embêtant *fam.* • emmerdant *très fam.* • enquiquinant *fam.* • tannant *fam.*
CONTR. apaisant ∣ agréable ∣ calmant ∣ lénifiant ∣ reposant

agacement *n.m.* **1 - irritation** • énervement • exaspération • impatience • **2 - contrariété** • déplaisir • désagrément • embêtement • ennui • emmerdement *fam.*

agacer *v.tr.* **1 - énerver** • contrarier • crisper • ennuyer • exaspérer • excéder • faire enrager • hérisser • horripiler • impatienter • indisposer • irriter • porter, taper sur les nerfs à *fam.* • casser les pieds à *fam.* • embêter *fam.* • faire chier *très fam.* • gonfler *fam.* • mettre en boule *fam.* • **2 - provoquer** • exciter • taquiner • asticoter *fam.* • enquiquiner *fam.* • tanner *fam.* • titiller *fam.* • **3 - exacerber** • exciter • piquer • **4 - aguicher** • affrioler • taquiner
CONTR. apaiser ∣ calmer ∣ détendre ∣ soulager

agapes *n.f.pl.* • festin • banquet • gueuleton *fam.*

âge *n.m.* **1 - ancienneté** • génération • temps • **2 - existence** • vie • **3 - période** • ère • époque • heure • saison • temps
✦ **âge d'or** belle époque • prospérité • temps heureux
✦ **âge tendre** jeunesse • enfance • adolescence
✦ **prendre de l'âge** vieillir • prendre de la bouteille *fam.*

âgé, e *adj.* • vieux • rassasié de jours *lang. biblique* • croulant *fam., péj.* • usé *fam., péj.*
CONTR. jeune

agence *n.f.* **1 - établissement** • bureau • comptoir • service • succursale • **2 - administration** • cabinet • office

agencement *n.m.* • arrangement • aménagement • composition • disposition • distribution • installation • ordonnance • ordre • organisation • répartition • structure
CONTR. désordre

agencer *v.tr.* **1 - disposer** • arranger • aménager • combiner • composer • distribuer •

installer · ordonner · organiser · structurer · **2 -** coordonner · arranger · combiner · manigancer

⋙ **s'agencer** v.pron. s'arranger · s'ajuster · prendre sa place

agenda n.m. **1 -** organiseur · aide-mémoire · **2 -** éphéméride · almanach · calendrier

☞ **calendrier**

agenouiller (s') v.pron. se mettre à genoux · mettre un genou en terre · s'incliner · se prosterner

✦ **s'agenouiller devant** **1 -** se soumettre à · capituler devant · céder devant · s'abaisser devant · **2 -** admirer · adorer · vénérer

agent n.m. **1 -** cause · facteur · force · instrument · moyen · origine · principe · **2 -** employé · auxiliaire · bras droit · commis · correspondant · courtier · délégué · émissaire · envoyé · exécutant · fondé de pouvoir · gérant · intermédiaire · intendant · mandataire · préposé · représentant · **3 -** imprésario

✦ **agent de police** gardien de la paix · inspecteur · policier · flic fam. · poulet fam. · condé lang. jeunes · keuf lang. jeunes · schmitt lang. jeunes

✦ **agent de la force publique** gendarme · garde-champêtre

✦ **agent d'affaires** courtier · intermédiaire · mandataire

✦ **agent de change** courtier · broker

✦ **agent secret** espion · barbouze fam. · taupe fam.

✦ **agent de liaison** courrier · estafette

aggiornamento n.m. · réforme

agglomération n.f. **1 -** ville · bourg · bourgade · cité · hameau · localité · mégalopole · métropole · village · zone urbaine · conurbation (Géog.) · **2 -** groupement · réunion

agglomérer v.tr. · agglutiner · agréger · amalgamer · assembler · conglomérer · rassembler

CONTR. désagréger ı disperser ı séparer

agglutiner v.tr. **1 -** coller · agglomérer · agréger · amalgamer · conglomérer · entremêler · lier · mélanger · mêler · **2 -** amasser · accumuler · entasser · réunir · **3 -** joindre · unir

⋙ **s'agglutiner** v.pron. **1 -** se coller · s'agglomérer · **2 -** se joindre · s'accumuler · s'agréger · s'assembler · s'attrouper · s'entasser · se masser · se rassembler

aggravation n.f. · accroissement · augmentation · complication · escalade · intensification · progression · progrès · propagation · recrudescence · redoublement

CONTR. atténuation ı réduction – amélioration

aggraver v.tr. **1 -** empirer · compliquer · envenimer · **2 -** accroître · accentuer · ajouter à · allonger · amplifier · augmenter · étendre · grossir · intensifier · rallonger · renforcer · redoubler

⋙ **s'aggraver** v.pron. **1 -** empirer · aller de mal en pis · se compliquer · dégénérer · se dégrader · se détériorer · s'envenimer · se corser fam. · **2 -** grandir · s'accentuer · augmenter · progresser

CONTR. atténuer – alléger ı diminuer – améliorer – calmer

agile adj. · alerte · adroit · délié · habile · léger · leste · mobile · preste · souple

CONTR. gauche ı lent ı lourd

agilement adv. · lestement · prestement · souplement

agilité n.f. · aisance · adresse · habileté · légèreté · mobilité · souplesse

CONTR. gaucherie ı lenteur ı lourdeur

agio n.m. · commission · charges · frais · intérêts

agiotage n.m. • spéculation • jeu de bourse • boursicotage fam.

agioteur, -euse n. • spéculateur • boursicoteur fam.

agir v.intr. **1 - opérer** • exercer une action • intervenir • jouer • **2 - se comporter** • se conduire • s'y prendre • **3 - entreprendre** • œuvrer • travailler • aller de l'avant • se bouger fam. • se remuer fam.
- **agir sur** influencer • contribuer à • entraîner • faire effet sur • influer sur • peser sur • provoquer • se répercuter sur
- **faire agir** animer • conduire • guider • manœuvrer • mener • mouvoir • pousser

agissements n.m.pl. • manœuvres • intrigues • machinations • manège • menées • combines fam. • cuisine fam. • fricotage fam. • magouillage fam. • magouilles fam. • manigances fam. • micmacs fam. • tripotage fam.

agitateur, -trice n. • perturbateur • émeutier • meneur • révolutionnaire • séditieux • trublion

agitation n.f. **1 - turbulence** • bouillonnement • déchaînement • mouvement • remous • tourmente • tourbillonnement • vibration • **2 - animation** • activité • affairement • effervescence • fièvre • frénésie • fourmillement • grouillement • remue-ménage • tourbillon • **3 - précipitation** • affolement • fièvre • hâte • nervosité • **4 - émoi** • affres • angoisse • anxiété • bouleversement • désarroi • émotion • inquiétude • panique • tourment • **5 - excitation** • délire • fébrilité • surexcitation • trouble • **6 - désordre** • manifestation • mouvement • remous • tohu-bohu • tumulte • embrasement • émeute • insurrection • révolte • révolution • trouble • sédition • bordel fam. • pagaille fam.
CONTR. calme | paix | repos

agité, e
- adj. **1 - instable** • bouillonnant • nerveux • remuant • surexcité • turbulent • **2 - anxieux** • bouleversé • ému • inquiet • **3 - animé** • mouvementé • tourmenté • trépidant • tumultueux • **4 - houleux** • tempétueux
- n. énergumène • enragé • exalté • fanatique • forcené
CONTR. calme | paisible

agiter v.tr.
I **1 - remuer** • secouer • balancer • brandir • **2 -** [la tête] **dodeliner de** • hocher • secouer • balancer • [la queue] frétiller de • remuer
II **1 - émouvoir** • bouleverser • ébranler • remuer • troubler • mettre en émoi • affoler • alarmer • angoisser • effrayer • inquiéter • préoccuper • tourmenter • tracasser • travailler • torturer • **2 - animer** • embraser • enfiévrer • enflammer • exciter • mettre en effervescence • **3 - ameuter** • exciter, pousser à la révolte • soulever
III examiner • aborder • analyser • débattre • discuter • étudier • soulever • traiter
» **s'agiter** v.pron. **1 - remuer** • s'animer • bouger • se dandiner • frétiller • gesticuler • se secouer • se tortiller • se trémousser • ne pas tenir en place • gigoter fam. • **2 - frémir** • frissonner • osciller • trembler • trépider • **3 -** [voile] flotter • claquer • **4 -** [eau] clapoter • bouillonner • tourbillonner • **5 - se démener** • aller et venir • s'affairer • courir • s'empresser • se précipiter • **6 - s'énerver** • s'exciter
CONTR. immobiliser | arrêter | fixer | paralyser | retenir – laisser froid – calmer | apaiser | rassurer

agonie n.f. **1 - fin** • dernière heure • derniers instants • derniers soupirs • **2 - décadence** • chute • crépuscule • déclin • fin
- **à l'agonie** à l'article de la mort • à la dernière extrémité
CONTR. naissance – apogée

agonir v.tr. [d'injures] injurier • insulter • invectiver

agonisant, e adj. • mourant • à l'article de la mort • moribond

agoniser v.intr. **1 - s'éteindre** · être à l'agonie · expirer · mourir · passer euph. · **2 - décliner** · s'effondrer · péricliter · toucher à sa fin
CONTR. naître

agora n.f. · forum · parvis

agrafe n.f. **1 - attache** · épingle · trombone · **2 - broche** · attache · barrette · boucle · clip · épingle · fermoir · fibule · fermail vieux ou Archéo.

agrafer v.tr. **1 - attacher** · accrocher · assembler · épingler · fixer · joindre · maintenir · **2 -** [fam.] → **arrêter**
CONTR. dégrafer ı défaire

agrandir v.tr. **1 - augmenter** · accroître · allonger · amplifier · développer · étendre · élargir · évaser · fortifier · grossir · **2 - dilater** · enfler · gonfler

» **s'agrandir** v.pron. s'accroître · se développer · s'étendre · grandir · prendre de l'ampleur
CONTR. diminuer ı rapetisser ı réduire – comprimer ı condenser ı contracter ı resserrer ı rétrécir

agrandissement n.m. · accroissement · amplification · augmentation · croissance · développement · dilatation · élargissement · évasement · extension · renforcement
CONTR. diminution ı réduction ı déclin ı décroissance ı perte

agréable adj. **1 - beau** · attirant · attrayant · charmant · gracieux · joli · plaisant · séduisant · **2 - mélodieux** · harmonieux · **3 - savoureux** · appétissant · délectable · délicat · délicieux · exquis · **4 - aimable** · doux · flatteur · galant · **5 - sociable** · accommodant · accueillant · affable · amène · avenant · bien élevé · charmant · gentil · plaisant · prévenant · serviable · sympathique · **6 - doux** · facile · heureux · riant · **7 - chouette** fam. · chic fam. · super fam. · sympa fam.
CONTR. déplaisant ı désagréable ı pénible ı rebutant – cacophonique ı discordant ı dissonant – dégoûtant ı rebutant ı repoussant – bourru ı grincheux ı hargneux

agréé, e adj. · conventionné

agréer v.tr. **1 - approuver** · accepter · accueillir favorablement · acquiescer à · admettre · donner son accord, son feu vert à · permettre · **2 - trouver à sa convenance, à son gré** · goûter

✦ **agréer à** plaire à · aller à · convenir à · être au gré de · faire l'affaire de · satisfaire · seoir à littér.

agrégat n.m. · agglomérat · agrégation · assemblage · conglomérat

agrégation n.f. **1 - agglomérat** · agglomération · agrégat · assemblage · **2 - agrég** fam.
CONTR. désagrégation ı effritement ı morcellement ı pulvérisation

agréger v.tr. **1 - agglomérer** · agglutiner · assembler · réunir · **2 - adjoindre** · admettre · affilier · associer · attacher · choisir · coopter · incorporer · intégrer · recruter · réunir · unir
CONTR. désagréger ı effriter ı morceller ı pulvériser

agrément n.m. **1 - acceptation** · accord · acquiescement · adhésion · approbation · assentiment · autorisation · consentement · permission · **2 - attrait** · charme · élégance · grâce · séduction · **3 - bien-être** · bonheur · joie · plaisir · **4 -** [vieux] **enjolivement** · fioriture · garniture · ornement
CONTR. désapprobation ı interdiction ı oposition ı refus

∾ **consentement**

agrémenter v.tr. **1 - décorer** · égayer · embellir · enjoliver · garnir · ornementer · orner · parer · **2 - enrichir** · émailler · rehausser · relever
CONTR. déparer ı enlaidir ı gâter

agresser v.tr. **1 - assaillir** · attaquer · sauter à la gorge de · tomber sur (le paletot de) fam. · **2 - provoquer** · chercher fam. · bouffer le nez à fam. · rentrer dans le lard à fam. · **3 - stresser** · atteindre

agresseur *n.m.* **1 - assaillant** · attaquant · **2 - offenseur** · provocateur

agressif, -ive *adj.* **1 - menaçant** · brutal · hargneux · méchant · mordant · violent · **2 - bagarreur** · batailleur · belliqueux · coléreux · provocateur · querelleur · teigneux *fam.* · **3 - vif** · criard · provocant · violent · **4 - accrocheur** · battant · combatif · pugnace *littér.* · fonceur *fam.*
CONTR. doux ı calme ı inoffensif ı pacifique ı rassurant

agression *n.f.* **1 - attaque** · **2 - nuisance**

agressivement *adv.* · brutalement · méchamment · violemment

agressivité *n.f.* **1 - combativité** · ardeur · hargne · mordant · pugnacité *littér.* · **2 - brutalité** · malveillance · méchanceté · provocation · violence
CONTR. passivité ı frilosité ı pusillanimité – douceur ı amabilité ı bienveillance ı gentillesse

agreste *adj.* · rural · agraire · agricole · bucolique · campagnard · champêtre · pastoral · paysan · rustique

agricole *adj.* **1 - rural** · paysan · agraire · **2 - agronomique**

agriculteur, -trice *n.* · exploitant agricole · cultivateur · éleveur · fermier · métayer · paysan · planteur
↝ **cultivateur**

agriculture *n.f.* **1 - production agricole** · culture · élevage · secteur primaire · **2 - agronomie**

agripper *v.tr.* **attraper** · accrocher · cramponner · harponner · prendre · saisir · tenir
⋙ **s'agripper** *v.pron.* **s'accrocher** · se cramponner · se rattraper · se retenir · se tenir
CONTR. lâcher

aguerri, e *adj.* · fort · endurci · éprouvé

aguerrir *v.tr.* **1 - entraîner** · accoutumer · exercer · habituer · préparer · rompre · **2 - endurcir** · affermir · cuirasser · fortifier · tremper
⋙ **s'aguerrir** *v.pron.* **1 - s'entraîner** · **2 - s'endurcir**
CONTR. freiner ı retenir – amollir ı affaiblir ı ramollir

aguets (aux) *loc. adj. et adv.* **1 - à l'affût** · en embuscade · en observation · **2 - attentif** · en alerte · en éveil · sur ses gardes · sur le qui-vive · vigilant
CONTR. à découvert

aguichant, e *adj.* · provocant · affriolant · aguicheur · émoustillant · excitant · séduisant · sexy *fam.*

aguicher *v.tr.* · attirer · affrioler · allécher · émoustiller · exciter · provoquer · allumer *fam.*

aguicheur, -euse *n. et adj.* **enjôleur** · aguichant · charmeur · provocant · séducteur
⋙ **aguicheuse** *n.f.* **séductrice** · coquette · allumeuse *fam.* · vamp *fam.*

ahanement *n.m.* · halètement · ahan

ahaner *v.intr.* · s'essouffler · fatiguer · peiner · souffler · suer

ahuri, e *adj.* **1 - stupéfait** · abasourdi · ébahi · éberlué · époustouflé · étonné · hébété · interdit · pantois · surpris · **2 - déconcerté** · confondu · décontenancé · démonté · dérouté · effaré · troublé · **3 - abruti** · bête · idiot · imbécile · sot · stupide

ahurir *v.tr.* **1 - stupéfier** · abasourdir · ébahir · ébaubir · éberluer · époustoufler · étonner · interloquer · laisser interdit, pantois · surprendre · **2 - déconcerter** · confondre · décontenancer · démonter · dérouter · interdire · prendre au dépourvu · troubler

ahurissant, e *adj.* **1 - étonnant** · confondant · sidérant · stupéfiant · **2 - excessif** · insensé · scandaleux

ahurissement *n.m.* **1 - étonnement** · ébahissement · effarement · saisissement · stupéfaction · surprise · trouble · **2 - abrutissement** · hébétude · stupeur

¹aide *n.f.* **1 - assistance** · appui · collaboration · concours · conseil · contribution · coopération · intervention · protection · réconfort · renfort · secours · service · soutien · coup de main *fam.* · coup de pouce *fam.* · **2 - subside** · aumône · avance · bienfait · cadeau · charité · don · facilité · faveur · grâce · prêt · secours · subvention
+ **à l'aide de**   avec · grâce à · au moyen de
+ **venir en aide à**   aider · secourir · venir à la rescousse de

²aide *n.* · adjoint · apprenti · assistant · auxiliaire · bras droit · complice · second · assesseur *Droit ou plaisant*

aider *v.tr.* **1 - seconder** · assister · épauler · prêter la main à · prêter main forte à · rendre service à · soutenir · donner un coup de pouce, un coup de main à *fam.* · **2 - secourir** · porter secours à · tendre la main à · dépanner *fam.* · tendre la perche à *fam.* · **3 - réconforter** · remonter · **4 - patronner** · appuyer · mettre le pied à l'étrier à · pousser · protéger · pistonner *fam.* · **5 - faciliter** · faire le jeu de · favoriser · servir · **6 - conforter** · renforcer · **7 -** [sans complément] **contribuer** · participer · mettre la main à la pâte *fam.*

≫ **s'aider (de)** *v.pron.* **1 - s'appuyer sur** · employer · prendre appui sur · se servir de · tirer parti de · utiliser · **2 - s'entraider**

CONTR. abandonner | contrarier | délaisser | desservir | gêner | nuire

↝ **secourir**

aïeul, e *n.* **1 - grand-parent** · aîné · ancêtre · ascendant · bisaïeul · père · trisaïeul · **2 - précurseur** · prédécesseur

aigle *n.m.* [surtout au négatif] **génie** · as · champion · phénix · phénomène · prodige · surdoué · virtuose · fort en thème *fam.* · grosse tête *fam.*

aigre *adj.* **1 - acide** · aigrelet · piquant · piqué · tourné · vert · sur *littér.* · acerbe *vieux* · **2 - strident** · aigu · criard · désagréable · grinçant · pénible · perçant · **3 - froid** · acéré · coupant · cuisant · glacé · glacial · mordant · piquant · saisissant · vif · **4 - acerbe** · acariâtre · acide · âcre · agressif · amer · âpre · cassant · caustique · déplaisant · fielleux · hargneux · mordant · piquant · revêche · rude · tranchant · venimeux · acrimonieux *littér.*

CONTR. doux | douceâtre | doucereux – agréable | harmonieux

aigrefin *n.m.* · escroc · voleur · voyou · filou *vieilli* · fripon *vieilli*

aigrelet, -ette *adj.* **1 - aigre** · **2 - acidulé** · **3 - fluet**

aigreur *n.f.* **1 - acidité** ● [d'estomac] **brûlure** · acidité · hyperchlorhydrie *(Méd.)* · **2 - acrimonie** · âcreté · amertume · dépit · fiel · humeur · rancœur · ressentiment

CONTR. alcalinité – douceur | aménité | sérénité

aigri, e *adj.* · amer · aigre · désabusé · désenchanté

aigrir
■ *v.tr.* **rendre amer** · exaspérer · fâcher · indisposer · irriter
■ *v.intr.* **tourner** · piquer

CONTR. adoucir | consoler

aigu, uë *adj.*
I **1 - pointu** · acéré · anguleux · effilé · fin · piquant · **2 - affilé** · affûté · aiguisé · coupant · perçant · tranchant · **3 - saillant**
II **haut** · aigre · clair · criard · déchirant · élevé · flûté · haut perché · perçant · pointu · strident · suraigu

III intense · cuisant · déchirant · lancinant · poignant · taraudant · torturant · vif · violent
IV pénétrant · aiguisé · incisif · perçant · sagace · scrutateur · subtil · vif

CONTR. émoussé ı écaché ı épointé ı moucheté – grave ı étouffé ı sourd ı voilé – borné ı grossier ı lourd ı obtus

☛ pointu

aiguillage *n.m.* **1 -** branchement · bifurcation · bretelle · **2 -** orientation

aiguille *n.f.* **1 -** tige · broche · crochet · passe-lacet • [à cuir] alène • [à dessin] piquoir · **2 -** [de cadran solaire] style • [de balance] index · **3 -** aiguillon · épine · **4 -** pic · bec · dent · piton · sommet · **5 -** flèche · obélisque

aiguiller *v.tr.* · orienter · diriger · mettre sur la (bonne) voie

aiguillon *n.m.* **1 -** éperon · aiguillade · **2 -** encouragement · coup de fouet · incitation · motivation · stimulant · stimulation · piqûre · **3 -** dard · aiguille · piquant · épine

aiguillonner *v.tr.* **1 -** piquer · **2 -** animer · aiguiser · attiser · aviver · échauffer · électriser · encourager · enflammer · enhardir · éperonner · éveiller · exalter · exciter · fouetter · presser · stimuler

CONTR. calmer ı refréner

aiguisé, e *adj.* **1 -** pointu · affilé · tranchant · **2 -** pénétrant · aigu · incisif · perçant · sagace · subtil

aiguiser *v.tr.* **1 -** affiler · affûter · repasser · émoudre *rare* · **2 -** stimuler · accroître · aiguillonner · augmenter · aviver · exacerber · exciter · fouetter · **3 -** affiner · affûter · fignoler · parfaire · polir

CONTR. émousser ı écacher ı épointer ı moucheter – apaiser ı calmer ı diminuer ı endormir

aiguiseur, -euse *n.* · affileur · affûteur · émouleur · rémouleur · repasseur

aile *n.f.* **1 -** élytre · **2 -** flanc

✦ **aile (libre, volante, delta)** deltaplane

ailleurs *adv.* **1 - autre part** · dans un autre endroit · dans un autre lieu · sous d'autres latitudes · sous d'autres cieux · sous des cieux plus cléments *plaisant* · **2 - absent** · dans la lune · dans les nuages

✦ **d'ailleurs** du reste · au demeurant *soutenu*
✦ **par ailleurs** d'un autre côté · d'autre part · en outre · pour le reste · à côté de ça

aimable *adj.* **1 - courtois** · affable · avenant · bienveillant · charmant · complaisant · gracieux · liant · obligeant · plaisant · poli · serviable · sociable · accort *littér.* · **2 -** [vieux] **attrayant** · agréable · attirant · charmant · coquet · joli · plaisant · riant · séduisant · sympathique

✦ **mal, pas aimable** aimable comme une porte de prison · aimable comme un chardon *vieilli*

CONTR. grossier ı désagréable ı bourru ı grincheux ı hargneux ı impoli ı insupportable

☛ sociable

aimablement *adv.* · courtoisement · affablement · gracieusement · obligeamment

aimant, e *adj.* · affectueux · amoureux · câlin · caressant · doux · tendre

CONTR. froid ı brusque ı dur ı glacial ı insensible

aimantation *n.f.* · magnétisme · attirance · attraction

CONTR. désaimantation

aimer *v.tr.* **1 - être amoureux de** · adorer · éprouver de l'amour pour · être épris de · être fou de · chérir *littér.* · avoir dans la peau *fam.* · avoir le béguin pour *fam.* · en pincer pour *fam.* · kiffer *lang. jeunes.* **2 -** [euph.] **faire l'amour avec** · **3 -** apprécier · affectionner · avoir de la sympathie pour · avoir du goût pour · être amateur de · estimer · être friand de · goûter · porter dans son cœur · prendre, trouver plaisir à · se plaire à · se passionner pour · raffoler de · kiffer *lang. jeunes* · **4 – vénérer** · adorer · idolâtrer · **5 –** [au conditionnel] **désirer** · souhaiter · vouloir

- **je n'aime pas ça**   ce n'est pas ma tasse de thé *fam.* · ce n'est pas mon truc *fam.*
- **aimer mieux**   préférer

CONTR. détester ı exécrer ı haïr ı honnir – mépriser ı déprécier ı mésestimer

> aimer, chérir, être épris
>
> Dire que l'on **aime** quelqu'un *(je t'aime)* recouvre des sentiments complexes, qui ne sont pas seulement fondés sur une attirance physique, mais aussi sur une relation affective : « Il (l')aimait avec un besoin de la savoir à lui seul » (Zola, *Nana*, XIII). Lorsque la tendresse pour l'être aimé domine, on emploiera plus volontiers **chérir** *(chérir un visage, le souvenir de l'être aimé)*, alors qu'**être épris** conviendra mieux à la passion amoureuse *(il est follement épris de sa nouvelle compagne)*. **Aimer** est d'emploi plus courant qu'**être épris** et **chérir** et tend à recouvrir les valeurs de ces deux verbes.

aîné, e *n.* **1 – premier-né · 2 – précurseur** · ancêtre · devancier

CONTR. benjamin ı cadet ı dernier-né ı puîné – successeur ı continuateur

ainsi *adv.* **1 – de cette façon** · comme cela · de cette manière · de la sorte · **2 – de la même façon** · de la même manière · pareillement

- **ainsi que**   **1 – à l'exemple de** · à l'instar de · comme · de la même façon, manière que · **2 – et** · tout comme

¹**air** *n.m.* **1 – brise** · courant d'air · souffle · vent · **2 – atmosphère** · **3 – éther**

- **air conditionné**   climatisation
- **prendre l'air**   se promener · respirer · sortir · se balader *fam.*

²**air** *n.m.* **1 – allure** · apparence · aspect · attitude · comportement · contenance · dehors · extérieur · façons · genre · manières · dégaine *fam.* · **2 – expression** · figure · mine · physionomie · visage · gueule *fam.* · **3 – ressemblance** · petit côté *fam.*

- **avoir l'air**   paraître · sembler
- **grands airs**   → affectation²

³**air** *n.m.* **1 – mélodie** · musique · **2 – chanson** · chant · aria

airain *n.m.* · bronze

aire *n.f.* **1 – emplacement** · espace · surface · terrain · zone · **2 – superficie** · **3 – domaine** · champ · région · sphère · zone · **4 –** [d'oiseau de proie] **nid** · repaire

aisance *n.f.* **1 – facilité** · agilité · grâce · habileté · légèreté · liberté · souplesse · **2 – naturel** · assurance · décontraction · désinvolture · **3 – opulence** · abondance · aise · bien-être · confort · richesse

- **lieux, cabinet d'aisance(s)**   toilettes · cabinets · latrines · lavabos · waters · w.-c. · petit coin *fam.* · goguenots *très fam.* · commodités *vieux, euph.*

CONTR. gêne ı gaucherie ı lenteur ı lourdeur – difficulté ı embarras ı raideur – besoin ı gêne ı pauvreté

aise *n.f.* **1 – satisfaction** · contentement · convenance · félicité · joie · **2 – naturel** · assurance · décontraction · désinvolture · **3 – opulence** · abondance · aisance · bien-être · confort · richesse

- **à l'aise**   **1 – content** · décontracté · détendu · bien dans ses baskets *fam.* · **2 – riche** · aisé · fortuné · nanti · dans l'aisance · **3 – à son affaire** · **4 – facilement** · sans effort · **5 – confortablement**
- **mal à l'aise**   embarrassé · contraint · gêné · inhibé · timide · coincé *fam.*

CONTR. mécontentement – difficulté ı embarras ı raideur – besoin ı gêne ı pauvreté – mécontent ı contracté ı guindé ı tendu

aisé, e *adj.* **1 - facile** · abordable · commode · plein d'aisance · naturel · simple · coulant *fam.* · **2 - fortuné** · dans l'aisance · nanti · prospère · riche

CONTR. difficile ǀ malaisé ǀ malcommode – pauvre ǀ dans le besoin – embarrassé ǀ gêné

↝ **facile**

aisément *adv.* · facilement · largement · naturellement · sans peine · simplement

CONTR. difficilement ǀ laborieusement ǀ malaisément

ajouré, e *adj.* · percé · aéré · festonné · orné · ouvert

CONTR. plein

ajournement *n.m.* **1 - report** · remise · renvoi · suspension · **2 - délai** · atermoiement · retard · temporisation · **3 - élimination** · refus

ajourner *v.tr.* **1 - reporter** · différer · reculer · remettre · renvoyer · repousser · retarder · surseoir à *Droit ou littér.* · **2 - éliminer** · refuser · coller *fam.* · recaler *fam.*

ajout *n.m.* · addition · adjonction · complément · rajout · rallonge · supplément • [à la fin d'un ouvrage] addenda · annexe · appendice

CONTR. suppression

ajouter *v.tr.* **1 - adjoindre** · inclure · incorporer · insérer · intercaler · rajouter · **2 - dire**

✦ **ajouter à** **1 - amplifier** · enchérir · exagérer · grossir · **2 - enrichir** · embellir · orner

⤳ **s'ajouter à** *v.pron.* · s'adjoindre à · accompagner · s'additionner à · compléter · se greffer sur · grossir · renforcer · grossir la liste de *fam.*

CONTR. déduire ǀ enlever ǀ ôter ǀ retrancher ǀ soustraire

ajusté, e *adj.* · collant · cintré · étroit · juste · moulant · serré

CONTR. ample ǀ bouffant ǀ large

ajustement *n.m.* **1 - adaptation** · accommodation · arrangement · réglage · **2 -** [vieux] **habillement** · arrangement · mise · parure · tenue · toilette · vêtements

ajuster *v.tr.* **1 - adapter** · accommoder · accorder · approprier · concilier · conformer · régler · **2 - arranger** · agencer · combiner · composer · disposer · ordonner · organiser · **3 - viser** · mettre en joue · **4 - assembler** · connecter · emboîter · joindre · monter · raccorder

⤳ **s'ajuster** *v.pron.* **1 - s'adapter** · s'appliquer · coïncider · coller · s'emboîter · mouler · **2 - s'entendre** · s'accommoder · s'accorder · se mettre d'accord · **3 -** [vieilli] **s'habiller** · se parer

CONTR. séparer – déranger ǀ déplacer ǀ désorganiser

alacrité *n.f.* · vivacité · allant · enjouement · entrain · gaieté

alambiqué, e *adj.* · compliqué · biscornu · confus · contourné · embarrassé · tortueux · torturé · tarabiscoté *fam.*

alangui, e *adj.* **1 - langoureux** · amoureux · énamouré · sentimental · tendre · languide *littér.* · **2 - languissant** · affaibli · mourant · **3 - lent** · amolli · assoupi · indolent · nonchalant · paresseux · ramolli · somnolent · ramollo *fam.*

alanguir *v.tr.* · fatiguer · abattre · affaiblir · amollir · assoupir

CONTR. exciter ǀ stimuler

alarmant, e *adj.* · inquiétant · angoissant · effrayant · préoccupant

CONTR. rassurant ǀ sécurisant ǀ tranquillisant

alarme *n.f.* **1 - alerte** · éveil · **2 - crainte** · affolement · angoisse · anxiété · appréhension · effroi · émoi · émotion · épouvante · frayeur · inquiétude · peur · terreur · frousse *fam.* · **3 - avertisseur** · antivol · signal · sirène · tocsin

CONTR. tranquillité

alarmé, e *adj.* · inquiet · effrayé · inquiété · préoccupé
CONTR. rassuré ı tranquillisé

alarmer *v.tr.* effrayer · affoler · faire peur à · inquiéter · mettre en émoi · paniquer · préoccuper · terrifier · tourmenter · tracasser
≫ **s'alarmer** *v.pron.* s'inquiéter · s'affoler · s'effaroucher · s'effrayer · paniquer · prendre peur · se biler *fam.* · se faire du mauvais sang, un sang d'encre *fam.* · flipper *fam.*
CONTR. rassurer ı tranquilliser

alarmiste
- *adj.* pessimiste · catastrophiste
- *n.* Cassandre · oiseau de mauvais augure

album *n.m.* **1 -** classeur · collection · recueil • [anciennt] keepsake · **2 -** disque · coffret · **3 - registre** · cahier · livre d'or

alchimie *n.f.* **1 -** ésotérisme · hermétisme · magie · **2 -** chimie

alcool *n.m.* **1 -** esprit-de-vin · **2 -** boisson alcoolisée • [sortes] apéritif · brandy · cognac · digestif · eau-de-vie · fine · genièvre · gin · kirsch · liqueur · marc · rhum · schnaps · spiritueux · vodka · vin · whisky · bibine *fam.* · gnole *fam.* · goutte *fam.* · pousse-café *fam.* · rincette *fam., région.* · tord-boyaux *fam., péj.*

alcoolique *n.* · ivrogne · éthylique · alcoolo *fam.* · pochard *fam.* · poivrot *fam.* · soiffard *fam.* · soûlard *fam.* · soûlaud *fam.*
CONTR. abstème ı abstinent ı sobre

alcooliser (s') *v.pron.* · boire · s'enivrer · s'imbiber *fam.* · s'imprégner *fam.* · picoler *fam.*

alcoolisme *n.m.* · ivresse · éthylisme · ivrognerie · soûlographie *fam.*

alcôve *n.f.* · renfoncement · niche · réduit

aléa *n.m.* · risque · hasard · impondérable · imprévu · incertitude · vicissitude *littér.*

aléatoire *adj.* · hasardeux · conjectural · douteux · hypothétique · incertain · périlleux · problématique · risqué
CONTR. certain ı assuré ı indiscutable ı indubitable

alentour *adv.* · à proximité · à la ronde · autour · aux environs · dans les parages · dans le voisinage · dans le coin *fam.*
CONTR. au loin

alentours *n.m.pl.* **abords** · entourage · environnement · environs · parages · voisinage
✦ **aux alentours** à proximité · à la ronde · autour · aux environs · dans les parages · dans le voisinage · dans le coin *fam.*

¹**alerte** *adj.* **1 - agile** · fringant · léger · leste · sémillant · vif · **2 -** éveillé · prompt · rapide · vif
✦ **être alerte** [personne d'un certain âge] avoir bon pied, bon œil

²**alerte** *n.f.* **1 -** alarme · avertissement · signal · **2 -** menace · danger
✦ **en alerte** en éveil · sur ses gardes · sur le qui-vive · vigilant
CONTR. endormi ı étourdi

alerter *v.tr.* **1 - mettre en garde** · attirer l'attention de · avertir · prévenir · mettre la puce à l'oreille à *fam.* · **2 - ameuter** · appeler · mobiliser

aléser *v.tr.* · calibrer · ajuster · fraiser · percer · rectifier · tourner · usiner

alevin *n.m.* · nourrain · fretin

algarade *n.f.* · dispute · accrochage · altercation · querelle · scène

algue *n.f.* · goémon · fucus · varech

alibi *n.m.* · justification · excuse · prétexte

aliénation n.f. 1 - **folie** · aberration · confusion (mentale) · délire · démence · dérangement · déséquilibre mental · divagation · égarement · trouble mental · 2 - [Droit] **cession** · donation · legs · transfert · transmission · vente · 3 - **aversion** · hostilité · 4 - **perte** · abandon

aliéné, e adj. · **fou** · dément · déséquilibré · détraqué · fou furieux · malade (mental) · maniaque · braque fam. · cinglé fam. · détraqué fam. · dingue fam. · fêlé fam. · frappé fam. · maboul fam. · marteau fam. · piqué fam. · timbré fam. · toqué fam. · ouf lang. jeunes

aliéner v.tr. 1 - **perdre** · se priver de · renoncer à · 2 - [Droit] **céder** · abandonner · disposer de · distribuer · donner · laisser · léguer · transférer · vendre · 3 - [vieux] **rendre fou** · déranger · égarer · troubler

›› **s'aliéner** v.pron. **perdre** · écarter · éloigner

aligné, e adj. 1 - **rectiligne** · tiré au cordeau · 2 - **en ligne** · en file indienne · en rang d'oignons · ordonné

CONTR. délinéarisé – non-aligné

alignement n.m. 1 - **ligne** · file · rangée · 2 - **nivellement** · ajustement · standardisation · uniformisation · 3 - **soumission** · conformité · conformisme

CONTR. non-alignement – désobéissance ı insoumission résistance

aligner v.tr. 1 - **mettre en ligne** · ranger · 2 - **niveler** · ajuster · standardiser · uniformiser · 3 - [fam.] → **payer**

›› **s'aligner** v.pron. **se mettre en ligne** · se ranger

◆ **s'aligner sur** **se conformer à** · emboîter le pas à · se modeler sur · se mettre au diapason de · se ranger à · se régler sur

aliment n.m. · **nourriture** · comestible · denrée · nutriment · produit · provision · vivre · mets littér. · pitance péj., vieilli

alimentation n.f. 1 - **nourriture** · nutrition · régime · 2 - **approvisionnement** · fourniture · ravitaillement

alimenter v.tr. 1 - **nourrir** · donner à manger à · sustenter vieilli · 2 - **approvisionner** · fournir · procurer · pourvoir · ravitailler · 3 - **entretenir** · fournir · nourrir

›› **s'alimenter** v.pron. 1 - **manger** · se nourrir · se restaurer · se sustenter plaisant · 2 - **se procurer** · se fournir

alinéa n.m. **paragraphe** · article

◆ **faire un alinéa** passer à la ligne

alité, e adj. · **au lit** · grabataire

aliter (s') v.pron. · **se coucher** · se mettre au lit · garder le lit

allaitement n.m. · **tétée** · lactation

allaiter v.tr. · **donner le sein à** · nourrir

allant, e

■ adj. [littér.] **actif** · allègre · dynamique · vif

■ n.m. **entrain** · dynamisme · énergie · vitalité · vivacité

alléchant, e adj. 1 - **appétissant** · 2 - **attirant** · attractif · attrayant · engageant · séduisant · tentant

CONTR. répugnant ı dégoûtant ı déplaisant ı rebutant ı repoussant

allécher v.tr. 1 - **appâter** · faire saliver · mettre en appétit · mettre l'eau à la bouche de · affriander vieilli · 2 - **attirer** · gagner · séduire · tenter

CONTR. répugner ı dégoûter ı rebuter ı repousser

allée n.f. 1 - **voie** · avenue · chemin · cours · mail

◆ **allées et venues** 1 - **va-et-vient** · navette · 2 - **déplacements** · course(s) · trajets · voyages

allégation *n.f.* · affirmation · assertion · déclaration · propos
👉 **affirmation**

allégeance *n.f.* · soumission · fidélité · obéissance · subordination · [Hist.] vassalité

allègement *n.m.* **1 -** diminution · dégrèvement · délestage · **2 -** adoucissement · atténuation · réduction

alléger *v.tr.* **1 -** débarrasser · décharger · [bateau] délester · **2 - baisser** · amoindrir · dégrever · réduire · **3 - apaiser** · adoucir · atténuer · calmer · diminuer · soulager · **4 - abréger** · aérer

CONTR. charger ı lester – augmenter ı alourdir – déchaîner ı aviver ı envenimer

allégorie *n.f.* **1 - symbole** · emblème · figure · image · métaphore · personnification · **2 - parabole** · apologue · conte · fable · mythe

> 👉 **allégorie, parabole**
> L'**allégorie** consiste en une narration dans laquelle on recourt à des réalités physiques pour parler des sujets abstraits (philosophiques, psychologiques, moraux, etc.) : *le loup, allégorie de la méchanceté* ; *la femme aux yeux bandés tenant une balance, allégorie de la Justice*. La **parabole** est un type particulier d'**allégorie** ; elle prend la forme d'un discours tenu par quelqu'un dont l'autorité est reconnue et vise à transmettre des valeurs spirituelles ou à modifier un comportement, ce qui explique son emploi dans les textes religieux *(les paraboles de l'Évangile)*.

allégorique *adj.* · symbolique · emblématique · métaphorique

CONTR. littéral ı réaliste

allègre *adj.* · joyeux · alerte · dispos · enjoué · gai · gaillard · guilleret · léger · leste · vert · vif · allant *littér.*

allégrement *adv.* · joyeusement · avec entrain · gaiement · vivement

allégresse *n.f.* · enthousiasme · euphorie · exultation · gaieté · joie · jubilation · liesse *littér.*

CONTR. consternation ı tristesse

alléguer *v.tr.* · s'appuyer sur · arguer de · invoquer · mettre en avant · objecter · prétexter · se prévaloir de · se référer à

aller *v.intr.* **1 - se déplacer** · circuler · **2 - marcher** · cheminer · errer · se promener · **3 - fonctionner** · marcher · **4 - se sentir** · se porter

+ **aller à, jusqu'à**   **1 - atteindre** · aboutir à · arriver à · s'étendre jusqu'à · finir à · parvenir à · **2 - mener** · aboutir à · conduire
+ **aller par, à travers**   parcourir · passer par · traverser
+ **aller vers**   (s') avancer vers · s'acheminer vers · se diriger vers · faire route vers · se porter vers · se rendre à · se transporter
+ **aller et venir**   **1 - faire la navette** · **2 - marcher de long en large** · faire les cent pas · **3 - fluctuer** · osciller
+ **aller à** (qqn)   convenir à · plaire à · agréer à *littér.* · seoir à *littér.* · botter *fam.* · chanter à *fam.*
+ **aller (bien) à, avec, aller (bien) ensemble**   s'accorder · s'adapter · s'ajuster · s'assortir · cadrer · concorder · correspondre · s'harmoniser · coller *fam.*
+ **aller bien**   **1 - être en bonne, pleine santé** · être en forme · **2 - prospérer** · bien marcher *fam.*
+ **ça va (bien)**   c'est bon · ça baigne *fam.* · ça boume *fam.* · ça colle *fam.* · ça gaze *fam.* · ça marche *fam.* · ça roule *fam.*
+ **aller mal**   **1 - être souffrant** · ne pas être en forme · **2 - péricliter** · aller à vau l'eau
+ **ça va mal**   ça ne tourne pas rond *fam.* · [entre eux] il y a du tirage *fam.* · il y a de l'eau dans le gaz *fam.*
+ **aller mieux**   **1 - s'améliorer** · changer en bien · **2 - se remettre** · recouvrer la santé · reprendre le dessus · reprendre du poil de la bête *fam.* · se requinquer *fam.*

◆ **laisser aller** négliger · laisser à l'abandon · laisser tomber *fam.*
◆ **se laisser aller à** s'abandonner à · s'adonner à · se livrer à · plonger dans · sombrer dans
◆ **s'en aller** **1 –** partir · décamper · se barrer *fam.* · se faire la malle *fam.* · se tailler- *fam.* · **2 – s'effacer** · disparaître · se dissiper · passer · fuir · **3 –** [euph.] → **mourir**
CONTR. rester – revenir – retour

allergie *n.f.* **1 –** intolérance · hypersensibilité · **2 – répulsion** · antipathie · dégoût · hostilité · rejet · répugnance
CONTR. anergie – attirance ׀ attraction ׀ goût

alliage *n.m.* · mélange · amalgame · assemblage · combinaison

alliance *n.f.* **1 – coalition** · confédération · entente · fédération · ligue · union · **2 – pacte** · accord · convention · **3 – mariage** · union · **4 – rapprochement** · amalgame · association · combinaison · **5 – anneau** · bague · jonc
CONTR. discorde ׀ rupture ׀ scission – désunion ׀ divorce ׀ séparation   dissociation

allié, e *adj. et n.* **1 – partenaire** · associé · coalisé · confédéré · fédéré · membre · satellite · **2 – appui** · aide · ami · auxiliaire · **3 – apparenté** · parent
CONTR. ennemi ׀ adversaire ׀ opposé

allier *v.tr.* **1 – combiner** · accorder · associer · assortir · concilier · conjuguer · joindre · harmoniser · lier · marier · mêler · **2 – associer** · coaliser · liguer · unir
⋙ **s'allier** *v.pron.* **1 – s'apparenter** · **2 – se combiner** · s'associer · **3 – s'entendre** · s'associer · se coaliser · faire cause commune · faire équipe · se liguer · s'unir
CONTR. séparer – désunir ׀ brouiller ׀ désaccorder ׀ opposer

allocataire *n.* · attributaire · bénéficiaire

allocation *n.f.* **1 – indemnité** · pension · prestation · rente · secours · subside · subvention · **2 – attribution** · assignation

allocution *n.f.* · discours · oraison · laïus *fam.* · speech *fam.* · harangue *péj.*

allongé, e *adj.* **1 –** étendu · couché · **2 – effilé** · en amande · en lame de couteau · étiré · fin · fuselé · long · oblong
CONTR. raccourci ׀ trapu

allongement *n.m.* **1 – accroissement** · augmentation · développement · extension · **2 – prolongation** · prolongement · prorogation · **3 – affinement** · élongation · étirage · étirement
CONTR. raccourcissement ׀ diminution ׀ réduction – contraction ׀ cessation

allonger *v.tr.* **1 – accroître** · augmenter · développer · grandir · **2 – prolonger** · faire durer · proroger · rallonger · **3 – étendre** · avancer · déployer · étirer · tendre · tirer · **4 – diluer** · délayer · éclaircir · étendre · fluidifier · mouiller · **5 –** [fam.] **assener** · donner · lancer · porter · coller *fam.* · envoyer *fam.* · ficher *fam.* · flanquer *fam.* · foutre *fam.* · **6 –** [fam.] **mettre à terre** · étendre (sur le carreau) · **7 –** [fam.] → **payer**
⋙ **s'allonger** *v.pron.* **1 – s'étendre** · se coucher · se reposer · se mettre au lit · **2 – durer** · se prolonger · **3 – grandir** · s'affiner · s'effiler · **4 –** [fam.] → **avouer**
CONTR. raccourcir ׀ diminuer ׀ réduire – abréger ׀ diminuer – replier – condenser ׀ décanter
⤳ **rallonger**

allouer *v.tr.* · attribuer · accorder · concéder · décerner · donner · doter · gratifier · impartir · octroyer

allumage *n.m.* **1 – mise à feu** · **2 –** [d'un moteur] **démarrage** · contact
CONTR. extinction

allumé, e *adj.* [fam.] → **fou**

allumer *v.tr.* **1 – mettre le feu** · embraser · enflammer · **2 – éclairer** · faire briller · illuminer · **3 – déclencher** · attiser · catalyser ·

déchaîner · éveiller · exciter · fomenter · provoquer · soulever · susciter · **4** – [fam.] séduire · aguicher · exciter · vamper *fam.*

CONTR. éteindre ı étouffer – assombrir ı obscurcir – arrêter ı débrancher

allumeuse *n.f.* · séductrice · aguicheuse · affoleuse *fam.* · vamp *fam.*

allure *n.f.*
I **1** – **vitesse** · cadence · rythme · train · **2** – [du cheval] **pas** · amble · galop · trot · **3** – **démarche** · marche · pas
II **1** – **apparence** · air · aspect · contenance · extérieur · maintien · mine · physionomie · port *littér.* · dégaine *fam.* · look *fam.* · touche *fam.* · **2** – **attitude** · air · comportement · conduite · façons · manières · **3** – **tournure** · tour · **4** – **distinction** · chic · classe · prestance

✦ **avoir de l'allure**   avoir de la gueule *fam.* · en jeter *fam.*

allusif, –ive *adj.* · indirect · sous-entendu · détourné

allusion *n.f.*   évocation · clin d'œil · insinuation · non-dit · sous-entendu

✦ **faire allusion à**   évoquer · rappeler

alluvions *n.f.pl.* · sédiments · boue · dépôt · limon · lœss
↝ **sédiments**

almanach *n.m.* · calendrier · agenda
↝ **calendrier**

alors *adv.* **1** – **à ce moment-là** · en ce temps-là · adonc *vieilli* · **2** – **donc** · dans ces conditions · dans ce cas-là

✦ **alors que**   **1** – **au moment où** · lorsque · pendant que · **2** – **au lieu que** · quand · tandis que
✦ **alors même que**   même dans le cas où · lors même que · quand bien même
✦ **jusqu'alors**   jusqu'à ce moment · jusqu'à ce temps-là

alourdi, e *adj.* **1** – **pesant** · appesanti · **2** – **engourdi** · ralenti

alourdir *v.tr.* **1** – **peser sur** · frapper · grever · **2** – **lester** · appesantir · charger · surcharger · **3** – **aggraver** · augmenter · compliquer · envenimer · exaspérer · **4** – **engourdir** · appesantir · embarrasser · endormir · ralentir · **5** – **épaissir** · empâter · faire grossir

↝ **s'alourdir** *v.pron.* **1** – **augmenter** · s'aggraver · se renforcer · **2** – **s'épaissir** · s'empâter · engraisser · forcir · gonfler · grossir · prendre de l'embonpoint · prendre du poids · **3** – **s'engourdir** · se ralentir

CONTR. alléger – délester ı décharger – atténuer ı adoucir ı affaiblir ı calmer – affiner ı émacier

alourdissement *n.m.* **1** – **appesantissement** · lourdeur · **2** – **aggravation**
CONTR. allégement ı légèreté – diminution

alpaguer *v.tr.* [fam.] → **arrêter**

alphabet *n.m.* · abécédaire · abc

alpinisme *n.m.* · escalade · montagne · varappe

alpiniste *n.* · grimpeur · escaladeur · varappeur · ascensionniste *vieux*

altérable *adj.* **1** – **périssable** · attaquable · corruptible · fragile · **2** – **instable** · mobile · variable
CONTR. inaltérable ı inusable ı résistant ı solide

altération *n.f.* **1** – **changement** · modification · transformation · **2** – **dégradation** · décomposition · dégénérescence · dénaturation · détérioration · pourriture · putréfaction · **3** – **dégât** · atteinte · avarie · tare · **4** – **falsification** · déformation · distorsion · maquillage · travestissement · truquage

altercation *n.f.* · dispute · algarade · empoignade · querelle · engueulade *fam.* · prise de bec *fam.* · [entre femmes] crêpage de chignon *fam.*
↝ **dispute**

altéré, e *adj.* **1** - abîmé · avarié · **2** - assoiffé · avide

alter ego *n.m.* · bras droit · autre soi-même · double

altérer *v.tr.* **1** - modifier · changer · transformer · métamorphoser · **2** - abîmer · attaquer · avarier · décomposer · dégrader · désintégrer · détériorer · détraquer · endommager · éventer · flétrir · gâter · oxyder · pourrir · putréfier · ronger · rouiller · vicier · **3** - **affaiblir** · abâtardir · aliéner · appauvrir · avilir · corrompre · dépraver · diminuer · faire dégénérer · pervertir · **4** - **bouleverser** · affecter · atteindre · décomposer · défigurer · déformer · déranger · ébranler · troubler · **5** - **falsifier** · contrefaire · défigurer · déformer · déguiser · estropier · fausser · frelater · maquiller · mutiler · truquer · travestir · **6** - **assoiffer** · assécher · déshydrater · dessécher · donner soif à

➤ **s'altérer** *v.pron.* **1** - se décomposer · se corrompre · pourrir · **2** - s'éventer · s'aigrir

CONTR. fixer ı laisser ı maintenir − améliorer ı raccommoder ı réparer − renforcer ı consolider − désaltérer

altérité *n.f.* différence · dissemblance · dissimilitude

CONTR. identité

alternance *n.f.* rotation · enchaînement · succession · suite

✦ **en alternance** alternativement · à tour de rôle · en alternance · l'un après l'autre · tour à tour

alternatif, -ive *adj.* **1** - périodique · balancé · cadencé · ondulatoire · oscillant · rythmique · sinusoïdal · **2** - alterné · successif · **3** - différent · autre · [médecine] parallèle · doux

✦ **mouvement alternatif** balancement · allée et venue · battement · flux et reflux · oscillation · palpitation · pulsation · va-et-vient

alternative *n.f.* choix · dilemme · option · solution de remplacement

🙰 alternative, dilemme

On parle d'une **alternative** chaque fois que, dans une situation donnée, n'existent que deux possibilités incompatibles pour résoudre un problème *(les deux termes d'une alternative).* Le **dilemme** se présente comme une **alternative** d'un type particulier. Il impose une contrainte qui est absente de l'**alternative** : *on présente une alternative à quelqu'un, mais on l'enferme dans un dilemme.* Camus écrit à propos d'un personnage de Dostoïevski : « Il accepte sciemment son dilemme, être vertueux et illogique, ou logique et criminel » (Camus, *l'Homme révolté*).

alternativement *adv.* successivement · à tour de rôle · en alternance · en alternant · l'un après l'autre · périodiquement · rythmiquement · tour à tour

alterné, e *adj.* **1** - alternatif · en alternance · **2** - [rimes] croisé

alterner *v. intr.* · se remplacer · faire un roulement · se relayer · se succéder · tourner

altier, -ière *adj.* **1** - noble · fier · **2** - [péj.] hautain · arrogant · dédaigneux · méprisant · orgueilleux

altitude *n.f.* hauteur · élévation · niveau
🙰 hauteur

altruisme *n.m.* · désintéressement · abnégation · bonté · charité · dévouement · générosité · humanité · philanthropie

CONTR. égoïsme ı culte du moi ı égocentrisme ı individualisme

altruiste *adj.* · généreux · bon · charitable · philanthrope

CONTR. égoïste ı égocentriste ı individualiste ı intéressé

alvéole *n.f.* · cavité · case · cellule · compartiment · loge · niche · locule *(Bot.)*

alvéolé, e *adj.* · gaufré

amabilité *n.f.* · gentillesse · affabilité · aménité · bonne grâce · civilité · courtoisie · obligeance · politesse · prévenance · serviabilité · urbanité
CONTR. impolitesse ׀ goujaterie ׀ grossièreté ׀ incorrection ׀ incivilité

amadouer *v.tr.* · apprivoiser · adoucir · attendrir · cajoler · charmer · flatter · fléchir · enjôler · entortiller · persuader

amaigri, e *adj.* maigre · creusé · émacié
✦ **être très amaigri**   n'être que l'ombre de soi-même

amaigrir *v.tr.* **1 –** creuser · dessécher · émacier · **2 –** [Agric.] appauvrir · épuiser · ruiner
≫ **s'amaigrir** *v.pron.* maigrir · s'amincir · mincir
CONTR. enrichir ׀ améliorer ׀ amender ׀ bonifier – engraisser ׀ grossir

amaigrissement *n.m.* **1 –** amincissement · **2 –** maigreur · émaciation

amalgame *n.m.* **1 –** alliage · alliance · assemblage · combinaison · fusion · mélange · réunion · union · **2 – confusion** · assimilation · identification · mélange · rapprochement

amalgamer *v.tr.* **1 –** allier · associer · combiner · fondre · fusionner · mélanger · mêler · réunir · unir · **2 – confondre** · assimiler · identifier · mélanger · rapprocher · mettre dans le même sac *fam.*

amant *n.m.* **1 –** soupirant · adorateur · amoureux · bien-aimé · galant *vieilli* · **2 – ami** · compagnon · concubin · petit ami · chéri *fam.* · homme *fam.* · jules *fam.* · mec *fam.*

amarrage *n.m.* · ancrage · arrimage · fixation · mouillage
CONTR. démarrage

amarre *n.f.* · cordage · amarrage · attache · câble · lien

amarrer *v.tr.* · attacher · accrocher · ancrer · assujettir · assurer · enchaîner · fixer · immobiliser · lier · retenir
CONTR. démarrer

amas *n.m.* · amoncellement · accumulation · agglomérat · agglomération · agrégat · collection · concentration · échafaudage · empilement · entassement · monceau · montagne · pile · pyramide · tas · fatras *fam.* · ramassis *péj.*

amasser *v.tr.* **1 –** accumuler · amonceler · emmagasiner · empiler · engranger · entasser · grouper · masser · ramasser · rassembler · recueillir · réunir • [systématiquement] collectionner · **2 – capitaliser** · économiser · épargner · mettre de côté · thésauriser
CONTR. disperser ׀ disséminer ׀ éparpiller – dépenser ׀ consumer ׀ dilapider ׀ dissiper

> **amasser, accumuler, amonceler, entasser**
> Amasser suppose un étalement dans le temps pour réunir une quantité importante d'objets *(amasser des matériaux sur un terrain)*, l'ensemble étant constitué d'éléments de même nature ne prenant pas une forme précise. Accumuler garde l'idée de progressivité, mais la réunion des éléments est faite en vue d'une utilisation précise *(accumuler des notes, des preuves)*. Entasser suppose toujours une grande quantité, mais insiste sur l'idée de désordre *(entasser des livres sur un bureau, des provisions dans un réfrigérateur)*. Amonceler s'emploie comme superlatif de chacun des verbes précédents selon les contextes.

amateur, –trice *n.* **1 –** collectionneur · aficionado · connaisseur · passionné · **2 – preneur** · **3 –** non professionnel · **4 –** [péj.] dilettante · fantaisiste · bricoleur *fam.* · fumiste *fam.*
≈ dilettante

amateurisme *n.m.* [péj.] dilettantisme · fumisterie *fam.*

amazone *n.f.* · cavalière · écuyère

ambages (sans) *loc.adv.* · directement · catégoriquement · franchement · sans ambiguïté · sans circonlocutions · sans détours · sans faux-fuyants · sans hésitation · sans tourner autour du pot *fam.* · bille en tête *fam.* · tout de go *fam.*

ambassade *n.f.* **1** - mission · **2** - délégation

ambassadeur, -trice *n.* · diplomate · délégué · émissaire · envoyé · plénipotentiaire · représentant · [du Vatican] légat · nonce

ambiance *n.f.* **1** - atmosphère · cadre · climat · décor · entourage · environnement · milieu (matériel, intellectuel, moral) · bain *fam.* · **2** - animation · bonne humeur · entrain · gaicté

ambiant, e *adj.* · environnant

ambigu, uë *adj.* **1** - équivoque · amphibologique · à double entente · à double sens · double · douteux · incertain · **2** - énigmatique · obscur · sibyllin · pas clair *fam.* · **3** - louche · douteux · équivoque · malsain · oblique · pas catholique *fam.* · **4** - ambivalent

CONTR. clair ı précis ı univoque – franc

ambiguïté *n.f.* **1** - double sens · amphibologie · équivoque · incertitude · **2** - ambivalence

CONTR. clarté ı netteté ı précision ı univocité

ambiguïté, double sens, équivoque

Les trois mots comportent l'idée de dualité, voire de pluralité quand il s'agit d'interpréter un énoncé, mais la relation qui s'établit vis-à-vis de ce qui est dit n'est pas la même pour celui qui parle et celui qui écoute. Une phrase à double sens présente deux lectures possibles, introduites volontairement et comprises chacune par une partie de l'auditoire. L'**ambiguïté** d'un propos laisse l'auditeur incapable de décider d'un contenu, plus ou moins clair dans l'expression ou plus ou moins confus dans la pensée. L'**équivoque** d'un énoncé est intentionnelle et le sens second, l'aspect caché de ce qui est dit, n'est pas forcément perçu par l'auditeur. Qui parle de face cachée pense à la dissimulation, si bien qu'un propos, un geste **équivoques** sont régulièrement interprétés comme louches. *Laisser planer l'équivoque*, ou *l'ambiguïté*, c'est vouloir tirer parti du doute ; à l'inverse, c'est la duplicité que l'on cherche à balayer par les expressions courantes *s'exprimer sans équivoque* ; *rejeter toute ambiguïté*.

ambitieux, -ieuse *adj.* **1** - important · d'envergure · hardi · téméraire · **2** - présomptueux · orgueilleux · prétentieux · **3** - arriviste *péj.* · carriériste *péj.* · jeune loup (nom)

+ **être très ambitieux** avoir les dents qui rayent le parquet *plaisant*

CONTR. humble ı modeste ı prudent ı simple

ambition *n.f.* **1** - aspiration · idéal · quête · recherche · rêve · soif · souhait · **2** - but · désir · dessein · fin · prétention · projet · visée · vue · **3** - arrivisme *péj.* · carriérisme *péj.*

ambitionner *v.tr.* · aspirer à · avoir des vues sur · briguer · caresser · chercher à · convoiter · désirer · poursuivre · prétendre à · rêver de · souhaiter · viser à

CONTR. dédaigner ı ignorer ı mépriser

ambré, e *adj.* **1** - fauve · blond · doré · jaune · **2** - bronzé · doré · tanné

ambulant, e *adj.* **1** - mobile · itinérant · nomade · **2** - forain · colporteur

CONTR. fixe ı sédentaire ı stable

âme *n.f.* **1 - esprit** · étincelle (divine) · feu · flamme · force · principe · souffle · vie · spiritualité · **2 - conscience** · caractère · cœur · esprit · personnalité · **3 - agent** · animateur · artisan · auteur · centre · cerveau · chef · cheville ouvrière · instigateur · moteur · promoteur · **4 - dedans** · centre · cœur · fond · intérieur · noyau · **5 - habitant** · homme · individu · personne

- **force d'âme 1 - caractère** · ardeur · constance · courage · énergie · fermeté · force · trempe · valeur · vigueur · volonté · **2 - héroïsme** · audace · intrépidité
- **grandeur d'âme** bonté · charité · générosité · magnanimité · noblesse
- **rendre l'âme** → mourir

améliorable *adj.* · perfectible · amendable

amélioration *n.f.* **1 - perfectionnement** · évolution · mieux · progrès · **2 - correction** · finition · retouche · révision · fignolage *fam.* · **3 - détente** · normalisation · réchauffement · **4 - embellissement** · rénovation · réparation · restauration · **5 - éclaircie** · embellie · radoucissement · redoux · **6 -** [de santé] **rétablissement** · rémission · répit · **7 -** [Agric.] **abonnissement** · amendement · bonification · enrichissement · fertilisation

CONTR. arrêt ı stagnation – aggravation ı dégradation ı détérioration

améliorer *v.tr.* **1 - perfectionner** · mettre au point · parfaire · peaufiner · raffiner · fignoler *fam.* · lécher *fam.* · **2 - corriger** · amender · retoucher · réviser · revoir · **3 - fortifier** · affermir · rétablir · **4 - détendre** · normaliser · réconcilier · **5 - embellir** · arranger · décorer · rénover · réparer · restaurer · **6 -** [Agric.] **fertiliser** · amender · bonifier · enrichir · mettre en valeur · travailler · abonnir *rare*

- **améliorer l'ordinaire** mettre du beurre dans les épinards *fam.*

⇒ **s'améliorer** *v.pron.* **1 - aller mieux** · s'arranger · progresser · **2 -** [relations] **se détendre** · se normaliser · se réchauffer · **3 - s'éclaircir** · se dégager · se découvrir · embellir · **4 - se bonifier** · se faire

CONTR. dégrader ı détériorer ı gâter – appauvrir ı épuiser ı ruiner

amen *interj.* · ainsi soit-il · d'accord

aménagement *n.m.* **1 - agencement** · arrangement · disposition · distribution · installation · ordonnance · ordre · organisation · transformation · **2 - équipement** · développement · **3 - adaptation** · assouplissement · modification

CONTR. dérangement ı désorganisation

aménager *v.tr.* **1 - agencer** · arranger · disposer · distribuer · équiper · installer · ordonner · **2 - adapter** · amender · assouplir · corriger · modifier · rectifier

amendable *adj.* · modifiable · corrigeable · rectifiable

amende *n.f.* **contravention** · procès-verbal · p.-v. *fam.* · prune *fam.*

- **faire amende honorable** s'excuser · demander pardon · reconnaître ses torts

amendement *n.m.* **1 - modification** · aménagement · changement · correction · rectification · réforme · révision · **2 -** [Agric.] **fertilisation** · abonnissement · bonification · chaulage · engraissement · enrichissement · marnage · mise en valeur · valorisation · **3 - engrais** · fumure · **4 -** [vieux] **amélioration** · mieux · progrès

amender *v.tr.* **1 - améliorer** · changer (en mieux) · corriger · rectifier · réformer · **2 - modifier** · aménager · corriger · rectifier · redresser · réformer · réviser · **3 -** [Agric.] **fertiliser** · bonifier · chauler · enrichir · fumer · mettre en valeur · abonnir *rare*

⋙ **s'amender** *v.pron.* **1 - s'améliorer** · s'arranger · se corriger · **2 - s'assagir** · se ranger · se ranger des voitures *fam.*

CONTR. fixer ι laisser ι maintenir – détériorer ι abîmer ι gâter

🕸 **réformer**

amener *v.tr.* **1 - conduire** · emmener · mener · transporter · **2 - apporter** · acheminer · conduire · distribuer · donner · **3 - causer** · apporter · attirer · déclencher · déterminer · engendrer · entraîner · occasionner · produire · provoquer · susciter · **4 - introduire** · préparer · présenter · **5 - tirer** · abaisser · baisser · [une voile] affaler

✦ **amener à**   conduire à · déterminer à · entraîner à · engager à · incliner à · mener à · porter à · pousser à

✦ **amener à soi, à ses idées**   attirer · conquérir · convaincre · convertir · enrôler · séduire

⋙ **s'amener** *v.pron.* **arriver** · venir · se pointer *fam.* · se radiner *fam.* · se ramener *fam.*

aménité *n.f.* **amabilité** · affabilité

✦ **sans aménité**   durement · avec brutalité · brutalement · avec rudesse · rudement

amenuiser (s') *v.pron.* · **diminuer** · s'amoindrir · se dissiper · s'estomper · s'évanouir · s'évaporer

amer, -ère *adj.* **1 - acide** · âcre · âpre · **2 - attristant** · affligeant · cruel · cuisant · décevant · décourageant · déplaisant · désagréable · désolant · douloureux · dur · irritant · pénible · sombre · triste · saumâtre *fam.* · **3 - acerbe** · âcre · aigre · agressif · âpre · blessant · caustique · désagréable · dur · fielleux · hargneux · humiliant · ironique · mordant · offensant · piquant · rude · sarcastique · sévère · acrimonieux *littér.*

CONTR. doux – agréable ι consolant ι réconfortant ι réjouissant – aimable ι affable ι avenant ι bienveillant ι gentil

amèrement *adv.* **1 - cruellement** · douloureusement · mélancoliquement · péniblement · tristement · **2 - aigrement** · désagréablement · rudement · sarcastiquement · acrimonieusement *littér.*

amertume *n.f.* **1 - rancœur** · acrimonie · aigreur · animosité · déception · dépit · désappointement · ressentiment · **2 - âpreté** · acidité · aigreur

CONTR. pardon – joie ι consolation ι contentement ι plaisir ι satisfaction – douceur ι suavité

ameublement *n.m.* · **mobilier** · agencement · décoration · meubles

ameuter *v.tr.* **1 - alerter** · appeler · **2 - attrouper** · battre le rappel de · grouper · rassembler · regrouper

⋙ **s'ameuter** *v.pron.* **se rassembler** · s'attrouper · se grouper · se masser

CONTR. calmer ι disperser

ami, e

■ *n.* **1 - camarade** · compagnon · familier · intime · copain *fam.* · pote *fam.* · **2 - allié** · amateur · défenseur · partisan

■ *n.m.* [aussi 'petit ami'] **amant** · amoureux · compagnon · fiancé · jules *fam.* · mec *fam.* · chum *Québec*

■ *n.f.* [aussi 'petite amie'] **compagne** · fiancée · maîtresse · meuf *lang. jeunes* · amante *vieux* · blonde *Québec*

■ *adj.* **1 - favorable** · propice (à) · **2 - affectueux** · amical · bienveillant

✦ **très amis**   copains comme cochons *fam.* · comme cul et chemise *fam.* · comme les deux doigts de la main *fam.*

CONTR. ennemi ι adversaire ι antagoniste ι rival – contradicteur ι détracteur – hostile ι contraire ι inamical

🕸 **ami, camarade, copain**
Les **amis** manifestent entre eux des sentiments de sympathie et d'affection qui se situent en dehors des rela-

tions familiales ou amoureuses. Ces sentiments, qui se développent souvent dans la durée *(des amis de trente ans)*, ne naissent pas forcément à partir d'activités communes. Au contraire, on est lié à un **camarade** par le partage des mêmes activités ou d'une même situation *(un camarade d'école, de bureau)*. Le **copain** est un camarade de jeu, de classe, ou quelqu'un avec qui l'on partage des loisirs ; il est presque toujours de la même génération que soi, ce qui n'est pas obligatoire pour l'**ami** ou le **camarade**. Cependant, dans un contexte familier, **copain** s'emploie aisément pour **ami** *(un copain de toujours)* ou pour **camarade** *(un vieux copain de régiment)*.

amiable (à l') *loc. adv.* · de gré à gré

amical, e *adj.* · chaleureux · aimable · affectueux · cordial · fraternel · gentil · sympathique
CONTR. froid ı hostile ı inamical ı malveillant

amicalement *adv.* · chaleureusement · aimablement · affectueusement · cordialement · fraternellement · sympathiquement

amidon *n.m.* · apprêt · colle

amidonnage *n.m.* · empesage

amidonné, e *adj.* · empesé · apprêté · dur

amidonner *v.tr.* · empeser · apprêter

amincir
■ *v.tr.* affiner
■ *v.intr.* mincir · maigrir · s'affiner
CONTR. élargir ı épaissir ı grossir

amincissant, e *adj.* · amaigrissant · anticellulite

amincissement *n.m.* · affinement · amaigrissement

amitié *n.f.* **1 - affection** · attachement · camaraderie · sympathie · tendresse · inclination *littér.* · **2 - accord** · entente · bonne intelligence · **3 - bienveillance** · bonté · sympathie · **4 -** [surtout au plur.] **amabilité** · compliment
CONTR. antipathie ı animosité ı inimitié ı prévention ı répugnance – brouille ı conflit ı discorde ı mauvaise intelligence

amnésie *n.f.* · perte de la mémoire · oubli · trou (de mémoire)

amnistie *n.f.* · remise de peine · acquittement · grâce · libération · pardon · relaxe

   ✺   **amnistie, grâce**
Une personne reconnue coupable d'un délit peut voir sa peine réduite ou supprimée si elle bénéficie d'une mesure de clémence, la **grâce**, que seul le président de la République peut accorder dans certaines circonstances, par exemple en cas de doute sérieux sur la culpabilité du condamné. L'**amnistie** efface complètement l'infraction et ses conséquences, et s'applique à un ensemble d'individus qui n'ont pas encore été jugés, et non à une seule personne. Elle dépend d'une loi et non d'un droit de **grâce** : *les députés ont proposé une large amnistie pour une catégorie de délits fiscaux.*

amnistier *v.tr.* · gracier · acquitter · libérer · relaxer

amocher *v.tr.* [fam.] → **abîmer**

amoindrir *v.tr.* **1 - diminuer** · amenuiser · rapetisser · réduire · restreindre · **2 - affaiblir** · abaisser · atténuer · user

≫ **s'amoindrir** *v.pron.* décroître · s'affaiblir · s'amenuiser · décliner · diminuer · rapetisser · se réduire · se restreindre
CONTR. accroître ı agrandir ı amplifier ı augmenter – consolider ı renforcer

amoindrissement *n.m.* **1 -** diminution · amenuisement · réduction · restriction · **2 - affaiblissement** · abaissement · décroissance

CONTR. accroissement ı augmentation – consolidation ı renforcement

amollir *v.tr.* **1 - ramollir** · attendrir · liquéfier · **2 - affaiblir** · alanguir · débiliter · liquéfier · avachir *fam.*

⋙ **s'amollir** *v.pron.* faiblir · s'affaiblir · s'atténuer · diminuer · faiblir · fléchir · se liquéfier · mollir · se ramollir · se relâcher

CONTR. affermir ı durcir ı endurcir – fortifier ı renforcer

amollissement *n.m.* · affaiblissement · fléchissement · relâchement

CONTR. endurcissement

amonceler *v.tr.* · entasser · accumuler · agglomérer · amasser · empiler · superposer

CONTR. disperser ı disséminer ı éparpiller ı répandre

⋙ **amasser**

amoncellement *n.m.* · entassement · accumulation · agglomération · amas · échafaudage · monceau · montagne · pile · tas

CONTR. dispersion ı dissémination ı éparpillement

amoral, e *adj.* · immoral · dépravé · dévoyé · sans foi ni loi

CONTR. moral

⋙ **immoral**

amorce *n.f.* **1 - commencement** · début · ébauche · embryon · esquisse · **2 - amorçage** · **3 - détonateur** · **4 -** [vieux] **appât** · leurre

CONTR. achèvement ı conclusion

amorcer *v.tr.* **1 - commencer** · attaquer · ébaucher · entamer · entreprendre · esquisser · initier · lancer · mettre en route · mettre sur les rails · **2 -** [vieux] **appâter** · leurrer

CONTR. achever ı conclure – désamorcer

amorphe *adj.* · apathique · atone · avachi · inconsistant · indolent · mou

CONTR. dynamique ı énergique ı vif

amortir *v.tr.*
I 1 - affaiblir · adoucir · atténuer · calmer · diminuer · émousser · estomper · modérer · réduire · tempérer · **2 - assourdir** · étouffer · feutrer • [sans complément] faire tampon
II 1 - rembourser · couvrir · éponger • [une dette] éteindre · **2 - rentabiliser**

CONTR. augmenter ı exagérer ı stimuler

amortissement *n.m.* · remboursement · couverture • [d'une dette] extinction

amortisseurs *n.m.pl.* · suspension

amour *n.m.* **1 - affection** · attachement · inclination · passion · penchant · tendresse · flamme *littér. ou plaisant* · idylle *littér. ou plaisant* · **2 -** [passager] amourette · aventure · caprice · flirt · passade · béguin *fam.* · **3 - goût** · attirance · engouement · faible · intérêt · passion · **4 - sexualité** · érotisme · baise *fam.* · chose *euph.* · partie de jambes en l'air *fam.* · **5 - relation** · liaison · mariage · union · **6 - dévotion** · culte · adoration · vénération

✦ **amour du prochain** altruisme · bienveillance · charité · dévouement · fraternité · générosité · philanthropie

✦ **faire l'amour (avec)** avoir un, des rapport(s) (avec) · coïter *rare* · copuler *plaisant* · s'accoupler *plaisant* · forniquer (avec) *Relig. ou plaisant* · baiser *très fam.* · coucher (avec) *fam.* · s'envoyer en l'air (avec) *fam.* · se faire *très fam.* · se taper *vulg.* • [une femme] jouir des faveurs de · prendre · posséder · enfiler *vulg.* · niquer *vulg.* · quéner *lang. jeunes* · tringler *vulg.*

CONTR. antipathie ı haine – aversion

amouracher de (s') *v.pron.* · s'éprendre de · s'enticher de *fam.* · se toquer de *fam.*

amourette *n.f.* · aventure · caprice · flirt · passade · béguin *fam.*

amoureusement *adv.* · tendrement

CONTR. froidement ı négligemment

amoureux, -euse

■ *adj.* **1 -** épris · entiché · fou · mordu *fam.* · toqué *fam.* · **2 -** aimant · câlin · caressant · doux · sentimental · tendre · **3 - ardent** · brûlant · chaud · lascif · langoureux · passionné · sensuel · voluptueux · **4 - érotique** · sexuel · **5 - amateur** · admirateur · ami · fanatique · féru · fervent · fou · passionné · accro *fam.* · fan *fam.* · mordu *fam.*

■ *n.m.* ami · amant · petit ami · flirt · soupirant · tourtereau *(au plur.)* · galant *vieux*

■ *n.f.* amie · petite amie · flirt

✦ **tomber amoureux** · s'éprendre · s'amouracher · tomber en amour *Québec*

CONTR. froid ı indifférent ı insensible – brusque ı brutal ı rude – calme ı endormi ı engourdi ı éteint ı frigide – chaste

amour-propre *n.m.* · fierté · dignité · orgueil · respect de soi

CONTR. humilité

amovible *adj.* · détachable · déplaçable · extractible · interchangeable · mobile · modifiable · transformable · transportable

CONTR. inamovible

amphibologie *n.f.* · ambiguïté · double sens · équivoque

amphithéâtre *n.m.* **1 - hémicycle** · auditorium · salle de conférences · amphi *fam.* · **2 - arènes**

amphitryon *n.m.* · maître de maison · hôte

ample *adj.* **1 - vaste** · étendu · grand · large · spacieux · volumineux · **2 - abondant** · copieux · développé · important · **3 -** [vêtement] **large** · blousant · grand · vague · **4 -** [voix] **sonore** · épanoui · fort · généreux · plein · retentissant

CONTR. étroit ı restreint – rare ı maigre – ajusté ı collant – étouffé ı mat ı sourd

amplement *adv.* **1 - abondamment** · copieusement · grandement · largement · longuement · pleinement · **2 - aisément** · facilement · grandement

CONTR. étroitement ı peu

ampleur *n.f.* **1 - dimension** · amplitude · étendue · grandeur · largeur · taille · volume · **2 - envergure** · dimension · importance · poids · portée · valeur · gravité

CONTR. étroitesse ı petitesse

amplification *n.f.* **1 - augmentation** · accroissement · agrandissement · développement · extension · exacerbation · intensification · **2 - exagération** · dramatisation · enflure · outrance

amplifier *v.tr.* **1 - augmenter** · accroître · agrandir · développer · étendre · exacerber · grandir · intensifier · **2 - exagérer** · dramatiser · enfler · grossir · outrer

⋙ **s'amplifier** *v.pron.* augmenter · s'accroître · enfler · grandir · grossir · s'intensifier

CONTR. diminuer

amplitude *n.f.* **1 - étendue** · ampleur · grandeur · intensité · magnitude · portée · **2 - écart** · différence · distance · variation

ampoule *n.f.* **1 - flacon** · burette · fiole · **2 - cloque** · boursouflure · bulle · vésicule

ampoulé, e *adj.* · emphatique · affecté · boursouflé · déclamatoire · enflé · grandiloquent · guindé · pompeux · ronflant *fam.* · pindarique *vieux*

CONTR. simple

↬ **emphatique**

amputation *n.f.* **1 - mutilation** · ablation · sectionnement · **2 - suppression** · allègement · censure · coupure · diminution · retrait

amputé, e *n.* · handicapé · estropié · invalide · mutilé

amputer v.tr. **1 - couper** · enlever · ôter · retrancher · sectionner · tailler · **2 - mutiler** · estropier · **3 - censurer** · élaguer · expurger · mutiler · raccourcir · retirer · retrancher · supprimer · tailler · tronquer · **4 - priver**

amulette n.f. · talisman · fétiche · grigri · mascotte · médaille · porte-bonheur · porte-chance

amusant, e adj. **1 - divertissant** · agréable · délassant · détendant · distrayant · égayant · plaisant · récréatif · réjouissant · fun fam. · **2 - drôle** · bouffon · burlesque · cocasse · comique · désopilant · drolatique · hilarant · humoristique · risible · bidonnant fam. · gondolant fam. · impayable fam. · marrant fam. · poilant fam. · rigolo fam. · tordant fam. · à se tordre fam. · à se pisser dessus très fam. · à se taper le cul par terre très fam. · **3 - boute-en-train** · comique · drôle · spirituel · marrant fam. · **4 - curieux** · bizarre · étrange

CONTR. assommant | ennuyeux | rasoir | triste

amusement n.m. **1 - divertissement** · délassement · jeu · passe-temps · plaisir · récréation · réjouissance · amusette péj. · **2 - dérivatif** · distraction

↪ **réjouissance**

amuser v.tr. **1 - divertir** · distraire · délasser · dérider · égayer · faire rire, sourire · mettre en gaieté, en train · réjouir · **2 - détourner l'attention de** · distraire · endormir

≫ **s'amuser** v.pron. **1 - se distraire** · se divertir · jouer · **2 - prendre du bon temps** · faire la fête · faire la foire, la java, la noce, la nouba fam. · s'éclater fam. · se défoncer fam. · prendre son pied fam. · bambocher vieux · avoir du fun Québec · **3 - batifoler** · folâtrer · baguenauder vieux

✦ **s'amuser de** se moquer de · plaisanter · railler · rire de · taquiner · tourner en ridicule, en dérision · se ficher de fam. · brocarder littér. · se gausser de littér. · persifler littér.

CONTR. ennuyer

amuseur, -euse n. · boute-en-train · bouffon · clown · farceur · pitre

an n.m. **1 - année** · **2 -** [avec un âge] printemps littér. · balai fam. · berge fam. · pige fam.

⤴ an, année

An et année peuvent s'échanger dans presque tous les contextes, désignant tous deux la même durée. Cependant, an s'impose pour marquer une date (l'an 2000) et l'âge (une femme de quarante ans), ainsi que dans des expressions figées (le premier de l'an, bon an mal an). On emploie plutôt année pour parler d'une période de douze mois qui commence à une date quelconque (louer à l'année) et systématiquement lorsqu'on évoque le contenu d'événements se déroulant dans ce laps de temps (vivre une année difficile, une année de crise) ou une période d'activité d'une durée de douze mois ou moins (l'année scolaire). An et année peuvent donc apparaître dans une même phrase : elle avait vingt-deux ans l'année de son mariage.

anachronique adj. · désuet · démodé · obsolète · périmé · d'un autre âge · d'arrière-garde

analectes n.m.pl. · anthologie

analgésique adj. et n.m. · anesthésiant · anesthésique · antalgique · calmant
↪ **calmant**

analogie n.f. **1 - ressemblance** · affinité · concordance · correspondance · parenté · proximité · similarité · similitude · voisinage · **2 - comparaison** · association · liaison · lien · parallélisme · rapport · relation

CONTR. différence – opposition

analogue *adj.* · approchant · comparable · connexe · équivalent · pareil · parent · proche · ressemblant · semblable · similaire · voisin
CONTR. différent ı opposé

analphabète *adj.* **1** – illettré · **2** – ignare · ignorant · inculte

> 🕮 **analphabète, illettré**
> On emploie **analphabète** à propos d'une personne qui ne sait ni lire ni écrire (littéralement, « qui ne sait ni le A ni le B »). Illettré s'applique à quelqu'un qui a eu accès à des rudiments d'instruction qui sont insuffisants pour maîtriser la lecture et l'écriture. *On lutte contre l'analphabétisme dans plusieurs pays très pauvres, dépourvus d'écoles ; on déplore la persistance de l'illettrisme en Europe.*

analphabétisme *n.m.* · illettrisme

analyse *n.f.* **1** – observation · critique · décomposition · étude · examen · **2** – compte rendu · abrégé · article · digest · exposé · notice · précis · rapport · résumé · sommaire · **3** – psychanalyse
CONTR. synthèse

analyser *v.tr.* **1** – étudier · approfondir · examiner · rendre compte de · décortiquer *fam.* · éplucher *fam.* · **2** – psychanalyser · coucher sur un divan *plaisant*

analyste *n.* [Psych.] psychanalyste

analytique *adj.* **1** – détaillé · **2** – [Philo.] tautologique · **3** – [Psych.] **psychanalytique**
CONTR. synthétique

anaphylaxie *n.f.* · allergie · hypersensibilité · sensibilisation

anarchie *n.f.* · désordre · chaos · confusion · bazar *fam.* · bordel *très fam.* · boxon *très fam.* · pagaille *fam.*
CONTR. ordre

anarchique *adj.* **1** – désordonné · brouillon · chaotique · confus · incohérent · bordélique *fam.* · **2** – anarchiste
CONTR. organisé

anarchiste *n. et adj.* **1** – libertaire · anar *fam.* · **2** – anarchisant

anatomie *n.f.* **1** – morphologie · **2** – corps · forme(s) · morphologie · musculature · plastique · proportions · silhouette

ancestral, e *adj.* **1** – ancien · **2** – antique · immémorial · séculaire

ancêtre *n.* **1** – aïeul · ascendant · parent · père · **2** – prédécesseur · devancier · initiateur · précurseur · **3** – [fam.] **vieillard**

ancien , -ienne

■ *adj.* **1** – passé · ex- · périmé · précédent · révolu · **2** – éloigné · ancestral · immémorial · lointain · millénaire · reculé · séculaire · **3** – antique · d'époque · **4** – vieux · archaïque · d'antan · démodé · dépassé · désuet · moyenâgeux *souvent péj.* · obsolète · suranné · vieillot · vétuste · qui de date pas d'hier *fam.* · antédiluvien *plaisant.* · préhistorique *fam.*

■ *n.* vieillard · aîné · doyen · vétéran · vieux · dinosaure *péj.* · vieux de la vieille *fam.*

CONTR. jeune ı nouveau ı récent – actuel ı moderne

anciennement *adv.* · autrefois · avant · dans le passé · dans le temps · il y a longtemps · jadis
CONTR. récemment ı il y a peu ı naguère
🕮 **jadis**

ancienneté *n.f.* **1** – vétusté · **2** – antiquité · **3** – années · annuités · **4** – vieillesse
CONTR. nouveauté

ancrage *n.m.* **1** – mouillage · **2** – fixation · amarrage · arrimage · blocage · **3** – implantation · enracinement

ancre *n.f.* grappin
+ **jeter l'ancre** mouiller
+ **lever l'ancre** s'en aller · mettre les voiles

ancrer *v.tr.* **1 -** mouiller · amarrer · **2 -** enraciner · établir · fixer · implanter
CONTR. détacher

andouille *n.f.* [fam.] → **imbécile**

andouiller *n.m.* · bois · cor · corne

androgyne *adj. et n.* · hermaphrodite

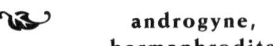 androgyne, hermaphrodite

Androgyne s'applique à un homme ou à une femme à qui l'on reconnaît des traits propres à l'autre sexe dans l'apparence ou dans les attitudes : *une silhouette, un visage androgynes*. Hermaphrodite qualifie une personne – socialement identifiée comme homme ou comme femme – qui réunit certains caractères physiologiques des deux sexes : « On demande (...) si un hermaphrodite peut faire un enfant à une fille et être engrossé par un garçon. Je réponds, à mon ordinaire, que je n'en sais rien » (Voltaire, *Dictionnaire philosophique*, « Testicules », II).

androgynie *n.f.* · hermaphrodisme

andropause *n.f.* · retour d'âge

âne *n.m.* **1 -** baudet · grison · bourricot *fam.* · **2 -** ignorant · idiot · imbécile · niais · sot · stupide · bourrique *fam.* · buse *fam.* · cruche *fam.*

anéantir *v.tr.* **1 -** détruire · abattre · abolir · annihiler · briser · consumer · dévorer · dissiper · écraser · engloutir · enterrer · étouffer · faucher · jeter à bas, par terre · liquider · précipiter dans l'abîme, dans l'oubli · pulvériser · ravager · réduire en poudre, en poussière, à néant · ruiner · submerger · tailler en pièces · **2 -** tuer · exterminer · massacrer · **3 -** accabler · abattre · briser · consterner · démolir · **4 -** fatiguer · épuiser · exténuer

» **s'anéantir** *v.pron.* s'écrouler · s'abattre · s'abîmer · se briser · s'effondrer · fondre · mourir · périr · sombrer · tomber
CONTR. créer ı fortifier ı maintenir

anéantissement *n.m.* **1 -** destruction · abolition · annihilation · dissipation · écrasement · effacement · effondrement · engloutissement · enterrement · étouffement · pulvérisation · suppression · **2 -** extermination · massacre · **3 -** mort · disparition · extinction · fin · **4 -** abattement · accablement · consternation
CONTR. création ı maintien

anecdote *n.f.* **1 - histoire** · conte · fable · historiette · récit · **2 - nouvelle** · bruit · écho · potin *fam.* · **3 - détail**

anecdotique *adj.* · contingent · accessoire · insignifiant · marginal

anémie *n.f.* · faiblesse · abattement · affaiblissement · dépérissement · épuisement · étiolement · langueur
CONTR. force ı santé

anémié, e *adj.* **1 -** anémique · **2 -** faible · affaibli · déprimé · diminué · étiolé · fatigué · languissant · las

anémier *v.tr.* · affaiblir · débiliter · épuiser · faire dépérir

anémique *adj.* · chétif · anémié · débile · déficient · délicat · faible · fluet · fragile · frêle · malingre · sans énergie · sans force · sans ressort

ânerie *n.f.* **1 - erreur** · absurdité · balourdise · baliverne · bêtise · idiotie · imbécillité · ineptie · niaiserie · sottise · stupidité · connerie *très fam.* · **2 - bévue** · bourde · faute · impair · gaffe *fam.*

anesthésiant, e *adj. et n.m.* → **anesthésique**

anesthésie *n.f.* **1** - analgésie · **2** - insensibilisation

CONTR. hyperesthésie

anesthésier *v.tr.* **1** - insensibiliser · chloroformer · endormir · **2** - apaiser · assoupir · calmer · endormir

anesthésique *adj. et n.m.* · anesthésiant · analgésique · antalgique · antidouleur · narcotique · somnifère

ange *n.m.* **1** - esprit céleste · angelot · chérubin · séraphin · archange · **2** - amour

+ **mon ange**   mon chéri · mon cœur · mon chou
+ **ange gardien**   **1** - protecteur · défenseur · sauveur · soutien · mentor · **2** - [iron.] garde du corps · barbouze
+ **mauvais ange**   démon · diable · mauvais génie
+ **aux anges**   enchanté · comblé · heureux · ravi · au septième ciel *fam.*

angélique *adj.* **1** - céleste · parfait · pur · ravissant · séraphique · **2** - vertueux · saint

CONTR. démoniaque I diabolique I satanique

angine *n.f.* · mal de gorge · amygdalite · pharyngite

angiome *n.m.* · tache de vin

angle *n.m.* **1** - coin · arête · corne · coude · encoignure · recoin · renfoncement · retour · tournant · **2** - point de vue · aspect · côté · éclairage · perspective · rapport

angoissant, e *adj.* **1** - inquiétant · alarmant · flippant *fam.* · **2** - oppressant · lourd

CONTR. apaisant I rassurant

angoisse *n.f.* · anxiété · appréhension · crainte · effroi · inquiétude · malaise · peur · tourment · affres *littér.*

CONTR. placidité I sérénité I tranquillité

> **angoisse, anxiété**
> Savoir ou imaginer que l'on va connaître, dans un avenir plus ou moins proche, une situation très désagréable peut provoquer un état d'**anxiété** : *la perspective d'un licenciement, la maladie d'un proche nous plongent dans l'anxiété*. L'**angoisse** a les mêmes fondements que l'**anxiété**, mais exclut la durée tant la violence du trouble psychique provoque des réactions physiques pénibles : *des sueurs froides dans l'angoisse d'un cauchemar, une angoisse paralysante*. On peut *vivre dans l'anxiété* ; on peine à supporter *une crise d'angoisse*.

angoissé, e *adj.* **1** - anxieux · inquiet · oppressé · stressé · tourmenté · **2** - affolé · épouvanté · paniqué

angoisser *v.tr.* **1** - inquiéter · oppresser · stresser · tourmenter · **2** - alarmer · affoler · effrayer · paniquer

» **s'angoisser** *v.pron.* s'inquiéter · s'affoler · s'alarmer · s'effrayer · paniquer · se stresser · se tourmenter · se biler *fam.* · flipper *fam.*

CONTR. apaiser I calmer I tranquilliser – être tranquille I être rassuré

anguleux, -euse *adj.* **1** - maigre · taillé à la hache, à coups de hache · taillé à la serpe, à coups de serpe · **2** - acariâtre · revêche

CONTR. rond I gras I gros I rondouillard – agréable I facile I gentil

anicroche *n.f.* · difficulté · accroc · complication · contretemps · embarras · ennui · heurt · incident · obstacle · problème · hic *fam.* · pépin *fam.*

[1]**animal, e** *adj.* **1** - bestial · brutal · grossier · instinctif · physique · **2** - charnel · sensuel

²**animal** *n.m.* · bête · bestiole *souvent péj.*

animalité *n.f.* **1** - instinct · **2** - bestialité · brutalité · sauvagerie

CONTR. réflexion - humanité ı spiritualité

animateur, -trice *n.* **1** - dirigeant · cheville ouvrière · directeur · instigateur · meneur · moteur · organisateur · pionnier · promoteur · **2** - présentateur · annonceur · disc-jockey · meneur de jeu · **3** - moniteur

animation *n.f.* **1** - activité · affairement · agitation · mouvement · vie · **2** - entrain · ardeur · chaleur · enthousiasme · exaltation · excitation · flamme · feu · fièvre · fougue · passion · vivacité · **3** - dessin animé

CONTR. inactivité ı inertie - calme ı froideur ı repos ı torpeur

animé, e *adj.* **1** - passant · vivant · **2** - ardent · acharné · bouillant · bouillonnant · brûlant · chaud · débordant · enflammé · vif · **3** - agité · houleux · mouvementé · orageux · tumultueux · **4** - vivant · **5** - mobile · mouvant

CONTR. inanimé ı inerte - froid ı distant ı indifférent ı frigide ı impassible

animer *v.tr.* **1** - stimuler · aiguillonner · électriser · enflammer · exalter · inciter, pousser à l'action · remplir d'ardeur · vivifier · **2** - inspirer · conduire · déterminer · diriger · mener · pousser · **3** - diriger · conduire · mener · présider · **4** - égayer · alimenter · **5** - illuminer · aviver · colorer · échauffer · enfiévrer · faire briller · **6** - **insuffler la vie à** · créer · donner le souffle à

≫ **s'animer** *v.pron.* **1** - s'agiter · se mouvoir · s'ébranler · se remuer · **2** - s'éveiller · **3** - s'emporter · s'échauffer · s'irriter

CONTR. arrêter ı paralyser ı retenir

animosité *n.f.* **1** - antipathie · aigreur · amertume · haine · hostilité · inimitié · malveillance · rancune · ressentiment ·

2 - agressivité · acharnement · âpreté · colère · emportement · fiel · véhémence · venin · violence · virulence

CONTR. sympathie ı affection ı bienveillance ı amitié ı cordialité - douceur ı calme ı sang-froid

ankylose *n.f.* **1** - courbature · raideur · **2** - engourdissement

CONTR. souplesse - vivacité ı agilité ı prestesse

ankylosé, e *adj.* · engourdi · courbaturé · gourd · paralysé · perclus

🕮 **ankylosé, engourdi, gourd**

On se dira **ankylosé** si l'on éprouve une difficulté temporaire à mouvoir ses membres, ses articulations, par exemple à la suite d'un long voyage en voiture. On emploiera **engourdi** si la privation de mobilité du corps ou d'une partie du corps s'accompagne d'une disparition provisoire de sensibilité *(être engourdi par la somnolence, le froid)*. Lorsque cette sensation ne touche que les mains atteintes par le froid, **gourd** s'imposera *(avoir les doigts gourds)*.

ankyloser *v.tr.* engourdir · courbaturer · paralyser

≫ **s'ankyloser** *v.pron.* s'engourdir · se raidir · se rouiller

annales *n.f.pl.* **1** - chronique · archives · mémoires · recueil · registre · revue · tables · **2** - histoire · récit

🕮 **chronique**

anneau *n.m.* **1** - bague · alliance · jonc · chevalière · **2** - rond · annelet · boucle · **3** - chaînon · maillon · manille

année *n.f.* **1** - an · **2** - annuité · **3** - millésime · cuvée · [d'étudiants] promotion · promo *fam.*

🕮 **an**

¹**annexe** *adj.* **1 - attaché** · additionnel · auxiliaire · complémentaire · joint · supplémentaire · **2 - secondaire** · accessoire · marginal · mineur · subsidiaire

²**annexe** *n.f.* **1 - ajout** · addition · appendice · complément · pièce jointe · supplément · **2 - dépendance** · **3 - succursale** · filiale

annexer *v.tr.* **1 - attacher** · incorporer · joindre · rattacher · réunir · unir · **2 - occuper** · coloniser · monopoliser · squatter

↠ **s'annexer** *v.pron.* **accaparer** · s'approprier · s'attribuer · truster *fam.*

CONTR. détacher ׀ séparer – céder ׀ libérer ׀ quitter

annexion *n.f.* · incorporation · rattachement · réunion

CONTR. cession ׀ séparation

annihiler *v.tr.* · anéantir · abolir · annuler · briser · détruire · effacer · frapper d'impuissance · neutraliser · paralyser · réduire à néant, à rien · ruiner · supprimer

CONTR. créer ׀ fortifier ׀ maintenir

anniversaire

■ *adj.* **commémoratif**

■ *n.m.* **commémoration** · bicentenaire · célébration · centenaire · fête · jubilé · tricentenaire

annonce *n.f.* **1 - communiqué** · avertissement · avis · communication · déclaration · message · notification · nouvelle · proclamation · publication · **2 - faire-part** · avis · **3 - publicité** · message publicitaire · réclame · **4 - prédiction** · prophétie · **5 - boniment** · discours · promesse · **6 - indice** · augure · indication · marque · prélude · présage · promesse · signe · signal · **7 - enchère**

annoncer *v.tr.* **1 - communiquer** · apprendre · avertir de · aviser de · déclarer · dire · divulguer · faire connaître · faire savoir · indiquer · informer de · instruire de · notifier · porter à la connaissance · présenter · publier · révéler · signaler · **2 -** [haut et fort] **clamer** · claironner · crier sur les toits · proclamer · **3 - prédire** · promettre · pronostiquer · prophétiser · **4 - dénoter** · augurer · indiquer · laisser présager · laisser pressentir · laisser deviner · manifester · marquer · montrer · prouver · révéler · signaler · **5 - précéder** · préluder à · préparer

↠ **s'annoncer** *v.pron.* **1 - se dessiner** · se profiler · **2 - se présenter**

CONTR. cacher ׀ celer ׀ taire

annonceur *n.m.* · publicitaire · publiciste

annonciateur, -trice

■ *adj.* **avant-coureur** · précurseur · prémonitoire · prophétique

■ *n.* **héraut**

annotation *n.f.* · commentaire · glose · note critique · note explicative · note de lecture · observation · réflexion · remarque · apostille *(Droit)*

annoter *v.tr.* · commenter · gloser · marginer *didact.*

annuaire *n.m.* **1 - almanach** · recueil · **2 - bottin** *nom déposé* · [des V.I.P.] Bottin mondain · Gotha · Who's who

annuité *n.f.* · terme · échéance

annulable *adj.* · résiliable · résoluble

annulation *n.f.* **1 - abrogation** · cassation · dénonciation · dissolution · infirmation · invalidation · rescision *(Droit)* · résiliation · résolution · révocation · rupture · **2 - suppression** · abolition · anéantissement · destruction · extinction · liquidation · **3 - effacement** · radiation

CONTR. confirmation ׀ maintien ׀ ratification – création ׀ ajout ׀ édification ׀ maintien

annuler *v.tr.* **1 - invalider** · abroger · infirmer · résilier · résoudre · révoquer · rompre • [un jugement] casser · **2 - éteindre** · faire disparaître · liquider · **3 - décommander** · **4 - annihiler** · supprimer

⟫ **s'annuler** *v.pron.* se neutraliser · se compenser

CONTR. confirmer ׀ ratifier ׀ valider – créer ׀ édifier ׀ maintenir – commander – fortifier ׀ maintenir

anodin, e *adj.* · **insignifiant** · banal · effacé · fade · falot · insipide · neutre · quelconque · sans caractère · sans importance · terne

CONTR. important ׀ brillant ׀ considérable ׀ impressionnant ׀ intéressant ׀ remarquable

anomalie *n.f.* **1 - bizarrerie** · étrangeté · exception · irrégularité · particularité · singularité · **2 - anormalité** · altération · difformité · malformation · monstruosité

CONTR. régularité

ânonner *v.tr.* · bredouiller

anonymat *n.m.* **1 - incognito** · **2 - banalité** · insignifiance · médiocrité · **3 - obscurité** · ombre

☙ **anonymat, incognito**
L'**anonymat** et l'**incognito** comportent tous deux l'idée de secret, mais selon un point de vue différent. Il y a **anonymat** d'une personne chaque fois qu'on ignore son identité : *l'anonymat du riche donateur n'a pas été percé*. Si quelqu'un veut ne pas être reconnu au cours d'un déplacement et qu'il utilise un faux nom ou change son apparence physique, on dira qu'*il a gardé l'incognito*, ou *préservé son incognito*.

anonyme *adj.* **1 - inconnu** · indéterminé · secret · **2 - non signé** · **3 - banal** · aseptisé · impersonnel · insignifiant · insipide · ordinaire · quelconque

CONTR. connu ׀ déterminé ׀ obscur – signé ׀ paraphé – personnalisé ׀ original ׀ recherché ׀ remarquable

anonymement *adv.* · incognito · secrètement

anorak *n.m.* · parka · doudoune

anorexie *n.f.* · inappétence · perte d'appétit

CONTR. boulimie

anormal, e *adj. et n.* **1 - irrégulier** · aberrant · atypique · exceptionnel · **2 - bizarre** · étrange · extraordinaire · inaccoutumé · inhabituel · insolite · paradoxal · singulier · surprenant · **3 - arriéré** · caractériel · handicapé · inadapté · malade

CONTR. normal ׀ régulier – ordinaire ׀ banal ׀ habituel ׀ simple

anormalement *adv.* · bizarrement · curieusement · étrangement · inhabituellement

anse *n.f.* **1 - poignée** · anneau · portant · **2 - baie** · calanque · crique · golfe

antagonique *adj.* · adverse · antagoniste · concurrent · contraire · opposé

CONTR. allié ׀ ami ׀ soutien

antagonisme *n.m.* **1 - opposition** · combat · conflit · désaccord · lutte · rivalité · **2 - agressivité** · antipathie · inimitié · **3 - concurrence**

CONTR. accord ׀ concordance ׀ harmonie

antagoniste *adj. et n.* **1 - opposé** · antagonique · rival · **2 - adversaire** · concurrent · contradicteur · ennemi · rival

CONTR. allié ׀ associé ׀ partenaire

☙ **opposant**

antalgique *adj. et n.m.* · analgésique · anesthésiant · anesthésique · antidouleur · calmant

antan (d') *loc. adv.* · d'autrefois · ancien · du temps passé · d'avant · passé

antécédent, e *adj.* précédent · antérieur · préexistant
⤷ **antécédents** *n. plur.* passé
CONTR. futur ǀ postérieur ǀ ultérieur
↝ **précédent**

antédiluvien, -ienne *adj.* · ancien · antique · archaïque · arriéré · démodé · dépassé · fossile · préhistorique *plaisant* · suranné

antenne *n.f.* · mât · tige

antérieur, e *adj.* · précédent · antécédent · préexistant
CONTR. postérieur ǀ ultérieur

antérieurement *adv.* · auparavant · avant · précédemment
CONTR. postérieurement ǀ après ǀ ultérieurement

antériorité *n.f.* · ancienneté · préexistence
CONTR. postériorité

anthologie *n.f.* · morceaux choisis · compilation · extraits · florilège · mélanges · recueil · [d'auteurs classiques] chrestomathie *rare* · [de poèmes] spicilège *rare*

anthrax *n.m.* · furoncle · abcès · tumeur

anthropophage *adj. et n.* · cannibale
↝ **cannibale**

anthropophagie *n.f.* · cannibalisme

antiallergique *adj. et n.* · anallergique

antichambre *n.f.* · salle d'attente · entrée · hall · réception · vestibule
↝ **hall**

anticipation *n.f.* 1 - prévision · futurologie · prospective · 2 - science-fiction
✦ **par anticipation** d'avance

anticipé, e *adj.* 1 - avancé · 2 - précoce · prématuré
CONTR. retardé ǀ tardif

anticiper *v.tr.* 1 - prévoir · escompter · pronostiquer · s'attendre à · 2 - devancer · prévenir
✦ **anticiper sur** empiéter sur · entamer
CONTR. différer ǀ retarder – revenir sur

anticonceptionnel, -elle *adj. et n.m.* · contraceptif

anticonformiste *adj. et n.* · non-conformiste · libertaire
CONTR. conformiste ǀ conventionnel ǀ traditionnaliste

antidépresseur *n.m.* · anxiolytique · neuroleptique · tranquillisant

antidote *n.m.* 1 - contrepoison · 2 - dérivatif · diversion · exutoire · remède · vaccin

antidouleur *adj. invar. et n.m.* · analgésique · antalgique

antienne *n.f.* · refrain · chanson · couplet · leitmotiv · litanie · rengaine · disque *fam.*

antifatigue *adj. invar.* · dopant · fortifiant

antifébrile *adj. et n.m.* · antipyrétique · antithermique · fébrifuge

antigravitationnel, -elle *adj.* · anti-g · antigravité

antimicrobien, -ienne *adj.* · antibactérien · bactéricide

antimycosique *adj.* · antifongique

antinomie *n.f.* · contradiction · opposition · incompatibilité
CONTR. accord ǀ communion ǀ compatibilité ǀ entente ǀ harmonie

antinomique *adj.* · contradictoire · contraire · incompatible · opposé
CONTR. concordant ı conciliable ı compatible

antioxydant, e *adj.* · antirouille

antipathie *n.f.* **prévention** · aversion · dégoût · froideur · haine · hostilité · inimitié · répugnance · répulsion · allergie *fam.*
✦ **avoir de l'antipathie pour** battre froid à · ne pouvoir souffrir · détester · abhorrer *littér.*
CONTR. affection ı affinité ı amour ı attirance ı goût ı penchant ı sympathie – aimer ı apprécier ı avoir de l'affection (pour) ı chérir

antipathique *adj.* · désagréable · déplaisant · détestable · imbuvable *fam.*
CONTR. agréable ı aimable ı plaisant ı sympathique

antipode *n.m.* · opposé
✦ **aux antipodes de** à l'opposé de · très différent de · très loin de

antique *adj.* **1** - ancien · passé · **2** - immémorial · ancestral · séculaire · très ancien · **3** - démodé · archaïque · arriéré · dépassé · suranné · antédiluvien *plaisant* · préhistorique *plaisant* · **4** - usé · vétuste
CONTR. moderne – à la mode ı branché ı dans le vent – neuf ı récent

antiquité *n.f.* **1** - ancienneté · **2** - [péj.] **vieillerie** *fam.* · antiquaille *péj.*
➤ **antiquités** *plur.* **brocante** · antiquaillerie *péj.*
CONTR. nouveauté

antirouille *adj. invar.* · antioxydant

antisepsie *n.f.* · désinfection · purification · stérilisation

antiseptique *adj. et n.m.* · désinfectant · antiputride · purifiant · stérilisant
CONTR. septique

antisocial, e *adj. et n.* · asocial · délinquant · inadapté · marginal

antispasmodique *adj. et n.m.* · anticonvulsif · calmant

antithèse *n.f.* **1** - **contraste** · antinomie · opposition · paradoxisme · **2** - **opposé** · antithétique · contraire · inverse
CONTR. thèse

antonyme *n.m.* · contraire
CONTR. synonyme

antre *n.m.* · repaire · gîte · retraite · tanière

anus *n.m.* · rectum · cul *fam.* · fion *fam.* · fondement *fam.* · pot *fam.* · trou de balle *fam.* · trou du cul *fam.* · troufignon *fam.*

anxiété *n.f.* appréhension · angoisse · crainte · inquiétude · souci · tourment · tracas · affres *littér.* · transes *littér. ou vieux*
✦ **anxieux de** impatient de · désireux de · soucieux de
CONTR. confiance ı calme ı espoir ı sérénité
➤ **angoisse**

anxieusement *adv.* · fébrilement · fiévreusement · impatiemment

anxieux, -ieuse *adj.* · angoissé · inquiet · préoccupé · soucieux · tourmenté · tracassé
CONTR. confiant ı calme ı serein ı tranquille

anxiolytique *adj. et n.m.* · calmant · neuroleptique · tranquillisant

apaisant, e *adj.* · calmant · consolant · lénifiant · reposant · sécurisant
CONTR. excitant ı provocant

apaisement *n.m.* **1** - **soulagement** · adoucissement · consolation · rémission · **2** - **pacification** · dégel · retour au calme
CONTR. déchaînement ı excitation ı provocation

apaiser v.tr. **1 - rasséréner** · calmer · rassurer · tranquilliser · **2 - amadouer** · adoucir · attendrir · lénifier · pacifier · radoucir · **3 - adoucir** · atténuer · assoupir · calmer · cicatriser · consoler · dissiper · endormir · éteindre · guérir · lénifier · modérer · soulager · tempérer · **4 - assouvir** · contenter · étancher · éteindre · rassasier · satisfaire · **5 - faire cesser** · abattre · calmer

» **s'apaiser** v.pron. **se calmer** · cesser · tomber

CONTR. agacer ı énerver ı exciter – allumer ı déchaîner ı envenimer ı raviver

apanage n.m. · privilège · exclusivité · lot · monopole · prérogative · propre

aparté n.m. **1 - conversation privée** · entretien particulier · messes basses *fam.* · **2 - monologue**

✦ **en aparté**   **1 - (tout) bas** · **2 - en tête à tête**
✦ **faire des apartés**   faire des messes basses *fam.*

apartheid n.m. · ségrégation · discrimination

apathie n.f. **1 - inertie** · indolence · langueur · lenteur · léthargie · mollesse · nonchalance · passivité · torpeur · **2 - aboulie** · atonie

CONTR. activité ı énergie ı enthousiasme

apathique adj. et n. **1 - indolent** · amorphe · atone · inerte · léthargique · lymphatique · mou · nonchalant · passif · mollasson *fam.* · **2 - aboulique**

CONTR. actif ı dynamique ı énergique ı vif

apercevoir v.tr. **1 - voir** · aviser · découvrir · discerner · distinguer · entrevoir · remarquer · repérer · **2 - comprendre** · appréhender · déceler · deviner · discerner · pénétrer · percevoir · saisir · sentir · piger *fam.*

» **s'apercevoir de** v.pron. **constater** · comprendre · découvrir · prendre conscience de · se rendre compte de · noter · remarquer · saisir · surprendre · voir

✦ **sans s'en apercevoir**   inconsciemment · à son insu

CONTR. perdre de vue

↝ **voir**

aperçu n.m. **1 - estimation** · coup d'œil · vue · **2 - exemple** · avant-goût · échantillon · esquisse · idée · **3 - abrégé** · exposé · présentation

à-peu-près n.m. · approximation · flou · imprécision · vague

apeuré, e adj. · effrayé · craintif · effarouché

aphorisme n.m. · maxime · adage · formule · pensée · précepte · proverbe · sentence · apophtegme *rare*

aphrodisiaque adj. · excitant · érotique · stimulant · bandant *fam.*

à-pic n.m. invar. · paroi · abrupt · escarpement · falaise

apitoiement n.m. · compassion · attendrissement · commisération · pitié

CONTR. indifférence ı insensibilité

apitoyer v.tr. **1 - attendrir** · émouvoir · remuer · toucher

» **s'apitoyer sur** v.pron. **1 - compatir à** · plaindre · **2 - s'attendrir sur**

aplanir v.tr. **1 - égaliser** · araser · niveler · polir · raboter · unir • [Techn.] dresser · planer · **2 - atténuer** · lever · simplifier · supprimer

CONTR. compliquer ı soulever

aplati, e adj. [nez] camard · camus · écrasé · épaté

aplatir v.tr. **1 - plaquer** · lisser · rabattre · **2 - écraser** · laminer · écrabouiller *fam.*

s'aplatir v.pron. **1 - s'allonger** · s'étendre · **2 -** [fam.] **tomber** · s'écraser · s'étaler fam. · **3 - se soumettre** · s'abaisser · s'humilier · se prosterner · ramper · se coucher fam.

◆ **s'aplatir contre** se plaquer contre · adhérer à

CONTR. gonfler ı redresser

aplatissement n.m. · écrasement · compression · laminage

aplomb n.m. **1 - verticalité** · **2 - équilibre** · stabilité • [à cheval] assiette · **3 - assurance** · aisance · courage · sang-froid · culot fam. · estomac fam. · **4 - effronterie** · audace · hardiesse · impudence · culot fam. · toupet fam.

◆ **d'aplomb** **1 - en équilibre** · droit · stable · vertical · **2 - en (bon) état** · dans son assiette

◆ **mettre d'aplomb** caler · asseoir · redresser

CONTR. obliquité – déséquilibre ı instabilité – timidité ı lâcheté ı poltronnerie

apocalypse n.f. **1 - fin du monde** · **2 - catastrophe** · malheur · tragédie

apocalyptique adj. **1 - prophétique** · eschatologique · **2 - effrayant** · effroyable · épouvantable · horrible · terrifiant

apocryphe adj. · supposé · douteux · faux · frauduleux

CONTR. authentique ı avéré ı canonique ı établi ı véritable

apogée n.m. · point culminant · apothéose · comble · faîte · sommet · summum · zénith · acmé littér.

apollon n.m. · adonis · éphèbe

apologie n.f. **1 - défense** · justification · plaidoyer · **2 - éloge** · célébration · exaltation · glorification · panégyrique · dithyrambe littér.

CONTR. accusation ı réquisitoire – attaque ı condamnation ı critique ı diatribe ı philippique

🕮 **apologie, éloge, panégyrique**

L'**éloge**, parlé ou écrit, consiste à dire du bien à propos d'une personne vivante (prononcer un éloge) ou d'un défunt (éloge funèbre), d'une idée, d'une vertu (éloge de la patience), etc. Quand on exalte sans restriction les mérites d'une personnalité, parfois devant elle, dans un discours officiel, l'**éloge** devient un **panégyrique**. Enfin, l'**éloge** est une **apologie** quand sa fonction consiste à défendre une personne, une cause contre des attaques publiques (apologie des valeurs républicaines, de la tolérance).

apophyse n.f. · protubérance · bosse · crête · éminence · épine · saillie · tubérosité

apostasie n.f. · abjuration · reniement · renonciation

CONTR. conversion

a posteriori loc. adv. · après · à l'expérience · après coup · ensuite

CONTR. a priori

apostolat n.m. **1 - mission** · sacerdoce · **2 - prédication** · prosélytisme

apostrophe n.f. · appel · interpellation

apostropher v.tr. **1 - appeler** · héler · interpeller · **2 - invectiver**

apothéose n.f. **1 - consécration** · couronnement · glorification · triomphe · **2 - apogée** · comble · sommet · summum • [d'un spectacle] bouquet · clou

apôtre n.m. **1 - disciple** · missionnaire · prédicateur · **2 - défenseur** · apologiste · champion · propagateur · prosélyte

apparaître v.intr. **1 - se montrer** · se détacher · émerger · jaillir · se faire jour · se faire voir · montrer le bout de son nez fam. · paraître · percer · poindre · se présenter (à la vue) · ressortir · surgir · **2 - se manifester** · se déclarer · se dévoiler · se faire jour · se révéler · survenir · transparaître · **3 - éclore** · se former · naître · **4 - sembler** · paraître · **5 - s'avérer** · ressortir

CONTR. se cacher ı disparaître ı s'éclipser ı s'évanouir

apparat *n.m.* **1 - éclat** · faste · grandeur · luxe · magnificence · pompe · somptuosité · splendeur · **2 - ostentation**

CONTR. simplicité

appareil *n.m.* **1 - instrument** · dispositif · engin · machine · outil · ustensile · **2 - arsenal** · attirail · collection · **3 - système** · **4 - avion** · **5 - téléphone** · combiné · **6 - dentier** · prothèse

✦ **appareil critique**   apparat critique

appareillage *n.m.* · prothèse

¹**appareiller**

■ *v.intr.* **lever l'ancre** · partir

■ *v.tr.* **gréer** · équiper

²**appareiller** *v.tr.* **1 - assortir** · accorder · apparier · joindre · marier · unir · **2 - accoupler** · apparier

apparemment *adv.* **1 - visiblement** · au premier abord · en apparence · en surface · extérieurement · superficiellement · **2 - sans doute** · selon toute apparence · vraisemblablement

CONTR. effectivement

apparence *n.f.* **1 - aspect** · air · cachet · caractère · couleur · extérieur · figure · forme · mine · physionomie · tournure · visage · **2 - façade** · décor · dehors · écorce · enveloppe · extérieur · faux-semblant · masque · semblant · surface · vernis · voile · **3 - trace** · lueur · ombre · rayon · soupçon · vestige · **4 -** [Astrologie] **phase**

✦ **vaine, fausse apparence**   illusion · attrape · chimère · erreur · faux-semblant · mirage · ombre · trompe-l'œil

✦ **en apparence**   apparemment · extérieurement · en surface

✦ **selon toute apparence**   vraisemblablement · probablement

✦ **contre toute apparence**   contre toute vraisemblance

CONTR. fond – essence ı réalité ı substance

☙ extérieur

apparent, e *adj.* **1 - visible** · apercevable · détectable · discernable · perceptible · sensible · **2 - manifeste** · criant · évident · flagrant · incontestable · ostensible · patent · visible · cousu de fil blanc *fam.* · **3 - prétendu** · spécieux · supposé · superficiel · de surface · trompeur

CONTR. caché ı invisible ı latent ı secret – contestable ı discutable ı douteux ı incertain – effectif ı réel ı véritable ı vrai

☙ visible

apparenté, e *adj.* **1 - de la même famille** · parent · **2 - allié** · **3 - semblable** · proche · ressemblant · voisin

apparenter à (s') *v.pron.* **1 - ressembler à** · approcher de · avoisiner · tenir de · **2 - s'unir à** · s'allier à

apparier *v.tr.* **1 - allier** · appareiller · associer · assortir · combiner · coupler · harmoniser · joindre · marier · réunir · unir · **2 - accoupler** · appareiller

CONTR. déparier

appariteur *n.m.* · huissier

apparition *n.f.* **1 - arrivée** · entrée · venue · **2 - manifestation** · **3 - avènement** · commencement · constitution · éclosion · émergence · éruption · formation · genèse · naissance · poussée · **4 - vision** · ectoplasme · esprit · fantôme · revenant · spectre

✦ **faire son apparition**   1 - entrer · arriver · 2 - naître · apparaître · arriver · éclore · paraître · voir le jour

CONTR. disparition ı éclipse

🙢 apparition, vision

L'**apparition**, comme la **vision**, appartient à l'imaginaire : on croit voir devant soi un être qui ne peut exister *(apparition d'un revenant, d'un fantôme)*. Dans la **vision**, la représentation créée par l'imagination apparaît dans le rêve, le délire, ou la nuit sous l'effet de la peur *(des visions fantastiques, hallucinatoires)*. L'**apparition** peut être de nature religieuse : un être surnaturel devient brusquement visible *(apparition de la Vierge, d'un saint)*, et se révéler au cours d'une **vision** *(les apparitions d'une vision)*.

appartement *n.m.* [sortes] studio · duplex · garçonnière · loft · meublé · penthouse · pied-à-terre

appartenance *n.f.* 1 - affiliation · adhésion · allégeance · rattachement · 2 - possession

appartenir à *v.tr.ind.* 1 - être le bien de · être la propriété de · 2 - dépendre de · faire partie de · attenir à *vieux ou littér.* · 3 - être le propre de · être caractéristique de · 4 - revenir à · être du devoir de · incomber à · 5 - se rapporter à · concerner · relever (de) · ressortir à

⋙ **s'appartenir** *v.pron.* être libre (de soi) · être maître de soi · ne dépendre de personne

appât *n.m.* 1 - piège · leurre · [Pêche] esche · amorce *vieux* · 2 - attrait · perspective

⋙ **appâts** *n.m.pl.* charmes · attraits

appâter *v.tr.* · allécher · attirer · séduire · tenter · tendre une carotte à *fam.*

CONTR. repousser

appauvrir *v.tr.* 1 - ruiner · paupériser · mettre sur la paille *fam.* · 2 - épuiser · affaiblir

⋙ **s'appauvrir** *v.pron.* dégénérer · s'affaiblir · s'anémier · dépérir · s'étioler

CONTR. enrichir

appauvrissement *n.m.* 1 - ruine · paupérisation · 2 - épuisement · affaiblissement · dépérissement · étiolement

CONTR. enrichissement

appeau *n.m.* · leurre · pipeau

appel *n.m.* 1 - cri · interjection · 2 - signal · sonnerie · 3 - coup de téléphone · communication · 4 - mobilisation · incorporation · levée (en masse) · recensement · recrutement · révision · 5 - exhortation · incitation · invitation · proclamation · 6 - attirance · attraction · fascination · invite · sollicitation

✦ **appel d'air**   aspiration
✦ **sans appel**   1 - irrévocable · définitif · 2 - définitivement · irrémédiablement
✦ **faire appel à**   s'adresser à · avoir recours à · recourir à · requérir · solliciter · se tourner vers

¹**appelé, e** *adj.* · choisi · élu

²**appelé** *n.m.* · conscrit · militaire · recrue · soldat · bleu *fam.*

appeler *v.tr.*
I 1 - héler · apostropher · interpeller · siffler · 2 - téléphoner · passer un coup de téléphone à · passer un coup de fil à *fam.* · 3 - faire venir · convier · convoquer · demander · inviter · 4 - invoquer · implorer · 5 - mobiliser · incorporer · recruter
II 1 - nommer · baptiser · dénommer · prénommer · surnommer · 2 - qualifier (de) · donner le titre de
III 1 - nécessiter · exiger · motiver · réclamer · requérir · 2 - causer · déterminer · entraîner · faire naître · occasionner · provoquer · susciter

IV [qqn à] **1 -** amener · destiner · désigner · vouer · **2 - exhorter** · engager · inciter · inviter · solliciter

✦ **en appeler à 1 - se référer à** · avoir recours à · s'en remettre à · soumettre le cas à · **2 - invoquer** · implorer · solliciter

✦ **appeler les choses par leur nom** appeler un chat un chat · ne pas avoir peur des mots

⟿ **s'appeler** v.pron. se nommer · avoir pour nom · se prénommer · répondre au nom de

CONTR. chasser ı congédier ı expulser ı renvoyer

appellation n.f. **1 - dénomination** · désignation · **2 - mot** · nom · qualificatif · titre · vocable · **3 - label** · marque

appendice n.m. **1 - extension** · extrémité · prolongement · **2 - addition** · addenda · complément · supplément

appentis n.m. · remise · hangar

appesantir v.tr. **1 - alourdir** · embarrasser · faire peser · **2 - engourdir** · ralentir

⟿ **s'appesantir** v.pron. **1 - s'alourdir** · **2 - peser**

✦ **s'appesantir sur** insister sur · s'arrêter sur · s'attarder sur · s'étendre sur

CONTR. alléger – glisser sur ı passer sur

appesantissement n.m. · alourdissement · engourdissement · lourdeur

CONTR. allégement ı légèreté

appétence n.f. · appétit · besoin · convoitise · désir · envie

CONTR. inappétence

appétissant, e adj. **1 - alléchant** · savoureux · succulent · ragoûtant fam. · **2 - agréable** · attirant · attrayant · engageant · séduisant · tentant · **3 - désirable** · affriolant · attirant · excitant

CONTR. dégoûtant ı déplaisant ı rebutant ı repoussant – réfrigérant

appétit n.m. **1 - faim** · gloutonnerie · goinfrerie · gourmandise · voracité · boulimie · **2 - désir** · envie · faim · goût · inclination · penchant · soif · appétence littér. · appétition vieux

✦ **appétit sexuel** désir · concupiscence · convoitise

✦ **avec appétit** à belles dents

✦ **donner de l'appétit** ouvrir l'estomac · creuser fam.

✦ **mettre en appétit** allécher · faire venir l'eau à la bouche · faire saliver fam. · affriander vieux ou littér.

CONTR. anorexie ı dégoût ı dysorexie ı inappétence ı répugnance ı répulsion ı satiété

⟿ **faim**

applaudir v.tr. **1 - acclamer** · ovationner • [sans complément] battre des mains · **2 - approuver** · se féliciter de · se réjouir de

CONTR. huer ı siffler – désapprouver

applaudissement n.m. **1 - acclamation** · ban · bravo · ovation · vivat · **2 - admiration** · compliment · éloge · encouragement · félicitation · louange

CONTR. huée ı sifflet – blâme ı désapprobation ı reproche

⟿ **bravo**

applicable adj. **1 - utilisable** · faisable · **2 - imputable**

CONTR. inapplicable ı infaisable

application n.f.
I effort · assiduité · attention · concentration · curiosité · diligence · exactitude · soin · zèle · contention littér.
II 1 - exécution · réalisation · **2 - emploi** · usage · **3 - affectation** · attribution · destination · imputation
III logiciel · software
IV pose · placage · superposition

✦ **en application** en vigueur · en usage · en cours

✦ **mettre en application** appliquer · employer · utiliser · mettre en pratique · mettre à exécution

CONTR. distraction ׀ inapplication ׀ inattention ׀ négligence ׀ paresse

appliqué, e *adj.*
· attentif · assidu · consciencieux · diligent · sérieux · soigné · soigneux · studieux · travailleur

CONTR. distrait ׀ inappliqué ׀ inattentif ׀ négligent ׀ paresseux

appliquer *v.tr.*
I 1 - **placer** · aplatir · apposer · étaler · étendre · mettre · passer · plaquer · poser · coller · imprimer · **2 - asséner** · administrer · donner · infliger · mettre · porter · plaquer · gratifier *iron.* · coller *fam.* · ficher *fam.* · filer *fam.* · flanquer *fam.* · foutre *très fam.*
II 1 - **employer** · faire usage de · mettre à exécution · mettre en application · mettre en pratique · user de · utiliser · **2 - affecter** · attribuer · consacrer · destiner · imputer

≫ **s'appliquer** *v.pron.* se concentrer · faire des efforts

✦ **s'appliquer à** 1 - **concerner** · convenir à · correspondre à · embrasser · s'étendre à · intéresser · se rapporter à · viser · **2 - se consacrer à** · s'adonner à · s'atteler à · se dévouer à · se livrer à · s'occuper à · se vouer à · **3 -** [+ *infinitif*] s'efforcer de · s'attacher à · s'ingénier à · s'employer à · s'acharner à · s'escrimer à · s'évertuer à · veiller à · se casser la tête à *fam.*

✦ **s'appliquer sur** recouvrir · adhérer à · se mettre sur · mouler · se poser sur

CONTR. écarter ׀ enlever ׀ ôter ׀ séparer – se distraire ׀ dissiper

appoint *n.m.*
1 - complément · supplément · **2 - apport** · aide · appui · concours · contribution · part · secours

✦ **ressource d'appoint** à-côté

appointements *n.m.pl.*
· paie · émoluments · gages · honoraires · rémunération · rétribution · salaire · traitement

〰 **appointements, émoluments, gages, honoraires**

Selon la profession exercée, les mots employés pour désigner le paiement du travail fourni changent. **Appointements** et **gages** s'emploient pour une rémunération fixe, calculée sur la base d'un travail mensuel ou annuel, mais le premier concerne les employés de commerce, de magasin, etc. et le second les gens de maison : femme de chambre, jardinier, cuisinier, etc. ; l'un et l'autre sont couramment remplacés par *salaire*. **Honoraires** s'applique à la rémunération versée aux membres des professions libérales, qu'elle soit fixée ou libre *(honoraires d'un médecin, d'un avocat)*. **Émoluments** concerne les rétributions fixées que reçoit un officier ministériel *(émoluments d'un notaire, d'un huissier)*.

appointer *v.tr.*
· rémunérer · payer · salarier · rétribuer

appontement *n.m.*
· débarcadère · wharf

apport *n.m.*
1 - concours · appoint · contribution · part · participation · **2 - cotisation** · financement · investissement

CONTR. emprunt – reprise ׀ restitution ׀ retrait

apporter *v.tr.*
1 - venir avec · porter · rapporter · amener *fam.* · **2 - donner** · fournir · fournir sa part de · procurer · [de l'argent] abouler *fam.* · **3 - entraîner** · amener · causer · engendrer · faire naître · occasionner · produire · provoquer · susciter

CONTR. emporter ׀ enlever ׀ remporter ׀ retirer

apposer *v.tr.*
1 - appliquer · mettre · poser · **2 - inscrire** · écrire · insérer

appréciable adj. **1 - évaluable** · chiffrable · estimable · mesurable · quantifiable · **2 - notable** · important · perceptible · sensible · substantiel · visible · **3 - précieux**

CONTR. inappréciable – accessoire ı imperceptible ı négligeable

appréciateur, -trice n. · arbitre · connaisseur · expert · juge

appréciation n.f. **1 - estimation** · évaluation · expertise · **2 - arbitrage** · discernement · jugement · **3 - opinion** · aperçu · avis · commentaire · critique · jugement · impression · observations · sentiment · **4 - note** · observation

CONTR. dépréciation

apprécier v.tr. **1 - aimer** · affectionner · estimer · prendre plaisir à · goûter · savourer · kiffer *lang. jeunes* · priser *littér.* • [un repas] faire honneur à · **2 - estimer** · calculer · déterminer · évaluer · expertiser · mesurer · **3 - jauger** · examiner · juger · peser · **4 - comprendre** · concevoir · discerner · entendre · percevoir · saisir · sentir · voir

CONTR. décrier ı déprécier ı mépriser

appréhender v.tr. **1 - concevoir** · percevoir · saisir · **2 - craindre** · avoir peur de · redouter · **3 - capturer** · arrêter · prendre · alpaguer *fam.* · cueillir *fam.* · embarquer *fam.* · épingler *fam.* · gauler *fam.* · pincer *fam.* · piquer *fam.*

CONTR. espérer – relâcher (un accusé)

appréhension n.f. · angoisse · anxiété · crainte · doute · inquiétude · peur · pressentiment · timidité · alarme *littér.*

CONTR. confiance ı espoir ı sérénité ı tranquillité

↪ **crainte**

apprendre v.tr. **1 - annoncer** · avertir de · aviser de · communiquer · faire connaître · dire · indiquer · informer de · faire savoir · **2 - découvrir** · être averti de · être avisé de · être informé de · être instruit de · être mis au courant de · **3 - enseigner** · inculquer · mettre, fourrer dans le crâne à *fam.* · **4 - étudier** · assimiler · digérer · ingurgiter · s'exercer à · se faire la main sur · s'initier à · se mettre à · s'imprégner de · avaler *fam.* · bûcher *fam.* · potasser *fam.* · rabâcher *fam.* · **5 -** [sans complément] **s'instruire** · se dégourdir · se dégrossir · se déniaiser · se dessaler *fam.*

✦ **apprendre à** s'accoutumer à · s'habituer à · se faire à

CONTR. ignorer ı taire – désapprendre ı oublier

🕮 apprendre, étudier, s'instruire

Apprendre, c'est acquérir des connaissances dans un domaine *(apprendre à lire, apprendre la botanique)*, et suppose que l'on passe du temps à **étudier** : « Il faut apprendre le latin pour bien savoir le français ; il faut étudier et comparer l'un et l'autre pour entendre les règles de l'art de parler » (Rousseau, *Émile*, IV). **S'instruire** porte sur l'enrichissement de ce qui a été appris *(on s'instruit à tout âge)* ou sur le développement de son expérience *(s'instruire par l'exemple d'autrui)*.

apprenti, e n. **1 - élève** · aide · stagiaire · **2 - débutant** · néophyte · novice

CONTR. maître ı patron – instructeur ı moniteur

apprentissage n.m. **1 - formation** · initiation · instruction · introduction · préparation · stage · **2 - expérience** · épreuve · exercice

✦ **faire l'apprentissage de** **1 - apprendre** · s'initier à · s'instruire en · **2 - s'accoutumer à** · s'entraîner à · se fortifier dans

✦ **faire son apprentissage dans** faire ses premières armes dans · faire ses classes dans

CONTR. maîtrise – expérience ı métier

apprêt n.m. affectation · artifice · étude · maniérisme · mièvrerie · préciosité · recherche · afféterie *littér.*

✦ **sans apprêt** naturel · sans artifice

apprêté, e *adj.* • maniéré • affecté • ampoulé • arrangé • artificiel • compassé • étudié • guindé • mièvre • précieux • recherché

CONTR. naturel ı simple ı spontané

apprêter *v.tr.* préparer • accommoder • assaisonner • cuisiner • faire cuire

⋙ **s'apprêter (à)** *v.pron.* **1 - se préparer à** • se disposer à • **2 - s'habiller** • se parer • se pomponner • se bichonner *fam.*

apprivoisement *n.m.* **1 - dressage** • domestication • **2 - familiarisation** • accoutumance

apprivoiser *v.tr.* **1 - domestiquer** • dompter • dresser • soumettre • **2 - amadouer** • charmer • conquérir • gagner • séduire • **3 - adoucir** • civiliser • humaniser • polir

⋙ **s'apprivoiser** *v.pron.* s'humaniser • s'adoucir • s'amadouer • se civiliser

CONTR. effaroucher ı effrayer ı éloigner ı rebuter – aigrir ı durcir ı rebuter

approbateur, -trice *adj.* **1 - favorable** • affirmatif • approbatif • consentant • **2 - appréciateur** • flatteur • louangeur

CONTR. dénigreur ı détracteur ı improbateur – critique ı désapprobateur

approbation *n.f.* **1 - acceptation** • accord • acquiescement • adhésion • agrément • autorisation • aval • consentement • permission • bénédiction *fam.* • **2 - adoption** • homologation • ratification • **3 - applaudissement** • éloge • estime • suffrage

CONTR. blâme ı condamnation ı critique ı désapprobation ı improbation ı opposition ı refus ı réprobation

⋙ **consentement**

approchable *adj.* • abordable • accessible

approchant, e *adj.* **1 - proche** • voisin • **2 - semblable** • analogue • comparable • équivalent • ressemblant • **3 - approximatif**

CONTR. éloigné ı lointain – différent ı opposé – précis ı exact ı rigoureux

approche *n.f.* **1 - abord** • accès • contact • fréquentation • **2 - apparition** • arrivée • venue • **3 - point de vue** • conception • démarche

⋙ **approches** *plur.* parages • abords • accès • alentours • environs • proximité • voisinage

CONTR. départ ı écartement ı éloignement ı séparation

approcher

■ *v.intr.* **1 - venir** • arriver • [nuit] tomber • **2 - se rapprocher** • s'avancer • venir plus près

■ *v.tr.* **1 - fréquenter** • côtoyer • coudoyer • **2 - tendre vers** • s'apparenter à • égaler • friser • frôler • se rapprocher de • rivaliser avec • toucher à • valoir • **3 - ressembler à** • participer de • procéder de • rappeler • tenir de • **4 - joindre** • rapprocher

⋙ **s'approcher** *v.pron.* s'avancer • venir

✦ **s'approcher de** aller à, vers • se diriger vers • progresser vers • toucher à • venir à

CONTR. s'éloigner ı éviter ı repousser – reculer – écarter ı séparer

approfondi, e *adj.* • détaillé • fouillé • poussé

CONTR. approximatif ı élémentaire ı sommaire ı superficiel

approfondir *v.tr.* **1 - creuser** • **2 - étudier** • analyser • creuser • examiner • explorer • fouiller • mûrir • pénétrer • pousser ses recherches dans • réfléchir sur • scruter • sonder • traiter à fond

CONTR. combler – effleurer

approfondissement *n.m.* **1 - creusement** • **2 - analyse** • étude • examen • exploration • méditation • pensée • recherche • réflexion • sondage • **3 - développement** • enrichissement

CONTR. comblement – effleurement – appauvrissement

approprié, e *adj.* • adapté • adéquat • ad hoc • bienvenu • conforme • heureux • opportun • pertinent • idoine *littér.*

CONTR. impropre ı inadapté ı inadéquat ı inapproprié

approprier v.tr. **adapter** · accommoder · accorder · ajuster · conformer · mettre en accord avec
⋙ **s'approprier** v.pron. **1 – s'attribuer** · accaparer · s'adjuger · chiper · s'emparer de · empocher · faire main basse sur · faire sien · mettre la main sur · se saisir de · rafler fam. · **2 –** [de manière illicite] **s'arroger** · ravir · usurper · voler · piquer fam. · souffler fam.
CONTR. opposer – abandonner | décliner | refuser | rendre

approuver v.tr. **1 – accepter** · acquiescer à · adhérer à · admettre · adopter · agréer · autoriser · consentir à · dire amen à · plébisciter · ratifier · souscrire à · **2 – donner raison** à · être d'accord avec · se rallier à · [avec les autres] faire chorus · **3 – apprécier** · applaudir (des deux mains)
CONTR. refuser | décliner | interdire | rejeter – blâmer | condamner | critiquer | désapprouver | désavouer

approvisionnement n.m. **1 – ravitaillement** · alimentation · fourniture · **2 – provisions** · aliment · assortiment · fournitures · munitions · réserves · stock · vivres

approvisionner v.tr. **1 – ravitailler** · alimenter · assortir · fournir · garnir · munir · nourrir · pourvoir · remplir · **2 – provisionner**
⋙ **s'approvisionner** v.pron. se fournir
CONTR. désapprovisionner – consommer – dégarnir | vider

approximatif, -ive adj. **1 – approchant** · approché · proche · voisin · **2 – imprécis** · évasif · vague
CONTR. déterminé | exact | précis | rigoureux

approximation n.f. **1 – estimation** · évaluation · **2 – à-peu-près** · imprécision
CONTR. exactitude | précision

approximativement adv. **1 – environ** · à peu près · au jugé · à vue d'œil · à vue de nez · en gros · grossièrement · grosso modo · sommairement · à la louche fam. · **2 – imparfaitement** · sans précision
CONTR. exactement | précisément

appui n.m.
I **1 – aide** · assistance · collaboration · concours · coopération · encouragement · réconfort · secours · soutien · **2 – protection** · caution · influence · patronage · recommandation · relations · piston fam. · **3 – allié** · auxiliaire · champion · défenseur · garant · protecteur · second · soutien · supporter
II **1 – base** · fondement · **2 – support** · contrefort · épaulement · étai · soutènement · soutien · tuteur · **3 – accoudoir** · accotoir · balustrade · barre · rampe
CONTR. abandon | lâchage – hostilité – ennemi

appuyé, e adj. · énergique · insistant · lourd
CONTR. discret

appuyer v.tr. **1 – soutenir** · buter · épauler · étayer · maintenir · **2 – confirmer** · asseoir · consolider · corroborer · fortifier · renforcer · **3 – aider** · assister · encourager · prêter main-forte à · servir · soutenir · venir à la rescousse de · **4 – recommander** · défendre · parrainer · plaider pour · pousser · pistonner fam.
✦ **appuyer sur, contre** **1 – appliquer sur**, contre · accoter à · adosser à · faire reposer sur · faire tenir sur · placer sur, contre · poser sur, contre · **2 – fonder sur** · faire reposer sur · **3 – accentuer** · exagérer · faire ressortir · insister sur · souligner · **4 – reposer sur** · porter sur · retomber sur · **5 – presser** · peser sur
⋙ **s'appuyer** v.pron. [fam.] → subir
✦ **s'appuyer sur, contre** **1 – prendre appui sur** · s'accoter à · s'accouder à · s'adosser à, contre · s'arc-bouter contre · buter contre · reposer sur · **2 – se coller à** · se serrer contre · **3 – se fonder sur** · alléguer · se baser sur · invoquer · se référer à · se reposer sur · compter sur · faire confiance à
CONTR. lâcher – enlever | ôter | retirer – s'opposer | refuser | réfuter | rejeter – effleurer | glisser | négliger

âpre adj. **1 – raboteux** · râpeux · rêche · rugueux · **2 – pénible** · cruel · cuisant · dur ·

rigoureux · vif · **3 - agressif** · acharné · brutal · farouche · féroce · hargneux · opiniâtre · rude · sauvage · violent · virulent · **4 -** [vieux] **abrupt** · accidenté · escarpé · inégal

✦ **âpre au gain**   avide · cupide · rapace · vorace

CONTR. égal ı lisse ı poli – clément ı doux – facile ı aimable ı gentil – désintéressé ı généreux

âprement *adv.* **1 - énergiquement** · ardemment · farouchement · résolument · **2 - durement** · brutalement · rudement · sévèrement · violemment

CONTR. doucement ı mollement

après *prép. et adv.*
I [dans le temps] **1 - puis** · alors · ensuite · consécutivement · **2 - plus tard** · postérieurement · ensuite · **3 - passé** · au-delà de · une fois que · **4 - consécutivement** · à cause de · conséquemment · subséquemment · successivement · suite à · à la suite de
II [dans l'espace] **1 - au delà** · plus loin · **2 - derrière** · à la queue · à la suite · à la traîne · ensuite · plus loin · **3 - contre** · **4 - sous**

✦ **d'après**   **1 - selon** · suivant · **2 - conformément à**

✦ **après coup**   **1 - ensuite** · a posteriori · par la suite · rétrospectivement · **2 - trop tard**

✦ **après tout**   au, dans le fond · au final · en définitive · en fin de compte · finalement · tout bien considéré

✦ **l'un après l'autre**   **1 - à la suite** · à la queue leu leu · à la file · consécutivement · en se succédant · successivement · un à un · **2 - alternativement** · tour à tour

CONTR. avant – d'abord ı auparavant ı en priorité – en avant ı devant – ci-dessus ı supra

après-rasage *adj. invar. et n.m.* · after-shave *anglic.*

âpreté *n.f.* **1 - âcreté** · amertume · austérité · **2 - rigueur** · pénibilité · sévérité · **3 - violence** · animosité · ardeur · rudesse · véhémence · virulence

✦ **âpreté au gain**   avarice · avidité · convoitise · cupidité · rapacité · voracité

CONTR. douceur – facilité – modération

a priori
■ *loc. adv.* **au premier abord** · à première vue · au premier coup d'œil
■ *n.m.* **préjugé** · idée toute faite

CONTR. a posteriori

à-propos *n.m.* **1 - pertinence** · bien-fondé · opportunité · **2 - présence d'esprit** · répartie

apte *adj.* · capable · à même de · bon · fait pour · propre à · qualifié (pour) · susceptible de

CONTR. inapte ı incapable

aptitude *n.f.* **capacité** · compétence · disposition · don · faculté · facilité · prédisposition · talent

✦ **avoir une aptitude pour**   être doué pour · avoir la bosse de *fam.*

CONTR. inaptitude ı incapacité

aqueduc *n.m.* · canal · conduite · dalot

aquilin *adj.m.* · busqué · arqué · bourbonien · recourbé · en bec d'aigle

arabesque *n.f.* · courbe · sinuosité · volute

arable *adj.* · cultivable · labourable

CONTR. incultivable

arachide *n.f.* · cacahuète

araignée *n.f.* · arachnide · acarien

araser *v.tr.* · aplanir · mettre à niveau · niveler

arbitrage *n.m.* **1 - médiation** · entremise · **2 - compromis** · accommodement · conciliation · **3 - décision** · jugement · sentence · verdict

arbitraire *adj.* **1 - conventionnel** · **2 - gratuit** · libre · **3 - injuste** · illégal · injustifié · irrégulier · **4 - despotique** · tyrannique

CONTR. objectif ׀ scientifique – déterminé ׀ imposé ׀ naturel – juste ׀ légal ׀ légitime ׀ raisonnable – démocratique

arbitre *n.* **1 - juge** · expert · **2 - conciliateur** · médiateur

arbitrer *v.tr.* **1 - juger** · décider · statuer sur · régler · trancher · **2 - contrôler**

arborer *v.tr.* **1 - afficher** · étaler · exhiber · montrer · **2 - hisser** · déployer · élever

CONTR. cacher – baisser ׀ amener

arbre *n.m.* **1 - essence** · [sortes] épineux · feuillu · résineux · **2 - schéma** · arborescence · **3 - mât** · fût · **4 - axe** · essieu · pivot · tige · vilebrequin

arc *n.m.* **1 - courbe** · cambrure · cintre · demi-cercle · **2 - arcade** · arceau · arche · voûte

arcade *n.f.* **1 - voûte** · **2 - arc**

arc-boutant *n.m.* · étai · contrefort

arc-bouter *v.tr.* · appuyer · adosser · épauler · étayer

archaïque *adj.* **1 - ancien** · **2 - primitif** · **3 - arriéré** · anachronique · démodé · dépassé · obsolète · périmé · retardataire · rétrograde · suranné

CONTR. moderne – décadent

arche *n.f.* · arc · arcade · voûte

archétype *n.m.* · modèle · étalon · exemple · prototype · parangon *littér.*

CONTR. copie

architecte *n.* **1 - bâtisseur** · constructeur · édificateur *rare* · **2 - concepteur** · créateur · ingénieur · inventeur · maître d'œuvre · ordonnateur

CONTR. démolisseur

architectonique
- *adj.* architectural
- *n.f.* architecture · ordonnance · structure

architecture *n.f.* · construction · charpente · disposition · ordonnance · ossature · squelette · structure

architecturer *v.tr.* · agencer · bâtir · charpenter · construire · structurer

archiver *v.tr.* · classer · ranger

archives *n.f.pl.* · annales · chroniques · histoire

arctique *adj.* · polaire · boréal · septentrional · hyperboréen *littér.*

CONTR. antarctique ׀ austral ׀ méridional

ardemment *adv.* · passionnément · activement · chaudement · furieusement · profondément · vivement

CONTR. faiblement ׀ mollement ׀ vaguement

ardent, e *adj.* **1 - enflammé** · brûlant · embrasé · incandescent · **2 - chaud** · brûlant · torride · **3 - flamboyant** · éclatant · brillant · lumineux · rutilant · **4 - impétueux** · bouillant · bouillonnant · enflammé · enthousiaste · exalté · fiévreux · fougueux · frénétique · impatient · passionné · tout feu tout flamme · véhément · vif · volcanique · **5 - acharné** · dévoué · empressé · farouche · fervent · zélé · **6 - amoureux** · chaud · sensuel · **7 - profond** · dévorant · pressant

CONTR. froid ׀ éteint ׀ glacé – terne ׀ fade ׀ neutre – calme ׀ endormi ׀ engourdi ׀ éteint ׀ frigide ׀ indolent ׀ inerte ׀ languissant ׀ morne ׀ mou ׀ nonchalant ׀ tiède

ardeur *n.f.* **1 - impétuosité** · bouillonnement · emballement · empressement · enthousiasme · exaltation · ferveur · feu sacré · flamme · fougue · véhémence · vivacité · **2 - zèle** · allant · entrain · **3 - désir** · feu · flamme · passion · transport
+ **avec ardeur**   ardemment · d'arrache-pied

CONTR. indifférence ı indolence ı mollesse ı nonchalance ı relâchement – tiédeur – froideur ı frigidité

ardu, e *adj.* **1 - difficile** · pénible · coton *fam.* · musclé *fam.* · **2 - escarpé** · raide · rude

CONTR. abordable ı accessible ı aisé ı facile

arène *n.f.* lice · carrière · cirque · champ de bataille
↠ **arènes** *plur.* **amphithéâtre**

aréopage *n.m.* · assemblée · congrégation · rassemblement

arête *n.f.* · angle · bord · ligne · saillie

argent *n.m.* **1 - fonds** · capital · finances · moyens · ressources · richesse · **2 - liquide** · espèces · monnaie · numéraire · cash *fam.* · ferraille *fam.* · mitraille *fam.* · **3 -** [Comptabilité] **disponibilités** · liquidités · trésorerie · **4 - monnaie** · billets · espèces · liquide · ferraille *fam.* · mitraille *fam.* · **5 - sous** *fam.* · blé *fam.* · cacahuètes *fam.* · flouze *fam.* · fric *fam.* · galette *fam.* · maille *lang. jeunes* · oseille *fam.* · pépètes *fam.* · pèze *fam.* · pognon *fam.* · ronds *fam.* · thune *lang. jeunes* · picaillons *fam., vieilli* · trèfle *fam., vieilli* · grisbi *argot* · braise *argot, vieilli* · **nerf de la guerre**
+ **sans argent**   pauvre · désargenté *fam.* · à sec *fam.* · fauché (comme les blés) *fam.* · sans le sou *fam.* · sans un radis *fam.* · raide *fam.* · raide comme un passe-lacet *fam., vieilli* · sans un denier *vieux*

argenté, e *adj.* **1 - argentin** · blanc · gris · **2 - → riche**

CONTR. désargenté

argentin, e *adj.* **1 - argenté** · **2 - clair** · cristallin

argile *n.f.* **1 - glaise** · kaolin · terre à potier · **2 - limon**

argot *n.m.* **1 - jargon** · **2 - langue verte**
↬ **jargon**

arguer *v.tr.* [*littér.*] **déduire** · conclure · inférer
+ **arguer de**   mettre en avant · alléguer · avancer · faire état de · invoquer · prétexter · se prévaloir de · protester de · tirer argument de

argument *n.m.* **1 - raison** · preuve · **2 - démonstration** · argumentation · raisonnement · **3 - sujet** · intrigue · thème · **4 - exposé** · sommaire · synopsis

argumentation *n.f.* **1 - démonstration** · argumentaire · raisonnement · thèse · **2 - dialectique** · rhétorique

argumenter *v.intr.* **1 - discuter** · **2 -** [*péj.*] **ergoter** · couper les cheveux en quatre · ratiociner *littér.* · discutailler *fam.* · pinailler *fam.* · enculer les mouches *très fam.*

aride *adj.* **1 - desséché** · désertique · improductif · inculte · incultivable · infertile · sec · stérile · **2 - indifférent** · froid · insensible · sec · **3 - rébarbatif** · ardu · austère · difficile · ingrat · rebutant · sévère

CONTR. humide ı fécond ı fertile ı riche – ardent – agréable ı attrayant ı facile

aridité *n.f.* **1 - sécheresse** · improductivité · infertilité · stérilité · **2 - froideur** · indifférence · insensibilité · sécheresse · **3 - austérité** · sévérité

CONTR. humidité ı fécondité ı fertilité ı richesse – sensibilité – agrément ı attrait

aristocrate *n.* · **noble** · patricien · aristo *fam.*

CONTR. roturier

aristocratie n.f. 1 - noblesse · 2 - élite · fine fleur · crème de la crème fam. · dessus du panier fam. · gratin fam. · haut du pavé fam.

CONTR. roture – masse

aristocratique adj. 1 - noble · aristocrate · 2 - distingué · élégant · raffiné

CONTR. roturier – bourgeois ı prolétarien – grossier ı vulgaire

armature n.f. · ossature · bâti · carcasse · charpente · échafaudage · squelette · structure · support · treillis

arme n.f. 1 - [Milit.] **corps d'armée** · armée de terre · armée de l'air · aéronavale · forces nucléaires · gendarmerie · génie · marine · renseignement · 2 - [de choc] **bâton** · canne · casse-tête · coup-de-poing · gourdin · maillet · marteau · masse · massue · matraque · plombée · trique · 3 - [de jet] **arc** · arbalète · boomerang · dard · fronde · javeline · javelot · sagaie · [anciennt] pilum (romain) · 4 - [d'artillerie] **canon** · bazooka · obusier · 5 - [explosive] **bombe** · roquette · 6 - [d'hast] **hache** · épieu · faux · fléau · fourche · francisque · hallebarde · lance · pique · sagaie
+ **arme blanche**   couteau · coutelas · poignard · sabre · [anciennt] dague · épée · glaive · stylet
+ **arme à feu**   [de poing] pistolet · revolver · [d'épaule] carabine · fusil · [à répétition] mitraillette · mitrailleuse · pistolet-mitrailleur · [anciennt] arquebuse · mousquet · tromblon

⋙ **armes** plur. 1 - armoiries · 2 - → armement

armé, e adj. 1 - renforcé · 2 - gréé · équipé

armée n.f. 1 - défense (nationale) · forces · troupes · la grande muette fam. · la soldatesque fam., péj. · 2 - unité de combat · bataillon · brigade · compagnie · détachement · division · escadre · escadron · formation · légion · milice · patrouille · peloton · régiment ·

73 ▸ **aromate**

3 - service militaire · 4 - foule · armada · essaim · flot · kyrielle · masse · multitude · nuée · régiment · foultitude fam.
+ **armée de terre**   forces terrestres
+ **armée de mer**   marine · flotte · forces maritimes · forces navales · marine de guerre
+ **armée de l'air**   forces aériennes · aviation militaire

armement n.m. 1 - armes · arsenal · matériel de guerre · 2 - [Mar.] gréement · équipage · matériel

CONTR. désarmement

armer v.tr. 1 - équiper · doter · fournir à · munir · pourvoir · 2 - prémunir · aguerrir · cuirasser · endurcir · fortifier · blinder fam. · 3 - consolider · renforcer · 4 - [Marine] gréer · équiper

⋙ **s'armer** v.pron. 1 - se fortifier · s'aguerrir · 2 - se garantir · se munir · se prémunir · se protéger
+ **s'armer de**   s'équiper de · se munir de · se nantir de

CONTR. désarmer – affaiblir ı débiliter

armistice n.m. · arrêt des hostilités · suspension des hostilités · trêve

armoire n.f. · placard · garde-robe · penderie

armoiries n.f.pl. · blason · armes · chiffre · écu · écusson · emblème

armure n.f. 1 - cotte de mailles · cuirasse · 2 - carapace · défense · protection

arnaque n.f. 1 → escroquerie · 2 → tromperie

arnaquer v.tr. → escroquer

aromate n.m. · condiment · assaisonnement · épice

aromatique *adj.* · parfumé · odorant · odoriférant

aromatiser *v.tr.* · parfumer

arôme *n.m.* **1 -** **parfum** · émanation · exhalaison · odeur · senteur · fragrance *littér.* · [d'un vin] bouquet • [d'une viande] fumet · **2 -** [naturel, artificiel] **aromatisant**
☞ **parfum**

arpenter *v.tr.* **1 -** mesurer · **2 -** parcourir · marcher

arpenteur *n.m.* · géomètre

arqué, e *adj.* **1 -** courbe · cambré · convexe · **2 -** [nez] busqué · aquilin · bourbonien · crochu · recourbé
CONTR. droit

arquer
■ *v.tr.* **1 -** courber · bomber · cambrer · cintrer
■ *v. intr.* [fam.] marcher · avancer
»» **s'arquer** *v.pron.* fléchir · se bomber · se cambrer · se cintrer · se courber · se gauchir · se plier
CONTR. redresser

arrachage *n.m.* **1 -** arrachement · éradication · extirpation · extraction · **2 -** déracinement · débroussaillage · défrichement · essartage · essartement · **3 - récolte**
CONTR. plantation

arrachement *n.m.* **1 -** enlèvement · dépouillement · écorchement · épilation · extraction · **2 -** démembrement · déchirement · écartèlement · écartement · rupture · **3 -** déchirement
CONTR. plantation - implantation

arracher *v.tr.* **1 -** déraciner · déplanter · déterrer · **2 - extraire** · détacher · enlever · extirper · ôter · retirer · **3 - déchirer** · couper · écorcher · lacérer · **4 - s'emparer de** · emporter · obtenir · remporter • [malhonnêtement] dérober · extorquer · soutirer

♦ **arracher (qqn) à** soustraire à · détacher de · détourner de · écarter de · guérir de · sauver de · tirer de
CONTR. fixer ı implanter ı planter – attacher

arraisonnement *n.m.* · inspection · contrôle · examen · reconnaissance · visite

arraisonner *v.tr.* · inspecter · aborder · contrôler · reconnaître

arrangeant, e *adj.* · conciliant · accommodant · complaisant · facile · coulant *fam.*
CONTR. difficile ı exigeant

arrangement *n.m.* **1 - disposition** · configuration · installation · mise en place · rangement · structure · tri · **2 - aménagement** · agencement · ameublement · décoration · **3 - combinaison** · assemblage · assortiment · coordination · **4 - organisation** · dispositions · mise sur pied · préparation · préparatifs · **5 - accord** · accommodement · compromis · conciliation · convention · entente · modus vivendi · **6 - orchestration** · adaptation · harmonisation
CONTR. dérangement ı désordre – brouille ı dispute

arranger *v.tr.*
I **1 - disposer** · configurer · installer · placer · ordonner · ranger · trier · **2 - aménager** · agencer · décorer · meubler · **3 - préparer** · accommoder · apprêter · dresser · parer · **4 - concilier** · assembler · assortir · combiner · coordonner · **5 - organiser** · combiner · ménager · mettre sur pied · préparer · régler · goupiller *fam.* · **6 - accoutrer** · attifer *fam.* · fagoter *fam.* · ficeler *fam.*
II **1 - réparer** · refaire · remettre à neuf · remettre en état · reprendre · restaurer · retaper · rafistoler *fam.* · **2 - rectifier** · rajuster · remanier · retoucher
III **convenir à** · agréer à · aller à · contenter · plaire à · satisfaire · botter *fam.* · chanter à *fam.*
IV **orchestrer** · adapter · harmoniser
V [fam.] **1 - critiquer** · dire son fait à · dire du mal de · assaisonner *fam.* · habiller pour l'hiver *fam.* · tailler un costard à *fam.* · **2 - maltraiter** · abîmer · malmener

▸ **s'arranger** v.pron. 1 - s'améliorer · aller mieux · bien se terminer · rentrer dans l'ordre · se réparer · 2 - embellir · 3 - se débrouiller · se dépêtrer · se tirer d'affaire · se dépatouiller fam. · se démerder très fam. · 4 - s'accorder · s'accommoder · s'entendre
✦ **s'arranger de, avec** s'accommoder de · se contenter de · faire avec · se satisfaire de
CONTR. déranger ı dérégler ı désorganiser ı envenimer

arrestation n.f. · capture · interpellation · prise · rafle · coup de filet fam.
CONTR. délivrance ı liberté

arrêt n.m.
I 1 - **fin** · abandon · cessation · gel · interruption · suspension · 2 - **suppression** · abolition · annulation · inhibition · privation
II 1 - **pause** · intervalle · latence · relâche · rémission · répit · repos · silence · 2 - **halte** · étape · escale · séjour
III **station** · gare
IV 1 - **immobilisation** · arrestation · blocage · contrôle · rétention · saisie · 2 - **crise** · asphyxie · stagnation · panne · paralysie
V **décision** · arrêté · décret · jugement · sentence
✦ **arrêt de bus** Abribus nom déposé · aubette région. et recomm. offic.
✦ **arrêt des hostilités** armistice · cessez-le-feu · trêve
✦ **arrêt de travail** grève
✦ **à l'arrêt** 1 - **immobile** · statique · 2 - [véhicule] **en stationnement**
✦ **sans arrêt** sans cesse · constamment · continuellement · du matin au soir · jour et nuit · sans interruption · sans relâche · sans répit · sans repos · sans trêve · toujours
CONTR. marche ı mouvement − continuation
▧ jugement ▧ arrêté²

¹**arrêté, e** adj. 1 - **stoppé** · interrompu · 2 - **décidé** · convenu · déterminé · entendu · fixé · prévu · 3 - **définitif** · absolu · établi · ferme · fixe · immuable · inébranlable · irrévocable · résolu · sans appel

²**arrêté** n.m. · décision · arrêt · décret · loi
▧ **arrêté, arrêt**
Arrêté et arrêt appartiennent au vocabulaire du droit et désignent une décision écrite. Pris par des autorités administratives de divers niveaux (ministre, préfet, maire), un **arrêté** s'applique à des pratiques sociales très variées : *le ministre a pris un arrêté d'expulsion ; cet été, un arrêté préfectoral a réglementé la consommation de l'eau*. Un **arrêt** émane seulement d'une haute juridiction (par exemple la Cour d'appel) ; il confirme, modifie ou annule une décision administrative ou juridique *(un arrêt du Conseil d'État)*.

arrêter v.tr.
I 1 - **mettre fin à** · faire cesser · mettre un terme à · mettre le holà à · stopper · [momentanément] interrompre · suspendre · 2 - [la vue] **borner** · cacher · limiter · 3 - **couper** (la parole à) · interrompre
II 1 - **immobiliser** · bloquer · enrayer · fixer · maintenir · retenir · 2 - **tenir en échec** · contenir · empêcher · endiguer · enrayer · entraver · mettre un frein à · juguler · paralyser
III **appréhender** · attraper · capturer · s'emparer de · empoigner · interpeller · prendre · mettre la main au collet · agrafer fam. · alpaguer fam. · choper fam. · coffrer fam. · coincer fam. · cueillir fam. · emballer fam. · embarquer fam. · épingler fam. · gauler fam. · mettre le grappin sur fam. · pincer fam. · cravater fam., vieilli
IV **décider** · s'accorder sur · choisir · convenir de · déterminer · s'entendre sur · fixer · régler · résoudre · retenir
▸ **s'arrêter** v.pron. 1 - **cesser** · s'achever · se conclure · finir · prendre fin · (se) terminer · [momentanément] s'interrompre · 2 - **faire halte** · stationner · se planter fam. · [brusquement] caler · piler · stopper · 3 - [Transport] **desservir** · passer par
✦ **s'arrêter à** se limiter à · se borner à · se contenter de · s'en tenir à

◆ **s'arrêter sur** s'attarder sur • s'appesantir sur • s'étendre sur • insister sur
◆ **sans s'arrêter** d'affilée • non-stop

CONTR. accélérer ı hâter – poursuivre ı reprendre – aller ı marcher ı se mouvoir

arrhes *n.f.pl.* • dépôt • à-valoir • avance • gage • garantie • provision

arriéré, e

■ *adj.* **1 - démodé** • anachronique • archaïque • dépassé • désuet • fossile • obsolète • périmé • réactionnaire • rétrograde • suranné • vieux • d'arrière-garde • rétro *fam.* • ringard *fam.* • **2 - barbare** • fruste • grossier • inculte • sauvage • **3 - attardé** • débile • demeuré • idiot • retardé • simple d'esprit • taré

■ *n.m.* **1 - dette** • arrérages • dû • impayé • **2 - retard**

CONTR. avancé ı évolué ı moderne – avance

¹**arrière** *adv. et adj.*

◆ **en arrière** **1 - derrière** • en retrait • **2 - à la traîne** • derrière • **3 - à l'envers** • à reculons • **4 - à la renverse**
◆ **faire marche arrière** **1 - reculer** • battre en retraite • rebrousser chemin • refluer • se replier • retourner, revenir sur ses pas • se retirer • rétrograder • **2 - se dédire**

²**arrière** *n.m.* **1 - derrière** • cul • dos • postérieur • **2 - envers** • dos • revers • verso • **3 -** [d'un bateau] **poupe**

arrière-goût *n.m.* • souvenir • impression • relent • sentiment

arrière-grand-mère *n.f.* • bisaïeule

arrière-grand-père *n.m.* • bisaïeul

arrière-grands-parents *n.m.pl.* • bisaïeuls

arrière-pensée *n.f.* • calcul • réserve • réticence

CONTR. démonstration ı manifestation

arrière-plan *n.m.* • fond • arrière-fond • lointain

arrière-saison *n.f.* • automne

CONTR. printemps

arrière-train *n.m.* • derrière • croupe • fesses • postérieur • cul *fam.* • séant *littér. ou plaisant*

arrimage *n.m.* • amarrage • fixation

arrimer *v.tr.* • amarrer • accrocher • assujettir • attacher • caler • fixer • immobiliser • maintenir

arrivé, e *adj. et n.* • parvenu

arrivée *n.f.* **1 - venue** • approche • entrée • débarquement *fam.* • [de marchandises] arrivage • **2 - commencement** • apparition • avènement • début • naissance • survenance *littér.*

CONTR. départ ı sortie – fin ı limite ı terme

arriver *v.intr.*

I **1 - venir (de)** • [en masse] affluer • **2 - se présenter** • s'amener *fam.* • atterrir *fam.* • débarquer *fam.* • débouler *fam.* • se pointer *fam.* • rappliquer *fam.* • **3 - approcher** • être proche • venir • [nuit] tomber • [jour] se lever

II s'accomplir • advenir • avoir lieu • se dérouler • se passer • se produire • se réaliser • survenir • tomber

III réussir • aller loin • s'élever • faire du chemin • percer

◆ **arriver à propos** arriver comme mars en carême • tomber du ciel
◆ **arriver mal à propos** arriver comme un cheveu sur la soupe • arriver comme un chien dans un jeu de quilles
◆ **arriver trop tard** arriver après la bataille • arriver comme les carabiniers *vieilli*
◆ **arriver à** parvenir à • aboutir à • accéder à • atteindre • gagner • toucher à
◆ **en arriver à** en venir à • aller jusqu'à

CONTR. s'en aller ı s'éloigner ı partir – échouer ı manquer ı rater (son but)

arriviste *n.* • ambitieux • carriériste • parvenu

arrogance *n.f.* • insolence • autosuffisance • dédain • fatuité • fierté • hauteur • impertinence • impudence • mépris • orgueil • prétention • suffisance • infatuation *littér.* • morgue *littér.* • outrecuidance *littér.*
CONTR. aménité ı déférence ı humilité ı modestie

arrogant, e *adj.* **méprisant** • altier • dédaigneux • fat • fier • hautain • impertinent • impudent • insolent • insultant • orgueilleux • présomptueux • rogue • suffisant • superbe • supérieur • outrecuidant *littér.*
✦ **être très arrogant** prendre les choses de haut
CONTR. déférent ı familier ı humble ı modeste

arroger (s') *v.pron.* • s'approprier • s'adjuger • s'appliquer • s'attribuer • s'octroyer • usurper

arrondi, e
■ *adj.* **rond** • ballonné • bombé • convexe • courbe • mamelonné • rebondi
■ *n.m.* **courbe** • bombement • courbure • galbe • renflement
CONTR. aigu ı pointu – droit

arrondir *v.tr.* **1 - adoucir** • atténuer • **2 - accroître** • agrandir • augmenter • compléter • élargir • étendre • gonfler • grossir • **3 -** [nombre] **ajuster**
⋙ **s'arrondir** *v.pron.* grossir • enfler • ballonner • bedonner • gonfler
CONTR. diminuer ı réduire

arrondissement *n.m.* • quartier • division

arrosage *n.m.* **1 - arrosement** • aspersion • bain • bassinage • douche • **2 -** [fam.] **bombardement** • mitraillage
CONTR. assèchement ı drainage

arroser *v.tr.* **1 - irriguer** • baigner • traverser • **2 - baigner** • asperger • bassiner • humecter • mouiller • pulvériser • seringuer • vaporiser • **3 - éclabousser** • asperger • doucher • tremper • saucer *fam.* • **4 - fêter** • célébrer • porter un toast à • **5 -** [fam.] **corrompre** • acheter • soudoyer • stipendier *littér.* • graisser la patte à *fam.* • **6 -** [fam.] **bombarder** • mitrailler
CONTR. assécher ı dessécher ı drainer – sécher

arsenal *n.m.* **1 - atelier** • chantier • **2 - dépôt** • magasin • réserve • **3 -** [fam.]
→ **quantité**

art *n.m.* **1 - don** • adresse • génie • habileté • talent • virtuosité • **2 - métier** • maîtrise • manière • procédé • savoir-faire • science • technique • tour • **3 - artifice** • affectation • apprêt • recherche
↝ **métier**

artère *n.f.* • voie • avenue • boulevard • rue

article *n.m.* **1 - marchandise** • objet • produit • denrée • **2 - écrit** • billet • chronique • courrier • éditorial • entrefilet • interview • papier • reportage • rubrique • tribune • **3 - sujet** • chapitre • matière • point • objet • question • **4 - chapitre** • clause • partie • point • rubrique • section • **5 - déterminant**
✦ **à l'article de la mort** à l'agonie • agonisant • moribond • mourant
✦ **faire l'article** vanter

articulation *n.f.* **1 - jointure** • attache • charnière • emboîtement • ligament • **2 - assemblage** • cardan • charnière • cheville • jeu • joint • **3 - organisation** • **4 - imbrication** • **5 - prononciation** • élocution • voix

articuler *v.tr.*
I **1 - prononcer** • émettre • détacher (les syllabes, les mots) • marteler • **2 - dire** • énoncer • exprimer • proférer

II 1 - **assembler** · joindre · **2 - organiser** · agencer · architecturer · combiner · coordonner · ordonner · structurer

CONTR. bredouiller – désarticuler ı disloquer

artifice *n.m.* **1 - astuce** · procédé · stratagème · subterfuge · subtilité · technique · tour · truc *fam.* · **2 - ruse** · feinte · manœuvre · manège · piège · leurre

CONTR. droiture ı naturel ı vérité

artificiel, -ielle *adj.* **1 - fabriqué** · factice · faux · imité · industriel · synthétique · postiche · **2 - arbitraire** · conventionnel · **3 - affecté** · arrangé · de commande · contraint · emprunté · étudié · faux · feint · forcé · sophistiqué

CONTR. naturel ı original ı originel ı réel – sincère ı véritable ı vrai

🕮 **artificiel, factice, faux**
Les trois adjectifs entretiennent chacun un rapport particulier avec la notion de naturel. Quand on parle d'objets, ils sont **artificiels** quand ils sont fabriqués par l'homme, imitant la nature dans les domaines les plus variés *(fleurs artificielles, lac artificiel)* pour parfois se substituer à elle *(cœur artificiel ; intelligence, procréation artificielle)*. Une chose **factice** est également produite par l'homme *(rochers factices en ciment)*, mais le mot porte une idée de simulation *(un étalage factice)*. **Faux** conserve l'idée de l'imitation, mais la ressemblance cette fois ne fournit qu'une apparence trompeuse *(fausse élégance, faux jumeaux)*, et même une contrefaçon destinée à abuser *(faux papiers, fausse monnaie)*.

artificieux, -ieuse *adj.* [littér.] **rusé** · retors · trompeur · captieux *littér.*

CONTR. sincère

artilleur *n.m.* · artificier · bombardier · canonnier · pourvoyeur · servant · torpilleur

artisan, e *n.* · auteur · âme · cerveau · cheville ouvrière · initiateur · instigateur · ouvrier · promoteur

artiste
■ *n.* **acteur** · comédien · chanteur · danseur · exécutant · interprète · musicien · virtuose · [célèbre] vedette · étoile · star
■ *adj.* **bohême** · fantaisiste · original

as *n.m.* · **champion** · maître · phénomène · virtuose · aigle *fam.* · crack *fam.* · caïd *fam., vieilli* · phénix *littér.*

ascendance *n.f.* · **origine** · extraction · naissance · race · souche

CONTR. descendance

¹**ascendant, e** *adj.* **1 - montant** · ascensionnel · **2 - croissant**

²**ascendant** *n.m.* **1 - pouvoir** · autorité · charme · empire · emprise · fascination · influence · séduction · **2 - parent** · aïeul · ancêtre

ascension *n.f.* **1 - montée** · élévation · progression · progrès · **2 - escalade**

CONTR. chute ı déclin – descente

🕮 **montée**

ascète *n.* · anachorète · cénobite · ermite · [en Inde] fakir · gymnosophiste · yogi

CONTR. jouisseur ı noceur ı sybarite ı viveur

ascétique *adj.* · **austère** · janséniste · monacal · rigoriste · spartiate · érémitique *littér.*

CONTR. épicurien

ascétisme *n.m.* · **ascèse** · austérité · privation · rigorisme

CONTR. épicurisme ı sybaritisme

asepsie *n.f.* · **désinfection** · pasteurisation · prophylaxie · stérilisation

CONTR. contamination

aseptisation n.f. · désinfection · stérilisation

aseptiser v.tr. · désinfecter · stériliser

asile n.m. **1 - abri** · refuge · retraite · toit · havre *littér.* · **2 -** [vieilli] **hospice** · maison de retraite · **3 -** [vieilli] **hôpital psychiatrique**

asocial, e
- *adj.* antisocial
- *n.* marginal

CONTR. sociable – adapté

aspect n.m. **1 - apparence** · air · allure · dehors · extérieur · forme · figure · physionomie · visage · **2 - configuration** · tournure · **3 - perspective** · angle · côté · face · jour · point de vue
✦ **sous cet aspect**   sous ce rapport · de ce point de vue

asperger v.tr. · arroser · doucher · éclabousser · mouiller · humecter · tremper

aspérité n.f. **1 - rugosité** · inégalité · irrégularité · relief · saillie · **2 - rudesse** · âpreté

CONTR. poli ı égalité ı régularité – creux – douceur

asphalte n.m. · bitume · goudron · macadam

asphalter v.tr. · bitumer · goudronner · macadamiser

asphyxiant, e *adj.* **1 - suffocant** · toxique · **2 - étouffant** · irrespirable · oppressant

asphyxie n.f. **1 - suffocation** · étouffement · anoxémie *(Méd.)* · **2 - dépérissement** · étiolement · étouffement · étranglement · oppression · paralysie

asphyxier v.tr. **1 - étouffer** · suffoquer
⋙ **s'asphyxier** v.pron. **1 - (s')étouffer** · suffoquer · **2 - péricliter** · s'éteindre

aspirant, e n. · candidat · postulant · aspi *fam., Milit.*

aspiration n.f. **1 - inspiration** · inhalation · **2 - désir** · ambition · attente · espérance · espoir · rêve · souhait · **3 - appel d'air** · succion

CONTR. aversion ı dégoût – expiration ı refoulement

aspirer v.tr. **1 - inspirer** · humer · inhaler · renifler · **2 - absorber** · avaler · pomper · sucer
✦ **aspirer à**   désirer · ambitionner · espérer · prétendre à · souhaiter · soupirer après · tendre à · courir après *fam.*

CONTR. expirer ı refouler – dédaigner ı renoncer à

assagir v.tr. **1 - calmer** · discipliner · **2 - modérer** · apaiser · atténuer · diminuer · tempérer
⋙ **s'assagir** v.pron. **se ranger** · s'amender · se calmer · se ranger des voitures *fam.*

CONTR. déchaîner – aggraver ı augmenter ı exacerber – se dévergonder

assaillant, e n. · attaquant · agresseur

CONTR. défenseur

assaillir v.tr. **1 - attaquer** · agresser · fondre sur · se jeter sur · se précipiter sur · sauter sur · tomber sur (le paletot de) *fam.* · **2 - harceler** · accabler · importuner · tourmenter

CONTR. défendre – soulager

assainir v.tr. **1 - désinfecter** · épurer · nettoyer · purifier · **2 - assécher** · drainer · **3 - équilibrer** · rétablir · stabiliser

CONTR. infecter ı salir ı souiller – arroser ı inonder ı irriguer – corrompre

assainissement n.m. **1 - désinfection** · épuration · purification · **2 - assèchement** · dessèchement · drainage

CONTR. infection ı corruption – arrosage ı inondation ı irrigation

assaisonnement n.m. • condiment(s) • aromate(s) • épice(s)

assaisonner v.tr. **1 - accommoder** • ailler • apprêter • épicer • pimenter • poivrer • relever • safraner • saler • vinaigrer • **2 - agrémenter** • émailler • pimenter • rehausser • relever

assassin, e
- n.m. criminel • homicide • meurtrier • tueur
- adj. **1 -** [propos] **malveillant** • **2 -** [œillade] **aguicheur** • provoquant

assassinat n.m. • meurtre • crime • homicide

🖎 *assassinat, crime, meurtre*

Crime s'applique à toute infraction importante punie par la loi : on qualifie de crime aussi bien un viol que le fait de trahir son pays. Les actes qualifiés de crime n'entraînent pas, du moins directement, la mort d'autrui, ce que suppose au contraire **meurtre**, dont l'équivalent serait *crime de sang*. Quant à assassinat, il ne vaut qu'au cas où l'action de tuer a été préparée, préméditée : *l'assassinat du président américain John Kennedy*. Seul **crime** s'emploie très couramment pour parler de l'action de tuer volontairement un être humain ; on parle de *l'arme du crime*, de *crime parfait*, ni **meurtre** ni **assassinat** ne convenant ici.

assassiner v.tr. • tuer • abattre • éliminer • supprimer • dégommer fam. • descendre fam. • faire la peau à fam. • refroidir fam. • trucider fam. • zigouiller fam. • dessouder argot

assaut n.m. **1 - attaque** • charge • combat • coup de main • engagement • escarmouche • offensive • raid • [sur un bateau] abordage • **2 -** [Boxe, escrime] engagement • combat • [Alpinisme] escalade

assèchement n.m. • dessèchement • drainage • assainissement

CONTR. irrigation

assécher v.tr. **1 - drainer** • assainir • **2 - tarir** • mettre à sec • pomper • sécher • vider

»» **s'assécher** v.pron. tarir

CONTR. arroser ı inonder ı irriguer – remplir

assemblage n.m. **1 - groupement** • regroupement • réunion • **2 - agglomération** • accolement • agrégation • couplage • emboîtement • jonction • montage • **3 - ensemble** • alliance • association • assortiment • collection • combinaison • mélange

CONTR. disjonction ı séparation

assemblée n.f. **1 - assistance** • audience • auditoire • public • **2 - rassemblement** • académie • cercle • compagnie • conférence • société • aréopage littér. • **3 - chambre** • congrès • conseil • parlement • [Relig. cathol.] conclave

assembler v.tr. **1 - grouper** • amasser • collecter • collectionner • ramasser • recueillir • regrouper • réunir • **2 - convoquer** • battre le rappel de • réunir • **3 - lier** • accoler • agglomérer • agréger • attacher • connecter • emboîter • fixer • joindre • monter • raccorder • relier • réunir • unir • **4 - combiner** • allier • associer • assortir • coordonner • composer • marier • unir

»» **s'assembler** v.pron. s'attrouper • affluer • se masser • se rassembler

CONTR. séparer – désassembler ı disjoindre ı disloquer ı éparpiller – se disperser ı s'éparpiller

🖎 **joindre**

assener v.tr. • appliquer • administrer • donner • envoyer • frapper • lancer • porter • allonger fam. • coller fam. • ficher fam. • filer fam. • flanquer fam.

assentiment n.m. • approbation • acceptation • accord • acquiescement • adhésion • agrément • autorisation • consentement • permission • suffrage

CONTR. désapprobation ı désaveu ı récusation

asseoir v.tr. **1 - installer** · mettre · placer · poser · planter fam. · **2 - consolider** · affermir · conforter · établir · **3 - motiver** · appuyer · assurer · établir · fonder · **4 -** [fam.] **étonner** · souffler

≫ **s'asseoir** v.pron. **prendre un siège**

assertion n.f. · affirmation · thèse · [au plur.] dires

↝ affirmation

asservir v.tr. · opprimer · assujettir · contraindre · dominer · dompter · enchaîner · juguler · maîtriser · soumettre · subjuguer · vassaliser littér.

CONTR. affranchir ı délivrer ı libérer

asservissement n.m. · assujettissement · captivité · dépendance · esclavage · servitude · soumission · subordination · sujétion · chaînes littér. · joug littér.

CONTR. affranchissement ı délivrance ı émancipation ı libération

assesseur n.m. · adjoint · aide · assistant · auxiliaire · second · suppléant

assez adv. **1 - suffisamment** · **2 - plutôt** · à peu près · moyennement · passablement · relativement · **3 - très** · bien

♦ **avoir assez de** se contenter de · se satisfaire de

♦ **en avoir assez** être fatigué · en avoir marre fam. · en avoir sa claque fam. · en avoir sa dose fam. · en avoir par-dessus la tête fam. · en avoir plein le dos fam. · en avoir ras le bol fam. · en avoir ras la casquette fam., vieilli · en avoir plein le cul très fam.

♦ **(en voilà) assez !** ça suffit ! · halte ! · stop ! · basta ! fam. · n'en jetez plus (la cour est pleine) ! fam.

CONTR. guère ı insuffisamment ı peu

assidu, e adj. **1 - constant** · continu · persévérant · régulier · soutenu · suivi · zélé ·

diligent littér. ou Admin. · **2 - ponctuel** · exact · régulier · **3 - appliqué** · consciencieux · scrupuleux · **4 - empressé** · présent

CONTR. interrompu ı relâché - inexact ı irrégulier ı négligent - bâclé - froid ı indifférent

assiduité n.f. **1 - constance** · continuité · diligence · persévérance · régularité · zèle · **2 - ponctualité** · exactitude · **3 - application** · scrupule · **4 - présence** · empressement

CONTR. interruption ı relâchement - inexactitude ı irrégularité ı négligence - bâclage - froideur ı indifférence

assidûment adv. **1 - constamment** · continuellement · régulièrement · **2 - ponctuellement** · exactement · **3 - avec empressement**

CONTR. irrégulièrement

assiéger v.tr. **1 - encercler** · assaillir · bloquer · cerner · entourer · faire le siège de · investir · **2 - se presser à** · se bousculer à · prendre d'assaut · **3 - importuner** · harceler · poursuivre · solliciter · **4 - accabler** · assaillir · obséder · tourmenter · troubler

CONTR. abandonner ı lever le siège ı délivrer ı libérer

¹**assiette** n.f. **1 - position** · assise · équilibre · stabilité · tenue · **2 - base** · fondation · fondement · soubassement

²**assiette** n.f. **1 - plat** · écuelle · auge fam. · **2 - assiettée**

assignation 1 - attribution · affectation · imputation · **2 -** [Droit] **convocation** · citation

assigner v.tr. **1 - attribuer** · affecter · donner · décerner · impartir · imputer · **2 - déterminer** · délimiter · fixer · marquer · **3 -** [Droit] **convoquer** · citer (à comparaître) · intimer

assimilable adj. **1 - compréhensible** · accessible · intelligible · **2 - absorbable**

♦ **assimilable à** comparable à

CONTR. incompréhensible ı inaccessible ı inintelligible – inassimilable

assimilation *n.f.* **1 - comparaison** · amalgame · confusion · équivalence · identification · rapprochement · **2 - apprentissage** · acquisition · absorption · adoption · appropriation · compréhension · imprégnation · **3 - intégration** · acculturation · absorption · incorporation · insertion · **4 - digestion** · absorption

CONTR. distinction ı séparation – autonomie ı indépendance ı isolement

assimiler *v.tr.* **1 - comparer** · amalgamer · confondre · identifier · ramener à · rapprocher · **2 - comprendre** · absorber · acquérir · adopter · apprendre · s'approprier · faire sien · s'imprégner de · intégrer · saisir · imprimer *fam.* · piger *fam.* · **3 - intégrer** · absorber · acculturer · adopter · incorporer · insérer · **4 - digérer** · absorber

≫ **s'assimiler** *v.pron.* s'adapter · s'acculturer · fusionner · s'incorporer · s'insérer · s'intégrer · se fondre (avec, dans)

CONTR. différencier ı distinguer ı séparer ı isoler

assis, e *adj.* · affermi · assuré · équilibré · établi · ferme · stable

assise *n.f.* · base · fondement · soubassement

assistance *n.f.* **1 - assemblée** · audience · auditoire · public · salle · spectateurs · **2 - aide** · appoint · appui · bons offices · collaboration · concours · coopération · protection · secours · soutien

CONTR. abandon ı préjudice

assistant, e *n.* **1 - adjoint** · aide · auxiliaire · bras droit · collaborateur · lieutenant · second · **2 - chargé de cours**
✦ **assistante maternelle** nourrice · nounou *fam.*

↝ **adjoint**

assister *v. tr.* **1 - seconder** · aider · appuyer · épauler · soutenir · **2 - veiller sur** ·

accompagner · être aux côtés de · protéger · prendre soin de · s'occuper de · soigner · **3 -** [vieilli] **secourir** · porter secours à
✦ **assister à** être témoin de · être présent à · participer à · suivre

CONTR. abandonner ı délaisser

↝ **secourir**

association *n.f.* **1 - assemblage** · agencement · agglomération · agrégation · assortiment · alliance · combinaison · liaison · mariage · rapprochement · réunion · symbiose · synergie · **2 - alliance** · coalition · entente · union · **3 - société** · amicale · cartel · chambre · club · comité · communauté · compagnie · confédération · confrérie · congrégation · consortium · coopérative · corporation · entente · groupement · guilde · ligue · mutuelle · organisation · parti · patronage · syndicat · trust · union · **4 - bande** · groupe · **5 - collaboration** · coopération · participation · **6 - adhésion** · admission · affiliation · participation · **7 - liaison** (**associative**) · attraction · enchaînement · évocation · rapprochement · suggestion · synthèse

CONTR. désunion ı dissociation ı dissolution ı division ı rupture ı scission – autonomie ı isolement

associé, e *n.* **1 - adjoint** · collaborateur · collègue · **2 - membre** · actionnaire · adhérent · commanditaire · confrère · partenaire · sociétaire · **3 - complice** · acolyte · camarade · compagne · compagnon · compère · partenaire

↝ **collègue**

associer *v.tr.* **1 - allier** · assortir · combiner · joindre · lier · marier · mêler · rapprocher · unir · **2 -** [qqn à] **faire collaborer** · enrôler · faire coopérer · faire participer · incorporer · intégrer · intéresser · mobiliser · recruter

≫ **s'associer** *v.pron.* **1 - s'accorder** · s'allier · s'assortir · se combiner · s'harmoniser · se marier · s'unir · **2 - se réunir** · s'allier ·

collaborer · coopérer · s'entendre · faire cause commune · se fédérer · se grouper · se joindre · se lier · se liguer · se mettre d'accord · se solidariser · s'unir
+ **s'associer à** [une initiative etc.] **participer à** · adhérer à · se joindre à · partager · prendre part à · se faire complice de
CONTR. dissocier ı diviser ı isoler ı séparer

assoiffé, e adj. **1 - altéré** · asséché · déshydraté · **2 - avide** · affamé · altéré

assoiffer v.tr. · altérer · assécher · déshydrater

assombrir v.tr. **1 - obscurcir** · plonger dans les ténèbres · enténébrer littér. · **2 - foncer** · noircir · **3 - attrister** · affliger · peiner · [événement] jeter une ombre sur
⋙ **s'assombrir** v.pron. **1 - se couvrir** · s'obscurcir · **2 - se rembrunir** · se renfrogner
CONTR. éclaircir ı éclairer – égayer – s'épanouir

assommant, e adj. · ennuyeux · fastidieux · lassant · tuant · barbant fam. · casse-couille très fam. · casse-pied fam. · chiant très fam. · embêtant fam. · emmerdant fam. · empoisonnant fam. · enquiquinant fam. · gonflant fam. · rasant fam. · rasoir fam. · soûlant fam. · suant fam. · tannant fam.
CONTR. agréable ı attrayant ı excitant ı plaisant

assommer v.tr. **1 - étourdir** · mettre K.-O. · estourbir fam. · sonner fam. · **2 - épuiser** · briser · éreinter · exténuer · harasser · vider · claquer fam. · crever fam. · vanner fam. · **3 - abasourdir** · abattre · accabler · anéantir · **4 - ennuyer** · embêter · excéder · fatiguer · importuner · incommoder · lasser · barber fam. · casser les pieds de fam. · emmerder fam. · empoisonner fam. · enquiquiner fam. · faire chier très fam. · gonfler · pomper l'air à fam. · faire suer fam. · raser fam. · soûler fam. · tanner fam. · casser les couilles de très fam.

assorti, e adj. **coordonné** · harmonieux
+ **ils sont bien assortis** ils font un beau couple

+ **ils sont mal assortis** c'est le mariage de la carpe et du lapin

assortiment n.m. **1 - arrangement** · alliance · assemblage · association · combinaison · mélange · mariage · harmonie · **2 - ensemble** · choix · éventail · jeu · lot · sélection · [de mesures] train

assortir v.tr. **assembler** · accorder · accoupler · allier · arranger · associer · combiner · coordonner · harmoniser · marier · réunir · unir
⋙ **s'assortir** v.pron. **s'accorder** · s'adapter · s'harmoniser · se marier
CONTR. désassortir – jurer avec

assoupi, e adj. · somnolent · endormi
CONTR. éveillé

assoupir v.tr. **1 - endormir** · **2 - apaiser** · adoucir · affaiblir · atténuer · calmer · diminuer · engourdir · éteindre · étouffer
⋙ **s'assoupir** v.pron. **1 - s'endormir** · somnoler · sombrer dans le sommeil · **2 - s'apaiser** · s'adoucir · s'affaiblir · s'atténuer · se calmer · s'effacer · s'estomper
CONTR. éveiller ı réveiller – ranimer ı exalter ı exciter – s'énerver ı s'agacer ı s'exciter

assoupissement n.m. · endormissement · somnolence · sommeil
CONTR. éveil ı réveil

assouplir v.tr. **1 - délier** · dénouer · déraidir · **2 - adoucir** · apprivoiser · discipliner · mater · plier · soumettre · **3 - aménager** · corriger · modérer · tempérer
⋙ **s'assouplir** v.pron. se détendre
CONTR. durcir ı raidir ı tendre

assouplissant n.m. · adoucissant · anticalcaire · assouplisseur

assouplissement n.m. **1 - gymnastique** · exercice corporel · **2 - aménagement** · modification
CONTR. durcissement ı tension

assouplisseur *n.m.* → **assouplissant**

assourdi, e *adj.* **1 - en sourdine** · **sourd** · **2 - atténué**

assourdir *v.tr.* **1 - amortir** · atténuer · étouffer · feutrer · **2 - assommer** · casser les oreilles à *fam.*

assourdissant, e *adj.* **1 - bruyant** · fracassant · retentissant · **2 - assommant** · abrutissant · fatigant

assouvi, e *adj.* **1 - rassasié** · repu · **2 - satisfait** · apaisé · comblé · contenté

assouvir *v.tr.* · satisfaire · apaiser · calmer · combler · contenter · étancher · éteindre · rassasier

CONTR. affamer – exciter

assouvissement *n.m.* · apaisement · contentement · satiété · satisfaction

CONTR. insatisfaction

assujetti, e *adj. et n.* · contribuable · imposable · redevable

assujettir *v.tr.* **1 - asservir** · dominer · dompter · maîtriser · se rendre maître de · opprimer · plier sous sa loi · soumettre · subjuguer · mettre sous son joug *littér.* · vassaliser *littér.* · **2 - contraindre** · commander · forcer · imposer · obliger · soumettre · **3 - attacher** · arrimer · assurer · caler · fixer · immobiliser · maintenir · river

≫ **s'assujettir** *v.pron.* se plier · s'astreindre · obéir · obtempérer · se soumettre

CONTR. affranchir ı délivrer ı dispenser ı exempter ı libérer

assujettissement *n.m.* · soumission · asservissement · dépendance · esclavage · servitude · subordination · sujétion · vassalité *Hist. ou littér.*

CONTR. affranchissement ı délivrance ı indépendance ı liberté

assumer *v.tr.* · se charger de · accepter · assurer · endosser · prendre en charge · prendre sur soi · prendre la responsabilité de · prendre sous son bonnet · supporter

CONTR. se décharger – refuser ı rejeter

assurance *n.f.* **1 - aisance** · confiance en soi · sang-froid · cran *fam.* · **2 - aplomb** · audace · hardiesse · culot *fam.* · toupet *fam.* · **3 - certitude** · conviction · sûreté · **4 - garantie** · caution · engagement · gage · preuve · promesse · sûreté · **5 - affirmation** · déclaration · promesse · protestation

✦ **perdre son assurance** se démonter · se décontenancer

CONTR. crainte ı défiance ı doute ı embarras ı hésitation ı incertitude ı méfiance ı timidité

assuré, e *adj.* **1 - confiant** · décidé · déterminé · énergique · résolu · sûr (de soi) · **2 - ferme** · solide · stable · **3 - garanti** · certain · évident · immanquable · indubitable · inévitable · infaillible · sûr

✦ **assuré de** convaincu de · certain de · persuadé de · sûr de

CONTR. défiant ı méfiant ı irrésolu ı timide – branlant ı dangereux ı vacillant – douteux ı hésitant ı précaire

assurément *adv.* **1 - certainement** · à coup sûr · immanquablement · infailliblement · sûrement · **2 - certes** · bien entendu · bien sûr · de toute évidence · évidemment · incontestablement · indéniablement · indiscutablement · indubitablement · manifestement · nettement · sans conteste · sans contredit · sans aucun doute

assurer *v.tr.* **1 - caler** · accrocher · affermir · arrimer · attacher · assujettir · consolider · étayer · fixer · immobiliser · maintenir · **2 - protéger** · couvrir · défendre · garantir · préserver · sauvegarder · **3 - fournir** · garantir · ménager · procurer · **4 - assumer** · pourvoir à · **5 - affirmer** · attester · certifier · donner pour sûr · garantir · jurer · prétendre · soutenir

+ **assurer de** garantir · répondre de

s'assurer *v.pron.* **1** - s'affermir · se caler · **2** - contracter une assurance · **3** - se ménager · se concilier · s'emparer de · gagner · se saisir de

+ **s'assurer contre** se défendre de · se garantir de · se garder de · se prémunir contre · se préserver de · se protéger de

+ **s'assurer de** contrôler · vérifier · voir

CONTR. contester ı démentir ı nier – compromettre ı hésiter ı risquer – ébranler – perdre

astérisque *n.m.* · étoile

astéroïde *n.m.* · aérolithe · bolide · étoile filante · météore

asthénie *n.f.* · affaiblissement · épuisement · faiblesse

asticot *n.m.* · ver · larve

asticoter *v.tr.* → **taquiner**

astiquer *v.tr.* · frotter · briquer · cirer · fourbir · nettoyer · polir

astral, e *adj.* céleste · cosmique · sidéral · stellaire · zodiacal

+ **thème astral** horoscope
+ **corps astral** aura · double · ectoplasme

astre *n.m.* · étoile · astéroïde · comète · corps céleste · météore · nébuleuse · nova · planète

astreignant, e *adj.* · contraignant · asservissant · assujettissant · exigeant · pénible · pesant

astreindre *v.tr.* obliger · assujettir · condamner · contraindre · enchaîner · forcer · imposer · lier · réduire · soumettre

s'astreindre à *v.pron.* s'imposer · se plier à

CONTR. dispenser ı exempter

astreinte *n.f.* **1** - **contrainte** · obligation · **2** - [Droit] **amende** · contrainte

+ **d'astreinte** de garde · de service

astrologue *n.* · devin · mage

astronaute *n.* · cosmonaute · spationaute · [chinois] taïkonaute

~~ astronaute, cosmonaute, spationaute, taïkonaute

Les membres de l'équipage (-*naute*, « voyageur ») d'un vaisseau spatial sont désignés par des mots de sens équivalent, mais créés à des moments différents de l'histoire de la conquête spatiale. **Astronaute** (grec *astron*, « étoile ») a d'abord été employé à propos des équipages américains et il est devenu le plus courant. **Cosmonaute**, introduit après l'envoi du premier homme dans l'espace par les Soviétiques, reprend la base du mot russe (tiré du grec *kosmos*, « univers »). **Spationaute**, formé en français (*spatio-*, pour « espace céleste ») peu après **cosmonaute**, reste rare. **Taïkonaute**, d'origine chinoise, est encore plus marginal.

astronef *n.m.* · engin, vaisseau spatial · spationef *vieilli*

astronomique *adj.* **1** - sidéral · **2** - démesuré · colossal · énorme · fantastique · faramineux · fou · gigantesque · phénoménal · vertigineux · [prix] exorbitant · inabordable · prohibitif

astuce *n.f.* **1** - ingéniosité · adresse · finesse · habileté · **2** - stratagème · artifice · ficelle · gimmick *anglic.* · invention · ruse · tour · combine *fam.* · truc *fam.* · **3** - [vieux] malice · roublardise · rouerie

astucieusement *adv.* · ingénieusement · adroitement · intelligemment

astucieux, -ieuse *adj.* · ingénieux · adroit · fin · finaud · futé · habile · inventif · malin · roublard *souvent péj.* · roué · rusé · combinard *fam.* · [objet] bien conçu · bien pensé

♦ **être très astucieux**   être malin comme un singe
CONTR. grossier ı inintelligent – droit ı loyal

asymétrie *n.f.* · dissymétrie · déséquilibre · irrégularité · opposition

ataraxie *n.f.* · sérénité · calme · détachement · impassibilité · imperturbabilité · indifférence · apathie · paix · quiétude · tranquillité
CONTR. agitation ı inquiétude ı passion

atavique *adj.* · héréditaire · congénital · génétique

atelier *n.m.* **1 - fabrique** · manufacture · ouvroir *vieilli* · **2 - studio** · **3 - groupe de travail**

atemporel, -elle *adj.* · intemporel · hors du temps

atermoiement *n.m.* **1 -** [souvent plur.] ajournement · délai · hésitation · manœuvre dilatoire · faux-fuyant · retard · temporisation · tergiversation · procrastination *littér.* · **2 -** [Droit] **concordat** · grâce
CONTR. décision

atermoyer *v.intr.* · différer · attendre · hésiter · reculer · renvoyer à plus tard · retarder · tarder · temporiser · tergiverser · user de manœuvres dilatoires
CONTR. se décider

athée *n. et adj.* · non croyant · agnostique · areligieux · incrédule · incroyant · libre penseur · matérialiste · irréligieux · sceptique · mécréant *plaisant ou vieilli*
CONTR. croyant ı déiste ı religieux ı théiste

athéisme *n.m.* · incroyance · agnosticisme · incrédulité · irréligiosité · matérialisme · scepticisme
CONTR. croyance ı religion ı théisme

athlète *n.* **1 - sportif** · **2 - gaillard** · colosse · hercule · armoire à glace *fam.* · balèze *fam.* · costaud *fam.*

athlétique *adj.* **1 - sportif** · **2 - fort** · musclé · robuste · solide · vigoureux · costaud *fam.*

atmosphère *n.f.* **1 - air** · **2 - ambiance** · climat · environnement · milieu

atome *n.m.* **1 - particule** · **2 - grain** · bribe · brin · goutte · miette · once · parcelle · pointe

atomique *adj.* · nucléaire

atomisation *n.f.* **1 - désintégration** · **2 - fractionnement** · dispersion · émiettement · éparpillement · morcellement · parcellisation · **3 - pulvérisation** · vaporisation

atomiser *v.tr.* **1 - désintégrer** · **2 - fractionner** · disperser · diviser · émietter · morceler · parcelliser · **3 - pulvériser** · vaporiser

atomiseur *n.m.* · aérosol · bombe · nébuliseur · pulvérisateur · vaporisateur

atone *adj.* **1 - mou** · amorphe · apathique · éteint · flasque · inerte · languissant · passif · **2 - inexpressif** · fixe · immobile · morne · **3 -** [Méd.] **paresseux** · hypotonique · **4 - monocorde** · uniforme · **5 -** [Phonét.] **inaccentué**
CONTR. actif ı dynamique ı vif – accentué ı tonique

atonie *n.f.* **1 -** [Méd.] **paresse** · hypotonie · **2 - apathie** · asthénie · engourdissement · inertie · langueur · léthargie · mollesse · torpeur
CONTR. hypertonie – vitalité ı énergie

atonique *adj.* · flasque · inerte

atours *n.m.pl.* → vêtement

atout *n.m.* · avantage · arme · carte maîtresse · chance · joker · plus · ressource

atrabilaire *adj.* **1 -** coléreux · colérique · irascible · irritable · morose · sombre · **2 -** [Méd. anc.] bilieux · hypocondriaque · mélancolique

âtre *n.m.* · foyer · cheminée

atroce *adj.* **1 - abominable** · à faire frémir · barbare · cruel · effrayant · effroyable · épouvantable · horrible · ignoble · infâme · inhumain · odieux · **2 - douloureux** · déchirant · insupportable · intolérable · poignant · **3 - méchant** · dur · horrible · ignoble · odieux
CONTR. civilisé ı policé ı raffiné – gai ı heureux ı joyeux – doux ı agréable ı gentil

atrocement *adv.* · excessivement · affreusement · horriblement · monstrueusement · terriblement

atrocité *n.f.* **1 - barbarie** · cruauté · inhumanité · monstruosité · sauvagerie · **2 - crime** · abomination · monstruosité · torture · **3 - calomnie** · horreur

atrophie *n.f.* **1 - dépérissement** · amaigrissement · arrêt de croissance, de développement · **2 - affaiblissement** · amoindrissement · dépérissement · étiolement · régression
CONTR. hypertrophie – développement

atrophié, e *adj.* **1 - réduit** · diminué · **2 - dégradé** · affaibli
CONTR. hypertrophié

atrophier *v.tr.* **1 - affaiblir** · amaigrir · **2 - détruire** · amoindrir · débiliter · dégrader · étioler

⇝ **s'atrophier** *v.pron.* **1 - dépérir** · se ratatiner *fam.* · **2 - diminuer** · s'affaiblir · s'amoindrir · se dégrader · s'étioler · se réduire
CONTR. développer

attachant, e *adj.* · attirant · charmant · intéressant · séduisant · touchant
CONTR. ennuyeux ı insignifiant ı rebutant ı repoussant

attache *n.f.* **1 - fixation** · [sortes] agrafe · amarre · anneau · boucle · bouton · bride · broche · câble · chaîne · chaînette · clip · collier · corde · cordon · courroie · crampon · crochet · épingle · fermeture · ficelle · fil · ganse · joug · lacet · laisse · lanière · lien · ligature · longe · menottes · nœud · ruban · sangle · tresse · trombone · **2 - articulation** · jointure

attaché, e *adj.* fixe · fixé · joint · lié
✦ **attaché à** **1 - dévoué** · fidèle · **2 - au service de** · à la disposition de · **3 - inhérent à** · associé à · dépendant de · **4 - lié à** · uni à · **5 - jaloux de**
CONTR. détaché – indépendant – ouvert – détaché ı indifférent

attachement *n.m.* **1 - affection** · amitié · amour · estime · sentiment · sympathie · tendresse · **2 - lien** · attache · liaison · nœud · union · **3 - goût** · inclination · intérêt · passion
CONTR. aversion ı dégoût ı indifférence – détachement

attacher *v.tr.*
I 1 - immobiliser · accrocher · affermir · amarrer · ancrer · arrimer · arrêter · assurer · bloquer · faire tenir · fixer · maintenir · retenir · river · **2 -** [avec types d'attache] agrafer · boucler · boutonner · cheviller · épingler · ficeler · lacer · ligaturer · nouer · sangler · visser · **3 -** [un prisonnier] ligoter · enchaîner · ficeler · garrotter · lier
II 1 - placer · accrocher · pendre · suspendre · appendre *vieux* · **2 - assembler** · accoler · accoupler · annexer · atteler · coupler · joindre · lier · relier · réunir · unir
III [qqn] **engager** · adjoindre
IV attribuer · accorder · donner · porter · prêter
V 1 - attirer · absorber · charmer · fixer · intéresser · passionner · retenir · séduire · **2 - lier** · assujettir · astreindre · enchaîner · engager · rattacher · retenir · river · soumettre · tenir captif
VI [sans complément] **adhérer** · coller

≫ **s'attacher à** *v.pron.* **1 - se concentrer sur** · s'absorber dans · s'adonner à · se consacrer à · cultiver · s'intéresser à · se livrer à · s'occuper de · **2 - s'appliquer à** · chercher à · s'efforcer de · essayer de · travailler à · tendre à · viser à · **3 - se prendre d'affection pour**

CONTR. détacher – libérer ı écarter ı séparer – se détacher ı s'ouvrir

attaquable *adj.* · critiquable · blâmable · discutable · réfutable

CONTR. inattaquable ı indiscutable ı irréfutable

attaquant, e *n.* **1 - assaillant** · agresseur · **2 -** [Sport] **offensif**

CONTR. défenseur

attaque *n.f.*
I 1 - [Milit.] **offensive** · abordage · action · assaut · charge · incursion · invasion · opération · raid · sortie · siège · **2 - agression** · attentat · guet-apens
II critique · accusation · coup de griffe · dénigrement · diatribe · incrimination · pique · pointe · reproche · sortie · trait
III 1 - crise · accès · **2 - apoplexie** · congestion cérébrale · coup de sang *fam.*

✦ **attaque à main armée** hold-up · braquage *fam.* · casse *fam.*
✦ **être d'attaque**   être en forme · être frais et dispos · avoir la frite *fam.* · avoir la pêche *fam.*

CONTR. défense ı défensive – protection – apologie ı éloge ı louange

attaquer *v.tr.*
I 1 - déclarer la guerre à · battre en brèche · bombarder · canonner · charger · donner l'assaut à · engager la lutte, la bataille, le combat contre · lancer l'attaque, passer à l'attaque contre · ouvrir le combat, le feu contre · prendre l'offensive, passer à l'offensive contre · porter les premiers coups à · **2 - agresser** · assaillir · braquer · frapper · molester · sauter à la gorge de · tirer à boulets rouges sur · tomber sur le paletot de *fam.* · voler dans les plumes à *fam.*

II 1 - critiquer · accuser · blâmer · calomnier · charger · dire du mal de · décrier · dénigrer · donner un coup de griffe à · faire le procès de · incriminer · jeter la pierre à · matraquer · médire de · porter atteinte à · pourfendre · s'en prendre à · tirer à boulets rouges sur · tomber sur · débiner *fam.* · traîner dans la boue *fam.* · **2 - provoquer** · chercher querelle à · défier · prendre à partie · chercher des crosses à *fam.* · voler dans les plumes de *fam.* · **3 - intenter un procès à** · actionner · poursuivre (en justice)
III 1 - altérer · corroder · corrompre · détériorer · endommager · manger · miner · piquer · ronger · **2 - porter atteinte à** · miner · nuire à · saper
IV commencer · aborder · débuter · démarrer · entamer · entreprendre · s'atteler à · se lancer dans · se mettre à

≫ **s'attaquer à** *v.pron.* **1 - combattre** · affronter · combattre · mener une attaque contre · mener une action contre · s'en prendre à · **2 - commencer** · aborder · débuter · démarrer · entamer · entreprendre · s'atteler à · se lancer dans · se mettre à

CONTR. défendre ı protéger

attardé, e *adj. et n.* **1 - rétrograde** · dépassé · ringard *fam.* · **2 - arriéré** · débile · demeuré · simple d'esprit

CONTR. en avance ı avancé ı précoce

attarder (s') *v.pron.* [qqpart] **demeurer** · rester
✦ **s'attarder en chemin**   flâner · lambiner · musarder · muser · traîner
✦ **s'attarder sur**   s'arrêter sur · s'appesantir sur · s'étendre sur · insister sur

atteindre *v.tr.* **1 - frapper** · heurter · porter atteinte à · **2 - émouvoir** · affecter · éprouver · remuer · toucher · troubler · secouer *fam.* · **3 - choquer** · blesser · heurter · offenser · vexer · **4 - attraper** · prendre · parvenir à toucher · saisir · **5 - contacter** · joindre · toucher · **6 - arriver à** · aborder · accéder à · gagner · parvenir à · rejoindre

CONTR. froid (laisser froid) – manquer ı rater

atteint, e *adj.* **1** - malade · mal en point · souffrant · **2** → fou
✦ **non atteint par** vierge de · épargné par

atteinte *n.f.* **1** - dégât · altération · attaque · dommage · préjudice · **2** - injure · insulte · outrage · **3** - violation · attentat · coup de canif · entorse · **4** - accès · attaque · crise · effet
✦ **hors d'atteinte** **1** - hors de portée · **2** - à l'abri · inattaquable
✦ **porter atteinte à** **1** - attenter à · attaquer · blesser · nuire à · **2** - ternir · battre en brèche · déshonorer · diminuer · discréditer · entamer · léser · jeter le discrédit sur · porter tort à, faire du tort à

attelage *n.m.* · équipage
CONTR. dételage

atteler *v.tr.* attacher
⋙ **s'atteler à** *v.pron.* commencer · aborder · attaquer · débuter · démarrer · engager · entamer · entreprendre · se lancer dans · se mettre à
CONTR. dételer

attenant, e *adj.* · accolé · adjacent · contigu · limitrophe · mitoyen · voisin
CONTR. distant ı éloigné

attendre
▪ *v.tr.* **1** - exiger · vouloir · **2** - guetter · **3** - espérer · escompter
▪ *v.intr.* **1** - patienter · être dans l'expectative · [d'être reçu] faire antichambre · **2** - hésiter · atermoyer · différer · temporiser · tergiverser · traîner
✦ **attendre longtemps** faire le pied de grue *fam.* · faire le poireau *fam.* · faire banquette *fam.* · faire le planton *fam.* · mariner *fam.* · moisir *fam.* · poireauter *fam.* · prendre racine *fam.* · attendre (pendant) cent sept ans *fam.* · croquer le marmot *fam., vieilli*
✦ **attendre avec impatience** languir · [une personne] attendre comme le messie

✦ **se faire attendre** tarder · être en retard · se faire désirer
✦ **faire attendre** **1** - faire languir · faire lanterner *fam.* · **2** - différer · remettre · reporter · surseoir à · suspendre
✦ **en attendant** **1** - provisoirement · momentanément · temporairement · transitoirement · **2** - dans l'intervalle · d'ici là · **3** - en tout cas · pourtant · toujours est-il que
✦ **en attendant que** jusqu'à ce que
⋙ **s'attendre à** *v.pron.* · prévoir · compter sur · croire · escompter · imaginer · présager · pressentir · pronostiquer · se douter de
CONTR. aller s'en aller ı partir – agir ı hâter ı presser

attendrir *v.tr.* **1** - amollir · **2** - émouvoir · apitoyer · désarmer · exciter la compassion, la pitié de · fléchir · remuer · toucher · troubler
⋙ **s'attendrir** *v.pron.* **1** - s'apitoyer · compatir · s'émouvoir · **2** - mollir · faiblir
CONTR. durcir ı endurcir – agacer ı irriter

attendrissant, e *adj.* · émouvant · bouleversant · désarmant · touchant
CONTR. irritant

attendrissement *n.m.* **1** - sensibilité · émotion · trouble · **2** - apitoiement · commisération · compassion · pitié
CONTR. dureté ı endurcissement ı froideur ı sensibilité – agacement ı irritation

attendu *n.m.* motif · considérant
✦ **attendu que** étant donné que · comme · puisque · vu que
CONTR. bien que ı malgré

attentat *n.m.* **1** - agression · attaque · crime · **2** - offense · atteinte · coup · crime · outrage · préjudice
✦ **attentat à la pudeur** exhibitionnisme

attente *n.f.* **1** - expectative · **2** - pause · **3** - prévision · calcul · **4** - désir · espérance · espoir · souhait
✦ **en attente** en suspens · en instance · en souffrance · en panne · en stand-by · en plan *fam.* · en rade *fam.*

attenter à *v.tr.ind.* · porter atteinte à · [bonnes mœurs] offenser · outrager

attentif, -ive *adj.* **1 - vigilant** · appliqué · concentré · consciencieux · scrupuleux · **2 - attentionné** · assidu · empressé · obligeant · prévenant · zélé
+ **attentif à** à l'écoute de · préoccupé de · soucieux de
+ **être très attentif 1 -** ouvrir l'œil (et le bon) · être tout yeux · **2 - être tout ouïe** · être tout oreilles

CONTR. inattentif ı distrait – étourdi ı indifférent

attention *n.f.* **1 - application** · concentration · conscience · effort · méticulosité · sérieux · soin · tension d'esprit · vigilance · contention *littér.* · diligence *littér. ou Admin.* · **2 - curiosité** · intérêt · méfiance · soupçon · **3 - prévenance** · délicatesse · empressement · obligeance · soin · sollicitude · zèle · **4 - égards** · gentillesse
+ **attention !** gare ! · fais gaffe ! *fam.*
+ **entourer d'attentions** être aux petits soins avec · materner · bichonner *fam.* · chouchouter *fam.*
+ **attirer l'attention** frapper · interpeller · ne pas passer inaperçu · se faire remarquer
+ **faire attention à 1 -** être attentif à · **2 -** s'apercevoir de · s'aviser de · noter · remarquer · **3 - prendre garde** · se méfier · regarder à · veiller à (ce que) · faire gaffe à *fam.*

CONTR. inattention ı dissipation ı distraction ı étourderie – brutalité ı grossièreté

↝ **égards**

attentionné, e *adj.* · prévenant · aimable · attentif · courtois · empressé · gentil · obligeant · serviable

attentivement *adv.* · soigneusement · consciencieusement • [écouter] religieusement

CONTR. distraitement

atténuation *n.f.* · diminution · adoucissement · affaiblissement · allégement · amoin-drissement · assouplissement · réduction · soulagement

CONTR. aggravation ı augmentation

atténuer *v.tr.* **1 - amoindrir** · affaiblir · diminuer · réduire · **2 - modérer** · adoucir · alléger · amortir · apaiser · émousser · estomper · soulager · tempérer • [un son] assourdir · étouffer · feutrer

CONTR. aggraver ı augmenter ı exacerber ı exagérer ı amplifier

atterrant, e *adj.* · accablant · affligeant · consternant · désolant

atterrer *v.tr.* · consterner · désoler · stupéfier

atterrir *v.intr.* **1 - se poser** • [sur la lune] alunir • [sur l'eau] amerrir · **2 -** [fam.] **arriver** · aboutir · échouer

attestation *n.f.* **1 - certificat** • [de paiement] quittance · reçu • [d'authenticité] vidimus · **2 - déclaration** · affirmation · assurance · confirmation · **3 - preuve** · gage · marque · signe · témoignage

CONTR. contestation ı démenti ı désaveu

attester *v.tr.* **1 - déclarer** · affirmer · assurer · certifier · confirmer · garantir · **2 - prouver** · démontrer · faire foi de · indiquer · manifester · marquer · montrer · révéler · témoigner de
+ **attester de** invoquer · se référer à

CONTR. contester ı démentir ı infirmer

attifer *v.tr.* → accoutrer

attirail *n.m.* **1 - équipement** · bagage · équipage · harnachement · panoplie · barda *fam.* · bastringue *fam.* · bazar *fam.* · fourbi *fam.* · bataclan *fam., vieilli* · fourniment *fam., vieilli* · **2 - assortiment** · assemblage · ramassis

attirance *n.f.* **1 - goût** · faible · fascination · inclination · intérêt · penchant ·

prédilection · **2 - attraction** · attrait · charme · fascination · séduction

CONTR. dégoût ı répugnance ı répulsion

attirant, e *adj.* **1 - séduisant** · affriolant · aguichant · appétissant · charmant · craquant *fam.* · **2 - attrayant** · alléchant · engageant · intéressant · tentant

CONTR. désagréable ı rebutant ı repoussant

attirer *v.tr.*
I **1 - aspirer** · absorber · drainer · pomper · **2 - faire venir** · amener • [en masse] faire affluer · faire courir
II **1 - plaire à** · captiver · charmer · gagner · séduire · tenter · **2 - appâter** · allécher · leurrer · **3 - aguicher** · enjôler · racoler
III **causer** · déclencher · entraîner · occasionner · provoquer · soulever · susciter

≫ **s'attirer** *v.pron.* **1 - obtenir** · gagner · se concilier · se procurer · **2 - encourir** · prêter le flanc à · risquer

CONTR. chasser ı détourner ı éloigner ı rebuter ı repousser

attiser *v.tr.* **1 - activer** · aviver · ranimer · stimuler · **2 - exciter** · déchaîner · embraser · enflammer · envenimer · exacerber · exaspérer

CONTR. éteindre ı étouffer – assoupir ı calmer

attitré, e *adj.* **1 - en titre** · **2 - habituel**

attitude *n.f.* **1 - tenue** · contenance · maintien · port · pose · position · posture · **2 - aspect** · air · allure · expression · extérieur · physionomie · **3 - comportement** · actes · agissements · conduite · disposition · état d'esprit · manières · position

attouchement *n.m.* · contact · caresse · chatouillement · effleurement · frôlement

attractif, -ive *adj.* · attrayant · alléchant · appétissant · attirant · engageant · intéressant · séduisant · tentant

CONTR. répulsif

↝ attrayant

attraction *n.f.* **1 - pesanteur** · gravitation · **2 - attirance** · appel · attrait · charisme · charme · fascination · séduction · tentation · **3 - spectacle** · exhibition · numéro · show *anglic.*

CONTR. répulsion

attractivité *n.f.* · attrait · attirance

attrait *n.m.* **1 - charme** · agrément · enchantement · invitation · invite · séduction · tentation · prestige · **2 - attirance** · affinité · attraction · faible · fascination · goût · inclination · penchant · sympathie

≫ **attraits** *plur.* [d'une personne] **agréments** · charmes · appas *vieux ou plaisant* · sex-appeal

CONTR. répulsion ı dégoût

attraper *v.tr.*
I **1 - saisir** · agripper · cramponner · s'emparer de · empoigner · happer · prendre · **2 - recevoir** · décrocher · gagner · obtenir · remporter · **3 - capturer** · arrêter · mettre la main sur · piéger · prendre au piège · agrafer *fam.* · alpaguer *fam.* · choper *fam.* · épingler *fam.* · gauler *fam.* · piquer *fam.* · pincer *fam.* · mettre le grappin sur *fam.* · **4 -** [une maladie] **contracter** · choper *fam.* · ramasser *fam.*
II **abuser** · duper · leurrer · mystifier · tromper · donner le change à · avoir *fam.*
III **réprimander** · disputer · gronder · houspiller · sermonner · admonester *littér.* · enguirlander *fam.* · engueuler *fam.* · passer un savon à *fam.* · sonner les cloches à *fam.*

✦ **se laisser attraper** mordre à l'hameçon · gober le morceau

CONTR. lâcher ı relâcher – manquer

↝ happer

attrayant, e *adj.* · attractif · alléchant · attirant · charmant · engageant · plaisant · séduisant

CONTR. déplaisant ı rebutant ı repoussant

attrayant, attractif

Tout ce qui apparaît **attrayant** attire agréablement : *un spectacle attrayant, des idées attrayantes*. Ce qui est **attractif** est capable d'attirer – comme le ferait un aimant – sans pour autant avoir de l'attrait : *un prix attractif, une fiscalité attractive.*

attribuer *v.tr.* **1 - donner** · accorder · adjuger · allouer · assigner · concéder · doter de · impartir · octroyer · départir *littér.* · **2 - conférer** · décerner · gratifier de · **3 - imputer** · affecter · allouer · **4 - supposer** · accorder · prêter · reconnaître · **5 - mettre sur le compte de** · imputer · prêter · reporter (sur) · rejeter (sur)

» **s'attribuer** *v.pron.* · accaparer · s'accorder · s'adjuger · s'approprier · s'arroger · s'emparer de · s'octroyer · revendiquer · usurper · empocher *fam.*

CONTR. ôter ı refuser ı reprendre ı retirer – décliner ı rejeter ı renoncer

attribut *n.m.* **1 - caractéristique** · apanage · caractère · manière d'être · marque · particularité · prérogative · propriété · qualité · signe (distinctif) · trait · **2 - emblème** · accessoire · décoration · signe (représentatif) · symbole

attributaire *adj. et n.* · bénéficiaire

attribution *n.f.* **affectation** · allocation · assignation · dotation · imputation · octroi · remise

» **attributions** *plur.* **autorité** · champ d'action · compétence · domaine · droit · fonction · pouvoirs · prérogative · privilège · ressort · rôle · sphère d'activité

CONTR. retrait – reprise

attristant, e *adj.* · affligeant · chagrinant · consternant · déplorable · désespérant · désolant · navrant · pénible · triste · contristant *littér.*

CONTR. consolant ı divertissant ı réconfortant ı réjouissant

attrister *v.tr.* · affliger · affecter · chagriner · consterner · désespérer · désoler · navrer · peiner · contrister *littér.*

CONTR. amuser ı consoler ı divertir ı égayer ı réconforter ı réjouir

attroupement *n.m.* **1 - groupe** · foule · rassemblement · **2 - manifestation**

CONTR. dispersion

attrouper *v.tr.* **assembler** · ameuter · grouper · rassembler · battre le rappel de

» **s'attrouper** *v.pron.* **se masser** · se rassembler ▪ [avec une intention hostile] s'ameuter

CONTR. disperser

aubade *n.f.* · concert · sérénade

aubaine *n.f.* **1 - profit** · avantage · **2 - chance** · occasion · opportunité · coup de bol *fam.* · veine *fam.*

CONTR. malchance

aube *n.f.* **1 - aurore** · jour naissant · lever du jour · point du jour · pointe du jour · premières lueurs du jour · première clarté · **2 - commencement** · aurore · début · origine · matin

✦ **à l'aube** de très bonne heure · au chant du coq · au chant de l'alouette · dès potron-minet *vieilli ou plaisant*

CONTR. crépuscule

auberge *n.f.* · restaurant · guinguette · hôtel · hôtellerie *vieilli* · taverne *vieilli*

auburn *adj. invar.* · acajou · roux

aucun *adj. et pron.* **pas (un)** · nul · pas un seul · personne

✦ **sans aucun** sans le moindre · sans un seul

CONTR. beaucoup ı maint ı plusieurs ı tout ı tous

aucunement *adv.* · nullement · en rien · pas du tout · point du tout *littér.*

audace *n.f.* **1 - aplomb** · arrogance · effronterie · impertinence · impudence · insolence · sans-gêne · culot *fam.* · toupet *fam.* · outrecuidance *littér.* · **2 - hardiesse** · assurance · bravoure · intrépidité · témérité · cran *fam.* · culot *fam.*

CONTR. humilité ׀ réserve ׀ respect ׀ retenue – couardise ׀ lâcheté ׀ peur ׀ poltronnerie ׀ timidité

audacieux, -ieuse *adj. et n.* **1 - courageux** · brave · hardi · intrépide · culotté *fam.* · gonflé *fam.* · **2 - risqué** · aventureux · hasardeux · osé · téméraire · **3 - novateur** · neuf · nouveau · original · **4 -** [vieilli] **arrogant** · effronté · impertinent · insolent · culotté *fam.* · outrecuidant *littér.*

CONTR. craintif ׀ lâche ׀ peureux ׀ timide – réactionnaire ׀ rétrograde – humble ׀ respectueux

audible *adj.* **1 - perceptible** · décelable · **2 - écoutable**

CONTR. inaudible

audience *n.f.* **1 - séance** · **2 - entretien** · entrevue · rendez-vous · **3 - assistance** · assemblée · assistants · auditoire · public · salle · spectateurs · **4 - attention** · écoute · intérêt

audit *n.m.* **1 - auditeur** · contrôleur · expert · **2 - vérification** · contrôle

auditeur, -trice *n.* **1 -** [Ling.] allocutaire · récepteur · **2 -** [au plur.] → **auditoire**

CONTR. orateur ׀ locuteur

audition *n.f.* **1 - ouïe** · oreille · **2 - écoute** · **3 - bout d'essai** · examen

auditionner *v.tr.* · écouter · entendre

auditoire *n.m.* · auditeurs · assemblée · assistance · audience · public · spectateurs · salle

auge *n.f.* **1 - mangeoire** · abreuvoir · **2 -** [fam.] **assiette**

augmentation *n.f.* **1 -** [dimensions] **accroissement** · agrandissement · allongement · croissance · développement · étirement · élargissement · extension · gonflement · grossissement · prolongation · prolongement · **2 -** [en hauteur] **élévation** · hausse · montée · rehaussement · relèvement · remontée · **3 -** [d'un nombre, d'une quantité] **multiplication** · accumulation · addition · boom · décuplement · doublement · recrudescence · redoublement · **4 -** [d'un prix, coût] **hausse** · escalade · élévation · flambée · inflation · majoration · montée · **5 -** [de valeur] **plus-value** · valorisation · **6 -** [en qualité] **amélioration** · gain · progrès · progression · **7 -** [en intensité] **renforcement** · accentuation · amplification · intensification · poussée · redoublement · stimulation

CONTR. diminution – baisse ׀ réduction

augmenter

▪ *v.tr.* **1 -** [dimensions] **accroître** · agrandir · allonger · développer · élargir · élever · épaissir · étendre · étirer · hausser · (faire) monter · rehausser · remonter · prolonger · rallonger · **2 -** [un nombre, une quantité] **multiplier** · décupler · doubler · quadrupler · redoubler · tripler · **3 -** [un prix, un coût] **majorer** · élever · hausser · relever · renchérir · **4 - intensifier** · aggraver · alourdir · amplifier · ajouter à · accentuer · densifier · élever · exacerber · exciter · redoubler · renforcer · stimuler · **5 - compléter** · enrichir

▪ *v.intr.* **1 - croître** · aller (en) crescendo · s'accentuer · s'accroître · s'amplifier · se développer · s'étendre · grandir · s'intensifier · monter · se renforcer · redoubler · **2 -** [prix] **s'apprécier** · flamber · grimper (en flèche) · être en hausse

✦ **augmenter de volume** enfler · gonfler · grossir · se dilater

CONTR. diminuer – baisser ׀ décroître ׀ réduire

augure *n.m.* **1 -** [Antiquité] **prêtre** · aruspice · auspice · devin · **2 - prophète** · devin

augurer *v.tr.* **1 -** présager · annoncer · promettre · **2 -** conjecturer · deviner · inférer · prédire · prévoir · présumer

auguste *adj.* · vénérable · digne · imposant · majestueux · noble · respectable · sacré · saint · solennel
CONTR. bas ı méprisable

aujourd'hui *adv.* actuellement · à l'époque actuelle · à l'heure qu'il est · à présent, dans le temps présent · de nos jours · en ce moment · maintenant · présentement
✦ **d'aujourd'hui** actuel · contemporain · moderne
CONTR. demain ı hier ı autrefois

aumône *n.f.* **1 -** charité · assistance · bienfait · faveur · secours · **2 - offrande** · don · obole · **3 - grâce** · faveur

auparavant *adv.* · d'abord · antérieurement · au préalable · avant · déjà · en premier · plus tôt · préalablement · précédemment
CONTR. après

auprès de *loc. prép.* **1 - à côté de** · à proximité · contre · près de · **2 - chez** · **3 - dans l'opinion de** · aux yeux de · **4 - en comparaison de**
CONTR. loin

aura *n.f.* **1 -** influence · charisme · impact · prestige · **2 - halo** · atmosphère · ambiance · brume · émanation · voile

auréole *n.f.* **1 - nimbe** · gloire · **2 - halo** · couronne · **3 - prestige** · éclat · gloire · **4 - atmosphère** · aura · émanation · **5 - tache** · cerne

auréoler *v.tr.* **1 - ceindre** · baigner · entourer · envelopper · nimber · **2 - glorifier** · exalter · magnifier · **3 - couronner** · parer

aurore *n.f.* **1 - lever du jour** aube · point du jour · premières lueurs du jour · première clarté · **2 - commencement** · début · origine · aube · matin

✦ **aux aurores** à l'aube · au chant du coq · au chant de l'alouette · de très bonne heure · dès potron-minet *vieilli ou plaisant*
CONTR. brune ı crépuscule

ausculter *v.tr.* **1 - examiner** · **2 - sonder** · prendre la température de · prendre le pouls de · tâter

auspice *n.m.* · augure · devin · prêtre

auspices *n.m.pl.* augure · présage · signe
✦ **sous les auspices de** sous la conduite de · sous la direction de · sous l'égide de · sous la houlette de · sous le patronage de · sous la tutelle de

aussi
■ *adv.* **1 - autant** · **2 - si** · à ce point · ainsi · tellement · **3 - pour ... que** · quelque ... que · si · tout ... que · **4 - également** · pareillement · de même · idem *fam.* · **5 - encore** · également · en outre · de plus · en plus · par-dessus le marché *fam.*
■ *conj.* **en conséquence** · ainsi · c'est pourquoi · donc · par conséquent

aussitôt
■ *adv.* **immédiatement** · à l'instant · au même instant · dès l'abord · instantanément · sans délai · sans retard · sans tarder · séance tenante · sur le champ · sur l'heure · tout de suite · illico *fam.* · incontinent *vieux ou littér.*
■ *prép.* **dès** · au moment de · juste après
✦ **aussitôt que** dès que · dès l'instant que · sitôt que

austère *adj.* **1 - ascétique** · frugal · rigoureux · rude · spartiate · **2 - rigoriste** · janséniste · puritain · rigide · sévère · stoïque · **3 - sobre** · dépouillé · monastique · nu · triste · **4 - grave** · dur · froid · sérieux · sévère
CONTR. dissolu ı voluptueux – aimable ı gai
➣ **sérieux**

austérité *n.f.* **1 - ascétisme** · **2 - rigorisme** · jansénisme · puritanisme ·

stoïcisme · **3 - sobriété** · dépouillement · nudité · **4 - gravité** · dureté · froideur · sévérité

CONTR. plaisir ı volupté

austral, e *adj.* · sud · antarctique
CONTR. boréal

autant *adv.* **1 -** la même quantité, la même chose · **2 -** également · pareillement
✦ **autant de** tant de · une telle quantité de
✦ **autant que** **1 -** la même quantité que · **2 -** comme · **3 -** aussi bien que · **4 -** aussi longtemps que
✦ **d'autant que** vu que · étant donné que · parce que · surtout que · attendu que *vieilli*
✦ **d'autant plus que** sans compter que

CONTR. moins ı plus

autarcie *n.f.* **1 - autosuffisance** · autosubsistance · autoconsommation · isolationnisme économique · circuit fermé *fam.* · **2 - autonomie**

auteur *n.m.* **1 - rédacteur** · dramaturge · écrivain · essayiste · homme, femme de lettres · parolier · poète · romancier • [pour le compte d'un autre] nègre · **2 - compositeur** · **3 - initiateur** · artisan · créateur · fondateur · inventeur · promoteur · responsable
↝ écrivain

authenticité *n.f.* **1 - réalité** · historicité · véracité · **2 - sincérité** · justesse · naturel · vérité

CONTR. fausseté ı imitation

authentifier *v.tr.* **1 - certifier** · constater · garantir · légaliser · valider · **2 - reconnaître** · attribuer

authentique *adj.* **1 - véritable** · assuré · avéré · certain · effectif · établi · exact · inattaquable · incontestable · indéniable · indiscutable · indubitable · réel · sûr · véridique · vrai · vrai de vrai *fam.* · **2 - sincère** ·

juste · naturel · vrai · pur jus, sucre *fam.* · **3 -** [Droit] **notarié** · certifié conforme · public · solennel

CONTR. douteux ı incertain ı irréel - apocryphe ı falsifié ı faux ı inauthentique - affecté ı conventionnel - privé

auto *n.f.* → **automobile**

autobiographie *n.f.* · mémoires · confessions · souvenirs

autochtone *adj. et n.* · indigène · aborigène *surtout Australie* · natif · originaire · naturel *vieux*

CONTR. étranger

> **autochtone, aborigène, indigène**
> La population d'un pays comprend des **autochtones**, originaires du lieu où ils vivent *(les autochtones et les immigrés)*. L'**indigène** et l'**aborigène** sont également des **autochtones**, mais le premier concerne essentiellement le contexte colonial : l'**indigène** est celui qui est établi dans un pays avant sa colonisation *(les colons et les indigènes)*. Quant à l'**aborigène**, ses ancêtres sont considérés comme étant à l'origine du peuplement d'un pays ; le mot s'emploie plutôt au pluriel et presque exclusivement à propos de l'Australie *(l'art des aborigènes australiens)*.

autoclave *n.m.* · étuve · stérilisateur

autocrate *n.* · despote · césar · dictateur · potentat · tyran

autocratie *n.f.* · absolutisme · arbitraire · autocratisme · autoritarisme · césarisme · despotisme · dictature · tyrannie

CONTR. démocratie

autocratique *adj.* · autoritaire · absolu · arbitraire · despotique · dictatorial · tyrannique

CONTR. constitutionnel ı démocratique

autocuiseur *n.m.* · cocotte-minute *nom déposé*

automate *n.m.* **1 - robot** · **2 - androïde** · **3 - somnambule** · fantoche · jouet · machine · marionnette · pantin · robot

automatique *adj.* **1 - inconscient** · instinctif · involontaire · machinal · mécanique · réflexe · spontané · **2 -** [fam.] **forcé** · immanquable · inévitable · mathématique · sûr · **3 - systématique** · informatisé · programmé
CONTR. conscient ı délibéré ı intentionnel ı médité ı prémédité ı réfléchi ı volontaire

automatiquement *adv.* **1 - mécaniquement** · **2 - inconsciemment** · involontairement · machinalement · spontanément · comme un robot, un automate · **3 - forcément** · inéluctablement · inévitablement · obligatoirement
CONTR. consciemment ı délibérément ı intentionnellement ı volontairement

automatisation *n.f.* · automation · robotisation

automatisme *n.m.* · habitude · réflexe
CONTR. conscience ı liberté – hasard

automne *n.m.* · arrière-saison
CONTR. printemps

automobile *n.f.* · voiture · auto · bagnole *fam.* · caisse *fam.* · char *fam., Québec* · chiotte *fam., vieilli* · guimbarde *fam., péj.* · tacot *fam., péj.* · tire *argot*

automobiliste *n.* · conducteur · chauffeur

autonome *adj.* indépendant · libre · souverain

✦ **devenir autonome** s'affranchir · voler de ses propres ailes · couper le cordon (ombilical)
CONTR. dépendant ı assujetti ı soumis ı subordonné ı sujet ı vassal
➥ **libre**

autonomie *n.f.* **1 - souveraineté** · indépendance · liberté · **2 - liberté** · indépendance
CONTR. dépendance ı soumission ı subordination ı tutelle

autonomisme *n.m.* · indépendantisme · dissidence · nationalisme · particularisme · régionalisme · séparatisme

autonomiste *n. et adj.* · indépendantiste · dissident · nationaliste · particulariste · régionaliste · sécessionniste · séparatiste

autopsie *n.f.* · analyse · dissection · docimasie (Méd. légale)

autorail *n.m.* · automotrice · turborail · micheline *vieilli*

autorisation *n.f.* **1 - accord** · agrément · approbation · aval · consentement · feu vert · permission • [à ne pas faire qqch.] dispense · dérogation · exemption · **2 - habilitation** · **3 - permis** · bon · congé · dispense · laissez-passer · licence · permission · pouvoir
CONTR. désapprobation ı défense ı interdiction ı opposition ı refus

autorisé, e *adj.* **1 - permis** · admis · toléré · **2 - qualifié** · compétent · **3 - officiel** · digne de foi
✦ **autorisé à** fondé à · en droit de
CONTR. illicite ı interdit

autoriser *v.tr.* **1 - permettre** · accepter · accorder · admettre · consentir à · donner le feu vert à · donner son aval à · tolérer · souffrir *littér.* · **2 - dépénaliser** · décriminaliser · **3 - habiliter** · accréditer · **4 - justifier** · légitimer · permettre

✦ **autoriser à ne pas faire**   dispenser de · exempter de

⟫ **s'autoriser** v.pron. s'accorder · se permettre

✦ **s'autoriser de**   alléguer · prétexter · s'appuyer sur · arguer de ᵈᵒᵘᵗᵉⁿᵘ · se fonder sur · invoquer · se prévaloir de

CONTR. défendre ı empêcher ı interdire ı prohiber ı proscrire

autoritaire adj. **1 - dictatorial** · absolu · absolutiste · despotique · fort · musclé · totalitaire · tyrannique · **2 - directif** · cassant · dur · impératif · impérieux · intransigeant · péremptoire · sec · sévère · tranchant

CONTR. libéral – doux ı conciliant ı faible

autoritarisme · absolutisme · césarisme · despotisme · dictature · totalitarisme · tyrannie · sceptre de fer ˡⁱᵗᵗᵉ́ʳ·

CONTR. libéralisme

autorité n.f.
I fermeté · force · poigne · rigueur · vigueur
II 1 - pouvoir · commandement · domination · mainmise · puissance · souveraineté · supériorité · **2 - souveraineté** · empire · omnipotence · suprématie · toute-puissance
III 1 - ascendant · emprise · influence · poids · **2 - charisme** · crédit · prestige · réputation
IV attributions · compétence · prérogative · ressort
V 1 - dignitaire · notabilité · officiel · **2 - personnalité** · (grande) figure · pointure ᶠᵃᵐ· ponte ᶠᵃᵐ·

✦ **faire autorité**   s'imposer · faire référence
✦ **de sa propre autorité**   de son propre chef · de sa propre initiative
✦ **sous l'autorité de**   sous la conduite de · sous l'égide de · sous la férule de · sous la houlette de · sous la tutelle de

⟫ **autorités** plur. gouvernement · administration

CONTR. mollesse ı défaillance ı faiblesse – anarchie – infériorité ı soumission ı subordination ı sujétion – déchéance ı discrédit

autosatisfaction n.f. · vanité · fatuité · prétention · suffisance · triomphalisme · vanité · infatuation ˡⁱᵗᵗᵉ́ʳ·

autosubsistance n.f. · autarcie · autosuffisance · autoconsommation

autosuffisance n.f. · autarcie · autoconsommation · autosubsistance

autour adv. alentour · aux alentours · aux environs · à la ronde

✦ **autour de**   **1 - auprès de** · aux côtés de · près de · **2 - approximativement** · à peu près · environ · aux environs de
✦ **(se) mettre, être autour**   **1 - entourer** · environner · **2 - cerner** · encercler · **3 - ceindre** · envelopper

autre adj. et pron. **1 - distinct** · différent · dissemblable · étranger · **2 - changé** · différent · méconnaissable · nouveau · transformé · **3 - dernier** · prochain

✦ **autre part**   ailleurs · dans un autre endroit · sous d'autres latitudes
✦ **d'autre part**   de plus · en outre · par ailleurs
✦ **les autres**   **1 - le reste** · le restant · **2 - autrui** · prochain · semblable
✦ **l'un dans l'autre**   tout compte fait
✦ **en d'autres termes**   autrement dit
✦ **l'autre monde**   l'au-delà

CONTR. même ı identique ı pareil ı semblable

autrefois adv. anciennement · dans le temps · dans les temps anciens · de mon (son etc.) temps · jadis

✦ **d'autrefois**   ancien · passé · d'antan ˡⁱᵗᵗᵉ́ʳ·

CONTR. actuellement ı aujourd'hui ı encore ı maintenant

⟫ **jadis**

autrement adv. **1 - différemment** · d'une autre façon · d'une autre manière · **2 - sinon** · dans le cas contraire · faute de cela, faute de quoi · sans quoi · sans cela · **3 - bien plus** · beaucoup

autrui *pron.* · les autres · le prochain · le semblable

auvent *n.m.* · abri · appentis · marquise

auxiliaire
- *adj.* complémentaire · accessoire · additionnel · adjuvant · annexe · second · subsidiaire · supplémentaire
- *n.* **1 – aide** · adjoint · assistant · bras droit · collaborateur · complice · lieutenant · second · **2 –** [Scol.] **vacataire**

CONTR. principal ı titulaire
⁓ **adjoint**

avachi, e *adj.* **1 – déformé** · flasque · mou · usé · **2 – indolent** · mou · ramolli · sans ressort · flagada *fam.*

avachir *v.tr.* · amollir · déformer · ramollir · user

⋙ **s'avachir** *v.pron.* **1 – s'affaisser** · s'aplatir · se déformer · **2 – s'affaler** · s'effondrer · se vautrer · s'étaler *fam.* · **3 – se relâcher** · se laisser aller

CONTR. affermir ı durcir ı raffermir ı raidir

aval *n.m.* **1 – caution** · garantie · soutien · **2 – accord** · autorisation · permission
+ **donner son aval à** garantir · avaliser · cautionner

CONTR. amont

avalanche *n.f.* [grande quantité] multitude · averse · cascade · déluge · déferlement · flot · grêle · pluie · torrent · flopée *fam.*

avaler *v.tr.* **1 – absorber** · boire · déglutir · dévorer · engloutir · ingérer · ingurgiter · manger · prendre · bouffer *fam.* · enfourner *fam.* · gober *fam.* · s'enfiler *fam.* · **2 –** [fam.] croire · gober *fam.* · **3 –** [fam.] **supporter** · accepter · admettre · **4 –** [une réplique, une commission] oublier · sauter

avaliser *v.tr.* **1 – garantir** · cautionner · se porter garant de · **2 – appuyer** · cautionner

à-valoir *n.m. invar.* · avance · acompte · provision

avance *n.f.* **1 – progression** · avancée · déplacement · marche · mouvement · **2 – acompte** · arrhes · à-valoir · crédit · escompte · prêt · provision · **3 – offre** · approche · ouverture
+ **en avance** **1 – précoce** · **2 – avancé** · développé · évolué
⋙ **avances** *plur.* **1 – fonds** · investissement · mise · **2 – propositions (galantes)**

CONTR. recul ı repli ı retraite

avancé, e *adj.*
I **1 – éveillé** · en avance · précoce · **2 – évolué** · élaboré · moderne · perfectionné · **3 – progressiste** · anti-conformiste · d'avant-garde · libre · révolutionnaire
II **1 –** [heure] tardif · **2 – avarié** · gâté • [viande] faisandé • [fruit] blet

CONTR. arriéré ı en retard ı retardataire – frais

avancée *n.f.* **1 – saillie** · **2 – marche** · avance · progression · **3 –** [surtout plur.] progrès · avancement · bond en avant · développement

avancement *n.m.* **1 – progrès** · amélioration · avancée(s) · développement · évolution · perfectionnement · progrès · progression · **2 – promotion**

CONTR. recul ı décadence ı déchéance – arrêt ı stagnation

avancer
- *v.tr.*
I **1 – rapprocher** · approcher · **2 – tendre** · allonger
II **1 – déclarer** · affirmer · alléguer · énoncer · mettre en avant · prétendre · soutenir · **2 – suggérer** · émettre · présenter

III 1 - faire progresser · activer · pousser · **2 - hâter** · accélérer · précipiter
IV prêter

■ *v.intr.* **1 - gagner du terrain** · approcher · marcher · progresser · **2 - s'améliorer** · se développer · évoluer · se perfectionner · progresser · **3 - dépasser** · faire saillie · déborder · empiéter · gagner · mordre · saillir · surplomber

✦ **avancer très lentement** aller à une allure d'escargot · lambiner · traîner

⋙ **s'avancer** *v.pron.* **1 - approcher** · s'approcher · marcher · progresser · **2 - s'aventurer** · se compromettre · s'engager · se hasarder · prendre des risques · se risquer · se mouiller *fam.*

CONTR. reculer ׀ retarder – s'éloigner ׀ se replier ׀ se retirer · s'arrêter ׀ piétiner

avanie *n.f.* · offense · affront · brimade · humiliation · insulte · outrage · vexation · camouflet *littér.*

¹**avant**

■ *adv.* **1 - autrefois** · anciennement · dans le temps · jadis · **2 - plus tôt** · antérieurement · auparavant · précédemment · **3 - d'abord** · auparavant · préalablement · premièrement · **4 - ci-dessus** · au-dessus · plus haut · supra · **5 - en tête** · devant

■ *prép.* · antérieurement à · la veille de

✦ **en avant** **1 - devant** · **2 - en tête**
✦ **avant tout** **1 - (tout) d'abord** · en premier · en priorité · **2 - principalement** · essentiellement · surtout
✦ **mettre en avant** **1 - alléguer** · avancer · produire · proposer · arguer de *littér.* · **2 - mettre en vue** · attirer l'attention sur · mettre en évidence · mettre en lumière · mettre en valeur

²**avant** *n.m.* **1 - devant** · tête · nez • [de bateau] étrave · proue · **2 - front** · première ligne

avantage *n.m.* **1 - atout** · arme · avance · plus · ressource · **2 - privilège** · faveur ·

prééminence · préférence · prérogative · supériorité · **3 - bien** · bénéfice · fruit · gain · intérêt · mérite · profit

✦ **avoir avantage à** faire mieux de
✦ **prendre l'avantage** prendre le dessus · prendre le meilleur · l'emporter

CONTR. désavantage ׀ détriment ׀ dommage ׀ handicap ׀ inconvénient ׀ préjudice

avantager *v.tr.* **1 - favoriser** · aider · faire la part belle à · privilégier · servir · **2 - embellir** · arranger · flatter

CONTR. désavantager ׀ desservir ׀ frustrer ׀ léser ׀ préjudicier

avantageusement *adv.* **1 - abondamment** · copieusement · favorablement · généreusement · largement · **2 - avec profit** · au mieux · avec bénéfice · en bien · **3 - honorablement**

avantageux, -euse *adj.* **1 - favorable** · fructueux · intéressant · lucratif · précieux · profitable · rentable · salutaire · utile · **2 - économique** · intéressant · **3 - abondant** · généreux · opulent · plantureux · volumineux · **4 - flatteur** · seyant · **5 - prétentieux** · fat · orgueilleux · poseur · présomptueux · suffisant · vaniteux

CONTR. contraire ׀ défavorable ׀ fâcheux ׀ nuisible ׀ préjudiciable – désavantageux

avant-coureur, -euse *adj.* annonciateur · précurseur · prémonitoire · prophétique

✦ **signe avant-coureur** présage · prélude · prodrome *littér.*

CONTR. successeur ׀ postérieur

avant-dernier, -ière *adj.* · pénultième

avant-garde *n.f.* tête · pointe
✦ **d'avant-garde** avancé · de pointe · futuriste · révolutionnaire

CONTR. arrière-garde

avant-goût *n.m.* **1 - aperçu** · échantillon · exemple · idée **2 - anticipation** · préfiguration · pressentiment

avant-propos *n.m. invar.* · avertissement · introduction · préambule · préface · présentation · prologue

CONTR. conclusion ι postface

avare

■ *adj.* **mesquin** · chiche · économe · regardant · chiche *fam.* · pingre *fam.* · radin *fam.* · rapiat *fam.* · parcimonieux *vieilli* · avaricieux *vieux ou plaisant*

✦ **il est très avare** il est très près de ses sous *fam.* · il les lâche avec un élastique *fam.* · il a des oursins dans les poches *fam.* · il n'attache pas son chien avec des saucisses *fam., vieilli*

■ *n.* **harpagon** · grigou *fam.* · grippe-sou *fam.* · Picsou *fam.* · pingre *fam.* · radin *fam.* · rapiat *fam.* · rat *fam.* · ladre *littér. ou vieux* · fesse-mathieu *vieux*

CONTR. dépensier ι dissipateur ι gaspilleur ι généreux ι large ι prodigue

avarice *n.f.* · mesquinerie · pingrerie *fam.* · radinerie *fam.* · ladrerie *littér. ou vieux* · lésine *littér. ou vieux*

CONTR. désintéressement ι dissipation ι gaspillage ι générosité ι largesse ι prodigalité

avarie *n.f.* · dommage · dégât · détérioration

avarier *v.tr.* **1 - endommager** · abîmer · détériorer **2 - gâter** · aigrir · altérer · blettir · [viande] faisander · pourrir · putréfier · corrompre *littér.*

avatar *n.m.* **1 - métamorphose** · transformation **2 -** [par contresens] **malheur** · mésaventure

avec *prép. et adv.* **1 - en compagnie de** · auprès de **2 - comme** · ainsi que **3 - à l'égard de** · à l'endroit de · envers · vis-à-vis de **4 -** à cause de · étant donné **5 - au moyen de** · à force de · à l'aide de · grâce à · en utilisant · moyennant

✦ **avec ça, avec cela** en plus · en outre · encore · par-dessus le marché · par surcroît

✦ **faire avec** se débrouiller · s'accommoder de

CONTR. sans

aven *n.m.* · gouffre · abîme

¹**avenant, e** *adj.* **aimable** · accueillant · affable · agréable · engageant · gracieux · plaisant · sympathique · accort *littér. ou plaisant*

✦ **à l'avenant** pareillement · de même · en accord · en conformité · en rapport · idem *fam.*

²**avenant** *n.m.* · modification · amendement · clause additionnelle

avènement *n.m.* **1 - arrivée** · venue **2 - début** · apparition · arrivée · commencement · naissance **3 - accession** · élévation

CONTR. départ ι fin – abdication ι déchéance ι fin ι mort

avenir *n.m.* **1 - futur** · horizon · lendemain **2 - destinée** · destin · devenir · sort **3 - carrière** · situation **4 - postérité**

✦ **dans un proche avenir, un avenir prochain 1 - bientôt** · à bref délai · avant longtemps · demain · prochainement · sous peu · tantôt **2 - ultérieurement**

✦ **à l'avenir** désormais · à partir de maintenant · dorénavant

✦ **dans l'avenir** par la suite · plus tard · un jour

✦ **d'avenir** prometteur · porteur

CONTR. passé ι présent

aventure *n.f.* **1 - événement** · accident · épisode · incident · mésaventure · péripétie · [au plur.] tribulations **2 - entreprise** · affaire · épopée · histoire · odyssée **3 - liaison** · passade · rencontre · tocade · amourette *vieux* · intrigue *littér.* **4 - hasard** · aléa · péril

✦ **à l'aventure** au hasard • sans réflexion • sans dessein (arrêté)

aventuré, e *adj.* • hasardeux • risqué • téméraire
CONTR. sûr

aventurer *v.tr.* **1 - hasarder** • exposer • jouer • tenter • risquer **2 - commettre** • compromettre **3 - suggérer** • avancer • émettre
» **s'aventurer** *v.pron.* **se risquer** • s'aviser de • s'engager • expérimenter • s'exposer • se hasarder • se lancer • tenter • s'embarquer *fam.*

aventureux, -euse *adj.* **1 - audacieux** • entreprenant • hardi • téméraire **2 - hasardeux** • aléatoire • dangereux • imprudent • osé • risqué • casse-cou *fam.* **3 - romanesque**
CONTR. circonspect ı prudent ı sage

aventurier, -ière *n.* • baroudeur • globe-trotter • vagabond • bourlingueur *fam.*

avenue *n.f.* • voie • allée • artère • boulevard • cours • mail

avéré, e *adj.* • attesté • assuré • authentique • confirmé • certain • établi • incontestable • indéniable • indiscutable • indubitable • prouvé • reconnu • réel • sûr • vrai • véridique • véritable
CONTR. contestable ı douteux ı faux

avérer (s') *v.pron.* **1 - apparaître** • se montrer • paraître • ressortir • se révéler • se trouver **2 - se confirmer** • se vérifier

averse *n.f.* **1 - pluie** • précipitation • ondée • giboulée • grain • douche *fam.* • sauce *fam.* • saucée *fam.* **2 - multitude** • avalanche • cascade • déferlement • déluge • flot • grêle • pluie • torrent • flopée *fam.*

aversion *n.f.* **répulsion** • antipathie • dégoût • haine • horreur • hostilité • inimitié • phobie • répugnance • exécration *littér.*

✦ **avoir de l'aversion pour** détester • haïr • abhorrer *littér.* • abominer *littér.* • exécrer *littér.*
CONTR. amour ı goût ı sympathie

averti, e *adj.* **1 - prévenu** • au courant • au fait • informé • au parfum *fam.* • **2 - expérimenté** • avisé • compétent • instruit • sagace • **3 -** [vieux] **émancipé**
CONTR. ignorant – inexpérimenté ı malavisé ı naïf

avertir *v.tr.* **1 - informer** • aviser • éclairer • instruire • notifier • prévenir **2 - alerter** • mettre en garde **3 - réprimander** • admonester *littér.* • **4 –** [sans complément] **sonner** • klaxonner • corner *vieux*

✦ **sans avertir** sans crier gare • sans préavis

avertissement *n.m.* **1 - avis** • conseil • instruction • mise en garde • recommandation **2 - introduction** • avant-propos • avis • préambule • préface • prologue **3 - signe** • présage **4 - blâme** • coup de semonce • carton jaune • leçon • observation • remontrance • admonestation *littér.*

avertisseur *n.m.* **1 - klaxon** *nom déposé* • corne *vieux* • **2 - sonnerie** • sonnette • trompe

aveu *n.m.* **1 - confession** • déclaration • reconnaissance • [de culpabilité] mea-culpa **2 - confidence** • épanchement • révélation **3 -** [vieux] **accord** • agrément • approbation • autorisation • consentement • permission

✦ **faire l'aveu de** avouer • confesser • épancher • reconnaître
CONTR. désaveu ı démenti ı dénégation – secret

aveuglant, e *adj.* **1 - éblouissant** • **2 - évident** • flagrant • frappant • incontestable • indéniable • manifeste • patent

aveugle
■ *adj.* **1 - absolu** • complet • entier • illimité • inconditionnel • intégral • total **2 - fanatique** • forcené • furieux **3 - sans fenêtre** • borgne • orbe *(Techn.)*

✦ **être aveugle** [fig.] avoir un bandeau sur les yeux · avoir des écailles sur les yeux
■ *n.* **non-voyant** · mal-voyant
CONTR. clairvoyant ı éclairé ı lucide – voyant

aveuglement *n.m.* **1 - erreur** · aberration · délire · égarement · folie · errements *littér.* · **2 - entêtement** · obstination · cécité
CONTR. clairvoyance ı discernement ı lucidité ı perspicacité ı sagacité

aveuglément *adv.* · à l'aveuglette · étourdiment · follement · sans réflexion
CONTR. lucidement ı prudemment

aveugler *v.tr.* **1 - éblouir** · **2 - égarer** · troubler · **3 - boucher** · calfeutrer · colmater · murer · obstruer · étancher *(Naut.)*
↠ **s'aveugler** *v.pron.* se tromper · se duper
CONTR. dessiller ı ouvrir les yeux – éclairer ı guider

aveuglette (à l') *loc. adv.* **1 - en**, à l'aveugle · à tâtons · **2 - aveuglément** · aléatoirement · au hasard · au petit bonheur *fam.* · au pif *fam.*

aviateur, -trice *n.* · pilote (d'avion)

aviation *n.f.* **1 - aéronautique** · **2 - transports aériens**

avide *adj.* **1 - glouton** · affamé · goulu · insatiable · vorace · **2 - cupide** · âpre au gain · rapace · **3 - ardent** · concupiscent · passionné
✦ **avide de** désireux de · affamé de · anxieux de · assoiffé de · friand de · impatient de · altéré de *littér.*
CONTR. assouvi ı rassasié – désintéressé ı détaché ı inattentif ı indifférent

avidement *adv.* **1 - voracement** · gloutonnement · **2 - ardemment** · fiévreusement · impatiemment

avidité *n.f.* **1 - appétit** · faim · goinfrerie · gloutonnerie · voracité · **2 - désir** · appétit ·

boulimie · envie · faim · **3 - concupiscence** · ardeur · convoitise · **4 - cupidité** · âpreté au gain · rapacité
CONTR. détachement ı inattention ı indifférence

avilir *v.tr.* abaisser · corrompre · dégrader · déshonorer · flétrir · prostituer · rabaisser · ravaler · souiller
↠ **s'avilir** *v.pron.* **1 - s'abaisser** · se dégrader · déchoir · se ravaler · **2 - se déprécier** · se dévaluer
CONTR. élever ı exalter ı glorifier ı honorer – enchérir ı hausser – améliorer ı revaloriser

avilissant, e *adj.* · déshonorant · abaissant · dégradant · humiliant · infamant
CONTR. digne ı honorable ı noble

avilissement *n.m.* · abaissement · abjection · corruption · déshonneur · discrédit · flétrissure · humiliation · opprobre · rabaissement · ravalement · souillure
CONTR. élévation ı exaltation ı glorification

aviné, e *adj.* · ivre · soûl · beurré *fam.* · bituré *fam.* · bourré *fam.* · cuit *fam.* · éméché *fam.* · imbibé *fam.* · noir *fam.* · paf *fam.* · pété *fam.* · pinté *fam.* · plein *fam.* · rond (comme une queue de pelle) *fam.* · schlass *fam.*

avion *n.m.* · aéroplane · aérodyne · aéronef · appareil · coucou *fam.* · zinc *fam.* · taxi *argot*

aviron *n.m.* · rame · pagaie *Québec*

avis *n.m.*
I **1 - opinion** · appréciation · façon de voir · façon de penser · idée · jugement · pensée · point de vue · position · sentiment · vue · **2 - conseil** · avertissement · directive · exhortation · instruction · recommandation · **3 - suffrage** · voix · vote
II **1 - annonce** · bulletin · communication · communiqué · information · message · note · notification · nouvelle · préavis ·

proclamation · renseignement · 2 - avant-propos · avertissement · préambule · préface
+ **avis au lecteur** avertissement · introduction · préface
+ **du même avis** d'accord · unanime
+ **changer d'avis** se raviser · [brutalement] retourner sa veste · tourner casaque
+ **changer souvent d'avis** changer d'avis comme de chemise · être une vraie girouette

avisé, e *adj.* · clairvoyant · averti · circonspect · compétent · éclairé · fin · habile · inspiré · intelligent · prudent · réfléchi · sagace · sage
CONTR. imprudent ı irréfléchi ı malavisé
➣ **prudent**

aviser *v.tr.* **1 -** avertir · conseiller · informer · prévenir · **2 -** [vieux] apercevoir · remarquer
➣ **s'aviser de** *v.pron.* **1 -** s'apercevoir · découvrir · remarquer · se rendre compte de · **2 -** penser à · songer à · trouver · **3 -** oser · essayer · tenter · s'aventurer à · se hasarder à · se mêler de · se permettre · se risquer à

aviver *v.tr.* **1 -** activer · animer · attiser · ranimer · réveiller · **2 -** accentuer · augmenter · attiser · envenimer · exaspérer · exciter · exalter
CONTR. amortir ı adoucir ı apaiser ı calmer ı éteindre ı ternir

avocat, e *n.* **1 -** défenseur · représentant · bavard *argot* · avocaillon *péj.* · avocassier *péj.* · défenseur de la veuve et de l'orphelin *plaisant ou péj.* · **2 -** apologiste · défenseur · apôtre · champion · intercesseur · serviteur

¹**avoir** *v.tr.* **1 -** posséder · bénéficier de · détenir · disposer de · être propriétaire de · jouir de · **2 -** obtenir · acheter · acquérir ·

se procurer · **3 - porter sur, avec soi** · détenir · **4 - présenter** · **5 - ressentir** · éprouver · sentir · **6 - passer** · connaître · faire l'expérience de · vivre · **7 - garder** · entretenir · **8 -** [fam.] **tromper** · berner · duper · leurrer · mystifier · piéger · baiser *fam.* · embobiner *fam.* · pigeonner *fam.* · posséder *fam.* · rouler *fam.*
+ **avoir à** [suivi de l'infinitif] devoir · être dans l'obligation de · être obligé de · être tenu de

²**avoir** *n.m.* **1 - bien** · argent · fortune · possession · richesse · **2 - crédit** · actif · solde créditeur

avoisinant, e *adj.* · voisin · adjacent · attenant · contigu · environnant · proche
CONTR. éloigné ı lointain

avoisiner *v.tr.* · approcher de · frôler · friser *fam.*

avorté, e *adj.* · manqué · raté · loupé *fam.*

avortement *n.m.* **1 -** interruption de grossesse · I.V.G. · [naturel] fausse-couche · **2 -** échec · faillite · fiasco · insuccès
CONTR. aboutissement ı réussite ı succès

avorter *v.intr.* **1 -** [d'un enfant] faire passer *fam.* · [naturellement] faire une fausse-couche · **2 -** échouer · rater · tourner court · capoter *fam.*
CONTR. aboutir ı se développer ı réussir

avorteuse *n.f.* · faiseuse d'anges *vieilli*

avorton *n.m.* · nain · freluquet · gnome · gringalet · demi-portion *fam.* · microbe *fam.* · nabot *fam.*

avouable *adj.* · honnête · honorable
CONTR. inavouable

avouer *v.tr.* **1 - reconnaître** · admettre · confesser · concéder · convenir · **2 - confier** · **3 - s'accuser** · décharger sa conscience · parler · passer aux aveux · s'affaler *fam.* · s'allonger *fam.* · se déboutonner *fam.* · lâcher le morceau *fam.* · manger le morceau *fam.* · se mettre à table *fam.* · vider son sac *fam.*

CONTR. cacher ı désavouer ı dissimuler ı nier ı taire

axe *n.m.* **1 - pivot** · arbre · charnière · essieu · **2 - ligne** · direction · orientation · **3 - voie** · artère · route

axer *v.tr.* · diriger · centrer · orienter

CONTR. désaxer

axiome *n.m.* **1 - évidence** · vérité · **2 - adage** · aphorisme · maxime · sentence · **3 - postulat** · énoncé · hypothèse · principe · proposition

ayant droit *n.m.* · bénéficiaire · allocataire · attributaire

azimut *n.m.* · direction · sens

azimuté, e *adj.* → fou

azur *n.m.* **1 -** [Poésie] **ciel** · air · firmament *littér.* · **2 -** [en apposition] **bleu** · azuré · azuréen *littér.*

b

baba *adj. invar.* **abasourdi** · ahuri · ébahi · époustouflé · stupéfait · stupéfié · sidéré *fam.* · soufflé *fam.*

✦ **en rester baba** en rester comme deux ronds de flan *fam.*

b.a.-ba *n.m. invar.* · rudiments · abc

babil *n.m.* → babillage

babillage *n.m.* **1** - babil · babillement · gazouillis · lallation · **2** - **bavardage** · caquet *péj.* · jacassement *péj.*

☙ bavardage

babillard, e *adj. et n.* → bavard

babillement *n.m.* → babillage

babiller *v.intr.* **1** - gazouiller · jaser · **2** - bavarder · papoter *fam.* · cailleter *vieux* · **3** - cancaner *péj.* · jacasser *péj.*

babine *n.f.* → lèvre

babiole *n.f.* **1** - bibelot · colifichet · bricole *fam.* · bagatelle *vieux* · bibus *vieux* · brimborion *vieux* · **2** - bêtise · bagatelle · broutille · frivolité · futilité · rien · vétille · bricole *fam.*

☙ bagatelle

bâbord *n.m.* · gauche

CONTR. tribord

babouche *n.f.* · chaussure · mule

¹**bac** *n.m.* **1** - **traversier** · ferry-boat · traille · va-et-vient · toue *anciennt* · **2** - **baquet** · bassin · cuve

²**bac** *n.m.* → baccalauréat

baccalauréat *n.m.* · bac · bachot *fam.* · maturité *Suisse*

bacchanale *n.f.* → orgie

bacchante *n.f.* · ménade · furie · thyade

bâche *n.f.* · banne · couverture · prélart

bâcher *v.tr.* · couvrir · camoufler · envelopper · recouvrir

CONTR. découvrir

bâcler *v.tr.* · gâcher · saboter · sabrer · saloper *fam.*

CONTR. fignoler ı parfaire ı soigner

bactérie *n.f.* · microbe · bacille

badaud, e *n.* · curieux · flâneur · passant · gobe-mouches *vieux*

badge *n.m.* · insigne

badigeon n.m. 1 - enduit · 2 - peinture · teinture

badigeonner v.tr. 1 - peindre · teinter · barbouiller péj. · 2 - enduire · recouvrir

badin, e adj. · enjoué · espiègle · folâtre · gai · léger · mutin
CONTR. grave ı austère ı sérieux

badinage n.m. 1 - badinerie · batifolage · marivaudage · 2 - amusement · jeu · plaisanterie
CONTR. gravité ı austérité ı sérieux

badiner v.intr. 1 - s'amuser · jouer · plaisanter · blaguer fam. · rigoler fam. · 2 - batifoler · folâtrer · marivauder

badinerie n.f. → badinage

baffe n.f. [fam.] → gifle

baffle n.f. · haut-parleur · enceinte

bafouer v.tr. 1 - ridiculiser · couvrir de boue · outrager · traîner dans la boue · vouer aux gémonies · conspuer littér. · persifler littér. · railler littér. · vilipender littér. · mettre, clouer au pilori vieilli · 2 - se moquer de · faire fi de littér.
CONTR. exalter ı glorifier ı louer ı magnifier

bafouiller v.tr. et intr. · balbutier · bégayer · bredouiller · marmonner

bâfrer v.tr. → manger

bagage n.m. 1 - valise · malle · paquet · sac · vanity-case anglic. · baise-en-ville fam., vieilli · 2 - équipement · attirail · paquetage · barda fam. · fourbi fam. · bagot vieux, argot · 3 - connaissances · acquis · compétence · formation
 ✦ **plier bagage** partir · décamper · déguerpir · s'en aller · déloger vieilli

bagarre n.f. 1 - bataille · bastonnade · combat · échauffourée · empoignade · mêlée · pugilat · rixe · baston argot · bigornage fam., vieilli · 2 - dispute · altercation · querelle · prise de bec fam. · 3 - compétition · rivalité · lutte
 ✦ **il va y avoir de la bagarre** il va y avoir du vilain · il va y avoir du grabuge fam. · il va y avoir de la castagne fam. · ça va barder fam.

bagarrer (se) v.pron. 1 - → se battre · 2 - → se disputer · 3 - → se démener

bagarreur, -euse adj. et n. 1 - batailleur · battant · combatif · 2 - agressif · belliqueux · querelleur · qui ne demande, ne rêve que plaies et bosses

bagatelle n.f. 1 - bêtise · babiole · broutille · frivolité · futilité · rien · vétille · bricole fam. · 2 - [vieux] bibelot · bricole fam. · bibus vieux · brimborion vieux

> **bagatelle, babiole, broutille, vétille**
> Les quatre mots renvoient à l'idée d'absence de valeur. Il s'agit avec **bagatelle** de paroles, de textes, d'actes et même de préoccupations que l'on s'accorde à trouver futiles, sans importance *(il s'occupe à des bagatelles)*. **Broutille** s'emploie aussi bien à propos d'objets *(il a acheté des broutilles)*, et dans ce cas peut être remplacé par **babiole**, que pour parler d'éléments abstraits *(il s'occupe à des broutilles)*. **Vétille** désigne aussi bien un événement qu'un fait, une réflexion insignifiants *(s'attarder à une vétille, ergoter sur une vétille, se tracasser pour des vétilles)*, mais son usage est plutôt littéraire.

bagnard, e n. · forçat · galérien

bagne n.m. 1 - pénitencier · travaux forcés · pré vieilli, argot · 2 - enfer · galère fam.

bagnole n.f. → voiture

bagou *n.m.* · volubilité · éloquence · faconde · loquacité · verve

bague *n.f.* **1 -** anneau · alliance · chevalière · jonc · marquise · semaine · bagouse *fam.* · **2 -** annelure · collier · manchon

baguenaude *n.f.* → promenade

baguenauder *v.intr.* → se promener

baguette *n.f.* **1 -** badine · canne · jonc · houssine *vieilli* · verge *vieilli* · **2 -** [Archit.] moulure · asperge · chapelet · cordelière · frette · listel · membron · **3 -** [Techn.] agitateur · broche · jauge · tige · tringle · tube
✦ **baguette de tambour** mailloche

bahut *n.m.* **1 -** armoire · buffet · cabinet · **2 -** [fam.] boîte *fam.* · **3 -** [fam.] camion · gros cul *fam.*

¹**baie** *n.f.* · crique · anse · calanque · golfe · rade · conche *région.*

²**baie** *n.f.* · ouverture · fenêtre

³**baie** *n.f.* · grain · boule

baignade *n.f.* · bain · trempette *fam.*

baigner *v.tr.* **1 -** immerger · plonger · tremper · aiguayer *vieilli* · [dans la boue] illuter · **2 -** arroser · humecter · inonder · noyer · tremper · **3 -** envelopper · entourer · imprégner · pénétrer · remplir
⋙ **se baigner** *v.pron.* **1 -** se laver · prendre un bain · faire trempette *fam.* · **2 -** nager

baigneur, -euse *n.* **1 -** nageur · **2 -** [vieilli] curiste · buveur *vieux*

baignoire *n.f.* · bassin · piscine · sabot · tub *vieux*

bail *n.m.* contrat de location · emphytéose
✦ **donner, céder à bail** louer · affermer

bâiller *v.intr.* [d'étonnement] béer *littér.*
✦ **bâiller très fort** bâiller à s'en décrocher la mâchoire · bâiller comme une carpe, comme une huître

bailleur, bailleresse *n.*
✦ **bailleur de fonds** créancier · commanditaire · prêteur

bâillon *n.m.* muselière
✦ **mettre un bâillon à** → bâillonner

bâillonner *v.tr.* · museler · réduire au silence

bain *n.m.* **1 -** baignade · trempette *fam.* · **2 -** toilette · ablutions *Relig. ou plaisant* · **3 -** teinture · coloration · **4 -** [linguistique, etc.] immersion
✦ **donner un bain à** baigner
✦ **prendre un bain** se baigner · faire trempette *fam.*
✦ **bain de sang** massacre · boucherie · tuerie
✦ **bain de soleil** bronzette *fam.*
✦ **être dans le bain 1 -** être compromis · être impliqué · être mouillé *fam.* · **2 -** être dans le coup *fam.*
✦ **mettre dans le bain 1 -** compromettre · impliquer · mouiller *fam.* · **2 -** mettre dans le coup *fam.* · rancarder *fam.*
⋙ **bains** *plur.* **1 -** thermes · hammam · **2 -** station thermale · eaux *vieilli*

¹**baiser** *v.tr.* **1 -** embrasser · baisoter *fam.* · bécoter *fam.* · biser *fam.* · bisouter *fam.* · becqueter *fam., vieux* · **2 -** [fam.] → tromper · **3 -** [fam.] → faire l'amour

²**baiser** *n.m.* **1 -** bise · bécot *fam.* · bisou *fam.* · mimi *fam.* · poutou *fam.* · baise *Belgique* · bec *Québec, Belgique, Suisse* · **2 -** [profond] patin *fam.* · pelle *fam.* · galoche *fam., vieux*

baisse *n.f.* **1 -** diminution · abaissement · affaissement · chute · dégringolade · désescalade · **2 -** affaiblissement · déclin · fléchissement

✦ **baisse des eaux** décrue · retrait · [marée] reflux · jusant
✦ **être en baisse, à la baisse** → baisser

CONTR. augmentation ı amplification ı escalade – hausse ı montée

baisser

■ *v.tr.* **1 - abaisser** · descendre · rabattre · [voile] affaler · ramener · **2 -** [drapeau, couleurs] amener · **3 - courber** · fléchir · incliner · pencher · **4 - diminuer** · atténuer · faire tomber · réduire

■ *v.intr.* **1 - diminuer** · décliner · décroître · descendre · être en baisse · **2 - faiblir** · s'affaiblir · décliner · décroître · diminuer · se déprécier · tomber · **3 -** [marée] **refluer** · déchaler · se retirer

⋙ **se baisser** *v.pron.* s'abaisser · se courber · s'incliner · se pencher

CONTR. élever ı hausser ı lever ı monter – augmenter ı accroître – se redresser

bajoue *n.f.* · abajoue

bakchich *n.m.* · enveloppe · arrosage · dessous-de-table · pot-de-vin

bal *n.m.* · discothèque · boîte de nuit · dancing · bastringue *fam., vieilli* · guinche *fam., vieux*

balade *n.f.* · promenade · excursion · randonnée · vadrouille *fam.*

balader *v.tr.* promener · sortir
✦ **envoyer balader** éconduire · rabrouer · rembarrer · envoyer bouler *fam.* · envoyer dinguer *fam.* · envoyer paître *fam.* · envoyer promener *fam.* · envoyer sur les roses *fam.* · envoyer valser *fam.* · remballer *fam.*

⋙ **se balader** *v.pron.* se promener · flâner · musarder · vadrouiller *fam.* · baguenauder *fam., vieilli* · muser *vieux ou littér.*

baladeur *n.m.* **1 - promeneur** · flâneur · **2 - walkman** *nom déposé*

baladin, e *n.* · saltimbanque · bateleur *vieux*

balafre *n.f.* · cicatrice · coupure · couture · entaille · estafilade · taillade

balafrer *v.tr.* **1 - couper** · couturer · taillader · **2 - barrer**

balai *n.m.* **1 - balayette** · brosse · époussette · tête-de-loup · houssoir *vieilli* · **2 - plumeau** · plumail · plumard · **3 -** [Mar.] écoupe · écouvillon · faubert · goret · vadrouille

¹balance *n.f.* **1 -** [sortes] bascule · pèse-bébé · pesette · pèse-lettre · peson · pèse-grains · baroscope · trébuchet · **2 - équilibre** · pondération
✦ **mettre dans la balance** **1 - comparer** · **2 - opposer** · peser

²balance *n.f.* [fam.] → indicateur²

balancé, e *adj.*
✦ **bien balancé** bien bâti · bien fait · bien charpenté · bien foutu *fam.* · [femme] bien roulée *fam.*

balancement *n.m.* **1 - bercement** · dandinement · dodelinement · **2 - oscillation** · vacillation · va-et-vient · branle *vieux* · **3 -** [bateau] roulis · tangage · **4 - hésitation** · flottement · **5 - équilibre** · cadence · harmonie · rythme

balancer

■ *v.tr.* **1 - agiter** · bercer · faire aller et venir · faire osciller · mouvoir · remuer · **2 - compenser** · contrebalancer · corriger · équilibrer · neutraliser · **3 - comparer** · opposer · peser · **4 -** [fam.] **jeter** · bazarder *fam.* · ficher en l'air *fam.* · foutre en l'air *fam.* · virer *fam.* · **5 -** [fam.] **quitter** · larguer *fam.* · plaquer *fam.* · **6 -** [fam.] **congédier** · mettre à la porte · renvoyer · lourder *fam.* · sacquer *fam.* · virer *fam.* · balanstiquer *argot* · **7 -** [fam.] **dénoncer** · cafter *fam.* · donner *fam.* · balanstiquer *argot* · moucharder *fam.*

■ *v.intr.* **1 - hésiter** · flotter · vaciller · être sur le balan *Suisse* · **2 - swinguer**

⋙ **se balancer** *v.pron.* **1 - osciller** · **2 - se dandiner** · onduler · se tortiller · **3 -** [bateau] **rouler** · tanguer

✦ **se balancer de** se ficher de *fam.* · se moquer de (comme de sa première chemise) *fam.* · se foutre de *fam.* · se contrefoutre de *fam.* · se battre l'œil de *fam.*

CONTR. décider ⏐ trancher

↝ **hésiter**

balancier *n.m.* · contrepoids

balançoire *n.f.* · balancelle · bascule · brandilloire *vieux* · escarpolette *vieilli*

balayage *n.m.* **1 - nettoyage** · nettoiement · **2 - scannage** · scanning

balayer *v.tr.* **1 - déblayer** · **2 - emporter** · anéantir · ruiner · supprimer · **3 - chasser** · se débarrasser de · écarter · rejeter · repousser · **4 - souffler en tourbillon sur**

balbutiement *n.m.* **1 - bégaiement** · bredouillement · bredouillis · ânonnement · **2 - babil**

⋙ **balbutiements** *plur.* **commencement** · début(s) · premiers pas

balbutier *v.intr. et tr.* **1 - bégayer** · bredouiller · ânonner · **2 - babiller** · **3 - commencer** · débuter · faire ses premiers pas

↝ **bredouiller**

balcon *n.m.* · avancée · [romain] méniane · [arabe] moucharabieh

balconnière *n.f.* · jardinière

baldaquin *n.m.* · dais · ciel de lit · [d'autel] ciborium

balèze *adj.* → **fort**[1]

balisage *n.m.* · signalisation · fléchage · marquage · signalétique

balise *n.f.* · marque · bouée · signal

baliser *v.tr.* **1 - marquer** · flécher · jalonner · signaliser · **2 -** [fam.] → **avoir peur**

baliverne *n.f.* · sornette · sottise · histoire (à dormir debout) · chanson · foutaise *fam.* · billevesée *vieilli, surtout plur.* · calembredaine *vieilli, surtout plur.* · conte *vieilli* · balançoire *vieux* · bourde *vieux* · coquecigrue *vieux*

balkanisation *n.f.* · atomisation · démantèlement

ballade *n.f.* → **chanson**

ballant, e *adj.* · pendant · tombant

¹**balle** *n.f.* **1 - ballon** · pelote · **2 - boule** · **3 - plomb** · chevrotine · bastos *argot* · berlingot *argot* · dragée *argot* · prune *fam.* · pruneau *fam.* · valda *fam.* · **4 -** [fam., vieilli] → **visage**

²**balle** *n.f.* **1 - sac** · ballot · colis · [de café] farde · **2 - botte**

³**balle** *n.f.* · cosse · glume · gousse · glumelle

↝ **cosse**

ballerine *n.f.* · danseuse · petit rat (de l'opéra)

ballet *n.m.* **1 - chorégraphie** · **2 - valse**

ballon *n.m.* **1 - balle** · bulle · sphère · **2 - aérostat** · dirigeable · montgolfière · zeppelin · **3 -** [d'eau chaude] **chauffe-eau** · cumulus

↝   **ballon, aérostat, dirigeable, montgolfière, zeppelin**

Tous ces noms désignent des appareils plus légers que l'air. **Ballon** est le plus courant, aussi bien pour un appareil fixe d'observation, relié à la terre *(un ballon captif)*, que pour un appareil libre, qui circule dans les airs sans moteur pour le propulser *(lâcher de ballons)* ; dans ce double emploi, **aérostat** est le terme technique. Les ballons libres munis d'une direction et gonflés avec un gaz plus léger que l'air (hydrogène, hélium) ont été nommés des ballons dirigeables ou, par ellipse, **dirigeables**. Le zeppelin est un dirigeable de grande dimension, construit avec une carcasse métallique en Allemagne au début du XXe siècle. La montgolfière fut le premier ballon qui s'éleva et circula dans les airs, en 1783, grâce à de l'air chaud introduit dans son enveloppe.

ballonnements *n.m.pl.* · flatulence · flatuosité · météorisme

ballot *n.m.* **1 - balle** · colis · **2 - balluchon** · bagage · paquet · **3 - ** [fam.] **idiot** · lourdaud · sot · cruche *fam.* · balluche *fam., vieilli*

ballotté, e *adj.* · indécis · hésitant · tiraillé

ballottement *n.m.* · brimbalement · balancement · secousses

ballotter
■ *v.tr.* **balancer** · cahoter · remuer · secouer · brimbaler *vieux*
■ *v.intr.* **osciller** · remuer · trembler

balluchon *n.m.* · ballot · bagage · paquet

balourd, e *adj. et n.* **1 - rustaud** · butor · rustre · **2 - empoté** · fruste · gauche · grossier · lourd · maladroit · stupide
CONTR. adroit ׀ délicat ׀ fin ׀ spirituel ׀ subtil

balourdise *n.f.* **1 - bêtise** · maladresse · gaffe *fam.* · **2 - gaucherie** · lourdeur · maladresse
CONTR. délicatesse ׀ finesse ׀ subtilité

balustrade *n.f.* · rambarde · balustre · garde-corps · garde-fou · parapet · rampe

balustre *n.m.* → **balustrade**

bambin, e *n.* · enfant · gosse *fam.* · marmot *fam.* · mioche *fam.* · chiard *fam., péj.*

ban *n.m.* **proclamation** · publication de mariage
✦ **mettre au ban de** bannir de · chasser de · mettre en marge de · refouler de

banal, e *adj.* **1 - commun** · courant · habituel · normal · ordinaire · **2 - quelconque** · insignifiant · insipide · pauvre · plat · trivial · vulgaire · comme il y en a tant · **3 - cliché** · rebattu · usé · bateau *fam.* · **4 - communal**
CONTR. extraordinaire ׀ nouveau ׀ original ׀ recherché ׀ remarquable

> **banal, commun, ordinaire, vulgaire**
>
> **Banal** qualifie ce qui ne présente rien de particulier : événements de la vie quotidienne *(accident, fait divers banal)*, expression humaine *(plaisanterie banale, compliment banal)*, etc. **Ordinaire** s'applique à ce qui est considéré comme normal, d'un niveau moyen, opposé et comparé implicitement ou non à ce qui a une qualité ou des caractéristiques remarquables *(un esprit, un vin, une maison ordinaire)*. **Commun** se dit de ce qui est le plus répandu dans son genre *(persil commun)* ou chez le plus grand nombre de personnes *(langue commune)*. **Vulgaire** est vieilli pour parler de ce qui est admis ou pratiqué dans une communauté par la majorité *(l'opinion, la moralité, une croyance vulgaire)*. Le mot est passé de cette valeur à un emploi péjoratif *(un esprit, une voix vulgaire)*, ainsi que **banal**, **ordinaire** et **commun** dans les mêmes contextes ; ce qui est fréquent, répandu, sans singularité étant déconsidéré dans notre société.

banalement *adv.* • ordinairement • couramment • communément • platement • prosaïquement

banalité *n.f.* **1 -** insignifiance • insipidité • platitude • **2 - cliché** • évidence • lapalissade • lieu commun • platitude • poncif • stéréotype • truisme
CONTR. importance – nouveauté ǀ originalité

banc *n.m.* **1 -** banquette • gradin • bancelle *vieux, région.* • **2 - établi** • table • **3 - bande** • colonie • formation • **4 - haut-fond**
♦ **banc de neige** [Québec] congère

bancal, e *adj.* **1 -** branlant • de travers • de guingois *fam.* • de traviole *fam.* • **2 - boiteux** • claudicant *littér.* • bancroche *fam., vieilli* • banban *fam., vieilli* • **3 - insatisfaisant** • bâtard • **4 - aberrant** • erroné • incorrect

bandage *n.m.* • bande • écharpe • ligature • pansement • [Techn.] spica

bandant, e *adj.* **1 -** → sexy • **2 -** → passionnant

¹**bande** *n.f.* **1 - bandage** • bandelette • écharpe • **2 - bandeau** • banderole • rouleau • ruban • **3 -** [de cuir] **courroie** • dragonne • lanière • sangle • trépointe • **4 -** [de toile, de tissu] laize • lé • **5 -** [broderie] **entre-deux** • épaulette • étole • frange • galon • guiche • jarretelle • jarretière • patte • ruban • ruche • volant • **6 - raie** • barre • zébrure • **7 - pellicule** • vidéo • **8 - plate-bande**
♦ **bande dessinée** B.D. *fam.* • bédé *fam.* • comics *anglic.* • comic book *anglic.*

²**bande** *n.f.* **1 - groupe** • association • compagnie • équipe • gagne *Québec* • **2 - gang** • armée • troupe • **3 - clan** • clique *fam., péj.* • coterie *péj.* • **4 - troupeau** • horde • meute

bandeau *n.m.* **1 - serre-tête** • turban • **2 - coiffe** • fronteau • **3 - couronne** • diadème • **4 - frise** • moulure • plate-bande

bandelette *n.f.* • bande • bandeau

bander *v.tr.* **1 - panser** • **2 - raidir** • tendre • roidir
CONTR. détendre ǀ relâcher

banderole *n.f.* **1 - bannière** • enseigne • fanion • oriflamme • [Moyen Âge] gonfalon • **2 - calicot**

bandit *n.m.* **1 - malfaiteur** • criminel • gangster • voleur • brigand • filou • coupe-jarret *vieux ou plaisant* • escarpe *argot* • **2 - pirate** • flibustier • forban • **3 - coquin** • gredin • misérable • vaurien • arsouille *fam.* • chenapan *fam.* • fripon *fam.* • sacripant *fam.* • apache *vieux* • mauvais drôle *vieux*
♦ **bandit de grands chemins** bandolier *vieux* • malandrin *vieux ou littér.*

banditisme *n.m.* • criminalité • gangstérisme • brigandage

bandoulière *n.f.* • bandereau • archère

banlieue *n.f.* • périphérie • couronne • environs • faubourgs

banne *n.f.* **1 - tombereau** • **2 - panier** • manne • **3 - bâche** • auvent

banni, e *adj.* **1 - exilé** • proscrit • interdit de séjour • **2 - en rupture de ban**

bannière *n.f.* • drapeau • étendard • oriflamme • bandière *vieux*

bannir *v.tr.* **1 - exiler** • chasser • déporter • expulser • expatrier • interdire de séjour • mettre au ban (de) • proscrire • refouler • ostraciser *vieux* • forbannir *vieux* • **2 - éloigner** • chasser • écarter • exclure • rejeter • supprimer • **3 - interdire** • proscrire
CONTR. rappeler ǀ rapatrier – accueillir ǀ adopter – permettre
☞ **exiler**

bannissement n.m. 1 - exil · expatriation · expulsion · interdiction de séjour · relégation · 2 - éloignement · exclusion · rejet · suppression · 3 - interdiction · proscription

banque n.f. 1 - établissement de crédit · établissement financier · 2 - collection · réserve

banquer v.intr. → payer

banqueroute n.f. 1 - faillite · déconfiture · dépôt de bilan · liquidation · 2 - débâcle · faillite · naufrage · ruine
🙰 faillite

banquet n.m. · festin · repas · agapes plaisant · balthazar vieux · frairie vieux

banqueter v.intr. · festoyer · faire des agapes plaisant

banquier, -ière n. 1 - financier · argentier vieux ou plaisant · 2 - mécène · sponsor

baptiser v.tr. 1 - [Relig.] ondoyer · 2 - appeler · dénommer · nommer · surnommer · 3 - [vin] couper · diluer · mouiller
CONTR. débaptiser

baquet n.m. · bac · cuve · cuvier · baille (Mar.) · bachotte région. · comporte région. · jale région. · sapine région. · seillon région.

bar n.m. · café · bar · pub · troquet fam. · bistroquet fam., vieilli · zinc fam., vieilli · estaminet région. ou vieilli

baragouin n.m. · galimatias · jargon · sabir · charabia fam.

baragouiner v.intr. et tr. → bredouiller

baraka n.f. → chance

baraque n.f. 1 - abri · bicoque · cabane · cahute · hutte · 2 - échoppe · 3 - maison · cabane · cambuse · masure · taudis · bicoque fam. · turne fam. · 4 - [fam.] entreprise · boîte fam. · crémerie fam.

🙰 baraque, bicoque, cabane, hutte,

Peu de gens sont tentés de s'installer dans une **baraque** : le mot évoque une maison mal bâtie, sans aucun agrément, ou même une construction provisoire (une baraque couverte de tôle ondulée). Avec **bicoque**, on retient surtout le caractère inconfortable et l'apparence peu engageante, et le mot est d'ailleurs souvent associé à des adjectifs dépréciatifs (une bicoque délabrée, une vieille bicoque). La **hutte**, construite de manière grossière avec divers matériaux (hutte de branchages) et de petite dimension, ne sert que provisoirement de logis dans notre civilisation, mais le mot s'emploie toujours à propos d'habitations dans d'autres contextes culturels, par exemple en Afrique : « Des milliers de petites huttes rondes (...) coiffées toutes d'un grand bonnet de chaume » (Pierre Loti, le Roman d'un spahi, II, IV). La **cabane**, un peu mieux bâtie que la **hutte**, est plutôt vouée aujourd'hui à être un abri (cabane à outils, au fond d'un jardin) ou une construction provisoire (cabane de forain).

baraqué, e adj. · costaud · bien bâti · balèze fam.

baratin n.m. 1 - battage · blabla fam. · bobards fam. · boniment fam. · salades fam. · 2 - volubilité · bagout · tchatche fam.

baratiner v.tr. 1 - embobiner fam. · entortiller fam. · raconter des salades à fam. · 2 - courtiser · faire du plat à fam.

baratineur, -euse n. · beau parleur · discoureur · phraseur · tchatcheur fam.

barbant, e *adj.* · ennuyeux · assommant · chiant (comme la pluie) *très fam.* · emmerdant *fam.* · rasant *fam.* · rasoir *fam.* · tannant *fam.* · barbifiant *fam., vieux*

barbaque *n.f.* → viande

barbare
■ *adj.* **1 -** cruel · féroce · impitoyable · inhumain · sanguinaire · sauvage **2 -** grossier · rustre · **3 -** incorrect
■ *n.* **1 -** [vieux] sauvage · primitif · **2 -** béotien · ignorant · ignare · **3 -** assassin · brute
CONTR. bon ι humain – civilisé ι policé ι raffiné

barbarie *n.f.* **1 -** cruauté · brutalité · férocité · inhumanité · sauvagerie · **2 -** grossièreté · ignorance · rudesse · **3 -** [vieux] sauvagerie · primitivisme
CONTR. bonté ι humanité – civilisation ι raffinement

barbarisme *n.m.* · impropriété · incorrection

barbe *n.f.* **1 -** barbiche · barbichette · bouc · collier · favoris · impériale · moustache · pattes de lapin · barbouze *fam.* · **2 -** barbillon · barbille · barbule

barbecue *n.m.* · brasero

barbelé *n.m.* · ronce · barbelure

barber *v.tr.* · ennuyer · assommer · bassiner *fam.* · casser les pieds à *fam.* · emmerder *fam.* · faire chier *très fam.* · raser *fam.* · tanner *fam.* · barbifier *fam., vieux*

barbiche *n.f.* → barbe

barbiturique *n.m.* · sédatif · calmant

barboter
■ *v.intr.* **1 -** patauger · patouiller *fam.* · **2 -** s'empêtrer · s'embourber

■ *v.tr.* [fam.] voler · chaparder *fam.* · chiper *fam.* · chouraver *fam.* · chourer *fam.* · faucher *fam.* · piquer *fam.*

barbouillage *n.m.* **1 -** peinture · barbouille *fam.* · **2 -** gribouillage · gribouillis · griffonnage

barbouiller *v.tr.* **1 -** tacher · embarbouiller · maculer · salir · souiller · **2 -** peindre · peinturer *fam.* · peinturlurer *fam.* · **3 -** gribouiller · griffonner · noircir
CONTR. débarbouiller ι laver ι nettoyer

barbouilleur, -euse *n.* **1 -** peintre du dimanche · **2 -** écrivassier · écrivailleur · gribouilleur · plumitif

barda *n.m.* **1 -** sac · bagage · paquetage · **2 -** équipement · attirail · bazar *fam.* · bastringue *fam.* · bataclan *fam.* · fourbi *fam.*

barde *n.m.* · aède · rhapsode

bardé, e *adj.* · couvert · recouvert

barder *v.intr.* se gâter · mal tourner · prendre une mauvaise tournure · tourner au vinaigre *fam.* · chauffer *fam.*
✦ ça va barder ! il il va y avoir du vilain ! *fam.* · il va y avoir du grabuge ! *fam.*

barder (se) *v.pron.* · se protéger · se cuirasser · se garantir

barème *n.m.* **1 -** tarif · prix · **2 -** graduation · échelle · table

barge *n.f.* · péniche · chaloupe

baril *n.m.* · tonneau · barrot · caque · fût · futaille · gonne · tonnelet

bariolage *n.m.* · bigarrure · bariolure · chamarrure · bariolis *rare*

bariolé, e *adj.* · bigarré · chamarré · diapré · multicolore · panaché
CONTR. neutre ι uni

🙞 bariolé, bigarré, chamarré, diapré, panaché

Bariolé s'applique à ce qui est couvert de couleurs mal assorties, qui forment un ensemble disparate *(un dessin d'enfant bariolé, une affiche bariolée)*. **Bigarré** s'emploie dans des contextes analogues, mais la variété des couleurs ou des dessins n'entraîne pas une totale absence d'harmonie. **Diapré** implique la variété mais aussi la vivacité des couleurs et le fait que l'ensemble soit chatoyant : « Il y avait une foule immense, bigarrée, diaprée, fourmillante » (Théophile Gautier, *Voyage en Espagne*). **Chamarré** qualifie surtout des étoffes aux couleurs excessives, surchargées *(des habits chamarrés)*. On emploie **panaché** simplement à propos d'un mélange de couleurs souvent agréable *(une tulipe panachée, un feuillage panaché)*.

barioler v.tr. • bigarrer • chamarrer • peinturer • peinturlurer *fam.*

bariolure n.f. → bariolage

barjo adj. [fam.] → fou

barman n.m. • serveur • garçon

baron n.m. • magnat • roi

baroque adj. **1** - bizarre • abracadabrant • étrange • excentrique • extravagant • farfelu • insolite • singulier • **2** - biscornu • irrégulier • **3** - rococo

CONTR. normal ı régulier – classique

baroud n.m. → combat

barouf n.m. → tapage

barque n.f. **1** - embarcation • canot • chaloupe • barcasse *péj.* • coquille de noix *péj.* • rafiot *péj.* • barquot *région.* • barquerolle *vieux* • esquif *littér.* • **2** - [sortes] barge • bélandre • gondole • patache • pinasse • pirogue • plate • satteau • bette *région.* • biscaïenne *région.* • filadière *région.* • gribane *région.* • pointu *région.* • saugue *région.* • tillole *anciennt* • voirolle *région.*

barrage n.m. **1** - barricade • **2** - digue • batardeau • estacade • **3** - obstacle • barrière • blocage • obstruction • résistance
✦ **faire barrage à** bloquer • barrer la route à • entraver

CONTR. ouverture – dégager ı débloquer

barre n.f.
I 1 - [de métal] barreau • tige • tringle • [d'or] lingot • [de bois] baguette • bâton • **2** - [sur porte] bâcle • épar
II gouvernail • timon *vieux*
III 1 - trait • bande • ligne • **2** - limite • niveau • plafond • seuil
IV [dans la mer] banc • haut-fond • bas-fond
✦ **coup de barre** fatigue • coup de bambou *fam.* • coup de pompe *fam.*

barreau n.m. **1** - échelon • degré • **2** - barre

barrer v.tr. **1** - rayer • biffer • raturer • **2** - boucher • barricader • couper • obstruer • **3** - empêcher • fermer • interdire • **4** - [bateau] gouverner

CONTR. ouvrir

barrer (se) v.pron. • partir • décamper • décaniller *fam.* • ficher, foutre le camp *fam.* • se casser *fam.* • se tirer *fam.*

¹**barrette** n.f. • calotte

²**barrette** n.f. **1** - broche • agrafe • **2** - décoration

barreur, -euse n. • skipper

barricade n.f. • barrière • barrage • clôture • haie

barricader v.tr. barrer • bloquer • boucher • bâcler *vieux*

≫ **se barricader** v.pron. se retrancher (derrière) · se cloîtrer · s'isoler · se terrer

barrière n.f.
I 1 - **clôture** · échalier · haie · palissade · 2 - **barrage** · barricade · 3 - **récif**
II 1 - **obstacle** · difficulté · empêchement · entrave · 2 - **séparation** · fossé · limite · mur
CONTR. accès | ouverture | trait d'union

barrique n.f. · tonneau · bordelaise · feuillette · fût · futaille · muid · queue

barrir v.intr. · baréter

¹**bas, basse** adj.
I 1 - [taille] **court** · petit · 2 - [son] **grave** · 3 - [voix] **faible** · inaudible · 4 - [prix] **modéré** · infime · modique · vil littér.
II [dans une hiérarchie] **inférieur** · faible · moindre · subalterne
III 1 - [en qualité] **mauvais** · médiocre · méchant littér. · 2 - **abject** · grossier · ignoble · impur · indigne · infâme · mesquin · odieux · vulgaire · vil littér. · 3 - **avilissant** · dégradant · honteux · infamant · innommable
✦ **l'oreille basse** confus · honteux · humilié · mortifié • [partir] la queue entre les jambes
✦ **au bas mot** au minimum · au moins

²**bas** n.m. base · fond · pied
✦ **bas du dos** chute des reins

³**bas** adv.
✦ **en bas** au-dessous
✦ **mettre, jeter à bas** abattre · démolir · détruire · renverser
✦ **mettre bas** accoucher
✦ **mise bas** parturition · accouchement · délivrance

⁴**bas** n.m. chaussette · collant · mi-bas
✦ **bas de laine** économies · cagnotte · magot fam.

basané, e adj. · bronzé · bistré · boucané · hâlé · tanné

bas-côté n.m. 1 - **accotement** · bord · 2 - [église] **collatéral** · nef latérale

bascule n.f. 1 - **balançoire** · balancelle · escarpolette vieilli · 2 - **balance**

basculement n.m. 1 - **culbute** · chute · 2 - **renversement** · volte-face

basculer v.tr. et intr. · culbuter · capoter · chavirer · chuter · tomber · verser

base n.f. 1 - [d'un objet] **assise** · assiette · embase · fond · fondement · point d'appui · support · 2 - [d'un bâtiment] **fondation** · embasement · empattement · soubassement · 3 - [d'un raisonnement] **appui** · assise · clé de voûte · fondement · pivot · pierre angulaire · 4 - [d'un mot] **racine** · radical · 5 - **origine** · fond · point de départ · racine · siège · source
✦ **de base** basique · basal rare
≫ **bases** plur. rudiments · abc · b.a-ba · notions

baser v.tr. 1 - **fonder** · appuyer · échafauder · faire reposer · 2 - **établir** · installer
≫ **se baser sur** v.pron. se fonder sur · s'appuyer sur · reposer sur

bas-fond n.m. 1 - **creux** · dépression · fond · 2 - **haut-fond** · 3 - [péj.] **rebut** · fange
CONTR. hauteur | sommet

basique adj. 1 - **élémentaire** · essentiel · fondamental · 2 - **rudimentaire**

bas-relief n.m. · sculpture · relief · basse-taille vieux
CONTR. haut-relief | ronde-bosse

basse-fosse n.f. · cachot · oubliettes

bassement adv. 1 - **servilement** · 2 - **abjectement** · indignement · vilement
CONTR. noblement

bassesse n.f. 1 - abaissement · avilissement · abjection · déchéance · dégradation · indignité · médiocrité · misère · petitesse · 2 - honte · ignominie · indignité · infamie · lâcheté · turpitude · vice · 3 - servilité · vénalité · 4 - compromission · courbette · vilenie

CONTR. exaltation ׀ glorification – fierté ׀ générosité ׀ grandeur ׀ noblesse

bassin n.m. 1 - cuvette · bassine · bassinet · vase · 2 - bain · tub *vieux* · 3 - pièce d'eau · étang · plan d'eau · réservoir · 4 - piscine · 5 - rade · cale sèche · darse · dock · 6 - gisement · 7 - dépression · cuvette · plaine

bassine n.f. · cuvette

bassiner v.tr. [fam.] → **barber**

basta interj. · assez ! · ça suffit ! · ça va comme ça ! · halte ! · stop !

bastide n.f. 1 - mas · bastidette *région.* · bastidon *région.* · 2 - [vieux] **bastille**

bastingage n.m. · parapet · filière · garde-corps · garde-fou · rambarde

bastion n.m. · défense · bouclier · citadelle · protection · rempart · retranchement · soutien

bastringue n.m. 1 - bal · guinguette · 2 - équipement · attirail · bazar *fam.* · barda *fam.* · bataclan *fam.* · fourbi *fam.* · 3 - vacarme · tapage · boucan *fam.* · barouf *fam.*

bas-ventre n.m. 1 - abdomen · ventre · hypogastre *(Anat.)* · 2 - parties (génitales)

bât n.m. · cacolet · bâtine *vieilli ou région.*

bataclan n.m. → **bastringue**

bataille n.f. 1 - guerre · action · affrontement · combat · engagement · escarmouche · opération · baroud *argot militaire* · 2 - bagarre · affrontement · combat · conflit · échauffourée · escarmouche · lutte · mêlée · rixe · 3 - rivalité · combat · lutte

☞ **conflit**

batailler v.intr. 1 - se bagarrer · se démener · s'escrimer · ferrailler · lutter · 2 - discuter · argumenter · se disputer · se quereller

batailleur, -euse adj. 1 - belliqueux · bagarreur · combatif · pugnace *littér.* · bataillard *vieux* · 2 - querelleur

CONTR. conciliant ׀ pacifique

☞ **batailleur, combatif, belliqueux, pugnace**

Batailleur, combatif, belliqueux et pugnace renvoient au goût de la lutte, du combat. Seul belliqueux peut caractériser une attitude guerrière, notamment avec un sujet collectif *(un peuple belliqueux)*, et l'on emploie plutôt batailleur en parlant d'un enfant bagarreur *(des gamins batailleurs)*. Combatif est plus général *(un esprit combatif, une attitude combative)* ; on lui préfère pugnace dans un vocabulaire littéraire.
Les emplois figurés de batailleur mettent l'accent sur le goût de la querelle : « J'ai le tempérament le moins batailleur, l'esprit le plus conciliant qui soient » (Gide, *Journal*, 1924). Ceux de pugnace renvoient plutôt au goût de la polémique *(se montrer pugnace dans une discussion)*, alors que combatif, souvent pris en bonne part, dénote un esprit de compétition *(un sportif combatif ; malgré son handicap, il reste très combatif)*.

bataillon n.m. 1 - armée · compagnie · troupe · régiment · 2 - groupe · cohorte · escadron · légion · troupe

bâtard, e

■ *adj.* **1 - naturel** · adultérin · illégitime · **2 - hybride** · croisé · mélangé · métis · métissé · **3 - imparfait** · bancal

■ *n.m.* **corniaud**

CONTR. légitime – de race

¹bateau *n.m.* · navire · bâtiment · cargo · embarcation · paquebot · vaisseau · rafiot *péj.* · nef *littér.*

🕮 **bateau, cargo, navire, paquebot, vaisseau**

Tous ces mots désignent une construction flottante pour la navigation. Le terme le plus général, **bateau**, peut s'employer quelle que soit la dimension de l'ouvrage *(un bateau de pêche, un bateau de plaisance)*, qu'il vogue sur un fleuve ou en mer. **Vaisseau**, aujourd'hui, est plutôt réservé au vocabulaire militaire pour un grand bateau de combat *(vaisseau de guerre, d'escorte)*. L'usage du mot **navire** suppose un bâtiment, le plus souvent de gros tonnage, qui navigue seulement en mer et transporte aussi bien des marchandises que des passagers selon sa nature *(navire de commerce, navire citerne)*. On désigne par **paquebot** le grand navire qui n'accueille que des passagers *(faire une croisière en paquebot)* et par **cargo** le bâtiment voué au seul transport de marchandises *(cargo chargé de blé)*.

²bateau *n.m.* [fam.] canular · mystification · mytho *lang. jeunes*

³bateau *adj. invar.* · banal · classique · éculé · rebattu

bateleur, -euse *n.* **1 - forain** · baladin · banquiste · saltimbanque · **2 - acrobate** · amuseur · avaleur de sabres · équilibriste · funambule · hercule · histrion · jongleur · prestidigitateur · **3 -** [péj., vieilli] **bouffon** · charlatan · farceur

batelier, -ière *n.* · marinier · gondolier · passeur · nocher *poétique* · nautonier *poétique*

¹bâti, e *adj.*

✦ **bien bâti** bien fait · bien foutu *fam.* · balèze *fam.* · baraqué *fam.*

²bâti *n.m.* **1 - armature** · assemblage · carcasse · charpente · châssis · **2 - faufil**

batifolage *n.m.* · badinage · flirt · marivaudage

batifoler *v.intr.* **1 - folâtrer** · s'amuser · gambader · jouer · **2 - flirter** · badiner · marivauder

bâtiment *n.m.* **1 - construction** · bâtisse · édifice · immeuble · maison · monument · **2 - bateau** · navire · vaisseau

bâtir *v.tr.* **1 - construire** · édifier · élever · ériger · monter · **2 - établir** · créer · fonder · échafauder · forger · imaginer · inventer · façonner · monter · **3 - faufiler**

CONTR. démolir ı détruire ı raser ı renverser ı ruiner – débâtir

bâtisse *n.f.* · bâtiment · construction · édifice

🕮 **construction**

bâtisseur, -euse *n.* **1 - architecte** · constructeur · promoteur · **2 - créateur** · fondateur · initiateur · instaurateur

CONTR. démolisseur ı destructeur

bâton *n.m.* **1 - baguette** · barre · **2 - perche** · hampe · **3 - piquet** · jalon · tuteur · **4 -** [pour la marche] **canne** · badine · bourdon · stick *anglic.* · alpenstock *vieilli* · **5 -** [arme] **assommoir** · épieu · gourdin · massue · masse · matraque · pieu · tricot · trique · **6 -** [symbole d'autorité] **sceptre** · crosse · houlette · verge · lituus *(Antiquité romaine)* · **7 -** [outil] baratton · batte · brigadier · chevillon · tortoir · rabouilloir *région.* · rondelet *ancienn.* · **8 -** [Sport] **témoin** · **9 -** [fam.] **million** · brique *fam.*

bâtonnet *n.m.* • baguette • stick *anglic.*

battage *n.m.* • publicité • bruit • matraquage • réclame

¹**battant, e** *adj., n.* • accrocheur • batailleur • fonceur • gagneur • lion *(nom)*

²**battant** *n.m.* **1** - vantail • **2** - [Techn.] traquet

battement *n.m.* **1** - coup • heurt • martèlement • [de tambour] roulement • **2** - [de cœur] pulsation • palpitation • **3** - intervalle • décalage • pause • fourche *Belgique*
✦ **battement de cils** cillement • clignement

batterie *n.f.* **1** - pile • accumulateur • accus *fam.* • **2** - série • arsenal • ensemble • train • **3** - percussion • [sortes] caisse claire • grosse caisse • cymbale • timbale • drums • **4** - [sortes de roulement de tambour] breloque • chamade • champ • charge • colin-tampon • diane • générale • rappel • réveil

batteur *n.m.* **1** - percussionniste • drummer • **2** - mixeur • fouet

battoir *n.m.* **1** - batte • **2** - [fam.] → main

battre

■ *v.intr.* **1** - remuer • se balancer • claquer • [voile] faseyer • **2** - [cœur] palpiter
■ *v.tr.* **I 1** - frapper • donner, mettre des coups à • lever, porter la main sur • rosser • rouer de coups • taper (sur) • arranger *fam.* • bourrer la gueule de *très fam.* • carder le poil à *fam.* • casser la gueule, la tronche à *très fam.* • coller, flanquer, filer, foutre des coups à *fam.* • démolir *fam.* • dérouiller *fam.* • éclater la gueule à *très fam.* • faire sa fête à *fam.* • mettre, foutre sur la gueule à *très fam.* • mettre la tête au carré à *fam.* • passer à tabac *fam.* • piler *fam.* • rentrer dans le mou de *fam.* • sauter sur (le casaquin) de *fam.* • tomber sur le paletot de *fam.* • avoiner *argot* • bigorner *argot* • carder le poil à *fam., vieilli* • frotter les oreilles de *fam., vieilli* • rompre les os de *fam., vieilli* • tanner le cuir à *fam., vieilli* • épousse-

ter *fam., vieux* • enfoncer les côtes à *fam., vieux* • soigner *fam., vieux* • tamponner *fam., vieux* • travailler les côtes à *fam., vieux* • tricoter les côtes *fam., vieux* • tatouiller *fam., vieux* • **2** - [avec un bâton, une cravache] bastonner • bâtonner • cingler • cravacher • flageller • fouetter • matraquer • sangler • frotter l'échine de *fam.* • fouailler *littér.* • fustiger *vieux* • houssiner *vieux* • bourrader *rare* • **3** - [à coups de poing] bourrer de coups • boxer • cogner • échiner • éreinter *fam.* • gourmer *vieux* • tabasser *fam.* • **4** - [avec la main] claquer • calotter • fesser • gifler • souffleter • talocher *fam.* • **5** - [à coups de pierre] lyncher • **6** - [à coups de pied] botter *fam.*

II - vaincre • avoir l'avantage sur • culbuter • défaire • enfoncer • gagner • prendre le dessus sur • tailler (en pièces) • triompher de • avoir *fam.* • piler *fam.* • pulvériser *fam.* • torcher *très fam.* • [dans un tournoi] se débarrasser de • se défaire de • éliminer • [de justesse] coiffer sur le poteau

III - explorer • fouiller • parcourir • reconnaître

IV 1 - [métal] marteler • **2** - [substance] agiter • fouetter • baratter • mélanger • mêler • travailler • touiller *fam.* • **3** - [cartes] mélanger • mêler

✦ **battre très fort** **1** - [une personne] battre comme plâtre • **2** - [cœur] battre la chamade
✦ **battre contre** heurter • buter contre • frapper
✦ **battre en retraite** abandonner • céder • reculer • se retirer

⋙ **se battre** *v.pron.* **1** - combattre • lutter • livrer bataille • faire parler les armes • **2** - se taper • en découdre • en venir aux mains • faire le coup de poing • se bagarrer *fam.* • se bouffer le nez *fam.* • se castagner *fam.* • se cogner *fam.* • se crêper le chignon *fam.* • se colleter *fam.* • se crocheter *fam., vieux* • s'étriper *fam.* • se prendre aux cheveux *fam., vieux* • se peigner *fam., région., vieux* • **3** - se disputer • se chamailler • se quereller • **4** - se démener • s'acharner • batailler • s'escrimer • ferrailler • remuer ciel et terre

🙣 **frapper**

battu, e *adj.* **1 -** [yeux] cerné · **2 -** maltraité · martyr

battue *n.f.* · rabattage · chasse

baudet *n.m.* · âne · bourricot · bourrique · grison *vieux*

bauge *n.f.* **1 -** taudis · bouge · galetas · turne *fam.* · **2 -** boue · souille

baume *n.m.* **1 -** crème · liniment · onguent · pommade · **2 -** adoucissement · apaisement · consolation · dictame *littér.*

bavard, e

- *adj.* **1 -** loquace · communicatif · disert · prolixe · verbeux · volubile · causant *fam.* · babillard *vieux ou littér.* · baveux *fam., vieux* · **2 -** indiscret · cancanier · commère · concierge · potinier *vieilli* · **3 -** long · diffus · redondant · verbeux

+ **il est très bavard** il n'a pas la langue dans sa poche *fam.* · il a la langue bien pendue *fam.* · il est bavard comme une pie · c'est un vrai moulin à paroles *fam.* · c'est un vrai robinet *fam., vieux*

- *n.* **1 -** discoureur · jaseur · phraseur · baratineur *fam.* · pipelette *fam.* · péronnelle *fam., vieilli* · javotte *région.* · margot *vieux* · caillette *vieux* · **2 -** commère · concierge

CONTR. muet ı silencieux ı taciturne – discret ı réservé ı retenu

bavardage *n.m.* **1 -** papotage · babillage · bagout · caquet · caquetage · babil *vieilli* · causette *fam.* · parlote *fam.* · bavarderie *vieux* · cailletage *vieux* · **2 -** boniment · délayage · jacasserie · phraséologie · verbiage · baratin *fam.* · blabla *fam.* · jaspin *fam., rare* · parlerie *fam., rare* · parlage *vieux, fam.* · **3 -** commérage · indiscrétion · on-dit · potin *fam.* · cancan *fam.* · racontar *fam.* · ragot *fam.* · jaserie *fam., rare*

CONTR. mutisme ı silence

≫ **bavardage, babil, babillage,**

Le **bavardage** est rarement perçu de manière positive : il consiste en propos trop longs, tenus sur des sujets sans beaucoup d'intérêt *(le bavardage des élèves pendant la classe)*, il peut même devenir indiscret : « Je maudissais ces vains bavardages de gens qui souvent sans même l'intention de nuire ou de rendre service (...) nous causent à point nommé tant de mal » (Proust, À l'ombre des jeunes filles en fleurs, Pléiade, t. I). Le **babillage** est toujours jugé péjorativement, ne s'appliquant qu'à des propos superficiels, peu ordonnés et qui passent du coq à l'âne *(un babillage frivole)*, comme le langage de très jeunes enfants ; l'équivalent **babil** est aujourd'hui vieilli. Un rapport analogue existe entre **bavarder** et **babiller**.

bavarder *v.intr.* **1 -** parler · caqueter · causer · discourir · discuter · jacasser · babiller *vieilli* · bavasser *fam., péj.* · discuter le bout de gras *fam.* · faire la causette *fam.* · papoter *fam.* · tailler une bavette *fam.* · tchatcher *fam.* · jaboter *fam., vieilli* · jaspiner *fam., vieilli* · cailleter *vieux* · lantiponner *vieux, péj.* · **2 -** cancaner · jaser · potiner *vieilli*

CONTR. se taire

bavasser *v.intr.* → bavarder

bave *n.f.* **1 -** salive · écume · **2 -** [péj.] venin · fiel

baver *v.intr.* **1 -** saliver · **2 -** couler · fuir

+ **baver sur 1 -** calomnier · déblatérer contre · médire de · casser du sucre sur le dos de *fam.* · débiner *fam.* · habiller pour l'hiver *fam.* · tailler un costard, une veste à *fam.* · **2 -** salir · souiller

+ **en baver** souffrir · peiner · en chier *très fam.* · en voir de toutes les couleurs *fam.*

baveux, -euse *adj.* · mousseux · écumeux

CONTR. net

bavoir *n.m.* • bavette

bavure *n.f.* **1 -** erreur • faute • ratage • bourde *fam.* • **2 -** traînée • macule • tache • **3 -** ébarbure • barbe • barbille • masselotte

bayer *v.intr.*
✦ **bayer aux corneilles** rêvasser • être dans la lune • être dans les nuages • rêver

bazar *n.m.* **1 -** marché • souk • **2 -** attirail • bric-à-brac • barda *fam.* • bastringue *fam.* • fourbi *fam.* • **3 -** désordre • capharnaüm • fatras • fouillis • pagaille • pêle-mêle • binz *fam.* • bordel *fam.* • boxon *très fam.* • foutoir *très fam.* • merdier *très fam.* • souk *fam.*
✦ **et tout le bazar** et tout le tremblement *fam.* • et tout le bataclan *fam.* • et tout le tintouin *fam.* • et tout le toutim *fam.*

bazarder *v.tr.* **1 -** → jeter • **2 -** → abandonner

béant, e *adj.* • (grand) ouvert

béat, e *adj.* **1 -** heureux • bienheureux • satisfait • serein • tranquille • **2 -** niais • bête
CONTR. inquiet | tourmenté

béatitude *n.f.* **1 -** bonheur • bien-être • contentement • euphorie • extase • félicité • quiétude • **2 -** [Théologie] **couronne de gloire** • gloire éternelle
CONTR. inquiétude | peine

beatnik *n. et adj.* • hippie • bab *fam.* • baba *fam.*

beau, belle *adj.* **1 -** agréable • adorable • aimable • charmant • épatant • formidable • chouette *fam.* • extra *fam.* • **2 -** enchanteur • divin • exquis • féerique • grandiose • magique • **3 -** élégant • délicat • distingué • raffiné • fin • gracieux • majestueux • chic *fam.* • **4 -** bienséant • convenable • correct • honnête • poli • **5 -** heureux • avantageux • bon • favorable • florissant • glorieux • prospère • propice • **6 -** [esthétiquement] **esthétique** • joli • magnifique • merveilleux • mignon • ravissant • somptueux • splendide • sublime • superbe • bellissime *vieux* • **7 -** [physiquement] **bien fait** • sculptural • séduisant • bien roulé *fam.* • canon *fam.* • fait au moule *vieilli* • fait au tour *vieilli* • fait à peindre *vieilli* • **8 -** [moralement] **admirable** • digne • élevé • estimable • généreux • grand • haut • honorable • juste • magnanime • noble • pur • saint • sublime • vertueux • **9 -** [intellectuellement] **accompli** • admirable • bon • brillant • délicieux • éblouissant • éclatant • fort • habile • intéressant • passionnant • **10 -** [humeur] **gai** • enjoué • **11 -** [météo] **radieux** • dégagé • ensoleillé • serein • splendide • **12 -** [en quantité] **gros** • considérable • coquet • joli • rondelet • **13 -** [en intensité] **magistral** • sacré

✦ **bel homme** adonis • apollon • narcisse • archange
✦ **belle femme** beauté • déesse • bombe *fam.* • pin-up *fam.* • gravure de mode *vieilli*
✦ **le beau sexe** le deuxième sexe • le sexe faible • le sexe féminin
✦ **vieux beau** galant • galantin *vieilli*
✦ **un beau jour, un beau matin** inopinément • un de ces jours
✦ **faire le beau** parader • se pavaner • poser • faire la roue

CONTR. désagréable | déplaisant | insupportable | pénible – commun | grossier | inélégant | vulgaire – affreux | hideux | laid | vilain – mauvais | médiocre | triste | ennuyeux | morose | sombre

> 🌿 **beau, joli, mignon**
> Le sentiment du **beau** change avec les normes adoptées à une époque donnée. On qualifie généralement de **beau** ce qui suscite l'admiration, et souvent le plaisir, par des caractères équilibrés produisant une appréciation esthétique positive ; **beau** s'applique à des éléments naturels *(un beau paysage)*, à des objets *(une belle sculpture)*, à des animaux et à des personnes *(un beau chat, une belle femme, un beau corps)*. **Joli** a un champ d'application plus restreint ; il s'emploie pour ce qui est

agréable à voir *(un joli point de vue sur la vallée)*, à entendre *(une jolie voix)* ou à regarder *(une jeune fille très jolie)*, mais est plus rarement utilisé en parlant d'un homme, sauf dans quelques contextes *(c'est un joli garçon)* : joli implique en effet la grâce, surtout accordée à l'enfant et aux jeunes femmes. Avec mignon, à la grâce s'ajoute la délicatesse de l'apparence : on le dira surtout d'enfants ou de personnes jeunes *(on la trouvait mignonne)* et de parties du corps *(un nez mignon)*.

beaucoup *adv.* **1** - énormément · copieusement · grandement · infiniment · joliment · prodigieusement · singulièrement · vivement · tant et plus · bigrement *fam.* · bougrement *fam.* · diablement *fam.* · pas qu'un peu *fam.* · salement *fam.* · vachement *fam.* · grave *lang. jeunes* · **2** - souvent · fréquemment · tous les quatre matins *fam.* · **3** - longtemps · longuement

✦ **beaucoup de** **1** - nombre de · bien des · énormément de · plein de · maints *littér.* · des tas de *fam.* · des tonnes de *fam.* · **2** - à foison · à profusion · à volonté · en abondance · en quantité · à gogo *fam.* · à la pelle *fam.* · à tire-larigot *fam.* · en veux-tu en voilà *fam.* · **3** - abondance · foule · grouillement · multitude · profusion · pullulement · foultitude *fam.*

CONTR. peu ı chichement – rarement – aucun ı nul ı personne – médiocrement ı modérément ı à peine

beau-fils *n.m.* · gendre

beau-père *n.m.* · beau-papa *fam.* · parâtre *vieux*

beauté *n.f.* **1** - esthétique · agrément · charme · harmonie · joliesse · plastique · splendeur · vénusté *littér.* · **2** - élégance · délicatesse · distinction · finesse · grâce · **3** - féerie · éclat · faste · magie · magnificence · majesté · splendeur · somptuosité · **4** - noblesse · élévation · générosité ·

grandeur · **5** - appas · charme · trésor · **6** - déesse · bombe *fam.* · pin-up *fam.* · vénus *souvent au négatif* · gravure de mode *vieilli*

CONTR. laideur ı disgrâce ı difformité – inélégance ı vulgarité – bassesse ı mesquinerie

bébé *n.m.* · nourrisson · nouveau-né · petit · poupon · bambin *fam.* · gosse *fam.* · lardon *fam.* · loupiot *fam.* · marmot *fam.* · mioche *fam.* · môme *fam.* · moutard *fam.* · petit salé *fam., vieux* · poupard *fam., vieux* · têtard *fam., vieux*

bébête *adj.* → bête

bec *n.m.* **1** - rostre · béquillon · **2** - cap · promontoire · **3** - [région., fam.] baiser · bécot *fam.* · **4** - → bouche

bécane *n.f.* **1** - → bicyclette · **2** - → moto · **3** - → ordinateur

bécasse *n.f.* · niaise · nigaude · sotte

bêche *n.f.* · bêcheton · bêchette · bêchot · binette · houe · houlette · louchet · palot

bêcher *v.tr.* · biner · labourer

bêcheur, -euse *n.* · prétentieux · m'as-tu-vu · crâneur *fam.* · frimeur *fam.* · ramenard *fam.* ● [femme] mijaurée · pécore · pimbêche · chochotte *fam.* · péronnelle *fam., vieilli*

bécot *n.m.* → baiser[2]

bécoter *v.tr.* → embrasser

becquée *n.f.* **1** - nourriture · pâture · **2** - bouchée · cuillerée

becquetance *n.f.* → nourriture

becqueter *v.tr.* **1** - picorer · picoter · **2** - → manger

bedaine *n.f.* · ventre · panse · bedon *fam.* · bide *fam.* · bidon *fam.* · bedondaine *fam., vieilli*

bédé *n.f.* → bande dessinée

bedeau *n.m.* • sacristain • marguilier • suisse • porte-verge *vieux*

bedon *n.m.* → bedaine

bedonnant, e *adj.* • ventru • pansu • ventripotent

béer *v.intr.* [littér.] rêver • rêvasser

beffroi *n.m.* • campanile • clocher

bégaiement *n.m.* balbutiement • bégayage • balbisme *(Méd.)*
↠ **bégaiements** *plur.* commencement • balbutiements • tâtonnements

bégayer *v.intr.* **1 - balbutier** • bredouiller • **2 - commencer** • tâtonner
↪ **bredouiller**

bégueule *adj.* • prude • pudibond
CONTR. large ı dévergondé ı libertin ı libre

béguin *n.m.* **1 - amourette** • caprice • engouement • fantaisie • flirt • passade • tocade • pépin *vieux* **2 - amoureux** • chéri • flirt
✦ **avoir le béguin pour** aimer • être épris de • en pincer pour *fam.* • kiffer *lang. jeunes* • être en amour avec *Québec*

beige *adj. et n.* • bis • sable • beigeasse *péj.* • beigeâtre *péj.*

beigne *n.f.* **1 -** [fam.] → gifle • **2 -** [Québec] beignet • bugne *région.*

beignet *n.m.* • beigne *Québec* • bugne *région.*

béjaune *n.m.* • blanc-bec • niais

bêlement *n.m.* • béguètement *rare* • chevrotement

bêler *v.intr.* **1 - bégueter** *rare* • chevroter • **2 -** [péj.] **brailler** • braire • **3 -** [péj.] **geindre** • se plaindre

bel et bien *adv.* • véritablement • à n'en pas douter • effectivement • réellement

bellâtre *n.m. et adj.* • fat • poseur • vaniteux

belle-fille *n.f.* • bru

belle-mère *n.f.* • belle-maman • belle-doche *fam.* • marâtre *péj.*

belliciste *n.* • faucon • épervier • va-t-en-guerre *fam.*
CONTR. pacifiste ı colombe

belligérance *n.f.* • conflit • guerre
CONTR. neutralité ı non-belligérance

belligérant *n.m.* • combattant • adversaire • ennemi
CONTR. neutre

belliqueux, -euse *adj.* **1 - guerrier** • belliciste • faucon • va-t'en-guerre • **2 - agressif** • batailleur • combatif • hostile • pugnace • violent
CONTR. pacifique ı pacifiste – paisible ı doux ı inoffensif
↪ **batailleur**

belvédère *n.m.* **1 - terrasse** • plate-forme • **2 - pavillon** • mirador

bémol *n.m.* **1 - nuance**
✦ **mettre un bémol (à) 1 - adoucir** • atténuer • **2 - rabaisser** • mettre la pédale douce

bénédiction *n.f.* **1 - grâce** • faveur • protection • **2 - aubaine** • bienfait • bonheur • **3 - accord** • permission
CONTR. disgrâce ı discrédit

bénéfice n.m. 1 - faveur · grâce · privilège · 2 - profit · boni · excédent · gain · rapport · revenu · bénéf *fam*.
✦ **sous bénéfice d'inventaire** sous réserve · avec restriction · conditionnellement
CONTR. désavantage ı inconvénient ı préjudice – déficit ı perte
↝ gain

bénéficiaire
▪ *n*. allocataire · affectataire · attributaire
▪ *adj*. rentable · avantageux · lucratif · profitable · juteux *fam*.
CONTR. déficitaire

bénéficier v.tr.ind.
✦ **bénéficier de** 1 - posséder · jouir de · 2 - profiter de · tirer avantage de · tirer parti de
✦ **bénéficier à** profiter à · être utile à · rendre service à · servir
CONTR. pâtir ı souffrir (de) – desservir ı gêner ı nuire

bénéfique *adj*. · bienfaisant · favorable · profitable · salutaire
CONTR. maléfique

benêt n. et adj. m. · sot · niais · nigaud · andouille *fam*. · godiche *fam*. · gogo *fam*. · jobard *fam., vieilli* · jocrisse *littér. ou vieux*
CONTR. futé ı malin ı spirituel
↝ niais

bénévolat n.m. · volontariat

bénévole adj. et n. 1 - volontaire · 2 - désintéressé · gracieux · gratuit
CONTR. onéreux ı payé ı rétribué

bénévolement *adv*. · gratuitement · gracieusement · volontairement

bénin, -igne *adj*. 1 - anodin · inoffensif · [faute] véniel · 2 - [vieilli] bienveillant · bonasse *péj.* · complaisant · compréhensif · indulgent

CONTR. dangereux ı grave ı sérieux – cruel ı méchant

bénir v.tr. 1 - consacrer · oindre · sacrer · 2 - protéger · répandre ses bienfaits sur · 3 - remercier · glorifier · louanger · louer · rendre grâce à
CONTR. maudire – exécrer

benjamin, e n. · cadet · dernier-né · petit dernier *fam*.
CONTR. aîné ı premier-né

benne n.f. 1 - chariot · berline · blondin · wagonnet · 2 - cabine · œuf · 3 - hotte · comporte *région*.

benoît, e *adj*. 1 - doucereux · mielleux · onctueux · patelin *littér*. · 2 - [vieux] bienveillant · doux

béotien, -ienne
▪ *n*. 1 - lourdaud · rustre · plouc *fam*. · 2 - ignorant · ignare · profane
▪ *adj*. lourd · épais · grossier
CONTR. fin ı adroit

béquille n.f. 1 - canne · anille *vieux* · 2 - soutien · appui · 3 - [Techn] cale · étai · étançon · tin · 4 - [fam.] → jambe

bercail n.m. 1 - bergerie · 2 - foyer · famille · maison · patrie · pénates *plaisant*

berceau n.m. 1 - berce *surtout Belgique* · bercelonnette · couffin · moïse · 2 - cintre · arc · voûte · 3 - charmille · brandebourg · tonnelle · 4 - [Mar.] ber

bercement n.m. · balancement · oscillation · va-et-vient

bercer v.tr. 1 - balancer · agiter doucement · dodeliner *vieux* · 2 - [surtout au passif] imprégner · nourrir · 3 - [littér.] adoucir · apaiser · calmer · charmer · consoler · endormir

◆ **bercer de faux espoirs, d'illusions** abuser · leurrer · tromper · illusionner *rare*
◆ **se bercer de faux espoirs, d'illusions** s'illusionner · se monter la tête · prendre ses rêves pour des réalités · croire au père Noël *fam.* · se monter le bourrichon *fam.*

berceuse *n.f.* · rocking-chair · chaise berçante *Québec*

béret *n.m.* · calot · [anciennt] faluche

¹**berge** *n.f.* **1 -** rivage · bord · rive · **2 - berme** · chemin de halage · **3 -** talus
◆ **voie sur berge** autoberge

²**berge** *n.f.* [fam.] → an

berger, -ère *n.* **1 -** pasteur · pâtre *littér.* · pastoureau *vieilli ou littér.* · pastour *vieux ou région.* · bergerot *vieux* · **2 - gardien** · bouvier · chevrier · muletier · porcher · vacher · **3 - chef** · guide · pasteur
◆ **bâton de berger** houlette

bergère *n.f.* · pastourelle *vieilli ou littér.* · bergerette *vieux* · bergeronnette *vieux*

bergerie *n.f.* **1 -** bercail · **2 -** [Littérat.] bergerade · bergerette · bucolique · églogue · pastorale

berline *n.f.* **1 -** benne · wagonnet · **2 -** → voiture

berner *v.tr.* · abuser · attraper · circonvenir · duper · jouer un mauvais, un sale tour à · mystifier · piéger · avoir *fam.* · blouser *fam.* · couillonner *très fam.* · embobiner *fam.* · faire prendre des vessies pour des lanternes à *fam.* · mener en bateau *fam.* · pigeonner *fam.* · posséder *fam.* · rouler *fam.* · rouler dans la farine *fam.* · baiser *très fam.* · embabouiner *fam., vieux*

CONTR. démystifier ׀ désillusionner ׀ détromper

berzingue (à tout, à toute) *adv.* → vite

besace *n.f.* · sac · bissac *vieux*

besogne *n.f.* · travail · activité · corvée *péj.* · mission · occupation · ouvrage · tâche

besogner *v.intr.* · travailler · peiner · marner *fam.* · trimer *fam.*
CONTR. se reposer

besogneux, -euse *n.* [péj.] tâcheron

besoin *n.m.* **1 -** nécessité · exigence · **2 - désir** · appétit · envie · faim · goût · soif · appétence *littér.* · **3 - dénuement** · gêne · indigence · manque · misère · pauvreté · peine · privation · débine *fam.* · mouise *fam.* · mouscaille *fam.*
◆ **avoir besoin de** **1 -** nécessiter · exiger · réclamer · vouloir · **2 - désirer** · avoir envie de
◆ **au besoin** si nécessaire · éventuellement · le cas échéant
⋙ **besoins (naturels)** *plur.* · grosse commission, petite commission *fam.*
◆ **faire ses besoins** → déféquer
CONTR. dégoût ׀ satiété – abondance ׀ aisance ׀ bien-être ׀ fortune ׀ opulence ׀ prospérité ׀ richesse

bestial, e *adj.* · animal · brutal · féroce · grossier · inhumain · sauvage
CONTR. délicat ׀ raffiné ׀ subtil

bestialement *adv.* · brutalement · férocement · sauvagement
CONTR. délicatement

bestialité *n.f.* · brutalité · animalité · férocité · grossièreté · inhumanité · sauvagerie

bestiaux *n.m.pl.* · bétail · bêtes · cheptel

bestiole *n.f.* · bête · bébête *fam.* · bestion *vieux*

best of *n.m. invar.* • florilège • compilation

best-seller *n.m.* • succès

bêta *n.m. et adj. invar.* → bête¹

bétail *n.m.* • bestiaux • bêtes • cheptel • aumaille *vieux*

¹**bête** *adj.* **1 - idiot** • abruti • crétin • débile • imbécile • inepte • niais • nigaud • obtus • sot • stupide • bébête *fam.* • bêta *fam.* • bêtasse *fam.* • cloche *fam.* • couillon *très fam.* • cruche *fam.* • con *très fam.* • taré *fam.* • tartignole *fam.* • **2 - étourdi** • inattentif • **3 - simple** • élémentaire • enfantin
+ **très bête** [problème] bête comme chou *fam.* • [personne] bête comme une oie *fam.* • bête à manger du foin, des chardons *fam.* • bête comme ses pieds *fam.* • con comme un balai *très fam.*
+ **qu'il est bête** quelle andouille *fam.* • quel bourricot *fam.* • quelle buse *fam.* • quel cornichon *fam.* • quelle courge *fam.* • quel âne (bâté) *fam.* • quelle gourde *fam.* • quelle noix *fam.*
↬ stupide

²**bête** *n.f.* animal • bestiole • bébête *fam.* • bestion *vieux*
+ **sale bête** vermine
+ **bête sauvage** fauve
+ **bête noire** **1 - hantise** • cauchemar • tourment • **2 - souffre-douleur** • tête de turc
+ **bête de scène** monstre sacré
+ **bête de travail** bourreau de travail

bêtement *adv.* stupidement • niaisement • sottement
+ **tout bêtement** tout simplement • tout bonnement

bêtifiant, e *adj.* • abêtissant

bêtifier
■ *v.tr.* abêtir • abrutir
■ *v.intr.* gâtifier

bêtise *n.f.* **1 - sottise** • idiotie • imbécillité • ineptie • naïveté • niaiserie • stupidité • **2 - ignorance** • **3 - erreur** • ânerie • maladresse • bourde *fam.* • connerie *très fam.* • gaffe *fam.* • **4 - babiole** • bagatelle • enfantillage • plaisanterie
CONTR. intelligence – esprit ι finesse ι ingéniosité ι subtilité

bêtisier *n.m.* • sottisier

béton *n.m.* ciment
+ **en béton** [*fam.*] solide • à toutes épreuves • résistant

bétonner *v.tr.* **1 - cimenter** • **2 - renforcer**

bétonnière *n.f.* • bétonneuse • malaxeur

bette *n.f.* • carde • blette • cardon • poirée

beuglement *n.m.* **1 - meuglement** • mugissement • **2 - hurlement** • braillement • vocifération • gueulement *fam.*

beugler *v.intr.* **1 - meugler** • mugir • **2 - hurler** • brailler • vociférer • gueuler *fam.*

beurre *n.m.*
+ **faire son beurre** s'enrichir • faire des bénéfices

beuverie *n.f.* • orgie • bacchanale *littér.* • soûlerie *fam.*

bévue *n.f.* • erreur • bavure • bêtise • impair • maladresse • pas de clerc • boulette *fam.* • bourde *fam.* • gaffe *fam.*
↬ erreur

biais *n.m.* **1 - diagonale** • oblique • obliquité • **2 - aspect** • angle • côté • éclairage • point de vue • **3 - détour**
+ **de biais, en biais** obliquement • de côté • de travers • [regarder] en coulisse *fam.*
CONTR. droit ι directement

biaiser *v.intr.* **1 -** obliquer · **2 -** louvoyer · finasser · se dérober · tergiverser · tourner autour du pot

bibelot *n.m.* · babiole · bagatelle · colifichet · bricole *fam.* · bimbelot *vieux* · brimborion *vieux*

biberonner *v.intr.* [fam.] → **boire**

bibine *n.f.* → **alcool**

bible *n.f.* **1 -** Écritures · canon · **2 -** (ouvrage de) référence · livre de chevet

bibliographie *n.f.* · catalogue · recueil · répertoire · table

bibliophile *n.* · bibliolâtre · bibliomane · bibliomaniaque

bibliophilie *n.f.* · bibliolâtrie · bibliomanie

bibliothécaire *n.* · archiviste · chartiste · conservateur

bibliothèque *n.f.* **1 -** armoire · rayonnage · casier (à livres) · **2 -** cabinet de lecture · bureau · **3 -** collection · banque de données

biceps *n.m.* · biscotteau *fam.*

bicher *v.intr.* **1 -** aller bien · boumer *fam.* · coller *fam.* · marcher *fam.* · **2 -** se réjouir · être aux anges

bichonner *v.tr.* **1 -** choyer · dorloter · gâter · soigner · **2 -** pomponner · parer

bicoque *n.f.* · baraque · cabane · masure ↝ **baraque**

bicyclette *n.f.* **1 -** cycle · vélo · bécane *fam.* · biclou *fam.* · clou *fam.* · bicycle *Québec, fam.* · la petite reine *Sport* · **2 -** [d'autrefois] bicycle · célérifère · draisienne · vélocipède · **3 -** [multiple] tandem · triplette *vieux* · quadruplette *vieux*

bidasse *n.m.* · troufion · griveton *argot* · pioupiou *fam., vieux*

bide *n.m.* **1 -** ventre · panse · bedaine *fam.* · bedon *fam.* · bidon *fam.* · brioche *fam.* · bedondaine *fam., vieilli* · **2 -** [fam.] échec · désastre · fiasco · four · insuccès · flop *fam.* · gamelle *fam.* · veste *fam.*

bidoche *n.f.* → **viande**

bidon
■ *n.m.* **1 -** jerrycan · gourde · nourrice · bouille *Suisse* · [ancienet, à lait] berthe · **2 -** ventre · panse · bedaine *fam.* · bedon *fam.* · bide *fam.* · brioche *fam.* · bedondaine *fam., vieilli*
■ *adj.* [fam.] faux · simulé · truqué

bidonnant, e *adj.* → **drôle**[1]

bidonner (se) *v.pron.* → **rire**[1]

bidonville *n.m.* · favela

bidouiller *v.tr.* · trafiquer *fam.* · bricoler *fam.*

bidule *n.m.* · chose · machin *fam.* · truc *fam.* · zinzin *fam., vieilli*

[1]**bien** *adj. invar.* **1 -** beau · agréable · aimable · parfait · **2 -** estimable · digne · honnête · honorable · respectable · **3 -** convenable · correct · satisfaisant · sérieux · **4 -** heureux · content · **5 -** chic · distingué · sélect *fam.* · **6 -** pratique · commode · confortable · utile · au poil *fam.*
✦ **on est bien !** on est dans de beaux draps ! · on est propres !

[2]**bien**
■ *interj.* **1 -** bravo · à la bonne heure · parfait · **2 -** d'accord · entendu · OK · ça marche *fam.*

■ *adv.* **1 - convenablement** · correctement · dignement · honnêtement · honorablement · **2 - raisonnablement** · judicieusement · prudemment · sagement · **3 - adroitement** · à merveille · comme un ange · habilement · merveilleusement · **4 - attentivement** · **5 - admirablement** · agréablement · gracieusement · joliment · bellement *vieux* · **6 - commodément** · confortablement · **7 - favorablement** · avantageusement · heureusement · utilement · **8 - absolument** · complètement · entièrement · extrêmement · intégralement · nettement · pleinement · profondément · réellement · totalement · tout à fait · vraiment · à fond *fam.* · bigrement *fam.* · bougrement *fam.* · diablement *fam.* · sacrément *fam.* · vachement *fam.* · **9 - au moins** · largement · **10 - expressément** · formellement · **11 - effectivement** · **12 - beaucoup** · énormément · fort · très · **13 - volontiers**

✦ **bien que** quoique · encore que

³**bien** *n.m.* **1 - avantage** · bénéfice · bienfait · intérêt · profit · satisfaction · service · utilité · **2 - fortune** · argent · avoir · capital · moyens · patrimoine · richesse · ressources · **3 - chose** · possession · [Droit] acquêt · conquêt · dot · **4 - bénédiction** · bienfait · don · faveur · félicité · grâce · présent

✦ **dire du bien de** faire l'éloge de · louanger · louer · vanter · exalter *littér.* · porter aux nues *littér.* · tresser des couronnes à

✦ **mener à bien** exécuter · achever · mener à (son) terme · terminer

bien-aimé, e
■ *adj.* chéri · favori · chouchou *fam.*
■ *n.m.* amoureux · amant · fiancé · petit ami
■ *n.f.* amoureuse · fiancée · petite amie · maîtresse · dulcinée *le plus souvent iron.*
CONTR. mal-aimé | rejeté

bien-être
n.m. invar. **1 - bonheur** · aise · béatitude · contentement · félicité · jouissance · plaisir · quiétude · satisfaction · sérénité · bien-aise *vieux* · **2 - détente** · décontraction · relaxation · **3 - aisance** · confort · prospérité
CONTR. angoisse | gêne | inquiétude | malaise – crispation | tension – besoin | misère | pauvreté

bienfaisance
n.f. **1 - bienveillance** · bonté · générosité · bénignité *littér.* · débonnaireté *littér.* · **2 - philanthropie** · assistance · charité
CONTR. malfaisance – misanthropie | égoïsme

bienfaisant, e
adj. **1 - bienfaiteur** · bon · charitable · généreux · humain · **2 - bénéfique** · favorable · profitable · salutaire
CONTR. malfaisant | néfaste | nocif | nuisible | pernicieux

bienfait
n.m. **1 - avantage** · bénéfice · joie · plaisir · profit · utilité · **2 -** [vieux ou littér.] **cadeau** · don · faveur · obole · présent · service
CONTR. méfait | préjudice

bienfaiteur, -trice
n. · donateur · mécène · philanthrope · protecteur
CONTR. ennemi | persécuteur

bien-fondé
n.m. **1 - légitimité** · bon droit · recevabilité · validité · **2 - pertinence** · justesse · utilité
CONTR. irrecevabilité | illégitimité – inconvenance

bienheureux, -euse
adj. **1 - enchanté** · comblé · heureux · ravi · **2 - béat** · benoît *vieux* · **3 -** [Relig.] **élu** · saint · vénérable
CONTR. malheureux – inquiet | tourmenté – damné | maudit

bien-manger
n.m. · gastronomie · bonne chère

bienséance
n.f. · convenances · bonnes manières · correction · décence · décorum · étiquette · protocole · savoir-vivre · usages
CONTR. impolitesse | incongruité | inconvenance | indécence | sans-gêne

🕮 **convenance**

bienséant, e adj. • convenable • correct • décent • délicat • honnête • poli • de bon ton • séant vieux ou littér.

CONTR. choquant ı impoli ı inconvenant ı indécent

bientôt adv. **1 - incessamment** • avant peu, dans peu, sous peu • dans un instant • d'un moment à l'autre • dans peu de temps • prochainement • sans tarder • tantôt • vite • incessamment sous peu plaisant • **2 -** [littér.] **promptement** • rapidement • tôt • vite

CONTR. dans longtemps ı tardivement – lentement

bienveillance n.f. • bonté • altruisme • bonne volonté • bon vouloir • complaisance • douceur • humanité • indulgence • débonnaireté littér. • mansuétude littér. • obligeance littér. • bénignité vieux

CONTR. méchanceté ı malveillance ı sévérité

bienveillant, e adj. **1 - bon** • généreux • humain • débonnaire vieilli ou littér. • paterne vieilli • bonhomme vieilli • **2 -** [à l'excès] **complaisant** • conciliant • indulgent • obligeant

CONTR. méchant ı désobligeant ı hostile ı malveillant – dur ı sévère

bienvenu, e adj. • opportun • à propos • heureux • qui tombe à point (nommé) • qui tombe à pic fam. • qui tombe pile fam.

¹**bière** n.f. **bock** • chope • demi • galopin • mousse fam. • bibine péj., fam. • baron vieux • formidable vieux • [sortes] ale • faro • gueuze • lambic • porter • stout

²**bière** n.f. • cercueil

biffer v.tr. • barrer • effacer • raturer • rayer • sabrer • supprimer • bâtonner vieux

biffure n.f. • rature

bifteck n.m. • steak • chateaubriand • rumsteck • tournedos • semelle fam., péj.

bifurcation n.f. • carrefour • croisement • embranchement • fourche • patte d'oie

CONTR. jonction ı raccordement ı réunion

bifurquer v.intr. **se dédoubler** • diverger • se diviser

✦ **bifurquer vers** se diriger vers • s'orienter vers

CONTR. se raccorder ı se rejoindre ı se réunir

bigarré, e adj. **1 - bariolé** • chamarré • coloré • jaspé • **2 - disparate** • hétéroclite • hétérogène • mêlé • varié

CONTR. uni – homogène ı uniforme

↪ **bariolé**

bigarrure n.f. • bariolage • jaspure • mélange

CONTR. uniformité

bigle adj. et n. → **bigleux**

bigler

▪ v.intr. **loucher** • avoir un œil qui dit merde à l'autre fam.

▪ v.tr. **regarder** • reluquer fam. • zieuter fam.

bigleux, -euse adj. et n. **1 - bigle** fam. • louchard fam., vieux • louche fam., vieux • louchon fam., vieux • **2 - myope** • miraud fam.

bigorneau n.m. • littorine • guignette • vignot

bigorner v.tr. → **abîmer**

bigot, -e n. **1 - bigot** • bondieusard fam. • calotin fam. • cul-bénit fam. • grenouille de bénitier fam. • punaise de sacristie fam. • cagot vieux • **2 -** [hypocrite] **tartuffe** • béat vieux • momier vieux • cafard vieux ou littér. • cagot vieux ou littér.

bigoterie n.f. • bigotisme • bondieuserie • tartufferie • cagoterie vieux ou littér. • momerie vieux

bigrement *adv.* • bougrement *fam.* • diablement *fam.* • drôlement *fam.* • fichtrement *fam.* • foutrement *fam.* • sacrément *fam.* • vachement *fam.*

bijou *n.m.* **1 -** joyau • **2 -** merveille • chef-d'œuvre • perle • trésor

~ bijou, joyau

Dans le domaine de la parure, le **bijou** est de petite dimension – bague, bracelet, collier, camée, etc. – habituellement fabriqué dans des matières précieuses *(bijou en or, en argent ; porter des bijoux)*, mais il peut aussi être d'imitation *(bijou fantaisie, bijou en toc)*. Au contraire, le **joyau** est toujours une parure de grande valeur, travaillée dans un métal précieux ou fait de pierreries, souvent en modèle unique *(un joyau de grand prix, les joyaux de la couronne)*.

bijouterie *n.f.* • joaillerie

bijoutier, -ière *n.* • joaillier

bikini *n.m.* • deux-pièces

bilan *n.m.* **1 -** inventaire • état • point • **2 -** balance • solde • **3 -** conséquences • résultat • suites
✦ **bilan de santé** check-up
✦ **dépôt de bilan** faillite • liquidation

bilatéral, e *adj.* • réciproque • synallagmatique *(Droit)*
CONTR. unilatéral

bile *n.f.* fiel *vieux* • atrabile *vieux*
✦ **se faire de la bile** → s'inquiéter

biler (se) *v.pron.* → s'inquiéter

bileux, -euse *adj.* • anxieux • inquiet • tourmenté
CONTR. insouciant

bilieux, -euse *adj.* • irritable • coléreux • hypocondriaque • mélancolique • morose • pessimiste • soucieux • tourmenté • atrabilaire *vieux*
CONTR. enjoué | jovial

¹**bille** *n.f.* **1 -** agate • calot • **2 -** [fam.] → tête

²**bille** *n.f.* [Techn.] billon • billette • billot

billet *n.m.* **1 -** titre de transport • contremarque • ticket • **2 -** carte • ticket • **3 -** lettre • missive • mot • biffeton *argot*
✦ **billet (de banque) 1 -** coupure • anonyme *argot* • biffeton *argot* • fafiot *argot* • **2 -** [Hist.] assignat • papier-monnaie
✦ **billet doux** poulet *fam., vieilli*
✦ **billet à ordre** lettre de change • effet • traite • valeur

billevesée *n.f.* → baliverne

billot *n.m.* **1 -** cageot • **2 -** bloc • chapus • tronchet

bimbelot *n.m.* → bibelot

bimensuel, -elle *adj. et n.m.* • bimestriel • semi-mensuel

bimoteur *n.m.* • biréacteur • biturbine

binage *n.m.* • sarclage • bêchage

biner *v.tr.* • sarcler • bêcher

binette *n.f.* • sarcloir • houe • bêchelon

bineuse *n.f.* • houe

biniou *n.m.* **1 -** cornemuse • **2 -** [fam.] → téléphone

binocle *n.m.* **1 -** lorgnon • face-à-main • pince-nez • **2 -** → lunettes

binôme *n.m.* • couple • équipe • paire • tandem

biographie *n.f.* 1 - histoire · vie · hagiographie · 2 - autobiographie · mémoires

biologique *adj.* · écologique · naturel · bio *fam.*

bip *n.m.* · bipeur

bique *n.f.* [fam.] chèvre
✦ **tête de bique** bourrique · tête de mule
✦ **vieille bique** mégère

biquet, -ette *n.* · chevreau · cabri · bicot *vieilli*

¹**bis, e** *adj.* · beige · bistre

²**bis** *n.m.* · rappel

bisaïeul, e *n.* · arrière-grand-mère · arrière-grand-père · arrière-grand-parent

bisannuel, -elle *adj.* · biennal

bisbille *n.f.* · dispute · brouille · chamaillerie · crêpage de chignon *fam.* · prise de bec *fam.*

biscornu, e *adj.* 1 - tordu · asymétrique · difforme · 2 - extravagant · abracadabrant · baroque · bizarre · farfelu · saugrenu · tarabiscoté *fam.* · tordu *fam.*

biscuit *n.m.* 1 - [sucré] boudoir · craquelin · croquet · croquignole · galette · gaufrette · petit-beurre · sablé · tuile · bonbon *Belgique* · 2 - [salé] cracker · bretzel

bise *n.f.* · baiser · bécot *fam.* · bisou *fam.* · poutou *fam.* · bec *région.*

biseau *n.m.* biais · chanfrein *(Techn.)*
✦ **tailler en biseau** biseauter · ébiseler

biser *v.tr.* → embrasser

bisexualité *n.f.* · hermaphrodisme

bisexué, e *adj.* · hermaphrodite
CONTR. unisexué

bison *n.m.* 1 - [d'Amérique] buffalo · 2 - [d'Europe] aurochs · ure · urus

bisou *n.m.* → baiser²

bisquer *v.intr.*
✦ **faire bisquer** (faire) enrager · agacer · faire râler *fam.* · faire devenir chèvre *fam.*

bistouri *n.m.* · scalpel

bistre *adj.* · basané · bistré · bruni · hâlé · tanné

bistré, e *adj.* → bistre

bistro(t) *n.m.* · café · bar · pub · pinte *Suisse* · troquet *fam.* · bistroquet *fam., vieilli* · caboulot *fam., péj., vieilli* · zinc *fam., vieilli* · estaminet *région. ou vieilli*

bistrotier, -ière *n.* · cafetier · cabaretier · limonadier *vieux* · mastroquet *fam., vieux*

bitte *n.f.* 1 - bollard · canon d'amarrage · 2 - [fam.] → pénis

bitumage *n.m.* · asphaltage · goudronnage

bitume *n.m.* 1 - asphalte · goudron · macadam · 2 - chaussée · macadam · pavé · trottoir

bitumer *v.tr.* · asphalter · goudronner · macadamiser

biture *n.f.* [fam.] → soûlerie

bivouac *n.m.* · campement · camp

bivouaquer *v.intr.* · camper

bizarre *adj.* 1 - anormal · curieux · étrange · inattendu · insolite · singulier · surprenant · bizarroïde *fam.* · 2 - extravagant · abracadabrant(esque) · insensé · saugrenu · loufoque *fam.* · tordu *fam.* · 3 - excentrique ·

baroque · fantasque · original · **4 - fou** · braque *fam., vieilli* · cinglé *fam.* · dérangé *fam.* · détraqué *fam.* · fêlé *fam.* · **5 - mal** tout chose *fam.*
CONTR. banal ı normal ı ordinaire ı simple – raisonnable ı sage ı sensé – équilibré ı normal

bizarrement *adv.* · curieusement · étrangement · singulièrement

bizarrerie *n.f.* **1 - étrangeté** · singularité · **2 - extravagance** · loufoquerie · **3 - excentricité** · originalité · **4 - anomalie** · curiosité
CONTR. banalité – sagesse ı mesure ı raison – conformisme

bizarroïde *adj.* → bizarre

bizut *n.m.* · nouveau · novice · bleu *argot*
CONTR. ancien

bizutage *n.m.* · brimades

bizuter *v.tr.* · brimer

blabla *n.m.* · bobards *fam.* · boniment *fam.* · salades *fam.*

blackbouler *v.tr.* · évincer · repousser · envoyer bouler, péter, promener, sur les roses *fam.* • [candidat] coller *fam.*

black-out *n.m.* · couvre-feu

blafard, e *adj.* · blanc · blême · décoloré · exsangue · hâve · livide · pâle · terne · terreux
CONTR. coloré ı vif ı vermeil
↪ pâle

blague *n.f.* **1 - plaisanterie** · histoire drôle · **2 - rigolade** *fam.* · **3 - mensonge** · bobard *fam.* · craque *fam.* · salades *fam.* · mytho *lang. jeunes* · baliverne *vieilli, surtout plur.* · calembredaine *vieilli, surtout plur.* · sornette *vieilli, surtout plur.* · galéjade *région.* · **4 - canular** · farce · (mauvais) tour · niche *vieilli* · **5 - bêtise** · bévue · impair · boulette *fam.* · bourde *fam.* · gaffe *fam.*

blaguer
■ *v.intr.* **plaisanter** · déconner *très fam.* · rigoler *fam.* · galéjer *région.*
■ *v.tr.* **taquiner** · se moquer de · railler · chambrer *fam.* · charrier *fam.*

blagueur, -euse *n. et adj.* · farceur · moqueur · plaisantin · galéjeur *région.*
CONTR. sérieux

blâmable *adj.* · condamnable · critiquable · répréhensible
CONTR. louable ı estimable

blâme *n.m.* **1 - condamnation** · anathème · critique · désapprobation · désaveu · réprobation · reproche · animadversion *littér.* · improbation *littér., vieux* · répréhension *vieux* · **2 - remontrance** · réprimande
CONTR. approbation ı éloge ı louange – compliment

blâmer *v.tr.* **1 - accuser** · condamner · critiquer · désapprouver · désavouer · faire grief à · incriminer · jeter la pierre à · faire le procès de · réprouver · stigmatiser · anathématiser *soutenu* · fustiger *littér.* · improuver *littér., vieux* • [sans complément] mettre au banc des accusés · **2 - réprimander**
CONTR. approuver ı défendre ı encourager ı féliciter ı louer ı préconiser – complimenter

୬ **blâmer, désapprouver, réprouver**

Blâmer quelqu'un pour son comportement, ses propos, c'est porter sur lui, sur ce qu'il fait, un jugement défavorable et le critiquer ouvertement *(l'assemblée a blâmé le responsable, son action)*. Il ne s'agit plus seulement d'une appréciation négative avec **réprouver**, mais de la condamnation d'une personne, d'un acte, d'un sentiment qui sont considérés comme très répréhensibles *(réprouver l'usage de la violence, des pratiques que la morale réprouve)*. **Désapprouver** l'attitude de quelqu'un, un projet, implique seulement que l'on ne le juge pas bon, louable *(il a désapprouvé sa venue)*. **Désapprobation, blâme** et **réprobation** sont entre eux dans une relation analogue à celle des trois verbes.

blanc, blanche

■ *adj.* **1 - laiteux** · argenté · incolore · opalin · lacté · albe *littér.* · albuginé *littér.* · ivoirin *littér.* · lactescent *littér.* · nivéen *littér.* · opalescent *littér.* · [de vieillesse] chenu *littér.* · **2 - blafard** · blanchâtre · blême · crayeux · livide · **3 - pur** · net · propre · vierge

✦ **très blanc** **1 - immaculé** · blanc comme neige · blanc comme la craie, comme l'albâtre · lilial *littér.* · **2 - blanc comme un cachet d'aspirine** · blanc comme un linge, un lavabo

■ *n.m.* **1 - espace** · interligne · intervalle · vide · **2 - silence** · pause

CONTR. noir – coloré ı vif ı vermeil – sale ı sali ı souillé ı taché

blanc-bec *n.m.* · béjaune *vieux*

blanchâtre *adj.* → blanc

blancheur *n.f.* **1 - blanc** · candeur *littér.* · lactescence *littér.* · opalescence *littér.* · **2 - pâleur** · lividité · **3 -** [cheveux] **canitie** · **4 - netteté** · propreté · pureté

CONTR. noirceur

blanchir

■ *v.tr.* **1 - décolorer** · éclaircir · **2 - laver** · lessiver · **3 -** [à la chaux] **chauler** · échauder · **4 -** [Culin.] **ébouillanter** · **5 -** [Techn.] **raboter** · dégrossir · limer · meuler · **6 - disculper** · innocenter · laver de tout soupçon · mettre hors de cause · réhabiliter

■ *v.intr.* **blêmir** · pâlir

CONTR. colorer ı noircir – accuser – se colorer ı rougir

blanchissage *n.m.* · nettoyage · lessivage

blanchisserie *n.f.* · teinturerie · laverie (automatique) · pressing · buanderie *Québec*

blanchisseur, -euse *n.* · teinturier · buandier *Québec* · nettoyeur *Québec*

blanc-seing *n.m.* · autorisation · accord · aval

blasé, e *adj.* **1 - indifférent** · froid · insensible · **2 - dégoûté** · désabusé · désenchanté · lassé (de tout)

CONTR. attentif ı curieux ı sensible – enthousiaste ı inassouvi

blaser *v.tr.* · dégoûter · désabuser · lasser · rassasier

blason *n.m.* · arme · armoiries · écu · écusson

blasphématoire *adj.* · impie · sacrilège

CONTR. pieux

blasphème *n.m.* **1 - impiété** · sacrilège · jurement *vieilli* · **2 - imprécation** · injure · insulte

blasphémer

■ *v.tr.* injurier · insulter

■ *v.intr.* **jurer** · sacrer

CONTR. vénérer

blazer *n.m.* → veste

blé *n.m.* **1 - froment** · épeautre · **2 -** [fam.] → argent

bled *n.m.* · village · patelin *fam.* · trou *fam.*

blême *adj.* · blafard · blanc · livide · pâle · blanc comme un linge · blanc comme un cachet d'aspirine

CONTR. coloré ı frais ı hâlé ı vermeil

➰ **pâle**

blêmir v.intr. • pâlir • blanchir • se décomposer • devenir blanc comme un linge
CONTR. se colorer

blennorragie n.f. • blennorrhée • chaude-pisse fam. • chtouille argot • castapiane fam., vieux • rhume de culotte fam., vieux

bléser v.intr. • zézayer • zozoter • avoir un cheveu sur la langue

blessant, e adj. désobligeant • injurieux • mortifiant • offensant • vexant
✦ **parole blessante**   pique • pointe

blessé, e adj. **1 -** froissé • mortifié • offensé • vexé • **2 -** estropié • accidenté • estropié • invalide • mutilé
CONTR. flatté ǀ loué ǀ ménagé – indemne ǀ intact ǀ sauf ǀ valide

blesser v.tr.
I 1 - abîmer • contusionner • déchirer • écorcher • écharper • estropier • meurtrir • mutiler • amocher fam. • **2 -** [à coups de couteau] **couper** • balafrer • entailler • percer • poignarder • **3 -** [par écrasement] **broyer** • écraser • fouler • froisser
II 1 - affecter • choquer • contrarier • froisser • heurter • offenser • vexer • piquer • toucher au vif • **2 - attenter à** • léser • nuire • porter atteinte à • porter préjudice à • préjudicier à littér.
»» **se blesser** v.pron. **1 - se faire mal** • se couper • s'écorcher • s'égratigner • s'entailler • s'estropier • se meurtrir • se mutiler • **2 - se formaliser** • s'offenser • prendre la mouche • se vexer
CONTR. flatter ǀ louer

blessure n.f. **1 - lésion** • balafre • contusion • coupure • plaie • trauma Méd. • [légère] écorchure • égratignure • entaille • éraflure • estafilade • griffure • meurtrissure • bobo fam. • excoriation littér. • **2 - douleur** • chagrin • froissement • meurtrissure • offense • vexation

¹**bleu, e** adj. **1 - azur** • azuré • bleuâtre • bleuté • ciel • indigo • lavande • outremer • azurin littér. • cérulé littér. • céruléen littér. • [grisé] ardoise • [yeux] pers littér. • **2 -** [de colère, etc.] **livide** • blême • **3 - interdit** • stupéfait
✦ **maladie bleue**   tétrade, tétralogie de Fallot

²**bleu** n.m.
I 1 - azur • indigo • cobalt • outremer • smalt • **2 - ecchymose** • hématome • tuméfaction • bleuissure rare
II 1 - nouveau • bizut • novice • **2 - conscrit** • bleu-bite argot militaire • bleusaillon argot militaire • [au plur.] bleusaille argot militaire
✦ **teinter en bleu**   azurer • bleuir • bleuter

bleuâtre adj. → bleu¹

bleuet n.m. **1 - centaurée** • aubifoin région. • casse-lunettes région. • **2 -** [Québec] **myrtille** • airelle des bois • brimbelle région.

bleuté, e adj. → bleu¹

blindage n.m. • protection • cuirasse • écran

blindé, e
■ adj. **1 -** [fam.] **immunisé** • cuirassé • **2 -** [fam.] → ivre
■ n.m. **char** • tank
CONTR. délicat ǀ désarmé ǀ vulnérable

blinder v.tr. **1 - cuirasser** • renforcer • **2 -** [fam.] **endurcir** • cuirasser • immuniser

blizzard n.m. → vent

bloc n.m. **1 - roche** • rocher • boulder Géol. • [Techn.] libage • moellon • pavé • [de bois] billot • **2 - calepin** • carnet • **3 - amas** • assemblage • tas • **4 - îlot** • pâté de maisons • **5 - ensemble** • totalité • tout • **6 - coalition** • union
✦ **d'un seul bloc**   monolithique • homogène
✦ **faire bloc**   s'unir • se coaliser • se liguer • ne faire qu'un

✦ **à bloc**   à fond · au maximum · complètement
✦ **en bloc**   1 - à la fois · d'un seul coup · ensemble · **2 -** globalement · complètement · en totalité

blocage n.m. **1 - barrage** · obstacle · obstruction · **2 - inhibition** · complexe · **3 -** [des prix] **gel** · encadrement · **4 - immobilisation** · paralysie · **5 -** [des freins] serrage · **6 -** [Archit.] **blocaille** · remplage

blockhaus n.m. · bunker · casemate · fortin

bloc-notes n.m. · bloc · calepin · carnet

blocus n.m. siège · investissement
✦ **faire le blocus de**   assiéger · bloquer · investir
✦ **blocus économique**   boycott · boycottage · embargo

blond, e
■ *adj.* **1 - doré** · blondasse péj. · **2 - décoloré** · oxygéné · platiné
✦ **très blond**   blond comme les blés
■ *n.* **blondin** · blondinet
CONTR. brun ı noir

bloquer v.tr.
I 1 - **caler** · coincer · immobiliser · **2 - serrer à bloc**
II 1 - **barrer** · boucher · embouteiller · obstruer · **2 - inhiber** · paralyser · **3 - arrêter** · enrayer · geler · interrompre · stopper · **4 - cerner** · assiéger · investir · mettre le siège devant
III **grouper** · masser · rassembler · regrouper · réunir
↠ **se bloquer** v.pron. se coincer · se paralyser
CONTR. débloquer ı dégager – ouvrir – poursuivre ı reprendre – répartir ı séparer – se débloquer ı se dégager

blottir (se) v.pron. **1 - se pelotonner** · se mettre en boule · se ramasser · se recroqueviller · se replier · se tapir · se bouler fam., région. · **2 - se cacher** · se réfugier · s'enfouir
✦ **se blottir contre**   se presser contre · se serrer contre
↝ **tapir (se)**

blouse n.f. **1 - tablier** · sarrau · bliaud région. · bourgeron vieux · casaque vieux · roulière vieux · souquenille vieux · **2 - chemisette** · chemisier · corsage

[1]**blouser** v.tr. [fam.] berner · piéger · tromper · arnaquer fam. · baiser très fam. · couillonner très fam. · embobiner fam. · pigeonner fam. · rouler fam.

[2]**blouser** v.intr. · bouffer · gonfler

blouson n.m. [d'aviateur] **bombardier**
✦ **blouson noir**   loubard fam. · loulou fam.

blues n.m. [fam.] **bourdon** fam. · cafard fam. · vague à l'âme
✦ **coup de blues**   coup de calcaire fam.

bluff n.m. · bidon fam. · chiqué fam. · esbroufe fam. · flan fam. · frime fam. · intox fam.
CONTR. sincérité

bluffer
■ v.tr. **1 - abuser** · donner le change · tromper · **2 - impressionner** · épater · estomaquer fam.
■ v.intr. **donner le change** · frimer fam. · faire de l'esbroufe fam. · faire de l'épate fam.

bluffeur, -euse n. et adj. · hâbleur · menteur · vantard · esbroufeur fam. · frimeur fam.

bobard n.m. → mensonge
CONTR. vérité

bobine n.f. **1 - bobineau** · cannelle · canette · dévidoir · fuseau · fusette · rouleau · **2 - film** · pellicule · rouleau · **3 -** [Techn.] bloquet · rochet · roquetin · **4 -** [fam.] → **tête**

bobiner *v.tr.* • enrouler • embobiner • rembobiner • [Techn.] envider • renvider
CONTR. débobiner

bocal *n.m.* • pot

bock *n.m.* • chope • demi

body *n.m.* • justaucorps

bodybuilding *n.m.* • culturisme • musculation • muscu *fam.* • gonflette *fam.*

bœuf *n.m.* **1 -** bovin • **2 -** bison • aurochs • yack

bohème *adj.* • artiste • fantaisiste • original
CONTR. bourgeois ı pantouflard – rangé ı réglé

boire *v.tr.*
I 1 - avaler • absorber • ingurgiter • téter • carburer à *fam.* • descendre *fam.* • écluser *fam.* • pomper *fam.* • siffler *fam.* • s'enfiler *fam.* • s'envoyer *fam.* • se taper *fam.* • se jeter derrière la cravate *fam.* • **2 -** [d'un trait] lamper • vider • **3 -** [à petits coups] buvoter • siroter • laper • **4 -** s'imprégner de • absorber • s'imbiber de • se remplir de
II [sans complément] **1 - se désaltérer** • s'abreuver • étancher sa soif • se rafraîchir • **2 -** s'enivrer • se soûler • biberonner *fam.* • se cuiter *fam.* • s'humecter le gosier *fam.* • se lester *fam.* • picoler *fam.* • se pinter *fam.* • se piquer le nez *fam.* • pomper *fam.* • prendre une biture, une cuite *fam.* • se bourrer la gueule *très fam.* • se rincer la dalle, le corridor, le gosier *fam.* • s'aviner *littér.* • bidonner *fam., vieux* • boissonner *fam., vieux* • se cocarder *fam., vieux* • [régulièrement] téter (la bouteille) *fam.* • lever le coude *fam.* • ne pas sucer que de la glace *fam., vieilli*
✦ **boire à**   porter un toast à • arroser • trinquer à
✦ **boire beaucoup**   avoir une bonne descente *fam.* • avoir la dalle en pente *très fam.* • boire comme une éponge, un tonneau, un trou *fam.* • boire comme un Polonais, un Suisse *vieux* • boire comme un pompier, un sonneur, un templier *vieux*
✦ **payer à boire**   régaler *fam.* • rincer *fam.*

bois *n.m.* **1 -** forêt • sylve *poétique* • **2 -** bosquet • boqueteau • bouquet d'arbres • futaie • taillis • bocage *littér.* • **3 -** [cerf] ramure • andouiller • dague • empaumure • merrain

boiser *v.tr.* • planter • reboiser
CONTR. déboiser

boiserie *n.f.* • lambris • huisserie • moulure • panneau • parquet

boisson *n.f.* **1 -** breuvage • consommation • rafraîchissement • nectar *littér.* • **2 -** → alcoolisme

boîte *n.f.* **1 -** récipient • contenant • emballage • **2 -** caisse • carton • coffre • **3 -** boîtier • cassette • coffret • **4 -** [à bonbons] bonbonnière • chocolatière • drageoir • **5 -** case • casier • **6 -** conserve • **7 -** [fam.] entreprise • taule *fam.* • **8 -** [fam.] école • collège • lycée • bahut *fam.*
✦ **boîte à ordures**   poubelle
✦ **boîte à bijoux**   écrin • baguier • coffret
✦ **boîte de nuit**   discothèque • dancing *vieilli* • night-club *vieilli*
✦ **mettre en boîte**   taquiner • se moquer de • charrier *fam.*

boitement *n.m.* • boitillement • claudication *littér.* • boitage *rare* • boiterie *rare*

boiter *v.intr.* • boitiller • aller clopin-clopant • clopiner • traîner la jambe • avoir une patte folle *fam.* • traîner la patte *fam.* • claudiquer *littér. ou plaisant* • clocher *vieux*

boiterie *n.f.* → boitement

boiteux, -euse *adj.* **1 -** claudicant *littér. ou plaisant* • bancal • béquillard *fam.* • banban *fam., vieux* • bancroche *fam., vieux* • **2 -** bancal • branlant • instable • **3 - insatisfaisant** • fragile • imparfait • précaire
CONTR. ingambe – harmonieux ı symétrique – satisfaisant ı durable ı stable

boîtier *n.m.* • boîte • coffret • écrin • étui

bol *n.m.* **1 -** coupe · jatte · pot · tasse · **2 - bolée** · **3 -** [fam.] → **chance**
✦ **en avoir ras le bol** en avoir assez · en avoir marre *fam.* · en avoir jusque-là *fam.* · en avoir plein, ras le cul *très fam.* · en avoir ras la casquette *fam.*

bolet *n.m.* · cèpe

bolide *n.m.* **1 - astéroïde** · météore · météorite · **2 - voiture de course**

bombance *n.f.*
✦ **faire bombance** festoyer · ripailler · gueuletonner *fam.* · se taper la cloche *fam.* · faire ripaille *fam., vieilli* · faire la bombe *fam., vieilli* · faire grande chère *vieux*

bombardement *n.m.* · pilonnage · canonnade · arrosage *argot militaire* · marmitage *vieux*

bombarder *v.tr.* **1 - canonner** · matraquer · mitrailler · pilonner · arroser *argot militaire* · marmiter *vieux* · **2 - harceler** · accabler · assaillir · cribler · **3 - parachuter** · catapulter · propulser

¹**bombe** *n.f.* **1 - machine infernale** · **2 - aérosol** · atomiseur · pulvérisateur · spray

²**bombe** *n.f.* [fam.] → **fête**

bombé, e *adj.* · arrondi · arqué · cintré · courbe · renflé · ventru
CONTR. concave ı creux

bombement *n.m.* · convexité · bosse · courbure · gonflement · renflement
CONTR. concavité

bomber
■ *v.tr.* **1 - enfler** · gonfler · renfler · **2 - cambrer** · cintrer · courber · **3 - taguer** · graffiter
■ *v.intr.* **1 - gondoler** · gonfler · [Couture] goder · **2 -** [fam.] **filer** · bourrer *fam.* · foncer *fam.*
CONTR. aplatir ı creuser

¹**bon, bonne** *adj.*
I délicieux · délicat · exquis · goûteux · savoureux · succulent
II 1 - altruiste · bienfaisant · bienveillant · charitable · clément · généreux · gracieux · humain · indulgent · magnanime · miséricordieux · philanthrope · secourable · sensible · serviable · **2 - louable** · charitable · généreux · méritoire · noble · vertueux · **3 - aimable** · brave · complaisant · estimable · gentil · honnête · obligeant
III 1 - capable · adroit · doué · expert · habile · ingénieux · **2 - avisé** · éclairé · judicieux · prudent · raisonnable · sage
IV avantageux · fertile · instructif · lucratif · productif · profitable · utile · bonard *fam.*
V 1 - approprié · adéquat · efficace · **2 - favorable** · bénéfique · heureux · opportun · propice · salutaire · sain
VI 1 - exact · correct · juste · rigoureux · sérieux · solide · sûr · **2 - fidèle** · pur · véritable · vrai
✦ **bon à rien** incapable · incompétent · nul · nullité · propre à rien · zéro *fam.*
✦ **assez bon** acceptable · convenable · moyen · passable · satisfaisant · suffisant · valable
✦ **très bon** → **excellent**

²**bon** *adv.*
✦ **comme bon vous semble** à votre guise · à votre fantaisie *vieilli*
✦ **pour de bon** réellement · effectivement · réellement · sérieusement · vraiment · pas pour rire *fam.* · pas pour du beurre *fam.*

³**bon** *interj.* · bien · soit

⁴**bon** *n.m.* · billet · coupon · ticket

bonasse *adj.* · faible · mou · niais · boniface *fam., vieilli*
CONTR. énergique ı sévère

bonbon *n.m.* confiserie · friandise · sucrerie · boule *Belgique* · chique *Belgique* · [sortes] pastille · berlingot · boule de gomme · caramel · dragée · praline · sucre d'orge

bonbonne n.f. • dame-jeanne • jaquelin

bonbonnière n.f. • drageoir

bond n.m. **1 - saut** • bondissement • cabriole • gambade • saut de carpe • **2 - soubresaut** • sursaut • **3 - ricochet** • rebond • **4 - augmentation** • bond • explosion • flambée • hausse
+ **faire un bond** → bondir
+ **faire faux bond** se dérober • se défiler • [à un rendez-vous] poser un lapin fam.

🖎 **bond, saut**
Bond et saut désignent tous deux l'action de s'élever un moment au-dessus du sol par une détente musculaire, mais le **bond** suppose toujours une certaine brusquerie (s'élancer d'un bond, d'un seul bond), alors que le **saut** implique le plus souvent une coordination des mouvements. L'aspect volontaire de l'action (saut à la corde, saut d'un trapéziste) apparaît nettement dans le fait qu'elle peut devenir un exercice dans diverses disciplines (saut en hauteur, saut en longueur en athlétisme, sauts en danse).

bonde n.f. • bouchon • bondon • tampon

bondé, e adj. • plein (à craquer) • comble • archiplein fam. • bourré fam. • plein comme un œuf fam.
CONTR. vide

bondieusard, e adj. → bigot

bondieuserie n.f. • bigoterie • cagoterie vieux

bondir v.intr. **1 - sauter** • courir • s'élancer • jaillir • se précipiter • **2 - cabrioler** • gambader • sauter • faire un, des bond(s)

bondissement n.m. • bond • cabriole • saut

bon enfant adj. invar. **1 - cordial** • convivial • **2 - bonhomme** • débonnaire • gentil

bonheur n.m.
I **1 - contentement** • enchantement • joie • plaisir • ravissement • félicité littér. • **2 - bien-être** • calme • paix • sérénité • **3 - euphorie** • béatitude • extase
II **1 - chance** • aubaine • bonne fortune • **2 - avantage** • joie • plaisir
+ **avec bonheur** à cœur joie
+ **par bonheur** heureusement • Dieu merci • par chance
CONTR. malheur – angoisse ɩ gêne ɩ inquiétude ɩ malaise – malchance ɩ adversité ɩ déveine – malheureusement

🖎 **bonheur, félicité, plaisir**
La plupart des gens recherchent le **bonheur**, cet état si rare de satisfaction de la conscience : « La recherche du bonheur dans la satisfaction du désir moral était quelque chose d'aussi naïf que l'entreprise d'atteindre l'horizon en marchant devant soi » (Proust, À la recherche du temps perdu, t. XIII). La **félicité** correspond à ce que l'on pourrait aussi appeler un bonheur durable (rien ne vient troubler sa félicité) ; le mot est exclusivement littéraire aujourd'hui. Le **plaisir** n'est pas dans la durée : c'est une émotion agréable provoquée quand on satisfait par exemple la tendance à aider autrui (plaisir moral) ou à satisfaire un sens (plaisir des yeux).

bonhomie n.f. • affabilité • bonté • douceur • gentillesse • simplicité
CONTR. affectation ɩ suffisance

bonhomme
■ n.m. homme • individu • monsieur • mec fam. • type fam. • zèbre fam. • zigoto fam. • zigue fam.
■ adj. **affable** • aimable • conciliant • facile • gentil

boni *n.m.* · bénéfice · bonification · excédent · gratification · guelte *vieux*
CONTR. déficit

¹**bonification** *n.f.* · amélioration · [de terres] amendement · fertilisation · abonnissement *rare*

²**bonification** *n.f.* 1 - rabais · remise · ristourne · 2 - gratification · avantage

bonifier *v.tr.* · améliorer · régénérer · [des terres] amender · fertiliser · abonnir *rare*
CONTR. aggraver ı gâter

boniment *n.m.* 1 - mensonge · bavardage · baratin *fam.* · blabla *fam.* · blague *fam.* · bobard *fam.* · plat *fam.* · bourre-mou *fam., vieilli* · 2 - battage · matraquage · baratin *fam.*

bonimenteur, -euse *n.* · camelot · bonisseur *rare*

bonjour *n.m. et interj.* · salut · salutation

bonne *n.f.* domestique · employée de maison · boniche *fam., péj.*
✦ **bonne d'enfants** gouvernante · nurse

bonne-maman *n.f.* · grand-maman · mamie *fam.* · mémé *fam.*

bonnement (tout) *loc. adv.* · tout simplement

bonnet *n.m.* coiffe · calot · toque · [d'ecclésiastique] barrette · bonichon *fam., vieilli* · [anciens] bavolet · béguin · cabochon
✦ **gros bonnet** personnalité · pontife · bonze *fam.* · grosse légume *fam.* · (grand) ponte *fam.* · huile *fam.*
✦ **bonnet de nuit** [péj.] rabat-joie · éteignoir · trouble-fête · pisse-froid *fam.* · pisse-vinaigre *fam.*

bonneterie *n.f.* · mercerie

bon-papa *n.m.* · grand-papa · papy *fam.* · pépé *fam.*

bonsoir *n.m. et interj.* · salut · adieu · au revoir · bonne soirée

bonté *n.f.* 1 - bienveillance · altruisme · bienfaisance · bonhomie · clémence · cœur · compassion · complaisance · humanité · indulgence · magnanimité · mansuétude · miséricorde · pitié · tendresse · 2 - amabilité · bienveillance · gentillesse · obligeance · 3 - naïveté · simplicité · débonnaireté *littér.* · 4 - [surtout plur.] faveur · bienfait
CONTR. égoïsme ı individualisme ı inhumanité – méchanceté – astuce ı finesse ı méfiance

bonus *n.m.* · gratification · prime · récompense

bon vivant *n.m.* · gai luron · joyeux drille

bonze *n.m.* · personnalité · pontife · huile *fam.* · grosse légume *fam.* · (grand) ponte *fam.*

boom *n.m.* 1 - prospérité · croissance · essor · expansion · 2 - augmentation · bond · explosion · flambée · hausse
CONTR. chute ı krach

boots *n.f.pl.* · bottillons · bottines

borborygme *n.m.* · gargouillement · gargouillis

bord *n.m.* 1 - côté · arête · bordure · extrémité · limite · marge · tranche · rebord · 2 - contour · cadre · entourage · bordure · périphérie · pourtour · 3 - [de rivière] rive · berge · rivage · 4 - [de forêt] lisière · orée · 5 - [de vêtement] frange · ourlet · 6 - [Mar.] bordage · bâbord · tribord
✦ **bord de mer** côte · grève · littoral · plage · rivage

✦ **être au bord de**   être tout près de · être sur le point de · friser · frôler

CONTR. centre ı intérieur ı milieu – être loin de

bordeaux *adj.* · grenat · pourpre

bordée *n.f.* **1 -** virée · **2 -** [de jurons, etc.] avalanche · cascade · déluge · flot

bordel *n.m.* **1 -** maison close · hôtel de passe · boxon *argot* · clandé *argot* · claque *argot* · maison de tolérance *vieux* · lupanar *vieux* · **2 -** désordre · fouillis · bazar *fam.* · binz *fam.* · boxon *fam.* · foutoir *fam.* · pagaille *fam.* · **3 -** tapage · boucan *fam.* · raffut *fam.* · ramdam *fam.*

border *v.tr.* **1 -** longer · suivre · **2 -** entourer · encadrer · enceindre · franger

bordereau *n.m.* **1 -** état · liste · note · relevé · **2 -** facture · justificatif

bordure *n.f.* **1 -** bord · tour · **2 -** cadre · contour · encadrement · **3 -** périphérie · périmètre · pourtour · **4 -** [de forêt] lisière · orée · **5 -** [de mer] côte · littoral · **6 -** [d'arbres, etc.] cordon · haie · ligne · **7 -** [Couture] liseré · feston · garniture · **8 -** [Héraldique] orle · engrêlure

boréal, e *adj.* · arctique · nordique · polaire · hyperboréen *littér.*

CONTR. austral ı antarctique

borgne *adj.* **1 -** aveugle · **2 -** mal famé · interlope · louche

bornage *n.m.* · limitation · délimitation

borne *n.f.* **1 -** limite · frontière · **2 -** [de signalisation, de protection] colonne · chasse-roue · bitte · bollard · bouteroue *vieilli* · **3 -** [fam.] → **kilomètre**

✦ **sans bornes**   illimité · démesuré · immense · infini

↝ **limite**

borné, e *adj.* bête · buté · étroit · limité · obtus · stupide · bas de plafond *fam.*

✦ **être borné**   ne pas voir plus loin que le bout de son nez · avoir des œillères · avoir la vue courte · regarder par le petit bout de la lorgnette · être bas de plafond *fam.*

CONTR. intelligent ı éveillé ı large ı ouvert

borner *v.tr.* **1 -** délimiter · border · confiner · limiter · marquer · terminer · **2 -** circonscrire · limiter · modérer · réduire · restreindre

⋙ **se borner à** *v.pron.* se limiter à · se cantonner à · se confiner à · se contenter de · ne faire que · se satisfaire de · s'en tenir à

CONTR. élargir ı étendre

bosquet *n.m.* · boqueteau · bouquet · massif

bosse *n.f.* **1 -** enflure · tumeur · grosseur · beigne *fam., vieux* · bigne *vieux ou région.* · **2 -** [dans le dos] gibbosité · cyphose · **3 -** bosselure · excroissance · protubérance · renflement · élévure *vieux* · **4 -** monticule · élévation · éminence

CONTR. cavité ı creux ı trou

bosselé, e *adj.* · cabossé · accidenté · bossué

bosseler *v.tr.* · cabosser · bossuer

CONTR. débosseler

bosselure *n.f.* · bosselage · bossellement

bosser

▪ *v.intr.* travailler · [dur] boulonner *fam.* · se défoncer *fam.* · marner *fam.* · trimer *fam.* · turbiner *fam.* · ouvrer *vieilli ou région.* · tâcher *littér.*

▪ *v.tr.* étudier · bûcher *fam.* · plancher sur *fam.* · potasser *fam.* · bloquer *fam., Belgique* · chiader *fam., vieilli* · piocher *fam., vieilli*

CONTR. glander

bosseur, -euse n. et adj. • travailleur • bûcheur fam.

bossu, e adj. et n.
- adj. contrefait • difforme • gibbeux
- n.m. **bobosse** fam., vieilli • **boscot** fam., vieilli

bossuer v.tr. • bosseler • cabosser
CONTR. aplatir | unir

¹botte n.f. • gerbe • bottée • bottelée • bouquet • fagot • faisceau • [de feuilles de tabac] manoque • [de branches] bourrée région.

²botte n.f. • bottillon • bottine • boots (plur.) • brodequin • cuissarde • godillot • ranger • santiag • kamik (Inuits) • heuse (Moyen Âge)

botter v.tr. 1 - chausser • 2 - [Sport] shooter • tirer • 3 - [fam.] plaire à • aller à • convenir à • chanter à fam.

bottier n. • chausseur

bottillon n.m. • bottine • brodequin • godillot • boots (plur.)

bottin n.m. • annuaire

bottine n.f. → bottillon

bouc n.m. barbiche • barbichette
+ **bouc émissaire** souffre-douleur • tête de turc • punching-ball fam.

boucan n.m. • vacarme • chahut • tapage • tumulte • chambard fam. • pétard fam. • raffut fam. • ramdam fam. • tintouin fam.

boucaner v.tr. 1 - fumer • 2 - hâler • basaner • tanner

bouchage n.m. • colmatage • bouchement • fermeture

bouche n.f. 1 - museau fam. • bec fam. • clapet fam. • gosier fam. • gueule fam. • goule fam., région. • margoulette fam., vieilli • goulot fam., vieux • avaloir fam., vieux • 2 - [d'animal] bec • gueule • 3 - orifice • entrée • gueule • ouverture • 4 - [d'un fleuve] embouchure
+ **bouche bée** muet • sans voix • interloqué • interdit • coi littér.
+ **fine bouche** gourmet • fine gueule • gastronome
+ **bouche à feu** canon • mortier • obusier

bouché, e adj. 1 - brumeux • couvert • gris • sombre • 2 - [fam.] borné • obtus • dur, lent à la détente fam.
CONTR. clair | dégagé | ouvert – éveillé | ouvert | vif

bouchée n.f. • goulée vieilli, région. • lippée vieilli, région.

¹boucher v.tr. 1 - encombrer • obstruer • oblitérer (Méd.) • 2 - fermer • aveugler • barrer • barricader • condamner • murer • obturer • 3 - colmater • calfater • calfeutrer • étancher • étouper • tamponner
»» **se boucher** v.pron. 1 - s'engorger • 2 - [ciel] se couvrir • s'assombrir • s'obscurcir

²boucher, -ère n. • chevillard • étalier vieilli • loucherbem argot • louchébème argot

boucherie n.f. 1 - abattoir • 2 - tuerie • carnage • guerre • massacre
~ massacre

bouche-trou n.m.
+ **faire le bouche-trou** jouer les utilités vieilli

bouchon n.m. 1 - tampon • capuchon • tapon vieilli • [Mar.] tape • [de tonneau] bonde • 2 - embouteillage • encombrement • retenue

bouchonner v.tr. 1 - [vieilli] chiffonner • froisser • tordre • 2 - [cheval] frictionner • brosser • étriller • frotter • panser

bouchot n.m. • moulière • parc à moules

bouclage *n.m.* 1 - verrouillage · encerclement · 2 - finalisation · achèvement

boucle *n.f.* 1 - anneau · agrafe · fermoir · œil · 2 - nœud · rosette • [tricot] maille · 3 - [de cheveux] frisette · accroche-cœur · anglaise · bouclette · frisottis · frison *vieilli* · 4 - méandre · courbe · sinuosité • [avion] looping *anglic.* · 5 - cycle · ronde
+ **boucle d'oreille** [sortes] pendant (d'oreille) · clip · créole · dormeuse · girandole · pendeloque

boucler *v.tr.* 1 - attacher · fermer · 2 - verrouiller · encercler · bloquer · cerner · investir · 3 - finaliser · achever · mettre la dernière main à · mettre un point final à
CONTR. déboucler

bouclette *n.f.* → boucle

bouclier *n.m.* 1 - écu · broquel · écu · pavois · rondache · rondelle · targe · pelte · égide (Mythol.) · 2 - protection · rempart · sauvegarde · palladium *littér., vieux*

bouder
■ *v.intr.* être fâché · faire la lippe · faire la tête *fam.* · faire du boudin *fam.* · faire la gueule *fam.*
■ *v.tr.* dédaigner · se détourner de · ignorer

bouderie *n.f.* · fâcherie · mauvaise humeur

boudeur, -euse *adj.* · grognon · grincheux · maussade · renfrogné

boudin *n.m.* 1 - cylindre • [sur colonne] tore · 2 - manche à air · biroute *argot militaire* · 3 - [fam.] → laideron

boudiné, e *adj.* 1 - comprimé · saucissonné · serré · 2 - dodu · bouffi

boudiner *v.tr.* · comprimer · saucissonner · serrer

boudoir *n.m.* · cabinet particulier

boue *n.f.* 1 - gadoue · fange *littér.* · bouillasse *fam.* · gadouille *fam.* · margouillis *fam.* · crotte *vieux* · 2 - limon · bourbe · vase · curure (Techn.)
+ **couvrir de boue, traîner dans la boue** calomnier · diffamer

🕮 **boue, fange, limon, vase**
La notion de mélange de divers éléments réunit ces mots. La **boue** est constituée de terre et d'eau, et se forme sur les chemins de campagne après de fortes pluies. On parle de **fange** quand cette boue est presque liquide ; c'est un mot d'usage littéraire, employé au figuré dans des contextes communs avec **boue** : *se traîner dans la fange* ou *dans la boue*. Le **limon**, propre aux rives des fleuves, est une boue mêlée de particules organiques diverses que les eaux ont déposé *(un limon jaunâtre, le limon fertile du Nil)*. La **vase** occupe le fond des étangs ou des eaux à débit très lent, formée par de la terre et des débris organiques variés en décomposition *(la vase d'une mare ; des barques échouées dans la vase)*. Employé au figuré, **vase** renchérit sur **boue** et **fange** : « Ce secret putride, je ne fis rien pour l'arracher à la vase » (Mauriac, *le Nœud de vipères*, IV).

bouée *n.f.* 1 - balise · 2 - flotteur · flotte

boueux, -euse *adj.* 1 - bourbeux · vaseux · fangeux *littér.* · gadouilleux *fam.* · 2 - crotté *fam.*

bouffant, e *adj.* · blousant · froncé · gonflant
CONTR. collant ı plat

bouffe *n.f.* [fam.] → **nourriture**
CONTR. sérieux

bouffée *n.f.* 1 - accès · crise · explosion · poussée · 2 - exhalaison · émanation · souffle · halenée *vieux ou littér.* • [de cigarette] taffe *fam.*
+ **bouffée délirante** raptus (Méd.)

¹**bouffer** *v.intr.* • blouser • gonfler

²**bouffer** *v.tr.* [fam.] → **manger**

bouffi, e *adj.* **1 -** gonflé • boudiné • boursouflé • gras • gros • joufflu • mafflu • vultueux *littér.* • **2 -** ampoulé • emphatique • grandiloquent • pompeux
CONTR. creux ı émacié ı maigre
↝ **gonflé**

bouffir *v.tr.* • boursoufler • enfler • gonfler
CONTR. Émacier

bouffissure *n.f.* **1 -** boursouflure • empâtement • gonflement • **2 -** cloque • poche • **3 - emphase** • enflure • grandiloquence

bouffon, -onne
■ *n.m.* **1 - fou (du roi)** • **2 - clown** • farceur • plaisantin • loustic *vieux* • **3 -** [Théâtre] **comique** • arlequin • baladin • bateleur • histrion • pitre • bobèche *vieux* • gracioso *vieux* • pasquin *vieux* • queue-rouge *vieux* • matassin *ancienn.* • zanni *ancienn.* • **4 -** [lang. jeunes] **nullité** • nul *fam.* • tocard *fam.*
■ *adj.* **burlesque** • cocasse • comique • drôle • grotesque • ridicule • scurrile *vieux*
CONTR. rabat-joie – grave ı sérieux

bouffonnerie *n.f.* **1 - farce** • blague • comédie • facétie • pitrerie • arlequinade *littér.* • **2 - cocasserie** • drôlerie • grotesque
CONTR. gravité

bouge *n.m.* **1 - taudis** • galetas • **2 - cabaret** • boui-boui *fam.*

bougeoir *n.m.* • chandelier

bougeotte *n.f.*
✦ **avoir la bougeotte**   ne pas tenir en place • avoir le feu au derrière *fam.*

bouger
■ *v.intr.* **1 - remuer** • s'agiter • gigoter • ne pas rester, ne pas tenir en place • avoir la bougeotte *fam.* • **2 - se déplacer** • se mouvoir • aller et venir • **3 - branler** • osciller • **4 - broncher** • ciller • protester • réagir • **5 - changer** • avancer • évoluer • se modifier • progresser • aller de l'avant
■ *v.tr.* **déplacer** • déranger
⋙ **se bouger** *v.pron.* [fam.] **s'activer** • agir • se démener • se donner du mal, de la peine • se remuer *fam.* • s'arracher *fam.* • ne pas rester les deux pieds dans le même sabot *fam.*
CONTR. s'arrêter ı rester ı stagner

bougie *n.f.* • chandelle • cierge • calbombe *argot* • camoufle *argot*

bougon, -onne *adj. et n.* • grognon • grincheux • ronchonneur • ronchon *fam.*

bougonner *v.intr.* • grommeler • grogner • maugréer • râler *fam.* • rouspéter *fam.*

bougre
■ *n.m.* → **type**
✦ **bougre de**   espèce de • sacré *fam.* • bigre de *fam., vieilli*
■ *interj.* **bigre** *fam.* • fichtre *fam.*

bougrement *adv.* • bigrement *fam.* • diablement *fam.* • drôlement *fam.* • foutrement *fam.* • sacrément *fam.* • vachement *fam.*

bouillabaisse *n.f.* • bourride

bouillant, e *adj.* **1 - brûlant** • **2 - fougueux** • ardent • enflammé • exalté • impétueux • pétulant • tout feu tout flamme • volcanique
CONTR. froid ı glacé – calme ı mou ı pondéré

bouille *n.f.* [fam.] → **tête**

bouilleur de cru *n.m.* • distillateur

bouillie *n.f.* **1 -** compote · purée · **2 -** salmigondis
+ **mettre en bouillie** écraser · abîmer · mettre en capilotade · mettre, réduire en charpie · mettre en compote · mettre en marmelade · mettre en miettes · écrabouiller *fam.*

bouillir *v.intr.* **1 - bouillonner** · bouillotter · frémir · frissonner · **2 - s'impatienter** · s'énerver • [d'impatience, etc.] bouillonner · brûler · piaffer
+ **faire bouillir** **1 - mijoter** · mitonner · **2 - exaspérer**

CONTR. geler – patienter ı se calmer

bouillon *n.m.* **1 -** potage · consommé · soupe · brouet *vieux* · chaudeau *vieux* · **2 - bouillonnement** · ébullition

bouillonnant, e *adj.* **1 - tumultueux** · turbulent · **2 - fougueux** · ardent · exalté · impétueux · pétulant · tout feu tout flamme · volcanique

bouillonnement *n.m.* **1 - ébullition** · bouillon · **2 - fougue** · ardeur · effervescence · exaltation · impétuosité · pétulance

CONTR. calme ı flegme ı placidité

bouillonner *v.intr.* **1 - bouillir** · bouillotter · frémir · frissonner · **2 -** [d'impatience, etc.] brûler · bouillir · piaffer · trépigner

boulangerie *n.f.* · boulange *fam.*

boule *n.f.* **1 - sphère** · balle · bille · boulet · boulette · globe · **2 - miche** · pain boulot
+ **se mettre, se rouler en boule** se pelotonner · se blottir · se lover · se recroqueviller
+ **en boule** [fam.] → **en colère**

boulet *n.m.* **1 -** obus · **2 -** [péj.] poids · charge · fardeau

boulette *n.f.* **1 - croquette** · attignole *région.* · **2 -** [fam.] **bévue** · impair · faux pas · pas de clerc · bourde *fam.* · gaffe *fam.*

boulevard *n.m.* · avenue · artère · cours · mail

bouleversant, e *adj.* · déchirant · émouvant · pathétique · poignant · saisissant

bouleversé, e *adj.* · ému · ébranlé · troublé · remué · retourné · secoué

bouleversement *n.m.* **1 - émotion** · choc · commotion · ébranlement · secousse · trouble · **2 - perturbation** · branle-bas · cataclysme · conflagration · convulsion · dérèglement · désorganisation · désordre · renversement · remue-ménage · révolution · chambard *fam.* · chambardement *fam.* · chamboulement *fam.* · **3 - ravage** · destruction · ruine · saccage

CONTR. apaisement ı calme ı ordre

bouleverser *v.tr.* **1 - émouvoir** · ébranler · retourner · secouer · troubler · tournebouler *fam.* · tourner le(s) sang(s) à *fam.* · **2 - perturber** · déranger · désorganiser · jeter le trouble dans · mettre sens dessus dessous · renverser · révolutionner · chambarder *fam.* · chambouler *fam.* · **3 - ravager** · détruire · redessiner · ruiner · saccager

CONTR. apaiser ı calmer – ranger ı agencer ı ordonner

boulier *n.m.* · abaque

boulimie *n.f.* **1 - hyperphagie** · sitiomanie · **2 - avidité** · appétit · faim · fringale · goinfrerie · gloutonnerie · voracité

CONTR. anorexie – frugalité – détachement ı indifférence

boulonner *v.intr.* [fam.] → **travailler**

[1]**boulot, -otte** *adj.* · rond · grassouillet · rondelet · rondouillard *fam.*

²**boulot** *n.m.* **1 -** [fam.] **emploi** · **poste** · **profession** · **job** *fam.* · **2 -** [fam.] **travail** · **turbin** *fam.*

boulotter *v.tr.* [fam.] → **manger**

boum *n.f.* [fam.] **fête** · **soirée** · **surprise-partie** *vieux* · **teuf** *lang. jeunes*

bouquet *n.m.* **1 - gerbe** · **botte** · **faisceau** · **touffe** · **2 - arôme** · **fumet** · **nez** · **3 - apogée** · **apothéose** · **finale**
+ **bouquet d'arbres** **bosquet** · **boqueteau**
+ **c'est le bouquet !** c'est le comble ! · il ne manquait plus que ça ! · c'est le pompon ! *fam.*

bouquin *n.m.* → **livre**

bouquiner *v.tr.* → **lire**

bourbeux, -euse *adj.* · **boueux** · **limoneux** · **marécageux** · **vaseux** · **fangeux** *littér.*

bourbier *n.m.* **1 - marais** · **marécage** · **2 - cloaque** · **3 - embarras** · **piège** · **merdier** *fam.* · **pétrin** *fam.*

bourde *n.f.* **1 - erreur** · **bêtise** · **bévue** · **faute** · **faux pas** · **impair** · **maladresse** · **pas de clerc** *littér.* · **blague** *fam.* · **gaffe** *fam.* · **bourdante** *fam., vieilli* · **2 - baliverne** · **invention** · **plaisanterie** · **calembredaine** *vieux*

bourdon *n.m.*
+ **avoir le bourdon** avoir du vague à l'âme · broyer du noir · avoir le blues *fam.* · avoir le cafard *fam.* · cafarder *fam.* · avoir un coup de calcaire *fam.*
+ **donner, filer le bourdon** déprimer · donner, filer le cafard *fam.*

bourdonnement *n.m.* **1 - vrombissement** · **ronronnement** · **bombillement** *rare* · **2 - rumeur** · **bruissement**
+ **bourdonnement d'oreille** **tintement** · **acouphène**

bourdonner *v.intr.* **1 - vrombir** · **ronronner** · **bombiller** *rare* · **2 - tinter** · **3 - bruire** *littér.*

bourg *n.m.* · **bourgade** · **village** · **ville** · **patelin** *fam.*
🡒 **village**

bourgade *n.f.* → **bourg**

bourgeois, e *adj.* **1 - cossu** · **riche** · **2 - conformiste** · **conventionnel** · **petit-bourgeois** · **traditionaliste** · **bourge** *fam.* · **3 -** [quartier] **résidentiel** · **4 - simple** · **familial**
CONTR. anarchiste ı artiste ı bohème ı hippie ı marginal ı révolutionnaire – ouvrier ı paysan ı prolétaire – populaire

bourgeon *n.m.* · **bouton** · **bulbe** · **bulbille** · **caïeu** · **gousse** · **pousse** · **œil** · **mailleton** · **scion** · **rejet** · **rejeton** · **turion**

bourgeonner *v.intr.* · **boutonner** · **fleurir**

bourlinguer *v.intr.* **1 - naviguer** · **sillonner les mers** · **2 - voyager** · **rouler sa bosse** *fam.*

bourlingueur, -euse *n.* · **voyageur** · **aventurier** · **routard** · **globe-trotter** *vieilli*

bourrage *n.m.* **bourre** · **rembourrage**
+ **bourrage de crâne** **1 - battage** · **bluff** · **intoxication** · **propagande** · **2 - bachotage**

bourrasque *n.f.* · **rafale** · **tempête** · **tourbillon** · **tourmente**
CONTR. bonace ı calme

bourre *n.f.* · **bourrette** · **bourrillon** · **capiton** · **strasse** · **ouate** · **lassis** *ancienn.*

bourré, e *adj.* **1 - bondé** · **comble** · **complet** · **2 - plein** · **farci** · **rempli** · **truffé** · **3 -** [fam.] → **ivre**
CONTR. vide

bourreau *n.m.* **1 - tortionnaire** · **questionneur** *vieux* · **tourmenteur** *vieux* · **2 - exécuteur** · **guillotineur** · **exécuteur de la**

haute justice *vieux* • exécuteur des hautes œuvres, des basses œuvres *vieux* • tranche-tête *vieux* • béquillard *argot, vieux*
+ **bourreau des cœurs** don Juan • séducteur • tombeur *fam.* • lovelace *littér.*
+ **bourreau de travail** bosseur *fam.* • bûcheur *fam.* • stakhanoviste
CONTR. victime

bourrelet *n.m.* **1 – pli** • capiton • [sur les hanches] poignée d'amour *plaisant* • **2 – tortillon**
CONTR. creux

bourrelier, -ière *n.* • sellier

bourrellerie *n.f.* • sellerie

bourrer *v.tr.* **1 – rembourrer** • garnir • **2 – remplir** • farcir • truffer • **3 – tasser** • entasser • **4 – gaver** • gorger • rassasier
⋙ **se bourrer** *v.pron.* **1 – se gaver** • se goinfrer • se farcir *fam.* • **2 –** [fam.] → **s'enivrer**
CONTR. vider

bourrette *n.f.* • bourre (de soie) • schappe

bourriche *n.f.* • cageot • cloyère • panier • bourrichon *vieux*

bourricot *n.m.* • ânon • âne • baudet • bourrique • bourriquet • grison *fam.*

bourrin *n.m.* → cheval

bourrique *n.f.* **1 – baudet** • âne • bourricot • bourriquet • grison *fam.* • **2 – sot** • âne • imbécile • mule
+ **faire tourner en bourrique** abrutir • agacer • faire devenir chèvre *fam.*

bourriquet *n.m.* → bourricot

bourru, e *adj.* • rude • abrupt • acariâtre • ours • renfrogné • revêche
CONTR. affable ⏐ aimable ⏐ avenant ⏐ causant ⏐ liant

¹**bourse** *n.f.* **1 – porte-monnaie** • portefeuille • réticule *vieilli* • aumônière *anciennt* • escarcelle *anciennt* • **2 – pension** • aide financière • subside • subvention
⋙ **bourses** *plur.* scrotum

²**bourse** *n.f.* **1 – place financière** • marché • **2 – agence**

boursicoter *v.intr.* • spéculer

boursicoteur, -euse *n.* • spéculateur

boursier, -ière *n.* • agent (de change) • broker • courtier • remisier • coulissier *vieux*

boursouflage *n.m.* → boursouflure

boursouflé, e *adj.* **1 – enflé** • bouffi • gonflé • **2 – ampoulé** • déclamatoire • grandiloquent • pompeux • ronflant
CONTR. creux ⏐ émacié – simple ⏐ sobre
🙚 **gonflé** 🙚 **emphatique**

boursouflement *n.m.* → boursouflure

boursoufler *v.tr.* enfler • bouffir • gonfler
⋙ **se boursoufler** *v.pron.* cloquer • enfler • gonfler

boursouflure *n.f.* **1 – ampoule** • bouffissure • boursouflement • cloque • gonflement • **2 – emphase** • enflure • grandiloquence

bousculade *n.f.* **1 – désordre** • cohue • **2 – hâte** • cavalcade • course • précipitation

bousculer *v.tr.* **1 – déranger** • bouleverser • mettre sens dessus dessous • renverser • chambarder *fam.* • chambouler *fam.* • **2 – heurter** • percuter • pousser • rentrer dans *fam.* • **3 – malmener** • brusquer • rudoyer •

secouer · **4 -** **activer** · harceler · presser · secouer · **5 -** **émouvoir** · secouer · troubler · tournebouler *fam.*

bouse *n.f.* → **excrément**

bousillé, e *adj.* · fichu *fam.* · foutu *fam.* · h.s. *fam.* · nase *fam.* · niqué *très fam.*

bousiller *v.tr.* **1 -** [fam.] → **abîmer** · **2 -** [fam.] → **tuer**

bout *n.m.*
I 1 - extrémité · limite · pointe · **2 - embout** · [d'un pain, etc.] croûton · entame · quignon · **3 - fin** · aboutissement · achèvement · issue · terme
II 1 - morceau · fragment · part · portion · segment • [petit] éclat · miette · **2 -** [de terrain] **parcelle** · lopin · lot · **3 -** [de nourriture] **bouchée** · miette · quignon · rondelle · tranche · **4 -** [de discours] **bribe**
✦ **à bout** **1 - excédé** · exaspéré · **2 - démoralisé** · abattu · accablé
✦ **à bout de souffle** **1 - essoufflé** · haletant · **2 - épuisé** · exténué · sur les genoux *fam.* · vidé *fam.*
✦ **bout à bout** à la queue leu leu
✦ **mettre bout à bout** abouter · ajointer · joindre · rabouter
✦ **de bout en bout** de part en part · du début à la fin
✦ **venir à bout de** triompher de · vaincre
✦ **au bout du compte** finalement · en définitive · tout bien considéré · tout compte fait
CONTR. milieu – début – tout

boutade *n.f.* · plaisanterie · bon mot · mot d'esprit · trait d'esprit · saillie *littér.* · galéjade *région.* · niche *vieilli*

boute-en-train *n.m.* · amuseur · farceur · joyeux drille · gai luron · comique de la troupe

bouteille *n.f.* **1 -** flacon · fiole · **2 -** bonbonne · dame-jeanne · fiasque · tourie · **3 -** litre · boutanche *fam.* • [de plusieurs litres] magnum · balthazar · jéroboam · mathusalem · nabuchodonosor · réhoboam · salmanazar
✦ **bouteille vide** cadavre *plaisant*

bouter *v.tr.* · refouler · expulser · pousser

boutique *n.f.* · magasin · commerce · échoppe · officine *vieux*

boutiquier, -ière *n.* · commerçant · détaillant · marchand

boutoir *n.m.*
✦ **coup de boutoir** attaque · coup de bélier

bouton *n.m.* **1 - commutateur** · interrupteur · poussoir · **2 - bourgeon** · œil · **3 - pustule** · tumeur · vésicule · **4 - attache**
✦ **bouton de porte** poignée

boutonner *v.tr.* · attacher · fermer

boutonnière *n.f.* **1 - bride** · œillet · **2 -** [Chir.] **incision** · entaille

bovin, e *adj.* [péj.] · inexpressif · éteint · morne · vide

bow-window *n.m.* · oriel *recomm. offic.*

box *n.m.* · stalle

boxe *n.f.* pugilat · le noble art
✦ **boxe française** savate

boxer *v.tr.* · frapper · cogner *fam.* · bourrer de coups *fam.* · tabasser *fam.*

boxeur, -euse *n.* · pugiliste *littér.*

boxon *n.m.* → **bazar**

boyau *n.m.* **1 -** [surtout plur.] **entrailles** · intestins · tripes · viscères • [Chir.] catgut · **2 - tuyau** · conduite · **3 - conduit** · galerie · tranchée

boycott *n.m.* **1 - interdit** · blocus · **2 - ostracisme** · mise à l'index · quarantaine

boycotter *v.tr.* · ostraciser · jeter l'interdit sur · mettre à l'index · mettre en quarantaine · rompre les relations avec

bracelet *n.m.* · anneau · chaînette · gourmette · jonc · psellion *Antiquité*

brader *v.tr.* · liquider · solder · sacrifier · vendre à prix cassés, sacrifiés · bazarder *fam.*

braderie *n.f.* **1 - foire** · **2 - liquidation**

braillement *n.m.* · hurlement · beuglement · criaillerie · protestation · vocifération · gueulement *fam.*

brailler *v.intr.* **1 - hurler** · beugler · criailler · s'époumoner · vociférer · braire *fam.* · bramer *fam.* · s'égosiller *fam.* · gueuler *fam.* · **2 - pleurer** · chialer *fam.*

braire *v.intr.* → **brailler**

braise *n.f.* · tison

braisière *n.f.* · cocotte · daubière

bramer *v.intr.* **1 - raire** *vieux* · réer *vieux* · **2 -** → **brailler**

brancard *n.m.* · civière

brancardier, -ière *n.* · ambulancier

branchage *n.m.* · branches · ramée *littér.*

branche *n.f.* **1 - branchette** · brindille · rameau · ramille · rouette *vieux ou région.* · broutille *vieux* · **2 -** [de vigne] **pampre** · sarment · **3 - embranchement** · fourche · **4 - discipline** · domaine · ramification · secteur · spécialité
⋙ **branches** *plur.* · branchage · ramure · ramée *littér.*

CONTR. tronc − souche

branchement *n.m.* · connexion · raccordement · rattachement

brancher *v.tr.* **1 - connecter** · raccorder · rattacher · relier · **2 - orienter** · diriger · **3 -** [fam.] **intéresser** · passionner · **4 -** [fam.] **séduire** · plaire à · accrocher *fam.*

brandir *v.tr.* · agiter · lever en l'air · montrer

branlant, e *adj.* · chancelant · bringuebalant · instable · vacillant · brimbalant *vieilli*
CONTR. solide ı stable

branle *n.m.* **balancement** · oscillation
✦ **mettre en branle** déclencher · initier · lancer · mettre en route · mettre en train · mettre sur les rails

branle-bas *n.m. invar.* · agitation · affairement · remue-ménage · tohu-bohu

branler
■ *v.tr.* **1 - balancer** · hocher · secouer · **2 -** [fam.] → **faire**
■ *v.intr.* **chanceler** · osciller · vaciller
CONTR. tenir

braquage *n.m.* · hold-up

braquer *v.tr.* **1 - diriger** · orienter · pointer · tourner · **2 - attaquer** · agresser · voler
⋙ **se braquer** *v. pron.* · se buter · se cabrer · monter sur ses grands chevaux
CONTR. détourner

bras *n.m.* **1 - accoudoir** · accotoir · **2 - division** · **3 -** [au plur.] **main d'œuvre** · travailleurs
✦ **bras droit** adjoint · assistant · second
✦ **prendre, serrer dans ses bras** embrasser · enlacer · étreindre
✦ **baisser les bras** abandonner · se décourager · renoncer · laisser tomber *fam.*

braser v.tr. • souder

brasier n.m. • foyer • incendie

brassage n.m. • mélange • amalgame • assemblage • fusion • melting-pot *anglic.*

brasser v.tr. **1 -** remuer • tourner • touiller *fam.* • **2 -** manier • gérer • manipuler • traiter

bravache n.m. et adj. • fanfaron • rodomont *littér.* • fier-à-bras *vieilli* • matamore *vieilli* • olibrius *vieux*
CONTR. brave

bravade n.f. **1 -** défi • provocation • **2 -** fanfaronnade • rodomontade • vantardise • bravacherie *rare*

brave
■ *adj.* **1 -** courageux • hardi • héroïque • intrépide • vaillant • valeureux • crâne *vieilli* • **2 -** bon • généreux • gentil • honnête • obligeant • serviable
■ *n.m.* héros • [Moyen Âge] paladin • preux
CONTR. lâche ı couard ı peureux – malhonnête ı mauvais

bravement adv. • courageusement • crânement • hardiment • vaillamment • valeureusement
CONTR. lâchement ı timidement

braver v.tr. **1 -** défier • affronter • narguer • passer outre • provoquer • faire la nique à *fam.* • **2 - mépriser** • se moquer de • offenser • violer • faire fi de *littér.*
CONTR. éviter ı fuir – respecter ı se soumettre

bravo n.m. • applaudissement • acclamation • hourra • ovation • vivat
CONTR. huée ı sifflet

◞ **bravos, acclamations, applaudissements**
Les trois mots s'emploient surtout au pluriel pour louer une personne, un groupe. Les **applaudissements** consistent en battements des mains *(le jeu du pianiste a provoqué des applaudissements nourris)*, les **bravos** sont des marques verbales *(entendre des bravos au milieu des applaudissements)* et les **acclamations** des cris *(les acclamations de la foule)*. On crie **bravo**, on **applaudit** pour manifester son enthousiasme après avoir écouté un chanteur ou assisté à une pièce de théâtre, par exemple, ou plus simplement pour montrer qu'on approuve ce que dit un orateur. On **acclame** plutôt l'arrivée d'un artiste sur la scène, l'installation d'un orateur à la tribune.

bravoure n.f. • courage • hardiesse • héroïsme • vaillance • valeur • crânerie *vieilli*
CONTR. lâcheté
◞ **courage**

break n.m. • pause • arrêt • coupure • interruption

brebis n.f. [fig.] fidèle • ouaille

brèche n.f. **1 -** ouverture • passage • trou • trouée • **2 -** cassure • hoche *vieux*
✦ **faire une brèche dans** entamer • endommager • lézarder
CONTR. fermeture

bredouillement n.m. → bredouillis

bredouiller v.tr. et intr. • balbutier • bafouiller • bégayer • marmonner • baragouiner *fam.* • parler bredi-breda *fam., vieux*
CONTR. articuler

◞ **bredouiller, balbutier, bégayer**
Bredouiller, balbutier et **bégayer** sont relatifs à une difficulté de parler/ d'élocution. Celui qui **bredouille** a un débit précipité et articule peu distinctement *(gêné, il ne fit que bredouiller une excuse)*. À la mauvaise articulation s'ajoute l'hésitation lorsque quelqu'un **balbutie** *(l'enfant balbutiait quelques*

mots). On **bégaie** quand on articule mal et que l'on cherche ses mots dont on répète des syllabes de manière saccadée *(sa timidité le fait bégayer en public).*

bredouillis *n.m.* · balbutiement · bafouillage · bredouillage · bredouillement

¹**bref, brève** *adj.* **1 –** court · éphémère · fugace · momentané · **2 –** rapide · **3 –** succinct · concis · laconique · lapidaire · sobre · **4 –** brusque · brutal · coupant · tranchant

²**bref** *adv.* enfin · en résumé · en un mot · en un mot comme en cent · pour faire court
✦ **en bref** brièvement · en résumé · sommairement · succinctement · en deux mots · en gros *fam.*

bretelle *n.f.* **1 –** courroie · bandoulière · lanière • [de vêtement] épaulette · **2 – voie de raccordement** · embranchement

breuvage *n.m.* · boisson · nectar · philtre

brevet *n.m.* **1 –** certificat · diplôme · parchemin *plaisant* · **2 –** licence (d'exploitation) · patente *Québec*

bréviaire *n.m.* **1 –** livre d'heures · **2 –** [fig.] bible · livre de chevet

bribe *n.f.* **1 –** fragment · bout · miette · morceau · parcelle · **2 –** citation · extrait · passage
CONTR. masse ı tout

bric-à-brac *n.m. invar.* · bazar · fatras · bastringue *fam.* · fourbi *fam.* · foutoir *fam.*

bricolage *n.m.* **1 –** bricole *fam.* · **2 – travail d'amateur** · bidouillage

bricole *n.f.* **1 –** bibelot · bagatelle · babiole · bibus *vieux* · brimborion *vieux* · **2 –** bêtise · babiole · bagatelle · broutille · frivolité · futilité · rien · vétille · **3 –** [surtout plur., fam.] ennui · problème

bricoler *v.tr.* **1 – fabriquer** · mettre au point · bidouiller *fam.* · **2 – réparer** · arranger · bidouiller *fam.* · **3 –** [fam., sans complément] trafiquer *fam.* · bidouiller *fam.* · ficher *fam.* · foutre *fam.* · magouiller *fam.* · traficoter *fam.*

bride *n.f.* **1 –** rêne · bridon · **2 –** jugulaire · mentonnière

brider *v.tr.* **1 –** freiner · contenir · entraver · refréner · réprimer · tenir en bride · **2 –** serrer · boudiner · comprimer · **3 –** trousser · ficeler
CONTR. débrider ı libérer

briefer *v.tr.* · informer · mettre au courant · mettre au parfum *fam.* · rancarder *fam.*

brièvement *adv.* **1 –** momentanément · **2 –** rapidement · **3 –** succinctement · laconiquement · en peu de mots
CONTR. constamment ı continuellement – lentement – longuement

brièveté *n.f.* **1 –** rapidité · brusquerie · **2 –** concision · laconisme
CONTR. ampleur ı longueur – prolixité ı verbosité

brigade *n.f.* **1 –** troupe · régiment · **2 –** équipe · escouade

brigand *n.m.* **1 –** bandit · gangster · malfaiteur · pillard · pirate · truand · voleur · malfrat *fam.* · coupe-jarret *vieux ou plaisant* · malandrin *littér.* · barbet *anciennt* · clephte *anciennt* · **2 –** chenapan · coquin · fripon · vaurien

brigandage *n.m.* **1 –** banditisme · gangstérisme · pillage · vol · **2 –** concussion · déprédation · exaction · rapine

brigander *v.tr.* [Suisse] malmener · maltraiter

brigue *n.f.* **1 - intrigue** · tractations · magouilles *fam.* · **2 -** [vieux] **complot** · cabale · conjuration · conspiration

briguer *v.tr.* · ambitionner · convoiter · poursuivre · rechercher · viser · lorgner (sur) *fam.*

brillamment *adv.* · remarquablement · superbement · splendidement · avec brio
CONTR. médiocrement

brillance *n.f.* · éclat · brillant

¹**brillant, e** *adj.* **1 - lumineux** · chatoyant · éblouissant · éclatant · étincelant · flamboyant · luisant · lustré · miroitant · phosphorescent · radieux · rayonnant · resplendissant · rutilant · scintillant · brasillant *littér.* · coruscant *littér.* · nitescent *littér.* · **2 - magnifique** · éblouissant · éclatant · fastueux · luxueux · riche · séduisant · somptueux · splendide · superbe · **3 - captivant** · intéressant · pétillant · spirituel · vif · **4 - doué** · fameux · émérite · illustre · remarquable

²**brillant** *n.m.* **1 - éclat** · clarté · luminosité · rayonnement · nitescence *littér.* · **2 - diamant** · [unique] solitaire

briller *v.intr.*
I 1 - étinceler · chatoyer · flamboyer · luire · miroiter · rayonner · resplendir · rutiler · scintiller · brasiller *littér.* · **2 - pétiller** · étinceler · s'illuminer · luire
II 1 - se distinguer · impressionner · **2 - exceller** · faire des étincelles *fam.*
✦ **faire briller   1 - astiquer** · briquer · cirer · **2 - promettre** · faire miroiter
CONTR. s'obscurcir – s'assombrir – s'effacer

brimade *n.f.* · épreuve · avanie · tracasserie · vexation · [plur., à un nouveau] bizutage

brimer *v.tr.* · tourmenter · maltraiter · opprimer · persécuter · [un nouveau] bizuter

brin *n.m.* **1 - brindille** · fétu · **2 - filament** · fibre · fil
✦ **un brin (de)**   un atome · une bribe · un doigt · une goutte · un grain · une larme · une miette · un nuage · une once · une parcelle · un soupçon · une lichette *fam.* · [d'air] un souffle

brindille *n.f.* · branchette · ramille *littér.*

bringue *n.f.* → **fête**

bringuebaler
▪ *v.intr.* **se balancer** · osciller · tanguer
▪ *v.tr.* [vieux ou littér.] **agiter** · ballotter · secouer · brimbaler *vieux*

brio *n.m.* · virtuosité · éclat · entrain · fougue · maestria · panache · pétulance · vivacité
CONTR. maladresse

brioche *n.f.* · ventre · panse · bedon *fam.* · bedaine *fam.* · bide *fam.* · bedondaine *fam., vieilli*

brique *n.f.* **1 - carton** · berlingot · brick *nom déposé* · **2 - adobe** · **3 -** [fam.] **million** · bâton *fam.*

briquer *v.tr.* · astiquer · frotter · fourbir

bris *n.m.* · destruction · casse · rupture

brisant *n.m.* · écueil · récif

brise *n.f.* · zéphyr *littér.*

brisées *n.f.pl.* · traces · voie

brise-fer *n.m. invar.* · brise-tout

brise-lame *n.m.* · digue · estacade · môle

briser *v.tr.*
I casser · broyer · démolir · ébrécher · fracasser · fracturer · mettre en pièces · pulvériser · réduire en miettes · rompre · atomiser *fam.*

II 1 - affliger · accabler · bouleverser · fendre le cœur à · **2 - anéantir** · détruire · mettre fin à · ruiner • [une révolte] écraser · étouffer · mater · **3 - fatiguer** · éreinter · harasser · casser *fam.* · crever *fam.* · vider *fam.*
III enfreindre · violer
⋙ **se briser** *v.pron.* **1 - se casser** · éclater · se rompre · voler en éclats · **2 - déferler**
CONTR. consolider ׀ réparer

briseur, -euse *n.*
✦ **briseur de grève**   jaune *péj.* · renard *vieux*

brisure *n.f.* **1 - cassure** · fêlure · fente · fracture · **2 - fragment** · bout · miette · morceau · parcelle

broc *n.m.* · pichet

brocante *n.f.* · chine

brocanter *v.intr.* · chiner

brocanteur, -euse *n.* · antiquaire · chineur

brocarder *v.tr.* · railler · se moquer de · persifler · tourner en dérision

broche *n.f.* **1 - attache** · barrette •[Antiquité] fibule · **2 - brochette** · hâtelet *vieux*

brochette *n.f.* **1** - hâtelet *vieux* · lardoire *vieux* · **2** - [fam.] **groupe** · pléiade · rangée · sélection

brochure *n.f.* · bulletin · fascicule · livret · opuscule · plaquette · tract

brodequin *n.m.* · godillot · ranger · pataugas *nom déposé*

broder *v.tr.* **1 - agrémenter** · développer · embellir · enjoliver · **2 - exagérer** · fabuler · inventer · en rajouter *fam.*

broderie *n.f.* · dentelle · entre-deux · guipure · tapisserie

broncher *v.intr.* **1 - protester** · bouger · ciller · manifester · murmurer · réagir · sourciller · moufter *fam.* · **2 -** [cheval] **achopper** · chopper · trébucher

bronzage *n.m.* · hâle

bronzant, e *adj.* · solaire

bronze *n.m.* · airain *littér.*

bronzé, e *adj.* · hâlé · basané · doré · tanné
CONTR. blanc ׀ clair ׀ pâle

bronzer *v.tr.* · hâler · basaner · boucaner · brunir · dorer · noircir · tanner

brosse *n.f.* **1 - pinceau** · blaireau · **2 - écouvillon** · goupillon · [pour chevaux] étrille •[à cheminée] hérisson •[à plafond] tête-de-loup

brosser *v.tr.* **1 - épousseter** · étriller · frotter · **2 - dépeindre** · camper · décrire · esquisser · peindre · **3 -** [Belgique] **sécher** *fam.*
✦ **il peut se brosser**   [fam.] il peut courir *fam.* · il peut repasser *fam.* · il peut se fouiller *fam.*

brouet *n.m.* · bouillon · jus · potage · chaudeau *ancienn. ou région.*

brouhaha *n.m.* · rumeur · bourdonnement •[fort] tapage · tumulte

brouillage *n.m.* **1 - parasitage** · parasites · friture *fam.* · **2 - cryptage** · embrouillage *recomm. offic.*

¹**brouillard** *n.m.* **1 - brume** · buée · vapeur · brouillasse *péj.* · purée de pois *fam.* · [toxique] smog · **2 -** [Phys.] **aérosol**

²**brouillard** *n.m.* · main courante · brouillon *vieux*
✦ **papier brouillard**   buvard

brouillasser v. impers. · bruiner · crachiner · pleuvasser · pleuviner

brouille n.f. · dispute · différend · fâcherie · froid · mésentente · bisbille *fam.* · brouillerie *vieilli*
CONTR. réconciliation

brouillé, e adj. 1 - fâché · en froid · 2 - terne · terreux
✦ œufs brouillés   brouillade

brouiller v.tr. 1 - mélanger · embrouiller · emmêler · enchevêtrer · mêler · 2 - altérer · embrouiller · troubler · 3 - fâcher · désunir · enfoncer un coin entre · semer la zizanie chez · 4 - parasiter · coder · crypter
➤ **se brouiller** v.pron. 1 - s'emmêler · se confondre · devenir confus · 2 - se fâcher · se disputer · 3 - se troubler · se voiler · 4 - se gâter · s'assombrir · se couvrir · s'obscurcir · se voiler
CONTR. clarifier ׀ éclaircir – classer ׀ débrouiller ׀ démêler – raccommoder ׀réconcilier

¹**brouillon, -onne** adj. · confus · désordonné · embrouillé · bordélique *fam.*

²**brouillon** n.m. · ébauche · esquisse · premier jet · rough *anglic.*

broussaille n.f. · fourré · buisson · [au plur.] écrues *région.* · fardoches *région., Québec*

broussailleux, -euse adj. · touffu · buissonneux

brouter v.tr. · paître · pacager · pâturer

broutille n.f. · bêtise · babiole · bagatelle · frivolité · futilité · rien · vétille · bricole *fam.*
➤ bagatelle

broyer v.tr. 1 - écraser · moudre · pulvériser · piler · écrabouiller *fam.* · [Techn.] bocarder · écacher · égruger · triturer · 2 - croquer · mâcher · mastiquer · 3 - anéantir · annihiler · détruire · laminer

bru n.f. · belle-fille

bruine n.f. · crachin · brouillasse · boucaille *argot Marine*

bruiner v. impers. · brouillasser · crachiner · pleuvasser · pleuviner

bruineux, -euse adj. · pluvieux

bruire v.intr. · chuchoter · murmurer · bruisser *rare*

bruissement n.m. 1 - chuchotement · murmure · 2 - froissement · froufrou

bruit n.m. 1 - [léger] bruissement · chuchotement · chuintement · clapotage · clapotement · clapotis · clappement · cliquetis · craquètement · crépitation · crépitement · crissement · froissement · froufrou · gargouillement · gargouillis · gazouillement · grésillement · grincement · pétillement · ronron · ronronnement · tintement · 2 - [fort, violent] **battement** · claquement · craquement · clameur · déflagration · détonation · éclat · fracas · grondement · pétarade · roulement · stridulation · vrombissement · 3 - [fort, gênant] **tintamarre** · cacophonie · charivari · tapage · tumulte · vacarme · barouf *fam.* · boucan *fam.* · chahut *fam.* · chambard *fam.* · foin *fam.* · pétard *fam.* · potin *fam.* · raffut *fam.* · ramdam *fam.* · tintouin *fam.* · barnum *fam., vieux* · bousin *fam., vieux* · 4 - [mélodieux] chant · murmure · musique · souffle · soupir · 5 - [de respiration] râle · sifflement · souffle · soupir · cornage (*Méd.*) · sifflage *Vét.* · 6 - [de l'estomac] borborygme · gargouillement · gargouillis · 7 - parasites · brouillage · souffle · 8 - → son · 9 - → cri
✦ **bruit qui court** rumeur · bavardage · commérage · on-dit · cancan *fam.* · potin *fam.* · racontar *fam.* · ragot *fam.* · conte *vieilli*

+ **faire du bruit** faire parler de soi · avoir un grand retentissement · faire couler beaucoup d'encre
+ **à grand bruit** bruyamment
+ **sans bruit** discrètement · sans tambour ni trompette

CONTR. silence

brûlant, e *adj.* **1 - chaud** · bouillant · cuisant · [soleil] torride · **2 - délicat** · épineux · glissant · périlleux · sensible · **3 - vif** · ardent · dévorant · enflammé · fervent · passionné

CONTR. froid | glacé

brûlé, e *adj.* **1 - calciné** · roussi · cramé *fam.* · **2 - démasqué** · découvert · grillé *fam.*

brûle-parfum *n.m.* · cassolette · encensoir

brûle-pourpoint (à) *loc. adv.* · brusquement · abruptement · de but en blanc · ex abrupto

brûler
■ *v.tr.* **1 - calciner** · carboniser · consumer · embraser · griller · incendier · Incinérer · cramer *fam.* · **2 - roussir** · brouir *vieilli ou région.* · **3 - torréfier** · griller · **4 - irriter** · piquer
■ *v.intr.* **se consumer** · s'embraser · flamber · cramer *fam.* · ardre *vieux*

»» **se brûler** *v.pron.* s'ébouillanter · s'échauder

brûlure *n.f.* **1 - chaleur** · feu · irritation · urtication · **2 - échauffement** · échaudure *rare* · **3 -** [d'estomac] **acidité** · aigreur

brumasser *v. impers.* · brouillasser

brume *n.f.* · brouillard · brouillasse · brumaille · brumasse · vapeur · voile

brumeux, -euse *adj.* **1 - brouillardeux** · voilé · **2 - confus** · flou · fumeux · nébuleux · obscur · vague

CONTR. clair | lumineux – précis

brun, e *adj.* **1 - bistre** · brunâtre · chocolat · mordoré · tête de maure · tête de nègre · tabac · terre d'ombre · feuille morte · brunet *vieux* · **2 - basané** · bistre · bistré · boucané · brique · bronzé · hâlé · noir · tanné · **3 -** [cheveux] **châtain** · marron · **4 -** [cheval] **bai**

brunante *n.f.* → brune

brune *n.f.* · soir · brunante *Québec*

brunir *v.tr.* · basaner · boucaner · bronzer · hâler · noircir · tanner

CONTR. éclaircir

brusque *adj.* **1 - abrupt** · bourru · brutal · cavalier · rude · violent · **2 - bref** · cassant · cinglant · sec · vif · **3 - animal** · bestial · **4 - soudain** · imprévu · inattendu · inopiné · précipité · subit
+ **mouvement brusque** à-coup · bond · saccade · saut · soubresaut · sursaut

CONTR. doux | mesuré | posé – progressif

brusquement *adv.* **1 - soudainement** · à brûle-pourpoint · de but en blanc · du jour au lendemain · inopinément · subitement · tout à coup · sans préavis · **2 - brutalement** · vivement

CONTR. graduellement | progressivement – doucement

brusquer *v.tr.* **1 - hâter** · activer · précipiter · presser · **2 - malmener** · bousculer · rudoyer · secouer

CONTR. ralentir – ménager

brusquerie *n.f.* **1 - rudesse** · brutalité · **2 -** [littér.] **soudaineté** · hâte · rapidité

CONTR. douceur – lenteur

brut, e *adj.* **1 - naturel** · originel · primitif · pur · sauvage · vierge · **2 - grossier** · fruste · inachevé · rudimentaire · **3 -** [toile] **écru** · [soie] **grège**

CONTR. évolué | façonné | ouvré | raffiné | travaillé – raffiné | délicat

brutal, e *adj.* **1 - agressif** · dur · vif · violent · **2 - brusque** · cru · direct · franc · rude · sec · vif · **3 - soudain** · brusque · inattendu · inopiné · précipité · subit · **4 - animal** · bestial · grossier
CONTR. aimable ׀ doux

brutalement *adv.* **1 - agressivement** · brusquement · durement · rudement · violemment · vivement · à la cosaque · à la hussarde · à la cravache · manu militari · **2 - soudainement** · brusquement · inopinément · précipitamment · subitement
CONTR. délicatement ׀ doucement − progressivement

brutaliser *v.tr.* · battre · brusquer · frapper · malmener · maltraiter · molester · rudoyer

brutalité *n.f.* **1 - barbarie** · cruauté · dureté · férocité · inhumanité · sauvagerie · violence · **2 - brusquerie** · rudesse · **3 - animalité** · bestialité

brutalités *plur.* **sévices** · coups · mauvais traitements · maltraitance · violences · voies de fait *(Droit)*
CONTR. amabilité ׀ douceur

brute *n.f.* **1 - goujat** · malotru · mufle · rustre · gougnafier *fam.* · butor *vieilli ou plaisant* · malappris *vieilli* · **2 -** [littér.] bête

bruyamment *adv.* · tapageusement · bien fort · haut et fort · tumultueusement
CONTR. silencieusement

bruyant, e *adj.* **1 - assourdissant** · fracassant · retentissant · sonore · tonitruant · **2 - tapageur** · braillard *fam.* · beuglard *fam.* · gueulard *fam.*
✦ **être très bruyant** faire un ramdam, un tam-tam de tous les diables *fam.*
CONTR. silencieux ׀ tranquille

bruyère *n.f.* · brande · lande

buccal, e *adj.* · oral

¹**bûche** *n.f.* · rondin · bûchette

²**bûche** *n.f.* [fam.] → **chute**

bucolique
■ *adj.* **agreste** · champêtre · pastoral
■ *n.f.* **églogue** · idylle · pastorale

budget *n.m.* **1 - comptes** · comptabilité · **2 - somme** · enveloppe
✦ **boucler son budget** joindre les deux bouts *fam.*

buée *n.f.* · condensation · brume

buffet *n.m.* **1 - armoire** · bahut · commode · crédence · desserte · dressoir · vaisselier · **2 - cocktail** · lunch · **3 - buvette** · cafétéria

buisson *n.m.* · fourré · broussaille · hallier · taillis · breuil *Chasse, région.*

buissonneux, -euse *adj.* · broussailleux · fourni · touffu

buissonnier, -ière *adj.* · libre · original · vagabond

bulbe *n.m.* · oignon ● [excroissance] bulbille · caïeu

bulldozer *n.m.* · bouteur *recomm. offic.* · excavateur · pelle mécanique · pelleteuse · bull *fam.*

bulle *n.f.* **1 - ampoule** · cloque · vésicule · phlyctène *(Méd.)* · **2 - boule** · balle · **3 -** [de bande dessinée] **phylactère** · ballon

bulletin *n.m.* **1 - attestation** · certificat · récépissé · reçu · **2 - bordereau** · ordre · **3 - communiqué** · carnet de notes · rapport · **4 - publication** · journal · périodique · revue
✦ **bulletin d'information** journal · flash · nouvelles

bunker n.m. • blockhaus • casemate • fortin

bureau n.m.
I 1 - secrétaire • table (de travail) • 2 - cabinet • étude
II 1 - agence • antenne • filiale • 2 - comité • commission

bureaucrate n. • gratte-papier *péj.* • gratteur de papier *péj.* • paperassier *péj.* • rond-de-cuir *péj.* • scribe *péj.* • scribouillard *péj.*

burette n.f. • flacon • fiole

burin n.m. • bédane • charnière • drille • échoppe • guilloche • onglette • pointe sèche

burlesque adj. 1 - bouffon • comique • cocasse • 2 - farfelu • extravagant • grotesque • saugrenu • loufoque *fam.*
CONTR. grave | tragique

bus n.m. • autobus • car

buse n.f. • conduit • canalisation • tuyau

business n.m. • affaires • commerce • négoce • bizness *fam.*

busqué, e adj. • aquilin • bourbonien • recourbé

buste n.m. 1 - torse • poitrine • tronc • 2 - seins • poitrine • gorge *vieux*

but n.m. 1 - objectif • dessein • fin • intention • objet • propos • résolution • visée • vue • 2 - motif • cause • motivation • raison • 3 - cible • objectif • point de mire
+ **aller droit au but** ne pas y aller par quatre chemins *fam.* • ne pas prendre de gants *fam.*
+ **atteindre, frapper, toucher le but** mettre dans le mille • faire mouche • tirer au blanc
+ **toucher au but** arriver à bon port
+ **de but en blanc** à brûle-pourpoint • brusquement • ex abrupto

+ **dans le but de** afin de • dans l'intention de • aux fins de *soutenu*

buté, e adj. 1 - entêté • obstiné • têtu (comme une mule) • cabochard *fam.* • 2 - borné • à la vue courte • étroit
CONTR. ouvert

butée n.f. • butoir • arrêtoir

buter v.tr. 1 - braquer • cabrer • 2 - étayer • appuyer • épauler • soutenir
+ **buter sur** 1 - cogner • heurter • trébucher sur • 2 - rencontrer • achopper à • broncher sur
>> **se buter** v.pron. s'entêter • se braquer • s'obstiner • s'opiniâtrer *littér.*

butin n.m. • capture • dépouille • prise • proie • trophée • fade *argot* • gâteau *fam.* • pied *argot*

butiner v.tr. • glaner • grappiller • récolter

butoir
■ n.m. **heurtoir**
■ adj. invar. limite • de rigueur • incontournable

butor n. • balourd • âne • idiot • lourdaud • cruche *fam.*

butte n.f. colline • éminence • élévation • hauteur • mont • monticule • motte • tertre
+ **être en butte à** être exposé à • prêter le flanc à • servir de point de mire à
CONTR. creux | dépression

butter v.tr. • chausser
CONTR. déchausser

buvable adj. 1 - potable • 2 - [fam.] supportable • acceptable • passable • tolérable • potable *fam.*
CONTR. imbuvable

buvette *n.f.* · bar · buffet · café · cafétéria

buveur, -euse *n.* **1** - consommateur · **2** - ivrogne · alcoolo *fam.* · picoleur *fam.* · pochard *fam.* · poivrot *fam.* · soûlard *fam.* · soûlaud *fam.*

byzantin, e *adj.* [péj.] compliqué · oiseux · stérile · vain

◆ **avoir une discussion, une querelle byzantine** discuter sur le sexe des anges · couper les cheveux en quatre · enculer les mouches *très fam.*

cabale *n.f.* **1** - complot · conjuration · conspiration · intrigue · **2** - [vieux] **clique** · coterie · faction · ligue · **3** - [vieux] **occultisme** · magie · théosophie
➥ **complot**

cabalistique *adj.* **1** - ésotérique · hermétique · magique · occulte · **2** - mystérieux · impénétrable · obscur · sibyllin
CONTR. clair ı limpide

caban *n.m.* · vareuse · manteau · capote *ancienn.*

cabane *n.f.* · baraque · cabanon · cahute · case · hutte · bicoque *fam.*
➥ **baraque**

cabanon *n.m.* · cabane · appentis · remise

cabaret *n.m.* · café-concert · music-hall · café chantant *vieux*

cabas *n.m.* · sac à provisions · couffe *région.* · couffin *région.*

cabestan *n.m.* · treuil · vindas · winch

cabine *n.f.* **1** - couchette · chambre · **2** - habitacle · carlingue · cockpit

cabinet *n.m.* **1** - réduit · cagibi · débarras · **2** - agence · bureau · étude

➤ **cabinets** *plur.* toilettes · latrines · waters · w.-c. · water-closet · petit coin *fam.* · pipi-room *fam.* · chiottes *très fam.* · gogues *très fam.* · goguenots *très fam.* · tartisses *argot* · buen retiro *vieux* · garde-robe *vieux*

câble *n.m.* **1** - corde · filin · liure · remorque · touée · **2** - télégramme · câblogramme · bleu *vieux*

câbler *v.tr.* **1** - télégraphier · **2** - toronner

cabochard, e *adj. et n.* · entêté · forte tête · têtu

caboche *n.f.* → tête

cabosser *v.tr.* · bosseler · bossuer · déformer

cabot *n.m.* → chien

cabotin, e *n. et adj.* **1** - prétentieux · m'as-tu-vu · poseur · **2** - cabot · histrion *littér. et péj.* · ringard *fam.*
CONTR. modeste ı naturel ı simple

cabrer *v.tr.* braquer · buter
➤ **se cabrer** *v.pron.* se braquer · se buter · se révolter · se rebiffer *fam.*

cabri *n.m.* · chevreau · biquet *fam.*

cabriole *n.f.* • bond • entrechat • culbute • galipette • gambade • pirouette • saut

cabriolet *n.m.* **1 -** décapotable • **2 -** [anciennt] boghei • cab • tilbury • wiski

caca *n.m.* → excrément

cache *n.f.* • cachette • planque *fam.*

caché, e *adj.* **1 -** clandestin • occulte • secret • souterrain • **2 -** secret • codé • cryptique
CONTR. apparent ι visible
↝ secret

cacher *v.tr.* **1 -** dissimuler • camoufler • faire disparaître • receler • celer *littér.* • planquer *fam.* • mucher *fam., région.* • musser *vieux ou région.* • **2 -** abriter • enfermer • enserrer • renfermer • serrer • **3 -** [dans la terre] enfouir • ensevelir • enterrer • **4 -** voiler • couvrir • envelopper • masquer • recouvrir • **5 -** [la vue] boucher • arrêter • **6 -** éclipser • occulter • offusquer *vieilli* • **7 -** taire • dissimuler • étouffer • tenir secret • celer *littér.*
⟫ **se cacher** *v.pron.* se dérober • disparaître (à la vue) • s'embusquer • se tapir • se terrer • se mettre à l'abri • se planquer *fam.* • se musser *vieux ou région.*
CONTR. montrer ι exhiber – déceler ι découvrir – déterrer ι exhumer ι sortir – avouer ι exprimer ι révéler – apparaître ι se manifester ι paraître

↝ **cacher, camoufler, dissimuler**

L'idée de faire disparaître un élément de la réalité relie les trois verbes. *Cacher* s'emploie quand on ôte un objet du lieu où il se trouve pour qu'on ne puisse plus le voir *(cacher des clés, de l'argent)*. On peut également *cacher ses cheveux sous un foulard*, ou *cacher ses sentiments* : il s'agit alors d'empêcher que quelque chose soit vu en le masquant. Avec cette valeur, on peut aussi utiliser **dissimuler** *(dissimuler son corps sous une large robe, dissimuler ses intentions)*. *Dissimuler*

ajoute souvent l'idée de feinte : « la parole a été donnée à l'homme pour dissimuler sa pensée » (Talleyrand *in* Louis Madelin, *Talleyrand*). **Camoufler** implique que l'on change l'apparence d'une chose pour qu'elle ne soit pas reconnue comme telle *(camoufler un meurtre en suicide)*, ce qui explique son usage à propos d'armes ou de matériel de guerre *(camoufler un blindé avec des feuillages)*.

cachet *n.m.* **1 -** comprimé • capsule • gélule • pastille • **2 -** sceau • empreinte • estampille • oblitération • tampon • timbre • **3 -** caractère • charme • originalité • style • **4 -** rétribution

cacheter *v.tr.* **1 -** estampiller • sceller • **2 -** fermer
CONTR. décacheter

cachette *n.f.* **1 -** cache • repaire • planque *fam.*
✦ **en cachette** **1 -** à la dérobée • en catimini • clandestinement • discrètement • furtivement • en secret • en tapinois • secrètement • sournoisement • en douce *fam.* • à musse-pot *vieux, région.* • **2 -** [rire] **dans sa barbe** • sous cape
CONTR. franchement ι carrément ι ouvertement ι résolument
↝ repaire

cachot *n.m.* • prison • cellule • oubliette (souvent au plur.) • geôle *littér.* • mitard *argot* • basse-fosse *vieux*

cachotteries *n.f.pl.* • mystères • secrets • messes basses *fam.*

cachottier, -ière *adj.* • secret • mystérieux

cacochyme *adj.* • maladif • débile • malingre • souffreteux • valétudinaire *vieux ou littér.*
CONTR. vigoureux ι robuste ι valide
↝ maladif

cacophonie n.f. **1 - dissonance** · **2 - vacarme** · tintamarre · boucan fam.
CONTR. euphonie – silence ı calme

cadavérique adj. · livide · blafard · plombé · terreux · cadavéreux littér.

cadavre n.m. **1 - mort** · corps · dépouille · macchabée fam. · **2 - charogne**
CONTR. vivant

cadeau n.m. **1 - don** · offrande · présent littér. · **2 - bienfait** · bénédiction · manne

cadence n.f. **1 - allure** · vitesse · **2 - rythme**

cadencer v.tr. · rythmer

cadet, ette n. · benjamin · dernier · junior · puîné vieilli

cador n.m. · caïd · chef (de bande)

cadran n.m. clavier
✦ **cadran solaire** gnomon

cadre n.m. **1 - encadrement** · bordure · chambranle · châssis · **2 - décor** · environnement · milieu · paysage · **3 - domaine** · champ · limites · sphère · zone · **4 - manager** · [au plur.] encadrement

cadrer
■ v.tr. **centrer**
■ v.intr. **s'accorder** · s'assortir · coïncider · concorder · correspondre · coller fam.
✦ **faire cadrer** concilier
CONTR. déparer ı jurer – accorder

cadreur, -euse n. · caméraman · opérateur de prises de vue
↪ **caméraman**

caduc, -uque adj. **1 - démodé** · dépassé · désuet · obsolète · périmé · vieux · **2 - annulé** · nul · **3 -** [feuilles] **décidu**
CONTR. jeune ı neuf ı vivace – confirmé ı ratifié ı validé

¹**cafard, e** n. **1 -** [vieux] **hypocrite** · bigot · tartuffe · **2 - dénonciateur** · rapporteur · balance fam. · cafteur fam. · mouchard fam. · sycophante littér.

²**cafard** n.m. **déprime** · blues fam. · bourdon fam. · noir fam., vieilli · spleen littér.
✦ **avoir le cafard** avoir du vague à l'âme · broyer du noir · déprimer · ne pas avoir le moral · avoir le bourdon fam. · avoir le moral à zéro, dans les chaussettes fam. · avoir un coup de calcaire fam. · cafarder fam.

cafarder
■ v.intr. **déprimer** · avoir du vague à l'âme · broyer du noir · ne pas avoir le moral · avoir le bourdon fam. · avoir le moral à zéro, dans les chaussettes fam. · avoir un coup de calcaire fam.
■ v.tr. **dénoncer** · cafter fam. · moucharder fam.

cafardeux, -euse adj. **1 - déprimé** · mélancolique · triste · **2 - déprimant** · glauque · lugubre · sinistre · sordide · triste

¹**café** n.m. · express · expresso · (petit) noir · caoua fam. · jus fam. · [mauvais] jus de chaussette fam. · lavasse fam.

²**café** n.m. · bar · bistrot · brasserie · buvette · cafétéria · débit de boissons · pinte Suisse · rade argot · troquet fam. · zinc fam., vieilli · estaminet région., vieilli · assommoir fam., vieux · bouchon vieux · bougnat fam., vieux · caboulot péj., vieux · cabaret vieilli · cafeton vieux · cambuse vieux · mastroquet vieux · popine vieux

cafetier, -ière n. · limonadier vieilli ou Admin. · bistrot vieux · mastroquet vieux

cafetière n.f. **1 - percolateur** · **2 - verseuse** · **3 -** [fam.] → **tête**

cafouillage n.m. • confusion • désordre • cafouillis fam. • embrouillamini fam. • méli-mélo fam. • micmac fam. • pagaille fam.

cafouiller v.intr. • s'embrouiller • s'emmêler • s'empêtrer • se prendre les pieds dans le tapis fam. • s'emmêler les pinceaux fam.

cafouillis n.m. → cafouillage

cage n.f. 1 - [à oiseaux] volière • [à volaille] épinette • mue • nichoir • [à lapins] clapier • lapinière • 2 - prison • geôle littér. • 3 - [Horlogerie] boîte • boîtier • 4 - [Foot] but

cageot n.m. • cagette • clayette • caissette

cagibi n.m. • réduit • débarras

cagnotte n.f. • économies • bas de laine • tirelire

cahier n.m. 1 - album • bloc-notes • calepin • carnet • registre • 2 - fascicule

cahin-caha adv. • péniblement • tant bien que mal • clopin-clopant fam. • balin-balan fam., région.
CONTR. aisément ı facilement ı commodément ı lestement

cahot n.m. 1 - heurt • cahotement • secousse • soubresaut • 2 - difficulté • anicroche • contrariété • obstacle • vicissitude littér. • hic fam.

cahoter
■ v.tr. ballotter • éprouver • secouer
■ v.intr. bringuebaler • osciller

cahoteux, -euse adj. • cahotant

cahute n.f. 1 - cabane • hutte • cagna argot militaire • 2 - masure • baraque • bicoque

caïd n.m. 1 - chef (de bande) • cador argot • 2 - huile fam. • gros bonnet fam. • (grosse) légume fam. • manitou fam. • ponte fam.

caillé n.m. • caillebotte

cailler
■ v.tr. **coaguler** • figer
■ v.intr. 1 - coaguler • se figer • 2 - [fam.] → avoir froid

caillou n.m. • gravier • pierre • galet • rocaille • caillasse fam.

caillouter v.tr. • empierrer • ballaster

caillouteux, -euse adj. • pierreux • rocailleux

cailloutis n.m. • empierrement • cailloux

caisse n.f. 1 - boîte • caissette • coffre • malle • 2 - [fam.] → voiture

caissier, -ière n. • comptable • trésorier

caisson n.m. cloche (à plongeur)
✦ maladie des caissons   barotraumatisme

cajoler v.tr. • câliner • caresser • choyer • dorloter • mignoter vieux • amignarder vieux ou région.
CONTR. brusquer ı malmener ı rudoyer
↬ **caresser**

cajolerie n.f. • câlinerie • câlin • caresse • chatterie • tendresse • bicherie vieux

cajoleur, -euse adj. • câlin • caressant • tendre
CONTR. bourru ı brusque ı revêche ı rude

cal n.m. • callosité • calus • durillon

calamité n.f. 1 - catastrophe • cataclysme • désastre • fléau • 2 - malheur • désolation • misère
CONTR. bonheur – bénédiction ı félicité

calamité, catastrophe, fléau, malheur

Malheur est le terme général pour désigner tout événement dont les conséquences sont négatives pour une personne ou un groupe *(un terrible malheur ; il lui est arrivé malheur)*. Une **catastrophe** se différencie d'un grand malheur en ce qu'elle survient brutalement et entraîne, très souvent, de nombreux morts *(une catastrophe aérienne ; le tremblement de terre/ l'ouragan a provoqué une catastrophe humanitaire)*. Avec **calamité**, c'est l'étendue du malheur qui est restituée : d'origine naturelle, la calamité atteint une communauté humaine importante et l'anéantit en partie *(une épidémie de grippe peut devenir une calamité)*. Un **fléau**, est d'origine naturelle ou non ; il détruit ou affecte des régions entières ou des populations *(les criquets, fléau du nord de l'Afrique ; le fléau des guerres, du sida, du chômage)*.

calamiteux, -euse *adj.* **1** - catastrophique · désastreux · funeste · **2** - pitoyable · affligeant · lamentable · minable · navrant · nul

calancher *v.intr.* → mourir

calciner *v.tr.* · brûler · carboniser · griller · cramer *fam.*

calcul *n.m.*
I **1** - arithmétique · algèbre · **2** - mesure · compte · détermination · estimation · évaluation · **3** - estimation · prévision · spéculation · supputation
II **1** - manigance · manœuvre · menées · stratégie · **2** - intérêt

calculatrice *n.f.* · calculette

calculer *v.tr.* **1** - chiffrer · compter · mesurer · **2** - estimer · évaluer · peser · prévoir · supputer · **3** - arranger · combiner · préméditer · prévoir · régler

cale *n.f.* **1** - soute · **2** - bassin (de radoub)

calé, e *adj.* **1** - fort · doué · qui assure *fam.* · **2** - compliqué · ardu · difficile · chiadé *fam.*

caleçon *n.m.* **1** - calebar *fam.* · calecif *fam.* · **2** - [vieilli] maillot (de bain) · slip (de bain)

calembour *n.m.* · jeu de mots · à-peu-près *vieilli*

calendrier *n.m.* **1** - éphéméride · almanach · ménologe *(Relig.)* · **2** - planning · échéancier · **3** - agenda · emploi du temps

calendrier, agenda, almanach, éphéméride

Un **calendrier** courant comprend les divisions de l'année en mois et en jours, l'indication du début des saisons et les phases de la lune. Il fournit, outre la date des fêtes, un nom de saint pour chaque jour *(le calendrier de la poste, chercher son prénom dans le calendrier)*. L'**almanach** contient un calendrier, des renseignements dans des domaines variés (par exemple en astronomie et en météorologie) ; il donne aussi des conseils pratiques : « Il a trouvé dans l'almanach une recette de santé pour ses lapins » (Suzanne Prou, *la Terrasse des Bernardini*). Dans son sens courant, l'**éphéméride** est un calendrier, le plus souvent utilisé dans un bureau, dont on retire chaque jour une feuille. L'**agenda** se présente sous la forme d'un petit carnet, chaque page étant réservée à un ou plusieurs jours dans l'ordre du calendrier : on y inscrit ce que l'on fera ou ce qui est fait *(tenir, consulter un agenda)*.

calepin *n.m.* · carnet · bloc-notes · répertoire

[1]**caler** *v.intr.* · céder · abandonner · reculer · renoncer

[2]**caler**

■ *v.intr.* s'arrêter · s'immobiliser · bloquer

■ *v.tr.* **appuyer** · assujettir · étayer · fixer · stabiliser

≫ **se caler** *v.pron.* **se carrer**

calfeutrer *v.tr.* **boucher** · obturer

≫ **se calfeutrer** *v.pron.* **s'enfermer** · se cloîtrer · se claquemurer · se confiner

calibre *n.m.* **1 - diamètre** · dimension · grosseur · taille · **2 - acabit** · carrure · classe · envergure · **3 - jauge** · étalon · **4 -** → **pistolet**

calibrer *v.tr.* **1 - mesurer** · jauger · **2 - classer** · trier

calice *n.m.* · coupe

califourchon (à) *loc. adv.* · à cheval

câlin, e *adj.* · caressant · aimant · cajoleur · doux
CONTR. brusque ı brutal ı rude

câliner *v.tr.* · cajoler · caresser · choyer · dorloter
CONTR. brusquer ı brutaliser ı rudoyer
↝ **caresser**

câlinerie *n.f.* · cajolerie · câlin · caresse
CONTR. brutalité ı coup

callosité *n.f.* · cal · calus · durillon • [sur le pied] cor · oignon

calmant, e *adj. et n.m.* **1 - apaisant** · lénifiant · **2 - analgésique** · anesthésique · antispasmodique · hypnotique · sédatif · tranquillisant
CONTR. excitant ı irritant ı stimulant

↝ **calmant, analgésique, sédatif**

Le terme le plus général pour désigner un médicament qui apaise ou supprime un phénomène désagréable est **calmant** ; il s'emploie aussi bien dans le domaine de la douleur *(elle est sous calmant)* qu'à propos des effets de la maladie *(un sirop calmant)* ou de l'anxiété *(prendre un calmant avant de se coucher)*. Un **sédatif** apaise une douleur ou atténue l'excitation d'un organe *(administrer un puissant sédatif)*, alors qu'un **analgésique** supprime la sensibilité à la douleur *(la morphine est employée comme analgésique)*.

calmar *n.m.* · encornet

¹**calme** *adj.* **1 - tranquille** · en paix · paisible · quiet *littér.* · **2 - détendu** · placide · serein · cool *fam.* · relax *fam.* · **3 - impassible** · flegmatique · imperturbable · maître de soi · posé

²**calme** *n.m.*
I **1 - tranquillité** · paix · placidité · sérénité · quiétude *littér.* · **2 - impassibilité** · contrôle de soi · flegme · sang-froid
II **1 - accalmie** · embellie · rémission · bonace *Mar.* · **2 - marasme** · apathie · stagnation

calmement *adv.* **1 - tranquillement** · paisiblement · **2 - posément** · de sang froid · impassiblement · imperturbablement · sereinement

calmer *v.tr.* **1 - apaiser** · pacifier · tranquilliser · **2 - diminuer** · adoucir · apaiser · assoupir · endormir · éteindre · lénifier · modérer · soulager · tempérer · **3 - assouvir** · désaltérer · étancher · satisfaire

≫ **se calmer** *v.pron.* **1 - cesser** · se dissiper · tomber • [mer, vent] calmir *(Mar.)* · **2 - s'apaiser** · se contenir · se rasséréner · se reprendre · **3 - s'arranger** · rentrer dans l'ordre · se tasser *fam.*
CONTR. agiter ı attiser ı énerver ı exciter ı irriter ı troubler – augmenter ı aggraver ı envenimer ı raviver – continuer ı durer ı persister – s'agiter ı s'inquiéter ı se troubler – s'envenimer ı empirer

calomniateur, -trice *n.* · accusateur · dénonciateur · diffamateur
CONTR. apologiste ı défenseur ı laudateur
↝ **accusateur**

calomnie *n.f.* • accusation • allégation • attaque • dénonciation (calomnieuse) • diffamation
CONTR. apologie ı défense ı éloge

calomnier *v.tr.* • accuser • attaquer • couvrir de boue • diffamer • traîner dans la boue
CONTR. défendre ı glorifier

calomnieux, -ieuse *adj.* • diffamatoire • faux • injurieux • mensonger
CONTR. élogieux ı flatteur ı laudatif

calotte *n.f.* **1 -** [sortes] barrette • chéchia • fez • kippa • **2 -** [fam.] → **gifle**

calque *n.m.* **1 -** décalque • **2 -** imitation • copie • démarquage • plagiat

calquer *v.tr.* **1 -** décalquer • **2 -** imiter • copier • démarquer • plagier • pomper *fam.*

calvaire *n.m.* • martyre • chemin de croix • épreuve • martyre • supplice • torture

camarade *n.* ami • compagnon • copain *fam.* • pote *fam.* • poteau *fam.* • camarluche *argot* • camaro *argot*
✦ **camarade de classe** condisciple • labadens *vieux*
✦ **camarade de travail** collègue • confrère • consœur
CONTR. inconnu ı ennemi
↝ ami

camaraderie *n.f.* **1 -** amitié • copinage • familiarité • copinerie *fam.* • **2 - entraide** • solidarité

cambrer *v.tr.* arquer • cintrer • courber • creuser • incurver
⋙ **se cambrer** *v.pron.* se redresser • se relever

cambriolage *n.m.* • vol • casse *fam.* • fric-frac *fam., vieilli*

163 ▸ camisole

cambrioler *v.tr.* • dévaliser • voler • braquer *fam.*

cambrioleur, -euse *n.* • voleur • rat d'hôtel • casseur *fam.* • monte-en-l'air *argot, vieilli*

cambrure *n.f.* **1 -** arc • cintrage • courbure • incurvation • **2 -** [de cheval] ensellure

came *n.f.* **1 -** → drogue • **2 -** → marchandise

camelot *n.m.* • marchand • colporteur • cameloteur *vieilli* • camelotier *vieilli* • charlatan *vieux* • étalagiste *vieux*

camelote *n.f.* **1 -** pacotille • saloperie *très fam.* • toc *fam.* • **2 -** → **marchandise**

camembert *n.m.* • calendos *fam.*

caméraman *n.m.* • cadreur *recomm. offic.* • opérateur (de prises de vues)

   🕮 **caméraman, cadreur, opérateur**
   Ces trois mots, assez répandus, font partie du vocabulaire technique du cinéma et de la télévision. Ils désignent la personne qui tient la caméra pour cadrer une prise de vues. **Caméraman** est un anglicisme ; on tend à le remplacer au cinéma par **opérateur** et, notamment en télévision, par **cadreur**, qui est la recommandation officielle. « Chacun juge d'après sa spécialité. L'opérateur, d'après les lumières, le chef machiniste, d'après son rail » (Jean Cocteau, *Journal d'un inconnu*).

camion *n.m.* **1 - poids lourd** • semi-remorque • gros cul *fam.* • **2 - fourgon** • utilitaire

camionneur, -euse *n.* • routier

camisole *n.f.* **1 -** [anciennt] **chemise de nuit** • **2 - brassière** • caraco • casaquin *(ancienn*t)

camouflage n.m. • dissimulation • maquillage

camoufler v.tr. 1 - cacher • dissimuler • masquer • dérober à la vue • masquer • 2 - déguiser • maquiller
≫ **se camoufler** v.pron. se cacher
↝ cacher

camouflet n.m. • affront • claque • gifle • humiliation • insulte • offense • outrage • vexation • nasarde vieilli ou littér.

camp n.m. 1 - bivouac • campement • campée région. ou littér. • [Milit.] cantonnement • quartiers • 2 - parti • clan • côté • faction • groupe • 3 - [Québec] chalet • villa • pavillon
✦ ficher, foutre le camp → partir
↝ parti

campagnard, e
■ adj. champêtre • bucolique • pastoral • rustique • agreste vieux ou littér.
■ n. rural • contadin rare
CONTR. citadin ı urbain

campagne n.f. 1 - nature • champs • cambrousse fam., péj. • 2 - opération • croisade • [Milit.] expédition

campement n.m. 1 - bivouac • camp • campée région. ou littér. • 2 - [Milit.] cantonnement • quartier

camper
■ v.intr. bivouaquer • coucher sous la toile
■ v.tr. 1 - décrire • peindre • représenter • 2 - installer • planter
≫ **se camper** v.pron. se dresser • se planter • se poser

camping n.m. • campement • camp • camp, village de toile

camping-car n.m. • motor-home • autocaravane Québec

camus, e adj. • aplati • écrasé • épaté • camard littér.

canaille n.f. et adj. 1 - crapule • bandit • fripouille fam. • gredin fam. • charrette Suisse • 2 - polisson • coquin • voyou • arsouille fam. • fripon fam. • 3 - [vieux] pègre • populace • racaille
CONTR. honnête ı loyal ı probe

canal n.m. 1 - conduit • conduite • tube • tuyau • 2 - [Techn.] arrugie • cunette • dalot • drain • émissaire • goulette • goulotte • noulet • saignée • watergang • 3 - chenal • robine région. • 4 - bassin • miroir (d'eau) • 5 - détroit • passe • 6 - [Anat.] vaisseau • artère • canalicule • infundibulum • trompe • uretère • urètre • veine • 7 - filière • circuit • voie • 8 - intermédiaire • entremise • truchement • 9 - chaîne (de télévision)

canalisation n.f. 1 - conduite • tuyau • [sortes] gazoduc • oléoduc • pipe-line • 2 - tuyauterie • plomberie

canaliser v.tr. 1 - maîtriser • contrôler • 2 - centraliser • concentrer • grouper • réunir • 3 - aiguiller • diriger
CONTR. laisser aller – disperser ı éparpiller

canapé n.m. • divan • clic-clac • méridienne • ottomane • sofa • [deux places] causeuse • tête-à-tête

canard n.m. 1 - coin-coin fam. • 2 - fausse note • couac • 3 - [fam., vieilli] faux bruit • rumeur • bobard fam. • 4 - → journal
✦ petit canard   caneton • canardeau

canarder v.tr. [fam.] tirer sur • faire feu sur • mitrailler

canasson n.m. → cheval

cancan n.m. • bavardage • commérage • potin fam. • racontar fam. • ragot fam. • clabaudage littér.

cancanier, -ière adj. et n. • commère • potinier vieilli

cancer n.m. • tumeur (maligne) • carcinome • épithélioma • métastase • néoplasme • sarcome

cancre n.m. → paresseux

candélabre n.m. • chandelier • flambeau • torchère

candeur n.f. **1 -** ingénuité • crédulité • innocence • naïveté • **2 -** pureté • simplicité
CONTR. dissimulation ı fourberie ı ruse

candidat, e n. **1 -** aspirant • postulant • prétendant • **2 -** compétiteur • concurrent

candide adj. **1 -** ingénu • innocent • naïf • **2 -** pur • simple
CONTR. faux ı fourbe ı rusé
↪ naïf

canevas n.m. **1 -** plan • ossature • schéma • structure • trame • **2 -** ébauche • esquisse

caniculaire adj. • étouffant • écrasant • torride

canicule n.f. • grande chaleur • étuve • fournaise • cagnard région.
CONTR. froid

canif n.m. • couteau de poche

caniveau n.m. • rigole • ruisseau

cannabis • haschich • chanvre indien • marijuana • came fam. • chichon fam. • hasch fam. • herbe fam. • marie-jeanne fam. • matos fam. • shit fam.

canne n.f. **1 -** bambou • roseau • canisse région. • **2 -** bâton • alpenstock vieux
✦ **canne à pêche** gaule

cannelure n.f. • rainure • gorge • strie • goujure (Techn.)

cannibale n.m. • anthropophage

↪ **cannibale, anthropophage**

Cannibale désigne et qualifie des êtres humains qui mangent de la chair humaine, quelle que soit la raison de leur pratique *(certains prétendent que les premiers hommes étaient des cannibales ; une population cannibale).* **Anthropophage** s'emploie avec la même valeur et les deux mots semblent interchangeables : « (un peuple de) cannibales friands de chair humaine, d'anthropophages dont il ne faut attendre aucune pitié » (Jules Verne, *les Enfants du capitaine Grant*, t. 3). Cependant, **anthropophage** s'utilise à peu près exclusivement à propos d'êtres humains et pour constater un fait *(délit d'anthropophagie)*, alors que **cannibale** se trouve régulièrement dans un contexte animal *(des fourmis cannibales)* et qu'il comporte une notion de férocité.

cannibalisme n.m. • anthropophagie

canoë n.m. • canot • kayak • pirogue

¹**canon** n.m. • bouche à feu • mortier • obusier • [anciennt] aspic • basilic • bertha • bombarde • caronade • couleuvrine • émerillon • faucon • fauconneau • pierrier • veuglaire

²**canon** n.m. **1 -** idéal • archétype • modèle • type • **2 -** [adj., fam.] magnifique • superbe • top fam.

canonique adj. **1 -** normatif • **2 -** [âge] avancé • respectable

canonner v.tr. · bombarder · pilonner

canot n.m. **1 -** barque · annexe · chaloupe · yole · nacelle littér. · youyou vieilli · **2 - canoë** · canadienne · kayak · périssoire · pirogue
✦ **canot pneumatique**   raft

cantatrice n.f. · chanteuse d'opéra · diva · prima donna · divette vieilli

cantine n.f. **1 -** réfectoire · restaurant · cantoche fam. · **2 - coffre** · malle · **3 - cuisine** · roulante fam.

cantonnement n.m. · bivouac · camp · campement · quartiers

cantonner v.tr. **1 -** reléguer · confiner · **2 -** [vieilli] camper · bivouaquer · prendre ses quartiers

≫ **se cantonner** v.pron. [vieilli] s'isoler · se cloîtrer · se confiner · s'enfermer · se retirer
✦ **se cantonner à**   se borner à · se contenter de · se limiter à · s'en tenir à

canular n.m. · blague · farce · mystification · fumisterie fam.

canule n.f. · cathéter · drain · sonde

canyon n.m. · gorge · défilé · goulet · grau région.

caoutchouc n.m. **1 - gomme** · buna · élastomère • [de semelles] crêpe · **2 - élastique**

cap n.m. **1 -** pointe · bec · promontoire · **2 - direction** · orientation · route · **3 - étape** · palier · stade
✦ **mettre le cap sur**   → se diriger

capable adj. **1 - adroit** · habile · **2 - doué** · fort · intelligent · **3 - compétent** · expert · qualifié
✦ **capable de**   **1 - apte à** · à même de · de force à · de taille à · en état de · en situation de · fait pour · habile à · propre à · susceptible de · taillé pour · chiche de fam. · entendu de vieilli • [au plur.] (être) gens à · **2 - susceptible de**

CONTR. maladroit ׀ gauche ׀ malhabile − inintelligent ׀ sot ׀ stupide − inapte ׀ incompétent ׀ nul

capacité n.f.
I 1 - contenance · volume • [d'un bateau] tonnage · jauge · **2 - étendue** · portée
II 1 - aptitude · compétence · disposition · faculté · qualité · talent · valeur · **2 - pouvoir** · faculté · force

CONTR. inaptitude ׀ impéritie ׀ impuissance ׀ incapacité ׀ inhabilité

cape n.f. **pèlerine** • [ancienn.] houppelande
✦ **sous cape**   en cachette · à la dérobée · en tapinois • [rire] dans sa barbe

capharnaüm n.m. · bric-à-brac · fourbi · bazar fam. · bordel fam. · boxon très fam.

capilotade (en) loc. adv. · en bouillie · en charpie · en compote · en marmelade · en miettes · en piteux état

capitaine n.m. **1 - chef** · commandant · capiston argot Milit., vieilli · piston argot Milit., vieilli · pitaine argot Milit., vieilli · **2 - skipper** · chef de bord

¹**capital, e** adj. · essentiel · fondamental · premier · primordial · principal · suprême · cardinal littér.
✦ **point capital**   clé · clef de voûte · cœur (du problème)

²**capital** n.m. **1 -** argent · avoir · fonds · fortune · valeur · **2 - patrimoine** · richesse(s) · trésor(s)

capitale n.f. **1 - métropole** • [d'un art, etc.] haut lieu · Mecque · **2 - majuscule**

capitaliser v.tr. · thésauriser · amasser

capiteux, -euse adj. · enivrant · étourdissant · grisant · qui monte à la tête
↝ **grisant**

capitulation *n.f.* **1 -** reddition · **2 -** renoncement · abandon · abdication · démission
CONTR. résistance – intransigeance ı obstination ı refus

capituler *v.intr.* **1 - se rendre** · déposer, rendre les armes · hisser le drapeau blanc · **2 -** renoncer · abandonner · abdiquer · baisser les bras · céder · démissionner · s'incliner
CONTR. résister ı tenir – persévérer ı s'obstiner ı poursuivre

caporalisme *n.m.* · autoritarisme · césarisme · militarisme
CONTR. libéralisme

capote *n.f.* [fam.] préservatif · condom *vieux*

capoter *v.intr.* **1 - chavirer** · se renverser · se retourner · **2 - échouer** · avorter · faire long feu · faire naufrage · tourner court · s'en aller en eau de boudin

caprice *n.m.* **1 - envie** · coup de tête · désir · extravagance · fantaisie · lubie · toquade *fam.* · boutade *vieux* · foucade *vieux ou littér.* · **2 - passade** · amourette · aventure · flirt · béguin *fam.* · tocade *fam.*
✦ **caprices** [de la mode, de la Bourse, etc.] inconstance · instabilité · variation · versatilité
CONTR. constance ı entêtement – stabilité

capricieux, -ieuse *adj.* **1 - lunatique** · fantasque · inconséquent · inconstant · capricant *littér.* · **2 - instable** · changeant
CONTR. constant ı persévérant ı tenace – stable ı persistant

capsule *n.f.* · gélule · cachet

capter *v.tr.* **1 - recevoir** · intercepter · **2 - accrocher** · captiver · conquérir · gagner · obtenir · **3 - canaliser** · recueillir
CONTR. écarter ı perdre – disperser ı répandre

captieux, -ieuse *adj.* · fallacieux *littér.* · sophistiqué *littér.* · spécieux *littér.*
CONTR. correct ı vrai

captif, -ive
■ *adj.* **1 - détenu** · emprisonné · enfermé · incarcéré · prisonnier · en cage · **2 -** [littér.] **asservi** · esclave · soumis
■ *n.* **prisonnier** · détenu
CONTR. libre

captivant, e *adj.* **1 - passionnant** · enthousiasmant · fascinant · intéressant · palpitant · prenant · **2 - séduisant** · charmeur · magicien · sorcier
CONTR. ennuyeux ı assommant ı inintéressant

captiver *v.tr.* **1 - charmer** · conquérir · enchanter · ensorceler · gagner · passionner · plaire à · séduire · **2 -** [littér.] **assujettir** · asservir · enchaîner · maîtriser · soumettre
CONTR. ennuyer ı déplaire – libérer

captivité *n.f.* détention · emprisonnement · enfermement · incarcération · internement
✦ **tenir en captivité** détenir · emprisonner · enfermer · incarcérer · interner
CONTR. libération ı liberté – relâcher ı élargir ı relaxer

> **captivité, détention, emprisonnement, incarcération, internement**
>
> La privation de liberté par enfermement est désignée par l'un ou l'autre de ces mots. On se trouve en **captivité** si l'on est retenu dans un camp ou dans tout autre lieu fermé, au cours d'un conflit armé avec le statut de prisonnier de guerre ou d'otage (*des récits de captivité* ; *vivre en captivité*). Lorsque la décision d'enfermer la personne relève des instances juridiques et qu'elle s'exécute dans le cadre d'une prison, on parlera d'**incarcération** (*donner un ordre d'incarcération*). La **détention** désigne plus précisément,

en droit pénal, une peine consistant à retenir en prison une personne coupable d'un délit *(il a été condamné à cinq ans de détention ; la détention provisoire, à perpétuité)*. L'**emprisonnement**, plus général, peut être l'effet d'une mesure illégale et s'effectuer hors du cadre de la prison *(le couvre-feu constitue un emprisonnement partiel)*. Quant à l'**internement**, il s'applique à des mesures d'enfermement par décision administrative, qui concernent par exemple des réfugiés politiques *(internement dans un camp)* ou des malades *(internement psychiatrique)*.

capture *n.f.* 1 - arrestation · 2 - prise · butin · trophée

capturer *v.tr.* 1 - arrêter · appréhender · choper *fam.* · coincer *fam.* · cueillir *fam.* · épingler *fam.* · gauler *fam.* · harponner *fam.* · pincer *fam.* · alpaguer *argot* · 2 - attraper · s'emparer de · prendre
CONTR. lâcher ı libérer

capuchon *n.m.* 1 - bouchon · 2 - capuche · capulet *région.* · [anciennt] chaperon · 3 - [de moine] cagoule · capuce · cuculle

caquet *n.m.* · bavardage · babil *littér.* · jactance *fam.*

caqueter *v.intr.* · jacasser · bavarder · bavasser *péj.* · jaboter *fam., vieilli* · jaser *vieilli*
CONTR. se taire

car *conj.* · parce que · comme · du fait que · étant donné que · puisque · vu que · attendu que *vieilli ou Droit*
CONTR. donc ı néanmoins

carabine *n.f.* → fusil

caracoler *v.intr.* · cabrioler · sautiller

caractère *n.m.*
I signe · chiffre · lettre · symbole
II 1 - tempérament · constitution · nature · personnalité · 2 - courage · détermination · fermeté · résolution · ténacité · trempe · volonté
III 1 - caractéristique · attribut · idiosyncrasie · indice · marque · particularité · propriété · qualité · signe · spécificité · trait · 2 - air · allure · apparence · aspect
IV cachet · allure · originalité · personnalité · relief · style · gueule *fam.*

caractériel, -ielle *adj. et n.* · inadapté · asocial

caractérisé, e *adj.* · net · marqué · typique

caractériser *v.tr.* 1 - distinguer · déterminer · différencier · individualiser · marquer · particulariser · 2 - définir · déterminer · préciser · spécifier

caractéristique

■ *adj.* 1 - **distinctif** · déterminant · particulier · personnel · propre · spécifique · typique · 2 - représentatif · emblématique · significatif · symptomatique

■ *n.f.* caractère · indice · marque · particularité · qualité · signe · spécificité · trait

carafe *n.f.* · carafon

carambolage *n.m.* · collision · accrochage · télescopage

caramboler *v.tr.* · heurter · accrocher · bousculer · percuter · télescoper

carapace *n.f.* 1 - armure · blindage · bouclier · cuirasse · 2 - [Zool.] test · bouclier

caravane *n.f.* 1 - roulotte · 2 - convoi · train

carboniser *v.tr.* · brûler · calciner · griller · cramer *fam.*

carburant *n.m.* • combustible

☙ **carburant, combustible**
Un **combustible**, quelle que soit sa forme, peut entrer en **combustion** et dégage alors une chaleur utilisée comme énergie *(combustible nucléaire, combustible solide, liquide, gazeux)*. Un **carburant** est un combustible que l'on mélange à l'air pour l'utiliser dans un moteur à explosion, un réacteur, etc. : *le pétrole est un combustible qui, transformé, fournit des carburants comme l'essence, le gazole, le kérosène ; une panne de carburant*.

carcan *n.m.* **1** - assujettissement • contrainte • entrave • chaînes *littér.* • joug *littér.* • **2** - [anciennt] pilori

carcasse *n.f.* **1** - squelette • ossature • **2** - armature • charpente • **3** - châssis • coque

carcéral, e *adj.* • pénitentiaire • cellulaire

cardigan *n.m.* → veste

¹**cardinal, e** *adj.* • capital • essentiel • fondamental • primordial • principal

²**cardinal** *n.m.* [titre] éminence

carême *n.m.* • jeûne

carence *n.f.* • manque • défaut • déficience • insuffisance • lacune • pénurie

CONTR. action ı présence

caressant, e *adj.* • affectueux • aimant • cajoleur • câlin • tendre

CONTR. froid ı indifférent ı insensible ı brusque ı brutal ı rude

caresse *n.f.* **1** - effleurement • frôlement • **2** - cajolerie • câlinerie • papouille *fam.* • mamours *fam.* • chatterie *vieilli* • [abusive] attouchement

CONTR. brutalité ı coup

caresser *v.tr.* **1** - cajoler • câliner • papouiller *fam.* • peloter *fam.* • tripoter *fam.* • patiner *vieilli* • **2** - [un animal] flatter • rebaudir *(Vénerie)* • **3** - effleurer • frôler • **4** - entretenir • nourrir • se complaire dans

CONTR. battre ı brutaliser ı frapper ı rudoyer

☙ **caresser, cajoler, câliner, flatter**
On **caresse** un enfant, un animal domestique par tendresse, mais le verbe a pris une connotation érotique dès que les attouchements concernent des adultes *(ils se caressent amoureusement)*. **Cajoler** ajoute des paroles affectueuses aux caresses. **Câliner** renchérit sur **cajoler** pour les gestes et les paroles. Les trois verbes sont particulièrement fréquents dans le contexte des rapports entre adultes et enfants : « *Je refusais d'entrer dans les comédies concertées par les adultes, trop âgée à présent pour me faire caresser, câliner, cajoler* » (Simone de Beauvoir, *Mémoires d'une jeune fille rangée*). On réserve en revanche aujourd'hui **flatter** aux caresses prodiguées à un animal *(flatter de la main l'encolure d'un cheval)*.

cargaison *n.f.* **1** - charge • chargement • fret • **2** - quantité • collection • provision • réserve • tas

caricatural, e *adj.* **1** - grotesque • burlesque • comique • ridicule • **2** - exagéré • outré • parodique • **3** - primaire • simpliste

caricature *n.f.* **1** - charge • dessin satirique • **2** - satire • critique • **3** - parodie • simulacre • travestissement

caricaturer *v.tr.* • charger • contrefaire • parodier • railler • ridiculiser • tourner en ridicule

CONTR. enjoliver ı idéaliser

carillon *n.m.* **1** - cloches • **2** - horloge • **3** - sonnerie • sonnette

carillonner

- *v.intr.* **sonner**
- *v.tr.* **proclamer** · annoncer à son(s) de trompe · claironner · crier sur les toits · publier · faire grand bruit de

carillonneur *n.m.* · sonneur

carlingue *n.f.* · cabine · cockpit · habitacle

carnage *n.m.* **1 - boucherie** · hécatombe · massacre · tuerie · **2 - dégât** · destruction · dévastation · ravage · **3 -** [vieux] **pâture** · viande
↝ **massacre**

carnassier, -ière *adj. et n.* · carnivore
↝ **carnivore**

carnassière *n.f.* · carnier · gibecière

carnation *n.f.* · teint

carne *n.f.* **1 -** [personne] **chameau** *fam.* · vache *fam.* · rosse *vieilli* · **2 - barbaque** *fam.* · semelle *fam.* · **3 - → cheval**

carnet *n.m.* calepin · agenda · bloc-notes · répertoire · mémo *fam.*
✦ **carnet de chèques** chéquier
✦ **carnet de notes** bulletin (scolaire)

carnivore *adj. et n.* · carnassier

↝ **carnivore, carnassier**

Carnivore et **carnassier** renvoient tous deux au mot *chair*, qui désignait autrefois la viande. Un carnivore se nourrit plus ou moins régulièrement de matières carnées *(le chat et le chien sont des animaux carnivores ; des plantes carnivores)*. Un carnassier consomme à peu près exclusivement de la chair crue *(la loutre et le tigre sont des carnassiers ; des crocs de carnassier)*. Ce régime et la voracité des carnassiers expliquent que soit attachée au mot une idée de férocité qui a entraîné des emplois métaphoriques *(des mœurs carnassières, un sourire carnassier)*.

carotter *v.tr.* · escroquer · extorquer · soutirer · voler · calotter *fam., vieilli*

carpette *n.f.* **1 - descente de lit** · **2 - lèche-botte** *fam.* · paillasson *fam.*

¹**carré, e** *adj.* **1 - large** · robuste · **2 - net** · catégorique · direct · franc · tranché · **3 - droit** · loyal

²**carré** *n.m.* **1 - case** · carreau · **2 -** [de jardin] **planche** · carreau · **3 - dé** · cube · carrelet · **4 - coin** · bout · **5 - foulard** · **6 -** [Québec] **place** · square

carreau *n.m.* **1 - vitre** · fenêtre · glace · **2 - dalle** · pavé

⫸ **carreaux** *plur.* **1 - carrelage** · **2 - quadrillage**
✦ **à carreaux** quadrillé

carrefour *n.m.* **1 - croisement** · bifurcation · croisée des chemins · embranchement · étoile · fourche · patte d'oie · rond-point · **2 - symposium** · forum · rencontre · table ronde

↝ **carrefour, croisement**

Plusieurs routes, ou rues, venant de directions différentes se rencontrent et forment un nœud de communication relativement large : c'est le **carrefour** *(arriver à un carrefour, au milieu du carrefour)*. Le **croisement** forme une croix avec deux voies en intersection *(tourner à gauche au prochain croisement)*. C'est la dimension du **carrefour** qui justifie son emploi figuré, que n'a pas **croisement**, pour parler d'un point de rencontre d'éléments divers ou opposés : « La grande chance de l'Europe est d'avoir été un carrefour (...), le lieu géométrique de toutes les idées » (Aimé Césaire, *Discours sur le colonialisme*).

carrelage n.m. · dallage · pavement

carreler v.tr. 1 - daller · paver · 2 - quadriller

carrément adv. 1 - franchement · clairement · sans ambages · sans détour · sans prendre de gant · bille en tête fam. · sans tourner autour du pot fam. · 2 - complètement · absolument · totalement

CONTR. indirectement ı mollement ı timidement

carrer (se) v.pron. 1 - se caler · s'installer · 2 - se camper · se planter

¹**carrière** n.f. 1 - mine (à ciel ouvert) · exploitation · 2 - [sortes] ardoisière · ballastière · glaisière · grésière · marbrière · marnière · meulière · plâtrière · sablière

²**carrière** n.f. 1 - profession · activité professionnelle · métier · situation · 2 - parcours (professionnel) · cursus

carriériste n. · arriviste · ambitieux

carriole n.f. · charrette

carrossable adj. · praticable

carrosserie n.f. · bâti · caisse · carénage

carrure n.f. 1 - largeur d'épaules · 2 - valeur · calibre · classe · envergure · stature

cartable n.m. · sac · porte-documents · sacoche · serviette · carton vieux ou région. · calepin Belgique · mallette Belgique

carte n.f. 1 - plan · atlas · mappemonde · planisphère · 2 - carton · 3 - menu · 4 - billet · ticket
✦ **carte maîtresse**   atout
✦ **carte de visite**   bristol
✦ **cartes sur table**   franchement · honnêtement · loyalement
✦ **jouer aux cartes**   taper le carton fam.

cartel n.m. · association · consortium · entente · trust

cartésien, -ienne adj. · rationnel · clair · logique · méthodique

CONTR. confus ı irrationnel ı mystique ı obscur

cartomancien, -ienne n. · tireur de cartes · diseur de bonne aventure · voyant

carton n.m. 1 - boîte · 2 - dessin · étude
✦ **carton d'invitation**   bristol

cartouche n.f. 1 - munition · projectile · 2 - recharge

¹**cas** n.m. 1 - circonstance · événement · fait · occasion · occurrence · situation · 2 - hypothèse · éventualité · possibilité · 3 - affaire · cause · dossier
✦ **au cas où, dans le cas où**   dans l'hypothèse où · dans l'éventualité où · si jamais
✦ **en aucun cas**   en aucune façon · en aucune manière · jamais
✦ **le cas échéant**   éventuellement · à l'occasion
✦ **en tout cas, en tous (les) cas**   de toute façon · quoi qu'il arrive
✦ **faire (grand) cas de**   apprécier · considérer · estimer
✦ **faire peu de cas de**   mépriser · négliger

²**cas** n.m. · désinence · déclinaison

casanier, -ière adj. · sédentaire · pantouflard fam. · popote fam., vieilli · pot-au-feu fam., vieilli

CONTR. bohème ı ambulant ı nomade

cascade n.f. 1 - chute (d'eau) · cataracte · cascatelle littér. · 2 - acrobatie · voltige · 3 - série · avalanche · déluge · flot · kyrielle · ribambelle · succession · torrent
✦ **en cascade**   en série · à la suite · l'un après l'autre · avec un effet domino

cascadeur, -euse n. • acrobate • voltigeur

case n.f. **1 -** hutte • paillote • **2 -** casier • compartiment • loge • **3 -** carré

casemate n.f. • fortification • blockhaus • bunker • fortin

caser v.tr. **1 -** ranger • loger • placer • enfourner fam. • fourrer fam. • **2 -** établir • fixer • placer • **3 -** [fam.] marier

caserne n.f. • baraquement • casernement • quartiers

cash adv. et n.m. • comptant • rubis sur l'ongle

casier n.m. **1 -** case • compartiment • **2 -** nasse

casque n.m. **1 -** séchoir • **2 -** coiffure • protection • [anciennt] armet • bassinet • bourguignotte • cabasset • capeline • heaume • morion • salade
✦ **casques bleus** forces onusiennes

casquer v.tr. [fam.] → **payer**

casquette n.f. • képi • bâche fam., vieilli • gâpette fam., vieilli

cassant, e adj. **1 - cassable** • fragile • **2 -** brusque • coupant • dur • impérieux • inflexible • péremptoire • sec • tranchant
CONTR. flexible ı pliant ı résistant ı solide – doux ı onctueux ı patelin

cassation n.f. **1 -** annulation • **2 -** dégradation

casse n.f. **1 -** bris • **2 -** dégât • grabuge fam.

cassé, e adj. **1 -** brisé • rompu • **2 -** [voix] faible • éraillé • voilé • **3 -** abîmé • bousillé fam. • déglingué fam. • fichu fam. • foutu fam. • nase fam. • **4 -** [fam.] → **fatigué**

casse-cou n.m. invar. • audacieux • imprudent • risque-tout • téméraire

casse-croûte n.m. invar. • en-cas • collation • snack • casse-dalle fam. • casse-graine fam., vieilli

casse-gueule adj. invar. • dangereux • périlleux • risqué

casse-pieds n. et adj. invar. **1 -** gêneur • casse-couilles très fam. • chieur très fam. • emmerdeur fam. • enquiquineur fam. • raseur fam. • **2 -** ennuyeux • assommant • chiant très fam. • emmerdant très fam. • gonflant fam. • rasoir fam.

casser
■ v.tr. **1 -** briser • broyer • disloquer • écraser • fracasser • fracturer • rompre • **2 -** abîmer • détruire • bousiller fam. • déglinguer fam. • esquinter fam. • **3 -** [fam.] → **fatiguer** • **4 -** annuler • **5 -** démettre • dégrader • déposer • destituer • limoger • révoquer
■ v.intr. **se briser** • claquer • se rompre • péter fam.
>>> **se casser** v.pron. → v. intr.
CONTR. arranger ı raccommoder ı recoller ı réparer – confirmer ı ratifier ı valider – réhabiliter

casserole n.f. • braisière • caquelon • cocotte • marmite • poêlon • sauteuse • **casse** Suisse

casse-tête n.m. invar. **1 -** problème • **2 -** matraque • trique • **3 -** [Québec] puzzle

cassette n.f. **1 -** boîte • coffret • **2 -** cagnotte • réserve • tirelire

casseur n.m. **1 -** épaviste • **2 -** [fam.] → **cambrioleur**

cassolette n.f. • brûle-parfum • encensoir

cassure *n.f.* **1 - brisure** · brèche · casse · crevasse · faille · fente · fissure · fracture · **2 -** [Géol.] diaclase · faille · joint · **3 - rupture** · coupure · fêlure
CONTR. recollage ׀ soudure

castagne *n.f.* → bagarre

caste *n.f.* · clan · classe

castrat *n.m.* · eunuque

castration *n.f.* · émasculation

castrer *v.tr.* · châtrer · bistourner · chaponner · couper · émasculer · hongrer *rare*

~~ castrer, émasculer, châtrer

Castrer, émasculer et châtrer se rapportent tous trois à l'action de rendre un humain ou un animal impropre à la reproduction. **Castrer**, le seul employé en chirurgie et en médecine vétérinaire, s'applique à un homme *(on castrait autrefois de jeunes garçons pour qu'ils conservent une voix de soprano)* ou à un animal *(castrer un chat, une chienne)*, mais également à une femme, la *castration* s'opérant par l'ablation des ovaires. **Châtrer** ne concerne pas les femmes et s'emploie le plus souvent à propos d'un animal *(châtrer un bélier, un cheval, une truie)* : « À deux mois, on châtrait les mâles [moutons] qu'on élevait pour la vente » (Zola, *la Terre*, II, ı). **Émasculer**, moins courant que les précédents, n'est utilisé que pour les hommes : « Il avait quelque mérite à écouter les vociférations de tous ces forcenés qui se vantaient, chacun, d'avoir décapité ou bien émasculé, deux ou trois de ses compatriotes » (Tharaud, *le Passant d'Éthiopie*).

casuel, -elle *adj.* · accidentel · aléatoire · contingent · éventuel · fortuit · occasionnel
CONTR. assuré ׀ certain ׀ invariable

casuiste *n.* · sophiste

cataclysme *n.m.* **1 - calamité** · catastrophe · désastre · fléau · **2 - bouleversement** · crise · ravage

catacombe *n.f.* · cimetière · hypogée · ossuaire

catalogue *n.m.* **1 - index** · inventaire · liste · nomenclature · recueil · répertoire · rôle · table · **2 - liste** · dénombrement · énumération · inventaire
~~ **nomenclature**

cataloguer *v.tr.* **1 - juger** · classer · étiqueter · jauger · **2 - indexer** · inventorier · répertorier

catapulte *n.f.* · baliste · bricole · mangonneau · onagre · scorpion

catapulter *v.tr.* **1 - lancer** · projeter · propulser · porter · **2 - promouvoir** · propulser · bombarder *fam.* · parachuter *fam.*

cataracte *n.f.* **1 - cascade** · chute · **2 - déluge** · torrent · trombe

catastrophe *n.f.* **1 - calamité** · cataclysme · fléau · **2 - drame** · coup · désastre · infortune · malheur · tragédie · cata *fam.* · tuile *fam.*
 + en catastrophe à toute vitesse · à la hâte · en urgence
CONTR. bonheur ׀ chance ׀ succès
~~ **calamité**

catastropher *v.tr.* · abattre · accabler · atterrer · consterner

catastrophique *adj.* **1 - affreux** · désastreux · dramatique · effroyable · épouvantable · terrible · **2 - déplorable** · calamiteux · désastreux · lamentable

catéchiser v.tr. • évangéliser • convertir • endoctriner • prêcher

catéchisme n.m. **1** - catéchèse • **2** - dogme • credo

catégorie n.f. • espèce • classe • famille • genre • groupe • ordre • race • série • sorte • type

catégorique adj. **1** - absolu • clair • formel • indiscutable • net • **2** - autoritaire • cassant • coupant • définitif • impératif • péremptoire • tranchant

CONTR. confus ı équivoque ı évasif – doux ı conciliant ı hésitant ı onctueux

catimini (en) loc. adv. • en cachette • à la dérobée • en secret • en tapinois • en douce fam.

cauchemar n.m. **1** - mauvais rêve • terreur nocturne • **2** - hantise • bête noire • obsession • tourment

cauchemardesque adj. → terrifiant

causant, e adj. • communicatif • bavard • loquace • disert littér.

cause n.f. **1** - motif • mobile • raison • sujet • **2** - origine • fondement • moteur • principe • source • **3** - agent • auteur • créateur • instigateur • **4** - intérêt • parti • **5** - procès • affaire

+ **mettre en cause** accuser • attaquer • incriminer
+ **remettre en cause** reconsidérer • réexaminer
+ **mettre hors de cause** acquitter • blanchir • disculper • innocenter • laver

CONTR. conséquence ı effet ı produit ı résultat

¹**causer** v.tr. • amener • amorcer • apporter • attirer • catalyser • déclencher • donner lieu à • entraîner • motiver • occasionner • produire • provoquer • susciter

²**causer** v.intr. **1** - parler • bavarder • converser • deviser • discuter • papoter fam. • faire causette fam. • tailler une bavette fam. • confabuler vieux ou plaisant • **2** - jaser • cancaner • faire des potins fam. • potiner vieux

+ **causer de** parler de • discuter de • s'entretenir de • évoquer

causerie n.f. **1** - conférence • colloque • exposé • **2** - conversation • entretien

causeur, -euse
■ adj. loquace • bavard • causant fam. • disert littér.
■ n. orateur • discoureur

CONTR. silencieux ı taciturne

causticité n.f. **1** - mordant • mordacité littér. • acerbité littér. • **2** - acidité

CONTR. douceur ı aménité

caustique adj. **1** - acide • brûlant • corrodant • corrosif • cuisant • **2** - acerbe • acéré • corrosif • incisif • mordant • piquant • satirique

CONTR. doux ı amène ı bienveillant

☙ caustique, mordant, satirique

Un produit **caustique**, comme la soude, détruit les tissus animaux et végétaux ; aussi le mot, dans ses emplois figurés, évoque-t-il ce qui peut être blessant, cinglant dans des paroles, des écrits, etc. (*un esprit caustique, des propos caustiques*). **Mordant** ajoute la vivacité et l'agressivité dans l'attaque contre autrui et s'emploie plus largement (*une ironie, une caricature mordante, un reproche mordant*). **Satirique** a un domaine d'application plus restreint et qualifie ce qui dénote la raillerie dans un écrit, des paroles (*un ton, un esprit satirique*) : une **satire**, qui a pour objet de critiquer une époque, des mœurs, etc., peut être **caustique, mordante**.

cauteleux, -euse *adj.* **1 -** hypocrite · faux · sournois · **2 - mielleux** · doucereux · patelin *littér.*

CONTR. franc ı naïf ı sincère

caution *n.f.* **1 - gage** · cautionnement · garantie · sûreté · **2 - garant** · répondant · **3 - appui** · aval · soutien

◆ **sujet à caution**   douteux · suspect

cautionnement *n.m.* · gage · garantie

cautionner *v.tr.* · avaliser · répondre de · se porter garant de

cavalcade *n.f.* · chevauchée · course · galopade

cavaleur, -euse *adj. et n.* · coureur (de filles, de jupons) · volage · dragueur *fam.* · chaud lapin *fam.* · juponnier *vieux*

cavalier, -ière

■ *adj.* désinvolte · hardi · hautain · impertinent · inconvenant

■ *n.* danseur · partenaire

■ *n.m.* jockey · écuyer

⇒ **cavalière** *n.f.* amazone · écuyère

CONTR. déférent ı respectueux ı sérieux

cavalièrement *adv.* · insolemment · impertinemment · à la hussarde

CONTR. respectueusement

¹**cave** *adj.* · creux

²**cave** *n.f.* **1 - cellier** · chai · **2 - sous-sol** · caveau

³**cave** *n.f.* · enjeu · mise

caveau *n.m.* **1 - sépulture** · **2 - cabaret** · café-concert

caverne *n.f.* **1 - grotte** · cavité · spélonque *vieux* · **2 - antre** · refuge · repaire · tanière

caverneux, -euse *adj.* · grave · bas · profond · sépulcral

CONTR. aigu ı élevé ı haut ı perçant ı strident

caviarder *v.tr.* · censurer · biffer · interdire · rayer · supprimer

cavité *n.f.* **1 - creux** · anfractuosité · concavité · excavation · niche · trou · vide · enfonçure *vieux* · **2 -** [Géol.] **abîme** · aven · bétoire · caverne · chantoir · doline · fosse · galerie · gouffre · grotte · poljé · précipice · ravin

cécité *n.f.* **1 - amaurose** · amblyopie · **2 -** aveuglement

CONTR. clairvoyance ı acuité ı discernement ı perspicacité

céder

■ *v.tr.* **donner** · abandonner · concéder · se dessaisir de · laisser · passer · transmettre

■ *v.intr.* **1 - casser** · craquer · lâcher · rompre · péter *fam.* · **2 - s'écrouler** · s'enfoncer · **3 - cesser** · disparaître · tomber · **4 - capituler** · battre en retraite · s'incliner · lâcher prise · lâcher pied · se rendre · renoncer · se résigner · baster *Suisse* · mettre les pouces *fam.*

◆ **céder à**   **1 - succomber à** · s'abandonner à · se laisser aller à · se laisser tenter par · **2 - acquiescer à** · consentir à · se plier à · se résigner à · se soumettre à

CONTR. conserver ı garder – résister ı lutter ı se révolter – s'entêter ı s'obstiner ı s'opposer ı repousser ı se révolter ı tenir bon

ceindre *v.tr.* **1 - cerner** · encercler · enclore · enfermer · entourer · enserrer · **2 - revêtir** · mettre

ceinture *n.f.* **1 -** ceinturon · **2 -** écharpe · **3 -** taille

ceinturer *v.tr.* · ceindre · encercler · entourer
CONTR. desserrer

célébration *n.f.* **1 -** commémoration · cérémonie · fête · **2 -** apologie · exaltation · glorification

célèbre *adj.* **1 -** fameux · (très) connu · glorieux · illustre · insigne · légendaire · notoire · renommé · réputé · connu comme le loup blanc • [artiste] populaire · **2 - historique** · inoubliable · mémorable · proverbial
CONTR. ignoré ı inconnu ı obscur

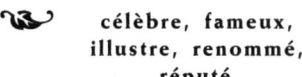 **célèbre, fameux, illustre, renommé, réputé**
Plusieurs mots sont employés pour exprimer la reconnaissance sociale. **Célèbre** qualifie aussi bien des personnes que des choses dont la réputation est assurée ou le nom très connu *(un célèbre joueur de tennis, un monument célèbre ; son dernier record l'a rendu célèbre)*. Avec **illustre**, on insiste davantage sur les mérites exceptionnels, les actions hors du commun *(un savant illustre, porter un nom illustre)*, mais le mot est surtout réservé à l'usage écrit. **Fameux**, d'usage plus soutenu, s'applique également à quelqu'un de grande réputation *(un héros fameux)* et à des choses *(une région fameuse pour son foie gras)*, et il qualifie aussi couramment tout ce qui est exceptionnel en son genre : à ce titre, il peut être laudatif ou péjoratif selon le sens du nom *(la fameuse sécheresse de 1976, un fameux imbécile)*. **Réputé** est plutôt employé quand on veut vanter la notoriété due à la valeur professionnelle d'une personne, à la qualité d'un produit *(un chirurgien réputé, un restaurant réputé)*. **Renommé**, plus élogieux, renchérit sur **réputé** *(un boulanger renommé, un champagne renommé)*.

célébrer *v.tr.* **1 - commémorer** · fêter · **2 -** chanter · exalter · glorifier · louer · sanctifier · vanter · **3 -** [la messe] **dire**
CONTR. décrier ı déprécier ı fustiger ı ravaler
↪ **fêter**

célébrité *n.f.* **1 - renom** · gloire · notoriété · popularité · renommée · réputation · succès · **2 - personnalité** · gloire · grand nom · star · vedette · pointure *fam.* • [Cinéma] tête d'affiche
CONTR. obscurité ı oubli – inconnu

celer *v.tr.* · cacher · dissimuler · taire
CONTR. dire

célérité *n.f.* · rapidité · empressement · hâte · promptitude · vélocité · vitesse
CONTR. lenteur
↪ **vitesse**

céleste *adj.* **1 - aérien** · cosmique · **2 - merveilleux** · angélique · divin · surnaturel
CONTR. terrestre – humain

célibataire
■ *n.m.* garçon · vieux garçon
■ *n.f.* demoiselle · fille · vieille fille

cellier *n.m.* **1 - cave** · **2 - chai** · cuvier

cellule *n.f.* **1 - prison** · cachot · geôle *littér.* · mitard *argot* · **2 - loge** · chambrette · **3 - case** · alvéole · compartiment · loge · **4 - groupe** · noyau · section · **5 - posemètre**

cellulite *n.f.* · graisse · capitons · peau d'orange

cénacle *n.m.* · cercle · chapelle · clan · club · coterie *péj.*

cendres *n.f.pl.* ruines · débris · restes
✦ **réduire en cendres** anéantir · annihiler · détruire

cénotaphe *n.m.* • tombeau • sépulcre • sarcophage

censé, e *adj.* • supposé • présumé • réputé

censeur *n.m.* • critique • juge
CONTR. adulateur | apologiste

censure *n.f.* **1 - blâme** • condamnation • critique • désapprobation • réprobation • animadversion *littér.* • improbation *vieux* • **2 - interdit** • mise à l'index
CONTR. apologie | approbation | éloge | exaltation | flatterie | louange

censurer *v.tr.* **1 - blâmer** • condamner • critiquer • désapprouver • réprouver • **2 - supprimer** • caviarder • **3 - interdire**
CONTR. approuver | flatter | louer | vanter

centenaire *adj.* • séculaire

central, e *adj.* • essentiel • capital • fondamental • principal
CONTR. excentrique | latéral | périphérique | local

centrale *n.f.* **1 - pénitencier** • prison • centrouse *argot* • **2 - confédération** • groupement

centralisation *n.f.* • concentration • rassemblement • regroupement • réunion
CONTR. décentralisation

centraliser *v.tr.* • concentrer • rassembler • regrouper • réunir
CONTR. décentraliser

centre *n.m.* **1 - milieu** • cœur • nombril • noyau • **2 - siège** • cœur • foyer • **3 - base** • fondement • principe • clé de voûte • **4 - cerveau** • cheville ouvrière • pivot • **5 - pôle** • axe
✦ **centre urbain** ville • agglomération • métropole
CONTR. bord | bout | extrémité | périphérie

centrer *v.tr.* **1 - diriger** • orienter • focaliser • **2 - cadrer**

centupler *v.tr.* • décupler • multiplier

cep *n.m.* • pied (de vigne)

cèpe *n.m.* • bolet

cependant *adv. et conj.* • néanmoins • pourtant • toutefois • malgré cela • en regard de cela • toujours est-il que • avec tout cela • n'empêche que *fam.*
CONTR. car | parce que | puisque

cerceau *n.m.* **1 - arc** • arceau • archet • **2 - feuillard**

cercle *n.m.* **1 - rond** • anneau • disque • couronne • rosace • **2 - auréole** • cerne • halo • nimbe • parasélène *vieux* • **3 - circonvolution** • rotation • rond • tour • **4 - club** • cénacle • chapelle • clan

cercler *v.tr.* • encercler • cerner • entourer • ceindre *littér.*

cercueil *n.m.* • bière • sarcophage • boîte *fam.*

cérébral, e *adj.* • intellectuel • mental

cérémonial *n.m.* **1 - code** • décorum • étiquette • protocole • règles • usage • **2 - rituel** • rite

cérémonie *n.f.* **1 - fête** • célébration • commémoration • réception • **2 - décorum** • cérémonial • solennité • appareil *littér.* • pompe *littér.*
✦ **sans cérémonie** sans façon • en toute simplicité • [dîner, etc.] à la fortune du pot • à la bonne franquette *fam.* • au hasard de la fourchette *vieilli*
≫ **cérémonies** *plur.* [péj.] façons • chinoiseries • chichis *fam.* • complications
CONTR. naturel | rondeur | simplicité

cérémonieux, -ieuse *adj.* 1 - affecté · apprêté · compassé · solennel · 2 - formaliste · protocolaire

CONTR. familier ı libre ı naturel ı simple − sans-façon

cerne *n.m.* 1 - halo · auréole · 2 - [sous les yeux] poche · valise *fam.*

cerner *v.tr.* 1 - assiéger · bloquer · boucler · encercler · investir · 2 - circonscrire · délimiter · 3 - appréhender · comprendre · faire le tour de · saisir

certain, e *adj.* 1 - convaincu · assuré · persuadé · sûr · 2 - incontestable · avéré · confirmé · indéniable · indiscutable · indubitable · sûr · 3 - inévitable · garanti · inéluctable · immanquable · 4 - évident · flagrant · manifeste · 5 - réel · authentique · vrai · 6 - relatif

+ **être certain de, que** avoir la certitude de · avoir la conviction, l'intime conviction que · être prêt à parier que · mettre sa main au feu que · mettre sa tête à couper que
+ **c'est certain** il n'y a pas l'ombre d'un doute

CONTR. incrédule ı hésitant ı sceptique − contestable ı controversé ı discutable ı douteux ı erroné ı faux − aléatoire ı improbable − absolu

certainement *adv.* 1 - incontestablement · indéniablement · indiscutablement · indubitablement · assurément · sans aucun doute · 2 - inévitablement · fatalement · infailliblement · nécessairement · à coup sûr · sûrement · 3 - (très) probablement · 4 - [en exclamatif] bien sûr ! · certes ! · évidemment ! · naturellement ! · un peu ! *fam.*

certes *adv.* · certainement · assurément · bien sûr · oui

CONTR. aucunement ı nullement

certificat *n.m.* 1 - diplôme · brevet · 2 - attestation · acte · parère *(Droit commercial)* · 3 - référence

certifier *v.tr.* 1 - affirmer · assurer · attester · confirmer · garantir · maintenir · soutenir · 2 - authentifier · légaliser · vidimer *(Admin.)*

CONTR. démentir ı désavouer − contester ı nier

certitude *n.f.* 1 - évidence · vérité · 2 - assurance · conviction · croyance

CONTR. doute ı hypothèse ı illusion ı incertitude ı vraisemblance

cerveau *n.m.* 1 - esprit · intelligence · tête · 2 - tête · cervelle · crâne *fam.* · ciboulot *fam.* · 3 - organisateur · chef · instigateur · meneur

cervelle *n.f.* · intelligence · matière grise · méninges *fam.*

cessation *n.f.* arrêt · abandon · fin · interruption · suspension

+ **cessation de paiements** faillite

CONTR. continuation ı maintien ı persistance ı prolongation ı reprise

cesse (sans) *adv.* **continuellement** · constamment · en permanence · perpétuellement · sans relâche · toujours · 24 heures sur 24 · non-stop · à longueur de journée *péj.*

cesser

■ *v.tr.* 1 - arrêter · interrompre · mettre fin à · stopper · suspendre • [sans complément] fermer, plier boutique *fam.* · 2 - abandonner · lâcher · renoncer à

■ *v.intr.* 1 - s'arrêter · finir · prendre fin · s'achever · se terminer · 2 - disparaître · s'effacer · s'enfuir · s'évanouir · mourir · tomber

+ **faire cesser** 1 - arrêter · couper court à · interrompre · mettre fin à · mettre le holà à · suspendre · 2 - dissiper · enlever · faire taire · lever · ôter · supprimer

CONTR. continuer ı durer ı persister − poursuivre ı prolonger ı reprendre

cessez-le-feu n.m. • trêve • arrêt des hostilités

cessible adj. • négociable • transférable • vendable
CONTR. incessible

cession n.f. **1 -** donation • transfert • transmission • transport • vente • **2 -** abandon • abandonnement • délaissement
CONTR. achat ı acquisition

c'est-à-dire loc. conj. • à savoir • en d'autres termes • id est • i.e. • soit • assavoir littér.

césure n.f. **1 -** [Poésie] coupe • **2 -** coupure • différence • hiatus

¹**chagrin, e** adj. **1 -** affligé • attristé • morose • sombre • triste • **2 -** maussade • bougon • revêche • atrabilaire littér. • bilieux littér. • grimaud vieux
✦ **avoir l'air chagrin**   faire triste mine

²**chagrin** n.m. **1 -** tristesse • affliction • douleur • peine • souffrance • tourment • **2 -** contrariété • déception • dépit littér.
✦ **avoir du chagrin**   être peiné • être triste • en avoir gros sur le cœur • en avoir gros sur la patate fam.

chagriner v.tr. **1 -** affecter • affliger • attrister • peiner • contrister littér. • **2 -** tracasser • contrarier • inquiéter • tourmenter • turlupiner fam. • **3 -** [vieilli] fâcher • mécontenter
CONTR. contenter ı réjouir

chahut n.m. • tapage • tumulte • vacarme • barouf fam. • boucan fam. • chambard fam. • raffut fam. • bousin fam., vieilli

chahuter
▪ v.intr. s'agiter • faire du tapage • faire du raffut fam.
▪ v.tr. **1 -** bousculer • malmener • **2 -** conspuer • huer

chai n.m. • cave • cellier

chaîne n.f. **1 -** collier • châtelaine • ferronnière • sautoir • jaseran vieilli • **2 -** [anciennt] alganon • cadène • fers • **3 -** [TV] canal • **4 -** réseau • circuit • **5 - succession** • suite • série • séquence • chapelet

chaînon n.m. • maille • maillon

chair n.f. **1 -** peau • **2 -** [vieux] viande • **3 -** pulpe • **4 -** [par métaphore] concupiscence plaisant • luxure • sensualité
✦ **bien en chair**   dodu • potelé • rebondi • replet • rondelet

chaire n.f. tribune • [d'église] ambon

chaise n.f. siège
✦ **chaise longue**   transat • transatlantique vieilli
✦ **chaise à porteurs**   brouette • filanzane • palanquin • vinaigrette

¹**chaland** n.m. **1 -** péniche • bélandre • bette • drague • marie-salope • **2 - coche d'eau**

²**chaland, e** n. • client • acheteur

châle n.m. • fichu • écharpe • étoffe • pointe

chaleur n.f. **1 - chaud** • canicule • étuve • fournaise • touffeur littér. • **2 - animation** • ardeur • effervescence • enthousiasme • entrain • exaltation • ferveur • feu • fièvre • fougue • impétuosité • passion • véhémence • vigueur • vivacité • **3 - cordialité**
✦ **en chaleur**   en chasse • en rut
CONTR. froid ı froidure – froideur ı indifférence ı insensibilité

chaleureusement adv. • cordialement • chaudement

chaleureux, -euse adj. **1 - cordial** • affectueux • amical • sympathique • **2 -** ardent • empressé • enthousiaste • fervent • zélé
CONTR. flegmatique ı froid ı glacé ı tiède

challenge n.m. 1 - défi · gageure · 2 - compétition · championnat · coupe

challengeur n.m. · compétiteur · concurrent · adversaire

chaloupe n.f. · barque · canot

chalumeau n.m. 1 - flûtiau · flageolet · pipeau · 2 - tuyau · paille

chamailler (se) v.pron. · se disputer · se chicaner · se quereller · [femmes] se crêper le chignon fam.

chamaillerie n.f. · dispute · querelle · chicane · chamaillis vieilli ou région.

chamailleur, -euse n. et adj. · querelleur

chamarré, e adj. · bariolé · multicolore · diapré littér.
↪ bariolé

chambardement n.m. → chamboulement

chambarder v.tr. → chambouler

chamboulement n.m. · bouleversement · branle-bas · chaos · perturbation · remue-ménage · révolution · chambardement fam.

chambouler v.tr. · bouleverser · mettre sens dessus dessous · perturber · révolutionner · chambarder fam.

chambranle n.m. · encadrement

chambre n.f. 1 - chambrette · cambuse fam. · piaule fam. · turne fam. · carrée argot · crèche vieux, fam. · taule vieux, fam. · canfouine vieux, fam. 2 - pièce · salle · 3 - assemblée · parlement · 4 - cavité · compartiment · case
✦ **chambre à air** boyau · pneumatique

✦ **chambre forte** coffre

chambrée n.f. · dortoir

chambrer v.tr. → se moquer

champ n.m. 1 - terrain · prairie · pré · terre · 2 - sphère · cercle · domaine · étendue · zone
✦ **champ clos** arène · carrière · lice
✦ **champ de courses** hippodrome · turf

champêtre adj. · rural · bucolique · campagnard · pastoral · rustique · agreste littér.

champion, -ionne n. 1 - tenant du titre · recordman · vainqueur · 2 - concurrent · challengeur · compétiteur · 3 - as · virtuose · crack fam. · 4 - défenseur · avocat · apôtre

championnat n.m. · compétition · challenge · coupe · tournoi

chance n.f. 1 - hasard · fortune · sort · 2 - bonne fortune · bonheur · heureux hasard · bonne étoile · baraka fam. · bol fam. · cul très fam. · pot fam. · veine fam. · heur vieux · 3 - aubaine · occasion · opportunité · 4 - éventualité · possibilité · probabilité
✦ **porter chance** porter bonheur
✦ **par chance** par bonheur · heureusement
CONTR. déveine ı guigne ı malchance ı poisse

chancelant, e adj. 1 - branlant · flageolant · peu assuré · titubant · vacillant · 2 - fragile · faible · incertain · précaire
CONTR. assuré ı ferme ı fort ı solide

chanceler v.intr. 1 - branler · flageoler · tituber · vaciller · 2 - faiblir · fléchir · montrer des signes de faiblesse · vaciller
CONTR. s'affermir ı se dresser

chanceux, -euse adj. 1 - fortuné · favorisé par le sort · heureux · veinard fam. ·

verni *fam.* • chançard *fam., vieux* • bidard *argot* • **2 -** [vieux] aléatoire • aventureux • hasardeux • incertain

CONTR. malchanceux – assuré ⏐ certain ⏐ sûr

chancre *n.m.* **1 -** ulcère • ulcération • **2 -** fléau • cancer

chandail *n.m.* • pull-over • tricot

chandelier *n.m.* • bougeoir • candélabre • flambeau • girandole • lustre • martinet *vieilli* • torchère *anciennt*

chandelle *n.f.* **1 -** bougie • cierge • flambeau • oribus *région., anciennt* • calbombe *argot* • camoufle *argot* • **2 -** [Sport] lob

change *n.m.* **1 -** couche • couche-culotte • **2 -** conversion

✦ **donner le change à** abuser • berner • tromper

changé, e *adj.* • méconnaissable • différent • transformé

changeant, e *adj.* **1 -** incertain • inégal • instable • variable • **2 -** capricieux • fantaisiste • fantasque • inconstant *littér.* • instable • papillonnant • versatile • volage • **3 -** divers • protéiforme • varié • **4 -** chatoyant • moiré • versicolore *didact.*

CONTR. constant ⏐ égal ⏐ fixe ⏐ immuable ⏐ invariable ⏐ persistant ⏐ stable

> 🕮 **changeant, inconstant, léger, volage**
>
> Tous ces mots évoquent l'instabilité d'une personne, de son comportement ou de sa conduite. Seul **changeant** ne s'applique pas aux sentiments amoureux *(il est changeant dans ses goûts vestimentaires ; elle est d'humeur changeante).* L'infidélité sentimentale s'exprime diversement selon que l'on emploie **inconstant**, qui n'implique pas forcément une situation adultère mais une attitude générale *(un amant inconstant)*, **volage**, qui contient l'idée de frivolité *(le papillonnage d'un mari, d'une épouse volage),* ou **léger**, de connotation très péjorative en parlant d'une femme *(c'est une femme légère).* **Inconstant** est aujourd'hui d'usage littéraire ; **volage** et **léger** sont de moins en moins utilisés, à cause de l'évolution des comportements amoureux.

changement *n.m.* **1 -** modification • altération • conversion • métamorphose • transformation • **2 -** réorganisation • réaménagement • refonte • remaniement • restructuration • **3 -** évolution • nouveauté • renouvellement • variété • **4 -** alternance • balancement • fluctuation • mouvement alternatif • oscillation • variation • **5 -** [en bien, en mieux] → **amélioration** • **6 -** [en mal] → **aggravation**

CONTR. constance ⏐ fixité ⏐ invariabilité ⏐ persévérance ⏐ stabilité

changer

■ *v.tr.* **1 - modifier** • métamorphoser • refondre • réformer • remanier • transfigurer • transformer • **2 -** altérer • contrefaire • défigurer • déformer • déguiser • dénaturer • fausser • truquer • **3 -** varier • diversifier • **4 - remplacer** • renouveler • **5 -** échanger • troquer • **6 -** [argent] convertir • **7 -** [Droit] commuer

■ *v.intr.* **1 -** évoluer • fluctuer • se modifier, être modifié • [radicalement] se métamorphoser • se transformer • faire peau neuve • **2 -** [en bien, en mieux] → **s'améliorer** • **3 -** [en mal] → **s'aggraver**

✦ **changer d'avis** se dédire • se déjuger • se rétracter • se raviser • tourner casaque • manger son chapeau • retourner sa veste *péj.* • [souvent] être une (vraie) girouette • être un vrai caméléon *vieux*

✦ **changer de direction** tourner • dévier • virer

✦ **changer de place** **1 -** déplacer • bouger • déranger • intervertir • inverser • transférer • transplanter • transposer • **2 -** se déplacer • bouger • remuer

◆ **changer les idées** divertir · délasser · distraire

CONTR. conserver ı garder ı maintenir ı persévérer ı persister – demeurer ı durer ı subsister

chanson *n.f.* **1 – air** · chant · mélodie · **2 –** [sortes] ballade · barcarolle · berceuse · cantilène · cavatine · complainte · comptine · lied · mélopée · romance · ronde · goualante *argot* · pont-neuf *vieux* · vaudeville *vieux* · villanelle *vieux* · **3 –** [Littérat.] épopée · geste · laisse · poème · **4 –** [péj.] rengaine · antienne · couplet · litanie · refrain · ritournelle · scie *vieux* · **5 –** [péj.] **baliverne** · histoire à dormir debout · conte en l'air *vieilli* · sornette *vieilli*

◆ **chanson à succès** hit · tube *fam.*

chant *n.m.* **1 – gazouillis** · ramage *littér.* · **2 –** chanson · mélodie · **3 – air** · aria · ariette · arioso · aubade · ballade · barcarolle · blues · cantabile · cantilène · cavatine · chanson · complainte · couplet · fado · lied · mélodie · mélopée · psalmodie · récitatif · refrain · rhapsodie · romance · sérénade · tyrolienne · [à deux voix] canon · **4 –** [religieux] **antienne** · cantique · gospel · hymne · litanie · motet · psaume · **5 – poésie** · poème

chantant, e *adj.* · mélodieux · harmonieux · musical

chanter
■ *v.intr.* **1 – gazouiller** · roucouler · siffler · ramager *rare* · **2 – chantonner** · fredonner · s'égosiller *péj.* · beugler *fam., péj.* · brailler *fam., péj.* · braire *fam., péj.* · bramer *fam., péj.* · pousser la chansonnette *fam.* · pousser la barcarolle *fam., vieilli*

■ *v.tr.* **1 – conter** · dire · raconter · **2 –** [littér.] **célébrer** · exalter · louer · vanter

◆ **chanter sur tous les tons** rabâcher · répéter

chanterelle *n.f.* · girolle

chanteur, -euse *n.* **1 –** [d'un chœur] **choriste** · [d'église] chantre · **2 –** [Antiquité et Moyen Âge] **aède** · barde · citharède · coryphée · ménestrel · minnesinger · rhapsode · scalde · troubadour · trouvère

◆ **chanteuse d'opéra** cantatrice · diva
◆ **chanteur de charme** crooner *anglico*

chantier *n.m.* **1 – atelier** · entrepôt · **2 – projet** · travail · **3 –** [fam.] **désordre** · fouillis · bazar *fam.* · bordel *fam.* · boxon *très fam.*

◆ **mettre en chantier** commencer · lancer · mettre en train · mettre sur les rails

chantonner *v.tr. et intr.* · fredonner

chanvre *n.m.* · cannabis · haschisch · marijuana · hasch *fam.* · herbe *fam.* · marie-jeanne *fam.* · shit *fam.*

chaos *n.m.* · confusion · bouleversement · désordre · pagaille · perturbation

CONTR. harmonie ı ordre

chaotique *adj.* · confus · désordonné · incohérent

chapardage *n.m.* · vol · maraude · larcin · rapine *littér.*

chaparder *v.tr.* · voler · dérober · faire main basse sur · barboter *fam.* · chiper *fam.* · chouraver *fam.* · chourer *fam.* · piquer *fam.*

chape *n.f.* · couvercle · enveloppe · revêtement

chapeau *n.m.* **1 – coiffe** · couvre-chef *plaisant* · bibi *fam.* · galure *fam.* · galurin *fam.* · bada *argot* · bitos *argot* · doulos *argot* · bloum *argot, vieux* · caloquet *argot, vieux* · **2 –** [de feutre] **feutre** · bicoquet · borsalino · **3 –** [de paille] **canotier** · panama · **4 –** [autres] **béret** · bicorne · tricorne · melon · sombrero · stetson · toque · **5 –** [ancienn, d'homme] **bousingot** · manille · tromblon · **6 –** [ancienn, de femme] **bavolet** · cabriolet · calotte · capeline · capote · charlotte

◆ **chapeau haut de forme** gibus · ascot · bolivar · claque · haut-de-forme · huit-reflets · tube · tuyau de poêle *fam.*

chapeauter *v.tr.* · coiffer · contrôler · diriger · être à la tête de · superviser

chapelet *n.m.* **1 - rosaire · 2 - série ·** cascade · cortège · kyrielle · ribambelle

chapelle *n.f.* **1 - oratoire · 2 - clan ·** cénacle · cercle · coterie *péj.*

chapelure *n.f.* · panure

chaperon *n.m.* · duègne · protectrice

chapitre *n.m.* **1 - partie** · section · **2 -** sujet · matière · objet · question · rubrique · thème

chapitrer *v.tr.* · faire la leçon à · faire la morale à · sermonner · admonester *littér.* · gourmander *littér.* · morigéner *littér.*

char *n.m.* **1 - chariot** · charrette · [Antiquité] bige · quadrige · **2 -** [Québec] **voiture** · auto
◆ **char d'assaut** blindé · tank

charabia *n.m.* · jargon · amphigouri *littér.* · galimatias *littér.* · baragouin *fam.*

charade *n.f.* · devinette · rébus

charbon *n.m.* **1 - anthracite** · houille · **2 - braise · 3 - crayon** · fusain

charcuter *v.tr.* · taillader · opérer

charcuterie *n.f.* · charcutaille *fam.* · cochonnaille *fam.*

charge *n.f.*
I 1 - fardeau · poids · faix *littér.* · **2 - chargement** · cargaison · fret
II contrainte · boulet · croix · embarras · gêne · servitude · incommodité *littér.*

III [souvent plur.] **1 - impôt** · imposition · redevance · taxe · **2 - dépense** · frais
IV 1 - poste · dignité · emploi · fonction · ministère · office · place · sinécure · **2 - mandat** · mission · ordre
V indice · présomption · preuve
VI 1 - caricature · imitation · **2 - critique** · satire
VII assaut · attaque

◆ **prendre en charge** assumer · se charger de · endosser · faire son affaire de · s'occuper de · prendre sur soi · prendre la responsabilité de

CONTR. allégement – décharge – se décharger ׀ refuser

chargé, e *adj.* **1 - plein** · rempli · **2 - nuageux** · couvert · lourd · **3 -** [estomac] **lourd** · embarrassé · **4 -** [péj.] **compliqué** · tarabiscoté · touffu · [décoration] lourd · rococo
◆ **être très chargé** être chargé comme une mule, un mulet, un baudet

chargement *n.m.* · cargaison · charge · fret

CONTR. déchargement

charger *v.tr.*
I 1 - fréter · arrimer · **2 - placer** · embarquer · **3 - garnir** · couvrir · emplir · remplir · recouvrir · **4 - encombrer** · remplir · surcharger
II 1 - accuser · déposer contre · incriminer · taxer · **2 - caricaturer**
III exagérer · forcer · outrer
IV attaquer · s'élancer sur · foncer sur · fondre sur · se jeter sur · se ruer sur

◆ **charger** (qqn) **de 1 - déléguer à** · préposer à · commettre de *littér.* · **2 - accabler de** · écraser de · surcharger

⟫ **se charger de** *v.pron.* · assumer · endosser · faire son affaire de · s'occuper de · prendre en charge · prendre sur soi · prendre la responsabilité de

CONTR. décharger – alléger – défendre ׀ excuser – se décharger ׀ refuser

chariot n.m. 1 - caddie nom déposé · diable · 2 - char · carriole · charrette · fourgon · guimbarde vieux · [Milit.] caisson · triqueballe vieux · [anciennt] binard · fardier · ribaudequin

charisme n.m. · influence · charme · magnétisme

charitable adj. 1 - altruiste · bienveillant · compatissant · indulgent · miséricordieux · 2 - caritatif
CONTR. égoïste ׀ dur ׀ inhumain

charité n.f. 1 - altruisme · bienveillance · humanité · indulgence · miséricorde · philanthropie · 2 - aumône · obole · offrande
CONTR. égoïsme ׀ dureté ׀ misanthropie

charivari n.m. · tapage · tintamarre · tumulte · vacarme · barouf fam. · boucan fam. · chambard fam. · potin fam. · raffut fam. · ramdam fam.

charlatan n.m. 1 - escroc · imposteur · menteur · hâbleur littér. · 2 - camelot · pharmacopole vieux, péj. · vendeur d'orviétan, de mithridate vieux
↬ imposteur

charlatanisme n.m. · escroquerie · forfanterie · hâblerie littér.

charlot n.m. · clown · guignol · pitre

charmant, e adj. 1 - séduisant · adorable · charmeur · ensorcelant · envoûtant · ravissant · 2 - agréable · attrayant · délicieux · enchanteur · exquis · merveilleux · plaisant · 3 - sympathique · amical · cordial
CONTR. déplaisant ׀ désagréable ׀ ennuyeux ׀ laid ׀ maussade ׀ rebutant ׀ repoussant

charme n.m.
I 1 - grâce · séduction · chien fam. · 2 - agrément · délice · plaisir

II 1 - enchantement · ensorcellement · envoûtement · magnétisme · sort · sortilège · 2 - amulette · porte-bonheur · talisman
✦ **faire du charme à** courtiser · conter fleurette à · faire la cour à · baratiner fam. · draguer fam.
⇢ **charmes** plur. attraits · appas · beauté · grâce ● [d'une femme] vénusté littér.
CONTR. laideur ׀ lourdeur ׀ monstruosité – malédiction

    ↬ **charme, enchantement, sort**

    Les trois mots sont liés à l'idée de puissance imaginaire qui modifie, dans les contes, l'ordre des choses. Un **charme** peut être un acte ou une pratique, un breuvage ou un objet *(sa bague était un charme)* supposés transformer la réalité, alors qu'un **enchantement** est une opération qui soumet à une action surnaturelle une personne ou un objet et désigne aussi les effets qui en découlent *(la citrouille transformée en carrosse par enchantement).* Le **sort**, qui résulte de pratiques de sorcellerie *(elle lui a jeté un sort),* a pour effet de nuire à une personne, un animal, ou même un lieu : « Aimer est un mauvais sort comme ceux qu'il y a dans les contes contre quoi on ne peut rien jusqu'à ce que l'enchantement ait cessé » (Proust, À la recherche du temps perdu, t. XIV).

charmé, e adj. · enchanté · heureux · ravi · très content

charmer v.tr. 1 - séduire · attirer · émerveiller · fasciner · subjuguer · 2 - enchanter · ravir · 3 - [vieux] ensorceler · enchanter
CONTR. attrister ׀ déplaire ׀ mécontenter ׀ offenser ׀ répugner

charmeur, -euse
■ adj. charmant · aguicheur · enjôleur · séduisant

■ *n.m.* **1 -** **séducteur** · don Juan · lovelace littér. · tombeur fam. · **2 -** [vieux] **ensorceleur** · magicien

■ *n.f.* **séductrice** · aguicheuse · allumeuse fam. · vamp fam. · coquette vieilli · sirène vieux

✦ **charmeur de serpent**   psylle

charnel, -elle adj.
I 1 - **corporel** · naturel · **2 -** **matériel** · sensible · tangible
II 1 - **physique** · intime · sexuel · **2 -** **lascif** · libidineux · lubrique · luxurieux · sensuel
CONTR. idéal ı spirituel – platonique ı pur
☞ **sensuel**

charnier *n.m.* · ossuaire

charnière *n.f.* **1 - gond** · **2 - articulation** · jonction

charnu, e *adj.* **1 - bien en chair** · dodu · plantureux · potelé · replet · **2 - épais** · pulpeux
CONTR. osseux ı décharné ı sec

charognard, -e *n.* [fig.] chacal · vautour

charogne *n.f.* · cadavre

charpente *n.f.* **1 - armature** · bâti · carcasse · châssis · ossature · **2 - squelette** · ossature · **3 - structure** · architecture · canevas · organisation · trame

charpenté, e *adj.* · bien bâti · costaud · baraqué fam.

charpenter *v.tr.* **1 - structurer** · articuler · construire · organiser · **2 - dégauchir** · équarrir · tailler

charpie (en) *loc. adv.* · en bouillie · en capilotade · en marmelade · en compote fam. · en purée fam.

charrette *n.f.* · carriole · char · chariot · tombereau · chartil vieux · gerbière vieux · haquet vieux · surtout vieux

charrier *v.tr.* **1 - transporter** · véhiculer · charroyer vieilli ou région. · **2 - entraîner** · emporter · **3 -** [fam.] → **se moquer de** · **4 -** [fam.] → **exagérer**

charrue *n.f.* · brabant · buttoir · bissoc · déchaumeuse · défonceuse · fouilleuse · grattoir · ritte · tourne-oreille · trisoc

charte *n.f.* · convention · protocole · règlement

chasse *n.f.* **1 - cynégétique** · **2 - traque** · poursuite · **3 - recherche** · quête · **4 -** [avec oiseau] **fauconnerie** · volerie
✦ **chasse à courre**   vénerie
✦ **être en chasse**   être en rut · être en chaleur

chasser
■ *v.tr.* **1 - déloger** · bouter · débusquer · dénicher · **2 - traquer** · donner la chasse à · être aux trousses de · poursuivre · pourchasser · **3 - exclure** · bouter · évincer · expulser · mettre dehors · refouler · rejeter · **4 - congédier** · licencier · mettre à la porte · remercier · renvoyer · se séparer de · envoyer au diable fam. · fermer la porte au nez de fam. · flanquer dehors fam. · lourder fam. · sacquer fam. · vider fam. · virer fam. · **5 -** [d'un pays] **bannir** · exiler · [Relig.] excommunier · **6 - dissiper** · balayer · écarter · éliminer · supprimer · **7 - conjurer** · exorciser
■ *v.intr.* **déraper** · glisser · patiner · riper
CONTR. accueillir ı admettre ı recevoir – embaucher ı engager, ı entretenir

chasseur, -euse *n.* **1 - braconnier** · colleteur · trappeur · traqueur · **2 - groom** · domestique

châssis *n.m.* · cadre · bâti · carcasse · charpente

chaste adj. 1 - **abstinent** · continent littér. ou vieilli · 2 - **pur** · décent · innocent · modeste · pudique · sage · vertueux · 3 - **platonique**

CONTR. érotique ׀ lascif ׀ libidineux ׀ lubrique ׀ luxurieux ׀ sensuel ׀ sexuel − concupiscent ׀ débauché ׀ dissolu ׀ impudique ׀ impur ׀ indécent ׀ licencieux

chasteté n.f. 1 - **abstinence** · continence · 2 - **pureté** · sagesse · vertu

CONTR. érotisme ׀ lubricité ׀ luxure − concupiscence ׀ débauche ׀ dépravation ׀ immodestie ׀ impudeur ׀ indécence

🐛 chasteté, abstinence, continence

Un homme ou une femme **chaste** s'abstient de tout plaisir charnel et écarte tout ce qui peut s'y rapporter ; dans le mariage, l'un et l'autre obéiront à des règles pour ne connaître que de façon modérée ces plaisirs. Quant au moine et à la nonne, ils s'en abstiennent complètement (vœu de chasteté). Dans la **continence**, l'abstention des plaisirs de la chair peut être volontaire ou non, complète (vivre dans la continence) ou non (sa détention l'a obligé à la continence). L'**abstinence** relève toujours d'un choix, mais ne porte pas seulement sur l'activité sexuelle ; plus couramment, la privation concerne la nourriture et les boissons alcoolisées pour des raisons médicales ou religieuses (l'abstinence du Carême, du Ramadan).

chasuble n.f. · dalmatique

chat n.m. · matou fam. · minet fam. · minou fam. · mistigri fam. · miaou lang. enfants

château n.m. 1 - [petit] **manoir** · gentilhommière · castel littér. · 2 - [grand] **palais**
✦ **château fort** fort · forteresse

châtié, e adj. · académique · classique · dépouillé · épuré · poli · pur

châtier v.tr. 1 - **punir** · corriger · sanctionner · 2 - **corriger** · épurer · perfectionner · polir · soigner

CONTR. récompenser − encourager

🐛 **punir**

châtiment n.m. 1 - **punition** · expiation · pénitence · sanction · 2 - [Relig.] **damnation** · dam
✦ **châtiment corporel** correction · coup · peine · supplice

CONTR. récompense

chatoiement n.m. · miroitement · scintillement

chatouille n.f. → chatouillement

chatouillement n.m. 1 - **titillation** · chatouille fam. · chatouillis fam. · guili(-guili) fam. · papouille fam. · 2 - **démangeaison** · picotement

chatouiller v.tr. 1 - **titiller** · faire des guili(-guili) à fam. · faire des papouilles à fam. · 2 - **démanger** · picoter · 3 - **piquer** · exciter · 4 - **flatter** · charmer · plaire à · titiller

CONTR. calmer − déplaire

chatouilleux, -euse adj. 1 - **sensible** · délicat · douillet · 2 - **irritable** · ombrageux · susceptible · à fleur de peau

chatoyant, e adj. · brillant · changeant · miroitant · moiré · scintillant

chatoyer v.intr. · briller · miroiter · scintiller

châtrer v.tr. · castrer · émasculer · bistourner (Techn.)
🐛 **castrer**

chatte n.f. · minette fam.

chatterie *n.f.* 1 - friandise · gâterie · douceur · 2 - cajolerie · caresse

chaud, e *adj.*
I fiévreux · fébrile
II 1 - fougueux · amoureux · ardent · bouillant · emporté · vif · 2 - fervent · ardent · fanatique · passionné · zélé · 3 - [fam.] enthousiaste · décidé · emballé *fam.* · partant *fam.*
III 1 - âpre · dur · sanglant · sévère · 2 - dangereux · risqué
✦ **à peine chaud** tiède
✦ **très, trop chaud** 1 - bouillant · brûlant · 2 - torride · équatorial · tropical
CONTR. sain − frais ׀ froid ׀ gelé ׀ glacé − calme ׀ flegmatique ׀ indifférent

chaudement *adv.* · chaleureusement · vivement

chauffe-plat *n.m.* · chaufferette · réchaud

chauffer
■ *v.tr.* 1 - réchauffer · 2 - animer · enflammer · exalter · exciter · 3 - [un concurrent] entraîner · exercer
■ *v.intr.* 1 - s'échauffer · 2 - [fam.] aller mal · se gâter · barder *fam.* · tourner au vinaigre *fam.*
⋙ **se chauffer** *v.pron.* s'échauffer · se mettre en condition · se mettre en train
CONTR. rafraîchir ׀ refroidir

chaufferette *n.f.* 1 - chauffe-plat · réchaud · 2 - brasero · couvet *vieux*

chauffeur *n.m.* 1 - automobiliste · conducteur · chauffard *péj.* · 2 - camionneur · routier · 3 - machiniste

chaume *n.m.* · paille · éteule · glui *vieux*

chaumière *n.f.* · cabane · chaumine *vieux*

chausse *n.f.* 1 - culotte · grègues · haut-de-chausses · 2 - jambière · guêtre

chaussée *n.f.* 1 - route · macadam · rue · voie · 2 - digue · levée · remblai · talus

chausser *v.tr.* 1 - enfiler · mettre · 2 - [un cheval] ferrer · 3 - [un arbre] butter · enchausser
CONTR. déchausser

chausse-trape *n.f.* · piège · écueil · embûche · traquenard

chausseur *n.m.* · bottier

chausson *n.m.* 1 - pantoufle · charentaise · espadrille · savate · 2 - [Danse] demi-pointe · pointe • [gymnastique] rythmique

chaussure *n.f.* 1 - soulier · escarpin · savate · godasse *fam.* · godillot *fam.* · grolle *fam.* · pompe *fam.* · croquenot *vieilli, fam.* · écrase-merde *très fam.* · péniche *fam.* · tatane *fam.* · ribouis *vieux, fam.* · 2 - [basse] ballerine · derby · mocassin · richelieu · 3 - [d'été] sandale · nu-pied · spartiate · tong · 4 - [montante] botte · bottillon · bottine · brodequin · ranger · pataugas • [Théâtre antiquité] cothurne · 5 - [sans talon] sabot · socque · 6 - [de sport] basket · tennis

chauve *adj.* dégarni · déplumé *fam.*
✦ **être complètement chauve** avoir la boule à zéro *fam.* · n'avoir plus un poil sur le crâne, le caillou, le ciboulot *fam.* · être chauve comme un œuf, comme une bille *fam.*

chauvin, e *adj.* · cocardier · patriotard · nationaliste · xénophobe
CONTR. impartial ׀ neutre

chauvinisme *n.m.* · xénophobie · nationalisme (exacerbé)

chavirer

■ *v.intr.* **1 - basculer** · capoter · dessaler · se renverser · se retourner · **2 - chanceler** · tanguer · trébucher · vaciller

■ *v.tr.* **bouleverser** · émouvoir · renverser · retourner · secouer · toucher

✦ **faire chavirer** [un bateau] cabaner · renverser

chef *n.m.* 1 - directeur · dirigeant · patron · P.D.G. · responsable · supérieur · boss *fam.* · singe *argot* · **2 - animateur** · guide · leader · meneur · tête · cacique *littér.* · coryphée *littér.* · [de la mafia] parrain · **3 - officier** · gradé · **4 -** [de tribu arabe] cheik · [amérindien] sachem · **5 - champion** · as · crack · **6 - cuisinier** · coq · maître-queux *vieux ou plaisant*

✦ **chef de famille** maître de maison · patriarche
✦ **petit chef** chefaillon *fam.*
✦ **chef d'État** président · monarque · empereur · prince · roi · souverain
✦ **chef d'orchestre** maestro
✦ **de son propre chef** de sa propre autorité · de sa propre initiative

CONTR. inférieur ı subalterne ı subordonné ı second

chef-d'œuvre *n.m.* · bijou · joyau · merveille · prodige · trésor

CONTR. ébauche – navet

chef-lieu *n.m.* · préfecture

chemin *n.m.* **1 - voie** · allée · passage · piste · route · rue · sentier · sente *littér. ou région.* · tortille *vieux* · **2 - itinéraire** · circuit · parcours · route · trajet · **3 - trajectoire** · course · **4 - moyen** · méthode · voie

✦ **chemin de croix** calvaire · souffrance · supplice · torture
✦ **chemin forestier** cavée · laie · layon · lé
✦ **chemin de halage** berme · marchepied · tirage
✦ **faire du chemin, faire son chemin** **1 - se propager** · se répandre · **2 - réussir** · aller loin · progresser
✦ **montrer le chemin** donner l'exemple · montrer la voie

🙞 **chemin, route, rue, voie**

Les déplacements terrestres d'un lieu à un autre s'effectuent grâce à des moyens de communication. Pour en parler, **voie** est le terme le plus général qui s'applique à tout espace emprunté pour aller quelque part *(entretenir une voie, voie publique, privée)*. Les aménagements réduits ou absents de la voie caractérisent le **chemin** *(chemin cailloteux, impraticable, étroit)*, toujours d'intérêt local et le plus souvent à la campagne *(chemin rural, chemin de terre)*. Le **chemin** est d'importance secondaire par rapport à la **route**, aménagée pour la circulation des véhicules, qui relie des agglomérations *(route départementale, nationale)* et peut être subdivisée *(route à deux, trois voies)*. La **rue**, bordée de maisons, est une voie dans une agglomération *(rue piétonne, rue commerçante)*.

cheminée *n.f.* **1 - âtre** · feu · foyer · **2 - conduit** · tuyau

cheminement *n.m.* **1 - marche** · avance · progression · **2 - évolution** · avancée · progression

cheminer *v.intr.* **1 - aller** · marcher · trimarder *vieux* · **2 -** [route] s'étendre · s'allonger · se dérouler · **3 -** [idée] progresser · faire son chemin · se développer · se propager · se répandre

chemise *n.f.* **1 - chemisier** · corsage · liquette *fam.* · limace *argot* · **2 - couverture** · dossier

✦ **chemise de nuit** nuisette · baby doll *vieux*

chemisier *n.m.* · corsage · liquette

chenal *n.m.* · canal · passe · grau *région.*

chenapan *n.m.* • coquin • bandit • galopin • garnement • polisson • vaurien • affreux jojo *fam.*

cheptel *n.m.* • bétail • bestiaux • troupeau

¹**cher, chère** *adj.* **1 - coûteux** • dispendieux • exorbitant • hors de prix • inabordable • onéreux • ruineux • chérot *fam.* • salé *fam.* • **2 - adoré** • aimé • bien-aimé • chéri • carissime *rare*

+ **pas, peu cher** bon marché • donné *fam.* • peanuts *fam.*

²**cher** *adv.* chèrement • le prix fort • à prix d'or • bonbon *fam.* • la peau des fesses *fam.* • la peau du cul *fam.* • les yeux de la tête *fam.*

+ **pas, peu cher** bon marché • à vil prix *littér.*

chercher *v.tr.* **1 - rechercher** • faire la chasse à • se mettre en quête de • quérir *littér.* • **2 - imaginer** • inventer • supposer • **3 - réfléchir à** • penser à • **4 -** [*fam.*] **provoquer** • chercher (des) noise(s) à • chercher querelle à • chercher des crosses à *fam.* • chercher des poux dans la tête à *fam.*

+ **chercher dans** fouiller • fourrager *fam.*
+ **chercher à** [+ infinitif] essayer de • s'efforcer de • s'évertuer à • tâcher de • tendre à • tenter de • viser à

CONTR. trouver

chercheur, -euse *n.* **scientifique** • savant

+ **chercheur d'or** orpailleur

chère *n.f.* [*littér.*] **nourriture**

+ **faire bonne chère** faire bombance • faire ripaille • festoyer

chèrement *adv.* **1 - cher** • le prix fort • à prix d'or • **2 - affectueusement** • tendrement • **3 - amoureusement** • pieusement

chéri, e *adj. et n.* **favori** • chouchou *fam.*

+ **mon chéri, ma chérie** mon amour • mon ange • ma biche • ma bichette • mon bichon • mon bien-aimé • mon bijou • mon biquet • ma caille • mon chat • mon chou • mon coco • ma cocotte • mon cœur • ma crotte • mon lapin • mon mignon • mon mimi • mon minet • ma poule • mon poulet • ma poulette • ma princesse • ma puce • mon rat • mon raton • ma tourterelle • ma reine • mon trésor • ma mie

chérir *v.tr.* **1 - adorer** • aduler • aimer • porter dans son cœur • vénérer • affectionner *vieilli.* • **2 - estimer** • priser

CONTR. détester ı haïr

➳ **aimer**

cherté *n.f.* • coût • prix

chérubin *n.m.* • ange • angelot • séraphin • [Art] amour • putto

chétif, -ive *adj.* **1 - débile** • faible • fluet • maigrelet • malingre • rachitique • maigrichon *fam.* • maigriot *fam.* • **2 - rabougri** • ratatiné • **3 -** [*littér.*] **dérisoire** • mesquin • misérable • pauvre • piètre • piteux

CONTR. fort ı robuste ı solide ı vigoureux

cheval *n.m.* **1 - monture** • bourrin *fam.* • coursier *littér.* • destrier *littér.* • dada *lang. enfants* • bidet *vieilli ou plaisant* • [anciennt] haquenée • palefroi • **2 - pur-sang** • yearling • **3 -** [reproducteur] **étalon** • **4 -** [sauvage] **mustang** • tarpan • **5 -** [châtré] **hongre** • **6 -** [jeune] **poulain** • pouliche • **7 -** [de course] **coureur** • crack • mileur • sauteur • trotteur

+ **mauvais cheval** bourrique *fam.* • canasson *fam.* • vieille bique *fam.* • carne *vieilli* • criquet *fam., vieilli* • haridelle *fam.* • mazette *vieux* • rosse *vieilli* • rossinante *vieilli*
+ **cheval de bataille** **1 - marotte** • hobby • idée fixe • dada *fam.* • **2 -** [Moyen Âge] **coursier** • destrier
+ **cheval de retour** récidiviste

◆ **à cheval sur**   1 - à califourchon sur · 2 - intransigeant sur · exigeant sur · pointilleux sur · strict sur

chevaleresque *adj.* · généreux · noble · magnanime *littér.*

chevalet *n.m.* · tréteau · baudet · chèvre

chevalier *n.m.* paladin · preux
◆ **chevalier d'industrie**   aigrefin · escroc · filou
◆ **chevalier servant**   cavalier · sigisbée *vieux ou plaisant*

chevauchée *n.f.* · cavalcade · course

chevauchement *n.m.* 1 - croisement · recouvrement · superposition · 2 - empiètement

chevaucher
■ *v.tr.* 1 - empiéter sur · mordre sur · 2 - être à cheval sur · être à califourchon sur
■ *v.intr.* cavalcader *vieux*
⋙ **se chevaucher** *v.pron.* se croiser · se recouvrir · se superposer

chevelure *n.f.* · cheveux · toison · crinière *fam.* · tignasse *fam.*

chevet *n.m.* · tête de lit
CONTR. pied

cheveu *n.m.* poil *fam.* · tif *fam.*
⋙ **cheveux** *plur.* chevelure · toison · crinière *fam.* · tignasse *fam.*

cheville *n.f.* 1 - [Techn.] épite · enture · fausset · esse · trenail · 2 - [Mar.] **gournable** · cabillot
◆ **cheville ouvrière**   animateur · meneur · pivot

chèvre *n.f.* · bique *fam.* · biquette *fam.*

chevronné, e *adj.* expérimenté · expert · qualifié
◆ **c'est quelqu'un de chevronné**   c'est un vieux briscard *fam.* · c'est un vieux de la vieille

chevrotement *n.m.* 1 - bêlement · béguètement *rare* · 2 - tremblotement

chevroter *v.intr.* 1 - bêler · bégueter *rare* · 2 - trembloter

chewing-gum *n.m.* · bubble-gum · gomme à mâcher

chez *prép.* 1 - parmi · 2 - au pays de · 3 - au temps de · à l'époque de · 4 - dans l'œuvre de
◆ **chez-soi**   foyer · maison · nid · home

chialer *v.intr.* → pleurer

chialeur, -euse *n. et adj.* → pleurard

chiant, e *adj.* 1 - → agaçant · 2 - → ennuyeux

chic
■ *adj. invar.* 1 - élégant · alluré · 2 - huppé · b.c.b.g. · NAP · chicos *fam.* · smart *fam.* · sélect *fam.* · 3 - gentil · brave · chouette *fam.* · super *fam.* · sympa *fam.* · bath *fam., vieilli*
■ *n.m.* 1 - élégance · allure · chien · distinction · prestance · 2 - aisance · habileté · savoir-faire
CONTR. inélégant ı commun ı grossier ı vulgaire – méchant ı mauvais ı vache – banalité ı vulgarité – difficulté ı maladresse

chicane *n.f.* 1 - avocasserie *péj.* · procédé dilatoire · 2 - argutie · chicanerie · chipotage · ergotage · finasserie · ergoterie *vieilli* · 3 - altercation · bisbille *fam.* · logomachie *littér.*
CONTR. droiture ı loyauté – accord ı conciliation ı entente

chicaner *v.tr.* 1 - chercher querelle à · chercher (des) noise(s) à · 2 - [surtout Québec] tourmenter · soucier · tracasser · turlupiner *fam.*

◆ **chicaner sur**   1 - contester · chipoter sur · disputer · épiloguer sur · ergoter sur · 2 - [sans complément] **couper les cheveux en quatre** · vétiller *vieux*

⋙ **se chicaner** *v.pron.* se disputer · se taquiner · se chamailler *fam.*
CONTR. accepter ı agréer – céder

chicanerie *n.f.* → chicane

chicaneur, -euse *n. et adj.* 1 - avocassier · procédurier · plaideur *littér.* · processif *vieux* · 2 - → chicanier

chicanier, -ière *adj.* · pointilleux · chicaneur · coupeur de cheveux en quatre · ergoteur · pinailleur · tatillon · vétilleux *littér.* · enculeur de mouches *très fam.* · vétillard *vieux*

chiche *adj.* 1 - maigre · juste · mesquin · pauvre · 2 - [vieilli] avare · parcimonieux · pingre · regardant · ladre *littér.* · radin *fam.* · rapiat *fam., vieilli* · près de ses sous *fam.*
CONTR. abondant ı copieux – généreux ı prodigue

chichement *adv.* 1 - modestement · pauvrement · petitement · 2 - parcimonieusement

chichis *n.m.pl.* 1 - affectation · mignardises · minauderies · simagrées · 2 - cérémonie · embarras · façons · manières
CONTR. simplicité

chichiteux, -euse *adj.* · maniéré · affecté · minaudier · pimbêche · chochotte *fam.*

chien *n.m.* 1 - clébard *fam.* · cabot *fam. et péj.* · chienchien *fam.* · toutou *fam.* · clebs *fam.* · roquet *péj.* · 2 - [jeune] chiot · 3 - allure · chic · distinction
◆ **chien de garde**   molosse · cerbère *(surtout fig.)*
◆ **chien de mer**   aiguillat · émissole

chiffe *n.f.*
◆ **chiffe molle**   loque · lavette *fam.*

chiffon *n.m.* · bourre · charpie
◆ **chiffon à poussière**   loque *Belgique* · patte *Suisse*

chiffonner *v.tr.* 1 - friper · bouchonner · froisser · plisser · mettre en tapon · 2 - contrarier · chagriner · ennuyer · intriguer · tourmenter · tracasser · turlupiner *fam.*
CONTR. défroisser ı repasser – contenter ı réjouir

chiffonnier *n.m.* 1 - biffin *argot* · 2 - semainier

chiffre *n.m.* 1 - nombre · 2 - montant · somme · total · 3 - indice · taux · 4 - code (secret) · cryptage · 5 - combinaison · 6 - marque · monogramme

chiffrer *v.tr.* 1 - évaluer · calculer · compter · quantifier · 2 - numéroter · 3 - coder · crypter

⋙ **se chiffrer** *v.pron.*
◆ **se chiffrer à**   s'élever à · monter jusqu'à · atteindre
◆ **se chiffrer en**   se compter par
CONTR. déchiffrer – décoder ı décrypter

chignole *n.f.* · perceuse · vilebrequin

chimère *n.f.* · fantasme · illusion · mirage · rêve · songe · utopie • [surtout au plur.] château en Espagne
CONTR. fait ı raison ı réalité ı réel

chimérique *adj.* 1 - illusoire · imaginaire · impossible · invraisemblable · irréalisable · irréaliste · irréel · utopique · vain · 2 - rêveur · romanesque · utopiste · visionnaire · 3 - fabuleux · fantastique · imaginaire · mythique
CONTR. positif ı réel ı solide ı vrai

chinoiseries *n.f.pl.* · complications · chicaneries · tracasseries

chiper v.tr. • voler • dérober • barboter fam. • piquer fam.

chipie n.f. • mégère • chameau fam.

chipoter v.intr. **1** - grignoter • pignocher fam. • **2** - chicaner • ergoter • pinailler

⟫ **se chipoter** v.pron. → se disputer

chipoteur, -euse n. • ergoteur • pinailleur • coupeur de cheveux en quatre • enculeur de mouches très fam.

chiqué n.m. • bluff • esbroufe fam. • épate fam. • frime fam.
CONTR. naturel ɪ simplicité

chiquenaude n.f. • pichenette • croquignole vieux • nasarde vieux

chirurgien, -ienne n. • boucher péj. • charcutier péj.

choc n.m.
I **1** - collision • coup • heurt • percussion • **2** - accident • accrochage • carambolage • télescopage
II **1** - bataille • affrontement • combat • lutte • **2** - conflit • antagonisme • confrontation • opposition
III **1** - émotion • bouleversement • coup • ébranlement • traumatisme • **2** - commotion
✦ **choc en retour** contrecoup • effet boomerang • effet en retour • retour de bâton • retour de manivelle fam. • ricochet

　　🙣　**choc, collision, heurt**
　Un **choc** consiste en une rencontre, plus ou moins violente, d'au moins deux corps, qu'ils soient animés ou non *(le choc des verres, tomber sous le choc)*, et désigne aussi la secousse qui en résulte. Les emplois du mot sont très étendus, concernant des hommes *(choc des armées)* ou des notions abstraites *(le choc des idées, des cultures)*. C'est cette idée de rencontre plus ou moins brutale qui se retrouve avec **heurt** *(au moindre heurt)*, également à propos de personnes *(le heurt de deux caractères, la réunion s'est déroulée sans heurt)*, mais le mot connaît un usage moins large et plus soutenu. **Collision** est d'emploi plus restreint, limité au choc entre deux corps dont l'un au moins est en mouvement *(collision de deux voitures, de particules dans un accélérateur)*.

chœur n.m. chorale • ensemble vocal • choreutes *(Antiquité)*
✦ **en chœur** ensemble • unanimement • de concert • de conserve

choisi, e adj. **1** - châtié • élégant • précieux • recherché • **2** - raffiné • d'élite • distingué
✦ **bien choisi** opportun • favorable • propice
✦ **mal choisi** inopportun • déplacé • fâcheux • intempestif
✦ **morceaux choisis** anthologie • chrestomathie • florilège • sélection

choisir v.tr. **1** - adopter • opter pour • retenir • sélectionner • embrasser • jeter son dévolu sur • **2** - élire • désigner • nommer • **3** - se décider pour • se déterminer pour • s'engager pour • se prononcer pour • prendre parti pour • [sans complément] trancher
✦ **choisir de** décider de • prendre le parti de

　　🙣　**choisir, élire**
　On peut prendre un livre, un moyen de transport, etc., de préférence à un autre en raison de ses qualités, de ses mérites que l'on a comparés. Cette action de **choisir** existe dans toute une série de domaines de la vie *(choisir ses mots, choisir une solution, choisir ses amis)*. Dans la langue d'aujourd'hui, **élire** n'est pas seulement choisir une personne pour qu'elle remplisse une fonction, c'est la nommer par voie de suffrages *(élire un député, l'assemblée a élu son président à la majorité*

absolue). Dans un emploi littéraire, **élire** est très proche de **choisir**, mais suppose dans ce cas un choix fondé sur le goût, les sentiments ou le caprice : « La nécessité de l'option me fut toujours intolérable ; choisir m'apparaissait non tant élire, que repousser ce que je n'élisais pas » (Gide, *les Nourritures terrestres,* IV, I).

choix *n.m.*
I 1 - **option** • alternative • [difficile] dilemme • 2 - **décision** • résolution
II **désignation** • élection • nomination • sélection
III 1 - **assortiment** • collection • éventail • gamme • palette • sélection • 2 - **anthologie** • florilège • recueil
✦ **au choix** à la carte
✦ **de choix** excellent • de (première) qualité • d'élite

CONTR. obligation − abstention ׀ hésitation

chômeur, -euse *n.* • demandeur d'emploi • sans-emploi • sans-travail

choper *v.tr.* 1 - **capturer** • arrêter • agrafer *fam.* • alpaguer *fam.* • cueillir *fam.* • épingler *fam.* • gauler *fam.* • pincer *fam.* • 2 - **attraper** • ramasser *fam.*

choquant, e *adj.* 1 - **déplacé** • grossier • incongru • inconvenant • indécent • malséant *littér.* • 2 - **révoltant** • scandaleux • shocking *plaisant*

CONTR. bienséant − édifiant ׀ moral

choquer *v.tr.* 1 - **blesser** • heurter • froisser • indigner • offenser • offusquer • révolter • scandaliser • 2 - **bouleverser** • commotionner • ébranler • traumatiser • secouer *fam*

CONTR. charmer ׀ flatter ׀ plaire ׀ séduire

chorale *n.f.* • chœur • ensemble vocal

chose *n.f.* 1 - → **objet** • 2 - → **fait**[1] • 3 - → **acte** • 4 - → **possession**

chosifier *v.tr.* • réifier *(Philo.)*

chou *adj. invar.* [fam.] gentil • mignon • à croquer *fam.*

chouchou, -oute *n.* [fam.] favori • préféré
CONTR. mal-aimé

chouchouter *v.tr.* [fam.] → **choyer**

choyer *v.tr.* 1 - **cajoler** • couver • dorloter • gâter • materner • soigner • chouchouter *fam.* • mignoter *vieux* • 2 - **cultiver** • entretenir • nourrir

chrestomathie *n.f.* • anthologie • florilège

¹**chronique** *adj.* 1 - **durable** • persistant • 2 - **constant** • permanent • 3 - **habituel** • systématique

²**chronique** *n.f.* 1 - [surtout au plur.] **annales** • histoire • mémoires • 2 - **article** • billet • courrier • éditorial • rubrique

☙ **chroniques, annales, mémoires**

Chroniques, annales et mémoires concernent des moyens traditionnels de conserver des traces du passé. Les **chroniques** regroupent selon l'ordre chronologique et en les rassemblant par époques des faits historiques *(les Chroniques de Froissart, les chroniques de l'Église)* alors que les **annales** recueillent les événements année par année : *Tacite, dans ses* Annales, *relate l'histoire de Rome de la mort d'Auguste (14) à celle de Néron (68).* Les **mémoires** sont un récit d'événements, plus ou moins chronologique, fait par une personne qui y a participé ou qui en a été le témoin : *Saint-Simon, dans ses* Mémoires, *évoque sous forme de tableaux la fin du règne de Louis XIV et la Régence, et sa propre place dans cette période.*

chroniqueur, -euse *n.* **1 -** historien · mémorialiste · **2 -** éditorialiste · commentateur

chronologie *n.f.* · ordre · succession

chuchotement *n.m.* · murmure · susurrement · chuchotis *rare* · chuchoterie *vieux* · messes basses *péj.*

chuchoter *v.tr.* **1 -** murmurer · susurrer · souffler · **2 -** [sans complément] **parler bas** · faire des messes basses *péj.*
CONTR. crier ı hurler

chuinter *v.intr.* **1 -** zozoter · bléser · zézayer · **2 -** siffler · **3 -** hululer · huer

chut *interj.* · silence ! · taisez-vous ! · la ferme ! *fam.* · ta gueule ! *très fam.*

chute *n.f.*
I **1 -** culbute · bûche *fam.* · dégringolade *fam.* · gadin *fam.* · gamelle *fam.* · pelle *fam.* · [Alpinisme] dévissage · **2 -** écroulement · éboulement · écrasement · effondrement
II baisse · déclin · effondrement · dégringolade *fam.*
III déchéance · décadence · déconfiture *fam.* · disgrâce · effondrement · ruine · [d'un gouvernement] renversement
IV reste · déchet · résidu · rognure
V [de pluie, de neige] **précipitation**
✦ **chute d'eau** cascade · cataracte · saut
✦ **chute des cheveux** alopécie
CONTR. relèvement – ascension ı montée – redressement ı épanouissement

chuter *v.intr.* **1 -** tomber · dégringoler · choir *littér.* · se ramasser *fam.* · ramasser, se prendre une bûche *fam.* · prendre un gadin *fam.* · se prendre une gamelle *fam.* · ramasser, se prendre une pelle *fam.* · **2 -** baisser · dégringoler · s'effondrer · **3 -** échouer · prendre un gadin *fam.*

cible *n.f.* **1 -** point de mire · **2 -** but · objectif

✦ **atteindre sa cible** faire mouche · mettre, taper dans le mille
✦ **être la cible de** être en butte à

cibler *v.tr.* · délimiter · circonscrire · déterminer

ciboule *n.f.* · ciboulette · cive

cicatrice *n.f.* **1 -** balafre · couture · **2 -** marque · blessure · empreinte · stigmate · trace

cicatrisation *n.f.* **1 -** guérison · néoformation · reconstitution · régénération · réparation · **2 -** adoucissement · apaisement
CONTR. avivement

cicatriser *v.intr.* · guérir · se (re)fermer

cicérone *n.m.* → guide[1]

ciel *n.m.* **1 -** voûte céleste · azur *littér.* · cieux *littér.* · éther *littér.* · firmament *littér.* · nues *littér.* · **2 -** paradis · au-delà · **3 -** [Antiquité] empyrée *littér.* · Olympe *littér.*
✦ **ciel de lit** baldaquin · dais

cierge *n.m.* · bougie · chandelle · luminaire

cigarette *n.f.* · cibiche *fam.* · clope *fam.* · pipe *fam.* · sèche *fam.* · tige *fam.*

ciller *v.intr.* **cligner**
✦ **sans ciller** sans broncher · sans tiquer *fam.*
CONTR. ouvrir ı écarquiller

cime *n.f.* · sommet · crête · faîte · pic · pointe
CONTR. bas ı base ı pied ı racine
↪ **sommet**

ciment *n.m.* · mortier

cimenter *v.tr.* **1 -** affermir · consolider · raffermir · **2 -** lier · sceller · unir
CONTR. désagréger ı desceller ı ébranler ı saper

cimetière n.m. · catacombe · hypogée · nécropole · ossuaire · boulevard des allongés fam.

cinéaste n. · réalisateur · metteur en scène

cinéma n.m. 1 - septième art · grand écran · salles obscures · 2 - ciné fam. · cinoche fam. · 3 - [fam.] comédie · cirque fam. · 4 - [fam.] bluff · chiqué fam.
✦ aller au cinéma se faire une toile fam.

cinglant, e adj. · acerbe · blessant · cruel · féroce · vexant
CONTR. aimable ǀ amène ǀ gentil

cinglé, e adj. et n. → fou

¹**cingler** v.intr. · naviguer · progresser · faire route · voguer

²**cingler** v.tr. 1 - cravacher · flageller · fouetter · fouailler vieux ou littér. · 2 - blesser · vexer
ᴥ fouetter

cintre n.m. 1 - arc · arceau · cerceau · voûte · 2 - porte-manteau · pince-jupe · porte-jupe

cintrer v.tr. · bomber · cambrer · courber
CONTR. redresser

circonférence n.f. · périmètre · périphérie · pourtour

circonlocution n.f. · périphrase · détour · ambages rare
ᴥ périphrase

circonscription n.f. 1 - division · subdivision · région · 2 - [administrative] département · préfecture · arrondissement · canton · commune · canton · province · district · 3 - [ecclésiastique] diocèse · paroisse · consistoire · éparchie (Antiquité)

circonscrire v.tr. 1 - entourer · borner · délimiter · limiter · 2 - cerner · délimiter · 3 - enrayer · arrêter · freiner · juguler
CONTR. élargir ǀ étendre

circonspect, e adj. · prudent · mesuré · précautionneux · réfléchi · réservé
CONTR. aventureux ǀ imprudent ǀ léger ǀ téméraire
ᴥ prudent

circonspection n.f. · prudence · mesure · précaution · réflexion · réserve · retenue
CONTR. imprudence ǀ légèreté ǀ témérité

circonstance n.f. 1 - cas · coïncidence · hasard · occasion · 2 - donnée · condition · modalité · particularité
✦ de circonstance approprié · opportun
⋙ **circonstances** plur. conjoncture · état des choses · situation

ᴥ circonstances, conjoncture
Les **circonstances** sont constituées par un ensemble de faits qui forment, à un moment donné, une situation bien définissable : *dans les circonstances actuelles, étant donné les circonstances*. La **conjoncture** résulte d'un ensemble de circonstances et elle est le point de départ d'une nouvelle situation *(une conjoncture difficile, favorable ; la conjoncture internationale)* : « De toutes les conjonctures, heureuses ou malheureuses, il entend tirer le meilleur parti possible (...), sachant fixer dans la forme la plus appropriée, la meilleure, ce que la conjoncture peut offrir de moins épisodique » (Gide, *Attendu que...*).

circonvenir v.tr. · abuser · berner · endormir · manœuvrer · emberlificoter fam. · embobiner fam. · entortiller fam. · embobeliner vieux, fam.

circonvolution n.f. · enroulement · ondulation · sinuosité · spirale · spire

circuit n.m.
I 1 - parcours · itinéraire · tour · trajet · **2 -** périple · promenade · randonnée · voyage
II 1 - autodrome · piste · **2 - réseau** · canal
✦ **être hors circuit** ne plus être dans la course *fam.* · ne pas être dans le coup *fam.*

circulaire *adj.* **1 - rond** · **2 - giratoire** · rotatoire · **3 - périphérique**

circulation *n.f.* **1 - trafic** · passage · flux · mouvement · **2 - diffusion** · propagation · transmission
✦ **mettre en circulation** diffuser · émettre · lancer
✦ **mise en circulation** diffusion · émission · lancement

circuler *v.intr.* **1 - passer** · se déplacer · se promener · **2 - conduire** · rouler · **3 - courir** · se propager · se répandre · **4 - passer de main en main** · se transmettre
✦ **faire circuler** **1 - colporter** · propager · **2 - disperser** · repousser

cire *n.f.* **1 - encaustique** · **2 - cérumen**

cirer *v.tr.* · encaustiquer

cireux, -euse *adj.* · blafard · blême · jaunâtre · livide · plombé

cirque *n.m.* **1 - amphithéâtre** · arène · carrière · **2 - chapiteau** · **3 -** [fam.] **comédie** · cinéma *fam.* · **4 -** [fam.] **pagaille** · bazar *fam.* · bordel *fam.*

cisaille *n.f.* **1 - élagueur** · sécateur · **2 -** [Techn.] **cisoires**

cisailler *v.tr.* · couper · scier · taillader

ciseau *n.m.* **1 -** [de sculpteur, de maçon] **bouchard** · riflard · rondelle · **2 -** [de graveur] berceau · burin · ciselet · gouge · grattoir · matoir · pointe · repoussoir · **3 -** [d'orfèvre]

ciselet · cisoir · **4 -** [de menuiser] **bédane** · besaiguë · biseau · ébauchoir · fermoir · gouge · gougette · plane · poinçon

ciseler *v.tr.* **1 - sculpter** · **2 - parfaire** · parachever · polir · fignoler *fam.* · peaufiner *fam.*

citadelle *n.f.* **1 - château fort** · fort · fortification ● [dans les pays arabes] casbah · oppidum (Archéol.) · **2 - centre** · bastion · rempart

citadin, e *adj.* · urbain
CONTR. campagnard ı champêtre ı paysan ı rural

citation *n.f.* **1 - extrait** · morceau · passage · **2 - assignation** · convocation · **3 -** [Milit.] **mention**

cité *n.f.* **1 - ville** · agglomération · métropole · mégalopole · **2 -** [littér.] **état** · nation · patrie · république

citer *v.tr.* **1 - mentionner** · énumérer · indiquer · nommer · rapporter · signaler · **2 - alléguer** · invoquer
✦ **citer en justice** assigner · convoquer · intimer · traduire en justice

citerne *n.f.* · cuve · réservoir

citoyen, -enne
■ *adj.* civique · patriotique
■ *n.* **1 - ressortissant** · national · **2 -** [fam.] **individu** · quidam *plaisant* · type *fam.* · oiseau *fam.* · olibrius *fam.* · zèbre *fam.*
CONTR. étranger

citoyenneté *n.f.* **1 - nationalité** · **2 - civisme** · sens civique

civière *n.f.* · brancard

civil, e
■ *adj.* **1 - civique** · **2 -** [vieilli] **affable** · aimable · courtois · poli
■ *n.* bourgeois · pékin *argot militaire*
CONTR. naturel ı sauvage – militaire – brutal ı grossier ı discourtois ı impoli ı incivil ı malhonnête ı rustre

civilisation n.f. 1 - culture · 2 - progrès · évolution

civilisé, e adj. · évolué · poli · policé · raffiné
CONTR. barbare ı brut ı inculte ı sauvage ı rustre

civiliser v.tr. · affiner · améliorer · dégrossir · éduquer · policer · polir
CONTR. abrutir ı crétiniser

civilité n.f. 1 - courtoisie · politesse · amabilité · 2 - sociabilité · bonnes manières · savoir-vivre

≫ **civilités** plur. [vieilli] salutations · compliments · devoirs · hommages · respects
CONTR. grossièreté ı impolitesse ı incivilité ı insolence ı rusticité – insociabilité ı asociabilité ı mauvaises manières

≈ **politesse**

civique adj. · patriotique · citoyen
CONTR. antipatriotique ı incivique

civisme n.m. · patriotisme · citoyenneté
CONTR. incivisme

≈ **patriotisme**

claie n.f. 1 - cagette · clayon · clisse · éclisse · volette · 2 - tamis · crible · sas · grille · treillage · 3 - clôture

¹**clair** adv. franchement · clairement · sans ambages · sans ambiguïté · sans détour · sans équivoque · tout uniment
✦ **en clair** non codé

²**clair, e** adj.
I 1 - lumineux · éclatant · 2 - pâle · 3 - limpide · cristallin · pur · transparent · 4 - dégagé · beau · serein
II 1 - compréhensible · intelligible · limpide · lumineux · 2 - explicite · franc · sans détour · sans ambiguïté · 3 - évident · manifeste · flagrant · apert littér.
III 1 - distinct · intelligible · net · 2 - argentin · aigu · cristallin
IV fluide · liquide
V clairsemé · aéré · peu fourni
✦ **c'est très clair** c'est clair comme le jour · c'est clair comme de l'eau de roche souvent iron.
✦ **tirer au clair** clarifier · élucider · faire toute la lumière sur

≈ clair, évident, limpide, manifeste
Ces adjectifs renvoient de manière concrète, plus ou moins directement, à la vue et, dans le domaine intellectuel, à la facilité de compréhension. **Clair** s'applique à des événements, à une situation que l'on peut assez aisément comprendre ou interpréter (*les faits sont clairs, rendre la situation plus claire*), ou à des éléments abstraits (*des idées claires*). **Limpide**, alliant la notion de transparence à celle de clarté, renchérit sur clair (*un style, une affaire limpide*). On choisira **évident** pour qualifier ce qui entraîne sur-le-champ, sans discussion, l'assentiment de l'esprit (*une preuve évidente, il est évident que*). **Manifeste** s'emploiera à propos d'un comportement, d'une expression, d'une chose dont la nature ne peut être contestée, est évidente (*une mauvaise volonté manifeste, des signes manifestes d'impatience*).

clairement adv. 1 - distinctement · nettement · précisément · 2 - explicitement · franchement · sans ambages · sans ambiguïté · sans détour · sans équivoque · tout uniment · 3 - intelligiblement · 4 - manifestement · incontestablement · indubitablement
CONTR. confusément ı obscurément ı vaguement

claire-voie n.f. · claie · claustra · grillage · treillage · treillis

clairière n.f. · trouée · échappée

clair-obscur *n.m.* · pénombre · demi-jour
CONTR. clarté ı netteté

claironner *v.tr.* · proclamer · carillonner · clamer · crier sur les toits · publier *littér.* · corner *fam., vieux*

clairsemé, e *adj.* **1** - éparpillé · dispersé · disséminé · épars · espacé · **2** - rare · chétif · maigre
CONTR. compact ı dense ı pressé ı serré – abondant ı nombreux

clairvoyance *n.f.* · discernement · acuité · lucidité · pénétration · perspicacité · sagacité
CONTR. aveuglement

clairvoyant, e *adj.* **1** - lucide · avisé · pénétrant · perspicace · sagace · **2** - voyant · extra-lucide
✦ **être clairvoyant** avoir le nez creux · avoir du nez
CONTR. aveugle

clamer *v.tr.* **1** - crier · hurler · **2** - proclamer · carillonner · claironner · crier sur les toits · corner *fam., vieux* · publier *littér.*
CONTR. se taire ı celer

clameur *n.f.* **1** - bruit · tumulte · vacarme · **2** - cri · hurlement · vocifération · tollé · **3** - acclamation · hourra · vivat
CONTR. calme ı silence
➡ cri

clamser *v.intr.* → mourir

clan *n.m.* **1** - association · bande · caste · classe · chapelle · coterie · parti · **2** - camp · côté · faction · parti · **3** - tribu
➡ parti

clandestin, e *adj.* **1** - secret · caché · souterrain · subreptice · **2** - illégal · frauduleux · illicite · prohibé · [marché] noir · parallèle
CONTR. autorisé ı légal ı licite ı public

clandestinement *adv.* **1** - en cachette · secrètement · subrepticement · [diffuser] sous le manteau · en sous-main · **2** - illégalement · au noir

clandestinité *n.f.* **1** - illégalité · **2** - secret

clapet *n.m.* · obturateur · soupape · valve

claque *n.f.* **1** - gifle · soufflet *littér.* · baffe *fam.* · beigne *fam.* · calotte *fam.* · mandale *fam.* · mornifle *fam.* · taloche *fam.* · tape *fam.* · tarte *fam.* · giroflée à cinq feuilles *fam., vieilli* · **2** - affront · humiliation · camouflet *littér.*

claquement *n.m.* · clic-clac

claquemurer *v.tr.* cloîtrer · emprisonner · enfermer · claustrer *littér.* · boucler *fam.*
⋙ **se claquemurer** *v.pron.* se barricader · se cloîtrer · s'enfermer · s'isoler · se murer · se terrer
CONTR. élargir ı libérer ı relâcher ı sortir

claquer
■ *v.intr.* **1** - battre · s'agiter · **2** - casser · lâcher · se rompre · péter *fam.* · **3** - [fam.] → mourir
■ *v.tr.* **1** - casser · péter *fam.* · **2** - gifler · filer, flanquer une baffe à *fam.* · filer, flanquer une beigne à *fam.* · filer, flanquer une mornifle à *fam.* · filer, flanquer une taloche à *fam.* · **3** - [fam.] fatiguer · épuiser · éreinter · exténuer · crever *fam.* · mettre sur les genoux *fam.* · mettre à plat *fam.* · tuer *fam.* · vanner *fam.* · vider *fam.* · **4** - [fam.] dépenser · flamber · gaspiller · bouffer *fam.* · croquer *fam.*
✦ **claquer des dents** grelotter · trembler
⋙ **se claquer** *v.pron.* [un muscle] se déchirer · se froisser

clarification *n.f.* **1 -** éclaircissement · explication · **2 - décantation** · défécation · épuration · purification

clarifier *v.tr.* **1 -** éclaircir · débrouiller · démêler · élucider · **2 - décanter** · déféquer · épurer · filtrer · purifier
CONTR. embrouiller ı épaissir ı troubler
🙠 **éclaircir**

clarté *n.f.* **1 - lumière** · lueur · nitescence *littér.* · **2 - luminosité** · éclat · **3 - limpidité** · pureté · **4 - netteté** · limpidité · précision
➢ **clartés** *plur.* **connaissances** · idées · lueurs · notions
CONTR. obscurité ı ombre – confusion ı trouble
🙠 **lumière**

clash *n.m.* · désaccord · conflit · dispute · rupture

¹**classe** *n.f.*
I **1 - catégorie** · division · espèce · série · sorte · **2 - caste** · catégorie · clan · état · groupe
II **1 - valeur** · carrure · envergure · qualité · **2 - élégance** · allure · chic · distinction · race · raffinement · **3 - standing**
III **1 - cours** · leçon · **2 - école**
✦ **classe sociale**   condition · milieu
✦ **hors classe**   exceptionnel · hors pair · incomparable

²**classe** *adj.* · chic · classieux *fam.* · distingué · smart *fam.*

classement *n.m.* **1 - rangement** · arrangement · groupement · mise en ordre · **2 - classification** · taxinomie · typologie · **3 - rang** · place
CONTR. dérangement ı déclassement ı désordre

classer *v.tr.* **1 - ordonner** · arranger · grouper · placer · ranger · répartir · trier · **2 -** archiver · ranger · **3 - classifier** · catégoriser · différencier · distribuer · sérier · **4 - juger** · cataloguer · étiqueter · jauger
CONTR. déranger ı déclasser ı embrouiller ı mêler

🙠   **classer, classifier, sérier**
Les trois verbes ont en commun la notion d'ordre à établir. **Classer** consiste à ranger des documents, des éléments abstraits ou des personnes, en suivant certains critères précis pour établir une hiérarchie, pour rendre plus facile la consultation, etc. *(classer des livres, des dossiers par ordre alphabétique)*. Avec **sérier**, on reste dans le rangement méthodique, mais il s'agit alors d'établir des séries *(sérier les questions, des difficultés)*. Avec **classifier**, dont l'emploi est plutôt didactique, il s'agit de répartir des éléments selon un plan, selon des critères décidés au préalable *(classifier des sciences)*.

classification *n.f.* **1 - classement** · répartition · **2 - hiérarchie** · ordre · typologie

classifier *v.tr.* · classer · répartir
🙠 **classer**

classique *adj.* **1 - banal** · commun · courant · habituel · ordinaire · bateau *fam., péj.* · **2 - traditionnel** · conventionnel · **3 - sobre** · strict
CONTR. extraordinaire ı inhabituel ı rare – baroque – original ı excentrique

claudicant, e *adj.* · boiteux · bancal · bancroche *fam., vieilli*

claudication *n.f.* · boiterie · boitement

claudiquer *v.intr.* · boiter · boitiller · aller clopin-clopant · clocher *vieilli*

clause *n.f.* · condition · convention · disposition

claustral, e *adj.* · monacal · monastique

claustration *n.f.* · emprisonnement · isolement
CONTR. liberté

claustrer *v.tr.* cloîtrer · emprisonner · séquestrer
↠ **se claustrer** *v.pron.* se cloîtrer · se barricader · s'enfermer · s'isoler · se murer · se retirer du monde · se terrer
CONTR. libérer

clavecin *n.m.* · épinette · virginal

clé *n.f.* **1 -** crochet · passe-partout · rossignol · **2 -** explication · secret · sens · signification · solution · **3 -** [en apposition] central · capital · essentiel

clef *n.f.* → clé

clémence *n.f.* **1 -** indulgence · bienveillance · magnanimité *littér.* · mansuétude *littér.* · miséricorde · **2 -** douceur
CONTR. cruauté ǀ rigueur ǀ sévérité – inclémence

clément, e *adj.* **1 -** indulgent · bienveillant · magnanime *littér.* · miséricordieux · exorable *littér.* · **2 -** doux
CONTR. inexorable ǀ inflexible ǀ rigoureux ǀ sévère – inclément

clerc *n.m.* **1 -** [littér.] lettré · intellectuel · savant · **2 -** ecclésiastique
✦ **grand clerc** compétent · expert
CONTR. béotien ǀ ignorant ǀ inculte – laïc

clergé *n.m.* · église · clercs

cliché *n.m.* **1 -** négatif · phototype *rare* · **2 -** photo(graphie) · **3 -** banalité · lieu commun · poncif · phrase toute faite · stéréotype

client, e *n.* **1 -** acheteur · acquéreur · amateur · preneur · chaland *vieux ou plaisant* · clille *argot* · **2 -** habitué · fidèle · **3 -** consommateur · importateur · **4 -** patient · malade
CONTR. fournisseur ǀ marchand ǀ vendeur

clientèle *n.f.* · clients · achalandage *vieux* · pratique *vieux*

clignement *n.m.*
✦ **clignement d'yeux** clin d'œil · coup d'œil · œillade

cligner *v.tr.*
✦ **cligner les, des yeux** ciller · clignoter · papilloter

clignotant, e
■ *adj.* intermittent · discontinu
■ *n.m.* **1 -** clignoteur *Belgique* · **2 -** [Écon.] indicateur · signal
CONTR. fixe ǀ immobile

clignoter *v.intr.* scintiller · vaciller
✦ **clignoter des yeux** battre des paupières, des cils · ciller · papilloter

climat *n.m.* · ambiance · atmosphère · contexte · milieu

climatisation *n.f.* · air conditionné · clim *fam.*

climatisé, e *adj.* [air] conditionné

clin d'œil *n.m.* **1 -** clignement · coup d'œil · œillade · **2 -** allusion
✦ **faire un clin d'œil à** faire de l'œil à *fam.*

¹**clinquant, e** *adj.* · criard · tapageur · voyant

²**clinquant** *n.m.* **1 -** faux · simili · toc *fam.* · **2 -** brillant · vernis

clique *n.f.* · bande · clan · coterie · mafia

clivage n.m. • division • disjonction • séparation

cloaque n.m. **1 -** bourbier • décharge • égout • sentine littér. • **2 -** bas-fonds • boue

clochard, e n. • sans-abri • sans domicile fixe • S.D.F • vagabond • cloche fam. • clodo fam. • clopinard fam.

cloche n.f. **1 -** [petite] clochette • grelot • sonnette • [grosse] bourdon • **2 -** airain poétique • bronze poétique • **3 -** dessus-de-plat • couvercle

clocher n.m. • campanile • tour d'église

clochette n.f. • grelot • sonnette • [pour bétail] bélière • clarine • sonnaille • campane vieux

cloison n.f. **1 -** mur • paroi • claustra • **2 -** barrière • division • séparation

cloisonnement n.m. • compartimentation • compartimentage • séparation

cloisonner v.tr. • compartimenter • séparer

cloître n.m. **1 -** abbaye • couvent • monastère • **2 -** clôture

cloîtrer v.tr. enfermer • claquemurer • emprisonner • claustrer littér. • boucler fam.

» **se cloîtrer** v.pron. s'enfermer • se barricader • se claquemurer • se murer • se retirer (du monde)

clone n.m. • copie conforme • réplique • sosie

clopin-clopant loc. adv. • tant bien que mal • cahin-caha fam., vieilli • couci-couça fam.

clopiner v.intr. • boiter • boitiller • claudiquer

cloque n.f. **1 -** ampoule • bulle • phlyctène • **2 -** boursouflure • bulle

cloquer
- v.intr. se boursoufler • enfler
- v.tr. gaufrer

clore v.tr. **1 -** fermer • **2 -** enclore • clôturer • enfermer • **3 -** achever • arrêter • clôturer • finir • terminer • [une séance] lever

CONTR. déclore ı ouvrir – commencer ı démarrer

clos n.m. • vignoble

clôture n.f. **1 -** barrière • barbelé • échalier • enceinte • grillage • haie • palissade • treillage • treillis • **2 -** achèvement • arrêt • cessation • fin • [de séance] levée

✦ **en clôture** en conclusion • à la fin

CONTR. ouverture ı percée – commencement ı début – en préambule ı pour commencer

clôturer v.tr. **1 -** clore • enclore • fermer • **2 -** achever • arrêter • clore • finir • terminer • [une séance] lever

clou n.m. **1 -** [à tête] broquette • pointe • semence • **2 -** [sans tête] clavette • cheville • chevillette • **3 -** [d'ornement] bossette • caboche • cabochon • **4 -** [fam.] furoncle • **5 -** [fam.] mont-de-piété • crédit municipal • ma tante fam., vieilli

clouer v.tr. immobiliser • retenir

✦ **clouer (sur place)** méduser • paralyser • pétrifier • tétaniser

clown n.m. **1 -** bouffon • auguste • paillasse vieux • **2 -** pitre • charlot fam. • guignol fam. • mariole fam. • zouave fam.

clownerie n.f. • pitrerie • bouffonnerie • facétie • singerie

club n.m. **1 -** association • cercle • cénacle • groupe • société • **2 -** boîte (de nuit)

coaguler v. intr. · cailler · se figer · prendre · se solidifier · se caillebotter *vieux*
CONTR. se liquéfier

coalisé, e adj. et n. · allié · cobelligérant

coaliser v.tr. grouper · rassembler · réunir · unir
≫ **se coaliser** v.pron. s'allier · se liguer · s'unir
CONTR. brouiller ı désunir ı opposer ı séparer – se désunir ı se scinder ı se séparer

coalition n.f. · alliance · association · confédération · entente · ligue · union
CONTR. discorde ı désunion ı rupture ı scission

cobaye n.m. 1 - cochon d'Inde · 2 - sujet d'expérience

cocardier, -ière adj. · chauvin · nationaliste · patriotard

cocasse adj. · amusant · burlesque · comique · drôle · risible · marrant *fam.* · poilant *fam.* · tordant *fam.*

¹cocher n.m. · conducteur · postillon · colignon *fam., péj.* · automédon *plaisant* · phaéton *plaisant*

²cocher v.tr. · marquer · mettre une croix devant

¹cochon n.m. 1 - porc · verrat · pourceau *littér.* · 2 - [petit] cochonnet · goret · porcelet
✦ **cochon sauvage** sanglier · pécari
✦ **cochon d'Inde** cobaye
✦ **tour de cochon** sale tour · cochonnerie · rosserie · crasse *fam.* · saloperie *très fam.* · vacherie *fam.*

🕮 **cochon, porc**
Cochon et porc désignent le même animal domestique (*élever un cochon, engraisser un porc*), mais dans la plupart des emplois, le premier est estimé plus familier que le second, ce qui apparaît lorsque l'on parle de la viande (*manger du cochon ; manger du porc*). Le vocabulaire commercial n'emploie que **porc** (*filet, rôti de porc, rillettes, saucisson pur porc*), comme la langue didactique (*le porc appartient à l'ordre des ongulés*). Pour désigner la peau transformée de l'animal, seul **porc** est possible (*valise en porc, en peau de porc*). Par allusion aux habitudes de l'animal et aux défauts qu'on lui attribue, on dira *sale comme un cochon* ou *comme un porc*, mais pour parler du mauvais caractère de quelqu'un de manière péjorative, seul **cochon** a sa place (*tête, caractère de cochon*).

²cochon, -onne adj. et n. 1 - malpropre · dégoûtant · sale · 2 - pornographique · obscène · 3 - grivois · égrillard · paillard · polisson · salé *fam.* · 4 - vicieux

cochonner v.tr. 1 - salir · souiller · tacher · maculer *littér.* · 2 - bâcler · gâcher · bousiller *fam.*

cochonnerie n.f. 1 - pacotille · merde *très fam.* · saloperie *très fam.* · toc *fam.* · 2 - sale tour · rosserie · crasse *fam.* · tour de cochon *fam.* · vacherie *fam.* · 3 - obscénité · grivoiserie · cochonceté *fam.* · 4 - saleté

cochonnet n.m. 1 - porcelet · goret · 2 - bouchon · cochon

cockpit n.m. · cabine · carlingue · habitacle · poste de pilotage

cocoter v.intr. → **puer**

cocotte n.f. marmite
✦ **cocotte-minute** [nom déposé] autocuiseur

cocu, e n. et adj. · trompé · qui porte des cornes · cornard *fam., vieilli*

cocufier v.tr. · tromper · faire porter des cornes à · coiffer de cornes · actéoniser *vieux*

codage n.m. · cryptage · chiffrement · encodage
CONTR. décodage ı décryptage

code n.m. **1 - législation** · loi · règlement · **2 - chiffre** · **3 - combinaison** · **4 - feu de croisement**

coder v.tr. · crypter · chiffrer · encoder

codification n.f. **1 -** réglementation · **2 -** normalisation · rationalisation · systématisation

codifier v.tr. **1 -** réglementer · **2 -** normaliser · rationaliser · systématiser

coefficient n.m. · facteur · marge · pourcentage · ratio

coéquipier, -ière n. · équipier · partenaire

coercitif, -ive adj. · contraignant · oppressif

coercition n.f. · contrainte · pression · oppression

cœur n.m.
I **1 - battant** *fam.* · palpitant *fam.* · **2 - ardeur** · allant · conviction · enthousiasme · entrain · ferveur · zèle · **3 - courage**
II **1 - centre** · milieu · nœud · **2 - aubier** · duramen
✦ **par cœur 1 - de mémoire** · **2 - parfaitement** · sur le bout des doigts · comme sa poche *fam.* · dans les coins *fam.*
✦ **tenir à cœur** intéresser · passionner
✦ **de bon cœur** de bon gré · de bonne grâce · avec joie · avec plaisir · volontiers
↪ **gré (de bon)**

coexistence n.f. **1 - concomitance** · simultanéité · **2 - cohabitation**
CONTR. incompatibilité

coexister v.intr. · cohabiter
CONTR. précéder ı suivre

coffre n.m. **1 - huche** · layette · maie · malle · **2 - coffre-fort** · coffiot *argot* · **3 -** [d'orgue] **buffet** · cabinet

coffret n.m. · écrin · baguier · cassette

cogiter v.intr. [fam.] → **réfléchir**

cogner v.tr. **1 - heurter** · buter contre · choquer · **2 - frapper** · taper (sur)
↪ **frapper**

cohabiter v.intr. **1 - vivre ensemble** · **2 - coexister**

cohérence n.f. **1 - cohésion** · équilibre · harmonie · homogénéité · unité · **2 - logique** · cohésion · rationalité
CONTR. confusion ı incohérence

cohérent, e adj. **1 - homogène** · équilibré · harmonieux · uni · **2 - logique** · suivi · rationnel
CONTR. incohérent

cohésion n.f. **1 - ensemble** · solidarité · unité · **2 - cohérence** · logique
CONTR. confusion ı désagrégation ı dispersion

cohorte n.f. · bande · groupe · cortège · meute *péj.*

cohue n.f. **1 - foule** · multitude · peuple *fam.* · populo *fam.* · **2 - bousculade** · confusion · mêlée · ruée · rush
CONTR. désert

coi, coite *adj.* **1 -** muet · silencieux · **2 -** abasourdi · muet · pantois · pétrifié · sidéré · stupéfait · sans voix · baba *fam.* · comme deux ronds de flan *fam.*

coiffe *n.f.* → chapeau

coiffer *v.tr.* **1 -** peigner · arranger · brosser · **2 -** diriger · chapeauter · superviser · être à la tête de · **3 -** recouvrir · couronner · surmonter
CONTR. décoiffer ı dépeigner

coiffeur, -euse *n.* · artiste capillaire · capilliculteur • [pour hommes] barbier *Québec ou vieilli* · figaro *fam.*, *vieux* · merlan *fam., vieux*

coiffure *n.f.* **1 -** coupe (de cheveux) · **2 -** capilliculture · **3 -** chapeau · coiffe

coin *n.m.*
I **1 -** angle · encoignure · recoin · renfoncement · coinstot *fam., vieux* · **2 -** [des lèvres] commissure
II endroit · localité · région · pays · quartier · secteur · contrée *vieilli ou région.*
III **1 -** cale · **2 -** poinçon
✦ **dans le coin** alentour · aux, dans les alentours · dans les environs · dans la région · dans les parages

coincé, e *adj.* [fam.] complexé · inhibé • [air] constipé

coincer *v.tr.* **1 -** immobiliser · bloquer · caler · **2 -** retenir · serrer · bloquer · **3 -** acculer • [sur une question] piéger · coller *fam.* · **4 -** [fam.] arrêter · alpaguer *fam.* · choper *fam.* · cueillir *fam.* · épingler *fam.* · pincer *fam.*

⋙ **se coincer** *v.pron.* se bloquer · s'enrayer · gripper
CONTR. décoincer ı débloquer – desserrer ı libérer ı ouvrir

coïncidence *n.f.* **1 -** concomitance · simultanéité · synchronisme · **2 -** hasard · concours de circonstances
CONTR. divergence
↬ **hasard**

coïncident, e *adj.* · concomitant · simultané · synchrone
CONTR. divergent

coïncider *v.intr.* **1 -** s'accorder · concorder · correspondre · se recouper · **2 - se superposer** · se confondre · se recouvrir
CONTR. diverger

coït *n.m.* · copulation · accouplement

col *n.m.* **1 -** goulot · **2 -** brèche · défilé · détroit · gorge · pas · port · **3 -** collet · collerette · fraise

colère *n.f.* fureur · emportement · furie · irritation · rage · courroux *littér.* · foudres *littér.* · ire *littér.*
✦ **être en colère** fulminer · enrager · être hors de ses gonds · être hors de soi · fumer *fam.* · être en boule *fam.* · être en pétard *fam.* · être remonté *fam.* · être en rogne *fam.* · avoir la rage *lang. jeunes*
✦ **mettre en colère** fâcher · irriter · courroucer *littér.* · faire sortir de ses gonds · mettre en boule, en rogne *fam.*
✦ **se mettre en colère** s'emporter · éclater · exploser · se fâcher · s'irriter · se mettre en rage · sortir de ses gonds · monter sur ses grands chevaux · se mettre en boule, en rogne *fam.*
CONTR. calme ı douceur – se dominer

↬ **colère, courroux, emportement**
La **colère** se définit comme une vive émotion qui se manifeste par une réaction physique violente *(être rouge, blême de colère ; trembler de colère)*, que l'on peut tenter de maîtriser *(colère contenue, rentrée)*. Elle est

provoquée par l'attitude d'autrui ou une situation désagréable, alors que le **courroux** s'exerce seulement contre quelqu'un. Aujourd'hui réservé au style littéraire, **courroux** était courant dans la langue de la tragédie classique. **Emportement** a connu un emploi plus large que **colère** et **courroux**, en parlant d'un sentiment violent né d'une situation agréable *(un emportement de joie, d'amour)*, mais l'usage moderne tend à rapprocher l'emportement de la colère *(il est sujet à de brusques emportements)*.

coléreux, -euse *adj.* · emporté · irascible · irritable · soupe au lait *fam.* · qui a la tête près du bonnet *fam.* · atrabilaire *littér.* · bilieux *littér.* · colérique *vieilli*

CONTR. calme | doux | paisible

colérique *adj.* → coléreux

colifichet *n.m.* · bibelot · babiole · bagatelle

colimaçon *n.m.* limaçon
✦ **en colimaçon**   en spirale · à vis · hélicoïdal

colique *n.f.* **1** - colite · entérite · entéralgie · **2** - diarrhée · chiasse *très fam.* · courante *fam.*

colis *n.m.* · paquet

collaborateur, -trice *n.* **1** - collègue · **2** - adjoint · aide · associé · assistant · second

collaboration *n.f.* · aide · appui · concours · coopération · participation

collaborer (à) *v.tr.ind.* · coopérer (à) · participer (à) · apporter son concours (à) · prendre part à
✦ **collaborer avec**   faire équipe avec

collant, e *adj.* **1** - adhésif · autocollant · **2** - gluant · poisseux · visqueux · **3** - ajusté · étroit · moulant · serré **4** - importun · crampon *fam.* · glu *fam.* · pot de colle *fam.*

CONTR. ample | bouffant | large | vague – discret

collation *n.f.* · en-cas · goûter · casse-croûte *fam.* · lunch *fam.* · quatre-heures *lang. enfants*

collationner *v.tr.* · confronter · comparer · mettre en regard

colle *n.f.* **1** - empois · glu · poix · **2** - [fam., Scol.] consigne · retenue · **3** - [Scol.] interrogation · examen

collecte *n.f.* **1** - ramassage · collectage *rare* · **2** - quête

collecter *v.tr.* · glaner · ramasser · rassembler · récolter · recueillir · réunir

collecteur *n.m.* · conduit · canalisation · drain

collectif, -ive *adj.* **1** - commun · général · public · **2** - en équipe · collégial · en groupe · **3** - social · public

CONTR. individuel | particulier – distributif | partitif

🙿 **général**

collection *n.f.* **1** - assortiment · ensemble · groupe · **2** - quantité · foule · kyrielle · multitude · ribambelle · tas · variété · flopée *fam.*

collectionner *v.tr.* · accumuler · amasser · assembler · grouper · recueillir · réunir

collectivement *adv.* · ensemble · conjointement

CONTR. individuellement | isolément | séparément

collectiviser *v.tr.* · étatiser · nationaliser · socialiser

collectivité n.f. · communauté · groupe · société
CONTR. individu

collège n.m. 1 - corporation · 2 - école · athénée Belgique · bahut fam. · boîte fam.

collégial, e adj. · collectif

collégien, -ienne n. · élève · écolier · potache fam.

collègue n. 1 - homologue · confrère · consœur · 2 - collaborateur · associé

> collègue, associé, confrère
> Les trois mots portent sur les relations qui s'établissent entre des personnes dans une communauté humaine. Le terme de **collègue** ne s'emploie qu'entre ceux qui remplissent la même fonction à l'intérieur d'une institution publique ou privée *(un collègue de bureau)*. **Confrère** s'applique seulement à une personne qui, appartenant à une société savante, à une compagnie ou à une profession libérale, est considérée par rapport aux membres de ce groupe *(ses confrères de l'Académie des sciences, le médecin m'a recommandé à l'un de ses confrères)*. **Associé** est réservé à une personne qui apporte son travail ou ses biens à une entreprise commune *(la venue d'un nouvel associé dans une société)*.

coller
■ v.tr. 1 - encoller · fixer · [affiche] placarder · 2 - appuyer · appliquer · plaquer · presser · 3 - consigner · punir · 4 - ajourner · recaler · refuser · étendre fam. · retoquer fam., vieilli · 5 - → donner

■ v.intr. 1 - adhérer · attacher · tenir · 2 - poisser

✦ **coller à** 1 - [corps] mouler · serrer · 2 - [la réalité] correspondre à · refléter · suivre

⋙ **se coller** v.pron. se serrer · s'appuyer · se plaquer
CONTR. arracher ı décoller ı détacher – admettre ı recevoir – s'écarter

collet n.m. lacet · lacs · piège
✦ **collet monté** affecté · apprêté · guindé · raide · rigide

colleter (se) v.pron. 1 - s'affronter · se bagarrer · se battre · s'empoigner · lutter · 2 - se débattre (avec, dans)

collier n.m. [sortes] sautoir · chaîne · rang (de perles) · rivière (de diamants) · torque

colline n.f. · butte · coteau · éminence · hauteur · mamelon · tertre

collision n.f. 1 - impact · choc · 2 - accident · accrochage · télescopage · 3 - désaccord · antagonisme · opposition · rivalité
CONTR. entente
> choc

colloque n.m. · conférence · congrès · forum · rencontre · séminaire · symposium · table ronde

collusion n.f. · complicité · accord · arrangement · collaboration · complicité · connivence · entente · intelligence littér.

colmater v.tr. 1 - boucher · fermer · obturer · 2 - combler · réduire

colombier n.m. · pigeonnier · fuie région.

colonialisme n.m. · impérialisme · expansionnisme
CONTR. anticolonialisme

colonie n.f. 1 - communauté · groupe · peuplement · 2 - [d'abeilles] essaim · ruche

✦ **colonie de vacances** camp (de vacances) · colo *fam.*
CONTR. individu

colonne *n.f.* **1 - pilier** · pilastre · poteau · colonnette · dosseret · **2 - file** · cohorte · cortège
✦ **colonne vertébrale** échine · épine dorsale · rachis
CONTR. front ı ligne

coloration *n.f.* **1 - teinte** · ton · **2 - carnation** · pigmentation · **3 - teinture** · couleur
CONTR. décoloration

coloré, e *adj.* **1 - enluminé** · vermeil · **2 - animé** · expressif · haut en couleur · imagé · parlant · vivant
CONTR. décoloré ı pâle – froid ı figé ı morne

colorer *v.tr.* **1 - teindre** · pigmenter · teinter · **2 - colorier** · peindre · **3 - empreindre** · charger · teinter
CONTR. décolorer

colorier *v.tr.* · colorer · enluminer

coloris *n.m.* **1 - couleur** · teinte · ton · **2 - teint** · carnation

colossal, e *adj.* · démesuré · énorme · fantastique · formidable · gigantesque · herculéen · immense · monstrueux · monumental · titanesque
CONTR. minuscule ı petit

colosse *n.m.* · géant · hercule
CONTR. nain ı pygmée

colportage *n.m.* · divulgation · propagation

colporter *v.tr.* · divulguer · diffuser · ébruiter · propager · rapporter · répandre

colporteur, -euse *n.* **1 - camelot** · marchand ambulant · **2 - propagateur** · diffuseur

coltiner *v.tr.* **transporter** · transbahuter *fam.*
⇢ **se coltiner** *v.pron.* **exécuter** · s'appuyer *fam.* · s'envoyer *fam.* · se farcir *fam.* · se taper *fam.*

combat *n.m.*
I [Milit.] **1 - action** · engagement · échauffourée · escarmouche · baroud *argot militaire* · **2 - conflit** · guerre · lutte armée
II **1 - duel** · corps à corps · **2 - bagarre** · bataille · échauffourée · rixe • [à coups de poing] pugilat
III **1 - lutte** · bataille · engagement · **2 - antagonisme** · conflit · opposition · rivalité
✦ **au combat** [mourir] sur le champ de bataille · les armes à la main
✦ **hors de combat** k.-o · out *fam.*
➪ conflit

combatif, -ive *adj.* **1 - agressif** · bagarreur · batailleur · belliqueux · **2 - accrocheur** · battant · pugnace *littér.*
CONTR. pacifique ı paisible ı placide – apathique ı amorphe ı indolent
➪ batailleur

combativité *n.f.* · agressivité · pugnacité *littér.*

combattant, e *n.* **1 - guerrier** · soldat · guérillero · **2 - adversaire** · antagoniste · rival

combattre *v.tr.* **1 - se battre contre** · assaillir · faire la guerre à · livrer bataille à · lutter contre · **2 - s'opposer à** · batailler contre · se battre contre · s'élever contre · s'engager contre · lutter contre
CONTR. apaiser ı concilier ı pacifier – approuver ı soutenir

combinaison *n.f.*
I **1 - agencement** · arrangement · association · composition · disposition · mosaïque · **2 - alliance** · amalgame · mariage · mélange · réunion

II 1 - **combinatoire** · probabilités · **2 - code** · chiffre • [au jeu] martingale
III **manœuvre** · calcul · machination · manigance · stratagème · combine *fam.*
IV **fond de robe** · combine *fam.*

✦ **combinaison de travail** bleu (de travail) · salopette

CONTR. analyse ı décomposition ı dissolution

combine *n.f.* **1 - manœuvre** · calcul · machination · manigance · magouille *fam.* · tripotage *fam.* · **2 - plan** · moyen · stratagème · système · magouille *fam.* · truc *fam.* · tuyau *fam.*

combiner *v.tr.* **1 - agencer** · arranger · assembler · associer · composer · disposer · ordonner · **2 - allier** · assortir · marier · mélanger · réunir · unir · **3 - préparer** · manigancer · tramer · goupiller *fam.* · ourdir *littér.* · machiner *fam.* · magouiller *fam.* · trafiquer *fam.*

CONTR. déranger – disperser ı isoler ı séparer

¹**comble** *adj.* **plein** · bondé · bourré · complet

✦ **faire salle comble** jouer à guichets fermés

✦ **c'est un comble !** c'est trop fort ! · ça dépasse la mesure ! · c'est complet ! · c'est le bouquet ! *fam.* · c'est la meilleure ! *fam.*

²**comble** *n.m.* **1 - apogée** · apothéose · faîte · maximum · pinacle · sommet · summum · zénith · **2 - grenier** · attique · mansarde

↝ **sommet**

comblé, e *adj.* · heureux · satisfait · gâté

combler *v.tr.* **1 - charger** · couvrir · accabler · gorger · **2 - boucher** · colmater · obturer · remblayer · **3 - contenter** · satisfaire pleinement · gâter

CONTR. creuser ı vider – nuire

combustible *n.m.* · carburant
↝ **carburant**

combustion *n.f.* · calcination · ignition · incinération

comédie *n.f.* **1 - farce** • [de boulevard] vaudeville • [grossière] pantalonnade · **2 - simagrées** · caprice · cinéma *fam.* · cirque *fam.* · **3 - simulation** · bluff · chiqué *fam.*

comédien, -ienne *n.* **1 - acteur** · interprète · baladin *vieux* · cabot *péj.* · cabotin *péj.* · histrion *péj.* · ringard *péj.* · **2 - hypocrite** · cabotin
↝ **acteur**

comestible
■ *adj.* **consommable** · mangeable
■ *n.m.pl.* **aliments** · denrées alimentaires · nourriture · victuailles

CONTR. immangeable ı vénéneux

comique *adj.* **1 - amusant** · burlesque · cocasse · désopilant · drôle · facétieux · hilarant · inénarrable · bidonnant *fam.* · boyautant *fam., vieux* · crevant *fam.* · fendant *fam.* · gondolant *fam.* · impayable *fam.* · marrant *fam.* · pissant *fam., vieilli* · pliant *fam.* · poilant *fam.* · rigolo *fam.* · tordant *fam.* · **2 - risible** · grotesque · ridicule

CONTR. dramatique ı grave ı imposant ı pathétique ı sérieux ı touchant ı tragique ı triste – émouvant ı respectable

comité *n.m.* · commission · bureau · cellule

commande *n.f.* instruction · ordre

✦ **de commande** **1 - affecté** · artificiel · factice · feint · simulé · **2 - imposé** · obligatoire

commandement *n.m.* **1 - injonction** · ordre · sommation · **2 - loi** · précepte · prescription · règle · **3 - autorité** · pouvoir · **4 - direction** · conduite

✦ **poste de commandement** état-major · P.C.

CONTR. défense ı interdiction – obéissance ı soumission – faiblesse ı impuissance

↝ **ordre**

commander v.tr.
I 1 - ordonner · imposer · prescrire · 2 - conduire · diriger · mener · mener à la baguette · régenter • [sans complément] faire la loi • [femme] porter la culotte *plaisant*
II actionner · contrôler · déclencher
III 1 - appeler · exiger · nécessiter · réclamer · requérir · 2 - attirer · imposer · inspirer
IV surplomber · dominer

+ **commander à** [ses passions, etc.] gouverner, maîtriser, réprimer

≫ **se commander** v.pron. se maîtriser · se décréter

CONTR. défendre ι interdire − exécuter ι obéir ι servir ι se soumettre − décommander

> commander, ordonner
>
> Commander et ordonner s'emploient l'un et l'autre quand on parle de diriger ou de dicter l'activité d'une personne ou d'un groupe. Le commandement s'effectue en vertu d'une autorité réelle *(commander une troupe)* ou que l'on prétend avoir ; plus largement le verbe accepte pour sujet le regard, un geste, la voix de celui qui commande ou un nom de chose *(la raison commande de se taire)*. L'ordre vient d'une autorité qui manifeste expressément sa volonté, mais ne présuppose pas de rapport hiérarchique *(elle a ordonné à son frère de se taire)*.

commanditaire n. 1 - bailleur (de fonds) · financeur · 2 - parrain · sponsor

commanditer v.tr. 1 - financer · 2 - parrainer · sponsoriser

comme adv. et conj. 1 - en tant que · en qualité de · à titre de · 2 - ainsi que · à l'instar de · au même titre que · non moins que *littér.* · 3 - puisque · étant donné que · vu que · 4 - alors que · au moment où · tandis que

+ **comme il faut** convenablement · correctement

+ **très comme il faut** bien · convenable · B.C.B.G

CONTR. contrairement − par contre − déplacé ι inconvenant

commémoration n.f. · célébration · fête

commémorer v.tr. · célébrer · fêter
> fêter

commencement n.m.
I 1 - début · départ · démarrage · amorce · mise en train • [d'un tournage] premier tour de manivelle · 2 - apparition · arrivée · naissance · aube *littér.* · aurore *littér.* · matin *littér.* · prémices *littér.* · 3 - déclenchement · ouverture
II 1 - exorde · préambule · prologue · 2 - introduction · préface · 3 - axiome · postulat · prémisse · principe

+ **au commencement** initialement · au début · au départ · au démarrage · à l'origine
+ **du commencement à la fin** de A à Z

CONTR. achèvement ι but ι conclusion ι fin ι issue ι terme

commencer
■ v.tr. 1 - débuter · amorcer · attaquer · démarrer · donner le coup d'envoi de · engager · entamer · mettre en route · mettre sur les rails · mettre en train · s'embarquer dans · se lancer dans · se mettre à · 2 - déclencher · initier · ouvrir · provoquer · 3 - créer · fonder · former · instituer

■ v.intr. se déclencher · débuter · démarrer · naître · partir

+ **commencer à, de** 1 - entreprendre · se mettre à · 2 - être en voie de

CONTR. aboutir ι accomplir ι achever ι compléter ι conclure ι continuer ι couronner ι finir ι poursuivre ι terminer − se terminer

commensal, e n. · convive · hôte

commentaire n.m. 1 - remarque · observation · 2 - glose · exégèse · explication · note · 3 - [surtout au plur., désobligeants] commérages · médisances · cancan *fam.*

🙰 **commentaire, glose**
Commentaire et glose portent tous deux sur un texte et ont pour but de mieux le faire comprendre, mais ils n'ont pas la même étendue. Le commentaire consiste en une série d'explications sur l'ensemble du contenu et sur la forme *(ce rapport nécessite un commentaire ; commentaire littéraire).* La glose est une note explicative portée en marge ou entre les lignes du texte : elle éclaircit le sens d'un mot peu intelligible ou un court fragment obscur *(des gloses savantes ; glose d'une poésie latine)* ; elle est rédigée dans la même langue que le texte examiné.

commentateur, -trice *n.* **1 -** éditorialiste · chroniqueur · présentateur · **2 -** annotateur · exégète · glossateur · scoliaste

commenter *v.tr.* **1 -** expliquer · gloser · **2 -** épiloguer sur · gloser sur
🙰 **expliquer**

commérages *n.m.pl.* · ragots · cancans *fam.* · potins *fam.* · racontars *fam.*

commerçant, e *n.* · marchand · détaillant · distributeur · négociant · revendeur · boutiquier *souvent péj.* · maquignon *péj.* · mercanti *péj.*

commerce *n.m.* **1 -** affaires · échanges · négoce · business · **2 -** marketing · mercatique · merchandising · **3 - magasin** · boutique · débit · fonds · **4 - fréquentation** · rapport · relation

commercial, e *adj.* **1 -** vendeur · **2 -** grand public · populaire

commercialiser *v.tr.* **1 - mettre en vente** · distribuer · **2 -** [un brevet] **exploiter**

commère *n.f.* · bavarde · cancanière · concierge

commettre *v.tr.* **1 - accomplir** · réaliser · poser *Belgique, Québec* · consommer *littér.* · perpétrer *littér.* · **2 - charger** · employer · commissionner · préposer · [Droit] désigner · nommer
≫ **se commettre** *v.pron.* [littér.] **s'exposer** · s'afficher · se compromettre
CONTR. démettre ı retirer

commis *n.m.* **agent** · employé · calicot *fam., vieilli*
✦ **commis voyageur** représentant · voyageur de commerce · V.R.P

commisération *n.f.* · **compassion** · apitoiement · attendrissement · miséricorde · pitié
CONTR. dureté ı indifférence ı insensibilité
🙰 **pitié**

commission *n.f.* **1 - course** · achat · emplette · **2 - message** · consigne · **3 - comité** · bureau · **4 - prime** · courtage · ducroire · **5 - pot-de-vin** · dessous-de-table · enveloppe · bakchich *fam.* · **6 - charge** · mandat · mission

commissionnaire *n.* **1 - intermédiaire** · mandataire · transitaire · **2 - coursier** · livreur · porteur · **3 - chasseur** · groom

commissionner *v.tr.* · mandater · charger · commettre

¹**commode** *adj.* **1 - pratique** · fonctionnel · maniable · **2 - facile** · aisé
🙰 **facile**

²**commode** *n.f.* · armoire · chiffonnier · semainier

commodément *adv.* · confortablement · à son aise

commodité *n.f.* **1 - agrément** · avantage · utilité · **2 - facilité** · aise
CONTR. désagrément ı gêne ı incommodité – difficulté

commotion *n.f.* **1 -** choc · explosion · secousse · **2 - traumatisme** · trauma · **3 - bouleversement** · choc · désordre · ébranlement · trouble · traumatisme

commotionner *v.tr.* · choquer · ébranler · secouer · traumatiser

commun, e *adj.* **1 - courant** · banal · fréquent · ordinaire · répandu · standard · usuel · **2 - quelconque** · banal · ordinaire · trivial · vulgaire · **3 - identique** · comparable · semblable · **4 - général** · collectif · public · universel · **5 - mitoyen**

+ **hors du commun** exceptionnel · extraordinaire · hors pair · incomparable · sans pareil
+ **sans commune mesure** incommensurable · incomparable
+ **en commun 1 - collectivement** · de concert · ensemble · **2 -** [Droit] en indivision

CONTR. exceptionnel ı extraordinaire ı rare ı recherché ı spécial – différent ı distinct ı individuel ı original ı particulier ı personnel ı singulier

↬ **banal**

communal, e *adj.* · municipal

communautaire *adj.* **1 - européen** · **2 - collectif** · en société

communauté *n.f.* **1 - collectivité** · corps · groupe · société · **2 - association** · corporation · union · **3 -** [nationale] **état** · nation · patrie · **4 -** [religieuse] **congrégation** · confrérie · ordre · **5 - identité** · accord · conformité · similitude · unité

commune *n.f.* · municipalité

communément *adv.* · couramment · généralement · habituellement · ordinairement

CONTR. exceptionnellement ı extraordinairement ı rarement

communicatif, -ive *adj.* **1 - expansif** · exubérant · loquace · ouvert · causant *fam.* · **2 - contagieux**

CONTR. dissimulé ı secret ı taciturne – incommunicable

communication *n.f.* **1 - circulation** · diffusion · échange · transmission · **2 - expression** · manifestation · **3 - annonce** · avis · communiqué · dépêche · message · note · nouvelle · renseignement · **4 - rapport** · liaison · relation · **5 - jonction** · passage · **6 - appel (téléphonique)** · coup de téléphone

communion *n.f.* · accord · entente · harmonie · union

communiqué *n.m.* · annonce · avis · bulletin · communication · déclaration · message · note

communiquer

■ *v.tr.* **1 - dire** · donner · faire part de · faire savoir · livrer · passer · publier · transmettre · mander *vieux* · **2 - révéler** · confier · divulguer · livrer · **3 - imprimer** · transmettre

■ *v.intr.* **1 - s'exprimer** · parler · prendre la parole · **2 - se confier** · s'ouvrir

⇒ **se communiquer** *v.pron.* **se propager** · s'étendre · gagner

communiste *adj. et n.* · coco *fam., souvent péj.* · communard *fam., péj.* · rouge *fam., péj.* · moscoutaire *péj., vieux*

CONTR. capitaliste ı libéral

commutateur *n.m.* **1 - interrupteur** · bouton · **2 - jack** · relais

compact, e *adj.* **1 - dense** · serré · tassé · **2 - épais** · consistant · **3 - massif**

CONTR. dispersé ı épars ı ténu

compagne *n.f.* **1 - concubine** · (petite) amie · (petite) copine *fam.* · **2 - camarade** · copine *fam.* · compagnonne *vieux*

compagnie *n.f.* **1 -** présence · fréquentation · société · commerce *littér.* · **2 -** entreprise · firme · société · **3 - assemblée** · société · communauté · **4 - théâtre** · troupe
CONTR. absence ı isolement ı solitude

compagnon *n.m.* **1 -** concubin · (petit) ami · (petit) copain *fam.* · jules *fam.* · mec *fam.* · **2 -** camarade · copain *fam.*

comparable *adj.* · analogue · approchant · assimilable · semblable · similaire · voisin · du même acabit · du même genre · du même tabac *vieilli* · de la même farine *vieilli* · de la même fabrique *vieilli* · commensurable *littér.*
CONTR. incomparable – incommensurable ı irréductible

comparaison *n.f.* **1 -** rapprochement · parallèle · **2 -** collation · collationnement · confrontation · recension · **3 - image** · allégorie · métaphore
◆ **en comparaison de** à côté de · comparativement à · par rapport à · relativement à

comparer *v.tr.* **1 -** rapprocher · mettre en parallèle · **2 -** [des textes] collationner · confronter

comparse *n.* · acolyte · compère · complice · deuxième couteau · baron *fam.*

compartiment *n.m.* **1 -** case · casier · **2 -** cellule · loge · alvéole · **3 - catégorie** · domaine · secteur

compartimenter *v.tr.* · cloisonner · séparer

compassé, e *adj.* · affecté · contraint · empesé · guindé · raide · gourmé *fam.* · coincé *fam.* · constipé *fam.*
CONTR. aisé ı libre ı naturel ı simple

compassion *n.f.* · pitié · apitoiement · commisération · miséricorde
CONTR. cruauté ı dureté ı indifférence ı insensibilité
➦ **pitié**

compatibilité *n.f.* · accord · concordance · harmonie
CONTR. désaccord ı incompatibilité

compatible *adj.* · accordable · conciliable
CONTR. incompatible ı inconciliable

compatir à *v.tr.ind.* · s'apitoyer sur · s'attendrir sur · plaindre

compatissant, e *adj.* · charitable · miséricordieux
CONTR. dur ı insensible

compatriote *n.* · concitoyen

compendium *n.m.* · résumé · abrégé · condensé · épitomé

compensation *n.f.* **1 -** dédommagement · indemnité · récompense · réparation · **2 -** consolation · dédommagement · **3 -** équilibre · pondération
◆ **en compensation** en échange · par contre · en revanche
CONTR. amende ı peine – déséquilibre ı inégalité

compenser *v.tr.* **1 -** dédommager · indemniser · **2 -** contrebalancer · corriger · équilibrer · neutraliser · pondérer · racheter · rattraper · réparer
CONTR. accentuer ı aggraver ı s'ajouter ı déséquilibrer

compère *n.m.* · comparse · acolyte · complice

compère-loriot *n.m.* · orgelet

compétence *n.f.* **1 -** aptitude · art · capacité · connaissances · expertise · qualité · science · lumières *souvent plaisant* · **2 - autorité** · pouvoir · qualité · ressort
CONTR. incompétence

compétent, e *adj.* · capable · expert · maître · qualifié · savant · orfèvre en la matière · grand clerc
+ **il est très compétent** il en connaît un rayon *fam.*

CONTR. incompétent – amateur

compétiteur, -trice *n.* · adversaire · candidat · challengeur · concurrent · rival

compétitif, -ive *adj.* **1 - attractif** · bon marché · **2 - concurrentiel**

compétition *n.f.* **1 - rivalité** · bataille · concurrence · lutte · **2 - challenge** · championnat · coupe · critérium · match · épreuves · **3 - concurrence**
+ **en compétition** en lice

compilation *n.f.* **1 - collection** · recueil · **2 - anthologie** · best of *fam.* · compil *fam.* · **3 - plagiat**

compiler *v.tr.* **1 - collecter** · assembler · réunir · **2 - plagier**

complainte *n.f.* **1 - lamentation** · plainte · **2 -** [Littérat.] **cantilène**

complaire à *v.tr.ind.* **contenter** · plaire à · satisfaire
>>> **se complaire à** *v.pron.* **aimer** · se plaire à · se délecter de · se vautrer dans *péj.*

CONTR. blesser ı déplaire ı fâcher ı heurter

complaisance *n.f.*
I **1 - amabilité** · bienveillance · civilité · empressement · obligeance · serviabilité · **2 - indulgence** · faiblesse
II **faveur** · galanterie
III **1 - contentement** · délectation · plaisir · satisfaction · **2 - autosatisfaction** · orgueil · vanité · fatuité

CONTR. dureté ı sévérité

complaisant, e *adj.* **1 - aimable** · bienveillant · obligeant · serviable · **2 -** arrangeant · accommodant · indulgent · coulant *fam.* · **3 - flagorneur** · flatteur · **4 - content** · satisfait

CONTR. dur ı sévère

↪ **serviable**

complément *n.m.* **1 - ajout** · addition · supplément · **2 - addenda** · annexe · appendice · **3 - appoint** · reliquat · reste · solde

CONTR. essentiel ı principal – amorce ı commencement

↪ **supplément**

complémentaire *adj.* · additionnel · auxiliaire · supplémentaire · [Droit] suplétif · [sur testament] codicillaire

CONTR. essentiel ı initial

¹**complet, -ète** *adj.* **1 - entier** · exhaustif · intégral · total · **2 - absolu** · achevé · parfait · total · **3 - accompli** · achevé · complété · fini · terminé · révolu · **4 - bondé** · bourré · chargé · comble · plein · rempli · surchargé
+ **c'est complet !** c'est un comble ! · c'est le bouquet ! *fam.* · c'est la totale ! *fam.*
+ **au complet, au grand complet.** en entier · dans son ensemble · en totalité · in extenso · intégralement

    ಞ   **complet, entier**

Ce qui est **complet**, **entier** est constitué d'éléments qui forment un tout. Il peut s'agir d'un cadre vide que l'on remplit (**complet**) ou d'un ensemble plein non entamé, auquel il ne manque rien (**entier**) : *ma collection est à présent complète ; il a mangé une plaque entière de chocolat.* On peut observer un partage analogue avec les emplois figurés : « Une gaieté délicieuse entrait en lui, une gaieté chaude, qui lui montait du ventre à la tête, lui courait dans les membres, le pénétrait tout entier. Il se sentait envahi par un bien-être complet, un bien-être de vie et de pensée, de corps et d'âme » (Maupassant, *Bel-ami*, I, II).

²**complet** n.m. • costume

complètement adv. **1 - entièrement** • exhaustivement • à bloc • à fond • in extenso • intégralement • jusqu'au trognon *fam.* • jusqu'à l'os *fam.* • **2 - absolument** • extrêmement • parfaitement • radicalement • totalement • tout à fait • sur toute la ligne • en tout point • à cent pour cent • dans les grandes largeurs *plaisant* • **3 - de haut en bas** • de fond en comble • de la cave au grenier • **4 - des pieds à la tête** • de pied en cap
CONTR. incomplètement – insuffisamment

compléter v.tr. **1 - augmenter** • enrichir • **2 - parachever** • parfaire • mettre la dernière main à
CONTR. abréger ׀ alléger ׀ diminuer ׀ réduire – commencer ׀ ébaucher ׀ esquisser

complétude n.f. **1 - exhaustivité** • **2 - achèvement** • finitude

complexe
▪ adj. **1 - compliqué** • délicat • difficile • **2 - composite** • composé
▪ n.m. structure • ensemble • combinat
CONTR. simple
∾ **compliqué**

complexé, e adj. • inhibé • bloqué • refoulé • coincé *fam.*
CONTR. sûr de soi ׀ décomplexé ׀ décontracté

complexer v.tr. • inhiber • bloquer • gêner • coincer *fam.*
CONTR. décomplexer ׀ défouler ׀ désinhiber

complexion n.f. [littér.] constitution • nature • tempérament

complexité n.f. • complication • difficulté
CONTR. simplicité

complication n.f. **1 - complexité** • difficulté • embrouillement • **2 - ennui** • accroc • anicroche • contretemps • embarras • difficulté • problème • **3 - aggravation**
CONTR. simplicité – clarification

complice
▪ adj. entendu • de connivence
▪ n. **1 - acolyte** • comparse • affidé *péj.* • compère • **2 - associé** • aide • compagnon
✦ **être complice de** avoir part à • prêter la main à • être de mèche dans *fam.*

complicité n.f. **1 - connivence** • entente • intelligence • **2 - aide** • participation • coopération • assistance
CONTR. désaccord ׀ hostilité

compliment n.m. **1 - félicitation** • éloge • louange • congratulation *vieux ou plaisant* • **2 - galanterie**
✦ **compliment !, mes compliments !** • bravo ! • félicitations ! • chapeau ! *fam.*
⋙ **compliments** plur. devoirs • hommages • respects • civilités *vieilli*
CONTR. blâme ׀ injure ׀ reproche

complimenter v.tr. • féliciter • congratuler • louer • tirer son chapeau à • louanger *littér.*
CONTR. blâmer ׀ critiquer ׀ injurier
∾ **féliciter**

compliqué, e adj. **1 - complexe** • délicat • difficile • **2 - alambiqué** • confus • contourné • embrouillé • entortillé • emberlificoté *fam.*
✦ **ce n'est pas compliqué** ce n'est pas la mer à boire *fam.* • ce n'est pas sorcier *fam.*
CONTR. clair ׀ facile ׀ simple

∾ **compliqué, complexe**
Compliqué et complexe évoquent, notamment dans le domaine de la pensée, du discours, des sentiments, un enchevêtrement que l'on peut démêler

plus ou moins aisément. Ce qui est **complexe** est constitué d'une série d'éléments différents *(une situation économique complexe ; une personnalité complexe)*. Ce qui est **compliqué** est difficile à comprendre du fait de l'agencement des éléments *(elle s'est perdue dans des explications compliquées)*. Les deux s'opposent régulièrement : « À la première lecture, le livre [*l'Adolescent*, de Dostoïevski] ne m'avait pas paru si extraordinaire, mais plus compliqué que complexe, plus touffu que rempli, et, somme toute, plus curieux qu'intéressant » (Gide, *Journal*, mai 1903).

compliquer *v.tr.* **1** - complexifier · **2** - emmêler · embrouiller · entortiller · emberlificoter *fam.* · **3** - obscurcir · brouiller · rendre confus

↠ **se compliquer** *v.pron.* **1** - se complexifier · se corser *fam.* · **2** - s'aggraver

CONTR. aplanir ı démêler ı éclaircir ı simplifier

complot *n.m.* · conspiration · conjuration · intrigue · machination · menées · cabale

🙠   **complot, cabale, conjuration, conspiration, intrigue**

L'ensemble des mots concerne des projets secrets, concertés entre plusieurs personnes dans le but de nuire à quelqu'un ou à une instance dirigeante. Le **complot** vise plutôt un personnage public ou une institution *(complot contre la sûreté de l'État)*. C'est le pouvoir en place que visent à renverser la **conjuration**, où les conjurés sont liés par un serment *(la conjuration de Catilina)*, et la **conspiration**. Ce dernier mot reste vivant en histoire *(conspiration royaliste)*, mais ne s'applique plus à la vie politique contemporaine. Avec **cabale**, aujourd'hui littéraire, et **intrigue**, c'est une personne qui est visée, non pas physiquement mais moralement. **Intrigue** a des emplois plus larges que **cabale**, le but pouvant être de s'assurer des avantages *(mener une intrigue pour se faire élire)*.

comploter *v.tr.* **1** - machiner · manigancer · projeter · tramer · ourdir *littér.* · **2** - [sans complément] intriguer · conspirer

componction *n.f.* **1** - gravité · solennité · **2** - contrition · repentir

CONTR. désinvolture ı légèreté

comportement *n.m.* **1** - attitude · conduite · agissements · façons · manières · procédés · **2** - réaction · tenue

comporter *v.tr.* **1** - se composer de · contenir · être constitué de · comprendre · inclure · **2** - admettre · autoriser · souffrir · tolérer

↠ **se comporter** *v.pron.* **1** - se conduire · agir · réagir · **2** - fonctionner · marcher

CONTR. exclure

composant *n.m.* · composante · élément (constitutif)

composante *n.f.* → composant

composé, e

■ *adj.* **1** - composite · complexe · varié · **2** - apprêté · affecté · artificiel · compassé · étudié

■ *n.m.* alliage · amalgame · complexe · mélange

CONTR. simple ı un – naturel ı spontané

composer *v.tr.* **1** - agencer · arranger · assembler · combiner · constituer · disposer · former · organiser · **2** - faire partie de · constituer · former · **3** - élaborer · confectionner · créer · façonner · préparer · produire

✦ **composer avec** s'accommoder de · s'accorder avec · s'entendre avec · traiter avec · transiger avec

⋙ **se composer de** *v.pron.* comporter · comprendre · consister en · être constitué de
CONTR. analyser ı décomposer ı défaire ı dissocier

composite *adj.* **1** - composé · mélangé · **2** - divers · disparate · hétéroclite · hétérogène
CONTR. homogène ı pur ı simple

composition *n.f.* **1** - teneur · composants · ingrédients · **2** - agencement · arrangement · assemblage · combinaison · constitution · disposition · formation · **3** - structure · organisation · **4** - élaboration · confection · création · préparation · production · **5** - alliage · combinaison · **6** - devoir · dissertation · rédaction
✦ **de sa composition** de son cru
✦ **de bonne composition** conciliant · accommodant · arrangeant
CONTR. analyse ı décomposition ı dissociation ı dissolution – absolu ı agressif ı difficile ı exigeant

compote *n.f.* marmelade
✦ **en compote** en bouillie · en capilotade · en charpie · en marmelade

compréhensible *adj.* **1** - intelligible · accessible · clair · qui tombe sous le sens · **2** - explicable · concevable · naturel · normal · humain
CONTR. incompréhensible

compréhensif, -ive *adj.* **1** - bienveillant · indulgent · large d'esprit · libéral · tolérant · **2** - étendu · complet · extensif · large · vaste
CONTR. borné ı entier ı incompréhensif ı intolérant

compréhension *n.f.* **1** - entendement · intelligence · comprenette *fam.* · comprenoire *fam., région.* · **2** - clarté · compréhensibilité · intelligence · **3** - bienveillance · indulgence · largeur d'esprit · tolérance
CONTR. incompréhension – obscurité – intolérance ı obstination ı sévérité

comprendre *v.tr.*
I 1 - assimiler · intégrer · pénétrer · saisir · entendre *littér.* · capter *fam.* · piger *fam.* · imprimer *fam.* · allumer *fam., Québec* · **2** - admettre · concevoir
II 1 - comporter · compter · consister en · englober · embrasser · impliquer · inclure · renfermer · **2** - compter · faire entrer en ligne de compte · englober · inclure · incorporer · intégrer
✦ **ne rien comprendre** être dans le noir · n'y entraver que couic *fam., vieilli* · ne rien y biter *très fam.* · ne rien y baiser *argot des écoles*
✦ **n'y plus rien comprendre** y perdre son latin
⋙ **se comprendre** *v.pron.* s'entendre · s'accorder · être sur la même longueur d'onde · voir les choses du même œil
CONTR. échapper ı ignorer ı méconnaître – excepter ı exclure ı omettre

compresse *n.f.* · pansement

compresser *v.tr.* **1** - comprimer · écraser · presser · serrer · **2** - [Inform.] **compacter**
CONTR. décompresser

compressible *adj.* · comprimable · condensable · élastique · réductible
CONTR. incompressible

compression *n.f.* **1** - pression · **2** - compactage · **3** - réduction · restriction
✦ **compression des effectifs** dégraissage
CONTR. décompression ı détente ı dilatation ı expansion ı élargissement ı gonflement

comprimé *n.m.* · cachet · pastille · pilule

comprimer *v.tr.* **1** - compresser · presser · serrer · **2** - [Inform.] **compacter** · **3** - réduire · restreindre · **4** - [vieilli] **réfréner** · réprimer · retenir
CONTR. décomprimer ı desserrer ı dilater ı étaler ı exprimer ı extérioriser – augmenter ı développer

compris, e *adj.* inclus
+ **compris entre ... et ...** situé entre ... et ... · dans une fourchette de ... à ...

CONTR. exclu – excepté | hormis | sauf

compromettant, e *adj.* · gênant · encombrant

compromettre *v.tr.* **1 - risquer** · mettre en danger · nuire à · hypothéquer · **2 - discréditer** · nuire à · porter atteinte à · porter préjudice à · faire du tort à · **3 - impliquer** · exposer · mouiller *fam.*
+ **compromettre sa position** scier la branche sur laquelle on est assis
» **se compromettre** *v.pron.* s'exposer · se salir les mains · se commettre *littér.*

CONTR. affirmer | assurer | garantir

compromis *n.m.* **1 - accord** · accommodement · arrangement · conciliation · entente · terrain d'entente · **2 - juste milieu** · demi-mesure · intermédiaire · moyen terme · cote mal taillée *péj.*

> **compromis, conciliation**
> **Compromis et conciliation** comprennent tous deux l'idée d'accord. **Compromis** concerne un accord obtenu entre deux parties par des concessions mutuelles dans une affaire difficile, un litige *(chercher, trouver un compromis ; un compromis satisfaisant, imparfait, une solution de compromis)*. Dans la **conciliation**, l'accord rapproche des personnes qui s'opposent sur des intérêts ou des opinions, et demande un arbitre *(tenter une conciliation entre deux voisins brouillés, des paroles de conciliation, un esprit de conciliation)*.

compromission *n.f.* · accommodement · accord · arrangement · conciliation

comptabilité *n.f.* · comptes · écritures

comptant *adv.* · cash *fam.* · rubis sur l'ongle

CONTR. crédit | terme

compte *n.m.* **1 - calcul** · décompte · dénombrement · énumération · recensement · total · **2 - avantage** · bénéfice · intérêt · profit
+ **au bout du compte, en fin de compte** à la fin · au bout du bout
+ **se rendre compte de** s'apercevoir de · comprendre · remarquer · saisir
» **comptes** *plur.* **1 - explications** · rapport · **2 - comptabilité** · écritures

compte-gouttes *n.m.* pipette
+ **au compte-gouttes** petit à petit · parcimonieusement · chichement

compter
■ *v.tr.* **1 - chiffrer** · dénombrer · énumérer · nombrer · recenser · **2 - facturer** · **3 - inclure** · prendre en compte · prendre en considération · **4 - comporter** · comprendre · être constitué de · englober · inclure · **5 - prévoir**
■ *v.intr.* **1 - importer** · entrer en ligne de compte · **2 - regarder à la dépense**
+ **compter** [+ infinitif] envisager · projeter · avoir dans l'idée
+ **compter parmi** **1 - considérer comme** · mettre au rang de · **2 - faire partie de** · figurer parmi
+ **compter sur** **1 -** [une personne] **s'appuyer sur** · s'en remettre à · faire confiance à · se reposer sur · **2 -** [un événement] **espérer** · escompter · s'attendre à · tabler sur
+ **à compter de** à dater de · à partir de
+ **sans compter** généreusement · largement · libéralement
+ **sans compter que** d'autant plus que

CONTR. négliger – omettre

compte rendu *n.m.* · exposé · rapport · récit · relation *littér.*

comptoir *n.m.* **1 - bar** · zinc *fam.* · rade *argot* · **2 - agence** · bureau · succursale · **3 -** [à l'étranger] **établissement** · factorerie *vieilli*

compulser *v.tr.* · consulter · examiner · feuilleter · fouiller (dans)

compulsif, -ive *adj.* · compulsionnel · maniaque

concasser *v.tr.* · briser · broyer · écraser · piler

concave *adj.* · incurvé · courbé · creux
CONTR. bombé ı convexe

concavité *n.f.* · courbure · bombement
CONTR. convexité

concéder *v.tr.* **1 - accorder** · allouer · céder · donner · octroyer · **2 - admettre** · accorder · avouer · convenir · reconnaître · **3 - abandonner** · céder · laisser
CONTR. contester ı refuser ı rejeter

concentration *n.f.* **1 - accumulation** · centralisation · convergence · rassemblement · regroupement · réunion · **2 - application** · attention · contention · recueillement · réflexion · tension
CONTR. déconcentration ı diffusion ı dilution ı dispersion ı dissipation ı dissolution ı éparpillement – détente ı distraction

concentré, e
■ *adj.* **1 - attentif** · absorbé · appliqué · **2 - condensé** · réduit
■ *n.m.* **condensé** · extrait · résumé · quintessence
CONTR. distrait – dilué

concentrer *v.tr.* **1 - accumuler** · assembler · faire converger · grouper · masser · rassembler · regrouper · réunir · **2 - associer** · intégrer · **3 - diriger** · canaliser · fixer · focaliser · **4 - condenser** · réduire

≫ **se concentrer** *v.pron.* **1 - s'appliquer** · faire attention · réfléchir · **2 - se rassembler** · affluer · converger · se masser · se regrouper
CONTR. déconcentrer ı diluer ı disperser ı disséminer ı éparpiller

concept *n.m.* · abstraction · idée · notion

concepteur, -trice *n.* · inventeur · créateur · père

conception *n.f.*
I 1 - idée · notion · opinion · vue · **2 - entendement** · intellection · jugement
II 1 - élaboration · création · **2 - fécondation** · génération

conceptuel, -elle *adj.* · abstrait · idéel · notionnel

concerner *v.tr.* intéresser · s'appliquer à · avoir trait à · porter sur · être l'affaire de · se rapporter à · regarder · être relatif à · toucher · viser
✦ **en ce qui concerne** quant à · relativement à · au sujet de · rapport à *fam.*

concert *n.m.* **1 - chœur** · ensemble · **2 - accord** · entente · harmonie
✦ **de concert** ensemble · en accord · en chœur · conjointement · de conserve · en harmonie
CONTR. cacophonie – désaccord ı discorde ı opposition – séparemment ı isolément

> **de concert, de conserve**
> La proximité phonétique et la relation sentie entre la valeur des deux locutions expliquent leur confusion dans l'usage. Le concert, c'est l'accord qui existe entre des personnes ou des groupes *(concert des grandes nations)* ; aussi **de concert** s'emploie-t-il pour exprimer le commun accord, l'entente : « l'un et l'autre, comptant sur le succès de leurs mesures, agissaient de concert » (Rousseau, *les Confessions*, IV). Dans le vocabulaire de la marine, **conserve** désigne un bateau qui en accompagne un autre pour le protéger ; de là vient l'emploi de la locution **de conserve** au sens de « ensemble » *(voyager de conserve)*.

concertation *n.f.* · consultation · échange de vues · négociation · pourparlers

concerter *v.tr.* arranger · combiner · organiser · préméditer · préparer
≫ **se concerter** *v.pron.* se consulter · tenir conseil

concession *n.f.* **1** - compromis · renoncement · **2** - cession · don · octroi · **3** - autorisation · **4** - [Rhétorique] **épitrope** · paromologie
✦ **faire des concessions** lâcher du lest · céder du terrain · mettre de l'eau dans son vin
CONTR. contestation ׀ dispute – refus ׀ rejet

concevable *adj.* · compréhensible · imaginable
CONTR. inconcevable

concevoir *v.tr.* **1** - créer · construire · échafauder · élaborer · former · imaginer · inventer · penser · **2** - comprendre · saisir · **3** - envisager · se représenter · se faire une idée de · **4** - éprouver · ressentir · nourrir *littér.*

concierge *n.* **1** - gardien · portier · cerbère *péj. ou plaisant* · pipelet *fam., vieilli* · suisse *vieux* · bignole *pop.* · **2** - bavard · commère · pipelet *fam.*

conciliable *adj.* · compatible · compossible *(Philo.)*
CONTR. inconciliable

conciliabule *n.m.* · conversation · entretien · messes basses *péj.*

conciliant, e *adj.* **1** - accommodant · arrangeant · de bonne composition · tolérant · coulant *fam.* · **2** - apaisant · lénifiant
CONTR. absolu ׀ agressif ׀ désagréable – excitant ׀ provoquant

conciliateur, -trice *n.* · arbitre · médiateur · négociateur · entremetteur *vieux*
CONTR. diviseur

conciliation *n.f.* **1** - accommodement · accord · agrément · arrangement · compromis · concorde · entente · rapprochement · **2** - arbitrage · médiation · entremise
CONTR. désaccord ׀ opposition ׀ rupture ׀ séparation
↬ **compromis**

concilier *v.tr.* **1** - accorder · réconcilier · raccommoder *fam.* [sans complément] arrondir les angles · **2** - allier · faire cadrer · faire concorder · harmoniser
≫ **se concilier** *v.pron.* **1** - s'attirer · gagner · se procurer · rallier · remporter · **2** - être compatible · s'accorder
CONTR. désunir ׀ diviser ׀ opposer

concis, e *adj.* · bref · condensé · court · sobre · succinct · compendieux *vieux* • [trop] dépouillé · laconique · lapidaire · sommaire
CONTR. diffus ׀ long ׀ prolixe ׀ redondant ׀ verbeux
↬ **succinct**

concision *n.f.* · brièveté · laconisme · sobriété
CONTR. prolixité ׀ redondance ׀ verbosité

concitoyen, -enne *n.* · compatriote · pays *fam., vieux*

conclave *n.m.* → **assemblée**

concluant, e *adj.* **1** - convaincant · décisif · définitif · probant · **2** - positif

conclure *v.tr.* **1** - achever · clore · couronner · finir · mettre le point final à · terminer · **2** - arrêter · fixer · régler · résoudre · **3** - s'accorder sur · s'entendre sur · passer · signer · **4** - déduire · induire · inférer
CONTR. commencer ׀ entreprendre

conclusion *n.f.* **1** - règlement · solution · terminaison · **2** - fin · dénouement · épilogue · issue · terme · **3** - enseignement · leçon

✦ **en conclusion** ainsi · donc · en définitive · somme toute · en somme

CONTR. commencement ı début ı introduction ı préambule ı prémisse

⌬ **dénouement**

concomitance n.f. · coexistence · coïncidence · simultanéité · synchronisme

concomitant, e adj. · coexistant · coïncidant · simultané · synchrone

concordance n.f. 1 - accord · conformité · correspondance · harmonie · 2 - analogie · affinité · convergence · ressemblance · similitude · symétrie

CONTR. désaccord – opposition ı contradiction ı discordance

concordant, e adj. · convergent · analogue · semblable · similaire

CONTR. discordant ı opposé

concordat n.m. · accord · convention · traité · transaction

concorde n.f. · accord · entente · fraternité · harmonie · bonne intelligence · paix · union

CONTR. discorde ı dissension ı haine ı mésintelligence ı zizanie

concorder v.intr. 1 - s'accorder · cadrer · coïncider · correspondre · coller fam.

✦ **faire concorder** 1 - **accorder** · harmoniser · 2 - synchroniser

CONTR. contraster ı s'exclure ı s'opposer

concourir v.intr. 1 - participer · être en compétition · être en concurrence · être en lice

✦ **concourir à** 1 - aider · favoriser · 2 - collaborer à · coopérer à

CONTR. contrecarrer ı s'opposer

concours n.m. 1 - aide · apport · appui · collaboration · contribution · coopération · intervention · 2 - compétition · épreuve · rencontre · joute

✦ **concours de circonstances** coïncidence · hasard

concret, -ète adj. 1 - matériel · palpable · positif · réel · tangible · visible · 2 - pratique · pragmatique · réaliste · terre à terre

CONTR. abstrait

concrètement adv. · pratiquement · effectivement · réellement · dans les faits · dans la réalité

CONTR. abstraitement ı théoriquement

concrétisation n.f. · matérialisation · réalisation

concrétiser v.tr. matérialiser · donner corps à · réaliser

⋙ **se concrétiser** v.pron. se manifester · se matérialiser · prendre corps · se réaliser · se traduire (par)

CONTR. abstraire ı idéaliser

concubin n.m. · compagnon · amant · ami · petit ami fam.

concubinage n.m. union libre · collage fam.

✦ **vivre en concubinage** vivre à la colle fam.

concubine n.f. · compagne · amie · petite amie fam.

concupiscence n.f. · convoitise · appétit · avidité · désir · lasciveté

CONTR. détachement ı froideur

concupiscent, e adj. · lascif · avide · sensuel

CONTR. détaché ı froid

concurremment adv. · conjointement · ensemble · de concert · de conserve · simultanément

concurrence n.f. compétition · lutte · rivalité

✦ **entrer en concurrence avec, faire concurrence à** rivaliser avec · menacer · marcher sur les brisées de
CONTR. association ı entente

concurrencer *v.tr.* · rivaliser avec · menacer · marcher sur les brisées de

concurrent, e *n.* · compétiteur · candidat · challengeur · participant · rival · contendant *vieux*

concurrentiel, -ielle *adj.* · compétitif

concussion *n.f.* · exaction · malversation · péculat
➥ **malversation**

condamnable *adj.* · blâmable · critiquable · répréhensible · damnable *vieux ou littér.*
CONTR. louable ı recommandable

condamnation *n.f.*
I 1 - **punition** · peine · sanction • [à payer] astreinte · 2 - **arrêt** · jugement · sentence · 3 - [Relig.] **anathématisation** · damnation · excommunication · interdit · 4 - [d'un ouvrage] **mise à l'index** · censure · interdiction · interdit
II **attaque** · accusation · blâme · critique · désaveu · procès · réprobation · animadversion *littér.* · censure *vieux*
III **fermeture** · obstruction · verrouillage
CONTR. absolution ı acquittement – approbation ı éloge

condamné, e
■ *adj.* **inguérissable** · incurable · perdu · cuit *fam.* · fichu *fam.* · foutu *fam.*
■ *n.* **détenu** · repris de justice

condamner *v.tr.*
I 1 - **critiquer** · anathématiser · désapprouver · désavouer · se prononcer contre · trouver à redire contre · réprouver · stigmatiser · crier haro sur · improuver *vieux* · 2 - **interdire** · défendre · prohiber · proscrire

II 1 - **barrer** · boucher · murer · obstruer · 2 - **fermer** · verrouiller
✦ **condamner à** contraindre à · astreindre à · forcer à · obliger à
CONTR. approuver ı recommander

condensé *n.m.* · résumé · digest *anglic.*

condenser *v.tr.* 1 - **concentrer** · comprimer · réduire · 2 - **abréger** · dépouiller · réduire · resserrer
CONTR. dilater ı diluer ı évaporer – développer

condescendance *n.f.* · arrogance · dédain · hauteur · morgue · supériorité
CONTR. déférence

condescendant, e *adj.* · arrogant · dédaigneux · hautain · protecteur · supérieur

condescendre à *v.tr.ind.* 1 - **daigner** · s'abaisser à · consentir à · vouloir bien · 2 - **accéder à** · se prêter à · complaire à *littér.*

condiment *n.m.* · aromate · assaisonnement · épice

condisciple *n.* · camarade d'études

condition *n.f.*
I **clause** · convention · disposition · stipulation
II 1 - **exigence** · préalable · prérequis · 2 - **prétention** · demande salariale
III 1 - **destinée** · situation · sort · 2 - [vieilli] **classe (sociale)** · état · rang · situation
✦ **condition (physique)** forme · état (général)
✦ **à condition de** [+ infinitif] à charge de · sous réserve de
➠ **conditions** *plur.* circonstances · climat · conjoncture · contexte

conditionné, e *adj.*
✦ **air conditionné** climatisation · air climatisé

conditionnel, -elle *adj.* 1 - hypothétique · 2 - contingent
CONTR. absolu ı catégorique ı formel ı inconditionnel ı net

conditionnement *n.m.* 1 - influence · intoxication *péj.* · 2 - emballage · empaquetage · packaging
CONTR. déconditionnement

conditionner *v.tr.*
I 1 - déterminer · commander · dicter · 2 - influencer · influer sur · 3 - habituer · éduquer · entraîner · former · couler dans le moule
II emballer · empaqueter
CONTR. déconditionner

conducteur, -trice *n.* 1 - automobiliste · chauffeur · pilote · 2 - camionneur · routier

conduire *v.tr.* 1 - piloter · manœuvrer · être au volant de · 2 - accompagner · emmener · escorter · guider · mener · 3 - commander · administrer · diriger · gérer · gouverner · manager · mener · piloter · être à la tête de · tenir la barre de · tenir le gouvernail de · tenir les rênes de · 4 - acheminer · amener · apporter · convoyer · porter · transporter · transmettre
✦ **conduire à** 1 - entraîner · contribuer à · mener à · 2 - acculer à · contraindre à · pousser à · réduire à · 3 - **déboucher sur** · aboutir à · mener à
⟫ **se conduire** *v.pron.* agir · se comporter · réagir · se tenir
✦ **mal se conduire** faire des siennes *fam.* · se méconduire *Belgique*
CONTR. abandonner ı laisser – obéir
↝ guider

conduit *n.m.* · conduite · canalisation · canal · collecteur · colonne · tube · tuyau

conduite *n.f.* 1 - canalisation · canal · collecteur · colonne · conduit · tube · tuyau · 2 - commandement · administration · direction · gestion · gouvernement · pilotage · 3 - pilotage · 4 - comportement · agissements · attitude · procédés · réaction
✦ **sous la conduite de** sous la houlette de · sous la férule de *péj.* · [orchestre] sous la baguette de

confection *n.f.* 1 - fabrication · exécution · facture · préparation · réalisation · 2 - prêt-à-porter

confectionner *v.tr.* · fabriquer · exécuter · préparer · réaliser · [un repas] mijoter · mitonner

conférence *n.f.* 1 - colloque · congrès · forum · meeting · rencontre · séminaire · sommet · symposium · table ronde · 2 - exposé · communication · cours · 3 - entretien · réunion

conférencier, -ière *n.* · orateur · intervenant

conférer
▪ *v.tr.* 1 - attribuer · administrer · décerner · donner · déférer *vieux* · 2 - apporter · donner
▪ *v.intr.* parler · causer · converser · discuter · s'entretenir
CONTR. ôter ı refuser

confesser *v.tr.* 1 - avouer · admettre · convenir de · reconnaître · faire l'aveu de · 2 - confier · déclarer
CONTR. cacher ı contester ı démentir ı dénier ı désavouer ı dissimuler ı nier ı omettre ı taire

confession *n.f.* 1 - aveu · déclaration · reconnaissance · 2 - croyance · credo · religion · 3 - confesse · pénitence
CONTR. contestation ı démenti ı désaveu ı omission

confiance *n.f.* foi · confidence *vieux* · créance *vieux*
✦ **confiance en soi** assurance · aplomb · hardiesse

✦ **avoir confiance en, faire confiance à** croire en · avoir foi en · accorder du crédit à · compter sur · se reposer sur
✦ **en (toute) confiance** en toute sécurité · sans crainte · les yeux fermés
CONTR. scepticisme – anxiété ׀ crainte ׀ doute ׀ suspicion – douter

confiant, e *adj.* **1 –** assuré · sûr (de soi) · **2 –** communicatif · ouvert
✦ **trop confiant** crédule · naïf
CONTR. défiant ׀ méfiant

confidence *n.f.* **1 –** confession · effusion · épanchement · expansion · **2 –** aveu · révélation · déboutonnage · déballage *péj.* · strip-tease *fam.*
✦ **en confidence** sous le sceau du secret · secrètement · entre nous soit dit · de vous à moi

confidentiel, –ielle *adj.* **1 –** secret · top secret · **2 –** limité · restreint
↪ **secret**

confier *v.tr.* **1 –** donner · laisser · remettre · remettre à la garde, aux mains, entre les mains de · **2 –** déléguer · attribuer · conférer · donner la charge de · **3 –** avouer · dévoiler · livrer · révéler
↠ **se confier** *v.pron.* s'épancher · se livrer · s'ouvrir · se déboutonner · vider son sac *fam.*
CONTR. ôter ׀ retirer – cacher ׀ dissimuler ׀ taire

configuration *n.f.* · aspect · conformation · figure

configurer *v.tr.* **1 –** façonner · former · **2 –** [Inform.] programmer

confinement *n.m.* · isolement · enfermement · quarantaine · réclusion

confiner *v.tr.* enfermer · cantonner · isoler · reléguer
✦ **confiner à** approcher (de) · côtoyer · friser · frôler · tenir de
✦ **confiner à, avec** avoisiner · borner · jouxter · être à la frontière de · toucher

↠ **se confiner** *v.pron.* se cloîtrer · s'isoler · se retirer · vivre en vase clos
✦ **se confiner à, dans** se limiter à · se borner à · se cantonner à

confins *n.m.pl.* bornes · frontières · limites · marches *ancienn*
✦ **aux confins de** à la limite de
CONTR. intérieur

confirmation *n.f.* **1 –** affirmation · assurance · certitude · consécration · **2 –** attestation · entérinement · garantie · homologation · légalisation · ratification · sanction · validation · **3 –** preuve · vérification
CONTR. abrogation ׀ annulation ׀ démenti ׀ désaveu ׀ réfutation ׀ rétractation

confirmé, e *adj.* · chevronné · éprouvé · exercé · expert · qualifié

confirmer *v.tr.* **1 –** assurer · certifier · corroborer · garantir · **2 – attester** · entériner · homologuer · légaliser · ratifier · sanctionner · valider · **3 – affermir** · conforter · encourager · fortifier · renforcer · **4 – démontrer** · attester · prouver · vérifier
↠ **se confirmer** *v.pron.* s'avérer · se vérifier
CONTR. abroger ׀ annuler ׀ démentir ׀ infirmer ׀ nier ׀ réfuter ׀ rétracter

confiscation *n.f.* · mainmise · saisie
CONTR. remise ׀ restitution
↪ **saisie**

confiserie *n.f.* · friandise · sucrerie · douceur · lichouserie *région.* · confiture *vieux*

confisquer *v.tr.* **1 –** saisir · mettre la main sur · **2 –** enlever · ravir · retirer · soustraire · **3 –** accaparer · détourner · retenir · voler
CONTR. rendre ׀ restituer

confiture *n.f.* marmelade · gelée
✦ **en confiture** en bouillie · en compote · en marmelade

conflagration *n.f.* • bouleversement • conflit • embrasement • explosion

conflictuel, -elle *adj.* 1 - antagonique • adverse • opposé • 2 - tendu

conflit *n.m.* 1 - guerre • conflagration • embrasement • lutte (armée) • 2 - rivalité • antagonisme • affrontement • bataille • combat • lutte • tiraillement • 3 - dispute • désaccord • discorde • heurt • 4 - litige

CONTR. accord ı paix

🎗️ conflit, bataille, combat, lutte

La série de mots a pour point commun la notion de choc entre des forces contraires. Dans un **conflit**, des forces antagonistes sont en opposition pour obtenir un droit *(conflit international, entre pays)*, opposition qui peut aboutir à une guerre *(déclencher un conflit, un conflit armé)*. Dans la **lutte**, il s'agit de deux adversaires qui se battent, le plus souvent corps à corps, pour vider une querelle privée ou par jeu *(une lutte à mort, vaincre quelqu'un à la lutte)*. **Bataille** s'emploie surtout dans le vocabulaire militaire à propos de deux armées qui se battent, se livrent combat *(perdre la bataille, champ de bataille)*. **Combat** n'est pas limité au domaine militaire *(des combats de rue, un char de combat)*, mais s'utilise aussi en sport *(combat de boxe, de catch)*.

confluent *n.m.* • jonction • carrefour • croisement • rencontre

confluer *v.intr.* • se diriger • converger • se masser • se regrouper

CONTR. diverger ı s'écarter

confondre *v.tr.* 1 - amalgamer • associer • assimiler • fondre • fusionner • mélanger • mêler • réunir • unir • 2 - mélanger • embrouiller • intervertir • se méprendre sur • mettre dans le même sac • se tromper sur • 3 - consterner • déconcerter • décontenancer • désarçonner • étonner • interdire • laisser coi • stupéfier • 4 - démasquer • découvrir • 5 - déjouer • démonter

⇢ **se confondre** *v.pron.* 1 - se mêler • se mélanger • s'embrouiller • 2 - coïncider • se superposer

✦ **se confondre en** multiplier • se répandre en

CONTR. dissocier ı distinguer ı séparer

conformation *n.f.* • configuration • constitution • forme • organisation • structure

conforme *adj.* 1 - en règle • correct • réglementaire • régulier • 2 - identique • analogue • pareil • semblable • 3 - conformiste • orthodoxe

✦ **conforme à** adapté à • approprié à • en accord avec

CONTR. contraire ı dérogatoire ı différent – opposé ı original

conformément à *loc. prép.* • d'après • en conformité avec • selon • suivant • en vertu de

conformer *v.tr.* accorder • adapter • ajuster • approprier • assortir • calquer (sur)

⇢ **se conformer à** *v.pron.* s'aligner sur • s'accommoder de • s'assujettir à • se modeler sur • obéir à • observer • se plier à • se régler sur • se soumettre à • suivre • sacrifier à • [sans complément] se mettre dans le ton • suivre le mouvement • hurler avec les loups *péj.*

CONTR. opposer

conformisme *n.m.* • conservatisme • orthodoxie • traditionalisme

CONTR. anticonformisme ı marginalité ı non-conformisme ı originalité

conformiste *n. et adj.* 1 - conservateur • orthodoxe • traditionaliste • 2 - conventionnel • bien-pensant • vieux jeu *péj.*

CONTR. anticonformiste ı non-conformiste – dissident ı marginal

conformité n.f. **1** - analogie · affinité · correspondance · rapport · ressemblance · similitude · **2** - accord · concordance · harmonie

CONTR. désaccord ı opposition

↬ **ressemblance**

confort n.m. **1** - aise(s) · bien-être · **2** - commodités · standing

CONTR. inconfort

confortable adj. **1** - douillet · cosy *anglic.* · **2** - facile · aisé · commode · **3** - conséquent · honnête · honorable · substantiel • [somme] coquet · joli · rondelet

CONTR. désagréable ı incommode ı inconfortable ı pénible

conforter v.tr. · affermir · confirmer · fortifier · raffermir · soutenir

CONTR. affaiblir ı ébranler

confrère n.m. · collègue

↬ **collègue**

confrérie n.f. · communauté · congrégation · corporation · ordre

confrontation n.f. · comparaison • [de textes] collationnement

confronter v.tr. comparer · mettre en parallèle · mettre en présence · mettre en regard • [des textes] collationner

⤻ **se confronter à** v.pron. affronter · faire face à · se colleter avec

CONTR. isoler ı séparer

confus, e adj.
I 1 - embrouillé · amphigourique · brouillon · brumeux · équivoque · nébuleux · obscur · cafouilleux *fam.* · **2** - chaotique · anarchique · compliqué · trouble · **3** - incertain · flou · indécis · indéterminé · indistinct · vague

II 1 - déconcerté · embarrassé · honteux · penaud · piteux · **2** - désolé · ennuyé · navré · **3** - intimidé · gêné

◆ **être très confus** souhaiter être à cent pieds sous terre · ne pas, plus savoir où se mettre · être dans ses petits souliers

CONTR. clair ı distinct ı net ı précis

confusément adv. · vaguement · indistinctement · obscurément

CONTR. clairement ı nettement ı précisément

confusion n.f. **1** - gêne · désarroi · embarras · honte · trouble · **2** - erreur · méprise · malentendu · quiproquo · cafouillage *fam.* · cafouillis *fam.* · salade *fam.* · **3** - fouillis · embrouillamini · embrouillement · enchevêtrement · fatras · méli-mélo *fam.* · bordel *très fam.* · foutoir *très fam.* · merdier *très fam.* · **4** - bouleversement · anarchie · chaos · désordre · capharnaüm · désorganisation · trouble · **5** - cohue · débâcle · débandade · **6** - obscurité · incohérence

◆ **confusion mentale** démence

CONTR. assurance ı désinvolture – clarté ı distinction ı netteté ı ordre ı précision

congé n.m. **1** - vacances · repos · relâche · **2** - licenciement · renvoi · congédiement

◆ **prendre congé** partir · s'en aller · se retirer · tirer sa révérence

CONTR. occupation ı travail

congédier v.tr. **1** - éconduire *littér.* · renvoyer · expédier *fam.* · envoyer sur les roses *fam.* · envoyer dinguer, paître, promener, se faire voir *fam.* · **2** - licencier · chasser · débaucher · se défaire de · destituer · donner son congé à · donner son compte à · mettre à la porte · mettre dehors · limoger · remercier · renvoyer · révoquer · donner ses huit jours à (domestique) · balancer *fam.* · débarquer *fam.* · ficher, foutre dehors *fam.* · ficher, flanquer à la porte *fam.* · lourder *fam.* · sacquer *fam.* · vider *fam.* · virer *fam.*

CONTR. convoquer ı inviter – embaucher ı engager

congeler v.tr. · frigorifier · geler · glacer · surgeler
CONTR. décongeler ı dégeler ı fondre ı liquéfier

congénère n. · pareil · semblable

congénital, e adj. · héréditaire · atavique · inné · naturel

🕮 **congénital, atavique, héréditaire, inné, naturel**
Congénital, inné, naturel, héréditaire et **atavique** s'appliquent à des particularités dont l'origine précède la naissance. **Héréditaire** insiste sur ce qui est transmis à un individu par voie de reproduction *(une ressemblance, une maladie héréditaire)*, mais aussi par tradition *(un ennemi, une haine héréditaire)* ou par succession *(une part héréditaire)*. **Atavique**, moins courant, concerne ce qui est lié à la transmission de caractères héréditaires *(un alcoolisme atavique)*. **Congénital** s'emploie surtout pour une anomalie *(malformation, cécité congénitale)*. À cette valeur en biologie s'ajoute un usage péjoratif du mot *(une bêtise congénitale, un optimisme congénital)* que n'a pas du tout **inné**, employé pour des caractéristiques plus variées, hors du domaine biologique *(aptitude, vertu innée ; sentiment inné de la justice)*. **Naturel**, qui s'emploie dans ces contextes, qualifie plus largement ce qui est donné à la naissance *(langage naturel)*, est constitutif de l'homme selon les idées de telle époque *(morale naturelle)* et ce qui ne dépend pas des conventions sociales *(gaieté naturelle)*.

congestionné, e adj. · rouge · rougeaud · cramoisi

congestionner v.tr. · embouteiller · encombrer · engorger
CONTR. décongestionner

conglomérat n.m. · agglomérat · association
CONTR. désagrégation ı dispersion ı éparpillement

conglomérer v.tr. · agglomérer · agglutiner · agréger · conglutiner · lier
CONTR. désagréger ı disséminer ı éparpiller ı pulvériser

congratulations n.f.pl. · compliments · félicitations

congratuler v.tr. · complimenter · féliciter · couvrir de louanges · encenser · rendre hommage à
CONTR. critiquer
🕮 **féliciter**

congrégation n.f. · communauté · confrérie · ordre

congrès n.m. · colloque · assises · conférence · forum · symposium · table ronde

conjecture n.f. 1 - hypothèse · supposition · présomption · 2 - prévision · pronostic
🕮 **présomption**

conjecturer v.tr. · imaginer · présumer · soupçonner · supposer

conjoint n.m. · époux · mari

conjointe n.f. · épouse · femme · légitime fam. · bourgeoise fam., péj. · chère et tendre plaisant · chère moitié plaisant

conjointement adv. · ensemble · de concert · concurremment · de conserve · simultanément
CONTR. à part ı séparément

conjonction n.f. · assemblage · jonction · rencontre · réunion · union
CONTR. disjonction ı séparation

conjoncture n.f. · situation · circonstances · conditions · contexte
↝ circonstance

conjugal, e adj. · matrimonial

conjuguer v.tr. **1 - combiner** · allier · associer · joindre · unir · **2 -** [Grammaire] **fléchir**
CONTR. disperser ı opposer

conjuration n.f. **1 - complot** · cabale · conspiration · **2 - imploration** · adjuration · supplication
↝ complot

conjuré, e n. · comploteur · conspirateur

conjurer v.tr. **1 - comploter** · conspirer · tramer · **2 - implorer** · adjurer · supplier · **3 - charmer** · chasser · exorciser
CONTR. attirer ı évoquer ı invoquer

connaissance n.f. **1 - conscience** · **2 - compréhension** · entendement · représentation · **3 - relation** · ami · familier · fréquentation · liaison · rencontre
✦ **en connaissance de cause 1 - sciemment** · **2 - avec discernement** · à bon escient · judicieusement · pertinemment
✦ **faire connaissance** se rencontrer · entrer en contact · se lier · se mettre en rapport
✦ **faire faire connaissance** introduire (auprès de) · présenter (à)
↝ **connaissances** plur. **1 - acquis** · bagage · compétence · culture · éducation · érudition · instruction · formation · maîtrise · savoir · science · **2 - notions** · clartés · lumières
CONTR. doute ı ignorance ı inconscience ı inexpérience
↝ relation

connaisseur, -euse n. et adj. · amateur · compétent · expert
CONTR. ignorant ı incompétent ı profane

connaître v.tr. **1 - savoir** · être au courant de · être informé de · être renseigné sur · **2 - fréquenter** · rencontrer · **3 - éprouver** · expérimenter · passer par · ressentir · sentir

✦ **connaître parfaitement** [leçon] savoir sur le bout des doigts · savoir par cœur · [lieu] connaître comme sa poche
✦ **faire connaître 1 - annoncer** · apprendre · communiquer · dévoiler · divulguer · exposer · lancer · notifier · présenter · propager · publier · faire savoir · signifier · [au plus grand nombre] vulgariser · **2 - exprimer** · extérioriser · manifester · marquer · témoigner · **3 - introduire à** · présenter · **4 - rendre célèbre** · sortir de l'ombre
✦ **se faire connaître** se présenter
✦ **s'y connaître** être compétent · s'y entendre · être expert · être calé fam. · en connaître un rayon fam. · toucher sa bille fam.
CONTR. ignorer ı méconnaître ı renier – dédaigner ı négliger

connecter v.tr. · relier · brancher · raccorder · réunir
CONTR. couper ı débrancher ı déconnecter ı isoler ı séparer

connexe adj. · analogue · joint · lié · voisin · afférent soutenu ou Droit
CONTR. indépendant ı séparé

connexion n.f. **1 - affinité** · analogie · liaison · lien · rapport · relation · **2 - branchement** · liaison

connivence n.f. · complicité · entente · intelligence

connu, e adj. **1 - célèbre** · fameux · illustre · légendaire · renommé · réputé · **2 - notoire** · proverbial · **3 - commun** · répandu · rebattu · réchauffé
✦ **être très connu** être connu comme le loup blanc
CONTR. inconnu ı obscur

conquérant, e
■ n. conquistador · guerrier
■ adj. arrogant · fat · prétentieux · suffisant

conquérir v.tr. **1 - s'approprier** · assujettir · dominer · s'emparer de · soumettre ·

vaincre · subjuguer *vieilli* · [un pays] coloniser · **2** - obtenir · gagner · remporter · **3** - amener à soi · s'attacher · attirer · capter · gagner · **4** - séduire · charmer · enchanter · envoûter · subjuguer · tomber *fam.*

CONTR. abandonner ı perdre

conquête *n.f.* **1** - appropriation · assujettissement · domination · prise · soumission · [un pays] colonisation · **2** - séduction · soumission · **3** - acquisition · acquis · avancée(s) · victoire

CONTR. abandon ı défaite ı perte ı soumission

consacrer *v.tr.*
I 1 - accorder · dédier · destiner · dévouer · donner · sacrifier · vouer · **2** - affermir · asseoir · confirmer · entériner · ratifier · sanctionner
II 1 - bénir · sacrer · **2** - oindre · ordonner

➤ **se consacrer à** *v.pron.* s'adonner à · s'employer à · se livrer à · s'occuper de

CONTR. abolir ı annuler ı invalider – abandonner – profaner ı violer

consciemment *adv.* · sciemment · volontairement · délibérément · en toute connaissance de cause

CONTR. inconsciemment

conscience *n.f.* **1** - connaissance · **2** - intuition · sentiment · **3** - sens moral · moralité · cœur · probité · scrupule · **4** - application · minutie · scrupule · sérieux · soin

✦ **en (toute) conscience** franchement · en toute franchise · honnêtement
✦ **mauvaise conscience** culpabilité
✦ **avoir conscience de** s'apercevoir de · se rendre compte de · réaliser · sentir

CONTR. inconscience – malhonnêteté

consciencieusement *adv.* · scrupuleusement · minutieusement · sérieusement · soigneusement

consciencieux, -ieuse *adj.* · scrupuleux · appliqué · minutieux · sérieux · soigneux · travailleur

CONTR. indélicat ı malhonnête – bâclé

➤ **scrupuleux**

conscient, e *adj.* **1** - délibéré · volontaire · réfléchi · voulu · **2** - éveillé · lucide

CONTR. involontaire ı irréfléchi – évanoui ı anesthésié ı endormi

conscription *n.f.* · enrôlement · recrutement

conscrit *n.m.* · appelé · recrue · bleu *fam.*

consécration *n.f.*
I 1 - apothéose · couronnement · sacre · triomphe · victoire · **2** - confirmation · ratification · sanction · validation
II 1 - bénédiction · dédicace · **2** - onction · sacre

CONTR. abolition ı annulation – violation

consécutif, -ive *adj.* successif
✦ **consécutif à** résultant de · issu de

CONTR. discontinu ı simultané ı synchrone

consécutivement *adv.* · successivement · coup sur coup

CONTR. simultanément

conseil *n.m.*
I 1 - avis · proposition · recommandation · suggestion · **2** - avertissement · mise en garde
II 1 - consultant · audit · conseiller · **2** - assemblée · chambre · aréopage · juridiction · tribunal

¹**conseiller** *v.tr.* **1** - recommander · préconiser · proposer · suggérer · **2** - engager à · exhorter à · inciter à · pousser à · **3** - aviser · guider

²**conseiller, -ère** *n.* **1** - consultant · audit · conseil · **2** - guide · inspirateur · mentor *littér.* · conseilleur *vieux ou littér.*

consensus *n.m.* · accord · entente · modus vivendi

consentement *n.m.* · acceptation · accord · acquiescement · adhésion · agrément · approbation · assentiment · autorisation · permission
CONTR. désaccord ı interdiction ı opposition ı refus

> ╰╮ **consentement, approbation, adhésion, agrément, permission**
>
> Tous ces mots ont en commun la notion d'accord, notamment dans le domaine juridique. Le **consentement** implique que l'on accepte après réflexion quelque chose qui n'est pas encore accompli *(donner son consentement à un projet)*. L'**approbation**, d'emploi plus général, est un jugement favorable concernant des opinions, des actions, etc. *(son comportement dans cette affaire recueille l'approbation de tous)*. Quand l'approbation vient d'une autorité, on parle d'**agrément** *(demander l'agrément du maire pour une construction)*. L'**adhésion** suppose que l'on accepte le contenu d'une doctrine *(adhésion à un parti politique, à des valeurs démocratiques)* et a une valeur superlative par rapport à **approbation**. **Permission**, d'emploi plus large, est réservé à une parole ou un acte qui marque un accord *(demander la permission de sortir)*.

consentir *v.tr.* **1** - accorder · concéder · octroyer
✦ **consentir à** **1** - autoriser · accéder à · accepter · accorder · acquiescer à · adhérer à · admettre · opiner · *plaisant* · permettre · souscrire à **2** - se prêter à · se soumettre à
CONTR. empêcher ı interdire ı s'opposer ı refuser

conséquence *n.f.* **1** - effet · contrecoup · fruit · implication · réaction · répercussion · résultat · retentissement · retombée · suite · [*malheureuse*] séquelle **2** - [Logique] conclusion · déduction · corollaire

✦ **en conséquence** ainsi · donc · de ce fait · dès lors · par conséquent · par suite · partant
CONTR. cause ı condition ı principe ı prémisse

conséquent, e *adj.* **1** - cohérent · logique **2** - considérable · important
✦ **par conséquent** ainsi · donc · de ce fait · dès lors · par conséquent · par suite · partant
CONTR. absurde ı incohérent ı inconséquent

conservateur, -trice *adj. et n.* · conformiste · antiprogressiste · traditionaliste
CONTR. novateur ı progressiste ı révolutionnaire

conservation *n.f.* · préservation · entretien · maintien · protection · sauvegarde
CONTR. altération ı détérioration ı gaspillage ı perte

conservatisme *n.m.* · conformisme · antiprogressisme · traditionalisme
CONTR. progressisme

conserve (de) *loc. adv.* · ensemble · conjointement · de concert · en chœur
╰╮ **concert (de)**

conserver *v.tr.* **1** - entretenir · maintenir · préserver · protéger · sauvegarder · sauver · **2** - garder · détenir · retenir · tenir à l'abri
➠ **se conserver** *v.pron.* rester · durer · subsister · survivre
CONTR. abîmer ı altérer ı détériorer ı détruire ı gâcher ı se gâter ı se départir de ı perdre ı renoncer à ı se débarrasser de ı jeter

considérable *adj.* **1** - énorme · grand · gros · immense · important · imposant · majeur · de taille · [*argument*] de poids · massif **2** - éminent · notable · remarquable
CONTR. faible ı insignifiant ı petit

considérablement *adv.* · énormément · abondamment · amplement · copieusement · à foison · à profusion · largement · bigrement *fam.* · bougrement *fam.* · sacrément *fam.* · vachement *fam.* · grave *lang. jeunes*

considération *n.f.* **1 -** **estime** · déférence · égard · respect · révérence · vénération · **2 - attention** · étude · examen · **3 - remarque** · réflexion · observation
✦ **en considération de, par considération pour** compte tenu de · eu égard à · vu
✦ **prendre en considération** prendre en compte · tenir compte de · faire cas de
CONTR. déconsidération ı dédain ı ignorance ı mépris

considérer *v.tr.* **1 - contempler** · examiner · observer · **2 - étudier** · analyser · apprécier · examiner · faire cas de · peser · prendre en compte · tenir compte de · **3 - admirer** · estimer · faire grand cas de · révérer · vénérer
✦ **considérer que** penser que · estimer que · juger que
✦ **considérer comme** prendre pour · regarder comme · tenir pour · traiter comme · voir comme · réputer *littér.*
CONTR. déconsidérer ı dédaigner ı ignorer ı mépriser ı mésestimer

consignation *n.f.* · cautionnement · garantie

consigne *n.f.* **1 - ordre** · directive · instruction · prescription · **2 - règlement** · **3 - retenue** · colle *fam.*

consigner *v.tr.* **1 - déposer** · **2 - écrire** · noter · **3 - acter** · constater · enregistrer · rapporter · relater · **4 - retenir** · coller *fam.*
CONTR. déconsigner ı retirer ı omettre ı taire – délivrer ı libérer

consistance *n.f.* **1 - densité** · fermeté · dureté · force · solidité · stabilité · **2 - crédit** · fondement
CONTR. inconsistance

consistant, e *adj.* **1 - dense** · cohérent · dur · ferme · solide · **2 - épais** · visqueux · **3 - copieux** · nourrissant · riche · substantiel
CONTR. inconsistant

consister *v.tr.ind.*
✦ **consister en** se composer de · comporter · comprendre
✦ **consister à** se résumer à · revenir à

consœur *n.f.* · collègue

consolant, e *adj.* · apaisant · calmant · consolateur · lénifiant · réconfortant · consolatoire *littér.* · **lénitif** *littér.*
CONTR. attristant ı désolant ı navrant

consolation *n.f.* **1 - dédommagement** · compensation · satisfaction · **2 - apaisement** · adoucissement · baume · réconfort · soulagement · dictame *littér.*
CONTR. affliction ı chagrin ı désespoir ı malheur ı peine ı mortification ı tourment

consoler *v.tr.* **1 - calmer** · rasséréner · réconforter · sécher les larmes de · mettre du baume sur les plaies de · remonter *fam.* · **2 - dédommager** · compenser · **3 - adoucir** · alléger · atténuer · diminuer · endormir
CONTR. accabler ı affliger ı attrister ı chagriner ı consterner ı désoler ı mortifier ı navrer ı peiner ı tourmenter

consolidation *n.f.* **1 - affermissement** · raffermissement · renfort · stabilisation · **2 - ancrage** · confirmation · enracinement · implantation

consolider *v.tr.* **1 - affermir** · étayer · fortifier · raffermir · renforcer · soutenir · stabiliser · **2 - ancrer** · asseoir · cimenter · confirmer · enraciner · implanter · fixer
CONTR. affaiblir ı démolir ı ébranler ı miner ı saper

consommable *adj.* · mangeable · comestible

consommateur, -trice *n.* **1 - acheteur** · client · **2 - buveur**
CONTR. producteur

consommation *n.f.* **1 - boisson** · rafraîchissement · **2 - utilisation** · emploi ·

usage • **3 -** [littér.] **achèvement** • **couronnement** • **fin** • **4 -** [littér.] **accomplissement** • **perpétration** littér.

CONTR. production – commencement ı début

consommé, e adj. • accompli • achevé • parfait

consommer v.tr. **1 - utiliser** • employer • user de • **2 - absorber** • boire • manger • prendre • se nourrir de • vivre de • **3 - brûler** • consumer • employer • [voiture] **bouffer** fam. • pomper fam. • sucer fam. • **4 -** [littér.] **achever** • couronner • parfaire • terminer • **5 -** [littér.] **accomplir** • commettre • perpétrer littér.

CONTR. produire – commencer ı laisser

conspirateur, -trice n. • comploteur • conjuré

conspiration n.f. • complot • cabale • conjuration • intrigue • machination
↪ **complot**

conspirer v.tr. [vieilli] **comploter** • méditer • projeter • tramer • ourdir littér.

✦ **conspirer à** [littér.] **concourir à** • contribuer à • tendre à

conspuer v.tr. • bafouer • huer • siffler

CONTR. acclamer ı applaudir ı ovationner

constamment adv. • continuellement • continûment • incessamment • invariablement • en permanence • régulièrement • sans arrêt • sans discontinuer • sans relâche • sans répit • sans trêve • sans cesse • toujours

CONTR. jamais ı quelquefois ı rarement

constance n.f. **1 - régularité** • continuité • durabilité • immutabilité • invariabilité • permanence • persistance • stabilité • **2 - assiduité** • obstination • opiniâtreté • persévérance • résolution • **3 - fidélité**

CONTR. inconstance ı changement ı instabilité ı variabilité
↪ **fidélité**

constant, e adj. **1 - continuel** • continu • durable • immuable • invariable • permanent • persistant • stable • [Pol.] bon teint • **2 - assidu** • obstiné • opiniâtre • persévérant • résolu

CONTR. changeant ı instable ı variable
↪ **durable**

constat n.m. **1 - constatation** • reconnaissance • **2 - procès-verbal**

constatation n.f. • observation • constat • remarque

constater v.tr. • apercevoir • découvrir • enregistrer • éprouver • établir • noter • observer • reconnaître • remarquer • sentir • voir • [officiellement] prendre acte de

CONTR. négliger ı omettre ı oublier

constellation n.f. • pléiade

consteller v.tr. • parsemer • couvrir • émailler

consternant, e adj. **1 - douloureux** • accablant • affligeant • atterrant • **2 - déplorable** • désolant • calamiteux • désespérant • lamentable • navrant • pitoyable

consternation n.f. • abattement • accablement • désolation • douleur • surprise • stupéfaction • stupeur

CONTR. joie
↪ **surprise**

consterner v.tr. **1 - abattre** • accabler • anéantir • atterrer • stupéfier • terrasser • **2 - désoler** • navrer

CONTR. réjouir

constituant n.m. • composant • donnée • élément • ingrédient

constituer v.tr. **1 - créer** • bâtir • édifier • élaborer • établir • fonder • monter • mettre sur pied · organiser · **2 - instituer** · établir · **3 - composer** · représenter · **4 - désigner** · assigner · placer · préposer

CONTR. défaire ı abattre ı renverser – destituer

constitutif, -ive *adj.* **1 - constituant** · **2 - caractéristique** · essentiel · fondamental

constitution *n.f.* **1 - création** · composition · construction · édification · élaboration · fondation · formation · organisation · **2 - arrangement** · composition · disposition · forme · organisation · structure · texture · **3 - caractère** · complexion · conformation · personnalité · tempérament · **4 - établissement** · institution · **5 - désignation** · assignation

CONTR. annulation ı décomposition ı désorganisation ı dissolution

constriction *n.f.* **1 - étranglement** · resserrement · **2 - contraction**

constructeur, -trice *n.* **1 - fabricant** · **2 - architecte** · bâtisseur · promoteur · **3 - créateur** · fondateur · architecte

CONTR. destructeur ı liquidateur

constructif, -ive *adj.* · positif · efficace

CONTR. négatif

construction *n.f.* **1 - bâtiment** · bâtisse · édifice · immeuble · installation · maison · monument · ouvrage · **2 - édification** · érection · **3 - fabrication** · élaboration · **4 - organisation** · aménagement · architecture · arrangement · composition · structure · **5 - système** · **6 - locution** · tournure (de phrase)

CONTR. démolition ı destruction – déconstruction

> construction, bâtisse, édifice, monument
>
> Les quatre mots s'emploient pour désigner un ouvrage bâti, de dimension et d'usage variables. Construction, de sens large, s'utilise aussi bien pour un ouvrage achevé *(une belle construction en pierre)* que pour celui que l'on

projette de construire *(plan, devis d'une construction)*. On parle de **bâtisse** pour un bâtiment généralement sans caractère, voire sans aucun attrait *(une vieille bâtisse abandonnée)*. **Édifice** s'applique à toute construction de dimensions importantes (immeuble, cathédrale, aéroport, etc.) et souvent de qualité architecturale reconnue : « J'allai voir le pont du Gard (...). Je parcourus les trois étages de ce superbe édifice » (Rousseau, *les Confessions*, VI). Le **monument** se distingue de l'édifice en ce qu'il présente un intérêt historique ou esthétique particulier *(visiter un monument ; le château de Versailles est un monument historique)*.

construire *v.tr.* **1 - bâtir** · édifier · élever · ériger · **2 - fabriquer** · **3 - organiser** · aménager · architecturer · arranger · articuler · composer · structurer · **4 - élaborer** · fonder · forger · imaginer

CONTR. défaire ı démolir ı détruire ı renverser – déconstruire

consultation *n.f.* **1 - enquête** · plébiscite · référendum · sondage · **2 - examen** · lecture · **3 - visite (médicale)** · examen médical

consulter *v.tr.* **1 - interroger** · questionner · sonder · prendre l'avis de · prendre le pouls de · **2 - examiner** · compulser · se référer à

>>> **se consulter** *v.pron.* se concerter · discuter

CONTR. conseiller ı répondre – écarter ı négliger

consumer *v.tr.* **1 - brûler** · calciner · dévorer · embraser · incendier · **2 - anéantir** · détruire · dévorer · ronger · ruiner · user

>>> **se consumer** *v.pron.* **1 - brûler** · se calciner · **2 - dépérir** · s'étioler

CONTR. éteindre – fortifier

contact n.m.
I 1 - adhérence · 2 - attouchement · effleurement · caresse · 3 - toucher
II 1 - rapport · relation · liaison · 2 - fréquentation · commerce · coudoiement
+ **prendre contact avec** contacter · atteindre · joindre · se mettre en rapport avec · toucher · prendre langue avec *littér.* · s'aboucher avec *littér.* · prendre l'attache de *littér. ou Admin.*
+ **prise de contact** rencontre
CONTR. éloignement ı séparation

contacter v.tr. 1 - joindre · atteindre · se mettre en rapport avec · toucher · prendre langue avec *littér.* · s'aboucher avec *littér.* · prendre l'attache de *littér. ou Admin.* · 2 - rencontrer · approcher

contagieux, -ieuse adj. 1 - transmissible · épidémique · 2 - communicatif
CONTR. incommunicable ı intransmissible

contagion n.f. · contamination · diffusion · propagation · transmission

contamination n.f. 1 - contagion · infection · transmission · 2 - pollution
CONTR. décontamination – purification

contaminer v.tr. 1 - infecter · contagionner *rare* · 2 - polluer · corrompre · vicier · 3 - envahir · empoisonner · gagner · gangréner
CONTR. assainir ı décontaminer ı désinfecter ı guérir ı purifier ı stériliser

conte n.m. 1 - légende · fable · fiction · fabliau · histoire · historiette · 2 - [vieux ou littér.] mensonge · fable *littér.* · sornette *vieilli*

🙰 **conte, fable**
Le conte et la fable sont de courts récits d'imagination qui, l'un et l'autre, s'écartent de la réalité. Le conte met en scène des personnages imaginaires *(les fées et les sorcières d'un conte)*, la fable en faisant souvent parler des animaux *(le corbeau et le renard de la fable)*. Le conte, destiné le plus souvent à distraire le lecteur, se distingue ainsi de la **fable**, écrite pour l'édifier *(la morale de la fable)*. Tous deux sont d'emploi littéraire pour parler d'une histoire mensongère et sans vraisemblance *(débiter des contes, des fables sur quelqu'un)*.

contemplatif, -ive adj. · méditatif · rêveur · songeur
CONTR. actif ı pratique ı réaliste

contemplation n.f. 1 - méditation · rêverie · recueillement · 2 - admiration · émerveillement · extase

contempler v.tr. 1 - considérer · envisager · réfléchir à · 2 - admirer · examiner · regarder
⋙ **se contempler** v.pron. se regarder · s'admirer · se mirer *vieilli ou littér.*

contemporain, e adj. · actuel · moderne · présent
CONTR. ancien

contenance n.f. 1 - capacité · cubage · tonnage · 2 - attitude · air · allure · comportement · maintien · mine
+ **perdre contenance** se décontenancer · se démonter · se troubler

contenant n.m. · récipient · boîte
CONTR. contenu

contenir v.tr. 1 - comporter · comprendre · compter · posséder · recéler · renfermer · 2 - accueillir · recevoir · tenir · 3 - contrôler · dominer · endiguer · dompter · maîtriser · refréner · refouler · réprimer
⋙ **se contenir** v.pron. se contrôler · se calmer · se dominer · se maîtriser · se modérer · se retenir
CONTR. exclure – s'exprimer – se laisser aller ı éclater

content, e *adj.* **1 -** satisfait · heureux · bien aise *littér.* · **2 - gai** · joyeux · réjoui · **3 - charmé** · enchanté · ravi
♦ **content de soi** orgueilleux · fat · présomptueux · suffisant · vaniteux
CONTR. ennuyé ı fâché ı insatisfait ı mécontent ı triste

🙜 content, heureux, satisfait,
Ces mots traduisent la tranquillité que l'on éprouve par rapport à un désir. On est **content** lorsqu'on ne désire plus rien *(je suis très contente de mon voyage)* ; on se dira **satisfait** quand ce qui était désiré est obtenu *(un vœu satisfait ; une vengeance satisfaite)*. Être **heureux**, c'est goûter la satisfaction d'être comblé dans ses désirs : « Je suis contente de savoir que tu es heureuse » (Zola, *Madeleine Férat*).

contentement *n.m.* **1 - bonheur** · béatitude · félicité · joie · plaisir · ravissement · satisfaction · aise *littér.* · **2 - assouvissement** · satisfaction
CONTR. chagrin ı contrariété ı ennui ı mécontentement

contenter *v.tr.* **1 - combler** · exaucer · plaire à · satisfaire · suffire à · **2 - assouvir** · satisfaire
≫ **se contenter de** *v.pron.* **1 - se satisfaire de** · s'accommoder de · s'arranger de · faire avec · avoir assez de · **2 - se borner à** · se cantonner à · se limiter à · s'en tenir à
CONTR. attrister ı contrarier ı mécontenter

contentieux, -ieuse
■ *adj.* **contesté** · litigieux
■ *n.m.* **conflit** · différend · litige

contenu *n.m.* **1 - chargement** · charge · **2 - teneur** · fond · substance
CONTR. contenant

conter *v.tr.* · dire · raconter · rapporter · relater · narrer *littér.*

contestable *adj.* · discutable · douteux · sujet à caution
CONTR. assuré ı certain ı incontestable ı sûr

contestataire *n.* · protestataire · mécontent · rebelle

contestation *n.f.* **1 - controverse** · débat · discussion · objection · **2 - dénégation** · désaveu · **3 - altercation** · démêlé · différend · dispute · querelle
🙜 **débat**

conteste (sans) *loc. adv.* · assurément · certainement · incontestablement · indubitablement · à coup sûr · sans l'ombre d'un doute

contester *v.tr.* **1 - discuter** · controverser · mettre, remettre en cause · mettre, remettre en doute · mettre, remettre en question · récuser · nier · **2 - dénier** · disputer · refuser
CONTR. admettre ı approuver ı attester ı avérer ı avouer ı certifier ı concéder ı croire ı reconnaître

contexte *n.m.* · situation · environnement · conjoncture · climat · conditions

contexture *n.f.* · agencement · assemblage · composition · constitution · organisation · structure · texture

contigu, uë *adj.* **1 - accolé** · attenant · avoisinant · mitoyen · voisin · **2 - analogue** · connexe · proche · semblable · similaire · voisin
CONTR. distant ı éloigné ı séparé

contiguïté *n.f.* **1 - contact** · mitoyenneté · proximité · voisinage · **2 - analogie** · connexion · connexité · liaison · proximité · rapport · similitude · voisinage
CONTR. distance ı éloignement ı séparation – opposition

continence n.f. 1 - ascétisme · chasteté · pureté · 2 - abstinence · privation · tempérance

CONTR. incontinence ı intempérance ı luxure
↝ **abstinence**

continent, e adj. · ascétique · abstinent · chaste · pur · vertueux · vierge

CONTR. intempérant

contingence n.f. · éventualité

CONTR. nécessité

contingent, e

■ adj. 1 - **accidentel** · aléatoire · casuel · conditionnel · éventuel · fortuit · incertain · occasionnel · 2 - **accessoire** · secondaire

■ n.m. 1 - **ensemble** · 2 - **contribution** · lot · part

contingentement n.m. · limitation · rationnement · régulation · restriction

contingenter v.tr. · limiter · mesurer · rationner · réguler · restreindre

continu, e adj. 1 - **continuel** · constant · ininterrompu · incessant · perpétuel · persistant · 2 - **assidu** · indéfectible · opiniâtre · prolongé · soutenu · suivi

✦ **en continu** d'affilée · sans arrêt · sans interruption · d'une seule traite · non-stop · 24 heures sur 24

CONTR. coupé ı discontinu ı divisé ı entrecoupé ı intermittent ı interrompu ı sporadique – irrégulier ı négligent

continuateur, -trice n. · successeur · disciple · imitateur · épigone littér., souvent péj.

CONTR. devancier

continuation n.f. 1 - **poursuite** · reprise · suite · 2 - **prolongation** · continuité · prolongement

CONTR. arrêt ı cessation ı interruption

↝ **continuation, continuité**

Continuation et continuité renvoient tous deux à l'idée de prolongation. Continuation s'emploie pour marquer que quelque chose se poursuit dans la durée (elle financera la continuation de ses études). Continuité insiste sur le fait que quelque chose n'est pas interrompu dans le temps (la continuité de la vie, du pouvoir) ou dans l'espace : « La neige aussitôt commence à recouvrir la trace cloutée des semelles, (...) si bien que la différence de niveau devient imperceptible avec les régions avoisinantes, la continuité se trouvant alors rétablie » (Robbe-Grillet, Dans le labyrinthe).

continuel, -elle adj. 1 - **continu** · constant · ininterrompu · incessant · permanent · perpétuel · de tous les instants · 2 - **fréquent** · éternel · sempiternel péj.

CONTR. interrompu ı momentané ı rare

continuellement adv. · sans arrêt · sans cesse · constamment · continûment · journellement · sans relâche · sans répit · sans trêve · toujours · tout le temps · à chaque instant · à tout bout de champ · à toute heure · à longueur de journée · du matin au soir · à tout moment · nuit et jour

continuer

■ v.tr. 1 - **poursuivre** · persévérer dans · perpétuer · reprendre · 2 - **prolonger** · étendre · pousser

■ v.intr. 1 - **se poursuivre** · se prolonger · 2 - **durer** · se perpétuer · 3 - **persister** · persévérer

CONTR. abandonner ı arrêter ı cesser ı discontinuer ı interrompre ı suspendre

continuité n.f. 1 - **constance** · enchaînement · ininterruption · liaison · 2 - **durée** · continuation · pérennité · permanence · persistance

CONTR. discontinuité ı interruption ı suspension

↝ **continuation**

continûment *adv.* → **continuellement**

contorsion *n.f.* **1 -** gesticulation · acrobatie · **2 -** grimace · singerie

contorsionner (se) *v.pron.* · gesticuler · faire des acrobaties · se tordre

contour *n.m.* **1 -** bord · bordure · délinéament · limite · périmètre · périphérie · pourtour · tour · **2 -** courbe · forme · galbe · ondulation · **3 -** détour · lacet · méandre · sinuosité

contourné, e *adj.* · affecté · alambiqué · compliqué · tarabiscoté

contourner *v.tr.* **1 -** éluder · escamoter · esquiver · éviter · **2 -** éviter · déborder · tourner

contraceptif, -ive *adj.* · anticonceptionnel

contracté, e *adj.* · crispé · noué · stressé · tendu
CONTR. décontracté ı détendu ı relax

¹**contracter** *v.tr.* **1 -** acquérir · développer · prendre · **2 -** attraper · choper *fam.* · ramasser *fam.* · **3 -** souscrire

²**contracter** *v.tr.* **1 -** crisper · stresser · **2 -** diminuer · raccourcir · réduire · resserrer · tasser · **3 - raidir** · bander · serrer · tendre

≫ **se contracter** *v.pron.* **1 - se crisper** · se durcir · **2 - se réduire** · diminuer, rétrécir

contraction *n.f.* **1 -** contracture · crampe · raideur · raidissement · spasme • [légère] crispation · **2 -** constriction · resserrement · **3 -** réduction · diminution

≫ **contractions** *plur.* [de femme enceinte] tranchées (utérines)
CONTR. décontraction ı distension ı relâchement – dilatation ı expansion ı extension

contractuel, -elle *n.* **1 -** auxiliaire · **2 -** pervenche *fam.* · aubergine *fam., vieilli*
CONTR. titulaire

contracture *n.f.* · contraction · crampe · raideur · raidissement · spasme • [légère] crispation

contradicteur, -trice *n.* · adversaire · opposant · antagoniste
CONTR. approbateur ı partisan

contradiction *n.f.* **1 -** contestation · démenti · dénégation · négation · objection · opposition · réfutation · **2 -** incompatibilité · antinomie · inconséquence · opposition • [Logique] aporie • [Rhétorique] antilogie
CONTR. accord ı approbation ı concordance ı entente ı identité ı unanimité

contradictoire *adj.* **1 -** contraire · divergent · opposé · **2 -** incompatible · antinomique · **3 -** illogique · incohérent · inconséquent · paradoxal
CONTR. cohérent ı concordant ı identique ı pareil ı semblable ı unanime

contraignant, e *adj.* · astreignant · assujettissant

contraindre *v.tr.* [littér.] **contenir** · entraver · refouler · réfréner · réprimer · retenir

♦ **contraindre à** **1 - obliger à** · acculer à · astreindre à · forcer à · forcer la main pour · mettre le couteau, le pistolet sous la gorge · mettre l'épée dans les reins · **2 - condamner à** · réduire à

≫ **se contraindre** *v.pron.* **se contrôler** · se contenir · se retenir

♦ **se contraindre à** s'obliger à · s'astreindre à · se forcer à
CONTR. aider ı permettre – libérer – se laisser aller
↬ **obliger**

contraint, e *adj.* · embarrassé · emprunté · forcé · gauche · gêné
CONTR. détendu ı naturel ı spontané

contrainte

contrainte *n.f.* **1 -** pression · coercition · force · intimidation · coaction *littér.* · **2 -** exigence · impératif · obligation · servitude · **3 -** gêne · entrave · **4 -** [littér.] **asservissement** · assujettissement · servitude · sujétion

CONTR. libération ɪ liberté – aisance ɪ laisser-aller ɪ naturel

contraire

- *adj.* **1 -** antinomique · antithétique · contradictoire · incompatible · inverse · opposé · **2 -** adverse · antagoniste · défavorable · ennemi · attentatoire · hostile

- *n.m.* **1 -** antithèse · inverse · opposé · **2 -** antonyme

+ **au contraire** **1 -** à l'inverse · a contrario · inversement · en revanche · par contre *emploi critique* · **2 -** [exclamatif] **loin de là !** · tant s'en faut !

+ **au contraire de** à la différence de · contrairement à

CONTR. même ɪ pareil ɪ semblable – favorable ɪ propice

> **contraire, inverse, opposé**
>
> **Contraire**, **opposé** et **inverse** évoquent l'idée de positions contrastées. Avec **contraire**, l'écart entre les choses concernées est maximal (*des mots contraires à la décence ; l'eau et le feu sont des éléments contraires*). Dans des contextes analogues, **opposé** comporte une idée de conflit (*des idées opposées les séparent*), mais est moins précis que **contraire**. **Inverse** implique que les choses sont symétriquement contraires, en particulier quand il s'agit d'un ordre, d'une direction (*revenir en sens inverse*).

contrairement à

contrairement à *loc. prép.* · à l'opposé de · à l'inverse de · à la différence de · au contraire de

contrariant, e

contrariant, e *adj.* · agaçant · ennuyeux · fâcheux

CONTR. accommodant ɪ conciliant

contrarier

contrarier *v.tr.* **1 -** chagriner · embêter · troubler · chiffonner *fam.* · tarabuster *fam.* · chicaner *fam., vieilli* · **2 -** agacer · embêter · ennuyer · fâcher · irriter · mécontenter · emmerder *fam.* · **3 -** contrecarrer · barrer · déjouer · déranger · entraver · faire obstacle à · gêner · freiner · nuire à · résister à

CONTR. contenter ɪ réjouir – aider ɪ favoriser

> **contrarier, contrecarrer**
>
> **Contrarier** et **contrecarrer** engagent l'idée d'opposition faite à quelqu'un ou à quelque chose. **Contrarier** a la valeur la plus générale, employé quand une chose va *contre* la réalisation d'une autre (*la neige contrariait la progression des secours*) ou qu'une personne s'oppose à quelque chose (*contrarier une vocation, les désirs de quelqu'un*). **Contrecarrer** ne connaît que ce dernier emploi, mais avec une valeur plus forte, les obstacles mis à la réalisation d'une action visant à l'empêcher (*contrecarrer l'influence, les projets de quelqu'un*).

contrariété

contrariété *n.f.* **1 -** souci · ennui · **2 -** agacement · déception · déplaisir · irritation · mécontentement

CONTR. insouciance ɪ satisfaction

contraste

contraste *n.m.* · opposition · différence · discordance · disparité · dissemblance · écart

CONTR. accord ɪ analogie ɪ identité

contrasté, e

contrasté, e *adj.* · différent · opposé · tranché

contraster

contraster *v.intr.* se détacher · ressortir · trancher • [péj.] détonner · jurer

+ **contraster avec** s'opposer à · se différencier de · trancher avec

CONTR. s'accorder ɪ s'harmoniser

contrat

contrat *n.m.* **1 -** accord · convention · engagement · pacte · **2 -** [assurances] **police**

🕭 **contrat, accord, convention, pacte**
Chacun de ces mots exprime l'idée d'entente à propos de problèmes d'ordre privé ou public. **Accord**, le plus général de la série, se dit pour tout arrangement entre des individus, des entreprises ou des États *(négocier les termes d'un accord, un accord commercial)*, arrangement qui règle parfois un différend. Le **contrat** et la **convention** sont des accords d'un type particulier ; le premier fait naître des obligations entre les parties *(contrat de mariage, de travail)* ; le second peut créer des obligations, mais aussi en modifier ou en supprimer d'autres *(une convention collective règle des conditions de travail)*. Le **pacte** est une convention, souvent donnée comme immuable, qui porte toujours sur des points importants *(pacte de non-agression entre plusieurs pays ; rompre un pacte)*.

contravention *n.f.* 1 - procès-verbal · contredanse *fam.* · PV *fam.* · prune *fam.* · papillon *fam., vieilli* · 2 - infraction · entorse · transgression · violation

contre *prép., adv.* 1 - auprès (de) · à côté (de) · près de · sur · 2 - à l'encontre de · 3 - en échange de · moyennant · 4 - malgré · en dépit de · nonobstant *littér.*

✦ **par contre** à l'inverse · a contrario · au contraire · mais · en revanche
CONTR. loin – conformément ı selon ı suivant

contre-attaque *n.f.* · contre-offensive · riposte • [Sport] contre

contre-attaquer *v.intr.* · riposter · se rebiffer · se venger

contrebalancer *v.tr.* compenser · équilibrer · neutraliser · faire contrepoids à · pondérer

⟫ **se contrebalancer** *v.pron.* · se contreficher *fam.* · se contrefoutre *fam.*

contrebande *n.f.* fraude · trafic
✦ **de contrebande** clandestin · frauduleux · illégal

contrebandier, -ière *n.* · trafiquant • [Hist.] bootlegger

contrecarrer *v.tr.* · s'opposer à · bloquer · contrarier · contrer · déjouer · enrayer · faire obstacle à
CONTR. aider ı favoriser
🕭 **contrarier**

contrecoup *n.m.* conséquence · contrechoc · choc en retour · effet · incidence · réaction · répercussion · suite • [néfaste] séquelle
✦ **par contrecoup** indirectement · par ricochet

contredanse *n.f.* → contravention

contredire *v.tr.* 1 - démentir · aller à l'encontre de · nier · réfuter · prendre le contre-pied de · s'inscrire en faux contre · 2 - contrarier · s'opposer à

⟫ **se contredire** *v.pron.* se désavouer · se déjuger · se raviser • [par inadvertance] se couper
CONTR. approuver ı confirmer – aider ı favoriser – s'accorder ı s'entendre

contredit *n.m.* contradiction · objection
✦ **sans contredit** assurément · certainement · incontestablement · indubitablement · sans conteste · sans aucun doute

contrée *n.f.* · pays · province · région · terre
🕭 **région**

contre-épreuve *n.f.* · contre-essai · vérification

contrefaçon *n.f.* 1 - falsification · démarquage · imitation · pastiche · plagiat · 2 - faux · copie · contrefaction *(Droit)*

contrefaire v.tr. **1 - falsifier** · altérer · **2 - copier** · calquer · démarquer · imiter · mimer · pasticher · reproduire · **3 - déguiser** · dénaturer · **4 - déformer** · décomposer · défigurer · **5 -** [vieilli] **caricaturer** · parodier · pasticher · singer
↝ **copier**

contrefait, e adj. · difforme · mal bâti · mal fichu fam.

contre-indiqué, e adj. · déconseillé

contremaître n. · chef d'équipe · agent de maîtrise • [dans une mine] porion • [dans une imprimerie] prote

contrepartie n.f. **1 - compensation** · contrepoids · dédommagement · **2 - contraire** · antithèse · contre-pied · inverse · opposé
✦ **en contrepartie** en échange · par contre · en revanche

contre-pied n.m. · contraire · antithèse · contrepartie · inverse · opposé

contrepoids n.m. · compensation · contrepartie

contrepoison n.m. · antidote · alexipharmaque anciennt

contrer v.tr. · contrecarrer · faire obstacle à · s'opposer à · se dresser contre

contresens n.m. **1 - erreur** · aberration · absurdité · ineptie
✦ **à contresens 1 - à l'envers** · en sens inverse · **2 - à rebours** · de travers
CONTR. exactitude

contretemps n.m. complication · accident · accroc · difficulté · empêchement · ennui · impondérable · imprévu · obstacle

✦ **à contretemps** inopportunément · mal à propos · hors de saison · comme un cheveu sur la soupe · comme un chien dans un jeu de quilles
CONTR. arrangement ׀ facilité – opportunément ׀ à point nommé
↝ **obstacle**

contrevenir à v.tr.ind. · désobéir à · déroger à · enfreindre · manquer à · passer outre · transgresser · violer

contrevérité n.f. · mensonge · invention · bobard fam. · salades fam.

contribuer à v.tr.ind. **1 - aider à** · collaborer à · coopérer à · participer à · prendre part à · apporter sa pierre à l'édifice de · **2 - tendre** à · concourir à · conspirer à littér.

contribution n.f. **1 - aide** · apport · appui · collaboration · concours · coopération · tribut littér. · **2 - cotisation** · écot · mise de fonds · part · quote-part · tribut · **3 - impôt** · droit · imposition · prélèvement · taxe
CONTR. abstention ׀ entrave ׀ obstacle
↝ **impôt**

contrit, e adj. **1 - mortifié** · confus · penaud · marri littér. ou vieux · **2 -** [Relig.] **pénitent** · repentant
CONTR. impénitent – fier ׀ satisfait

contrition n.f. · remords · componction · repentir · résipiscence littér. ou Relig.
CONTR. endurcissement ׀ impénitence
↝ **remords**

contrôle n.m. **1 - inspection** · examen · pointage · test · vérification · **2 - observation** · monitorage recomm. offic. · monitoring anglic. · surveillance · **3 - censure** · **4 - maîtrise** · domination
✦ **contrôle des naissances** planning familial · orthogénie

✦ **contrôle de soi**   maîtrise (de soi) · calme · sang-froid · self-control *anglic.*

contrôler *v.tr.* **1 – examiner** · s'assurer de · inspecter · pointer · tester · vérifier · **2 – observer** · surveiller · **3 – maîtriser** · canaliser · contenir · dominer · endiguer

»» **se contrôler** *v.pron.* se maîtriser · se contenir · se dominer · se posséder *vieux ou littér.*

contrôleur, -euse
■ *n.m.* boîte noire · mouchard *fam.*
■ *n.* inspecteur · surveillant · vérificateur
✦ **contrôleur aérien**   aiguilleur du ciel

controuvé, e *adj.* · inventé · fabriqué · faux · mensonger
CONTR. authentique | vrai

controverse *n.f.* **1 – débat** · discussion · polémique · **2 –** [Philo.] **éristique**

controversé, e *adj.* · débattu · contesté · discuté · sujet à caution

contusion *n.f.* · bleu · ecchymose · lésion · meurtrissure

contusionné, e *adj.* · meurtri · contus

contusionner *v.tr.* · meurtrir

convaincant, e *adj.* **1 – concluant** · décisif · démonstratif · percutant · probant · **2 – persuasif** · éloquent

convaincre *v.tr.* **1 – persuader** · décider · déterminer · **2 – faire entendre raison à**

> 🕮 **convaincre, persuader**
> **Convaincre** et **persuader** ont en commun l'idée de modifier la pensée de quelqu'un. **Convaincre** implique que l'on amène une personne à reconnaître comme vrai ou nécessaire une proposition ou un fait par le raisonnement (*trouver des arguments pour convaincre, je l'ai*

convaincu de son bon droit). **Persuader** quelqu'un, c'est obtenir son adhésion tout autant par les sentiments que par le raisonnement : « Il est aisé de convaincre un enfant que ce qu'on lui veut enseigner est utile : mais ce n'est rien de le convaincre, si l'on ne sait le persuader. En vain la tranquille raison nous fait approuver ou blâmer; il n'y a que la passion qui nous fasse agir (...) » (Rousseau, *Émile*, III).

convaincu, e *adj.* **1 – certain** · persuadé · sûr · **2 – assuré** · éloquent · pénétré · **3 – déterminé** · farouche · résolu
✦ **je suis déjà convaincu**   vous prêchez un converti
CONTR. sceptique | incrédule

convalescence *n.f.* · rétablissement · analepsie *(Méd.)*

convenable *adj.* **1 – adapté** · adéquat · ad hoc · à propos · compatible · conforme · de saison · pertinent · expédient *littér.* · idoine *littér.* ou *plaisant* · congru *vieilli* · **2 – favorable** · opportun · propice · **3 – acceptable** · correct · passable · potable *fam.* · **4 – bienséant** · correct · décent · digne · honnête · honorable · séant · de bon ton · (très) comme il faut *fam.*
CONTR. déplacé | incongru | inconvenant | incorrect | inopportun | intempestif | malséant

convenablement *adv.* · adéquatement · comme il faut · correctement · décemment

convenance *n.f.* [littér.] accord · adéquation · affinité · conformité · harmonie · pertinence · rapport
✦ **à sa convenance**   à son gré · à son goût
»» **convenances** *plur.* bienséance · correction · décence · décorum · savoir-vivre · usage(s)
CONTR. disconvenance | impropriété – inconvenance

convenance, bienséance, décence

La **convenance**, la **bienséance** et la **décence** se rapportent aux règles qui ont cours dans une société à un moment donné. On parle de **convenance** pour ce qui est conforme aux usages imposés par la vie en société *(agir par convenance, pour des raisons de convenance ; observer les convenances)*. **Bienséance**, plus particulier, concerne ce qui répond aux normes morales de la société *(une attitude conforme à la bienséance ; heurter la bienséance)*. Avec **décence**, il s'agit avant tout du respect des règles morales en matière sexuelle : « Mes tantes (...), modèles de décence, d'honnêteté, de réserve, à qui le prêt du moindre trouble de la chair eût fait injure » (Gide, *Souvenirs*).

convenir *v.tr.ind.* **1** - faire l'affaire · faire la rue Michel *fam., vieilli* · **2** - être à propos · être opportun

✦ **convenir à** **1** - plaire à · aller à · arranger · être au gré de · agréer à *littér.* · botter *fam.* · chanter à *fam.* · **2** - s'accorder avec · aller à · cadrer avec · correspondre à · coller avec *fam.* · seoir à *littér.*

✦ **convenir de** **1** - arranger · arrêter · décider · s'entendre sur · fixer · régler · **2** - avouer · concéder · confesser · reconnaître

CONTR. disconvenir ı s'opposer

convention *n.f.* **1** - arrangement · accord · compromis · contrat · engagement · entente · marché · pacte · traité · **2** - article · disposition · stipulation · **3** - code · loi · principe · règle · tradition

✦ **de convention** conventionnel · convenu

↝ contrat

conventionnel, -elle *adj.* **1** - classique · académique · banal · convenu · stéréotypé · traditionnel · **2** - formaliste · conformiste · vieux jeu · **3** - arbitraire

conventionnellement *adv.* **1** - arbitrairement · **2** - traditionnellement · classiquement · habituellement

convenu, e *adj.* [péj.] artificiel · banal · conventionnel

convergence *n.f.* **1** - affinité · concordance · point commun · similitude · **2** - [d'actions] concours

CONTR. divergence

convergent, e *adj.* · analogue · concordant · semblable · similaire · voisin

CONTR. divergent

converger *v.intr.* **1** - se concentrer · concourir · confluer · **2** - aboutir · se rencontrer · **3** - s'accorder · coïncider · concorder · se recouper

CONTR. diverger

conversation *n.f.* **1** - discussion · causerie · dialogue · entretien · tête-à-tête · **2** - [secrète] aparté · conciliabule · messes basses *péj.* · **3** - bavardage · causette *fam.* · palabres *péj.* · parlote *fam.*

converser *v.intr.* · discuter · bavarder · causer · conférer · dialoguer · discourir · échanger des propos · faire, tenir salon · s'entretenir · parler · deviser *littér. ou plaisant*

CONTR. se taire

conversion *n.f.* **1** - changement · métamorphose · mutation · transformation · **2** - [Psych.] somatisation

converti, e *n.* **1** - néophyte · prosélyte · **2** - partisan · adepte

convertible
■ *adj.* **transformable** · changeable
■ *n.m.* **canapé-lit** · clic-clac

CONTR. immuable ı inconvertible

convertir v.tr. **1 - catéchiser** · amener à la foi · convaincre · **2 - rallier** · gagner · **3 - changer** · métamorphoser · transformer · transmuer · transmuter

⇒ **se convertir** v.pron. · trouver son chemin de Damas

◆ **se convertir à** adopter

CONTR. détourner – abandonner ׀ s'opposer

convexe adj. · courbe · arqué · arrondi · bombé · renflé

CONTR. concave

conviction n.f. **1 - certitude** · assurance · croyance · foi · **2 - persuasion** · **3 - détermination** · résolution · sérieux

◆ **en avoir la conviction** en donner sa main, sa tête à couper · en mettre sa main au feu

CONTR. doute ׀ scepticisme

convier v.tr. **1 - inviter** · prier · semondre *vieux ou région.* · **2 - engager** · exciter · inciter · induire · inviter · solliciter

convive n. · hôte · invité · commensal *soutenu*

convocation n.f. **1 - appel** · invitation · [à un examen] collante *fam.* · **2 -** [Droit] **assignation** · citation

convoi n.m. **1 - caravane** · **2 - cortège** funèbre · **3 - train**

convoiter v.tr. · ambitionner · aspirer à · briguer · désirer · envier · rêver de · soupirer après · guigner *fam.* · lorgner sur *fam.* · loucher sur *fam.*

CONTR. dédaigner ׀ mépriser ׀ refuser ׀ repousser

convoitise n.f. · désir · appétit · ardeur · avidité · cupidité · envie · appétence *littér.* · [de la chair] concupiscence

CONTR. indifférence ׀ répulsion

convoquer v.tr. **1 - appeler** · convier · inviter · mander *littér.* · **2 -** [Droit] **assigner** · citer

convoyer v.tr. · escorter · accompagner · acheminer · conduire · transporter · véhiculer

convulsé, e adj. · contracté · convulsionné · crispé · décomposé

convulser v.tr. · contracter · convulsionner · crisper · décomposer · tirailler

convulsif, -ive adj. · nerveux · spasmodique

convulsion n.f. **1 - contraction** · crispation · spasme · **2 - agitation** · bouleversement · crise · remous · révolution · secousse · soubresaut · spasme · trouble

convulsivement adv. · nerveusement · spasmodiquement

coopératif, -ive adj. · coopérant

coopération n.f. · collaboration · aide · appui · concours · contribution · participation

coopérer à v.tr.ind. · collaborer à · aider · s'associer à · concourir à · contribuer à · participer à · prendre part à · [sans complément] faire preuve de bonne volonté

coordination n.f. **1 - organisation** · agencement · arrangement · harmonisation · [dans le temps] synchronisation · **2 - enchaînement** · liaison

CONTR. confusion ׀ désordre ׀ incoordination

coordonner v.tr. **1 - organiser** · agencer · arranger · combiner · harmoniser · ordonner · [dans le temps] synchroniser · **2 - assortir** · **3 - enchaîner** · lier · relier

CONTR. désorganiser

copain n.m. et adj. m. **1 - camarade** · ami · **2 - amoureux** · ami · compagnon · petit ami · mec *fam.* · jules *fam.*

⇒ **ami**

copie n.f.
I 1 - double · calque · épreuve · fac-similé · photocopie · reproduction ●[Admin.] ampliatif · ampliation · duplicata · **2 - réplique** · répétition · **3 - maquette** · réduction · **4 -** [d'un ordinateur, d'une personne, etc.] clone
II 1 - contrefaçon · falsification · imitation · **2 - plagiat** · calque · démarcage · pastiche
III 1 - exemplaire · **2 - manuscrit** · **3 - devoir** · composition
CONTR. modèle ı original

copier v.tr. **1 - noter** · prendre en note · relever · transcrire · **2 - calquer** · reproduire · **3 - imiter** · contrefaire · falsifier · **4 - plagier** · démarquer · pasticher · pomper fam. ● [sans complément] tricher · **5 - mimer** · reproduire · ressembler à · **6 -** [un ordinateur, une personne, etc.] cloner
CONTR. créer ı inventer

> copier, contrefaire, imiter
>
> Copier, imiter et contrefaire peuvent être associés autour de la notion de reproduction d'un comportement, d'un objet, etc. Avec cette valeur, copier s'emploie de manière neutre (copier un manuscrit) ou implique selon le cas la tromperie (copier une œuvre), la moquerie (copier les gestes d'un professeur). Imiter, avec le même double aspect, diffère de copier dans la mesure où la reproduction n'est pas exacte, même si elle s'approche du modèle (imiter l'accent, les mimiques de quelqu'un). De plus, imiter a des emplois beaucoup plus larges que copier (imiter un chien ; le perroquet imite des voix). Contrefaire est proche d'imiter, mais implique presque toujours l'intention de dénigrer (contrefaire les manies de quelqu'un) ou un projet frauduleux (contrefaire une signature, des billets de banque).

copieur, -ieuse n. **1 - tricheur** · **2 -** (pâle) imitateur · suiveur · épigone littér.

copieusement adv. · abondamment · amplement · considérablement · largement · sacrément fam.
CONTR. chichement ı peu

copieux, -ieuse adj. **1 - abondant** · ample · généreux · plantureux · **2 -** [littér.] riche · prolixe
CONTR. frugal – mesquin ı pauvre

copinage n.m. · favoritisme · népotisme · clientélisme · piston fam.

copine n.f. **1 - camarade** · amie · **2 - amoureuse** · amie · compagne · petite amie · nana fam.

copiste n. **1 - scribe** · clerc · fesse-cahier fam., vieux · **2 - imitateur** · contrefacteur · démarqueur · pasticheur · plagiaire
CONTR. auteur ı créateur

copulation n.f. · accouplement · coït

coq n.m. **1 -** [jeune] coquelet · poulet · cochet vieilli · cochelet vieux, région. · **2 -** [châtré] chapon

coque n.f. **1 - coquille** · **2 - carcasse** · carène

coquelicot n.m. · ponceau · pavot

coqueluche n.f. [fam.] favori · idole · chouchou fam.

coquet, -ette adj. et n.f. **1 - élégant** · charmant · chic · mignon · pimpant · **2 -** [fam.] conséquent · gentil · joli · rondelet · substantiel
⫸ **coquette** n.f. [vieilli] aguicheuse · allumeuse · célimène

coquetterie n.f. **1 - élégance** · chic · goût · **2 - séduction** · galanterie · marivaudage · **3 - affectation** · minauderie · afféterie littér.

> coquetterie, galanterie, marivaudage
>
> Tous ces mots sont relatifs aux rapports de séduction. La coquetterie implique le souci de plaire et les

manières d'y parvenir ; le mot s'applique surtout à une femme *(coquetterie féminine)* alors que **galanterie**, avec une valeur analogue, s'emploie pour un homme : « Notre liaison avec les femmes est fondée sur le bonheur attaché au plaisir des sens, (...) et encore sur le désir de leur plaire (...). Ce désir général de plaire a produit la galanterie » (Montesquieu, *l'Esprit des lois*, XXVIII, XXII). Le **marivaudage** suppose des propos ou un comportement d'une galanterie recherchée *(marivaudage sentimental)*.

coquillage *n.m.* · fruit de mer

coquille *n.f.* **1 - coque** · test *(Zool.)* · **2 -** [Typo] **erreur** · faute

coquin, e

■ *adj.* **1 - espiègle** · malicieux · polisson · **2 - grivois** · égrillard · gaillard · gaulois · leste · libertin · licencieux · paillard · polisson · salé · cochon *fam.*

■ *n.m.* **1 - bandit** · canaille · escroc · scélérat · voleur · vaurien · bélître *vieux* · faquin *vieux* · fripon *vieux* · gredin *vieux* · gueux *vieux* · maraud *vieux* · maroufle *vieux* · pendard *vieux* · **2 - garnement** · brigand · canaille · chenapan · bandit *fam.*

¹**cor** *n.m.* · corne · trompe · olifant *(Hist.)*

²**cor** *n.m.* callosité · corne · durillon

✦ **cor au pied** oignon · œil-de-perdrix · agassin *vieux ou région.*

corbeille *n.f.* **1 - panier** · ciste · manne · **2 -** [de fleurs] **massif** · parterre · **3 - mezzanine**

corbillard *n.m.* · fourgon mortuaire

cordage *n.m.* **1 - corde** · **2 - câble** · filin · **3 -** [Mar.] **bout** · filin · manœuvre · [petit] bitord · fil (à voile) · ligne · lusin · merlin · quarantenier · ralingue · [gros] aussière · câble · grelin · garcette

corde *n.f.* **1 - cordage** · cordon · lien · [petite] cordeau · cordelette · **2 -** [pour animaux] laisse · longe · trait · **3 - boyau** · catgut *(Méd.)* · **4 - câble** · filin

cordelette *n.f.* · ficelle · cordeau

cordial, e *adj.* **1 - affectueux** · accueillant · amical · bienveillant · chaleureux · sympathique · **2 -** [vieilli] **fortifiant** · réconfortant · reconstituant · stimulant · tonique · remontant *fam.*

CONTR. froid ı indifférent ı hostile ı insensible – affaiblissant ı débilitant

cordialement *adv.* · chaleureusement · amicalement · courtoisement · sympathiquement

CONTR. froidement

cordialité *n.f.* · amabilité · amitié · bienveillance · chaleur · courtoisie · sympathie

CONTR. froideur ı hostilité

cordon *n.m.* **1 - aiguillette** · attache · bandereau · brandebourg · câble · cordelière · cordonnet · dragonne · enguichure · frange · galon · ganse · lacet · lacs · lien · passepoil · ruban · soutache · toron · tresse · **2 - file** · ligne · rang · rangée · **3 - bordure** · bande · lisière · [de pièce de monnaie] listel

cordon-bleu *n.m.* → cuisinier

cordonnier, -ière *n.* · savetier *vieux* · ressemeleur *vieux* · bouif *argot, vieilli* · gnaf *fam., région.*

coriace *adj.* **1 - ferme** · dur · **2 - tenace** · obstiné · opiniâtre · dur à cuire *fam.*

CONTR. mou ı tendre – doux ı souple

cornaquer *v.tr.* · accompagner · guider · piloter

corne *n.f.* **1 - bois** · andouiller · cor · ramure · **2 - callosité** · cal · cor · **3 - trompe** · cornet

corner
- *v.tr.* **claironner** · clamer · crier sur les toits · proclamer
- *v.intr.* [vieilli] **avertir** · klaxonner

cornet *n.m.* · cône · gobelet

corniaud *n.m.* **1** - bâtard · **2** - [fam.] → imbécile

corollaire *n.m.* · conséquence · effet · implication · répercussion · suite

corporation *n.f.* · communauté · confrérie · corps · guilde · hanse · métier · ordre

corporel, -elle *adj.* **1** - **physique** · charnel · **2** - **naturel** · physiologique · **3** - matériel
CONTR. incorporel ı intellectuel ı spirituel

corporellement *adv.* **1** - **physiquement** · charnellement · **2** - **matériellement**
CONTR. spirituellement

corps *n.m.*
I **1** - **organisme** · matière · substance · **2** - **chose** · objet
II **1** - **anatomie** · morphologie · physique · **2** - **cadavre** · dépouille (mortelle)
III **1** - **assemblée** · association · cellule · communauté · compagnie · ensemble · groupe · organe · société · **2** - **corporation** · ordre
IV **consistance** · épaisseur
+ **corps céleste** astre · planète
+ **donner corps à** incarner · concrétiser · matérialiser
+ **prendre corps** se concrétiser · se dessiner · se matérialiser · prendre forme · prendre tournure · se préciser

corpulence *n.f.* · embonpoint · obésité
CONTR. maigreur

corpulent, e *adj.* · fort · gros · lourd · obèse · massif · mastoc *fam.*
CONTR. maigre

corpus *n.m.* · recueil · collection

corpuscule *n.m.* · élément · particule

correct, e *adj.*
I **exact** · bon · conforme · fidèle · juste
II **1** - **châtié** · pur · **2** - **bienséant** · convenable · décent · **3** - **honnête** · loyal · régulier · scrupuleux · réglo *fam.*
III **acceptable** · convenable · moyen · passable · satisfaisant · O.K. *fam.* · potable *fam.*
CONTR. faux ı incorrect ı inexact ı mauvais – déloyal ı malhonnête – fautif ı inconvenant ı indécent ı négligé ı ridicule
∾ exact

correctement *adv.* **1** - **exactement** · avec justesse · sans erreur · **2** - **décemment** · comme il faut · convenablement · **3** - honnêtement · loyalement · scrupuleusement · **4** - **moyennement** · passablement

correcteur, -trice *n.* · examinateur · vérificateur

correctif *n.m.* · correction · rectificatif · rectification · épanorthose *(Rhétorique)*

correction *n.f.*
I **1** - **modification** · rectification · remaniement · reprise · retouche · révision · **2** - **biffure** · rature · surcharge · **3** - **correctif** · rectificatif
II **punition** · coups · dégelée *fam.* · dérouillée *fam.* · pile *fam.* · raclée *fam.* · volée *fam.* · brossée *fam., vieilli* · brûlée *fam., vieilli* · danse *fam., vieilli* · peignée *fam., vieilli* · rossée *fam., vieilli* · tournée *fam., vieilli* · tripotée *fam., vieilli* · frottée *fam., vieux*
III **conformité** · exactitude · fidélité · justesse
IV **1** - **bienséance** · décence · politesse · savoir-vivre · **2** - **honnêteté** · scrupule

V atténuation · adoucissement · compensation · contrepoids · neutralisation
CONTR. récompense – impolitesse ı inconvenance ı incorrection – aggravation

corrélation *n.f.* · rapport · concordance · correspondance · dépendance · interdépendance · liaison · relation
CONTR. autonomie ı indépendance

corréler *v.tr.* · lier · relier · établir un lien entre · mettre en rapport, en relation

correspondance *n.f.* **1** – courrier · lettres · relations épistolaires · **2** – liaison · rapport · relation · **3** – accord · affinité · analogie · complicité · concordance · conformité · corrélation · connexité · harmonie · ressemblance · similitude · **4** – simultanéité · concordance · synchronisme · **5** – [Transport] changement
CONTR. désaccord ı discordance ı opposition

correspondant, e
■ *adj.* **1** – **équivalent** · homologue · semblable · similaire · **2** – **concordant** · corrélatif · relatif
■ *n.* **envoyé** · reporter · représentant
CONTR. antagoniste ı dissemblable ı opposé

correspondre *v.tr.ind.*
✦ **correspondre avec** écrire à · avoir des relations épistolaires avec
✦ **correspondre à** **1** – s'accorder à · cadrer avec · concorder avec · convenir à · s'harmoniser avec · coller avec *fam.* · **2** – **se rapporter à** · se référer à · **3** – **se conformer à** · répondre à · satisfaire
CONTR. s'opposer

corridor *n.m.* · couloir · galerie · passage

corriger *v.tr.*
I 1 – **réformer** · amender · redresser · rectifier · **2** – **modifier** · rectifier · remanier · reprendre · retoucher · **3** – [Scol.] **réviser** · noter · revoir · **4** – **biffer** · raturer

II atténuer · adoucir · balancer · compenser · équilibrer · neutraliser · pallier · racheter · réparer · tempérer
III punir · châtier · donner une leçon à · donner, filer une dégelée à *fam.* · donner, filer une dérouillée à *fam.* · donner, filer une pile à *fam.*
≫ **se corriger** *v.pron.* se reprendre
✦ **se corriger de** se défaire de · se débarrasser de · se guérir de
CONTR. altérer ı corrompre ı gâter ı pervertir – aggraver ► envenimer ı exciter – épargner ı récompenser
↝ **réformer** ↝ **punir**

corroborer *v.tr.* · confirmer · affermir · appuyer · étayer · fortifier · raffermir · renforcer · soutenir
CONTR. démentir ı infirmer

corrodant, e *adj. et n.m.* · corrosif · caustique

corroder *v.tr.* · attaquer · désagréger · détériorer · détruire · entamer · ronger · user

corrompre *v.tr.*
I soudoyer · acheter · circonvenir · gagner · suborner · stipendier *littér.* · donner la pièce à *fam.* · graisser la patte de, à *fam.*
II 1 – **dépraver** · avilir · gangrener · pervertir · perdre · souiller · tarer *vieux* · **2** – **dénaturer** · altérer · défigurer · déformer
III [vieilli] **1** – **avarier** · altérer · décomposer · gâter · pourrir · putréfier · **2** – **empester** · empoisonner · infecter · souiller · vicier
≫ **se corrompre** *v.pron.* s'avarier · s'altérer · se décomposer · se gâter · pourrir · se putréfier
CONTR. assainir ı purifier – améliorer ı corriger ı perfectionner

corrompu, e *adj.* **1** – **dépravé** · dissolu · perverti · vil · **2** – **vendu** · vénal · véreux · qui en croque *fam.* · ripou *fam.* · **3** – **avarié** · gâté · pourri · putréfié · **4** – **pestilentiel** · vicié
CONTR. pur ı vertueux – intègre – frais

corrosif, -ive *adj.* **1** – **corrodant** · brûlant · caustique · **2** – **acerbe** · caustique · décapant · incisif · mordant · virulent

corrosion n.f. 1 - brûlure · désagrégation · destruction · usure · 2 - érosion · abrasion · ravinement

corrupteur, -trice adj. · destructeur · malfaisant · nuisible

corruptible adj. · vénal · achetable · ripou fam.
CONTR. incorruptible

corruption n.f.
I 1 - dépravation · avilissement · gangrène · perversion · souillure · tare · vice · 2 - altération · déformation · dérèglement · dissolution
II [vieilli] 1 - décomposition · pourriture · putréfaction · 2 - empoisonnement · infection · pestilence
CONTR. pureté – amélioration | correction | édification | moralisation | perfectionnement – assainissement | purification

corsage n.m. · chemisier · chemisette · haut · blouse · caraco vieilli · casaquin anciennt

corsaire n.m. · boucanier · écumeur de mer · flibustier · forban · pirate

corsé, e adj. 1 - épicé · pimenté · piquant · relevé · 2 - ardu · compliqué · difficile · chiadé fam. · costaud fam. · coton fam. · trapu fam. · 3 - grivois · osé · salé · scabreux

corser v.tr. 1 - épicer · pimenter · rehausser · relever · 2 - compliquer
CONTR. affaiblir | édulcorer – faciliter

corset n.m. 1 - ceinture · gaine · 2 - corselet

cortège n.m. 1 - défilé · convoi · file · procession · 2 - escorte · cour · suite · 3 - ribambelle · kyrielle · suite · flopée fam. · tapée fam.

corvée n.f. · besogne · tâche · travail

cosmique adj. 1 - astral · céleste · sidéral · spatial · 2 - interplanétaire · intersidéral · interstellaire · 3 - [littér.] infini · universel

cosmologie n.f. · cosmogonie · cosmographie vieux

 cosmologie, cosmographie, cosmogonie

Ces mots sont relatifs à l'origine de l'univers. La **cosmologie** a pour objet d'expliquer scientifiquement comment l'univers s'est formé et a évolué ; une **cosmogonie** peut être une théorie qui avance des hypothèses sur l'origine, ou un récit mythique (la cosmogonie des Dogons). **Cosmographie** était réservé aux théories philosophiques sur le même sujet, mais le mot désigne aujourd'hui l'astronomie descriptive.

cosmonaute n. · astronaute · spationaute · taïkonaute
↪ astronaute

cosmopolite adj. · international · bigarré

cosmos n.m. · univers · espace

cosse n.f. · enveloppe · balle · bogue · gousse

↪ **cosse, balle, gousse**

Cosse, **balle** et **gousse** désignent tous trois l'enveloppe d'une graine. On parle de **cosse** et, moins couramment, de **gousse** pour les graines de légumineuses (cosse ou gousse de fève) mais l'un et l'autre mots se disent aussi pour les graines d'autres végétaux, sans être interchangeables (cosse de genêt ; gousse de vanille). En particulier, **gousse** s'applique au caïeu de l'ail, de l'échalote (gousse d'ail). **Balle** est réservé aux graines de graminées comme le blé, l'avoine, etc. (des grains d'avoine dépourvus de leur balle).

cossu, e *adj.* · riche · aisé · fortuné · nanti · opulent · friqué *fam.* · rupin *fam.*
CONTR. pauvre

costard *n.m.* [fam.] → costume

costaud, e *adj.* **1 -** bien bâti · fort · robuste · balèze *fam.* · maous *fam.* · **2 - solide** · robuste · **3 -** doué · fort · balèze *fam.* · calé *fam.* · fortiche *fam.*
CONTR. fluet – faible ı fragile – nul ı ignorant

costume *n.m.* **1 - habit** · habillement · tenue · vêtement · accoutrement *souvent péj.* · équipage *vieux ou plaisant* · **2 - complet(-veston)** · costard *fam.* · **3 - déguisement** · habit

costumé, e *adj.* · déguisé · travesti

costumer *v.tr.* **1 -** déguiser · travestir · **2 -** [vieilli] habiller · vêtir

cotation *n.f.* · cote · cours

cote *n.f.* **1 - cotation** · cours · **2 - niveau** · indice · **3 - popularité** · succès · **4 - contribution** · cotisation

coté, e *adj.* · estimé · apprécié · prisé · réputé

¹**côte** *n.f.* **1 - côtelette** · entrecôte · **2 - bande** · rayure · **3 - nervure** · carde
+ **côte à côte** à côté · tout contre · coude-à-coude

²**côte** *n.f.* **1 - coteau** · cuesta *(Géog.)* · **2 - pente** · montée · raidillon · rampe · grimpette *fam.*

³**côte** *n.f.* · bord · bordure · littoral · rivage · cordon (littoral)

côté *n.m.*
I 1 - flanc · **2 - versant** · côte · coteau · flanc · pan · pente · **3 - bord** · bordure · **4 - face** · ligne · pan
II aspect · angle · perspective · point de vue · sens
III camp · bord · parti
+ **bon côté** qualité · agrément · avantage
+ **mauvais côté** défaut · désagrément · inconvénient · travers
+ **à côté** (tout) près · à proximité · à deux pas
+ **à côté de** **1 -** auprès de · contre · près de · **2 -** en comparaison de · **3 -** avec · au même niveau · sur le même pied · sur le même plan · **4 -** en dehors de
+ **à côté de cela** par contre · en revanche
+ **mettre à côté de** accoler · accoter · flanquer · juxtaposer
+ **au côté de** auprès de · contre · près de
+ **de l'autre côté** en face · à l'opposé
+ **de tous côtés** de toute(s) part(s) · çà et là · dans, de tous les coins · partout · tous azimuts
+ **du côté de** **1 -** dans la direction de · vers · **2 - aux environs de** · dans la région de · non loin de · près de · **3 - relativement à** · en ce qui concerne · quant à
+ **de côté** de biais · en coulisse · latéralement · obliquement · de travers • [marcher] en crabe
+ **laisser de côté** **1 -** ne pas tenir compte de · faire abstraction de · négliger · **2 -** oublier · omettre · jeter, mettre aux oubliettes
+ **mettre de côté** **1 -** garder en réserve · réserver *(Cuisine)* · **2 -** économiser · épargner · thésauriser · mettre à gauche *fam.*
CONTR. centre ı milieu

> ༄ **de tous côtés, de toutes parts**
> De tous côtés et de toutes parts s'emploient dans les mêmes contextes pour traduire l'idée d'un mouvement vers le centre *(arriver, venir de tous côtés* ou *de toutes parts)*, mais on emploiera seulement **de tous côtés** lorsque le mouvement, centrifuge, s'effectue dans toutes les directions *(courir, regarder de tous côtés)*. On devrait préférer cette dernière locution en l'absence d'idée de mouvement : « Autour de moi mes amis richement

costumés, de tous côtés des jeunes gens et des femmes, tous étincelants de beauté et de joie » (Musset, *Confessions d'un enfant du siècle*).

coteau *n.m.* **1 -** colline · monticule · **2 -** côte · flanc · pente · versant

coter *v.tr.* **1 -** évaluer · estimer · juger · noter · **2 - noter** · numéroter

coterie *n.f.* · association · bande · caste · cercle · chapelle · clan · clique · école · église · famille · parti · secte · tribu

cotisation *n.f.* · contribution · écot · quote-part

cotiser *v.intr.* · contribuer · payer son écot

coton *n.m.* **1 -** ouate · **2 -** cotonnade

cotonneux, -euse *adj.* **1 -** duveté · [végétaux] tomenteux · **2 - flasque** · farineux · mou · spongieux · **3 - assourdi** · feutré · sourd

côtoyer *v.tr.* **1 -** fréquenter · approcher · coudoyer · frayer avec · se frotter à · **2 - border** · s'étendre le long de · longer

cou *n.m.* **1 -** encolure · **2 -** goulot · col

couac *n.m.* · fausse note · canard

couard, e *adj. et n.* · lâche · peureux · poltron · pleutre *littér.* · pusillanime *littér.* · veule *littér.* · dégonflard *fam.* · dégonflé *fam.* · lope *fam.* · lopette *fam.* · trouillard *fam.* · foireux *fam., vieilli* · couille molle *très fam.* · capon *fam., vieilli*
CONTR. courageux

couardise *n.f.* · lâcheté · poltronnerie · pleutrerie *littér.* · pusillanimité *littér.* · veulerie *littér.*

couchant *n.m.* **1 - occident** · ouest · ponant *littér. ou région.* · **2 - crépuscule** · brune

¹**couche** *n.f.* **1 - change** · lange · pointe *anciennt* · **2 -** [vieux ou littér.] lit · couchette

²**couche** *n.f.* **1 - croûte** · épaisseur · film · pellicule · **2 - assise** · lit · strate · **3 - catégorie** · classe · strate

¹**coucher**
■ *v.tr.* **1 - mettre au lit** · [un malade] aliter · **2 - allonger** · étendre · **3 - renverser** · abattre · **4 - incliner** · pencher · **5 - consigner** · inscrire · noter · porter
■ *v.intr.* loger · demeurer · dormir · gîter *vieux ou littér.*

✦ **coucher avec** baiser *très fam.* · couchailler avec *fam., vieilli* · couchoter avec *fam., vieilli*

⋙ **se coucher** *v.pron.* **1 - se mettre au lit** · se mettre, se glisser dans les draps · aller au, aller faire dodo *lang. enfants* · se pieuter *fam.* · se mettre dans les bâches *fam., vieilli* · se mettre dans les toiles *fam., vieilli* · se pageoter *fam., vieilli* · se pager *fam., vieilli* · se pagnoter *fam., vieilli* · se plumarder *fam., vieilli* · se plumer *fam., vieilli* · mettre la viande dans le torchon *fam., vieilli* · **2 -** [malade] s'aliter · **3 - s'allonger** · s'étendre · **4 - s'incliner** · se courber · (se) pencher · ployer · **5 - se renverser** · s'affaisser · basculer · verser

²**coucher** *n.m.* gîte
✦ **au coucher du soleil** au crépuscule · au couchant

couche-tard *n. et adj. invar.* · noctambule · nuitard *fam.*
CONTR. couche-tôt

couci-couça *loc. adv.* · moyennement · comme ci, comme ça *fam.* · entre les deux *fam.*

coude *n.m.* **1 - angle** · saillie · **2 - courbe** · tournant · virage · **3 - méandre** · détour · sinuosité

✦ **au coude à coude** côte à côte · ensemble · à égalité
✦ **se serrer les coudes** s'entraider

couder v.tr. · courber · arquer · cambrer · plier
CONTR. redresser

coudoyer v.tr. · côtoyer · approcher · fréquenter · rencontrer

coudre v.tr. **1 - raccommoder** · rapiécer · ravauder · repriser · **2 - monter** · bâtir · **3 - suturer**
CONTR. découdre

couffin n.m. · moïse

couiner v.intr. **1 - piailler** · pleurnicher · chigner fam. · **2 - grincer**

coulant, e adj. **1 - fluide** · agréable · aisé · facile · **2 -** [fam.] **accommodant** · arrangeant · conciliant · flexible · indulgent
CONTR. difficile – sévère

coulée n.f. · flot · flux · vague

couler
■ v.intr. **1 - circuler** · s'écouler · filer · fluer littér. · **2 - déborder** · dégouliner · se répandre · ruisseler · pisser fam. · **3 - dégoutter** · goutter · sourdre · suinter · **4 - chavirer** · s'abîmer · s'enfoncer · s'engloutir · faire naufrage · sombrer · **5 - se noyer** · **6 - péricliter** · décliner · dépérir
■ v.tr. **1 - transvaser** · verser · **2 - glisser** · passer · **3 - vivre** · passer · **4 - saborder** · saboter · **5 - perdre** · ruiner · **6 - mouler** · fondre
⋙ **se couler** v.pron. **1 - se glisser** · se faufiler · **2 - s'introduire** · pénétrer

couleur n.f. **1 - coloration** · coloris · nuance · teinte · ton · tonalité · **2 - colorant** · peinture · pigment · teinture · **3 - carnation** · teint · **4 - apparence** · aspect · caractère · figure · tournure
✦ **couleur locale** pittoresque · typique
⋙ **couleurs** plur. drapeau · pavillon

coulisse n.f. glissière
⋙ **coulisses** plur. [Théâtre] **cantonade** · [fig.] dessous · secrets

coulisser v.intr. · glisser

couloir n.m. · corridor · galerie · passage

coup n.m.
I 1 - choc · commotion · ébranlement · heurt · secousse · tamponnement · **2 - claque** · gifle · tape · raclée · beigne fam. · châtaigne fam. · gnon fam. · marron fam. · pain fam. · ramponneau fam. · **3 -** [léger] **chiquenaude** · pichenette fam. · tape fam. · **4 - atteinte** · dommage · préjudice · trait littér.
II manœuvre · astuce · tour · combine fam. · truc fam.
III 1 - essai · tentative · **2 - occasion** · fois
IV [fam.] **gorgée** · verre
✦ **(volée de) coups** **1 - bastonnade** · bourrade · horion souvent au plur. · peignée fam. · pile fam. · raclée fam. · ratatouille fam. · rincée fam. · rossée fam. · roulée fam. · rouste fam. · tampon fam. · tannée fam. · tournée fam. · trempe fam. · tripotée fam. · frottée fam., vieilli · giboulée fam. · taquet fam., vieilli · tatouille fam., vieilli · tabac vieux · **2 -** → correction
✦ **à coup sûr** infailliblement · certainement · sans faute
✦ **coup sur coup** successivement · à la suite · d'affilée
✦ **mauvais coup** méfait
✦ **tomber sous le coup de** encourir · être passible de
✦ **trace de coups** blessure · bleu · bosse · contusion · ecchymose · meurtrissure · coquard fam.
✦ **se donner un coup** → se cogner
✦ **donner un coup, des coups** → battre

✦ **coups et blessures** sévices · mauvais traitement · voies de fait
✦ **coup de feu** décharge · détonation
✦ **coups de fusil** fusillade · salve · tirs
✦ **coup d'éclat** exploit
✦ **coup d'État** putsch
✦ **coup de main** 1 - attaque · 2 - aide · appui · secours

🙣 **regard**

coupable *adj.* **1 - fautif** · responsable · **2 - blâmable** · condamnable · punissable · répréhensible · damnable *vieux* · **3 - honteux** · inavouable · indigne · infâme · vicieux · **4 - illégitime** · illicite
CONTR. innocent

coupant, e *adj.* **1 - acéré** · affilé · affûté · aiguisé · tranchant · **2 - autoritaire** · bref · cassant · péremptoire · tranchant
CONTR. contondant

¹**coupe** *n.f.* **1 - coupelle** · compotier · **2 - calice** · ciboire • [Antiquité] cratère · patère

²**coupe** *n.f.* **1 - taille** · **2 - abattage** · **3 - coupon** · pièce · **4 -** [Poésie] **césure**

coupe-coupe *n.m. invar.* · machette

coupe-faim *n.m. invar.* · anorexigène

couper *v.tr.*
I blesser · balafrer · écorcher · entailler · entamer · fendre · labourer · taillader
II 1 - abattre · faucher · **2 - tailler** · cisailler · sectionner · trancher · **3 - scier** · débiter · fendre · tronçonner · **4 - émincer** · hacher · mincer *vieux*
III 1 - écourter · ébouter · raccourcir · rafraîchir · **2 - écimer** · étêter · **3 - ébrancher** · élaguer · émonder · **4 - raser** · tondre · **5 - ébarber** · émarger · rogner · **6 - abréger** · amputer · tronquer · **7 - châtrer** · émasculer ·

IV 1 - fractionner · diviser · morceler · partager · scinder · segmenter · séparer · saucissonner *fam.* · **2 - traverser** · croiser · passer par
V 1 - arrêter · faire cesser · intercepter · interrompre · rompre · suspendre · **2 - barrer** · bloquer
VI mélanger · mouiller · baptiser *fam.*
✦ **couper à** éviter · échapper à · être dispensé de
✦ **couper de** isoler de · séparer de
✦ **couper la tête de** décapiter · guillotiner · raccourcir *fam.* · décoller *vieux*

⇒ **se couper** *v.pron.* **1 - se croiser** · s'entrecroiser · **2 - s'entailler** · s'écorcher · se taillader · **3 - se contredire** · se trahir
CONTR. lier ı rassembler ı réunir

couperet *n.m.* · hachoir · hansart *région.*

couple *n.m.* **1 - ménage** · mariage · **2 - paire** · binôme · duo · tandem
🙣 **paire**

coupler *v.tr.* · accoupler · assembler · associer · connecter · apparier *littér.* · géminer *littér.*

couplet *n.m.* **1 - strophe** · stance · **2 - chanson** · **3 -** [péj.] **tirade** · antienne · chanson · refrain · rengaine · ritournelle · scie *vieux*

coupole *n.f.* · dôme · voûte

coupon *n.m.* **1 - billet** · ticket · **2 - pièce (de tissu)** · coupe

coupure *n.f.* **1 - entaille** · balafre · estafilade · incision · taillade · **2 - interruption** · arrêt · panne · rupture · **3 - séparation** · cassure · fossé · fracture · hiatus · rupture · solution de continuité · **4 - pause** · break *fam.* · **5 - suppression**
CONTR. continuité – unité – addition

cour *n.f.* **1 - patio** · atrium *(Antiquité)* · **2 - suite** · cercle · cortège · courtisans · groupies *fam.* · **3 - assemblée** · parlement · **4 - tribunal** · juridiction

✦ **faire la cour à**   courtiser · faire du charme à · baratiner *fam.* · draguer *fam.* · faire du plat à *fam.* · faire du gringue à *fam.* · conter fleurette à *fam.* · galantiser *vieux* · mugueter *vieux*

courage *n.m.* **1 - bravoure** · cœur · force (d'âme) · héroïsme · stoïcisme · vaillance · valeur · **2 - audace** · hardiesse · intrépidité · témérité · cran *fam.* · estomac *fam.* · **3 - ardeur** · énergie · résolution · volonté

✦ **donner du courage à**   affermir · encourager · conforter · réconforter · regonfler *fam.* · remonter *fam.*

CONTR. lâcheté ı poltronnerie

🙢   **courage, bravoure, intrépidité, valeur**

L'idée d'attitude positive devant un obstacle est commune aux quatre mots. Le **courage** implique une grande fermeté devant un danger ou dans des situations difficiles d'un point de vue moral ou physique *(combattre la maladie avec courage).* La **bravoure** est une forme de courage généreux qui se manifeste en particulier en temps de guerre : « Les héros ont leurs accès de crainte, les poltrons des instants de bravoure » (Stendhal, *Journal*). L'**intrépidité** se signale par l'absence de toute crainte devant n'importe quel danger *(l'intrépidité d'un alpiniste).* **Valeur** s'employait couramment au XVIIe siècle pour désigner la bravoure au combat : « La valeur n'attend pas le nombre des années » (Corneille, *le Cid*, II, 2).

courageusement *adv.* **1 - bravement** · vaillamment · valeureusement · **2 - hardiment** · intrépidement · crânement · témérairement · **3 - énergiquement** · résolument

CONTR. lâchement

courageux, -euse *adj.* **1 - brave** · héroïque · stoïque · vaillant · valeureux · preux *littér.* · sans peur et sans reproche · **2 - audacieux** · crâne · hardi · intrépide · téméraire · couillu *très fam.* · **3 - énergique** · décidé · résolu

✦ **être très courageux**   avoir du sang dans les veines · avoir du cœur au ventre · n'avoir pas froid aux yeux *fam.* · avoir du poil au cul *très fam.* · avoir des couilles (au cul) *très fam.*

CONTR. faible ı lâche ı peureux ı poltron – craintif ı timide ı timoré

couramment *adv.* **1 - communément** · banalement · fréquemment · généralement · habituellement · normalement · ordinairement · usuellement · **2 - aisément** · avec aisance · facilement · sans difficulté • [traduire, lire] à livre ouvert

CONTR. rarement – difficilement ı mal

¹**courant, e** *adj.* **1 - actuel** · en cours · **2 - commun** · banal · classique · général · habituel · normal · ordinaire · quelconque · répandu · usité · usuel

²**courant** *n.m.* **1 - fil de l'eau** · cours · **2 - électricité** · jus *fam.* · **3 - déplacement** · circulation · flux · mouvement · **4 - groupe** · école · mouvement · tendance · **5 - élan** · force · mouvement

✦ **mettre au courant**   avertir · informer · renseigner · briefer *fam.*

✦ **être au courant**   savoir · être au fait · être au parfum *fam.* · être dans le coup *fam.*

✦ **courant d'air**   vent · bouffée d'air

courbatu, e *adj.* · courbaturé · ankylosé · fourbu · moulu *fam.*

courbaturer *v.tr.* · ankyloser · engourdir

CONTR. délasser ı détendre ı reposer

¹**courbe** *adj.* **1 - arqué** · arrondi · bombé · busqué · cambré · cintré · concave · convexe · coudé · courbé · curviligne · galbé · incurvé · infléchi · recourbé · renflé · voûté · **2 -** [anormalement] **tordu** · tors

²**courbe** *n.f.* **1 - arc** · courbure · **2 - tournant** · coude · virage · **3 - méandre**

boucle · cingle région. · **4 - arabesque** · ondulation · sinuosité · volume · **5 - graphique** · tracé

courber v.tr. **1 - plier** · arquer · arrondir · bomber · busquer · cintrer · couder · fléchir · incurver · infléchir · replier · voûter • [anormalement] fausser · gauchir · gondoler · tordre · **2 - incliner** · affaisser · baisser · coucher · pencher · plier · **3 - assujettir** · dominer · humilier · rabaisser · soumettre
+ **courber sous**   subir · céder à · obéir à · se soumettre à · supporter
» **se courber** v.pron. **1 - se baisser** · s'incliner · se pencher · se plier · ployer · **2 - faire la révérence** · faire une courbette · s'incliner
CONTR. dresser I raidir I redresser – se relever

courbette n.f. révérence · salut
+ **faire des courbettes**   s'aplatir · flatter · ramper

courbure n.f. **1 - arrondi** · arcure · cambrure · cintrage · courbe · fléchissement · flexion · galbe · inflexion · pliure · voussure · **2 -** [dos] **cambrure** · lordose · ensellure · [anormale] scoliose · **3 - tournant** · virage · **4 - méandre** · ondulation · sinuosité
CONTR. raideur

coureur, -euse n. · joggeur anglic. · relayeur
+ **coureur (de jupons)**   cavaleur fam. · dragueur fam. · juponnier vieux

courir
▪ v.tr. **1 - parcourir** · couvrir · sillonner · **2 - fréquenter** · hanter · **3 - s'exposer à** · aller au devant de
▪ v.intr. **1 - filer** · foncer · galoper · trotter · bomber fam. · cavaler fam. · droper fam. · tracer fam. · avoir le feu au derrière fam. · avoir le diable à ses trousses fam. · prendre ses jambes à son cou fam. · piquer un cent mètres, un sprint fam. · jouer des flûtes fam., vieux · tricoter des pincettes fam., vieux · brûler le pavé fam., vieux · **2 - se dépêcher** · s'empresser · se hâter · se

presser · **3 - couler** · s'écouler · filer · glisser · passer · **4 - circuler** · se communiquer · se propager · se répandre
+ **courir après**   **1 - pourchasser** · poursuivre · être à la poursuite de · être aux trousses de · courser fam. · **2 - chercher** · poursuivre · être en quête de · rechercher · **3 - importuner** · harceler · presser · **4 -** [fam.] **draguer** fam.
+ **faire courir**   colporter · propager · répandre
+ **par les temps qui courent**   actuellement · à l'heure actuelle · en ce moment

couronne n.f. **1 - guirlande** · **2 - anneau** · cercle · **3 - auréole** · halo · nimbe · **4 - diadème** · bandeau (royal) · **5 - monarchie** · royauté

couronnement n.m. **1 - sacre** · intronisation · **2 - faîte** · sommet · **3 - aboutissement** · accomplissement · achèvement · comble · consécration •[d'un spectacle] clou •[d'une carrière] bâton de maréchal
CONTR. abdication I déposition – commencement I début

couronner v.tr. **1 - sacrer** · introniser · **2 - récompenser** · honorer · **3 - auréoler** · ceindre · coiffer · entourer · environner · **4 - achever** · conclure · parachever · parfaire · terminer
CONTR. découronner – détrôner I renverser – commencer

courrier n.m. **1 - correspondance** · lettres · **2 - poste**
+ **courrier électronique**   courriel recomm. offic. · e-mail

courroie n.f. **1 - lanière** · attache · sangle · **2 - bandoulière** · bretelle · **3 -** [du harnais] étrivière · licou · longe · mancelle · martingale · poitrinière · porte-éperon · porte-étriers · rêne · sous-ventrière · sus-pied

courroucer v.tr. → **irriter**
CONTR. apaiser I calmer I pacifier I rassurer

courroux *n.m.* · colère · fureur · rage · foudres *littér.* · ire *littér.*
↝ **colère**

cours *n.m.* **1 -** déroulement · développement · enchaînement · marche · progression · succession · suite · **2 -** cote · prix · taux · **3 -** classe · leçon · **4 -** manuel · traité
✦ **cours d'eau** **1 -** fleuve · rivière · ruisseau · torrent • [se jetant dans un autre] affluent · **2 -** canal · voie d'eau
✦ **donner libre cours à** exprimer · manifester · donner carrière à *littér.* · exhaler *littér.*
✦ **au cours de, en cours (de)** dans le courant de · au fil de · durant · pendant
✦ **avoir cours** exister · être en vigueur
✦ **en cours** actuel · courant · présent · en application · en vigueur

course *n.f.* **1 -** footing · jogging · sprint · **2 -** bousculade · cavalcade *fam.* · rush *fam.* · **3 -** parcours · trajet · **4 -** mouvement · déplacement · marche · **5 -** excursion · marche · randonnée · virée *fam.* · **6 -** achat · commission · emplette • [au plur.] shopping · magasinage *Québec*
✦ **course de taureaux** corrida · novillada
✦ **faire des courses** faire des achats · faire du shopping · magasiner *Québec*
✦ **en fin de course, en bout de course** sur le déclin · au bout du rouleau *fam.*
CONTR. arrêt ׀ immobilité

courser *v.tr.* · pourchasser · être à la poursuite de · être aux trousses de · poursuivre

coursier *n.* · commissionnaire · groom · chasseur *vieux* · coureur *vieux*

court, courte *adj. et adv.* **1 -** petit · bas · ras · **2 -** éphémère · bref · fugace · fugitif · momentané · passager · provisoire · temporaire · transitoire · **3 -** abrégé · bref · concis · laconique · résumé · sommaire · succinct · **4 -** direct · immédiat · **5 -** insuffisant · juste · limité · sommaire

✦ **couper court à** arrêter · mettre fin à · mettre un terme à · stopper
✦ **prendre de court** surprendre · dérouter · prendre à l'improviste, au dépourvu
CONTR. allongé ׀ grand ׀ long – durable ׀ prolongé – suffisant ׀ illimité

courtaud, e *adj.* · râblé · court · ramassé · trapu · bas, court sur pattes

court-circuiter *v.tr.* · contourner · passer outre · shunter

courtier, -ière *n.* · agent · broker · commissionnaire · placier · représentant

courtisan *n.m.* · flatteur · adulateur · louangeur · thuriféraire *littér.* · groupie *fam.*
CONTR. hautain ׀ indépendant

courtisane *n.f.* · prostituée · demi-mondaine · belle-de-jour · belle-de-nuit · hétaïre *littér.*

courtiser *v.tr.* **1 -** aduler · flatter · louanger · lécher les bottes de *fam.* · **2 -** faire du charme à · faire la cour à · baratiner *fam.* · conter fleurette à *fam.* · draguer *fam.* · faire du plat à *fam.* · faire du gringue à *fam.* · galantiser *vieux* · mugueter *vieux*

courtois, e *adj.* · affable · aimable · gracieux · poli · civil *littér.*
CONTR. discourtois ׀ grossier ׀ impoli

courtoisie *n.f.* · affabilité · amabilité · politesse · civilité *littér.*

couru, e *adj.* apprécié · prisé · recherché · à la mode · en vogue · branché *fam.* · in *fam.* · chébran *lang. jeunes*
✦ **c'est couru d'avance** c'est certain · c'est sûr · ça ne fait pas un pli *fam.* · c'est sûr comme deux et deux font quatre *fam.*

cousinage *n.m.* **1 -** parenté · **2 -** analogie · lien · ressemblance · rapport

coût *n.m.* **1 -** prix · montant · valeur · **2 -** dépense · débours · frais

couteau n.m. 1 - [grand] **coutelas** · **couperet** · **tranchoir** · 2 - [pliant] **canif** · **opinel** nom déposé · 3 - **poignard**

coûter v.tr. et intr.
I 1 - **valoir** · **revenir à** · **se monter à** · 2 - **causer** · **entraîner** · **occasionner** · **provoquer** · 3 - **faire perdre**
II **peser** · **être pénible**
+ **coûter cher** être hors de prix · **chiffrer** fam. · **cuber** fam. · **douiller** fam. · coûter la peau des fesses, du cul fam. · coûter les yeux de la tête fam.
+ **ça ne coûte rien de** ça n'engage à rien de · ça ne mange pas de pain de fam.
+ **coûte que coûte** absolument · à tout prix · impérativement

coûteux, -euse adj. · **cher** · **hors de prix** · **onéreux** · **ruineux** · **dispendieux** littér.
CONTR. économique | gratuit | bon marché

coutume n.f. **habitude** · **mœurs** · **mode** · **pratique** · **règle** · **tradition** · **usage** · **us** littér.
+ **avoir coutume de** avoir l'habitude de · être coutumier de · **souloir** vieux
+ **de coutume** d'habitude · à l'accoutumée · d'ordinaire · habituellement · ordinairement
CONTR. exception | innovation | nouveauté
↝ habitude

coutumier, -ière adj. · **habituel** · **ordinaire** · **usuel**
CONTR. exceptionnel | inaccoutumé | inattendu

couture n.f. 1 - **piqûre** · **points** · 2 - **confection** · **mode** · 3 - **cicatrice** · **balafre**

couturé, e adj. · **balafré** · **tailladé**

couturier, -ière n. **tailleur** · **modéliste**
↠ **couturière** n.f. **retoucheuse** · **petite main** · **cousette** fam., vieux · **midinette** anciennt

couvée n.f. · **nichée**

couvent n.m. · **communauté religieuse** · **abbaye** · **béguinage** · **chartreuse** · **cloître** · **monastère** · **prieuré**

couver
■ v.tr. 1 - **protéger** · **choyer** · **élever dans du coton** · **surprotéger** · **chouchouter** fam. · 2 - **incuber** · 3 - **préparer** · **concocter** · **fomenter** · **mûrir** · **tramer** · **manigancer** · **combiner** · **mijoter** fam. · **ourdir** littér.
■ v.intr. **être en gestation** · **fermenter** · **se préparer**

¹**couvert, e** adj. 1 - **habillé** · **vêtu** · 2 - **bouché** · **assombri** · **brumeux** · **nébuleux** · **nuageux**

²**couvert** n.m.
+ **sous couvert de** sous prétexte de · sous couleur de littér. · sous le voile de littér.
+ **à couvert** à l'abri · en sécurité · en sûreté
+ **se mettre à couvert** s'abriter · se garantir · se protéger · se réfugier

couverture n.f. 1 - **plaid** · **courtepointe** · **édredon** · **berlue** argot · **couvrante** argot · 2 - **couvre-livre** · **jaquette** · **liseuse** · 3 - **reliure** · **cartonnage** · 4 - **protection** · **défense** · 5 - **garantie** · **provision** · 6 - **prétexte** · **paravent**

couveuse n.f. · **incubateur** · **couvoir**

couvre-feu n.m. · **black-out**

couvrir v.tr.
I 1 - **habiller** · **vêtir** · 2 - **envahir** · **consteller** · **cribler** · **envelopper** · **garnir** · **joncher** · **parsemer** · 3 - **coiffer** · **couronner** · 4 - **inonder** · **submerger** · 5 - **charger** · **accabler** · **combler** · **faire crouler sous**
II 1 - **cacher** · **dissimuler** · **masquer** · **occulter** · **voiler** · 2 - **déguiser** · **cacher** · **receler** · **celer** littér. · 3 - **dominer** · **étouffer**
III **s'étendre sur** · **embrasser**
IV **compenser** · **contrebalancer** · **effacer**
V **garantir** · **protéger**
VI **s'accoupler avec** · **monter** · **saillir** · **servir**

≫ **se couvrir** *v.pron.* **1 -** s'assombrir · se brouiller · se charger · s'ennuager · s'obscurcir · se voiler · **2 -** s'habiller · se vêtir · [chaudement] s'emmitoufler · **3 - se garantir** · ouvrir le parapluie

CONTR. découvrir ı dégager ı dégarnir ı dévoiler

crachat *n.m.* · expectoration · glaviot *fam.* · graillon *fam.* · huître *fam.* · mollard *fam.*

crachement *n.m.* · expectoration

cracher
■ *v.intr.* **1 - expectorer** · crachoter · glavioter *fam.* · graillonner *fam.* · molarder *fam.* · **2 - grésiller** · crachoter · craquer
■ *v.tr.* **1 - projeter** · rejeter · **2 - proférer** · débiter · **3 -** [fam.] → **payer**
✦ **cracher sur** calomnier · insulter · outrager
✦ **ne pas cracher sur** apprécier · être amateur de · ne pas dédaigner · ne pas dire non à

crachin *n.m.* · bruine · pluie fine

crachiner *v. impers.* · bruiner · pleuvasser · pleuv(i)oter · pleuviner

crachotement *n.m.* **1 - crachement** · **2 - crépitement** · friture

crack *n.m.* · champion · surdoué · as *fam.*

craindre *v.tr.* **1 - appréhender** · avoir peur de · s'effrayer de · redouter · **2 - révérer** · respecter

CONTR. affronter ı braver ı désirer ı espérer ı rechercher ı souhaiter – mépriser

crainte *n.f.* **1 - appréhension** · alarme · angoisse · anxiété · inquiétude · peur · phobie · frousse *fam.* · trouille *fam.* · **2 - respect** · révérence · vénération

CONTR. audace ı bravoure ı courage – mépris

🕭 **crainte, appréhension**
Crainte et **appréhension** renvoient tous deux à l'idée de peur. La **crainte** naît quand on imagine les conséquences néfastes possibles d'un événement, ou quand on s'inquiète du caractère d'une personne, de ses gestes, de ses paroles *(la crainte d'un accident ; obéir, se taire par crainte).* Quant à l'**appréhension**, c'est une crainte vague, mal définie et qui ne peut être raisonnée : « Cette journée qu'elle avait espéré si bonne, lui laissait à l'âme (...) une appréhension sans cause, tenace et confuse comme un pressentiment » (Maupassant, *Fort comme la mort*, II).

craintif, -ive *adj.* **1 - peureux** · timoré · poltron · pusillanime *littér.* · trouillard *fam.* · **2 - apeuré** · effarouché · effrayé · timide · **3 - angoissé** · anxieux · inquiet
✦ **il est très craintif** il a peur de son ombre

CONTR. assuré ı audacieux ı brave ı courageux – confiant ı serein

cramoisi, e *adj.* · écarlate · rouge

crampe *n.f.* · contraction

crampon
■ *n.m.* **agrafe** · crochet · grappin · griffe
■ *adj. invar.* [fam.] **collant** *fam.* · glu *fam.* · pot de colle *fam.* · sangsue *fam.*

cramponner *v.tr.* [fam.] **importuner** · s'accrocher à · coller *fam.* · tanner *fam.*

≫ **se cramponner** *v.pron.* s'accrocher · s'agripper · se retenir · se tenir

CONTR. arracher ı défaire ı détacher ı séparer – lâcher ı laisser

¹**cran** *n.m.* **1 - encoche** · coche · entaille · **2 - degré** · échelon · niveau · **3 - ondulation** · boucle

²**cran** *n.m.* **audace** · courage · culot *fam.* · estomac *fam.*
✦ **à cran** exaspéré · à bout · à bout de nerfs

¹**crâne** *adj.* · audacieux · brave · courageux · décidé

²crâne *n.m.* **1** - tête de mort · **2** - [fam.] tête caillou *fam.* · **3** - [fam.] cerveau · cervelle · caboche *fam.*

crânement *adv.* **1** - bravement · courageusement · **2** - fièrement

crâner *v.intr.* · fanfaronner · parader · plastronner · poser · faire le beau *fam.* · faire le malin, le mariole, le dur *fam.* · frimer *fam.* · la ramener *fam.* · rouler des mécaniques *fam.* · se la péter *fam.*
CONTR. trembler ı se dégonfler

crâneur, -euse *adj. et n.* · prétentieux · fanfaron · plastronneur · poseur · vaniteux · bêcheur *fam.* · frimeur *fam.* · m'as-tu-vu *fam.* · ramenard *fam., vieilli*
CONTR. simple ı modeste

crapoteux, -euse *adj.* → sale

crapule *n.f.* · bandit · canaille · escroc · truand · voleur · voyou · fripouille *fam.* · gredin *vieilli*
CONTR. honnête

crapulerie *n.f.* · canaillerie · fripouillerie *fam.*

craqueler *v.tr.* · fendiller · crevasser · fêler · fissurer · lézarder
CONTR. glacer ı lisser

craquelure *n.f.* · fendillement · fêlure · fente · fissure

craquer
■ *v.tr.* casser · céder · se déchirer · lâcher · [bas] filer

■ *v.intr.* **1** - **craqueter** · grésiller · **2** - [sous la dent] croquer · **3** - s'effondrer · s'écrouler · disjoncter *fam.* · péter les plombs, un câble *fam.* · **4** - [fam.] tomber sous le charme · fondre

✦ **plein à craquer** bondé · bourré · comble · plein comme un œuf

¹crasse *adj.* · grossier · lourd

²crasse *n.f.* **1** - saleté · malpropreté · ordure · **2** - [fam.] méchanceté · sale tour · saleté · saloperie *fam.* · tour de cochon *fam.* · vacherie *fam.*

crasseux, -euse *adj.* · sale · dégoûtant · malpropre · cracra *fam.* · cradoc *fam.* · crados *fam.* · crapoteux *fam.*
CONTR. impeccable

cravache *n.f.* · jonc · stick · houssine *vieilli*

cravacher
■ *v.tr.* fouetter · cingler · fustiger · battre · fouailler *littér.*

■ *v.intr.* → travailler

↪ **fouetter**

crayeux, -euse *adj.* · blanchâtre · blafard · blême · livide

crayonner *v.tr.* **1** - écrire · gribouiller · griffonner · jeter (sur le papier) · tracer · **2** - dessiner · croquer · ébaucher · esquisser

créancier, -ière *n.* · prêteur · bailleur de fonds
CONTR. débiteur

créateur, -trice
■ *adj.* générateur · producteur
■ *n.* **1** - auteur · architecte · bâtisseur · concepteur · constructeur · fondateur · innovateur · inventeur · novateur · père · pionnier · précurseur · promoteur · **2** - couturier · styliste

✦ **le Créateur** Dieu · le grand architecte · le Tout-Puissant · le Très-Haut
CONTR. destructeur

créatif, -ive *adj.* · inventif · imaginatif · innovant

création *n.f.* **1** - commencement · apparition · début · genèse · naissance · origine · **2** - conception · enfantement · invention · **3** - réalisation · construction · élaboration ·

production · **4** - **établissement** · fondation · formation · institution · mise en place · organisation · **5** - **œuvre** · production · trouvaille • [d'un couturier] modèle · **6** - **monde** · nature · univers

CONTR. abolition ɪ anéantissement ɪ destruction – contrefaçon ɪ copie ɪ imitation – néant

créativité *n.f.* · inventivité · imagination · innovation · invention

créature *n.f.* **1** - **être** · **2** - **être humain** · homme · individu · personnage · **3** - **favori** · protégé · poulain

CONTR. auteur ɪ créateur – dieu

crèche *n.f.* · garderie · pouponnière

crédence *n.f.* · desserte · dressoir · vaisselier

crédibilité *n.f.* **1** - **vraisemblance** · plausibilité · **2** - **crédit** *littér.* · créance

CONTR. impossibilité ɪ incrédibilité ɪ invraisemblance

crédible *adj.* **1** - **croyable** · plausible · vraisemblable · **2** - **digne de foi** · digne de confiance · fiable

➥ **croyable**

crédit *n.m.*

I **1** - **ascendant** · autorité · empire · influence · pouvoir · **2** - **faveur** · estime · prestige · réputation · **3** - **force** · importance

II avance · prêt

✦ **à crédit** à terme · à tempérament · à pouf *Belgique*

✦ **accorder, faire crédit à** compter sur · se fier à

✦ **faire crédit de** avancer · prêter

✦ **crédit municipal** mont-de-piété · clou *fam.* · ma tante *fam. vieilli*

CONTR. discrédit – défiance ɪ méfiance – emprunt – débit ɪ doit

credo *n.m.* · foi · conviction · dogme · principe · règle

crédule *adj.* **candide** · confiant · ingénu · naïf · gobeur *fam.* · jobard *fam., vieilli*

✦ **il est très crédule** il gobe tout *fam.* · il croit au Père Noël *fam.*

CONTR. défiant ɪ incrédule ɪ méfiant ɪ sceptique ɪ soupçonneux

➥ **naïf**

crédulité *n.f.* · candeur · ingénuité · naïveté · jobarderie *vieilli*

CONTR. incrédulité ɪ méfiance ɪ scepticisme

créer *v.tr.* **1** - **concevoir** · enfanter · engendrer · imaginer · inventer · faire naître · tirer du néant · **2** - **réaliser** · bâtir · composer · construire · édifier · élaborer · ériger · former · produire · **3** - **aménager** · établir · instituer · mettre en place · organiser · **4** - **causer** · amener · faire apparaître · déclencher · engendrer · faire naître · générer · occasionner · produire · provoquer · susciter

CONTR. abolir ɪ abroger ɪ anéantir ɪ annihiler ɪ détruire

crémation *n.f.* · incinération

crème *n.f.* **1** - **baume** · liniment · onguent · **2** - **entremets** · **3** - **velouté** · **4** - **pâte** · **5** - **cirage** · **6** - **élite** · fine fleur · gratin *fam.* · dessus du panier *fam.*

créneau *n.m.* · espace · fenêtre · intervalle · plage · segment · trou

créneler *v.tr.* · denteler

créole *adj.* · métis

crépiter *v.intr.* · craquer · grésiller · pétiller

crépu, e *adj.* · crêpelé · frisotté

crépuscule *n.m.* **1** - **tombée du jour** · tombée de la nuit · déclin du jour · brune *littér.* · brunante *Québec* · **2** - **décadence** · déclin · fin

✦ **crépuscule de la vie** vieillesse · hiver de la vie

✦ **au crépuscule** à la nuit tombante • entre chien et loup • à la brune littér. • à la brunante Québec

crescendo n.m. • augmentation • amplification • escalade • hausse • montée • renforcement
CONTR. decrescendo

crête n.f. 1 - **faîte** • cime • haut • sommet • 2 - **huppe**

crétin, e adj. et n. • imbécile • abruti • âne • débile • idiot • niais • sot • stupide • andouille fam. • anchois fam., région. • ballot fam. • brèle fam. • buse fam. • con très fam. • connard très fam. • corniaud fam. • cornichon fam. • couillon fam. • cruche fam. • cul très fam. • moule fam. • noix fam. • patate fam. • gourde fam. • poire fam. • saucisse fam. • tourte fam.

crétinerie n.f. • imbécillité • bêtise • débilité • idiotie • connerie très fam.

crétinisant, e adj. • abêtissant • abrutissant

crétiniser v.tr. • abêtir • abrutir
CONTR. éveiller

crétinisme n.m. • imbécillité • bêtise • débilité • idiotie • connerie très fam.

creuser v.tr.
I 1 - **percer** • forer • ouvrir • 2 - **bêcher** • labourer • piocher • 3 - **évider** • 4 - **éroder** • affouiller • ronger • 5 - **cambrer** • rentrer
II 1 - **approndir** • explorer • fouiller • s'appesantir sur • sonder • 2 - **accentuer** • augmenter • agrandir
≫ **se creuser** v.pron. 1 - **s'accentuer** • augmenter • grandir • 2 - [fam.] **chercher** • se casser (la tête) fam. • se prendre la tête fam.
CONTR. bomber ı combler

creux, -euse
■ adj. 1 - **évidé** • vide • 2 - **encaissé** • enfoncé • 3 - **amaigri** • maigre • émacié • 4 - **enfoncé** • cave • creusé • 5 - **futile** • insignifiant • vain • vide de sens

■ n.m. 1 - **cavité** • anfractuosité • caverne • excavation • trou • 2 - **dépression** • cuvette • fosse • fossé • gorge • ornière
CONTR. plein - convexe ı bombé ı renflé - aspérité ı bosse ı proéminence ı relief ı saillie

crevant, e adj. 1 - → **fatigant** • 2 - → **drôle**[1]

crevasse n.f. 1 - **faille** • 2 - **anfractuosité** • cassure • craquelure • déchirure • entaille • fente • fissure • lézarde • 3 - **engelure** • gerçure • rhagade rare

crevasser v.tr. • craqueler • fendiller • fendre • fissurer • lézarder • [la peau] gercer

crève-cœur n.m. invar. • désappointement • peine • supplice
CONTR. joie ı soulagement

crever
■ v.intr. 1 - **éclater** • claquer • péter fam. • 2 - [fam.] → **fatiguer** • 3 - [fam.] → **mourir**
■ v.tr. **percer** • déchirer • péter fam.
✦ **crever les yeux** 1 - **éborgner** • 2 - **sauter aux yeux** • être flagrant • se voir comme le nez au milieu de la figure fam.

cri n.m. 1 - **appel** • 2 - [de nouveau-né] **vagissement** • 3 - [fort, désagréable] **clameur** • beuglement • braillement • glapissement • hurlement • rugissement • 4 - [de douleur, de désarroi] **gémissement** • lamentation • plainte • râle • 5 - [de dispute] **éclat de voix** • braillement • criaillerie • 6 - [de désapprobation] **huée** • hou • hourvari • protestation • vocifération • 7 - [d'approbation] **acclamation** • bravo • hourra • ovation • viva • 8 - [d'animaux] **aboiement** • barrissement, barrit • bêlement • beuglement • bourdonnement • braillement • braiement • bramement • caquet • chuchotement • chuintement • clabaudage • clatissement • coassement • cocorico, • coucou • craillement • craquètement • criaillement • croassement • ébrouement • feulement • gazouillis, gazouillement • glapissement •

gloussement · graillement · grésillement · grognement · grommellement · hennissement · hululement · jacassement · jappement · meuglement · miaulement · mugissement · nasillement · pépiement · piaulement · ronronnement · roucoulement · rugissement

✦ **cri de ralliement**   devise · slogan

✦ **(du) dernier cri**   à la mode · en vogue

CONTR. chuchotement ı murmure

~~   cri, clameur

Cri et clameur concernent l'expression forte, par la voix, de certaines émotions. Le cri peut être un son non articulé et aigu *(un cri de douleur, de surprise ; des cris perçants)*, ou bien être constitué de mots émis par une foule *(des cris de révolte, de protestation)*. La **clameur** s'élève également de la foule, mais le caractère intelligible du cri disparaît : « Les cris, les rires et le trépignement de ces mille pieds faisaient un grand bruit et une grande clameur » (Hugo, *Notre-Dame de Paris*, I, 1).

criailler *v.intr.*   · rouspéter · piailler · brailler *fam.*

criaillerie *n.f.*   · plainte · protestation · récrimination

criant, e *adj.* **1 - choquant** · révoltant · scandaleux · **2 - évident** · éclatant · flagrant · manifeste · patent

criard, e *adj.* **1 - brailleur** · criailleur · braillard *fam.* · gueulard *fam.* · **2 - perçant** · strident · **3 - tapageur** · clinquant · tape-à-l'œil

CONTR. silencieux – agréable ı harmonieux – sobre

crible *n.m.* **1 - tamis** · passoire · sas · **2 - calibreuse** · trieuse

✦ **passer au crible**   **1 - examiner** · regarder à la loupe · **2 - trier** · sélectionner

cribler *v.tr.* **1 - tamiser** · sasser · trier · **2 - calibrer** · trier · **3 - percer** · transpercer · **4 - accabler** · bombarder · couvrir · harceler

CONTR. mélanger ı mêler

crier *v.tr. et intr.* **1 -** [fort] **hurler** · criailler · s'égosiller · s'époumoner · rugir · tempêter · tonner · vociférer · beugler *fam.* · brailler *fam.* · braire *fam.* · bramer *fam.* · gueuler *fam.* · **2 -** [de douleur] **gémir** · se plaindre · piailler · **3 - crisser** · gémir · grincer · hurler · **4 - affirmer** · annoncer · claironner · clamer · proclamer · trompeter

✦ **crier après**   [fam.] gronder · disputer · réprimander · engueuler *fam.* · passer un savon à *fam.*

CONTR. chuchoter

crime *n.m.* **1 - meurtre** · assassinat · homicide · **2 - délit** · faute · infraction · forfait *littér.*

✦ **syndicat du crime**   mafia

CONTR. exploit ı prouesse

~~ assassinat

criminel, -elle

■ *adj.* condamnable · coupable · répréhensible

■ *n.* **1 - coupable** · bandit · délinquant · gangster · malfaiteur · **2 - meurtrier** · assassin

CONTR. innocent ı juste ı légitime ı vertueux

crin *n.m.* poil

✦ **à tous crins**   ardent · endurci · énergique · entier · fervent · résolu

crique *n.f.* · anse · baie · calanque (en Méditerranée) · conche *région.* · cale *vieux*

crise *n.f.* **1 - accès** · attaque · atteinte · poussée · **2 - phase critique** · désarroi · ébranlement · malaise · perturbation · trouble

✦ **crise (économique)**   dépression · krach · marasme · récession

CONTR. latence ı rémission – accalmie ı calme ı équilibre – prospérité ı abondance

crispant, e *adj.* · agaçant · énervant

crispation *n.f.* · contraction · convulsion · spasme
CONTR. décrispation ı détente

crisper *v.tr.* **1 -** agacer · énerver · exaspérer · irriter · gonfler *fam.* · **2 -** contracter · convulser · décomposer · déformer
>> **se crisper** *v.pron.* **se contracter** · se convulser
CONTR. décrisper ı détendre ı apaiser

crissement *n.m.* · grincement · craquement

crisser *v.intr.* · grincer · couiner · craquer · gémir

cristallin *adj.* · clair · limpide · pur · transparent

cristalliser
■ *v.tr.* **concrétiser** · capturer · encapsuler · fixer · stabiliser
■ *v.intr.* **se préciser** · prendre corps · se former
CONTR. désorganiser ı dissoudre

critère *n.m.* **1 - indice** · marque · preuve · **2 - facteur** · donnée · paramètre · raison

criterium *n.m.* · compétition · épreuve · sélection

critiquable *adj.* **1 -** attaquable · contestable · discutable · sujet à caution · **2 -** blâmable · condamnable · répréhensible · damnable *vieux*
CONTR. louable

¹**critique** *adj.* **1 -** décisif · capital · crucial · déterminant · **2 - dangereux** · alarmant · difficile · explosif · grave · périlleux · tendu
✦ **situation critique** mauvais pas · sales draps *fam.* · beaux draps *iron.*

²**critique**
■ *adj.* **négatif** · défavorable · sévère · contempteur *littér.*

■ *n.f.* **1 - analyse** · appréciation · examen · jugement · **2 - attaque** · accusation · coup de bec · coup de patte · coup de griffe · animadversion *littér.* · paquet *fam.* · [sévère] blâme · condamnation · diatribe · éreintement · **3 - reproche** · remontrance · réprimande · réprobation · réserve
■ *n.* **commentateur** · métaphraste *vieux* · aristarque *littér.* · zoïle *littér., péj.*

critiquer *v.tr.* **1 - analyser** · commenter · discuter · étudier · examiner · juger · **2 - attaquer** · blâmer · condamner · décrier · désapprouver · réprouver · trouver à redire à · criticailler *fam.*
✦ **critiquer violemment** éreinter · faire le procès de · arranger *fam.* · assassiner *fam.* · débiner *fam.* · casser du sucre sur le dos de *fam.* · descendre (en flammes) *fam.* · esquinter *fam.* · étriller *fam.* · sabrer *fam.* · taper sur *fam.* · habiller pour l'hiver *fam.* · tailler un costard à *fam.*
CONTR. admirer ı aduler ı apprécier ı approuver ı féliciter ı flatter ı louer ı préconiser

croc *n.m.* **1 - crochet** · grappin · **2 - gaffe** · harpon · **3 - canine**

croche-pied *n.m.* · croc-en-jambe *vieilli* · croche-patte *fam.*

crochet *n.m.*
I **1 - croc** · pendoir · **2 - agrafe** · croc · esse · patte · **3 - passe-partout** · rossignol
II uppercut
III détour

crochu, e *adj.* · courbé · recourbé · [nez] aquilin
CONTR. droit

croire *v.tr.* **1 - accepter** · admettre (comme vrai) · ajouter foi à · **2 -** [naïvement] prendre pour argent comptant · avaler *fam.* · gober *fam.* · [sans complément] mordre à l'hameçon · marcher *fam.*
✦ **croire en** avoir confiance en · faire confiance à · se fier à

+ **croire que** penser que · considérer que · estimer que · être d'avis que · se figurer que · s'imaginer que · préjuger que · présumer que · supposer que · cuider que *littér., vieux*
+ **ne pas en croire ses yeux** ne pas en revenir *fam.* · en rester baba *fam.*
» **se croire** *v.pron.* s'estimer · s'imaginer · se prendre pour · se trouver
CONTR. douter – contester ı démentir ı discuter

croisade *n.f.* 1 - guerre sainte · 2 - campagne · opération

croisée *n.f.* 1 - croisement · intersection · 2 - fenêtre

croisement *n.m.* 1 - carrefour · croisée (des chemins) · embranchement · fourche · intersection · jonction · patte d'oie · 2 - mélange · métissage · hybridation
⤳ **carrefour**

croiser *v.tr.* 1 - entrecroiser · entrelacer · 2 - couper · franchir · traverser · 3 - rencontrer · passer à côté de · tomber sur *fam.* · 4 - mélanger · hybrider · mâtiner · mêler · métisser
» **se croiser** *v.pron.* 1 - se chevaucher · se recouvrir · 2 - se couper · se rencontrer · se traverser

croissance *n.f.* 1 - accroissement · agrandissement · augmentation · développement · poussée · 2 - développement · essor · expansion · progression · progrès
CONTR. atrophie ı déclin ı décroissance ı décroissement ı diminution – dépression ı récession ı stagnation

croître *v.intr.* 1 - grandir · pousser · se développer · 2 - augmenter · s'agrandir · se développer · enfler · s'étendre · gagner · grossir · s'intensifier · redoubler • [jour] allonger
CONTR. baisser ı décliner ı décroître ı diminuer

croix *n.f.* 1 - crucifix · calvaire · 2 - épreuve · affliction · boulet · calvaire · fardeau · tourment
+ **en croix** crucial · cruciforme

croquant, e *adj.* · croustillant · craquant
CONTR. mou

croquer
■ *v.intr.* croustiller · craquer
■ *v.tr.* 1 - mordre · 2 - dessiner · ébaucher · esquisser · 3 - camper · caricaturer · 4 - [fam.]
→ **dépenser**
CONTR. fondre – sucer

croquis *n.m.* · dessin · ébauche · épure · esquisse · schéma · crobard *fam.*

crosse *n.f.* • [Golf] club

crotte *n.f.* 1 - excrément · étron · caca *lang. enfants* · merde *très fam.* · colombin *fam., vieilli* · 2 - [de cheval] crottin • [de vache] bouse • [d'oiseau] fiente · 3 - [vieilli] boue · fange · saleté

crotté, e *adj.* · sale · boueux · souillé

crotter
■ *v.tr.* salir · maculer · souiller · tacher
■ *v.intr.* déféquer · faire caca *lang. enfants* · chier *très fam.* • [oiseau] fienter
CONTR. décrotter

crouler *v.intr.* · s'abattre · s'affaisser · s'écrouler · s'effondrer • [bâtiment] se délabrer · menacer ruine · tomber en ruine • [terre] s'ébouler
CONTR. dresser ı redresser ı relever ı résister ı tenir

croupe *n.f.* · arrière-train · derrière · fesses · postérieur · croupion *fam.*

croupir *v.intr.* 1 - moisir · pourrir · 2 - stagner · se corrompre · 3 - séjourner · s'encroûter · moisir · pourrir · stagner · végéter

croustillant, e *adj.* 1 - croquant · craquant · 2 - grivois · épicé · poivré · salé · croustilleux *vieux* · 3 - piquant · pittoresque · plaisant
CONTR. mou

croûte n.f. **1 -** couche · dépôt · pellicule · plaque · **2 -** [fam.] → **nourriture**

croûton n.m. · quignon

croyable adj. · crédible · digne de foi · imaginable · plausible · possible · vraisemblable

CONTR. impensable ı incroyable ı inimaginable ı invraisemblable

🙴 **croyable, crédible**

Croyable et crédible s'appliquent à ce qui peut être *cru*. Croyable qualifie ce qui peut être admis pour vrai ; il s'emploie seulement pour des choses et à la forme négative *(c'est une histoire pas croyable)*, ou dans une formulation qui marque le doute, la restriction *(est-ce croyable ? ; la chose est à peine croyable)*. Crédible qualifie aussi bien une personne *(il regrette l'absence d'interlocuteurs crédibles ; elle n'est pas très crédible dans ce rôle)* que des choses *(des informations jugées crédibles)* ; il insiste sur l'idée de confiance, de fiabilité.

croyance n.f. **1 -** conviction · doctrine · dogme · doxa · foi · religion · superstition *péj.* · **2 - confiance** · espérance · foi

CONTR. agnosticisme ı doute ı scepticisme – défiance ı incroyance

🙴 **croyance, foi**

Croyance et foi ont en commun la référence au fait de *croire*, opposé au fait de connaître par la raison. Croyance est d'emploi plus large. Il s'applique au domaine religieux *(la croyance en Dieu, les croyances des chrétiens)*, mais pas exclusivement *(la croyance aux esprits ; des croyances superstitieuses)*. Foi implique que la croyance repose sur la confiance que l'on a en une autorité *(avoir foi en son médecin)* ou en quelque chose *(avoir foi en l'avenir)*. En particulier, foi renvoie à la religion dominante dans une civilisation donnée *(la foi du catholique, du musulman)* ou bien, lorsque le mot est employé sans complément, à la croyance en Dieu *(avoir la foi, perdre la foi)*.

croyant, e adj. et n. **1 -** dévot · mystique · pieux · religieux · **2 -** fidèle · pratiquant · bigot *péj.*

CONTR. agnostique ı athée ı incrédule ı incroyant ı infidèle ı mécréant ı sceptique

cru, e adj. **1 -** vif · brutal · criard · **2 -** direct · brutal · franc · **3 -** choquant · réaliste · rude · **4 -** graveleux · grivois · leste · libre · licencieux · salé

CONTR. atténué ı déguisé ı tamisé ı voilé

cruauté n.f. **1 -** barbarie · bestialité · brutalité · férocité · inhumanité · méchanceté · sadisme · sauvagerie · **2 -** méchanceté · dureté · rudesse · sévérité · **3 -** atrocité · excès

CONTR. bienveillance ı bonté ı charité ı clémence ı indulgence ı pitié

cruche n.f. **1 -** cruchon · pichet · **2 -** imbécile · abruti · âne · débile · idiot · niais · sot · andouille *fam.* · anchois *fam., région.* · ballot *fam.* · brêle *fam.* · buse *fam.* · con *très fam.* · corniaud *fam.* · cornichon *fam.* · couillon *fam.* · cul *très fam.* · gourde *fam.* · moule *fam.* · noix *fam.* · patate *fam.* · poire *fam.* · saucisse *fam.* · tourte *fam.*

crucial, e adj. **1 -** critique · décisif · déterminant · **2 -** capital · central · essentiel · majeur · primordial · vital

crucifier v.tr. **1 -** mettre en croix · **2 -** supplicier · mettre au supplice · torturer

crudité n.f. · brutalité · réalisme · rudesse · verdeur

CONTR. délicatesse ı douceur ı réserve

cruel, -elle adj. **1 -** barbare · féroce · sadique · sanguinaire · sauvage · maupiteux *vieux* · **2 -** méchant · dur · sévère · **3 -** implacable · inexorable · inflexible · **4 -**

douloureux · affligeant · affreux · atroce · dur · épouvantable · insupportable · pénible · **5 -** amer · âpre · cinglant · cuisant
CONTR. bienveillant ׀ bienfaisant ׀ bon ׀ doux ׀ humain ׀ indulgent

cruellement *adv.* **1 - férocement** · brutalement · sadiquement · **2 - méchamment** · durement · **3 - douloureusement** · affreusement · atrocement · durement · péniblement · terriblement
CONTR. doucement ׀ humainement ׀ tendrement

crûment *adv.* · brutalement · durement · franchement · tout net · rudement · sans détour · sèchement · vertement · sans tourner autour du pot *fam.* · sans faire dans la dentelle *fam.* · nûment *littér.*

cryptage *n.m.* · chiffrage · brouillage · encodage
CONTR. décryptage ׀ décodage

crypter *v.tr.* · chiffrer · brouiller · cryptographier · encoder
CONTR. décrypter ׀ décoder

cryptique *adj.* · cabalistique · énigmatique · ésotérique · hermétique · insondable · obscur · occulte · secret

cubage *n.m.* · contenance · capacité · tonnage · volume

cueillette *n.f.* · collecte · ramassage · récolte

cueillir *v.tr.* **1 - récolter** · faire la cueillette de · ramasser • [du raisin] vendanger · **2 -** [fam.] → **arrêter**

cuir *n.m.* peau · basane · chagrin · maroquin · vachette · vélin
✦ **cuir suédé** chamois · daim

cuirasse *n.f.* **1 - corselet** · cotte · **2 -** blindage · **3 - défense** · carapace · protection · rempart

cuirasser *v.tr.* **1 - barder** · armer · blinder · caparaçonner · **2 - aguerrir** · endurcir · fortifier · blinder *fam.*
⋙ **se cuirasser** *v.pron.* **s'aguerrir** · s'endurcir · se fortifier · se blinder *fam.*

cuire
■ *v.tr.* [façons] bouillir · braiser · frire · griller · mijoter · mitonner · rissoler · rôtir
■ *v.intr.* **1 - piquer** · brûler · être en feu · **2 - brûler** · cramer *fam.* · étouffer *fam.*
✦ **(se) cuire au soleil** bronzer · (se) dorer · (se) griller · (se) rôtir

cuisant, e *adj.* **1 - âpre** · mordant · **2 - douloureux** · amer · cinglant · humiliant
CONTR. clément – adoucissant ׀ doux

cuisine *n.f.* **1 - art culinaire** · gastronomie · **2 - nourriture** · manger · chère *littér.* · bouffe *fam.* · bouffetance *fam.* · boustifaille *fam.* · croûte *fam.* · mangeaille *fam.* · popote *fam.* · tambouille *fam.* · cuistance *fam., vieilli* · frichti *fam., vieilli* · fricot *fam., vieux* · ragougnasse *fam., péj.* · **3 - manœuvres** · manigances · fricotage *fam.* · grenouillage *fam.* · magouille *fam.*

cuisiner *v.tr.* **1 - accommoder** · apprêter · mitonner • [sans complément] être aux fourneaux · faire la tambouille *fam.* · **2 -** [fam.] **interroger** · mettre sur le gril · questionner

cuisinier, -ière *n.* **1 - chef** · maître coq · maître queux *plaisant* · rôtisseur · saucier · cuistot *fam.* · cuistancier *fam., vieux* · gargotier *péj.* · gâte-sauce *péj.* · frise-poulet *fam., vieux* · hâteur *ancienn.* · **2 -** [bon] **cordon-bleu**

cuisinière *n.f.* · gazinière · fourneau

cuistre *n.* · pédant · vaniteux

cuistrerie *n.f.* · pédantisme · vanité

cuivré, e *adj.* · bronzé · doré · hâlé

cul
n.m. 1 - **base** · derrière · fond · **2 -** → derrière² · **3 -** → sexe

✦ **cul-de-sac** impasse · voie sans issue

culbute
n.f. **1 - cabriole** · galipette · roulade · roulé-boulé · soleil · cumulet *région.* · **2 - chute** · dégringolade · **3 - banqueroute** · faillite · ruine

culbuter
■ *v.intr.* **basculer** · dégringoler · s'écrouler · faire un soleil · tomber · verser · faire panache *vieux*

■ *v.tr.* **1 - renverser** · bousculer · faire tomber · mettre sens dessus dessous · mettre cul par-dessus tête · **2 - battre** · défaire · enfoncer · renverser · repousser · vaincre

culinaire
adj. · gastronomique

culminer
v.intr. **1 - dominer** · surplomber · **2 - plafonner**

✦ **point culminant** apogée · comble · faîte · maximum · paroxysme · sommet · summum · zénith

CONTR. baisser ׀ décliner ׀ descendre

culot
n.m. **1 - fond** · **2 -** [fam.] **aplomb** · assurance · audace · effronterie · toupet *fam.*

✦ **avoir beaucoup de culot** ne pas manquer de souffle · ne pas manquer d'air *fam.*

CONTR. haut - timidité ׀ retenue

culotté, e
adj. · audacieux · effronté · gonflé *fam.*

culpabilité
n.f. faute · responsabilité

✦ **sentiment de culpabilité** mauvaise conscience

CONTR. innocence - bonne conscience

culte
n.m. **1 - liturgie** · rite · **2 - messe** · cérémonie · office · service · **3 - religion** · confession · **4 - admiration** · adoration · adulation · amour · attachement · dévouement · respect · vénération · idolâtrie *péj.* · fétichisme *péj.* · **5 -** [en apposition] **mythique**

✦ **rendre, vouer un culte à** honorer · vénérer

CONTR. indifférence - haine

cultivable
adj. · labourable · arable

CONTR. incultivable

cultivateur, -trice
n. · agriculteur · exploitant agricole · fermier · paysan

> **cultivateur, agriculteur, paysan**
>
> Ces mots évoquent la vie à la campagne et les travaux de la terre. Le **cultivateur** est celui qui cultive la terre *(la ferme d'un cultivateur)* ; très rarement au féminin, le mot est beaucoup moins en usage que **paysan** et **agriculteur**, dont l'activité inclut presque toujours l'élevage. Seul **paysan** s'emploie par opposition à d'autres catégories socio-professionnelles *(les ouvriers et les paysans)* et, depuis longtemps, est connoté de manière négative, contrairement à **agriculteur** et **cultivateur**, le travail de la terre étant déconsidéré dans notre société.

cultivé, e
adj. · érudit · instruit · lettré · savant · docte *vieilli ou plaisant*

CONTR. inculte ׀ ignorant

cultiver
v.tr.
I **1 - labourer** · exploiter · travailler · [sans complément] travailler la terre · **2 - faire pousser** · faire venir *vieilli*
II **développer** · éduquer · former · perfectionner
III **s'adonner à** · se donner à · s'intéresser à · se plaire à · travailler

≫ **se cultiver** *v.pron.* apprendre · s'enrichir · s'éduquer · s'instruire · se perfectionner

culture *n.f.*
I 1 - civilisation · 2 - connaissances · éducation · érudition · formation · instruction · savoir · science
II 1 - agriculture · exploitation (d'une terre) · 2 - [souvent au plur.] plantation
+ **culture physique** éducation physique · bodybuilding *anglic.* · culturisme · musculation · gonflette *fam.*
CONTR. ignorance ι inculture – friche ι jachère

culturisme *n.m.* · musculation · bodybuilding · gonflette *fam.*

cumul *n.m.* · accumulation · addition · réunion
CONTR. indépendance ι séparation – non-cumul

cumuler *v.tr.* 1 - réunir · associer · allier · conjuguer · rassembler · 2 - amasser · collectionner · masser
CONTR. dissocier ι séparer

cupide *adj.* · âpre (au gain) · avare · avide · rapace · vénal
CONTR. désintéressé ι généreux

cupidité *n.f.* · âpreté (au gain) · avarice · avidité · convoitise · rapacité · vénalité
CONTR. désintéressement ι détachement ι générosité

curable *adj.* · guérissable · soignable
CONTR. incurable

cure *n.f.* 1 - soins · thérapie · traitement · 2 - régime

curé *n.m.* · prêtre · calotin *fam., péj.* · curaillon *fam., péj.* · cureton *fam., péj.*

curer *v.tr.* · nettoyer · récurer · écurer *vieilli ou région.*
CONTR. encrasser ι salir

curieusement *adv.* · bizarrement · drôlement · étonnamment · étrangement · singulièrement

curieux, -ieuse
■ *adj.* 1 - indiscret · fouineur · fureteur · fouinard *fam., vieilli* · 2 - bizarre · drôle · étonnant · étrange · incompréhensible · singulier · surprenant · 3 - original · singulier
+ **curieux de** intéressé par · avide de · désireux de
■ *n.* 1 - badaud · 2 - amateur · collectionneur
CONTR. discret – banal ι commun ι ordinaire ι quelconque

curiosité *n.f.* 1 - intérêt · appétit · soif de connaître · 2 - indiscrétion · 3 - bizarrerie · singularité
CONTR. incuriosité ι indifférence – discrétion ι réserve – banalité

cursus *n.m. invar.* · études · parcours

curviligne *adj.* · arrondi · courbe · incurvé
CONTR. droit ι rectiligne

cuve *n.f.* · bac · baquet · citerne · réservoir

cuvette *n.f.* 1 - bassine · lavabo · 2 - bassin · creux · dépression · doline *(Géog.)*

¹**cycle** *n.m.* 1 - séquence · boucle · suite · 2 - [Astron.] révolution · 3 - [Littérat.] saga · geste *(Moyen Âge)*

²**cycle** *n.m.* bicyclette · vélo · vélocipède *vieux ou plaisant* · [ancienní] célérifère · draisienne
+ **cycle à moteur** motocycle · cyclomoteur · motocyclette · vélomoteur

cyclique *adj.* · périodique · récurrent

cyclone *n.m.* · ouragan · tornade · typhon · hurricane *anglic.*
CONTR. calme

cylindre *n.m.* · rouleau · tambour · tube

cynique *adj.* · immoral · impudent · insolent
CONTR. moral ı réservé ı timide

cynisme *n.m.* · immoralité · impudence
CONTR. moralité – retenue ı scrupule

dada *n.m.* · hobby · idée fixe · manie · marotte · passe-temps (favori) · toquade · violon d'Ingres

dadais *n.m.* · sot · benêt · niais · nigaud · cruche *fam.* · gourde *fam.* · nouille *fam.* · nunuche *fam.* · nicodème *fam., vieilli* · niquedouille *fam., vieilli*

dague *n.f.* · couteau · épée · poignard

daigner *v.tr.* · accepter · condescendre à · s'abaisser à · consentir à · se plier à · vouloir bien

dais *n.m.* · baldaquin · ciel de lit

dallage *n.m.* · carrelage · pavement

dalle *n.f.* · plaque · pavé

daller *v.tr.* · carreler · paver

dame *n.f.* **1** - [vieilli] épouse · femme · **2** - femme distinguée · madame *fam.*

dame-jeanne *n.f.* · bonbonne · jaquelin

damer *v.tr.* · tasser · compacter

damier *n.m.* · échiquier · [ancienn*t*] tablier

damnable *adj.* · condamnable · blâmable · coupable · répréhensible

damnation *n.f.* · châtiment · supplices éternels · peine du dam
CONTR. salut

damné, e *adj.* **1** - réprouvé · **2** - maudit · sacré · fichu *fam.* · foutu *fam.* · sale *fam.* · satané *fam.*
CONTR. élu – béni ı providentiel

dancing *n.m.* · discothèque · boîte de nuit · boîte *fam.* · night-club *vieilli*

dandinement *n.m.* · balancement · déhanchement

dandiner (se) *v.pron.* · se déhancher · se balancer · marcher en canard · caneter *vieux*

dandy *n.m.* · esthète · gandin *vieilli* · mirliflore *vieilli, plaisant* · gommeux *vieux* · muguet *vieux* · muscadin *vieux*

danger *n.m.* **1** - péril · menace · **2** - hasard · aléa · risque · **3** - piège · écueil · embûche
✦ **mettre en danger** compromettre · exposer · risquer
CONTR. sécurité ı sûreté ı tranquillité

dangereusement *adv.* **1** - gravement · grièvement · **2** - sérieusement

dangereux, -euse *adj.* **1** - périlleux · menaçant · redoutable · **2** - violent · agressif · méchant · **3** - malsain · mauvais · nocif ·

nuisible · pernicieux · **4 –** grave · mauvais · sérieux · **5 –** critique · brûlant · délicat · difficile · épineux · glissant · scabreux · sensible · **6 –** aventureux · hasardé · hasardeux · imprudent · périlleux · risqué · téméraire · casse-gueule *fam.*
CONTR. inoffensif – avantageux ׀ bon ׀ sûr

danse *n.f.* ballet · chorégraphie

danser *v.intr.* **1 –** valser · guincher *fam., vieilli* · baller *vieux* · gambiller *fam., vieux* · gigoter *fam., vieux* · **2 –** trembler · osciller · tanguer · vaciller

danseur, -euse *n.* **1 –** cavalier · partenaire · gambilleur *fam., vieux* · guincheur *fam., vieilli* ·
≫ **danseuse** *n.f.* **1 –** ballerine · étoile · (petit) rat · [orientale] almée · [Inde] bayadère · **2 –** [de bar] entraîneuse · taxi-girl

dard *n.m.* **1 –** aiguillon · **2 –** → flèche

darder *v.tr.* · décocher · lancer · jeter · pointer

dare-dare *loc. adv.* · précipitamment · à toute vitesse · expéditivement · hâtivement · promptement · rapidement · tambour battant · vite · en cinq sec *fam.* · en moins de deux *fam.* · rapido(s) *fam.*

date *n.f.* **1 –** échéance · terme · **2 –** époque · jour · moment · période · temps
✦ **faire date** compter · dater · marquer

dater *v.intr.* **1 –** être démodé · avoir vieilli · être passé de mode · remonter au déluge · **2 –** marquer · faire date
✦ **dater de** remonter à
✦ **à dater de** à compter de · à partir de

dealer *v.tr.* · revendre · trafiquer

dealeur *n.m.* · revendeur · trafiquant

déambuler *v.intr.* · se promener · cheminer · errer · flâner · marcher · se balader *fam.* · vadrouiller *fam.*

débâcle *n.f.* **1 –** [Milit.] déroute · débandade · déconfiture · **2 –** faillite · défaite · effondrement · krach · naufrage · ruine · **3 –** dégel · bousceuil *région., Québec*
CONTR. embâcle
≫ **défaite**

déballage *n.m.* **1 –** désemballage · **2 –** étalage · **3 –** [fam.] confession · aveu · déboutonnage · dévoilement
CONTR. emballage

déballer *v.tr.* **1 –** désemballer · dépaqueter · **2 –** étaler · exposer · **3 –** confesser · avouer · dévoiler · s'ouvrir de · lâcher *fam.*
✦ **tout déballer** vider son sac · ouvrir son cœur · se déboutonner · s'épancher · se débonder *vieilli*
CONTR. emballer – taire

débandade *n.f.* **1 –** dispersion · fuite · retraite · **2 –** débâcle · débandement *vieux, Milit.*
CONTR. discipline ׀ ordre

débarbouiller *v.tr.* laver
≫ **se débarbouiller** *v.pron.* **1 –** se laver · faire sa toilette · faire une toilette de chat · **2 –** → se dépêtrer

débarcadère *n.m.* · appontement · embarcadère · quai · wharf *anglic.*

débarquement *n.m.* · déchargement · [de bois] débardage
CONTR. embarquement

débarquer
■ *v.tr.* **1 –** décharger · [du bois] débarder · **2 –** [fam.] → congédier
■ *v.intr.* **1 –** aller à terre · **2 –** [fam.] → arriver
CONTR. embarquer

débarras n.m. • remise • cagibi

débarrasser v.tr. **1** - déblayer • dégager • désencombrer • désobstruer *rare* • [une table] desservir • **2** - **décharger** • délester • exonérer • libérer • soulager

⋙ **se débarrasser de** v.pron. **1** - abandonner • se défaire de • en finir avec • jeter • mettre au rebut • rejeter • balancer *fam.* • bazarder *fam.* • mettre au rancart *fam.* • virer *fam.* • **2** - enlever • ôter • quitter • retirer • **3** - oublier • évacuer • **4** - se délivrer • s'affranchir • se libérer • **5** - congédier • repousser • envoyer promener *fam.* • envoyer paître *fam.* • **6** - licencier • débaucher • se défaire de • remercier • renvoyer • mettre à la porte • se séparer de • débarquer *fam.* • sacquer *fam.* • virer *fam.* • **7** - tuer • éliminer • liquider *fam.*

CONTR. encombrer ׀ obstruer – embarrasser ׀ entraver ׀ gêner

débat n.m. **1** - discussion • explication • **2** - **conférence** • forum • table ronde • [d'assemblée politique] séance • **3** - contestation • controverse • différend • polémique

🕮 **débat, contestation**
Dans le **débat**, des interlocuteurs examinent de façon contradictoire une question en proposant des arguments *(entrer dans le cœur du débat, clore un débat)*. La **contestation** suppose que l'on est en désaccord sur un point précis, la mise en doute portant sur des sujets variés *(contestation de la justesse d'un argument, de la vérité d'un fait)*.

débattre v.tr. **1** - discuter (de) • agiter • délibérer de • examiner • traiter • [sans complément] parlementer • **2** - négocier • marchander

⋙ **se débattre** v.pron. s'agiter • se démener
✦ **se débattre contre** batailler contre • se battre avec • se colleter avec

✦ **se débattre avec énergie** se démener comme un possédé, comme un beau diable, comme un diable dans un bénitier
CONTR. céder

débauche n.f.
I dépravation • dévergondage • écarts (de conduite) • libertinage • licence • luxure • paillardise • vice • déportements *littér.* • inconduite *littér.* • stupre *littér.* • turpitude *littér.* • dissolution *vieilli* • gaudriole *fam.* • ribauderie *vieux*
II 1 - abus • débordement • excès • **2** - **abondance** • foule • luxe • multitude • orgie • pléthore • profusion • surabondance
CONTR. austérité ׀ chasteté ׀ décence ׀ retenue ׀ vertu – modération – frugalité ׀ sobriété

débauché, e
■ *adj.* **corrompu** • dépravé • dissolu • immoral • libertin • perverti • vicieux
■ *n.* libertin • coureur • bambocheur *fam., vieilli* • perverti *vieux* • roué *vieux*
CONTR. intègre ׀ chaste ׀ rangé ׀ vertueux

débaucher v.tr. **1** - congédier • licencier • mettre à la porte • renvoyer • se séparer de • débarquer *fam.* • sacquer *fam.* • vider *fam.* • virer *fam.* • **2** - [vieilli] **corrompre** • dépraver • dévergonder • dissiper • pervertir
CONTR. embaucher – moraliser ׀ redresser

débile adj. et n. **1** - **faible** • fragile • frêle • malingre • rachitique • [vieillard] cacochyme • égrotant • **2** - **déficient** (mental) • arriéré (mental) • attardé (mental) • demeuré • retardé (mental) • simple d'esprit • **3** - [fam.] → imbécile
CONTR. fort ׀ vigoureux – normal

débilitant, e adj. **1** - décourageant • démoralisant • déprimant • **2** - anémiant • liquéfiant *fam.*
CONTR. revigorant ׀ tonique ׀ vivifiant

débilité n.f. **1** - faiblesse • fragilité • **2** - arriération (mentale) • **3** - [fam.] → imbécillité
CONTR. force

débiliter *v.tr.* 1 - affaiblir · anémier · 2 - décourager · démoraliser · déprimer
CONTR. fortifier ı tonifier ı vivifier

débiner *v.tr.* [fam.] → **dénigrer**

débit *n.m.* 1 - rythme · cadence · 2 - diction · élocution

débiter *v.tr.*
I 1 - dire · raconter · servir *péj.* · sortir *fam., péj.* · débagouler *fam., péj.* · dégoiser *fam., péj.* · 2 - réciter · déclamer
II 1 - couper · découper · diviser · partager · 2 - produire · fabriquer · fournir · sortir · vendre
CONTR. créditer

débiteur, -trice *n.* 1 - emprunteur · [d'une rente] débirentier · 2 - obligé
CONTR. créditeur ı prêteur

déblais *n.m.pl.* · gravats · débris · décombres · plâtras
CONTR. remblais

déblatérer *v.intr.*
✦ **déblatérer contre** dénigrer · critiquer · médire de · pester contre · protester contre · vitupérer contre · baver sur *fam.* · débiner *fam.*

déblayer *v.tr.* 1 - dégager · débarrasser · désencombrer · 2 - enlever · ôter · retirer
CONTR. remblayer

déblocage *n.m.* · libération · dégel
CONTR. blocage

débloquer
■ *v.tr.* 1 - décoincer · dégager · dégripper · 2 - libérer · dégeler
■ *v. intr.* [fam.] → **déraisonner**
CONTR. bloquer – geler

déboire *n.m.* 1 - déception · amertume · déconvenue · désillusion · mécompte *littér.* · 2 - [souvent au plur.] échec · ennui · épreuve
CONTR. satisfaction ı contentement – réussite ı succès

déboisement *n.m.* · déforestation
CONTR. boisement ı reboisement

déboîtement *n.m.* · dislocation · désarticulation · entorse · foulure · luxation

déboîter *v.tr.* 1 - démonter · disjoindre · 2 - désarticuler · démettre · disloquer · fouler · luxer · démancher
CONTR. emboîter ı remboîter
↝ **disloquer**

débonder (se) *v.pron.* · se confier · ouvrir son cœur · se déboutonner · s'épancher · s'ouvrir · vider son sac *fam.*

débonnaire *adj.*
I bonhomme · bonasse · inoffensif
II [vieilli ou littér.] 1 - bienveillant · accommodant · complaisant · clément · indulgent · 2 - doux · patient · pacifique
CONTR. cruel ı dur ı méchant ı sévère ı terrible

débordant, e *adj.* 1 - expansif · exubérant · fougueux · impétueux · exultant *rare* · 2 - [imagination] débridé · fécond · fertile
✦ **débordant de vie** pétulant · vif

débordé, e *adj.* · dépassé · noyé · sous pression · submergé · surchargé · charrette *fam.*
CONTR. inoccupé

débordement *n.m.* 1 - déchaînement · explosion · 2 - profusion · déferlement · déluge · exubérance · flot · surabondance · torrent · 3 - excès · écart de conduite · libertinage · licence · 4 - crue · inondation · débord *région.*

déborder

- *v.intr.* **1 - couler** · s'échapper · se répandre · **2 - se déchaîner** · éclater · exploser · **3 - faire saillie** · ressortir · saillir · surplomber
- *v.tr.* **1 - dépasser** · empiéter sur · franchir · mordre sur · **2 - contourner** · dépasser · encercler · tourner
- ✦ **déborder de** fourmiller de · grouiller de · regorger de · surabonder de, en

CONTR. contenir – border | reborder

débotté (au) *loc. adv.* · à l'improviste · au dépourvu · de but en blanc

débouché *n.m.* **1 - marché** · clientèle · **2 - perspective** (d'avenir) · opportunité · ouverture

CONTR. barrière | impasse

¹déboucher *v.tr.* **1 - dégager** · désengorger · désobstruer · **2 - ouvrir** · décapsuler

²déboucher *v.intr.* **sortir** · débouler *fam.* · [gibier] débucher · [bateau] débouquer
- ✦ **déboucher dans, sur** donner dans, sur · ouvrir sur · tomber dans, sur
- ✦ **déboucher sur** **1 - aboutir à** · parvenir à · **2 - mener à** · conduire à

débouler

- *v.intr.* **1 -** [Chasse] **déguerpir** · détaler · **2 -** [fam.] **arriver** · surgir · débarquer *fam.* · se pointer *fam.*
- *v.tr.* [fam.] **dégringoler** · dévaler

débourrer *v.tr.* · dépiler · ébourrer

CONTR. bourrer | rembourrer

débours *n.m.* **1 - dépense** · frais · **2 - déboursement**

CONTR. rentrée

débourser *v.tr.* **dépenser** · payer · verser · décaisser *(Comptabilité)* · aligner *fam.* · casquer *fam.* · cracher *fam.* · lâcher *fam.* · boursiller *vieux*

- ✦ **sans rien débourser** gratuitement · sans bourse délier · à l'œil *fam.* · gratis *fam.* · gratos *fam.* · aux frais de la princesse *fam.*

déboussolé, e *adj.* · désorienté · affolé · désemparé · troublé · qui a perdu le nord *fam.* · paumé *fam.* · qui a perdu les pédales *fam.*

debout *adv.* **1 - d'aplomb** · droit · dressé · **2 -** [à vélo] **en danseuse**
- ✦ **se mettre debout** se lever · se dresser
- ✦ **rester debout** rester planté comme une borne, un piquet *péj.*

CONTR. assis | couché – s'aliter | se coucher

déboutonner *v.tr.* **défaire** · dégrafer
➤ **se déboutonner** *v.pron.* **s'épancher** · ouvrir son cœur · s'ouvrir · vider son sac *fam.* · se débonder *vieilli*

CONTR. boutonner – se fermer

débraillé, e

- *adj.* **1 - négligé** · en désordre · dépoitraillé *fam.* · **2 - libre** · sans retenue
- *n.m.* **désordre** · laisser-aller · liberté · négligé · débraillement *rare*

CONTR. correct | décent | strict – ordre | disciple

> 🙵 **débraillé, dépoitraillé**
> Débraillé et dépoitraillé s'appliquent à la manière désordonnée dont les vêtements sont portés. Débraillé s'emploie quand les vêtements, ouverts, donnent un air parfois indécent, toujours négligé : « Les polissons de la ville étaient devenus mes plus chers amis (...) ; j'étais vêtu comme eux, déboutonné et débraillé » (Chateaubriand, *Mémoires d'outre-tombe*, I). **Dépoitraillé**, moins courant, s'applique seulement aux vêtements qui couvrent la poitrine (le *poitrail*) et surtout à propos d'une femme : « Je leur avais décrit (...) Carmen dépoitraillée, la chemise déchirée » (Mérimée, *Journal*, 1837).

débrancher *v.tr.* · déconnecter · couper

CONTR. brancher

débrayage *n.m.* • grève • arrêt de travail
CONTR. embrayage
🠶 **grève**

débrayer *v.intr.* • cesser le travail • faire la grève • se mettre en grève

débridé, e *adj.* • déchaîné • effréné • sans retenue
CONTR. contenu ı discipliné ı modéré ı retenu

débridement *n.m.* • déchaînement • embrasement • explosion • libération

débrider *v.tr.* • inciser • ouvrir • percer
CONTR. brider

débris *n.m.* **1 - fragment** • morceau • [de verre, de poterie] tesson • [de tissu] lambeau • [de bois] copeau • sciure • [de fer] ferraille • [de plâtre] plâtras • **2 - reste** • [de repas] relief • rogaton *fam.* • **3 - déchet** • détritus • ordure • rebut • résidu • rognure • ruine
🠶 **ruine**

débrouillard, e *adj. et n.* • habile • adroit • astucieux • dégourdi • malin • rusé • démerdard *fam.* • démerde *fam.* • roublard *fam., souvent péj.*
CONTR. empoté ı gauche ı maladroit

débrouillardise *n.f.* • habileté • adresse • astuce • ruse • débrouille *fam.* • démerde *fam.* • roublardise *fam., souvent péj.*

débrouille *n.f.* • débrouillardise • démerde *fam.* • système D *fam.*

débrouiller *v.tr.* **1 - démêler** • dénouer • séparer • trier • **2 - élucider** • clarifier • déchiffrer • éclaircir • expliquer • tirer au clair
🠶 **se débrouiller** *v.pron.* s'arranger • se défendre • s'en sortir • y arriver • se tirer d'affaire • tirer son plan *Belgique* • s'en tirer *fam.* • se démerder *fam.* • se dépatouiller *fam.* • se débarbouiller *fam., vieux*

✦ **bien se débrouiller** [dans la vie] bien mener sa barque
CONTR. brouiller ı confondre ı embrouiller ı emmêler ı mêler

débroussaillage *n.m.* • débroussaillement • défrichement

débroussailler *v.tr.* **1 - défricher** • éclaircir • essarter • **2 - débrouiller** • défricher • dégrossir • éclaircir • tirer au clair

débusquer *v.tr.* • chasser • déloger • faire sortir • débucher *(Chasse)*
CONTR. embusquer

début *n.m.* **1 - commencement** • départ • origine • prémices *littér.* • **2 - entrée en matière** • ouverture • exorde • **3 - ABC** • b.a.-ba
✦ **au début** initialement • au commencement • au départ • à l'origine • les premiers temps
✦ **du début** initial • originel • premier
🠶 **débuts** *plur.* apprentissage • balbutiements • premières armes • premiers pas
CONTR. clôture ı conclusion ı dénouement ı fin ı terme – conclusion ı épilogue ı péroraison – finalement

débutant, e *adj. et n.* • novice • apprenti • néophyte • nouveau • bizut *fam.* • bleu *fam.* • commençant *vieux* • en herbe *(seulement adj.)*
CONTR. expérimenté

débuter *v.intr.* **1 - commencer** • s'ouvrir • démarrer *fam.* • **2 - faire ses débuts** • commencer • faire ses premières armes • faire ses premiers pas • démarrer *fam.*
CONTR. achever ı conclure ı finir ı terminer – être expérimenté

décadence *n.f.* déclin • affaiblissement • affaissement • chute • déchéance • décrépitude • dégénérescence • dégradation • dégringolade • déliquescence • détérioration • écroulement • effondrement

✦ **tomber en décadence** s'affaiblir · dégénérer · se dégrader · se détériorer · s'écrouler · s'effondrer · déchoir *littér.*

CONTR. croissance ι épanouissement ι montée ι progrès – s'épanouir ι progresser

🕮 **décadence, déclin**

Décadence et déclin ont en commun l'idée d'affaiblissement continu. Décadence implique une progression inéluctable vers la ruine et s'emploie à propos des humains et de ce qu'ils ont formé *(la décadence d'un empire ; Grandeur et décadence des Romains, titre d'un ouvrage de Montesquieu)* : « Enseigner la littérature est d'abord enseigner son histoire, supposée soumise à la courbe traditionnelle : maladresse, perfection, décadence » (Malraux, *l'Homme précaire et la littérature*). **Déclin** désigne l'état de ce qui commence à régresser ; le déclin précède la disparition ou la décadence *(le déclin de la vie, de l'âge, de l'amour ; le déclin économique d'un pays ; le soleil à son déclin)* : « L'esprit humain a son enfance et sa virilité ; plût au ciel qu'il n'eût pas aussi son déclin, sa vieillesse et sa caducité » (Diderot, *Opinion des anciens philosophes*).

décadent, e *adj.* · déliquescent · dégénéré · fin de race · fin de siècle

décalage *n.m.* **1 -** écart · distance · intervalle · variation · **2 -** désaccord · différence · discordance · dissonance · rupture
CONTR. accord ι adaptation ι concordance ι conformité

décalé, e *adj.* **1 -** marginal · minoritaire · **2 -** déphasé · désorienté

décaler *v.tr.* **1 -** avancer · **2 -** retarder · reculer · remettre · reporter · repousser · **3 -** changer · déplacer · modifier

décalquer *v.tr.* · copier · imiter · reproduire

décamper *v.intr.* · déguerpir · s'enfuir · filer · fuir · lever le camp · quitter la place · se sauver · plier bagage *fam.* · prendre la poudre d'escampette *fam.* · prendre le large *fam.* · ficher le camp *fam.* · détaler *fam.* · décaniller *fam.* · escamper *vieux*

décanter *v.tr.* **1 -** clarifier · épurer · filtrer · purifier · transvaser · **2 -** éclaircir · mûrir · tirer au clair

≫ **se décanter** *v.pron.* s'éclaircir · se clarifier
CONTR. mélanger – embrouiller

décapant, e *adj.* **1 -** abrasif · **2 -** corrosif · caustique · mordant · subversif · virulent

décaper *v.tr.* · frotter · gratter · nettoyer · poncer · dérocher *(Techn.)*

décapiter *v.tr.* **1 -** couper la tête de · faire tomber, rouler la tête de · guillotiner · trancher le cou de · raccourcir *fam.* · décoller *vieux* · **2 -** écimer · étêter · découronner

décapotable *n.f.* · cabriolet

décapsuleur *n.m.* · ouvre-bouteille

décarcasser (se) *v.pron.* → **se démener**

décati, e *adj.* · flétri · fané

décédé, e *adj.* · mort · défunt · disparu · trépassé *littér.* · feu *(devant un nom)*
🕮 **mort**

décéder *v.intr.* · mourir · s'en aller · disparaître · s'éteindre · passer de vie à trépas · périr · rendre l'âme · rendre le dernier soupir · être rappelé à Dieu · expirer *littér.* · trépasser *littér.* · aller ad patres *fam.* · avaler son acte, bulletin de naissance *fam.* · caner *fam.* · casser sa pipe *fam.* · clamser *fam.* · claquer *fam.* · crever *fam.* · passer l'arme à gauche *fam.* · y rester *fam.* · avaler sa chique *fam., vieilli* · calancher *fam., vieilli* · dévisser son billard *fam., vieilli*

déceler v.tr. **1 -** découvrir · détecter · mettre au jour · pointer sur · repérer · trouver · **2 - indiquer** · annoncer · attester · démontrer · manifester · montrer · prouver · révéler · signaler · trahir
CONTR. cacher ı celer
↳ **trouver**

décélérer v.intr. · ralentir · perdre de la vitesse · réduire sa vitesse • [automobiliste] lever le pied fam.

décemment adv. **1 - convenablement** · correctement · **2 - raisonnablement** · honnêtement

décence n.f. **1 -** bienséance · convenance · honnêteté · **2 - pudeur** · chasteté · pudicité littér. · **3 -** politesse · correction · savoir-vivre · tact · **4 -** [vieilli] **modestie** · réserve
CONTR. effronterie ı inconvenance ı indécence ı obscénité ı indiscrétion ı cynisme
↳ **convenance**

décent, e adj. **1 - de bon ton** · convenable · correct · bienséant vieilli · séant vieux ou littér. · **2 - pudique** · chaste · convenable · **3 - correct** · acceptable · convenable · honnête · raisonnable · suffisant · **4 -** [vieilli] modeste · réservé
CONTR. cynique ı éhonté ı incongru ı inconvenant ı incorrect ı indécent ı licencieux ı malséant ı obscène

décentralisation n.f. · délocalisation · régionalisation · déconcentration (Admin.)
CONTR. centralisation

décentraliser v.tr. · délocaliser · régionaliser · déconcentrer (Admin.)
CONTR. centraliser

déception n.f. · déconvenue · désappointement · désenchantement · désillusion · chagrin · ennui · désabusement littér. · déboire littér. · décompte littér. · mécompte littér.
CONTR. contentement ı satisfaction

décerner v.tr. · accorder · adjuger · allouer · attribuer · concéder · conférer · doter · octroyer · procurer · remettre · déférer vieux

décès n.m. · mort · disparition · trépas littér. · dernier sommeil littér. · sommeil éternel littér.

décevant, e adj. **1 - insatisfaisant** · frustrant · **2 -** [vieux] **illusoire** · mensonger · trompeur

décevoir v.tr. **1 - désappointer** · frustrer · tromper les attentes de · **2 -** [vieux] **abuser** · duper · leurrer · tromper
CONTR. contenter ı enchanter ı satisfaire – répondre à

déchaîné, e adj. **1 - démonté** · furieux · **2 - excité** · exalté · exubérant · fougueux · surexcité · **3 - débordant** · débridé · effréné
CONTR. calme

déchaînement n.m. **1 - emportement** · débordement · débridement · déferlement · explosion · libération · soulèvement · transport · tempête · **2 - fureur** · emportement · violence
CONTR. apaisement

déchaîner v.tr. **1 - déclencher** · entraîner · exciter · inciter à · occasionner · provoquer · soulever · susciter · **2 - désenchaîner** · détacher · libérer
» **se déchaîner** v.pron. éclater · s'emporter · exploser
CONTR. apaiser ı calmer ı contenir ı maîtriser

déchanter v.intr. **1 - tomber de haut** · perdre ses illusions · **2 - changer de ton** · rabattre ses prétentions

décharge n.f.
I déchetterie · dépôt d'ordures · dépotoir
II tir · bordée · fusillade · salve · volée
III 1 - quittance · acquit · **2 - exemption** · exonération
CONTR. chargement

🙰 **décharge, déchetterie**

La **décharge** et la **déchetterie** sont consacrées à l'élimination des divers déchets produits par l'activité humaine. La **décharge** est un lieu public qui reçoit indistinctement les déblais, le verre, les papiers, les vieux meubles, etc. qui seront ensuite brûlés ou compactés *(jeter un vieux matelas à la décharge)*. Dans la **déchetterie**, qui remplace aujourd'hui la « décharge publique », tous ces éléments sont triés et ont chacun une place assignée : ils sont régulièrement emportés pour être recyclés *(déposer des cartons et des bouteilles en verre à la déchetterie)*.

déchargement *n.m.* · débarquement · débardage

CONTR. chargement

décharger *v.tr.* **1** - débarder · débarquer · **2** - asséner · décocher · **3** - disculper · blanchir · innocenter · laver (de tout soupçon) · **4** - libérer · soulager
+ **décharger (qqn) de** débarrasser de · affranchir de · dispenser de · exempter de · exonérer de · libérer de · soulager de
≫ **se décharger** *v.pron.* se déverser · s'écouler · se jeter
+ **se décharger de** se débarrasser de · se libérer de

CONTR. charger ׀ surcharger – accuser ׀ condamner

déchéance *n.f.* **1** - abaissement · avilissement · chute · décadence · déclin · dégradation · disgrâce · **2** - [physique] décrépitude · vieillissement · **3** - [d'un droit] forclusion · **4** - [d'un roi] destitution · déposition

CONTR. ascension ׀ progrès ׀ redressement – jeunesse ׀ vigueur

déchet *n.m.* **1** - [surtout au plur.] détritus · ordure · **2** - [surtout au plur.] débris · bris · chute · épluchure · rebut · résidu · rognure · scorie • [de fer] battiture · riblon · [de tissu] blousse · bourre · **3** - **gaspillage** · déperdition · perte
🙰 **rebut**

déchetterie *n.f.* · décharge
🙰 **décharge**

déchiffonner *v.tr.* · défriper · défroisser · déplisser · lisser

CONTR. chiffonner ׀ friper ׀ froisser

déchiffrement *n.m.* · déchiffrage · décodage · décryptage

déchiffrer *v.tr.* **1** - décrypter · décoder · **2** - **deviner** · comprendre · découvrir · démêler · éclaircir · pénétrer (le sens de) · percer · saisir

CONTR. chiffrer ׀ crypter – obscurcir

🙰 **déchiffrer, décoder, décrypter**

Déchiffrer, **décoder** et **décrypter** s'emploient indifféremment quand on parle de traduire en clair un texte rédigé dans une écriture codée *(déchiffrer, décrypter, décoder un message secret)*. Seuls **déchiffrer** et **décrypter** peuvent s'appliquer s'il s'agit de lire une écriture mal formée. L'idée d'éclaircissement est limitée dans l'emploi de **décrypter**, qui s'applique essentiellement à des textes. **Déchiffrer** se dit aussi d'une partition ou de dessins *(déchiffrer de la musique, des hiéroglyphes, un rébus)* et concerne plus largement une chose qui apparaît obscure ou secrète *(déchiffrer une énigme, des caractères)* ou une personne *(c'est une femme compliquée qu'on ne déchiffre pas facilement)*.

déchiqueter *v.tr.* · déchirer · broyer · découper · hacher · lacérer · mettre en lambeaux · mettre en pièces · taillader · tailler en pièces · dilacérer *rare*

déchirant, e *adj.* **1** - bouleversant · émouvant · pathétique · poignant · tragique · **2** - aigu · perçant · strident

CONTR. gai ׀ heureux – grave ׀ sourd

déchirement *n.m.* 1 - chagrin · affliction · arrachement · douleur · peine · tourment · **2 - discorde** · désunion · division · **3 - déchirure** · claquage · lacération · rupture

déchirer *v.tr.* 1 - déchiqueter · arracher · lacérer · dilacérer *rare* · **2 -** [la peau] **balafrer** · égratigner · entamer · érafler · érailler · griffer · labourer · ouvrir · **3 - attrister** · affliger · bouleverser · fendre le cœur de · meurtrir · navrer · tourmenter · **4 - diviser** · scinder · tirailler · **5 -** [cri] **fendre** · percer · rompre · trouer · **6 - calomnier** · diffamer · médire · offenser · outrager
CONTR. consoler − réunir ı réconcilier ı pacifier − défendre

déchirure *n.f.* **1 - accroc** · **2 - blessure** · coupure · crevasse · écorchure · égratignure · éraflure · **3 - ouverture** · percée · trouée

déchoir *v.intr.* **1 - s'abaisser** · se dégrader · s'avilir · **2 - se déclasser** · déroger · rétrograder · régresser · forfaire *vieux ou littér.* · forligner *vieux ou littér.* · **3 -** [vieilli] **s'affaiblir** · baisser · décliner · faiblir
CONTR. s'élever ı monter ı progresser

déchu, e *adj.* détrôné · déposé · destitué
✦ **déchu de** privé de · dépossédé de

décidé, e *adj.* **1 - déterminé** · ferme · hardi · résolu · volontaire · crâne *vieilli* · **2 - fixé** · convenu · entendu · réglé · résolu · **3 - certain** · arrêté · déclaré · délibéré · évident · franc · manifeste · net
CONTR. hésitant ı indécis ı irrésolu ı perplexe − incertain

décider *v.tr.* **1 - fixer** · arrêter · décréter · déterminer · se mettre dans la tête · **2 - commander** · ordonner · **3 - arbitrer** · juger · trancher · **4 - convaincre** · entraîner · persuader · pousser
➤ **se décider** *v.pron.* · prendre une décision
✦ **se décider à** se résoudre à · se déterminer à · prendre le parti de

✦ **se décider pour** choisir · opter pour · se prononcer pour
CONTR. hésiter

décideur, -euse *n.m.* · décisionnaire · responsable

décimer *v.tr.* · anéantir · détruire · exterminer · massacrer · tuer · rayer de la carte

décisif, -ive *adj.* **1 - capital** · crucial · déterminant · important · prépondérant · principal · **2 - concluant** · convaincant · incontestable · irréfutable · péremptoire · **3 - définitif** · dernier · **4 - affirmatif** · décidé · dogmatique · péremptoire · tranchant
CONTR. accessoire ı négligeable − hésitant

décision *n.f.* **1 - choix** · délibération · parti · résolution · **2 -** [administrative] **arrêt** · arrêté · décret · édit · jugement · ordonnance · règlement · résolution · sentence · verdict · **3 -** [arbitraire] **diktat** · ukase · **4 - détermination** · caractère · énergie · fermeté · volonté
CONTR. hésitation ı indécision

déclamation *n.f.* **1 - éloquence** · art oratoire · rhétorique · **2 - emphase** · enflure

déclamatoire *adj.* · emphatique · ampoulé · boursouflé · grandiloquent · pompeux
CONTR. naturel ı sobre

déclamer *v.tr.* · dire · réciter · débiter *péj.* · [vers] scander

déclaration *n.f.* **1 - affirmation** · annonce · communication · proclamation · **2 -** [de principes] **manifeste** · profession de foi · **3 - dires** · parole · propos · **4 - aveu** · confession · confidence · révélation · **5 - attestation**

déclaré, e *adj.* · juré · intraitable · irréductible

déclarer v.tr. **1 - affirmer** · annoncer · dire · exprimer · indiquer · manifester · proclamer · professer · signifier · **2 - avouer** · confier · reconnaître · **3 - révéler** · dévoiler · faire savoir · porter à la connaissance (de) · signaler · **4 - attester** · certifier · notifier

✦ **déclarer que**   assurer que · prétendre que

⋙ **se déclarer** v.pron. **1 - apparaître** · se déclencher · éclater · survenir · **2 - prendre (ouvertement) parti** · se prononcer

déclassement n.m. **1 - dérangement** · déplacement · **2 - rétrogradation** · régression

déclasser v.tr. **1 - déranger** · déplacer · **2 - rétrograder** · faire régresser

⋙ **se déclasser** v.pron. s'abaisser · se dégrader · déchoir · forfaire *vieux ou littér.* · forligner *vieux ou littér.*

CONTR. reclasser – avancer

déclenchement n.m. · commencement · démarrage · lancement · mise en marche · mise en route

déclencher v.tr. **1 - provoquer** · catalyser · entraîner · déterminer · occasionner · susciter • [une passion] déchaîner · **2 - mettre en marche** · démarrer · lancer · mettre en branle · mettre en route

⋙ **se déclencher** v.pron. **survenir** · apparaître · se déclarer · éclater · se manifester · se produire · surgir

déclin n.m. **1 - décadence** · affaiblissement · déchéance · dégénérescence · étiolement · fin • [d'une maladie] décours · **2 - baisse** · décroissance · diminution

CONTR. épanouissement ׀ essor ׀ progrès – augmentation ׀ croissance

☙ décadence

décliner

■ v.tr. **1 - repousser** · écarter · refuser · rejeter · **2 - dire** · énoncer · énumérer

■ v.intr. **1 - baisser** · décroître · diminuer · tomber · **2 - dépérir** · s'affaiblir · empirer · s'étioler · languir · **3 - faiblir** · déchoir · dégénérer · s'effondrer · péricliter

⋙ **se décliner** v.pron. [mot] fléchir

CONTR. accepter – croître ׀ s'épanouir ׀ progresser – se développer

déclivité n.f. · inclinaison · pente

décocher v.tr. · lancer · darder · envoyer · balancer *fam.*

décoction n.f. · infusion · macération · tisane · apozème *vieux* · décocté *rare*

décoder v.tr. **1 - déchiffrer** · décrypter · **2 - comprendre** · deviner · interpréter · pénétrer · percer · saisir

CONTR. coder ׀ encoder

☙ déchiffrer

décoiffer v.tr. **1 - dépeigner** · ébouriffer · hérisser · écheveler *littér.* · **2 -** [fam.] → **étonner**

CONTR. recoiffer

décoincer v.tr. **1 - débloquer** · dégager · dégripper · **2 -** [fam.] **désinhiber** · décomplexer · **3 -** [fam.] **détendre** · dégeler · dérider

CONTR. coincer – inhiber ׀ complexer – bloquer ׀ tendre

décollage n.m. **1 - envol** · **2 - essor** · démarrage · envolée

CONTR. atterrissage – stagnation

décoller

■ v.intr. **1 - s'envoler** · s'élever dans les airs · quitter le sol · prendre son essor *littér.* · **2 - progresser** · s'envoler · se développer · prendre son essor

■ v.tr. **1 - enlever** · détacher · ôter · **2 - distancer** · décrocher · lâcher *fam.*

CONTR. atterrir – stagner – recoller

décolleté n.m. · échancrure

décolorer v.tr. **1 -** ternir · affadir · effacer · **2 -** blondir · blanchir · oxygéner

≫ **se décolorer** v.pron. déteindre · s'affadir · s'effacer · se faner · se ternir

CONTR. aviver ı relever – colorer ı teindre ı teinter

décombres n.m.pl. · ruines · débris · déblais · éboulis · gravats · restes · vestiges
↝ **ruines**

décommander v.tr. · annuler · contremander *littér.*

décomposer v.tr.
I **1 -** dissocier · désagréger · résoudre *littér.* · **2 -** analyser · diviser · scinder · résoudre *vieux*
II **1 -** pourrir · altérer · corrompre · dégrader · gâter · putréfier · **2 -** détruire · déliter · désorganiser · disloquer · dissoudre · **3 -** troubler · altérer · convulser

≫ **se décomposer** v.pron. **1 -** pourrir · s'altérer · se corrompre · se dégrader · se putréfier • [viande] faisander · **2 - se troubler** · perdre contenance · se démonter · **3 - se désagréger** · se déliter · se désorganiser · se disloquer · s'effriter

✦ **se décomposer en** être constitué de

CONTR. combiner ı composer ı synthétiser – assainir ı purifier

décomposition n.f.
I **1 -** dissociation · désagrégation · résolution *littér.* · **2 -** analyse · division · résolution *vieux*
II **1 -** pourriture · altération · corruption · putréfaction • [de la viande] faisandage · **2 -** décadence · désagrégation · déliquescence · délitement · désorganisation · dissolution · effritement · **3 - trouble** · altération · convulsion

CONTR. combinaison ı composition ı synthèse – assainissement ı purification

décompresser
■ v.tr. **1 -** décomprimer · détendre · dilater · **2 -** décompacter

■ v.intr. [fam.] se détendre · se décontracter · se relâcher · se relaxer

CONTR. compresser – se crisper ıs'énerver ı se raidir

décompression n.f. **1 -** dilatation · détente · expansion · **2 -** [fam.] détente · décontraction · relâchement · relaxation

CONTR. compression – crispation ı énervement

décompte n.m. **1 -** compte · dénombrement · détail · relevé · **2 -** déduction · défalcation · retranchement · soustraction

décompter v.tr. **1 -** compter · dénombrer · énumérer · **2 -** déduire · défalquer · retrancher · soustraire

CONTR. ajouter

déconcertant, e adj. **1 -** déroutant · désarçonnant · déstabilisant · troublant · **2 - bizarre** · étonnant · imprévu · inattendu · surprenant

CONTR. banal ı rassurant

déconcerté, e adj. · décontenancé · dérouté · désarçonné · désemparé · désorienté · déstabilisé · interdit · pantois · surpris · troublé

🕮 **déconcerté, dérouté, désarçonné, désemparé**
Les quatre mots s'appliquent à une personne qui perd une partie de ses moyens dans une situation imprévue. Un homme **déconcerté** n'est plus en harmonie – en concert – avec ce qui l'entoure, au point qu'il ne sait plus quelle attitude adopter *(les moqueries de ses amis l'ont déconcerté)*. On renchérit sur la surprise avec **dérouté** *(être dérouté par l'énoncé d'un problème)*. **Désemparé** s'emploie quand on ne sait plus du tout où l'on en est *(il est tout désemparé depuis qu'il est veuf)*, alors que **désarçonné** qualifie essentiellement l'inconfort éprouvé lorsque, dans une discussion,

on se trouve à bout d'arguments *(rester désarçonné par une question, des objections).*

déconcerter *v.tr.* · décontenancer · confondre · démonter · dérouter · désarçonner · désemparer · désorienter · déstabiliser · interdire · surprendre · troubler · déconfire *vieux*

CONTR. encourager ı rassurer

déconfiture *n.f.* **1 -** déroute · défaite · échec · effondrement · fiasco · naufrage · ruine · **2 - banqueroute** · faillite · insolvabilité · ruine

CONTR. succès ı triomphe

décongestionner *v.tr.* · dégager · désembouteiller · désencombrer · désengorger

CONTR. congestionner

déconnecter *v.tr.* **1 - débrancher** · **2 - séparer** · décorréler

⋙ **se déconnecter** *v.pron.* se détacher · s'éloigner · devenir étranger (à)

CONTR. connecter ı relier

déconseiller *v.tr.* · contre-indiquer · mettre en garde contre

CONTR. conseiller ı recommander

déconsidérer *v.tr.* · discréditer · nuire à (la réputation de) · perdre · couler *fam.* · griller *fam.*

décontenancer *v.tr.* **déconcerter** · confondre · démonter · dérouter · désarçonner · désemparer · désorienter · déstabiliser · interdire · troubler · déconfire *vieux*

⋙ **se décontenancer** *v.pron.* **se troubler** · se démonter · perdre contenance

CONTR. encourager ı rassurer – garder son sang-froid

décontracté, e *adj.* **1 - détendu** · cool *fam.* · relax *fam.* · **2 - dégagé** · désinvolte · libre

CONTR. contracté ı soucieux ı tendu – contraint ı embarrassé ı guindé

décontracter *v.tr.* **1 - détendre** · relaxer · **2 - relâcher** · décrisper

⋙ **se décontracter** *v.pron.* se relaxer · se détendre

CONTR. contracter ı crisper ı raidir ı tendre

décontraction *n.f.* **1 - détente** · relaxation · **2 - relâchement** · **3 - désinvolture** · aisance · calme · détachement

CONTR. contraction ı raideur

déconvenue *n.f.* · déception · dépit · désappointement · désillusion · désenchantement · mécompte *littér.*

CONTR. triomphe

décor *n.m.* **1 - décoration** · ornementation · parure · **2 -** [Théâtre] **toile de fond** · **3 - environnement** · cadre · milieu · paysage · toile de fond

décorateur, -trice *n.* · ensemblier · architecte d'intérieur

décoratif, -ive *adj.* · ornemental

décoration *n.f.* **1 - embellissement** · ornementation · **2 - ornements** · décor · **3 - médaille** · barrette · chaîne · cordon · croix · étoile · insigne · palme · plaque · rosette · ruban · banane *fam.* · crachat *vieux, fam.*

décorer *v.tr.* **1 - agrémenter** · embellir · enjoliver · orner · parer · **2 - médailler**

décortiquer *v.tr.* · analyser · disséquer · désosser · éplucher *fam.*

décorum *n.m.* **1 - bienséance** · convenances · **2 - apparat** · cérémonial · étiquette · protocole

découdre *v.tr.* débâtir · défaufiler · dépiquer
✦ **en découdre** se battre · en venir aux mains · se bagarrer *fam.* · se castagner *fam.*
CONTR. coudre

découler *v.intr.* **1 -** dériver · se déduire · émaner · procéder · provenir · résulter · venir · **2 -** [vieilli ou littér.] s'écouler · dégoutter
CONTR. causer ı entraîner ı provoquer

découpage *n.m.* **1 -** coupe · **2 -** débitage · dépeçage · équarrissage · **3 -** division · fractionnement · morcellement · partage

découper *v.tr.* **1 -** couper · tailler · trancher · **2 -** débiter · dépecer · équarrir · [bois] chantourner · **3 -** détacher · lever · **4 -** diviser · fractionner · morceler · partager · **5 -** échancrer · denteler · entailler · évider
≫ **se découper** *v.pron.* se détacher · se dessiner · se profiler · se silhouetter · ressortir

découpure *n.f.* **1 -** découpe · coupe · **2 - entaille** · échancrure · crénelure · dentelure · feston

décourageant, e *adj.* **1 -** affligeant · démoralisant · désespérant · **2 -** démotivant · démobilisateur · dissuasif · rebutant
CONTR. encourageant ı réconfortant ı stimulant

découragement *n.m.* · abattement · accablement · démoralisation · désenchantement · écœurement · lassitude · blues *fam.* · cafard *fam.*
CONTR. énergie ı espérance

décourager *v.tr.* **1 - abattre** · accabler · couper bras et jambes à · dégoûter · démonter · démoraliser · déprimer · désenchanter · désespérer · écœurer · **2 - démotiver** · démobiliser · lasser · rebuter · doucher *fam.* · refroidir *fam.* · **3 - empêcher** · enrayer · prévenir · **4 -** [qqn de faire qqch.] dissuader · détourner

≫ **se décourager** *v.pron.* **perdre courage, espoir** · se lasser · baisser les bras · jeter le manche après la cognée
CONTR. encourager ı réconforter – motiver ı galvaniser – favoriser ı permettre

décousu, e *adj.* · désordonné · confus · haché · illogique · incohérent · inconséquent · sans suite
CONTR. cohérent ı logique ı suivi

¹**découvert, e** *adj.* **1 -** dénudé · nu · **2 -** exposé
✦ **à visage découvert** franchement · ouvertement · sans masque

²**découvert** *n.m.* déficit
✦ **à découvert** **1 -** débiteur · dans le rouge *fam.* · **2 - en rase campagne** · à ciel ouvert · en plein champ · en plein vent · **3 - ouvertement** · franchement · sans détour · sans masque

découverte *n.f.* **1 -** invention · création · illumination · trait de génie · trouvaille · **2 -** exploration · recherche · reconnaissance · **3 -** révélation

🕮 **découverte, invention, trouvaille**

La **découverte** met au jour ce qui existe mais restait inconnu jusque-là. Elle peut être le fait du hasard *(la découverte de l'Amérique, d'une grotte préhistorique)* ou de l'observation raisonnée *(la découverte d'une planète, d'un virus)*. L'**invention** est le fruit d'une démarche qui vise à créer quelque chose qui n'existe pas. Son champ d'application est souvent scientifique ou technique et elle est parfois consécutive à une **découverte** *(la découverte de l'action de la lumière sur une surface sensible a conduit à l'invention de la photographie)*. La **découverte** est attachée à la notion de prestige et l'**invention** à celle de labeur. La **trouvaille**, en revanche, est généralement plus modeste ; elle implique simplement une idée intéressante ou ingénieuse, souvent en parlant d'une œuvre artistique *(il y a d'heureuses trouvailles dans son spectacle)*.

découvrir v.tr. **1 - apercevoir** · discerner · distinguer · remarquer · repérer · surprendre · **2 - déceler** · détecter · dépister · trouver · dégoter *fam.* · dénicher *fam.* · **3 - inventer** · concevoir · imaginer · trouver · **4 - dévoiler** · divulguer · exposer · mettre au jour · lever le voile sur · révéler · **5 - deviner** · percer (à jour) · pénétrer · saisir · **6 - exposer** · dégager · dénuder

≫ **se découvrir** v.pron. **1 - se déshabiller** · se dénuder · se dévêtir · se désaper *fam.* · **2 - se dégager** · s'éclaircir · s'éclairer · **3 - s'exposer**

CONTR. cacher ı dissimuler – couvrir – s'habiller ı se couvrir ıse vêtir

🐟 **trouver**

décrassage n.m. · nettoyage · lavage

décrasser v.tr. **1 - nettoyer** · laver · **2 - dégrossir** · décrotter · déniaiser

CONTR. encrasser ı salir

décrépit, e adj. **1 - délabré** · usé · **2 - sénile** · croulant *fam.*

décrépitude n.f. **1 - délabrement** · usure · **2 - sénilité** · déchéance · **3 - décadence** · déchéance · dégénérescence · déliquescence

CONTR. jeunesse ı vigueur

décret n.m. **1 - arrêté** · ordonnance · [Relig.] bulle · sentence · **2 - décision** · arrêt · diktat · loi · ordre · ukase · volonté

décréter v.tr. **1 - décider** · se mettre dans la tête · **2 - ordonner** · commander · imposer

décrier v.tr. · critiquer · dénigrer · déprécier · discréditer · médire de, sur · vilipender *littér.* · débiner *fam.*

CONTR. célébrer ı louanger ı louer ı prôner ı vanter

décrire v.tr. **1 - raconter** · dépeindre · expliquer · exposer · peindre · représenter · retracer · faire le tableau de · **2 - tracer** · dessiner · esquisser

décrocher

■ v.tr. **1 - dépendre** · descendre · **2 -** [fam.] **obtenir** · gagner · dégoter *fam.* · dénicher *fam.*

■ v.intr. **1 - abandonner** · démissionner · lâcher pied · renoncer · s'avouer vaincu · **2 -** [fam.] **déconnecter** · débrancher *fam.*

CONTR. accrocher ı raccrocher

décroissance n.f. · baisse · affaiblissement · amoindrissement · déclin · décrue · diminution · désescalade

CONTR. croissance

décroître v.intr. · baisser · s'affaiblir · s'amoindrir · diminuer · décliner · faiblir · perdre ses forces

CONTR. s'accroître ı augmenter ı croître ı grandir

décrue n.f. · décroissance · affaiblissement · amoindrissement · baisse · déclin · diminution · désescalade

CONTR. croissance ı augmentation

décrypter v.tr. **1 - déchiffrer** · décoder · **2 - deviner** · comprendre · lire · pénétrer (le sens de) · percer · saisir

CONTR. crypter

🐟 **déchiffrer**

déçu, e adj. **1 - dépité** · désappointé · désenchanté · camus *fam., vieux* · chocolat *fam., vieux* · **2 - frustré** · inassouvi · insatisfait

CONTR. comblé ı satisfait

décupler v.tr. · augmenter · gonfler · multiplier · redoubler

dédaigner v.tr. **1 - mépriser** · faire fi de · faire bon marché de · se moquer de · **2 - refuser** · décliner · rejeter · repousser

CONTR. apprécier ı faire cas de ı considérer ı désirer ı estimer

dédaigneux, -euse adj. • condescendant • altier • arrogant • hautain • méprisant • supérieur
CONTR. admiratif ı respectueux ı soucieux (de)

dédain n.m. • condescendance • arrogance • hauteur • mépris • mésestime littér.
CONTR. admiration ı considération ı déférence ı estime ı respect

dédale n.m. 1 - labyrinthe • lacis • réseau • 2 - embrouillamini • complications • confusion • écheveau • enchevêtrement • forêt
↝ labyrinthe

dedans adv. • à l'intérieur
CONTR. dehors ı à l'extérieur

dédicace n.f. 1 - consécration • 2 - hommage • envoi

dédicacer v.tr. • dédier • signer
↝ **dédicacer, dédier**
Dédicacer et dédier ont en commun l'idée d'hommage rendu à une personne. On dédicace un livre, un disque, une photographie, etc., à quelqu'un en y écrivant quelques mots (le lauréat du prix Goncourt dédicacera son roman à la librairie X...). Dédier concerne une œuvre dans divers domaines (dédier un livre, une chanson, un monument). On rend cette fois hommage à une seule personne, ou à un nombre très restreint, parfois en se plaçant sous son patronage par une inscription faite avant que l'œuvre ait été donnée au public (dédier un roman à ses enfants ; dédier un film à la mémoire d'un cinéaste, une stèle à la mémoire de disparus).

dédier v.tr. 1 - consacrer • dévouer • offrir • vouer • 2 - dédicacer
↝ dédicacer

dédire (se) v.pron. • se contredire • se déjuger • se désavouer • se rétracter • revenir sur ses propos • se raviser • manger son chapeau fam.

dédit n.m. 1 - rétractation • révocation • 2 - indemnité • compensation • dédommagement

dédommagement n.m. 1 - indemnité • compensation • consolation • réparation • [Assurances] dommages et intérêts • 2 - consolation • compensation
↝ **dédommagement, indemnité**
Dédommagement et indemnité ont en commun l'idée de compensation d'un dommage. Le dédommagement implique le plus souvent une équivalence entre le dommage et la réparation (demander, recevoir, accepter un dédommagement ; un faible dédommagement) ; il peut consister en une somme d'argent (un dédommagement pécuniaire) ou non (un dédommagement en nature). L'indemnité, sans idée d'équivalence, est allouée à quelqu'un pour compenser des pertes (une indemnité de licenciement, d'expropriation), des frais, etc. (des indemnités de déplacement, de résidence). L'indemnité consiste toujours en une somme d'argent et peut même être la rétribution d'une fonction temporaire (l'indemnité parlementaire) ou honorifique (l'indemnité d'un académicien).

dédommager v.tr. 1 - compenser • indemniser • réparer • 2 - remercier • consoler • récompenser

dédouaner v.tr. • racheter • réhabiliter

dédoubler v.tr. • diviser • partager • scinder en deux
CONTR. doubler

dédramatiser v.tr. • dépassionner • minimiser • relativiser
CONTR. dramatiser

déductif, -ive adj. • démonstratif • discursif • axiomatique
CONTR. inductif – intuitif

déduction *n.f.* **1 -** remise · abattement · décompte · défalcation · réduction · retranchement · soustraction · **2 -** inférence · **3 -** conclusion

CONTR. induction – intuition

déduire *v.tr.* **1 -** décompter · défalquer · enlever · retenir · retrancher · soustraire · **2 -** conclure · inférer · tirer comme conséquence

≫ **se déduire** *v.pron.* découler · dériver · résulter

CONTR. additionner | ajouter

déesse *n.f.* **1 -** divinité · muse · nymphe · [indienne] apsara · [nordique] walkyrie · ondine · **2 -** beauté · vénus

défaillance *n.f.* **1 -** défaut · défectuosité · erreur · panne · **2 -** évanouissement · étourdissement · faiblesse · malaise · syncope · pâmoison *vieilli ou plaisant* · **3 -** incapacité · incompétence

✦ **avoir une défaillance** s'évanouir · se trouver mal · tomber dans les pommes, les vapes *fam.* · tourner de l'œil *fam.* · se pâmer *vieilli ou plaisant*

CONTR. énergie | fermeté | force | puissance | stabilité

défaillant, e *adj.* **1 -** affaibli · chancelant · faible · vacillant · **2 - absent** · manquant · [accusé] contumax

CONTR. ferme | fort

défaillir *v.intr.* **1 -** s'évanouir · se trouver mal · tomber dans les pommes, les vapes *fam.* · tourner de l'œil *fam.* · se pâmer *vieilli ou plaisant* · **2 -** baisser · s'affaiblir · décliner · diminuer · **3 -** faiblir · flancher *fam.*

CONTR. se maintenir – augmenter | redoubler

défaire *v.tr.* **1 -** déconstruire · démolir · démonter · désassembler · **2 -** détacher · déboutonner · dégrafer · délacer · dénouer · dessangler · **3 -** déballer · ouvrir · **4 -** vaincre · battre · culbuter · enfoncer · écraser · tailler en pièces · **5 -** [qqn de] **débarrasser** · affranchir · dégager · délivrer · dépêtrer

≫ **se défaire** *v.pron.* **1 -** se décomposer · se déliter · se désagréger · s'écrouler · s'effondrer · **2 -** se déshabiller · se dévêtir · se mettre à l'aise · se désaper *fam.*

✦ **se défaire de** **1 -** abandonner · se débarrasser de · se dessaisir de · se démettre de · céder · délaisser · jeter · rejeter · renoncer à · se séparer de · balancer *fam.* · bazarder *fam.* · mettre au rancart *fam.* · **2 -** se délivrer de · s'affranchir de · se débarrasser de · se dégager de · se dépêtrer de · écarter · éliminer · **3 -** se corriger de · perdre · renoncer à · **4 -** congédier · se débarrasser de · repousser · se dépêtrer de *fam.* · envoyer promener *fam.* · envoyer paître *fam.* · **5 -** licencier · débaucher · se débarrasser de · mettre à la porte · remercier · renvoyer · se séparer de · débarquer *fam.* · sacquer *fam.* · vider *fam.* · virer *fam.*

CONTR. assembler | construire | fabriquer | monter – attacher – établir | consolider – conserver | garder

défait, e *adj.* **1 -** abattu · affaibli · décomposé · épuisé · exténué · **2 -** décontenancé · **3 -** en désordre

CONTR. fort | gaillard – ragaillardi – fait | en ordre

défaite *n.f.* **1 -** échec · déconfiture · fiasco · revers · branlée *fam.* · brossée *fam.* · déculottée *fam.* · dérouillée *fam.* · frottée *fam.* · pile *fam.* · piquette *fam.* · raclée *fam.* · **2 - débâcle** · débandade · déroute

CONTR. succès | triomphe | victoire

🙰 **défaite, déroute, débâcle**

Défaite, déroute et débâcle appartiennent en premier lieu au vocabulaire militaire. La **défaite**, c'est-à-dire l'échec d'une armée à un combat, peut se transformer lors de la retraite des troupes en **déroute**, qui est une fuite sans ordre : « Pendant plusieurs jours de suite des lambeaux d'armée en déroute avaient traversé la ville. Ce n'était point de la troupe, mais des hordes débandées » (Maupassant, *Boule* *de suif*). Cette déroute devient une **débâcle** si la fuite est massive et soudaine comme la fracture de la couche glacée d'un cours d'eau *(la débâcle des armées de Napoléon après la défaite de Waterloo)*. On retrouve dans les emplois figurés un rapport analogue entre **défaite** et **déroute** ou **débâcle** : *la défaite électorale a mis en déroute (a entraîné la débâcle de) tout le parti*.

défaitiste *adj. et n.* • pessimiste • capitulard *péj.*
CONTR. optimiste – patriote ı résistant

défalcation *n.f.* • déduction • décompte • retranchement • soustraction

défalquer *v.tr.* • déduire • décompter • retrancher • soustraire
CONTR. ajouter ı augmenter

défatiguer *v.tr.* • délasser • détendre • relaxer • reposer
CONTR. fatiguer

défaut *n.m.*
I 1 - **imperfection** • anomalie • défectuosité • irrégularité • malformation • tare • vice • [d'un diamant] crapaud • [d'un acier] paille • [d'une construction] malfaçon • loup • [d'un logiciel] bogue • bug • **2** - travers • vice • **3** - inconvénient • désavantage • faiblesse • lacune
II 1 - absence • carence • insuffisance • manque • pénurie • **2** - [Droit] défaillance • contumace
+ **faire défaut** (à) 1 - manquer • **2** - abandonner • trahir
+ **à défaut de** faute de • au lieu de
+ **être en défaut** 1 - faillir • 2 - se tromper • être en faute
+ **mettre en défaut** mettre en échec
CONTR. mérite ı perfection ı qualité ı vertu – avantage ı mérite – abondance ı excès

❦ **défaut, défectuosité, imperfection, vice**
Tous ces mots sont relatifs à un manque ou à une anomalie concernant un objet fabriqué. Il y a **défaut** lorsque certaines qualités attendues ou nécessaires sont absentes *(un défaut de conformation ; c'est un défaut inhérent au système ; le défaut d'une broderie)*. **Imperfection** renchérit sur **défaut** et permet d'insister sur ce qui manque pour que l'objet considéré fonctionne correctement, pour s'approcher d'un idéal esthétique ou moral *(l'imperfection de l'homme, de nos connaissances)*. **Défectuosité** est surtout réservé à des produits fabriqués qui présentent des imperfections par rapport à des normes d'utilisation *(la défectuosité d'un branchement électrique)*. **Vice** a une valeur plus forte qu'**imperfection** et implique que le défaut modifie l'objet au point de le rendre impropre à sa fonction *(le défaut de ce placard vient d'un vice de construction)*.

défaveur *n.f.* • discrédit • désaffection • disgrâce • impopularité • inimitié • décote • décri *littér.* • déconsidération *littér.* • désamour *littér.*
CONTR. faveur

défavorable *adj.* **1** - désavantageux • hostile • mauvais • néfaste • nuisible • **2** - opposé • adverse • contraire • **3** - péjoratif • dépréciatif • négatif
CONTR. favorable

défavorablement *adv.* • mal • d'un mauvais œil
CONTR. favorablement

défavorisé, e *adj.* • pauvre • démuni • déshérité • indigent • laissé pour compte • sous-développé

défavoriser *v.tr.* • désavantager • contrarier • desservir • gêner • handicaper • nuire à
CONTR. avantager ı favoriser

défection *n.f.* · abandon · désertion · retrait · trahison

CONTR. fidélité

défectueux, -euse *adj.* **1 - hors d'état** · hors service · **2 - imparfait** · déficient · insuffisant · mauvais · laissant à désirer · **3 - incorrect** · bancal · boiteux · vicieux

CONTR. correct ı exact ı irréprochable ı parfait

défectuosité *n.f.* · défaut · anomalie · imperfection · irrégularité · malfaçon · malformation · tare · vice

❧ **défaut**

défendable *adj.* · justifiable · excusable · soutenable

CONTR. indéfendable

défendre *v.tr.*
I **1 - protéger** · garantir · garder · sauvegarder · **2 - secourir** · aller à la rescousse de
II **1 - plaider pour** · intercéder en faveur de · soutenir · se faire l'avocat de · prendre la défense de · prendre fait et cause pour · plaider la cause de · **2 - se prononcer pour** · être en faveur de
III **interdire** · prohiber · proscrire · inhiber *vieux*

≫ **se défendre** *v.pron.* **1 - lutter** · se battre · se débattre · résister · **2 - riposter** · réagir · répondre

✦ **se défendre de** s'empêcher de · se garder de · s'interdire · se refuser à · se retenir de
✦ **se défendre de, contre** se garantir contre · se préserver de · se protéger de · parer à · résister à · se cuirasser contre

CONTR. attaquer – accuser – autoriser ı ordonner ı permettre – abandonner ı se laisser aller

❧ **justifier**

défendu, e *adj.* · interdit · illégal · illicite · prohibé

❧ **défendu, interdit, prohibé**

Défendu, prohibé et interdit s'appliquent à ce qui fait l'objet d'une défense, de quelque nature qu'elle soit. Avec défendu, elle concerne un élément concret *(ces exercices vous sont défendus pour préserver votre santé)* ou abstrait *(un plaisir défendu)*. Interdit renchérit sur défendu : « La bonne chère m'est interdite, le vin m'est interdit, je suis un homme mort » (Flaubert, *Correspondance*, 9 février 1844). De plus, interdit s'emploie pour tout ce qui n'est pas autorisé par la loi *(stationnement, passage interdit ; film interdit aux moins de seize ans)* et qualifie des personnes *(un exilé politique interdit de séjour)*. Prohibé ne qualifie que les choses dont l'usage est proscrit par une autorité *(introduire sur le territoire des marchandises prohibées ; port d'armes prohibé)*.

défense *n.f.*
I **1 - protection** · bouclier · cuirasse · rempart · **2 - aide** · rescousse · sauvegarde · secours · soutien
II **excuse** · justification
III **1 - plaidoirie** · plaidoyer · **2 - avocat** · défenseur
IV **interdiction** · prohibition · inhibition *Droit, vieux*

✦ **prendre la défense de** → défendre

CONTR. agression ı attaque ı offensive – abandon ı désertion ı fuite – autorisation ı permission

défenseur *n.m.* **1 - avocat** · adepte · apôtre · champion · intercesseur · partisan · soutien · tenant · **2 - protecteur** · gardien

✦ **défenseur des opprimés, défenseur de la veuve et de l'orphelin** don Quichotte · Robin des bois · Zorro

CONTR. accusateur ı adversaire – agresseur ı assaillant ı attaquant

défensive (sur la) *loc.adj.* · méfiant · sur ses gardes · sur le qui-vive

déféquer

■ *v.intr.* **aller à la selle** · se soulager · crotter *fam.* · faire *fam.* · faire caca *fam.* · faire la grosse commission *lang. enfants* · faire ses besoins *fam.* · chier *très fam.* · se décharger le ventre *fam., vieux*

■ *v.tr.* **clarifier** · épurer · filtrer

déférence
n.f. **1 - considération** · égards · estime · respect · **2 -** [excessive] **bassesse** · obséquiosité · servilité
CONTR. arrogance ı insolence ı irrespect

déférent, e
adj. · **respectueux** · [excessivement] **obséquieux** · servile
CONTR. arrogant ı effronté ı insolent ı irrespectueux

déférer
v.tr. **1 - traduire en justice** · citer (en justice) · **2 - attribuer** · conférer · décerner
✦ **déférer à** acquiescer à · céder à · se conformer à · obéir à · obtempérer à · s'en rapporter à · s'en remettre à · se ranger à · se soumettre à
CONTR. refuser ı résister

déferlement
n.m. **1 - invasion** · afflux · flot · vague · **2 - débordement** · effusion · explosion

déferler
■ *v.intr.* **1 -** [vague] **se briser** · **2 - envahir** · affluer · se répandre
■ *v.tr.* [une voile] **déployer** · envoyer · larguer

défi
n.m. **1 - bravade** · provocation · **2 - challenge** · gageure · performance
CONTR. obéissance ı respect ı soumission

défiance
n.f. · **méfiance** · crainte · doute · circonspection · incrédulité · réserve · scepticisme · suspicion
CONTR. confiance

défiant, e
adj. · **méfiant** · circonspect · incrédule · sceptique · soupçonneux
CONTR. confiant

déficience
n.f. · **insuffisance** · carence · défaillance · défaut · faiblesse · lacune · limite

déficient, e
adj. · **insuffisant** · défaillant · faible · lacunaire · limité · médiocre

déficit
n.m. **1 - dette** · découvert · perte · trou *fam.* · mali *Belgique* · **2 - insuffisance** · déficience · manque · pénurie
✦ **être en déficit** être dans le rouge *fam.*
CONTR. excédent – bénéfice

défier
v.tr. **1 - provoquer** · challenger *anglic.* · mettre au défi · jeter le gant à · **2 - affronter** · braver · se dresser contre · narguer · résister à · faire la nique à *fam.*
CONTR. céder à – éviter ı fuir ı se soumettre

défier (se)
v.pron.
✦ **se défier de** craindre de · être sur ses gardes avec · se garder de · se méfier de

défigurer
v.tr. **1 - abîmer** · altérer · contrefaire · décomposer · dégrader · enlaidir · gâter · **2 - dénaturer** · altérer · caricaturer · fausser · transformer · travestir
CONTR. embellir – respecter ı restituer

défilé
n.m. **1 - gorge** · canyon · couloir · détroit · goulet · passage • [dans désignations] **pas** · **2 - colonne** · cortège · file · parade · procession • [de chars] **corso** · **3 - succession** · chapelet · cortège · procession

> 🕮 **défilé, détroit, gorge, pas**
>
> Cette série de mots désigne des passages naturels étroits. Le **défilé** est toujours encaissé, par exemple entre deux montagnes *(s'engager dans un défilé)*. **Détroit** s'applique seulement à un espace de mer qui, entre deux terres, joint deux étendues marines *(le détroit de Gibraltar, entre la Méditerranée et l'Atlantique)*. La **gorge** est une vallée, encaissée et plus large que le défilé *(les gorges du Tarn, du Verdon)*.

Pas s'emploie avec la valeur de **défilé** ou de **détroit** dans quelques désignations géographiques *(le pas de Calais)*.

défiler *v.intr.* • se succéder • se dérouler • (se) passer

défiler (se) *v.pron.* • se dérober • s'esquiver • fuir

défini, e *adj.* • déterminé • clair • délimité • précis
CONTR. indéfini ı indéterminé

définir *v.tr.* **1** - déterminer le sens de • expliquer • **2** - fixer • décider • fixer • indiquer • préciser • spécifier • **3** - délimiter • cerner • circonscrire
⋙ **se définir** *v.pron.* **se caractériser** • se présenter

définitif, -ive *adj.* **1** - fixe • arrêté • déterminé • inébranlable • invariable • irrémédiable • irrévocable • sans appel • **2** - dernier • final • finalisé • ultime
✦ **en définitive** après tout • au bout du compte • décidément • en dernière analyse • en un mot • finalement • pour conclure • tout compte fait
CONTR. momentané ı provisoire ı temporaire

définition *n.f.* **signification** • explication • sens
✦ **par définition** par principe • intrinsèquement • par essence • par nature

définitivement *adv.* • irrémédiablement • à jamais • irrévocablement • pour toujours • une fois pour toutes • tout de bon *vieilli*
CONTR. passagèrement ı provisoirement ı temporairement

déflagration *n.f.* • explosion • détonation

déflorer *v.tr.* **1** - dévirginiser *littér. ou plaisant* • dépuceler *fam.* • **2** - gâter • retirer le sel de

défoncé, e *adj.* [fam.] → **drogué**

défoncer *v.tr.* **1** - enfoncer • briser • détériorer • éventrer • **2** - labourer
⋙ **se défoncer** *v.pron.* **1** - → se droguer • **2** - → se démener

déforestation *n.f.* • déboisement • dépeuplement
CONTR. reboisement ı reforestation

déformation *n.f.* **1** - altération • modification • transformation • **2** - distorsion • gauchissement • **3** - défiguration • falsification • **4** - difformité • dysmorphie • malformation
CONTR. redressement

déformer *v.tr.* **1** - altérer • changer • modifier • transformer • **2** - distendre • avachir • bosseler • courber • distordre • gauchir • tordre • **3** - caricaturer • défigurer • dénaturer • distordre • falsifier • fausser • travestir
⋙ **se déformer** *v.pron.* gauchir • s'avachir • se distendre • se déjeter • gondoler
CONTR. redresser ı reformer

défoulement *n.m.* • libération • décompression *fam.*
CONTR. refoulement

défouler (se) *v.pron.* • se libérer • décompresser *fam.*

défrayer *v.tr.* • rembourser • indemniser

défrichage *n.m.* → **défrichement**

défrichement *n.m.* • débroussaillage • défrichage • essartage

défricher *v.tr.* **1** - débroussailler • essarter • **2** - préparer • déblayer • débrouiller • dégrossir • démêler • éclaircir

défriper v.tr. · déchiffonner · défroisser · déplisser · lisser
CONTR. friper

défriser v.tr. 1 - raidir · 2 - [fam.] contrarier · déranger · ennuyer
CONTR. friser

défroque n.f. · guenilles · haillons · hardes · frusques fam.

défunt, e adj. et n. · mort · disparu · trépassé littér. · feu (devant un nom)
CONTR. vivant
↝ mort

dégagé, e adj. 1 - désinvolte · cavalier · décontracté · léger · cool fam. · relax fam. · 2 - libre · désencombré
CONTR. emprunté | engoncé | gauche | gêné – couvert

dégagement n.m. 1 - corridor · couloir · passage · 2 - émanation · production · sortie · 3 - déblaiement · déblayage
CONTR. absorption

dégager v.tr. 1 - débloquer · désobstruer · déblayer · désencombrer · libérer · 2 - délivrer · sortir · 3 - extraire · enlever · ôter · retirer · tirer · 4 - découvrir · dénuder · dépouiller · 5 - distinguer · isoler · séparer · 6 - émettre · exhaler · produire · répandre · 7 - [qqn de] dispenser · affranchir · décharger · exonérer · libérer · soustraire à
≫ **se dégager** v.pron. 1 - se délivrer · s'extirper · s'extraire · se dépêtrer · se libérer · se tirer · 2 - se découvrir · s'éclaircir · 3 - émaner · s'exhaler · se répandre · sortir · sourdre littér. · 4 - se manifester · ressortir · résulter
CONTR. encombrer – engager | engoncer – absorber

dégaine n.f. · allure · air · apparence · genre · style · look fam. · touche fam.

dégarni, e adj. · chauve · déplumé fam.

dégarnir v.tr. 1 - débarrasser · dépouiller · vider · dépourvoir rare · 2 - élaguer · émonder · tailler
≫ **se dégarnir** v.pron. 1 - se vider · se désemplir · 2 - perdre ses cheveux · se déplumer fam.
CONTR. garnir | pourvoir

dégât n.m. · dommage · casse · dégradation · déprédation · destruction · détérioration · méfait · ravage • [sur un bateau] avarie
CONTR. réparation

dégauchir v.tr. · aplanir · redresser
CONTR. gauchir

dégel n.m. 1 - fonte · débâcle · 2 - déblocage · libération · 3 - détente · décrispation
CONTR. gel

dégeler v.tr. 1 - faire fondre · décongeler · réchauffer · 2 - débloquer · libérer · 3 - détendre · décrisper · dérider · décoincer fam. • [l'atmosphère] réchauffer
CONTR. congeler | geler – bloquer – figer

dégénéré, e adj. → imbécile

dégénérer v.intr. 1 - s'abâtardir · 2 - s'appauvrir · s'avilir · se dégrader · se pervertir · 3 - s'aggraver · se détériorer · empirer · mal tourner · tourner au vinaigre fam. • [discussion] s'égarer · voler bas fam.
♦ **dégénérer en** tourner en · se transformer en
CONTR. s'améliorer | se régénérer

dégénérescence n.f. 1 - abâtardissement · 2 - dégradation · décadence · déclin
CONTR. amélioration | progrès

déglinguer v.tr. [fam.] → abîmer

déglutir v.tr. · avaler · ingurgiter

dégommer v.tr. [fam.] → **destituer**

dégonflé, e adj. **1 - à plat** · crevé · **2 - lâche** · peureux · poltron · couard littér. · pleutre littér. · pusillanime littér. · froussard fam. · trouillard fam. · pétochard fam.

dégonfler (se) v.pron. **1 - désenfler** · se vider · **2 -** [fam.] **mollir** · lâcher pied · se déballonner fam. · flancher fam.

dégorger
- v.tr. **1 - déverser** · évacuer · **2 - débagouler** · lancer · **3 - purger** · vider · **4 - laver** · nettoyer · purifier
- v.intr. **1 - se déverser** · s'écouler · **2 - déteindre**

CONTR. absorber ı boucher ı engorger ı gorger ı remplir

dégoter v.tr. [fam.] → **découvrir**

dégouliner v.intr. · ruisseler · dégoutteler rare

dégourdi, e adj. · débrouillard · éveillé · futé · malin · démerdard fam.
✦ **être dégourdi** ne pas avoir les deux pieds dans le même sabot fam.

CONTR. engourdi ı gauche ı gourd ı maladroit

dégourdir v.tr. **délurer** · dégrossir · déniaiser · dessaler fam.

⟫ **se dégourdir** v.pron. **1 - se dérouiller** · **2 - s'affranchir** · s'émanciper · se dessaler fam.

CONTR. engourdir

dégoût n.m. **1 - écœurement** · inappétence · nausée · **2 - aversion** · horreur · mépris · répugnance · répulsion · exécration littér.
✦ **jusqu'au dégoût** à satiété · tout son soûl
✦ **avoir du dégoût pour** avoir en horreur · abhorrer littér. · exécrer littér.

CONTR. goût – attrait ı désir ı envie ı plaisir

dégoûtant, e adj. **1 - infect** · écœurant · ignoble · immangeable · imbuvable · innommable · repoussant · répugnant · dégueu fam. · dégueulasse fam. · lasdèg lang. jeunes · **2 - nauséabond** · fétide · puant · **3 - sale** · crasseux · immonde · malpropre · dégueu fam. · dégueulasse fam. · lasdèg lang. jeunes · **4 - odieux** · abject · honteux · ignoble · révoltant · dégueulasse fam. · salaud très fam. · **5 - obscène** · grossier · grivois · licencieux · sale · cochon fam. · dégueulasse fam.

CONTR. appétissant ı désirable ı propre ı ragoûtant – correct ı propre ı sérieux

dégoûté, e adj. écœuré · blasé · déçu · désenchanté · revenu de tout
✦ **faire le dégoûté** faire le délicat · faire le difficile

dégoûter v.tr. **1 - écœurer** · indisposer · rebuter · répugner · débecter fam. · **2 - révolter** · débecter fam. · **3 -** [qqn de faire qqch.] **dissuader** · détourner

CONTR. attirer ı charmer ı plaire ı tenter – supporter ı tolérer

dégoutter v.intr. · dégouliner · ruisseler · suinter

dégradant, e adj. · humiliant · avilissant · déshonorant · infamant · honteux

dégradation n.f. **1 - dégât** · délabrement · destruction · dommage · endommagement · profanation · **2 - abaissement** · avilissement · déchéance · **3 - destitution** · déposition

CONTR. réfection ı réparation – réhabilitaiton
↬ **destitution**

dégrader v.tr. **1 - abîmer** · délabrer · détériorer · détruire · endommager · profaner · ruiner · **2 - abaisser** · avilir · déshonorer · rabaisser

se dégrader *v.pron.* **1 - s'aggraver** · se détériorer · empirer · **2 - se délabrer** · tomber en ruine
CONTR. améliorer ı convertir ı épanouir ı réparer – réhabiliter

dégraissage *n.m.* **1 - licenciement(s)** · **2 - nettoyage**

dégraisser *v.tr.* **1 - alléger** · diminuer · réduire · **2 - détacher** · nettoyer
CONTR. graisser ı tacher

degré *n.m.* **1 - marche** · échelon · **2 - gradin** · rang · rangée · **3 - gradation** · nuance · **4 - grade** · classe · échelon · niveau · position · rang · **5 - stade** · étape · palier · phase · point · **6 - titrage** · titre
✦ **le plus haut degré** le point culminant · le faîte · le sommet · le summum
✦ **par degré(s)** au fur et à mesure · graduellement · progressivement · par échelons · par étapes · par paliers · pied à pied · successivement
🠶 **grade**

dégrèvement *n.m.* · remise · abattement · réduction

dégrever *v.tr.* · exempter · exonérer
CONTR. alourdir ı grever

dégringolade *n.f.* **1 - culbute** · chute · **2 - baisse** · chute · effondrement

dégringoler
■ *v.intr.* **1 - chuter** · culbuter · faire la culbute · tomber · s'étaler *fam.* · se casser la figure, la binette *fam.* · **2 - s'affaisser** · s'ébouler · s'écrouler · **3 - baisser** · chuter · s'effondrer · sombrer
■ *v.tr.* dévaler · descendre · débouler *fam.*
CONTR. grimper ı monter ı remonter

dégriser *v.tr.* **1 - désenivrer** · dessoûler · **2 - désillusionner** · faire revenir sur terre · refroidir · doucher *fam.*
CONTR. enivrer ı griser

dégrossir *v.tr.* **1 - débrouiller** · défricher · démêler · **2 - dégourdir** · civiliser · débrouiller · décrasser · décrotter · dégauchir · déniaiser · dessaler *fam.* · **3 -** [Techn.] corroyer · débrutir · dégraisser · délarder · démaigrir
CONTR. fignoler ı finir – abêtir

déguenillé, e *adj.* · débraillé · haillonneux · loqueteux · dépenaillé *fam.*

déguerpir *v.intr.* · décamper · s'enfuir · filer · fuir · partir · quitter la place · se sauver · se casser *fam.* · se débiner *fam.* · décaniller *fam.* · détaler *fam.* · ficher, lever le camp *fam.* · prendre la poudre d'escampette *fam.* · plier bagage *fam.* · prendre le large *fam.* · se tailler *fam.* · se tirer *fam.* · déloger *vieilli* · se tirer des flûtes *fam., vieilli* · escamper *vieux, région.*
CONTR. demeurer ı s'installer ı rester

déguisement *n.m.* **1 - travestissement** · **2 - costume** · accoutrement · travesti *vieux* · **3 -** [littér.] **artifice** · camouflage · dissimulation · fard · feinte · masque · travestissement
CONTR. franchise ı sincérité ı vérité

déguiser *v.tr.* **1 - accoutrer** · affubler · costumer · travestir · **2 - cacher** · camoufler · dissimuler · farder · habiller · maquiller · voiler · celer *littér.* · **3 - contrefaire** · dénaturer · falsifier · **4 - arranger** · enrober · farder
CONTR. dire ı montrer ı reconnaître

déguster *v.tr.* **1 - savourer** · apprécier · se délecter de · se régaler de · **2 -** [fam.]
🠖 **souffrir**

déhanchement *n.m.* · dandinement · balancement · tortillement

déhancher (se) *v.pron.* · se dandiner · se balancer · se tortiller

¹**dehors** *adv.* à l'extérieur
✦ **au dehors** extérieurement · à l'extérieur

✦ **au dehors de** à l'exception de · abstraction faite de · à part · excepté · hormis

²**dehors** *n.m.* **1** – air · abord · apparence · aspect · façade · figure · surface · **2** – extérieur
◈ extérieur

déifier *v.tr.* **1** – diviniser · **2** – adorer · aduler · honorer · idolâtrer · vénérer

déité *n.f.* · divinité · dieu

déjà *adv.* · auparavant · avant
CONTR. après ׀ ensuite

déjections *n.f.pl.* · excréments · fèces · crottes • [d'oiseau] fientes

déjeter *v.tr.* · courber · déformer · dévier
CONTR. redresser

déjouer *v.tr.* **1** – contrecarrer · contrarier · faire échec à · **2** – échapper à · tromper · se soustraire à
CONTR. appuyer ׀ seconder ׀ soutenir

delà *prép. et adv.*
✦ **au delà** **1** – plus loin · par dessus · **2** – davantage · plus
✦ **être au-delà, aller au-delà de** dépasser · excéder · surpasser
CONTR. en deçà

délabré, e *adj.* · croulant · décrépit · en ruine
CONTR. ferme ׀ robuste ׀ solide

délabrement *n.m.* **1** – ruine · dégradation · vétusté · **2** – déclin · décadence · décomposition · décrépitude · déliquescence
CONTR. force ׀ prospérité ׀ solidité

délabrer *v.tr.* abîmer · dégrader · détériorer · endommager · gâter · ruiner

⇝ **se délabrer** *v.pron.* s'abîmer · se dégrader · se détériorer • [bâtiment] tomber en ruine · menacer ruine

délacer *v.tr.* · dénouer · desserrer
CONTR. lacer

délai *n.m.* **1** – prolongation · extension · **2** – sursis · moratoire · répit · suspension · **3** – échéance · terme · **4** – période · laps de temps
✦ **sans délai** immédiatement · séance tenante · sur-le-champ · sur l'heure

délaissement *n.m.* · abandon · désertion · isolement · déréliction *littér.*
CONTR. aide ׀ appui ׀ secours ׀ soutien

délaisser *v.tr.* · abandonner · se désintéresser de · déserter · se détourner de · négliger · renoncer à · lâcher *fam.*
CONTR. aider ׀ entourer ׀ secourir
◈ négliger

délassant, e *adj.* **1** – reposant · défatigant · relaxant · **2** – distrayant · divertissant
CONTR. fatigant – ennuyeux

délassement *n.m.* **1** – détente · loisir · relâchement · repos · **2** – distraction · divertissement
CONTR. fatigue – travail

délasser *v.tr.* **1** – détendre · défatiguer · relaxer · reposer · **2** – distraire · divertir · changer les idées de
CONTR. fatiguer ׀ lasser

délateur, -trice *n.* · accusateur · dénonciateur · indicateur · rapporteur · sycophante *littér.* · balance *fam.* · cafard *fam.* · cafteur *fam.* · donneur *fam.* · mouchard *fam.* · mouton *argot*
◈ accusateur

délation *n.f.* · dénonciation · cafardage *fam.* · mouchardage *fam.* · rapportage *fam.*

✦ **faire de la délation** dénoncer · cafarder *fam.* · cafeter *fam.* · donner *fam.* · moucharder *fam.*

délavé, e *adj.* · décoloré · défraîchi · éteint · fade · fané · pâle · passé
CONTR. soutenu

délaver *v.tr.* **1** - décolorer · affadir · éclaircir · **2** - détremper

délayage *n.m.* · longueurs · remplissage · verbiage · sauce *fam.*
CONTR. brièveté ı concision ı laconisme

délayer *v.tr.* **1** - diluer · dissoudre · étendre · [du plâtre] gâcher · **2** - paraphraser · **3** - [sans complément] **faire du remplissage** · allonger la sauce *fam.*

délectable *adj.* · délicieux · exquis · savoureux · succulent · friand *vieux*
CONTR. mauvais

délectation *n.f.* · délice · jouissance · ravissement · volupté
CONTR. dégoût

délecter (se) *v.pron.* · déguster · goûter · jouir (de) · se régaler · se réjouir · se repaître (de) · savourer

délégation *n.f.* · mandat · procuration

délégué, e *n.* · mandataire · commissaire · émissaire · envoyé · représentant
CONTR. mandant ı titulaire

déléguer *v.tr.* · mandater · commettre · députer · envoyer

délestage *n.m.* **1** - allégement · **2** - déviation · contournement
CONTR. chargement ı lestage

délester *v.tr.* **1** - alléger · débarrasser · décharger · soulager · **2** - [fam.] → **voler**[2]
CONTR. charger ı lester

délétère *adj.* **1** - asphyxiant · irrespirable · méphitique · nocif · nuisible · toxique · **2** - **nuisible** · corrupteur · malsain · néfaste
CONTR. sain ı salubre

délibération *n.f.* **1** - débat · discussion · examen · réflexion · délibéré *(Droit)* · **2** - décision · résolution

délibéré, e *adj.* **1** - intentionnel · conscient · pesé · réfléchi · volontaire · voulu · **2** - décidé · assuré · déterminé · ferme · résolu
CONTR. involontaire – contraint ı gauche

délibérément *adv.* **1** - intentionnellement · à dessein · consciemment · de propos délibéré · exprès · volontairement · **2** - résolument
CONTR. involontairement

délibérer *v.intr.* **1** - se concerter · se consulter · débattre · tenir conseil · tenir un conciliabule · **2** - **réfléchir** · méditer · penser · **3** - hésiter · tergiverser

délicat, e *adj.*
I 1 - savoureux · délicieux · fin · raffiné · recherché · suave · subtil · succulent · friand *vieux* · **2** - beau · élégant · gracieux · harmonieux · joli · raffiné · **3** - léger · aérien · arachnéen · éthéré · vaporeux
II 1 - fragile · fin · tendre · ténu · **2** - chétif · débile · faible · fluet · frêle · malingre · **3** - susceptible · chatouilleux · ombrageux
III pénétrant · délié · exigeant · fin · raffiné · sensible · sophistiqué · subtil
IV 1 - embarrassant · difficile · épineux · malaisé · périlleux · risqué · scabreux · **2** - complexe · compliqué · subtil
V 1 - attentionné · prévenant · gentil · **2** - scrupuleux · honnête · probe *littér.*

✦ **faire le délicat** faire la fine bouche

✦ **dans une situation délicate** sur un terrain brûlant, glissant · **dans de beaux draps** *iron.* · **dans de sales draps** *fam.*

CONTR. grossier – balourd ı épais – robuste – facile ı simple – indélicat ı vulgaire

délicatement *adv.* 1 - doucement ·
précautionneusement · soigneusement · 2 - élégamment · finement · gracieusement · joliment · subtilement · 3 - savoureusement · délicieusement · exquisément

CONTR. brutalement – grossièrement ı lourdement

délicatesse *n.f.*
I 1 - finesse · raffinement · recherche · suavité · subtilité · succulence · 2 - beauté · élégance · finesse · grâce · harmonie · raffinement · joliesse *littér.*
II 1 - fragilité · finesse · ténuité · 2 - chétivité · débilité · faiblesse
III complexité · difficulté · subtilité
IV 1 - attention · prévenance · soin · 2 - discrétion · tact · scrupule

CONTR. grossièreté – laideur – lourdeur ı maladresse – robustesse – facilité ı simplicité – vulgarité – brutalité ı indélicatesse

délice *n.* 1 - bonheur · délectation ·
enchantement · félicité · joie · jouissance · plaisir · régal · 2 - charme · plaisir · séduction · blandice *littér., surtout plur.*
✦ **lieu de délices** éden · paradis · Eldorado · Élysée

CONTR. horreur ı supplice – enfer

délicieusement *adv.* · agréablement ·
divinement · merveilleusement

CONTR. affreusement ı horriblement

délicieux, -ieuse *adj.* 1 - savoureux ·
délectable · délicat · exquis · friand *vieux* · 2 - merveilleux · adorable · divin · charmant · enchanteur · exquis

CONTR. insipide – affreux ı horrible ı mauvais ı déplaisant

délié, e *adj.* 1 - subtil · agile · affûté · fin ·
pénétrant · vif · 2 - agile · souple · 3 - mince · élancé · fin · menu · svelte

CONTR. balourd ı borné ı grossier – embarrassé ı malhabile – épais ı gros ı lourd

⤳ mince

délier *v.tr.* 1 - défaire · déligoter ·
dénouer · désenchaîner · détacher · 2 - libérer · affranchir · dégager · délivrer · relever

CONTR. lier ı attacher

délimitation *n.f.* 1 - bornage ·
marquage · 2 - détermination · définition · fixation · 3 - limite · frontière

délimiter *v.tr.* 1 - borner · entourer ·
limiter · marquer · 2 - déterminer · définir · fixer · 3 - circonscrire · cantonner · cerner · restreindre

CONTR. élargir – déborder

délinquance *n.f.* · criminalité

délinquant, e *n.* · criminel · voyou

déliquescence *n.f.* décadence · chute ·
déchéance · déclin · décrépitude · dégénérescence · dégradation · dégringolade · détérioration · écroulement · effondrement
✦ **tomber en déliquescence** s'affaiblir · dégénérer · se dégrader · se détériorer · s'écrouler · s'effondrer · déchoir *littér.*

déliquescent, e *adj.* 1 - décadent · fin
de race · fin de siècle · 2 - décrépit · gâteux · ramolli · sénile

délirant, e *adj.* 1 - insensé · dément ·
démentiel · fou · dingue *fam.* · 2 - extravagant · déréglé · effréné · 3 - surexcité · frénétique

délire *n.m.* 1 - divagation · confusion ·
déraison · égarement · folie · delirium *(Méd.)* · 2 - enthousiasme · exaltation · exultation · frénésie · transport

CONTR. lucidité ı bon sens – détachement ı froideur ı indifférence

🕮 **délire, divagation, égarement**

Délire, égarement et divagation s'appliquent tous trois à un état de trouble mental. Le **délire** se manifeste par des propos incohérents qui dénotent la perte plus ou moins accentuée d'une relation de l'individu au réel *(s'enfermer dans un délire de persécution)*. L'**égarement** se traduit par une perte de conscience, généralement brève, plus simplement de contrôle de soi *(traverser une crise d'égarement)*. On emploie **divagation**, surtout au pluriel, pour les propos sans suite émis dans un état peu conscient *(les divagations d'un malade)* ; le mot a alors une connotation péjorative.

délirer *v.intr.* divaguer · déraisonner · perdre l'esprit, la raison, le bon sens · avoir des papillons dans le compteur *fam.* · avoir une araignée dans le, au plafond *fam.* · débloquer *fam.* · déconner *fam.* · déjanter *fam.* · déménager *fam.* · dérailler *fam.* · yoyotter de la touffe *fam.* · battre la breloque, la campagne *vieilli* · extravaguer *vieux ou plaisant* · triper *lang. jeunes*

délit *n.m.* · crime · contravention · infraction

déliter *v.tr.* cliver

⋙ **se déliter** *v.pron.* se décomposer · se désagréger · se désorganiser · se disloquer · s'effriter

délivrance *n.f.* **1 -** libération · affranchissement · **2 -** soulagement · débarras · **3 -** accouchement · **4 -** [Admin.] livraison · fourniture · remise
CONTR. captivité ı détention

délivrer *v.tr.* **1 -** libérer · affranchir · **2 -** débarrasser · décharger · dégager · soulager · **3 -** livrer · fournir · remettre

⋙ **se délivrer** *v.pron.* s'affranchir · se débarrasser · se dégager · se libérer
CONTR. détenir ı emprisonner ı enchaîner – garder

déloger
■ *v.tr.* **1 -** chasser · expulser · vider *fam.* · **2 -** débusquer · **3 -** extraire · extirper · retirer

■ *v.intr.* [vieilli] → **déguerpir**
CONTR. installer

déloyal, e *adj.* **1 -** malhonnête · incorrect · indélicat · **2 -** faux · félon · fourbe · hypocrite · parjure · perfide · traître · trompeur

déloyauté *n.f.* **1 -** malhonnêteté · indélicatesse · **2 -** fausseté · félonie · fourberie · hypocrisie · perfidie · traîtrise · forfaiture *littér.*

deltaplane *n.m.* **1 -** aile libre · aile delta · **2 -** vol libre

déluge *n.m.* **1 -** averse · cataracte · pluie diluvienne, torrentielle · trombe · **2 -** abondance · avalanche · déferlement · flot · flux · pluie · torrent • [d'injures] bordée · tombereau

déluré, e *adj.* **1 -** dégourdi · éveillé · malin · vif · **2 -** effronté · coquin · dessalé · hardi
CONTR. empoté ı endormi ı niais

demain *n.m.* · le futur · l'avenir · lendemains
CONTR. aujourd'hui ı hier – présent ı passé

démancher *v.tr.* disloquer · déboîter · démonter · démantibuler *fam.*

⋙ **se démancher** *v.pron.* **1 -** [une articulation] se démettre · se disloquer · **2 -** [fam.] → **se démener**
CONTR. emmancher

demande *n.f.* **1 -** sollicitation · réclamation · requête · revendication • [pressante] instance · [écrite] pétition · **2 -** imploration · prière · supplique · **3 -** désir · souhait ·

4 - commandement · exigence · injonction · ordre · sommation · mandement *vieux* ·
5 - question · interrogation
CONTR. réponse – offre

demandé, e *adj.* · à la mode · en vogue · couru

demander *v.tr.* **1 - solliciter ·** réclamer · requérir · revendiquer · [humblement] implorer · quémander *péj.* · mendier *péj.* · quêter *péj.* · **2 - commander ·** enjoindre · exiger · imposer · ordonner · prescrire · mander *vieux* · **3 - nécessiter ·** appeler · exiger · imposer · réclamer · requérir · **4 - désirer ·** souhaiter · vouloir · **5 - convoquer ·** appeler · faire venir
+ **demander à** s'adresser à · avoir recours à · faire appel à · contacter
⇒ **se demander si** *v.pron.* · délibérer sur · réfléchir à · se poser la question de savoir si · se tâter *fam.*
CONTR. obtenir ı prendre ı recevoir – décommander – répondre

demanderesse *n.f.* → demandeur

demandeur, -euse *n.* **plaignant ·** requérant
+ **demandeur d'emploi** chômeur · sans-emploi
CONTR. défendeur ı intimé – actif

démangeaison *n.f.* **1 - irritation ·** chatouillement · picotement · **2 - envie ·** désir

démanger *v.tr.* **1 - irriter ·** chatouiller · picoter · gratouiller *fam.* · **2 - tenter ·** faire envie à · titiller *fam.*

démantèlement *n.m.* **1 - démolition ·** destruction · **2 - abolition ·** destruction · désorganisation

démanteler *v.tr.* **1 - démolir ·** abattre · détruire · raser · **2 - anéantir ·** abolir · désorganiser · réduire à néant · ruiner
CONTR. fortifier ı reconstruire

démantibuler *v.tr.* → disloquer
⇒ disloquer

démarcation *n.f.* **délimitation ·** limitation · séparation
+ **ligne de démarcation** limite · frontière · séparation

démarchage *n.m.* · porte-à-porte · vente à domicile

démarche *n.f.* **1 - allure ·** marche · pas · port · **2 - cheminement (intellectuel) ·** forme de pensée · raisonnement · **3 - demande ·** requête · sollicitation · tentative · **4 - procédure ·** formalité

démarcheur *n.m.* · représentant (de commerce) · V.R.P. · placier

démarquer *v.tr.* **1 - copier ·** calquer · piller · plagier · **2 - solder ·** dégriffer

démarrage *n.m.* **1 - départ ·** **2 - commencement ·** début · lancement · mise en route · mise en train · mise en jambes *Sport ou fam.*
CONTR. arrêt

démarrer
■ *v.tr.* **1 - commencer ·** amorcer · entamer · lancer · ouvrir · mettre en branle · mettre en route · mettre en train · **2 - mettre en route ·** actionner · faire partir
■ *v.intr.* **1 - partir ·** se mettre en marche · se mettre en branle · **2 - commencer ·** débuter · se mettre en jambes *Sport ou fam.* · **3 - faire ses débuts ·** faire ses premiers pas · faire ses premières armes
CONTR. stopper – s'arrêter – demeurer ı rester

démasquer *v.tr.* · découvrir · confondre · ôter, lever le masque de · percer à jour
CONTR. cacher ı dissimuler

démêlé *n.m.* **dispute ·** altercation · contestation · désaccord · différend · litige · querelle

◆ **avoir des démêlés avec** avoir maille à partir avec
CONTR. accord ı entente

démêler v.tr.
I 1 - **désentortiller** · dévider · 2 - **coiffer** · peigner
II 1 - **clarifier** · débrouiller · éclaircir · élucider · percer · tirer au clair · 2 - **séparer** · différencier · discerner · distinguer · faire le départ entre · 3 - **comprendre** · déchiffrer · décrypter · deviner
⋙ **se démêler de** v.pron. [vieilli] **se débrouiller de** · se dégager de · se sortir de · se dépêtrer de fam. · se tirer de fam.
CONTR. brouiller ı embrouiller ı emmêler ı mélanger ı mêler

démembrement n.m. 1 - **découpage** · division · fractionnement · morcellement · partage · séparation · [Pol.] balkanisation · 2 - **démantèlement** · dislocation
CONTR. remembrement ı unification

démembrer v.tr. 1 - **découper** · diviser · fractionner · morceler · partager · séparer · [Pol.] balkaniser · 2 - **démanteler** · disloquer
CONTR. rassembler ı remembrer ı unifier

déménager
■ v.tr. **vider** · débarrasser · démeubler
■ v.intr. 1 - **partir** · s'en aller · vider les lieux · [sans prévenir] déménager à la cloche de bois · 2 - [fam.] → **déraisonner**
CONTR. emménager ı s'installer

démence n.f. 1 - **aliénation** · folie · maboulisme vieux · 2 - **aberration** · délire · égarement · folie
CONTR. équilibre ı raison

démener (se) v.pron. 1 - **s'agiter** · se débattre · se remuer · [violemment] s'agiter comme un beau diable, comme un diable dans un bénitier · 2 - **se donner de la peine, du mal** · se dépenser · lutter · se remuer · remuer

ciel et terre · se bagarrer fam. · se bouger fam. · se décarcasser fam. · se défoncer fam. · se démancher fam. · faire des pieds et des mains fam. · se mettre en quatre fam.

dément, e adj. et n. 1 - **aliéné** · 2 - → **fou** · 3 - [fam.] **incroyable** · délirant · extraordinaire · fou · dingue fam. · trop lang. jeunes

démenti n.m. · **contradiction** · dénégation · désaveu · infirmation · déni vieux ou littér.
CONTR. attestation ı confirmation ı ratification

démentiel, -ielle adj. 1 - **déraisonnable** · exagéré · fou · insensé · dingue fam. · 2 - **colossal** · fou · phénoménal · prodigieux · dingue fam. · monstre fam. · méga lang. jeunes

démentir v.tr. 1 - **contredire** · désavouer · dédire vieux ou littér. · 2 - **infirmer** · s'inscrire en faux contre · nier · réfuter
CONTR. affirmer ı appuyer ı attester ı certifier ı confirmer ı ratifier

démesure n.f. · **excès** · exagération · gigantisme · outrance
CONTR. mesure ı modération ı pondération

démesuré, e adj. 1 - **énorme** · colossal · gigantesque · immense · incommensurable · monumental · monstrueux · titanesque · 2 - **exagéré** · déraisonnable · excessif · exorbitant · immodéré
CONTR. mesuré ı modéré ı moyen ı ordinaire ı petit ı raisonnable

démesurément adv. 1 - **énormément** · immensément · monstrueusement · 2 - **exagérément** · excessivement · immodérément

¹démettre v.tr. · **disloquer** · déboîter · luxer · démancher fam. · démantibuler fam.

²démettre v.tr. **destituer** · chasser · donner congé à · relever · renvoyer

⋙ **se démettre** *v.pron.* • abandonner • se défaire de • démissionner de • quitter • renoncer à • se retirer de
↝ **abdiquer**

demeurant (au) *loc. adv.* • d'ailleurs • au fond • au reste • en somme • après tout • tout bien considéré

demeure *n.f.* domicile • habitation • logement • logis • maison • résidence
✦ **mettre en demeure** enjoindre à • commander à • ordonner à • signifier à • sommer
✦ **mise en demeure** injonction • exigence • sommation • ultimatum
✦ **à demeure** définitivement • en permanence • pour de bon
↝ **maison**

demeuré, e *adj. et n.* **1 - attardé** • débile • innocent • simple d'esprit • **2** - [fam.] → **fou**

demeurer *v.intr.* **1 -** habiter • loger • résider • séjourner • crécher *fam.* • nicher *fam.* • percher *fam.* • se tenir *vieilli* • gîter *vieux* • **2 - durer** • continuer • se maintenir • persister • perdurer • rester • subsister • survivre • tenir • **3 - persister** • continuer • persévérer • rester • **4 - s'attarder** • rester
CONTR. disparaître – changer ı quitter – partir ı sortir
↝ **loger**

demi (à) *loc. adv.* **1 - partiellement** • à moitié • presque • **2 - imparfaitement**
CONTR. complet ı entier ı un – complètement ı totalement

demi-cercle *n.m.* • demi-lune • hémicycle

démilitarisation *n.f.* • désarmement
CONTR. armement ı militarisation

démilitariser *v.tr.* • désarmer
CONTR. militariser ı armer

demi-mesure *n.f.* • compromis

démission *n.f.* **1 - abandon** • abdication • renonciation • résignation • **2 - dém** *fam.*
CONTR. maintien

démissionner *v.intr.* **1 - se démettre de ses fonctions** • se retirer • donner son congé • résigner ses fonctions *littér.* • filer sa dém *fam.* • rendre son tablier *fam.* • **2 - renoncer** • abandonner • abdiquer • se résigner • baisser les bras *fam.* • laisser tomber *fam.*

demi-tour *n.m.*
✦ **faire demi-tour** **1 - revenir sur ses pas** • rebrousser chemin • **2 - se retourner** • faire volte-face • tourner les talons

démobilisation *n.f.* • démotivation • découragement • lassitude
CONTR. mobilisation

démobiliser *v.tr.* **1 - démotiver** • décourager • **2 - rendre à la vie civile**
CONTR. motiver – appeler ı mobiliser

démocratique *adj.* • égalitaire • égalitariste
CONTR. aristocratique ı monarchique ı oligarchique

démocratiser *v.tr.* • populariser • généraliser • vulgariser

démodé, e *adj.* • désuet • archaïque • arriéré • dépassé • obsolète • périmé • en retard • rétrograde • suranné • vieillot • vieux • vieux jeu • qui a fait son temps • ringard *fam.* • tarte *fam.*
CONTR. à la mode – d'avant-garde

> ↝ **démodé, rétrograde, ringard, vieillot**
>
> Démodé, ringard, rétrograde et vieillot ont pour point commun de renvoyer au passé. Démodé qualifie tout ce qui n'est plus à la mode et, de ce fait, est connoté comme vieilli *(une musique, une robe démodées)*. Avec rin-

gard, on insiste sur le caractère ridiculement démodé et de mauvais goût d'une chose (un spectacle ringard, des idées ringardes). **Rétrograde** évoque ce qui tente de retrouver les valeurs d'une période révolue ou qui y reste attaché (une politique sociale, un projet de loi rétrograde). **Vieillot** s'applique plutôt à ce qui est vieilli d'aspect et dépassé par les usages modernes (une salle de bains vieillotte ; des goûts vestimentaires vieillots).

demoiselle n.f. · célibataire · vieille fille

démolir v.tr.
I 1 - détruire · abattre · briser · casser · démanteler · démonter · raser · renverser · 2 - abolir · faire table rase de · 3 - ruiner · anéantir · saper
II 1 - abîmer · détériorer · saccager · bigorner fam. · bousiller fam. · déglinguer fam. · démantibuler fam. · esquinter fam. · 2 - [fam.] battre · terrasser · arranger fam. · abîmer le portrait à fam. · casser la figure, la gueule à fam. · rentrer dans fam. · 3 - critiquer · éreinter · descendre (en flammes) fam. · casser les reins à fam. · 4 - épuiser · anéantir · exténuer · crever fam. · tuer fam. · vider fam. · 5 - [fam.] → accabler
CONTR. bâtir ι construire ι reconstruire ι créer ι élaborer – arranger ι réparer

démolisseur, -euse n. · destructeur · fossoyeur
CONTR. constructeur ι bâtisseur

démolition n.f. destruction · démantèlement
»> **démolitions** plur. décombres · gravats
CONTR. construction ι reconstruction

démon n.m. 1 - esprit · dieu · génie · lutin · [arabe] djinn · 2 - [mauvais] **génie du mal** · [Relig. Chrét.] incube · succube · 3 - garnement · petit diable
✦ **le Démon** le Diable · l'ange déchu · Lucifer · le Malin · Satan · le prince des ténèbres · le Tentateur

démoniaque adj. 1 - diabolique · infernal · luciférien · machiavélique · satanique · méphistophélique littér. · 2 - sarcastique · diabolique · sardonique

démonstratif, -ive adj. 1 - communicatif · expansif · expressif · extraverti · exubérant · ouvert · 2 - convaincant · probant
CONTR. froid ι renfermé ι réservé ι taciturne

démonstration n.f. 1 - argumentation · justification · raisonnement · 2 - manifestation · déploiement · expression · marque · signe · témoignage · étalage péj. · 3 - exhibition

démonté, e adj. 1 - déconcerté · décontenancé · troublé · 2 - agité · déchaîné · houleux · tumultueux
CONTR. sûr de soi – calme

démonter v.tr. 1 - désassembler · désosser · désunir · disjoindre · disloquer · mettre en pièces · 2 - déconcerter · décontenancer · désarçonner · désemparer · désorienter · déstabiliser · troubler · 3 - désarçonner · jeter à bas · renverser · vider
»> **se démonter** v.pron. se décontenancer · s'affoler · perdre contenance · perdre son sang-froid · se troubler

démontrer v.tr. 1 - prouver · attester · établir · 2 - indiquer · faire ressortir · manifester · montrer · prouver · révéler · témoigner de

démoralisant, e adj. · décourageant · déprimant · désespérant
CONTR. encourageant ι réconfortant

démoralisation n.f. · découragement · abattement · démotivation · déprime fam.
CONTR. encouragement ι exaltation

démoraliser v.tr. • décourager • abattre • dégoûter • démonter • démotiver • déprimer • désespérer
CONTR. encourager ı exhorter ı galvaniser ı remonter

démotivant, e adj. • décourageant • démoralisant
CONTR. incitatif ı motivant

démotiver v.tr. • décourager • démobiliser

démuni, e
■ adj. 1 - à court (d'argent) • désargenté fam. • fauché (comme les blés) fam. • raide fam. • sans le sou fam. • sans un kopeck fam. • 2 - impuissant • désarmé • faible
✦ **démuni de** privé de • dénué de • dépourvu de
■ n. déshérité • misérable • pauvre

démunir v.tr. • priver • déposséder • dépouiller • dépourvoir rare • dénantir Droit
⟫ **se démunir** v.pron. se dessaisir • se priver • se séparer

démystifier v.tr. 1 - détromper • tirer de l'erreur • désabuser vieux ou littér. • 2 - [abusivement] démythifier • banaliser
CONTR. mystifier

> ✺ **démystifier, démythifier**
> Ces deux mots récents, proches par leur prononciation, comprennent l'idée de dévoilement d'une réalité indûment cachée. L'emploi de l'un pour l'autre constitue toutefois une impropriété. On **démystifie** une personne quand on parvient à la désabuser pour qu'elle voie la réalité telle qu'elle est *(une information solide a permis de démystifier les lecteurs).* On **démythifie** quelqu'un lorsqu'on le débarrasse des mythes qui dissimulent ce qu'il est *(démythifier un acteur de cinéma).*

dénaturé, e adj. • dépravé • indigne • pervers

dénaturer v.tr. 1 - gâter • altérer • corrompre • vicier • 2 - frelater • adultérer • trafiquer • 3 - déformer • défigurer • falsifier • fausser • pervertir • trahir • transformer • travestir

dénégation n.f. 1 - contestation • démenti • déni • désaveu • inscription en faux • 2 - refus • négation
CONTR. aveu ı reconnaissance

déni n.m. → dénégation

déniaiser • dégourdir • dégrossir • délurer • dessaler fam.

dénicher
■ v.tr. **trouver** • découvrir • tomber sur • dégoter fam. • pêcher fam.
■ v.intr. [vieux] s'envoler • s'évader • s'enfuir • se sauver

dénier v.tr. 1 - **contester** • nier • récuser • refuser de reconnaître • 2 - **refuser** (d'accorder)
CONTR. avouer ı confirmer – donner

deniers n.m.pl. • argent • finances • fonds

dénigrement n.m. • attaque • critique • médisance • détraction littér. • éreintement fam.
CONTR. éloge ı louange

dénigrer v.tr. • attaquer • critiquer • déblatérer contre • déchirer à belles dents • décrier • déprécier • discréditer • médire de • rabaisser • décauser Belgique • clabauder contre littér. • détracter littér. • dépriser littér. • débiner fam. • descendre fam. • éreinter fam.
CONTR. approuver ı louer ı vanter

dénivellation n.f. • dénivelé • dénivelée • pente

dénombrable adj. • chiffrable • calculable • quantifiable
CONTR. innombrable

dénombrement n.m. • compte • calcul • chiffrage • détail • énumération • inventaire • quantification • recensement

dénombrer v.tr. • calculer • compter • détailler • énumérer • faire le compte de • inventorier • quantifier • recenser

dénomination n.f. • appellation • désignation • nom • étiquette souvent péj.

dénommer v.tr. • appeler • désigner • nommer • qualifier • étiqueter souvent péj.

dénoncer v.tr. **1 -** accuser • rapporter • trahir • balancer fam. • cafarder fam. • cafeter fam. • donner fam. • griller fam. • moucharder fam. • vendre fam. • balanstiquer argot, vieilli • fourguer argot • **2 -** condamner • faire connaître • révéler • **3 -** annuler • résilier • rompre • **4 -** [littér.] dénoter • annoncer • dévoiler • indiquer • montrer • révéler • trahir

↠ **se dénoncer** v.pron. **1 -** se livrer • se rendre • **2 -** se trahir

CONTR. cacher ׀ taire – confirmer

dénonciateur, -trice n. • accusateur • délateur • indicateur • sycophante littér. • balance fam. • cafard fam. • cafardeur fam. • cafteur fam. • donneur fam. • mouchard fam. • rapporteur fam. • capon argot scolaire, vieilli • mouton argot criminel

↝ **accusateur**

dénonciation n.f. **1 -** accusation • délation • trahison • balançage fam., rare • cafardage fam. • mouchardage fam. • rapportage fam. • **2 -** condamnation • révélation • **3 -** annulation • résiliation • rupture

dénoter v.tr. • annoncer • attester • dénoncer • désigner • indiquer • marquer • montrer • signifier • témoigner de • trahir

dénouement n.m. • achèvement • conclusion • épilogue • fin • issue • résultat • solution • terme • [heureux] happy end anglic.

CONTR. commencement ׀ début ׀ exposition

🕮 **dénouement, conclusion**

Dénouement et conclusion s'emploient tous deux avec l'idée de fin. Le **dénouement** résout les difficultés liées à une situation (le dénouement d'une affaire judiciaire). Il convient en particulier pour l'événement qui règle le sort des personnages d'un roman, d'une pièce de théâtre (le dénouement d'une tragédie, d'un film). La **conclusion**, de sens plus large, s'applique à ce qui termine quelque chose (la conclusion d'un débat, d'un traité) ou à la dernière partie d'un ouvrage, d'un discours (la conclusion d'une fable, d'une allocution).

dénouer v.tr. **1 -** détacher • défaire • délacer • délier • desserrer • **2 -** débrouiller • démêler • éclaircir • résoudre • percer à jour • tirer au clair • **3 -** assouplir • dégager • désengourdir • développer

↠ **se dénouer** v.pron. aboutir • s'achever • se conclure • finir • se terminer

CONTR. attacher ׀ lier – nouer ׀ renouer

dénoyauter v.tr. • énucléer

denrée n.f. **1 -** aliment • comestible • [au plur.] victuailles • vivres • **2 -** article • marchandise • produit

dense adj. **1 -** concis • condensé • dru • plein • ramassé • riche • **2 -** compact • abondant • épais • fort • impénétrable • plein • serré • tassé • touffu • [brouillard] à couper au couteau

CONTR. diffus ׀ éparpillé – clair ׀ clairsemé ׀ léger ׀ rare

densité n.f. **1 -** concision • concentration • richesse • **2 -** compacité • épaisseur

dent n.f. **1 -** quenotte fam. • chaille argot • chocotte argot • croc argot • crochet argot • domino argot • ratiche argot • tabouret argot • **2 -** croc • crochet • canine • **3 -** cran • denture

dentelle n.f. · guipure

dentelure n.f. · découpure · crénelure · échancrure · indentation

dentier n.m. · appareil dentaire · râtelier fam., vieilli

dénudé, e adj. **1 -** dépouillé · dégarni · [terre] pelé · **2 -** nu · [épaules, etc.] dégagé · **3 -** chauve · dégarni

dénuder v.tr. **1 -** découvrir · dégager · révéler · **2 -** dépouiller · dégarnir · **3 -** déshabiller · dévêtir
CONTR. couvrir ı recouvrir – garnir – habiller ı vêtir

dénué, e adj. · démuni · dépouillé · dépourvu · exempt · privé
➣ **dépourvu**

dénuement n.m. · besoin · gêne · indigence · misère · pauvreté · dèche fam. · mouise fam. · débine fam., vieilli · purée fam., vieilli
CONTR. abondance ı richesse

dénutrition n.f. · malnutrition · sous-alimentation
➣ **malnutrition**

déodorant n.m. · désodorisant · anti-transpirant

dépannage n.m. **1 -** réparation · **2 -** remorquage

dépanner v.tr. **1 -** réparer · **2 -** remorquer · **3 -** aider · tirer d'embarras · donner un coup de main, de pouce à fam.

dépareiller v.tr. · déparier · désassortir
CONTR. appareiller ı apparier ı assortir

déparer v.tr. · enlaidir · altérer · gâter · faire tache avec, dans · jurer avec
CONTR. agrémenter ı décorer ı embellir – cadrer ı convenir

déparier v.tr. · dépareiller · désassortir
CONTR. apparier ı assortir

départ n.m.
I **1 -** décollage · envol · **2 -** appareillage · partance vieux
II **1 -** démission · **2 -** licenciement · limogeage · renvoi · congédiement surtout Admin.
III commencement · début · démarrage · origine
CONTR. arrivée ı retour – aboutissement ı fin

départager v.tr. **1 -** arbitrer · **2 -** séparer · faire le départ entre

département n.m. · division · service

départir v.tr. [littér.] accorder · distribuer · impartir
≫ **se départir de** v.pron. abandonner · se défaire de · se détacher de · quitter · renoncer à · sortir de · se déprendre de littér.
CONTR. conserver ı garder

dépassé, e adj. **1 -** démodé · archaïque · caduc · désuet · obsolète · périmé · rétrograde · vieilli · vieillot · papa fam. · ringard fam. · **2 -** débordé · noyé · pas à la hauteur · submergé
CONTR. actuel ı nouveau

dépassement n.m. · surpassement

dépasser v.tr.
I **1 -** doubler · devancer · distancer · gagner de vitesse · gratter fam. · **2 -** [en taille] être plus grand que · manger la soupe sur la tête de fam. · **3 -** surpasser · devancer · l'emporter sur · griller fam. · coiffer sur le poteau fam. · faire la pige à fam., vieilli
II **1 -** franchir · déborder sur · mordre sur · sortir de · **2 -** surplomber
III excéder · outrepasser
✦ **dépasser les limites, les bornes** exagérer · abuser · pousser le bouchon trop loin fam. · trop tirer sur la corde fam. · pousser mémère dans les orties fam., vieilli

dépassionner v.tr. • calmer • dédramatiser

dépatouiller (se) v.pron. → se débrouiller

dépayser v.tr. 1 - déconcerter • décontenancer • dérouter • désorienter • 2 - [vieilli] déraciner • exiler

dépecer v.tr. 1 - couper • débiter • découper • équarrir • tailler en pièces • 2 - diviser • démembrer • morceler • partager • balkaniser (Pol.)

dépêche n.f. 1 - avis • correspondance • lettre • message • missive littér. • 2 - câble • câblogramme • pneumatique • télégramme • télex

dépêcher v.tr. envoyer • expédier

≫ **se dépêcher** v.pron. s'empresser • se hâter • se presser • faire vite • faire diligence soutenu • s'activer fam. • se bouger (le cul) (très) fam. • se décarcasser fam. • se dégrouiller fam. • faire fissa fam. • se grouiller fam. • se magner fam. • se magner le train, le popotin fam.
CONTR. lambiner ı traîner

dépeigner v.tr. • décoiffer • ébouriffer
CONTR. peigner

dépeindre v.tr. • décrire • brosser (le tableau de) • camper • peindre • représenter • raconter • retracer • [rapidement] esquisser

dépenaillé, e adj. • déguenillé • débraillé • haillonneux • loqueteux

dépendance n.f. 1 - corrélation • interdépendance • liaison • lien de causalité • rapport • solidarité • 2 - asservissement • assujettissement • esclavage • servitude • soumission • subordination • sujétion • vassalité • chaînes littér. • joug littér. • 3 - accoutumance • addiction • assuétude soutenu • 4 - annexe • succursale • [au plur., d'un château] communs

✦ **dans, sous la dépendance de** sous la coupe de • à la merci de • au pouvoir de • entre les mains de • sous l'empire de • sous le joug de • sous la puissance de • sous la tutelle de • dans les pattes de fam.
CONTR. indépendance – autonomie ı liberté

dépendant, e adj. 1 - non autonome • 2 - accro fam.

✦ **dépendant de** soumis à • subordonné à • tributaire de
CONTR. autonome ı indépendant ı libre

¹**dépendre** v.tr.ind.

✦ **dépendre de** 1 - être conditionné par • découler de • être lié à • procéder de • provenir de • résulter de • reposer sur • tenir à • 2 - être du ressort de • relever de • ressortir à • 3 - être sous l'autorité de • être subordonné à • 4 - être soumis à • être sous l'emprise de • être à la merci de

²**dépendre** v.tr. • décrocher • détacher

dépens de (aux) loc. prép. 1 - au détriment de • au préjudice de • 2 - à la charge de • aux frais de • aux crochets de fam.

dépense n.f. 1 - frais • débours • [imprévu] extra • faux frais • 2 - [Comptabilité] décaissement • débours • sortie • 3 - consommation • usage • utilisation
CONTR. crédit ı recette ı rentrée – économie ı gain ı revenu

dépenser v.tr. 1 - débourser • payer • aligner fam. • casquer fam. • cracher fam. • lâcher fam. • 2 - dilapider • dévorer • dissiper • écorner • engloutir • gaspiller • claquer fam. • croquer fam. • consumer vieilli ou littér. • 3 - employer • consommer • déployer • prodiguer • utiliser • user

✦ **dépenser sans compter** faire des folies • vivre sur un grand pied • faire le grand

seigneur • jeter l'argent par les fenêtres • mener grand train • manger son blé en herbe • brûler la chandelle par les deux bouts
≫ **se dépenser** *v.pron.* **se démener** • **se fatiguer** • **se donner du mal** • **se décarcasser** *fam.*
CONTR. amasser ı économiser ı épargner – ménager

dépensier, -ière *adj. et n.* • **dissipateur** • **dilapidateur** • **gaspilleur** • **gouffre** • **prodigue** • **panier percé** • **mange-tout** *vieux*
CONTR. avare ı économe

🕮 **dépensier, dilapidateur, prodigue**

Dépensier, dilapidateur et prodigue recouvrent des attitudes différentes vis-à-vis de la dépense de l'argent. Une personne **dépensière** aime à ne pas compter *(il a conservé ses habitudes dépensières)*. **Prodigue** insiste sur le côté libéral, généreux : « Sans être prodigue de son argent, il l'était de sa sensibilité » (R. Rolland, *Jean-Christophe*). Mais **prodigue** contient aussi l'idée de dépense désordonnée que n'a pas **dépenser** : « À père avare, dit-on, fils prodigue ; à parents économes, enfants dépensiers » (Musset, *les Deux Maîtresses*). **Dilapidateur** renchérit sur le caractère excessif et désordonné des dépenses d'une personne qui n'a pas, le plus souvent, acquis elle-même les biens dilapidés *(les dilapidateurs des deniers publics, de l'héritage familial)*.

déperdition *n.f.* **1 - diminution** • **fuite** • **perte** • **2 - affaiblissement** • **dégradation** • **dépérissement** • **épuisement**
CONTR. augmentation ı recrudescence

dépérir *v.intr.* **1 - s'affaiblir** • **s'anémier** • **décliner** • **s'étioler** • **languir** • **se consumer** *littér.* • **2 - se faner** • **s'étioler** • **sécher sur pied** • **3 - se délabrer** • **dégénérer** • **se détériorer** • **péricliter**
CONTR. se développer ıs'épanouir

dépérissement *n.m.* **1 - affaiblissement** • **anémie** • **épuisement** • **langueur** • **2 -** étiolement • marcescence *(Bot.)* • **3 - délabrement** • **décadence** • **dégénérescence** • **détérioration** • **ruine**
CONTR. accroissement ı développement ı épanouissement – essor

dépêtrer *v.tr.* **dégager** • **délivrer** • **libérer** • **sortir** • **tirer** • **tirer d'affaire**
≫ **se dépêtrer** *v.pron.* **se dégager** • **se délivrer** • **se libérer** • **(se) sortir** • **se déprendre** *littér.* • **se tirer** *fam.* • **se dépatouiller** *fam.* • **se débarbouiller** *fam., vieux*
CONTR. empêtrer ı entraver

dépeuplement *n.m.* **1 - dépopulation** • [des campagnes] **déruralisation** • **exode rural** • **2 - déboisement** • **déforestation**
CONTR. repeuplement

dépeupler *v.tr.* **1 - vider** • **2 - éclaircir**
≫ **se dépeupler** *v.pron.* **se désertifier** • **se vider**
CONTR. peupler ı repeupler

déphasé, e *adj.* • **décalé** • **dépassé** • **hors du coup** *fam.* • **à côté de la plaque** *fam.*

dépiauter *v.tr.* **1 - dépouiller** • **écorcher** • **2 - éplucher** • **peler** • **3 - analyser** • **décortiquer** • **disséquer** • **éplucher**

dépiler *v.tr.* • **débourrer** • **ébourrer**

dépistage *n.m.* **1 - recherche** • **2 - découverte** • **détection** • **repérage**

¹**dépister** *v.tr.* **1 - découvrir** • **rattraper** • **repérer** • **retrouver** • **2 - déceler** • **découvrir**

²**dépister** *v.tr.* • **dérouter** • **égarer** • **déjouer** • **mettre en défaut** • **semer** *fam.*

dépit *n.m.* **1 - aigreur** • **amertume** • **désappointement** • **ressentiment** • **vexation** • **2 - jalousie** • **rancœur**
♦ **en dépit de** **malgré** • **nonobstant** *littér.*
CONTR. joie ı satisfaction – conformément à ı grâce à

dépité, e *adj.* · déçu · contrarié · désappointé · marri *littér.* · camus *fam.*, *vieux* · chocolat *fam., vieux*
CONTR. comblé

dépiter *v.tr.* · chagriner · contrarier · décevoir · désappointer · froisser · vexer
CONTR. combler ı contenter ı satisfaire ı se réjouir

déplacé, e *adj.* **1 -** inopportun · hors de saison · malvenu · mal à propos · **2 -** choquant · incongru · inconvenant · incorrect · intempestif · malséant · scabreux
CONTR. adéquat ı bienvenu ı opportun

déplacement *n.m.*
I 1 - mouvement · va-et-vient · navette · **2 -** voyage • [au plur.] pérégrinations · **3 -** locomotion · **4 -** migration · flux · **5 -** mutation · changement · détachement · transfert
II 1 - dérangement · déclassement · **2 -** déboîtement · dislocation
CONTR. immobilité ı maintien

déplacer *v.tr.*
I 1 - bouger · déménager · manipuler · **2 -** muter · détacher · transférer · **3 -** décaler · avancer · changer · modifier · repousser
II 1 - déranger · déclasser · intervertir · **2 -** déboîter · démettre
↠ **se déplacer** *v.pron.* **1 -** bouger · aller et venir · circuler · se déranger · **2 - avancer** · aller · marcher · se mouvoir · venir · **3 -** voyager · circuler · vadrouiller *fam.*
CONTR. laisser ı maintenir ı remettre ı replacer ı rétablir – rester

déplaire à *v.tr.ind.* **1 -** contrarier · fâcher · froisser · gêner · importuner · indisposer · offenser · offusquer · peiner · vexer · défriser *fam.* · **2 - dégoûter** · rebuter · répugner à
CONTR. ravir – plaire ı séduire

déplaisant, e *adj.* **1 -** antipathique · désagréable · désobligeant · **2 -** contrariant · désagréable · ennuyeux · fâcheux · gênant · irritant · pénible · rébarbatif · **3 - dégoûtant** · répugnant · **4 - laid** · disgracieux · ingrat · repoussant · vilain · moche *fam.*
CONTR. agréable ı aimable ı attrayant ı charmant ı plaisant

déplaisir *n.m.* **1 - amertume** · contrariété · désagrément · mécontentement · **2 -** [vieux] chagrin · douleur · peine
CONTR. plaisir ı satisfaction

dépliant *n.m.* · prospectus · brochure · imprimé

déplier *v.tr.* **1 -** ouvrir · déployer · étaler · **2 - allonger** · étendre · étirer
↠ **se déplier** *v.pron.* s'ouvrir
CONTR. plier

déplisser *v.tr.* · déchiffonner · défriper · défroisser · lisser
CONTR. plisser

déploiement *n.m.* **1 - ouverture** · dépliage · déroulement · extension · **2 -** [d'une voile] **déferlage** · **3 - démonstration** · étalage · exhibition · **4 -** [de troupes] **positionnement**

déplorable *adj.* **1 - misérable** · effroyable · piètre · piteux · pitoyable · triste · **2 - regrettable** · désastreux · fâcheux · funeste · tragique · **3 - détestable** · exécrable · lamentable · mauvais · **4 - affligeant** · attristant · catastrophique · choquant · lamentable · navrant · pitoyable · révoltant · scandaleux
CONTR. enviable – béni ı inespéré – excellent ı remarquable
↝ **lamentable**

déplorer *v.tr.* **1 - regretter** · trouver mauvais · pleurer · **2 -** [littér.] **compatir à** · plaindre
CONTR. se féliciter ı se réjouir

déployer v.tr.
I 1 - **déplier** · dérouler · étendre · ouvrir · 2 - [une voile] **déferler** · tendre • [un drapeau] arborer · 3 - [des troupes] **positionner** · disposer
II 1 - **exhiber** · faire étalage de · faire parade de · manifester · montrer · 2 - **employer** · prodiguer · user de
CONTR. ployer ı plier ı replier ı rouler – cacher ı mesurer

dépoli, e adj. · terne · mat

dépolir v.tr. amatir
↠ **se dépolir** v.pron. se ternir

dépolluer v.tr. · assainir · décontaminer · épurer
CONTR. polluer

dépollution n.f. · assainissement · décontamination · épuration
CONTR. pollution

dépopulation n.f. · dépeuplement
CONTR. repopulation

déportation n.f. · exil · bannissement · relégation · transportation

déportement n.m. · dérapage · écart · embardée

déporter v.tr. 1 - **dévier** · 2 - **exiler** · bannir · expulser · reléguer
CONTR. rapatrier

¹**déposer**
■ v.tr. 1 - **mettre** · mettre à terre · placer · poser · 2 - **consigner** · emmagasiner · entreposer • [de l'argent] verser · 3 - **destituer** · démettre • [un roi] détrôner · chasser du trône
■ v.intr. 1 - **témoigner** · intervenir · 2 - **se décanter** · précipiter
✦ **déposer contre** charger · témoigner à charge contre

²**déposer** v.tr. · enlever · défaire · ôter

dépositaire n. 1 - **concessionnaire** · stockiste · 2 - **détenteur** · gardien · possesseur

déposition n.f. 1 - **témoignage** · déclaration · 2 - **destitution** · déchéance · dégradation
CONTR. investiture
↠ **destitution**

déposséder v.tr. 1 - **dépouiller** · désapproprier rare · dessaisir · priver · spolier · 2 - **évincer** · supplanter
CONTR. donner ı rendre

dépossession n.f. dépouillement · dessaisissement · privation · spoliation

dépôt n.m.
I 1 - **remise** · versement · 2 - **cautionnement** · consignation · couverture · gage · garantie · provision
II 1 - **entrepôt** · magasin · stock · 2 - **garage** · 3 - **prison** · bloc fam. · violon argot
III **sédiment** · alluvion · boue · vase • [de calcaire] tartre • [de vin] lie
✦ **dépôt d'ordures** décharge · dépotoir
✦ **dépôt de bilan** faillite · liquidation
CONTR. retrait

dépotoir n.m. · décharge · dépôt d'ordures

dépouille n.f. 1 - **cadavre** · corps · 2 - **mue** · exuvie
↠ **dépouilles** plur. **butin** · trophée

dépouillé, e adj. 1 - **austère** · sévère · sobre · 2 - **concis** · sans fioritures · sobre

dépouillement n.m. 1 - **austérité** · simplicité · sobriété · 2 - **privation** · renoncement · 3 - **analyse** · examen

dépouiller v.tr.
I 1 - **écorcher** · dépiauter fam. · 2 - **déshabiller** · dénuder · dévêtir · 3 - **dégarnir** · dénuder

II 1 - **déposséder** · démunir · spolier · dénantir *(Droit)* · **2 - voler** · dévaliser · gruger *fam.* · nettoyer *fam.* · plumer *fam.* · tondre *fam.* • [au jeu] lessiver *fam.* · rincer *fam.*
III **analyser** · examiner · décortiquer · disséquer · éplucher *fam.*
IV [littér.] **abandonner** · arracher · enlever · ôter · perdre · quitter · retirer
⋙ **se dépouiller de** *v.pron.* abandonner · se défaire de · se départir de · renoncer à · abdiquer *littér.*
CONTR. mettre ı revêtir – garnir ı revêtir – garder

dépourvu, e *adj.* [vieilli] **pauvre** · démuni · désargenté *fam.* · sans le sou *fam.*
✦ **dépourvu de** dénué de · exempt de · privé de
✦ **au dépourvu** à l'improviste · de court · au débotté
CONTR. doté ı muni ı nanti

🕮   **dépourvu, dénué**
Dépourvu s'applique à une chose ou à une personne privée de certaines caractéristiques *(une maison dépourvue de chauffage ; un homme dépourvu de ressources)*. L'élément manquant peut être considéré comme agréable *(une région dépourvue de charme)* ou utile *(une personne dépourvue d'instruction, un discours dépourvu de sens)*. **Dénué** insiste sur l'absence d'une caractéristique perçue comme essentielle, en particulier dans le domaine des sentiments, des valeurs morales *(être dénué de scrupules)* et des comportements : « Je tenais de ma grand-mère d'être dénué d'amour-propre à un degré qui ferait aisément manquer de dignité » (Proust, *À la recherche du temps perdu*). Contrairement à **dépourvu**, l'emploi de **dénué** est littéraire quand il s'agit d'une chose *(un paysage dénué de végétation)*.

dépravation *n.f.* **1 - perversion** · corruption · débauche · luxure · vice · **2 - avilissement** · dégradation · profanation · **3 -** [vieux] **altération** · corruption

dépravé, e *adj.* **1 - altéré** · corrompu · faussé · perverti · **2 - amoral** · immoral · vicieux · vil
CONTR. vertueux

dépraver *v.tr.* **1 - pervertir** · corrompre · débaucher · **2 - avilir** · dégrader · profaner · ravaler · **3 -** [vieux] **altérer** · corrompre · fausser · gâter · pervertir · vicier

dépréciateur, -trice *n. et adj.* · détracteur · critique · contempteur *littér.* · zoïle *littér.* · dénigreur *rare*

dépréciatif, -ive *adj.* · péjoratif · négatif
CONTR. laudatif ı méliporatif

dépréciation *n.f.* · baisse · chute · décote · dévalorisation · dévaluation
CONTR. hausse ı revalorisation

déprécier *v.tr.* **1 - critiquer** · décrier · dénigrer · dévaloriser · discréditer · mépriser · mésestimer · rabaisser · ravaler · débiner *fam.* · dépriser *littér.* · décréditer *vieux* · détracter *vieux* · péjorer *rare* · **2 - minimiser** · diminuer · **3 - dévaloriser** · faire tort à
⋙ **se déprécier** *v.pron.* **1 - baisser** · diminuer • [monnaie] se dévaloriser · se dévaluer · **2 - se rabaisser** · se ravaler
CONTR. valoriser ı admirer ı apprécier – surestimer ı vanter

déprédation *n.f.* **malversation** · concussion · détournement · dilapidation · gaspillage · prévarication
⋙ **déprédations** *plur.* dégâts · dégradations · destructions · détériorations · dévastations · dommages · saccages · vandalisme

dépressif, -ive *adj.* · déprimé · abattu · neurasthénique · cafardeux *fam.*

dépression *n.f.*
I **1 - abattement** · accablement · apathie · asthénie · langueur · mélancolie · neurasthé-

nie · blues fam. · bourdon fam. · cafard fam. · coup de calcaire fam. · déprime fam. · flip fam. · spleen littér. · **2 - récession** · crise **II 1 - affaissement** · creux · **2 - bassin** · cañon · cuvette · fosse · vallée · **3 - cyclone** · zone dépressionnaire

CONTR. euphorie ׀ exaltation ׀ excitation − élévation ׀ éminence ׀ soulèvement − anticyclone

🙢 **mélancolie**

déprimant, e *adj.* · démoralisant · débilitant · décourageant · flippant fam.

CONTR. remontant

déprime *n.f.* → **dépression**

déprimé, e *adj.* · dépressif · abattu · découragé · démoralisé · cafardeux fam.

déprimer

■ *v.intr.* **avoir le cafard** fam. · avoir le blues fam. · broyer du noir fam. · avoir un coup de calcaire fam. · flipper fam. · être au trente-sixième dessous fam. · avoir le moral à zéro fam. · avoir le moral dans les chaussettes fam.

■ *v.tr.* **1 - décourager** · abattre · démoraliser · déforcer Belgique · **2 - enfoncer** · affaisser

CONTR. exalter ׀ réjouir − remonter ׀ revigorer − bomber

dépuceler *v.tr.* · déflorer

depuis *prép.*

✦ **depuis peu** dernièrement · de fraîche date · fraîchement · nouvellement · récemment

CONTR. auparavant ׀ anciennement

dépuratif, -ive *adj. et n.m.* · diaphorétique · cathartique · diurétique · purgatif · sudorifique

dépurer *v.tr.* · épurer · purifier

députation *n.f.* **1 - ambassade** · délégation · mission · **2 - mandat**

député, e *n.* **1 - parlementaire** · **2 - ambassadeur** · délégué · envoyé · légat · mandataire · représentant

déracinement *n.m.* **1 - arrachement** · extirpation · **2 - déportation** · exil · expatriation

CONTR. enracinement

déraciner *v.tr.* **1 - arracher** · enlever · extirper · extraire · **2 - détruire** · arracher · éradiquer · extirper · **3 - déporter** · exiler · expatrier

CONTR. enraciner ׀ enfoncer

dérailler *v.intr.* [fam.] → **déraisonner**

déraison *n.f.* · démence · folie · inconséquence

CONTR. raison

déraisonnable *adj.* **1 - absurde** · insensé · irraisonnable · irrationnel · irréfléchi · **2 - exagéré** · excessif · extravagant

CONTR. normal ׀ sensé − raisonnable

déraisonner *v.intr.* · divaguer · délirer · perdre l'esprit, la raison, le bon sens · avoir des papillons dans le compteur fam. · avoir une araignée dans le, au plafond fam. · débloquer fam. · déconner très fam. · déjanter fam. · déménager fam. · dérailler fam. · yoyotter de la touffe fam. · battre la breloque, la campagne vieilli · extravaguer vieux ou plaisant

dérangement *n.m.* **1 - gêne** · ennui · perturbation · trouble · **2 - désordre** · bouleversement · désorganisation · remue-ménage · chambardement fam. · pagaille fam. · **3 - dérèglement** · détraquement · perturbation

✦ **en dérangement** hors service · h.s. fam.

CONTR. ordre ׀ rangement

dérangé, e *adj.* **1 - en désordre** · **2 - malade** · déréglé · détraqué · embarrassé · patraque fam. · **3 -** → **fou**

déranger v.tr. **1 - bouger** · déclasser · déplacer · intervertir · mettre sens dessus dessous · toucher (à) · chambarder *fam.* · chambouler *fam.* · **2 - perturber** · bouleverser · bousculer · désorganiser · troubler · **3 - importuner** · contrarier · embarrasser · ennuyer · gêner · troubler · **4 - dérégler** · détraquer · déglinguer *fam.*

⇒ **se déranger** v.pron. se déplacer · bouger

CONTR. arranger ı classer ı ordonner ı organiser ı ranger – ajuster ı régler

dérapage n.m. **1 - glissade** · tête-à-queue · **2 - dérive**

déraper v.intr. **1 - glisser** · chasser · patiner · riper · **2 - dévier** · dérailler

déréglé, e adj. **1 - débauché** · désordonné · dissolu · libertin · **2 - dérangé** · détraqué · patraque *fam.*

CONTR. raisonnable ı réglé ı sage

dérèglement n.m. **1 - dérangement** · bouleversement · détraquement · perturbation · **2 - débauche** · dissolution · libertinage · licence · vice

CONTR. arrangement ı mesure ı ordre

dérégler v.tr. déranger · bouleverser · détraquer · perturber · troubler · déglinguer *fam.*

⇒ **se dérégler** v.pron. se détraquer · se déglinguer *fam.*

CONTR. arranger ı ranger ı réparer

dérider v.tr. · amuser · distraire · égayer · réjouir · faire sourire · décoincer *fam.* · dégeler *fam.*

CONTR. attrister ı chagriner

dérision n.f. dédain · ironie · mépris · moquerie · persiflage · raillerie · sarcasme
+ **tourner en dérision** se moquer de · railler · tourner en ridicule

CONTR. considération ı déférence ı estime ı respect

dérisoire adj. **1 - insignifiant** · infime · minime · négligeable · **2 -** [péj.] **médiocre** · futile · minable · pauvre · piètre · ridicule · risible · vain

CONTR. important – respectueux

dérivatif n.m. · distraction · divertissement · diversion · exutoire

¹**dérivation** n.f. **1 - détournement** · déviation · **2 - court-circuit** · shunt

²**dérivation** n.f. [Naut., Aviat.] dérive

dérive n.f. déviation · dérapage
+ **aller à la dérive** **1 - aller à vau-l'eau** · péricliter · **2 - se laisser aller**

¹**dériver** v.tr. détourner · dévier
+ **dériver de** découler de · émaner de · procéder de · provenir de · résulter de · tirer son origine de · venir de

²**dériver** v.intr. **1 - dévier** · glisser · perdre le cap · **2 - déraper** · perdre le cap

dernier, -ière
■ adj. **1 - final** · terminal · ultime · **2 - extrême** · suprême · **3 - décisif** · définitif · **4 - passé** · précédent · **5 - récent** · nouveau
■ n. **1 - lambin** · traînard · **2 - benjamin**
+ **dernier de la classe** cancre · culot *vieilli*
+ **dernier du classement** lanterne rouge

CONTR. initial ı premier – futur ı prochain

dernièrement adv. **1 - récemment** · ces derniers temps · **2 - nouvellement** · fraîchement

dérobade n.f. · échappatoire · faux-fuyant · fuite · reculade · pirouette *fam.*

dérobé, e adj. secret · caché · dissimulé
+ **à la dérobée** en cachette · en catimini · furtivement · secrètement · sournoisement · subrepticement · en tapinois · en douce *fam.*

dérober v.tr. **1 - voler** · détourner · s'emparer de · escamoter · escroquer · extorquer · piller · soustraire · subtiliser · barboter fam. · chaparder fam. · chiper fam. · choper fam. · chourer fam. · faucher fam. · piquer fam. · rafler fam. · friponner vieux · gripper vieux · **2 -** [littér.] **enlever** · ôter · retirer · soustraire
+ **dérober aux regards, à la vue** cacher · dissimuler · masquer · voiler
⟫ **se dérober** v.pron. **1 - s'éclipser** · s'esquiver · fuir · se sauver · **2 - user de faux-fuyants** · faire faux-bond · se défiler fam. · **3 - faiblir** · céder · défaillir · mollir · manquer (à) · flancher fam.
+ **se dérober à** échapper à · éluder · esquiver · éviter · fuir · manquer à · reculer devant · se soustraire à
CONTR. rendre ı restituer – livrer ı montrer – affronter
⇝ **voler**

dérogation n.f. **1 - dispense** · exception · **2 - atteinte** · entorse · infraction · manquement · violation
CONTR. conformité ı observance

déroger v.tr.ind. [sans complément] **s'abaisser** · se déshonorer · condescendre littér. · déchoir littér.
+ **déroger à** contrevenir à · enfreindre · transgresser · violer
CONTR. garder ı tenir son rang – se conformer à ı obéir à ı observer ı respecter ı suivre

dérouiller
■ v.tr. **dégourdir** · réveiller
■ v.intr. [fam.] → **souffrir**
⟫ **se dérouiller** v.pron. **1 -** [les jambes] **se dégourdir** · **2 - s'instruire** · se polir
CONTR. engourdir

déroulement n.m. **1 - développement** · cours · écoulement · enchaînement · évolution · marche · processus · séquence · succession · suite · **2 - déploiement**

dérouler v.tr. **1 - déplier** · déployer · développer · étaler · étendre · **2 - dévider** · débobiner · faire défiler · **3 - passer en revue** · revoir
⟫ **se dérouler** v.pron. **1 - avoir lieu** · advenir · s'écouler · se passer · se produire · survenir · **2 - se succéder** · s'enchaîner · se suivre · **3 - onduler** · serpenter · **4 - défiler**
CONTR. enrouler ı rouler ı envelopper ı replier – s'arrêter

déroutant, e adj. · **déconcertant** · déstabilisant · perturbant

déroute n.f. **1 - débâcle** · débandade · déconfiture · dispersion · retraite · bérézina fam. · **2 - échec** · débâcle · défaite · désastre
+ **mettre en déroute** défaire · enfoncer
CONTR. résistance
⇝ **défaite**

dérouter v.tr. **1 - déconcerter** · confondre · décontenancer · démonter · désarçonner · désorienter · déstabiliser · ébranler · interloquer · perturber · **2 - détourner** · dévier

derrick n.m. · tour de forage recomm. offic.

¹**derrière** prép. et adv. **1 - en arrière** · **2 - sur l'envers** · au dos · au revers · au verso · **3 - en retrait** · en arrière · à la queue · à la traîne péj. · **4 - après** · à la suite
+ **par derrière** dans le dos
+ **l'un derrière l'autre** à la queue-leu-leu · à la suite · en file indienne

²**derrière** n.m. **1 - arrière** · dos · fond · **2 - envers** · revers · verso · **3 - arrière-train** · croupe · fesses · cul très fam. · derche très fam. · lune fam. · popotin fam. · postérieur fam. · pot fam. · train fam. · fondement vieilli · séant fam., vieilli

dès prép. **depuis** · à dater de · à partir de
+ **dès aujourd'hui, dès maintenant 1 - désormais** · **2 - immédiatement** · à l'instant · sur-le-champ · tout de suite · incontinent vieux ou littér.

✦ **dès lors que** puisque
✦ **dès que** aussitôt que · sitôt que
CONTR. avant – après

désabusé, e *adj.* · blasé · découragé · déçu · dégoûté · désenchanté · désillusionné · revenu de tout
CONTR. enthousiaste ı naïf

désabusement *n.m.* · déception · dégoût · désillusionnement *littér.*

désabuser *v.tr.* [littér.] détromper · dessiller les yeux de · ouvrir les yeux de · tirer de l'erreur, de l'illusion
CONTR. abuser ı tromper

désaccord *n.m.* **1 - mésentente** · brouille · différend · discorde · dispute · dissension · dissentiment · fâcherie · incompatibilité (d'humeur) · inimitié · malentendu · opposition · querelle · mésintelligence *littér.* · discord *vieux* · **2 - contradiction** · antagonisme · contraste · décalage · différence · discordance · dissonance · divergence · divorce · écart · incohérence · incompatibilité · opposition
CONTR. accord – harmonie

désaccoutumer *v.tr.* · déshabituer · [d'une substance] désintoxiquer
CONTR. accoutumer ı habituer

désaffecté, e *adj.* · abandonné · à l'abandon · inutilisé

désaffection *n.f.* · détachement · désintérêt · désamour *littér.*
CONTR. affection ı attachement

désagréable *adj.* **1 - antipathique** · acariâtre · bourru · discourtois · impoli · réfrigérant · revêche · rude · atrabilaire *vieux* · mésavenant *vieux, littér.* · **2 - blessant** · acerbe · agressif · désobligeant · offensant · vexant · **3 - acide** · âcre · aigre · âpre · dégoûtant · écœurant · fade · insipide · saumâtre · **4 - fétide** · incommodant · nauséabond · putride · **5 - contrariant** · déplaisant · ennuyeux · fâcheux · fastidieux · gênant · importun · malencontreux · malheureux · pénible · **6 - disgracieux** · ingrat · laid · moche *fam.*
CONTR. aimable ı charmant ı agréable ı plaisant

désagréablement *adv.* **1 - impoliment** · discourtoisement · désobligeamment · **2 - péniblement** · fâcheusement
CONTR. agréablement

désagrégation *n.f.* **1 - décomposition** · désintégration · destruction · dislocation · dissociation · dissolution · morcellement · pulvérisation · **2 - écroulement** · effritement · scission
CONTR. agrégation ı cohésion ı force ı solidité

désagréger *v.tr.* décomposer · déliter · dissocier · dissoudre · désunir · disloquer · effriter · morceler · pulvériser · scinder
≫ **se désagréger** *v.pron.* s'écrouler · se décomposer · se disloquer · se déliter · s'effondrer · s'effriter · se scinder
CONTR. agglomérer ı agréger

désagrément *n.m.* **1 - ennui** · déboire · souci · tracas · embêtement *fam.* · emmerdement *très fam.* · pastis *fam., région.* · **2 - déplaisir** · contrariété · mécontentement
CONTR. agrément ı plaisir

désaltérer *v.tr.* abreuver · étancher la soif de
≫ **se désaltérer** *v.pron.* boire · étancher sa soif
CONTR. altérer ı assoiffer

désamiantage *n.m.* · déflocage

désamorcer *v.tr.* · enrayer · neutraliser · tuer dans l'œuf
CONTR. amorcer

désappointé, e *adj.* • déçu • dépité • camus *fam., vieux* • chocolat *fam., vieux*

désappointement *n.m.* • déception • déconvenue • dépit • désenchantement • désillusion • douche (froide)
CONTR. contentement | satisfaction

désappointer *v.tr.* • décevoir • dépiter • tromper les attentes de • défriser *fam.*
CONTR. contenter | combler | satisfaire

désapprendre *v.tr.* • oublier
CONTR. se rappeler

désapprobateur, -trice *adj.* • critique • réprobateur • improbateur *vieux* • improbatif *vieux*
CONTR. approbateur

désapprobation *n.f.* • réprobation • blâme • condamnation • désaveu • improbation *vieux*
CONTR. approbation | assentiment

désapprouver *v.tr.* **1** - blâmer • censurer • condamner • critiquer • désavouer • donner tort à • réprouver • trouver mauvais • trouver à redire à • vitupérer *littér.* • épiloguer *vieux* • improuver *vieux* • **2** - [bruyamment] huer • protester • siffler
CONTR. admettre | approuver
↝ blâmer

désarçonner *v.tr.* **1** - démonter • jeter à bas • renverser • **2** - déconcerter • décontenancer • démonter • dérouter • déstabiliser • troubler • déboussoler *fam.*
✦ **être désarçonné** [cavalier] vider les étriers *vieilli*

désargenté, e *adj.* • démuni • à court (d'argent) • gêné • impécunieux *littér.* • à sec *fam.* • dans la dèche *fam.* • fauché (comme les blés) *fam.* • raide *fam.* • sans le sou *fam.* • sans un kopeck *fam.* • sans sou ni maille *vieux*
CONTR. argenté | riche

désarmant, e *adj.* • attendrissant • émouvant • touchant

désarmé, e *adj.* • démuni • impuissant • sans défense

désarmement *n.m.* • démilitarisation
CONTR. armement | réarmement

désarmer *v.tr.*
I **1** - toucher • adoucir • attendrir • émouvoir • fléchir • faire tomber les armes de • **2** - décontenancer • déconcerter
II **1** - démilitariser • **2** - déséquiper • **3** - désamorcer
✦ **ne pas désarmer** ne pas abdiquer • ne pas céder • résister
CONTR. armer

désarroi *n.m.* **1** - angoisse • détresse • égarement • trouble • **2** - confusion • désordre
CONTR. assurance | fermeté – ordre

désarticuler *v.tr.* déboîter • démettre • démonter • disloquer • démantibuler *fam.* • déglinguer *fam.*
⟫ **se désarticuler** *v.pron.* se contorsionner • se désosser
↝ disloquer

désassembler *v.tr.* • démonter • désunir • disjoindre • démantibuler *fam.*
CONTR. assembler | monter

désassortir *v.tr.* • dépareiller
CONTR. réassortir

désastre *n.m.* **1** - calamité • cataclysme • catastrophe • fléau • malheur • **2** - faillite • banqueroute • déconfiture • krach • ruine • **3** - échec • fiasco • bérézina *fam.* • bide *fam.* • [pièce] four *fam.*
CONTR. aubaine | bénédiction | bonheur | réussite | succès

désastreux, -euse *adj.* **1** – catastrophique · calamiteux · funeste · tragique · **2** – **désolant** · déplorable · lamentable · navrant
CONTR. favorable ı heureux

désavantage *n.m.* **1** – handicap · entrave · obstacle · **2** – **inconvénient** · défaut · désagrément
✦ **au désavantage de** au détriment de · aux dépens de · au préjudice de
CONTR. avantage ı bénéfice

désavantager *v.tr.* · défavoriser · desservir · handicaper · léser · nuire à · pénaliser
CONTR. avantager

désavantageux, -euse *adj.* · défavorable · handicapant
CONTR. avantageux

désaveu *n.m.* **1** – condamnation · désapprobation · **2** – **dénégation** · apostasie · démenti · palinodie *(surtout au plur.)* · reniement · rétractation
CONTR. aveu – approbation ı confirmation ı reconnaissance

désavouer *v.tr.* **1** – condamner · blâmer · désapprouver · réprouver · **2** – **renier** · nier · **3** – revenir sur · rétracter *littér.*
⋙ **se désavouer** *v.pron.* se dédire · se raviser · se rétracter · se renier
CONTR. approuver ı avouer ı confirmer ı reconnaître

désaxé, e *adj.* · déséquilibré · instable · fou · détraqué *fam.*
CONTR. équilibré

descendance *n.f.* **1** – **progéniture** · lignée · postérité · semence *lang. biblique* · **2** – extraction · filiation · généalogie · lignage · maison · origine · parenté · race · souche
CONTR. ascendance

descendant, e *n.* · enfant · rejeton *vieux ou plaisant* · [au plur.] progéniture
CONTR. ascendant

descendre
■ *v.intr.* **1** – **baisser** · décroître · diminuer · faiblir · **2** – [astre] se coucher · [nuit] tomber · [mer] se retirer · **3** – **rétrograder** · baisser · être relégué · **4** – **loger** · résider · séjourner
✦ **descendre de** venir de · émaner de · être issu de · provenir de
✦ **descendre jusqu'à** **1** – condescendre à · consentir à · **2** – s'abaisser à · s'avilir au point de · se ravaler au point de
■ *v.tr.* **1** – **dégringoler** · dévaler · **2** – **suivre** · emprunter · longer · **3** – **décharger** · débarquer · **4** – **décrocher** · déposer · **5** – **abaisser** · baisser · [une voile] affaler · amener · **6** – [fam.] → **critiquer** · **7** – [fam.] → **tuer** · **8** – [fam.] → **boire**
CONTR. grimper ı monter – se dresser ı s'élever ı hausser

descente *n.f.* **1** – **pente** · déclivité · **2** – **chute** · affaissement · baisse · dégringolade · **3** – **raid** · coup de main · incursion · [de la police] rafle · **4** – [d'organes] chute · prolapsus *(Méd.)* · ptose *(Méd.)*
✦ **descente de lit** carpette · lirette
CONTR. ascension ı montée

descriptif *n.m.* **1** – plan · schéma · **2** – résumé · rapport

description *n.f.* **1** – **exposé** · état · rapport · récit · hypotypose *(Rhétorique)* · **2** – portrait · signalement · **3** – croquis · graphique · tableau

désemparé, e *adj.* · déconcerté · décontenancé · dérouté · désarmé
⋙ **déconcerté**

désemparer (sans) *loc. adv.* · sans arrêt · sans interruption · sans relâche · sans débander *fam.*

désemplir (se) v.pron. • se vider

désenchantement n.m. • déception • déconvenue • désillusion • désabusement littér. • désillusionnement littér.
CONTR. enthousiasme ı joie

désenfler v.intr. • dégonfler • réduire
CONTR. enfler

désengagement n.m. • retrait • repli
CONTR. engagement

désengager (se) v.pron. • se retirer • s'affranchir • se libérer

désenivrer v.tr. • dégriser • dessoûler
CONTR. enivrer

déséquilibre n.m. 1 - **instabilité** • 2 - **disparité** • écart • disproportion • distorsion • inégalité • 3 - **folie** • névrose • psychopathie
CONTR. équilibre

déséquilibré, e
■ adj. **bancal** • disproportionné • dissymétrique • inégal
■ n. **névrosé** • désaxé • psychopathe

déséquilibrer v.tr. • déstabiliser • ébranler • perturber • rendre instable • secouer
CONTR. équilibrer

¹**désert, e** adj. 1 - **inhabité** • abandonné • dépeuplé • 2 - **vide** • déserté • sans âme qui vive

🙶 **désert, inhabité**
Il n'y a personne ou très peu de gens dans un lieu **désert**, d'une manière continue *(une île déserte)* ou temporaire *(une rue déserte, une salle de restaurant déserte)*. **Inhabité** ne concerne que les endroits clos provisoirement vides d'occupants *(une maison inhabitée)*. Par figure, on qualifie d'**inhabités** des lieux naturels bien délimités : « le paysage tout entier inhabité, vide sous le ciel immobile » (Claude Simon, *la Route des Flandres*).

²**désert** n.m. 1 - **vide** • néant • 2 - **coin perdu, retiré** • bled fam. • trou fam.

déserter v.tr. 1 - **abandonner** • délaisser • quitter • 2 - **renier** • trahir
CONTR. rester ı revenir – rallier ı rejoindre

déserteur n.m. 1 - **insoumis** • [passé à l'ennemi] transfuge • 2 - [littér.] **renégat** • apostat • traître
CONTR. défenseur ı fidèle

désertion n.f. 1 - **insoumission** • [à l'ennemi] trahison • 2 - **abandon** • délaissement • 3 - **reniement** • défection
CONTR. fidélité ı ralliement

désertique adj. • aride • inculte • infertile • sec • stérile
CONTR. fertile

désespérance n.f. → désespoir
CONTR. espérance

désespérant, e adj. • désolant • affligeant • décourageant • navrant • à pleurer fam.
CONTR. consolant ı encourageant ı prometteur

désespéré, e adj. 1 - **effondré** • atterré • catastrophé • inconsolable • 2 - **extrême** • intense • suprême • 3 - **catastrophique** • pitoyable • 4 - **perdu** • cuit fam. • fichu fam. • foutu fam.
CONTR. confiant ı consolé ı heureux

désespérément adv. 1 - **absolument** • définitivement • irrémédiablement • archi fam. • 2 - **farouchement** • avec acharnement • à tout prix

désespérer
■ v.tr. **affliger** • consterner • chagriner • décourager • désoler

■ *v.intr.* **se décourager** · perdre patience · perdre espoir

≫ **se désespérer** *v.pron.* **se désoler** · perdre espoir

CONTR. consoler ı réconforter – espérer

désespoir *n.m.* · abattement · accablement · affliction · découragement · désolation · détresse · désespérance *littér.*

CONTR. confiance ı espérance ı espoir ı foi

déshabillé *n.m.* · négligé · peignoir · saut-de-lit

déshabiller *v.tr.* 1 – dévêtir · dénuder · désaper *fam.* · mettre à poil *très fam.* · 2 – démasquer · découvrir · étaler · exhiber · mettre à nu · montrer

≫ **se déshabiller** *v.pron.* 1 – se dévêtir · se mettre nu · se dénuder · se désaper *fam.* · se mettre à poil *très fam.* · 2 – **se mettre à l'aise** · se découvrir · se défaire

CONTR. habiller ı rhabiller – s'habiller ı se couvrir ı se vêtir

déshabituer *v.tr.* · désaccoutumer ● [d'une substance] désintoxiquer

CONTR. accoutumer ı habituer

désherbant *n.m.* · herbicide

désherber *v.tr.* · sarcler · biner

déshérité, e *adj.* · misérable · défavorisé · démuni · indigent

CONTR. comblé ı privilégié

déshériter *v.tr.* 1 – déposséder · dépouiller · exhéréder *(Droit)* · 2 – désavantager · défavoriser

CONTR. avantager ı combler ı gâter

déshonneur *n.m.* · honte · ignominie · indignité · infamie · opprobre *littér.* · turpitude *littér.*

CONTR. honneur

déshonorant, e *adj.* · avilissant · dégradant · honteux · ignoble · infamant · ignominieux *littér.*

CONTR. digne ı honorable

déshonorer *v.tr.* 1 – avilir · déconsidérer · déprécier · discréditer · flétrir · salir · souiller · couvrir de boue · traîner dans la boue · 2 – [littér.] défigurer · abîmer · dégrader · déparer · gâter · mutiler

≫ **se déshonorer** *v.pron.* s'abaisser · s'avilir · se compromettre

CONTR. exalter ı glorifier ı honorer – embellir

déshydraté, e *adj.* 1 – desséché · lyophilisé · 2 – assoiffé

déshydrater *v.tr.* 1 – dessécher · sécher · 2 – lyophiliser

CONTR. réhydrater

desiderata *n.m.pl.* · désirs · aspirations · souhaits · vœux · revendications ● [de salaire] prétentions

design *n.m.* · stylisme · esthétique industrielle

désignation *n.f.* 1 – appellation · dénomination · 2 – choix · élection · nomination

CONTR. révocation

designer *n.m.* · dessinateur · styliste

désigner *v.tr.* 1 – indiquer · marquer · montrer · signaler · 2 – appeler · dénommer · nommer · 3 – dénommer · nommer · représenter · signifier · 4 – s'appliquer à · qualifier · symboliser · 5 – choisir · élire · nommer · 6 – destiner · qualifier

désillusion *n.f.* déception · déboire · déconvenue · désappointement · désenchantement · mécompte *littér.*

♦ **connaître une désillusion** tomber de haut • être Gros-Jean comme devant *vieux*
CONTR. contentement ı satisfaction

désillusionner *v.tr.* • décevoir • désenchanter • dégriser • désappointer

désinence *n.f.* • flexion • terminaison

désinfectant, e *adj. et n.m.* • antiseptique • antiputride • stérilisant

désinfecter *v.tr.* • aseptiser • assainir • purifier • stériliser • verduniser
CONTR. infecter

désinfection *n.f.* • antisepsie • asepsie • aseptisation • assainissement • purification • stérilisation
CONTR. infection

désinformation *n.f.* • intoxication • matraquage • propagande • intox *fam.* • bourrage de crâne *fam.*

désinhiber *v.tr.* • décomplexer • débloquer *fam.* • décoincer *fam.*
CONTR. inhiber

désintégration *n.f.* **1** - désagrégation • dématérialisation • déstructuration **2** - **destruction** • anéantissement

désintégrer *v.tr.* **1** - désagréger • dématérialiser • déstructurer • pulvériser **2** - détruire • annihiler • réduire à néant

désintéressé, e *adj.* **1** - altruiste • généreux **2** - **bénévole** • gratuit **3** - **objectif** • impartial **4** - [vieux] **indifférent** • détaché • sceptique
CONTR. avare ı avide ı cupide ı égoïste ı intéressé ı sordide – intéressé

désintéressement *n.m.* **1** - altruisme • abandon de soi-même • abnégation • bonté • générosité • oubli de soi **2** - **dédommagement** • indemnisation
CONTR. égoïsme ı avidité ı cupidité ı intérêt

désintéresser *v.tr.* dédommager • indemniser • payer
» **se désintéresser de** *v.pron.* négliger • délaisser • se détacher de • se moquer de • se laver les mains de
CONTR. se préoccuper

désintérêt *n.m.* • indifférence • détachement
CONTR. intérêt ı passion

désintoxiquer *v.tr.* • déshabituer • désaccoutumer
CONTR. intoxiquer

désinvolte *adj.* **1** - **aisé** • dégagé • détaché • léger • libre • cool *fam.* **2** - **impertinent** • cavalier • inconvenant • insolent • sans-gêne
CONTR. maladroit ı engoncé ı gauche – déférent ı sérieux

désinvolture *n.f.* **1** - **aisance** • facilité • laisser-aller • légèreté • liberté **2** - **impertinence** • familiarité • inconvenance • insolence • sans-gêne
CONTR. gêne ı embarras ı gaucherie – retenue ı rigueur ı sérieux

désir *n.m.* **1** - **souhait** • envie • rêve • vœu **2** - **ambition** • but • dessein • envie • intention • volonté **3** - **appétit** • appétence • aspiration • faim • goût • inclination • intérêt • passion • penchant • soif • velléité **4** - **convoitise** • ardeur • concupiscence • libido • sensualité
CONTR. dédain ı indifférence ı mépris ı peur ı répulsion – froideur ı frigidité

désirable *adj.* **1** - **affriolant** • appétissant • attrayant • excitant • séduisant • tentant • sexy *fam.* • [femme] bandant *fam.* **2** - **souhaitable** • enviable • tentant
CONTR. indifférent ı déplaisant ı repoussant ı répugnant – détestable

désirer v.tr. 1 - souhaiter · ambitionner · aspirer à · avoir du goût pour · avoir des vues sur · briguer · convoiter · être tenté par · languir après · prétendre à · rêver de · soupirer après · tendre à, vers · viser à · vouloir · lorgner (sur) fam. · loucher sur · appéter vieux · 2 - convoiter · avoir envie de · [une femme] bander pour très fam.
+ **se faire désirer** se faire attendre
CONTR. craindre ı dédaigner ı mépriser

désireux, -euse adj.
+ **désireux de** soucieux de · attaché à · impatient de
CONTR. dédaigneux ı indifférent

désistement n.m. · abandon · renoncement · retrait
CONTR. maintien

désister (se) v.pron. · abandonner · abandonner, quitter la partie · renoncer · se retirer

désobéir à v.tr.ind. 1 - se rebeller contre · s'opposer à · résister à · se révolter contre · 2 - contrevenir à · enfreindre · passer outre · transgresser · violer
CONTR. obéir ı respecter

désobéissance n.f. 1 - indiscipline · indocilité · insoumission · insubordination · mutinerie · opposition · rébellion · résistance · révolte · 2 - contravention · opposition · transgression · violation
CONTR. obéissance

désobéissant, e adj. · difficile · entêté · indiscipliné · insoumis · insubordonné · intraitable · mutin · rebelle · récalcitrant · réfractaire · résistant · révolté · indocile littér. · endêvé fam., vieux · endiablé vieux
CONTR. obéissant

désobligeant, e adj. · désagréable · blessant · déplaisant · discourtois · malveillant · sec · vexant
CONTR. aimable ı obligeant

désobliger v.tr. · déplaire à · fâcher · froisser · indisposer · peiner · vexer
CONTR. obliger ı contenter ı réjouir

désobstruer v.tr. · déboucher · dégager · désencombrer · désengorger · vider
CONTR. obstruer ı boucher

désocialisation n.f. · marginalisation · exclusion

désocialiser v.tr. · marginaliser · exclure

désodorisant, e adj., n.m. · déodorant · anti-transpirant

désœuvré, e adj. inactif · inoccupé · oisif
+ **être désœuvré** buller fam. · glander fam. · se tourner les pouces fam.
CONTR. actif ı affairé ı occupé − s'affairer
↪ **inactif**

désœuvrement n.m. · inaction · inoccupation · oisiveté
CONTR. activité ı occupation

désolant, e adj. 1 - affligeant · déplorable · lamentable · navrant · à pleurer fam. · 2 - contrariant · ennuyeux
CONTR. consolant ı réjouissant

désolation n.f. 1 - destruction · calamité · dévastation · ravage · ruine · 2 - affliction · chagrin · consternation · détresse · douleur · souffrance · tourment
CONTR. consolation

désolé, e adj. 1 - contrarié · chagriné · confus · embêté · navré · 2 - désert · désertique
CONTR. joyeux ı réjoui ı ravi − riant

désoler v.tr. **1 - affliger** · attrister · chagriner · consterner · navrer · **2 - détruire** · dévaster · ravager · ruiner · saccager

CONTR. réjouir | ravir

➤ **dévaster**

désolidariser v.tr. **1 - disjoindre** · désassembler · découpler · dissocier · **2 - désunir** · diviser

➤➤ **se désolidariser de** v.pron. **1 - abandonner** · se détourner de · se séparer de · lâcher fam. · **2 - désavouer** · renier

CONTR. joindre | assembler – s'unir | se solidariser – approuver | reconnaître

désopilant, e adj. · **comique** · cocasse · drôle · hilarant · bidonnant fam. · crevant fam. · fendant fam. · gondolant fam. · marrant fam. · poilant fam. · rigolo fam. · tordant fam. · boyautant fam., vieux

désordonné, e adj. **1 - sans soin** · bordélique fam. · pagailleux fam. · **2 - confus** · brouillé · brouillon · décousu · embrouillé · indistinct · incohérent · cafouilleux fam. · **3 - bouleversé** · dérangé · désorganisé · **4 - ébouriffé** · échevelé · embrouillé · embroussaillé · **5 - débauché** · déréglé · dissolu · licencieux · sans frein

CONTR. ordonné | rangé – modéré – moral | vertueux

désordre n.m. **1 - fouillis** · bric-à-brac · chaos · capharnaüm · fatras · fourbi · bazar fam. · binz fam. · chantier fam. · pagaille fam. · souk fam. · bordel très fam. · boxon très fam. · foutoir très fam. · merdier très fam. · béchamel fam., vieilli · chabanais fam., vieilli · barnum argot, vieux · médrano argot · chenil fam. · région. · margaille fam., région. · **2 - désorganisation** · anarchie · gabegie · perturbation · pétaudière · pandémonium littér. · binz fam. · chienlit fam. · merde très fam. · pagaille fam. · pastis fam., région. · cour du roi Pétaud vieux · **3 - confusion** · égarement · désarroi · panique · perturbation · trouble · **4 - chahut** · tapage · tumulte · tohu-bohu · boucan fam. · chambard fam. · **5 - agitation** · anarchie ·

bagarre · bouleversement · dissension · embrasement · émeute · trouble · **6 - dérèglement** · dissipation · licence

✦ **en désordre** désordonné · pêle-mêle · en pagaille · sens dessus dessous · en vrac · déjeté Belgique · [tenue] débraillé · [gréement] en pantenne

✦ **mettre en désordre** bouleverser · déranger · désorganiser · embrouiller · emmêler · enchevêtrer · mélanger · chambarder fam. · chambouler fam. · foutre la merde, le bordel dans très fam.

CONTR. ordre – organisation | cohérence – calme | silence | tranquillité – ordonné | en ordre | bien rangé

désorganisation n.f. **1 - désordre** · bouleversement · dysfonctionnement · perturbation · trouble · **2 - décomposition** · désagrégation · déstructuration

CONTR. organisation | calme | ordre

désorganiser v.tr. **1 - déranger** · bouleverser · perturber · troubler · **2 - décomposer** · désagréger · déstructurer

CONTR. organiser

désorienter v.tr. **1 - déconcerter** · décontenancer · dérouter · démonter · désarçonner · déstabiliser · embrouiller · troubler · **2 - dérouter** · égarer · perdre · faire perdre ses repères à · déboussoler fam.

✦ **être complètement désorienté** avoir perdu le nord fam. · avoir perdu la boussole fam. · avoir perdu la tramontane fam., vieilli

CONTR. orienter | encourager | rassurer

désormais adv. **1 - à l'avenir** · à dater d'aujourd'hui · dès maintenant · dorénavant · **2 - dès lors**

désosser v.tr. **1 - démonter** · désassembler · démantibuler fam. · mettre par terre fam. · **2 - analyser** · décortiquer · disséquer · éplucher

despote n.m. · **autocrate** · césar · dictateur · dominateur

despotique *adj.* • absolu • arbitraire • autocratique • dictatorial • dominateur • tyrannique
CONTR. libéral ı démocrate

despotisme *n.m.* • absolutisme • autoritarisme • dictature • tyrannie • césarisme *vieilli*
CONTR. libéralisme ı démocratie

dessaisir *v.tr.* démunir • déposséder • dépouiller • priver • spolier
↝ **se dessaisir de** *v.pron.* abandonner • céder • délaisser • se démunir de • se déposséder de • renoncer à • se séparer de

dessaisissement *n.m.* [Psych.] déprise

dessaler
■ *v.tr.* • dégourdir • délurer • déniaiser
■ *v. intr.* • chavirer • se renverser • se retourner

desséché, e *adj.* **1 -** aride • désertique • **2 -** décharné • étique • maigre • momifié • squelettique • **3 - dur** • endurci • froid • insensible • racorni • sec

dessèchement *n.m.* **1 -** assèchement • déshydratation • dessiccation • **2 -** endurcissement • racornissement • sclérose
CONTR. humidification ı hydratation – fraîcheur ı sensibilité

dessécher *v.tr.* **1 -** sécher • assécher • déshydrater • lyophiliser • **2 - épuiser** • tarir • vider • **3 - amaigrir** • décharner • exténuer • **4 -** appauvrir • racornir • scléroser • **5 - endurcir** • racornir
↝ **se dessécher** *v.pron.* **1 - se déshydrater** • **2 -** s'endurcir • se racornir
CONTR. humidifier ı hydrater ı mouiller – attendrir ı émouvoir

dessein *n.m.* but • désir • entreprise • intention • objectif • objet • plan • programme • projet • propos • visée • volonté • vue • [de la providence] voie

✦ **à dessein** exprès • délibérément • de propos délibéré • intentionnellement • sciemment • volontairement
CONTR. involontairement ı malgré soi
↝ projet

desserrer *v.tr.* **1 - relâcher** • défaire • **2 - écarter**
CONTR. serrer – rapprocher

¹**desserte** *n.f.* • service • dévestiture *Suisse*

²**desserte** *n.f.* • crédence • dressoir

¹**desservir** *v.tr.* **1 - passer par** • s'arrêter à • aller à • relier • **2 -** [une pièce] **donner dans** • faire communiquer

²**desservir** *v.tr.* **1 - défavoriser** • contrecarrer • désavantager • entraver • gêner • handicaper • jouer un sale tour à • nuire à • travailler contre • (les intérêts de) • plomber *fam.* • pourrir *fam.* • véroler *fam.* • **2 - débarrasser** • enlever les plats, les couverts de

dessiccation *n.f.* • déshydratation • dessèchement • lyophilisation
CONTR. hydratation ı imbibition

dessiller *v.tr.*
✦ **dessiller les yeux de** détromper • désabuser • éclairer • ouvrir les yeux de
CONTR. abuser ı tromper

dessin *n.m.* **1 -** croquis • ébauche • esquisse • graffiti • schéma • **2 -** [Art] carton • étude • [coloré] aquarelle • gouache • lavis • sépia • [à un crayon] crayon • fusain • sanguine • [gravé] gravure • pointe-sèche • **3 -** illustration • image • représentation • vue • **4 -** motif • ornement • arabesque • **5 -** contour • figure • forme • ligne • tracé • trait

dessinateur, -trice *n.* illustrateur • caricaturiste • portraitiste
✦ **dessinateur industriel** designer • styliste
✦ **dessinateur de mode** modéliste • styliste

dessiner v.tr. **1** - représenter · reproduire · tracer · [rapidement] crayonner · croquer · délinéer didact. · ébaucher · esquisser · [mal] gribouiller · griffonner · **2 - faire ressortir** · accuser · dévoiler · exposer · indiquer · montrer · révéler · faire ressortir · **3 - former** · présenter · tracer
✦ **bien dessiner** avoir un bon coup de crayon
⋙ **se dessiner** v.pron. **1 - paraître** · apparaître · se détacher · se dévoiler · se former · se montrer · se profiler · se révéler · ressortir · **2 - se développer** · se préciser · prendre forme, tournure · **3 - approcher** · s'annoncer · se profiler (à l'horizon)
CONTR. estomper

dessoûler
▪ v.tr. **dégriser** · désenivrer littér.
▪ v.intr. **cuver** fam.
CONTR. soûler

dessous n.m. **1 - envers** · **2 - sous-vêtement** · **3 - désavantage**
✦ **du dessous** d'en bas
✦ **avoir le dessous** céder · perdre · être en position d'infériorité
✦ **au-dessous** **1 - moins** · **2 - inférieur** · **3 - infra**
✦ **au-dessous de** **1 - au sud de** · **2 - en aval de** · **3 - à moins de** · de moins de · pour moins de · **4 - inférieur à**
✦ **au-dessous de tout** minable · nul · zéro fam.
⋙ **dessous** plur. **1 - lingerie** · linge · **2 - face cachée** · coulisses
CONTR. dessus ı en haut – dessus – avantage ı supériorité

dessous-de-table n.m. invar. · bakchich · enveloppe · pot-de-vin · gratification

¹**dessus** prép. et adv. **1 - sur** · par-dessus · **2 - supra**

²**dessus** n.m. endroit
✦ **du dessus** d'en haut

✦ **avoir, prendre le dessus** gagner · triompher · vaincre
✦ **reprendre le dessus** se relever · se remettre
✦ **au-dessus de** **1 - en amont de** · **2 - au nord de** · **3 - à plus de** · de plus de · pour plus de
✦ **être au-dessus de** **1 - surplomber** · dominer · **2 - surpasser** · dominer · être meilleur que · surclasser
✦ **dessus du panier** crème (de la crème) · (fine) fleur · gratin · top fam.

dessus-de-lit n.m. invar. · couvre-lit · courtepointe

déstabilisation n.f. **1 - ébranlement** · déséquilibre · **2 - désorientation** · perturbation · trouble
CONTR. affermissement

déstabiliser v.tr. **1 - ébranler** · déséquilibrer · secouer · **2 - désorienter** · déranger · décontenancer · désarçonner · mettre mal à l'aise · perturber · troubler

destin n.m. **1 - destinée** · fatalité · nécessité · prédestination · fatum littér. · **2 - hasard** · chance · fortune · providence · **3 - lot** · sort · destinée · étoile · **4 - existence** · destinée · vie

🙰   destin, destinée

Destin et destinée sont presque toujours confondus aujourd'hui, dans tous les contextes. Les deux mots désignent le sort qui, déterminé par un fait inéluctable, est réservé à une chose ou à un être humain *(le destin/la destinée de chaque homme, d'un pays)*. Cependant, **destin** marquerait plus nettement la cause *(il est inutile de forcer le destin ; suivre son destin)*, dont les effets constitueraient la **destinée** *(il a uni sa destinée à celle de Marie)*. Avec cette valeur, **destinée** peut s'employer au pluriel *(les destinées du monde, de l'humanité)*. Il en est de même quand **destinée** se dit de l'existence considérée du point de vue de la réussite *(être appelé aux plus hautes destinées)*.

destinataire *n.* [Ling.] allocutaire · auditeur · interlocuteur · récepteur
CONTR. destinateur

destinateur *n.m.* [Ling.] émetteur · locuteur · sujet parlant
CONTR. destinataire

destination *n.f.* **1 - fin** · finalité · **2 - mission** · destinée · raison d'être · rôle · vocation · **3 - emploi** · affectation · usage · utilisation · **4 - but** · direction
CONTR. origine I provenance

destinée *n.f.* **1 - fatalité** · destin · **2 - sort** · destin · lot · **3 - existence** · vie · **4 - finalité** · destination · vocation
↦ destin

destiner *v.tr.* **1 - prédestiner** · promettre · **2 - assigner** · affecter · appliquer · attribuer · garder · réserver
» **se destiner à** *v.pron.* **s'orienter vers** · s'engager dans · se préparer pour · viser

destituer *v.tr.* **1 - licencier** · congédier · démettre · renvoyer · débouloner *fam.* · dégommer *fam.* · démissionner *fam., iron.* · faire sauter *fam.* • [haut personnage, fonctionnaire] disgracier · limoger · mettre à pied · révoquer • [militaire] dégrader · casser • [roi] détrôner · déposer · **2 - dépouiller** · priver · dépourvoir *rare*
CONTR. nommer I réintégrer

destitution *n.f.* · licenciement · renvoi • [d'un haut personnage, fonctionnaire] disgrâce · limogeage · mise à pied · révocation • [d'un militaire] cassation · dégradation • [d'un roi] déposition
CONTR. nomination

↦ **destitution, déposition, dégradation**
Destitution, déposition et dégradation concernent la privation d'une fonction, d'une charge ou d'une dignité. **Destitution** a les emplois les plus larges, la privation pouvant intervenir dans les cas les plus variés *(la destitution d'un officier, la destitution d'une tutelle d'enfant mineur)*. **Déposition** est réservé à l'action de dépouiller une personne de l'autorité souveraine *(la déposition d'un roi, d'un pape)*. La **dégradation** implique toujours une destitution infamante d'une dignité *(la dégradation civique entraîne la destitution de toutes fonctions, emplois ou offices publics)* ou d'un grade *(la dégradation militaire)*.

destructeur, -trice *adj.* **1 - dévastateur** · meurtrier · ravageur · **2 - néfaste** · nuisible · funeste •[passion] dévorant · **3 - subversif** · séditieux
CONTR. constructif I créateur – bénéfique

destruction *n.f.* **1 - démolition** · **2 - anéantissement** · annihilation · écroulement · effondrement · désagrégation · disparition · suppression · **3 - dégât** · dégradation · détérioration · dévastation · dommage · ravage · ruine · **4 - désorganisation** · démantèlement · désintégration · **5 - extermination** · génocide · massacre · tuerie
CONTR. construction I création I édification

désuet, -ète *adj.* · démodé · ancien · archaïque · obsolète · passé de mode · périmé · suranné · vieillot · vieilli · vieux · antédiluvien *fam.* ou *plaisant* · de papa *fam.* · rétro *fam.* · ringard *fam.*
CONTR. moderne

désuétude *n.f.* · obsolescence
CONTR. usage I en vigueur

désunion *n.f.* **1 - désaccord** · divergence · division · mésentente · **2 - divorce** · rupture · séparation
CONTR. union

désunir *v.tr.* **1 -** brouiller · diviser · séparer · **2 - désassembler** · détacher · dissocier · disjoindre · disloquer
CONTR. unir

détachable *adj.* · isolable · séparable

détaché, e *adj.* · désinvolte · flegmatique · impassible · indifférent · insensible · insouciant · cool *fam.*
CONTR. passionné

détachement *n.m.* **1 -** calme · désinvolture · désintérêt · impassibilité · indifférence · insensibilité · insouciance · ataraxie *soutenu* · **2 -** [littér.] **abandon** · renoncement · **3 - patrouille** · arrière-garde · avant-garde · commando · escorte · escouade · flanc-garde

¹**détacher** *v.tr.*
I 1 - défaire · déboutonner · dégrafer · dénouer · **2 - déchaîner** · désenchaîner · délivrer · libérer · **3 - disjoindre** · découpler · dételer · **4 - découper** · prélever · **5 - décoller** · enlever · séparer
II déléguer · affecter · dépêcher · députer · mandater · nommer
III 1 - écarter · isoler · **2 -** articuler · marteler
≫ **se détacher** *v.pron.* **1 -** tomber · s'échapper · se décoller · glisser · **2 - apparaître** · se découper · se dessiner · se profiler · surgir · **3 - ressortir** · saillir · trancher
✦ **se détacher de 1 -** s'écarter de · s'éloigner de · sortir de · **2 - se désintéresser** · abandonner · délaisser · se détourner · renoncer · se déprendre *littér.*

²**détacher** *v.tr.* · décrasser · dégraisser · nettoyer

détail *n.m.* **1 -** élément · morceau · partie · **2 - bagatelle** · babiole · broutille · rien · vétille · bricole *fam.* ● [au plur.] **béatilles** *littér.* · **3 - renseignement** · information · explication · précision · **4 - relevé** · décompte · exposé · liste

✦ **sans entrer dans le détail** en gros · grosso modo · dans les grandes lignes
✦ **dans le détail** par le menu · minutieusement · point par point
CONTR. ensemble – exactement ı précisément

détaillant, e *n.* · commerçant · marchand · vendeur · débitant *vieux*

détaillé, e *adj.* · approfondi · analytique · circonstancié · minutieux · précis

détailler *v.tr.* **1 -** décrire · énumérer · exposer · préciser · raconter · **2 - découper** · débiter · **3 - dévisager** · examiner

détaler *v.intr.* · décamper · déguerpir · s'enfuir · décaniller *fam.* · filer *fam.* · jouer des flûtes *fam.* · prendre les jambes à son cou *fam.* · se tirer *fam.*

détecter *v.tr.* · déceler · débusquer · découvrir · dépister · discerner · localiser · repérer

détection *n.f.* · repérage · localisation

détective *n.* · enquêteur · limier · privé

déteindre *v.intr.* se décolorer · passer
✦ **déteindre sur** influencer · influer sur · imprégner · marquer · laisser son empreinte sur · laisser des traces sur

dételer *v.intr.* · s'arrêter · décompresser · décrocher · se relâcher
CONTR. poursuivre ı reprendre

détendre *v.tr.* **1 -** décontracter · calmer · délasser · désénerver · relâcher · **2 -** [un arc] **débander**
✦ **détendre l'atmosphère** briser la glace
≫ **se détendre** *v.pron.* **1 - se décontracter** · s'abandonner · se délasser · se distraire · se

laisser aller · se relâcher · se relaxer · se reposer · **2 - se distendre** · se relâcher · s'avachir *péj.*

CONTR. contracter ı énerver ı fatiguer − raidir ı tendre

détendu, e *adj.* **1 - calme** · apaisé · décontracté · relâché · serein · **2 - distendu** · lâche

CONTR. tendu ı contracté ı crispé − serré ı tendu

détenir *v.tr.* **1 - posséder** · disposer de · être en possession de · **2 - garder** • [un objet volé] receler · **3 - séquestrer** · garder prisonnier

CONTR. donner ı laisser − délivrer ı libérer

détente *n.f.* **1 - décontraction** · délassement · relâchement · relaxation · répit · repos · **2 - apaisement** · décrispation

CONTR. contraction ı crispation ı distension ı tension − compression

détenteur, -trice *n.* · propriétaire · possesseur · titulaire • [d'un record, titre] tenant • [d'objet volé] receleur

détention *n.f.* **1 - captivité** · emprisonnement · enfermement · incarcération · **2 - séquestration** · **3 - propriété** · possession

CONTR. délivrance ı libération − privation

↝ **captivité**

détenu, e *n.* · prisonnier · captif · réclusionnaire *(Droit)*

détergent, e *adj. et n.m.* **1 - lessive** · nettoyant · poudre à laver · savon · **2 - détersif** · lessiviel · nettoyant

détérioration *n.f.* **1 - dégât** · dégradation · dommage • [de navire, de marchandise] avarie · **2 - abaissement** · baisse · décadence · déclin

CONTR. amélioration

détériorer *v.tr.* **1 - abîmer** · casser · dégrader · démolir · détraquer · endomma-

ger · gâter · amocher *fam.* · bousiller *fam.* · déglinguer *fam.* · esquinter *fam.* · **2 - attaquer** · détruire · nuire à · ruiner

⋙ **se détériorer** *v.pron.* **1 - se dégrader** · se délabrer · se gâter • [denrée] s'avarier · pourrir · se corrompre · **2 - s'aggraver** · aller de mal en pis · dégénérer · empirer · s'envenimer · se gangrener · se gâter · se pourrir

CONTR. raccommoder ı réparer ı entretenir − améliorer ı réformer

déterminant, e *adj.* · capital · crucial · décisif

détermination *n.f.*
I **1 - délimitation** · définition · estimation · fixation · limitation · précision · **2 - caractérisation** · définition · qualification · **3 - évaluation** · appréciation · calcul · estimation · mesure · **4 - identification** · diagnostic
II **résolution** · énergie · fermeté · opiniâtreté · volonté
III **prédétermination** · prédestination

CONTR. indétermination ı imprécision ı vague − indécision ı irrésolution

déterminé, e *adj.* **1 - arrêté** · certain · défini · délimité · fixe · fixé · précis · précisé · réglé · spécifique · **2 - résolu** · décidé · ferme · inébranlable

CONTR. indéfini ı aléatoire ı indéterminé − hésitant ı irrésolu

déterminer *v.tr.*
I **1 - délimiter** · définir · établir · fixer · indiquer · limiter · préciser · régler · spécifier · **2 - caractériser** · définir · qualifier · **3 - évaluer** · apprécier · calculer · estimer · mesurer · **4 - identifier** · diagnostiquer
II **1 - causer** · amener · conditionner · déclencher · engendrer · entraîner · être à l'origine de · occasionner · produire · susciter · **2 - prédestiner** · prédéterminer · **3 -** [qqn à faire qqch.] **encourager** · décider · amener · conduire · conseiller · engager · entraîner · inciter · inspirer · persuader · pousser

⋙ **se déterminer** v.pron. se décider • fixer son choix (sur) • opter (pour) • se prononcer (pour) • se résoudre (à)
CONTR. détourner ɪ empêcher (de)

déterrer v.tr. **1 -** arracher • déraciner • **2 -** exhumer • **3 -** découvrir • exhumer • ressortir • ressusciter • tirer de l'oubli • trouver • dénicher fam. • dégoter fam.
CONTR. enfouir ɪ enterrer – cacher

détestable adj. **1 -** haïssable • abominable • antipathique • exécrable • insupportable • méprisable • odieux • imbuvable fam. • **2 -** catastrophique • calamiteux • épouvantable • [temps] de chien fam. • pourri fam.
CONTR. admirable ɪ louable – agréable
↪ haïssable

détester v.tr. • haïr • avoir en horreur • abhorrer littér. • abominer littér. • exécrer littér. • avoir dans le nez, le pif fam. • ne pas pouvoir blairer fam. • ne pas pouvoir encadrer fam. • ne pas pouvoir piffer fam. • ne pas pouvoir sacquer fam. • ne pas pouvoir sentir fam.
CONTR. adorer ɪ aimer ɪ apprécier ɪ estimer

> ⁂ **détester, abhorrer, haïr**
> Les trois mots permettent d'exprimer différents degrés d'un sentiment négatif à l'égard d'autrui. **Détester** implique que l'on éprouve une forte antipathie pour quelqu'un *(détester les gens snobs)* ou pour quelque chose *(détester la viande trop cuite, la pluie)*. Avec **haïr**, il s'agit d'une aversion profonde, qui peut aller jusqu'à souhaiter la mort de la personne *(un cri de haine, une haine farouche ; exciter la haine)*. **Abhorrer**, d'emploi littéraire, est le mot le plus fort de la série ; il se rattache à horreur. Le caractère négatif de la personne ou de l'objet que l'on abhorre dépasse les limites de l'acceptable sur le plan affectif, intellectuel, etc. *(abhorrer la tyrannie, les mondanités)* : « Je déteste les hommes, je m'abhorre moi-même » (Voltaire, *Zaïre*, V, vi).

détonateur n.m. **1 -** amorce • étoupille • **2 -** déclencheur • étincelle qui met le feu aux poudres

détonation n.f. • déflagration • éclatement • explosion

détoner v.intr. → **exploser**

détonner v.intr. • faire contraste • faire tache • jurer • trancher
CONTR. s'accorder ɪ s'harmoniser

détour n.m.
I 1 - crochet • déviation • **2 -** tournant • angle • boucle • coude • courbe • contour • lacet • méandre • sinuosité • virage • zigzag
II 1 - biais • faux-fuyant • louvoiement • manœuvre • manigance • ruse • subterfuge • **2 -** circonlocution • circonvolution • périphrase
✦ **user de détours** louvoyer • tergiverser • tourner autour du pot fam.
✦ **plein de détours** alambiqué • amphigourique • compliqué • confus • contourné • embrouillé • incompréhensible • tortillonné • tortueux
✦ **sans détours** droit au but • sans ambages • sans tourner autour du pot • tout net • bille en tête fam.
CONTR. raccourci

détourné, e adj. • indirect • allusif • oblique • voilé
CONTR. direct ɪ franc

détournement n.m. **1 -** dérivation • déroutage • déroutement • **2 -** concussion • abus de biens sociaux • dissipation • malversation • pillage • soustraction • vol

détourner v.tr.
I 1 - dévier • dériver • dérouter • **2 -** esquiver • éluder • éviter • parer • **3 -** voler • distraire • soustraire

II [qqn de] **1 - distraire** · arracher (à) · divertir · éloigner · dégoûter *péj.* · **2 - dissuader** · empêcher

⋙ **se détourner de** *v.pron.* **1 - abandonner** · négliger · renoncer à · **2 - dévier de** · [du droit chemin] s'égarer · se fourvoyer

CONTR. redresser ı remettre dans la voie – affronter – encourager ı inciter ı pousser

détracteur, -trice *n.* · accusateur · adversaire · critique · dépréciateur · diffamateur · ennemi · médisant · mauvaise langue · contempteur *littér.* · zoïle *littér.* · dénigreur *rare*

CONTR. admirateur ı partisan

détraqué, e *adj.* **1 - en panne** · hors service · h.s. *fam.* · **2 - dérangé** · patraque *fam.* · **3 - → fou**

CONTR. arrangé ı réparé – normal ı sain

détraquer *v.tr.* · dérégler · détériorer · déglinguer *fam.*

CONTR. arranger ı réparer

détremper *v.tr.* **1 - délayer** · délaver · **2 - tremper** · imbiber

détresse *n.f.* **1 - désespoir** · affliction · angoisse · chagrin · désarroi · douleur · peine · **2 - misère** · dénuement · indigence · infortune · malheur

✦ **en détresse** [navire] **en perdition**

CONTR. paix ı quiétude ı tranquillité – bien-être ı prospérité ı sécurité

détriment de (au) *n.m.* · aux dépens de · au préjudice de · au désavantage de

CONTR. avantage – au bénéfice de

détritus *n.m.* · déchet · débris · résidu · reste · rebut

détroit *n.m.* · chenal · bras · bouque · manche *vieux*

⋙ **défilé**

détromper *v.tr.* · désabuser · éclairer · dessiller les yeux de · ouvrir les yeux à · tirer de l'erreur

CONTR. tromper ı abuser

détrôner *v.tr.* **1 - chasser (du trône)** · déposer · destituer · **2 - évincer** · éclipser · effacer · supplanter

CONTR. couronner

détrousser *v.tr.* · voler · dépouiller · dévaliser · lester *plaisant*

détruire *v.tr.*
I 1 - démolir · abattre · jeter bas, à bas · jeter à terre · raser · renverser · **2 - briser** · atomiser · broyer · casser · défoncer · démolir · dépecer · disloquer · écraser · fracasser · pulvériser · rompre • [flammes] consumer · dévorer · réduire en cendres • [des livres] pilonner · mettre au pilon · **3 - dévaster** · ravager · saccager · **4 - anéantir** · annihiler · réduire à néant · bousiller *fam.*
II 1 - tuer · décimer · éliminer · exterminer · faire périr · massacrer • [des vies] moissonner · **2 - annuler** · infirmer · invalider · **3 - supprimer** · déraciner · dissiper · enlever · extirper · **4 - attaquer** · atteindre · corroder · corrompre · entamer · ronger
III 1 - désorganiser · démanteler · désintégrer · **2 - ébranler** · grignoter · miner · ronger · saper · **3 - gâter** · troubler

⋙ **se détruire** *v.pron.* **1 - se tuer** · se massacrer · **2 - se suicider** · se supprimer · **3 - se nuire** · se faire du mal

CONTR. bâtir ı construire ı édifier – créer ı faire – établir ı fonder – conserver

dette *n.f.* **1 - dû** · débet · découvert · passif · solde débiteur · pouf *fam., Belgique* · **2 - engagement** · devoir · obligation

CONTR. créance ı crédit – actif ı avoir

deuil *n.m.* **1 - affliction** · chagrin · douleur · malheur · souffrance · tristesse · **2 - perte**

CONTR. bonheur

deuxième *adj. et n.* · second

🙰 **deuxième, second**
Deuxième et second qualifient tous deux une personne ou une chose qui occupe un rang marqué par le nombre deux *(le second, le deuxième jour du mois)*. Cependant, seul **deuxième** apparaît plus souvent que **second** dans la langue courante *(il est arrivé deuxième ; c'est au deuxième étage)*. On préfère **second**, du moins dans une langue soutenue, lorsque seulement deux objets sont considérés *(le Second Empire, la seconde moitié du gâteau, les classes du second degré)* ou lorsque l'on a une idée de recommencement *(c'est la seconde fois qu'il vient)*. **Second** convient aussi lorsqu'on n'exprime pas une idée de hiérarchie *(comprendre une histoire au second degré)*.

deuxièmement *adv.* · secondement · deuzio *fam.* · secundo *fam.*

deux-pièces *n.m. invar.* · bikini

deux-roues *n.m.* · cycle · motocycle

dévaler
- *v.tr.* **descendre** · dégringoler · débouler *fam.*
- *v.intr.* **rouler** · dégringoler · tomber · débouler *fam.*

CONTR. monter I remonter

dévaliser *v.tr.* **1 - cambrioler** · piller · **2 - voler** · dépouiller · détrousser *vieux ou plaisant* · délester *iron.* · soulager *iron.*

dévalorisation *n.f.* **1 - dépréciation** · dévaluation · **2 - déconsidération** · dénigrement · dépréciation · dévaluation · discrédit

CONTR. valorisation I revalorisation − considération I crédit

dévaloriser *v.tr.* **1 - dévaluer** · déprécier · **2 - déconsidérer** · dénigrer · déprécier · dévaluer · discréditer · rabaisser · ravaler · sous-estimer · dépriser *littér.*

CONTR. revaloriser − valoriser

dévaluation *n.f.* · dévalorisation · dépréciation

CONTR. réévaluation

dévaluer *v.tr.* · dévaloriser · déprécier

CONTR. réévaluer

devancer *v.tr.* **1 - dépasser** · distancer · gagner de vitesse · prendre l'avantage sur · passer devant · semer *fam.* · **2 - primer sur** · dépasser · l'emporter sur · surpasser · **3 - aller au-devant de** · anticiper sur · prévenir · **4 - précéder** · être avant

CONTR. succéder I suivre

🙰 **devancer, précéder**
Devancer quelqu'un, c'est prendre de l'avance sur lui dans un parcours, c'est partir plus tôt ou aller plus vite pour arriver avant lui *(devancer ses concurrents dans une course)*. **Précéder** implique seulement que, par rapport à un axe orienté, l'on se trouve devant la personne *(il le précède pour lui ouvrir la porte)* ou qu'une chose est située avant une autre *(son ventre, son ombre le précédait ; sa réputation l'a précédé)*. Les deux verbes sont équivalents pour exprimer l'idée qu'une personne accomplit quelque chose avant une autre *(j'étais trop en retard, quelqu'un m'a devancé/m'a précédé)*, mais seul **précéder** est possible si l'on parle de choses *(les jours qui ont précédé l'attentat ; la poésie précède le roman)*.

devancier, -ière *n.* · prédécesseur · précurseur

CONTR. successeur

¹**devant**
- *adv.* **1 - en avant** · en face · en vis-à-vis · **2 - en tête** · au début

■ *prép.* **1 -** à l'égard de · vis-à-vis de · **2 -** en présence de · à la vue de · au nez et à la barbe de

²**devant** *n.m.* partie antérieure · avant · [d'une maison] façade · [d'un bateau] nez · proue
✦ **aller au-devant de** **1 -** anticiper · prévenir · **2 -** aller à la rencontre de · chercher *fam.*
✦ **prendre les devants** anticiper · devancer

devanture *n.f.* étalage · vitrine
✦ **en devanture** en montre

dévastateur, -trice *adj.* · destructeur · meurtrier · ravageur

dévastation *n.f.* · destruction · dégât · désolation · ravage · ruine · saccage

dévaster *v.tr.* **1 -** détruire · désoler · ravager · ruiner · saccager · **2 -** emporter · inonder

🔖 **dévaster, désoler, ravager, saccager**

Tous ces verbes s'appliquent à la destruction de biens ou de personnes. **Dévaster** s'emploie dans des contextes larges, aussi bien à propos des richesses d'un pays *(la tornade a dévasté la forêt)* que pour une population *(la famine dévasta les campagnes)*. Dans des contextes analogues et un usage plus littéraire, **désoler** insiste sur le vide produit par la destruction et s'emploie plutôt au participe passé *(un pays désolé par la guerre)*. **Ravager** renchérit sur la violence de la destruction : « Ces horreurs épidémiques (guerres, révolutions, etc.) sont comme ces grandes pestes qui ravagent quelquefois la terre » (Voltaire, *Dialogues*, XXIV, III). À la destruction des biens par des personnes, **saccager** ajoute souvent l'idée de pillage *(les troupes ont saccagé la ville occupée)*.

déveine *n.f.* · malchance · infortune littér. · guigne *fam.* · poisse *fam.* · guignon *fam., vieilli* · cerise *argot* · scoumoune *argot*

CONTR. veine

développé, e *adj.* **1 - ample** · épanoui · fort · grand · **2 -** évolué · **3 -** [sens] aigu · aiguisé

développement *n.m.*
I **1 -** accroissement · agrandissement · amplification · ampleur · augmentation · croissance · élargissement · épanouissement · essor · extension · progression · **2 -** [exagéré] gigantisme · hypergénèse · hypertrophie · **3 -** multiplication · prolifération · **4 -** propagation · extension · rayonnement
II **1 -** germination · naissance · **2 -** pousse · épanouissement
III enrichissement · épanouissement · formation
IV **1 -** déroulement · avancement · cours · évolution · progrès · **2 -** évolution · transformation · **3 -** prolongement · rebondissement · suite
V exposé · détail · [trop long] tirade · longueurs

CONTR. déclin ı régression – diminution – immobilité – résumé

développer *v.tr.*
I **1 -** accroître · agrandir · allonger · amplifier · augmenter · élargir · étendre · grossir · **2 -** aiguiser · cultiver · éduquer · enrichir · exercer · former
II **1 -** exposer · détailler · éclaircir · expliquer · traiter · [trop longuement] délayer · broder sur · **2 -** élaborer · mettre au point
III [rare] **1 -** déballer · défaire · désenvelopper · **2 -** déplier · déployer · dérouler · étaler · étendre

⇨ **se développer** *v.pron.* **1 -** s'accroître · augmenter · faire du chemin · grandir · se multiplier · progresser · prospérer · fleurir littér. · **2 -** se former · germer · naître ·

3 - pousser · s'épanouir · fleurir · fructifier · **4 - se propager** · s'amplifier · grossir · prendre de l'ampleur · rayonner · se répandre

CONTR. atrophier ı diminuer ı réduire ı restreindre – abréger ı résumer – baisser ı décliner ı régresser

¹devenir *v.intr.* **1 - se transformer en** · se métamorphoser en · **2 - changer** · évoluer

²devenir *n.m.* **1 - avenir** · futur · **2 - évolution** · changement · mouvement · mutation · transformation

dévergondage *n.m.* · débauche · dépravation · libertinage · vice

CONTR. austérité ı sagesse

dévergondé, e
- *adj.* · débauché · dépravé · libertin · licencieux
- *n.f.* fille facile · baiseuse *très fam.* · coureuse *fam.* · pute *injurieux* · roulure *injurieux* · salope *injurieux* · traînée *injurieux*

CONTR. austère ı sage

déverser *v.tr.* **1 - répandre** · verser · épancher *littér.* · **2 - décharger** · débarquer · vomir *péj.*

≫ **se déverser** *v.pron.* **1 - s'écouler** · s'évacuer · se répandre · se vider · **2 - affluer** · déferler

CONTR. retenir

déversoir *n.m.* **1 - évacuation** · débouché · vanne · **2 - exutoire** · issue

dévêtir *v.tr.* déshabiller · dénuder · désaper *fam.* · mettre à poil *très fam.*

≫ **se dévêtir** *v.pron.* se déshabiller · se dénuder · se mettre nu · se désaper *fam.* · se mettre à poil *très fam.*

CONTR. vêtir – se couvrir

dévêtu, e *adj.* · nu · déshabillé · dénudé · à poil *très fam.* · en tenue d'Adam, d'Ève *fam.*

CONTR. vêtu ı couvert

déviant, e *adj.* · anormal · atypique

déviation *n.f.*
I **1 - dérivation** · délestage · détour · **2 - dérive** · **3 -** [d'un rayon] **diffraction** · déflexion · réfraction · **4 -** [d'un organe] **inversion** · antéversion · rétroversion · **5 -** [de la colonne] **déformation** · cyphose · lordose · scoliose
II **1 - écart** · aberration · variation · **2 - déviationnisme** · dissidence · hétérodoxie

dévider *v.tr.* · débobiner · dérouler

CONTR. enrouler ı renvider ı rouler

dévier
- *v.tr.* **1 - détourner** · déporter · dérouter · **2 - déformer** · déjeter · infléchir
- *v.intr.* s'infléchir · dériver
- **dévier de 1 - s'écarter de** · se détourner de · s'éloigner de · sortir de · **2 - se départir de** · changer de

CONTR. redresser ı remettre dans le voie

devin, devineresse
- *n.* voyant · astrologue · sorcier · visionnaire · vaticinateur *littér.* · [surtout Antiquité] aruspice · augure · auspice · oracle · prophète
- *n.f.* diseuse de bonne aventure · Cassandre *Antiquité ou littér.* · prophétesse · pythie *Antiquité ou littér.* · pythonisse *Bible ou plaisant* · sibylle *Antiquité ou littér.*

deviner *v.tr.* **1 - découvrir** · déceler · discerner · entrevoir · pénétrer · trouver · **2 - démasquer** · pénétrer · reconnaître · **3 - se douter de** · flairer · pressentir · sentir · soupçonner · subodorer · **4 - comprendre** · interpréter · lire entre les lignes · **5 - prédire** · prophétiser
- **laisser deviner** montrer · révéler
- **deviner juste** taper dans le mille *fam.*

devinette *n.f.* · charade · énigme · logogriphe · question à cent francs · rébus
≫ énigme

déviriliser v.tr. · efféminer · émasculer
CONTR. masculiniser ı viriliser

devis n.m. · estimation · évaluation

dévisager v.tr. · examiner · détailler · fixer · observer · scruter

¹**devise** n.f. **1 - slogan** · mot d'ordre · maxime · cri de ralliement · **2 - légende**

²**devise** n.f. · monnaie · eurodevise · xénodevise

deviser v.intr. · bavarder · causer · converser · dialoguer · discuter · s'entretenir · parler · palabrer souvent péj.

dévisser v.intr. [Alpinisme] dérocher
CONTR. visser ı revisser ı fermer

dévoilement n.m. · révélation · divulgation

dévoiler v.tr. **1 - découvrir** · laisser voir · **2 - déclarer** · divulguer · expliquer · livrer · révéler · **3 - démasquer** · lever le masque de · mettre à nu

✦ **dévoiler son jeu** abattre ses cartes

⋙ **se dévoiler** v.pron. **apparaître** · éclater · s'étaler · paraître · percer · poindre

CONTR. cacher ı couvrir ı voiler – taire

↝ révéler

¹**devoir** v.tr. **1 -** [qqch. à qqn] **être redevable à** · être en reste avec · être le débiteur de · être l'obligé de · **2 -** [+ infinitif] **être dans l'obligation de** · avoir à · être tenu de · être obligé de

²**devoir** n.m. **1 - loi morale** · **2 - obligation** · impératif · nécessité · **3 - charge** · fonction · obligation · office · responsabilité · rôle · service · tâche · travail · **4 - composition** · contrôle · épreuve · interrogation (écrite) · copie

✦ **se mettre en devoir de** se disposer à · se tenir prêt à · se préparer à

⋙ **devoirs** plur. hommages · respects · civilités

dévolu, e
■ adj. attribué · alloué · destiné · imparti · réservé
■ n.m.

✦ **jeter son dévolu sur** prétendre à · fixer son choix sur

dévorant, e adj. **1 - ardent** · avide · débordant · démesuré · insatiable · inextinguible littér. · **2 - destructeur** · dévastateur · ravageur

dévorer v.tr. **1 - manger** · absorber · avaler · engloutir · engouffrer · se repaître de · bouffer fam. · bâfrer fam. · se bourrer de fam. · descendre fam. · s'empiffrer de fam. · se gaver de fam. · se goinfrer de fam. · **2 - dépenser** · dilapider · dissiper · engloutir · flamber · gaspiller · claquer fam. · croquer fam. · **3 - anéantir** · brûler · consumer · détruire · ravager · **4 - tourmenter** · consumer · hanter · miner · obséder · poursuivre · ronger · **5 - accaparer** · absorber · bouffer fam.

dévot, e adj. et n. **1 - fervent** · pieux · religieux · dévotieux vieux ou littér. · **2 -** [péj.] bigot · bondieusard fam. · calotin fam. · cul-bénit fam. · grenouille de bénitier fam. · punaise de sacristie fam. · rat d'église fam.

✦ **faux dévot** tartuffe · pharisien · béguine vieux · cafard vieux · cagot vieux · papelard vieux

CONTR. athée ı impie ı incroyant

dévotement adv. · pieusement · religieusement

dévotion n.f. **1 - piété** · ferveur · religion · zèle littér. ou vieilli · **2 - adoration** · culte · passion · vénération

◆ **fausse dévotion** bigoterie · bondieuserie · pharisaïsme · tartuferie · cafardise *vieux* · cagoterie *vieux* · papelardise *vieux*

CONTR. impiété ı indifférence

dévoué, e *adj.* **1 - fidèle** · loyal · serviable · sûr · **2 - empressé** · assidu · zélé

CONTR. déloyal ı égoïste ı indifférent – négligent

dévouement *n.m.* **1 - abnégation** · don de soi · sacrifice · **2 - loyalisme** · attachement · fidélité

CONTR. égoïsme ı indifférence – déloyauté ı trahison

dévouer *v.tr.* **consacrer** · dédier · donner · livrer · offrir · sacrifier · vouer

⤳ **se dévouer** *v.pron.* **se sacrifier** · payer de sa personne

◆ **se dévouer à** se consacrer à · se donner corps et âme à · se mettre en quatre pour *fam.*

dévoyé, e *n.m., f.* · dépravé · débauché · délinquant

dévoyer *v.tr.* · pervertir · débaucher · dépraver

dextérité *n.f.* · adresse · agilité · art · astuce · doigté · habileté · savoir-faire

CONTR. gaucherie ı lourdeur ı maladresse

⤳ adresse

diable *n.m.* **1 - diablotin** · incube · diableteau *vieilli* · **2 - brouette** · chariot

◆ **le Diable** le Démon · l'ange déchu · Lucifer · Satan · le Malin · le prince des démons des ténèbres · le Tentateur

◆ **pauvre diable** malheureux · misérable

◆ **envoyer au diable, à tous les diables** expédier · maudire · rabrouer · rebuter *vieilli ou littér.* · rembarrer *fam.*

diablement *adv.* · terriblement · bigrement *fam.* · bougrement *fam.* · drôlement *fam.* · rudement *fam.* · sacrément *fam.* · vachement *fam.* · diantrement *vieux*

diablerie *n.f.* **1 - maléfice** · sortilège · **2 - machination** · intrigue · manigance · **3 - espièglerie**

diablesse *n.f.* · démone · succube

diablotin *n.m.* · lutin · farfadet · [breton] korrigan · [arabe] djinn

diabolique *adj.* · démoniaque · infernal · machiavélique · maléfique · satanique · méphistophélique *littér.*

CONTR. angélique ı divin

diadème *n.m.* · couronne

diagnostic *n.m.* · évaluation · expertise

diagnostiquer *v.tr.* · discerner · déceler

diagonale *n.f.* biais

◆ **en diagonale** **1 - en biais** · obliquement · **2 -** [lire] **rapidement** · superficiellement

diagramme *n.m.* **1 - croquis** · plan · schéma · **2 - courbe** · graphique · [circulaire] camembert · [rond] patate *fam.*

dialecte *n.m.* · parler · idiome · patois

༄ **dialecte, parler, patois**

Dialecte, patois et parler renvoient à des usages linguistiques particuliers par rapport à la langue dominante dans un pays. Le **dialecte**, parlé et parfois écrit dans un espace géographique plus ou moins vaste, possède des caractères spécifiques qui en font un système linguistique en soi *(le wallon, dialecte français en Belgique ; le dialecte de l'Île-de-France est devenu la langue française)*. Le **patois**, parler essentiellement oral, est pratiqué dans un espace restreint, surtout rural : « Les parlers de nos campagnes, les patois, comme on les appelle, ont souvent des règles plus strictes que les langues apprises dans les grammaires » (J. Vendryes, *le Langage*). Le **patois** est sans statut culturel stable, ce qui explique l'emploi péjoratif du mot. Recouvrant les emplois de **dialecte** et de **patois**, le **parler** caractérise les moyens d'expression propres à un groupe social dans un cadre géographique étroit *(parler urbain, local)* ou dans un domaine linguistique donné *(les parlers ruraux).*

dialectique n.f. **1 - argumentation** · logique · raisonnement · **2 -** [Philo.] **dialogue** · maïeutique

dialogue n.m. **1 - conversation** · discussion · échange · entretien · face-à-face · tête-à-tête · **2 - concertation** · négociation
CONTR. monologue

dialoguer v.intr. **1 - converser** · conférer · s'entretenir · échanger (des propos) · parler · **2 - se concerter** · négocier

diamant n.m. **1 -** [Techn.] **bort** · carbonado · **2 -** [Bijouterie] **brillant** · solitaire
✦ **faux diamant** strass · zircon

diamétralement adv. · **absolument** · entièrement · radicalement

diamètre n.m. · calibre

diaphane adj. · **translucide** · pâle · transparent
CONTR. obscur ı opaque
↝ **transparent**

diapré, e adj. · **bariolé** · bigarré · chamarré
↝ **bariolé**

diarrhée n.f. · **colique** · lientérie · chiasse fam. · courante fam. · foire fam., vieux · dévoiement vieux
CONTR. constipation

diatribe n.f. · **attaque** · factum · libelle · pamphlet · satire · philippique littér.
CONTR. apologie ı éloge

dictateur, -trice n. · **autocrate** · césar · despote · potentat · tyran

dictatorial, e adj. **1 - absolu** · autocratique · autoritaire · despotique · totalitaire · tyrannique · **2 - impérieux** · tranchant

dictature n.f. **1 - autocratie** · absolutisme · autoritarisme · caporalisme · césarisme · fascisme · nazisme · totalitarisme · **2 - diktats** · tyrannie
CONTR. démocratie

dicter v.tr. **1 - ordonner** · commander · prescrire · stipuler · **2 - conditionner** · décider de · régler · **3 - suggérer** · inspirer · souffler
CONTR. exécuter ı obéir à ı suivre

diction n.f. · **élocution** · articulation · débit · énonciation · prononciation

dictionnaire n.m. **1 - lexique** · encyclopédie · glossaire · thésaurus · trésor *(surtout dans titres)* · vocabulaire · dico fam. · **2 - index** · concordance

> ↝ **dictionnaire, glossaire, lexique, vocabulaire**
> Cette série réfère à des recueils de mots à but didactique, présentés en général selon l'ordre alphabétique et fournissant sur chaque terme des informations sur son sens et ses emplois. Le **dictionnaire**, au sens le plus large, rassemble les mots d'une langue *(chercher un mot dans le dictionnaire ; dictionnaire de langue, encyclopédique, bilingue).* Le **glossaire**, destiné à un public restreint, recueille et explique des mots anciens ou obscurs d'une langue *(glossaire du bas latin).* Le **lexique** est un dictionnaire abrégé qui retient les mots d'un domaine spécialisé, d'une science ou d'une technique *(lexique des termes de physique),* ou des mots utilisés par un auteur *(lexique de Molière, de Balzac).* Le **vocabulaire**, également succinct, ne conserve que les mots les plus usuels

d'une langue *(vocabulaire français-espagnol)* ou bien, comme le **lexique**, les mots d'un domaine spécialisé *(vocabulaire du cinéma)*.

dicton *n.m.* • adage • maxime • proverbe • [Droit] brocard *vieux*

didactique
- *adj.* **1** - pédagogique • **2** - savant • scientifique • technique
- *n.f.* pédagogie

diète *n.f.* • régime • [complète] jeûne • abstinence

diététicien, -ienne *n.* • nutritionniste • diététiste *Québec*

diététique *adj.* • équilibré • allégé • hypocalorique • sain

dieu *n.m.* **1** - déité • divinité • esprit • **2** - [au plur., esprits domestiques] lares • mânes • pénates • **3** - idole • **4** - [avec une majuscule] le Créateur • l'Éternel • l'Être Suprême • le Tout-Puissant • le Très-Haut

diffamant, e *adj.* • calomnieux • diffamatoire • infamant • mensonger

diffamation *n.f.* • accusation • calomnie • médisance
CONTR. apologie ι louange

diffamatoire *adj.* • calomnieux • mensonger

diffamer *v.tr.* • attaquer • calomnier • couvrir de boue • discréditer • ternir la réputation, l'honneur de • traîner dans la boue
CONTR. encenser ι exalter ι honorer ι louer ι prôner ι vanter

différemment *adv.* **1** - autrement • **2** - diversement
CONTR. identiquement ι indistinctement

différence *n.f.*
I **1** - disparité • contraste • dissimilitude • dissemblance • distinction • [petite] nuance • [grande] abîme • fossé • **2** - particularité • spécificité • altérité • **3** - distinction • départ • partage
II **1** - écart • différentiel • distance • intervalle • **2** - complément • appoint • reste • solde • supplément • **3** - inégalité • disproportion
III contradiction • désaccord • discordance • divergence • incohérence • incompatibilité • opposition
IV diversité • hétérogénéité • mélange • variété
V changement • modification • variation
+ **différence de niveau** dénivellation • dénivelé
CONTR. analogie ι conformité ι égalité ι identité ι ressemblance ι similitude

différenciation *n.f.* • distinction • démarcation • discrimination • distinguo • séparation
CONTR. assimilation ι identification ι rapprochement ι réunion

différencier *v.tr.* distinguer • séparer • discriminer *littér.*
⇒ **se différencier** *v.pron.* se distinguer • différer • se particulariser • se singulariser • se détacher du lot
CONTR. assimiler ι confondre ι identifier ι rapprocher

différend *n.m.* • conflit • contestation • contentieux • démêlé • désaccord • discussion • dispute • litige • querelle
CONTR. accommodement ι accord ι réconciliation

différent, e *adj.* **1** - autre • dissemblable • distinct • **2** - contraire • contradictoire • divergent • éloigné • opposé • **3** - changé • méconnaissable • modifié • transformé • **4** - singulier • à part • exceptionnel • nouveau • **5** - [au plur.] divers • plusieurs
+ **c'est complètement différent** c'est le jour et la nuit
CONTR. analogue ι identique ι même ι pareil ι semblable – un

différer

■ *v.tr.* remettre · ajourner · reculer · renvoyer · reporter · repousser · retarder · surseoir à

■ *v.intr.* **1 - tarder** · atermoyer · attendre · temporiser · **2 - se différencier** · se distinguer · s'éloigner · s'écarter · **3 - s'opposer** · diverger

CONTR. avancer ı hâter – se ressembler ı se confondre

difficile *adj.*

I **1 - ardu** · dur · laborieux · malaisé · pénible · calé *fam.* · chiadé *fam.* · coton *fam.* · trapu *fam.* · musclé *argot scol.* · duraille *fam., vieilli* · **2 - délicat** · complexe · embarrassant · épineux · scabreux · sensible · **3 - obscur** · abscons · compliqué · confus · énigmatique · ésotérique · impénétrable · mystérieux · **4 - escarpé** · périlleux · raide
II douloureux · pénible · triste
III **1 - acariâtre** · contrariant · coriace · intraitable · irascible · ombrageux · querelleur · rétif · **2 - désobéissant** · capricieux · indiscipliné · indocile
IV **1 - délicat** · exigeant · raffiné · **2 - chicaneur** · exigeant · maniaque · pointilleux · tatillon · difficultueux *littér.* · vétilleux *littér.*

✦ **faire le difficile** faire la fine bouche · faire le dégoûté

✦ **ce n'est pas difficile** ce n'est pas la mer à boire *fam.*

CONTR. facile ı agréable ı aisé ı commode ı simple – accommodant ı aimable ı conciliant

> **difficile, exigeant, pointilleux**
> On a de la peine à contenter une personne quand on sait qu'elle est **difficile** *(être difficile sur la nourriture, dans le choix de ses amitiés)*, mais **exigeant** va plus loin et implique une forte attente *(être exigeant sur l'hygiène ; se montrer exigeant à l'égard de quelqu'un)*. **Pointilleux** renchérit sur l'exigence ; être **pointilleux**, c'est ne rien laisser passer, se montrer susceptible dans ses relations avec autrui *(être pointilleux sur l'exactitude, les règles du savoir-vivre, le règlement)*.

difficilement *adv.* **1 - laborieusement** · à grand-peine · à l'arraché · malaisément · péniblement · tant bien que mal · **2 - à peine** · tout juste

CONTR. facilement – au moins

difficulté *n.f.* **1 - complexité** · complication · confusion · obscurité · **2 - embarras** · gêne · mal · peine · **3 - problème** · contrariété · empêchement · ennui · résistance · tracas · cheveu *fam.* · épine *fam.* · hic *fam.* · os *fam.* · pépin *fam.* · aria *vieux* · bec *fam., vieux* · cactus *fam., vieux* · cahot *fam., vieux* · chiendent *fam., vieux* · traverse *vieux* · tu autem *vieux* · **4 - obstacle** · accroc · barrière · écueil · accroche *vieux* · **5 - objection** · chicane · contestation · opposition · résistance

✦ **sans difficulté** facilement · aisément · les doigts dans le nez *fam.* · [gagner] haut la main · dans un fauteuil *fam.*

CONTR. clarification – aisance ı facilité ı simplicité

↝ **obstacle**

difficultueux, -euse *adj.* · chicaneur · pointilleux

CONTR. accommodant ı facile

difforme *adj.* · déformé · contrefait · déjeté · monstrueux · mal fait · mal bâti · tordu · tors *littér.*

CONTR. beau ı normal ı régulier

difformité *n.f.* · déformation · dystrophie · malformation · monstruosité · vice de conformation

CONTR. beauté ı norme ı perfection ı régularité ı symétrie

diffus, e *adj.* **1 - tamisé** · voilé · **2 - abondant** · prolixe · verbeux

CONTR. net – bref ı concis ı laconique ı précis

diffuser *v.tr.* **1 -** [Radio, TV] émettre · mettre sur les ondes · programmer · retransmettre ·

transmettre · **2 - disperser** · émettre · propager · répandre · **3 - distribuer** · **4 - populariser** · vulgariser

CONTR. concentrer

diffusion *n.f.* **1 -** [Radio, TV] **émission** · programmation · transmission · retransmission · **2 - distribution** · **3 - propagation** · dissémination · vulgarisation

CONTR. concentration ı convergence

digérer *v.tr.* **1 - assimiler** · **2 - intégrer** · assimiler · absorber · **3 -** [fam.] **accepter** · endurer · supporter · tolérer · avaler *fam.* · encaisser *fam.*

digest *n.m.* · condensé · résumé

¹digeste *adj.* · digestible · digérable *rare* · léger

²digeste *n.m.* · code · répertoire

digestif *n.m.* · pousse-café

digestion *n.f.* · assimilation

digital, e *adj.* · numérique *recomm. offic.*

CONTR. analogique

digne *adj.* **1 - estimable** · convenable · honnête · méritant · respectable · **2 - louable** · méritoire · noble · **3 - grave** · sobre · solennel
+ **être digne de**   **1 - mériter** · valoir · **2 - être à la hauteur de**
+ **digne de foi**   croyable · crédible

CONTR. indigne – familier

↪ **mériter**

dignement *adv.* **1 - convenablement** · honnêtement · honorablement · **2 - fièrement** · noblement

CONTR. indignement

dignitaire *n.m.* · autorité · hiérarque · personnalité · (grand) ponte *fam.* · (grosse) huile *fam.* · grosse légume *fam.* · gros bonnet *fam.*

dignité *n.f.* **1 - amour-propre** · fierté · orgueil · **2 - grandeur** · noblesse · respectabilité · **3 - noblesse** · gravité · réserve · retenue · solennité

CONTR. humilité ı modestie – bassesse ı indignité ı veulerie – familiarité ı laisser-aller ı vulgarité

digression *n.f.* · parenthèse · incise · [Littérat.] parabase

digue *n.f.* **1 - jetée** · barrage · brise-lames · levée · môle · [provisoire] batardeau · [à claire-voie] estacade · **2 - obstacle** · barrière · frein · rempart

dilapidateur, -trice *adj. et n.* · dépensier · dissipateur · gaspilleur · prodigue

CONTR. économe

↪ **dépensier**

dilapidation *n.f.* **1 - dissipation** · **2 - gaspillage**

CONTR. accumulation ı conservation ı économie ı épargne

dilapider *v.tr.* · dissiper · engloutir · flamber · gaspiller · prodiguer · jeter par les fenêtres · claquer *fam.* · craquer *fam.* · croquer *fam.*

CONTR. accumuler ı amasser ı épargner

↪ **gaspiller**

dilatation *n.f.* **1 - élargissement** · extension · distension · gonflement · grossissement · **2 -** [du gaz] **expansion**

CONTR. compression ı contraction

dilater *v.tr.* élargir · agrandir · distendre · gonfler

↪ **se dilater** *v.pron.* enfler · se distendre · s'élargir · gonfler · grossir · s'ouvrir

CONTR. comprimer ı condenser ı contracter ı resserrer ı rétrécir – dégonfler ı désenfler

dilemme *n.m.* · alternative · choix

↪ **alternative**

dilettante n. · amateur · fumiste *péj.* · touche-à-tout *péj.*

> **dilettante, amateur**
> Le **dilettante** et l'**amateur** se livrent à certaines activités en les exerçant comme un passe-temps, de manière plus ou moins fantaisiste. Dilettante, qui n'a pas le caractère péjoratif d'**amateur** dans cet emploi, implique une absence de soumission à des normes et la recherche d'un plaisir *(mener une vie de dilettante, être un dilettante en politique)*. Amateur est plutôt du côté de l'absence de qualification : « Un amateur qui barbouille des toiles le dimanche comme on pêche à la ligne » (Sartre, *l'Âge de raison*). Dans un emploi plus neutre qui le distingue de **dilettante**, on parle d'*une troupe théâtrale d'amateurs*, d'*une chorale d'amateurs*, sans y associer un jugement de valeur.

dilettantisme *n.m.* · amateurisme

diligemment *adv.* · rapidement · avec célérité · promptement

¹diligence *n.f.* 1 - **empressement** · hâte · promptitude · rapidité · vitesse · célérité *littér.* · 2 - **application** · attention · soin · zèle
✦ **faire diligence** s'activer · se dépêcher · s'empresser · se hâter
↳ vitesse

²diligence *n.f.* · coche · omnibus · patache

diligent, e *adj.* 1 - **actif** · empressé · expéditif · prompt · rapide · 2 - **appliqué** · assidu · attentif · soigneux · zélé

CONTR. lent ı négligent ı paresseux – distrait ı inappliqué ı inattentif
↳ **expéditif**

diluer *v.tr.* 1 - **délayer** · allonger · étendre · mouiller · noyer · 2 - **affaiblir** · diminuer

CONTR. condenser ı décanter – augmenter ı renforcer

dimension *n.f.* 1 - **étendue** · calibre · format · gabarit · mesure · surface · taille · épaisseur · grandeur · grosseur · hauteur · largeur · longueur · mensuration · pointure · profondeur · 2 - **importance** · envergure · portée · valeur

diminué, e *adj.* · affaibli · amoindri

diminuer
■ *v.intr.* 1 - **baisser** · s'affaisser · s'amenuiser · se calmer · décroître · décliner · descendre · faiblir · mollir · tomber · 2 - **rétrécir** · raccourcir · rapetisser · [*jour*] décroître · accourcir *vieux ou littér.* · 3 - **dégonfler** · désenfler · rapetisser
■ *v.tr.* 1 - **amoindrir** · abaisser · ramener (à) · réduire · resserrer · restreindre · 2 - **rétrécir** · raccourcir · accourcir *vieux ou littér.* · étrécir *vieux* · 3 - **abréger** · comprimer · condenser · contracter · écourter · résumer · tronquer · 4 - **modérer** · attiédir · calmer · émousser · faire tomber · freiner · rabattre · ralentir · refroidir · relâcher · 5 - **atténuer** · adoucir · alléger · amortir · apaiser · calmer · estomper · mitiger · modérer · tempérer · 6 - **assourdir** · baisser · descendre · 7 - **dévaloriser** · abaisser · avilir · dégrader · dénigrer · déprécier · discréditer · rabaisser · ravaler

CONTR. augmenter – accroître ı agrandir ı ajouter ı amplifier ı croître ı grandir ı grossir

diminutif *n.m.* · petit nom · surnom

diminution *n.f.*
I 1 - **amoindrissement** · abaissement · affaissement · amenuisement · baisse · décroissance · décroissement · déperdition · réduction · 2 - **rétrécissement** · raccourcissement · 3 - **abrègement** · compression · concentration · contraction · 4 - **dégonflement** · réduction · 5 - **allégement** · soulagement · 6 - **modération** · ralentissement
II 1 - **dépréciation** · dévalorisation · dévaluation · moins-value · 2 - **rabais** · réduction · remise · 3 - **abattement** · décharge · dégrèvement · exemption · exonération · réduction

CONTR. augmentation – accroissement ı amplification ı croissance ı crue

dingue *adj. et n.* → **fou**

diplomate
- *adj.* habile · adroit · fin · politique · rusé · subtil
- *n.* ambassadeur · attaché · chargé d'affaires · consul · légat · ministre · nonce · résident · secrétaire · émissaire · envoyé · négociateur · parlementaire · plénipotentiaire

diplomatie *n.f.* · adresse · doigté · finesse · habileté · savoir-faire · tact

diplomatique *adj.* · adroit · habile · fin
CONTR. maladroit ı grossier

diplôme *n.m.* **1 - parchemin** *plaisant* · peau d'âne *plaisant* · **2 - certificat** · brevet · titre · [sortes] baccalauréat · doctorat · licence · maîtrise · mastère · maturité *Suisse* · **3 - récompense** · médaille · prix · **4 -** [Hist.] acte · charte · patente

dire *v.tr.*
I **1 - articuler** · formuler · émettre · énoncer · lancer · proférer · prononcer · balancer *péj.* · débiter *péj.* · déblatérer *péj.* · lâcher *fam.* · sortir *fam.* · **2 - exprimer** · annoncer · communiquer · **3 - raconter** · conter · narrer · **4 - préciser** · indiquer · fixer · **5 - affirmer** · assurer · certifier · prétendre · **6 - répondre** · répliquer · rétorquer · objecter
II **1 - dévoiler** · divulguer · ébruiter · répandre · révéler · **2 - confier** · avouer
III ordonner · commander · enjoindre · sommer · stipuler
IV manifester · dénoter · exprimer · marquer · montrer · signifier · trahir
✦ **dire tout bas** chuchoter · murmurer · souffler · susurrer
✦ **dire partout, tout haut** clamer · crier sur les toits · publier
✦ **si ça te dit** si ça te plaît · si ça te tente · si ça te chante *fam.*
⋙ **se dire** *v.pron.* se prétendre · s'autoproclamer

✦ **se dire que** penser que · se faire la réflexion que
CONTR. cacher ı dissimuler ı omettre ı taire

direct, e *adj.* **1 - droit** · rectiligne · **2 - franc** · carré · droit · net et précis · sans détour · **3 - immédiat** · **4 - sans arrêt** · non-stop · rapide · sans escale
CONTR. indirect – détourné ı oblique ı sinueux – réfléchi ı rétrograde – omnibus

directement *adv.* **1 - tout droit** · **2 - immédiatement** · **3 - complètement** · diamétralement · exactement · totalement · **4 - franchement** · carrément · nettement · ouvertement · sans détour · sans ambages · sans tourner autour du pot *fam.* · tout de go *fam.* · bille en tête *fam.*
✦ **parler directement** ne pas avoir peur des mots · appeler un chat un chat · appeler les choses par leur nom
✦ **directement sur** [la peau, etc.] à même
CONTR. indirectement

directeur, -trice *n.* **1 - dirigeant** · administrateur · gérant · manager · patron · président · boss *fam.* · **2 - supérieur** · chef · boss *fam.*
✦ **directeur de collège** principal · dirlo *fam.*
✦ **directeur de lycée** proviseur · dirlo *fam.*
✦ **directeur de conscience** confesseur

directif, -ive *adj.* **1 - autoritaire** · autocratique · **2 - directionnel**
CONTR. démocratique ı non-directif

direction *n.f.*
I organisation · administration · commandement · conduite · gestion · pilotage
II **1 - responsables** · dirigeants · présidence · **2 - service** · département · section
III **1 - axe** · azimut · ligne · sens · **2 - chemin** · orientation · voie · **3 - allure** · tour · tournure
✦ **sous la direction de** sous l'autorité de · sous la férule de · sous la houlette de · sous

l'égide de · sous les auspices de · sous le mandat de · sous la tutelle de • [orchestre] sous la baguette de
+ **en direction de** 1 - vers · 2 - vis-à-vis (de) · à l'égard de · 3 - à destination de

directive n.f. · instruction · commandement · consigne · injonction · ordre · recommandation · stipulation

dires n.m.pl. · affirmations · déclaration · paroles · propos · témoignage

dirigeable n.m. · ballon · zeppelin
🠪 **ballon**

dirigeant, e n. · administrateur · chef · directeur · gérant · patron · président · responsable · boss fam.

diriger v.tr. **1 - gouverner** · administrer · commander · conduire · encadrer · gérer · mener · organiser · piloter · présider à · régir · être aux commandes de · être aux manettes de · être à la tête de · tenir la barre, le gouvernail de · avoir la haute main sur · tenir les rênes de • [sans complément] mener la barque • [dans un ménage] porter la culotte fam. · **2 - ordonner** · régler · régenter · **3 - inspirer** · guider · entraîner · mener · pousser · **4 - manœuvrer** · conduire · guider · piloter · **5 - braquer** · orienter · pointer
🢂 **se diriger (vers)** v.pron. **1 - s'acheminer (vers)** · aller vers · s'avancer vers · gagner · marcher vers · mettre le cap sur · prendre le chemin de · se rendre à · se tourner vers · se mettre en mouvement vers • [foule] confluer vers · **2 - voguer vers** · cingler vers · faire route, voile vers · mettre le cap sur · **3 - s'orienter** · se repérer
CONTR. obéir ׀ suivre – abandonner ׀ laisser

discernement n.m. **1 - jugement** · bon sens · circonspection · perspicacité · jugeote fam. · **2 - discrimination** · distinction · identification

+ **avec discernement** à bon escient · judicieusement
CONTR. confusion

discerner v.tr. **1 - voir** · distinguer · entrevoir · percevoir · **2 - entendre** · percevoir · **3 - sentir** · ressentir · **4 - différencier** · démêler · distinguer · discriminer · identifier · reconnaître · **5 - deviner** · déceler · percevoir · saisir · sentir
CONTR. confondre ׀ mêler

disciple n. **1 - élève** · **2 - adepte** · apôtre · fidèle · partisan · prosélyte · tenant
CONTR. maître
🠪 **élève**

disciplinaire adj.
+ **mesure disciplinaire** avertissement · blâme · censure · suspension

discipline n.f. **1 - loi** · règlement · règle(s) de conduite · **2 - obéissance** · docilité · soumission · **3 - matière** · art · domaine · science · sujet
CONTR. anarchie ׀ désordre ׀ indiscipline

discipliné, e adj. · obéissant · docile · soumis
CONTR. indiscipliné

discipliner v.tr. **1 - assujettir** · soumettre · **2 - éduquer** · élever · former · dresser péj. · **3 - maîtriser** · dompter
CONTR. révolter

discontinu, e adj. **1 - alternatif** · intermittent · irrégulier · momentané · sporadique · temporaire · **2 - coupé** · divisé · interrompu · **3 - dénombrable** · discret
CONTR. continu

discontinuer v.tr. cesser · finir · interrompre · suspendre

✦ **sans discontinuer** sans arrêt · sans interruption · sans relâche · sans répit · non-stop
CONTR. continuer

discontinuité *n.f.* · intermittence · irrégularité
CONTR. continuité

disconvenance *n.f.* · désaccord · disproportion · incompatibilité · opposition
CONTR. accord ı convenance

discordance *n.f.* **1 - dissonance** · inharmonie *littér.* · cacophonie *péj.* · **2 - divergence** · décalage · désaccord · différence · disparité · écart · incompatibilité · incohérence
CONTR. accord ı concordance

discordant, e *adj.* **1 - dissonant** · faux · inharmonique · **2 - criard** · **3 - divergent** · contraire · incompatible · opposé
CONTR. concordant

discorde *n.f.* **désaccord** · dissension · mésentente · mésintelligence *littér.* · querelle
✦ **semer la discorde** diviser · jeter le trouble · mettre de l'huile sur le feu · semer la zizanie · mettre la pagaïe *fam.*
CONTR. accord ı concorde ı entente

discothèque *n.f.* · boîte de nuit · boîte *fam.* · disco *fam.* · dancing *vieilli* · night(-club) *vieilli*

discount *n.m.* · rabais · déduction · remise · ristourne

discoureur, -euse *n.* · bavard · jacasseur · parleur · palabreur · péroreur · phraseur

discourir *v.intr.* · disserter · palabrer · pérorer · baratiner *fam.* · laïusser *fam.* · tenir le crachoir *fam.* · lantiponner *fam., péj., vieux*

discours *n.m.* **1 - allocution** · adresse · conférence · déclaration · proclamation · speech *fam.* · **2 - exposé** · laïus *fam.* · speech *fam.* · topo *fam.* · jus *fam., vieux* · **3 - exhortation** · harangue · parénèse *vieux* · **4 - traité** · exposé · **5 -** [religieux, moral] **sermon** · homélie · instruction · morale · oraison · prêche · prédication · prône · prêchi-prêcha *fam., péj.* · **6 -** [en faveur de qqn] **apologie** · compliment · éloge · louange · panégyrique · plaidoyer · **7 -** [contre qqn] **réquisitoire** · charge · réprimande · catilinaire *littér.* · philippique *littér.* · **8 -** [vieilli] **conversation** · causerie · dialogue · entretien · propos · **9 -** [Ling.] **parole** · langage
✦ **longs discours** boniment · palabres · baratin *fam.* · blabla *fam.* · tartines *fam.*

discourtois, e *adj.* · impoli · désobligeant · grossier · irrespectueux · irrévérencieux · rustre · incivil *littér.*
CONTR. courtois ı poli

discrédit *n.m.* · défaveur · déconsidération *littér.* · décri *vieux*
CONTR. crédit ı considération ı faveur

discréditer *v.tr.* · déconsidérer · décrier · dénigrer · déprécier · disqualifier · nuire à · brûler *fam.* · couler *fam.* · griller *fam.* · décréditer *vieux*
CONTR. accréditer ı vanter

¹**discret, -ète** *adj.* **1 - réservé** · secret · pudique · silencieux · **2 - furtif** · rapide · **3 - retiré** · isolé · à l'abri des regards · secret · tranquille · **4 - modeste** · effacé · réservé · retenu · **5 - sobre** · simple · **6 - léger** · modéré · ténu · voilé

²**discret, -ète** *adj.* **1 - discontinu** · **2 - digital** · numérique

discrètement *adv.* **1 - en catimini** · à pas de loup · sur la pointe des pieds · en douce *fam.* · **2 - à la dérobée** · furtivement · [filer] à l'anglaise · **3 - sobrement** · sans ostentation · sans tambour ni trompette
CONTR. ostensiblement – indiscrètement

discrétion n.f. 1 - réserve · délicatesse · retenue · tact · 2 - simplicité · sobriété
✦ **à discrétion** à volonté · à gogo fam.
CONTR. impudence ı sans-gêne – indélicatesse ı indiscrétion

discrétionnaire adj. · arbitraire · illimité
CONTR. limité

discrimination n.f. 1 - ségrégation · apartheid · racisme · sexisme · 2 - distinction · départ · séparation
CONTR. égalité ı non-discrimination – confusion ı mélange

discriminer v.tr. · distinguer · différencier · séparer · faire le départ entre littér.

disculper v.tr. 1 - innocenter · blanchir · laver (de tout soupçon) · mettre hors de cause · 2 - excuser · justifier
CONTR. accuser ı incriminer ı inculper

discussion n.f. 1 - conversation · débat · délibération · échange (de vues) · [sur des détails] argutie · ergotage · 2 - examen · 3 - controverse · polémique · 4 - dispute · altercation · contestation · différend · empoignade · explication · querelle · prise de bec fam.
CONTR. acceptation – accord ı entente

discutable adj. · attaquable · contestable · critiquable · douteux · sujet à caution
CONTR. incontestable ı indiscutable

discuté, e adj. · controversé · contesté · critiqué
CONTR. indiscuté

discuter
■ v.intr. 1 - bavarder · causer · conférer · converser · tenir conseil · colloquer plaisant · discutailler fam., péj. · 2 - polémiquer · épiloguer · ergoter · palabrer · parlementer · chercher la petite bête fam. · disputailler vieux · 3 - se chicaner fam. · se disputer · se quereller

■ v.tr. 1 - débattre de · agiter · argumenter sur · 2 - contester · critiquer · mettre en question · mettre en cause · controverser rare · 3 - négocier · marchander

disert, e adj. · bavard · à la parole facile · causant · éloquent · loquace · prolixe

disette n.f. 1 - famine · 2 - manque · carence · défaut · déficit · insuffisance · pauvreté · pénurie · rareté
CONTR. abondance

diseur, -euse n.
✦ **diseur de bonne aventure** chiromancien · devin · voyant

disgrâce n.f. 1 - défaveur · discrédit · 2 - [littér.] laideur · difformité · 3 - [vieux] infortune · malheur · revers (de fortune)
CONTR. faveur ı grâce – beauté ı grâce

disgracié, e adj. · laid · disgracieux · ingrat
CONTR. favorisé

disgracier v.tr. · destituer · renvoyer
CONTR. favoriser ı protéger

disgracieux, -ieuse adj. 1 - laid · ingrat · 2 - discourtois · déplaisant · désagréable · revêche
CONTR. gracieux – agréable ı aimable

disjoindre v.tr. 1 - désassembler · désunir · détacher · diviser · scinder · séparer · 2 - fendiller · fendre · fissurer · lézarder · 3 - déboîter · démonter · disloquer · 4 - isoler · déconnecter · décorréler · distinguer · séparer
CONTR. joindre ı rapprocher ı rejoindre

disjoint, e adj. · différent · déconnecté · décorrélé · dissocié · distinct · séparé
CONTR. conjoint

disjonction n.f. • dissociation • décorrélation • séparation

CONTR. jonction | conjonction

dislocation n.f. 1 - **déboîtement** • désarticulation • entorse • foulure • luxation • 2 - **démantèlement** • démembrement • désagrégation • dissolution

CONTR. jonction | union

disloquer v.tr. 1 - **déboîter** • démettre • démancher • désarticuler • luxer • démantibuler fam. • 2 - **démanteler** • démembrer • désunir • dissoudre • diviser • disperser • 3 - **détraquer** fam. • fausser • 4 - **briser** • casser • démolir

CONTR. assembler | emboîter | monter | remettre

> **disloquer, déboîter, démantibuler, désarticuler**
>
> Dans l'usage courant, ces mots sont relatifs à la rupture de ce qui était entier, valeur attachée au préfixe dé- (dis-) qui marque la séparation. **Disloquer** concerne la continuité d'un ensemble, brisée d'une manière plus ou moins violente (disloquer un empire, un corps disloqué). Avec **démantibuler**, on met l'accent, dans des emplois familiers, sur la mise en pièces d'un objet, la séparation de ses éléments ajustés visant à le rendre inutilisable (démantibuler un meuble, un jouet). **Déboîter** n'implique aucune violence : il s'agit seulement de retirer un objet de l'élément dans lequel il est encastré (déboîter des tuyaux, une porte de ses gonds). De même, **désarticuler** indique que l'on détache les éléments dont une chose est constituée (désarticuler une phrase) : « Démonter le mécanisme de l'angoisse, il n'y a plus d'angoisse. Élucider ses causes, c'est désarticuler l'angoisse » (Ionesco, Journal en miettes).

disparaître v.intr.

I 1 - **se cacher** • se dissimuler • se voiler • [soleil] se coucher • 2 - **s'effacer** • se dissiper • s'enlever • s'estomper • s'évanouir • s'en aller en fumée • passer • 3 - **s'en aller** • s'éclipser • s'évanouir • s'évaporer • 4 - **fuir** • se défiler • s'enfuir • filer • se retirer • décamper fam. • 5 - **s'égarer** • s'envoler • se volatiliser

II 1 - **mourir** • décéder • s'éteindre • quitter cette terre • 2 - [navire] **couler** • périr • se perdre • sombrer

✦ **disparaître dans** s'enfoncer dans • s'engouffrer dans • se fondre dans

✦ **faire disparaître** 1 - **escamoter** • 2 - **anéantir** • chasser • détruire • effacer • enlever • supprimer • 3 - **ôter** • éliminer • enlever • résorber • supprimer • [un texte] oblitérer • passer au bleu • 4 - **dissiper** • apaiser • balayer • calmer • lever • résoudre • vaincre • 5 - **tuer** • éliminer • supprimer • liquider fam.

CONTR. apparaître | paraître | reparaître | se montrer – commencer | demeurer | être | rester

disparate adj. • composite • bigarré • divers • hétéroclite • hétérogène • mélangé • panaché • discordant péj.

CONTR. assorti | harmonieux | homogène

disparité n.f. • diversité • contraste • différence • dissemblance • hétérogénéité • discordance péj. • dissonance péj. • disparate vieux ou littér.

CONTR. accord | conformité | parité

disparition n.f. 1 - **absence** • 2 - **dissipation** • dissolution • éclipse • effacement • évanouissement • 3 - **décès** • mort • 4 - **suppression** • extinction • fin • mort • perte

CONTR. apparition | réapparition

disparu, e n. • défunt • mort

CONTR. vivant

> **mort**

dispatcher v.tr. • répartir • distribuer • envoyer

dispendieux, -ieuse *adj.* · coûteux · cher · onéreux · ruineux · chérot *fam.*
CONTR. économique

dispensateur, -trice *n.* · distributeur · répartiteur

dispense *n.f.* 1 - autorisation · dérogation · exemption · permission · 2 - exonération · franchise
CONTR. obligation

dispenser *v.tr.*
I 1 - accorder · donner · distribuer · répandre · départir *littér.* · 2 - partager · répartir
II [qqn de] 1 - exempter · décharger · délivrer · exonérer · dégager · libérer · soustraire · tenir quitte · 2 - épargner · faire grâce
CONTR. assujettir I astreindre I contraindre I exiger I forcer I obliger

dispersé, e *adj.* · clairsemé

disperser *v.tr.* 1 - éparpiller · disséminer · dissiper · parsemer · répandre · semer · 2 - dissiper · 3 - diviser · fragmenter · morceler · séparer · 4 - émietter · éparpiller · 5 - chasser · débander · mettre en fuite
>>> **se disperser** *v.pron.* 1 - partir · s'égailler · s'éparpiller · essaimer · 2 - s'enfuir · se débander · fuir · 3 - diffuser · irradier · rayonner · 4 - se déconcentrer · s'éparpiller
CONTR. agglomérer I assembler I centraliser I concentrer I masser I rassembler I réunir – se rassembler I se grouper – se concentrer

dispersion *n.f.* 1 - éparpillement · dissémination · 2 - dissipation · 3 - division · fragmentation · morcellement · séparation · 4 - débandade · déroute · mise en fuite · 5 - diaspora · éparpillement
CONTR. rassemblement – réunion – concentration

disponibilité *n.f.* 1 - loisir · temps libre · 2 - vacance
>>> **disponibilités** *plur.* trésorerie · fonds de roulement · espèces · réserve
CONTR. indisponibilité

disponible *adj.* 1 - inoccupé · libre · vacant · 2 - accessible · abordable
CONTR. engagé I indisponible I occupé

🕮 **disponible, inoccupé, libre, vacant**
Les notions d'absence d'engagement et d'utilisation rassemblent ces mots. Disponible s'emploie dans des domaines très variés pour qualifier ce qui est à la disposition de quelqu'un *(chambre, capitaux, terrain, documentation disponibles)*. Inoccupé se dit surtout de pièces ou de logements vides mais qui ne seront pas forcément remplis *(l'immeuble est inoccupé le week-end)*. L'usage de vacant est restreint à ce qui n'est pas ou n'est plus occupé *(appartement vacant)*, ou bien à un poste, une fonction qui n'a pas ou n'a plus de titulaire *(emploi vacant)* ; il insiste sur le fait que le lieu ou le poste devront, à terme, être remplis. Une chose libre peut être utilisée quand on le souhaite *(une place libre)*.

dispos, e *adj.* · agile · alerte · allègre · en forme · gaillard · ingambe
CONTR. abattu I fatigué I lourd I malade

disposé, e *adj.*
✦ **disposé à** prêt à · enclin à · partant pour *fam.*
✦ **bien disposé** 1 - bienveillant · favorable · 2 - en train · de bonne humeur

disposer *v.tr.* 1 - agencer · arranger · combiner · composer · configurer · construire · dresser · établir · installer · monter · ordonner · orienter · placer · ranger · répartir · [table] dresser · 2 - [loi, contrat] dicter · décréter · prescrire · régler
✦ **disposer qqn à faire qqch.** décider · déterminer · engager · inciter · pousser
✦ **disposer de** 1 - détenir · être en possession de · 2 - bénéficier de · jouir de · 3 - se servir de · user de · utiliser
>>> **se disposer à** *v.pron.* se préparer à · s'apprêter à · être sur le point de

dispositif *n.m.* **1 - machine** · mécanisme · système · **2 - méthode** · dispositions · mesures · organisation · plan (d'action) · procédé

disposition *n.f.*
I **1 - agencement** · arrangement · assemblage · combinaison · composition · construction · distribution · ordonnance · organisation · orientation · placement · rangement · répartition · **2 - place** · orientation · position · situation · **3 - structure** · configuration · ordre
II **humeur** · état d'esprit · composition
III **prescription** · règle

✦ **avoir à (sa) disposition**   posséder · avoir sous la main · avoir à sa portée
✦ **être, se mettre à la disposition de**   être aux ordres de

⋙ **dispositions** *plur.* **1 - mesures** · plan d'action · résolutions · **2 - précautions** · **3 - intentions** · sentiments · **4 - aptitudes** · don · facilités · facultés · goût · inclination · qualités
✦ **avoir des dispositions pour**   être doué pour · avoir la bosse de *fam.*

disproportion *n.f.* · déséquilibre · différence · disparité · inégalité · disconvenance *littér.*

CONTR. proportion

disproportionné, e *adj.* **1 - inégal** · déséquilibré · **2 - démesuré** · exagéré · excessif · surdimensionné

CONTR. proportionné

dispute *n.f.* **1 - querelle** · altercation · chicane · conflit · démêlé · différend · discorde · discussion · escarmouche · explication · friction · heurt · accrochage *fam.* · bisbille *fam.* · bouffage de nez *fam.* · bringue *fam., Suisse* · chamaillerie *fam.* · crêpage de chignon *fam.* · engueulade *fam.* · prise de bec *fam.* · castille *vieux* · contention *vieux* · chamaillis *vieux ou région.* • [entre villages, partis] querelle, rivalité de clocher • [entre époux] scène (de ménage) · **2 - brouille** · fâcherie · rupture ·

brouillerie *vieux* · **3 -** [vieux] **controverse** · combat d'opinions · débat · polémique · disputation *vieux*

CONTR. accord ı entente ı paix ı réconciliation

🙰   **dispute, altercation, querelle**

Ces mots sont liés par l'idée d'échange verbal entre des personnes qui s'opposent. La **dispute** est un échange de paroles violent, dans lequel l'insulte voisine avec l'argumentation *(la conversation s'est transformée en dispute sur des questions de politique)*. **Querelle** insiste sur l'hostilité et le côté durable du différend, souvent empreint de mauvaise foi *(une vieille querelle, des querelles fratricides, la querelle des Anciens et des Modernes)*. L'**altercation** implique la brièveté et la brutalité de l'échange de propos, qui peut se conclure par des coups : « Les conférences diplomatiques n'avaient conduit qu'à des altercations violentes » (Mérimée, *Histoire du règne de Pierre le Grand*).

disputer *v.tr.* **1 -** [Sport] **jouer** · participer à · **2 -** [fam.] **réprimander** · gourmander · gronder · sermonner · admonester *littér.* · morigéner *littér.* · tancer *littér.* · attraper *fam.* · crier après *fam.* · enguirlander *fam.* · engueuler (comme du poisson pourri) *très fam.* · incendier *fam.* · passer un savon à *fam.* · remettre à sa place *fam.* · remonter les bretelles à *fam.* · secouer les puces à *fam.* · sonner les cloches à *fam.* · taper sur les doigts à *fam.* · tirer les oreilles à *fam.*

⋙ **se disputer** *v.pron.* **se quereller** · avoir des mots · se chamailler · avoir maille à partir · se bagarrer *fam.* · se bouffer le nez *fam.* · se chicaner *fam.* · se chipoter *fam.* · s'engueuler *fam.* · se crêper le chignon *fam.*

disqualifier *v.tr.* **1 - éliminer** · exclure · scratcher · **2 - discréditer** · déconsidérer · déshonorer

CONTR. qualifier

disque *n.m.* **1 -** cercle · galet · halo · rond · **2 - album** · microsillon · vinyle · noir *fam.*
◆ **disque compact** CD · skeud *lang. jeunes*
◆ **disque compact vidéo** vidéodisque
◆ **disque optique compact** CD-ROM · cédérom · DOC *recomm. offic.*
◆ **disque optique numérique** DVD

dissemblable *adj.* · différent · distinct · opposé
CONTR. semblable

dissemblance *n.f.* · différence · contraste · disparité · diversité · hétérogénéité · opposition
CONTR. ressemblance

dissémination *n.f.* **1 -** dispersion · éparpillement · **2 -** diffusion · propagation · **3 -** [Méd.] **généralisation** · métastase

disséminer *v.tr.* **1 -** disperser · éparpiller · répandre · semer · **2 - diffuser** · propager · répandre
CONTR. amasser ׀ concentrer ׀ grouper ׀ réunir

dissension *n.f.* · désaccord · déchirement · discorde · dissentiment · divorce · guerre · mésentente · opposition · querelle · mésintelligence *littér.*
CONTR. concorde ׀ harmonie

disséquer *v.tr.* **1 - dépecer** · **2 - analyser** · décortiquer · désosser · passer au crible · éplucher *fam.*

dissertation *n.f.* · composition · essai · étude · mémoire · traité

disserter *v.intr.* · discourir · causer · parler · palabrer *péj.* · pérorer *péj.* · pontifier *péj.*

dissidence *n.f.* **1 -** division · rébellion · révolte · schisme · scission · sécession · séparation · **2 -** [littér.] **divergence** · dissentiment
CONTR. accord ׀ concorde ׀ union − conformisme

dissident, e *adj. et n.* · rebelle · hérétique · hétérodoxe · non-conformiste · opposé · révolté · schismatique · scissionniste · séparatiste
CONTR. orthodoxe

dissimulateur, -trice *n.* · fourbe · cachottier · hypocrite · sournois

dissimulation *n.f.* **1 -** duplicité · fausseté · fourberie · hypocrisie · sournoiserie · **2 - cachotterie** · **3 - déguisement** · camouflage
CONTR. franchise ׀ simplicité ׀ sincérité

dissimulé, e *adj.* · cachottier · double · faux · hypocrite · sournois
CONTR. confiant ׀ franc ׀ ouvert ׀ sincère

dissimuler *v.tr.* **1 - cacher** · escamoter · celer *littér.* · **2 - masquer** · dérober, soustraire aux regards · occulter · voiler · offusquer *littér.* · **3 - camoufler** · atténuer · **4 - garder secret** · taire · **5 -** [sans complément] **feindre** · faire semblant · simuler · tricher
 » **se dissimuler** *v.pron.* se cacher · disparaître · s'éclipser · se faire tout petit *fam.* · rentrer sous terre *fam.*
CONTR. avouer ׀ confesser − exhiber ׀ montrer
➾ **cacher**

dissipateur, -trice *n. et adj.* · dépensier · gaspilleur · prodigue · mange-tout *vieux* · [au jeu] flambeur
CONTR. économe

dissipation *n.f.* **1 -** disparition · dispersion · éparpillement · **2 - dépense** · dilapidation · gaspillage · **3 - distraction** · **4 - indiscipline** · turbulence
CONTR. formation − économie − application ׀ attention ׀ concentration − discipline ׀ sagesse

dissipé, e *adj.* **1 - turbulent** · désobéissant · indiscipliné · indocile *littér.* · **2 - débauché** · dévergondé · dissolu
CONTR. appliqué ׀ attentif − sérieux

dissiper v.tr. 1 - chasser · faire disparaître · disperser · éliminer · éparpiller · supprimer · 2 - écarter · ôter de la tête · 3 - dépenser · dévorer · dilapider · engloutir · gaspiller · jeter par les fenêtres · manger · claquer fam. · 4 - distraire · déconcentrer

≫ **se dissiper** v.pron. 1 - disparaître · se disperser · s'évaporer · se volatiliser · 2 - s'apaiser · s'atténuer · se calmer

CONTR. accumuler ׀ économiser – assagir

∾ gaspiller

dissociation n.f. 1 - distinction · dédoublement · différenciation · disjonction · séparation · 2 - désintégration · séparation

CONTR. association ׀ synthèse

dissocier v.tr. 1 - distinguer · déconnecter · décorréler · départager · différencier · disjoindre · isoler · séparer · 2 - désunir · désagréger · désintégrer · séparer

CONTR. associer ׀ rapprocher ׀ réunir

dissolu,e adj. débauché · agité · corrompu · dépravé · déréglé · léger · libertin · relâché

✦ **vie dissolue**   vie de bâton de chaise fam. · vie de patachon fam.

CONTR. austère ׀ rangé ׀ vertueux

dissolution n.f. 1 - décomposition · désagrégation · désintégration · 2 - annulation · cessation · rupture · 3 - anéantissement · disparition · écroulement · ruine · 4 - [vieilli] **débauche** · débordement · dérèglement · désordre · immoralité

dissolvant, e adj. et n.m. · solvant

dissonance n.f. 1 - cacophonie · discordance · rupture de ton · 2 - désaccord · contradiction · divergence · opposition · inharmonie littér.

CONTR. consonance ׀ euphonie – accord ׀ harmonie

dissonant, e adj. 1 - cacophonique · discordant · faux · 2 - divergent · discordant

CONTR. concordant ׀ harmonieux

dissoudre v.tr. 1 - faire fondre · diluer · 2 - annuler · mettre fin à · rompre

≫ **se dissoudre** v.pron. fondre

CONTR. constituer ׀ cristalliser ׀ précipiter

dissuader v.tr. · détourner · déconseiller à · décourager · faire renoncer

CONTR. persuader

dissuasif, -ive adj. · décourageant

CONTR. persuasif

dissymétrie n.f. · asymétrie · déséquilibre · irrégularité

CONTR. symétrie

dissymétrique adj. · asymétrique · déséquilibré · irrégulier · biscornu péj.

distance n.f. 1 - écart · écartement · éloignement · espace · espacement · étendue · intervalle · 2 - chemin · course · parcours · trajet · 3 - différence · abîme · écart · monde · 4 - recul

✦ **à distance**   1 - de loin · 2 - avec du recul · rétrospectivement

CONTR. contiguïté – égalité ׀ similitude

distancer v.tr. 1 - dépasser · devancer · décoller de fam. · décrocher fam. · gratter fam. · lâcher fam. · semer fam. · 2 - [Chasse] **forlonger** · 3 - surpasser · dominer (de la tête et des épaules) · laisser loin derrière · surclasser · enfoncer fam. · 4 - disqualifier

distant, e adj. 1 - éloigné · loin · 2 - froid · altier · hautain · inaccessible · réservé · sur la réserve

CONTR. adjacent ׀ contigu ׀ proche ׀ voisin – affable ׀ aimable ׀ familier

distendre v.tr. 1 - étirer · allonger · tendre · tirer · 2 - gonfler · ballonner
▸▸ **se distendre** v.pron. se détendre · se relâcher · s'avachir péj.

distension n.f. 1 - étirement · allongement · extension · relâchement · 2 - gonflement · ballonnement
CONTR. contraction ׀ resserrement

distillation n.f. 1 - rectification · cohobation · 2 - raffinage

distiller v.tr. 1 - sécréter · épancher · exsuder · répandre · 2 - rectifier · cohober · réduire · sublimer · spiritualiser vieux · 3 - raffiner

distinct, e adj. 1 - visible · perceptible · 2 - clair · net · tranché · 3 - différent · autre · contrasté · dissemblable · indépendant · séparé
CONTR. confus ׀ indistinct – identique ׀ même

distinctement adv. · clairement · nettement
CONTR. confusément

distinctif, -ive adj. · caractéristique · particulier · propre · singulier · spécifique · typique

distinction n.f. 1 - différenciation · démarcation · départ · discrimination · distinguo · séparation · 2 - décoration · dignité · récompense · 3 - classe · élégance · finesse · raffinement · tenue · 4 - [vieux] éclat · grandeur · noblesse · 5 - [vieux] mérite · talent · valeur
CONTR. confusion – vulgarité

distingué, e adj. 1 - élégant · chic · raffiné · bcbg fam. · chicos fam. · classe fam. · classieux fam. · smart fam. · 2 - choisi · d'élite · sélect fam. · 3 - brillant · célèbre · éminent · insigne · supérieur
CONTR. commun ׀ banal ׀ grossier ׀ vulgaire – médiocre ׀ ordinaire – quelconque

distinguer v.tr. 1 - discriminer · différencier · discerner · dissocier · isoler · mettre à part · séparer • [sans complément] ne pas faire d'amalgame · ne pas tout mélanger · ne pas mélanger les torchons et les serviettes fam. · 2 - caractériser · différencier · spécifier · 3 - apercevoir · discerner · percevoir · reconnaître · repérer · voir · 4 - choisir · préférer · remarquer
▸▸ **se distinguer** v.pron. 1 - différer · se détacher · se différencier · s'opposer · se particulariser · se singulariser · 2 - s'illustrer · briller · percer · se détacher du lot · se faire remarquer · se signaler · triompher
CONTR. confondre ׀ identifier

distorsion n.f. 1 - altération · déformation · transformation · travestissement péj. · 2 - décalage · déséquilibre · disparité · écart

distraction n.f.
I 1 - inattention · étourderie · inadvertance · inapplication · 2 - bévue · erreur · étourderie · oubli · gaffe fam.
II 1 - loisir · détente · 2 - amusement · divertissement · passe-temps · récréation · hobby anglic. · amusette vieilli · 3 - dérivatif · diversion
CONTR. application ׀ attention ׀ concentration – travail

distraire v.tr. 1 - divertir · amuser · changer les idées de · désennuyer · égayer · récréer littér. · 2 - dissiper · déranger · 3 - [littér.] dérober · détourner · prélever · retrancher · soustraire
▸▸ **se distraire** v.pron. se divertir · s'amuser · se délasser · se détendre · se changer les idées · se récréer littér.
CONTR. ennuyer

distrait, e adj. 1 - inattentif · absent · absorbé · rêveur · 2 - étourdi · écervelé · évaporé · tête en l'air
✦ **être distrait** avoir l'esprit ailleurs · avoir la tête dans les nuages · n'écouter que d'une oreille · être dans la lune, dans les nuages
CONTR. appliqué ׀ attentif – pondéré ׀ posé ׀ réfléchi

distraitement *adv.* **1 - rêveusement** • [écouter] d'une oreille • **2 - étourdiment**

distrayant, e *adj.* • divertissant • amusant • délassant • distractif • récréatif
CONTR. ennuyeux

distribuer *v.tr.*
I 1 - donner • dispenser • octroyer • prodiguer • **2 - répartir** • partager • départir *littér.* • **3 - allouer** • assigner • attribuer • allotir *(Droit)*
II amener • conduire • répandre
III 1 - catégoriser • classer • classifier • **2 - arranger** • agencer • aménager • ordonner • organiser • ranger
CONTR. accaparer ı rassembler ı récolter ı recueillir – centraliser ı grouper ı réunir

distributeur, -trice *n.* vendeur • concessionnaire • débitant • détaillant • diffuseur • grossiste • revendeur
✦ **distributeur de billets**   billetterie • DAB

distribution *n.f.* **1 - diffusion** • **2 - attribution** • partage • répartition • [Cartes] donne • **3 - don** • dispensation • **4 - arrangement** • agencement • aménagement • disposition • **5 - affiche** • casting *anglic.*
CONTR. ramassage ı rassemblement

district *n.m.* **1 - agglomération** • **2 - domaine** • rayon • région

dit, dite *adj.* **1 - convenu** • décidé • fixé • **2 - alias**

dithyrambe *n.m.* • éloge • apologie • panégyrique
CONTR. réquisitoire

dithyrambique *adj.* • élogieux • laudatif • louangeur

diva *n.f.* • prima donna

divagation *n.f.* **1 - délire** • folie • **2 - digression** • élucubration • rêverie
➛ délire

divaguer *v.intr.* **1 - délirer** • déraisonner • perdre l'esprit, la raison, le bon sens • avoir des papillons dans le compteur *fam.* • avoir une araignée dans le, au plafond *fam.* • débloquer *fam.* • déconner *fam.* • déjanter *fam.* • déménager *fam.* • dérailler *fam.* • yoyotter de la touffe *fam.* • battre la breloque, la campagne *vieilli* • extravaguer *vieux ou plaisant* • **2 - errer** • s'égarer • vagabonder • vaguer *littér.*

divan *n.m.* • canapé • convertible • cosy • méridienne • sofa

divergence *n.f.* **1 - désaccord** • contradiction • différence • écart • opposition • **2 - dispersion** • écartement
CONTR. accord ı concordance – convergence

divergent, e *adj.* • différent • discordant • éloigné • opposé
CONTR. concordant ı convergent

diverger *v.intr.* **1 - différer** • se différencier • se distinguer • **2 - se contredire** • s'opposer • **3 - s'écarter** • s'éloigner
CONTR. converger

divers, e *adj.* **1 - composite** • bariolé • changeant • disparate • diversiforme • hétérogène • mélangé • varié • **2 - diversifié** • différent • éclectique • **3 -** [au plur.] **plusieurs** • certains • de multiples • maints *littér.*
CONTR. homogène ı uniforme – identique ı même ı semblable – unique

diversement *adv.* • différemment • inégalement

diversifier *v.tr.* • changer • élargir • varier
CONTR. assimiler ı unifier

diversion *n.f.* • dérivatif • antidote • distraction • divertissement

diversité *n.f.* **1 -** variété · éclectisme · hétérogénéité · **2 -** multiplicité · pluralité
CONTR. concordance ׀ ressemblance – monotonie ׀ uniformité

divertir *v.tr.* **1 -** amuser · changer les idées de · distraire · égayer · récréer *littér.* · **2 - faire rire** · réjouir · **3 -** [vieilli] détourner · distraire · soustraire
⋙ **se divertir** *v.pron.* s'amuser · se distraire · se récréer *littér.*
✦ **se divertir de** se moquer de · rire (aux dépens) de
CONTR. ennuyer ׀ importuner

divertissant, e *adj.* · distrayant · amusant · drôle · plaisant · récréatif · réjouissant
CONTR. ennuyeux ׀ fastidieux ׀ triste

divertissement *n.m.* **1 - amusement** · agrément · délassement · distraction · plaisir · réjouissance · récréation *littér.* · **2 -** jeu · passe-temps · distraction · hobby *anglic.* · loisir · (partie de) plaisir · **3 -** [vieux] détournement · distraction · **4 -** [Mus.] divertimento
CONTR. ouvrage ׀ travail
↝ réjouissance

divin, e *adj.* **1 -** céleste · surnaturel · **2 - sublime** · délicieux · exquis · merveilleux · parfait · suprême
CONTR. humain ׀ terrestre – mauvais ׀ affreux

divination *n.f.* **1 - prédiction** · clairvoyance · prémonition · prescience · prophétie · révélation · voyance · vaticination *littér.* · **2 -** [sortes] astrologie · cartomancie · magie · numérologie · occultisme · oniromancie · spiritisme · mantique *soutenu*

divinement *adv.* · excellemment · délicieusement · parfaitement · souverainement · suprêmement
CONTR. mal

diviniser *v.tr.* **1 - déifier** · sacraliser · sanctifier · **2 - exalter** · glorifier · idéaliser · magnifier
CONTR. avilir ׀ rabaisser

divinité *n.f.* · déité *littér.* · déesse · dieu

diviser *v.tr.* **1 - fractionner** · décomposer · désagréger · dissocier · fragmenter · morceler · parceller · scinder · **2 - cloisonner** · compartimenter · **3 - distribuer** · répartir · partager · **4 -** [un terrain] lotir · démembrer · morceler · **5 - brouiller** · déchirer · désunir · opposer · semer la discorde chez
✦ **être divisé** être en désaccord · être partagé
⋙ **se diviser** *v.pron.* **1 - bifurquer** · se séparer · **2 - se ramifier** · se scinder · se segmenter · **3 - se disperser** · s'éparpiller
CONTR. grouper ׀ réunir ׀ unir – rapprocher ׀ réconcilier

division *n.f.*
I 1 - fractionnement · fragmentation · morcellement · scission · sectionnement · segmentation · séparation · **2 - partage** · distribution · **3 - lotissement** · démembrement · morcellement
II 1 - classement · classification · **2 -** [du temps] ère · époque · instant · moment · période · **3 -** [territoriale] circonscription · arrondissement · canton · commune · département · district · gouvernement · province · subdivision · zone · **4 -** [d'une race] embranchement · classe · ordre · famille · genre · espèce · variété · type · **5 -** [d'une société] catégorie · caste · clan · classe · groupe · ordre · tribu · **6 -** [d'un texte] alinéa · acte · article · chant · chapitre · livre · paragraphe · scène · section · strophe · titre · tome · verset · **7 -** [Biol.] amitose · méiose · mitose
III désaccord · clivage · dispute · divorce · mésentente · querelle · rupture · scission · schisme · mésintelligence *littér.*
CONTR. groupement ׀ rassemblement ׀ réunion ׀ indivision – ensemble ׀ total – multiplication – accord ׀ union

divorce *n.m.* 1 - désaccord · clivage · désunion · rupture · séparation · 2 - contradiction · conflit · divergence · opposition
CONTR. accord ı union - concordance

divorcer *v.intr.* · rompre · se quitter · se séparer
CONTR. se marier ı s'unir

divulgateur, -trice *n.* · propagateur · révélateur

divulgation *n.f.* · proclamation · propagation · publication · révélation

divulguer *v.tr.* · dévoiler · ébruiter · mettre au grand jour · proclamer · propager · publier · répandre · révéler · crier sur (tous) les toits *fam.*
CONTR. cacher ı dissimuler ı taire
↪ **révéler**

docile *adj.* 1 - discipliné · obéissant · sage · 2 - flexible · malléable · maniable · pliant · souple · soumis · qui file doux *fam.*
CONTR. indocile ı indiscipliné ı rebelle ı récalcitrant ı rétif
↪ **souple**

docilité *n.f.* 1 - obéissance · sagesse · 2 - flexibilité · malléabilité · soumission
CONTR. indocilité ı indiscipline ı rébellion

dock *n.m.* 1 - bassin (de radoub) · 2 - entrepôt · silo

docker *n.m.* · débardeur · arrimeur · déchargeur · crocheteur *vieux*

docte *adj.* 1 - érudit · instruit · savant · 2 - doctoral · doctrinaire · dogmatique · professoral · sentencieux · pédantesque *péj.* · pontifiant *péj.*
CONTR. ignorant

doctement *adv.* · savamment · sentencieusement · comme un livre

docteur *n.m.* 1 - médecin · toubib *fam.* · doc *fam.* · 2 - [vieux] érudit · savant
↪ **médecin**

doctoral, e *adj.* · docte · doctrinaire · dogmatique · professoral · sentencieux · pédantesque *péj.* · pontifiant *péj.*
CONTR. humble ı modeste

doctorat *n.m.* · thèse

doctrinaire *adj.* · dogmatique · sectaire · systématique

doctrine *n.f.* 1 - dogme · doxa · idéologie · opinion · système · théorie · thèse · 2 - religion · croyance · 3 - philosophie

document *n.m.* 1 - écrit · formulaire · papier · pièce (justificative) · texte · 2 - documentaire

documentation *n.f.* · annales · archives · dossier · matériaux · doc *fam.*

documenter *v.tr.* 1 - informer · renseigner · 2 - étayer · appuyer

dodeliner *v.intr.* · balancer · osciller

dodu, e *adj.* · gras · grassouillet · potelé · rebondi · replet · rondouillard *fam.*
CONTR. étique ı maigre ı mince

dogmatique *adj.* 1 - doctrinaire · sectaire · systématique · 2 - catégorique · absolu · affirmatif · tranchant · 3 - doctoral · professoral · sentencieux
CONTR. libéral ı tolérant - hésitant ı tolérant

dogme *n.m.* · article de foi · croyance · credo · doctrine · doxa · règle

doigt *n.m.*
✦ **petit doigt** auriculaire
✦ **doigt de pied** orteil

doigté *n.m.* · diplomatie · adresse · entregent · habileté · savoir-faire · tact

dol *n.m.* · captation · fraude · tromperie

doléances *n.f.pl.* · griefs · plaintes · réclamations · récriminations · revendications

dolent, e *adj.* **1** - geignard · gémissant · pleurnicheur · plaintif · **2** - [littér.] maladif
CONTR. gai ı joyeux − dispos

domaine *n.m.*
I **1** - propriété · bien (foncier) · terre · **2** - fief · terrain
II **1** - matière · discipline · spécialité · sujet · **2** - compétence · ressort · spécialité · partie *fam.* · rayon *fam.* · **3** - monde · sphère · univers

dôme *n.m.* · coupole · voûte

domestication *n.f.* · apprivoisement
CONTR. affranchissement ı émancipation

domesticité *n.f.* **1** - domestiques · gens de maison · personnel (domestique) · personnel ancillaire *vieux* · valetaille *vieux, péj.* · **2** - [vieux] engagement · service

¹**domestique** *adj.* **1** - privé · familial · intime · **2** - familier · de compagnie · **3** - national · intérieur
✦ **appareil domestique** appareil ménager

²**domestique** *n.* **1** - employé de maison · **2** - [sortes] bonne · bonne d'enfants · bonne à tout faire · chasseur · chauffeur · concierge · cuisinier · femme de chambre, de charge, de journée, de ménage · fille de cuisine, de salle · garçon de bureau, de courses, de salle · garde · gouvernante · groom · intendant · jardinier · lad · laquais · laveuse · liftier · lingère · maître d'hôtel · majordome · ménagère · nourrice · nurse · palefrenier · plongeur · servante · serveur · serviteur · sommelier · soubrette · valet (de chambre, de ferme, de pied) · boy *vieilli ou péj.* · camériste *littér. ou plaisant* · chambrière *vieux* · duègne *vieux* · estafier *vieux* · homme de peine *vieux* · officieux *vieux* · souillon *vieux* · suivante *vieux, péj.* · **3** - esclave · valet · larbin *péj., fam.* · bonniche *péj., fam.*

⇝ **domestiques** *plur.* domesticité · personnel de maison · gens *vieux*

domestiquer *v.tr.* **1** - apprivoiser · dompter · dresser · **2** - asservir · assujettir · soumettre
CONTR. affranchir ı émanciper ı libérer

domicile *n.m.* **1** - résidence · chez-soi · demeure · habitation · logement · maison · home *anglic.* · **2** - adresse · siège
✦ **sans domicile fixe** S.D.F · clochard · nomade · vagabond
✦ **élire domicile** se fixer · s'installer · planter ses pénates *plaisant*

🌿 **maison**

🌿 **domicile, résidence**
Le domicile est, en termes juridiques, la demeure légale et officielle d'une personne, c'est-à-dire son lieu ordinaire d'habitation *(signaler tout changement de domicile, être sans domicile fixe)*. Contrairement au **domicile**, la **résidence** se définit, notamment en droit, comme le lieu que l'on occupe une partie du temps *(c'est ma résidence principale)*. Plus couramment, **résidence** se dit d'une habitation plus ou moins luxueuse *(une résidence de standing)*, et en particulier d'une maison de campagne *(une résidence secondaire en Normandie)*.

dominance *n.f.* · domination · prédominance

dominant, e *adj.* **1** - important · premier · prépondérant · primordial · principal ·

2 - **déterminant** · caractéristique · **3 - général** · régnant · répandu · **4 - culminant** · élevé · éminent · haut · supérieur

CONTR. accessoire ı dépendant ı secondaire

dominateur, -trice

■ *adj.* **1 - despotique** · oppressif · tyrannique · **2 - autoritaire** · impérieux · volontaire

■ *n.* **1 - conquérant** · maître · vainqueur · **2 - despote** · dictateur · oppresseur · tyran

CONTR. esclave ı serviteur – opprimé ı soumis

domination *n.f.* **1 - dictature** · joug · oppression · tyrannie · **2 - autorité** · empire · maîtrise · omnipotence · pouvoir · prépondérance · suprématie · prépotence *vieux* · **3 - emprise** · ascendant · influence · **4 -** [de soi-même] **maîtrise** · self-control *anglic.*

CONTR. liberté ı indépendance – obéissance ı servitude ı sujétion

dominer

■ *v.intr.* **1 - prédominer** · avoir le dessus · l'emporter · prévaloir · régner · tenir le haut du pavé · triompher · **2 -** [vieux] **culminer**

■ *v.tr.* **1 - diriger** · gouverner · régir · soumettre · **2 - asservir** · assujettir · enchaîner · mater · subjuguer · **3 - surpasser** · avoir l'avantage sur · avoir barre sur · damer le pion à · écraser · l'emporter sur · prendre le meilleur sur · **4 - primer** · **5 - maîtriser** · contenir · contrôler · dompter · surmonter · avoir bien en main · **6 - surplomber** · couronner · surmonter · se dresser au-dessus de

≫ **se dominer** *v.pron.* **se maîtriser** · se contenir · prendre sur soi · se posséder *(surtout au négatif)*

CONTR. obéir ı servir – céder ı fléchir ı plier ı succomber – s'emporter

dommage *n.m.* **1 - dégât** · avarie · dégradation · détérioration · endommagement · perte · ravage · **2 -** [Assurances] **sinistre** · **3 - atteinte** · préjudice · tort · dam *vieux* · détriment *vieux*

◆ **c'est dommage** c'est regrettable · c'est fâcheux · tant pis

CONTR. avantage ı bénéfice ı profit

dommageable *adj.* · nuisible · fâcheux · préjudiciable

CONTR. profitable ı utile

dompter *v.tr.* **1 - apprivoiser** · domestiquer · dresser · **2 - asservir** · assujettir · dominer · maîtriser · mater · plier (à son autorité) · réduire · soumettre · subjuguer · terrasser · triompher de · vaincre · **3 - maîtriser** · contrôler · juguler · museler · surmonter

dompteur, -euse *n.* · dresseur · belluaire *(Antiquité)*

don *n.m.*
I 1 - donation · legs · **2 - cadeau** · gratification · offrande · présent · libéralité *littér.* · **3 - aumône** · bienfait · **4 - subside** · subvention
II 1 - aptitude · art · capacité · facilité · génie · habileté · qualité · talent · **2 - bienfait** · bénédiction · faveur · grâce

◆ **don de soi**   dévouement · sacrifice
◆ **avoir un don pour**   être doué pour · avoir la bosse de *fam.*
◆ **avoir le don pour**   avoir le chic pour *fam.*

donataire *n.* · bénéficiaire

CONTR. donateur

donateur, -trice *n.* · bienfaiteur

CONTR. donataire

donation *n.f.* **1 - don** · **2 - fondation**

donc *conj.* · en conséquence · ainsi · d'où · par conséquent · par suite · partant

don Juan *n.m.* · séducteur · casanova · lovelace · tombeur *fam.* · coureur de jupons *fam., péj.*

donné, e *adj.* · bon marché · pas cher

donnée *n.f.* · élément · circonstance · condition · facteur · item · renseignement

donner *v.tr.*
I 1 - offrir · faire cadeau de · faire présent de · céder · laisser · présenter · remettre · faire l'aumône de *péj.* · **2 - fournir** · administrer · distribuer · octroyer · procurer · prodiguer · répartir · balancer *fam.* · coller *fam.* · filer *fam.* · fourguer *fam.* · refiler *fam.* · **3 - infliger** · assener · allonger *fam.* · ficher *fam.* · flanquer *fam.* · foutre *fam.* · **4 - accorder** · concéder · consentir · **5 - allouer** · attribuer · doter de · gratifier de · impartir · **6 - décerner** à · déférer à · **7 - consacrer** · employer · sacrifier · vouer
II dénoncer · livrer (à la police) · balancer *fam.* · balanstiquer *fam.* · cafter *fam.* · moucharder *fam.*
III [Théâtre] **jouer** · avoir à l'affiche · représenter
IV causer · apporter · provoquer · susciter
V 1 - communiquer · dire · exposer · exprimer · indiquer · informer de · livrer · porter à la connaissance · signifier · **2 - établir** · fixer · imposer · indiquer · prescrire

✦ **donner dans** **1 - aboutir dans** · déboucher dans · tomber dans · **2 - céder à** · s'engager dans · sombrer dans · tomber dans

✦ **donner sur** **1 - avoir vue sur** · ouvrir sur · **2 - aboutir à** · déboucher sur

» **se donner** *v.pron.* **1 - s'accorder** · s'attribuer · se permettre · s'approprier *péj.* · s'arroger *péj.* · **2 - échanger** · se passer · se transmettre

✦ **se donner à** se dévouer à · se sacrifier pour · se vouer à

CONTR. accepter ı recevoir – demander ı réclamer ı revendiquer – avoir ı conserver ı garder – dénier ı enlever ı ôter ı ravir ı retirer ı soustraire ı spolier ı voler

🙐 **donner, offrir, présenter**
Donner, parmi ses très nombreux sens, consiste à mettre quelque chose à la disposition ou à la portée d'une personne, et ce dans des contextes variés *(donner un siège, l'hospitalité, des cours, son bras à quelqu'un)*. **Présenter** implique une présence physique particulière *(présenter un plat à un invité)*. **Offrir** suppose toujours une intention affective, l'idée de cadeau mis à la disposition d'une personne, ce qui n'est pas le cas avec **donner** : on **donne** une information, on **offre** un livre, des fleurs pour un anniversaire.

donneur, -euse *n.* **1 - donateur** · **2 - dénonciateur** · délateur · indicateur · balance *argot* · mouchard *fam.*
CONTR. receveur

don Quichotte *n.m.* · justicier · défenseur des opprimés, de la veuve et de l'orphelin · redresseur de torts

dopant *n.m.* · anabolisant · excitant · remontant · stimulant

doper *v.tr.* **1 - droguer** · **2 - stimuler** · donner un coup de fouet à · remonter · revigorer · booster *anglic.*

doré, e *adj.* **1 - brillant** · ambré · cuivré · mordoré · **2 - bronzé** · basané · bruni · hâlé · tanné
CONTR. dédoré ı terne

dorénavant *adv.* · à l'avenir · désormais · par la suite

dorer
▪ *v.tr.* **cuivrer** · bronzer
▪ *v.intr.* **bronzer** · griller · rôtir *fam.*
✦ **faire dorer** rissoler · faire revenir
CONTR. dédorer

dorloter *v.tr.* · choyer · cajoler · caresser · mitonner · bouchonner *fam.* · chouchouter *fam.* · mignoter *vieux*

dormant, e *adj.* 1 - **immobile** · stagnant · 2 - **endormi** · 3 - [Techn.] **fixe**
CONTR. courant – mobile

dormir *v.intr.* 1 - **reposer** · être dans les bras de Morphée · faire un somme *fam.* · faire dodo *lang. enfants* · pioncer *fam.* · ronfler *fam.* · roupiller *fam.* · [profondément] en écraser *très fam.* · [légèrement] sommeiller · somnoler · 2 - **traîner** · lanterner · lambiner *fam.*
✦ **commencer à dormir** s'assoupir · s'endormir
✦ **aller dormir** aller se coucher · aller au lit
✦ **ne pas dormir** ne pas fermer l'œil · passer une nuit blanche
✦ **dormir profondément** avoir un sommeil de plomb · dormir à poings fermés · dormir comme un loir, une marmotte, une souche · dormir comme une brute, un sonneur
✦ **dormir tranquillement** dormir sur ses deux oreilles · dormir comme un bébé, un bienheureux · dormir du sommeil du juste
CONTR. veiller – s'agiter ׀ remuer

dormitif, -ive *adj.* · narcotique · somnifère · soporifique

dortoir *n.m.* · chambre à coucher · chambrée *surtout Mil.*

dos *n.m.* 1 - **colonne (vertébrale)** · échine [d'animal ou fam.] · râble · 2 - **arrière** · derrière · envers · revers · verso · 3 - **dossier**
✦ **bas du dos** derrière · fesses · reins
✦ **tourner le dos à** 1 - **dédaigner** · mépriser · 2 - **abandonner** · délaisser
✦ **mettre sur le dos de** charger · rejeter (sur) · faire porter le chapeau (à) *fam.*
CONTR. ventre ׀ face

dosage *n.m.* 1 - **posologie** · 2 - **mesure** · proportion

dose *n.f.* 1 - **quantité** · partie · portion · proportion · couche *fam.* · 2 - **mesure** · part · ration

doser *v.tr.* · mesurer · proportionner · régler

¹**dossier** *n.m.* 1 - **dos** · 2 - **tête de lit**

²**dossier** *n.m.* 1 - **répertoire** · 2 - **affaire** · cas · question · sujet

dotation *n.f.* 1 - **attribution** · équipement · 2 - **pension** · traitement

doter *v.tr.* · équiper · attribuer à · douer · gratifier · munir · nantir · octroyer à · pourvoir
CONTR. défavoriser ׀ désavantager ׀ priver

douanier, -ière *n.* · gabelou *vieux ou péj.*

doublage *n.m.* · post-synchronisation

double
▪ *n.m.* 1 - **copie** · duplicata · reproduction · ampliation (Admin.) · expédition (Admin.) · 2 - **sosie** · alter ego · clone · jumeau · ombre · réplique
▪ *adj.* 1 - **géminé** · 2 - **ambigu** · amphibologique · équivoque · 3 - [vieux] **hypocrite** · dissimulé · sournois
✦ **double sens** ambiguïté · amphibologie · équivoque
CONTR. demi ׀ simple ׀ clair ׀ univoque – original
➥ **ambiguïté**

doubler *v.tr.* 1 - **dépasser** · 2 - **augmenter** · intensifier · redoubler · 3 - **fourrer** · molletonner · ouater · 4 - **remplacer** · se substituer à · 5 - **postsynchroniser**
✦ **se doubler de** s'accompagner de
CONTR. dédoubler ׀ diminuer

doublure *n.f.* · remplaçant · cascadeur

douceâtre *adj.* 1 - **fade** · doucereux · insipide · 2 - **mielleux** · doucereux · sirupeux

doucement *adv.* 1 - **délicatement** · en douceur · posément · précautionneusement ·

doucettement *fam.* · **2 - lentement** · mollement · mollo *fam.* · mou *fam.* · piane-piane *fam.* · pianissimo *fam.* · piano *fam.* · **3 - à voix basse** · mezzo voce · **4 - faiblement** · légèrement · **5 - peu à peu** · graduellement · pas à pas · petit à petit · **6 - moyennement** · comme ci comme ça *fam.* · couci-couça *fam.* · cahin-caha *fam.* · tout doux *fam.*

CONTR. brusquement ı violemment – brutalement ı rapidement ı vite – bruyamment ı fort

doucereux, -euse *adj.* **1 - doux** · douceâtre · **2 - mielleux** · benoît · sucré · tout sucre et tout miel · melliflue *littér.* · papelard *littér.* · patelin *littér.* · paterne *vieux* · chattemite *vieux*

CONTR. agressif ı cassant

douceur *n.f.* **1 - onctuosité** · moelleux · suavité · velouté · **2 - délicatesse** · modération · **3 - affabilité** · amabilité · aménité · bienveillance · bonté · clémence · gentillesse · humanité · indulgence · mansuétude

✦ **douceur de vivre**   bien-être · bonheur
✦ **en douceur**   → doucement

CONTR. amertume ı âcreté – brusquerie ı brutalité ı dureté ı force ı rudesse ı violence

douche *n.f.* [*fam.*] déception · désappointement · désillusion · claque *fam.*

doucher *v.tr.* **1 - arroser** · tremper · rincer *fam.* · saucer *fam.* · **2 -** [*fam.*] **refroidir** · remettre les pieds sur terre à · faire revenir sur terre *fam.*

doué, e *adj.* capable · brillant · fort
✦ **il est très doué en**   c'est un crack en *fam.* · c'est un as en *fam.* · c'est une bête en *fam.* · [maths, etc.] il a la bosse de *fam.*

CONTR. dépourvu ı exempt

douer *v.tr.* · doter · donner en partage · gratifier · nantir · pourvoir · affliger *péj. ou plaisant*

CONTR. défavoriser ı handicaper ı priver

douille *n.f.* **1 - embouchoir** · manchon · **2 - cartouche** · étui

douillet, -ette *adj.* **1 - confortable** · cosy *anglic.* · doux · ouaté · mol *vieux* · mollet *vieux* · **2 - délicat** · chatouilleux · sensible

CONTR. dur ı rude – courageux ı endurant ı stoïque

douleur *n.f.* **1 - mal** · souffrance • [intense] supplice · torture · **2 - affliction** · chagrin · contrition · crève-cœur · déchirement · détresse · deuil · peine · tristesse

CONTR. euphorie – bonheur ı joie ı plaisir

🙶   **douleur, mal,**
         souffrance

Douleur, mal, et souffrance font appel à la notion de sentiment ou de sensation pénible. Douleur est le terme le plus général avec cette valeur ; il s'emploie au physique *(cri de douleur ; supporter, calmer une violente douleur)* et au moral *(confier sa douleur à un ami)*. Mal concerne aussi bien les malaises physiques que moraux, mais est souvent moins fort que douleur *(un mal de mer, des maux de dents ; le mal de vivre, le mal d'amour)*. Souffrance, au contraire, renchérit sur douleur ; elle est souvent plus durable et plus intérieure *(il a poursuivi son objectif au prix d'indicibles souffrances)*. « Il [Mozart] connut la douleur, sous toutes ses formes ; il connut les déchirements de la souffrance, la terreur de l'inconnu et les mornes angoisses de l'âme solitaire » (R. Rolland, *Musiciens d'autrefois*).

douloureusement *adv.* · péniblement · cruellement

douloureux, -euse *adj.* **1 - endolori** · sensible · **2 - pénible** · cruel · cuisant · **3 - affligeant** · attristant · déchirant · navrant

CONTR. indolore – agréable ı heureux ı joyeux – gai

doute *n.m.* **1 - hésitation** · flottement · incertitude · indécision · indétermination ·

irrésolution · perplexité · vacillation · **2 - scepticisme** · pyrrhonisme (Philo.) · **3 - soupçon** · défiance · méfiance · suspicion
+ **mettre en doute**   contester · controverser · discuter · mettre en cause
+ **sans doute**   **1 - sûrement** · assurément · à coup sûr · à l'évidence · à n'en pas douter · certainement · certes · fatalement · forcément · immanquablement · inévitablement · infailliblement · obligatoirement · sans faute · **2 - oui**

CONTR. certitude ı conviction ı croyance ı résolution – assurance ı évidence

❧ **suspicion**

douter v.tr.ind.
+ **douter de**   **1 - désespérer de** · **2 - se défier de** · se méfier de
+ **douter que, si**   se demander si · ne savoir si
+ **à n'en pas douter**   incontestablement · sûrement
+ **faire douter**   ébranler · troubler
» **se douter de** v.pron.   deviner · avoir idée de · conjecturer · flairer · imaginer · pressentir · soupçonner · subodorer

CONTR. admettre ı croire

douteur, -euse adj. et n. · sceptique

douteux, -euse adj. **1 - incertain** · aléatoire · hypothétique · improbable · problématique · **2 - contestable** · discutable · suspect · sujet à caution · **3 - ambigu** · amphibologique · équivoque · obscur

CONTR. assuré ı certain ı clair ı évident ı incontestable ı indubitable ı irréprochable ı manifeste ı notoire ı sûr – net ı propre

doux, douce adj.
I sucré · liquoreux · mielleux · sirupeux
II 1 - lisse · fin · satiné · soyeux · velouté · **2 - douillet** · confortable · moelleux · mollet · mou · souple
III 1 - faible · modéré · [lumière] tamisé · [couleur] pâle · **2 - tempéré** · clément · **3 - léger** · délicat · **4 - anodin** · bénin · inoffensif

IV 1 - caressant · harmonieux · mélodieux · suave · **2 - agréable** · délicieux · exquis · **3 - facile** · doré · douillet · facile · indolent · plaisant
V 1 - affable · aimable · amène · angélique · bénin · bienveillant · complaisant · conciliant · coulant · débonnaire · gentil · indulgent · souple · tolérant · **2 - docile** · maniable · obéissant · sage · soumis · souple ·
3 - affectueux · aimant · câlin · caressant · tendre

CONTR. acide ı aigre ı amer ı fort ı piquant – dur ı raboteux ı rugueux – bruyant ı criard – acerbe ı acariâtre agressif ı brutal ı dur ı hargneux ı sévère ı volontaire ı violent

doyen, -enne n. · ancien · vétéran

CONTR. benjamin ı cadet

draconien, -ienne adj. · rigoureux · drastique · inexorable · intransigeant · radical · sévère

CONTR. doux ı indulgent

drageon n.m. · rejet · rejeton · surgeon

dragon n.m. **1 - chimère** · hydre · drac région. · drée région. · tarasque région. · guivre vieux · **2 - mégère** · démon · diablesse · gendarme · virago

draguer v.tr. **1 - curer** · débourber · désenvaser · désensabler · **2 -** [fam.] **courtiser** · faire la cour à · racoler · brancher lang. jeunes · faire du gringue à fam. · faire du plat à fam. · faire du rentre-dedans à fam.

dragueur, -euse n. · coureur · séducteur · cavaleur fam. · [femme] allumeuse fam.

drain n.m. · canal · conduit

drainage n.m. · assainissement · assèchement · wateringue Belgique

CONTR. inondation ı irrigation

drainer v.tr. **1 - assainir** · assécher · **2 - attirer** · faire affluer

CONTR. inonder ı irriguer – disperser

dramatique *adj.* **1** - grave · sérieux · terrible · tragique · **2** - émouvant · passionnant · pathétique · poignant · saisissant · **3** - théâtral
CONTR. badin ∣ léger

dramatiquement *adv.* · tragiquement

dramatiser *v.tr.* · exagérer · amplifier · faire une montagne de · prendre au tragique · faire tout un plat de *fam.*
CONTR. atténuer ∣ minimiser ∣ dédramatiser

drame *n.m.* **1** - catastrophe · désastre · tragédie · **2** - théâtre
CONTR. comédie

drap *n.m.* · étoffe · tissu

drapeau *n.m.* · bannière · couleurs · fanion · [anciennt] étendard · gonfalon · oriflamme · pennon · [de bateau] cornette · pavillon

draper *v.tr.* · cacher · couvrir · envelopper

draperie *n.f.* · rideau · cantonnière · tenture

drastique *adj.* **1** - draconien · contraignant · radical · rigoureux · sévère · strict · **2** - hydragogue · purgatif

dressage *n.m.* **1** - domptage · **2** - installation · érection · montage
CONTR. démontage

dresser *v.tr.*
I **1** - lever · mettre à la verticale · redresser · **2** - élever · ériger · installer · monter · préparer · **3** - établir · fixer
II **1** - apprivoiser · dompter · mater · **2** - éduquer · élever · instruire · styler · **3** - exercer · familiariser · former · habituer
III [contre qqn, qqch.] **exciter** · braquer · monter
IV équarrir · aplanir · dégauchir

⋙ **se dresser** *v.pron.* **1** - se hausser · se hisser · **2** - se mettre debout · se lever · **3** - se hérisser
✦ **se dresser contre** combattre · se braquer contre · s'élever contre · s'insurger contre · s'opposer à · résister à · se révolter contre
CONTR. abaisser ∣ baisser ∣ coucher ∣ plier ∣ abattre ∣ défaire – gauchir – se coucher – obéir ∣ se soumettre

dresseur, -euse *n.* · dompteur

dressoir *n.m.* · crédence · vaisselier

drille *n.m.*
✦ **joyeux drille** gai luron

drogue *n.f.* **1** - stupéfiant · came *fam.* · camelote *fam.* · dope *fam.* · matos *fam.* · merde *très fam.* · [héroïne] blanche *fam.* · poudre *fam.* · [à fumer] fumette *fam.* · herbe *fam.* · [à priser] reniflette *fam.* · schnouf *fam., vieux* · **2** - médicament · mixture · potion · **3** - remède de bonne femme · décoction · onguent · orviétan *vieux*

drogué, e *adj. et n.* · toxicomane · accro *fam.* · camé *fam.* · chargé *fam.* · défoncé *fam.* · foncedé *lang. jeunes* · speed *fam.* · speedé *fam.* · shooté *fam.*

droguer (se) *v.pron.* · fumer · se piquer · se camer *fam.* · se charger *fam.* · se défoncer *fam.* · se shooter *fam.* · sniffer *fam.* · schnouffer *fam., vieux* · faire de son corps une boutique d'apothicaire *vieux*

droguiste *n.* · marchand de couleurs *vieilli*

¹**droit, e** *adj.*
I **1** - raide · **2** - direct · rectiligne · **3** - aligné · d'aplomb · **4** - vertical · debout
II **1** - honnête · équitable · intègre · juste · probe *littér.* · **2** - franc · loyal · sincère
✦ **très droit** droit comme un i · droit, raide comme un piquet *péj.*
✦ **remettre droit** redresser
✦ **se mettre droit** se lever · se redresser

²**droit** *adv.* **1** - en ligne droite · **2** - directement · dret *régional*

³**droit, e** *adj.*
✦ **côté droit** dextre *vieux* · [d'un bateau] tribord

⁴**droit** *n.m.* **1** - autorisation · permission · **2** - faculté · habilité · possibilité · pouvoir · prérogative · privilège · **3** - légalité · justice · légitimité · **4** - contribution · imposition · impôt · redevance · taxe
✦ **donner le droit à** autoriser · permettre à
✦ **à bon droit** à juste titre · légitimement

droiture *n.f.* **1** - honnêteté · équité · probité · **2** - franchise · loyauté · sincérité · **3** - rectitude · impartialité
CONTR. déloyauté ı duplicité ı fourberie ı improbité ı malhonnêteté

drolatique *adj.* **1** - cocasse · curieux · drôle · plaisant · **2** - bouffon · burlesque
CONTR. banal ı triste

¹**drôle** *adj.* **1** - amusant · cocasse · comique · désopilant · hilarant · inénarrable · ineffable · plaisant · risible · bidonnant *fam.* · gondolant *fam.* · impayable *fam.* · marrant *fam.* · poilant *fam.* · rigolo *fam.* · tordant *fam.* · à se tordre *fam.* · roulant *fam., vieux* · **2** - facétieux · comique · humoristique · **3** - bizarre · curieux · étonnant · étrange · singulier · surprenant · **4** - mal à l'aise · tout chose *fam.*
✦ **histoire drôle** blague *fam.* · boutade · plaisanterie
✦ **drôle de** [+ nom] maudit · fichu *fam.* · foutu *fam.* · sale *fam.* · satané *fam.*

²**drôle** *n.m.* **1** - [vieux] coquin · maraud *vieux* · **2** - [vieux] bouffon

drôlement *adv.* **1** - bizarrement · curieusement · étrangement · **2** - extrêmement · diablement · joliment · bigrement *fam.* · fichtrement *fam.* · rudement *fam.* · sacrément *fam.* · vachement *fam.*
CONTR. normalement – peu ı pas

drôlerie *n.f.* · cocasserie · bouffonnerie · comique
CONTR. tristesse

dru, e *adj.* · épais · dense · fourni · serré · touffu
CONTR. clairsemé ı rare

druide *n.m.* · eubage · saronide

dû *n.m.* · dette · débet
CONTR. indu

dualisme *n.m.* · dualité
CONTR. monisme ı pluralisme

duel *n.m.* **1** - affaire (d'honneur) · rencontre · réparation (par les armes) · **2** - combat · joute · **3** - antagonisme · lutte · opposition · rivalité
✦ **se battre en duel** croiser le fer · brétailler · ferrailler
✦ **provoquer en duel** jeter le gant à · envoyer un cartel à · remettre sa carte à

duelliste *n.* · bretteur · brétailleur · ferrailleur

dune *n.f.* · butte · colline

duo *n.m.* · paire · couple

dupe
■ *adj.* crédule · facile à tromper · naïf · jobard *vieux*
■ *n.f.* pigeon *fam.* · bonne poire *fam.* · dindon de la farce *fam.* · gogo *fam.* · jobard *fam., vieilli* · pigeonneau *fam., vieilli*

duper *v.tr.* · abuser · attraper · berner · flouer · se jouer de · leurrer · mystifier · piéger · tromper · avoir *fam.* · baiser *très fam.* · couillonner *très fam.* · embobiner *fam.* · empiler *fam.* · enfoncer *fam.* · entôler *très fam.* · entuber *très fam.* · estamper *fam.* · faire *fam.* · faire tomber dans le panneau *fam.* · feinter *fam.* ·

foutre dedans *fam.* · mettre dedans *fam.* · gruger *fam.* · pigeonner *fam.* · posséder *fam., vieilli* · refaire *fam.* · rouler *fam.* · dindonner *fam., vieux* · enfiler *fam., vieux* · jobarder *rare* · décevoir *vieux*

CONTR. détromper

↝ **tromper**

duperie *n.f.* · tromperie · imposture · leurre · supercherie · arnaque *fam.*

duplicata *n.m. invar.* · copie · double

duplicité *n.f.* · fausseté · dissimulation · double jeu · hypocrisie

CONTR. droiture ı franchise

dupliquer *v.tr.* · copier · reproduire

¹**dur, e** *adj.*
I 1 - ferme · fort · résistant · rigide · robuste · solide · 2 - rêche · rude · rugueux · 3 - coriace · duraille *fam.* • [pain] rassis
II 1 - abrupt · raide · rude · 2 - ardu · difficile · calé *fam.* · chiadé *fam.* · coton *fam.* · duraille *fam.* · musclé *fam.* · trapu *fam.* · vache *fam.* · 3 - rigoureux · pénible · sévère · inclément *littér.*
III 1 - aguerri · courageux · endurant · endurci · stoïque · 2 - acharné · âpre · farouche · féroce · implacable · sauvage
IV 1 - autoritaire · brutal · inhumain · insensible · musclé · sévère · strict · vache *fam.* · 2 - impitoyable · implacable · inébranlable · inexorable · inflexible · intraitable · intransigeant · rigoriste · 3 - turbulent · difficile · dissipé · indiscipliné · 4 - blessant · acéré · cassant · choquant · cinglant · offensant · rogue · sévère · 5 - draconien · drastique · rigoureux · strict

²**dur** *adv.* 1 - fort · ferme · rudement · sec · 2 - énergiquement · sérieusement

durabilité *n.f.* · permanence · pérennité · persistance

durable *adj.* 1 - constant · permanent · persistant · stable • [maladie] chronique · 2 - profond · enraciné · solide · tenace · vif · vivace · 3 - viable

✦ **rendre durable** confirmer · consacrer · entériner · pérenniser

CONTR. éphémère ı fugitif ı labile ı provisoire ı passager ı périssable ı temporaire ı transitoire

↝ **durable, constant, permanent**

Durable s'applique à ce qui est susceptible de durer longtemps *(développement, paix durable)* et à ce qui dure longtemps : « Faire œuvre durable, c'est là mon ambition » (Gide, *Journal*, 10 avril 1943). Constant qualifie ce qui a un caractère de permanence à propos de sentiments, d'actions, etc. *(faire des efforts constants pour réussir)* : « Un bon maître a ce souci constant : enseigner à se passer de lui » (Gide, *Journal*, 22 mars 1922). Permanent insiste sur l'absence d'interruption de l'action ou de l'état *(assistance, incapacité permanente)*.

durant *prép.* · pendant · au cours de · tout au long de

↝ **pendant**

durcir
■ *v.tr.* 1 - affermir · endurcir · fortifier · tremper · 2 - radicaliser · 3 - [l'acier] tremper · 4 - [une artère] indurer
■ *v.intr.* 1 - rassir · sécher · 2 - se solidifier · prendre

⋙ **se durcir** *v.pron.* se radicaliser

CONTR. amollir ı attendrir ı mollir

durcissement *n.m.* 1 - raffermissement · renforcement · 2 - [Méd.] induration · sclérose · 3 - callosité · corne · durillon

CONTR. amollissement ı assouplissement

durée *n.f.* 1 - temps · longueur (du temps) · 2 - moment · instant · période · 3 - continuité · pérennité · permanence · persistance

durement *adv.* 1 - sèchement · brutalement · désagréablement · méchamment ·

vertement · **2** - **rudement** · brutalement · [élever] à la dure · **3** - **douloureusement** · cruellement · péniblement
CONTR. doucement ׀ gentiment

durer v.intr. **1** - **se prolonger** · se maintenir · **2** - **se conserver** · demeurer · résister · rester · subsister · tenir · **3** - **vivre** · se perpétuer · **4** - **aller loin** · faire du profit · faire de l'usage
✦ **trop durer** s'éterniser · n'en plus finir · traîner (en longueur)
✦ **faire durer** entretenir · perpétuer · prolonger
CONTR. s'arrêter ׀cesser ׀ passer ׀ se terminer – disparaître ׀ mourir

dureté n.f. **1** - **consistance** · fermeté · rigidité · **2** - **rigueur** · rudesse · inclémence littér. · **3** - **insensibilité** · sécheresse · **4** - **brutalité** · cruauté · méchanceté · rudesse · sévérité
✦ **traiter avec dureté** malmener · maltraiter · rudoyer
CONTR. mollesse – douceur – aménité ׀ cœur ׀ gentillesse ׀ indulgence ׀ sensibilité ׀ tendresse

durillon n.m. · cal · callosité · [sur le pied] cor

duvet n.m. **1** - édredon · couette · **2** - sac de couchage

duveté, e adj. · duveteux · velouté

dynamique adj. · actif · énergique · entreprenant · plein d'allant · battant fam. · fonceur fam. · pêchu fam.
CONTR. apathique

dynamiser v.tr. · stimuler · activer · donner un coup de fouet à · booster fam.

dynamisme n.m. · énergie · allant · entrain · pep · punch · ressort · tonus · vitalité · vivacité · frite fam. · pêche fam.
CONTR. mollesse ׀ passivité

dynamite n.f. · explosif · plastic

dynastie n.f. · famille · maison

eau *n.f.* **1 -** flots *littér.* · onde *littér.* · flotte *fam.* · baille *argot marine* · **2 - pluie** · flotte *fam.* · **3 - flotte** *fam.* · château-la-Pompe *fam., plaisant* · **4 -** [d'un diamant] **brillant** · pureté · transparence

- **sous les eaux** inondé · submergé
- **ville d'eaux** station thermale · bains · thermes
- **être en eau** être en sueur · suer · transpirer · être en nage *fam.*

eau-de-vie *n.f.* · alcool · gnôle *fam.* · goutte *fam.* · rincette *fam.* · schnaps *fam.* · tord-boyaux *fam.* · casse-pattes *fam., vieilli*

eau-forte *n.f.* · gravure

ébahi, e *adj.* · abasourdi · éberlué · époustouflé · étonné · interdit · interloqué · médusé · stupéfait · ébaubi *vieilli ou littér.* · baba *fam.* · épaté *fam.* · estomaqué *fam.* · scié *fam.* · sidéré *fam.* · soufflé *fam.*

> ébahi, ébaubi, abasourdi, éberlué
>
> Tous ces mots qualifient une personne très étonnée, l'altération des traits du visage, de l'attitude exprimant l'intensité de la surprise et la confusion d'esprit qui s'ensuit. Être ébahi, c'est proprement rester la bouche ouverte, bouche bée *(il tombait des nues, ébahi par la nouvelle)*. Lorsque l'étonnement frôle la stupeur admirative et que l'on peine à trouver ses mots, on est ébaubi *(rester ébaubi devant un monument, l'accomplissement d'un exploit)*. Mais ébaubi est aujourd'hui vieilli ou littéraire. Abasourdi insiste sur la difficulté à retrouver un comportement normal : on est étonné au point d'être à demi étourdi, proprement rendu sourd *(être complètement abasourdi)*. Quant à éberlué, il renvoie au sens de la vue ; le sentiment ressenti trouble comme si on avait la berlue *(il est resté éberlué par ce spectacle son et lumière)*.

ébahir *v.tr.* **abasourdir** · ahurir · éberluer · ébaubir · époustoufler · étonner · étourdir · interdire · interloquer · laisser coi · méduser · pétrifier · sidérer · stupéfier · épater *fam.* · estomaquer *fam.* · scier *fam.* · souffler *fam.*

> **s'ébahir** *v.pron.* s'émerveiller

ébahissement *n.m.* · stupeur · étonnement · stupéfaction · surprise

ébats *n.m.pl* · batifolage · jeux érotiques

ébattre (s') *v.pron.* · s'amuser · batifoler · se divertir · folâtrer · gambader · jouer

ébaubi, e *adj.* · ébahi · abasourdi · éberlué · époustouflé · étonné · interdit · interloqué · médusé · stupéfait · baba *fam.* · épaté *fam.* · estomaqué *fam.* · scié *fam.* · sidéré *fam.* · soufflé *fam.*

> ébahi

ébauche n.f. **1** - premier jet · croquis · esquisse · essai · **2** - canevas · modèle · plan · projet · schéma · **3** - amorce · commencement · début · embryon · esquisse · germe · naissance

ébaucher v.tr. **1** - amorcer · commencer · engager · entamer · entreprendre · esquisser · tracer les grandes lignes de · **2** - crayonner · croquer · dessiner · esquisser · tracer · **3** - préparer · projeter · **4** - [pierre] dégrossir · épanneler

↠ **s'ébaucher** v.pron. s'esquisser · apparaître · se dessiner · naître · percer · poindre
CONTR. achever

ébénisterie n.f. · marqueterie · tabletterie

éberlué, e adj. · ébahi · époustouflé · étonné · interdit · interloqué · médusé · stupéfait · baba fam. · ébaubi fam. · épaté fam. · estomaqué fam. · scié fam. · sidéré fam. · soufflé fam.
↝ ébahi

éblouir v.tr. **1** - aveugler · blesser les yeux, la vue de · **2** - émerveiller · époustoufler · fasciner · impressionner · séduire · subjuguer · épater fam. · en mettre plein la vue à fam. · en mettre plein les mirettes à fam. · jeter de la poudre aux yeux à péj.

éblouissant, e adj. **1** - aveuglant · brillant · éclatant · étincelant · **2** - beau · brillant · enchanteur · étonnant · fabuleux · fantastique · merveilleux · somptueux · splendide · **3** - impressionnant · brillant · époustouflant · étourdissant · bluffant fam.
CONTR. obscur – terne

éblouissement n.m. **1** - aveuglement · **2** - vertige · malaise · syncope · trouble · **3** - émerveillement · enchantement · étonnement · fascination · ravissement

éboueur n. · boueur · boueux fam.

ébouillanter v.tr. **1** - échauder · **2** - blanchir
↠ **s'ébouillanter** v.pron. se brûler

éboulement n.m. **1** - chute · affaissement · écroulement · effondrement · glissement · dégringolade fam. · **2** - éboulis

ébouler (s') v.pron. · s'affaisser · crouler · s'écrouler · s'effondrer · tomber · dégringoler fam.

éboulis n.m. · éboulement

ébouriffant, e adj. · étonnant · étrange · extraordinaire · incroyable · inimaginable · inouï · invraisemblable · renversant · stupéfiant · bluffant fam. · décoiffant fam.

ébouriffé, e adj. **1** - hérissé · **2** - décoiffé · dépeigné · échevelé · hirsute
CONTR. lisse ı plat – coiffé

ébouriffer v.tr. **1** - hérisser · décoiffer · dépeigner · écheveler · embrouiller · **2** - [fam.] abasourdir · ahurir · ébahir · étonner · surprendre · décoiffer fam. · souffler fam.

ébrancher v.tr. · élaguer · couper · émonder · tailler

ébranlement n.m. **1** - secousse · choc · tremblement · vibration · **2** - crise · agitation · bouleversement · choc · commotion · émoi · émotion · secousse · traumatisme · trouble
CONTR. immobilité ı solidité

ébranler v.tr.
I 1 - agiter · faire chanceler · secouer · faire trembler · **2** - mouvoir · faire bouger · remuer
II 1 - compromettre · affaiblir · attaquer · atteindre · entamer · mettre en danger · miner · saper · **2** - éprouver · abattre · décourager · détruire · secouer
III 1 - émouvoir · agiter · atteindre · bouleverser · remuer · secouer · toucher · troubler · **2** - faire hésiter · troubler

s'ébranler v.pron. **1** - trembler · branler · osciller · **2** - démarrer · avancer · partir · se mettre en branle · se mettre en marche · se mettre en route · **3** - s'animer

CONTR. arrêter ׀ maintenir - consolider - confirmer

ébrécher v.tr. **1** - casser · abîmer · écorner · endommager · entamer · **2** - amoindrir · dégrader · diminuer · écorner · endommager · entamer · mutiler

ébriété n.f. · ivresse · enivrement vieilli

ébrouer (s') v.pron. **1** - renifler · souffler · **2** - s'agiter · folâtrer · s'ébattre · se secouer

ébruiter v.tr. divulguer · colporter · crier sur les toits · dire · éventer · propager · publier · répandre

⋙ **s'ébruiter** v.pron. se savoir · percer · se répandre · transpirer

CONTR. cacher ׀ étouffer - être gardé secret

ébullition n.f. **1** - bouillonnement · bouillon · **2** - agitation · bouillonnement · effervescence · énervement · exaltation · excitation · fermentation

✦ **en ébullition** en effervescence · exalté · surexcité

 ébullition, effervescence, fermentation

Les trois mots s'emploient par figure en parlant d'un état d'agitation touchant une personne ou une collectivité, dans les domaines social, intellectuel ou politique. Ébullition implique la spontanéité et la vivacité *(des esprits, un pays en ébullition en période électorale).* L'**effervescence**, également vive, se caractérise par sa courte durée *(une foule en effervescence fête l'arrivée des vainqueurs).* Lorsque l'agitation reste diffuse, latente, on parle de **fermentation** : « Cette orageuse révolution s'annonce par le murmure des passions naissantes ; une fermentation sourde avertit de l'approche du danger » (Rousseau, *Émile*, II).

écaille n.f. **1** - coque · coquille · écale · **2** - lamelle · croûte · **3** - plaque · squame

écailler v.tr. [des huîtres] ouvrir

⋙ **s'écailler** v.pron. s'effriter · se crevasser · se fendiller

écaler v.tr. · décortiquer · éplucher

écarlate adj. · rouge · cramoisi · empourpré · pivoine · rubicond · tomate

écart n.m.
I 1 - distance · éloignement · **2** - écartement · fourchette · intervalle
II 1 - différence · distance · marge · **2** - variation · décalage · différence
III embardée · déviation

✦ **à l'écart 1** - isolé · écarté · éloigné · loin · perdu · retiré · solitaire · paumé fam. · **2** - à part · en dehors

✦ **écart de conduite** incartade · erreur · faute · faux pas · frasque · fredaine · folie · manquement · échappée vieux • [au plur.] errements

✦ **écart de langage** incorrection · grossièreté · impertinence · inconvenance

✦ **mettre à l'écart 1** - réserver · **2** - isoler · mettre sur la touche fam.

CONTR. rapprochement - concordance - fréquenté

écarté, e adj. · éloigné · à l'écart · isolé · perdu · retiré · solitaire · paumé fam.

CONTR. fréquenté

écarteler v.tr. **1** - démembrer · **2** - partager · déchirer · mettre devant un dilemme · tirailler

écartement n.m. · éloignement · distance · écart · espace • [entre des roues] empattement

CONTR. rapprochement

écarter *v.tr*
I 1 - désunir · disjoindre · diviser · partager · séparer · **2 - espacer** · desserrer · **3 - ouvrir** · entrouvrir
II 1 - exclure · faire abstraction de · laisser de côté · mettre à l'écart · négliger · passer sur · **2 - supprimer** · éliminer · retrancher · **3 - refuser** · décliner · rejeter · repousser
III 1 - évincer · mettre à l'écart · marginaliser · mettre en quarantaine · mettre au placard *fam.* · mettre sur la touche *fam.* · **2 - exiler** · bannir · chasser · reléguer

≫ **s'écarter** *v.pron.* **1 - se disperser** · s'éloigner · **2 - faire place** · s'effacer · s'ôter · se pousser · se ranger · **3 - diverger** · bifurquer · **4 - s'ouvrir** · s'entrouvrir

✦ **s'écarter de** **1 - se détourner de** · dévier de · se dérouter de · **2 - renoncer à** · se départir de

CONTR. rapprocher ׀ réunir – serrer – fermer – tenir compte de – garder – se rapprocher

ecchymose *n.f.* · contusion · bleu · coup · hématome · pinçon

ecclésiastique *n.m.* · homme d'église · prêtre · religieux
CONTR. laïque

écervelé, e
■ *adj.* étourdi · distrait · évaporé · hurluberlu · imprudent · inattentif · inconséquent · irréfléchi · léger · foufou *fam.*
■ *n.* tête de linotte · petite tête *fam.* · tête en l'air *fam.*
CONTR. réfléchi ׀ circonspect ׀ posé

échafaud *n.m.* · guillotine · la veuve *vieux* · bois de justice *vieux* · butte *argot*

échafaudage *n.m.* **1 - amoncellement** · édifice · monceau · pyramide · tas · **2 - combinaison** · construction

échafauder *v.tr.* **1 - amasser** · accumuler · amonceler · empiler · entasser · superposer · **2 - bâtir** · combiner · construire · élaborer · mettre sur pied · **3 - baser** · établir · fonder

échalas *n.m. invar.* **1 - tuteur** · **2 - escogriffe** · asperge *fam.* · grand cheval *fam.* · girafe *fam.* · perche *fam.*

échancré, e *adj.* · décolleté

échancrer *v.tr.* **1 - entailler** · creuser · entamer · évider · **2 - couper** · décolleter · découper · tailler

échancrure *n.f.* **1 - découpure** · coupure · encoche · entaille · indentation · **2 - décolleté** · entournure · **3 - baie** · golfe
CONTR. saillie

échange *n.m.* **1 - remplacement** · interversion · inversion · permutation · substitution · **2 - commerce** · transaction · **3 - troc** · **4 -** [surtout plur.] **conversation** · discussion

✦ **échange de lettres** correspondance

✦ **en échange** en compensation · en contrepartie · en dédommagement · en récompense · en remplacement · en retour

✦ **en échange de** **1 - à la place de** · contre · en guise de · en fait de · **2 - pour prix de** · moyennant

échanger *v.tr.* **1 - changer** · intervertir · inverser · permuter · remplacer · **2 - troquer** · **3 -** [des devises] **changer** · **4 -** [sans complément] **communiquer** · dialoguer · s'expliquer · (se) parler

≫ **s'échanger** *v.pron.* s'adresser · se communiquer · s'envoyer

échantillon *n.m.* **1 - panel** · collection · **2 - spécimen** · exemplaire · exemple · modèle · prototype · représentant · **3 - aperçu** · abrégé · avant-goût · idée

échappatoire *n.f.* **1 - dérobade** · esquive · excuse · faux-fuyant · fuite · prétexte · ruse · subterfuge · **2 - issue** · porte de sortie

échappée n.f. **1** - perspective · dégagement · ouverture · vue · **2** - trouée · clairière · **3** - escapade · fugue · fuite · promenade · sortie

échappement n.m. · émanation · dégagement · expulsion
CONTR. admission

échapper v.intr. [des mains] glisser · tomber
✦ **laisser échapper** **1** - lâcher · **2** - donner libre cours à · **3** - manquer · perdre · rater
✦ **échapper à** **1** - éviter · couper à · éluder · esquiver · passer au travers de · se dérober à · se soustraire à · **2** - réchapper de · guérir de · **3** - se détacher de · semer fam. · **4** - dépasser · sortir de · **5** - être à l'abri de · être exempté de · couper à surtout au négatif · **6** - passer sous le nez de fam.
⋙ **s'échapper** v.pron. **1** - se sauver · déguerpir · s'enfuir · fuir · se barrer fam. · filer fam. · se faire la malle fam. · prendre la clé des champs fam. · se tirer fam. · **2** - [prisonnier] s'évader · se faire la belle fam. ● [Milit.] faire le mur · **3** - s'éclipser · brûler la politesse · disparaître · s'absenter · s'esquiver · **4** - s'épandre · couler · déborder · se répandre · suinter · transpirer
✦ **s'échapper de** sortir de · se dégager de · émaner de · provenir de · tomber de · venir de
CONTR. retenir – demeurer

écharde n.f. · épine

écharpe n.f. **1** - cache-col · cache-nez · **2** - carré · foulard · pointe
✦ **en écharpe** **1** - en bandoulière · **2** - en travers · par le flanc · sur le côté

écharper v.tr. **1** - entailler · balafrer · mutiler · **2** - lyncher · déchiqueter · écharpiller · massacrer · mettre en charpie · mettre, tailler en pièces · **3** - vilipender · démolir · traîner dans la boue · descendre fam. · éreinter fam. · esquinter fam.

⋙ **s'écharper** v.pron. s'entre-tuer · se tailler en pièces

échasse n.f. **1** - fourchon · **2** - [fam.] → jambe

¹**échauder** v.tr. · ébouillanter · [des légumes] blanchir

²**échauder** v.tr. · chauler

échauffement n.m. **1** - réchauffement · **2** - excitation · animation · ardeur · effervescence · énervement · exaltation · surexcitation
CONTR. refroidissement – calme ı flegme ı tranquillité

échauffer v.tr. **1** - chauffer · réchauffer · **2** - enflammer · agiter · animer · énerver · enfiévrer · exalter · exciter · **3** - énerver · impatienter · chauffer les oreilles à fam. · filer, foutre les boules à très fam.
⋙ **s'échauffer** v.pron. **1** - s'animer · s'emballer · s'envenimer · **2** - s'exalter · bouillonner · s'enthousiasmer
CONTR. refroidir – calmer

échauffourée n.f. · accrochage · bagarre fam. · combat · empoignade · engagement · escarmouche · rixe

échauguette n.f. · guérite · bretèche · échiffe · poivrière

échéance n.f. **1** - expiration · terme · **2** - date · **3** - délai

échéancier n.m. · calendrier · planning

échéant adj. m.
✦ **le cas échéant** éventuellement · à l'occasion · si l'occasion se présente

échec n.m. **1** - insuccès · malheur · **2** - avortement · chute · défaite · faillite · naufrage · ratage fam. · **3** - fiasco · bide fam.

flop *fam.* • foirade *fam.* • four *fam.* • **4 – déboire** • déception • déconvenue • demi-échec • revers • veste *fam.*

✦ **mettre en échec** déjouer • contrecarrer
✦ **tenir en échec** arrêter • entraver • vaincre
✦ **essuyer, subir un échec** → échouer

CONTR. réussite ı succès

échelle *n.f.* **1 –** escabeau • escalier • **2 –** suite • gamme • hiérarchie • série • succession • **3 –** indexation • barème • **4 –** graduation • degrés • **5 –** niveau • échelon

✦ **à l'échelle de** à la mesure de • à la taille de

échelon *n.m.* **1 –** barreau • degré • marche • ranche *région.* • **2 –** niveau • degré • grade • palier • position • rang • **3 –** phase • étape • palier • stade

✦ **par échelon** graduellement • par palier • progressivement

↝ **grade**

échelonner *v.tr.* **1 –** répartir • distribuer • diviser • espacer • étaler • **2 – graduer** • étager • sérier

» **s'échelonner** *v.pron.* **1 –** s'étaler • **2 –** s'étager

CONTR. bloquer ı masser

écheveau *n.m.* • dédale • imbroglio • jungle • labyrinthe • embrouillamini *fam.* • méli-mélo *fam.* • micmac *fam.*

échevelé, e *adj.* **1 –** ébouriffé • hérissé • hirsute • **2 –** déchaîné • effréné • enragé • fébrile • frénétique • **3 – insensé** • désordonné

CONTR. peigné – sage

échine *n.f.* **1 –** colonne vertébrale • épine dorsale • rachis • **2 –** [Boucherie] **échinée**

échiner (s') *v.pron.* s'épuiser • s'éreinter • s'esquinter • s'exténuer • se fatiguer • se crever *fam.* • se tuer *fam.*

✦ **s'échiner à** s'escrimer à • s'évertuer à • se crever à *fam.* • se mettre en quatre pour *fam.* • se tuer à *fam.*

échiquier *n.m.* **1 –** damier • quadrillage • **2 –** scène • paysage • terrain

écho *n.m.* **1 –** bruit • nouvelle • on-dit • rumeur • potin *fam.* • **2 –** impact • retentissement • **3 – expression** • reflet • résonance • **4 – approbation** • réponse • résonance • sympathie

✦ **se faire l'écho de** diffuser • propager • répandre • répéter • répercuter *fam.*

échoir *v. intr.* arriver à terme
✦ **échoir à** appartenir à • être dévolu à • incomber à • revenir à

¹**échoppe** *n.f.* • boutique • magasin

²**échoppe** *n.f.* • burin

échouer *v. intr.* **1 – arriver** • atterrir • débarquer • **2 – perdre la partie** • essuyer, subir un échec • manquer, rater son coup *fam.* • boire un bouillon *fam.* • se casser les dents *fam.* • se casser la gueule *fam.* • se casser le nez *fam.* • faire chou blanc *fam.* • prendre, ramasser une pelle *très fam.* • prendre, ramasser une veste *fam.* • se faire étendre *fam.* • se ramasser *fam.* • **3 – mal tourner** • avorter • faire long feu • faire naufrage • manquer • rater • s'en aller en eau de boudin • capoter *fam.* • faire un bide *fam.* • foirer *fam.* • merder *très fam.* • merdoyer *très fam.* • partir en couille(s) *très fam.* • tomber à l'eau *fam.* • tomber dans le lac *fam.*

✦ **faire échouer** déjouer • faire capoter • couler *fam.* • torpiller *fam.*

✦ **échouer à** rater • être recalé à *fam.* • se faire étendre à *fam.* • se planter à *fam.* • prendre une veste à *fam.* • se ramasser à *fam.* • bloquer *Québec*

» **s'échouer** *v.pron.* toucher le fond • s'ensabler • s'envaser • s'enfoncer • s'engraver

CONTR. réussir – renflouer

éclabousser v.tr. 1 - arroser · asperger · mouiller · gicler Suisse · 2 - rejaillir sur · compromettre · salir · souiller · tacher · ternir (la réputation de)

éclaboussure n.f. · salissure · souillure · tache

éclair n.m. 1 - éclat · flamboiement · flamme · fulgurance · lueur · 2 - illumination · révélation
✦ **éclair de chaleur** fulguration
✦ **comme l'éclair** (très) vite · comme une flèche · comme le vent
✦ **en un éclair** en un instant · en une minute · en une seconde

éclairage n.m. 1 - lumière · clarté · 2 - angle · aspect · côté · jour · perspective · point de vue
CONTR. obscurité

éclairant, e adj. · parlant · significatif

éclaircie n.f. 1 - embellie · trouée · 2 - amélioration · accalmie · détente · répit · 3 - clairière · trouée

éclaircir v.tr. 1 - dégager · 2 - délaver · 3 - fluidifier · allonger · diluer · étendre · 4 - tailler · élaguer · 5 - expliquer · clarifier · débrouiller · débroussailler · déchiffrer · défricher · dégrossir · démêler · développer · éclairer · élucider · expliciter · tirer au clair
⟫ **s'éclaircir** v.pron. 1 - se découvrir · se dégager · 2 - se raréfier · se dégarnir
CONTR. assombrir ⏐ foncer ⏐ obscurcir – épaissir – embrouiller – se couvrir ⏐ s'assombrir

  🕮 **éclaircir, expliquer, clarifier**

Éclaircir, expliquer et clarifier ont pour point commun l'action de faciliter la compréhension d'un problème, d'une question. **Clarifier** consiste à rendre moins confus, moins ambigu (clarifier un débat, sa position). Éclaircir s'emploie dans des contextes analogues, mais insiste sur l'apport d'éléments qui aident à mieux comprendre une situation, un phénomène (éclaircir un mystère, les aspects cachés d'une affaire). **Expliquer** quelque chose ne suppose pas forcément que la chose soit obscure, mais implique une dimension pédagogique : on **explique** ce qui n'est pas connu ou ce qui est difficile à comprendre (expliquer le sens d'un mot ; éclaircir un problème en l'expliquant).

éclaircissement n.m. 1 - élucidation · explication · 2 - [surtout plur.] précision · commentaire · explication · justification · renseignement
CONTR. obscurcissement

éclairé, e adj. 1 - lumineux · clair · 2 - averti · avisé · évolué · expérimenté · instruit · savant · 3 - clairvoyant · judicieux · lucide · sage · sensé
CONTR. sombre – ignorant – insensé ⏐ irréfléchi

éclairer v.tr. 1 - illuminer · embraser · 2 - [sans complément] allumer (la lumière) · 3 - clarifier · éclaircir · élucider · expliquer · 4 - renseigner · apprendre à · donner des lumières à · édifier · guider · informer · initier · instruire · ouvrir des horizons à · 5 - détromper · désabuser · dessiller les yeux de · ouvrir les yeux de
⟫ **s'éclairer** v.pron. 1 - s'allumer · 2 - s'illuminer · devenir radieux · rayonner
CONTR. assombrir ⏐ obscurcir – embrouiller – abuser ⏐ aveugler – s'éteindre

éclat n.m.
I fragment · brisure · débris · morceau · brique Suisse • [de bois] écharde · éclisse • [d'os] esquille • [de pierre] recoupe
II 1 - retentissement · bruit · claquement · fracas · tumulte · vacarme · boucan fam. · 2 - scandale · esclandre · tapage
III 1 - clarté · lumière · splendeur · 2 - brillance · chatoiement · éclair · feu · flamboiement · lustre · miroitement · scintillation · scintillement · coruscation littér.

IV 1 - beauté · épanouissement · fraîcheur · rayonnement · **2 - brio** · couleur · relief · **3 - animation** · éclair · feu · flamme · pétillement · vivacité · **4 - apparat** · brillant · faste · luxe · majesté · magnificence · pompe · richesse · somptuosité · splendeur · **5 - prestige** · auréole · célébrité · gloire · grandeur

✦ **rire aux éclats**   rire à gorge déployée · rire comme une baleine *fam., péj.*

CONTR. totalité ׀ tout – silence ׀ calme – obscurité – matité – sobriété ׀ austérité

🙢 **fragment**

éclatant, e *adj.*
I brillant · ardent · éblouissant · étincelant · flamboyant · rutilant · vif · voyant
II bruyant · aigu · fracassant · perçant · retentissant · sonore · strident · tonitruant · tonnant
III évident · aveuglant · criant · flagrant · frappant · incontestable · indéniable · indiscutable · irrécusable · manifeste · notoire
IV 1 - triomphal · fracassant · retentissant · **2 - remarquable** · brillant · éblouissant · étincelant · lumineux · supérieur · transcendant · **3 - épanoui** · radieux · ravi · rayonnant · resplendissant · **4 - fastueux** · luxueux · magnifique · riche

CONTR. mat ׀ fade ׀ fané ׀ foncé ׀ neutre – calme – douteux ׀ discutable – modeste ׀ terne – simple ׀ modeste ׀ pauvre

éclatement *n.m.* **1 - rupture** • [d'un pneu] crevaison · **2 - explosion** · déflagration · détonation · **3 - dispersion** · scission

éclater *v.intr.*
I 1 - exploser · péter *fam.* · sauter *fam.* · **2 - se briser** · se casser · se fendre · s'ouvrir · se rompre · crever *fam.* · péter *fam.* · **3 - se diviser** · se scinder · voler en éclats
II retentir · crépiter
III se mettre en colère · exploser · s'emporter · fulminer

IV 1 - commencer · se déclarer · se déclencher · **2 - se manifester** · se montrer · se révéler · sauter aux yeux *fam.*

✦ **éclater de rire**   pouffer · s'esclaffer

CONTR. se taire ׀ se dominer – se dissimuler

éclectique *adj.* diversifié · divers · hétérogène · varié

éclectisme *n.m.* **1 - diversité** · hétérogénéité · variété · **2 -** [Philo.] syncrétisme

CONTR. sectarisme ׀ monomanie

éclipse *n.f.* **1 - obscuration** · **2 - interruption** · [Pol.] traversée du désert

CONTR. réapparition

éclipser *v.tr.* **1 - cacher** · camoufler · dissimuler · escamoter · intercepter · masquer · obscurcir · occulter · voiler · offusquer *littér.* · **2 - dominer** · effacer · détrôner · l'emporter sur · supplanter · surclasser · surpasser · vaincre · faire de l'ombre à · faire pâlir

⪢ **s'éclipser** *v.pron.* **1 - s'en aller** · déguerpir · disparaître · s'esquiver · partir · se retirer · se sauver · sortir · filer *fam.* · mettre les bouts *fam.* · mettre les voiles *fam.* · se tirer *fam.* · tirer sa révérence *fam.* · **2 - disparaître** · s'évanouir

CONTR. dévoiler ׀ montrer

éclopé, e *adj. et n.* boiteux · blessé · claudicant · estropié · infirme

éclore *v. intr.* **1 - s'épanouir** · fleurir · s'ouvrir · **2 - apparaître** · commencer · s'éveiller · se manifester · naître · paraître · se produire · surgir

CONTR. se faner – disparaître

éclosion *n.f.* **1 - épanouissement** · floraison · **2 - apparition** · avènement · commencement · début · éveil · naissance · production · surgissement

CONTR. flétrissement – disparition

écœurant, e *adj.* **1 - dégoûtant** · fade · fétide · immonde · infâme · infect · nauséabond · nauséeux · puant · rebutant · repoussant · répugnant · **2 - révoltant** · choquant · répugnant · **3 - décourageant** · démoralisant · désespérant
CONTR. appétissant – exaltant

écœurement *n.m.* **1 - nausée** · dégoût · haut-le-cœur · **2 - répugnance** · dégoût · indignation · mépris · répulsion · **3 - découragement** · abattement · démoralisation · lassitude · ras-le-bol *fam.*
CONTR. appétit – attirance ׀ goût – enthousiasme

écœurer *v.tr.* **1 - dégoûter** · faire horreur à · lever, soulever le cœur à · rebuter · répugner à · **2 - révolter** · choquer · dégoûter · indigner · scandaliser · débecqueter *fam.* · **3 - décourager** · abattre · démoraliser · lasser
CONTR. allécher ׀ plaire – enthousiasmer ׀ galvaniser ׀ remonter

école *n.f.*
I 1 - établissement (scolaire) · bahut *fam.* · boîte *fam.* · **2 - cours** · classe · leçon · **3 - [enseignements spéciaux] cours** · académie · conservatoire · institut
II 1 - mouvement · chapelle · coterie · groupe · tendance · **2 - doctrine** · système · tendance

écolier, -ière *n.* **1 - élève** · **2 - apprenti** · bleu · débutant · néophyte · novice
↪ élève

écolo *n.* → écologiste

écologie *n.f.* · défense de l'environnement · environnementalisme

écologique *adj.* **1 - biologique** · **2 - environnemental**

écologiste *n.* **1 - écolo** *fam.* · vert · **2 - environnementaliste** · écologue

éconduire *v.tr.* **1 - repousser** · refuser · envoyer balader *fam.* · envoyer bouler *fam.* · envoyer chier *très fam.* · envoyer paître *fam.* · envoyer promener *fam.* · envoyer aux, sur les pelotes *fam.* · envoyer sur les roses *fam.* · **2 - congédier** · chasser · se débarrasser de · mettre à la porte · reconduire · renvoyer · refuser sa porte à
CONTR. accueillir

économe
■ *adj.* **avare** · parcimonieux · fourmi *fam.* · regardant *fam.* · chiche *vieilli*
■ *n.* **administrateur** · comptable · gestionnaire · intendant · régisseur
CONTR. dépensier ׀ prodigue

économie *n.f.* **1 - parcimonie** · **2 - gain** · **3 - administration** · gestion · ménage · **4 - agencement** · aménagement · arrangement · disposition · distribution · harmonie · ordonnance · ordre · organisation · plan · structure
↠ **économies** *plur.* **épargne** · disponibilités · pécule · réserve · bas de laine *fam.* · magot *fam.* · matelas *fam.* · éconocroques *fam.* · tirelire *fam.*
CONTR. dépense ׀ dilapidation ׀ gaspillage ׀ prodigalité – désordre

économique *adj.* · **avantageux** · intéressant · bon marché *fam.*
CONTR. coûteux ׀ cher ׀ onéreux

économiquement *adv.* **1 - à peu de frais** · à moindres frais · à bon marché · **2 - financièrement**

économiser *v.tr.* **1 - épargner** · amasser · emmagasiner · thésauriser · mettre à gauche *fam., vieilli* · mettre de côté *fam.* · **2 - [avec excès] lésiner sur** · gratter sur *fam.* · mégoter sur *fam.* · rogner sur *fam.* · **3 - [sans complément] regarder à la dépense** · dépenser au compte-gouttes · **4 - ménager** · réserver · **5 - être avare de** · être chiche de
CONTR. dépenser – consommer

écoper *v.tr.* **1 -** [fam., sans complément] **être puni** · trinquer *fam.* · **2 -** [fam.] **subir** · déguster *fam.* · dérouiller *fam.*

✦ **écoper de** recevoir · se prendre fam. · ramasser fam.

écorce n.f. 1 - croûte · 2 - peau · pelure · zeste · 3 - apparence · aspect · dehors · enveloppe · extérieur · façade · vernis

écorcher v.tr. 1 - dépouiller · dépiauter · 2 - érafler · blesser · déchirer · égratigner · excorier · griffer · labourer · 3 - racler · râper · 4 - déformer · altérer · estropier

écorchure n.f. · égratignure · déchirure · entaille · éraflure · excoriation · griffure · plaie

écorner v.tr. 1 - ébrécher · casser · entamer · 2 - diminuer · amoindrir · dissiper · entamer · faire une brèche dans · réduire

écot n.m. · quote-part · contribution · part

écoulement n.m. 1 - flux · coulure · dégorgement · dégoulinement · déversement · égouttement · filet · flot · fuite · ruissellement · suintement · 2 - [Méd.] épanchement · excrétion · sécrétion · [de pus] pyorrhée · suppuration · 3 - vente · débit
CONTR. stagnation

écouler v.tr. vendre · débiter · placer
≫ **s'écouler** v.pron. 1 - couler · dégouliner · dégorger · dégoutter · se déverser · s'échapper · fuir · se répandre · suinter · s'épancher vieux ou littér. · 2 - disparaître · s'en aller · se consumer · se dissiper · s'enfuir · s'évanouir · s'envoler · 3 - se débiter · se placer · se vendre · s'enlever fam.

écourter v.tr. 1 - abréger · alléger · résumer · tronquer péj. · 2 - couper · diminuer · raccourcir · rapetisser · rogner
CONTR. allonger ı développer

écoute n.f. 1 - audition · 2 - attention · concentration · 3 - audience · audimat nom déposé

✦ **à l'écoute, aux écoutes** aux aguets · à l'affût

✦ **avoir l'écoute de** avoir l'oreille de · avoir l'appui de

écouter v.tr. 1 - être à l'écoute de · prêter l'oreille à · [sans complément] dresser l'oreille · tendre l'oreille · 2 - croire · suivre · tenir compte de · 3 - exaucer · céder à · obéir à · satisfaire

✦ **écouter attentivement** être tout ouïe · être tout oreilles · prêter une oreille attentive · [qqn] être suspendu aux lèvres de · boire les paroles de
CONTR. être sourd à – désobéir
↝ **entendre**

écrabouiller v.tr. → écraser

écran n.m. 1 - rideau · filtre · voile · 2 - paravent · abri · bouclier · protection
✦ **écran de contrôle** moniteur
✦ **faire écran** cacher · dissimuler · masquer · protéger

écrasant, e adj. 1 - lourd · pesant · 2 - accablant · pénible · pesant · 3 - étouffant · lourd · oppressant · pesant · suffocant · 4 - cuisant · humiliant
CONTR. léger

écrasement n.m. 1 - anéantissement · destruction · élimination · 2 - broiement · attrition (Chir.)

écraser v.tr.
I 1 - broyer · briser · concasser · égruger · fouler · moudre · piler · presser · mettre, réduire en bouillie · pulvériser · écrabouiller fam. · 2 - aplatir · comprimer · tasser · [Techn.] cylindrer · laminer · écacher vieux · 3 - marteler · pilonner
II 1 - accabler · pressurer · surcharger · 2 - vaincre · anéantir · battre à plate couture · briser · détruire · tailler en pièces · défaire littér. · 3 - dominer · éclipser · humilier · surclasser · surpasser · triompher de · enfoncer fam. · laminer fam. · mettre la pâtée à fam.
III rapetisser

IV 1 - désespérer · abasourdir · abattre · accabler · anéantir · atterrer · briser · consterner · démolir · effondrer · terrasser · **2 - opprimer** · étouffer · soumettre

⟫ **s'écraser** v.pron. **1 - s'aplatir** · **2 - s'entasser** · se serrer · **3 - tomber** · s'abattre · se crasher fam. · **4 - → se taire**

CONTR. décharger

écrémer v.tr. · choisir · sélectionner · trier (sur le volet)

écrier (s') v.pron. · s'exclamer · clamer · crier · hurler · vociférer

écrin n.m. · étui · boîte · cassette · coffre · coffret

écrire v.tr.
I 1 - inscrire · noircir du papier • [avec soin] calligraphier • [mal, rapidement] barbouiller · brouillonner · crayonner · gribouiller · griffonner · gratter fam. · **2 - consigner** · marquer · noter · **3 - orthographier**
II 1 - rédiger · composer · coucher (par écrit) · jeter (par écrit) · libeller · produire · accoucher de fam. · pondre fam., péj. · tartiner fam., péj. • [commencer à] prendre la plume · **2 - publier** · signer · **3 -** [péj., sans complément] **noircir, salir du papier** · écrivailler fam. · écrivasser fam. · pisser de la copie fam.

⟫ **s'écrire** v.pron. **correspondre**

écrit n.m. **1 - texte** · composition · rédaction · **2 - œuvre** · livre · ouvrage · publication

CONTR. parole ı oral

écriteau n.m. **pancarte** · affiche · enseigne · étiquette · panneau · placard · poteau indicateur

écriture n.f. **1 -** [soignée] **calligraphie** • [hâtive] gribouillage · barbouillage · gribouillis · griffonnage · patarafe vieux • [illisible] pattes de mouche · **2 - style** · plume · griffe fam. · patte fam. · **3 - graphie**

écrivain, e n. **1 - auteur** · homme, femme de lettres · littérateur · plume · **2 -** [mauvais] écrivailleur · cacographe · écrivaillon · écrivassier · plumitif · barbouilleur fam. · pisseur de copie fam.

🕮 **écrivain, auteur**
Écrivain et auteur s'appliquent tous deux à une personne qui écrit des livres. L'emploi de **écrivain** est cependant restreint à l'écriture des ouvrages littéraires *(Stendhal et Flaubert, deux écrivains du XIXe siècle)*. **Auteur**, plus général, inclut **écrivain** et désigne également quelqu'un qui écrit des dictionnaires, des manuels scolaires, des chansons, des scénarios de film, etc. De plus, **auteur** définit le statut juridique, donc social de la personne *(les droits d'auteur, un auteur à succès)*. Quand les deux mots sont employés ensemble, **écrivain** est mélioratif par rapport à **auteur** : « Un auteur, même du plus grand talent, connût-il le plus grand succès, n'est pas nécessairement un "écrivain". Tout l'esprit, toute la culture possible ne lui font pas un "style" » (Valéry, *Regards sur le monde actuel*).

écrou n.m.
♦ **levée d'écrou** élargissement · libération

écrouer v.tr. · incarcérer · emprisonner · coffrer fam. · mettre à l'ombre fam.

CONTR. élargir ı libérer ı relâcher

écroulement n.m. **1 - effondrement** · affaissement · chute · dégringolade · éboulement · **2 - anéantissement** · chute · culbute · désagrégation · destruction · disparition · dissolution · naufrage · renversement · ruine

CONTR. construction – établissement ı renforcement

écrouler (s') v.pron. **1 - s'effondrer** · s'abattre · s'affaisser · céder · craquer · crouler · s'ébouler · tomber · dégringoler fam. · **2 - s'anéantir** · se désagréger · disparaître · se dissoudre · sombrer · tomber · **3 - s'affaler** ·

s'effondrer · tomber · **4 - tomber** · perdre l'équilibre · trébucher · choir *littér.* · s'étaler *fam.* · dégringoler *fam.* · se ramasser *fam.* · se vautrer *fam.*

écru, e *adj.* · brut · cru · naturel

ectoplasme *n.m.* · fantoche · pantin · zombie

écu *n.m.* **1 -** bouclier · **2 -** armoiries · écusson · blason

écueil *n.m.* **1 -** brisant · banc de sable · chaussée · récif · rocher · **2 - danger** · chausse-trappe · obstacle · péril · piège · pierre d'achoppement

écumant, e *adj.* · écumeux · mousseux · spumescent *littér.* · spumeux *littér.*

écume *n.f.* **1 - mousse** • [sur la mer] moutons · **2 -** salive · bave · spume *(Méd.)*

écumer

▪ *v.intr.* **1 -** mousser · moutonner · **2 -** enrager · bouillir · rager

▪ *v.tr.* piller · razzier

écumeur, -euse *n.*

✦ **écumeur (de mers)** corsaire · flibustier · pirate

écumeux, -euse *adj.* · mousseux · écumant · spumescent *littér.* · spumeux *littér.*

écurie *n.f.* **1 -** box · stalle · **2 -** équipe · **3 -** [péj.] porcherie · bauge · bouge · étable · taudis

✦ **garçon d'écurie** palefrenier · lad

écusson *n.m.* **1 -** écu · **2 -** blason · emblème · **3 -** enseigne · panonceau

écuyer, -ère *n.* · cavalier · [ancienn.] ordonnance · page

éden *n.m.* · paradis · eldorado · lieu de délices · pays de cocagne
CONTR. enfer

édicter *v.tr.* · décréter · fixer · promulguer · publier

édifiant, e *adj.* **1 -** instructif · **2 -** moralisateur · exemplaire · modèle · moral · pieux · vertueux
CONTR. scandaleux

édification *n.f.* **1 -** construction · érection · **2 -** constitution · création · élaboration · établissement · fondation · **3 -** instruction · éducation · information · moralisation · perfectionnement
CONTR. destruction

édifice *n.m.* **1 -** bâtiment · bâtisse · construction · monument · immeuble · **2 - organisation** · architecture · arrangement · assemblage · combinaison · ensemble · **3 - entreprise** · œuvre · ouvrage
↬ construction

édifier *v.tr.* **1 - bâtir** · construire · dresser · élever · ériger · **2 - établir** · arranger · baser · combiner · composer · constituer · créer · échafauder · élaborer · élever · fonder · organiser · **3 -** instruire · éclairer · renseigner
CONTR. démolir - détruire

éditer *v.tr.* · publier · faire paraître · sortir

édition *n.f.* **1 -** publication · parution · **2 -** exemplaire · livre

éducateur, -trice
▪ *n.* pédagogue · guide · initiateur · instructeur · maître · mentor · précepteur
▪ *adj.* pédagogique · éducatif · formateur

éducatif, -ive *adj.* · didactique · formateur · pédagogique

effarer

éducation *n.f.* **1 - enseignement** · apprentissage · formation · initiation · instruction · **2 - culture** · connaissances · instruction · **3 - pédagogie** · **4 - perfectionnement** · affinement · amélioration · développement · **5 - savoir-vivre** · bienséance · distinction · (bonnes) manières · politesse
✦ **éducation physique** gymnastique · sport
CONTR. grossièreté ı impolitesse

🙰 éducation, enseignement, instruction

Éducation, enseignement et instruction concernent les moyens du développement intellectuel, physique et moral des individus. Éducation est le terme le plus large pour parler de la formation générale des personnes *(l'éducation physique, professionnelle, artistique)* ; il a recouvert des emplois anciens d'instruction : le *ministère de l'Instruction publique* est devenu le *ministère de l'Éducation nationale*. On parle d'instruction lorsqu'il s'agit de communiquer un ensemble de connaissances acquis par l'étude *(avoir de l'instruction, une personne sans instruction)*. On réserve enseignement au fait de transmettre des connaissances de type scolaire *(assurer, recevoir un enseignement dans un lycée)*, qu'il soit considéré du point de vue du contenu *(l'enseignement de la médecine, du dessin)*, de la méthode ou des conditions de transmission *(l'enseignement audiovisuel, collectif, par correspondance)*. Enseignement désigne par ailleurs l'organisme qui dispense les savoirs *(l'enseignement primaire, supérieur)*, contrairement à éducation et à instruction.

édulcorer *v.tr.* **1 - sucrer** · adoucir · dulcifier *littér.* · **2 - atténuer** · adoucir · affaiblir · envelopper · mitiger *vieilli*
CONTR. corser ı dramatiser

éduquer *v.tr.* **1 - élever** · instruire · **2 - former** · cultiver · développer · entraîner · exercer · **3 - discipliner** · façonner

effacé, e *adj.* **1 - modeste** · humble · timide · **2 - terne** · éteint · falot · insignifiant · quelconque
CONTR. excessif ı orgueilleux – brillant ı remarquable ı vif

effacement *n.m.* **1 - effaçage** · biffage · gommage · **2 - affaiblissement** · disparition · évanouissement · **3 - discrétion** · modestie · réserve

effacer *v.tr.*
I **1 - gratter** · barrer · biffer · gommer · raturer · rayer • [tableau] essuyer · **2 - enlever** · caviarder · censurer · couper · oblitérer · sabrer · rayer de ses tablettes · supprimer · **3 - estomper** · éteindre · faner · faire passer · ternir
II **1 - abolir** · annuler · éliminer · faire table rase de · rayer de ses tablettes · supprimer · **2 - oublier** · enterrer *fam.* · **3 - faire oublier** · estomper · faire disparaître
III **1 - réparer** · laver · racheter · **2 - absoudre** · pardonner · passer l'éponge sur *fam.*
≫ **s'effacer** *v.pron.* **1 - disparaître** · s'enlever · partir · **2 - se décolorer** · s'obscurcir · pâlir · passer · **3 - s'estomper** · s'assoupir · s'éteindre · s'évanouir · **4 - s'écarter** · se dérober · se retirer • [pour qqn] laisser sa place · **5 - s'incliner**
CONTR. accentuer ı renforcer ı faire ressortir

effarant, e *adj.* **1 - effrayant** · alarmant · affolant · inquiétant · terrifiant · **2 - stupéfiant** · consternant · incroyable · inouï · sidérant *fam.*

effaré, e *adj.* · stupéfait · ahuri · ébahi · effrayé · hagard
CONTR. calme ı serein

effarement *n.m.* · stupéfaction · ahurissement · ébahissement · effroi · saisissement · stupeur · trouble

effarer *v.tr.* **1 - effrayer** · affoler · alarmer · angoisser · apeurer · effaroucher · épouvanter · horrifier · faire peur à · glacer d'effroi · terrifier · **2 - stupéfier** · consterner · sidérer *fam.*
CONTR. rassurer

effaroucher *v.tr.* **1 -** apeurer · affoler · alarmer · effrayer · faire peur à · inquiéter · paniquer *fam.* · **2 - choquer** · blesser · intimider · offusquer · troubler
CONTR. enhardir ı rassurer ı tranquilliser

¹**effectif, -ive** *adj.* · concret · positif · réel · solide · tangible · véritable

²**effectif** *n.m.* · personnel

effectivement *adv.* **1 - réellement** · bien · en fait · en réalité · véritablement · vraiment · **2 - en effet** · de fait

   🙿 effectivement, en effet
   Effectivement et en effet s'emploient tous deux pour confirmer ce qui est dit ou pour renforcer une affirmation *(oui, effectivement ; oui, en effet)*. **En effet** a cependant des emplois plus larges qu'**effectivement** ; il peut être utilisé comme élément de liaison ou introduire un argument : « Il est indifférent de vivre ou de mourir. J'ai renoncé en effet aux choses vaines qui font communément le souci des hommes » (Anatole France, *Thaïs*).

effectuer *v.tr.* · accomplir · faire · mener · pratiquer · procéder à · réaliser

efféminé, e *adj.* **1 - émasculé** · amolli · mou · **2 - féminin** · délicat
CONTR. mâle ı viril

efféminer *v.tr.* **1 - féminiser** · déviriliser · émasculer · **2 - amollir** · affaiblir · ramollir
CONTR. viriliser

effervescence *n.f.* **1 - ébullition** · bouillonnement · **2 - agitation** · bouillonnement · échauffement · embrasement · émoi · exaltation · excitation · incandescence · mouvement · trouble · tumulte
CONTR. calme
🙿 ébullition

effervescent, e *adj.* · agité · bouillonnant · fébrile · frénétique · embrasé · surexcité · trépidant
CONTR. tranquille

effet *n.m.* **1 - action** · impact · influence · portée · **2 - conséquence** · fruit · incidence · produit · résultante · résultat · suite · [fâcheux] séquelle · **3 - réaction** · choc en retour · contrecoup · répercussion · retentissement · retour · ricochet · **4 - impression** · sensation
+ **effet (de commerce)**   lettre de change · traite
+ **sans effet**   nul · inefficace · inopérant
+ **rester sans effet**   rester lettre morte
+ **en effet**   effectivement · de fait
+ **à l'effet de**   afin de · dans le but de · dans l'intention de · en vue de · pour · aux fins de *littér.*
+ **sous l'effet de**   sous l'action de · sous l'influence de · sous l'empire de · sous l'emprise de
+ **faire de l'effet**   **1 - agir** · opérer · porter ses fruits · **2 - faire sensation** · étonner · impressionner · décoiffer *fam.* · dégager *fam.* · en mettre plein la vue *fam.*
+ **prendre effet**   entrer en vigueur · entrer en application
⇒ **effets** *plur* **affaires** · habits · vêtements · fringues *fam.* · frusques *fam.* · sapes *fam.*
CONTR. cause
🙿 effectivement

effeuiller *v.tr.* · défeuiller · dépouiller · effaner (Agric.)

efficace *adj.* **1 - actif** · agissant · efficient · opérant · [très] infaillible · puissant · radical · souverain · **2 - capable** · compétent · valable *fam.*
CONTR. inefficace – incapable ı incompétent

efficacement *adv.* · activement · diligemment · sérieusement

efficacité *n.f.* **1 - pouvoir** · action · effet · énergie · force · propriété · puissance · vertu · **2 - productivité** · efficience · rendement

CONTR. inefficacité

effigie *n.f.* **1 - figure** · image · portrait · représentation · symbole · **2 - empreinte** · marque · sceau

effilé, e *adj.* **1 - allongé** · délié *littér.* · **2 - élancé** · fuselé · mince · svelte

CONTR. épais | large

effiler *v.tr.* défiler · détisser · éfaufiler · effilocher · effranger · érailler · parfiler

≫ **s'effiler** *v.pron.* s'amincir · s'allonger · s'étirer

CONTR. élargir | épaissir

effilocher *v.tr.* effiler · défiler · détisser · éfaufiler · effranger · érailler · parfiler

≫ **s'effilocher** *v.pron.* s'effranger · s'effiler

efflanqué, e *adj.* · décharné · amaigri · maigre · osseux · sec · squelettique · étique *littér.*

CONTR. gras | rebondi

effleurement *n.m.* · contact · atteinte · attouchement · caresse · frôlement

effleurer *v.tr.* **1 - frôler** · friser · lécher · raser · toucher (à) · **2 - caresser** · attoucher · **3 - évoquer (rapidement)** · aborder · dire deux mots de · glisser sur · survoler

CONTR. approfondir

efflorescence *n.f.* **1 - épanouissement** · éclosion · floraison · luxuriance · **2 -** [Méd.] exanthème

effluve *n.m.* **1 - souffle** · émanation · exhalaison · vapeur · effluence *rare* · **2 - arôme** · fumet · odeur · parfum

effondré, e *adj.* · abattu · accablé · anéanti · atterré · brisé · catastrophé · consterné · découragé · miné · prostré · terrassé

effondrement *n.m.* **1 - affaissement** · chute · éboulement · écroulement · **2 - anéantissement** · débâcle · décadence · destruction · disparition · fin · ruine · **3 - abattement** · accablement · anéantissement · consternation · découragement · dépression · prostration · **4 - baisse** · chute · dégringolade · [boursier] krach

CONTR. relèvement – énergie | excitation – hausse

effondrer *v.tr.* détruire · briser · défoncer · rompre

≫ **s'effondrer** *v.pron.* **1 - crouler** · s'abattre · s'abîmer · s'affaisser · se briser · céder · s'ébouler · s'écraser · tomber · **2 - s'affaler** · tomber · s'étaler *fam.* · se ramasser *fam.* · se vautrer *fam.* · **3 - s'anéantir** · agoniser · se désagréger · disparaître · sombrer · **4 - baisser** · chuter · dégringoler · s'écrouler · **5 - craquer** *fam.*

CONTR. se dresser | résister

efforcer (s') *v.pron.*

✦ **s'efforcer de** s'appliquer à · s'attacher à · chercher à · se démener pour · se donner du mal pour · s'escrimer à · essayer de · s'évertuer à · faire tout (au monde) pour · s'ingénier à · lutter pour · tâcher de · tendre à · tenter de · travailler à · viser (à) · se mettre en quatre pour *fam.* · se décarcasser pour *fam.*

effort *n.m.* **1 - application** · attention · concentration · peine · tension · travail · volonté · contention *littér.* · huile de coude, de bras *fam.* · **2 -** [financier, etc.] sacrifice · **3 - coup de collier** *fam.* · **4 - force** · poussée · pression · travail

✦ **sans effort** facilement · sans peine
✦ **faire un gros effort** suer sang et eau · mettre le paquet *fam.* · s'arracher *fam.* · se casser *fam.* · se décarcasser *fam.* · se

démancher *fam.* · se démener *fam.* · ramer *fam.* · remuer ciel et terre *fam.* · se mettre en quatre *fam.*

CONTR. détente ı repos

effrayant, e *adj.* **1 -** inquiétant · alarmant · affolant · effarant · terrifiant · terrorisant · flippant *fam.* · paniquant *fam.* · **2 -** repoussant · abominable · affreux · atroce · cauchemardesque · effroyable · épouvantable · horrible · ignoble · laid · monstrueux · sinistre · **3 -** [fam.] excessif · apocalyptique · dantesque · épouvantable · extraordinaire · formidable · horrible · immense · redoutable · terrible

CONTR. rassurant

🕮 **effrayant, effroyable, épouvantable, terrifiant**

Les quatre mots s'appliquent à ce qui fait naître une peur plus ou moins intense. **Effrayant** et **effroyable**, tous deux construits à partir de **effrayer**, sont perçus comme proches, mais le premier renvoie à la frayeur, peur très vive généralement passagère *(un cauchemar effrayant, une laideur effrayante)*, le second à l'effroi, grande frayeur qui saisit et glace *(le spectacle effroyable des victimes d'un attentat ; des hurlements effroyables)*. **Épouvantable** et **terrifiant** évoquent l'épouvante et la terreur, réactions plus fortes que la frayeur et qui ont des effets plus profonds ou plus durables sur la personne. Il y a quelque chose d'inquiétant et de menaçant dans **épouvantable** *(le cyclone s'est éloigné à l'issue d'une nuit épouvantable)*. **Terrifiant** contient l'idée de paralysie et d'angoisse *(un cri terrifiant, des histoires terrifiantes de monstres marins)*.

effrayé, e *adj.* · affolé · angoissé · anxieux · apeuré · craintif · effaré · épouvanté

effrayer *v.tr.* **1 -** faire peur à · alarmer · angoisser · apeurer · affoler · effarer · effa-

roucher · épouvanter · horrifier · terrifier · terroriser · glacer d'effroi · glacer le sang de · faire dresser les cheveux sur la tête de · faire flipper *fam.* · paniquer *fam.* · **2 -** tourmenter · inquiéter · causer du souci à

≫ **s'effrayer de** *v.pron.* avoir peur de · craindre · redouter

CONTR. apaiser ı rassurer

effréné, e *adj.* **1 -** déchaîné · débridé · délirant · échevelé · fou · frénétique · passionné · vertigineux · **2 - excessif** · démesuré · exagéré · immodéré · insensé · outré

CONTR. modéré ı sage

effritement *n.m.* **1 -** déclin · dégradation · désagrégation · épuisement · usure · **2 -** baisse · déclin · diminution · fléchissement

effriter (s') *v.pron.* **1 -** se désagréger · s'écailler · s'émietter · se pulvériser · **2 -** s'amenuiser · décroître · décliner · diminuer · fléchir · fondre

effroi *n.m.* **1 -** frayeur · alarme · affolement · effarement · épouvante · horreur · panique · peur · terreur · trouille *fam.* · **2 -** · angoisse · anxiété · crainte

effronté, e *adj.* **1 -** insolent · audacieux · hardi · impertinent · impudent · malappris · mal élevé · sans gêne · sans vergogne · outrecuidant *littér.* · culotté *fam.* · gonflé *fam.* · **2 -** éhonté · cynique

CONTR. modeste ı réservé ı timide

effrontément *adv.* · impudemment · insolemment · grossièrement

effronterie *n.f.* · insolence · aplomb · audace · front · hardiesse · impertinence · impudence · sans-gêne · outrecuidance *littér.* · culot *fam.* · toupet *fam.*

CONTR. modestie ı réserve ı respect ı timidité

effroyable *adj.* **1 -** angoissant · effrayant · affolant · effarant · terrifiant ·

terrorisant · flippant *fam.* · paniquant *fam.* ·
2 - affreux · abominable · apocalyptique ·
atroce · catastrophique · épouvantable · horrible · terrible · tragique · dantesque *littér.* ·
3 - laid · monstrueux · repoussant ·
4 - incroyable · excessif · invraisemblable
CONTR. apaisant ı rassurant – charmant ı magnifique
↝ **effrayant**

effroyablement *adv.* **1 - abominablement** · affreusement · atrocement · épouvantablement · horriblement · terriblement · **2 - incroyablement** · extrêmement · invraisemblablement

effusion *n.f.* **1 - épanchement** · flot · débordement · **2 - enthousiasme** · ferveur · élan · exaltation · transport
CONTR. froideur

égailler (s') *v.pron.* · se disperser · se déployer · se disséminer · s'éparpiller

¹**égal, e** *adj.* **1 - équivalent** · identique · même · pareil · semblable · similaire · superposable · **2 - constant** · invariable · régulier · uniforme · **3 - lisse** · plain · plan · plat · ras · uni · **4 - monotone** · monocorde ·
5 - équitable · égalitaire · impartial · neutre ·
6 - détaché · indifférent · **7 - calme** · paisible · pondéré · tranquille
♦ **sans égal** inégalable · incomparable · sans pareil · unique
♦ **à l'égal de** **1 - autant que** · comme ·
2 - de même que · au même titre que
♦ **cela m'est égal** cela m'indiffère · cela m'est indifférent · cela m'importe peu · cela n'a pas d'importance · je m'en moque · je m'en (contre)fiche *fam.* · je m'en (contre) fous *très fam.* · je m'en tape *très fam.*

²**égal, e** *n.* · pair

également *adv.* **1 - aussi** · de plus · de surcroît · en outre · en plus · **2 - autant** · pareillement
CONTR. inégalement

égaler *v.tr.* **1 - équivaloir** · faire · valoir · équipoller *vieux* · **2 - rivaliser avec** · atteindre · le disputer à · parvenir à · valoir
CONTR. dépasser ı surpasser

égaliser *v.tr.* **1 - équilibrer** · ajuster · **2 - aplanir** · araser · niveler · unir · régaler *(Techn.)*
CONTR. différencier

égalitaire *adj. et n.* · égalitariste · niveleur *péj.*

égalité *n.f.* **1 - équivalence** · concordance · conformité · congruence · équipollence · identité · parité · péréquation ·
2 - équilibre · **3 - régularité** · continuité · uniformité · **4 - constance** · calme · équanimité · pondération · sérénité · tranquillité
♦ **à égalité** ex æquo
CONTR. inégalité – irrégularité – inconstance ı instabilité

égard *n.m.* [surtout plur.] **attention** · considération · déférence · gentillesse · ménagement · politesse · prévenance · respect
♦ **eu égard à** attendu · à cause de · en considération de · en raison de · vu
♦ **à l'égard de** **1 - envers** · avec · **2 - quant à** · au regard de · en ce qui concerne · par rapport à · relativement à · vis-à-vis de
♦ **à cet égard** de ce point de vue · sous ce rapport
♦ **sans égard pour** nonobstant *soutenu*
CONTR. indifférence ı grossièreté ı impolitesse

  ↬ **égards, ménagements, attention**
  Égards, ménagements et attention concernent différents aspects d'une relation positive à autrui. Le souci de l'autre, la prévenance sont faits d'**attention** lorsque l'on est guidé par la gentillesse, une empathie spontanée *(une attention délicate ; entourer, combler quelqu'un d'attentions)*. On parlera d'**égards** dès qu'entre en jeu le respect ou l'estime, les marques d'égards pouvant être dictées par des

règles morales ou sociales *(montrer beaucoup d'égards à une personne âgée ; recevoir quelqu'un avec les égards dus à ses fonctions)*. Quant aux **ménagements**, ils impliquent l'idée d'une conduite plus ou moins calculée, dictée par le souci de ne pas choquer, de plaire ou de satisfaire une attente *(on lui annonça la nouvelle avec beaucoup de ménagements, sans ménagement)*.

égaré, e *adj.* • hagard • éperdu • fou • halluciné

égarement *n.m.* **1 -** folie • aberration • absence • aliénation • aveuglement • délire • démence • dérangement • dérèglement • divagation • fourvoiement • frénésie • **2 - désarroi** • affolement • trouble • **3 - désordre** • dérèglement • écart • erreur • faute • **4 - éblouissement** • vertige
➥ délire

égarer *v.tr.* **1 -** perdre • paumer *fam.* • écarter *Québec* • adirer *(Droit)* • **2 - désorienter** • dérouter • dévoyer • fourvoyer • perdre • **3 - abuser** • aveugler • dérouter • détourner • dévoyer • pervertir • tromper • troubler • jeter la confusion chez • tourner la tête de
➥ **s'égarer** *v.pron.* **1 - se perdre** • se fourvoyer • faire fausse route • se paumer *fam.* • **2 - se disperser** • errer • se noyer • aller dans tous les sens • **3 - divaguer** • dérailler *fam.*
CONTR. retrouver – diriger

égayer *v.tr.* **1 -** amuser • animer • dérider • désennuyer • distraire • divertir • réjouir • **2 - orner** • agrémenter • animer • colorer • décorer • embellir • enjoliver
➥ **s'égayer** *v.pron.* s'amuser • se distraire • se divertir • se réjouir • rire
CONTR. assombrir ı attrister

égérie *n.f.* • inspiratrice • conseillère • figure emblématique • muse

égide *n.f.* • appui • auspices • bouclier • bras • patronage • protection • sauvegarde • tutelle

église *n.f.* **1 - maison de Dieu** • basilique • cathédrale • chapelle • oratoire • sanctuaire • temple • **2 - religion** • confession • culte • foi • **3 - clergé**

églogue *n.f.* • pastorale • bergerie • bucolique • idylle

ego *n.m.* • personnalité • individualité • je • moi • tempérament

égocentrique *adj.* égocentriste • égotiste • individualiste • narcissique
✦ **être très égocentrique** se regarder le nombril • se prendre pour le nombril du monde

égocentrisme *n.m.* • égoïsme • égotisme • individualisme • narcissisme • nombrilisme
➥ égoïsme

égoïsme *n.m.* • égocentrisme • amour de soi • individualisme • égotisme *littér.*
CONTR. abnégation ı altruisme ı désintéressement ı générosité

> ∾ **égoïsme, égotisme, égocentrisme**
>
> Les trois mots, formés sur le même élément latin *(ego,* « je », « moi »), concernent le rapport à soi. **Égoïsme** se dit de la disposition à ne se soucier que de son propre intérêt au détriment de celui d'autrui *(être enfermé dans son égoïsme ; un égoïsme brutal, odieux).* **Égotisme**, d'emploi littéraire, n'évoque pas l'intérêt, mais l'attitude d'une personne qui fait constamment référence à elle dans le discours et s'analyse sans cesse : « Mais n'est-ce pas aussi que je la fatiguais par la monotonie de mes propos ? Mon égotisme, outre qu'il est peu séduisant, ne se renouvelle guère » (Maurice

Barrès, *Un homme libre*). **Égocentrisme** désigne seulement la tendance à ne percevoir le monde extérieur et le point de vue des autres qu'à partir de soi : « Notre conception de la mort (...) est exactement adaptée à notre égocentrisme. Elle ne peut s'accorder à rien en dehors de ce que nous considérons comme notre entité imperméable » (Jean Giono, *le Poids du ciel*).

égoïste *adj.* · égocentrique · égocentriste · individualiste · personnel · plein de soi
CONTR. altruiste ı désintéressé ı généreux

égorger *v.tr.* **1 - saigner** · trancher la gorge de · tuer · **2 - immoler** · sacrifier · **3 -** [vieux] exploiter · rançonner · assassiner *fam.* · écorcher *fam.* · estamper *vieilli, fam.* · plumer *fam.* · saigner *fam.* · tondre *fam.*

égosiller (s') *v.pron.* · crier · s'époumoner · hurler · tonitruer · beugler *fam.* · brailler *fam.* · gueuler *fam.*

égotisme *n.m.* · égoïsme · égocentrisme · amour de soi · individualisme · narcissisme · nombriliste
➤ égoïsme

égout *n.m.* · canalisation · conduit · puisard

égoutter *v.tr.* drainer · faire écouler
➤ **s'égoutter** *v.pron.* dégoutter · goutter · suinter

égouttoir *n.m.* **1 -** [à bouteilles] **hérisson** · porte-bouteilles · **2 -** [pour fromages] **claie** · cagerotte · caget · caserel · clayon · clisse · couloire · éclisse · faisselle

égratigner *v.tr.* **1 - érafler** · écorcher · déchirer · effleurer · gratter · griffer · rifler · grafigner *région.* · **2 - critiquer** · dénigrer · médire de, sur · piquer · donner un coup de griffe à · épingler *fam.*

égratignure *n.f.* · éraflure · déchirure · écorchure · griffure · bobo *fam.*

égrener *v.tr.* · écosser · égrapper · éplucher

égrillard, e *adj.* · coquin · cru · épicé · gaillard · gaulois · grivois · hardi · leste · libertin · libre · osé · polisson · salé · vert
CONTR. pudique ı sérieux

égruger *v.tr.* · concasser · écraser · émietter · piler · pulvériser · triturer

éhonté, e *adj.* **1 - cynique** · effronté · impudent · sans vergogne · **2 - scandaleux** · honteux
CONTR. honteux

éjecter *v.tr.* **1 - projeter** · **2 -** [fam.] **chasser** · se débarrasser de · évincer · jeter (dehors) · renvoyer · balancer *fam.* · flanquer, ficher à la porte *fam.* · sacquer *fam.* · vider *fam.* · virer *fam.*

éjection *n.f.* **1 - projection** · expulsion · rejet · **2 - expulsion** · éviction

élaboration *n.f.* **1 - conception** · composition · constitution · construction · création · élucubration · formation · genèse · gestation · mise au point · préparation · **2 - production** · confection · fabrication · réalisation

élaborer *v.tr.* **1 - concevoir** · composer · construire · échafauder · former · mettre au point · préparer · concocter *fam.* · **2 - façonner** · ouvrer · transformer · travailler · **3 - produire** · confectionner · créer · fabriquer · réaliser

élagage *n.m.* · taille · ébranchage · émondage · étêtage

élaguer *v.tr.* **1 - tailler** · couper · ébrancher · écimer · éclaircir · égayer · émonder · étêter · **2 - retrancher** · couper · enlever · ôter · soustraire · supprimer

élan n.m. 1 - **impulsion** · essor · lancée · poussée · 2 - **ardeur** · chaleur · fougue · vivacité · 3 - **accès** · effusion · emportement · envolée · mouvement · transport

élancé, e adj. · mince · délié · fin · fuselé · long · longiligne · svelte
CONTR. gros ı ramassé ı trapu

élancement n.m. · douleur

élancer (s') v.pron. 1 - **prendre son élan** · 2 - s'envoler · 3 - **se précipiter** · bondir · courir · se jeter · se lancer · se ruer · voler · foncer fam. · 4 - **se dresser** · s'élever · jaillir · pointer

élargir v.tr. 1 - **augmenter** · accroître · agrandir · amplifier · développer · enrichir · étendre · 2 - **dilater** · évaser · 3 - **libérer** · relâcher · relaxer · faire sortir
»» **s'élargir** v.pron. 1 - **enfler** · forcir · s'étoffer · gonfler · 2 - **se relâcher** · s'avachir
CONTR. amincirı rétrécir – borner ı circonscrire ı limiter ı restreindre – écrouer ı incarcérer

élargissement n.m. 1 - **agrandissement** · dilatation · distension · évasement · extension · 2 - **augmentation** · accroissement · développement · extension · 3 - **libération** · levée d'écrou · relâchement · relaxe
CONTR. rétrécissement – diminution ı restriction – incarcération

élasticité n.f. 1 - **extensibilité** · compressibilité · ductilité · 2 - **souplesse** · agilité · ressort · 3 - **adaptabilité** · flexibilité · souplesse
CONTR. inextensibilité – rigidité ı rigueur

élastique
▪ adj. 1 - **extensible** · compressible · ductile · étirable · 2 - **souple** · agile · 3 - **variable** · flexible · à la carte · 4 - **accommodant** · complaisant · flexible · lâche · laxiste · souple · 5 - **changeant** · malléable · mobile
▪ n.m. caoutchouc
CONTR. inextensible – rigide ı raide – rigoureux ı strict

🙣 **élastique, extensible**
Élastique s'applique à un corps susceptible de changer de forme, totalement ou en partie, quand une force agit sur lui, et de la reprendre ensuite *(un sommier, une peau élastique ; un gaz est élastique et compressible)*. Extensible a une valeur plus restreinte ; il qualifie un corps que l'on peut seulement étirer et qui retrouve sa longueur initiale *(un tissu extensible)* ou non *(le fer est extensible)*.

eldorado n.m. · eden · paradis · pays de cocagne · Pérou

élection n.f. 1 - **vote** · scrutin · 2 - **choix**
✦ **d'élection** de choix · d'élite

électoralisme n.m. · clientélisme · démagogie · démago fam.

électoraliste adj. · politicien · clientéliste · démagogique · démago fam.

électricité n.f. 1 - **courant** · jus fam. · 2 - **lumière**

électriser v.tr. · enthousiasmer · enflammer · entraîner · exalter · exciter · galvaniser · passionner · soulever · surexciter · survolter · transporter

électronique adj.
✦ **courrier électronique** e-mail · courriel recomm. offic.

électrophone n.m. · tourne-disque · platine · phono fam., vieux · phonographe vieux · pick-up vieux

élégamment adv. 1 - **gracieusement** · joliment · 2 - **adroitement** · délicatement · habilement · heureusement

élégance n.f.
I 1 - **allure** · chic · classe · distinction · goût · raffinement · **2 - beauté** · agrément · harmonie · **3 - délicatesse** · charme · finesse · grâce · sveltesse
II 1 - **adresse** · doigté · habileté · **2 - aisance** · savoir-vivre · **3 - style** · bien-dire
CONTR. inélégance ı vulgarité – maladresse

élégant, e adj.
1 - **bien habillé** · bien mis · chic · pimpant · chicos *fam.* · fringué *fam.* · sapé *fam.* · tiré à quatre épingles *fam.* · sur son trente-et-un *fam.* · bichonné *fam., péj.* · coquet *péj.* · endimanché *péj.* · pomponné *fam., péj.* · **2 - habillé** · chic · seyant · chicos *fam.* · **3 - distingué** · chic · choisi · raffiné · chicos *fam.* · classieux *fam.* · sélect *fam.* · smart *fam.* · **4 - gracieux** · charmant · fin · élancé · svelte · **5 - adroit** · habile
CONTR. commun ı grossier ı inélégant ı vulgaire – décontracté ı sport

élégiaque adj.
· mélancolique · tendre · triste

élément n.m.
1 - **composant** · composante · constituant · item · morceau · partie · pièce · unité · **2 - donnée** · critère · détail · facteur · paramètre · **3 - cause** · condition · principe · **4 - environnement** · biotope · cadre · milieu
⟫ **éléments** *plur.* **notions** · abc · bases · fondements · principes · rudiments
CONTR. ensemble ı réunion ı synthèse ı tout

élémentaire adj.
1 - **fondamental** · basique · essentiel · principal · **2 - rudimentaire** · grossier · primitif · simple · basique *péj.*
CONTR. accessoire ı secondaire – complexe ı élaboré

éléphantesque adj.
· énorme · colossal · démesuré · gigantesque · immense · monstrueux

élévation n.f.
I 1 - **montée** · ascension · **2 - altitude** · hauteur · **3 - butte** · bosse · éminence · hauteur · monticule · tertre
II **construction** · édification · érection
III **accroissement** · augmentation · hausse
IV 1 - **accession** · ascension · avancement · nomination · promotion · **2 - noblesse** · dignité · distinction · grandeur · hauteur (de vues)
CONTR. descente – abaissement ı baisse – bassesse
↪ **hauteur**

élevé, e adj.
1 - **haut** · grand · altier *vieux* · **2 - important** · considérable · gros · lourd · [facture] salé *fam., péj.* · sévère *fam., péj.* · **3 - supérieur** · dominant · éminent · **4 - noble** · beau · généreux · grand · sublime · supérieur · **5 - soigné** · relevé · soutenu · **6 -** [rythme] **rapide** · effréné · endiablé · soutenu
✦ **bien élevé** poli · affable · civil · courtois · de bonne compagnie
✦ **mal élevé** impoli · grossier · inconvenant · incorrect · de mauvaise compagnie
CONTR. bas ı inférieur

élève n.
1 - **écolier** · collégien · lycéen · étudiant · potache *fam.* · **2 - apprenti** · **3 - aspirant** · cadet · **4 - disciple**
✦ **bon élève** fort en thème · bon sujet
✦ **mauvais élève** cancre

> ↪ **élève, disciple, écolier**
> L'**élève**, le **disciple** et l'**écolier** sont tous trois des personnes qui reçoivent un enseignement. **Élève** désigne couramment celui ou celle qui fréquente un établissement scolaire, quel que soit son niveau *(un élève de seconde, d'une grande école ; une élève brillante).* **Élève** s'est substitué à **écolier** pour parler de l'école primaire et du collège *(un élève du cours moyen, de cinquième).* **Écolier** évoque aujourd'hui une image traditionnelle, et disparue, de l'école *(un cahier d'écolier, les devoirs des écoliers).* On réserve l'emploi de **disciple** pour une personne

qui suit l'enseignement d'un maître, sans relation avec des programmes d'enseignement et sans qu'il y ait obligatoirement de lien avec une institution *(les disciples d'un peintre, d'un cinéaste)*.

élever *v.tr.*
I 1 - **dresser** · faire monter · hisser · lever · monter · soulever · 2 - **exhausser** · hausser · rehausser · relever · surélever · surhausser
II 1 - **bâtir** · construire · dresser · édifier · ériger · 2 - **créer** · établir · fonder
III **accroître** · augmenter · hausser · majorer · relever
IV 1 - **grandir** · anoblir · édifier · ennoblir · 2 - **promouvoir**
V 1 - **éduquer** · cultiver · dresser · former · gouverner · instruire · 2 - **entretenir** · nourrir · soigner · prendre soin de
↠ **s'élever** *v.pron.* 1 - **grimper** · se hisser · monter · 2 - **se dresser** · être érigé · pointer · 3 - **apparaître** · naître · surgir · survenir · 4 - **augmenter** · s'accroître · 5 - **progresser** · monter
✦ **s'élever à** atteindre · arriver jusqu'à · parvenir à · se chiffrer à · se monter à
✦ **s'élever dans les airs** prendre son envol · décoller
✦ **s'élever contre** 1 - **protester contre** · s'inscrire en faux contre · 2 - **combattre** · se dresser contre · s'insurger contre · se rebeller contre · se révolter contre
CONTR. abaisser ı baisser – détruire – diminuer – négliger – atterrir – accepter ı se résoudre à

elfe *n.m.* · sylphe · génie · lutin

élimé, e *adj.* · râpé · usagé · usé (jusqu'à la corde)

élimination *n.f.* 1 - **disqualification** · recalage *fam.* · 2 - **suppression** · effacement · 3 - **exclusion** · refus · rejet · 4 - **éviction** · expulsion · 5 - **liquidation** *fam.* · suppression · 6 - **évacuation** · excrétion · expulsion · rejet

éliminatoires *n.f.pl* · présélection · qualification

éliminer *v.tr.* 1 - **disqualifier** · recaler • [à un examen] coller *fam.* · 2 - **supprimer** · balayer · chasser · détruire · dissiper · effacer · enlever · rayer · 3 - **exclure** · bannir · écarter · proscrire · refuser · rejeter · 4 - **évincer** · chasser · expulser · jeter dehors · renvoyer · balancer *fam.* · flanquer à la porte *fam.* · vider *fam.* · virer *fam.* · 5 - **tuer** · abattre · assassiner · se débarrasser de · supprimer · descendre *fam.* · liquider *fam.* · 6 - **évacuer** · excréter
CONTR. qualifier ı recevoir – conserver ı garder ı maintenir – admettre ı recevoir ı retenir

🙵 **éliminer, exclure, évincer**

Éliminer, exclure et évincer sont liés par l'idée d'écarter une personne d'un lieu, d'un groupe ou d'une situation qu'elle occupait. **Éliminer** est le seul des trois verbes à s'employer à propos de quelqu'un qui n'est pas dans le nombre des personnes reçues à un concours ou dans une compétition *(le jury a éliminé une grande partie des candidats ; l'équipe a été éliminée en quart de finale)*. On **exclut** quelqu'un d'un endroit ou d'un groupe où il était admis, non parce que ses compétences sont en cause mais parce que son comportement, ses idées sont jugés défavorablement *(il a été exclu de l'association, du parti)*. **Évincer**, moins courant, implique qu'il y a intrigue pour déposséder une personne d'une affaire, la renvoyer d'une place *(ses ennemis l'ont évincé du poste de direction ; évincer un rival)*.

élire *v.tr.* **choisir** · adopter · coopter · désigner · plébisciter
✦ **élire domicile** s'établir · se fixer · s'installer · planter ses pénates *plaisant*
CONTR. rejeter ı blackbouler – s'en aller ı déménager
🙵 **choisir**

élite *n.f.* **aristocratie** · (fine) fleur · crème *fam.* · dessus du panier *fam.* · gratin *fam.*
✦ **d'élite** éminent · distingué · hors du commun · supérieur
CONTR. masse

élitiste *adj.* · sélectif · mandarinal

¹ellipse *n.f.* **1** – allusion · insinuation · omission · sous-entendu · **2** – [Rhétorique] anacoluthe · asyndète

²ellipse *n.f.* · ovale

elliptique *adj.* · concis · allusif · bref · laconique · lapidaire · télégraphique

élocution *n.f.* · diction · articulation · débit · prononciation

éloge *n.m.* **1** – compliment · félicitation · louange • [au plur.] congratulation *vieux ou plaisant* · **2** – apologie · célébration · dithyrambe · glorification · panégyrique
+ **faire l'éloge de**   louer · porter au pinacle · porter aux nues · tresser des couronnes, des lauriers à
CONTR. blâme ı critique ı dénigrement ı reproche – blâmer ı calomnier ı dénigrer ı vilipender
↝ **apologie**

élogieux, -ieuse *adj.* · flatteur · avantageux · dithyrambique · laudatif · louangeur
CONTR. critique ı injurieux

éloigné, e *adj.* **1** – distant · lointain · séparé · **2** – écarté · perdu · reculé · **3** – ancien · antique · lointain · reculé · vieux · **4** – différent · divergent
CONTR. proche ı voisin – même ı pareil ı semblable
↝ **lointain**

éloignement *n.m.* **1** – distance · écart · espacement · intervalle · recul · séparation · **2** – différence · écart · **3** – absence · départ · disparition · fuite · retraite · **4** – bannissement · exil
CONTR. contiguïté – proximité ı rapprochement ı sympathie – rappel

éloigner *v.tr.* **1** – emporter (loin de) · **2** – écarter · espacer · pousser · reculer · repousser · retirer · séparer · **3** – chasser · bannir · congédier · se débarrasser de · éconduire ·

évincer · rejeter · reléguer · **4** – différer · reculer · repousser · retarder · **5** – détourner · dérouter · détacher · dévier · distraire
⋙ **s'éloigner** *v.pron.* **1** – s'en aller · s'écarter · partir · se retirer · **2** – dévier · déborder · s'écarter · perdre le fil · sortir · **3** – différer · diverger · s'opposer · **4** – s'affaiblir · s'atténuer · décroître · s'effacer · s'estomper · s'évanouir · disparaître · **5** – déserter · tourner le dos à
CONTR. attirer ı rapprocher – rappeler ı inviter – avancer hâter – revenir – rallier ı rejoindre

élongation *n.f.* **1** – claquage · entorse · foulure · **2** – allongement · étirage

éloquence *n.f.* **1** – facilité (d'expression) · faconde · loquacité · verve · volubilité · bagout *fam.* · tchatche *fam.* • [appuyée] emphase · grandiloquence · **2** – conviction · feu · flamme · force · vigueur · passion · véhémence · **3** – rhétorique · art oratoire

éloquent, e *adj.* **1** – disert · bavard · loquace · **2** – convaincant · persuasif · **3** – expressif · parlant · probant · significatif

élu, e *n.* · délégué · représentant · député · parlementaire
CONTR. damné ı réprouvé

élucidation *n.f.* · explication · clarification · éclaircissement

élucider *v.tr.* · clarifier · faire la lumière sur · débrouiller · démêler · dénouer · désembrouiller · éclaircir · éclairer · expliquer
CONTR. embrouiller ı obscurcir

élucubration *n.f.* · élaboration · construction (de l'esprit) • [péj.] divagation · extravagance

éluder *v.tr.* · éviter · se dérober à · se détourner de · escamoter · esquiver · fuir ·

laisser de côté · passer par-dessus, sur · [sans complément] prendre la tangente · tourner la difficulté · botter en touche *fam.*

CONTR. affronter | faire face

émacié, e *adj.* · maigre · amaigri · décharné · en lame de couteau · étique · hâve · sec · squelettique

CONTR. bouffi | gras

émailler *v.tr.* **1 -** parsemer · consteller · cribler · semer · truffer · **2 -** [agréablement] agrémenter · embellir · enjoliver · enrichir · orner · parer · diaprer *littér.*

émanation *n.f.* **1 -** émission · bouffée · dégagement · effluence · effluve · exhalaison · odeur · souffle · vapeur · vent · **2 - parfum** · fumet · **3 - relent** · miasme · **4 - expression** · manifestation · produit

émancipateur, -trice *n. et adj.* · libérateur

émancipation *n.f.* · libération · affranchissement · délivrance

CONTR. asservissement | soumission

émancipé, e *adj.* · libéré · affranchi · majeur et vacciné *fam.*

émanciper *v.tr.* libérer · affranchir · délivrer

≫ **s'émanciper** *v.pron.* se libérer · s'affranchir · prendre sa volée · voler de ses propres ailes · couper le cordon (ombilical)

CONTR. asservir | soumettre

émaner *v. intr.* **1 - se dégager** · s'exhaler · monter · rayonner · sortir · sourdre · **2 -** provenir · découler · dériver · descendre · partir · procéder · sortir · tenir · venir

émarger *v.tr.* **1 - signer** · parapher · viser · **2 -** massicoter · rogner

émasculation *n.f.* · castration · stérilisation

émasculer *v.tr.* **1 -** castrer · châtrer · couper · stériliser · **2 -** mutiler · abâtardir · affaiblir · diminuer · efféminer · énerver *vieux ou littér.*

↝ **castrer**

emballage *n.m.* **1 -** conditionnement · empaquetage · packaging · **2 - boîte** · caisse · carton · étui

emballant, e *adj.* · enthousiasmant · exaltant

emballement *n.m.* · engouement · ardeur · coup de cœur · coup de foudre · enthousiasme · exaltation · passion · transport · tocade *fam.*

emballer *v.tr.* **1 -** conditionner · empaqueter · envelopper · **2 -** [fam.] arrêter · appréhender · interpeller · cueillir *fam.* · embarquer *fam.* · épingler *fam.* · pincer *fam.* · ramasser *fam.* · **3 - plaire à** · enchanter · enthousiasmer · exalter · griser · passionner · ravir · séduire · transporter · botter *fam.* · chanter à *fam.*

≫ **s'emballer** *v.pron.* s'enthousiasmer · avoir un coup de cœur, de foudre · s'engouer · s'exalter · s'exciter · se passionner · prendre le mors aux dents · se toquer *fam.*

embarcadère *n.m.* · quai · débarcadère

embarcation *n.f.* · bateau · barque · canot · rafiot *fam.*

embardée *n.f.* · écart · déportement

embargo *n.m.* · blocus · boycott

embarquer *v.tr* **1 - charger** · emporter · enlever · mettre · monter · prendre · **2 -** [fam.] arrêter · appréhender · interpeller · cueillir *fam.* · emballer *fam.* · épingler *fam.* · pincer *fam.* · ramasser *fam.* · **3 - impliquer** · engager · entraîner · pousser · embringuer *fam.* · mouiller *fam.*

⋙ **s'embarquer** *v.pron.* monter à bord · embarquer
✦ **s'embarquer dans** se lancer dans · s'aventurer dans · s'engager dans · se jeter dans
CONTR. débarquer

embarras *n.m.* **1 -** difficulté · accroc · anicroche · cactus *fam.* · complication · contrainte · contrariété · embêtement · empêchement · ennui · entrave · inconvénient · obstacle · obstruction · problème · emmerde *très fam.* · emmerdement *très fam.* · **2 - charge** · dérangement · désagrément · ennui · gêne · incommodité · poids · souci · tracas · **3 - malaise** · confusion · émotion · gaucherie · gêne · honte · timidité · trouble · **4 - hésitation** · doute · incertitude · indécision · indétermination · irrésolution · perplexité · **5 - indisposition** · crise · dérangement · indigestion · **6 - embouteillage** · encombrement · engorgement · bouchon *fam.* · **7 -** [plur.] façons · histoires · manières · simagrées · chichis *fam.*
✦ **être dans l'embarras 1 - être dans le besoin** · être aux abois · être dans la dèche *fam.* · être dans la mouise *fam.* · être dans la panade *fam.* · **2 - être dans de beaux draps** *iron.* · être dans de sales draps *fam.* · être dans le caca, la merde *fam.* · être dans le pétrin *fam.* · tenir le loup par les oreilles *vieux*
CONTR. aide – plaisir – aisance

embarrassant, e *adj.* **1 -** volumineux · encombrant · **2 - délicat** · compromettant · difficile · épineux · ennuyeux · gênant · scabreux
CONTR. agréable ı facile

embarrassé, e *adj.* **1 -** confus · contrit · déconfit · gêné · honteux · humble · l'oreille basse · penaud · la tête basse · **2 - emprunté** · constipé · contraint · empoté · gauche · timide · **3 - indécis** · hésitant · incertain · irrésolu · perplexe · troublé · **4 - compliqué** · complexe · confus · embrouillé · obscur · emberlificoté *fam.* · entortillé *fam.* · **5 - lourd** ·

gauche · laborieux · maladroit · pénible · pesant · **6 - inquiet** · ennuyé · préoccupé · soucieux
✦ **être très embarrassé 1 -** ne pas savoir sur quel pied danser · ne pas savoir à quel saint se vouer · **2 -** être dans ses petits souliers
CONTR. à l'aise – aisé ı naturel

embarrasser *v.tr.* **1 - encombrer** · congestionner · embouteiller · gêner · obstruer · **2 - ennuyer** · gêner · incommoder · importuner · embêter *fam.* · emmerder *très fam.* · **3 - déconcerter** · décontenancer · dérouter · désorienter · interdire · interloquer · réduire à quia · troubler · **4 - alourdir** · entraver · ralentir
⋙ **s'embarrasser** *v.pron.* **1 - s'empêtrer** · s'embourber · s'embrouiller · s'enferrer · s'enliser · s'entortiller · patauger · se perdre · cafouiller *fam.* · s'embarbouiller *fam.* · s'emberlificoter *fam.* · [sans complément] s'emmêler les pinceaux *fam.* · **2 - bafouiller** · balbutier
✦ **s'embarrasser de** s'inquiéter de · s'émouvoir de · s'ennuyer de · se préoccuper de · se soucier de · se prendre la tête avec *fam.*
CONTR. débarrasser – aider – faciliter

embauche *n.f.* · recrutement · engagement · enrôlement

embaucher *v.tr.* · engager · recruter · enrôler
CONTR. débaucher ı licencier

embaumer *v.tr.* **1 - sentir bon** · fleurer (bon) · **2 - parfumer**
CONTR. empester ı empuantir ı puer

embellie *n.f.* **1 - accalmie** · éclaircie · **2 - amélioration** · apaisement · détente · mieux

embellir *v.tr* **1 - décorer** · égayer · enjoliver · ornementer · orner · parer · **2 - avantager** · améliorer · arranger · flatter · **3 - enrichir** · agrémenter · émailler · enjoliver · fleurir · rehausser · **4 - idéaliser** · magnifier · poétiser
CONTR. enlaidir ı gâter – rabaisser

embellissement *n.m.* **1 -** décoration · ornementation · fioriture *péj.* · **2 -** amélioration · arrangement · enjolivement · enrichissement · **3 -** idéalisation

CONTR. enlaidissement

emberlificoter *v.tr.* → embrouiller

embêtant, e *adj.* **1 -** contrariant · empoisonnant · ennuyeux · fâcheux · importun · casse-pieds *fam.* · emmerdant *très fam.* · enquiquinant *fam.* · **2 -** ennuyeux · assommant *fam.* · barbant *fam.* · casse-pieds *fam.* · chiant *très fam.* · rasoir *fam.* · tannant *fam.*

embêtement *n.m.* · contrariété · désagrément · ennui · souci · tracas · tourment *littér.* · emmerde *fam.* · emmerdement *fam.* · prise de tête *fam.*

embêter *v.tr.* **1 -** contrarier · agacer · déranger · empoisonner · importuner · chiffonner *fam.* · emmouscailler *fam.* · enquiquiner *fam.* · **2 -** ennuyer · assommer *fam.* · barber *fam.* · bassiner *fam.* · casser les pieds à *fam.* · emmerder *fam.* · faire suer *fam.* · les briser menu à *très fam.* · raser *fam.* · tanner *fam.* · tarabuster *fam.*

⇒ **s'embêter** *v.pron.* s'ennuyer · se morfondre · se barber *fam.* · s'emmerder *très fam.* · se faire chier *très fam.* · se faire suer *fam.*

+ **s'embêter à** se prendre la tête pour *fam.* · se faire chier à *très fam.*

+ **s'embêter beaucoup** s'embêter à cent sous de l'heure *fam.* · s'ennuyer comme un rat mort *fam.*

emblée (d') *loc. adv.* · d'abord · aussitôt · du premier coup · d'entrée de jeu · immédiatement · incontinent *littér.* · sur-le-champ · illico *fam.* · bille en tête *fam.*

emblématique *adj.* **1 -** symbolique · allégorique · **2 -** typique · caractéristique · représentatif · révélateur · symptomatique

emblème *n.m.* **1 -** attribut · image · insigne · signe · symbole · **2 -** blason · cocarde · drapeau · écusson · insigne

⇝ **symbole**

embobiner *v.tr.* **1 -** enrouler · bobiner · **2 -** [fam.] endoctriner · **3 -** [fam.] tromper · circonvenir · enjôler · baratiner *fam.* · emberlificoter *fam.* · entortiller *fam.*

emboîtement *n.m.* **1 -** assemblage · encastrement · enchâssement · imbrication · **2 -** articulation · jointure

emboîter *v.tr.* assembler · encastrer · enchâsser · emmancher · imbriquer

⇒ **s'emboîter** *v.pron.* s'encastrer

CONTR. déboîter

embonpoint *n.m.* grosseur · adiposité · corpulence · rondeur · surcharge pondérale · rotondité *fam., plaisant*

+ **avoir, prendre de l'embonpoint** grossir · s'arrondir · engraisser · se remplumer *fam.*

CONTR. maigreur – maigrir ı mincir ı perdre du poids

embouché, e *adj.*

+ **mal embouché** mal élevé · grossier

embouchure *n.f.* **1 -** estuaire · bouche · grau · **2 -** [d'instrument] bec

⇝ **estuaire**

embourber *v.tr.* enliser · envaser

⇒ **s'embourber** *v.pron.* **1 -** s'enliser · s'envaser · **2 -** s'empêtrer · s'emmêler · s'enferrer · s'enfoncer · s'enliser · patauger · se perdre · s'emberlificoter *fam.*

CONTR. débourber ı désembourber

embouteillage *n.m.* · encombrement · bouchon *fam.* · embarras de circulation · ralentissement · retenue

embouteillé, e *adj.* · encombré · bloqué

emboutir v.tr. • percuter • défoncer • enfoncer • heurter • télescoper • emplafonner fam. • tamponner fam.

embranchement n.m. 1 - bifurcation • carrefour • croisement • fourche • intersection • patte d'oie • [d'autoroute] bretelle (de raccordement) • 2 - division • branche • classification • ramification • subdivision

embrancher v.tr. • brancher • raccorder

embrasement n.m. 1 - incendie • feu • 2 - illumination • clarté • lumière • 3 - trouble • agitation • conflagration • conflit • désordre • guerre • 4 - exaltation • effervescence • excitation • passion

embraser v.tr. 1 - allumer • enflammer • incendier • 2 - brûler • chauffer • 3 - éclairer • illuminer • 4 - exalter • agiter • allumer • attiser • échauffer • électriser • enfiévrer • enflammer • exciter • passionner

≫ **s'embraser** v.pron. **s'enflammer** • prendre feu • devenir la proie des flammes
CONTR. éteindre – apaiser ı refroidir

embrassade n.f. • accolade • enlacement • étreinte

embrasser v.tr.
I 1 - baiser • faire la bise à fam. • biser fam. • sauter au cou de fam. • [amoureusement] bécoter fam. • rouler une pelle à très fam. • rouler un patin à très fam. • **2 - prendre dans ses bras** • donner l'accolade à • enlacer • étreindre • serrer dans ses bras
II 1 - choisir • adopter • épouser • prendre • suivre • **2 - accepter** • adopter • partager • prendre • suivre • faire sien
III contenir • comprendre • couvrir • englober • recouvrir • renfermer • toucher (à)
≫ **s'embrasser** v.pron. • se bécoter fam. • se sucer la pomme fam.

embrasure n.f. 1 - ouverture • 2 - [de fortifications] créneau • meurtrière

embrayer v.tr. 1 - enclencher • amorcer • commencer • s'engager dans • entamer • entreprendre • 2 - engrener
CONTR. débrayer

embrigadement n.m. • recrutement • enrégimentement • enrôlement • incorporation • mobilisation

embrigader v.tr. • recruter • enrégimenter • enrôler • incorporer • mobiliser

embringuer v.tr. → embarquer

embrocation n.f. • pommade • onguent • liniment littér.

embrocher v.tr. 1 - percer • enfiler • transpercer • 2 - brocheter
CONTR. débrocher

embrouillamini n.m. • confusion • embrouillage • embrouillement • emmêlement • enchevêtrement • fouillis • imbroglio • mélange • maquis littér. • brouillamini fam. • cafouillis fam. • micmac fam. • sac de nœuds fam.

embrouillé, e adj. • obscur • brouillon • compliqué • confus • emmêlé • entortillé • fumeux • trouble • emberlificoté fam.
CONTR. clair ı simple

embrouillement n.m. → embrouillamini

embrouiller v.tr. 1 - emmêler • brouiller • confondre • enchevêtrer • entortiller • mélanger • mêler • emberlificoter fam. • [sans complément] noyer le poisson fam. • 2 - obscurcir • brouiller • compliquer • embrumer • troubler • 3 - désorienter • circonvenir • emberlificoter fam. • embobiner fam.
≫ **s'embrouiller** v.pron. 1 - s'empêtrer • s'embourber • s'emmêler • s'enferrer • s'enliser • patauger • se perdre • perdre le fil • cafouiller fam. • s'emberlificoter fam. • se mélan-

ger les pinceaux, les crayons, les pédales *fam.* • se prendre les pieds dans le tapis *fam.* • vasouiller *fam.* • **2 - bafouiller** • bredouiller

CONTR. débrouiller – démêler ı éclaircir ı éclairer – se dépêtrer – articuler

embrumé, e *adj.* **1 - brumeux** • couvert • ennuagé • nébuleux • nuageux • voilé • **2 - embué** • humide • **3 - confus** • nébuleux

embrumer *v.tr.* **1 - embuer** • **2 - troubler** • **3 - assombrir** • attrister • obscurcir

embryon *n.m.* **1 - œuf** • fœtus • **2 - amorce** • commencement • début • ébauche • germe • prémices

☞ **embryon, fœtus**
Embryon et fœtus concernent des étapes différentes de l'œuf des animaux vivipares, donc des mammifères comme les humains. **Embryon** désigne cet œuf à partir du moment où il est conçu dans l'organisme maternel *(embryon humain, embryon de poulet).* Parvenu à un certain stade, quand il commence à avoir les caractères distinctifs de son espèce, l'**embryon** prend le nom de **fœtus** *(examen du fœtus grâce à l'échographie).* Le sens propre d'**embryon** explique ses emplois figurés courants pour parler d'une origine, d'un point de départ *(un embryon de projet, de réponse, de pouvoir).*

embryonnaire *adj.* • **larvaire** • en germe • en gestation

embûche *n.f.* • **piège** • difficulté • écueil • obstacle • problème • traquenard • cactus *fam.* • hic *fam.* • os *fam.*

embuer *v.tr.* • **mouiller** • humecter

embuscade *n.f.* • **guet-apens** • piège • traquenard • embûche *vieux*

embusquer *v.tr.* **cacher** • camoufler • dissimuler • planquer *fam.*

>> **s'embusquer** *v.pron.* **se cacher** • se dissimuler • se tapir • se planquer *fam.*

CONTR. débusquer – se montrer

éméché, e *adj.* • **ivre** • gai • gris *fam.* • parti *fam.* • pompette *fam.*

CONTR. sobre ı à jeun

émergence *n.f.* • **apparition** • arrivée • irruption • naissance • survenue

émerger *v. intr.* **1 - sortir** • **2 - affleurer** • apparaître • poindre • **3 - se dégager** • se faire jour • se montrer • naître • paraître • poindre • **4 - s'imposer** • percer

CONTR. s'enfoncer ı immerger ı plonger – disparaître

émérite *adj.* • **distingué** • accompli • brillant • chevronné • éminent • éprouvé • exceptionnel • expérimenté • habile • insigne • remarquable • supérieur

CONTR. apprenti ı novice

émerveillement *n.m.* **1 - éblouissement** • enchantement • plaisir • ravissement • **2 - admiration** • engouement • enthousiasme • emballement *fam.*

émerveiller *v.tr.* **éblouir** • charmer • enchanter • enthousiasmer • fasciner • ravir • subjuguer • transporter • laisser pantois • emballer *fam.*

>> **s'émerveiller** *v.pron.* **admirer** • s'extasier • se pâmer

CONTR. décevoir

émétique *adj. et n.m.* • **vomitif**

émetteur, -trice *n. et adj.* **1 - signataire** • [d'un chèque] tireur • **2 -** [Ling.] **énonciateur** • destinateur • locuteur • sujet parlant

CONTR. récepteur – allocutaire ı destinataire

émettre *v.tr.* **1 - répandre** • propager • **2 - transmettre** • diffuser • porter sur les ondes • **3 - formuler** • articuler • avancer • dire • élever • énoncer • exprimer • former • hasarder · lâcher · manifester · pousser · proférer · prononcer · **4 - lancer** · darder · jeter · **5 - dégager** · exhaler · répandre

CONTR. recevoir

émeute *n.f.* · insurrection · agitation · désordre · rébellion · révolte · sédition · soulèvement · trouble

　　　　émeute, révolte

Émeute et révolte s'emploient tous deux pour un soulèvement contre une autorité politique. L'**émeute** se caractérise par sa spontanéité, son absence d'organisation ; provoquée par des circonstances exceptionnelles, elle se limite parfois à des rassemblements tumultueux *(les émeutes de la faim, les émeutes de 1848, réprimer une émeute)* : « L'émeute était à un bout, la troupe au bout opposé. On se fusillait d'une grille à l'autre » (Hugo, *les Misérables*, IV, x, 4). La **révolte** suppose qu'un groupe, qui refuse l'autorité politique ou une règle sociale, tente de les détruire par une action collective, généralement violente *(une révolte spontanée, organisée ; entrer en révolte)* : « En société, l'esprit de révolte n'est possible que dans les groupes où une égalité théorique recouvre de grandes inégalités de fait » (Camus, *l'Homme révolté*).

émeutier, -ière *n.* · agitateur · factieux · insurgé · rebelle · révolté

émiettement *n.m.* · morcellement · atomisation · désagrégation · dispersion · effritement · éparpillement · fractionnement · fragmentation · parcellisation · • [Pol.] balkanisation

émietter *v.tr.* · morceler · atomiser · désagréger · disperser · disséminer · effriter · éparpiller · fractionner · fragmenter · parcelliser · • [Pol.] balkaniser

émigrant, e *n.* · migrant

émigration *n.f.* · expatriation · migration · exode · fuite · transplantation

émigré, e *n. et adj.* · migrant · exilé · expatrié · réfugié (politique)

émigrer *v. intr.* · s'expatrier · s'exiler · se réfugier

éminemment *adv.* · supérieurement · particulièrement · suprêmement

éminence *n.f.* **1 - hauteur** · bosse · butte · colline · élévation · mamelon · montagne · mont · monticule · motte · pic · piton · pli de terrain · sommet · tertre · **2 - protubérance** · apophyse · excroissance · proéminence · saillie · tubercule · tubérosité · **3** - [vieux] **excellence** · élévation · supériorité

CONTR. creux ı dépression

éminent, e *adj.* **1 - distingué** · brillant · émérite · insigne · remarquable · supérieur · **2 - renommé** · célèbre · fameux · grand · réputé · **3 - important** · considérable · élevé · haut

CONTR. médiocre – inconnu ı obscur – ordinaire

émissaire *n.* · envoyé · agent · délégué · représentant

émission *n.f.* **1 - diffusion** · transmission · **2 - programme** · **3 - lancement** · mise en circulation · **4 - émanation** · production

CONTR. réception – souscription

emmagasiner *v.tr.* **1 - entreposer** · stocker · **2 - accumuler** · amasser · engranger · entasser

emmailloter *v.tr.* **1 - langer** · **2 - envelopper**

CONTR. démailloter

emmancher *v.tr.* · emboîter · encastrer

»> **s'emmancher** *v.pron.* **1 - s'emboîter** · **2 -** [fam.] **débuter** · s'amorcer · commencer · démarrer · s'ébaucher · s'engager · se présenter · se goupiller *fam.*

CONTR. déboîter ı démancher

emmanchure *n.f.* · entournure

emmêlement *n.m.* · confusion · embrouillamini · enchevêtrement · fouillis

emmêler *v.tr.* **1 -** embrouiller · enchevêtrer · entrelacer · entremêler · mêler · **2 -** brouiller · compliquer · embrouiller · obscurcir

↠ **s'emmêler** *v.pron.* s'embrouiller · s'empêtrer · s'enferrer · s'enliser · patauger · se perdre · cafouiller *fam.* · s'emberlificoter *fam.*

CONTR. démêler – éclaircir – se dépêtrer

emménagement *n.m.* · installation

CONTR. déménagement

emmener *v.tr.* · conduire · accompagner · escorter · mener

CONTR. laisser

emmerdant, e *adj.* → embêtant

emmerdement *n.m.* → embêtement

emmerder *v.tr.* → embêter

emmerdeur, -euse *n.* · gêneur · empoisonneur · fâcheux · importun · casse-couilles *très fam.* · casse-pieds *fam.* · raseur *fam.*

emmieller *v.tr.* · édulcorer

emmitoufler *v.tr.* · envelopper · couvrir

emmurer *v.tr.* · enfermer · cloîtrer · murer

émoi *n.m.* **1 -** émotion · trouble · **2 -** agitation · effervescence · excitation

CONTR. froideur ı indifférence – calme

émollient, e *adj.* · apaisant · calmant

CONTR. astringent ı excitant ı irritant

émoluments *n.m.pl* · rétribution · rémunération · appointements · cachet · gains · honoraires · indemnité · paie · salaire · traitement · vacations
↝ appointements

émonder *v.tr.* **1 -** tailler · couper · ébrancher · élaguer · raccourcir · **2 -** décortiquer · monder

émotif, -ive *adj.* **1 -** émotionnel · affectif · **2 -** impressionnable · émotionnable *rare* · nerveux · sensible

CONTR. apathique ı flegmatique ı froid ı impassible ı insensible

émotion *n.f.* **1 -** trouble · agitation · bouleversement · choc · commotion · désarroi · ébranlement · émoi · saisissement · secousse · **2 -** sensibilité · sentiment

CONTR. calme ı froideur ı indifférence ı insensibilité

émotionnel, -elle *adj.* · affectif

émotivité *n.f.* · impressionnabilité · sensibilité

émousser *v.tr.* **1 -** épointer · casser · user · **2 -** atténuer · affaiblir · amortir · endormir · éteindre

↠ **s'émousser** *v.pron.* s'affaiblir · s'atténuer · perdre de sa force · perdre de sa vigueur

CONTR. aiguiser ı affiner – se renforcer

émoustillant, e *adj.* · excitant · affriolant · aguichant · bandant *très fam.* · sexy *fam.*

émoustiller *v.tr.* **1 -** griser · étourdir · (faire) tourner la tête à · **2 -** aguicher · affrioler · exciter · provoquer

CONTR. calmer ı refroidir

émouvant, e *adj.* **1 -** touchant · attendrissant · **2 -** bouleversant · déchirant · pathétique · poignant · saisissant

CONTR. froid

émouvoir v.tr. **1** - affecter · aller (droit) au cœur de · atteindre · attendrir · parler au cœur de · trouver le chemin du cœur de · impressionner · toucher · troubler · faire vibrer · émotionner *rare* · **2** - **ébranler** · bouleverser · frapper · remuer · saisir · secouer · retourner *fam.* · prendre aux entrailles, aux tripes *fam.* · remuer les tripes de *fam.* · tirer des larmes à *fam.*

⋙ **s'émouvoir** v.pron. **1** - se troubler · **2** - s'alarmer · s'inquiéter · se préoccuper · se soucier • [sans complément] se frapper *fam.*

CONTR. calmer ı laisser froid

empaillage n.f. **1** - naturalisation · taxidermie · **2** - cannage · rempaillage

empailler v.tr. **1** - naturaliser · **2** - canner · rempailler

CONTR. dépailler

empailleur n. **1** - canneur · rempailleur · **2** - naturaliste · taxidermiste

empaler v.tr. · embrocher · piquer · transpercer

empaquetage n.m. · conditionnement · emballage

empaqueter v.tr. · conditionner · emballer · envelopper

CONTR. dépaqueter ı défaire

emparer de (s') v.pron.
1 - **prendre** · agripper · saisir · **2** - **accaparer** · s'approprier · mettre la main sur · faire main basse sur · mettre le grappin sur *fam.* · rafler *fam.* · usurper *péj.* · **3** - **envahir** · gagner · saisir · submerger · **4** - **subjuguer** · conquérir · fasciner

empâté, e adj. · bouffi · épais

empâtement n.m. · embonpoint · bouffissure

empêchement n.m. **1** - obstacle · barrière · entrave · frein · opposition · **2** - complication · accroc · contrariété · contretemps · difficulté · embarras · gêne · traverse *littér.*

⪦ **obstacle**

empêcher v.tr. **1** - **faire obstacle à** · arrêter · barrer (la route à) · bloquer · comprimer · conjurer · contenir · déjouer · écarter · endiguer · enrayer · entraver · étouffer · éviter · faire barrage à · juguler · s'opposer à · prévenir · stopper · **2** - **interdire** · défendre · prohiber · s'opposer à

⋙ **s'empêcher de** v.pron. se retenir de · se défendre de · se priver de

CONTR. favoriser ı permettre – autoriser ı encourager ı laisser

empereur n.m. [en Allemagne] kaiser • [au Japon] mikado • [en Russie] tsar

empesé, e adj. **1** - amidonné · dur · **2** - apprêté · compassé · guindé · pincé · raide · gourmé *littér.* · coincé *fam.* · constipé *fam.*

empester v.tr. **1** - empuantir · empoisonner · vicier · **2** - [sans complément] **puer** · chlinguer *fam.* · cocoter *fam.* · fouetter *fam.*

CONTR. embaumer – sentir bon

empêtrer v.tr. embarrasser · encombrer · entraver · gêner

⋙ **s'empêtrer** v.pron. s'embarrasser · s'embourber · s'embrouiller · s'enferrer · s'enfoncer · s'enliser · patauger · se perdre · barboter *fam.* · cafouiller *fam.* · s'emberlificoter *fam.* · se mélanger les crayons, les pédales, les pinceaux *fam.* · se prendre les pieds dans le tapis *fam.*

CONTR. débarrasser ı dégager ı dépêtrer

emphase n.f. **1** - grandiloquence · boursouflure · enflure · exagération · outrance · pathos · pédantisme · prétention · **2** - solennité · affectation · cérémonie · pompe

◆ **parler avec emphase** pontifier · pérorer
CONTR. naturel ı simplicité – discrétion

emphatique *adj.* ampoulé · académique · affecté · apprêté · boursouflé · déclamatoire · guindé · pédantesque · pompeux · prétentieux · ronflant · sentencieux · solennel · sonore · théâtral

◆ **être très emphatique** employer les grands mots · employer des mots ronflants · faire des phrases · emboucher, entonner la trompette *vieux*
CONTR. simple ı sobre

🕮 **emphatique, ampoulé, boursouflé**

Les trois mots s'appliquent à l'expression exagérée de sentiments. **Emphatique** concerne les gestes, le discours, le style, la voix, etc. *(un avocat au verbe emphatique ; il accompagnait son récit de gestes emphatiques).* **Ampoulé** ajoute l'idée d'enflure, de pompe, mais vaut seulement pour l'expression écrite et orale : « [des] pensées communes rendues en termes ampoulés » (Rousseau, *la Nouvelle Héloïse*, Préface). **Boursouflé**, en plus de l'idée de gonflement, introduit celle de vide *(une mise en scène boursouflée, un style boursouflé).*

empierrer *v.tr.* · caillouter · macadamiser

empiètement *n.m.* · abus · excès (de pouvoir) · usurpation

empiéter sur *v. intr.* **1 - chevaucher** · déborder sur · envahir · gagner · grignoter · mordre sur · recouvrir · **2 - usurper** · dépasser · outrepasser · marcher sur les plates-bandes de
CONTR. respecter

empiffrer (s') *v. pr.* → **manger**

empilement *n.m.* · superposition · amas · amoncellement · entassement · pile · tas

empiler *v.tr.* **1 - superposer** · accumuler · amasser · entasser · **2 - presser** · compresser · serrer

empire *n.m.* **1 - contrôle** · commandement · gouvernement · souveraineté · **2 - ascendant** · autorité · emprise · influence · pouvoir · mainmise · puissance · **3 - crédit** · autorité · prestige · **4 - maîtrise** · sang-froid · **5 - colonies**

◆ **sous l'empire de** sous l'effet de · sous l'impulsion de · sous l'influence de · sous la pression de

empirer *v.intr.* · s'aggraver · aller de mal en pis · dégénérer · se dégrader · se détériorer · s'envenimer · se gâter · se corser *fam.* · tourner au vinaigre *fam.*
CONTR. améliorer

empirique *adj.* **1 - expérimental** · **2 - pragmatique** · concret
CONTR. théorique ı logique – abstrait ı rationnel ı scientifique ı systématique

empirisme *n.m.* · pragmatisme · réalisme

emplacement *n.m.* · lieu · aire · coin · endroit · espace · place · position · secteur · site · situation · terrain · zone

emplâtre *n.m.* **1 - cataplasme** · compresse · diachylon · sparadrap · magdaléon *vieux* · **2 - colle** · **3 -** [vieilli] **maladroit** · empoté *fam.* · mollasson *fam.*

emplette *n.f.* · achat · acquisition · commission · course
🕮 **achat**

emplir *v.tr.* **1 - remplir** · bonder · bourrer · charger · combler · farcir · saturer · truffer · **2 - encombrer** · occuper · **3 - envahir** · se répandre dans · **4 - combler** · gonfler
CONTR. vider

emploi n.m. 1 - travail · activité · métier · place · position · poste · profession · service · situation · boulot fam. · gagne-pain fam. · job fam. · 2 - usage · utilisation · maniement · mise en jeu · mise en œuvre · 3 - application · 4 - destination · fonction · rôle
+ **emploi du temps**   horaire · calendrier · planning · programme
+ **mode d'emploi**   notice (explicative) · [de jeu] règles
+ **sans emploi**   en chômage · chômeur · sans activité

CONTR. chômage

~~~ **emploi, usage**

Emploi et usage désignent tous deux le fait de se servir de quelque chose pour obtenir un effet et satisfaire un besoin *(faire le meilleur emploi/usage de quelque chose ; l'emploi/l'usage des fourchettes, d'un mot).* Emploi fait cependant ressortir l'idée de destination, d'application *(j'ai acheté trop de peinture, elle risque de rester sans emploi),* usage mettant l'accent sur la fonction *(ces instruments ont un usage précis).* Par ailleurs, seul usage est possible pour parler de la mise en activité effective d'une faculté physique ou mentale *(perdre l'usage de la parole, d'un bras ; l'usage de l'intelligence).* Enfin, dans quelques expressions figées, usage ne peut se substituer à emploi *(mode d'emploi, emploi du temps)* et réciproquement *(hors d'usage, faire usage de son habileté, à usage interne).*

¹**employé, e** adj. · utilisé · usité

²**employé, e** n. 1 - agent · adjoint · auxiliaire · commis · préposé · subordonné · salarié · travailleur · suppôt vieux · 2 - surnuméraire
+ **employé de bureau**   col blanc · bureaucrate · gratte-papier péj. · rond-de-cuir péj.
+ **employé de maison**   domestique · femme, homme de ménage

employer v.tr. 1 - se servir de · consommer · dépenser · disposer de · mettre en œuvre · user de · utiliser · 2 - exercer · agir avec · appliquer · recourir à · user de · 3 - consacrer · apporter · consumer · dépenser · déployer · donner · mettre · vouer · 4 - occuper · consacrer · mettre à profit · passer · remplir · 5 - faire travailler · occuper · charger · préposer · commettre littér.

»» **s'employer** v.pron. 1 - s'utiliser · être usité · 2 - s'appliquer à · s'attacher à · se consacrer à · se donner à · se dépenser pour, à · essayer de · se multiplier pour · se préoccuper de

CONTR. négliger ׀ renvoyer

employeur, -euse n. · patron

empocher v.tr. · ramasser · encaisser · gagner · percevoir · recevoir · toucher · se mettre dans la poche fam.

CONTR. débourser

empoignade n.f. · altercation · dispute · querelle · prise de bec fam.

empoigner v.tr. 1 - saisir · accrocher · agripper · attraper · prendre · serrer · 2 - émouvoir · bouleverser · remuer · retourner · secouer

»» **s'empoigner** v.pron. se disputer · se quereller · se colleter littér.

CONTR. lâcher

empoisonnant, e adj. [fam.] → ennuyeux

empoisonnement n.m. 1 - intoxication · 2 - [fam.] problème · ennui · souci · tracas · embêtement fam. · emmerde très fam. · emmerdement très fam.

empoisonner v.tr. 1 - intoxiquer · 2 - tuer · 3 - gâter · corrompre · dénaturer · pervertir · troubler · 4 - tourmenter · incommoder · **5 - ennuyer** · barber *fam.* · embêter *fam.* · enquiquiner *fam.* · emmerder *très fam.* · **raser** *fam.* · tanner *fam.*

empoisonneur, -euse *n.* · gêneur · fâcheux · importun · casse-couilles *très fam.* · casse-pieds *fam.* · emmerdeur *fam.* · enquiquineur *fam.* · peste *fam.* · poison *fam.* · raseur *fam.*

emporté, e *adj.* · coléreux · bouillant · brutal · chaud · fougueux · impétueux · impulsif · irascible · irritable · vif · violent · soupe au lait *fam.*
CONTR. calme ׀ doux

emportement *n.m.* **1 -** colère · fureur · furie · irritation · **2 - débordement** · délire · dérèglement · égarement
CONTR. calme ׀ sang-froid
🕮 **colère**

emporte-pièce *n.m. invar.* pince · poinçonneuse · pastilleur
✦ **à l'emporte-pièce** incisif · mordant

emporter *v.tr.* **1 - transporter** · charrier · emmener · **2 - entraîner** · arracher · balayer · emmener · **3 - détruire** · anéantir · dévaster · submerger · **4 - faire mourir** · tuer · **5 - voler** · enlever · piller · prendre · ravir · soustraire · embarquer *fam.* · rafler *fam.* · **6 - conquérir** · enlever · gagner · obtenir · remporter · **7 - conserver** · garder
✦ **l'emporter** **1 - gagner** · triompher · vaincre · **2 - obtenir gain de cause** · avoir le dernier mot · **3 - prévaloir** · prédominer · primer
✦ **l'emporter sur** dominer · dépasser · coiffer sur le poteau · damer le pion à · surpasser · gagner *(Sport)*

🕮 **s'emporter** *v.pron.* **se mettre en colère** · se cabrer · se déchaîner · éclater · se fâcher · fulminer · pester · tempêter · tonner · monter sur ses grands chevaux · piquer une colère · prendre le mors aux dents · prendre la mouche · sortir de ses gonds · avoir la moutarde qui monte au nez · s'emballer *fam.*

✦ **s'emporter facilement** avoir la tête près du bonnet · monter comme une soupe au lait · être soupe au lait
CONTR. apporter ׀ rapporter – arrêter

empoté, e *adj.* · maladroit · gauche · peu dégourdi · godiche *fam.*
CONTR. adroit ׀ dégourdi

empreindre *v.tr.* · marquer · charger · frapper · graver · imprimer · pénétrer
CONTR. effacer

empreinte *n.f.* **1 - trace** · marque · **2 - sceau** · griffe · seing · **3 - moulage** · **4 - cicatrice** · marque · stigmate · trace
✦ **porter l'empreinte de** être marqué au coin de · porter le sceau de

empressé, e *adj.* **1 - diligent** · zélé · **2 - attentif** · attentionné · complaisant · dévoué · prévenant · **3 - galant** · ardent
CONTR. mou – froid ׀ indifférent ׀ négligent – mufle ׀ indifférent

empressement *n.m.* **1 - diligence** · complaisance · dévouement · zèle · **2 - galanterie** · ardeur · assiduité · **3 - promptitude** · hâte · **4 - avidité**
CONTR. froideur ׀ indifférence ׀ lenteur ׀ mollesse

empresser (s') *v.pron.* **1 - se dépêcher** · courir · se hâter · se presser · se précipiter · **2 - s'affairer** · se démener · se mettre en quatre *fam.*

emprise *n.f.* · ascendant · autorité · dépendance · domination · empire · influence · mainmise · pouvoir · puissance

emprisonnement *n.m.* · captivité · détention · enfermement · incarcération · internement · prison · réclusion · collocation *Belgique*
CONTR. élargissement ׀ libération
🕮 **captivité**

emprisonner *v.tr.* **1 - mettre en prison** · écrouer · incarcérer · interner · mettre sous les verrous · boucler *fam.* · coffrer *fam.* · embastiller *fam.* · mettre à l'ombre *fam.* · mettre en taule *fam.* · mettre au trou *fam.* · jeter, mettre aux fers *vieux* · **2 - enfermer** · cadenasser · claquemurer · claustrer · cloîtrer · consigner · détenir · retenir · séquestrer · reclure *littér.* · **3 - cerner** · entourer · environner · **4 - serrer** · enserrer · envelopper · comprimer · renfermer
CONTR. élargir ǀ libérer

emprunt *n.m.* **1 - crédit** · prêt · **2 - imitation** · calque · copie · plagiat
✦ **d'emprunt** artificiel · affecté · composé · emprunté · factice · faux

emprunté, e *adj.* **1 - contraint** · embarrassé · gauche · godiche *fam.* · **2 - d'emprunt**
CONTR. dégourdi ǀ naturel - authentique ǀ personnel

emprunter *v.tr.* **1 - passer par** · prendre · suivre · **2 - prendre** · taper *fam.* · **3 - aller chercher** · devoir · prendre · **4 - copier** · imiter · se modeler sur · plagier · répéter · reproduire · singer
CONTR. avancer ǀ céder ǀ prêter

emprunteur, -euse *n.* · débiteur

empuantir *v.tr.* · empester · empoisonner · vicier
CONTR. embaumer

émulation *n.f.* · concurrence · compétition · lutte · rivalité
↝ rivalité

émule *n.* **1 - concurrent** · adversaire · compétiteur · rival · **2 - égal** · équivalent

encadrement *n.m.* **1 - bordure** · cadre · chambranle · châssis · entourage · **2 - direction** · cadres · hiérarchie · staff *fam.*

encadrer *v.tr.* **1 - entourer** · border · **2 - diriger** · mener · **3 -** [fam.] → **supporter**[1]

encaissé, e *adj.* · resserré · étroit · profond

encaissement *n.m.* · perception · recouvrement

encaisser *v.tr.* **1 - percevoir** · gagner · recevoir · recouvrer · toucher · empocher *fam.* · ramasser *fam.* · **2 -** [fam.] → **recevoir** · **3 -** [fam.] → **supporter**[1]
⋙ **s'encaisser** *v.pron.* se resserrer
CONTR. payer - s'élargir

en-cas *n.m.* · collation · casse-croûte *fam.* · casse-dalle *fam.*

encastrer *v.tr.* · emboîter · enchâsser · enclaver · insérer · loger

encaustique *n.f.* · cire

encaustiquer *v.tr.* · cirer · lustrer

enceindre *v.tr.* · entourer · ceindre · ceinturer · enclore · enfermer
↝ entourer

¹**enceinte** *adj. f.* **grosse** · en cloque *fam.*
✦ **être enceinte** avoir un polichinelle dans le tiroir *fam.* · être dans une position intéressante *vieux, plaisant ou Belgique*
✦ **mettre enceinte** engrosser *très fam.* · mettre en cloque *très fam.*

²**enceinte** *n.f.* **1 - clôture** · barrière · ceinture · mur · muraille · palissade · rempart · **2 - périmètre** · **3 - haut-parleur** · baffle

encenser *v.tr.* · flatter · louer · porter aux nues · avoir la bouche pleine de

encerclement *n.m.* · siège · bouclage

encercler *v.tr.* **1 - cercler** · encadrer · entourer · **2 - être autour de** · enclore · enfermer · enserrer · **3 - cerner** · assiéger · attaquer

enchaînement *n.m.* **1 - déroulement** · agencement · cours · ordre · suite · **2 - série** · chaîne · succession · suite • [de mesures, etc.] train · **3 - liaison** · transition · **4 - association** · connexion · filiation · **5 - conséquence** · résultat · suite

enchaîner *v.tr.* **1 - attacher** · charger de chaînes · lier • [un prisonnier] mettre aux fers · **2 - soumettre** · asservir · assujettir · astreindre · contenir · contraindre · dompter · maîtriser · museler · opprimer · plier (à) · subjuguer · **3 - lier** · unir (à) · **4 - coordonner** · associer · lier · relier

⟫ **s'enchaîner** *v.pron.* **1 - se suivre** · se succéder · **2 - découler** · se déduire

CONTR. désenchaîner ı détacher − délivrer ı affranchir ı libérer

enchanté, e *adj.* **1 - magique** · féerique · **2 - ravi** · charmé · content · heureux

enchantement *n.m.* **1 - sortilège** · charme · ensorcellement · envoûtement · incantation · magie · maléfice · sort · **2 - ravissement** · bonheur · émerveillement · griserie · ivresse · joie

CONTR. désenchantement

⤳ **charme**

enchanter *v.tr.* **1 - ensorceler** · envoûter · jeter un sort sur · **2 - ravir** · captiver · charmer · conquérir · émerveiller · fasciner · séduire · subjuguer · botter *fam.*

CONTR. désenchanter

enchanteur, -teresse

■ *adj.* merveilleux · charmant · charmeur · de rêve · féerique · paradisiaque · ravissant · séduisant

■ *n.* magicien · ensorceleur · mage · sorcier

CONTR. désagréable

enchâssement *n.m.* · emboîtement · encastrement

enchâsser *v.tr.* **1 - encastrer** · emboîter • [une pierre] enchatonner · monter · sertir · **2 - insérer** · intercaler · **3 - encadrer** · entourer

CONTR. sortir

enchère *n.f.* **1 - criée** · encan · **2 - offre** · proposition

enchérir *v. intr.* [vieilli] **augmenter** · renchérir · surenchérir

✦ **enchérir sur** aller au-delà de · aller plus loin que · dépasser · miser sur *Suisse*

CONTR. diminuer

enchevêtrement *n.m.* **1 - réseau** · entrelacement · imbrication · interpénétration · intrication · tissu · **2 - mélange** · confusion · dédale · désordre · embrouillement · emmêlement · imbroglio · labyrinthe · embrouillamini *fam.* · fouillis *fam.*

enchevêtrer *v.tr.* **1 - emmêler** · embrouiller · entremêler · mélanger · **2 - compliquer** · embrouiller

CONTR. démêler

enclaver *v.tr.* **1 - isoler** · enclore · enfermer · **2 - encastrer**

CONTR. désenclaver

enclencher *v.tr.* **1 - déclencher** · amorcer · commencer · débuter · engager · entamer · entreprendre · initier · lancer · mettre en route · mettre sur les rails · mettre en train · **2 - engager** · engrener · passer

enclin, e *adj.* · disposé · porté · prédisposé · sujet

enclore *v.tr.* **1 - clôturer** · ceindre · clore · enceindre · entourer · fermer · **2 - enclaver** · encercler · enfermer · enserrer · entourer · **3 -** [littér.] **contenir** · comprendre · inclure · subsumer

CONTR. déclore

⤳ **entourer**

enclos *n.m.* **1** - clos · corral · parc · **2** - clôture · enceinte · mur

encoche *n.f.* · entaille · cran

encoder *v.tr.* · crypter · chiffrer
CONTR. décoder

encoignure *n.f.* · coin · angle · recoin · renfoncement

encolure *n.f.* **1** - cou · **2** - col · [échancré] décolleté

encombrant, e *adj.* **1** - volumineux · embarrassant · **2** - importun · indiscret · nuisible · parasite · pesant · **3** - compromettant · gênant

encombré, e *adj.* · surchargé · saturé

encombrement *n.m.* **1** - entassement · accumulation · amas · **2** - embouteillage · bouchon *fam.* · embarras de circulation · ralentissement · retenue
CONTR. dégagement

encombrer *v.tr.* **1** - embarrasser · gêner · boucher · obstruer · **2** - surcharger · embouteiller
CONTR. désencombrer ı débarrasser ı dégager

encontre (à l') *loc. adv.* [littér.] en revanche
✦ **à l'encontre de** **1** - à contre-courant de · au rebours de · **2** - au contraire de · contrairement à · à l'opposé de

encore *adv.* **1** - toujours · **2** - de nouveau · une fois de plus · derechef *littér.* · **3** - davantage · autre · plus · **4** - aussi · par surcroît
✦ **si encore** si seulement · si au moins
✦ **encore que** bien que · quoique
CONTR. déjà

encornet *n.m.* · chipiron · calamar · seiche

encourageant, e *adj.* **1** - prometteur · engageant · **2** - stimulant · dynamisant · motivant · réconfortant
CONTR. décourageant

encouragement *n.m.* **1** - stimulation · aiguillon · exhortation · incitation · **2** - aide · appui · réconfort · soutien
CONTR. découragement

encourager *v.tr.* **1** - stimuler · aiguillonner · enhardir · exciter · **2** - conforter · aider · appuyer · favoriser · soutenir · supporter *(Sport)*
✦ **encourager à** inciter à · déterminer à · disposer à · engager · exhorter à · incliner à · inviter à · porter à · pousser à · presser de
CONTR. décourager - contrarier

encourir *v.tr.* · s'exposer à · mériter · être passible de · risquer · tomber sous le coup de

encrasser *v.tr.* salir · entartrer
⟫ **s'encrasser** *v.pron.* se salir · se calaminer · s'entartrer
CONTR. décrasser ı désencrasser

encroûter (s') *v.pron.* · s'abêtir · s'abrutir · croupir · dégénérer · s'encrasser · moisir · se scléroser · végéter

encyclopédie *n.f.* · dictionnaire · somme · traité

encyclopédique *adj.* · universel · étendu

endémique *adj.* · chronique · constant · permanent

endeuiller *v.tr.* · attrister · assombrir
CONTR. égayer

endiablé, e *adj.* · infernal · débridé · déchaîné · effréné · frénétique
CONTR. calme

endiguer v.tr. **1 - canaliser · 2 - contenir ·** arrêter · barrer (le passage à) · brider · enrayer · entraver · freiner · juguler · s'opposer à · retenir · faire obstacle à
CONTR. libérer

endive n.f. · chicon Belgique

endoctriner v.tr. · enrégimenter · catéchiser · fanatiser · subjuguer · bourrer le crâne de fam. · embobiner fam. · matraquer fam.

endolori, e adj. · douloureux · meurtri · perclus

endommager v.tr. · abîmer · altérer · avarier · dégrader · détériorer · gâter · saccager · amocher fam. · bousiller fam. · déglinguer fam. · détraquer fam. · esquinter fam. · flinguer fam. · fusiller fam.
CONTR. réparer

endormi, e adj. **1 - assoupi ·** inerte · **2 - ensommeillé ·** somnolent · dans les vapes fam. · **3 - lent ·** appesanti · inactif · indolent · lourd · mou · paresseux
CONTR. éveillé ı vigilant – actif

endormir v.tr.
I **1 - assoupir · 2 - anesthésier ·** chloroformer · engourdir · insensibiliser · **3 - hypnotiser · 4 - atténuer ·** adoucir · apaiser · attiédir · calmer · émousser · soulager
II **1 - ennuyer ·** assommer · lasser · barber fam. · enquiquiner fam. · raser fam. · **2 - tromper ·** bercer · enjôler · leurrer · amuser fam. · embobiner fam. · entortiller fam. · mener en bateau fam. · **3 - vaincre ·** surmonter

≫ **s'endormir** v.pron. **1 - s'assoupir ·** s'appesantir · somnoler · fermer l'œil · piquer du nez fam. · **2 - s'atténuer ·** s'adoucir · s'apaiser · se calmer · s'effacer · s'engourdir · s'estomper · mourir · tomber
CONTR. éveiller ı réveiller

endosser v.tr. **1 - mettre ·** enfiler · revêtir · **2 - assumer ·** accepter · se charger de · prendre sur soi · prendre sous son bonnet fam.
CONTR. ôter – refuser

endroit n.m. **1 - lieu ·** coin · emplacement · place · position · situation · **2 - localité ·** bourg · village · **3 - passage ·** moment · **4 - recto ·** dessus · devant
✦ **par endroits**   ici et là · de place en place
✦ **à l'endroit**   du bon côté
✦ **à l'endroit de**   envers · vis-à-vis de
⇝ lieu

enduire v.tr. · badigeonner · barbouiller · couvrir · frotter · imprégner · recouvrir · oindre littér. · tartiner fam.

enduit n.m. · revêtement · apprêt · badigeon

endurance n.f. · résistance · énergie · fermeté · force · trempe vieux
CONTR. fragilité

endurant, e adj. · résistant · dur · dur au mal · costaud fam. · dur à cuire fam.
CONTR. délicat ı fragile

endurci, e adj. **1 - dur ·** durci · **2 - résistant ·** aguerri · endurant · éprouvé · **3 - insensible ·** indifférent · dur · impitoyable · implacable · inflexible · sec · blindé fam. · **4 - invétéré ·** avéré · confirmé · impénitent · irrécupérable · vieux (avant nom)

endurcir v.tr. **1 - durcir · 2 - aguerrir ·** armer · cuirasser · fortifier · tremper · blinder fam.
CONTR. amollir ı attendrir

endurcissement n.m. **1 - endurance ·** résistance · **2 - dessèchement ·** dureté · insensibilité
CONTR. attendrissement ı sensibilité

endurer v.tr. **1** - subir · souffrir · soutenir · supporter · encaisser fam. · essuyer fam. · **2** - tolérer · permettre · supporter · avaler fam. · digérer fam.

énergie n.f. **1** - vitalité · force · ressort · ressource · tonus · vie · vigueur · punch fam. · **2** - volonté · âme · ardeur · caractère · constance · courage · détermination · dynamisme · fermeté · force · persévérance · poigne · résolution
✦ **être plein d'énergie** avoir bouffé du lion fam.
CONTR. indolence ׀ inertie ׀ mollesse ׀ paresse

énergique adj. **1** - dynamique · actif · décidé · résolu · **2** - vigoureux · fort · mâle · musclé · puissant · robuste · vif · violent · **3** - efficace · actif · agissant · puissant · **4** - rigoureux · draconien · drastique · dur
CONTR. indolent ׀ mou ׀ timide – faible

énergiquement adv. **1** - fermement · dur · fort · avec force · fortement · vigoureusement · violemment · tambour battant · **2** - courageusement · fermement · hardiment · résolument
CONTR. mollement – lâchement

énergisant adj. et n.m. **1** - stimulant · tonique · **2** - antidépresseur · anxiolytique · psychotonique · psychotrope
CONTR. abrutissant

énergumène n. **1** - individu · **2** - fanatique · exalté · excité · forcené · fou furieux · possédé

énervant, e adj. · agaçant · crispant · exaspérant · excédant · horripilant · irritant · rageant · gonflant fam. · râlant fam. · tuant fam.
CONTR. apaisant

énervé, e adj. · nerveux · à cran · à bout de nerfs fam. · sous pression · speedé fam. · vénèr lang. jeunes

✦ **être très énervé** avoir les nerfs (en boule, en pelote) fam. · avoir les boules très fam. · avoir les glandes très fam.
CONTR. calme ׀ détendu

énervement n.m. **1** - agacement · exaspération · impatience · irritation · **2** - irritabilité · nervosité · **3** - agitation · effervescence · excitation · surexcitation
CONTR. calme

énerver v.tr. **1** - agacer · crisper · exaspérer · excéder · horripiler · impatienter · irriter · gonfler très fam. · porter, taper sur les nerfs à fam. · taper sur le système à fam. · filer, foutre les boules à très fam. · courir sur le haricot à très fam. · **2** - échauffer · exciter · surexciter
⇒ **s'énerver** v.pron. **1** - s'impatienter · bouillir · **2** - s'échauffer · s'emporter · s'enflammer · s'exciter · avoir la moutarde qui monte au nez fam. · monter sur ses grands chevaux fam. · **3** - s'affoler · paniquer · péter les plombs fam. · péter un câble fam.
CONTR. calmer ׀ détendre

enfance n.f. **1** - âge tendre · jeunesse · **2** - [littér.] origine · commencement · début · aube littér. · aurore littér. · matin littér.
✦ **dans mon enfance** quand j'étais encore en culotte courte · quand j'usais mes fonds de culottes sur les bancs de l'école
✦ **dans ma petite enfance** quand j'étais dans les langes
CONTR. vieillesse – déclin

enfant n.m. **1** - petit · bébé · petite fille · fillette · petit garçon · garçonnet · bambin · chérubin · petit diable · diablotin · chiard fam., péj. · galopin fam., péj. · gamin fam. · garnement péj. · gone région. · gosse fam. · lardon fam., péj. · loupiot fam. · marmot fam. · merdeux fam., péj. · mioche fam. · môme fam. · morpion fam., péj. · morveux fam., péj. · mouflet fam. · moutard fam. · pitchoun fam. · têtard fam., péj. · tête blonde souvent plur. · minot fam., vieux · minouchet fam., vieux · mômichon fam., vieux · mômignard fam., vieux · mômil-

lon *fam., vieux* · miston *argot* · **2 - descendant** · fils · fille · héritier *vieilli ou plaisant* · rejeton *fam.* • [au plur.] progéniture · postérité · marmaille *fam.* · **3 - fruit** · produit · **4 - innocent** · enfant de chœur · petit saint · idiot · imbécile
+ **bon enfant**   débonnaire
+ **enfant de Marie**   oie blanche · prude · sainte-nitouche
CONTR. adulte

enfantement *n.m.* **1 - accouchement** · couches · parturition · **2 -** [littér.] **création** · élaboration · gestation · production

enfanter *v.tr.* **1 - accoucher de** · donner le jour à · donner la vie à · mettre au monde · **2 - procréer** · engendrer · **3 - produire** · créer · donner naissance à · élaborer · engendrer · mettre au jour · préparer · accoucher de *fam.*
↝ **accoucher**

enfantillage *n.m.* · puérilité · gaminerie · bagatelle · bêtise · caprice · futilité · niaiserie · sottise
CONTR. sérieux

enfantin, e *adj.* **1 - puéril** · immature · infantile · **2 - naïf** · ingénu · **3 - élémentaire** · facile · simple · bête comme chou *fam.*
CONTR. sénile – rusé – difficile

↝   **enfantin, puéril, infantile**

Enfantin, puéril et infantile qualifient des adultes dont les actions, les sentiments, les propos rappellent ceux de l'enfance. **Enfantin** évoque l'innocence, la naïveté ou la fragilité attribuées à l'enfant *(la jeune femme manifestait une joie enfantine ; des terreurs enfantines)*, avec parfois l'idée péjorative attachée à ce qui paraît élémentaire : « J'ai dénoncé déjà cet enfantin besoin de mon esprit de combler avec du mystère tout l'espace et le temps qui ne m'étaient pas familiers » (Gide, *Si le grain ne meurt*, I, v). **Puéril**, d'usage soutenu, a une valeur plus forte et qualifie ce qui manque de sérieux, est indigne d'un adulte *(une conversation, une colère puérile ; un esprit puéril)*. **Infantile**, d'usage plus courant, renchérit sur **puéril**, insistant sur l'absence de maturité intellectuelle ou affective de la personne à laquelle il s'applique *(c'est une façon de raisonner infantile ; une réaction, un comportement infantile)*. Par ailleurs, infantile renvoie aussi à ce qui est propre à la première enfance *(une maladie, la mortalité infantile)* ; enfantin et puéril se rapportent plus largement à ce qui a le caractère de l'enfance *(des cris, des gestes enfantins/puérils ; une bouderie enfantine/puérile)*.

enfer *n.m.* **1 - damnation éternelle** · géhenne *littér.* · **2 - bagne** · galère *fam.*
+ **l'Enfer**   le sombre empire · les sombres bords, rivages · le séjour des ombres, des morts · le ténébreux séjour · le royaume de Pluton *(Mythol.)*
+ **d'enfer**   **1 - infernal** · dantesque · **2 -** [rythme, vitesse] **accéléré** · effréné · endiablé · échevelé · **3 -** [fam.] → **sensationnel**
CONTR. ciel ı paradis

enfermement *n.m.* · emprisonnement · captivité · claustration · détention · internement · réclusion · renfermement · séquestration

enfermer *v.tr.*
I 1 - confiner · boucler · claquemurer · claustrer · cloîtrer · séquestrer · verrouiller · reclure *littér.* · parquer *fam.* · **2 - interner** · écrouer · emprisonner · incarcérer · mettre sous les verrous · boucler *fam.* · coffrer *fam.* · mettre à l'ombre *fam.* · **3 - mettre sous clé** · serrer · boucler *fam.*
II 1 - entourer · cerner · clore · enceindre · encercler · enclaver · enclore · enserrer · environner · ceindre *littér.* · **2 - contenir** · comporter · comprendre · impliquer · renfermer · **3 - faire entrer** · circonscrire · emprisonner · limiter

s'enfermer v.pron. 1 - se barricader · se cadenasser · se calfeutrer · se claquemurer · se claustrer · se cloîtrer · s'isoler · 2 - se confiner · se cantonner · s'emmurer · se murer
CONTR. délivrer ı libérer

enferrer (s') v.pron. · s'enfoncer · s'embarrasser · s'embourber · s'embrouiller · s'empêtrer · s'enliser · s'emberlificoter *fam.*

enfiévré, e adj. 1 - fiévreux · fébrile · 2 - enflammé · exalté · passionné

enfiévrer v.tr. 1 - enflammer · animer · exalter · exciter · surexciter · 2 - agiter · troubler

s'enfiévrer v.pron. s'enthousiasmer · s'exalter · se passionner
CONTR. apaiser

enfilade n.f. alignement · file · rangée · série · succession · suite
✦ **en enfilade** à la file · à la queue leu leu · en file indienne · en rang d'oignons

enfiler v.tr. 1 - mettre · endosser · chausser · passer · revêtir · 2 - embrocher · 3 - s'engager dans · prendre · 4 - [fam.] → **posséder**

s'enfiler v.pron. 1 - [fam.] faire · se coltiner *fam.* · s'envoyer *fam.* · se taper *fam.* · 2 - [fam.] → avaler

enfin adv. 1 - à la fin · finalement · ultimo · 2 - tout compte fait · somme toute · après tout · 3 - bref · en résumé · en un mot · 4 - [en exclamatif] ce n'est pas trop tôt
CONTR. déjà

enflammé, e adj. 1 - brûlant · en feu · 2 - empourpré · en feu · 3 - irrité · rouge · 4 - animé · ardent · embrasé · enfiévré · enthousiaste · passionné · surexcité
CONTR. éteint ı froid - blême ı froid - morne ı tranquille

enflammer v.tr. 1 - mettre le feu à · allumer · embraser · 2 - enluminer · empourprer · rougir · 3 - envenimer · infecter · irriter · 4 - animer · échauffer · électriser · embraser · enfiévrer · enthousiasmer · exalter · galvaniser · passionner · soulever · survolter · chauffer *fam.* · doper *fam.*

s'enflammer v.pron. 1 - prendre feu · brûler · s'embraser · flamber · devenir la proie des flammes · 2 - se mettre en colère · s'emporter · s'énerver · s'irriter · prendre la mouche · monter sur ses grands chevaux *fam.* · 3 - s'exalter · s'enthousiasmer
CONTR. éteindre – refroidir – calmer

enflé, e adj. 1 - gonflé · ballonné · bouffi · boursouflé · hypertrophié · intumescent · tuméfié · tumescent · turgescent · volumineux · 2 - ampoulé · boursouflé · emphatique · grandiloquent · ronflant
☞ **gonflé**

enfler
■ v.tr. 1 - gonfler · grossir · 2 - ballonner · bouffir · boursoufler · 3 - augmenter · majorer · 4 - amplifier · exagérer
■ v.intr. gonfler · grossir
CONTR. désenfler

enflure n.f. 1 - gonflement · bosse · bouffissure · boursouflure · congestion · dilatation · empâtement · intumescence · œdème · tuméfaction · 2 - emphase · grandiloquence · outrance
CONTR. simplicité

enfoncé, e adj. 1 - bas · profond · en dedans · en retrait · 2 - rentré · cave · creusé · creux
CONTR. saillant

enfoncement n.m. 1 - défoncement · 2 - cavité · creux · 3 - renfoncement · angle (rentrant) · niche · réduit · alcôve · 4 - immersion
CONTR. bosse ı saillie

enfoncer *v.tr.* **1 - introduire** · engager · fourrer *fam.* · **2 - planter** · ficher · plonger · **3 - défoncer** · emboutir · **4 - battre (à plate couture)** · écraser · surpasser · vaincre · laminer *fam.* · piler *fam.* · filer la raclée à *fam.* · rosser *fam.*

≫ **s'enfoncer** *v.pron.* **1 - s'engloutir** · s'abîmer · couler · plonger · sombrer · **2 - s'embourber** · s'enliser · **3 - s'empêtrer** · s'enliser · patauger · s'emberlificoter *fam.* · **4 - péricliter** · s'enferrer · plonger · se ruiner · sombrer · **5 - s'engager** · avancer · s'avancer · se couler · disparaître · s'enfouir · s'engouffrer · entrer · pénétrer · rentrer *fam.*

CONTR. enlever ⎪ tirer – remonter

enfouir *v.tr.* **1 - enterrer** · ensevelir · **2 - cacher** · dissimuler · **3 - plonger** · enfoncer · **4 - taire** · garder secret

≫ **s'enfouir** *v.pron.* **1 - s'enfoncer** · se plonger · **2 - se blottir** · **3 - se réfugier** · se retirer

CONTR. déterrer ⎪ sortir

enfouissement *n.m.* enterrement · ensevelissement

enfreindre *v.tr.* · contrevenir à · désobéir à · manquer à · outrepasser · passer outre · transgresser · violer · faire une entorse à

CONTR. observer ⎪ respecter

enfuir (s') *v.pron.* **1 - fuir** · battre en retraite · déguerpir · disparaître · filer · partir · prendre la fuite · s'en aller · s'éclipser · s'envoler · s'esquiver · se sauver · se barrer *fam.* · calter *pop.* · décamper *fam.* · détaler *fam.* · se faire la malle *fam.* · se faire la paire *fam.* · mettre les bouts *fam.* · mettre les voiles *fam.* · prendre le large *fam.* · prendre la poudre d'escampette *fam.* · prendre la tangente *fam.* · se tailler *fam.* · se tirer *fam.* · mettre les adjas *argot* · enfiler la venelle *vieux* · tirer ses grègues *vieux* · **2 -** [à toute vitesse] **prendre les jambes à son cou** • [pour échapper à ses créanciers] faire un trou à la lune *vieux* · **3 - s'échapper** · s'évader · faire le mur *fam.* · **4 - se retirer** · se réfugier · **5 - disparaître** · se dissiper · s'envoler · s'évanouir · passer

✦ **s'enfuir de** abandonner · déserter · quitter

engageant, e *adj.* **1 - attrayant** · affriolant · agréable · aguichant · alléchant · appétissant · attirant · plaisant · séducteur · séduisant · **2 - affable** · aimable · amène *littér.* · avenant · bienveillant · charmant · doux · sympathique · **3 - encourageant** · prometteur

CONTR. désagréable ⎪ rébarbatif

engagement *n.m.* **1 - obligation** · contrat · convention · pacte · **2 - promesse** · parole · serment · vœu · **3 - embauche** · recrutement · **4 - combat** · assaut · bataille · échauffourée · escarmouche · **5 - mise en jeu** · service

✦ **prendre un engagement** s'engager · engager sa parole

CONTR. dégagement ⎪ reniement – renvoi – désengagement

engager *v.tr.*
I **1 - recruter** · s'attacher · embaucher · enrégimenter · enrôler · prendre · racoler *fam., péj.* · **2 - entraîner** · aventurer · compromettre · embarquer *fam.* · embringuer *fam.* · fourrer *fam.*
II **1 - lier** · astreindre · contraindre · obliger · tenir · **2 - mettre en gage** · hypothéquer
III **1 - introduire** · enfoncer · glisser · mettre · **2 - investir** · mettre · placer · **3 - commencer** · amorcer · attaquer · entamer · entreprendre · initier · lancer · livrer · mettre en route · mettre sur les rails · mettre en train · ouvrir

✦ **engager (qqn) à** appeler à · conseiller de · convier à · exhorter à · inciter à · inviter à · porter à · presser de · pousser à

≫ **s'engager** *v.pron.* commencer · s'amorcer · débuter

✦ **s'engager à** promettre · se faire fort de · jurer · faire vœu de · donner sa parole

✦ **s'engager dans** **1 - entrer dans** · s'avancer dans · enfiler · pénétrer dans · prendre ·

suivre · **2 -** s'**aventurer dans** · entreprendre · se jeter dans · se lancer dans · s'embarquer dans *fam.* · s'embringuer dans *fam.* · se fourrer dans *fam.* • [sans complément] se jeter à l'eau
+ **s'engager pour** prendre parti pour · adhérer à · cautionner · choisir · prêter son crédit à · souscrire à

CONTR. débaucher ɪ renvoyer – dégager ɪ libérer – retirer ɪ terminer – déconseiller ɪ dissuader – se désengager

engelure *n.f.* · crevasse · gelure

engendrer *v.tr.* **1 - procréer** · accoucher de · concevoir · enfanter · faire · **2 - causer** · amener · créer · déterminer · entraîner · faire naître · générer · occasionner · produire · provoquer · susciter
↪ **accoucher**

engin *n.m.* **1 - appareil** · dispositif · instrument · machine · outil · ustensile · **2 - missile** · **3 -** [fam.] **chose** · bidule *fam.* · machin *fam.* · truc *fam.*
+ **engin spatial** vaisseau spatial · véhicule spatial · astronef · spationef *vieilli*

englober *v.tr.* **1 - comporter** · comprendre · compter · contenir · embrasser · inclure · intégrer · rassembler · réunir · amalgamer *péj.* · **2 - annexer** · enclaver · joindre

CONTR. séparer

engloutir *v.tr.* **1 - dévorer** · absorber · avaler · ingurgiter · enfourner *fam.* · engouffrer *fam.* · s'enfiler *fam.* · **2 - dilapider** · dépenser · dévorer · dissiper · gaspiller · claquer *fam.* · croquer *fam.* · manger *fam.* · **3 - ensevelir** · abîmer · enterrer · noyer · submerger
⇒ **s'engloutir** *v.pron.* **sombrer** · couler · disparaître · s'abîmer *littér.*

🕭 **engloutir, absorber**
Engloutir implique que l'on fait disparaître totalement et rapidement quelque chose. Il peut s'agir de nourriture que l'on avale *(engloutir un repas)* ou de biens que l'on dépense *(engloutir une fortune, un héritage)*. Engloutir n'a pas seulement pour sujet une personne *(la mer a englouti le navire)*. Avec absorber, la disparition est également totale mais progressive *(le sol absorbe l'eau de pluie ; le mur absorbe la lumière)* ; elle s'effectue par incorporation *(l'entreprise a absorbé son concurrent ; absorber de la nourriture)* ou par utilisation *(l'achat de sa maison a absorbé toutes ses économies)*.

engoncé, e *adj.* · guindé · raide · rigide · coincé *fam.*

engorgement *n.m.* **1 - encombrement** · obstruction · saturation · **2 - embouteillage** · bouchon *fam.* · ralentissement · retenue

CONTR. dégorgement

engorger *v.tr.* **1 - encombrer** · boucher · obstruer · **2 - saturer** · congestionner

CONTR. dégorger

engouement *n.m.* · enthousiasme · admiration · coup de cœur · emballement *fam.* · [passager] tocade *fam.*

CONTR. dégoût ɪ désenchantement

engouer de (s') *v.pron.* · s'enticher de · s'éprendre de · s'enthousiasmer pour · se passionner pour · s'emballer pour *fam.* · se toquer de *fam.* · s'infatuer de *vieilli*

engouffrer *v.tr.* **dévorer** · avaler · engloutir · ingurgiter · s'enfiler *fam.* · enfourner *fam.*
⇒ **s'engouffrer** *v.pron.* s'**élancer** · se jeter · se précipiter

engourdi, e *adj.* **1 - gourd** · ankylosé · paralysé · raide · rigide · **2 - empoté** · lent · **3 - léthargique** · endormi · hébété · inerte

CONTR. alerte ɪ dégourdi ɪ vif
↪ **ankylosé**

engourdir *v.tr.* **1 -** ankyloser · paralyser · raidir · transir · **2 -** appesantir · alourdir · **3 -** assoupir · endormir

⋙ s'engourdir *v.pron.* **1 -** s'ankyloser · se raidir · **2 -** s'assoupir · s'endormir
CONTR. dégourdir ı dérouiller

engourdissement *n.m.* **1 -** ankylose · courbature · raideur · rigidité · **2 -** alourdissement · appesantissement · atonie · hébétude · stupeur · **3 -** assoupissement · léthargie · somnolence · torpeur
CONTR. dégourdissement – vivacité

engrais *n.m.* · fertilisant · fumier

engraisser
■ *v.tr.* **1 - gaver** · gorger · **2 - fertiliser** · améliorer · amender · bonifier · enrichir · fumer
■ *v.intr.* **prendre du poids** · s'alourdir · s'arrondir · élargir · s'empâter · (s')épaissir · forcir · grossir · prendre de l'embonpoint · faire du lard *fam.*

⋙ s'engraisser *v.pron.* s'enrichir · prospérer
CONTR. épuiser – maigrir – s'appauvrir

engranger *v.tr.* · emmagasiner · accumuler · amasser · stocker

engrenage *n.m.* **1 -** mécanisme · processus · **2 -** escalade · spirale

engueulade *n.f.* **1 -** → réprimande · **2 -** → dispute

engueuler *v.tr.* → disputer

enguirlander *v.tr.* [fam.] → **disputer**

enhardir *v.tr.* encourager · aiguillonner · stimuler

⋙ s'enhardir *v.pron.* · oser · prendre de l'assurance · se lancer · sortir de sa réserve
CONTR. décourager ı effrayer ı intimider

énigmatique *adj.* **1 -** hermétique · ésotérique · incompréhensible · inintelligible · obscur · abscons *littér.* · abstrus *littér.* · sibyllin *littér.* · **2 -** étrange · impénétrable · indéchiffrable · inexplicable · insondable · mystérieux · secret · ténébreux · **3 -** ambigu · équivoque
CONTR. clair ı compréhensible ı intelligible

énigme *n.f.* **1 -** devinette · charade · logogriphe · colle *fam.* · **2 -** mystère · secret

🙠 énigme, devinette
L'**énigme** et la **devinette,** dans leurs emplois figurés, sont des faits ou des énoncés dont le sens ne peut être saisi immédiatement. **Énigme** recouvre ce qui est difficile à comprendre, à expliquer ou à connaître dans des domaines divers : naturels *(l'énigme de la formation de la Terre),* sociaux *(résoudre une énigme policière)* ou propres à l'homme *(son comportement reste une énigme pour moi).* La difficulté tient à la nature même de l'énigme, alors que **devinette** concerne un propos qui, au premier abord seulement, paraît être une énigme, mais dont la compréhension ne demande qu'un peu de réflexion *(si tu me donnais le nom, je comprendrais plus vite ! Mais tu préfères me poser une devinette, jouer aux devinettes).*

enivrant, e *adj.* **1 -** grisant · capiteux · entêtant · étourdissant · **2 -** troublant · séduisant · **3 -** enthousiasmant · exaltant · excitant · grisant · passionnant
🙠 **grisant**

enivrement *n.m.* **1 -** ivresse · ébriété · **2 -** griserie · enthousiasme · exaltation · excitation · extase · transport · vertige
CONTR. sobriété – froideur ı indifférence

enivrer *v.tr.* **1 -** soûler · griser · **2 -** étourdir · griser · **3 -** exciter · exalter · soulever · transporter

⋙ **s'enivrer** *v.pron.* se soûler · boire · s'émécher · se griser · se prendre de boisson · se beurrer *fam.* · se biturer *fam.* · se cuiter *fam.* · se noircir *fam.* · picoler *fam.* · prendre une biture, une caisse, une cuite *fam.* · se bourrer, se péter la gueule *très fam.* · se pinter *fam.* · se piquer le nez *fam.*
CONTR. dégriser ı dessoûler

enjambée *n.f.* foulée · pas
✦ **à grandes enjambées** à grands pas

enjamber *v.tr.* · passer par-dessus · franchir · sauter · traverser

enjeu *n.m.* · mise · cave · poule

enjoindre *v.tr.* commander · imposer · ordonner · prescrire
✦ **enjoindre à** mettre en demeure · sommer

enjôler *v.tr.* · séduire · attraper · cajoler · conquérir · duper · endormir · leurrer · tromper · embobiner *fam.* · empaumer *fam.* · entortiller *fam.* · envelopper *fam.*

enjôleur, -euse *n. et adj.* · séducteur · aguicheur · beau parleur · ensorceleur · trompeur

enjolivement *n.m.* embellissement · décoration · enjolivure · fioriture · ornement

enjoliver *v.tr.* **1 -** décorer · agrémenter · embellir · orner · parer · **2 - exagérer** · amplifier · embellir · broder sur *fam.* ● [sans complément] en rajouter *fam.*
CONTR. enlaidir

enjoué, e *adj.* · gai · allègre · aimable · badin · folâtre · guilleret · jovial · joyeux · léger
CONTR. chagrin ı maussade ı triste

enjouement *n.m.* · gaieté · allégresse · bonne humeur · entrain · joie · jovialité · alacrité *littér.*
CONTR. austérité ı gravité ı sérieux

enlacement *n.m.* **1 - croisement** · entrecroisement · entrelacement · entremêlement · nœud · **2 - embrassade** · étreinte · embrassement *littér.*

enlacer *v.tr.* **1 - croiser** · entrecroiser · entrelacer · entremêler · **2 - entourer** · **3 - attacher** · lier · **4 - embrasser** · étreindre

enlaidir *v.tr.* · déparer · abîmer · défigurer
CONTR. embellir ı enjoliver ı parer

enlèvement *n.m.* **1 - ramassage** · déblai · déblayage · dégagement · levée · **2 - rapt** · kidnapping · prise en otage · vol
⤳ kidnapping

enlever *v.tr.*
I **1 - retrancher** · déduire · défalquer · ôter · prélever · prendre · retirer · soustraire · **2 - extirper** · arracher · dégager · extraire · ôter · tirer · **3 - détacher** · couper · prélever · **4 - dérober** · prendre · rafler · ravir · voler · **5 - confisquer** · priver de · **6 - kidnapper** · prendre en otage · voler · ravir *littér.*
II **1 - faire disparaître** · effacer · laver · **2 - éliminer** · excepter · exclure · ôter · supprimer · **3 - faire cesser** · balayer · détruire · lever · faire passer
III **1 - débarrasser** · dégager · ramasser · **2 - se défaire de** · se débarrasser de · ôter · quitter · retirer · tomber *fam.* · **3 - emporter** · embarquer *fam.* · **4 -** [*littér.*] **hisser** · élever · lever · monter · soulever
IV **1 - conquérir** · **2 - enthousiasmer** · charmer · électriser · enflammer · exalter · galvaniser · passionner · ravir · soulever · transporter · emballer *fam.* · **3 - obtenir** · arracher · conquérir · s'emparer de · emporter · gagner · prendre · remporter · rafler *fam.*
⋙ **s'enlever** *v.pron.* **1 - s'élever** · s'envoler · se dresser · **2 - disparaître** · s'effacer · partir · **3 - se vendre** · s'écouler · partir *fam.*
CONTR. poser - laisser - ajouter

enliser *v.tr.* embourber · ensabler · envaser

⋙ **s'enliser** v.pron. **1 - s'embourber** · s'ensabler · s'envaser · échouer · **2 - s'embrouiller** · s'empêtrer · s'enferrer · s'enfoncer · s'emberlificoter *fam.* · **3 - patauger** · piétiner

enluminer v.tr. **1 - éclairer** · illuminer · **2 - orner** · colorier · **3 - enflammer** · colorer · empourprer · rougir

enlumineur, -euse n. · miniaturiste · rubricateur

enluminure n.f. · miniature · illumination · rubrique

enneigé, e adj. · neigeux

ennemi, e
■ n. adversaire · antagoniste · détracteur · opposant · rival
■ adj. contraire · adverse · hostile · opposé
CONTR. allié ׀ adepte ׀ partisan – ami ׀ favorable
⋙ **opposant**

ennoblir v.tr. · élever · grandir · rehausser · relever
CONTR. avilir

ennui n.m.
I **1 - désœuvrement** · **2 - abattement** · accablement · cafard *fam.* · découragement · dégoût (de la vie, de tout) · fatigue · langueur · lassitude · mélancolie · morosité · neurasthénie · idées noires · tristesse · vide · spleen *littér.*
II **1 - souci** · désagrément · contrariété · embarras · incident · mésaventure · problème · tracas · tracasserie · vicissitude *littér.* · **2 - complication** · accident · anicroche · avanie · contretemps · coup dur · difficulté · déboire · embarras · misère · problème · embêtement *fam.* · emmerde *très fam.* · emmerdement *très fam.* · histoire *fam.* · hic *fam.* · os *fam.* · pépin *fam.* · tuile *fam.* · **3 - inconvénient** · incommodité · embêtement *fam.* · hic *fam.*
✦ **avoir de gros ennuis** être dans le caca *fam.* · être dans la mélasse *fam.* · être dans la merde *très fam.* · être dans la mouise *très fam.* · être dans la panade *fam.* · être dans la purée *fam.*
CONTR. activité ׀ occupation – enthousiasme – satisfaction

ennuyé, e adj. **1 - confus** · embarrassé · embêté *fam.* · emmerdé *fam.* · **2 - mécontent**

ennuyer v.tr. **1 - gêner** · agacer · déplaire à · déranger · embarrasser · empoisonner · énerver · excéder · importuner · incommoder · bassiner *fam.* · casser les pieds à *fam.* · cavaler *fam.* · courir sur le haricot de *fam.* · emmerder *très fam.* · enquiquiner *fam.* · faire braire *très fam.* · faire chier *très fam.* · faire suer *fam.* · soûler *fam.* · tanner *fam.* · **2 - inquiéter** · obséder · préoccuper · soucier · tracasser · tourmenter · chicaner *Québec* · embêter *fam.* · **3 - lasser** · abrutir · assommer · endormir · fatiguer · barber *fam.* · raser *fam.* · **4 - chagriner** · contrarier · mécontenter
⋙ **s'ennuyer** v.pron. **se morfondre** · trouver le temps long · se languir · se barber *fam.* · s'embêter *fam.* · s'emmerder *très fam.* · se faire chier *très fam.* · se faire suer *fam.*
✦ **s'ennuyer à** s'empoisonner à · s'embêter à *fam.* · s'emmerder à *très fam.* · s'enquiquiner à *fam.* · se faire chier à *très fam.*
✦ **s'ennuyer beaucoup** s'ennuyer à cent sous de l'heure *fam.* · s'ennuyer comme un rat mort *fam.*
CONTR. amuser ׀ désennuyer ׀ distraire

ennuyeux, -euse adj. **1 - contrariant** · déplaisant · désolant · fâcheux · inquiétant · embêtant *fam.* · emmerdant *très fam.* · empoisonnant *fam.* · **2 - embarrassant** · désagréable · difficile · gênant · malencontreux · pénible · **3 - soporifique** · embêtant · ennuyant · endormant · fade · fastidieux · insipide · interminable · lassant · maussade · monotone · rébarbatif · assommant *fam.* · barbant *fam.* · chiant *très fam.* · emmerdant *très fam.* · enquiquinant *fam.* · mortel *fam.* · rasant *fam.* · raseur *fam.* · rasoir *fam.* ·

4 - **fatigant** · encombrant · fâcheux · importun · sciant *fam.* · casse-pieds *fam.* · soûlant *fam.* · suant *fam.* · tannant *fam.*

CONTR. amusant ׀ intéressant

énoncé *n.m.* 1 - déclaration · discours · 2 - texte · termes · 3 - énumération

énoncer *v.tr.* 1 - formuler · avancer · décliner · émettre · énumérer · établir · expliciter · exposer · exprimer · mentionner · poser · préciser · stipuler · 2 - prononcer · articuler · dire
➤ exprimer

énonciation *n.f.* 1 - formulation · 2 - élocution · prononciation

enorgueillir *v.tr.* gonfler d'orgueil
➤ **s'enorgueillir** *v.pron.* s'enfler *fam.* · se gonfler *fam.*
✦ **s'enorgueillir de** se glorifier de · se flatter de · s'honorer de · se prévaloir de · se targuer de · se vanter de

CONTR. humilier

énorme *adj.* 1 - colossal · considérable · formidable · gigantesque · grand · gros · immense · incalculable · incommensurable · monumental · méga *fam.* · monstre *fam.* · 2 - hypertrophié · anormal · astronomique · cyclopéen · démesuré · étonnant · exceptionnel · extraordinaire · fou · incroyable · monstrueux · phénoménal · 3 - obèse · éléphantesque · 4 - [fam.] formidable · fabuleux · fantastique · génial · prodigieux · super *fam.*

CONTR. insignifiant ׀ minime ׀ petit – normal ׀ ordinaire

énormément *adv.* · beaucoup · abondamment · à profusion · ardemment · colossalement · considérablement · copieusement · en quantité · excessivement · extrêmement · follement · formidablement · fortement · gigantesquement · immensément · infiniment · intensément · largement · pleinement · prodigieusement · profondément · sérieusement · suprêmement · terriblement · rudement *fam.* · bigrement *fam.* · bougrement *fam.* · sacrément *fam.* · vachement *fam.*

énormité *n.f.* 1 - grandeur · immensité · 2 - bêtise · bévue · gaffe · sottise · 3 - invraisemblance

CONTR. petitesse ׀ insignifiance

enquérir de (s') *v.pron.* · demander · chercher · s'informer de · rechercher · se renseigner sur · aller aux nouvelles de · s'inquiéter de

enquête *n.f.* 1 - instruction · information · 2 - examen · investigation · recherche · 3 - sondage · consultation · étude (de marché) · [dans la rue] micro-trottoir

enquêter *v.intr.* · s'informer · s'enquérir · se renseigner

enquêteur, -trice *n.* 1 - détective · limier · 2 - sondeur

enquiquinant, e *adj.* → ennuyeux

enquiquineur, -euse *n.* → importun

enraciné, e *adj.* · ancré · tenace · vivace

enraciner *v.tr.* ancrer · implanter
➤ **s'enraciner** *v.pron.* 1 - s'établir · se fixer · s'implanter · s'installer · 2 - s'ancrer · se consolider · s'incruster · prendre (racine)

CONTR. déraciner ׀ éradiquer ׀ extirper

enragé, e *adj.* 1 - acharné · effréné · forcené · 2 - extrémiste · excessif · fanatique · 3 - furieux · furibond · 4 - fanatique · fou · passionné · fan *fam.* · mordu *fam.*

enrager *v.intr.* fulminer · écumer · fumer · rager · bisquer *fam.* · râler *fam.*

✦ **faire enrager** taquiner • faire devenir chèvre *fam.* • faire endêver *vieux ou région.* • faire marcher *fam.* • faire tourner en bourrique *fam.*

enrayer *v.tr.* **1** - **bloquer** • arrêter • empêcher • étouffer • stopper • **2** - **freiner** • brider • briser • contenir • endiguer • juguler
CONTR. débloquer ı désenrayer

enrégimenter *v.tr.* **1** - **endoctriner** • embrigader • **2** - **enrôler** • mobiliser • recruter

enregistré, e *adj.* [émission] en différé

enregistrement *n.m.* **1** - **inscription** • immatriculation • **2** - **transcription** • **3** - **prise de son**

enregistrer *v.tr.* **1** - **immatriculer** • homologuer • **2** - **noter** • archiver • consigner • conserver • inscrire • mentionner • recueillir • relever • répertorier • saisir • transcrire • **3** - **prendre acte de** • constater • prendre bonne note de • tenir compte de • **4** - **mémoriser** • assimiler • retenir • imprimer *fam.* • faire entrer dans sa tête *fam.* • **5** - **graver** • filmer • repiquer

enrhumé, e *adj.* • grippé • pris *fam.* • enchifrené *vieilli* • catarrheux *vieilli*

enrichir *v.tr.* **1** - **accroître** • augmenter • agrandir • compléter • développer • élargir • embellir • étendre • étoffer • meubler • orner • **2** - **fertiliser** • améliorer • amender • bonifier
⋙ **s'enrichir** *v.pron.* **prospérer** • faire fortune • gagner de l'argent • s'engraisser • faire son beurre *fam.* • se remplir les poches *fam.*
CONTR. appauvrir ı dépouiller ı ruiner

enrichissant, e *adj.* • instructif • profitable
CONTR. abêtissant

enrichissement *n.m.* **1** - **fortune** • richesse • **2** - **progrès** • approfondissement • développement • **3** - **acquisition**
CONTR. appauvrissement ı ruine

enrobé, e *adj.* • enveloppé • grassouillet • replet • rondelet • bien en chair • rondouillard *fam.*

enrober *v.tr.* **1** - **envelopper** • entourer • **2** - **voiler** • déguiser • masquer

enrôlement *n.m.* **1** - **conscription** • incorporation • **2** - **recrutement** • engagement

enrôler *v.tr.* **1** - **incorporer** • lever • mobiliser • **2** - **engager** • associer • enrégimenter • recruter
⋙ **s'enrôler** *v.pron.* s'engager • adhérer

enroué, e *adj.* • cassé • éraillé • rauque • rocailleux • voilé
✦ **être enroué** avoir un chat dans la gorge

enrouement *n.m.* • graillement

enroulement *n.m.* **1** - **enroulage** • **2** - **spire** • volute • [Archit.] cartouche • coquille

enrouler *v.tr.* **1** - **envelopper** • **2** - **bobiner** • caneter • embobiner • envider • peloter • renvider
⋙ **s'enrouler** *v.pron.* **se lover** • se pelotonner • se ramasser
✦ **s'enrouler dans** s'envelopper dans • se rouler dans
CONTR. dérouler ı dévider

ensabler (s') *v.pron.* • s'assabler • (s')échouer • s'engraver • s'enliser

ensanglanté, e *adj.* • sanglant • sanguinolent

enseignant, e *n.* • professeur • instituteur • lecteur • maître-assistant

enseigne *n.f.* **1** - **panonceau** • panneau • pancarte • **2** - **drapeau** • bannière • étendard
✦ **à telle enseigne que** à tel point que • tellement que • c'est si vrai que • la preuve en est que

enseignement *n.m.* **1** - éducation · formation · instruction · **2** - discipline · matière · **3** - cours · conférence · exposé · leçon · **4** - préceptes · doctrine · principes · système · **5** - exemple · leçon · **6** - conclusion · leçon · morale
↝ éducation

enseigner *v.tr.* **1** - inculquer · apprendre · expliquer · transmettre · **2** - donner des cours de · [Relig.] prêcher · [sans complément] professer · **3** - éclairer · éduquer · former · initier · **4** - indiquer · dévoiler · montrer · révéler

↝ **enseigner, inculquer**
> Enseigner et inculquer renvoient à l'action de transmettre des connaissances ou des savoirs. Enseigner concerne essentiellement des connaissances *(enseigner l'anglais, la règle de trois ; ce que m'a enseigné la vie)*. Inculquer évoque ce qui relève plutôt de valeurs, de savoirs sociaux que l'on fait entrer dans l'esprit de quelqu'un et qui dictent en partie sa conduite *(inculquer des habitudes dès l'enfance ; inculquer des principes, des croyances)*. « (Des) millions d'hommes à qui on a inculqué savamment la peur, (...) le tremblement, l'agenouillement, le désespoir, le larbinisme » (Aimé Césaire, *Discours sur le colonialisme*).

¹**ensemble** *adv.* **1** - conjointement · collectivement · en commun · de concert · en concordance · de conserve · du même pas · en synergie · à l'unisson · en chœur · coude à coude *fam.* · main dans la main *fam.* · comme un seul homme *fam.* · **2** - simultanément · à la fois · en même temps · **3** - en bloc · à la fois · de front
+ **mettre ensemble** assembler · grouper · joindre · réunir · unir
+ **aller (bien) ensemble** s'accorder · s'assortir · s'harmoniser · aller de pair · être compatible · être coordonné
+ **aller mal ensemble** être incompatible · [couleurs] jurer · hurler

²**ensemble** *n.m.* **1** - globalité · intégralité · somme · totalité · tout · **2** - assemblage ·

assortiment · collection · jeu · lot · **3** - assemblée · collectivité · collège · corps · formation · groupe · groupement · réunion
+ **ensemble vocal** chorale · chœur
+ **d'ensemble** général · global · collectif · commun
+ **dans l'ensemble 1** - globalement · grosso modo · grossièrement · en gros *fam.* · **2** - finalement · en fin de compte · au total
+ **dans son ensemble** dans sa totalité · dans son entier · complètement · entièrement · intégralement · totalement

ensemencer *v.tr.* **1** - semer · planter · emblaver · [sans complément] faire les semailles · **2** - aleviner · empoissonner · **3** - féconder · mettre la petite graine dans *fam.*
↝ semer

enserrer *v.tr.* **1** - serrer · corseter · emprisonner · immobiliser · ceindre *littér.* · **2** - embrasser · **3** - entourer · ceinturer · cerner · encercler · enclore · enfermer · englober · renfermer · ceindre *littér.*

ensevelir *v.tr.* **1** - inhumer · enterrer · donner une sépulture à · **2** - submerger · engloutir · **3** - cacher · enfouir · plonger
CONTR. déterrer

ensevelissement *n.m.* **1** - enterrement · inhumation · funérailles · **2** - disparition
CONTR. exhumation

ensoleillé, e *adj.* · lumineux · clair · radieux

ensommeillé, e *adj.* · assoupi · endormi · somnolent · dans les vapes *fam.*
CONTR. éveillé

ensorcelant, e *adj.* · envoûtant · charmeur · enchanteur · fascinant · séduisant · troublant

ensorceler *v.tr.* **1 - envoûter** · enchanter · marabouter · **2 - enjôler** · charmer · fasciner · subjuguer · séduire
CONTR. désensorceler

ensorcellement *n.m.* **1 - enchantement** · envoûtement · maléfice · sortilège · charme *vieux* · **2 - fascination**
CONTR. désenchantement

ensuite *adv.* **1 - puis** · après · par la suite · **2 - en second lieu** · a posteriori · ultérieurement · subséquemment *vieux ou Droit*
CONTR. d'abord ı avant – en tête ı premièrement

ensuivre (s') *v.pron.* résulter · découler · procéder
✦ **et tout ce qui s'ensuit** etc. · et tout le reste *fam.* · et tout le toutim *fam.*

entablement *n.m.* · appui · couronnement · moulure

entacher *v.tr.* **1 - salir** · gâter · souiller · ternir · **2 - compromettre** · flétrir · ternir
CONTR. blanchir ı rehausser

entaille *n.f.* **1 - encoche** · brèche · coche · coupure · cran · échancrure · entaillure · entamure · fente · hoche · raie · rainure · rayure · sillon · **2 - estafilade** · balafre · blessure · coupure · taillade *littér.* · **3 -** [Chir.] incision · boutonnière · scarification · **4 - crevasse** · faille

entailler *v.tr.* **1 - inciser** · **2 - balafrer** · blesser · couper · écharper · entamer · taillader
⋙ **s'entailler** *v.pron.* s'entamer · s'ouvrir · se charcuter *fam.*

entame *n.f.* · bout · extrémité

entamer *v.tr.* **1 - commencer** · aborder · amorcer · attaquer · débuter · ébaucher · engager · entreprendre · initier · lancer · se lancer dans · mettre en train · ouvrir · [nourriture] taper dans *fam.* · **2 - attaquer** · corroder · manger · mordre · percer · piquer · rayer · ronger · toucher · user · **3 - entailler** · blesser · égratigner · inciser · ouvrir · **4 - affaiblir** · battre en brèche · ébranler · **5 - amoindrir** · ébrécher · écorner · toucher à
CONTR. achever ı terminer

entassement *n.m.* **1 - accumulation** · amas · amoncellement · échafaudage · empilage · empilement · pile · superposition · tas · **2 - rassemblement** · **3 - cohue** · foule · presse
CONTR. dispersion – éparpillement

entasser *v.tr.* **1 - amonceler** · empiler · superposer · **2 - accumuler** · amasser · amonceler · collectionner · emmagasiner · stocker · **3 - économiser** · capitaliser · épargner · thésauriser · **4 - masser** · empiler · presser · serrer · tasser · encaquer *fam., vieux*
⋙ **s'entasser** *v.pron.* se serrer · s'agglomérer · s'agglutiner · s'écraser · se presser · se tasser
CONTR. disperser ı éparpiller ı semer – dépenser ı prodiguer
⮞ amasser

ente *n.f.* · greffe · greffon

entendement *n.m.* **1 - compréhension** · conception · intellection · **2 - intelligence** · esprit · intellect · jugement · raison · bon sens · comprenette *fam.* · jugeote *fam.*

entendre *v.tr.*
I 1 - percevoir · discerner · distinguer · écouter · ouïr *vieux* · **2 - vouloir dire** · insinuer · **3 -** [+ infinitif] vouloir · compter · exiger · prétendre · désirer · préférer
II [littér.] **1 - comprendre** · concevoir · interpréter · saisir · **2 - admettre** · reconnaître
✦ **faire entendre** **1 - expliquer** · montrer · **2 - émettre** · dire · énoncer · exprimer
✦ **laisser entendre** insinuer · sous-entendre · suggérer
✦ **entendre parler de** apprendre · être informé de · avoir vent de
✦ **se faire entendre** bruire · résonner · sonner · tinter

✦ **faire entendre raison à** convaincre · persuader

≫ **s'entendre** v.pron. **1 -** s'associer · s'arranger · se coaliser · pactiser · **2 -** [voix] porter · **3 -** [mot] se dire · s'employer · être usité

✦ **bien s'entendre** fraterniser · avoir des affinités · avoir des atomes crochus · faire bon ménage · sympathiser

✦ **très bien s'entendre** être unis comme les deux doigts de la main · s'entendre comme larrons en foire · être copains comme cochons *fam., vieilli*

✦ **s'entendre sur** s'accorder sur · se concerter sur · convenir de · se mettre d'accord sur

🕮 **entendre, écouter, ouïr**
Les trois verbes se rapportent à la perception par le sens de l'ouïe. **Entendre** a une valeur générale *(entendre des bruits ; on l'entend à peine)* et renvoie à une faculté physique. **Écouter** implique toujours que l'on prête attention à des paroles, à des bruits *(écouter les informations à la radio, écouter une conférence ; ne dis plus rien et écoute !)*, ce qui est nettement exprimé quand il s'emploie avec **entendre** *(il entend, mais il n'écoute pas)*. **Ouïr**, qui a les sens généraux de **entendre**, est archaïque, sauf dans la construction figée *j'ai ouï dire*, pour parler de propos répandus par des rumeurs *(j'ai ouï dire que tu démissionnais)*.

entendu, e *adj.* **1 -** d'accord · **2 -** convenu · arrangé · décidé · réglé · résolu · **3 -** malin · astucieux · intelligent · finaud *fam.*

✦ **bien entendu** assurément · cela s'entend · cela va de soi · évidemment · naturellement · bien sûr · pour sûr *vieux ou pop.*

CONTR. ignorant ı incapable ı maladroit

enténébrer *v.tr.* · assombrir · obscurcir

CONTR. éclaircir

entente *n.f.*
I 1 - arrangement · accommodement · accord · compromis · conciliation · transaction · **2 - alliance** · accord · association · coalition · convention · pacte · traité · union · **3 - collusion** · complicité · connivence · intelligence *littér.*
II harmonie · accord · amitié · amour · camaraderie · concorde · paix · union

✦ **à double entente** à double sens · ambigu · équivoque

CONTR. conflit ı désaccord ı dispute – haine ı mésentente – univoque

enter *v.tr.* **1 -** greffer · **2 -** assembler · abouter · joindre

entériner *v.tr.* · approuver · confirmer · consacrer · enregistrer · homologuer · ratifier · sanctionner · valider

CONTR. désapprouver ı refuser ı rejeter

enterrement *n.m.* **1 - inhumation** · mise en terre · mise au tombeau · sépulture *vieux ou littér.* · ensevelissement *littér.* · **2 - funérailles** · obsèques · **3 - effondrement** · abandon · échec · fin · mort · rejet

CONTR. exhumation

enterrer *v.tr.* **1 - porter, mettre en terre** · ensevelir · inhumer · **2 - enfouir** · cacher · **3 - étouffer** · passer sous silence · **4 - abandonner** · renoncer à · mettre au rancart *fam.* · **5 - anéantir** · détruire

≫ **s'enterrer** *v.pron.* se retirer · se cacher · se confiner · s'isoler

CONTR. déterrer ı exhumer – révéler

entêtant, e *adj.* **1 - enivrant** · capiteux · grisant · **2 - obsédant**

entêté, e *adj. et n.* **1 - têtu** · buté · cabochard *fam.* · tête de cochon *fam.* · tête de mule *fam.* · tête de pioche *fam.* · **2 - obstiné** · acharné · opiniâtre · persévérant · tenace · volontaire

CONTR. souple – changeant ı influençable ı malléable ı versatile

entêtement *n.m.* **1 - acharnement** · obstination · opiniâtreté · persévérance · persistance · ténacité · **2 -** [péj.] **aveuglement**
CONTR. abandon ı découragement ı docilité

entêter *v.tr.* étourdir · griser · monter à la tête de
≫ **s'entêter** *v.pron.* s'acharner · s'obstiner · persévérer · s'opiniâtrer *littér.* · se buter *péj.*
CONTR. dégoûter – céder ı changer

enthousiasmant, e *adj.* · exaltant · grisant · passionnant · emballant *fam.*

enthousiasme *n.m.* **1 - admiration** · coup de cœur, de foudre · émerveillement · engouement · ravissement · emballement *fam.* · **2 - ardeur** · chaleur · empressement · entrain · entraînement · exaltation · excitation · ferveur · feu · flamme · fougue · passion · zèle · emballement *fam.* · **3 - plaisir** · allégresse · joie · **4 - lyrisme** · inspiration
CONTR. détachement ı froideur ı indifférence

enthousiasmer *v.tr.* **1 - remplir d'admiration** · captiver · enivrer · ravir · botter *fam.* · emballer *fam.* · **2 - passionner** · électriser · embraser · enflammer · exalter · fanatiser · galvaniser · griser · soulever · transporter
≫ **s'enthousiasmer** *v.pron.* **1 - se passionner** · admirer · s'engouer *littér.* · **2 - s'enflammer** · s'exalter · s'exciter · s'emballer *fam.* · se toquer *fam.*
CONTR. dégoûter ı désenchanter ı ennuyer ı refroidir

enthousiaste *adj.* **1 - passionné** · ardent · chaud *(avant nom)* · fanatique · fervent · **2 - chaleureux** · cordial • [applaudissements] frénétique · à tout rompre • [éloge] enflammé · lyrique · **3 - exalté** · excité · en délire · transporté
CONTR. apathique ı blasé ı désabusé ı froid ı négatif ı sceptique

entiché, e *adj.* · épris · féru · fou · passionné · toqué *fam.* · imbu *péj.*

enticher de (s') *v.pron.* **1 - s'enthousiasmer pour** · s'enflammer pour · s'engouer de · se passionner pour · s'emballer pour *fam.* · se toquer de *fam.* · **2 - s'éprendre de** · tomber amoureux de · s'amouracher de *fam.* · tomber en amour avec *Québec*

¹**entier, -ière** *adj.* **1 - complet** · inentamé · intact · intégral · total · [liste] exhaustif · **2 - parfait** · absolu · franc · plein · plénier · pur · sans réserve · **3 - catégorique** · absolu · entêté · intransigeant · intraitable · obstiné · opiniâtre · têtu · tout d'une pièce · à tout crin · **4 - indemne** · intact · sain et sauf
↝ **complet**

²**entier** *n.m.* globalité · ensemble · intégralité · totalité
✦ **en entier** dans son intégralité · complètement · en bloc · dans son intégrité · entièrement · intégralement · totalement

entièrement *adv.* **1 - parfaitement** · absolument · à cent pour cent · complètement · pleinement · sans partage · sans réserve · sans restriction · totalement · tout à fait · **2 - intégralement** · complètement · de A à Z · de fond en comble · de point en point · dans sa totalité · dans son entier · du tout au tout · en entier · sur toute la ligne
CONTR. imparfaitement ı incomplètement ı partiellement

entité *n.f.* **1 - élément** · objet · unité · **2 -** [Philo.] **essence** · nature (simple)
CONTR. chose

entorse *n.f.* **1 - foulure** · luxation · **2 - infraction** · accroc · atteinte · contravention · manquement · violation

entortiller *v.tr.* **1 - envelopper** · enrober · **2 - attacher** · nouer · **3 - circonvenir** · enjôler · séduire · avoir *fam.* · emberlificoter *fam.* · embobiner *fam.* · rouler (dans la farine) *fam.* · **4 - embrouiller** · compliquer · emberlificoter *fam.*

≫ **s'entortiller** v.pron. 1 - s'enrouler · s'envelopper · 2 - s'embarrasser · s'embrouiller · s'emmêler · s'emberlificoter *fam.* · se prendre les pieds dans le tapis *fam.*

CONTR. délacer ı dénouer ı désentortiller – simplifier

entourage n.m. 1 - cercle · compagnie · milieu · proches · société · voisinage · 2 - bordure · bord · cadre · encadrement

entouré, e adj. 1 - recherché · admiré · 2 - aidé · soutenu

entourer v.tr.
I 1 - encercler · border · ceinturer · cerner · circonscrire · encadrer · encaisser · enceindre · enclaver · enserrer · environner · ceindre *littér.* · 2 - clôturer · clore · enclore · enfermer · fermer · 3 - envelopper · enrober · s'enrouler autour de · 4 - baigner · auréoler · nimber · 5 - approcher · s'empresser auprès de, autour de · se presser autour · se ranger autour
II 1 - choyer · combler · être aux petits soins pour · s'occuper de · soutenir · 2 - fréquenter · accompagner

CONTR. ouvrir – abandonner

☞ **entourer, environner, enceindre, enclore**
L'idée de garnir un lieu, un objet de quelque chose qui en fait le tour réunit ces verbes. **Entourer** a la valeur la plus large. Il s'emploie à propos d'une personne *(entourer quelqu'un de ses bras)*, d'une partie du corps *(une auréole entoure la tête du saint)* ou d'un lieu *(un mur entoure la cour)*. Les autres verbes concernent surtout des lieux. **Environner** est employé aujourd'hui essentiellement au passif à propos d'un lieu *(un village environné de champs)* ou d'une personne *(toujours environné de flatteurs)*. **Enceindre** est archaïque même au passif *(une ville enceinte de hautes murailles)*, à cause de l'homonymie avec enceinte *(une femme enceinte)*. Seul **enclore** reste en usage *(enclore un jardin d'un grillage)*, moins courant cependant que son dérivé **enclos**.

entourloupette n.f. · mauvais tour · crasse *fam.* · entourloupe *fam.* · saloperie *très fam.* · vacherie *fam.*

entracte n.m. 1 - interruption · pause · 2 - interlude · divertissement · intermède · intermezzo

entraide n.f. · solidarité · secours (mutuel)

entraider (s') v.pron. · s'épauler · se soutenir · se serrer les coudes *fam.*

entrailles n.f.pl. 1 - boyaux · abats · intestins · tripes · viscères · brouailles *rare* · 2 - sein · flancs
☞ intestins

entrain n.m. 1 - allant · activité · ardeur · chaleur · cœur · enthousiasme · feu · fougue · gaieté · joie (de vivre) · pétulance · vie · vitalité · vivacité · zèle · 2 - animation · vie · vivacité
✦ **avec entrain** avec brio · gaiement · rondement

CONTR. apathie ı calme ı inertie ı froideur ı nonchalance ı tristesse

entraînant, e adj. 1 - rythmé · dansant · 2 - convaincant · éloquent

entraînement n.m.
I exercice · habitude · pratique · préparation · training
II 1 - force · courant · élan · enchaînement · engrenage · impulsion · 2 - feu · chaleur · enthousiasme · exaltation · passion · emballement *fam.*
III transmission

entraîner v.tr. 1 - emporter · arracher · balayer · charrier · enlever · 2 - conduire · attirer · emmener · guider · mener · pousser · tirer · traîner · 3 - captiver · charmer · conquérir · galvaniser · séduire · soulever · transporter · emballer *fam.* · embarquer *fam.* · 4 - causer · amener · appeler · apporter · commander · comporter · déclencher · engendrer · impliquer · occasionner · produire · provoquer · être à l'origine de · **5 - exercer** · aguerrir · diriger · dresser · endurcir · familiariser · former · habituer · préparer

✦ **entraîner à amener à** · conduire à · convaincre de · décider à · déterminer à · engager à · inciter à · persuader de · porter à · pousser à

⋙ **s'entraîner** v.pron. **s'exercer** · apprendre · faire des gammes · se faire la main *fam.*

CONTR. arrêter ı freiner ı retenir

entraîneur, -euse n. **1 - instructeur** · coach · manager · moniteur · **2 - chef** · animateur · conducteur · meneur

entrave n.f. **1 - obstacle** · empêchement · frein · gêne · **2 - attache** · chaîne · fer · lien · **3 - assujettissement** · contrainte · joug · chaînes *littér.*

CONTR. aide – émancipation ı libération

entraver v.tr. **1 - attacher** · empêtrer · **2 - contrarier** · arrêter · embarrasser · empêcher · enrayer · freiner · gêner · faire de l'obstruction à · s'opposer à · mettre des bâtons dans les roues de *fam.*

entrebâillement n.m. · ouverture · entrebâillure

entrebâiller v.tr. · entrouvrir · ouvrir

entrechat n.m. · cabriole · gambade · saut

entrechoquement n.m. · **collision** · heurt · entrechoc *littér.*

entrechoquer (s') v.pron. · se heurter · se percuter · se tamponner

entrecoupé, e adj. **1 - saccadé** · heurté · **2 - intermittent**

CONTR. continu ı égal ı ininterrompu

entrecouper v.tr. **1 - entremêler** · entrelarder · larder · **2 - couper** · hacher

⋙ **s'entrecouper** v.pron. se couper · se croiser

entrecroiser v.tr. · entrelacer · entremêler

entre-déchirer (s') v.pron. · s'entre-détruire · s'entre-dévorer

entrée n.f.
I **1 - hall** · antichambre · vestibule · **2 - seuil** · porte · orée · **3 - ouverture** · accès · bouche · embouchure · orifice
II **place** · billet
III **début** · hors-d'œuvre
IV **1 - apparition** · arrivée · irruption · **2 - admission** · intégration · introduction · réception · adhésion · affiliation · **3 -** [Inform.] **input**
V [de dictionnaire] **adresse** · mot-vedette

✦ **entrée en matière** introduction · amorce · commencement · début · exorde · préambule · préliminaires

✦ **d'entrée (de jeu)** d'emblée · aussitôt · immédiatement • [attaquer] bille en tête *fam.*

CONTR. issue ı sortie – départ ı disparition

☞ **hall**

entrefaites (sur ces) loc. adv. · à ce moment · (c'est) alors (que) · là-dessus · mais voilà que · sur ce · voilà-t-il pas que *fam.*

entregent n.m. · doigté · adresse · diplomatie · habileté · savoir-faire · tact

CONTR. gaucherie ı maladresse

entrelacement n.m. **1 - entrecroisement** · enchevêtrement · entrelacs · lacis · réseau · **2 - labyrinthe** · dédale · écheveau · jungle

entrelacer v.tr. entrecroiser · entremêler · mélanger · natter · tisser · tresser

s'entrelacer v.pron. s'entrecroiser · se confondre · s'enchevêtrer · s'entremêler · se mêler

CONTR. délacer ı délier ı dénouer

entrelarder v.tr. **1 -** larder · **2 -** insérer · entrecouper · entremêler · farcir · parsemer

entremêler v.tr. **1 -** mélanger · mêler · **2 -** entrecroiser · entrelacer · enchevêtrer · **3 -** entrecouper · entrelarder · larder · parsemer

entremets n.m. · dessert

entremetteur, -euse
- n. [vieux] intermédiaire · médiateur · truchement littér.
- n.f. [péj.] marieuse · maquerelle péj.

entremettre (s') v.pron. **1 -** intervenir · intercéder · **2 -** s'immiscer · s'ingérer · se mêler

entremise n.f. · médiation · arbitrage · bons offices · intercession · interposition · intervention
+ **par l'entremise de** par l'intermédiaire de · par le canal de · par la voie de · via · par le truchement de

entreposer v.tr · stocker · emmagasiner

entrepôt n.m. · dépôt · halle · hangar · magasin · réserve · resserre

entreprenant, e adj. **1 -** actif · dynamique · audacieux · hardi · téméraire · **2 - galant** · hardi

CONTR. hésitant ı inactif ı pusillanime ı timide ı timoré

entreprendre v.tr. **1 -** commencer · amorcer · attaquer · déclencher · démarrer · enclencher · engager · entamer · initier · intenter · mettre sur le métier · se mettre à · s'atteler à · avoir, prendre l'initiative de · montrer, ouvrir la voie de · **2 -** [de faire qqch.] se disposer à · essayer de · se proposer de ·

tenter de · **3 -** [sans complément] **agir** · oser · prendre des risques · **4 -** [vieux] **baratiner** fam. · draguer fam.

CONTR. accomplir ı achever ı terminer – renoncer

entrepreneur, -euse n. **1 -** constructeur · **2 -** patron · chef d'entreprise

CONTR. employé ı salarié

entreprise n.f. **1 -** société · affaire · commerce · établissement · exploitation · firme · industrie · négoce · usine · **2 - œuvre** · action · affaire · opération · ouvrage · projet · travail · **3 - essai** · tentative · **4 - aventure** · équipée

entrer v.intr. aller · s'introduire · se couler · s'engager · s'engouffrer · s'enfoncer · faire irruption · se faufiler · se glisser · s'infiltrer · s'insinuer · pénétrer · rentrer · se plonger · venir
+ **entrer dans** **1 -** percuter · heurter · rentrer dans · tamponner · **2 -** adhérer à · s'engager dans · s'allier à · s'inscrire à · participer à · **3 -** faire partie de · être compris dans · s'inscrire dans
+ **faire entrer** **1 -** introduire · importer · passer · rentrer · **2 -** insérer · enfoncer · engager · ficher · introduire · mettre · planter · **3 -** initier · introduire
+ **entrer en scène** apparaître · entrer en jeu · intervenir · se manifester

CONTR. sortir ı partir

entretenir v.tr. **1 -** maintenir · alimenter · conserver · garder · prolonger · **2 -** exercer · **3 -** tenir · soigner · **4 -** cultiver · soigner · **5 -** couver · caresser · nourrir · **6 -** faire vivre · avoir à (sa) charge · se charger de · nourrir · pourvoir, subvenir aux besoins de

s'entretenir v.pron. **1 -** se maintenir · se conserver · **2 -** converser · bavarder · causer · conférer · deviser · dialoguer · discuter · parlementer · parler

CONTR. briser ı détruire – interrompre ı rompre – abandonner

entretenu, e *adj.*

✦ **bien, parfaitement entretenu** propre · bien tenu · net · soigné · nickel (chrome) *fam.*

entretien *n.m.* 1 - **entrevue** · audience · interview · rendez-vous • [particulier] tête-à-tête · **2 - conversation** · causerie · conciliabule · dialogue · discussion · **3 - conservation** · maintenance

⋙ **entretiens** *plur.* · conférence · colloque · sommet

entrevoir *v.tr.* 1 - **apercevoir** · entrapercevoir · distinguer · **2 - pressentir** · deviner · percevoir · présager · prévoir · soupçonner · subodorer

CONTR. ignorer

entrevue *n.f.* 1 - **entretien** · audience · conversation · discussion · interview • [en particulier] tête-à-tête · **2 - rencontre** · rendez-vous · visite

↝ **rencontre**

entrouvert, e *adj.* · entrebâillé

entrouvrir *v.tr.* entrebâiller · séparer

⋙ **s'entrouvrir** *v.pron.* 1 - **s'écarter** · **2 - se fendre** · se déchirer

énumération *n.f.* **1 - décompte** · compte · dénombrement · recensement · **2 - liste** · catalogue · détail · inventaire · répertoire · table · tableau

énumérer *v.tr.* · décompter · analyser · citer · compter · dénombrer · détailler · inventorier · recenser

envahir *v.tr.*

I conquérir · s'emparer de · entrer dans · se rendre maître de · occuper · prendre (d'assaut) · subjuguer

II 1 - déborder sur · empiéter sur · s'étendre à, sur · **2 - inonder** · recouvrir · se répandre dans · **3 - couvrir** · remplir · **4 - infester** · proliférer dans · pulluler dans
III 1 - [émotion] **gagner** · emplir · submerger · **2 -** [idée] **se propager dans** · se communiquer à · gagner

CONTR. libérer – fuir ı partir ı quitter ı se retirer

envahissant, e *adj.* 1 - **accaparant** · dévorant · exigeant · **2 - importun** · indiscret · collant *fam.* · **3 - débordant** · impérieux · pressant

envahissement *n.m.* 1 - **invasion** · conquête · occupation · **2 - assaut** · débordement · incursion · irruption · poussée · **3 - emprise** · empiétement

CONTR. libération – départ ı fuite ı retrait

envahisseur, -euse *n.* · occupant · oppresseur

envaser *v.tr.* · embourber · enliser · échouer

CONTR. désenvaser

enveloppe *n.f.*

I 1 - étui · chape · contenant · écrin · fourreau · gaine · housse · **2 - pli** · **3 - membrane** · capsule · gangue · peau · sac · tunique
II apparence · aspect · dehors · écorce · extérieur · façade · semblant
III 1 - budget · compte · crédit · **2 - dessous-de-table** · commission · gratification · pot-de-vin · bakchich *fam.*

envelopper *v.tr.*

I 1 - emballer · empaqueter · enrober · **2 - draper** · bander · emmailloter · emmitoufler · entourer · nouer · rouler · **3 - couvrir** · entourer · recouvrir · **4 - baigner** · auréoler · encadrer · **5 - cacher** · déguiser · dissimuler · emballer · enrober · farder · voiler
II englober · comprendre · impliquer · inclure

III [Milit.] **cerner** · assiéger · encercler · investir

≫ **s'envelopper** v.pron. **se draper** · se murer · se retrancher

CONTR. déballer ׀ développer – dégager – étaler ׀ manifester

envenimer v.tr. 1 - **infecter** · enflammer · irriter · 2 - **aggraver** · attiser · aviver · enflammer · exaspérer · enfieller *rare*
+ **envenimer les choses** verser de l'huile sur le feu

≫ **s'envenimer** v.pron. **se gâter** · s'aggraver · aller de mal en pis · dégénérer · se dégrader · se détériorer · empirer

CONTR. désinfecter ׀ soigner – apaiser ׀ calmer

envergure n.f. 1 - **largeur** · ampleur · dimension · étendue · importance · rayon · 2 - **classe** · calibre · carrure · étoffe · poids · qualité · stature · surface · trempe · 3 - **développement** · extension · portée

¹**envers** prép. **pour** · à l'égard de · avec · à l'endroit de *littér.*
+ **envers et contre tout** contre vents et marées

²**envers** n.m. 1 - **derrière** · dos · revers · verso · 2 - **contraire** · inverse · opposé · 3 - **revers** · contrepartie · rançon
+ **à l'envers** 1 - **à rebours** · à contrefil · à contresens · à contre-poil · à rebrousse-poil · dans le mauvais sens · 2 - **à reculons** · en arrière · 3 - **de travers** · 4 - **en désordre** · en pagaille · 5 - **chaviré** · tourneboulé *fam.*

enviable adj. · **désirable** · souhaitable · tentant
CONTR. détestable

envie n.f. 1 - **désir** · besoin · faim · goût · inclination · soif · appétence *littér.* · 2 - **convoitise** · tentation · 3 - **caprice** · fantaisie · goût · lubie · gré · humeur · 4 - **jalousie** · 5 - **tache de vin**

+ **avoir envie de** **désirer** · convoiter · souhaiter · guigner *fam.* · lorgner *fam.* · loucher sur *fam.*
+ **faire envie à** **tenter** · allécher · botter *fam.* · chanter à *fam.*

CONTR. dégoût ׀ répulsion ׀ satiété – indifférence

envier v.tr. 1 - **jalouser** · 2 - **convoiter** · désirer · soupirer après · guigner *fam.* · lorgner *fam.* · loucher sur *fam.* · reluquer *fam.* · soupirer après *littér.*

CONTR. mépriser ׀ rejeter

envieux, -ieuse adj. 1 - **jaloux** · 2 - **avide** · désireux

CONTR. bienveillant ׀ désintéressé ׀ indifférent

environ prép., adv. · **à peu près** · approximativement · grosso modo · presque · dans les *fam.* · en gros *fam.* · à la louche *fam.* · à vue de nez *fam.*

CONTR. loin de ׀ exactement ׀ précisément ׀ pile

environnant, e adj. 1 - **proche** · avoisinant · voisin · circonvoisin *littér.* · 2 - **ambiant**

CONTR. éloigné ׀ lointain

environnement n.m. 1 - **cadre (de vie)** · milieu · situation · 2 - **ambiance** · atmosphère · cadre · entourage · milieu · 3 - **nature** · écologie

environner v.tr. · **entourer** · cerner · enceindre · encercler · encadrer · enclore · enfermer · envelopper

CONTR. dégager

↝ entourer

environs n.m.pl. **abords** · parage · voisinage
+ **aux environs** à proximité · dans le voisinage
+ **aux environs de** 1 - **vers** · du côté de · 2 - **approximativement**

CONTR. loin (de) ׀ exactement ׀ précisément

envisageable *adj.* · possible · concevable · imaginable · pensable · réalisable
CONTR. inenvisageable

envisager *v.tr.* **1 - considérer** · examiner · imaginer · passer en revue · penser à · peser · réfléchir à · **2 - regarder** · contempler · voir · **3 -** [vieux] **dévisager** · fixer
✦ **envisager de** projeter de · se disposer à · penser à · songer à · avoir dans l'idée de *fam.*

envoi *n.m.* **1 - expédition** · colis · courrier · paquet · **2 - dédicace** · hommage

envol *n.m.* **1 - départ** · essor · **2 - décollage**

envolée *n.f.* **1 - envol** · vol · **2 - élan** · mouvement · **3 - développement** · essor • [des prix] escalade · flambée

envoler (s') *v.pron.*
I 1 - décoller · partir · **2 - se disperser** · voler · **3 - s'élancer** · s'élever · monter · **4 -** [prix] flamber · décoller
II 1 - se dissiper · s'anéantir · s'écouler · s'effacer · s'enfuir · s'estomper · passer · se perdre · **2 -** [fam.] partir · s'en aller · disparaître · s'éclipser · s'enfuir · s'évader · s'évanouir · s'évaporer

envoûtant, e *adj.* · fascinant · captivant · ensorcelant · magnétique · prenant

envoûtement *n.m.* **1 - ensorcellement** · charme · enchantement · maléfice · sortilège · **2 - magnétisme** · hypnotisme · **3 - fascination** · charme · séduction

envoûter *v.tr.* **1 - ensorceler** · jeter un sort sur · **2 - dominer** · assujettir · posséder · **3 - captiver** · charmer · enchanter · ensorceler · fasciner · séduire · subjuguer

envoûteur, -euse *n.* **1 - sorcier** · mage · magicien · **2 - charmeur** · séducteur

envoyé, e *n.* **représentant** · agent · ambassadeur · délégué · diplomate · émissaire · mandataire · messager · missionnaire · plénipotentiaire
✦ **envoyé spécial** correspondant

envoyer *v.tr.*
I 1 - transmettre · adresser · expédier · poster · **2 - déléguer** · dépêcher · détacher
II 1 - jeter · décocher · lancer · projeter · balancer *fam.* · **2 - appliquer** · décocher · donner · allonger *fam.* · coller *fam.* · ficher *fam.* · filer *fam.* · flanquer *fam.*
III [couleurs] hisser
✦ **envoyer promener, paître, péter, sur les roses** *fam.* chasser · congédier · éconduire · rabrouer · refuser · renvoyer · repousser · rembarrer *fam.*
≫ **s'envoyer** *v.pron.* **1 -** [fam.] faire · s'appuyer *fam.* · se coltiner *fam.* · s'enfiler *fam.* · se farcir *fam.* · **2 -** [fam.] coucher avec · se faire *fam.* · baiser très *fam.* · enfiler très *fam.* · sauter *fam.* · se taper *fam.*
✦ **s'envoyer en l'air** jouir · prendre son pied *fam.*
CONTR. recevoir

épais, -aisse *adj.* **1 - consistant** · dur · fort · grossier · **2 - pâteux** · gluant · sirupeux · visqueux · **3 - fourni** · abondant · dense · dru · impénétrable · profond · serré · touffu · **4 - opaque** · compact · dense · profond · [brouillard] à couper au couteau *fam.* · **5 - corpulent** · carré · courtaud · empâté · enveloppé · fort · gras · gros · lourd · massif · râblé · ramassé · trapu · mastoc *fam.* · **6 - obtus** · crasse · grossier · lent · lourd · pesant
CONTR. mince ı fin – clair ı fluide – clairsemé – léger ı transparent – délié ı effilé ı élancé ı svelte – délicat ı subtil ı vif

épaisseur *n.f.* **1 - couche** · **2 - consistance** · compacité · densité · opacité · profondeur · **3 - étendue** · profondeur · **4 - empâtement** · corpulence · grosseur · **5 - lenteur** · lourdeur
CONTR. finesse ı minceur – maigreur – vivacité

épaissir

■ *v.tr.* **1 -** renforcer · **2 -** faire grossir · alourdir · arrondir · **3 -** solidifier · faire prendre · conglutiner · figer · lier · réduire

■ *v.intr.* engraisser · s'alourdir · s'empâter · forcir · grossir · prendre de l'embonpoint · se remplumer *fam.*

CONTR. affaiblir – éclaircir – fluidifier – s'affiner ı maigrir

épanchement *n.m.* **1 -** écoulement · déversement · effusion · **2 - effusion** · abandon · aveu · confidence · déboutonnage · expansion

CONTR. stagnation – réserve ı pudeur

épancher *v.tr.* confier · débonder · décharger · découvrir · déverser · exprimer · exhaler · libérer · livrer · ouvrir · répandre · révéler · soulager

≫ **s'épancher** *v.pron.* parler · s'abandonner · se confier · se déboutonner · se débonder · se livrer · s'ouvrir · ouvrir son cœur · vider son sac *fam.*

CONTR. se renfermer

épandre *v.tr.* **1 -** étaler · disperser · éparpiller · répandre · **2 -** [vieux ou littér.] émettre · jeter · prodiguer · semer · verser

épanoui, e *adj.* **1 -** gai · joyeux · radieux · réjoui · **2 - équilibré** · sain · bien dans sa peau · bien dans ses baskets *fam.*

CONTR. fermé – contraint ı contrarié

épanouir *v.tr.* **1 -** dérider · détendre · réjouir · **2 - déployer** · étaler · étendre

≫ **s'épanouir** *v.pron.* **1 -** éclore · fleurir · se déployer · s'ouvrir · **2 -** s'évaser · **3 -** s'éclairer · se dérider · s'illuminer · **4 -** s'accomplir · s'affirmer · se réaliser · prendre toute sa dimension

CONTR. assombrir – fermer – se faner – étouffer ı dépérir ı s'étioler

épanouissement *n.m.* **1 -** éclosion · efflorescence · floraison · **2 - ampleur** · plénitude · **3 - éclat** · plénitude · rayonnement · splendeur · **4 - accomplissement**

CONTR. étiolement – dépérissement

épargne *n.f.* **1 - économies** · réserve · bas de laine *fam.* · magot *fam.* · tirelire *fam.* · **2 - thésaurisation** · capitalisation · **3 - parcimonie** · économie

CONTR. dilapidation ı gaspillage – consommation

épargner *v.tr.* **1 -** économiser · mettre de côté · accumuler · entasser · thésauriser · mettre à gauche *vieux* · **2 -** compter · ménager · lésiner sur *péj.* · **3 -** ménager · respecter · **4 -** gracier · sauver · faire grâce à · **5 -** [qqch. à qqn] dispenser de · décharger de · dégager de · éviter à · exempter de · exonérer de · faire grâce à … de · garantir de · libérer de · préserver de

CONTR. consommer ı dépenser ı dilapider – accabler ı frapper ı punir – supprimer ı tuer – imposer ı obliger (à)

éparpillement *n.m.* **1 - dispersion** · dissémination · **2 - désordre** · fatras · fouillis · **3 - dissipation** · dispersion · émiettement

CONTR. concentration ı réunion – ordre – cohésion

éparpiller *v.tr.* **1 -** disperser · disséminer · émietter · épandre · étaler · étendre · répandre · semer · **2 - dissiper** · distribuer · gaspiller

≫ **s'éparpiller** *v.pron.* **1 -** s'égailler · se disperser · **2 -** s'égarer · se disperser · papillonner

CONTR. rassembler ı recueillir – épargner – se grouper ı se masser ı se réunir – se concentrer

épars, e *adj.* · éparpillé · clairsemé · dispersé

épatant, e *adj.* · sensationnel · formidable · merveilleux · chouette *fam.* · extra *fam.* · génial *fam.* · super *fam.* · terrible *fam.*

épate *n.f.* ostentation · bluff · chiqué *fam.* · esbroufe *fam.* · frime *fam.*

◆ **à l'épate** au bluff · à l'esbroufe *fam.*

épaté, e *adj.* 1 - impressionné · ahuri · ébahi · époustouflé · étonné · stupéfait · surpris · scié *fam.* · soufflé *fam.* · 2 - camus · aplati · écrasé

épater *v.tr.* · impressionner · ahurir · ébahir · étonner · en imposer à · stupéfier · surprendre · en mettre plein la vue à *fam.* · décoiffer *fam.* · en boucher un coin à *fam.* · scier *fam.* · souffler *fam.*

épauler *v.tr.* 1 - aider · assister · seconder · soutenir · 2 - appuyer · recommander

épaulette *n.f.* 1 - bretelle · 2 - padding · 3 - galon

épave *n.f.* · débris · déchet · loque · ruine

épée *n.f.* · fer · glaive · rapière *plaisant*

éperdu, e *adj.* 1 - bouleversé · affolé · agité · désespéré · égaré · ému · retourné · 2 - transporté · enivré · fou · ivre · 3 - extrême · enragé · exalté · fou · frénétique · furieux · intense · passionné · vif · violent
CONTR. calme ı paisible

éperdument *adv.* 1 - complètement · entièrement · totalement · 2 - passionnément · follement

éperon *n.m.* 1 - pointe · aiguille · dent · 2 - aiguillon · stimulant · 3 - [Archit., Naut.] rostre

éperonner *v.tr.* · aiguillonner · exciter · fouetter · piquer · stimuler

éphèbe *n.m.* · adonis · apollon · damoiseau · jouvenceau

éphémère *adj.* 1 - fugitif · bref · court · rapide · 2 - temporaire · momentané · de passage · passager · provisoire · 3 - fragile · fugace · périssable · précaire
CONTR. durable ı éternel ı stable

éphéméride *n.f.* · almanach · calendrier · [du Bureau des longitudes] Connaissance des Temps
↝ **calendrier**

épi *n.m.* touffe
✦ **en épi** obliquement

épice *n.f.* · aromate · condiment

épicé, e *adj.* 1 - relevé · assaisonné · échauffant · fort · pimenté · poivré · [trop] qui arrache la gueule *très fam.* · 2 - gaillard · coquin · corsé · gaulois · grivois · leste · licencieux · osé · piquant · salé · cochon *fam.*
CONTR. fade

épicer *v.tr.* · relever · pimenter

épicerie *n.f.* · alimentation générale · [qui reste ouverte tard] dépanneur *Québec*

épicurien, -ienne *adj. et n.* · bon vivant · hédoniste · jouisseur · sensuel · voluptueux · sybarite *littér.* · pourceau *littér., vieilli*

épicurisme *n.m.* · hédonisme · sybaritisme *littér.*

épiderme *n.m.* 1 - peau · 2 - [Bot.] épicarpe

épidermique *adj.* 1 - cutané · 2 - superficiel · à fleur de peau · 3 - instinctif · irréfléchi · réflexe · spontané · viscéral · tripal *fam.*

épier *v.tr.* 1 - observer · être à l'affût de · espionner · guetter · guigner · lorgner · scruter · surveiller · 2 - [sans complément] faire le guet · faire sentinelle · être aux aguets · être à l'affut · monter la garde · être en planque *argot policier* · planquer *argot policier*

épieu *n.m.* · lance · pique

épigramme n.f. · moquerie · flèche · bon mot · pointe · quolibet · raillerie · sarcasme · satire · trait · brocard littér. · lazzi littér.

CONTR. apologie ı compliment ı louange

épigraphe n.f. · inscription · exergue

épilogue n.m. 1 - dénouement · fin · 2 - conclusion · péroraison

épiloguer sur v.tr.ind. 1 - discourir sur · disserter sur · gloser sur · palabrer sur · 2 - chicaner sur · ergoter sur · trouver à redire à

épine n.f. aiguille · aiguillon · piquant fam.
✦ **épine dorsale** colonne vertébrale · rachis · échine fam.

épineux, -euse adj. · délicat · ardu · difficile · embarrassant

CONTR. facile ı simple

épingler v.tr. 1 - attacher · accrocher · agrafer · 2 - stigmatiser · montrer du doigt · 3 - [fam.] appréhender · arrêter · attraper · alpaguer fam. · cueillir fam. · pincer fam. · piquer fam.

épique adj. 1 - héroïque · 2 - homérique · 3 - animé · mouvementé

épisode n.m. 1 - moment · acte · page · partie · phase · époque · 2 - fait · aventure · circonstance · événement · incident · péripétie

épisodique adj. 1 - intermittent · sporadique · 2 - [littér.] anecdotique · accessoire · contingent · marginal · de passage · secondaire

épisodiquement adv. · de temps en temps · de façon intermittente · de temps à autre · sporadiquement

épithète n.f. · qualificatif

épître n.f. · lettre · missive
↪ lettre

épizootique adj. · épidémique

éploré, e adj. 1 - en larmes · en pleurs · larmoyant · 2 - affligé · désolé · triste

épluchage n.m. 1 - épluchement vieux · pluches fam. · 2 - examen · analyse · contrôle · décorticage

éplucher v.tr. 1 - peler · décortiquer · écaler · écosser · dépiauter fam. · 2 - étudier · contrôler · critiquer · décortiquer · dépecer · détailler · disséquer · examiner · inspecter · passer au crible · scruter

> **éplucher, peler**
> Éplucher et peler concernent tous deux l'action d'ôter les parties le plus souvent non comestibles de fruits et de légumes. Cependant, on réserve peler quand on parle de la partie superficielle – la peau – du fruit, du légume (peler une pomme, des oignons, des asperges) ou d'un autre aliment (peler un fromage). Dans les autres cas, seul éplucher, de valeur plus générale, est possible (éplucher de la salade, des noix).

épluchure n.f. · peau · pelure · déchet

éponger v.tr. 1 - essuyer · 2 - absorber · étancher · 3 - payer · s'acquitter de · résorber

épopée n.f. 1 - poème épique · poème héroïque · chanson de geste · 2 - aventure · odyssée

époque n.f. 1 - période · âge · division · ère · étape · règne · siècle · 2 - temps · date · moment · saison
✦ **à notre époque** aujourd'hui · de nos jours · par les temps qui courent fam.

époumoner (s') v.pron. • crier • s'égosiller • hurler • tonitruer • brailler fam. • gueuler très fam.

épousailles n.f.pl. • noces • mariage

épouse n.f. • femme • compagne • dame pop. • bourgeoise pop. • dulcinée fam., souvent plaisant • légitime fam. • moitié fam. • bobonne fam., péj.

épouser v.tr. 1 - se marier avec • s'unir à • marier Belgique • passer la bague au doigt de fam. • 2 - partager • s'attacher à • embrasser • prendre parti pour • soutenir • 3 - mouler • gainer • serrer • suivre
>>> **s'épouser** v.pron. se marier • convoler en justes noces vieux ou plaisant
CONTR. divorcer ı répudier - rejeter ı contester
🕮 **se marier**

épousseter v.tr. • dépoussiérer • essuyer • nettoyer

époustouflant, e adj. • étonnant • étourdissant • extraordinaire • fantastique • à couper le souffle • formidable • inouï • prodigieux • stupéfiant • bluffant fam. • décoiffant fam. • sidérant fam. • soufflant fam. • suffocant fam.

époustoufler v.tr. • abasourdir • couper le souffle à • étonner • méduser • stupéfier • décoiffer fam. • épater fam. • estomaquer fam. • souffler fam.

épouvantable adj. 1 - effrayant • apocalyptique • effroyable • horrible • horrifiant • terrible • terrifiant • 2 - abominable • affreux • atroce • cruel • odieux • monstrueux • révoltant • scandaleux • 3 - mauvais • catastrophique • 4 - détestable • ignoble • infernal • insupportable • intolérable • 5 - énorme • extraordinaire • extrême • formidable • phénoménal
CONTR. rassurant
🕮 **effrayant**

épouvantablement adv. • abominablement • affreusement • atrocement • effroyablement • extrêmement • horriblement • terriblement

épouvantail n.m. • menace • fantôme • spectre

épouvante n.f. • terreur • affolement • effroi • frayeur • horreur • panique • épouvantement vieux

épouvanter v.tr. 1 - faire peur à • affoler • angoisser • effrayer • faire fuir • horrifier • terrifier • terroriser • 2 - abasourdir • ahurir • atterrer • catastropher • effarer • stupéfier
CONTR. rassurer

époux n.m. 1 - conjoint • 2 - mari • compagnon • homme fam. • (chère) moitié fam., plaisant

éprendre de (s') v.pron. 1 - tomber amoureux de • s'attacher à • s'enticher de • s'amouracher de fam. • s'énamourer de littér. • se toquer de fam. • s'embéguiner de vieux, fam. • tomber en amour avec Québec • 2 - se passionner pour • s'engouer de • s'enthousiasmer pour • s'enticher de

épreuve n.f.
I 1 - souffrance • adversité • affliction • chagrin • détresse • douleur • malheur • peine • tourment • 2 - mauvais moment • calvaire • coup du sort • croix • purgatoire • revers de fortune • traversée du désert • traverse littér. • mauvais quart d'heure fam. • 3 - attaque • assaut • atteinte • coup • persécution
II 1 - examen • audition • composition • devoir • écrit • interrogation • oral • colle fam. • 2 - compétition • challenge • critérium • match • rencontre
III 1 - reproduction • cliché • photographie • 2 - copie • morasse • placard
IV critère • pierre de touche
V essai • expérience • expérimentation • test

✦ **à toute épreuve** solide · inébranlable · résistant
✦ **mettre à l'épreuve** éprouver · essayer · tester · vérifier

épris, e *adj.* **1 - amoureux** · entiché · mordu *fam.* · toqué *fam.* · **2 - passionné** · avide · féru · fou · séduit · mordu *fam.*
↪ aimer

éprouvant, e *adj.* · pénible · accablant · épuisant · éreintant · exténuant · fatigant · harassant · usant · crevant *fam.* · tuant *fam.*

éprouvé, e *adj.*
I **1 - certain** · confirmé · sûr · vérifié · **2 - fidèle** · sûr · **3 - expert** · expérimenté
II **atteint** · ébranlé · marqué · touché

éprouver *v.tr.* **1 - ressentir** · concevoir · rencontrer · percevoir · sentir · vivre · goûter · **2 - endurer** · souffrir · subir · supporter · **3 - expérimenter** · essayer · mettre à l'épreuve · mettre en pratique · prendre la mesure de · tâter de · tester · vérifier · **4 - tenter** · hasarder · risquer · **5 - peiner** · atteindre · ébranler · frapper · marquer · secouer · toucher · **6 -** [littér.] **constater** · découvrir · observer · réaliser · reconnaître · se rendre compte de

éprouvette *n.f.* · tube (à essai)

épuisant, e *adj.* · éreintant · exténuant · fatigant · harassant · pénible · claquant *fam.* · crevant *fam.* · tuant *fam.*

épuisé, e *adj.* **1 - exténué** · à bout de souffle · à bout de course · anéanti · brisé (de fatigue) · à bout · éreinté · fourbu · harassé · moulu · claqué *fam.* · crevé *fam.* · flagada *fam.* · flapi *fam.* · mort *fam.* · raplapla *fam.* · rétamé *fam.* · vanné *fam.* · vidé *fam.* · sur la jante *fam.* · sur les genoux *fam.* · sur les rotules *fam.* · rendu *fam., vieilli* · recru *littér.* · rompu *littér.* · **2 - fini** · à sec · saigné à blanc · vidé

épuisement *n.m.* **1 - fatigue** · abattement · accablement · éreintement · exténuation · harassement · **2 - affaiblissement** · anémie · anéantissement · consomption · débilitation · débilité · délabrement · déperdition · dépérissement · étiolement · **3 - tarissement** · appauvrissement · assèchement · exhaustion · raréfaction
CONTR. détente ׀ énergie ׀ repos – enrichissement ׀ multiplication

épuiser *v.tr.*
I **1 - fatiguer** · anéantir · briser · démolir · éreinter · exténuer · harasser · user · claquer *fam.* · crever *fam.* · lessiver *fam.* · mettre à plat *fam.* · pomper *fam.* · tuer *fam.* · vanner *fam.* · vider *fam.* · rompre *littér.* · **2 -** [fam.] **excéder** · fatiguer · lasser · mettre à bout
II **1 - appauvrir** · assécher · dessécher · mettre à sec · ruiner · saigner à blanc · sécher · stériliser · tarir · vider · **2 - absorber** · anéantir · consommer · dépenser · détruire · dévorer · terminer · user · venir à bout de · vider · **3 - écouler** · liquider
⟫ **s'épuiser** *v.pron.* **1 - s'user** · disparaître · **2 - s'écouler** · s'enlever · se vendre · **3 - s'échiner** · s'éreinter · se fatiguer · s'user · se tuer *fam.*
CONTR. fortifier – enrichir – remplir

épuration *n.f.* **1 - purification** · affinage · assainissement · clarification · décantation · dépuration · filtrage · filtration · raffinage · **2 - affinement** · correction · nettoyage · toilettage · **3 - exclusion** · expulsion · nettoyage · purge · coup de balai *fam.*
CONTR. corruption ׀ pollution

épure *n.f.* · croquis · ébauche · esquisse · plan

épurer *v.tr.* **1 - assainir** · apurer · purger · purifier • [un liquide] clarifier · décanter · distiller · filtrer · raffiner · rectifier · **2 - améliorer** · affiner · châtier · dépouiller · nettoyer · parfaire · perfectionner · polir ·

purger · toiletter · **3 - censurer** · châtrer · couper · expurger · **4 - éliminer** · écarter · exclure · expulser · purger

CONTR. polluer ı salir ı souiller - corrompre ı pervertir

équanimité *n.f.* · calme · flegme · impassibilité · indifférence · sang-froid · sérénité · tranquillité

équarrir *v.tr.* **1 -** découper · débiter · dépecer · **2 -** tailler · charpenter

équestre *adj.* · hippique

équilibre *n.m.* **1 -** stabilité · aplomb · assiette · **2 - balance** · égalité · **3 - harmonie** · accord · balancement · eurythmie · pondération · proportion · symétrie · **4 - santé mentale** · raison

CONTR. déséquilibre ı instabilité - disproportion - folie ı aliénation (mentale)

équilibré, e *adj.* **1 - stable** · assuré · ferme · solide · **2 - proportionné** · bien bâti · harmonieux · balancé *fam.* · **3 - mesuré** · raisonnable · pondéré · sage · sain (d'esprit) · solide · épanoui · qui a la tête sur les épaules

CONTR. boiteux ı déséquilibré ı instable - mal bâti

équilibrer *v.tr.* **1 - compenser** · balancer · contrebalancer · contrepeser · corriger · égaler · équivaloir · neutraliser · pondérer · **2 - stabiliser** · **3 - harmoniser** · coordonner · répartir

CONTR. déséquilibrer

équilibriste *n.* · acrobate · danseur de corde · fildefériste · funambule

équipage *n.m.* **1 -** escorte · cortège · suite · **2 - attelage** · **3 -** [Naut., Aviat.] personnel (navigant) · **4 -** [vieux] équipement · attirail · bagage · matériel

équipe *n.f.* **1 -** groupe · bande · brigade · escouade · pool · **2 -** [Sport] écurie

équipée *n.f.* **1 - sortie** · promenade · randonnée · **2 - aventure** · écart (de conduite) · escapade · frasque · fredaine · fugue

équipement *n.m.* **1 - appareillage** · matériel · outillage · dotation · **2 - installation** · aménagement · **3 -** [Mar.] armement · **4 -** [Milit.] matériel · arme · armement · attirail · bagage · fourniment · barda *fam.* · bataclan *fam.* · fourbi *fam.* · équipage *vieux*

équiper *v.tr.* **1 - munir** · doter · garnir · nantir · pourvoir · **2 - aménager** · agencer · installer · monter · outiller · **3 -** [Mar.] armer · appareiller · fréter · gréer · **4 - développer** · industrialiser · moderniser

» **s'équiper** *v.pron.* **1 - se munir** · s'armer · se doter · se pourvoir · **2 - se vêtir** · se mettre en tenue

équipier, -ière *n.* · partenaire · coéquipier · joueur

équitable *adj.* **1 - juste** · correct · **2 - impartial** · loyal · neutre · objectif · **3 - égal**

CONTR. arbitraire ı inéquitable ı injuste ı partial

» **juste**

équitablement *adv.* · impartialement · justement

CONTR. injustement

équité *n.f.* **1 - droiture** · justice · **2 - égalité** · impartialité

CONTR. iniquité ı injustice - partialité

équivalence *n.f.* · égalité · homologie · identité

CONTR. différence

¹**équivalent, e** *adj.* **1 - égal** · **2 - similaire** · comparable · identique · pareil · semblable · **3 -** [mot, terme] **synonyme**

²**équivalent** *n.m.* **1 - pareil** · semblable · **2 - substitut** · synonyme · traduction

✦ **sans équivalent** sans pareil · sans égal · sans exemple · inégalé

équivaloir à v.tr.ind. **1 - égaler** · équipoller · valoir autant que · **2 - signifier** · correspondre à · représenter · revenir à

équivoque
■ adj. **1 - ambigu** · à double entente · à double sens · amphibologique · amphigourique · douteux · indécis · incertain · obscur · **2 - douteux** · louche · suspect · **3 - licencieux** · libidineux
■ n.f. **ambiguïté** · amphibologie · malentendu · quiproquo
CONTR. univoque ı clair – franc ı net ı précis
🕭 **ambiguïté**

éradication n.f. **1 - résorption** · disparition · suppression · **2 - arrachement** · ablation · extirpation

éradiquer v.tr. · supprimer · arracher · extirper

érafler v.tr. **1 - égratigner** · écorcher · érailler · griffer · **2 - rayer**

éraflure n.f. · égratignure · écorchure · éraillure · excoriation · griffure

éraillé, e adj. · cassé · enroué · rauque · rocailleux · voilé

érailler v.tr. · égratigner · écorcher · érafler · griffer · rayer

ère n.f. · époque · âge · période · temps

érection n.f. [littér.] **édification** · construction · élévation
✦ **avoir une érection** bander très fam. · avoir la trique très fam.
CONTR. démolition ı suppression – débander

éreintant, e adj. · épuisant · exténuant · fatigant · harassant · pénible · claquant fam. · crevant fam. · tuant fam.
CONTR. délassant ı reposant

éreinté, e adj. · exténué · anéanti · brisé (de fatigue) · à bout · éreinté · fourbu · harassé · las · moulu · claqué fam. · crevé fam. · flagada fam. · flapi fam. · mort fam. · raplapla fam. · rétamé fam. · vanné fam. · vidé fam. · sur les genoux fam. · sur les rotules fam. · rendu fam., vieilli · recru littér. · rompu littér.
CONTR. reposé ı détendu

éreintement n.m. **1 - épuisement** · exténuation · fatigue · harassement · lassitude · **2 - critique** · éreintage · démolissage fam. · descente (en flammes) fam.

éreinter v.tr. **1 - épuiser** · briser · claquer fam. · crever fam. · esquinter · exténuer · fatiguer · harasser · pomper fam. · rompre littér. · tuer fam. · vanner fam. · vider fam. · **2 - critiquer** · étriller · malmener · maltraiter · aplatir fam. · démolir fam. · descendre (en flammes) fam. · esquinter fam. · **3 -** [vieilli] **rouer de coups** · rosser
CONTR. reposer – louer ı vanter

éréthisme n.m. · énervement · exaltation · fièvre · passion · tension

ergotage n.m. · chicane · ergoterie vieux

ergoter v. intr. · argumenter · chicaner · discuter · discuter du sexe des anges · disputailler · épiloguer · chinoiser fam. · chipoter fam. · couper les cheveux en quatre fam. · discutailler fam. · pinailler fam. · enculer les mouches très fam. · ratiociner littér. · vétiller littér.

ergoteur, -euse n. et adj. · argumentateur · chicanier · pointilleux · discutailleur fam. · pinailleur fam. · ratiocineur littér. · vétilleux littér.

ériger v.tr. **1** - bâtir · construire · dresser · édifier · élever · lever · **2** - créer · établir · fonder · instituer

»» **s'ériger en** v.pron. agir comme · se conduire comme, en · se poser en · se présenter comme · s'autoproclamer
CONTR. coucher – détruire

ermite n.m. · anachorète · ascète · solitaire

éroder v.tr. **1** - ronger · corroder · **2** - user · affaiblir · dégrader · émousser · miner · saper

érosion n.f. **1** - [Géog.] ablation · corrosion · désagrégation · usure • [de berges] affouillement · **2** - corrosion · usure · **3** - baisse · dégradation · dépréciation · détérioration · usure

érotique adj. **1** - amoureux · **2** - sensuel · sexuel · voluptueux · **3** - excitant · bandant très fam. · sexy fam. · torride fam. · **4** - pornographique · cochon fam.
CONTR. chaste

érotisme n.m. **1** - sexualité · **2** - sensualité · lasciveté · volupté

errance n.f. **1** - déplacement · course · voyage · **2** - flânerie · promenade · vagabondage · **3** - hésitation · rêverie · vagabondage · erreur

errant, e adj. **1** - vagabond · itinérant · nomade · **2** - abandonné · égaré · perdu · vagabond · **3** - flottant · fugitif · furtif · vague
CONTR. sédentaire – fixe ı fixé ı stable

erratique adj. · intermittent · ambulant · irrégulier

erre n.f. **1** - [Mar.] lancée · **2** - [vieux] allure · train · vitesse

errements n.m.pl. **1** - fautes · aberrations · abus · dérèglement · écarts · égarements · erreurs · folies · péchés · **2** - hésitation · divagation · errance · flottement · indécision · irrésolution

errer v. intr. **1** - aller à l'aventure · aller et venir · battre le pavé · courir les champs, les rues · déambuler · flâner · marcher · se promener · vagabonder · rôder péj. · traînasser péj., fam. · traîner péj. · vadrouiller fam. · vaguer littér. · badauder vieilli · trimarder fam., vieilli · **2** - s'égarer · se perdre · dévier de son chemin · **3** - flotter · passer · se promener · **4** - [littér.] se tromper · divaguer
CONTR. s'arrêter ı se fixer – se diriger ı se retrouver

erreur n.f. **1** - faute · ânerie · connerie fam. · **2** - confusion · bévue · malentendu · méprise · quiproquo · **3** - impair · bavure · faux pas · maladresse · boulette fam. · bourde fam. · gaffe fam. · **4** - inexactitude · contresens · contre-vérité · fausseté · faux-sens · non-sens · perle · **5** - égarement · débordement · dérèglement · écart · errements · extravagance · faute · folie · fourvoiement · péché · **6** - aberration · absurdité · aveuglement · bêtise · préjugé · **7** - illusion · fausse apparence · fausseté · mensonge

✦ **par erreur** par inadvertance · par mégarde

✦ **faire, commettre une erreur** se tromper · s'abuser · s'égarer · faire fausse route · se méprendre

✦ **induire en erreur** tromper · fourvoyer · blouser fam. · mener en bateau fam.

CONTR. justesse ı lucidité ı perspicacité – certitude ı exactitude ı réalité ı vérité

🕮 **erreur, méprise, bévue**
Erreur, méprise et bévue concernent les rapports du vrai et du faux. On parle d'**erreur** lorsqu'on tient pour vrai ce qui est faux, ou pour faux ce qui est vrai (*vous faites erreur, il y en avait quatre, pas cinq*). Il y a **méprise** si l'on fait une erreur en prenant une personne pour une autre, une chose pour ce qu'elle n'est pas : « J'aime être aimé pour le bon motif et souffre de la louange si je sens qu'elle m'est octroyée par méprise » (Gide, *Si le grain ne meurt*, I, ıx).

Bévue se dit d'une méprise grossière, due au manque d'attention ou à l'ignorance *(commettre une grosse, une énorme bévue)*.

erroné, e *adj.* **1 – fautif** · faux · incorrect · inexact · **2 – aberrant** · bancal · mal fondé
CONTR. exact ı incontestable ı indubitable ı réel ı vrai

ersatz *n.m. invar.* · substitut · imitation · succédané

éructation *n.f.* · renvoi · rot *fam.*

éructer
■ *v.intr.* roter
■ *v.tr.* [péj.] **émettre** · lancer · vomir

érudit, e
■ *adj.* cultivé · docte · instruit · lettré · savant
■ *n.* lettré · mandarin · savant · puits de science
CONTR. ignorant

érudition *n.f.* · savoir · connaissance(s) · culture · science
CONTR. ignorance

éruption *n.f.* **1 – jaillissement** · débordement · explosion · **2 –** [Méd.] **poussée** · accès

esbroufe *n.f.* · parade · bluff · chiqué *fam.* · épate *fam.* · flafla *fam.* · frime *fam.* · poudre aux yeux

escabeau *n.m.* **1 – tabouret** · **2 – marchepied**

escadre *n.f.* · flotte · armada

escadron *n.m.* · bataillon · troupe · armée · régiment

escalade *n.f.* **1 – varappe** · grimpe · **2 – montée** · ascension

escalader *v.tr.* **1 – gravir** · grimper · monter · **2 – franchir** · enjamber · passer
CONTR. descendre ı dévaler

escalator *n.m.* · escalier mécanique · escalier roulant

escale *n.f.* **1 – arrêt** · étape · halte · relâche · stop-over · **2 – port** · relâche
✦ **sans escale** direct · non-stop
✦ **faire escale** faire halte · faire relâche · relâcher · toucher à un port

escalier *n.m.* · degrés · marches
✦ **escalier roulant** escalator

escamotable *adj.* · repliable · rabattable · rentrant

escamoter *v.tr.* **1 – faire disparaître** · cacher · camoufler · dissimuler · effacer · masquer · occulter · recouvrir · voiler · **2 – rentrer** · replier · **3 – voler** · attraper · dérober · subtiliser · **4 – éluder** · contourner · esquiver · éviter · sauter · se soustraire à · taire · couper à *fam.* · passer au bleu, à l'as *fam.* · [une commission] avaler *fam.* · bouffer *fam.* · croquer *fam.*

escamoteur, -euse *n.* **1 – illusionniste** · prestidigitateur · **2 – voleur** · pickpocket

escapade *n.f.* · sortie · bordée · équipée · fugue · virée *fam.* · échappée *vieux*

escarcelle *n.f.* · porte-monnaie · aumônière · bourse

escargot *n.m.* · colimaçon · limaçon · cagouille *région.*

escarmouche *n.f.* **1 – accrochage** · échauffourée · engagement · **2 – altercation** · chamaillerie · dispute · duel · joute · polémique · prise de bec *fam.*

escarpé, e *adj.* **1 - abrupt** · à pic · **2 - raide** · ardu · malaisé · montant
CONTR. accessible ǀ doux ǀ facile

escarpement *n.m.* · à-pic · abrupt · falaise · paroi · pente

escarpolette *n.f.* · balançoire · balancelle

esche *n.f.* · appât · amorce

escient *n.m.*
✦ **à bon escient** avec discernement · à raison
✦ **à mauvais escient** sans discernement · à tort

esclaffer (s') *v.pron.* · rire · éclater de rire · pouffer *fam.* · se gondoler *fam.* · se tordre *fam.*

esclandre *n.m.* · éclat · scandale · scène · tapage

esclavage *n.m.* **1 - asservissement** · assujettissement · dépendance · servage · servitude · soumission · subordination · sujétion · ilotisme *littér.* · **2 - tyrannie** · contrainte · domination · oppression · chaînes *littér.* · joug *littér.* · carcan *fam.*
CONTR. affranchissement ǀ émancipation ǀ libération – indépendance ǀ liberté

esclave *n.* **1 - serf** · **2 - serviteur** · valet · **3 - jouet** · chose · marionnette · pantin
✦ **esclave de** **1 - captif de** · prisonnier de · **2 - asservi à** · aliéné à · assujetti à · dépendant de · prisonnier de · tributaire de
CONTR. affranchi ǀ autonome ǀ indépendant ǀ libre

escogriffe *n.m.* · échalas · grande perche *fam.*

escompte *n.m.* **1 - avance** · **2 - prime** · remise · **3 - réduction** · remise · discount

escompter *v.tr.* · espérer · attendre · s'attendre à · compter sur · prévoir · tabler sur
CONTR. craindre

escorte *n.f.* **1 - garde** · détachement · **2 - suite** · cortège · accompagnateur · accompagnement

escorter *v.tr.* **1 - accompagner** · chaperonner · flanquer · suivre · **2 - convoyer** · conduire
↝ accompagner

escouade *n.f.* · troupe · brigade · groupe · peloton

escrimer (s') *v.pron.* · s'acharner · s'appliquer · se battre · se démener · s'échiner · s'efforcer · s'évertuer · s'ingénier

escroc *n.m.* · voleur · bandit · gangster · malfaiteur · pirate · aigrefin *littér.* · chevalier d'industrie *littér.* · arnaqueur *fam.* · entubeur *très fam.* · faisan *argot* · filou *fam.* · fripouille *fam.*

escroquer *v.tr.* **1 - voler** · extorquer · soustraire · soutirer · faire main basse sur · barboter *fam.* · carotter *fam.* · chouraver *fam.* · piquer *fam.* · rafler *fam.* · **2 - tromper** · arnaquer *fam.* · avoir *fam.* · blouser *fam.* · entuber *très fam.* · estamper *fam.* · filouter *fam.* · flouer *fam.* · gruger *fam.* · matraquer *fam.* · rouler *fam.* · truander *fam.*

escroquerie *n.f.* **1 - vol** · arnaque *fam.* · carambouillage *fam.* · filouterie *vieux* · **2 - fraude** · malhonnêteté · **3 - abus de confiance** · tromperie · entourloupe *fam.*

ésotérique *adj.* **1 - occulte** · cabalistique · caché · secret · voilé · **2 - hermétique** · énigmatique · impénétrable · incompréhensible · indéchiffrable · inintelligible · mystérieux · nébuleux · obscur · abscons *littér.* · abstrus *littér.* · sibyllin *littér.*
CONTR. exotérique ǀ profane – clair ǀ simple

ésotérisme n.m. 1 - occultisme · sciences occultes · 2 - hermétisme

espace n.m.
I 1 - immensité · infini · 2 - univers · cosmos · 3 - atmosphère · ciel · éther littér.
II étendue · aire · place · superficie · surface · volume · sphère · zone
III 1 - espacement · distance · écart · écartement · échappée · éloignement · interstice · intervalle · lacune · vide • [dans un texte] blanc · interligne · marge · 2 - distance · course · route · trajet · trajectoire

espacé, e adj. 1 - éloigné · distant · séparé · 2 - clairsemé · disséminé · échelonné · éparpillé · épars
CONTR. contigu ı rapproché − dense ı serré

espacement n.m. · distance · écart · écartement · espace · intervalle

espacer v.tr. 1 - éloigner · détacher · disséminer · distancer · échelonner · éparpiller · étaler · séparer · 2 - [dans le temps] échelonner · étaler · répartir
CONTR. juxtaposer ı rapprocher ı serrer − masser ı bloquer

espèce n.f. 1 - genre · catégorie · classe · groupe · qualité · sorte · engeance péj. · 2 - variété · essence · race · sous-classe · sous-ordre · type · 3 - [Droit] affaire · cause · cas
✦ **de cette espèce** de cet acabit · de ce calibre · de cette étoffe · de cette trempe · de cette farine vieilli
✦ **de toute espèce** de tout poil
✦ **espèce de** maudit · bigre de fam. · bougre de fam. · sacré fam. · sale fam.
⧫ **espèces** plur. numéraire · liquide

espérance n.f. 1 - espoir · aspiration · attente · désir · souhait · 2 - croyance · assurance · certitude · confiance · conviction · expectative · promesse · 3 - prévision · estimation · perspective · pressentiment · 4 - possibilité · chance
CONTR. désespérance ı désespoir

⧫ **espoir**

espéré, e adj. · attendu · désiré · escompté · souhaité

espérer v.tr. 1 - désirer · aspirer à · souhaiter • [sans complément] avoir espoir · garder espoir · 2 - attendre · s'attendre à · compter sur · escompter · penser · tabler sur · 3 - [+ infinitif] aimer à croire, vouloir croire · se promettre de · se flatter de littér.
✦ **espérer en** croire en · avoir foi en · se fier à
✦ **faire, laisser espérer** faire, laisser entrevoir · promettre
CONTR. appréhender ı craindre

espiègle adj. · malicieux · coquin · facétieux · gamin · malin · mutin · polisson · taquin · turbulent · fripon fam.
CONTR. indolent ı niais

espièglerie n.f. · diablerie · facétie · gaminerie · malice · plaisanterie · taquinerie · niche vieux

espion, -ionne n. 1 - agent (secret) · barbouze fam. · taupe fam. · 2 - indicateur · indic fam. · barbouze fam. · mouchard fam. · mouche fam. · mouton argot

espionnage n.m. 1 - renseignement · 2 - surveillance

espionner v.tr. · épier · guetter · surveiller • [avec micro] mettre sur écoute

esplanade n.f. 1 - place · parvis · 2 - terrasse

espoir n.m. 1 - espérance · aspiration · attente · désir · souhait · 2 - [ferme] assurance · certitude · conviction
CONTR. appréhension ı crainte ı défiance ı inquiétude

🕮 **espoir, espérance**

Espoir et espérance renvoient au fait d'attendre avec confiance la réalisation souhaitée d'un événement favorable. Les deux mots se trouvent couramment dans les mêmes contextes. Cependant, espoir pourrait être réservé au fait d'espérer dans un avenir relativement proche *(j'ai vu plusieurs spécialistes, vous êtes mon dernier espoir ; inutile de susciter de vains espoirs ; avoir l'espoir de réussir ; faire naître, garder un espoir)*. Espérance, moins usité qu'espoir, renverrait plutôt à une attente plus éloignée et donc moins précise *(concevoir, nourrir des espérances pour l'avenir de ses enfants)* : « Il eut le courage de l'espérance, qui vaut celui du désespoir » (Balzac, *Mme de la Chanterie*).

esprit *n.m.*

I 1 - âme · conscience · moi · sujet · 2 - entendement · intellect · intelligence · raison · bon sens · sens (commun) · cerveau *fam.* · cervelle *fam.* · méninges *fam.* · tête *fam.* · 3 - pensée · culture · idées · imagination · opinion · réflexion
II intention · but · désir · dessein · idée · optique
III finesse · adresse · à-propos · brio · ingéniosité · malice · humour · sel · verve
IV 1 - génie · démon · djinn · elfe · farfadet · fée · gnome · kobold · korrigan · lutin · poulpiquet · salamandre · sylphe · 2 - fantôme · revenant · spectre · mânes *littér.*

✦ **esprit de corps** solidarité · cohésion · entraide
✦ **état d'esprit** 1 - disposition · humeur · 2 - caractère · mentalité · 3 - ambiance · atmosphère · climat
✦ **l'esprit saint, le Saint-Esprit** le Paraclet · le Sanctificateur
✦ **trait, mot d'esprit** pointe · boutade · jeu de mots · saillie
✦ **présence d'esprit** à-propos · pertinence
✦ **faire de l'esprit** plaisanter · badiner · faire de l'humour · jouer sur les mots
✦ **perdre ses esprits** s'évanouir · perdre connaissance · se pâmer *littér. ou plaisant.* · tomber dans les pommes, les vapes *fam.*
✦ **reprendre ses esprits** se remettre · revenir à soi

CONTR. chair ı corps ı matière – bêtise ı inintelligence – lourdeur ı pesanteur

esquinter *v.tr.*
1 - abîmer · casser · démolir · détériorer · endommager · amocher *fam.* · bousiller *fam.* · cramer *fam.* · déglinguer *fam.* · 2 - épuiser · éreinter · exténuer · fatiguer · harasser · briser *fam.* · claquer *fam.* · crever *fam.* · tuer *fam.* · 3 - critiquer · éreinter · étriller · malmener · aplatir *fam.* · démolir *fam.* · descendre (en flammes) *fam.*

CONTR. réparer – délasser ı reposer – louer ı vanter

esquisse *n.f.*
1 - croquis · crayon · ébauche · essai · étude · premier jet · modèle · plan · pochade · 2 - ébauche · abrégé · aperçu · canevas · carcasse · grandes lignes · idée générale · maquette · ossature · plan · projet · schéma

CONTR. accomplissement ı achèvement

esquisser *v.tr.*
1 - crayonner · croquer · dessiner · ébaucher · indiquer · pocher · tracer · 2 - amorcer · commencer · ébaucher · dessiner les contours de

CONTR. accomplir ı achever

esquiver *v.tr.*
1 - éviter · échapper à · se soustraire à · couper à *fam.* · 2 - se dérober à · éluder · escamoter

≫ **s'esquiver** *v.pron.* s'éclipser · décamper · déloger · se dérober · disparaître · s'échapper · s'enfuir · filer (à l'anglaise) · se retirer · se sauver · sortir · se défiler · se barrer *fam.* · prendre la tangente *fam.* · se tirer *fam.*

CONTR. recevoir – accepter ı rester

essai *n.m.*

I 1 - expérience · épreuve · expérimentation · test · vérification · 2 - essayage · 3 - audition · 4 - tentative · démarche · effort

II **début** · apprentissage · bégaiement · commencement · ébauche · esquisse · premiers pas · tâtonnement
III **traité** · étude · monographie
↝ **tentative**

essaim *n.m.* 1 - **colonie** · 2 - **multitude** · armée · nuée · quantité · troupe · troupeau · volée

essaimer
■ *v.intr.* **se disperser** · se disséminer · s'égailler · s'éparpiller · se répandre · se répartir
■ *v.tr.* **répandre** · émettre · produire

essarter *v.tr.* · débroussailler · arracher · défricher

essayage *n.m.* · essai

essayer *v.tr.* 1 - **expérimenter** · contrôler · éprouver · mettre à l'épreuve · mettre à l'essai · tester · vérifier · 2 - **enfiler** · passer · 3 - **tâter de** · aborder · goûter de · se lancer dans · tenter · 4 - [sans complément] **tenter** · faire une tentative · risquer, tenter le coup *fam.*
✦ **essayer de** 1 - **s'efforcer de** · s'attacher à · chercher à · s'employer à · s'évertuer à · s'escrimer à · faire l'impossible pour · s'ingénier à · tâcher de · tenter de · se mettre en quatre pour *fam.* · 2 - **vouloir** · s'aviser de · entreprendre de
⋙ **s'essayer à** *v.pron.* 1 - **s'exercer à** · 2 - **se hasarder à** · s'aventurer à · se risquer à

essence *n.f.* 1 - **carburant** · 2 - [d'arbre] **espèce** · 3 - **extrait** · arôme · concentré · élixir · huile (essentielle) · oléolat · 4 - **substance** · caractère · esprit · fond · principe · quintessence · 5 - [Philo.] **entité** · nature · substrat
✦ **par essence** par définition · essentiellement

CONTR. accident ∣ apparence ∣ existence

¹**essentiel, -ielle** *adj.* 1 - **caractéristique** · constitutif · foncier · fondamental · intrinsèque · 2 - **principal** · dominant · majeur · 3 - **important** · capital · primordial · vital · 4 - **véritable** · vrai · 5 - [Philo.] **absolu** · 6 - [Méd.] **idiopathique**
✦ **essentiel à, pour** indispensable · nécessaire · obligatoire · vital

²**essentiel** *n.m.* · essence · substance · amande · cœur · fait · fond · nœud · noyau

essentiellement *adv.* 1 - **par définition** · fondamentalement · typiquement · 2 - **principalement** · absolument · avant tout · majoritairement · surtout

CONTR. accidentellement – secondairement

esseulé, e *adj.* · délaissé · abandonné · isolé · seul · solitaire

essieu *n.m.* · axe · pivot · arbre

essor *n.m.* 1 - **envol** · envolée · vol · volée · 2 - **impulsion** · élan · 3 - **croissance** · activité · boom · développement · épanouissement · expansion · extension · progrès · progression

CONTR. baisse ∣ déclin ∣ ruine ∣ stagnation

essoufflé, e *adj.* · haletant · hors d'haleine · pantelant

essoufflement *n.m.* 1 - **halètement** · suffocation · 2 - **baisse** · éclipse · marasme · passage à vide · ralentissement · stagnation

essouffler (s') *v.pron.* 1 - **s'époumoner** · haleter · souffler · suffoquer · 2 - **ralentir** · baisser · connaître une éclipse · connaître un passage à vide · s'épuiser · stagner

essuie-mains *n.m.* · serviette

essuyer *v.tr.* 1 - **éponger** · nettoyer · torcher *fam., vieilli* · 2 - [cheval] **bouchonner** · 3 -

dépoussiérer · épousseter · **4 - éprouver** · endurer · recevoir · subir · souffrir *littér.* · encaisser *fam.*

CONTR. mouiller – salir ι souiller

est *n.m. invar.* · orient · levant

🙵 **est, orient, levant**

Est, orient et **levant** désignent le point cardinal qui correspond au lever du soleil et à la partie du monde équivalente, écrits dans ce cas avec une majuscule. **Est**, le plus courant, est le seul à entrer dans la formation de noms d'autres points cardinaux *(nord-est, sud-est)* et à s'employer pour une partie de la France *(l'Est de la France, l'Est)* et de l'Europe *(les pays de l'Est)*. **Orient**, opposé à Occident, s'applique aux pays situés à l'est de l'Europe, divisés en *Proche-Orient* et *Moyen-Orient*. **Orient** désigne aussi l'Asie *(les peuples de l'Orient)*, que l'on nomme par ailleurs *Extrême-Orient*. **Levant** est un équivalent ancien de Proche-Orient et Moyen-Orient. On l'emploie encore, dans un usage très soutenu, pour indiquer un côté de l'horizon *(une maison exposée au levant)*.

establishment *n.m.* · ordre établi

estacade *n.f.* **1 - brise-lames** · barrage · digue · jetée · **2 - appontement** · débarcadère

estafette *n.f.* · messager · courrier · envoyé · exprès

estafilade *n.f.* · coupure · balafre · blessure · entaille · fente · taillade *littér.*

estampe *n.f.* · gravure · dessin · figure · image · planche · vignette

estamper *v.tr.* **1 - graver** · emboutir · estampiller · étamper · matricer · relever · **2 -** [*fam.*] **voler** · escroquer · tromper · arnaquer *fam.* · avoir *fam.* · filouter *fam.*

estampille *n.f.* **1 - marque (de fabrique)** · garantie · griffe · label (de qualité) · signature · **2 - cachet** · sceau

estampiller *v.tr.* · poinçonner · timbrer

esthète *n. et adj.* **1 - artiste** · **2 -** [*péj.*] **dilettante**

esthétique

▪ *n.f.* **1 - beauté** · art · beau · harmonie · plastique · **2 - design** · style

▪ *adj.* **1 - beau** · décoratif · harmonieux · joli · sculptural · **2 - artistique** · **3 -** [*Chir.*] **plastique** · reconstructeur

CONTR. inesthétique ι laid

esthétiquement *adv.* · artistiquement · harmonieusement · plastiquement

estimable *adj.* **1 - appréciable** · louable · méritoire · **2 - respectable** · beau · bien · bon · digne · honorable · précieux · recommandable

CONTR. inestimable – indigne ι méprisable ι vil

estimatif, -ive *adj.* **1 - appréciatif** · **2 - approximatif** · pifométrique *fam.*

estimation *n.f.* **1 - calcul** · appréciation · détermination · devis · évaluation · expertise · prisée · **2 - à-peu-près** · aperçu · approximation · **3 - prévision** · espoir

estime *n.f.* **1 - considération** · déférence · égard · respect · **2 - faveur** · honneur

✦ **à l'estime** approximativement · par approximation · au jugé · à la louche *fam.* · au pif *fam.* · au pifomètre *fam.* · au radar *fam.*

CONTR. déconsidération ι décri ι dédain ι mépris ι mésestime

estimer *v.tr.*
I 1 - apprécier · admirer · aimer · considérer · honorer · faire grand cas de · priser *littér.* · vénérer · avoir une bonne, haute opinion de · **2 - goûter** · priser *littér.*

II 1 - **expertiser** · apprécier · coter · évaluer · examiner · jauger · **2 - calculer** · apprécier · chiffrer · évaluer · mesurer
III 1 - **être d'avis** · considérer · croire · juger · penser · présumer · tenir · trouver · **2 - considérer comme** · croire · juger · regarder comme · tenir pour · trouver
≫ **s'estimer** v.pron. **se sentir** · se considérer · se croire · se juger · se trouver
CONTR. dédaigner ׀ mépriser ׀ mésestimer

estivant, e n. · vacancier · touriste · aoûtien · juillettiste

estomac n.m. **ventre** · panse · bedaine fam. · tirelire fam., vieilli
✦ **avoir de l'estomac** avoir de l'aplomb · avoir du cran fam. · avoir du culot fam.

estomaquer v.tr. · **abasourdir** · ahurir · ébahir · étonner · suffoquer · épater fam. · époustoufler fam. · sidérer fam. · souffler fam.

estomper v.tr. **1 - effacer** · éteindre · **2 - adoucir** · affaiblir · atténuer · diminuer · édulcorer · modérer · tamiser · voiler
≫ **s'estomper** v.pron. **s'effacer** · décroître · faiblir · mourir · pâlir · passer
CONTR. accuser ׀ cerner ׀ dessiner ׀ détacher – aviver ׀ raviver

estourbir v.tr. → assommer

estrade n.f. · **tribune** · chaire · podium

estropié, e adj. · **infirme** · éclopé · impotent · invalide
CONTR. ingambe ׀ valide

estropier v.tr. **1 - mutiler** · blesser · **2 - abîmer** · défigurer · déformer · dénaturer · [un nom] écorcher

estuaire n.m. · **embouchure** · aber · ria

🕮 estuaire, embouchure, delta
Estuaire, embouchure et delta sont trois termes géographiques concernant le lieu où un fleuve, une rivière déverse ses eaux. L'**embouchure** désigne la partie du cours d'eau qui s'ouvre sur la mer ou sur un lac (l'embouchure du Rhône sur le lac Léman). L'**estuaire** est une vaste embouchure, une ouverture sur la mer où la marée se fait sentir (l'estuaire de la Gironde, de la Loire). Le **delta** est une zone de dimensions importantes, formée à l'embouchure d'un fleuve par les alluvions qu'y apportent ses branches (le delta du Pô, du Nil ; un delta boueux).

étable n.f. · **bouverie** · vacherie · porcherie · soue

établi, e adj. **1 - situé** · **2 - démontré** · acquis · admis · avéré · certain · connu · incontestable · indiscutable · prouvé · reconnu · reçu · réel · sûr · **3 - en place** · en usage · en vigueur
✦ **solidement établi** (bien) ancré · enraciné · qui a la vie dure
CONTR. fragile ׀ incertain ׀ menacé – renversé

établir v.tr.
I 1 - **installer** · disposer · fixer · implanter · loger · placer · poser · poster · caser fam. · [des troupes] cantonner · **2 - bâtir** · construire · dresser · échafauder · édifier · élever · ériger · **3 - créer** · asseoir · constituer · élaborer · fonder · instaurer · instituer · mettre en place, sur pied · monter · organiser · **4 -** [liens] nouer · créer
II 1 - **confirmer** · démontrer · montrer · poser · prouver · **2 - déterminer** · fixer · préciser · mettre en vigueur · **3 - découvrir** · reconnaître · **4 - arrêter** · calculer · dresser · **5 - faire régner**
III 1 - **accréditer** · affecter · introniser · nommer · placer · **2 -** [vieilli ou région.] **marier** · caser fam.
✦ **établir (qqch.) sur** appuyer sur · asseoir sur · baser sur · fonder sur

⟶ **s'établir** v.pron. **1** - élire domicile • se fixer • habiter • s'installer • planter ses pénates *plaisant* • **2** - **s'ancrer** • s'enraciner • prendre place • **3** - se poster • **4** - [vieilli ou région.] se marier • se caser *fam.*

CONTR. déplacer – détruire ׀ renverser – abolir ׀ supprimer – partir

établissement n.m.
I 1 - **installation** • disposition • implantation • placement • **2** - **construction** • érection
II 1 - **création** • constitution • fondation • instauration • institution • mise en place • organisation • **2** - **rédaction** • édition
III démonstration • confirmation • preuve
IV entreprise • affaire • exploitation • firme • maison • société • usine • boîte *fam.*
✦ **établissement scolaire** école • collège • lycée • institution • bahut *fam.* • boîte *fam.*
✦ **établissement pénitentiaire** prison

CONTR. démolition ׀ destruction ׀ renversement – abolition

étage n.m. **1** - **niveau** • degré • palier • **2** - **plateforme** • **3** - **catégorie** • classe • couche • degré • échelon • gradin • rang • stade

étager v.tr. **1** - **superposer** • **2** - **échelonner** • classer • graduer • hiérarchiser • structurer

étagère n.f. • rayonnage • rayon • tablette • tablar *Suisse*

étai n.m. • appui • accotoir • arc-boutant • béquille • cale • étançon • renfort • soutènement • soutien

étal n.m. • éventaire

étalage n.m. **1** - **devanture** • éventaire • vitrine • **2** - **démonstration** • déballage • déploiement • exhibition • parade
✦ **faire étalage de** afficher • arborer • étaler • exhiber • faire montre de • faire parade de

étale adj. • calme • fixe • immobile • stationnaire

étalement n.m. **1** - **échelonnement** • répartition • **2** - **décalage**

étaler v.tr.
I 1 - mettre à plat • étendre • **2** - **déplier** • déployer • dérouler • développer • étendre • ouvrir • **3** - **éparpiller** • répandre • **4** - [fam.] faire tomber • jeter à terre • étendre *fam.*
II enduire • badigeonner • barbouiller *fam.* • épandre • répartir • tartiner *fam.*
III échelonner • espacer • répartir • décaler
IV 1 - **exposer** • dérouler • montrer • déballer *fam.* • **2** - **exhiber** • afficher • arborer • déployer • exposer • faire étalage de • faire montre de • faire parade de • montrer • **3** - **révéler** • dévoiler • exposer • raconter • déballer *fam.*

⟶ **s'étaler** v.pron. **1** - **se déployer** • se dérouler • se développer • s'étendre • **2** - **s'échelonner** • se répartir • **3** - **s'afficher** • s'exhiber • parader • se pavaner • **4** - **s'étendre** • s'abattre • se laisser tomber • se laisser choir *littér.* • s'affaler *fam.* • s'avachir *fam.* • se vautrer *fam.* • **5** - [fam.] **tomber (de tout son long)** • choir *littér.* • se ramasser *fam.* • se prendre une gamelle *fam.*

CONTR. remballer – empiler ׀ entasser ׀ plier ׀ ranger ׀ rouler – cacher ׀ dissimuler ׀ voiler

¹**étalon** n.m. • reproducteur

²**étalon** n.m. • archétype • modèle • référence • standard • type

étalonner v.tr. • graduer

étanche adj. • imperméable • hermétique
CONTR. perméable

étancher v.tr. **1** - **sécher** • assécher • éponger • **2** - **assouvir** • apaiser • satisfaire • **3** - **boucher** • aveugler • calfater • calfeutrer
✦ **étancher sa soif** se désaltérer • boire

étançon *n.m.* · étai · béquille · cale · contrefort · soutien

étançonner *v.tr.* · consolider · appuyer · étayer · soutenir

étang *n.m.* · pièce d'eau · lac · mare · [artificiel] bassin · réservoir

étape *n.f.* 1 - halte · escale · relais · 2 - parcours · route · trajet · 3 - époque · période · phase · stade · 4 - degré · échelon · palier · pas

état *n.m.*
I 1 - situation · condition · 2 - identité · âge · nationalité · sexe · 3 - position (sociale) · condition · destin · existence · sort · vie · 4 - métier · profession · travail
II 1 - niveau · degré · étape · point · rang · 2 - version · mouture
III bilan · bordereau · bulletin · compte · compte rendu · description · exposé · inventaire · liste · mémoire · note · recensement · statistique · tableau
✦ **état d'âme** sentiment · humeur
✦ **état de choses** circonstances · conjoncture · situation
✦ **état de conscience** sensation · sentiment · volition
✦ **état d'esprit** 1 - disposition · humeur · intention · 2 - mentalité
✦ **état des lieux** inventaire
✦ **en tout état de cause** quoi qu'il en soit
✦ **en l'état** tel (quel)
✦ **mettre en état** mettre au point · préparer
✦ **remettre en état** réparer · rafraîchir · réhabiliter · rénover · restaurer · retaper
✦ **remettre en l'état** rétablir
✦ **remise en état** réparation · rafraîchissement · réhabilitation · restauration
✦ **garder en état** conserver
✦ **être en état de** 1 - être capable de · être à même de · être apte à · être de force à · être de taille à · être en mesure de · pouvoir · 2 - être décidé à · être disposé à · être prêt à · 3 - être en passe de

✦ **faire état de** 1 - citer · faire mention de · mentionner · 2 - prétexter · alléguer · arguer de · avancer · invoquer

État *n.m.* 1 - nation · empire · puissance · pays · royaume · 2 - chose publique · cité · communauté nationale · corps politique · société · 3 - gouvernement · pouvoir (central) · administration · service (public) · 4 - service public · société nationale
✦ **homme d'État** homme politique · politicien
✦ **coup d'État** putsch · pronunciamento

étatisation *n.f.* 1 - dirigisme · 2 - nationalisation
CONTR. privatisation

étatiser *v.tr.* · nationaliser · collectiviser · socialiser
CONTR. privatiser

étatisme *n.m.* 1 - dirigisme · interventionnisme · 2 - collectivisme · communisme · socialisme d'État
CONTR. individualisme ı libéralisme

état-major *n.m.* · commandement · direction · tête

étau *n.m.* 1 - tenaille · 2 - cercle · étreinte · piège

étayer *v.tr.* 1 - consolider · appuyer · arc-bouter · assurer · béquiller · caler · étançonner · renforcer · soutenir · 2 - appuyer · conforter · renforcer · soutenir · apporter de l'eau au moulin de
⋙ **s'étayer** *v.pron.* se fonder
CONTR. miner ı ruiner ı saper

éteindre *v.tr.* 1 - étouffer · 2 - fermer · 3 - souffler · 4 - assouvir · adoucir · affaiblir · amortir · assoupir · apaiser · atrophier · calmer · diminuer · endormir · étancher · étouffer · 5 - effacer · assourdir · éclipser · faner · faire passer · obscurcir · ternir · 6 -

anéantir · abolir · consumer · détruire · exterminer · supprimer · **7 -** [une dette] **annuler** · acquitter · amortir

↠ **s'éteindre** *v.pron.* **1 - mourir** · disparaître · expirer · périr · succomber · trépasser *littér.* · crever *fam.* · **2 - s'affaiblir** · s'assoupir · se calmer · décliner · décroître · disparaître · s'effacer · s'endormir · s'estomper · mourir · partir · passer · retomber · tomber · **3 - finir** · s'achever · périr

CONTR. allumer ı aviver ı brûler – briller ı éclairer

éteint, e *adj.* **1 - décoloré** · défraîchi · délavé · effacé · estompé · fané · pâle · pâli · passé · terne · **2 - étouffé** · sourd · **3 - inexpressif** · fade · morne · mort · **4 - apathique** · amorphe · atone · inerte · fatigué · usé

étendard *n.m.* · drapeau · bannière · gonfalon

étendre *v.tr.*
I 1 - allonger · coucher · **2 - déployer** · déplier · dérouler · détendre · développer · épanouir · éployer · étaler · étirer · pendre · tendre · **3 - mettre** · placer · poser · **4 - éparpiller**
II appliquer · enduire · étaler · répandre
III accroître · accentuer · agrandir · amplifier · arrondir · augmenter · développer · élargir · généraliser · grossir · porter plus loin · pousser plus loin · propager · renforcer · répandre · reculer les frontières de
IV délayer · allonger · couper · diluer · éclaircir · fluidifier · mélanger
V 1 - [fam.] **envoyer à terre** · abattre · renverser · terrasser · étaler *fam.* · mettre k.-o *fam.* · mettre sur le carreau *fam.* · **2 -** [argot scolaire] **refuser** · recaler *fam.* · coller *fam.*

↠ **s'étendre** *v.pron.* **1 - se coucher** · s'allonger · **2 - s'agrandir** · s'allonger · se détendre · s'élargir · s'étirer · grandir · **3 - croître** · déborder · se déployer · se développer · envahir · gagner (du terrain) · se généraliser · grandir · grossir · prendre de l'ampleur · progresser · se propager · rayonner · se renforcer · se répandre · **4 - continuer** · courir · se dérouler · durer · se prolonger

✦ **s'étendre à** · s'appliquer à · comprendre · couvrir · embrasser · englober · s'exercer sur · porter sur · recouvrir

CONTR. plier ı replier – abréger ı borner ı diminuer ı limiter ı raccourcir ı restreindre

étendu, e *adj.* **1 - vaste** · ample · large · spacieux · **2 - varié** · riche · **3 - important** · considérable · **4 - couché** · gisant

CONTR. borné ı bref ı court ı petit ı réduit ı restreint

étendue *n.f.*
I 1 - espace · aire · grandeur · superficie · surface · **2 - dimension** · amplitude · largeur · longueur · volume · **3 - distance** · portée · **4 -** [d'une voix] **registre** · tessiture · ambitus
II 1 - extension · ampleur · développement · **2 - importance** · envergure · immensité · portée · proportion
III domaine · cercle · champ · horizon · sphère
IV durée · temps

éternel, -elle
■ *adj.* **1 - divin** · **2 - immortel** · inaltérable · immuable · **3 - durable** · impérissable · indéfectible · indestructible · indissoluble · infini · **4 - continuel** · constant · incessant · interminable · permanent · perpétuel · sempiternel · **5 - inséparable** · habituel
■ *n.m.*

✦ **l'Éternel** Dieu · le Créateur · l'Être suprême · le grand architecte · Notre Père · le Seigneur · le Tout-Puissant · le Très-Haut

CONTR. mortel ı temporel ı terrestre – bref ı court ı éphémère ı fragile ı fugitif ı labile ı périssable ı précaire ı temporaire

🕮 **éternel, perpétuel, immortel**

La notion de durée, perçue comme très longue, rassemble ces trois mots. Éternel s'applique à ce qui semble avoir toujours existé et se poursuivra *(le mythe de l'éternel retour)*, à ce dont on n'entrevoit pas la fin, comme si le temps n'avait pas de prise : « Ce qui importe (...), ce n'est pas la vie éternelle, c'est l'éternelle vivacité » (Camus, *le Mythe de Sisyphe*). **Perpétuel** et **immortel** supposent un début au processus de la durée. **Perpétuel** implique le recommencement indéfini de ce qui advient *(un printemps perpétuel ; le rêve du mouvement perpétuel)*, des limites dans le temps pouvant être marquées par la durée de la vie *(être condamné à la réclusion perpétuelle)*. **Immortel** qualifie ce qui échappe à la mort : « Toute forme créée, même par l'homme, est immortelle » (Baudelaire, *Journaux intimes*, LXXX), par conséquent ce qui semble pouvoir durer très longtemps *(un chef-d'œuvre immortel)*.

éternellement *adv.* **1 - indéfiniment** · interminablement · pour l'éternité · (pour) toujours · ad vitam aeternam · **2 -** [péj.] **inévitablement** · continuellement · perpétuellement · sempiternellement

éterniser *v.tr.* **1 - immortaliser** · pérenniser · perpétuer · **2 - faire durer** · prolonger
⇒ **s'éterniser** *v.pron.* **1 - durer** · se prolonger · traîner (en longueur) · n'en plus finir · **2 - s'attarder** · rester · traîner
CONTR. abréger – passer

éternité *n.f.* immortalité
✦ **de toute éternité** depuis toujours · de temps immémorial · de toute antiquité
CONTR. brièveté

éternuement *n.m.* · sternutation · atchoum *fam.*

étêter *v.tr.* · décapiter · découronner · écimer · tailler

éther *n.m.* · air · ciel · espace · infini

éthéré, e *adj.* **1 - aérien** · délicat · irréel · léger · surnaturel · vaporeux · **2 - élevé** · haut · noble · pur · serein · sublime · platonique
CONTR. bas ı matériel ı terre-à-terre

éthique
▪ *n.f.* morale · déontologie
▪ *adj.* moral · déontologique

ethnie *n.f.* · communauté · race

ethnique *adj.* · communautaire · racial
⇒ racial

étincelant, e *adj.* **1 - brillant** · chatoyant · flamboyant · luisant · miroitant · rayonnant · resplendissant · rutilant · scintillant · **2 - éblouissant** · éclatant · incandescent · radieux
CONTR. éteint ı mat ı obscur ı terne – banal ı ennuyeux ı plat

étinceler *v. intr.* **1 - éclairer** · briller · chatoyer · flamboyer · luire · rayonner · resplendir · rutiler · scintiller · brasiller *littér.* · **2 - briller** · pétiller · lancer des éclairs
CONTR. s'éteindre ı se ternir

étincelle *n.f.* **1 - flammèche** · **2 - éclair** · éclat · lueur

étiolement *n.m.* **1 - affaiblissement** · anémie · appauvrissement · atrophie · asphyxie · débilitation · dégénérescence · déclin · délabrement · dépérissement · épuisement · langueur · **2 -** [Bot.] **chlorose** · décoloration · dépérissement
CONTR. force ı vigueur

étioler *v.tr.* affaiblir · anémier · appauvrir · asphyxier · atrophier · débiliter · détruire · rabougrir · ruiner
⇒ **s'étioler** *v.pron.* **1 - se faner** · s'anémier · s'atrophier · dépérir · se rabougrir · **2 - languir** · s'affaiblir · décliner · dépérir
CONTR. affermir ı développer ı épanouir ı fortifier – s'épanouir

étique *adj.* · amaigri · cachectique · décharné · desséché · efflanqué · émacié · famélique · hâve · maigre · squelettique
CONTR. gras

étiqueter v.tr. **1** - dénommer · indiquer · noter · **2** - cataloguer · classer · juger

étiquette n.f. **1** - protocole · bienséance · cérémonial · décorum · formes · règles · savoir-vivre · **2** - label · **3** - inscription · timbre · vignette

étirement n.m. **1** - allongement · extension · **2** - [Techn.] laminage

étirer v.tr. **1** - allonger · détirer · distendre · élonger · étendre · tirer · **2** - [Techn.] **amincir** · dégrosser · laminer · tréfiler

⋙ **s'étirer** v.pron. **1** - se dérouler · s'étendre · se tendre · **2** - se détendre · **3** - s'effilocher · s'effiler

CONTR. comprimer ı contracter – rétrécir – se blottir ı se ramasser

étoffe n.f. **1** - tissu · textile · **2** - valeur · aptitudes · calibre · capacités · envergure · trempe

↝ tissu

étoffé, e adj. **1** - ample · dense · plein · puissant · riche · **2** - corpulent

étoffer v.tr. enrichir · développer · donner du corps à · nourrir

⋙ **s'étoffer** v.pron. grossir · s'élargir · se remplumer fam.

CONTR. appauvrir – maigrir

étoile n.f. **1** - astre · planète · comète · **2** - pentacle · **3** - astérisque · **4** - célébrité · star · vedette · **5** - carrefour · croisée · patte d'oie · rond-point · **6** - chance · destin · destinée · fortune littér. · sort

✦ **étoile filante** aérolithe · bolide · météorite

étonnamment adv. **1** - remarquablement · supérieurement · **2** - bizarrement · curieusement · drôlement · étrangement · singulièrement

étonnant, e adj. **1** - surprenant · ahurissant · confondant · déconcertant · difficile à imaginer · effarant · étourdissant · frappant · inconcevable · incroyable · renversant · saisissant · stupéfiant · suffoquant · ébouriffant fam. · raide fam. · **2** - étrange · anormal · bizarre · curieux · drôle · inattendu · insolite · original · singulier · troublant · **3** - exceptionnel · extraordinaire · fantastique · impressionnant · merveilleux · prodigieux · rare · remarquable · énorme fam. · épatant fam. · époustouflant fam. · extra fam. · fabuleux fam. · formidable fam. · sensass fam. · sensationnel fam. · soufflant fam. · super fam. · terrible fam. · **4** - gigantesque · écrasant · faramineux · monstrueux · phénoménal · **5** - magique · miraculeux · mirifique fam. · mirobolant fam.

CONTR. banal ı courant ı habituel ı normal ı ordinaire

étonné, e adj. · surpris · abasourdi · ahuri · déconcerté · ébahi · éberlué · frappé · interdit · interloqué · médusé · renversé · saisi · stupéfait · suffoqué · baba fam. · soufflé fam. · ébaubi vieilli

étonnement n.m. · surprise · ahurissement · ébahissement · saisissement · stupéfaction · stupeur

CONTR. indifférence

↝ surprise

étonner v.tr. **1** - surprendre · abasourdir · ahurir · confondre · déconcerter · décontenancer · dépasser (l'entendement de) · ébahir · étourdir · frapper · interdire · interloquer · méduser · renverser · saisir · sidérer · stupéfier · suffoquer · couper les bras et les jambes à · asseoir fam. · éberluer fam. · estomaquer fam. · scier fam. · ébaubir vieilli · **2** - impressionner · couper le souffle à · faire son effet sur · en boucher un coin à fam. · décoiffer fam. · épater fam. · époustoufler fam. · souffler fam.

⋙ **s'étonner** v.pron. être surpris · trouver étrange (que)

étouffant, e adj. · irrespirable · accablant · caniculaire · lourd · oppressant · pesant · suffocant

CONTR. frais ı vif ı vivifiant

étouffé, e adj. • assourdi • faible • sourd

étouffée (à l') loc. adv. en daube • à l'étuvée
✦ faire cuire à l'étouffée braiser

étouffement n.m.
I 1 - asphyxie • dyspnée • étranglement • oppression • suffocation • 2 - moiteur • touffeur *littér.*
II 1 - dissimulation • escamotage • 2 - répression • anéantissement • destruction • écrasement • neutralisation • suppression
CONTR. fraîcheur

étouffer
■ v.tr.
I 1 - asphyxier • étrangler • suffoquer • 2 - incommoder • gêner • oppresser • 3 - [un incendie] éteindre • noyer
II amortir • assourdir • atténuer • couvrir • noyer
III 1 - cacher • dissimuler • enterrer • escamoter • noyer • passer sous silence • 2 - anéantir • écraser • étrangler • détruire • empêcher • mater • museler • neutraliser • opprimer • stopper • supprimer • tuer (dans l'œuf) • 3 - arrêter • contenir • enrayer • juguler • refouler • réprimer • retenir
■ v.intr. mal respirer • suffoquer • manquer d'air
⋙ s'étouffer v.pron. 1 - s'asphyxier • s'étrangler • suffoquer • 2 - s'écraser • se presser • 3 - s'atténuer • mourir • se perdre
CONTR. allumer – exalter ı exciter – respirer

> 🕮 étouffer, suffoquer
> Étouffer et suffoquer s'emploient en parlant de ce qui rend la respiration difficile (*son manteau, la chaleur l'étouffe ; les larmes le suffoquent*). Seul étouffer accepte pour sujet une personne (*sa mère l'étouffe de caresses, de baisers*). Par ailleurs, on fait mourir quelqu'un en l'étouffant (*étouffer par pendaison*), non en le suffoquant. En emploi intransitif, étouffer a parfois une valeur atténuée, notamment en parlant de la chaleur (*on étouffe dans cette pièce, avec cette chaleur*), alors que suffoquer exprime une oppression physique plus intense (*suffoquer sous l'effet de la fumée*).

étourderie n.f. 1 - distraction • imprévoyance • inadvertance • inapplication • inattention • inconséquence • insouciance • irréflexion • légèreté • 2 - bêtise • bévue • imprudence • oubli
CONTR. attention ı circonspection ı pondération ı réflexion

étourdi, e
■ adj. distrait • écervelé • évaporé • imprudent • inattentif • insouciant • irréfléchi • léger • éventé *vieux*
■ n. hurluberlu • étourneau *fam.* • tête de linotte *fam.* • tête en l'air *fam.* • tête folle *fam.* • tête à l'évent *fam., vieux*
✦ être très étourdi ne pas avoir de tête
CONTR. attentif ı circonspect ı pondéré ı posé ı prévoyant ı prudent ı réfléchi ı sage – être organisé

étourdiment adv. • distraitement • à la légère • imprudemment • inconsidérément • sans réfléchir • comme une corneille qui abat des noix *vieux*

étourdir v.tr. 1 - assommer • estourbir *fam.* • mettre k.-o. *fam.* • sonner *fam.* • 2 - enivrer • chavirer • griser • monter à la tête de • soûler • tourner la tête de • 3 - abrutir • assommer • assourdir • fatiguer • incommoder • casser la tête à *fam.* • casser les oreilles à *fam.*
⋙ s'étourdir v.pron. 1 - s'enivrer • se griser • se soûler • 2 - se distraire • oublier
CONTR. exciter ı réveiller ı stimuler

étourdissant, e adj. 1 - assourdissant • abrutissant • fatigant • 2 - éblouissant • brillant • extraordinaire • merveilleux • prodigieux • sensationnel • époustouflant *fam.* • décoiffant *fam.* • ébouriffant *fam.*
CONTR. reposant – banal ı décevant

étourdissement ◆ 440

étourdissement *n.m.* **1 -** vertige · défaillance · éblouissement · évanouissement · faiblesse · syncope · **2 -** griserie · égarement · enivrement · fièvre · ivresse · vertige

étourneau *n.m.* **1 -** sansonnet · **2 -** étourdi · écervelé · tête de linotte *fam.* · tête en l'air *fam.* · tête folle *fam.* · tête à l'évent *fam., vieilli*

étrange *adj.* · bizarre · anormal · curieux · drôle · énigmatique · étonnant · extraordinaire · inaccoutumé · inattendu · incompréhensible · inexplicable · inhabituel · insolite · original · paradoxal · singulier · surprenant

CONTR. banal ı commun ı courant ı habituel ı normal ı ordinaire

étrangement *adv.* · bizarrement · anormalement · curieusement · drôlement · étonnamment · paradoxalement · singulièrement

étranger, -ère
■ *n.* **1 -** apatride · immigrant · immigré · réfugié · métèque *injurieux* · **2 -** intrus · **3 -** inconnu · tiers

■ *adj.* **1 -** extérieur · allogène · **2 -** exotique · lointain · **3 -** différent · distinct · isolé · **4 -** inconnu · ignoré

✦ **étranger à** **1 -** éloigné de · contraire à · **2 - en dehors de** · distinct de · extérieur à · sans rapport avec · qui n'a rien à voir avec · **3 - détaché de** · déconnecté de · en dehors de · fermé à · ignorant de · imperméable à · indifférent à · insensible à

CONTR. autochtone ı indigène ı national – connu ı familier

étrangeté *n.f.* **1 -** singularité · bizarrerie · excentricité · originalité · **2 -** anomalie · aberration · bizarrerie

CONTR. banalité

étranglement *n.m.* **1 -** strangulation · **2 -** étouffement · suffocation · **3 -** [d'une activité, etc.] paralysie · asphyxie · étouffement · **4 -** répression · musellement · oppression · **5 -** resserrement · rétrécissement

CONTR. dilatation – libération – élargissement ı évasement

étrangler *v.tr.* **1 -** tuer · assassiner · prendre à la gorge · serrer le kiki de *fam.* · **2 -** oppresser · étouffer · **3 -** ruiner · asphyxier · étouffer · mettre à mal · nuire à · **4 -** opprimer · juguler · mater · museler · réprimer · **5 -** resserrer · rétrécir

» **s'étrangler** *v.pron.* **1 -** s'étouffer · suffoquer · **2 - se resserrer** · rétrécir

¹**être** *v. intr.*
I **1 -** exister · vivre · **2 -** [suivi d'un adj.] se sentir · aller · se porter
II **1 - se trouver** · loger · résider · **2 - demeurer** · rester
III consister en · représenter
✦ **être à** appartenir à
✦ **être tout à** se dévouer à · être disponible à, pour · s'occuper de
✦ **être de** **1 -** être natif de · être né à, en · **2 - faire partie de** · appartenir à · participer à

²**être** *n.m.* **1 -** créature · **2 -** individu · personne · type · **3 -** âme · conscience · esprit · individualité · moi · nature · personnalité · personne · **4 -** essence · nature intime · **5 -** existence
✦ **l'Être suprême** → Dieu

étreindre *v.tr.* **1 -** embrasser · caresser · enlacer · prendre, serrer dans ses bras · presser dans ses bras, sur son cœur · serrer · tenir · **2 -** oppresser · empoigner · étouffer · presser · serrer · tenailler

CONTR. desserrer ı lâcher ı relâcher

étreinte *n.f.* **1 -** embrassade · enlacement · **2 -** accouplement · coït

étrille *n.f.* **1 -** brosse · **2 -** portune

étriller v.tr. **1 - brosser** · bouchonner · frotter · panser · **2 - critiquer** · éreinter · malmener · maltraiter · rudoyer

étriper v.tr. **1 - éviscérer** · vider · **2 - éventrer** · **3 -** [fam.] **agresser** · attaquer · critiquer

⋙ **s'étriper** v.pron. [fam.] **se battre** · s'entretuer

étriqué, e adj. **1 - étroit** · court · exigu · juste · limité · maigre · petit · restreint · rétréci · riquiqui fam. · **2 - borné** · étroit · intolérant · limité · médiocre · mesquin · petit · sectaire · minable fam.

CONTR. ample | flottant | grand | large – ouvert | généreux | tolérant

étroit, e adj.
I **1 - étréci** · effilé · étiré · rétréci · **2 - étranglé** · encaissé · resserré · **3 - serré** · collant · court · étriqué · juste · moulant · petit · **4 - mince** · court · faible · fin · maigre · **5 - restreint** · confiné · exigu · juste · limité · petit · réduit · riquiqui fam.
II **exact** · restreint · restrictif
III **intime** · fort · privé · profond
IV **1 - rigoureux** · strict · scrupuleux · **2 - borné** · étriqué · intolérant · limité · médiocre · mesquin · petit · sectaire
✦ **à l'étroit** engoncé · étriqué · gêné · serré

CONTR. ample | large – grand | spacieux | vaste – lâche | relâché – compréhensif | éclairé | généreux | humain | sensible

étroitement adv. **1 - intimement** · fortement · **2 - exactement** · expressément · rigoureusement · scrupuleusement · strictement · **3 - de (très) près** · **4 - à l'étroit**

étroitesse n.f. **1 - exiguïté** · petitesse · **2 - mesquinerie** · médiocrité · petitesse

CONTR. ampleur – générosité

étron n.m. · crotte · excrément · colombin fam. · merde très fam.

étude n.f. **1 - analyse** · approfondissement · consultation · enquête · examen · expérimentation · expertise · exploration · observation · **2 - article** · essai · mémoire · traité · travail · **3 - dessin** · ébauche · **4 - affectation** · apprêt · recherche · afféterie littér.

⋙ **études** plur. **apprentissage** · cursus · parcours scolaire · scolarité · travail scolaire

étudié, e adj. **1 - médité** · mûri · pensé · réfléchi · **2 - recherché** · pensé · soigné · sophistiqué · travaillé · chiadé fam. · **3 - affecté** · apprêté · artificiel · calculé · contraint · emprunté · faux · feint

étudier v.tr. **1 - apprendre** · s'instruire sur · travailler · bûcher fam. · potasser fam. · piocher fam., vieilli · **2 - analyser** · approfondir · ausculter · considérer · éplucher · examiner · fouiller · observer · explorer · s'intéresser à · se pencher sur · tâter · **3 - chercher** · rechercher · **4 - composer** · mettre au point · préméditer · préparer
↬ apprendre

étui n.m. · boîte · boîtier · écrin · emballage · enveloppe · fourreau · gaine

étuve n.f. **1 - bain de vapeur** · caldarium vieux · **2 - fournaise** · four · **3 - autoclave** · stérilisateur

étuvée n.f. estouffade
✦ **à l'étuvée** à l'étouffée · en daube

étuver v.tr. **1 - désinfecter** · stériliser · **2 - déshydrater** · dessécher · sécher

étymologie n.f. · origine · étymon · racine

eunuque n.m. · castrat

euphémisme n.m. · adoucissement · antiphrase · atténuation · litote

euphonique adj. · harmonieux

euphorie n.f. • bien-être • aise • allégresse • béatitude • bonheur • contentement • enjouement • enthousiasme • entrain • excitation • extase • joie • jubilation • liesse • optimisme • plaisir • satisfaction • surexcitation
CONTR. angoisse ׀ dépression ׀ douleur

euphorique adj. **1 -** euphorisant • **2 -** heureux • enjoué • enthousiaste • excité • aux anges fam. • au septième ciel fam.
CONTR. déprimant – dépressif

euphorisant, e adj. et n.m. **1 -** euphorique • **2 -** antidépresseur • anxiolytique • sédatif • tranquillisant
CONTR. déprimant

eurythmie n.f. • équilibre • accord • harmonie

évacuation n.f. **1 -** dégorgement • débordement • déversement • écoulement • flux • **2 - éjection** • élimination • excrétion • expulsion • **3 - départ** • abandon • exode • retrait • retraite
CONTR. entrée ׀ invasion ׀ occupation

évacuer v.tr. **1 - éliminer** • excréter • expulser • rejeter • **2 - dégorger** • déverser • faire écouler • vidanger • vider • **3 - abandonner** • déguerpir de • quitter • se retirer de • sortir • [les lieux] vider • **4 - faire partir** • faire sortir • **5 -** [Psych.] se débarrasser de • liquider
CONTR. accumuler ׀ garder ׀ retenir – envahir ׀ occuper

évadé, e n. • fugitif

évader (s') v.pron. **1 - fuir** • s'échapper • s'enfuir • s'envoler • se sauver • cavaler fam. • jouer la fille de l'air fam. • se faire la belle argot • **2 - s'en aller** • s'éclipser • s'esquiver • filer (à l'anglaise) • fuir • se libérer • se retirer • sortir • se soustraire

évaluation n.f. **1 - appréciation** • calcul • chiffrage • dénombrement • détermination • estimation • expertise • mesure • comparaison • **2 - mesure** • prix • valeur • **3 - approximation** • à-peu-près • estimation

évaluer v.tr. **1 - apprécier** • estimer • jauger • juger • soupeser • supputer • [l'opinion, etc.] prendre le pouls de • prendre la température de • **2 - déterminer** • calculer • chiffrer • coter • expertiser • mesurer • peser

évanescent, e adj. • fugace • fugitif • insaisissable
CONTR. durable

évangélisation n.f. • christianisation • catéchisation

évangéliser v.tr. • christianiser • catéchiser • prêcher

évangile n.m. **1 - Nouveau Testament** • **2 - dogme** • bible • catéchisme • code • loi • règle

évanouir (s') v.pron. **1 - perdre connaissance** • défaillir • se trouver mal • perdre ses esprits • se pâmer vieux ou plaisant • tourner de l'œil fam. • tomber dans les pommes, dans les vapes fam. • tomber en syncope vieux • **2 - disparaître** • s'anéantir • cesser • se dissiper • s'éclipser • s'effacer • s'enfuir • s'envoler • s'évaporer • finir • fondre • fuir • mourir • se perdre • se terminer

évanouissement n.m. **1 - malaise** • défaillance • faiblesse • syncope • pâmoison vieux ou littér. • **2 - anéantissement** • disparition • effacement • perte • **3 -** [Radio] **fading**
CONTR. réveil – apparition

évaporation n.f. **1 - vaporisation** • **2 - disparition** • évanouissement
CONTR. condensation

évaporé, e adj. et n. • étourdi • écervelé • folâtre • frivole • inattentif • insouciant • léger • sans cervelle fam. • tête en l'air fam.
CONTR. grave ׀ posé ׀ sérieux

évaporer (s') v.pron. 1 – se vaporiser • se volatiliser • 2 – se dissiper • s'éventer • 3 – s'exhaler • s'exprimer • 4 – disparaître • s'éclipser • s'envoler • se volatiliser

évasé, e adj. • large • élargi • ouvert
CONTR. rétréci ı entravé

évasement n.m. • élargissement • agrandissement
CONTR. étranglement ı rétrécissement

évaser v.tr. • agrandir • élargir
CONTR. étrangler ı rétrécir

évasif, -ive adj. 1 – ambigu • allusif • détourné • équivoque • imprécis • laconique • vague • 2 – fuyant • dilatoire
CONTR. catégorique ı clair ı explicite ı net ı positif ı précis

évasion n.f. 1 – fuite • belle argot • cavale argot • 2 – distraction • changement • délassement • divertissement
CONTR. détention ı emprisonnement

évasivement adv. • vaguement
CONTR. catégoriquement ı franchement

éveil n.m. 1 – alerte • alarme • 2 – apparition • commencement • début • naissance • prémisses • 3 – [Physiol.] veille
✦ **en éveil** à l'affût • attentif • aux aguets • sur ses gardes
CONTR. abrutissement ı torpeur – assoupissement ı sommeil

éveillé, e adj. • vif • alerte • astucieux • dégourdi • déluré • espiègle • intelligent • malicieux • malin • ouvert • futé fam.
CONTR. abruti ı indolent ı lourd ı mou ı pesant ı sot

éveiller v.tr. 1 – réveiller • 2 – déclencher • animer • exciter • faire naître • piquer • provoquer • susciter • 3 – évoquer • rappeler • 4 – développer • révéler • stimuler • 5 – s'attirer

⋙ **s'éveiller** v.pron. se réveiller • ouvrir les yeux • ouvrir un œil fam.
CONTR. endormir – apaiser ı paralyser

événement n.m. 1 – fait • action • aventure • épisode • péripétie • [inattendu] coup de théâtre • 2 – histoire • affaire • 3 – situation • cas • circonstance • conjoncture • occasion • 4 – nouvelle • 5 – [heureux] bonheur • chance • 6 – [malheureux] accident • accroc • contretemps • incident • mésaventure • [grave] calamité • cataclysme • catastrophe • désastre • drame • malheur • scandale • tragédie

éventail n.m. 1 – gamme • assortiment • choix • sélection • 2 – échelle • fourchette

éventaire n.m. • devanture • étal • étalage

éventé, e adj. 1 – altéré • dénaturé • tourné • 2 – connu • découvert

éventer v.tr. 1 – divulguer • dévoiler • raconter • répandre • 2 – découvrir • déjouer • deviner • flairer • 3 – rafraîchir
⋙ **s'éventer** v.pron. 1 – s'aérer • 2 – s'altérer • tourner

éventrer v.tr. 1 – étriper • 2 – ouvrir • crever • défoncer
⋙ **s'éventrer** v.pron. se faire hara-kiri

éventualité n.f. 1 – cas • hypothèse • possibilité • 2 – circonstance • événement • occurrence • 3 – contingence • hasard • incertitude
CONTR. certitude ı nécessité ı réalité

éventuel, -uelle adj. 1 – possible • 2 – aléatoire • contingent • hypothétique • imprévisible • incertain
CONTR. assuré ı certain ı nécessaire – inévitable ı prévu ı réel ı sûr

éventuellement adv. 1 – le cas échéant • à l'occasion • 2 – peut-être • probablement • possiblement surtout Québec

évêque *n.m.* • prélat • prince de l'Église • pontife • dignitaire

évertuer à (s') *v.pron.* • s'appliquer à • s'acharner à • s'attacher à • batailler pour • se battre pour • s'échiner à • s'efforcer de • s'épuiser à • s'escrimer à • se fatiguer à • s'ingénier à • lutter pour • peiner pour • tâcher de • se tuer à *fam.*

éviction *n.f.* **1 - expulsion** • congédiement • élimination • évincement *rare* • exclusion • rejet • renvoi • [momentané] mise en quarantaine • **2 - dépossession** • supplantation

évidemment *adv.* **1 - absolument** • assurément • bien sûr • cela s'entend • cela va de soi • certainement • et comment (donc) • bien entendu • immanquablement • naturellement • **2 - à l'évidence** • à coup sûr • assurément • incontestablement • indubitablement • sans aucun doute • sans conteste • sans contredit

évidence *n.f.* **1 - certitude** • **2 - transparence** • vérité • **3 - truisme** • généralité • lapalissade
+ **dire une évidence** enfoncer une porte ouverte
+ **à l'évidence, de toute évidence** **1 - assurément** • certainement • évidemment • sûrement • **2 - il est évident que**
+ **en évidence** en vue • en lumière • au premier plan • en relief
+ **mettre en évidence** **1 - exposer** • mettre en vedette • montrer • **2 - accentuer** • dégager • marquer • faire ressortir • souligner • **3 - démontrer** • mettre en lumière • mettre en exergue • mettre au jour • montrer • prouver
+ **se mettre en évidence** se montrer • se mettre en avant • se faire remarquer

CONTR. doute ı improbabilité ı incertitude

évident, e *adj.* **1 - visible** • apparent • assuré • certain • clair • incontestable • indéniable • indiscutable • indubitable • irréfutable • manifeste • net • notoire • palpable • patent • saillant • sensible • sûr • transparent • **2 - flagrant** • aveuglant • criant • clair comme le jour • éclatant • gros comme une maison *fam.* • **3 - trivial** • facile
+ **être évident** sauter aux yeux • crever les yeux • se voir comme le nez au milieu de la figure *fam.*

CONTR. contestable ı discutable ı douteux ı incertain

↪ **clair**

évider *v.tr.* **1 - creuser** • vider • **2 -** [Méd.] cureter

CONTR. boucher ı combler ı remplir

évincer *v.tr.* **1 - écarter** • chasser • éliminer • éloigner • excepter • exclure • expulser • blackbouler *fam.* • débarquer *fam.* • virer *fam.* • **2 - l'emporter sur** • détrôner • supplanter

↪ **éliminer**

éviscération *n.f.* • étripage • évidement

éviscérer *v.tr.* • étriper • vider

éviter *v.tr.* **1 - esquiver** • détourner • échapper à • écarter • se garer de • parer • passer au travers de • se préserver de • se soustraire à • **2 - contourner** • se détourner de • s'écarter de • s'éloigner de • fuir • **3 - se dérober à** • se dispenser de • éluder • s'épargner • passer outre, au travers de • se soustraire à • obvier à *littér.* • couper à *fam.* • **4 - s'interdire** • bannir • supprimer
+ **éviter (qqch.) à (qqn)** **1 - décharger de** • délivrer de • dispenser de • libérer de • **2 - épargner à** • faire grâce de
+ **éviter de** [+ infinitif] s'abstenir de • se défendre de • se garder de • prendre garde de • résister à

CONTR. heurter ı rencontrer – approcher ı chercher ı poursuivre ı rechercher

évocateur, -trice *adj.* • suggestif • parlant • significatif

évocation *n.f.* **1 - rappel** • allusion • mention • remémoration • représentation • **2 - incantation** • sortilège

évolué, e *adj.* **1** - civilisé · développé · **2** - cultivé · éclairé · large d'esprit
CONTR. arriéré ı primitif ı sauvage

évoluer *v. intr.* **1** - se mouvoir · manœuvrer · **2** - changer · bouger · se modifier · se transformer · varier · **3** - progresser · innover · s'adapter · vivre avec son temps
CONTR. s'arrêter

évolutif, -ive *adj.* **1** - progressif · **2** - historique · diachronique

évolution *n.f.* **1** - mouvement • [Milit.] manœuvre · **2** - changement · bouleversement · développement · métamorphose · modification · transformation · **3** - déroulement · histoire · marche · tournure · **4** - progrès · avancement · cours · processus · progression · **5** - variation · courbe
CONTR. immobilité - permanence ı stabilité - fixité

évolutionnisme *n.m.* **1** - transformisme · **2** - réformisme
CONTR. fixisme

évoquer *v.tr.* **1** - invoquer · **2** - décrire · montrer · **3** - rappeler · réveiller · faire revivre · remémorer *littér.* · **4** - suggérer · appeler · éveiller · rappeler · susciter · **5** - faire allusion à · aborder · citer · effleurer · mentionner · nommer · poser · **6** - représenter · incarner · symboliser
CONTR. chasser ı conjurer ı écarter ı effacer ı éloigner ı oublier ı repousser

exacerbation *n.f.* · intensification · aggravation · exaspération · recrudescence · redoublement
CONTR. apaisement

exacerbé, e *adj.* · démesuré · violent

exacerber *v.tr.* **1** - porter à son paroxysme · aiguiser · aviver · exalter · enflammer · exciter · intensifier · **2** - aggraver · attiser · envenimer · exaspérer · irriter
CONTR. apaiser ı atténuer ı calmer

exact, e *adj.* **1** - correct · bon · juste · **2** - précis · net · **3** - authentique · réel · véridique · véritable · vrai · **4** - [sens] propre · littéral · strict · **5** - fidèle · conforme · textuel · **6** - mathématique · **7** - sûr · certain · fiable · solide · **8** - ponctuel · à l'heure · assidu · consciencieux · régulier · **9** - minutieux · attentif · précis · rigoureux · scrupuleux · strict
CONTR. inexact - approximatif - erroné ı fautif ı faux ı imaginaire ı imprécis ı incorrect ı vague

≈ exact, correct
Exact s'applique à ce qui est conforme à la réalité, à la vérité *(une réponse exacte, un compte rendu, un renseignement exact ; le lieu exact de l'accident).* Exact concerne aussi ce qui reproduit fidèlement la réalité, un original *(une imitation, une traduction exacte).* Correct n'est pas en rapport direct avec la réalité ou ce qui est reçu pour vrai, mais qualifie ce qui ne présente pas d'écart par rapport à une norme *(une alimentation correcte, un devoir correct),* cette norme pouvant relever d'un jugement social *(un discours politiquement correct ; une tenue, une conduite correctes).*

exactement *adv.* **1** - en tout point · régulièrement · religieusement · rigoureusement · scrupuleusement • [respecter] à la lettre • [se ressembler] trait pour trait · **2** - objectivement · fidèlement · littéralement · mot à mot · de point en point · textuellement · **3** - bien · adéquatement · correctement · **4** - précisément · justement · **5** - parfaitement · en plein · rigoureusement · tout à fait · au quart de poil *fam.* · **6** - [exclamatif] tout juste · absolument · certes · oui · parfaitement · tout à fait

exaction *n.f.* abus de pouvoir · extorsion · pillage · rançonnement · vol · malversation *littér.* · prévarication *littér. ou Droit* • [d'un fonctionnaire] concussion

≫ **exactions** *plur.* mauvais traitements · excès · sévices · violences

exactitude *n.f.* **1** - ponctualité · assiduité · régularité · **2** - justesse · correction ·

précision · rectitude · rigueur · **3 – fidélité** ·
justesse · ressemblance · véracité · vérité ·
véridicité *littér.* · **4 – application** · attention ·
conscience · minutie · soin · scrupule

CONTR. inexactitude – approximation ı contresens ı erreur ı imprécision ı infidélité

ex aequo *adv.* · à égalité · sur le même rang

exagération *n.f.* **1 – amplification** · dramatisation · gonflement · grossissement · majoration · surestimation · **2 – emphase** · enflure · hyperbole · broderie *rare* · **3 – excès** · abus · démesure · disproportion · outrance · **4 – fanfaronnade** · galéjade · hâblerie · vantardise

CONTR. adoucissement ı amoindrissement ı atténuation – mesure ı modération

exagéré, e *adj.* **1 – outrancier** · caricatural · chargé · excessif · extrême · fort · hyperbolique · outré · **2 – inabordable** · astronomique · excessif · exorbitant · **3 – abusif** · surfait · **4 – démesuré** · débridé · effréné · fou · immodéré · insensé · **5 – forcé** · affecté

CONTR. mesuré ı pondéré – faible

exagérément *adv.* · trop · abusivement · démesurément · à l'excès · excessivement · à outrance

exagérer *v.tr.*
I 1 – amplifier · agrandir · augmenter · enfler · gonfler · grandir · grossir · majorer · surestimer · [en mal] dramatiser · pousser au noir · **2 – forcer** · accentuer · accuser · amplifier · charger · grossir · outrer
II [sans complément] **1 – en ajouter** · fabuler · broder · se vanter · bluffer *fam.* · se gonfler *fam.* · hâbler *littér.* · **2 – abuser** · y aller fort · aller trop loin · dépasser les bornes · forcer le trait · ne pas y aller de main morte · passer la mesure · attiger *fam.*, · charrier *fam.* · faire fort *fam.* · forcer la dose *fam.* · pousser *fam.* · tirer sur la ficelle *fam.* · chier dans la colle *très fam.* · pousser le bouchon trop loin *fam.* · pousser mémère dans les orties *fam.*, vieilli · charrier, cherrer dans les bégonias *fam., vieux*

✦ **tout exagérer** faire d'une mouche un éléphant

⋙ **s'exagérer** *v.pron.* se faire un monde de · se faire une montagne de

CONTR. affaiblir – amoindrir ı atténuer ı minimiser ı modérer

exaltant, e *adj.* · excitant · électrisant · enivrant · enthousiasmant · galvanisant · grisant · passionnant · stimulant · vivifiant · emballant *fam.*

CONTR. déprimant

exaltation *n.f.* **1 – agitation** · bouillonnement · déchaînement · embrasement · délire · effervescence · excitation · surexcitation · **2 – ardeur** · animation · chaleur · enthousiasme · feu · fièvre · fougue · passion · véhémence · **3 – griserie** · emportement · enivrement · extase · exultation · ivresse · ravissement · transport · emballement *fam.* · **4 – glorification** · célébration · louange · apologie

CONTR. abattement ı apathie ı calme ı dépression ı impassibilité ı indifférence ı sang-froid – abaissement ı avilissement ı critique

exalté, e
■ *adj.* **1 – intense** · délirant · exacerbé · vif · **2 – excité** · frénétique · surexcité · survolté · **3 – ardent** · enthousiaste · fougueux · passionné
■ *n.* tête brûlée · énergumène · enragé · excité · fanatique · fou

CONTR. calme ı froid ı impassible ı paisible

exalter *v.tr.* **1 – animer** · chauffer (à blanc) · échauffer · électriser · enflammer · enivrer · enfiévrer · enthousiasmer · exciter · fanatiser · galvaniser · griser · passionner · soulever · survolter · transporter · emballer *fam.* · **2 – intensifier** · aviver · augmenter · enfler · fortifier · gonfler · ranimer · raviver · réchauffer · relever · remonter · renforcer · réveiller · stimuler · vivifier · **3 – rehausser** · relever · faire ressortir · **4 – améliorer** · développer · grandir · hausser · perfectionner · **5 – glorifier** · bénir · déifier · diviniser · magnifier · hisser sur le pavois · élever jusqu'aux nues · porter aux nues · mettre sur un piédestal · **6 – célébrer** · chanter · louer · vanter

⋙ **s'exalter** *v.pron.* s'enthousiasmer · s'enflammer · s'engouer · se passionner · se monter la tête *fam.* · s'emballer *fam.*

CONTR. calmer – adoucir ı attiédir ı éteindre ı refroidir – abaisser ı décrier ı dénigrer ı déprécier ı mépriser ı rabaisser

examen *n.m.* **1 – étude** · analyse · auscultation · contrôle · décorticage · dépouillement · dissection · enquête · épluchage · exploration · information · inspection · investigation · observation · recherche · reconnaissance · revue · ronde · test · vérification · visite · **2 –** [rapide] **tour d'horizon** · survol · **3 – consultation** · visite • [complet] bilan de santé · check-up *anglic.* · **4 – épreuve** · test · audition · composition · écrit · interrogation · oral · partiel · **5 – brevet** · certificat

✦ **examen de conscience**   introspection

examinateur, -trice *n.* **1 – interrogateur** · correcteur · colleur *fam.* · **2 –** [vieux] **observateur** · critique

examiner *v.tr.*
I **1 – observer** · considérer · contempler · étudier · explorer · inspecter · passer en revue · prospecter · regarder · scruter · visiter • [avec dédain] toiser · **2 – compulser** · consulter · dépouiller
II **1 – analyser** · étudier · sonder · **2 – contrôler** · éprouver · essayer · expérimenter · vérifier · **3 – ausculter** · palper · tâter · toucher
III **1 – réfléchir à** · repasser · repeser · ressasser · retourner dans son esprit · revoir · **2 – débattre** · délibérer de, sur · discuter · mettre sur le tapis

✦ **examiner à fond**   approfondir · fouiller · faire le tour de · désosser · disséquer · éplucher · passer au crible · passer au peigne fin · passer à l'étamine *vieux*

✦ **examiner rapidement**   **1 – jeter un coup d'œil sur** · feuilleter · **2 – effleurer** · survoler

exaspérant, e *adj.* · excédant · agaçant · crispant · énervant · horripilant · insupportable · irritant · rageant *fam.*

CONTR. calmant ı lénifiant

exaspération *n.f.* **1 – agacement** · colère · énervement · horripilation · irritation · nervosité · rage · **2 – exacerbation** · aggravation · exaltation · excitation · intensification · recrudescence · redoublement

CONTR. apaisement ı calme – adoucissement

exaspéré, e *adj.* **1 – furieux** · enragé · furibond · irrité · en colère · en fureur · en rage · à cran · à bout de nerfs *fam.* · **2 –** [vieux] **aigu** · exacerbé · vif

exaspérer *v.tr.* **1 – excéder** · agacer · assommer · aigrir · crisper · énerver · fâcher · faire bouillir · fatiguer · impatienter · irriter · pousser à bout · courir sur le système à *fam.* · courir sur le haricot à *très fam.* · gonfler *très fam.* · porter sur les nerfs de *fam.* · taper sur les nerfs à *fam.* · **2 – intensifier** · accroître · aggraver · aiguiser · aviver · envenimer · exacerber · exciter

CONTR. adoucir ı affaiblir ı atténuer ı diminuer – calmer

exaucer *v.tr.* **1 – combler** · contenter · satisfaire · **2 – accomplir** · accorder · réaliser

excavateur *n.m.* · bulldozer · excavatrice · pelle mécanique · pelleteuse

excavation *n.f.* **1 – cavité** · anfractuosité · antre · caverne · creux · faille · grotte · vide · **2 – fosse** · entonnoir · puits · souterrain · tranchée · trou

excédent *n.m.* **1 – surplus** · différence (en plus) · excès · résidu · reste · supplément · surcroît · surcharge · trop-plein · **2 – bénéfice** · boni · gain · plus-value · reste · solde

✦ **en excédent**   en trop · en surnombre · en surcharge

CONTR. déficit ı insuffisance ı manque

excédentaire *adj.* • en trop • en surnombre • en surcharge

excéder *v.tr.* **1 - dépasser** • surpasser • l'emporter sur • **2 - outrepasser** • passer • **3 - exaspérer** • agacer • assourdir • crisper • énerver • ennuyer • horripiler • importuner • insupporter • irriter • lasser • casser la tête, les pieds à *fam.*
CONTR. ravir ı réjouir

excellemment *adv.* • admirablement • divinement • merveilleusement • parfaitement • remarquablement • supérieurement

excellence *n.f.* perfection • qualité • supériorité • suprématie • précellence *vieux*
✦ **par excellence** typiquement
CONTR. infériorité ı médiocrité

excellent, e *adj.* **1 - délicieux** • divin • exquis • fameux • goûteux • succulent • extra *fam.* • friand *vieux* • **2 - admirable** • de premier ordre • en or • incomparable • magistral • merveilleux • parfait • remarquable • supérieur • de première bourre *fam.* • extra *fam.* • super *fam.* • **3 - talentueux** • accompli • doué • très fort • remarquable • balèze *fam.* • calé *fam.* • fortiche *fam.*
CONTR. déplorable ı détestable ı exécrable ı mauvais ı médiocre ı passable

exceller *v. intr.* briller • se distinguer • s'illustrer • triompher
✦ **exceller en** être un as de, en *fam.* • faire un carton en *fam.* • cartonner en *fam.* • avoir le chic pour *fam.*

excentricité *n.f.* • bizarrerie • extravagance • fantaisie • folie • originalité • singularité
CONTR. banalité ı conformisme

excentrique *adj.* **1 - bizarre** • baroque • étrange • extravagant • farfelu • insolite • original • saugrenu • singulier • **2 - périphérique** • excentré
CONTR. banal ı coincé ı commun ı mesuré ı ordinaire ı raisonnable ı rigide ı strict – concentrique

excepté *prép.* à l'exception de • abstraction faite de • non compris • en dehors de • à l'exclusion de • hormis • hors • à part • à la réserve de • sauf • sinon
✦ **excepté que** à cela près que • sauf que • si ce n'est que • sinon que
CONTR. y compris

excepter *v.tr.* • écarter • enlever • exclure • mettre de côté • mettre à part • négliger • ôter • oublier • réserver • retirer • retrancher
CONTR. comprendre ı englober ı inclure

exception *n.f.* **1 - dérogation** • restriction • **2 - anomalie** • entorse • irrégularité • particularité • singularité • **3 - phénomène**
✦ **à l'exception de** excepté • abstraction faite de • non compris • en dehors de • à l'exclusion de • hormis • hors • à part • à la réserve de • sauf
✦ **d'exception** **1 - spécial** • exceptionnel • **2 - extraordinaire** • émérite • exceptionnel • hors du commun • hors ligne • hors pair • remarquable • supérieur • unique
CONTR. généralité ı principe ı règle

exceptionnel, -elle *adj.* **1 - rare** • occasionnel • **2 - anormal** • étonnant • extraordinaire • **3 - spécial** • d'exception • **4 - remarquable** • émérite • d'exception • extraordinaire • hors du commun • hors ligne • hors pair • rare • supérieur • unique
CONTR. régulier – banal ı commun ı courant ı habituel ı normal ı ordinaire

exceptionnellement *adv.* **1 - rarement** • ne ... guère • peu • **2 - extraordinairement** • extrêmement • particulièrement • supérieurement
CONTR. communément

excès *n.m.* **1 - excédent** • reste • surplus • trop-plein • **2 - profusion** • débauche • foison • luxe • orgie • pléthore • satiété • saturation • surabondance • **3 - démesure** • abus • disproportion • exagération • énormité • outrance • immodération *littér.* • trop *fam.* • **4 - débor-**

dement · abus · dérèglement · dévergondage · écart · folie · inconduite · incontinence · intempérance · libertinage · licence
✦ **en excès** à revendre *fam.*
✦ **à l'excès, jusqu'à l'excès** excessivement · démesurément · immodérément · outre mesure · à outrance
✦ **sans excès** modérément · avec modération

CONTR. défaut ׀ déficit ׀ insuffisance ׀ manque ׀ modération

excessif, -ive *adj.* 1 - démesuré · abusif · énorme · extrême · immodéré · surabondant · 2 - inabordable · abusif · ahurissant · exagéré · exorbitant · prohibitif · 3 - outrancier · exagéré · outré · 4 - extraordinaire · exceptionnel · extrême · infini · prodigieux

CONTR. modéré ׀ moyen ׀ normal

excessivement *adv.* 1 - outrageusement · à l'excès · démesurément · exagérément · surabondamment · 2 - extraordinairement · extrêmement · fabuleusement · incroyablement · infiniment · suprêmement

CONTR. assez ׀ peu

excision *n.f.* 1 - ablation · abscission · enlèvement · exérèse · extirpation · incision · 2 - clitoridectomie

excitabilité *n.f.* · irritabilité · sensibilité

CONTR. inexcitabilité

excitable *adj.* 1 - irritable · coléreux · nerveux · susceptible · 2 - réceptif · sensible

CONTR. flegmatique ׀ impassible ׀ imperturbable ׀ inexcitable

excitant, e
■ *adj.* 1 - enivrant · électrisant · enthousiasmant · entraînant · exaltant · galvanisant · grisant · passionnant · stimulant · emballant *fam.* · 2 - attrayant · agréable · appétissant · alléchant · engageant · enthousias-

mant · plaisant · séduisant · tentant · emballant *fam.* · 3 - **aphrodisiaque** · stimulant · 4 - **provoquant** · affriolant · aguichant · émoustillant · érotique · piquant · troublant · voluptueux · bandant *très fam.* · sexy *fam.*

■ *n.m.* 1 - **aiguillon** · stimulus · 2 - **euphorisant** · excitatif · réconfortant · reconstituant · remontant · stimulant · tonique

CONTR. apaisant ׀ calmant ׀ réfrigérant – anesthésique ׀ calmant ׀ sédatif

excitation *n.f.* 1 - **stimulation** · coup de fouet · 2 - **encouragement** · appel · exhortation · incitation · invitation · provocation · sollicitation · 3 - **exaltation** · ardeur · embrasement (des sens) · émoi · enthousiasme · ivresse · passion · ravissement · transport · éréthisme *littér.* · 4 - **agitation** · animation · bouillonnement · ébullition · effervescence · énervement · exacerbation · fébrilité · fièvre · surexcitation · délire · trouble · 5 - **énervement** · exaspération · irritation

CONTR. adoucissement ׀ apaisement ׀ calme ׀ flegme ׀ tranquillité

excité, e
■ *adj.* agité · ardent · énervé · nerveux · dans tous ses états *fam.* · speed *fam.*
■ *n.* énergumène · enragé
✦ **très excité** excité comme une puce *fam.*

CONTR. calme ׀ tranquille

exciter *v.tr.*
I 1 - **causer** · allumer · appeler · déclencher · éveiller · faire croître · faire naître · insuffler · provoquer · ranimer · raviver · remuer · réveiller · solliciter · susciter · 2 - **activer** · aiguillonner · aiguiser · attiser · aviver · éperonner · exalter · fouetter · piquer · stimuler · doper *fam.* · 3 - **exacerber** · aggraver · envenimer · exaspérer · 4 - **caresser** · chatouiller · flatter
II 1 - **agiter** · animer · enfiévrer · passionner · surexciter · 2 - **déchaîner** · électriser · embraser · enflammer · galvaniser · pousser · soule-

ver · fomenter littér. · **3 - exalter** · enivrer · enlever · enthousiasmer · ravir · transporter · emballer fam. · **4 - émoustiller** · affrioler · aguicher · attirer · attiser le désir de · charmer · plaire à · tenter · troubler · allumer fam. · faire bander très fam. · **5 - échauffer** · enivrer · mettre en verve
III agacer · énerver · irriter · provoquer · taquiner

✦ **exciter (qqn) à** inciter à · convier à · encourager à · engager à · entraîner à · exhorter à · inviter à · instiguer à · obliger à · persuader de · porter à · pousser à · presser de · provoquer à

✦ **exciter contre** dresser contre · ameuter contre · monter contre · opposer à · braquer contre fam.

⋙ **s'exciter** v.pron. **1 - s'énerver** · s'agiter · s'emporter · **2 - s'enthousiasmer** · s'enflammer · se monter la tête fam.

CONTR. adoucir ı arrêter ı calmer ı empêcher ı endormir ı étouffer ı refouler ı refréner ı réprimer ı retenir – apaiser

exclamation n.f. **1 - clameur** · cri · **2 - interjection** · juron

exclamer (s') v.pron. · s'écrier · se récrier · dire

exclu, e n. · paria · marginal · laissé-pour-compte · réprouvé littér.

CONTR. admis ı compris ı inclus

exclure v.tr. **1 - bannir** · chasser · écarter · éliminer · épurer · évincer · excommunier · exiler · expulser · mettre à la porte · frapper d'ostracisme · proscrire · radier · refouler · rejeter · renvoyer · repousser · forclore littér. · éjecter fam. · vider fam. · virer fam. · [momentanément] isoler · mettre à l'écart · mettre en quarantaine · mettre sur la touche fam. · **2 - ôter** · rayer · retrancher · supprimer · **3 - excepter** · écarter · faire abstraction de · ne pas tenir compte de · **4 - empêcher** · interdire · s'opposer à · être incompatible avec · **5 - interdire** · prohiber · proscrire · refuser · mettre à l'index

⋙ **s'exclure** v.pron. [mutuellement] **s'annuler** · s'annihiler · se neutraliser

CONTR. accueillir ı admettre – autoriser ı permettre – impliquer ı inclure

🞂 **éliminer**

exclusif, -ive adj. **1 - absolu** · particulier · personnel · propre · spécial · spécifique · unique · **2 - possessif** · égoïste · jaloux · **3 - étroit** · buté · entier · entêté · de parti pris

CONTR. éclectique ı large ı ouvert ı tolérant

exclusion n.f. **1 - expulsion** · radiation · rejet · renvoi • [momentanée] mise à l'écart · mise en quarantaine · mise sur la touche fam. • [Relig.] excommunication · **2 - élimination** · suppression · **3 - destitution** · dégradation · révocation · **4 - isolement** · désocialisation · marginalisation · ostracisme

✦ **à l'exclusion de** à l'exception de · abstraction faite de · non compris · en dehors de · excepté · hormis · hors · à part · à la réserve de · sauf · sinon

CONTR. admission ı inclusion ı réintégration

exclusive n.f. · exception · exclusion · interdit

exclusivement adv. · seulement · uniquement

CONTR. y compris ı inclus ı inclusivement

exclusivité n.f. **1 - monopole** · apanage · **2 - scoop** anglic.

excommunication n.f. **1 - anathème** · exclusion · **2 - censure** · foudre de l'Église · glaive spirituel

excommunier v.tr. **1 - anathématiser** · **2 - chasser** · bannir · exclure · expulser · radier · rejeter · repousser · ostraciser littér.

excréments n.m.pl. **1 - déjections** · matières fécales · fèces · selles · excrétions littér. · **2 - étrons** · crottes · caca fam. · colombins fam. · merde très fam. · **3 - crotte** ·

bouse · crottin · purin • [d'insecte] chiasse · chiure • [de cerf, sanglier] fumées · laissées • [d'oiseau] fiente · guano

excrétion n.f. élimination · écoulement · évacuation · expulsion

⋙ **excrétions** plur. → excréments

excroissance n.f. **1 -** protubérance · bosse · kyste · polype · proéminence · saillie · tumeur · **2 -** crête · **3 -** [Bot.] bourrelet · broussin · galle · tubercule

excursion n.f. · promenade · course · expédition · partie de campagne · randonnée · sortie · tournée · voyage · balade fam. · virée fam.

excusable adj. · compréhensible · défendable · justifiable · pardonnable · supportable · tolérable · rémissible littér.

CONTR. impardonnable ı inexcusable

excuse n.f. **1 -** justification · défense · décharge · explication · motif · raison · **2 -** prétexte · dérobade · échappatoire · faux-fuyant · **3 -** [souvent plur.] regret · (demande de) pardon

CONTR. accusation ı blâme ı imputation – condamnation ı inculpation ı reproche

        excuse, pardon

Excuse et pardon sont relatifs à la position que l'on a à l'égard d'une faute. L'**excuse** est la raison que l'on donne pour se défendre d'une accusation, d'un reproche *(une lettre, un geste, des mots d'excuse).* Elle exprime aussi les regrets que l'on témoigne d'avoir contrarié ou offensé quelqu'un *(acceptez mes excuses ; présenter, faire ses excuses, recevoir des excuses).* Le coupable qui demande le **pardon** d'une faute souhaite qu'on ne lui en tienne pas rigueur *(accorder son pardon, un geste de pardon).* **Pardon** peut être employé par politesse dans une formule par laquelle on s'**excuse** de déranger quelqu'un, de l'interrompre, etc., comme si l'on anticipait le pardon *(Je vous demande pardon, mais pouvez-vous répéter ?).*

excuser v.tr. **1 - expliquer** · justifier · légitimer · motiver · **2 - défendre** · prendre la défense de · blanchir · couvrir · disculper · innocenter · **3 - pardonner** · absoudre · décharger · **4 - admettre** · accepter · pardonner · passer sur · supporter · tolérer · fermer les yeux sur · passer l'éponge sur fam.

⋙ **s'excuser** v.pron. **1 - se justifier** · se défendre · **2 - demander pardon** · faire amende honorable · regretter

CONTR. accuser ı blâmer ı charger ı condamner ı imputer ı reprocher

exécrable adj. **1 - abominable** · affreux · détestable · épouvantable · horrible · insupportable · odieux · repoussant • [humeur] de chien · de dogue · **2 - dégoûtant** · imbuvable · immangeable · immonde · infect · répugnant · **3 - déplorable** · affligeant · calamiteux · consternant · dérisoire · désastreux · lamentable · misérable · navrant · nul · pitoyable · minable fam.

CONTR. bon ı excellent ı exquis – parfait

exécration n.f. **1 - dégoût** · aversion · haine · horreur · répugnance · répulsion · abomination littér. · détestation littér. · **2 -** [vieux] imprécation · malédiction

CONTR. admiration ı adoration ı affection ı amour ı bénédiction

exécrer v.tr. · détester · haïr · avoir en horreur · maudire · rejeter · repousser · ne pas pouvoir souffrir · vomir · abhorrer littér. · abominer littér. · ne pas pouvoir sentir fam.

CONTR. adorer ı aimer ı bénir ı chérir

exécutable adj. · possible · faisable · réalisable

CONTR. impossible ı impraticable ı inexécutable ı irréalisable

exécutant, e n. **1 - musicien** · **2 - technicien** · praticien · réalisateur · exécuteur vieux · faiseur rare

exécuter v.tr.
I 1 - accomplir · effectuer · opérer · réaliser · mener à bien, à bonne fin · mettre à exécution · procéder à · travailler à · **2 -** fabriquer · confectionner · réaliser · **3 -** interpréter · jouer · massacrer *fam., péj.*
II obéir à · s'acquitter de · exercer · observer · remplir · satisfaire à · tenir
III 1 - tuer · abattre · assassiner · décapiter · éliminer · fusiller · guillotiner · mettre à mort · pendre (haut et court) · descendre *fam.* · expédier *fam.* · liquider *fam.* · supprimer *fam.* • [un soldat] passer par les armes · **2 -** critiquer · discréditer · démolir · éreinter · esquinter · descendre (en flammes) *fam.*

›› **s'exécuter** v.pron. obéir · obtempérer

exécuteur n.m. · bourreau

exécution n.f. **1 -** accomplissement · conduite · réalisation · **2 -** construction · composition · rédaction · **3 - facture** · forme · **4 -** interprétation · **5 -** mise à mort · assassinat · décapitation · pendaison · supplice
✦ **mettre à exécution** → exécuter
CONTR. inexécution | non-exécution

exégèse n.f. · commentaire · critique · explication · herméneutique · interprétation

exégète n. · annotateur · commentateur · critique · interprète · scoliaste

¹**exemplaire** adj. **1 - remarquable** · édifiant · honnête · modèle · moral · parfait · vertueux · **2 - sévère** · dissuasif

²**exemplaire** n.m. **1 -** copie · épreuve · imitation · réplique · **2 -** numéro · édition · épreuve · **3 - échantillon** · exemple · spécimen

exemple n.m. **1 -** modèle · idéal · image · parangon · type · **2 - précédent** · antécédent · **3 -** spécimen · cas · exemplaire · **4 -** aperçu · échantillon · esquisse · idée · illustration · notion · preuve · **5 -** [Grammaire] **paradigme**

✦ **à l'exemple de** comme · à l'image de · à l'instar de · de même que
✦ **par exemple 1 -** ainsi · comme · notamment · **2 -** cependant · mais
✦ **montrer l'exemple** montrer, tracer le chemin · frayer la voie
✦ **suivre l'exemple de** suivre le chemin, les brisées, les traces de · se mettre dans les pas de · se modeler sur

exempt, e adj. **1 -** dégagé · affranchi · déchargé · dispensé · exempté · exonéré · libéré · libre · **2 - dépourvu** · démuni · dénué · privé
CONTR. assujetti | astreint | obligé | tenu – doué | muni | nanti

exempter v.tr. **1 -** réformer · **2 -** affranchir · alléger · décharger · dégager · dégrever · dispenser · exonérer · libérer · tenir quitte · **3 -** garantir · immuniser (contre) · mettre à l'abri · préserver
CONTR. assujettir | astreindre | contraindre | obliger

exemption n.f. **1 -** dispense · privilège · **2 -** décharge · dégrèvement · exonération · franchise
CONTR. assujettissement | contrainte | obligation

exercé, e adj. · entraîné · adroit · averti · expérimenté · expert · formé · habile
CONTR. inhabile | inexercé | inexpérimenté | maladroit

exercer v.tr. **1 -** entraîner · aguerrir · cultiver · dresser · éduquer · endurcir · façonner · former · habituer · plier · rompre · **2 - pratiquer** · s'acquitter de · se consacrer à · se livrer à · remplir · **3 - employer** · mettre en action · déployer · **4 -** [un droit] faire valoir · **5 -** travailler

›› **s'exercer** v.pron. **1 -** s'entraîner · s'appliquer · s'essayer · s'entretenir · faire des, ses gammes · se faire la main *fam.* · **2 - se manifester** · s'appliquer · se faire sentir

exercice n.m. **1 -** pratique · usage · **2 -** entraînement · expérience · habitude · **3 -**

activité physique · culture physique · gymnastique · sport · **4** – [Scol.] **devoir** · **5** – [Milit.] manœuvre · instruction
✦ **en exercice** en activité
CONTR. calme ⏐ inaction ⏐ repos – en congé ⏐ en disponibilité ⏐ en retraite

exergue *n.m. ou f.* **1** – épigraphe · **2** – inscription
✦ **mettre en exergue** mettre en évidence · mettre en lumière · mettre en relief

exhalaison *n.f.* **1** – effluve · arôme · fumet · odeur · parfum · senteur · **2** – émanation · fumée · gaz · haleine · souffle · vapeur · miasme *péj.*

exhaler *v.tr.* **1** – dégager · émettre · produire · répandre · **2** – sentir bon · embaumer · fleurer · odorer *vieux ou littér.* · **3** – sentir mauvais · empester · puer · **4** – respirer · transpirer · suer *fam.* · **5** – pousser · laisser échapper · rendre · **6** – exprimer · déverser · donner libre cours à · manifester · proférer
⤏ **s'exhaler** *v.pron.* s'évaporer · émaner · transpirer
CONTR. puer – comprimer ⏐ garder ⏐ réprimer ⏐ taire

exhaussement *n.m.* · élévation · surélévation

exhausser *v.tr.* **1** – hausser · élever · monter · relever · remonter · surélever · surhausser · **2** – ennoblir · élever
CONTR. abaisser ⏐ diminuer

exhaustif, -ive *adj.* · complet · entier · intégral · total
CONTR. incomplet ⏐ partiel

exhaustivement *adv.* · in extenso · entièrement · intégralement · totalement

exhiber *v.tr.* **1** – montrer · exposer · présenter · produire · faire voir · **2** – dénuder · découvrir · dévoiler · **3** – arborer · afficher · déployer · étaler · faire étalage de · faire montre de · faire parade de
⤏ **s'exhiber** *v.pron.* se montrer · parader · se pavaner · se produire · se donner, s'offrir en spectacle
CONTR. cacher ⏐ dissimuler

exhibition *n.f.* **1** – présentation · exposition · numéro · représentation · show · spectacle · **2** – déploiement · dépense · étalage · parade · montre *vieux ou littér.*

exhortation *n.f.* **1** – encouragement · appel · avis · conseil · excitation · incitation · instruction · invitation · invite · recommandation · **2** – sermon · admonestation · harangue · leçon
CONTR. dissuasion

exhorter *v.tr.* **1** – haranguer · **2** – encourager · appeler · conseiller · convier · engager · exciter · inciter · inviter · persuader · pousser · presser · recommander
CONTR. décourager ⏐ dissuader

exhumer *v.tr.* **1** – déterrer · **2** – ressortir · rappeler · ressusciter · réveiller · déterrer *fam.* · ressortir du placard *fam.*
CONTR. enfouir ⏐ ensevelir ⏐ enterrer ⏐ inhumer

exigeant, e *adj.* **1** – difficile (à contenter) · intraitable · **2** – pointilleux · maniaque · minutieux · perfectionniste · sourcilleux · tatillon · **3** – sévère · dur · strict · **4** – astreignant · accaparant · absorbant · assujettissant · envahissant · prenant
CONTR. accommodant ⏐ arrangeant ⏐ coulant ⏐ facile ⏐ traitable
⤏ **difficile**

exigence *n.f.* **1** – contrainte · besoin · impératif · loi · nécessité · obligation · ordre · règle · **2** – désir · appétit · besoin · **3** – demande · condition · revendication • [au plur., salariales] prétentions

exiger v.tr. **1 - revendiquer** · réclamer · requérir · **2 - ordonner** · enjoindre · commander · imposer · requérir · **3 - nécessiter** · appeler · astreindre à · commander · contraindre à · demander · imposer · obliger à · réclamer · requérir · supposer · vouloir
✦ **exiger trop**   placer la barre trop haut
CONTR. offrir ı donner − dispenser ı exempter

exigu, e adj. · étroit · étriqué · minuscule · petit · réduit · restreint · riquiqui fam.
CONTR. grand ı vaste

exiguïté n.f. · petitesse · étroitesse
CONTR. ampleur ı énormité ı grandeur ı immensité

exil n.m. **1 - expatriation** · départ · **2 - bannissement** · ban · déportation · expulsion · proscription · relégation · renvoi · transportation · **3 - éloignement** · isolement · séparation · **4 - réclusion** · retraite
CONTR. retour − rappel

exiler v.tr. **1 - bannir** · chasser · déporter · exclure · expatrier · expulser · ostraciser · proscrire · **2 - éloigner** · écarter · reléguer
⋙ **s'exiler** v.pron. **1 - s'expatrier** · émigrer · se réfugier · **2 - se retirer** · disparaître · fuir · s'enterrer fam.
CONTR. rappeler

🕮   **exiler, bannir, proscrire, ostraciser**

Exiler, bannir, proscrire et ostraciser concernent l'action de faire quitter un territoire à quelqu'un sous la contrainte. Aucun des quatre verbes n'appartient au vocabulaire juridique moderne en France. Exiler une personne se dit quand une autorité souveraine l'oblige à aller vivre à l'étranger, parfois avec le statut de réfugié politique *(le pouvoir a exilé des opposants)*. Bannir implique une décision judiciaire, la condamnation à quitter le territoire étant infamante. Proscrire s'emploie si l'obligation de l'exil procède de l'arbitraire et qu'elle est violente. Ostraciser est propre à

l'Antiquité grecque : le peuple d'Athènes obligeait à un exil de dix ans un citoyen jugé trop puissant ou qui prenait trop de pouvoir.

existant, e adj. **1 - actuel** · présent · en vigueur · **2 - concret** · effectif · palpable · positif · réel
CONTR. irréel ı virtuel

existence n.f. **1 - présence** · matérialité · réalité · **2 - vie** · jours · **3 - sort** · destin · destinée · état
✦ **moyens d'existence**   ressources
CONTR. inexistence ı non-être ı non-existence − mort

exister v. intr. **1 - être** · vivre · être sur terre · **2 - se rencontrer** · se trouver · régner · **3 - durer** · continuer · demeurer · persister · subsister · **4 - compter** · importer · valoir
✦ **il existe**   il y a · on rencontre · on observe · on trouve

exode n.m. **1 - émigration** · expatriation · **2 - fuite** · sauve-qui-peut · **3 -** [des cerveaux, des capitaux] **évasion** · fuite
✦ **exode rural**   dépeuplement des campagnes · désertion des campagnes

exonération n.f. · dispense · abattement · affranchissement · allègement · décharge · déduction · dégrèvement · diminution · exemption · franchise · immunité · remise
CONTR. majoration ı surcharge ı surtaxe

exonérer v.tr. **1 - affranchir** · décharger · dégager · dispenser · exempter · libérer · **2 - dégrever**
✦ **exonéré d'impôt**   détaxé · défiscalisé
CONTR. majorer ı surcharger ı surtaxer

exorbitant, e adj. · excessif · démesuré · exagéré · extravagant · immodéré · inabordable · invraisemblable · dingue fam. · faramineux fam. · fou fam. · monstrueux fam.
CONTR. modéré ı modique

exorciser v.tr. **1 -** chasser · conjurer · **2 -** désenvoûter · désensorceler

CONTR. ensorceler

exorcisme n.m. · désenvoûtement · désensorcellement · conjuration

exorde n.m. **1 -** introduction · préambule · préliminaire · prologue · **2 - début** · commencement · entrée en matière · prélude

CONTR. conclusion ı épilogue ı péroraison – fin

exotique adj. **1 -** lointain · **2 -** tropical · **3 -** étrange · différent · inhabituel · dépaysant

expansif, -ive adj. · communicatif · confiant · débordant · démonstratif · extraverti · exubérant · franc · ouvert

CONTR. renfermé ı réservé ı sournois ı taciturne ı timide

expansion n.f. **1 - croissance** · boom · développement · épanouissement · essor · **2 - diffusion** · extension · propagation · **3 - débordement** · effusion · épanchement · **4 -** [d'un gaz] **dilatation** · décompression · détente · explosion

CONTR. récession ı recul ı régression ı stagnation – défiance ı froideur ı réserve ı retenue ı timidité – compression ı contraction

expatriation n.f. **1 - émigration** · exil · fuite · **2 - déportation** · expulsion

CONTR. rapatriement

expatrier v.tr. exiler · expulser

≫ **s'expatrier** v.pron. émigrer · s'exiler · se réfugier

CONTR. rapatrier

expectative n.f. · attente · espérance · espoir · perspective

expectoration n.f. **1 - crachement** · toux · **2 - crachat** · glaire · glaviot très fam. · graillon très fam. · mollard très fam.

expectorer v.tr. · cracher · expulser · [sans complément] tousser

¹**expédient, e** adj. · adéquat · à propos · commode · convenable · indiqué · opportun · utile · idoine littér. ou plaisant

²**expédient** n.m. **1 - palliatif** · **2 - moyen** · astuce · échappatoire · ressource · solution · tour d'acrobatie · combine fam. · truc fam.

expédier v.tr. **1 - envoyer** · adresser · dépêcher · poster · transmettre · **2 - régler** · **3 - bâcler** · liquider · torcher fam. · trousser littér. · **4 - congédier** · se débarrasser de · renvoyer · éconduire littér. · envoyer paître, péter, promener, sur les roses fam. · **5 -** [fam.] → **tuer**

CONTR. recevoir – fignoler ı faire traîner – inviter

expéditeur, -trice n. · envoyeur

CONTR. destinataire

expéditif, -ive adj. **1 - rapide** · prompt · vif · diligent vieilli ou littér. · **2 - sommaire** · court · hâtif · précipité

CONTR. lent ı indécis ı traînard

> ### expéditif, diligent, prompt
>
> Ces adjectifs qualifient une personne qui fait preuve de rapidité dans l'accomplissement d'une chose. **Expéditif** insiste sur la vitesse d'exécution d'une tâche, souvent liée à la volonté de s'en débarrasser (être expéditif en affaire). Expéditif se dit aussi de ce qui permet d'aller vite (un moyen expéditif, des manières, des méthodes expéditives). Avec **diligent**, aujourd'hui vieilli ou d'usage littéraire, on a l'idée d'attention, d'empressement (une secrétaire diligente, des soins diligents). **Prompt**, plus neutre, retient seulement l'idée de vitesse et de vivacité (un geste prompt). Il est vieilli pour qualifier des personnes (un homme prompt à comprendre une situation).

expédition *n.f.*
I 1 - envoi • transport • **2 -** [Droit] copie • double • extrait
II 1 - voyage • périple • randonnée • virée *fam.* • **2 -** entreprise • aventure • campagne • croisade • équipée • mission • **3 -** coup (de main) • descente • raid
CONTR. réception

expérience *n.f.* **1 -** savoir-faire • acquis • connaissance(s) • expertise • métier • qualification • science • **2 -** expérimentation • épreuve • essai • observation • tentative • test • **3 -** pratique • familiarité • habitude • routine • usage
✦ **acquérir sa première expérience** faire ses classes
✦ **avoir de l'expérience** ne pas être né de la dernière pluie, d'hier • ne pas en être à son premier coup
CONTR. ignorance ׀ inexpérience – théorie

expérimental, e *adj.* **1 -** empirique • pragmatique • **2 -** d'avant-garde • modèle • pilote
CONTR. théorique

expérimentation *n.f.* • expérience • épreuve • essai • étude • test

expérimenté, e *adj.* exercé • accompli • adroit • averti • capable • chevronné • compétent • confirmé • connaisseur • émérite • entraîné • éprouvé • expert • fort • habile • instruit • qualifié
✦ **expérimenté en** rompu à • versé en
CONTR. apprenti ׀ bleu ׀ commençant ׀ débutant ׀ ignorant ׀ inexpérimenté ׀ novice

expérimenter *v.tr.* **1 -** éprouver • essayer • goûter de • tâter de • tester • vérifier • **2 -** constater • se rendre compte de • éprouver

expert, e
▪ *adj.* exercé • accompli • adroit • assuré • averti • bon • capable • chevronné • compétent • connaisseur • éprouvé • expérimenté • habile • instruit • savant • orfèvre en la matière

▪ *n.* **1 -** professionnel • connaisseur • maître • spécialiste • **2 -** virtuose • as *fam.* • crack *fam.*
✦ **expert en** rompu à • versé en
✦ **devenir expert en** passer maître en
CONTR. incapable ׀ inexpérimenté – amateur

expertise *n.f.* • estimation • évaluation • investigation • vérification

expertiser *v.tr.* • estimer • apprécier • évaluer

expiation *n.f.* • rachat • compensation • réparation • repentir
CONTR. récompense

expier *v.tr.* **1 -** se laver de • payer • **2 -** racheter • compenser • réparer

expiration *n.f.* **1 -** souffle • haleine • **2 -** échéance • fin • terme

expirer *v.intr.* **1 -** souffler • exhaler • **2 -** mourir • agoniser • décéder • disparaître • s'éteindre • succomber • passer *littér.* • périr *littér.* • rendre l'âme *littér. ou plaisant* • trépasser *littér.* • **3 -** finir • cesser • prendre fin • se terminer • arriver à terme • **4 -** s'affaiblir • baisser • décliner • décroître • diminuer • se dissiper • s'éteindre • s'évanouir
CONTR. aspirer ׀ inspirer – naître – commencer

explicable *adj.* • justifiable • compréhensible
CONTR. incompréhensible ׀ inexplicable

explicatif, -ive *adj.* • illustratif • éclairant • parlant

explication *n.f.* **1 -** commentaire • annotation • appareil critique • définition • éclaircissement • exégèse • exposé • exposition • glose • indication • interprétation • légende • note • précision • remarque • renseignement • scolie *didact.* • **2 -** clé • élucidation • solution •

3 - **cause** · justification · motif · raison (d'être) · **4 - dispute** · altercation · discussion · mise au point · règlement de compte

explicite *adj.* **1 - exprès** · formel · **2 - clair** · détaillé · limpide · net · positif · précis · **3 - catégorique** · clair · formel · net

CONTR. implicite ı tacite – allusif ı confus ı évasif ı sous-entendu

explicitement *adv.* · expressément · clairement · distinctement · en toutes lettres · formellement · nettement

expliciter *v.tr.* **1 - formuler** · énoncer · exposer · **2 - préciser** · éclaircir · expliquer

expliquer *v.tr.* **1 - communiquer** · décrire · dire · exposer · exprimer · manifester · montrer · raconter · **2 - préciser** · développer · expliciter • [sans complément] mettre les points sur les i · **3 - interpréter** · commenter · traduire · **4 - enseigner** · apprendre · montrer · **5 - justifier** · excuser · légitimer · motiver · rendre compte de · **6 - élucider** · débrouiller · démêler · démystifier · éclaircir · faire la lumière sur · tirer au clair

» **s'expliquer** *v.pron.* **1 - se disculper** · se défendre · se justifier · **2 - vider une querelle**

CONTR. embrouiller ı obscurcir

↝ éclaircir

🕮 **expliquer, interpréter, commenter**

Expliquer, interpréter et commenter ont pour point commun l'action d'éclaircir ce qui présente des difficultés de compréhension. Expliquer a la valeur la plus neutre, concernant tout ce qui peut paraître obscur, ambigu ou dense *(expliquer un jugement, un théorème, une parabole, un tableau, une allusion, la conduite de quelqu'un).* Avec **interpréter,** on propose un sens parmi d'autres possibles et l'explication peut être tendancieuse *(interpréter de manière avantageuse les réponses d'un sondage ; interpréter faussement les paroles de quelqu'un).*

Commenter implique que l'on ajoute aux explications des remarques, des observations *(commenter un texte, des nouvelles, une élection).* Explication, interprétation et commentaire sont dans une relation analogue à celle des verbes correspondants.

exploit *n.m.* **1 - prouesse** · performance · record · succès · tour de force · **2 -** [vieux] fait d'armes · haut fait · geste

exploitable *adj.* **1 - cultivable** · **2 -** utilisable · employable

exploitant, e *n.* **1 -** [Agric.] agriculteur · cultivateur · fermier · métayer · **2 - propriétaire**

exploitation *n.f.*
I 1 - domaine · ferme · plantation · propriété · **2 - fabrique** · industrie · manufacture · usine · **3 - commerce** · entreprise · établissement · **4 - concession**
II 1 - mise en valeur · culture · production · **2 - mise à profit** · utilisation

exploiter *v.tr.* **1 - faire valoir** · tirer profit de • [à l'excès] saigner à blanc · **2 - utiliser** · profiter de · tirer parti de · **3 - abuser de** · profiter de · pressurer · rançonner · souspayer · voler · rouler *fam.* · spolier *littér.*

exploiteur, -euse *n.* · profiteur · affameur · spoliateur *littér.* · sangsue *vieilli* · vampire · vautour

explorateur, -trice *n.* · voyageur · chercheur · navigateur

exploration *n.f.* **1 - voyage** · expédition · incursion · mission · reconnaissance · **2 - sondage** · prospection · **3 - étude** · analyse · approfondissement · auscultation · examen · sondage

exploratoire *adj.* · préliminaire · préalable · préparatoire

explorer *v.tr.* **1 -** parcourir · découvrir · fouiller · inspecter · prospecter · reconnaître · visiter · **2 -** étudier · approfondir · ausculter · examiner · fouiller · sonder · tâter

exploser *v. intr.* **1 -** détoner · éclater · sauter · péter *fam.* · **2 -** éclater · déborder · se déchaîner · **3 -** s'emporter · fulminer · tonner

¹**explosif, -ive** *adj.* **1 -** explosible · **2 -** critique · dangereux · sensible · tendu · **3 -** impétueux · bouillant · fougueux · violent · volcanique

²**explosif** *n.m.* · poudre · bombe · plastic

explosion *n.f.* **1 -** déflagration · désintégration · détonation · éclatement · **2 -** accès · bouffée · débordement · déchaînement · éruption · jaillissement · ouragan · tempête · **3 -** flambée · boom

export *n.m.* · exportation

exposé *n.m.* **1 -** communication · conférence · discours · briefing · laïus *fam.* · speech *fam.* · topo *fam.* · **2 -** analyse · compte rendu · description · énoncé · exposition · narration · présentation · rapport · récit · relation *littér.*

exposer *v.tr.* **1 -** communiquer · déclarer · décrire · détailler · développer · dire · écrire · énoncer · expliquer · indiquer · manifester · présenter · publier · raconter · retracer · traiter · **2 -** montrer · afficher · étaler · exhiber · présenter · offrir à la vue · **3 -** orienter · diriger · disposer · placer · tourner (vers) · **4 -** soumettre · présenter · **5 -** compromettre · engager · hasarder · jouer · mettre en danger · mettre en péril · risquer · commettre *littér.* · **6 -** abandonner à · livrer à · mettre en butte à
+ **être exposé** [tableau] **avoir les honneurs de la cimaise**
↠ **s'exposer** *v.pron.* **1 -** se montrer · s'afficher · s'exhiber · **2 -** courir un risque · s'aventurer · se découvrir · **3 -** se compromettre · se commettre *littér.* · se mouiller *fam.*

+ **s'exposer à** aller au devant de · affronter · chercher · encourir · se mettre en butte à · prêter à · prêter le flanc à · donner prise à

CONTR. taire − abriter ׀ cacher ׀ dissimuler − détourner ׀ enlever − couvrir ׀ protéger ׀ défendre − se cacher ׀ se dérober ׀ fuir

↠ **risquer**

exposition *n.f.*
I 1 - présentation · étalage · exhibition · montre *littér.* · **2 -** salon · concours · foire · forum · rétrospective
II orientation · situation
III 1 - exposé · compte rendu · description · explication · narration · présentation · rapport · récit · **2 -** introduction · exorde · prélude · proposition · **3 -** argument · protase *vieilli*

CONTR. dissimulation

¹**exprès, -esse** *adj.* **1 -** explicite · net · positif · précis · **2 -** absolu · catégorique · formel · impératif

²**exprès** *adv.* **1 -** délibérément · à dessein · intentionnellement · sciemment · volontairement · **2 -** spécialement · expressément · juste · précisément

expressément *adv.* **1 -** explicitement · formellement · nettement · précisément · **2 -** exprès · juste · spécialement

CONTR. tacitement

expressif, -ive *adj.* **1 -** significatif · démonstratif · éloquent · évocateur · parlant · suggestif · **2 -** coloré · animé · haut en couleur · mobile · pittoresque · vivant

CONTR. inexpressif − figé ׀ morne

expression *n.f.*
I 1 - formule · énoncé · locution · mot · terme · tour · tournure · **2 -** style · forme · manière
II mimique · air · figure · masque · mine · visage

III manifestation · concrétisation · écho · émanation · incarnation · matérialisation
IV chaleur · ferveur · vie

CONTR. mutisme ι silence – impassibilité ι froideur

exprimer v.tr. **1** – communiquer · dire · énoncer · expliquer · exposer · formuler · présenter · signifier · témoigner · transmettre · **2** – manifester · extérioriser · faire entendre · exhaler · représenter · révéler · traduire · **3** – vouloir dire · rendre · signifier · symboliser · traduire · **4** – respirer · peindre · rendre · représenter · **5** – extraire

≫ **s'exprimer** v.pron. **1** – parler · **2** – s'extérioriser · **3** – s'accomplir · se réaliser

CONTR. cacher ι celer ι dissimuler ι taire

🕮 **exprimer, énoncer**
La manière de rendre sensible ce que l'on pense ou ressent lie ces deux verbes. Exprimer a une valeur large qui recouvre celle d'énoncer. Exprimer concerne en effet la pensée mais aussi les sentiments, que l'on manifeste par l'écrit et l'oral *(exprimer sa pensée, ses désirs, ses dernières volontés, son étonnement, son affection)*, ainsi que par les gestes, l'attitude *(son comportement, son visage exprime la joie, la peur, la surprise, la réprobation)*. Énoncer consiste à exprimer en termes nets ce que l'on a à dire par l'écrit ou par l'oral *(énoncer une opinion, un jugement, un avis ; énoncer clairement ses intentions, ses prétentions)*.

exproprier v.tr. · chasser

expulser v.tr. **1** – chasser · reconduire à la frontière · refouler · renvoyer · repousser · **2** – exclure · évincer · sortir · éjecter fam. · vider fam. · virer fam. · **3** – déloger · mettre à la porte · vider fam. · **4** – bannir · exiler · expatrier · proscrire · **5** – éliminer · évacuer · rejeter

CONTR. accueillir ι admettre ι recevoir

expulsion n.f. **1** – exclusion · éviction · évincement · mise à la porte · rejet · renvoi · [Sport] carton rouge · **2** – refoulement · rejet · renvoi · **3** – bannissement · exil · proscription · **4** – élimination · évacuation · excrétion

CONTR. accueil ι admission ι appel – rétention

expurger v.tr. **1** – épurer · **2** – censurer · châtrer · corriger · couper · mutiler · charcuter fam.

exquis, e adj. **1** – savoureux · agréable · délectable · délicieux · excellent · fin · succulent · friand vieux · **2** – délicat · distingué · raffiné · rare · **3** – adorable · aimable · charmant · délicieux · **4** – suave · charmant · doux

CONTR. amer ι détestable ι exécrable ι mauvais ι médiocre – commun ι ordinaire ι vulgaire – laid ι désagréable ι repoussant

exsangue adj. **1** – blafard · blême · cadavérique · hâve · livide · pâle · **2** – faible · anémique · asthénique

CONTR. enluminé ι rubicond ι sanguin – vigoureux

exsuder
■ v.intr. **1** – suinter · couler · **2** – suer
■ v.tr. [littér.] émettre · exprimer · distiller

extase n.f. **1** – béatitude · enivrement · exaltation · félicité · ivresse · ravissement · **2** – contemplation · émerveillement · ravissement · transport

extasier (s') v.pron. · s'émerveiller · crier au miracle · s'écrier · s'exclamer · se pâmer

extensible adj. · élastique · ductile · malléable · souple

CONTR. inextensible

⤳ **élastique**

extension n.f. **1** – allongement · déploiement · détente · distension · étirement · **2** – développement · amplification · **3** – accroissement · agrandissement · allongement · augmentation · dilatation · élargissement · grossissement · prolongement · **4** –

expansion · accroissement · augmentation · croissance · développement · élargissement · essor · intensification · multiplication · **5 -** propagation · diffusion

CONTR. contraction ı diminution ı rétrécissement

exténuant, e *adj.* · épuisant · éreintant · harassant · claquant *fam.* · crevant *fam.* · tuant *fam.*

exténué, e *adj.* · épuisé · à bout (de course) · à bout de souffle · anéanti · brisé (de fatigue) · éreinté · fourbu · harassé · moulu · claqué *fam.* · crevé *fam.* · flagada *fam.* · flapi *fam.* · mort *fam.* · raplapla *fam.* · rétamé *fam.* · vanné *fam.* · vidé *fam.* · sur les genoux *fam.* · sur les rotules *fam.* · rendu *fam., vieilli* · recru *littér.* · rompu *littér.*

exténuer *v.tr.* · épuiser · affaiblir · anéantir · briser · éreinter · fatiguer · harasser · mettre sur le flanc · claquer *fam.* · crever *fam.* · lessiver *fam.* · tuer *fam.* · vanner *fam.* · vider *fam.*

¹extérieur, e *adj.* **1 -** étranger · externe · extrinsèque · **2 -** périphérique · externe · **3 -** superficiel · apparent · de façade · **4 -** visible · apparent · manifeste

✦ **extérieur à** **1 -** en dehors de · hors · **2 -** étranger à · déconnecté de · détaché de

²extérieur *n.m.* **1 -** dehors · plein air · **2 -** air · abord · allure · apparence · aspect · attitude · caractère · dehors · écorce · enveloppe · façade · figure · façons · manière · masque · mine · tenue · tournure · semblance *vieux*

✦ **à l'extérieur** **1 -** dehors · en plein air · à la porte *Belgique, fam.* · **2 -** en périphérie

☞ extérieur, dehors, apparence

Extérieur, dehors et apparence peuvent s'employer en concurrence pour dénoter ce qui est visible d'une personne, de son comportement. Extérieur regarde principalement le physique de quelqu'un, ses manières, sa façon de se comporter *(un extérieur aimable, froid, prétentieux, négligé)*. Dehors marque que le visible peut être seulement du paraître ; les **dehors** d'une personne s'opposent à sa vie intérieure *(des dehors trompeurs, aimables, bourrus ; il est sensible sous des dehors sévères)*. **Apparence,** le plus courant des trois mots, insiste sur le caractère superficiel de ce qui est donné à voir *(une phrase d'apparence anodine ; il ne faut pas se fier aux apparences)*.

extérieurement *adv.* · apparemment · en apparence

CONTR. intérieurement

extérioriser *v.tr.* · exprimer · faire connaître · manifester · montrer

CONTR. intérioriser ı refouler ı renfermer

extermination *n.f.* · anéantissement · destruction · massacre · génocide · liquidation *fam.*

exterminer *v.tr.* · anéantir · détruire · éteindre · massacrer · supprimer · tuer · liquider *fam.*

externe *adj.* **1 -** extérieur · périphérique · **2 -** extrinsèque

CONTR. interne ı pensionnaire

extinction *n.f.* **1 -** disparition · destruction · épuisement · fin · mort · **2 -** abolition · abrogation · annulation · suppression

✦ **extinction de voix** aphonie

CONTR. développement ı propagation

extirpation *n.f.* **1 -** extraction · arrachage · déracinement · **2 -** destruction · anéantissement · éradication

extirper *v.tr.* **1 -** extraire · arracher · déraciner · enlever · ôter · **2 -** détruire · anéantir · éradiquer · **3 -** arracher · tirer · **4 -** soutirer · arracher · extorquer · tirer

⟫ **s'extirper** *v.pron.* s'extraire · se dégager · sortir

CONTR. enfoncer ı enraciner

extorquer *v.tr.* **1 –** soutirer · arracher · extirper · tirer · **2 –** voler · dérober · carotter *fam.*

extorsion *n.f.* · racket · exaction

¹extra *adj. invar.* · sensationnel · dément *fam.* · épatant *fam.* · géant *fam.* · super *fam.* · trop *lang. jeunes*

²extra *n.m. invar.* · supplément · à-côté · appoint · complément

extraction *n.f.* **1 –** ablation · arrachage · arrachement · déracinement · énucléation · éradication · excision · exérèse · extirpation · évulsion *vieux* · **2 –** ascendance · condition · lieu · lignage · lignée · naissance · origine · race · souche · parage *vieux*

extraire *v.tr.* **1 –** sortir · dégager · détacher · isoler · prélever · prendre · relever · tirer · **2 – enlever** · ôter · retirer · **3 – arracher** · déraciner · énucléer · extirper · **4 – exprimer** · tirer

⟫ s'extraire *v.pron.* · se dégager · s'extirper · sortir

CONTR. ajouter – enfermer ı enfouir

extrait *n.m.* **1 –** essence · concentré · quintessence · **2 – passage** · bribe · citation · fragment · morceau (choisi) · page · partie · **3 – abrégé** · analyse · résumé · sommaire

extraordinaire *adj.*
I 1 – inhabituel · peu commun · exceptionnel · hors du commun · hors ligne · insolite · inusité · rare · sans exemple · sans pareil · sans précédent · singulier · unique · **2 – spécial** · particulier · **3 – accidentel** · imprévu
II 1 – inconcevable · ahurissant · fort · incroyable · inexplicable · inimaginable · invraisemblable · inouï · **2 – bizarre** · abracadabrant · abracadabrantesque · anormal · curieux · drôle · étrange · excentrique · extravagant · fantasque · original · surprenant · décoiffant *fam.* · ébouriffant *fam.*

III extrême · colossal · considérable · démesuré · énorme · étourdissant · immense · intense · phénoménal · faramineux *fam.*
IV 1 – fabuleux · fantasmagorique · fantastique · féerique · merveilleux · mirifique · mirobolant · **2 – miraculeux** · prodigieux · surnaturel
V 1 – supérieur · admirable · d'exception · remarquable · sublime · **2 – excellent** · fameux · sensationnel · au poil *fam.* · épatant *fam.* · extra *fam.* · trop *lang. jeunes* · à tout casser *fam.*

✦ ce n'est pas extraordinaire ça ne casse pas des briques *fam.* · ça ne casse pas trois pattes à un canard *fam.* · je ne me relèverais pas la nuit *fam.*

CONTR. banal ı commun ı familier ı habituel ı normal ı ordinaire ı quelconque

↝ singulier

extraordinairement *adv.* **1 – extrêmement** · beaucoup · énormément · prodigieusement · **2 – exceptionnellement**

CONTR. communément ı ordinairement – faiblement ı peu

extrapolation *n.f.* · déduction · généralisation

extrapoler *v.intr.* · généraliser · transposer

CONTR. interpoler

extravagance *n.f.* **1 – excentricité** · bizarrerie · loufoquerie · **2 – frasque** · caprice · erreur de conduite · folie · incartade · lubie · **3 – élucubration** · absurdité · divagation · énormité

CONTR. mesure ı raison

extravagant, e *adj.* **1 – déraisonnable** · absurde · délirant · dément · fou · grotesque · incohérent · insensé · irrationnel · loufoque *fam.* · tordu *fam.* · à la mords-moi-le-nœud *très fam.* · à la graisse d'oie *fam., vieux* · à la mie de pain *fam., vieux* · à la mords-moi-le-doigt *fam., vieux* · [histoire] à dormir debout · **2 - excentrique** · bizarre · étrange · farfelu · fou · loufoque

CONTR. équilibré ı modéré ı normal ı raisonnable ı sage ı sensé

extraverti, e *adj.* · ouvert · communicatif · démonstratif · sociable

extrême *adj.* **1 - dernier** · final · terminal · ultime · **2 - grand** · infini · intense · exceptionnel · extraordinaire · passionné · profond · **3 - excessif** · démesuré · disproportionné · exacerbé · exagéré · exaspéré · immodéré · outré · limite *fam.* · **4 - radical** · drastique

⟫ **extrêmes** *n.m.pl.* antipodes · contraires · opposés

CONTR. premier - faible ı ordinaire ı petit - mesuré ı modéré

extrêmement *adv.* · extraordinairement · exceptionnellement · excessivement · fabuleusement · formidablement · fort · immensément · infiniment · prodigieusement · suprêmement · terriblement · au possible · en diable · on ne peut plus · au plus haut point · diablement · comme tout *fam.*

CONTR. médiocrement ı peu

extrémisme *n.f.* · jusqu'au-boutisme · fondamentalisme · intégrisme

extrémiste *n.* · jusqu'au-boutiste · enragé · fondamentaliste · intégriste · ultra

CONTR. modéré

extrémité *n.f.* bout · bord · coin · fin · limite · lisière · pointe · terminaison

⟫ **extrémités** *plur.* **1 - confins** · marches *anciennt* · **2 - excès**

CONTR. centre ı milieu - mesure

extrinsèque *adj.* **1 - étranger** · extérieur · **2 - conventionnel** · fictif · nominal · théorique

CONTR. intrinsèque

exubérance *n.f.* **1 - abondance** · débordement · luxuriance · profusion · **2 - expansivité** · exagération · faconde · pétulance · prolixité · vitalité · volubilité

CONTR. indigence ı pauvreté ı pénurie - calme ı flegme ı froideur ı réserve

exubérant, e *adj.* **1 - abondant** · débordant · luxuriant · surabondant · **2 - communicatif** · débordant · démonstratif · expansif · pétulant

CONTR. maigre ı pauvre - calme ı froid ı muet ı réservé ı taciturne

exultation *n.f.* · joie · allégresse · jubilation · liesse · transport

exulter *v. intr.* · se réjouir · déborder de joie · éclater de joie · être fou de joie · jubiler · être aux anges · être au septième ciel

CONTR. se désespérer ı se désoler

exutoire *n.m.* · dérivatif · antidote · distraction · diversion · défouloir · soupape de sécurité

fable n.f. 1 - conte · affabulation · allégorie · apologue · fiction · folklore · histoire · légende · mythe · parabole · 2 - mensonge · affabulation · blague · fantaisie · imagination · invention · roman · tromperie · baratin fam. · craque fam. · racontar fam. · salade fam.
↪ conte

fabricant, e n. 1 - industriel · manufacturier · 2 - artisan · [d'instruments de musique] facteur

fabrication n.f. 1 - production · confection · création · 2 - façon · façonnage · fabrique vieux

fabricoter v.tr. → fabriquer

fabrique n.f. 1 - usine · manufacture · atelier · 2 - [vieux] facture · fabrication · façon

fabriqué, e adj. 1 - élaboré · sophistiqué · travaillé · 2 - factice · faux · inventé · monté de toutes pièces

fabriquer v.tr. 1 - réaliser · créer · élaborer · monter · 2 - manufacturer · façonner · produire · usiner · bricoler fam. · 3 - manigancer · tramer · branler très fam. · fabricoter fam. · farfouiller fam. · ficher fam. · foutre très fam. · fricoter fam. · mijoter fam. · trafiquer fam. · 4 - inventer · bâtir · concocter · échafauder · forger · 5 - former · entraîner

fabulateur, -trice n. · affabulateur · mythomane · menteur

fabulation n.f. · affabulation · mythomanie · mensonge

fabuler v. intr. 1 - inventer · imaginer · 2 - affabuler · broder · exagérer · mentir

fabuleusement adv. · extrêmement · colossalement · extraordinairement · gigantesquement · incroyablement · phénoménalement · prodigieusement

fabuleux, -euse adj. 1 - légendaire · merveilleux · mythique · mythologique · 2 - imaginaire · chimérique · fictif · irréel · 3 - étonnant · extraordinaire · fantastique · incroyable · invraisemblable · prodigieux · 4 - énorme · astronomique · colossal · exorbitant · 5 - exceptionnel · admirable · formidable · hors du commun · merveilleux
✦ récit fabuleux conte

CONTR. certain ı exact ı historique ı réel ı vrai – commun ı ordinaire

fac n.f. [abrév.] → faculté

façade n.f. 1 - devant · face · front · devanture · frontispice vieux · 2 - apparence · dehors · enveloppe · extérieur · air · trompe-l'œil · vernis

◆ **de façade** simulé · apparent · factice · feint

CONTR. derrière ı dos – intérieur ı fond ı réalité – vrai ı réel

face n.f. **1 - figure** · visage · tête · minois · mine · physionomie · frimousse *fam.* · faciès *péj.* · gueule *fam.* · **2 - devant** · façade · front · **3 - endroit** ● [de médaille, monnaie] avers · croix · obvers · **4 - côté** · plan · facette · paroi · versant · **5 - aspect** · allure · apparence · physionomie · tournure

◆ **faire face à** **1 - affronter** · endurer · se heurter à · s'opposer à · résister à · supporter ● [sans complément] tenir · faire front · **2 - répondre à** · parer à · pourvoir à · satisfaire à · obvier à *littér.*
◆ **en face** en regard · en vis-à-vis
◆ **regarder en face** **1 -** [qqn] regarder droit dans les yeux · regarder dans le blanc des yeux *fam.* · **2 -** [qqch.] **affronter**
◆ **en face de, face à** vis-à-vis de · en présence de · devant · à l'opposé de
◆ **à la face de** à la vue de · en présence de
◆ **face à face** vis-à-vis · tête(-)à(-)tête · nez à nez · de front · les yeux dans les yeux
◆ **de face** de front
◆ **sous toutes ses faces** sous tous ses angles · sous tous ses aspects · sous tous ses côtés · à tous points de vue · sous toutes les coutures *fam.*

CONTR. derrière ı dos – pile ı revers – envers ı opposé ı rebours

face-à-face n.m. · débat · joute

facétie n.f. **1 - plaisanterie** · blague · bouffonnerie · pitrerie · **2 - farce** · espièglerie · mystification · tour · canular *fam.* · niche *fam.*

facétieux, -ieuse adj. **1 - comique** · drôle · réjouissant · spirituel · plaisant *vieilli ou littér.* · **2 - farceur** · blagueur · gouailleur · moqueur · plaisantin · taquin · rigolo *fam.*

CONTR. grave ı sérieux

☞ **facétieux, plaisant**
Une personne **facétieuse** fait rire par ses propos, ses actes comiques, son comportement *(un caractère, un esprit facétieux)* : « Il n'était point facétieux. (...) Il répondit médiocrement aux pointes, calembours, mots à double entente, compliments et gaillardises que l'on se fit un devoir de lui décocher » (Flaubert, *Madame Bovary*, I, IV). **Plaisant**, d'usage vieilli ou littéraire dans tous ses emplois, ne concerne pas les personnes mais s'applique à ce qui *plaît* en faisant rire *(une histoire, une aventure plaisante ; des propos plaisants)*.

facette n.f. **1 - face** · côté · **2 - aspect** · angle · côté

fâché, e adj. contrarié · mécontent · de mauvaise humeur · en colère · irrité · courroucé *littér.*

◆ **fâché de** désolé de · navré de · peiné de · marri de *vieux*
◆ **être fâché contre, avec** être brouillé avec · bouder · être en froid avec · être en mauvais termes avec · tourner le dos à · battre froid à *littér.* · avoir, nourrir de l'humeur contre *littér.*

CONTR. content ı heureux ı satisfait – s'entendre

fâcher v.tr. **1 - agacer** · cabrer · mettre en colère · dépiter · faire enrager · exaspérer · indisposer · irriter · mécontenter · mortifier · piquer · refroidir · vexer · courroucer *littér.* · faire endêver *fam., vieilli* · **2 - affliger** · attrister · chagriner · contrarier · contrister · déplaire (à) · désespérer · désoler · ennuyer · navrer · peiner · chiffonner *fam.* · embêter *fam.*

≫ **se fâcher** v.pron. **1 - s'emporter** · s'irriter · se mettre en colère · crier · gronder · montrer les dents · montrer de l'humeur · prendre la mouche · protester · rouspéter · sortir de ses gonds · se mettre en rogne *fam.* · gueuler *très fam.* · râler *fam.* · voir rouge *fam.* · **2 - se formaliser** · se froisser · s'offenser · se piquer · se vexer ·

prendre mal · prendre de travers · la trouver mauvaise *fam.* · **3 - se brouiller** · se disputer · rompre

CONTR. réjouir – adoucir ׀ calmer – se réconcilier

fâcherie *n.f.* **1 -** brouille · bouderie · désaccord · dispute · refroidissement (des rapports) · froid *fam.* · bisbille *fam.* · **2 -** [vieux] contrariété · colère · dépit · déplaisir · humeur

CONTR. accord ׀ entente ׀ réconciliation – joie ׀ plaisir

fâcheux, -euse

■ *adj.* **1 -** contrariant · déplaisant · déplorable · désagréable · dommageable · embarrassant · ennuyeux · gênant · incommode · inopportun · intempestif · malencontreux · préoccupant · regrettable · embêtant *fam.* · emmerdant *fam.* · empoisonnant *fam.* · **2 -** accablant · affligeant · cruel · désespérant · difficile · dur · mauvais · malheureux · triste · **3 -** disgracieux · moche *fam.*

■ *n.* gêneur · importun · indiscret · casse-pieds *fam.* · casse-couilles *très fam.*

CONTR. agréable ׀ bienvenu ׀ heureux ׀ opportun ׀ propice – discret

facho *n. et adj.* → **fasciste**

facile

■ *adj.* **1 -** simple · abordable · accessible · commode · élémentaire · enfantin · aisé *littér.* · fastoche *fam.* · **2 - agréable** · doux · tranquille · **3 -** coulant · courant · **4 - clair** · compréhensible · intelligible · limpide · simple · **5 - sans profondeur** · sans recherche · **6 -** accommodant · arrangeant · commode · complaisant · conciliant · débonnaire · docile · doux · indulgent · tolérant · coulant *fam.*

✦ **c'est très facile, rien de plus facile** c'est un jeu d'enfant · c'est l'enfance de l'art · ce n'est pas une affaire *fam.* · c'est du gâteau *fam.* · c'est du cousu-main *fam.* · c'est du tout cuit *fam.* · c'est du billard *fam.* · c'est simple comme bonjour *fam.* · c'est du nougat *fam.* · c'est du nanan *fam., vieilli*

✦ **ce n'est pas facile** c'est pas de la tarte! *fam.* · il faut le faire! *fam.*

✦ **facile à utiliser** commode · convivial

■ *adv.* [fam.] → **facilement**

CONTR. difficile ׀ incommode – désagréable – emprunté – incompréhensible – profond ׀ recherché · âpre ׀ chicaneur ׀ dur ׀ exigeant ׀ ferme ׀ inabordable

🕮 facile, aisé, commode

Facile, aisé et commode comportent tous trois l'idée de *simplicité*. Est facile ce que l'on fait sans effort *(une opération, une réussite facile, c'est très facile)* et ce qui se prête sans peine à une action *(c'est facile à dire, à comprendre)*. Facile qualifie aussi une personne *(elle est facile à vivre ; un homme d'abord facile)* et ses sentiments *(une humeur, un caractère facile)*. Aisé a un domaine d'application restreint et il est d'emploi littéraire à propos de ce que l'on accomplit sans effort *(une tâche aisée)* : « La critique est aisée, et l'art est difficile » (P. Destouches, *le Glorieux*, II, 5). **Commode** est surtout courant dans des contextes abstraits *(un moyen commode, c'est bien commode)* ; il qualifie par ailleurs un caractère arrangeant, mais seulement dans une phrase négative *(elle n'est pas très commode)*.

facilement *adv.* **1 - sans difficulté** · aisément · à l'aise · commodément · sans effort · sans peine · à peu de frais · haut la main · en se jouant · comme une fleur *fam.* · comme un rien *fam.* · les doigts dans le nez *fam.* · dans un fauteuil *fam.* • [s'enfoncer] comme dans du beurre *fam.* · **2 - couramment** · naturellement · **3 - volontiers** · de bon gré · **4 - pour peu de chose** · **5 - au moins** · au bas mot · au minimum · pour le moins · facile *fam.*

CONTR. difficilement – de mauvais gré

facilité *n.f.*

I 1 - simplicité · accessibilité · commodité · **2 - clarté** · intelligibilité

II 1 - possibilité · avantage · commodité · latitude · liberté · marge · moyen · occasion · **2 - arrangement** · concession

III 1 - **aptitude** · capacité · disposition · don · inclination · moyens · penchant · prédisposition · propension · tendance · **2 - adresse** · agilité · aisance · habileté · **3 -** [d'élocution] **brio** · aisance · faconde · éloquence · **4 - naturel** · agrément · grâce · désinvolture **IV** [péj.] **banalité** · platitude **V** [vieilli] **complaisance** · docilité • [péj.] **faiblesse** • [d'une femme] légèreté

CONTR. difficulté ı incommodité − inintelligibilité − embarras ı ennui ı obstacle ı opposition − inaptitude − maladresse

faciliter v.tr. **simplifier** · aider · aplanir les difficultés de · arranger · favoriser · ménager
✦ **ça facilite la tâche**   ça mâche le travail
CONTR. compliquer ı empêcher ı entraver

façon n.f. **1 - manière** · mode · procédé · **2 - allure** · air · attitude · genre · maintien · mine · port · tournure · dégaine fam. · **3 - exécution** · confection · fabrication · facture · travail
✦ **façon de penser**   point de vue · conception · opinion · optique · perspective · vision · vue
✦ **à sa façon**   à sa manière · à sa fantaisie · selon son goût · à son gré · à sa guise
✦ **de cette façon**   ainsi · comme ça
✦ **de la même façon**   pareillement
✦ **de toute façon**   quoi qu'il en soit · quoi qu'il arrive · en tout état de cause · immanquablement
✦ **de (telle) façon que**   de (telle) sorte que · de (telle) manière que · tellement que
✦ **en aucune façon**   nullement · en aucun cas · jamais
✦ **par façon de**   pour · histoire de fam.
✦ **sans façon**   **1 - nature** · simple · **2 - simplement** · familièrement · naturellement · sans cérémonie · à la bonne franquette fam. · à la fortune du pot fam. · **3 - tout de go** · sans détour · directement · franchement · sans préambule
✦ **sans-façon**   sans-gêne · désinvolte
⋙ **façons** plur. **1 - manières** · comportement · conduite · habitudes · pratiques ·

2 - affectation · cérémonies · embarras · grimaces · histoires · manières · minauderie · mines · politesses · chichis fam. · simagrées fam.
✦ **faire des façons**   **1 - se faire prier** · faire des histoires fam. · **2 - hésiter** · tourner autour du pot fam.
CONTR. simplicité ı naturel

faconde n.f. · éloquence · facilité · exubérance · verve · loquacité · prolixité · volubilité · bagou fam. · tchatche fam.
CONTR. mutisme ı silence − concision
⋙ **volubilité**

façonner v.tr. **1 - transformer** · arranger · configurer · disposer · modeler · ouvrager · ouvrir · préparer · sculpter · travailler · **2 - fabriquer** · bâtir · composer · confectionner · créer · élaborer · faire · former · usiner · **3 -** [Agric.] **labourer** · herser · **4 - dresser** · affiner · assouplir · dégourdir · dégrossir · éduquer · former · modifier · pétrir · polir · transformer · tremper · dérouiller fam.
✦ **façonner à**   accoutumer à · former à · habituer à · dresser à · plier à · rompre à
⋙ **se façonner** v.pron. se modeler

façonnier, -ière
■ adj. [littér.] **affecté** · cérémonieux · formaliste
■ n. **artisan** · ouvrier
CONTR. naturel ı simple

fac-similé n.m. · copie · double · duplicata · imitation · photocopie · reproduction
CONTR. original

facteur, -trice
■ n. **1 - préposé** · agent · porteur · messager · **2 -** [d'instruments de musique] **fabricant**
■ n.m. **1 - élément** · agent · cause · principe · **2 -** [Math.] **coefficient** · multiplicande · multiplicateur · diviseur · quotient

factice adj. **1 - imité** · artificiel · faux · postiche · bidon fam. · en carton-pâte fam. ·

2 - [péj.] **affecté** · apprêté · artificiel · contraint · conventionnel · de commande · d'emprunt · fabriqué · faux · feint · forcé · insincère
CONTR. naturel ı réel ı sincère ı vrai
🙠 artificiel

factieux, -ieuse
■ *adj.* révolutionnaire · subversif · séditieux *littér.*
■ *n.* agitateur · comploteur · conjuré · conspirateur · émeutier · insurgé · mutin · rebelle · révolté · trublion *fam.*
CONTR. fidèle ı obéissant

faction *n.f.*
1 - parti · brigue · cabale · clan · ligue · **2 - agitation** · complot · conspiration · intrigue · mutinerie · sédition · **3 - coterie** · chapelle · secte · **4 - surveillance** · garde · guet · quart · service · veille
✦ **être, rester en faction** faire le guet
🙠 parti

factionnaire *n.m.*
· sentinelle · guetteur · planton · veilleur

factotum *n.m.*
1 - homme à tout faire · intendant · **2 -** [iron.] **touche-à-tout**

factum *n.m.*
· mémoire · diatribe · libelle · pamphlet

¹facture *n.f.*
1 - manière · style · ton · patte *fam.* · **2 - exécution** · faire · façon · technique · travail

²facture *n.f.*
1 - bordereau · compte · décompte · état · mémoire · note · relevé · **2 - addition** · note · douloureuse *fam.*
🙠 note

facturer *v.tr.*
· compter · chiffrer · faire payer

facultatif, -ive *adj.*
· optionnel
CONTR. forcé ı obligatoire

faculté *n.f.*
1 - droit · capacité · liberté · moyen · possibilité · pouvoir · privilège · **2 - aptitude** · capacité · disposition · don · facilité · force · moyen · talent · **3 - propriété** · vertu · **4 - université** · enseignement supérieur · école · fac *fam.*
⟫ **facultés** *plur.* **1 - moyens** · ressources · **2 - lucidité** · intelligence · raison · tête

fada *adj. et n.*
→ **fou**

fadaise *n.f.*
1 - baliverne · bêtise · fariboles · ineptie · niaiserie · sornette · sottise · billevesée *littér.* · calembredaine *vieilli* **2 - bagatelle** · amusette · bricole · broutille · futilité · niaiserie

fadasse *adj.*
→ **fade**

fade *adj.*
1 - insipide · douceâtre · plat · fadasse *fam.* · **2 - écœurant** · **3 - terne** · décoloré · délavé · éteint · neutre · pâle · passé · **4 - anodin** · banal · conventionnel · ennuyeux · inexpressif · inintéressant · insignifiant · insipide · plat · quelconque · terne
CONTR. assaisonné ı épicé ı relevé ı savoureux – brillant ı excitant ı intéressant ı piquant ı vif ı vivant – important ı intéressant ı remarquable

🙠 **fade, insipide**
Fade et *insipide* s'appliquent à ce qui n'a pas de saveur. À ce qui est **fade** *(une cuisine, une sauce, une boisson fade)*, il faut ajouter quelque chose, mais ce qui est **insipide** manque de tout ce qui pourrait donner du goût : « Une ville sans concierge, ça n'a pas d'histoire, pas de goût, c'est insipide telle une soupe sans poivre ni sel » (Céline, *Voyage au bout de la nuit*). Dans les emplois figurés, **fade** qualifie ce qui est terne *(une couleur fade)*, sans caractère, ou ce qui manque de vie *(un compliment, une plaisanterie fade, un roman fade)*. Avec **insipide**, on insiste sur le manque d'intérêt, le caractère ennuyeux *(une conversation, une vie insipide)*, ou sur l'absence de personnalité *(un acteur insipide)*.

fadeur *n.f.* **1 -** insipidité · douceur · **2 - banalité** · insignifiance · pâleur · platitude

CONTR. mordant ı piquant ı saveur – nouveauté ı originalité

fagot *n.m.* · bourrée · brande · cotret · fagotin · falourde · fascine · fouée · javelle · margotin

fagoter *v.tr.* **1 -** accoutrer · affubler · arranger *fam.* · ficeler *fam.* · **2 -** [vieux ou région.] **cochonner** *fam.* · torcher *fam.*

faiblard, e *adj.* → faible[1]

[1]**faible** *adj. et n.*

■ *adj.* **1 - frêle** · anémié · anémique · chétif · débile · déficient · délicat · fluet · fragile · malingre · rachitique · souffreteux · crevard *fam.* · faiblard *fam.* · petite nature *fam.* · **2 - affaibli** · anéanti · bas · cacochyme · chancelant · épuisé · fatigué · impotent · invalide · languissant · las · **3 - déficient** · défaillant · fragile · **4 - sans défense** · désarmé · fragile · impuissant · vulnérable · **5 -** [jour, lumière, couleur] **blême** · insuffisant · pâle · vague · **6 -** [son] **étouffé** · bas · imperceptible · insaisissable · léger · mourant · **7 - modéré** · bas · doux · léger · modeste · modique · petit · **8 - médiocre** · insuffisant · mauvais · nul · faiblard *fam.* · **9 - réfutable** · chancelant · incertain · indécis · vacillant · **10 - indécis** · inconsistant · influençable · lâche · manipulable · mou · pusillanime · velléitaire · veule · sans caractère · sans volonté · **11 - accommodant** · bonasse · complaisant · débonnaire · doux · facile · indulgent · bonne poire *fam.* · coulant *fam.*

✦ **point faible** défaut · défaut de la cuirasse · faiblesse · faille · insuffisance · lacune · travers · talon d'Achille • [d'une résistance] **ventre mou**

✦ **faible d'esprit** débile · arriéré · demeuré · idiot · imbécile · simple

✦ **se sentir faible** défaillir · se sentir mal · avoir les jambes comme du coton *fam.*

■ *n.* **1 - opprimé** · pauvre · petit · **2 - gringalet** · freluquet · mauviette · avorton *fam.* · **3 - mannequin** · pantin

[2]**faible** *n.m.* goût · attirance · complaisance · inclination · péché mignon · penchant · prédilection · préférence · propension · tendance

✦ **avoir un faible pour** avoir des tendresses pour *souvent plaisant*

faiblement *adv.* **1 - peu** · guère *littér.* · **2 - avec peine** · mal · **3 - insuffisamment** · médiocrement · **4 - à peine** · doucement · légèrement · mollement · vaguement · sans force · timidement

CONTR. beaucoup ı très – fortement ı énergiquement ı puissamment ı vigoureusement

faiblesse *n.f.*

I 1 - affaiblissement · abattement · adynamie · anémie · apathie · asthénie · collapsus · débilité · défaillance · déficience · dépression · épuisement · fatigue · inanition · psychasthénie · **2 - étourdissement** · défaillance · éblouissement · évanouissement · malaise · syncope · pâmoison *vieux* · **3 - vulnérabilité** · délicatesse · fragilité · impuissance · infériorité · petitesse

II petitesse · minceur · modicité

III 1 - défaut · carence · déficience · désavantage · faille · inconvénient · lacune · manque · point faible · travers · trou · talon d'Achille · **2 - médiocrité** · indigence · inintérêt · insignifiance · insuffisance · nullité · pauvreté · platitude · **3 - faute** · défaillance · erreur · faux pas · glissade

IV 1 - irrésolution · aboulie · apathie · aveuglement · indécision · lâcheté · laisser-aller · mollesse · pusillanimité · veulerie · **2 - complaisance** · débonnaireté · facilité · indulgence · partialité · **3 - inclination** · attirance · complaisance · goût · penchant · point faible · prédilection · préférence

CONTR. force ı vigueur – puissance ı supériorité – talent ı valeur – énergie ı fermeté ı volonté

faiblir v. intr. **1 - diminuer** · s'affaiblir · s'atténuer · baisser · décliner · décroître · mollir · **2 - s'effacer** · s'estomper · pâlir · **3 - fléchir** · s'amollir · chanceler · défaillir · se démentir · mollir · se relâcher · se troubler · s'user · vaciller · flancher *fam.* · **4 - céder** · défaillir · fléchir · lâcher · plier · ployer

CONTR. se fortifier ı se relever ı se renforcer – s'affermir ı se durcir – résister

faille n.f. **1 - cassure** · brèche · crevasse · fêlure · fente · fissure · fracture · trouée · **2 - défaut** · carence · faiblesse · hiatus · insuffisance · lacune · point faible · défaut de la cuirasse · talon d'Achille

faillir v. intr. **1 - manquer** · **2 -** [littér.] fauter · pécher · tomber
✦ **faillir à** se dérober à · manquer à · négliger

faillite n.f. **1 - dépôt de bilan** · banqueroute · liquidation (judiciaire) · **2 - débâcle** · culbute · déconfiture · krach · ruine · baccara *argot* · carambouillage *fam.* · **3 - échec** · fiasco · insuccès · ratage
✦ **faire faillite** déposer son bilan · boire le bouillon *fam.* · mettre la clé sous la porte *fam.* · faire la culbute *fam.*

CONTR. prospérité ı réussite ı succès ı triomphe

🕮 **faillite, banqueroute, krach**

Faillite, banqueroute et krach concernent l'état d'un débiteur – par exemple un industriel, un commerçant – qui ne peut pas payer ses dettes. La **faillite** est constatée par un tribunal *(jugement de faillite ; être, mettre en faillite, faire faillite)*. La **banqueroute** est une faillite souvent accompagnée d'actes condamnables par la loi *(banqueroute frauduleuse, s'enfuir après avoir fait banqueroute)*. **Krach** n'est employé que pour la faillite d'un établissement bancaire et, plus couramment, pour l'effondrement des cours de la Bourse *(le krach boursier de 1929 a entraîné de nombreuses faillites personnelles)*.

faim n.f. **1 - appétit** · creux *fam.* · fringale *fam.* · **2 - famine** · disette · **3 - désir** · appétit · besoin · boulimie · envie · soif · **4 - avidité** · ambition · cupidité
✦ **avoir faim** avoir le ventre creux · avoir un creux dans l'estomac *fam.* · avoir l'estomac creux, vide *fam.* · avoir l'estomac dans les talons *fam.* · avoir des crampes d'estomac *fam.*
✦ **avoir très faim** être affamé · avoir une faim de loup · claquer du bec *fam.* · la crever *très fam.* · avoir les crocs *fam.* · avoir la dalle *fam.* · avoir la dent *fam.* · la sauter *très fam.* · la péter *très fam., vieilli*
✦ **souffrir de la faim** crier famine · manger de la vache enragée *fam.*
✦ **donner faim** ouvrir l'appétit · donner de l'appétit · affamer · creuser *fam.*

CONTR. anorexie ı satiété – être rassasié ı être repu – être dégoûté

🕮 **faim, appétit**

Faim et appétit ont en commun le rapport à la nourriture. La **faim** se caractérise par la sensation particulière de manque liée au besoin de manger *(avoir, donner faim ; tromper la faim ; mourir de faim)*, cette sensation disparaissant par l'absorption de nourriture. L'**appétit** est du côté du désir et du plaisir de manger, plus ou moins indépendants de la **faim** *(l'appétit vient en mangeant)* : « On me servit un dîner (...) qui calma bien vite mon appétit plutôt par le dégoût que par la satisfaction de ma faim » (Th. Gautier, *Constantinople*). Dans leurs emplois figurés, les deux mots se trouvent dans les mêmes contextes, mais **appétit** marque plus fortement que **faim** le désir d'acquérir quelque chose *(un appétit, une faim de savoir, de tendresse)*.

fainéant, e n. et adj. **paresseux** · propre à rien · vaurien · cossard *fam.* · feignant *fam.* · flemmard *fam.* · tire-au-flanc *fam.* · tire-au-cul *fam.* · clampin *fam., vieux*
✦ **être très fainéant** avoir un poil dans la main *fam.* · ne pas en fiche une rame *fam.*

CONTR. actif ı diligent ı laborieux ı travailleur

fainéanter v. intr. 1 - **paresser** · buller fam. · coincer la bulle fam. · flemmarder fam. · traîner fam. · 2 - **flâner** · musarder fam.

fainéantise n.f. · paresse · indolence · flemmardise fam. · flemme fam. · cosse fam., vieilli
CONTR. activité ı diligence
➣ paresse

faire v.tr.
I 1 - **réaliser** · être l'artisan de · confectionner · constituer · créer · effectuer · exécuter · fabriquer · façonner · forger · manufacturer · monter · produire · usiner • [un bâtiment] bâtir · construire · édifier · élever • [une œuvre] composer · écrire · élaborer · établir · accoucher de fam. · 2 - **accomplir** · s'acquitter de · effectuer · exécuter · s'appuyer fam. · s'enfiler fam. · s'envoyer fam. · se farcir fam. · se taper fam. • [une action, un crime] commettre · perpétrer · 3 - **agir** · intervenir · décider · entreprendre · 4 - **s'occuper à** · fabriquer fam. · bricoler fam. · ficher fam. · foutre très fam. · traficoter fam. · trafiquer fam. · branler vulg. · 5 - **pratiquer** · apprendre · étudier · exercer · préparer · 6 - **produire** · émettre · fabriquer · sortir · 7 - **engendrer** · concevoir · enfanter · mettre bas · procréer · 8 - **ranger** · arranger · disposer · nettoyer · 9 - **instruire** · former · dresser · façonner · forger · modeler · 10 - [fam.] → **déféquer**
II 1 - **constituer** · composer · former · dessiner · être · devenir · égaler · équivaloir à · 2 - **valoir** · contenir · coûter · mesurer · peser · 3 - **causer** · créer · déterminer · entraîner · occasionner · provoquer · susciter
III 1 - **attribuer le rôle de** · élever au rang de · donner comme · 2 - **représenter** · jouer · agir comme · faire fonction de · servir comme · 3 - **contrefaire** · imiter · feindre · simuler · 4 - **paraître** · avoir l'air · donner l'impression
IV 1 - **parcourir** · franchir · s'enfiler fam. · se farcir fam. · se taper fam. · 2 - **visiter** · prospecter · passer par · 3 - **obtenir** · amasser · gagner · ramasser
V 1 - **fournir** · débiter · écouler · vendre · 2 - **donner** · allouer · offrir · procurer · servir

✦ **savoir y faire** réussir · se débrouiller · avoir le truc fam.
✦ **ne rien faire** 1 - se reposer · paresser · se croiser les bras · se tourner les pouces fam. · buller fam. · coincer la bulle fam. · glander très fam. · ne pas en ficher une rame fam. · 2 - ne pas intervenir · ne pas bouger le petit doigt
✦ **j'en ai rien à faire** ça ne m'intéresse pas · ça ne me regarde pas · ce n'est pas mes oignons fam. · j'en ai rien à foutre très fam.
✦ **n'avoir que faire de** se passer de · dédaigner
✦ **ça commence à bien faire !** ça suffit ! · en voilà assez ! · ça va comme ça ! · basta ! fam.

⇒ **se faire** v.pron. 1 - **se former** · s'améliorer · se bonifier · se construire · mûrir · 2 - **se procurer** · s'attirer · se causer · gagner · percevoir · toucher · palper fam. · 3 - **se produire** · arriver · survenir · 4 - **se pratiquer** · être courant
✦ **se faire à** s'accoutumer à · s'acclimater à · s'accommoder à · s'adapter à · se familiariser avec · s'habituer à
✦ **s'en faire** se tourmenter · se faire du souci · se tracasser · être contrarié · se biler fam. · se casser la tête fam. · se frapper fam.
CONTR. anéantir ı défaire ı détruire ı supprimer

faire-part n.m. invar. · annonce · avis · carte · invitation

faisable adj. · possible · exécutable · réalisable
CONTR. impossible ı infaisable

faisceau n.m. 1 - **ensemble** · groupe · réunion · accumulation · amas · assemblage · paquet · 2 - **gerbe** · botte · bouquet · grappe · 3 - **rayon** · pinceau · rai

faiseur, -euse n. 1 - **couturier** · tailleur · 2 - **hâbleur** · vantard

¹**fait** n.m. 1 - **acte** · action · 2 - **événement** · affaire · anecdote · aventure · cas · chose · épisode · incident · phénomène · trait · 3 -

réalité · concret · pratique · réel · vérité · circonstance · expérience · observation · **4 – sujet** · cas
+ **haut fait** exploit · performance · prouesse
+ **au fait** [en début de phrase] à propos · à ce sujet
+ **de ce fait** par suite · en conséquence · du coup *fam.*
+ **par le fait, de fait, en fait** effectivement · concrètement · de facto · en effet · pratiquement · en réalité · réellement · véritablement · à dire vrai
+ **le fait est que** il est vrai que · il faut reconnaître que · il faut admettre que
+ **du fait de** **1 –** par suite de · vu · **2 –** à cause de
+ **par le fait de, du fait de** faute · responsabilité
+ **en fait de** en ce qui concerne · en matière de · au sujet de
+ **sur le fait** en flagrant délit · la main dans le sac *fam.*
+ **tout à fait** absolument · complètement · entièrement · exactement
+ **dire son fait à** dire ses quatre vérités à
+ **mettre au fait** instruire · informer · mettre au courant · renseigner · mettre au parfum *fam.* · rancarder *fam.*

²**fait, e** *adj.* **1 – constitué** · bâti · balancé *fam.* · foutu *fam.* • [femme] roulé *fam.* · **2 – mûr** · dans la force de l'âge · **3 – à point** · **4 – fardé** · verni
+ **tout fait** **1 –** tout prêt · **2 –** préconçu
+ **être fait pour** être destiné à · être adapté à · être prévu pour
+ **ni fait ni à faire** bâclé · expédié · cochonné *fam.* · torché *fam.*

faîte *n.m.* **1 – faîtage** · arête · couronnement · **2 – cime** · crête · haut · point culminant · sommet · **3 – apogée** · acmé · apothéose · comble · limite · pinacle · summum · zénith
CONTR. base ı pied
↝ sommet

faitout *n.m.* · marmite · cocotte

falaise *n.f.* · escarpement · à-pic · abrupt

fallacieux, -ieuse *adj.* **1 – trompeur** · faux · fourbe · hypocrite · insidieux · mensonger · perfide • [argument] captieux · spécieux · **2 – illusoire** · vain
CONTR. droit ı franc ı honnête ı loyal ı sincère – réel ı sûr

falloir *v. impers.*
+ **il faut** il est indispensable · il est nécessaire · il est obligatoire · il est impératif
+ **comme il faut** **1 – convenablement** · bien · comme il se doit · **2 – convenable** · correct · bon chic, bon genre · b.c.b.g. *fam.*
+ **tant s'en faut** au contraire, bien au contraire · loin de là

falot, e *adj.* · terne · anodin · effacé · humble · inconsistant · insignifiant · médiocre
CONTR. brillant

falsificateur, -trice *n.* · faussaire · contrefacteur

falsification *n.f.* **1 – contrefaçon** · maquillage · trucage · **2 – altération** · adultération · **3 – fraude** · tromperie

falsifier *v.tr.* **1 – contrefaire** · maquiller · truquer · **2 – altérer** · adultérer · frelater · trafiquer · tripatouiller *fam.* · **3 – défigurer** · changer · déformer · dénaturer · fausser · gauchir · travestir

famé, e *adj.*
+ **mal famé** louche · interlope · mal fréquenté

famélique *adj.* **1 – affamé** · crève-la-faim · meurt-de-faim · misérable · miséreux · pauvre · claquedent *fam., vieux* · **2 – décharné** · efflanqué · maigre · squelettique · étique *littér.* • [visage] émacié · hâve
CONTR. rassasié ı repu – gros

fameusement *adv.* • très • extrêmement • bigrement *fam.* • bougrement *fam.* • drôlement *fam.* • joliment *fam.* • rudement *fam.* • sacrément *fam.* • vachement *fam.*

fameux, -euse *adj.* **1 -** célèbre • connu • renommé • réputé • **2 -** glorieux • brillant • grand • illustre • **3 -** mémorable • **4 -** extraordinaire • achevé • consommé • grand • insigne • fier *fam.* • fieffé *fam.* • foutu *fam.* • méchant *fam.* • rude *fam.* • sacré *fam.* • **5 -** excellent • délectable • délicieux • exquis • succulent • supérieur • très fort • épatant *fam.* • formidable *fam.*
CONTR. inconnu ı obscur – insignifiant ı petit – mauvais
🢒 **célèbre**

familial, e *adj.* • domestique

familiariser *v.tr.* **1 -** accoutumer à • dresser à • entraîner à • faire à • former à • habituer à • rompre à *littér.* • **2 - apprivoiser**

familiarité *n.f.* **1 -** intimité • camaraderie • cordialité • **2 -** contact • commerce • fréquentation • promiscuité • **3 -** désinvolture • effronterie • sans-gêne • **4 -** naturel • abandon • liberté • simplicité • **5 -** grossièreté • liberté • privauté
CONTR. dignité ı raideur ı suffisance – discrétion ı réserve ı retenue

familier, -ière
▪ *adj.* **1 - domestique** • apprivoisé • **2 - intime** • lié • proche • **3 -** connu • **4 -** coutumier • accoutumé • habituel • ordinaire • **5 - accessible** • liant • simple • sociable • pas fier *fam.* • **6 - libre** • cavalier • désinvolte • grossier • insolent • sans-gêne • [langage] relâché • **7 - aisé** • facile • simple • usuel
▪ *n.* **habitué** • ami • intime • proche • relation
CONTR. sauvage – étranger ı inconnu – rare – distant ı fier ı froid ı grave ı hautain ı réservé – cérémonieux ı respectueux – académique ı noble ı recherché ı soutenu
🢒 **relation**

familièrement *adv.* • simplement • librement • naturellement • sans façon

famille *n.f.*
I 1 - parenté • ligne directe, collatérale, ascendante, descendante, paternelle, maternelle • ascendance • descendance • postérité • **2 - dynastie** • branche • lignée • lignage • maison • race • sang • souche
II 1 - foyer • logis • maison • ménage • feu *archaïque* • **2 - maisonnée** • couvée • progéniture • marmaille *fam.* • nichée *fam.* • smala *fam.* • tribu *fam.*
III 1 - classe • catégorie • collection • espèce • genre • race • type • **2 - groupe** • clan • coterie • école
✦ **nom de famille** nom patronymique • patronyme

🢒 **famille, ménage, maison, foyer**
Les quatre mots définissent les liens matrimoniaux et/ou de filiation qui unissent deux ou plusieurs personnes. **Famille** est le plus courant et le plus large avec cette valeur *(les membres d'une famille, le nom de famille ; c'est une famille ancienne, l'histoire d'une famille)*. De façon plus restrictive, **famille** se dit aussi du couple avec ses enfants *(père, mère de famille)* dans toutes les formes de son existence *(famille éclatée, recomposée, monoparentale)*. **Ménage**, quasiment sorti d'usage en ce sens *(un ménage de quatre personnes)*, est limité au couple *(un ménage sans enfant, vivre en ménage)*. **Maison** désigne les membres de la famille qui vivent sous le même toit, dans quelques emplois restreints *(une maison accueillante ; le fils de la maison)*. Avec l'idée de lignée, de descendance, **maison** s'applique aussi aux familles de l'ancienne noblesse *(la maison d'Orléans ; venir d'une illustre maison)*. **Foyer** reste vivant dans quelques expressions pour désigner l'ensemble des personnes qui composent une famille *(fonder un foyer, quitter le foyer conjugal)*.

famine *n.f.* • disette • faim
CONTR. abondance

fan *n.* · admirateur · inconditionnel · **fana** *fam.* · fondu *fam.* · groupie *fam.*

fana *n.* → fan

fanal *n.m.* · lanterne · feu · falot · phare · flambeau

fanatique *adj. et n.* **1** - enthousiaste · amoureux · ardent · chaleureux · chaud · convaincu · fervent · fou · passionné · accro *fam.* · enragé *fam.* · fan *fam.* · groupie *fam.* · mordu *fam.* • [en sport] tifosi *fam.* · **2** - intolérant · doctrinaire · exalté · extrémiste · forcené · fou furieux · illuminé · sectaire · séide

CONTR. sceptique ı tiède – impartial ı tolérant

➤ **fanatique, intolérant, sectaire**
Une personne **intolérante** ne supporte pas ce qui lui déplaît dans les opinions, les croyances, la conduite ou les mœurs d'autrui et elle manifeste, quand elle le peut, sa désapprobation : « Si vous voulez qu'on tolère ici votre doctrine, commencez par n'être ni intolérants, ni intolérables » (Voltaire, *Traité sur la tolérance,* XIX). **Sectaire** ajoute à l'idée d'intolérance la plus grande étroitesse d'esprit, le comportement **sectaire** ne s'exerçant que dans le domaine des croyances et des engagements doctrinaux *(un anticlérical sectaire ; une intolérance sectaire).* **Fanatique** renchérit sur le **sectarisme.** On l'applique à une personne qui adhère à une doctrine politique, à une religion avec une foi aveugle et un zèle qui conduit à la violence *(un nationalisme fanatique ; des religieux fanatiques).*

fanatiser *v.tr.* **1** - enflammer · exalter · exciter · **2** - radicaliser

fanatisme *n.m.* **1** - intolérance · esprit de parti · étroitesse de vue · extrémisme ·

· sectarisme · **2** - passion · engouement · enthousiasme · ferveur · folie

CONTR. scepticisme ı tiédeur ı impartialité ı tolérance – indifférence

fané, e *adj.* **1** - desséché · flétri · **2** - défraîchi · éteint · flétri · fripé · passé

CONTR. éclos ı épanoui – éclatant ı frais ı vif

➤ **fané, flétri, passé**
Fané, flétri et **passé** s'appliquent à ce qui a perdu sa fraîcheur. **Fané,** de sens large et souvent avec une connotation négative, s'emploie à propos de fleurs *(un bouquet fané),* de ce qui a perdu son éclat, altéré par l'usage *(une tapisserie, une couleur fanée)* ou par le temps *(un visage fané).* **Flétri** renchérit sur **fané** et qualifie aussi ce qui n'a plus sa forme, qui est ridé, flasque *(une peau flétrie, des pommes flétries).* **Passé** marque seulement la conséquence de l'écoulement du temps : les qualités des choses se sont partiellement ou totalement effacées *(une étoffe passée, une robe d'un vert passé).*

faner *v.tr.* **1** - flétrir · friper · gâter · sécher · **2** - défraîchir · affadir · altérer · décolorer · éclaircir · éteindre · ternir

≫ **se faner** *v.pron.* **1** - se flétrir · défleurir · dépérir · s'effeuiller · s'étioler · sécher · **2** - se décolorer · jaunir · pâlir · passer

CONTR. éclore ı s'épanouir

fanfare *n.f.* · harmonie · orphéon · clique · musique

fanfaron, -onne *adj. et n.* · vantard · hâbleur · bravache *littér.* · matamore *littér.* · bluffeur *fam.* · crâneur *fam.* · faraud *fam.* · fier-à-bras *fam.* · frimeur *fam.* · m'as-tu-vu *fam.* · gascon *péj., vieilli*

CONTR. modeste

fanfaronnade *n.f.* · forfanterie · bravade · crânerie · défi · vantardise ·

gasconnade *littér.* · hâblerie *littér.* · rodomontade *littér.* · tarasconnade *fam.* · bluff *fam.* · frime *fam.*

CONTR. modestie

fanfaronner *v.intr.* · parader · faire le brave · faire le fier · faire le malin · jeter de la poudre aux yeux · plastronner · poser · se vanter · crâner *fam.* · frimer *fam.* · faire de l'esbroufe *fam.* · faire de l'épate *fam.* · faire le mariolle *fam.* · la ramener *fam.* · se la jouer *fam.* · flamber *lang. jeunes* · faire le kéké *lang. jeunes* · se la péter *lang. jeunes* · se la raconter *lang. jeunes*

fanfreluche *n.f.* · colifichet · falbala · frivolité · ornement

fanfreluches *n.f.pl.* · colifichet · froufrous · volants

fange *n.f.* 1 - boue · limon · vase · bourbe *littér.* · 2 - immondices · ordures · 3 - abjection · ignominie
➤ boue

fangeux, -euse *adj.* 1 - boueux · bourbeux · limoneux · vaseux · 2 - abject · bas · ignominieux · vil

fanion *n.m.* · drapeau · insigne · emblème · guidon

fantaisie *n.f.* 1 - créativité · imagination · invention · inventivité · 2 - caprice · extravagance · folie · lubie · passade · tocade · foucade *littér.* · 3 - originalité · drôlerie · excentricité · imprévu · 4 - chimère · illusion
+ selon sa fantaisie   à son gré · selon son désir · selon son envie · selon son goût · à sa guise · selon son humeur

CONTR. raison – besoin ı nécessité – banalité ı régularité

fantaisiste
■ *adj.* 1 - original · baroque · bohème · extravagant · fantasque · farfelu *fam.* ·

loufoque *fam.* · 2 - amateur · dilettante · fumiste *fam.* · 3 - imaginaire · arbitraire · inventé · faux

■ *n.* humoriste · amuseur · comique · bouffon · rigolo *fam.*

CONTR. conformiste ı conventionnel – consciencieux ı sérieux – exact ı orthodoxe ı réel ı vrai

fantasmagorie *n.f.* 1 - féerie · magie · merveilleux · 2 - fantasme · illusion · imagination

fantasmagorique *adj.* · irréel · fantastique · féerique · magique · merveilleux

fantasme *n.m.* 1 - illusion · fantôme · vision · chimère *littér.* · 2 - rêve · utopie · château en Espagne

fantasque *adj.* 1 - lunatique · capricieux · changeant · fantaisiste · original · versatile · volage · foufou *fam.* · 2 - extravagant · abracadabrant · baroque · bizarre · étrange · extraordinaire · saugrenu · farfelu *fam.*

CONTR. égal ı posé ı raisonnable – banal

fantastique
■ *adj.* 1 - imaginaire · chimérique · fabuleux · fantasmagorique · fantomatique · féerique · irréel · surnaturel · 2 - étonnant · bizarre · délirant · démentiel · déraisonnable · étrange · extraordinaire · extravagant · fou · inconcevable · incroyable · inimaginable · inouï · insensé · invraisemblable · stupéfiant · dingue *fam.* · 3 - colossal · énorme · formidable · épatant · phénoménal · prodigieux · remarquable · sensationnel

■ *n.m.* merveilleux · imaginaire · surnaturel

CONTR. réel ı vrai – banal ı ordinaire – naturalisme ı réalisme

fantastiquement *adv.* · extraordinairement · fabuleusement · formidablement · remarquablement · terriblement

fantoche *n.m.* · marionnette · pantin · polichinelle · homme de paille · prête-nom

fantomatique *adj.* · spectral

fantôme *n.m.* **1 -** revenant · apparition · ectoplasme · esprit · larve · lémure · ombre · spectre · vampire · vision · zombie · **2 -** simulacre · double · semblant · **3 -** apparence · fantasme · illusion · ombre · vision

faquin *n.m.* [vieilli] → **coquin**

faramineux, -euse *adj.* **1 -** extraordinaire · étonnant · fabuleux · fantastique · fou · phénoménal · prodigieux · stupéfiant · **2 -** colossal · astronomique · démesuré · effarant · gigantesque

farandole *n.f.* · danse · sarabande

¹**farce** *n.f.* · hachis

²**farce** *n.f.* **1 -** comédie · bouffonnerie · pantalonnade · **2 -** tour · blague · facétie · galéjade · plaisanterie · mystification · tromperie · attrape *fam.* · canular *fam.* · niche *fam.*

farceur, -euse *n. et adj.* **1 -** espiègle · facétieux · malicieux · moqueur · polisson · **2 -** blagueur · boute-en-train · mauvais plaisant · plaisantin · loustic *vieilli* · turlupin *vieilli* · **3 -** amuseur · baladin · bateleur · bouffon · clown · comédien

farci, e *adj.* → **plein**

farcir *v.tr.* **1 -** garnir · bourrer · emplir · remplir · **2 -** truffer · entrelarder · larder · **3 -** surcharger · bourrer · encombrer

➢➢ **se farcir** *v.pron.* [fam.] → **supporter**¹

fard *n.m.* **1 -** maquillage · cosmétique · fond de teint · poudre · eye-liner · khôl · mascara · rimmel · rouge · make-up *anglic.* · **2 -** artifice · brillant · déguisement · dissimulation · faux-semblant · feinte · trompe-l'œil

✦ **sans fard** **1 -** naturellement · sans artifice · sans détour · sans ambages · **2 -** franc · naturel

fardeau *n.m.* **1 -** charge · faix *littér.* · **2 -** poids · charge · boulet · croix *littér.*

farder *v.tr.* **1 -** maquiller · grimer · **2 -** déguiser · dissimuler · embellir · envelopper · masquer · voiler · **3 -** altérer · fausser · travestir

➢➢ **se farder** *v.pron.* se maquiller · se grimer · se poudrer le nez · se faire une beauté *fam.* · se refaire la façade *fam., péj.*

farfelu, e *adj. et n.* **1 -** bizarre · excentrique · extravagant · fantaisiste · hurluberlu · foldingue *fam.* · loufoque *fam.* · **2 -** absurde · baroque · biscornu · drôle · saugrenu

farfouiller *v.intr.* **1 -** → **fouiller** **2 -** → **fabriquer**

faribole *n.f.* **1 -** baliverne · bêtise · calembredaine · conte · fable · fadaise · histoire · sornette · sottise · billevesée *littér.* · foutaise *fam.* · **2 -** babiole · futilité · rien · vétille · bagatelle *fam.* · bricole *fam.*

farineux, -euse
■ *adj.* enfariné
■ *n.m.* féculent

farniente *n.m.* · douce oisiveté

farouche *adj.*
I **1 -** indompté · sauvage · **2 -** timide · craintif · méfiant · **3 -** ombrageux · asocial · insociable · misanthrope · sauvage
II acharné · âpre · chaud · convaincu · ferme · implacable · opiniâtre · solide · tenace · véhément

CONTR. apprivoisé ׀ dompté – audacieux – accueillant ׀ doux ׀ familier ׀ sociable – soumis

➥ **sauvage**

farouchement *adv.* · violemment · âprement · avec acharnement · brutalement

fascicule *n.m.* · brochure · carnet · livret · opuscule · plaquette

fascinant, e *adj.* · ensorcelant · attirant · charmant · enchanteur · envoûtant · magnétique · séduisant · troublant

fascination *n.f.* **1 -** attrait · charme · enchantement · ensorcellement · envoûtement · magie · séduction · **2 -** attraction · aimant · appel · ascendant · attirance · magnétisme

fasciner *v.tr.* **1 -** captiver · s'emparer de · attirer · éblouir · émerveiller · enchanter · ensorceler · envoûter · magnétiser · subjuguer · troubler · **2 -** charmer · plaire à · séduire · **3 -** hypnotiser

fasciste *n. et adj.* **1 -** facho *fam.* · faf *fam.* · **2 -** [Hist. italienne] chemise noire

¹faste *n.m.* · magnificence · apparat · appareil · beauté · brillant · éclat · luxe · opulence · pompe · richesse · somptuosité · splendeur
↝ luxe

²faste *adj.* · bénéfique · avantageux · favorable · heureux · opportun · propice

fastidieux, -ieuse *adj.* · ennuyeux · assommant · lassant · monotone · barbant *fam.* · bassinant *fam.* · casse-pieds *fam.* · chiant *très fam.* · embêtant *fam.* · emmerdant *très fam.* · enquiquinant *fam.* · mortel *fam.* · rasant *fam.* · rasoir *fam.* · suant *fam.*
CONTR. amusant ı intéressant

fastueusement *adv.* · luxueusement · magnifiquement · somptueusement · richement

fastueux, -euse *adj.* **1 -** luxueux · éclatant · somptueux · opulent · riche · **2 -** dépensier · large · prodigue · **3 -** luxuriant · riche
CONTR. simple ı modeste ı pauvre

fat, e *adj.* · vaniteux · arrogant · content de soi · orgueilleux · plein de soi-même · poseur · prétentieux · satisfait de soi · suffisant · fiérot *fam.* · infatué (de sa personne) *littér.* · outrecuidant *littér.*
CONTR. modeste

fatal, e *adj.* **1 -** immanquable · forcé · imparable · inéluctable · inévitable · obligatoire · sûr · **2 -** funeste · dommageable · désastreux · malheureux · néfaste · nuisible · **3 -** mortel · létal · **4 -** fatidique
CONTR. favorable ı heureux ı propice

↝ **fatal, funeste**
Fatal et funeste ont en commun l'idée de la mort et du malheur. Fatal s'applique comme funeste à ce qui apporte la ruine, le malheur, la désolation *(une erreur, une passion, une décision fatale ou funeste)*. Avec fatal, on insiste sur l'importance du destin et, dans quelques emplois, seul cet adjectif est possible *(une femme, une beauté fatale)*. C'est aussi le cas lorsqu'on parle de ce qui doit arriver inévitablement *(c'était fatal !)*. Fatal, comme funeste, qualifie ce qui est marqué par la mort, ou ce qui l'entraîne *(un accident fatal, funeste ; une maladie fatale, funeste)*, mais fatal, contrairement à funeste, peut alors s'employer avec des mots désignant un coup ou ce qui sert à les porter *(un coup fatal, l'arme fatale)*.

fatalement *adv.* · forcément · inéluctablement · inévitablement · nécessairement · obligatoirement

fatalisme *n.m.* · résignation · passivité

fataliste *adj.* · résigné · passif

fatalité n.f. 1 - destin · destinée · nécessité · sort · fatum littér. · 2 - malédiction · mauvais sort · 3 - adversité · hasard · malchance · malheur · déveine fam.

fatidique adj. 1 - fatal · 2 - inéluctable · inévitable · inexorable · obligatoire

fatigant, e adj. 1 - épuisant · éreintant · exténuant · harassant · pénible · rude · crevant fam. · tuant fam. · 2 - lassant · ennuyeux · fastidieux · assommant fam. · barbant fam. · casse-pieds fam. · chiant fam. · emmerdant fam. · rasant fam. · rasoir fam.
CONTR. reposant ı aisé ı facile – agréable

fatigue n.f. 1 - faiblesse · lassitude · coup de bambou fam. · coup de barre fam. · coup de pompe fam. · 2 - épuisement · éreintement · exténuation · harassement · surmenage · usure
CONTR. détente ı repos

fatigué, e adj. 1 - épuisé · las · éreinté · exténué · fourbu · harassé · surmené · recru littér. · rompu littér. · à plat fam. · cassé fam. · claqué fam. · crevé fam. · flagada fam. · flapi fam. · h. s. fam. · lessivé fam. · mort fam. · moulu fam. · nase fam. · pompé fam. · sur le flanc fam. · sur les genoux fam. · sur les rotules fam. · vanné fam. · vidé fam. · rendu vieilli · 2 - [traits, visage] tiré · 3 - usagé · abîmé · avachi · défraîchi · déformé · fané · vermoulu · usé
✦ **fatigué de** lassé de · blasé par · dégoûté de · revenu de · saturé de
✦ **être très fatigué** en avoir plein le dos fam. · en avoir plein les pattes fam.
CONTR. dispos ı frais ı reposé – neuf

🙜 fatigué, las, harassé
Fatigué, las et harassé concernent tous trois une personne dont l'activité est réduite à cause d'efforts excessifs. Fatigué, de sens très général, s'applique aussi à une partie du corps (il a les jambes fatiguées) et à un état de légère indisposition (elle est un peu fatiguée en ce moment). Il qualifie aussi ce qui est usagé (des vêtements fatigués, un équipement fatigué). Las, moins courant, s'emploie seulement pour une personne qui éprouve une fatigue vague, une inaptitude à agir (se sentir très las ; un visage las). Le terme le plus fort de la série, harassé, se dit de quelqu'un épuisé par la fatigue (être harassé de fatigue ; un air harassé).

fatiguer v.tr. 1 - épuiser · éreinter · exténuer · harasser · user · consumer littér. · casser fam. · claquer fam. · crever fam. · lessiver fam. · tuer fam. · vanner fam. · vider fam. · lasser vieux · 2 - importuner · exaspérer · harceler · lasser · saturer · assommer fam. · bassiner fam. · embêter fam. · enquiquiner fam. · tanner fam. · 3 - ennuyer · barber fam. · pomper fam. · raser fam. · faire chier très fam. · 4 - [fam.] peiner · donner des signes de fatigue · 5 - [la salade] remuer · mélanger · retourner · touiller

⟫ **se fatiguer** v.pron. 1 - s'épuiser · s'échiner · s'éreinter · s'exténuer · se surmener · se casser (la nénette, le cul) fam. · se claquer fam. · se crever fam. · se fouler fam. · se tuer fam. · 2 - se lasser · se blaser · en avoir assez
CONTR. délasser ı détendre ı reposer – amuser ı intéresser

fatras n.m. 1 - amas · amoncellement · désordre · fouillis · masse · monceau · pêle-mêle · ramassis · tas · 2 - confusion · désordre · fouillis · mélange

fatuité n.f. · autosatisfaction · présomption · prétention · suffisance · vanité · infatuation littér. · outrecuidance littér.
CONTR. modestie

faubourgs n.m.pl. · périphérie · ceinture · banlieue
CONTR. centre

faubourien, -ienne adj. · populaire

fauche n.f. 1 - [vieux] fauchage · fauchaison · 2 - [fam.] → vol²

fauché, e *adj.* → **pauvre**

faucher *v.tr.* **1 -** moissonner · tondre · **2 -** abattre · coucher · anéantir · décimer · détruire · renverser · terrasser · **3 -** [fam.] → **voler**[2]

faucille *n.f.* · serpe

faufiler *v.tr.* bâtir · coudre

⋙ **se faufiler** *v.pron.* **se glisser** · se couler · s'immiscer · s'insinuer · s'introduire

faune *n.m.* · satyre · chèvre-pied *littér.* · sylvain *littér.*

faussaire *n.* **1 -** contrefacteur · falsificateur · imitateur •[de monnaie] faux-monnayeur · **2 -** imposteur · mystificateur · trompeur

faussement *adv.* **1 - à tort** · erronément *littér.* · **2 - trompeusement** · fallacieusement

CONTR. droitement ı réellement ı véritablement – vraiment

fausser *v.tr.* **1 - altérer** · changer · défigurer · déformer · dénaturer · falsifier · farder · maquiller · transformer · travestir · truquer · **2 - pervertir** · corrompre · déformer · dépraver · détraquer · gâter · vicier · **3 -** forcer · abîmer · déformer · gauchir · tordre · voiler

✦ **fausser compagnie à** abandonner · quitter · brûler la politesse à · laisser en plan *fam.*

CONTR. laisser ı maintenir – redresser ı rétablir

fausseté *n.f.* **1 - erreur** · inexactitude · **2 - déloyauté** · dissimulation · duplicité · mauvaise foi · fourberie · hypocrisie · jésuitisme · pharisaïsme · tartuferie · **3 - tromperie** · imposture · mensonge

CONTR. authenticité ı exactitude ı réalité ı véracité ı vérité ı justesse – franchise ı sincérité – réalité

faute *n.f.* **1 - erreur** · inexactitude · irrégularité · maladresse · ânerie · bêtise · imbécillité · connerie *fam.* · couillonnade *fam.* · **2 - bévue** · impair · tort · faux pas · boulette *fam.* · bourde *fam.* · gaffe *fam.* · **3 -** [de langage] incorrection · impropriété · barbarisme · solécisme · lapsus •[d'interprétation] contresens · **4 -** [Typo] coquille · **5 - imprudence** · négligence · **6 - imperfection** · défaut · faiblesse · inconvénient · travers · **7 - méfait** · crime · délit · forfait · inconduite · infraction · offense · péché · démérite *littér.* · **8 - culpabilité** · responsabilité · tort

✦ **faute de liaison** cuir · pataquès
✦ **faute de** à défaut de · par manque de · sans
✦ **faute de quoi** autrement · sinon
✦ **par la faute de** à cause de
✦ **sans faute** à coup sûr · immanquablement · sans faillir

CONTR. exactitude – correction – bienfait ı mérite

fauteuil *n.m.* **1 - siège** · **2 - place**

fauteur, -euse *n.* instigateur · responsable · excitateur *littér.* · suscitateur *vieux ou littér.*

✦ **fauteur de troubles** agitateur · factieux · meneur · provocateur

fautif, -ive *adj.* **1 - erroné** · défectueux · faux · imparfait · incorrect · inexact · vicieux · **2 - coupable** · responsable

CONTR. correct ı exact – innocent

fauve
■ *adj.* roux · ambré · roussâtre
■ *n.m.* félin

[1]**faux, fausse** *adj.* **1 - erroné** · absurde · boiteux · équivoque · fautif · incorrect · inexact · injustifié · mal fondé · mauvais · tortu *littér.* · **2 - trompeur** · apparent · clinquant · factice · fallacieux · falsifié · frauduleux · mensonger · subreptice · truqué · captieux *littér.* · **3 - affecté** · artificiel · emprunté · étudié · feint · forcé · imité · insincère · postiche · simulé · supposé · prétendu · pseudo · soi-disant · usurpé ·

bidon *fam.* · **4 - falsifié** · apocryphe · inauthentique · inventé · pastiche · controuvé *littér.* · **5 - artificiel** · factice · **6 - imaginaire** · chimérique · fabuleux · fictif · factice · illusoire · inventé · vain · **7 - déloyal** · cabotin · dissimulé · fourbe · hypocrite · papelard · perfide · pharisien · sournois · patelin *littér.* · faux-derche *fam.* · faux-jeton *fam.*
↝ **artificiel**

↝ faux, fictif, imaginaire
Faux, fictif et imaginaire expriment tous trois un rapport au réel. Faux, terme le plus large, s'applique à ce qui s'oppose au réel ou le contrefait *(une théorie fausse, une fausse nouvelle, un faux témoignage, un faux nom)*. Fictif qualifie ce qui est inexistant mais que l'on tente de faire accepter comme réel *(une vente fictive, des emplois fictifs)* ou qui imite une chose réelle *(un univers fictif, des personnages fictifs)*. Avec imaginaire, on s'éloigne encore du réel : ce qui est imaginaire n'existe que dans l'*imagination (un danger, un lieu, une faute imaginaire ; des craintes, des animaux imaginaires)*, mais peut avoir des effets bien réels *(un souci, un malade imaginaire)*.

²**faux** *n.m.* **1 - contrefaçon** · copie · imitation · toc *fam.* · **2 - erreur** · fausseté · **3 - illusion** · mensonge

faux-fuyant *n.m.* · **dérobade** · détour · échappatoire · excuse · pirouette · prétexte · subterfuge

faux-monnayeur *n.m.* → **faussaire**

faux-semblant *n.m.* · simulacre · air · apparence

faveur *n.f.* **1 - considération** · crédit · estime · popularité · sympathie · **2 - aide** · appui · bénédiction · protection · recommandation · **3 - privilège** · bénéfice · bienfait · service · fleur *fam.* · piston *fam.* · **4 - cadeau** · don · largesse · **5 - ruban**

✦ **en faveur** en, à l'honneur · en vogue
✦ **être en faveur auprès de** être bien en cour auprès de · être dans les bonnes grâces de · être dans les petits papiers de *fam.*

CONTR. défaveur | discrédit | disgrâce

favorable *adj.* **1 - bienveillant** · approbateur · clément · indulgent · positif · sympathique · **2 - avantageux** · bénéfique · bon · convenable · faste · heureux · opportun · propice

CONTR. défavorable - contraire | hostile | fâcheux

favorablement *adv.* **1 - bien** · positivement · **2 - avantageusement** · heureusement

CONTR. défavorablement

favori, -ite
■ *adj.* **1 - chéri** · préféré · bien-aimé · **2 - préféré** · de prédilection · fétiche
■ *n.* **1 - protégé** · **2 - chouchou** *fam.* · coqueluche *fam.*
■ *n.f.* **concubine** · créature · maîtresse

⋙ **favoris** *n.m.pl* **rouflaquettes** *fam.* · pattes de lapin *fam.*

favorisé, e *adj.* · **privilégié** · fortuné · heureux · bien loti · prospère

favoriser *v.tr.* **1 - aider** · appuyer · avantager · encourager · épauler · pousser · privilégier · protéger · seconder · soutenir · pistonner *fam.* · **2 - faciliter** · promouvoir · servir

CONTR. défavoriser - contrarier | empêcher | entraver

favoritisme *n.m.* **1 - partialité** · **2 - népotisme** · copinage *fam.* · piston *fam.*

fax *n.m.* · **télécopie** · dépêche

fébrifuge *adj.* · **antifébrile** · antipyrétique · antithermique

fébrile *adj.* **1** - fiévreux · chaud · **2** - agité · énervé · excité · impatient · nerveux · **3** - ardent · bouillonnant · frénétique · passionné · vif · violent
☙ fiévreux

fébrilité *n.f.* · agitation · exaltation · excitation · fièvre · frénésie · nervosité · surexcitation

fécal, e *adj.* · excrémentiel

fèces *n.f.pl.* · excréments · déjections · selles

fécond, e *adj.* **1** - fertile · prolifique · **2** - productif · fertile · fructifiant · généreux · gras · plantureux · riche · **3** - fructueux · productif · **4** - créateur · créatif · fertile · imaginatif · inventif
CONTR. stérile ǀ improductif ǀ infécond ǀ ingrat ǀ pauvre

☙ fécond, fertile
Fécond, dans un style soutenu, s'applique à une femme qui peut avoir beaucoup d'enfants *(une femme peu féconde)*, plus couramment à des animaux prolifiques. Pour qualifier une terre qui produit abondamment, on emploie plutôt **fertile**, **fécond** étant réservé à un usage littéraire. Dans les emplois figurés, **fécond** et **fertile** conservent l'idée d'abondance *(une théorie féconde, une imagination fertile, un siècle fertile en inventions)*. Cependant **fertile** peut évoquer une productivité parfois au détriment de la qualité *(c'est un écrivain fertile, chaque année en quête d'un prix littéraire)*.

féconder *v.tr.* **1** - fertiliser · **2** - enrichir · améliorer · ensemencer · imprégner

fécondité *n.f.* **1** - productivité · fertilité · générosité · **2** - créativité · inventivité · prolificité · **3** - richesse · abondance · fertilité
CONTR. infécondité ǀ stérilité – aridité ǀ sécheresse

féculent *n.m.* · farineux

fédération *n.f.* **1** - association · coalition · groupement · ligue · société · syndicat · union · **2** - État fédéral · confédération

fédérer *v.tr.* · grouper · coaliser · liguer · rassembler · regrouper · réunir · unir

feed-back *n.m. invar.* · rétroaction · retour

féerique *adj.* **1** - fabuleux · fantastique · irréel · magique · prodigieux · surnaturel · **2** - enchanteur · magnifique · merveilleux

feignant, e *n. et adj.* → fainéant

feindre *v.tr.* **1** - affecter · imiter · jouer · simuler · jouer la comédie de · faire semblant de · contrefaire *littér.* · **2** - mentir · déguiser · dissimuler · [sans complément] donner le change · faire du chiqué *fam.*

☙ feindre, affecter, simuler
Feindre, affecter et simuler ont en commun l'action de faire croire à autrui quelque chose qui n'est pas. **Feindre**, d'emploi soutenu, implique la tromperie, le déguisement de ses sentiments *(il ne sait pas feindre, on voit bien qu'il ne l'aime pas ; feindre de ne pas comprendre)*. **Affecter** met l'accent sur l'exagération du sentiment feint *(bien que prévenue de son arrivée, elle affecta la plus grande surprise)*. Avec **simuler**, on présente comme réel ce qui ne l'est pas, en imitant l'apparence de ce que l'on veut faire croire *(il a simulé la folie pour obtenir des circonstances atténuantes)*.

feint, e *adj.* · artificiel · affecté · de commande · étudié · factice · faux · simulé
CONTR. authentique ǀ réel ǀ sincère

feinte *n.f.* **1** - leurre · attrape · piège · ruse · stratagème · subterfuge · tromperie · **2** - artifice · comédie · déguisement · dissimulation · faux-semblant · hypocrisie · mensonge

feinter v.tr. • tromper • duper • mener en bateau fam. • posséder fam. • rouler fam.

fêlé, e adj. → fou

fêler v.tr. • fissurer • fendiller • fendre

félicitations n.f.pl. **1 -** compliments • congratulations plaisant ou vieilli • hommages • **2 -** applaudissements • éloges • louanges
CONTR. blâme ı critique

félicité n.f. **1 -** bonheur • béatitude • contentement • enchantement • extase • joie • **2 -** [Relig.] salut
⟫ **félicités** plur. joies • plaisirs • satisfactions
CONTR. infélicité ı infortune ı malheur – douleur ı peine ı tourment
⟿ **bonheur**

féliciter v.tr. **1 -** complimenter • congratuler vieilli ou plaisant • **2 -** applaudir • approuver • complimenter • louanger • louer • tresser des couronnes, des lauriers à
⟫ **se féliciter de** v.pron. se réjouir de • être content de • se louer de
CONTR. critiquer – désapprouver ı blâmer ı déplorer – se reprocher

🕮 **féliciter, complimenter, congratuler**

Féliciter, complimenter et congratuler quelqu'un, c'est l'assurer de l'intérêt que l'on prend à un événement agréable de sa vie privée ou professionnelle. Féliciter est le verbe le plus général (je vous félicite de votre nomination, d'avoir réussi cet examen, d'avoir agi de cette manière). Complimenter, c'est féliciter avec des paroles louangeuses (il les a complimentés pour leur performance, la qualité remarquable de leurs travaux). Congratuler, avec la même valeur, est à peu près sorti d'usage, sauf par plaisanterie (je viens congratuler l'heureux élu) et au pronominal réfléchi (les ministres se sont congratulés longuement devant les caméras).

félin, e adj. • souple • agile • gracieux

fellation n.f. • pipe très fam. • pompier très fam.

félon, -onne adj. • déloyal • hypocrite • traître
CONTR. féal ı fidèle

félonie n.f. • déloyauté • forfaiture • perfidie • trahison • traîtrise

fêlure n.f. **1 -** cassure • faille • fente • fissure • lézarde • **2 -** blessure

féminiser v.tr. • efféminer • déviriliser
CONTR. masculiniser ı viriliser

femme n.f. **1 -** dame • gazelle lang. jeunes • gonzesse fam. • meuf lang. jeunes • mousmé pop., vieilli • moukère pop., vieilli • **2 -** poupée fam. • (petite) caille fam. • frangine fam. • gosse fam. • môme fam. • pépée fam. • poule fam. • poulette fam. • sœur argot • souris fam. • **3 -** • épouse • compagne • dame pop. • bourgeoise pop. • dulcinée fam., souvent plaisant • légitime fam., souvent plaisant • moitié fam., souvent plaisant • bobonne fam., péj. • **4 -** [méchante] chipie • furie • harpie • mégère • virago • chameau fam. • dragon fam. • garce fam. • gendarme fam. • panthère fam. • peste fam. • poison fam. • sorcière fam. • tigresse fam. • vieille toupie fam. • vipère fam.
✦ **jeune femme** → fille
✦ **femme du monde** (grande) dame • lady • princesse • reine • souveraine
✦ **femme fatale** vamp fam.
✦ **femme de ménage** femme de service • bonne • domestique • employée de maison • [en collectivité] technicienne de surface
✦ **femme de chambre** bonne • camérière • cameriste • chambrière • gouvernante • servante • soubrette

fenaison n.f. • fanage • récolte des foins

fendiller v.tr. **craqueler** • crevasser • fêler • fissurer • lézarder • [les doigts, lèvres] gercer

⋙ **se fendiller** *v.pron.* · **se craqueler** · **se crevasser** · **se disjoindre** · **se fêler** • [lèvres] **se gercer**

fendre *v.tr.* **1 – couper** · **cliver** · **diviser** · **tailler** · **trancher** · **2 – fendiller** · **lézarder** · **3 – casser**

⋙ **se fendre** *v.pron.* **1 – se disjoindre** · **s'entrouvrir** · **s'ouvrir** · **2 – se craqueler** · **se crevasser** · **se fêler** · **se lézarder** · **3 – éclater**

fenêtre *n.f.* **1 – croisée** · **baie** · **hublot** · **lucarne** · **lunette** · **œil-de-bœuf** · **soupirail** · **trappe** · **vasistas** · **2 – vitre** · **carreau** · **vitrage** · **3 – blanc** · **vide** · **4 – ouverture** · **orifice**

fente *n.f.* **1 – fissure** · **brisure** · **cassure** · **coupure** · **craquelure** · **crevasse** · **déchirure** · **faille** · **fêlure** · **lézarde** · **sillon** · **2 – entaille** · **enture** · **estafilade** · **incision** · **3 – espace** · **interstice** · **intervalle** · **jour** · **trou** · **vide**

féodal, e *adj.* · **moyenâgeux** · **archaïque**

fer *n.m.* **1 – épée** · **2 – bistouri** · **scalpel**
✦ **de fer** **1 – fort** · **résistant** · **robuste** · **vigoureux** · **2 – inébranlable** · **impitoyable** · **implacable** · **inflexible** · **sévère** · **strict** · **3 – draconien** · **rigide** · **rigoriste**

férié, e *adj.* · **chômé**
CONTR. ouvrable

¹**ferme**
■ *adj.* **1 – consistant** · **compact** · **dur** · **résistant** · **solide** · **2 – assuré** · **autoritaire** · **carré** · **décidé** · **déterminé** · **énergique** · **coriace** · **inébranlable** · **inflexible** · **opiniâtre** · **résolu** · **rigoureux** · **tenace** · **3 – droit** · **fort** · **raide** · **robuste** · **solide** · **vigoureux** · **4 – courageux** · **impassible** · **imperturbable** · **intrépide** · **maître de soi** · **stoïque** · **5 – fixe** · **ancré** · **arrêté** · **constant** · **décidé** · **déterminé** · **définitif** · **formel** · **immuable** · **stable** · **strict** · **sûr**
■ *adv.* **intensément** · **avec ardeur** · **beaucoup** · **sec** · **serré** · **dur** · **avec force** · **fort** · **avec vigueur**

²**ferme** *n.f.* · **domaine** · **exploitation** · **métairie** • [en Amérique du sud] **estancia** · **fazenda** · **hacienda** • [aux États-Unis] **ranch** • [en Provence] **bastide** · **mas** · **mazet**

fermé, e *adj.* **1 – sélectif** · **clos** · **exclusif** · **snob** *fam.* · **2 – borné** · **buté** · **obtus**
✦ **fermé à** **inaccessible à** · **aveugle à** · **étranger à** · **hostile à** · **imperméable à** · **insensible à** · **rebelle à** · **réfractaire à** · **sourd à**
CONTR. ouvert

fermement *adv.* · **énergiquement** · **avec conviction** · **opiniâtrement** · **résolument** • [y croire] **dur comme fer** *fam.*

ferment *n.m.* **1 – levure** · **moisissure** · **bacille** · **bactérie** · **suc** · **2 – agent** · **cause** · **germe** · **levain** · **principe** · **source**

fermentation *n.f.* **1 – décomposition** · **2 – échauffement** · **agitation** · **bouillonnement** · **ébullition** · **effervescence** · **exaltation** · **excitation**
CONTR. apaisement ı calme
⤳ **ébullition**

fermenter *v. intr.* **1 – lever** · **travailler** · **2 – s'agiter** · **bouillonner** · **s'échauffer** · **s'exalter**
CONTR. s'apaiser ı se calmer

fermer *v.tr.*
I **1 – entourer** · **borner** · **enclore** · **enfermer** · **2 – serrer** · **refermer** · **resserrer**
II **1 – clore** · **claquer** · **barricader** · **cadenasser** · **condamner** · **verrouiller** · **2 – boucher** · **barrer** · **bloquer** · **obstruer** · **obturer** · **3 – boucler** · **boutonner** · **cacheter** · **clore** · **clouer** · **plier** · **rabattre** · **refermer** · **sceller** · **tirer**
III **1 – couper** · **éteindre** · **interrompre** · **2 – arrêter** · **faire cesser** · **clore** · **clôturer** · **solder** · **terminer**
IV [sans complément] **mettre la clé sous la porte** · **baisser le rideau**

se fermer *v.pron.* **1 - cicatriser** · guérir · se refermer · **2 - se renfrogner** · s'assombrir · se renfermer · se (re)fermer comme une huître
CONTR. ouvrir ı rouvrir – dégager

fermeté *n.f.* **1 - consistance** · dureté · résistance · solidité · **2 - stabilité** · bonne tenue · **3 - autorité** · assurance · détermination · inflexibilité · résolution · rigueur · vigueur · muscle *fam.* · poigne *fam.* · **4 - constance** · endurance · énergie · opiniâtreté · persévérance · persistance · ténacité
✦ **avec fermeté** sans transiger
CONTR. mollesse – instabilité – défaillance ı faiblesse

fermeture *n.f.* **1 - clôture** · barrage · bouclage · interdiction · verrouillage · **2 - obturation** · obstruction · occlusion · **3 - attache** · fermoir · barre · cadenas · clenche · loquet · pêne · serrure · verrou · **4 - arrêt** · cessation · coupure · interruption
✦ **fermeture éclair** *nom déposé*, **à glissière** · **zip** *nom déposé* · tirette *Belgique*
CONTR. ouverture

fermier, -ière *n.* · agriculteur · cultivateur · exploitant agricole · métayer · paysan · habitant *Québec*

féroce *adj.* **1 - sauvage** · fauve · **2 - cruel** · barbare · dur · farouche · impitoyable · implacable · inhumain · sanguinaire
CONTR. apprivoisé – bon ı doux ı inoffensif

férocement *adv.* · cruellement · brutalement · sadiquement · sauvagement · violemment

férocité *n.f.* **1 - barbarie** · brutalité · cruauté · inhumanité · sadisme · sauvagerie · **2 - acharnement** · fureur · rage · violence
CONTR. bonté ı douceur – indulgence

ferraille *n.f.* [fam.] monnaie · mitraille *fam.*

✦ **mettre à la ferraille** mettre au rebut · déclasser · réformer

ferrailler *v. intr.* · batailler · se disputer · se quereller · se bagarrer *fam.*

ferrailleur *n.m.* · bretteur · duelliste · querelleur · spadassin · batteur de fer *vieux*

ferré, e *adj.* clouté
✦ **ferré en** compétent en · fort en · instruit en · savant en · calé en *fam.* · fortiche en *fam.* · trapu en *fam.*

ferrure *n.f.* **1 - penture** · armature · charnière · **2 - ferrement**

ferry-boat *n.m.* · bac · car-ferry · transbordeur · traversier *Canada*

fertile *adj.* **1 - prolifique** · fécond · **2 - productif** · fécond · généreux · gras · plantureux · prodigue · riche · **3 - inventif** · créatif · ingénieux · subtil
✦ **pays, région très fertile** grenier · jardin · oasis
CONTR. aride ı improductif ı inculte ı infertile ı infructueux ı maigre ı stérile
➥ **fécond**

fertilisant *n.m.* · engrais · compost · fumier

fertilisation *n.f.* · amendement · amélioration · bonification · fumure
CONTR. épuisement

fertiliser *v.tr.* · améliorer · amender · bonifier · engraisser · enrichir · fumer
CONTR. épuiser

fertilité *n.f.* **1 - richesse** · fécondité · générosité · rendement · **2 - prolificité** · fécondité · **3 - inventivité** · créativité · ingéniosité
CONTR. pauvreté ı sécheresse – aridité ı stérilité

féru, e *adj.* · passionné · amoureux · enragé · entiché · épris · fanatique · fervent · accro *fam.* · fou *fam.* · mordu *fam.* · toqué *fam.*

férule *n.f.* **1 -** bâton • **2 -** autorité • commandement • direction • houlette • pouvoir

fervent, e *adj.* **1 -** ardent • brûlant • chaleureux • enthousiaste • passionné • **2 -** fanatique • dévot • exalté • zélé
CONTR. froid | indifférent | tiède

ferveur *n.f.* **1 -** dévotion • piété • zèle • **2 -** ardeur • chaleur • effusion • enthousiasme • exaltation • feu • flamme • passion
CONTR. froideur | indifférence | tiédeur

fessée *n.f.* • correction • déculottée *fam.*

fesser *v.tr.* • corriger • battre • botter le derrière, le train à *fam.* • filer une déculottée à *fam.*

fesses *n.f.pl.* • postérieur • derrière • fessier • arrière-train *fam.* • croupe *fam.* • cul *fam.* • fion *pop.* • joufflu *fam.* • miches *fam.* • panier *fam.* • pétard *fam.* • popotin *fam.* • train *fam.* • pot *fam.* • baba *argot* • foufounes *fam., Québec* • séant *vieux* • siège *vieux*

fessier *n.m.* → fesses

fessu, e *adj.* • rembourré *fam.* • callipyge *littér.*

festin *n.m.* **1 -** banquet • agapes *littér.* • bombance *fam.* • gueuleton *fam.* • ripaille *fam.* • **2 -** régal

festival *n.m.* **1 -** manifestation • démonstration • **2 -** → série

festivités *n.f.pl.* • fêtes • réjouissances

feston *n.m.* **1 -** guirlande • **2 -** [Archit.] dent

festoyer *v.intr.* • se régaler • banqueter • gueuletonner *fam.* • ripailler *fam.*

fêtard, e *n.* • viveur • bambocheur *fam.* • jouisseur *fam.* • noceur *fam.*

fête *n.f.* **1 -** célébration • cérémonie • commémoration • festivités • réjouissances • solennités • **2 -** festival • **3 -** foire • kermesse • ducasse *Belgique, Nord* • fest-noz *Bretagne* • frairie *région.* • redoute *vieux* • vogue *vieux* • **4 -** réception • gala • garden-party • soirée • boum *fam.* • raout *fam.* • sauterie *fam.* • teuf *lang. jeunes* • surprise-partie *vieilli* • **5 -** fiesta • bamboula *fam.* • bombe *fam.* • bringue *fam.* • foire *fam.* • java *fam.* • noce *fam.* • nouba *fam.* • teuf *lang. jeunes* • **6 -** régal • bonheur • enchantement • joie • plaisir

fêter *v.tr.* **1 -** célébrer • commémorer • honorer • solenniser • **2 -** arroser *fam.*

 ~ **fêter, célébrer, commémorer**

Fêter, célébrer et commémorer ont en commun l'action de consacrer un événement de la vie personnelle ou de l'histoire d'un pays. Avec **fêter**, la consécration donne lieu à des réjouissances privées *(fêter l'anniversaire de son grand-père, un succès)* ou publiques *(fêter le 14 Juillet devant l'hôtel de ville)*. On **célèbre** un événement par une cérémonie souvent publique *(célébrer le prix Nobel de la paix, le centenaire de la naissance d'un écrivain)*, ou du moins avec quelque solennité, même s'il s'agit d'une réjouissance privée *(célébrer l'installation dans une nouvelle maison en pendant la crémaillère)*. **Commémorer** implique que la cérémonie rappelle le souvenir d'un événement, d'une action *(commémorer l'armistice du 11 novembre 1918)*.

fétiche *n.m.* **1 -** amulette • grigri • idole • mascotte • porte-bonheur • porte-chance • talisman • **2 -** [Psych.] objet transitionnel

fétichisme *n.m.* **1 -** animisme • totémisme • **2 -** idolâtrie • vénération

fétide *adj.* **1 -** malodorant • dégoûtant • écœurant • empesté • méphitique • nauséabond • puant • putride • **2 -** abominable • ignoble • immonde • infect • innommable • repoussant • répugnant

fétu *n.m.* • brin • brindille

feu *n.m.* **1 - flambée** • brasier • flammes • fournaise • incendie • **2 - âtre** • cheminée • foyer • **3 -** [vieux] foyer • maison • ménage • **4 -** allumette • briquet • **5 - attaque** • bombardement • fusillade • **6 -** [fam. : arme] calibre • pétard *fam.* • **7 - éclairage** • lumière • signal • balise lumineuse • brandon • fanal • flambeau • lamparo • lampe • torche • [de voiture] code • lanterne • phare • veilleuse • **8 - lueur** • brillant • **9 - inflammation** • démangeaison • embrasement • éruption • irritation • **10 -** animation • allant • ardeur • chaleur • conviction • élan • enthousiasme • entrain • exaltation • excitation • ferveur • flamme • fougue • impétuosité • passion • véhémence • vivacité • zèle
+ **feu sacré** ardeur • enthousiasme • ferveur
+ **feu vert** accord • acceptation • approbation • aval
+ **feu d'artillerie** barrage • tir • pilonnage
+ **en feu** **1 - embrasé** • brûlant • ardent • en flammes • enflammé • incandescent • igné *littér.* • ignescent *littér.* • **2 - agité** • animé • enfiévré • excité
+ **mise à feu** [d'une fusée] allumage
+ **mettre le feu à** **1 - allumer** • brûler • embraser • enflammer • incendier • **2 - enthousiasmer** • chauffer • exciter • galvaniser
+ **être en, prendre feu** flamber • brûler • s'enflammer • être la proie des flammes
+ **résistant au feu** ininflammable • ignifugé • apyre *Techn.*
+ **arme à feu** fusil • mitraillette • mitrailleuse • pistolet • revolver
+ **coup de feu** détonation • tir
+ **faire feu** → tirer

feuillage *n.m.* • feuilles • feuillée *littér.* • feuillure *littér.* • frondaison *littér.* • ramée *littér.* • ramure *littér.*

feuille *n.f.* **1 - lame** • lamelle • plaque • **2 - feuillet** • copie • **3 - journal** • bulletin • gazette • canard *fam.* • feuille de chou *fam.* • **4 - fiche** • bulletin • formulaire

⋙ **feuilles** *plur.* • feuillage • feuillée *littér.* • feuillure *littér.* • frondaison *littér.* • ramée *littér.* • ramure *littér.*

feuillet *n.m.* • feuille • folio

feuilleter *v.tr.* • consulter • compulser • lire en diagonale • parcourir • survoler

feuilleton *n.m.* **1 - chronique** • rubrique • **2 - série** • roman

feulement *n.m.* • grognement • miaulement • [du tigre] rauquement

feutre *n.m.* • marqueur • surligneur

feutré, e *adj.* • ouaté • discret • silencieux

feutrer *v.tr.* • atténuer • amortir • assourdir • étouffer

fi *interj.* pouah
+ **faire fi de** dédaigner • mépriser • négliger • se moquer de • refuser • rejeter • repousser

fiabilité *n.f.* **1 - crédibilité** • **2 - sécurité** • sûreté

fiable *adj.* **1 - sérieux** • consciencieux • sûr • **2 - crédible** • digne de foi • exact • sûr • **3 - sécurisé** • sûr

fiançailles *n.f.pl.* • accordailles *vieux*

fiancé, e
▪ *n.m.* promis *littér.* • futur *fam.* • ami
▪ *n.f.* bien-aimée • dulcinée

fiancer *v.tr.* allier • unir
⋙ **se fiancer** *v.pron.* s'engager

fiasco *n.m.* échec • faillite • insuccès • ratage • bide *fam.* • flop *fam.* • [pièce] four
+ **faire un fiasco** → échouer
CONTR. réussite

fibre *n.f.* **1 -** brin · filament · **2 - sensibilité ·** cœur · corde · nerf · sentiment

fibreux, -euse *adj.* · filamenteux · filandreux

fibrociment *n.m.* · aggloméré

ficeler *v.tr.* **1 -** attacher · brider · saucissonner *fam.* · **2 -** [fam.] → **habiller**

ficelle *n.f.* **1 -** corde · **2 -** astuce · artifice · ruse · procédé · stratagème · truc *fam.* · **3 -** [fam.] → **galon**

¹**ficher** *v.tr.* **1 -** planter · clouer · enfoncer · fixer · introduire · mettre · **2 -** [fam.] → **faire** · **3 -** [fam.] → **donner**

⋙ **se ficher de** *v.pron.* **1 -** dédaigner · négliger · se balancer de *fam.* · se battre l'œil de *fam.* · se contreficher de *fam.* · se foutre de *très fam.* · **2 -** se moquer de · rire de · faire des gorges chaudes de · se foutre de *très fam.* · se gausser de *vieux*

²**ficher** *v.tr.* · répertorier

fichier *n.m.* · classeur

¹**fichu** *n.m.* · foulard · cache-col · cache-cou · carré · châle · écharpe · mantille · mouchoir · pointe

²**fichu, e** *adj.* **1 -** condamné · fini · incurable · inguérissable · perdu · cuit *fam.* · foutu *fam.* · **2 -** hors service · irrécupérable · H.S. *fam.* · bousillé *fam.* · foutu *fam.* · **3 -** fâcheux · maudit · sale · fieffé *fam.* · foutu *fam.* · sacré *fam.* · satané *fam.*

✦ **mal fichu** → **malade**

fictif, -ive *adj.* **1 -** imaginaire · de fiction · fabriqué · fabuleux · inexistant · inventé · irréel · **2 -** conventionnel · arbi-traire · extrinsèque · nominal · supposé · théorique · **3 - trompeur** · factice · faux · feint · illusoire

CONTR. effectif ı intrinsèque ı réel

⮞ **faux**

fiction *n.f.* **1 -** roman · conte · fable · allégorie · apologue · **2 - illusion** · chimère · mirage · songe · **3 -** convention

CONTR. réalité ı vérité

fidèle

■ *adj.* **1 -** dévoué · honnête · loyal · probe · scrupuleux · sûr · **2 -** assidu · régulier · **3 -** durable · bon · éprouvé · sincère · solide · sûr · véritable · vrai · **4 -** conforme · correct · exact · fiable · juste · véridique

■ *n.* **1 -** croyant · paroissien · ouaille *fam., surtout plur.* · brebis *littér.* · **2 -** partisan · adepte · sectateur · **3 -** habitué · client

CONTR. déloyal ı félon ı traître – infidèle ı adultère ı inconstant – faux ı inexact – incroyant – adversaire ı antagoniste ı contradicteur

fidèlement *adv.* **1 -** régulièrement · **2 -** loyalement · honnêtement · **3 -** exactement · correctement · docilement · minutieusement · précisément · scrupuleusement

fidélité *n.f.* **1 -** dévouement · attachement · honnêteté · loyauté · **2 -** assiduité · continuité · persévérance · régularité · constance *littér.* · **3 -** exactitude · correction · véracité · vérité · véridicité *littér.* · **4 -** obéissance · allégeance

CONTR. déloyauté ı trahison – inconstance ı infidélité – erreur ı inexactitude ı mensonge – révolte

⮞ **fidélité, constance**

Fidélité et constance ont en commun l'idée de respect d'engagements pris. **Fidélité** concerne des personnes *(la fidélité conjugale, d'un amant)* et des abstractions *(la fidélité à des principes, à un idéal).* Sans idée d'engagement mais avec celui d'attachement, **fidélité** s'emploie pour le rapport d'un animal domestique à son maître *(la fidélité* d'un chien). **Constance**, d'usage littéraire, insiste sur la persévérance dans le domaine des sentiments, mais aussi des actes *(constance dans l'effort)*.

fief *n.m.* **1** - → seigneurie · **2** - territoire · circonscription · secteur · **3** - domaine · spécialité · territoire

fieffé, e *adj.* · accompli · achevé · complet · consommé · parfait · fichu *fam.* · fini *fam.* · foutu *très fam.* · sacré *fam.* · satané *fam.*

fiel *n.m.* **1** - bile · **2** - acrimonie · amertume · animosité · bave · haine · hostilité · malveillance · venin

fielleux, -euse *adj.* · acerbe · amer · désagréable · envenimé · haineux · malveillant · mauvais · méchant · venimeux

fiente *n.f.* · excrément · merde *fam.*

fier à (se) *v.pron.* **1** - croire · ajouter foi à · écouter · faire crédit à · prendre en compte · **2** - faire confiance à · avoir foi en · compter sur · se reposer sur · s'en remettre à · tabler sur

fier, fière *adj.* **1** - orgueilleux · altier · arrogant · avantageux · bouffi (d'orgueil) · conquérant · dédaigneux · distant · fanfaron · fat · froid · hautain · glorieux · méprisant · prétentieux · rogue · satisfait · suffisant · superbe · supérieur · vain · vaniteux · crâneur *fam.* · faraud *littér.* · **2** - digne · noble · **3** - entier · inapprivoisable · indomptable · farouche · sauvage

✦ **être fier de**   être content de · être satisfait de · s'enorgueillir de · tirer vanité de

✦ **très fier**   fier comme Artaban, comme un paon, comme un pou · fier comme un pet *vieilli*

✦ **faire le fier**   → fanfaronner

CONTR. humble ı modeste ı simple – indigne ı veule – avoir honte de

fier-à-bras *n.m.* · bravache · matamore

487 ▸ **fiévreux**

fièrement *adv.* **1** - dignement · bravement · courageusement · crânement · noblement · le front haut · la tête haute · **2** - dédaigneusement · orgueilleusement

fierté *n.f.*
I 1 - amour-propre · estime (de soi-même) · orgueil · vanité · **2** - dignité · cœur · noblesse
II 1 - mépris · condescendance · dédain · distance · hauteur · morgue · **2** - arrogance · audace · orgueil · présomption · suffisance · superbe · vanité
III 1 - contentement · joie · satisfaction · **2** - honneur · gloire

✦ **avec fierté**   → fièrement

CONTR. humilité – familiarité ı modestie ı simplicité – dépit ı honte

fiesta *n.f.* → fête

fièvre *n.f.* **1** - température · fébrilité · **2** - bouillonnement · agitation · animation · énervement · exaltation · excitation · fébrilité · impatience · surexcitation · trouble · **3** - ardeur · chaleur · feu · fougue · passion · **4** - amour · folie · manie · passion · rage · soif

✦ **fièvre jaune**   typhus amaril

fiévreusement *adv.* · fébrilement · fougueusement · furieusement

fiévreux, -euse *adj.* **1** - fébrile · brûlant · chaud · **2** - exalté · agité · excité · nerveux · surexcité · **3** - bouillonnant · fébrile · frénétique · intense

CONTR. sain – calme ı impassible

🙪   **fiévreux, fébrile**

Fiévreux et **fébrile** se disent tous deux de ce qui dénote la fièvre *(pouls fiévreux, fébrile)*. **Fiévreux** s'applique à une personne, au corps *(se sentir fiévreux ; un teint, des yeux fiévreux)*. **Fébrile** est un terme plus médical *(un malade fébrile, une chaleur, une réaction fébrile)*, mais on parle couramment d'*un état fébrile*. Dans les emplois figurés, un partage s'opère également. **Fiévreux** évoque quelque chose de passionné, un caractère d'exaltation *(un désir fiévreux, une attente, une imagination fiévreuse).* **Fébrile** insiste plutôt sur ce qui manifeste une agitation désordonnée *(une inquiétude, une impatience fébrile, des mains fébriles).*

fifre *n.m.* → **flûte**

figé, e *adj.* **1 -** immobile · paralysé · pétrifié · raidi · statufié · **2 - raide** · contraint · hiératique · **3 -** sclérosé · fossilisé · **4 -** conventionnel · fixé · stéréotypé

figer *v.tr.* **1 -** solidifier · cailler · coaguler · condenser · congeler · épaissir · glacer · geler · **2 -** immobiliser · clouer · paralyser · pétrifier · raidir · **3 -** scléroser · fossiliser

CONTR. dégeler ı fondre − s'animer − évoluer

fignoler *v.tr.* · parachever · parfaire · travailler · ciseler · enjoliver · mettre la dernière main à · peaufiner · polir · raffiner · soigner · chiader *fam.* · lécher *fam.* · peigner *vieux*

CONTR. bâcler

figurant, e *n.* · utilité · comparse · utilité · bouche-trou *fam.* · potiche *fam.*

figuration *n.f.* · représentation

figure *n.f.*
I **1 - visage** · face · faciès · tête · binette *fam.* · bobine *fam.* · bouille *fam.* · frimousse *fam.* · gueule *fam.* · minois *fam.* · portrait *fam.* · trogne *fam.* · trombine *fam.* · tronche *fam.* · **2 - apparence** · aspect · configuration · conformation · dehors · extérieur · forme · physionomie · **3 - physionomie** · air · attitude · mine · tête
II **1 - illustration** · dessin · graphique · image · planche · schéma · tableau · tracé · **2 - emblème** · allégorie · représentation · symbole · **3 -** [Art] **effigie** · portrait · statue · **4 - forme** · signe

III **1 - personnage** · personnalité · nom · **2 - caractère** · type
✦ **figure de style** trope
✦ **faire figure de** avoir l'air de · paraître · passer pour · sembler

figuré, e *adj.* · imagé · métaphorique

figurer *v.tr.* **1 -** représenter · dessiner · peindre · sculpter · **2 -** symboliser · incarner · représenter · **3 -** préfigurer
✦ **figurer dans** se trouver dans · apparaître dans · participer à · faire partie de
» **se figurer** *v.pron.* **1 -** se représenter · se faire une idée de · s'imaginer · **2 -** croire · imaginer · penser · supposer

figurine *n.f.* · statuette · poupée · santon · sculpture

fil *n.m.* **1 -** fibre · brin · filament · **2 -** attache · lien · **3 -** tranchant · **4 -** cours · déroulement · enchaînement · liaison · succession · suite · trame
✦ **tirer les fils de** éfaufiler · effiler · effilocher · érailler · parfiler

filament *n.m.* · fil · brin · fibre

filandreux, -euse *adj.* **1 -** fibreux · **2 -** compliqué · embarrassé · embrouillé · enchevêtré · entortillé · fumeux · indigeste · tarabiscoté · emberlificoté *fam.*

CONTR. tendre − clair ı concis ı explicite

filasse *adj.* · blondasse

filature *n.f.* · pistage · poursuite

file *n.f.* **1 - ligne** · alignement · enfilade · rangée · série · succession · suite · **2 -** colonne · cortège · défilé · procession · **3 -** cordon · haie · rang · rangée · **4 -** couloir · voie
✦ **chef de file** leader · figure de proue

✦ **à la file** 1 - d'affilée · à la suite · consécutif · **2 - les uns derrière les autres** · en chapelet · en enfilade · en file indienne · à la queue leu leu *fam.* · en rang d'oignons *fam.*

filer

■ *v.intr.* **1 - foncer** · courir · s'enfuir · fuir · **2 - disparaître** · fondre · glisser · **3 - se démailler** · **4 -** → **déguerpir**

■ *v.tr.* **1 - dévider** · laisser aller · lâcher · larguer · **2 - suivre** · pister · prendre en filature · filocher *fam.* · **3 -** [fam.] → **donner**

filet *n.m.*

I 1 - [Pêche] **épuisette** · épervier · senne · traîne · **2 -** [Chasse] **nasse** · hallier · épuisette · lacet · panneau · rets *vieux* · **3 - piège** · embûche · nasse · lacs *littér.* · rets *littér.* · **4 - résille** · réticule

II 1 - [de bœuf rôti] **chateaubriand** · tournedos · **2 -** [de volaille] **aiguillette** · blanc · suprême · magret

✦ **coup de filet** rafle · prise

filiation *n.f.* **1 - lignée** · consanguinité · descendance · famille · génération · généalogie · origine · parenté · [Droit romain] agnation · cognation · **2 - enchaînement** · liaison · lien · ligne · ordre · succession · suite

filière *n.f.* **1 - canal** · voie · **2 - domaine** · **3 - réseau**

filiforme *adj.* **1 - longiligne** · **2 - mince** · fluet · frêle · grêle · gracile · menu

CONTR. trapu – épais ı gros

fille *n.f.* **1 - enfant** · **2 - femme** · gonzesse *fam.* · meuf *lang. jeunes* · nana *fam.* · souris *fam.*

✦ **petite fille** fillette · blondinette · brunette · petite · gamine *fam.* · gosse *fam.* · môme *fam.*

✦ **jeune fille** **1 - demoiselle** · adolescente · nymphette · donzelle *fam.* · mignonne *fam.* · minette *fam.* · meuf *lang. jeunes* · nana *fam.* · nénette *fam.* · poulette *fam.* · tendron *fam.* · jouvencelle *vieux* · **2 - vierge** · pucelle · colombe *vieux*

✦ **(vieille) fille** célibataire · demoiselle

fillette *n.f.* → **petite fille**

film *n.m.* **1 - pellicule** · bobine · rouleau · **2 - long, moyen, court métrage** · toile *fam.* · **3 - déroulement** · enchaînement · fil · succession

✦ **mauvais film** navet *fam.*

filmer *v.tr.* · tourner

filon *n.m.* **1 - veine** · mine · **2 - moyen** · plan · système · combine *fam.* · truc *fam.*

✦ **bon filon** aubaine · mine

filou *n.m.* **1 - voleur** · aigrefin · bandit · crapule · escroc · fripon · pirate · tricheur · arnaqueur *fam.* · fripouille *fam.* · **2 - garnement** · coquin · voyou

filouter *v.tr.* **1 - escroquer** · arnaquer *fam.* · estamper *fam.* · rouler *fam.* · **2 -** [vieilli] **voler** · chaparder · faucher *fam.* · tirer *fam.*

filouterie *n.f.* · escroquerie · friponnerie · indélicatesse · larcin · tricherie

fils *n.m.* descendant · enfant · gars *fam.* · héritier *fam.* · rejeton *fam.* · fiston *fam.*

✦ **fils à papa** gosse de riche *fam., péj.*

filtrage *n.m.* **1 - clarification** · épuration · filtration · **2 - contrôle** · vérification

filtre *n.m.* **1 - passoire** · chaussette · étamine · **2 - contrôle** · vérification

filtrer

■ *v.tr.* **1 - clarifier** · épurer · passer à l'étamine · purifier · déféquer *(Chim.)* · **2 - voiler** · tamiser · **3 - contrôler** · vérifier

■ v.intr. **1 –** couler · passer · pénétrer · suinter · transsuder · traverser · sourdre littér. · **2 – s'éventer** · percer · se répandre · se savoir · transpirer

¹**fin** n.f.
I 1 – bout · borne · limite · queue · sortie · terminaison · **2 – terme** · aboutissement · achèvement · conclusion · dénouement · expiration · **3 – arrêt** · abandon · cessation · clôture · **4 – conclusion** · coda · épilogue · finale · péroraison
II 1 – déclin · agonie · chute · crépuscule · **2 – disparition** · anéantissement · décès · destruction · écroulement · enterrement · mort · ruine · trépas littér.
III but · destination · finalité · intention · objectif · objet · visée
✦ **en fin de compte, à la fin** en définitive · au bout du compte · au final · enfin · finalement · tout bien considéré · au bout du bout · en final de compte Antilles
✦ **sans fin 1 – sans cesse** · continuellement · éternellement · indéfiniment · interminablement · toujours · **2 – immense** · indéfini · infini · **3 – éternel** · interminable · fleuve
✦ **mettre fin à** finir · clore · clôturer · couper court à · faire cesser · dissiper · mettre le holà à · mettre un terme à · supprimer · terminer
✦ **prendre fin** cesser · s'achever · expirer · se terminer
✦ **approcher de la fin 1 – se terminer** · s'achever · **2 – agoniser** · décliner · dépérir · mourir
✦ **mener à sa fin** achever · accomplir · mener à terme · réaliser

²**fin, e** adj.
I 1 – menu · allongé · délié · effilé · élancé · étroit · fuselé · mince · svelte · **2 – pointu** · acéré · aigu · effilé · **3 – vaporeux** · arachnéen · léger · **4 – subtil** · léger · ténu
II 1 – affiné · pur · raffiné · **2 – précieux** · beau · de luxe · délicat · élégant · raffiné · sophistiqué · supérieur · extra fam. · **3 – délicat** · doux · léger · **4 – délectable** · délicieux · exquis · savoureux
III 1 – sensible · exercé · précis · **2 – clairvoyant** · averti · avisé · diplomate · perspicace · sagace · sensible · subtil · **3 – intelligent** · adroit · astucieux · délié · habile · ingénieux · malin · retors · rusé · subtil · finaud fam. · futé fam. · **4 – piquant** · spirituel
✦ **fine gueule** gourmet · gastronome · gourmand · bec fin · friand vieux
✦ **le fin du fin** le nec plus ultra · le summum
✦ **jouer au plus fin** finasser · ruser · biaiser fam.

final, e adj. **1 – dernier** · terminal · ultime · **2 – définitif** · décisif
✦ **au final** en définitive · au bout du compte · en fin de compte · finalement · tout bien considéré · au bout du bout · en final de compte Antilles
CONTR. initial ׀ premier

¹**finale** n.f. [Grammaire] terminaison · désinence

²**finale** n.m. · coda

finalement adv. **1 – à la fin** · enfin · en dernier lieu · en dernier ressort · **2 – en définitive** · en conclusion · en dernière analyse · en fin de compte · au bout du bout · au bout du compte · au final · en somme · en un mot · pour conclure · pour finir · pour terminer · somme toute · après tout · au total · tout bien considéré · tout compte fait · en final de compte Antilles

finalité n.f. · but · objectif · visée

finance n.f. affaires · banque · business fam.
⋙ **finances** n.f.pl. **fonds** · argent · avoir · bourse · budget · porte-monnaie · ressources · trésorerie
✦ **finances publiques** deniers publics · fonds publics

financement *n.m.* **1 -** paiement · versement · **2 -** parrainage · sponsorisation

financer *v.tr.* **1 -** commanditer · parrainer · sponsoriser · soutenir · subventionner · **2 - payer** · casquer pour *fam.*

financeur, -euse *n.* · mécène · commanditaire · sponsor

financier, -ière
- *adj.* **1 -** d'argent · pécuniaire · matériel · **2 - bancaire** · budgétaire · monétaire
- *n.m.* banquier · capitaliste

🕮 **financier, pécuniaire**

Financier et pécuniaire concernent tous deux ce qui est relatif aux ressources en argent *(une aide financière, pécuniaire)*. Financier s'emploie dans le domaine domestique mais est aussi relatif aux grandes affaires d'argent *(le marché financier, la capitale financière d'un pays, un bilan, un krach financier)* et aux finances publiques *(une politique financière et fiscale, la législation financière)*. Pécuniaire s'applique aux contextes où il est question de ressources relativement modestes *(solliciter un secours pécuniaire)*, en particulier dans le cadre familial *(une famille nombreuse en situation pécuniaire précaire)*. Pécuniaire est par ailleurs courant dans le vocabulaire administratif et juridique *(sanction, amende, responsabilité, réparation pécuniaire)*.

financièrement *adv.* · économiquement · budgétairement · matériellement · pécuniairement

finasser *v. intr.* · ruser · jouer au plus fin · louvoyer · tergiverser · biaiser *fam.* · tortiller *fam.*

finasserie *n.f.* · artifice · astuce · avocasserie · détour · finesse · ruse · subterfuge

finaud, e *adj.* · rusé · fin · futé · habile · malin · madré *littér.* · fute-fute *fam.* · matois *fam.* · roublard *fam.* · roué *littér.*

finement *adv.* **1 - délicatement** · **2 - adroitement** · astucieusement · diplomatiquement · habilement · subtilement · avec tact

finesse *n.f.* **1 - raffinement** · beauté · délicatesse · distinction · élégance · grâce · pureté · **2 - sveltesse** · délicatesse · gracilité · minceur · **3 - subtilité** · acuité · clairvoyance · esprit · intelligence · justesse · pénétration · perspicacité · sagacité · sensibilité · **4 - diplomatie** · adresse · délicatesse · souplesse · tact · **5 - artifice** · astuce · ruse · stratagème · ficelle *fam.* · finasserie *fam.*

CONTR. grossièreté – épaisseur – balourdise | bêtise | ineptie | maladresse | niaiserie | sottise | stupidité

fini, e *adj.* **1 - limité** · borné · **2 - disparu** · évanoui · perdu · révolu · terminé · **3 - usé** · épuisé · perdu · fait *fam.* · fichu *fam.* · flambé *fam.* · foutu *très fam.* · mort *fam.* • [personne] has been *fam.* · **4 - accompli** · achevé · consommé · fichu *fam.* · fieffé *littér.* · sacré *fam.*
✦ **bien fini** parachevé · ciselé · poli · chiadé *fam.* · fignolé *fam.* · léché *fam.*
✦ **mal fini** expédié · ni fait ni à faire · bâclé *fam.* · torché *fam.*

CONTR. infini – imparfait | inachevé

finir
- *v.tr.* **1 - arrêter** · cesser · clore · clôturer · couper court à · mettre fin à · mettre un point final à · mettre un terme à · terminer · vider · **2 - achever** · accomplir · boucler · terminer · **3 - parachever** · finaliser · polir · mettre la dernière main à · parfaire · fignoler *fam.* · lécher *fam.*
- *v.intr.* **1 - s'achever** · s'arrêter · cesser · prendre fin · s'interrompre · se terminer · **2 - expirer** · arriver à échéance · **3 - disparaître** · s'évanouir · **4 - aboutir à** · s'arrêter à · donner dans · s'interrompre à · prendre fin sur · se terminer à · tomber sur · **5 - mourir** · périr *littér.*
✦ **mal finir** mal tourner · dégénérer · partir en couille(s) *très fam.*
✦ **finir abruptement** finir en queue de poisson

✦ **en finir avec** se débarrasser de · arrêter · régler · résoudre
✦ **n'en plus finir** durer · s'éterniser · traîner
✦ **à n'en plus finir** interminable • [nom] à rallonges

CONTR. commencer – ébaucher ı engager ı entamer – débuter

finissage *n.m.* · finition · ajustage

fiole *n.f.* flacon · flasque

fioriture *n.f.* · ornement · agrément · décoration · enjolivement · parement · parure

fioul *n.m.* · mazout

firmament *n.m.* · ciel · cieux · nues *littér.* · empyrée *littér.*

firme *n.f.* · entreprise · établissement · maison · société · boîte *fam.*

fisc *n.m.* · trésor public · service des impôts

fissure *n.f.* 1 – brèche · cassure · crevasse · faille · fêlure · fente · lézarde · scissure · sillon · 2 – **faiblesse** · faille · lacune

fissurer *v.tr.* · craqueler · crevasser · fêler · fendiller · fendre · lézarder

fiston *n.m.* → fils

fixation *n.f.* 1 – **accrochage** · amarrage · arrimage · collage · cloutage · rivetage · vissage · scellement · sertissage · suspension · 2 – **ancrage** · établissement · implantation · sédentarisation · 3 – **attache** · 4 – **détermination** · arrêt · définition · délimitation · établissement · mise au point · 5 – **obsession** · fixette *fam.*

CONTR. arrachement ı ébranlement

¹**fixe** *adj.* 1 – **immobile** · figé · 2 – **sédentaire** · 3 – **inchangé** · inaltérable · immuable · invariable · irrévocable · stable · stationnaire · 4 – **régulier** · certain · constant · continu ·

permanent · persistant · stable · 5 – **défini** · arrêté · définitif · déterminé · ferme · réglementé
✦ **idée fixe** obsession · fixation · fixette *fam.*

²**fixe** *n.m.* 1 – **salaire** · 2 – [fam.] **injection** · piqûre · shoot *fam.*

fixé, e *adj.* 1 – **décidé** · arrêté · 2 – **convenu** · dit

fixement *adv.* · intensément

fixer *v.tr.*
I 1 – **immobiliser** · amarrer · ancrer · arrêter · arrimer · assujettir · assurer · attacher · caler · maintenir · pendre · retenir · suspendre · 2 – **assembler** · boulonner · caser · clouer · coincer · coller · cheviller · cramponner · enchâsser · épingler · lier · nouer · river · riveter · sceller · sertir · visser · 3 – **retenir** · ancrer · enraciner · ficher · graver · imprimer · planter · 4 – **sédentariser** · ancrer · établir · implanter · 5 – **stabiliser** · arrêter · asseoir
II **observer** · dévisager · examiner · regarder avec insistance · scruter
III 1 – **décider** · arrêter · conclure · se mettre d'accord sur · 2 – **délimiter** · définir · déterminer · établir · formuler · poser · préciser · régler · réglementer · 3 – **assigner** · indiquer · marquer · prescrire · spécifier
IV [qqn sur] **renseigner** · éclairer · édifier · informer · instruire · mettre au fait · mettre au courant · mettre au parfum *fam.* · rancarder *fam.*

» **se fixer** *v.pron.* 1 – s'implanter · s'établir · s'installer · prendre pied · 2 – s'ancrer · se cristalliser · s'imprimer

✦ **se fixer de** se proposer de · s'imposer de · se donner comme but, objectif de

✦ **se fixer sur** choisir · se décider pour · opter pour

CONTR. déplacer ı détacher ı ébranler – changer ı errer

fixer (se) *v.pron.* · se shooter

fixité *n.f.* **1 - immobilité** · **2 - constance** · continuité · immuabilité · immutabilité · invariabilité · permanence · stabilité

CONTR. déplacement ׀ mobilité - changement ׀ évolution ׀ transformation

flacon *n.m.* · bouteille · fiole · burette · flasque · gourde · [de parfum] atomiseur · vaporisateur

flagada *adj.* → fatigué

flagellation *n.f.* · fustigation · fouet

flageller *v.tr.* **1 - fouetter** · cingler · cravacher · fustiger · battre · fouailler *littér.* · **2 - blâmer** · critiquer · fustiger · stigmatiser
↪ **fouetter**

flageoler *v. intr.* · chanceler · tituber · trembler · vaciller

flageolet *n.m.* → haricot

flagorner *v.tr.* → flatter

flagorneur, -euse *n. et adj.* → flatteur

flagrant, e *adj.* **certain** · aveuglant · criant · éclatant · évident · hurlant · incontestable · indéniable · indiscutable · indubitable · manifeste · notoire · ostensible · patent · visible

✦ **c'est flagrant**   ça se voit comme le nez au milieu de la figure · il faudrait être aveugle pour ne pas le voir

✦ **flagrant délit**   flag *argot*

flair *n.m.* **1 - odorat** · **2 - clairvoyance** · discernement · instinct · intuition · perspicacité · sagacité · nez *fam.*

✦ **avoir du flair**   avoir de l'intuition · avoir du nez *fam.* · avoir le nez creux, fin *fam.*

flairer *v.tr.* **1 - humer** · sentir · renifler · prendre le vent · **2 - deviner** · repérer · pressentir · prévoir · sentir · soupçonner · subodorer · se douter de

flambant, e *adj.* · ardent · brûlant

flambeau *n.m.* **1 - torche** · bougie · brandon · **2 - chandelier** · candélabre · torchère · **3 - guide** · lumière · phare

flambée *n.f.* **1 - feu** · **2 - bouffée** · crise · explosion · poussée · **3 - augmentation** · envol · escalade

flamber

■ *v.intr.* **1 - brûler** · se consumer · s'enflammer · **2 - étinceler** · briller · flamboyer · scintiller · **3 - augmenter** · s'envoler · grimper · atteindre des sommets

■ *v.tr.* **dépenser** · claquer *fam.* · croquer *fam.* · dévorer · dilapider · dissiper · engloutir · gaspiller · manger

flamboiement *n.m.* · éclat · ardeur · brillant · chatoiement · embrasement · feu · lumière · luminosité · scintillement

flamboyant, e *adj.* **1 - brillant** · brasillant · éclatant · étincelant · resplendissant · rutilant · scintillant · **2 - ardent** · brûlant

flamboyer *v. intr.* **1 - brûler** · flamber · **2 - briller** · étinceler · rayonner · resplendir · rutiler · scintiller

flamme *n.f.*
I feu · flammèche · flammerole
II **1 - éclat** · clarté · éclair · feu · lueur · lumière · **2 - ardeur** · animation · chaleur · élan · éloquence · exaltation · excitation · ferveur · feu · fièvre · fougue · zèle · **3 - amour** · désir · passion
III banderole · bannière · drapeau · fanion · oriflamme

↠ **flammes** *plur.* incendie · feu · sinistre

flammèche *n.f.* • étincelle • brandon

flanc *n.m.* **1 -** côté • aile • bord • pan • versant • travers • **2 -** [vieux] entrailles • sein
✦ **prêter le flanc à** donner prise à • s'exposer à • être vulnérable à • s'offrir en pâture à

flancher *v. intr.* • faiblir • abandonner • caler • céder • lâcher pied • mollir • plier • reculer • craquer *fam.* • se dégonfler *fam.*

flâner *v. intr.* **1 - se promener** • aller le nez au vent • déambuler • errer • se balader *fam.* • baguenauder *fam.* • battre le pavé *fam.* • vadrouiller *fam.* • muser *littér.* • musarder *littér.* • **2 - paresser** • s'amuser • traîner • flemmarder *fam.* • lambiner *fam.* • lanterner *littér.*
CONTR. travailler – se hâter

flânerie *n.f.* • promenade • vagabondage • balade *fam.* • errance *littér.*

flâneur, -euse *n. et adj.* **1 - promeneur** • badaud • curieux • passant • **2 - oisif** • musard *fam., vieilli*

¹**flanquer** *v.tr.* **1 - escorter** • accompagner • **2 - couvrir** • garantir • protéger • **3 - encadrer** • border

²**flanquer** *v.tr.* [fam.] → donner
✦ **flanquer à la porte** → congédier

flapi, e *adj.* → fatigué

flaque *n.f.* • mare • flache *région.*

flash *n.m.* **1 - éclair** • **2 - illumination** • tilt • **3 - message** • bulletin d'information • spot

flash-back *n.m.* • retour en arrière • rétrospective *Québec*

¹**flasque** *adj.* **1 - mou** • avachi • mollasse • ramolli • **2 - inconsistant** • amorphe • atone • inerte • lâche

²**flasque** *n.f.* → flacon

flatter *v.tr.*
I 1 - complimenter • honorer • **2 - louer** • aduler • cajoler • caresser • courtiser • encenser • chatouiller l'amour-propre de • faire des courbettes à • lancer des fleurs à *fam.* • flagorner *littér.* • louanger *littér.* • faire de la lèche à *fam.* • lécher les bottes de *fam.* • lécher le cul de *très fam.* • passer la main dans le dos à *fam.* • passer de la pommade à *fam.* • passer la brosse à reluire à *fam.* • **3 -** [vieux] **abuser** • mentir à • berner • leurrer
II avantager • embellir • idéaliser
III 1 - charmer • délecter • plaire à • faire plaisir à • **2 - caresser** • amadouer • cajoler • câliner • **3 - chatouiller** • exciter • **4 - encourager** • entretenir • favoriser
»> **se flatter de** *v.pron.* **1 - prétendre** • compter • espérer • penser • aimer à croire • se faire fort de • se piquer de • se targuer de • se vanter de • **2 - se glorifier de** • s'enorgueillir de • se prévaloir de • se gargariser de
CONTR. blâmer ׀ critiquer
↬ **caresser**

flatterie *n.f.* • compliment • hommage • louange • [péj.] courtisanerie • courbettes • coups d'encensoir • flagornerie • pommade *fam.* • lèche *fam.*
CONTR. blâme ׀ critique

flatteur, -euse
■ *n.* • complimenteur • courtisan • encenseur • flagorneur *littér.* • génuflecteur *littér.* • thuriféraire *littér.* • lèche-botte *fam.* • lèche-cul *fam.* • lécheur *fam.* • frotte-manche *fam., Belgique* • louangeur *vieilli*
■ *adj.* **1 - élogieux** • avantageux • laudatif • obligeant • **2 - hypocrite** • complaisant • obséquieux • patelin • complimenteur *littér.* • **3 - seyant** • séduisant

flatuosité *n.f.* **1 - gaz** • pet • vent • **2 - flatulence**

fléau *n.m.* **1 -** calamité · catastrophe · désastre · malheur · plaie · **2 -** battoir
↝ **calamité**

flèche *n.f.* **1 -** pointe · carreau · dard · matras · trait · **2 -** sarcasme · pointe · quolibet · raillerie · trait · brocard *littér.* · lazzi *littér.*

flécher *v.tr.* · baliser · jalonner · marquer · signaliser

fléchir
■ *v.intr.* **1 - se courber** · s'arquer · gauchir · s'incurver · s'infléchir · **2 - décliner** · baisser · diminuer · faiblir · reculer · **3 - faiblir** · chanceler · mollir · vaciller · lâcher pied · céder · désarmer · flancher *fam.* · **4 - se soumettre** · capituler · céder · s'incliner · plier · se laisser gagner, vaincre
■ *v.tr.* **1 - émouvoir** · apitoyer · adoucir · attendrir · désarmer · ébranler · faire céder · gagner · toucher · se concilier · gagner à sa cause · **2 - plier** · courber · incliner · ployer · recourber
CONTR. se dresser ı se redresser – dominer ı maintenir ı résister ı tenir – durcir ı endurcir

fléchissement *n.m.* **1 - abaissement** · baisse · diminution · infléchissement · recul · **2 - flexion** · courbure · inclination · **3 - relâchement** · abandon · renoncement

flegmatique *adj.* **1 - détaché** · calme · décontracté · froid · impassible · imperturbable · maître de soi · placide · posé · serein · tranquille · **2 - paresseux** · lymphatique
CONTR. émotif ı emporté ı enthousiaste ı excité ı exubérant ı passionné – actif

flegmatiquement *adv.* · calmement · impassiblement · imperturbablement · placidement

flegme *n.m.* · calme · décontraction · détachement · froideur · impassibilité · imper-turbabilité · indifférence · maîtrise de soi · patience · placidité · sang-froid · sérénité · tranquillité
CONTR. emportement ı enthousiasme ı exaltation ı excitation

flemmard, e *adj. et n.* → **paresseux**

flemmarder *v. intr.* → **paresser**

flemmardise *n.f.* → **paresse**

flemme *n.f.* → **paresse**

flétri, e *adj.* · fané · avachi · défraîchi · flasque · fripé · ridé · décati *fam.*
CONTR. éclatant ı frais ı lisse
↝ **fané**

flétrir *v.tr.* **1 - faner** · dessécher · sécher · **2 - rider** · friper · marquer · ravager · **3 - défraîchir** · altérer · décolorer · faner · gâter · ternir · **4 - entacher** · déshonorer · salir · souiller · ternir
⋙ **se flétrir** *v.pron.* **1 - se rider** · se chiffonner · se friper · se parcheminer · se ratatiner · **2 - se ternir** · s'altérer · se décolorer · se faner · passer
CONTR. épanouir – rafraîchir – exalter ı honorer ı réhabiliter

¹**flétrissure** *n.f.* **1 - défloraison** · **2 - dessèchement**

²**flétrissure** *n.f.* · souillure · avilissement · déshonneur · honte · infamie · marque (infamante) · tache · tare · opprobre *littér.* · stigmate *littér.*

fleur *n.f.* **1 - élite** · fleuron · crème *fam.* · gratin *fam.* · **2 - beauté** · charme · éclat · fraîcheur
✦ **fleur bleue** sentimental · romantique

fleurer *v.tr.* · exhaler · embaumer · sentir

fleuri, e *adj.* **1** - en fleur · **2** - coloré · florissant · frais · vermeil · vif · **3** - orné · brillant · élégant · flamboyant · recherché · **4** - boutonneux · bourgeonnant

fleurir *v.intr.* **1** - éclore · s'épanouir · **2** - bourgeonner · **3** - être florissant · briller · croître · se développer · s'épanouir · grandir · prospérer · **4** - orner · émailler
CONTR. défleurir ı se faner – dépérir ı mourir

fleuriste *n.* **1** - horticulteur · **2** - marchand de fleurs · bouquetière

fleuve *n.m.* **1** - cours d'eau · rivière · **2** - flot · déluge · torrent · **3** - [en apposition] interminable · sans fin

🕮   fleuve, rivière
Fleuve et rivière désignent tous deux des cours d'eau naturels. Le **fleuve** se caractérise par le nombre important de ses affluents, sa largeur, son débit et par son embouchure dans la mer *(la Loire et la Garonne, fleuves français)*. La **rivière**, moins importante, se jette dans un fleuve, dans la mer ou dans un lac ; elle est distincte du *ruisseau* et du *torrent*. Fleuve et rivière acceptent les mêmes contextes *(la vallée, le lit, les méandres, la crue, etc., d'un fleuve ou d'une rivière ; un fleuve, une rivière navigable)*. Cependant on parle seulement de *poisson de rivière, de sable de rivière* et seul **fleuve** s'emploie par figure à propos de ce qui présente un cours régulier *(le fleuve de la vie, du temps)*.

flexibilité *n.f.* **1** - élasticité · souplesse · **2** - docilité · malléabilité · souplesse

flexible *adj.* **1** - élastique · plastique · pliable · pliant · souple · **2** - accommodant · docile · malléable · maniable · souple · **3** - modulable · aménagé · aménageable · souple · à la carte
CONTR. dur ı rigide – inflexible
🕮 **souple**

flexion *n.f.* **1** - fléchissement · courbure · **2** - désinence · conjugaison · déclinaison

flibustier *n.m.* **1** - pirate · boucanier · corsaire · écumeur de mer · **2** - escroc · bandit · filou

flic *n.m.* → **policier**

flingue *n.m.* → **revolver**

flinguer *v.tr.* → **tuer**

flipper *v. intr.* → **déprimer**

flirt *n.m.* **1** - amourette · caprice · histoire · idylle · passade · tocade · béguin *fam.* · **2** - [vieilli] amoureux · amoureuse · chéri(e) · petit(e) ami(e) · copain *fam.* · copine *fam.*

flirter *v. intr.*
✦ **flirter avec** **1** - courtiser · sortir avec · avoir une histoire avec · **2** - approcher · friser · frôler · se rapprocher de

flopée *n.f.* → **multitude**

floraison *n.f.* · fleurissement · anthèse · éclosion · épanouissement

flore *n.f.* · végétation

florilège *n.m.* · anthologie · extraits · morceaux choisis · recueil · best of *fam.* · chrestomathie *littér.* · spicilège *littér.*

florissant, e *adj.* **1** - épanoui · coloré · fleuri · rayonnant · rebondi · **2** - très bon · éclatant · resplendissant · splendide · **3** - prospère · riche · en pleine expansion · plein de vitalité
CONTR. flétri ı pâle ı terne – décadent – pauvre

flot *n.m.* **1** - courant · flux · marée · **2** - écoulement · cours · **3** - débordement · débauche · déluge · torrent · **4** - affluence · afflux · foule · marée · multitude · nuée · flopée *fam.*

◆ **remettre à flot** renflouer · rétablir

≫ **flots** *plur.* mer · océan · lames · vagues · onde *littér.*

↝ **vague**

flottant, e *adj.*
I 1 - **mobile** · 2 - **dénoué** · libre · épars · 3 - ample · flou · lâche · ondoyant · ondulant · vague
II 1 - **fluctuant** · instable · variable · 2 - hésitant · fluctuant · incertain · inconstant · indécis · indéterminé · instable · irrésolu · mobile · mouvant · velléitaire

CONTR. assuré ı fixe ı précis ı résolu ı sûr

flotte *n.f.* 1 - **force navale** · marine · 2 - escadre · armada · flottille · 3 - **parc (automobile)**

flottement *n.m.* 1 - **balancement** · agitation · ondulation · 2 - **hésitation** · doute · incertitude · indécision · tâtonnement · 3 - fluctuation

flotter *v.intr.* 1 - **surnager** · nager · 2 - onduler · battre · claquer · ondoyer · voler · voleter · voltiger · 3 - **hésiter** · balancer · osciller

CONTR. couler ı s'enfoncer ı sombrer – se fixer – se décider

flotteur *n.m.* · bouchon · bouée

flou, e
■ *adj.* 1 - **brouillé** · brumeux · effacé · flouté · indistinct · nébuleux · noyé · trouble · vaporeux · 2 - **flottant** · ample · lâche · large · vague · 3 - **imprécis** · incertain · fumeux · nébuleux · vague
■ *n.m.* **imprécision**

CONTR. distinct ı net ı précis

flouer *v.tr.* · tromper · berner · duper · escroquer · leurrer · posséder *fam.* · refaire *fam.* · rouler *fam.*

fluctuant, e *adj.* 1 - **incertain** · flottant · hésitant · indécis · indéterminé · irrésolu · 2 - **changeant** · flottant · inconstant · instable · mobile · mouvant · variable

CONTR. ferme ı invariable

fluctuations *n.f.pl.* · variations · changement · mobilité · mouvement · oscillation · turbulence

fluctuer *v. intr.* 1 - **changer** · évoluer · se modifier · se transformer · varier · 2 - **se balancer** · flotter

fluet, -ette *adj.* · menu · délicat · faible · gracile · grêle · maigre · mince

CONTR. épais ı lourd

fluide
■ *adj.* 1 - **liquide** · 2 - **aisé** · coulant · clair · délié · limpide · souple · 3 - [péj.] **inconsistant** · flottant · fluctuant · indécis · insaisissable · mouvant
■ *n.m.* 1 - **liquide** · 2 - **force** · courant · émanation · flux · influence · influx · magnétisme · onde · radiation · rayonnement

CONTR. solide – emprunté – compact ı concret ı épais ı visqueux

fluidifier *v.tr.* · éclaircir · allonger · désépaissir · étendre

fluidité *n.f.* · aisance · clarté · limpidité

CONTR. consistance ı épaisseur

fluo *adj.* → **fluorescent**

fluor *n.m.* · fluorine · apatite · cryolithe · topaze

fluorescence *n.f.* · luminescence · phosphorescence · photoluminescence

fluorescent, e *adj.* · luminescent · phosphorescent · fluo *fam.*

flûte *n.f.* **1** - chalumeau · fifre · flageolet · flûtiau · mirliton · piccolo · **2** - [fam.] → **jambe**
* **flûte de Pan** syrinx

flux *n.m.* **1** - écoulement · émission · évacuation · **2** - abondance · affluence · afflux · débauche · débordement · déferlement · déluge · flot · profusion · surabondance · torrent · **3** - mouvement · balancement · agitation

foc *n.m.* · génois · inter · tourmentin

focaliser *v.tr.* · concentrer

fœtus *n.m.* · embryon
↪ **embryon**

foi *n.f.* **1** - croyance · conviction · **2** - religion · confession · culte · dogme · église · **3** - confiance · crédit · **4** - conscience · honneur · loyauté · probité · sincérité
* **mauvaise foi** déloyauté · duplicité · fausseté · malhonnêteté · perfidie · tromperie
* **bonne foi** droiture · franchise · honnêteté · loyauté · sincérité
* **de bonne foi** en conscience · sincèrement
* **sur la foi de** **1** - sur le témoignage de · **2** - sur l'autorité de · sur la créance de
* **faire foi** prouver · démontrer · témoigner
* **avoir foi en** se fier à · avoir confiance en · compter sur · croire en
* **sans foi ni loi** amoral · immoral · irréligieux · mécréant

CONTR. critique ı doute − agnosticisme ı incrédulité ı incroyance ı scepticisme ı athéisme − infidélité ı trahison
↪ **croyance**

foin *n.m.* **1** - fourrage · **2** - [fam.] → **tumulte**

foire *n.f.* **1** - braderie · **2** - fête foraine · kermesse · ducasse *Belgique, Nord* · frairie *Ouest* · **3** - exposition · salon

* **faire la foire** faire la fête · faire la bombe *fam.* · faire la bringue *fam.* · faire la fiesta *fam.* · faire la java *fam.* · faire la noce *fam.* · faire la nouba *fam.* · faire la teuf *lang. jeunes*

fois *n.f.* coup *fam.*
* **des fois** parfois · quelquefois · de temps en temps · de temps à autre
* **si des fois** si jamais · si par hasard
* **à la fois** ensemble · collectivement · conjointement · de conserve · de front · en chœur · en même temps · simultanément

foison *n.f.* abondance · foule · kyrielle · masse · multitude · nuée · quantité · flopée *fam.*
* **à foison** abondamment · à profusion · en abondance · à gogo *fam.* · en masse *fam.*

CONTR. manque ı rareté − peu

foisonnant, e *adj.* · abondant · généreux · riche · surabondant

foisonnement *n.m.* · abondance · fourmillement · pullulement · surabondance

foisonner *v. intr.* abonder · fourmiller · grouiller · proliférer · pulluler
* **foisonner de, en** regorger de · abonder en

CONTR. manquer − diminuer ı se réduire

folâtre *adj.* · allègre · badin · enjoué · espiègle · gai · guilleret · léger · plaisant

CONTR. grave ı sérieux ı triste

folâtrer *v. intr.* · s'amuser · batifoler *fam.* · s'ébattre · gambader · jouer · papillonner

folichon, -onne *adj.* · amusant · badin · drôle · gai · léger · réjouissant

folie *n.f.*
I 1 - démence · aliénation · délire · déraison · dérangement · déséquilibre (mental) · égarement · insanité · mégalomanie · monomanie ·

paranoïa · déglingue *fam.* · dinguerie *fam.* · 2 - égarement · affolement · aveuglement · emportement · vertige
◀ I 1 - marotte · dada · manie · passion · 2 - caprice · coup de tête · lubie · toquade · 3 - fantaisie · bizarrerie · extravagance · 4 - écart de conduite · escapade · frasque · fredaine · incartade
◀ II aberration · absurdité · bêtise · chimère · connerie *fam.* · divagation · énormité · erreur · idiotie · imbécillité · sottise · stupidité
✦ **à la folie**   follement · éperdument · extrêmement · fanatiquement · fiévreusement · frénétiquement · passionnément
CONTR. équilibre ׀ santé mentale – jugement ׀ raison ׀ sagesse

folioter *v.tr.* · paginer · numéroter

folklorique *adj.* **1 - traditionnel** · populaire · **2 - pittoresque** · original · folklo *fam.*

follement *adv.* **1 - excessivement** · extrêmement · incroyablement · prodigieusement · très · vachement *fam.* · super *lang. jeunes* · **2 - éperdument** · passionnément · à la folie · **3 - inconsidérément**

follet *adj.m.*
✦ **feu follet**   flammerole · furole *région.*

fomentateur, -trice *n.* · fauteur (de troubles) · agitateur · fomenteur · provocateur

fomenter *v.tr.* · allumer · causer · faire naître · provoquer · susciter
CONTR. apaiser ׀ calmer

foncé, e *adj.* **1 - sombre** · obscur · profond · **2 - brun** · basané · bistre · mat
CONTR. clair ׀ pâle

foncer
■ *v.tr.* **assombrir** · bronzer · brunir
■ *v.intr.* **1 -** → **courir** · **2 -** → **se dépêcher**

✦ **foncer sur**   charger · assaillir · attaquer · bondir sur · s'élancer sur · fondre sur · poursuivre · se précipiter sur · se ruer sur · sauter sur
CONTR. éclaircir

foncier, -ière *adj.* **1 - terrien** · **2 - constitutif** · essentiel · fondamental · inné · naturel
CONTR. acquis ׀ artificiel ׀ superficiel

foncièrement *adv.* · fondamentalement · intrinsèquement · profondément

fonction *n.f.* **1 - activité** · charge · devoir · mandat · mission · occupation · office · rôle · service · tâche · travail · **2 - situation** · emploi · état · métier · place · poste · profession · **3 - pouvoir** · attribution · compétence · qualité · **4 - utilité** · rôle
✦ **en fonction de**   selon · compte tenu de · par rapport à · relativement à
✦ **être fonction de**   dépendre de
✦ **faire fonction de**   servir de · faire office de · remplacer · tenir lieu de

fonctionnaire *n.* · agent public · agent de l'État · bureaucrate *péj.* · rond-de-cuir *péj.*

fonctionnel, -elle *adj.* · pratique · commode · utilitaire

fonctionnement *n.m.* **1 - action** · activité · marche · service · travail · **2 - processus** · mécanisme · organisation · rouage

fonctionner *v. intr.* **aller** · marcher · travailler · tourner rond *fam.* · carburer *fam.*
✦ **faire fonctionner**   actionner · faire agir · allumer · manœuvrer · mouvoir · remuer
✦ **mal fonctionner**   se coincer · se déranger · se détraquer

fond *n.m.*
I 1 - **profondeurs** · tréfonds *littér.* · **2 - bas** · base · cul · culot · fondement

II 1 - bout · extrémité · fin · 2 - arrière-plan · lointain
III 1 - contenu · idée · matière · substance · substrat · sujet · thème · 2 - cœur · nœud · 3 - canevas · intrigue · trame

✦ **à fond** 1 - jusqu'au bout · à bloc *fam.* · à mort *fam.* · à donf *lang. jeunes* · 2 - · absolument · foncièrement · profondément · tout à fait · 3 - parfaitement · sur le bout des doigts *fam.* · comme sa poche *fam.*

✦ **à fond de train** à toute vitesse · en toute hâte · précipitamment · à bride abattue · en quatrième vitesse · à fond la caisse *fam.* · à fond les manettes *fam.* · à donf *lang. jeunes* · à toute pompe *fam.* · à tout berzingue *fam.* · sur les chapeaux de roue *fam.*

✦ **au fond, dans le fond** en réalité · en fait · en définitive · après tout · au demeurant · au reste · d'ailleurs · du reste

✦ **de fond en comble** 1 - du haut en bas · de la cave au grenier · 2 - complètement · entièrement · intégralement · totalement

CONTR. surface – haut ı dessus – bord ı entrée ı ouverture – apparence ı dehors ı extérieur

fondamental, e *adj.* 1 - essentiel · constitutif · basal · 2 - élémentaire · primaire · premier · rudimentaire · basique *fam.* · 3 - capital · central · crucial · déterminant · dominant · primordial · principal · vital · 4 - radical · foncier

CONTR. accessoire ı complémentaire ı secondaire

fondamentalement *adv.* · essentiellement · foncièrement · radicalement · totalement

fondamentaliste *adj.* · conservateur · intégriste · extrémiste

fondant, e *adj.* · moelleux · tendre

fondateur, -trice *n.* · créateur · auteur · bâtisseur · mère · père

fondation *n.f.* 1 - institution · 2 - constitution · création · édification · érection · établissement · formation · instauration · 3 - [généralement au plur.] assise · armature · assiette · base · charpente · fondement · infrastructure · soubassement · sous-œuvre · substruction

fondé, e *adj.* justifié · légitime · motivé · recevable · valable

✦ **être fondé à** être en droit de · avoir de bonnes raisons pour

fondement *n.m.* 1 - cause · condition · consistance · justification · motif · objet · raison · sujet · 2 - principe · origine · source · 3 - [généralement au plur.] base · assiette · assise · fondations · infrastructure · soubassement

✦ **sans fondement** injustifié · infondé

fonder *v.tr.* 1 - bâtir · construire · créer · édifier · élever · ériger · établir · instaurer · 2 - constituer · établir · former · instituer · ouvrir · 3 - appuyer · asseoir · baser · échafauder · établir · faire reposer · 4 - justifier · appuyer · motiver

≫ **se fonder sur** *v.pron.* s'appuyer sur · compter sur · se baser sur *fam.*

CONTR. abolir ı détruire ı renverser

fonderie *n.f.* · aciérie · forge · haut fourneau · fonte

fondre

■ *v.tr.* 1 - liquéfier · délayer · dissoudre · 2 - couler · mouler · 3 - amalgamer · fusionner · grouper · incorporer · mélanger · mêler · refondre · réunir · unir · 4 - atténuer · adoucir · estomper

■ *v.intr.* 1 - se désagréger · se dissoudre · se liquéfier · 2 - disparaître · s'anéantir · se dissiper · s'évanouir · se volatiliser · 3 - maigrir · 4 - s'émouvoir · s'attendrir · craquer *fam.*

✦ **fondre sur** s'abattre sur · assaillir · attaquer · s'élancer sur · se jeter sur · se lancer sur · piquer sur · se précipiter sur · se ruer sur · sauter sur · tomber sur

se fondre v.pron. 1 - s'estomper · s'évanouir · disparaître · se réduire · 2 - se confondre · se mêler · se rejoindre
CONTR. coaguler ı congeler ı figer – détacher ı diviser ı séparer – durcir – augmenter ı grossir

fondrière n.f. · trou · crevasse · nid-de-poule · ornière

fonds n.m. 1 - propriété · foncier · 2 - magasin · boutique · débit · établissement · exploitation · 3 - [au plur.] **argent** · bien · capital · espèces · finances · moyens · ressources · somme
✦ **fonds publics** deniers publics · caisses de l'État
✦ **mise de fonds** investissement · avance · participation · placement

fondu, e adj. 1 - flou · imprécis · incertain · vaporeux · 2 - [fam.] → **fan**

fonte n.f. liquéfaction · fusion · liquation
✦ **fonte des neiges, des glaces** débâcle

football n.m. · foot · ballon rond

footing n.m. · jogging · course

forain, e
▪ adj. ambulant · itinérant
▪ n.m. 1 - camelot · colporteur · 2 - saltimbanque

forban n.m. 1 - pirate · boucanier · écumeur de mer · flibustier · 2 - [littér.] voleur · bandit · brigand · pirate

forçat n.m. · bagnard · galérien

force n.f.
I 1 - vigueur · résistance · robustesse · solidité · 2 - intensité · constance · profondeur · violence · vivacité • [du vent] vitesse · 3 - véhémence · ardeur · éloquence · feu · vigueur

II 1 - qualité · habileté · mérite · talent · valeur · 2 - capacité · faculté · possibilité
III 1 - niveau · difficulté · 2 - portée · importance · influence · valeur
IV 1 - impulsion · dynamisme · nerf · ressort · souffle · vitalité · 2 - efficacité · action · activité · effet · puissance · rendement · travail
V 1 - contrainte · pression · violence · 2 - nécessité · obligation
✦ **forces (armées)** armée · soldats · troupes
✦ **force d'âme, de caractère** énergie · courage · détermination · fermeté · volonté · cran *fam.*
✦ **force publique, forces de l'ordre** gendarmerie · police
✦ **à toute force** à tout prix · absolument · coûte que coûte
✦ **à force de** avec beaucoup de · à coup de
✦ **sans force** 1 - sans consistance · sans profondeur · 2 - épuisé · flagada *fam.* · flapi *fam.* · ramollo *fam.*
✦ **de force à** de taille à · capable de · susceptible de
✦ **par la force des choses** nécessairement · inévitablement · obligatoirement
✦ **prendre de force** 1 - arracher · extorquer · 2 - violenter · violer
CONTR. affaiblissement ı asthénie ı débilité ı faiblesse ı fatigue – apathie ı inertie ı mollesse – impuissance – inefficacité – douceur ı persuasion

forcé, e adj.
I 1 - obligatoire · nécessaire · 2 - inévitable · automatique · évident · fatal · immanquable · logique · obligé · 3 - involontaire · non prévu
II 1 - affecté · artificiel · contraint · embarrassé · d'emprunt · étudié · factice · faux · 2 - outré · exagéré · excessif
CONTR. facultatif ı libre – naturel ı vrai

forcément adv. · inévitablement · immanquablement · évidemment · fatalement · inéluctablement · logiquement · nécessairement · obligatoirement · automatiquement *fam.*
CONTR. éventuellement ı probablement

forcené, e
- *adj.* **1 –** fou · déraisonnable · insensé · **2 –** acharné · enragé · frénétique · furibond · furieux · infernal · passionné
- *n.* désespéré · énergumène

CONTR. raisonnable ı sain d'esprit – calme

forcer *v.tr.*
I 1 – briser · crocheter · enfoncer · fracturer · ouvrir · rompre · **2 –** violenter · violer · **3 –** épuiser · fatiguer · claquer *fam.* · crever *fam.*
II s'attirer · acquérir · gagner
III 1 – augmenter · hausser · monter · pousser · **2 – exagérer** · accentuer · charger · grossir · outrer · **3 – altérer** · contourner · déformer · dénaturer · détourner · solliciter · torturer
IV [qqn à] obliger · astreindre · acculer · condamner · contraindre · entraîner · pousser · réduire

» **se forcer** *v.pron.* **1 –** se contraindre · se dominer · se faire violence · **2 –** s'obliger · s'imposer

↝ obliger

forcir *v.intr.*
1 – se fortifier · se développer · grandir · **2 –** s'élargir · s'alourdir · engraisser · épaissir · grossir

forer *v.tr.*
· percer · creuser

CONTR. boucher ı combler

forestier, -ière *adj.*
· sylvestre · sylvicole

foret *n.m.*
· vrille · fraise · vilebrequin

forêt *n.f.*
1 – bois · futaie · plantation · **2 – labyrinthe** · dédale · écheveau · enchevêtrement · jungle · lacis · maquis · méandres · **3 – multitude** · foule · kyrielle · nuée · quantité · flopée *fam.*

¹forfait *n.m.*
· crime · faute

²forfait *n.m.* abandon · dédit
+ **déclarer forfait** abandonner · renoncer · jeter l'éponge *fam.*

³forfait *n.m.*
· abonnement

forfanterie *n.f.*
· vantardise · bravade · fanfaronnade · rodomontade · gasconnade *littér.* · hâblerie *littér.* · crânerie *vieilli*

CONTR. modestie ı naturel

forgé, e *adj.*
· inventé · faux · monté de toutes pièces · controuvé *littér.*

forger *v.tr.*
1 – battre · bigorner · corroyer · **2 – construire** · fabriquer · faire · façonner · produire · **3 – constituer** · établir · fonder · former · monter · **4 – inventer** · imaginer · monter de toutes pièces · trouver

for intérieur *n.m.*
+ **dans son for intérieur** au fond de lui-même · dans le secret de sa pensée

formalisation *n.f.*
· modélisation · axiomatisation · mathématisation

formaliser (se) *v.pron.*
· s'offenser · se choquer · se fâcher · se hérisser · s'offusquer · se piquer · se scandaliser · se vexer

formaliser *v.tr.*
· modéliser · axiomatiser · mathématiser

formalisme *n.m.*
1 – légalisme · juridisme · **2 – structuralisme**

formaliste *adj.*
1 – cérémonieux · conventionnel · formel · protocolaire · traditionaliste · **2 – scrupuleux** · maniaque · pointilleux · tatillon · vétilleux *littér.*

CONTR. naturel ı simple – approximatif

formalité *n.f.* démarche · procédure · règle

✦ **sans autre formalité**   sans autre forme de procès · sans plus de façons · sans se gêner · sans mettre de gants *fam.*

⋙ **formalités** *plur.* cérémonial · cérémonie · étiquette · usages

format *n.m.* **1** - gabarit · calibre · dimension · taille · **2** - importance · acabit · carrure · envergure

formateur, -trice *adj.* · instructif · éducatif · enrichissant

formation *n.f.*
I 1 - création · composition · constitution · élaboration · fondation · genèse · institution · organisation · préparation · **2** - apparition · naissance · développement · production · **3** - développement · croissance · évolution · puberté
II groupe · groupement · organisation · parti · unité • [Sport] équipe • [Milit.] détachement · troupe
III 1 - apprentissage · éducation · instruction · **2** - connaissances · bagage · culture · éducation
IV orchestre · ensemble · groupe

CONTR. déformation ı destruction

forme *n.f.*
I 1 - apparence · allure · aspect · configuration · conformation · contour · dehors · disposition · extérieur · figure · morphologie · **2** - tracé · contour · délinéament · dessin · galbe · ligne · modelé · relief · **3** - apparition · ombre · vision · silhouette
II santé · équilibre · état (physique, psychologique)
III 1 - sorte · catégorie · espèce · genre · mode · type · variété · **2** - façon · arrangement · coupe · structure · style
IV tournure · évolution
V gabarit · matrice · modèle · moule · patron
VI expression · formulation · style · ton · tour · tournure

✦ **en forme**   (frais et) dispos · en train · plein d'allant · d'attaque *fam.* · pêchu *fam.*

✦ **avoir la forme**   avoir la frite *fam.* · avoir la patate *fam.* · avoir la pêche *fam.* · être au top *fam.* · péter le feu *fam.*

⋙ **formes** *plur.* **1** - [d'une femme] rondeurs · plastique · **2** - usages · (bonnes) manières · cérémonial · étiquette · protocole · règles

✦ **en bonne et due forme, dans les formes**   en règle

CONTR. essence ı matière ı réalité – fond – contenu ı matière ı substance ı sujet

formé, e *adj.* · nubile · pubère

formel, -elle *adj.* **1** - catégorique · absolu · clair · explicite · exprès · net · précis · **2** - assuré · certain · évident · flagrant · incontestable · indéniable · indiscutable · indubitable · irréfutable · manifeste · prononcé · sûr · **3** - conventionnel · cérémonieux · formaliste · protocolaire · traditionaliste · **4** - [péj.] de pure forme · de principe · platonique · théorique *péj.* · **5** - structurel

CONTR. incertain ı ambigu ı douteux ı tacite – contestable ı discutable – simple

formellement *adv.* **1** - sans équivoque · clairement · explicitement · nettement · bien · certainement · **2** - catégoriquement · absolument · expressément · rigoureusement

former *v.tr.*
I 1 - créer · fabriquer · façonner · faire · modeler • [une association] constituer · établir · fonder · instituer • [une argumentation] articuler · bâtir · construire · **2** - déterminer · causer · engendrer · produire · **3** - composer · constituer · **4** - [des lettres] calligraphier · dessiner · écrire · tracer · **5** - concevoir · élaborer · forger · imaginer · nourrir · **6** - émettre · énoncer · exposer · exprimer · formuler · présenter
II 1 - cultiver · éduquer · élever · instruire · préparer · **2** - assouplir · discipliner · dresser · entraîner · habituer

se former *v.pron.* **1** - apparaître · se constituer · se créer · se développer · naître · se nouer · **2** - s'instruire · apprendre son métier · **3** - s'améliorer · se parfaire · se perfectionner · **4** - [chaussures] s'assouplir · se faire
CONTR. déformer ı détruire

formidable *adj.* **1** - sensationnel · extraordinaire · fantastique · cool *lang. jeunes* · dément *fam.* · du tonnerre *fam.* · épatant *fam.* · fabuleux *fam.* · fumant *fam.* · géant *fam.* · génial *fam.* · sensass *fam.* · super *fam.* · **2** - étonnant · prodigieux · renversant · stupéfiant · beau *fam.* · fumant *fam.* · marrant *fam.* · **3** - considérable · énorme · gigantesque · imposant · **4** - effrayant · épouvantable · redoutable · terrible *fam.*
CONTR. mauvais ı nul – faible ı petit

formidablement *adv.* · énormément · colossalement · excessivement · extraordinairement · extrêmement · fabuleusement · gigantesquement · phénoménalement · prodigieusement · redoutablement · terriblement

formulaire *n.m.* · imprimé · bordereau · questionnaire

formulation *n.f.* · expression · énonciation · style · tour · tournure

formule *n.f.* **1** - énoncé · expression · locution · paroles · phrase · tournure · intitulé · libellé · [sage] aphorisme · précepte · proverbe · sentence · [Pol.] slogan · **2** - moyen · astuce · méthode · mode · procédé · système · technique · solution · remède · truc *fam.*

formuler *v.tr.* · énoncer · émettre · expliciter · exposer · exprimer · présenter · prononcer · mettre des mots sur · oraliser · tourner
CONTR. cacher ı dissimuler ı taire

fornication *n.f.* · accouplement · coït · copulation · rapport sexuel

forniquer *v.intr.* · s'accoupler · copuler · faire l'amour · baiser *très fam.* · s'envoyer en l'air *fam.*

¹fort, e *adj.*
I 1 - robuste · athlétique · bien bâti · musclé · puissant · résistant · solide · bien taillé · vigoureux · balèze *fam.* · baraqué *fam.* · costaud *fam.* · **2** - corpulent · épais · gras · gros · large · massif · obèse · opulent · volumineux · **3** - cartonné · dur · épais · résistant · rigide · solide
II 1 - intense · puissant · vif · vigoureux · violent · du diable *fam.* · [mal de tête] carabiné *fam.* · soigné *fam.* · [fièvre] de cheval *fam.* · **2** - pénétrant · tenace · enivrant · fétide · lourd · violent · **3** - corsé · épicé · piquant · relevé · [café] noir · serré · tassé · **4** - sonore · claironnant · puissant · retentissant · d'enfer *fam.* · **5** - accusé · grave · lourd · marqué · prononcé
III 1 - capable · adroit · bon · doué · expérimenté · excellent · ferré · habile · imbattable · intelligent · malin · savant · calé *fam.* · fortiche *fam.* · **2** - résolu · aguerri · armé · courageux · énergique · ferme · tenace · trempé
IV 1 - extraordinaire · étonnant · formidable · incroyable · inouï · invraisemblable · stupéfiant · **2** - exagéré · outré · poussé · fort de café *fam.* · raide *fam.*
V 1 - efficace · énergique · influent · puissant · **2** - autoritaire · énergique · violent · **3** - convaincant · décisif · efficace · **4** - invincible · irrésistible

✦ **très fort**   fort comme un Turc, comme un bœuf, comme un chêne
✦ **homme fort**   hercule · armoire à glace *fam.* · balèze *fam.* · costaud *fam.* · malabar *argot*
✦ **fort en gueule**   braillard · gueulard *fam.*
✦ **forte tête**   insoumis · contestataire · frondeur · rebelle
✦ **se faire fort de**   se flatter de · se piquer de · se targuer de · se vanter de

CONTR. faible ı débile ı fragile ı malingre – anodin ı inefficace ı doux – mou ı peureux ı timide – ignorant ı nul

fort, vigoureux, robuste

Fort apparaît dans des contextes très variés, qualifiant ce qui agit efficacement ou beaucoup *(une croissance, une voix, une odeur forte ; un café fort)* et ce qui est capable de supporter la souffrance, l'effort, etc. *(une forte constitution, être fort dans les épreuves)*. Vigoureux ne recouvre qu'une partie des emplois de fort et se dit seulement lorsque la force est considérée sous des aspects actifs, qu'elle agit avec facilité, puissance *(une plante vigoureuse)*, qu'elle est manifeste *(une poignée de main vigoureuse)*, y compris pour des productions intellectuelles *(un discours vigoureux)*. Robuste s'applique à ce qui prouve de la vitalité, de l'énergie *(une santé robuste)*, de la force physique *(des épaules robustes)* ou à ce qui se développe dans des conditions difficiles *(un arbre robuste)*.

²**fort** *adv.*
I [manière] **énergiquement** · dur · ferme · fortement · vigoureusement · violemment · [crier, frapper] **comme un sourd** *fam.* · [applaudir] à tout rompre
II 1 - **beaucoup** · considérablement · excessivement · extrêmement · fortement · grandement · nettement · puissamment · souverainement · vivement · 2 - extrêmement · bien · tout à fait · très
✦ **y aller fort** [fam.] **exagérer** · abuser · dépasser les limites, les bornes · aller trop loin · ne pas faire dans la dentelle *fam.*

³**fort** *n.m.* 1 - spécialité · domaine · partie · 2 - forteresse · citadelle · fortification · fortin · place forte · 3 - cœur · milieu · 4 - puissant
✦ **fort des halles** porteur · débardeur · déchargeur

fortement *adv.* 1 - vigoureusement · énergiquement · fort · violemment · 2 - fermement · solidement · 3 - intensément ·

ardemment · farouchement · passionnément · profondément · puissamment · vivement · 4 - **beaucoup** · considérablement · grandement · nettement · fort *littér.*

CONTR. faiblement – doucement – peu

forteresse *n.f.* 1 - **citadelle** · château fort · fort · fortin · place forte · 2 - **rempart** · mur · bastion · citadelle

fortifiant, e
■ *adj.* 1 - **réconfortant** · revigorant · stimulant · tonifiant · vivifiant · 2 - **nutritif** · roboratif
■ *n.m.* **reconstituant** · analeptique · cordial · tonique · remontant *fam.*

CONTR. affaiblissant ⏐ amollissant ⏐ anémiant ⏐ débilitant

fortification *n.f.* **abri** (militaire) · bastide · bastion · blockhaus · camp retranché · casemate · citadelle · enceinte · fort · forteresse · fortin · place de guerre · redoute · tour
≫ **fortifications** *plur.* remparts · murs · muraille

fortifier *v.tr.* 1 - **ragaillardir** · réconforter · remonter · revigorer · tonifier · vivifier · retaper *fam.* · requinquer *fam.* · remettre d'aplomb *fam.* · remettre sur pied *fam.* · 2 - affermir · durcir · endurcir · retremper · tremper · 3 - conforter · encourager · 4 - développer · agrandir · augmenter · confirmer · corroborer · renforcer · 5 - consolider · appuyer · arc-bouter · étayer · renforcer · soutenir · 6 - armer · défendre · protéger

CONTR. affaiblir ⏐ débiliter ⏐ consumer ⏐ réduire ⏐ ruiner

fortin *n.m.* · fortification · abri · blockhaus · casemate

fortuit, e *adj.* · accidentel · casuel · contingent · imprévu · inattendu · inopiné

CONTR. nécessaire ⏐ obligatoire

fortuitement *adv.* · accidentellement · inopinément · par hasard

fortune n.f.

I 1 - argent · avoir · bien · capital · patrimoine · ressources · richesse · **2 - opulence** · luxe · richesse · **3 - prospérité** · réussite · succès
II 1 - hasard · chance · **2 - destin** · avenir · destinée · sort · vie

✦ **de fortune** improvisé · impromptu · provisoire • [moyens] du bord *fam.*
✦ **faire fortune** s'enrichir · se faire des couilles en or *très fam.*

CONTR. adversité ı infortune ı malchance ı misère ı pauvreté

fortuné, e *adj.* 1 - riche · aisé · nanti ·
riche à millions · friqué *fam.* · plein aux as *fam.* · argenté *littér.* · galetteux *fam., vieilli* · **2 - chanceux** · heureux · veinard *fam.* · verni *fam.*

CONTR. pauvre - infortuné ı malheureux

fosse n.f. 1 - trou · boyau · douve ·
excavation · fossé · tranchée · **2 - tombe** · **3 - gouffre** · abysse · dépression

✦ **fosse d'aisances** lieux d'aisance · latrines · feuillées *(Milit.)*
✦ **fosse commune** charnier

fossé n.m. 1 - fosse · douve · rigole ·
ruisseau · saut-de-loup · tranchée · watergang · **2 - séparation** · abîme · cassure · coupure · distance · écart · gouffre

fossile *adj.* · arriéré · antédiluvien · antique · archaïque · démodé · dépassé · préhistorique · rétrograde · suranné · vieux

fossoyeur *n.m.* [littér.] démolisseur · naufrageur

CONTR. créateur ı défenseur ı sauveur

fou, folle *adj. et n.*

I 1 - déséquilibré · aliéné · caractériel · dément · dérangé · désaxé · hystérique · malade (mental) · névrosé · obsédé · obsessionnel · pervers · phobique · psychotique · maniaque · mélancolique · paranoïaque · psychopathe · schizophrène · **2 -** [péj.] allumé *fam.* · atteint *fam.* · azimuté *fam.* · barjo *fam.* · branque *fam.* · branquignol *fam.* · braque *fam.* · brindezingue *fam.* · chtarbé *lang. jeunes* · cinglé *fam.* · cinoque *fam.* · cintré *fam.* · débile *fam.* · déjanté *fam.* · demeuré *fam.* · dérangé *fam.* · détraqué *fam.* · dingo *fam.* · dingue *fam.* · fada *fam.* · fêlé *fam.* · foldingue *fam.* · fondu *fam.* · frappé *fam.* · givré *fam.* · jeté *fam.* · louf *fam.* · loufoque *fam.* · louftingue *fam.* · maboul *fam.* · marteau *fam.* · à la masse *fam.* · ouf *lang. jeunes* · piqué *fam.* · ravagé *fam.* · sinoque *fam.* · siphonné *fam.* · sonné *fam.* · tapé *fam.* · timbré *fam.* · chtarbé *lang. jeunes* · toc-toc *fam.* · toqué *fam.* · tordu *fam.* · zinzin *fam.* · **3 - évaporé** · écervelé · enjoué · étourdi · étourneau · extravagant · excentrique · fantasque · folâtre · foufou · inconscient · lunatique · pétulant · vif · **4 - égaré** · fixe · hagard · halluciné
II passionné · amoureux · engoué · enragé · entiché · fanatique · idolâtre · obsédé · accro *fam.* · dingue *fam.* · fana *fam.* · mordu *fam.*
III 1 - déraisonnable · aberrant · absurde · anormal · bizarre · bouffon · chimérique · dément · excentrique · extravagant · idiot · insensé · irrationnel · saugrenu · farfelu *fam.* · loufoque *fam.* · tordu *fam.* · **2 - dangereux** · hasardé · hasardeux · **3 - déréglé** · capricieux · débridé · déchaîné · désordonné · effréné · vertigineux
IV 1 - énorme · astronomique · excessif · exorbitant · extraordinaire · fabuleux · fantastique · gigantesque · immense · prodigieux · terrible · vertigineux · faramineux *fam.* · **2 - incoercible** · irrépressible · irrésistible · violent

✦ **fou de rage, de colère** furieux · ivre de rage, de colère
✦ **être fou** déraisonner · débloquer *fam.* · déconner *très fam.* · délirer *fam.* · déménager *fam.* · dérailler *fam.* · avoir une case en moins *fam.* · avoir un grain *fam.* · avoir un petit vélo (dans la tête) *fam.* · avoir des papillons dans le compteur *fam.* · avoir une araignée dans le, au plafond *fam.* · ne pas tourner rond *fam.* · yoyoter de la touffe *fam.*

fouiller

✦ **devenir fou** perdre l'esprit, la raison · perdre la boule *fam.* · perdre le nord *fam.* · péter un câble, une durite, un plomb *fam.* · devenir chèvre *fam.*

✦ **être fou de joie** exulter · jubiler · triompher

CONTR. équilibré ı normal ı sain d'esprit ı sensé – calme ı raisonnable ı sage – froid – judicieux ı rationnel – réglé ı régulier

foucade *n.f.* · caprice · coup de tête · fantaisie · lubie · toquade

foudre *n.f.* éclair · tonnerre · feu du ciel *littér.*

✦ **avoir le coup de foudre pour** craquer pour *fam.* · flasher sur *fam.*

foudroyant, e *adj.* **1 –** soudain · brusque · brutal · fulgurant · subit · **2 –** renversant · terrassant · terrible · violent · **3 –** mortel

foudroyer *v.tr.* **1 –** tuer · faucher · terrasser · **2 –** abattre · accabler · anéantir · annihiler · briser · écraser · détruire · renverser · ruiner · **3 –** étonner · confondre · interdire · méduser · paralyser · pétrifier · saisir · sidérer · stupéfier · tétaniser

fouet *n.m.* **1 –** chambrière · cravache · étrivière · knout · martinet · chat à neuf queues *fam.* · **2 –** [Cuisine] **batteur**

✦ **coup de fouet** aiguillon · excitation · impulsion · stimulation

✦ **donner un coup de fouet à** fortifier · remonter · stimuler

fouetter *v.tr.* **1 –** cingler · cravacher · gifler · sangler · flageller *vieux ou littér.* · fouailler *littér.* · fustiger *vieux* · **2 –** aiguillonner · aiguiser · animer · attiser · éperonner · exciter · stimuler

 fouetter, cingler, cravacher, fustiger, flageller

Cet ensemble de verbes a en commun l'idée de frapper avec un objet flexible. Il s'agit de coups de *fouet* ou de verges avec **fouetter** *(fouetter un chien, un enfant ; fouetter jusqu'au sang)* et, dans des contextes plus restreints, avec **flageller** *(le Christ a été flagellé)*. **Fustiger** est sorti d'usage avec cette valeur. **Cravacher** est lié à la pratique du cheval, que l'on frappe avec une *cravache* pour accélérer son allure. On **cingle** quelqu'un, une partie du corps ou un animal avec un fouet, une ceinture, une baguette, une corde, etc. **Cingler**, **flageller** et **fouetter** peuvent avoir pour sujets des éléments naturels comme la pluie, le vent *(la pluie cingle son visage)*, mais **fouetter** connaît des contextes plus variés *(la pluie fouette les vitres)* et **flageller** reste d'usage littéraire *(un fort vent le flagellait)*.

fougasse *n.f.* · fouace · fouée

fougue *n.f.* · impétuosité · allant · ardeur · élan · emballement · emportement · enthousiasme · entrain · exaltation · exubérance · feu · fièvre · flamme · mordant · pétulance · véhémence · violence · vivacité

CONTR. calme ı flegme ı froideur ı placidité

fougueusement *adv.* · impétueusement · ardemment

fougueux, -euse *adj.* · ardent · bouillant · chaud · emballé · emporté · enflammé · enthousiaste · explosif · exubérant · impétueux · indocile · indompté · pétulant · vaillant · véhément · vif · violent

CONTR. calme ı froid ı posé ı serein

fouille *n.f.* **1 –** perquisition · inspection · visite · **2 –** recherche · examen

≫ **fouilles** *plur.* · excavations · chantier · site

fouiller

■ *v.tr.* **1 –** remuer · creuser · gratter · retourner · [animal] fouir · **2 –** explorer · examiner · inspecter · scruter · sonder · visiter · passer au peigne fin *fam.* · passer au crible *fam.* · [police] perquisitionner · **3 –** approfondir · analyser ·

creuser · étudier · examiner · explorer · disséquer fam. · éplucher fam. · **4 - consulter** · compulser · dépouiller · étudier · examiner · éplucher fam. · **5 - travailler** · ciseler · détailler · chiader très fam. · fignoler fam. · peaufiner fam.
■ v.intr. **fouiner** · fureter · farfouiller fam. · fourgonner fam. · fourrager fam. · fourrer son nez partout fam. · trifouiller fam.

🙰 fouiller, fouiner, fureter

Fouiller, fouiner ou fureter, c'est explorer un lieu pour y trouver quelque chose. Fouiller a une valeur générale et s'emploie dans des contextes matériels (fouiller un bois, les poches de quelqu'un) ou abstraits (fouiller la vie de quelqu'un). Fouiller convient aussi quand on déplace ce qui pourrait dissimuler ce que l'on cherche (fouiller dans les placards). Fouiner suppose de fouiller méticuleusement dans un but qui peut être positif (fouiner dans les bibliothèques), mais le verbe est plus couramment pris en mauvaise part (dans quoi es-tu en train de fouiner ?). Fureter implique que l'on fouille partout indiscrètement avec l'espoir de découvrir quelque chose (fureter dans tous les coins).

fouillis n.m. · confusion · désordre · fatras · méli-mélo · pêle-mêle · bazar fam. · bordel fam. · capharnaüm fam. · embrouillamini fam. · pagaille fam. · souk fam.

fouine n.f. → fouineur

fouiner v. intr. · fureter · fouiller · farfouiller fam. · fourgonner fam. · fourrager fam. · fourrer son nez partout fam.
🙰 fouiller

fouineur, -euse n. · fureteur · curieux · fouine · indiscret

foulard n.m. **1 - fichu** · carré · madras · pointe · cache-col · cache-cou · cache-nez · écharpe · **2 -** [islamique] **voile** · hidjab

foule n.f. **1 - affluence** · attroupement · bousculade · cohue · encombrement · grouillement · monde · presse · **2 - agitation** · animation · **3 - assistance** · assemblée · auditoire · public · [en mouvement] cortège · défilé · troupe · **4 - peuple** · masse · multitude · plèbe · populace péj. · populo fam. · tourbe péj. · troupeau péj.

✦ **une foule de** un grand nombre de · une grande quantité de · un amas de · une armada de · une armée de · une collection de · un essaim de · une kyrielle de · une multitude de · une nuée de · une masse de · une flopée de fam. · une foultitude de fam. · une ribambelle de fam. · un tas de fam. · une tripotée de fam.

✦ **il y a foule** ça se bouscule au portillon fam.

🙰 foule, affluence, multitude

Foule, affluence et multitude ont pour point commun de désigner un grand nombre de personnes. On emploie foule, terme général, quand ces personnes sont rassemblées en un lieu (la foule des spectateurs, un mouvement de foule, prendre un bain de foule). On choisit affluence lorsque cette foule converge vers un même endroit (les heures d'affluence ; les soldes attirent une grande affluence ; en cas d'affluence). Multitude est d'usage littéraire et vieilli dans les mêmes contextes que foule (les acclamations de la multitude, fuir la multitude, être perdu au sein de la multitude). Par ailleurs, multitude a une connotation un peu péjorative pour désigner la masse des individus opposée à une élite intellectuelle ou sociale (suivre, se démarquer de la multitude), valeur qu'a aussi foule de manière plus neutre (se faire remarquer dans la foule, sortir de la foule).

foulée n.f. · enjambée · pas

fouler v.tr. **1 - marcher sur** · **2 - écraser** · presser · [des peaux] apprêter · corroyer

◆ **fouler aux pieds** 1 - piétiner · 2 - bafouer · mépriser · piétiner · faire litière de *littér.*

⇶ **se fouler** *v.pron.* 1 - se tordre · se luxer · 2 - [fam.] se donner du mal · se fatiguer · s'éreinter · se casser *fam.*

foulure *n.f.* · entorse · luxation

four *n.m.* 1 - autoclave · étuve · 2 - fournaise · étuve · 3 - échec · désastre · fiasco · insuccès · bide *fam.* · flop *fam.*

fourbe
■ *adj.* déloyal · dissimulé · faux · hypocrite · perfide · rusé · sournois · tortueux · traître · trompeur
■ *n.* tartufe · faux-jeton *fam.*
CONTR. droit ı franc ı honnête ı loyal
⇝ hypocrite

fourberie *n.f.* 1 - duplicité · déloyauté · dissimulation · fausseté · hypocrisie · perfidie · roublardise · sournoiserie · matoiserie *littér.* · 2 - duperie · mensonge · tour de passe-passe · ruse · trahison · traîtrise · tromperie · entourloupe *fam.*
CONTR. droiture ı franchise ı honnêteté ı loyauté ı probité

fourbi *n.m.* 1 - attirail · bagage · équipement · barda *fam.* · bastringue *fam.* · bazar *fam.* · saint-frusquin *fam.* · 2 - désordre · fouillis · bazar *fam.* · bordel *fam.* · capharnaüm *fam.*

fourbir *v.tr.* · astiquer · briquer · frotter · nettoyer · polir

fourbu, e *adj.* · éreinté · brisé · épuisé · exténué · moulu · rompu · claqué *fam.* · crevé *fam.* · flagada *fam.* · flapi *fam.* · lessivé *fam.* · vanné *fam.* · vidé *fam.* · sur les genoux *fam.* · sur les rotules *fam.*

fourche *n.f.* 1 - trident · croc · crochet · 2 - bifurcation · carrefour · embranchement · patte-d'oie

fourchette *n.f.* · écart · intervalle

fourgon *n.m.* wagon · voiture
◆ **fourgon à bestiaux** bétaillère
◆ **fourgon mortuaire** corbillard
◆ **fourgon cellulaire** panier à salade *fam.* · boîte de six *lang. jeunes*

fourgonner *v. intr.* 1 - tisonner · 2 - fouiller · fouiner · fureter · fourrager *fam.* · trifouiller *fam.*

fourgonnette *n.f.* · camionnette · break · pick-up

fourguer *v.tr.* [fam.] → **donner**

fourmillant, e *adj.* · grouillant · foisonnant

fourmillement *n.m.* 1 - grouillement · foisonnement · pullulement · multitude · quantité · 2 - démangeaison · fourmis · picotement

fourmiller *v. intr.* 1 - abonder · grouiller · foisonner · pulluler · 2 - démanger · picoter
◆ **fourmiller de** regorger de · abonder en · déborder de

fournaise *n.f.* 1 - brasier · four · fourneau · 2 - chaleur · canicule · feu

fourneau *n.m.* 1 - cuisinière · gazinière · réchaud · 2 - poêle

fournée *n.f.* 1 - lot · batch *anglic.* · 2 - promotion

fourni, e *adj.* · abondant · dense · dru · épais · étoffé · touffu
CONTR. clairsemé ı rare

fourniment *n.m.* · équipement · attirail · bagage · barda *fam.* · bastringue *fam.* · bazar *fam.* · fourbi *fam.* · saint-frusquin *fam.*

fournir v.tr. 1 - alimenter · approvisionner · ravitailler · 2 - procurer · livrer · servir · 3 - équiper · armer · munir · outiller · pourvoir · 4 - exposer · apporter · donner · présenter · produire · 5 - accomplir · produire
✦ **fournir à** satisfaire à · subvenir à
⋙ **se fournir** v.pron. s'approvisionner · se ravitailler · se servir · faire ses courses
CONTR. dégarnir ı démunir – priver

fournisseur, -euse n. 1 - commerçant · marchand · grossiste · 2 - approvisionneur · pourvoyeur · ravitailleur · 3 - entrepreneur

fourniture n.f. 1 - livraison · délivrance · remise · 2 - prestation · 3 - approvisionnement · alimentation · ravitaillement
⋙ **fournitures** plur. matériel · équipement

fourrage n.m. · foin · ensilage

fourrager v.intr. · fouiller · fouiner · fureter · farfouiller fam. · fourgonner fam. · trifouiller fam.

¹**fourré** n.m. · buisson · hallier · taillis

²**fourré, e** adj. 1 - farci · garni · 2 - molletonné · doublé
✦ **coup fourré** traîtrise · coup en traître · coup de poignard dans le dos · saleté · crasse fam. · saloperie fam. · coup en vache fam. · vacherie fam.

fourreau n.m. · étui · enveloppe · gaine

fourrer v.tr. 1 - doubler · garnir · molletonner · ouater · 2 - farcir · garnir · 3 - enfoncer · faire entrer · enfourner · introduire · mettre · plonger · ficher fam. · flanquer fam. · 4 - [fam.] donner · coller fam. · ficher fam. · flanquer fam. · fourguer fam. · foutre très fam. · refiler fam.
⋙ **se fourrer** v.pron. 1 - s'introduire · se glisser · s'immiscer · s'insinuer · 2 - [fam.] se jeter · s'aventurer · s'engager · se lancer · se mettre · se placer · s'embarquer fam.

fourre-tout n.m. invar. 1 - débarras · 2 - sac

fourreur n.m. · pelletier

fourrure n.f. · pelage · poil · toison

fourvoiement n.m. · égarement · confusion · errements · erreur · faute · maladresse · méprise

fourvoyer v.tr. 1 - égarer · perdre · 2 - abuser · induire en erreur · tromper
⋙ **se fourvoyer** v.pron. 1 - s'égarer · se perdre · 2 - se tromper · faire erreur · faire fausse route
CONTR. guider

foyer n.m. 1 - âtre · cheminée · feu · 2 - brasier · feu · flamme · 3 - demeure · domicile · intérieur · logis · maison · toit · bercail souvent plaisant · nid littér. · pénates littér. · home anglic. · 4 - ménage · famille · 5 - centre · cœur · noyau
⤳ **famille**

frac n.m. · habit · jaquette · queue-de-pie

fracas n.m. · agitation · bruit · chahut · tapage · tintamarre · tumulte · vacarme · boucan fam. · raffut fam. · tintouin fam., vieilli

fracassant, e adj. 1 - retentissant · éclatant · assourdissant · tonitruant · 2 - provocant · tapageur

fracasser v.tr. · briser · casser · rompre · mettre, réduire en miettes · faire voler en éclats

fraction n.f. · morceau · parcelle · part · partie · portion · segment
CONTR. entier ı totalité ı unité

fractionnement n.m. 1 - morcellement · atomisation · fragmentation · 2 - découpage · division · partage · segmentation
CONTR. réunion ı synthèse

fractionner v.tr. · fragmenter · démembrer · diviser · morceler · parcelliser · scinder · sectionner · segmenter

fracture n.f. 1 - cassure · brisure · rupture · bris (Assurances) · 2 - faille · brèche · crevasse · 3 - blessure · fêlure · fracas

fracturer v.tr. 1 - casser · briser · rompre · 2 - défoncer · enfoncer · forcer

fragile adj. 1 - cassable · cassant · 2 - chétif · débile · délicat · faible · frêle · malingre · souffreteux · 3 - vulnérable · sensible · faible · faillible · sans défense · 4 - éphémère · fugace · fugitif · inconstant · instable · précaire · passager
CONTR. incassable − résistant ı robuste ı solide − ferme ı fort − assuré ı durable ı éternel ı stable

fragiliser v.tr. · affaiblir · amoindrir · diminuer · précariser · saper les fondations de
CONTR. consolider

fragilité n.f. 1 - faiblesse · délicatesse · 2 - vulnérabilité · faillibilité · 3 - précarité · instabilité · incertitude · inconstance · vanité littér.
CONTR. résistance ı robustesse ı solidité − force ı stabilité − infaillibilité

fragment n.m. 1 - bout · bribe · brisure · corpuscule · débris · éclat · lambeau · miette · morceau · parcelle · part · partie · pièce · tronçon · brique Suisse • [d'os] esquille · 2 - extrait · échantillon · citation · passage
CONTR. ensemble ı tout ı unité

🕮 **fragment, éclat**
Le **fragment** et l'**éclat** sont des morceaux d'une chose matérielle. Le **fragment** provient d'un objet brisé, cassé *(un fragment de vase, de statue, de planche, de maçonnerie)* ou déchiré *(les fragments d'une lettre)*. L'**éclat** est un fragment violemment détaché d'un corps que l'on brise *(un éclat de vitre, de bois)* ou qui explose *(un éclat de bombe)*. Par analogie, on conserve l'idée de morceau avec **fragment** dans un contexte abstrait *(un fragment de la vérité, du passé)* et pour parler d'une œuvre dont on ne considère qu'une partie, ou dont seule une partie subsiste *(les fragments d'un manuscrit, d'un livre perdu)*. Les emplois figurés d'**éclat** conservent une certaine idée de violence *(des éclats de rire, un éclat de voix)*.

fragmentaire adj. · incomplet · lacunaire · morcelé · partiel
CONTR. complet ı entier ı total

fragmentation n.f. · morcellement · découpage · division · fractionnement · segmentation

fragmenter v.tr. · morceler · découper · diviser · fractionner · partager · scinder · segmenter
CONTR. rassembler ı réunir

fragrance n.f. · parfum

fraîchement adv. 1 - récemment · depuis peu · nouvellement · 2 - froidement
CONTR. anciennement − chaleureusement ı chaudement

fraîcheur n.f.
I 1 - froid · froidure · fraîche fam. · 2 - froideur · réserve
II 1 - éclat · beauté · jeunesse · 2 - nouveauté · originalité · 3 - allant · jeunesse · vivacité · 4 - candeur · authenticité · ingénuité · innocence · naïveté · naturel · pureté · spontanéité
CONTR. chaleur ı sécheresse − corruption

fraîchir v. intr. · se rafraîchir · se refroidir

¹**frais, fraîche**
■ adj. 1 - neuf · nouveau · récent · 2 - vivant · présent · 3 - propre · net · sain · 4 - reposé · florissant · 5 - [couleur] éclatant · vif · 6 - candide · ingénu · innocent · naïf · naturel · pur · spontané · 7 - réservé · froid

■ *adv.* 1 - froid · frisquet *fam.* · 2 - nouvellement · fraîchement · récemment
■ *n.m.* fraîcheur

²**frais** *n.m.pl.* coût · débours · dépense(s)
✦ **se mettre en frais** sortir le grand jeu *fam.* · mettre les petits plats dans les grands

fraise *n.f.* · foret · roulette

franc, franche *adj.* 1 - droit · honnête · loyal · carré *fam.* · 2 - ouvert · naturel · sincère · spontané · 3 - catégorique · clair · certain · direct · limpide · net · précis · sans détour · 4 - [couleur] tranché · cru · naturel · pur · 5 - achevé · complet · fieffé · parfait · véritable · vrai · foutu *très fam.* · sacré *fam.* · 6 - [délai] complet · entier · plein · 7 - [Écon.] libre
✦ **être très franc** être franc comme l'or
✦ **coup franc** pénalité · penalty
✦ **jouer franc jeu** être fair-play · jouer cartes sur table · annoncer la couleur
CONTR. artificieux ׀ dissimulé ׀ hypocrite ׀ menteur ׀ sournois – équivoque ׀ douteux ׀ louche – assujetti ׀ taxé

franchement *adv.* 1 - loyalement · en conscience · 2 - ouvertement · clair · clairement · à cœur ouvert · à découvert · en toute franchise · honnêtement · librement · simplement · sincèrement · 3 - sans ambages · sans mâcher ses mots · sans tourner autour du pot · tout bonnement · brutalement · sans détour · directement · tout cru · tout net · tout uniment · carrément *fam.* · 4 - à dire vrai · vraiment · 5 - certainement · clairement · évidemment · indiscutablement · nettement · vraiment · 6 - très · extrêmement · sacrément *fam.* · 7 - résolument · sans hésiter · rondement · carrément *fam.* · franco *fam.* · sans faire dans la dentelle *fam.*
CONTR. hypocritement – timidement

franchir *v.tr.* 1 - enjamber · escalader · passer · sauter · 2 - traverser · dépasser · doubler · passer · 3 - parcourir · couvrir · 4 - surmonter · triompher de · vaincre · avoir raison de · 5 - dépasser · outrepasser · transgresser · violer

franchise *n.f.* 1 - sincérité · droiture · loyauté · 2 - franc-parler · parler-vrai · 3 - dispense · dérogation · exemption · exonération
✦ **avec franchise** 1 - ouvertement · clairement · à cœur ouvert · en toute franchise · à découvert · honnêtement · librement · sincèrement · 2 - sans ambages · sans mâcher ses mots · sans tourner autour du pot · tout bonnement · brutalement · sans détour · directement · tout cru · tout net · tout uniment · carrément *fam.*
✦ **en toute franchise** franchement · sincèrement · à dire vrai
CONTR. dissimulation ׀ fausseté ׀ hypocrisie ׀ sournoiserie

franchissable *adj.* · traversable · guéable

franchouillard, e *adj. et n.* · beauf *fam.*

¹**franco** *adj.*
✦ **y aller franco** y aller franchement · y aller carrément

²**franco** *adv.* · franc de port · gratuitement

franc-parler *n.m.* · franchise · liberté (de ton) · naturel · parler-vrai · spontanéité

franc-tireur *n.m.* 1 - maquisard · guérillero · partisan · résistant · 2 - indépendant

frange *n.f.* 1 - bord · limite · 2 - marge · minorité · 3 - chiens · 4 - crépine · passementerie · torsade · ornement

franger *v.tr.* · border · ourler

frangin, e *n.* 1 - → frère · 2 - → sœur

franquette (à la bonne) *loc. adv.* · simplement · sans embarras · sans façons · sans cérémonie · à la fortune du pot

frappant, e *adj.* **1 -** impressionnant · étonnant · saisissant · spectaculaire · **2 -** évident · éclatant · criant · indubitable · lumineux · manifeste · percutant · saillant

CONTR. douteux ι faible

frappe *n.f.* · choc · coup · allonge *fam.* · [Foot] shoot · tête

frappé, e *adj.* **1 -** glacé · froid · **2 -** [fam.] → **fou**

frapper *v.tr.*
I 1 - battre · brutaliser · corriger · taper · porter la main sur · cogner *fam.* · casser la gueule à *très fam.* · éclater *fam.* · passer à tabac *fam.* · tabasser *fam.* · fumer *lang. jeunes* · rosser *vieilli* · **2 -** [une balle] shooter · botter · **3 - heurter** · cogner (contre) · entrer en collision avec · percuter · **4 -** marteler · tambouriner · tapoter
II 1 - impressionner · étonner · interloquer · méduser · saisir · **2 - affecter** · affliger · atteindre · bouleverser · choquer · commotionner · émouvoir · éprouver · donner un choc à · remuer · secouer · toucher · **3 - sauter aux yeux à** · éblouir

+ **frapper fort** frapper comme un sourd *fam.* · [qqn] se jeter à bras raccourcis sur *fam.*

»> **se frapper** *v.pron.* **1 -** [fam.] → s'émouvoir · **2 -** [fam.] → s'inquiéter

🕮 **frapper, battre, rosser, cogner**

Frapper, battre, rosser et cogner ont en commun l'action de donner des coups. Frapper a la valeur la plus générale et peut s'employer lorsqu'un seul coup est porté *(frapper quelqu'un au visage, frapper un animal, frapper à mort, comme un sourd)*. Battre implique que l'on frappe à coups répétés *(battre quelqu'un à coups de poing)*. Rosser et cogner renchérissent sur la violence, mais rosser est d'un usage vieilli *(rosser son cheval à coups de bâton)* et cogner est réservé à la langue familière, avec ou sans complément *(il a commencé à cogner)* : « Ma fureur décuplait mes forces ; je le cognai, le bousculai » (Gide, *Si le grain ne meurt*).

frasques *n.f.* **1 - équipée** · escapade · extravagance · folie · fredaine · **2 - incartade** · écart (de conduite) · inconduite · libertinage

fraternel, -elle *adj.* **1 -** affectueux · amical · cordial · sympathique · **2 -** charitable · généreux · secourable

fraterniser *v. intr.* · s'entendre · se lier · sympathiser

CONTR. se brouiller ι se disputer

fraternité *n.f.* **1 -** amour (du prochain) · charité · solidarité · **2 -** camaraderie · amitié · confraternité · solidarité · **3 -** entente · communion · harmonie · union

CONTR. inimitié

fraude *n.f.* **1 -** contrefaçon · captation · dol · escroquerie · falsification · manœuvre · stellionat · resquille *fam.* · **2 - artifice** · ruse · supercherie · tromperie · trucage · **3 -** tricherie · dissimulation · hypocrisie

+ **en fraude** **1 -** frauduleusement · illégalement · irrégulièrement · en contrebande · **2 -** en cachette · secrètement

+ **passé en fraude** clandestin · de contrebande

frauder *v.tr. et intr.* **1 -** tricher · **2 -** voler · tromper · resquiller *fam.* · truander *fam.*

fraudeur, -euse *n.* · tricheur · resquilleur *fam.*

frauduleux, -euse *adj.* **1 -** illégal · illicite · irrégulier · **2 -** faux · falsifié

CONTR. honnête

frayer
■ *v.tr.* préparer · ouvrir · tracer
■ *v.intr.* aleviner

✦ **frayer avec** fréquenter · côtoyer · coudoyer · pratiquer

frayeur n.f. · peur · affolement · appréhension · alarme · crainte · effroi · épouvante · panique · terreur

fredaine n.f. · frasque · équipée · escapade · folie · fugue

fredonner v.tr. et intr. · chantonner

frein n.m. 1 - obstacle · empêchement · entrave · limitation · 2 - mors
✦ **mettre un frein à** 1 - modérer · contenir · endiguer · freiner · limiter · ralentir · tenir la bride à · 2 - arrêter · enrayer · juguler
✦ **ronger son frein** bouillir (d'impatience) · contenir son impatience
CONTR. accélérateur – accélérer

freinage n.m. · ralentissement
CONTR. accélération

freiner
▪ v.intr. décélérer · ralentir • [brutalement] piler fam.
▪ v.tr. 1 - contrarier · enrayer · gêner · limiter · ralentir · 2 - brider · endiguer · modérer · refréner · refroidir
⇢ **se freiner** v.pron. se modérer · se refréner · se retenir
CONTR. accélérer ı encourager – se laisser aller

frelater v.tr. · adultérer · dénaturer · falsifier · trafiquer

frêle adj. 1 - chétif · délicat · faible · fluet · malingre · 2 - fragile · délicat · menu · mince · ténu · 3 - fugitif · passager · périssable
CONTR. fort ı gros ı robuste

freluquet n.m. 1 - gringalet · 2 - blanc-bec · damoiseau littér. · godelureau littér.

frémir v. intr. 1 - frissonner · trembler · tressaillir · 2 - vibrer · palpiter · 3 - mijoter · bouillir · 4 - bruire · frissonner

frémissement n.m. 1 - frisson · frissonnement · 2 - bruissement · murmure

frénésie n.f. 1 - enthousiasme · ardeur · acharnement · exaltation · fièvre · folie · passion · 2 - débordement · déchaînement · délire · emportement · fureur · furie · rage · violence · 3 - désir · faim · boulimie fam. · fringale fam.
CONTR. calme ı mesure

frénétique adj. 1 - agité · déchaîné · délirant · dément · exalté · fou · furieux · hystérique · surexcité · 2 - ardent · débordant · effréné · forcené · passionné · violent · 3 - acharné · enragé · éperdu · fiévreux · 4 - endiablé · effréné · vif

fréquemment adv. 1 - souvent · communément · régulièrement · maintes fois littér. · 2 - constamment · continuellement · perpétuellement
CONTR. rarement – jamais

fréquence n.f. · rythme · périodicité · rapidité · répétition
CONTR. rareté

fréquent, e adj. 1 - commun · banal · courant · général · habituel · ordinaire · répandu · standard · usuel · 2 - réitéré · répété · 3 - périodique · régulier
CONTR. rare – espacé

fréquentable adj. · recommandable
CONTR. infréquentable

fréquentation n.f. 1 - contact · compagnie · société · commerce littér. · 2 - connaissance · relation · accointance littér. · 3 - assiduité · 4 - pratique · familiarité · usage

fréquenté, e *adj.* **1 - passant** · animé · couru · encombré · populeux · **2 - battu** · frayé *vieux* · **3 - suivi**
✦ **mal fréquenté**   mal famé · louche
CONTR. désert

fréquenter *v.tr.* **1 - courir** · hanter · peupler · **2 - frayer avec** · sortir avec · copiner avec *fam.* · être maqué avec *fam.* · s'acoquiner avec *péj.* · **3 - côtoyer** · approcher · coudoyer · se frotter à · s'attacher aux pas de · avoir commerce avec *littér.* · **4 - connaître** · visiter · voir · voisiner *vieux* · **5 - lire** · pratiquer
CONTR. abandonner ı éviter

frère *n.m.* **1 - frangin** *fam.* · frérot *fam.* · **2 - ami** · camarade · compagnon · confrère · copain *fam.* · pote *fam.* · **3 - semblable** · congénère · égal · pair · pareil · prochain · **4 - religieux** · capucin · franciscain · dominicain · ignorantin · mariste
✦ **faux frère**   traître · déloyal · hypocrite · fourbe *littér.* · faux-cul *très fam.* · faux-derche *très fam.*

fret *n.m.* **1 - transport** · expédition · **2 - cargaison** · chargement

fréter *v.tr.* **1 - affréter** · louer · noliser · **2 - armer** · équiper

frétillant, e *adj.* **1 - remuant** · pétulant · sémillant · vif · **2 - guilleret** · fringant

frétiller *v. intr.* · se trémousser · s'agiter · remuer

fretin *n.m.*
✦ **menu fretin**   poissonnaille · blanchaille

friand, e *adj.* · amateur · amoureux · avide · gourmand · porté (sur)

friandise *n.f.* · bonbon · chatterie · confiserie · délicatesse · douceur · gâterie · gourmandise · sucrerie · nanan *fam.*

fric *n.m.* → **argent**

fricassée *n.f.* · gibelotte · ragoût · fricot *fam.*

friche *n.f.*   lande · maquis · garrigue · garenne · gâtine · jachère
✦ **en friche**   à l'abandon · non cultivé · inexploité

🖝   friche, lande
Friche se dit d'une terre cultivable laissée à l'abandon *(des terrains en friche)*, momentanément ou non *(faire cultiver des friches)*. La lande n'est pas remise en culture : il s'agit d'une terre stérile, où ne se développent que des plantes sauvages comme la bruyère, la fougère, etc. *(la lande bretonne, les landes de Gascogne, une lande broussailleuse, déserte)*. Contrairement à lande, friche s'emploie au figuré avec l'idée de domaine à exploiter *(une économie, une intelligence en friche)*.

fricoter *v.tr.* **1 - cuisiner** · accommoder · fricasser · mitonner · préparer · **2 -** [fam.] → **fabriquer**

friction *n.f.* **1 - grippage** · frottement · **2 - massage** · frottement · [d'un cheval] bouchonnement · **3 - conflit** · désaccord · dispute · froissement · heurt · accrochage *fam.*

frictionner *v.tr.* · frotter · masser · [un cheval] bouchonner

Frigidaire *n.m.* [nom déposé] réfrigérateur · glacière · frigo *fam.*

frigo *n.m.* → **Frigidaire**

frigorifié, e *adj.* · glacé · gelé · transi · congelé

frigorifier *v.tr.* **1 - congeler** · réfrigérer · **2 - intimider** · refroidir

frigorifique *adj.* • réfrigérant
CONTR. calorifique

frileux, -euse *adj.* • timoré • craintif • hésitant • pusillanime *littér.*

frimas *n.m.* • brouillard givrant • gelée blanche • givre • grésil • verglas

frime *n.f.* **1** - épate • fanfaronnade • bluff *fam.* • esbroufe *fam.* • **2** - comédie • blague • bluff *fam.* • simulacre • simulation

frimer *v.intr.* • parader • fanfaronner • faire le brave • faire le malin • jeter de la poudre aux yeux • plastronner • poser • se vanter • crâner *fam.* • faire de l'esbroufe *fam.* • faire de l'épate *fam.* • faire le mariolle *fam.* • la ramener *fam.* • se la jouer *fam.* • flamber *lang. jeunes* • faire le kéké *lang. jeunes* • se la péter *lang. jeunes* • se la raconter *lang. jeunes*

frimousse *n.f.* • figure • minois • visage • bobine *fam.* • bouille *fam.*

fringale *n.f.* **1** - faim • creux *fam.* • **2** - frénésie • appétit • boulimie • envie • soif

fringant, e *adj.* • alerte • agile • allègre • brillant • élégant • éveillé • frétillant • gaillard • guilleret • leste • pétillant • pétulant • pimpant • sémillant • vif • vigoureux • ingambe *littér.*
CONTR. lourd

fripe *n.f.* • chiffon • fringue *fam.*

friper *v.tr.* **1** - chiffonner • froisser • plisser • bouchonner *vieux* • **2** - rider • faner • flétrir • marquer

fripon, -onne
■ *adj.* coquin • déluré • espiègle • malicieux • polisson
■ *n.* **1** - vaurien • brigand • canaille • coquin • escroc • filou • gredin *vieilli* • gueux *vieux* •

• pendard *vieux, fam.* • sacripant *fam.* • voleur • **2** - chenapan • garnement • polisson • galapiat *fam.* • galopin *fam.*
CONTR. pudique | réservé

fripouille *n.f.* • bandit • brigand • canaille • coquin • crapule • escroc • fripon • gangster • gibier de potence • gredin • racaille • scélérat • vaurien • vermine • voyou

frisé, e *adj.* • ondulé • bouclé • crépu • crêpelé • permanenté
CONTR. lisse | plat | raide

friser
■ *v.tr.* **1** - boucler • onduler • crêper • permanenter • **2** - raser • approcher de • effleurer • frôler • **3** - approcher de • avoisiner • confiner à • flirter avec • frôler
■ *v.intr.* frisotter • boucler • onduler
CONTR. défriser

frisette *n.f.* • boucle • accroche-cœur • bouclette • frison • frisottis • frisure

frisotter *v.tr. et intr.* → friser

frisottis *n.m.* → frisette

frisquet, -ette *adj.* [fam.] → froid

frisson *n.m.* **1** - tremblement • frissonnement • soubresaut • spasme • sursaut • tressaillement • [de froid] grelottement • [d'horreur] crispation • haut-le-corps • horripilation • saisissement • **2** - vertige • émoi • **3** - [littér.] bruissement • froissement • frou-frou • **4** - [littér.] frémissement • frissonnement • [de l'eau] friselis

frissonnement *n.m.* → frisson

frissonner *v. intr.* **1** - grelotter • trembler • **2** - frémir • tressaillir

friture *n.f.* • grésillement • parasites

frivole *adj.* 1 - **inconsistant** · creux · futile · insignifiant · léger · oiseux · puéril · spécieux · superficiel · vain · vide · 2 - **étourdi** · futile · inconsistant · insouciant · léger · vain · je-m'en-foutiste *fam.* · 3 - **volage** · léger · infidèle
CONTR. grave ı sérieux

frivolité *n.f.* 1 - **futilité** · inanité · insignifiance · légèreté · puérilité · vanité · 2 - **légèreté** · insouciance · je-m'en-foutisme *fam.* · 3 - **inconstance**
≫ **frivolités** *plur.* 1 - **amusement** · babioles · bagatelles · bêtises · broutilles · enfantillages · fadaises · futilités · niaiseries · riens · sornettes · vétilles · 2 - **breloques** · colifichets · fanfreluches · brimborions *vieilli*
CONTR. gravité ı sérieux

froc *n.m.* → **pantalon**

¹**froid** *n.m.*
I 1 - **fraîcheur** · 2 - **hiver** · froidure
II 1 - **embarras** · gêne · malaise · trouble · 2 - **brouille** · antipathie · bouderie · fâcherie · mécontentement · mésentente · mésintelligence
✦ **avoir froid, être transi de froid** grelotter · frissonner · claquer des dents · cailler *très fam.* · geler *fam.* · être frigorifié *fam.* · être gelé *fam.* · être glacé *fam.* · se les peler *très fam.*
✦ **il fait un peu froid** il fait frisquet *fam.*
✦ **il fait très froid** il fait un froid de canard, de loup, de tous les diables · ça caille *très fam.* · on se les gèle *très fam.*
✦ **en froid (avec)** brouillé · fâché · en mauvais termes · en délicatesse

²**froid, e** *adj.*
I 1 - **frais** · gelé · glacé · glacial · frisquet *fam.* · algide *Méd. ou littér.* · 2 - [climat, hiver] **rude**
II 1 - **calme** · détaché · flegmatique · posé · impassible · imperturbable · de marbre · marmoréen *littér.* · 2 - **distant** · austère · dédaigneux · fier · glacial · grave · hautain · indifférent · réfrigérant · renfermé · réservé · sérieux · sévère · 3 - **dur** · aride · insensible · sec · 4 - **terne** · ennuyeux · glacé · inexpressif · languissant · monotone · nu · plat · sans chaleur · sec

froidement *adv.* 1 - **fraîchement** · avec indifférence · sèchement · 2 - **calmement** · flegmatiquement · posément · de sang-froid

froideur *n.f.*
I 1 - **froid** · 2 - **fraîcheur**
II 1 - **calme** · détachement · flegme · impassibilité · imperturbabilité · sang-froid · 2 - **austérité** · indifférence · insensibilité · réserve · sévérité · 3 - **sécheresse** · aridité · dureté · 4 - **antipathie** · fâcherie · hostilité · mécontentement · sécheresse
CONTR. chaleur – ardeur ı émotion ı sensibilité – cordialité ı effusion ı éclat ı verve

froissement *n.m.* 1 - **chiffonnement** · plissement · 2 - **frou-frou** · bruissement · froissis *littér.* · 3 - **friction** · heurt · accrochage *fam.* · 4 - **blessure** · meurtrissure · vexation
CONTR. entente ı satisfaction

froisser *v.tr.* 1 - **chiffonner** · friper · plisser · bouchonner · 2 - **aplatir** · écraser · fouler · piétiner · 3 - **contusionner** · meurtrir · 4 - **blesser** · choquer · dépiter · déplaire à · désobliger · fâcher · heurter · indisposer · meurtrir · mortifier · offenser · offusquer · piquer · toucher · ulcérer · vexer · piquer, toucher au vif · braquer *fam.*
≫ **se froisser** *v.pron.* **se formaliser** · se fâcher · se hérisser · s'offusquer · se piquer · se vexer · prendre de l'humeur *vieux*
CONTR. défriper ı défroisser ı repasser – contenter ı flatter ı ménager

frôlement *n.m.* 1 - **attouchement** · caresse · effleurement · 2 - **frémissement** · frissonnement · froissement · frou-frou

frôler *v.tr.* 1 - **effleurer** · caresser · toucher · 2 - **raser** · serrer · 3 - **approcher de** ·

confiner à · côtoyer · coudoyer · passer (bien) près de · être à la frontière de · être à la limite de · friser

fromage n.m. 1 - frometon *fam.* · 2 - galantine · pâté

fromagerie n.f. · crémerie · fruitière

froment n.m. · blé

fronce n.f. · pli · [décoratives] smocks

froncé, e adj. 1 - plissé · 2 - renfrogné · sévère

froncement n.m. · plissement

froncer v.tr. · plisser
CONTR. défroncer

frondaison n.f. · feuillage · feuilles · feuillaison · feuillée *fam.*

fronde n.f. 1 - lance-pierre · 2 - révolte · contestation · insoumission · rébellion · sédition

fronder v.tr. · critiquer · attaquer · brocarder · chahuter · railler
CONTR. flatter

frondeur, -euse
■ adj. contestataire · critique · impertinent · insoumis · irrespectueux · moqueur · railleur · rebelle · récalcitrant
■ n. esprit fort · forte tête · rebelle
CONTR. respectueux

front n.m. 1 - tête · visage · 2 - audace · effronterie · hardiesse · impudence · culot *fam.* · toupet *fam.* · 3 - façade · devant · fronton · 4 - frontière · 5 - [Milit.] avant · première ligne · 6 - champ de bataille · champ d'honneur · guerre · 7 - coalition · bloc · cartel · groupement · ligue · union

✦ **de front** 1 - ensemble · à la fois · concurremment · concomitamment · conjointement · simultanément · en même temps · 2 - directement · ouvertement · bille en tête *fam.*
✦ **en front de** face à · en bordure de
✦ **faire front** faire face · résister · tenir
✦ **le front haut** fièrement · la tête haute · sans honte
CONTR. arrière ׀ dos – de biais à la file ׀ séparément

frontalier, -ière
■ adj. limitrophe · voisin
■ n. zonier

frontière n.f. 1 - démarcation · délimitation · ligne · limite · 2 - bordure · confins · lisière · 3 - borne · limite
✦ **être à la frontière de** confiner à · frôler · friser *fam.*
CONTR. centre ׀ intérieur ׀ milieu

frontispice n.m. 1 - façade · 2 - en-tête · titre · vignette

frottement n.m. 1 - abrasion · friction · mouvement · pression · attrition *vieux* · 2 - grippage

frotter v.tr. 1 - astiquer · brosser · cirer · encaustiquer · essuyer · fourbir · lustrer · nettoyer · polir · tamponner · briquer *fam.* · 2 - décaper · gratter · limer · poncer · racler · râper · 3 - frictionner · masser · [un cheval] bouchonner · étriller · 4 - débarbouiller · laver
✦ **frotter de** enduire de · oindre de · passer à
⇒ **se frotter** v.pron. 1 - fréquenter · frayer · 2 - s'affronter · se heurter · 3 - attaquer · défier · provoquer · 4 - entreprendre · affronter · risquer
✦ **se frotter de** 1 - s'enduire de · 2 - [littér.] apprendre · se teinter de *littér.*

froufrous n.m.pl. · fanfreluches

froussard, e *adj.* · peureux · craintif · lâche · couard *littér.* · pleutre *littér.* · pusillanime *littér.* · dégonflé *fam.* · péteux *fam.* · pétochard *fam.* · poltron *littér.* · trouillard *fam.*

frousse *n.f.* peur · crainte · frayeur · trouille *fam.*
✦ **avoir la frousse** avoir les foies *fam.* · avoir les jetons *fam.* · avoir la pétoche *fam.* · avoir le trouillomètre à zéro *fam.*

fructifier *v.intr.* **1** - se développer · s'accroître · **2** - produire · rapporter · rendre *fam.*

fructueux, -euse *adj.* **1** - avantageux · bénéficiaire · bon · intéressant · lucratif · payant · profitable · rémunérateur · rentable · juteux *fam.* · **2** - fécond · bon · productif · utile
CONTR. improductif ׀ infructueux ׀ stérile

frugal, e *adj.* **1** - maigre · chiche · léger · pauvre · **2** - ascétique · austère · simple · **3** - sobre · tempérant
CONTR. copieux – hédoniste – glouton ׀ vorace

frugalité *n.f.* · tempérance · abstinence · modération · simplicité · sobriété
CONTR. goinfrerie ׀ voracité

fruit *n.m.* **1** - [charnu] baie · drupe • [sec] akène · capsule · caryopse · follicule · gousse · samare · silique · **2** - profit · bénéfice · rapport · revenu · avantage · récompense · **3** - conséquence · effet · produit · résultat
✦ **fruits de mer** coquillages · crustacés
✦ **sans fruit** infructueux · stérile

frusques *n.f.pl.* hardes · nippes

fruste *adj.* **1** - rudimentaire · brut · primitif · rustique · simple · **2** - inculte · balourd · grossier · lourd · lourdaud · rude · rustre · sauvage
CONTR. affiné ׀ cultivé ׀ évolué ׀ fin ׀ raffiné ׀ sophistiqué

frustration *n.f.* · insatisfaction · déception
CONTR. satisfaction ׀ gratification

frustré, e *adj.* · insatisfait · déçu

frustrer *v.tr.* **1** - décevoir · désappointer · trahir · tromper · **2** - défavoriser · désavantager · déposséder · dépouiller · déshériter · léser · priver · spolier
CONTR. combler ׀ gratifier – avantager ׀ favoriser ׀ satisfaire
↝ **priver**

fugace *adj.* · éphémère · bref · fragile · fugitif · furtif · insaisissable · momentané · passager · périssable · précaire · provisoire · évanescent *littér.*
CONTR. durable ׀ éternel ׀ permanent ׀ stable ׀ tenace

fugitif, -ive
▪ *adj.* **1** - bref · court · éphémère · fragile · fugace · furtif · passager · transitoire · évanescent *littér.* · **2** - inconstant · changeant · instable · mobile · mouvant · variable
▪ *n.* **1** - évadé · fuyard · **2** - banni · proscrit
CONTR. durable ׀ fixe ׀ permanent ׀ solide ׀ stable ׀ tenace
↝ **passager**

↝ fugitif, fuyard
Fuyard s'emploie à propos d'une personne ou d'un animal qui s'*enfuit* pour éviter un danger, et spécialement d'un soldat qui fuit l'ennemi : « Les soldats commencèrent la fouille des maisons d'alentour et la poursuite des fuyards » (Hugo, *les Misérables*, V, I, XXIII). Le **fugitif** est celui qui s'enfuit pour recouvrer sa liberté et, en particulier, celui qui fuit son pays (*les fugitifs ont franchi la frontière*). Alors que **fuyard** est sorti d'usage comme adjectif, **fugitif** est resté très vivant (*un prisonnier fugitif*).

fugue *n.f.* · escapade · échappée · équipée · fuite

fuir

■ *v.tr.* **1** - se dérober à · éluder · esquiver · éviter · se soustraire à · **2** - se garder de · éviter · ne pas approcher · **3** - abandonner · quitter

■ *v.intr.* **1** - s'en aller · partir · disparaître · s'échapper · s'éclipser · s'enfuir · s'esquiver · prendre la fuite · décamper *fam.* · déguerpir *fam.* · détaler *fam.* · filer *fam.* · se barrer *fam.* · se débiner *fam.* · caleter *fam.* · se carapater *fam.* · se cavaler *fam.* · filer à l'anglaise *fam.* · prendre le large *fam.* · prendre la poudre d'escampette *fam.* · prendre la clé des champs *fam.* · jouer la fille de l'air *fam.* · prendre la tangente *fam.* · prendre ses jambes à son cou *fam.* · se tailler *fam.* · ficher, foutre le camp *fam.* · **2** - se réfugier · se cacher · s'exiler · **3** - passer · couler · se dissiper · s'écouler · s'évanouir · **4** - couler · s'échapper · pisser *fam.* · **5** - céder · se dérober · s'enfoncer

✦ **faire fuir** **1** - chasser · mettre en fuite · **2** - effrayer

CONTR. approcher ı demeurer ı résister ı rester ı tenir – affronter ı chercher ı endurer

fuite *n.f.*

I **1** - évasion · disparition · échappée · échappement · cavale *argot* · **2** - débâcle · débandade · déroute · panique · sauve-qui-peut · **3** - émigration · exode · **4** - fugue · escapade
II indiscrétion · révélation
III déperdition · écoulement · exode · exportation · hémorragie · perte
IV dérobade · abandon · échappatoire · esquive · excuse · faux-fuyant · manœuvre dilatoire

CONTR. approche ı résistance

fulgurant, e *adj.* **1** - foudroyant · brusque · rapide · soudain · **2** - violent · vif · **3** - aveuglant · éblouissant · éclatant · étincelant

fulguration *n.f.* **1** - éclair de chaleur · **2** - illumination

fuligineux, -euse *adj.* **1** - noirâtre · **2** - fumeux · brumeux · confus · nébuleux · obscur

CONTR. clair ı limpide ı lumineux

fulminant, e *adj.* **1** - détonant · explosif · **2** - furibond · furieux · menaçant

fulminer *v.intr.* **1** - s'emporter · crier · éclater · enrager · exploser · invectiver · pester · tempêter · tonner · gueuler *fam.* · **2** - détoner · exploser

fumant, e *adj.* **1** - bouillant · brûlant · **2** - [fam.] → formidable

fumasse *adj.* → furieux

fumé, e *adj.* **1** - [Cuisine] boucané · saur · **2** - [verre, lunettes] teinté · noir

fumée *n.f.* **1** - vapeur · exhalaison · [de volcan] fumerolle · [Cuisine] fumet · **2** - [littér.] illusion · chimère · frivolité · futilité · vanité

¹fumer

■ *v.tr.* **1** - [viande, poisson] boucaner · saurer · **2** - [cigarette] griller

■ *v.intr.* pester · rager · être en colère

²fumer *v.tr.* · engraisser · fertiliser

fumet *n.m.* **1** - odeur · arôme · bouquet · senteur · **2** - goût · odeur · parfum · saveur · **3** - fumée

fumeux, -euse *adj.* · compliqué · abstrait · amphigourique · brumeux · confus · embrouillé · filandreux · nébuleux · obscur · ténébreux · vague · cafouilleux *fam.*

CONTR. clair ı compréhensible ı précis

fumier *n.m.* 1 - engrais · compost · fertilisant · 2 - ruisseau · ordure · 3 - → salaud

fumiste *n.* 1 - charlatan · farceur · imposteur · mystificateur · mauvais plaisant · plaisantin · 2 - amateur · dilettante · fantaisiste · 3 - désinvolte · je-m'en-fichiste *fam.* · je-m'en-foutiste *fam.*
CONTR. sérieux

fumisterie *n.f.* 1 - supercherie · blague · farce · mystification · plaisanterie · canular *fam.* · 2 - amateurisme
CONTR. sérieux

funambule *n.* · acrobate · danseur de corde · équilibriste · fildefériste

funambulesque *adj.* · abracadabrant · burlesque · clownesque · excentrique · extravagant · fantaisiste · rocambolesque · farfelu *fam.*

funèbre *adj.* 1 - funéraire · mortuaire · 2 - lugubre · macabre · noir · sinistre · sépulcral · sombre · triste · ténébreux
CONTR. gai ı plaisant ı riant

> **funèbre, funéraire, macabre**
> Funèbre, funéraire et macabre se rapportent tous trois à la *mort*. Funèbre et funéraire s'appliquent dans quelques contextes à ce qui concerne les funérailles *(convoi, cérémonie funèbre ou funéraire)*, mais dans cet emploi funèbre est largement dominant *(veillée, toilette, repas, marche funèbre ; pompes funèbres)*. Funéraire se dit plus particulièrement de ce qui se rapporte aux tombes et commémore le souvenir de la mort *(pierre, monument, caveau, urne funéraire ; ornements funéraires)*. Macabre s'applique couramment à ce qui a pour objet les cadavres *(une découverte macabre)*, à ce qui évoque des images de mort ou, du moins, lugubres *(plaisanterie, humour macabre)*.

funérailles *n.f.pl.* · enterrement · obsèques · ensevelissement · inhumation · mise au tombeau · sépulture
↪ obsèques

funéraire *adj.* · funèbre · mortuaire
↪ funèbre

funeste *adj.* 1 - fatal · meurtrier · mortel · 2 - tragique · violent · 3 - affligeant · calamiteux · catastrophique · déplorable · désastreux · désolant · douloureux · lamentable · malheureux · navrant · pitoyable · regrettable · sinistre · tragique · 4 - dangereux · malsain · néfaste · nocif · nuisible · pernicieux · préjudiciable · 5 - funèbre · lugubre · sinistre · sombre · triste
CONTR. bon ı favorable ı heureux ı propice ı salutaire
↪ fatal

funiculaire *adj.* · téléphérique

furax *adj. invar.* → furieux

fur et à mesure (au) *loc. adv.* · à mesure que

fureter *v. intr.* · fouiller · chercher · explorer · farfouiller *fam.* · fouiner *fam.*
↪ fouiller

fureteur, -euse *n. et adj.* · curieux · fouine · fouineur · indiscret · inquisiteur · investigateur

fureur *n.f.* 1 - colère · emportement · furie · rage · courroux *littér.* · ire *littér.* · transport de colère *littér.* · 2 - acharnement · ardeur · enthousiasme · exaltation · fièvre · fougue · frénésie · impétuosité · passion · rage · véhémence · 3 - [d'éléments naturels] agitation · impétuosité · violence

+ **avec fureur** follement · passionnément · comme un fou *fam.*

✦ **faire fureur** avoir du succès • être en vogue • casser la baraque *fam.* • faire un carton *fam.* • faire un malheur *fam.*

CONTR. calme ı douceur – raison ı bon sens

furibond, e *adj.* • furieux • courroucé *littér.* • fumasse *fam.* • furax *fam.* • furibard *fam.*

CONTR. calme

☙ furieux

furie *n.f.* **1 -** bacchante • dragon • gendarme • harpie • mégère • **2 -** fureur • emportement • rage • **3 -** acharnement • ardeur • exaltation • fièvre • fougue • frénésie • impétuosité • passion • rage • véhémence • violence

✦ **en furie** **1 -** → furieux • **2 -** déchaîné • démonté

CONTR. calme ı douceur

furieusement *adv.* **1 -** ardemment • éperdument • énormément • fiévreuseument • follement • frénétiquement • passionnément • **2 -** violemment • fougueusement • violemment

furieux, -ieuse

■ *adj.* **1 -** en colère • furibond • en furie • hors de soi • hors de ses gonds • en rage • courroucé *littér.* • fumasse *fam.* • furax *fam.* • furibard *fam.* • en pétard *fam.* • remonté *fam.* • **2 -** déchaîné • impétueux • violent • **3 -** excessif • exacerbé • extraordinaire • extrême • fameux • fou • sacré *fam.* • **4 -** acharné • enragé • fanatique • forcené • frénétique

■ *n.m.* énergumène • possédé

CONTR. calme ı doux ı paisible ı tranquille

☙ furieux, furibond

Furieux s'applique à une personne en proie à une colère très violente *(elle est furieuse d'avoir attendu trois heures pour rien)* et à ce qui la dénote *(des gestes, un air furieux)*. Furibond insiste sur le fait que cette colère folle est excessive par rapport à ce qui la suscite *(des paroles furibondes, une indignation furibonde)* et que cette disproportion la rend risible *(ne me regarde pas avec cet air furibond)*.

furoncle *n.m.* • anthrax • clou *fam.*

furtif, -ive *adj.* **1 -** caché • clandestin • secret • subreptice • **2 -** discret • rapide • fugace • fugitif

furtivement *adv.* • en cachette • à la dérobée • discrètement • en catimini • en secret • en tapinois • secrètement • subrepticement • en douce *fam.*

CONTR. ostensiblement ı ouvertement

fusée *n.f.* **1 -** [Feux d'artifices] chandelle romaine • serpenteau • **2 -** vaisseau spatial • **3 -** missile • roquette

fuselé, e *adj.* • mince • délié • effilé • élancé • svelte

fusible *n.m.* • plomb • coupe-circuit

fusil *n.m.* • carabine • flingue *fam.* • pétoire *fam., vieilli*

fusiller *v.tr.* **1 -** tuer • passer par les armes • **2 -** [fam.] → abîmer

fusion *n.f.* **1 -** fonte • liquéfaction • **2 -** réunion • amalgame • combinaison • interpénétration • mélange • regroupement • unification • union • **3 -** [d'entreprises] concentration • fusionnement • intégration • mariage • regroupement • réunion • union

fusionnement *n.m.* • concentration • fusion • intégration • mariage • regroupement • réunion • union

fusionner

■ *v.tr.* réunir • allier • amalgamer • assembler • associer • combiner • conjuguer • fondre • mêler • rassembler • réunir • unifier • unir

■ v.intr. s'allier · s'assembler · se fondre · se grouper · se regrouper · se rejoindre · se réunir · s'unifier · s'unir

fustiger v.tr. 1 - **fouetter** · cingler · cravacher · flageller · 2 - **blâmer** · condamner · critiquer · réprouver · stigmatiser · vitupérer *littér.* · abîmer *fam.*

↪ fouetter

futé, e adj. · malin · astucieux · débrouillard · déluré · dégourdi · éveillé · fute-fute *fam., souvent au négatif*

CONTR. benêt ı bête ı niais ı nigaud

futile adj. 1 - **insignifiant** · creux · dérisoire · frivole · inconsistant · inutile · léger · oiseux · superficiel · stérile · vain · vide · 2 - frivole · léger · puéril · superficiel

futilité n.f. 1 - **superficialité** · frivolité · inanité · inconsistance · insignifiance · légèreté · puérilité · stérilité · vanité · vide · 2 - [souvent au plur.] **bagatelle** · badinerie · baliverne · bêtise · broutille · enfantillage · fadaise · rien · sottise · vétille · bricole *fam.* · connerie *très fam.*

futur, e
■ adj. **postérieur** · à venir · prochain · suivant · ultérieur
■ n.m. **avenir** · lendemain

futuriste adj. · novateur · d'avant-garde · révolutionnaire

fuyard, e n. · fugitif · évadé
↪ fugitif

g

gabardine *n.f.* · imperméable

gabarit *n.m.* **1** - **dimension** · calibre · format · taille · tonnage · **2** - **modèle** · forme · patron · **3** - **carrure** · envergure · stature · **4** - **sorte** · acabit · calibre · catégorie · classe · espèce · genre · nature · type · farine *fam.*

gabegie *n.f.* · gaspillage · confusion · désordre · gâchis · pagaille
CONTR. économie ı ordre

gable *n.m.* · fronton · pignon

gâchage *n.m.* · gaspillage · gâchis · perte · sabotage · bousillage *fam.* · galvaudage *rare*

gâcher *v.tr.* **1** - **bâcler** · saboter · bousiller *fam.* · cochonner *fam.* · saloper *fam.* · torcher *fam.* · torchonner *fam.* · **2** - **gaspiller** · dissiper · galvauder · **3** - **manquer** · rater · **4** - **abîmer** · gaspiller · gâter · massacrer · perdre · **5** - **assombrir** · attrister · empoisonner · gâter · ruiner · **6** - **délayer** · diluer · dissoudre

gâchette *n.f.* · détente

gâcheur, -euse *n.* · gaspilleur · saboteur · bâcleur *fam.* · bousilleur *fam.*

gâchis *n.m.* **1** - **gaspillage** · gabegie · perte · **2** - **sabotage** · gâchage · massacre · bousillage *fam.* · **3** - **désordre** · pagaille · pastis *fam.* · **4** - **mortier**

✦ **c'est du gâchis** c'est donner de la confiture aux cochons · c'est jeter des perles aux pourceaux

gadoue *n.f.* **1** - **boue** · fange *littér.* · crotte *fam.* · gadouille *fam.* · **2** - **vidange** · ordures ménagères

¹**gaffe** *n.f.* · impair · balourdise · bêtise · bévue · bourde · maladresse · sottise · pas de clerc *littér.* · ânerie *fam.* · boulette *fam.* · connerie *fam.*

²**gaffe** *n.f.*
✦ **faire gaffe** faire attention · se méfier · prendre garde

gaffer *v.intr.* [fam.] commettre un impair · mettre les pieds dans le plat *fam.*

gaffeur, -euse *n. et adj.* · maladroit · balourd · lourd · lourdaud

gage *n.m.* **1** - **caution** · arrhes · cautionnement · dépôt · garantie · hypothèque · nantissement · sûreté · **2** - **assurance** · promesse · **3** - **preuve** · témoignage
✦ **mettre en gage** engager
⇒ **gages** *plur.* **salaire** · appointements · émoluments · rémunération · rétribution
↪ appointements

gager *v.tr.* **1** - **garantir** · **2** - [littér.] **parier** · **3** - [vieux] **salarier**
↪ parier

gageure n.f. 1 - pari · 2 - défi · challenge

gagnant, e n. · vainqueur · champion · lauréat
CONTR. perdant

gagne-pain n.m. invar. emploi · travail · job fam.
★ **c'est leur gagne-pain** c'est ce qui fait bouillir la marmite fam.

gagne-petit n.m. invar. · besogneux · miteux fam.

gagner v.tr.
I 1 - percevoir · remporter · toucher · empocher fam. · encaisser fam. · palper fam. · rafler fam. · ramasser fam. · se mettre dans les fouilles très fam. · 2 - acquérir · conquérir · moissonner · rapporter · récolter · recueillir · retirer · ramasser fam. · 3 - [iron.] attraper · contracter · prendre
II 1 - s'attirer · capter · conquérir · s'assujettir · s'attacher · séduire · subjuguer · se concilier · 2 - convaincre · appâter · convertir · persuader · rallier · séduire · tenter · circonvenir péj. · corrompre péj.
III 1 - accéder à · aborder · approcher de · arriver à · atteindre · parvenir à · rejoindre · toucher · 2 - s'emparer de · envahir · se communiquer à · toucher · [sans complément] s'étendre · progresser · se propager · se répandre
IV [Sport] battre · dominer · l'emporter sur · prendre l'avantage sur · triompher de · vaincre
★ **gagner à** mériter de · valoir la peine de
★ **gagner du terrain** s'étendre · avancer · progresser · se propager
★ **gagner de vitesse** 1 - dépasser · devancer · doubler · 2 - prévenir
★ **gagner la porte** s'en aller · partir · sortir
★ **gagner le large** s'échapper · s'enfuir · partir
★ **se laisser gagner par** céder à · se laisser envahir par · se laisser fléchir par
CONTR. perdre – échouer ı reculer – abandonner ı s'éloigner ı quitter

gai, e adj. 1 - joyeux · allègre · badin · content · enjoué · folâtre · gaillard · guilleret · hilare · jovial · réjoui · rieur · souriant · 2 - ivre · éméché · émoustillé · gris · parti fam. · pompette fam. · 3 - animé · 4 - amusant · comique · divertissant · drôle · rigolo fam. · 5 - [surtout au négatif] réjouissant · agréable · drôle · encourageant · plaisant · rose · folichon fam. · marrant fam. · 6 - éclatant · riant · vif · 7 - homosexuel · gay
★ **très gai** gai comme un pinson
CONTR. triste – sobre ı à jeun – ennuyeux ı sérieux sombre – attristant ı décourageant ı désolant – sombre

gaiement adv. 1 - joyeusement · allègrement · jovialement · plaisamment · 2 - volontiers · de bon cœur · avec entrain
CONTR. tristement – à contrecœur

gaieté n.f. 1 - joie · allégresse · enjouement · entrain · exultation · hilarité · belle, bonne humeur · jovialité · jubilation · rires · liesse littér. · alacrité rare · 2 - humour · ironie · sel
★ **mettre en gaieté** amuser · égayer · réjouir
★ **de gaieté de cœur** volontiers · de bon gré · de bonne grâce · volontairement
CONTR. chagrin ı mélancolie ı tristesse

¹**gaillard, e** adj. 1 - vigoureux · alerte · allègre · dispos · frais · fringant · sain · solide · vaillant · valide · vert · vif · ingambe littér. · 2 - [humeur] enjoué · gai · guilleret · jovial · joyeux · 3 - [allure] décidé · ferme · 4 - [propos] cru · coquin · égrillard · épicé · gaulois · gras · graveleux · grivois · léger · leste · libre · licencieux · osé · poivré · polisson · rabelaisien · salé

²**gaillard** n.m. · gars fam. · bonhomme fam. · lascar fam. · loustic fam. · type fam. · zèbre fam. · bougre fam., vieilli · coquin vieilli · drôle vieilli · luron vieilli

gaillardement adv. · allègrement · avec entrain · avec bonne humeur · courageusement · gaiement · hardiment · joyeusement · vaillamment

gaillardise n.f. 1 - gauloiserie · grivoiserie · polissonnerie · gaudriole fam. · **2 - paillardise**

gain n.m. 1 - avantage · bénéfice · fruit · intérêt · produit · profit · rapport · rendement · 2 - revenu · argent · appointements · émoluments · honoraires · rémunération · rétribution · salaire · solde · traitement · 3 - économie · 4 - accroissement · acquisition · agrandissement · augmentation
✦ **appât du gain** lucre
CONTR. déperdition ǀ désavantage ǀ dommage ǀ ruine – dépense ǀ perte

🙶 **gain, profit, bénéfice**
Les trois mots concernent un avantage pécuniaire ou matériel obtenu de diverses manières. Le terme général de **gain** renvoie à ce que l'on acquiert par un travail, par une activité quelconque ou par le jeu *(des gains modestes, considérables ; les gains d'un ouvrier, d'un chef d'entreprise ; l'appât du gain).* **Profit** se dit d'un gain en argent tiré d'une vente, d'un placement, de biens immobiliers, etc. *(profit financier, foncier, usuraire, des profits énormes ; une source de profit).* **Bénéfice**, plus spécialisé, désigne un gain financier obtenu à partir d'opérations boursières, de la vente de marchandises, etc. *(dégager des bénéfices, bénéfice net, brut, participation aux bénéfices).*

gaine n.f. 1 - enveloppe · étui · fourreau · housse · 2 - ceinture · corset · 3 - piédestal · sellette · socle · 4 - [d'horloge] caisse · coffre

gainer v.tr. · mouler · épouser

gala n.m. · cérémonie · fête · réception · réjouissance · spectacle

galant, e
▪ adj. 1 - attentionné · chevaleresque · courtois · délicat · empressé · prévenant · 2 - libertin · érotique · 3 - [vieilli] élégant · coquet · fin

▪ n.m. amant · amoureux · cavalier · chevalier servant · soupirant
✦ **galant homme** gentleman · homme d'honneur · gentilhomme littér.
CONTR. goujat ǀ impoli ǀ mufle – froid ǀ lourdaud – commun – rustre

galanterie n.f. 1 - politesse · amabilité · bonnes manières · civilité · courtoisie · délicatesse · gentillesse · politesse · prévenance · respect · 2 - séduction · coquetterie · cour · marivaudage · 3 - compliment · douceur · baratin fam. · 4 - [vieilli] aventure (galante) · fredaine · histoire d'alcôve · intrigue · liaison · passade
CONTR. brutalité ǀ goujaterie ǀ impolitesse ǀ muflerie – froideur

🙶 **coquetterie**

galaxie n.f. · univers · nébuleuse

galbe n.m. 1 - courbe · arrondi · cintrage · courbure · panse · 2 - forme · contour · ligne · profil

galbé, e adj. · arrondi · cambré · courbe · pansu · renflé

gale n.f. 1 - grattelle pop. · rogne pop. · 2 - peste · poison · teigne · vipère · chameau fam.

galère n.f. 1 - trière · trirème · galéasse · galiote · prame · 2 - mésaventure · guêpier · piège · traquenard · 3 - [plur.] bagne · travaux forcés · 4 - enfer

galerie n.f. 1 - passage · corridor · couloir · [à colonnes] péristyle · portique · [vitrée] véranda · 2 - souterrain · boyau · tunnel · [de mine] albraque · descenderie · taille · traversbanc · bovette région. · 3 - balcon · accourse · loge · loggia · jubé · tribune · triforium · 4 - [au théâtre] paradis · poulailler fam. · 5 - assistance · auditoire · monde · public · spectateurs · témoins · 6 - musée · collection · 7 - porte-bagages

galérien n.m. · forçat

galet n.m. 1 - caillou · 2 - roulette

galetas n.m. 1 - bouge · réduit · taudis · gourbi fam. · 2 - [vieux] **combles** · grenier · mansarde

galette n.f. 1 - [de pommes de terre] crique · rösti · [de maïs] tortilla · [de froment] crêpe région. · fouace région. · 2 - [fam.] → **argent**

galeux, -euse
- adj. décrépit · lépreux · sale
- n. paria · lépreux · pestiféré

CONTR. propre | sain

galimatias n.m. · charabia · embrouillamini · fatras · imbroglio · jargon · sabir · amphigouri littér. · baragouin fam.

galipette n.f. · culbute · cabriole · roulade · roulé-boulé

galoche n.f. 1 - sabot · 2 - brodequin

galon n.m. 1 - ruban · brandebourg · ganse · passement · extra-fort · lézarde · soutache · 2 - centimètre · 3 - **grade** · chevron · ficelle fam. · sardine fam.

galop n.m. galopade
✦ galop d'essai canter

galopade n.f. 1 - chevauchée · 2 - course

galoper v. intr. 1 - se dépêcher · courir · se hâter · cavaler fam. · 2 - s'emballer

galopin n.m. · chenapan · garnement · polisson · vaurien péj.

galvanisation n.f. · métallisation · argenture · chromage · dorure · nickelage · zingage

galvaniser v.tr. 1 - animer · électriser · enflammer · enthousiasmer · entraîner · exalter · exciter · réveiller · stimuler · 2 - métalliser · argenter · chromer · dorer · nickeler · zinguer

galvauder v.tr. 1 - gâcher · gaspiller · perdre · 2 - avilir · abaisser · compromettre · dégrader · déshonorer · flétrir · salir · souiller · ternir

≫ **se galvauder** v.pron. se dégrader · s'abaisser

gambade n.f. · bond · cabriole · entrechat · saut

gambader v.intr. · batifoler · bondir · cavalcader · danser · s'ébattre · folâtrer · sauter · sautiller

gamberger v.intr. [fam.] → **réfléchir**

gamelle n.f. 1 - boîte à lunch Québec · 2 - [Mar.] carré · mess · 3 - [fam.] → **chute**

gamin, e
- n. enfant · petit · gosse fam. · mioche fam. · môme fam. · mouflet fam. · moutard fam. · titi fam. · morveux fam., péj. · gone fam., région. · minot fam., région. · pitchoun fam., région.
- adj. 1 - enfantin · immature · puéril · bébête fam. · 2 - espiègle · farceur · malicieux · mutin

CONTR. adulte | sérieux

gaminerie n.f. 1 - enfantillage · puérilité · 2 - espièglerie · facétie

gamme n.f. 1 - ligne · collection · éventail · palette · panoplie · spectre · 2 - série · succession
✦ **haut de gamme** supérieur · luxueux · de luxe
✦ **bas de gamme** bon marché · cheap fam.

gang n.m. · bande · cohorte · groupe

ganglion n.m. · renflement · grosseur

gangrène *n.f.* 1 - nécrose · mortification · putréfaction · 2 - mal · chancre · cancer · corruption · décomposition · destruction · pourriture

gangrener *v.tr.* · empoisonner · corrompre · dénaturer · infecter · pervertir · pourrir · ronger · souiller · vicier

gangster *n.m.* 1 - malfaiteur · bandit · voleur · truand · 2 - crapule · brigand · canaille · filou · pirate · fripouille *fam.* · forban *littér.* · gredin *vieilli*

gangstérisme *n.m.* · banditisme · criminalité

gangue *n.f.* · enveloppe

ganse *n.f.* 1 - cordon · cordonnet · extra-fort · nervure · passement · ruban · 2 - tirant · attache

gant *n.m.* · mitaine · moufle
✦ **gant de toilette** carré-éponge · débarbouillette *Québec* · lavette *Suisse*

garage *n.m.* 1 - stationnement · 2 - box · parking · 3 - remise · dépôt

garant, e *n.* 1 - caution · assurance · gage · garantie · sûreté · 2 - preuve · témoignage · 3 - protecteur · défenseur · gardien
✦ **être, se porter garant de** assurer · avaliser · cautionner · couvrir · garantir · répondre de · se porter fort pour *Admin.*

garantie *n.f.* 1 - engagement · signature · 2 - aval · caution · 3 - gage · arrhes · cautionnement · consignation · couverture · dépôt · hypothèque · nantissement · warrant · 4 - assurance · précaution · sûreté *littér.*

garantir *v.tr.* 1 - promettre · répondre de · 2 - affirmer · assurer · attester · certifier · confirmer · jurer · soutenir · 3 - cautionner · avaliser · couvrir · se porter garant de · répondre de · se porter fort pour *Admin.* · 4 - authentifier · certifier · légaliser · valider · 5 - préserver · assurer · abriter · couvrir · défendre · immuniser · prémunir · protéger · sauvegarder · sauver

» **se garantir de** *v.pron.* 1 - se mettre à l'abri de · se garder de · se garer de *fam.* · 2 - se prémunir contre · parer à

CONTR. compromettre ı exposer

🕮 **garantir, préserver**
Garantir et préserver ont pour point commun l'idée de mettre quelqu'un ou quelque chose à l'abri d'un danger, d'un risque. Avec garantir, on évoque plutôt la protection et un principe de précaution, le risque pouvant être mineur *(se couvrir pour se garantir du froid, contre le froid ; se garantir des risques d'un échec)*. Préserver suppose l'existence d'un risque plus sérieux et insiste sur la prévoyance : « Je ne crois pas du tout à la guigne et crois que c'est s'en préserver que de se refuser à y croire » (Gide, *Journal*, 9 février 1943). Le risque encouru peut être abstrait *(préserver de l'oubli)*.

garce *n.f.* · peste · chipie · poison · sorcière · teigne · vipère · chameau *fam.* · salope *très fam.*

garçon *n.m.* 1 - fils · enfant · rejeton *fam.* · 2 - homme · gars *fam.* · mec *fam.* · type *fam.* · 3 - célibataire · vieux garçon
✦ **beau, joli garçon** apollon · adonis · éphèbe · beau gosse *fam.*
✦ **garçon de café** serveur · barman
✦ **garçon de courses** coursier · chasseur · groom · livreur
✦ **garçon d'écurie** lad · palefrenier

¹**garde** *n.f.* 1 - conservation · défense · préservation · protection · soin · 2 - surveillance · 3 - escorte · milice · troupe
✦ **poste de garde** guérite

+ **tour de garde** faction · guet · surveillance · veille · [Mar.] quart
+ **sous bonne garde** 1 - en sûreté · 2 - sous bonne escorte
+ **de garde** 1 - de service · d'astreinte · de permanence · 2 - en faction
+ **sur ses gardes** sur le qui-vive · aux aguets
+ **être en garde, sur ses gardes** faire attention · se méfier · se défier · ne dormir que d'un œil · se protéger · faire gaffe *fam.* · se précautionner *vieilli*
+ **mettre en garde** alerter · avertir · prévenir
+ **mise en garde** avertissement · conseil
+ **prendre garde à, que** 1 - faire attention à, que · faire gaffe à, que *fam.* · 2 - s'apercevoir de · s'aviser de · noter · observer · remarquer · 3 - s'assurer que · avoir l'œil à · s'efforcer de · s'occuper de · tâcher de · veiller à ce que
+ **prendre garde de, que** craindre · éviter de, que · se défier de · s'abstenir de · se garder de · se méfier de

²**garde** *n.* 1 - conservateur · dépositaire · 2 - gardien · sentinelle · surveillant · veilleur · vigile · 3 - gardien (de prison) · geôlier *vieilli ou littér.* · garde-chiourme *fam.* · maton *fam.*

+ **garde des Sceaux** ministre de la Justice
+ **garde du corps** 1 - gorille *fam.* · [collectif] protection rapprochée · escorte · 2 - [Hist. rom.] licteur · prétorien

🙰 **garde, gardien**
Le **garde** et le **gardien** sont tous deux chargés de la protection, de la surveillance d'un lieu, d'une personne ou de choses. Employé seul et presque toujours au masculin, **garde** a les valeurs de *sentinelle (plusieurs gardes surveillaient le dépôt de munitions)* ou de *geôlier (le prisonnier a trompé la vigilance des gardes).* Il désigne en particulier celui qui assure la protection et la sécurité d'une personnalité ; on parle alors de *garde du corps.* **Gardien** recouvre les emplois de **garde** dans certains contextes *(le gardien des détenus, poster des gardiens aux portes d'un entrepôt)* mais les a étendus à d'autres domaines *(un gardien d'immeuble, de musée, de jardin public, de phare, de parking).* En outre, il peut s'appliquer à un animal *(ce chien est un excellent gardien de troupeau)* et se dit au figuré *(être le gardien des libertés, de la Constitution).*

³**garde** *n.* infirmier · garde-malade · [femme] nurse *vieilli*

+ **garde d'enfants** baby-sitter *anglic.*

garde-chiourme *n.m.* · gardien · geôlier · surveillant · maton *argot* · argousin *vieux*

garde-corps *n.m. invar.* · garde-fou

garde-feu *n.m. invar.* · pare-feu · pare-étincelles

garde-fou *n.m.* 1 - barrière · balustrade · bastingage · filière · garde-corps · parapet · rambarde · 2 - protection · rempart

garde-malade *n.* · infirmier

garder *v.tr.*
I 1 - conserver · entreposer · [un objet volé] receler · 2 - détenir · tenir sous sa garde, sous bonne garde · [contre son gré] séquestrer · 3 - maintenir · tenir · 4 - économiser · épargner · mettre de côté · réserver
II 1 - veiller sur · surveiller · 2 - défendre · préserver · protéger · sauvegarder
III observer · pratiquer · respecter

⋙ **se garder de** *v.pron.* 1 - s'abstenir de · éviter de · prendre garde de · 2 - se méfier de · se défier de · 3 - éviter · se défendre de · se garantir de · se prémunir contre · se préserver de · se précautionner contre *vieilli*

CONTR. abandonner ı céder ı changer ı congédier ı détruire ı donner ı enlever ı gâter ı laisser ı rendre ı renoncer (à) – se débarrasser ı se défaire – négliger ı oublier ı perdre – enfreindre

garderie *n.f.* · crèche · jardin d'enfants · pouponnière

garde-robe *n.f.* 1 - penderie · 2 - vêtements

gardien, -ienne *n.* **1 -** garde · sentinelle · veilleur · vigile · **2 - garant** · conservateur · défenseur · protecteur · tuteur · **3 -** dépositaire · détenteur · consignataire · magasinier
✦ **gardien de but** goal · portier
✦ **gardien de prison** surveillant · maton *fam.* · garde-chiourme *vieux* · geôlier *vieilli*
✦ **gardien de la paix** agent de police · policier · flic *fam.* · poulet *argot*
✦ **gardien d'immeuble** concierge · guichetier · huissier · portier · cerbère *plaisant*
✦ **gardien de troupeau** berger · bouvier · chevrier · dindonnier · porcher · vacher · cow-boy · gardeur · gardian *(en Camargue)* · pasteur *littér.*
☞ **garde**

gardiennage *n.m.* · surveillance · télésurveillance · garde

gare *n.f.* · station · arrêt

garer *v.tr.* parquer · ranger

≫ **se garer** *v.pron.* stationner
✦ **se garer de** **1 -** se protéger de · s'abriter de · se défendre de · se garantir de · se prémunir contre · se préserver de · **2 -** éviter · esquiver

gargantuesque *adj.* · pantagruélique · abondant · copieux · énorme · monumental · plantureux

gargariser de (se) *v.pron.* · se délecter de · se régaler de · savourer

gargarisme *n.m.* · collutoire

gargote *n.f.* · auberge · taverne · bouiboui *fam.* · cabaret *vieilli*

gargouillement *n.m.* **1 -** gargouillis · glouglou *fam.* · **2 -** borborygme

gargouillis *n.m.* → gargouillement

garnement *n.m.* · galopin *fam.* · coquin · diable · fripon · polisson · vaurien · voyou · affreux jojo *fam.* · sacripant *fam.* · chenapan *vieilli* · gredin *fam., vieilli*

garnir *v.tr.* **1 - approvisionner** · fournir · munir · pourvoir · **2 - remplir** · bourrer · emplir · farcir · **3 - rembourrer** · doubler · capitonner · fourrer · matelasser · ouatiner · **4 - occuper** · combler · remplir · **5 - agrémenter** · border · décorer · embellir · encadrer · enjoliver · étoffer · ornementer · orner · parer • [Couture] passementer · soutacher
CONTR. dégarnir ׀ priver – vider – dépeupler ׀ vider

garniture *n.f.* **1 - ornement** · accessoire · assortiment · parure • [Couture] bordure · broderie · passementerie · volant · **2 - renfort** · protection · **3 - couche** · change · protection · serviette · **4 -** [Cuisine] **accompagnement** · **5 -** [Mar.] **armement** · gréement

garrigue *n.f.* · lande · maquis

garrotter *v.tr.* **1 -** ligoter · attacher · **2 -** museler · bâillonner · enchaîner
CONTR. délier ׀ délivrer ׀ libérer

gars *n.m.* **1 - homme** · garçon · individu · bonhomme *fam.* · gaillard *fam.* · mec *fam.* · type *fam.* · **2 - fils** · fiston *fam.*

gasconnade *n.f.* · fanfaronnade · forfanterie · vantardise · hâblerie *littér.*

gaspillage *n.m.* · gâchis · coulage · dépense · dilapidation · dissipation · gabegie · perte
CONTR. conservation ׀ économie ׀ épargne

gaspiller *v.tr.* **1 -** gâcher · galvauder · perdre · **2 - dépenser** · dévorer · dilapider · dissiper · engloutir · jeter par la fenêtre · manger · prodiguer · claquer *fam.* · craquer *fam.* · croquer *fam.*
CONTR. conserver ׀ économiser ׀ épargner

🐚 **gaspiller, dissiper, dilapider**

Gaspiller, dissiper et dilapider renvoient à l'action de faire un mauvais emploi de biens, matériels ou non. Gaspiller, c'est dépenser sans discernement *(gaspiller de l'argent en achats superflus)*, consommer inutilement ou de manière incomplète *(gaspiller de l'électricité, de l'eau, de la nourriture)*. Dissiper a une valeur plus forte et s'emploie pour des biens importants qui sont en partie ou totalement dépensés *(dissiper un patrimoine, ses revenus)*. Dilapider renchérit encore, insistant sur le caractère inconsidéré et excessif des dépenses *(dilapider une fortune, un héritage)*. On relève une progression analogue dans les emplois figurés des trois verbes *(gaspiller ses forces, dissiper son talent, dilapider son temps)*.

gaspilleur, -euse *n. et adj.* • dépensier • dilapidateur • dissipateur • prodigue • flambeur *fam.*
CONTR. avare ı économe

gastrique *adj.* • stomacal

gastronome *n.m.* • gourmet • gourmand • fine gueule *fam.*
🐚 gourmand

gastronomie *n.f.* • cuisine • art culinaire • table

gastronomique *adj.* • culinaire

gâté, e *adj.* **1** - détérioré • pourri • [dent] carié • malade • **2** - choyé • dorloté • **3** - capricieux

gâteau *n.m.* **1** - pâtisserie • **2** - entremets
✦ **gâteau sec** biscuit

gâter *v.tr.*
I 1 - endommager • abîmer • détériorer • **2** - [la nourriture] altérer • aigrir • avarier • corrompre • pourrir • putréfier

II 1 - gâcher • compromettre • massacrer • saboter • **2** - empoisonner • gâcher • gangrener • infecter • vicier • **3** - défigurer • déparer • enlaidir • entacher • flétrir • **4** - pervertir • corrompre • déformer • dégrader • dépraver • fausser • frelater

III 1 - cajoler • câliner • choyer • couver • dorloter • chouchouter *fam.* • **2** - combler • pourrir *fam.*

⋙ **se gâter** *v.pron.* **1** - s'abîmer • s'aigrir • s'avarier • blettir • se décomposer • s'éventer • moisir • se piquer • pourrir • tourner • **2** - se détériorer • s'aggraver • s'assombrir • se brouiller • se dégrader • **3** - mal tourner • s'envenimer • barder *fam.* • chauffer *fam.* • tourner au vinaigre *fam.*

CONTR. améliorer ı conserver ı corriger ı maintenir – assurer ı garantir – décorer ı embellir

gâterie *n.f.* **1** - cajolerie • caresse • chatterie • **2** - sucrerie • chatterie • douceur • gourmandise

gâteux, -euse *adj.* sénile • décrépit • retombé en enfance • gaga *fam.* • ramolli *fam.*
✦ **être gâteux** ne plus avoir toute sa tête • sucrer les fraises *fam.*

gâtisme *n.m.* • sénilité • abêtissement • abrutissement • ramollissement

gauche *adj.* **1** - maladroit • balourd • inhabile • malhabile • lourdaud • nigaud • pataud • emmanché *fam.* • empaillé *fam.* • empoté *fam.* • godiche *fam.* • **2** - embarrassé • contraint • empêché • emprunté • gêné • laborieux • lourd • pesant • piteux • timide • **3** - dévié • gauchi • oblique • tordu • **4** - [Mar.] bâbord

CONTR. adroit ı habile – à l'aise – droit ı plan

gauchement *adv.* • maladroitement • malhabilement

CONTR. adroitement ı habilement

gaucherie n.f. 1 - maladresse · lourdeur · inhabileté littér. · **2 - embarras** · timidité · **3 - impair** · balourdise · bourde · maladresse · pas de clerc littér. · **gaffe** fam.

CONTR. adresse ı dextérité – aisance ı grâce

gauchir
■ v.intr. se courber · se déformer · dévier · jouer · gondoler · se tordre · travailler · se voiler
■ v.tr. **déformer** · biaiser · dévier · fausser · tordre · voiler

CONTR. se redresser – redresser

gauchissement n.m. · déformation · altération · travail

gaudriole n.f. 1 - → gaillardise · 2 - → débauche

gaufrer v.tr. · cloquer

gaule n.f. 1 - perche · 2 - canne à pêche

gaulois, e adj. 1 - celte · 2 - égrillard · coquin · cru · épicé · gaillard · gras · graveleux · grivois · leste · licencieux · osé · pimenté · poivré · polisson · rabelaisien · salé

gauloiserie n.f. · gaillardise · grivoiserie · paillardise · polissonnerie · gaudriole fam.

gausser (se) v.pron. · se moquer · s'amuser · plaisanter · railler · ridiculiser · se rire · charrier fam.

gaver v.tr. 1 - **gorger** · rassasier · saturer · repaître littér. · bourrer fam. · **2 - engraisser** · embecquer

>>> **se gaver** v.pron. · se bourrer · bâfrer fam. · bouffer fam. · s'empiffrer fam. · se goinfrer fam.

CONTR. priver

gavroche n.m. · gamin · titi fam. · poulbot fam.

gay n.m. → homosexuel

gaz n.m. invar. 1 - **fluide** · **2 - émanation** · exhalaison · fumée · fumerolle · vapeur · **3 -** [souvent au plur.] **flatuosité** · vent · flatulence littér. · pet fam. · prout fam.

CONTR. liquide ı solide

gaze n.f. 1 - mousseline · voile · 2 - compresse

gazéifier v.tr. · sublimer · vaporiser

gazer v.tr. 1 - asphyxier · intoxiquer · 2 - [Techn.] flamber

gazette n.f. 1 - journal · revue · canard fam. · feuille de chou fam. · 2 - chronique · 3 - bavard · commère · concierge · potinière vieux

gazeux, -euse adj. · pétillant

gazoduc n.m. · pipeline

gazon n.m. · herbe · pelouse · pré · verdure

gazouillement n.m. 1 - pépiement · chant · gazouillis · ramage littér. · 2 - babil · babillage · gazouillis · lallation · areu-areu fam. · 3 - susurrement · bruissement · chuchotement · chuchotis · gazouillis · murmure

gazouiller v.intr. 1 - pépier · chanter · jaser · ramager · 2 - babiller · 3 - bruire · chuchoter · murmurer · susurrer

gazouillis n.m. → gazouillement

géant, e
■ n. 1 - [Mythol.] monstre · cyclope · ogre · titan · 2 - colosse · hercule · titan · malabar fam. · 3 - génie · héros · surhomme · 4 - superpuissance · supergrand fam.

■ *adj.* **colossal** · **cyclopéen** · **énorme** · **gigantesque** · **grand** · **immense** · **titanesque** · **méga** *fam.*
CONTR. nain | **petit**

géhenne *n.f.* **1 - enfer** · **2 - douleur** · calvaire · martyre · souffrance · supplice · torture

geignard, e *adj. et n.* · plaintif · dolent · gémissant · larmoyant · pleurnichard · pleurnicheur

geignement *n.m.* **1 - plainte** · cri · gémissement · pleur · soupir · **2 - lamentation** · complainte · jérémiade · récrimination

geindre *v.intr.* **1 - gémir** · chouiner *fam.* · **2 - se lamenter** · se plaindre · pleurer · pleurnicher · récriminer

gel *n.m.* **1 - givre** · glace · verglas · **2 - gelée** · **3 - blocage** · arrêt · immobilisation · interruption · suspension
CONTR. dégel

gelé, e *adj.* **1 - transi** · engourdi · glacé · gourd · **2 - glacial** · froid · glacé

gelée *n.f.* **1 - glace** · gel · verglas • [au plur.] frimas · **2 - gélatine** · blanc-manger · **3 - confiture** · **4 - gel** · pâte

geler
■ *v.intr.* **1 - se congeler** · se figer · se prendre en glace · se solidifier • [sang] se coaguler · **2 - avoir froid** · cailler *très fam.* · peler *très fam.*
■ *v.tr.* **1 - transir** · congeler · frigorifier · glacer · **2 - gêner** · glacer · paralyser · pétrifier · réfrigérer · refroidir · tétaniser · **3 - arrêter** · bloquer · immobiliser · interrompre · suspendre
CONTR. dégeler | fondre | liquéfier | réchauffer – avoir chaud – mettre à l'aise – redémarrer

gélule *n.f.* · capsule · cachet

gelure *n.f.* · engelure · froidure

gémination *n.f.* **1 - doublement** · redoublement · répétition · **2 - mixité**

géminé, e *adj.* **1 - double** · doublé · gémellé · jumeau · jumelé · redoublé · répété · **2 - mixte**

gémir *v.intr.* **1 - crier** · geindre · se plaindre · chouiner *fam.* · **2 - se lamenter** · larmoyer · se plaindre · pleurer · pleurnicher · récriminer · **3 - grincer** · crisser

gémissant, e *adj.* · plaintif · geignard · larmoyant · pleurnichard · pleurard

gémissement *n.m.* **1 - plainte** · cri · geignement · pleur · soupir · **2 - jérémiade** · lamentation · récrimination · doléance *littér.*

gemme *n.f.* **1 - pierre** · joyau · **2 - résine**

gênant, e *adj.* **1 - encombrant** · embarrassant · **2 - inconfortable** · incommode · malcommode *vieilli* · **3 - déplaisant** · désagréable · embarrassant · ennuyeux · pénible · emmerdant *très fam.* · **4 - contraignant** · assujettissant · **5 - envahissant** · fâcheux · gêneur · importun · incommodant · indiscret · pesant
CONTR. agréable | **commode**

gendarme *n.m.* **1 - brigadier** · garde (mobile) · cogne *pop.* · pandore *fam., vieux* · **2 - virago** · furie · **3 - gardien**

gendarmer (se) *v.pron.* · s'emporter · se fâcher · s'irriter · monter sur ses grands chevaux

gendarmerie *n.f.* · maréchaussée *plaisant*

gendre *n.m.* · beau-fils

gêne *n.f.* **1 - difficulté** · embarras · **2 - désavantage** · ennui · frein · handicap · incommodité · inconvénient · obstacle · **3 -**

dérangement · contrainte · charge · entrave · nuisance · **4 - confusion** · embarras · froid · malaise · trouble · **5 - pauvreté** · besoin · embarras · privations · dèche *fam.* · mouise *fam.* · panade *fam.*
✦ **sans gêne** cavalier · désinvolte · effronté · familier · impoli

CONTR. aisance ı facilité ı liberté – aplomb ı assurance ı familiarité – fortune

gêné, e *adj.* **1 - mal à l'aise** · mal dans sa peau · confus · embarrassé · intimidé · **2 - affecté** · contraint · emprunté · gauche · **3 - désargenté** *fam.* · à court *fam.* · fauché *fam.* · raide *fam.* · dans la dèche *fam.* · dans la mouise *fam.* · impécunieux *littér.*

généalogie *n.f.* **1 - ascendance** · descendance · filiation · lignée · **2 - pedigree** · **3 -** [Biol.] **phylogenèse**

gêner *v.tr.* **1 - serrer** · brider · empêtrer · engoncer · **2 - encombrer** · embarrasser · obstruer · **3 - oppresser** · angoisser · tourmenter · **4 - déranger** · déplaire à · ennuyer · importuner · incommoder · indisposer · embêter *fam.* · emmerder *très fam.* · empoisonner *fam.* · **5 - handicaper** · bloquer · brider · contraindre · contrarier · désavantager · entraver · empêcher · nuire à · faire obstacle à · paralyser · restreindre · mettre des bâtons dans les roues à · **6 - mettre mal à l'aise** · décontenancer · embarrasser · intimider · troubler · **7 -** [sans complément] **être de trop**

≫ **se gêner** *v.pron.* se contraindre · s'en faire *fam.*

CONTR. desserrer – débarrasser ı dégager – soulager – plaire ı convenir – aider ı libérer – mettre à l'aise

¹**général, e** *adj.*
I **1 - global** · d'ensemble · synoptique · **2 - collectif** · générique
II **1 - courant** · constant · commun · habituel · ordinaire · **2 - unanime** · total · universel · **3 - dominant** · partagé · répandu
III **large** · générique

✦ **en général** communément · à l'accoutumée · classiquement · couramment · d'habitude · d'une manière générale · d'ordinaire · en règle générale · généralement · habituellement · le plus souvent · normalement · ordinairement · traditionnellement · usuellement

☞ **général, générique, collectif**
Ce qui est commun à un ensemble peut être qualifié de **général**, **générique** ou **collectif**. **Général**, opposé à *particulier*, s'applique à ce qui réunit la totalité des éléments d'un ensemble *(une grève générale, une assemblée générale, la répétition générale ; un mouvement général)*. **Générique**, dans le vocabulaire didactique, est le contraire de *spécifique* et s'applique à ce qui est commun à un *genre* entier *(le nom générique d'une plante)*. On réserve **collectif** à ce qui concerne un certain nombre de choses, de personnes, par opposition à *individuel (participer à une réflexion collective, l'inconscient collectif, être victime d'une hallucination collective)*.

²**général, e** *n.* · chef · capitaine

généralement *adv.* · communément · à l'accoutumée · classiquement · couramment · d'habitude · d'ordinaire · en général, d'une manière générale · habituellement · le plus souvent · normalement · ordinairement · en règle générale · traditionnellement · usuellement

CONTR. particulièrement ı spécialement – jamais ı rarement

généralisation *n.f.* **1 - extension** · développement · propagation · **2 - banalisation** · démocratisation · diffusion · popularisation · vulgarisation · **3 - extrapolation** · induction

CONTR. individualisation ı limitation ı localisation

généraliser *v.tr.* **1 - étendre** · extrapoler · systématiser · universaliser · **2 -**

répandre · étendre · propager · **3 - banaliser** · démocratiser · diffuser · populariser · vulgariser

≫ **se généraliser** v.pron. **1 - se répandre** · s'étendre · se propager · **2 - se banaliser** · se démocratiser · se diffuser · se populariser · se vulgariser

CONTR. limiter ׀ localiser ׀ restreindre – distinguer ׀ individualiser ׀ particulariser ׀ spécialiser ׀ spécifier

généraliste n. · interniste · médecin · omnipraticien

CONTR. spécialiste

généralité n.f. **1 - totalité** · ensemble · **2 - majorité** · plupart · **3 - banalité** · cliché · lieu commun · platitude · poncif

CONTR. détail ׀ précision – minorité – particularité ׀ spécialité

générateur, -trice adj. · créateur · producteur · source

CONTR. destructeur

génération n.f. **1 - âge** · tranche d'âge · **2 - création** · engendrement · formation · genèse · production · **3 - procréation** · reproduction

générer v.tr. · causer · créer · déclencher · engendrer · produire · provoquer · être à l'origine de · être (à la) source de

généreusement adv. **1 - beaucoup** · en abondance · abondamment · amplement · copieusement · grassement · largement · libéralement · sans compter · à pleines mains · **2 - noblement** · chevaleresquement · magnanimement littér.

CONTR. parcimonieusement ׀ généreusement ׀ profusément – mesquinement

généreux, -euse adj.
I 1 - noble · altruiste · beau · désintéressé · élevé · fier · fort · grand · **2 - bienveillant** · bienfaisant · bon · charitable · chrétien · fraternel · gentil · humain · magnanime ·
II 1 - large · libéral · prodigue · magnifique vieilli · **2 - fécond** · fertile · productif · riche · **3 -** [vin] **corsé** · tonique
III 1 - abondant · copieux · inépuisable · intarissable · **2 - plantureux** · opulent
+ **être très généreux** avoir le cœur sur la main · avoir un cœur d'or

CONTR. bas ׀ lâche ׀ mesquin ׀ vil – avare ׀ cupide ׀ égoïste ׀ intéressé – aride ׀ pauvre ׀ stérile

générique adj. · commun · général

CONTR. individuel ׀ particulier

≫ **général**

générosité n.f. **1 - noblesse (de sentiments, de cœur)** · altruisme · abnégation · cœur · grandeur d'âme · désintéressement · dévouement · oubli de soi · magnanimité littér. · **2 - bienveillance** · bienfaisance · bonté · charité · clémence · humanité · indulgence · **3 - largesse** · libéralité · munificence littér. · magnificence littér. · prodigalité péj. · **4 - opulence** · grosseur · **5 - fécondité** · fertilité · richesse · **6 -** [souvent au plur.] **bienfait** · cadeau · don · largesse · libéralité

genèse n.f. · création · apparition · élaboration · formation · génération · gestation · origine · naissance

≫ **origine**

génétique adj. · héréditaire · atavique

gêneur, -euse n. · importun · indésirable · intrus · fâcheux littér. · casse-pieds fam. · emmerdeur très fam. · empêcheur de tourner en rond fam. · empoisonneur fam. · enquiquineur fam. · plaie fam. · raseur fam.

génial, e adj. **1 - de génie** · astucieux · ingénieux · lumineux · **2 - sensationnel** · fabuleux · fantastique · formidable · fort · chouette fam. · dément fam. · du tonnerre fam. · extra fam. · géant fam. · super fam.

CONTR. faible ׀ médiocre

génie *n.m.* **1 –** divinité · dieu · démon · djinn · dragon · éfrit · elfe · esprit · fée · gnome · lutin · ondin · sylphe · troll · **2 –** caractère · esprit · nature · spécificité · **3 –** disposition · art · capacité · don · instinct · talent · bosse *fam.* · **4 – prodige** · as *fam.* · crack *fam.* · lumière *fam.* · phénix *fam.*
CONTR. médiocrité ı nullité
↝ **talent**

génital, e *adj.* · sexuel · reproducteur

géniteur *n.m.* **1 –** parent · père · **2 –** reproducteur

génocide *n.m.* · ethnocide · extermination · massacre

genre *n.m.* **1 –** classe · espèce · famille · ordre · race · variété · **2 – sorte** · catégorie · espèce · nature · style · type · acabit *péj.* · **3 –** allure · air · apparence · aspect · attitude · extérieur · façons · manière · style · tenue · tournure · dégaine *fam.* · look *fam.* · touche *fam.*
✦ **genre humain** espèce humaine · humanité

gens *n.pl.* **1 – monde** · foule · public · **2 – personnes** · êtres humains
✦ **jeunes gens** adolescents · garçons
✦ **gens du pays** habitants · population
✦ **gens de lettres** auteurs · écrivains
✦ **gens de cour** 1 – courtisans · 2 – suite
✦ **gens du voyage** 1 – forains · 2 – tziganes

↝ **gens, personnes**
On emploie **gens** ou **personnes** pour désigner un ensemble d'individus pris collectivement. **Gens** renvoie à un nombre indéterminé d'hommes et de femmes *(les gens, la plupart des gens, des gens simples, honnêtes ; il y a beaucoup de gens dans les rues).* Dans certains contextes, **gens** s'emploie pour parler d'une ou de plusieurs **personnes** *(tu vas déranger les gens avec ta radio),* c'est-à-dire « les personnes qui sont là » ou « cet homme, ou cette femme, qui est là ». **Personnes** est en effet vieilli ou sorti d'usage quand il s'agit d'un nombre indéterminé, sauf quand il est qualifié *(les personnes âgées)* ou employé dans des domaines spécialisés *(personnes à charge, personnes morales).* **Personnes** reste vivant pour désigner un nombre déterminé d'individus *(trente personnes faisaient la queue devant le magasin).*

gent *n.f.* · espèce · famille · race

¹gentil *n.m.* · infidèle · mécréant · païen

²gentil, -ille *adj.* **1 – aimable** · affable · attentionné · complaisant · délicat · empressé · fin *Québec* · généreux · obligeant · prévenant · sympathique · chic *fam.* · sympa *fam.* · **2 – doux** · tendre · **3 – obéissant** · mignon · sage · tranquille · **4 – joli** · agréable · aimable · beau · charmant · coquet · gracieux · mignon · plaisant · gentillet *souvent péj.* · **5 –** [fam., somme] **important** · coquet *fam.* · joli *fam.* · rondelet *fam.*
CONTR. désagréable ı dur ı égoïste ı méchant ı vilain – désobéissant ı turbulent – laid – insupportable

gentilhomme *n.m.* **1 – noble** · **2 – gentleman** · (grand) seigneur · galant homme · homme d'honneur
CONTR. bourgeois – rustre

gentilhommière *n.f.* · château · manoir

gentillesse *n.f.* **1 – amabilité** · affabilité · attention · bonne grâce · complaisance · délicatesse · douceur · empressement · obligeance · prévenance · serviabilité · aménité *littér.* · **2 – bienveillance** · bonté · générosité · indulgence
CONTR. dureté ı grossièreté – méchanceté

gentiment *adv.* **1 – aimablement** · **2 – sagement** · tranquillement
CONTR. méchamment – follement

gentleman *n.m.* · homme d'honneur · galant (homme) · gentilhomme *littér.*

génuflexion n.f. 1 - agenouillement · prosternation · 2 - adulation · adoration · flatterie · obséquiosité · servilité

geôle n.f. · cellule · cachot · prison

geôlier, -ière n. · gardien · surveillant · garde-chiourme fam. · maton argot · porte-clefs vieilli

géomètre n. · arpenteur

géométrique adj. · exact · mathématique · précis · régulier · rigoureux

gérance n.f. · administration · gestion · régie

gérant, e n. 1 - administrateur · agent · directeur · dirigeant · gestionnaire · mandataire · régisseur · responsable · 2 - [d'immeuble] syndic · 3 - [de bar, d'hôtel] directeur · patron fam. · taulier fam. · tenancier Admin. ou péj.

gerbe n.f. 1 - botte · bouquet · faisceau · 2 - [d'étincelles] fusée · 3 - [d'eau] colonne

gercer v.tr. · crevasser · craqueler · fendiller · fendre

gerçure n.f. · crevasse · craquelure · entaille · excoriation · fendillement · fissure · rhagade · [sur arbre, pierre] gélivure

gérer v.tr. 1 - administrer · conduire · diriger · gouverner · piloter · régir · driver fam. · manager fam. · 2 - organiser · user de · utiliser · 3 - manier · manipuler

germe n.m. 1 - bactérie · microbe · virus · 2 - embryon · 3 - origine · cause · commencement · fondement · point de départ · principe · racine · semence · source

germer v.intr. · se développer · se former · éclore · se faire jour · naître

germination n.f. · développement · formation · naissance

gésir v.intr. 1 - être étendu · 2 - se trouver · se loger · se nicher · résider

gestation n.f. 1 - grossesse · 2 - genèse · conception · élaboration · formation · mise au point · préparation

¹**geste** n.m. 1 - mouvement · signe · mimique · pantomime · 2 - action · acte

²**geste** n.f. · épopée · cycle · exploits

gesticuler v.intr. · s'agiter · bouger · remuer · se trémousser · gigoter fam.

gestion n.f. 1 - administration · conduite · direction · gérance · gouvernance · gouvernement · management · 2 - intendance · organisation · 3 - maniement · manutention

gestionnaire n. · gérant · administrateur · intendant

gestuelle n.f. · gestualité · gestuaire · gestique

gibbeux, -euse adj. 1 - arrondi · bosselé · 2 - bossu · voûté

gibbosité n.f. · bosse · cyphose

gibecière n.f. · sac · carnassière · carnier · sacoche

gibet n.m. 1 - potence · 2 - pendaison

gibier n.m. 1 - proie · 2 - [gros] venaison
→ gibier de potence criminel · filou · voyou · homme de sac et de corde

giboulée n.f. · averse · grain · ondée · pluie

giclée n.f. · jet

gicler v.intr. jaillir · fuser
✦ **gicler sur** éclabousser · doucher fam.

gifle n.f. **1 - soufflet** · baffe fam. · beigne fam. · calotte fam. · claque fam. · mandale fam. · taloche fam. · tape fam. · tarte fam. · torgnole fam. · **2 - affront** · humiliation · vexation · avanie littér. · camouflet littér. · nasarde vieux ou littér.

gifler v.tr. **1 - claquer** fam. · calotter fam. · talocher fam. · souffleter littér. · **2 - cingler** · fouetter

gigantesque adj. **1 - immense** · colossal · cyclopéen · démesuré · éléphantesque · énorme · géant · monumental · monstrueux · pharaonique · titanesque · **2 - énorme** · étonnant · fabuleux · fantastique · formidable · phénoménal · prodigieux · faramineux fam. · **3 - incommensurable** · insondable
CONTR. petit ı minuscule

gigot n.m. · cuissot · cuisse · gigue

gigoter v.intr. · remuer · s'agiter · frétiller · se trémousser

gigue n.f. [Cuisine] cuisse · cuissot · gigot

gilet n.m. cardigan · tricot
✦ **gilet de sauvetage** brassière

giration n.f. · révolution · rotation · tour

giratoire adj. · tournant · circulaire · rotatif · rotatoire

giron n.m. **1 - sein** · **2 - milieu**

girond, e adj. [surtout au fém.] bien en chair · dodu · grassouillet · replet

gisement n.m. **1 - couche** · amas · **2 - mine** · filon · veine · **3 - banc**

gitan, e n. · tsigane · bohémien · manouche fam. · romanichel souvent péj. · romano souvent péj.

¹**gîte** n.m. **1 - habitation** · abri · demeure · logement · maison · refuge · toit · **2 -** [d'animal] repaire · antre · bauge · refuge · retraite · tanière · terrier · forme vieux

²**gîte** n.f. **1 - bande** · **2 - souille**

gîter v.intr. · résider · coucher · demeurer · habiter · loger

givre n.m. · frimas · gelée (blanche) · glace

givré, e adj. [fam.] → **fou**

glabre adj. **1 - imberbe** · lisse · nu · **2 - rasé**
CONTR. barbu ı cotonneux ı duveté ı duveteux ı poilu ı velouté

🕭 **glabre, imberbe**
Glabre et imberbe évoquent l'absence de pilosité. Glabre qualifie une partie du corps humain dépourvue de poils parce qu'ils ont été ôtés par rasage ou épilation *(visage glabre, jambes glabres)* : « La face entièrement glabre (...) est de la couleur d'un énorme fromage blanc » (Léon Bloy, *le Désespéré*). À la différence de **glabre, imberbe** s'applique au visage, le plus souvent d'un jeune homme, dont l'absence de pilosité est naturelle *(un visage rasé est glabre, mais il n'est pas imberbe)*.

glaçage n.m. **1 - lissage** · lustrage · satinage · **2 - nappage**

glaçant, e adj. · glacé · froid · glacial · réfrigéré

glace n.f.
I **1 - givre** · gelée blanche · verglas · **2 - banquise** · iceberg · glacier · sérac
II crème glacée · sorbet
III **1 - vitre** · carreau · verre · vitrage · **2 - miroir** · psyché
✦ **de glace** de marbre · froid · glacial · impassible · imperturbable · indifférent

glacé, e adj. 1 - gelé · 2 - dur · glacial · glaçant · réfrigérant
CONTR. fondu ı brûlant − bouillant ı chaleureux

glacer v.tr.
I 1 - transir · engourdir · geler · refroidir · 2 - congeler · geler · 3 - refroidir · frapper · réfrigérer
II 1 - effrayer · figer · pétrifier · 2 - intimider · réfrigérer
III 1 - calandrer · cirer · 2 - lustrer
CONTR. dégeler ı fondre ı brûler ı chauffer ı échauffer ı réchauffer − attirer ı émouvoir ı encourager ı enivrer ı enthousiasmer ı exciter

glacial, e adj. 1 - glaçant · très froid · hivernal · polaire · sibérien · 2 - hostile · dur · froid · glaçant · glacé · hautain · réfrigérant · sec · 3 - imperturbable · de glace · de marbre · insensible · marmoréen littér.
CONTR. ardent ı brûlant ı chaud − accueillant ı chaleureux ı enthousiaste ı sensible

glacier n.m. · mer de glace

¹glacis n.m. · protection · rempart · talus

²glacis n.m. · vernis

glaire n.f. 1 - mucosité · 2 - expectoration · crachat

glaise n.f. · argile · marne

glaive n.m. · épée · lame

glaner v.tr. · récolter · butiner · grappiller · puiser · ramasser · recueillir

glapir v.intr. 1 - japper · aboyer · 2 - crier · brailler · hurler · gueuler très fam.

glapissement n.m. 1 - jappement · aboiement · 2 - cri · braillement · hurlement

glauque adj. 1 - verdâtre · bleuâtre · 2 - blafard · livide · 3 - malsain · lugubre · sinistre · sordide · triste · craignos fam.

glissade n.f. · dérapage · chute

glissant, e adj. 1 - fuyant · insaisissable · 2 - dangereux · hasardeux · instable · précaire · risqué · [pente] savonneux

glissement n.m. 1 - affaissement · chute · éboulement · 2 - évolution · changement · modification · transformation · variation · dérapage péj.

glisser
■ v.tr. 1 - engager · fourrer · insinuer · introduire · 2 - donner · couler · passer · remettre · filer fam. · 3 - dire · confier · insinuer · souffler
■ v.intr. 1 - patiner · skier · 2 - déraper · chasser · patiner · riper · 3 - coulisser · 4 - échapper · se dérober · filer · tomber
✦ **glisser dans** sombrer dans · s'abandonner à · s'enfoncer dans
✦ **glisser sur** 1 - effleurer · courir sur · filer sur · passer sur · 2 - éluder · passer sur
✦ **se laisser glisser** s'affaler · se laisser aller · se laisser couler · tomber
⋙ **se glisser** v.pron. se couler · entrer · se faufiler · s'infiltrer · s'insinuer · s'introduire · pénétrer
CONTR. approfondir ı appuyer ı enfoncer ı frotter ı insister

glissière n.f. · coulisse · zip nom déposé

global, e adj. 1 - général · d'ensemble · 2 - entier · complet · intégral · total · 3 - mondial · planétaire
CONTR. partiel

globalement adv. · en bloc · dans l'ensemble · en gros fam.
CONTR. en détail

globe n.m. 1 - monde · planète · terre · 2 - boule · rond · sphère · orbe littér.
✦ **globe terrestre** mappemonde · planisphère
✦ **globe céleste** sphère armillaire

globule *n.m.* boulette · bulle · grain
✦ **globule blanc** leucocyte
✦ **globule rouge** hématie

globuleux, -euse *adj.* 1 - globulaire · 2 - saillant · gros

gloire *n.f.*
I 1 - célébrité · notoriété · popularité · renom · renommée · réputation · 2 - honneur · lauriers · mérite
II 1 - **vedette** · célébrité · personnalité · star · 2 - fleuron · fierté · orgueil · ornement · succès
III 1 - **éclat** · grandeur · illustration · prestige · rayonnement · splendeur · lustre *littér.* • [Relig.] majesté · 2 - **auréole** · halo · nimbe · splendeur
✦ **à la gloire de** à la louange de · à l'éloge de
✦ **rendre gloire à** → glorifier

CONTR. obscurité - déshonneur ı flétrissure ı honte ı humiliation ı ignominie ı infamie ı obscurité ı opprobre ı turpitude

gloriette *n.f.* 1 - tonnelle · 2 - volière

glorieux, -ieuse *adj.* 1 - [personne] célèbre · brillant · fameux · grand · illustre · prestigieux · renommé · réputé · 2 - [événement, chose] **mémorable** · célèbre · éclatant · fameux · grand · illustre · magnifique · prestigieux · splendide · 3 - [vieilli] **fier** · important · orgueilleux · présomptueux · suffisant · superbe · vain · vaniteux · 4 - [Relig.] élu · saint

CONTR. ignoré ı méprisé ı obscur - avilissant ı déshonorant ı ignominieux ı infamant ı infâme - humble ı modeste

glorification *n.f.* · louange · apologie · célébration · éloge · exaltation · panégyrique *littér.*

CONTR. abaissement ı avilissement

glorifier *v.tr.* 1 - **louer** · célébrer · chanter · exalter · honorer · louanger · vanter · élever des autels à · rendre gloire à · rendre hommage à · 2 - **bénir** · adorer · 3 - **déifier** · diviniser · magnifier · apothéoser *vieux*

⋙ **se glorifier** *v.pron.* s'applaudir · s'enorgueillir · se flatter · se louer · se piquer · se prévaloir · se targuer · se vanter · se donner les gants (de)

CONTR. avilir ı déshonorer ı humilier ı rabaisser

gloriole *n.f.* · ostentation · orgueil · prétention · suffisance · vanité

CONTR. humilité ı simplicité

glose *n.f.* · explication · annotation · commentaire · interprétation · note
↝ **commentaire**

gloser *v.tr.* 1 - **annoter** · commenter · éclaircir · expliquer · interpréter · traduire · 2 - [sans complément, vieilli] **critiquer** · jaser · cancaner *fam.* · clabauder *fam.* · potiner *fam.*

glossaire *n.m.* · dictionnaire · lexique · vocabulaire
↝ **dictionnaire**

gloussement *n.m.* 1 - caquet · 2 - ricanement · rire

glousser *v. intr.* 1 - caqueter · 2 - ricaner · pouffer

glouton, -onne *adj. et n.* · gourmand · goinfre · goulu · insatiable · vorace · bâfreur *fam.* · morfal *fam.* · goulafre *fam., région.* · gueulard *fam., région.* · avale-tout *vieux* · bouffe-tout *fam., vieux*

CONTR. frugal ı gourmet ı sobre ı tempérant

gloutonnerie *n.f.* · appétit · avidité · goinfrerie · gourmandise · voracité

glu *n.f.* 1 - colle forte · 2 - [fam.] importun · crampon *fam.* · pot de colle *fam.*

gluant, e *adj.* · collant · glutineux · poisseux · visqueux

🙢 **gluant, visqueux**
Gluant et visqueux qualifient tous deux ce qui est collant comme de la *glu* et, généralement, qui provoque des sensations désagréables. Gluant s'emploie pour ce qui adhère et colle fortement *(boue gluante)*. Visqueux renchérit sur le caractère poisseux et évoque un liquide épais qui s'écoule difficilement *(goudron, pétrole visqueux)* ; il a presque toujours une connotation péjorative *(la peau visqueuse du crapaud, écoulement visqueux d'une canalisation)*. Une gradation analogue existe dans l'usage figuré des deux mots *(un personnage gluant, une poignée de main visqueuse)*.

glume *n.f.* · balle

gnome *n.m.* **1 -** esprit · farfadet · lutin · **2 -** nain · avorton *fam., péj.* · demi-portion *fam., péj.* · nabot *fam., péj.*

gnomique *adj.* · sentencieux · proverbial

gnomon *n.m.* · cadran solaire

gnon *n.m.* → **coup**

gobelet *n.m.* · godet · chope · quart · tasse · timbale

gober *v.tr.* **1 -** manger · avaler · **2 -** croire · avaler *fam.*

goberger (se) *v.pron.* · prendre ses aises · se prélasser · faire bombance

gobeur, -euse *n.* → **crédule**

godelureau *n.m.* · freluquet · blanc-bec · gandin *vieilli*

goder *v.intr.* · pocher · grimacer · grigner · godailler *fam.*

godet *n.m.* **1 -** gobelet · timbale · **2 -** [fam.] verre · canon *fam.* · pot *fam.* · **3 -** auge · auget

godiche *adj.* → **gauche**
CONTR. débrouillard ı dégourdi

godillot *n.m.* **1 -** brodequin · **2 -** → chaussure

goémon *n.m.* · algue · fucus · varech

gogo *n.m.* → **naïf**

gogo (à) *loc. adv.* · à discrétion · à foison · à profusion · en quantité · à satiété · à souhait · à volonté · en veux-tu en voilà *fam.*

goguenard, e *adj.* · moqueur · gouailleur · ironique · narquois · railleur · sarcastique
CONTR. sérieux

goinfre *n.m.* · glouton · goulu · gourmand · vorace · bâfreur *fam.* · morfal *fam.* · goulafre *fam., Belgique, Nord* · gueulard *fam., région.* · avale-tout *vieux* · bouffe-tout *fam., vieux*
CONTR. frugal ı gourmet ı sobre ı tempérant

goinfrer (se) *v.pron.* · se gaver · dévorer · engloutir · se repaître *littér.* · se bâfrer *fam.* · se bourrer *fam.* · s'empiffrer *fam.* · manger à s'en faire crever la panse, la sous-ventrière *fam.* · s'en mettre plein la gueule *très fam.*

goinfrerie *n.f.* · gloutonnerie · avidité · voracité

golfe *n.m.* · baie · anse

gommage *n.m.* **1 -** effacement · atténuation · estompage · **2 -** exfoliation · peeling *anglic.*

gomme *n.f.* · baume · résine

gommer *v.tr.* · effacer · atténuer · estomper · lisser · ôter · supprimer

gondoler v. intr. se bomber · se courber · se déformer · se déjeter · gauchir · se gonfler · jouer · travailler · se voiler

⋙ **se gondoler** v.pron. [fam.] → rire[1]

CONTR. s'aplatir ı se redresser

gonflable adj. · pneumatique

gonflé, e adj. 1 - bouffi · boursouflé · enflé · soufflé · tuméfié · turgescent · 2 - [fam.] → effronté

🙵 **gonflé, enflé, bouffi, boursouflé**

Les quatre mots ont en commun de qualifier une partie du corps, ou le corps entier, quand il augmente de volume, notamment sous l'effet d'un phénomène pathologique. **Gonflé** est le terme le plus général *(des orteils gonflés par le froid, des paupières gonflées après une nuit blanche, une cheville gonflée par une entorse)*. **Enflé** implique une augmentation anormale de volume *(œil tuméfié et enflé à la suite d'un coup ; cou enflé par un œdème)*. **Bouffi** renchérit sur l'excès de volume *(des yeux, des traits bouffis, un visage bouffi)*, souvent employé avec une nuance péjorative *(être bouffi de graisse)*. **Boursouflé** suppose l'*enflure* et la mollesse *(un visage boursouflé)* et s'emploie comme superlatif de **gonflé** et **enflé** : « Mains gourdes et enflées, des travailleurs de force (...) ; blafardes et boursouflées par l'eau, des plongeurs de restaurant » (Montherlant, *les Olympiques*).

gonflement n.m. 1 - gonflage · 2 - bombement · boursouflure · dilatation · distension · grossissement · 3 - [Méd.] bouffissure · cloque · débordement · dilatation · empâtement · emphysème · enflure · fluxion · grosseur · hypertrophie · intumescence · œdème · renflement · tuméfaction ·

turgescence · tympanisme · tympanite · 4 - inflation · augmentation · montée · 5 - exagération · emphase

CONTR. dégonflement – contraction ı dépression ı diminution ı rétrécissement

gonfler

▪ v.tr. 1 - bomber · dilater · enfler · 2 - remplir · [d'eau] gorger · 3 - ballonner · bouffir · boursoufler · congestionner · dilater · distendre · enfler · tuméfier · 4 - exagérer · amplifier · grossir · monter · surestimer · surfaire · 5 - [fam.] → agacer

▪ v.intr. 1 - s'arrondir · s'élargir · s'empâter · enfler · grossir · 2 - [cours d'eau] grossir · enfler · monter · 3 - fermenter · lever · 4 - s'accroître · s'arrondir · augmenter · croître · enfler · grossir

CONTR. dégonfler – aplatir ı comprimer ı contracter ı déprimer ı rétrécir ı vider – minimiser ı diminuer ı modérer

gongorisme n.m. · préciosité · affectation · cultisme · euphuisme · maniérisme · marinisme

gonorrhée n.f. · blennorragie · chaude-pisse fam.

goret n.m. 1 - cochonnet · porcelet · pourceau vieux ou littér. · 2 - [fam.] porc fam. · cochon fam.

gorge n.f. 1 - buste · poitrine · sein(s) · 2 - gosier · kiki fam. · 3 - canyon · couloir · défilé · porte · vallée

🙵 **défilé**

gorgée n.f. 1 - trait · coup fam. · goulée fam. · lampée fam. · 2 - bouffée

gorger v.tr. 1 - gaver · bourrer · engraisser · rassasier · 2 - combler · abreuver · couvrir · gaver · rassasier · remplir · repaître · saturer

se gorger de *v.pron.* 1 - **se gaver de** · **se bourrer de** *fam.* · **s'empiffrer de** *fam.* · **se goinfrer de** *fam.* · **2 - se rassasier de** · **se repaître de** · **se soûler de**
CONTR. priver ı vider

gorille *n.m.* 1 - grand singe · 2 - [fam.] garde du corps

gosier *n.m.* · gorge

gosse *n.* → enfant

gouaille *n.f.* · goguenardise · persiflage · raillerie · verve

gouailleur, -euse *adj.* · moqueur · facétieux · goguenard · narquois · persifleur · railleur

gouape *n.f.* → voyou

goudron *n.m.* · bitume · asphalte · macadam • [de houille] coaltar

goudronner *v.tr.* · bitumer · asphalter · macadamiser

gouffre *n.m.* 1 - abîme · précipice · fosse · puits • [calcaire] aven · bétoire · igue *région.* · tindoul *région.* · 2 - ruine · catastrophe · désastre

goujat, e *n.* · malotru · grossier personnage · malappris · mufle · rustre · butor *vieilli ou plaisant* · gougnafier *fam.* · pignouf *fam.*

goujaterie *n.f.* · grossièreté · impolitesse · incorrection · indélicatesse · muflerie

goulet *n.m.* · couloir · chenal · passage

goulot *n.m.* · col · goulet *vieux*

goulu, e *adj. et n.* · glouton · avide · goinfre · gourmand · vorace · bâfreur *fam.* · morfal *fam.* · goulafre *fam., région.* · gueulard *fam., région.* · avale-tout *vieux* · bouffe-tout *fam., vieux*
CONTR. frugal ı sobre

goulûment *adv.* · avidement · gloutonnement · voracement

goupiller *v.tr.* [fam.] → **arranger**
CONTR. dégoupiller

goupillon *n.m.* 1 - aspersoir · 2 - écouvillon

gourbi *n.m.* 1 - cabane · hutte · 2 - baraque · bouge · réduit · taudis · cambuse *fam.* · galetas *fam.* · piaule *fam.*

gourd, e *adj.* · engourdi · ankylosé
CONTR. agile ı délié ı souple
↬ ankylosé

gourde *n.f.* 1 - courge · 2 - bidon · 3 - [fam.] bête · idiot · imbécile · maladroit · niais · sot · buse *fam.* · corniaud *fam.* · cornichon *fam.* · crétin *fam.* · cruche *fam.* · godiche *fam.* · 4 - [comme adj.] gauche · empoté

gourdin *n.m.* · matraque · bâton · massue · trique

gourmand, e *adj. et n.* 1 - goulu · vorace · glouton · goinfre · 2 - gourmet · gastronome · bec fin · fine bouche · fine gueule *fam.* · friand *vieux ou région.* · 3 - [menu, étape, etc.] gastronomique
✦ **gourmand de** amateur de · amoureux de · assoiffé de · avide de · friand de · passionné de
✦ **trop gourmand** avide · cupide · exigeant · rapace
CONTR. frugal ı sobre ı tempérant

↬ **gourmand, gourmet, gastronome**
Gourmand, gourmet et gastronome désignent un amateur de bonne chère. Le **gourmand** aime la bonne nourriture, mais ne sait parfois apprécier que quelques aliments *(être gourmand de pâtisseries)*. Le **gourmet**, connaisseur de cuisine et de vins, apprécie le raffinement des préparations *(goûter*

un plat en gourmet). Le **gastronome** a les qualités du gourmet et, de plus, sait préparer la bonne chère *(Brillat-Savarin, célèbre gastronome du XIXᵉ siècle).*

gourmander *v.tr.* · gronder · réprimander · sermonner · admonester *littér.* · chapitrer *littér.* · morigéner *littér.* · tancer *littér.* · engueuler *fam.* · houspiller *fam.*

gourmandise *n.f.* **1 –** voracité · gloutonnerie · goinfrerie · **2 –** friandise · douceur · chatterie *fam.* · gâterie *fam.*
CONTR. frugalité ı sobriété

gourmé, e *adj.* · affecté · apprêté · cérémonieux · compassé · empesé · grave · guindé · important · pincé · prétentieux

gourmet *n.m.* · gastronome · connaisseur · fine bouche · gourmand · fine gueule *fam.*
↪ **gourmand**

gourou *n.m.* · maître à penser · mentor

gousse *n.f.* · cosse
↪ **cosse**

goût *n.m.* **1 –** saveur · sapidité · **2 –** envie · appétit · désir · faim · **3 –** attirance · amour · attachement · attrait · cœur · engouement · faible · faiblesse · inclination · intérêt · penchant · prédilection · vocation
✦ **bon goût**   élégance · chic · délicatesse · distinction · grâce · raffinement · recherche · bon ton
✦ **de mauvais goût**   (de) mauvais genre · indélicat · vulgaire
✦ **au goût de, selon le goût de**   au gré de · au bon plaisir de · au choix de · à la convenance de · à la façon de · à la fantaisie de · à la guise de · à la volonté de
✦ **au goût du jour**   à la mode · en vogue · branché *fam.* · in *anglic.*
✦ **dans le goût de**   dans le genre de · à la manière de · à la mode de · dans le style de
CONTR. dégoût – antipathie ı aversion ı répulsion – grossièreté ı vulgarité

¹**goûter** *v.tr.* **1 –** déguster · se délecter de · jouir de · savourer · **2 –** éprouver · ressentir · sentir · **3 –** aimer · apprécier · approuver · estimer · raffoler de · être amateur de · être fou de · priser *littér.*
✦ **goûter à, de**   essayer · expérimenter · tâter de · toucher à *fam.*

²**goûter** *n.m.* · collation · quatre-heures *lang. enfants*

goûteux, -euse *adj.* · savoureux · délicieux · fameux · succulent

goutte *n.f.* gouttelette · globule · perle
✦ **couler, tomber goutte à goutte**   dégouliner · s'égoutter · goutter

goutte-à-goutte *n.m. invar* · perfusion

goutter *v.intr.* · dégoutter · s'égoutter

gouttière *n.f.* **1 –** chéneau · **2 –** [Chir.] attelle · **3 –** [Anat.] coulisse

gouvernail *n.m.* **1 –** barre · timon *vieux* · **2 –** [Aviat.] gouverne · manche à balai *fam.*

gouvernant, e *adj. et n.* · dirigeant · responsable
CONTR. gouverné ı sujet

gouvernante *n.f.* **1 –** nurse · bonne d'enfant · nourrice · **2 –** bonne · **3 –** chaperon · duègne

gouverne *n.f.* [Aviat.] gouvernail · empennage

gouvernement *n.m.* **1 –** autorité(s) · État · force publique · pouvoir (politique) · **2 –** ministère · conseil des ministres · cabinet *anciennt* · **3 –** régime · institution ·

système · **4** - [vieux] administration · conduite · direction · gestion · management · maniement
CONTR. anarchie ǀ désordre – opposition

gouvernemental, e *adj.* · ministériel

gouverner *v.tr.* **1** - piloter · manœuvrer · être aux commandes de · tenir la barre de · tenir le gouvernail de · **2** - diriger · administrer · commander · conduire · gérer · manier · mener · régir · régner sur · être aux leviers de · [sans complément] tenir les rênes du pouvoir · **3** - guider · éduquer · élever · influencer · instruire · **4** - dominer · mener · régenter · tenir en lisière *littér.* · **5** - maîtriser · être maître de · freiner · refréner

gouverneur *n.m.* **1** - administrateur · **2** - [vieux] précepteur · mentor · régent · **3** - [Antiquité] satrape · légat · proconsul · procurateur · tétrarque · vicaire · **4** - [Islam] bey · dey · pacha · vali

grabataire *adj. et n.* · infirme
CONTR. ambulatoire

grabuge *n.m.* **1** - dispute · querelle · **2** - dégât · désordre · bagarre *fam.* · casse *fam.* · charivari *fam.* · vilain *fam.*

grâce *n.f.*
I 1 - faveur · avantage · bienfait · don · gracieuseté *littér.* · **2** - plaisir · faveur · honneur
II 1 - amabilité · affabilité · aménité · bienveillance · bonté · douceur · gentillesse · **2** - indulgence · miséricorde · pardon · pitié · **3** - aide · assistance · secours · **4** - [de Dieu] bénédiction · secours · **5** - amnistie · pardon
III charme · agrément · attrait · beauté · délicatesse · élégance · finesse · goût · harmonie · joliesse · légèreté · vénusté *littér.*
✦ **bonnes grâces** **1** - amitié · bienveillance · **2** - [d'une femme] amour · faveurs
✦ **état de grâce** illumination · inspiration
✦ **délai de grâce** sursis

✦ **de grâce** je vous en prie · je vous en supplie · pour l'amour du ciel
✦ **grâce à** **1** - avec · à l'aide de · au moyen de · moyennant · **2** - à cause de · du fait de · par · par la faute de · par suite de
✦ **grâce à Dieu** par bonheur · heureusement · Dieu merci
✦ **de bonne grâce** de bon, plein gré · de gaieté de cœur · librement · volontiers · avec gentillesse
✦ **de mauvaise grâce** à contrecœur · à son corps défendant · contre sa volonté · contre son gré · de mauvais cœur · la mort dans l'âme
✦ **faire grâce à** **1** - pardonner · absoudre · amnistier · excuser · gracier · **2** - dispenser · épargner à · éviter à · exempter
CONTR. dette ǀ obligation – défaveur ǀ malveillance – condamnation ǀ disgrâce – laideur ǀ lourdeur ǀ maladresse

➥ amnistie ➥ gré

gracier *v.tr.* · pardonner · absoudre · amnistier
CONTR. condamner ǀ exécuter ǀ punir

gracieusement *adv.* **1** - poliment · affablement · aimablement · courtoisement · civilement *littér.* · **2** - élégamment · agréablement · délicatement · délicieusement · joliment · **3** - gratuitement · bénévolement

gracieuseté *n.f.* **1** - amabilité · attention · civilité · gentillesse · politesse · **2** - gratification · cadeau · don

gracieux, -ieuse *adj.* **1** - attrayant · beau · charmant · distingué · élégant · harmonieux · joli · mignon · plaisant · raffiné · **2** - aimable · affable · agréable · avenant · bienveillant · charmant · civil · cordial · courtois · doux · empressé · engageant · gentil · poli · sympathique · accort *littér.* · amène *littér.* · **3** - bénévole · gratuit · **4** - [vieilli] bienveillant · bon · favorable

+ **à titre gracieux** gratuitement · gratis *fam.* · gratos *fam.* · à l'œil *fam.*

CONTR. disgracieux ı laid – abrupt ı impoli ı malgracieux ı sévère – onéreux – méchant

gracile *adj.* · délicat · élancé · filiforme · fin · fluet · frêle · grêle · menu · mince

CONTR. épais ı trapu

gradation *n.f.* **1** – accroissement · augmentation · échelonnement · montée en puissance · progression · **2** – degré · cran · échelon · étape · grade · palier · phase · stade

CONTR. saut ı saute

grade *n.m.* **1** – échelon · catégorie · degré · niveau · rang · **2** – [Univ.] titre

+ **monter en grade** avoir de l'avancement · gravir un, les échelon(s) · prendre du galon *fam.*

🕮 **grade, degré, échelon**
On emploie **grade**, **degré** ou **échelon** pour évoquer la position qu'occupe quelqu'un dans une hiérarchie. Le **grade** atteste un moment de la carrière d'un militaire, d'un enseignant, etc., membres des personnels de la fonction publique *(avoir le grade de lieutenant, d'agrégé)*. L'**échelon**, repère administratif, correspond à la position du fonctionnaire à l'intérieur d'un grade *(passer au 5ᵉ échelon)*. **Degré** est plus général et évoque la position qu'occupe un individu dans la société *(il a gravi tous les degrés de l'échelle sociale)*.

gradin *n.m.* **1** – degré · banc · marche · **2** – étage · palier · terrasse

+ **en gradins** étagé

graduation *n.f.* **1** – division · degré · repère · **2** – échelle

graduel, -elle *adj.* · progressif · échelonné

CONTR. brusque ı soudain ı subit

graduellement *adv.* · progressivement · doucement · petit à petit · peu à peu · pas à pas · pied à pied · de proche en proche · de jour en jour · d'heure en heure

CONTR. brusquement ı subitement

graduer *v.tr.* · échelonner · étager

graffiter *v.tr.* · inscrire · bomber · taguer

graffiti *n.m.pl.* · inscription · tag

graillon *n.m.* **1** – friture · graisse · **2** – rogaton

graillonner *v.intr.* · tousser · cracher

grain *n.m.*
I **1** – graine · semence · **2** – céréale
II granulation · granule
III **1** – parcelle · corpuscule · fragment · morceau · particule · **2** – [Pharm.] granule · pilule
IV averse · bourrasque · giboulée · ondée · pluie · tempête · tornade

+ **grain de beauté** lentigo · lentille · nævus

graine *n.f.* **1** – semence · grain · **2** – pépin · amande · noyau

graissage *n.m.* · lubrification

graisse *n.f.* **1** – gras · matière grasse · lipide · **2** – friture · graillon · **3** – [alimentaire] beurre · huile · lanoline · margarine · **4** – [animale] saindoux · panne · spermaceti · suif · **5** – [minérale] paraffine · vaseline · **6** – lubrifiant · **7** – cambouis

+ **excès de graisse** adiposité · cellulite · embonpoint · obésité

+ **graisse de porc** lard · panne · saindoux

CONTR. maigre

graisser *v.tr.* **1** – huiler · lubrifier · **2** – oindre *littér.* · **3** – encrasser · salir · tacher

CONTR. dégraisser

graisseux, -euse *adj.* 1 - gras · huileux · sale · 2 - adipeux

¹grand, e *adj.*
I 1 - élevé · élancé · haut · 2 - long · 3 - large · ample · étendu · spacieux · vaste · 4 - profond · 5 - [choix] varié · vaste
II 1 - essentiel · considérable · important · majeur · principal · 2 - intense · fort · vif · violent · 3 - invétéré · fieffé · gros · sacré *fam.* · 4 - [péj.] exagéré · emphatique · grandiloquent
III 1 - influent · puissant · 2 - fameux · excellent · glorieux · illustre · prestigieux · remarquable · réputé · supérieur · 3 - éminent · magistral · talentueux · 4 - noble · beau · élevé · généreux · magnifique

✦ **très grand** gigantesque · astronomique · colossal · démesuré · énorme · géant · immense · monumental ● [personne] monté sur des échasses *fam.*

✦ **être assez grand pour** être de taille à · être capable de · être en état de

🕮 **grand, spacieux, vaste**
Grand, spacieux et vaste sont relatifs à une dimension, à une étendue importantes, supérieures à la moyenne. Avec grand, on insiste sur la seule dimension, sur la mesure *(une grande ville, un grand magasin, les grands boulevards)*. Spacieux évoque des lieux aménagés par l'homme où l'on a de l'espace, où l'on est à l'aise *(c'est un grand appartement aux pièces spacieuses, une voiture spacieuse)*. Vaste renchérit sur l'étendue *(une région de vastes forêts)*, et se dit aussi d'un bâtiment *(un vaste hangar)* ou, plus rarement, d'un vêtement *(enfiler un vaste pardessus)*.

²**grand** *n.m.* 1 - puissant · magnat · 2 - noble · aristocrate

grandement *adv.* 1 - beaucoup · amplement · bien · énormément · extrêmement · fort · fortement · largement · puissamment · tout à fait · 2 - spacieusement · 3 - fastueusement · généreusement · princièrement · richement · royalement

CONTR. peu ⎪ à peine - mesquinement ⎪ médiocrement ⎪ petitement

grandeur *n.f.*
I 1 - dimension · amplitude · étendue · format · gabarit · mesure · taille · 2 - quantité · valeur · variable · 3 - importance · ampleur · intensité · magnitude · poids · portée
II 1 - gloire · force · influence · pouvoir · prestige · puissance · rayonnement · 2 - [d'âme] noblesse · dignité · distinction · élévation · générosité · majesté · mérite · valeur · magnanimité *littér.*

» **grandeurs** *plur.* dignités · distinctions · gloire · honneurs · pompe

✦ **folie des grandeurs** mégalomanie

CONTR. exiguïté ⎪ petitesse - faiblesse ⎪ médiocrité - bassesse ⎪ mesquinerie - décadence ⎪ misère

grandiloquence *n.f.* · emphase · boursouflure · enflure · pompe · solennité
CONTR. naturel ⎪ simplicité

grandiloquent, e *adj.* · emphatique · ampoulé · boursouflé · déclamatoire · phraseur · pompeux · ronflant · solennel

grandiose *adj.* · majestueux · imposant · impressionnant · magnifique · monumental · royal
CONTR. médiocre ⎪ mesquin ⎪ petit

grandir
■ *v.intr.* 1 - pousser · s'allonger · croître · se développer · monter ● [enfant] profiter *vieilli* ● [trop vite] monter en graine · 2 - augmenter · s'accroître · s'amplifier · croître · enfler · s'étendre · gonfler · grossir · s'intensifier · 3 - [psychologiquement] mûrir · s'élever
■ *v.tr.* 1 - hausser · 2 - agrandir · grossir · 3 - ennoblir · élever · 4 - élever · exalter · 5 - exagérer · amplifier · dramatiser · grossir · outrer

>>> **se grandir** *v.pron.* s'élever • se hausser
CONTR. décroître ı diminuer ı rapetisser – atténuer ı réduire ı restreindre

grandissant, e *adj.* • croissant

grand-mère *n.f.* **1** – aïeule • mamie *fam.* • mémé *fam.* • mémère *fam., vieux* • grand-maman *fam., vieilli* • bonne maman *fam., vieilli* • **2** – [péj.] vieille • aïeule • ancêtre • fossile *fam.* • mamie *fam.* • mémé *fam.*

grand-père *n.m.* **1** – aïeul • papi *fam.* • papy *fam.* • pépé *fam.* • pépère *fam., vieux* • grand-papa *fam., vieilli* • bon papa *fam., vieilli* • **2** – [péj.] vieillard • vieux • aïeul • ancêtre • croulant *fam.* • fossile *fam.* • géronte *littér.* • papi *fam.* • pépé *fam.* • barbon *vieux*

grands-parents *n.m.pl.* • aïeuls • aïeux • ascendants

grange *n.f.* • grenier • hangar • fenil • gerbier

granité, e *adj.* • granuleux • grenu

granulé, e
■ *adj.* **granulaire** • granuleux
■ *n.m.* **granule** • pilule

granuleux, -euse *adj.* **1** – granulaire • **2** – granité • granulé • grenu • papilleux
CONTR. compact ı lisse

graphie *n.f.* **1** – écriture • transcription • **2** – orthographe

graphique *n.m.* • courbe • diagramme • tableau • tracé • [rond] camembert *fam.*

grappe *n.f.* • faisceau • groupe

grappiller *v.tr.* **1** – glaner • cueillir • ramasser • recueillir • **2** – rogner • gratter *fam.* • grignoter *fam.* • rabioter *fam.* • écornifler *fam., vieilli*

grappin *n.m.* • crampon • croc • crochet • harpon

gras, grasse *adj.* **1** – graisseux • glissant • gluant • huileux • poisseux • visqueux • **2** – fort • adipeux • bien en chair • charnu • corpulent • dodu • empâté • épais • étoffé • grassouillet • gros • obèse • pansu • plantureux • potelé • rebondi • replet • rond • rondelet • rondouillard *fam.* • **3** – [sol] fertile • abondant • plantureux • **4** – égrillard • cru • épicé • gaillard • gaulois • graveleux • grivois • grossier • licencieux • obscène • poivré • polisson • rabelaisien • salé
✦ **très gras** gras comme un moine, un chanoine • gros, rond comme une caille *fam.*
✦ **corps gras** lipide • graisse
CONTR. maigre ı chétif – pauvre ı aride ı sec – réservé

grassement *adv.* • abondamment • amplement • confortablement • copieusement • généreusement • grandement • largement
CONTR. chichement

grassouillet, -ette *adj.* • gras • dodu • potelé • replet • rond • rondelet • rondouillard *fam.*

gratifiant, e *adj.* • valorisant • satisfaisant
CONTR. frustrant

gratification *n.f.* **1** – cadeau • avantage • don • libéralité • pourboire • gracieuseté *vieilli* • récompense • [en fin d'année] étrennes • **2** – commission • arrosage • dessous de table • enveloppe • faveur • pot-de-vin • bakchich *fam.* • **3** – bonus • allocation • indemnité • prime • guelte *vieux* • surpaye *vieux* • **4** – [Psych.] valorisation
CONTR. retenue

gratifier *v.tr.* **1** – donner à • accorder à • allouer à • attribuer à • dispenser à • doter • octroyer à • cadeauter *fam., rare* • **2** – douer • favoriser • nantir • affliger *plaisant* • **3** – imputer à · attribuer à · **4** – [iron.] **administrer** · donner · flanquer fam. · foutre très fam. · **5** – [Psych.] **valoriser**

CONTR. priver

gratin n.m. · élite · crème · fine fleur · dessus du panier · gotha

CONTR. lie

gratis adv. → **gratuitement**

gratitude n.f. · reconnaissance · obligation

CONTR. ingratitude

gratouiller v.tr. → **gratter**

gratte-ciel n.m. · tour · building
☞ **tour**

gratte-papier n.m. · bureaucrate péj. · plumitif péj. · rond-de-cuir péj. · scribouillard fam., péj.

gratter v.tr. **1** – racler · gratouiller fam. · **2** – enlever · effacer · **3** – fouiller · remuer • [animal] fouir · **4** – démanger · picoter · gratouiller fam. · **5** – [fam.] → **économiser** · **6** – [fam.] → **dépasser**

grattoir n.m. **1** – racloir · **2** – décrottoir · gratte-pieds · **3** – gratte-dos

gratuit, e adj. **1** – non payant · libre · gratis fam. · gratos fam. · **2** – bénévole · désintéressé · gracieux · **3** – arbitraire · absurde · hasardeux · immotivé · infondé · injustifié

CONTR. payant – payé ı rétribué – fondé ı motivé

gratuité n.f. · désintéressement

CONTR. intérêt ı utilité

gratuitement adv. **1** – sans rien débourser · gracieusement · pour rien · sans bourse délier littér. · gratis fam. · gratos fam. · pour pas un rond fam. · à l'œil fam. · aux frais de la princesse fam. · **2** – bénévolement · gracieusement · pour l'honneur · pour rien · **3** – par jeu · arbitrairement

CONTR. en payant – rationnellement

gravats n.m.pl. · débris · décombres · déblais · plâtras

grave adj.
I bas · caverneux · profond
II **1** – solennel · digne · posé · réfléchi · réservé · sage · sérieux · **2** – compassé · affecté · empesé · raide · rigide · gourmé littér. · **3** – imposant · majestueux
III **1** – sévère · gros · important · lourd · sérieux · mortel • [rhume] carabiné fam. · **2** – critique · alarmant · angoissant · dangereux · dramatique · inquiétant · préoccupant · redoutable · sérieux · tragique · **3** – cruel · pénible · triste

CONTR. aigu – badin ı familier ı frivole ı insouciant – simple ı naturel – anodin ı bénin – léger
☞ **sérieux**

graveleux, -euse adj. **1** – caillouteux · pierreux · rocailleux · **2** – cru · égrillard · épicé · gaillard · gaulois · gras · grivois · libre · licencieux · obscène · poivré · polisson · rabelaisien · salé

gravement adv. **1** – solennellement · dignement · posément · sérieusement · **2** – dangereusement · grièvement · sérieusement · sévèrement · **3** – considérablement · énormément · terriblement

> ☞ **gravement, grièvement**
> Gravement et grièvement sont l'un et l'autre dérivés de deux formes du même mot *(grave)*. Grièvement s'est spécialisé pour parler du caractère très sérieux d'une atteinte physique qui peut entraîner la mort ou de graves séquelles *(il est grièvement blessé, brûlé ; il a été grièvement atteint par balle)*. Au contraire, **gravement** s'emploie aussi bien dans le domaine physique *(être gravement malade,*

> grelot

blessé) que dans l'ordre du comportement *(compromettre gravement quelqu'un, manquer gravement à ses devoirs).*

graver v.tr. **1 -** buriner · sculpter · engraver vieux • [sur pierre] lithographier · **2 -** fixer · enregistrer · imprimer · incruster · marquer · empreindre littér.

gravier n.m. · caillou · gravillon · ballast

gravillon n.m. · gravier

gravir v.tr. **1 -** escalader · ascensionner · monter · grimper · **2 -** franchir

CONTR. descendre

gravitation n.f. · attraction · pesanteur · gravité vieux

gravité n.f. **1 -** sérieux · austérité · componction · raideur · réserve · rigidité · sévérité · solennité · **2 -** importance · acuité · étendue · poids · portée · sévérité · **3 -** [vieux] pesanteur · attraction · gravitation

CONTR. gaieté I légèreté – bénignité

graviter v.intr.

✦ **graviter autour de 1 -** tourner autour de · être en orbite autour de · **2 -** fréquenter · se mouvoir dans la sphère de

gravure n.f. **1 -** ciselure · entaille · glyphe · nielle · **2 -** illustration · estampe · photographie · planche · reproduction

gré n.m.

✦ **au gré de** au goût de · à la convenance de · au choix de · à la fantaisie de · au goût de · au bon plaisir de

✦ **de bon gré, de plein gré** de bonne grâce · de bon cœur · de gaieté de cœur · librement · volontairement · volontiers

✦ **de gré à gré** à l'amiable

✦ **contre son gré** à contrecœur · à son corps défendant · contre sa volonté · de mauvais cœur · la mort dans l'âme · malgré soi

✦ **savoir gré à** remercier · avoir de la gratitude pour · être reconnaissant à

🕮 **de bon gré, de bonne grâce, de bon cœur**

On accomplit quelque chose **de bon gré** lorsqu'on le fait avec bonne volonté *(se rallier de bon gré).* De **bonne grâce** amplifie l'idée de disposition bienveillante, l'accent étant mis sur l'assentiment complet *(accepter une corvée, répondre de bonne grâce).* De bon cœur renchérit sur les précédents, insistant sur la disposition favorable, le côté naturel et sincère *(rire, donner de bon cœur).*

grec, grecque adj. et n. · hellène · hellénique

gredin, e n. **1 -** → bandit · **2 -** → garnement

gréement n.m. **1 -** agrès · **2 -** garniture · gréage

greffe n.f. **1 -** greffon · ente · **2 -** transplantation

greffer v.tr. **1 -** enter · **2 -** transplanter · **3 -** ajouter · insérer · introduire · enter littér.

➢ **se greffer sur** v.pron. s'ajouter à · s'adjoindre à

grégaire adj. · moutonnier péj.

¹**grêle** adj. **1 -** filiforme · délié · élancé · fin · fluet · gracile · long · maigre · mince · **2 -** faible · délicat · fragile · menu · ténu

²**grêle** n.f. **1 -** grêlon · grésil · **2 -** volée · avalanche · bordée · cascade · chapelet · déluge · kyrielle · pluie

grelot n.m. · clochette · sonnette

grelotter *v. intr.* · frissonner · claquer des dents · trembler · trembloter

grenat *adj. invar.* · bordeaux · rouge · pourpre

grenier *n.m.* 1 - combles · mansarde · 2 - grange · fenil · pailler

grenouillage *n.m.* · intrigues · combines *fam.* · magouille *fam.* · tripotage *fam.*

grenouiller *v.intr.* · intriguer · magouiller *fam.*

grenu, e *adj.* · granité · granulé · granuleux · grené

grésillement *n.m.* 1 - crépitement · 2 - friture · parasites

grésiller *v.intr.* · crépiter · craquer · craqueler · pétiller

¹**grève** *n.f.* · rive · bord · plage · rivage

²**grève** *n.f.* · arrêt de travail · débrayage

🕮 grève, débrayage
Le point commun entre **grève** et **débrayage** est la cessation volontaire de travail, moyen de pression pour obtenir la satisfaction de revendications professionnelles. La **grève** correspond à une démarche collective organisée, préparée à l'échelle d'un groupe plus ou moins important de salariés *(faire grève, se mettre, être en grève, poursuivre la grève).* Elle est inscrite dans un cadre législatif *(droit de grève)* et prend des formes diverses *(grève sur le tas, tournante, partielle, perlée, totale, grève générale).* Le **débrayage** est une forme particulière de cessation du travail. Il est spontané, n'atteint pas l'ensemble d'un secteur d'activité et, la plupart du temps, est limité dans le temps *(le débrayage de plusieurs ateliers dans une entreprise métallurgique ; le débrayage a duré toute la matinée).*

grever *v.tr.* 1 - charger · accabler · frapper · imposer · surcharger · obérer *littér.* · 2 - alourdir · affecter · hypothéquer · plomber *fam.*

CONTR. affranchir ı aider ı alléger ı assister ı décharger ı dégrever ı exonérer

gribouillage *n.m.* · gribouillis · barbouillage · griffonnage

gribouiller *v.tr. et intr.* · griffonner · barbouiller

CONTR. calligraphier

gribouillis *n.m.* → gribouillage

grief *n.m.* doléance · charge · plainte · récrimination · reproche
◆ **faire grief de** reprocher · blâmer de · tenir rigueur de

grièvement *adv.* · gravement · sérieusement · sévèrement

CONTR. légèrement

🕮 **gravement**

griffe *n.f.* 1 - ongle · serre · 2 - crampon · crochet · 3 - signature · cachet · empreinte · estampille · étiquette · marque · sceau

griffer *v.tr.* · écorcher · égratigner · érafler · rayer • [fort] balafrer

griffonnage *n.m.* · barbouillage · gribouillage · gribouillis

griffonner *v.tr.* 1 - gribouiller · barbouiller · 2 - écrire · crayonner · dessiner · 3 - rédiger à la hâte · jeter sur le papier

CONTR. calligraphier

griffure *n.f.* · écorchure · éraflure · égratignure · griffe *Belgique* · rayure • [profonde] balafre

grignoter v.tr. **1** - ronger · manger · gruger *Québec* · **2** - **picorer** · manger du bout des lèvres · mangeotter *fam., rare* • [sans complément] chipoter · pignocher · **3** - **gagner** · prendre · rattraper

grigou n.m. → avare

grigri n.m. · amulette · fétiche · mascotte · porte-bonheur · talisman

¹**grillage** n.m. · treillage · claire-voie · clôture · treillis

²**grillage** n.m. · torréfaction

grille n.f. **1** - clôture · barreaux · herse · **2** - [TV, Radio] **programmation**

grille-pain n.m. invar. · toasteur

griller
■ v.tr. **1** - rôtir • [café] torréfier · **2** - **dessécher** · racornir · brouir *vieilli ou région.* · **3** - [cigarette] fumer · **4** - [fam.] → **dépasser** · **5** - [fam.] → discréditer
■ v.intr. **1** - brûler · flamber · cramer *fam.* · **2** - [fam.] bronzer · cuire · dorer · rôtir *fam.*
✦ **griller de** être impatient de · être très désireux de · brûler de

grillon n.m. · cri-cri *fam.* · grillot *région.*

grimace n.f. **1** - moue · mimique · rictus • [involontaire] tic · **2** - [vieux] **affectation** · dissimulation · hypocrisie
✦ **faire la grimace** bouder · faire grise mine · faire la moue · se renfrogner
⟩⟩ **grimaces** *plur.* simagrées · cérémonie(s) · façons · minauderies · mines · singeries · afféterie *littér.*

grimacer v.intr. **1** - faire la moue · bouder · faire grise mine · se renfrogner · **2** - [Couture] **goder** · grigner · pocher · godailler *fam.*

grimacier, -ière adj. **1** - **grimaçant** · **2** - [vieilli] **minaudier** · affecté · hypocrite · maniéré

grimage n.m. **1** - maquillage · **2** - fard

grimer v.tr. · maquiller · farder

grimpant, e adj. · montant

grimpée n.f. **1** - **ascension** · escalade · montée · grimpette *fam.* · **2** - **côte** · montée · grimpette *fam.*

grimper
■ v.tr. escalader · gravir
■ v.intr. **1** - s'**élever** · monter · **2** - **augmenter** · monter • [prix] flamber
✦ **grimper sur** monter sur · se jucher sur
CONTR. descendre ׀ dévaler

grimpette n.f. → grimpée

grimpeur, -euse n. · alpiniste · ascensionniste · varappeur

grinçant, e adj. **1** - **discordant** · dissonant · **2** - **acerbe** · aigre · amer · caustique · mordant

grincement n.m. · crissement · couinement

grincer v. intr. · crisser · couiner *fam.*

grincheux, -euse adj. · acariâtre · bougon · hargneux · revêche · grognon *fam.* · râleur *fam.* · rogue *fam.* · ronchon *fam.* · ronchonneur *fam.* · rouspéteur *fam.*

gringalet, -ette n. · freluquet · avorton *fam.* · demi-portion *fam.* · minus *fam.* · moustique *fam.*

grippe n.f. · influenza

gripper v.intr. • se bloquer • s'arrêter • se coincer

CONTR. tourner rond

gripper (se) v.pron. • se bloquer • se coincer

grippe-sou n. et adj. → **avare**

gris, grise adj.
I 1 - [nuances] **ardoise** • anthracite • cendré • cendreux • mastic • plombé • souris • tourterelle • [cheval] pinchard • **2 -** [cheveux] **argenté** • grisonnant • poivre et sel • **3 -** [temps] **couvert** • nuageux
II morne • grisâtre • maussade • monotone • morose • terne
III un peu ivre • entre deux vins • gai • éméché *fam.* • parti *fam.* • pompette *fam.*

grisaille n.f. • monotonie • morosité • tristesse

CONTR. diversité ı drôlerie ı variété

grisant, e adj. **1 - exaltant** • enivrant • enthousiasmant • excitant • **2 - capiteux** • enivrant • entêtant

🕮 **grisant, capiteux, enivrant**
Les trois adjectifs sont relatifs à ce qui provoque, physiquement ou psychiquement, un état d'excitation plus ou moins euphorique, comparable à l'effet de l'alcool. **Capiteux**, d'usage soutenu, qualifie ce qui, concrètement, stimule les sens *(un parfum, un vin capiteux)* ou les trouble *(une belle femme capiteuse)*. **Grisant** s'applique à ce qui excite physiquement *(l'odeur grisante d'une chevelure)*, et s'emploie surtout au figuré *(un succès grisant, un sentiment grisant de liberté)*. **Enivrant** évoque une sensation plus forte, proche de l'*ivresse* ; vieilli au sens propre, le mot est courant au figuré *(une pensée, un sentiment, une présence enivrante, un événement enivrant).*

grisâtre adj. • terne • maussade • monotone • morose • triste

griser v.tr. **1 - soûler** • enivrer • étourdir • monter, porter à la tête, tourner la tête de • **2 - enthousiasmer** • enivrer • étourdir • exalter • exciter

griserie n.f. **1 - ivresse** • enivrement • étourdissement • **2 - exaltation** • enivrement • excitation • ivresse • vertige

grisonnant, e adj. • gris • argenté • poivre et sel

grivèlerie n.f. • fraude • resquille

grivois, e adj. • égrillard • coquin • croustillant • cru • épicé • gaillard • gaulois • gras • graveleux • léger • leste • libertin • libre • licencieux • osé • poivré • rabelaisien • salé • cochon *fam.*

CONTR. prude ı pudibond

grivoiserie n.f. • gaillardise • gauloiserie • licence • obscénité • gaudriole *fam.* • joyeuseté *fam.*

groggy adj. invar. **1 - étourdi** • k.-o. *fam.* • sonné *fam.* • **2 - épuisé** • éreinté • exténué • claqué *fam.* • crevé *fam.* • k.-o. *fam.* • lessivé *fam.* • pompé *fam.* • vanné *fam.* • vidé *fam.*

grogne n.f. • mécontentement • protestations • récriminations • rouspétances *fam.*

grognement n.m. **1 -** [du chien] **grondement** • [du sanglier] grommellement • **2 - grommellement** • bougonnement *fam.* • ronchonnement *fam.*

grogner v.intr. **1 -** [chien] **gronder** • [sanglier] grommeler • **2 - grommeler** • marmonner • pester • protester • maugréer *littér.* • bougonner *fam.* • grognonner *fam.* • râler *fam.* • ronchonner *fam.* • rouspéter *fam.*

grognon *adj. et n.* **1** - acariâtre · grincheux · pleurnicheur · bougon *fam.* · râleur *fam.* · rouspéteur *fam.* · **2** - mécontent · boudeur · maussade · morose · renfrogné · ronchon *fam.*
CONTR. affable ı aimable ı gai

grommeler *v.tr. et intr.* · marmonner · grogner · murmurer · maugréer *littér.* · bougonner *fam.* · ronchonner *fam.*

grommellement *n.m.* · grognement · bougonnement *fam.* · ronchonnement *fam.*

grondement *n.m.* **1** - [de chien] grognement · [de sanglier] grommellement · **2** - [de tonnerre] roulement

gronder
■ *v.intr.* **1** - [chien] grogner · [sanglier] grommeler · **2** - tonner · **3** - menacer · couver · **4** - [vieux ou littér.] murmurer · grogner · grommeler · protester · bougonner *fam.* · maronner *fam.* · râler *fam.* · rognonner *fam.* · ronchonner *fam.* · rouspéter *fam.*
■ *v.tr.* disputer · se fâcher contre · gourmander · houspiller · rabrouer · réprimander · tempêter contre · tonner contre · admonester *littér.* · morigéner *littér.* · tancer *littér.* · attraper *fam.* · crier après *fam.* · engueuler *très fam.* · enguirlander *fam.* · passer un savon à *fam.* · savonner la tête à *fam.* · sonner les cloches à *fam.*
CONTR. louer ı remercier

grondeur, -euse *adj.* **1** - coléreux · bougon · grincheux · grognon *fam.* · râleur *fam.* · ronchon *fam.* · rouspéteur *fam.* · **2** - bruyant · tonnant
CONTR. aimable ı doux – silencieux

groom *n.m.* · chasseur · commissionnaire *vieilli*

¹**gros, grosse**
■ *adj.*
I [physiquement, concrètement] **1** - **volumineux** · colossal · épais · important · large · massif · **2** - corpulent · bedonnant · boulot · courtaud · empâté · énorme · enveloppé · épais · fort · gras · imposant · massif · obèse · pansu · pesant · potelé · puissant · replet · rond · rondelet · trapu · ventripotent · ventru · en surcharge pondérale *(Méd.)* · membru *littér.* · maous *fam.* · **3** - **arrondi** · ample · bombé · charnu · épanoui · généreux · opulent · rebondi · renflé · **4** - [visage] **bouffi** · boursouflé · joufflu · **5** - [yeux] **globuleux** · saillant · **6** - [lèvres] **charnu** · épais · **7** - [femme] **enceinte** · [femelle] pleine · **8** - [mer, temps] **mauvais** · houleux
II [en intensité, importance] **1** - **fort** · intense · profond · violent · bon *fam.* · [baiser] appuyé · sonore · **2** - **considérable** · colossal · immense · important · maous *fam.* · **3** - **élevé** · éminent · haut · important · remarquable · **4** - riche · grand · important · influent · opulent · **5** - grave · énorme · lourd · sérieux
III commun · épais · grossier · ordinaire · rudimentaire · simple · solide · vulgaire
+ **très gros** gros comme une barrique *fam.* · gros comme une vache *fam.*
■ *n.* mastodonte · baleine · éléphant · hippopotame · poussah · patapouf *fam.*

²**gros** *adv.* · beaucoup · cher
+ **le gros de** la masse de · la plupart de · l'essentiel de
+ **le plus gros** l'essentiel · le plus important · le principal
+ **en gros** **1** - dans l'ensemble · en bloc · globalement · **2** - **en abrégé** · en bref · en résumé · schématiquement · sommairement · en substance · **3** - approximativement · grossièrement · grosso-modo *fam.* · à la louche *fam.* · à vue de nez *fam.*

grossesse *n.f.* **1** - gestation · gravidité · **2** - maternité

grosseur *n.f.* **1** - corpulence · bouffissure · embonpoint · épaisseur · générosité · obésité · opulence · rondeur · rotondité *littér.* · **2** - dimension · calibre · circonférence · diamètre · épaisseur · format · gabarit · largeur · taille · volume · **3 - abcès** · bosse · boule · bourrelet · enflure · excroissance · gonflement · tumeur

CONTR. finesse ı minceur ı petitesse

grossier, -ière *adj.*
I 1 - brut · commun · ordinaire · brut de fonderie *fam.* · brut de décoffrage *fam.* · **2 - rudimentaire** · élémentaire · primitif · **3 - approximatif** · imprécis · rapide · sommaire **II 1 - imparfait** · informe · mal fini · ni fait ni à faire · **2 - sans grâce** · épais · gros · lourd · massif · mastoc *fam.* · **3 - maladroit** · gros · peu subtil · cousu de fil blanc
III 1 - discourtois · butor · effronté · familier · impoli · incivil · incorrect · indélicat · inélégant · insolent · **2 - vulgaire** · choquant · cru · dégoûtant · inconvenant · malhonnête · ordurier · trivial · malséant *littér.* · malsonnant *littér.* · **3 - gaulois** · obscène · poivré · salé · cochon *fam.*
IV 1 - balourd · mal dégrossi · lourdaud · rustaud · rustre · **2 - béotien** · philistin · **3 -** [littér.] **inculte** · barbare · fruste · primitif · rude · rustique · sauvage · **4 -** [littér.] **bestial** · animal · bas · charnel · sensuel
✦ **femme grossière** harengère · poissarde
✦ **grossier personnage** goujat · malotru · mufle · rustre · pignouf *fam.* · butor *vieilli ou plaisant* · malappris *vieilli* · ostrogoth *vieilli*

CONTR. fini ı raffiné – délicat ı fin ı parfait ı précis – précis – subtil – civil ı courtois – correct ı décent ı distingué ı élégant – civilisé ı cultivé

grossièrement *adv.*
1 - approximativement · en gros · grosso-modo *fam.* · à la louche *fam.* · à vue de nez *fam.* · **2 - imparfaitement** · schématiquement · sommairement · à la va-vite · **3 - lourdement** · beaucoup · sacrément *fam.* · **4 - impoliment** · effrontément · discourtoisement *vieilli* · **5 - vulgairement** · trivialement

grossièreté *n.f.*
I 1 - vulgarité · inconvenance · obscénité · trivialité · **2 - gros mot** · incongruité ·

obscénité · ordure · saleté · cochonceté *fam.* · cochonnerie *fam.* · **3 - injure** · insulte · **4 - impolitesse** · goujaterie · inconvenance · incorrection · insolence · muflerie
II [vieux ou littér.] **barbarie** · brutalité · rudesse · rusticité

CONTR. décence ı pudeur – bienséance ı correction ı distinction – civilité ı politesse – délicatesse

grossir
■ *v.intr.* **1 - forcir** · se développer · prendre du poids · prendre des kilos · profiter ◆ [trop] s'alourdir · engraisser · (s')épaissir · s'empâter · enfler · faire du lard *fam.* · **2 - croître** · gonfler · monter · **3 - se dilater** · s'arrondir · s'élargir · enfler · gonfler · se tuméfier · **4 - augmenter** · s'amplifier · se développer · enfler · s'étendre · grandir
■ *v.tr.* **1 - agrandir** · élargir · **2 - accroître** · augmenter · enfler · enrichir · étendre · renforcer · **3 - exagérer** · amplifier · dramatiser · forcer · outrer

CONTR. maigrir – rapetisser – décroître ı faiblir – amincir – minimiser

grossissement *n.m.*
1 - augmentation · accroissement · agrandissement · développement · extension · **2 - dilatation** · gonflement · **3 - exagération** · amplification

CONTR. amoindrissement ı réduction – contraction – amoindrissement ı atténuation

grosso modo *loc. adv.* → en gros
CONTR. exactement ı précisément

grotesque *adj.*
· ridicule · absurde · bouffon · burlesque · caricatural · extravagant · risible · saugrenu · loufoque *fam.*
CONTR. émouvant

grotesquement *adv.*
· absurdement · ridiculement

grotte *n.f.*
· caverne · cavité · excavation · baume *vieux, Sud-Est* ◆ [d'animal] antre

grouillant, e *adj.*
· populeux
CONTR. désert

grouillement *n.m.* · fourmillement · foisonnement · pullulement

grouiller *v.intr.* fourmiller · abonder · foisonner · pulluler

≫ **se grouiller** *v.pron.* [fam.] → se dépêcher

groupe *n.m.*
I 1 - association · collectif · groupement · réunion • [fermé] cénacle · cercle · école · chapelle *péj.* · clique *péj.* · coterie *péj.* · gang *péj.* · 2 - communauté · collectivité · nation · société • [ethnique] phratrie · clan · tribu · ethnie · race · 3 - [Sport] équipe · formation · 4 - bande · bataillon · brochette · chapelet · constellation · escadron · escouade · essaim · grappe · peloton · pléiade · régiment · tribu · troupe
II catégorie · classe · division · ensemble · espèce · famille · ordre · section · sorte
III 1 - complexe · ensemble · 2 - consortium · holding · trust · 3 - collection · ensemble
✦ **groupe de travail**   atelier · commission · comité
✦ **groupe armé**   commando · brigade
✦ **groupe de mots**   expression · locution
✦ **groupe de pression**   lobby

groupement *n.m.*
I association · bloc · coalition · confédération · fédération · formation · front · ligue · organisation · rassemblement · syndicat · union
II 1 - assemblage · arrangement · disposition · 2 - accumulation · concentration · rassemblement · regroupement · réunion
CONTR. dispersion ı division

grouper *v.tr.* 1 - amasser · accumuler · agglomérer · assembler · collectionner · masser · rassembler · réunir · unir · 2 - classer · organiser · ranger · répartir · 3 - apparier · accoupler · 4 - bloquer · concentrer · condenser

≫ **se grouper** *v.pron.* 1 - s'associer · s'assembler · se coaliser · se fédérer · se liguer · se regrouper · se réunir · s'unir · 2 - s'agglomérer · s'attrouper · se réunir
CONTR. disperser ı diviser ı parsemer ı séparer – développer ı étendre

gruger *v.tr.* [fam.] → **duper**

gué *n.m.* · passage

guenille *n.f.* · chiffon · chiffe · loque
≫ **guenilles** *plur.* · haillons · défroque · hardes · loques · oripeaux · nippes *fam.*
↝ **haillons**

guêpier *n.m.* · piège · souricière · traquenard

guère *adv.* 1 - presque · pratiquement · 2 - à peine · médiocrement · pas beaucoup · peu · presque pas · 3 - rarement · presque jamais · presque pas
CONTR. beaucoup ı très

guéri, e *adj.* · rétabli · debout · remis · d'aplomb *fam.* · sur pied *fam.* · retapé *fam.*
✦ **guéri de**   délivré de · revenu de · vacciné contre *fam.*

guérillero *n.m.* · franc-tireur · maquisard · partisan · pistolero

guérir
■ *v.intr.* 1 - se rétablir · aller mieux · être en convalescence · en réchapper · recouvrer la santé · récupérer · se remettre · sortir de maladie · se remettre d'aplomb *fam.* · se retaper *fam.* · s'en sortir *fam.* · s'en tirer *fam.* · 2 - (se) cicatriser · se fermer · se refermer
■ *v.tr.* 1 - sauver · arracher à la maladie, à la mort · remettre sur pied · remettre d'aplomb *fam.* · 2 - désintoxiquer · 3 - cicatriser · refermer · 4 - adoucir · apaiser · calmer · consoler · pallier · remédier à · soulager · 5 - [qqn de] corriger · délivrer · débarrasser · faire passer le goût (de ...) à

>>> **se guérir** v.pron. se rétablir • s'en tirer fam.
✦ **se guérir de** se corriger de • se débarrasser de • se délivrer de • en finir avec
CONTR. attraper une maladie ı tomber malade – aggraver ı détraquer

guérison n.f. **1 - rétablissement** • [inespérée] résurrection • **2 - cicatrisation** • apaisement • cessation
CONTR. aggravation

guérissable adj. • curable
CONTR. incurable ı inguérissable

guérisseur, -euse n. **1 - magnétiseur** • rebouteux • **2 - sorcier** • charlatan péj

guérite n.f. **1 - poste de garde** • guitoune fam. • **2 - échauguette** • échiffe • poivrière • **3 - abri**

guerre n.f. **1 - conflit** • combat(s) • conflagration • embrasement • hostilités • lutte armée • **2 -** [péj.] **carnage** • boucherie fam. • casse-pipe fam. • **3 - campagne** • croisade • expédition • **4 - combat** • bataille • lutte • bagarre fam. • **5 - hostilité** • dispute • inimitié • querelle • guéguerre fam.
✦ **état de guerre** belligérance
✦ **guerre sainte** croisade
✦ **guerre éclair** blitz
✦ **guerre civile** émeute • insurrection • révolte • révolution • soulèvement • jacquerie (Hist.)
✦ **guerre de partisans** guérilla
✦ **en guerre** (avec qqn) à couteaux tirés
✦ **faire la guerre à** **1 - combattre** • guerroyer contre • **2 - lutter contre** • donner la chasse à • chasser
CONTR. paix – concorde ı entente

guerrier, -ière
■ adj. **1 - militaire** • **2 - martial** • **3 - combatif** • belliqueux • va-t-en-guerre fam.

■ n. **1 - combattant** • militaire • soldat • **2 - conquérant** • capitaine • **3 - belliciste** • épervier • faucon • va-t-en-guerre fam.
CONTR. pacifique ı pacifiste

guerroyer v.intr. **1 - faire la guerre** • combattre • **2 - lutter** • batailler • se battre

guet n.m. surveillance • faction • garde
✦ **faire le guet** être de faction • surveiller • ouvrir l'œil • être aux aguets

guet-apens n.m. **1 - attaque** • attentat • embuscade • embûche vieux. • **2 - piège** • traquenard

guêtre n.f. • jambière • chausse • houseau

guetter v.tr. **1 - épier** • surveiller • [sans complément] faire le guet • **2 - attendre** • être à l'affût de • convoiter • guigner

guetteur, -euse n. • veilleur • factionnaire • sentinelle

gueulard, e adj. → **criard**

gueule n.f. **1 - bouche** • gosier • **2 - boîte** • **3 -** [fam.] → **visage** • **4 -** [fam.] → **allure**

gueuler v.tr. et intr. → **crier**

gueuleton n.m. → **festin**

gueuletonner v.intr. → **festoyer**

gueux, gueuse n. **1 - mendiant** • clochard • indigent • misérable • miséreux • nécessiteux • pauvre • pouilleux • traîne-misère • vagabond • va-nu-pieds • **2 - vaurien** • brigand • coquin • malandrin littér. • fripon vieux

guichet n.m. **1 - billetterie** • distributeur (de billets) • **2 - caisse** • **3 - judas**

guidage n.m. • pilotage • aiguillage • orientation

guirlande

¹**guide** *n.* **1** - accompagnateur · cicérone *vieilli ou plaisant* · cornac *fam.* · **2** - conseiller · conducteur · directeur · gouverneur · mentor •[*surtout Relig.*] berger · pasteur · gourou

²**guide** *n.m.* **1** - manuel · abrégé · aide-mémoire · indicateur · mémento · mode d'emploi · notice · résumé · synopsis · vade-mecum · **2** - fil conducteur · boussole · flambeau *littér.* · **3** - glissière

guider *v.tr.* **1** - conduire · mener · piloter · cornaquer *fam.* · **2** - commander · diriger · déterminer · gouverner · mener · **3** - télécommander · radioguider · téléguider · **4** - conseiller · éclairer · éduquer · inspirer · orienter · **5** - aiguiller · mettre sur la voie · orienter

» **se guider sur** *v.pron.* **1** - prendre pour repère · se diriger d'après · se repérer sur · **2** - prendre pour exemple

CONTR. aveugler ׀ égarer ׀ tromper

🙰 **guider, conduire, mener**

Guider, conduire et mener ont en commun l'idée de diriger les pas de quelqu'un (ou d'un animal). Guider implique que l'on fait aller la personne dans une direction précise, qu'on lui montre le chemin (*guider un groupe de touristes en visite*), éventuellement en la soutenant physiquement (*guider une personne âgée pour traverser la chaussée*). Conduire, c'est diriger quelqu'un vers un lieu précis, sans qu'il y ait nécessairement de demande (*conduire ses enfants chez le dentiste, conduire un troupeau au pâturage, sa voiture au garage*). Mener, c'est conduire quelqu'un en l'accompagnant (*mener une classe en promenade*), parfois avec autorité (*mener des soldats au combat*) ou sous la contrainte (*mener un coupable en prison*).

guides *n.f.pl.* · rênes

guigne *n.f.* → malchance

CONTR. chance ׀ veine

guigner *v.tr.* **1** - lorgner · loucher sur · reluquer *fam.* · **2** - convoiter · avoir des vues sur · viser · **3** - guetter · attendre · épier · être à l'affût de

guignol *n.m.* · pantin · bouffon · clown · fantoche · marionnette · charlot *fam.* · rigolo *fam.*

guilde *n.f.* · association · confrérie · corporation · hanse (*Moyen Âge*)

guilleret, -ette *adj.* **1** - gai · allègre · badin · folâtre · frétillant · fringant · éveillé · jovial · joyeux · léger · réjoui · sémillant · vif · primesautier *littér.* · **2** - leste · gaillard

CONTR. accablé ׀ triste – sérieux

guillotine *n.f.* · échafaud · bois de justice · veuve *argot*

guillotiner *v.tr.* · décapiter · couper la tête de · trancher le cou, la tête de · raccourcir *fam.*

guimbarde *n.f.* → voiture

guindé, e *adj.* **1** - contraint · affecté · apprêté · collet monté · compassé · corseté · engoncé · étudié · maniéré · pincé · raide (comme la justice) · solennel · gourmé *littér.* · coincé *fam.* · constipé *fam.* · **2** - académique · ampoulé · apprêté · boursouflé · empesé · emphatique · pompeux · solennel

CONTR. aisé ׀ naturel

guingois (de) *loc. adv.* · de travers · obliquement · de traviole *fam.*

guinguette *n.f.* · auberge · bal · estaminet · bastringue *fam.*

guirlande *n.f.* **1** - feston • [électrique] girandole · **2** - chapelet

guise n.f. façon · fantaisie · gré · goût · manière · volonté
+ **à sa guise** à sa façon · à sa fantaisie · à son goût · à son gré · à sa manière · comme il lui plaît · comme ça lui chante fam.
+ **en guise de** en manière de · comme · à titre de

guitare n.f. · gratte fam.

guitoune n.f. · tente · abri · cagna · gourbi

guttural, e adj. 1 - rauque · 2 - vélaire

gym n.f. → gymnastique

gymnase n.m. 1 - halle de gymnastique- Suisse · 2 - [Antiquité grecque] **académie** · palestre · 3 - [Suisse, Allemagne] **lycée**

gymnaste n. · acrobate · athlète

gymnastique n.f. · culture physique · éducation physique · gym fam. · exercice · aérobic

gynécologue n. · obstétricien · accoucheur · gynéco fam.

habile *adj.* **1** - adroit · capable · industrieux *littér.* · adextre *vieux* · **2** - expert · émérite · virtuose · **3** - diplomate · fin · politique · **4** - astucieux · débrouillard · ingénieux · malin · rusé · subtil · roublard *péj.* · roué *péj.* · artificieux *vieux*

✦ **être habile à** être apte à · exceller à · savoir

CONTR. gauche ı inhabile ı maladroit ı malhabile – novice – lourd – maladroit

habilement *adv.* **1** - adroitement · dextrement *vieux ou plaisant* · **2** - expertement · finement · ingénieusement · subtilement · talentueusement · **3** - astucieusement · ingénieusement · subtilement

CONTR. maladroitement

habileté *n.f.* **1** - adresse · aptitude · capacité · dextérité · tour de main · industrie *littér.* · patte *fam.* · **2** - expertise · art · don · savoir-faire · talent · **3** - brio · facilité · maîtrise · maestria · talent · virtuosité · **4** - diplomatie · doigté · savoir-faire · tact · **5** - astuce · débrouillardise · ingéniosité · ruse · subtilité · roublardise *péj.* · rouerie *péj.*

CONTR. gaucherie ı inhabileté ı maladresse

⟿ **adresse**

habilitation *n.f.* · autorisation · permission · qualification

habiliter *v.tr.* autoriser · permettre · qualifier

✦ **être habilité à** avoir qualité pour

habillé, e *adj.* chic · élégant · chicos *fam.*

✦ **bien habillé** endimanché · bien mis · tiré à quatre épingles · sur son trente et un

✦ **mal habillé** débraillé · mal fagoté · fagoté comme l'as de pique *fam.* · ficelé comme un saucisson *fam.* · habillé comme un clochard, comme un sac

✦ **habillé chaudement** emmitouflé · habillé comme un Saint Georges *vieilli*

CONTR. négligé ı sport

habillement *n.m.* **1** - vêtement(s) · habit(s) · tenue · effets *littér.* · équipage *vieux* · mise *vieux* · accoutrement *péj.* · attifement *péj.* · **2** - déguisement · costume · **3** - confection · couture · **4** - habillage

habiller *v.tr.* **1** - vêtir · mettre des vêtements à · accoutrer *péj.* · affubler *péj.* · attifer *péj.* · fagoter *péj.* · ficeler *péj.* · harnacher *péj.* · **2** - entourer · draper · envelopper · recouvrir · **3** - décorer · arranger · orner · parer · **4** - camoufler · couvrir · déguiser · dissimuler

✦ **habiller en** costumer en · déguiser en · travestir en

⟿ **s'habiller** *v.pron.* **1** - · se vêtir · se couvrir · se fringuer *fam.* · se nipper *fam.* · se saper *fam.*

CONTR. déshabiller ı dévêtir

habit *n.m.* **1 -** vêtement · affaire · effet *littér.* · atours *littér.* · fringue *fam.* · nippe *fam.* · fripe *fam.* · frusques *fam., péj.* · guenille *péj.* · hardes *péj.* · sape *fam.* · oripeaux *littér., péj.* · **2 - costume** · déguisement · **3 - habillement** · tenue · toilette · accoutrement *fam.* · défroque *fam.* · **4 - uniforme** · livrée · **5 - frac** · queue-de-pie · jaquette *vieux*

habitable *adj.* · vivable
CONTR. inhabitable

habitacle *n.m.* · cabine · cockpit · poste (de pilotage)

habitant, e *n.* **1 - occupant** · hôte · résident · âme *littér. ou plaisant* · **2 - citoyen** · administré · sujet · **3 - autochtone** · aborigène · indigène · natif · naturel *vieilli* · **4 -** [dans différents milieux] banlieusard · citadin · villageois · campagnard · paysan · rural · montagnard · faubourien · insulaire · oasien · urbain · contadin *rare*

habitat *n.m.* **1 - milieu** · environnement · [Écol.] **biotope** · **2 - logement**

habitation *n.f.* **1 - logement** · appartement · demeure · logis · maison · résidence · **2 - domicile** · logement · chez-soi · home *fam.* · pénates *fam.* · séjour *littér.* · **3 - abri** · gîte · nid · toit
🕮 **maison**

habité, e *adj.* · occupé · peuplé
CONTR. abandonné ı désert ı inhabité ı vide

habiter
■ *v.intr.* demeurer · loger · résider · vivre · crécher *fam.* · percher *fam.*
■ *v.tr.* **1 - occuper** · vivre dans, à · **2 - hanter** · obséder · poursuivre · tourmenter · tarabuster · **3 - animer** · posséder

habituation *n.f.* · accoutumance

habitude *n.f.* **1 - coutume** · mœurs · règle · rite · tradition · usage · us *littér.* · **2 - manie** · automatisme · déformation · marotte · péché mignon · penchant · pli · tic · habitus *(Sociol.)* · **3 - routine** · train-train · **4 - accoutumance** · adaptation · entraînement · **5 - expérience** · pratique
✦ **par habitude** machinalement
✦ **d'habitude** habituellement · généralement · d'ordinaire · ordinairement · à l'accoutumée · en temps ordinaire
CONTR. accident ı exception – nouveauté – inexpérience – exceptionnellement

🕮 **habitude, coutume, usage**
On parle d'**habitude** à propos de la manière d'être acquise par un individu, les membres de la société en général *(une drôle, une bonne, une vieille habitude ; changer ses habitudes, déranger les habitudes de quelqu'un).* **Coutume** n'a cette valeur que dans des contextes littéraires *(il a agi selon sa coutume).* Couramment, **coutume** définit le comportement fréquent et ordinaire d'un groupe social *(la coutume des étrennes ; respecter une coutume ancienne, les us et coutumes).* Quant à l'**usage**, il concerne une manière d'agir ancienne et fréquente que l'on observe dans une société ou dans un groupe social *(c'est l'usage consacré ; un usage bien établi).* **Usage** convient en particulier à tout ce qui règle les rapports sociaux *(observer les formalités, les compliments d'usage).*

habitué, e *n.* · familier · client · fidèle · [de bar, etc.] pilier *(nom)*

habituel, -elle *adj.* **1 - courant** · classique · commun · ordinaire · normal · **2 - coutumier** · accoutumé · familier · ordinaire · traditionnel · rituel · **3 - consacré** · usuel · d'usage
CONTR. accidentel ı anormal ı exceptionnel ı inaccoutumé ı inhabituel ı insolite ı inusité ı occasionnel ı rare ı unique

habituellement *adv.* 1 - d'ordinaire · ordinairement · généralement · normalement · à l'accoutumée · en temps ordinaire · 2 - couramment · communément · rituellement · traditionnellement
CONTR. accidentellement ı exceptionnellement ı rarement

habituer *v.tr.* 1 - accoutumer · acclimater · adapter · entraîner · familiariser · 2 - éduquer · dresser · entraîner · façonner · former
≫ **s'habituer** *v.pron.* s'acclimater · s'accommoder · s'accoutumer · s'adapter · se familiariser (avec) · se plier (à)
CONTR. désaccoutumer ı déshabituer

hâblerie *n.f.* · fanfaronnade · bluff · forfanterie · vantardise · esbroufe *fam.* · gasconnade *littér.* · rodomontade *littér.* · craque *vieux, fam.* · vanterie *vieilli*

hâbleur, -euse *n. et adj.* · fanfaron · vantard · fier-à-bras · gascon · matamore · rodomont *littér.* · craqueur *vieux, fam.* · faiseur *vieilli*

hache *n.f.* · cognée · merlin · hachette · herminette · doloire · doleau

haché, e *adj.* · heurté · saccadé

hacher *v.tr.* 1 - tailler · couper · découper · trancher · 2 - interrompre · couper · entrecouper · 3 - hachurer

hachis *n.m.* · farce · chair à saucisse

hachoir *n.m.* · couperet · hache-viande · hansart *région.*

hachure *n.f.* · raie · rayure

hachurer *v.tr.* · rayer · hacher

hagard, e *adj.* 1 - effaré · égaré · hébété · 2 - [vieux ou littér.] farouche · sauvage

haie *n.f.* 1 - bordure · baragne *provençal* · 2 - barrière · obstacle · 3 - rangée · cordon · file · rang

haillons *n.m.pl.* guenilles · hardes · loques · défroque *fam.* · oripeaux *littér.*
✦ **en haillons** déguenillé · dépenaillé · loqueteux · haillonneux *littér.*

🙿 **haillons, loques, guenilles**
On parle de **haillons** pour des lambeaux d'étoffe utilisés comme vêtement *(être couvert de haillons, être en haillons)*. **Loques** renchérit sur le caractère misérable, évoquant de vieux vêtements sales et plus ou moins déchirés *(être vêtu de loques ; ce pantalon tombe en loques)*. Lorsque l'usure a transformé des habits en lambeaux, on parle de **guenilles** *(porter des guenilles trouées, être en guenilles)* : « Une vieille femme borgne, accroupie, vêtue de guenilles terreuses » (Gide, *Voyage au Congo*).

haine *n.f.* aversion · antipathie · animosité · dégoût · détestation · exécration · horreur · hostilité · inimitié · répulsion · répugnance · ressentiment · abomination *littér.* · animadversion *littér.* · fiel *littér.* · venin *littér.*
CONTR. amour ı affection ı amitié ı concorde ı fraternité

haineux, -euse *adj.* 1 - hostile · malveillant · 2 - enfiellé · fielleux · venimeux
CONTR. amical ı bienveillant ı cordial – tendre

haïr *v.tr.* · détester · avoir horreur de · ne pas pouvoir souffrir · abhorrer *littér.* · abominer *littér.* · exécrer *littér.* · honnir *littér.* · ne pas pouvoir pifer *fam.* · ne pas pouvoir sentir *fam.* · ne pas pouvoir voir *fam.*
CONTR. aimer ı adorer ı chérir ı s'entendre
🙿 **détester**

haïssable *adj.* · détestable · exécrable · infâme · ignoble · insupportable · odieux
CONTR. adorable ι aimable

~ **haïssable, odieux, détestable**
On dit d'une personne qu'elle est haïssable lorsqu'on éprouve pour elle un profond sentiment d'antipathie, au point de parfois souhaiter sa disparition : « Les êtres qui le regardaient étaient les plus haïssables crétins de la terre » (Malraux, *la Condition humaine*). On peut aussi qualifier de **haïssable** une chose abstraite *(des vices haïssables)*. À la *haine* que suscite un comportement, **odieux** ajoute le dégoût et l'indignation *(cet homme est odieux ; un acte, un spectacle, un crime odieux, une brutalité odieuse)*. Avec une valeur atténuée, on qualifiera de **haïssable** ce que l'on juge très mauvais *(un climat haïssable)* et d'**odieux**, une personne ou un comportement insupportable *(elle fait ce qu'elle peut pour se rendre odieuse ; ce gamin a été odieux)*. **Détestable**, qui n'a plus le sens fort conservé par le verbe *détester*, se dit de ce qui est très désagréable *(quelle soirée, quel temps détestable !)* ou très mauvais dans son genre *(un film détestable)*.

hâle *n.m.* · bronzage

hâlé, e *adj.* · brun · basané · boucané · bronzé · cuivré · doré · tanné
CONTR. blanc ι pâle

haleine *n.f.* **1 - souffle** · respiration · **2 -** [littér.] effluve · émanation · odeur · parfum
+ **hors d'haleine** essoufflé · à bout de souffle · haletant · pantelant · anhélant *littér.* · pantois *vieux*
+ **avoir mauvaise haleine** refouler du goulot *pop.* · puer de la gueule *très fam.*

haler *v.tr.* **1 - remorquer** · tirer · touer · **2 -** [Mar.] paumoyer
CONTR. pousser

hâler *v.tr.* · bronzer · basaner · brunir · cuivrer · dorer · tanner
CONTR. blanchir

haletant, e *adj.* **1 - essoufflé** · à bout de souffle · pantelant · anhélant *littér.* · pantois *vieux* · **2 - précipité** · saccadé

halètement *n.m.* · essoufflement · [Méd.] anhélation · dyspnée

haleter *v.intr.* · souffler · s'essouffler · panteler *vieux* · [Méd.] anhéler

hall *n.m.* **1 - entrée** · antichambre · salle · vestibule · **2 - salle**

~ **hall, entrée, vestibule, antichambre**
Les quatre mots désignent la pièce où l'on a accès quand on pénètre dans un bâtiment. L'**entrée**, de dimensions modestes dans une maison ou dans un appartement, sépare la porte extérieure des pièces d'habitation. Le **vestibule** donne accès aux autres pièces de l'appartement ou de la maison. Le **hall** est une grande salle qui sert d'entrée dans une maison particulière de bonnes dimensions ou dans un édifice public *(hall de mairie, d'hôtel, de gare)*. Dans une maison privée et cossue, l'**antichambre** est distincte de l'entrée : il s'agit d'une pièce où l'on peut faire attendre les visiteurs, d'où l'expression *faire antichambre*.

halle *n.f.* **1 - hangar** · entrepôt · magasin · **2 - marché**

hallucinant, e *adj.* · extraordinaire · fabuleux · impressionnant · saisissant · stupéfiant

hallucination *n.f.* · illusion · fantasme · vision · berlue *fam.*

halluciné, e *adj.* · égaré · dément · hagard · visionnaire

halo n.m. · aura · auréole · cerne · nimbe

halte n.f. 1 - pause · arrêt · interruption · relâche · répit · trêve · 2 - escale · étape
✦ **halte !** stop ! · assez !
✦ **faire halte** → s'arrêter
CONTR. marche – continuation ı reprise

hameau n.m. · lieu-dit · écart région.
🙢 village

hameçon n.m. · piège · amorce · appât · leurre

hampe n.f. 1 - bâton · digon (Mar.) · aste vieux, région. · 2 - [de lettre] queue

handicap n.m. 1 - incapacité · impotence · invalidité · 2 - désavantage · entrave · frein · gêne · inconvénient · obstacle · pénalité · 3 - infériorité
CONTR. avance ı avantage

handicapant, e adj. · invalidant

handicapé, e adj. et n. · infirme · impotent · invalide

handicaper v.tr. · défavoriser · désavantager · desservir · entraver · freiner · pénaliser · plomber fam.
CONTR. avantager ı douer ı favoriser ı servir

hangar n.m. · abri · bâtiment · entrepôt · grange · remise

hanter v.tr. 1 - obséder · miner · poursuivre · ronger · tarabuster · tourmenter · 2 - habiter · courir · fréquenter · peupler
CONTR. fuir ı s'éloigner

hantise n.f. 1 - obsession · idée fixe · 2 - peur · psychose

happer v.tr. · attraper · agripper · saisir · gripper vieux
CONTR. lâcher ı laisser

🙢 **happer, attraper**
Happer et attraper ont en commun l'idée de saisir un être vivant ou une chose d'un mouvement rapide. Attraper implique le plus souvent que ce qui est saisi était en mouvement *(attraper un ballon au vol, une personne par la manche)* : « ma remarquable façon d'attraper les puces le séduisait » (Céline, *Voyage au bout de la nuit*). **Happer** suppose que l'on attrape brusquement ou très vite quelqu'un *(il s'est fait happer par la machine)* ou quelque chose *(le chien a happé l'os qu'on lui jetait)* : « Des plongeurs happent et emboursent dans leurs joues des piécettes qu'on leur jette du pont » (Gide, *Voyage au Congo*).

harangue n.f. 1 - allocution · discours · oraison vieux · 2 - exhortation · prêche · sermon · 3 - diatribe · catilinaire littér. · philippique littér. · prosopopée littér.

haranguer v.tr. · exhorter · sermonner

harassant, e adj. · fatigant · épuisant · éreintant · exténuant · pénible · rude · crevant fam. · tuant fam.

harassé, e adj. · fatigué · à bout · épuisé · éreinté · exténué · fourbu · recru littér. · rompu littér. · rendu vieilli · à plat fam. · cassé fam. · claqué fam. · crevé fam. · h. s. · lessivé fam. · mort fam. · moulu fam. · nase fam. · pompé fam. · sur le flanc fam. · sur les genoux fam. · sur les rotules fam. · vanné fam. · vidé fam.
CONTR. dispos ı fort ı frais
🙢 fatigué

harasser v.tr. 1 - fatiguer · anéantir · épuiser · éreinter · exténuer · surmener · user · casser fam. · claquer fam. · crever fam. · lessiver fam. · tuer fam. · vanner fam. · vider fam. · 2 - [un cheval] estrapasser · éreinter
CONTR. délaisser ı reposer

harcèlement n.m. · persécution

harceler v.tr. 1 - assaillir · presser · talonner · traquer · levrauder *vieux, fam.* · 2 - importuner · assaillir · empoisonner · fatiguer · persécuter · tarabuster · tourmenter · asticoter *fam.* · 3 - hanter · miner · obséder · poursuivre · tourmenter · travailler *fam.*
CONTR. apaiser ı calmer – laisser

hardes n.f.pl. · haillons · guenilles · loques · défroque *fam.* · oripeaux *littér.*

hardi, e adj. 1 - courageux · brave · intrépide · téméraire · risque-tout · 2 - audacieux · aventureux · présomptueux · 3 - effronté · cavalier · impudent · insolent · culotté *fam.* · 4 - impudique · gaillard · leste · libre · licencieux · osé · risqué · salé *fam.* · 5 - original · novateur · nouveau · osé
CONTR. lâche ı peureux ı timide ı timoré – modeste ı réservé – banal ı plat ı terne

hardiesse n.f. 1 - courage · bravoure · cœur · intrépidité · témérité · 2 - audace · présomption · 3 - effronterie · aplomb · front · impudence · insolence · culot *fam.* · toupet *fam.* · 4 - licence · liberté · 5 - originalité · nouveauté · innovation
CONTR. lâcheté ı timidité – décence ı modestie – banalité ı platitude

hardiment adv. 1 - courageusement · bravement · intrépidement · 2 - effrontément · impudemment · insolemment
CONTR. craintivement ı timidement – modestement

harem n.m. · gynécée · sérail *vieux*

harengère n.f. · poissarde

hargne n.f. 1 - agressivité · animosité · colère · rogne *fam.* · 2 - ténacité · combativité

hargneux, -euse adj. · agressif · acariâtre · colérique · méchant · querelleur · rageur · revêche · aimable comme une porte de prison *iron.*
CONTR. aimable ı doux

haricot n.m. · flageolet · chevrier · coco · dolic · fayot *fam.*

haridelle n.f. → cheval

harmonie n.f.
I 1 - entente · accord · concorde · paix · union · unité · 2 - concordance · conformité · 3 - équilibre · alliance · balancement · eurythmie · grâce · homogénéité · régularité · symétrie · 4 - consonance · euphonie
II 1 - musique · mélodie · 2 - fanfare · orphéon · philharmonie
✦ **être en harmonie** se convenir · se correspondre · s'entendre · être à l'unisson
✦ **mettre en harmonie** accorder · ajuster · assortir · concilier · harmoniser
CONTR. discorde ı dissentiment – antagonisme ı incompatibilité – désaccord ı désordre ı discordance

harmonieux, -ieuse adj. 1 - mélodieux · musical · doux · suave · 2 - équilibré · cohérent · homogène · proportionné · régulier · 3 - agréable · beau · esthétique · gracieux
CONTR. cacophonique ı criard ı discordant ı dissonant ı heurté – désorganisé ı disparate ı disproportionné ı incohérent – laid

harmonisation n.f. 1 - coordination · conciliation · équilibrage · 2 - accompagnement · arrangement · orchestration

harmoniser v.tr. 1 - accorder · allier · concilier · faire concorder · coordonner · équilibrer · 2 - orchestrer · arranger
⇒ **s'harmoniser** v.pron. s'accorder · aller (ensemble) · s'appareiller · se combiner · concorder · correspondre · se marier · s'approprier *littér.*
CONTR. détonner ı dissoner – désaccorder

harmonium n.m. 1 - harmonicorde · 2 - guide-chant

harnachement n.m. · accoutrement · attirail · équipement

harnacher v.tr. **1 - équiper** · **2 - accoutrer** · affubler · attifer fam.

harnais n.m. **1 - harnachement** · caparaçon · **2 - baudrier** · ceinture de sécurité

harpagon n.m. → avare

harpie n.f. · démon · furie · mégère · (vieille) sorcière

harpon n.m. · dard · digon (Mar.)

harponner v.tr. · attraper · agrafer fam. · alpaguer fam. · épingler fam. · mettre le grappin sur fam. · pincer fam.

hasard n.m. **1 - coïncidence** · imprévu · **2 - circonstances** · conjoncture · **3 - destin** · fatalité · sort · **4 -** [vieux] **danger** · aléa · péril · risque
+ **heureux hasard** chance · aubaine · coup de chance · fortune · occasion · coup de bol fam. · veine fam.
+ **hasard malheureux** accident · malchance · déveine fam.
+ **c'est le hasard !** c'est la loterie !
+ **arrivé par hasard** accidentel · aléatoire · contingent · fortuit · imprévu · occasionnel
+ **au hasard** aveuglément · à l'aveuglette · au petit bonheur fam. · à pouf fam., Belgique
+ **par hasard 1 - accidentellement** · fortuitement · **2 - éventuellement**
+ **si par hasard** si d'aventure

CONTR. déterminisme ı finalité ı nécessité

🕮 **hasard, coïncidence**
Hasard s'emploie à propos d'événements ou de concours de circonstances vécus comme inattendus et inexplicables *(c'est un pur, un vrai hasard ; on s'est retrouvé là par hasard)*. De là vient l'attribution à une cause fictive, le hasard, de ce qui arrive sans raison apparente *(laisser faire le hasard, ne rien laisser au hasard ; ce résultat ne doit rien au hasard)*. Il y a **coïncidence** quand deux ou plusieurs événements ont lieu ensemble de manière fortuite, comme si le hasard les avait produits en même temps *(une coïncidence curieuse, étonnante ; une simple coïncidence)* : « je résiste à croire à ces attractions mystérieuses par lesquelles on se flatte d'expliquer tant de coïncidences remarquables qui s'observent dans toutes les vies » (Paul Valéry, *Variété V*).

hasarder v.tr. **1 - essayer** · tenter · **2 - émettre** · avancer · proposer · suggérer · **3 - aventurer** · commettre · exposer · jouer · risquer · **4 - s'exposer à** · risquer
⇒ **se hasarder** v.pron. s'aventurer · s'aviser de · oser · se risquer à
🕮 risquer

hasardeux, -euse adj. · aléatoire · audacieux · aventureux · dangereux · fou · imprudent · risqué · téméraire

CONTR. sûr

haschisch n.m. · cannabis · kif · marijuana · hasch fam. · herbe fam. · marie-jeanne fam. · shit fam.

hâte n.f. **1 - diligence** · empressement · promptitude · rapidité · vitesse · célérité littér. · **2 - précipitation** · empressement · presse vieilli · **3 - impatience**
+ **avoir hâte de** être pressé de · être impatient de · brûler de
+ **en (toute) hâte** promptement · en courant · rapidement · sans perdre de temps · vite · d'urgence · dare-dare fam. · au galop fam. · au trot fam.
+ **à la hâte** précipitamment · vite · à toute allure · à toute vitesse · en cinq sec fam. · en quatrième vitesse fam. • [manger] sur le pouce fam.

CONTR. atermoiement ı calme ı lenteur

hâter v.tr. **1 - accélérer** · activer · brusquer · précipiter · presser · trousser littér. ou vieilli · **2 - avancer** · brusquer · précipiter

≫ **se hâter** v.pron. **1 - se dépêcher** · s'empresser · se presser · faire vite · faire diligence littér. · activer fam. · se bouger fam. · se décarcasser fam. · se dégrouiller fam. · faire fissa fam. · se grouiller fam. · se magner fam. · se magner le train, le popotin fam. · **2 - courir** · se précipiter

CONTR. ajourner ı attendre ı différer ı freiner ı ralentir ı remettre ı repousser ı retarder ı tarder ı temporiser ı traîner – s'arrêter – prendre son temps

hâtif, -ive adj. **1 - précipité** · prématuré · **2 - expéditif** · bâclé fam. · **3 - précoce**

CONTR. lent ı minutieux ı retardataire ı retardé ı soigné – tardif

hâtivement adv. **1 - précipitamment** · rapidement · en coup de vent fam. · **2 - expéditivement** · à la diable · à la va-vite · dare-dare fam. · à-la-six-quatre-deux fam. · à la galopade fam., vieilli

CONTR. doucement ı lentement ı tardivement

hauban n.m. · cordage · galhauban · guinderesse · sous-barbe · suspente

hausse n.f. **1 - accroissement** · augmentation · bond · boom · crescendo · montée · poussée · progression • [de violence] escalade · recrudescence • [des prix] flambée · **2 - majoration** · augmentation · élévation · relèvement · valorisation · **3 - crue** · élévation

+ **hausse des prix** inflation · valse des étiquettes
+ **être en hausse** → augmenter

CONTR. baisse ı dépréciation ı diminution

hausser v.tr. **1 - élever** · hisser · lever · monter · **2 - surélever** · exhausser · surhausser · remonter · **3 -** [la voix] **élever** · enfler · forcer · **4 - augmenter** · accroître · majorer · relever

≫ **se hausser** v.pron. **se dresser** · se hisser · se soulever
+ **se hausser jusqu'à** parvenir à · se hisser jusqu'à

CONTR. abaisser ı avilir ı baisser ı descendre

¹**haut, e** adj.
I **1 - élevé** · grand · élancé · **2 - dressé** · levé
II **1 - intense** · extrême · grand · vif · **2 - aigu** · élevé · **3 - éclatant** · puissant · retentissant · sonore
III **1 - éminent** · dominant · grand · important · puissant · supérieur · transcendant · **2 - noble** · édifiant · élevé · héroïque
IV **ancien** · éloigné · reculé

+ **haut fait** exploit · prouesse · fait d'armes vieilli ou littér.
+ **haut en couleur** pittoresque · truculent
+ **le plus haut** **1 - culminant** · **2 - dernier** · suprême
+ **être plus haut que** dépasser · surpasser

²**haut** n.m. et adv. **1 - sommet** · cime · faîte · **2 - corsage** · top fam.
+ **bien haut** franchement · nettement · ouvertement · publiquement · hautement vieilli
+ **du, de haut en bas** partout · de la cave au grenier · de fond en comble
+ **plus haut** ci-dessus · supra

hautain, e adj. **1 - altier** · fier · conquérant · aux grands airs · impérieux · orgueilleux · **2 - arrogant** · condescendant · dédaigneux · méprisant

CONTR. affable ı modeste

haut-de-forme n.m. · ascot · bolivar anciennt · claque anciennt · gibus anciennt · tube vieux · bosselard argot, vieilli

haute-fidélité n.f. · hi-fi

hautement adv. **1 - extrêmement** · fort · fortement · **2 - éminemment**

CONTR. médiocrement ı peu

hauteur n.f.
I **1 - altitude** · **2 - taille** · stature · **3 - niveau**
II **butte** · colline · côte · coteau · élévation · éminence · mamelon · mont · montagne · monticule · tertre

III noblesse · élévation · grandeur · sublimité · supériorité
IV arrogance · condescendance · dédain · fierté · morgue · orgueil
✦ **à la hauteur** capable · compétent · de taille
✦ **à la hauteur de** à côté de · devant · en face de · vis-à-vis de
CONTR. petitesse – abîme ı bas-fond ı enfoncement – bassesse ı médiocrité – affabilité ı humilité ı simplicité

🕮 hauteur, élévation, altitude

Hauteur, élévation et altitude sont en relation avec la dimension verticale des choses. La **hauteur** se mesure par rapport au sol, qui sert de référence *(hauteur d'un arbre, d'un immeuble ; prendre de la hauteur, atteindre une grande hauteur)* ou, s'agissant d'une montagne, par rapport au niveau de la mer. Dans ce dernier cas, on emploie également **altitude** *(la hauteur, l'altitude du mont Blanc)*, qui s'utilise par ailleurs à propos d'un avion *(voler à basse, à haute altitude)*. On parle d'une **hauteur** ou d'une **élévation** pour une éminence de terrain *(une petite hauteur, élévation ; un château bâti sur une hauteur, sur une élévation)*, **élévation** étant sorti d'usage avec la valeur courante d'**altitude**.

haut-fond *n.m.* · banc · barre · bas-fond

haut-le-cœur *n.m. invar.* **1 -** nausée · mal de cœur · **2 -** dégoût · écœurement · répugnance · répulsion

haut-le-corps *n.m. invar.* · soubresaut · sursaut · tressaillement

haut-parleur *n.m.* · baffle · enceinte

hâve *adj.* **1 -** décharné · émacié · étique · maigre · **2 -** blafard · blême · cireux · livide
CONTR. replet – coloré ı hâlé ı vif

havre *n.m.* · abri · oasis · port · refuge

havresac *n.m.* · sac à dos

hayon *n.m.* · layon

hébergement *n.m.* **1 -** logement · **2 -** séjour

héberger *v.tr.* · abriter · accueillir · loger · recevoir

hébété, e *adj.* · ahuri · abruti · sidéré · stupide · troublé

hébétement *n.m.* · abrutissement · ahurissement · hébétude · stupeur

hébétude *n.f.* · ahurissement · abrutissement · hébétement · stupeur

hécatombe *n.f.* **1 -** boucherie · carnage · massacre · tuerie · **2 -** immolation · sacrifice

hégémonie *n.f.* · autorité · domination · empire · pouvoir · prépondérance · supériorité · suprématie

hégémonique *adj.* · dominant · dominateur · prépondérant

hélas *interj.* · malheureusement · las *vieux*

héler *v.tr.* · appeler · interpeller

hélice *n.f.* spirale · vis · vrille
✦ **en hélice 1 -** hélicoïdal · hélicoïde · **2 - en colimaçon** · à vis

hélicoptère *n.m.* · autogire · giravion · girodyne

héliporté, e *adj.* · hélitransporté · aéroporté

hématome *n.m.* · ecchymose · bleu · contusion

hémicycle *n.m.* · demi-cercle

hémistiche *n.m.* • césure • coupe

hémorragie *n.f.* 1 - saignement • 2 - fuite • déperdition • exode • perte

héraut *n.m.* • annonciateur • messager • proclamateur

herbage *n.m.* • prairie • pâturage • pâture • pré

herbe *n.f.* 1 - graminée • ray-grass • 2 - foin • fourrage • 3 - gazon • pelouse • verdure • 4 - [fam.] → haschisch

herbeux, -euse *adj.* • herbu

herbicide *adj. et n.m.* • désherbant • débroussaillant • défoliant

herboriser *v.intr.* • botaniser *littér.* • arboriser *vieux*

hercule *n.m.* 1 - colosse • force de la nature • armoire à glace *fam.* • 2 - bateleur • lutteur • alcide *vieux*

herculéen, -enne *adj.* • titanesque • colossal • gigantesque

héréditaire *adj.* 1 - atavique • congénital • génétique • inné • ataval *vieux* • 2 - séculaire • traditionnel

hérédité *n.f.* • atavisme • génétique

hérésie *n.f.* 1 - dissidence • hétérodoxie • 2 - sacrilège • crime

hérétique *adj.* 1 - hérésiarque • apostat • hétérodoxe • relaps • renégat • 2 - impie • incroyant • infidèle • 3 - déviationniste • dissident • non-conformiste

hérisser *v.tr.* 1 - horripiler • crisper • exaspérer • indisposer • irriter • 2 - ébouriffer • redresser

≫ **se hérisser** *v.pron.* 1 - se raidir • se dresser • 2 - se fâcher • se cabrer • se crisper • s'irriter
CONTR. adoucir ɪ calmer - aplatir ɪ lisser

hérisson *n.m.* 1 - égouttoir • porte-bouteilles • 2 - herse

héritage *n.m.* 1 - legs • succession • hérédité *vieux* • hoirie *vieux* • 2 - [fig.] patrimoine • legs • 3 - tradition

🕮 héritage, patrimoine

Le patrimoine d'une personne comprend ce qui a pu lui être légué par sa famille et les biens qu'elle a elle-même réunis *(détenir un patrimoine important ; maintenir, accroître, entamer, dilapider son patrimoine).* Un **héritage** est constitué par le patrimoine laissé par une personne décédée et transmis par succession *(faire, attendre un héritage ; une part d'héritage ; renoncer à un héritage).* Les deux mots s'emploient aussi au figuré. L'**héritage** représente alors ce qui est transmis comme une succession à quelqu'un ou à une collectivité : « Le goût de la brouille est un héritage de famille » (F. Mauriac, *le Nœud de vipères*). Le **patrimoine** est formé de valeurs morales, culturelles, etc., considérées comme un héritage *(le patrimoine de l'humanité, un patrimoine artistique, la journée du patrimoine).*

hériter *v.tr.* • recevoir (en partage) • recueillir
CONTR. léguer

héritier, -ière *n.* 1 - légataire • successeur • hoir *vieux* • 2 - continuateur • disciple • fils spirituel • successeur
CONTR. auteur ɪ de cujus ɪ testateur

hermaphrodite *n.m. et adj.* • androgyne
CONTR. asexué ɪ unisexué

🕮 **androgyne**

herméneutique *n.f.* • critique • interprétation

hermétique *adj.* **1** - étanche • clos • fermé • **2 - obscur** • énigmatique • ésotérique • impénétrable • opaque • secret • sibyllin • abscons *littér.* • abstrus *littér.* • imbitable *très fam.*
CONTR. ouvert – clair

hermétisme *n.m.* **1** - ésotérisme • occultisme • **2 - impénétrabilité** • opacité

¹**héroïne** *n.f.* **1** - protagoniste • **2** - grande dame • femme d'exception • modèle

²**héroïne** *n.f.* • blanche *fam.* • héro *fam.*

héroïque *adj.* **1** - épique • glorieux • homérique • **2 - brave** • courageux • valeureux • **3 - stoïque**
CONTR. lâche

héroïquement *adv.* **1** - courageusement • bravement • vaillamment • valeureusement • **2 - stoïquement**

héroïsme *n.m.* **1** - bravoure • courage • vaillance • **2 - stoïcisme**
CONTR. lâcheté

héros *n.m.* **1** - protagoniste • personnage principal • **2 - brave** • grand homme • modèle • **3** - [Mythol.] **demi-dieu**
CONTR. bravache ı lâche

herse *n.f.* **1** - écroûteuse • émotteuse • hérisson • **2** - [de château] **sarrasine**

herser *v.tr.* • écroûter • émotter • labourer

hésitant, e *adj.* **1** - incertain • flottant • fluctuant • indécis • indéterminé • irrésolu • perplexe • **2 - chancelant** • vacillant
CONTR. assuré ı certain ı décidé ı résolu – ferme

hésitation *n.f.* **1** - incertitude • balancement • flottement • indécision • indétermina-tion • perplexité • barguignage *vieux* • **2** - atermoiement • errements • tâtonnement • tergiversation • valse-hésitation • **3** - réticence • réserve • résistance • scrupule
CONTR. assurance ı décision ı détermination ı résolution

hésiter *v.intr.* **1** - balancer • flotter • fluctuer • s'interroger • osciller • être sur le balan *Suisse* • se tâter *fam.* • ne pas savoir sur quel pied danser *fam.* • barguigner *vieux* • **2** - atermoyer • tâtonner • tergiverser • tourner autour du pot *fam.* • **3 - avoir des scrupules** • **4** - chanceler • vaciller • **5 - balbutier** • bégayer • chercher ses mots • ânonner
CONTR. agir ı choisir ı se décider

~~> **hésiter, balancer, osciller**

Hésiter, balancer et osciller ont en commun l'idée d'incertitude qui empêche d'agir, ou de décider quelque chose. On hésite lorsque l'indétermination porte sur une solution *(hésiter sur la décision à prendre)* ou plusieurs *(hésiter entre deux, de nombreuses options)*. Balancer, d'usage plus restreint, suppose seulement que l'on penche d'un côté, puis de l'autre *(entre les deux, mon cœur balance)*, comme les plateaux des anciennes *balances*. Quant à osciller, il implique un mouvement d'aller et retour entre deux ou plusieurs issues ou états possibles *(osciller entre amertume et colère)*.

hétéroclite *adj.* • composite • bigarré • disparate • divers • hétérogène • hybride • mélangé • varié • de bric et de broc
CONTR. homogène

hétérodoxe *adj.* **1** - hérétique • **2** - dissident • déviationniste • indépendant • non-conformiste
CONTR. conformiste ı orthodoxe

hétérogène *adj.* **1** - bigarré • composite • disparate • divers • diversifié • hétéroclite • de bric et de broc • **2 - dissemblable** • différent
CONTR. homogène – semblable

hétérogénéité *n.f.* · disparité · dissemblance · diversité
CONTR. homogénéité ı analogie

heure *n.f.* **1 -** plombe *fam.* · **2 -** période · époque · instant · temps · **3 -** circonstance · occasion
+ **à l'heure** ponctuel · dans les temps
+ **à la première heure** au saut du lit · dès potron-minet *vieux ou plaisant*
+ **à toute heure** constamment · continuellement · 24 heures sur 24
+ **avant l'heure** prématurément
+ **de bonne heure** **1 -** tôt · de bon matin · **2 -** précocement
+ **sur l'heure** sur-le-champ · immédiatement · hic et nunc · sans délai · séance tenante · tout de suite · incontinent *littér.* · illico *fam.*
+ **tout à l'heure** plus tard · dans un moment

heureusement *adv.* **1 -** avantageusement · bien · favorablement · **2 -** élégamment · avec bonheur · harmonieusement · idéalement
CONTR. malheureusement

heureux, -euse *adj.*
I **1 -** content · béat · épanoui · radieux · ravi · satisfait · aux anges *fam.* · aise *littér.* · **2 - serein** · comblé · tranquille · **3 - charmé** · enchanté · ravi
II **1 -** chanceux · favorisé · fortuné · veinard *fam.* · **2 - avantageux** · bon · favorable · **3 - harmonieux** · beau · réussi · bien trouvé
CONTR. malheureux ı frustré ı mécontent ı triste – tourmenté ı troublé – infortuné ı malchanceux – affligeant ı déplorable ı désolant ı douloureux ı fâcheux ı funeste
↝ **content**

heurt *n.m.* **1 -** coup · choc · collision · impact · tamponnement · télescopage · **2 - à-coup** · cahot · saccade · secousse · **3 - conflit** · affrontement · antagonisme · friction · froissement · querelle
CONTR. conciliation
↝ **choc**

heurté, e *adj.* · abrupt · rocailleux · rude · saccadé
CONTR. fondu ı lié

heurter *v.tr.* **1 -** percuter · choquer · cogner · emboutir · tamponner · taper · télescoper · cosser *littér. ou région.* · **2 - contrarier** · atteindre · blesser · froisser · offenser · offusquer · scandaliser · vexer · **3 - affronter** · attaquer · combattre
⋙ **se heurter** *v.pron.* **1 -** s'affronter · s'accrocher · **2 - se cogner** · s'entrechoquer

heurtoir *n.m.* **1 -** anneau · boucle · marteau · marmot *vieux* · **2 - butoir**

hexagonal, e *adj.* · français · franco-français · métropolitain

hiatus *n.m.* **1 -** désaccord · décalage · **2 - interruption** · rupture · solution de continuité · **3 - fente** · interstice
CONTR. accord – continuité

hibernation *n.f.* · hivernation · dormance · engourdissement

hiberner *v.intr.* · hiverner

↝ **hiberner, hiverner**
Hiberner et hiverner, c'est passer l'*hiver* à l'abri du froid. Hiberner ne concerne que certains animaux qui traversent toute la saison *hivernale* dans un état de vie ralentie *(le loir, la chauve-souris, le hérisson, la marmotte hibernent de longs mois)*. Hiverner a une valeur plus large et s'emploie à propos des animaux qui migrent *(les hirondelles hivernent au-delà de la Méditerranée)* ou des hommes qui prennent leurs quartiers d'hiver dans une région au climat plus clément *(hiverner dans le sud de l'Espagne)*.

hic *n.m.* → **problème**

hideur *n.f.* **1 - horreur** · monstruosité · **2 - abjection** · bassesse · ignominie · infamie · monstruosité
CONTR. beauté – dignité ı honneur

hideux, -euse *adj.* **1 - laid** · affreux · atroce · difforme · horrible · ignoble · monstrueux · repoussant · ord *vieux* · **2 - ignoble** · abject · infâme · répugnant · monstrueux
CONTR. beau – noble ı digne

hiérarchie *n.f.* **1 - classement** · classification · gradation · ordre · **2 - subordination** · voie hiérarchique
✦ **niveau de hiérarchie**   échelon · grade
CONTR. anarchie ı désordre – égalité

hiérarchique *adj.* **1 - ordonné** · structuré · organisé · **2 - subordonné**
CONTR. désorganisé – anarchique ı égalitaire

hiérarchiser *v.tr.* **1 - classer** · graduer · ordonner · **2 - structurer** · organiser
CONTR. désorganiser ı égaliser

hiérarque *n.* · cacique

hiératique *adj.* **1 - sacré** · solennel · **2 - immobile** · figé · impassible
CONTR. laïque ı profane – mobile ı vivant

hi-han *n.m. invar* · braiment

hilarant, e *adj.* · comique · burlesque · cocasse · désopilant · drôle · facétieux · inénarrable · bidonnant *fam.* · boyautant *fam.*, *vieux* · crevant *fam.* · fendant *fam.* · gondolant *fam.* · impayable *fam.* · marrant *fam.* · pissant *fam.*, *vieilli* · pliant *fam.* · poilant *fam.* · rigolo *fam.* · tordant *fam.*

hilare *adj.* · gai · radieux · réjoui · rieur
CONTR. chagrin ı maussade

hilarité *n.f.* · allégresse · gaieté · jubilation
CONTR. chagrin ı tristesse

hippie *n. et adj.* · baba *fam.* · beatnik

hippique *adj.* · équestre

hippisme *n.m.* · courses · équitation · turf

hippodrome *n.m.* · champ de courses · turf

hirsute *adj.* · ébouriffé · échevelé · hérissé · coiffé avec un pétard *fam.* · [cheveux] en bataille · en pétard *fam.*

hisser *v.tr.* **1 - lever** · élever · soulever · guinder *Techn.* · **2 -** [pavillon] **arborer**
⇒ **se hisser** *v.pron.* s'élever · se hausser
✦ **se hisser sur**   grimper sur · se jucher sur · monter sur
✦ **se hisser jusqu'à**   parvenir à · se hausser jusqu'à
CONTR. baisser – amener ı baisser les couleurs – s'abaisser

histoire *n.f.*
I **1 - anecdote** · épisode · récit · relation *littér.* · **2 - conte** · légende · fable · **3 - biographie** · autobiographie · mémoires · vie · **4 - annales** · archives · chronique
II **affaire** · aventure · événement
III **embarras** · anicroche · complication · ennui · incident · problème · hic *fam.* · os *fam.* · pépin *fam.*
IV **mensonge** · balivernes · blague *fam.* · chanson *fam.* · salade *fam.* · mytho *lang. jeunes*
⇒ **histoires** *plur.* [péj.] comédie · façons · manières · chichis *fam.* · simagrées *fam.*

historien, -ienne *n.* · annaliste · chroniqueur · chronologiste · historiographe · mémorialiste

historier *v.tr.* · orner · décorer · enjoliver

historiette *n.f.* · anecdote · conte · nouvelle

historique *adj.* 1 - réel · authentique · vrai · 2 - **célèbre** · connu · illustre · 3 - mémorable · marquant · qui fait date · 4 - diachronique
CONTR. fabuleux ı légendaire ı mythologique

histrion *n.m.* · cabotin · baladin · bateleur

HIV *n.m.* · V.I.H. · L.A.V.

hivernal, e *adj.* 1 - hiémal *littér.* · 2 - glacial
CONTR. estival

hiverner *v.tr.* · hiberner
↝ **hiberner**

hobby *n.m.* · passe-temps (favori) · manie · marotte · violon d'Ingres · dada *fam.*

hocher *v.tr.* [la tête] dodeliner de · remuer · secouer

holà *interj.* 1 - ho · hé · oh · 2 - assez · doucement

hold-up *n.m.* · attaque à main armée · braquage *fam.*

holocauste *n.m.* 1 - sacrifice · immolation · 2 - [juif] Shoah · extermination · génocide

homélie *n.f.* 1 - prêche · instruction · prône · sermon · 2 - discours · remontrance · réprimande · sermon

homérique *adj.* · épique · héroïque

¹**homicide** *n. et adj.* criminel · assassin · meurtrier

²**homicide** *n.m.* 1 - crime · assassinat · meurtre · 2 - [sortes] infanticide · fratricide · matricide · parricide

hommage *n.m.* 1 - considération · respect · 2 - expression · témoignage · tribut

✦ rendre hommage à   saluer · célébrer · honorer

≫ **hommages** *plur.* · compliments · civilités · devoirs · respects · salutations

hommasse *adj.* masculin · viril · garçonnier

✦ femme hommasse   virago · dragon · gendarme

homme *n.m.* 1 - mâle · garçon · bonhomme *fam.* · gars *fam.* · mec *fam.* · mecton *fam.* · gonze *pop.* · gus *fam.* · keum *lang. jeunes* · type *fam.* · 2 - individu · personne · quidam · 3 - humain · mortel · créature · humanité · espèce humaine · animal raisonnable *plaisant* · 4 - [fam.] époux · mari · amant · jules · mec *fam.* · régulier *fam.* · grand amour

✦ bel homme   adonis · apollon · éphèbe
✦ jeune homme   adolescent · garçon · damoiseau *plaisant* · jouvenceau *plaisant*
✦ homme de bien   gentilhomme · gentleman
✦ homme à femmes   casanova · don Juan · lovelace · séducteur · tombeur *fam.* · coureur de jupons *fam., péj.*
✦ homme de lettres   écrivain · auteur · plume · littérateur *souvent péj.*
✦ homme de loi   magistrat · juriste · légiste
✦ homme de main   nervi · sbire · affidé *littér.* · séide *littér.* · spadassin *littér.*
✦ homme de paille   paravent · prête-nom · marionnette · pantin
CONTR. femme

homme-grenouille *n.m.* · plongeur

homogène *adj.* 1 - cohérent · harmonieux · régulier · uni · uniforme · 2 - semblable · équivalent · similaire
CONTR. hétérogène – disparate ı hétéroclite

homogénéité *n.f.* · cohérence · cohésion · harmonie · régularité · unité
CONTR. hétérogénéité

homologation *n.f.* · autorisation · entérinement · officialisation · ratification · validation
CONTR. annulation

homologue
▪ *adj.* analogue · correspondant · équivalent · semblable · similaire
▪ *n.* collègue · confrère
CONTR. hétérologue

homologuer *v.tr.* · autoriser · confirmer · entériner · officialiser · ratifier · sanctionner · valider

homosexualité *n.f.* 1 - homophilie · pédérastie · uranisme · 2 - lesbianisme · saphisme · tribadisme *vieux*
CONTR. hétérosexualité

homosexuel *n.m.* · gay · homophile · inverti · pédéraste · homo *fam.* · pédé *fam., souvent injurieux* · pédale *fam., injurieux* · tapette *fam., injurieux*
CONTR. hétérosexuel

homosexuelle *n.f.* · lesbienne · invertie · gouine *fam., injurieux* · tribade *vieux ou littér.*

hongre *adj.* · castré · châtré · coupé
CONTR. entier ׀ étalon

honnête *adj.*
I 1 - intègre · droit · incorruptible · irréprochable · loyal · moral · scrupuleux · vertueux · probe *littér.* · réglo *fam.* · 2 - équitable · juste · raisonnable · de bonne guerre · 3 - brave · décent · digne · 4 - franc · sincère
II 1 - acceptable · convenable · décent · honorable · moyen · passable · satisfaisant · suffisant · 2 - consciencieux · scrupuleux
III chaste · fidèle · modeste · pudique · pur · sage · vertueux
CONTR. déloyal ׀ malhonnête − injuste ׀ inéquitable − extraordinaire ׀ supérieur − débauché ׀ impudique ׀ indécent

575 ▸ honneur

honnêtement *adv.* 1 - loyalement · en toute franchise · sans détour · sincèrement · 2 - irréprochablement · loyalement · vertueusement · 3 - convenablement · correctement · honorablement · moyennement · passablement · raisonnablement · suffisamment
CONTR. malhonnêtement

honnêteté *n.f.* 1 - intégrité · dignité · droiture · loyauté · moralité · probité · 2 - franchise · bonne foi · loyauté · sincérité · 3 - bienséance · correction · délicatesse · décence · 4 - chasteté · modestie · pudeur · pureté · sagesse · vertu
CONTR. malhonnêteté − hypocrisie − grossièreté ׀ impolitesse − lubricité ׀ impudeur

☞ **honnêteté, intégrité, probité**
L'**honnêteté** implique que l'on respecte ses engagements, dans quelque domaine que ce soit, que l'on ne cherche pas à tromper autrui *(une honnêteté scrupuleuse, agir avec honnêteté, en toute honnêteté)*. C'est le respect exact des obligations qu'impose l'honnêteté et, en outre, l'idée que l'on a de la justice qui définit la **probité** de quelqu'un *(c'est un homme d'une grande droiture, on ne peut pas douter de sa probité)*. Parler de l'**intégrité** d'une personne suppose qu'elle est d'une probité totale, que tous ses actes sont irréprochables *(l'intégrité d'un magistrat ; faire confiance à l'intégrité d'un jury)*.

honneur *n.m.* 1 - dignité · fierté · estime · réputation · respect (de soi-même) · 2 - faveur · grâce · 3 - prérogative · privilège · 4 - gloire · fleuron · fierté · orgueil · 5 - [*vieilli*] chasteté · honnêteté · pudeur
✦ **en honneur** 1 - apprécié · estimé · 2 - à la mode · couru · en vogue
✦ **en l'honneur** 1 - en hommage à · à la louange de · 2 - à l'occasion de
✦ **d'honneur** 1 - honorifique · 2 - honoris causa · honoraire

♦ **se faire honneur de** se targuer de · s'enorgueillir de · se faire gloire de · se vanter de · se donner les gants de

honneurs *plur.* **1 -** considération · égards · estime · **2 -** distinctions · titres

CONTR. déshonneur ı discrédit ı honte ı infamie ı opprobre – humiliation ı vexation

honnir *v.tr.* [littér.] blâmer · mépriser · vomir · ahonter *vieux* · vilipender *littér.* · vouer à l'opprobre, aux gémonies *littér.*

CONTR. louer ı encenser ı honorer

honorabilité *n.f.* · honneur · respectabilité

honorable *adj.* **1 -** digne · estimable · noble · respectable · **2 - acceptable** · convenable · correct · honnête · moyen · suffisant

CONTR. déshonoré – déshonorant ı honteux ı infamant

honorablement *adv.* **1 - dignement** · noblement · respectueusement · **2 -** convenablement · correctement · honnêtement · raisonnablement · suffisamment

honoraire *adj.* · émérite · d'honneur

honoraires *n.m.pl.* → **salaire**

honoré, e *adj.* **1 -** estimé · respecté · **2 -** flatté · ravi

honorer *v.tr.*
I **1 - célébrer** · glorifier · rendre gloire à · rendre hommage à · saluer · **2 - estimer** · respecter · révérer · vénérer
II **1 - remplir** · respecter · s'acquitter de · **2 -** payer · acquitter · régler
III gratifier

s'honorer de *v.pron.* s'enorgueillir de · se flatter de · se faire gloire de · se targuer de

CONTR. abaisser ı déshonorer ı mépriser ı rabaisser – dédaigner

honorifique *adj.* · d'honneur · honoraire · honoris causa

honte *n.f.* **1 - déshonneur** · abjection · humiliation · ignominie · infamie · indignité · opprobre *littér.* · turpitude *littér.* · ahchouma *lang. jeunes* · **2 - scandale** · abomination · flétrissure · ignominie · infamie · **3 - embarras** · gêne · réserve · retenue · timidité · **4 - pudeur** · scrupule · vergogne *vieux*

♦ **avoir honte** vouloir être à cent pieds sous terre *fam.* · ne plus savoir où se mettre
♦ **avoir honte de** se repentir de · rougir de
♦ **faire honte à** humilier · embarrasser
♦ **couvrir de honte** bafouer · honnir *littér.*

CONTR. gloire ı honneur – audace

honteux, -euse *adj.* **1 - avilissant** · dégradant · déshonorant · ignominieux · scandaleux · **2 - abject** · bas · dégoûtant · ignoble · immoral · inavouable · infâme · méprisable · vil · **3 - confus** · déconfit · penaud · quinaud *vieux*

♦ **partir honteux** s'en aller l'oreille basse · s'en aller la queue basse, entre les jambes

CONTR. digne ı honorable ı noble

hooligan *n.* · casseur · vandale

hôpital *n.m.* · centre hospitalier · clinique · établissement de soins · établissement hospitalier, sanitaire · maison de santé · maternité · hosto *fam.*

horaire *n.m.* **1 - indicateur** · guide · **2 - emploi du temps** · planning · programme

horde *n.f.* **1 - bande** · colonie · gang · meute · **2 - tribu** · peuplade

horizon *n.m.* **1 - paysage** · étendue · environnement · vue · **2 - avenir** · futur · perspective

♦ **à l'horizon 1 - au loin** · dans le lointain · **2 -** [suivi d'une date] **à l'échéance**

horloge *n.f.* **1 - pendule** · carillon · comtoise · **2 -** [anciennt] cadran (solaire) · clepsydre · gnomon · sablier

hormis *prép.* • excepté • abstraction faite de • à l'exception de • hors • à part • sauf • fors *littér.*

CONTR. y compris ı inclus

horodateur *n.m.* [Auto] parcmètre

horreur *n.f.*
I 1 - **effroi** • épouvante • peur • terreur • 2 - **aversion** • abomination • dégoût • haine • répugnance • répulsion • détestation *littér.* • exécration *littér.*
II 1 - **abjection** • atrocité • hideur • infamie • noirceur • 2 - **crime** • monstruosité
III 1 - **grossièreté** • obscénité • cochonnerie *fam.* • 2 - **insulte** • injure
IV **monstre** • mocheté *fam.* • [femme] laideron • cageot *fam.* • guenon *fam.* • grognasse *fam.* • (gros) tas *fam.* • thon *fam.*

✦ **avoir en horreur** détester • haïr • abhorrer *littér.* • abominer *littér.* • exécrer *littér.*
✦ **faire horreur** répugner • dégoûter • écœurer • révulser
✦ **prendre en horreur** prendre en grippe *fam.*

CONTR. admiration ı amour ı sympathie – beauté

horrible *adj.* 1 - **hideux** • affreux • immonde • laid • monstrueux • 2 - **infect** • dégoûtant • exécrable • dégueulasse *fam.* • 3 - **abominable** • affreux • atroce • effrayant • effroyable • épouvantable • infâme • monstrueux • révoltant • 4 - **excessif** • extrême • terrible

CONTR. beau – réconfortant

horriblement *adv.* 1 - **affreusement** • atrocement • effroyablement • hideusement • monstrueusement • 2 - **excessivement** • extrêmement • terriblement

horrifiant, e *adj.* • effrayant • effroyable • épouvantable • terrible • terrifiant • horrifique *vieux ou plaisant*

horrifier *v.tr.* 1 - **épouvanter** • terrifier • 2 - **choquer** • scandaliser

horripilant, e *adj.* • agaçant • crispant • énervant • exaspérant • irritant

horripiler *v.tr.* • agacer • crisper • énerver • exaspérer • hérisser • irriter • impatienter • insupporter *fam.* • taper sur les nerfs à *fam.*

hors *prép.* • en dehors de • excepté • hormis • sans • sauf • fors *littér.*

CONTR. dans ı dedans ı en ı y compris

hors-d'œuvre *n.m.* 1 - **entrée** • 2 - **avant-goût** • préliminaires • préambule • prélude

hors-la-loi *n. invar.* • bandit • desperado • outlaw

hospice *n.m.* [vieux] asile • hôpital • refuge

hospitalier, -ière *adj.* • accueillant • ouvert

CONTR. hostile ı inhospitalier

hospitalité *n.f.* accueil • réception
✦ **offrir l'hospitalité à** abriter • accueillir • héberger • loger • recevoir • offrir un toit à

hostile *adj.* 1 - **adverse** • ennemi • 2 - **inamical** • froid • glacé • inhospitalier • malveillant
✦ **hostile à** défavorable à • anti • contre • opposé à

CONTR. allié – amical ı bienveillant ı cordial ı favorable

hostilité *n.f.* 1 - **haine** • animosité • antipathie • inimitié • malveillance • 2 - **opposition** • défaveur
»› **hostilités** *plur.* guerre • combat • conflit • lutte (armée)

CONTR. amitié ı bienveillance ı sympathie – adhésion ı approbation – paix

hôte *n.* 1 - **maître (de maison)** • amphitryon *plaisant* • 2 - **invité** • 3 - **habitant** • locataire • occupant

hôtel *n.m.* auberge · pension · motel
✦ **grand hôtel, hôtel de luxe** palace
✦ **hôtel de ville** mairie

hôtelier, -ière *n.* · aubergiste · hôte · taulier *fam.*

hôtellerie *n.f.* [anciennt] auberge

hôtesse *n.f.* **1** - maîtresse de maison · **2** - [d'accueil] réceptionniste

hotte *n.f.* [de vendange] bouille *région.* · hottereau *vieux, région.* · vendangeoir *région.* · caque *région.*

houille *n.f.* · charbon

houiller, -ère *adj.* · carbonifère

houlette *n.f.* bâton · canne
✦ **sous la houlette de** sous l'autorité de · sous le commandement de · sous la férule de

houleux, -euse *adj.* · mouvementé · agité · orageux · tumultueux · tempétueux *vieux ou littér.*
CONTR. calme ı paisible

houppe *n.f.* **1** - pompon · houppette · freluche · floche *région.* · **2** - toupet · touffe · **3** - huppe · aigrette · panache

houppette *n.f.* · toupet

hourra
■ *interj.* bravo · youpi
■ *n.m.* acclamation · ovation · vivat

houspiller *v.tr.* · réprimander · gourmander · gronder · chapitrer · sermonner · admonester *littér.* · morigéner *littér.* · tancer *littér.* · attraper *fam.* · crier après *fam.* · disputer *fam.* · enguirlander *fam.* · tirer les oreilles à *fam.*

housse *n.f.* · enveloppe · gaine

hovercraft *n.m.* · aéroglisseur

hublot *n.m.* · fenêtre

huche *n.f.* · coffre · maie

huées *n.f.pl.* · chahut · charivari · clameur · sifflets · tollé

huer *v.tr.* · siffler · chahuter · conspuer
CONTR. acclamer ı applaudir ı ovationner

huile *n.f.* **1** - graisse · lubrifiant · **2** - [fam.] notable · gros bonnet *fam.* · grosse légume *fam.* · (grand) ponte *fam.*
✦ **huile essentielle** essence · oléolat *vieux*

huiler *v.tr.* · graisser · lubrifier

huileux, -euse *adj.* · graisseux · gras · visqueux

huissier *n.m.* · appariteur · portier · introducteur *rare*

huitaine *n.f.* · semaine

humain, e
■ *adj.* bienveillant · altruiste · bon · charitable · compatissant · généreux · philanthrope · secourable · sensible
■ *n.m.* **1** - individu · personne · mortel *littér. ou plaisant* · **2** - [Sciences] hominidé · homo sapiens
» **humains** *plur.* humanité · gens · hommes
CONTR. impitoyable ı inhumain ı malveillant ı méchant ı sévère

humainement *adv.* · charitablement · généreusement
CONTR. cruellement ı inhumainement

humaniser *v.tr.* · adoucir · apprivoiser · civiliser
CONTR. déshumaniser

humanitaire *adj.* **1** - altruiste · bon · humain · **2** - caritatif · philanthropique

humanité *n.f.* 1 - bienveillance · altruiste · bonté · charité · clémence · compassion · indulgence · philanthropie · sensibilité · 2 - humains · hommes · espèce humaine · genre humain
CONTR. inhumanité ı malveillance ı méchanceté

humble *adj.* 1 - effacé · modeste · réservé · 2 - petit · médiocre · obscur · pauvre · simple · 3 - soumis · servile *péj.*
✦ **se faire humble** s'aplatir · s'humilier · ramper *péj.*
CONTR. ambitieux ı arrogant ı fier ı orgueilleux – grandiose ı imposant ı impressionnant

humblement *adv.* 1 - modestement · en toute humilité · 2 - médiocrement · modestement · pauvrement · petitement
CONTR. orgueilleusement

humecter *v.tr.* humidifier · asperger · imbiber · imprégner · mouiller
⇒ **s'humecter** *v.pron.* · s'embuer · se mouiller
CONTR. sécher

humer *v.tr.* 1 - inhaler · aspirer · respirer · 2 - flairer · renifler · sentir

humeur *n.f.* 1 - caractère · disposition · nature · naturel · tempérament · complexion *vieux* · 2 - disposition · état d'esprit, d'âme · 3 - caprice · fantaisie · impulsion
✦ **être d'humeur à** avoir envie de · être disposé à · être enclin à · être prêt à · être en veine de *vieilli*
✦ **d'humeur égale** équanime *vieux*
✦ **bonne humeur** gaieté · enjouement · entrain · jovialité · alacrité *littér.*
✦ **de bonne humeur** content · joyeux · jovial · réjoui · bien luné *fam.* · de bon poil *fam.*
✦ **mauvaise humeur** 1 - mécontentement · irritation · maussaderie · 2 - acrimonie · aigreur · brusquerie
✦ **de mauvaise humeur** mécontent · grognon · irrité · maussade · mal luné *fam.* · de mauvais poil *fam.* · qui s'est levé du pied gauche *fam.*

✦ **de très mauvaise humeur** à ne pas prendre avec des pincettes *fam.* · d'une humeur de chien, de dogue *fam.*

humide *adj.* 1 - mouillé · 2 - embrumé · embué · 3 - moite · 4 - pluvieux
✦ **très humide** détrempé · suintant · trempé
CONTR. sec ı aride

humidifier *v.tr.* · humecter · mouiller
CONTR. sécher ı dessécher

humidité *n.f.* · hygrométrie
CONTR. sécheresse ı aridité

humiliant, e *adj.* · avilissant · abaissant · dégradant · déshonorant · mortifiant
CONTR. exaltant ı flatteur ı glorieux

humiliation *n.f.* 1 - avilissement · abaissement · dégradation · déshonneur · honte · mortification · 2 - affront · gifle · vexation · avanie *littér.* · camouflet *littér.* · nasarde *vieux ou littér.*
CONTR. flatterie ı glorification

humilié, e *adj.* honteux · mortifié · penaud
✦ **partir humilié** s'en aller l'oreille, la queue basse · s'en aller la queue entre les jambes

humilier *v.tr.* 1 - abaisser · avilir · déshonorer · rabaisser · 2 - blesser · mortifier · offenser · vexer · faire honte à
⇒ **s'humilier** *v.pron.* s'abaisser · s'aplatir *péj.* · ramper *péj.*
CONTR. élever ı enorgueillir ı exalter ı glorifier

humilité *n.f.* 1 - modestie · réserve · retenue · 2 - soumission · déférence
CONTR. amour-propre ı arrogance ı fierté ı hauteur ı orgueil ı superbe ı vanité – irrespect

humoriste *n.* · amuseur · comique · fantaisiste · caricaturiste

humoristique *adj.* · amusant · cocasse · comique · drôle · désopilant · hilarant · plaisant · spirituel · marrant *fam.* · rigolo *fam.* · bidonnant *fam.* · poilant *fam.*

humour *n.m.* · esprit · drôlerie · ironie · raillerie · sel
CONTR. sérieux

humus *n.m.* · terreau

huppe *n.f.* · aigrette · houppe · panache

huppé, e *adj.* [fam.] chic · distingué · fortuné · b.c.b.g. *fam.*

hurlement *n.m.* **1** - cri · clameur · vocifération · glapissement · beuglement *fam.* · **2** - mugissement · rugissement

hurler *v.intr.* **1** - crier · vociférer · beugler *fam.* · brailler *fam.* · gueuler *très fam.* · **2** - s'époumoner · s'égosiller · **3** - [vent] mugir · rugir · **4** - [couleurs] jurer · détonner · dissoner

hurluberlu *n.m.* · farfelu · extravagant · loufoque *fam.*
CONTR. sage ⎜ sérieux

hutte *n.f.* · cabane · baraque · bicoque · cahute · paillote · buron *région.*
↝ baraque

hybride *adj.* **1** - croisé · bâtard · mâtiné · métis · **2** - disparate · composite · hétérogène · mixte
CONTR. pur – homogène ⎜ harmonieux

hybrider *v.tr.* · croiser · mélanger · métisser

hydrocution *n.f.* · hydrochoc

hydrofoil *n.m.* · hydroptère

hydroglisseur *n.m.* · hydroplane

hygiène *n.f.* **1** - **propreté** · soin du corps · **2** - **salubrité** · santé publique

hygiénique *adj.* · salubre · propre · sain
CONTR. antihygiénique

hygrométrie *n.f.* · hygroscopie · psychométrie

hyperbole *n.f.* · emphase · exagération · outrance

hyperbolique *adj.* **1** - **emphatique** · grandiloquent · **2** - **exagéré** · excessif · outré
CONTR. mesuré ⎜ simple

hypersensible *adj.* · hyperémotif · écorché vif
CONTR. insensible

hypertrophie *n.f.* **1** - **surdéveloppement** · gonflement · **2** - **exagération** · excès · outrance · hyperbole
CONTR. atrophie ⎜ hypotrophie – mesure ⎜ modération

hypertrophié, e *adj.* **1** - **gonflé** · enflé · dilaté · **2** - **démesuré** · surdimensionné
CONTR. atrophié – mesuré ⎜ modéré

hypnose *n.f.* · envoûtement · charme · enchantement · ensorcellement

hypnotique *adj.* · narcotique · somnifère · soporifique

hypnotiser *v.tr.* **1** - **magnétiser** · endormir · **2** - **éblouir** · captiver · ensorceler · fasciner

hypocalorique *adj.* · allégé · diététique · light *anglic.*

hypocondriaque *adj. et n.* → bilieux

hypocrisie *n.f.* **1** - duplicité · dissimulation · fausseté · fourberie · jésuitisme · patelinage · **2** - bigoterie · tartuferie ·

bigotisme *vieilli* · cafardise *rare* · cagoterie *littér.* · papelardise *littér.* · pharisaïsme *littér.* · **3** - comédie · feinte · mensonge · tromperie · pantalonnade *vieilli*

CONTR. franchise ı loyauté ı sincérité

hypocrite

■ *adj.* **1** - fourbe *soutenu* · faux · cauteleux *littér.* · **2** - affecté · artificieux · dissimulé · double · faux · **3** - bigot · cafard *rare* · cagot *littér.* · papelard *littér.* · pharisien *littér.* · tartufe

■ *n.* **1** - comédien · fourbe · imposteur · judas · janus · sainte-nitouche · sournois · faux-cul *fam.* · faux jeton *fam.* · patte-pelu *vieux* · **2** - jésuite · escobar *vieux*

✦ **être hypocrite** jouer double jeu · manger à deux râteliers *vieilli*

CONTR. franc ı loyal ı sincère

☞ **hypocrite, fourbe**

Hypocrite et fourbe s'appliquent tous deux à des personnes qui dissimulent leur personnalité. L'hypocrite se présente avec des idées, des sentiments qu'il n'a pas, affectant un comportement qui trompe autrui *(ses discours hypocrites sur la tolérance)* : « M... n'est pas précisément un hypocrite, mais tout de même il cache son jeu » (Gide, *Journal, 1er janvier 1907*). Fourbe, réservé au style soutenu, renchérit sur hypocrite en qualifiant une personne qui feint l'honnêteté et trompe de cette manière la confiance d'autrui *(je n'aime pas cet air fourbe)* : « Les flatteurs, les fourbes, les calomniateurs, ceux qui ne délient leur langue que pour le mensonge et l'intérêt » (La Bruyère, *les Caractères*, XII, 41).

hypocritement *adv.*

· faussement · sournoisement · en jouant un double jeu

CONTR. franchement

hypothèque *n.f.*

· gage · garantie

hypothéquer *v.tr.*

· engager · grever · lier

hypothèse *n.f.*

1 - supposition · assomption · conjecture · présomption · **2** - éventualité · possibilité · **3** - axiome · postulat · prémisse

CONTR. certitude ı évidence – conclusion

☞ **supposition**

hypothétique *adj.*

1 - supposé · conjectural · présumé · **2** - douteux · aléatoire · improbable · incertain

CONTR. certain ı effectif ı évident ı indubitable ı sûr

hystérie *n.f.*

· délire · excitation · folie

hystérique *adj.*

· surexcité · déchaîné · frénétique

ici *adv.* **ci** *vieux* · **céans** *vieux*
+ **ici-bas** sur terre · en ce monde
+ **jusqu'ici** jusqu'à maintenant · jusqu'à présent · jusqu'à aujourd'hui

CONTR. ailleurs

iconoclaste *n. et adj.* **1** - anticonformiste · non-conformiste · **2** - vandale · barbare · destructeur · dévastateur

CONTR. conformiste

ictère *n.m.* · jaunisse · cholémie

¹**idéal, e** *adj.* **1** - optimal · parfait · rêvé · **2** - accompli · achevé · complet · consommé · merveilleux · parfait · pur · surnaturel · **3** - abstrait · conceptuel · idéel · théorique · **4** - imaginaire · chimérique · idéalisé · mythique · rêvé · utopique · **5** - **platonique**

²**idéal** *n.m.* **1** - utopie · chimère · fantasme · rêve · **2** - modèle · canon · exemple · type (même) · parangon *littér.* · **3** - absolu · perfection
+ **l'idéal** [fam.] la meilleure solution · le mieux · le rêve · le bonheur

☞ utopie

idéalement *adv.* · parfaitement · à la perfection

idéalisation *n.f.* · embellissement · glorification · poétisation · sublimation

idéaliser *v.tr.* · embellir · ennoblir · flatter · glorifier · magnifier · poétiser · sublimer

CONTR. rabaisser ı enlaidir

idéaliste *adj.* **1** - utopiste · rêveur · boy-scout *fam., péj.* · **2** - irréaliste · chimérique

CONTR. réaliste

idée *n.f.* **1** - concept · abstraction · archétype · conception · notion · **2** - hypothèse · pensée · réflexion · théorie · **3** - sujet · argument · fond · inspiration · source · thème · **4** - opinion · avis · position · sentiment · vue · **5** - doctrine · croyance · idéologie · philosophie · système · théorie · **6** - aperçu · abrégé · avant-goût · ébauche · échantillon · esquisse · **7** - imagination · **8** - intention · dessein · désir · plan · projet · volonté · **9** - chimère · fantaisie · fantasme · imagination · invention · mythe · rêve · rêverie · vision · **10** - apparence · fantôme · ombre
+ **idée fixe** obsession · fixation · manie · monomanie · cheval de bataille · dada *fam.* · marotte *fam.* · [mauvaise] hantise · phobie
+ **idées noires** cafard *fam.* · blues *fam.* · bourdon *fam.* · spleen *littér.*
+ **idée toute faite, idée reçue, idée préconçue** préjugé · a priori · cliché · lieu commun · parti pris · poncif
+ **bonne idée** trouvaille · trait de génie
+ **avoir dans l'idée de** avoir l'intention de · avoir dans la tête de

+ **changer les idées** divertir · distraire
+ **se faire des idées** se tromper · s'abuser · se mettre le doigt dans l'œil jusqu'au coude *fam.*

idéel, -elle *adj.* · conceptuel · idéal

identifiable *adj.* · reconnaissable · distinguable

identification *n.f.* **1** - assimilation · confusion *péj.* · **2** - [Psych.] transfert · projection

identifier *v.tr.* **1** - assimiler · confondre *péj.* · **2** - reconnaître · dépister · déterminer · diagnostiquer

≫ **s'identifier à** *v.pron.* entrer dans la peau de · faire un avec

CONTR. différencier ı discerner ı distinguer

identique *adj.* **1** - analogue · égal · équivalent · même · pareil · semblable · **2** - inchangé · constant · égal · immuable · inaltérable · **3** - commun · partagé

CONTR. autre ı contraire ı différent ı opposé

identité *n.f.* **1** - égalité · équivalence · homologie · ressemblance · similarité · similitude · **2** - communauté · accord · coïncidence · **3** - [Philo.] **consubstantialité** · unité · **4** - état-civil

CONTR. altérité ı contraste ı différence

idéologie *n.f.* · doctrine · pensée · philosophie · système · théorie · thèse

idéologue *n.* **1** - doctrinaire · théoricien · **2** - [péj.] rêveur · idéaliste · songe-creux · assembleur de nuées *littér.*

CONTR. réaliste

idiome *n.m.* **1** - langue · **2** - dialecte · parler · patois

idiot, e

■ *adj.* **1** - bête · borné · inintelligent · sot · stupide · bête comme ses pieds *fam.* ·

cloche *fam.* · con *fam.* · crétin *fam.* · débile *fam.* · **2** - absurde · aberrant · déraisonnable · extravagant · fou · illogique · inepte · insensé · irrationnel · ridicule

■ *n.* **1** - imbécile · niais · abruti *fam.* · ahuri *fam.* · andouille *fam.* · ballot *fam.* · brêle *fam.* · brute *fam.* · con *très fam.* · corniaud *fam.* · cornichon *fam.* · couillon *très fam.* · crétin *fam.* · cruche *fam.* · débile *fam.* · manche *fam.* ■ [femme] bécasse *fam.* · dinde *fam.* · gourde *fam.* · oie *fam., vieilli* · péronnelle *fam., vieilli* · **2** - arriéré · crétin · débile · dégénéré · demeuré · innocent · simple d'esprit · taré *fam.*

+ **il est vraiment idiot** il n'a pas inventé la poudre *fam.* · il n'a pas inventé le fil à couper le beurre, l'eau chaude, l'eau tiède *fam.*

≫ **stupide**

idiotement *adv.* · absurdement · bêtement · imbécilement · sottement · stupidement

idiotie *n.f.* **1** - crétinisme · arriération · débilité · imbécillité · **2** - bêtise · crétinerie · débilité · imbécillité · inintelligence · nullité · sottise · stupidité · connerie *fam.* · **3** - absurdité · bêtise · ineptie · niaiserie · sottise

CONTR. intelligence

idoine *adj.* · approprié · adapté · adéquat · ad hoc · convenable · pertinent

idolâtre *adj. et n.* **1** - adorateur · dévot · exalté · fanatique · fou · inconditionnel · passionné · sectateur · fan *fam.* · groupie *fam.* · **2** - païen · gentil

idolâtrer *v.tr.* · adorer · déifier · diviniser · révérer · vénérer

CONTR. mépriser

idolâtrie *n.f.* **1** - adoration · culte · dévotion · passion · vénération · **2** - animisme · fétichisme · totémisme

CONTR. haine

idole n.f. 1 - statue · effigie · fétiche · 2 - dieu · déité

idylle n.f. 1 - amourette · aventure · passade · béguin fam. · flirt fam. · 2 - entente · lune de miel · 3 - églogue · bucolique · pastorale

idyllique adj. 1 - merveilleux · idéal · paradisiaque · parfait · sublime · aux petits oignons fam. · [relation] sans nuages · 2 - idéalisé · embelli · rêvé · 3 - bucolique · arcadien · pastoral · agreste littér.

ignare adj. · ignorant · analphabète · illettré · inculte

CONTR. instruit ı savant

☞ **ignorant**

ignifugé, e adj. · incombustible · ininflammable

ignoble adj. 1 - abject · bas · déshonorant · dégradant · infâme · innommable · méprisable · odieux · vil · ignominieux littér. · 2 - dégoûtant · affreux · effrayant · hideux · horrible · immonde · infect · ordurier · repoussant · répugnant · sordide · à faire vomir · dégueulasse très fam.

CONTR. beau ı noble

ignoblement adv. · abjectement · affreusement · bassement · hideusement · horriblement · ignominieusement · indignement · odieusement

ignominie n.f. 1 - abjection · bassesse · dégradation · déshonneur · honte · infamie · opprobre littér. · turpitude littér. · vilenie littér. · 2 - horreur · monstruosité

CONTR. gloire ı honneur ı noblesse

ignominieusement adv. · honteusement · ignoblement · indignement

CONTR. glorieusement

ignominieux, -ieuse adj. · abject · avilissant · dégradant · déshonorant · flétrissant · honteux · ignoble · infamant · infâme · méprisable · répugnant · vil

CONTR. glorieux

ignorance n.f. 1 - méconnaissance · inconscience · 2 - inculture · lacunes · illettrisme · analphabétisme · barbarie · obscurantisme · 3 - incapacité · incompétence · insuffisance · nullité · impéritie littér. · 4 - inexpérience · candeur · ingénuité · innocence · naïveté

CONTR. connaissance – culture ı instruction ısavoir ı science – compétence ı capacité – expérience

ignorant, e
■ adj. 1 - inculte · illettré · analphabète · ignare · 2 - inexpérimenté · ingénu · novice · 3 - incapable · incompétent · inhabile · 4 - profane · béotien · novice
■ n. âne · ilote littér. · nullard fam. · nullité fam. · âne bâté vieilli · baudet fam., vieilli · bourrique vieilli · croûte fam., vieilli · croûton fam., vieilli · aliboron fam., vieux

CONTR. cultivé ı instruit ı savant – expérimenté ı expert – compétent – connaisseur ı initié

☞ **ignorant, ignare, inculte**

L'absence de connaissances et de culture est le point commun entre ces trois mots. **Ignorant** concerne une personne qui n'a reçu aucune instruction (il est intelligent mais complètement ignorant) ou qui n'a pas de culture générale : « Bien qu'elle fût ignorante comme une carpe, elle s'amusait à opposer la culture française à la culture allemande » (R. Rolland, Jean-Christophe, la Révolte). **Ignare** renchérit sur **ignorant** en insistant sur le manque patent d'instruction (des élèves ignares). Il s'emploie couramment avec une connotation péjorative pour qualifier une personne que l'on estime dépourvue de connaissances dans un secteur précis *(il est complètement ignare en musique)*. **Inculte** marque l'absence de culture intellectuelle, selon les références de celui qui parle : « Il était certainement très instruit, mais il lui paraissait inculte » (Gide, *les Faux-monnayeurs*).

ignoré, e *adj.* **1 - inconnu** · inexploré · vierge · **2 - obscur** · anonyme · méconnu · **3 -** négligé · passé sous silence

CONTR. connu – célèbre – mentionné

ignorer *v.tr.* **1 - ne pas savoir** · être dans l'ignorance de · être ignorant de · **2 -** méconnaître · se moquer de · faire fi de *littér.* · **3 - dédaigner** · mépriser · faire mine de ne pas voir · faire la sourde oreille à · fermer les yeux sur

CONTR. connaître ׀ savoir – tenir compte de

îlien, -ienne *adj. et n.* · insulaire

illégal, e *adj.* **1 - illicite** · défendu · frauduleux · interdit · irrégulier · prohibé · **2 - arbitraire** · usurpatoire · **3 - clandestin** · parallèle

CONTR. légal

> **illégal, illicite**
>
> **Illégal** et **illicite** s'appliquent tous deux dans les mêmes contextes à ce qui est contraire aux dispositions de la loi *(un acte illégal, illicite ; une procédure illégale, illicite)*. Cependant, **illégal** est plus courant pour ce qui relève de la justice *(être condamné pour exercice illégal de la médecine, port illégal d'armes)* et **illicite** connaît des emplois plus larges, qualifiant aussi ce qui est condamné par les principes de la morale dans une société déterminée *(des amours illicites)*.

illégalement *adv.* · illicitement · clandestinement · frauduleusement · illégitimement · irrégulièrement

CONTR. légalement

illégalité *n.f.* · irrégularité · illicéité Droit

CONTR. légalité

illégitime *adj.*
I **1 - illégal** · illicite · irrégulier · **2 - abusif** · déraisonnable · infondé · injuste · injustifié · indu *littér ou* Droit
II **1 - coupable** · adultérin · incestueux · **2 - bâtard** · adultérin · naturel

CONTR. légitime ׀ légal ׀ régulier – fondé

illégitimement *adv.* · indûment · abusivement

CONTR. légitimement

illettré, e *adj. et n.* **1 - analphabète** · **2 - ignorant** · inculte · ignare

CONTR. lettré ׀ cultivé ׀ érudit

↪ **analphabète**

illettrisme *n.m.* · analphabétisme

illicite *adj.* **1 - défendu** · frauduleux · illégal · interdit · irrégulier · prohibé · **2 - adultère** · clandestin · coupable · illégitime

CONTR. autorisé ׀ légal ׀ licite

↪ **illégal**

illicitement *adv.* · illégalement · clandestinement · frauduleusement · illégitimement · irrégulièrement

CONTR. licitement

illico *adv.* · aussitôt · immédiatement · promptement · séance tenante · sur-le-champ · tout de suite · rapido(-presto) *fam.*

illimité, e *adj.* **1 - grand** · immense · infini · sans bornes · **2 - démesuré** · gigantesque · immense · incalculable · incommensurable · **3 - arbitraire** · absolu · discrétionnaire · **4 - indéfini** · indéterminé

CONTR. fini ׀ limité – mesuré ׀ modéré – limité – déterminé

illisible *adj.* • indéchiffrable • mal écrit
CONTR. lisible ı clair ı déchiffrable

illogique *adj.* **1 - absurde** • alogique • antilogique • faux • **2 - aberrant** • contradictoire • déraisonnable • incohérent • inconséquent • irrationnel • paradoxal
CONTR. logique – cohérent
↠ **absurde**

illumination *n.f.* **1 - découverte** • éclair • idée • inspiration (subite) • trait de génie • flash *fam.* • **2 - éclairement** • éclairage • lumière
CONTR. obscurcissement ı ombre

illuminé, e *adj. et n.* **1 - inspiré** • mystique • visionnaire • **2 - exalté** • enragé • fanatique • forcené

illuminer *v.tr.* **1 - éclairer** • **2 - enflammer** • allumer • embraser • **3 - ensoleiller** • embellir
↠ **s'illuminer** *v.pron.* s'éclairer • briller • rayonner
CONTR. obscurcir – assombrir – se rembrunir ı s'épanouir

illusion *n.f.* **1 - chimère** • fantasme • fiction • irréalité • leurre • rêve • songe • utopie • **2 - hallucination** • leurre • mirage • vision • **3 - erreur** • aberration
✦ **sans illusion** blasé • désillusionné
✦ **se faire des illusions** s'abuser • se faire des idées • s'illusionner • se leurrer • se méprendre • se tromper • croire au père Noël *fam.* • se monter la tête *fam.* • se monter le bourrichon *fam.*
✦ **faire illusion** en imposer • bluffer *fam.*
CONTR. certitude ı réalité ı réel ı vérité – déception ı désillusion

illusionner *v.tr.* éblouir • épater
↠ **s'illusionner** *v.pron.* s'abuser • se bercer d'illusions • se faire des illusions • se flatter •
se leurrer • se méprendre • se tromper • croire au père Noël *fam.* • se monter la tête *fam.* • se monter le bourrichon *fam.*
CONTR. désabuser

illusionniste *n.* • prestidigitateur • escamoteur • magicien
↠ **prestidigitateur**

illusoire *adj.* • faux • apparent • chimérique • fallacieux • fictif • imaginaire • irréel • mythique • spécieux • trompeur • utopique • vain
CONTR. réel ı sûr

illustrateur, -trice *n.* • dessinateur • graveur • peintre

illustration *n.f.*
I **1 - dessin** • figure • gravure • image • photographie • planche • reproduction • **2 - iconographie** • **3 - enluminure** • miniature
II exemple • échantillon

illustre *adj.* **1 - légendaire** • brillant • célèbre • d'éclat • éclatant • fameux • glorieux • mémorable • noble • prestigieux • **2 - célèbre** • de grand renom • renommé • réputé
CONTR. obscur ı inconnu
↠ **célèbre**

illustrer *v.tr.* **1 - orner** • décorer • **2 - éclairer** • exemplifier • expliquer • **3 - démontrer** • montrer • prouver
↠ **s'illustrer** *v.pron.* se distinguer • briller • se faire remarquer • se signaler

îlot *n.m.* **1 - île** • **2 - bloc** • pâté de maisons • **3 - [de résistance, etc.] poche**

ilote *n.* **1 - béotien** • ignorant • **2 - esclave** • paria

image *n.f.*
I **1 - illustration** • caricature • chromo • cliché • dessin • effigie • épreuve • figure •

gravure · peinture · photo · planche · **2 - reflet** · réplique · représentation · reproduction · **3 - icône**
II 1 - comparaison · allégorie · figure · métaphore · portrait · **2 - description** · reflet · reproduction · tableau · vue
III 1 - incarnation · expression · personnification · représentation · **2 - apparence** · face · figure · manifestation · visage · **3 - emblème** · figure · icône · signe · symbole
✦ **image (de marque)** réputation
✦ **à l'image de** sur le modèle de · à l'exemple de

imagé, e *adj.* **1 - métaphorique** · figuré · **2 - animé** · coloré · expressif · haut en couleur · vivant

imaginable *adj.* **1 - concevable** · admissible · envisageable · pensable · possible · tolérable · **2 -** [négatif ou interrogatif] **croyable** · vrai *fam.*
CONTR. inconcevable ı inimaginable

imaginaire *adj.* **1 - fabuleux** · fantastique · fictif · irréel · légendaire · magique · mythique · onirique · **2 - inventé** · fabriqué · fantaisiste · faux · fictif · sans fondement · **3 - chimérique** · fallacieux · fantasmagorique · idéal · illusoire · spécieux · trompeur · utopique
CONTR. réel ı véritable ı vrai – vrai ı fondé ı historique
↝ **faux**

imaginatif, -ive *adj. et n.* · créatif · inventif

imagination *n.f.* **1 - imaginaire** · **2 - créativité** · esprit d'invention · fantaisie · inspiration · inventivité · la folle du logis *littér.* · **3 - mensonge** · affabulation · conte · fable · fantaisie · fiction · invention · fabulation *vieux* · **4 - illusion** · chimère · divagation · extravagance · fantasme · folie · rêve · songe · **5 - évasion** · rêverie
CONTR. raison – réalité ı réel ı vérité

imaginer *v.tr.*
I 1 - inventer · créer · construire · concevoir · découvrir · trouver · pêcher *fam.* · **2 - rêver** · évoquer · se représenter · **3 -** [péj.] **combiner** · manigancer · goupiller *fam.*
II 1 - se faire une idée de · concevoir · envisager · se figurer · se représenter · **2 - croire** · conjecturer · deviner · penser · supposer
≫ **s'imaginer** *v.pron.* **1 - se voir** · se projeter · **2 - croire** · se figurer · penser · se représenter · se mettre dans la tête

imbattable *adj.* **1 - fort** · invincible · **2 - inégalable** · hors pair · indépassable · insurpassable · sans concurrence · sans égal · sans pareil · supérieur · unique

imbécile
■ *adj.* **1 - bête** · abruti · borné · idiot · inepte · inintelligent · niais · sot · stupide · bouché *fam.* · con *fam.* · couillon *fam.* · crétin *fam.* · débile *fam.* · dégénéré *fam.* · tarte *fam., vieilli* · **2 -** [Méd.] **arriéré** · crétin · débile · faible d'esprit · simple d'esprit
■ *n.* âne · abruti · crétin · idiot · incapable · niais · propre à rien · sot · âne bâté *vieilli* · andouille *fam.* · ballot *fam.* · bourricot *fam.* · brêle *fam.* · buse *fam.* · cloche *fam.* · con *très fam.* · conard *très fam.* · corniaud *fam.* · cornichon *fam.* · couillon *très fam.* · courge *fam.* · cruche *fam.* · débile *fam.* · dégénéré *fam.* · empaffé *fam.* · gourde *fam.* · manche *fam.* · moule *fam.* · noix *fam.* · ramolli (du cerveau) *fam.* · tourte *fam., vieilli*
✦ **quel imbécile !** il en tient une couche ! *fam.* · il n'a pas inventé l'eau chaude *fam.* · il n'a pas inventé le fil à couper le beurre *fam.*
CONTR. intelligent – normal ı sain d'esprit

imbécilement *adv.* · bêtement · sottement · connement *très fam.*
CONTR. intelligemment

imbécillité *n.f.* **1 -** [Méd.] **arriération mentale** · crétinisme · **2 - stupidité** · absur-

dité · balourdise · bêtise · crétinerie · idiotie · inintelligence · niaiserie · sottise · débilité *fam.* · **3 - bévue** · ânerie · bêtise · ineptie · idiotie · ineptie · niaiserie · sottise · boulette *fam.* · bourde *fam.* · connerie *très fam.*
CONTR. intelligence

imberbe *adj.* · glabre · lisse · nu
CONTR. barbu
➙ glabre

imbiber *v.tr.* humecter · détremper · imprégner · mouiller · tremper
≫ **s'imbiber** *v.pron.* **absorber** · boire · s'imprégner
CONTR. assécher ı dessécher ı essuyer ı sécher

imbrication *n.f.* · articulation · combinaison · emboîtement · enchâssement · enchevêtrement · entrecroisement · entrelacement · interpénétration · intrication

imbriquer *v.tr.* · emboîter · combiner · enchâsser · enchevêtrer · entrecroiser · entrelacer

imbroglio *n.m.* · confusion · complication · désordre · emmêlement · enchevêtrement · mélange · embrouillamini *fam.* · méli-mélo *fam.* · pastis *fam.* · sac de nœuds *fam.*

imbu, e *adj.* plein · envahi · imprégné · pénétré · rempli
✦ **imbu de sa personne, de soi-même** fat · infatué *littér.*

imbuvable *adj.* **1 - mauvais** · dégoûtant · écœurant · exécrable · infect · insipide · **2 -** [fam.] antipathique · déplaisant · détestable · infernal · insupportable · intolérable · invivable · odieux
CONTR. buvable – agréable ı aimable

imitateur, -trice *n.* **1 - copieur** · plagiaire · pasticheur · suiveur · épigone *littér.* · **2 - contrefacteur** · faussaire
CONTR. créateur ı inventeur ı novateur

imitation *n.f.* **1 - copie** · calque · reproduction · [frauduleuse] contrefaçon · faux · **2 -** [péj.] **décalquage** · démarquage · pastiche · plagiat · [outrée] caricature · parodie · singerie · **3 - simili** · toc *fam.* · **4 - simulation** · affectation · simulacre · **5 - mimétisme** · attraction · contagion (mentale)
✦ **pâle imitation** apparence · semblant · simulacre · [produit] ersatz
✦ **à l'imitation de** **1 - à la façon de** · sur le modèle de · **2 - à l'exemple de** · à l'instar de · à la manière de
CONTR. création ı originalité – authenticité – originalité

imiter *v.tr.* **1 - copier** · calquer · s'inspirer de · [frauduleusement] contrefaire · falsifier · **2 -** [péj.] **décalquer** · démarquer · pasticher · parodier · piller · pirater · plagier · **3 - mimer** · faire le, la · jouer · reproduire · simuler · singer *fam.* · **4 - suivre** · s'aligner sur · prendre pour modèle · se conformer à · se former sur · s'inspirer de · marcher sur les traces de · prendre de la graine de *fam.* · emboîter le pas à *fam.* · **5 - ressembler à** · rappeler
CONTR. créer ı innover ı inventer
➙ copier

immaculé, e *adj.* **1 - pur** · chaste · intact · vierge · **2 - net** · blanc · impeccable · propre · sans tache
CONTR. maculé ı souillé ı taché

immanent, e *adj.* · inhérent · intrinsèque
CONTR. transcendant

immangeable *adj.* · infect · dégoûtant · écœurant · inconsommable · mauvais
CONTR. mangeable

immanquable *adj.* · certain · fatal · inéluctable · inévitable · nécessaire · sûr · forcé *fam.* · obligatoire *fam.* · obligé *fam.*
CONTR. douteux ı incertain

immanquablement *adv.* **1 - assurément** · inévitablement · infailliblement · sûrement · à coup sûr · sans faute · à tous les coups *fam.* · neuf fois sur dix *fam.* · **2 - invariablement**

immatériel, -ielle *adj.* 1 - incorporel · impalpable · spirituel · **2 - pur** · platonique · éthéré *littér.* · **3 - aérien** · léger · vaporeux · arachnéen *littér.*
CONTR. charnel ı matériel

immatriculation *n.f.* inscription · enregistrement · identification
✦ **plaque d'immatriculation**   plaque minéralogique

immédiat, e *adj. et n.m.*
I **1 - instantané** · **2 - présent** · **3 - imminent** · proche · prochain · **4 - subit** · prompt
II **1 - direct** · **2 - brut** · primitif · simple
✦ **dans l'immédiat**   pour l'instant · pour le moment
CONTR. indirect ı médiat ı distant ı éloigné

immédiatement *adv.* **1 - directement** · **2 - aussitôt** · à l'instant · sur-le-champ · sans délai · sur l'heure · incessamment · instantanément · tout de suite · séance tenante · sans tarder · sur le coup · hic et nunc *littér.* · incontinent *littér.* · illico *fam.* · aussi sec *fam.* · [démarrer] au quart de tour *fam.* · **3 - d'emblée** · dès l'abord · d'entrée · tout de suite
CONTR. indirectement – tardivement ı plus tard

immémorial, e *adj.* ancestral · antique · lointain · millénaire · séculaire
✦ **de temps immémorial**   de toute éternité · depuis que le monde est monde

immense *adj.* **1 - illimité** · infini · incommensurable · sans bornes · **2 - ample** · grand · vaste · **3 - colossal** · démesuré · énorme · géant · gigantesque · monumental · **4 - intense** · profond
CONTR. fini ı limité ı mesurable – infime ı minuscule ı petit

immensément *adv.* **1 - énormément** · colossalement · extrêmement · incommensurable · infiniment · prodigieusement · terriblement · **2 - intensément** · profondément

immensité *n.f.* **1 - infini** · espace · infinitude *littér.* · vastitude *littér.* · **2 - énormité** · gigantisme · **3 - infinité** · multitude · quantité
CONTR. exiguïté ı petitesse

immergé, e *adj.* **1 - inondé** · sous les eaux · **2 - sous-marin**
CONTR. émergé ı flottant

immerger *v.tr.* **1 - baigner** · plonger
≫ **s'immerger** *v.pron.* **1 - se plonger** · **2 - couler**

immérité, e *adj.* · injuste · immotivé · inéquitable · injustifié · indu *(Droit)*
CONTR. mérité ı justifié ı motivé

immersion *n.f.* **1 - bain** · enfoncement · plongée · plongeon · [d'un sous-marin] dérobement · **2 - ablution** · baptême
CONTR. émersion

immeuble
■ *adj.* immobilier
■ *n.m.* **1 - bien** · bien-fonds · fonds · propriété · **2 - bâtiment** · bâtisse · construction · édifice · ensemble · habitation · [à plusieurs étages] barre · building *anglic.* · gratte-ciel · tour
CONTR. meuble

immigration *n.f.* · migration

immigré, e *adj. et n.* · immigrant · migrant

imminence *n.f.* · approche · arrivée · proximité

imminent, e *adj.* · immédiat · prochain · proche
CONTR. éloigné ı lointain

immiscer dans (s') *v.pron.* · s'ingérer dans · s'insinuer dans · intervenir dans · se mêler de · se fourrer dans *fam.* · mettre, fourrer son nez dans *fam.*

immixtion *n.f.* · ingérence · intervention

immobile *adj.* **1** - fixe · **2** - à l'arrêt · immobilisé · rivé · statique · **3** - stagnant · croupi · croupissant · dormant · **4** - inerte · engourdi · gisant · inanimé · **5** - hiératique · figé · de pierre · **6** - inactif · en repos · passif · **7** - pétrifié · cloué · figé · médusé · paralysé · sidéré · stupéfait · stupéfié · stupide · **8** - invariable · ferme · immuable · inébranlable
✦ **rester immobile** rester planté (comme une souche) · rester sur place · rester sans bouger · faire le mort
CONTR. mobile – en mouvement – alerte – bouger

immobilier, -ière *adj.* [Droit] immeuble
CONTR. mobilier

immobilisation *n.f.* **1** - arrêt · blocage · **2** - gel · paralysie

immobiliser *v.tr.*
I **1** - arrêter · figer · fixer · stopper · **2** - maintenir · assujettir · assurer · attacher · bloquer · clouer · coincer · retenir · river · tenir · visser · **3** - **tenir au lit**
II **1** - paralyser · clouer · figer · pétrifier · statufier · tétaniser · **2** - **geler** · paralyser · **3** - scléroser · figer · fossiliser
⇒ **s'immobiliser** *v.pron.* **1** - s'arrêter · stopper · **2** - se figer · se raidir
CONTR. mobiliser – agiter ı mouvoir – favoriser ı encourager – bouger ı remuer

immobilisme *n.m.* · attentisme · conservatisme · fossilisation · inertie · sclérose · stagnation
CONTR. progressisme

immobilité *n.f.* **1** - inactivité · inertie · repos · **2** - ankylose · engourdissement · paralysie · **3** - fixité · impassibilité · **4** - immobilisme · immuabilité · invariabilité · sclérose · stagnation
CONTR. agitation ı déplacement ı mobilité ı mouvement – devenir ı évolution

immodération *n.f.* **1** - excès · démesure · outrance · **2** - intempérance

immodéré, e *adj.* **1** - abusif · démesuré · excessif · outrancier · outré · **2** - déréglé · effréné · exagéré · fou · intempérant *vieux*
CONTR. modéré

immodérément *adv.* · abusivement · à l'excès · démesurément · excessivement · exagérément

immodeste *adj.* **1** - prétentieux · suffisant · **2** - [vieilli] impudique · indécent · inconvenant · licencieux
CONTR. modeste ı simple – décent ı pudique

immodestie *n.f.* **1** - prétention · suffisance · **2** - [vieilli] impudicité · indécence
CONTR. décence ı pudeur

immolation *n.f.* · sacrifice · holocauste · massacre · mise à mort

immoler *v.tr.* **1** - sacrifier · offrir en sacrifice · égorger · **2** - exterminer · assassiner · massacrer · mettre à mort · tuer
⇒ **s'immoler** *v.pron.* **1** - se suicider · se faire hara-kiri · **2** - se sacrifier

immonde *adj.* **1** - dégoûtant · écœurant · infect · repoussant · répugnant · sale · **2** - avilissant · abject · dégradant · honteux · ignoble · infâme · odieux · révoltant · sordide · vil
CONTR. propre ı pur

immondices *n.f.pl.* · déchets · balayures · détritus · ordures · saletés · fange *littér.*

immoral, e *adj.* **1 -** malhonnête · amoral · corrompu · cynique · **2 -** honteux · déréglé · impur · malpropre · **3 -** débauché · corrompu · dépravé · dévergondé · dissolu · vicieux · **4 -** indécent · licencieux · obscène
CONTR. honnête ı moral ı vertueux

> immoral, amoral
> Immoral et amoral expriment un rapport négatif à la *morale*. Immoral s'applique à une personne dont le comportement est contraire, plus ou moins volontairement, à l'ensemble des principes moraux admis dans une société déterminée : « Un auteur n'est pas en soi immoral, ce sont nos propres dispositions qui décident de son influence sur nous » (François Mauriac, *la Pharisienne*). On parle en ce sens d'*une vie immorale*, de *livres immoraux*. Une personne **amorale** est étrangère au domaine de la moralité : elle peut agir de manière **immorale**, mais sans avoir conscience que ses actes font l'objet de jugements sociaux *(un être asocial et amoral)*.

immoralité *n.f.* **1 -** amoralité · corruption · cynisme · **2 -** vice · débauche · dépravation · dévergondage · licence · obscénité
CONTR. moralité – honnêteté ı pureté ı vertu

immortaliser *v.tr.* **1 -** éterniser · perpétuer · pérenniser · **2 -** faire passer à la postérité

immortalité *n.f.* **1 -** vie future · survivance de l'âme · **2 - continuité** · pérennité · **3 -** postérité · éternité
CONTR. mortalité

immortel, -elle *adj.* **1 -** éternel · immuable · impérissable · inaltérable · indestructible · perpétuel · indéfectible *littér.* · **2 -** célèbre · glorieux · illustre
CONTR. mortel ı périssable

> éternel

immotivé, e *adj.* · arbitraire · gratuit · infondé · injustifié
CONTR. motivé

immuabilité *n.f.* **1 - immutabilité · 2 -** constance · fixité · immobilité · permanence
CONTR. mutabilité ı variabilité

immuable *adj.* **1 - invariable** · constant · continu · durable · fixe · stable · **2 - éternel** · impérissable · inaltérable · indestructible · **3 - figé** · immobile · stéréotypé · **4 - ferme** · inébranlable
CONTR. changeant ı mouvant ı variable

immuablement *adv.* · constamment · continuellement · invariablement · perpétuellement · sempiternellement *péj.* · toujours

immunisation *n.f.* · vaccination · mithridatisation · sérothérapie

immuniser *v.tr.* **1 - vacciner** · mithridatiser · **2 - protéger** · mettre à l'abri · préserver · garantir · blinder *fam.* · cuirasser *fam.*
✦ **immunisé contre** à l'abri de · exempt de · armé contre · blindé contre *fam.*
CONTR. contaminer

immunité *n.f.* **1 - dispense** · exemption · exonération · franchise · liberté · privilège · **2 - immunisation** · mithridatisme · préservation · protection · **3 - inviolabilité** · irresponsabilité
CONTR. allergie ı anaphylaxie ı sensibilisation

immutabilité *n.f.* **1 - immuabilité · 2 -** constance · fixité · immobilité · permanence
CONTR. mutabilité ı variabilité

impact *n.m.* **1 - choc** · collision · coup · heurt · **2 - effet** · action · conséquence · incidence · influence · répercussion · retentissement • [négatif] séquelle

impair *n.m.* · maladresse · pas de clerc · boulette *fam.* · bourde *fam.* · gaffe *fam.*

impalpable *adj.* **1** - intangible · immatériel · **2** - indiscernable · insaisissable · insensible · **3** - vaporeux · aérien · délié · fin · immatériel · ténu · arachnéen *littér.*
CONTR. palpable ı saisissable

imparable *adj.* **1** - inévitable · **2** - implacable · incontournable · inéluctable · inexorable

impardonnable *adj.* · inexcusable · injustifiable · irrémissible *littér.*
CONTR. excusable ı pardonnable

imparfait, e *adj.* **1** - approximatif · élémentaire · embryonnaire · fragmentaire · grossier · inachevé · incomplet · imprécis · partiel · rudimentaire · sommaire · vague · **2** - insuffisant · faible · lacunaire · plein de lacunes · **3** - défectueux · inégal · manqué · médiocre
CONTR. parfait

imparfaitement *adv.* **1** - approximativement · grossièrement · insuffisamment · mal · sommairement · **2** - incomplètement · à demi
CONTR. parfaitement

impartial, e *adj.* · neutre · désintéressé · droit · équitable · intègre · juste · objectif · sans parti pris
CONTR. injuste ı partial

impartialité *n.f.* · neutralité · droiture · équité · intégrité · justice · objectivité
CONTR. partialité ı parti pris

impartir *v.tr.* · accorder · attribuer · départir · donner · octroyer · réserver
CONTR. refuser

impasse *n.f.* · voie sans issue · cul-de-sac

impassibilité *n.f.* **1** - calme · flegme · imperturbabilité · placidité · sang-froid · **2** - indifférence · froideur · insensibilité · **3** - stoïcisme · ataraxie *littér.* · **4** - immobilité · apathie · fixité
CONTR. agitation ı énervement ı excitation ı impatience ı trouble – chaleur ı sensibilité

impassible *adj.* **1** - calme · détaché · flegmatique · impavide · imperturbable · inébranlable · placide · **2** - stoïque · apathique · **3** - immobile · fermé · froid · impénétrable · indifférent · insensible · de glace · de marbre
CONTR. agité ı ému ı énervé ı impressionnable ı troublé

impatiemment *adv.* **1** - avidement · coléreusement · fiévreusement · **2** - anxieusement · fébrilement · nerveusement
CONTR. calmement ı patiemment

impatience *n.f.* **1** - impétuosité · avidité · désir · empressement · fièvre · fougue · hâte · précipitation · **2** - irascibilité · irritabilité · **3** - agacement · colère · énervement · exaspération · irritation · **4** - anxiété · inquiétude · nervosité
CONTR. calme ı impassibilité ı patience

impatient, e *adj.* **1** - ardent · bouillant · fougueux · impétueux · nerveux · vif · brusque · **2** - agacé · énervé · fébrile · **3** - avide · curieux · désireux · empressé
+ **être très impatient** être sur des charbons ardents · être sur le gril
+ **être impatient de** avoir hâte de · brûler de · être anxieux de · être pressé de
CONTR. calme ı patient

impatienter *v.tr.* **1** - agacer · contrarier · crisper · énerver · ennuyer · exaspérer · excéder · horripiler · irriter · faire devenir, rendre fou · échauffer (les oreilles, la tête de) *fam.* · **2** - lasser · faire perdre patience à
»» **s'impatienter** *v.pron.* perdre patience · bouillir · piaffer · ronger son frein · faire les cent pas · tourner comme un lion en cage
CONTR. calmer – patienter

impavide *adj.* · calme · flegmatique · impassible · imperturbable · inébranlable · placide · tranquille
CONTR. peureux

impayable *adj.* → comique

impayé *n.m.* · dette · dû · impayé

impeccable *adj.* 1 - sans défaut · pur · 2 - propre · net · nickel chrome *fam.* · 3 - irréprochable · excellent · parfait · impec *fam.* · 4 - [fam.] remarquable · formidable · sensationnel · extra *fam.*
CONTR. défectueux – négligé

impeccablement *adv.* · irréprochablement · admirablement · merveilleusement · parfaitement · impec *fam.*

impécunieux, -ieuse *adj.* · pauvre · nécessiteux · indigent *vieilli* · besogneux *vieux*
CONTR. riche

impécuniosité *n.f.* · pauvreté · misère · manque d'argent · indigence *vieilli*
CONTR. richesse

impénétrable *adj.* 1 - inaccessible · inabordable · dense · serré · touffu · 2 - impassible · imperméable · inaccessible · 3 - énigmatique · hermétique · insaisissable · mystérieux · secret · 4 - incompréhensible · hermétique · indéchiffrable · inexplicable · inintelligible · insondable · obscur · sibyllin · ténébreux · abscons *littér.* · abstrus *littér.*
CONTR. accessible ı pénétrable – compréhensible ı clair

impénitent, e *adj.* · endurci · incorrigible · incurable · invétéré · irrécupérable · indécrottable *fam.*
CONTR. contrit ı pénitent ı repenti

impensable *adj.* · inconcevable · incroyable · inimaginable · insensé · invraisemblable
CONTR. pensable

¹**impératif, -ive** *adj.* 1 - autoritaire · dominateur · impérieux · péremptoire · tranchant · bref · 2 - injonctif · 3 - impérieux · absolu · pressant · urgent

²**impératif** *n.m.* · contrainte · exigence · nécessité · prescription · condition sine qua non

impérativement *adv.* · absolument · à tout prix · coûte que coûte · nécessairement · obligatoirement

imperceptible *adj.* 1 - indiscernable · insaisissable · insensible · inaudible · invisible · 2 - minuscule · infime · insignifiant · microscopique · minime · négligeable · 3 - léger · faible
CONTR. perceptible – considérable

imperceptiblement *adv.* · à peine · insensiblement · légèrement
CONTR. perceptiblement ı à vue d'œil ı fortement

imperfection *n.f.* 1 - travers · carence · défaut · faiblesse · faille · faute · lacune · manque · tare · vice · 2 - défectuosité · défaut · malfaçon · vice (de forme, de fabrication) · 3 - médiocrité · déficience
CONTR. perfection – achèvement ı perfection – qualité ı vertu
↪ défaut

impérialisme *n.m.* 1 - colonialisme · expansionnisme · 2 - absolutisme · autoritarisme · despotisme

impérialiste *adj.* 1 - colonialiste · expansionniste · 2 - absolutiste · autoritariste · despotique

impérieusement *adv.* · absolument · impérativement · instamment · irrépressiblement · irrésistiblement · nécessairement · obligatoirement · urgemment *Afrique*
CONTR. facultativement

impérieux, -ieuse *adj.* **1 -** irrésistible · absolu · irrépressible · pressant · urgent · violent · incoercible *littér.* · **2 - impératif** · autoritaire · cassant · catégorique · dictatorial · dominateur · magistral · péremptoire · tranchant · tyrannique
CONTR. humble ı obéissant ı soumis

impérissable *adj.* · éternel · immortel · immuable · inaltérable · indéfectible · indestructible · perpétuel
CONTR. fragile ı éphémère ı périssable

impéritie *n.f.* · ignorance · inaptitude · incapacité · incompétence · inhabileté
CONTR. capacité ı compétence ı habileté ı science

imperméabilité *n.f.* · incompréhension · indifférence · détachement · désintérêt · insensibilité
CONTR. compassion ı émotion ı sensibilité

¹**imperméable** *adj.* **1 - étanche** · hermétique · imperméabilisé · waterproof *anglic.* · **2 - indifférent** · fermé · impénétrable · inaccessible · insensible · rebelle · réfractaire · sourd
CONTR. perméable ı poreux – sensible ı ouvert ı réceptif

²**imperméable** *n.m.* · ciré · gabardine · pèlerine · imper *fam.* · trench-coat *vieilli* · mackintosh *vieux* • [anciennt] macfarlane

impersonnel, -elle *adj.* **1 - neutre** · objectif · **2 - banal** · aseptisé · dépersonnalisé · insignifiant · quelconque
CONTR. personnel – original ı personnalisé ı recherché

impertinemment *adv.* · effrontément · grossièrement · impudemment · insolemment · irrespectueusement · irrévérencieusement *littér.*

impertinence *n.f.* **1 - effronterie** · arrogance · audace · culot *fam.* · désinvolture · hardiesse · impolitesse · impudence · inconvenance · incorrection · insolence · irrespect · irrévérence *littér.* · outrecuidance *littér.* · culot *fam.* · toupet *fam.* · **2 - écart** (de langage) · moquerie · offense
CONTR. correction ı politesse ı respect

impertinent, e *adj.* · insolent · arrogant · audacieux · cavalier · désinvolte · effronté · hardi · impudent · inconvenant · incorrect · irrespectueux · irrévérencieux *vieilli ou littér.* · outrecuidant *littér.* · culotté *fam.*
CONTR. respectueux ı correct ı courtois ı déférent ı poli

imperturbabilité *n.f.* · impassibilité · apathie · ataraxie · calme · détachement · fermeté · flegme · froideur · placidité · sang-froid

imperturbable *adj.* · impassible · apathique · calme · constant · détaché · flegmatique · froid · impavide · inébranlable · olympien · placide · stoïque
CONTR. troublé ı changeant ı ému

impétrant, e *n.* · bénéficiaire · lauréat

impétueusement *adv.* · fougueusement · ardemment · passionnément · à corps perdu
CONTR. calmement ı tranquillement

impétueux, -euse *adj.* **1 - déchaîné** · effréné · endiablé · enragé · frénétique · furieux · **2 - torrentueux** · **3 - ardent** · bouillant · exalté · fougueux · véhément · vif · violent · **4 - explosif** · emporté · de feu · pétulant · volcanique
CONTR. calme ı impassible – nonchalant – serein ı tranquille

impétuosité *n.f.* **1 - ardeur** · flamme · fougue · vivacité · **2 - emballement** · emportement · exaltation · fièvre · frénésie · impatience · pétulance · précipitation · véhémence · **3 - fureur** · furie · rage · violence
CONTR. tiédeur ı indolence ı mollesse

impie

- *adj.* **1 -** **impénitent** · irréligieux · **2 -** sacrilège · blasphématoire
- *n.* **1 -** **athée** · incrédule · incroyant · infidèle · irréligieux · libertin · mécréant · païen · **2 - apostat** · blasphémateur · profanateur · renégat · sacrilège

CONTR. croyant ı pieux

impiété *n.f.* **1 - athéisme** · agnosticisme · incrédulité · incroyance · irréligion · **2 - blasphème** · profanation · sacrilège

CONTR. piété

impitoyable *adj.* **1 - cruel** · féroce · implacable · inexorable · inflexible · inhumain · intraitable · intransigeant · irréductible · sans merci · sans pitié · **2 - sévère** · accablant · rigoureux · sans indulgence · **3 - acharné** · farouche · forcené · inexpiable · mortel · **4 - insensible** · endurci · de fer · de granit · de pierre · **5 -** [lumière] **cru** · violent

CONTR. bienveillant ı doux ı humain ı indulgent

impitoyablement *adv.* · cruellement · férocement · sauvagement · durement · implacablement

implacable *adj.* **1 - inéluctable** · fatal · immanquable · imparable · inévitable · inexorable · infaillible · irrésistible · **2 - impitoyable** · inflexible · irréductible · **3 - acharné** · farouche · forcené

CONTR. évitable – doux ı généreux ı indulgent

implantation *n.f.* **1 - établissement** · installation · mise en place · **2 - ancrage** · enracinement · fixation · insertion

implanter *v.tr.* **1 - introduire** · établir · installer · mettre en place · **2 - fixer** · ancrer · enraciner · insérer

⟫ **s'implanter** *v.pron.* **1 - s'établir** · se fixer · s'installer · **2 - s'enraciner** · s'ancrer · prendre

CONTR. désinstaller – arracher ı déraciner – partir ı quitter

implication *n.f.* · incidence · conséquence · impact · prolongement · retombée · suite

implicite *adj.* · tacite · informulé · non dit · sous-entendu

CONTR. explicite ı exprès ı formel

⤳ **sous-entendu**

implicitement *adv.* · tacitement · en filigrane · entre les lignes

CONTR. explicitement

impliquer *v.tr.* **1 - compromettre** · engager · mêler · mettre en cause · mouiller *fam.* · **2 - comporter** · comprendre · contenir · enfermer · inclure · renfermer · supposer · **3 - nécessiter** · exiger · imposer · réclamer · **4 - causer** · amener · emporter · engendrer · entraîner · occasionner · provoquer · **5 - signifier** · montrer · supposer · vouloir dire

⟫ **s'impliquer** *v.pron.* s'engager · s'investir · monter au créneau

CONTR. exclure – se désinvestir

implorant, e *adj.* · suppliant · pressant

imploration *n.f.* · prière · adjuration · supplication

implorer *v.tr.* **1 - supplier** · adjurer · en appeler à · conjurer · prier · **2 - réclamer** · mendier · quémander · quêter · solliciter

impoli, e

- *adj.* mal élevé · désagréable · effronté · grossier · impertinent · inconvenant · incorrect · insolent · irrespectueux · irrévérencieux · mal poli · sans gêne · discourtois *littér.* · incivil *vieux ou littér.*
- *n.* goujat · grossier personnage · malappris · malotru · mufle · rustre · butor *vieilli ou plaisant* · gougnafier *fam., vieilli* · pignouf *fam., vieilli*

✦ **être impoli** manquer à la politesse

CONTR. poli ı correct ı courtois

impoliment *adv.* · effrontément · grossièrement · impudemment · insolemment · irrespectueusement · irrévérencieusement
CONTR. poliment ı courtoisement ı respectueusement

impolitesse *n.f.* · inconvenance · goujaterie · grossièreté · impertinence · incorrection · insolence · irrespect · irrévérence · muflerie · sans-gêne · incivilité *vieux ou littér.*
CONTR. politesse ı correction ı éducation ı savoir-vivre

impondérable
■ *adj.* **1 -** imprévisible · imprédictible · **2 -** impalpable · léger · subtil
■ *n.m.* incertitude · aléa · hasard · imprévu · risque
CONTR. prévisible

impopulaire *adj.* · mal-aimé · mal vu
CONTR. populaire

importance *n.f.*
I 1 - ampleur · dimension · étendue · grandeur · taille · **2 -** portée · étendue · intérêt · poids · rôle · valeur
II influence · autorité · crédit · poids · prestige · puissance
III arrogance · fatuité · orgueil · prétention · suffisance · vanité · outrecuidance *littér.*
✦ **sans importance** insignifiant · de peu de poids · sans conséquence · sans intérêt
✦ **avoir de l'importance** importer · être important · compter · peser lourd
✦ **prendre de l'importance** se développer · s'étendre · prendre de l'ampleur
✦ **accorder, attacher de l'importance à** tenir à · accorder, attacher, donner du prix à
CONTR. petitesse – faiblesse – futilité ı insignifiance ı médiocrité – simplicité

important, e *adj.*
I 1 - considérable · conséquent · d'envergure · grand · gros · de taille *fam.* · **2 - grave** · sérieux · **3 -** substantiel · appréciable · conséquent · considérable · fort · grand · gros · insigne · net · notable · sensible · de taille *fam.* · [somme] coquet *fam.* · joli *fam.*

II 1 - fondamental · capital · crucial · décisif · de conséquence · de poids · essentiel · majeur · primordial · vital · d'importance · qui tient à cœur · **2 - marquant** · mémorable
III 1 - éminent · célèbre · connu · considérable · illustre · de marque · renommé · respectable · **2 - influent** · puissant
IV prétentieux · arrogant · affecté · avantageux · fat · glorieux · infatué · suffisant · vain · outrecuidant *littér.* · ramenard *fam.* · gourmé *vieilli*
✦ **personne importante** personnalité · notable · gros bonnet *fam.* · huile *fam.* · grosse légume *fam.* · pointure *fam.* · (grand) ponte *fam.*
✦ **être important** compter · importer
✦ **se croire important** se croire quelque chose · se prendre pour le nombril du monde
✦ **l'important, le plus important** l'essentiel · le principal · l'élément dominant · la pierre angulaire · le nœud
✦ **faire l'important** prendre de grands airs · pontifier · se rengorger · trôner · faire le fier · jouer au grand seigneur · faire le monsieur *vieilli*
CONTR. petit ı insignifiant – négligeable – dérisoire ı minime – accessoire ı secondaire – ordinaire

importation *n.f.* · introduction · apport
CONTR. exportation

¹**importer** *v.tr.* **1 - introduire** · rapporter · **2 - rapatrier**

²**importer** *v.intr.* compter · entrer en ligne de compte · jouer · peser · être important · avoir de l'importance
✦ **il importe de** il convient de · il faut
✦ **peu importe** c'est égal · c'est pareil
✦ **peu m'importe** ça m'est égal · je m'en contrefiche *fam.* · je m'en fiche *fam.* · je m'en fous *très fam.* · peu me chaut *littér.*
✦ **n'importe qui** le premier venu
✦ **n'importe comment** en dépit du bon sens · à la va comme je te pousse *fam.*

importun, e
■ *adj.* **1 - indésirable** · envahissant · indiscret · casse-pieds *fam.* · collant *fam.* · crampon *fam.* ·

embêtant *fam.* • enquiquinant *fam.* • tannant *fam.* •
2 - agaçant • déplaisant • désagréable •
embarrassant • ennuyeux • fatigant • incommode • inopportun • intempestif • pesant
■ *n.* **gêneur** • indésirable • fâcheux *vieux ou littér.* •
casse-pieds *fam.* • chieur *très fam.* • colique *fam.* •
crampon *fam.* • enquiquineur *fam.* • emmerdeur *très fam.* • fléau *fam.* • glu *fam.* • plaie *fam.* • pot de colle *fam.* • raseur *fam.*
CONTR. discret ı opportun – agréable

importuner *v.tr.* **1 - déranger** • embarrasser • ennuyer • gêner • incommoder • indisposer • embêter *fam.* • enquiquiner *fam.* • faire chier *très fam.* ● [sans complément] être de trop • **2 - agacer** • excéder • fatiguer • persécuter • tourmenter • assommer *fam.* • asticoter *fam.* • casser les pieds à *fam.* • casser les couilles à *très fam.* • cavaler *très fam.* • courir *fam.* • empoisonner *fam.* • pomper *fam.* • tarabuster *fam.* •
3 - assiéger • assaillir • être après • harceler • poursuivre • talonner • être toujours sur les talons de ● [enfant] être toujours dans les jupes de
CONTR. amuser ı divertir

imposable *adj.* • taxable

imposant, e *adj.* **1 - corpulent** • massif •
2 - majestueux • auguste • impérial • noble • superbe • **3 - grave** • solennel • **4 - considérable** • formidable • impressionnant • important
CONTR. maigre ı léger – grossier ı vulgaire – insignifiant ı ridicule

imposé, e *adj. et n.* • assujetti • contribuable

imposer *v.tr.*
I 1 - commander • demander (impérativement) • exiger • ordonner • prescrire • **2 - dicter** • édicter • fixer • soumettre à • **3 - nécessiter** • exiger • réclamer • requérir
II infliger • faire subir
III inspirer • susciter

IV taxer • grever • [indûment] mettre en coupe réglée
✦ **imposer** obliger à • astreindre à • condamner à • contraindre à • enjoindre de • forcer à
✦ **en imposer** impressionner • éblouir • en mettre plein la vue *fam.* • décoiffer *fam.* • ébouriffer *fam.* • épater *fam.* • en jeter *fam.*
⋙ **s'imposer** *v.pron.* **1 - se faire un devoir, une obligation de** • s'astreindre à • se contraindre à • se forcer à • s'obliger à • **2 - avoir le dessus** • dominer • triompher • **3 - prédominer** • occuper le terrain • prévaloir •
4 - être nécessaire • être incontournable
CONTR. obéir ı exécuter – affranchir ı dégrever ı dispenser – s'incliner – laisser froid ı laisser indifférent

imposition *n.f.* **1 - taxation** • **2 - impôt** • charge • contribution • droit • taxe

impossibilité *n.f.* **1 - empêchement** • obstacle (majeur) • **2 - incapacité** • impuissance
CONTR. possibilité

impossible *adj. et n.m.*
I 1 - infaisable • irréalisable • inapplicable • inexécutable • impraticable • **2 - impensable** • inconcevable • incroyable • inenvisageable •
3 - insoluble • inextricable
II 1 - invraisemblable • extravagant • inimaginable • inouï • ridicule • **2 - inadmissible** • indu • inexcusable
III chimérique • illusoire • insensé • utopique • vain
IV [fam.] **1 - invivable** • infernal • insupportable • impraticable *vieux* • **2 - intenable** • insupportable • intolérable
✦ **promettre l'impossible** promettre la lune • promettre monts et merveilles
CONTR. possible ı réalisable – compréhensible ı concevable – soluble – banal ı courant ı ordinaire – acceptable ı supportable – réaliste

imposteur *n.m.* **1 - simulateur** • charlatan • faux prophète • menteur • mystificateur • bluffeur *fam.* • **2 - hypocrite** • faux dévot • tartufe • **3 - usurpateur**

imposteur, charlatan

L'imposteur et le charlatan ont une relation identique avec autrui : ils cherchent à le tromper. L'imposteur ment et promet ce qu'il ne peut donner pour obtenir la confiance de ses dupes et en tirer profit *(le C.V. de ce candidat est douteux : c'est un imposteur ; démasquer un imposteur)*. Avec charlatan, on insiste sur l'exploitation de la crédulité publique à des fins de notoriété personnelle ou de profit *(ne vous laissez pas leurrer par ces discours de charlatan ; un médecin, un homme politique charlatan)*.

imposture *n.f.* **1 - mensonge** · mystification · supercherie · tromperie · charlatanisme · blague *fam.* · canular *fam.* · **2 - hypocrisie** · fausseté

CONTR. vérité – franchise ı sincérité

impôt *n.m.* **1 - taxe** · charge · contribution · droit · imposition · patente · prélèvement · redevance · **2 - fiscalité** · système fiscal · **3 - fisc**

impôt, contribution, taxe

Impôt, contribution et taxe se rapportent à une somme d'argent versée à l'État ou à une collectivité locale. Impôt est le terme le plus général ; il désigne le prélèvement obligatoire que l'État opère auprès des personnes physiques et morales pour financer les charges publiques *(une déclaration d'impôt, les impôts directs, indirects, l'impôt sur le revenu, sur les bénéfices industriels, sur la fortune)*. Contribution, de sens plus restreint, s'emploie pour les impôts payés par les particuliers *(contribution sociale généralisée, contribution sociale pour le remboursement de la dette sociale)*. Au pluriel, **contributions** recouvre certains emplois d'**impôt** *(contributions directes, indirectes)*. Taxe équivaut à impôt dans quelques cas : *la taxe à la valeur ajoutée [T.V.A.] est un impôt indirect*. En revanche, taxe se distingue d'impôt quand il s'agit de la somme payée pour une prestation fournie par l'autorité publique *(la taxe d'enlèvement des ordures ménagères ; l'affranchissement d'une lettre est une taxe)*.

impotence *n.f.* · infirmité · invalidité

impotent, e *adj. et n.* · **infirme** · estropié · invalide · paralytique · perclus · podagre *vieux*

CONTR. ingambe ı valide

impraticable *adj.* **1 - inaccessible** · malaisé · **2 - impossible** · inapplicable · inexécutable · infaisable · irréalisable

CONTR. praticable ı carrossable – faisable ı réalisable

imprécation *n.f.* · malédiction · anathème · exécration *vieux*

CONTR. bénédiction

imprécis, e *adj.* **1 - approximatif** · grossier · vague · **2 - indistinct** · flou · incertain · indéfini · indéfinissable · indéterminé · indiscernable · vague · **3 - confus** · flou · vague

CONTR. clair ı net ı précis

imprécision *n.f.* **1 - flou** · indétermination · vague · **2 - à-peu-près** · approximation

CONTR. netteté ı précision – justesse ı rigueur

imprégnation *n.f.* **1 - imbibition** · **2 - assimilation** · appropriation · intégration

imprégner *v.tr.* **1 - humecter** · gorger · imbiber · tremper · **2 - envahir** · pénétrer · **3 - influencer** · déteindre sur · imprimer · marquer

» **s'imprégner** *v.pron.* **1 - absorber** · boire · **2 - assimiler** · apprendre · se pénétrer de

imprenable *adj.* · **invincible** · inexpugnable *littér.*

CONTR. indéfendable ı prenable

imprésario *n.m.* • agent (artistique) • manager

imprescriptibilité *n.f.* • immuabilité • immutabilité

imprescriptible *adj.* • éternel • immuable

impression *n.f.*
I 1 - sensation • émotion • sentiment • 2 - intuition • feeling *fam.* • 3 - appréciation • avis • jugement • opinion • pensée • sentiment • vues
II 1 - empreinte • marque • 2 - souvenir • trace • 3 - effet • action • impact • influence
III tirage • édition • gravure • reproduction
✦ **faire impression** faire de l'effet • faire sensation • fasciner • impressionner
✦ **donner l'impression de** sembler • paraître • faire l'effet de
✦ **avoir l'impression de** croire • (s')imaginer

impressionnabilité *n.f.* • émotivité • sensibilité

impressionnable *adj.* • émotif • sensible • impressible *littér.*
CONTR. indifférent ı insensible

impressionnant, e *adj.* 1 - étonnant • bouleversant • frappant • émouvant • saisissant • 2 - grandiose • imposant • majestueux • monumental • spectaculaire • 3 - remarquable • brillant • virtuose
CONTR. insignifiant - faible ı médiocre ı terne

impressionner *v.tr.* 1 - frapper • affecter • bouleverser • ébranler • émouvoir • étonner • remuer • saisir • toucher • [en mal] secouer • traumatiser • troubler • retourner *fam.* • 2 - éblouir • en imposer à • faire impression à • intimider • bluffer *fam.* • épater *fam.* • en mettre plein la vue à *fam.* • souffler *fam.* • taper dans l'œil de *fam.* • [sans complément] en jeter *fam.*

imprévisible *adj.* 1 - imprédictible • imprévoyable *vieux* • 2 - déroutant • déconcertant • imprévu • inattendu
CONTR. prévisible - banal ı rassurant

imprévoyance *n.f.* • insouciance • étourderie • imprudence • irréflexion • légèreté • négligence
CONTR. prévoyance

imprévoyant, e *adj. et n.* insouciant • étourdi • imprudent • irréfléchi • léger • négligent • écervelé *fam.* • tête de linotte *fam.* • tête en l'air *fam.*
✦ **être imprévoyant** ne pas voir plus loin que le bout de son nez
CONTR. prévoyant ı réfléchi

¹**imprévu, e** *adj.* 1 - fortuit • accidentel • inattendu • inopiné • 2 - brusque • soudain • subit • 3 - inespéré • extraordinaire • 4 - déconcertant
✦ **de façon imprévue** inopinément • à l'improviste • sans crier gare
↝ **inattendu**

²**imprévu** *n.m.* 1 - hasard • aléa • [malheureux] accident • accroc • tuile *fam.* • 2 - fantaisie • originalité • pittoresque

imprimé *n.m.* • bordereau • formulaire
CONTR. manuscrit

imprimer *v.tr.*
I 1 - tirer • éditer • 2 - publier • faire paraître
II 1 - marquer • graver • 2 - appliquer • apposer • estamper • gaufrer
III 1 - communiquer • donner • inculquer • inspirer • insuffler • 2 - animer • imprégner • pénétrer
⋙ **s'imprimer** *v.pron.* se graver • se fixer • se marquer

improbabilité *n.f.* • invraisemblance
CONTR. probabilité ı vraisemblance

improbable *adj.* · douteux · hypothétique · incertain
CONTR. probable ı plausible

improductif, -ive *adj.* **1** - inefficace · **2** - inutile · infructueux · stérile · vain · **3** - ingrat · aride · stérile · infécond *littér.* · infertile *littér.*
CONTR. fructueux – fertile ı productif

impromptu, e
■ *adj.* improvisé
■ *adv.* à l'improviste · ex abrupto · inopinément · au pied levé · de manière inopinée · sur-le-champ · sans crier gare

impropre *adj.* **1** - abusif · incorrect · inexact · vicieux · **2** - inapproprié · inadéquat · inadapté · **3** - incapable · inapte · incompétent
CONTR. apte ı convenable ı propre – adéquat ı adapté ı approprié – apte

improprement *adv.* · abusivement · incorrectement

impropriété *n.f.* · incorrection · erreur · barbarisme

improvisation *n.f.* **1** - imagination · invention · **2** - [Jazz] jam-session · bœuf *argot*

improvisé, e *adj.* **1** - impromptu · **2** - de fortune

improviser *v.tr.* **1** - inventer · imaginer · **2** - [Jazz, sans complément] faire un bœuf *argot*
CONTR. préparer

improviste (à l') *loc. adv.* **1** - inopinément · ex abrupto · soudainement · subitement · tout à coup · sans crier gare · **2** - par surprise · au dépourvu · abruptement · ex abrupto · au débotté · tout à trac *fam.*

imprudemment *adv.* · étourdiment · aveuglément · inconsidérément · à la légère
CONTR. prudemment

imprudence *n.f.* **1** - irréflexion · imprévoyance · inconscience · inconséquence · légèreté · **2** - hardiesse · témérité · **3** - étourderie · maladresse
CONTR. prudence

imprudent, e
■ *adj.* **1** - téméraire · audacieux · aventureux · hardi · **2** - écervelé · étourdi · inconséquent · inconsidéré · léger · malavisé · **3** - dangereux · hasardé · hasardeux · osé · périlleux · risqué
■ *n.* · casse-cou *fam.* · risque-tout *fam.*
♦ se montrer très imprudent   jouer avec le feu
CONTR. prudent – sérieux ı posé – inoffensif

impudemment *adv.* · effrontément · impoliment · insolemment

impudence *n.f.* · effronterie · aplomb · arrogance · audace · cynisme · front · hardiesse · impertinence · indécence · insolence · témérité · outrecuidance *littér.* · culot *fam.* · toupet *fam.*
CONTR. discrétion ı pudeur ı réserve

impudent, e *adj.* **1** - effronté · arrogant · audacieux · cynique · éhonté · hardi · impertinent · indécent · insolent · outrecuidant *littér.* · culotté *fam.* · **2** - choquant
CONTR. discret ı réservé

impudeur *n.f.* · inconvenance · immodestie · indécence · impudicité *littér.*
CONTR. pudeur ı réserve ı retenue

impudicité *n.f.* **1** - impudeur · hardiesse · immodestie · indécence · lascivité · **2** - licence · obscénité · **3** - débauche · dévergondage · lubricité · luxure
CONTR. pudeur – chasteté ı pudicité ı pureté

impudique *adj.* 1 - **indécent** · inconvenant · lascif · libidineux · licencieux · paillard · obscène · sale · salé · 2 - **dévergondé** · débauché · immodeste
CONTR. chaste ı honnête ı pudique

impuissance *n.f.* 1 - **faiblesse** · inaptitude · insuffisance · 2 - **impossibilité** · incapacité
✦ **être réduit à l'impuissance** avoir les mains liées · être pieds et poings liés
CONTR. aptitude ı capacité ı efficacité ı pouvoir ı puissance

impuissant, e *adj.* 1 - **faible** · démuni · désarmé · fragile · inapte · incapable · 2 - **inopérant** · improductif · inefficace · infructueux · inutile · sans résultat · stérile · vain
CONTR. capable ı efficace ı puissant

impulser *v.tr.* · promouvoir · encourager · favoriser · lancer · donner un coup de pouce à *fam.*

impulsif, -ive *adj.* · fougueux · bouillant · emporté · irréfléchi · spontané
CONTR. calme ı pondéré ı réfléchi

impulsion *n.f.* 1 - **poussée** · force · motion *vieux* · 2 - [Sport] appel · élan · 3 - **élan** · entraînement · essor · lancée · poussée · 4 - **effet** · action · empire · emprise · influence · mouvement · pression · 5 - **instinct** · penchant · tendance
✦ **donner une impulsion à** mouvoir · pousser · mettre en branle · mettre en mouvement

impulsivement *adv.* · d'instinct · instinctivement · inconsciemment · spontanément

impunément *adv.* · en toute impunité · sans dommage

impur, e *adj.* 1 - **pollué** · empesté · sale · souillé · vicié · 2 - [vieux ou littér.] **bas** · corrompu · dépravé · dévoyé · immoral · indigne · infâme · vil · 3 - [vieilli] **impudique** · déshonnête · indécent · lascif · libidineux · lubrique · obscène

impureté *n.f.* 1 - **saleté** · cochonnerie *fam.* · saloperie *très fam.* · 2 - **pollution** · corruption · souillure · 3 - [vieux ou Relig.] **immoralité** · dépravation · impudicité · débauche · luxure · obscénité · péché
CONTR. pureté – chasteté ı continence

imputabilité *n.f.* · responsabilité

imputable *adj.* · attribuable · dû

imputation *n.f.* 1 - **accusation** · allégation · charge · incrimination · inculpation · 2 - **attaque** · calomnie · diffamation · 3 - **affectation** · assignation · attribution

imputer *v.tr.* 1 - **attribuer** · prêter · 2 - **affecter** · appliquer · assigner · porter en compte
✦ **imputer la faute à** incriminer · accuser · charger · mettre sur le compte de · rejeter la faute sur
CONTR. disculper ı laver d'une accusation

imputrescible *adj.* · inaltérable · incorruptible · inattaquable
CONTR. putrescible ı biodégradable

inabordable *adj.* 1 - **inaccessible** · inapprochable · 2 - **très cher** · hors de prix · exorbitant · prohibitif
CONTR. abordable ı accessible ı facile – bon marché

inacceptable *adj.* 1 - **inadmissible** · inconcevable · insupportable · intolérable · scandaleux · 2 - [Droit] **irrecevable**
CONTR. acceptable ı tolérable – recevable

inaccessible *adj.* 1 - **inapprochable** · inabordable · [lieu] impénétrable · impraticable · hors d'atteinte · hors de portée · 2 - **incompréhensible** · hermétique

▸ **inaltérable**

inconnaissable · **3** - **distant** · fier · froid · hautain · inabordable · **4** - **hors de prix** · exorbitant · inabordable

✦ **inaccessible à** insensible à · étranger à · fermé à · imperméable à · indifférent à · réfractaire à · sourd à

CONTR. abordable ı accessible – compréhensible – chaleureux – bon marché – ouvert à

inaccoutumé, e *adj.* · inhabituel · anormal · exceptionnel · insolite · inusité · nouveau · rare

CONTR. commun ı coutumier ı habituel

inachevé, e *adj.* · inabouti · imparfait · incomplet · lacunaire · en suspens · inaccompli *littér.*

CONTR. accompli ı achevé ı complet ı finalisé ı fini ı parfait

inactif, -ive *adj.* **1** - **immobile** · en repos · **2** - **inoccupé** · désœuvré · oisif · **3** - [péj.] **apathique** · endormi · fainéant · mou · indolent · inerte · paresseux · passif · **4** - **inopérant** · inefficace

✦ **rester inactif** se croiser les bras *fam.* · se tourner les pouces *fam.*

CONTR. actif ı agissant ı alerte ı entreprenant – affairé ı occupé – dynamique ı énergique ı vif – efficace

🕮 **inactif, oisif, désœuvré**
Inactif, oisif et désœuvré s'appliquent à l'absence d'activité d'une personne. On est **inactif** si l'on a une disposition à ne rien faire, si l'on ne s'emploie pas à un travail *(une vie inactive, un corps, un esprit inactif)* ou si l'on ne travaille pas de façon régulière, sans être pour autant chômeur *(comptabiliser une population inactive)*. Est **oisif** celui qui passe son temps à ne rien faire, qui n'a pas de profession *(un retraité oisif, mener une existence oisive)*. Une personne **désœuvrée** est provisoirement inoccupée, faute de travail à effectuer ou par choix *(elle ne supporte pas d'être désœuvrée)* : « (...) c'était l'heure du coucher du soleil ; et, plus nombreuse que la foule active, la foule désœuvrée couvrait la jetée » (P. Louÿs, *Aphrodite*, II).

inaction *n.f.* **1** - **inactivité** · désœuvrement · oisiveté · **2** - **léthargie** · immobilité · inertie · torpeur

CONTR. action ı emploi ı occupation – mobilité ı vitalité

inactivité *n.f.* **1** - **immobilité** · inaction · **2** - **inertie** · stagnation · sommeil · **3** - [Admin.] **congé**

CONTR. activité ı occupation – ardeur ı entrain ı mouvement

inactuel, -elle *adj.* · ancien · anachronique · caduc · dépassé · périmé · suranné · d'un autre âge

CONTR. actuel

inadaptation *n.f.* **1** - **inadéquation** · **2** - **asocialité**

inadapté *adj. et n.* **1** - **inadéquat** · impropre · inapproprié · **2** - **antisocial** · asocial · caractériel · délinquant · marginal

inadéquat, e *adj.* · inadapté · impropre · inapproprié

inadmissible *adj.* · inacceptable · inconcevable · irrecevable · inexcusable · insupportable · intolérable

inadvertance *n.f.* inattention · distraction · étourderie

✦ **par inadvertance** par mégarde · par méprise · étourdiment

CONTR. attention ı soin

inaliénable *adj.* [Droit] incessible · intransmissible

inaltérable *adj.* **1** - **incorruptible** · imputrescible · inattaquable · inoxydable · inusable · **2** - [couleur] **fixe** · grand, bon teint

3 - immuable · constant · éternel · impérissable · indestructible · invariable · permanent · perpétuel · stable · indéfectible *littér.*

CONTR. altérable ı changeant ı fragile

inaltéré, e *adj.* · intact · pur · immaculé

CONTR. altéré ı changé

inamical, e *adj.* · hostile · agressif · déplaisant · ennemi · malveillant

inamovible *adj.* · intouchable · indéboulonnable *fam.* · indéracinable *fam.*

inanimé, e *adj.* **1 -** inerte · immobile · **2 -** évanoui · sans connaissance · **3 -** inexpressif · froid

CONTR. animé ı conscient ı vivant − sensible ı vif

inanité *n.f.* · futilité · frivolité · inconsistance · vanité

CONTR. importance

inanition *n.f.* · épuisement · faiblesse

CONTR. réplétion

inappétence *n.f.* **1 -** absence d'appétit · anorexie • [sexuelle] frigidité · perte de libido · **2 -** indifférence · absence de motivation · désintérêt · dégoût · détachement

CONTR. appétence ı appétit ı besoin ı faim − avidité ı désir ı intérêt

inapplicable *adj.* · impraticable · inexécutable · infaisable ı irréalisable · impossible

CONTR. applicable ı faisable ı réalisable

inapplication *n.f.* · inattention · distraction · étourderie · insouciance · laisser-aller · négligence

inappliqué, e *adj.* · étourdi · inattentif

CONTR. appliqué ı attentif

inappréciable *adj.* **1 -** considérable · d'importance · inestimable · précieux · sans prix · **2 -** incalculable · indéterminable

CONTR. médiocre ı modique ı négligeable − appréciable ı déterminable

inapprochable *adj.* · inaccessible · inabordable · inatteignable · intouchable

inapproprié, e *adj.* · impropre · inadapté · inadéquat

CONTR. approprié

inapte *adj.* **1 -** incapable · incompétent · inhabile · **2 -** impropre · inadapté

CONTR. adroit ı apte ı capable − adapté

inaptitude *n.f.* · incapacité · insuffisance · impéritie *littér.*

CONTR. aptitude

➙ incapacité

inassimilable *adj.* · indigeste · lourd

inassouvi, e *adj.* · insatisfait · frustré · inapaisé *littér.*

CONTR. apaisé ı assouvi ı comblé ı repu ı satisfait

inassouvissable *adj.* · insatiable · inapaisable *littér.* · inextinguible *littér.*

inassouvissement *n.m.* · frustration · insatisfaction

inattaquable *adj.* **1 -** imprenable · hors d'atteinte · imbattable · invincible · invulnérable · **2 - inaltérable** · incorruptible · **3 -** incontestable · indiscutable · irréfutable · irréfragable *(Droit)* · **4 - irréprochable** · impeccable · irrépréhensible

CONTR. vulnérable − attaquable ı contestable ı critiquable ı douteux − répréhensible

inattendu, e *adj.* **1 -** fortuit · accidentel · imprévu · inopiné · **2 - imprévisible** · inespéré · **3 -** déconcertant · déroutant · surprenant

CONTR. attendu ı prévu − prévisible − banal ı normal

inattendu, imprévu, inespéré, inopiné

Ce qui est **inattendu** surprend toujours parce qu'il n'y a jamais lieu de l'*attendre*, qu'il s'agisse d'un événement heureux ou malheureux *(spectacle, bruit, succès inattendu)*, ou bien d'une personne *(un convive inattendu)*. Ce qui est **imprévu** peut être envisagé *(tenez compte des dépenses imprévues)* mais survient lorsqu'on y pense le moins *(une circonstance, une panne imprévue ; les aspects imprévus d'une expérience)*. Imprévu ne s'applique que très rarement à des personnes : « Vous fûtes imprévus, je suis inattendu » (Hugo, *Torquemada*, IV, 4), **inespéré** et **inopiné** pas du tout. Ce qui est **inespéré**, toujours de nature heureuse, arrive quand on ne l'espérait pas, ou plus *(un bonheur, un résultat inespéré, une occasion inespérée)*. **Inopiné** est en concurrence avec **inattendu** et **imprévu** dans un usage plus soutenu *(une arrivée, une attaque, une rencontre inopinée)*.

inattentif, -ive *adj.* **1** - absent · dissipé · distrait · écervelé · étourdi · évaporé · inappliqué · négligent · **2** - indifférent

CONTR. appliqué ı attentif ı avide ı circonspect

inattention *n.f.* **1** - distraction · étourderie · inadvertance · inconséquence · insouciance · irréflexion · légèreté · **2** - imprudence · négligence · **3** - indifférence

CONTR. attention ı application ı circonspection ı contention

inaudible *adj.* **1** - imperceptible · bas **2** - inécoutable

CONTR. audible

inauguration *n.f.* · lancement · ouverture · [d'une exposition] vernissage

CONTR. clôture

inaugurer *v.tr.* **1** - ouvrir · [Relig.] consacrer · **2** - étrenner · **3** - entreprendre · instaurer · mettre en pratique

CONTR. fermer – continuer ı copier ı poursuivre

inauthentique *adj.* · faux · apocryphe · controuvé *littér.*

CONTR. authentique

inavouable *adj.* · honteux · coupable · déshonorant · infâme

CONTR. avouable

inavoué, e *adj.* · caché · secret

CONTR. avoué ı connu

incalculable *adj.* **1** - indénombrable · incommensurable · indéterminable · innombrable · **2** - considérable · démesuré · énorme · illimité · immense · infini · inimaginable

CONTR. calculable – infime

incandescence *n.f.* · ardeur · feu

incandescent, e *adj.* **1** - brûlant · ardent · chauffé à blanc · igné *littér.* · **2** - exalté · ardent · brûlant · **3** - embrasé · enflammé · lumineux

CONTR. froid ı éteint

incantation *n.f.* **1** - enchantement · évocation · formule magique · **2** - prière · mélopée

incapable

▪ *adj.* **1** - incompétent · inapte · en dessous de tout · maladroit · malhabile · **2** - imbécile · ignare · ignorant

▪ *n.* bon à rien · médiocre · nul · nullité · propre à rien · minable *fam.* · nullard *fam.* · ringard *fam.* · zéro *fam.*

✦ **être incapable de** ne pas pouvoir · être hors d'état de · être dans l'impossibilité de · être impuissant à · ne pas être en mesure de · ne pas être fichu de *fam.* · ne pas être foutu de *très fam.* · être infichu de *fam.* · être infoutu de *très fam.*

CONTR. capable ı apte ı habile – as ı crack ı virtuose

incapacité *n.f.* **1 - impossibilité** · impuissance · inaptitude · insuffisance · **2 - ignorance** · incompétence · inhabileté · impéritie *littér.* · **3 - handicap** · infirmité · invalidité · **4 -** [Droit] **déchéance**
CONTR. aptitude ı capacité

🕮 **incapacité, inaptitude**

Incapacité et inaptitude s'emploient dans les mêmes contextes pour parler d'une personne qui ne parvient pas à faire quelque chose *(faire preuve d'incapacité / d'inaptitude pour les affaires)*. Cependant, on parlera d'**incapacité** lorsque l'impossibilité de remplir une fonction, d'avoir telle ou telle activité résulte d'un manque de préparation, de temps ou de qualités nécessaires *(il est dans l'incapacité de venir aujourd'hui, se trouver dans l'incapacité d' aider quelqu'un)*. Inaptitude met l'accent sur l'absence de dispositions naturelles *(inaptitude physique, intellectuelle ; une inaptitude à résoudre les problèmes quotidiens)* : « Cette inaptitude atavique à désespérer, qui est en moi comme une infirmité contre laquelle je ne puis rien, finissait par prendre l'apparence de quelque heureuse et congénitale imbécillité (...) » (R. Gary, *la Promesse de l'aube*).

incarcération *n.f.* · emprisonnement · captivité · détention · enfermement · internement
CONTR. liberté
🕮 **captivité**

incarcérer *v.tr.* · enfermer · écrouer · emprisonner · interner · mettre en prison · mettre sous les verrous · boucler *fam.* · coffrer *fam.* · mettre à l'ombre *fam.* · mettre en taule *fam.* · mettre au trou *fam.* · embastiller *fam. ou vieilli* · jeter, mettre aux fers *vieux*
CONTR. délivrer ı libérer ı relâcher

incarnation *n.f.* **1 - avatar** · métamorphose · **2 - image** · expression · personnification · symbole

incarner *v.tr.* **1 - personnifier** · figurer · représenter · symboliser · **2 - interpréter** · jouer

incartade *n.f.* · écart de conduite · caprice · extravagance · faux-pas · folie · frasque · fredaine · peccadille

incassable *adj.* · solide · infrangible *littér.*
CONTR. cassable ı cassant ı fragile

incendiaire
■ *n.* pyromane · [Hist.] pétroleuse
■ *adj.* **1 - ardent** · provocant · **2 - séditieux**

incendie *n.m.* · feu · brasier · flammes · sinistre

incendier *v.tr.* **1 - brûler** · consumer · détruire par le feu · mettre le feu à · **2 - échauffer** · enflammer · exalter · surexciter · **3 - injurier** · réprimander

incertain, e *adj.*
I **1 - indécis** · fluctuant · hésitant · irrésolu · **2 - variable** · changeant · flottant · inconstant · instable · précaire · **3 -** [démarche] **chancelant** · hésitant
II **1 - aléatoire** · conditionnel · contingent · douteux · éventuel · hypothétique · problématique · **2 - hasardeux** · aventuré · aventureux · osé · risqué
III **1 - ambigu** · contestable · douteux · équivoque · nébuleux · **2 - obscur** · ténébreux
IV **1 - indéterminé** · **2 - imprécis** · brouillé · confus · flou · fondu · indécis · indéfini · indéfinissable · indistinct · obscur · trouble · vague · vaporeux
CONTR. décidé ı ferme ı résolu – fixe ı stable – assuré ı sûr – certain – clair ı net ı précis

incertitude *n.f.* **1 - doute** · embarras · flottement · hésitation · indécision · indétermination · irrésolution · perplexité · tergiversation · **2 - variabilité** · fluctuation ·

inconstance · instabilité · oscillation · précarité · versatilité · **3 - aléa** · danger · hasard · impondérable · imprévu · péril · risque
♦ **être dans l'incertitude** balancer · hésiter

CONTR. certitude ı clarté – fermeté ı résolution – décider ı trancher

incessamment *adv.* **1 - bientôt** · sous peu · au plus tôt · tout de suite · **2 -** [vieux] constamment · assidûment · continuellement · sans cesse · toujours

incessant, e *adj.* **1 - continu** · constant · continuel · ininterrompu · permanent · suivi · **2 - perpétuel** · continuel · éternel · sempiternel *péj.*

CONTR. discontinu ı interrompu ı rare

incessibilité *n.f.* · inaliénabilité

incessible *adj.* · inaliénable · intransmissible

inchangé, e *adj.* **1 - identique** · intact · le même · tel quel · **2 -** [Bourse] **ferme** · stable

CONTR. changé

incidemment *adv.* **1 - accessoirement** · en passant · entre parenthèse · **2 - occasionnellement** · accidentellement

incidence *n.f.* · effet · conséquence · contrecoup · implication · influence · prolongement · répercussion · retombée · suite ● [négative] séquelle

¹**incident, e** *adj.* · accessoire · accidentel · secondaire

²**incident** *n.m.* **accroc** · anicroche · complication · difficulté · ennui · péripétie · coup dur *fam.* · os *fam.* · pépin *fam.*
♦ **sans incident** sans encombre · comme sur des roulettes *fam.*

incinération *n.f.* · crémation

incinérer *v.tr.* · brûler · réduire en cendres

inciser *v.tr.* · couper · blesser · entailler · entamer · ouvrir · scarifier

incisif, -ive *adj.* · acerbe · acéré · acide · affilé · aigu · caustique · mordant · tranchant
● [jugement] à l'emporte-pièce

CONTR. émoussé

incision *n.f.* **1 - coupure** · entaille · fente · excision · boutonnière *(Chir.)* · **2 - scarification**

incitateur, -trice *n.* · instigateur · excitateur

incitatif, -ive *adj.* · motivant · encourageant · engageant · stimulant

incitation *n.f.* **1 - encouragement** · appel · excitation · exhortation · instigation · invitation · provocation · **2 - récompense** · carotte *fam.*

CONTR. apaisement

inciter *v.tr.* **1 - conseiller à** · encourager · engager · exciter · exhorter · inviter · instiguer *vieux ou Belgique* · **2 - pousser** · déterminer · disposer · entraîner · incliner · porter · stimuler

CONTR. détourner ı empêcher ı apaiser

incivil, e *adj.* · impoli · discourtois · grossier · incorrect

CONTR. civil ı courtois ı honnête ı poli

incivilité *n.f.* · impolitesse · discourtoisie *vieilli*

CONTR. civilité ı politesse

inclémence *n.f.* · dureté · rigueur · rudesse

inclément, e *adj.* · dur · rigoureux · rude

inclinaison *n.f.* • pente • déclivité • dévoiement • obliquité
CONTR. aplomb ı rectitude

inclination *n.f.* **1** – tendance • appétit • appétence • désir • disposition • envie • goût • penchant • pente • préférence • propension • **2** – **affection** • amitié • amour • attachement • attirance • complaisance • faible • faiblesse • pente (naturelle) • prédilection • sympathie • **3** – **inclinaison** • mouvement • [pour saluer] courbette • révérence • salut
✦ **avoir de l'inclination à, pour** être enclin à • être sujet à • être porté à, sur
CONTR. antipathie ı aversion

incliné, e *adj.* • pentu
CONTR. droit

incliner *v.tr.* **1** – abaisser • baisser • coucher • courber • fléchir • pencher • plier
✦ **incliner à** [+ infinitif] **1** – être enclin à • être tenté de • **2** – [qqn] amener à • conduire à • déterminer à • engager à • inciter à • prédisposer à • porter à • pousser à
⟫ **s'incliner** *v.pron.* **1** – **se pencher** • se baisser • se courber • **2** – **s'infléchir** • descendre • pencher • **3** – **saluer** • se prosterner • faire une courbette • faire une révérence • **4** – **se soumettre** • obéir • obtempérer • courber le front, la nuque • **5** – **abandonner** • s'avouer vaincu • capituler • céder • lâcher prise • se résigner • baster *Suisse* • baisser les bras *fam.* • caler *fam.* • jeter l'éponge *fam.* • laisser tomber *fam.*
CONTR. lever ı relever – se redresser – s'imposer – tenir bon

inclure *v.tr.* **1** – **insérer** • enfermer • glisser • intégrer • introduire • mettre • **2** – **adjoindre** • ajouter • joindre • **3** – **comporter** • comprendre • contenir • impliquer • intégrer • renfermer
CONTR. excepter ı exclure

inclus, e *adj.* **1** – joint • annexé • **2** – compris
CONTR. exclu

incoercible *adj.* • impérieux • irrépressible • irrésistible • incontrôlable • invincible

incognito
■ *adv.* secrètement • dans l'anonymat • anonymement • discrètement
■ *n.m.* anonymat
CONTR. publiquement
🌿 anonymat

incohérence *n.f.* **1** – désordre • absurdité • décousu • illogisme • inconséquence • irrationalité • **2** – contradiction • désaccord • différence
CONTR. cohésion ı cohérence ı unité

incohérent, e *adj.* **1** – désordonné • brouillon • chaotique • confus • décousu • sans queue ni tête • sans suite • **2** – **délirant** • absurde • contradictoire • extravagant • illogique • incompréhensible • inconséquent • insensé • irrationnel
CONTR. cohérent ı harmonieux ı logique

incolore *adj.* **1** – pâle • blanc • transparent • **2** – terne • fade • inexpressif • insipide • plat
CONTR. coloré – éclatant ı expressif

incomber à *v.tr.ind.* • échoir à • appartenir à • retomber sur • revenir (en partage) à

incombustible *adj.* • ignifugé • ininflammable • apyre
CONTR. combustible

incommensurable *adj.* • immense • abyssal • démesuré • énorme • gigantesque • illimité • infini
CONTR. commensurable ı mesurable ı petit

incommodant, e *adj.* • gênant • déplaisant • désagréable • importun • pénible
CONTR. agréable

incommode *adj.* **1 -** gênant · embarrassant · encombrant · **2 -** inconfortable · malcommode *vieilli*

CONTR. commode ı pratique – agréable ı confortable ı facile

incommoder *v.tr.* · gêner · déranger · ennuyer · empoisonner · importuner • [odeur] indisposer • [bruit] étourdir · fatiguer

incommodité *n.f.* **1 -** désagrément · désavantage · ennui · gêne · inconvénient · importunité *littér.* · **2 -** inconfort

CONTR. agrément ı facilité – commodité ı confort

incommunicable *adj.* **1 -** inexprimable · indicible · **2 -** [Droit] inaliénable · incessible · intransmissible

CONTR. communicable ı transmissible

incomparable *adj.* **1 -** inégalable · hors pair · indépassable · insurpassable · sans concurrence · sans égal · sans pareil · supérieur · unique · **2 -** accompli · admirable · parfait

CONTR. comparable ı inférieur ı médiocre

incomparablement *adv.* **1 -** autrement · infiniment · **2 -** [littér.] remarquablement · prodigieusement

incompatibilité *n.f.* **1 -** antagonisme · antinomie · désaccord · opposition · disconvenance *littér.* · inconciliabilité *littér.* · **2 -** contradiction · discordance

CONTR. accord ı coexistence ı compatibilité ı harmonie – cohérence ı concordance

incompatible *adj.* **1 -** antagonique · contraire · exclusif (de) · inconciliable · irréconciliable · opposé · **2 -** contradictoire · discordant

CONTR. compatible ı convenable – cohérent ı concordant

incompétence *n.f.* **1 -** incapacité · inaptitude · nullité · impéritie *littér.* · **2 -** ignorance · inexpérience · méconnaissance

CONTR. aptitude ı compétence – expérience

incompétent, e *adj.* **1 -** incapable · inapte · nul · **2 -** ignorant · ignare

CONTR. compétent – cultivé

incomplet, -ète *adj.* **1 -** inachevé · inabouti · en suspens · **2 -** fragmentaire · lacunaire · partiel • [collection, série] dépareillé · **3 -** imparfait · insuffisant

incomplètement *adv.* **1 -** partiellement · en partie · **2 -** imparfaitement · insuffisamment

CONTR. complètement – parfaitement

incompréhensible *adj.* **1 -** inexplicable · inconcevable · **2 -** impénétrable · inscrutable · insondable · **3 -** illisible · indéchiffrable · **4 -** inintelligible · amphigourique · cabalistique · hermétique · mystérieux · obscur · opaque · sibyllin · ténébreux · abscons *littér.* · abstrus *littér.* · imbitable *très fam.* · **5 -** déconcertant · bizarre · curieux · étrange

CONTR. clair ı compréhensible

    incompréhensible, inintelligible
Les deux mots concernent ce qui ne peut être saisi par l'intelligence. Ce qui est **incompréhensible** a des causes qu'on ne peut pénétrer *(un suicide, un crime, un acte incompréhensible)*, un sens qui échappe *(un discours, un propos, un texte incompréhensible)* ou déconcerte *(un geste, un rire incompréhensible)*. **Inintelligible** s'applique plutôt à ce que l'on identifie mal ou pas du tout dans l'expression, au plan intellectuel *(un écrivain, un style inintelligible ; des explications, des notes inintelligibles)* ou auditif *(des cris, des sons inintelligibles)* et dans le comportement *(un refus, une attitude inintelligible)*.

incompréhensif, -ive *adj.* · étroit d'esprit · fermé · intolérant · sectaire

CONTR. tolérant

incompréhension *n.f.* **1 -** intolérance · étroitesse, fermeture d'esprit · manque d'indulgence · **2 -** méconnaissance · inintelligence

incompressible *adj.* · irréductible
CONTR. compressible ι élastique – réductible

inconcevable *adj.* **1 -** inimaginable · impensable · invraisemblable · paradoxal · **2 -** étonnant · étrange · extraordinaire · extravagant · incroyable · inexplicable · inouï · stupéfiant · surprenant · **3 -** inadmissible · inacceptable
CONTR. concevable ι imaginable – banal ι compréhensible – acceptable ι satisfaisant
↝ **inimaginable**

inconciliable *adj.* · incompatible · irréconciliable

inconditionnel, -elle
▪ *adj.* **1 -** absolu · complet · entier · illimité · intégral · sans réserve · total · aveugle *péj.* · **2 -** impératif · systématique
▪ *n.* **1 -** admirateur · fanatique · fan *fam.* · fana *fam.* · fondu *fam.* · groupie *fam.* · **2 -** [Pol., péj.] béni-oui-oui *vieilli* · godillot *vieilli*

inconduite *n.f.* · débauche · dévergondage · immoralité · licence · péché · vice

inconfort *n.m.* · incommodité

inconfortable *adj.* **1 -** incommode · malcommode · spartiate · **2 -** embarrassant · délicat · déplaisant · désagréable · épineux · gênant · malaisé

inconfortablement *adv.* · incommodément

incongru, e *adj.* · inconvenant · déplacé · inopportun · intempestif · malvenu · malséant *littér.*
CONTR. bienséant ι congru ι convenable ι correct ι opportun

incongruité *n.f.* · inconvenance · incorrection · indécence · grossièreté

inconnu, e
▪ *adj.* **1 -** ignoré · indéterminé · [auteur] anonyme · **2 -** étranger · inexploré · **3 -** mystérieux · énigmatique · impénétrable · inexplicable · obscur · occulte · secret
▪ *n.* étranger · tiers
▪ *n.m.* **1 -** mystère · **2 -** neuf · nouveau
✦ **pratiquement inconnu** méconnu · obscur · resté dans l'ombre
✦ **totalement inconnu** inconnu au bataillon *fam., plaisant*
CONTR. connu – familier – clair ι évident – célèbre ι connu ι fameux ι renommé

inconsciemment *adv.* · involontairement · à son insu · instinctivement · machinalement · mécaniquement · sans en avoir conscience · sans s'en apercevoir
CONTR. consciemment ι sciemment ι volontairement

inconscience *n.f.* **1 -** insouciance · irréflexion · irresponsabilité · légèreté · **2 -** aveuglement · égarement · folie · **3 -** ignorance · méconnaissance
CONTR. prudence ι sagesse – lucidité – connaissance ι conscience

inconscient, e *adj.* **1 -** machinal · automatique · instinctif · involontaire · irraisonné · irréfléchi · spontané · **2 -** insouciant · fou · irréfléchi · irresponsable · léger
CONTR. conscient ι volontaire – réfléchi ι responsable

inconséquence *n.f.* **1 -** étourderie · inattention · irréflexion · légèreté · **2 -** incohérence · absurdité · contradiction · désaccord · illogisme
CONTR. réflexion – cohérence ι logique ι suite

inconséquent, e *adj.* **1 -** incohérent · absurde · déraisonnable · fou · illogique · insensé · irrationnel · **2 -** inconsidéré · imprudent · irréfléchi · malavisé · **3** - écervelé · étourdi · imprudent · irréfléchi · irresponsable · léger · inconsidéré *vieilli*

CONTR. cohérent ׀ raisonnable ׀ sage – circonspect ׀ pondéré ׀ réfléchi ׀ sérieux – responsable

inconsidéré, e *adj.* **1** - absurde · stupide · non pertinent · **2** - indiscret · maladroit · **3** - [vieilli] étourdi · imprudent · inconséquent · irréfléchi · léger · malavisé

CONTR. approprié ׀ judicieux – sage ׀ prudent – circonspect ׀ réfléchi

inconsidérément *adv.* · imprudemment · étourdiment · follement · à la légère · légèrement · trop vite · à tort et à travers

inconsistance *n.f.* · insignifiance · faiblesse · fragilité · légèreté · précarité · inanité *littér.*

inconsistant, e *adj.* **1** - mou · fluide · **2** - fragile · **3** - amorphe · faible · mollasse · mou · **4** - léger · frivole · changeant · inconstant · versatile · **5** - insignifiant · creux · insipide · sans intérêt · vide

CONTR. consistant – solide ׀ durable – résolu ׀ volontaire – grave ׀ sérieux – intéressant ׀ remarquable

inconsolable *adj.* **1** - désespéré · désolé · **2** - inguérissable · inapaisable

inconsommable *adj.* **1** - impropre à la consommation · incomestible *rare* · **2** - immangeable · dégoûtant · écœurant · exécrable · infect

inconstance *n.f.* **1** - infidélité · trahison · lâchage *fam.* · **2** - instabilité · caprice · fragilité · frivolité · incertitude · légèreté · variabilité · versatilité

CONTR. constance ׀ fidélité – permanence ׀ stabilité

inconstant, e *adj.* **1** - infidèle · frivole · léger · volage · **2** - changeant · versatile · capricieux · flottant · fluctuant · instable · mobile · variable · **3** - fragile · fugitif · fuyant · précaire

CONTR. constant ׀ fidèle ׀ fort – stable – durable ׀ pérenne

↬ **changeant**

incontestable *adj.* **1** - certain · avéré · indéniable · indiscutable · indubitable · sûr · hors de doute · **2** - évident · flagrant · manifeste · **3** - inattaquable · formel · irrécusable · irréfutable · irréfragable *(Droit)*

CONTR. contestable ׀ discutable ׀ douteux ׀ problématique – faux – récusable ׀ réfutable

incontestablement *adv.* · assurément · certainement · sans conteste · sans aucun doute · évidemment · indéniablement · indiscutablement · indubitablement · irréfutablement · manifestement

CONTR. peut-être

incontinence *n.f.* **1** - [Méd.] énurésie · **2** - [verbale] logorrhée · **3** - [vieux ou littér.] intempérance · débauche · luxure

CONTR. continence – chasteté

¹**incontinent, e** *adj. et n.* **1** - [Méd.] énurétique · **2** - [vieux ou littér.] intempérant · débauché · luxurieux

²**incontinent** *adv.* · aussitôt · immédiatement · à l'instant · sur-le-champ · tout de suite

incontournable *adj.* **1** - inéluctable · fatal · fatidique · immanquable · imparable · implacable · inévitable · inexorable · inflexible · obligé · **2** - indispensable · inévitable · obligatoire · primordial · must *fam. (nom)*

incontrôlable *adj.* **1** - invérifiable · improuvable · indémontrable · injustifiable · **2** - indomptable · ingouvernable · non maîtrisable · **3** - impérieux · invincible · irrépressible · irrésistible · incoercible *littér.*

inconvenance *n.f.* **1** - audace · cynisme · désinvolture · effronterie · hardiesse · impertinence · incorrection · indécence · insolence · **2** - impolitesse

• familiarité • goujaterie • incorrection • muflerie • sans-gêne • discourtoisie *vieilli* • **3 - grossièreté** • écart de langage • incongruité • obscénité • propos ordurier • malpropreté *vieux* • **4 -** [vieux] **impropriété**
CONTR. bienséance ⏐ convenance ⏐ égard

inconvenant, e *adj.* **1 -** impoli • cavalier • désinvolte • effronté • impertinent • impudent • incorrect • insolent • irrespectueux • irrévérencieux • déplacé • indiscret • inopportun • malvenu • malséant *littér.* • outrecuidant *littér.* • **2 - choquant** • audacieux • cynique • grossier • immodeste • incongru • indécent • licencieux • libre • malsonnant • obscène
CONTR. bienséant ⏐ convenable ⏐ décent ⏐ honnête ⏐ poli

inconvénient *n.m.* **1 - défaut** • désavantage • mauvais côté • ombre au tableau • **2 - empêchement** • difficulté • écueil • entrave • frein • gêne • handicap • objection • obstacle • obstruction • **3 - désagrément** • embarras • ennui • incommodité *littér.* • importunité *vieux* • **4 - danger** • risque • péril *littér.*
✦ **en subir les inconvénients** en faire les frais • payer les pots cassés *fam.* • trinquer *fam.*
CONTR. avantage ⏐ qualité – agrément ⏐ bénéfice ⏐ commodité

incorporation *n.f.* **1 - amalgame** • mélange • mixtion • **2 - assimilation** • annexion • intégration • rattachement • réunion • **3 - enrôlement** • appel • engagement • recrutement
CONTR. séparation – exclusion

incorporel, -elle *adj.* • immatériel • abstrait • spirituel
CONTR. corporel ⏐ matériel ⏐ concret

incorporer *v.tr.* **1 - amalgamer** • agréger • combiner • mélanger • **2 - insérer** • intégrer • introduire • **3 - annexer** • joindre • rattacher • réunir • unir • **4 - assimiler** • intégrer • **5 - affilier** • agréer • associer • **6 - enrôler** • appeler • engager • enrégimenter • mobiliser • recruter

⇢ **s'incorporer** *v.pron.* **s'intégrer** • s'assimiler • entrer • se fondre
CONTR. exclure ⏐ isoler ⏐ séparer – détacher ⏐ éliminer ⏐ retrancher
↝ **intégrer**

incorrect, e *adj.* **1 - faux** • bancal • défectueux • erroné • inexact • mauvais • **2 - fautif** • abusif • barbare • impropre • **3 - impoli** • discourtois • impertinent • irrespectueux • mal poli • incivil *vieux ou littér.* • irrévérencieux *vieux ou littér.* • **4 - indécent** • déplacé • incongru • inconvenant • malséant *littér.* • **5 - déloyal** • indélicat • irrégulier • malhonnête
CONTR. correct ⏐ exact – bon ⏐ exact ⏐ juste – convenable ⏐ courtois ⏐ délicat ⏐ fair-play ⏐ poli ⏐ régulier – bienséant ⏐ correct – loyal

incorrectement *adv.* **1 -** improprement • **2 -** mal • défectueusement
CONTR. correctement – bien

incorrection *n.f.* **1 -** impropriété • barbarisme • faute • **2 - impolitesse** • grossièreté • impertinence • incivilité *vieux ou littér.* • irrévérence *vieux ou littér.* • **3 - indécence** • inconvenance • incongruité • **4 - déloyauté** • indélicatesse • irrégularité • malhonnêteté
CONTR. correction ⏐ pureté – courtoisie ⏐ délicatesse ⏐ politesse – décence – loyauté

incorrigible *adj.* **1 - entêté** • endurci • impénitent • incurable • invétéré • indécrottable *fam.* • irrécupérable *fam.* • **2 - incurable**

incorrigiblement *adv.* • incurablement

incorruptibilité *n.f.* • intégrité • probité
CONTR. malhonnêteté

incorruptible *adj.* **1 - imputrescible** • inaltérable • inattaquable • **2 - honnête** • intègre • probe *littér.*
CONTR. putrescible – corruptible ⏐ corrompu

incrédule

- *adj.* 1 - **sceptique** · dubitatif · 2 - **incroyant** · agnostique · irréligieux · non-croyant · sceptique
- *n.* **athée** · libre penseur · esprit fort · mécréant *vieilli ou plaisant*

CONTR. crédule ı convaincu ı croyant – croyant ı pieux

> **incrédule, sceptique**
> Incrédule et sceptique concernent tous les deux le refus de croire. On peut qualifier d'incrédule une personne qui ne croit pas facilement à la réalité de quelque chose *(la nouvelle de son échec a laissé tout le monde incrédule)*, ou bien le comportement de cette personne *(une moue incrédule)*. En matière de religion, est incrédule celui dont la conviction n'est pas faite *(il est resté incrédule)*. Sceptique s'applique à quiconque met en doute la réussite d'un projet, la résolution d'un problème *(elle est sceptique sur ses chances de réussite, de guérison rapide)*. Le sceptique affirme que l'on ne peut établir la vérité dans un domaine déterminé, notamment religieux : « Enfant d'un siècle sceptique plutôt qu'incrédule, (...) me verrais-je entraîné à tout croire ? » (Nerval, *les Filles du feu*, III).

incrédulité
n.f. 1 - doute · scepticisme · défiance · 2 - athéisme · incroyance · irréligion · libre pensée

CONTR. crédulité – croyance ı foi

increvable
adj. [fam.] → **infatigable**

incrimination
n.f. · accusation · attaque

incriminer
v.tr. · accuser · attaquer · blâmer · mettre en cause · suspecter · s'en prendre à

✦ **incriminer à tort** faire un mauvais procès à

CONTR. disculper ı défendre ı justifier

incroyable
adj.

I 1 - invraisemblable · impensable · inconcevable · inimaginable · 2 - **étonnant** · étrange · extraordinaire · fabuleux · fantastique · fort · prodigieux · surprenant · 3 - extravagant · bizarre · grotesque · impayable · ridicule · rocambolesque · à dormir debout *fam.* · sacré *fam.* · 4 - [personne] extraordinaire · chié *très fam.* · trop *lang. jeunes*

II [péj.] 1 - effarant · excessif · exorbitant · fou · inouï · phénoménal · renversant · stupéfiant · 2 - inadmissible · insoutenable · insupportable · intolérable · révoltant · scandaleux

CONTR. croyable ı plausible ı vraisemblable – banal ı courant

incroyablement
adv. 1 - extraordinairement · fabuleusement · formidablement · 2 - **extrêmement** · énormément · excessivement · effroyablement · terriblement · drôlement *fam.* · sacrément *fam.* · vachement *fam.*

incroyance
n.f. 1 - athéisme · impiété · irréligion · 2 - doute · incrédulité

CONTR. croyance ı foi

incroyant, e
adj. et n. · athée · impie · irréligieux · libre penseur · esprit fort · mécréant *vieilli ou plaisant*

CONTR. croyant ı dévot ı fidèle

incruster
v.tr. 1 - **insérer** · introduire · [d'or, d'argent] damasquiner

»» **s'incruster** *v.pron.* 1 - se déposer · adhérer · 2 - se graver · s'imprimer · 3 - s'imposer · s'enraciner · prendre racine *fam.* · taper l'incruste *fam.*

incubateur
n.m. · couveuse

incuber
v.tr. · couver

inculpation
n.f. · mise en examen *(depuis 1993)*

CONTR. non-lieu

inculpé, e
- *adj.* mis en examen
- *n.* prévenu • accusé

⤳ **accusé**

inculper *v.tr.* **1 -** mettre en examen *(depuis 1993)* • **2 -** [vieux] accuser • incriminer

CONTR. disculper ı excuser

inculquer *v.tr.* • enseigner • apprendre • graver dans l'esprit • imprimer dans l'esprit • faire entrer dans la tête

⤳ **enseigner**

inculte *adj.* **1 -** en friche • vague • vierge • sauvage • **2 -** ignorant • analphabète • ignare • illettré • **3 -** barbare • fruste • grossier • primitif

CONTR. cultivé ı défriché ı fertile – cultivé ı érudit ı instruit ı savant

⤳ **ignorant**

incultivable *adj.* • aride • stérile • infertile *littér.*

CONTR. arable ı cultivable ı fertile

inculture *n.f.* • ignorance • incompétence

CONTR. culture ı savoir

incurable *adj.* **1 -** inguérissable • **2 -** condamné • inguérissable • perdu • fichu *fam.* • fini *fam.* • foutu *fam.* • **3 -** incorrigible • indécrottable *fam.*

CONTR. curable ı guérissable

⤳ **incurable, inguérissable**

Incurable et inguérissable qualifient une maladie qui ne peut être *guérie (un mal incurable / inguérissable)*. Incurable est beaucoup plus fréquent quand il s'agit d'une affection dont l'issue semble fatale *(une tumeur, un cancer incurable)* et préféré alors à inguérissable pour qualifier une personne *(les médecins pensent qu'elle est incurable)*. C'est également le cas dans les emplois figurés ; les deux mots s'appliquent à des choses abstraites

(chagrin, jalousie, optimisme inguérissable / incurable ; une sottise inguérissable, incurable), mais seul incurable se dit d'une personne dont le comportement, le plus souvent jugé négativement, ne change pas *(c'est inutile d'insister, il est incurable !)*.

incurablement *adv.* • incorrigiblement

incurie *n.f.* • négligence • insouciance • laisser-aller

CONTR. soin

incuriosité *n.f.* • désintérêt • indifférence

incursion *n.f.* **1 -** attaque • coup de main • descente • invasion • raid • razzia • **2 -** irruption • **3 -** intervention • immixtion • ingérence • intrusion • **4 -** détour • crochet *fam.*

incurvé, e *adj.* • courbe • arqué • cintré

CONTR. droit

incurver *v.tr.* courber • arquer • cintrer

⇒ **s'incurver** *v.pron.* se courber • s'arquer • fléchir • s'infléchir • [bois, etc.] gauchir

CONTR. redresser

indébrouillable *adj.* • inextricable

indécence *n.f.* **1 -** impertinence • impudence • inconvenance • insolence • culot *fam.* • **2 -** impudeur • obscénité • impudicité *littér.* • immodestie *vieilli*

CONTR. décence ı bienséance ı chasteté ı convenance ı honnêteté ı honte ı modestie ı pudeur

indécent, e *adj.* **1 -** inconvenant • choquant • déplacé • impudent • insolent • malséant *littér.* • **2 -** impudique • débraillé • immodeste *littér.* • **3 -** licencieux • grossier • hardi • impur • malpropre • obscène • sale • scabreux • **4 -** incroyable • honteux • insolent

CONTR. bienséant ı convenable ı correct ı décent ı honnête ı modeste ı pudique

indéchiffrable *adj.* **1 -** illisible • **2 -** embrouillé • énigmatique • impénétrable • incompréhensible • indécodable • inintelligible • mystérieux • obscur • sibyllin

CONTR. clair ı déchiffrable

indécis, e *adj.* **1 -** hésitant • désorienté • perplexe • **2 -** inconsistant • flottant • fluctuant • incertain • irrésolu • ondoyant • vacillant • **3 -** douteux • incertain • **4 -** imprécis • confus • flou • fluide • incertain • indéfini • indéterminable • indéterminé • indistinct • nébuleux • trouble • vague • vaporeux • ni chair ni poisson • **5 -** ambigu • équivoque • général

✦ **rester indécis** balancer • être ballotté • tiraillé • être entre le zist et le zest *fam.*

CONTR. décidé ı défini ı déterminé ı franc ı net ı précis ı résolu – clair ı distinct – trancher

🕮 **indécis, irrésolu**
On est **indécis** ou **irrésolu** lorsqu'on ne parvient pas à se *décider*. **Indécis** marque l'hésitation de quelqu'un qui ne sait pas prendre une *décision (la majorité des électeurs demeurent indécis)* et qualifie son comportement *(un air, un caractère indécis).* **Irrésolu** permet d'insister sur l'absence de détermination de quelqu'un, sur le fait qu'il oscille d'un parti à l'autre et ne parvient pas à se tenir à une décision : « Ne crois pas que je sois irrésolu sur le choix d'un état. Je suis décidé à n'en prendre aucun » (Flaubert, *Correspondance*, 1839).

indécision *n.f.* • hésitation • doute • errements • flottement • incertitude • indétermination • irrésolution • perplexité

CONTR. assurance ı certitude ı décision ı détermination ı résolution

indécrottable *adj.* [fam.] → **incorrigible**

indéfectible *adj.* • éternel • immuable • impérissable • indestructible • indissoluble • solide • sûr

CONTR. passager

indéfendable *adj.* **1 -** insoutenable • **2 -** inexcusable • impardonnable • injustifiable

CONTR. défendable ı justifiable ı soutenable

indéfini, e *adj.* **1 -** illimité • infini • sans bornes • sans fin • **2 -** imprécis • confus • flou • incertain • indécis • indéterminé • trouble • vague

CONTR. borné ı défini ı déterminé ı distinct ı limité – net ı précis

indéfiniment *adv.* • éternellement • continuellement • perpétuellement • sans fin • toujours

indéfinissable *adj.* **1 -** indéterminable • confus • incertain • ni chair ni poisson • vague • **2 -** étrange • inclassable • inexplicable • **3 -** indescriptible • indicible • ineffable • inexprimable • **4 -** énigmatique

CONTR. définissable ı précis

indélébile *adj.* **1 -** ineffaçable • **2 -** indestructible • immuable • inaltérable • perpétuel • **3 -** inoubliable • éternel • immortel • impérissable • ineffaçable • mémorable

CONTR. délébile ı effaçable – éphémère ı périssable

🕮 **ineffaçable**

indélicat, e *adj.* **1 -** impoli • cavalier • déplacé • grossier • inconvenant • inélégant • malséant *littér.* • **2 -** malhonnête • déloyal • inélégant • irrégulier • véreux

CONTR. délicat ı prévenant – honnête ı scrupuleux

indélicatesse *n.f.* **1 -** impolitesse • goujaterie • grossièreté • inélégance • muflerie • **2 -** malhonnêteté • déloyauté

CONTR. délicatesse ı doigté ı tact – honnêteté

indemne *adj.* • sauf • sain et sauf • entier • sans une égratignure

CONTR. atteint ı endommagé

indemnisation *n.f.* 1 - compensation · dédommagement · défraiement · 2 - indemnité

indemniser *v.tr.* · dédommager · compenser · défrayer · rembourser

indemnité *n.f.* 1 - compensation · dédommagement · dommages-intérêts · réparation · 2 - allocation · prestation · prime

indémontrable *adj.* 1 - invérifiable · improuvable · 2 - axiomatique · évident

indéniable *adj.* 1 - certain · aveuglant · hors de doute · évident · flagrant · incontestable · indiscutable · manifeste · 2 - formel · inattaquable · irrécusable · irréfutable
CONTR. contestable ı douteux ı niable – réfutable

indéniablement *adv.* · incontestablement · assurément · sans conteste · sans aucun doute · évidemment · indiscutablement · indubitablement · irréfutablement · manifestement

indénombrable *adj.* · incalculable · indéterminable

indentation *n.f.* · échancrure · crénelure · découpure · dentelure

indépassable *adj.* 1 - infranchissable · 2 - inégalable · hors pair · imbattable · indépassable · sans concurrence · sans égal · sans pareil · supérieur · unique

indépendamment de *loc. prép.* 1 - outre · en plus de · 2 - abstraction faite de · en dehors de · sans parler de · mis à part

indépendance *n.f.* 1 - liberté · émancipation · autonomie · 2 - souveraineté · autonomie · non alignement · 3 - individualisme · indocilité · insoumission · non conformisme · 4 - [des pouvoirs, etc.] séparation
CONTR. assujettissement ı dépendance ı sujétion – subordination ı tutelle – conformisme

indépendant, e
■ *adj.* 1 - libre · autonome · 2 - souverain · autonome · non aligné · 3 - individualiste · non-conformiste · dissident · hétérodoxe · indocile *littér.* · insoumis · 4 - free-lance · 5 - distinct · dissocié · séparé
■ *n.* franc-tireur · électron libre
✦ **devenir indépendant** s'affranchir · s'émanciper · couper le cordon (ombilical) · voler de ses propres ailes
CONTR. assujetti ı dépendant ı esclave ı soumis ı subordonné ı tributaire
⟿ **libre**

indépendantiste *adj. et n.* · autonomiste · sécessionniste · séparatiste

indéracinable *adj.* · indestructible · inextirpable · tenace

indescriptible *adj.* 1 - indéfinissable · 2 - indicible · ineffable · inénarrable · inexprimable · 3 - inimaginable · extraordinaire · incroyable · inouï

indésirable
■ *adj.* importun · de trop
■ *n.* intrus · gêneur · importun · persona non grata
CONTR. opportun ı persona grata

indestructible *adj.* 1 - inusable · inaltérable · incassable · indélébile · infrangible *littér.* · 2 - impérissable · éternel · immortel · immuable · perpétuel · 3 - solide · indéfectible · indissoluble · inébranlable
CONTR. destructible ı fragile – éphémère ı périssable

indéterminable *adj.* 1 - incalculable · indénombrable · 2 - indéfinissable · imprécis · incertain · indécis · indéfini · vague
CONTR. calculable ı définissable ı déterminable – précis

indétermination n.f. 1 - imprécision · confusion · flou · vague · 2 - doute · hésitation · incertitude · indécision · irrésolution · perplexité

CONTR. netteté ı précision – détermination

indéterminé, e adj. 1 - imprécis · confus · flou · vague · vaporeux · 2 - inconnu · indéfini · 3 - illimité · 4 - [Philo.] contingent · 5 - indécis · flottant · fluctuant · hésitant · incertain · irrésolu · perplexe

CONTR. défini ı précis – déterminé – certain ı résolu

index n.m. invar. 1 - catalogue · inventaire · liste · répertoire · table · 2 - lexique · glossaire · 3 - indice
✦ **mettre à l'index** rejeter · boycotter · condamner · exclure · interdire · ostraciser · proscrire

¹indicateur n.m. 1 - guide · 2 - indice · signe

²indicateur, -trice n. · dénonciateur · espion · informateur · donneur fam. · indic fam. · mouchard fam. · balance argot · doulos argot · mouton argot

indicatif n.m. 1 - signal · 2 - générique · jingle · sonal recomm. offic.

indication n.f. 1 - indice · annonce · marque · preuve · signe · symptôme · trace · 2 - renseignement · information · info fam. · tuyau fam. · rancard argot · 3 - avis · conseil · recommandation · suggestion · 4 - directive · instruction · ordre · prescription
✦ **indications scéniques** didascalies

indice n.m. 1 - indication · marque · preuve · signe · symptôme · trace · 2 - annonce · augure · présage · 3 - renseignement · indication · 4 - présomption · argument · charge · adminicule (Droit) · 5 - coefficient · index
✦ **indice d'écoute** audience · audimat nom déposé
✦ **indice de traitement** échelon · grade

indicible adj. 1 - indescriptible · indéfinissable · ineffable · inexprimable · inénarrable · inracontable · intraduisible · 2 - extraordinaire · incroyable · inouï

🕮 **indicible, inénarrable, ineffable, inexprimable**

Indicible, inénarrable, ineffable et inexprimable qualifient ce qui ne peut pas se transmettre par les mots. Dans un registre soutenu, **indicible** est ce que l'on ne peut pas *dire* en raison de son caractère extraordinaire ou secret *(une douleur, une peur, une violence, un plaisir, une joie indicible ; des plaisirs, des secrets indicibles)*. On réserve **inénarrable** à ce qui est trop bizarre pour être raconté *(des aventures inénarrables)*, mais **inénarrable** est couramment remplacé aujourd'hui par *inracontable*. **Ineffable** s'applique seulement à des choses agréables ; la difficulté pour les décrire tient à leur nature même *(un bonheur, une douceur, une joie, un amour ineffable)*. Avec **inexprimable**, on veut marquer que le sentiment éprouvé est irréductible à toute forme d'expression à cause de son intensité *(un soulagement, une tristesse, une confusion, une tendresse inexprimable)*.

indiction n.f. · convocation

indifféremment adv. · indistinctement · sans distinction

indifférence n.f. 1 - désintérêt · inattention · insensibilité · tiédeur · inappétence littér. · 2 - détachement · flegme · impassibilité · 3 - froideur · dédain · mépris · 4 - passivité · apathie · ataraxie · indolence · 5 - athéisme · agnosticisme · incrédulité · irréligion · scepticisme · 6 - [Sciences] équilibre · neutralité
✦ **avec indifférence** froidement

CONTR. intérêt ı passion – désir – amour ı sentiment ı tendresse – chaleureusement

indifférent, e *adj.* **1 - impassible** · détaché · flegmatique · imperturbable · **2 - passif** · apathique · inattentif · indolent · insouciant · je-m'en-foutiste *fam.* · **3 - résigné** · blasé · désabusé · fataliste · **4 - froid** · dédaigneux · égoïste · sans cœur · sec · **5 - quelconque** · anodin · banal · inintéressant · insignifiant
+ **indifférent à** insensible à · étranger à · imperméable à · sourd à
+ **c'est indifférent** c'est la même chose · c'est bonnet blanc et blanc bonnet · c'est kif-kif *fam.*
+ **cela m'est indifférent** peu m'importe · ça m'est égal · ça ne me fait ni chaud ni froid · je m'en fiche *fam.* · je m'en fous *très fam.* · peu me chaut *littér. ou plaisant*

CONTR. attentif ι concerné ι curieux – énergique ι entreprenant – déterminé – compatissant ι sensible – important ι intéressant

indigence *n.f.* **1 - absence** · carence · défaut · déficience · disette · manque · pauvreté · pénurie · rareté · **2 -** [vieilli] **besoin** · dénuement · gêne · misère · pauvreté · privation · mouise *fam.* · poisse *fam.*

CONTR. abondance ι fortune ι luxe ι richesse

indigène *adj. et n.* · natif · autochtone · [Australie] aborigène

CONTR. allogène ι exotique

↝ **autochtone**

indigent, e *adj.* **1 - insuffisant** · fruste · pauvre · rare · rudimentaire · simpliste · sommaire · **2 -** [vieilli] **démuni** · misérable · pauvre · besogneux *vieux* · nécessiteux *vieux*

CONTR. fécond ι productif – fortuné ι riche

↝ **pauvre**

indigeste *adj.* **1 - lourd** · inassimilable · pesant · **2 - incompréhensible** · confus · embrouillé · imbitable *très fam.*

CONTR. digeste ι digestible ι léger – clair ι compréhensible

indigestion *n.f.* · embarras gastrique

indignation *n.f.* **1 - colère** · fureur · révolte · **2 - scandale**

indigne *adj.* **1 - méprisable** · abject · coupable · vil · **2 - honteux** · avilissant · bas · condamnable · déshonorant · immoral · impur · infamant · inqualifiable · odieux · révoltant · scandaleux · **3 -** [parent] **dénaturé** · maltraitant

CONTR. digne – convenable ι honnête

indigné, e *adj.* · choqué · fâché · hérissé · offensé · offusqué · outré · révolté · scandalisé

CONTR. résigné

↝ **outré**

indigner *v.tr.* scandaliser · choquer · écœurer · mettre en colère · outrer · révolter · scandaliser

≫ **s'indigner** *v.pron.* s'emporter · se fâcher · s'irriter · fulminer · s'offenser · protester · se révolter · vitupérer

CONTR. enchanter ι enthousiasmer – s'enthousiasmer

indignité *n.f.* **1 - bassesse** · abjection · déshonneur · noirceur · **2 - honte** · ignominie · infamie · turpitude *littér.* · vilenie *littér.*

CONTR. dignité ι honneur

indiquer *v.tr.* **1 - mentionner** · citer · dire · donner · énumérer · nommer · préciser · spécifier · **2 - désigner** · montrer · pointer · signaler · **3 - marquer** · écrire · graver · inscrire · noter · **4 - apprendre** · enseigner · faire connaître · faire savoir · **5 - dénoter** · accuser · annoncer · attester · déceler · démontrer · dénoncer · être le signe de · laisser augurer, présager · laisser supposer · manifester · marquer · prouver · refléter · révéler · faire sentir · signaler · signifier · témoigner · trahir · **6 -** [Arts] **dessiner** · ébaucher · esquisser · tracer

indirect, e *adj.* **1 - écarté** · éloigné · **2 - allusif** · détourné · évasif · insinuant · obli-

que · sournois · voilé · **3 - de biais** · latéral · biaisé · **4 - collatéral** · **5 - de seconde main**
CONTR. direct − franc ∣ net − immédiat

indirectement *adv.* **1 - par ricochet** · par contrecoup · par la bande *fam.* · **2 - sournoisement** · **3 - par ouï-dire** · de seconde main · par le téléphone arabe *fam.*
CONTR. directement

indiscernable *adj.* **1 - identique** · équivalent · pareil · semblable · **2 - imperceptible** · inaudible · insaisissable · insensible · invisible
CONTR. distinct − discernable ∣ visible

indiscipline *n.f.* **1 - désobéissance** · dissipation · indocilité *littér.* · **2 - insoumission** · mauvais esprit · insubordination · sédition
CONTR. discipline ∣ obéissance

indiscipliné, e *adj.* · désobéissant · insoumis · insubordonné · rebelle · rétif · forte, mauvaise tête · indocile *littér.*
CONTR. discipliné ∣ docile ∣ obéissant ∣ soumis

indiscret, -ète *adj. et n.* **1 - bavard** · cancanier · **2 - inconvenant** · **3 - curieux** · fouineur · fureteur · inquisiteur · écouteur (aux portes) · **4 - importun** · fâcheux · intrus · **5 -** [littér.] **inconsidéré** · immodéré · intempestif · malavisé
CONTR. discret

indiscrétion *n.f.* **1 - curiosité** · **2 - révélation** · fuite · **3 - bavardage** · commérage · racontar · cancan *fam.*
CONTR. discrétion ∣ réserve ∣ retenue

indiscutable *adj.* **1 - certain** · aveuglant · évident · flagrant · hors de doute · indéniable · indubitable · manifeste · **2 - formel** · authentique · inattaquable · incontestable · irrécusable · irréfutable
CONTR. discutable ∣ douteux ∣ faux − contestable ∣ récusable ∣ réfutable

indiscutablement *adv.* · certainement · évidemment · incontestablement · indubitablement · irréfutablement · manifestement · sans aucun doute · sans conteste

indiscuté, e *adj.* · incontesté · reconnu

indispensable *adj.* **1 - nécessaire** · incontournable · inéluctable · obligatoire · obligé · must *fam.* (nom) · **2 - essentiel** · important · primordial · utile · vital
CONTR. inutile ∣ superflu

~ **indispensable, nécessaire**

Indispensable et nécessaire s'appliquent tous deux à ce qui permet d'obtenir un effet, de réussir une opération, etc. Nécessaire concerne ce qui s'impose, ne peut manquer de se produire *(vos explications sont nécessaires, c'est un mal nécessaire)*. Indispensable renchérit sur la valeur de nécessaire en ceci qu'on ne peut se passer de la chose *(l'eau est plus que nécessaire à la vie, elle est indispensable)* : « Le mal est indispensable au bien et le diable nécessaire à la beauté morale du monde » (Anatole France, *le Jardin d'Épicure*).

indisponibilité *n.f.* **1 -** · empêchement · **2 -** [Admin.] **congé**

indisponible *adj.* · occupé · pris
CONTR. disponible

indisposé, e *adj.* · malade · incommodé · souffrant · mal fichu *fam.* · patraque *fam.*

indisposer *v.tr.* **1 - gêner** · déranger · importuner · incommoder · **2 - déplaire à** · agacer · choquer · contrarier · énerver · fâcher · froisser · hérisser · mécontenter · se mettre à dos · faire tiquer

indisposition *n.f.* • malaise • dérangement • incommodité *vieux*

indissociable *adj.* inséparable • indivisible
◆ **indissociable de** inhérent à • propre à
CONTR. dissociable ׀ séparable

indissoluble *adj.* • éternel • immuable • impérissable • indestructible • perpétuel • indéfectible *littér.*

indistinct, e *adj.* • flou • confus • imprécis • indécis • indéfini • nébuleux • obscur • trouble • vague • [bruit] sourd
CONTR. clair ׀ défini ׀ distinct ׀ net ׀ précis

indistinctement *adv.* **1 -** confusément • vaguement • **2 - indifféremment** • sans distinction

individu *n.m.* **1 -** spécimen • échantillon • exemplaire • unité • individualité • **2 -** être (humain) • personne • femme • homme • humain • **3 -** individualité • moi • **4 - personne** • bonhomme *fam.* • citoyen *fam.* • gaillard *fam.* • gars *fam.* • mec *fam.* • quidam *fam.* • type *fam.* • zèbre *fam.* • zigoto *fam.* • paroissien *fam., vieilli* • particulier *fam., vieilli*
◆ **triste individu** triste sire • vaurien • voyou
◆ **drôle d'individu** énergumène • personnage • phénomène • drôle de coco *fam.* • drôle d'oiseau *fam.* • zig *fam.* • zouave *fam.*
CONTR. collection ׀ corps ׀ espèce ׀ foule ׀ groupe ׀ peuple ׀ population ׀ société

individualisation *n.f.* **1 -** particularisation • distinction • singularisation • **2 - personnalisation**
CONTR. généralisation

individualiser *v.tr.* **1 -** particulariser • caractériser • distinguer • individuer *littér.* • **2 - personnaliser**
CONTR. généraliser

individualisme *n.m.* **1 -** indépendance • non-conformisme • **2 -** [péj.] **égoïsme** • égocentrisme • **3 -** libéralisme
CONTR. conformisme – altruisme ׀ solidarité – communisme ׀ étatisme ׀ totalitarisme

individualiste *adj. et n.* **1 - non-conformiste** • **2 - égoïste** • égocentrique • personnel

individualité *n.f.* **1 -** ego • moi • caractère • personnalité • personne • **2 -** originalité • particularité

individuation *n.f.* • différenciation

individuel, -elle *adj.* **1 -** distinct • particulier • propre • spécifique • singulier • **2 -** personnel • particulier • **3 -** isolé • seul • **4 -** spécial • singulier • particulier • **5 -** privé
CONTR. commun ׀ général ׀ générique ׀ universel – collectif ׀ social – public

individuellement *adv.* • séparément • isolément
CONTR. en bloc ׀ collectivement ׀ ensemble

indivis, e *adj.* • commun
CONTR. divis ׀ divisé ׀ partagé

indivisibilité *n.f.* • unité
CONTR. divisibilité

indivisible *adj.* **1 -** insécable • **2 -** inséparable • indissociable

indivision *n.f.* • communauté • copropriété
CONTR. division ׀ partage

indocile *adj.* **1 -** désobéissant • dissipé • insubordonné • **2 -** indomptable • indisciplinable • insoumis • rebelle • récalcitrant • réfractaire • rétif
CONTR. docile ׀ obéissant ׀ soumis ׀ souple

indocilité *n.f.* · désobéissance · indiscipline · insoumission · insubordination
CONTR. docilité ı obéissance ı soumission

indolence *n.f.* **1 -** mollesse · alanguissement · assoupissement · apathie · atonie · engourdissement · inertie · langueur · torpeur · **2 - nonchalance** · inertie · mollesse · paresse · sybaritisme *littér.*
CONTR. activité ı ardeur ı empressement ı énergie ı vivacité

indolent, e *adj.* **1 -** mou · amorphe · apathique · atone · avachi · endormi · mollasse *fam.* · mollasson *fam.* · **2 - nonchalant** · fainéant · inactif · inerte · oisif · paresseux · **3 - alangui** · langoureux · languissant · languide *littér.*
✦ **il est très indolent** il a les pieds nickelés *fam., vieilli*
CONTR. actif ı alerte ı énergique ı entreprenant – fougueux ı vif

indolore *adj.* · insensible
CONTR. douloureux ı pénible ı sensible

indomptable *adj.* **1 - inapprivoisable** · **2 - courageux** · fier · indocile *littér.* · **3 - inflexible** · inébranlable · invincible · irréductible
CONTR. apprivoisable ı docile – lâche ı mou – vacillant

indompté, e *adj.* · sauvage · farouche
CONTR. dompté ı soumis

indu, e *adj.* **1 - injuste** · abusif · illégitime · infondé · injustifié · **2 -** [heure] **tardif** · impossible *fam.*
CONTR. convenable ı normal ı régulier

indubitable *adj.* **1 - évident** · aveuglant · certain · flagrant · incontestable · indéniable · indiscutable · manifeste · sûr · **2 - formel** · irrécusable · irréfutable
CONTR. douteux ı erroné ı faux ı hypothétique – réfutable

indubitablement *adv.* · assurément · certainement · évidemment · incontestablement · indéniablement · indiscutablement · manifestement · nécessairement · sûrement · sans aucun doute · sans conteste

induction *n.f.* · inférence · généralisation · analogie
CONTR. déduction

induire *v.tr.* **1 - inférer** · conclure · **2 - conduire** · amener · convier · encourager · engager · inciter · inviter · porter · pousser · **3 - entraîner** · catalyser · causer · déclencher · occasionner · provoquer
✦ **induire en erreur** tromper · abuser
CONTR. déduire – dissuader ı empêcher – détromper

indulgence *n.f.* **1 - bienveillance** · bonté · charité · clémence · compréhension · douceur · générosité · humanité · patience · tolérance · longanimité *littér.* · magnanimité *littér.* · mansuétude *littér.* · bénignité *vieilli* ou *littér.* · miséricorde *surtout Relig.* · **2 - complaisance** · faiblesse · facilité · mollesse
CONTR. dureté ı férocité ı inclémence ı rigueur ı sévérité

indulgent, e *adj.* **1 - compréhensif** · bienveillant · bon · clément · conciliant · généreux · patient · tolérant · magnanime *littér.* · coulant *fam.* · miséricordieux *surtout Relig.* · **2 -** [péj.] **complaisant**
CONTR. dur ı féroce ı impitoyable ı implacable ı inexorable ı rigoureux ı sévère

indûment *adv.* · à tort · abusivement · illégitimement · injustement · irrégulièrement
CONTR. dûment ı légitimement ı licitement

industrie *n.f.*
I entreprise · établissement · exploitation · fabrique · manufacture · usine
II [vieux ou littér.] **1 - adresse** · art · dextérité · habileté · talent · **2 - ingéniosité** · intelligence · invention · savoir-faire · **3 - activité** · art · métier · profession · travail

industriel, -ielle

- *n.* · fabricant · entrepreneur · manufacturier
- *adj.* · de série

CONTR. agriculteur ı artisan ı commerçant ı fonctionnaire

industriellement *adv.* · en série

industrieux, -ieuse *adj.* 1 - adroit · habile · 2 - astucieux · ingénieux

inébranlable *adj.* 1 - indestructible · à toute épreuve · robuste · solide · bâti à chaux et à sable · 2 - imperturbable · constant · flegmatique · impassible · impavide · stoïque · 3 - intransigeant · déterminé · ferme · inflexible · 4 - arrêté · tenace

CONTR. fragile – agité ı ému ı impressionnable ı troublé – accommodant ı changeant ı influençable

inécoutable *adj.* · inaudible

inédit, e *adj.* · nouveau · neuf · original · sans précédent · premier du genre

CONTR. banal ı connu

ineffable *adj.* 1 - indicible · indéfinissable · indescriptible · inexprimable · inracontable · intraduisible · inénarrable *vieux* · 2 - sublime · extraordinaire · 3 - [personne] inénarrable · impayable *fam.*

☞ indicible

ineffaçable *adj.* 1 - indélébile · 2 - impérissable · inaltérable · indestructible · vivace · 3 - inoubliable · mémorable

CONTR. délébile ı effaçable – passager

☞ **ineffaçable, indélébile**
Ineffaçable et indélébile qualifient tous deux ce qui ne peut être *effacé* (un trait, une couleur, une tache, une encre, un tatouage ineffaçable / indélébile). Ils s'emploient également au figuré à propos de ce qui ne peut disparaître avec le temps (une impression, un souvenir, un sentiment ineffaçable / indélébile). Dans les deux cas,

ineffaçable est cependant plutôt réservé à des contextes littéraires : « L'impression reçue fut ineffaçable, et l'enfant devenu homme ne l'oublia jamais » (Th. Gautier, *Portraits contemporains, Degas*).

inefficace *adj.* 1 - inactif · impuissant · inopérant · 2 - infructueux · improductif · inutile · stérile · vain · 3 - incapable · incompétent

✦ c'est totalement inefficace   c'est un cautère sur une jambe de bois

CONTR. actif ı agissant ı efficace ı efficient ı infaillible ı utile

inefficacité *n.f.* 1 - impuissance · 2 - incapacité · incompétence · 3 - inutilité · stérilité · vanité *vieux*

CONTR. efficacité ı force – compétence – utilité

inégal, e *adj.* 1 - différent · disparate · divers · 2 - imparfait · 3 - déséquilibré · disproportionné · injuste · 4 - bosselé · accidenté · cahoteux · irrégulier · raboteux · rugueux · 5 - changeant · instable · irrégulier · en dents de scie · en demi-teinte · avec des hauts et des bas · variable · versatile · capricant *littér. ou Méd.*

CONTR. identique ı même ı pareil – égal ı équilibré – lisse ı uni – régulier ı soutenu ı uniforme

inégalable *adj.* 1 - imbattable · hors pair · indépassable · sans concurrence · sans égal · sans pareil · supérieur · unique · 2 - hors pair · sans égal · sans pareil

inégalé, e *adj.* · hors pair · sans égal · sans pareil · sans rival

inégalement *adv.* 1 - inéquitablement *rare* · 2 - irrégulièrement · 3 - diversement

inégalité *n.f.* 1 - différence · déséquilibre · disparité · disproportion · 2 - variation · changement · fluctuation · oscillation · saute ·

3 - **aspérité** · bosse · bossellement · cahot · dénivellation · irrégularité · **4** - [Math.] **inéquation**

CONTR. égalité ı identité – régularité ı uniformité

inélégant, e *adj.* **1** - disgracieux · **2** - commun · balourd · lourdaud · trivial · vulgaire · **3** - **indélicat** · discourtois · grossier · inconvenant · incorrect

CONTR. gracieux ı harmonieux – raffiné – élégant

inéluctable *adj.* **1** - immanquable · fatal · fatidique · imparable · implacable · indubitable · inexorable · irrésistible · **2** - inévitable · incontournable · obligatoire

inéluctablement *adv.* · infailliblement · fatalement · forcément · immanquablement · implacablement · inévitablement · inexorablement · irrésistiblement · nécessairement

inemployable *adj.* · inutilisable

inemployé, e *adj.* **1** - inutilisé · **2** - oisif

inénarrable *adj.* **1** - inracontable · indicible · ineffable · inexprimable · **2** - **comique** · ineffable · impayable *fam.*
↬ **indicible**

inepte *adj.* **1** - bête · idiot · inintelligent · niais · sot · stupide · crétin *fam.* · **2** - **absurde** · incohérent · insensé · insane *littér.*

CONTR. fin ı intelligent ı sensé – cohérent ı logique

ineptie *n.f.* **1** - bêtise · absurdité · idiotie · imbécillité · inintelligence · insanité · niaiserie · sottise · stupidité · **2** - ânerie · idiotie · insanité

CONTR. finesse ı intelligence

inépuisable *adj.* **1** - intarissable · **2** - infini · inexhaustible *littér.* · **3** - infatigable · inlassable · **4** - fécond · généreux

inéquitable *adj.* · injuste · inique · partial

CONTR. équitable

inerte *adj.* **1** - inanimé · **2** - immobile · figé · **3** - amorphe · apathique · atone · indolent · léthargique · mou · passif

CONTR. mobile – actif ı alerte ı énergique ı entreprenant ı remuant

inertie *n.f.* **1** - apathie · atonie · immobilisme · inaction · indolence · léthargie · mollesse · passivité · paresse · **2** - résistance passive

CONTR. action ı activité ı ardeur ı entrain ı mouvement

inespéré, e *adj.* · inattendu · imprévu
↬ **inattendu**

inesthétique *adj.* · laid · disgracieux · ingrat · vilain · moche *fam.* · mochard *fam.* · tarte *fam.* · tartignole *fam.*

inestimable *adj.* **1** - incalculable · inappréciable · **2** - précieux · sans prix · **3** - considérable · immense

CONTR. chiffrable ı estimable – de peu de valeur – modeste

inévitable *adj.* **1** - immanquable · certain · fatal · fatidique · imparable · incontournable · inéluctable · inexorable · obligé · **2** - nécessaire · assuré · forcé · incontournable · indispensable · logique · obligatoire · **3** - [plaisant] habituel · rituel · sempiternel

✦ **c'était inévitable** il ne pouvait en être autrement · c'était écrit · ça n'a pas fait un pli *fam.*

CONTR. évitable – éventuel

inévitablement *adv.* fatalement · certainement · forcément · immanquablement · inéluctablement · infailliblement · nécessairement · obligatoirement · tôt ou tard

✦ **arriver inévitablement** arriver comme mars en carême

inexact, e *adj.* 1 - faux · erroné · incorrect · mauvais · 2 - infidèle · déformé
CONTR. vrai - correct ı exact ı fidèle ı juste

inexactitude *n.f.* 1 - fausseté · 2 - erreur · faute · 3 - à-peu-près · approximation · imprécision · 4 - mensonge · contrevérité
CONTR. authenticité ı exactitude - précision ı perfection - vérité

inexcusable *adj.* 1 - impardonnable · irrémissible *littér.* · 2 - injustifiable · indéfendable
CONTR. excusable ı pardonnable

inexercé, e *adj.* 1 - inexpérimenté · inexpert *littér.* · 2 - inhabile · maladroit
CONTR. exercé - adroit ı entraîné ı habile

inexistant, e *adj.* 1 - absent · 2 - négligeable · insignifiant · nul (et non avenu) · moins que rien · néant · zéro *fam.* · 3 - irréel · chimérique · fabriqué · faux · fictif · imaginaire · inventé
CONTR. décisif - considérable ı important - existant ı réel ı vrai

inexistence *n.f.* 1 - absence · carence · défaut · manque · pénurie · [de loi] vide juridique · 2 - insignifiance · nullité
CONTR. existence - importance

inexorabilité *n.f.* · implacabilité · rigueur
CONTR. clémence

inexorable *adj.* 1 - impitoyable · cruel · draconien · dur · implacable · inflexible · insensible · intraitable · sans pitié · sévère · 2 - immanquable · fatal · imparable · inéluctable · inévitable
CONTR. clément ı indulgent - évitable

inexpérience *n.f.* 1 - ignorance · méconnaissance · 2 - ingénuité · naïveté
CONTR. expérience ı habileté

inexpérimenté, e *adj.* 1 - débutant · ignorant · inexercé · maladroit · neuf · nouveau · novice · profane · inexpert *littér.* · 2 - ingénu · jeune · naïf
CONTR. chevronné ı expérimenté ı expert ı habile

inexplicable *adj.* 1 - incompréhensible · énigmatique · impénétrable · inconcevable · indéchiffrable · mystérieux · obscur · 2 - inexprimable · indéfinissable · 3 - étrange · déconcertant · extraordinaire · singulier

inexplicablement *adv.* · mystérieusement · curieusement · étrangement

inexpliqué, e *adj.* · mystérieux · indéterminé · irrésolu *rare*

inexploitable *adj.* · inutilisable

inexploré, e *adj.* · inconnu · ignoré · nouveau · vierge

inexpressif, -ive *adj.* 1 - éteint · atone · figé · froid · inanimé · inerte · vague · 2 - fade · insipide · plat · sans relief · terne
CONTR. animé ı expressif ı mobile ı vivant - brillant ı coloré ı éclatant

inexprimable *adj.* 1 - indéfinissable · 2 - incommunicable · indescriptible · indicible · ineffable · inénarrable · inexplicable · intraduisible
↪ indicible

inexprimé, e *adj.* · sous-entendu · implicite · informulé · latent · tacite · tu

in extenso
■ *loc. adv.* complètement · entièrement · exhaustivement · intégralement · totalement · d'un bout à l'autre · en entier
■ *loc. adj.* complet · entier · exhaustif · intégral

inextinguible *adj.* **1 - insatiable** · ardent · inapaisable *littér.* · inassouvissable *littér.* · **2 - impérissable** · éternel · indestructible · invincible
CONTR. extinguible

inextirpable *adj.* · indéracinable · tenace
CONTR. déracinable ɪ extirpable

in extremis *loc. adv.* · à la dernière extrémité · à la dernière minute · au dernier moment · de justesse · au vol *fam.*

inextricable *adj.* **1 - embrouillé** · emmêlé · enchevêtré · indébrouillable · **2 - tortueux** · dédaléen *littér.* · **3 - compliqué** · embrouillé · incompréhensible · inintelligible

infaillibilité *n.f.* · fiabilité · efficacité
CONTR. faillibilité ɪ fragilité

infaillible *adj.* **1 - efficace** · fiable · parfait · radical · souverain · **2 - assuré** · certain · immanquable · inévitable · sûr
CONTR. inefficace ɪ mauvais – aléatoire ɪ douteux ɪ fragile ɪ incertain

infailliblement *adv.* **1 - immanquablement** · assurément · certainement · à coup sûr · fatalement · inéluctablement · sûrement · à tous les coups *fam.* · **2 - inévitablement** · forcément · nécessairement · obligatoirement

infaisable *adj.* · impossible · impraticable · inexécutable · irréalisable
CONTR. faisable ɪ possible ɪ réalisable

infamant, e *adj.* · honteux · avilissant · dégradant · déshonorant · infâme *littér.* · ignominieux *littér.*
CONTR. glorieux ɪ honorable

infâme *adj.* **1 - honteux** · avilissant · dégradant · déshonorant · infamant · odieux · répugnant · sordide · ignominieux *littér.* · **2 -** [vieux] **bas** · abject · ignoble · indigne · vil · **3 -** détestable · odieux · **4 - dégoûtant** · immonde · infect · innommable · malpropre · sale · **5 - atroce** · horrible · laid · monstrueux
CONTR. glorieux ɪ honorable ɪ noble

infamie *n.f.* **1 - abjection** · abomination · bassesse · horreur · ignominie *littér.* · turpitude *littér.* · vilenie *littér.* · **2 - calomnie** · abomination · saloperie *fam.* · **3 -** [vieux] déshonneur · honte · scandale · opprobre *littér.*
CONTR. gloire ɪ honneur ɪ noblesse

infanterie *n.f.* · troupe · piétaille *fam.*

infantile *adj.* · puéril · enfantin · immature · gamin *fam.* · bébête *fam.*
↬ enfantin

infantiliser *v.tr.* · déresponsabiliser

infantilisme *n.m.* · immaturité · gaminerie · puérilité · puérilisme *(Méd.)*

infatigable *adj.* **1 - endurant** · résistant · robuste · solide · increvable *fam.* · **2 - inlassable** · incessant · inépuisable
CONTR. fatigable

infatigablement *adv.* · inlassablement · inépuisablement

infatuation *n.f.* **1 - autosatisfaction** · fatuité · narcissisme · orgueil · prétention · suffisance · vanité · outrecuidance *littér.* · **2 -** [vieux] **engouement**
CONTR. humilité ɪ modestie

infatué, e *adj.* **1 - vaniteux** · fat · fier · hautain · orgueilleux · prétentieux · suffisant · vain · vaniteux · outrecuidant *littér.* · puant *fam.* · **2 -** [vieux] **imbu** · engoué · entiché
CONTR. humble ɪ modeste

infécond, e *adj.* **1 - stérile** · **2 - aride** · désertique · improductif · infertile *littér.* · **3 - inutile** · improductif · stérile · vain
CONTR. fécond ɪ fertile

infécondité *n.f.* • stérilité • agénésie *(Méd.)*
CONTR. fécondité ı fertilité

infect, e *adj.* 1 - dégoûtant • écœurant • ignoble • immonde • infâme • innommable • repoussant • répugnant • dégueulasse *très fam.* • 2 - nauséabond • fétide • pestilentiel • puant • 3 - [temps, etc.] pourri • dégueulasse *très fam.* • 4 - odieux • abject • détestable • exécrable • ignoble • infâme • moche • répugnant • révoltant • dégueulasse *très fam.*
CONTR. délicieux – bon ı propre – magnifique ı radieux – bien ı chic

infecté, e *adj.* 1 - contaminé • envenimé • 2 - empoisonné • empuanti • 3 - [vieux] corrompu • gâté • souillé

infecter *v.tr.* 1 - contaminer • 2 - corrompre • polluer • souiller • 3 - [vieux] empester • empoisonner • empuantir
CONTR. assainir ı désinfecter ı purifier

infectieux, -ieuse *adj.* 1 - bactérien • viral • 2 - pathogène

infection *n.f.* 1 - contagion • contamination • épidémie • infestation • 2 - puanteur • pestilence *littér.*
✦ **infection généralisée** septicémie

🕮 **infection, puanteur**
Infection et puanteur définissent tous deux des odeurs très désagréables. Puanteur s'emploie pour une odeur ignoble *(la puanteur des poubelles, des latrines, du linge sale)*. Infection renchérit sur le caractère insupportable *(l'infection d'un égout)*, mais a beaucoup vieilli avec cette valeur, sauf dans l'expression *c'est une infection !*

inféodation *n.f.* • asservissement • assujettissement • soumission • sujétion

inféoder *v.tr.* asservir • aliéner • assujettir • enchaîner • soumettre • vassaliser

≫ **s'inféoder** *v.pron.* se soumettre • s'attacher • se lier • obéir • se soumettre • se subordonner

inférence *n.f.* • induction • déduction • raisonnement

inférer *v.tr.* • induire • conclure • déduire

inférieur, e *adj.* 1 - bas • profond • 2 - mineur • dépendant • moindre • secondaire • subalterne • subordonné • 3 - médiocre • commun
CONTR. supérieur

inférioriser *v.tr.* • abaisser • déprécier • minimiser • rabaisser • réduire

infériorité *n.f.* 1 - faiblesse • 2 - handicap • défaut • désavantage • faiblesse • inconvénient • 3 - servitude • subordination
✦ **être en position d'infériorité** avoir le dessous
CONTR. supériorité – avantage ı atout – avoir le dessus

infernal, e *adj.* 1 - démoniaque • diabolique • satanique • méphistophélique *littér.* • [Mythol.] chtonien • 2 - accéléré • démentiel • endiablé • d'enfer • forcené • 3 - insupportable • exécrable • impossible • intenable • invivable • terrible
CONTR. angélique ı céleste ı divin

infertile *adj.* 1 - aride • désertique • incultivable • pauvre • stérile • 2 - improductif • stérile • infécond *littér.*

infertilité *n.f.* • stérilité • infécondité *littér.* • agénésie *(Méd.)*

infestation *n.f.* • infection • contamination

infester *v.tr.* 1 - ravager • attaquer • dévaster • envahir • écumer • piller • saccager • désoler *vieux ou littér.* • 2 - hanter • harceler • tourmenter • 3 - empoisonner

infidèle

- *n.* païen · gentil · hérétique · impie · mécréant *vieilli ou plaisant*

- *adj.* **1 - inconstant** · adultère · volage · **2 - inexact** · déformé · erroné · incorrect · mensonger · **3 - défaillant** · fantaisiste · incertain · **4 -** [vieux] **traître** · déloyal · parjure · félon *vieux* · perfide *vieux*

+ **être infidèle (à)** tromper · trahir · donner des coups de canif dans le contrat (de mariage) · cocufier *fam.* · faire porter des cornes à *fam.*

CONTR. fidèle − exact

infidélité
n.f. **1 - inconstance** · adultère · trahison · tromperie · **2 - manquement** · dérogation · entorse · transgression · violation · **3 - inexactitude** · écart · erreur · **4 -** [vieux] **déloyauté** · trahison · traîtrise · perfidie *littér.*

CONTR. fidélité ı constance − respect − exactitude ı justesse

infiltration
n.f. **1 - pénétration** · filtration · introduction · passage · percolation · suintement · **2 - injection** · piqûre · **3 - noyautage** · entrisme

infiltrer
v.tr. **1 - traverser** · pénétrer · s'insinuer dans · **2 - introduire** · injecter

⇝ **s'infiltrer** *v.pron.* **1 - s'introduire** · s'insinuer · pénétrer · **2 - se faufiler** · se glisser

infime
adj. **1 - infinitésimal** · imperceptible · microscopique · minime · minuscule · **2 - insignifiant** · dérisoire · minime · négligeable · ridicule

CONTR. éminent ı suprême − capital ı considérable ı immense

¹infini, e
adj. **1 - interminable** · éternel · sans fin · perpétuel · **2 - illimité** · colossal · démesuré · énorme · immense · vaste · **3 - incalculable** · incommensurable · innombrable · **4 - extrême** · absolu · parfait

²infini
n.m. infinité · immensité · infinitude *littér.* · vastitude *littér.*

+ **à l'infini** indéfiniment · infiniment

infiniment
adv. **1 - à l'infini** · **2 - extrêmement** · diablement · énormément · excessivement · follement · furieusement · immensément · incomparablement · terriblement · beaucoup

infinité
n.f. **1 - immensité** · infini · infinitude *littér.* · vastitude *fam.* · **2 - multitude** · multiplicité · myriade · profusion · quantité · surabondance · foultitude *fam.*

infinitésimal, e
adj. · infime · imperceptible · microscopique · minime · minuscule

CONTR. grand ı infini

infirmation
n.f. **1 - annulation** · cassation · **2 - démenti**

CONTR. attestation ı confirmation

infirme
adj. · handicapé · éclopé · estropié · impotent · invalide · mutilé · béquillard *fam.*

CONTR. ingambe ı bien portant ı valide

infirmer
v.tr. **1 - annuler** · casser · **2 - démentir** · détruire · réfuter · ruiner · **3 - diminuer** · affaiblir

CONTR. attester ı avérer ı prouver − confirmer

infirmité
n.f. · handicap · impotence · incapacité · invalidité

inflammation
n.f. **1 - irritation** · rougeur · **2 - ignition**

inflation
n.f. **1 - hausse** · augmentation · escalade · montée · **2 - multiplication** · extension · intensification · progression

CONTR. baisse ı déclin

infléchir
v.tr. **1 - courber** · incliner · plier · **2 - modifier** · dévier

⋙ **s'infléchir** *v.pron.* • ployer • s'arquer • se courber • fléchir • gauchir • s'incurver • plier
CONTR. redresser

infléchissement *n.m.* • changement • inflexion • modification

inflexibilité *n.f.* • implacabilité • inexorabilité • intransigeance • rigidité • rigueur • sévérité
CONTR. flexibilité ׀ souplesse

inflexible *adj.* **1 -** ferme • inébranlable • intraitable • irréductible • de fer • **2 - implacable** • draconien • impitoyable • inexorable • intraitable • intransigeant • raide • rigide • rigoureux • sévère • **3 - incontournable** • absolu
CONTR. flexible ׀ influençable ׀ souple – compréhensif ׀ doux ׀ indulgent

inflexion *n.f.* **1 -** flexion • inclination • infléchissement • **2 -** courbure • courbe • déviation • sinuosité • **3 -** accent • intonation • modulation • tonalité

infliger *v.tr.* **1 -** administrer • donner • coller *fam.* • ficher *fam.* • filer *fam.* • flanquer *fam.* • **2 -** imposer
CONTR. épargner

influençable *adj.* • manipulable • docile • malléable • maniable
CONTR. inflexible ׀ têtu

influence *n.f.* **1 -** effet • action • impact • incidence • **2 -** impulsion • pression • **3 -** crédit • audience • poids • prestige • **4 -** ascendant • autorité • charisme • emprise • magnétisme • pouvoir • puissance • [d'un pays, d'une théorie] rayonnement • **5 -** empreinte • griffe • marque
✦ **avoir de l'influence** avoir le bras long *fam.*
✦ **avoir de l'influence sur** avoir prise sur
✦ **sous l'influence de** **1 -** au contact de • sous l'action de • **2 - sous l'emprise de** • sous l'empire de

influencer *v.tr.* **1 -** agir sur • influer sur • orienter • peser sur • [personne] déteindre sur • **2 -** [péj.] **manipuler** • embobiner *fam.*

influent, e *adj.* • important • puissant

influer *v.tr.ind.* [sans complément] **faire pencher la balance**
✦ **influer sur** agir sur • influencer • orienter • peser sur

influx *n.m.* • flux • influence

informateur, -trice *n.* • indicateur • espion • dénonciateur • indic *fam.* • mouchard *fam.* • balance *argot* • doulos *argot* • mouton *argot*

information *n.f.* **1 -** communication • annonce • avis • briefing • communiqué • message • nouvelle • **2 -** renseignement • donnée • indication • précision • scoop *fam.* • tuyau *fam.* • **3 -** enquête • étude • examen • investigation • instruction (préparatoire)
⋙ **informations** *plur.* actualités • flash • journal (télévisé) • nouvelles • infos *fam.*

informe *adj.* **1 -** grossier • ébauché • imparfait • inachevé • incomplet • **2 - confus** • indistinct • **3 -** laid • disgracieux
CONTR. achevé ׀ fini – formé ׀ structuré – joli

informé, e *adj.* **1 -** averti • avisé • au courant • au fait • au parfum *fam.* • branché *fam.* • câblé *fam.* • **2 -** documenté

informer *v.tr.* **1 -** renseigner • avertir • aviser • briefer • éclairer • instruire • mettre au courant • mettre au fait • prévenir • briefer *critiqué* • affranchir *fam.* • mettre au parfum *fam.* • rancarder *fam.* • tuyauter *fam.*
✦ **informer de** annoncer • apprendre • aviser de • communiquer • faire part de • faire savoir • instruire de • notifier • signaler
⋙ **s'informer** *v.pron.* **1 - se renseigner** • s'enquérir • interroger • aller aux nouvelles • **2 -** se documenter

informulé, e *adj.* **1** - inexprimé · tu · **2** - implicite · latent · sous-entendu · tacite
CONTR. formulé - explicite

infortune *n.f.* **1** - revers (de fortune) · catastrophe · calamité · disgrâce · malheur · misère · **2** - [littér.] **adversité** · malchance · malheur
CONTR. bonheur ı félicité ı fortune

infortuné, e *adj.* · malheureux · malchanceux · maudit · pauvre
CONTR. fortuné ı heureux

infraction *n.f.* **1** - délit · crime · **2** - manquement · atteinte · attentat · contravention · dérogation · désobéissance · entorse · transgression · violation
CONTR. observation ı respect

infranchissable *adj.* · insurmontable · irréductible

infrastructure *n.f.* **1** - fondation · fondement · sous-œuvre · **2** - équipement(s) · installations
CONTR. superstructure

infructueux, -euse *adj.* · improductif · impuissant · inefficace · inopérant · inutile · sans résultat · stérile · vain

infus, e *adj.* · inné · naturel

infuser *v.tr.* · communiquer · inoculer · insuffler · transmettre

infusion *n.f.* · tisane · décoction · macération

ingambe *adj.* · agile · alerte · dispos · gaillard · léger · valide · vert · vif
CONTR. impotent ı infirme

ingénier à (s') *v.pron.* · s'efforcer de · s'escrimer à · s'évertuer à · chercher à

ingénieusement *adv.* · astucieusement · adroitement · habilement

ingénieux, -ieuse *adj.* · astucieux · adroit · habile · intelligent · inventif · subtil · industrieux *littér.*
CONTR. incapable ı maladroit

ingéniosité *n.f.* astuce · adresse · habileté · intelligence · industrie *vieilli*

ingénu, e *adj.* candide · ignorant · inexpérimenté · innocent · naïf · simple · simplet *péj.*
✦ **fausse ingénue** sainte nitouche
CONTR. averti ı hypocrite
↝ **naïf**

ingénuité *n.f.* **1** - candeur · ignorance · inexpérience · innocence · naïveté · pureté · **2** - franchise · naturel · simplicité · sincérité
CONTR. fausseté ı rouerie

ingérence *n.f.* · intrusion · immixtion · intervention
CONTR. non-ingérence ı non-intervention

ingérer *v.tr.* · avaler · absorber · ingurgiter · manger · prendre

ingérer dans (s') *v.pron.* · s'immiscer dans · s'entremettre dans · intervenir dans · se mêler de · s'occuper de · mettre, fourrer son nez dans *fam.*

ingestion *n.f.* · absorption · prise

ingouvernable *adj.* · incontrôlable · indirigeable *rare*
CONTR. maîtrisable

ingrat, e *adj.* **1** - oublieux · égoïste · **2** - aride · improductif · pauvre · sec · stérile

• 3 - **difficile** • pénible • 4 - **disgracieux** • déplaisant • désagréable • disgracié • inesthétique • laid • moche *fam.*

CONTR. reconnaissant – fécond ı fertile – facile – avenant ı plaisant

ingrédient *n.m.* • composant • constituant • élément

inguérissable *adj.* • incurable • condamné • perdu • fichu *fam.* • foutu *fam.*

CONTR. curable ı guérissable
↪ **incurable**

ingurgiter *v.tr.* **1 - avaler** • absorber • boire • engloutir • ingérer • enfourner *fam.* • engouffrer *fam.* • **2 - apprendre** • assimiler • se mettre dans la tête

CONTR. dégurgiter ı régurgiter

inhabile *adj.* **1 - maladroit** • gauche • malhabile • novice • **2 - inapte** • incapable • incompétent

CONTR. adroit ı habile ı expert – apte ı capable ı compétent

inhabileté *n.f.* • gaucherie • maladresse
CONTR. habileté

inhabité, e *adj.* **1 - désert** • sauvage • solitaire • **2 - inoccupé** • abandonné • délaissé • dépeuplé • vide
↪ **désert**

inhabituel, -elle *adj.* **1 - inaccoutumé** • exceptionnel • rare • inusuel *littér.* • **2 - étrange** • anormal • insolite • singulier

CONTR. courant ı habituel – normal

inhalation *n.f.* **1 - aspiration** • inspiration • respiration • **2 - fumigation**
CONTR. exhalation

inhaler *v.tr.* • inspirer • absorber • aspirer • humer • respirer
CONTR. exhaler

inhérent, e *adj.*
✦ **inhérent à** propre à • essentiel à • immanent à • inséparable de • intrinsèque à

inhibé, e *adj.* • timide • bloqué • complexé • introverti • mal à l'aise • coincé *fam.*

inhiber *v.tr.* **1 - prohiber** • défendre • empêcher • interdire • **2 - enrayer** • bloquer • juguler • paralyser • [Psych.] refouler • **3 - complexer** • coincer *fam.*

CONTR. permettre – exciter ı stimuler – désinhiber

inhibition *n.f.* • blocage • refoulement
CONTR. excitation ı impulsion

inhospitalier, -ière *adj.* **1 - froid** • glacial • revêche • **2 - farouche** • sauvage
CONTR. agréable ı chaleureux – accueillant ı hospitalier

inhumain, e *adj.* **1 - monstrueux** • abominable • barbare • bestial • brutal • cruel • féroce • odieux • sadique • terrible • **2 - insensible** • dur • impitoyable • implacable • **3 - insupportable** • affreux • atroce • épouvantable • infernal

CONTR. humain – généreux

inhumanité *n.f.* • barbarie • bestialité • brutalité • cruauté • férocité • sadisme • sauvagerie
CONTR. humanité

inhumation *n.f.* • enterrement • ensevelissement
CONTR. exhumation

inhumer *v.tr.* • enterrer • ensevelir • mettre, porter en terre
CONTR. déterrer ı exhumer

inimaginable *adj.* **1 - inconcevable** • impensable • incroyable • inenvisageable • inouï • invraisemblable • **2 - extraordinaire** • étonnant • fabuleux • phénoménal • stupéfiant • sidérant *fam.* • trop fort *lang. jeunes*

🕮 **inimaginable, inconcevable**

Inimaginable et inconcevable s'appliquent tous deux à ce qui dépasse l'imagination. Inimaginable s'emploie à propos d'événements si importants, de sentiments si intenses, etc., qu'on ne les imaginait pas *(un désordre, une bêtise inimaginable)* : « La quantité d'enfants est inimaginable. Je tâche de les dénombrer ; à cent quatre-vingts je m'arrête, pris de vertige : ils sont trop ! » (Gide, *Voyage au Congo*, in *Souvenirs*). On réserve **inconcevable** à ce qui est difficile ou impossible à penser *(un aveuglement, une passion inconcevable)* et, en particulier, à admettre : « Un jour où il paraîtra inconcevable qu'un pouvoir social ait pu s'arroger le droit de fusiller un homme parce qu'il refusait de prendre les armes (...) » (Martin du Gard, *les Thibault*, VII).

inimitable *adj.* 1 – incomparable · imbattable · inégalable · unique · 2 – hors pair · sans égal · sans pareil

inimitié *n.f.* · antipathie · animosité · aversion · haine · hostilité · rancune · ressentiment · défaveur *littér.*
CONTR. amitié ı affection ı sympathie
🕮 **rancune**

inintelligence *n.f.* 1 – incompréhension · 2 – bêtise · idiotie · imbécillité · ineptie · sottise · stupidité · crétinerie *fam.*

inintelligent, e *adj.* · sot · abruti · bête · borné · idiot · imbécile · inepte · obtus · stupide · bouché *fam.* · crétin *fam.*
CONTR. intelligent

inintelligibilité *n.f.* · hermétisme · illisibilité · obscurité · opacité

inintelligible *adj.* 1 – hermétique · difficile · ésotérique · illisible · incompréhensible · obscur · opaque · sibyllin ·

abscons *littér.* · abstrus *littér.* · 2 – confus · nébuleux · 3 – insaisissable · impénétrable · indéchiffrable · inexplicable · insondable
CONTR. compréhensible ı intelligible – clair – explicable
🕮 **incompréhensible**

inintéressant, e *adj.* · banal · commun · insignifiant · quelconque · sans intérêt · [personne] falot
CONTR. intéressant ı passionnant

ininterrompu, e *adj.* 1 – continu · non-stop · 24 heures sur 24 · 2 – permanent · incessant · continuel
CONTR. discontinu ı interrompu

inique *adj.* · injuste · inéquitable · partial

iniquité *n.f.* 1 – injustice · partialité · 2 – crime · injustice · usurpation
CONTR. équité ı justice

initial, e *adj.* · originel · original · premier · primitif
CONTR. dernier ı final ı terminal
🕮 **premier**

initialement *adv.* · à l'origine · au début · originairement · originellement

initiales *n.f.pl.* 1 – sigle · 2 – chiffre · monogramme

initiateur, -trice *n.* 1 – introducteur · instigateur · pionnier · 2 – auteur · créateur · promoteur · 3 – innovateur · novateur · précurseur · 4 – éducateur · maître

initiation *n.f.* 1 – apprentissage · éducation · formation · instruction · 2 – baptême · introduction · affiliation • [avec brimades] bizutage • [Relig.] mystagogie

initiative *n.f.* 1 – action · intervention · 2 – mesure(s) · disposition(s) · 3 – volonté · décision

✦ **de sa propre initiative** de son propre chef

CONTR. passivité | routine

initier v.tr. **1 - apprendre** · conduire · enseigner · former · instruire · **2 - déclencher** · amorcer · commencer · engager · entamer · impulser · lancer · mettre en branle · mettre en route · mettre en train

⋙ **s'initier** v.pron. s'instruire · apprendre · étudier · se former

injecter v.tr. **1 - inoculer** · infiltrer · introduire · **2 - insuffler** · introduire · transmettre · infuser *littér.*

CONTR. ponctionner | prélever

injection n.f. · piqûre · infiltration · inoculation · perfusion · transfusion · vaccination · [Drogue] fixe *fam.* · shoot *fam.*

injonction n.f. · ordre · commandement · diktat · mise en demeure · sommation · ukase · ultimatum

☞ **ordre**

injure n.f. **1 - insulte** · apostrophe · insolence · invective · gros mot *fam.* · nom d'oiseau *fam.* · sottise *fam.* · irrévérence *vieux* · **2 - offense** · affront · atteinte · blessure · coup · indignité · insulte · outrage · avanie *vieux*

CONTR. compliment | éloge | louange

injurier v.tr. **1 - insulter** · apostropher · offenser · agonir (d'injures) *littér.* · invectiver *littér.* · donner des noms d'oiseau à *fam.* · traiter de tous les noms *fam.* · traiter *lang. jeunes* · **2 - outrager** · offenser

CONTR. complimenter | flatter | louer

☞ injurier, invectiver
Injurier ou invectiver une personne, c'est l'accabler d'*injures* pour exprimer sa colère envers elle ou l'offenser. Injurier est d'emploi courant avec cette valeur *(injurier quelqu'un grossièrement, copieusement, injurier tout*

le monde). **Invectiver**, qui implique plus de violence, reste d'usage littéraire : « Arsène dont la fureur semblait encore s'échauffer, continuait à la secouer et à invectiver d'une voix sourde » (Marcel Aymé, *la Vouivre*).

injurieux, -ieuse adj. · insultant · blessant · grossier · mortifiant · offensant · outrageant

CONTR. élogieux | flatteur | respectueux

injuste adj. **1 - illégitime** · abusif · arbitraire · illégal · **2 - inégal** · inégalitaire · à deux vitesses · **3 - inéquitable** · inique · partial · léonin *littér.* · **4 - immérité** · infondé · injustifié · indu *littér. ou Droit*

CONTR. juste

injustement adv. · abusivement · à tort · indûment *littér. ou Droit*

CONTR. justement

injustice n.f. **1 - iniquité** · partialité · **2 - abus** · passe-droit

CONTR. justice

injustifiable adj. · indéfendable · impardonnable · inexcusable

injustifié, e adj. **1 - injuste** · arbitraire · gratuit · immérité · **2 - abusif** · illégitime · immotivé · infondé · indu *littér. ou Droit*

CONTR. fondé | justifié

inlassable adj. **1 - infatigable** · patient · **2 - inépuisable**

inlassablement adv. · infatigablement · inépuisablement

inné, e adj. **1 - naturel** · foncier · infus *littér.* · **2 - atavique** · congénital · héréditaire

✦ **c'est inné chez lui** c'est dans sa nature · il a ça dans le sang *fam.*

CONTR. acquis

☞ **congénital**

innocemment *adv.* **1** – sans malice · sans songer à mal · **2** – candidement · ingénument · naïvement · **3** – niaisement · sottement

innocence *n.f.* **1** – candeur · fraîcheur · ingénuité · naïveté · simplicité · **2** – pureté · virginité · **3** – innocuité

CONTR. cynisme – impureté – nocivité

innocent, e *adj. et n.* **1** – non coupable · non responsable · blanc comme neige *fam., souvent iron.* · **2** – naïf · benêt · bête · crédule · demeuré · idiot · niais · nigaud · simple · simple d'esprit · simplet · **3** – candide · chaste · immaculé · ingénu · pur · **4** – inoffensif · anodin · bénin · irrépréhensible · **5** – angélique · comme l'enfant qui vient de naître

CONTR. coupable ı responsable – averti ı rusé – impur – dangereux ı malfaisant ı nuisible

innocenter *v.tr.* **1** – blanchir · disculper · justifier · laver · réhabiliter · **2** – absoudre · acquitter · excuser · pardonner

CONTR. charger ı incriminer – accuser ı condamner

innombrable *adj.* **1** – incalculable · illimité · infini · **2** – considérable · nombreux

CONTR. dénombrable ı nombrable – insignifiant

innommable *adj.* **1** – dégoûtant · immonde · infect · dégueulasse *très fam.* · dégueu *très fam.* · **2** – bas · abominable · honteux · ignoble · indigne · infâme · inqualifiable · odieux · scandaleux · sordide · vil

innovateur, -trice *n. et adj.* · créateur · initiateur · inspirateur · inventeur · novateur · pionnier · promoteur

CONTR. imitateur

innovation *n.f.* **1** – nouveauté · création · changement · nouveau · transformation · **2** – audace · hardiesse · inventivité · originalité · **3** – découverte · invention

CONTR. archaïsme ı routine ı tradition

innover *v.tr.* **1** – changer · **2** – inventer · créer · trouver

CONTR. conserver ı copier ı imiter

inoccupé, e *adj.* **1** – vacant · disponible · libre · vide · **2** – inhabité · vide · **3** – désœuvré · inactif · oisif

✦ **rester inoccupé** rester à ne rien faire · se tourner les pouces *fam.* · peigner la girafe *fam.* · (ne rien) glander *très fam.*

↝ disponible

inoculer *v.tr.* **1** – injecter · **2** – transmettre · inspirer · insuffler · propager · infuser *littér.* · instiller *littér.*

inoffensif, -ive *adj.* **1** – innocent · anodin · bénin · **2** – pacifique · calme · doux · paisible · tranquille

✦ **il est totalement inoffensif** il ne ferait pas de mal à une mouche *fam.* · il est doux comme un agneau

CONTR. dangereux ı nuisible – nocif ı toxique

inondation *n.f.* **1** – débordement · sinistre · **2** – déferlement · invasion

CONTR. assèchement ı dessèchement ı drainage

inondé, e *adj.* · immergé · submergé · sous les eaux · sinistré

inonder *v.tr.* **1** – submerger · noyer · **2** – arroser · asperger · baigner · mouiller · tremper · **3** – affluer sur, dans · envahir · déferler sur · prendre d'assaut

≫ **s'inonder** *v.pron.* s'asperger · s'arroser

CONTR. assécher ı sécher

inopérant, e *adj.* · impuissant · inefficace · inutile · sans résultat · vain

CONTR. efficace ı opérant

inopiné, e *adj.* **1** – fortuit · imprévu · inattendu · **2** – soudain · subit · **3** – surprenant

CONTR. attendu ı prévu

↝ inattendu

inopinément *adv.* abruptement · à l'improviste · brusquement · un beau matin *fam.* · tout à trac *fam.*
✦ **arriver inopinément** tomber du ciel, des nues · arriver comme un cheveu sur la soupe *fam.*

inopportun, e *adj.* **1 –** fâcheux · importun · inconvenant · regrettable · **2 –** intempestif · déplacé · hors de propos · hors de saison · incongru · mal choisi · malvenu · malséant *littér.*
CONTR. convenable ı opportun ı propice

inopportunément *adv.* · à contretemps · mal à propos · au mauvais moment · comme un cheveu sur la soupe · comme un chien dans un jeu de quilles
CONTR. opportunément

inoubliable *adj.* **1 –** mémorable · fameux · historique · marquant · **2 –** indélébile · ineffaçable

inouï, e *adj.* **1 –** étonnant · étrange · extraordinaire · formidable · fort · incroyable · prodigieux · sans exemple · sensationnel · unique · **2 –** [vieux] inconnu · nouveau
CONTR. commun ı ordinaire

inoxydable *adj.* · inaltérable

in petto *loc. adv.* · intérieurement · secrètement · à part soi · dans son for intérieur

inqualifiable *adj.* · indigne · abominable · honteux · ignoble · infâme · innommable · odieux · scandaleux · sordide · vil · dégueulasse *très fam.*

inquiet, -iète *adj.* **1 –** alarmé · agité · anxieux · angoissé · préoccupé · soucieux · tourmenté · troublé · tracassé · **2 –** apeuré · effaré · effarouché · effrayé · **3 –** pessimiste · **4 –** crispé · anxieux · fiévreux · impatient · tendu

✦ **être très inquiet** être aux cents coups · se faire un sang d'encre · se ronger les sangs *fam.*
CONTR. heureux ı insouciant ı serein – quiet ı calme ı tranquille – détendu

inquiétant, e *adj.* **1 –** alarmant · angoissant · effrayant · menaçant · préoccupant · **2 –** grave · sérieux · **3 –** sinistre · louche · menaçant · craignos *fam.* • [mine] patibulaire · sombre
CONTR. rassurant

inquiéter *v.tr.* **1 –** alarmer · agiter · affoler · alerter · angoisser · apeurer · chagriner · effrayer · ennuyer · épouvanter · tourmenter · tracasser · troubler · travailler *fam.* · mettre en peine *vieilli* · **2 – harceler** · tourmenter
»» **s'inquiéter** *v.pron.* s'alarmer · s'affoler · s'émouvoir · se faire du souci · se soucier · se tracasser · se biler *fam.* · s'en faire *fam.* · se faire du mouron *fam.* · se faire de la bile *fam.* · se faire des cheveux *fam.* · se faire du mauvais sang *fam.* · se faire de la mousse *fam.* · se frapper *fam.* · se mettre la rate au court-bouillon *fam.* · se ronger les sangs *fam.*
✦ **s'inquiéter de** se préoccuper de · s'enquérir de · se soucier de
CONTR. calmer ı rassurer ı tranquilliser

inquiétude *n.f.* **1 –** alarme · appréhension · crainte · peine · peur · préoccupation · souci · tourment · **2 – angoisse** · affolement · agitation · anxiété · effarouchement · émoi · épouvante · malaise · trouble · sueurs froides
CONTR. calme ı paix ı repos ı tranquillité

inquisiteur, -trice *adj.* **1 – curieux** · fouineur · fureteur · indiscret · inquisitorial *littér.* · **2 – soupçonneux** · scrutateur

inracontable *adj.* · inénarrable · ineffable · irracontable
CONTR. racontable

insaisissable *adj.* **1 -** fuyant · fluide · fugace · impalpable · évanescent *littér.* · **2 -** imperceptible · indiscernable · insensible · **3 -** incompréhensible · ésotérique · impénétrable · fumeux *fam.*

CONTR. saisissable ı sensible – manifeste ı visible – clair

insalubre *adj.* **1 -** malsain · impur · pollué · **2 - polluant**

CONTR. sain ı salubre – propre

🐍 **insalubre, malsain**
Insalubre et malsain s'appliquent tous deux à ce qui est nuisible à la santé. Malsain s'emploie pour tout ce qui peut engendrer une maladie *(eau, humidité, viande malsaine ; travail, logement malsain)*. Insalubre, de valeur plus forte, concerne surtout les bâtiments *(habitat, maison, quartier, îlot insalubre)* et renvoie plutôt au domaine administratif. Dans les emplois figurés, malsain qualifie ce qui manifeste de la perversité *(curiosité, imagination malsaine)* et ce qui contrevient à la morale dominante *(littérature, influence malsaine)*.

insane *adj.* **1 -** absurde · dément · fou · insensé · **2 - inepte**

insanité *n.f.* **1 -** bêtise · ânerie · idiotie · imbécillité · ineptie · sottise · **2 - folie** · démence

insatiabilité *n.f.* · avidité · voracité

insatiable *adj.* **1 -** avide · affamé · boulimique · **2 - vorace** · glouton · goinfre · goulu · **3 - inassouvissable** · dévorant · inapaisable *littér.* · inextinguible *littér.*

CONTR. assouvi ı rassasié ı satisfait

insatisfaction *n.f.* **1 -** mécontentement · déception · **2 - frustration** · inassouvissement

CONTR. satisfaction

insatisfaisant, e *adj.* · décevant · faible · insuffisant · médiocre

insatisfait, e *adj.* **1 -** mécontent · déçu · **2 -** inassouvi · frustré · inapaisé *littér.*

CONTR. comblé ı satisfait

inscription *n.f.* **1 -** écrit · devise · graffiti · tag • [sur une œuvre, un édifice] exergue · ex-libris · épigraphe • [sur une tombe] épitaphe · **2 - immatriculation** · adhésion · affiliation · conscription · enregistrement · **3 -** citation · mention

CONTR. radiation

inscrire *v.tr.* **1 -** graver · **2 -** écrire · coucher sur le papier · consigner · indiquer · marquer · mentionner · noter · porter · **3 -** enregistrer · copier · **4 - enrôler** · immatriculer · matriculer

⋙ **s'inscrire** *v.pron.* s'affilier · adhérer

✦ **s'inscrire dans** entrer dans · s'insérer dans · cadrer avec · être dans la droite ligne de

✦ **s'inscrire en faux contre** contredire · contester · démentir · dénier · s'élever contre · nier

CONTR. biffer ı radier ı rayer

insécable *adj.* · indivisible · indécomposable

insectivore *adj. et n.m.* · entomophage

insécurité *n.f.* **1 -** danger · dangerosité · risques · péril(s) *littér.* · **2 - instabilité** · précarité

CONTR. sécurité

insensé, e *adj.* **1 - irrationnel** · aberrant · absurde · démentiel · extravagant · fou · grotesque · inepte · irréfléchi · saugrenu · stupide · **2 -** [vieux] **dément** · déraisonnable · écervelé · fou · irresponsable · insane *littér.* · **3 -** [rythme] **effréné** · démentiel · échevelé ·

enragé · excessif · forcené · frénétique · tumultueux · **4 -** [fam.] **incroyable** · **fou** · **délirant** fam. · **dingue** fam.

CONTR. raisonnable ı sage ı sensé

insensibilisation n.f. · anesthésie · analgésie

insensibiliser v.tr. **1 - endormir** · **2 - anesthésier** · chloroformer · éthériser anciennt
CONTR. sensibiliser

insensibilité n.f. **1 - paralysie** · apathie · inconscience · léthargie · **2 - analgésie** · **3 - détachement** · ataraxie · impassibilité · indifférence · **4 - désintérêt** · imperméabilité · indifférence · **5 - dureté** · cruauté · froideur
CONTR. hyperesthésie – intérêt ı passion – attendrissement ı compassion ı émotion ı hypersensibilité ı sensibilité

insensible adj. **1 - engourdi** · paralysé · **2 - apathique** · assoupi · indolent · léthargique · **3 - détaché** · impassible · imperturbable · **4 - dur** · aride · cruel · de pierre · égoïste · endurci · étroit · froid · glacial · impitoyable · implacable · indifférent · inexorable · inhumain · de pierre · sec · sans cœur · **5 - imperceptible** · faible · indécelable · indiscernable · insaisissable · léger · minime · minuscule · **6 -** [vieux] **inanimé** · mort
✦ **insensible à** étranger à · fermé à · imperméable à · inaccessible à · indifférent à · rebelle à · réfractaire à · sourd à
CONTR. sensible – ému ı hypersensible ı impressionnable – ardent ı enflammé – notable ı perceptible – ouvert ı réceptif

insensiblement adv. **1 - progressivement** · doucement · graduellement · lentement · par degré · petit à petit · peu à peu · de fil en aiguille · **2 - imperceptiblement** · légèrement · à peine

inséparable adj. **1 - indivisible** · insécable · joint · uni · **2 - inévitable** · éternel
✦ **inséparable de** propre à · indissociable de · inhérent à · consubstantiel à littér.

✦ **être inséparables** ne pas se quitter · être comme les deux doigts de la main fam.
CONTR. décomposable ı séparable

insérer v.tr. **1 - introduire** · glisser · intercaler · **2 - incorporer** · emboîter · encastrer · enchâsser · enclaver · implanter · incruster · [feuille] encarter · interfolier · [pierre] enchatonner · sertir · **3 - ajouter** · inclure · introduire · mettre · fourrer fam.
⟫ **s'insérer** v.pron. **1 - se placer** · s'attacher · s'implanter · s'encastrer · **2 - s'assimiler** · s'intégrer · **3 - s'inscrire** · s'intégrer
CONTR. ôter ı retirer ı retrancher

insertion n.f. **1 - introduction** · incorporation · incrustation · intercalation · **2 - insert** · **3 - assimilation** · intégration · incorporation

insidieux, -ieuse adj. **1 - sournois** · traître · **2 - trompeur** · fallacieux · illusoire · **3 - piégé** · rusé · spécieux · captieux littér.

¹**insigne** adj. **1 - remarquable** · éclatant · éminent · fameux · **2 - important** · signalé littér.

²**insigne** n.m. **1 - emblème** · symbole · **2 - marque** · badge · plaque · signe · **3 - décoration** · médaille · récompense · ruban

insignifiance n.f. · médiocrité · banalité · fadeur · faiblesse · inconsistance · inintérêt · petitesse
CONTR. intérêt ı valeur

insignifiant, e adj. **1 - banal** · anodin · effacé · fade · faible · falot · inconsistant · inodore et sans saveur · insipide · médiocre · nul · ordinaire · quelconque · terne · **2 - frivole** · accessoire · dérisoire · futile · vain · vide · sans intérêt · **3 - infime** · dérisoire · mince · minime · mineur · minuscule · négligeable · petit · **4 -** [péj.] **misérable** · malheureux · mesquin · de rien du tout fam.

◆ **c'est insignifiant** ça ne pèse pas lourd · il n'y a pas de quoi fouetter un chat *fam.*
CONTR. frappant ı intéressant ı remarquable – important – considérable

insinuant, e *adj.* **1 - sournois** · hypocrite · insidieux · mielleux · patelin · captieux *littér.* · **2 - pénétrant** · **3 - indirect** · furtif · secret

insinuation *n.f.* · allusion · sous-entendu

insinuer *v.tr.* **1 - suggérer** · donner à entendre · glisser · laisser entendre · souffler (à l'oreille) · sous-entendre · **2 - vouloir dire** · entendre *littér.*

⇢ **s'insinuer** *v.pron.* s'introduire · se couler · entrer · envahir · se faufiler · se glisser · s'infiltrer · pénétrer

insipide *adj.* **1 - fade** · douceâtre · **2 - ennuyeux** · fastidieux · (incolore) inodore et sans saveur · plat · sans sel · **3 - effacé** · anodin · banal · falot · inconsistant · insignifiant · ordinaire · quelconque · terne
CONTR. sapide ı savoureux – captivant ı passionnant – remarquable
⇢ **fade**

insistance *n.f.* **1 - obstination** · acharnement · constance · entêtement · opiniâtreté · persévérance · ténacité · **2 - indiscrétion**

insistant, e *adj.* **1 - appuyé** · pressant · instant *littér.* · **2 - indiscret**

insister *v. intr.* **1 - s'obstiner** · s'acharner · s'entêter · continuer · persévérer · persister · **2 - mettre les points sur les i** · enfoncer le clou · en remettre une couche, une louche *fam.* · ◾ [sur un point délicat] appuyer sur la chanterelle
◆ **insister sur** mettre l'accent sur · accentuer · appuyer sur · s'appesantir sur · souligner
◆ **ne pas insister** abandonner · écraser *fam.* · laisser tomber *fam.*
CONTR. glisser ı passer

insociable *adj.* · acariâtre · farouche · hargneux · misanthrope · sauvage · solitaire · impraticable *vieux*
CONTR. accommodant ı sociable

insolation *n.f.* **1 - coup de chaleur** · coup de soleil · **2 - ensoleillement** · **3 -** [Photo] solarisation

insolence *n.f.* **1 - effronterie** · impertinence · irrespect · irrévérence *vieilli ou littér.* · culot *fam.* · toupet *fam.* · **2 - offense** · impertinence · insulte · **3 - arrogance** · cynisme · dédain · désinvolture · hauteur · impudence · mépris · morgue · orgueil · suffisance · outrecuidance *littér.* · superbe *littér.*
CONTR. déférence ı égard ı politesse ı respect – égard – discrétion ı modestie

insolent, e *adj.* **1 - impertinent** · effronté · grossier · impoli · irrespectueux · irrévérencieux *vieilli ou littér.* · **2 - arrogant** · cynique · désinvolte · fier · hautain · impudent · orgueilleux · prétentieux · outrecuidant *littér.* · **3 - déplacé** · audacieux · cavalier · familier · hardi · inconvenant · indécent · injurieux · insultant · leste · **4 - extraordinaire** · honteux · incroyable · indécent · inouï · provocant
CONTR. respectueux – modeste ı ordinaire ı simple – bienvenu ı bienséant

insolite *adj.* **1 - singulier** · anormal · bizarre · déroutant · étonnant · étrange · exceptionnel · extraordinaire · inaccoutumé · inhabituel · nouveau · rare · **2 - excentrique** · extravagant · ovni (nom)
CONTR. accoutumé ı familier ı normal

insoluble *adj.* **1 - sans solution** · impossible · inextricable · **2 - indissoluble**
CONTR. résoluble – soluble

insomnie *n.f.* · veille · nuit blanche

insondable *adj.* **1 - impénétrable** · énigmatique · incompréhensible · inexplicable ·

inextricable · inintelligible · insaisissable · obscur · **2 - immense** · abyssal · incommensurable · infini · intense · profond

insonore *adj.* · silencieux

insonorisation *n.f.* · isolation phonique

insouciance *n.f.* **1 - frivolité** · étourderie · imprévoyance · irréflexion · légèreté · **2 - détachement** · décontraction · désinvolture · indifférence · indolence · nonchalance

CONTR. gravité ı sérieux – curiosité ı inquiétude ı intérêt ı souci

insouciant, e *adj.* étourdi · désinvolte · frivole · évaporé · imprévoyant · indifférent · indolent · irréfléchi · léger · négligent · nonchalant · sans-souci

♦ **insouciant de** indifférent à · oublieux de · insoucieux de *littér.*

CONTR. curieux ı inquiet ı soucieux

insoumis, e

■ *adj.* rebelle · désobéissant · frondeur · indépendant · indiscipliné · récalcitrant · réfractaire · rétif · révolté · séditieux · indocile *littér.*

■ *n.* réfractaire · déserteur · mutin · objecteur de conscience · séditieux

CONTR. obéissant ı soumis

insoumission *n.f.* **1 - désobéissance** · indépendance · indiscipline · insubordination · révolte · **2 - rébellion** · désertion · mutinerie · révolte · sédition

insoupçonnable *adj.* **1 - au-dessus de tout soupçon** · à l'abri de tout soupçon · **2 - invisible** · indétectable

CONTR. soupçonnable ı suspect ı visible

insoupçonné, e *adj.* **1 - ignoré** · inconnu · nouveau · **2 - inattendu** · secret · stupéfiant

insoutenable *adj.* **1 - insupportable** · épouvantable · infernal · intolérable · **2 - inadmissible** · inacceptable · indéfendable · injustifiable

CONTR. soutenable ı supportable – admissible

inspecter *v.tr.* **1 - contrôler** · superviser · surveiller · vérifier · visiter · **2 - examiner** · étudier · explorer · fouiller · ratisser · sonder · passer au peigne fin · **3 - scruter** · regarder des pieds à la tête

inspecteur, -trice *n.* **1 - contrôleur** · vérificateur · **2 - officier de police**

inspection *n.f.* · contrôle · examen · fouille · ronde · vérification · surveillance · visite ● [de bateau] arraisonnement ● [de troupes] revue

inspirateur, -trice

■ *n.* **1 - conseiller** · **2 - initiateur** · agent · cause · innovateur · instigateur · promoteur

■ *n.f.* égérie · muse

inspiration *n.f.*
I aspiration · inhalation
II 1 - intuition · éclair (de génie) · idée · **2 - veine** · verve · **3 - grâce** · esprit · illumination · souffle
III conseil · avis · impulsion · influence · instigation · suggestion

CONTR. expiration – étude

inspiré, e *adj.* **1 - en veine** · **2 - illuminé** · mystique

♦ **bien inspiré** avisé · sage · qui a le nez creux, fin *fam.*

inspirer

■ *v.intr.* aspirer · respirer

■ *v.tr.*
I 1 - susciter · communiquer · donner · inoculer · imprimer · insuffler · faire naître · provoquer · suggérer · instiller *littér.* · **2 - imposer** · commander · dicter

II 1 - conseiller · diriger · encourager · persuader · 2 - animer · déterminer

≫ **s'inspirer de** v.pron. imiter · copier · prendre modèle sur · plagier péj.

instabilité n.f. 1 - déséquilibre · 2 - variabilité · changement · fluctuation · inconstance · mobilité · versatilité · 3 - fragilité · précarité

CONTR. stabilité – constance ı détermination ı obstination

instable adj.
I bancal · boiteux · branlant · chancelant · vacillant
II 1 - changeant · fluctuant · mobile · mouvant · variable · 2 - capricieux · changeant · fluctuant · inconstant · versatile · 3 - fragile · fugitif · labile · précaire
III nomade · errant · vagabond
IV déséquilibré · caractériel

CONTR. stable ı fixe – constant ı déterminé

installation n.f. 1 - emménagement · 2 - arrangement · agencement · aménagement · équipement · organisation · 3 - pose · établissement · mise en place · 4 - intronisation · investiture

≫ **installations** plur. · infrastructure · équipement

CONTR. déménagement ı évacuation

installé, e adj. · établi · arrivé · assis · nanti · prospère

installer v.tr. 1 - placer · mettre en place · poser · caser fam. · 2 - aménager · agencer · arranger · disposer · équiper · 3 - introniser · asseoir · établir

≫ **s'installer** v.pron. 1 - emménager · se loger · planter ses pénates, sa tente plaisant · 2 - s'établir · s'enraciner · se fixer · s'implanter · prendre pied · prendre racine · 3 - se mettre · s'asseoir · prendre place · se placer • [dans un fauteuil] se carrer

CONTR. déplacer · désinstaller – s'en aller ı déménager – partir

instamment adv. · avec instance · avec insistance

instance n.f. 1 - insistance · 2 - demande · pression · prière · requête · sollicitation · 3 - procédure · procès · 4 - institution · autorité
✦ **en instance** [Droit] pendant
✦ **en instance de** en passe de · près de · sur le point de

¹**instant, e** adj. 1 - pressant · appuyé · insistant · 2 - imminent

²**instant** n.m. moment · heure · minute · période · seconde · temps
✦ **à l'instant** aussitôt · immédiatement · sur-le-champ · tout de suite · incontinent littér.
✦ **à chaque, à tout instant** sans cesse · continuellement · à tout bout de champ fam.
✦ **dans un instant** bientôt · avant peu · dans peu de temps · d'un moment à l'autre · incessamment · sans tarder · sous peu · tout de suite · vite
✦ **en un instant** en un clin d'œil · en un éclair · en une minute · en une seconde · rapidement · en un tournemain littér.
✦ **pour l'instant** actuellement · dans l'immédiat · pour l'heure · pour le moment · présentement vieux ou région.
✦ **d'un instant à l'autre** bientôt · incessamment · tout de suite

↬ moment

instantané, e adj. 1 - immédiat · brutal · prompt · rapide · soudain · subit · 2 - bref · fugace · fugitif

CONTR. graduel ı progressif – durable ı lent ı long

instantanément adv. · aussitôt · à l'instant · immédiatement · sur-le-champ · tout de suite · incontinent littér.

CONTR. lentement ı progressivement

instaurateur, -trice n. · promoteur · auteur · créateur · fondateur · initiateur · mère · père

instauration *n.f.* • établissement • constitution • création • fondation • implantation • inauguration • institution • mise en place

instaurer *v.tr.* • établir • constituer • créer • ériger • fonder • implanter • inaugurer • instituer • mettre en place • organiser • promouvoir
CONTR. abolir ı détruire ı renverser

instigateur, -trice *n.* • inspirateur • âme • cause • incitateur • meneur • moteur • promoteur

instigation *n.f.* • incitation • conseil • impulsion • inspiration • suggestion • suscitation *vieux ou littér.*

instiguer *v.tr.* • inciter • exciter • pousser

instiller *v.tr.* • insuffler • inoculer • insinuer • inspirer

instinct *n.m.* 1 - intuition • flair • inspiration • perspicacité • feeling *fam.* • pif *fam.* • 2 - aptitude • disposition • don • sens • talent • bosse *fam.* • 3 - nature • inclination • penchant • tendance • 4 - pulsion
✦ **d'instinct** naturellement • impulsivement • instinctivement • spontanément

instinctif, -ive *adj.* 1 - irréfléchi • automatique • inconscient • involontaire • irraisonné • machinal • mécanique • réflexe • spontané • 2 - viscéral • animal • instinctuel • irraisonné • tripal *fam.* • 3 - inné • naturel
CONTR. conscient ı réfléchi ı volontaire

instinctivement *adv.* 1 - spontanément • impulsivement • inconsciemment • d'instinct • 2 - machinalement • mécaniquement • par automatisme • par habitude

instituer *v.tr.* • établir • constituer • créer • ériger • fonder • implanter • instaurer • mettre en place • promouvoir
CONTR. abolir ı abroger ı supprimer

institut *n.m.* institution • académie • école
✦ **institut médico-légal** morgue

instituteur, -trice *n.* • professeur des écoles • maître

institution *n.f.* 1 - création • fondation • érection • établissement • instauration • organisation • 2 - établissement • 3 - école • collège • pension • pensionnat
≫ **institutions** *plur.* État • pouvoir • régime • système
CONTR. abolition

instructeur, -trice *n.* • éducateur • entraîneur • moniteur • professeur

instructif, -ive *adj.* • formateur • édifiant • éducatif • enrichissant • plein d'enseignement

instruction *n.f.*
I 1 - savoir • connaissances • culture • éducation • lettres • science • bagage *fam.* • 2 - apprentissage • édification • initiation • 3 - enseignement • formation • pédagogie
II consigne • directive • indication • ordre • prescription
III enquête • information
↬ **éducation**

instruire *v.tr.* 1 - éduquer • enseigner • former • initier • 2 - [Droit] examiner • 3 - [qqn de, sur] apprendre à • annoncer à • avertir de • aviser de • faire connaître à • éclairer • expliquer à • informer • notifier • faire part à • prévenir • renseigner • révéler à
≫ **s'instruire** *v.pron.* apprendre • se cultiver • étudier • se former
↬ **apprendre**

instruit, e *adj.* cultivé • éclairé • érudit • expérimenté • lettré • sage • savant • calé *fam.*
CONTR. ignare ı ignorant ı illettré ı inculte

instrument n.m. 1 - outil · appareil · engin · machine · ustensile · 2 - moyen · organe · 3 - agent · âme · bras · exécutant · jouet *péj.* · pantin *péj.*

instrumentation n.f. · orchestration

insubordination n.f. 1 - rébellion · contestation · révolte · 2 - désobéissance · indiscipline · manquement (à la discipline, à l'obéissance) · insoumission

CONTR. subordination – obéissance ı soumission

insubordonné, e adj. · désobéissant · indiscipliné · insoumis · rebelle · récalcitrant · rétif · indocile *littér.*

CONTR. obéissant ı docile ı soumis

insuccès n.m. · échec · faillite · fiasco · revers · bide *fam.* · flop *fam.* · veste *fam.* · [Théâtre] four *fam.*

CONTR. réussite ı succès

insuffisamment adv. · imparfaitement · faiblement · incomplètement · mal · pas assez

CONTR. assez ı suffisamment

insuffisance n.f. 1 - carence · défaut · déficience · déficit · faiblesse · lacune · manque · pauvreté · pénurie · 2 - médiocrité · faiblesse · imperfection · infériorité · inintérêt · insignifiance · 3 - inaptitude · ignorance · impuissance · incapacité · incompétence · nullité · impéritie *littér.*

CONTR. abondance ı affluence ı excès ı suffisance – valeur ı intérêt – aptitude ı capacité ı supériorité

insuffisant, e adj. 1 - maigre · mesquin · pauvre · court *fam.* · juste *fam.* · 2 - imparfait · déficient · faible · incomplet · insignifiant · jeune · mauvais · médiocre · 3 - incapable · ignare · inapte · incompétent · nul

CONTR. suffisant ı abondant ı généreux – de valeur – capable ı compétent

insuffler v.tr. · injecter · communiquer · imprimer · inoculer · inspirer · instiller *littér.*

insulaire adj. et n. · îlien

CONTR. continental

insultant, e adj. · injurieux · blessant · grossier · offensant · outrageant

insulte n.f. 1 - affront · attaque · atteinte · injure · offense · outrage · 2 - invective · grossièreté · insolence

insulter v.tr. 1 - injurier · invectiver *littér.* · agonir *littér.* · donner des noms d'oiseau à *fam.* · traiter de tous les noms *fam.* · traiter *lang. jeunes* · 2 - offenser · outrager

CONTR. respecter

insupportable adj. 1 - odieux · abominable · agaçant · antipathique · désagréable · détestable · ennuyeux · exécrable · haïssable · impossible · infernal · invivable · imbuvable *fam.* · 2 - turbulent · impossible · infernal · intenable · pénible · 3 - atroce · épouvantable · insoutenable · intenable · intolérable · terrible

CONTR. agréable ı aimable – calme ı paisible ı sage – supportable ı tolérable

insupporter v.tr. · indisposer · agacer · exaspérer · excéder · horripiler · irriter · taper sur les nerfs, le système à *fam.*

insurgé, e adj. et n. · émeutier · factieux · insoumis · mutin (nom) · révolté · rebelle · séditieux

CONTR. soumis

insurger (s') v.pron. 1 - se révolter · se mutiner · se rebeller · se soulever · se rebiffer *fam.* · 2 - s'indigner · se cabrer · se dresser · s'inscrire en faux · protester · regimber

insurmontable adj. 1 - infranchissable · insurpassable · invincible · 2 - incontrôlable · indomptable

CONTR. facile ı surmontable – maîtrisable

insurpassable *adj.* inégalable · hors pair · imbattable · indépassable · sans concurrence · sans égal · sans pareil · supérieur · unique

insurrection *n.f.* · émeute · levée (de boucliers) · mouvement (insurrectionnel) · mutinerie · rébellion · résistance (à l'oppression) · révolte · révolution · sédition · soulèvement · trouble • [Hist.] jacquerie
CONTR. soumission

insurrectionnel, -elle *adj.* · révolutionnaire

intact, e *adj.* 1 - indemne · entier · (sain et) sauf · 2 - inchangé · inaltéré · tel quel · 3 - propre · immaculé · net · pur · sans tache · 4 - sauf
CONTR. blessé – altéré ı endommagé – souillé ı taché – compromis

intangible *adj.* 1 - inviolable · sacré · tabou · 2 - [vieux] impalpable · immatériel

intarissable *adj.* 1 - inépuisable · inlassable · 2 - abondant · débordant · fécond · généreux · inépuisable
CONTR. maigre ı pauvre – silencieux

intégral, e *adj.* 1 - complet · entier · exhaustif · total · 2 - absolu
CONTR. incomplet ı partiel

intégralement *adv.* 1 - complètement · entièrement · parfaitement · totalement · 2 - in extenso · en entier · en totalité · exhaustivement · dans son intégralité · dans sa totalité · du début à la fin · de A à Z
CONTR. incomplètement ı partiellement

intégralité *n.f.* 1 - ensemble · totalité · 2 - intégrité · entièreté · complétude *littér.*

intégration *n.f.* 1 - concentration · absorption · fusion · imbrication · unification · union · 2 - assimilation · incorporation · adaptation · appropriation · imprégnation · acculturation

intègre *adj.* 1 - honnête · incorruptible · vertueux · probe *littér.* · 2 - équitable · impartial · juste
CONTR. corrompu ı malhonnête ı vénal – injuste ı partial

intégrer *v.tr.* 1 - incorporer · assimiler · fondre · 2 - comprendre · associer · inclure · réunir · unir
⟫ **s'intégrer** *v.pron.* s'insérer · s'assimiler
CONTR. exclure

🕮 **intégrer, incorporer**
Intégrer et incorporer concernent l'action de faire entrer quelque chose ou quelqu'un dans un ensemble sans lui faire perdre sa cohérence *(intégrer, incorporer un paragraphe dans un chapitre, une terre à un domaine, une personne dans une association).* Seul incorporer permet d'insister sur le fait que la partie s'unit intimement au tout, d'où en particulier son emploi en cuisine *(incorporer du beurre à une sauce).*

intégrisme *n.m.* · fondamentalisme · traditionalisme
CONTR. progressisme

intégriste *adj. et n.* · fondamentaliste · traditionaliste

intégrité *n.f.* 1 - totalité · intégralité · 2 - honnêteté · incorruptibilité · probité · vertu *vieux*
CONTR. altération ı corruption ı malhonnêteté
🕮 **honnêteté**

intellect *n.m.* · entendement · esprit · intelligence

intellectualisation *n.f.* · rationalisation

intellectuel, -elle

- *adj.* **1** - mental · idéologique · moral · psychique · spirituel · **2** - cérébral · abstrait · intello *fam.*

- *n.* **cérébral** · cerveau · tête · intello *fam.* · tête d'œuf *péj.*

+ **les intellectuels** l'intelligentsia

CONTR. corporel ı matériel ı physique – affectif ı émotionnel – manuel

intelligemment *adv.*
· ingénieusement · astucieusement · finement · habilement · subtilement

intelligence *n.f.*
1 - esprit · entendement · intellect · matière grise · pensée · raison · **2** - clairvoyance · discernement · finesse · jugement · lucidité · pénétration · perspicacité · réflexion · sagacité · sens · subtilité · jugeote *fam.* · **3** - compréhension · intellection · perception · **4** - complicité · collusion · connivence · entente · **5** - grand esprit · cerveau · esprit éclairé · lumière · tête

+ **en bonne intelligence** en accord · en harmonie

CONTR. aveuglement ı bêtise ı inintelligence ı stupidité – incompréhension – mésintelligence ı dissension – idiot – en mauvaise intelligence

intelligent, e *adj.*
1 - pensant · raisonnable · **2** - brillant · capable · doué · éveillé · fin · fort · vif · futé *fam.* · fin comme l'ambre *vieilli* · **3** - perspicace · clairvoyant · pénétrant · sagace · subtil · **4** - habile · adroit · astucieux · ingénieux · malin

+ **il est très intelligent** il a oublié d'être bête *fam.*

CONTR. abruti ı bête ı borné ı imbécile ı inepte ı inintelligent ı sot ı stupide

intelligible *adj.*
· accessible · clair · compréhensible · facile · limpide · lumineux · net · simple

CONTR. incompréhensible ı inintelligible ı nébuleux ı obscur

intempérance *n.f.*
1 - débauche · incontinence · luxure · **2** - gloutonnerie · ivrognerie · **3** - abus · débordement · excès · outrance

CONTR. mesure ı tempérance

intempérant, e *adj.*
1 - incontinent · gourmand · ivrogne · luxurieux · **2** - [vieux] immodéré · effréné · exagéré · excessif · outré

CONTR. tempérant

intempéries *n.f.pl.*
· mauvais temps · rigueurs du climat

intempestif, -ive *adj.*
· déplacé · importun · incongru · inconvenant · indiscret · inopportun · malvenu · malséant *littér.*

CONTR. convenable ı opportun

intemporel, -elle *adj.*
1 - éternel · atemporel · immuable · **2** - immatériel · désincarné · incorporel

intenable *adj.*
1 - intolérable · épouvantable · infernal · insupportable · invivable · **2** - turbulent · impossible · infernal · insupportable · indocile *littér.* · terrible *fam.* · **3** - indéfendable · injustifiable

CONTR. supportable – gentil ı tenable – défendable

intendance *n.f.*
1 - administration · gestion · **2** - économat

intendant, e *n.*
1 - administrateur · régisseur · **2** - économe · gestionnaire

intense *adj.*
1 - vif · extrême · fort · profond · violent · [mal de tête] carabiné *fam.* · **2** - dense · **3** - soutenu · cru · vif · **3** - passionné · ardent · tumultueux

CONTR. faible ı léger – atténué ı pâle

intensif, -ive *adj.*
· soutenu · accentué · prononcé

intensification *n.f.* • accroissement • amplification • augmentation • exacerbation • extension • renforcement • [en mal] aggravation
CONTR. baisse ı diminution

intensifier *v.tr.* augmenter • accroître • amplifier • développer • exacerber • renforcer • [en mal] aggraver

≫ **s'intensifier** *v.pron.* s'accentuer • s'accroître • s'amplifier • augmenter • croître • se développer • grandir • monter • redoubler • se renforcer • [en mal] s'aggraver

intensité *n.f.* **1 –** force • acuité • amplitude • puissance • véhémence • violence • **2 –** [d'un son] volume • **3 –** [de la lumière] brillance • vivacité • **4 –** ampérage

intenter *v.tr.*
✦ **intenter une action contre** attaquer • actionner • attraire en justice • ester en justice

intention *n.f.* **1 –** but • dessein • fin • objectif • objet • plan • projet • visée • **2 –** détermination • décision • désir • résolution • volonté • vouloir • [vague] velléité • **3 –** préméditation • **4 –** mobile • cause • motif • **5 –** disposition
✦ **dans l'intention de** en vue de • pour • dans l'idée de • aux fins de *littér.*
✦ **à l'intention de** **1 –** à l'adresse de • à l'endroit de • **2 –** en l'honneur de • **3 –** au profit de
✦ **avoir l'intention de** compter • entendre • projeter • se proposer de • vouloir
↝ projet

intentionnel, -elle *adj.* • délibéré • conscient • prémédité • préparé • volontaire • voulu
CONTR. automatique ı involontaire

intentionnellement *adv.* • exprès • délibérément • de propos délibéré • à dessein • sciemment • volontairement

interaction *n.f.* • interdépendance • interférence • solidarité

intercaler *v.tr.* **1 –** insérer • enchâsser • glisser • incorporer • interpoler • introduire • joindre • mettre entre • placer entre
≫ **s'intercaler** *v.pron.* **1 –** s'insérer • se glisser • **2 –** s'interposer

intercéder *v. intr.*
✦ **intercéder pour** intervenir pour • s'entremettre pour • parler pour • défendre

intercepter *v.tr.* **1 –** s'emparer de • attraper au vol • saisir • **2 –** surprendre • capter • saisir • **3 –** arrêter • interrompre • boucher • cacher • éclipser • masquer • occulter • voiler

interception *n.f.* • arrêt • blocage • interruption

intercesseur *n.m.* • avocat • défenseur

intercession *n.f.* • entremise • bons offices • intervention • médiation
CONTR. barrière ı frein ı inhibition

interchangeable *adj.* **1 –** commutable • permutable • substituable • **2 –** jetable • remplaçable
CONTR. irremplaçable

interclasse *n.m.* • pause • récréation

interdépendance *n.f.* • corrélation • dépendance • interaction • solidarité

interdiction *n.f.* **1 –** défense • prohibition • **2 –** tabou • interdit
✦ **interdiction de séjour** bannissement
CONTR. autorisation ı commandement ı conseil ı consentement ı ordre ı permission

interdire *v.tr.*
I 1 – défendre • prohiber • proscrire • mettre hors la loi • **2 – empêcher** • exclure • ne pas

autoriser · s'opposer à · faire obstacle à · **3 - censurer** · condamner · frapper d'interdit · **4 -** [sa porte] **fermer** · **5 - suspendre** · frapper d'interdiction
II interloquer · confondre · étonner · laisser pantois · laisser sans voix
›› **s'interdire de** v.pron. **1 - s'abstenir de** · s'empêcher de · se garder de · se retenir de · **2 - se refuser à** · se défendre de
CONTR. approuver ı autoriser ı commander ı permettre – se permettre de ı se donner le droit de

interdisciplinaire adj. · transdisciplinaire

¹**interdit, e** adj.
I 1 - défendu · illégal · illicite · prohibé · **2 - tabou** · proscrit
II ahuri · confondu · déconcerté · décontenancé · désemparé · ébahi · médusé · muet · pantois · penaud · pétrifié · saisi · sans voix · stupéfait · stupide · ébaubi littér. · sidéré fam.
↝ **défendu**

²**interdit** n.m. **1 - condamnation** · censure · **2 - tabou** · **3 - mise à l'index** · boycott · exclusive

intéressant, e adj. **1 - captivant** · palpitant · passionnant · prenant · **2 - pertinent** · important · valable · **3 - curieux** · piquant · remarquable · **4 - profitable** · avantageux · fructueux · lucratif · payant · rémunérateur · rentable · juteux fam. · **5 - attrayant** · alléchant · attirant · attractif • [prix] modique · raisonnable
✦ **faire l'intéressant** faire le malin fam. · faire le mariolle fam.
CONTR. ennuyeux ı fastidieux ı inintéressant ı insignifiant – banal ı négligeable – désavantageux – sans intérêt

intéressé, e adj. **1 - calculateur** · **2 - cupide** · vénal · **3 - attiré** · captivé · passionné · séduit
CONTR. désintéressé ı généreux ı gratuit

intéressement n.m. · participation

intéresser v.tr. **1 - plaire à** · captiver · passionner · accrocher fam. · brancher fam. · **2 - concerner** · s'appliquer à · se rapporter à · regarder · relever de · avoir rapport à, avec · toucher · avoir trait à · **3 - importer à** · préoccuper · toucher
›› **s'intéresser à** v.pron. **1 - aimer** · cultiver · étudier · pratiquer · s'adonner à · **2 - s'occuper de** · se pencher sur · suivre · **3 - se soucier de** · se préoccuper de
CONTR. ennuyer – se désintéresser ıse moquer

intérêt n.m.
I 1 - avantage · bien · importance · profit · utilité · **2 - qualité** · piment · sel
II curiosité · attirance · désir (d'apprendre) · goût · inclination · penchant
III bienveillance · attention · compréhension · gentillesse · sollicitude · sympathie
IV 1 - prix de l'argent · agio · escompte · loyer • [excessif] usure · **2 - revenu** · dividende · gain · rapport · rente
✦ **centre d'intérêt** passe-temps · hobby · violon d'Ingres · dada fam.
✦ **c'est sans intérêt, ça ne présente aucun intérêt** ça ne casse pas des briques fam. · ça ne casse pas trois pattes à un canard fam.
✦ **servir les intérêts de** servir la cause de · faire le jeu de
CONTR. dommage ı préjudice – dégoût – désintéressement ı indifférence ı insignifiance – fonds

interférence n.f. interaction · intervention
›› **interférences** plur. parasites

interférer v.intr. · interagir · intervenir · jouer un rôle

¹**intérieur, e** adj. **1 - interne** · **2 - civil** · intestin littér. · **3 - domestique** · **4 - intime** · privé · secret · **5 - psychique** · spirituel

²**intérieur** n.m. **1 - dedans** · **2 - contenu** · centre · entrailles · **3 - foyer** · chez-soi · home anglic. · logis · maison · nid · **4 - arrière-pays** · hinterland

♦ **à l'intérieur** dedans
♦ **à l'intérieur de** dans • au cœur de • au sein de • dans l'enceinte de • parmi
♦ **à l'intérieur de la ville** intra-muros

intérieurement *adv.* **1 - au-dedans • 2 - mentalement** • intimement • dans son for intérieur • secrètement • tout bas • in petto • à part soi

CONTR. extérieurement – ouvertement

intérim *n.m.* **1 - remplacement** • suppléance • interrègne *plaisant* • **2 - travail temporaire**
♦ **par intérim** en remplacement • provisoirement

intérimaire
■ *adj.* temporaire • momentané • passager • provisoire • transitoire • précaire
■ *n.* remplaçant • suppléant • vacataire

interjection *n.f.* • exclamation

interligne *n.m.* • blanc

interlocuteur, -trice *n.* • allocutaire • locuteur

interlope *adj.* **1 - douteux** • équivoque • louche • mal famé • suspect • [hôtel] borgne • **2 - frauduleux** • de contrebande • illégal • illicite

interloqué, e *adj.* ahuri • confondu • déconcerté • décontenancé • démonté • désarçonné • désemparé • déstabilisé • ébahi • épaté • étonné • étourdi • interdit • médusé • muet • pantois • paralysé • penaud • pétrifié • saisi • sans voix • stupéfait • stupide • ébaubi *littér.* • sidéré *fam.*
♦ **rester interloqué** demeurer court, interdit

interloquer *v.tr.* • ébahir • déconcerter • décontenancer • démonter • désarçonner • déstabiliser • interdire • confondre *littér.*

interlude *n.m.* • intermède • entracte • interruption

intermède *n.m.* **1 - arrêt** • entracte • interruption • intervalle • **2 - interlude** • divertissement • intermezzo

¹**intermédiaire** *adj.* **1 - moyen** • médian • entre les deux *fam.* • **2 - transitoire**

²**intermédiaire**
■ *n.* **1 - négociateur** • arbitre • médiateur • **2 - agent** • entremetteur • interprète • boîte aux lettres *fam.* • homme de paille *péj.* • prête-nom *péj.* • **3 - commerçant** • **4 - agent** • commissionnaire • courtier • exportateur • grossiste • mandataire • représentant • transitaire • voyageur de commerce
■ *n.m.* **1 - entre-deux** • milieu • moyen terme • moyenne • **2 - entremise** • médiation • truchement • **3 - transition** • lien • pont
♦ **par l'intermédiaire de** par le canal de • par l'entremise de • par le truchement de • par la voie de • via

🙢 intermédiaire, médiateur

Les trois mots comportent l'idée de mise en relation de personnes ou de choses. **Intermédiaire**, de valeur générale, s'emploie pour ce qui met en rapport deux choses *(la monnaie, intermédiaire dans les échanges commerciaux)* ou des personnes pour qu'elles communiquent entre elles *(servir d'intermédiaire dans une négociation)*. En particulier, un **intermédiaire** est celui qui intervient entre le producteur et le consommateur et qui prélève une marge dans le processus de distribution *(réaliser une vente sans intermédiaire)*. Le **médiateur** a un rôle plus restreint ; il s'entremet entre des personnes qui ont des différends pour qu'elles parviennent à un accord *(faire intervenir un médiateur dans un litige)*.

interminable *adj.* **1 - incessant** • continuel • éternel • fastidieux • infini • long • sans

fin · sempiternel · long comme un jour sans pain · **2 - démesuré** · énorme · gigantesque · immense
CONTR. bref ı court

interminablement *adv.* · éternellement · indéfiniment · sans fin
CONTR. brièvement ı rapidement

intermittence *n.f.* **1 -** discontinuité · irrégularité · **2 -** [d'une douleur] **intermission** · rémission · **3 -** [du rythme cardiaque] **arythmie**
✦ **par intermittence** par intervalles · irrégulièrement · par accès · par à-coups · par moments
CONTR. continuité ı régularité – régulièrement

intermittent, e *adj.* **1 -** discontinu · irrégulier · **2 - épisodique** · sporadique · **3 -** [lumière] **clignotant** · à éclipse · **4 -** [Méd.] **erratique** · rémittent
CONTR. continu ı permanent ı régulier

internat *n.m.* · pension · pensionnat
CONTR. externat

international, e *adj.* **1 -** mondial · global · planétaire · **2 - cosmopolite**

¹**interne** *adj.* **1 -** intérieur · [querelle] intestine *littér.* · **2 - intrinsèque** · endogène · profond

²**interne** *n.* · pensionnaire

interné, e *adj.* · enfermé · détenu · prisonnier

internement *n.m.* · enfermement · captivité · emprisonnement · détention · incarcération · collocation *Belgique*
↝ **captivité**

interner *v.tr.* · enfermer · emprisonner · boucler *fam.*

Internet *n.m.* · le réseau des réseaux · la Toile · le Net · le Web

interpellation *n.f.* **1 - apostrophe** · **2 - arrestation** · capture · **3 - injonction** · mise en demeure · sommation

interpeller *v.tr.* **1 - apostropher** · appeler · héler · **2 - arrêter** · appréhender · capturer · agrafer *fam.* · alpaguer *fam.* · cueillir *fam.* · épingler *fam.* · pincer *fam.* · ramasser *fam.* · **3 - intéresser** · susciter un écho, un intérêt chez

interpénétration *n.f.* · enchevêtrement · imbrication

interpénétrer (s') *v.pron.* · s'enchevêtrer · s'imbriquer

interplanétaire *adj.* · intersidéral · interstellaire

interpoler *v.tr.* · intercaler · insérer · introduire
CONTR. extrapoler

interposer *v.tr.* · intercaler · mettre · placer · poser
≫ **s'interposer** *v.pron.* **s'entremettre** · intervenir
✦ **s'interposer entre** se dresser entre · séparer

interposition *n.f.* · entremise · intervention · médiation · truchement

interprétable *adj.* **1 - compréhensible** · clair · accessible · **2 - jouable**
CONTR. incompréhensible ı obscur – injouable

interprétation *n.f.* **1 - explication** · commentaire · exégèse · glose · métaphrase · paraphrase · herméneutique · **2 - lecture** · version · **3 - exécution** · jeu
✦ **mauvaise interprétation** **1 -** **contresens** · faux sens · **2 - malentendu** · mésinterprétation *littér.*

interprète *n.* 1 - traducteur • 2 - intermédiaire • porte-parole • 3 - commentateur • exégète • 4 - artiste • acteur • comédien • chanteur • musicien

☞ **interprète, traducteur**
Le rôle de l'interprète et du traducteur consiste à permettre à deux personnes qui s'expriment dans des langues différentes de se comprendre par son intermédiaire. L'**interprète** traduit oralement et immédiatement les paroles de quelqu'un *(être interprète dans un colloque international)*. Interprète s'est employé pour désigner la personne qui transpose des textes d'une langue dans une autre, mais seul **traducteur** est en usage aujourd'hui avec cette acception *(un traducteur de l'allemand, la traductrice d'un écrivain)*.

interpréter *v.tr.* 1 - commenter • éclaircir • expliquer • gloser • 2 - comprendre • déchiffrer • décoder • décrypter • deviner • expliquer • lire • pénétrer • saisir • 3 - jouer • exécuter • incarner • représenter
♦ **mal interpréter** déformer • travestir (la pensée de)
☞ expliquer

interrègne *n.m.* • intérim

interrogateur, -trice *adj.* • interrogatif • inquisiteur *péj.*

interrogatif, -ive *adj.* • interrogateur • inquisiteur *péj.*
CONTR. affirmatif ı négatif

interrogation *n.f.* 1 - demande • question • 2 - épreuve • contrôle • devoir • examen • colle *fam.* • interro *fam.* • 3 - interrogatoire
CONTR. affirmation ı assertion ı négation

interroger *v.tr.* 1 - questionner • poser une, des question(s) à • presser de questions • cuisiner *fam.* • mettre sur le gril *fam.* • mettre sur la sellette *fam.* • 2 - demander à • s'enquérir auprès de • se renseigner auprès de • 3 - sonder • consulter • interviewer • tâter (le pouls de) • 4 - interpeller • 5 - scruter • examiner • fouiller

» **s'interroger** *v.pron.* 1 - hésiter • se tâter • 2 - descendre en soi-même
CONTR. répondre

interrompre *v.tr.* 1 - arrêter • briser • cesser • couper (court à) • discontinuer • finir • rompre • 2 - abandonner • suspendre • 3 - couper la parole à • 4 - rompre • trancher • 5 - déranger • entrecouper • hacher • perturber • traverser • troubler

» **s'interrompre** *v.pron.* cesser • (s')arrêter • finir
CONTR. recommencer ı reprendre

interrupteur *n.m.* • commutateur • bouton (électrique) • disjoncteur

interruption *n.f.* 1 - arrêt • cessation • coupure • discontinuation • discontinuité • halte • suspension • 2 - relâche • vacances • 3 - pause • battement • entracte • intermède • répit • break *fam.* • 4 - intervalle • hiatus • rupture • saut • solution de continuité • vacance • vide • 5 - coupure • dérangement • panne • rupture • 6 - [Méd.] rémission • répit
♦ **interruption de grossesse** avortement
♦ **sans interruption** 1 - consécutivement • consécutif • (en) continu • d'affilée • de suite • d'une seule traite • non-stop • 2 - en permanence • toujours • non-stop • 24 heure sur 24 • jour et nuit • 3 - sans arrêt • d'arrache-pied • sans débrider • sans relâche
CONTR. reprise ı rétablissement – continuation

intersaison *n.f.* morte-saison • basse saison

intersection *n.f.* 1 - croisement • carrefour • croisée • 2 - arête • concours

intersidéral, e *adj.* • interplanétaire • interstellaire

interstellaire *adj.* • intersidéral • interplanétaire

interstice *n.m.* 1 - fente • 2 - intervalle • écart • espace • hiatus

intervalle *n.m.* 1 - distance • écart • éloignement • espace • 2 - fente • interstice • 3 - battement • entracte • intermède • interruption • pause • répit • rémission • silence • suspension • temps (d'arrêt) • break *fam.* • 4 - intérim • interrègne • 5 - différence • écart • [grand] abîme • fossé
+ **dans l'intervalle** entre-temps • pendant ce temps
+ **par intervalles** 1 - de loin en loin • de place en place • 2 - par intermittence • par accès • par moment • de temps en temps • de temps à autre

intervenir *v. intr.* 1 - agir • entrer en action • entrer en jeu • entrer en scène • opérer • 2 - s'entremettre • s'interposer • faire un geste • [au négatif] lever • remuer le petit doigt *fam.* • 3 - la ramener *fam.* • mettre, mêler son grain de sel *fam.* • ramener sa fraise *fam.*
+ **intervenir en faveur de** intercéder pour • parler pour • prendre position pour
+ **intervenir dans** 1 - prendre part à • mettre son grain de sel dans *fam.* • s'immiscer dans *péj.* • 2 - s'ingérer dans • s'immiscer dans • se mêler de • mettre, fourrer son nez dans *fam.*

CONTR. s'abstenir

intervention *n.f.* 1 - action • 2 - aide • appui • bons offices • concours • entremise • intercession • interposition • médiation • ministère • recommandation • service • piston *fam.* • 3 - ingérence • immixtion • incursion • intrusion • 4 - opération (chirurgicale)

CONTR. abstention ı neutralité ı non-intervention

interventionnisme *n.m.* • dirigisme • étatisme • économie dirigée

interversion *n.f.* 1 - inversion • permutation • transposition • intervertissement *rare* • 2 - [Ling.] métathèse • anastrophe

intervertir *v.tr.* • inverser • permuter • renverser • retourner • transposer

interview *n.f.* • entretien • conversation

interviewer *v.tr.* • interroger • questionner

intestin, e *adj.* 1 - intérieur • interne • 2 - civil

intestins *n.m.pl.* 1 - viscères • entrailles *didact. ou littér.* • boyaux *fam. pour l'homme* • tripes *fam. pour l'homme* • tripaille *fam.* • 2 - ventre

🙠 **intestins, viscères, entrailles**

Intestins, viscères et entrailles sont relatifs aux organes contenus dans une cavité du corps. Viscères est le terme le plus général. Il désigne les organes contenus dans le crâne, la cage thoracique et l'abdomen *(viscères cérébraux, du bas-ventre)*, en particulier ceux des animaux de boucherie *(le foie, les reins du veau sont des viscères comestibles)*. D'usage didactique ou littéraire, entrailles s'emploie pour l'ensemble des organes contenus dans l'abdomen de l'homme et des animaux *(vider les entrailles d'une volaille)*. Intestins ne concerne que la partie du tube digestif qui fait suite à l'estomac *(les parois de l'intestin, avoir les intestins fragiles)*. Le mot s'emploie aussi au singulier *(le gros intestin, l'intestin grêle)*, comme viscère ; entrailles, en revanche, est toujours au pluriel.

intimation *n.f.* • injonction • assignation • mise en demeure • signification • sommation

intime

■ *adj.* **1 - profond** · intérieur · **2 - essentiel** · **3 - personnel** · domestique · particulier · privé · secret · **4 - étroit** · familier · **5 -** [rapport] sexuel · charnel · physique

■ *n.* ami · confident · familier · proche

✦ **ils sont très intimes** ils sont comme les doigts de la main *fam.* · ils sont comme cul et chemise *fam.*

CONTR. superficiel – public

➥ **secret**

intimement *adv.* **1 - profondément** · foncièrement · dans son for intérieur · **2 - étroitement**

intimer *v.tr.* · commander · enjoindre · notifier · signifier

intimidation *n.f.* · menace · pression · chantage

intimider *v.tr.* **1 - impressionner** · en imposer à · **2 - effaroucher** · embarrasser · gêner · mettre mal à l'aise · troubler · **3 - glacer** · effrayer · frigorifier · inhiber · paralyser · terroriser · **4 - menacer** · faire pression sur

CONTR. rassurer – encourager ı mettre à l'aise – décontracter ı désinhiber

intimité *n.f.* **1 - vie personnelle** · vie privée · **2 - familiarité**

✦ **dans l'intimité** entre amis

CONTR. extériorité – en public

intitulé *n.m.* · titre · nom

intituler *v.tr.* · appeler · dénommer · nommer · baptiser *plaisant*

intolérable *adj.* **1 - aigu** · atroce · épouvantable · horrible · insoutenable · insupportable · intenable · **2 - accablant** · abominable · désagréable ·

importun · **3 - inadmissible** · inacceptable · insupportable · odieux · révoltant · scandaleux

CONTR. supportable ı tolérable

intolérance *n.f.* **1 - étroitesse d'esprit** · intransigeance · rigidité · **2 - fanatisme** · sectarisme · **3 - allergie**

CONTR. compréhension ı indulgence – tolérance – accoutumance

intolérant, e *adj.* **1 - étroit** · intransigeant · intraitable · **2 - fanatique** · sectaire

CONTR. compréhensif ı large d'esprit – tolérant

➥ **fanatique**

intonation *n.f.* · accent · inflexion · mélodie · modulation · prosodie

intouchable *adj.* **1 - sacré** · intangible · inviolable · tabou · sacro-saint *fam.* · **2 - inapprochable** · **3 - invulnérable** · inamovible · indéboulonnable *fam.*

intoxication *n.f.* **1 - empoisonnement** · **2 - endoctrinement** · désinformation · bourrage de crâne *fam.* · intox *fam.* · matraquage *fam.*

CONTR. désintoxication

intoxiquer *v.tr.* empoisonner

➣ **s'intoxiquer** *v.pron.* **1 - s'empoisonner** · **2 - se droguer**

CONTR. désintoxiquer

intraitable *adj.* **1 - exigeant** · intransigeant · **2 - impitoyable** · implacable · inébranlable · inexorable · inflexible · irréconciliable · irréductible • [ennemi] juré · **3 - acariâtre** · désagréable · entêté · impossible · insupportable · revêche · **4 - désobéissant** · difficile · dur · entier · farouche · fier · indomptable

CONTR. accommodant ı arrangeant ı conciliant ı traitable

intransigeance *n.f.* · inflexibilité · rigidité · intolérance · raideur · sévérité

CONTR. débonnaireté ı souplesse ı tolérance

intransigeant, e adj. 1 - intraitable · absolu · farouche · inflexible · irréductible · 2 - raide · rigide · rigoriste · rigoureux · sévère · strict · 3 - intolérant · sectaire · 4 - autoritaire · draconien · dur
CONTR. accommodant ı souple

intransmissible adj. 1 - incommunicable · 2 - [Droit] incessible · inaliénable

intrépide adj. 1 - audacieux · brave · courageux · fier · hardi · héroïque · impavide · vaillant · valeureux · 2 - inébranlable · ferme · 3 - déterminé · imperturbable · enragé fam. · sacré fam.
CONTR. lâche ı peureux – hésitant ı irrésolu

intrépidité n.f. · audace · bravoure · courage · hardiesse · héroïsme · vaillance
CONTR. lâcheté
↝ courage

intrication n.f. 1 - enchevêtrement · imbrication · interpénétration · fouillis péj. · 2 - complexité

intrigant, e n. 1 - arriviste · comploteur · combinard fam. · magouilleur fam. · 2 - courtisan

intrigue n.f. 1 - complot · agissements · cabale · conspiration · imbroglio · machination · manège · manœuvres · menées · combine fam. · cuisine fam. · embrouille fam. · fricotage fam. · grenouillage fam. · magouille fam. · manigance fam. · micmac fam. · trafic fam. · tripotage fam. · 2 - scénario · action · argument · histoire · nœud · 3 - [vieilli] affaire (d'amour, de cœur) · aventure · flirt · idylle
↝ complot

intriguer
■ v.tr. étonner · appeler, attirer l'attention de · paraître, sembler bizarre à · interpeller · mettre la puce à l'oreille à · surprendre
■ v.intr. manœuvrer · comploter · magouiller fam.

intrinsèque adj. 1 - inhérent · constitutif · essentiel · immanent · propre · 2 - interne · intérieur
CONTR. accidentel ı extrinsèque

intrinsèquement adv. · essentiellement · en soi · par essence · par nature

introducteur, -trice n. · initiateur · promoteur

introductif, -ive adj. · préalable · liminaire

introduction n.f.
I 1 - commencement · 2 - entrée en matière · avant-propos · avertissement · avis (au lecteur) · (discours) préliminaire · exorde · exposition · préambule · préface · prodrome · prolégomènes · prologue · prélude
II 1 - admission · entrée · infiltration péj. · 2 - importation · acclimatation · adoption · 3 - présentation · recommandation · 4 - pénétration · intromission
III initiation · apprentissage · préparation
CONTR. conclusion – éviction ı renvoi – exportation

introduire v.tr. 1 - insérer · caser · couler · enfoncer · enfourner · engager · entrer · glisser · inclure · incorporer · injecter · insinuer · intégrer · intercaler · (faire) passer · planter · plonger · rentrer · ficher fam. · fourrer fam. · 2 - conduire · faire entrer · faire passer · 3 - importer · acclimater · adopter · implanter · impatroniser rare · 4 - infuser · injecter · inoculer · inspirer · insuffler · instiller littér. · 5 - présenter · faire connaître · lancer · ouvrir les portes à · parrainer · patronner · pousser
◆ être introduit avoir ses entrées
⇒ **s'introduire** v.pron. 1 - entrer · se couler · se faufiler · se glisser · (s') infiltrer · s'insinuer · pénétrer · se fourrer fam. · 2 - s'ingérer · s'immiscer · se mêler
CONTR. chasser ı éloigner ı exclure ı renvoyer – arracher ı enlever

intronisation n.f. 1 - établissement · installation · 2 - couronnement · sacre

introniser v.tr. 1 - établir · installer · 2 - couronner · investir · sacrer · asseoir sur le trône

introspection n.f. · retour sur soi · attention intérieure · examen de conscience · réflexion

introuvable adj. 1 - insaisissable · 2 - exceptionnel · précieux · rare · rarissime

introverti, e adj. · inhibé · renfermé · replié sur soi
CONTR. extraverti

intrus, e adj. et n. · importun · gêneur · indésirable · indiscret

intrusion n.f. · ingérence · immixtion · intervention

intuitif, -ive adj. · direct · viscéral · tripal fam.

intuition n.f. 1 - pressentiment · prémonition · prescience · 2 - sagacité · flair · instinct · sixième sens · feeling fam. · nez fam.
✦ avoir de l'intuition avoir des antennes fam. · avoir le nez fin, creux fam.
CONTR. déduction ı raisonnement

intumescence n.f. · gonflement · boursouflure · enflure · tuméfaction

inusable adj. · solide · inaltérable · indestructible · à toute épreuve

inusité, e adj. 1 - inutilisé · inemployé · rare · inusuel littér. · 2 - inhabituel · anormal · bizarre · étrange · exceptionnel · extraordinaire · inaccoutumé · insolite · nouveau · rare · singulier · surprenant
CONTR. courant ı usité

inutile adj. 1 - superflu · accessoire · superfétatoire littér. · 2 - inefficace · infructueux · stérile · vain · 3 - creux · oiseux · vide
✦ c'est inutile de ce n'est pas la peine de · ça ne sert à rien de
CONTR. utile - indispensable ı nécessaire

inutilement adv. · en vain · en pure perte · sans nécessité · stérilement · vainement · pour rien · pour des prunes fam.
CONTR. utilement

inutilisable adj. · inemployable · inexploitable
CONTR. utilisable

inutilisé, e adj. 1 - inusité · inemployé · 2 - inexploité · inemployé

inutilité n.f. · inefficacité · futilité · inanité · stérilité · vanité
CONTR. utilité

invalidant, e adj. · handicapant

invalidation n.f. · annulation · abolition
CONTR. validation

invalide n. · handicapé · impotent · infirme

invalider v.tr. · annuler · abolir · détruire · réduire à néant
CONTR. confirmer ı valider

invalidité n.f. · infirmité · handicap · impotence · incapacité

invariable adj. 1 - constant · égal · éternel · fixe · immuable · permanent · 2 - certain · immobile · inaltérable · stable · stationnaire · 3 - [Grammaire] **indéclinable**
CONTR. changeant ı fluctuant ı variable

invariablement adv. · toujours · constamment · immanquablement · immuablement · rituellement · perpétuellement · à tous les coups fam.

invasion *n.f.* **1 -** envahissement · occupation · **2 - irruption** · incursion · ruée · **3 - déferlement** · débordement · inondation · pénétration · ingression *(Géog.)* · **4 - diffusion** · propagation

CONTR. évacuation – départ – fuite ı retrait ı retraite

invective *n.f.* · injure · affront · insulte · sortie

invectiver
■ *v.tr.* **injurier** · insulter · agonir *littér.* · incendier *fam.*
■ *v.intr.* **crier** · déclamer · fulminer · pester
↬ injurier

inventaire *n.m.* **1 - dénombrement** · énumération · recensement · **2 - catalogue** · état · liste · nomenclature · récapitulation · relevé · répertoire · revue · table · tableau
✦ **faire l'inventaire de** inventorier · recenser

inventé, e *adj.* · faux · fictif · imaginaire · créé, forgé de toutes pièces

inventer *v.tr.*
I **1 - découvrir** · concevoir · créer · imaginer · trouver · **2 - forger** · arranger · broder · fabriquer · imaginer · improviser · rêver · monter de toutes pièces · controuver *littér.* · **3 - chercher** · supposer
II [sans complément] **1 - innover** · **2 - mentir** · affabuler · fabuler

CONTR. copier ı imiter – dire la vérité

inventeur, -trice *n.* · auteur · créateur · découvreur · fondateur · mère · père · trouveur *rare*

CONTR. imitateur

inventif, -ive *adj.* **1 - créatif** · fécond · fertile · **2 - astucieux** · habile · imaginatif · ingénieux

invention *n.f.* **1 - création** · découverte · innovation · **2 - découverte** · idée · trouvaille · **3 - imagination** · créativité · inspiration · inventivité · **4 - astuce** · combinaison · expédient · ressource · **5 - mensonge** · affabulation · conte · fable · fantaisie · fiction · histoire · blague *fam.* · craque *fam.* · mytho *lang. jeunes*

CONTR. imitation – réalité ı vérité
↬ découverte

inventivité *n.f.* · imagination · créativité · invention

inventorier *v.tr.* **1 - dénombrer** · chiffrer · compter · évaluer · mesurer · **2 - répertorier** · cataloguer · ficher · lister · recenser

invérifiable *adj.* **1 - incontrôlable** · **2 - indémontrable** · improuvable

[1]**inverse** *adj.* **1 - contraire** · antithétique · opposé · **2 - renversé** · **3 - réciproque**
↬ contraire

[2]**inverse** *n.m.* **1 - contraire** · opposé · **2 - contrepartie** · **3 - antipode** · antithèse · contre-pied
✦ **à l'inverse** inversement · a contrario · à l'opposé · au contraire · en revanche · par contre *fam.*
✦ **à l'inverse de** à l'opposé de · au contraire de · à l'encontre de

inversement *adv.* **1 - réciproquement** · vice versa · **2 - à l'inverse** · au contraire · en revanche · par contre *fam.*

inverser *v.tr.* **1 - intervertir** · permuter · **2 - renverser** · retourner

inversion *n.f.* **1 - permutation** · interversion · **2 - renversement** · retournement

investigateur, -trice
- *adj.* **scrutateur** · enquêteur · inquisiteur
- *n.* **chercheur** · enquêteur

investigation *n.f.* · enquête · analyse · étude · examen · information · observation · recherche
↪ recherche

investir *v.tr.* **1 - engager** · placer · mettre au pot *vieilli* · **2 - conférer à** · doter · pourvoir · revêtir · **3 - assiéger** · bloquer · cerner · encercler · environner
⋙ **s'investir** *v.pron.* s'impliquer · donner de soi-même

investissement *n.m.* **1 - placement** · **2 - blocus** · encerclement · siège

invétéré, e *adj.* **1 - ancien** · ancré · chronique · enraciné · fortifié · vieux · **2 - endurci** · impénitent · incorrigible · incurable

invincible *adj.* **1 - imbattable** · irréductible · invulnérable · **2 - imprenable** · inexpugnable *littér.* · **3 - insurmontable** · indomptable · irrépressible · irrésistible · incoercible *littér.* · **4 - irréfutable** · inattaquable · incontestable · indiscutable · irrécusable · **5 - inaltérable** · impérissable · indestructible

inviolabilité *n.f.* · immunité

inviolable *adj.* **1 - sacré** · intangible · tabou · sacro-saint *fam.* · **2 - imprenable** · invulnérable · inexpugnable *littér.*

inviolé, e *adj.* · vierge
CONTR. violé

invisible *adj.* **1 - imperceptible** · indécelable · indiscernable · microscopique · minuscule · [encre] sympathique · [avion, navire] furtif · **2 - introuvable** · insaisissable · **3 - mystérieux** · occulte · secret
CONTR. perceptible | visible

invitant, e *adj.* · encourageant · engageant · tentant

invitation *n.f.* **1 - faire-part** · convocation · carton *fam.* · flyer *anglic.* · **2 - prière** · appel · appel du pied · demande · exhortation · invite · **3 - attrait** · appel · incitation · excitation

invité, e *n.* · hôte · convive · commensal *littér.*

inviter *v.tr.* **1 - convier** · convoquer · recevoir · **2 - conseiller** · encourager · engager · exciter · exhorter · presser · recommander à · stimuler · **3 - prier** · demander à · enjoindre à · ordonner à · sommer · **4 - inciter** · induire · porter · pousser

invivable *adj.* · insupportable · impossible · infernal · intenable · intolérable

invocation *n.f.* · prière · adjuration · appel

involontaire *adj.* **1 - automatique** · inconscient · machinal · mécanique · réflexe · **2 - spontané** · instinctif · incontrôlé · irraisonné · irréfléchi · **3 - forcé**
CONTR. volontaire | voulu − réfléchi

involontairement *adv.* · inconsciemment · sans intention · sans le vouloir
CONTR. exprès | délibérément | sciemment | volontairement

invoquer *v.tr.* **1 - appeler** · adjurer · conjurer · implorer · prier · **2 - en appeler à** · faire appel à · citer · avoir recours à · **3 - alléguer** · s'appuyer sur · arguer de · avancer · prétexter · se prévaloir de

invraisemblable *adj.* **1 - incroyable** · extraordinaire · extravagant · fort · impensable · impossible · inconcevable · inimaginable · inouï · renversant · rocambolesque · ébouriffant *fam.* · [histoire] à dormir

debout *fam.* · sans queue ni tête *fam.* · **2 -** douteux · improbable · **3 -** chimérique · fabuleux · fantastique

CONTR. vraisemblable

invraisemblance *n.f.* **1 -** improbabilité · **2 -** énormité · extravagance

CONTR. crédibilité ı vraisemblance

invulnérabilité *n.f.* · invincibilité

invulnérable *adj.* **1 -** imprenable · invincible · inviolable · inexpugnable *littér.* · **2 -** imbattable · indomptable · **3 -** intouchable · inamovible · indéboulonnable *fam.*

CONTR. fragile ı vulnérable

irascibilité *n.f.* · irritabilité · emportement

CONTR. calme ı douceur

irascible *adj.* · coléreux · emporté · irritable · ombrageux · atrabilaire *littér.* · soupe au lait *fam.*

CONTR. aimable ı calme ı doux ı paisible

irisation *n.f.* · reflet(s)

irisé, e *adj.* · moiré · nacré · arc-en-ciel · opalin · iridescent *littér.*

ironie *n.f.* **1 -** humour · moquerie · **2 -** dérision · goguenardise · persiflage · raillerie · sarcasme

CONTR. sérieux

ironique *adj.* · moqueur · blagueur · goguenard · narquois · persifleur · railleur · sarcastique

CONTR. sérieux

ironiser *v.intr.* · (se) railler · se moquer · rire · faire de l'humour · se gausser *littér.*

irradiation *n.f.* · rayonnement

irradier *v.intr.* **1 -** briller · se diffuser · rayonner · **2 -** se propager · se développer · se diffuser · se disperser · gagner · se répandre

irraisonné, e *adj.* · incontrôlé · instinctif · irréfléchi · irrépressible · viscéral · tripal *fam.*

irrationalité *n.f.* · absurdité · extravagance · folie · illogisme · incohérence

irrationnel, -elle *adj.* **1 -** absurde · anormal · antilogique · extravagant · déraisonnable · fou · illogique · incohérent · **2 -** gratuit · irréfléchi

↪ **absurde**

irréalisable *adj.* **1 -** inexécutable · impossible · impraticable · infaisable · **2 -** chimérique · inaccessible · utopique

irréaliste *adj.* · utopique · chimérique

CONTR. réaliste

irrecevable *adj.* · inacceptable · inadmissible

irrécupérable *adj.* **1 -** irréparable · irrattrapable · fichu *fam.* · foutu *fam.* · mort *fam.* · **2 -** incorrigible · impénitent · invétéré · perdu · indécrottable *fam.*

irrécusable *adj.* **1 -** certain · éclatant · indiscutable · **2 -** inattaquable · incontestable · irréfutable · irréfragable *(Droit)*

CONTR. contestable ı discutable – récusable

irréductible *adj.* **1 -** incompressible · **2 -** indomptable · invincible · réfractaire · **3 -** intraitable · inébranlable · inflexible · intransigeant · **4 -** irréconciliable · déclaré · juré

CONTR. compressible ı réductible – apprivoisable – souple ı accommodant

irréel, -elle *adj.* · chimérique · fabuleux · fantasmagorique · fantasmatique · fantastique · imaginaire

CONTR. authentique ı effectif ı réel

irréfléchi, e *adj.* 1 - écervelé · étourdi · impulsif · irrationnel · léger · **2 - spontané** · inconscient · instinctif · involontaire · irraisonné · machinal · mécanique · **3 - déraisonnable** · inconsidéré · irresponsable

CONTR. avisé ı raisonnable ı réfléchi

irréflexion *n.f.* · légèreté · étourderie · imprévoyance · inadvertance · inattention · inconscience · inconséquence · précipitation · inconsidération *vieux*

irréfutable *adj.* · inattaquable · évident · formel · incontestable · indiscutable · irrécusable · manifeste

CONTR. réfutable

irréfutablement *adv.* · incontestablement · indéniablement · indiscutablement

irrégularité *n.f.* 1 - inégalité · asymétrie · dissymétrie · **2 - exception** · particularité · **3 - anomalie** · défaut · perturbation · **4 - illégalité** · incorrection · illicéité *(Droit)* · **5 - erreur** · caprice · désordre · écart · faute · manquement

CONTR. égalité ı symétrie – régularité – légalité – assiduité ı constance

irrégulier, -ière *adj.* 1 - accidenté · bosselé · inégal · **2 - asymétrique** · dissymétrique · baroque · biscornu *fam.* · **3 - anormal** · accidentel · **4 - discontinu** · capricieux · convulsif · déréglé · erratique · intermittent · saccadé · sporadique · **5 - inégal** · **6 - incorrect** · arbitraire · déloyal · frauduleux · illicite · illégal · illégitime · malhonnête

CONTR. régulier – Égal – normal ı symétrique ı uniforme ı net ı pur ı correct ı assidu

irrégulièrement *adv.* 1 - par à-coups · sporadiquement · **2 - illégalement** · frauduleusement · par la bande *fam.* · en sous-main *fam.*

CONTR. régulièrement ı normalement ı assidûment ı symétriquement

irréligieux, -ieuse *adj.* · athée · agnostique · areligieux · incrédule · incroyant · libre penseur · sceptique · esprit fort · impie *péj.* · mécréant *vieilli ou plaisant*

CONTR. croyant ı pieux ı religieux

irréligion *n.f.* · athéisme · impiété · incrédulité · incroyance · indifférence · libre pensée

CONTR. foi ı piété ı religion

irrémédiable *adj.* 1 - irréparable · définitif · sans recours · irrémissible *littér.* · **2 - incurable** · insoignable

CONTR. amendable ı remédiable ı réparable – soignable

irrémédiablement *adv.* · définitivement · irréparablement · sans retour

irrémissible *adj.* 1 - impardonnable · inexcusable · **2 - irrémédiable** · irréversible

CONTR. pardonnable ı rémissible – remédiable ı réparable

irremplaçable *adj.* · unique · exceptionnel · d'exception · extraordinaire · hors du commun · incomparable · inégalable

CONTR. interchangeable ı remplaçable ı substituable

irréparable *adj.* 1 - irrécupérable · fichu *fam.* · foutu *fam.* · mort *fam.* · **2 - irrémédiable** · définitif · irrémissible *littér.*

CONTR. arrangeable ı réparable

irréparablement *adv.* · irrémédiablement · définitivement

irrépréhensible *adj.* 1 - irréprochable · **2 - innocent** · anodin · bénin · inoffensif

irrépressible *adj.* · impérieux · incontrôlable · invincible · irrésistible · incoercible *littér*

irréprochable *adj.* 1 - irrépréhensible · impeccable · parfait · sans défaut · sans reproche · sans tare · 2 - inattaquable · indiscutable

CONTR. condamnable ı défectueux ı reprochable - discutable

irrésistible *adj.* 1 - impérieux · incontrôlable · invincible · irrépressible · plus fort que soi · tyrannique · incoercible *littér.* · 2 - inéluctable · 3 - implacable · 4 - séduisant · adorable · délicieux · craquant *fam.*

CONTR. résistible ı contrôlable - évitable - repoussant

irrésistiblement *adv.* · impérieusement · implacablement · invinciblement · irrépressiblement

irrésolu, e *adj.* 1 - indécis · flottant · hésitant · incertain · indéterminé · perplexe · vacillant · 2 - indécidé · en suspens

CONTR. décidé ı déterminé ı résolu

➩ **indécis**

irrésolution *n.f.* · indécision · embarras · hésitation · incertitude · indétermination · perplexité

CONTR. décision ı détermination ı résolution

irrespect *n.m.* · impertinence · insolence · irrévérence *littér.*

irrespectueusement *adv.* · insolemment · irrévérencieusement *littér.*

irrespectueux, -euse *adj.* · impertinent · audacieux · impoli · insolent · irrévérencieux *littér.*

irrespirable *adj.* 1 - pollué · asphyxiant · délétère · méphitique · nocif · toxique · 2 - oppressant · étouffant · suffocant · 3 - insupportable · accablant · insoutenable · invivable · délétère *littér.*

CONTR. respirable

irresponsabilité *n.f.* 1 - immunité · 2 - inconscience

CONTR. responsabilité

irresponsable *adj.* 1 - inconscient · insensé · 2 - inconsidéré · irréfléchi

CONTR. responsable - avisé ı réfléchi

irrévérence *n.f.* 1 - insolence · désinvolture · impertinence · impolitesse · irrespect · 2 - [vieilli] injure

CONTR. correction ı respect

irrévérencieux, -ieuse *adj.* · insolent · impertinent · impoli · irrespectueux

CONTR. respectueux ı révérencieux

irréversible *adj.* · irrévocable · définitif · sans appel · sans retour

CONTR. réversible

irrévocable *adj.* · définitif · arrêté · fixe · inébranlable · sans appel

irrévocablement *adv.* · définitivement · à jamais · sans appel · sans retour

irrigation *n.f.* · arrosage

CONTR. assèchement ı drainage

irriguer *v.tr.* · arroser · baigner

CONTR. assécher ı drainer

irritabilité *n.f.* 1 - irascibilité · emportement · 2 - excitabilité · contractilité

irritable *adj.* 1 - coléreux · chatouilleux · emporté · irascible · nerveux · ombrageux · susceptible · atrabilaire *littér.* · soupe au lait *fam.* · 2 - excitable · sensible

CONTR. calme ı flegmatique

irritant, e *adj.* 1 - agaçant · crispant · désagréable · énervant · enrageant · exaspérant · excitant · horripilant · **2** - âcre · agressif · suffocant

CONTR. apaisant ı attendrissant ı calmant - adoucissant ı émollient

irritation *n.f.* **1** - agacement · colère · énervement · exaspération · impatience · nervosité · **2** - **rougeur** · brûlure · démangeaison · feu · inflammation · prurit

CONTR. apaisement ı calme

irrité, e *adj.* énervé · à cran · enragé · exaspéré · hors de soi · nerveux · courroucé *littér.*

✦ **être irrité contre** en vouloir à · en avoir après *fam.* · avoir une dent contre *fam.*

CONTR. calme ı patient

irriter *v.tr.* **1** - mettre en colère · agacer · aigrir · blesser · contrarier · crisper · énerver · exacerber · exaspérer · excéder · fâcher · faire sortir de ses gonds · hérisser · horripiler · impatienter · indigner · indisposer · insupporter *fam.* · mettre en boule *fam.* · porter sur les nerfs de *fam.* · taper sur les nerfs de *fam.* · courroucer *littér.* · **2** - [vieilli] **animer** · attiser · augmenter · aviver · déchaîner · exacerber · exalter · exciter · fouetter · surexciter · **3** - **enflammer** · brûler · démanger · donner des rougeurs à · piquer

≫ **s'irriter** *v.pron.* se mettre en colère · bouillir · s'emporter · s'enflammer · se fâcher · se hérisser · se mettre en boule *fam.* · monter sur ses grands chevaux *fam.* · voir rouge *fam.* · avoir, prendre de l'humeur *vieilli*

CONTR. apaiser ı attendrir ı calmer ı adoucir ı diminuer

irruption *n.f.* **1** - intrusion · incursion · **2** - attaque · invasion · raid · razzia · **3** - apparition

✦ **faire irruption** surgir · débouler *fam.*

isolable *adj.* · dissociable · séparable

isolant, e *adj.* · non-conducteur · diélectrique

isolation *n.f.* · isolement • [phonique] insonorisation

isolé, e *adj.*
I 1 - séparé · détaché · **2** - écarté · perdu · reculé · retiré · paumé *fam.*
II 1 - délaissé · abandonné · esseulé · **2** - seul · solitaire · ermite
III unique · exceptionnel · individuel · particulier · rare

CONTR. joint - fréquenté - commun

isolement *n.m.* **1** - solitude · **2** - abandon · délaissement · déréliction *littér.* · **3** - claustration · exil · séquestration • [Méd.] quarantaine · **4** - isolation

CONTR. association ı groupement - contact

isolément *adv.* · séparément · indépendamment · individuellement

CONTR. collectivement ı ensemble

isoler *v.tr.* **1** - détacher · disjoindre · dissocier · écarter · extraire · séparer · **2** - éloigner · cloîtrer · confiner · écarter · reclure *littér.* • [Méd.] mettre en quarantaine · **3** - abstraire · considérer à part · dégager · discerner · distinguer · individualiser · séparer · **4** - calfeutrer · insonoriser

≫ **s'isoler** *v.pron.* se retirer · se barricader · se claustrer · se confiner · s'enfermer · s'ensevelir · s'enterrer · se réfugier · se terrer · faire le vide autour de soi

CONTR. associer ı combiner ı grouper ı joindre ı rassembler ı unir

issu, e *adj.* **1** - natif · originaire · **2** - né · **3** - produit · dérivé · résultant

issue *n.f.* **1** - sortie · débouché · dégagement · ouverture · passage · porte · **2** - solution · échappatoire · **3** - aboutissement · conclusion · débouché · dénouement · fin · résultat

✦ **à l'issue de** **1** - à la sortie de · au sortir de *littér.* · **2** - à la fin de

✦ **sans issue** insoluble · inextricable · sans solution

CONTR. accès ι entrée – commencement

↝ **sortie**

itératif, -ive *adj.* **1 - répété** · réitéré · renouvelé · répétitif · **2 -** [Grammaire] **fréquentatif**

itération *n.f.* · répétition

itinéraire *n.m.* **1 - parcours** · chemin · circuit · route · trajet · voyage · **2 - cheminement** · parcours · progression · trajectoire · voie

itinérant, e *adj.* **1 - ambulant** · **2 - nomade**

CONTR. sédentaire

ivre *adj.* **1 - aviné** · en état d'ivresse · pris de boisson · soûl *fam.* · beurré *fam.* · bituré *fam.* · blindé *fam.* · bourré *fam.* · brindezingue *fam., vieilli* · cuité *fam.* · défoncé *fam.* · noir *fam.* · paf *fam.* · parti *fam.* · pété *fam.* · pinté *fam.* · plein (comme une barrique, comme une outre) *fam.* · rétamé *fam.* · rond (comme une queue de pelle) *fam.* · schlass *fam.* · paqueté *Québec* · **2 - transporté** · enivré · fou · grisé · troublé

✦ **un peu ivre** gai · émoustillé · entre deux vins · éméché *fam.* · en goguette *fam.* · gris *fam.* · pompette *fam.*

✦ **être ivre** avoir bu · avoir un coup, un verre dans le nez *fam.* · avoir pris une caisse *fam.* · avoir son compte *fam.*

CONTR. lucide ι sobre

ivresse *n.f.* **1 - ébriété** · hébétude · soûlerie *fam.* · **2 - enivrement** · enthousiasme · exaltation · excitation · étourdissement · griserie · joie · **3 - transport** · émotion · enchantement · extase · volupté

✦ **en état d'ivresse** → **ivre**

CONTR. sobriété – froideur ι lucidité

ivrogne
■ *adj.* **alcoolique** · éthylique · intempérant · buveur · dipsomane *(Méd.)*
■ *n.* **alcoolo** *fam.* · picoleur *fam.* · pilier de bar, de bistrot *fam.* · pochard *fam.* · poivrot *fam.* · sac à vin *fam.* · soiffard *fam.* · soûlard *fam.* · soûlot *fam.* · soûlographe *fam.* · biberonneur *fam., vieilli*

CONTR. abstinent ι tempérant ι sobre

ivrognerie *n.f.* · alcoolisme · éthylisme · intempérance · dipsomanie *(Méd.)* · pochardise *fam.* · soûlographie *fam.*

CONTR. sobriété ι tempérance

ixième *adj. numér.* · énième · nième

j

jacasser v.intr. · bavarder · caqueter · jaser · palabrer · papoter · bavasser *fam.* · jaboter *fam., vieilli*

jacasseur, -euse n. et adj. · bavard · jaseur · jacassier *vieux*

jachère n.f. 1 - friche · abandon · 2 - guéret

CONTR. culture

jadis adv. anciennement · autrefois · naguère *littér.*

✦ **de jadis** d'antan

CONTR. actuellement | aujourd'hui | maintenant | présentement

> 🙢 **jadis, autrefois, anciennement, naguère**
>
> Jadis, autrefois, anciennement et naguère permettent de situer des événements du passé sur une échelle du temps. Jadis s'emploie quand on parle d'un passé plus ou moins lointain *(le rôle jadis dévolu aux nobles ; les prédateurs qui peuplaient jadis nos campagnes)* et entièrement révolu. Autrefois peut apparaître dans les mêmes contextes mais il est souvent opposé à l'époque actuelle ou à l'avenir : « Il marche sur ses quatre-vingt-six. Il n'est plus le même qu'autrefois » (Proust, *Jean Santeuil*). Anciennement évoque des temps plus reculés que jadis et autrefois et peut se construire avec des adverbes d'intensité *(très, plus anciennement)*. Naguère, qui tend aujourd'hui à être utilisé pour autrefois, est d'un usage littéraire et renvoie à un passé assez récent (« *Jadis et naguère* », titre d'un recueil de Verlaine) : « Mes siestes, qui naguère étaient d'une demi-heure au plus, durent parfois près de deux heures » (Gide, *Journal*, 10 janvier 1945).

jaillir v.intr. 1 - couler · gicler · se répandre · saillir *vieux* · sourdre *vieux ou littér.* · 2 - se dresser · pointer · saillir · s'élever · 3 - s'élancer · bondir · surgir · 4 - fuser · s'élever · partir · monter

jaillissement n.m. 1 - jet · 2 - surgissement · éruption · explosion

jalon n.m. marque · balise · repère

✦ **poser des jalons** préparer le terrain

jalonner v.tr. 1 - s'échelonner le long de · marquer · ponctuer · 2 - marquer · baliser · piqueter · signaliser

jalouser v.tr. · envier · convoiter

jalousie n.f. 1 - dépit · convoitise · envie · 2 - persienne · contrevent · store · volet

CONTR. indifférence

jaloux, -ouse adj. 1 - envieux · 2 - exclusif · possessif · craintif · défiant · soupçonneux · ombrageux *littér.*

✦ **jaloux de** attaché à · désireux de · soucieux de
CONTR. indifférent – désintéressé

jamais *adv.* **1** - en aucun cas · en aucune façon · à aucun prix · pour un empire · pour rien au monde · pour tout l'or du monde · **2** - à la saint glinglin *fam.* · quand les poules auront des dents *fam.* · tous les trente-six du mois *fam.* · à Pâques ou à la Trinité *fam., vieilli* · la semaine des quatre jeudis *fam., vieilli* · **3** - **onques** *vieux*
✦ **à jamais** éternellement · définitivement · irrémédiablement · irrévocablement · pour toujours · sans retour
✦ **presque jamais** guère · rarement
✦ **si jamais** au cas où · si d'aventure · si un jour · si par hasard
CONTR. encore – constamment I toujours

jambage *n.m.* **1** - montant · pied-droit · **2** - jambe

jambe *n.f.* **1** - membre inférieur · béquille *fam.* · canne *fam.* · gambette *fam.* · gigot *fam.* · guibole *fam.* · jambonneau *fam.* · patte *fam.* · poteau *fam., péj.* • [au plur.] échasses *fam.* · flûtes *fam.* · quilles *fam.* · **2** - jambage
✦ **jambe de bois** pilon *anciennt.*

jambière *n.f.* · guêtre · houseau • [au plur.] leggings

jambonneau *n.m.* · jambon

janséniste *adj.* · austère · ascétique · intransigeant · puritain · rigide · rigoriste

jappement *n.m.* · aboiement · glapissement

japper *v.intr.* **1** - aboyer · glapir · **2** - crier · criailler

jaquette *n.f.* **1** - habit · frac · queue-de-pie · **2** - couverture

jardin *n.m.* parc · clos · closerie · jardinet

✦ **jardin d'hiver** serre
✦ **jardin public** parc · square · carré *Québec*
✦ **jardin d'enfants** garderie · école maternelle
✦ **jardin des délices** éden · eldorado

jardinage *n.m.* · horticulture · plantations

jardinier, -ière *n.* **1** - horticulteur · pépiniériste · **2** - jardiniste · paysagiste

jardinière *n.f.* · balconnière

jargon *n.m.* **1** - argot · **2** - galimatias · sabir · baragouin *fam.* · charabia *fam.* · **3** - lexique · terminologie · vocabulaire

☙ **jargon, argot**

Jargon et argot évoquent tous deux un langage de convention qui a une fonction intégrative et est destiné à ne pas être compris par les personnes étrangères au groupe qui le parle. **Argot**, pris fréquemment au sens de « vocabulaire familier », désigne aussi couramment le langage propre à un milieu de malfaiteurs et plus largement, dans l'usage didactique, le vocabulaire particulier qui se crée à l'intérieur de groupes professionnels (*l'argot du journalisme, des imprimeurs*). C'est cette valeur qu'a prise **jargon**, avec une connotation nettement péjorative (*le jargon de métier ; c'est une caricature du jargon technocratique*).

jargonner *v.intr.* · baragouiner *fam.*

jarre *n.f.* · amphore · urne

jarretelle *n.f.* · attache · bande · ruban

jaser *v.intr.* **1** - bavarder · babiller · cancaner · caqueter · causer · jacasser · parler · potiner · jaboter *fam., vieilli* · **2** - médire · critiquer · déblatérer · **3** - gazouiller · jacasser · piailler

jaseur, -euse *adj. et n.* • babillard • bavard • causeur

jaspure *n.f.* 1 - marbrure • 2 - bigarrure

jatte *n.f.* • bol • coupe • jale

jauge *n.f.* 1 - contenance • capacité • tonnage • 2 - jaugeage • 3 - règle

jauger *v.tr.* 1 - contenir • cuber • tenir • 2 - apprécier • estimer • évaluer • juger • mesurer

jaune *adj.* [sortes] doré • ambré • blond • bronze • citron • cuivré • coing • fauve • jaunet • miel • mirabelle • mordoré • ocre • or • safran • saure • soufre • cireux *péj.* • jaunâtre *péj.*

jaunir *v.intr.* • pâlir • se décolorer • se faner • passer

jaunisse *n.f.* • ictère • cholémie

java *n.f.* → fête

javelot *n.m.* • pique • dard • hast • javeline • lance • sagaie

jean *n.m.* 1 - pantalon • 2 - denim

je-m'en-fichisme *n.m.* → je-m'en-foutisme

je-m'en-fichiste *adj. et n.* → je-m'en-foutiste

je-m'en-foutisme *n.m.* • indifférence • légèreté • je-m'en-fichisme *fam.*

je-m'en-foutiste *adj. et n.* • indifférent • léger • je-m'en-fichiste *fam.*

jérémiade *n.f.* • lamentation • doléance • gémissement • plainte • pleurnicherie • récrimination • bêlement *fam.* • glapissement *fam.*

jerrycan *n.m.* • nourrice • bidon

jésuitique *adj.* [péj.] hypocrite • faux • fourbe • duplice *littér.*

jésuitisme *n.m.* [péj.] hypocrisie • dissimulation • duplicité • fausseté • fourberie

jet *n.m.* 1 - jaillissement • émission • giclée • 2 - lancer • projection • 3 - faisceau • 4 - trait • 5 - [Bot.] drageon • bourgeon • pousse • rejet • rejeton
+ **d'un seul jet** d'un coup • d'une haleine • rapidement • d'une seule venue • sans retouches
+ **premier jet** ébauche • croquis • esquisse • rough *anglic.*
+ **jet d'eau** girandole • artichaut *vieilli*

jetée *n.f.* • digue • brise-lames • débarcadère • embarcadère • môle

jeter *v.tr.*
I 1 - lancer • envoyer • projeter • balancer *fam.* • flanquer *fam.* • 2 - pousser • envoyer • précipiter • rejeter • 3 - répandre • déverser • disperser • éparpiller • parsemer • semer • verser • épandre *littér.*
II 1 - proférer • aboyer • crier • émettre • pousser • 2 - écrire • noter
III construire • établir • poser
IV se débarrasser de • abandonner • se défaire de • mettre à la poubelle • mettre au rebut • balancer *fam.* • bazarder *fam.* • liquider *fam.* • mettre au rancart *fam.*
V causer • provoquer • plonger dans • semer
+ **jeter par la fenêtre** 1 - défenestrer • 2 - gaspiller • dilapider • dissiper • prodiguer *littér.*
+ **jeter la pierre à** accuser • blâmer • incriminer
+ **en jeter** [fam.] → impressionner
≫ **se jeter** *v.pron.* 1 - sauter • plonger • 2 - se déverser • aboutir • affluer • déboucher • se décharger
+ **se jeter dans** s'aventurer dans • se lancer dans • s'embarquer dans *fam.* • s'engager dans
+ **se jeter sur** 1 - se ruer sur • s'abattre sur • s'élancer sur • fondre sur • se précipiter sur •

sauter sur · tomber sur · **2 - assaillir** · courir sur · sauter sur, au collet de · rentrer dans *fam.* · tomber sur (le paletot de) *fam.* · voler dans les plumes de *fam.*

jeton *n.m.* **1 - marque** · numéro
✦ **faux jeton 1 - faux** · dissimulé · hypocrite · **2 - hypocrite** · janus *littér.* · faux cul *fam.* · faux derche *fam.*

jeu *n.m.*
I **1 - amusement** · distraction · divertissement · récréation · activité ludique · passetemps • [au plur.] ébats · **2 - partie** · **3 - sport**
II interprétation · exécution
III espièglerie · badinage · bagatelle · batifolage · plaisanterie
IV **1 - fonctionnement** · action · **2 - marge** · liberté · **3 - stratégie** · manigances *fam.*
V assortiment · ensemble · lot

✦ **jeu de mots** calembour · plaisanterie
✦ **Jeux olympiques** olympiade
✦ **par jeu** gratuitement
✦ **entrer en jeu** intervenir · jouer
✦ **mettre en jeu** risquer · engager
✦ **vieux jeu** démodé · désuet · vieillot · ringard *fam.*

jeun (à) *loc. adv.* · le ventre creux *fam.* · le ventre vide *fam.*

jeune
■ *adj.* **1 - juvénile** · jeunet *fam.* · jeunot *fam.* · **2 - nouveau** · neuf · récent · **3 - inexpérimenté** · candide · ingénu · naïf · novice · tendre · **4 - fils** · cadet · junior · **5 -** [vin] **vert** · **6 -** [fam.] **insuffisant** · court · juste · léger · maigre · misérable · parcimonieux · pauvre · ric-rac *fam.*
✦ **le plus jeune** le cadet · le benjamin
⋙ **les jeunes** *plur.* · la jeunesse · les jeunes gens · les adolescents · les ados *fam.*
CONTR. âgé I sénile I vieux – caduc – expérimenté I averti – père I ancien – vieillards I anciens I vieux

jeûne *n.m.* **1 - abstinence** · ascèse · carême · pénitence · **2 - privations** · **3 - diète**

jeunesse *n.f.* **1 - adolescence** · âge tendre · fleur de l'âge · printemps (de la vie) · **2 - jeunes** · **3 - fraîcheur** · verdeur · vigueur · vivacité · **4 - tendron** *littér.* · gamine *fam.* · minette *fam.* · petite *fam.*
CONTR. vieillesse I troisième âge – vieux – sénilité

jingle *n.m.* · sonal *recomm. offic.*

joaillerie *n.f.* · bijouterie

joaillier, -ière *n.* · bijoutier · orfèvre

job *n.m.* · emploi · métier · poste · travail · boulot *fam.*

jockey *n.m.* · cavalier

jogging *n.m.* **1 - course** · footing · **2 -** survêtement

joie *n.f.* **1 - allégresse** · bonheur · délice · enchantement · euphorie · exaltation · exultation · griserie · ivresse · jubilation · ravissement · réjouissance · liesse *littér.* · **2 - contentement** · aise · avantage · fierté · honneur · plaisir · satisfaction · **3 -** [souvent plur.] **agrément** · bienfait · douceur · félicité · jouissance · plaisir · satisfaction
✦ **joie de vivre** entrain · enjouement · gaieté
✦ **mettre en joie** réjouir
✦ **rayonnant de joie** radieux · éclatant · épanoui · rayonnant · réjoui
✦ **être fou, transporté de joie** exulter · jubiler · être aux anges, au septième ciel *fam.*
CONTR. chagrin I désenchantement I désespoir I douleur I ennui I peine I tristesse

joignable *adj.* · accessible
CONTR. injoignable

joindre *v.tr.*
I **1 - lier** · accoler · attacher · assembler · relier · réunir · unir · **2 -** [Techn.] **abouter** · aboutir · accoupler · ajointer · ajuster · boulonner · brancher · cheviller · connecter ·

raccorder · souder · visser · 3 - annexer ·
adjoindre · ajouter · attacher · englober ·
inclure · incorporer · insérer · intercaler · 4 -
allier · assembler · associer · conjuguer ·
combiner · grouper · marier · rassembler ·
réunir · unir
II 1 - contacter · atteindre · toucher · 2 -
[vieilli] arriver à · aborder · accoster · atteindre · parvenir à · rejoindre
⋙ se joindre à v.pron. 1 - participer à ·
s'associer à · se mêler à · prendre part à ·
suivre · s'unir à · 2 - adhérer à
CONTR. disjoindre I détacher I isoler I séparer - exclure
- quitter - éloigner

　　joindre, lier,
　　assembler, unir,
　　accoler

Les cinq verbes s'emploient pour marquer l'action de mettre deux ou plusieurs choses l'une à côté de l'autre. Avec accoler, il s'agit seulement de juxtaposer des éléments *(accoler deux bâtiments)*. Assembler implique que l'on donne aux choses une place dans un ensemble *(assembler les pièces d'un puzzle, assembler un habit)*. Joindre suppose que l'on assemble des objets pour les maintenir ensemble *(joindre solidement deux pièces de bois)*. Lier se dit quand on joint des choses grâce à un élément de liaison *(lier des pierres avec du ciment ; lier un potage avec des œufs)*. Unir, rare en emploi concret, suppose que l'on assemble des choses de manière à former un tout *(unir des idées, des efforts, unir ses voix ; unir par le mariage)*.

¹joint, e *adj*. 1 - attenant · accolé · 2 -
adhérent · attaché · jointif · 3 - conjugué ·
4 - annexé · additionnel · 5 - inhérent ·
attaché · connexe
CONTR. disjoint I séparé

²joint *n.m.* · pétard *lang. jeunes* · bédo *lang. jeunes* ·
pet *lang. jeunes* · tarpé *lang. jeunes*

³joint *n.m.* 1 - raccord · 2 - articulation ·
jointure

jointure *n.f.* 1 - articulation · article ·
attache · 2 - jonction · charnière · joint ·
suture · 3 - assemblage

joli, e *adj*. 1 - agréable · beau · aimable ·
attrayant · charmant · gentil · gracieux ·
mignon · pimpant · ravissant · chouette *fam.* ·
avenant *littér.* ● [femme] gironde *fam, vieilli* · 2 - [fam.]
avantageux · important · intéressant · 3 -
[fam.] substantiel · important · beau *fam.* ·
coquet *fam.* · gentil *fam.* · rondelet *fam.*
CONTR. laid
⋙ beau

joliesse *n.f.* · grâce · beauté · charme ·
délicatesse · finesse
CONTR. laideur

joliment *adv.* 1 - agréablement · bien ·
délicieusement · gentiment · 2 - délicatement · 3 - [fam.] beaucoup · bien · terriblement · très · bigrement *fam.* · bougrement *fam.* ·
drôlement *fam.* · fameusement *fam.* · rudement *fam.* · sacrément *fam.* · vachement *fam.*
CONTR. mal - faiblement I peu

jonc *n.m.* 1 - badine · cravache · 2 - [surtout
Québec] anneau · bague · bracelet

joncher *v.tr.* · couvrir · éparpiller · parsemer · recouvrir · semer · tapisser

jonction *n.f.*
I 1 - embranchement · confluent · 2 -
jointure · articulation · suture ● [des lèvres]
commissure
II 1 - raccordement · aboutement ·
aboutage · branchement · connexion · couplage · liaison · réunion · union ·
2 - conjonction · assemblage · conjugaison ·
union
✦ point de jonction point de rencontre ·
point de contact
CONTR. disjonction I séparation

jongler *v.intr.*
✦ jongler avec jouer avec · se débrouiller
avec · manier

joue

joue n.f. [d'animal] bajoue

✦ **mettre en joue** [un fusil, une carabine] épauler • [une cible] viser

jouer

▪ v.intr. **1 –** s'amuser • se divertir • folâtrer • s'ébattre littér. • faire joujou lang. enfants • faire mumuse lang. enfants • **2 –** plaisanter • s'amuser • badiner • rire • blaguer fam. • **3 – intervenir** • compter • entrer en jeu • entrer en ligne de compte • importer • influer • peser • **4 –** [dans un film] **tourner** • avoir un rôle • **5 – se déformer** • se fausser • gauchir • se gondoler • travailler • se voiler

▪ v.tr. **1 – exécuter** • interpréter • **2 –** [pièce de théâtre] **donner** • passer • monter • représenter • **3 –** [film] **projeter** • passer • programmer • avoir à l'affiche • **4 – tenir le rôle de** • incarner • interpréter • personnifier • **5 – imiter** • affecter • contrefaire • feindre • mimer • simuler • singer • **6 – risquer** • aventurer • compromettre • exposer • hasarder • mettre en jeu

✦ **faire jouer** **1 – actionner** • faire fonctionner • **2 – employer** • déployer • exercer • exploiter • faire usage de • mettre en œuvre • recourir à • avoir recours à • se servir de • tirer profit de • user de • utiliser

✦ **jouer à** [sport] pratiquer

✦ **jouer de** **1 – employer** • user de • utiliser • **2 –** [instrument à vent] **sonner de** • donner de

✦ **jouer sur** **1 – agir sur** • déteindre sur • influencer • influer sur • peser sur • se répercuter sur • **2 – miser sur** • parier sur • spéculer sur

≫ **se jouer de** v.pron. **1 – mépriser** • se rire de • **2 –** [qqn] **abuser** • berner • tromper • rouler fam.

jouet n.m. **1 –** jeu • joujou lang. enfants • **2 –** marionnette • pantin • **3 –** victime • esclave • proie

joufflu, e adj. • bouffi • poupin • rebondi • mafflu littér.

joug n.m. **1 –** attelage • harnachement • harnais • **2 –** domination • assujettissement • attache • contrainte • dépendance • emprise • esclavage • oppression • servitude • sujétion • **3 –** chaîne • carcan • collier

✦ **mettre sous le joug** asservir • subjuguer

CONTR. indépendance ı liberté – délivrer ı libérer

jouir v.intr. [sexuellement] avoir, prendre du plaisir • être au septième ciel • prendre son pied fam. • grimper aux rideaux fam. • s'envoyer en l'air fam.

✦ **jouir de** **1 – profiter de** • apprécier • goûter • savourer • **2 – se délecter de** • se régaler de • se repaître de littér. • **3 – avoir** • bénéficier de • connaître • disposer de • posséder

CONTR. être frigide – pâtir ı souffrir – manquer de

jouissance n.f. **1 –** délectation • délice • plaisir • régal • satisfaction • **2 – bien-être** • douceur • volupté • **3 – orgasme** • plaisir • **4 –** [Droit] usage • possession • usufruit

CONTR. abstinence ı ascétisme ı non-jouissance ı privation

↝ plaisir

jouisseur, -euse n. **1 –** épicurien • hédoniste • sybarite littér. • pourceau littér., vieilli • **2 –** bon vivant • bambocheur • viveur • fêtard fam. • noceur fam. • **3 –** libertin • débauché

CONTR. ascète

jouissif, -ive adj. • jubilatoire • réjouissant

joujou n.m. → jouet

✦ **faire joujou** → jouer

jour n.m. **1 –** journée • **2 –** date • **3 –** lumière • clarté • lueur • **4 –** angle • apparence • aspect • éclairage • **5 – ouverture** • fente • fissure • vide

✦ **chaque jour, par jour** quotidiennement • journellement

✦ **de chaque jour** journalier • quotidien

+ **de jour en jour** graduellement · peu à peu · progressivement
+ **d'un jour à l'autre** très bientôt · incessamment
+ **un jour ou l'autre** tôt ou tard
+ **du jour au lendemain** brusquement · subitement · soudain · sans crier gare
+ **au grand jour** aux yeux de tous · à découvert · ouvertement · publiquement
+ **donner le jour à** mettre au monde · accoucher de · donner naissance à · donner la vie à · enfanter · procréer
+ **mettre à jour** actualiser · moderniser
+ **mise à jour** actualisation · modernisation
+ **percer à jour** déceler · découvrir · deviner
+ **se faire jour, voir le jour** apparaître · commencer · se dégager · émerger · transparaître
⟫ **jours** *plur.* 1 - vie · existence · 2 - époque · période · temps
+ **de nos jours** 1 - actuellement · aujourd'hui · par les temps qui courent · 2 - de notre temps · à notre époque

CONTR. nuit ı obscurité

journal *n.m.* 1 - mémoires · cahier · 2 - quotidien · gazette · canard *fam.* · feuille de chou *fam., péj.* · torchon *fam., péj.* ● [Pol] organe · 3 - magazine · hebdomadaire · 4 - bulletin · périodique · revue · 5 - nouvelles · actualités · informations
⟫ **les journaux** *plur.* la presse

journalier, -ière *adj.* · quotidien
↝ quotidien

journaliste *n.* 1 - rédacteur · chroniqueur · commentateur · correspondant · critique · échotier · éditorialiste · envoyé spécial · localier · reporter · articlier *péj.* · folliculaire *péj.* · journaleux *péj.* · nouvelliste *vieux* · publiciste *vieux* · 2 - pamphlétaire · polémiste

journée *n.f.* jour
+ **à longueur de journée, toute la sainte journée** → continuellement

joute *n.f.* 1 - lutte · combat · compétition · dispute · duel · rivalité · 2 - [Moyen Âge] **tournoi**

jouvence *n.f.* · jeunesse

jouvenceau *n.m.* · damoiseau · éphèbe

jouvencelle *n.f.* · jeune fille · demoiselle

jovial, e *adj.* · gai · allègre · enjoué · gaillard · joyeux · réjoui

CONTR. chagrin ı froid ı hargneux ı maussade ı sombre

jovialité *n.f.* · gaieté · bonne humeur · enjouement

CONTR. chagrin ı hargne ı tristesse

joyau *n.m.* 1 - bijou · gemme • [au plur.] pierreries · 2 - merveille · bijou · chef-d'œuvre · 3 - [d'une collection] perle · clou
↝ bijou

joyeusement *adv.* · allègrement · gaiement · gaillardement · jovialement

CONTR. tristement

joyeuseté *n.f.* · plaisanterie · bouffonnerie · farce · pitrerie

joyeux, -euse *adj.* 1 - gai · allègre · enjoué · épanoui · gaillard · heureux · jovial · radieux · réjoui · jouasse *fam.* · 2 - agréable · amusant · bon

CONTR. sombre ı triste – douloureux ı mauvais ı pénible

jubilation *n.f.* · allégresse · euphorie · gaieté · joie · liesse · réjouissance

CONTR. affliction ı chagrin ı douleur

jubilatoire *adj.* · réjouissant · jouissif

jubiler *v.intr.* · exulter · se réjouir · triompher · bicher *fam.*

CONTR. s'affliger ı enrager

jucher *v.tr.* hisser · percher · placer (en hauteur)

⋙ **se jucher** v.pron. se percher · se hisser · monter
CONTR. descendre

judas n.m. **1 -** traître · fourbe · hypocrite · **2 -** guichet · œil · ouverture

judicieusement adv. **1 -** intelligemment · adroitement · finement · habilement · **2 - à bon escient** · (avec) à propos · opportunément

judicieux, -ieuse adj. **1 -** raisonnable · bien · bon · opportun · sage · sensé · **2 - intelligent** · astucieux · pertinent · rationnel
CONTR. absurde ı stupide

juge n. **1 -** magistrat · **2 -** arbitre · **3 -** expert

jugé (au) loc. adv. **1 - à l'estime** · **2 - à première vue** · à la louche fam. · à vue de nez fam. · à vue de pays fam.

jugement n.m. **1 -** décision · arbitrage · arrêt · décret · sentence · verdict · **2 -** avis · appréciation · idée · opinion · pensée · point de vue · position · sentiment · **3 - affirmation** · proposition · **4 -** discernement · clairvoyance · entendement · esprit · finesse · intelligence · perspicacité · raison · bon sens, sens commun · jugeote fam.

> 🐍 **jugement, arrêt, sentence, verdict**
> Ces quatre termes du vocabulaire juridique concernent une décision prise par une autorité. Elle est rendue par un juge ou une juridiction quand il s'agit d'un **jugement** (prononcer un jugement, le texte d'un jugement). La décision émane d'une autorité portant le nom de « cour » (Cour de cassation, cour d'appel, cour d'assises) ou du Conseil d'État quand on parle d'un **arrêt** (prendre, motiver un arrêt). La **sentence** est un jugement que rend un tribunal d'instance (une sentence équitable, confirmer une sentence). Le **verdict** entraîne une décision : il désigne en effet le résultat de la délibération d'une juridiction criminelle (le verdict du jury, un verdict d'acquittement).

jugeote n.f. → jugement

juger v.tr. **1 - arbitrer** · rendre un jugement sur · rendre une sentence sur · rendre un verdict sur · statuer sur · **2 - trancher** · conclure · décider · se prononcer · **3 - estimer la valeur de** · apprécier · coter · évaluer · expertiser · peser · **4 - considérer** · envisager · examiner · jauger · cataloguer fam. · classer fam. · étiqueter fam. · **5 - penser** · croire · considérer · estimer · trouver

✦ **juger favorablement** approuver · estimer · voir d'un bon œil

✦ **juger défavorablement** blâmer · condamner · critiquer · désapprouver

✦ **au juger** **1 - à l'estime** · **2 - à première vue** · à la louche fam. · à vue de nez fam. · à vue de pays fam.

⋙ **se juger** v.pron. se considérer · se voir

jugulaire n.f. · bride · mentonnière · courroie

juguler v.tr. **1 - arrêter** · dompter · enrayer · étouffer · interrompre · maîtriser · mater · neutraliser · stopper · **2 - asservir** · tenir en bride

jumeau, -elle
■ adj. **identique** · semblable
■ n. **double** · clone · copie conforme · sosie

jumelé, e adj. · **en couple** · géminé · gémellé didact.

jumeler v.tr. · accoupler · coupler

jument n.f. · pouliche · cavale littér.

junior *adj. et n.* · cadet · jeune · puîné

jupon *n.m.* **1 -** [anciennt] cotillon · cotte · **2 -** jupe

juré, e *adj.* · déclaré · irréductible · irréconciliable

jurer
■ *v.tr.* **1 - affirmer** · assurer · déclarer · prétendre · soutenir · **2 - promettre** · donner sa parole que · s'engager à · faire le serment de
■ *v.intr.* **1 - prêter serment** · **2 - blasphémer** · sacrer *Québec ou vieilli* · **3 -** [contre qqn, qqch.] crier · grogner · maugréer · pester · râler *fam.* · **4 - détonner** · dissoner · hurler
⋙ **se jurer** *v.pron.* se promettre · décider
CONTR. se désengager – abjurer – s'accorder ı s'allier ı cadrer

juridiction *n.f.* **1 - tribunal** · chambre · conseil · cour · **2 - compétence** · circonscription · ressort

juridique *adj.* **1 - judiciaire** · **2 - légal**

juridisme *n.m.* · formalisme · légalisme

juriste *n.* · homme de loi · jurisconsulte · légiste
⁓ légiste

juron *n.m.* · blasphème · sacre *Québec ou vieilli* · jurement *vieux*

jus *n.m.* · suc · sauce

jusant *n.m.* · reflux · baissant · perdant

jusqu'au-boutisme *n.m.* · extrémisme · maximalisme

jusqu'au-boutiste *n.* · extrémiste · maximaliste · ultra *fam.*
CONTR. modéré

justaucorps *n.m.* · body · (maillot) collant

¹**juste** *adj.*
I 1 - équitable · impartial · **2 - honnête** · correct · droit · intègre · loyal · **3 - fondé** · justifié · légitime · mérité · motivé
II 1 - exact · authentique · correct · réel · véritable · vrai · **2 -** [heure] **précis** · exact
III 1 - adéquat · approprié · bon · convenable · précis · propre · **2 - rationnel** · harmonieux · heureux · logique · pertinent · raisonnable · rigoureux · sensé · strict
IV 1 - insuffisant · maigre · court *fam.* · jeune *fam.* · **2 - étroit** · collant · étriqué · serré · **3 - tangent** · limite *fam.*
✦ **à juste titre** à bon droit

    🙢   juste, équitable
Juste s'applique à ce qui est en conformité avec la *justice*, à ce qui respecte donc les droits et le mérite de chacun *(une cause, une mesure juste ; la juste récompense de ses efforts)*. Ce qui est **équitable** relève d'un sentiment naturel du juste et de l'injuste et peut alors contredire les règles du droit *(une proposition, un partage équitable)* : « Par bonne distribution, il faut entendre non distribution égale, mais distribution équitable. La première égalité, c'est l'équité » (Hugo, *les Misérables*, IV, I, IV).

²**juste** *adv.* **1 - exactement** · précisément · pile *fam.* · **2 - correctement** · rigoureusement · **3 -** [parler] **sagement** · avec à-propos · d'or · **4 - avec précision** · **5 - seulement** · rien que
✦ **au juste** exactement · précisément
✦ **comme de juste** comme il se doit · comme de raison
✦ **tout juste 1 - à peine** · **2 -** [exclamatif] **en effet !** · exactement ! · c'est bien ça !

justement *adv.* **1 - équitablement** · impartialement · **2 - adéquatement** · convenablement · correctement · logiquement · pertinemment · avec pertinence · avec à propos • avec raison • **3** - à bon droit • à juste titre • dûment • légitimement • **4** - exactement • précisément

CONTR. injustement ɪ faussement

justesse *n.f.* **1** - **exactitude** • convenance • correction • précision • propriété • **2** - **bien-fondé** • correction • raison • vérité • **3** - **authenticité** • exactitude • objectivité • précision • rectitude • véracité • vérité • **4** - **perspicacité** • finesse • lucidité

✦ **de justesse** **1** - **de peu** • d'un cheveu *fam.* • d'un rien *fam.* • **2** - **juste** • ric-rac *fam.* • à l'arraché *fam.*

CONTR. approximation ɪ erreur ɪ faute

justice *n.f.* **1** - **équité** • droiture • impartialité • intégrité • probité • **2** - **bien-fondé** • légitimité • **3** - **droit** • légalité • loi

✦ **faire justice de** récuser • réfuter
✦ **se faire justice** **1** - se venger • **2** - se suicider

CONTR. iniquité ɪ injustice

justicier *n.m.* • vengeur • redresseur de torts • Robin des bois • Zorro

justifiable *adj.* • défendable • compréhensible • excusable • explicable • soutenable

CONTR. injustifiable ɪ insoutenable

justification *n.f.*
I 1 - **fondement** • motif • motivation • raison (d'être) • **2** - **explication** • argument • compte • raison • **3** - **preuve** • justificatif
II 1 - **défense** • décharge • excuse • [pour sa propre cause] plaidoyer pro domo • **2** - **apologie** • défense • plaidoyer

CONTR. accusation ɪ calomnie

justifié, e *adj.* • légitime • fondé • juste • mérité • motivé

justifier *v.tr.* **1** - **défendre** • blanchir • couvrir • décharger • disculper • excuser • innocenter • laver • mettre hors de cause • **2** - **autoriser** • légitimer • permettre • **3** - **expliquer** • fonder • légitimer • motiver • **4** - **démontrer** • prouver • témoigner de • **5** - **confirmer** • vérifier

✦ **justifier de** prouver • apporter la preuve de • rendre compte de

⟫ **se justifier** *v.pron.* s'expliquer • se défendre • se disculper • se trouver des excuses

CONTR. accuser ɪ blâmer ɪ condamner ɪ incriminer

☙ **justifier, défendre**
On **justifie** une personne ou son comportement lorsqu'on fournit des arguments en sa faveur, que l'on avance des raisons plausibles à son action *(justifier une décision, une dépense, une maladresse, un refus, une hypothèse).* **Défendre** quelqu'un implique qu'il a été mis en cause ou peut l'être ; en le **défendant**, on le soutient contre des accusations *(défendre un prévenu devant le tribunal).*

juteux, -euse *adj.* **1** - **fondant** • **2** - [fam.] **rentable** • avantageux • fructueux • intéressant • lucratif • payant • rémunérateur

juvénile *adj.* **1** - **jeune** • adolescent • **2** - **vif** • vert

CONTR. sénile ɪ vieux

juxtaposer *v.tr.* • accoler • rapprocher

CONTR. éloigner ɪ espacer

juxtaposition *n.f.* **1** - **accolement** • assemblage • **2** - [Ling., Rhétorique] **parataxe** • asyndète

kayak *n.m.* canoé · canot

kermesse *n.f.* · fête · foire · ducasse *région.*

kidnapper *v.tr.* · enlever · prendre en otage · ravir *littér.*

kidnappeur, -euse *n.* · ravisseur · preneur d'otages

kidnapping *n.m.* · enlèvement · rapt

🕮 kidnapping, rapt, enlèvement

Kidnapping, rapt et enlèvement s'emploient tous trois pour l'action de s'emparer de quelqu'un. Le kidnapping, toujours violent, est effectué pour obtenir une rançon *(le kidnapping d'un riche héritier)*. Le rapt s'opère pour le même motif *(être victime d'un rapt)*, mais peut être aussi fait par séduction *(l'auteur du rapt a abusé de sa victime)*. L'enlèvement, surtout en usage quand il s'agit d'un enfant ou d'une femme, s'applique aussi au cas de preneurs d'otages *(enlèvement d'un diplomate, de journalistes)* et peut avoir un autre but que l'obtention de biens matériels *(un enlèvement d'un mineur par son père pour le soustraire à la garde de sa mère)*.

kif *n.m.* · chanvre (indien) · cannabis · haschich · marijuana · hasch *fam.* · herbe *fam.* · shit *fam.*

kif-kif *adj. invar.* → **pareil**

kilomètre *n.m.* · borne *fam.*

kiosque *n.m.* · pavillon · belvédère · édicule · gloriette

kitsch *adj. invar. et n.m.* · rétro *fam.*

klaxon *n.m.* · avertisseur · signal sonore · [anciennt] corne · trompe

klaxonner *v.tr. et intr.* · avertir · [anciennt] corner

knock-out, k.-o. *adj. invar.* 1 - assommé · hors de combat · groggy *fam.* · sonné *fam.* · 2 - épuisé · h.s. *fam.* · lessivé *fam.* · à plat *fam.* · vanné *fam.* · vidé *fam.*

✦ **mettre k.-o.** 1 - étendre · 2 - épuiser · lessiver *fam.* · mettre à plat *fam.* · vanner *fam.* · vider *fam.*

kopeck *n.m.* → **sou**

krach *n.m.* · banqueroute · débâcle (financière) · effondrement boursier · faillite

🕮 **faillite**

kyrielle *n.f.* · quantité · avalanche · cascade · chapelet · déluge · flot · foule · infinité · multiplicité · multitude · myriade · nuée · pluie · ribambelle · série · succession · suite · flopée *fam.* · foultitude *fam.* · tapée *fam.*

kyste *n.m.* · tumeur · ganglion · [du cuir chevelu] loupe · tanne

label n.m. 1 - marque · étiquette · 2 - maison de disques

labeur n.m. · besogne · activité · occupation · ouvrage · tâche · travail

laborantin, e n. · préparateur

laboratoire n.m. · labo fam. · officine vieux

laborieusement adv. · péniblement · difficilement · lourdement · malaisément
CONTR. aisément | facilement

laborieux, -ieuse adj. 1 - travailleur · actif · appliqué · studieux · bosseur fam. · bûcheur fam. · 2 - ardu · difficile · dur · fatigant · malaisé · pénible · 3 - [péj.] lourd · embarrassé · gauche · maladroit · pesant · qui sent l'huile de coude fam.

✦ **classe laborieuse** classe ouvrière · classe populaire · classe prolétaire · travailleurs
CONTR. inactif | oisif | paresseux – aisé | facile

labour n.m. · façon · labourage

labourable adj. · cultivable · arable

labourer v.tr. 1 - ameublir · défoncer · retourner · 2 - déchirer · écorcher · égratigner · griffer · lacérer · taillader

labyrinthe n.m. 1 - dédale · entrelacement · lacis · réseau · 2 - confusion · complication · désordre · détours · embrouillamini · enchevêtrement · forêt · maquis · méandres

🙢 **labyrinthe, dédale**
Labyrinthe et dédale désignent tous deux un ensemble dont l'agencement des éléments est si compliqué que l'on peut s'y perdre (un labyrinthe/un dédale de rues, de salles, d'escaliers). Dans leurs emplois figurés, dédale peut avoir une connotation péjorative (un dédale d'intrigues) et met l'accent sur la confusion (le dédale d'un mauvais roman, se perdre dans le dédale de ses mensonges). Labyrinthe, plus neutre, reste centré sur l'idée de complication (le labyrinthe des sentiments, de la loi).

labyrinthique adj. · enchevêtré · indébrouillable · inextricable · dédaléen littér.

lac n.m. · étang • [d'eau de mer] lagon • [en Afrique du Nord, salé] chott • [en Écosse] loch

lacer v.tr. · attacher · lier
CONTR. délacer

lacération n.f. · déchiquetage · déchirement · mise en lambeaux, en pièces

lacérer v.tr. 1 - déchiqueter · déchirer · mettre en charpie · mettre en lambeaux · mettre en pièces · 2 - labourer · déchirer · taillader

lacet *n.m.* **1 - attache** · aiguillette · corde · ganse · **2 - virage** · détour · méandre · tournant · zigzag · **3 - piège** · collet · filet · lacs · rets *vieux*

lâchage *n.m.* · abandon · délaissement

lâche

■ *adj.* **1 - peureux** · poltron · couard *littér.* · pleutre *littér.* · pusillanime *littér.* · dégonflard *fam.* · dégonflé *fam.* · froussard *fam.* · trouillard *fam.* · **2 - bas** · abject · déloyal · honteux · indigne · méprisable · vil · **3 -** [vieilli ou littér.] **faible** · veule *littér.* · **4 - desserré** · détendu · flasque · mou · **5 - flottant** · flou · large · vague · **6 - relâché** · languissant · mou · traînant

■ *n.* **1 - déserteur** · fuyard · traître · capitulard *vieux* · **2 - lope** *fam.* · lopette *fam.* · couille molle *très fam.* · capon *fam., vieilli*

CONTR. audacieux ׀ brave ׀ courageux ׀ hardi – loyal ׀ digne – serré ׀ tendu – concis ׀ rigoureux

lâchement *adv.* · bassement · honteusement · indignement · vilement *littér.*

CONTR. bravement ׀ courageusement

lâcher

■ *v.tr.* **1 - laisser échapper** · laisser tomber · **2 - desserrer** · détendre · relâcher · donner du mou à · **3 -** [fam.] **abandonner** · délaisser · laisser (tomber) · quitter · balancer *fam.* · jeter *fam.* · larguer *fam.* · plaquer *fam.* · **4 - distancer** · dépasser · se détacher de · semer *fam.* · **5 - laisser partir** · **6 - envoyer** · lancer · larguer · **7 - dire** · laisser échapper · lancer · pousser

■ *v.intr.* **(se) casser** · céder · (se) rompre · claquer *fam.* · péter *fam.*

✦ **lâcher prise, lâcher pied** abandonner · céder · faiblir · fléchir · mollir · reculer · laisser tomber *fam.*

CONTR. agripper ׀ empoigner ׀ étreindre ׀ tenir – garder ׀ retenir – tenir – résister ׀ tenir bon

lâcheté *n.f.* **1 - peur** · poltronnerie · couardise *littér.* · pleutrerie *littér.* · pusillanimité *littér.* · **2 - bassesse** · indignité · trahison · vilenie *littér.* · **3 -** [vieilli ou littér.] **faiblesse** · compromission · mollesse · veulerie

CONTR. bravoure ׀ courage – dignité ׀ générosité ׀ loyauté – ardeur ׀ énergie

lacis *n.m.* **1 - entrelacement** · dédale · réseau · **2 - confusion** · complication · désordre · détours · embrouillamini · enchevêtrement · forêt · labyrinthe · maquis · méandres

laconique *adj.* · bref · concis · court · cursif · elliptique · lapidaire · sommaire · succinct

CONTR. diffus ׀ long ׀ prolixe ׀ verbeux

↝ **succinct**

laconiquement *adv.* · brièvement · sommairement · succinctement

CONTR. longuement

laconisme *n.m.* · concision · brièveté

CONTR. bavardage

lacs *n.m.* · collet · filet · lacet · piège · rets *littér.*

lacté, e *adj.* · laiteux · lactescent *littér.*

lacunaire *adj.* · fragmentaire · incomplet · imparfait · inachevé · insuffisant · lacuneux *vieux*

lacune *n.f.* **1 - défaut** · carence · défectuosité · déficience · faiblesse · insuffisance · **2 - omission** · manque · oubli · trou · **3 - interruption** · hiatus · vide

ladre *adj.* · avare · chiche · regardant · grigou *fam.* · pingre *fam.* · près de ses sous *fam.* · radin *fam.*

CONTR. généreux

ladrerie *n.f.* **1 -** [littér.] **avarice** · pingrerie *fam.* · radinerie *fam.* · lésinerie *vieilli* · **2 - léproserie**

CONTR. générosité

lagune n.f. · étang (littoral) · lido

laid, laide adj. 1 - disgracieux · disgracié · ingrat · inesthétique · vilain · mochard fam. · moche fam. · tarte fam. · tartignole fam. · mal tourné vieilli · 2 - bas · honteux · lâche · malhonnête
✦ **très laid** 1 - affreux · atroce · effrayant · effroyable · hideux · horrible · informe · monstrueux · repoussant · répugnant · laid comme un pou, un singe fam. · laid comme les sept péchés capitaux fam. · laid à faire peur, à faire fuir fam. · 2 - abominable · dégoûtant · honteux · ignoble · méprisable · vil
CONTR. beau – digne – magnifique – admirable

laideron n.m. · mocheté fam. · boudin fam. · cageot fam. · épouvantail fam. · guenon fam. · thon fam. · remède à l'amour plaisant · maritorne vieilli

laideur n.f. 1 - disgrâce · hideur · mocheté fam. · 2 - bassesse · abjection · ignominie · indignité · infamie · turpitude · 3 - horreur · verrue
CONTR. beauté – dignité

laie n.f. · layon

lainage n.m. · pull · pull-over · chandail · gilet · tricot · petite laine fam.

laine n.f. · toison

laïque adj. et n. 1 - séculier · 2 - profane
CONTR. clerc ı ecclésiastique – religieux

laisse n.f. · attache · lien

laisser v.tr.
I 1 - abandonner · déserter · quitter · camper là fam. · lâcher fam. · planter (là) fam. · 2 - oublier
II 1 - donner · abandonner · céder · confier · léguer · remettre · transmettre · vendre · 2 - renoncer à · lâcher
III maintenir · conserver · garder · tenir
IV permettre · consentir à · souffrir
V déposer

✦ **se laisser aller** 1 - se reposer · s'abandonner · se détendre · se prélasser · se relâcher · 2 - se négliger · s'abandonner · se relâcher
✦ **se laisser aller à** succomber à · s'abandonner à · s'adonner à · se livrer à
CONTR. tenir – conserver ı emmener ı emporter ı garder – persévérer ı persister – changer ı modifier – refuser – enlever ı ôter – contrôler ı résister

laisser-aller n.m. invar. 1 - légèreté · abandon · désinvolture · insouciance · liberté · relâchement · 2 - négligence · désordre · incurie · 3 - débraillé · négligé
CONTR. affectation ı contrainte ı discipline – réserve ı retenue – ordre

laissez-faire n.m. invar. · libéralisme

laissez-passer n.m. invar. 1 - coupe-file · 2 - sauf-conduit · passeport · permis · 3 - [Droit commercial] passavant

laiteux, -euse adj. · blanc · blanchâtre · opalin · lactescent littér.

laitier, -ière n. et adj. · crémier

laïus n.m. · discours · exposé · intervention · blabla fam. · boniment fam. · speech fam. · topo fam.

laïusser v.intr. → discourir

lallation n.f. 1 - babillage · gazouillis · 2 - lambdacisme

lama n.m. · alpaga · guanaco · vigogne

lambda adj. invar. moyen · ordinaire · quelconque · de base fam.
✦ **le citoyen lambda** le vulgum pecus fam. · Monsieur Tout-le-monde fam.

lambeau n.m. 1 - loque · haillon · 2 - morceau · débris · bout · bribe · fragment · partie
✦ **en lambeaux** déchiré · en charpie
✦ **mettre en lambeaux** déchirer · mettre en pièces · mettre en charpie

lambin, e
- *adj.* · lent · indolent · mou · mollasson *fam.* · traînard *fam.*
- *n.* · escargot · tortue

CONTR. rapide ı vif

lambiner *v.intr.* · s'attarder · lanterner · musarder · traîner · traînasser *fam.*

CONTR. se presser

lambris *n.m.* · boiserie · frisette

lame *n.f.* **1 -** vague · paquet de mer · **2 - plaque** · feuille · lamelle · languette

lamelle *n.f.* **1 -** lame · plaquette · **2 -** pellicule · plaque

lamentable *adj.* **1 -** déplorable · affligeant · désolant · douloureux · malheureux · misérable · navrant · pitoyable · sinistre · triste · **2 -** mauvais · catastrophique · déplorable · désastreux · nul · minable · pathétique · piètre · piteux · à pleurer *fam.*

CONTR. réjouissant − formidable

🕮 **lamentable, déplorable**
Lamentable et déplorable s'appliquent tous deux à ce qui est très mauvais d'un point de vue intellectuel, physique, moral, etc., par rapport à une norme *(des résultats lamentables/déplorables, une histoire d'argent lamentable/déplorable).* Lamentable a une connotation nettement péjorative et permet d'insister sur le mépris, le rejet qu'inspirent la laideur, la bassesse, etc. de ce dont on parle *(ce film est lamentable).* Lamentable peut qualifier une personne *(elle a vraiment été lamentable dans cette affaire),* alors que déplorable ne s'emploie que pour des comportements *(une attitude, une tenue déplorable).* Déplorable caractérise aussi une chose d'autant plus regrettable qu'on ne peut plus la modifier *(une erreur, une initiative déplorable).*

lamentation *n.f.* **1 -** complainte · cri · geignement · gémissement · plainte · pleur · pleurnicherie · **2 -** [souvent plur.] jérémiade · doléance · plainte · récrimination

lamenter (se) *v.pron.* **1 -** gémir · geindre · se plaindre · pleurer · **2 - se désoler** · se plaindre · pleurer · pleurnicher

laminage *n.m.* · étirement · aplatissage · aplatissement · écrasement · étirage

laminer *v.tr.* **1 -** étirer · écrouir · **2 -** réduire · diminuer · rogner · **3 -** vaincre · battre à plate(s) couture(s) · écraser · mettre la pâtée à *fam.*

lampadaire *n.m.* · réverbère · bec de gaz *vieilli*

lampe *n.f.* **1 - lampadaire** · applique · globe (lumineux) · lustre · suspension · torche · [petite] lumignon · veilleuse · loupiote *fam.* · **2 -** éclairage · lumière
✦ **lampe à souder** chalumeau

lampée *n.f.* · gorgée · goulée *fam.*

lamper *v.tr.* → **boire**

lampion *n.m.* · lanterne (vénitienne)

lance *n.f.* **1 -** pique · dard · javeline · javelot · pertuisane · **2 -** [Chir.] lancette

lancée *n.f.* · élan · impulsion · [de bateau] erre
✦ **continuer sur sa lancée** courir sur son erre

lancement *n.m.* **1 -** publication · émission · mise en circulation · **2 -** promotion · **3 -** jet · lancer

lance-pierre *n.m. invar.* · fronde

¹**lancer** *v.tr.* **1 -** jeter · catapulter · darder · décocher · déverser · détacher · envoyer · projeter · lâcher · larguer · balancer *fam.* ·

> languissant

2 - donner · appliquer · envoyer · allonger *fam.* · balancer *fam.* · coller *fam.* · ficher *fam.* · filer *fam.* · flanquer *fam.* · foutre *fam.* · **3** - dire · émettre · lâcher · pousser · éructer *péj.* · vomir *péj.* · **4** - déclencher · engager · initier · mettre en branle · mettre en route · mettre en train · mettre sur les rails · mettre sur orbite · **5** - promouvoir · introduire · pousser · patronner

↠ **se lancer** *v.pron.* · s'élancer · fondre · se jeter · plonger · se précipiter

✦ **se lancer dans** **1** - commencer · entamer · entrer dans · plonger dans · **2** - s'aventurer dans · se jeter dans · partir dans · s'embarquer dans *fam.* · s'embringuer dans *fam.*

²**lancer** *n.m.* · jet · lâcher · lancement · projection

lancinant, e *adj.* **1** - obsédant · torturant · **2** - ennuyeux · fatigant · lassant

lanciner *v.tr.* **1** - élancer · **2** - obséder · hanter · poursuivre · tenailler · tourmenter · tracasser · travailler *fam.*

lande *n.f.* · brande · bruyère · garrigue · maquis · pâtis *vieux ou région.*

↝ friche

langage *n.m.* **1** - langue · parler · verbe *lang. biblique* · **2** - discours · paroles · propos · **3** - vocabulaire · code · lexique · terminologie · jargon *péj.* · **4** - sémiotique · gestuelle

lange *n.m.* · couche · maillot

langer *v.tr.* · emmailloter

langoureux, -euse *adj.* · tendre · alangui · amoureux · énamouré · languissant · mourant · transi · languide *littér.*
CONTR. fougueux I vif
↝ languissant

langue *n.f.* **1** - langage · jargon · idiome · parler · **2** - style · **3** - discours · langage · paroles · propos

✦ **langue de terre** isthme · péninsule · presqu'île

✦ **mauvaise langue, langue de vipère** médisant · cancanier · commère

✦ **prendre langue** prendre contact · s'aboucher *vieux ou littér.*

langueur *n.f.* **1** - apathie · indolence · léthargie · mollesse · nonchalance · paresse · somnolence · relâchement · torpeur · **2** - [vieilli] abattement · adynamie · affaiblissement · affaissement · alanguissement · anéantissement · atonie · consomption · dépérissement · dépression · épuisement · marasme *vieilli*

CONTR. activité I animation I ardeur I chaleur I force I vie I vivacité

languide *adj.* **1** - langoureux · alangui · énamouré · transi · **2** - languissant · mourant

languir *v.intr.* **1** - attendre (longuement, vainement) · moisir · sécher · **2** - traîner (en longueur) · stagner · végéter · **3** - [vieux ou littér.] s'ennuyer · se morfondre · **4** - [vieilli] décliner · dépérir · s'étioler

✦ **languir après** désirer · soupirer après

languissant, e *adj.* **1** - langoureux · alangui · énamouré · transi · languide *littér.* · **2** - nonchalant · indolent · mou · **3** - abattu · atone · défaillant · déprimé · faible · somnolent · stagnant · traînant · **4** - morne · ennuyeux · terne

CONTR. actif I ardent – énergique I vif

🕮 languissant, langoureux
Languissant et langoureux comprennent tous deux l'idée d'affaiblissement physique ou psychique. Languissant a beaucoup vieilli appliqué à une personne abattue, sans énergie *(un vieillard languissant, un air languissant)* et langoureux est sorti d'usage dans ce sens. Dans un emploi littéraire ou par plaisanterie, languissant qualifie quelqu'un qui souffre d'être amoureux *(un ton languissant, des soupirs languissants)*. Langoureux, dans les mêmes contextes, se dit par

ironie d'une personne dont l'attitude est souvent affectée *(des yeux langoureux, une pose langoureuse)*. **Langoureux** est plus usuel au figuré *(un rythme langoureux, une chanson langoureuse)*.

lanière *n.f.* • courroie • attache • bretelle • [Équitation] guide • longe • rêne

lanterne *n.f.* **1 -** falot • fanal • [ancienn†] réverbère • **2 -** projecteur • rétroprojecteur • **3 -** [vieux] veilleuse • feu de position • **4 -** campanile
+ **lanterne vénitienne** lampion

lanterner *v.intr.* traîner • s'amuser • flâner • lambiner • musarder • tarder • traîner • baguenauder *vieux*
+ **faire lanterner** faire attendre • faire poireauter *fam.*

lapalissade *n.f.* • évidence • tautologie • truisme

lapidaire *adj.* • concis • bref • court • cursif • laconique • ramassé • succinct
CONTR. verbeux

lapider *v.tr.* • jeter des pierres sur

laps *n.m.*
+ **laps de temps** intervalle (de temps) • moment • période

laquais *n.m.* • valet • domestique • groom • serviteur • larbin *fam., péj.*

laque *n.f.* • vernis

larcin *n.m.* • vol • maraudage • barbotage *fam.* • chapardage *fam.*

larder *v.tr.* **1 -** entrelarder • **2 -** émailler • entrecouper • entremêler • farcir • parsemer • semer • truffer • bourrer *fam.*
+ **larder de coups** cribler • percer • transpercer

largage *n.m.* **1 -** parachutage • **2 -** [fam.] renvoi • vidage *fam.*

¹**large** *adj.*
I **1 -** ouvert • évasé • **2 -** ample • étendu • grand • lâche • spacieux • vaste • **3 -** [sourire] épanoui
II **1 -** abondant • considérable • copieux • important • vaste • **2 -** généreux • fastueux • prodigue • munificent *littér.*
III **1 -** lâche • ample • flou • vague • **2 -** souple • compréhensif • indulgent • libéral • libre • ouvert • tolérant • latitudinaire *péj.* • laxiste *péj.* • coulant *fam.*

¹**large** *n.m.* **1 -** largeur • **2 -** haute mer
+ **gagner, prendre le large** → s'enfuir

largement *adv.* **1 -** abondamment • amplement • beaucoup • copieusement • généreusement • grassement • libéralement • [dépenser] sans compter • **2 - au moins** • au minimum • bien • au bas mot *fam.* • **3 -** [gagner] **sans difficulté** • haut la main • dans un fauteuil *fam.* • les doigts dans le nez *fam.*
CONTR. étroitement ı peu – au plus – de justesse ı de peu

largesse *n.f.* **1 -** générosité • libéralité • prodigalité • munificence *littér.* • **2 -** [souvent plur.] cadeau • bienfait • don • présent
CONTR. avarice

largeur *n.f.* **1 -** large • **2 -** envergure • ampleur • carrure • diamètre • grosseur • **3 -** [de tissu, papier] lé • laize
+ **largeur d'esprit, de vues** compréhension • libéralisme • ouverture d'esprit • tolérance
CONTR. Étroitesse

larguer *v.tr.* **1 -** lancer • déverser • envoyer • jeter • lâcher • laisser tomber • parachuter • balancer *fam.* • **2 -** [les amarres] **détacher** • filer • lâcher • [une voile] déferler • déployer • **3 -** [fam.] abandonner • délaisser • déserter • quitter • droper *fam.* • lâcher *fam.* •

laisser tomber *fam.* • plaquer *fam.* • **4** – [fam.] renvoyer • sacquer *fam.* • vider *fam.* • virer *fam.* • **5** – [fam.] distancer • semer • laisser loin derrière

larme *n.f.* • pleur *vieilli ou littér.*
✦ **une larme de** une goutte de • un doigt de • un soupçon de • une lichette de *fam.*
⋙ **larmes** *plur.* • sanglots • pleurs • [feintes] larmes de crocodile
✦ **en larmes** en pleurs • en sanglot • éploré • larmoyant

🕮 **larmes, pleurs**
On parle indifféremment de **larmes** ou de **pleurs** pour ce qui s'écoule des yeux sous l'effet de la douleur ou d'une émotion *(un visage baigné de larmes/de pleurs)*. **Larmes** est cependant le seul mot courant *(verser des larmes ; éclater, fondre en larmes)*, présent dans des expressions dénotant la joie ou la tristesse, où **pleurs** est exclu *(rire aux larmes, crise de larmes, toucher quelqu'un jusqu'aux larmes)*. **Pleurs** reste vivant pour parler du chagrin des enfants *(faire cesser des pleurs d'enfant)* ou comme équivalent familier de *lamentation (c'est le bureau des pleurs)*.

larmoiement *n.m.* • pleurnichement • pleurnicherie

larmoyant, e *adj.* **1** – éploré • en larmes • en pleurs • en sanglot • sanglotant • **2** – geignard • gémissant • pleurnichard • pleurnicheur

larmoyer *v.intr.* **1** – pleurer • **2** – se plaindre • geindre • gémir • pleurnicher

larvé, e *adj.* **1** – latent • insidieux • rampant • sous-jacent • **2** – embryonnaire • larvaire

las, lasse *adj.* **1** – fatigué • faible • abattu • épuisé • fourbu • recru *littér.* • **2** – dégoûté • blasé • écœuré • ennuyé • excédé • irrité • lassé
CONTR. dispos ı reposé – enthousiaste
🕮 fatigué

lascif, -ive *adj.* **1** – sensuel • amoureux • charnel • érotique • suggestif • voluptueux • **2** – [péj.] impudique • concupiscent • impur • libidineux • lubrique • luxurieux • salace • vicieux
CONTR. chaste ı froid ı réfrigérant

lascivement *adv.* **1** – sensuellement • voluptueusement • **2** – impudiquement • lubriquement

lascivité *n.f.* **1** – sensualité • érotisme • volupté • **2** – impudicité • licence • lubricité • obscénité

lassant, e *adj.* • ennuyeux • fatigant • assommant *fam.* • barbant *fam.* • embêtant *fam.* • rasoir *fam.* • tannant *fam.*

lasser *v.tr.* **1** – ennuyer • impatienter • importuner • assommer *fam.* • barber *fam.* • embêter *fam.* • raser *fam.* • tanner *fam.* • **2** – fatiguer • épuiser • excéder • harasser • **3** – décourager • rebuter • **4** – dégoûter • écœurer
CONTR. amuser ı animer ı encourager ı stimuler – délasser – encourager – enthousiasmer

lassitude *n.f.* **1** – abattement • fatigue • **2** – découragement • désespérance
✦ **par lassitude** de guerre lasse
CONTR. bien-être ı entrain – courage ı enthousiasme

latence *n.f.* • virtualité

latent, e *adj.* **1** – caché • implicite • inexprimé • masqué • profond • secret • sous-entendu • dormant *rare* • **2** – en germe • en gestation • larvé • rampant • sous-jacent
CONTR. apparent ı manifeste ı patent – franc

latéral, e *adj.* **1** – de côté • **2** – indirect • détourné

latex *n.m. invar.* • caoutchouc • gomme

latitude *n.f.* • liberté • champ • facilité • faculté • marge
✦ **avoir toute latitude** avoir le champ libre • avoir les coudées franches • avoir les mains libres • avoir carte blanche • avoir un blanc-seing

latitudinaire *adj.* · laxiste · complaisant
CONTR. étroit ɪ rigoriste

latrines *n.f.pl.* · cabinets · fosse (d'aisances) · vespasienne · feuillées *(Milit.)*

latte *n.f.* · planche

laudateur, -trice *n.* · louangeur · adulateur · apologiste · thuriféraire *littér.*
CONTR. contempteur ɪ critique ɪ détracteur

laudatif, -ive *adj.* · élogieux · complimenteur · flatteur · louangeur · [terme] mélioratif
CONTR. critique

lauréat, e *adj. et n.* · vainqueur · gagnant · [d'un diplôme] impétrant

lavable *adj.* · lessivable

lavabo *n.m.* · lave-mains
⇾ **lavabos** *plur.* · toilettes

lavage *n.m.* 1 - nettoyage · lessivage · 2 - lessive
✦ **lavage de cerveau** conditionnement · endoctrinement · mise en condition

lave-linge *n.m. invar.* · machine à laver · laveuse *Québec*

lavement *n.m.* · purge · clystère *vieux*

laver *v.tr.* 1 - nettoyer · décrasser · décrotter · dégraisser · lessiver · lotionner · savonner · [sans complément] faire la plonge *fam.* · 2 - baigner · débarbouiller *fam.* · ablutionner *littér.* · 3 - enlever · effacer · ôter · 4 - venger · 5 - innocenter · blanchir · décharger · disculper · justifier
⇾ **se laver** *v.pron.* se nettoyer · se débarbouiller · faire sa toilette · se décrasser *fam.* · [les dents] (se) brosser
CONTR. barbouiller ɪ salir ɪ souiller ɪ tacher – accuser ɪ imputer

laverie *n.f.* · blanchisserie · pressing

lavette *n.f.* [fig.] mou · chiffe molle · larve *fam.*

laveur, -euse *n.*
✦ **laveur de vaisselle** plongeur
⇾ **laveuse** *fém.* blanchisseuse · lavandière

laxatif, -ive *adj.* · purgatif · dépuratif · cathartique *littér.*

laxisme *n.m.* · permissivité
CONTR. purisme ɪ rigorisme

laxiste *adj.* permissif · latitudinaire *littér.*
CONTR. puriste ɪ rigoriste

lazzi *n.m.* · moquerie · plaisanterie · pointe · quolibet · raillerie · sarcasme · brocard *littér.*

lé *n.m.* 1 - laize · 2 - bande

leader *n.m.* 1 - chef de file · figure de proue · 2 - meneur · chef · 3 - premier · numéro un

leadership *n.m.* · autorité · commandement · direction · domination · hégémonie · prédominance · prééminence · prépondérance · suprématie

lèche-botte *n.* → flatteur

lécher *v.tr.* 1 - léchouiller *fam.* · licher *vieux, région.* · lichotter *fam., vieux* · 2 - laper · boire · 3 - effleurer · atteindre · 4 - peaufiner · polir · soigner · chiader *fam.* · fignoler *fam.*
✦ **se lécher les babines** se pourlécher · se délecter · savourer
✦ **lécher les bottes de** → flatter

leçon *n.f.* 1 - cours · classe · conférence · répétition · 2 - conclusion · enseignement · instruction · morale · moralité · précepte · 3 -

avertissement · exhortation · réprimande · admonestation *littér.* · **4** - châtiment · correction · punition · **5** - version · lecture · variante
✦ **faire la leçon à** **1** - endoctriner · **2** - chapitrer · gourmander · réprimander · sermonner · admonester *littér.* · morigéner *littér.*

lecteur, -trice *n.* **1** - liseur · bibliophage · papivore *fam.* · **2** - assistant

🕮 **lecteur, liseur**
Le **lecteur** et le **liseur** n'ont pas tout à fait le même rapport à la *lecture*. **Lecteur** est le terme le plus général ; il désigne toute personne qui lit pour apprendre, pour s'informer ou pour se distraire *(un lecteur de revues, un lecteur averti, le courrier des lecteurs dans un journal)* : « L'écrivain contemporain se préoccupe avant tout de présenter à ses lecteurs une image complète de la condition humaine » (Sartre, *Situations*, I). **Liseur**, d'emploi plus restreint, concerne seulement quelqu'un qui lit beaucoup, qui aime lire *(c'est un grand liseur, une liseuse de romans)*.

lecture *n.f.* **1** - décodage · déchiffrage · déchiffrement · décryptage · herméneutique · **2** - consultation · **3** - explication · interprétation

légal, -ale *adj.* **1** - juridique · réglementaire · **2** - légitime · licite · permis · régulier
CONTR. illégal

légalement *adv.* · licitement · réglementairement
CONTR. illégalement

légalisation *n.f.* · officialisation

légaliser *v.tr.* **1** - officialiser · **2** - authentifier · authentiquer · certifier · confirmer · garantir · valider

légalisme *n.m.* · formalisme · juridisme · rigorisme

légaliste *adj. et n.* · formaliste · rigoriste
CONTR. laxiste

légalité *n.f.* **1** - régularité · licéité · **2** - droit · justice

légataire *n.* · héritier · ayant cause

légendaire *adj.* **1** - fabuleux · imaginaire · mythique · **2** - célèbre · connu · fameux · mémorable · notoire *péj.* · proverbial
CONTR. historique ı réel - inconnu

légende *n.f.* **1** - conte · fable · histoire · **2** - mythe · épopée · **3** - folklore · mythologie

🕮 **légende, mythe**
La **légende** raconte une histoire à caractère plus ou moins fabuleux *(la légende de Faust, du roi Arthur ; les contes et les légendes)* ; il peut s'agir d'un récit qui représente des personnages ou des faits considérés comme véridiques mais que l'imagination a complètement déformés *(la légende napoléonienne)*. Le récit du **mythe** est hors de l'histoire ; il concerne seulement des faits imaginaires que la tradition a transmis et la mise en scène d'êtres qui symbolisent des forces physiques, des généralités d'ordre philosophique, etc. *(le mythe d'Adam et Ève, le mythe grec de Sisyphe ; les mythes solaires)*.

léger, -ère *adj.*
I 1 - **petit** · discret · faible · imperceptible · indécelable · indiscernable · infime · insensible · mince · minime · négligeable · ténu · **2** - **sans gravité** · anodin · bénin · [faute] véniel · **3** - **vaporeux** · aérien · délicat · fin · immatériel · arachnéen *littér.*
II 1 - élancé · délié · fin · frêle · gracile · grêle · menu · mince · svelte · **2** - **agile** · alerte · fringant · guilleret · ingambe · leste · sémillant · souple · vif

III 1 - **digeste** · digestible · frugal · sobre · sommaire · **2 - diététique** · allégé · light *anglic.*
IV 1 - **dégagé** · allègre · désinvolte · enjoué · **2 - insouciant** · dissipé · distrait · écervelé · étourdi · évaporé · folâtre · frivole · futile · inattentif · superficiel · folichon *vieilli*
V 1 - **irresponsable** · déraisonnable · imprévoyant · imprudent · inconscient · inconséquent · inconsidéré · irréfléchi · négligent · **2 - insuffisant** · faible · inconsistant · jeune · juste · superficiel
VI 1 - **volage** · coureur · frivole · inconstant · infidèle · cavaleur *fam.* · **2 - dissipé** · dissolu · libertin · **3 - grivois** · badin · égrillard · leste · libre · licencieux · osé
♦ **très léger** léger comme une plume · poids plume *fam.*
♦ **à la légère** inconsidérément · frivolement · futilement · imprudemment · légèrement · avec désinvolture • [traiter] par-dessus la jambe *fam.*
CONTR. épais ı embarrassant ı encombrant – grave ı important – épais ı dense ı fort ı gros – raide ı guindé – indigeste ı pesant – circonspect ı posé ı sérieux – raisonnable ı sévère – constant ı fidèle
∿ **changeant**

légèrement *adv.* 1 - **délicatement** · doucement · en douceur · faiblement · imperceptiblement · **2 - frugalement** · sobrement · **3 - un peu** · superficiellement · vaguement · **4 - inconsidérément** · frivolement · futilement · imprudemment · à la légère • [traiter] par-dessus la jambe *fam.*
CONTR. lourdement ı pesamment – voracement – beaucoup ı très – gravement ı sérieusement

légèreté *n.f.* 1 - **agilité** · grâce · souplesse · **2 - aisance** · facilité · grâce · naturel · **3 - finesse** · délicatesse · gracilité · **4 - insouciance** · désinvolture · frivolité · futilité · imprudence · inconscience · irréflexion · **5 - peu de poids** · finesse · immatérialité · minceur
CONTR. lourdeur ı pesanteur – raideur – circonspection ı componction ı gravité ı prudence ı réflexion ı sérieux – poids

légiférer *v.intr.* 1 - **édicter des lois** · **2 - réglementer** · codifier · régler

légion *n.f.* · cohorte · armada · armée · bataillon · flot · kyrielle · meute · multitude · nuée · quantité · régiment · ribambelle · flopée *fam.* · foultitude *fam.* · tapée *fam.*

législation *n.f.* · loi · droit · textes de loi

légiste *n.* · juriste · jurisconsulte · homme de loi

∿ **légiste, juriste**
Termes du vocabulaire didactique, **légiste** et **juriste** désignent deux spécialités différentes. Le **légiste** est un spécialiste des *lois* : « Cet homme qui légifère en notre nom admet que par exception un innocent soit violenté (...) ; cela ne lui fait ni chaud ni froid à ce légiste » (François Mauriac, *Bloc-notes, 1952-1957*). De sens moins restreint, **juriste** se dit de quelqu'un qui se consacre à la science du droit et en fait profession *(un juriste reconnu, cet avocat est un bon juriste).*

légitime *adj.* 1 - **compréhensible** · à bon droit · admissible · à juste titre · fondé · juste · justifié · motivé · normal · permis · raisonnable · **2 - équitable** · juste · mérité · **3 - légal**
CONTR. arbitraire ı criminel ı déraisonnable ı injuste – illégitime

légitimer *v.tr.* 1 - **reconnaître** · **2 - excuser** · défendre · justifier

légitimité *n.f.* 1 - **bien-fondé** · bon droit · **2 - souveraineté**
CONTR. illégitimité

legs *n.m.* 1 - **héritage** · succession · **2 - donation** · aliénation · don · libéralité · **3 - tradition** · héritage

léguer *v.tr.* · laisser · donner · faire parvenir · transmettre
CONTR. hériter ı recevoir

légume *n.f.*
♦ **grosse légume** notable · gros bonnet *fam.* · huile *fam.* · (grand) ponte *fam.*

leitmotiv n.m. • refrain • couplet • histoire • litanie • rabâchage • rengaine • ritournelle • antienne littér. • chanson fam. • disque fam. • musique fam. • scie vieilli

lémure n.m. • fantôme

lendemain n.m. 1 - avenir • futur • 2 - suite • conséquence • impact • prolongement • répercussion
✦ **sans lendemain** éphémère • fugace • passager

lénifiant, e adj. 1 - apaisant • adoucissant • calmant • lénitif littér. • 2 - rassurant • consolant • optimiste • rassérénant • 3 - amollissant • débilitant
CONTR. irritant - alarmant - tonique

lénifier v.tr. 1 - adoucir • apaiser • assoupir • atténuer • calmer • endormir • modérer • soulager • tempérer • 2 - amollir • débiliter
CONTR. échauffer ı enflammer

lent, e adj. 1 - long • d'une lenteur d'escargot • lambin fam. • 2 - [voix] traînant • 3 - calme • posé • tranquille • 4 - lourd • engourdi • épais • lourdaud • 5 - apathique • alangui • endormi • indolent • mou • nonchalant • pataud
✦ **lent à** long à • qui tarde à
✦ **il a l'esprit lent** il est dur, long à la détente fam. • il a la comprenette difficile fam. • ce n'est pas un foudre de guerre vieilli
CONTR. diligent ı expéditif ı hâtif ı instantané ı prompt ı rapide

lentement adv. 1 - avec lenteur • doucement • au pas • à pas comptés • piano • pianissimo • au ralenti • lento • 2 - graduellement • insensiblement • pas à pas • peu à peu • 3 - posément
✦ **très lentement** comme un escargot • comme une tortue
CONTR. vite

lenteur n.f. 1 - apathie • mollesse • nonchalance • 2 - [d'esprit] épaisseur • lourdeur • pesanteur
⇒ **lenteurs** plur. 1 - atermoiements • barguignage • délais • retards • tergiversations • 2 - longueurs • temps morts
CONTR. activité ı célérité ı diligence ı empressement ı hâte ı promptitude ı rapidité ı vivacité - décision

lentille n.f. 1 - loupe • 2 - verre de contact • 3 - [vieux] grain (de beauté) • lentigo • nævus • tache (de rousseur)

léonin, e adj. • abusif • inique • injuste
CONTR. équitable ı juste

lèpre n.f. [fig.] cancer • gangrène • peste

lépreux, -euse
■ adj. galeux • misérable • miteux • pouilleux
■ n. ladre vieux

léproserie n.f. • lazaret • ladrerie vieux • maladrerie vieux

lesbianisme n.m. • saphisme • tribadisme vieux ou littér.

lesbien, -ienne
■ adj. saphique
■ n.f. homosexuelle • invertie • gomorrhéenne littér. • tribade vieux ou littér. • gouine fam., injurieux

léser v.tr. 1 - désavantager • défavoriser • desservir • frustrer • nuire à • porter préjudice à • faire du tort à • 2 - blesser • attaquer • atteindre • endommager • toucher
CONTR. avantager

lésiner v.intr. • économiser • épargner • regarder à la dépense • rogner • chicaner fam. • mégoter fam.

lésion n.f. 1 - blessure • contusion • dégénérescence • ecchymose • engelure • hématome · inflammation · nécrose · plaie · trauma · ulcération · **2 -** **dommage** · préjudice · tort

lessive *n.f.* **1 -** **blanchissage** · lavage · nettoyage · **2 - linge** · **3 - détergent** · détersif · poudre à laver · **4 -** [fam.] **épuration** · purge · coup de balai

lessiver *v.tr.* **1 - laver** · blanchir · nettoyer · **2 -** [fam.] → **fatiguer** · **3 -** [fam.] → **dépouiller**

lest *n.m.* · charge · estive *anciennt*

leste *adj.* **1 - preste** · agile · alerte · allègre · dégagé · dispos · fringant · gaillard · guilleret · léger · prompt · rapide · vert · vif · allant *littér.* · **2 - cavalier** · désinvolte · hardi · irrespectueux · irrévérencieux *littér.* · **3 - cru** · coquin · égrillard · épicé · gaillard · gaulois · grivois · hardi · libertin · libre · licencieux · osé · poivré · polisson · salé
CONTR. lourd ׀ lourdaud ׀ maladroit – grave ׀ respectueux ׀ sérieux – réservé

lestement *adv.* · alertement · agilement · légèrement

lester *v.tr.* **1 - charger** · alourdir · plomber · **2 -** [l'estomac] **remplir**
CONTR. alléger ׀ délester

léthargie *n.f.* **1 - apathie** · assoupissement · atonie · engourdissement · inaction · inertie · langueur · nonchalance · prostration · somnolence · torpeur · **2 - catalepsie** · mort apparente · **3 - marasme** · paralysie · stagnation
CONTR. activité ׀ vitalité

lettre *n.f.* **1 - caractère** · signe · graphème (Ling.) · **2 - message** · billet · dépêche · écrit · mot · pli · missive *littér.* · épître *littér. ou Bible* · bafouille *fam.* · [en prison] biffeton *argot* · [par avion] aérogramme
✦ **lettre de change** effet (de commerce) · billet à ordre · traite
✦ **lettre papale** bref · bulle · encyclique · rescrit
✦ **à la lettre, au pied de la lettre** **1 - au sens étroit, strict** · dans son sens littéral · au premier degré · stricto sensu · **2 - exactement** · proprement · véritablement · **3 - littéralement** · mot à mot · mot pour mot · textuellement · **4 - rigoureusement** · scrupuleusement · strictement
✦ **en toutes lettres** explicitement · noir sur blanc
» **lettres** *plur.* littérature · humanités *littér.*
✦ **avoir des lettres** être cultivé · être érudit · avoir du bagage *fam.*

🙢 **lettre, épître**

Lettre et **épître** désignent indifféremment un écrit que l'on adresse à quelqu'un pour lui communiquer un fait, des sentiments, etc. **Lettre** est le terme général et courant *(affranchir, expédier, lire une lettre ; répondre à une lettre ; papier à lettres ; une lettre d'affaires, d'amour, d'invitation).* **Épître** est d'emploi littéraire pour une lettre assez longue, et didactique pour une lettre en prose écrite par un auteur de l'Antiquité *(les épîtres de Cicéron)* ou pour un genre littéraire constitué de lettres en vers *(les épîtres de Voltaire). Épistolaire,* de la même famille qu'**épître**, est plus courant et correspond à la fois aux emplois de **lettre** et d'**épître**, alors que *littéraire* renvoie à d'autres sens de **lettre**.

lettré, e *adj. et n.* · cultivé · érudit · savant · docte *littér.*
CONTR. inculte ׀ ignare ׀ ignorant

leurre *n.m.* **1 - appât** · amorce · appeau · piège · **2 - tromperie** · artifice · feinte · illusion · imposture · mystification · supercherie · miroir aux alouettes · poudre aux yeux · duperie *littér.* · poudre de perlimpinpin *fam.* · attrape-nigaud *fam.* · pipeau *fam.*

leurrer *v.tr.* **abuser** · attraper · berner · décevoir · duper · endormir · enjôler · mystifier · tromper · avoir *fam.* · bluffer *fam.* · embobiner *fam.* · pigeonner *fam.* · rouler *fam.* · mener en bateau *fam.* · rouler dans la farine *fam.* · embabouiner *fam., vieux*

⇒ **se leurrer** *v.pron.* s'illusionner · s'abuser · se faire des illusions · se méprendre · se mettre le doigt dans l'œil (jusqu'au coude) *fam.* · se monter la tête *fam.* · se raconter des histoires *fam.*

CONTR. désabuser ι détromper – être lucide

↪ **tromper**

levain *n.m.* 1 – levure · 2 – ferment · germe

levant *n.m.* · est · orient

CONTR. couchant – occident ι ouest ι ponant

↪ **est**

levé, e
- *adj.* debout
- *n.m.* lever · plan

CONTR. couché

levée *n.f.*
I digue · banc · banquette · chaussée · remblai · talus
II 1 – disparition · dissipation · 2 – arrêt · cessation · fin · interruption · suppression · suspension
III 1 – récolte · collecte · perception · 2 – enlèvement · ramassage
IV enrôlement · appel aux armes · mobilisation · recrutement
V [Cartes] main · pli
+ **levée de boucliers** protestation · révolte
+ **levée d'écrou** libération

¹**lever**
- *v.tr.* 1 – soulever · élever · dresser · hausser · enlever · hisser · monter · redresser · relever · soulever · 2 – dessiner · dresser · 3 – supprimer · abolir · annuler · effacer · enlever · écarter · ôter · retirer • [des difficultés] aplanir · 4 – arrêter · faire cesser · interrompre · mettre fin à · suspendre · 5 – découper · couper · pré-lever · 6 – percevoir · collecter · prélever · ramasser · recueillir · 7 – enrôler · mobiliser · recruter · 8 – [fam.] → **séduire**
- *v.intr.* 1 – fermenter · gonfler · 2 – [plante] pousser

⇒ **se lever** *v.pron.* 1 – se mettre debout · 2 – se dresser · monter · 3 – apparaître · arriver · commencer · germer · naître · pointer · surgir · montrer le bout de son nez · 4 – disparaître · se dissiper · 5 – se dégager · s'éclaircir

²**lever** *n.m.* levé · plan
+ **lever du jour** aube · aurore · point du jour · matin
+ **au lever** au saut du lit

lève-tôt *adj. et n. invar.* · matinal

CONTR. lève-tard

levier *n.m.* commande · manette · pédale
+ **faire levier** peser

lèvre *n.f.* 1 – [inférieure] lippe · 2 – [d'une plaie] bord

⇒ **lèvres** *plur.* · bouche · babines *fam.* · badigoinces *fam., vieux*

levure *n.f.* 1 – ferment · 2 – levain

lexique *n.m.* 1 – vocabulaire · nomenclature · terminologie · jargon *péj.* · 2 – dictionnaire · glossaire · index
↪ **dictionnaire**

lézarde *n.f.* · fente · brèche · crevasse · fêlure · fissure

¹**lézarder** *v.tr.* · crevasser · disjoindre · fendiller · fendre · fissurer

²**lézarder** *v.intr.* [fam.] paresser · se dorer au soleil

liaison *n.f.* 1 – relation · communication · contact · fréquentation · lien · 2 – aventure

(amoureuse) · flirt · histoire · passade · relation · **3 -** **corrélation** · connexion · correspondance · dépendance · fil conducteur · filiation · interdépendance · jonction · lien · rapport · relation · **4 -** **enchaînement** · association · cohérence · contiguïté · continuité · succession · suite · transition
✦ **liaison fautive, vicieuse** cuir · pataquès · velours
✦ **en liaison avec** **1 -** **en accord avec** · en ligne avec · **2 -** **en communication avec** · en contact avec · en relation avec

CONTR. rupture ׀ séparation

liant, e

■ *adj.* **engageant** · affable · aimable · doux · sociable · amène *littér.*

■ *n.m.* **1 -** **agglomérant** · agglutinant · **2 -** **affabilité** · aménité *littér.*

CONTR. cassant ׀ sec – brusquerie ׀ hauteur

↝ **sociable**

libation *n.f.* · offrande · sacrifice

⋙ **libations** *plur.* · beuverie

libelle *n.m.* · pamphlet · satire · diatribe · factum *littér.*

CONTR. apologie ׀ éloge

libellé *n.m.* · formule · formulation · rédaction

libeller *v.tr.* · écrire · rédiger · remplir

libéral, e *adj.* **1 -** **tolérant** · compréhensif · large d'esprit · ouvert · **2 -** **généreux** · large · prodigue · munificent *littér.* · **3 -** **antiprotectionniste**

CONTR. autocrate ׀ dictatorial ׀ dirigiste ׀ fasciste ׀ totalitaire – avare – protectionniste

libéralement *adv.* · abondamment · généreusement · largement

libéralisme *n.m.* **1 -** **tolérance** · largeur d'esprit · ouverture d'esprit · **2 -** **capitalisme** (privé)

CONTR. intolérance – absolutisme ׀ despotisme ׀ dirigisme ׀ étatisme ׀ socialisme

libéralité *n.f.* **1 -** **générosité** · charité · largesse · prodigalité · magnificence *littér.* · munificence *littér.* · **2 -** [surtout plur.] **cadeau** · aumône · bienfait · don · donation · générosité · gratification · largesse · legs

CONTR. avarice

libérateur, -trice *n. et adj.* **1 -** **sauveur** · **2 -** **émancipateur**

CONTR. oppresseur ׀ tyran

libération *n.f.* **1 -** **remise en liberté** · élargissement · **2 -** **affranchissement** · dégagement · délivrance · émancipation · **3 -** **déréglementation** · dérégulation · **4 -** **soulagement** · délivrance

CONTR. détention ׀ emprisonnement ׀ incarcération – asservissement ׀ assujettissement ׀ esclavage – réglementation ׀ régulation

libéré, e *adj.* **1 -** **affranchi** · émancipé · **2 -** **libre**

libérer *v.tr.* **1 -** **délivrer** · élargir · relâcher · relaxer · sortir, tirer de prison • [par mesure spéciale] amnistier · gracier · **2 -** [des troupes] **démobiliser** · **3 -** **affranchir** · déchaîner · dégager · délier · émanciper · briser le joug de *littér.* · rompre les chaînes de *littér.* · **4 -** **dégager** · débarrasser · déblayer · désencombrer · évacuer · **5 -** **débloquer** · décoincer · dégager · extirper · **6 -** [d'une charge] **décharger** · débarrasser · dégager · délivrer · dispenser · éviter à · exempter · exonérer · relever · tenir quitte · soulager · soustraire

⋙ **se libérer** *v.pron.* **1 -** **se rendre disponible** · se dégager · **2 -** **devenir vacant** · **3 -** **s'affranchir** · s'émanciper · rompre ses liens, ses chaînes

✦ **se libérer de** 1 – s'affranchir de · s'émanciper de · secouer · se soustraire à · 2 – (s')acquitter (de) · payer · liquider

CONTR. arrêter ı capturer ı détenir ı emprisonner ı garder – mobiliser – asservir – envahir ı occuper – retenir

libertaire *adj. et n.* · anarchiste · anticonformiste

liberté *n.f.* 1 – autonomie · indépendance · franchise *vieux* · 2 – disponibilité · loisir · temps (libre) · 3 – latitude · autorisation · facilité · faculté · loisir · permission · possibilité · pouvoir · licence *littér.* · 4 – franchise · franc-parler · hardiesse · 5 – désinvolture · familiarité · laisser-aller · laxisme · permissivité · sans-gêne · 6 – aisance · jeu · souplesse
✦ **liberté de jugement** libre arbitre
✦ **(re)mise en liberté** libération · élargissement · relaxe
✦ **avoir toute liberté** avoir toute latitude · avoir le champ libre · avoir les coudées franches · avoir les mains libres · avoir carte blanche · avoir un blanc-seing
✦ **prendre la liberté de** se permettre de · prendre le droit de · s'autoriser à
⋙ **libertés** *plur.* licences · audace · familiarités · hardiesse · privautés

CONTR. captivité ı dépendance ı esclavage ı servitude – contrainte ı défense ı entrave ı interdiction ı obligation – confusion ı gêne ı raideur

libertin, e
■ *adj.* 1 – débauché · déréglé · dévergondé · dissolu · licencieux · 2 – leste · coquin · gaillard · galant · grivois · osé · polisson · 3 – [vieux] impie · incrédule · irréligieux
■ *n.* 1 – jouisseur · coureur · débauché · 2 – libre penseur · esprit fort

CONTR. ascète ı ascétique ı dévot ı sérieux ı vertueux

libertinage *n.m.* 1 – galanterie · 2 – immoralité · débauche · vice · licence *littér.* · dissolution *littér. ou vieilli* · 3 – débordements · dérèglements · dévergondage · frasques · 4 – [vieux] athéisme · impiété · incrédulité · irréligion · libre pensée

CONTR. chasteté ı pureté ı vertu

libidineux, -euse *adj.* 1 – lascif · sensuel · 2 – licencieux · impudique · lubrique · salace · vicieux

CONTR. chaste

libido *n.f.* · appétit sexuel · désir

libre *adj.*
I disponible · dégagé · inoccupé · vacant · vide
II 1 – autonome · affranchi · indépendant · souverain · 2 – volontaire · délibéré
III permis · autorisé · possible
IV 1 – accessible · dégagé · 2 – [entrée] gratuit · 3 – [cheveux] flottant · détaché
V 1 – dégagé · aisé · désinvolte · facile · léger · libéré · 2 – familier · cavalier · désinvolte · 3 – spontané · franc · 4 – coquin · cru · égrillard · épicé · gaillard · gaulois · graveleux · grivois · guilleret · hardi · inconvenant · leste · libertin · licencieux · osé · pimenté · polisson · salé
✦ **libre de** déchargé de · affranchi de · dégagé de · dispensé de · exempt de · exempté de · exonéré de · libéré de
✦ **laisser libre** laisser la bride sur le cou de
✦ **libre arbitre** indépendance · liberté de jugement
✦ **libre penseur** athée · agnostique · esprit fort · incrédule · irréligieux · mécréant *vieilli ou plaisant* · non-croyant · libertin *vieux*

CONTR. pris ı occupé ı réservé ı retenu – opprimé ı esclave ı captif ı soumis – défendu ı interdit ı réglementé – payant – attaché – gêné ı empêché ı forcé – respectueux – sérieux – apprêté

⁓ disponible

⁓ **libre, autonome, indépendant**

Libre, autonome et indépendant se rapportent à une relation de subordination entretenue avec autrui. Autonome s'applique à celui qui construit ses propres règles *(il travaille pour être autonome)* et concerne également des populations qui se gouvernent totalement ou partiellement selon leurs propres lois *(la Catalogne est une région* autonome en Espagne, sans être indépendante). Être **indépendant**, en effet, suppose l'absence de subordination politique *(un État indépendant)*. **Indépendant** qualifie aussi une personne *(être indépendant des autres)* qui, en particulier, ne supporte aucune contrainte extérieure *(être indépendant de caractère, d'esprit)*. **Libre** se dit de quelqu'un qui a entièrement le pouvoir de décider et d'agir par lui-même *(ses parents le laissent libre de choisir ses études)*. Il s'emploie de manière analogue pour des choses *(des mouvements libres)* et, en particulier, à propos d'un pays *(un peuple, une nation libre)*.

librement *adv.* **1 - de plein gré** · volontairement · **2 - franchement** · à cœur ouvert · ouvertement · sans détour · **3 - familièrement** · **4 - sans entrave**

librettiste *n.* · parolier

lice *n.f.* **1 - carrière** · arène · **2 -** [anciennt] palissade

licence *n.f.*
I **1 - permis** · autorisation · droit · permission · **2 - liberté** (d'action) · latitude
II **1 - libertinage** · débauche · débordement · dérèglement · désordre · dévergondage · excès · immoralité · impudicité · inconduite · luxure · **2 - grivoiserie**
CONTR. entrave ı formalité – décence ı retenue

licenciement *n.m.* **1 - renvoi** · congédiement · destitution · mise à pied · révocation · départ *euph.* · **2 -** [au plur.] **dégraissage** *fam.* · charrette *fam.*

licencier *v.tr.* **1 - congédier** · chasser · débaucher · destituer · limoger · mettre à pied · mettre à la porte · mettre au chômage · remercier · renvoyer · révoquer · balancer *fam.* · débarquer *fam.* · dégommer *fam.* · lourder *fam.* ·

sabrer *fam.* · sacquer *fam.* · vider *fam.* · virer *fam.* · [un domestique] donner son compte, ses huit jours à · **2 -** [effectifs] **dégraisser** *fam.*
CONTR. embaucher ı recruter

licencieux, -ieuse *adj.* **1 - leste** · audacieux · croustillant · cru · égrillard · épicé · érotique · gaillard · gaulois · gras · graveleux · grivois · immodeste · inconvenant · indécent · léger · libre · pimenté · poivré · polisson · salé · scabreux · vert · raide *fam.* · **2 - dévergondé** · dépravé · déréglé · désordonné · effronté · immoral · impudique · libertin · libidineux · luxurieux *littér.*
CONTR. chaste ı honnête ı pudique

licite *adj.* · permis · admis · autorisé · légal · possible · toléré
CONTR. défendu ı illicite

lie *n.f.* **1 - dépôt** · résidu · **2 - rebut** · bas-fond · racaille
CONTR. élite ı gratin

lié, e *adj.* **1 - relié** · connexe · coordonné · imbriqué · interdépendant · joint · solidaire · uni · **2 - familier** · intime · proche

lien *n.m.*
I **1 - attache** · corde · cordon · courroie · ficelle · ligature · sangle · **2 -** [au plur.] **chaînes** · entraves · fers
II **1 - corrélation** · connexion · correspondance · filiation · rapport · rapprochement · relation · **2 - cohérence** · continuité · enchaînement · fil conducteur · liaison · suite · **3 - intermédiaire** · passerelle · trait d'union
III **1 - relation** · liaison · accointance *vieilli* · **2 - affinité** · attachement · attache · point commun
CONTR. rupture ı séparation

lier *v.tr.*
I **1 - nouer** · attacher · enchaîner · fixer · joindre · relier · unir · **2 - ficeler** · botteler · **3 - ligoter** · attacher · ficeler · garrotter

II engager · assujettir · astreindre · attacher · obliger
III associer · faire dépendre de · faire le lien avec · rattacher · relier · faire le rapprochement entre
≫ se lier v.pron. sympathiser · fraterniser · s'aboucher littér. · s'accointer littér., péj. · s'acoquiner péj.
CONTR. délier | couper | délivrer | détacher | rompre | séparer
↝ joindre

liesse n.f. · réjouissance · allégresse · exultation · gaieté · joie

¹lieu n.m. 1 - endroit · espace · site · coin fam. • [d'un drame, etc.] scène · 2 - emplacement · place · point · position
✦ lieu sûr   abri · cachette · planque fam.
✦ lieu d'habitation   domicile · résidence
✦ lieu commun   1 - banalité · généralité · tarte à la crème fam. · trivialité littér. ou vieux · 2 - cliché · idée rebattue, reçue · poncif · stéréotype
✦ en un autre lieu   ailleurs
✦ dans un autre lieu   autre part
✦ sur les lieux   sur place
✦ haut lieu   Mecque
✦ en dernier lieu   enfin · pour terminer
✦ au lieu de   1 - pour · à la place de · 2 - à défaut de · faute de · 3 - bien loin de · plutôt que de
✦ au lieu que   1 - alors que · là où · tandis que · 2 - loin que
✦ avoir lieu   1 - arriver · s'accomplir · se produire · se réaliser · 2 - se tenir · se dérouler · s'opérer · se passer • [cérémonie] se célébrer
✦ avoir lieu de   1 - avoir l'occasion de · avoir sujet de · 2 - avoir le droit de
✦ il y a lieu de   il convient de · il faut · il est opportun de · c'est le cas de
✦ s'il y a lieu   le cas échéant · si nécessaire
✦ donner lieu à   occasionner · causer · créer · entraîner · être l'occasion de · produire · provoquer · susciter
✦ donner lieu de   autoriser · permettre · donner matière à
✦ tenir lieu de   remplacer · faire fonction de · faire office de · servir de · suppléer à · valoir

↝ lieu, endroit, place
Lieu, endroit et place partagent l'idée de partie déterminée que l'on considère dans un espace. Lieu est le terme le plus général (un lieu très éloigné, mythique). Il se trouve dans les mêmes contextes qu'endroit (un lieu/un endroit précis, quelconque ; un lieu/un endroit agréable, désert, dangereux), mais il a une valeur plus abstraite d'où son emploi dans les contextes administratifs (lieu de naissance, de mort ; sur son lieu de travail). Endroit se dit pour une partie localisée de quelque chose (asseyez-vous à cet endroit), en particulier d'un ouvrage (à quel endroit du livre avez-vous lu cela ?), et peut s'utiliser à propos d'une personne (appuyer sur l'endroit sensible). Avec une valeur générale, place est archaïque en emploi libre et seulement usité en locution (de place en place). Place est en revanche courant pour désigner l'endroit qu'une personne occupe ou peut occuper (quitter, regagner sa place) et celui où elle se trouve (rester à la même place).

²lieu n.m. · colin · merlu

lieutenant n.m. · adjoint · aide · assistant · alter ego · bras droit · second

lifting n.m. 1 - déridage · lissage recomm. offic. · remodelage recomm. offic. · 2 - toilettage

ligature n.f. 1 - lien · attache · 2 - nœud

ligaturer v.tr. · attacher · lier

lignage n.m. · lignée · descendance · extraction · famille · filiation · naissance · nom · race · sang · souche

ligne n.f.
I 1 - trait · droite · courbe · raie · **2 - contour** · dessin · forme · galbe · modelé · profil · délinéament *littér.* · linéament *littér.* · **3 -** silhouette · allure · **4 - ride**
II 1 - limite · démarcation · front · frontière · séparation · **2 - rangée** · alignement · bordure · cordon · file · rang · rideau
III [politique, etc.] orientation · axe · direction · voie
IV [de transport] liaison · connexion · voie
V [de produits] gamme
VI filiation · descendance · lignée · parenté
VII fil à pêche

- **ligne de conduite** axe · principe(s) · règle de conduite
- **en ligne droite** à vol d'oiseau
- **sur la même ligne** au même niveau · au même plan · sur le même rang
- **dans les grandes lignes** en gros · grosso modo · sommairement
- **entre les lignes** en filigrane
- **hors ligne** exceptionnel · de grande valeur · émérite · extraordinaire · hors pair · remarquable · sans pareil · supérieur
- **monter en ligne** aller, monter au front · monter à l'assaut

lignée n.f.
1 - descendance · filiation · ligne · postérité · **2 - famille** · dynastie · extraction · lignage · maison · naissance · race · sang · souche

ligoter v.tr.
attacher · enchaîner · entraver · ficeler · garrotter · lier

ligue n.f.
1 - alliance · association · coalition · confédération · front · fédération · groupement · organisation · union · **2 - faction** · bande · parti

liguer v.tr.
allier · associer · coaliser · fédérer · grouper · organiser · unir

  » **se liguer** v.pron. s'allier · s'associer · se coaliser · comploter · se conjurer · se fédérer · se grouper · s'organiser · s'unir
  CONTR. désunir

ligueur, -euse n.
· conjuré · factieux

lilliputien, -ienne adj. et n.
1 - minuscule · microscopique · **2 - nain**

limace n.f.
· loche · limaçon

limaçon n.m.
1 - colimaçon · escargot · **2 -** [fam.] mollasson · limace *fam.*

lime n.f.
· râpe • [sortes] carreau · carrelet · carrelette · demi-ronde · fraise · queue-de-rat · riflard · rifloir · tiers-point

limer v.tr.
1 - polir · ébarber · **2 - élimer** · râper · user · **3 -** [vieilli] parfaire · ciseler · peaufiner · polir · fignoler *fam.* · lécher *fam.* · peigner *fam.*

  ~ **limer, polir**
  Limer s'emploie pour parler de ce que l'on travaille, use avec la *lime (limer du fer, ses ongles)*. Polir se dit de l'étape suivante d'une tâche analogue : il s'agit de rendre lisse, uni par un frottement plus ou moins prolongé *(polir des verres de lunettes ; une machine à polir)*. Dans l'usage figuré, seul **polir** est resté vivant quand on parle de mettre la dernière main à un travail intellectuel pour le parfaire *(polir un discours, un texte)*.

limier n.m.
· détective · enquêteur · espion · inspecteur (de police)

liminaire adj.
· initial · premier

limitatif, -ive adj.
· restrictif

limitation n.f.
1 - bornage · délimitation · démarcation · **2 - restriction** · contingentement · contrôle · limite
CONTR. extension ı généralisation

limite n.f.
I 1 - extrémité · bord · bout · confins · [d'un bois] lisière · orée · **2 - démarcation** · frontière · séparation

II 1 - **borne** · barrière · bordure · enceinte · 2 - **cadre** · contour · domaine · mesure · périmètre · sphère
III **fin** · terme
IV **maximum** · extrême
✦ **limite supérieure**   maximum · plafond · seuil
✦ **limite inférieure**   minimum · plancher · seuil
✦ **être à la limite de**   frôler · friser
✦ **sans limites**   1 - absolu · sans bornes · 2 - démesuré · sans entrave · sans frein · sans mesure · sans restriction
⋙ **limites** *plur.* · possibilités · capacités · moyens

   🕮 limite, terme, borne

   Limite, terme et borne sont relatifs à ce qui circonscrit quelque chose. Limite s'emploie pour ce qui sépare deux territoires contigus, de quelque dimension qu'ils soient *(les limites d'un terrain, d'un État ; un fleuve qui sert de limite ; marquer, tracer les limites)*. Limite se dit également pour le commencement ou la fin d'un espace de temps *(dans les limites de mon intervention ; être atteint par la limite d'âge)*. La **borne** sert à marquer une limite sur un terrain *(poser, déplacer une borne)*. Le mot est littéraire au pluriel quand on parle d'un pays *(les bornes d'un territoire)* ou avec une valeur abstraite *(les bornes de la raison)*, mais il est courant dans des expressions comme *franchir, dépasser les bornes*. Terme s'emploie avec une valeur temporelle *(mettre un terme à une discussion, à sa vie)*, en particulier en parlant du dernier élément d'une durée *(le terme d'un voyage, arriver à son terme)*.

limité, e *adj.* 1 - **borné** · étroit · simpliste · qui a des œillères · qui ne voit pas plus loin que le bout de son nez *fam.* · 2 - **sommaire** · superficiel · 3 - **réduit** · restreint · 4 - **fini**
CONTR. illimité ı infini

limiter *v.tr.* 1 - **borner** · circonscrire · délimiter · renfermer · 2 - **restreindre** · contingenter · diminuer · freiner · mesurer · modérer · rationner · réduire · 3 - **entraver** · 4 - **terminer** · arrêter

⋙ **se limiter** *v.pron.* se restreindre
✦ **se limiter à**   se borner à · se cantonner à · se contenter de · s'en tenir à · se restreindre à
CONTR. étendre ı généraliser – favoriser

limitrophe *adj.* 1 - **frontalier** · limite · périphérique · 2 - **contigu** · adjacent · attenant · proche · voisin

limoger *v.tr.* · démettre · casser · chasser · se débarrasser de · disgracier · destituer · mettre à pied · relever de ses fonctions · renvoyer · révoquer · se séparer de · balancer *fam.* · débarquer *fam.* · dégommer *fam.* · sacquer *fam.* · vider *fam.* · virer *fam.*

limon *n.m.* · dépôt · alluvions · boue · vase · bourbe *littér.*
🕮 boue

limonade *n.f.* · soda

limpide *adj.* 1 - **clair** · cristallin · diaphane · pur · translucide · transparent · 2 - **compréhensible** · clair · intelligible · lumineux · simple · clair comme de l'eau de roche *souvent iron.* · 3 - **franc**
CONTR. opaque ı trouble – obscur
🕮 clair

limpidité *n.f.* 1 - **clarté** · brillance · netteté · pureté · transparence · 2 - **intelligibilité** · accessibilité · clarté · lisibilité
CONTR. obscurité – opacité

lin *n.m.* · fil *vieux*

linceul *n.m.* · suaire · drap

linéaire *n.m.* · rayonnage · présentoir

linge *n.m.* toile · tissu

✦ **linge (de corps)** sous-vêtements · dessous · lingerie

lingerie *n.f.* **1** - dessous · sous-vêtements · **2** - buanderie · **3** - bonneterie

lingot *n.m.* · barre

liniment *n.m.* · baume · onguent · pommade

linotte *n.f.*
✦ **tête de linotte** étourdi · écervelé · étourneau · tête en l'air

linteau *n.m.* · architrave · poitrail · sommier

liquéfaction *n.f.* **1** - condensation · **2** - fusion · **3** - désagrégation · dissolution
CONTR. solidification ı vaporisation

liquéfier *v.tr.* **1** - condenser · **2** - fondre
➢➢➢ **se liquéfier** *v.pron.* **1** - fondre · **2** - s'amollir
CONTR. solidifier

liqueur *n.f.* · alcool · digestif · eau-de-vie · spiritueux

liquidation *n.f.* **1** - règlement · **2** - braderie · solde · **3** - réalisation · vente · **4** - [fam.] élimination · meurtre
✦ **liquidation judiciaire** faillite · dépôt de bilan · règlement judiciaire

liquide
■ *adj.* fluide
■ *n.m.* **1** - fluide · solution · **2** - boisson · **3** - espèces · numéraire · liquidités
CONTR. épais ı solide – gaz ı solide

liquider *v.tr.*
I **1** - réaliser · vendre · **2** - régler · partager · **3** - solder · brader · bazarder *fam.*
II [fam.] **1** - se débarrasser de · en finir avec · expédier · régler · terminer · **2** - terminer · faire un sort à · **3** - tuer · abattre · se débarrasser de · se défaire de · éliminer · supprimer · envoyer dans l'autre monde *fam.* · zigouiller *fam.*
CONTR. acquérir

liquoreux, -euse *adj.* · doux · doucereux · sirupeux

lire *v.tr.* **1** - déchiffrer · décoder · décrypter · **2** - réciter · dire · prononcer · **3** - compulser · consulter · **4** - bouquiner *fam.* **5** - interpréter · expliquer · **6** - pénétrer · découvrir · discerner
✦ **lire rapidement, en diagonale** feuilleter · parcourir · survoler

liseré *n.m.* · bordure · passepoil

liseron *n.m.* · belle-de-jour · convolvulus

liseur, -euse *n.* · lecteur
➴ lecteur

lisibilité *n.f.* · clarté · intelligibilité
CONTR. illisibilité

lisible *adj.* **1** - déchiffrable · décodable · décryptable · **2** - compréhensible · clair · intelligible
CONTR. illisible – incompréhensible

lisière *n.f.* · bord · bordure · extrémité · frontière · limite · orée
CONTR. centre ı milieu

lisse *adj.* **1** - égal · plat · uni · **2** - poli · **3** - glabre · imberbe
CONTR. âpre ı granuleux ı inégal ı ridé ı mat ı rugueux ı poilu ı barbu

lisser *v.tr.* **1** - aplanir · aplatir · **2** - défriper · déchiffonner · défroisser • [Techn.] calandrer · **3** - lustrer · polir
CONTR. froisser – craqueler

liste *n.f.* **1** - énumération · dénombrement · inventaire · recensement · **2** - relevé · bordereau · catalogue · état · inventaire · nomenclature · répertoire · **3** - index · répertoire · table • [de lauréats] palmarès
↪ **nomenclature**

lit *n.m.* **1** - couche *littér.* · dodo *lang. enfants* · paddock *fam.* · page *fam.* · pageot *fam.* · pieu *fam.* · plumard *fam.* · plume *fam.* · pucier *fam.* · sac à puce *fam.* • [de bébé] berceau • [sommaire] couchette · natte · paillasse · **2** - tapis · matelas · **3** - dépôt · couche · strate · **4** - cours · ravin · ravine
✦ **se mettre au lit**   **1** - se coucher · se mettre, se glisser dans les draps · se bâcher *pop.* · se mettre dans les bâches *pop.* · se mettre dans les toiles *pop.* · se pagnoter *pop.* · se plumarder *pop.* · mettre la viande dans le torchon *pop.* · **2** - [malade] s'aliter
✦ **garder le lit**   garder la chambre · rester couché · rester alité

litanie *n.f.* **1** - chant · prière · antienne *littér.* · **2** - rabâchage · couplet · histoire · leitmotiv · refrain · rengaine · scie · antienne *littér.* · chanson *fam.* · disque *fam.*

liteau *n.m.* · tasseau

lithographie *n.f.* · gravure · estampe · litho *fam.*

litière *n.f.* **1** - civière · **2** - [anciennt] palanquin

litige *n.m.* **1** - affaire · cause · procès · **2** - conflit · contestation · controverse · démêlé · différend · dispute · discussion

litigieux, -ieuse *adj.* **1** - contentieux · contestable · contesté · **2** - douteux

litote *n.f.* · euphémisme · atténuation
CONTR. hyperbole

littéral, e *adj.* **1** - exact · propre · (au sens) strict · **2** - textuel · à la lettre · mot à mot
CONTR. figuré | symbolique

littéralement *adv.* **1** - à la lettre · mot à mot · textuellement · **2** - véritablement

littérateur *n.m.* · auteur · écrivain · homme de lettres · écrivassier *péj.* · plumitif *péj.*

littérature *n.f.* · lettres · belles-lettres *vieux*

littoral *n.m.* · bord de mer · côte · rivage

liturgie *n.f.* · rite · cérémonial · culte · rituel

livide *adj.* **1** - blafard · blanc (comme un linge, comme un cachet d'aspirine) · blême · pâle · hâve *littér.* · **2** - cadavérique · cireux · exsangue · plombé · terreux · verdâtre · vitreux · cadavéreux *littér.*
↪ **pâle**

living(-room) *n.m.* · salle (de séjour) · séjour · studio · vivoir *Québec ou vieux*

livraison *n.f.* **1** - remise · délivrance · fourniture · **2** - fascicule · numéro

livre *n.m.* **1** - volume · édition · écrit · ouvrage · texte · bouquin *fam.* • [de magie ou plaisant] grimoire · **2** - tome · partie
✦ **livre de classe**   manuel (scolaire)
✦ **livre de chevet**   bréviaire · bible
✦ **livre de messe**   missel · paroissien
⇒ **livres** *plur.* registre · comptabilité

livrer *v.tr.* **1** - remettre · délivrer · donner · fournir · porter · procurer · **2** - [à la justice] déférer · confier · remettre · **3** - exposer · communiquer · confier · dévoiler · révéler · **4** - dénoncer · trahir · vendre · donner *fam.*

≫ **se livrer** v.pron. **1 - se rendre** · se constituer prisonnier · **2 - se confier** · s'abandonner · s'épancher · s'ouvrir · ouvrir son cœur · se déboutonner fam.

♦ **se livrer à 1 - procéder à** · exécuter · pratiquer · **2 - s'adonner à** · s'appliquer à · s'attacher à · s'atteler à · se consacrer à · se dévouer à · se donner à · exercer · se porter à · vaquer à · **3 - s'abandonner à** · s'adonner à · se laisser aller à · **4 - s'abîmer dans** · s'enfoncer dans · se plonger dans

CONTR. soustraire − cacher − taire − se cacher

livret n.m. **1 - carnet** · **2 - fascicule** · **3 - libretto**

livreur n.m. · coursier · porteur · commissionnaire vieux

lobby n.m. · groupe de pression

¹**local, e** adj. et n. · indigène · autochtone

²**local** n.m. · pièce · atelier · bureau

localisation n.f. **1 - détection** · repérage · **2 - implantation** · emplacement · position · situation · locus (Biol.)

localiser v.tr. **1 - repérer** · détecter · positionner · situer · **2 - circonscrire** · délimiter · limiter

CONTR. étendre ı généraliser

localité n.f. · agglomération · bourg · bourgade · commune · village · place Québec

locataire n. · hôte

CONTR. bailleur ı locateur ı propriétaire

location n.f. **1 - louage** · **2 - bail** · affermage · amodiation

locomotion n.f. **1 - déplacement** · marche · transport · voyage · **2 - traction**

locomotive n.f. · motrice · locomotrice · machine · loco fam.

locuteur, -trice n. · sujet parlant · émetteur · énonciateur · interlocuteur

locution n.f. · expression · formule · tour · tournure • [propre à une langue] idiotisme

loge n.f. **1 - alvéole** · cellule · compartiment · niche · **2 - box** · stalle · **3 - avant-scène** · baignoire · **4 - conciergerie** vieux

♦ **loge maçonnique** atelier · temple

logeable adj. · habitable · commode

logement n.m. **1 - hébergement** · **2 - gîte** · abri · toit · **3 - demeure** · domicile · habitation · résidence · nid · chez-soi fam. · home anglic. · pénates littér. • [types] appartement · maison • [d'appoint] pied-à-terre · chambre · garçonnière · studio · **4 - habitat**

↪ maison

loger

■ v.intr. **1 - demeurer** · habiter · résider · vivre · crécher fam. · percher fam. · **2 - gîter** · nicher · **3 - séjourner** · descendre · **4 -** [littér.] se trouver · se rencontrer

■ v.tr. **1 - héberger** · accueillir · recevoir · offrir un toit à · **2 - abriter** · contenir · tenir · **3 - mettre** · installer · placer · ranger · caser fam. · fourrer fam.

≫ **se loger** v.pron. **1 - s'installer** · trouver un toit · **2 - s'introduire** · s'enfoncer · se ficher · pénétrer · se fourrer fam.

CONTR. déloger

↪ **loger, demeurer, résider**

Loger, demeurer et résider sont relatifs à l'action d'habiter en un lieu. Loger s'emploie plutôt quand le logement occupé est temporaire *(loger chez ses parents, à l'hôtel)* ou à propos d'un habitat simple, de dimensions modestes *(loger sous les combles)* :

» **lointain**

« J'allai loger à l'hôtel Saint-Quentin, rue des Cordiers (...), vilaine rue, vilain hôtel, vilaine chambre » (Rousseau, *les Confessions*, VII). **Demeurer** se dit surtout quand on parle du lieu et non du bâtiment *(il demeure en face de l'église, à la campagne)* : « Vous n'êtes pas née pour demeurer dans un village » (Molière, *Dom Juan*, II, 2). De plus, **demeurer** est marqué par rapport à **loger** et souvent perçu comme familier ou régional. **Résider** élargit le cercle du lieu habité *(je réside actuellement en Italie)* et implique une idée de stabilité dans des emplois étendus de la langue administrative ou juridique *(les étrangers qui résident en France)*.

logiciel *n.m.* · application · programme · progiciel • [de jeu] ludiciel

¹**logique** *adj.* **1 - cohérent** · conséquent · judicieux · juste · rigoureux · suivi · vrai · **2 - cartésien** · déductif · discursif · méthodique · rationnel · systématique · **3 - inévitable** · forcé · naturel · nécessaire · normal

²**logique** *n.f.* **1 - cohérence** · méthode · raison · rigueur · **2 - enchaînement** · fatalité · **3 - dialectique** · argumentation · raisonnement · sophistique

logiquement *adv.* **1 - normalement** · en principe · **2 - méthodiquement** · rationnellement · rigoureusement

logis *n.m.* · habitation · foyer · logement · maison · chez-soi *fam.* · home *anglic.* · pénates *littér.*

logo *n.m.* · symbole · emblème

logogriphe *n.m.* · devinette · énigme

logorrhée *n.f.* · verbiage · verbalisme · logomachie *littér.*

loi *n.f.*
I **1 - droit** · code · législation · textes · **2 -** [sortes] arrêté · décret • [anciennt] édit · charte · ordonnance · règlement · statut · **3 - autorité** · commandement · domination · empire · pouvoir · puissance
II **1 - norme** · canon · dogme · principe · règle · **2 - contrainte** · devoir · impératif · nécessité · obligation · précepte · prescription · principe · règle · **3 - devise** · règle
✦ **faire la loi**   commander · être seul maître à bord
✦ **faire des lois**   légiférer

loin *adv.* · éloigné · lointain · à distance · à l'écart
✦ **au loin**   dans le lointain · à l'horizon
✦ **de loin**   **1 - à distance** · **2 - de beaucoup** · **3 - de longtemps**
✦ **de loin en loin**   **1 - de place en place** · par intervalles · **2 - de temps en temps** · de temps à autre · quelquefois
✦ **plus loin**   **1 - ci-après** · ci-dessous · plus bas · infra · **2 - au-delà** · plus avant
✦ **très loin**   aux antipodes · à des années-lumière · au bout du monde · à perpette *fam.* · au diable (vauvert) *fam.*
✦ **loin de**   **1 - à l'écart de** · hors de · **2 - éloigné de** · **3 - à cent, mille lieues de**
✦ **loin de là**   **1 - au contraire** · tant s'en faut · **2 - à beaucoup près**
✦ **aller trop loin**   exagérer · dépasser la mesure · dépasser les bornes · pousser *fam.*

CONTR. près I alentour I auprès I contre I à côté

lointain, e

■ *adj.* **1 - distant** · écarté · éloigné · loin · reculé · **2 - reculé** · éloigné · immémorial · **3 - absorbé** · distant · distrait · dans le vague · **4 - indirect** · **5 - vague** · petit
■ *n.m.* **arrière-plan** · fond · horizon
✦ **dans le lointain**   à l'horizon · au loin · en arrière-plan

CONTR. avoisinant I proche I prochain I voisin – neuf I récent – attentif – au premier plan

🕮 **lointain, éloigné, reculé**

Lointain s'applique à ce qui est à une grande distance du lieu où l'on se trouve *(des pays lointains, les lointaines banlieues, les vacanciers habitués aux destinations lointaines)*. La distance évoquée est moins importante avec **éloigné** mais, surtout, le mot est plus courant que **lointain** et s'emploie aussi en parlant d'une personne *(il vit éloigné de son village)*. Avec **reculé**, ce n'est pas la distance qui importe mais la difficulté d'accès au lieu *(atteindre des vallées reculées)*. Par ailleurs, **lointain** et **éloigné** qualifient ce qui est distant dans le temps, passé *(des souvenirs lointains/éloignés)* ou futur *(une perspective lointaine/éloignée)*, la distance par rapport au présent étant sentie moindre avec **éloigné**. **Reculé**, comme l'indique son sens général, ne concerne qu'une date, une période passée *(dans les siècles les plus reculés)*.

loisir *n.m.* **1** - temps libre · temps à soi · liberté · oisiveté · vacances · **2 - passe-temps** · activité · distraction · hobby *anglic.* · occupation

✦ **avoir le loisir de** avoir la possibilité de · avoir la liberté de · avoir la latitude de · avoir l'occasion de · avoir le temps de

✦ **à loisir** à volonté · à discrétion · ad libitum · à satiété

¹**long, longue** *adj.* **1** - allongé · élancé · étendu · oblong · **2** - grand · interminable · **3** - lent · ennuyeux · fastidieux · interminable · longuet *fam.* · mortel *fam.* · **4 - bavard** · diffus · prolixe · verbeux · **5** - ancien · vieux · **6** - lointain · **7** - entier · tout

✦ **de longue date** depuis longtemps · depuis belle lurette *littér.* · de longue main · depuis des lustres

✦ **au long** complètement · in extenso · sans abréviation

✦ **en long** longitudinal

✦ **tout du, au long** du début à la fin · de A à Z

✦ **très long** interminable · long comme un jour sans pain

✦ **à la longue** avec le temps · à force · finalement · le temps aidant · tôt ou tard

²**long** *adv.* beaucoup

✦ **en savoir long** être instruit · être au fait · être au parfum *fam.*

longanimité *n.f.* · indulgence · constance · patience

CONTR. impatience

longer *v.tr.* **1** - border · côtoyer · raser · [côte] ranger *(Naut.)* · **2** - emprunter · suivre

longtemps *adv.* **1** - longuement · (pendant) des heures · des heures durant · des heures et des heures · un long moment · **2** - beaucoup

✦ **depuis longtemps** de longue date · de longue main · depuis des lustres

✦ **ça fait longtemps** ça fait des lustres · ça ne date pas d'hier · ça fait un bail *fam.* · ça fait une paye *fam.* · il y a belle lurette *fam.* · il y a un sacré bout de temps *fam.* · ça remonte *pop.*

✦ **il y a (bien) longtemps** anciennement · autrefois · il y a beau temps · jadis · il y a un bail *fam.* · il y a belle lurette *fam.* · il y a une paye *fam.* · il y a un sacré bout de temps *fam.*

CONTR. peu – naguère ı récemment

> **longtemps, longuement**
>
> **Longtemps** et **longuement** s'emploient pour marquer qu'un temps important s'écoule. **Longtemps** est relatif à la durée objective d'une action ou d'un état *(elle est restée longtemps absente)* et peut être suivi avec cette valeur d'un complément de temps *(cela s'est passé longtemps avant ta naissance)*. **Longuement** se rapporte à une action considérée en elle-même, dans son contenu et sa continuité *(c'est un projet longuement mûri)*. La différence de sens est particulièrement sensible quand les deux mots sont dans le même contexte *(elle a longtemps raconté son histoire, elle a longuement raconté son histoire)*.

longuement *adv.* · abondamment · amplement · beaucoup · longtemps · [réfléchir] mûrement

CONTR. brièvement ı peu

↪ **longtemps**

longueur *n.f.* **1 –** taille · envergure · étendue · grandeur · **2 –** distance · espace · trajet · **3 –** durée · lenteur
- **longueur d'avance** avantage · supériorité
- **à longueur de** tout au long de · pendant toute la durée de
- **à longueur de journée** tout le temps · du matin au soir

CONTR. brièveté

look *n.m.* · allure · apparence · dégaine · genre · style · touche *fam., péj.*

looping *n.m.* · boucle · acrobatie

lopin *n.m.* · parcelle · morceau

loquace *adj.* · bavard · prolixe · volubile · causant *fam.* · causeur *rare*

CONTR. silencieux ı laconique

loquacité *n.f.* · volubilité · prolixité · verve · faconde *littér.* · bagou *fam.*

CONTR. laconisme

loque *n.f.* **1 –** lambeau · **2 –** guenille · **3 –** épave · déchet (humain)

⋙ **loques** *plur.* · guenilles · haillons · oripeaux *littér.*

↪ **haillons**

loqueteux, -euse *adj.* **1 –** déchiré · en loques · **2 –** déguenillé · en haillons · en loques

lorgner *v.tr.* **1 –** regarder · loucher sur *fam.* · reluquer *fam.* · **2 – convoiter** · guigner · viser · loucher sur *fam.*

lorgnette *n.f.* · jumelles

lorgnon *n.m.* · monocle · binocle · face-à-main · pince-nez

lors *adv.*
- **lors de** au moment de · à l'époque de · pendant
- **dès lors que** du moment que

lorsque *conj.* · quand · au moment où · à l'instant où · à l'époque où

↪ **quand**

lot *n.m.* **1 – part** · portion · **2 – lotissement** · **3 –** assortiment · ensemble · jeu · stock · **4 –** kit · **5 – apanage** · destin · destinée · héritage · sort
- **gagner, tirer, toucher le gros lot** gagner, toucher le jackpot · décrocher la timbale *fam.*

CONTR. totalité ı tout

loterie *n.f.* · tombola

loti, e *adj.*
- **bien loti** favorisé · avantagé
- **mal loti** défavorisé · désavantagé

lotionner *v.tr.* · laver · nettoyer

lotir *v.tr.* **1 – partager** · morceler · répartir · **2 – doter** · attribuer à · munir · pourvoir

louable *adj.* · bien · bon · digne · estimable · honnête · honorable · méritoire

CONTR. blâmable ı condamnable ı mauvais ı répréhensible

louablement *adv.* · dignement

louage *n.m.* · location

louange *n.f.* **1 –** éloge · apologie · exaltation · glorification · dithyrambe *littér.* · panégyrique *littér.* · **2 – applaudissement** · compliment · encouragement · félicitation · **3 –** gloire · mérite
- **à la louange de** en l'honneur de

CONTR. blâme ı critique ı reproche

louanger *v.tr.* **1 -** louer · célébrer · chanter les louanges de · encenser · exalter · faire l'éloge de · glorifier · porter aux nues · tresser des couronnes, des lauriers à · magnifier *littér.* · **2 - flatter** · flagorner

CONTR. blâmer ı critiquer

louangeur, -euse

■ *adj.* **élogieux** · flatteur · laudatif

■ *n.* [vieilli] **laudateur** · encenseur · thuriféraire *littér.* · courtisan *péj.* · flagorneur *péj.* · flatteur *péj.*

CONTR. caustique ı dénigreur ı médisant ı satirique

loubard, e *n.* → voyou

louche *adj.* **1 - trouble** · douteux · équivoque · incertain · suspect · troublant · pas clair *fam.* · pas net *fam.* · **2 - interlope** · borgne · inquiétant · mal famé · **3 -** [vieux] **oblique** · torve · de travers

CONTR. clair ı franc ı net

loucher *v.intr.* · bigler *fam.* · avoir une coquetterie dans l'œil *fam.* · avoir un œil qui dit merde à l'autre *fam.* · avoir un œil qui joue du billard et l'autre qui compte les points *fam.* · avoir les yeux qui se croisent (les bras) *fam.*

✦ **loucher sur** convoiter · désirer · guigner · lorgner *fam.* · reluquer *fam.* · viser

loucheur, -euse *n.* · bigleux *fam.* · bigle *vieux*

¹**louer** *v.tr.* **1 - complimenter** · féliciter · **2 - célébrer** · bien parler de · chanter les louanges de · couvrir de fleurs · élever aux nues · encenser · exalter · faire l'éloge de · glorifier · porter aux nues, au pinacle · tresser des couronnes, des lauriers à · louanger *littér.* · magnifier *littér.* · **3 - prôner** · vanter · **4 -** [Relig.] **bénir** · glorifier

⋙ **se louer de** *v.pron.* se féliciter de · s'applaudir de · se glorifier de · se vanter de

☞ **vanter**

²**louer** *v.tr.* **1 - donner en location** · donner à bail · donner à loyer · [une terre] affermer · amodier · **2 - prendre en location** · prendre à bail · prendre à loyer · **3 - affréter** · fréter · noliser · **4 - réserver** · retenir

loufoque *adj.* **1 -** → fou · **2 -** → extravagant

loufoquerie *n.f.* → extravagance

loup *n.m.* **1 -** [poisson] **bar** · **2 - masque** · **3 - défaut** · défectuosité · malfaçon · ratage · raté · loupage *fam.* · loupé *fam.*

loupage *n.m.* → ratage

loupe *n.f.* · nodosité · broussin

louper *v.tr.* → rater

lourd, lourde *adj.*
I 1 - pesant · **2 - dense** · compact · **3 - massif** · corpulent · épais · fort · gros · imposant · opulent · mastoc *fam.* · **4 -** [terre] **collant** · gras · détrempé
II 1 - indigeste · pesant · bourratif *fam.* · **2 -** [estomac] **chargé** · appesanti · embarrassé
III 1 - important · écrasant · **2 - grave** · grossier · **3 - accablant** · douloureux · dur · pénible · sévère
IV 1 - couvert · bas · chargé · **2 - menaçant** · oppressant · orageux
V 1 - [regard] **appuyé** · insistant · **2 -** [sommeil] **profond**
VI 1 - stupide · balourd · béotien · bête · bovin · crasse · empoté · endormi · épais · fruste · gros · grossier · lent · lourdaud · maladroit · malhabile · niais · obtus · pataud · pesant · rustaud · rustre · sot · lourdingue *fam.* · relou *lang. jeunes* · **2 - embarrassé** · confus · gauche · indigeste · laborieux · tarabiscoté

✦ **lourd de** chargé de · gros de · plein de · rempli de

CONTR. léger – délicat ı délié ı élancé ı élégant ı gracieux ı svelte – digeste – facile ı supportable – fin ı subtil ı vif – clair ı limpide – exempt de

lourdaud, e

■ *adj.* **1 -** maladroit · balourd · gauche · pataud *fam.* · **2 -** grossier · balourd · béotien · bête · lourd · fruste · obtus · lourdingue *fam.*

■ *n.* rustaud · rustre · cruche *fam.* · butor *vieilli ou plaisant* · ganache *fam., vieilli*

CONTR. adroit I habile − fin

lourdement *adv.* **1 -** fortement · **2 -** durement · rudement · sévèrement · **3 -** grossièrement · **4 -** pesamment

CONTR. adroitement I légèrement

lourder *v.tr.* → licencier

lourdeur *n.f.* **1 -** poids · masse · pesanteur · **2 -** alourdissement · appesantissement · engourdissement

✦ **lourdeur (d'esprit)** lenteur · épaisseur · paresse · pesanteur · rusticité

CONTR. légèreté

lourdingue *adj.* [fam.] → lourd

loustic *n.m.* **1 -** mauvais plaisant · coco *fam.* · gaillard *fam.* · lascar *fam.* · numéro *fam.* · type *fam.* · zèbre *fam.* · zigoto *fam.* · **2 -** [vieux] farceur · blagueur · bouffon · boute-en-train · pitre · plaisantin

louvoiement *n.m.* · atermoiement · détour · faux-fuyant · manœuvre · tergiversation

louvoyer *v.intr.* **1 -** biaiser · atermoyer · tergiverser · user de faux-fuyants · finasser *fam.* · **2 - remonter (au vent)**

lover (se) *v.pron.* · s'enrouler · se blottir · se pelotonner · se recroqueviller

loyal, e *adj.* **1 -** franc · droit · carré · correct · de bonne foi · fair-play · honnête · régulier · réglo *fam.* · probe *littér.* · **2 - de bonne guerre** · **3 -** fidèle · dévoué · sûr

CONTR. déloyal I faux I hypocrite I malhonnête − perfide − indifférent

loyalement *adv.* **1 -** honnêtement · cartes sur table · sportivement · **2 - fidèlement**

CONTR. déloyalement

loyalisme *n.m.* · fidélité · dévouement

CONTR. déloyauté

loyauté *n.f.* **1 -** droiture · bonne foi · fair-play · franchise · honnêteté · probité · **2 -** fidélité · dévouement

CONTR. déloyauté I duplicité I hypocrisie I perfidie I traîtrise − indifférence

loyer *n.m.* **1 -** terme · **2 -** fermage · **3 -** fret · nolis

lubie *n.f.* · envie · caprice · coup de tête · fantaisie · folie · manie · passade · dada *fam.* · tocade *fam.* · foucade *vieux ou littér.*

lubricité *n.f.* **1 -** sensualité · impudicité · lasciveté · licence · obscénité · paillardise · salacité · **2 -** débauche · dépravation · immoralité · luxure · vice · stupre *littér.*

CONTR. chasteté I pureté

lubrification *n.f.* · graissage · huilage

lubrifier *v.tr.* · graisser · huiler · oindre

lubrique *adj.* · concupiscent · lascif · libidineux · luxurieux · salace · sensuel · vicieux

CONTR. chaste I pur

lucarne *n.f.* · fenêtre · chien-assis · œil-de-bœuf · faîtière · tabatière · Velux *nom déposé*

lucide *adj.* **1 -** sensé · conscient · **2 -** clairvoyant · intelligent · pénétrant · perspicace · sagace

CONTR. fou I inconscient − aveugle I naïf

lucidité *n.f.* 1 - raison • bon sens • conscience • 2 - clairvoyance • intelligence • netteté • pénétration • perspicacité • sagacité
✦ **avoir toute sa lucidité** avoir toute sa raison • avoir toutes ses facultés • avoir toute sa tête
CONTR. aveuglement ı démence ı égarement ı illusion ı passion – avoir perdu la tête ı être dément

luciférien, -ienne *adj.* • démoniaque • diabolique • infernal • méphistophélique • satanique

lucratif, -ive *adj.* • rémunérateur • attractif • avantageux • fructueux • intéressant • payant • rentable • juteux *fam.*
CONTR. bénévole ı désintéressé ı gratuit

lucre *n.m.* • gain • bénéfice • profit

luette *n.f.* • uvule

lueur *n.f.* 1 - lumière • clarté • flamme • nitescence *littér.* • 2 - éclat • éclair • étincelle • flamme
✦ **premières lueurs du jour** aube • aurore
🙟 **lumière**

luge *n.f.* • glisse *Suisse*

lugubre *adj.* 1 - triste • funeste • sinistre • sombre • glauque *fam.* • 2 - [littér.] funèbre • macabre
CONTR. gai

lugubrement *adv.* • sinistrement • tristement
CONTR. gaiement

luire *v.intr.* 1 - briller • éclairer • étinceler • flamboyer • rayonner • resplendir • rutiler • 2 - miroiter • chatoyer • reluire • scintiller
CONTR. s'effacer ı pâlir

luisant, e *adj.* 1 - brillant • étincelant • rutilant • 2 - chatoyant • moiré • 3 - lustré • 4 - [vieux] phosphorescent
CONTR. obscur ı sombre – mat ı terne

lumbago *n.m.* • tour de reins *fam.*

lumière *n.f.* 1 - clarté • jour • lueur • [vive] éclat • 2 - électricité • éclairage • feu • illumination • lampe • lanterne • luminaire • 3 - rayonnement • éclairement • reflet • 4 - éclat • brillant • feu • splendeur • 5 - génie • savant • sommité • as *fam.* • crack *fam.* • flambeau *littér.* • [au négatif] aigle • phénix
✦ **mettre en lumière** mettre en évidence • mettre au grand jour
✦ **faire la lumière sur** élucider
⋙ **lumières** *plur.* connaissances • éclaircissements • explications • indications • informations • intelligence • lueurs • précisions • renseignements • savoir • science • clartés *vieilli*
CONTR. obscurité ı ombre

🙟 **lumière, lueur, clarté**
Lumière, lueur et clarté se rapportent à ce qui permet, concrètement, de voir. Lumière, terme général, désigne tout ce par quoi les choses sont éclairées *(la lumière du jour, répandre de la lumière, un rayon, un halo de lumière ; une lumière faible, vive)*. Clarté se dit de la lumière qui rend les objets visibles de manière distincte *(la clarté de la lampe)* « : La clarté qui vient du couloir (...) fait briller dans la pièce sans lumière les cheveux blonds (...) de la jeune femme » (A. Robbe-Grillet, *Projet pour une révolution à New-York*). Lueur concerne seulement une lumière faible, diffuse *(les lueurs du soleil couchant ; lire à la lueur des bougies)*. Par figure, **lumière** s'emploie au pluriel pour la capacité intellectuelle, les connaissances de quelqu'un *(j'ai besoin de vos lumières)*. Également au pluriel, **clarté** est vieilli dans cet emploi *(avoir des clartés sur tout)* et **lueur** évoque des connaissances superficielles sur un sujet *(apporter ses lueurs sur quelque chose)*.

lumignon *n.m.* • lampe

luminaire *n.m.* • lampe • éclairage • lustre • projecteur

luminescence *n.f.* · brillance · fluorescence · phosphorescence · nitescence *littér.*

luminescent, e *adj.* · lumineux · fluorescent · phosphorescent · nitescent *littér.*

lumineux, -euse *adj.*
I 1 - éclairé · 2 - brillant · éclatant · éblouissant · incandescent · 3 - luminescent · fluorescent · phosphorescent · nitescent *littér.* · 4 - radieux · clair · ensoleillé · étincelant
II 1 - éclairant · clair · évident · limpide · net · 2 - génial · brillant · clair · lucide · pénétrant
CONTR. obscur

luminosité *n.f.* 1 - clarté · lumière · 2 - brillance · brillant · éclat
CONTR. obscurité – matité

lunatique *adj.* · capricieux · fantasque · d'humeur changeante · instable · versatile

lunch *n.m.* · buffet · cocktail

lunette *n.f.* [de voiture] glace
✦ **lunette d'approche** longue-vue · lorgnette
✦ **lunette astronomique** télescope

lunettes *n.f.pl.* · verres · besicles *littér.* · binocles *fam.* · carreaux *fam.* · hublots *fam.*

luron, -onne *n.*
✦ **gai, joyeux luron** boute-en-train · bon vivant · joyeux drille

lustre *n.m.* 1 - poli · brillant · éclat · luisant · miroitement · vernis · 2 - faste · éclat · magnificence · relief · somptuosité · splendeur · 3 - gloire · réputation · valeur · 4 - luminaire · plafonnier · suspension · couronne de lumière · lampe astrale

lustré, e *adj.* 1 - brillant · luisant · satiné · 2 - usé · élimé · râpé
CONTR. mat ı terne – neuf

lustrer *v.tr.* 1 - frotter · polir · 2 - [étoffe] calandrer · cylindrer · glacer · 3 - [cuir] lisser · satiner
CONTR. délustrer

luter *v.tr.* · colmater · boucher
CONTR. déluter

lutin, e
■ *n.m.* 1 - esprit · elfe · farfadet · génie · gobelin *vieux* • [allemand] kobold • [arabe] djinn • [breton] korrigan · poulpiquet • [scandinave] troll · 2 - démon · (petit) diable
■ *adj.* [vieux] mutin · espiègle

lutiner *v.tr.* · harceler · peloter *fam.*

lutte *n.f.* 1 - affrontement · bataille · combat · duel · échauffourée · guerre · mêlée · pugilat · rixe · bagarre *fam.* · 2 - opposition · antagonisme · collision · combat · conflit · duel · guerre · hostilité · rivalité · 3 - résistance · action · agitation · révolte · 4 - débat · assaut · controverse · discussion · dispute · escrime *fig.* · joute (oratoire) · querelle · 5 - compétition · concours · course · match
✦ **en lutte contre** en conflit avec · aux prises avec
CONTR. accord ı paix
➥ conflit

lutter *v.intr.* 1 - combattre · batailler · se battre · en découdre · se bagarrer *fam.* · guerroyer *littér.* · 2 - se défendre · se débattre · résister
✦ **lutter de** rivaliser de
✦ **lutter pour** 1 - agir pour · faire campagne pour · militer pour · 2 - s'efforcer de · s'évertuer à
✦ **lutter contre** 1 - affronter · combattre · faire la guerre à · militer contre · 2 - contenir · étouffer · refréner · réprimer
CONTR. abandonner – être en paix – exprimer

lutteur, -euse n. 1 - athlète · 2 - jouteur · 3 - battant
✦ **lutteur de foire** hercule · alcide · bateleur

luxation n.f. 1 - déboîtement · désarticulation · dislocation · 2 - élongation · entorse · foulure

luxe n.m. 1 - somptuosité · apparat · éclat · faste · magnificence · opulence · pompe · raffinement · richesse · splendeur · 2 - superflu · dépense superflue · superfluité littér. · 3 - abondance · débauche · foisonnement · excès · profusion · pullulement
✦ **de luxe** 1 - de prix · haut de gamme · fin · chic fam. · 2 - somptuaire emploi critiqué · voluptuaire (Droit)
CONTR. pauvreté ı simplicité – ordinaire ı bas de gamme

🕮 **luxe, faste, somptuosité, magnificence**
Luxe, faste, somptuosité et magnificence ont en commun l'idée de dépense de richesses. Luxe, le mot le plus courant, s'emploie pour caractériser un mode de vie où les dépenses satisfont des besoins socialement superflus (avoir des goûts de luxe, un luxe opulent, le luxe d'une décoration). Faste se dit quand le luxe est largement déployé pour être vu (le faste d'un mariage, d'une fête). Somptuosité ajoute à l'idée de grand luxe celle de raffinement (la somptuosité d'un ameublement, des costumes d'une grande somptuosité). Magnificence renchérit sur somptuosité avec une idée de grandeur dans l'apparence (la magnificence d'une cérémonie, d'un spectacle).

luxer v.tr. · déboîter · démettre · désarticuler · disloquer

luxueusement adv. · fastueusement · magnifiquement · princièrement · richement · royalement · somptueusement · splendidement

luxueux, -euse adj. 1 - fastueux · éclatant · magnifique · opulent · princier · riche · royal · somptueux · splendide · 2 - de luxe
CONTR. modeste ı pauvre ı simple – ordinaire

luxure n.f. 1 - débauche · dépravation · licence · paillardise · vice · stupre littér. · 2 - sensualité · concupiscence · incontinence · lascivité · lubricité
CONTR. chasteté ı pureté

luxuriance n.f. · exubérance · abondance · floraison · foisonnement · surabondance
CONTR. pauvreté ı sécheresse

luxuriant, e adj. · exubérant · abondant · riche · surabondant · touffu
CONTR. pauvre ı sec

luxurieux, -ieuse adj. · charnel · débauché · incontinent · lascif · libidineux · lubrique · sensuel
CONTR. chaste ı continent ı pur

lycée n.m. · établissement · école · bahut fam. · boîte fam. · athénée Belgique · cégep Québec · gymnase Suisse

lycéen, -enne n. · potache fam.

lymphatique adj. 1 - apathique · indolent · mou · nonchalant · 2 - [Méd. ancienne] flegmatique
CONTR. actif ı nerveux

lymphe n.f. · flegme

lyncher v.tr. · mettre en pièces · écharper · massacrer

lyrique adj. 1 - poétique · 2 - exalté · ardent · enflammé · enthousiaste · passionné
CONTR. prosaïque

lyrisme n.m. · ardeur · chaleur · enthousiasme · exaltation · feu · passion
CONTR. prosaïsme

mac *n.m.* [abrév.] → **proxénète**

macabre *adj.* **1** - funèbre · **2** - lugubre · noir · sépulcral · sinistre · triste
~ **funèbre**

macadam *n.m.* **1** - revêtement · asphalte · bitume · goudron · **2** - chaussée

macadamiser *v.tr.* · bitumer · empierrer

macaron *n.m.* · insigne · rosette

macédoine *n.f.* **1** - jardinière · **2** - salade (russe)

macération *n.f.* **1** - mortification · **2** - décoction · digestion · infusion

macérer
■ *v.intr.* **tremper** · baigner · infuser · mariner
■ *v.tr.* **mortifier** · mater

mâche *n.f.* · doucette *région.* · boursette *région.*

mâcher *v.tr.* · mastiquer · mâchonner · mâchouiller *fam.* ■ [du tabac] chiquer

machette *n.f.* · coupe-coupe · coutelas · sabre

machiavélique *adj.* **1** - diabolique · démoniaque · **2** - perfide · pervers · retors · **3** - astucieux · rusé
CONTR. angélique – franc ı naïf

machiavélisme *n.m.* **1** - perfidie · calcul · dissimulation · **2** - astuce · ruse
CONTR. franchise ı naïveté

machin *n.m.* → **chose**

machinal, e *adj.* · automatique · inconscient · instinctif · involontaire · irréfléchi · mécanique · réflexe
CONTR. raisonné ı réfléchi ı volontaire

machinalement *adv.* · mécaniquement · automatiquement · par habitude · inconsciemment · instinctivement · sans réfléchir
CONTR. délibérément

machination *n.f.* **1** - manœuvre · agissements · intrigue · manège · manigance · menées · ruse · **2** - complot · conspiration

machine *n.f.* **1** - appareil · dispositif · engin · instrument · mécanique · mécanisme · outil · bécane *fam.* · **2** - automate · **3** - ordinateur · bécane *fam.* · **4** - lave-vaisselle
✦ **machine (à laver)** lave-linge

+ **machine à calculer** calculette · calculatrice
+ **machine infernale** bombe

machiner v.tr. · organiser · combiner · manigancer · monter · tramer · ourdir littér.

machinisme n.m. · mécanisation · industrie

machiniste n.m. 1 - conducteur · mécanicien · 2 - mécanicien · 3 - machino fam.

machisme n.m. · sexisme · phallocratie

machiste adj. et n.m. · phallocrate · sexiste · macho fam.

macho adj. et n.m. → machiste

mâchoire n.f. · maxillaire · mandibule

mâchonner v.tr. 1 - mâcher · mordiller · machouiller fam. · 2 - marmonner · marmotter · ruminer

mâchurer v.tr. · entamer · déchiqueter · écraser · meurtrir · mordre

maçonnerie n.f. · gros-œuvre

macule n.f. · salissure · bavure · tache

maculé, e adj. · sali · barbouillé · crotté · souillé · taché

maculer v.tr. · salir · barbouiller · crotter · encrasser · noircir · souiller · tacher
CONTR. nettoyer ı détacher

madras n.m. · foulard

madré, e adj. · rusé · finaud · futé · malin · retors · matois littér. · roué littér.

madrier n.m. · poutre · chevron

maelström n.m. 1 - tourbillon · gouffre · vortex · 2 - tourmente · cyclone · ouragan · tempête · tornade · tourbillon

maestria n.f. brio · adresse · facilité · habileté · maîtrise · virtuosité
+ **avec maestria** de main de maître · brillamment · magistralement

mafia n.f. 1 - syndicat du crime • [en Chine] triade · 2 - bande · clan · clique

mafieux n.m. · mafioso

magasin n.m. 1 - commerce · affaire · boutique · échoppe · fonds de commerce · 2 - entrepôt · abri · dépôt · docks · halle · réserve · resserre • [Marine] cambuse · 3 - réserve · 4 - chargeur · boîtier
+ **grand magasin** grande surface · hypermarché · supérette · supermarché · hyper fam.
+ **magasin à blé** grenier · silo
+ **en magasin** en stock · disponible
+ **faire les magasins** faire du lèche-vitrines fam. · faire du shopping fam. · magasiner Québec

magazine n.m. · revue · périodique

mage n.m. · devin · astrologue · chiromancien · magicien · marabout · prêtre

magicien, -ienne n. 1 - prestidigitateur · escamoteur · illusionniste · 2 - mage · alchimiste · astrologue · devin · enchanteur · ensorceleur · fée · nécromancien · sorcier · thaumaturge · nécromant vieux

magie n.f. 1 - prestidigitation · illusionnisme · tour de passe-passe · 2 - sorcellerie · alchimie · astrologie · divination · enchantement · envoûtement · 3 - charme · beauté · prestige · puissance · séduction

magique adj. 1 - enchanté · féérique · surnaturel · 2 - cabalistique · ésotérique ·

occulte • **3 -** merveilleux • enchanteur • ensorcelant • envoûtant • fantastique • fascinant • féerique

CONTR. naturel ı normal ı ordinaire

magistral, e *adj.* **1 -** [littér.] doctoral • impérieux • imposant • pédant *péj.* • péremptoire • pontifiant *péj.* • professoral • solennel • **2 - excellent** • extraordinaire • formidable • grand • incomparable • magnifique • merveilleux • souverain • splendide • superbe • supérieur

CONTR. modeste - médiocre ı ordinaire

magistralement *adv.* **1 -** avec brio • génialement • de main de maître • **2 -** doctement • pompeusement • prétentieusement • solennellement

magma *n.m.* • mélange • agglomérat • bouillie • masse (informe)

magnanime *adj.* • bon • beau • chevaleresque • clément • généreux • grand • noble

magnanimité *n.f.* • grandeur d'âme • bienveillance • bonté • clémence • cœur • générosité • mansuétude • noblesse

magnat *n.m.* • potentat • gros bonnet *fam.* • baron *fam.* • roi *fam.*

magner (se) *v.pron.* → se dépêcher

magnétique *adj.* • ensorcelant • envoûtant • fascinant • hypnotisant • subjuguant

magnétiser *v.tr.* **1 -** aimanter • **2 -** hypnotiser • envoûter • fasciner • hypnotiser • subjuguer

magnétiseur, -euse *n.* • hypnotiseur

magnétisme *n.m.* **1 - charme** • attraction • fascination • **2 - ascendant** • autorité • charisme • influence • **3 - hypnotisme** • envoûtement • hypnose • suggestion

magnificence *n.f.* **1 - générosité** • largesse • libéralité • prodigalité • munificence *littér.* • **2 - somptuosité** • apparat • grand appareil • beauté • brillant • éclat • faste • luxe • pompe • richesse • splendeur

CONTR. mesquinerie ı pauvreté

➤ **luxe**

magnifier *v.tr.* **1 - exalter** • célébrer • glorifier • louer • chanter les louanges de • **2 - idéaliser** • embellir

CONTR. déprécier ı diminuer - noircir

magnifique *adj.* **1 - admirable** • beau • brillant • éclatant • extraordinaire • féerique • formidable • glorieux • grand • grandiose • magistral • merveilleux • noble • remarquable • splendide • superbe • **2 - fastueux** • luxueux • princier • riche • royal • seigneurial • somptueux

CONTR. horrible ı laid - modeste ı simple

magnifiquement *adv.* **1 - admirablement** • divinement • formidablement • merveilleusement • superbement • somptueusement • splendidement • **2 - royalement** • princièrement

CONTR. modestement ı simplement

magnitude *n.f.* • grandeur • amplitude

magot *n.m.* • épargne • économies • pécule • trésor • bas de laine *fam.*

magouille *n.f.* • arrangement • combinaison • escroquerie • fraude • intrigue • machination • manœuvre • manigance • maquignonnage • trafic • combine *fam.* • cuisine *fam.* • fricotage *fam.* • grenouillage *fam.* • magouillage *fam.* • tripatouillage *fam.* • tripotage *fam.*

magouiller *v.tr.* **1 - combiner** • intriguer • cuisiner *fam.* • fricoter *fam.* • grenouiller *fam.* • traficoter *fam.* • trafiquer *fam.* • tripatouiller *fam.* • tripoter *fam.* • **2 - manigancer** • fabriquer *fam.* • trafiquer *fam.*

magouilleur, -euse adj. · intrigant · escroc · filou · combinard fam. · fricoteur fam. · traficoteur fam.

maigre adj.
I 1 - mince · amaigri · chétif · décharné · desséché · efflanqué · étique · famélique · fluet · grêle · gringalet · hâve · maigrelet · menu · rachitique · sec · squelettique · maigrichon fam. · maigriot fam. · **2 -** [visage] anguleux · creusé · émacié · hâve
II 1 - aride · pauvre · stérile · **2 -** rare · clairsemé · pauvre · peu fourni · peu abondant · rabougri
III médiocre · chiche · faible · insuffisant · juste · léger · limité · mince · misérable · modeste · modique · pauvre · petit · piètre
IV écrémé · allégé
✦ **il est très maigre** on peut lui compter, on lui voit les côtes fam. · il est maigre comme un clou fam. · il est maigre comme un coucou fam. · il est maigre, sec comme un hareng saur fam. · il est maigre comme un cent de clous fam., vieilli · c'est un sac d'os fam.
✦ **un grand maigre** un échalas · une girafe · une (grande) perche
CONTR. corpulent | dodu | gras | gros | obèse – rond | joufflu – luxuriant | riche – abondant – important

maigrelet, -ette adj. · fluet · frêle · maigrichon fam. · maigriot fam.
CONTR. grassouillet | replet

maigrement adv. · faiblement · chichement · médiocrement · modestement · modiquement · petitement · peu
CONTR. grassement | largement

maigreur n.f. **1 -** minceur · émaciation · amaigrissement · consomption vieilli · **2 - insuffisance** · médiocrité · modicité · pauvreté
CONTR. embonpoint | graisse | obésité – abondance

maigrichon, -onne adj. et n. · maigrelet · maigriot fam.

maigrir
■ v.intr. **perdre du poids** · se dessécher · fondre · mincir · décoller fam. ▪ [visage] s'émacier
■ v.tr. **amaigrir** ▪ [le visage] émacier
CONTR. empâter | engraisser | grossir | prendre du poids – grossir

mail n.m. · courrier électronique · e-mail · courriel recomm. offic.

maille n.f. **1 -** chaînon · maillon · **2 -** point · **3 -** tricot · jersey

maillet n.m. · marteau · mailloche · masse

maillon n.m. · chaînon · anneau · maille

maillot n.m. **1 -** débardeur · polo · tee-shirt · **2 -** [de danse, gymnastique] collant
✦ **maillot de corps** tricot de corps vieilli · marcel fam.
✦ **maillot de bain** costume de bain

main n.f. **1 -** menotte fam. · cuiller fam. · louche fam. · paluche fam. · patte fam. · pince fam. · pogne fam. ▪ [puissante] poigne · battoir fam. · **2 - style** · facture · griffe · patte · touche
✦ **main courante** rampe
✦ **petite main** exécutant ▪ [ancienn̄] couturière
✦ **à la main** manuellement
✦ **écrit à la main** manuscrit
✦ **mettre la main sur** **1 - trouver** · dégoter fam. · dénicher fam. · **2 -** s'emparer de · confisquer
✦ **prendre en main** se charger de · assumer
✦ **avoir la haute main sur** contrôler · commander · diriger · tenir les rênes de
✦ **se faire la main** apprendre · s'entraîner · s'exercer

main-d'œuvre n.f. **1 -** façon · **2 -** personnel

main-forte n.f.
✦ **prêter main-forte à** aider · assister · épauler · secourir · soutenir · venir en aide à · donner un coup de main à fam. · donner un coup de pouce à fam.

mainmise n.f. 1 - ascendant · emprise · influence · pouvoir · 2 - prise · rafle

maint adj. indéf. beaucoup de · nombre de · de nombreux · plusieurs · moult littér.
+ **maintes fois** souvent
CONTR. aucun

¹**maintenance** n.f. [vieux] confirmation · maintien · persévérance

²**maintenance** n.f. · entretien · suivi

maintenant adv. 1 - actuellement · à l'heure qu'il est · à présent · aujourd'hui · de nos jours · en ce moment · à cette heure vieilli ou Belgique · présentement vieilli ou Québec · ores vieux · 2 - désormais · à l'avenir
CONTR. autrefois

🕮 **maintenant, à présent, présentement, actuellement**
Ces adverbes sont relatifs au moment où l'on parle (en ce moment) ou dont on parle (à ce moment-là). Maintenant rend compte du présent de celui qui parle (il a plu ce matin et maintenant le soleil revient). À présent peut s'employer dans une phrase au passé pour exprimer le moment dont on parle : « À présent que ses yeux étaient clos, plus rien ne restait, dans l'expression de ses traits, que d'austère (...) » (Gide, Et nunc manet in te, in Souvenirs). Dans le même contexte, on ne dirait pas maintenant mais alors. Présentement est vieilli ou régional : « Voilà quel est Paris présentement, mais il changera de face dans quelques mois » (Mme de Sévigné, 283, 6 juin 1672). En dehors de son usage au Québec, présentement est remplacé aujourd'hui par à l'instant ou actuellement. Actuellement exprime un présent moins immédiat que maintenant (les difficultés que nous rencontrons actuellement ; le docteur est actuellement en congé, mais je peux vous donner un rendez-vous dès maintenant).

maintenir v.tr. 1 - soutenir · appuyer · caler · retenir · supporter · tenir · 2 - attacher · assembler · fixer · 3 - conserver · continuer · entretenir · garder · laisser · perpétuer · poursuivre · préserver · sauvegarder · tenir · 4 - immobiliser · arrêter · assujettir · bloquer · contenir · tenir (en bride) · 5 - confirmer · affirmer · certifier · réitérer · répéter · soutenir

»» **se maintenir** v.pron. 1 - durer · demeurer · perdurer · persister · rester · subsister · 2 - se tenir
CONTR. séparer ı disjoindre – changer ı modifier – annuler ı supprimer – cesser

maintien n.m. 1 - contenance · air · allure · attitude · port · posture · présentation · prestance · tenue · 2 - conservation · continuité · préservation · sauvegarde
CONTR. abandon ı changement ı cessation ı suppression

maire, mairesse n.
+ **devenir maire** ceindre l'écharpe

mairie n.f. 1 - hôtel de ville · maison communale · 2 - municipalité

mais conj. 1 - pourtant · cependant · néanmoins · toutefois · 2 - seulement · 3 - en revanche · par contre

maison n.f. 1 - bâtiment · bâtisse · construction · habitation · logement · résidence · pavillon · villa · demeure vieilli ou littér. · baraque péj. · bicoque péj. · masure péj. · [en bois] chalet · [en Provence] mas · 2 - domicile · bercail souvent plaisant · chez-soi · demeure · foyer · gîte · habitation · logis · nid · pénates · toit · home fam. · 3 - intérieur · ménage · 4 - famille · dynastie · lignée · maisonnée · 5 - établissement · entreprise · firme · société · boîte fam. · boutique fam.
+ **maison commune, maison de ville** hôtel de ville · mairie
+ **maison d'arrêt** prison
+ **maison de retraite** hospice péj.
+ **maison de jeux** casino · tripot péj.

+ **maison close, de passe, de tolérance** bordel *fam.* · boxon *fam.* · claque *fam.* · lupanar *fam.*

🕮 **famille**

🕮 **maison, habitation, demeure, logement**
Chacun de ces mots désigne un lieu où l'on séjourne. Le plus général, avec cette valeur, est **habitation** *(péniche, caravane qui tient lieu d'habitation ; une habitation rurale, lacustre, troglodytique)*. La **maison** est un bâtiment d'habitation *(visiter, louer une maison)*, qui peut être composé de plusieurs **logements** *(louer un logement dans une maison de banlieue)*, un **logement** étant aussi une partie d'un immeuble collectif *(chercher un logement dans une H.L.M.)*. **Demeure** est un équivalent vieilli ou littéraire de **maison** *(c'est une belle demeure)*.

maisonnette *n.f.* · pavillon · cabane *fam.* · cabanon *fam.*

maître, maîtresse

■ *adj.* **1 - expert** · adroit · compétent · savant · virtuose · **2 - principal** · capital · essentiel · fondamental · important · majeur · primordial

■ *n.* **1 - chef** · dirigeant · gouvernant · patron · [Hist.] seigneur · souverain · **2 - enseignant** · éducateur · instituteur · pédagogue · précepteur · professeur des écoles · **3 - possesseur** · propriétaire · **4 - modèle** · exemple · gourou · initiateur · mentor · **5 - virtuose** · expert

+ **maître de maison** **1 - chef de famille** · **2 - hôte** · amphitryon *littér.*
+ **être maître de soi** se dominer · se maîtriser · avoir du sang-froid
+ **se rendre maître de** maîtriser · s'approprier · s'assurer

CONTR. apprenti – accessoire ı secondaire – inférieur ı subalterne – disciple ı élève – s'emporter – abandonner

maîtresse *n.f.* **1 - compagne** · petite amie · concubine · copine *fam.* · nana *fam.* · môme *pop, vieilli* · poule *pop., vieilli* · **2 -** [vieux] **amie** · amante · aimée · belle · bien-aimée · dame · dulcinée *souvent plaisant* · fiancée · mignonne · **3 -** [du roi] **favorite**

maîtrise *n.f.* **1 - autorité** · contrôle · domination · empire · emprise · pouvoir · prépondérance · souveraineté · suprématie · **2 - habileté** · maestria · métier · savoir-faire · technique · tour de main · virtuosité · **3 - manécanterie**

+ **maîtrise de soi** calme · contrôle (de soi) · empire sur soi-même · flegme · impassibilité · imperturbabilité · sang-froid · self-control *anglic.*

CONTR. servitude – apprentissage

maîtriser *v.tr.* **1 - vaincre** · terrasser · **2 - discipliner** · asservir · assujettir · enchaîner · gouverner · soumettre · **3 - stopper** · arrêter · enrayer · juguler · **4 - dominer** · commander à · contenir · contrôler · dompter · être maître de · réprimer · surmonter · tenir la bride haute à · **5 - posséder** · dominer

» **se maîtriser** *v.pron.* se contenir · se contrôler · se dominer · se posséder · prendre sur soi · garder son self-control *anglic.*

CONTR. délivrer ı libérer – accélérer – obéir ı se soumettre – s'abandonner ı éclater

majesté *n.f.* **1 - gloire** · beauté · grandeur · **2 - solennité** · gravité

CONTR. bassesse ı vulgarité

majestueux, -euse *adj.* **1 - noble** · digne · fier · grave · hiératique · imposant · olympien · solennel · auguste *littér.* · **2 - grandiose** · beau · colossal · impressionnant · monumental

CONTR. grossier ı vulgaire – insignifiant ı médiocre

¹**majeur, e** *adj.* **1 - capital** · considérable · essentiel · fondamental · important · primordial · principal · **2 - adulte** · grand

+ **la majeure partie** **1 - la plus grande partie** · la partie la plus importante · **2 - la majorité** · le plus grand nombre · la plupart

> maladif

✦ **en majeure partie** pour la plus grande partie · essentiellement · principalement

²**majeur** *n.m.* · médius

major *n.* [à un concours] premier · cacique

majoration *n.f.* · augmentation · élévation · hausse · redressement · relèvement · revalorisation
CONTR. baisse ı diminution ı rabais

majorer *v.tr.* · augmenter · élever · hausser · rehausser · relever · revaloriser
CONTR. baisser ı diminuer ı minorer

majorité *n.f.*
✦ **la majorité de(s)** la plupart de(s) · l'essentiel de(s) · le gros de(s)
CONTR. minorité

majuscule *n.f.* · capitale
CONTR. minuscule

maki *n.m.* · lémur

¹**mal** *adv.* **1 -** difficilement · malaisément · péniblement · **2 -** maladroitement · gauchement · incorrectement · de travers · comme un pied *fam.* · comme une patate *fam.* · comme une savate *fam.* · **3 -** médiocrement · **4 -** défavorablement · désagréablement · **5 -** malencontreusement · inopportunément · **6 -** incomplètement · imparfaitement · insuffisamment
✦ **aller mal** **1 -** être souffrant · ne pas être en forme · **2 -** se gâter · décliner · dépérir · péricliter
✦ **être, se sentir mal** être incommodé · être indisposé · être mal en point · être, se sentir souffrant

²**mal** *n.m.*
I 1 - douleur · affection · maladie · bobo *fam.* · **2 -** martyre · douleur · supplice · torture · **3 -** peine · affliction · chagrin
II 1 - tort · préjudice · **2 - calamité** · désolation · dommage · épreuve · malheur · plaie · souffrance
III vice · crime · faute · péché
✦ **mal au cœur** nausée · haut-le-cœur
✦ **mal du pays** nostalgie
✦ **mal de tête** migraine · céphalée
✦ **avoir mal** souffrir · en baver *fam.*
✦ **avoir mal à la tête** avoir le casque *fam.* · [après beuverie] avoir mal aux cheveux *fam.*
✦ **avoir du mal** peiner · en baver *fam.* · tirer la langue *fam.* · [financièrement] tirer le diable par la queue *fam.*
✦ **faire du mal à** **1 -** nuire à · **2 -** faire de la peine à · blesser
✦ **faire mal** être douloureux
✦ **se donner du mal** se dépenser · se démener · se donner de la peine · ne pas ménager ses efforts · se casser (le derrière, le cul) *fam.* · se décarcasser *fam.* · se démancher *fam.* · se mettre en quatre *fam.*
↝ douleur

malade
■ *adj.* **1 - souffrant** · en mauvaise santé · maladif · dolent *littér.* · égrotant *littér.* · valétudinaire *vieilli ou littér.* · cacochyme *vieux ou plaisant* · **2 -** incommodé · indisposé · mal (en point) · mal fichu *fam.* · mal foutu *fam.* · patraque *fam.* · **3 -** [dent] gâté · carié · **4 -** [fam.] → fou · **5 -** bouleversé · retourné · secoué
■ *n.* **1 -** patient · client · **2 -** grabataire
✦ **malade imaginaire** hypocondriaque
✦ **malade mental** fou · aliéné · psychopathe · psychotique
✦ **il est très malade** il file un mauvais coton *fam.*
CONTR. dispos ı bien portant – sain

maladie *n.f.* **1 - affection** · mal · pathologie · syndrome · **2 - manie** · obsession · passion · rage · vice · virus *fam.*
CONTR. santé

maladif, -ive *adj.* **1 - souffreteux** · chétif · malingre · dolent *littér.* · égrotant *littér.*

valétudinaire *vieilli ou littér.* • cacochyme *vieux ou plaisant* • **2 – morbide** • anormal • irrépressible • malsain • pathologique

CONTR. fort ı robuste – sain

🕮 **maladif, valétudinaire, cacochyme, chétif, souffreteux**

Maladif, valétudinaire, cacochyme, chétif et souffreteux qualifient une personne de constitution ou de santé fragile. Maladif est le mot courant et général ; il s'applique aussi bien à une personne *(un enfant maladif)* qu'à son aspect *(une pâleur maladive)*. Chétif concerne plutôt l'allure générale *(une silhouette amaigrie et chétive)* et s'applique à une apparence maladive plus qu'à un état maladif avéré *(il a l'air bien chétif)*. Souffreteux, en revanche, met l'accent sur les signes de souffrance qui révèlent un mauvais état de santé *(une petite voix, une mine souffreteuse)*. Valétudinaire est vieilli ou littéraire : « À vingt-trois ans, il se croyait valétudinaire et passait sa vie à regarder sa langue dans son miroir » (Hugo, *les Misérables*, III, IV, I). Cacochyme ne s'emploie aujourd'hui que par plaisanterie pour qualifier une personne valétudinaire par l'effet de l'âge *(un vieillard cacochyme)*.

maladresse *n.f.* 1 – gaucherie • inhabileté • lourdeur • malhabileté *vieux* • **2 – erreur** • balourdise • bêtise • bévue • étourderie • faute • faux pas • impair • imprudence • pas de clerc *littér.* • le pavé de l'ours *littér.* • boulette *fam.* • bourde *fam.* • gaffe *fam.*

CONTR. adresse ı aisance

maladroit, e

■ *adj.* **1 – gauche** • lourdaud • malhabile • pataud • inhabile *littér.* • empaillé *fam.* • empoté *fam.* • godiche *fam.* • gourde *fam.* • manchot *fam.* • **2 – grossier** • lourd • [mensonge, etc.] cousu de fil blanc • **3 – laborieux** • embarrassé • lourd • pesant • **4 – malavisé** • inconsidéré • sot

■ *n.* **propre à rien** • ballot • balourd • gaffeur *fam.* • gourde *fam.* • manche *fam.* • savate *fam.*

CONTR. adroit ı capable ı habile – fin ı subtil – aisé ı facile

maladroitement *adv.* • gauchement • lourdement • malhabilement • comme un manche *fam.* • comme un pied *fam.*

CONTR. adroitement

malaise *n.m.* 1 – évanouissement • défaillance • éblouissement • étourdissement • faiblesse • vertige • **2 – indisposition** • dérangement • incommodité • trouble • **3 – crise** • marasme • mécontentement • **4 – embarras** • froid • gêne • tension • trouble • **5 – angoisse** • inquiétude • souffrance • tourment • tristesse • trouble

CONTR. aise ı bien-être ı euphorie

malaisé, e *adj.* 1 – difficile • ardu • compliqué • délicat • dur • laborieux • **2 –** [vieilli] **incommode** • pénible • **3 –** [vieilli] **abrupt** • escarpé • impraticable

CONTR. aisé ı commode ı facile – commode – accessible

malaisément *adv.* • difficilement • à grand-peine • laborieusement • péniblement

CONTR. aisément ı facilement

malappris, e *adj.* • grossier • impoli • malhonnête *vieux*

malaria *n.f.* • paludisme • palu *fam.*

malavisé, e *adj.* • inconsidéré • écervelé • étourdi • imprudent • inconséquent • maladroit • sot

CONTR. avisé ı habile ı malin

malaxer *v.tr.* 1 – pétrir • manier • travailler • tripoter • triturer • **2 – mélanger**

malchance *n.f.* 1 – adversité • malheur • infortune *littér.* • **2 – malédiction** • fatalité • mauvais œil • mauvais sort • déveine *fam.*

guigne *fam.* · manque de pot *fam.* · poisse *fam.* · guignon *fam., vieilli* · **3** - hasard malheureux · coup du sort · mésaventure · tuile *fam.*

CONTR. chance

malchanceux, -euse *adj.* malheureux

✦ **être malchanceux** avoir la guigne *fam.* · avoir la poisse *fam.* · manquer de pot *fam.*

CONTR. chanceux ı heureux – avoir de la chance

malcommode *adj.* · incommode · gênant

CONTR. commode ı pratique

mâle *adj.* **1** - masculin · **2** - viril · courageux · énergique · fort · hardi · noble · vigoureux

CONTR. femelle ı féminin – efféminé

malédiction *n.f.* **1** - anathème · imprécation · exécration *vieux* · **2** - malchance · fatalité · malheur · mauvais sort

CONTR. bénédiction – bonheur ı chance

maléfice *n.m.* · sortilège · ensorcellement · envoûtement · sort

maléfique *adj.* · malfaisant · démoniaque · diabolique · infernal · malin · satanique

CONTR. bénéfique ı bienfaisant

malencontreusement *adv.* **1** - malheureusement · par malheur · **2** - inopportunément · mal à propos

CONTR. heureusement ı par bonheur – opportunément

malencontreux, -euse *adj.* **1** - ennuyeux · contrariant · désagréable · fâcheux · gênant · **2** - inopportun · déplacé · dommageable · mal à propos · malheureux · regrettable

CONTR. approprié ı bienvenu ı opportun

malentendu *n.m.* · méprise · ambiguïté · confusion · équivoque · erreur · quiproquo · maldonne *fam.*

CONTR. entente

☞ **malentendu, quiproquo, méprise**

Le **malentendu**, le **quiproquo** et la **méprise** ont en commun l'idée d'erreur. Il y a **malentendu** lorsque deux personnes qui pensaient avoir la même interprétation d'un fait, d'un propos s'aperçoivent d'une divergence entre elles *(un simple, un regrettable, un dangereux malentendu ; pour dissiper tout malentendu)*. On parle de **méprise** pour l'erreur d'interprétation ou de jugement que l'on commet à propos de quelqu'un ou de quelque chose *(victime d'une méprise dans une affaire criminelle)*. La **méprise** n'implique pas la présence de deux personnes : « Cette erreur [à propos de la planète Vénus] ne peut être qu'une méprise des yeux, une erreur d'observation » (Voltaire, *Philosophie de Newton*, III, VIII). Dans le **quiproquo**, on prend une personne ou une chose pour une autre ; cette erreur est largement utilisée dans le théâtre et le cinéma comiques *(pour qu'il n'y ait pas de quiproquo, assurez-vous que vous parlez tous deux de la même personne)*.

malfaçon *n.f.* · défaut · anomalie · défectuosité · imperfection · tare · vice

malfaisant, e *adj.* **1** - maléfique · mauvais · **2** - malsain · corrupteur · dommageable · néfaste · nocif · pernicieux · pervers · préjudiciable · **3** - nuisible · ennemi

CONTR. bienfaisant ı bon – sain

malfaiteur *n.m.* · bandit · criminel · escroc · gangster · voleur · truand · gibier de potence · malfrat *fam.* · brigand *vieilli* · [au plur.] gens de sac et de corde *vieilli*

CONTR. personne honnête

malfamé, e *adj.* · louche · interlope · mal fréquenté

malformation *n.f.* • défaut • difformité • dystrophie

malgré *prép.* **1 - contre** • en dépit de, que • au mépris de • nonobstant *littér.* • **2 - cependant**
✦ **malgré soi** **1 - à contrecœur** • à son corps défendant • la mort dans l'âme • contre son gré • **2 - à son insu**
✦ **malgré tout** pourtant • quand même • tout de même
CONTR. grâce à – de bon cœur

malhabile *adj.* • maladroit • gauche • lourdaud • pataud • inhabile *littér.* • empaillé *fam.* • empoté *fam.* • godiche *fam.* • gourde *fam.* • manchot *fam.*
CONTR. habile

malhabilement *adv.* • maladroitement • gauchement • lourdement • comme un manche *fam.* • comme un pied *fam.*

malheur *n.m.* **1 - adversité** • affliction • chagrin • douleur • détresse • épreuve • misère • peine • infortune *littér.* • **2 - malédiction** • fatalité • cruauté du sort • malchance • mauvaise fortune • mauvais sort • infortune *littér.* • **3 - épreuve** • accident • coup du destin, du sort • deuil • drame • échec • misère • revers • tragédie • traverse *vieux ou littér.* • **4 - calamité** • catastrophe • désastre • fléau • **5 - inconvénient** • désagrément • ennui
CONTR. béatitude ı bonheur ı heur
⮞ calamité

malheureusement *adv.* • malencontreusement • par malheur
CONTR. heureusement

malheureux, -euse
▪ *adj.*
I **1 - triste** • affligé • désolé • navré • peiné • **2 - éprouvé** • contrarié • frappé par le malheur • infortuné • misérable • pauvre • pitoyable • **3 - pénible** • calamiteux • difficile • dur • misérable • rude

II **1 - fâcheux** • maladroit • funeste • malencontreux • regrettable • triste • **2 - malchanceux** • **3 - affligeant** • attristant • déplorable • désastreux • désolant • lamentable
III **insignifiant** • lamentable • minable • misérable • pauvre • petit • pitoyable
✦ **être très malheureux** être malheureux comme les pierres
▪ *n.* • pauvre • miséreux • indigent *vieilli* • pauvre diable *vieilli*

malhonnête *adj.* **1 - immoral** • malpropre • véreux • marron • improbe *littér.* • **2 - déloyal** • incorrect • indélicat • **3 -** [vieilli] grossier • inconvenant • impoli • incorrect • indécent
CONTR. honnête ı intègre ı probe – loyal ı correct – délicat ı galant ı poli

malhonnêteté *n.f.* **1 - canaillerie** • crapulerie • friponnerie • improbité *littér.* • **2 - déloyauté** • incorrection • indélicatesse • **3 - escroquerie** • vol
CONTR. intégrité ı loyauté ı probité

malice *n.f.* **1 - méchanceté** • malveillance • malignité *littér.* • **2 - espièglerie** • esprit • ironie • moquerie • raillerie
CONTR. bénignité ı bonté ı innocence ı naïveté

malicieusement *adv.* • taquinement • ironiquement • mutinement

malicieux, -ieuse *adj.* **1 - coquin** • espiègle • farceur • fripon • mutin • taquin • **2 - astucieux** • futé • malin • rusé • **3 - ironique** • moqueur • narquois • piquant • railleur • spirituel
CONTR. sérieux – naïf ı niais

malignité *n.f.* **1 - méchanceté** • causticité • malice • malveillance • perfidie • perversité • **2 - gravité** • nocivité
CONTR. bénignité ı bonté

malin, -igne
▪ *adj.* **1 - intelligent** • adroit • astucieux • débrouillard • dégourdi • déluré • éveillé • fin •

▶ **malsain**

finaud • fort • futé • habile • **2** - [péj.] rusé • madré *littér.* • matois *littér.* • roué *littér.* • combinard *fam.* • démerdard *fam.* • roublard *fam.* • **3** - malicieux • moqueur • railleur • **4** - maléfique • mauvais • néfaste • négatif • nocif • pernicieux • **5** - grave • cancéreux

✦ **il est très malin**   il a plus d'un tour dans son sac • il est malin comme un singe • il est rusé comme un renard

✦ **il n'est pas très malin**   il n'a pas inventé le fil à couper le beurre *fam.* • il n'a pas inventé l'eau chaude, l'eau tiède *fam.* • il n'a pas inventé la poudre (à canon) *fam.*

▪ *n.* fine mouche • fine guêpe

✦ **le Malin**   Satan • le Démon • le Diable • Lucifer

✦ **faire le malin**   fanfaronner • crâner *fam.* • faire le mariolle *fam.* • frimer *fam.* • la ramener *fam.*

CONTR. benêt ׀ dupe ׀ maladroit ׀ nigaud – godiche – sérieux – bénéfique – bénin

malingre *adj.* • chétif • débile • délicat • faible • fragile • frêle • maladif • rachitique • souffreteux

CONTR. fort ׀ robuste

malintentionné, e *adj.* • méchant • hostile • malveillant

CONTR. bienveillant

malle *n.f.* • cantine • bagage • coffre

malléable *adj.* **1** - influençable • docile • flexible • maniable • obéissant • **2** - élastique • ductile • extensible • flexible • maniable • mou • plastique • pliable • souple

CONTR. difficile ׀ récalcitrant ׀ rétif ׀ rigide – cassant

mallette *n.f.* • porte-documents • attaché-case • serviette

malmener *v.tr.* **1** - maltraiter • battre • brusquer • brutaliser • faire un mauvais parti à • mettre à mal • molester • rudoyer • secouer *fam.* • **2** - houspiller • chahuter • conspuer • huer •

tomber sur le paletot de *fam.* • **3** - critiquer • éreinter • arranger *fam.* • assaisonner *fam.* • assassiner *fam.* • esquinter *fam.* • étriller *littér.*

malnutrition *n.f.* • dénutrition

🙰   malnutrition, dénutrition

Malnutrition et dénutrition, termes didactiques, concernent tous deux des déséquilibres dans l'alimentation des humains. La **malnutrition** est provoquée par l'inadaptation de la nourriture consommée, trop insuffisante ou trop riche, entraînant des maladies de carence ou l'obésité *(la malnutrition est répandue sur tous les continents)*. La **dénutrition** consiste en troubles qui résultent d'un manque important de certains éléments nutritifs *(les enfants souffrent particulièrement de la dénutrition)*.

malodorant, e *adj.* • puant • fétide • infect • méphitique • nauséabond • pestilentiel

malotru *n.m.* • grossier personnage • goujat • mufle • rustre • butor *vieilli ou plaisant* • gougnafier *fam.* • malappris *vieilli*

malpropre *adj.* **1** - sale • crasseux • dégoûtant • cradingue *fam.* • crado *fam.* • dégueulasse *très fam.* • dégueu *très fam.* • **2** - grossier • inconvenant • indécent • obscène • cochon *fam.* • **3** - immoral • malhonnête • sale • sordide

CONTR. propre – décent ׀ correct ׀ poli – honnête

malproprement *adv.* • salement • comme un cochon *fam.*

malpropreté *n.f.* **1** - saleté • crasse • **2** - grossièreté • inconvenance • indécence • indélicatesse • malhonnêteté

CONTR. propreté – délicatesse ׀ distinction ׀ politesse

malsain, e *adj.* **1** - nocif • dangereux • délétère • impur • insalubre • mauvais • nuisible • pollué • pourri • **2** - morbide • maladif · pathologique · 3 - pernicieux · étouffant · glauque · mauvais · 4 - immoral · corrupteur · malfaisant · pervers

CONTR. sain

~ insalubre

malséant, e *adj.* · déplacé · choquant · grossier · hors de propos · impoli · incongru · inconvenant · incorrect · inopportun · intempestif · malsonnant · malvenu · messéant *vieux*

CONTR. bienséant ı convenable

maltraitance *n.f.* · sévices · mauvais traitements

maltraiter *v.tr.* 1 - battre · brutaliser · frapper · malmener · molester · rudoyer · faire passer le goût du pain à *fam.* · 2 - brimer · brusquer · faire un méchant parti à · mettre à mal · malmener · régler son compte à *fam.* · secouer *fam.* · 3 - critiquer · éreinter · arranger *fam.* · assaisonner *fam.* · assassiner *fam.* · esquinter *fam.* · étriller *littér.*

CONTR. ménager – flatter ı louer

malveillance *n.f.* 1 - hostilité · agressivité · animosité · malignité · méchanceté · 2 - sabotage

CONTR. bienveillance ı amitié ı sympathie

malveillant, e *adj.* 1 - hostile · haineux · malintentionné · mauvais · méchant · médisant · malévole *vieux et littér.* · 2 - aigre · blessant · désobligeant · venimeux

CONTR. bienveillant ı amical ı complaisant

malvenu, e *adj.* · déplacé · fâcheux · hors de propos · incongru · inconvenant · inopportun · intempestif · mal à propos · malséant *littér.*

CONTR. bienvenu ı convenable

malversation *n.f.* · exaction · concussion · détournement (de fonds) · trafic d'influence · tripotage · prévarication *littér.* ou *Droit* · magouilles *fam.*

 malversation, prévarication, concussion

Malversation, prévarication et concussion sont relatifs à de graves infractions commises dans le cadre d'une fonction, d'un emploi, d'un mandat. Malversation s'emploie quand une personne détourne des fonds ou accepte des commissions occultes *(être accusé, convaincu de malversation ; il a été licencié après ses malversations)*. Concussion a un domaine plus étroit et concerne la perception illicite d'argent par un agent de l'État qui abuse de son pouvoir *(la concussion est un délit puni par la loi)*. Prévarication est littéraire ou réservé au droit ; il se dit d'un fonctionnaire qui manque aux devoirs et aux obligations de sa charge : « Les deux ministres accusés si brusquement de prévarication devaient (...) établir leur parfaite innocence » (Zola, *le Ventre de Paris*, III, IV).

malvoyant, e *n.* · amblyope

maman *n.f.* · mère · mater *fam.*

mamelle *n.f.* 1 - sein · 2 - [d'animal] pis · tétine

mamelon *n.m.* 1 - téton · bouton *littér.* · tétin *littér.* · 2 - butte · colline · éminence · hauteur · monticule

mamie *n.f.* · grand-mère · mémé *lang. enfants* · bonne-maman *vieilli* · grand-maman *vieilli*

management *n.m.* · administration · conduite · direction · exploitation · gestion

manager *v.tr.* · administrer · conduire · diriger · gérer · être à la tête de · être aux manettes de

manageur, -euse *n.* 1 - administrateur · cadre · directeur · dirigeant · gestionnaire · 2 - impresario · agent (artistique) · 3 - entraîneur · coach *anglic.*

¹**manche** n.f. [jeu, sport] partie • [Tennis, Volley, etc.] set

²**manche** n.m. 1 - hampe • bâton • bois • 2 - queue

manchette n.f. 1 - gros titre • 2 - poignet

manchon n.m. • anneau • bague • collier • douille

mandant, e n. • commettant • délégant

mandarin n.m. • sommité • patron • pontife • (grand) ponte fam.

mandat n.m. 1 - mission • charge • 2 - pouvoir • commission • délégation • procuration • 3 - effet (de commerce) • ordre

mandataire n. 1 - fondé de pouvoir • agent • délégué • envoyé • gérant • intermédiaire • représentant • 2 - commissionnaire

mandater v.tr. 1 - déléguer • dépêcher • envoyer • 2 - [une somme] libeller

manège n.m. 1 - carrousel • 2 - agissements • intrigue • jeu • machination • manigances • manœuvres • menées

mânes n.m.pl. • esprits • lares • ombres

manette n.f. • levier (de commande) • poignée

mangeable adj. • comestible • consommable • digeste • bouffable très fam.
CONTR. immangeable

mangeoire n.f. • auge • râtelier • crèche vieux

manger v.tr.
I 1 - consommer • absorber • avaler • croquer • déguster • gober • ingérer • ingurgiter • mâcher • mastiquer • prendre • ronger • savourer • becqueter fam. • bouffer fam. • boulotter fam. • s'enfiler fam. • grailler pop. • tortorer pop. • 2 - [animaux] brouter • paître • pâturer • ronger
II [sans complément] 1 - s'alimenter • se nourrir • prendre quelque chose • se restaurer • se sustenter • casser la croûte, la graine fam. • croûter pop. • jouer des mandibules fam. • se refaire fam. • se remplir, se caler l'estomac fam. • 2 - passer à table • se mettre à table • collationner • déjeuner • dîner • souper
III 1 - dépenser • consumer • dévorer • dilapider • dissiper • engloutir • gaspiller • claquer fam. • croquer fam. • flamber fam. • 2 - oublier • transgresser
IV 1 - corroder • attaquer • dévorer • ronger • 2 - consumer • consommer

+ **bien manger** faire bonne chère • se régaler

+ **manger beaucoup (de)** 1 - dévorer • engloutir • s'emplir de • se gaver de • se gorger de • bâfrer fam. • se bourrer de fam. • se goinfrer de fam. • 2 - [sans complément] se rassasier • se repaître • faire bombance • manger comme quatre • bouffer comme un chancre fam. • boustifailler pop. • s'empiffrer fam. • gueuletonner fam. • se lester fam. • s'en mettre jusque-là fam. • s'en mettre plein la lampe pop. • se remplir la panse fam. • s'en mettre plein le buffet pop., vieilli • s'en mettre plein le cornet pop., vieilli • s'en mettre plein la tirelire pop., vieilli

+ **manger peu** grignoter • chipoter • mangeotter • avoir un appétit d'oiseau • pignocher vieilli

+ **n'avoir rien à manger** danser devant le buffet fam.

CONTR. jeûner

mangeur, -euse n.
+ **gros mangeur** glouton • gargantua • goinfre • bâfreur fam. • bouffeur fam. • boustifailler pop. • grand gosier vieux

maniable adj. 1 - manœuvrable • 2 - commode • pratique • 3 - élastique • ductile • malléable • mou • 4 - docile • flexible • malléable • obéissant • souple • commode
CONTR. encombrant | incommode – cassant | rigide – indocile | têtu

maniaque *adj.* 1 - exigeant · méticuleux · pointilleux · tatillon · vétilleux *littér.* · pinailleur *fam.* · **2 - obsédé** · monomaniaque · **3 - routinier** · encroûté · **4 -** [Psych.] **maniaco-dépressif**
CONTR. brouillon ı désordonné ı négligent

manicle *n.f.* · gant de protection · gantelet · manique

manie *n.f.* **1 - idée fixe** · monomanie · obsession · **2 - habitude** · tic · **3 - goût** · fantaisie · marotte · toquade · dada *fam.*
➤ tic

maniement *n.m.* · utilisation · emploi · manipulation · usage

manier *v.tr.* **1 - manipuler** · tâter · toucher · **2 - pétrir** · malaxer · modeler · travailler · tripoter · triturer · **3 - employer** · se servir de · faire usage de · user de · utiliser · **4 - manœuvrer** · conduire · diriger · gouverner · **5 - gérer** · brasser · manipuler · remuer · traiter

manière *n.f.* **1 - façon** · méthode · modalité · mode · moyen · procédé · système · technique · tour (de main) · truc *fam.* · **2 - style** · façon · facture · forme · genre · technique · griffe · patte · **3 -** [vieilli] **air** · allure · tournure
✦ **manière d'agir, de faire** comportement · agissements · conduite · façons · pratiques · procédés
✦ **manière d'être** attitude · air · genre · tenue
✦ **manière de parler** expression · tour · tournure
✦ **manière de penser** point de vue · disposition d'esprit · tour d'esprit
✦ **à sa manière** à sa façon · selon son goût · à sa guise · comme il l'entend
✦ **de telle manière, de cette manière(-là)** ainsi · de la sorte
✦ **à la manière de** comme · selon
✦ **de la même manière** 1 - pareillement · 2 - comme · 3 - à l'imitation de

✦ **d'une certaine manière** en un certain sens · d'une certaine façon · en quelque sorte
✦ **de manière à** afin de · pour · aux fins de *littér. ou Admin.*
✦ **de (telle) manière que** **1 - de (telle) façon que** · de (telle) sorte que · **2 - au point que** · si bien que · tellement que
✦ **en manière de** en forme de · en guise de · pour · sur le mode de
≫ **manières** *plur.* **1 - minauderies** · mignardise · préciosité · **2 - cérémonies** · contorsions · embarras · façons · histoires · simagrées · chichis *fam.* · **3 -** → manière d'agir · **4 -** → manière d'être
✦ **bonnes manières** **1 - politesse** · civilité · forme · savoir-vivre · usages · urbanité · **2 - éducation** · distinction
✦ **sans manières** simple · sans cérémonie · sans façon · sans chichis *fam.* · [dîner] à la fortune du pot · à la bonne franquette

maniéré, e *adj.* **1 - guindé** · affecté · compassé · pincé · poseur · prétentieux · chichiteux *fam.* · chochotte *fam.* · [femme] mijaurée · pimbêche · **2 - apprêté** · contourné · entortillé · maniériste · précieux · recherché · sophistiqué
CONTR. naturel ı simple

maniérisme *n.m.* · affectation · préciosité · sophistication · théâtralisme · [Hist. Arts] cultisme · euphuisme · gongorisme · marinisme

manif *n.f.* → manifestation

manifestation *n.f.*
I **1 - expression** · démonstration · marque · signe · témoignage · **2 - phénomène** · symptôme · **3 - apparition** · éclosion
II **défilé** · marche (de protestation) · meeting · rassemblement · manif *fam.*

¹**manifeste** *adj.* **1 - évident** · apparent · aveuglant · certain · clair · criant · éclatant · flagrant · hors de doute · incontestable · indé-

niable · indiscutable · indubitable · notoire · palpable · patent · public · tangible · visible · **2 -** net · affirmé · assuré · décidé

CONTR. douteux ι obscur

☞ **clair**

☞ manifeste, notoire

Ce qui est **manifeste** ou **notoire** est incontestable. On qualifie de **manifeste** ce qui est visible par tous *(des signes manifestes de fatigue, de tristesse, commettre une erreur manifeste, faire preuve d'une mauvaise volonté manifeste).* On parle d'un fait, d'une action **notoire** quand ils sont connus d'un nombre important de personnes ; lorsqu'il caractérise une personne ou un comportement, **notoire** contient la plupart du temps l'idée d'un jugement négatif *(son entourage supporte mal son avarice notoire, un escroc notoire).*

²**manifeste** *n.m.* · proclamation · profession de foi

manifestement *adv.* · apparemment · assurément · incontestablement · indiscutablement · indubitablement · nettement · sans conteste · sans contredit · de toute évidence · visiblement

manifester

▪ *v.tr.* **1 - extérioriser** · déployer · développer · donner libre cours à · exprimer · faire éclater · marquer · montrer · révéler · témoigner de · **2 - dire** · affirmer · annoncer · faire connaître · déclarer · faire part de · proclamer · publier · **3 - révéler** · déceler · dénoncer · faire ressortir · indiquer · laisser paraître · mettre en lumière · traduire · trahir

▪ *v.intr.* · défiler · descendre dans la rue

⇒ **se manifester** *v.pron.* **1 - se faire connaître** · se présenter · **2 - surgir** · apparaître · se déclarer · se découvrir · se dégager · se dévoiler · éclater · éclore · émerger · entrer en jeu, en scène · se faire jour · se faire sentir ·

se montrer · se répandre · se révéler · sortir de l'ombre · survenir · **3 - se traduire** · **4 - agir** · s'exercer

CONTR. cacher

manigance *n.f.* · agissements · combinaison · machination · manège · manœuvre · tripotage · combine *fam.* · magouille *fam.* · micmac *fam.*

manigancer *v.tr.* **1 - imaginer** · combiner · tramer · ourdir *littér.* · machiner *vieilli* · **2 - comploter** · fricoter *fam.* · magouiller *fam.* · traficoter *fam.* · trafiquer *fam.*

manipulable *adj.* · influençable · docile

CONTR. inflexible

manipulateur, -trice *n.* · opérateur

manipulation *n.f.* **1 - emploi** · maniement · usage · utilisation · **2 - opération** · traitement · **3 - désinformation** · intoxication · propagande · bourrage de crâne *fam.* · intox *fam.* · **4 - manœuvre** · tripotage · combine *fam.* · cuisine *fam.* · grenouillage *fam.* · magouille *fam.*

manipuler *v.tr.* **1 - manier** · malaxer · mélanger · mêler · palper · pétrir · tâter · toucher · tripoter · **2 - gérer** · brasser · manier · remuer · traiter · **3 - influencer** · manœuvrer · suggestionner · télécommander · téléguider

manique *n.f.* · gant de protection · gantelet · manicle

¹**manne** *n.f.* · bienfait · aubaine

²**manne** *n.f.* · banne · corbeille · panière

mannequin *n.m.* **1 - modèle** · cover girl · top-model · **2 -** [vieilli] **pantin** · fantoche · marionnette

manœuvrable *adj.* · maniable

¹manœuvre *n.f.* **1** - [Milit.] exercice · évolution · mouvement · **2** - manigance · intrigue · jeu · machination · ruse · combine *fam.* · magouille *fam.* ● [au plur.] agissements · manège · menées · tripotage · cuisine *fam.* · grenouillage *fam.* · magouillage *fam.* · traficotage *fam.* · **3** - [Mar.] câble · cordage · filin · **4** - [Méd.] manipulation

²manœuvre *n.m.* · ouvrier · travailleur manuel · O.S.

manœuvrer
■ *v.tr.* **1** - gouverner · conduire · diriger · manier · mener · **2** - influencer · manipuler · suggestionner
■ *v.intr.* ruser · intriguer · magouiller *fam.*

manoir *n.m.* · château · gentilhommière · castel *littér.*

manquant, e *adj.* · absent

manque *n.m.* **1** - absence · carence · défaut · déficience · déficit · disette · insuffisance · pénurie · rareté · **2** - privation · besoin · dénuement · embarras · indigence · paupérisme · pauvreté · **3** - lacune · omission · trou · vide · **4** - manquement · défaillance
✦ **par manque de** faute de
CONTR. abondance | excédent | excès

manqué, e *adj.* · raté · perdu · fichu *fam.* · foutu *fam.* · râpé *fam.*

manquement *n.m.* · infraction · dérogation · écart · entorse · inobservation · irrégularité · transgression · violation
CONTR. observance | observation | respect

manquer
■ *v.intr.* **1** - faire défaut · se faire, devenir rare · disparaître · **2** - s'absenter · être absent · faillir · faire défaut · se dérober

■ *v.tr.* **1** - échouer à · rater · louper *fam.* · **2** - perdre · gâcher · louper *fam.* · **3** - ne pas se présenter à · sécher *fam.*
✦ **manquer à** **1** - déroger à · s'écarter de · s'éloigner de · enfreindre · offenser · oublier · pécher contre · transgresser · violer · **2** - se dérober à · se soustraire à
✦ **manquer à sa parole** se dédire
✦ **manquer de** **1** - ne pas avoir · être à court de · être dénué de · être dépourvu de · **2** - négliger de · omettre de · oublier de · **3** - faillir · être sur le point de · être tout près de · **4** - [forme négative] ne pas se faire faute de · ne pas laisser de *littér.*
✦ **il ne manquait plus que ça !** c'est un, le comble ! · c'est complet ! · c'est le bouquet ! *fam.* · c'est le pompon ! *fam.*
CONTR. abonder | exister – assister à | être présent – avoir | réussir – respecter – tenir sa parole – posséder

🕮 **manquer, être absent**
Manquer et être absent ont en commun l'idée de ce qui n'est pas là ou fait défaut, en parlant de quelqu'un ou de quelque chose. Être absent se dit pour une personne qui n'est pas là où l'on s'attendait à la trouver *(le directeur est absent en ce moment, personne ne répond, elle doit être absente)*, ainsi que pour une chose faisant défaut : « Il a feint de consulter à son poignet sa montre absente et il s'est éloigné » (Robbe-Grillet, *Dans le labyrinthe*). Manquer insiste sur le fait que la personne ou la chose absentes seraient nécessaires ou souhaitables *(cet élève manque souvent, il manque une tasse, le temps me manque pour tout vous raconter)*.

mansarde *n.f.* · chambre de bonne · galetas *vieux*

mansuétude *n.f.* · indulgence · bienveillance · bonté · charité · clémence · compréhension · tolérance · bénignité *vieux ou littér.*
CONTR. rigueur | sévérité

manteau *n.m.* **1** - pardessus · cape · gabardine · imperméable · loden · poncho · mante *vieux* · paletot *vieilli* · pèlerine *vieilli* · pelisse *vieilli* · pelure *fam.* · **2** - [Milit.] **capote**
✦ **sous le manteau** clandestinement · secrètement · en sous-main · discrètement

manuel *n.m.* · cours · abrégé · aide-mémoire · guide · livre · mémento · précis

manuellement *adv.* · à la main · de ses mains · artisanalement

manufacture *n.f.* · fabrique · usine

manufacturé, e *adj.* · ouvré

manufacturier, -ière *n.* · fabricant · industriel

mappemonde *n.f.* **1** - planisphère · carte · **2** - globe

maquereau *n.m.* [fam.] → **proxénète**

maquette *n.f.* **1** - modèle réduit · **2** - canevas · ébauche · esquisse · étude · ossature · plan · projet · schéma · synopsis · trame · **3** - mise en pages

maquignonnage *n.m.* · manœuvre · manipulation · trafic · tripotage · combine *fam.* · cuisine *fam.* · grenouillage *fam.*

maquillage *n.m.* **1** - grimage · **2** - cosmétique(s) · fard · **3** - camouflage · déguisement · falsification · trucage
CONTR. démaquillage

maquiller *v.tr.* **1** - farder · grimer · **2** - camoufler · déguiser · falsifier · farder · fausser · travestir · truquer
≫ **se maquiller** *v.pron.* se farder · se grimer · se faire une beauté *plaisant* · se refaire, se ravaler la façade *fam., péj.*
CONTR. démaquiller – rétablir

maquis *n.m.* **1** - garrigue · friche · **2** - labyrinthe · dédale · écheveau · jungle · méandres

maquisard *n.m.* · franc-tireur · partisan

marabout *n.m.* **1** - sorcier · envoûteur · **2** - tombeau · mausolée

marais *n.m.* **1** - marécage · palus · **2** - bas-fond · boue · marécage
✦ **marais salant** salin · saline *abusivt*

~ marais, marécage
Marais et marécage évoquent tous deux l'eau stagnante. Marais désigne une eau peu profonde qui recouvre des terres détrempées et est envahie par des plantes aquatiques et certains arbres *(le marais vendéen ; des marais impénétrables ; les roseaux des marais).* Le marécage est un lieu saturé d'eau et impropre à la culture couvert de marais *(un vaste marécage, un marécage boisé ; patauger dans un marécage).* Dans les emplois figurés, marais insiste sur l'idée d'enlisement dans un état, une situation : « (...) je tombe sur mon divan et j'y reste hébété dans un marais intérieur d'ennui » (Flaubert, *Correspondance*, 318, 24 avril 1852, t. II). Marécage y ajoute une connotation péjorative : « (...) il tendait la main à cette jeunesse et à cette pureté pour les entraîner dans le marécage où il avait conscience d'enfoncer lui-même » (J. Romains, *les Hommes de bonne volonté*, t. V, XXIV).

marasme *n.m.* **1** - crise · malaise · récession · stagnation · **2** - abattement · découragement · dépression · **3** - [Méd.] **cachexie** · athrepsie

maraudage *n.m.* · vol · larcin · maraude · pillage · rapine · chapardage *fam.*

marauder *v.intr.* · voler · dérober · piller · chaparder *fam.*

maraudeur, -euse *n. et adj.* • voleur • pillard • chapardeur *fam.*

marbre *n.m.*
+ **de marbre** impassible • de glace • de pierre • glacial • insensible • marmoréen *littér.*

marbré, e *adj.* • veiné • jaspé

marbrure *n.f.* **1** - moirure • bigarrure • jaspure • **2** - [Méd.] **livedo**

marchand, e *n.* commerçant • fournisseur • négociant • vendeur • maquignon *péj.*
+ **marchand ambulant** camelot • colporteur • forain • vendeur ambulant
+ **marchand d'esclaves** négrier
+ **marchand en gros** grossiste
+ **marchand au détail** détaillant • boutiquier *souvent péj.*

CONTR. acheteur ı client

marchandage *n.m.* • négociation • tractation

marchander *v.tr.* • débattre, discuter le prix de

marchandise *n.f.* • article • denrée • fourniture • produit • [collectif] came *fam.* • camelote *fam., souvent péj.* • pacotille *fam., péj.*

marche *n.f.*
I échelon • degré • gradin
II **1** - pas • allure • démarche • train • **2** - cheminement • déambulation • ambulation *littér.* • **3** - promenade • course • excursion • randonnée • tour • **4** - défilé • manifestation
III **1** - cours • courant • déroulement • développement • évolution • procès • processus • **2** - progression • avance • avancée • avancement • [d'un feu, d'une épidémie, etc.] propagation
IV fonctionnement • activité
+ **marche à suivre** voie • méthode • mode d'emploi • moyen • procédure • tactique

+ **être en marche** **1** - fonctionner • être en service • **2** - avancer • progresser
+ **mettre en marche** faire partir • actionner • allumer • démarrer • mettre en service
+ **se mettre en marche** se mettre en route • s'ébranler • partir

CONTR. arrêt ı halte

marché *n.m.*
I accord • affaire • contrat • convention • négociation • pacte • transaction
II **1** - foire • braderie • **2** - halle • bazar • [arabe] souk
III **1** - commerce • bourse • échange • **2** - débouché • clientèle
+ **bon marché** **1** - à bas prix • à bon compte • au juste prix • au rabais • en solde • **2** - avantageux • très abordable

marchepied *n.m.* **1** - escabeau • escabelle *vieux* • **2** - tremplin

marcher *v.intr.* **1** - se mouvoir • se déplacer • arquer *fam., ou négatif* • **2** - avancer • aller • cheminer • déambuler • se promener • [sans but] errer • flâner • **3** - fonctionner • rouler (sur du velours) *fam.* • **4** - [fam.]
→ **accepter**
+ **marcher à petits pas** trotter • trottiner
+ **marcher sur** fouler • piétiner
+ **marcher sur, vers** se diriger sur, vers • aller vers • avancer sur, vers • porter ses pas vers • se rendre à • faire route vers
+ **marcher plus vite** allonger, presser le pas • accélérer
+ **bien marcher** progresser • prospérer • réussir • gazer *fam.* • tourner (rond) *fam.* • aller comme sur des roulettes *fam.*
+ **mal marcher** avoir des problèmes • débloquer *fam.* • déconner *très fam.*
+ **faire marcher** **1** - actionner • **2** - [fam.]
→ **faire enrager**

CONTR. s'arrêter ı stopper

marcheur, -euse *n.* • randonneur

mare *n.f.* **1** - étang • pièce d'eau • **2** - flaque

marécage n.m. 1 - marais · étang · gâtine région. · maremme (Géog.) · 2 - bas-fond · bourbier
↝ marais

marécageux, -euse adj. 1 - bourbeux · fangeux · 2 - aquatique · uligineux

marée n.f. flot · déluge · flux · ruée · vague
✦ **marée basse** basse mer
✦ **marée haute** haute mer
✦ **marée montante** flux
✦ **marée descendante** jusant · perdant · reflux

mareyeur, -euse n. · poissonnier

marge n.f. 1 - bord · bordure · 2 - écart · différence · 3 - délai · sursis · temps
✦ **marge de manœuvre** latitude · possibilité · mou fam.
✦ **en marge de** en dehors de · à l'écart de

marginal, e
■ adj. 1 - en marge · 2 - secondaire · accessoire · anecdotique · annexe · contingent · incident · subsidiaire · 3 - asocial · désocialisé · exclu · paumé fam.
■ n. exclu · paria · vagabond · clochard fam. · paumé fam. · zonard fam.
CONTR. principal – sociable ı adapté – conformiste

marginalisation n.f. · exclusion

marginaliser v.tr. · exclure · écarter · mettre à l'écart · laisser de côté · laisser sur la touche fam. ● [de la société] désocialiser

marginalité n.f. · asociabilité

mari n.m. · conjoint · époux · jules fam. · homme fam. · mec fam.

mariage n.m. 1 - union · alliance · hymen vieux ou littér. · 2 - noce(s) · épousailles vieux · 3 - ménage · union · 4 - association · alliance · assemblage · assortiment · combinaison · mélange · réunion · union
✦ **demander en mariage** demander la main de
CONTR. célibat – divorce ı séparation

marier v.tr. 1 - unir · 2 - [vieilli] établir ● [sa fille] conduire à l'autel vieilli · 3 - allier · assembler · associer · combiner · joindre · mélanger · 4 - assortir · apparier · harmoniser
↠ **se marier** v.pron. 1 - s'unir · convoler (en justes noces) plaisant · prendre femme, mari · s'établir vieilli · aller à l'autel vieilli · 2 - se combiner · s'accorder · s'assortir · s'harmoniser
✦ **se marier avec** épouser · s'unir à · conduire à l'autel vieilli · passer la bague au doigt à vieilli
CONTR. divorcer

↝ **se marier, épouser, convoler**
Se marier, épouser et convoler s'emploient pour parler de l'union par le mariage de deux personnes. Se marier, verbe le plus usuel, se dit en parlant des deux futurs conjoints (ils se marient la semaine prochaine) ou d'un seul (elle se marie avec son meilleur ami, il cherche à se marier). Épouser, moins courant, s'emploie seulement en parlant d'un des deux conjoints (il l'épouse par amour, elle l'a épousé civilement). Convoler n'est en usage aujourd'hui que par plaisanterie (elle est en âge de convoler).

marigot n.m. · marais · bayou

marijuana n.f. · cannabis · chanvre (indien) · haschisch · hasch fam. · herbe fam. · kif fam. · marie-jeanne fam. · shit fam.

¹**marin, -ine** adj. 1 - de mer · 2 - maritime · nautique · naval

🕮 **marin, maritime**
Marin et **maritime** se rapportent tous deux à la *mer*. On qualifie de **marin** tout ce qui provient de la mer *(les fossiles marins, la faune marine)*, ce qu'elle produit *(le sel marin)* ou ce qui émane d'elle *(faire une cure d'air marin, la brise marine)*. On réserve **maritime** à ce qui est proche de la mer *(un port, une ville, une gare maritime ; la flore, le pin maritime)*, ou bénéficie de sa proximité *(un climat maritime)*. Appliqué à la navigation, **marin** concerne plus directement la mer *(utiliser une carte, une lunette marine ; filer trois milles marins à l'heure)*, **maritime** qualifiant des activités liées à la présence de la mer *(trafic, commerce, chantier maritime)*.

²**marin** *n.m.* **1** - navigateur • [aguerri] loup de mer *fam.* • [mauvais] marin d'eau douce, de bateau-lavoir • **2** - matelot • mataf *argot*

marine *n.f.* **1** - navigation • **2** - armée de mer • flotte • forces navales

mariner *v.intr.* **1** - macérer • baigner • tremper • **2** - [fam.] → **attendre**

marinier, -ière *n.* **1** - batelier • nautonier *vieux* • **2** - marin

mariolle *n.m.* → **malin**

marionnette *n.f.* • fantoche • guignol • mannequin • pantin

maritime *adj.* **1** - marin • **2** - côtier • **3** - naval
🕮 marin

marivaudage *n.m.* • badinage • galanterie *littér.*
🕮 coquetterie

marivauder *v.intr.* • badiner

marmelade *n.f.* **1** - compote • **2** - confiture

✦ **en marmelade** en bouillie • en capilotade • en charpie • en miettes • en compote *fam.*

marmite *n.f.* • faitout • caquelon

marmiton *n.m.* • aide-cuisinier • gâte-sauce *fam.*

marmonner *v.tr.* • grommeler • bougonner • mâchonner • marmotter • maugréer • murmurer • ronchonner *fam.*

marmot *n.m.* → **enfant**

marmotter *v.intr.* → **marmonner**

maronner *v.intr.* → **rouspéter**

marotte *n.f.* **1** - manie • habitude • tic • travers • **2** - violon d'Ingres • caprice • folie • dada *fam.*

marquant, e *adj.* **1** - remarquable • notable • saillant • **2** - mémorable
CONTR. insignifiant – négligeable

marque *n.f.*
I appellation • enseigne • griffe • label • logo • nom
II 1 - estampille • cachet • chiffre • empreinte • étiquette • poinçon • sceau • tampon • timbre • vignette • **2** - monogramme • paraphe • seing • signature • **3** - insigne • chevron • galon • signe • symbole
III 1 - balise • borne • bouée • jalon • repère • **2** - encoche • coche • repère • trait (de scie) • **3** - numéro • cote • matricule • **4** - astérisque • croix • point • repère • trait • **5** - signet • marque-page
IV 1 - manifestation • attestation • démonstration • empreinte • indice • indication • preuve • signalement • signe • symptôme • témoignage • témoin • trace • trait • vestige • **2** - présage • annonce
V 1 - pli • impression • **2** - tache • flétrissure • **3** - stigmate • bleu • cicatrice • couture • empreinte • ecchymose • marbrure • nævus • vergeture • zébrure

masculin

VI 1 – score · résultat · **2** – cale · butoir · starting-block

marqué, e *adj.* **1** – net · accentué · accusé · évident · prononcé · **2** – grêlé · picoté · **3** – flétri · buriné · fatigué · vieilli

marque-page *n.m.* · signet

marquer *v.tr.*
I 1 – écrire · consigner · inscrire · noter · relever · **2** – pointer · cocher · désigner · indiquer · signaler · **3** – repérer · coter · étiqueter · matriculer · numéroter · **4** – matérialiser · baliser · borner · délimiter · jalonner · limiter · piqueter · signaler · tracer
II 1 – imprimer · estamper · estampiller · poinçonner · timbrer · **2** – stigmatiser · buriner · flétrir · marbrer · marqueter · tacher · tacheter · taveler · zébrer · **3** – imprégner · déteindre sur · empreindre · influencer · **4** – affecter · impressionner · toucher · **5** – [sans complément] laisser des traces · [événement] faire date
III 1 – manifester · dire · exprimer · montrer · témoigner · **2** – mettre en évidence · accentuer · accuser · ponctuer · prononcer · faire ressortir · scander · **3** – dénoter · annoncer · attester · caractériser · dénoncer · indiquer · manifester · montrer · prouver · respirer · révéler · signaler · témoigner de
IV [Sport] **1** – obtenir · réussir · **2** – serrer

marqueté, e *adj.* · tacheté · bariolé · bigarré · diapré · jaspé · moucheté · tavelé · truité

marqueterie *n.f.* · mosaïque · patchwork

marquise *n.f.* · auvent

marrant, e *adj.* → amusant

marre *adv.*
✦ en avoir marre → en avoir assez

marrer (se) *v.pron.* **1** – → rire · **2** – → s'amuser

marri, e *adj.* [vieux ou littér.] contrit · fâché

¹**marron** *adj. invar.* **1** – brun · beige · bronze · havane · tabac · **2** – irrégulier · clandestin · malhonnête · **3** – corrompu · véreux

²**marron** *n.m.* **1** – châtaigne · **2** – [fam.] → coup

marteau *n.m.* **1** – masse · maillet · mailloche · massette · picot · **2** – [adj., fam.] → fou

martèlement *n.m.* · battement

marteler *v.tr.* **1** – pilonner · écraser · **2** – battre · frapper (sur) · tambouriner sur · **3** – accentuer · détacher · prononcer avec force

martial, e *adj.* · guerrier · belliqueux · combatif · militaire

martyr *n.m.* · victime · bouc émissaire · souffre-douleur · tête de turc
CONTR. bourreau

martyre *n.m.* **1** – [Relig.] supplice · baptême du sang · **2** – calvaire · croix · douleur · mal · souffrance · supplice · torture · tourment

martyriser *v.tr.* **1** – brutaliser · maltraiter · faire souffrir · **2** – torturer · crucifier · supplicier · tourmenter

mascarade *n.f.* **1** – carnaval · **2** – hypocrisie · comédie · imposture · mystification · pantalonnade · supercherie · cirque *fam.*

mascotte *n.f.* · porte-bonheur · amulette · fétiche · porte-chance

masculin, e *adj.* **1** – mâle · viril · **2** – garçonnier · garçon manqué · hommasse *péj.*
CONTR. féminin

masculiniser *v.tr.* · viriliser

CONTR. féminiser

masque *n.m.* **1** - loup · **2** - apparence · couvert · dehors · extérieur · façade · semblant · vernis · voile · **3** - air · expression · faciès · physionomie · visage

masqué, e *adj.* **1** - dissimulé · camouflé · caché · recouvert · voilé · **2** - travesti · déguisé

masquer *v.tr.* **1** - camoufler · arranger · cacher · dénaturer · déguiser · dissimuler · enrober · farder · travestir · voiler · **2** - dérober à la vue · cacher · couvrir · éclipser · escamoter · faire écran à · occulter · recouvrir · offusquer *littér.*

CONTR. montrer

massacrant, e *adj.* · détestable · insupportable

massacre *n.m.* **1** - tuerie · assassinat · boucherie · carnage · hécatombe · holocauste · **2** - anéantissement · destruction · dévastation · extermination · génocide · **3** - désastre · gâchis · sabotage · saccage

🙰 **massacre, carnage, boucherie, tuerie**

Massacre, carnage, boucherie et tuerie ont en commun l'idée de mise à mort massive de personnes, l'action de *tuer* avec violence ou même sauvagerie. Tous peuvent s'appliquer au contexte de la guerre, en particulier **boucherie** et **tuerie** *(envoyer des soldats à la boucherie ; mettre fin à la tuerie des grandes guerres)* : « Au fond, vous parlez comme si vous ne deviez jamais vous battre (...). Vous oubliez que la guerre sera toujours une boucherie » (J. Renard, *Journal, 20 avril 1909*). **Massacre** est un terme plus large, que l'on applique aussi à des conflits civils et à l'extermination de populations sans défense *(le massacre de la Saint-Barthélemy en 1572)*. On parle de **carnage** lorsque l'image de la chair (carn-) sanglante domine *(le massacre de la famille X a tourné au carnage)*. **Carnage** et **massacre** concernent aussi certains animaux sauvagement abattus ou chassés abusivement *(le massacre des baleines, des éléphants)*.

massacrer *v.tr.* **1** - détruire · décimer · exterminer · **2** - tuer · assassiner · bousiller *fam.* · **3** - abîmer · défigurer · détériorer · gâter · saccager · amocher *fam.* · bousiller *fam.* · démolir *fam.* · esquinter *fam.* · **4** - critiquer · éreinter · descendre (en flammes) *fam.* · tirer à boulets rouges sur *fam.*

+ **massacrer tout le monde** ne pas faire de quartier

massacreur, -euse *n.* **1** - tueur · assassin · boucher · bourreau · tortionnaire · **2** - saboteur

¹**masse** *n.f.*
I **1** - bloc · morceau · paquet · **2** - poids · volume · **3** - tas · amas · amoncellement · aggloméré · agrégat · conglomérat · magma · monceau · **4** - [Météo] front · **5** - ensemble · somme · totalité
II **1** - groupe · foule · multitude · rassemblement · **2** - multitude · armada · armée · bataillon · cohorte · foule · kyrielle · légion · meute · myriade · nuée · régiment · ribambelle · cargaison *fam.* · flopée *fam.* · foultitude *fam.* · tapée *fam.*
+ **la masse** le peuple · le commun des hommes, des mortels · les couches populaires · la foule · la majorité · le grand public · le gros des troupes
+ **la masse de** le gros de · la majorité de
+ **en masse 1** - en nombre · en foule · massivement · **2** - en abondance · à foison · à gogo *fam.*

²**masse** *n.f.* maillet · marteau · massette
+ **masse d'armes** casse-tête · massue · plommée

¹**masser** v.tr. rassembler · agglomérer · amasser · assembler · bloquer · concentrer · rassembler · réunir · serrer

≫ **se masser** v.pron. se presser · se concentrer · s'ameuter · s'agglutiner péj.

²**masser** v.tr. · frictionner · frotter · malaxer · palper · pétrir · presser

¹**massif, -ive** adj. **1** - épais · compact · corpulent · gros · imposant · lourd · opulent · pesant · maous fam. · mastoc fam. · **2** - important · considérable · intense

²**massif** n.m. **1** - corbeille · parterre · plate-bande · **2** - bosquet · buisson · **3** - montagne · chaîne

massivement adv. **1** - en masse · en foule · en nombre · **2** - en grande quantité · à forte dose

massue n.f. **1** - gourdin · batte · bâton · casse-tête · masse · **2** - [adjt] décisif · indiscutable · irréfutable · de poids

mastiquer v.tr. · mâcher · mâchonner · mâchouiller fam.

masturbation n.f. · onanisme · plaisir solitaire · branlée vulg. · branlette vulg. · la veuve poignet fam.

masturber v.tr. branler vulg.

≫ **se masturber** v.pron. se toucher · se branler vulg.

masure n.f. · baraque · bicoque · cabane · gourbi · taudis

mat, mate adj. **1** - terne · dépoli · **2** - foncé · **3** - sourd · étouffé

CONTR. poli ׀ brillant ׀ éclatant ׀ luisant – clair ׀ pâle – clair ׀ sonore

matamore n.m. · bravache · fanfaron · fier-à-bras · hâbleur · vantard · rodomont vieux

match n.m. · compétition · combat · concours · épreuve · partie · rencontre · tournoi

matelas n.m. **1** - couche · paillasse · **2** - lit · coussin · **3** - sécurité · protection

matelasser v.tr. **1** - rembourrer · bourrer · capitonner · **2** - cuirasser

matelot n.m. · marin · homme d'équipage · mathurin argot · mataf argot • [aguerri] loup de mer

¹**mater** v.tr. **1** - dompter · dresser · soumettre · serrer la vis à fam. · visser fam. · **2** - réprimer · abattre · étouffer · juguler · terrasser · vaincre · **3** - [littér.] mortifier · humilier · macérer

²**mater** v.tr. **1** - dépolir · **2** - matir

³**mater** v.tr. [fam.] → regarder

matérialiser v.tr. **1** - symboliser · incarner · représenter · **2** - marquer · concrétiser · **3** - réaliser · faire aboutir · concrétiser

≫ **se matérialiser** v.pr. se réaliser · se concrétiser · prendre corps · voir le jour

CONTR. spiritualiser – abstraire

matérialiste adj. **1** - pratique · matériel · prosaïque · réaliste · terre à terre · **2** - [Philo.] positif

CONTR. idéaliste – spiritualiste

matérialité n.f. · réalité · existence

CONTR. immatérialité ׀ spiritualité

matériau n.m. **1** - matière · **2** - éléments · documents · données · informations · matière · support

¹**matériel, -ielle** adj. **1** - concret · effectif · palpable · physique · sensible · tangible · **2** - financier · pécuniaire ·

matériel ‹ 726

3 - **matérialiste** · positif · pratique · prosaïque · réaliste · terre à terre · **4** - [vieilli] **charnel** · physique · sensuel · temporel · terrestre

²**matériel** n.m. **1** - **matériau** · matière · **2** - **équipement** · instruments · outillage · matos fam. · **3** - **données** · documents · matériau

matériellement adv. **1** - **objectivement** · en fait · effectivement · positivement · **2** - **financièrement** · pécuniairement
CONTR. théoriquement – moralement ı spirituellement

materner v.tr. · dorloter · choyer · surprotéger

maternité n.f. **1** - **enfantement** · génération · procréation · **2** - **accouchement** · **3** - **grossesse**

mathématique adj. **1** - **cartésien** · logique · **2** - **exact** · précis · rigoureux · scientifique
✦ **c'est mathématique** c'est inévitable · c'est automatique · c'est aussi sûr que deux et deux font quatre

mathématiquement adv. **1** - **exactement** · rigoureusement · **2** - **nécessairement** · automatiquement · immanquablement · inévitablement · infailliblement · logiquement
CONTR. approximativement – peut-être

matière n.f.
I **1** - **substance** · **2** - **corps** · **3** - **matériau** · **4** - **étoffe** · tissu
II **1** - **sujet** · contenu · fond · objet · propos · substance · teneur · thème · **2** - **discipline** · champ · chapitre · domaine · partie · secteur · sujet · terrain · **3** - **point** · article · question · sujet
✦ **matière grise** cerveau · cervelle · intelligence · méninges fam.
✦ **matières grasses** graisses · lipides

✦ **en matière de** en fait de · en ce qui concerne
✦ **avoir matière à** avoir lieu de · avoir motif de · avoir des raisons de
✦ **donner matière à** prêter à

matin n.m. **1** - **matinée** · avant-midi Belgique, Québec · **2** - **jour** · aube · aurore · lever du jour, du soleil · **3** - [de la vie] **commencement** · début · aube littér. · aurore littér. · printemps littér.
✦ **du matin** matinal · matinier vieux · matutinal vieux ou littér.
✦ **au petit matin, de bon matin** très tôt · au chant du coq · au point du jour · aux premières heures (du jour) · de bonne heure · dès potron-minet littér. • [se lever] avec les poules

matinal, e adj. **1** - **matutinal** vieux ou littér. · **2** - **lève-tôt** · matineux vieux
CONTR. vespéral – lève-tard

mâtiné, e adj. **1** - **métissé** · bâtard · croisé · **2** - **mêlé** · mélangé · panaché
CONTR. pur

mâtiner v.tr. · croiser · métisser

matois, e adj. · rusé · fin · finaud · malin · retors · roué · madré littér. · ficelle vieux

matraquage n.m. · intoxication · bourrage de crâne fam. · intox fam.

matraque n.f. · trique · bâton · casse-tête

matraquer v.tr. **1** - **frapper** · assommer · battre · **2** - **critiquer** · démolir · descendre (en flammes) fam. · tirer à boulets rouges sur · **3** - [fam.] → **escroquer**

matrice n.f. **1** - **forme** · moule · **2** - [vieux] **utérus**

matrimonial, e adj. · conjugal

matrone n.f. • rombière péj. • grognasse péj. • pétasse péj. • pouffiasse péj. • vieille bique péj. • sorcière péj.

maturation n.f. • mûrissement • mûrissage

maturité n.f. 1 - âge adulte • force de l'âge • automne de la vie littér. • 2 - plénitude • épanouissement • vigueur • 3 - sagesse • circonspection • mesure • modération • pondération

CONTR. enfance – jeunesse – infantilisme

maudire v.tr. 1 - anathématiser • 2 - condamner • réprouver • 3 - détester • exécrer • haïr • vomir • abominer littér. • 4 - pester contre • injurier • envoyer au diable

CONTR. adorer | bénir

maudit, e adj. 1 - réprouvé • damné • 2 - infortuné • malheureux • 3 - détestable • exécrable • haïssable • mauvais • damné fam. • fichu fam. • foutu très fam. • sacré fam. • sale fam. • satané fam.

CONTR. bénit | bienheureux

maugréer v.intr. • bougonner • grogner • grommeler • jurer • marmonner • pester • se plaindre • râler fam. • ronchonner fam. • rouspéter fam.

mausolée n.m. 1 - tombeau • 2 - marabout

maussade adj. 1 - désagréable • acariâtre • acrimonieux • boudeur • bourru • chagrin • de méchante humeur • grincheux • grognon • hargneux • mécontent • rébarbatif • renfrogné • revêche • 2 - désabusé • mélancolique • pessimiste • 3 - morose • ennuyeux • insipide • morne • terne • triste

CONTR. amène | charmant | enjoué | gai | jovial – optimiste – divertissant

mauvais, e adj.

I 1 - infect • dégoûtant • imbuvable • immangeable • immonde • dégueulasse très fam. • dégueu très fam. • 2 - nauséabond • dégoûtant • délétère • fétide • pestilentiel • puant
II 1 - faux • erroné • incorrect • inexact • infidèle • 2 - inadéquat • impropre • inadapté • inapproprié • inefficace • inutile
III 1 - dangereux • dommageable • malsain • néfaste • nuisible • pernicieux • préjudiciable • 2 - défavorable • funeste • sinistre
IV 1 - grave • sérieux • sévère • 2 - pénible • atroce • difficile • épouvantable • horrible • sale fam.
V 1 - immoral • bas • corrompu • coupable • crapuleux • déshonnête • douteux • impur • indigne • malhonnête • pendable • vicieux • 2 - malveillant • calomnieux • cruel • dur • fielleux • haineux • injuste • malfaisant • malin • malveillant • méchant • médisant • pervers • sadique • venimeux • vache fam. • 3 - détestable • désagréable • difficile • odieux • rébarbatif • revêche • fichu fam. • foutu très fam. • sale fam.
VI 1 - faible • imparfait • insuffisant • médiocre • piètre • 2 - piteux • lamentable • misérable • triste • 3 - déplorable • minable • nul • à la godille fam. • à la gomme fam. • à la manque fam. • nase fam. • ringard fam. • zéro fam. • de chiotte très fam. • merdeux très fam. • merdique très fam. • de merde très fam.

CONTR. bon | appétissant – parfumé | odoriférant – correct | exact – adapté | approprié – inoffensif – favorable | heureux – agréable | amène – moral | honnête – bienveillant – suffisant

mauviette n.f. 1 - lâche • poltron • lavette fam. • lopette fam. • couille molle vulg. • 2 - gringalet • avorton fam. • demi-portion fam.

maxillaire n.m. • mâchoire • mandibule

maximal, e adj. • maximum

CONTR. minimal

maxime n.f. 1 - précepte • devise • loi • moralité • principe • règle • 2 - axiome • proposition • vérité • 3 - aphorisme • pensée • sentence • apophtegme littér. • 4 - adage • dicton • proverbe

maximum

- *adj.* maximal · plafond · [vitesse] de pointe
- *n.m.* plafond · comble · limite
- ✦ **le maximum de** le plus grand nombre de
- ✦ **au maximum** 1 - (tout) au plus · à tout casser *fam.* · **2 - le plus possible** · au plus haut degré · au plus point · [serrer, etc.] à fond · à bloc.
CONTR. minimum

mazout *n.m.* · fioul

méandre *n.m.* courbe · boucle · coude · courbure · contour · détour · lacet · sinuosité · zigzag · cingle *région.*
≫ **méandres** *plur.* [d'une pensée, d'une institution] dédale · détours · labyrinthe · maquis

mec *n.m.* → homme

mécanique
- *adj.* automatique · inconscient · instinctif · involontaire · irréfléchi · machinal · réflexe
- *n.f.* 1 - mécanisme · 2 - machine · appareil

mécaniquement *adv.* · automatiquement · instinctivement · involontairement · machinalement
CONTR. intentionnellement ı volontairement

mécaniser *v.tr.* · industrialiser · motoriser

mécanisme *n.m.* 1 - mécanique · machine · système · 2 - processus · fonctionnement · mouvement
CONTR. dynamisme

mécénat *n.m.* · parrainage · patronage · sponsorisation

mécène *n.m.* · bienfaiteur · protecteur · sponsor

méchamment *adv.* 1 - hargneusement · agressivement · cruellement · désagréablement · durement · mauvaisement *littér.* · **2 -** [fam.] drôlement *fam.* · joliment *fam.* · sacrément *fam.* · vachement *fam.*
CONTR. gentiment ı humainement

méchanceté *n.f.* 1 - malveillance · cruauté · dureté · indignité · malice · malignité · mauvaiseté · noirceur · perversité · venin · vacherie *fam.* · **2 - coup d'épingle** · médisance · pique · pointe · **3 - misère** · crasse · mauvais, vilain, sale tour · rosserie · saloperie *fam.* · scélératesse *vieilli* ou *littér.* · vacherie *fam.* · vilenie *littér.*
CONTR. bienveillance ı bonté ı gentillesse ı humanité

¹méchant, e *adj.* 1 - malveillant · brutal · cruel · immonde · infect · malfaisant · malintentionné · mauvais · nuisible · odieux · rosse · sans-cœur · moche *fam.* · vache *fam.* · **2 - démoniaque** · diabolique · satanique · **3 - féroce** · **4 -** [enfant] insupportable · indiscipliné · intraitable · turbulent · vilain · **5 - blessant** · acariâtre · acerbe · acrimonieux · agressif · corrosif · désagréable · dur · enfiellé · fielleux · haineux · hargneux · médisant · mordant · venimeux · **6 - grave** · important · malin · mauvais · sérieux · moche *fam.* · sale *fam.* · vilain *fam.* · **7 - infime** · insignifiant · maigre · malheureux · médiocre · minable · misérable · miteux · négligeable · pauvre · petit · piètre · de rien du tout *fam.*

²méchant, -e *n.* 1 - scélérat · criminel · vilain · **2 - peste** · charogne · rosse · teigne · sale bête *fam.* · carne *fam.* · chameau *fam.* · salaud *fam.* · vache *fam.* · [femme] chipie · dragon · furie · harpie · mégère · sorcière · virago · garce *fam.* · gendarme *fam.* · panthère *fam.* · poison *fam.* · tigresse *fam.* · vieille toupie *fam.* · vipère *fam.*

mèche *n.f.* 1 - [de cheveux] touffe · accroche-cœur · boucle · épi · houppe · toupet · **2 - foret** · vrille · **3 - cordon** · champignon · lumignon · moucheron · rat-de-cave

mécompte *n.m.* 1 - déception · déconvenue · désappointement · désenchantement · désillusion · **2 -** [vieux] faux calcul

méconnaissable *adj.* · métamorphosé · transformé

CONTR. reconnaissable ı semblable

méconnaissance *n.f.* · ignorance · incompréhension

méconnaître *v.tr.* 1 - déprécier · méjuger · mésestimer · se méprendre sur · sous-estimer · se tromper sur · 2 - ignorer · dédaigner · faire fi de · se moquer de · négliger · oublier

CONTR. apprécier – comprendre ı considérer

méconnu, e *adj.* 1 - ignoré · obscur · 2 - incompris

CONTR. reconnu

mécontent, e *adj.* 1 - fâché · contrarié · ennuyé · irrité · 2 - de mauvaise humeur · grincheux · grognon · maussade · ronchon *fam.* · 3 - insatisfait · déçu · dépité · désappointé

CONTR. comblé ı content ı enchanté ı heureux ı satisfait

mécontentement *n.m.* 1 - déplaisir · chagrin · colère · contrariété · désagrément · ennui · insatisfaction · irritation · 2 - [collectif] grincements de dents · grogne *fam.* · rogne *fam.* · rouspétance *fam.*

CONTR. contentement ı plaisir ı satisfaction

mécontenter *v.tr.* · fâcher · agacer · chagriner · choquer · contrarier · ennuyer · déplaire à · irriter · prendre à rebrousse-poil

CONTR. contenter ı plaire ı satisfaire

médaille *n.f.* 1 - insigne · décoration · crachat *fam., vieilli* · 2 - médaillon

médailler *v.tr.* · décorer · honorer

médaillon *n.m.* · médaille

médecin *n.m.* · docteur · praticien · thérapeute · toubib *fam.*

🕮 **médecin, docteur, thérapeute**

Le médecin, le docteur et le thérapeute ont pour fonction de soigner des personnes souffrantes. Le médecin est habilité à exercer la médecine après avoir obtenu son doctorat ; il a alors le titre de docteur qui le désigne couramment (c'est le docteur Dubois ; bonjour, au revoir docteur). En dehors de cet emploi en appellatif, docteur et médecin sont interchangeables (appeler, aller chez le médecin/le docteur ; prendre un rendez-vous chez le médecin/le docteur), médecin étant cependant d'un usage plus soutenu. On réserve par ailleurs médecin chaque fois que l'on a à préciser le domaine d'action du soignant (un médecin généraliste ; médecin de ville, de quartier, de campagne). Thérapeute, terme moins courant, ne désigne pas nécessairement un médecin diplômé, et s'emploie le plus souvent pour une personne qui soigne des troubles psychologiques.

médecine *n.f.* 1 - thérapeutique · 2 - [vieux] cure · traitement · drogue · médicament · pilule · remède

médiat, e *adj.* · indirect

CONTR. direct ı immédiat

médiateur, -trice *n.* · arbitre · conciliateur · intermédiaire · négociateur

médiation *n.f.* · arbitrage · conciliation · entremise · intermédiaire · interposition · intervention · office · bons offices

médical, e *adj.* 1 - thérapeutique · curatif · 2 - soignant

médicament *n.m.* · remède · médication · produit pharmaceutique · drogue *souvent péj.*

🕮 **médicament, remède**

On a recours à un médicament ou à un remède pour traiter une affection, un problème de santé. Les deux mots sont concurrents dans un certain nombre d'emplois courants *(prendre, avaler, administrer un médicament/un remède ; un remède/un médicament contre la toux, pour soulager des rhumatismes)*. On réserve cependant **médicament** à la substance active spécifique, commercialisée, et son mode d'administration *(médicament à usage externe, interne ; médicaments génériques, de synthèse)*. **Remède** se dit plus largement de toute substance susceptible de soulager un mal *(c'est un remède miracle, de bonne femme)*, physique ou moral *(trouver, chercher un remède contre la souffrance)*.

médication *n.f.* · traitement · cure · soin · thérapeutique

médicinal, e *adj.* médicamenteux
✦ **plante médicinale** simple

médiéval, e *adj.* · moyenâgeux

médiocre *adj.* **1** - inférieur · humble · obscur · **2** - incapable · incompétent · nul · **3** - insuffisant · insatisfaisant · mauvais · **4** - négligeable · faible · insignifiant · mince · minime · pauvre · piètre • [somme] modique · modeste · **5** - commun · insignifiant · ordinaire · quelconque · **6** - borné · étriqué · étroit · limité
CONTR. remarquable ı supérieur – capable ı compétent – bon ı satisfaisant – considérable ı grand – distingué ı excellent ı fameux ı parfait ı supérieur – ouvert ı brillant

médiocrement *adv.* · faiblement · modérément · modestement · moyennement
CONTR. bien ı beaucoup

médiocrité *n.f.* **1** - modestie · obscurité · pauvreté · **2** - insuffisance · maigreur · pauvreté · **3** - bassesse · mesquinerie · petitesse · **4** - faiblesse · imperfection · indigence · inintérêt · insignifiance · minceur · pauvreté · platitude
CONTR. excellence ı importance – grandeur – génie ı valeur

médire *v.tr.ind.* [sans complément] **critiquer** · cancaner *fam.* · déblatérer *fam.* · jaser *fam.* · potiner *fam.* · clabauder *vieux*
✦ **médire de** attaquer · décrier · dénigrer · calomnier · dire pis que pendre de · baver sur *fam.* · cracher sur *fam.* · débiner *fam.* · déblatérer contre, sur *fam.* · décauser *fam., Belgique* · taper sur *fam.* · casser sur sucre sur le dos de *fam.* · vilipender *littér.*
CONTR. louer ı vanter

médisance *n.f.* **1** - dénigrement · calomnie · diffamation · **2** - commérage · bavardage · on-dit · cancan *fam.* · potin *fam.* · racontar *fam.* · ragot *fam.*
CONTR. apologie ı compliment ı éloge ı louange

médisant, e
■ *adj.* **diffamatoire** · calomnieux · cancanier · fielleux · malveillant · venimeux · maldisant *vieux*
■ *n.* **calomniateur** · détracteur · diffamateur · mauvaise, méchante langue · langue d'aspic, de serpent, de vipère
CONTR. louangeur

méditatif, -ive *adj.* **1** - absorbé · pensif · recueilli · songeur · **2** - contemplatif · rêveur
➦ pensif

méditation *n.f.* **1** - pensée · réflexion · cogitation *vieux ou plaisant* · **2** - contemplation · recueillement

méditer
■ *v.intr.* **1** - réfléchir · **2** - rêver · songer · **3** - contempler · se recueillir
■ *v.tr.* **1** - réfléchir à · approfondir · **2** - mûrir · combiner · échafauder · imaginer · inventer · préparer · rouler dans sa tête · projeter • [péj.] manigancer · tramer · mijoter *fam.* · ourdir *littér.*

médium *n.m.* · spirite · voyant

médius *n.m. invar.* · majeur

méduser v.tr. · stupéfier · ébahir · éberluer · interloquer · pétrifier · sidérer fam. · couper la chique à fam.

meeting n.m. 1 - assemblée · manifestation · rassemblement · réunion · 2 - rencontre

méfait n.m. 1 - mauvais coup · crime · faute · forfait littér. · 2 - dégât · dommage · nuisance · ravage
CONTR. bienfait

méfiance n.f. · défiance · doute · réserve · scepticisme · soupçons · suspicion
CONTR. confiance

méfiant, e adj. · soupçonneux · circonspect · défiant · réservé · sceptique · suspicieux
CONTR. confiant

méfier (se) v.pron. 1 - être sur ses gardes · être aux aguets · être sur le qui-vive · faire attention · faire gaffe fam.
✦ se méfier de 1 - se défier de · se garder de · 2 - douter de · mettre en doute
CONTR. être confiant - se fier ı compter (sur) - croire

mégalomanie n.f. · folie des grandeurs

mégaphone n.m. · porte-voix

mégarde (par) loc. adv. · par erreur · par distraction · par étourderie · par inadvertance · par inattention · par négligence · involontairement · sans le faire exprès · sans le vouloir
CONTR. exprès ı volontairement

mégère n.f. · dragon · furie · harpie · (vieille) sorcière · virago · poison fam.

mégoter v.intr. → lésiner

meilleur, e
▪ adj. mieux · supérieur
▪ n. premier

✦ le meilleur le fin du fin · le must · le nec plus ultra · le summum · le top fam.
CONTR. pire - dernier

méjuger v.tr. · déprécier · méconnaître · se tromper sur · sous-estimer · mésestimer littér.

mélancolie n.f. 1 - dépression · asthénie · neurasthénie · 2 - tristesse · abattement · idées noires · morosité · papillons noirs · vague à l'âme · blues fam. · cafard fam. · spleen littér. · 3 - nostalgie · regret
CONTR. euphorie ı exaltation ı excitation - gaieté ı joie

~ **mélancolie, neurasthénie, dépression**
Mélancolie, neurasthénie et dépression définissent, dans le vocabulaire médical, un état psychique pathologique de la personne, caractérisé notamment par une perte du tonus physique et par un abattement allant de la profonde tristesse (**mélancolie**) à l'anxiété ou à l'angoisse (**dépression**), accompagné de troubles fonctionnels et sensitifs propres à la névrose (**neurasthénie**). Dans le langage courant, où ces trois mots ont un sens affaibli, seul **mélancolie** n'est pas associé à une pathologie mentale, mais à un tempérament morose, enclin à la rêverie : « L'eau courante a, comme la musique, le doux pouvoir de transformer la tristesse en mélancolie » (A. Maurois, Ariel, I, ı). **Neurasthénie** est moins employé aujourd'hui que **dépression**, qui tend à définir des états passagers de souffrance morale : « (...) il a ce ton inquiet et tendre, protecteur, qu'il prend quand elle a ses moments de dépression, ses crises de larmes » (N. Sarraute, le Planétarium).

mélancolique adj. 1 - triste · cafardeux · dépressif · pessimiste · sombre · ténébreux · 2 - morne · sombre · triste · 3 - nostalgique · 4 - neurasthénique · atrabilaire vieux
CONTR. allègre ı gai

mélancoliquement *adv.* • pensivement • rêveusement • songeusement • tristement

mélange *n.m.* **1 -** réunion • alliage • alliance • amalgame • assemblage • association • brassage • combinaison • fusion • panachage • **2 -** [de races] croisement • accouplement • alliance • métissage • union • **3 -** assortiment • cocktail • mariage • mosaïque • patchwork • **4 -** composé • combinaison • mixture *souvent péj.* • préparation • **5 -** confusion • désordre • embrouillamini • emmêlement • enchevêtrement • entrelacement • fatras • fouillis • imbroglio • pêle-mêle • méli-mélo *fam.* • salade *fam.* • salmigondis *fam.*

≫ **mélanges** *plur.* [Littérat.] miscellanées • variétés

CONTR. dissociation | disjonction | séparation – discrimination | séparation | tri – ordre | cohérence

mélangé, e *adj.* **1 -** métis • bâtard • croisé • hybride • mêlé • métissé • **2 -** composite • bigarré • disparate • divers • hétéroclite • mixte • varié

CONTR. pur – homogène | simple

mélanger *v.tr.* **1 -** mêler • allier • amalgamer • assembler • associer • combiner • incorporer • joindre • marier • mixer • panacher • réunir • unir • **2 -** [avec de l'eau, etc.] couper • étendre • frelater • recouper • tremper • **3 -** croiser • mâtiner • **4 -** agiter • fouetter • malaxer • touiller • **5 -** emmêler • brouiller • enchevêtrer • entremêler • mêler • mettre en désordre • **6 -** [des cartes] brasser • battre • mêler • **7 -** confondre • embrouiller

≫ **se mélanger** *v.pron.* **1 -** se mêler • fusionner • **2 -** s'embrouiller • se confondre

CONTR. dissocier | démêler | séparer | trier

🕮 mélanger, mêler, mixer

Mélanger, mêler ou mixer, c'est former un tout à partir d'éléments différents mis ensemble. Avec cette valeur, **mélanger** concerne plutôt des choses concrètes, associées dans un certain ordre *(mélanger des gouaches sur une palette)* : « D'autres fois, elle se faisait un fond de teint avec des crèmes qu'elle mélangeait dans une soucoupe » (J. Giono, *Jean le Bleu*, IX). **Mêler**, plus rarement appliqué au concret, insiste sur le caractère hétérogène des éléments combinés *(il aime mêler le sucré et le salé ; une architecture qui mêle le verre au bois)*. **Mixer**, d'emploi plus restreint, c'est mélanger intimement des aliments en les battant avec un *mixeur (casser deux œufs, mélanger les jaunes avec le sucre et le lait ; mixer trois minutes jusqu'à obtenir un mélange bien homogène)*.

mélangeur *n.m.* **1 -** robinet • **2 -** mixeur

mélasse *n.f.* [fam.] → misère

mêlée *n.f.* **1 -** bataille • bagarre • combat • échauffourée • lutte • rixe • margaille *fam., Belgique* • **2 -** confusion • chaos • cohue

mêler *v.tr.* **1 -** allier • amalgamer • assembler • associer • combiner • incorporer • joindre • mixer • panacher • réunir • unir • **2 -** emmêler • brouiller • mettre en désordre • enchevêtrer • entremêler • **3 -** [qqn à qqch.] impliquer • associer • compromettre • entraîner

≫ **se mêler** *v.pron.* **1 -** s'unir • s'entrelacer • fusionner • **2 -** s'emmêler • se mélanger • **3 -** se confondre • s'embrouiller

✦ **se mêler à** s'associer à • entrer dans • se joindre à • participer à • prendre part à

✦ **se mêler de** **1 -** s'occuper de • toucher à • **2 -** s'immiscer dans • s'ingérer dans • intervenir dans • s'introduire dans • entrer dans • mettre, fourrer son nez dans *fam.* • se fourrer dans *fam.*

CONTR. démêler | dissocier | isoler | séparer | trier

🕮 mélanger

méli-mélo *n.m.* **1 -** mélange • capharnaüm • confusion • fouillis • bazar *fam.* • **2 -** imbroglio • embrouillamini *fam.* • micmac *fam.* • salade *fam.* • sac d'embrouilles, de nœuds *fam.*

mélodie n.f. 1 - air · 2 - chant · aria · ariette · cantilène · chanson · lied · 3 - harmonie · rythme · 4 - intonation · inflexions

mélodieux, -ieuse adj. · harmonieux · chantant · doux · musical · suave

mélodramatique adj. 1 - grandiloquent · emphatique · larmoyant · pompeux · ronflant · 2 - sentimental · romantique

melon n.m. [fam.] → tête
+ melon d'eau   pastèque

membrane n.f. 1 - pellicule · 2 - cloison

membre n.m. 1 - bras · jambe · 2 - partie · 3 - associé · adhérent · affilié · allié · inscrit · sociétaire
+ membre (viril)   sexe (masculin) · pénis · verge
+ être membre de   appartenir à · faire partie de
+ devenir membre de   adhérer à · rejoindre · s'affilier à

¹**même** adj. 1 - identique · égal · équivalent · pareil · semblable · similaire · 2 - commun · 3 - strict · exact · 4 - propre · 5 - inchangé · identique
+ c'est la même chose   c'est pareil · c'est tout un · c'est kif-kif fam. · c'est bonnet blanc et blanc bonnet fam.
+ cela n'est pas la même chose   cela fait deux fam.
+ de soi-même   spontanément · de son plein gré · volontairement

²**même** adv. 1 - aussi · pareillement · 2 - voire · jusqu'à · qui plus est
+ de même   1 - aussi · également · pareillement · semblablement · de la même manière · à l'avenant · idem fam. · itou fam. · mêmement vieux · 2 - dito
+ quand même   malgré tout
+ tout de même   pourtant · cependant · néanmoins

+ de même que   1 - ainsi que · aussi bien que · comme · 2 - de la même manière que
+ à même de   capable de · apte à · en état de · en mesure de · susceptible de · de taille à

mémento n.m. · abrégé · aide-mémoire · guide · manuel · résumé · synopsis

¹**mémoire** n.f. 1 - souvenir · rémanence · souvenance · trace · 2 - renommée · réputation
+ de mémoire   de tête · par cœur
+ pour mémoire   pour rappel
↬ souvenir

²**mémoire** n.m. 1 - dissertation · étude · exposé · monographie · traité
⇒ **mémoires** plur. 1 - autobiographie · cahiers · journal · souvenirs · 2 - annales · chroniques · commentaires
↬ chronique

mémorable adj. 1 - inoubliable · indélébile · ineffaçable · 2 - marquant · fameux · glorieux · historique · remarquable

mémorandum n.m. 1 - note · 2 - agenda · aide-mémoire · mémento · pense-bête

mémorialiste n. · chroniqueur · historien

menaçant, e adj. 1 - inquiétant · dangereux · incertain · sinistre · sombre · 2 - agressif · fulminant · grondant · comminatoire littér.
CONTR. rassurant – doux

menace n.f. 1 - intimidation · contrainte · 2 - avertissement · 3 - danger · risque · spectre · péril littér. · [permanente] épée de Damoclès
+ menace de guerre   bruit de bottes

menacé, e *adj.* · fragile · incertain · en danger · en péril · [espèce] en voie de disparition

menacer *v.tr.* **1 -** intimider · mettre le couteau, le pistolet sous la gorge de · [sans complément] montrer les dents, les griffes · **2 - mettre en danger** · mettre en péril · [l'avenir] hypothéquer · **3 - attendre** · pendre au nez à *fam.* · **4 -** [sans complément] **se préparer** · assombrir l'horizon · gronder

CONTR. rassurer

ménage *n.m.* **1 - couple** · **2 - famille** · foyer · maison · maisonnée · feu *vieux* · **3 - entretien**
↪ **famille**

ménagement *n.m.* **1 - mesure** · circonspection · prudence · réserve · **2 - attention** · délicatesse · égards · précaution · prévenance · scrupule · soin · tact
+ **sans ménagement** abruptement · brutalement · crûment · sans faire dans la dentelle *fam.*
+ **avec ménagement** avec douceur · en y mettant les formes · en prenant des gants *fam.*

CONTR. imprudence ı légèreté – brusquerie ı brutalité ı rudesse
↪ **égard**

¹**ménager** *v.tr.* **1 - être indulgent avec** · épargner · ne pas chagriner · prendre des précautions avec · traiter avec ménagement · mettre, prendre des gants avec *fam.* · **2 - économiser** · épargner · **3 - mesurer** · modérer · **4 - assurer** · donner · fournir · garantir · procurer · réserver · **5 - organiser** · arranger · préparer · **6 - aménager** · installer · pratiquer

⇒ **se ménager** *v.pron.* **1 - se garder** · se réserver · **2 - se soigner** · se dorloter · s'écouter · se chouchouter *fam.*

²**ménager, -ère** *adj.* · domestique · familial

ménagerie *n.f.* · zoo

mendiant, e *n.* · mendigot *fam.*, *vieilli* · chemineau *vieux* · gueux *vieux*

mendier
■ *v.intr.* tendre la main · demander la charité · faire la manche *fam.* · mendigoter *fam.*, *vieilli*
■ *v.tr.* implorer · quémander · quêter · solliciter

menées *n.f.pl.* · agissements · intrigues · machinations · manœuvres

mener *v.tr.* **1 - accompagner** · amener · conduire · emmener · **2 - transporter** · convoyer · **3 - diriger** · administrer · commander · conduire · gérer · gouverner · piloter · régir · régenter *péj.* · être aux commandes, aux manettes de · être à la tête de · **4 - animer** · guider · faire marcher · **5 -** [compétition] **être en tête de** · dominer
+ **mener à** [chemin] aboutir à · aller à · conduire à · déboucher sur
+ **mener à bonne fin, à bien, à terme** terminer · achever · accomplir · exécuter · finir · réaliser · réussir
↪ **guider**

meneur, -euse *n.* **1 - chef** · dirigeant · leader · **2 - agitateur** · instigateur · provocateur

menhir *n.m.* · pierre levée · peulven

méninges *n.f.pl.* [*fam.*] cerveau · cervelle · intelligence · matière grise *fam.*

ménopause *n.f.* · retour d'âge · âge critique · climatère (*Méd.*)

menottes *n.f.pl.* · bracelets *argot*

mensonge *n.m.* **1 - contrevérité** · canular · fiction · histoire · hypocrisie · imposture · invention · mystification · tromperie · conte *littér.* · fable *littér.* · blague *fam.* · baratin *fam.*

• bobard ^(fam.) • boniment ^(fam.) • craque ^(fam.) • salade ^(fam.) • mytho ^(lang. jeunes) • galéjade ^(région.) • menterie ^(vieux) • **2 -** fabulation • mythomanie • **3 -** duplicité • fausseté • imposture • tromperie • **4 -** désinformation • manipulation • bourrage de crâne ^(fam.) • **5 -** illusion • mirage

CONTR. vérité ı véracité - réalité - droiture - information

mensonger, -ère *adj.* **1 -** faux • erroné • inexact • controuvé ^(littér.) • **2 -** trompeur • fallacieux ^(littér.)

CONTR. sincère ı véridique ı véritable

menstruation *n.f.* • règles • menstrues ^(vieux)

mensualité *n.f.* **1 -** mois • **2 -** salaire (mensuel) • appointements • traitement

mental, e
■ *adj.* **1 -** cérébral • intellectuel • **2 -** psychique • psychologique
■ *n.m.* moral • psychisme

CONTR. physique

mentalement *adv.* **1 -** de tête • intérieurement • **2 -** moralement • psychiquement

CONTR. physiquement

mentalité *n.f.* **1 -** état d'esprit • psychologie • **2 -** moralité • mœurs • morale

menteur, -euse
■ *adj.* **1 -** mensonger • faux • trompeur • fallacieux ^(littér.) • **2 -** fourbe • hypocrite • perfide
■ *n.* **1 -** fabulateur • mystificateur • mythomane • mytho ^(lang. jeunes) • **2 -** hâbleur • bluffeur • esbroufeur • vantard • **3 -** imposteur • simulateur

CONTR. franc ı sincère ı vrai

mention *n.f.* **1 -** indication • note • **2 -** citation • évocation • rappel

mentionner *v.tr.* **1 -** citer • nommer • parler de • **2 -** signaler • évoquer • indiquer • stipuler • **3 -** consigner • citer • enregistrer • inscrire • noter • rapporter

mentir *v.intr.* inventer • fabuler • trahir la vérité • raconter des blagues, des histoires, des craques ^(fam.) • avoir le nez qui bouge, qui remue ^(plaisant) • [effrontément] mentir comme un arracheur de dents
✦ **mentir à** tromper • abuser • berner • donner le change à • duper • en faire accroire à • leurrer • mystifier • bourrer le crâne à ^(fam.) • bourrer le mou à ^(fam.) • mener en bateau ^(fam.)

mentonnière *n.f.* • jugulaire

mentor *n.m.* • conseiller • directeur de conscience • gouverneur • guide

menu, e *adj.* **1 -** fin • délicat • filiforme • fluet • gracile • grêle • mince • **2 -** petit • insignifiant • léger • négligeable

CONTR. gros

➥ mince

méphitique *adj.* • malsain • asphyxiant • délétère • fétide • irrespirable • nocif • puant • toxique

CONTR. odoriférant

méprendre (se) *v.pron.* se tromper • s'abuser • faire erreur • faire fausse route • se fourvoyer
✦ **se méprendre sur** méconnaître • s'illusionner sur • se leurrer sur

mépris *n.m.* **1 -** indifférence • dédain • détachement • **2 -** insolence • arrogance • dédain • fierté • hauteur • morgue • superbe ^(littér.) • **3 -** dégoût • dédain • mésestime
✦ **au mépris de** en dépit de • contrairement à • malgré

CONTR. admiration ı considération ı estime ı respect

méprisable *adj.* • vil • abject • avilissant • bas • détestable • honteux • ignoble • ignominieux • indigne • infâme • lâche • misérable
CONTR. estimable | respectable

méprisant, e *adj.* • dédaigneux • arrogant • fier • hautain
CONTR. admiratif | respectueux

méprise *n.f.* • confusion • erreur • maldonne • malentendu • quiproquo • fourvoiement *littér.*
↝ erreur ↝ malentendu

mépriser *v.tr.* **1** - dédaigner • déprécier • honnir *littér.* • cracher sur *fam.* • **2** - braver • bafouer • faire fi de • se jouer de • se moquer de • narguer • se rire de • transgresser • faire litière de *littér.* • fouler aux pieds *littér.* • **3** - négliger • se désintéresser de • dédaigner • ne faire aucun cas de • ignorer • prendre de haut • snober
CONTR. apprécier | admirer | considérer | estimer | honorer – convoiter | désirer

mer *n.f.* **1** - océan • large • **2** - flots • onde *littér.* • **3** - marée • **4** - abondance • flot • flux • masse • océan • multitude • surabondance

mercanti *n.m.* • profiteur • maquignon • margoulin *fam.*

mercantile *adj.* • intéressé • avide • cupide • rapace

mercenaire *adj.* • vénal

¹**merci** *n.f.* pitié • grâce • miséricorde
✦ **à la merci de** soumis à • assujetti à • sous la dépendance de • sous l'emprise de
✦ **sans merci** impitoyable • acharné • sans pitié

²**merci** *n.m.* • remerciement

mercure *n.m.* • vif-argent *vieux*

merde *n.f. et interj.* **1** - les cinq lettres • **2** - → excrément • **3** - → saleté • **4** - → embarras

mère *n.f.* **1** - maman *fam.* • mater *fam., vieilli* • darone *lang. jeunes* • reum *lang. jeunes* • **2** - cause • origine • source • **3** - inventrice • initiatrice

méridional, e *adj.* • (du) sud • du midi
CONTR. septentrional

méritant, e *adj.* • estimable • digne • honorable • respectable • vertueux

mérite *n.m.* **1** - qualité • capacité • talent • valeur • **2** - avantage • force • vertu • **3** - honneur • éloge • gloire
CONTR. inaptitude – défaut | faiblesse

mériter *v.tr.* **1** - valoir • être digne de • valoir la peine de • **2** - donner droit à • justifier • **3** - encourir • être passible de • risquer • **4** - réclamer • exiger
CONTR. être indigne de

↝ **mériter, être digne de**
On mérite quelque chose ou on est digne de quelque chose lorsque, par sa conduite, ses qualités, on peut se prévaloir d'un avantage – récompense, estime, reconnaissance, etc. – *(ce projet mérite attention, est digne d'attention ; il ne mérite pas qu'on s'y attarde, il n'est pas digne d'intérêt)*. On peut cependant employer **mériter** pour quelque chose de défavorable *(tu mériterais une punition, tu as bien mérité cette mauvaise note)*. Mériter s'impose encore lorsque le complément désigne une personne *(tu ne mérites pas des amis aussi gentils)*. Être digne de quelqu'un indique simplement un accord, une conformité avec la personne *(cette réaction est bien digne de lui, il n'est pas digne de son père)*.

méritoire *adj.* • louable • bon • digne • vertueux
CONTR. blâmable

merveille *n.f.* miracle · bijou · chef-d'œuvre · émerveillement · enchantement · joyau · prodige

✦ **à merveille** admirablement · divinement · parfaitement · superbement · à ravir • [se dérouler] comme sur des roulettes *fam.*

CONTR. horreur

↝ miracle

merveilleusement *adv.* · parfaitement · admirablement · divinement · extraordinairement · fabuleusement · fantastiquement · magnifiquement · splendidement · superbement · à ravir

CONTR. mal ı horriblement ı médiocrement

merveilleux, -euse *adj.* 1 - magique · fantastique · fantasmagorique · féerique · surnaturel · 2 - remarquable · admirable · étonnant · étourdissant · extraordinaire · fabuleux · formidable · prodigieux · surprenant · épatant *fam.* · extra *fam.* · mirobolant *fam.* · sensationnel *fam.* · super *fam.* · 3 - magnifique · admirable · charmant · délicieux · éblouissant · enchanteur · étincelant · fascinant · splendide · superbe

CONTR. ordinaire – insignifiant ı médiocre – horrible

mésaventure *n.f.* 1 - accident · aventure · incident · malchance • [au plur.] tribulations · vicissitudes · méchef *littér., vieux* · 2 - déconvenue · déboire

mésentente *n.f.* · désaccord · brouille · désunion · discorde · dispute · dissension · divergence · division · froid · zizanie · dissidence *littér.* · mésintelligence *littér.* · tirage *fam.*

CONTR. entente

mésestime *n.f.* · déconsidération · dédain · mépris

CONTR. estime

mésestimer *v.tr.* 1 - déprécier · avoir mauvaise opinion de · méconnaître · méjuger · 2 - sous-estimer · se tromper sur · méjuger de *littér.*

CONTR. estimer – surestimer

mésintelligence *n.f.* · mésentente · désaccord · brouille · désunion · discorde · dispute · dissension · divergence · division · dissidence *littér.*

CONTR. accord ı entente ı harmonie ı intelligence

mesquin, e *adj.* 1 - étriqué · borné · étroit · limité · médiocre · petit · 2 - bas · médiocre · sordide · minable *fam.* · moche *fam.* · 3 - avare · chiche · parcimonieux · avaricieux *littér.* · radin *fam.* · 4 - [vieux] misérable · chétif · chiche · insignifiant · maigre · minuscule · pauvre · piètre

CONTR. ouvert ı éclairé ı intelligent ı noble – élégant ı habile – généreux – important ı riche

mesquinement *adv.* 1 - chichement · parcimonieusement · 2 - bassement · 3 - petitement · médiocrement

CONTR. généreusement

mesquinerie *n.f.* 1 - petitesse · bassesse · étroitesse d'esprit · médiocrité · 2 - avarice · économie · parcimonie · lésine *littér.* · radinerie *fam.*

CONTR. générosité ı grandeur ı largeur d'esprit

mess *n.m.* · réfectoire · cantine · popote *fam.*

message *n.m.* 1 - correspondance · dépêche · lettre · missive · pli · 2 - discours · annonce · avis · communiqué · déclaration · 3 - commission · communication

messager, -ère *n.* 1 - émissaire · agent de liaison · courrier · délégué · envoyé · estafette · exprès · porteur · 2 - [Relig.] ange · envoyé des Dieux

messagerie *n.f.* 1 - courrier électronique · boîte aux lettres (électronique) · alphapage *nom déposé* · 2 - transport · 3 - routage

messe *n.f.* · office (divin) · célébration

messie *n.m.* · sauveur

mesure *n.f.*
I 1 - évaluation · détermination · mensuration · mesurage · **2 - dimension** · grandeur · largeur · longueur · mensuration · taille · **3 - étalon** · unité · **4 - dose** · ration
II 1 - cadence · mouvement · rythme · **2 -** [Versification] mètre · métrique
III disposition · acte · décision · initiative · moyen · plan d'action · précaution
IV modération · circonspection · économie · équilibre · pondération · précaution · prudence · retenue · sobriété · tempérance
✦ **à la mesure de** à l'échelle de · à la portée de · à la taille de
✦ **dans la mesure de, où** selon · à proportion de · en raison de
✦ **en mesure de** en état de · à même de · capable de · de taille à
✦ **sans mesure 1 - démesuré** · illimité · immense · **2 - immodérément**
✦ **dépasser la mesure** exagérer · aller trop loin · dépasser, franchir les limites · dépasser les bornes · franchir la ligne blanche · pousser *fam.*
CONTR. démesure ׀ excès

mesuré, e *adj.* **1 - calculé** · **2 - lent** · **3 - réglé** · régulier · rythmique · **4 - modéré** · circonspect
CONTR. rapide – irrégulier – démesuré ׀ excessif

mesurer *v.tr.* **1 - métrer** · arpenter · chaîner · prendre les mesures, les dimensions de · sonder · toiser · **2 - calibrer** · cuber · jauger · **3 - doser** · compter · limiter · proportionner · régler · **4 - évaluer** · apprécier · calculer · déterminer · estimer · étudier · jauger · juger · prendre la mesure de · prévoir · quantifier · supputer · **5 - modérer** · ménager · **6 - distribuer** · compter · départir
» **se mesurer** *v.pron.* se battre · s'affronter · en découdre · lutter · s'opposer · rivaliser · se tirer la bourre *fam.*
✦ **se mesurer à, avec** affronter · braver · être aux prises avec

métamorphosable *adj.* · transformable

métamorphose *n.f.* **1 - transformation** · changement · évolution · mutation · révolution · transmutation *littér.* · **2 - avatar** · incarnation · **3 -** [Alchimie] **conversion** · transfiguration

métamorphosé, e *adj.* · méconnaissable · transformé

métamorphoser *v.tr.* **1 - transformer** · changer (du tout au tout) · transfigurer · donner un nouveau visage à · **2 - bouleverser** · révolutionner · transmuer *littér.*
» **se métamorphoser** *v.pron.* **1 - changer** (du tout au tout) · évoluer · se modifier · se muer · se transformer
✦ **se métamorphoser en 1 - se changer en** · se transformer en · **2 - s'incarner en, dans**
↬ **transformer**

métaphore *n.f.* · image · allégorie · comparaison · figure

métaphorique *adj.* · imagé · allégorique · figuré

métaphysique *adj.* **1 - transcendant** · **2 - abstrait**

météore *n.m.* · astéroïde · bolide · étoile filante

météorisme *n.m.* · flatulence · ballonnements · gaz

météorite *n.m. ou f.* · aérolithe

méthode *n.f.* **1 - démarche** · formule · marche à suivre · mode · procédure · système · technique · **2 - façon (de faire)** · manière · moyen · procédé · recette · tactique · voie · truc *fam.* · **3 - logique** · méthodologie · ordre · **4 - discipline** · organisation
CONTR. désordre ׀ empirisme ׀ errements

méthodique *adj.* **1 – systématique** · organisé · régulier · **2 – cartésien** · logique · ordonné · rationnel · rigoureux · réfléchi · systématique
CONTR. empirique – brouillon ǀ confus ǀ désordonné

méthodiquement *adv.* · logiquement · rationnellement · systématiquement

méticuleux, -euse *adj.* **1 –** consciencieux · attentif · minutieux · précis · scrupuleux · soigné · soigneux · **2 –** [péj.] maniaque · pointilleux · tatillon · vétilleux *littér.*
CONTR. brouillon ǀ désordonné ǀ négligent

métier *n.m.* **1 – profession** · carrière · gagne-pain · travail · boulot *fam.* · job *fam.* · **2 – fonction** · condition *vieilli* · état *vieilli* · **3 – savoir-faire** · art · expérience · habileté · maîtrise · pratique · technique · tour de main

🕮 **métier, profession, art**
Métier et profession sont interchangeables lorsqu'on parle d'un travail, d'une occupation déterminés, grâce auxquels on peut subvenir à ses besoins *(les métiers/les professions du journalisme ; changer de métier/de profession)*. Profession est de rigueur dans le langage administratif *(mentionnez votre âge et votre profession)* et s'emploie couramment pour toute activité entourée d'un certain prestige social *(les professions libérales, artistiques ; il a embrassé la profession d'avocat)*. Les emplois de métier sont beaucoup plus larges *(c'est un métier d'avenir, fatigant, mal payé ; les métiers du cinéma, de la santé)* et concernent en particulier les activités manuelles ou mécaniques *(le métier d'horloger ; être en apprentissage pour apprendre un métier ; les corps de métiers du bâtiment)*. L'influence du sens moderne d'art, lié à une production à visée esthétique, rend aujourd'hui ambigu et obsolète l'emploi du mot pour désigner un métier requérant un apprentissage et des compétences spécifiques *(l'art du bijoutier, du tailleur de pierre)*.

métis *adj.* **1 – métissé** · mulâtre · quarteron · sang-mêlé *vieux* · **2 – hybride** · **3 – bâtard** · mâtiné
CONTR. pur

métissage *n.m.* · croisement · hybridation

métisser *v.tr.* · croiser · hybrider

mètre *n.m.* · mesure · rythme

métrer *v.tr.* · mesurer · arpenter

métrique *n.f.* · prosodie · versification

métropole *n.f.* **1 – capitale** · centre urbain · conurbation · ville · **2 – mère-patrie**

mets *n.m.* · plat · spécialité (culinaire)

mettable *adj.* · portable
CONTR. immettable

metteur, -euse *n.*
✦ **metteur en scène 1 – réalisateur** · cinéaste · **2 – scénographe**

mettre *v.tr.* **1 – revêtir** · endosser · enfiler · passer · **2 – placer** · déposer · installer · poser · ranger · coller *fam.* · ficher *fam.* · flanquer *fam.* · fourrer *fam.* · foutre *très fam.* · **3 – appliquer** · apposer · appuyer · coller · déposer · étaler · étendre · imposer · poser · **4 – disposer** · arranger · **5 – étendre** · coucher · **6 – dresser** · appuyer · asseoir · **7 – introduire** · emboîter · enfoncer · engager · glisser · inclure · insérer · nicher · **8 – planter** · enfouir · enfoncer · enterrer · plonger · **9 – loger** · ranger · serrer · caser *fam.* · **10 – verser** · **11 – établir** · camper · fixer · poster · **12 – investir** · engager · placer · miser · jouer · **13 – affecter** · attacher ·

employer · placer · préposer · **14 - causer** · créer · déclencher · faire naître · provoquer · semer · flanquer *fam.* · foutre *très fam.*

»» **se mettre** *v.pron.* **se placer** · s'installer · prendre place · se carrer · se glisser · s'installer
✦ **se mettre à** commencer · attaquer · s'atteler à · entamer · entreprendre

CONTR. enlever ı ôter ı soustraire

¹**meuble** *n.m.* [au plur.] mobilier · ameublement

²**meuble** *adj.* **1 -** [bien] mobilier · corporel · **2 -** [terre] souple · friable

meublé *n.m.* · garni *vieux*

meubler *v.tr.* **1 -** aménager · équiper · garnir · installer · **2 -** occuper · remplir · **3 -** enrichir · étoffer · nourrir

CONTR. démeubler – vider

meuglement *n.m.* · beuglement · mugissement

meugler *v.intr.* · mugir · beugler

¹**meule** *n.f.* **1 -** broyeur · concasseur · **2 -** affiloir · aléseuse

²**meule** *n.f.* [Agric.] tas · barge · gerbier

meunerie *n.f.* · minoterie

meunier, -ière *n. et adj.* · minotier

meurtre *n.m.* · homicide · assassinat · crime · liquidation *fam.*
✦ **commettre un meurtre** rougir ses mains *littér.*
»» **assassinat**

meurtri, e *adj.* · marqué · endommagé · en compote · en marmelade • [fruit] talé

meurtrier, -ière
■ *adj.* **1 -** mortel · destructeur · funeste · sanglant · **2 -** homicide · criminel
■ *n.* assassin · criminel · homicide · tueur

■ *n.f.* archère · barbacane · canonnière

CONTR. victime

meurtrir *v.tr.* **1 -** contusionner · écraser · endolorir · mettre en compote *fam.* · **2 -** taler · endommager · cotir *vieux* · **3 -** blesser · peiner · navrer *littér.* · faire des bleus à l'âme de

meurtrissure *n.f.* **1 -** contusion · blessure · bleu · coup · ecchymose · pinçon · **2 -** talure · cotissure *vieux* · **3 -** blessure · peine · plaie

meute *n.f.* **1 -** bande · troupe · **2 -** foule · populace *péj.* · **3 -** armada · armée · bataillon · cohorte · colonie · essaim · flot · horde · kyrielle · légion · masse · multitude · myriade · nuée · quantité · régiment · ribambelle · tas · troupe · flopée *fam.* · foultitude *fam.*

mévente *n.f.* · marasme

mezzanine *n.f.* **1 -** corbeille · **2 -** loggia

miaulement *n.m.* · miaou *fam.*

miauler *v.intr.* **1 -** faire miaou *fam.* · **2 -** crier · geindre · pleurnicher · se lamenter

micmac *n.m.* → manigance

microfilm *n.m.* · microcopie · microfiche · microforme · microphotographie

microscopique *adj.* · imperceptible · infime · infinitésimal · invisible · minime · minuscule

CONTR. macroscopique – grand ı énorme

midi *n.m.* **1 -** douze heures · **2 -** sud

CONTR. minuit – nord

mielleux, -euse *adj.* · doucereux · édulcoré · emmiellé · mièvre · onctueux · sucré · melliflu *littér.* · patelin *littér.*

CONTR. aigre ı âpre ı brutal ı sec

miette *n.f.* **1** - fragment · morceau · **2** - débris · bribe · brisure · éclat · **3** - atome · brin · once

¹**mieux** *adj. et adv.* préférable · meilleur
✦ **ce qu'il y a de mieux** le fin du fin · la crème · le dessus du panier · le gratin · le nec plus ultra · le top *fam.*

²**mieux** *n.m.* **1** - amélioration · progrès · [temps] accalmie · embellie
✦ **le mieux** **1** - l'idéal · **2** - le plus beau · le comble · le bouquet *fam.*

mièvre *adj.* **1** - affecté · maniéré · sucré · mignard *littér.* · **2** - doucereux · fade · gentillet · plat · [histoire] à l'eau de rose
CONTR. vif ǀ vigoureux

mièvrerie *n.f.* **1** - affectation · mignardise *littér.* · **2** - platitude · fadeur

mignard, e *adj.* · affecté · maniéré · mièvre · précieux

mignardise *n.f.* mièvrerie · préciosité · afféterie *littér.*

≫ **mignardises** *plur.* manières · minauderies · mines · simagrées · chichis *fam.*

mignon, -onne *adj.* **1** - joli · beau · charmant · délicat · gentil · gracieux · craquant *fam.* · à croquer *fam.* · croquignolet *fam.* · mimi *fam.* · joliet *vieux ou région.* · **2** - adorable · gentil · chic *fam.* · chou *fam.* · trognon *fam.*
CONTR. laid
↝ **beau**

migraine *n.f.* · mal de tête · céphalée · mal de crâne *fam.*

migrant, e *adj.* · émigrant · immigrant

migration *n.f.* · déplacement · émigration · immigration · invasion · estivage · transhumance

741 ▸ **militarisme**

mijaurée *n.f.* · pimbêche · pécore · prétentieuse · bêcheuse *fam.* · chichiteuse *fam.* · péronnelle *fam., vieilli*

mijoter
▪ *v.intr.* mitonner · cuire
▪ *v.tr.* **1** - cuisiner · mitonner · préparer · **2** - combiner · manigancer · mûrir · préparer · tramer · ourdir *littér.* · fricoter *fam.*

milieu *n.m.*
I 1 - centre · cœur · foyer · noyau · **2** - moitié
II 1 - ambiance · atmosphère · cadre · climat · décor · bain *fam.* · **2** - entourage · environnement · monde · société · sphère · univers · caste *souvent péj.* · **3** - [Écol.] environnement · biotope · élément · espace · habitat · **4** - classe (sociale) · catégorie (sociale) · condition (sociale) · rang
✦ **le milieu** la pègre · la mafia
✦ **juste milieu** compromis · entre-deux · intermédiaire · juste mesure · moyen terme · moyenne
✦ **au milieu de** **1** - dans · entre · parmi · au cœur de · au sein de · dans le giron de *littér.* · aux entrailles de *poétique* · dans le mitant de *vieux ou région.* · **2** - à la moitié de · **3** - au cours de · durant · pendant · au cœur de · au (plus) fort de
CONTR. bord ǀ bout ǀ côté ǀ extrémité – à l'écart

militaire
▪ *adj.* **1** - guerrier · martial · **2** - stratégique
▪ *n.* soldat · appelé · homme de troupe
CONTR. pacifique ǀ pacifiste – civil

militant, e
▪ *adj.* actif · activiste
▪ *n.* **1** - activiste · **2** - adepte · partisan · prosélyte

militarisme *n.m.* **1** - bellicisme · **2** - caporalisme
CONTR. antimilitarisme ǀ pacifisme

militariste *adj. et n.* • belliciste • faucon
CONTR. antimilitariste ı pacifiste

militer *v.intr.* lutter • se battre • combattre • s'engager
✦ **militer pour, en faveur de** plaider pour • être un argument pour • parler pour

millénaire *adj.* • ancestral • ancien • immémorial

millésime *n.m.* • cuvée • année

milliardaire *n.m.* • nabab

million *n.m.* • bâton *fam.* • brique *fam.* • patate *fam.*

mime *n.* 1 - pantomime • mimique • 2 - imitateur

mimer *v.tr.* 1 - imiter • copier • reproduire • singer *fam.* • 2 - simuler • affecter • contrefaire • feindre • jouer

mimétisme *n.m.* • imitation • caméléonisme • mime • mimétique

mimique *n.f.* • expression • gestuelle • grimace • moue • rictus

minable
▪ *adj.* 1 - misérable • lamentable • pitoyable • 2 - [fam.] dérisoire • de rien du tout • infime • insignifiant • maigre • méchant • misérable • pauvre • piètre • piteux • miteux *fam.* • 3 - [fam.] étriqué • misérable • 4 - [fam.] consternant • affligeant • au-dessous de tout • calamiteux • déplorable • désastreux • exécrable • lamentable • navrant • nul • foireux *fam.* • merdeux *très fam.* • ringard *fam.* • à la gomme *fam.* • à la noix *fam.* • 5 - méprisable • bas • médiocre • mesquin • sordide
▪ *n.* nullité • loser *fam.* • minus *fam.* • nullard *fam.* • pauvre type *fam.* • tocard *fam.* • zéro *fam.*
CONTR. enviable ı désirable – réussi ı de valeur

minauderies *n.f.pl.* • affectation • agaceries • coquetteries • façons • grâces • grimaces • manières • mines • simagrées • singeries • mignardises *littér.* • chichis *fam.*

minaudier, -ière *adj.* • affecté • chichiteux • grimacier • maniéré • mignard • poseur

mince *adj.* 1 - fin • délicat • menu • délié *littér.* • 2 - allongé • effilé • élancé • fuselé • longiligne • svelte • 3 - ténu • étroit • 4 - insignifiant • léger • maigre • médiocre • négligeable • 5 - limité • faible • modeste • petit
✦ **très mince** filiforme • fluet • frêle • gracile • efflanqué *péj.* • grêle *péj.*
CONTR. épais ı fort ı gros ı large – considérable ı important – corpulent ı gras ı gros

☞ **mince, menu, délié**
L'idée de finesse est commune à ces trois mots. On qualifie de **mince** une chose peu épaisse *(couper un gâteau en tranches minces)* ou peu large *(un mince rayon de lumière)*, une personne de taille ou de formes élancées *(un homme grand et mince ; un buste mince)*. Est **menu** ce qui n'est pas gros *(découper de la viande en menus morceaux)* et, en parlant d'une personne, ce qui est mince et petit, fluet *(elle est toute menue)*. On applique **délié**, dans un usage plus littéraire, à ce qui est très mince et d'une grande finesse *(une écriture déliée, une taille déliée, des formes déliées)*.

minceur *n.f.* 1 - finesse • gracilité • sveltesse • 2 - faiblesse • 3 - ténuité
CONTR. épaisseur ı grosseur

mincir
▪ *v.intr.* s'amincir • s'affiner • s'allonger • maigrir • fondre *fam.*
▪ *v.tr.* amincir • affiner • allonger
CONTR. grossir ı prendre du poids – épaissir ı élargir

¹**mine** n.f.
I 1 - **air** · allure · apparence · aspect · dehors · extérieur · 2 - **maintien** · allure · contenance · prestance · tenue
II 1 - **expression** · physionomie · 2 - **figure** · face · minois · tête · visage · bouille *fam.* · frimousse *fam.*

⋙ **mines** *plur.* 1 - **affectation** · maniérisme · 2 - **minauderies** · coquetteries · façons · grâces · grimaces · manières · simagrées · singeries · chichis *fam.* · mignardises *littér.*

²**mine** n.f. 1 - **gisement** · carrière · 2 - **fonds** · filon · gisement · source · trésor
✦ **mine d'or**   trésor

miner v.tr. 1 - **éroder** · affouiller · attaquer · caver · creuser · ronger · saper · 2 - **affaiblir** · abattre · attaquer · défaire · désintégrer · détruire · dévorer · diminuer · ravager · ronger · ruiner · saper · user · 3 - **consumer** · brûler · corroder · ronger
CONTR. combler - guérir ǀ remonter - fortifier

mineur, e *adj.* · accessoire · annexe · marginal · minime · second · secondaire · de second ordre · de second plan
CONTR. majeur ǀ essentiel ǀ fondamental

miniature n.f. 1 - **réduction** · modèle réduit · 2 - **enluminure**

minimal, e *adj.* · minimum · le plus bas
CONTR. maximal

minime *adj.* 1 - **infime** · imperceptible · infinitésimal · microscopique · minuscule · négligeable · 2 - **insignifiant** · dérisoire · [somme] modique · 3 - [péj.] **médiocre** · misérable · piètre
CONTR. important ǀ notable - considérable ǀ énorme

minimiser v.tr. 1 - **minorer** · abaisser · réduire · 2 - **sous-estimer** · sous-évaluer · 3 - **dédramatiser** · dépassionner
CONTR. amplifier ǀ exagérer ǀ grossir ǀ maximiser - surestimer ǀ surévaluer - dramatiser

¹**minimum** *adj.* · minimal · le plus bas · [valeur, prix] plancher

²**minimum** n.m.
✦ **le minimum**   le moins possible
✦ **au minimum**   au moins · au bas mot · pour le moins

ministère n.m. 1 - **charge** · emploi · fonction · mission · 2 - [Relig.] **sacerdoce** · apostolat · 3 - **gouvernement** · cabinet *vieilli* · 4 - **portefeuille** · département · maroquin *vieilli ou plaisant* · 5 - [vieilli] **intervention** · bons offices · concours · entremise
✦ **le ministère public**   le parquet
✦ **le ministère des Affaires étrangères**   [français] le Quai d'Orsay
✦ **le ministère de la Culture**   [français] la rue de Valois
✦ **le ministère de l'Économie et des Finances**   [français] Bercy
✦ **le ministère de l'Intérieur**   [français] la place Beauvau

ministériel, -ielle *adj.* · gouvernemental

ministre n.
✦ **ministre du culte**   prêtre · pasteur
✦ **le Premier ministre**   le chef du gouvernement • [en France] le locataire de Matignon

minois n.m. · figure · mine · visage · frimousse *fam.*

minorer v.tr. 1 - **minimiser** · 2 - **sous-estimer** · sous-évaluer
CONTR. augmenter ǀ hausser ǀ majorer - surestimer ǀ surévaluer

minorité n.f. petite partie · frange
✦ **en minorité**   en infériorité numérique · sous-représenté
CONTR. majorité

minoterie n.f. 1 - **moulin** · 2 - **meunerie**

minuscule *adj.* **1** - microscopique · infime · minime · [personne] lilliputien · nain · **2** - petit · étriqué · exigu · riquiqui *fam.* · grand comme un mouchoir de poche *fam.* · **3** - dérisoire · mesquin · négligeable
CONTR. colossal ı énorme ı géant ı gigantesque ı immense

minute *n.f.* **1** - instant · moment · seconde · **2** - [Droit] original

minuterie *n.f.* · minuteur

minutie *n.f.* · soin · application · attention · conscience · exactitude · précision · rigueur · scrupule · méticulosité *littér.*
CONTR. négligence

minutieusement *adv.* · rigoureusement · consciencieusement · méticuleusement · scrupuleusement · soigneusement · à la loupe
CONTR. négligemment

minutieux, -ieuse *adj.* **1** - consciencieux · appliqué · attentif · exact · formaliste · maniaque · méticuleux · scrupuleux · soigné · soigneux · **2** - [péj.] pointilleux · pointu · tatillon · vétilleux *littér.* · **3** - détaillé
CONTR. désordonné ı négligent – grossier

mioche *n.* → enfant

miracle *n.m.* prodige · merveille · mystère
✦ **par miracle** par bonheur · par chance

🕮 **miracle, prodige, merveille**

Miracle, prodige et merveille rendent compte d'un événement, d'un phénomène, d'une action extraordinaires, inattendus et admirables. Seul miracle peut s'employer dans un contexte religieux *(le miracle de la Résurrection, croire aux miracles)*. On parle de prodige pour des faits à caractère magique, fabuleux *(les prodiges des sorciers, des magiciens)* et, beaucoup plus couramment, pour des actes ou des actions comparables à des miracles *(avec peu de moyens, elle fait des prodiges ; des prodiges d'imagination)*. Avec merveille, on met l'accent sur ce qui séduit et stupéfie par ses qualités presque surnaturelles *(les merveilles de l'art, de la nature ; les Sept Merveilles du monde)*. Merveille s'emploie aussi avec l'idée d'excellence *(c'est une merveille de finesse, de goût)* alors que miracle, dans des contextes comparables, insiste sur le caractère extraordinaire *(c'est un petit miracle de poésie ; crier au miracle)*.

miraculeux, -euse *adj.* **1** - surnaturel · **2** - extraordinaire · étonnant · fabuleux · fantastique · inespéré · merveilleux · prodigieux · sensationnel · stupéfiant
CONTR. naturel ı normal – ordinaire ı quelconque

mirage *n.m.* **1** - hallucination · illusion · image · vision · **2** - attrait · séduction · **3** - leurre · chimère · fantasme · fantôme · illusion · mensonge · rêve · rêverie · tromperie · trompe-l'œil

mire *n.f.*
✦ **point de mire** but · cible · objet · sujet

mirer *v.tr.* refléter
⁋ **se mirer** *v.pron.* se contempler · s'admirer · s'examiner · s'observer · se regarder

mirifique *adj.* · merveilleux · beau · colossal · ébouriffant · épatant · époustouflant · extraordinaire · fabuleux · phénoménal · prodigieux · faramineux *fam.* · mirobolant *fam.*

mirliton *n.m.* **1** - flûteau · **2** - serpentin · langue de belle-mère

miro *adj.* → myope

mirobolant, e *adj.* → mirifique

miroir *n.m.* **1 - glace** • [sur pied] psyché • **2 - image** • reflet • représentation • reproduction • tableau

miroitant, e *adj.* • brillant • chatoyant • éclatant • scintillant

miroitement *n.m.* • chatoiement • reflet • scintillement

miroiter *v.intr.* briller • chatoyer • étinceler • luire • scintiller
✦ **faire miroiter** promettre • faire briller • faire espérer

miroiterie *n.f.* • verrerie • cristallerie

mis, mise *adj.* • habillé • vêtu

misanthrope
■ *n.* **solitaire** • atrabilaire • ermite • ours • sauvage
■ *adj.* **farouche** • atrabilaire • insociable • sauvage • solitaire
CONTR. philanthrope – aimable ı gentil ı sociable

miscellanées *n.f.pl.* • recueil • mélanges • variétés

mise *n.f.* **1 -** [Jeux] **enjeu** • cave • masse • poule • **2 - tenue** • accoutrement *souvent péj.* • habillement • toilette • attifement *fam., péj.* • ajustement *vieux*
✦ **être de mise** convenir

miser *v.tr.* **jouer** • parier • ponter • risquer • [sans complément] caver
✦ **miser sur** compter sur • parier sur

misérable
■ *adj.* **1 - pauvre** • dénué de tout • déshérité • indigent • miséreux • nécessiteux • impécunieux *littér.* • fauché *fam.* • sans le sous *fam.* • besogneux *vieux* • **2 - sordide** • miteux • pouilleux *fam.* • **3 - déplorable** • lamentable • malheureux • pitoyable • pénible • regrettable • triste • infortuné *littér.* • **4 -** dérisoire • insignifiant • malheureux • mauvais • méchant • médiocre • pauvre • piètre • minable *fam.* • **5 - malhonnête** • honteux • méprisable • mesquin
■ *n.* **1 - miséreux** • pauvre diable • pauvre hère • loqueteux • traîne-misère • traîne-savate • va-nu-pieds • crève-la-faim *fam.* • meurt-de-faim *fam.* • pouilleux *fam.* • gueux *vieilli* • **2 - bandit** • crapule • scélérat • fripouille *fam.*
CONTR. riche ı fortuné – luxueux ı magnifique – enviable ı désirable – remarquable – admirable

misérablement *adv.* **1 - pauvrement** • chichement • miteusement • **2 - pitoyablement** • lamentablement • tristement
CONTR. richement

misère *n.f.* **1 - pauvreté** • besoin • dénuement • gêne • indigence • pénurie • dèche *fam.* • mélasse *fam.* • mouise *fam.* • mouscaille *fam.* • panade *fam.* • **2 - chagrin** • détresse • malheur • peine • **3 - ennui** • malheur • problème • infortune *littér.* • pépin *fam.* • mélasse *fam.* • mistoufle *fam.* • mouscaille *fam.* • panade *fam.* • pastis *fam.* • purée *fam.* • panne *fam., vieilli* • **4 - tracasserie** • méchanceté • méchant tour • taquinerie • mistoufle *fam.* • **5 - babiole** • bagatelle • broutille • rien • vétille • bricole *fam.*
CONTR. abondance ı bien-être ı fortune ı opulence ı richesse – bonheur ı félicité ı grandeur – chance

miséreux, -euse *adj. et n.* • misérable • pauvre • pauvre diable • pauvre hère • loqueteux • traîne-misère • traîne-savate • va-nu-pieds • crève-la-faim *fam.* • meurt-de-faim *fam.* • pouilleux *fam.* • gueux *vieilli*
CONTR. aisé ı opulent ı riche

miséricorde *n.f.* **1 - clémence** • grâce • indulgence • pardon • merci *vieux* • **2 -** [vieilli] **bonté** • charité • commisération • compassion • pitié
CONTR. cruauté ı dureté

miséricordieux, -ieuse *adj.* • charitable • clément • humain

missel *n.m.* · livre de messe · paroissien

missile *n.m.* · engin · fusée

mission *n.f.* **1 - mandat** · ministère · office · **2 - commission** · délégation · députation · **3 - tâche** · besogne · charge · travail · **4 - but** · destination · fonction · objectif · raison d'être · rôle · vocation · **5 - expédition**
✦ **mission diplomatique** ambassade · légation

missionnaire *n.* · évangélisateur · prédicateur

missive *n.f.* · lettre · billet · dépêche · message · mot · bafouille *fam.* · épître *littér. ou Bible*

mitaine *n.f.* · gant · moufle

mité, e *adj.* · usé · mangé · rongé · troué

mi-temps *n.f.* **1 - pause** · **2 - période** · manche

miteux, -euse *adj.* · misérable · lamentable · pauvre · piètre · piteux · pitoyable · pouilleux · sordide · minable *fam.*

mitigation *n.f.* · adoucissement · atténuation · diminution · modération
CONTR. aggravation

mitigé, e *adj.* **1 - mêlé** · mélangé · nuancé · partagé · mi-figue mi-raisin *fam.* · [résultats] en demi-teinte · avec des hauts et des bas · en dents de scie · **2 - relâché** · incertain

mitonner
▪ *v.intr.* mijoter · bouillir · cuire
▪ *v.tr.* **1 - cuisiner** · mijoter · **2 - préparer** · concocter · **3 - dorloter** · choyer · soigner

mitoyen, -enne *adj.* · adjacent · attenant · contigu · voisin

mitoyenneté *n.f.* · contiguïté · voisinage

mitraille *n.f.* · ferraille

mitrailler *v.tr.* **1 - arroser** *fam.* · **2 - assaillir** · bombarder · harceler · **3 -** [fam.] photographier

mitraillette *n.f.* **1 - pistolet-mitrailleur** · kalachnikov · sulfateuse *argot* · **2 -** [Pêche] **libouret**

mi-voix (à) *loc. adv.* · à voix basse · doucement · mezza-voce

mixer *v.tr.* → mélanger
❧ mélanger

mixeur *n.m.* · mélangeur · batteur · malaxeur

mixte
▪ *adj.* **1 - combiné** · composé · hybride · mélangé · mêlé · panaché · **2 - interracial**
▪ *n.m.* composé · hybride · mélange

mixture *n.f.* · mélange · composition · mixtion

¹**mobile** *adj.* **1 - amovible** · volant · **2 - itinérant** · ambulant · errant · nomade · **3 - agile** · vif · **4 - adaptable** · flexible · modulable · souple · **5 - variable** · changeant · flottant · fluctuant · **6 - mouvant** · chatoyant · fugitif · **7 - animé** · expressif · **8 - versatile** · capricieux · changeant · fantasque · fragile · fuyant · inconstant · influençable · instable · léger · ondoyant · vacillant

²**mobile** *n.m.* **1 - motif** · cause · moteur · raison · **2 -** [téléphone] **portable** · cellulaire

mobilier *n.m* · ameublement · meubles

mobilisation *n.f.* • appel • ralliement • rappel • rassemblement
CONTR. démobilisation

mobiliser *v.tr.* **1 – appeler** • rappeler (sous les drapeaux) • embrigader • enrégimenter • enrôler • lever • recruter • réquisitionner • **2 – faire appel à** • battre le rappel de • rallier • rassembler • **3 – concentrer** • canaliser • focaliser
CONTR. démobiliser – éparpiller

mobilité *n.f.* **1 –** [Physiol.] motilité • **2 –** agilité • **3 – souplesse** • flexibilité • **4 –** variabilité • fluctuation • caprice *péj.* • inconstance *péj.* • instabilité *péj.* • versatilité *péj.*
CONTR. immobilité – raideur – fixité ı stabilité

mobylette *n.f.* • cyclomoteur • vélomoteur • bécane *fam.* • mob *fam.*

moche *adj.* **1 –** → laid • **2 –** → méchant

mocheté *n.f.* • boudin *fam.* • cageot *fam.* • guenon *fam.* • thon *fam.* • [grosse] (grosse) dondon *fam.* • tonneau *fam.*

modalité *n.f.* **1 – circonstance** • condition • particularité • **2 – mode** • formule • manière • type

¹**mode** *n.f.* **1 – vogue** • engouement • **2 – style** • goût • **3 – confection** • couture • prêt-à-porter • **4 –** [vieux] **convenance** • façon • fantaisie • guise • manière • volonté • **5 –** [vieux] coutume • habitude • mœurs • pratique • tradition • usage
✦ **à la mode** en vogue • d'actualité • dernier cri • en honneur • à la page *fam.* • branché *fam.* • câblé *fam.* • dans le coup *fam.* • dans le vent *fam.* • fashionable *fam.* • in *fam.* • tendance *fam.*
✦ **passé de mode** démodé • désuet • vieillot • ringard *fam.*

²**mode** *n.m.* **1 – genre** • façon • forme • manière • style • ton • **2 – formule** • méthode • modalité • type

✦ **mode d'emploi** manuel, notice d'utilisation • instructions

modèle *n.m.*
I 1 – type • archétype • canon • échantillon • étalon • exemplaire • exemple • idéal • maître • paradigme • parangon • référence • spécimen • standard • **2 – prototype** • **3 – patron** • carton • esquisse • gabarit • maquette • moule • **4 – corrigé** • canevas • formule • plan • **5 – sujet** • original • motif • **6 – mannequin** • cover-girl • top-modèle
II [en adjectif] **1 – parfait** • accompli • achevé • bon • consommé • édifiant • exemplaire • idéal • irréprochable • **2 – pilote**
✦ **modèle réduit** maquette • miniature • réduction
✦ **sur le modèle de** à l'image de • à l'imitation de

~ **modèle, type**
Modèle et type ont en commun l'idée de représentant d'une catégorie *(ce chapeau est un modèle/le type même du mauvais goût)*, et se disent aussi l'un et l'autre de la catégorie elle-même *(les différents modèles/types d'économie libérale)*. On parle de modèle pour une personne *(Don Juan est le modèle du séducteur)* ou pour un objet standardisé pouvant être reproduit à plusieurs exemplaires *(créer, lancer un nouveau modèle de voiture, un modèle de série)*. Le type, en revanche, est un modèle pris comme une abstraction *(la « Comédie humaine » de Balzac fournit de nombreux types humains ; incarner le type de la beauté fatale)*.

modeler *v.tr.* **1 – façonner** • manier • pétrir • sculpter • **2 – conformer à** • former sur • régler sur
≫ **se modeler sur** *v.pron.* se conformer à • se mouler sur • se régler sur

modérateur, -trice *n. et adj.* **1 – régulateur** • **2 – conciliateur** • médiateur
CONTR. excitateur ı provocateur

modération

modération n.f. 1 - mesure · circonspection · convenance · discrétion · douceur · ménagement · pondération · réserve · retenue · sagesse · **2 - frugalité** · sobriété · tempérance · **3 - diminution** · adoucissement · mitigation · réduction · remise

CONTR. abus ı excès ı extrémisme ı immodération ı intempérance – gloutonnerie – augmentation

modéré, e adj. et n. **1 - doux** · tempéré · **2 - moyen** · abordable · bas · doux · faible · modique · raisonnable · **3 - mesuré** · modeste · pondéré · sage · sobre · **4 -** [Pol.] centriste · conservateur · modérantiste

CONTR. excessif ı extrême – abusif ı déraisonnable ı exagéré ı excessif – bouillant ı déraisonnable

modérément adv. · sans excès · avec modération

CONTR. excessivement ı fortement ı immodérément

modérer v.tr. **1 - tempérer** · adoucir · affaiblir · atténuer · attiédir · diminuer · estomper · mitiger · nuancer · pondérer · **2 - réprimer** · apaiser · assagir · brider · calmer · contenir · dominer · freiner · ralentir · réfréner · retenir · mettre en sourdine · mettre un frein à · mettre en mode mineur · mettre un bémol à · tenir en bride · **3 - limiter** · borner · réduire · régler · restreindre

CONTR. exagérer ı outrer – atiser – accélérer

moderne adj. **1 - actuel** · contemporain · présent · **2 - neuf** · nouveau · récent · high-tech anglic. · dernier cri fam. · **3 - de son temps** · à la mode · branché fam. · câblé fam. · dans le coup fam. · in fam. · à la page fam.

CONTR. ancien ı antique ı classique – dépassé ı obsolète ı traditionnel ı vieux – démodé

modernisation n.f. **1 - rénovation** · réforme · renouvellement · **2 - actualisation** · mise à jour · réactualisation

moderniser v.tr. **1 - rénover** · rajeunir · réformer · renouveler · faire évoluer · donner un coup de jeune à fam. · relooker fam. · **2 - actualiser** · mettre à jour · réactualiser

modernité n.f. · actualité · contemporanéité · modernisme

CONTR. antiquité ı archaïsme

modeste adj. **1 - effacé** · discret · réservé · **2 - simple** · humble · pauvre · **3 - limité** · bas · faible · maigre · médiocre · pauvre · petit · [somme] modique · **4 - modéré** · limité · raisonnable · sage · **5 - chaste** · convenable · correct · décent · discret · pudique · réservé

CONTR. orgueilleux ı prétentieux ı vaniteux – aisé ı fortuné – excessif ı grand – immodeste ı indécent ı provocant

modestie n.f. **1 - effacement** · discrétion · humilité · réserve · retenue · simplicité · **2 - décence** · honnêteté · pudeur · vertu · **3 - médiocrité** · modicité · petitesse

CONTR. audace ı orgueil ı prétention ı vanité – indécence – faste ı luxe

modicité n.f. · petitesse · insignifiance · médiocrité

modifiable adj. · transformable · convertible

CONTR. immuable

modification n.f. **1 - changement** · évolution · transformation · variation · [radicale] métamorphose · [en mieux] amélioration · progression · [en pire] aggravation · altération · **2 - correction** · amendement · rectification · refonte · remaniement · révision · retouche · **3 - amendement** · avenant · rectificatif

CONTR. maintien ı permanence ı stabilité

modifier v.tr. **1 - changer** · transformer · [profondément] bouleverser · métamorphoser · **2 - corriger** · rectifier · retoucher · réviser · revoir · [un ouvrage] refondre · remanier · **3 - amender** · adapter · améliorer · corriger · réformer · **4 - déformer** · altérer · dénaturer · fausser · travestir · truquer · **5 - infléchir** · dévier

se modifier v.pron. changer · évoluer · fluctuer · se transformer · varier
CONTR. fixer ı laisser ı maintenir − redresser ı remettre dans la voie

modique adj. 1 - petit · bas · faible · infime · insignifiant · maigre · médiocre · minime · modeste · 2 - abordable · à la portée de toutes les bourses
CONTR. considérable ı important − inabordable

modiste n. · chapelier

modulable adj. · adaptable · flexible · souple

modulation n.f. · inflexion · accent · intonation · tonalité

moduler v.tr. 1 - chanter · siffler · siffloter · 2 - adapter · ajuster · pondérer

moelleux, -euse adj. 1 - doux · mou · souple · 2 - onctueux · fondant · savoureux · tendre · velouté · 3 - confortable · douillet · élastique · mollet · 4 - [littér.] gracieux · souple
CONTR. raide ı sec − dur − inconfortable

mœurs n.f.pl. 1 - coutumes · (genre de) vie · habitudes · pratiques · usages · us littér. · 2 - conduite · mentalité · morale · moralité · principes

moi n.m. 1 - ego · personnalité · 2 - bibi fam. · mézigue pop.

moindre adj. compar. inférieur
✦ le moindre   le plus petit · le plus élémentaire · le minimum de
✦ pas le moindre   aucun · nul
CONTR. meilleur ı supérieur

moine n.m. 1 - religieux · anachorète · cénobite · convers · ermite · frère · 2 - [bouddhiste] bonze

moineau n.m. · piaf fam. · pierrot fam.

moins adv. sauf
✦ au moins   1 - au minimum · au bas mot · bien · facilement fam. ● [heure] bien sonné fam. · bien tapé fam. · 2 - en tout cas
✦ si au moins   si seulement
✦ du moins   (ou) plutôt
✦ à moins de   1 - au dessous de · 2 - sauf
✦ à moins que   hors le cas où · sauf le cas où

moiré, e adj. · chatoyant · irisé · iridescent littér. · ondé littér.

moirure n.f. · chatoiement · irisation · reflets

moïse n.m. · berceau · couffin

moisi n.m. → moisissure

moisir v.intr. 1 - se gâter · chancir · se piquer · pourrir · 2 - [fam.] → attendre · 3 - [fam.] → s'encroûter

moisissure n.f. · moisi · chancissure rare · chanci vieux

moisson n.f. 1 - récolte · collecte · cueillette · ramassage · 2 - masse · tas

moissonner v.tr. 1 - faucher · couper · 2 - récolter · cueillir · ramasser · 3 - accumuler · amasser · engranger · multiplier

moite adj. · humide · mouillé

moitié n.f. 1 - partie · 2 - [fam.] → épouse
✦ à moitié   à demi · en partie · partiellement
✦ à la moitié de   à mi- · au milieu de · à mi-hauteur de
CONTR. double

môle n.m. · digue · brise-lames · jetée

molester v.tr. · malmener · battre · brutaliser · frapper · maltraiter · mettre à mal · rudoyer · secouer fam. · faire passer un mauvais quart d'heure à fam.

mollasson, -onne adj. [fam.] → **mou**

mollement adv. **1** - indolemment · doucement · lentement · nonchalamment · paresseusement · tranquillement · languissamment littér. · **2** - **faiblement** · timidement
CONTR. durement ı rudement – énergiquement ı fermement

mollesse n.f. **1** - **souplesse** · moelleux · **2** - apathie · indolence · langueur · nonchalance · paresse · somnolence · **3** - **laisser-aller** · abandon
CONTR. dureté ı fermeté – activité ı allant ı dynamisme ı entrain ı vivacité – ardeur ı énergie ı force

mollet, -ette adj. · douillet · doux · moelleux

molletière n.f. · jambière · leggins (plur.)

mollir v.intr. **1** - **blettir** · se ramollir · **2** - diminuer · baisser · décliner · faiblir · **3** - s'attendrir · fléchir · **4** - **chanceler** · faiblir · flancher · lâcher (prise) · plier · baisser les bras · se dégonfler fam.
CONTR. durcir – augmenter ı forcir – persister – résister ı tenir

molosse n.m. · chien de garde · dogue

môme n. → **enfant**

moment n.m. **1** - **instant** · intervalle · (laps de) temps · heure · minute · seconde · **2** - **période** · époque · ère · passage · passe · saison · **3** - **date** · heure · jour · **4** - **circonstance** · conjoncture · occasion · situation
✦ **grand moment** heure de gloire · jour à marquer d'une pierre blanche
✦ **au moment de** lors de
✦ **au moment où** comme · lorsque
✦ **à partir du moment où** dès l'instant que · dès lors que · puisque
✦ **à tout moment, à tous moments** **1** - sans cesse · continuellement · à chaque instant · **2** - n'importe quand

✦ **dans un moment** avant peu · bientôt · dans peu de temps · dans un instant · d'un moment à l'autre · incessamment · prochainement · sans tarder · sous peu · vite
✦ **en ce moment** actuellement · à l'heure actuelle · à présent · aujourd'hui · de nos jours · maintenant
✦ **en un moment** rapidement · tout d'un coup · en un clin d'œil fam.
✦ **par moments** quelquefois · de temps en temps · de temps à autre · par intervalles
✦ **pour le moment** **1** - dans l'immédiat · pour l'instant · pour l'heure littér. · **2** - actuellement · présentement Québec · **3** - momentanément
✦ **sur le moment** **1** - d'abord · sur le coup fam. · **2** - **tout de suite** · immédiatement

🙰   moment, instant

Moment et instant sont concurrents pour exprimer l'idée d'un court espace de temps (attendre le moment/l'instant propice ; un moment/un instant d'inattention a suffi). Instant caractérise cependant toujours une durée très courte, centrée sur le présent immédiat (il arrive à l'instant, attendez un instant, je reviens dans un instant), et souvent perçue dans sa globalité (vivre dans l'instant, profiter de l'instant, de l'instant présent). Le **moment**, en revanche, est une portion de temps variable, rapportée à un contexte temporel précis (évoquer les grands moments de l'année écoulée ; l'aube est le plus beau moment de la journée). La durée du **moment** peut paraître longue (ça fait un moment que je t'attends) ou indéterminée (attends-moi, je reviens dans un moment).

momentané, e adj. **1** - **bref** · court · éphémère · fugace · passager · de peu de durée · **2** - **provisoire** · temporaire · **3** - discontinu · intermittent
CONTR. long ı prolongé – durable – continu

momentanément *adv.* · passagèrement · provisoirement · temporairement
CONTR. constamment ׀ continuellement

momerie *n.f.* **1** - enfantillage · **2** - [littér.] comédie · simagrée · simulation · singerie

momification *n.f.* **1** - embaumement · dessiccation · **2** - dessèchement · racornissement

momifier *v.tr.* **1** - embaumer · **2** - dessécher · racornir
⋙ **se momifier** *v.pron.* se fossiliser · se scléroser

monacal, e *adj.* **1** - monastique · claustral · **2** - ascétique · austère · dépouillé · nu · rigoureux · spartiate

monarchie *n.f.* **1** - couronne · royauté · **2** - royaume · empire
CONTR. aristocratie ׀ démocratie ׀ oligarchie ׀ république

monarchique *adj.* · régalien

monarchiste *n. et adj.* · royaliste
CONTR. démocrate ׀ républicain

monarque *n.m.* **1** - souverain · empereur · prince · roi · **2** - autocrate · potentat · tyran

monastère *n.m.* **1** - cloître · communauté · couvent · moutier *vieux* · **2** - [en Orient] ashram · bonzerie · lamaserie

monastique *adj.* **1** - monacal · religieux · **2** - claustral

monceau *n.m.* · amas · accumulation · amoncellement · empilement · pile · masse · monticule · tas · fatras *péj.*

mondain, e *adj.* **1** - frivole · futile · vain · **2** - [Relig.] profane
CONTR. grave ׀ sérieux – religieux

mondanité *n.f.* · frivolité · futilité · vanité

monde *n.m.*
I 1 - univers · cosmos · macrocosme · **2** - terre · globe · planète · **3** - création · nature
II humanité · communion humaine · genre humain · hommes · société
III 1 - milieu · microcosme · société · classe (sociale) · **2** - haute société · aristocratie · gotha · grand monde · beau monde *fam.* · gratin *fam.* · haut du pavé *fam.*
IV écart · abîme · gouffre · océan
✦ **le monde** **1** - le public · la galerie · **2** - les gens · la foule · la cohue *péj.* · le siècle *vieilli*
✦ **mettre au monde** accoucher de · donner la vie à · enfanter · engendrer *littér.* · procréer *littér.*
✦ **venir au monde** naître · voir le jour

monder *v.tr.* · décortiquer · émonder

mondial, e *adj.* · planétaire · global · international · universel

mondialement *adv.* · universellement · internationalement

mondialisation *n.f.* · globalisation · internationalisation · planétarisation · universalisation

moniale *n.f.* · bonne sœur · religieuse

moniteur, -trice *n.* · entraîneur · mono *fam.*

monnaie *n.f.* **1** - devise · **2** - pièces · espèces sonnantes et trébuchantes *souvent plaisant* · **3** - espèce · numéraire · **4** - appoint
✦ **petite monnaie** ferraille *fam.* · mitraille *fam.*

monnayable *adj.* · négociable · vendable

monnayer *v.tr.* **1** - monétiser · **2** - faire payer · **3** - convertir · réaliser · vendre

monocle *n.m.* · lorgnon · carreau *fam.*

monocorde *adj.* · monotone · égal · uniforme

monogramme *n.m.* · chiffre · marque

monolingue *adj.* · unilingue
CONTR. bilingue ı multilingue ı plurilingue

monolithe *n.m.* · bloc

monologue *n.m.* · soliloque
CONTR. dialogue ı entretien

🖎 **monologue, soliloque**
Monologue et soliloque sont les contraires du *dialogue* : il s'agit dans les deux cas d'un discours tenu par une seule personne. Dans le **soliloque**, la personne qui parle est en compagnie mais, faisant abstraction de son entourage, semble généralement se parler : « (...) il avait une verve, une éloquence, et un brio irrésistible ; et, comme chacun se taisait pour l'écouter, avec lui, à la satisfaction générale, la conversation dégénérait vite en soliloque » (Th. Gautier, *Portraits contemporains*, « Balzac », IV). Dans le **monologue**, c'est une personne seule qui parle : « Quiconque a vécu solitaire sait à quel point le monologue est dans la nature. La parole intérieure démange » (Hugo, *l'Homme qui rit*, I, ı, ı). Alors que le **soliloque** est narcissique, le **monologue** est du côté de l'intime, ce qu'exprime en littérature le *monologue intérieur*.

monologuer *v.tr.* · soliloquer · faire les questions et les réponses *péj.*

monomanie *n.f.* · idée fixe · manie · obsession · fixette *fam.*

monopole *n.m.* 1 - [d'État] régie · 2 - exclusivité · apanage · privilège
CONTR. concurrence

monopolisation *n.f.* · accaparement

monopoliser *v.tr.* · accaparer · s'emparer de · truster *fam.*

monotone *adj.* 1 - monocorde · 2 - uniforme · ennuyeux · grisâtre · plat · terne · uni
CONTR. nuancé ı varié – divertissant

monotonie *n.f.* · uniformité · ennui · grisaille · prosaïsme
CONTR. changement ı diversité ı variété

monsieur *n.m.* homme · individu · quidam · bonhomme *fam.* · gars *fam.* · mec *fam.* · type *fam.*
✦ **(grand) monsieur** personnalité · figure · grand bonhomme *fam.*
✦ **monsieur bons offices** médiateur

monstre
▪ *adj.* [fam.] colossal · énorme · fantastique · prodigieux · bœuf *fam.*
▪ *n.m.* 1 - phénomène · prodige · être difforme · 2 - animal fabuleux, fantastique · chimère · dragon · 3 - barbare · sauvage
✦ **monstre sacré** étoile · star

monstrueusement *adv.* 1 - abominablement · affreusement · atrocement · effroyablement · épouvantablement · horriblement · odieusement · 2 - extrêmement · inimaginablement · 3 - excessivement · invraisemblablement · prodigieusement

monstrueux, -euse *adj.* 1 - difforme · laid · hideux · horrible · repoussant · 2 - colossal · démesuré · éléphantesque · énorme · excessif · exorbitant · extraordinaire · gigantesque · insensé · 3 - phénoménal · bizarre · étonnant · prodigieux · 4 - inhumain · abominable · affreux · atroce · effrayant · effroyable · épouvantable · horrible · ignoble · terrible
CONTR. magnifique – minuscule – banal ı courant ı ordinaire

monstruosité *n.f.* **1** - difformité · anomalie · malformation · **2** - atrocité · abomination · horreur · ignominie

mont *n.m.* · butte · colline · élévation · hauteur · mamelon · massif · montagne · monticule
CONTR. plaine ı val

montage *n.m.* **1** - assemblage · ajustage · pose · **2** - arrangement · disposition · **3** - dressage · installation
CONTR. démontage ı dislocation

montagne *n.f.* **1** - mont · colline · élévation (de terrain) · éminence · massif · pic · **2** - amas · amoncellement · empilement · monceau · tas · **3** - quantité · foule

montagneux, -euse *adj.* · accidenté · montueux *vieux*
CONTR. plat

¹**montant, e** *adj.* **1** - ascendant · **2** - escarpé

²**montant** *n.m.* **1** - chiffre · coût · somme · total · **2** - jambage · portant · barre (verticale)

mont-de-piété *n.m.* · crédit municipal · clou *fam.* · ma tante *pop.*

monte *n.f.* · accouplement · saillie

monte-charge *n.m. invar.* · ascenseur · élévateur · monte-plat · monte-sac

montée *n.f.*
I **1** - ascension · escalade · grimpée · grimpette *fam.* · **2** - côte · grimpée · pente · raidillon · rampe · grimpette *fam.*
II **1** - augmentation · accroissement · hausse · poussée · progression • [forte] escalade · explosion · **2** - amplification · crescendo · développement · intensification

✦ **montée des eaux** crue · débordement · élévation · gonflement
CONTR. descente – baisse ı chute ı diminution – décrue

☙ **montée, ascension**
Montée et ascension ont en commun l'idée d'élévation dans les airs *(la montée/l'ascension d'un ballon, d'une fusée)*. S'agissant de personnes, **montée** convient à un parcours, un effort modéré *(la montée d'une côte, d'un escalier ; la montée jusqu'au col par le G.R. était longue)* alors qu'**ascension** est réservé à de plus grandes difficultés, et notamment à la montagne *(faire l'ascension d'une paroi, de l'Himalaya)*. Dans leurs emplois figurés, **ascension** reste associé à la notion d'élévation *(ascension sociale)*, **montée** à celle d'augmentation *(la montée des prix, du chômage)*.

monter
■ *v.intr.* **1** - grimper · s'élever · **2** - être en crue · s'élever · gonfler · grossir · **3** - augmenter · s'accentuer · s'amplifier · croître · grandir · s'intensifier • [énormément] crever les plafonds · battre des records · **4** - être promu · gravir des échelons · s'élever dans la hiérarchie · avoir, recevoir de l'avancement · prendre du galon · **5** - percer · avoir le vent en poupe
■ *v.tr.* **1** - gravir · escalader · grimper · **2** - élever · exhausser · hausser · lever · rehausser · relever · remonter · surélever · surhausser *rare* · **3** - dresser · installer · planter · **4** - ajuster · assembler · enchâsser · sertir · **5** - équiper · installer · **6** - constituer · bâtir · créer · établir · organiser · **7** - combiner · arranger · échafauder · manigancer · organiser · préparer · tisser · tramer · ourdir *littér.* · **8** - [Théâtre] réaliser · mettre en scène · **9** - [Vétér.] s'accoupler avec · couvrir · saillir · servir

✦ **monter dans, à bord de** s'embarquer dans · prendre

✦ **monter sur** grimper sur · se jucher sur · se hisser sur • [un vélo] enfourcher

✦ **monter à la tête** enivrer · étourdir · griser · soûler *fam.*

⋙ **se monter** *v.pron.* s'irriter · s'énerver · s'enflammer · s'exciter · se mettre en colère

✦ **se monter à** coûter · atteindre · se chiffrer à · s'élever à · revenir à

✦ **se monter en** s'équiper en · se fournir en · se pourvoir en

CONTR. abaisser ı baisser ı démonter ı descendre ı diminuer

monteur, -euse *n.* · assembleur · mécanicien

montgolfière *n.f.* · ballon · dirigeable
🞳 ballon

monticule *n.m.* · butte · éminence · hauteur · mamelon · tertre

montrable *adj.* · présentable · sortable *fam.*

¹**montre** *n.f.* **1 -** éventaire · vitrine · **2 -** [vieux ou littér.] démonstration · dépense · effet · étalage · exhibition · exposition · parade

✦ **faire montre de** **1 -** afficher · étaler · exhiber · faire étalage de · faire parade de · **2 - faire preuve de** · manifester · montrer · révéler

²**montre** *n.f.* **1 -** tocante *fam.* · **2 -** chronomètre · compteur

montrer *v.tr.* **1 -** désigner · indiquer · pointer · signaler · **2 -** exposer · brandir · déballer · déployer · étaler · exhiber · présenter · **3 - découvrir** · dégager · dénuder · dessiner · dévoiler · laisser deviner · mettre en évidence · accuser *péj.* · **4 - attester** · annoncer · déceler · dénoter · dénoncer · déployer · développer · dire · exprimer · extérioriser · faire preuve de · manifester · marquer · présenter · révéler · témoigner de · **5 - arborer** · afficher · affirmer · déclarer · étaler · extérioriser · faire briller · faire montre de · faire voir · **6 - dépeindre** · caractériser · décrire · évoquer · peindre · raconter · rendre compte de · représenter · reproduire · retracer · **7 - démontrer** · confirmer · dégager · démasquer · dévoiler · établir · illustrer · prouver · souligner · vérifier · **8 - enseigner** · apprendre · expliquer · faire entendre · instruire de

⋙ **se montrer** *v.pron.* **1 - apparaître** · percer · poindre · pointer (le bout de son nez) · sortir · surgir · **2 - se dessiner** · se dégager · se distinguer · émerger · **3 - s'afficher** · s'étaler · s'exhiber · s'exposer aux regards · parader · se pavaner · se produire · **4 - être** · s'avérer · se révéler · **5 - paraître** · se présenter

✦ **ne jamais se montrer** jouer les arlésiennes

CONTR. cacher ı couvrir ı dissimuler − manquer (de) − disparaître

montueux, -euse *adj.* · accidenté · inégal

CONTR. plat

monture *n.f.* **1 -** cheval · coursier *littér.* · destrier *plaisant ou Hist.* · **2 - assemblage** · montage

monument *n.m.* **1 -** bâtiment · construction · édifice · palais · **2 - chef d'œuvre**

✦ **monument funéraire** tombeau · mausolée · stèle

🞳 construction

monumental, e *adj.* **1 -** colossal · démesuré · énorme · gigantesque · immense · **2 - grandiose** · imposant · majestueux · prodigieux

moquer *v.tr.* railler · ridiculiser

⋙ **se moquer** *v.pron.* plaisanter · blaguer · se gausser *littér. ou plaisant* · gouailler · ironiser · persifler · railler

✦ **se moquer de** **1 -** s'amuser de · faire des gorges chaudes de · narguer · parodier · ridiculiser · rire de · tourner en ridicule · brocarder *littér.* · dauber *vieux ou littér.* · chambrer *fam.* · charrier *fam.* · se ficher de *fam.* · se foutre de *très fam.* · mettre en boîte *fam.* · se

payer la tête de *fam.* · rire au nez de *fam.* · **2 – abuser** · berner · se jouer de · se ficher de *fam.* · se foutre de *très fam.* · mener en bateau *fam.* · rouler *fam.* · **3 – braver** · dédaigner · faire fi de · faire la nique à · se jouer de · **4 – bafouer** · mépriser · **5 – ne pas se soucier de** · n'avoir rien à cirer de *fam.* · se ficher de *fam.* · se foutre de *très fam.* · se soucier comme d'une guigne de *fam., vieilli* · se soucier comme de sa première chemise de *fam., vieilli*
+ **s'en moquer** s'en balancer *fam.* · s'en battre l'œil *fam.* · s'en ficher *fam.* · s'en foutre *très fam.* · s'en moquer comme de l'an quarante *fam.* · s'en tamponner le coquillard *très fam.* · s'en taper *très fam.*

CONTR. admirer ı flatter ı respecter – s'intéresser

moquerie *n.f.* 1 – ironie · dérision · impertinence · malice · persiflage · raillerie · satire · **2 – affront** · attaque · lazzi · pied de nez · plaisanterie · pointe · quolibet · ricanement · sarcasme · trait · mise en boîte *fam.* · brocard *vieux* · gausserie *vieux*
+ **être en proie aux moqueries de** être la risée de · être la fable de

CONTR. admiration ı flatterie ı respect

↝ plaisanterie

moqueur, -euse
■ *adj.* ironique · caustique · facétieux · frondeur · goguenard · gouailleur · mordant · narquois · piquant · persifleur · pince-sans-rire · railleur · ricaneur · sardonique
■ *n.* blagueur *fam.* · pince-sans-rire

CONTR. admiratif ı flatteur

¹moral, e *adj.* 1 – éthique · 2 – honnête · convenable · juste · probe · vertueux · 3 – édifiant · exemplaire · instructif · 4 – intellectuel · spirituel · 5 – mental · psychique · psychologique
+ **sens moral** conscience

²moral *n.m.* 1 – mental · psychique · 2 – état psychologique

+ **avoir le moral, bon moral** être optimiste · avoir la pêche, la frite *fam.* · avoir le moral au beau fixe *fam.*
+ **ne pas avoir le moral** déprimer · avoir le moral à zéro, dans les chaussettes *fam.*

morale *n.f.*
I **1 – éthique** · déontologie · sens du devoir · valeurs · **2 – honnêteté** · probité · vertu · **3 – moralité** · mentalité · mœurs
II **1 – enseignement** · apologue · conclusion · leçon · maxime · moralité · **2 – réprimande** · leçon · admonestation *littér.*
+ **faire la morale à** réprimander · chapitrer · faire la leçon à · sermonner · admonester *littér.* · morigéner *littér.*

CONTR. immoralité ı mal

moralement *adv.* · psychologiquement · mentalement · dans la tête

CONTR. matériellement ı physiquement

moralisateur, -trice *adj.* 1 – édifiant · **2 – sermonneur** · prêcheur

moraliser *v.tr.* [vieilli] réprimander · chapitrer · faire la leçon à · sermonner · admonester *littér.* · morigéner *littér.*

CONTR. corrompre ı pervertir

moralité *n.f.* 1 – conscience · mentalité · mœurs · morale · principes · **2 – honnêteté** · probité · **3 – enseignement** · apologue · conclusion · maxime · morale · sentence

CONTR. immoralité

moratoire *n.m.* 1 – suspension · interruption · **2 – délai** · répit · sursis

morbide *adj.* 1 – pathologique · maladif · malsain · **2 – anormal** · dépravé

CONTR. sain

morceau *n.m.* 1 – division · fraction · parcelle · part · partie · pièce · portion · quartier · segment · tronçon · **2 – fragment** · bout · bribe · brin · grain · particule

• [d'aliment] bouchée • miette • rondelle • tranche • lichette *fam.* • **3 - débris** • brisure • éclat • lambeau • **4 - extrait** • page • passage
✦ **morceaux choisis** anthologie • florilège • compilation • chrestomathie *didact.* • analectes *vieux*

CONTR. bloc. ׀ tout

morceler *v.tr.* **1 - découper** • démembrer • dépecer • fractionner • fragmenter • émietter • [un terrain] lotir • **2 - partager** • diviser • répartir • **3 - désagréger** • atomiser • [Pol.] balkaniser

CONTR. regrouper ׀ remembrer – réunir – agréger

morcellement *n.m.* **1 - découpage** • fractionnement • démembrement • désagrégation • fragmentation • [d'un terrain] lotissement • **2 - partage** • division • répartition • **3 - désagrégation** • atomisation • [Pol.] balkanisation

CONTR. regroupement ׀ remembrement – réunification – agrégation

mordant, e
▪ *adj.* **1 - vif** • âpre • cuisant • piquant • **2 - acerbe** • acéré • acide • âcre • aigre • âpre • caustique • corrosif • effilé • à l'emporte-pièce • grinçant • incisif • mauvais • méchant • moqueur • piquant • satirique • vif • acrimonieux *littér.* • mordicant *littér.*
▪ *n.m.* **1 - allant** • force • fougue • vivacité • **2 - piquant** • agressivité

CONTR. doux – bienveillant – mollesse

↝ **caustique**

mordiller *v.tr.* • mâchonner • ronger • mâchouiller *fam.*

mordre *v.tr.* **1 - croquer** • déchiqueter • déchirer • mâchonner • mordiller • ronger • mâchouiller *fam.* • **2 -** [serpent] **piquer** • **3 - entamer** • attaquer • corroder • détruire • pénétrer dans • ronger • user

✦ **mordre sur** empiéter sur • avancer sur • chevaucher • déborder sur • dépasser sur

mordu, e *adj.* **1 -** [fam.] → **amoureux** • **2 -** [fam.] → **passionné**

morfondre (se) *v.pron.* • attendre • s'ennuyer • se désespérer • languir • ronger son frein

¹**morgue** *n.f.* • arrogance • dédain • fierté • hauteur • insolence • mépris • orgueil • suffisance • superbe

²**morgue** *n.f.* • institut médico-légal

moribond, e *adj.* • agonisant • mourant • à l'agonie • à l'article de la mort • expirant • qui a un pied dans la tombe *fam.* • subclaquant *argot Méd.*

morigéner *v.tr.* • réprimander • chapitrer • corriger • gronder • gronder • sermonner • frotter les oreilles à *fam.* • secouer *fam.* • admonester *littér.* • gourmander *littér.* • semoncer *littér.* • tancer *littér.* • moraliser *vieilli*

morne *adj.* **1 - abattu** • cafardeux • éteint • languissant • maussade • mélancolique • morose • sombre • taciturne • triste • **2 - monotone** • atone • ennuyeux • gris • inexpressif • insipide • morose • plat • terne • uniforme • vide

CONTR. ardent ׀ gai – passionnant

morose *adj.* • abattu • acariâtre • atrabilaire • bilieux • cafardeux • maussade • mélancolique • morne • renfrogné • sombre • taciturne • triste • chagrin *littér.*

CONTR. gai ׀ joyeux

morosité *n.f.* • chagrin • abattement • accablement • ennui • mélancolie • neurasthénie • tristesse

CONTR. gaieté ׀ joie

morphologie *n.f.* • anatomie • corps • plastique

morsure *n.f.* **1 - blessure** • meurtrissure • plaie • **2 - piqûre** • brûlure

¹**mort, morte** *adj.* 1 - décédé · disparu · défunt *soutenu* · feu *(avant le nom)* · trépassé *littér.* · crevé *fam.* · clamsé *pop.* · entre quatre planches *fam.* · 2 - éteint · 3 - désert · immobile · vide · 4 - stagnant · dormant · 5 - [fam.] épuisé · éreinté · fourbu · rompu · claqué *fam.* · crevé *fam.* · lessivé *fam.* · moulu *fam.* · vanné *fam.* · vidé *fam.* · sur les genoux *fam.* · sur les rotules- *fam.* · 6 - [fam.] usé · abîmé · hors d'usage · fichu *fam.* · foutu *fam.* · h.s. *fam.*

🖙 **mort, décédé, défunt, disparu**

On dit d'une personne qu'elle est morte, décédée, défunte ou disparue lorsqu'elle a cessé de vivre. On emploie exclusivement **disparu**, souvent par euphémisme, dans le cas où le décès n'a pas pu être établi *(le bilan de la catastrophe s'élève à 30 morts et 100 disparus)*. **Mort** est courant et sans ambiguïté *(l'accident de l'autoroute a fait 5 morts et 10 blessés graves)* ; **décédé** est généralement réservé au vocabulaire administratif *(décédé le ...)* ou se dit par euphémisme *(que devient votre mère ? Elle est hélas décédée)*. **Défunt** est très soutenu *(mon défunt mari ; les enfants du défunt, se recueillir sur la tombe de la défunte)*. **Décédé** ne s'emploie pas comme nom, contrairement à **mort, défunt** et **disparu**.

²**mort** *n.f.* 1 - décès · disparition · fin · perte · trépas *littér.* · 2 - agonie · dernière heure · dernier moment · dernier souffle *littér.* · moment suprême *littér.* · 3 - anéantissement · destruction · disparition · écroulement · effondrement · enterrement · fin · perte · ruine
✦ **la mort** 1 - le dernier sommeil *littér.* · la tombe *littér.* · le tombeau *littér.* · la nuit du tombeau *littér.* · le repos éternel *littér.* · le grand voyage *littér.* · 2 - la Camarde · la Faucheuse · la Fossoyeuse
✦ **à mort** mortellement

³**mort, morte** *n.* 1 - défunt *soutenu* · disparu · 2 - victime · 3 - cadavre · corps · dépouille · restes · macab *pop.* · macchabée *pop.* · 4 - esprit · double · fantôme · mânes · ombre · spectre · lémure *Antiquité romaine* · revenant

mortalité *n.f.* · létalité

mortel, -elle
■ *adj.* 1 - létal · mortifère · 2 - meurtrier · fatal · foudroyant · funeste · 3 - périssable · éphémère · 4 - implacable · irréductible · 5 - intense · absolu · complet · extrême · total · 6 - [fam.] lugubre · ennuyeux · long · pénible · sinistre
■ *n.* homme · femme · (être) humain · personne
CONTR. bénin - éternel ı immortel

mortellement *adv.* 1 - à mort · 2 - extrêmement · prodigieusement

mortier *n.m.* 1 - obusier · 2 - gâchis · liaison · rusticage

mortifère *adj.* 1 - mortel · létal · 2 - toxique · vénéneux · venimeux

mortification *n.f.* 1 - vexation · affront · déboire · déplaisir · froissement · humiliation · camouflet *littér.* · soufflet *littér.* · 2 - gangrène · momification · nécrose · 3 - ascèse · ascétisme · austérité · continence · macération · pénitence
CONTR. satisfaction

mortifier *v.tr.* 1 - blesser · froisser · humilier · offenser · outrager · ulcérer · vexer · 2 - [Relig.] affliger · châtier · macérer · mater *(sa chair)* · 3 - dévitaliser · nécroser
CONTR. enorgueillir ı flatter

mortuaire *adj.* · funéraire · funèbre

morve *n.f.* · goutte · chandelle *fam.*

morveux, -euse *n.* → **gamin**

mosaïque *n.f.* 1 - carrelage · dallage · 2 - marqueterie · patchwork · 3 - mélange · patchwork · pot-pourri

mot *n.m.* **1 -** terme · expression · vocable *vieilli* · **2 -** lettre · écrit · message · missive *littér.* · billet *vieux*

✦ **gros mot** grossièreté · inconvenance · saleté *fam.*

✦ **bon mot, mot d'esprit** boutade · épigramme · plaisanterie · pointe · trait · saillie *littér.*

✦ **mot à mot 1 -** textuellement · littéralement · à la lettre · **2 -** littéral · textuel

✦ **en quelques mots, en un mot** en bref · en abrégé · enfin · en résumé · pour faire court *fam.*

⟫ **mots** *plur.* **1 -** paroles · phrases · propos · **2 -** discours

> **mot, terme**
> Un mot, un terme sont des éléments du langage *(employer le mot, le terme, l'expression juste ; un mot, un terme, une expression qui désigne ...).* Le **mot** est une unité qui, associée à d'autres, permet de composer une phrase *(un mot de 2 syllabes, de 4 lettres ; la prononciation, l'orthographe d'un mot, un mot composé).* Le **terme** est, littéralement, ce qui définit, limite le sens ; c'est pourquoi on réserve plus particulièrement **terme** à tout mot ou groupe de mots qui s'inscrit dans un ensemble spécialisé – constituant une *terminologie* : *un terme scientifique, juridique, de physique, d'informatique.*

motard *n.m.* [*fam.*] motocycliste

moteur *n.m.* **1 - instigateur** · agent · âme · animateur · artisan · auteur · cerveau · chef · cheville ouvrière · directeur · incitateur · inspirateur · meneur · promoteur · **2 - mécanique** · machine · machinerie · moulin *fam.* · **3 - cause** · mobile · motif · motivation · ressort

motif *n.m.*
I 1 - cause · mobile · motivation · origine · pourquoi · prétexte · raison · **2 - objet** · matière · occasion · propos · raison d'être · sujet · **3 - justification** · excuse · explication · **4 -** [Droit] attendu · considérant

II dessin · modèle · ornement
III thème · leitmotiv
CONTR. conséquence ı effet

motivant, e *adj.* · encourageant · mobilisateur · stimulant

motivation *n.f.* · justification · explication · cause · motif

motivé, e *adj.* **1 - fondé** · justifié · **2 - mobilisé** · stimulé

motiver *v.tr.* **1 - causer** · appeler · déclencher · déterminer · donner lieu à · engendrer · entraîner · faire naître · nécessiter · occasionner · provoquer · susciter · **2 - expliquer** · justifier · légitimer · **3 - mobiliser** · stimuler
CONTR. démotiver

moto *n.f.* · motocyclette · bécane *fam.* · engin *fam.* · machine *fam.* · meule *fam.*

motocyclette *n.f.* → moto

motocycliste *n.* · motard *fam.*

motoriser *v.tr.* · mécaniser

motus *interj.* · silence ! · pas un mot !

mou, molle
■ *adj.* **1 - moelleux** · cotonneux · mollet · pâteux · tendre · **2 - souple** · élastique · flexible · plastique · **3 - flasque** · avachi · ramolli · relâché · **4 - faible** · inconsistant · lâche · veule · gnangnan *fam.* · **5 - amorphe** · apathique · atone · avachi · endormi · inactif · indolent · inerte · lymphatique · nonchalant · mollasse *fam.* · mollasson *fam.*

✦ **très mou** mou comme une chiffe, une chique *fam.*
■ *n.* · velléitaire · bonasse *fam.* · chiffe *fam.* · femmelette *fam.* · limace *fam.* · moule *fam.* · nouille *fam.*

CONTR. dur ı rigide – ferme ı fort ı vigoureux – agissant ı alerte ı dynamique ı énergique ı preste ı vif

mouchard, e *n.* **1 –** délateur · dénonciateur · rapporteur · balance *fam.* · cafard *fam.* · sycophante *littér.* · **2 –** indicateur (de police) · mouton *argot* · mouche *fam., vieilli*

mouchardage *n.m.* · délation · dénonciation · cafardage *fam.* · rapportage *fam.*

moucharder *v.tr.* · dénoncer · balancer *fam.* · cafarder *fam.* · donner *fam.* ▪ [sans complément] rapporter *fam.*

mouche *n.f.* grain de beauté
✦ mouche à miel   abeille
✦ prendre la mouche   → s'emporter

moucher *v.tr.* [fam.] remettre à sa place · dire son fait à · rabattre le caquet à *fam.* · rembarrer *fam.*

moucheté, e *adj.* **1 –** tacheté · ocellé · tigré · **2 –** chiné · bigarré

moudre *v.tr.* · broyer · écraser · mettre en poudre · piler · pulvériser

moue *n.f.* grimace
✦ faire la moue   faire la grimace · faire la lippe

moufle *n.* · gant · mitaine *vieux ou Québec*

mouillage *n.m.* **1 –** ancrage · embossage · **2 –** abri · **3 –** [d'un liquide] coupage

mouillé, e *adj.* **1 –** humide ▪[mains] moite · **2 –** trempé · dégouttant · détrempé · ruisselant · **3 –** compromis
CONTR. sec

mouiller
▪ *v.tr.* **1 –** humecter · arroser · asperger · baigner · éclabousser · embuer · humidifier · imbiber · inonder · tremper · **2 –** tremper · doucher *fam.* · rincer *fam.* · saucer *fam.* ·

3 – diluer · couper · étendre (d'eau) · baptiser *fam.* · **4 –** [fam.] compromettre · impliquer
▪ *v.intr.* jeter l'ancre · faire escale

⋙ **se mouiller** *v.pron.* **1 –** s'embuer · s'humecter · se tremper · **2 –** [fam.] se compromettre
CONTR. assécher | dessécher | éponger | essuyer | sécher – se sécher

moulage *n.m.* **1 –** empreinte · **2 –** reproduction

moulant, e *adj.* · ajusté · collant · près du corps · serré
CONTR. ample | large | vague

moule *n.m.* · forme · matrice · modèle · type

mouler *v.tr.* **1 –** gainer · s'ajuster à · dessiner · épouser · serrer · **2 –** façonner · couler · fondre · sculpter

⋙ **se mouler** *v.pron.* se former · se modeler · se régler

moulin *n.m.* **1 –** meunerie · minoterie · **2 –** pressoir · **3 –** [fam.] moteur

moulinet *n.m.* [Pêche] dévidoir

moulu, e *adj.* → épuisé

moulure *n.f.* · baguette ▪ [Archit.] modénature · caisson · panneau

moumoute *n.f.* · perruque · postiche

mourant, e *adj.* **1 –** moribond · agonisant · expirant · à l'article de la mort · subclaquant *argot méd.* · **2 –** faible · affaibli · déclinant · expirant · **3 –** [littér.] langoureux · languide
CONTR. naissant – tonitruant – ferme

mourir *v.intr.* **1 –** décéder · agoniser · disparaître · s'en aller · s'éteindre · être emporté · partir · succomber · expirer *littér.* ·

passer (de vie à trépas) *littér.* · passer dans l'autre monde *littér.* · quitter la vie *littér.* · quitter cette terre, ce bas monde, cette vallée de larmes *souvent plaisant* · être rappelé par Dieu *littér.* · rendre l'âme *littér.* · rendre le dernier soupir *littér.* · s'endormir dans les bras du Seigneur *littér.* · s'endormir du sommeil de la tombe *littér.* · trépasser *littér.* · avoir vécu *littér.* · aller ad patres *fam.* · casser sa pipe *fam.* · s'en aller, partir les pieds devant *fam.* · passer l'arme à gauche *fam.* · clamser *fam.* · claquer *fam.* · crever *fam.* · calancher *pop.* · caner *pop.* · claboter *pop.* · avaler son bulletin de naissance · bouffer les pissenlits par la racine *pop.* · dévisser son billard *pop.* · partir entre quatre planches *pop.* · boire le bouillon d'onze heures *pop., vieilli* · payer tribut à la nature *vieux* · faire couic *pop., vieilli* · lâcher la rampe *pop., vieilli* · **2 - périr** · perdre la vie · tomber · se tuer · être tué · y rester *fam.* · **3 - dépérir** · souffrir · crever *fam.* · **4 - disparaître** · cesser · s'anéantir · finir · péricliter · **5 - s'affaiblir** · diminuer · s'effacer · s'estomper · s'éteindre · s'évanouir · passer
+ **mourir en grand nombre**   tomber comme des mouches *fam.*
+ **mourir pour**   se sacrifier pour · verser son sang pour

CONTR. naître – vivre – s'épanouir – se développer ı durer

mouroir *n.m.* · hospice

¹**mousse** *n.f.* **1 -** écume · **2 -** [de bière] **faux col** *fam.*

²**mousse** *n.m.* · marin · moussaillon *fam.*

mousseline *n.f.* · gaze · linon · voile

mousser *v.intr.*
+ **(se) faire mousser**   (se) faire valoir · (se) vanter

mousseux, -euse *adj.* **1 -** écumeux · spumeux *littér.* · **2 -** champagnisé

moustache *n.f.* **1 -** bacchantes *fam.* · **2 -** [de carnivores, rongeurs] **vibrisse**

moustique *n.m.* [*fam.*] gringalet · moucheron

moutard *n.m.* → **enfant**

mouton *n.m.* **1 -** ovin · **2 -** [de poussière] **chaton** · **3 -** [argot] → **mouchard**

moutonner *v.intr.* **1 -** écumer · blanchir · **2 - se pommeler** · **3 - friser** · boucler · frisotter

moutonnier, -ière *adj.* · grégaire · imitateur · suiveur · suiviste

mouture *n.f.* · version · état · variante

mouvance *n.f.* **1 -** orbite · sphère · **2 -** instabilité

mouvant, e *adj.* **1 -** ondoyant · moutonnant · ondulant · **2 - changeant** · flottant · fluctuant · instable · ondoyant · versatile

CONTR. constant – fixe ı immobile ı stable

mouvement *n.m.*
I 1 - déplacement · cours · course · évolution · marche · trajectoire · trajet · translation • [circulaire] rotation · giration · révolution · **2 -** [en avant] **progression** · avance · avancée · pénétration · **3 -** [vers le haut] **montée** · ascension · élévation · hausse · soulèvement · **4 -** [en arrière] **recul** · récession · reflux · retour · rétrogradation · **5 -** [vers le bas] **affaissement** · baisse · chute · décroissement · descente · inflexion · **6 -** [brutal] **à-coup** · cahot · choc · commotion · coup · ébranlement · saccade · saillie · saut · secousse · soubresaut · **7 -** [impétueux] **torrent** · tourbillon · **8 -** [inégal, alternatif] **va-et-vient** · balancement · ballottement · battement · branle · branlement · brimbalement · navette · ondoiement · ondulation · oscillation · pulsation · roulis · tangage · tremblement · trépidation · vacillation · vague · vibration · **9 -** [de terrain] **glissement** · plissement · soulèvement · **10 -** [de l'eau] **courant** · écoulement · flot · houle · marée · flux · reflux · clapotis · remous · jaillissement · rejaillissement

II 1 - mobilité · motilité · 2 - geste · gesticulation · signe · 3 - [involontaire] réflexe · automatisme · contraction · convulsion · crispation · frémissement · frisson · soubresaut · spasme · sursaut · tremblement · tressaillement
III 1 - action · acte · geste · initiative · réaction · 2 - élan · impulsion · inclination · passion · sentiment · 3 - insurrection · agitation · émeute · sédition · soulèvement · troubles · 4 - école (de pensée) · mouvance · tendance
IV 1 - animation · activité · agitation · passage · trafic · va-et-vient · vie · 2 - allant · bouillonnement · dynamisme · effervescence · entrain · fougue · pétulance · turbulence · vie · vivacité
V [Mus.] morceau · partie
✦ en mouvement 1 - mobile · 2 - en fonctionnement · en marche
✦ mettre en mouvement actionner · enclencher · mettre en branle · mettre en route

CONTR. arrêt ι immobilité ι inaction ι repos – calme

mouvementé, e *adj.* 1 - animé · agité · tumultueux · vivant • [en mal] houleux · orageux · 2 - accidenté · tourmenté · vallonné

CONTR. calme ι paisible – égal ι plat

mouvoir *v.tr.* 1 - actionner · manœuvrer · remuer · 2 - faire agir · animer · ébranler · émouvoir · exciter · pousser · remuer *fam.*

⇒ **se mouvoir** *v.pron.* 1 - bouger · se déplacer · marcher · (se) remuer · 2 - fréquenter · évoluer dans

CONTR. arrêter ι enchaîner ι fixer ι immobiliser ι paralyser ι river – freiner – s'arrêter

¹**moyen, -enne** *adj.* 1 - médian · intermédiaire · 2 - acceptable · convenable · correct · honnête · honorable · médiocre · passable · 3 - standard · banal · commun · courant · normal · ordinaire · quelconque · 4 - modéré · abordable
✦ moyen terme (juste) milieu · compromis

✦ le Français moyen Monsieur Tout-le-monde · le citoyen (lecteur, spectateur etc.) lambda *fam.*

²**moyen** *n.m.*
I 1 - procédé · combinaison · chemin · clé · façon · formule · manière · marche à suivre · méthode · recette · solution · voie · 2 - [astucieux] artifice · astuce · ruse · stratégie · subterfuge · tactique · combine *fam.* · filon *fam.* · joint *fam.* · plan *fam.* · système *fam.* · truc *fam.* · 3 - instrument · arme · technique · levier · ressort · 4 - [ultime] dernière carte · dernière chance · planche de salut · dernier recours · dernière ressource · va-tout
II 1 - possibilité · faculté · pouvoir · 2 - [personnel] aptitude · capacité · disposition · force · don · facilité
✦ moyen détourné biais · chemin de traverse
✦ moyen de transport véhicule
✦ au moyen de, par le moyen de 1 - à l'aide de · avec · grâce à · moyennant · par · 2 - par le canal de · par l'entremise de · par l'intermédiaire de · par l'instrument de · par le secours de · par le truchement de · par · via
⇒ **moyens** *plur.* argent · revenu · fonds · ressources · richesse
✦ les gros moyens la grosse artillerie *fam.*
✦ par tous les moyens à toute force · à tout prix · coûte que coûte

moyenâgeux, -euse *adj.* 1 - médiéval · 2 - archaïque · arriéré · dépassé · d'un autre âge

moyennant *prép.* 1 - contre · avec · au prix de · en échange de · grâce à · pour · 2 - à condition que

moyenne *n.f.* · norme · normale · standard

moyennement *adv.* 1 - médiocrement · 2 - correctement · honnêtement · convenablement · honorablement · **3** - médiocrement · passablement · **4** - [en réponse] couci-couça *fam.* · moitié-moitié *fam.*

CONTR. excessivement ı extrêmement ı très

mucosité *n.f.* · glaire

mue *n.f.* **1** - métamorphose · changement · transformation · **2** - dépouille · peau

muer *v.intr.* se dépouiller

✦ **se muer en** se transformer en · se métamorphoser en

muet, muette *adj.* **1** - aphone · **2** - interloqué · bouche bée · interdit · sans voix · coi *littér.* · **3** - taciturne · silencieux · **4** - [Phonétique] caduc · sourd

✦ **complètement muet** muet comme une carpe · muet comme un francolin, un poisson · muet comme la tombe

CONTR. bavard ı parlant

mufle
▪ *n.m.* **1** - museau · **2** - goujat · malotru · rustre · butor *vieilli ou plaisant* · malappris *vieilli* · gougnafier *fam.*
▪ *adj.* grossier · indélicat · mal élevé

CONTR. galant

muflerie *n.f.* · goujaterie · grossièreté · impolitesse · inconvenance · indélicatesse

CONTR. galanterie ı savoir-vivre

mugir *v.intr.* **1** - beugler · meugler · **2** - hurler · rugir · tonitruer · brailler *fam.* · gueuler *fam.*

mugissement *n.m.* **1** - beuglement · meuglement · **2** - hurlement · rugissement

mulâtre *n.* · métis

mulet *n.m.* · muge *région*

multicolore *adj.* **1** - polychrome · **2** - bariolé · bigarré · chamarré

CONTR. monochrome ı uni ı unicolore

multiforme *adj.* **1** - divers · multiple · varié · **2** - protéiforme

multiple *adj.* **1** - divers · multiforme · pluriel · varié · **2** - [au plur.] nombreux · abondants · plusieurs · maints *littér.*

CONTR. simple ı un ı unique

multiplication *n.f.* **1** - accroissement · augmentation · développement · extension · hausse · propagation · répétition · **2** - [forte] escalade · explosion · inflation · intensification · prolifération · pullulement · **3** - reproduction

CONTR. diminution – division ı scission

multiplicité *n.f.* **1** - abondance · foisonnement · multitude · nombre · profusion · quantité · **2** - variété · diversité · gamme · pluralité

CONTR. simplicité ı unicité ı unité

multiplier *v.tr.* **1** - répéter · **2** - accroître · augmenter · **3** - doubler · tripler · quadrupler · quintupler · sextupler · septupler · octupler · décupler · centupler · **4** - accumuler · collectionner · entasser *fam.*

≫ **se multiplier** *v.pron.* **1** - s'accroître · augmenter · croître · se développer · **2** - se reproduire · engendrer · procréer · proliférer · se propager · **3** - se démener · se décarcasser *fam.* · se mettre en quatre *fam.* · faire des pieds et des mains *fam.*

CONTR. diminuer ı démultiplier ı diviser

multitude *n.f.*
I 1 - quantité · abondance · grand nombre · infinité · multiplicité · **2** - tas · kyrielle · tombereau · cargaison *fam.* · flopée *fam.* · foultitude *fam.* · tapée *fam.* · chiée *très fam.* · **3** - [en mouvement] avalanche · averse · flot · foisonnement · fourmillement · inondation · kyrielle · torrent
II [d'animés] **1** - foule · armée · essaim · horde · légion · mer · meute · myriade · nuée · régi-

ment · ribambelle · troupe · tapée *fam.* · tripotée *fam.* · **2** – [en mouvement] **affluence** · afflux · cohue · presse
III masse · foule · peuple *péj.* · populace *péj.* · tourbe *péj.* · populo *fam.* · vulgum pecus *fam.*
☞ **foule**

municipal, e *adj.* · communal

municipalité *n.f.* **1** – **commune** · mairie · ville · **2** – **mairie** · hôtel de ville

munificence *n.f.* · largesse · générosité · libéralité · prodigalité · magnificence *littér.*
CONTR. avarice ı mesquinerie

munificent, e *adj.* · généreux · large · libéral · prodigue · magnifique *littér.*

munir *v.tr.* **doter** · armer · équiper · fournir à · garnir · nantir · outiller · pourvoir · procurer à · ravitailler
≫ **se munir de** *v.pron.* **prendre** · s'armer de · se doter de · s'équiper de · se pourvoir de
CONTR. démunir ı priver

mur *n.m.* **1** – **paroi** · cloison · séparation · **2** – **clôture** · muret · murette · **3** – **enceinte** · fortification · muraille · rempart · **4** – [de pelote basque] **fronton** · **5** – **obstacle** · barrage · barrière · fossé

mûr, mûre *adj.* **1** – **adulte** · développé · fait · grand · **2** – **pondéré** · posé · raisonnable · réfléchi · sérieux · **3** – **prêt**
CONTR. immature ı gamin ı puéril – prématuré

muraille *n.f.* **1** – **rempart** · enceinte · fortification · mur · **2** – **paroi** · mur

mural, e *adj.* [peinture] rupestre

mûrement *adv.* · longuement · longtemps

murer *v.tr.* **1** – **emmurer** · **2** – **aveugler** · boucher · condamner

≫ **se murer** *v.pron.* s'enfermer · se cacher · se calfeutrer · se claustrer · se cloîtrer · se confiner · s'isoler · se renfermer

mûrir
■ *v.tr.* **préparer** · approfondir · méditer · préméditer · projeter · réfléchir à · tramer · concocter *fam.* · mijoter *fam.* · ourdir *littér.*
■ *v.intr.* **1** – **grandir** · changer · se développer · s'étoffer · se faire · se former · **2** – **se préciser** · prendre forme · prendre tournure
CONTR. avorter

murmure *n.m.* **1** – **marmonnement** · bourdonnement · chuchotement · marmottement · susurrement · **2** – **bruissement** · babil · chanson · chuchotis · gazouillement · gazouillis · **3** – **plainte** · grognement · grondement · protestation · **4** – **rumeur** · on-dit
CONTR. hurlement ı vacarme

murmurer
■ *v.tr.* **chuchoter** · marmonner · marmotter · souffler · susurrer
■ *v.intr.* **1** – **parler bas** · parler à voix basse · **2** – **bruire** · bourdonner · chuinter · gazouiller · **3** – **se plaindre** · bougonner · geindre · grogner · grommeler · gronder · maugréer *littér.* · râler *fam.* · rognonner *fam.* · ronchonner *fam.* · rouspéter *fam.* · maronner *région.*
✦ **sans murmurer** sans broncher · sans protester · sans réagir · sans ciller · sans moufter *fam.*
CONTR. crier ı hurler

musarder *v.intr.* · s'amuser · baguenauder · déambuler · flâner · lambiner · lanterner · se promener · traîner *péj.* · se balader *fam.* · muser *littér.* · vadrouiller *fam.*

muscle *n.m.* · force · puissance · vigueur

musclé, e *adj.* **1** – **athlétique** · musculeux · puissant · robuste · solide · vigoureux · costaud *fam.* · **2** – **solide** · énergique · **3** – **autoritaire** · brutal

muscler *v.tr.* • renforcer • consolider • dynamiser • fortifier • booster *fam.* • donner du punch à *fam.*

muse *n.f.* inspiratrice • égérie
✦ **les muses** les neuf sœurs

museau *n.m.* **1** - mufle • groin • truffe • **2** - [fam.] tête • minois • visage • frimousse *fam.*

musée *n.m.* **1** - muséum • **2** - conservatoire • cabinet • galerie • **3** - collection • glyptothèque • pinacothèque

museler *v.tr.* **1** - bâillonner • corriger • enchaîner • faire taire • garrotter • réduire au silence • soumettre • **2** - brider • contenir • dompter • juguler • réfréner • réprimer

muselière *n.f.* • bâillon

muser *v.intr.* • s'attarder • baguenauder • flâner • musarder • traîner

musette *n.f.* **1** - sac • sacoche • **2** - bombarde • hautbois • loure

musical, e *adj.* • chantant • doux • harmonieux • mélodieux

musicien, -ienne *n.* **1** - compositeur • **2** - instrumentiste

musique *n.f.* **1** - harmonie • euphonie • eurythmie • **2** - [fig.] mélodie • chant • chanson • harmonie • murmure • **3** - fanfare • clique • harmonie • orchestre • orphéon • **4** - [fam.] histoire • rengaine • ritournelle • chanson *fam.* • disque *fam.* • refrain *fam.* • antienne *vieilli*

mutation *n.f.* **1** - transformation • changement • conversion • évolution • modification • révolution • transmutation • **2** - déplacement • (changement d')affectation

muter *v.tr.* • déplacer • affecter

mutilation *n.f.* **1** - amputation • ablation • **2** - coupe • coupure • altération • déformation • dégradation

mutilé, e *n.* • amputé • estropié • handicapé • infirme • invalide

mutiler *v.tr.* **1** - couper • amputer • estropier • **2** - tronquer • abréger • amputer • castrer • couper • diminuer • raccourcir • **3** - altérer • amoindrir • déformer • dénaturer • **4** - détériorer • abîmer • dégrader • endommager

mutin, e
▪ *adj.* espiègle • gai • gamin • malicieux • malin • piquant • vif • badin *littér.*
▪ *n.* mutiné • factieux • insoumis • insurgé • rebelle • révolté • séditieux
CONTR. morose ı sérieux ı triste – docile

mutiner (se) *v.pron.* • s'insurger • se rebeller • se révolter • se soulever

mutinerie *n.f.* **1** - insurrection • émeute • rébellion • révolte • révolution • sédition • soulèvement • **2** - faction

mutisme *n.m.* **1** - silence • **2** - aphasie • mutacisme *didact.*
CONTR. bavardage ı loquacité ı parole

mutuel, -elle *adj.* • réciproque • partagé

mutuellement *adv.* • réciproquement

myope *n. et adj.* amétrope • bigleux *fam.* • miro *fam.*
✦ **complètement myope** myope comme une taupe *fam.*

myopie *n.f.* **1** - amétropie • **2** - [fig.] aveuglement

myriade *n.f.* • multitude • kyrielle • profusion • flopée *fam.* • foultitude *fam.* • tapée *fam.*

myrtille *n.f.* • brimbelle *région.* • bleuet *Québec*

mystère n.m. 1 - secret · cachotterie fam. · 2 - discrétion · obscurité · ombre · secret · silence · 3 - énigme · profondeurs · secret · arcanes littér. · 4 - [Littérat.] miracle · diablerie

CONTR. clarté ı évidence - connaissance

mystérieusement adv. · inexplicablement · énigmatiquement

mystérieux, -ieuse adj. 1 - inexplicable · énigmatique · impénétrable · incompréhensible · inexpliqué · obscur · secret · sibyllin · ténébreux · 2 - discret · énigmatique · impénétrable · insaisissable · secret · 3 - hermétique · cabalistique · ésotérique · indéchiffrable · occulte · sibyllin · abscons littér. · abstrus littér. · 4 - caché · invisible · voilé

CONTR. clair ı compréhensible ı évident - connu ı public ı révélé

mystificateur, -trice n. 1 - imposteur · trompeur · 2 - farceur · fumiste fam.

CONTR. démystificateur

mystification n.f. 1 - tromperie · imposture · supercherie · 2 - plaisanterie · attrape · attrape-nigaud · canular · duperie · farce · mensonge · mauvais tour · blague fam. · galéjade région. · 3 - mythe

CONTR. positivisme ı rationalisme - démystification

mystifier v.tr. · tromper · abuser · berner · duper · leurrer · faire grimper à l'arbre, à l'échelle fam. · faire marcher fam. · posséder fam.

CONTR. démystifier

mystique adj. et n. · inspiré · exalté · fanatique · illuminé

CONTR. clair ı évident ı rationnel

mythe n.m. 1 - légende · fable · mythologie · tradition · 2 - allégorie · 3 - utopie · chimère · fantasme · illusion · mirage · rêve
↪ légende

mythique adj. 1 - fabuleux · imaginaire · légendaire · 2 - irréel · chimérique · illusoire · irréaliste · utopique · 3 - admiré · culte

CONTR. historique ı réel

mythomane adj. et n. · fabulateur · menteur

mythomanie n.f. · fabulation

n

nabot, e *n.* → nain

nacré, e *adj.* · irisé · opalin · iridescent *littér.*

nævus *n.m.* · grain de beauté · tache de naissance · tache de vin · envie *fam.* · fraise *fam.*

nage *n.f.* **1 -** natation · **2 -** [sortes] brasse (ordinaire, papillon, coulée) · crawl · dos · nage indienne
+ **être en nage**   être en sueur · être en eau · être couvert de sueur · être trempé · suer · transpirer · dégouliner (de sueur) *fam.*

nager *v.intr.* **1 -** se baigner · se tremper · patauger *fam.* · **2 -** flotter · baigner · surnager

nageur, -euse *n.* **1 -** baigneur · crawleur · brasseur · plongeur · **2 -** [Sport] rameur

naguère *adv.* **1 -** récemment · il y a peu (de temps) · **2 -** [emploi abusif] autrefois · il y a longtemps · jadis
↪ **jadis**

naïade *n.f.* → nymphe

naïf, naïve
■ *adj.* **1 - candide** · benêt · confiant · crédule · dupe · inexpérimenté · innocent · niais · nigaud · simple · simplet · ingénu *littér.* · gobeur *fam.* · gogo *fam.* · jobard *fam., vieilli* · gobe-mouches *fam., vieilli* · bonhomme *vieux* · gille *vieux* · **2 - intuitif** · naturel · spontané
+ **ne pas être naïf**   ne plus croire au père Noël · ne pas être né d'hier · ne pas être tombé, né de la dernière pluie
■ *n.* · poire *fam.* · pomme *fam.* · cave *argot* · jocrisse *vieux* · serin *fam., vieilli*

CONTR. artificieux ı astucieux ı habile ı méfiant ı rusé

> ↪ **naïf, candide, ingénu, crédule**
> Les quatre mots renvoient tous à une idée de confiance dans les relations avec autrui. La confiance d'une personne **naïve** repose sur l'absence de réflexion, le manque d'expérience de la vie *(il est naïf comme un enfant ; une remarque naïve)*. Est **crédule** celui qui croit trop naïvement les choses les plus invraisemblables : « Quand on dit qu'un homme est crédule, on exprime par là qu'il se laisse penser n'importe quoi » (Alain, *Propos*). On est **candide** par innocence, pureté foncière *(un cœur, une âme candide)* ou par excès de **crédulité**. **Ingénu**, d'usage soutenu, se dit d'une personne qui fait preuve d'une sincérité naïve *(une réponse ingénue ; un regard, un air ingénu)*.

nain, naine
■ *adj.* **petit** · minuscule · lilliputien

■ *n.* lutin · farfadet · gnome · tom-pouce *fam.* · avorton *péj.* · nabot *péj.* · homoncule *vieux* · myrmidon *vieux*
CONTR. colosse ı géant

naissance *n.f.* **1 -** accouchement · enfantement · mise au monde · parturition · venue au monde • [Relig. chrétienne] nativité · **2 - commencement** · apparition · début · départ · création · éclosion · genèse · origine · racine · aube *littér.* · aurore *littér.* · prémices *littér.* · **3 - ascendance** · extraction · famille · filiation · origine
✦ **donner naissance à** **1 - enfanter** · engendrer · donner la vie à · mettre au monde · **2 - créer** · catalyser · déclencher · produire · provoquer
✦ **de naissance** inné · naturel
✦ **prendre naissance** commencer · apparaître · démarrer · faire son apparition · prendre sa source · voir le jour
CONTR. mort – fin

naître *v.intr.* **1 - venir au monde** · voir le jour · entrer dans le monde, dans la vie · **2 - commencer** · apparaître · débuter · éclore · germer · paraître · percer · poindre · pointer · s'élever · se développer · se former · sortir de · sourdre · surgir • [jour] se lever
✦ **naître de** provenir de · découler de · être issu de · résulter de · sortir · venir de
✦ **faire naître** amener · catalyser · causer · créer · déclencher · donner lieu à · engendrer · éveiller · exciter · inspirer · occasionner · produire · provoquer · soulever · stimuler · susciter
CONTR. mourir – finir

naïvement *adv.* **1 - candidement** · ingénument · innocemment · **2 -** [vieux] **naturellement** · simplement · spontanément

naïveté *n.f.* · candeur · bêtise · crédulité · fraîcheur · ingénuité · innocence · naturel · niaiserie · nigauderie · simplicité · jobarderie *vieilli* · jobardise *vieilli*
CONTR. astuce ı finesse ı méfiance

nana *n.f.* → **fille**

nanti, e *adj.* · riche · fortuné · opulent · (bien) pourvu
CONTR. démuni ı pauvre

nantir *v.tr.* · doter · donner à · douer · gratifier · munir · pourvoir · procurer à · affliger *péj.*
CONTR. démunir ı priver

naphtaline *n.f.* · antimite

narcissique *adj.* · égotiste · égocentriste · nombriliste

narcissisme *n.m.* · égocentrisme · égotisme · infatuation *littér.*

narcotique
■ *adj.* anesthésique · assoupissant · calmant · hypnotique · sédatif · soporifique · dormitif *vieux*
■ *n.m.* somnifère · calmant · sédatif · drogue

narguer *v.tr.* · braver · défier · mépriser · provoquer · se moquer de · faire la nique à *fam.* · faire nargue à *vieux*

narine *n.f.* **1 -** · trou de nez *fam.* · **2 -** [d'un animal] naseau

narquois, e *adj.* · rusé · goguenard · caustique · ironique · malicieux · moqueur · persifleur · railleur · ricaneur · sarcastique

narrateur, -trice *n.* **1 - conteur** · anecdotier *littér.* · raconteur *littér.* · **2 - chroniqueur** · historien · historiographe

narration *n.f.* · récit · compte rendu · exposé · exposition · rapport · relation

narrer *v.tr.* · conter · dire · exposer · faire le récit de · raconter · rapporter · relater · retracer

nase *adj.* 1 - → mauvais · 2 - → cassé · 3 - → fatigué

nasse *n.f.* · piège · casier · claie · filet · panier

natal, e *adj.* · originel • [langue] maternel

natation *n.f.* · nage

natif, -ive *adj. et n.* 1 - inné · naturel · 2 - indigène · autochtone · habitant · naturel *vieux* • [Australie] aborigène
+ **natif de** originaire de
CONTR. étranger

nation *n.f.* 1 - peuple · communauté · population · 2 - état · pays · patrie · puissance · 3 - [vieux] race · groupe · ethnie · gent *littér.*
⇝ **peuple**

national, e *n.* · ressortissant · citoyen
CONTR. étranger

nationalisation *n.f.* · étatisation · collectivisation · socialisation
CONTR. dénationalisation ı privatisation

nationaliser *v.tr.* · étatiser · collectiviser · socialiser
CONTR. dénationaliser ı privatiser

nationalisme *n.m.* 1 - patriotisme · chauvinisme *péj.* · 2 - autonomisme · indépendantisme · séparatisme
⇝ **patriotisme**

nationaliste *adj. et n.* 1 - patriote · chauvin *péj.* · cocardier *vieilli* · patriotard *vieilli* · 2 - autonomiste · indépendantiste · séparatiste

nationalité *n.f.* · citoyenneté

natte *n.f.* 1 - matelas · tapis (de sol) · paillasson · 2 - tresse · macaron · 3 - [Mar.] paillet

natter *v.tr.* · tresser
CONTR. dénatter

naturalisation *n.f.* 1 - acquisition de la nationalité · 2 - acclimatation · acclimatement · 3 - empaillage · taxidermie

naturaliser *v.tr.* 1 - acclimater · 2 - empailler

naturaliste
■ *n.* empailleur · taxidermiste
■ *adj.* réaliste
CONTR. formaliste ı idéaliste

nature *n.f.* 1 - essence · entité · substance · quiddité *(Philo.)* · 2 - caractère · constitution · génie · inclination · naturel · penchant · personnalité · santé · tempérament · complexion *littér.* · 3 - catégorie · classe · espèce · genre · manière · ordre · sorte · type · 4 - condition · état · réalité · 5 - monde · univers · cosmos · 6 - campagne · vert
+ **de nature à** susceptible de · capable de · propre à
+ **changer la nature de** dénaturer · contrefaire · déformer · métamorphoser · transformer · travestir · transmuer *Alchimie ou littér.*
+ **de sa nature, par sa nature** essentiellement · intrinsèquement · originellement · en soi

¹**naturel, -elle** *adj.* 1 - brut · cru · pur · vierge • [soie] grège · 2 - physiologique · corporel · 3 - constitutif · inhérent · inné · intrinsèque · natif · originel · propre · infus *littér.* · 4 - normal · commun · compréhensible · légitime · logique · raisonnable · 5 - authentique · franc · honnête · simple · sincère · spontané · vrai · 6 - aisé · facile · 7 - [enfant] illégitime · bâtard *péj.*
⇝ **congénital**

²**naturel** *n.m.*
I 1 - caractère · complexion · constitution · humeur · nature · tempérament · 2 -

authenticité · ingénuité · simplicité · sincérité · spontanéité · fraîcheur · **3** - **aisance** · facilité · familiarité
II [vieux] **indigène** · aborigène · autochtone · habitant · natif

naturellement *adv.* **1** - **inévitablement** · forcément · inéluctablement · infailliblement · nécessairement · **2** - **aisément** · facilement · spontanément · **3** - **simplement** · **4** - [exclamatif] **évidemment** · certainement · bien entendu · bien sûr · et comment · parbleu *vieux*
CONTR. artificiellement ı difficilement ı faussement

naturisme *n.m.* · nudisme

naturiste *n.* · nudiste

naufrage *n.m.* **1** - **submersion** · sinistre · fortune de mer · **2** - **échec** · banqueroute · débâcle · déconfiture · désastre · déroute · écroulement · effondrement · faillite · perte · ruine
✦ **faire naufrage** échouer · couler · sombrer · disparaître sous les flots · s'engloutir · périr (corps et biens) · s'abîmer *littér.*
CONTR. renflouement ı redressement ı sauvetage

naufrageur *n.m.* [littér.] démolisseur · fossoyeur

nauséabond, e *adj.* **1** - **fétide** · dégoûtant · écœurant · empesté · empuanti · méphitique · malodorant · pestilentiel · puant · rebutant · répugnant · **2** - **abject** · ignoble · immonde · infâme · infect · repoussant · répugnant · sordide

nausée *n.f.* **1** - **mal au cœur** · haut-le-cœur · malaise · **2** - **aversion** · dégoût · écœurement · horreur · répugnance · répulsion
✦ **avoir la nausée** avoir le cœur sur le bord des lèvres · avoir le cœur qui se soulève · avoir mal au cœur · avoir envie de vomir

nauséeux, -euse *adj.* **1** - **abject** · dégoûtant · écœurant · ignoble · immonde · infâme · infect · nauséabond · répugnant · sordide · **2** - [médicament] **émétique** · vomitif
✦ **se sentir nauséeux** avoir le cœur sur le bord des lèvres · avoir le cœur qui se soulève · avoir mal au cœur · avoir envie de vomir

nautique *adj.* **1** - **naval** · marin · maritime · **2** - **aquatique**
↬ naval

naval, e *adj.* · nautique

↬ naval, nautique
Naval et **nautique** se rapportent tous deux à la *navigation*, mais l'usage les a spécialisés. **Naval** s'emploie pour ce qui concerne la construction des navires de mer *(des chantiers navals)* et, par ailleurs, qualifie ce qui est relatif à la marine militaire et à la guerre sur mer *(une base navale, des combats navals)*. **Nautique** s'applique à la navigation de plaisance et aux différents sports qui s'y rattachent *(salon nautique, courses nautiques, ski nautique)*.

navette *n.f.* · allées et venues · allers et retours · va-et-vient

navigateur, -trice *n.* **1** - **marin** · naute *vieux* · **2** - **copilote**
✦ **navigateur par satellite** G.P.S.

navigation *n.f.* **1** - **pilotage** · manœuvre · **2** - **circulation** · marche

naviguer *v.intr.* **1** - **voguer** · cingler · fendre les flots · faire route · faire voile · sillonner les mers · nager *vieux* · **2** - **voyager** · bourlinguer · **3** - [Internet] **surfer**

navire *n.m.* → bateau
↬ bateau

navrant, e *adj.* **1 - affligeant** · attristant · consternant · décourageant · déplorable · désespérant · désolant · douloureux · funeste · lamentable · pénible · pitoyable · triste · **2 - ennuyeux** · contrariant · fâcheux · regrettable · **3 - déchirant** · cruel · émouvant · poignant
CONTR. consolant ı réconfortant

navré, e *adj.* · attristé · chagriné · désolé · confus · déçu · dépité · désappointé

navrer *v.tr.* **1 - affliger** · affecter · attrister · chagriner · déchirer · dépiter · désoler · désappointer · fendre le cœur de · meurtrir · peiner · contrister *littér.* · **2 - ennuyer** · contrarier · désoler · fâcher
CONTR. consoler ı réconforter

néanmoins *adv. et conj.* · cependant · cela étant · en tout cas · mais · malgré cela · pourtant · quand même · tout de même · toujours est-il que · toutefois · nonobstant *littér.*

néant *n.m.* **1 - rien** · zéro · **2 - nullité** · inanité · vacuité · vide · **3 - vide** · non-être · rien
✦ **réduire à néant** anéantir · annihiler · détruire · écraser · ruiner
CONTR. être ı existence

nébuleuse *n.f.* **1 - galaxie** · **2 - amas diffus**

nébuleux, -euse *adj.* **1 - brumeux** · couvert · embrumé · nuageux · obscur · obscurci · vaporeux · voilé · **2 - confus** · alambiqué · brumeux · énigmatique · flou · fumeux · hermétique · incompréhensible · incertain · indécis · indistinct · inintelligible · insaisissable · obscur · trouble · vague · vaseux *fam.* · abscons *littér.* · abstrus *littér.* · amphigourique *littér.*
CONTR. clair ı net ı transparent − précis

nébulosité *n.f.* **1 - brouillard** · brume · vapeur · **2 - flou** · confusion · imprécision · obscurité
CONTR. clarté ı limpidité

nécessaire
■ *adj.* **1 - obligatoire** · essentiel · fondamental · impératif · important · indispensable · primordial · utile · **2 - inévitable** · fatal · forcé · immanquable · inéluctable · infaillible · logique · mathématique · obligatoire · obligé · **3 -** [Philo.] **absolu** · inconditionné · premier
■ *n.m.* **minimum** · indispensable
CONTR. contingent ı éventuel − inutile ı superflu − maximum

↪ **indispensable**

nécessairement *adv.* **1 - obligatoirement** · absolument · impérativement · **2 - inévitablement** · certainement · fatalement · obligatoirement · par force · forcément · immanquablement · indispensablement · infailliblement · mathématiquement · sûrement
CONTR. facultativement ı éventuellement − accidentellement ı fortuitement ı par hasard

nécessité *n.f.* **1 - obligation** · devoir · exigence · impératif · **2 - utilité** · besoin · **3 - dénuement** · besoin · détresse · gêne · indigence · pauvreté · **4 -** [Philo.] **destin** · fatalité
✦ **de première nécessité** indispensable · essentiel · incontournable · vital
CONTR. éventualité ı possibilité − contingence − luxe − accessoire ı superflu

nécessiter *v.tr.* **1 - réclamer** · appeler · commander · demander · exiger · requérir · **2 - impliquer** · déterminer · motiver

nécessiteux, -euse *adj. et n.* · pauvre · indigent · malheureux · misérable · miséreux · sans-le-sou *fam.* · besogneux *vieux* · impécunieux *littér.*
CONTR. aisé ı riche

↪ **pauvre**

nec plus ultra *n.m. invar.* · fin du fin · summum · top *fam.*

nécromancien, -ienne n. → magicien

nef n.f. 1 - [Archit.] vaisseau • 2 - [littér.] → bateau

néfaste adj. 1 - défavorable • désastreux • fatal • funeste • 2 - nuisible • corrupteur • dangereux • délétère • dommageable • hostile • malsain • mauvais • nocif • pernicieux • préjudiciable
CONTR. faste ı propice – bénéfique

négatif, -ive
- adj. critique • défavorable • hostile • opposé
+ **être très négatif** ne voir que le mauvais côté des choses • voir tout en noir
- n.m. cliché • contretype
CONTR. constructif ı favorable ı positif – positiver

négation n.f. 1 - refus • condamnation • contestation • contradiction • dénégation • déni • réfutation • rejet • 2 - antithèse • contraire • contre-pied
CONTR. affirmation ı assentiment

négationniste n. et adj. • révisionniste

négligé n.m. 1 - débraillé • laisser-aller • liberté • relâchement • 2 - déshabillé
CONTR. soigné

négligeable adj. dérisoire • infime • insignifiant • médiocre • menu • mince • minime • peanuts anglic.
+ **une quantité négligeable** peu de chose • une goutte d'eau dans la mer
CONTR. appréciable ı important ı notable ı remarquable

négligemment adv. 1 - sans soin • à la diable • à la légère • de manière désordonnée • inconsidérément • sans méthode • sans réfléchir • 2 - mollement • nonchalamment • paresseusement

négligence n.f. 1 - nonchalance • mollesse • paresse • abandon • nonchaloir vieux ou littér. • 2 - inattention • distraction • insouciance • irréflexion • laisser-aller • relâchement • inapplication littér. • incurie littér. • 3 - étourderie • omission • oubli
CONTR. application ı assiduité ı conscience ı diligence ı exactitude ı minutie ı soin ı zèle

négligent, e adj. • distrait • étourdi • inattentif • indolent • insouciant • irréfléchi • nonchalant • oublieux (de) • je-m'en-foutiste fam. • morosif vieux • traînard vieux
CONTR. appliqué ı consciencieux ı soigneux

négliger v.tr. 1 - omettre • oublier • laisser échapper • laisser passer • manquer à • 2 - abandonner • dédaigner • délaisser • laisser dormir • laisser à la traîne • méconnaître • mépriser • passer outre, par-dessus • se désintéresser de • se détourner de • faire fi de littér. • faire litière de littér. • laisser tomber fam. • se ficher de fam. • se foutre de fam. • [une maladie] mal soigner

» **se négliger** v.pron. se relâcher • se laisser aller
CONTR. s'occuper de ı se consacrer à – prendre soin de soi

🕮 négliger, abandonner, délaisser

Négliger, abandonner et délaisser concernent tous trois un manque plus ou moins grave d'égards, d'attention envers autrui. Négliger a la valeur la plus faible ; on néglige quelqu'un quand on le traite sans la sollicitude ou la considération qu'on devrait avoir pour lui (il néglige ses amis, ses invités). Délaisser renchérit sur négliger en ajoutant une dimension affective (il délaisse trop sa femme). Abandonner implique une rupture avec la personne à qui l'on est lié, dont on devrait s'occuper (abandonner ses enfants). Les trois verbes s'emploient d'une manière analogue à propos de choses (négliger/délaisser/abandonner son travail).

négoce n.m. • commerce • business fam. • trafic péj.

négociable *adj.* 1 - cessible · transférable · commerçable *vieux* · 2 - [prix] à débattre

négociant, e *n.* · commerçant · concessionnaire · distributeur · exportateur · grossiste · importateur · marchand · trafiquant *péj.*

négociateur, -trice *n.* 1 - arbitre · conciliateur · courtier · intermédiaire · médiateur · 2 - diplomate · agent diplomatique · délégué · émissaire · envoyé · plénipotentiaire • [Droit can.] légat

négociation *n.f.* 1 - pourparlers · discussion · marchandage · tractation · transaction · 2 - dialogue · concertation

négocier
- *v.tr.* 1 - acheter · commercer · marchander · monnayer · faire trafic de · trafiquer · vendre · 2 - débattre de · traiter
- *v.intr.* dialoguer · discuter · parlementer · être en pourparlers

neigeux, -euse *adj.* · enneigé

néophyte
- *n.* 1 - novice · débutant · bleu *fam.* · 2 - (nouveau) converti · prosélyte
- *adj.* inexpérimenté · neuf · nouveau

népotisme *n.m.* · favoritisme · clientélisme

nerf *n.m.* 1 - dynamisme · énergie · force · muscle · ressort · 2 - concision · vigueur
✦ **porter, taper sur les nerfs de** agacer · crisper · énerver · excéder · hérisser · horripiler · irriter · mettre en boule *fam.* · porter, taper sur le système *fam.* · courir sur le haricot à *très fam.*

nerveusement *adv.* 1 - fébrilement · impatiemment · 2 - énergiquement · 3 - convulsivement · spasmodiquement

nerveux, -euse *adj.* 1 - coriace · filandreux · tendineux · 2 - dynamique · concis · énergique · musclé · vigoureux · 3 - agité · brusque · énervé · excité · excitable · fébrile · fiévreux · impatient · irritable · 4 - convulsif · spasmodique · 5 - psychosomatique
✦ **il est très nerveux** c'est un paquet, une boule de nerfs · c'est un agité du bocal *fam.*

CONTR. flasque | mou | tendre – languissant | redondant | verbeux – calme | flegmatique | froid

nervi *n.m.* · homme de main · sbire

nervosité *n.f.* · énervement · agacement · agitation · exaspération · excitation · fébrilité · impatience · irritation · surexcitation · éréthisme *littér.*

CONTR. calme

nervure *n.f.* 1 - veine · veinure · 2 - [Archit.] branche · lierne · tierceron

¹net, nette
- *adj.* 1 - propre · astiqué · bien tenu · entretenu · frais · immaculé · impeccable · lumineux · propre · propret · pur · soigné · briqué *fam.* · nickel *fam.* · 2 - clair · catégorique · distinct · exact · explicite · exprès · formel · précis · régulier · tranché · 3 - droit · franc · honnête · loyal · transparent · 4 - marqué · sensible · significatif · tangible · visible · 5 - T.T.C. · toutes taxes comprises
- *adv.* 1 - catégoriquement · crûment · franchement · nettement · ouvertement · 2 - d'un coup · brusquement · brutalement

↝ **propre**

²Net *n.m.* · le réseau des réseaux · Internet · la Toile · le Web

nettement *adv.* · clairement · carrément · catégoriquement · distinctement · expressément · fermement · formellement · fortement · franchement · nettement · ouvertement · sans ambages · sans ambiguïté · sans détour

CONTR. ambigument | confusément | obscurément | vaguement

netteté n.f. 1 - propreté · éclat · limpidité · pureté · transparence · 2 - clarté · justesse · précision · rigueur · perspicuité *vieux*

CONTR. saleté - ambiguïté ı confusion ı flou ı imprécision ı incertitude ı indécision ı obscurité

nettoiement n.m. → nettoyage

nettoyage n.m. 1 - lavage · assainissement · balayage · brossage · cirage · décrassage · décrottage · dégraissage · détachage · entretien · époussetage · essuyage · frottage · lessivage · nettoiement · purification · récurage · appropriation *Belgique* · coup de balai *fam.* · 2 - [d'une façade] ravalement • [d'un métal] astiquage · décapage · décapement · dérochage · fourbissage • [du linge] blanchissage · 3 - [de l'estomac] purge

nettoyer v.tr. 1 - laver · assainir · balayer · brosser · cirer · décrasser · décrotter · dégraisser · détacher · entretenir · épousseter · essuyer · frotter · lessiver · purifier · récurer · approprier *Belgique* · briquer *fam.* · poutser *Suisse, fam.* · 2 - [le corps] débarbouiller · décrasser · éponger · frictionner · laver · savonner · 3 - [une plaie] laver · déterger · purifier · absterger *vieux* · mondifier *vieux* · 4 - [l'estomac] purger · 5 - [du métal] astiquer · blanchir · décaper · dérocher · fourbir · 6 - [une arme] dérouiller · écouvillonner · 7 - [une bouteille] rincer · goupillonner · 8 - [une allée] racler · ratisser · 9 - [une façade] ravaler · 10 - [un puits, un bassin] curer · désengorger · draguer · écurer · 11 - [un bateau] briquer · caréner · 12 - [un cheval] toiletter · bouchonner · brosser · étriller

≫ **se nettoyer** v.pron. se laver · faire sa toilette · se débarbouiller · se décrasser · se savonner

CONTR. salir ı souiller ı ternir

nettoyeur, -euse n. [de vitres] laveur • [de parquets] cireur

neuf, neuve adj. 1 - moderne · audacieux · frais · nouveau · récent · 2 - inconnu · inédit · nouveau · original · 3 - inexpérimenté · novice · 4 - novice · débutant · inexpérimenté · néophyte · nouveau · bleu *fam.*

✦ **remettre à neuf** rénover · moderniser · rafraîchir · rajeunir · refaire · réhabiliter · remettre en état · réparer · restaurer · retaper • [du tissu] raccommoder • [une façade, le sol] ragréer

✦ **remise à neuf** rénovation · modernisation · rafraîchissement · rajeunissement · réfection · réhabilitation · remise en état · réparation · restauration · retapage

CONTR. ancien ı usé ı vieux - banal ı éculé - expert

neurasthénie n.f. · mélancolie · abattement · dépression · spleen *littér.* · blues *fam.* · cafard *fam.* · déprime *fam.* · flip *fam.* · hypocondrie *vieux*

≫ **mélancolie**

neurasthénique adj. et n. · mélancolique · dépressif · déprimé · cafardeux *fam.* · hypocondriaque *vieux*

neuroleptique adj. et n.m. · anxiolytique · psycholeptique · psychotrope · tranquillisant

neutraliser v.tr. 1 - anéantir · annihiler · annuler · désamorcer · enrayer · étouffer · maîtriser · paralyser · rendre inoffensif · 2 - corriger · amortir · compenser · contrebalancer · contrecarrer · équilibrer

neutralité n.f. 1 - impartialité · objectivité · 2 - abstention · non-engagement

CONTR. partialité - belligérance ı intervention

neutre adj. 1 - impartial · objectif · indifférent · 2 - anodin · banal · insignifiant · quelconque · 3 - discret · aseptisé · fade · incolore · insipide · morne · terne

CONTR. partial - passionné - cru ı éclatant ı vif

névralgie n.f. · mal de tête · céphalée · migraine · céphalalgie *rare*

névrosé, e *adj.* **1 –** névropathe *vieux* • **2 –** → **fou**

nez *n.m.* **1 –** pif *fam.* • blair *fam.* • blase *fam.* • nase *fam.* • tarin *fam.* • truffe *fam.* • [long, plaisant] appendice • piton *fam.* • trompe *fam.* • **2 –** odorat • flair • **3 –** intuition • flair • perspicacité • sagacité • **4 –** [de bateau] avant • proue

niais, niaise

■ *adj.* naïf • béat • bête • crétin • idiot • inepte • imbécile • nigaud • sot • simple • simplet • sot • stupide • niaiseux *Québec* • ballot *fam.* • balourd *fam.* • bêta *fam.* • cruche *fam.* • godiche *fam.* • gourde *fam.* • nunuche *fam.*

■ *n.* idiot • benêt • crétin • dadais • imbécile • naïf • nigaud • simplet • sot • niaiseux *Québec* • andouille *fam.* • bêta *fam.* • bille *fam.* • branquignol *fam.* • cruche *fam.* • godiche *fam.* • gourde *fam.* • nouille *fam.* • patate *fam.* • béjaune *vieux* • blanc-bec *vieux* • coquebin *vieux* • boniface *vieux* • badaud *vieux* • gourdiflot *vieux* • jobard *vieux* • jocrisse *vieux*

CONTR. fin ɪ habile ɪ malicieux ɪ malin ɪ rusé ɪ spirituel

🙢 **niais, nigaud, benêt**

Niais s'applique à une personne dont le comportement marque l'inexpérience et la simplicité jusqu'à la sottise *(un jeune niais ; un sourire niais, une histoire niaise)* : « Mieux vaut un adversaire intelligent qu'un ami niais » (Gide, *Journal*, 29 octobre 1916). **Nigaud** insiste sur la manière niaise de se conduire et la maladresse : « Cet enfant (...) passait pour un nigaud, parce qu'il n'avait pas de conversation » (George Sand, *François le Champi*, IV). **Benêt** ne s'emploie qu'au masculin pour un homme niais par excès de bonté ou de simplicité *(un garçon benêt, c'est vraiment un benêt)*.

niaiserie *n.f.* **1 –** bêtise • crédulité • idiotie • imbécillité • naïveté • nigauderie • sottise • stupidité • jobarderie *vieilli* • jobardise *vieilli* • **2 – bagatelle** • ânerie • babiole • bêtise • baliverne • broutille • fadaise • futilité • ineptie • rien • sottise • vétille • baguenaude *vieux*

CONTR. finesse ɪ malice

¹**niche** *n.f.* • cavité • alcôve • creux • enfoncement • renfoncement

²**niche** *n.f.* [fam.] → **blague**

nichée *n.f.* • couvée

nicher

■ *v.intr.* **1 – nidifier** • faire son nid • **2 –** [fam.] **loger** • demeurer • habiter • résider • séjourner • crécher *fam.* • percher *fam.* • squatter *fam.*

■ *v.tr.* **placer** • caser • coincer • mettre

»» **se nicher** *v.pron.* **1 – nidifier** • faire son nid • **2 – s'abriter** • se blottir • se cacher • se placer • se presser • se réfugier • se serrer • se tapir • se caser *fam.*

nickel *adj. invar* [fam.] → **impeccable**

nid *n.m.* • foyer • abri • demeure • gîte • habitation • home • logement • maison • retraite • toit

nier *v.tr.* **1 – contester** • contredire • démentir • dire le contraire de • disconvenir • mettre en doute • se défendre de • s'inscrire en faux contre • révoquer en doute *littér.* • **2 – refuser** • dénier • désavouer • récuser • rejeter • renier

CONTR. affirmer ɪ assurer ɪ attester ɪ avouer ɪ certifier ɪ confesser ɪ confirmer ɪ croire ɪ maintenir ɪ reconnaître

nigaud, e

■ *adj.* niais • benêt • simplet • sot • nouille *fam.* • nunuche *fam.*

■ *n.* dadais • cornichon *fam.* • couillon *fam.* • cruche *fam.* • godiche *fam.* • gourde *fam.* • nicodème *fam.* • patate *fam.* • niquedouille *fam., vieilli* • béjaune *vieux* • blanc-bec *vieux* • coquebin *vieux* • boniface *vieux* • badaud *vieux* • gourdiflot *vieux* • jobard *vieux* • jocrisse *vieux*

CONTR. astucieux ɪ fin ɪ futé ɪ malicieux ɪ malin ɪ rusé

🙢 **niais**

nimbe *n.m.* · auréole · couronne · halo

nimber *v.tr.* · auréoler · baigner · entourer · envelopper

nique *n.f.*
✦ **faire la nique à** braver · défier · se moquer de · faire la figue à *vieilli*

niveau *n.m.* **1 -** degré · classe · échelon · force · hauteur · ligne · qualité · rang · sorte · type · valeur · **2 -** étage
✦ **être au niveau de** **1 -** être à la hauteur de · arriver jusqu'à · **2 -** être à la portée de · être accessible à · être dans les cordes de *fam.*
✦ **de même niveau** **1 -** égal · comparable · équivalent · semblable · similaire · **2 -** [maison] **de plain-pied**
✦ **au même niveau** sur le même plan · sur la même ligne

niveler *v.tr.* · aplanir · araser · égaliser · mettre de niveau

nivellement *n.m.* · aplanissement · arasement · égalisation

nobiliaire *adj.* · aristocratique

noble
▪ *adj.* **1 -** aristocratique · **2 -** distingué · auguste · chevaleresque · courageux · digne · éminent · fier · généreux · héroïque · imposant · magnanime · magnifique · majestueux · olympien · respectable · vénérable · **3 - élevé** · beau · de qualité · grand · haut · pur · sublime · éthéré *littér.*
▪ *n.* **1 -** aristocrate · gentilhomme · patricien · seigneur · grand *vieux* · nobliau *péj.* · **2 -** [d'Angleterre] lord • [d'Espagne] hidalgo · menin • [de la Rome antique] patricien • [de Russie] boyard • [de la campagne] hobereau · junker
CONTR. bourgeois ı roturier ı vilain – bas ı commun ı mesquin ı vil

noblement *adv.* · dignement · aristocratiquement · chevaleresquement · élégamment · fièrement · généreusement · grandement · magnifiquement · magnanimement *littér.*

noblesse *n.f.* **1 -** distinction · dignité · élégance · élévation · fierté · générosité · grandeur · hauteur · magnanimité · majesté · **2 -** aristocratie · gentilhommerie *vieux, souvent péj.* • [d'Angleterre] gentry
CONTR. bassesse ı infamie – roture

noce *n.f.* **1 -** mariage · épousailles *vieux* · **2 -** [fam.] fête · bombe *fam.* · bringue *fam.* · java *fam.* · nouba *fam.* · bamboula *vieilli*

noceur, -euse *n. et adj.* · fêtard *fam.* · noctambule · patachon *fam.* · viveur *vieilli* · bambocheur *vieilli* · cascadeur *vieux*
CONTR. abstinent ı ascète

nocif, -ive *adj.* **1 - dangereux** · dommageable · funeste · malfaisant · malin · mauvais · néfaste · négatif · nuisible · pernicieux · préjudiciable · **2 - toxique** · délétère · pathogène
CONTR. anodin ı innocent ı positif – inoffensif

nocivité *n.f.* · toxicité · malignité · nocuité *(Méd.)*
CONTR. innocuité

noctambule *n. et adj.* **1 -** couchetard *fam.* · nuitard *fam.* · **2 -** → noceur · **3 -** [vieux] somnambule

nocuité *n.f.* → nocivité

nodosité *n.f.* **1 -** [Bot.] loupe · nœud · **2 -** [Méd.] nodule · nouure

nœud *n.m.* **1 -** lien · boucle · ruban · bouffette · catogan · rosette · **2 -** centre · cœur · fond · point chaud · point sensible · **3 -** difficulté · problème · hic *fam.* • [Littérat.] intrigue · péripétie · **4 -** [Techn.] épissure • [Bot.] nodosité · **5 -** [littér.] attachement · lien

noir, noire
▪ *adj.* **1 -** obscur · sombre · ténébreux · **2 - bronzé** · basané · foncé · hâlé · **3 -** triste ·

▸ **nomade**

funeste · funèbre · glauque · lugubre · macabre · malheureux · sinistre · sombre · alarmiste · **4 - diabolique** · atroce · effroyable · épouvantable · mauvais · méchant · odieux · pervers · sombre · terrible · **5 - sale** • [ongles] en deuil *vieilli* · **6** - [ciel] couvert · menaçant · orageux · sombre · **7** - [fam.] → **ivre**

▪ *n.* **Black** *lang. jeunes* · renoi *lang. jeunes* · **Nègre** *vieux ou injurieux*

✦ **très noir** noir comme de l'encre · noir comme la suie · noir comme du cirage · noir comme du charbon · noir comme (du) jais · noir comme l'ébène · noir comme l'aile du corbeau

✦ **il fait très noir** il fait noir comme dans un four · il fait noir comme dans un tunnel

CONTR. clair - blanc ı blond ı clair - gai ı optimiste - pur ı dégagé

🖝   noir, nègre

Noir et nègre désignent tous deux une personne de couleur noire, mais noir a pratiquement éliminé nègre, considéré aujourd'hui comme péjoratif, ou même raciste, quand il n'est pas employé par les Noirs eux-mêmes *(les Noirs d'Afrique, les Noirs américains)*. Le vocabulaire didactique conserve l'adjectif **nègre**, notamment dans le domaine des arts : « L'Europe a découvert l'art nègre lorsqu'elle a regardé des sculptures africaines entre Cézanne et Picasso » (Malraux, *la Métamorphose des dieux*). La langue familière utilise l'anglicisme *black (les Blacks, la mode black)*.

noir *n.m.* **1** - obscurité · ténèbres *littér.* · **2** - [nuances] anthracite · aile de corbeau · charbon · ébène · **3** - mascara · khôl

✦ **être dans le noir** être dans la confusion · être dans l'incertitude · être dans le brouillard

✦ **au noir** clandestinement · frauduleusement · au black *fam.*

✦ **voir tout en noir** être pessimiste · avoir le cafard *fam.*

noirceur *n.f.* **1** - saleté · crasse · **2** - perfidie · atrocité · bassesse · horreur · indignité · infamie · méchanceté · monstruosité · scélératesse *vieux ou littér.* · vilenie *littér.*

CONTR. blancheur ı clarté ı propreté - bonté

noircir *v.tr.* **1** - salir · barbouiller · charbonner · maculer · enfumer *vieilli* · mâchurer *vieilli* · **2** - assombrir · brunir · obscurcir · **3** - calomnier · décrier · dénigrer · déprécier · déshonorer · diffamer · discréditer · traîner dans la boue · décréditer *vieux* · **4** - exagérer · charger · dramatiser · forcer · outrer

✦ **noircir la situation** voir tout en noir · peindre le diable sur la muraille *Suisse*

CONTR. blanchir ı innocenter ı justifier - embellir

noisetier *n.m.* · coudrier · avelinier

nolisé, e *adj.* · affrété • [avion] chartérisé · charter

nolisement *n.m.* · affrètement

noliser *v.tr.* · affréter • [un avion] chartériser • [un navire] fréter

nom *n.m.* **1** - mot · signe · substantif · terme · vocable · signifiant *(Ling.)* · **2** - dénomination · appellation · désignation · label · marque · qualificatif · qualification · titre · **3** - lignée · famille · race · sang · lignage *vieux* · **4** - réputation · renom · renommée · célébrité · gloire · **5** - prénom · nom de baptême · petit nom *fam.* · blase *fam., vieilli*

✦ **faux nom** pseudonyme · nom d'emprunt · nom de guerre · nom de plume · pseudo *fam.*

✦ **nom de famille** patronyme · nom patronymique

✦ **au nom de** **1** - en vertu de · **2** - par le pouvoir de

nomade

▪ *adj.* itinérant · ambulant · errant · migrateur · mobile · vagabond · voyageur · instable *péj.*

■ *n.* bohémien · forain · gitan · manouche · romanichel · tsigane · chemineau *vieux* ■ [du désert] bédouin

➤➤➤ **nomades** *plur.* · gens du voyage
CONTR. fixe ı sédentaire

nombre *n.m.* **1** - chiffre · numéro · **2** - quantité · contingent · effectif · **3** - cadence · harmonie · rythme
✦ **en nombre** en force · en masse · en grande quantité · massivement
✦ **sans nombre** innombrable · considérable · incalculable · nombreux
✦ **en trop grand nombre** en excédent · en surnombre
✦ **au nombre de** parmi · entre · au rang de

nombreux, -euse *adj.* **1** - [au plur.] abondants · innombrables · moult *vieux ou plaisant* · multiples · maints *littér.* · **2** - dense · considérable · grand · important · **3** - cadencé · harmonieux · rythmé
CONTR. rare – petit

nombril *n.m.* **1** - ombilic · **2** - → centre

nomenclature *n.f.* **1** - catalogue · classification · collection · inventaire · liste · recueil · répertoire · **2** - terminologie · lexique · thésaurus · vocabulaire

🕮 **nomenclature, liste, catalogue**
Nomenclature, liste et catalogue s'emploient pour parler d'une suite d'éléments. Liste est le terme le plus général, impliquant seulement que les mots, les nombres, etc. considérés sont inscrits les uns en dessous des autres *(faire une liste, cocher les noms d'une liste, la liste des gagnants).* Une nomenclature est une liste méthodique des termes d'une science, d'une technique *(la nomenclature botanique, chimique).* Le catalogue fournit une liste établie dans un ordre donné des éléments d'une collection, souvent avec des explications *(le catalogue d'une bibliothèque, des tableaux d'une exposition ; un catalogue par ordre alphabétique, par ordre des matières).*

nomination *n.f.* **1** - désignation · affectation · élection · élévation · promotion · catapultage *péj.* · parachutage *péj.* · **2** - [dans une distribution de prix] mention · sélection
CONTR. destitution

nominé, e *adj.* · sélectionné *recomm. offic.*

nommé, e *adj.*
✦ **à point nommé** à temps · à propos · à point · opportunément · à pic *fam.* · pile *fam.*

nommément *adv.* **1** - nominalement · nominativement · **2** - spécialement · en particulier

nommer *v.tr.* **1** - appeler · baptiser · dénommer · donner un nom à · prénommer · qualifier · **2** - citer · énumérer · indiquer · faire mention de · mentionner · **3** - désigner · choisir · commettre *(Droit)* · élire · établir · instituer · bombarder *fam.* · catapulter *péj.* · parachuter *péj.* · **4** - dénoncer · donner *fam.*
CONTR. déposer ı destituer

non

■ *adv.* négatif *Milit.* · niet *fam.* · nenni *vieux ou plaisant* · bernique *fam., vieux*

■ *n.m.* refus

✦ **je ne dis pas non** je veux bien · ce n'est pas de refus
✦ **ne dire ni oui ni non** ne pas prendre parti · faire une réponse de Normand
CONTR. oui ı si – acceptation ı approbation

nonchalamment *adv.* · mollement · avec indifférence · avec insouciance · avec désinvolture · avec décontraction · distraitement · doucement · indolemment · tranquillement · langoureusement · lentement · négligemment · paresseusement

nonchalance *n.f.* **1** - apathie · indolence · inertie · langueur · léthargie · mollesse · paresse · torpeur · atonie *littér.* · morbidesse *littér.* · nonchaloir *vieilli, littér.* · alanguissement *vieilli* · assoupissement *vieilli* · **2** - décontraction · désinvolture · détachement · indifférence · insouciance · légèreté · négligence · je-m'en-foutisme *fam.*
CONTR. ardeur ı entrain ı vivacité ı zèle

nonchalant, e *adj.* **1** - apathique · alangui · endormi · indolent · langoureux *vieux ou iron.* · languide *littér.* · languissant · léthargique · mou · paresseux · **2** - décontracté · désinvolte · indifférent · insouciant · léger · négligent · je-m'en-foutiste *fam.*
CONTR. actif ı ardent ı vif ı zélé – sérieux

non-conformisme *n.m.* **1** - anticonformisme · indépendance · individualisme · **2** - originalité · excentricité · fantaisie
CONTR. conformisme

non-conformiste *n. et adj.* · anticonformiste · dissident · hétérodoxe · indépendant · individualiste · marginal · original

nonne *n.f.* · religieuse · moniale · sœur

nonobstant
■ *prép.* malgré · en dépit de · sans égard à
■ *adv.* cependant · néanmoins · toutefois

non-sens *n.m. invar.* **1** - absurdité · bêtise · ineptie · stupidité · **2** - contresens

non-stop *adj. invar.* **1** - direct · sans arrêt · **2** - d'affilée · continuellement · continûment · sans arrêt · sans cesse · sans dételer · sans discontinuer · sans relâche · sans s'arrêter · 24 heures sur 24 · sans débrider *vieilli*

nord *n.m. invar. et adj. invar.*
■ *adj. invar.* septentrional · boréal ● [pôle] arctique
■ *n.m. invar.* septentrion *littér.*
CONTR. midi ı sud

noria *n.f.* · défilé · cortège · kyrielle · va-et-vient

normal, e *adj. invar.* **1** - courant · classique · habituel · ordinaire · régulier · sans surprise · **2** - compréhensible · attendu · légitime · logique · naturel · raisonnable
CONTR. anormal ı particulier ı spécial – bizarre ı étonnant ı exceptionnel ı extraordinaire

normale *n.f.* · moyenne · norme

normalement *adv.* · ordinairement · communément · couramment · d'habitude · d'ordinaire · généralement · habituellement · régulièrement · traditionnellement · usuellement · de coutume *soutenu*
CONTR. accidentellement ı exceptionnellement

normalisation *n.f.* **1** - codification · rationalisation · réglementation · **2** - standardisation · homogénéisation · systématisation · unification · uniformisation · **3** - [de relations] rétablissement · apaisement · assainissement

normaliser *v.tr.* **1** - codifier · rationaliser · réglementer · **2** - standardiser · homogénéiser · systématiser · unifier · uniformiser · **3** - [des relations] rétablir · apaiser · assainir

norme *n.f.* **1** - modèle · canon · code · convention · loi · principe · règle · règlement · standard · **2** - moyenne · normale · **3** - [Sociol.] idéologie · loi · règle · valeur
CONTR. bizarrerie

nostalgie *n.f.* **1** - regret · ennui · mal du pays · passéisme · **2** - mélancolie · tristesse · vague à l'âme · blues *fam.* · cafard *fam.* · spleen *littér.*

nostalgique *adj.* **1** - passéiste · **2** - mélancolique · morose · sombre · triste

notable
■ *adj.* important · appréciable · considérable · frappant · marquant · notoire · remarquable · saillant · saisissant · sensible · visible · fameux *fam.* · insigne *littér.* · signalé *littér.*

■ *n.m.* **personnalité** · figure · notabilité · sommité · bourgeois · huile *fam.* · (grosse) légume *fam.* · (grand) ponte *fam.*

CONTR. banal ı négligeable

🕮 **notable, notoire**
Notable et notoire qualifient ce que l'on remarque ou que l'on a remarqué, d'une manière ou d'une autre. Notable s'applique à tout ce qui peut être remarqué, noté *(un fait, une qualité notable ; il a fait des progrès notables)* sans pourtant concerner des personnes. Notoire, qui a la même origine, qualifie ce qui est connu, constaté par beaucoup de gens *(un fait notoire ; une faiblesse, une incompétence notoire)*. Notoire s'emploie aussi pour des personnes *(des personnalités notoires)*, en particulier quand elles sont connues pour avoir une spécialité notable *(un physicien notoire)*, une qualité ou un défaut que l'on remarque *(un imbécile notoire)*.

notaire *n.m.* · garde-notes *vieux* · tabellion *vieux, péj.*

notamment *adv.* · particulièrement · entre autres · par exemple · principalement · singulièrement · spécialement · spécifiquement · surtout

notation *n.f.* 1 - symbole · 2 - appréciation · annotation · indication · note · observation · remarque

note *n.f.* 1 - ton · nuance · tonalité · touche · 2 - commentaire · annotation · apostille · appréciation · avis · considération · indication · nota bene · notice · notule · observation · pensée · point · réflexion · remarque · scolie • [au plur.] addenda · 3 - communiqué · avis · circulaire · communication · information · mémorandum · 4 - addition · compte · facture · relevé · total · douloureuse *fam.*

✦ **fausse note** couac *fam.* · canard *fam.*

✦ **prendre note** noter · constater · enregistrer · tenir compte de

🕮 **note, addition, facture**
Note, addition et facture s'emploient tous trois pour désigner une somme à payer. La note fournit le détail d'un compte *(envoyer une note à un client, vérifier sa note à la sortie du supermarché)*. L'addition est une note qui détaille le total des dépenses effectuées dans un restaurant, parfois dans un café *(demander, régler l'addition)*, alors que note s'emploie dans l'hôtellerie *(une note d'hôtel)*. La facture présente un état détaillé de la nature et du prix des marchandises vendues ou des services rendus *(acquitter une facture, une facture de téléphone)*. Contrairement à note, facture s'utilise pour des sommes relativement élevées *(la facture d'un artisan, facture assortie d'une garantie décennale)*.

noter *v.tr.* 1 - écrire · cocher · consigner · copier · enregistrer · indiquer · inscrire · marquer · mentionner · prendre note de, en note · souligner · relever · transcrire · 2 - remarquer · apercevoir · constater · observer · relever · 3 - juger · apprécier · coter · évaluer

notice *n.f.* 1 - préface · avant-propos · avertissement · avis · explication · exposé · note · préambule · résumé · 2 - guide · conseils d'utilisation · mode d'emploi

notification *n.f.* · annonce · avis · communication · signification · exploit *(Droit)*

notifier *v.tr.* · signifier · annoncer · communiquer · faire connaître · faire part de · faire savoir · informer de · instruire de · intimer · signaler

🕮 **notifier, signifier**
Notifier et signifier ont en commun l'idée de faire connaître quelque chose à quelqu'un d'une manière particulière. Notifier s'emploie quand on porte, en termes formels, une décision

à la connaissance d'une personne (*notifier son refus à quelqu'un*). **Signifier** a une valeur plus large et se dit quand on fait connaître une décision, une intention ou un sentiment de façon ferme et définitive (*signifier sa volonté*) : « Il faut que je signifie à Mme Paulin de ne plus me mêler à ses commérages » (Léon Frapié, *la Maternelle*). En termes de droit, **notifier** s'emploie quand on fait connaître un acte juridique dans les formes légales, alors que **signifier** implique que l'on notifie un acte par voie de justice.

notion *n.f.* **1 -** élément · base · concept · idée · rudiment · **2 -** hypothèse · axiome · postulat · prémisse · principe · **3 -** conscience · idée · représentation · sens · sentiment · **4 -** [souvent au plur.] connaissance · acquis · culture · lueurs · lumières · savoir · bagage *fam.*

notoire *adj.* · connu · avéré · clair · certain · éclatant · évident · flagrant · incontestable · indéniable · manifeste · notable · patenté · public · reconnu · de notoriété publique
CONTR. douteux ı faux ı inconnu
🙠 **manifeste** 🙠 **notable**

notoirement *adv.* · incontestablement · indéniablement · manifestement · visiblement

notoriété *n.f.* · célébrité · gloire · nom · renom · renommée · réputation
CONTR. anonymat ı obscurité

noué, e *adj.* **1 -** contracté · contrarié · crispé · tendu · **2 -** noueux · tordu · tors

nouer *v.tr.* **1 -** attacher · entortiller · entrelacer · envelopper · fermer · fixer · joindre · lacer · lier · serrer · réunir · **2 -** établir · combiner · contracter · échafauder · former · machiner · manigancer · monter · organiser · tisser · tramer · ourdir *littér.*
CONTR. dénouer

noueux, -euse *adj.* **1 -** osseux · décharné · maigre · rugueux · sec · **2 -** tordu · tors

nounou *n.f.* → **nourrice**

nourri, e *adj.* · abondant · continu · gros · dense · étoffé · intense · riche

nourrice *n.f.* **1 -** · assistante maternelle · baby-sitter *anglic.* · garde, gardienne d'enfants · gouvernante · nounou *fam.* · nurse *vieilli* · bonne d'enfants *vieilli* · **2 -** bidon · jerrycan · réservoir

nourricier, -ière *adj.* · nutritif · nourrissant · nutricier *vieux*
🙠 **nourrissant**

nourrir *v.tr.* **1 -** alimenter · abreuver · allaiter · approvisionner · donner à manger · donner le sein à · fournir · procurer · ravitailler · sustenter *littér.* · paître *vieux* · **2 -** augmenter · alimenter · amplifier · enfler · enrichir · entretenir · étoffer · façonner · grossir · soutenir · **3 -** échafauder · caresser · entretenir · former · préparer · **4 -** élever · éduquer · former

≫ **se nourrir** *v.pron.* · manger · consommer · s'alimenter · se repaître · se restaurer · bouffer *fam.* · becqueter *fam.* · boulotter *fam.* · croûter *fam.*

✦ **se nourrir de** absorber · manger · ingérer · ingurgiter
CONTR. affamer ı priver ı sevrer – jeûner

nourrissant, e *adj.* · nutritif · calorique · consistant · énergétique · énergisant · fortifiant · nourricier · riche · substantiel · qui tient au corps *fam.* · roboratif *littér.* · nutricier *vieux*

🙠 **nourrissant, nutritif, nourricier**

Nourrissant, nutritif et nourricier se rapportent tous trois à la *nourriture* des hommes. Nourrissant s'applique à ce qui nourrit bien *(des aliments très, peu nourrissants)*. **Nutritif** caractérise tout ce qui contient en abondance des éléments nourrissants *(une nourriture très nutritive)*. **Nourricier** qualifie ce qui est susceptible de procurer la nourriture des hommes *(les ressources nourricières de la mer, la terre nourricière)*.

nourrisson *n.m.* · bébé · nouveau-né · petit · poupon

nourriture *n.f.* **1 -** alimentation · nutrition · **2 -** aliment · cuisine · denrées · manger · mets · ordinaire · pain · pitance *péj.* · subsistance · vivres · victuailles · soupe *fam.* · bectance *fam.* · bouffe *fam.* · bouffetance *fam.* · boustifaille *fam.* · croûte *fam.* · mangeaille *fam.* · tambouille *fam.* · pâtée *vieilli* · pâture *vieilli* · viande *vieux* · chère *vieux*

nouveau, nouvelle

▪ *adj.* **1 -** récent · jeune · moderne · naissant · neuf · **2 -** original · différent · hardi · inconnu · inaccoutumé · inattendu · inédit · inhabituel · innovant · insolite · inusité · neuf · novateur · **3 -** inexpérimenté · débutant · jeune · neuf · novice · néophyte

▪ *n.* **débutant** · néophyte · novice · bizuth *fam.* · bleu *fam.*

▪ *n.m.* **nouveauté** · inédit · neuf · nouvelle(s)

✦ **de nouveau** encore · de plus belle · derechef *littér.*

CONTR. ancien ı antique ı vieux – banal ı ordinaire – expérimenté ı expert

nouveau-né, e *n.* · bébé · nourrisson · poupon

nouveauté *n.f.* **1 -** originalité · changement · fraîcheur · hardiesse · jeunesse · modernisme · **2 -** innovation · création · **3 -** actualité · primeur *littér.*

CONTR. ancienneté ı antiquité ı archaïsme – coutume ı routine

nouvelle *n.f.* **information** · annonce · dépêche · écho · fait divers · vent • [non vérifiée] bruit · rumeur • [exclusive] scoop *anglic.*

✦ **fausse nouvelle** canular · bobard *fam.* · canard *fam., vieilli*

⋙ **nouvelles** *plur.* actualités · bulletin · flash d'informations · informations · journal (télévisé) · infos *fam.*

✦ **donner de ses nouvelles** donner signe de vie · se manifester

nouvellement *adv.* · récemment · depuis peu · fraîchement

CONTR. anciennement

novateur, -trice *adj.* · innovant · audacieux · créateur · d'avant-garde · futuriste · innovateur · pionnier · précurseur · révolutionnaire

CONTR. conservateur ı imitateur ı réactionnaire ı rétrograde

novice

▪ *n.* **débutant** · apprenti · jeune · néophyte · nouveau · jeune recrue · bleu *fam.* · commençant *vieilli*

▪ *adj.* **ignorant** · candide · incompétent · inexpérimenté · inexpert *littér.*

CONTR. expérimenté ı habile

noyau *n.m.* **1 -** graine · pépin · **2 -** centre · âme · cœur · foyer · origine · siège · **3 -** groupe · association · cellule · cercle · clan · chapelle · comité · groupuscule · organisation · section

noyautage *n.m.* · infiltration · entrisme

noyauter *v. tr.* · infiltrer

noyer *v.tr.* **1 - engloutir** · dévaster · immerger · inonder · plonger · submerger · tremper · baigner · **2 -** occulter · étouffer · **3 -** délayer · diluer · **4 -** égarer · embrouiller · perdre

≫ **se noyer** *v.pron.* **1 - sombrer** · couler · boire la tasse *fam.* · sombrer · **2 - se perdre** · s'égarer · s'embarrasser · s'embrouiller · se fondre · se fourvoyer · **3 - disparaître** · se fondre

nu, nue *adj.* **1 - dénudé** · déshabillé · dévêtu · dans le plus simple appareil · en costume d'Adam, d'Ève · à poil *fam.* · dans l'état de nature *vieilli* · in naturalibus *vieilli* · **2 - (à) découvert** · dénudé · **3 - chauve** · dégarni · pelé · déplumé *fam.* • [visage] glabre · **4 - dépouillé** · aride · austère · désert · monacal · pauvre · pelé · sobre · strict · vide • [vérité] cru · pur

✦ **mettre à nu** **1 - dénuder** · découvrir · **2 - démasquer** · dévoiler · divulguer · lever le voile sur · montrer · révéler

CONTR. couvert ı déguisé ı habillé ı vêtu

nuage *n.m.* **1 - nébulosité** · mouton · nue *littér.* · nuée *littér., souvent plur.* · **2 - [sortes]** cirrus · cumulus · nimbus · stratus · altocumulus · altostratus · cirrostratus · cumulonimbus · stratocumulus

✦ **être dans les nuages** être inattentif · être rêveur · rêver · songer · être dans la lune *fam.* · rêvasser *fam.*

🙞 **nuage, nuée, nue**
Nuage, nuée et nue désignent tous trois la vapeur d'eau condensée en fines gouttelettes qui se forme dans l'atmosphère et y reste en suspension. Nuage est le terme courant *(les formes des nuages ; des nuages noirs ; un ciel couvert de nuages).* Nuée, d'usage littéraire, s'emploie le plus souvent au pluriel pour des nuages de grandes dimensions : « Des nuées basses, lourdes, obscures, se tiennent au-dessus de nos têtes comme un couvercle oppressant » (Pierre Loti, *Mme Chrysanthème*, III). Nue est exclusivement littéraire ou vieilli avec le sens de nuage, mais il reste bien vivant dans des locutions figurées *(porter quelqu'un aux nues, tomber des nues).* Nuage s'emploie également par analogie *(un nuage de fumée, de poussière, de moucherons),* ainsi que nuée qui renchérit sur la quantité *(une nuée d'oiseaux obscurcit le ciel).*

nuageux, -euse *adj.* · couvert · brumeux · ennuagé · gris · nébuleux · obscur · orageux · sombre

CONTR. clair ı dégagé ı serein

nuance *n.f.* **1 - teinte** · couleur · ton · tonalité · demi-teinte · **2 - brin** · grain · once · pointe · soupçon · **3 - degré** · gradation · **4 - finesse** · différence · précision · subtilité

✦ **sans nuance** à l'emporte-pièce

nuancé, e *adj.* **1 - varié** · diversifié · **2 - modéré** · adouci · atténué · tempéré · **3 - mitigé** · en demi-teinte

nuancer *v.tr.* **1 - préciser** · différencier · distinguer · **2 - modérer** · adoucir · atténuer · mesurer · mettre un bémol à · pondérer · tempérer

CONTR. contraster ı opposer ı trancher

nubile *adj.* · pubère · formé · mariable · réglé

CONTR. impubère

🙞 **pubère**

nucléaire *adj.* · atomique · nucléarisé

nudisme *n.m.* · naturisme

nudiste *n. et adj.* · naturiste

nudité *n.f.* · dépouillement · austérité · vide

nue *n.f.* → nuée

🙞 **nuage**

nuée *n.f.* **1 -** nuage · brume · buée · vapeur · nue *littér.* · **2 -** **multitude** · abondance · affluence · armada · armée · avalanche · bande · bataillon · chapelet · cohorte · collection · cortège · déluge · essaim · flot · foule · fourmillement · horde · kyrielle · légion · masse · meute · myriade · pluie · régiment · ribambelle · troupe · troupeau · flopée *fam.* · foultitude *fam.*

☞ **nuage**

nuire à *v.tr. ind.* **1 - desservir** · causer du tort à · défavoriser · désavantager · léser · faire (du) tort à · porter atteinte à · porter préjudice à · porter tort à · mettre des bâtons dans les roues à *fam.* · tirer dans les pattes à *fam.* · préjudicier *vieux* · **2 - discréditer** · compromettre · déconsidérer · **3 - endommager** · compromettre · contrarier · contrecarrer · endommager · entraver · freiner · faire obstacle à · gêner · handicaper · miner · ruiner

CONTR. aider ı assister ı servir

nuisance *n.f.* **1 - gêne** · dérangement · dommage · ennui · inconvénient · préjudice · tort · trouble · **2 - pollution** · saleté · souillure

nuisible *adj.* · dangereux · corrosif · corrupteur · défavorable · désavantageux · dommageable · ennemi · fatal · hostile · insalubre · maléfique · malfaisant · malin · malsain · mauvais · menaçant · mortel · néfaste · nocif · parasite · périlleux · pernicieux · pervers · préjudiciable · redoutable · toxique · délétère *littér.* · funeste *littér.*

CONTR. avantageux ı bienfaisant ı favorable ı inoffensif ı utile

nuit *n.f.* **obscurité** · noir · ombre · pénombre · ténèbres *littér.*

✦ **à la nuit tombante** au crépuscule · entre chien et loup

CONTR. jour ı lumière – à l'aube

nul, nulle

▪ *adj.* **1 - insignifiant** · inexistant · infime · insuffisant · **2 - incompétent** · inapte · incapable · inefficace · ignare · ignorant · **3 - minable** · bête · idiot · inepte · lamentable · mauvais · raté · sot · stupide · à la gomme *fam.* · à la noix (de coco) *fam.* · **4 - caduc** · invalide · périmé

✦ **nul en** [maths, etc.] brouillé avec · imperméable à

▪ *n.* · nullité · bon à rien · cancre · moins que rien · bouffon *lang. jeunes* · nullard *fam.* · ringard *fam.* · tocard *fam.* · zéro *fam.*

▪ *pron.* **aucun** · personne · rien

CONTR. important ı réel ı valable – capable ı compétent – éminent ı fort – valide – doué – beaucoup ı plusieurs ı tous

nullement *adv.* · aucunement · en rien · pas (du tout) · point *littér.*

CONTR. beaucoup

nullité *n.f.* **1 - caducité** · invalidité · **2 - ignorance** · imbécillité · incapacité · incompétence · sottise · stupidité · **3 - bon à rien** · idiot · ignare · ignorant · incapable · incompétent · minable · nul · crétin *fam.* · nase *fam.*

CONTR. validité – valeur – as ı crack ı génie

numéraire *n.m.* · espèces · argent · cash · change · liquide · liquidités · monnaie · blé *fam.* · cacahuètes *fam.* · flouze *fam.* · fric *fam.* · galette *fam.* · oseille *fam.* · pépètes *fam.* · pèze *fam.* · pognon *fam.* · ronds *fam.* · thune *lang. jeunes* · picaillons *fam.* · radis *fam.* · sous *fam.* · trèfle *fam., vieilli*

numérique *adj.* · digital *anglic.*

numériser *v.tr.* · scanner · digitaliser *anglic.*

numéro *n.m.* **1 - chiffre** · nombre · matricule · **2 - exemplaire** · livraison · parution · **3 - spectacle** · show *anglic.* · sketch ·

tour · **4 - phénomène** · original · gaillard *fam.* · lascar *fam.* · loustic *fam.* · rigolo *fam.* · spécimen *fam.* · zèbre *fam.* · zigoto *fam.*
✦ **numéro un** leader

numérotation *n.f.* · numérotage · foliotage · immatriculation · pagination

numéroter *v.tr.* · chiffrer · coter · immatriculer · folioter · paginer

nurse *n.f.* → **nourrice**

nursery *n.f.* · crèche · garderie · pouponnière

nutritif, -ive *adj.* · nourrissant · consistant · fortifiant · nourricier · riche · substantiel · roboratif *littér.* · alibile *vieux*
↬ **nourrissant**

nutrition *n.f.* · alimentation

nymphe *n.f.* **1 - déesse** ● [sortes] dryade · hamadryade · hyade · naïade · napée · néréide · nixe · océanide · ondine · oréade · sylphide · **2 -** [Zool.] **chrysalide** · lymphe

oasis *n.f.* • abri • asile • refuge • retraite • havre *littér.*

obédience *n.f.* **1** - [littér.] obéissance • dépendance • soumission • subordination • sujétion • **2** - religion • **3** - mouvance
CONTR. indépendance

obéir *v.tr.ind.* [sans complément] s'incliner • s'exécuter • se soumettre • courber la tête, le front *littér.*

✦ **obéir à** **1** - écouter • se mettre aux ordres de • **2** - observer • obtempérer à • respecter • sacrifier à • suivre • s'assujettir à • se conformer à • se plier à • se ranger à • se soumettre à • **3** - satisfaire à • correspondre à • remplir • répondre à
CONTR. commander ׀ diriger ׀ ordonner – désobéir ׀ résister ׀ transgresser ׀ violer – contrevenir ׀ déroger

obéissance *n.f.* **1** - soumission • subordination • sujétion • obédience *littér.* • allégeance *(Droit)* • **2** - docilité • **3** - respect • observance • observation • obédience *littér.*
CONTR. commandement ׀ désobéissance ׀ indiscipline ׀ insoumission ׀ résistance – rébellion – inobservation

obéissant, e *adj.* **1** - docile • discipliné • doux • gouvernable • sage • soumis • **2** - malléable • flexible • maniable • souple
CONTR. désobéissant ׀ entêté ׀ indocile ׀ têtu ׀ volontaire – rétif

obérer *v.tr.* • endetter • grever

obèse
▪ *adj.* gros • corpulent • énorme • gras • bedonnant • massif • ventripotent • ventru • en surcharge pondérale *(Méd.)*
▪ *n.* mastodonte • baleine • éléphant • hippopotame • poussah • gros lard *fam., péj.* • gros patapouf *fam., péj.* • tonneau *fam., péj.*
CONTR. maigre ׀ mince ׀ svelte

obésité *n.f.* • grosseur • adiposité
CONTR. maigreur

objecter *v.tr.* **1** - répondre • arguer • rétorquer • riposter • répliquer • **2** - prétexter • alléguer • invoquer
CONTR. approuver

¹**objectif, -ive** *adj.* **1** - concret • effectif • positif • tangible • vrai • **2** - impartial • détaché • désintéressé • équitable • extérieur • juste • neutre
CONTR. subjectif – arbitraire ׀ partial ׀ tendancieux

²**objectif** *n.m.* **1** - but • ambition • dessein • fin • intention • objet • visée • vues • **2** - cible • but • point de mire • **3** - téléobjectif • fish-eye • grand-angle • zoom

objection *n.f.* **1** - critique • réfutation • remarque • réplique • **2** - contestation •

contradiction · difficulté · opposition · protestation · reproche · **3 - inconvénient** · empêchement · obstacle

CONTR. approbation – aide

objectivement *adv.*

1 - impartialement · fidèlement · sans parti pris · **2 - en fait** · concrètement · en réalité · pratiquement

CONTR. subjectivement

objectiver *v.tr.*

· exprimer · concrétiser · extérioriser · manifester

objectivité *n.f.*

1 - impartialité · neutralité · **2 - impersonnalité**

CONTR. partialité ı subjectivité

objet *n.m.*

I 1 - chose · bidule *fam.* · machin *fam.* · truc *fam.* · zinzin *fam.* · **2 - outil** · instrument · ustensile · **3 -** [de toilette, etc.] **article** · affaire · **4 -** [petit, sans importance] **bibelot** · bagatelle · broutille · colifichet
II 1 - but · dessein · fin · intention · objectif · visées · **2 - cause** · motif · raison (d'être) · **3 - thème** · matière · propos · substance · sujet

+ **objet volant non identifié** ovni
+ **avoir pour objet** porter sur · concerner · avoir rapport à
+ **être l'objet de** [brimades, etc.] subir · être en butte à
+ **sans objet** sans fondement · immotivé · infondé · injustifié

objurgation *n.f.*

1 - [littér.] **admonestation** · blâme · remontrance · réprimande · reproche · **2 -** [abusivt] **imploration** · adjuration · prière instante · supplication

CONTR. apologie ı approbation ı encouragement

obligation *n.f.*

1 - responsabilité · devoir · **2 - nécessité** · astreinte · contrainte · exigence · impératif · **3 - charge** · corvée · servitude · tâche · **4 - engagement** · promesse · serment

+ **être dans l'obligation de** devoir · avoir à · être astreint à · être contraint de · être obligé de · être tenu de

CONTR. dispense ı grâce ı liberté

obligatoire *adj.*

1 - imposé · exigé · essentiel · de rigueur · **2 -** [fam.] **inévitable** · fatal · forcé · immanquable · imparable · incontournable · inéluctable · infaillible · obligé

CONTR. facultatif ı libre ı volontaire

obligatoirement *adv.*

1 - nécessairement · forcément · **2 - inévitablement** · fatalement · forcément · immanquablement · infailliblement

obligé, e *adj.*

1 - indispensable · nécessaire · obligatoire · **2 -** [fam.] **inévitable** · fatal · forcé · immanquable · imparable · incontournable · inéluctable · infaillible · **3 -** [soutenu] **reconnaissant** · redevable

+ **c'était obligé** c'était fatal · ça devait arriver · c'était écrit
+ **être obligé de** devoir · avoir à · être contraint de · être tenu de · ne pouvoir se dispenser de · ne pouvoir se soustraire à

CONTR. facultatif – inattendu – quitte

obligeamment *adv.*

· aimablement · complaisamment

obligeance *n.f.*

· affabilité · amabilité · bienveillance · bonté · complaisance · gentillesse · prévenance

CONTR. désobligeance ı malveillance

obligeant, e *adj.*

· affable · aimable · bienveillant · bon · complaisant · généreux · gentil · officieux · prévenant · secourable · serviable · chic *fam.* · brave *vieilli*

CONTR. désobligeant

☙ **serviable**

obliger v.tr. **1 -** forcer · acculer · astreindre · commander · condamner · contraindre · pousser · réduire · **2 -** [soutenu] rendre service à · aider · secourir · **3 -** [vieilli] engager · lier

➤➤➤ s'obliger à v.pron. **1 -** se forcer à · s'astreindre à · se contraindre à · **2 -** s'engager à · promettre

CONTR. dispenser – déplaire ı désobliger – dégager ı libérer

🕮 **obliger, contraindre, forcer**

Obliger, contraindre et forcer ont en commun l'idée de pression exercée sur quelqu'un pour qu'il fasse quelque chose. Le plus général, obliger, s'emploie quand on met une personne dans la nécessité d'accomplir une action (obliger un enfant à relire sa leçon ; personne ne vous oblige à rester). Contraindre quelqu'un, c'est l'obliger à faire quelque chose contre sa volonté en lui opposant un obstacle (la grippe le contraint à rester couché). Forcer renchérit sur la violence exercée contre la volonté : « Fallait-il donc la peur de la taloche paternelle pour vous forcer à faire votre devoir ? » (Gide, Journal, 1925).

oblique adj. **1 -** de biais · de côté · **2 -** indirect · détourné · louche · tortueux

CONTR. direct ı droit – franc

obliquement adv. **1 -** de biais · de côté · en diagonale · en oblique • [regarder] d'un œil torve · **2 - de travers** · de guingois

CONTR. droit ı directement

obliquer v.intr. **1 -** braquer · tourner · virer · **2 -** dévier · bifurquer

obliquité n.f. · inclinaison · pente

CONTR. aplomb ı verticalité ı horizontalité

oblitération n.f. · obstruction · imperforation · obturation · occlusion

oblitérer v.tr. **1 -** tamponner · **2 -** boucher · obstruer · **3 -** [littér.] effacer · estomper · gommer

oblong, -ongue adj. · allongé • [format] à l'italienne

obnubiler v.tr. **1 -** obséder · hanter · harceler · poursuivre · tarauder · **2 -** obscurcir

obole n.f. **1 -** don · offrande · **2 -** contribution · écot · quote-part
◆ **vivre d'oboles** vivre de la charité · vivre d'aumônes

obscène adj. · graveleux · immoral · impudique · inconvenant · indécent · licencieux · ordurier · pornographique · salace · cochon fam.

CONTR. décent ı pudique

obscénité n.f. **1 -** grossièreté · ordure · cochonnerie fam. · cochonceté fam. · saleté fam. · **2 - indécence** · grossièreté · immoralité · inconvenance · trivialité

CONTR. décence ı pudeur

obscur, e adj.
I **1 -** noir · sombre · ténébreux · enténébré littér. · **2 -** [ciel] assombri · chargé · couvert · nébuleux · nuageux · **3 -** [forêt] ombreux littér. · **4 -** [Phys.] opaque · **5 -** [couleur] foncé · sombre
II **1 -** incompréhensible · difficile · énigmatique · impénétrable · indéchiffrable · inexplicable · inintelligible · insaisissable · abscons littér. · abstrus littér. · **2 -** ambigu · brumeux · confus · diffus · douteux · équivoque · flou · fumeux · indistinct · louche · nébuleux · trouble · vague · **3 - embrouillé** · alambiqué · amphigourique · complexe · compliqué · entortillé · **4 - hermétique** · cabalistique · caché · ésotérique · mystérieux · secret · sibyllin · voilé · **5 -** ignoré · humble · inconnu

CONTR. clair ı éblouissant ı éclatant ı lumineux – dégagé ı serein – pâle – intelligible ı net ı précis – net – simple – célèbre ı fameux ı illustre

obscurcir v.tr.
I 1 - assombrir · voiler · couvrir de ténèbres *littér.* · enténébrer *littér.* · 2 - [nuages] cacher · éclipser · offusquer *littér.* · 3 - [fumée] noircir · troubler
II 1 - cacher · voiler · 2 - obnubiler · 3 - brouiller · embrouiller · opacifier · troubler

CONTR. éclaircir ı éclairer

obscurcissement n.m. · assombrissement

CONTR. éclaircissement

obscurément adv. · vaguement · confusément

CONTR. clairement ı nettement

obscurité n.f. 1 - noir · noirceur · nuit · ténèbres *littér.* · 2 - hermétisme · 3 - anonymat

CONTR. clarté ı lumière – évidence ı netteté – célébrité ı renom

obsécration n.f. [Relig.] déprécation · supplication

obsédant, e adj. 1 - lancinant · 2 - obnubilant

obsédé, e n. obsessionnel · maniaque
+ **obsédé sexuel** érotomane
+ **obsédée sexuelle** nymphomane · nympho *fam.*

obséder v.tr. · hanter · poursuivre · obnubiler · tarauder · tracasser · travailler · tourmenter · prendre la tête de *fam.* · turlupiner *fam.*

obsèques n.f.plur. · funérailles · enterrement

🕮 **obsèques, funérailles**
Obsèques et funérailles, qui ne s'emploient qu'au pluriel, désignent tous deux l'ensemble des cérémonies et le convoi funèbre qui accompagnent l'enterrement d'un défunt. Obsèques est propre au langage juridique ou officiel (*des obsèques civiles, religieuses, se rendre aux obsèques de quelqu'un*). Le terme usuel est **funérailles** (*les frais de funérailles, des funérailles nationales*), qui est aussi utilisé pour *enterrement (un repas de funérailles)* : « Il eut les plus belles funérailles dans un cimetière villageois » (Colette, *la Maison de Claudine*).

obséquieusement adv. · servilement · platement

obséquieux, -ieuse adj. 1 - servile · plat · rampant · soumis · 2 - flatteur · flagorneur

CONTR. hautain ı méprisant

obséquiosité n.f. 1 - servilité · platitude · 2 - flatterie · flagornerie

observance n.f. 1 - obéissance · observation · pratique · respect · soumission · 2 - [vieux] loi · règle

CONTR. inobservance ı manquement

observateur, -trice
■ n. témoin · spectateur
■ adj. attentif · vigilant
+ **être très observateur** avoir l'œil *fam.*

CONTR. distrait ı inattentif

observation n.f.
I 1 - examen · étude · 2 - surveillance
II 1 - constat · constatation · 2 - commentaire · annotation · note · réflexion · remarque · 3 - critique · avertissement · remontrance · réprimande · reproche
III obéissance · observance · respect · obédience *littér.*
+ **poste d'observation** vigie

CONTR. compliment – désobéissance ı manquement ı inobservation

observatoire n.m. · mirador · nid de pie · poste d'observation

observer v.tr.

I **1** - **examiner** · considérer · contempler · étudier · regarder · **2** - **épier** · contrôler · espionner · guetter · surveiller · **3** - **dévisager** · fixer · scruter · toiser · **4** - **constater** · apercevoir · faire le constat que · marquer · noter · relever · remarquer
II se conformer à · s'assujettir à · exécuter · obéir à · se plier à · pratiquer · remplir · respecter · se soumettre à · suivre • [le règlement avec rigueur] être service-service *fam.*

CONTR. déroger ı désobéir ı enfreindre ı mépriser ı transgresser ı violer

obsession n.f.
1 - **manie** · idée fixe · marotte · **2** - **hantise** · cauchemar · phobie · tourment · bête noire · prise de tête *fam.*

obsolète adj.
· périmé · ancien · démodé · dépassé · désuet · passé de mode · suranné · vieux · vieilli · obsolescent *littér.* · qui a fait son temps *fam.*

obstacle n.m.
1 - **barrage** · écran · mur • [sur cours d'eau] embâcle · **2** - **empêchement** · accroc · adversité · barrage · barrière · blocage · contretemps · difficulté · écueil · embarras · entrave · frein · gêne · obstruction · opposition · pierre d'achoppement · résistance · restriction · anicroche *fam.* · bec *fam.* · · cactus *fam.* · os *fam.*

✦ **course d'obstacles** course de haies · steeple(-chase)
✦ **faire obstacle à** **1** - **gêner** · aller à l'encontre de · arrêter · barrer la route à · contrarier · contrecarrer · se dresser contre · empêcher · embarrasser · entraver · faire barrage à · interdire · s'opposer à · résister à · se mettre en travers de · mettre des bâtons dans les roues de · tailler des croupières à *vieilli* · **2** - [une émotion] **endiguer** · réfréner · retenir · résister à
✦ **sans rencontrer d'obstacle** sans accroc · sans anicroche · sans heurt · sans peine · comme sur des roulettes *fam.*

CONTR. aide

❦ obstacle, empêchement, difficulté, contretemps

Les quatre mots se rapportent à ce qui s'oppose à la réalisation de quelque chose. **Difficulté** se dit de tout ce qui gêne dans une action et exige un effort *(des difficultés d'argent, les difficultés de la vie, vaincre les difficultés)*. **Obstacle** renchérit sur la difficulté d'ordre matériel, moral ou intellectuel *(accumuler les obstacles, réussir malgré les obstacles)*. Un **empêchement** est un obstacle de peu d'importance *(je ne peux pas venir, j'ai un empêchement)*. Un **contretemps** est un obstacle soudain, inattendu *(un contretemps inopiné, un fâcheux contretemps)*.

obstination n.f.
1 - **persévérance** · constance · opiniâtreté · ténacité · **2** - **entêtement** · acharnement

CONTR. docilité ı inconstance

obstiné, e adj.
1 - **constant** · opiniâtre · persévérant · résolu · tenace · volontaire · **2** - **entêté** · buté · têtu

CONTR. docile ı inconstant

obstinément adv.
· résolument · farouchement · opiniâtrement · mordicus *fam.*

obstiner (s') v.pron.
1 - **s'acharner** · continuer · insister · persévérer · persister · ne pas lâcher · **2** - **s'entêter** · se buter · ne pas en démordre · s'opiniâtrer *littér. ou vieux*

CONTR. renoncer ı laisser aller

obstruction n.f.
· encombrement · engorgement · obturation • [Méd.] oblitération · occlusion
✦ **faire obstruction à** gêner · faire barrage à · entraver · faire obstacle à · freiner

obstruer v.tr.
1 - **boucher** · engorger · encombrer · [Méd.] oblitérer · **2** - **bloquer** · barrer · embarrasser · encombrer · fermer

CONTR. déboucher ı désengorger ı désobstruer – fluidifier

obtempérer v.tr.ind.
[sans complément] s'exécuter · s'incliner
✦ **obtempérer à** obéir à · se soumettre à

CONTR. contrevenir

obtenir *v.tr.* **1 - gagner** · acquérir · conquérir · enlever · prendre · se procurer · rallier · remporter • [difficilement] arracher · soutirer · décrocher *fam.* · **2 - recevoir** · recueillir · **3 - trouver** · dénicher *fam.* · dégoter *fam.*
✦ **obtenir de** [+ infinitif] réussir à · arriver à · parvenir à
CONTR. manquer ı perdre

obturateur *n.m.* · clapet · robinet · soupape · valve

obturation *n.f.* **1 - bouchage** · calfatage · calfeutrage · colmatage · comblement · fermeture · **2 -** [d'une dent] **plombage** · inlay

obturer *v.tr.* **1 - boucher** · calfater · calfeutrer · colmater · combler · **2 - condamner** · aveugler · murer · **3 -** [une dent] **plomber**

obtus, e *adj.* · bête · abruti · balourd · borné · épais · inintelligent · lourd · lourdaud · pesant · stupide · bouché *fam.* · lourdingue *fam.* · relou *lang. jeunes*
CONTR. fin ı pénétrant ı subtil

obvier à *v.intr.* · éviter · empêcher · pallier · parer à · prévenir · remédier à · faire obstacle à

occasion *n.f.* **1 - aubaine** · chance · hasard favorable, heureux · opportunité · occase *fam.* · **2 - circonstance** · cas · conjoncture · événement · situation · **3 - motif** · cause · matière · prétexte · raison
✦ **à l'occasion** le cas échéant · éventuellement · d'aventure *littér.*
✦ **d'occasion** de deuxième main · d'occase *fam.*
CONTR. malchance

occasionnel, -elle *adj.* **1 - accidentel** · contingent · fortuit · imprévu · **2 - exceptionnel** · épisodique · inhabituel · intermittent · irrégulier · casuel *soutenu*
CONTR. prévu – courant ı habituel ı régulier

occasionnellement *adv.* **1 - exceptionnellement** · épisodiquement · sporadiquement · de temps en temps · **2 - accidentellement** · fortuitement · incidemment · inopinément

occasionner *v.tr.* · amener · apporter · attirer · être cause de · catalyser · causer · créer · déclencher · déterminer · donner lieu à · engendrer · entraîner · faire naître · générer · procurer · produire · provoquer · soulever · susciter

occident *n.m.* **1 - couchant** · ouest · ponant *littér.* · **2 -** [Pol.] **ouest**
CONTR. orient ı est ı levant

occlusion *n.f.* **1 - obstruction** · fermeture · oblitération · **2 -** [Méd.] atrésie · iléus · thrombose · **3 -** [de dent] malocclusion · engrènement

occulte *adj.* **1 - clandestin** · secret · souterrain · **2 - caché** · inconnu · mystérieux · secret · cryptique *littér.* · **3 - cabalistique** · ésotérique · hermétique · magique

occulter *v.tr.* **1 - dissimuler** · cacher · faire écran à · masquer · offusquer *vieilli ou littér.* · **2 - taire** · étouffer · passer sous silence

occultisme *n.m.* · sciences occultes · ésotérisme · hermétisme

occupant, e *n.* **1 - habitant** · hôte · locataire · résident • [illégal] squatteur · **2 - envahisseur** · oppresseur

occupation *n.f.* **1 - affaire** · besogne · emploi · engagement · ouvrage · tâche · **2 - loisir** · distraction · hobby *anglic.* · passe-temps · **3 - carrière** · fonction · métier · profession · travail · **4 - invasion** · envahissement
CONTR. travail – inaction ı oisiveté – évacuation

occupé, e *adj.* **1 - affairé** · absorbé · pris · **2 - envahi** · conquis · **3 - habité**

✦ **être très occupé** avoir beaucoup à faire · être bousculé · être débordé · ne pas avoir un moment, une minute à soi · ne plus savoir où donner de la tête · être écrasé, surchargé de travail · être charrette *fam.*
✦ **occupé à** en train de

CONTR. désœuvré ǀ inactif ǀ inoccupé – libre – vacant ǀ vide – être désœuvré ǀ être inactif

~~~ **occupé, affairé**

On peut se dire **occupé** ou **affairé** lorsque, se consacrant à une ou plusieurs activités, on est de ce fait très peu disponible *(il est très occupé/affairé)*. **Occupé** s'applique aussi à une personne qu'une idée, un sentiment absorbe complètement, mais est vieilli dans cet emploi : « Tous les moments que je passais sans vous voir, je demeurais occupé de vous, les yeux fermés à toute chose » (Balzac, *Mémoires de deux jeunes mariées*). **Affairé** renchérit sur la surcharge d'activités *(une vie très affairée)*, mais se dit également de celui qui paraît seulement très pris par ses occupations *(il a toujours un air affairé)*.

occuper *v.tr.* **1 - habiter** · loger dans · [illégalement] squatter · **2 - envahir** · assujettir · contrôler · se rendre maître de · **3 - employer** · **4 - exercer** · détenir · remplir · **5 - absorber** · accaparer · **6 - emplir** · couvrir · garnir · meubler · remplir · **7 - amuser** · distraire · faire passer le temps à *fam.* · **8 -** [le temps] **passer** · tromper · tuer

≫ **s'occuper** *v.pron.* **passer le temps** · se distraire

✦ **s'occuper de** **1 - se consacrer à** · s'adonner à · s'appliquer à · se charger de · s'employer à · travailler à · vaquer à · **2 - prendre soin de** · veiller sur · **3 - se soucier de** · se préoccuper de · songer à · **4 - se mêler de** · s'intéresser à · s'immiscer dans *péj.* · mettre son nez dans *péj.*

CONTR. libérer ǀ quitter – évacuer ǀ se retirer – renvoyer – vider – négliger

occurrence *n.f.* **1 -** [littér.] **cas** · circonstance · conjoncture · événement · occasion · rencontre · **2 - fréquence**
✦ **en l'occurrence** dans le cas présent · en la circonstance · pour le coup *fam.*

océan *n.m.* **1 - mer** · flots *littér.* · **2 - déluge** · flot · **3 - écart** · abîme · fossé · gouffre

océanique *adj.* · maritime

octroi *n.m.* · attribution · allocation · concession · don · dotation · remise

octroyer *v.tr.* **accorder** · allouer · attribuer · concéder · consentir · distribuer · donner · impartir · offrir

≫ **s'octroyer** *v.pron.* · s'adjuger · s'approprier · s'arroger · usurper *péj.*

oculaire *adj.* **1 - visuel** · **2 - ophtalmique**

odeur *n.f.* **1 - effluve** · émanation · exhalaison · **2 -** [agréable] **arôme** · bouquet · fumet · parfum · senteur · fragrance *vieux ou littér.* · **3 -** [désagréable] **puanteur** · relent · remugle *vieux ou littér.* · **4 -** [Vénerie] **vent** · fumée
✦ **avoir une bonne odeur** sentir bon · embaumer · fleurer *vieux*
✦ **avoir une mauvaise odeur** sentir mauvais · puer · empester · empuantir · chlinguer *très fam.* · cocotter *fam.* · fouetter *très fam.*

odieux, -ieuse *adj.* **1 - ignoble** · détestable · exécrable · haïssable · ignoble · indigne · infâme · répugnant · **2 - antipathique** · détestable · insupportable · intolérable · pénible · imbuvable *fam.*

CONTR. adorable ǀ agréable ǀ aimable ǀ charmant
~~~ haïssable

odomètre *n.m.* **1 - podomètre** · compte-pas · **2 - tachymètre** · compte-tours

odorant, e *adj.* · aromatique · parfumé · odoriférant *littér.* · fleurant *vieux*

CONTR. inodore

🕮 **odorant, odoriférant**

Odorant et **odoriférant** qualifient tous deux ce qui dégage une bonne odeur et la répand au-dehors. Ils s'emploient à propos d'une plante ou d'une chose concrète *(des fleurs odorantes, un bois odorant, une cire odorante ; une rose odoriférante, un linge odoriférant, des arbres odoriférants)* : « Une atmosphère composée des essences parfumées des fleurs les plus odorantes » (Lautréamont, *les Chants de Maldoror*, I). **Odorant** est beaucoup plus courant et s'applique parfois à une odeur désagréable : « Des permissionnaires aux pieds odorants » (Sartre, *la Mort dans l'âme*), mais on dira plus couramment *malodorant*.

odorat *n.m.* · olfaction · flair · nez

odoriférant, e *adj.* → odorant
🕮 odorant

œdème *n.m.* · gonflement · enflure · stase · tuméfaction

œil *n.m.* **1** - globe oculaire · **2** - regard · vision · vue · **3** - attention · vigilance · **4** - bourgeon · bouton · pousse · **5** - espion · judas · **6** - [d'aiguille] chas · **7** - œillet · œilleton
✦ **coup d'œil 1** - regard rapide · **2** - discernement · perspicacité
✦ **œil poché, au beurre noir** pochon · coquard *fam.*
✦ **le mauvais œil** le mauvais sort · jettatura *(en Italie)*
✦ **à l'œil** [fam.] → gratuitement
⋙ **yeux** *plur.* · mirettes *fam.* · billes *fam.* · calots *fam.* · carreaux *fam.* · châsses *argot* · quinquets *fam.*, *vieilli* · neuneuils *lang. enfants* · coquillards *vieux*
✦ **aux yeux de** pour · selon · d'après
🕮 regard

œil-de-bœuf *n.m.* · oculus

œillade *n.f.* · clin d'œil · regard
🕮 regard

œillet *n.m.* **1** - boutonnière · **2** - [Mar.] anneau · **3** - [Techn.] aire

œuf *n.m.* **1** - coco *lang. enfants* · **2** - zygote · **3** - [de pou] lente
✦ **œufs de sèche, de poulpe** raisin (de mer)
✦ **œufs de poisson** frai · [Cuisine] tarama
✦ **œufs d'esturgeon** caviar
✦ **en forme d'œuf** ovale · ové · oviforme · ovoïde · ovoïdal

œuvre *n.f.* **1** - création · composition · réalisation · production · **2** - ouvrage · écrit · livre · **3** - activité · travail · tâche · besogne *littér.* · labeur *littér.*
✦ **mettre en œuvre** employer · recourir à · user de · utiliser
✦ **mise en œuvre** emploi · recours · usage · utilisation

🕮 **œuvre, ouvrage**

Œuvre et **ouvrage** concernent tous deux l'objet produit par le travail créateur dans le domaine de la pensée. **Ouvrage** s'emploie pour ce qui relève de la création littéraire *(un ouvrage romanesque)* et pour les textes de nature scientifique ou technique *(la rédaction d'un ouvrage de botanique, un ouvrage technique utile)*. **Œuvre** se rapporte aussi bien aux compositions littéraires *(l'œuvre majeure de Baudelaire)* qu'artistiques *(composer, écrire une œuvre musicale, l'œuvre d'un peintre)*. **Œuvre**, plus abstrait qu'**ouvrage**, permet également d'insister sur la qualité artistique de ce qui est produit *(l'influence de l'œuvre de Matisse)*.

œuvrer *v.intr.* · agir · s'affairer · travailler

offensant, e *adj.* · blessant · désobligeant · grossier · injurieux · insultant · mortifiant · outrageant
CONTR. flatteur

offense *n.f.* · affront · humiliation · injure · insulte · outrage · avanie *littér.* · camouflet *littér.* · claque *fam.* · gifle *fam.*
CONTR. compliment | flatterie

offenser v.tr. 1 - blesser · choquer · fâcher · froisser · offusquer · humilier · piquer au vif · vexer · insulter · outrager · 2 - [littér.] braver · manquer à
≫ **s'offenser** v.pron. · se formaliser · se froisser · s'offusquer · se vexer · prendre ombrage (de) · prendre la mouche fam.
CONTR. flatter ı plaire

offenseur n.m. · agresseur · insulteur

offensif, -ive adj. · agressif · batailleur · combatif · belliqueux · pugnace littér.
CONTR. défensif

offensive n.f. 1 - attaque · assaut · charge · 2 - **campagne** · bataille · croisade · lutte · opération
CONTR. défense ı défensive

office n.m. 1 - organisme · agence · bureau · 2 - culte · messe · service · 3 - [vieilli] charge · emploi · fonction · métier · mission · poste
✦ **faire office de**   servir de · remplir le rôle de
✦ **bons offices**   1 - aide · appui · concours · services · 2 - [Diplomatie] conciliation · médiation

officiant, e n. · célébrant · prêtre · ministre du culte

officiel, -ielle adj. 1 - réglementaire · administratif · 2 - solennel · formel · 3 - autorisé · accrédité
CONTR. officieux - privé
↬ **solennel**

officiellement adv. · publiquement · en public
CONTR. officieusement

¹**officier** v.intr. · dire la messe · célébrer (la messe)

²**officier** n.m. gradé fam.
✦ **élève officier**   1 - aspirant · cadet · 2 - major

officieusement adv. · à titre privé
CONTR. officiellement

officieux, -ieuse adj. · privé · non officiel
CONTR. officiel

officine n.f. 1 - pharmacie · laboratoire · apothicairerie vieux · 2 - [vieux] boutique · atelier · magasin

offrande n.f. 1 - obole · aumône · don · secours · 2 - [Relig.] libation · immolation · oblation · sacrifice

offre n.f. 1 - proposition · ouverture • [à appel d'offres] soumission • [aux enchères] surenchère • [galante] avances · 2 - [Écon.] marché
CONTR. demande

offrir v.tr. 1 - donner · céder · faire cadeau de · faire don de · faire présent de soutenu · payer · 2 - proposer · mettre à disposition · prêter · 3 - accorder · allouer · concéder · octroyer · 4 - [un poème, etc.] dédier · 5 - sacrifier · immoler · vouer · 6 - comporter · donner lieu à · fournir · présenter · procurer
≫ **s'offrir** v.pron. 1 - se payer · s'accorder · se donner · s'octroyer · 2 - se présenter · apparaître · se rencontrer · 3 - se montrer · s'exhiber · se produire
✦ **s'offrir de, pour**   se proposer de, pour
CONTR. refuser
↬ **donner**

offusquer v.tr. choquer · blesser · déplaire à · froisser · indigner · heurter · offenser · piquer (au vif) · scandaliser · vexer
≫ **s'offusquer** v.pron. · se formaliser · se froisser · s'indigner · se scandaliser · se vexer · prendre la mouche · prendre ombrage (de)

ogive *n.f.* • tête

ogre *n.m.* • gargantua • glouton • goulu

oh *interj.* • ho • holà • ohé

oignon *n.m.* **1** - rhizome • bulbe • **2** - cor • durillon • **3** - → derrière

oindre *v.tr.* [vieux ou littér.] enduire • badigeonner

oiseau *n.m.* **1** - volatile *vieilli ou plaisant* • [de basse cour] volaille • **2** - [petit] oiselet • oisillon • [collectif] couvée • nichée • **3** - [fam.] individu • coco *fam.* • type *fam.* • zèbre *fam.* • zigoto *fam.*
+ oiseau de proie   rapace

oiseau-mouche *n.m.* • colibri

oisellerie *n.f.* [vieux] cage • volière

oiseux, -euse *adj.* • inutile • creux • dérisoire • futile • infructueux • insignifiant • stérile • superflu • vain
CONTR. utile ı important

oisif, -ive *adj.* désœuvré • inactif • inoccupé
+ rester oisif   rester les bras ballants • buller *fam.* • glander *très fam.* • peigner la girafe *fam.* • se tourner les pouces *fam.* .
CONTR. actif ı laborieux ı occupé ı travailleur
↪ inactif

oisiveté *n.f.* • désœuvrement • inaction • inactivité • inoccupation
CONTR. étude ı occupation ı travail

o.k.
■ *adv.* oui • d'accord • entendu • ça marche *fam.*
■ *adj. invar.* bien • bon • correct • passable

oléagineux, -euse *adj.* **1** - huileux • **2** - oléifère

oléoduc *n.m.* • pipeline

olfaction *n.f.* • odorat

olibrius *n.m.* [fam.] original • excentrique • phénomène • zèbre *fam.* • zigoto *fam.*

oligarchie *n.f.* • aristocratie • caste • clan • élite
CONTR. démocratie ı monarchie

oliveraie *n.f.* • olivaie • olivette

olympique *adj.*
+ jeux Olympiques   olympiades

ombilic *n.m.* • nombril

ombrage *n.m.* **1** - feuillage • ramure • frondaison *littér.* • feuillée *vieux, région. ou littér.* • ramée *vieux ou littér.* • **2** - [vieilli] défiance • inquiétude • jalousie • soupçon
CONTR. confiance ı tranquillité

ombragé, e *adj.* • ombreux • couvert • sombre • ténébreux *littér.*

ombrager *v.tr.* **1** - faire, donner de l'ombre à • protéger du soleil • **2** - cacher • couvrir • ombrer *littér.*

ombrageux, -euse *adj.* **1** - défiant • méfiant • soupçonneux • **2** - peureux • craintif • farouche • **3** - difficile • susceptible
CONTR. paisible ı tranquille

ombre *n.f.*
I **1** - ombrage • couvert • **2** - obscurité • nuit • noir • ténèbres *littér.* • **3** - demi-jour • clair-obscur • pénombre • **4** - contour • silhouette
II **1** - secret • mystère • obscurité • silence • **2** - apparence • chimère • fantôme • illusion • mirage • simulacre *littér.* • **3** - inquiétude • contrariété • malaise • préoccupation
+ à l'ombre de   à l'abri de • sous le couvert de *littér.*

faire de l'ombre à éclipser · reléguer au second plan · offusquer *littér.* · ombrager *littér.*
CONTR. clarté ׀ éclairage ׀ lumière – réalité – mettre en valeur

ombreux, -euse *adj.* **1 –** ombragé · **2 –** sombre · noir · obscur · ténébreux *littér.*
CONTR. ensoleillé – clair

omettre *v.tr.* · négliger · faire l'impasse sur · laisser de côté · oublier · passer sur · passer sous silence · taire · laisser tomber *fam.* · sauter *fam.*
CONTR. mentionner ׀ penser à

omission *n.f.* **1 –** oubli · négligence · **2 – lacune** · absence · manque · trou · vide

omnipotence *n.f.* · toute-puissance · autorité · domination · hégémonie · pouvoir absolu · suprématie
CONTR. impuissance

omnipotent, e *adj.* · tout-puissant · hégémonique

omnipraticien, -ienne *n. et adj.* · généraliste
CONTR. spécialiste

omniprésence *n.f.* · ubiquité

omniscient, e *adj.* · universel · encyclopédique · savant

onanisme *n.m.* · masturbation

once *n.f.*
✦ pas une once de pas un atome de · pas un grain de · pas un gramme de · pas une miette de · pas un sou de *vieilli*

oncle *n.m.* · tonton *fam.*

onction *n.f.* **1 –** [*littér.*] douceur · aménité · **2 –** [*vieilli*] friction
CONTR. brièveté ׀ brutalité ׀ dureté ׀ rudesse ׀ sécheresse

onctueux, -euse *adj.* **1 –** doux · moelleux · velouté · **2 –** gras · huileux · savonneux · **3 –** [*péj.*] mielleux · doucereux · douceâtre · sucré · patelin *littér.*
CONTR. bref ׀ sec – direct ׀ franc

onde *n.f.* **1 –** [*littér.*] eau · flot · vague · **2 –** cercle · ride · rond · **3 –** ondulation · **4 –** vibration · oscillation · **5 –** son · résonance
↳ **vague**

ondé, e *adj.* **1 –** moiré · chatoyant · jaspé · miroitant · **2 –** onduleux · ondoyant · ondulant

ondée *n.f.* · averse · giboulée · grain · pluie · douche *fam.* · saucée *fam.*

on-dit *n.m. invar.* · racontar · bruit · commérage · ouï-dire · ragot · rumeur · cancan *fam.* · potin *fam.*

ondoiement *n.m.* · balancement · frémissement · frisson · ondulation

ondoyant, e *adj.* **1 – ondulant** · dansant · mobile · mouvant · onduleux · souple · **2 –** sinueux · flexueux *littér.* · **3 – capricieux** · changeant · inconstant · mobile · variable · versatile
CONTR. immobile ׀ fixe – direct ׀ droit – constant ׀ stable

↳ **ondoyant, ondulant, onduleux**

Ondoyant, ondulant et onduleux se rapportent à ce qui a le mouvement de l'*onde*, à ce qui *ondule*. Avec **ondoyant**, on insiste sur l'aspect d'un corps qui ondule (*mer, crinière ondoyante, formes ondoyantes*). Ondulant permet de préciser la nature du mouvement (*une démarche ondulante, des herbes ondulantes*). Onduleux met plutôt l'accent sur l'abondance des ondulations (*une foule onduleuse, des collines onduleuses*).

ondoyer *v.intr.* · onduler · flotter

ondulant, e *adj.* → ondoyant
↝ **ondoyant**

ondulation *n.f.*
I 1 – [de la mer] **agitation** · onde · ondoiement · remous · vague · **2** – [des blés] **balancement** · frémissement · frisson · ondoiement
II 1 – **méandre** · coude · courbure · détour · serpentement · sinuosité · cingle *région.* · **2** – **vallonnement** · pli · repli · **3** – [dans les cheveux] **cran**

ondulé, e *adj.* **1** – **bouclé** · frisé · **2** – **onduleux** · courbe · sinueux · flexueux *littér.* · serpentin *littér.*

onduler *v.intr.* **1** – **ondoyer** · flotter · **2** – **serpenter** · **3** – **boucler** · friser

onduleux, -euse *adj.* **1** – **courbe** · ondulé · sinueux · flexueux *littér.* · serpentin *littér.* · **2** – **ondoyant** · ondulant
CONTR. droit ɪ plat ɪ raide
↝ **ondoyant**

onéreux, -euse *adj.* **cher** · coûteux · dispendieux · exorbitant · hors de prix · inabordable · ruineux · salé *fam.*
✦ **c'est très onéreux** ça coûte bonbon *fam.* · ça coûte les yeux de la tête *fam.* · ça coûte la peau des fesses, du cul *fam.*
CONTR. bénévole ɪ gracieux ɪ gratuit ɪ avantageux ɪ économique

ongle *n.m.* [de carnassier] **griffe** • [de rapace] **serre** • [d'ongulé] **sabot**

onguent *n.m.* · **pommade** · baume · crème · embrocation · emplâtre · liniment

opacifier *v.tr.* · **obscurcir**

opacité *n.f.* **1** – **obscurité** · ombre · nuit · ténèbres · **2** – **inintelligibilité** · obscurité · incompréhensibilité *littér.*
CONTR. translucidité ɪ transparence – intelligibilité

opalin, e *adj.* · **blanchâtre** · laiteux · opalescent *littér.*

opaque *adj.* **1** – **dense** · épais · **2** – **noir** · obscur · sombre · ténébreux *littér.* · **3** – **incompréhensible** · énigmatique · hermétique · impénétrable · indéchiffrable · inintelligible · insondable · mystérieux · obscur · sibyllin · abscons *littér.* · abstrus *littér.*
CONTR. léger – clair ɪ diaphane ɪ hyalin ɪ translucide ɪ transparent – intelligible

opéra *n.m.* **1** – **chant** · bel canto · drame lyrique · **2** – [sortes] **opéra-comique** · opéra-bouffe · opérette · oratorio

opérateur, -trice *n.* **1** – **manipulateur** · **2** – **standardiste** · téléphoniste · **3** – **cadreur** · cameraman · **4** – [Bourse] **agent (de change)** · broker · courtier · donneur d'ordres · trader
✦ **opérateur de saisie** claviste
↝ **cadreur**

opération *n.f.* **1** – **calcul** · **2** – **acte** · action · entreprise · réalisation · tâche · travail · **3** – **processus** · manipulation · traitement · **4** – **intervention (chirurgicale)** · **5** – [Milit.] **bataille** · campagne · combat · expédition · intervention · offensive · **6** – **transaction** · affaire

opérer *v.tr.*
I 1 – **exécuter** · accomplir · effectuer · pratiquer · procéder à · réaliser · **2** – **déclencher** · amener · entraîner · occasionner · produire · provoquer · susciter
II 1 – [sans complément] **procéder** · **2** – **agir** · être efficace · influer · **3** – [Chir.] **intervenir**
✦ **se faire opérer** passer sur le billard *fam.*
⋙ **s'opérer** *v.pron.* · **se produire** · s'accomplir · avoir lieu · se passer · se réaliser

opiner à *v.tr.ind.* [vieux ou littér.] **adhérer à** · accepter · acquiescer à · approuver · consentir à · se rallier à

opiniâtre adj. 1 - entêté · obstiné · têtu · cabochon fam. · **2** - acharné · constant · déterminé · entier · ferme · inébranlable · persévérant · résolu · tenace · volontaire · **3** - [sentiment] irréductible · acharné · furieux · indomptable · obstiné · **4** - [mal] persistant · chronique · rebelle · tenace
CONTR. souple – changeant ı versatile – passager

opiniâtrement adv. · obstinément · âprement · farouchement · fermement · résolument · [affirmer, soutenir] sans en démordre · mordicus fam.
CONTR. faiblement ı mollement

opiniâtrer (s') v.pron. · s'obstiner · se buter · s'entêter · persévérer

opiniâtreté n.f. 1 - entêtement · obstination · **2** - acharnement · constance · détermination · fermeté · persévérance · résolution · ténacité · volonté
CONTR. faiblesse ı mollesse ı versatilité

opinion n.f. **1** - avis · appréciation · idée · jugement · manière de voir · pensée · point de vue · position · sentiment · son de cloche · **2** - théorie · thèse · **3** - [assurée] certitude · conviction · credo · croyance · foi · **4** - [incertaine] conjecture · soupçon · **5** - [subjective] impression · sentiment · **6** - [toute faite] parti pris · préjugé · prévention
+ **selon l'opinion de** d'après · selon · suivant
+ **changer d'opinion** tourner casaque · retourner sa veste péj. · changer son fusil d'épaule
+ **il change sans cesse d'opinion** c'est une (vraie) girouette · c'est un Protée littér.
+ **donner son opinion** s'exprimer · opiner vieux ou littér.

opportun, e adj. **1** - à propos · bienvenu · indiqué · judicieux · recommandé · souhaitable · expédient littér. · **2** - [moment, temps] approprié · favorable · propice · utile
CONTR. déplacé ı fâcheux ı inopportun ı intempestif

opportunément adv. · à propos · [arriver] à point · à point nommé · à pic fam. · pile fam. · pile-poil fam.
CONTR. à contretemps ı inopportunément

opportunité n.f. **1** - à-propos · bien-fondé · pertinence · **2** - [abusivt] occasion · aubaine · chance · possibilité
CONTR. inopportunité ı contretemps

opposant, e n. · adversaire · antagoniste · contradicteur · détracteur · ennemi
CONTR. défenseur ı soutien

🕮 **opposant, ennemi, adversaire, antagoniste**
Opposant, ennemi, adversaire et antagoniste s'emploient pour désigner une personne qui s'*oppose* à quelqu'un ou à quelque chose. Un **opposant** agit contre une autorité, une mesure *(un opposant au gouvernement)* ; c'est un mot de sens restreint. On parle d'**antagoniste** à propos d'une personne en lutte point par point avec une autre dans une compétition, une discussion, un conflit d'idées ou d'ordre moral. Le mot s'emploie d'ailleurs dans le langage scientifique *(les fléchisseurs sont les antagonistes des extenseurs)*. On réserve **ennemi** à celui qui cherche à nuire dans le domaine des relations affectives ou sur le plan moral, social *(un ennemi des lois ; un ennemi déclaré, implacable)*. **Adversaire** recouvre dans l'usage courant les emplois des trois autres mots *(un adversaire politique ; les adversaires se saluèrent à la fin du match ; des adversaires irréductibles)*.

¹**opposé, e** adj. **1** - contraire · inverse · symétrique · **2** - incompatible · antagoniste · discordant · dissemblable · divergent · inconciliable · **3** - antinomique · antithétique · contradictoire · **4** - [Sport, Pol.] adverse · **5** - dissident · opposant · rebelle
+ **opposé à 1** - hostile à · anti- · contre · défavorable à · ennemi de · **2** - versus

✦ **en sens opposé** 1 - à contre-sens · à l'envers · 2 - à rebrousse-poil · à contre-poil
⮕ **contraire**

²**opposé** *n.m.* 1 - antithèse · contre-pied · 2 - inverse · contraire
✦ **les opposés** les extrêmes
✦ **à l'opposé** au contraire · a contrario · en revanche · par contre · à l'opposite *littér.*
✦ **à l'opposé de** 1 - aux antipodes de · 2 - au contraire de · contrairement à · 3 - en contradiction avec · à contre-courant de · à l'encontre de · à rebours de

opposer *v.tr.*
I 1 - diviser · séparer · semer la discorde entre · 2 - dresser contre · exciter contre · soulever contre
II objecter · alléguer · invoquer · rétorquer
III confronter · comparer · mettre en balance · mettre en face · mettre en regard

⮕ **s'opposer** *v.pron.* 1 - s'affronter · se faire face · lutter · se mesurer · 2 - contraster · différer · diverger

✦ **s'opposer à** 1 - aller contre · combattre · contrarier · contrecarrer · se dresser contre · empêcher · entraver · interdire · 2 - braver · désobéir à · se dresser contre · lutter contre · se rebeller contre · résister à · se révolter contre · tenir tête à · 3 - **différer de** · contraster avec · se différencier de · se distinguer de

CONTR. rapprocher ı réconcilier - accorder ı acquiescer ı appuyer ı céder - coopérer - se rejoindre

opposite (à l') *loc. adv.* 1 - en face · vis-à-vis · 2 - à l'opposé · a contrario · au contraire · en revanche

opposition *n.f.* 1 - antagonisme · combat · conflit · duel · heurt · hostilité · lutte · rivalité · 2 - désaccord · contestation · désapprobation · 3 - discorde · dissension · dissentiment · 4 - symétrie · 5 - contraste ·

discordance · disparité · 6 - obstacle · barrage · empêchement · obstruction · veto

CONTR. conjonction ı harmonie - accord - analogie ı conformité ı correspondance - adhésion ı approbation ı consentement ı obéissance ı soumission

oppressant, e *adj.* 1 - étouffant · lourd · pesant · suffocant · 2 - angoissant · accablant · pénible

oppressé, e *adj.* 1 - étouffé · essoufflé · haletant · hors d'haleine · 2 - accablé · angoissé · tourmenté

oppresser *v.tr.* 1 - étouffer · gêner · suffoquer · 2 - angoisser · accabler · écraser · étrangler · étreindre · tenailler · torturer · tourmenter

CONTR. dilater ı soulager - apaiser ı calmer

oppresseur
■ *n.m.* despote · autocrate · dictateur · potentat · tyran
■ *adj. m.* despotique · autocratique · dominateur · injuste · oppressif · tyrannique

CONTR. libérateur - libéral

oppressif, -ive *adj.* · coercitif · opprimant · totalitaire · tyrannique · compressif *littér.*

CONTR. libéral

oppression *n.f.* 1 - étouffement · asphyxie · gêne · suffocation · 2 - angoisse · 3 - asservissement · assujettissement · contrainte · domination · esclavage · servitude · soumission · sujétion · tyrannie · chaînes *littér.* · joug *littér.*

CONTR. liberté

opprimé, e *n.* · esclave · exploité

CONTR. libre ı oppresseur

opprimer *v.tr.* 1 - écraser · asservir · assujettir · écraser · enchaîner · étouffer · oppresser · persécuter · plier sous sa loi ·

réduire en esclavage · soumettre · tyranniser · **2** - bâillonner · enchaîner · garrotter · mater · museler
CONTR. délivrer ı libérer ı soulager

opprobre n.m. **1** - déshonneur · discrédit · honte · ignominie · flétrissure *littér.* · **2** - avilissement · abjection · déchéance · ignominie · infamie · turpitude
CONTR. considération ı gloire ı honneur

opter v.intr.
✦ **opter pour** adopter · choisir · arrêter son choix sur · se décider pour · jeter son dévolu sur · pencher pour · préférer · prendre le parti de

optimal, e adj. **1** - maximal · maximum · **2** - idéal · parfait

optimisme n.m. **1** - espoir · **2** - enthousiasme · euphorie
CONTR. pessimisme

optimiste adj. **1** - enthousiaste · euphorique · **2** - rassurant · encourageant
✦ **c'est un optimiste** il voit tout, la vie en rose
CONTR. pessimiste – décourageant

option n.f. · choix · alternative
✦ **à option** facultatif · optionnel

optionnel, -elle adj. **1** - facultatif · **2** - en option

optique n.f. **1** - perspective · angle · aspect · **2** - conception · avis · façon de penser · façon de voir (les choses) · idée · opinion · point de vue · sentiment · vision

opulence n.f. **1** - abondance · aisance · fortune · luxe · prospérité · richesse · **2** - ampleur · générosité · plénitude
CONTR. besoin ı misère ı pauvreté

opulent, e adj. **1** - riche · aisé · fortuné · nanti · **2** - fastueux · cossu · **3** - plantureux · fort · généreux · gros · plein
CONTR. misérable

opuscule n.m. · brochure · écrit · fascicule · livre · ouvrage

or conj. · mais · cependant · pourtant

oracle n.m. **1** - prophétie · divination · prédiction · vaticination *littér.* · **2** - devin · prophète

orage n.m. · ouragan · tempête · tourmente
CONTR. calme

orageux, -euse adj. **1** - lourd · **2** - agité · fiévreux · houleux · mouvementé · troublé · tumultueux
CONTR. calme

oraison n.f. · prière · pater · orémus *vieux* · patenôtre *vieux*
✦ **oraison funèbre** éloge funèbre · panégyrique

oral, e adj. **1** - verbal · **2** - parlé · **3** - buccal
CONTR. écrit

🙠   oral, verbal

Oral et verbal sont tous deux relatifs à ce qui est énoncé de vive voix et s'opposent à *écrit (une promesse orale/verbale, un ordre oral/verbal)*. Est oral ce qui se fait ou se transmet par la parole *(les traditions orales, l'épreuve orale d'un concours)*. Seul verbal peut s'appliquer à ce qui s'exprime par des mots, par opposition à d'autres moyens d'expression *(la violence verbale)* : « Je sais bien que le langage des gestes et attitudes, que la danse, que la musique (...) sont moins capables (...) d'exposer des états de conscience clairs et précis que le langage verbal » (Antonin Artaud, *le Théâtre et son double*).

oralement adv. · verbalement · de vive voix

orange
■ n.f. maltaise · navel

✦ **orange amère** bigarade
■ *adj. invar.* · orangé · capucine · carotte · feu

orangé, e *adj.* · orange · capucine · carotte · feu

orateur, -trice *n.* 1 - conférencier · intervenant · déclamateur *péj.* · harangueur *vieux* · 2 - [de talent] tribun · débatteur · rhéteur · 3 - prédicateur

oratoire *adj.* · déclamatoire

orbite *n.f.* · mouvance · domaine · sphère · zone d'action
✦ **mettre en orbite** lancer · satelliser

orchestrateur, -trice *n.* · arrangeur

orchestration *n.f.* 1 - instrumentation · arrangement · harmonisation · 2 - organisation · direction · planification

orchestre *n.m.* 1 - ensemble · formation · groupe · 2 - harmonie · fanfare · orphéon

orchestrer *v.tr.* 1 - [Mus.] **instrumenter** · arranger · harmoniser · 2 - **organiser** · diriger · planifier

¹**ordinaire** *adj.* 1 - courant · classique · coutumier · familier · habituel · normal · standard · traditionnel · usuel · 2 - banal · médiocre · moyen · quelconque · simple · trivial · vulgaire • [sujet] bateau *fam.*
✦ **personne ordinaire** quidam · citoyen lambda · commun des mortels · vulgum pecus *fam.*
⤳ banal

²**ordinaire** *n.m.* 1 - habitude · normalité · normale · 2 - alimentation · cuisine
✦ **d'ordinaire, à l'ordinaire** en général · généralement · d'habitude · habituellement · le plus souvent · normalement
✦ **comme à l'ordinaire** comme d'habitude · comme à l'accoutumée

ordinairement *adv.* · habituellement · à l'accoutumée · communément · couramment · en général · généralement · d'habitude · le plus souvent · normalement · usuellement

ordinateur *n.m.* · calculateur · machine *fam.* · bécane *fam.*

ordonnance *n.f.* 1 - agencement · aménagement · architectonique · architecture · arrangement · distribution · disposition · organisation · structure · économie *littér.* · ordonnancement *littér.* · 2 - acte · arrêté · décret · décret-loi · règlement · 3 - [Méd.] prescription

ordonnancement *n.m.* · agencement · aménagement · architectonique · architecture · arrangement · disposition · distribution · organisation · structure · économie *littér.*

ordonné, e *adj.* 1 - méthodique · méticuleux · organisé · rangé · soigneux · 2 - [discours] cohérent · logique · rationnel · structuré · suivi
CONTR. confus ı désordonné − brouillon

ordonner *v.tr.*
I 1 - agencer · arranger · coordonner · disposer · distribuer · inventorier · ordonnancer · organiser · 2 - classer · classifier · hiérarchiser · trier · 3 - ranger · débrouiller · démêler · 4 - [un discours] organiser · rationaliser · rendre cohérent
II commander · demander impérativement · dicter · donner ordre de · réclamer · mander *vieux* • [à qqn] sommer de · enjoindre de · mettre en demeure de
III [Méd.] prescrire
IV [Relig.] consacrer
CONTR. déranger ı dérégler ı embrouiller − obéir − interdire
⤳ commander

ordre *n.m.*
I commandement · consigne · demande · directive · injonction · instruction · oukase *péj.* · précepte · prescription · sommation · mandement *vieux*

II 1 - organisation · rangement · **2** - classement · agencement · aménagement · arrangement · coordination · disposition · distribution · ordonnance · organisation · rangement · **3** - [de termes] enchaînement · filiation · gradation · succession · suite **III** niveau · importance · plan **IV** minutie · méticulosité · soin **V 1** - calme · équilibre · harmonie · paix · sécurité · sérénité · tranquillité · **2** - discipline **VI 1** - catégorie · genre · nature · sorte · type · **2** - communauté · association · congrégation · corporation · corps
✦ **ordre du jour**   programme · menu *plaisant*
✦ **jusqu'à nouvel ordre**   jusqu'à nouvel avis · jusqu'à plus ample informé
✦ **mettre en ordre**   classer · ranger · trier

CONTR. défense ı interdiction – anarchie ı chaos ı confusion ı désordre – laisser-aller ı négligence

🕮 **ordre, commandement, précepte, injonction**

Les quatre mots se rapportent à l'idée d'une volonté exprimée par une autorité. **Ordre** est le terme le plus général avec cette valeur *(donner, recevoir, exécuter un ordre ; c'est un ordre)*. Un **commandement** est un ordre par lequel une personne décide de ce qu'une autre doit faire *(le goût du commandement, un ton de commandement)* ; le mot se dit en particulier dans le domaine militaire pour un ordre bref, donné à voix haute. L'**injonction** est un ordre précis, qu'on ne peut discuter, qui doit être exécuté sous peine de sanctions *(une injonction menaçante, résister à une injonction)*. Le **précepte**, plus éloigné de l'ordre, est une formule exprimant un commandement, un enseignement ou une règle que rien n'oblige à suivre ; il est émis par une autorité généralement acceptée dans le domaine moral, artistique, etc. *(observer un précepte, un précepte de conduite)*, et notamment religieux *(l'amour du prochain est un précepte pour les chrétiens)*.

ordure *n.f.* **1** - détritus · balayure · débris · déchet · résidu · salissure · **2** - saleté · crasse · caca *fam.* · merde *très fam.* · **3** - grossièreté · infamie · obscénité · saleté · cochonnerie *fam.* · saloperie *très fam.* · **4** - [littér.] boue · souillure · fange *littér.* · ignominie *littér.* · **5** - [injurieux] pourriture · charogne *fam.* · fumier *très fam.* · enfoiré *très fam.* · pourri *fam.* · salaud *très fam.* · salopard *très fam.* · salope *très fam.*
✦ **ordures (ménagères)**   déchets · détritus · immondices

ordurier, -ière *adj.* · grossier · gras · graveleux · ignoble · immonde · infâme · obscène · sale · trivial · cochon *fam.*

orée *n.f.* · bord · bordure · lisière
CONTR. cœur ı fond

oreille *n.f.* **1** - esgourde *argot* · feuille *argot* · portugaise *argot* · **2** - ouïe · audition · **3** - [de lièvre] oreillard • [de sanglier] écoute · **4** - ailette · anse · orillon

oreiller *n.m.* · coussin · coussinet · traversin · polochon *fam.*

ores et déjà (d') *adv.* · dès maintenant · dès aujourd'hui · désormais

orfèvre *n.* · ciseleur · graveur

orfèvrerie *n.f.* · bijouterie

organe *n.m.* **1** - voix · **2** - émanation · expression · **3** - âme · centre · instrument · moteur · **4** - accessoire · élément · équipement · instrument · **5** - pénis · membre (viril) · sexe

organique *adj.* **1** - physiologique · physique · **2** - lésionnel
CONTR. anorganique ı inorganique

organisateur, -trice *n.* · animateur · cheville ouvrière · pivot · promoteur • [de voyages] voyagiste

organisation n.f.

I 1 - structuration · agencement · aménagement · arrangement · architecture · composition · disposition · distribution · planification · ordonnancement *littér.* · **2 - classement** · classification · rangement · **3 - coordination** · articulation · combinaison
II 1 - mise sur pied · mise en place · planification · préparation · **2 - constitution** · établissement · formation · instauration
III planning · programme
IV méthode · ordre · systématisme
V association · entreprise · groupement · organisme · parti · société
CONTR. anarchie ı chaos ı dérèglement ı désordre ı désorganisation

organisé, e *adj.* 1 - structuré · cohérent · construit · hiérarchisé · ordonné · planifié · **2 - méthodique** · discipliné · ordonné · systématique
CONTR. anarchique ı confus ı désordonné ı inorganique ı inorganisé

organiser *v.tr.*

I 1 - structurer · agencer · aménager · architecturer · arranger · composer · disposer · distribuer · ordonner · planifier · ordonnancer *littér.* · **2 - classer** · classifier · ranger · trier · **3 - coordonner** · articuler · combiner
II 1 - concerter · diriger · monter · mettre sur pied · mettre en place · planifier · préparer · programmer · **2 - constituer** · créer · édifier · établir · fonder · former · instaurer · instituer
▸▸ **s'organiser** *v.pron.* · s'arranger · prendre ses dispositions
CONTR. déranger ı dérégler ı désorganiser ı détruire

organisme *n.m.* 1 - corps · constitution · **2 - agence** · bureau · comité · commission · institut · organisation · service · structure

orgelet *n.m.* · compère-loriot · chalazion · grain d'orge

orgiaque *adj.* · dissolu · dépravé · licencieux

orgie *n.f.* 1 - [Antiq.] bacchanale · **2 - beuverie** · débauche · ripaille *fam.* · soûlographie *fam.* · ribote *vieux ou plaisant* · **3 - excès** · débauche · débordement · profusion · surabondance

orgueil *n.m.* 1 - arrogance · autosatisfaction · dédain · fatuité · hauteur · morgue · prétention · présomption · suffisance · vanité · infatuation *littér.* · outrecuidance *littér.* · superbe *littér.* · puant *fam.* · **2 - amour-propre** · dignité · estime de soi-même · fierté · **3 - gloire** · fierté · honneur
CONTR. humilité ı modestie ı simplicité – bassesse – honte

🕮 orgueil, vanité, présomption

Orgueil, vanité et présomption sont relatifs au sentiment vif que l'on a de sa valeur. L'orgueil implique que, pénétré de cette opinion avantageuse, l'on oublie la considération due à autrui *(les préjugés de l'orgueil, avoir un orgueil démesuré, parler avec orgueil)*. Orgueil peut cependant se prendre de manière positive *(se taire par orgueil, mettre son orgueil à réussir)*, ce qui n'est pas le cas de **vanité**, qui évoque l'autosatisfaction d'une personne sûre de ses qualités *(un orgueil sans vanité, flatter la vanité de quelqu'un, la vanité de plaire)*. On parle de **présomption** à propos de quelqu'un qui a une opinion beaucoup trop favorable de ses possibilités : « Il faut une grande présomption ou beaucoup de légèreté de conscience pour prendre, de gaieté de coeur, la responsabilité des choses humaines quand on n'y est pas obligé » (Renan, *Questions contemporaines*, Préface, Œuvres complètes, t. I). Orgueilleux, vaniteux et présomptueux sont dans une relation analogue.

orgueilleusement *adv.* 1 - vaniteusement · prétentieusement · **2 - fièrement**
CONTR. humblement ı modestement

orgueilleux, -euse *adj.* 1 - arrogant · bouffi · dédaigneux · hautain · présomp-

tueux · prétentieux · suffisant · vain · vaniteux · fat *littér.* · infatué *littér.* · outrecuidant *littér.* · glorieux *vieux* · **2** - [de qqn, qqch.] **fier** · content · enchanté · heureux · ravi · satisfait · **3** - [littér.] grandiose · glorieux · majestueux · superbe

CONTR. humble ı modeste – honteux

oriel *n.m.* · bow-window *anglic.*

orient *n.m.* **1** - **est** · levant *litttér.* · **2** - [d'une perle] irisation

CONTR. occident

↝ **est**

orientation *n.f.* **1** - exposition · disposition · position · situation · **2** - **voie** · direction · piste · sens · **3** - **ligne** · tendance

orienté, e *adj.* · partial · biaisé · engagé · partisan · de parti pris

orienter *v.tr.* **1** - **exposer** · diriger · disposer · placer · tourner · **2** - **conduire** · canaliser · diriger · guider · mener · **3** - **infléchir** · entraîner · influencer · influer sur · peser sur · **4** - **aiguiller** · diriger · mettre sur la voie · brancher *fam.*

⋙ **s'orienter** *v.pron.* se repérer · se diriger · se reconnaître · se repérer · se retrouver · trouver ses marques · ses repères

✦ **s'orienter vers** s'axer sur · se diriger vers · se porter vers · se tourner vers

orifice *n.m.* **1** - **ouverture** · bouche · entrée · **2** - **trou** · **3** - [Anat.] **foramen** · méat

oriflamme *n.f.* · bannière · banderole · drapeau · enseigne · étendard • [anciennt] flamme · gonfalon · vexille

originaire *adj.* **1** - **natif** · aborigène · autochtone · indigène · naturel · **2** - **congénital** · inné · **3** - **premier** · d'origine · initial · primitif · originel

CONTR. étranger – postérieur ı ultérieur

¹**original** *n.m.* **1** - **modèle** · archétype · prototype · source · **2** - **manuscrit** · minute (Droit)

²**original, e**

■ *adj.* **1** - **inédit** · neuf · nouveau · sans précédent • [édition] princeps · **2** - **personnel** · différent · innovant · inventif · non-conformiste · révolutionnaire · singulier · **3** - **bizarre** · atypique · curieux · étonnant · étrange · excentrique · fantasque · farfelu · particulier · pittoresque · singulier · spécial · **4** - [littér.] originaire · primitif · originel

■ *n.* **1** - **fantaisiste** · phénomène · numéro *fam.* · olibrius *fam.* · ovni *fam.* · **2** - **anticonformiste** · bohème · marginal

originalité *n.f.* **1** - **nouveauté** · innovation · audace · invention · inventivité · non-conformisme · **2** - **spécificité** · particularité · traits distinctifs · **3** - **bizarrerie** · étrangeté · excentricité · fantaisie · pittoresque · singularité

CONTR. banalité ı conformisme ı imitation ı impersonnalité

origine *n.f.* **1** - **ascendance** · extraction · famille · filiation · parenté · souche • [d'un animal] pedigree · **2** - **provenance** • [d'un mot] étymologie · **3** - **commencement** · début · genèse · (point de) départ · **4** - **naissance** · aube *littér.* · aurore *littér.* · **5** - **embryon** · germe · **6** - **source** · base · cause · fondement · motif · pourquoi · principe · raison

✦ **à l'origine** **1** - **au début** · au départ · au commencement · initialement · primitivement · **2** - **à la source**

✦ **être à l'origine de** **1** - **déterminer** · catalyser · causer · déclencher · **2** - **découler de** · dériver de · naître de · partir de · procéder de · provenir de · sortir de · venir de

✦ **d'origine** originel · primitif

↝ **origine, source, genèse**
Origine, source et genèse sont relatifs à ce qui se situe aux commencements

de quelque chose. Avec **origine**, on s'intéresse à l'aspect historique et temporel *(l'origine d'une légende, d'un mot)*. Mais l'**origine** peut aussi s'appliquer à l'espace *(chercher l'origine d'un produit, d'un message)*. **Source**, dans des contextes analogues, permet d'insister sur le point de départ *(rechercher l'origine d'un mot en remontant jusqu'à sa source ; un retour aux sources ; je vous donne cette information en citant ma source)*. **Genèse** se rapporte à l'ensemble des éléments qui ont contribué à produire quelque chose *(la genèse d'une théorie, d'une œuvre d'art, d'un sentiment)*.

originel, -elle *adj.* 1 - **initial** · originaire · premier · primitif · original *vieux ou littér.* · 2 - **congénital** · inné · naturel

CONTR. artificiel

originellement *adv.* · initialement · originairement · à l'origine · au (tout) début · primitivement

oripeaux *n.m.pl.* · guenilles · haillons · hardes · loques · nippes · frusques *fam.*

ornement *n.m.* 1 - **décoration** · embellissement · enjolivement · enrichissement · garniture · ornementation · 2 - [de vêtement] **accessoire** · colifichet · falbala · fanfreluche · parure · 3 - [de coiffure] **aigrette** · diadème · panache · plumet · pompon · 4 - [Typo] **fleuron** · miniature · vignette · 5 - [Mus.] **agrément** · fioriture

ornemental, e *adj.* · décoratif

ornementer *v.tr.* → **orner**

orner *v.tr.* 1 - **décorer** · agrémenter · animer · égayer · embellir · enjoliver · garnir · ornementer · parer · rehausser · 2 - [un livre] **enluminer** · illustrer · 3 - [un tissu] **broder** · galonner · passementer · pomponner · sou-tacher · tapisser · 4 - [un bijou] **façonner** · guillocher · ouvrager · 5 - [la réalité] **enjoliver** · broder sur · embellir · farder · rehausser

ornière *n.f.* · sillon · creux · trace

orphéon *n.m.* · fanfare · harmonie · musique

orque *n.f.* · épaulard

orteil *n.m.* · doigt de pied

orthodoxe *adj. et n.* · conventionnel · conformiste · traditionnel · traditionaliste

CONTR. déviationniste ı non-conformiste

orthodoxie *n.f.* 1 - **conformisme** · 2 - **dogme** · ligne

CONTR. déviationnisme ı non-conformisme – hérésie ı hétérodoxie

orthogénie *n.f.* · contrôle des naissances · planning familial

orthographe *n.f.* · graphie · écriture

orthographier (s') *v.pron.* · s'écrire

os *n.m.* 1 - [au plur.] **ossature** · carcasse · ossements · squelette · 2 - [fam.] **difficulté** · ennui · obstacle · hic *fam.* · blème *fam.* · cactus *fam.* · pépin *fam.*

oscillation *n.f.* 1 - **balancement** · ballottement · bercement · branle · bringuebalement · vacillement · va-et-vient • [de la tête] dodelinement • [du bateau] roulis · tangage · 2 - **fluctuation** · flottement · hésitation · incertitude · instabilité · tergiversation · vacillement · variation

osciller *v.intr.* 1 - **se balancer** · ballotter · branler · bringuebaler · tanguer · vaciller • [de la tête] dodeliner · 2 - **fluctuer** · balancer · flotter · hésiter · tergiverser · vaciller · varier

↪ **hésiter**

osé, e *adj.* **1 - risqué** · audacieux · aventureux · hardi · hasardeux · intrépide · périlleux · téméraire · culotté *fam.* · **2 - grivois** · croustillant · cru · égrillard · épicé · gaulois · hardi · leste · licencieux · pimenté · polisson · salé · scabreux
CONTR. timide ι convenable

oser *v.tr.* **1 - entreprendre** · essayer · tenter · se lancer dans · risquer • [une remarque] avancer · hasarder · **2 -** [+ infinitif] **ne pas craindre de** · s'aviser de · aimer à · se hasarder à · se permettre de · se risquer à · en venir à · avoir le front, l'impudence de *péj.*
CONTR. hésiter – craindre

ossature *n.f.* **1 - squelette** · carcasse · charpente · os · ossements · **2 - armature** · architecture · contexture · structure · texture · **3 - canevas** · armature · plan · structure · trame

osseux, -euse *adj.* · décharné · étique · maigre · squelettique
CONTR. charnu ι dodu

ossification *n.f.* **1 - ostéogenèse** · calcification · ostéogénie · **2 -** [Pathol.] **ostéophyte**

ossuaire *n.m.* **1 - ossements** · **2 - catacombes**

ostensible *adj.* · apparent · éclatant · évident · flagrant · manifeste · marqué · net · ostentatoire · ouvert · patent · visible · voyant
CONTR. caché ι discret ι furtif ι secret

🕮 **ostensible, ostentatoire**
Ostensible et ostentatoire qualifient ce qui est fait pour être vu. **Ostensible**, d'usage soutenu, implique souvent une intention de se distinguer *(un mécontentement ostensible ; l'intérêt un peu trop ostensible qu'il leur porte)*. **Ostentatoire** s'applique chaque fois que l'on met quelque chose en valeur d'une manière excessive et indiscrète *(un luxe ostentatoire ; étaler ses bijoux de façon ostentatoire)*.

ostensiblement *adv.* · **ouvertement** · à la face du monde · au grand jour · en public · manifestement · nettement · publiquement · visiblement · au vu et au su de tout le monde
CONTR. discrètement ι subrepticement

ostentation *n.f.* · étalage · gloriole · parade · montre *littér.* · esbroufe *fam.* · épate *fam.*
CONTR. discrétion ι modestie

ostentatoire *adj.* · voyant · indécent · ostensible · tapageur
CONTR. caché ι discret ι secret
🕮 **ostensible**

ostraciser *v.tr.* [Hist.] proscrire · bannir · excommunier · exiler **exclusion**
🕮 **exiler**

ostracisme *n.m.* **1 - exclusion** · boycott · élimination · éviction · quarantaine · rejet · **2 -** [Hist.] **proscription** · bannissement · excommunication · exil

otage *n.m.* · gage · caution · garant · répondant

ôter *v.tr.* **1 - dégager** · bouger · débarrasser · décharger · décrocher · déplacer · enlever · **2 -** [un vêtement] **enlever** · se débarrasser de · quitter · retirer · **3 - barrer** · biffer · radier · rayer · supprimer · **4 - déduire** · défalquer · retrancher · soustraire · **5 - confisquer** · retirer · ravir *littér.* · **6 -** [qqch. à qqn] **déposséder** · faire perdre à · dépouiller · priver · spolier
≫ **s'ôter** *v.pron.* s'écarter · se pousser
CONTR. mettre – ajouter – donner

ou *conj.* · sinon · autrement · faute de quoi · sans ça · sans quoi

ouate *n.f.* **1 - bourre** · **2 - coton**

ouaté, e *adj.* · feutré · amorti · assourdi · cotonneux · étouffé

ouater *v.tr.* · molletonner · fourrer

oubli *n.m.* **1 - amnésie** · absence · perte de mémoire · trou de mémoire · **2 - étourderie** · distraction · inadvertance · inattention · négligence · **3 - manque** · lacune · omission · trou *fam.* · **4 - abandon** · inobservation · manquement · négligence · **5 - anonymat** · effacement · néant · obscurité · **6 - pardon** · absolution · amnistie
+ **oubli de soi-même** abnégation · désintéressement · dévouement · sacrifice

CONTR. mémoire ı souvenir – attention ı application – observation ı respect – célébrité – ressentiment – égoïsme

oublié, e *adj.* · abandonné · délaissé · ignoré · inconnu · méconnu · négligé · obscur · passé aux oubliettes (de l'histoire)

oublier *v.tr.* **1 - désapprendre** · **2 - ne pas penser à** · omettre · **3 -** [qqch. qqpart] **laisser** · **4 - négliger** · escamoter · faire l'impasse sur · laisser de côté · passer sous silence · sauter *fam.* · **5 - délaisser** · abandonner · se détacher de · négliger · faire son deuil de · faire une croix sur *fam.* · lâcher *fam.* · laisser tomber *fam.* · laisser au vestiaire *fam.* · **6 - pardonner** · effacer · enterrer · passer l'éponge sur *fam.* · **7 - se déconnecter de** · débrancher de *fam.*
+ **faire oublier** effacer · éclipser
+ **se faire oublier** ne plus se montrer · se faire tout petit *fam.* · raser les murs *fam.*
+ **oublier vite** avoir la mémoire courte
+ **j'ai oublié** cela m'a échappé · cela m'est sorti de l'esprit, la tête
+ **j'oublie tout** j'ai la tête comme une passoire *fam.*

≫ **s'oublier** *v.pron.* s'effacer · s'estomper · tomber aux oubliettes

CONTR. se rappeler ı retenir ı se souvenir – penser à ı songer à – s'occuper de – reprocher

oublieux, -ieuse *adj.* · inattentif · insouciant · léger · négligent · insoucieux *littér.*

CONTR. soucieux (de)

ouest
▪ *n.m.* **couchant** *littér.* · occident · ponant *vieux*
▪ *adj.* **occidental**

CONTR. est

oui
▪ *adv.* **assurément** · absolument · bien entendu · bien sûr · certainement · certes · d'accord · tout à fait · affirmatif *Mil. ou fam.* · O.K. *fam.* · ouais *fam.* · ça marche *fam.* · comment donc ! *fam.*
▪ *n.m.* **acceptation** · accord · acquiescement · agrément · aval · feu vert
+ **dire oui** accepter · admettre · approuver

CONTR. non – refuser

ouï-dire *n.m. invar.* · bruit · on-dit · racontar · rumeur · potin *fam.* · radio-trottoir *fam.* · téléphone arabe, de brousse *fam.*

ouïe *n.f.* **1 - audition** · oreille · **2 - branchie** · **3 -** [d'un violon] **esse**

ouïr *v.tr.* [littér.] entendre · écouter · percevoir · prêter, tendre l'oreille à
↪ **entendre**

ouragan *n.m.* **1 - cyclone** · hurricane · tornade · tourbillon · typhon · tempête · **2 - bourrasque** · rafale · tourmente · **3 - déferlement** · déchaînement · frénésie · maelström · tempête · tornade · tourbillon · tumulte

ourdir *v.tr.* **1 - manigancer** · combiner · comploter · machiner · monter · organiser · préparer · projeter · tramer · mijoter *fam.* · nouer *vieilli* · **2 -** [une étoffe] **tisser** · tramer · tresser

ourler *v.tr.* · border · coudre · roulotter · souligner

ourlet *n.m.* · bord · bordure · pli · rempli · repli
+ **faux ourlet** passepoil

ours n.f. 1 - **nounours** lang. enfants · teddy-bear vieilli · 2 - **misanthrope** · insociable · sauvage · solitaire

outil n.m. 1 - **instrument** · accessoire · appareil · engin · machine · machine-outil · ustensile · 2 - **moyen** · aide · instrument

outillage n.m. · équipement · instruments · matériel · matos fam.

outiller v.tr. · équiper · fournir · pourvoir

outrage n.m. 1 - **insulte** · affront · injure · offense · avanie littér. · camouflet littér. · 2 - **atteinte** · attentat · coup · dommage · tort · [du temps] flétrissure · 3 - **violation** · entorse · manquement

outrageant, e adj. · insultant · blessant · humiliant · mortifiant · offensant · vexant

outrager v.tr. 1 - **insulter** · bafouer · cracher sur · déchirer · faire outrage à · humilier · injurier · insulter · mortifier · offenser · vexer · 2 - [vieilli] **attenter à** · contrevenir à · manquer à · violer

outrageusement adv. · excessivement · démesurément

outrance n.f. 1 - **démesure** · abus · exagération · excès · extravagance · exubérance · hypertrophie · 2 - **emphase** · enflure
+ **à outrance** à l'excès

outrancier, -ière adj. 1 - **démesuré** · exagéré · excessif · forcé · hyperbolique · immodéré · outré · 2 - **criard** · tapageur · voyant
CONTR. mesuré ı pondéré

outre prép. et adv. · en plus de · en sus de · indépendamment · en dehors de

+ **en outre** de plus · avec cela · également · d'autre part · de, par surcroît · en plus de cela · au surplus · en sus soutenu · par-dessus le marché fam.
+ **outre mesure** exagérément · démesurément · excessivement

outré, e adj. 1 - **démesuré** · caricatural · exagéré · excessif · extrême · fort · hyperbolique · immodéré · outrancier · surfait · 2 - **révolté** · choqué · indigné · offensé · scandalisé · suffoqué

🕮 outré, indigné

Indigné exprime le sentiment de colère et de révolte que suscitent une situation, une attitude, des propos très déplaisants (je suis indigné d'entendre de telles sottises, qu'on ait pu le recevoir si mal). **Indigné** s'applique aussi au comportement (des regards indignés, des protestations indignées). Ce qui est **outré** est au-delà de toute mesure : dans les mêmes contextes qu'**indigné**, **outré** insiste sur la force de l'indignation et sur l'atteinte personnelle que l'on ressent (je suis outré de votre conduite, que vous ayez pensé du mal de lui ; un ton outré).

outrecuidance n.f. 1 - **prétention** · fatuité · morgue · orgueil · présomption · suffisance · vanité · infatuation littér. · 2 - **effronterie** · aplomb · arrogance · audace · impertinence · impudence · insolence · culot fam. · toupet fam.
CONTR. modestie ı réserve

outrecuidant, e adj. 1 - **prétentieux** · fat · infatué · orgueilleux · présomptueux · rogue · suffisant · vaniteux · crâneur fam. · 2 - **effronté** · arrogant · impertinent · impudent · insolent · culotté fam.

outrepasser v.tr. · dépasser · empiéter sur · enfreindre · franchir · passer · transgresser

outrer v.tr. 1 - **amplifier** · caricaturer · charger · dramatiser · forcer · exagérer ·

grandir · grossir · **2 - révolter** · choquer · indigner · irriter · offenser · offusquer · scandaliser · couper le souffle à

ouvert, e *adj.*
I 1 - béant · **2 - accessible** · libre · **3 - découvert** · à l'air libre
II déclaré · flagrant · franc · manifeste · notoire · patent · public
III 1 - communicatif · cordial · démonstratif · expansif · extraverti · **2 - éveillé** · aigu · dispos · intelligent · pénétrant · perçant · vif · **3 - tolérant** · libéral
✦ **ouvert à** réceptif à · perméable à · sensible à
CONTR. fermé - couvert ı fermé ı protégé - intime ı secret - faux ı froid ı hypocrite ı renfermé - borné ı buté ı étroit - intolérant - indifférent (à) ı insensible (à)

ouvertement *adv.* **1 - franchement** · carrément · clairement · librement · manifestement · nettement · sans ambages · sans détour · sans tourner autour du pot *fam.* · **2 - au grand jour** · à découvert · à la face du monde · en public · ostensiblement · publiquement · sans se cacher · au vu et au su de tout le monde
CONTR. en cachette ı secrètement

ouverture *n.f.*
I 1 - accès · entrée · issue · passage · **2 - trou** · brèche · faille · fente · fissure · jour · interstice · orifice · percée · trouée · **3 - fenêtre** · baie · hublot · **4 - bec** · bouche · goulot · gueule
II entrebâillement · écartement
III 1 - commencement · début · départ · **2 - lancement** · inauguration • [d'une exposition] vernissage
IV franchise · abandon · sincérité
V débouché
✦ **ouverture d'esprit** tolérance · libéralisme
⟫ **ouvertures** *plur.* avances · offres · propositions
CONTR. fermeture - fin - clôture - étroitesse

ouvrage *n.m.* **1 - travail** · occupation · œuvre · tâche · besogne *littér.* · labeur *littér.* · **2 -** livre · écrit · essai · étude · manuel · opuscule · volume · **3 - construction** · bâtiment · édifice · monument · **4 -** [Milit.] **fortification** · bastille · bastion · blockhaus · citadelle · forteresse · fortin · rempart
CONTR. divertissement ı récréation ı repos
⟳ œuvre

ouvragé, e *adj.* · travaillé · ajouré · brodé · élaboré · façonné · orné · sculpté · ouvré *Techn. ou littér.*
CONTR. brut ı grossier

ouvre-bouteille *n.m.* · décapsuleur

ouvrer *v.tr.* · fabriquer · élaborer · façonner · travailler

ouvrier, -ière *n.* **1 - travailleur manuel** · façonnier · manœuvre · O.P. · O.S. · prolétaire · **2 -** [vieux ou littér.] **artisan** · auteur
CONTR. employeur ı maître ı patron

ouvrir *v.tr.*
I 1 - déballer · décacheter · défaire · déficeler · dépaqueter · **2 - déboucher** · décapsuler · **3 - déboutonner** · défaire · dégrafer · délacer
II 1 - déverrouiller · entrebâiller · entrouvrir · [avec difficulté] crocheter · forcer · **2 - écarter** · tirer · **3 - déplier** · déployer · étendre · **4 -** [les yeux] **écarquiller**
III 1 - couper · entamer · fendre · **2 - creuser** · percer · pratiquer · **3 - inciser** · entailler · percer • [un abcès] débrider
IV 1 - allumer · brancher · mettre en marche · **2 - commencer** · amorcer · débuter · engager · entamer · inaugurer · lancer · **3 - créer** · fonder
✦ **ouvrir sur** donner sur · déboucher sur · être relié à
⟫ **s'ouvrir** *v.pron.* **1 - éclore** · se déplier · s'épanouir · **2 - se déchirer** · crever · éclater · s'éventrer · **3 - se dérouler** · s'étaler ·

s'étendre · **4 - se confier** · se déboutonner · se débonder · s'épancher · se livrer

✦ **s'ouvrir à**   s'éveiller à

CONTR. empaqueter ı emballer – boucher – boutonner ı agrafer – fermer ı clore ı interdire – plier ı resserrer ı serrer – barrer ı interdire – éteindre – finir ı terminer – se fermer ı dissimuler ı se méfier

ovale

■ *adj.* **elliptique** · ové · ovoïdal · ovoïde

■ *n.m.* **ellipse** · ove

ovation *n.f.* · acclamation · applaudissement · ban · bis · hourra · cri · vivat

CONTR. huée ı tollé

ovationner *v.tr.* · acclamer · applaudir

CONTR. conspuer ı huer ı siffler

oxydation *n.f.* · galvanisation · rouille

oxyder *v.tr.* · rouiller

CONTR. réduire

oxygène *n.m.* · air (pur)

pacage n.m. • pâturage • herbage • pâture • pré • alpage • pâquis vieux • pâtis vieux ou région.

pacemaker n.m. • stimulateur cardiaque

pacifier v.tr. • apaiser • adoucir • calmer (les esprits de) • tranquilliser
CONTR. agiter ı attiser ı exciter

pacifique adj. **1** - doux • calme • débonnaire • paisible • placide • serein • tranquille • **2** - inoffensif
CONTR. belliqueux

pacifiste n. • antimilitariste • colombe • non-violent
CONTR. belliciste

packaging n.m. • conditionnement recomm. offic.

pacotille n.f. • camelote fam. • verroterie • cochonnerie fam. • nanar fam. • toc fam.

pacte n.m. • traité • accord • alliance • arrangement • convention • contrat • engagement • entente • marché
↝ contrat

pactiser v.intr. **1** - composer • négocier • transiger • **2** - s'accorder • s'entendre • fraterniser

pactole n.m. • trésor • fortune • magot fam.

pagaie n.f. • rame • aviron

pagaille n.f. **1** - fouillis • désordre • bazar fam. • foutoir fam. • souk fam. • bordel très fam. • **2** - anarchie • gabegie • chienlit très fam. • merdier très fam.
✦ **en pagaille** en grande quantité • à profusion • à gogo fam. • à la pelle fam.
CONTR. ordre

paganisme n.m. • polythéisme

pagayer v.intr. • ramer

¹**page** n.f. **1** - folio • **2** - événement • épisode • fait
✦ **première page** [de journal] une
✦ **page d'accueil** portail
✦ **les plus belles pages** œuvres choisies • anthologie • extraits • florilège • morceaux choisis • passages
✦ **à la page** moderne • à la mode • de son temps • branché fam. • câblé fam. • in fam. • mode fam. • tendance fam.

²**page** n.m. **1** - domestique • menin • valet • **2** - écuyer

paginer v.tr. • folioter • numéroter

pagne n.m. • paréo

paiement *n.m.* 1 - règlement · acquittement · versement · 2 - rétribution · récompense · rémunération · salaire
CONTR. non-paiement ı versement

païen, païenne *adj. et n.* 1 - idolâtre · polythéiste · 2 - impie · infidèle · mécréant *vieux ou plaisant*
CONTR. chrétien ı pieux ı religieux

paillard, e
■ *adj.* licencieux · coquin · égrillard · gaulois · grivois · impudique · luxurieux · polisson · salace · cochon *fam.*
■ *n.* débauché · libertin · libidineux · cochon *fam.*
CONTR. bégueule ı chaste ı libre

paillardise *n.f.* 1 - débauche · dépravation · lasciveté · licence · lubricité · luxure · salacité · 2 - grivoiserie · gaillardise · gaudriole · gauloiserie

paillasse *n.f.* · matelas · couchette · grabat · litière · natte

paillasson *n.m.* 1 - tapis-brosse · 2 - abri · abrivent · brise-vent

paille *n.f.* 1 - chaume · éteule · feurre *vieux* · fouarre *vieux* · 2 - fétu · tige · 3 - [de pierre précieuse] défaut · crapaud · imperfection
✦ **homme de paille** prête-nom

paillote *n.f.* · case · cabane · hutte

pain *n.m.* 1 - miche · bricheton *fam., vieilli* · brignolet *argot* · [long] baguette · bâtard · flûte · parisien · [rond] boule · tourte *région.* · 2 - nourriture · pitance · subsistance
✦ **pain grillé** toast
✦ **pain de sucre** 1 - casson · 2 - [Géogr.] cône

pair *n.m.* 1 - semblable · collègue · condisciple · égal · 2 - pareil · 3 - [Écon.] taux

✦ **hors pair** supérieur · exceptionnel · extraordinaire · hors du commun · hors ligne · incomparable · inégalable · sans pareil
CONTR. différent – commun – médiocre

paire *n.f.* 1 - tandem · binôme · duo · 2 - couple · pariade
✦ **se faire la paire** → s'enfuir

🐍 **paire, couple**
Paire et couple se disent de deux éléments de même nature, qu'il s'agisse de choses ou d'êtres vivants. On parle de **paire** à propos de deux choses identiques ou symétriques utilisées ensemble *(une paire de chaussures, de gants, de draps)*, d'un objet formé de deux parties semblables et symétriques *(une paire de ciseaux, de lunettes)*, de deux parties du corps semblables *(une paire de fesses)*. **Paire** convient aussi pour deux animaux vendus ensemble *(une paire de canaris)*, mais on utilise plutôt **couple** quand il s'agit d'un mâle et d'une femelle de la même espèce *(un couple de pigeons)*. Seul **couple** est possible pour deux personnes unies par les liens de l'amour ou du mariage *(un couple de jeunes mariés, vivre en couple)*. Lorsque le lien est d'une autre nature, **paire** est plus familier que **couple** *(une paire/un couple d'amis)*.

paisible *adj.* · calme · débonnaire · doux · pacifique · placide · quiet · serein · tranquille · cool *fam.* · peinard *fam.* · pépère *fam.*
CONTR. agité ı agressif ı emporté ı inquiet ı tourmenté ı troublé

paisiblement *adv.* · calmement · doucement · pacifiquement · placidement · posément · sereinement · tranquillement

paître *v.intr.* brouter · manger · pacager · pâturer
✦ **envoyer paître** → éconduire

paix *n.f.* **1** - calme · repos · silence · tranquillité · quiétude *littér.* · · **2** - **tranquillité** (d'âme) · sérénité · **3** - **pacification** · accalmie · apaisement · conciliation · réconciliation · **4** - **armistice** · pacte · traité · trêve · **5** - **concorde** · accord · entente · harmonie · ordre

✦ **faire la paix** **1** - poser les armes · enterrer la hache de guerre · **2** - se réconcilier · se mettre d'accord

CONTR. agitation ı bruit – inquiétude ı tourment – conflit ı dispute ı hostilités ı violence – guerre – faire la guerre – se fâcher

pal *n.m.* · pieu

palabrer *v.intr.* **1** - **discourir** · discuter · pérorer *péj.* · laïusser *fam.* · · **2** - **marchander** · discutailler *fam.*

palabres *n.f.pl.* **1** - **discours** · conciliabule · conférence · conversation · discussion · paroles · **2** - **pourparlers** · marchandage

palais *n.m.* château
✦ **palais de justice** tribunal

pale *n.f.* **1** - aile · **2** - aube · palette

pâle *adj.* **1** - clair · **2** - **décoloré** · affadi · délavé · déteint · éteint · **3** - blafard · blanc · blême · cireux · défait · exsangue · hâve · livide · plombé · terreux · pâlichon *fam.* · pâlot *fam.* · de papier mâché *fam.* · · **4** - **faible** · doux · **5** - **fade** · faible · incolore · inodore et sans saveur · insipide · médiocre · pauvre · piètre · terne

CONTR. foncé – brillant ı éclatant ı vif – coloré ı rouge ı sanguin – remarquable

🕮 **pâle, blafard, blême, livide**

Pâle, blême, livide et blafard qualifient ce qui est d'une blancheur terne. Pâle, terme général, concerne une personne, son visage, son teint, sa peau : « Elle était toute fluette, pâle et comme sur le point de se trouver mal » (Gide, *Si le grain ne meurt*, I, I). Pâle s'emploie aussi pour caractériser une lumière faible *(la pâle lumière d'un réverbère)*. **Blême** s'applique seulement à une personne ; il renchérit sur la pâleur et marque le caractère maladif de la blancheur *(un teint, un visage blême)* ou l'extrême pâleur qui accompagne un sentiment violent *(il était blême de colère, de rage, de peur)*. **Livide**, dans des contextes équivalents, insiste sur le caractère terreux de la pâleur : « Son beau visage était livide. Toute humanité s'était effacée de ce front pâle, de cette bouche exsangue » (Julien Green, *Adrienne Mesurat*). **Blafard** dénote une pâleur sans éclat *(une lumière blafarde ; un ciel, un jour, un teint blafard ; des néons blafards)*.

palefrenier, -ière *n.* · garçon d'écurie · lad

palet *n.m.* · disque

paletot *n.m.* **1** - **manteau** · pardessus · **2** - **gilet** · sweater · veste

palette *n.f.* **1** - **gamme** · choix · collection · ensemble · éventail · panoplie · **2** - **aube** · pale · **3** - [Boucherie] **paleron**

pâleur *n.f.* **1** - lividité · blancheur · **2** - **fadeur** · insipidité · pauvreté · platitude · tiédeur

pâlichon, -onne *adj.* → pâle

palier *n.m.* **1** - **plateforme** · étage · **2** - **échelon** · degré · étape · gradation · niveau · phase · stade

✦ **par paliers** graduellement · par degrés · progressivement

palinodie *n.f.* · changement d'opinion · désaveu · pirouette · retournement · rétractation · revirement · volte-face

pâlir
■ *v.intr.* **1** - **blêmir** · changer de couleur · verdir · **2** - **se décolorer** · se faner · jaunir · passer · se ternir · **3** - **s'affaiblir** · s'atténuer · s'effacer · s'estomper

palissade

✦ **faire pâlir** éclipser · diminuer · faire de l'ombre à
■ *v.tr.* **décolorer** · faner · jaunir · ternir
CONTR. brunir ı rougir – se raviver – mettre en valeur – aviver

palissade *n.f.* · clôture · banquette · barrière · lice · palis *vieux*

palliatif *n.m.* · expédient · exutoire · pis-aller · remède

pallier *v.tr.* **1 - remédier à** · atténuer · diminuer · parer à · pourvoir à · obvier à *soutenu* · **2 - cacher** · couvrir · déguiser · dissimuler · masquer · voiler

palmarès *n.m.* · hit-parade · résultats

palombe *n.f.* · (pigeon) ramier

pâlot, -otte *adj.* → **pâle**

palourde *n.f.* · clovisse *région.*

palpable *adj.* **1 - concret** · matériel · réel · sensible · tangible · **2 - manifeste** · certain · clair · évident · patent
CONTR. impalpable ı immatériel ı spirituel – aléatoire ı douteux

palpation *n.m.* · toucher · investigation

palper *v.tr.* **1 - toucher** · examiner · manier · masser · tâter · peloter *fam.* · tripoter *fam.* · **2 -** [de l'argent, fam.] **gagner** · percevoir · recevoir · empocher *fam.* · encaisser *fam.* · ramasser *fam.* · se faire *fam.* · toucher *fam.*
↬ **toucher**

palpitant, e *adj.* **1 - pantelant** · frémissant · tremblant · **2 - excitant** · angoissant · captivant · émouvant · intéressant · passionnant · saisissant

palpitation *n.f.* · battement · frémissement · tremblement · trépidation · vibration

palpiter *v.intr.* **1 - battre** · **2 - frémir** · panteler · trembler · tressaillir · vibrer · **3 - scintiller**

paluche *n.f.* → **main**

paludisme *n.m.* · malaria · palu *fam.*

pâmer (se) *v.pron.* **1 - s'évanouir** · défaillir · perdre connaissance · tomber dans les pommes, les vapes *fam.* · tomber en pâmoison *vieux* · **2 - s'extasier** · s'émerveiller · tomber en extase · tomber en pâmoison *plaisant*

pâmoison *n.f.* · évanouissement · défaillance · faiblesse · malaise · syncope

pamphlet *n.m.* · diatribe · libelle · placard · satire · tract · factum *littér.*

pamphlétaire *n.* · polémiste · libelliste *littér.*

pan *n.m.* **1 - côté** · face · flanc · paroi · versant · **2 - morceau** · partie · portion · **3 - aspect** · facette · **4 - basque**
✦ **en pan de chemise** en bannière *fam., vieux*

panacée *n.f.* · remède (universel) · solution

panache *n.m.* **1 - aigrette** · bouquet · houppe · huppe · plume · plumet · **2 - brio** · aisance · éclat · (fière) allure · maestria · prestige · talent · virtuosité

panaché, e *adj.* **1 - mélangé** · divers · mêlé · varié · **2 - bariolé** · bigarré · multicolore · **3 - disparate**
↬ **bariolé**

panacher *v.tr.* **1 - mélanger** · mêler · **2 - barioler** · chamarrer

panade *n.f.* → **misère**

panaris *n.m.* · abcès · inflammation · phlegmon

pancarte *n.f.* · écriteau · affiche · enseigne · panneau · placard

panégyrique *n.m.* · apologie · dithyrambe · éloge · glorification · louange
CONTR. blâme ı calomnie
↝ apologie

panégyriste *n.* 1 - apologiste · encenseur · laudateur *littér.* · thuriféraire *littér.* · zélateur *littér.* · louangeur *vieilli* · **2 -** [péj.] adulateur · flagorneur · flatteur · caudataire *littér.* · prôneur *littér.*

panel *n.m.* · échantillon · assortiment

panetière *n.f.* · armoire · dressoir

panier *n.m.* **1 -** corbeille · banne · barquette · bourriche · cabas · couffin · hotte · paneton · panière · **2 -** [Basket] but · **3 -** [fam.] → derrière²
✦ **panier percé** → dépensier
✦ **(robe à) paniers** (robe à) crinoline · vertugadin
✦ **panier à salade** [fam.] voiture cellulaire · boîte de six *lang. jeunes*

panique *n.f.* **1 -** terreur · affolement · effroi · épouvante · peur · **2 -** déroute · désordre · fuite · sauve-qui-peut

paniquer
■ *v.tr.* terrifier · affoler · épouvanter
■ *v.intr.* s'affoler · s'angoisser · avoir, prendre peur · perdre la tête · perdre son sang-froid · perdre le nord *fam.* · perdre les pédales *fam.*

panne *n.f.* **1 -** arrêt (de fonctionnement) · coupure · interruption · **2 -** [fam.] → misère
✦ **en panne** **1 -** hors service · détraqué *fam.* · en carafe *fam.* · h. s. *fam.* · **2 - en suspens** · en attente · en souffrance · en carafe *fam.* · en plan *fam.* · en rade *fam.* · **3 -** [bateau] immobile · immobilisé
CONTR. fonctionnement ı marche

panneau *n.m.* **1 -** écriteau · indication · pancarte · plaque · signal · tableau · **2 -** planche · battant · vantail · volet · **3 -** piège · filet · **4 -** [Couture] **pan** · lé

panonceau *n.m.* · enseigne · armoiries

panoplie *n.f.* **1 -** arsenal · assortiment · cargaison · choix · collection · éventail · gamme · sélection · série · **2 -** déguisement

panorama *n.m.* **1 -** vue · décor · paysage · perspective · site · spectacle · **2 -** tour d'horizon · vue d'ensemble

panse *n.f.* **1 -** ventre · estomac · bedaine *fam.* · bedon *fam.* · bide *fam.* · **2 -** [de ruminants] rumen · **3 -** galbe

pansement *n.m.* **1 -** bande · adhésif · agglutinatif · bandage · bandelette · charpie · compresse · coton · gaze · linge · ouate · **2 -** remède · baume

panser *v.tr.* **1 -** bander · soigner · **2 -** bouchonner · brosser · étriller · **3 -** adoucir · apaiser · calmer

pansu, e *adj.* **1 -** ventru · replet · ventripotent · bedonnant *fam.* · **2 -** galbé · rebondi · renflé

pantagruélique *adj.* · gargantuesque · abondant · copieux · énorme · monumental · d'ogre · plantureux

pantalon *n.m.* · culotte · ben *fam.* · bénard *fam.* · falzar *fam.* · froc *fam.* · futal *fam.* · fute *fam.*

pantalonnade *n.f.* **1 -** farce · bouffonnerie · comédie · facétie · pirouette · pitrerie · pochade · **2 - feinte** · comédie · dérobade · duperie · faux-fuyant · fuite · grimace · hypocrisie · simagrées · simulation · singerie · tartuferie

pantelant, e *adj.* **1 - haletant** · essoufflé · hors d'haleine · suffocant · pantois *vieux* · **2 - tremblant** · frémissant · **3 - palpitant**

pantin *n.m.* **1 - marionnette** · fantoche · polichinelle · **2 -** [péj.] **bouffon** · clown · girouette · guignol · charlot *fam.* · **3 - esclave**

pantois, e *adj.* · abasourdi · ahuri · ébahi · interdit · interloqué · médusé · sans voix · sidéré · stupéfait · estomaqué *fam.* · soufflé *fam.* · suffoqué *fam.*

pantomime *n.f.* **1 - mimodrame** · saynète · **2 -** [péj.] **comédie** · cirque · contorsions · gesticulations · **3 -** [Antiq. romaine] **orchestique** · saltation

pantouflard, e *adj.* · casanier · sédentaire · popote *fam.* · pot-au-feu *vieilli*
CONTR. bohème

pantoufle *n.f.* · chausson · babouche · charentaise · mule · savate

panure *n.f.* · chapelure

papa *n.m.* père · dab *argot* · paternel *fam.* · vieux *fam.*
✦ **de papa** → dépassé
✦ **à la papa** → tranquillement

papal, e *adj.* · pontifical

papauté *n.f.* **1 - pontificat** · **2 - Saint-Siège** · Vatican

pape *n.m.* **1 - souverain pontife** · chef de l'Église · Saint-Père · Sa Sainteté · **2 - chef (de file)** · gourou · leader

papelard, -e *adj.* · faux · doucereux · hypocrite · mielleux

papelardise *n.f.* · fausseté · hypocrisie

paperasserie *n.f.* · bureaucratie · tracasseries administratives

papier *n.m.* **1 - écrit** · article · copie · imprimé · papelard *fam.* · **2 - document** · note · **3 - pièce d'identité** · **4 -** [péj.] **paperasse** *fam.* · **5 -** [Fin.] **titre** · valeur
✦ **papier absorbant** essuie-tout
✦ **papier-monnaie** billet (de banque)
✦ **papier peint** tapisserie · revêtement mural

papillon *n.m.* **1 - lépidoptère** · **2 - avis** · prospectus · tract · **3 -** [fam.] → **contravention**

papillonner *v.intr.* **1 - s'agiter** · battre · clignoter · papilloter · **2 - s'éparpiller** · s'amuser · batifoler · changer · s'ébattre · folâtrer · marivauder · virevolter · voltiger
✦ **papillonner autour** tourner autour

papilloter *v.intr.* **1 - miroiter** · scintiller · trembler · trembloter · vaciller · **2 - cligner** · ciller · clignoter · papillonner

papotage *n.m.* **1 - bavardage** · babillage · caquetage *péj., fam.* · parlote *péj., fam.* · **2 - commérage** · cancan *fam.* · potin *fam.* · ragot *fam.*

papoter *v.intr.* **1 - bavarder** · babiller · causer · discuter le bout de gras *fam.* · jacasser *fam.* · faire la parlote *fam.* · tailler une bavette *fam.* · caqueter *péj., fam.* · **2 - cancaner** · potiner · commérer *vieux*

papouille *n.f.* · chatouille · câlinerie · caresse · chatterie

papy *n.m.* → **grand-père**

paquebot *n.m.* · bateau · bâtiment · navire
⮑ bateau

pâquerette *n.f.*
✦ **au ras des pâquerettes** qui ne vole pas haut · terre à terre

paquet *n.m.* **1 - colis** · **2 - emballage** · boîte · pack · sac · sachet · **3 - bagage** · balluchon · barda *fam.*
✦ **paquet de mer** lame

paquetage *n.m.* · bagage · affaires · équipement · barda *fam.* · fourniment *littér.*

parabole *n.f.* · allégorie · apologue · comparaison · fable
↝ allégorie

parachèvement *n.m.* **1 - achèvement** · accomplissement · conclusion · couronnement · la cerise sur le gâteau · **2 - perfection** · fignolage · peaufinage · polissage

parachever *v.tr.* **1 - achever** · accomplir · conclure · couronner · finir · mettre la dernière main à · terminer · mettre la touche finale à · **2 - parfaire** · ciseler · fignoler · peaufiner · perfectionner · polir · chiader *fam.* · lécher *fam.* · **3 - compléter** · enrichir

parachutage *n.m.* **1 - largage** · droppage · **2 - désignation** · nomination · catapultage *fam.*

parachuter *v.tr.* **1 - larguer** · droper · lâcher · **2 - affecter** · nommer · bombarder *fam.* · catapulter *fam.*

parade *n.f.* **1 - revue** · cérémonie · défilé · **2 - ostentation** · exhibition · esbroufe *fam.* · montre *littér.* · **3 - défense** · diversion · **4 -** [Escrime] **contre**
✦ **faire parade de** afficher · arborer · déployer · étaler · exhiber · faire étalage de · faire montre de · se parer de · tirer vanité de

parader *v.intr.* · s'afficher · s'étaler · faire le beau · faire le fier · faire l'important · faire la roue · se montrer · se pavaner · poser · frimer *fam.* · plastronner *littér.*

paradigme *n.m.* **1 - exemple** · modèle · référence · type · **2 - classe** · ensemble · série

paradis *n.m.* **1 - ciel** · cieux · cité céleste · cour céleste · céleste demeure · royaume de Dieu · le royaume éternel · **2 - (lieu de)** délice(s) · éden · Élysée *poétique* · **3 - eldorado** · pays de cocagne · **4 - nirvana** · **5 -** [au théâtre] galerie · poulailler *fam.*
✦ **oiseau de paradis** paradisier
CONTR. enfer ı géhenne

paradisiaque *adj.* · enchanteur · divin · édénique · féerique · idyllique · merveilleux · sublime

paradoxal, e *adj.* · contradictoire · aberrant · absurde · antinomique · bizarre · illogique · inconcevable

paradoxalement *adv.* · curieusement · bizarrement · étrangement

paradoxe *n.m.* · contradiction · absurdité · antinomie · bizarrerie · illogisme · incohérence · inconséquence · sophisme

parage *n.m.* · extraction · naissance · race

parages *n.m.pl.* **1 - environs** · alentours · pays · secteur · voisinage · coin *fam.* · contrée *vieilli ou région.* · **2 -** [Mar.] **approche** · atterrage

paragraphe *n.m.* · alinéa · section · verset

paraître *v.intr.* **1 - apparaître** · se dessiner · se dévoiler · éclater · éclore · émerger · se manifester · se montrer · naître · percer · pointer · se présenter · ressortir · surgir · transparaître · venir · poindre *littér.* · **2 -** [en public, sur scène, à l'écran] **se produire** · **3 - briller** · poser · se faire valoir · plastronner *fam.* · **4 - sembler** · avoir l'air · avoir la mine · faire figure · passer pour · faire *fam.* · **5 - être édité** · être dans les librairies · être publié · sortir
✦ **il paraît que** il semble que · on dit que · on prétend que
✦ **faire paraître** publier · éditer · rendre public · sortir

✦ **faire, laisser paraître** manifester · montrer · témoigner

CONTR. disparaître ı se cacher

❧ **sembler**

parallèle

■ *adj.* **1** - analogue · comparable · équivalent · proche · ressemblant · semblable · similaire · **2** - clandestin · illégal · marginal · noir · occulte · souterrain • [médecine] alternative · douce

■ *n.m.* rapprochement · analogie · comparaison · parallélisme

✦ **mettre en parallèle** comparer · mettre en balance · opposer · rapprocher

CONTR. contraire ı divergent − légal − isoler ı séparer

parallèlement *adv.* · corrélativement · à la fois · dans le même temps · en même temps · simultanément

parallélisme *n.m.* **1** - comparaison · **2** - ressemblance · analogie · similitude

CONTR. convergence ı divergence ı rencontre

paralysé, e

■ *adj.* **1** - engourdi · ankylosé · glacé · insensible · pétrifié · tétanisé · transi · perclus *littér.* · **2** - bloqué · figé · gelé · immobile · inerte

■ *adj. et n.* **paralytique** · impotent

paralyser *v.tr.* **1** - arrêter · annihiler · bloquer · empêcher · entraver · figer · gêner · immobiliser · mettre au point mort · neutraliser · stopper · **2** - figer · clouer (sur place) · engourdir · glacer · pétrifier · statufier · stupéfier · tétaniser · transir · **3** - intimider · complexer · couper ses moyens à · inhiber

CONTR. aider ı animer ı éveiller − désinhiber ı dynamiser

paralysie *n.f.* **1** - arrêt · asphyxie · blocage · étouffement · étranglement · **2** -

engourdissement · ankylose · assoupissement · immobilité · inaction · impuissance · inertie · inhibition

CONTR. essor ı mouvement − vivacité

paralytique *adj. et n.* · paralysé · impotent

paramètre *n.m.* · facteur · donnée · élément · indice · variable

parangon *n.m.* · modèle · canon · étalon · exemple · idéal · paradigme · prototype

paranoïaque *adj. et n.* · mégalomane · persécuté · mégalo *fam.* · parano *fam.*

parapet *n.m.* · balustrade · garde-corps · garde-fou · rambarde

paraphe *n.m.* · signature · émargement · griffe

paraphrase *n.f.* **1** - commentaire · explication · glose · **2** - périphrase

CONTR. résumé

parapluie *n.m.* **1** - pébroc *fam.* · pépin *fam.* · riflard *fam., vieilli* · **2** - protection · couverture

parasite

■ *adj.* inutile · encombrant · importun · superflu

■ *n.* profiteur · pique-assiette *fam.* · écornifleur *vieux*

■ *n.m.* grésillement · brouillage · bruit · friture *fam.*

parasiter *v.tr.* **1** - perturber · brouiller · **2** - abuser de · profiter de · vivre aux crochets de

paratonnerre *n.m.* · parafoudre

paravent *n.m.* **1** - écran · couverture · façade · prétexte · **2** - protection · abri

parc n.m. 1 - jardin (public) · 2 - enclos · 3 - ensemble · totalité • [de véhicules] flotte
+ **parc zoologique** zoo · réserve (animalière)
+ **parc de stationnement** parking · garage
+ **parc à huîtres** clayère · huîtrière
+ **parc à moules** bouchot · moulière

parcelle n.f. 1 - morceau · éclat · fraction · fragment · part · partie · portion · 2 - atome · bribe · brin · grain · miette · ombre · once · soupçon · 3 - terrain · lopin · lot · lotissement · terre
CONTR. totalité

parce que loc. conj. · car · c'est que · comme · dans la mesure où · en effet · étant donné que · du fait que · pour ce que · puisque · par la raison que · sous prétexte que · vu que fam. · à cause que pop. · attendu que Droit

parchemin n.m. 1 - écrit · 2 - vélin · 3 - [fam.] → diplôme

parcimonie n.f. économie · épargne · mesure · mesquinerie péj.
+ **avec parcimonie** parcimonieusement · modestement · petitement · au compte-gouttes fam. · chichement fam.
+ **dépenser, distribuer, donner, fournir avec parcimonie** compter · marchander · ménager · mesurer · plaindre vieilli
CONTR. gaspillage ı générosité ı prodigalité ı profusion – généreusement ı profusément

parcimonieusement adv. · modestement · avec parcimonie · petitement · au compte-gouttes fam. · chichement fam.
CONTR. généreusement ı profusément

parcimonieux, -ieuse adj. 1 - mesuré · économe · modeste · chiche fam. · 2 - [péj.] avare · mesquin · regardant · pingre fam. · 3 - maigre · court · insuffisant · juste · pauvre · serré · jeune fam. · riquiqui fam. · mesquin péj.
CONTR. généreux – dépensier ı prodigue – copieux ı fastueux

parcmètre n.m. · horodateur

parcourir v.tr. 1 - traverser · couvrir · franchir · 2 - arpenter · battre · faire le tour de · patrouiller dans · sillonner · visiter · 3 - feuilleter · lire (en diagonale) · regarder · survoler · 4 - passer en revue · explorer · inspecter · prospecter

parcours n.m. 1 - distance · traite · 2 - itinéraire · chemin · circuit · cours · course · route · trajet · 3 - carrière · cheminement · curriculum vitæ · trajectoire • [scolaire] cursus
+ **un long parcours** une longue traite · une (bonne) trotte fam.

par-delà prép · de l'autre côté de · au-delà de

pardessus n.m. · manteau · gabardine · imperméable · pelure fam.

pardon n.m. absolution soutenu ou Relig. · amnistie · grâce · indulgence · miséricorde · rédemption · rémission
+ **demander pardon** présenter des excuses · faire amende honorable
+ **obtenir son pardon** rentrer en grâce
+ **pardon ?** comment ? · quoi ? fam. · vous dites ? soutenu · plaît-il ? vieilli ou plaisant
CONTR. condamnation ı représailles
↝ **excuse**

↝ pardon, absolution
Il y a **pardon** lorsqu'une personne décide de ne plus tenir compte d'une offense qui lui a été faite (un geste de pardon, accorder son pardon, obtenir le pardon de quelqu'un). On parle d'**absolution** lorsque la faute dont on a obtenu le pardon est considérée comme totalement effacée ; le mot appartient à la langue soutenue ou au vocabulaire de la religion catholique, l'absolution des péchés intervenant dans le sacrement de pénitence (le prêtre administre l'absolution).

pardonnable
adj. **1 -** excusable · graciable · rémissible · **2 - acceptable** · tolérable

CONTR. impardonnable ׀ inexcusable ׀ punissable – intolérable

pardonner
v.tr. **1 -** faire grâce · absoudre · amnistier · gracier · oublier · remettre · **2 - excuser** · faire crédit à · **3 - tolérer** · passer (l'éponge) sur · supporter

CONTR. accuser ׀ condamner ׀ frapper ׀ punir

paré, e
adj. **1 -** orné · décoré · endimanché · habillé · vêtu · bichonné *fam.* · pomponné *fam.* · **2 - pourvu** · doté · équipé · nanti · **3 -** (fin) prêt

pare-feu
n.m. invar. · coupe-feu · écran

pareil, -eille
■ *adj.* **1 -** identique · même · similaire · **2 - comparable** · analogue · équivalent · semblable · **3 - tel**

✦ **pareil à, que** comme
✦ **c'est pareil** c'est bonnet blanc et blanc bonnet *fam.* · c'est kif-kif *fam.*

■ *n.* **1 -** égal · équivalent · **2 - semblable** · congénère · pair

✦ **sans pareil** inégalable · excellent · exceptionnel · extraordinaire · hors du commun · hors ligne · hors pair · incomparable · sans égal · supérieur
✦ **rendre la pareille 1 -** payer (de retour) · remercier · rendre la réciproque · renvoyer l'ascenseur *fam.* · **2 - répondre du tac au tac** · faire subir la loi du talion

■ *adv.* [fam.] → **pareillement**

CONTR. autre ׀ contraire ׀ différent ׀ dissemblable ׀ inégal

pareillement
adv. **1 - de la même façon** · à l'avenant · identiquement · semblablement · **2 - aussi** · également · de même · idem *fam.* · pareil *fam.*

✦ **pareillement à** comme · de la même façon que · semblablement à

CONTR. autrement ׀ au contraire – différemment de

parement
n.m. · revers · rabat · retroussis

¹parent, e
adj.

✦ **parent (de)** apparenté (à) · analogue (à) · proche (de) · semblable (à) · similaire (à) · voisin (de)

²parent, e
n. **1 -** mère · père · **2 - ascendant** · ancêtre · aïeul · bisaïeul · trisaïeul · **3 - proche** · allié · ascendant · collatéral · descendant ● [éloigné] cousin à la mode de Bretagne *plaisant*

≫ **parents** *plur.* **1 -** géniteurs *plaisant.* · procréateurs *vieilli ou plaisant.* · vieux *fam.* · **2 - proches** · famille · familiers · siens · **3 - famille** · dynastie · lignée · maison · parenté

parenté
n.f. **1 -** famille · dynastie · lignage · ligne · lignée · **2 - lien** · alliance · apparentage *rare* · ascendance · descendance · cousinage · filiation · fraternité · parentèle *vieux* · **3 - sang** · consanguinité · origine · souche · **4 - analogie** · affinité · corrélation · dépendance · lien · proximité · rapport · ressemblance · similitude

parenthèse
n.f. · digression · incise

✦ **entre parenthèses** incidemment · soit dit en passant

¹parer
v.tr. **1 - décorer** · agrémenter · arranger · embellir · enjoliver · fleurir · garnir · ornementer · orner · **2 - endimancher** · apprêter · habiller · bichonner *fam.* · pomponner *fam.* · attifer *fam., péj.* · **3 - colorer** · embellir · farder *péj.* · **4 -** [Cuisine] préparer

✦ **parer de** attribuer · auréoler de · orner de

≫ **se parer** *v.pron.* s'apprêter · s'ajuster · s'arranger · s'endimancher · se bichonner *fam.* · se pomponner *fam.* · s'attifer *fam., péj.* · faire toilette *vieilli*

²parer
v.tr. **1 - éviter** · détourner · échapper à · esquiver · **2 - défendre de** · garantir de · protéger de

◆ **parer à** 1 - se protéger de · se mettre à l'abri de · se garantir contre, de · se prémunir contre · prévenir · 2 - envisager · aviser à · se préparer à · 3 - faire face à · pourvoir à · 4 - remédier à · pallier · obvier à *soutenu*

paresse *n.f.* 1 - fainéantise · flemmardise *fam.* · flemme *fam.* · cosse *fam., vieilli* · 2 - apathie · assoupissement · engourdissement · indolence · inertie · langueur · lourdeur · mollesse · nonchalance · nonchaloir *vieux ou littér.* · 3 - désœuvrement · oisiveté · 4 - [Méd.] atonie · lenteur
CONTR. activité ı ardeur – application ı effort ı énergie ı travail – occupation – hypertonie

🙵 **paresse, fainéantise**
Paresse, fainéantise définissent une relation à l'activité que l'on a dans une société. On parle de **paresse** à propos de quelqu'un qui répugne à tout travail et manifeste son goût à ne rien faire *(s'abandonner à la paresse)*, y compris dans le domaine intellectuel *(la paresse intellectuelle, de l'esprit)*. **Fainéantise** renchérit sur **paresse**, par la volonté affichée de ne rien faire. Dans quelques contextes, on peut employer **paresse** de manière positive *(l'éloge de la paresse, le droit à la paresse)*, alors que **fainéantise** est toujours négatif.

paresser *v.intr.* · lézarder · se prélasser · traîner · buller *fam.* · coincer la bulle *fam.* · fainéanter *fam.* · faire le lézard *fam.* · flemmarder *fam.* · glander *fam.* · ne pas en ficher une rame *fam.* · se la couler douce *fam.* · se les rouler *fam.* · se tourner les pouces *fam.* · tirer au flanc *fam.* · tirer au cul *très fam.* · traînasser *fam.*
CONTR. agir ı travailler

paresseusement *adv.* · nonchalamment · indolemment · lentement · mollement · languissamment *littér.*

paresseux, -euse
▪ *adj.* 1 - indolent · fainéant · languissant · mou · nonchalant · cossard *fam.* · feignant *fam.* · flemmard *fam.* · 2 - désœuvré · inactif · oisif · 3 - endormi · apathique · inerte · lent

▪ *n.* **fainéant** · cancre · partisan du moindre effort · branleur *fam.* · clampin *fam.* · cossard *fam.* · feignant *fam.* · flemmard *fam.* · glandeur *fam.* · jean-foutre *fam.* · tire-au-flanc *fam.* · tire-au-cul *très fam.*

▪ *n.m.* **aï** (ou **bradype**) · unau

◆ **être très paresseux** être paresseux comme une couleuvre · avoir les côtes en long *fam.* · avoir un poil dans la main *fam.* · avoir les pieds palmés *fam.* · ne pas se faire d'ampoules *fam.* · ne pas en ficher une rame *fam.* · ne pas se fouler (la rate) *fam.* · avoir les bras à la retourne *fam., vieilli*
CONTR. actif ı alerte ı bûcheur ı laborieux ı travailleur ı vif

parfaire *v.tr.* 1 - achever · parachever · 2 - compléter · enrichir · 3 - perfectionner · ajouter à · améliorer · ciseler · épurer · fignoler · finir · mettre la dernière main à · mettre la touche finale à · polir · chiader *fam.* · lécher *fam.* · peaufiner *fam.*
CONTR. ébaucher ı esquisser

parfait, e *adj.* 1 - admirable · accompli · achevé · beau · (très) bien · (très) bon · complet · en or · excellent · exemplaire · exquis · extraordinaire · idyllique · impeccable · idéal · incomparable · irréprochable · modèle · réussi · aux petits oignons *fam.* · au poil *fam.* · 2 - sublime · céleste · divin · 3 - pur · sans faute · sans tache · 4 - entier · absolu · complet · total · 5 - adéquat · infaillible · 6 - exact · strict · 7 - [péj.] consommé · complet · fameux · fieffé · fini · franc · pur · sacré
CONTR. imparfait ı mauvais ı médiocre ı moyen – souillé – approximatif ı partiel ı relatif

parfaitement *adv.* 1 - admirablement · à la perfection · à merveille · bien · divinement · excellemment · impeccablement · magnifiquement · merveilleusement · souverainement · superbement · supérieurement · on ne peut mieux • [travailler] comme un ange · 2 - tout à fait · absolument · complètement · entièrement · intégralement · pleinement · totalement · 3 - bien sûr · exactement · oui
CONTR. imparfaitement ı mal – partiellement – non

parfois *adv.* quelquefois • de temps à autre • de temps en temps • à certains moments • par moments • des fois *fam.*
✦ **parfois ... parfois** tantôt ... tantôt
CONTR. jamais ׀ toujours

parfum *n.m.* **1** - arôme • effluve • exhalaison • fumet • odeur • senteur • fragrance *littér.* • **2** - [d'un vin] bouquet • **3** - extrait • eau de toilette • essence • sent-bon *fam., vieilli*

🕮 **parfum, arôme**
Parfum et arôme se disent l'un et l'autre d'une odeur plutôt agréable. Parfum, terme général, concerne aussi bien des odeurs naturelles qu'artificielles *(le parfum des roses, des herbes séchées, du miel ; un parfum de luxe, un parfum capiteux, léger).* Il se dit également d'une odeur appétissante *(le parfum d'un pot-au-feu),* concurrencé par arôme qui caractérise le parfum des choses de la table *(l'arôme du café, du vin).* Par rapport à **parfum**, arôme est restreint aux principes odorants qui s'exhalent de végétaux, d'essences chimiques ou naturelles.

parfumé, e *adj.* **1** - odorant • aromatique • odoriférant • **2** - aromatisé • épicé
✦ **parfumé de** fleurant *littér.* • embaumant *littér.*

parfumer *v.tr.* **1** - embaumer • **2** - aromatiser • relever • **3** - imprégner • vaporiser
CONTR. empuantir

pari *n.m.* **1** - enjeu • **2** - défi • gageure *vieux*

paria *n.m.* **1** - exclu • marginal • **2** - misérable • défavorisé • **3** - maudit • réprouvé • **4** - [en Inde] hors-caste • intouchable

parier *v.tr.* **1** - jouer • engager • mettre en jeu • miser • risquer • **2** - **affirmer** • être sûr de • ficher son billet que *fam.* • mettre sa main au feu que *fam.* • gager *littér. ou vieux*

🕮 **parier, gager**
Parier et gager ont en commun l'idée d'engagement d'un enjeu dans un *pari*. Parier s'emploie couramment, que l'enjeu soit précisé *(je te parie cent euros qu'il arrivera le premier)* ou non *(il n'aime pas parier).* Il sert également à exprimer une certitude *(je parie qu'il sera en retard)* ou une supposition *(je parie qu'il a encore oublié ses clefs),* seule valeur encore vivante, dans un usage littéraire, de **gager** *(gageons qu'il se trompe : que ferez-vous ?).* Gager est en effet à peu près sorti d'usage au sens de « parier quelque chose en supposant que » *(je gagerais une fortune qu'il est amoureux).*

pariétal, e *adj.* • rupestre

parieur, -ieuse *n.* [Courses] turfiste

parisien, -ienne *n. et adj.* • parigot *fam.*
CONTR. provincial

parité *n.f.* • égalité • concordance • communauté • identité • ressemblance • similitude
CONTR. contraste ׀ différence ׀ disparité ׀ inégalité

parjure
▪ *n.m.* faux serment
▪ *n.* traître • félon *littér.*
▪ *adj.* déloyal • infidèle
CONTR. fidèle

parking *n.m.* **1** - stationnement • **2** - parc de stationnement • box • garage

parlant, e *adj.* **1** - expressif • éloquent • probant • significatif • **2** - [fam., surtout au nég.] bavard • démonstratif • extraverti

parlé, e *adj.* **1** - oral • **2** - verbal • de vive voix

parlement *n.m.* • corps législatif • assemblée • chambre

¹**parlementaire**
■ *adj.* constitutionnel · représentatif
■ *n.* député · élu · représentant · sénateur

²**parlementaire** *n.* · délégué · diplomate · émissaire · envoyé · représentant

parlementer *v.intr.* · débattre · argumenter · discuter · négocier · palabrer · traiter

¹**parler** *v.intr.* 1 - s'exprimer · ouvrir la bouche · l'ouvrir *fam.* · en placer une *fam.* · **2 -** deviser · discourir · bavarder · causer · conférer · converser · dialoguer · discuter · s'entretenir · baratiner *fam.* · jacter *fam.* · tailler une bavette *fam.* · tchatcher *fam.* · **3 -** [en public] discourir · déclamer · avoir, prendre la parole · amuser le tapis *fam.* · laïusser *fam.* · tenir le crachoir *fam.* · **4 -** [péj.] **pérorer** · jargonner · jaser · hâbler *vieux* · **5 -** [jeu] **annoncer** · **6 -** avouer · accoucher *fam.* · vider son sac *fam.* · se mettre à table *fam.* · manger le morceau *fam.* · **7 -** s'abandonner · se communiquer · se confier · se déboutonner
✦ **parler bas** chuchoter · marmotter · murmurer · souffler · baisser le ton, la voix
✦ **parler mal** bafouiller · balbutier · bégayer · bléser · bredouiller · chevroter · grailler · grasseyer · nasiller · zézayer · baragouiner *fam.*
✦ **parler peu** être avare de paroles
✦ **parler sans cesse** 1 - ne pas tarir · **2 -** n'avoir pas la langue dans sa poche *fam.* · dépenser sa salive *fam.* · être un vrai moulin (à paroles) *fam.*
✦ **parler à** 1 - adresser la parole à · s'adresser à · **2 - émouvoir** · interpeller · toucher
✦ **parler de** 1 - discuter de · aborder · en venir à · débattre de · toucher un mot de · traiter de · **2 - porter sur** · traiter de · **3 -** citer · mentionner · nommer · tenir des discours, des propos sur • [avec enthousiasme] avoir plein la bouche de · **4 - envisager** de · penser à · projeter de · se proposer de · songer à
✦ **parler en faveur de, pour** plaider pour · défendre · se faire l'avocat de · intercéder pour · intervenir pour · militer pour

✦ **parler contre** attaquer · critiquer · décrier · s'élever contre · invectiver
✦ **parler pour, au nom de** prêter sa voix à · être le porte-parole de
✦ **faire parler** 1 - délier la langue de · dénouer la langue de · faire jaser · **2 -** tirer les vers du nez à *fam.*
✦ **faire parler de soi** défrayer la chronique · faire couler beaucoup d'encre
✦ **parler plus fort** hausser le ton
✦ **sans parler de** indépendamment de · outre · pour ne rien dire de

²**parler** *n.m.* 1 - idiome · dialecte · idiolecte · langue · patois · sociolecte · **2 -** diction · articulation · élocution · prononciation
✦ **parler-vrai** franchise · franc-parler · liberté (de ton) · naturel · spontanéité
↝ **dialecte**

parleur, -euse *n.*
✦ **beau parleur** 1 - séducteur · baratineur *fam.* · **2 -** [vieilli] **phraseur**
✦ **grand parleur** bavard · discoureur

parlophone *n.m.* · interphone

parmi *prép.* 1 - au milieu de · dans · entre · **2 -** au sein de · avec · à, au côté de · près de · au nombre de · au rang de · chez · sur

parodie *n.f.* 1 - imitation · pastiche · **2 -** simulacre · caricature · travestissement
↝ **pastiche**

parodier *v.tr.* · caricaturer · contrefaire · imiter · mimer · pasticher · railler · ridiculiser · singer *fam.*

paroi *n.f.* 1 - cloison · mur · muraille · **2 -** à-pic

paroisse *n.f.* 1 - communauté · village · **2 -** chapelle · église

paroissien, -ienne *n.* 1 - brebis · ouaille · 2 - missel · livre de messe · 3 - [fam.] → **individu**

parole *n.f.*
I 1 - langage · verbe *littér.* · 2 - phonation · voix · 3 - éloquence · discours · langue · verbe · 4 - diction · élocution · parler · ton
II 1 - mot · discours · expression · formule · propos · 2 - assurance · engagement · foi · promesse · serment · 3 - déclaration · dire · 4 - texte
✦ **donner sa parole** (d'honneur) promettre · garantir · jurer
✦ **rendre, retirer sa parole** se dédire · se rétracter

parolier, -ière *n.* · auteur · chansonnier · dialoguiste · librettiste · scénariste

paroxysme *n.m.* 1 - comble · extrême · maximum · point culminant · sommet · summum · 2 - exacerbation · crise
✦ **à son paroxysme** à son comble

parquer *v.tr.* 1 - garer · stationner *Québec* · 2 - enfermer · confiner · entasser · rassembler

parquet *n.m.* 1 - plancher · 2 - ministère public

parrain *n.m.* 1 - tuteur · 2 - caution · garant · répondant · 3 - sponsor

parrainage *n.m.* 1 - patronage · appui · caution · égide · protection · recommandation · soutien · tutelle · 2 - sponsorisation · financement · sponsoring

parrainer *v.tr.* 1 - sponsoriser · commanditer · financer · 2 - patronner · aider · appuyer · protéger · soutenir · 3 - introduire · cautionner · présenter · recommander · pistonner *fam.*

parsemé, e *adj.*
✦ **parsemé de** couvert de · constellé de · criblé de · émaillé de · jonché de · pailleté de · recouvert de · saupoudré de · semé de

parsemer *v.tr.* disperser · disséminer · répandre · semer
✦ **parsemer de** couvrir de · consteller de · émailler de · entremêler de · pailleter de · recouvrir de · saupoudrer de · semer de
CONTR. amasser ı grouper ı rassembler ı réunir

part *n.f.* 1 - partie · division · fraction · fragment · morceau · parcelle · portion · ration · tranche • [de terre] lopin · 2 - participation · appoint · apport · contingent · contribution · écot · lot · quote-part · 3 - prorata · quotité
✦ **la plus grande part** la plupart · la majorité · le gros *fam.*
✦ **à part** 1 - spécial · atypique · particulier · 2 - séparément · en particulier · indépendamment · 3 - en aparté · seul à seul · 4 - excepté · en dehors de · exception faite de · hormis · sauf · 5 - à l'écart · de côté
✦ **mettre à part** écarter · excepter · séparer
✦ **autre part** ailleurs · sous d'autres cieux · sous d'autres latitudes
✦ **d'autre part** d'ailleurs · par ailleurs · en outre
✦ **d'une part ..., de l'autre ; d'une part ..., d'autre part** d'un côté ..., de l'autre
✦ **de toutes parts** de partout · de tous côtés
✦ **pour ma part** quant à moi · de mon côté · en ce qui me concerne
✦ **de la part de** au nom de · de la main de · venant de
✦ **avoir part à** participer à
✦ **prendre part à** 1 - participer à · assister à · être de · se joindre à · se mêler à · 2 - collaborer à · aider à · concourir à · contribuer à · coopérer à · intervenir dans · jouer son rôle dans · se mêler de *péj.* · 3 - partager · s'associer à · éprouver · compatir avec · 4 - [péj.] être complice de · être mouillé dans *fam.* · tremper dans *fam.*

◆ **faire part de** faire connaître · annoncer · communiquer · confier · informer de · instruire de · manifester · signaler
◆ **faire la part de** tenir compte de · distinguer
CONTR. totalité ı tout
↪ **côtés (de tous)**

🕮 **part, partie, portion**
Part, partie et portion désignent l'élément d'un ensemble. Partie, terme général, s'emploie quand un élément est perçu dans ses relations avec ce qui le comprend *(les parties égales d'un gâteau, la plus grande partie de la région)*. Une part est la partie que l'on attribue à quelqu'un dans la répartition d'une chose entre plusieurs personnes *(une grosse part de tarte, recevoir une part des bénéfices)*. Portion se dit de la partie d'un tout quand elle n'est pas nombrable *(une portion de route, une portion de l'humanité)* ou de la partie d'un mets destinée à une personne, notamment dans les repas de communautés *(une portion de viande, dans une cantine)*.

partage *n.m.* **1** - partition · découpage · démembrement · division · fractionnement · fragmentation · morcellement · séparation · **2** - distribution · répartition · **3** - communion · participation · **4** - [Droit] liquidation · succession · **5** - part · destinée · lot · sort
◆ **sans partage** **1** - entièrement · **2** - total · absolu · entier · exclusif
◆ **faire le partage entre** faire la différence entre · distinguer entre · différencier · faire le départ entre *littér.*
◆ **donner, réserver en partage** impartir · douer · départir *littér., vieilli*
CONTR. indivision

partagé, e *adj.* **1** - commun · général · **2** - mutuel · réciproque · **3** - hésitant · déchiré · écartelé · embarrassé · perplexe · tiraillé
CONTR. unilatéral – convaincu ı décidé ı résolu

partager *v.tr.*
I 1 - diviser · cloisonner · démembrer · fractionner · fragmenter · morceler · scinder · séparer · subdiviser · **2** - sectionner · couper · débiter · découper · dépecer · **3** - écarteler · tirailler
II 1 - distribuer · attribuer · départager · départir · lotir · répartir · dispatcher *fam.* · **2** - avoir, mettre en commun
III 1 - embrasser · épouser · se solidariser avec · **2** - prendre part à · s'associer à · compatir à · éprouver · participer à
◆ **faire partager** communiquer
⟫ **se partager** *v.pron.* se ramifier · se diviser · se dissocier · se scinder · se séparer · se subdiviser
CONTR. réunir – accaparer – se désolidariser de – être indifférent à – se regrouper

partance (en) *adv.* sur le départ · qui va partir
◆ **en partance pour** à destination de

¹**partant, e** *adj.* · d'accord · disposé · favorable · volontaire · chaud *fam.* · emballé *fam.* · pour *fam.*

²**partant** *conj.* · ainsi · par conséquent · donc

partenaire *n.* **1** - compagnon (de jeu) · équipier · **2** - cavalier · danseur · **3** - interlocuteur · **4** - allié · associé · coéquipier · collaborateur · complice
CONTR. adversaire ı compétiteur ı rival

parterre *n.m.* **1** - massif · corbeille · plate-bande · **2** - auditoire · assistance · orchestre · public · salle · spectateurs

¹**parti, e** *adj.* **1** - absent · disparu · **2** - [bien, mal] commencé · engagé · barré *fam.* · embarqué *fam.* · **3** - [fam.] → **ivre**
◆ **parti de** issu de · sorti de

²**parti** *n.m.* **1** - association · formation · groupe · mouvement · organisation · rassem-

blement · union · **2 - camp** · **clan** · chapelle *péj.* · coterie *péj.* · faction *péj.* · ligue *péj.* · secte *péj.* · cabale *péj., vieux* · **3 - tendance** · bord · cause · côté · **4 - décision** · résolution · **5 - solution**

✦ **parti pris** partialité · idée préconçue · préjugé · prévention

✦ **de parti pris** partial · orienté · partisan · subjectif · tendancieux · qui a ses têtes *fam.*

✦ **prendre parti** choisir · (se) décider · prendre position · s'engager · se mouiller *fam.*

✦ **prendre parti pour, prendre le parti de** défendre · se ranger au côté de · se ranger sous le drapeau, l'étendard de · soutenir · suivre

✦ **prendre parti contre** attaquer · s'élever contre

✦ **faire un mauvais parti à** malmener · maltraiter

✦ **tirer parti de** exploiter · profiter de · tirer avantage de · tirer bénéfice de · tirer profit de · se servir de · utiliser

✦ **prendre son parti de, en prendre son parti** s'accommoder de · se résigner à · se résoudre à · se faire une raison

🕮 **parti, faction, camp, clan**

Parti, faction, camp et clan désignent chacun un groupe de personnes qui partagent des idées ou des intérêts. Un parti réunit des personnes qui défendent des buts communs *(entrer dans un parti)* ; c'est en particulier une organisation politique qui a pour fin de donner le pouvoir à un groupe *(un parti républicain, démocrate ; un parti de droite, de gauche ; les partis de la majorité, de l'opposition)*. Une faction implique un groupe organisé qui use de violence et cherche à provoquer des troubles contre le pouvoir établi *(un pays divisé par des factions, des factions ennemies)*. Camp suppose toujours qu'un groupe ou un parti est opposé à un autre *(le camp des opposants, des mécontents ; changer de camp)*. Clan s'emploie aussi en ce sens, mais définit des groupes de dimensions plus restreintes *(la réunion a tourné en affrontement entre deux clans)*.

partial, e *adj.* **1 - partisan** · de parti pris · orienté · sectaire · **2 - injuste** · prévenu · subjectif · tendancieux

CONTR. impartial ı objectif ı neutre ı équitable ı juste

partialité *n.f.* **1 - parti pris** · préjugé · **2 - aveuglement** · faiblesse · favoritisme · préférence · **3 - injustice** · prévention

CONTR. impartialité ı objectivité ı neutralité ı équité ı justice

participant, e *adj. et n.* **1 - présent** · **2 - acteur** · protagoniste · **3 - concurrent** · compétiteur · **4 - adhérent** · membre

participation *n.f.* **1 - collaboration** · aide · concours · coopération · **2 - apport** · contribution · mise (de fonds) · part · quote-part · souscription · **3 - adhésion** · complicité · connivence · **4 - intéressement** · actionnariat (ouvrier)

CONTR. abstention

participe *n.m.* · adjectif verbal

participer *v.tr. ind.* se mettre, être de la partie · s'impliquer · entrer dans la danse, le jeu · mettre la main à la pâte

✦ **participer à** **1 - se joindre à** · se mêler à, de · s'immiscer dans *péj.* · **2 - assister à** · prendre part à · **3 - collaborer à** · aider · concourir à · contribuer à · coopérer à · fournir à · servir · soutenir · être complice de *péj.* · être mouillé dans *péj., fam.* · tremper dans *péj., fam.* · **4 - être de** · faire partie de · figurer dans · **5 - s'associer à** · éprouver · partager

✦ **participer de** appartenir à · s'apparenter à · dépendre de · procéder de · relever de · tenir de · ressortir de *soutenu*

CONTR. s'abstenir

particulariser *v.tr.* individualiser · singulariser

⋙ **se particulariser** *v.pron.* se différencier · différer · se distinguer · se faire remarquer · se signaler · se singulariser · sortir du lot

CONTR. confondre ı généraliser ı induire – passer inaperçu

particularisme *n.m.* 1 – particularité · caractère · 2 – régionalisme

particularité *n.f.* 1 – caractéristique · attribut · idiosyncrasie · modalité · propriété · qualité · spécificité · 2 – originalité · différence · individualité · particularisme · singularité · 3 – anomalie · exception · irrégularité

CONTR. généralité

particule *n.f.* 1 – élément · fragment · parcelle · 2 – **corpuscule** · atome · molécule *vieux* · 3 – [Ling.] **affixe** · préfixe · suffixe

✦ **nom à particule** nom à rallonge *fam.* · nom à charnière *fam.* · nom à tiroirs *fam.*

particulier, -ière

■ *adj.* 1 – **individuel** · distinct · isolé · séparé · 2 – **personnel** · intime · privé · 3 – **caractéristique** · distinctif · propre · spécial · spécifique · sui generis · typique · 4 – **original** · bizarre · extraordinaire · remarquable · singulier · 5 – précis

✦ **cas particulier** circonstance • [Droit] cas d'espèce

✦ **particulier à** propre à · spécifique de · typique de

■ *n.m.* 1 – [fam.] → **individu**

✦ **en particulier** 1 – **particulièrement** · notamment · spécialement · surtout · 2 – **en privé** · seul à seul · entre quat'z'yeux *fam.*

CONTR. collectif ı commun ı général ı public – banal ı courant ı normal ı ordinaire

⟿ **typique**

particulièrement *adv.* 1 – notamment · en particulier · principalement · spécialement · spécifiquement · surtout · 2 –

extrêmement · éminemment · exceptionnellement · notablement · prodigieusement · remarquablement · singulièrement

CONTR. généralement ı en général – pas du tout

partie *n.f.* 1 – **division** · fraction · fragment · morceau · parcelle · part · portion · quartier · section · segment · tranche · tronçon · 2 – **sous-ensemble** · branche · embranchement · rameau · ramification · 3 – **chapitre** · fragment · morceau · passage · subdivision • [de pièce de théâtre] acte · scène · 4 – **élément** · composant · membre · organe · pièce · 5 – **côté** · bout · extrémité · 6 – **détail** · bribe · miette · 7 – **phase** · étape · stade · 8 – **spécialité** · domaine · métier · profession · secteur · branche *fam.* · créneau *fam.* · rayon *fam.* · sphère *fam.* · 9 – **jeu** · manche · match · rencontre · 10 – [Mus.] morceau · mouvement · passage · voix

✦ **en partie** partiellement · à moitié · incomplètement

✦ **faire partie de** 1 – être au, du nombre de · être, compter, figurer, se ranger parmi · 2 – **appartenir à** · entrer dans · dépendre de · relever de · 3 – **participer à** · être membre de

✦ **prendre à partie** s'en prendre à · agresser · attaquer · rentrer dans le lard à *fam.* · sauter sur *fam.*

✦ **abandonner, quitter la partie** 1 – **se désister** · 2 – **renoncer** · raccrocher (les gants) · jeter l'éponge *fam.*

CONTR. ensemble ı totalité ı tout

⟿ **part**

partiel, -ielle *adj.* · fragmentaire · incomplet · lacunaire · limité · parcellaire · relatif

CONTR. complet ı entier ı général ı global ı intégral

partiellement *adv.* · en partie · à demi · incomplètement

CONTR. entièrement

partir v.intr.

I 1 - s'en aller · se mettre en marche · se mettre en chemin, en route · démarrer · **2 - se sauver** · battre en retraite · décamper · déguerpir · quitter la place · se barrer *fam.* · calter *fam.* · se carapater *fam.* · se casser *fam.* · débarrasser le plancher *fam.* · se débiner *fam.* · décaniller *fam.* · décoller *fam.* · dégager *fam.* · évacuer *fam.* · se faire la malle *fam.* · se faire la valise *fam.* · ficher, foutre le camp *fam.* · jouer la fille de l'air *fam.* · lever l'ancre *fam.* · lever le pied *fam.* · lever le siège *fam.* · mettre la clé sous la porte *fam.* · les mettre *fam.* · mettre les bouts *fam.* · mettre les voiles *fam.* · plier bagage *fam.* · prendre la clé des champs *fam.* · prendre la poudre d'escampette *fam.* · prendre le large *fam.* · se tailler *fam.* · tailler la route *fam.* · se tirer *fam.* · tourner, montrer les talons *fam.* · vider les lieux *fam.* · **3 - déménager** · déloger *vieilli* · **4 -** [en vitesse] **détaler** · s'enfuir · fuir · jouer des jambes *fam.* · prendre ses jambes à son cou *fam.* · **5 - sortir** · gagner la porte, la sortie · prendre congé · se retirer · **6 -** [discrètement] **s'esquiver** · s'échapper · s'éclipser · fausser compagnie · filer (à l'anglaise) · **7 - s'absenter** · disparaître · voyager · émigrer · faire son balluchon, ses valises, ses paquets *fam.* · **8 - se disperser** · circuler · **9 -** [navire] **appareiller** · lever l'ancre · **10 - s'envoler** · décoller · **11 - fuser** · jaillir · sauter

II 1 - [euph.] **mourir** · disparaître · **2 - s'effacer** · disparaître · s'enlever

III commencer · débuter · démarrer · s'engager

+ **être sur le point de partir** avoir le pied à l'étrier · être dans les starting-blocks · graisser ses bottes *vieilli*
+ **partir de** **1 - sortir de** · venir de · s'élancer de · fuser de · jaillir de · **2 - commencer par** · débuter par · **3 - procéder de** · émaner de · provenir de
+ **partir loin de** abandonner · délaisser · s'éloigner de · fuir · quitter · se séparer de
+ **faire partir** commencer · démarrer · engager · lancer
+ **à partir de** à compter de · à dater de · dès

+ **à partir de ce moment** de ce moment · depuis · dès lors
+ **à partir d'aujourd'hui, de maintenant** à l'avenir · désormais · dorénavant

CONTR. arriver – demeurer ι s'établir ι s'installer ι rester

partisan, e

■ *n.* **1 - adepte** · allié · ami · disciple · fidèle · supporter · féal *plaisant* · homme lige *plaisant* · **2 - adhérent** · affilié · associé · recrue · **3 - militant** · défenseur · propagandiste *péj.* · prosélyte *péj.* · sectateur *péj.* · zélateur *vieux* · **4 -** [péj.] **affidé** · conspirateur · factieux · fauteur · suppôt · **5 - résistant** · franc-tireur · guérillero
■ *adj.* **de parti pris** · orienté · partial · sectaire · subjectif · tendancieux
+ **partisan de** favorable à

CONTR. adversaire ι antagoniste ι contradicteur ι détracteur – impartial ι objectif – opposé à

partout *adv.* · de tous côtés · de toutes parts · à tous les coins de rue · tous azimuts *fam.*
+ **être partout à la fois** être au four et au moulin

CONTR. nulle part

parturition *n.f.* · accouchement · enfantement · gésine *rare* · [d'animaux] mise bas

parure *n.f.* **1 - ornement** · décoration · **2 - mise** · toilette · atours *littér.* · **3 - bijoux** · joyaux

parution *n.f.* · publication · édition · lancement · sortie

parvenir *v.tr. ind.*
+ **parvenir à** **1 - joindre** · aboutir à · aller jusqu'à · arriver à · atteindre · venir à · **2 - s'élever à** · accéder à · **3 - trouver moyen de** · obtenir · réussir à · venir à bout de
+ **faire parvenir** **1 - acheminer** · **2 - transmettre** · adresser · envoyer

parvenu *n.m.* **1 - nouveau riche** · arrivé · arriviste · **2 - vulgaire**

parvis *n.m.* · esplanade · agora · place

¹**pas** *n.m.*
I 1 - enjambée · foulée · **2 - allure** · marche · train · vitesse · **3 - démarche** · marche · **4 - empreinte** · trace · **5 - avance** · bond · progrès **II 1 - étape** · degré · palier · seuil · **2 - passage** · col · défilé · détroit · **3 - devant** · seuil

✦ **premier pas** jalon · essai · tentative
✦ **faux pas** **1 -** chute · glissade · **2 - erreur** · écart · faiblesse · faute
✦ **pas de clerc** bévue · bêtise · bourde · erreur · impair · imprudence · maladresse · boulette *fam.* · gaffe *fam.*
✦ **pas à pas 1 -** graduellement · progressivement · **2 -** doucement · lentement · **3 -** [suivre] comme un caniche
✦ **à pas comptés** prudemment · avec précaution · en marchant sur des œufs
✦ **avoir, prendre le pas sur 1 -** l'emporter sur · avoir l'avantage sur · avoir le dessus sur · **2 -** précéder · avoir la préséance sur
↬ **défilé**

²**pas** *adv.* aucunement · en rien · nullement · pas du tout · goutte *littér.* · point *littér.*
✦ **pas un** aucun · pas l'ombre d'un · pas la queue d'un *fam.*

passable *adj.* · acceptable · admissible · assez bon · correct · honnête · moyen · suffisant · supportable · potable *fam.*
CONTR. excellent

passablement *adv.* **1 - assez** · plutôt · relativement · **2 - moyennement** · raisonnablement · pas mal *fam.*

passade *n.f.* **1 -** aventure · affaire · amourette · flirt · liaison · béguin *fam.* · fredaine *vieilli* · galanterie *vieux* · passionnette *vieux* · **2 -** caprice · coup de tête · fantaisie · toquade

passage *n.m.*
I 1 - voie · allée · chemin · gué · **2 - ouverture** · accès · entrée · porte, galerie de communication · issue · seuil · sortie · col · débouché · pas · passe · trouée · **3 -** [étroit] boyau · chenal · corridor · couloir · dégagement · défilé · détroit · galerie · gorge · goulet
II 1 - franchissement · traversée · **2 - écoulement** · fuite · **3 - voyage** · **4 - circulation** · allée et venue · trafic · va-et-vient · **5 - transition** · changement · gradation
III 1 - moment · circonstance · passe · période · **2 - extrait** · fragment · morceau · page

✦ **au passage** [rattraper] au vol
✦ **de passage 1 -** provisoire · éphémère · **2 -** en transit

passager, -ère
▪ *n.* voyageur
▪ *adj.* **1 - court** · bref · de courte durée · **2 - fugitif** · éphémère · fragile · frêle · fugace · précaire · **3 - épisodique** · momentané · provisoire · temporaire · transitoire
CONTR. définitif ǀ durable ǀ éternel ǀ permanent

↬ **passager, fugitif**
Passager et fugitif comprennent tous deux l'idée de durée brève et s'appliquent à des sentiments, à des choses de l'existence *(un bonheur, un plaisir passager/fugitif ; une émotion, une impression passagère/fugitive).* En parlant d'un phénomène, **passager** ne qualifie que sa brièveté *(une pluie, une mode, une crise, une folie passagère),* alors que **fugitif** exprime aussi, avec l'idée d'évanescence, ce qui passe et s'éloigne rapidement *(une vision fugitive, les formes fugitives des nuages).*

passagèrement *adv.* **1 - momentanément** · provisoirement · temporairement · **2 - brièvement** · fugitivement
CONTR. définitivement

passant, e
▪ *adj.* fréquenté · animé · populeux · passager *fam.*

■ n. piéton · badaud · flâneur · promeneur · chaland *vieilli*

CONTR. désert

passation *n.f.* · transmission · dévolution · transfert

passe *n.f.* **1** - passage · canal · chenal · détroit · goulet · **2** - moment · circonstance · passage · période
♦ **maison de passe** maison close · bordel *fam.* · lupanar *fam.*, *vieilli* · boxon *argot* · clandé *argot* · claque *argot* · maison de tolérance *vieux*
♦ **en passe de** en position de · en état de · en situation de · en voie de · sur le point de · très près de
♦ **être en passe de réussir** être en bonne voie · tenir le bon bout *fam.*

¹**passé, e** *adj.*
I **1** - accompli · écoulé · révolu · **2** - [heure] bien sonné · **3** - dernier · précédent
II **1** - ancien · démodé · désuet · vieilli · **2** - flétri · avancé · fané • [fruit] blet · **3** - décoloré · défraîchi · délavé · éteint · jauni · pâli · terni · pisseux *péj., fam.*

CONTR. à venir – prochain – à la mode – épanoui – éclatant | frais | vif

↝ fané

²**passé** *n.m.* **1** - histoire (ancienne) · tradition · **2** - vie · antécédents · histoire · mémoire · souvenirs · vieilles lunes
♦ **dans le passé** autrefois · hier · jadis · naguère · dans la nuit des temps
♦ **du passé** **1** - d'antan · **2** - ancien · antique

CONTR. avenir | futur | actualité | aujourd'hui | présent

passe-droit *n.m.* **1** - privilège · avantage · dispense · faveur · préférence · prérogative · piston *fam.* · **2** - inégalité · injustice

passement *n.m.* · ganse · ruban

passe-montagne *n.m.* · cagoule · bonnet

passe-partout
■ *n.m. invar.* clé · crochet de serrurier · passe
■ *adj.* banal · commun · courant · insignifiant · ordinaire · quelconque · bateau *fam.*

passe-passe *n.m. invar.* · prestidigitation · escamotage · illusion · magie

passepoil *n.m.* · liseré · galon · ganse · passement

passeport *n.m.* · laissez-passer · pièce d'identité · papiers (d'identité) · sauf-conduit

¹**passer** *v.intr.* **1** - circuler · aller (et venir) · défiler · marcher · **2** - transiter · entrer et sortir · traverser · **3** - venir · se présenter · se rendre · rendre visite · faire un saut *fam.* · **4** - couler · courir · s'écouler · se succéder · filer *fam.* · s'enfuir *littér.* · s'envoler *littér.* · fuir *littér.* · **5** - (se) faner · se décolorer · s'éclaircir · s'effacer · s'estomper · pâlir · (se) ternir · **6** - finir · cesser · disparaître · s'en aller · se dissiper · se résorber · s'éteindre · se terminer · **7** - être accepté · être admis · être voté · **8** - être digéré · descendre *fam.*
♦ **passer à côté de, près de** côtoyer · coudoyer · friser · frôler · raser
♦ **passer le long de** longer
♦ **passer devant** précéder
♦ **passer derrière** suivre
♦ **passer à travers, au travers de 1** - traverser · **2** - croiser · traverser · **3** - pénétrer · s'infiltrer · percer · transpercer
♦ **passer au travers de** échapper à · couper à · éviter
♦ **passer dans 1** - [une classe, un cours supérieur] monter · **2** - [un camp] se joindre à · rejoindre
♦ **passer à** commencer · s'occuper de
♦ **passer de ... à 1** - se couler · se glisser · **2** - devenir · changer de ... en
♦ **passer sur 1** - marcher sur · fouler · **2** - errer sur · glisser sur · **3** - négliger ·

écarter · éluder · éviter · glisser sur · ne pas s'appesantir sur · **4 - oublier** · pardonner · glisser sur · supporter · tolérer
+ **passer par-dessus, outre** transgresser · braver · contrevenir à · déroger à · désobéir à · enfreindre · violer
+ **passer par** 1 - desservir · 2 - recourir à
+ **passer pour** avoir l'air de · être pris pour · faire figure de · paraître
+ **faire passer** 1 - enlever · ôter · 2 - provoquer · 3 - traduire · transmettre
+ **faire passer de ... à** transférer · transporter · muter
+ **laisser passer** 1 - céder le pas · faire place · livrer passage · 2 - laisser sortir · laisser échapper · 3 - laisser entrer · laisser pénétrer · 4 - admettre · accepter · excuser · laisser aller · permettre · supporter · tolérer · 5 - négliger
+ **en passant** incidemment · entre parenthèses

²**passer** v.tr.
I 1 - dépasser · devancer · passer devant · surpasser · 2 - franchir · enjamber · escalader · sauter · traverser · 3 - dépasser · excéder · outrepasser
II 1 - donner · glisser · prêter · remettre · refiler *fam.* · 2 - transmettre · communiquer · [un film] jouer · projeter · avoir à l'affiche
III appliquer · enduire de · étaler · étendre · frotter de
IV 1 - vivre · couler · subir · traîner · 2 - [son temps] employer · consacrer · occuper · consumer *péj.* · gaspiller *péj.* · perdre *péj.*
V filtrer · clarifier · cribler · tamiser
VI 1 - [un vêtement] revêtir · endosser · enfiler · essayer · mettre · 2 - introduire · glisser · enfoncer
VII 1 - omettre · laisser · oublier · sauter · faire l'impasse sur · 2 - accepter · céder sur · concéder · être indulgent pour · excuser · pardonner · permettre · supporter · tolérer

»» **se passer** v.pron. 1 - se dérouler · advenir · arriver · avoir lieu · se produire · 2 - s'écouler · cesser · finir

+ **se passer de** 1 - se dispenser de · éviter de · n'avoir que faire de · 2 - s'abstenir de · se priver de · renoncer à

passerelle n.f. · passage · pont

passe-rose n.f. · rose trémière · primerose

passe-temps n.m. invar. distraction · amusement · délassement · divertissement · jeu · loisir · occupation · récréation
+ **passe-temps favori** violon d'Ingres · marotte · passion · dada *fam.* · hobby *fam.*

passeur, -euse n. 1 - trafiquant · contrebandier · 2 - batelier

passible adj.
+ **passible de** 1 - sous le coup de · 2 - assujetti à · redevable de · soumis à
+ **être passible de** encourir · s'exposer à · mériter · risquer

¹**passif, -ive** adj. 1 - inactif · amorphe · apathique · atone · éteint · indifférent · inerte · 2 - docile · obéissant
CONTR. actif ı énergique

²**passif** n.m. · débit · arriéré · découvert · dette · dû · débet *vieux*

passion n.f. 1 - ardeur · animation · chaleur · élan · émotion · enthousiasme · exaltation · feu · flamme · fougue · lyrisme · pathétique · sensibilité · véhémence · vie · 2 - folie · éréthisme · excitation · fièvre · frénésie · fureur · furie · maladie · manie · rage · 3 - adoration · adulation · culte · fanatisme · idolâtrie · vénération · 4 - amour · affection · attachement · désir · engouement · sentiment · 5 - [passagère] caprice · passade · béguin *fam.* · tocade *fam.* · 6 - emballement · entraînement · ivresse · 7 - appétit · désir · virus *fam.* · 8 - [péj.] avidité · convoitise
CONTR. calme ı détachement ı indifférence – dégoût ı rejet – haine

passionnant, e *adj.* · captivant · attachant · électrisant · enivrant · exaltant · excitant · fascinant · intéressant · palpitant · [surtout au nég.] bandant *fam.*
CONTR. ennuyeux

passionné, e

■ *adj.* **1 –** ardent · bouillonnant · brûlant · chaud · enflammé · enthousiaste · exalté · de feu · tout feu tout flammes · véhément · vif · violent · **2 –** frémissant · doux · fervent · lyrique · romanesque · **3 –** effréné · fébrile · forcené · frénétique

✦ **passionné de, par** avide de · affamé de · enragé de · fanatique de · féru de · fervent de · fou de · gourmand de · entiché de *fam.* · fondu de *fam.* · mordu de *fam.* · toqué de *fam.*
■ *n.* exalté · énergumène · enthousiaste · enragé · fanatique
CONTR. calme ı froid ı lucide ı raisonnable ı détaché ı objectif – détaché de ı indifférent à – réfléchi

passionnel, -elle *adj.* **1 –** affectif · amoureux · **2 – extrême** · ardent · fanatique · fervent

passionnément *adv.* **1 –** beaucoup · éperdument · extrêmement · fanatiquement · follement · à la folie · à la fureur · furieusement · intensément · violemment · **2 –** ardemment · fougueusement · impétueusement · vivement
CONTR. pas du tout

passionner *v.tr.* **1 –** captiver · attacher · fasciner · intéresser · **2 –** enthousiasmer · animer · électriser · enfiévrer · enflammer · exalter · galvaniser

⋙ **se passionner** *v.pron.* **1 – s'enthousiasmer** · se piquer au jeu · s'emballer *fam.*

✦ **se passionner pour 1 –** aimer · **2 –** s'éprendre de · s'embraser pour · s'enflammer pour · s'enivrer de · raffoler de · s'enticher de *fam.* · se toquer de *fam.* · s'engouer de *littér.*
CONTR. ennuyer – se désintéresser

passivité *n.f.* **1 – inertie** · apathie · indifférence · indolence · mollesse · **2 – docilité** · obéissance · **3 –** [Relig.] **quiétisme**
CONTR. activité ı dynamisme ı initiative

passoire *n.f.* **1 – tamis** · crible · filtre · **2 – égouttoir** · chinois · couloire · passe-bouillon · passe-thé · passette

pastel *n.m.* **1 –** [Bot.] **guède** · isatis · **2 –** [en apposition] **tendre** · doux · pâle

pastèque *n.f.* · melon d'eau

pasteur *n.m.* **1 – berger** · gardien (de troupeau) · pâtre *littér.* · **2 – ministre du culte** · ecclésiastique · prêtre · révérend · **3 –** [littér.] **chef** · conducteur

pastiche *n.m.* **1 – imitation** · parodie · **2 – plagiat** · copie · faux · **3 –** [d'un opéra] **centon** · pot-pourri

> **pastiche, parodie, plagiat**
>
> Le pastiche, la parodie et le plagiat sont des œuvres dans lesquelles leur auteur imite une œuvre précédente. Le plagiat reprend des intrigues, des caractères et dissimule ses emprunts (*ce roman, ce film n'est qu'un plagiat ; un procès pour plagiat*). Dans la parodie, certains traits sont imités à des fins satiriques ou comiques, mais de façon avouée (*jouer une pièce classique en parodie ; une parodie de western*). Le pastiche peut être conçu comme un exercice de style ou avoir une intention parodique, mais il peut aussi tourner au plagiat : « La franche imitation n'a rien à voir avec le pastiche qui toujours reste besogne sournoise et cachée » (Gide, *Prétextes*).

pasticher *v.tr.* **1 – imiter** · caricaturer · contrefaire · mimer · parodier · singer *fam.* · **2 – copier** · démarquer · s'inspirer de · plagier

pastille *n.f.* 1 - cachet · comprimé · gélule · pilule · tablette · 2 - bonbon · dragée · 3 - pois
+ **pastille auto-collante** gommette

pastis *n.m.* 1 - pastaga *argot* · 2 - [fam.] → désagrément

pastoral, e *adj.* · bucolique · campagnard · champêtre · idyllique · paysan · rural · rustique · agreste *littér.*

pastorale *n.f.* · églogue · bergerie · idylle

patachon *n.m.* · noctambule · bambocheur *fam.* · bringueur *fam.* · fêtard *fam.* · noceur *fam.*

patapouf *n.* → gros¹

pataquès *n.m.* 1 - impair · gaffe *fam.* · 2 - cuir · faute

patate *n.f.* 1 - [fam.] → pomme de terre · 2 - [fam.] → niais · 3 - [fam.] → (bonne) forme · 4 - [fam.] → million

patati et patata (et) *interj.* · etc. · et blablabla *fam.*

patatras *interj.* · badaboum · patapouf · pouf

pataud, e
▪ *adj.* gauche · balourd · empoté · lent · lourd · maladroit
▪ *n.* lourdaud · empoté · maladroit · patapouf

patauger *v.intr.* 1 - barboter · 2 - s'enliser · patouiller *fam.* · 3 - s'embarrasser · s'embourber · s'embrouiller · s'empêtrer · s'enferrer · s'enliser · nager · se noyer · se perdre · piétiner · s'emberlificoter *fam.* · vasouiller *fam.*

pâte *n.f.*
I composition · crème · pommade · préparation
II [Cuisine] 1 - croûte · 2 - bouillie · préparation
≫ **pâtes** *plur.* nouilles · coquillettes · lasagnes · macaroni · vermicelle · spaghetti · tagliatelle

pâté *n.m.* 1 - terrine · mousse · 2 - friand · croustade · 3 - bloc · groupe · 4 - tache d'encre · bavure · macule
+ **pâté impérial** nem

¹**patelin, e** *adj.* · doucereux · bonhomme · faux · flatteur · hypocrite · insinuant · mielleux · onctueux · sucré · trompeur · benoît *littér.* · melliflu(e) *vieux*

²**patelin** *n.m.* → village

patenôtre *n.f.* · prière · pater

patent, e *adj.* · évident · clair · criant · éclatant · flagrant · manifeste · visible
+ **c'est patent** ça saute aux yeux · ça se voit comme le nez au milieu de la figure
CONTR. douteux ׀ latent

patente *n.f.* · contribution · droit · redevance · taxe

patère *n.f.* · porte-manteau

paterne *adj.* · bienveillant · bon · doux · doucereux

paternel, -elle
▪ *adj.* débonnaire
▪ *n.m.* [fam.] → père

pâteux, -euse *adj.* 1 - épais · farineux · lourd · 2 - [voix] assourdi · gras · mou

pathétique

- *adj.* **touchant** · bouleversant · déchirant · dramatique · émouvant · poignant · qui prend aux entrailles, aux tripes *fam.*
- *n.m.* **pathos** · éloquence

CONTR. froid

> **pathétique, touchant**
> Pathétique et touchant s'appliquent à ce qui provoque l'émotion. Ce qui est touchant fait naître une émotion douce, non dépourvue de plaisir *(un souvenir, un visage touchant ; une beauté, une histoire, une scène, une voix touchante ; des soins touchants).* Ce qui est **pathétique** suscite une émotion très vive et profonde, notamment lorsqu'il s'agit d'une évocation de la souffrance *(un récit, un moment, un regard pathétique ; une scène pathétique dans un film ; une actrice pathétique).*

pathogène *adj.* · morbifique *vieux*

pathologique *adj.* · maladif · morbide

CONTR. normal ı sain

pathos *n.m. invar.* 1 - mélodrame · 2 - emphase · pathétique

patibulaire *adj.* · inquiétant · menaçant · sinistre · sombre

patiemment *adv.* · calmement · infatigablement · sereinement · tranquillement

CONTR. impatiemment

patience *n.f.* 1 - endurance · résignation · stoïcisme · 2 - persévérance · constance · courage · effort · ténacité · 3 - indulgence · tolérance · longanimité *soutenu* · 4 - calme · douceur · 5 - flegme · sang-froid
- **jeu de patience** réussite · casse-tête (chinois) · puzzle
- **prendre patience,** s'armer de patience   patienter · ronger son frein *fam.*
- **perdre patience** s'impatienter · se désespérer

CONTR. indignation ı révolte – inconstance – brusquerie ı exaspération – emportement

patient, e

- *adj.* 1 - indulgent · débonnaire · doux · endurant · longanime *soutenu* · 2 - imperturbable · calme · résigné · stoïque · 3 - tenace · constant · inlassable · persévérant
- *n.* malade · client

CONTR. fougueux ı impatient ı vif ı violent

patienter *v.intr.* · attendre · prendre son mal en patience · poireauter *fam.*

CONTR. s'impatienter

patin *n.m.* [de chaussure] semelle

patine *n.f.* 1 - vert-de-gris · 2 - concrétion

patiner *v.intr.* 1 - déraper · chasser · glisser · 2 - piétiner · faire du sur place *fam.*

patinette *n.f.* · trottinette

pâtir *v.intr.* 1 - souffrir · endurer · subir · supporter · 2 - [vieux ou littér.] stagner · languir · péricliter

CONTR. bénéficier ı jouir ı profiter

pâtis *n.m.* 1 - pacage · 2 - friche · lande

pâtisserie *n.f.* · gâteau

patois *n.m.* · dialecte · idiome · parler
> dialecte

patouiller

- *v.tr.* 1 - tripoter · tripatouiller *fam.* · 2 - [vieilli] caresser · papouiller *fam.*
- *v.intr.* patauger

patraque *adj.* · malade · faible · fatigué · incommodé · indisposé · souffrant · mal fichu *fam.* · mal foutu *fam.* · pas dans son assiette *fam.*

pâtre *n.m.* • berger • pasteur *littér.*

patricien, -ienne
- *n.* 1 - noble • aristocrate • 2 - puissant • privilégié
- *adj.* aristocratique • distingué

CONTR. plébéien ı populaire ı prolétaire ı prolétarien

patrie *n.f.* nation • cité • communauté • métropole • pays • sol, terre natal(e)
✦ sans patrie   apatride

patrimoine *n.m.* 1 - bien • capital • domaine (familial) • fortune • propriété • 2 - héritage • apanage • 3 - trésor • capital • richesse
✦ patrimoine génétique, héréditaire   génotype

↝ héritage

patriote
- *n.* 1 - résistant • 2 - nationaliste • patriotard *péj.* • chauvin *péj.* • cocardier *péj.*
- *adj.* 1 - patriotique • citoyen • 2 - nationaliste • chauvin *péj.* • cocardier *péj.*

patriotique *adj.* 1 - civique • citoyen • 2 - nationaliste • patriote
CONTR. antipatriotique

patriotisme *n.m.* • amour de la patrie • esprit de clocher • nationalisme • civisme *vieux*

↝   **patriotisme, nationalisme, civisme**

Patriotisme, nationalisme et civisme définissent des rapports différents à la nation. On parle de civisme quand on évoque l'attention d'un citoyen au bien commun de la nation : « Ce civisme (...), ce dévouement à la chose publique, en vertu desquels chacun (...) estime devoir s'encadrer dans la communauté et collaborer à la vie sociale » (André Siegfried, *l'Âme des peuples*, IV, II). Civisme s'est autrefois employé pour patriotisme. Aujourd'hui, patriotisme est le mot réservé à l'amour de la patrie et au dévouement qui concerne la défense de la patrie contre un ennemi extérieur (exalter le patriotisme, un patriotisme belliqueux), à la différence du nationalisme qui suppose un culte exclusif de la nation. Celui qui adhère au nationalisme considère que sa patrie est supérieure aux autres et, de ce fait, a des comportements xénophobes, racistes et prône l'isolement culturel (les abus, les dérives du nationalisme, être nationaliste en art).

¹**patron, -onne** *n.* 1 - employeur • boss *fam.* • 2 - dirigeant • chef (d'entreprise) • directeur • manager • p.-d. g. • 3 - gérant • tenancier • taulier *fam.* • 4 - [Méd.] professeur • mandarin • (grand) manitou *fam.* • (grand) ponte *fam.* • 5 - (saint) protecteur

²**patron** *n.m.* • forme • modèle • carton • dessin • pochoir

patronage *n.m.* 1 - protection • appui • concours • parrainage • recommandation • soutien • 2 - égide • auspice

patronner *v.tr.* 1 - cautionner • aider • épauler • protéger • recommander • pistonner *fam.* • 2 - appuyer • promouvoir • soutenir

patronyme *n.m.* • nom (de famille)

patrouille *n.f.* 1 - détachement • 2 - ronde (de surveillance)

patrouiller *v.intr.* • parcourir • quadriller • surveiller

patte *n.f.* 1 - membre • pince • serre • 2 - jambe • pied • 3 - [fam.] → main • 4 - adresse • habileté • technique • tour de main • virtuosité • 5 - style • cachet • empreinte • griffe • ton • 6 - croc • crochet • 7 - [Couture] martingale

✦ coup de patte   → critique

✦ **patte d'oie** bifurcation · carrefour · embranchement · fourche

⋙ **pattes** *plur.* favoris · rouflaquettes *fam.*

pâturage *n.m.* · herbage · alpage · champ · pacage · pâquis · pâtis · pâture · prairie

pâture *n.f.* **1 –** pâturage · herbage · pacage · **2 –** nourriture · aliment · pitance *fam.*

pâturer *v. tr. et intr.* · paître · brouter · se nourrir • [Vénerie] viander

paumé, e
■ *adj.* → perdu
■ *n.* → marginal

paumer *v.tr.* → perdre

pause *n.f.* **1 –** (temps d')arrêt · interruption · intervalle · silence · suspension · break *fam.* · **2 – halte** · arrêt · séjour · station · **3 – entracte** · mi-temps · **4 – délassement** · (temps de) battement · récréation · relâche · répit · repos · trêve
CONTR. reprise – marche ı mouvement

pauvre
■ *adj.* **1 – indigent** · dans le besoin · défavorisé · dépourvu · misérable · miséreux · impécunieux *littér.* · désargenté *fam.* · fauché (comme les blés) *fam.* · raide (comme un passe-lacet) *fam.* · sans un *fam.* · sans le sou *fam.* · sans un sou vaillant *fam.* · nécessiteux *vieilli* · besogneux *vieux* · **2 – ruiné** · appauvri · **3 – modeste** · humble · simple · **4 – malheureux** · à plaindre · infortuné *littér.* · **5 – déplorable** · lamentable · misérable · piteux · pitoyable · triste · **6 – insuffisant** · chétif · dérisoire · faible · famélique · malheureux · mauvais · méchant · médiocre · mince · de misère · modeste · parcimonieux · petit · piètre · piteux · ridicule · chiche *fam.* · minable *fam.* · **7 – usé** · déformé · éculé · élimé · râpé ·

miteux *fam.* · **8 – infertile** · aride · improductif · infécond · ingrat · maigre · médiocre · sec · stérile · **9 – plat** · banal · indigent · quelconque
✦ **pauvre type** nullité · minable *fam.* · nul *fam.* · nullard *fam.* · zéro *fam.*
✦ **pauvre de, en** dénué de · dépourvu de · privé de
✦ **pauvre d'esprit** simple (d'esprit)
■ *n.* exclu · défavorisé · démuni · (économiquement) faible · indigent · malheureux · clochard · mendiant · meurt-de-faim · misérable · nécessiteux *soutenu* · crève-la-faim *fam.* · mendigot *fam.*, *vieilli* · traîne-misère *fam.*, *vieilli* · va-nu-pieds *vieilli* · gueux *vieux* · pouilleux *vieilli*
CONTR. aisé ı fortuné ı riche – somptueux – chanceux – énorme ı copieux ı luxuriant – fertile ı riche – remarquable

🙣 **pauvre, indigent, nécessiteux**

Pauvre, indigent et nécessiteux s'appliquent à des personnes dont les ressources sont insuffisantes. **Pauvre** est un terme général pour désigner quelqu'un qui dispose à peine du strict nécessaire pour subvenir à ses besoins *(une famille pauvre, les gens pauvres et les gens riches)* ; placé devant un nom avec cette valeur, **pauvre** marque en plus la commisération *(dépouiller les pauvres gens)*. **Indigent** renchérit sur l'absence de ressources *(un vieillard indigent)* : « Le froid (...) pétrifiait, l'hiver, dans une chambre sans feu, des enfants indigents » (Colette, *la Naissance du jour*). **Nécessiteux**, qui permet d'insister sur l'idée de dénuement, est vieilli et réservé au vocabulaire didactique *(les classes nécessiteuses, des malades nécessiteux)*.

pauvrement *adv.* **1 – misérablement** · à l'étroit · chichement · dans la gêne · humblement · **2 – mal** · exécrablement · lamentablement
CONTR. richement

pauvreté *n.f.* **1 – dénuement** · besoin · embarras · gêne · indigence · misère · pénurie · privation · débine fam. · dèche fam. · mistoufle fam. · mouise fam. · mouscaille fam. · panade fam. · panne fam. · pétrin fam. · purée fam. · impécuniosité littér. · nécessité littér. · gueuserie péj. · pouillerie péj. · **2** – appauvrissement · paupérisation · paupérisme · ruine · **3 – infertilité** · aridité · stérilité · **4 – faiblesse** · déficience · indigence · maigreur · médiocrité · **5 – insuffisance** · défaut · disette · manque · pénurie · **6 – banalité** · médiocrité · platitude

CONTR. aisance ı bien-être ı fortune ı richesse – enrichissement – abondance ı fertilité – clarté ı argumentation

pavaner (se) v.pron. · parader · s'exhiber · faire le beau · faire la roue · se faire voir · paraître · plastronner · poser · se rengorger · crâner fam. · frimer fam. · paonner vieux

pavé n.m. **1 – pavage** · carrelage · dallage · pavement · **2 – rue** · chaussée · voie publique · **3 – carreau** · dalle · **4 – steak**
✦ **sur le pavé** à la rue

paver v.tr. · carreler · couvrir · daller · recouvrir · revêtir

pavillon n.m. **1 – maison** · bungalow · chalet · cottage · villa · camp Québec · **2 – kiosque** · belvédère · rotonde · **3 – drapeau** · bannière · cornette · couleurs · enseigne · étendard · guidon · grand, petit pavois

pavoiser v.intr. · se réjouir · boire du petit lait · crier victoire · être fier · triompher · ne plus se sentir (de joie) fam.

pavot n.m. · coquelicot · ponceau

payable adj. · réglable

payant, e adj. · lucratif · avantageux · efficace · fructueux · intéressant · profitable · rémunérateur · rentable · satisfaisant · juteux fam. · valable fam.

CONTR. gratuit

paye n.f. · salaire · appointements · émoluments · gages · gains · rémunération · rétribution · solde · mois fam.
✦ **ça fait une paye** ça fait longtemps · ça fait un bail fam. · ça fait belle lurette fam.

payé, e adj. · rémunéré · rétribué · salarié

payer v.tr.
I 1 – débourser · décaisser · dépenser · donner · verser · aligner fam. · allonger fam. · cracher fam. · se fendre de fam. · lâcher fam. · **2 – financer** · offrir · subventionner · banquer fam. · casquer fam. · [sans complément] mettre la main à la poche fam. · raquer fam. · régaler fam. · **3 – acheter** · donner · offrir · **4 – soudoyer** · acheter · corrompre · arroser fam. · stipendier littér. · **5 – acquitter** · régler · se libérer de · liquider · rembourser · solder · contenter · désintéresser · satisfaire · servir
II 1 – récompenser · rétribuer · **2 – dédommager** · défrayer · indemniser · rembourser · **3 – appointer** · rémunérer · salarier • [mal] payer avec un lance-pierre fam.
III 1 – expier · racheter · **2 – faire les frais de**
IV rapporter · rendre
✦ **en payant** moyennant finances
✦ **payer cher** [une personne] couvrir d'or · faire un pont d'or à
✦ **payer de retour** rendre la pareille · renvoyer l'ascenseur fam.
✦ **faire payer** **1 – monnayer** · **2 – punir** · se venger de
✦ **payer de sa personne** faire un effort · se démener
✦ **se payer la tête de** → **se moquer de**
» **se payer** v.pron. acheter · acquérir · s'accorder · se donner · s'octroyer · s'offrir · se procurer
✦ **se payer de** se contenter de · se satisfaire de

CONTR. encaisser ı recevoir – devoir

pays n.m. **1 – État** · nation · puissance · **2 – peuple** · nation · **3 – patrie** · foyer · sol, terre natal(e) · **4 – province** · endroit · lieu · région · bourg · bourgade · coin fam. · bled fam. ·

patelin fam. • trou fam. • contrée vieux ou littér. • 5 - terroir • cru • 6 - domaine • empire • royaume • sphère • univers • 7 - territoire • région • terre • zone • 8 - [région.] compatriote
➥ région

paysage n.m. 1 - panorama • perspective • (point de) vue • site • 2 - décor • 3 - situation • conjoncture

paysan, -anne

■ n. 1 - agriculteur • exploitant agricole • cultivateur • éleveur • fermier • métayer • habitant Québec • 2 - campagnard • rural • 3 - [péj.] rustre • bouseux fam., péj. • culterreux fam., péj. • glaiseux fam., péj. • cambroussard fam., péj. • pedzouille fam., péj. • péquenot fam., péj. • plouc fam., péj.

■ adj. 1 - rural • rustique • terrien • 2 - agricole

CONTR. bourgeois | citadin

➥ cultivateur

peau n.f. 1 - épiderme • derme • couenne fam. • cuir fam. • [d'agneau] agnelin • [de mouton] basane • bisquain • cosse • [de chevreau] chevreau • chevrotin • [de chèvre] maroquin • [de mouton, chèvre, âne, mulet, cheval] chagrin • [de buffle] buffleterie • [de veau] vélin • velot • [de poisson] galuchat • 2 - teint • 3 - écorce • enveloppe • pelure • zeste • 4 - fourrure • 5 - parchemin

✦ à même la peau   à cru

peaufiner v.tr. • parfaire • ciseler • mettre la dernière main à • perfectionner • polir • soigner • fignoler fam. • lécher fam. • perler littér.

peccadille n.f. • bêtise • bricole • enfantillage • misère • rien • vétille

¹**pêche** n.f.

✦ avoir la pêche   être en forme • avoir le moral • avoir la frite fam.

✦ se fendre la pêche   → rire

²**pêche** n.f. récolte • chasse

✦ canne à pêche   gaule

péché n.m. 1 - mal • 2 - chute • 3 - faute • manquement • offense (à Dieu) • sacrilège • transgression • violation • 4 - erreur • écart • errements • impénitence • débauche • luxure • vice • stupre littér.

✦ péché mignon   faible • faiblesse • travers

pécher v.intr. 1 - fauter • faillir • offenser Dieu • 2 - [fam., à la 3ᵉ personne] clocher fam. • ne pas tourner rond fam.

✦ pécher contre   manquer à • contrevenir à

pêcher v.tr. 1 - prendre • attraper • [sans complément] taquiner le goujon fam. • 2 - [fam.] → trouver • 3 - [fam.] → imaginer

pécore n.f. • péronnelle • pimbêche

pécule n.m. • magot • bas de laine • économies • épargne • réserves

pécuniaire adj. financier • budgétaire • matériel

✦ peine pécuniaire   amende

➥ financier

pédagogie n.f. • didactique • éducation • enseignement

pédagogique adj. 1 - éducatif • formateur • 2 - didactique • scolaire

pédagogue n. 1 - éducateur • enseignant • maître • précepteur • professeur • régent vieux • 2 - didacticien

CONTR. disciple | élève

pédale n.f. 1 - levier (à pied) • 2 - [Aviation] palonnier • 3 - [fam.] → homosexuel

pédant, e

■ adj. doctoral • dogmatique • magistral • professoral • solennel • suffisant • pédantesque soutenu

■ *n.* vaniteux · cuistre *littér.* · bel esprit *vieux* · pédagogue *vieux* · [femme] bas-bleu

pédantisme *n.m.* · emphase · cuistrerie *littér.* · pédanterie *littér.*

pédé *n.m. et adj.* → homosexuel

pédéraste *n.m.* 1 - pédophile · 2 - homosexuel · pédale *fam., injurieux* · pédé *fam., souvent injurieux*

pédérastie *n.f.* 1 - pédophilie · 2 - homosexualité

pédicule *n.m.* 1 - [Bot.] pied · queue · stipe · tige · 2 - [Zool.] pédoncule

pedigree *n.m.* · généalogie · extraction · origine

pédophile *adj. et n.* · pédéraste · pédale *fam.* · pédé *fam.*

pègre *n.f.* 1 - milieu · 2 - racaille · canaille · vermine

peigne *n.m.* 1 - démêloir · 2 - [Zool.] coquille Saint-Jacques · amande de mer

peigner *v.tr.* 1 - coiffer · démêler · 2 - [laine] carder · démêler · dénouer

CONTR. décoiffer ׀ dépeigner ׀ ébouriffer ׀ écheveler

peignoir *n.m.* 1 - sortie de bain · 2 - déshabillé · négligé · robe de chambre · saut de lit

peindre *v.tr.*
I 1 - mettre en couleurs · badigeonner · laquer · ripoliner · 2 - [maladroitement] peinturlurer · barbouiller · barioler · peinturer · 3 - farder · grimer · maquiller · 4 - [sans complément] brosser un tableau · faire de la, une peinture • [en amateur] taquiner les pinceaux, la palette • [bien] avoir un bon coup de pinceau

II 1 - brosser · camper · croquer · portraiturer · 2 - dépeindre · conter · décrire · exprimer · figurer · montrer · raconter · représenter · retracer · traduire

peine *n.f.* 1 - difficulté · embarras · mal · 2 - effort · fatigue · travail · 3 - chagrin · affliction · blessure · déchirement · désolation · détresse · douleur · mal · meurtrissure · souffrance · tristesse · 4 - malheur · épreuve · misère · souci · tourment · tracas · tribulation *vieux* · 5 - punition · sanction · tarif *fam.* · châtiment *soutenu*

✦ à peine 1 - (tout) juste · difficilement · médiocrement · péniblement · tout juste · 2 - peu · faiblement · imperceptiblement · ne... guère · vaguement · 3 - aussitôt · tout juste

✦ avec peine 1 - difficilement · malaisément · 2 - faiblement

✦ à grand-peine laborieusement · péniblement · tant bien que mal

✦ sans peine aisément · facilement

✦ pour la peine 1 - en compensation · 2 - en punition · pour pénitence

✦ peine perdue inutile · en vain

✦ en peine tourmenté · inquiet

✦ faire de la peine peiner · attrister · déplaire · désobliger · rembrunir · vexer

✦ se donner de la peine se démener · se décarcasser *fam.* · se mettre en quatre *fam.* · se casser le cul *très fam.*

CONTR. facilité – béatitude ׀ bonheur ׀ calme ׀ félicité ׀ joie ׀ plaisir – compensation ׀ consolation ׀ récompense

peiner
■ *v.tr.* affliger · affecter · attrister · chagriner · éprouver · navrer · désobliger · fâcher · meurtrir

■ *v.intr.* avoir du mal · (se) fatiguer · se démener · s'évertuer · en baver *fam.* · galérer *fam.* · ramer *fam.* · suer *fam.* · trimer *fam.*

CONTR. ravir ׀ réjouir

peintre *n.m.* · artiste · badigeonneur *fam., péj.* · barbouilleur *fam., péj.* · peintraillon *fam., péj.* · rapin *vieilli*

peinture *n.f.* 1 - recouvrement · ravalement · 2 - badigeon · laque · revêtement · 3 - couleur · gouache · 4 - tableau · toile · croûte *péj.* • [murale] fresque · 5 - barbouillage *péj.* · barbouille *péj.* · gribouillage *péj.* · 6 - description · image · panorama · représentation · tableau

peinturer *v.tr.* · barbouiller · barioler · peinturlurer

peinturlurer *v.tr.* · barbouiller · barioler · peinturer

péjoratif, -ive *adj.* · dépréciatif · critique · défavorable
CONTR. mélioratif

pelade *n.f.* · alopécie · ophiase · teigne

pelage *n.m.* · fourrure · livrée · poil · robe · toison

pelé, e *adj.* 1 - nu · aride · dénudé · 2 - [crâne] chauve · dégarni · dénudé · tondu · déplumé *fam.*

pêle-mêle
▪ *adv.* 1 - en désordre · en vrac · sens dessus dessous · 2 - çà et là
▪ *n.m. invar.* désordre · capharnaüm · fatras · fouillis · bazar *fam.* · bordel *très fam.* · culbutis *vieux*

peler
▪ *v.tr.* éplucher · écorcher · gratter
▪ *v.intr.* desquamer
➥ éplucher

pèlerine *n.f.* · cape

pelisse *n.f.* · manteau · fourrure

pelle *n.f.* bêche
✦ **à la pelle** en (grande) quantité
✦ **pelle mécanique** excavateur · excavatrice · pelleteuse

pellet *n.m.* · implant

pelletée *n.f.* · avalanche · bordée · flot

pellicule *n.f.* 1 - couche · dépôt · enduit · épaisseur · film · 2 - enveloppe · membrane · peau · 3 - écaille · squame · 4 - film · bobine · rouleau · bande

pelote *n.f.* · boule

peloter *v.tr.* → caresser

peloton *n.m.* · groupe · troupe

pelotonner (se) *v.pron.* · se blottir · s'enrouler · se lover · se ramasser · se recroqueviller
CONTR. s'étirer

pelouse *n.f.* · gazon · herbe

pelucheux, -euse *adj.* · duveteux · velouté

pelure *n.f.* 1 - épluchure · écorce · peau · 2 - [fam.] → manteau

pénalisation *n.f.* 1 - pénalité · punition · sanction · 2 - répression · 3 - désavantage · handicap

pénaliser *v.tr.* 1 - sanctionner · frapper · condamner · punir · réprimer · châtier *soutenu* · 2 - désavantager · handicaper

pénalité *n.f.* · sanction · pénalisation · [Football] coup franc · coup de pied de réparation · penalty

pénates *n.m.pl.* · foyer · bercail · domicile · habitation · maison · nid · toit · logis *vieilli*

penaud, e *adj.* · confus · contrit · déconcerté · déconfit · embarrassé · gêné · honteux · humilié · mortifié · piteux · repentant
CONTR. fier

penchant *n.m.* **1 - attirance** · affection · amour · désir · faible · intérêt · passion · sympathie · tendresse · **2 - propension** · faiblesse · goût · habitude · impulsion · inclination · tendance · **3 - aptitude** · disposition · facilité · génie · nature · prédisposition · vocation · **4 -** [mauvais] **défaut** · démon · vice

✦ **avoir un penchant à, pour**   être enclin à · avoir un tendre pour *vieux*

CONTR. antipathie ı aversion ı répugnance – répugner à

pencher

▪ *v.intr.* **1 - s'incliner** · ployer · **2 - déverser** · s'incurver

✦ **pencher pour**   incliner pour, vers · aimer mieux · être porté vers · préférer · tendre vers

▪ *v.tr.* **abaisser** · baisser · coucher · courber · fléchir · incliner · renverser

≫ **se pencher** *v.pron.* **se baisser** · se courber · s'incliner · se prosterner

✦ **se pencher sur**   étudier · analyser · s'arrêter sur · considérer · examiner · s'intéresser à · observer · réfléchir sur

pendaison *n.f.* · corde · gibet · potence

¹**pendant, e** *adj.* **1 - tombant** · avalé *vieux* · **2 - ballant** · **3 - en instance** · en attente · en suspens

²**pendant** *n.m.*

I **1 - réplique** · semblable · **2 - correspondant** · symétrique · **3 - contrepartie**

II pendeloque · girandole · pendentif

³**pendant** *prép.* **1 - durant** · au cours de · dans · en · au milieu de

✦ **pendant que**   **1 - cependant que** · dans le même temps que · lorsque · tout le temps que · **2 - alors que** · tandis que

🕮   **pendant, durant**

Accompagnés d'un terme qui désigne la durée pendant laquelle un fait a lieu, **pendant** et **durant** expriment tous deux la simultanéité *(pendant/durant les vacances)*, mais seul **pendant** est d'usage courant dans la langue parlée *(pendant deux jours de suite, pendant sa vie, pendant trois siècles)*. Par ailleurs, **pendant** s'emploie lorsqu'une durée peut être interrompue *(c'est pendant sa sieste qu'il est mort)*, alors que **durant** exprime plutôt une continuité *(parler durant des heures ; jouer des heures durant)*.

pendeloque *n.f.* · pendant · boucle · girandole · pendentif

pendentif *n.m.* · sautoir · girandole · pendant · pendeloque

penderie *n.f.* · garde-robe · dressing-room

pendouiller *v.intr.* → pendre

pendre

▪ *v.intr.* **1 - retomber** · tomber · traîner · pendouiller *fam.* · **2 - s'affaisser** · s'avachir *fam.*

▪ *v.tr.* **1 - suspendre** · accrocher · attacher · fixer · **2 -** [le linge] **étendre** · **3 - mettre la corde au cou de** · mettre à la lanterne *vieilli*

≫ **se pendre** *v.pron.* **1 - se suspendre** · s'accrocher · **2 - se suicider** · se passer la corde autour du cou

¹**pendule** *n.m.* · balancier

²**pendule** *n.f.* · horloge · pendulette

pénétrable *adj.* **1 - perméable** · réceptif · sensible · **2 - compréhensible** · abordable · accessible · intelligible · saisissable

CONTR. impénétrable ı insondable

pénétrant, e *adj.* **1 - aigu** · clairvoyant · délié · fin · lucide · ouvert · perçant · perspicace · profond · sagace · subtil · vif · **2 - fort** · puissant · **3 - mordant** · incisif · piquant

CONTR. borné ı obtus – doux

pénétrant, perçant

Pénétrant et perçant s'appliquent tous deux, dans les mêmes contextes, à ce qui donne l'impression de transpercer, perçant étant attaché à l'idée de vivacité, pénétrant à celle de profondeur. Avec une valeur concrète, perçant renchérit sur l'impression désagréable attachée à **pénétrant** *(un froid pénétrant/perçant, un vent pénétrant/perçant)*. Dans les emplois figurés, la même progression apparaît quand on parle des organes des sens *(une vue pénétrante/perçante, des sonorités pénétrantes/perçantes)*.

pénétration *n.f.*
1 - **acuité** · clairvoyance · finesse · intelligence · lucidité · perspicacité · profondeur · psychologie · sagacité · subtilité · vivacité · flair *fam.* · nez *fam.* · 2 - **intrusion** · incursion · invasion · 3 - **infiltration** · envahissement · montée · 4 - **introduction** · intromission

➤ **perspicacité**

pénétré, e *adj.* [air, ton] convaincu
✦ **pénétré de** 1 - **imprégné de** · chargé de · coloré de · imbibé de · marqué de · 2 - **plein de** · rempli de
✦ **pénétré de son importance** orgueilleux · imbu de sa personne · vaniteux · infatué *littér.* · qui se prend pour le nombril du monde *fam.*

pénétrer
▪ *v.intr.* 1 - **s'introduire** · s'avancer · s'aventurer · se couler · s'enfoncer · s'engager · entrer · fendre · se glisser · s'infiltrer · s'insinuer · plonger · se fourrer *fam.* · 2 - **parvenir** · accéder · avoir accès · aller · arriver · atteindre · gagner · toucher
✦ **faire pénétrer** 1 - **introduire** · enfoncer · glisser · insinuer · 2 - **injecter** · insuffler · remplir de · 3 - **inculquer**
✦ **pénétrer par effraction chez** forcer la porte de · violer le domicile de
▪ *v.tr.* 1 - **transpercer** · filtrer · mordre · passer · percer · traverser · transir · 2 - **briser** · enfoncer · percer · rompre · trouer · crever *fam.* · 3 - **imprégner** · baigner · imbiber · infiltrer · inonder · tremper · 4 - **comprendre** · apercevoir · déchiffrer · découvrir · démêler · deviner · lire · mettre au jour · percer · percevoir · pressentir · saisir · 5 - **approfondir** · scruter · sonder · 6 - **atteindre** · gagner · toucher

➤ **se pénétrer** *v.pron.* **se combiner** · se mêler

CONTR. partir ı se retirer ı sortir

pénible *adj.*
I 1 - **fatigant** · éprouvant · épuisant · éreintant · exténuant · harassant · lourd · rude · tuant *fam.* ▪ [travail] de forçat · 2 - **ardu** · âpre · difficile · dur · épineux · ingrat · laborieux · malaisé · 3 - **astreignant** · assujettissant · contraignant · exigeant · pesant
II 1 - **douloureux** · âpre · atroce · brutal · cruel · éprouvant · grave · lourd · mortel · 2 - **affligeant** · amer · angoissant · attristant · consternant · déchirant · déplorable · désolant · funeste · malheureux · mauvais · navrant · poignant · triste · cruel *littér.*
III 1 - **déplaisant** · désagréable · embarrassant · ennuyeux · gênant · chiant *fam.* · 2 - **intenable** · épouvantable · impossible · infernal · insupportable · invivable · terrible · chiant *très fam.*

CONTR. aisé ı facile – agréable ı joyeux – plaisant – charmant ı gentil

péniblement *adv.*
1 - **difficilement** · avec peine · à l'arraché · à grand-peine · laborieusement · mal · malaisément · péniblement · tant bien que mal · cahin-caha *fam.* · 2 - **cruellement** · amèrement · douloureusement · durement · 3 - **tout juste** · à peine

CONTR. aisément ı facilement

péniche *n.f.* · chaland · barge

péninsule *n.f.* · presqu'île

pénis *n.m.* · sexe (masculin) · membre (viril) · phallus · verge · bistoquette *fam.* · braquemart *fam.* · dard *fam.* · machin *fam.* ·

manche *fam.* • quéquette *fam.* • queue *fam.* • zizi *fam.* • zob *fam.* • bitte *vulg.* • pine *vulg.* • biroute *argot*

pénitence *n.f.* **1 - contrition** • regret • repentance • repentir • résipiscence *littér.* • **2 - confession** • **3 - mortification** • ascétisme • austérité • **4 - punition** • châtiment *littér.*
CONTR. endurcissement ı impénitence

pénitencier *n.m.* • centrale • maison d'arrêt • prison • établissement, maison pénitentiaire • bagne *anciennt*

pénitent, e
■ *n.* ascète
■ *adj.* [vieilli] contrit • repentant
CONTR. impénitent

pénitentiaire *adj.* • carcéral • cellulaire

penne *n.f.* • rémige • [Fauconnerie, au plur.] vanneaux

pénombre *n.f.* **1 - clair-obscur** • demi-jour • jour douteux • lumière incertaine, tamisée • **2 - ombre** • obscurité

pensable *adj.* • concevable • acceptable • croyable • envisageable • faisable • imaginable • possible
CONTR. impensable

pensant, e *adj.* intelligent
✦ **bien pensant** conformiste
✦ **mal pensant** mécréant

pense-bête *n.m.* • aide-mémoire • mémento • guide-âne *fam.*

pensée *n.f.* **1 - entendement** • compréhension • esprit • intelligence • jugement • raison • raisonnement • **2 - méditation** • réflexion • rêverie • spéculation • **3 - avis** • conception • idée • opinion • point de vue • position • sentiment • **4 - préoccupation** • **5 - projet** • dessein • idée • intention • **6 - observation** • considération • impression • réflexion • remarque • **7 - philosophie** • doctrine • idéologie • système • théorie • **8 - adage** • axiome • dicton • maxime • proverbe • sentence • aphorisme *didact.* • apophtegme *didact.*

penser
■ *v.intr.* raisonner • méditer • réfléchir • spéculer • cogiter *fam.* • ruminer *fam.*
✦ **penser à** **1 - réfléchir à** • s'aviser de • rêver à • songer à • **2 - examiner** • délibérer de • étudier • réfléchir à • **3 - prévoir** • envisager • s'occuper de • se préoccuper de • **4 - faire attention à** • prendre garde à • **5 - évoquer** • se rappeler • se remémorer • se souvenir de
✦ **faire penser** rappeler • évoquer • suggérer
■ *v.tr.* **1 - imaginer** • admettre • concevoir • conjecturer • considérer • croire • se douter de • espérer • estimer • juger • présumer • supposer • soupçonner • trouver • **2 - étudier** • calculer • élaborer • mûrir • **3 - compter** • avoir en vue de • avoir l'intention de • envisager de • projeter de • se proposer de • songer à • caresser l'idée de
CONTR. oublier ı se désintéresser

penseur, -euse *n.* • intellectuel • philosophe • théoricien

pensif, -ive *adj.* **1 - songeur** • contemplatif • méditatif • rêveur • **2 - absent** • absorbé • occupé • préoccupé • soucieux

> **pensif, méditatif, songeur**
>
> Pensif s'applique à une personne absorbée dans ses pensées, à ce qui exprime cette activité *(un homme pensif, un regard pensif, un visage pensif).* Méditatif, moins courant, s'emploie chaque fois que l'on parle de quelqu'un qui se plonge dans de longues et profondes réflexions *(un caractère, un esprit méditatif)* : « Elle demeura un instant la bouche ouverte, décontenancée, et puis elle reprit son air

méditatif et son visage se referma »
(Sartre, l'Âge de raison, IV). Avec **songeur**,
à côté de l'idée de rêverie est introduite
celle de préoccupation *(rester son-
geur)* : « Elle demeura songeuse et
comme plongée dans une pensée infi-
nie, puis elle rougit de laisser voir sa
préoccupation » (Balzac, *la Vendetta*).

pension *n.f.* **1** - pensionnat · internat ·
institution · école · **2** - allocation · rente ·
retraite

pensionnaire *n.* **1** - interne · **2** - hôte ·
3 - [Théâtre] acteur · comédien

pensionnat *n.m.* · pension · internat ·
institution

pensum *n.m.* · corvée · punition ·
purge *fam.* · servitude *littér.*

pente *n.f.* **1** - déclivité · inclinaison ·
obliquité · **2** - côte · descente · dévers ·
escarpement · grimpée · grimpette *fam.* · mon-
tée · rampe · raidillon · **3** - versant · côté ·
pan · **4** - inclination · penchant · propension ·
tendance
✦ **en pente** incliné · oblique · pentu · en
déclive *rare*

penture *n.f.* · ferrure · paumelle

pénurie *n.f.* **1** - manque · besoin ·
carence · défaut · disette · épuisement ·
insuffisance · rareté · indigence *littér.* · **2** -
gêne · misère · pauvreté · famine · vaches
maigres *fam.*
CONTR. abondance ı surabondance

pépé *n.m.* → grand-père

pépère
■ *n.m.* → grand-père
■ *adj.* → tranquille

pépiement *n.m.* · gazouillement · caque-
tage · chant · gazouillis · ramage *littér.* ·
cui-cui *fam.*

pépier *v.intr.* · gazouiller · chanter · crier

pépin *n.m.* **1** - graine · **2** - [fam.] → **ennui** ·
3 - [fam.] → **parapluie**

pépinière *n.f.* **1** - gisement · mine ·
réserve · réservoir · source · **2** - école ·
laboratoire

pépiniériste *n.* · arboriculteur · arboriste

péquenot *n.m.* **1** - → paysan · **2** -
lourdaud · plouc *fam.*

perçant, e *adj.* **1** - aigu · inquisiteur ·
pénétrant · **2** - perspicace · clairvoyant ·
lucide · pointu · sagace · subtil · **3** - strident ·
assourdissant · criard · déchirant · éclatant ·
suraigu · **4** - aigre · incisif · mordant ·
pénétrant · piquant · vif
CONTR. doux
↬ **pénétrant**

percée *n.f.* **1** - ouverture · brèche · déchi-
rure · trouée · **2** - montée · développement ·
progrès · réussite · succès
CONTR. clôture ı fermeture ı recul – échec

percepteur, -trice *n.* **1** - collecteur
(d'impôts) *vieux* · **2** - [collectif] **fisc**

perceptible *adj.* **1** - sensible · apprécia-
ble · discernable · percevable *rare* · **2** -
apercevable · apparent · visible · **3** - audible ·
4 - intelligible · clair · compréhensible ·
évident · **5** - manifeste · net · palpable ·
6 - [d'impôt] percevable · recouvrable
CONTR. imperceptible ı insensible – inaudible – incom-
préhensible – douteux – irrécouvrable

perception *n.f.* **1** - impression · sens ·
sensation · **2** - représentation · idée · image ·
3 - [d'impôt] recouvrement · collecte · encais-
sement · levée · rentrée

percer

■ *v.tr.* **1 -** s'enfoncer dans · pénétrer · **2 -** transpercer · crever · faire un trou dans · forer · perforer · piquer · poinçonner · trouer · **3 -** [plusieurs fois] cribler · larder *fam.* · **4 -** [son] déchirer · transpercer · vriller · **5 -** [une voie] ouvrir · **6 -** [Archit.] fenêtrer · ajourer · **7 -** déchiffrer · comprendre · déceler · découvrir · deviner · lire · mettre au jour · pénétrer · saisir

■ *v.intr.* **1 -** apparaître · affleurer · émerger · se montrer · paraître · poindre · pointer · sortir · surgir · **2 -** s'ébruiter · s'éventer · filtrer · se répandre · transpirer · **3 -** réussir · arriver · se distinguer · s'élever · s'imposer · monter · se faire un nom · sortir de l'ombre, de l'anonymat, de l'obscurité

CONTR. boucher ı clore ı fermer ı obstruer

perceuse *n.f.* · chignole · foreuse · vrille

percevable *adj.* **1 -** perceptible · appréciable · discernable · sensible · **2 -** [impôt] recouvrable

percevoir *v.tr.* **1 -** discerner · distinguer · saisir · **2 -** apercevoir · découvrir · entrevoir · remarquer · repérer · voir · **3 -** sentir · flairer · **4 -** entendre · ouïr *littér.* · **5 -** se rendre compte de · comprendre · concevoir · se figurer · imaginer · se représenter · **6 -** recevoir · collecter · empocher · encaisser · ramasser · récolter · recueillir · retirer · toucher · **7 -** [impôt] lever · collecter · recouvrer

CONTR. payer ı verser

perche *n.f.* **1 -** gaule · bâton · croc · tige · **2 -** [de prise de son] girafe

✦ grande perche échalas · escogriffe · girafe

percher

■ *v.tr.* jucher · placer

■ *v.intr.* [fam.] résider · demeurer · habiter · loger · crécher *fam.* · nicher *fam.*

⟫ se percher *v.pron.* **1 -** se poser · **2 -** se jucher · grimper · se hisser · monter

perchoir *n.m.* · juchoir · perche

perclus, e *adj.* **1 -** impotent · paralytique · **2 -** inerte · inactif · paralysé

✦ perclus de ankylosé par · paralysé par

percussion *n.f.* **1 -** choc · coup · **2 -** [Mus.] batterie · drums *anglic.*

percussionniste *n.* · batteur · drummer *anglic.*

percutant, e *adj.* **1 -** frappant · saisissant · **2 -** convaincant · persuasif · massue *fam.*

percuter

■ *v.tr.* heurter · emboutir · rentrer dans · tamponner · télescoper · emplafonner

■ *v.intr.* [fam.] comprendre · saisir · imprimer *fam.* · piger *fam.*

perdant, e

■ *adj.* battu · défait · vaincu

■ *n.* vaincu · raté *fam.* · loser *fam.*

■ *n.m.* marée descendante · jusant · reflux

CONTR. gagnant – flux

perdition (en) *loc.adj.* · en danger · en détresse

CONTR. salut

perdre *v.tr.* **1 -** égarer · oublier · paumer *fam.* · **2 -** dérouter · désorienter · égarer · **3 -** être dépouillé de · se dépouiller de · **4 -** gaspiller · dissiper · gâcher · galvauder · [une occasion] manquer · louper *fam.* · rater *fam.* · **5 -** quitter · se défaire de · déposer · renoncer à · **6 -** corrompre · causer la ruine de · ruiner · démolir *fam.* · **7 -** [sans complément] se faire battre · avoir le dessous · échouer · se faire laminer *fam.*

✦ **perdre de l'argent** en être de sa poche *fam.* · y laisser des plumes *fam.*
✦ **perdre la vie** mourir · décéder · être emporté · tomber · se tuer · être tué · y rester *fam.* · périr *littér.* · trépasser *vieux ou littér.*
✦ **perdre son temps** paresser · s'amuser · baguenauder · batifoler · lézarder · musarder · traîner · glander *fam.* · glandouiller *fam.*
✦ **ne pas perdre son temps** se dépêcher · s'empresser · faire vite · se hâter · se presser · activer *fam.* · se bouger *fam.* · se dégrouiller *fam.* · faire fissa *fam.* · se grouiller *fam.* · se magner (le train, le popotin) *fam.* · faire diligence *soutenu*
✦ **perdre du terrain** reculer · être en recul
✦ **perdre l'esprit, la raison, le bon sens** déraisonner · débloquer *fam.* · déconner *très fam.* · déjanter *fam.* · déménager *fam.* · dérailler *fam.*
✦ **perdre la tête** 1 - déraisonner · débloquer *fam.* · déconner *très fam.* · déjanter *fam.* · déménager *fam.* · dérailler *fam.* · 2 - s'affoler · paniquer · perdre le nord · perdre la boussole *fam.* · perdre les pédales *fam.*
✦ **perdre une bonne occasion** rater, louper le coche *fam.*
✦ **faire perdre** enlever · débarrasser de · ôter
✦ **avoir tout perdu** n'avoir plus que ses yeux pour pleurer

»» **se perdre** *v.pron.* 1 - prendre le mauvais chemin · s'égarer · faire fausse route · se fourvoyer *littér.* · se paumer *fam.* · 2 - décroître · diminuer · disparaître · faiblir · se relâcher · tomber · 3 - [voix, bruit] s'étouffer · mourir · 4 - s'abîmer · s'avarier · dégénérer · se gâter · 5 - causer sa propre ruine · se corrompre · se débaucher · se dévoyer · se sacrifier
✦ **se perdre dans** 1 - [eau] **se jeter dans** · s'engouffrer dans · 2 - **s'absorber dans** · s'abîmer dans · s'enfoncer dans · s'engloutir dans · se plonger dans · sombrer dans · 3 - [des détails, des explications] **s'embarrasser dans** · s'égarer dans · s'embourber dans · s'embrouiller dans · se noyer dans · patauger dans · se fourvoyer dans *littér.* · barboter dans *fam.* · 4 - **se couler dans** · se cacher dans

CONTR. retrouver − acquérir ׀ conquérir ׀ conserver ׀ détenir ׀ garder ׀ obtenir ׀ posséder ׀ récupérer ׀ regagner ׀ retrouver ׀ trouver − gagner ׀ réussir − bénéficier ׀ profiter

perdu, e *adj.*
I **1 - introuvable** · égaré · **2 - éloigné** · abandonné · écarté · désert · isolé · reculé · retiré · paumé *fam.*
II révolu · disparu · envolé · évanoui · oublié
III errant · égaré
IV 1 - désaxé · fou · **2 - désorienté** · déboussolé · dépaysé · déphasé · dérouté · largué *fam.* · paumé *fam.*
V 1 - condamné · désespéré · incurable · frappé à mort · **2 - abîmé** · endommagé · gâté · inutilisable · irrécupérable · **3 - sans espoir** · cuit *fam.* · fini *fam.* · fichu *fam.* · foutu *fam.* · flambé *fam.* · frit *fam.* · mort *fam.* · **4 - corrompu** · débauché · dépravé · dévoyé · fourvoyé
✦ **perdu dans** absorbé dans · plongé dans · abîmé dans *littér.*
✦ **tout est perdu** c'est la fin des haricots *fam.* · les carottes sont cuites *fam.*

père *n.m.* **1 - papa** · dab *argot.* · pater *fam.* · paternel *fam.* · vieux *fam.* · daron *lang. jeunes* · auteur des jours *littér.* · géniteur *littér.* · **2 - ancêtre** · ascendant · aïeul · **3 - créateur** · auteur · fondateur · initiateur · instaurateur · instigateur · inventeur · **4 - abbé** · moine · religieux · **5 - protecteur**
✦ **père de famille** chef de famille · pater familias *plaisant*
✦ **père spirituel** 1 - [Relig.] directeur de conscience · 2 - mentor · maître
✦ **père tranquille** pantouflard · pépère *fam.*

pérégrination *n.f.* · errance · aventure · odyssée · voyage

péremptoire *adj.* 1 - décisif · absolu · concluant · indiscutable · irréfutable · sans réplique · 2 - catégorique · autoritaire · cassant · coupant · magistral · tranchant

CONTR. hésitant ׀ incertain ׀ discutable

pérenniser v.tr. · perpétuer · conserver · continuer · faire durer · immortaliser · maintenir · préserver · reproduire · transmettre

pérennité n.f. · continuité · durée · éternité · immortalité · perpétuité

CONTR. brièveté

péréquation n.f. · répartition · partage

perfection n.f. 1 - absolu · bien · beau · beauté · excellence · idéal · 2 - perle · ange · bijou · joyau · merveille · trésor · 3 - achèvement · consommation · couronnement · fin · parachèvement
✦ **point de perfection** maturité · sommet
✦ **à la perfection** parfaitement · admirablement · remarquablement

CONTR. imperfection ı défaut ı défectuosité ı difformité ı médiocrité – approximation

perfectionné, e adj. 1 - amélioré · 2 - châtié · affiné · épuré · 3 - optimisé

perfectionnement n.m. 1 - amélioration · correction · 2 - avancement · couronnement · édification · 3 - progrès · mieux · plus

CONTR. détérioration ı recul ı régression

perfectionner v.tr. 1 - améliorer · achever · affiner · compléter · parfaire · 2 - cultiver · civiliser · faire évoluer · faire progresser · sophistiquer · 3 - corriger · châtier · épurer · polir · retoucher

CONTR. détériorer – faire reculer – abîmer ı avilir ı corrompre

perfide
■ adj. 1 - méchant · empoisonné · envenimé · fielleux · sournois · venimeux · 2 - machiavélique · cauteleux · fallacieux · fourbe · hypocrite · sournois · trompeur · 3 - dangereux · traître · 4 - [littér.] déloyal · inconstant · infidèle · volage
■ n. [littér.] fourbe · scélérat · traître

CONTR. loyal

perfidie n.f. 1 - déloyauté · fausseté · fourberie · machiavélisme · malignité · mauvaise foi · noirceur · ruse · traîtrise · scélératesse littér. · 2 - [littér.] infidélité · trahison

CONTR. fidélité ı loyauté

perforation n.f. 1 - trou · ouverture · 2 - [Méd.] térébration

perforatrice n.f. 1 - perforeuse · poinçonneuse · 2 - marteau-piqueur

perforé, e adj. · percé · poinçonné · transpercé · traversé · troué

perforer v.tr. 1 - percer · crever · forer · transpercer · traverser · trouer · 2 - poinçonner

performance n.f. 1 - exploit · prouesse · record · succès · tour de force · 2 - résultat

performant, e adj. · compétitif · bon · efficace

perfusion n.f. · goutte-à-goutte · injection

péricliter v.intr. · décliner · aller mal · baisser · couler · dépérir · aller à vau-l'eau · pâtir littér.

CONTR. prospérer ı réussir

périf n.m. → **périphérique**

péril n.m. danger · difficulté · écueil · épreuve · hasard · risque
✦ **en péril** menacé
✦ **mettre en péril** compromettre · exposer · hasarder · hypothéquer · menacer · mettre en danger · risquer

CONTR. sûreté – en sécurité – protéger

périlleux, -euse adj. 1 - dangereux · acrobatique · difficile · hasardeux · risqué · casse-gueule fam. · 2 - brûlant · délicat · scabreux · sensible

CONTR. sûr

périmé, e *adj.* 1 - caduc · nul · 2 - ancien · anachronique · arriéré · attardé · démodé · dépassé · désuet · obsolète · rétrograde · suranné · de papa *fam.* · inactuel *soutenu*
CONTR. actuel ׀ valide

périmètre *n.m.* 1 - tour · bord · ceinture · circonférence · contour · limite · périphérie · pourtour · 2 - portée · étendue · rayon · 3 - zone · région · sphère

période *n.f.* 1 - durée · intervalle · laps de temps · moment · 2 - époque · âge · ère · saison · temps · 3 - phase · cycle · étape · stade · 4 - [Arts] manière

périodique
■ *adj.* 1 - régulier · fréquent · 2 - alternatif · cyclique · intermittent · 3 - [serviette] hygiénique
■ *n.m.* magazine · journal · publication · revue

périodiquement *adv.* · régulièrement · cycliquement

péripétie *n.f.* 1 - épisode · aléa · circonstance · événement · imprévu · incident · rebondissement · 2 - [Littérat.] nœud · catastrophe · coup de théâtre

périph *n.m.* → périphérique

périphérie *n.f.* 1 - bord · circonférence · contour · limite · périmètre · pourtour · 2 - banlieue · abords · faubourgs
CONTR. centre

périphérique
■ *adj.* 1 - excentrique · limitrophe · périurbain · suburbain · 2 - extérieur · extrinsèque
■ *n.m.* 1 - [Inform.] terminal · 2 - rocade · boulevard, voie circulaire express · périph *fam.*
CONTR. axial ׀ central

périphrase *n.f.* 1 - circonlocution *soutenu* · circuit · détour · [pour atténuer] euphémisme · 2 - paraphrase

🕮 **périphrase, circonlocution**

Périphrase et circonlocution ont en commun l'idée de détour dans l'expression de la pensée. Périphrase est un terme de rhétorique, employé quand on substitue au terme unique une expression imagée qui le définit ou le paraphrase : « Voici (...) une superbe périphrase de Bossuet pour désigner le confessionnal : "Ces tribunaux qui justifient ceux qui s'accusent" » (Antoine Albalat, *l'Art d'écrire*, V). Circonlocution, d'un registre soutenu, désigne une manière d'exprimer sa pensée de façon détournée pour masquer ou adoucir ce que l'on veut dire : « Ces charitables circonlocutions dont on use pour annoncer à la famille une nouvelle pénible, effrayante » (Claude Simon, *le Palace*).

périple *n.m.* 1 - voyage · circuit · expédition · tour · tournée · 2 - [Mar.] circumnavigation · cercle

périr *v.intr.* 1 - mourir · disparaître · s'éteindre · expirer · finir · tomber · trépasser *littér.* · 2 - s'anéantir · crouler · entrer en décadence · s'écrouler · finir · tomber en ruine
✦ **faire périr** exterminer · tuer

périssable *adj.* 1 - corruptible · 2 - [littér.] caduc · court · éphémère · fragile · fugace · instable · mortel · précaire
CONTR. incorruptible ׀ impérissable – durable ׀ éternel ׀ immortel

perle *n.f.* 1 - goutte · gouttelette · 2 - perfection · ange · bijou · joyau · merveille · oiseau rare · trésor · 3 - bévue · erreur · sottise · bourde *fam.*
✦ **rang de perles** collier

perler *v.intr.* 1 - poindre · 2 - suinter · emperler

perm *n.f.* 1 - → permission · 2 - → permanence

permanence *n.f.* **1 -** constance · continuité · durée · fixité · immuabilité · invariabilité · pérennité · perpétuation · persistance · stabilité · **2 - bureau** · local · salle · **3 - salle d'études** · perm *fam.*
✦ **en permanence 1 -** constamment · continûment · continuellement · perpétuellement · régulièrement · sans cesse · sans discontinuer · sans relâche · sans répit · toujours · tout le temps · **2 - à demeure**
✦ **de permanence** de service · d'astreinte · de garde

CONTR. altération ı évolution ı fuite ı instabilité ı interruption ı modification

permanent, e
■ *adj.* **1 -** constant · fixe · inaltérable · invariable · stable · **2 - continu** · ininterrompu · endémique · **3 - durable** · persistant
■ *n.* militant

CONTR. éphémère ı fugace ı fugitif ı passager ı transitoire – intermittent

↝ **durable**

permanente *n.f.* · indéfrisable

perméabilité *n.m.* · porosité · pénétrabilité

CONTR. imperméabilité

perméable *adj.* **1 - poreux** · pénétrable · **2 - accessible** · ouvert · sensible · **3 -** [péj.] influençable · docile

CONTR. étanche ı imperméable – réfractaire

permettre *v.tr.* **1 - accepter** · accorder · acquiescer à · admettre · agréer · approuver · consentir · trouver bon · vouloir bien · **2 -** donner l'occasion de · autoriser · donner lieu à · aider à · favoriser · laisser place à · **3 -** tolérer · autoriser · endurer · laisser aller · passer sur · supporter · souffrir *littér.*
✦ **permettre de** laisser · autoriser à
↠ **se permettre** *v.pron.* s'accorder · s'autoriser · s'octroyer · s'offrir · se passer *fam.*

✦ **se permettre de** oser · s'aventurer à · s'enhardir jusqu'à · se hasarder à · se risquer à · se payer le luxe de *fam.*

CONTR. défendre ı empêcher ı interdire ı prohiber – brider ı contraindre ı forcer – se défendre de

☙ **permettre, souffrir, tolérer**

Permettre, souffrir et tolérer s'emploient à propos d'une personne qui laisse faire une action, ne l'empêche pas. Permettre est le mot le plus usuel *(elle lui a permis de partir ; il peut tout se permettre)*. Avec une valeur analogue, souffrir est seulement d'emploi littéraire : « Je ne saurais souffrir le mélange des êtres allégoriques et réels » (Diderot, *Essai sur la peinture*, 5). Tolérer quelque chose suppose qu'on la laisse se produire alors qu'on a le droit de l'empêcher *(je ne tolérerai aucune absence)* : « [elle avait] l'œil ouvert partout, ne laissant rien se perdre, tout en sachant tolérer quand il le fallait les petits vols des riches » (Zola, *la Terre*, I, III).

¹**permis, e** *adj.* **1 - autorisé** · admis · légal · licite · toléré · **2 - légitime** · **3 - possible** · loisible *vieilli*

²**permis** *n.m.* **1 - permission** · autorisation · **2 - droit** · licence · **3 - laissez-passer** · sauf-conduit

permissif, -ive *adj.* · laxiste · latitudinaire *littér.*

permission *n.f.* **1 - autorisation** · droit · liberté · licence · pouvoir · **2 -** acquiescement · acceptation · accord · agrément · approbation · aval · consentement · feu vert · **3 - habilitation** · dispense · [Droit] permis · **4 -** [Milit.] **congé** · perm(e) *fam.*

CONTR. défense ı empêchement ı interdiction

↝ **consentement**

permutation *n.f.* · commutation · échange · interversion · inversion · substitution

permuter v.tr. · intervertir · changer · commuter · échanger · inverser · substituer

pernicieux, -ieuse adj. 1 - dangereux · grave · malfaisant · malin · malsain · mauvais · nocif · nuisible · 2 - diabolique · funeste · sinistre
CONTR. avantageux ı bienfaisant ı bon ı salutaire

péroraison n.f. · conclusion · fin
CONTR. exorde ı commencement

perpendiculaire adj. orthogonal
✦ **perpendiculaire à** à angle droit avec

perpétrer v.tr. · accomplir · commettre · consommer · exécuter

perpétuel, -elle adj. 1 - infini · éternel · immuable · impérissable · inaltérable · indéfini · indélébile · indestructible · indissoluble · 2 - continuel · constant · continu · éternel · fréquent · habituel · incessant · ininterrompu · permanent · réitéré · renouvelé · répété · sans fin · sempiternel péj.
CONTR. court ı éphémère ı momentané ı passager ı temporaire – changeant ı discontinu ı sporadique
↝ éternel

perpétuellement adv. 1 - constamment · assidûment · continuellement · sans arrêt · sans cesse · sans interruption · sans trêve · 2 - **immuablement** · définitivement · éternellement · indéfectiblement · indéfiniment · invariablement · à jamais · (pour) toujours · ad vitam æternam
CONTR. momentanément ı provisoirement

perpétuer v.tr. 1 - maintenir · conserver · continuer · entretenir · éterniser · garder · pérenniser · transmettre · 2 - immortaliser
⋙ **se perpétuer** v.pron. durer · se conserver · demeurer · se maintenir · perdurer · se reproduire · rester · se transmettre · survivre
CONTR. changer ı cesser ı finir

perpétuité n.f. [littér.] **perpétuation** · pérennité
✦ **à perpétuité** (pour) toujours · à perpète fam.
CONTR. brièveté

perplexe adj. · indécis · dubitatif · embarrassé · hésitant · incertain · indéterminé · irrésolu · embêté fam. · entre le zist et le zest fam.
✦ **ça me laisse perplexe** ça me laisse rêveur
CONTR. assuré ı convaincu ı décidé ı résolu

perplexité n.f. · indécision · confusion · doute · embarras · hésitation · incertitude · indétermination · irrésolution
CONTR. assurance ı certitude ı décision ı résolution

perquisition n.f. · visite (domiciliaire) · fouille · descente de police

perquisitionner v.intr. · fouiller · faire une descente

perruque n.f. · postiche · faux cheveux · moumoute fam.

persécuté, e
▪ adj. 1 - opprimé · martyrisé · 2 - brimé · harcelé · importuné · molesté · tyrannisé
▪ n. 1 - victime · martyr · 2 - [Psych.] **paranoïaque**

persécuter v.tr. 1 - **martyriser** · molester · opprimer · torturer · 2 - s'acharner contre · brimer · harceler · importuner · poursuivre · presser · tourmenter · tyranniser
CONTR. favoriser ı protéger

persécuteur, -trice
▪ n. bourreau · despote · oppresseur · tourmenteur · tyran
▪ adj. oppressif · cruel · despotique · persécutant · tyrannique

persévérance n.f. · constance · acharnement · courage · endurance · énergie ·

esprit de suite · fermeté · fidélité · insistance · obstination · opiniâtreté · patience · ténacité · volonté · entêtement *péj.*

CONTR. abandon ı caprice ı changement ı inconstance ı légèreté ı versatilité

persévérant, e *adj.* · acharné · constant · endurant · fidèle · insistant · obstiné · opiniâtre · patient · tenace · volontaire · entêté *péj.* · têtu *péj.*

CONTR. capricieux ı changeant ı inconstant ı versatile

persévérer *v.intr.* 1 - persister · continuer · 2 - s'acharner · aller contre vents et marées · insister · s'obstiner · persister · poursuivre · soutenir son effort · s'opiniâtrer *littér.*

CONTR. abandonner ı capituler ı cesser ı se désister ı renoncer

persienne *n.f.* · jalousie · contrevent · volet

persiflage *n.m.* · raillerie · dérision · ironie · médisance · moquerie · sarcasme

persifler *v.tr.* · railler · se moquer de · mettre en boîte *fam.* · brocarder *littér.*

persifleur, -euse *adj.* · moqueur · ironique · narquois · railleur

persistance *n.f.* 1 - continuité · durée · 2 - constance · fermeté · obstination · opiniâtreté · persévérance · entêtement *péj.* · esprit de suite · suite dans les idées · 3 - permanence · stabilité

CONTR. inconstance ı versatilité – abandon ı cessation ı changement

persistant, e *adj.* 1 - constant · continu · durable · fixe · inébranlable · permanent · stable · 2 - obstiné · incessant · ininterrompu · opiniâtre · soutenu · 3 - [image] rémanent · 4 - [végétation] vivace

persister *v.intr.* 1 - persévérer · s'obstiner · s'opiniâtrer · poursuivre · 2 - durer · se conserver · continuer · demeurer · se maintenir · perdurer · se prolonger · rester · subsister · tenir

CONTR. faiblir ı flancher ı renoncer – s'arrêter ı cesser

personnage *n.m.* 1 - notable · autorité · célébrité · (grande) figure · gloire · grand · dignitaire · mandarin · notabilité · personnalité · potentat · pontife · sommité · vedette · V.I.P. · gros bonnet *fam.* · grosse légume *fam.* · huile *fam.* · (grand) manitou *fam.* · pointure *fam.* · (grand) ponte *fam.* · ténor *fam.* · 2 - individu · homme · citoyen *fam.* · coco *fam.* · type *fam.* · zèbre *fam.* · zigoto *fam.* · paroissien *fam.*, *vieilli* · 3 - héros · protagoniste · 4 - rôle
↪ rôle

personnaliser *v.tr.* · particulariser · individualiser

CONTR. dépersonnaliser

personnalité *n.f.* 1 - individualité · ego · être · moi · originalité · soi · 2 - nature · caractère · constitution · tempérament · 3 - personne célèbre · autorité · célébrité · dignitaire · (grande) figure · mandarin · notable · notabilité · personnage · potentat · pontife · sommité · vedette · V.I.P. · gros bonnet *fam.* · grosse légume *fam.* · huile *fam.* · (grand) manitou *fam.* · pointure *fam.* · (grand) ponte *fam.* · ténor *fam.*

¹**personne** *n.f.* 1 - être (humain) · homme · individu · citoyen · sujet · créature *fam.* · mortel *fam.* · quidam *fam.* · type *fam.* · 2 - individualité · âme · moi · personnalité · sujet · 3 - personnage · 4 - [Droit] personnalité
✦ **grande personne** adulte · majeur
✦ **en personne** personnellement · soi-même · en chair et en os *fam.* · [remettre] de la main à la main
✦ **par personne** par tête · chacun · par tête de pipe *fam.*
↪ gens

²**personne** *pron. indéf.* **1** - nul · **2** - quiconque · n'importe qui
✦ **personne d'autre**   aucun autre · nul

¹**personnel, -elle** *adj.* **1** - individuel · particulier · propre · spécifique · perso *fam.* · **2** - original · particulier · spécial · typique · de son cru *fam.* · **3** - subjectif · relatif · **4** - privé · confidentiel · intime · **5** - égoïste · égocentrique · **6** - exclusif

²**personnel** *n.m.* main-d'œuvre · effectif · employés · ressources humaines
✦ **personnel de maison**   domestiques · domesticité *vieilli* · gens *vieilli*

personnellement *adv.* **1** - en personne · soi-même · **2** - individuellement · particulièrement · singulièrement · **3** - pour ma part · à mon avis · en ce qui me concerne · quant à moi · selon moi

personnification *n.f.* · symbole · allégorie · incarnation · type

personnifier *v.tr.* · incarner · représenter · symboliser

perspective *n.f.* **1** - vue · coup d'œil · échappée · panorama · **2** - champ · horizon · **3** - éventualité · attente · expectative · idée · projection · **4** - aspect · angle · côté · éclairage · optique · point de vue

perspicace *adj.* clairvoyant · avisé · fin · intelligent · lucide · pénétrant · perçant · psychologue · sagace · subtil · futé *fam.* · malin *fam.*
✦ **être perspicace**   avoir du flair · avoir du nez *fam.* · avoir le nez creux *fam.*

perspicacité *n.f.* · clairvoyance · acuité · discernement · finesse · habileté · intelligence · intuition · jugement · lucidité · pénétration · psychologie · sagacité · subtilité · flair *fam.* · jugeote *fam.* · nez *fam.*
CONTR. aveuglement

🐍 **perspicacité, pénétration, sagacité**
Perspicacité, sagacité et pénétration ont en commun l'idée d'intelligence mise en œuvre pour comprendre quelque chose. On parle de **perspicacité** pour une personne capable de percevoir rapidement ce que la plupart des gens ne comprennent pas *(faire preuve, manquer de perspicacité)*. La **pénétration** implique que l'intelligence permet de comprendre en profondeur des choses difficiles *(un esprit d'une grande pénétration)* : « La pénétration est une facilité à concevoir, à remonter aux principes des choses » (Vauvenargues, *De l'esprit humain*, I, v). La **sagacité** ajoute à la pénétration l'idée d'intuition et celle de vivacité d'esprit *(agir avec beaucoup de sagacité, montrer de la sagacité, un homme d'une grande sagacité)*.

persuadé, e *adj.* certain · convaincu
✦ **être persuadé que**   s'imaginer que

persuader *v.tr.* · convaincre · agir sur · amadouer · décider · déterminer · entraîner · faire entendre raison à · gagner · séduire · toucher · vaincre · conduire à ses raisons *littér.*
CONTR. dissuader
🐍 **convaincre**

persuasif, -ive *adj.* · convaincant · éloquent
CONTR. dissuasif

persuasion *n.f.* **1** - habileté · adresse · diplomatie · éloquence · **2** - assurance · certitude · conviction · croyance
CONTR. dissuasion – doute

perte *n.f.* **1** - mort · deuil · **2** - anéantissement · décadence · dégénérescence · dégradation · dépérissement · extinction · **3** - insuccès · défaite · naufrage · ruine · perdition *vieux* · **4** - déperdition · déficit · fuite · hémorragie · **5** - dommage ·

appauvrissement · dégât · mal · malheur · préjudice · sinistre · **6 - déchéance** · privation · **7 - mutilation** · privation · **8 - gaspillage** · déchet · gâchage · coulage *fam.* · **9 -** [au jeu] **lessive** *fam.* · **lessivage** *vieux*

✦ **perte de connaissance** évanouissement · défaillance · pâmoison *vieilli ou plaisant* · syncope *vieux*

✦ **en pure perte** inutilement · en vain · pour rien · sans (aucun) résultat · pour des prunes *fam.* • [parler] perdre sa salive

✦ **avec perte et fracas** à grand bruit · avec éclat

CONTR. essor ı fortune – succès – gain ı excédent – profit – avantage ı bénéfice ı enrichissement

pertinemment *adv.* · en connaissance de cause · convenablement · correctement · judicieusement · justement

pertinence *n.f.* · bien-fondé · actualité · à-propos · convenance · correction

pertinent, e *adj.* **1 - approprié** · convenable · judicieux · juste · congru *soutenu* · **2 - distinctif** · discriminant

pertuis *n.m.* · ouverture · trou

perturbant, e *adj.* · dérangeant · désorientant · déstabilisant · déstructurant · troublant

perturbateur, -trice *n.* · agitateur · contestataire · gêneur · provocateur · séditieux · trublion

perturbation *n.f.* **1 - dérangement** · dérèglement · dysfonctionnement · détraquement *fam.* · **2 -** [Radio] **parasite** · friture · **3 - bouleversement** · crise · **4 -** [Méd.] déséquilibre · désordre · lésion · trouble · **5 -** [Météo] **dépression**

CONTR. calme

perturber *v.tr.* **1 - désorganiser** · bouleverser · dérégler · chambarder *fam.* · chambouler *fam.* · détraquer *fam.* · **2 - déranger** · affecter · déconcerter · dérouter · désarçonner · désorienter · ébranler · troubler · retourner *fam.*

pervers, e
■ *adj.* **1 - malsain** · corrompu · débauché · dénaturé · dépravé · déréglé · dévoyé · vicieux · tordu *fam.* · **2 - méchant** · diabolique · malfaisant · noir · satanique · sournois
■ *n.* **dépravé** · débauché · satyre · vicieux · cochon *fam.*

CONTR. sain

perversion *n.f.* **1 - corruption** · altération · dépravation · dérangement · dérèglement · égarement · **2 - anomalie** · dégénérescence · détraquement · **3 -** [sexuelle] **déviance** · déviation · **4 - folie** · perversité

perversité *n.f.* **1 - malignité** · méchanceté · perfidie · vice · scélératesse *littér.* · **2 - corruption** · dépravation

CONTR. bienveillance ı correction

pervertir *v.tr.* **1 - débaucher** · dépraver · dévoyer · égarer · perdre · encanailler *fam.* · **2 - corrompre** · altérer · faire dégénérer · dénaturer · détériorer · empoisonner · gâter · infecter · pourrir · vicier · **3 - fausser** · déformer · déranger · dérégler · détraquer · troubler

CONTR. améliorer ı amender ı convertir ı corriger ı édifier ı élever ı épurer

pesamment *adv.* **1 - lourdement** · comme une masse · **2 - gauchement** · maladroitement

CONTR. légèrement – élégamment

pesant, e *adj.*
I **1 - lourd** · alourdi · appesanti · **2 - accablant** · écrasant · étouffant · oppressant · **3 - indigeste** · inassimilable · **4 - massif** · gros · **5 - embarrassé** · gauche · laborieux · maladroit

II 1 - **astreignant** · assujettissant · asservissant · contraignant · pénible · tyrannique · **2 - importun** · encombrant · ennuyeux · gênant · assommant *fam.* · embêtant *fam.* · rasoir *fam.*
III **épais** · gras · matériel

CONTR. léger – digeste – agile ı dispos ı prompt ı vif – bienveillant ı opportun

pesanteur *n.f.* **1 - lourdeur** · masse · poids · **2 - attraction** · gravitation · gravité · **3 - malaise** · **4 - lenteur** · inertie · lourdeur

CONTR. légèreté – vivacité

pesée *n.f.* · pesage · tarage

pèse-personne *n.m.* · balance · bascule

peser
- *v.intr.* **avoir un poids de** · faire
+ **peser à** **1 - coûter à** · ennuyer · peiner · faire peine à *littér.* · **2 - importuner** · ennuyer · fatiguer · gêner · embêter *fam.*
+ **peser sur** **1 - faire levier sur** · **2 - incomber à** · retomber sur (les épaules de) · **3 - influencer** · agir sur · compter dans · déteindre sur · entrer en ligne de compte dans · influer sur · jouer dans · se répercuter sur · **4 - accabler** · écraser · étouffer · oppresser · opprimer · **5 - assombrir** · appesantir · grever
+ **peser sur, contre** appuyer sur, contre · porter sur · pousser · presser
- *v.tr.* **1 - soupeser** · **2 - apprécier** · balancer · mettre en balance · calculer · comparer · considérer · déterminer · estimer · évaluer · examiner · jauger · juger · mesurer
+ **tout bien pesé** tout bien réfléchi · tout compte fait · tout bien considéré

pessaire *n.m.* · diaphragme

pessimisme *n.m.* · défaitisme · catastrophisme · sinistrose

CONTR. optimisme

pessimiste *adj.* **1 - sombre** · bilieux · inquiet · maussade · mélancolique · noir · **2 - alarmiste** · défaitiste · négatif
+ **être pessimiste** voir tout en noir

CONTR. optimiste – voir tout en rose

peste *n.f.* **1 - empoisonneur** · démon · poison · chameau *fam.* · gale *fam.* · plaie *fam.* · teigne *fam.* · **2 -** [femme] **mégère** · virago

pester *v.intr.* · fulminer · s'emporter · grogner · invectiver · jurer · maudire · protester · rager · fumer *fam.* · râler *fam.* · rouspéter *fam.* · maugréer *soutenu*

pestiféré, e *n.* · paria · brebis galeuse · exclu · maudit · réprouvé

pestilence *n.f.* · infection · corruption

pestilentiel, -ielle *adj.* **1 - puant** · écœurant · fétide · infect · irrespirable · nauséabond · **2 - corrupteur** · impur · malfaisant · néfaste · nuisible · pernicieux · **3 - délétère** · contagieux · malsain · méphitique *littér.*

CONTR. odoriférant

pet *n.m.* · gaz · flatuosité · pétard *fam.* · prout *fam.* · vent *vieux, région. ou euphém.* · vesse *vieilli*

pétanque *n.f.* · boules

pétard *n.m.* **1 -** [fam.] → **revolver** · **2 -** [fam.] → **joint**^{2} · **3 -** [fam.] → **scandale**

péter
- *v.intr.* **1 - lâcher un pet** · lâcher un vent · lâcher *fam.* · lâcher une caisse *fam.* · lâcher une perle *fam.* · vesser *vieilli* · **2 -** [fam.] → **éclater**
+ **ça va péter** ça va chauffer · ça va faire des étincelles
- *v.tr.* [fam.] → **casser**

pète-sec *adj. invar* [fam.] cassant · aigre · autoritaire

pétillant, e adj.
I gazeux · mousseux · spittant Belgique
II 1 - fringant · sémillant · 2 - éveillé · brillant · intelligent · 3 - brillant · flamboyant · scintillant

pétillement n.m. 1 - crépitement · grésillement · décrépitation didact. · 2 - scintillement · éclat · étincellement · flamboiement

pétiller v.intr. 1 - crépiter · craquer · grésiller · péter fam. · craqueter littér. · décrépiter didact. · 2 - chatoyer · scintiller · 3 - éclater · briller · étinceler · rayonner · resplendir

¹petit, e adj.
I 1 - bas · court · ras · 2 - bas sur pattes fam. · haut comme trois pommes (à genoux) fam. · haut comme une botte fam., vieux · 3 - menu · fin · fluet · mince · 4 - en miniature · au petit pied
II 1 - exigu · étroit · réduit · restreint · riquiqui fam. · grand comme un mouchoir de poche fam. · 2 - étriqué · juste
III 1 - bref · concis · laconique · sommaire · succinct · 2 - rapide · élémentaire · rudimentaire · superficiel
IV 1 - faible · dérisoire · insignifiant · léger · mince · mineur · minime · négligeable · ténu · 2 - limité · chiche · humble · maigre · misérable · modeste · modique · pauvre · restreint · riquiqui fam. · 3 - médiocre · borné · bas · étriqué · étroit · mesquin · piètre · vil · 4 - mineur · négligeable · obscur · quelconque · secondaire
+ tout petit, très petit infime · imperceptible · infinitésimal · invisible · lilliputien · microscopique · minuscule · négligeable

²petit adv.
+ en petit réduit · en miniature
+ petit à petit 1 - par degré · doucement · graduellement · insensiblement · de jour en jour · lentement · pas à pas · peu à peu · progressivement · (tout) doucettement fam. · 2 - de proche en proche · de fil en aiguille

³petit, e n. 1 - bout d'homme · miniature · nain · demi-portion fam. · microbe fam. · puce fam. · crapoussin fam., vieilli · myrmidon fam., vieilli · pot à tabac fam., vieilli · criquet vieux · pygmée vieux · avorton péj. · gringalet péj. · nabot péj. · 2 - enfant · bébé · jeune · bambin fam. · bout de chou fam. · gamin fam. · gosse fam. · marmouset fam. · môme fam. · moucheron fam. · mouflet fam.
» petite n.f. petite fille · jeune fille · bout (de femme) fam. · gamine fam. · puce fam.
» les petits plur. les défavorisés · les couches populaires · les faibles · les lampistes fam.

petitesse n.f.
I 1 - petite taille · 2 - exiguïté · étroitesse · 3 - finesse
II 1 - modicité · faiblesse · insignifiance · modestie · pauvreté · 2 - médiocrité · bassesse · étroitesse · faiblesse · mesquinerie · travers · vilenie littér. · 3 - obscurité · humilité
CONTR. grandeur | hauteur – ampleur | immensité – importance – générosité | grandeur | noblesse – renommée

pétition n.f. · requête · placet vieux

petit-lait n.m. lactosérum
+ boire du petit-lait triompher · jubiler · ne plus se sentir de joie

pétoche n.f. → peur

pétri, e adj.
+ pétri de 1 - plein de · gorgé de · rempli de · riche de · bouffi de péj. · imbu de péj. · 2 - mélangé de · empreint de · pénétré de

pétrifié, e adj. 1 - figé · changé en statue (de sel) · cloué · foudroyé · glacé · immobile · paralysé · saisi · statufié · tétanisé · 2 - ébahi · interdit · médusé · sidéré · stupéfait · suffoqué fam.

pétrifier v.tr. 1 - lapidifier · fossiliser · 2 - figer · ankyloser · clouer · foudroyer · glacer · horrifier · méduser · paralyser · raidir · saisir · sidérer · statufier · tétaniser · suffoquer fam. · 3 - fixer · bloquer · immobiliser

pétrin n.m. 1 - huche • maie • 2 - [fam.]
→ embarras

pétrir v.tr. 1 - malaxer • brasser • écraser • manier • manipuler • travailler • tripoter • triturer • 2 - façonner • modeler
✦ **pétri de** rempli de • gonflé de • plein de • bouffi de péj. • imbu de péj. • infatué de péj., littér.

pétrole n.m. • or noir

pétrolier n.m. • tanker • navire-citerne

pétulance n.f. • vivacité • ardeur • brio • chaleur • entrain • exubérance • feu • flamme • fougue • impétuosité • turbulence • vitalité
CONTR. mollesse ı nonchalance ı réserve

pétulant, e adj. • vif • bouillant • débordant (de vie) • exubérant • fougueux • fringant • impétueux • turbulent
CONTR. mou ı nonchalant ı réservé

peu adv. 1 - ne ... pas beaucoup • ne ... pas très • ne ... guère • faiblement • mal • médiocrement • modérément • à peine • sobrement • 2 - rarement • ne ... guère • 3 - ne ... pas ... longtemps • 4 - légèrement • vaguement
✦ **peu de** un petit nombre de • quelques • une poignée de
✦ **un peu** un tant soit peu • un brin fam. • un chouïa fam. • un poil fam. • un tantinet fam.
✦ **un peu de** un brin de • un doigt de • une goutte de • un grain de • une larme de • une miette de • un nuage de • une poignée de • une pointe de • un soupçon de • un chouïa de fam. • une lichette de fam. • un poil de fam.
✦ **à peu près** approximativement • autour de • environ • pas loin de • presque • quasi(ment) • à la louche fam. • dans les fam. • grosso modo fam. • à vue de nez fam.
✦ **de peu** de justesse • juste • de près
✦ **peu à peu** 1 - doucement • par degré • graduellement • insensiblement • de jour en jour • lentement • pas à pas • petit à petit • progressivement • (tout) doucettement fam. • 2 - de proche en proche • de fil en aiguille

✦ **peu de chose** 1 - une bagatelle • une misère • rien • trois fois rien • 2 - pas grand-chose
✦ **en peu de mots** brièvement • laconiquement • succinctement
✦ **sous peu, avant peu, d'ici peu, dans peu** bientôt • dans un proche avenir • incessamment
✦ **il y a peu de temps, depuis peu** récemment
✦ **pour peu que** à condition que • si
✦ **c'est peu** c'est maigre • c'est court • c'est juste
CONTR. beaucoup ı fort ı amplement ı bien ı grandement ı très

peuplade n.f. • groupe • horde • tribu

peuple n.m. 1 - nation • pays • société • 2 - ethnie • peuplade • 3 - masse • couches populaires • gens du commun • plèbe • prolétariat • troupeau vieux • populace péj. • populo péj. • 4 - foule • grand public • masse • monde • multitude • 5 - [péj.] canaille péj., vieux • tourbe péj., vieux • vulgaire péj., vieux • 6 - [vieilli] population • habitants

🙞 peuple, nation

Peuple et nation définissent deux aspects différents de l'organisation des groupements humains. Le peuple se caractérise par la vie en société dans un espace défini et par la communauté de coutumes et d'institutions, parfois d'origine (le peuple américain, français, le droit des peuples à disposer d'eux-mêmes, la liberté d'un peuple). Il faut ajouter pour la nation que le groupe humain forme une communauté politique, personnifiée par une autorité souveraine (les nations de l'Europe occidentale, les nations industrielles, l'Organisation des Nations unies).

peuplé, e adj. • habité • animé • fréquenté • populeux • vivant
CONTR. dépeuplé ı désert

peuplement *n.m.* **1** - colonisation · établissement · implantation · **2** - [Écol.] biocénose · biote · faune · flore
CONTR. dépeuplement ı évacuation

peupler *v.tr.* **1** - habiter · occuper · **2** - s'implanter dans · coloniser · **3** - planter · semer · **4** - remplir · envahir · occuper · hanter *littér.*
CONTR. dépeupler ı vider – déserter ı quitter

peur *n.f.* **1** - crainte · alarme · alerte · angoisse · anxiété · appréhension · inquiétude · frousse *fam.* · pétoche *fam.* · trouille *fam.* · **2** - [grande] panique · affolement · effroi · épouvante · frayeur · hantise · terreur · trac · suée *fam.* · affres *littér.* · **3** - lâcheté · poltronnerie · couardise *littér.* · pleutrerie *littér.* · **4** - aversion · phobie · répulsion
✦ **prendre peur** s'épouvanter · paniquer
✦ **avoir peur** appréhender · craindre · redouter · ne pas être fier · être inquiet • [sans complément] trembler · avoir les chocottes *fam.* · avoir la chiasse *fam.* · avoir la colique *fam.* · avoir les foies *fam.* · avoir la frousse *fam.* · avoir les grelots *fam.* · avoir les jetons *fam.* · avoir la pétoche *fam.* · avoir le trac *fam.* · avoir le trouillomètre à zéro *fam.* · les avoir à zéro *fam.* · baliser *fam.* · se dégonfler *fam.* · faire dans sa culotte *très fam.* · faire dans son froc *très fam.* · avoir les copeaux *pop.*
✦ **faire peur** inquiéter · apeurer · affoler · alarmer · effaroucher · effrayer · épouvanter · faire frémir · faire froid dans le dos · figer le sang · terrifier · terroriser · ficher les jetons *fam.* · ficher la pétoche *fam.* · ficher la trouille *fam.*
CONTR. audace ı bravoure ı courage ı intrépidité

peureux, -euse *adj. et n.* · craintif · lâche · poltron · dégonflé *fam.* · foireux *fam.* · froussard *fam.* · lope *fam.* · lopette *fam.* · péteux *fam.* · pétochard *fam.* · poule mouillée *fam.* · trouillard *fam.* · couille molle *vulg.* · couard *littér.* · pleutre *littér.* · pusillanime *littér.* · capon *vieux*
CONTR. audacieux ı brave ı courageux ı déterminé

peut-être *adv.* · possiblement · éventuellement · probablement · sans doute
CONTR. assurément ı forcément

phalange *n.f.* **1** - coalition · **2** - phalanstère

phalanstérien, -ienne *n. et adj.* · fouriériste

phallocrate *n.m.* · phallocentrique · machiste · misogyne · sexiste · macho *fam.*

phallocratie *n.f.* · phallocentrisme · machisme · sexisme

phallus *n.m.* · membre (viril) · pénis · sexe (masculin) · verge · ithyphalle *didact.* · priape *didact.*

phare *n.m.* **1** - feu · lanterne · **2** - [littér.] flambeau · guide · lumière

pharisaïsme *n.m.* · hypocrisie · fausseté · tartuferie

pharisien, -ienne *n. et adj.* · hypocrite · tartufe

pharmacie *n.f.* **1** - pharmacologie · pharmaceutique *vieilli* · **2** - officine · tabagie *Québec*

pharmacien, -ienne *n.* · apothicaire *vieux* · potard *fam., vieux*

phase *n.f.* **1** - étape · degré · échelon · palier · stade · **2** - période · épisode · moment · partie · **3** - [Astron.] apparence

phénix *n.m.* · génie · aigle · gloire · lumière · oiseau rare · prodige · surdoué · as *fam.* · crack *fam.*

phénoménal, e *adj.* · étonnant · colossal · énorme · exceptionnel · extraordinaire · fabuleux · fantastique · gigantesque · formidable · incroyable · inimaginable ·

phénomène ‹ 860

inouï • monstrueux • monumental • prodigieux • rare • renversant • sensationnel • singulier • stupéfiant • unique • décoiffant *fam.* • ébouriffant *fam.* • époustouflant *fam.* • faramineux *fam.* • monstre *fam.*

phénomène *n.m.* 1 - fait • événement • manifestation • réalité • 2 - [Philo.] apparence • 3 - merveille • miracle • prodige • 4 - monstre • 5 - excentrique • énergumène • fantaisiste • farfelu • original • numéro *fam.* • ovni *fam.*

philanthrope *n.* • bienfaiteur • altruiste • donateur • humanitariste • mécène
CONTR. misanthrope ı égoïste

philanthropie *n.f.* • altruisme • bienfaisance • charité • générosité
CONTR. misanthropie ı égoïsme

philantropique *adj.* 1 - altruiste • bon • charitable • généreux • humaniste • 2 - caritatif • de bienfaisance • de charité • humanitaire • humanitariste

philistin, e *n. et adj.* • béotien • grossier • inculte

philosophe
■ *n.* 1 - sage • 2 - penseur • métaphysicien • 3 - encyclopédiste
■ *adj.* 1 - optimiste • 2 - calme • fataliste • résigné • sage

philosophie *n.f.* 1 - doctrine • conception • école • idée • idéologie • pensée • principes • système • théorie • thèse • vision du monde • 2 - esthétique • éthique • logique • métaphysique • morale • ontologie • téléologie • 3 - calme • fatalisme • indifférence • optimisme • raison • résignation • sagesse • sérénité • équanimité *littér.*
✦ **philosophie des sciences** épistémologie • méthodologie

philtre *n.m.* • charme • breuvage (magique) • potion magique

phlegmon *n.m.* 1 - abcès • anthrax • furoncle • tumeur • 2 - [au doigt] panaris • tourniole • 3 - [aux gencives] parulie

phobie *n.f.* • aversion • crainte • dégoût • haine • hantise • horreur • peur • terreur • bête noire *fam.*

phonique *adj.* • acoustique • sonore

phosphorescence *n.f.* • luminescence • brasillement

phosphorescent, e *adj.* 1 - luminescent • fluorescent • luisant • lumineux • photogène • 2 - brillant • étincelant

photo *n.f.* cliché • diapositive • épreuve • image • instantané • photographie • prise de vue • tirage
✦ **prendre en photo** photographier • fixer sur la pellicule • [qqn] tirer le portrait de *fam.*

photocopie *n.f.* 1 - copie • photostat • 2 - reprographie

photocopieur *n.m.* • copieur

photographie *n.f.* 1 - prise de vue • cliché • épreuve • instantané • tirage • 2 - reproduction • illustration • image • photo • 3 - description • peinture • représentation

phrase *n.f.* 1 - énoncé • expression • formule • mot • sentence • 2 - style
✦ **phrase toute faite** cliché • lieu commun
⟫ **phrases** *plur.* 1 - propos • mots • paroles • 2 - [péj.] discours • circonvolutions • détours • périphrases • tirade • circonlocutions *soutenu*

phraséologie *n.f.* • style • langue • terminologie • jargon *péj.*

phraseur, -euse
- *n.* **1 -** bavard · beau parleur · bonimenteur · discoureur · palabreur · baratineur *fam.* · **2 -** déclamateur · rhéteur *littér.*
- *adj.* grandiloquent · déclamatoire

phtisie *n.f.* · tuberculose

phtisique *adj. et n.* · tuberculeux

physiologique *adj.* **1 -** corporel · naturel · **2 -** somatique · organique · physique

physionomie *n.f.* **1 -** figure · face · faciès · physique · tête · traits · visage · binette *fam.* · bouille *fam.* · gueule *très fam.* · tronche *fam.* · **2 -** air · attitude · expression · masque · mine · mimique · **3 -** apparence · allure · aspect · caractère · dehors · extérieur · face

physique
- *adj.* **1 -** matériel · corporel · réel · **2 -** organique · physiologique · somatique · **3 -** charnel · intime · sensuel · sexuel
- *n.m.* apparence · constitution · corps · forme · organisme · plastique · physionomie · complexion *littér.*
+ éducation physique, culture physique   gymnastique · E.P.S. *Scol.*

CONTR. intellectuel ı mental – psychique – platonique

physiquement *adv.* **1 -** matériellement · **2 -** au physique · corporellement · **3 -** sexuellement · charnellement *soutenu*

CONTR. moralement

piaf *n.m.* → moineau

piaffer *v.intr.* · s'impatienter · s'agiter · bouillir · piétiner · trépigner · ronger son frein

piaillard, e *adj. et n.* · bruyant · criailleur · piailleur

piaillement *n.m.* **1 -** piaulement · **2 -** criaillerie · cri · criaillement · piaillerie

piailler *v.intr.* **1 -** crier · criailler · jaser · piauler · couiner · **2 -** protester · brailler · criailler · chouiner *fam.* · couiner *fam.* · râler *fam.*

piailleur, -euse → piaillard

¹piano *n.m.* · clavier · casserole *péj., fam.* · chaudron *péj., fam.*

²piano *adv.* → doucement

pianoter *v.intr.* · tambouriner

piauler *v.intr.* **1 -** crier · glapir · miauler · couiner · **2 -** grincer

¹pic *n.m.* · pioche • [d'alpiniste] piolet • [de maçon] picot

²pic *n.m.* · sommet · aiguille · cime · crête · dent · mont · montagne · piton

pic (à)
- *loc. adj.* escarpé · abrupt · raide
- *loc. adv.* [fam.] à propos · à point nommé · bien · opportunément · pile (poil) *fam.*

pichenette *n.f.* · chiquenaude

pichet *n.m.* · cruche · pot

pick-up *n.m. invar.* **1 -** électrophone · tourne-disque · **2 -** camionnette

picoler *v.intr.* [fam.] → boire

picorer *v.tr. et intr.* **1 -** becqueter · picoter · **2 -** grignoter · manger comme un moineau, du bout des dents · pignocher · mangeotter *fam.* · **3 -** grappiller · glaner

picotement *n.m.* · chatouillement · démangeaison · fourmillement · fourmis · irritation · picotis · piqûre

picoter v.tr. **1 - becqueter** · picorer · **2 - piquer** · chatouiller · démanger

pie n.f. · bavard · discoureur · jacasseur · jaseur · moulin à paroles · phraseur · commère fam. · concierge fam. · pipelette fam.

pièce n.f. **1 - division** · fragment · morceau · **2 - élément** · constituant · fragment · morceau · organe · partie · **3 - unité** · l'un · morceau · tête • [de tissu] coupon · **4 -** [monnaie] **espèce** · jeton · monnaie · piécette · **5 -** → **pourboire** · **6 -** [de compas] **branche** · **7 - acte** · certificat · diplôme · document · note · papier · titre · **8 - salle** · chambre · place Nord, Belgique · **9 -** [de théâtre] **œuvre dramatique** · comédie · drame · tragédie · revue · vaudeville · **10 -** [en vers] **poème** · poésie
✦ **en pièces** en lambeaux · en miettes · en morceaux
✦ **mettre en pièces** briser · casser · déchiqueter · déchirer · démolir · écharper · lacérer · laminer · mettre en charpie · mettre en lambeaux · rompre · bousiller fam.
✦ **pièce d'eau** plan d'eau · bassin · canal · miroir d'eau
✦ **pièce de vin** barrique · fût · futaille · tonneau
✦ **pièce d'artillerie** canon
CONTR. ensemble ı tout

pied n.m. **1 -** peton fam. · nougat pop. · panard pop. · patte fam. · pince pop. · pinceau pop. · ripaton pop. · arpion argot · **2 -** [d'animal] **patte** · **3 - bas** · assise · base · **4 -** [de vigne] **cep** · **5 -** [Versification] **mètre**
✦ **coup de pied** shoot · tir
✦ **sur pied, sur les pieds** debout · dressé · levé
✦ **sur un pied** à cloche-pied
✦ **au pied levé** sans préparation · de façon impromptue · de façon improvisée · sans préavis
✦ **mettre sur pied** mettre en place · constituer · créer · établir · fonder · former · instaurer · instituer · monter · organiser · préparer

✦ **mettre à pied** renvoyer · congédier · démettre · licencier · limoger · suspendre · virer fam.
✦ **mise à pied** renvoi · congé · congédiement · licenciement · limogeage · suspension
✦ **perdre pied** perdre contenance · se troubler • [facilement] se noyer dans un verre d'eau
✦ **prendre pied** se fixer · s'installer
✦ **casser les pieds** → ennuyer
✦ **mettre les pieds dans le plat** faire une gaffe
CONTR. chevet ı sommet ı tête

pied-à-terre n.m. · studio · garçonnière

piédestal n.m. · base · piédouche · socle · support

piège n.m. **1 - filet** · nasse · rets littér. • [à souris] souricière · tapette · **2 - astuce** · artifice · chausse-trappe · embûche · feinte · leurre · machine · miroir aux alouettes · panneau · ruse · stratagème · subterfuge · traquenard · attrape-nigaud fam. · attrape-couillon très fam. · piège à cons très fam. · **3 - embuscade** · guêpier · guet-apens · souricière · **4 - écueil** · complication
✦ **tomber dans le piège** mordre à l'hameçon · tomber dans le panneau · se laisser attraper · se laisser, se faire avoir fam. · être fait comme un rat fam.

piéger v.tr. **1 - traquer** · **2 - berner** · abuser · attraper · tromper · avoir fam. · coincer fam. · faire tomber dans le panneau fam. · baiser très fam. · se jouer de littér.

pierraille n.f. · rocaille · graviers · pierres · caillasse fam.

pierre n.f. **1 - roche** · **2 - caillou** · galet · roc · rocher
✦ **pierre précieuse** gemme · joyau · caillou fam. • [au plur.] pierrerie
✦ **pierre tombale** dalle · stèle
✦ **pierre à aiguiser** affiloir
✦ **pierre à briquet, à fusil** silex

✦ **de pierre** 1 - immobile · impassible · de glace · de marbre · **2 - dur** · impitoyable · insensible · de bronze · de fer · de granit
✦ **jeter la pierre à** accuser · attaquer · blâmer

pierreries *n.f.pl.* · gemmes · bijoux · joyaux · pierres précieuses

pierreux, -euse *adj.* **1 - caillouteux** · rocailleux · rocheux · **2 - graveleux** · grumeleux

pierrot *n.m.* · moineau · piaf *fam.*

pietà *n.f. invar.* · mater dolorosa

piétaille *n.f.* **1 -** piétons · **2 -** subalternes · humbles · petits · sous-verges *vieux*

piété *n.f.* **1 - ferveur** · culte · dévotion · religion · **2 - affection** · amour · respect
CONTR. impiété ׀ indifférence

piétinement *n.m.* · stagnation · immobilité · immobilisme · marasme

piétiner
■ *v.tr.* **1 - marcher sur** · écraser · fouler aux pieds · froisser · **2 - malmener** · s'acharner sur · insulter · s'essuyer les pieds sur · **3 - transgresser** · enfreindre · violer
■ *v.intr.* **1 - trépigner** · piaffer · **2 - marquer le pas** · **3 - aller et venir (sur place)** · **4 - traîner (en longueur)** · ne pas avancer · durer · être en panne · faire du sur-place · ne pas en finir · patauger · patiner · stagner · tourner en rond · végéter
CONTR. ménager – observer ׀ respecter – avancer ׀ évoluer ׀ progresser

piéton, -onne *adj.* · piétonnier

piétonnier, -ière *adj.* · piéton

piètre *adj.* · sans valeur · affligeant · bas · déplorable · dérisoire · faible · insignifiant · insuffisant · lamentable · maigre · médiocre · mesquin · minime · misérable · miteux ·

863 ▸ **pigeon**

modeste · modique · négligeable · passable · pauvre · petit · piteux · pitoyable · ridicule · triste · minable *fam.*

pieu *n.m.* **1 - piquet** · bâton · échalas · épieu · poteau · **2 -** [fam.] → **lit**

pieusement *adv.* **1 - dévotement** · dévotieusement · religieusement · **2 - précieusement** · jalousement · religieusement · respectueusement · soigneusement · scrupuleusement · tendrement

pieuter (se) *v.intr.* → **se coucher**

pieuvre *n.f.* · poulpe

pieux, pieuse *adj.* **1 - croyant** · pratiquant · religieux · bigot *péj.* · dévot *péj.* · cagot *péj., vieilli* · **2 - respectueux** · déférent · **3 - charitable**
CONTR. impie

pif *n.m.* → **nez**

pifomètre *n.m.*
✦ **au pifomètre** **1 -** à l'estime · **2 -** au hasard

pigeon *n.m.* **1 - colombe** · ramier · palombe *région.* · **2 -** [fam.] **dupe** · poire *fam.* · gogo *fam., vieilli* · jobard *fam., vieilli* · jocrisse *vieux*

☞ **pigeon, colombe, ramier, palombe**

Pigeon, colombe, ramier et palombe désignent tous les quatre un oiseau courant. **Pigeon** est le terme le plus usuel et le plus général *(pigeon domestique, sauvage, pigeon de volière ; une volée de pigeons)*. **Colombe** se dit dans une langue soutenue pour le pigeon blanc *(la blanche colombe)*, symbole de la tendresse, de la pureté et de la paix *(la colombe de la paix)*. **Colombe** s'emploie également pour le pigeon en tant que type, représenté notamment par le **ramier**, gros pigeon sauvage migrateur, au plumage gris bleuté *(un* *pigeon ramier)*, que l'on désigne par palombe dans le sud-ouest de la France.

pigeonner *v.tr.* → **duper**

pigeonnier *n.m.* · colombier

piger *v.tr.* → **comprendre**

pigment *n.m.* · pigmentation · couleur

pigmentation *n.f.* · coloration

pignocher *v.intr.* **1 -** manger du bout des dents · picorer · **2 -** pinailler · discutailler

¹**pignon** *n.m.* · fronton · gable

²**pignon** *n.m.* · tympan · roue dentée

³**pignon** *n.m.* · pigne

pignouf, e *n.* → **rustre**

pilastre *n.m.* · pilier · ante · colonne · montant · pied-droit

¹**pile** *n.f.* **1 -** amoncellement · amas · empilage · empilement · entassement · monceau · montagne · tas · **2 -** batterie · générateur · **3 -** pilier · colonne · montant · pied-droit · pilastre · pylône
+ **pile atomique** réacteur (nucléaire)

²**pile** *adv.* **1 -** à propos · à pic · à point (nommé) · bien · opportunément · **2 - précis** · juste · juste à temps · sonnant · pétant *fam.* · tapant *fam.* · **3 - net** · brusquement

¹**piler** *v.intr.* [*fam.*] freiner brutalement · s'arrêter net

²**piler** *v.tr.* **1 - broyer** · concasser · écraser · pulvériser · réduire en miettes, en poudre · triturer · **2 -** [*fam.*] **battre (à plate couture)** · écraser · vaincre · enfoncer *fam.* · défaire *soutenu* · laminer *fam.* · mettre une raclée à *fam.*

pileux, -euse *adj.* · pilaire

pilier *n.m.* **1 - colonne** · pied-droit · pilastre · pile · pylône · **2 - appui** · défenseur · étai · partisan · soutien · support · **3 - habitué** · familier · fidèle

pillage *n.m.* **1 - mise à sac** · déprédation · sac · saccage · **2 - vol** · brigandage · larcins · razzia · maraudage *littér.* · rapine *littér.* · **3 - concussion** · détournement · exaction · volerie *vieux* · **4 - plagiat** · calque · copie · démarquage · emprunt · imitation

pillard, e *n.* · voleur · brigand · maraudeur · pilleur · pirate · écumeur *vieilli*

piller *v.tr.* **1 - voler** · dérober · dévaliser · dévaster · écumer · mettre à sac · ravager · saccager · **2 - plagier** · calquer · copier · démarquer · emprunter à · imiter

pilon *n.m.* **1 - broyeur** · **2 - dame** · hie · **3 - jambe de bois** · **4 -** [de poulet] **cuisse**

pilonner *v.tr.* **1 - broyer** · écraser · **2 - marteler** · matraquer · **3 - bombarder** · canonner

pilotage *n.m.* · conduite · direction · guidage · navigation

pilote *n.* **1 - barreur** · skipper · timonier *littér.* · nautonier *vieux* · nocher *vieux* · **2 - aviateur** · copilote · **3 - conducteur** · chauffeur · **4 - guide** · cornac *fam.* · cicérone *littér.* · **5 -** [en apposition] **expérimental** · modèle · test
+ **pilote-suicide** kamikaze

piloter *v.tr.* **1 - manœuvrer** · conduire · être au volant de · **2 - gouverner** · administrer · commander · diriger · être à la tête de · être aux commandes de · être aux manettes de · gérer · mener · tenir la barre de · tenir le gouvernail de · tenir les rênes de · manager *fam.* · **3 - guider** · accompagner · escorter · mener · cornaquer *fam.*

pilule *n.f.* **1** - pastille · cachet · comprimé · grain · granule · granulé · **2** - contraceptif (oral)

pimbêche *n.f.* · prétentieuse · mijaurée · péronnelle · bêcheuse *fam.* · chichiteuse *fam.* · pécore *littér.*

piment *n.m.* **1** - chili · poivre de Cayenne · **2** - esprit · piquant · saveur · sel

pimenté, e *adj.* **1** - épicé · corsé · fort · piquant · relevé · **2** - osé · grivois · licencieux · salé

pimenter *v.tr.* · épicer · agrémenter · assaisonner · corser · relever
CONTR. affadir

pimpant, e *adj.* **1** - élégant · gracieux · joli · **2** - fringant · allègre · joyeux · pétillant · sémillant · vif

pinacle *n.m.* **1** - couronnement · **2** - faîte · sommet
✦ porter, élever au pinacle louer · célébrer · chanter les louanges de · élever aux nues · tresser des couronnes, des lauriers à

pinacothèque *n.f.* · collection · galerie · musée

pinailler *v.intr.* · ergoter · argumenter · chicaner · discuter · discutailler · pignocher · chercher la petite bête *fam.* · chinoiser *fam.* · chipoter *fam.* · couper les cheveux en quatre *fam.* · enculer les mouches *très fam.* · ratiociner *littér.*

pinailleur, -euse *n.* · ergoteur · argumentateur · chicaneur · discutailleur · pignocheur · chipoteur *fam.* · coupeur de cheveux en quatre *fam.* · ratiocineur *littér.* · vétilleux *littér.*

pinard *n.m.* → vin

pince *n.f.* **1** - tenaille · **2** - [Horlogerie, Typo] brucelles • [de forgeron] forge • [de dentiste] davier • [à poinçonner] emporte-pièce · poinçonneuse · **3** - [Couture] fronce · pli · **4** - [fam.] → **main**
✦ pince à épiler   épiloir *rare*
✦ pince à cheveux   barrette · épingle
✦ pince à linge   épingle à linge

pincé, e *adj.* **1** - guindé · dédaigneux · empesé · précieux · raide · sec · coincé *fam.* · constipé *fam.* · gourmé *littér.* · **2** - [bouche, lèvre, nez] fermé · mince · serré · **3** - [fam.] amoureux · mordu *fam.*

pinceau *n.m.* **1** - brosse · blaireau · houppe · queue-de-morue · **2** - [lumineux] faisceau

pincement *n.m.* **1** - serrement · pinçage · **2** - [Arbor.] taille

pince-nez *n.m. invar.* · lorgnon · bésicles · binocle

pincer *v.tr.* **1** - serrer · coincer · saisir · **2** - [froid] piquer · mordre · **3** - [fam.] → surprendre · **4** - [fam.] → appréhender
✦ en pincer pour   → aimer

pinçon *n.m.* · meurtrissure

pindarique *adj.* → ampoulé

pinède *n.f.* · bois de pins · forêt de pins · pineraie *rare* · pinière *rare* · pignade *région*

ping-pong *n.m.* · tennis de table

pingre *n. et adj.* · avare · mesquin · parcimonieux · regardant · grippe-sou *fam.* · radin *fam.* · rapiat *fam.* · ladre *littér.* · chiche *vieilli*

pingrerie *n.f.* · avarice · mesquinerie · radinerie *fam.* · ladrerie *littér.* · lésine *littér.*

pin's *n.m. invar* · épinglette *recomm. offic.*

pinter v.intr. [fam.] → **boire**
⟫ **se pinter** v.pron. → **se soûler**

¹**pioche** n.f. • pic • bigot • houe • piochon

²**pioche** n.f. [cartes] talon

piocher v.tr. **1** - **creuser** • fouir • **2** - **prendre** • puiser • dégoter fam. • **3** - [fam., vieilli] → **étudier**

¹**pion** n.m. **élément** • pièce

²**pion, pionne** n. [fam.] **surveillant** • maître d'étude

pionnier, -ière n. **1** - **défricheur** • colon • conquérant • explorateur • **2** - **bâtisseur** • créateur • fondateur • initiateur • innovateur • inspirateur • instigateur • père • précurseur • promoteur

pipe n.f. • bouffarde fam. • brûle-gueule fam. • [des Indiens] calumet • [orientale] chibouque • houka • narguilé

pipeau n.m. **1** - **flûte** • chalumeau • flageolet • flûtiau • musette • **2** - **appeau** • **3** - [fam.] → **leurre**

pipeline n.m. **1** - **oléoduc** • **2** - **canalisation** • canal • collecteur • conduite • tube • tuyau

piper v.tr. **truquer** • trafiquer fam.
✦ **ne pas piper, ne piper mot** **garder le silence** • ne pas souffler mot • se taire • la fermer fam.

pipette n.f. • compte-gouttes • tube

pipi n.m. **urine** • pisse fam.
✦ **pipi-room** → **toilettes**
✦ **faire pipi** **uriner** • pisser fam.

¹**piquant, e** adj. **1** - **pointu** • acéré • aigu • perforant • **2** - **vif** • mordant • **3** - **épicé** • fort • **4** - **aigre** • acide • piqué • **5** - **gazeux** • pétillant • **6** - **acerbe** • acide • âcre • aigre • amer • blessant • caustique • cuisant • vexant • **7** - **malicieux** • fin • incisif • mordant • mutin • satirique • savoureux • spirituel • vif • **8** - **amusant** • charmant • curieux • drôle • excitant • inattendu • intéressant • pittoresque • plaisant

²**piquant** n.m. **1** - **aiguillon** • épine • **2** - **relief** • agrément • mordant • piment • saveur • sel • **3** - **charme** • chien fam.

¹**pique** n.f. • lance • dard • hallebarde • javelot • pointe • sagaie

²**pique** n.f. • **raillerie** • méchanceté • moquerie • pointe • quolibet • rosserie • sarcasme • vanne fam. • brocard littér. • nasarde vieux ou littér.

piqué, e adj. **1** - [bois] **vermoulu** • mangé aux vers • pourri • rongé • **2** - [vin] **acide** • aigre • aigrelet • sur • tourné • **3** - [Mus.] **détaché** • staccato • **4** - [fam.] → **fou**
✦ **piqué de** **parsemé de** • moucheté de • piqueté de • tacheté de

pique-assiette n. invar. • **parasite** • profiteur • écornifleur vieux • écumeur de tables, de marmites vieux

pique-feu n.m. invar. • **fourgon** • pincette • râble • ringard • tisonnier

pique-nique n.m. • **déjeuner sur l'herbe**

pique-niquer v.intr. • **manger, déjeuner sur l'herbe** • grignoter • casse-croûter fam. • saucissonner fam.

piquer v.tr.
I 1 - **trouer** • percer • **2** - **attaquer** • manger • ronger • **3** - [serpent] **mordre** • **4** - **planter** • enfoncer • ficher • plonger • **5** - **coudre** • **6** - **vacciner** • **7** - **euthanasier** • tuer
II 1 - **aiguillonner** • éperonner • **2** - **attiser** • chatouiller • éveiller • exciter • stimuler

III 1 - picoter · brûler · cuire · démanger · gratter · pincer · **2 - irriter** · agacer · aigrir · atteindre · blesser · égratigner · fâcher · froisser · offenser · vexer
IV 1 - [des notes de musique] détacher · **2 -** [fam.] → voler [2] · **3 -** [fam.] → surprendre · **4 -** [fam.] → appréhender

✦ **piquer sur** foncer sur · s'abattre sur · s'élancer sur · fondre sur · plonger sur

⋙ **se piquer** v.pron. **1 - se droguer** · se fixer fam. · se piquouser fam. · se shooter fam. · **2 - s'aigrir** · se gâter · surir · tourner · **3 - se fâcher** · s'emporter · se formaliser · se froisser · s'offenser · s'offusquer · prendre la mouche · se vexer

✦ **se piquer de** s'enorgueillir de · se flatter de · se faire fort de · se glorifier de · s'honorer de · prétendre · se prévaloir de · se targuer de · se vanter de · se donner les gants de

piquet n.m. pieu · palot
✦ **au piquet** au coin

piqueté, e adj. piqué · tacheté · tavelé
✦ **piqueté de** **1 - troué de** · criblé de · **2 - constellé de** · moucheté de · parsemé de

piqueter v.tr. **1 - baliser** · jalonner · marquer · **2 - moucheter**
✦ **piqueter de** piquer de · parsemer de

piqûre n.f. **1 - blessure** · morsure · picotement · urtication · **2 - injection** · inoculation · vaccin · piquouse fam. · **3 - couture** · **4 - vermoulure** · **5 - tache** · oxydation · rousseur · **6 - pique** · méchanceté · moquerie · pointe · quolibet · raillerie · rosserie · sarcasme · vanne fam. · brocard littér.

pirate
■ n.m. **1 - écumeur de mer** · corsaire · forban · flibustier vieilli · boucanier Antilles · frère de la côte vieux · **2 - escroc** · aigrefin · bandit · filou · fripouille · gangster · requin · scélérat · truand · voleur · forban littér. · **3 -** [informatique] hacker anglic.

■ adj. **1 - corsaire** · **2 - illégal** · clandestin · illicite · irrégulier

pirater v.tr. **1 - plagier** · copier · démarquer · piller · **2 -** [un avion] détourner

piraterie n.f. **1 - flibuste** · flibusterie · **2 - escroquerie** · exaction · filouterie · fraude · vol

pire adj. et nm · (le) plus mauvais · (le) pis littér.
✦ **au pire** au pis littér.
CONTR. meilleur ı mieux

~~~ pire, pis
Pire et pis sont tous deux des comparatifs de supériorité qui peuvent remplacer « plus mauvais » et ont aussi le sens de « plus pénible », « plus nuisible » *(le remède est pire/pis que le mal)*. Pire est courant dans tous les contextes ; certains rejettent son emploi avec un indéfini *(rien de pire, quelque chose de pire)* et préconisent l'emploi de pis *(quoi de pis, ce qu'il y a de pis)* qui est littéraire. Pis est également recommandé à la place de pire dans le superlatif *(le pire de/le pis de l'histoire, c'est qu'il est persuadé d'avoir été trompé)*. Cependant, pis est surtout en usage dans la langue soutenue *(ce qu'il y a de pis, c'est pis, bien pis que)* et ne se maintient que dans quelques expressions et locutions *(de mal en pis, tant pis, au pis aller)*.

pirogue n.f. · canoë

pirouette n.f. **1 - cabriole** · gambade · tour · virevolte · volte · **2 - dérobade** · échappatoire · esquive · excuse · faux-fuyant · fuite · plaisanterie · **3 - revirement** · changement · retournement · volte-face · palinodie littér.

pirouetter v.intr. · pivoter · tourbillonner · tournoyer · virevolter

¹**pis** *adj.* • pire
✦ **au pis aller** à la rigueur

²**pis** *n.m.* • tétine • mamelle

pisciculture *n.f.* • aquiculture

piscine *n.f.* • bassin • baignoire • bain • pièce d'eau • réservoir

pisé *n.m.* • torchis • bauge • boue • bousillage • mortier

pisse *n.f.* • urine • pipi *fam.* • pissat *vieilli*

pissenlit *n.m.* • dent-de-lion

pisser
■ *v.intr.* **1 - uriner** • faire pipi *fam.* • se soulager *fam.* • **2 - → couler**
■ *v.tr.* évacuer • perdre
✦ **pisser de la copie** écrire • rédiger • pondre *fam.*

pissotière *n.f.* → urinoir

pistage *n.m.* • poursuite • chasse • filature • traque • filoche *fam.*

piste *n.f.* **1 - voie** • chemin • sentier • **2 - trace** • indication • [d'animal] foulée • **3 - circuit** • autodrome *vieux*

pister *v.tr.* • suivre • épier • filer • prendre en filature • suivre (la trace de) • filocher *fam.*

pistolet *n.m.* **1 - revolver** • arme • feu *fam.* • flingue *fam.* • pétard *fam.* • calibre *argot* • **2 -** [Peinture] **aérographe** • pistolet-pulvérisateur

pistolet-mitrailleur *n.m.* • mitraillette

piston *n.m.* [fam.] appui • coup de pouce • parrainage • protection • recommandation • soutien

pistonner *v.tr.* [fam.] recommander • appuyer • favoriser • parrainer • pousser • protéger • donner un coup de pouce à *fam.*

pitance *n.f.* • nourriture • aliments • subsistance • ordinaire *littér.* • rata *argot militaire*

piteux, -euse *adj.* **1 - affligeant** • chétif • déplorable • lamentable • mal en point • malheureux • mauvais • médiocre • misérable • miteux • navrant • pauvre • pitoyable • triste • minable *fam.* • piètre *littér.* • marmiteux *vieux* • **2 - confus** • contrit • honteux • penaud • la queue basse, entre les jambes *fam.*
CONTR. excellent – triomphant

pitié *n.f.* **1 - commisération** • apitoiement • attendrissement • compassion • **2 - bonté** • bienveillance • charité • clémence • cœur • humanité • indulgence • sensibilité • mansuétude *littér.* • **3 -** [Relig.] **grâce** • merci • miséricorde • **4 - condescendance** • dédain • mépris
✦ **faire pitié** fendre le cœur • faire monter, faire venir les larmes aux yeux
✦ **sans pitié** **1 - cruel** • impitoyable • implacable • inexorable • **2 - impitoyablement** • irrémissiblement
CONTR. indifférence ı dureté ı froideur – inhumanité – faire envie – bienveillant

🕮 **pitié, compassion, commisération**

Pitié, compassion et commisération désignent un sentiment altruiste caractérisé par une forte émotion devant les souffrances d'autrui. Pitié, terme le plus courant, implique que l'on souhaite voir soulager ces souffrances *(un sort digne de pitié, une pitié excessive, sans aucune pitié).* Dans des contextes littéraires, **commisération** se dit d'un sentiment de pitié qui fait prendre part à la misère de gens malheureux : « Je la regardais avec commisération, car elle avait l'air fatigué et inquiet » (Colette, *la Maison de Claudine*). **Compassion**, d'emploi soutenu, a une valeur plus forte ; dans la compassion, la pitié porte à souffrir avec autrui, comme si l'on était à sa place *(sa détresse après la mort de ses parents inspirait de la compassion).*

piton *n.m.* **1 -** clou · broche · vis · **2 -** [rocheux] **éminence** · aiguille · montagne · pic

pitoyable *adj.* **1 -** piteux · affligeant · calamiteux · consternant · déplorable · dérisoire · désastreux · exécrable · lamentable · mauvais · misérable · médiocre · méprisable · navrant · pauvre · triste · dans un triste état · minable *fam.* · **2 - douloureux** · malheureux · moche · triste
CONTR. enviable ı excellent

pitre *n.m.* clown · bouffon · comique (de la troupe) · guignol
✦ **faire le pitre** faire le singe *fam.* · faire l'andouille *fam.* · faire le guignol *fam.* · faire le mariolle *fam.* · faire le zouave *fam.*

pitrerie *n.f.* · clownerie · facétie · farce · plaisanterie · singerie *fam.*

pittoresque
▪ *adj.* **1 - original** · bizarre · curieux · exotique · folklorique · insolite · **2 - expressif** · cocasse · coloré · haut en couleur · piquant · savoureux · truculent
▪ *n.m.* **couleur (locale)** · caractère · exotisme · insolite · originalité
CONTR. banal ı commun ı fade ı incolore ı plat ı terne

pivot *n.m.* **1 - axe** · arbre · **2 - base** · centre · clé de voûte · fondement · soutien · support · **3 - organisateur** · cheville ouvrière · pilier · responsable

pivotant, e *adj.* · tournant · rotatif

pivoter *v.intr.* · tourner · pirouetter

placage *n.m.* **1 - revêtement** · **2 - application** · pose

placard *n.m.* **1 - affiche** · écriteau · pancarte · **2 - armoire** · buffet
✦ **mettre au placard** écarter · se débarrasser de · placardiser

placarder *v.tr.* · afficher · apposer · coller

place *n.f.*
I 1 - espace · volume · **2 - emplacement** · endroit · lieu · position · siège · site · situation · **3 - esplanade** · agora · forum · parvis · square · carrefour · rond-point · carré *Québec* · **4 - disposition** · agencement · arrangement · ordre · position
II 1 - fauteuil · siège · loge · strapontin · **2 - billet** · entrée
III 1 - classement · position · rang · **2 - emploi** · charge · dignité · fonction · métier · position · poste · rang · rôle · situation · travail · job *fam.*
✦ **place forte** forteresse · château fort · citadelle · fort · redoute
✦ **bonne place** sinécure · planque *fam.*
✦ **de place en place** ici et là · de loin en loin
✦ **à sa place** si j'étais lui · dans sa peau
✦ **à la place de** pour · au lieu de · en échange de · en guise de · en remplacement de · comme substitut de
✦ **sur place** sur les lieux · sur le terrain
✦ **à la meilleure place** aux premières loges
✦ **mettre en place** **1 - installer** · agencer · arranger · placer · poser · **2 - établir** · constituer · instaurer · instituer · mettre sur pied · organiser
✦ **mise en place** **1 - installation** · agencement · arrangement · placement · pose · **2 - instauration** · constitution · établissement · institution · mise sur pied · organisation
✦ **prendre place** s'asseoir · s'installer · se mettre
✦ **faire place** se ranger · s'écarter · se garer · se pousser
✦ **remettre à sa place** reprendre · chapitrer · corriger · réprimander · rembarrer *fam.* · remonter les bretelles à *fam.*

✦ s'installer, se mettre à la place, prendre la place de   chasser · remplacer · succéder à · supplanter

↝ lieu

placement *n.m.* **1 -** installation · agencement · rangement · **2 -** investissement · mise (de fonds) · **3 -** hospitalisation · internement

placer *v.tr.*
I 1 - agencer · ajuster · arranger · disposer · ordonner · ranger · **2 -** déposer · mettre · poser · ficher *fam.* · flanquer *fam.* · foutre *très fam.* · **3 -** faire tenir · loger · mettre · ranger · caser *fam.* · fourrer *fam.* · nicher *fam.* · serrer *littér.* · **4 -** installer · asseoir · mettre · poster · **5 -** situer · centrer · établir · localiser
II 1 - investir · engager · **2 -** [des espoirs] fonder · mettre · **3 -** vendre · louer

≫ **se placer** *v.pron.* **1 -** s'installer · s'asseoir · se mettre · se ranger · **2 -** se classer
CONTR. déplacer ı déranger

placeur, -euse *n.* → placier

placide *adj.* **1 -** paisible · calme · mesuré · pacifique · patient · pondéré · serein · tranquille · cool *fam.* · **2 -** flegmatique · froid · impassible · imperturbable
CONTR. anxieux ı emporté ı nerveux

placidité *n.f.* **1 -** calme · nonchalance · patience · sang-froid · sérénité · tranquillité · **2 -** flegme · impassibilité · imperturbabilité
CONTR. angoisse ı émoi ı énervement

placier, -ière *n.* · courtier · démarcheur · placeur · représentant · voyageur de commerce · V. R. P.

plafond *n.m.* **1 -** voûte · **2 -** maximum · limite (haute) · seuil · sommet

plafonner
■ *v.intr.* **1 -** culminer · atteindre la limite · **2 -** stagner · faire du sur-place · marquer le pas
■ *v.tr.* limiter · brider

plage *n.f.* · grève · bord de mer · marina · rivage · marine *vieux ou littér.*

plagiaire *n.* · contrefacteur · copieur · copiste · imitateur · pasticheur · pillard · pilleur · pirate

plagiat *n.m.* · copie · calque · copiage · démarquage · emprunt · imitation · pastiche · pillage
CONTR. création

↝ **pastiche**

plagier *v.tr.* · copier · calquer · contrefaire · démarquer · imiter · pasticher · piller · pirater · reproduire

plaid *n.m.* · couverture · tartan

plaider *v.tr.* défendre · affirmer · attester · faire valoir · soutenir
✦ **plaider pour, en faveur de**   **1 -** jouer en faveur de · militer pour · **2 -** défendre · intercéder pour

plaideur, -euse *n.* **1 -** contestant · défenseur · demandeur · plaidant · partie · **2 -** [vieux] chicaneur

plaidoirie *n.f.* · défense · plaidoyer
CONTR. accusation ı réquisitoire

plaidoyer *n.m.* **1 -** plaidoirie · défense · **2 -** justification · apologie · défense · éloge
CONTR. accusation ı réquisitoire

plaie *n.f.* **1 -** blessure · écorchure · égratignure · lésion · meurtrissure · bobo *lang. enfants* · **2 -** affliction · blessure · douleur · peine · souci · tracas · **3 -** [littér.] → fléau · **4 -** [fam.] → importun · **5 -** [fam.] → peste

plaignant, e *n.* · demandeur · accusateur · partie · plaideur

plaindre v.tr. avoir pitié de · s'apitoyer sur · s'attendrir sur · compatir avec · prendre en pitié

⋙ **se plaindre** v.pron. **1** - se lamenter · conter ses peines · **2** - geindre · crier · gémir · pleurer · bêler *fam.* · couiner *fam.* · pleurnicher *fam.* · **3** - protester · criailler · grommeler · jeter, pousser les hauts cris · maugréer · murmurer · récriminer · râler *fam.* · rouspéter *fam.* · **4** - réclamer · revendiquer · crier famine · crier misère

✦ **se plaindre de** faire grief à · en vouloir à

CONTR. envier – se réjouir – se contenter ı se féliciter ı se satisfaire – savoir gré à qqn

plain-pied (de) *loc. adj.* · au même niveau · de niveau

plainte *n.f.* **1** - cri (de douleur) · gémissement · hurlement · lamentation · pleur · soupir *littér.* · geignement *rare* · **2** - doléance · grief · protestation · réclamation · récrimination · reproche · revendication · criaillerie *péj.* · jérémiade *péj.* · **3** - [amoureuse, vieilli] complainte *vieux*

plaintif, -ive *adj.* · gémissant · larmoyant *péj.* · geignard *péj., fam.* · pleurard *péj., fam.* · pleurnichard *péj., fam.* · dolent *péj., littér.*

plaire v.intr. avoir du succès · être populaire · être en vogue · réussir

✦ **plaire à** **1** - convenir à · agréer à · aller à · arranger · combler · contenter · enchanter · être à la convenance de · avoir la faveur de · faire plaisir à · inspirer · intéresser · parler (au cœur, à l'âme de) · ravir · réjouir · revenir à · sembler bon à · satisfaire · sourire à · tenter · trouver le chemin du cœur de · trouver grâce aux yeux de · botter *fam.* · chanter à *fam.* · dire à *fam.* · **2** - séduire · attirer · captiver · charmer · conquérir · exciter · fasciner · avoir un ticket avec *fam.* · avoir une touche avec *fam.* · taper dans l'œil à *fam.* · tourner la tête à *fam.* · **3** - flatter · chatouiller

✦ **chercher à plaire (à)** faire sa cour à · cajoler · flatter

✦ **s'il vous plaît** je vous prie

✦ **ça ne me plaît pas** ce n'est pas mon truc *fam.* · ce n'est pas ma tasse de thé

⋙ **se plaire** v.pron. s'aimer · s'apprécier

✦ **se plaire à** aimer · s'amuser à · donner dans · s'intéresser à · prendre plaisir à · se trouver bien de · se complaire à *soutenu* · se délecter à *soutenu*

CONTR. déplaire – blaser ı dégoûter ı désobliger ı ennuyer ı fâcher ı mécontenter ı offusquer

plaisamment *adv.* **1** - drôlement · amusamment *rare* · **2** - agréablement · délicieusement · gracieusement · joliment

CONTR. sérieusement ı gravement

plaisance *n.f.*

✦ **(navigation de) plaisance** voile · yachting

plaisancier *n.m.* · yachtman

plaisant, e
■ *adj.* **1** - agréable · attrayant · charmant · gentil · gracieux · joli · riant · **2** - aimable · amène · attirant · attachant · avenant · gai · séduisant · sympathique · **3** - engageant · excitant · **4** - amusant · comique · divertissant · drôle · piquant · réjouissant · risible · spirituel · facétieux *vieux ou littér.* · rigolo *fam.*
■ *n.m.* [vieux] **bouffon** · farceur · loustic

✦ **mauvais plaisant** plaisantin · fumiste · impertinent

CONTR. déplaisant ı désagréable – antipathique – grave ı sévère ı triste

↝ **facétieux**

plaisanter
■ *v.intr.* s'amuser · badiner · rire · zwanzer *Belgique* · blaguer *fam.* · rigoler *fam.* · bouffonner *littér.* · galéjer *fam., Provence* • [à tout propos] avoir toujours le mot pour rire

■ v.tr. se moquer de • railler • taquiner • charrier fam. • mettre en boîte fam. • gouailler vieilli • chiner vieux
✦ pour plaisanter   pour rire

plaisanterie n.f. 1 - boutade • bon mot • saillie • trait d'esprit • blague fam. • 2 - moquerie • pointe • raillerie • taquinerie • mise en boîte fam. • vanne fam. • fion fam., Québec, Suisse • 3 - facétie • badinerie • bouffonnerie • pitrerie • couillonnade très fam. • gag fam. • galéjade fam., Provence • zwanze Belgique • 4 - farce • mystification • attrape fam. • bateau fam. • blague fam. • bobard fam. • canular fam. • 5 - jeu • bagatelle • rigolade fam.

🕮 plaisanterie, moquerie, raillerie

Plaisanterie, moquerie et raillerie désignent des paroles ou des actes plus ou moins drôles. La **plaisanterie** vise à amuser *(une plaisanterie fine, osée, vulgaire)* ou à tourner quelqu'un ou quelque chose en ridicule *(être l'objet de plaisanteries, prendre bien la plaisanterie, il comprend mal la plaisanterie)*. C'est ce second but que poursuit ordinairement la **moquerie** : « Il savait que, dès qu'il était sorti, les moqueries reprenaient leur train et que Melchior était la risée de la ville » (R. Rolland, *Jean-Christophe, le Matin, I*). La **moquerie** peut cependant ne receler aucune intention de faire mal *(une moquerie innocente, affectueuse)*, contrairement à la **raillerie** qui a pour fondement la dérision des gens ou des choses *(des railleries mordantes, être en butte aux railleries)*.

plaisantin n.m. 1 - farceur • blagueur • bouffon • pitre • 2 - [péj.] amateur • dilettante • fumiste fam. • rigolo fam.

plaisir n.m. 1 - satisfaction • bien-être • bonheur • contentement • délectation • délice • félicité • joie • 2 - hédonisme • épicurisme • 3 - jouissance • volupté • 4 - distraction • agrément • amusement • divertissement • jeu • passe-temps • récréation • régal • réjouissance • fun Québec • 5 - [au plur., ironique] gaietés
✦ à plaisir   sans raison • pour rien
✦ avec plaisir   volontiers
✦ avoir le plaisir de   avoir l'avantage de • avoir l'honneur de
✦ avoir du plaisir   jouir • prendre son pied fam.
✦ faire plaisir à   1 - plaire à • flatter • ravir • réjouir • 2 - faire une faveur à • rendre service à • obliger soutenu • faire une fleur à fam. • faire, rendre office à vieux
✦ pour faire plaisir à   pour les beaux yeux de
✦ faire le plaisir de   avoir, faire la gentillesse de • faire la grâce de • faire l'honneur de • faire la politesse de

CONTR. affliction ǀ chagrin ǀ déplaisir ǀ douleur ǀ peine ǀ tristesse ǀ désagrément ǀ ennui

🕮 bonheur

🕮 plaisir, volupté, jouissance

Plaisir, volupté et jouissance ont en commun l'idée de sensation très agréable. **Plaisir** s'emploie de manière large chaque fois qu'un besoin est satisfait *(le plaisir physique, esthétique, le plaisir des yeux, les plaisirs de la table)*. **Jouissance** exprime un plaisir très vif, éprouvé dans son être intime *(une jouissance pleine, rare, les jouissances de l'esprit, des sens)* et notamment dans la possession de quelque chose *(sa fortune ne lui donne aucune jouissance)*. On réserve **volupté** à une jouissance goûtée dans sa plénitude *(un frisson de volupté, s'abandonner à la volupté)*.

¹plan, plane adj. • égal • plain • plat • uni • de niveau

²plan n.m. 1 - surface • 2 - hauteur • niveau • 3 - importance • catégorie • ordre • 4 - domaine • perspective • registre • 5 - [Cinéma] prise de vue • 6 - [Aviation] aile • voilure

✦ **plan d'eau** pièce d'eau · bassin · canal · miroir d'eau · réservoir · retenue
✦ **sur le même plan** au même niveau · à côté · sur le même pied
✦ **gros plan, plan serré** zoom

³**plan** *n.m.*
I 1 - intention · dessein · idée · programme · projet · visée · vue · 2 - planification · calcul · combinaison · entreprise · stratégie · système · tactique
II 1 - cadre · bâti · canevas · carcasse · charpente · descriptif · dessin · ébauche · économie · esquisse · ordre (des matières) · ossature · scénario · squelette · structure · synopsis · trame · 2 - schéma · carte · coupe · croquis · dessin · diagramme · épure · levé
✦ **plan de travail** programme · planning
✦ **en plan** en suspens · à l'abandon · en attente · en panne · en carafe *fam.* · en rade *fam.* · en souffrance *soutenu*
✦ **laisser en plan** abandonner · planter là *fam.*

planche *n.f.* 1 - latte · planchette · ais *vieilli* · 2 - rayon · tablette · 3 - image · estampe · gravure · illustration · reproduction · 4 - [Hortic.] carré
✦ **planche à roulettes** skate(-board)
⋙ **les planches** *plur.* la scène · le théâtre · les tréteaux

plancher *n.m.* 1 - sol · 2 - parquet · 3 - minimum · limite (basse) • [en apposition] limite

planchette *n.f.* · tablette

planchiste *n.* · véliplanchiste

planer *v.intr.* 1 - voler · 2 - flotter dans l'air · 3 - rêver · être dans les nuages *fam.* · être dans les vapes *fam.* · être à côté de ses pompes *fam.* · être à l'ouest *fam.* · rêvasser *fam.*
✦ **planer au-dessus de** 1 - survoler · 2 - dominer · 3 - être indifférent à

planétaire *adj.* · mondial · global · intercontinental · international · terrestre · universel

planète *n.f.* 1 - corps céleste · astre · 2 - terre · globe · monde

planification *n.f.* 1 - organisation · économie · programme · 2 - [Écon.] plan · dirigisme · étatisme

planifier *v.tr.* 1 - programmer · calculer · ordonner · organiser · préparer · prévoir · 2 - projeter · envisager · penser · préméditer · se proposer de · songer à

planisphère *n.m.* · mappemonde · carte · projection (plane)

planning *n.m.* 1 - calendrier · agenda · emploi du temps · programme · 2 - organisation · arrangement · ordonnancement · plan de travail
✦ **planning familial** contrôle des naissances · orthogénie · régulation des naissances

planque *n.f.* 1 - cachette · cache · 2 - [fam.] sinécure · combine *fam.* · filon *fam.* · fromage *fam.*

planqué, e *adj.* → caché

planquer
■ *v.tr.* → cacher
■ *v.intr.* → épier

plant *n.m.* · plantation

plantation *n.f.*
I implantation · installation · pose
II 1 - champ · culture · exploitation (agricole) • [de jeunes végétaux] pépinière • [de légumes] potager · [d'arbres fruitiers] verger · 2 - [d'arbres] boisement · peuplement

plante *n.f.* végétal
⋙ **plantes** *plur.* végétation · flore

planté, e adj. · campé · debout · immobile

planter v.tr. 1 - semer · repiquer · transplanter · 2 - ensemencer · [d'arbres] arborer · boiser · peupler · reboiser · 3 - enfoncer · ficher · implanter · piquer · 4 - installer · camper · élever · placer · poser · [une tente] dresser · monter
+ **planter là** abandonner · laisser en plan · laisser tomber · quitter · plaquer fam.
>>> **se planter** v.pron. 1 - se poster · s'arrêter · se camper · se mettre · 2 - [fam.] → se tromper
CONTR. arracher ι déraciner – dépiquer – démonter

planton n.m. factionnaire · garde · sentinelle
+ **faire le planton** → attendre

plantureusement adv. · copieusement · abondamment · à foison · à profusion · en abondance · profusément

plantureux, -euse adj. 1 - abondant · copieux · gargantuesque · d'ogre · pantagruélique · 2 - rond · corpulent · dodu · gras · gros · potelé · replet · 3 - épanoui · avantageux · opulent · plein · rebondi · 4 - fécond · fertile · généreux · riche
CONTR. frugal – maigre – plat – aride

plaque n.f. 1 - feuille · carreau · lame · lamelle · plaquette · table · tablette · 2 - écriteau · panonceau · 3 - médaille · badge · 4 - écaille · croûte
+ **plaque dentaire** film dentaire · tartre

plaquer v.tr. 1 - appliquer · coller · couvrir de · recouvrir de · placarder fam. · 2 - aplatir · appuyer · mettre à plat · 3 - pousser · coincer fam. · 4 - [fam.] → abandonner

plaquette n.f. 1 - publication · brochure · livret · monographie · opuscule · recueil · 2 - lamelle · planchette · plaque

¹**plastique** adj. flexible · malléable · mou · souple

+ **chirurgie plastique** chirurgie esthétique · chirurgie réparatrice

²**plastique**
■ n.f. forme · physique · corps
■ n.m. plastoc fam.

plastronner v.intr. · parader · faire l'intéressant · fanfaronner · se mettre en valeur · se pavaner · poser · crâner fam. · frimer fam.

¹**plat, plate** adj.
I 1 - plan · égal · horizontal · lisse · plain · uni · 2 - aplati · mince · 3 - [cheveux] raide · aplati · 4 - [nez] camard · aplati · camus
II 1 - servile · humble · obséquieux · rampant · vil · 2 - terne · banal · creux · décoloré · fade · falot · froid · incolore · inconsistant · insipide · médiocre · monotone · morne · pâle · pauvre · prosaïque · quelconque · uniforme · vide · fadasse fam.
+ **très plat** plat comme une galette · [femme] plat comme une limande, comme une planche à pain
+ **à plat** 1 - horizontalement · 2 - étendu · 3 - [pneu] dégonflé · crevé · 4 - [fam.] → fatigué

²**plat** n.m. 1 - plateau · ustensile · 2 - mets · spécialité · 3 - platée · morceau
+ **en faire tout un plat** en faire toute une histoire fam. · en faire un fromage fam. · en chier une pendule (à treize coups) très fam.
+ **faire du plat à** → courtiser

plateau n.m. 1 - plate-forme · table · [de tourne-disque] platine · 2 - [Théâtre] scène · planches · tréteaux · 3 - [TV] studio · décor · 4 - plat · assortiment
+ **plateau sous-marin** haut-fond

plate-bande n.f. · parterre · corbeille · massif

plateforme n.f. 1 - terrasse · balcon · belvédère · terre-plein · 2 - étage · palier · 3 - plateau · 4 - [en montagne] épaule · replat · 5 - [politique] programme · base · projet

platine *n.f.* • tourne-disque *vieilli*

platitude *n.f.* 1 - **fadeur** • banalité • facilité • faiblesse • inconsistance • insignifiance • insipidité • médiocrité • monotonie • pâleur • pauvreté • prosaïsme • uniformité • **2** - **cliché** • banalité • bêtise • évidence • fadaise • généralité • lapalissade • lieu commun • niaiserie • poncif • sottise • stéréotype • truisme
CONTR. esprit ǀ originalité ǀ saveur

platonique *adj.* **1** - **chaste** • désincarné • idéal • immatériel • pur • spirituel • sublime • éthéré *littér.* • **2** - **théorique** • formel
CONTR. charnel ǀ matériel

plâtras *n.m.* • gravats • déblais • débris • décombres

plausible *adj.* **1** - **admissible** • acceptable • concevable • crédible • croyable • pensable • possible • recevable • vraisemblable • **2** - **probable** • possible
CONTR. invraisemblable
↝ probable

play-back *n.m.* • présonorisation *recomm. offic.* • surjeu *recomm. offic.*

play-boy *n.m.* • don juan • tombeur *fam.* • viveur *vieilli*

plèbe *n.f.* [péj., vieux] peuple • foule • populace *fam.* • racaille *fam., péj.* • tourbe *littér., péj.*

plébéien, -ienne *adj.* → populaire

plébiscite *n.m.* **1** - **référendum** • appel au peuple • consultation populaire • **2** - **triomphe** • adhésion • approbation • engouement

plectre *n.m.* • médiator

pléiade *n.f.* **1** - **aréopage** • cénacle • école • groupe • **2** - **grande quantité** • affluence •

armée • contingent • essaim • flot • foule • légion • multitude • myriade • nuée • régiment • ribambelle • flopée *fam.*

plein, pleine *adj.*
I 1 - **rempli** • farci • garni • **2** - **complet** • [à l'excès] bondé • comble • plein comme un œuf • plein à craquer • saturé • bourré *fam.* • paqueté *Québec* • **3** - [avant le nom] **total** • absolu • complet • entier • plénier • tout • **4** - **rassasié** • repu • **5** - [femelle] **gravide** • grosse
II 1 - **épanoui** • arrondi • avantageux • charnu • dodu • généreux • gras • gros • opulent • plantureux • potelé • rebondi • replet • rond • poupard *vieilli* • **2** - **ample** • dense • étoffé • nourri • soutenu
III [fam.] → ivre
✦ **pleine mer** haute mer
✦ **plein de** **1** - **rempli de** • couvert de • farci de • gorgé de • lourd de • noir de • peuplé de • saturé de • bourré de *fam.* • pourri de *fam., péj.* • **2** - **fécond en** • fertile en • **3** - **pénétré de** • débordant de • empreint de • imprégné de • pétri de • bouffi de *péj.* • dévoré de *péj.* • enflé de *péj.* • **4** - [fam.] → **beaucoup de**
✦ **plein de soi** égoïste • imbu de soi • orgueilleux • infatué *littér.*
✦ **à plein** pleinement • au maximum • totalement
✦ **en plein air** dehors • à l'extérieur • au grand air
✦ **en plein milieu** au beau milieu
✦ **en plein dans, sur** **1** - directement dans, sur • **2** - exactement dans, sur • juste dans, sur • pile dans, sur *fam.*
✦ **tout plein** **1** - [fam.] → **beaucoup** • **2** - [fam.] → **très**
CONTR. vide – désert ǀ inoccupé ǀ libre – affamé – maigre – exempt ǀ sans

pleinement *adv.* **1** - **entièrement** • absolument • complètement • tout (à fait) • à plein, en plein • totalement • **2** - **parfaitement** • très
CONTR. insuffisamment ǀ partiellement

plénipotentiaire *n.m.* • fondé de pouvoir • ambassadeur • diplomate • émissaire • envoyé

plénitude

plénitude n.f. 1 - épanouissement · force (de l'âge) · maturité · 2 - bonheur · contentement · 3 - intégrité · totalité · 4 - abondance · ampleur · profusion · 5 - comblement · saturation

pléonasme n.m. · redondance · tautologie

pléthore n.f. · profusion · abondance · débordement · excès · surabondance · surplus
CONTR. pénurie

pléthorique adj. · excessif · foisonnant · surabondant · surchargé
CONTR. insuffisant

pleurer
- v.intr. 1 - être en larmes · répandre des larmes · verser des larmes · larmoyer · sangloter · chialer fam. · 2 - crier · brailler · braire · couiner · hurler · 3 - se plaindre · geindre · gémir · se lamenter · larmoyer · pleurnicher · réclamer · chouiner fam. · 4 - implorer
+ **pleurer très fort** pleurer comme un veau, une madeleine, une vache fam.
+ **pleurer sur** s'apitoyer sur · se plaindre de
+ **se mettre à pleurer** éclater en sanglots · fondre en larmes · ouvrir les vannes fam.
+ **faire pleurer** tirer des larmes
- v.tr. 1 - regretter · déplorer · se lamenter sur · 2 - se repentir de
CONTR. rire | se réjouir

pleureur, -euse adj. · plaintif · geignard · larmoyant · pleurnichard · pleurnicheur · pleurard fam. · dolent littér.

pleurnichard, e adj. et n. · pleurnicheur · geignard · larmoyant · plaintif · pleurard fam. · dolent littér.

pleurnicher v.intr. · geindre · gémir · se lamenter · avoir la larme à l'œil · larmoyer · se plaindre · pleurer

pleurs n.m.pl. 1 - larmes · sanglots · 2 - cris · geignements · gémissements · jérémiades · lamentations · plaintes · pleurnichements · pleurnicheries · soupirs littér.
+ **en pleurs** éploré · en larmes · larmoyant
↪ larmes

pleutre n.m. et adj. · peureux · craintif · lâche · poltron · dégonflé fam. · foireux fam. · froussard fam. · péteux fam. · pétochard fam. · poule mouillée fam. · trouillard fam. · couille molle vulg. · couard littér. · pusillanime littér. · capon vieux
CONTR. courageux

pleuvoir
- v. impers. bruiner · crachiner · pleuvasser · pleuviner · pleuvoter · flotter fam. · pisser fam.
- v.intr. affluer · arriver en abondance · s'amonceler
+ **pleuvoir sur** tomber sur · s'abattre sur · fondre sur
+ **il pleut très fort** il tombe des cordes, des hallebardes · il pleut comme vache qui pisse fam.

¹**pli** n.m. 1 - pliure · arête · corne · nervure · 2 - poche · bourrelet · fanon · repli · ride · ridule • [du coude] saignée · 3 - [Couture] fronce · godron · pince · tuyau · 4 - [de terrain] plissement · accident · cuvette · dépression · dôme · éminence · ondulation · sinuosité · 5 - habitude · manie · réflexe · rite · rituel

²**pli** n.m. 1 - lettre · feuillet · mot fam. · billet littér. · missive littér. · 2 - levée

pliable adj. 1 - flexible · souple · 2 - docile · malléable

plie n.f. · carrelet

plier
- v.tr. 1 - replier · fermer · rabattre · ranger · 2 - plisser · corner · enrouler · froncer · rouler · 3 - courber · arquer · couder · fausser · fléchir · incliner · incurver · infléchir · recourber · tordre · ployer littér.

◆ **plier (qqn) à** 1 - accoutumer à · exercer à · façonner à · habituer à · **2 - assujettir à** · astreindre à · soumettre à

■ *v.intr.* 1 - s'incliner · se courber · se déformer · fléchir · s'incurver · pencher · ployer · se tordre · **2 - céder** · faiblir · flancher · fléchir · s'incliner · mollir · obtempérer · reculer · se rendre

◆ **(faire) plier** 1 - discipliner · dompter · faire céder · **2 - opprimer** · enchaîner

◆ **plier bagage** → partir

⋙ **se plier** *v.pron.* 1 - se fermer · **2 - ployer**

◆ **se plier à** 1 - s'accommoder de · **2 - accepter** · s'adapter à · s'habituer à · **3 - se conformer à** · s'assujettir à · céder à · écouter · exécuter · obéir à · observer · se prêter à · respecter · se soumettre à · suivre · **4 - condescendre à** · consentir à · daigner

CONTR. déplier ı déployer ı étaler ı étendre ı ouvrir – résister

plinthe *n.f.* · antébois · plate-bande

plissé, e *adj.* 1 - froncé · ruché · **2 - fripé** · chiffonné · marqué · parcheminé · raviné · ridé

plissement *n.m.* froncement · froissement · contraction

◆ **plissement de terrain** relief · montagne

plisser *v.tr.* 1 - froncer · rucher · **2 - froisser** · chiffonner

pliure *n.f.* 1 - pli · arête · corne · nervure · **2 - creux**

plomb *n.m.* 1 - sceau · scellé · **2 - charge** · grenaille · chevrotine · **3 - fusible**

plombage *n.m.* 1 - obturation · **2 - amalgame**

plombé, e *adj.* 1 - scellé · **2 - grevé** · alourdi · lesté · **3 -** [ciel] **nuageux** · chargé · lourd · sombre · **4 -** [teint] **pâle** · blafard ·

blême · cadavéreux · cadavérique · cireux · exsangue · hâve · livide · olivâtre · terreux · verdâtre · **5 -** [dent] **obturé**

plomber *v.tr.* 1 - lester · alourdir · **2 - sceller** · **3 -** [une dent] **boucher** · obturer · **4 -** [fam.] → **desservir** ²

plonge *n.f.* · vaisselle

plongeant, e *adj.* 1 - en plongée · **2 - profond** · échancré

plongée *n.f.* 1 - [de sous-marin] **immersion** · descente · **2 -** [d'avion] **piqué** · descente · **3 - voyage** · descente · immersion · **4 - vue plongeante**

plongeoir *n.m.* · tremplin

plongeon *n.m.* 1 - chute · saut · **2 - faillite** · culbute · bouillon *fam.* · **3 - immersion** · descente · **4 - révérence** · courbette · salut

plonger

■ *v.tr.* 1 - immerger · baigner · noyer · submerger · tremper · **2 - enfoncer** · enfouir · introduire · mettre · faire pénétrer · fourrer *fam.* · **3 - jeter** · précipiter

■ *v.intr.* 1 - piquer · **2 - sauter** · piquer une tête · **3 - s'immerger** · disparaître · s'enfoncer · s'engloutir · sombrer

◆ **plonger sur** s'abattre sur · fondre sur · se jeter sur · se précipiter sur

◆ **(se) plonger dans** 1 - entrer dans · descendre dans · s'enfoncer dans · **2 - s'absorber dans** · se perdre dans · s'abîmer dans *littér.* · **3 - apprendre** · approfondir

plongeur, -euse *n.* 1 - homme-grenouille · **2 -** [fam.] **laveur** · rinceur

plot *n.m.* · prise (de courant)

plouc *adj. et n.* → **paysan**

ployer

■ *v.tr.* **courber** · arquer · couder · fausser · fléchir · incliner · incurver · infléchir · plier · recourber · tordre

■ *v.intr.* **1 - s'incliner** · se courber · se déformer · fléchir · s'incurver · pencher · (se) plier · se tordre · **2 - céder** · faiblir · flancher · fléchir · s'incliner · mollir · obtempérer · reculer · se rendre

CONTR. déployer ı étendre – se redresser – résister

pluie *n.f.* **1 - précipitation** · averse · eau (du ciel) · giboulée · gouttes · grain · ondée · orage · douche *fam.* · flotte *fam.* · rincée *fam.* · sauce *fam.* · saucée *fam.* · **2 -** [forte] **déluge** · cataracte · hallebardes

✦ **petite pluie, pluie fine** bruine · crachin
✦ **pluie de** abondance de · avalanche de · débordement de · déluge de · flot de · grêle de · marée de · nuée de · torrent de · flopée de *fam.*

plumage *n.m.* · livrée · manteau · [Fauconnerie] pennage

plume *n.f.* **1 - aigrette** · panache · plumet · **2 - stylo** · crayon · **3 - style** · écriture
✦ **plume à vaccin** vaccinostyle
↠ **plumes** *plur.* **1 - plumage** · duvet · **2 -** [fam.]
→ lit

plumeau *n.m.* **1 - plumet · 2 - houssoir** *vieilli*

plumer *v.tr.* **1 - déplumer** · **2 -** [fam.]
→ voler [2]

plumet *n.m.* · aigrette · casoar · panache

plumitif *n.m.* **1 - commis aux écritures** · greffier · bureaucrate *péj.* · gratte-papier *fam., péj.* · rond-de-cuir *fam., péj.* · **2 - écrivaillon** *fam., péj.* · écrivassier *fam., péj.* · pisseur de copie *fam., péj.* · scribouillard *fam., péj.*

plupart *n.f. et pron. indéf.*

✦ **la plupart (de)** la majorité (de) · l'essentiel (de) · le gros de · le plus grand nombre (de) · presque tous
✦ **la plupart du temps** ordinairement · d'ordinaire · le plus souvent · généralement · habituellement · neuf fois sur dix

pluralité *n.f.* · multiplicité · diversité · variété

CONTR. singularité ı unicité ı unité

pluriannuel, -elle *adj.* [Bot.] vivace

pluridisciplinaire *adj.* · multidisciplinaire · interdisciplinaire

¹plus *adv.* davantage · encore

✦ **au plus, tout au plus** au maximum · à tout casser *fam.*
✦ **d'autant plus** à plus forte raison
✦ **de plus** d'ailleurs · par ailleurs · au demeurant · au reste · du reste · aussi · en outre · d'autre part · et puis
✦ **de plus de** au-dessus de · au-delà de
✦ **de plus en plus 1 - toujours plus** · toujours davantage · **2 - graduellement** · progressivement
✦ **en plus 1 - à côté de ça** · au surplus · de surcroît · par surcroît · et pour couronner le tout *fam.* · par-dessus le marché *fam.* · brochant sur le tout *vieilli* · **2 - en prime** · en complément · en sus
✦ **en plus de 1 - outre** · en sus de · **2 - indépendamment de**
✦ **le plus grand nombre** la majorité · la plupart · la quasi-totalité
✦ **ni plus ni moins que** comme · de même que
✦ **plus ou moins** à peu près · peu ou prou · si on veut · quasiment *fam.*
✦ **plus que 1 - plutôt que** · de préférence à · **2 - mieux que**
✦ **plus que tout** principalement · surtout · par-dessus tout

²plus *n.m.* **1 - avantage** · atout · **2 - amélioration** · bonification · gain · mieux

plusieurs

■ *adj.* **1 - quelques** · plus d'un · un certain nombre de · **maint** *littér.* · **2 - différent** · divers · **3 - beaucoup de** · bon nombre de · pas mal de · quantité de · **moult** *littér.*

■ *n.* **d'aucuns** · certains · quelques-uns

CONTR. un

plus-value *n.f.* **1 - bénéfice** · boni · excédent · gain · profit · **2 - amélioration** · valorisation

CONTR. diminution ׀ moins-value

plutôt *adv.* **1 - assez** · passablement · moyennement · relativement · **2 - en fait** · en réalité · du moins · **3 - de préférence**

✦ **plutôt que** plus que · de préférence à

pluvieux, -ieuse *adj.* · **humide** · bruineux

CONTR. sec

pneumatique *n.* [anciennt] **dépêche** · **bleu** *fam.*

pneumonie *n.f.* · **fluxion (de poitrine)**

pochade *n.f.* **1 - croquis** · ébauche · esquisse · **2 - comédie** · bouffonnerie · pantalonnade

pochard, e *n. et adj.* → ivrogne

poche *n.f.* **1 - emballage** · pochette · sac · sachet · pochon *région.* · cornet *Suisse* · **2 - gousset** · pochette · **fouille** *fam.* · profonde *argot* · **3 - cerne** · **valise** *fam.* · **valoche** *fam.*

pocher

■ *v.tr.* **1 - ébouillanter** · blanchir · échauder · **2 - meurtrir** · **3 -** [vieux] **esquisser** · croquer · ébaucher

■ *v.intr.* **goder** · faire des plis · godailler · **grigner** *vieilli*

pochette *n.f.* · **poche** · emballage · sac · sachet · pochon *région.* · [de disque] **fourre** *Suisse*

podomètre *n.m.* · **compte-pas** · odomètre

poêle *n.m.* **1 - radiateur** · calorifère *vieux* · **2 - fourneau** · salamandre

poème *n.m.* **pièce en vers** · poésie ● [sortes] acrostiche · anapeste · blason · bout-rimé · calligramme · haïku · lai · madrigal · pantoum · rondeau · sonnet

poésie *n.f.* **1 - poème** · chant · pièce en vers · **2 - lyrisme** · romantisme · **3 - beauté** · charme · émotion · **4 - littérature** · **rimaillerie** *péj.*

CONTR. prose ׀ prosaïsme

poète

■ *n.* **1 - auteur** · écrivain · **aède** *littér.* · **barde** *littér.* · **rhapsode** *didact.* · **faiseur de vers** *péj.* · **littérateur** *péj.* · **rimailleur** *péj.* · **rimeur** *péj.* · **versificateur** *péj.* · **2 - chantre** · troubadour

■ *adj.* **rêveur** · idéaliste · utopiste

CONTR. prosateur

poétique *adj.* **1 - lyrique** · **2 - beau** · idéal · **3 - romantique** · touchant

CONTR. prosaïque

poétiser

■ *v.tr.* **idéaliser** · élever · embellir

■ *v.intr.* [vieux] **rimer** · versifier · taquiner la muse *plaisant*

CONTR. dépoétiser

pognon *n.m.* → argent

poids *n.m.*

I **1 - masse** · charge · lourdeur · pesanteur · poussée · **2 - ligne** · **3 - bloc** · masse · morceau · **4 -** [d'un diamant] **carat** · **5 - densité** · titre

II 1 - **charge** · faix · fardeau · responsabilité ·
2 - **souci** · accablement · fatigue · 3 -
embarras · gêne · oppression · pesanteur ·
pression · boulet *fam.*
III 1 - **importance** · force · portée · valeur ·
2 - **autorité** · influence
✦ **poids lourd** 1 - **camion** · semi-remorque ·
gros cul *fam.* · 2 - **boxeur**
✦ **au poids** en vrac
✦ **de poids** 1 - **conséquent** · important ·
substantiel · 2 - **influent** · puissant
✦ **prendre du poids** grossir · perdre la
ligne · prendre des kilos · prendre de la
brioche *fam.*
CONTR. futilité | légèreté

poids lourd *n.m.* · camion · semi-
remorque · gros cul *fam.*

poignant, e *adj.* · pathétique · boule-
versant · déchirant · douloureux · dramati-
que · émouvant · impressionnant · navrant ·
tragique

poignard *n.m.* · couteau · baïonnette ·
criss · kandjar · fer *poétique* · surin *argot, vieilli* ·
dague *vieux*

poignarder *v.tr.* · assassiner · égorger ·
suriner *argot*

poigne *n.f.* 1 - **énergie** · autorité · fermeté ·
force · vigueur · 2 - [fam.] → **main**
✦ **à poigne** énergique · musclé

poignée *n.f.* manette · levier · bouton ·
béquille • [de pot, de casserole] anse · oreille • [de fenêtre] crémone · espagnolette • [de porte] bec de cane · clenche *Belgique*
✦ **une poignée de** (un) peu de · quelques ·
un quarteron de

poignet *n.m.* · manchette

poil *n.m.* 1 - **pelage** · fourrure · toison • [de cheval] robe · 2 - **barbe** · moustache · duvet ·
3 - [vieux ou littér.] **chevelure** · 4 - **soie** · crin ·
5 - **fibre**

✦ **poil à gratter** gratte-cul
✦ **à poil** → nu
✦ **au poil** → bien[1]
✦ **il s'en est fallu d'un poil** il s'en est fallu
de peu · il s'en est fallu d'un cheveu

poilu, e *adj.* 1 - **velu** · barbu · chevelu ·
moustachu · 2 - **cotonneux** · duveteux ·
pubescent · velu • [Bot.] tomenteux • [Bot. ou Zool.] villeux
CONTR. glabre | lisse

poinçon *n.m.* 1 - **garantie** · estampille ·
label · marque · sceau · 2 - **pointeau** · alène ·
coin · matrice

poinçonner *v.tr.* 1 - **estampiller** · frap-
per · graver · marquer · 2 - **percer** · perforer ·
transpercer · trouer

poindre *v.intr.* 1 - **percer** · éclore · poin-
ter · saillir · sortir · 2 - **apparaître** · émerger ·
se faire jour · se lever · se montrer · naître ·
paraître · se présenter · se profiler · surgir ·
survenir · venir · montrer le bout de son
nez *fam.*
CONTR. disparaître

poing *n.m.*
✦ **coup de poing** châtaigne *fam.* ·
marron *fam.* · allonge *argot*

[1]**point** *n.m.*
I 1 - **position** · emplacement · endroit · lieu ·
place · 2 - **repère** · coordonnée
II [d'un score, d'un résultat] **marque** · note
III **ponctuation** · signe
IV 1 - **sujet** · chapitre · matière · problème ·
question · rubrique · thème · 2 - [d'un discours, d'un écrit] **partie** · lieu · article · disposition ·
chef *littér.*
V 1 - **moment** · étape · phase · stade · 2 - **état** ·
situation · 3 - **degré** · échelon · niveau · seuil
VI [Tricot] **maille**
✦ **point culminant** 1 - **cime** · sommet · 2 -
apogée · comble · faîte · paroxysme ·
pointe · summum · zénith

- **point d'appui** aide · soutien · support
- **point de côté** pleurodynie
- **point de départ** 1 - origine · commencement · début · 2 - base · source
- **point de mire** cible · but · objectif
- **point de rencontre** jonction · convergence
- **point du jour** aube · naissance du jour · pointe du jour
- **point important, capital, essentiel, primordial** 1 - clé · 2 - nœud
- **point noir** 1 - comédon · 2 - inconvénient · aléa · difficulté · ennui · problème
- **mise au point** 1 - réglage · retouche · remaniement · 2 - conception · élaboration · gestation · préparation · 3 - explication · débat · discussion · éclaircissement
- **mettre au point** 1 - régler · retoucher · remanier · 2 - concevoir · élaborer · préparer · 3 - expliquer · débattre · discuter · éclaircir
- **remettre les choses au point** remettre les pendules à l'heure
- **à point** 1 - parfait · juste comme il faut · aux petits oignons *fam.* · 2 - cuit à cœur
- **à point (nommé)** opportunément · à propos · au bon moment · juste · à temps · à pic *fam.*
- **de point en point, en tout point** 1 - entièrement · exactement · de A à Z · 2 - textuellement
- **point par point** méthodiquement · minutieusement
- **mal en point** 1 - malade · mal fichu *fam.* · 2 - en mauvaise posture
- **sur ce point** à ce propos · à ce sujet
- **sur le point de** prêt à · au bord de · au seuil de · en passe de · près de · à la veille de
- **être sur le point de** faillir · manquer de
- **faire le point sur** faire le bilan de · faire le tour de
- **mettre un point final à** terminer · finir

²**point** *adv.* · non · aucunement · en rien · nullement · pas (du tout)

pointage *n.m.* 1 - contrôle · vérification · 2 - enregistrement · 3 - visée

point de vue *n.m.* 1 - panorama · coup d'œil · paysage · site · vue · 2 - approche · aspect · optique · perspective · 3 - opinion · appréciation · avis · conception · idée · jugement · pensée · position · sentiment
- **d'un certain point de vue** d'un certain côté
- **sous, de ce point de vue** dans cette perspective · à cet égard · dans cette optique · dans ce sens · sous cet angle · sous cet aspect · sous cet éclairage · sous ce jour · sous cette face · sous ce rapport

pointe *n.f.*
I 1 - bout · extrémité · apex · 2 - bec · cap · 3 - sommet · cime · haut · pic
II 1 - aiguille · flèche · 2 - piquant · épine · 3 - clou
III 1 - émergence · point · 2 - avant-garde
IV châle · fichu · foulard
V moquerie · épigramme · pique · plaisanterie · quolibet · raillerie · sarcasme · lazzi *littér.* · vanne *fam.* · brocard *vieux*
- **pointe sèche** burin · ciseau
- **pointe d'esprit** trait d'esprit
- **de pointe** maximum
- **à la, de pointe** d'avant-garde · avancé · avant-gardiste · futuriste · révolutionnaire
- **en pointe** aigu · pointu
- **une pointe de** une petite dose de · un filet de · une goutte de · un grain de · une larme de · une once de · un point de · un soupçon de · un trait de · un chouïa de *fam.*

¹**pointeau** *n.m.* [outil] poinçon

²**pointeau** *n.m.* [dans une usine] pointeur

¹**pointer** *v.tr.* 1 - signaler · montrer du doigt · 2 - cocher · contrôler · marquer · noter · relever · vérifier · 3 - diriger · braquer · orienter · viser

²**pointer** v.intr. **1 - pousser** · percer · **2 - jaillir** · se dresser · s'élancer · **3 - apparaître** · émerger · naître · paraître · poindre · se profiler · surgir · montrer le bout de son nez fam.

≫ **se pointer** v.pron. → **arriver**

pointiller v.tr. · piqueter · tacheter

pointilleux, -euse adj. **1 - minutieux** · appliqué · attentif · consciencieux · exact · méticuleux · rigoureux · scrupuleux · soigneux · vigilant · maniaque péj. · **2 - exigeant** · formaliste · sourcilleux · tatillon · chicaneur fam. · ergoteur fam. · pinailleur fam. · vétilleux littér. · **3 - chatouilleux** · délicat · difficile · irascible · susceptible

✦ **il est très pointilleux**   c'est un coupeur de cheveux en quatre péj., fam. · c'est un enculeur de mouches très fam.

CONTR. inattentif ⎪ négligent – accommodant ⎪ arrangeant

↝ **difficile**

pointu, e adj. **1 - acéré** · aigu · effilé · piquant · **2 - élevé** · aigu · haut perché · **3 - spécialisé** · affûté

CONTR. arrondi ⎪ émoussé – bas

↝   **pointu, aigu, acéré**
   Pointu, aigu et acéré concernent des choses qui se terminent par une extrémité amincie. **Pointu** répond exactement à cette définition *(une flèche pointue, un clou, un pieu pointu, un chapeau pointu)*. Ce qui est **aigu** peut être pointu *(un pignon aigu, le bec aigu d'un oiseau)* ou tranchant *(une lame de couteau aiguë)*. **Acéré** cumule les aspects de **pointu** et **aigu**, ajoute l'idée de dureté et renchérit sur le caractère tranchant *(des griffes, des épines acérées)*.

pointure n.f. **1 - taille** · dimension · **2 -** [fam.] → **sommité**

poire n.f. **1 -** [fam.] → **visage** · **2 -** [fam.] → **dupe**

poireauter v.intr. → **attendre**

pois n.m. pastille · point
✦ **pois de senteur**   gesse

poison n.m. **1 - toxique** · venin · bouillon d'onze heures fam. · **2 - importun** · empoisonneur · enquiquineur fam. · **3 - démon** · peste · vipère · carne fam. · chameau fam. · teigne fam. · vache fam. ● [femme] chipie fam. · garce fam.

poissard, e adj. · grossier · faubourien · populaire · vulgaire · populacier littér.

poisse n.f. **1 -** [littér.] viscosité · **2 -** [fam.] → **malchance** · **3 -** [fam., vieilli] → **indigence**

poisser v.tr. · engluer · coller

poisseux, -euse adj. · collant · gluant · gras · visqueux

poisson n.m. **1 -** [collectif] **marée** · poissonnaille fam. · poiscaille pop. ● [petit] fretin · menuaille vieux · menuise vieux · **2 -** [jeune] alevin · nourrain

poitrail n.m. · poitrine

poitrinaire adj. et n. · tuberculeux · phtisique vieux

poitrine n.f. **1 - buste** · poitrail · poumons · sein · thorax · torse · buffet fam. · caisse fam. · coffre fam. · **2 -** [féminine] **seins** · corsage · décolleté · gorge · mamelles fam. · lolos fam. · nénés fam. · nichons fam. · **3 - cœur**

poivre n.m.
✦ **poivre de Cayenne**   piment
✦ **poivre et sel**   [cheveux, poils]   gris · argenté · grisonnant

poivré, e adj. **1 - relevé** · assaisonné · épicé · fort · **2 -** [propos] **grivois** · coquin ·

croustillant · cru · égrillard · épicé · gaillard · gaulois · gras · graveleux · léger · leste · libertin · libre · licencieux · osé · rabelaisien · salé · cochon *fam.*
CONTR. fade – prude ׀ sérieux

poivrer *v.tr.* · relever · assaisonner · épicer

poivron *n.m.* · piment (doux)

poivrot, e *n.* → ivrogne

polaire *adj.* **1** - glacial · sibérien · **2** - arctique · antarctique · hyperboréen *littér.*

polar *n.m.* **1** - roman policier · **2** - film policier

polariser *v.tr.* · attirer · concentrer · focaliser
➢➢➢ **se polariser sur** *v.pron.* · se concentrer sur · se fixer sur · se focaliser sur

pôle *n.m.* **1** - extrémité · calotte · **2** - centre · cœur · noyau

polémique
▪ *n.f.* controverse · contestation · désaccord · différend · dispute · querelle · chamaillerie *fam.*
▪ *adj.* critique · agressif · défavorable · négatif · sévère · contempteur *littér.*

polémiste *n.* · pamphlétaire · argumentateur *souvent péj.* · libelliste *vieux*

¹**poli, e** *adj.* **1** - lisse · bruni · **2** - brillant · briqué · éclatant · étincelant · frotté · luisant · lustré · **3** - fini · soigné · fignolé *fam.* ▪ [style] châtié · léché *fam.*

²**poli, e** *adj.* **1** - bien élevé · bienséant · convenable · correct · courtois · de bon ton · décent · discret · policé · respectueux · **2** - aimable · affable · amène · déférent · galant · gracieux · prévenant · urbain *littér.* · civil *vieilli* · **3** - distingué · civilisé · délicat · éduqué · élégant · raffiné

³**poli** *n.m.* **1** - éclat · brillant · clarté · luisant · lustre · vernis · **2** - brunissure

¹**police** *n.f.* **1** - ordre · administration · justice · **2** - force publique · forces de l'ordre · flics *fam.* · flicaille *fam., péj.* · poulets *fam.* · poulaille *argot* · rousse *argot* · **3** - commissariat
✦ **police judiciaire** P.J.
✦ **poste de police** bloc *fam.* · clou *fam.* · violon *fam.*

²**police** *n.f.* [d'assurance] contrat

policé, e *adj.* · éduqué · cultivé · poli · raffiné
CONTR. primitif ׀ sauvage

policer *v.tr.* · civiliser · adoucir · affiner · cultiver · éduquer · épurer · former · humaniser · polir · raffiner

polichinelle *n.m.* **1** - fantoche · girouette · marionnette · pantin · **2** - bouffon · clown · guignol · pitre · rigolo *fam.*

policier, -ière
▪ *n.* **1** - agent (de police) · gardien de la paix · flic *fam.* · poulet *fam.* · bourre *argot* · cogne *argot* · condé *argot* · vache *argot* · **2** - détective · limier · espion · indicateur
▪ *adj. et n.m.*
✦ **(roman) policier** roman noir · thriller · polar *fam.*

poliment *adv.* · courtoisement · affablement · respectueusement · civilement *littér.*
CONTR. grossièrement ׀ impoliment

polir *v.tr.*
I 1 - aplanir · adoucir · aléser · brunir · débrutir · égaliser · égriser · limer · planer · donner le poli à · poncer · raboter · **2** - astiquer · briquer · décaper · faire briller · fourbir · frotter · lustrer
II 1 - civiliser · affiner · cultiver · dégrossir · éduquer · former · humaniser · policer · **2** -

parfaire · apporter la dernière main, la dernière touche à · châtier · ciseler · corriger · épurer · fignoler · finir · parachever · peaufiner · perfectionner · retoucher · soigner · lécher *fam.*

CONTR. dépolir ı ternir – abêtir ı abrutir – bâcler

☞ **limer**

polissage *n.m.* · ponçage · brunissage · grésage · éclaircissage *vieilli*

polisson, -onne

■ *n.* **1 - galopin** · garnement · vaurien · coquin *vieilli* · fripon *vieilli* · drôle *vieux* · **2 - débauché**

■ *adj.* **canaille** · coquin · égrillard · gaulois · gras · graveleux · grivois · hardi · libertin · licencieux · osé · paillard

polissonnerie *n.f.* · espièglerie · farce · niche · tour

politesse *n.f.* **1 - bienséance** · bon ton · convenances · correction · décence · éducation · (bonnes) manières · savoir-vivre · usages · civilité *vieilli* · **2 - affabilité** · amabilité · aménité · complaisance · galanterie · tact · urbanité *littér.* · **3 - égard** · courtoisie · déférence · respect

CONTR. grossièreté ı impertinence ı impolitesse ı incorrection

☞ politesse, civilité, savoir-vivre

Politesse, civilité et savoir-vivre s'emploient pour parler des règles en usage dans une société. Politesse renvoie à l'ensemble des règles qui permettent de vivre sans heurts dans un groupe déterminé *(la poignée de main, geste de politesse ; observer la politesse)*. Civilité, d'usage vieilli, concerne l'observation des convenances usuelles dans un milieu social donné *(les règles de la civilité)*. Savoir-vivre évoque la connaissance et la mise en pratique des règles de la politesse, des usages de la vie en société *(un manuel de savoir-vivre, manquer de savoir-vivre)*.

¹**politique**

■ *adj.* **1 - civil** · civique · public · social · **2 - habile** · adroit · diplomate · diplomatique · fin · rusé

■ *n.m.* **1 - État** · gouvernement · pouvoir · **2 - politicien** · politicard *péj.*

²**politique** *n.f.* **1 - stratégie** · calcul · gouvernance · gouvernement · tactique · **2 -** [extérieure] **diplomatie**

polluer *v.tr.* · contaminer · corrompre · infecter · infester · souiller · vicier

CONTR. assainir ı décontaminer ı dépolluer ı épurer

pollution *n.f.* **1 - souillure** · **2 - nuisance** · agression

CONTR. assainissement ı dépollution ı épuration

polochon *n.m.* · traversin

poltron, -onne *adj. et n.* · peureux · craintif · lâche · couille molle *vulg.* · dégonflé *fam.* · froussard *fam.* · pétochard *fam.* · poule mouillée *fam.* · trouillard *fam.* · couard *littér.* · pleutre *littér.* · pusillanime *littér.*

CONTR. brave ı courageux

poltronnerie *n.f.* · lâcheté · peur · couardise *littér.* · pleutrerie *littér.* · pusillanimité *littér.* · veulerie *littér.* · caponnerie *vieux*

CONTR. bravoure ı courage

polychrome *adj.* · coloré · multicolore · polychromé · polycolore *rare*

CONTR. monochrome

polyglotte *adj.* · plurilingue · bilingue · multilingue

polysémique *adj.* · plurivoque · ambigu

polythéisme *n.m.* [Relig. chrétienne] paganisme
CONTR. monothéisme

polyvalent, -ente *adj.* · plurivalent · universel

pommade *n.f.* 1 - onguent · baume · crème · liniment · pâte · 2 - → flatterie

pomme *n.f.* 1 - [pour distinguer de pomme de terre] pomme en l'air · pomme fruit · 2 - fruit défendu *littér.* · 3 - boule · [de canne] pommeau · [de douche] douchette
✦ pomme de pin   cône · pigne

pomme de terre *n.f.* · pomme · patate *fam.*

pommelé, e *adj.* 1 - tacheté · moucheté · 2 - [ciel] moutonné

pommeler (se) *v.pron.* · moutonner

pommette *n.f.* · joue

¹**pompe** *n.f.* 1 - apparat · appareil · cérémonial · cérémonie · décorum · éclat · faste · grandeur · lustre · luxe · magnificence · majesté · panache · richesse · solennité · somptuosité · splendeur · clinquant *péj.* · 2 - rhétorique · affectation · bouffissure · emphase · enflure · grandiloquence · solennité · vanité

²**pompe** *n.f.* 1 - [fam.] traction · 2 - [fam.] → chaussure
✦ pompe à essence   poste d'essence · distributeur d'essence · station-service
✦ pompe à incendie   autopompe · motopompe

pomper *v.tr.* 1 - aspirer · absorber · boire · sucer · 2 - puiser · tirer · 3 - [fam.] → consommer · 4 - [fam.] → copier · 5 - [fam.] → fatiguer · 6 - [fam.] → importuner

pompeux, -euse *adj.* 1 - solennel · cérémonieux · fastueux · grandiose · imposant · magnifique · majestueux · solennel · splendide · 2 - affecté · ampoulé · apprêté · boursouflé · cérémonieux · déclamatoire · empesé · emphatique · enflé · grandiloquent · pédant · pontifiant · prétentieux · ronflant · sentencieux · solennel · empanaché *littér.*
CONTR. simple – concis

¹**pompier** *n.m.* · sapeur(-pompier) · soldat du feu

²**pompier, -ière** *adj.* · académique · conventionnel · ringard *fam.*

pompon *n.m.* · houppe · houppette

pomponné, e *adj.* · endimanché · élégant · paré · soigné

pomponner *v.tr.*   parer · toiletter · bichonner *fam.*
»» **se pomponner** *v.pron.* s'apprêter · se faire beau · se parer · se bichonner *fam.* · s'endimancher · se mettre sur son trente et un

ponant *n.m.* · couchant · occident · ouest

ponceau *n.m.* · arche · pont

poncer *v.tr.* · décaper · frotter · polir

poncif *n.m.* · stéréotype · banalité · cliché · idée reçue · lieu commun

ponction *n.f.* 1 - prélèvement · 2 - [Méd.] aspiration · paracentèse

ponctionner *v.tr.* 1 - [Méd.] dégorger · vider · 2 - [les contribuables] taxer · traire *fam.*

ponctualité *n.f.* · exactitude · assiduité · régularité
CONTR. inexactitude । négligence

ponctuation *n.f.* · pause · temps d'arrêt · silence

ponctuel, -elle *adj.* **1** - exact · à l'heure · **2** - assidu · régulier · scrupuleux · **3** - localisé · local · **4** - isolé · distinct · individuel · limité · particulier · personnel · privé · propre · seul · singulier · spécial · spécifique

CONTR. inexact – négligent – chronique ı général ı global ı systématique

ponctuer *v.tr.* **1** - entrecouper · **2** - souligner · accentuer · scander · **3** - jalonner · baliser

pondération *n.f.* **1** - mesure · égalité de caractère, d'humeur · calme · modération · prudence · retenue · **2** - balance · équilibre

pondéré, e *adj.* **1** - posé · calme · prudent · raisonnable · réfléchi · sage · **2** - mesuré · égal · modéré · nuancé · raisonné · réservé · retenu · tempéré · **3** - équilibré · proportionné

CONTR. bouillant ı déraisonnable ı excessif ı excité ı impulsif

pondérer *v.tr.* **1** - tempérer · modérer · nuancer · **2** - équilibrer · balancer · compenser

pondre *v.tr.* [fam.] → **écrire**

pont *n.m.* **1** - arche · passerelle · ponceau · viaduc · **2** - appontement · passerelle · wharf · **3** - intermédiaire · liaison · passage · passerelle · transition · **4** - essieu

¹**ponte** *n.f.* [Physiol.] ovulation

²**ponte** *n.m.* → **personnage**

pontife *n.m.* prélat
✦ **le souverain pontife** le pape

pontifiant, e *adj.* · doctoral · empesé · emphatique · pédant · prétentieux · professoral · sentencieux · solennel · suffisant · vaniteux

pontifical, e *adj.* papal
✦ **garde pontificale** garde suisse

pontificat *n.m.* · papauté · règne

pontifier *v.intr.* · pérorer · faire donner les grandes orgues

pool *n.m.* **1** - groupement · communauté · consortium · groupe · syndicat · **2** - équipe

pope *n.m.* · prêtre (orthodoxe)

popote *n.f.* **1** - [Milit.] mess · cantine · carré · réfectoire · **2** - [fam.] → **cuisine** · **3** - [fam., adj. invar.] → **casanier**

popotin *n.m.* → **derrière**²

populace *n.f.* **1** - prolétariat · masse · peuple · populaire · populo *fam.* · vulgaire *littér.* · plèbe *vieux* · tourbe *vieux* · **2** - foule · multitude · **3** - racaille · canaille · pègre · tourbe *vieux*

CONTR. élite ı gratin

populacier, -ière *adj.* · commun · canaille · faubourien · grossier · peuple · plébéien · poissard · populaire · vulgaire

populaire
■ *adj.* **1** - démocratique · **2** - laborieux · ouvrier · pauvre · petit · **3** - humble · ordinaire · plébéien · roturier · simple · **4** - commun · plébéien · vulgaire · **5** - folklorique · traditionnel · **6** - célèbre · apprécié · connu · fameux · renommé · réputé
■ *n.m.* masse · peuple · populo *fam.* · vulgaire *littér.*

CONTR. privilégié – impopulaire

populariser *v.tr.* · répandre · démocratiser · diffuser · généraliser · massifier · propager · rendre accessible · vulgariser

popularité *n.f.* **1** - célébrité · audience · gloire · notoriété · renom · renommée · réputation · **2** - vogue · cote · estime · faveur · **3** - sympathie · cote d'amour
CONTR. impopularité

population *n.f.* **1** - habitants · gens · individus · peuple · **2** - collectivité · corps social · nation · pays · peuple · public

populeux, -euse *adj.* · animé · fréquenté · habité · passant · peuplé · populaire
CONTR. désert

porc *n.m.* **1** - cochon · pourceau *vieux* • [mâle] · verrat · **2** - [jeune] porcelet · cochon de lait · cochonnet · goret · **3** - charcuterie · **4** - [péj.] débauché · cochon · dégoûtant · dépravé · vicieux
✦ **porc sauvage** sanglier
🙰 cochon

porcelet *n.m.* · cochon de lait · cochonnet · goret

porche *n.m.* **1** - abri · **2** - portique · arc · entrée · porte · porte cochère

porcherie *n.f.* **1** - soue · **2** - [péj.] bauge · écurie · taudis

pore *n.m.* · trou • [Bot.] stomate

poreux, -euse *adj.* · perméable · ouvert · percé
CONTR. étanche

porno *adj.* → pornographique

pornographie *n.f.* · obscénité · sexe · porno *abrév. fam.* · cul *très fam.* • [Antiq.] rhyparographie

pornographique *adj.* · obscène · X · porno *abrév. fam.* · cochon *fam.* · hard *fam.*

porosité *n.f.* · perméabilité
CONTR. étanchéité

¹**port** *n.m.* **1** - rade · bassin · havre *vieux* · **2** - col · passage · passe · **3** - refuge · abri · asile · havre

²**port** *n.m.* **1** - transport · affranchissement · expédition · **2** - air · allure · contenance · démarche · maintien · prestance · tenue

portable *adj.* **1** - portatif · mobile · transportable · **2** - mettable · convenable

🙰 **portable, portatif**
Portable et portatif s'appliquent l'un et l'autre à un objet qu'on peut *porter* sur soi ou aisément *transporter* avec soi. L'emploi de **portable** avec cette valeur est un anglicisme ; fréquent dans l'usage, *un portable* renvoie à un ordinateur portable *(il a remplacé son ordinateur de bureau par un portable)* et, plus couramment, à un téléphone portable *(je vais vous donner mon numéro de portable)*. **Portatif** est seul en usage avec certains noms d'objets *(un réfrigérateur, un orgue portatif, une machine à écrire portative)*.

portant, e
■ *n.m.* montant · pied-droit
■ *adj.*
✦ **bien portant** sain · en bonne santé · en pleine forme
✦ **mal portant** malade · en mauvaise santé · souffrant · mal en point *fam.*

portatif, -ive *adj.* · portable · transportable
🙰 portable

porte *n.f.* **1** - accès · entrée · issue · ouverture · sortie · **2** - vantail · battant · lourde *argot* · huis *vieux* · **3** - portière · **4** - portail · grille · porche · portique · propylée • [triomphale] arc · **5** - [Géogr.] défilé · gorge · pas
✦ **porte de sortie** échappatoire · issue · solution

+ **aux portes de**   près de · à l'entrée de · au seuil de
+ **mettre à la porte**   1 - chasser · congédier · jeter dehors · virer *fam.* · éconduire *littér.* · 2 - renvoyer · expulser · licencier · lourder *fam.* · sacquer *fam.* · virer *fam.*
+ **prendre la porte**   partir · sortir

porté, e *adj.*

+ **porté par**   poussé par · encouragé par
+ **porté à**   enclin à · disposé à · prédisposé à · sujet à · tenté par
+ **être porté sur**   aimer · affectionner · avoir du goût pour · avoir un faible pour · avoir un penchant pour · être amateur de · être attiré par · s'intéresser à · se passionner pour · raffoler de

porte-à-faux (en) *loc. adj.* · en déséquilibre · instable

porte-à-porte *n.m.* · démarchage · vente à domicile

porte-bagages *n.m. invar.* · galerie · filet

porte-bonheur *n.m. invar.* · amulette · fétiche · grigri · mascotte · porte-chance · talisman
CONTR. porte-malheur

porte-bouteilles *n.m.* · hérisson · égouttoir · if

porte-documents *n.m. invar.* · attaché-case · cartable · mallette · serviette

porte-drapeau *n.m.* 1 - porte-étendard · enseigne *anciennt* · 2 - chef · cerveau · leader · meneur · représentant · tête

portée *n.f.*
I 1 - impact · conséquence · effet · importance · influence · intérêt · place · poids · résultat · signification · 2 - envergure · étendue · force · valeur · 3 - niveau · aptitude · force · 4 - trajectoire · amplitude · ampleur · distance
II progéniture · petits · nichée
+ **à (la) portée (de)**   accessible (à)
+ **à portée de main**   sous la main
+ **hors de portée**   hors d'atteinte · inabordable · inaccessible
+ **à la portée de tous**   abordable · accessible · facile

portefeuille *n.m.* 1 - porte-billets · porte-carte · 2 - titres · valeurs · 3 - ministère · maroquin *vieilli ou plaisant*

portemanteau *n.m.* · patère · cintre *vieux*

porte-monnaie *n.m. invar.* · portefeuille · bourse *vieux* · aumônière *anciennt* · escarcelle *anciennt*

porte-parole *n.m. invar.* · représentant · fondé de pouvoir · interprète · héraut *littér.* · truchement *littér.* · [soumis] la voix de son maître

porter *v.tr.*
I 1 - tenir · prendre · 2 - transporter · apporter · emporter · livrer · rapporter · transférer · transbahuter *fam.* · trimbaler *fam.* · 3 - pousser · conduire · diriger · entraîner · mouvoir · transporter · 4 - [sur soi] arborer · avoir · exhiber · mettre · présenter · 5 - supporter · soutenir · tenir · 6 - [des fruits] produire · donner · engendrer
II 1 - [par écrit] inscrire · coucher · 2 - contenir · déclarer · dire · indiquer · préciser · stipuler · 3 - [une nouvelle] annoncer
III 1 - exprimer · manifester · montrer · présenter · traduire · 2 - accorder · attacher · prêter · vouer *littér.*
IV 1 - assener · administrer · appliquer · donner · envoyer · frapper · lancer · allonger *fam.* · coller *fam.* · ficher *fam.* · filer *fam.* · flanquer *fam.* · 2 - [sans complément] faire mouche · toucher juste · toucher une corde sensible

✦ **porter la main sur**   frapper · battre · lever la main sur

✦ **porter à**   amener à · conduire à · déterminer à · disposer à · encourager à · engager à · entraîner à · exciter à · inciter à · incliner à · induire à · inviter à · motiver à · pousser à · prédisposer à

✦ **porter sur**   **1 -** appuyer sur · être posé sur · prendre appui sur · reposer sur · **2 -** concerner · avoir pour objet · toucher · traiter de

✦ **porter à la tête**   enivrer · étourdir · griser

✦ **porter aux nues**   porter au pinacle · encenser · exalter · louer · vanter

⇒ **se porter** v.pron. **1 -** aller · s'acheminer · marcher · se rendre · se transporter · **2 -** s'orienter · se diriger · se tourner · **3 -** se présenter comme

✦ **se porter à**   se livrer à · s'abandonner à · se laisser aller à

✦ **se porter bien**   aller bien · être bien portant · se porter comme un charme

✦ **mal se porter**   aller mal · être mal en point · être mal portant · être souffrant

CONTR. déposer ı poser

porteur, -euse n. **1 -** débardeur · déchargeur · déménageur · docker · fort des Halles · portefaix vieux · **2 - coolie** · **3 -** détenteur · titulaire · **4 - coursier** · commissionnaire · courrier · estafette · facteur · livreur · messager

porte-voix n.m. invar. · mégaphone

portier, -ière n. **1 -** concierge · gardien · huissier · **2 -** [Sport] **gardien de but** · goal

portière n.f. **1 -** porte · **2 -** rideau · tapisserie · tenture

portillon n.m. **1 -** porte · fermeture · ouverture

portion n.f. **1 -** subdivision · division · fraction · morceau · part · partie · section · segment · tronçon · **2 -** [d'aliment] **tranche** ·

bout · part · quartier · rondelle · **3 -** ration · dose · part · **4 -** [de terrain] **parcelle** · lopin · **5 -** lot · part · quotité

✦ **portion de cercle**   arc de cercle

⇒ **part**

portique n.m. **1 -** galerie · colonnade · péristyle · **2 - narthex**

portrait n.m. **1 -** effigie · image · photo · représentation · **2 -** peinture · tableau · **3 -** signalement · description

portrait-robot n.m. · description · signalement

pose n.f.
I 1 - installation · mise en place · montage · plantation · **2 -** application
II 1 - position · attitude · posture · **2 -** affectation · façons · prétention · recherche · snobisme

CONTR. dépose – simplicité

posé, e adj. pondéré · calme · grave · mûr · réfléchi · sage · sérieux

✦ **bien, solidement posé**   bien campé

CONTR. brusque ı étourdi ı fougueux

posément adv. **1 -** calmement · doucement · paisiblement · tranquillement · **2 -** lentement · gravement

CONTR. brusquement ı étourdiment ı précipitamment

poser
■ v.tr.
I 1 - placer · déposer · mettre · flanquer fam. · foutre très fam. · **2 -** étaler · étendre · **3 -** installer · adapter · monter · **4 -** poster · camper · disposer · dresser · placer · **5 -** déposer · abandonner · mettre bas · quitter
II 1 - postuler · admettre · affirmer · alléguer · avancer · conjecturer · énoncer · établir · fixer · formuler · présupposer · supposer · **2 -** évoquer · soulever

✦ **poser contre, sur** appuyer contre, sur · appliquer contre, sur · apposer contre, sur
✦ **poser une question à** interroger · questionner · adresser une question à
✦ **poser les armes** capituler · faire la paix · se rendre
▪ *v.intr.* faire le beau · crâner · faire le paon · se mettre en valeur · parader · se pavaner · plastronner · pontifier · se rengorger · frimer *fam.* · la ramener *fam.*
✦ **poser sur** porter sur · reposer sur
≫ **se poser** *v.pron.* **1 -** [avion] **atterrir** · toucher le sol • [sur l'eau] **amerrir** • [sur la Lune] **alunir** · **2 -** [oiseau] **se percher** · se jucher · **3 - s'affirmer** · exister
✦ **se poser en** s'ériger en · agir comme · s'autoproclamer · se conduire comme, en · se présenter comme
CONTR. déposer ׀ enlever ׀ lever ׀ ôter – s'envoler

poseur, -euse *n.* · prétentieux · affecté · apprêté · bêcheur · compassé · maniéré · m'as-tu-vu · minaudier · pédant · snob · suffisant · vaniteux · crâneur *fam.* · puant *fam.* · fat *littér.*
CONTR. naturel ׀ simple

positif, -ive *adj.* **1 - affirmatif** · favorable · **2 - assuré** · attesté · authentique · certain · évident · incontestable · sérieux · solide · sûr · **3 - objectif** · concret · effectif · matériel · réel · tangible · **4 - réaliste** · matérialiste · pragmatique · pratique · **5 - constructif** · intéressant
CONTR. négatif – chimérique ׀ douteux ׀ équivoque – abstrait ׀ idéal – critique ׀ négatif

position *n.f.*
I **1 - emplacement** · coordonnées · disposition · lieu · localisation · place · site · situation · **2 - exposition** · inclinaison · orientation · **3 - attitude** · pose · posture · station
II **point de vue** · conception · idée · opinion · parti · vues
III **1 - classement** · degré · échelon · niveau · place · rang · **2 - condition** · état · place ·

rang · situation · standing · **3 - sort** · condition · état · situation · **4 - charge** · emploi · établissement · fonction · poste · situation
✦ **en position de** en situation de · en passe de

positionner *v.tr.* **localiser** · déterminer · placer · situer
≫ **se positionner** *v.pron.* **se situer** · se définir · se placer · prendre position

positivement *adv.* **1 - réellement** · véritablement · vraiment · **2 - affirmativement** · par un oui

possédant, e *n. et adj.* **1 - nanti** · riche · **2 - capitaliste** · propriétaire

possédé, e
▪ *adj.* **1 - ensorcelé** · envoûté · **2 - hanté** · habité · obsédé · tourmenté
▪ *n.* **1 - énergumène** · **2 - furieux** · insensé

posséder *v.tr.* **1 - avoir** (à sa disposition) · bénéficier de · détenir · disposer de · être en possession de · être détenteur de · être maître de · être pourvu de · être titulaire de · jouir de · tenir · **2 - comporter** · compter · contenir · être constitué de · renfermer · **3 - savoir** · connaître · dominer · maîtriser · **4 - hanter** · envoûter · habiter · obséder · **5 -** [fam.] → **duper** · **6 -** [une femme] → **faire l'amour avec**
✦ **posséder beaucoup de** abonder en · fourmiller de · regorger de
≫ **se posséder** *v.pron.* **se contenir** · se contrôler · se dominer · se maîtriser · se surmonter · faire preuve de sang-froid, de self-control

possesseur *n.m.* **1 - détenteur** · dépositaire · propriétaire · titulaire · usufruitier · **2 - maître**

possessif, -ive *adj.* **1 - abusif** · exclusif · jaloux · **2 -** [Psych.] **captatif**

▸ postérité

possession *n.f.* **1** - détention · disposition · droit d'usage · jouissance · propriété · **2** - domaine · fief · propriété · **3** - avoir · bien · chose · richesse · **4** - colonie · conquête · dépendance · établissement · territoire · **5** - domination · contrôle · empire · maîtrise · **6** - [Grammaire] appartenance · **7** - [Psych.] démonopathie · fureur · démonomanie *vieux*

✦ **en la possession de** par-devers · entre les mains de
✦ **être en la possession de** appartenir à · être à
✦ **avoir en sa possession, être en possession de** **1** - détenir · posséder · **2** - être maître de
✦ **entrer en possession de** acquérir · prendre
✦ **mettre en possession de** nantir de · doter de
✦ **prendre possession de** occuper · s'emparer de · conquérir
✦ **rentrer en possession de** recouvrer · récupérer

CONTR. dépossession ɪ privation

possibilité *n.f.* **1** - capacité · force · moyen · potentiel · pouvoir · **2** - droit · faculté · loisir · occasion · opportunité *fam.* · **3** - éventualité · cas · hypothèse · **4** - chance · espoir
⇒ **possibilités** *plur.* [financières] ressources · moyens

CONTR. impossibilité - certitude ɪ nécessité

possible
■ *adj.* **1** - faisable · praticable · réalisable · jouable *fam.* · **2** - permis · autorisé · licite · loisible · toléré · **3** - imaginable · concevable · croyable · envisageable · pensable · plausible · vraisemblable · **4** - éventuel · contingent · potentiel · probable · virtuel · **5** - admissible · acceptable · convenable · correct · passable · potable *fam.* · **6** - [le plus souvent au nég.] supportable · tolérable · vivable · buvable *fam.* · sortable *fam.*

■ *adv.* [fam.] **peut-être**
■ *n.m.* virtualité · éventualité · potentialité
✦ **au possible** extrêmement · au plus haut point · incroyablement · on ne peut plus · comme tout *fam.*

CONTR. impossible ɪ infaisable ɪ irréalisable - interdit - invraisemblable - effectif - détestable ɪ odieux

possiblement *adv.* · peut-être · éventuellement · vraisemblablement

poste *n.m.* **1** - position · emplacement · place · **2** - antenne · **3** - emploi · affectation · charge · fonction · place · situation · job *fam.* · **4** - récepteur · appareil · radio · télévision · transistor
✦ **poste avancé** avant-poste
✦ **poste d'essence** distributeur d'essence · pompe à essence · station-service

¹**poster** *v.tr.* · expédier · adresser · envoyer · mettre à la boîte, à la poste

²**poster** *v.tr.* placer · établir · installer · mettre
⇒ **se poster** *v.pron.* se placer · se camper · s'embusquer · s'installer · se mettre · se planter

¹**postérieur, -ieure** *adj.* **1** - ultérieur · **2** - futur · avenir · prochain · **3** - arrière

²**postérieur** *n.m.* · fesses · derrière · fessier · (arrière-)train *fam.* · baba *fam.* · croupe *fam.* · cul *très fam.* · fion *très fam.* · joufflu *fam.* · miches *fam.* · panier *fam.* · pétard *fam.* · popotin *fam.* · pot *vulg.* · séant *vieux* · siège *vieux*

postérieurement *adv.* · ultérieurement · après · ensuite · par la suite · plus tard

CONTR. antérieurement ɪ avant ɪ précédemment

postérité *n.f.* **1** - descendance · descendants · enfants · fils · héritiers · lignée · progéniture *fam.* · rejetons *fam.* · **2** - avenir · futur · générations futures · siècles futurs · **3** -

immortalité · mémoire · **4 - successeurs** · continuateurs · disciples · héritiers · épigones *soutenu*

CONTR. ancêtres – prédécesseurs

posthume *adj.* · post mortem

postiche
- *adj.* **factice** · artificiel · faux · surajouté
- *n.m.* **perruque** · mèche · moumoute *fam.*

postillon *n.m.* [anciennt] cocher

post-scriptum *n.m. invar.* · apostille *soutenu*

postulant, e *n.* · **candidat** · aspirant · prétendant

postulat *n.m.* **1 - convention** · hypothèse · **2 - axiome** · principe

postuler *v.tr.* **1 - solliciter** · briguer · demander · rechercher · **2 - supposer** · admettre · poser · présupposer

posture *n.f.* **1 - attitude** · contenance · maintien · port · pose · position · tenue · **2 - situation** · condition · position

pot *n.m.* **1 - vase** · bocal · broc · cruche · pichet · potiche · **2 - arrosage** · **3 - verre** · chope · godet *fam.* · **4 - coup** *fam.* · tournée *fam.* · **5 -** [fam.] → **chance**
- **pot à graines** germoir
- **pot de chambre** vase de nuit · bourdalou *vieux*
- **plein pot** [fam.] **1 - plein tarif** · **2 -** → à toute vitesse

potable *adj.* **1 - buvable** · consommable · sain · **2 - acceptable** · convenable · correct · honorable · moyen · passable · présentable

potage *n.m.* · soupe · velouté · julienne

potasser *v.tr.* → **étudier**

pot-au-feu
- *n.m. invar.* **bœuf gros sel** · bouilli *vieilli*
- *adj.* [fam., vieux] → **casanier**

pot-de-vin *n.m.* · **commission** · arrosage · cadeau · don · enveloppe · gratification · pourboire · bakchich *fam.* · dessous-de-table *fam.*

pote *n.* → **ami**

poteau *n.m.* **1 - pieu** · colonne · pilier · pylône · **2 - pilori**

potelé, e *adj.* · **dodu** · charnu · gras · grassouillet · gros · joufflu · plein · poupin · rebondi · rembourré · replet · rond · rondelet · rondouillard *fam.* · poupard *vieux*

CONTR. maigre

potence *n.f.* · gibet · corde

potentat *n.m.* **1 - magnat** · **2 -** [péj.] **autocrate** · despote · dictateur · tyran · **3 - monarque** · souverain

potentialité *n.f.* · **possibilité** · éventualité · virtualité

potentiel, -ielle
- *adj.* **1 - virtuel** · conditionnel · hypothétique · **2 - en puissance**
- *n.m.* **1 - puissance** · capacité · force · possibilité · **2 - tension** · charge · voltage

potentiellement *adv.* · virtuellement · en théorie

poterie *n.f.* **1 - céramique** · faïencerie · terre cuite · **2 -** [Archéo.] **vaisselle**

potin *n.m.* **1 - commérage** · dénigrement · médisance · on-dit · racontar · ragot · cancan *fam.* · débinage *fam.* · papotage *fam.* · clabaudage *littér.* · **2 - bruit** · chahut · charivari ·

tapage · tintamarre · tohu-bohu · vacarme · barouf fam. · boucan fam. · foin fam. · raffut fam. · ramdam fam.

potiner v.intr. · médire · cancaner · jaser · bavasser fam. · commérer vieilli

potion n.f. 1 - médicament · purge · remède · drogue vieilli · 2 - boisson

pot-pourri n.m. · mélange · cocktail · compilation · macédoine · mosaïque · patchwork

pou n.m. · vermine · morpion fam. · toto fam.

pouah interj. · beurk

poubelle n.f. 1 - boîte à ordures · corbeille · vide-ordures · 2 - dépotoir · déversoir

poudre n.f. 1 - fard · 2 - poussière · 3 - explosif
+ **poudre à laver**   lessive · détergent · détersif
+ **poudre aux yeux**   esbroufe · parade · bluff fam. · chiqué fam. · épate fam. · frime fam. · flafla fam., vieilli
+ **poudre fine**   fleur
+ **réduire en poudre**   pulvériser · atomiser · broyer · concasser · égruger · moudre · piler
+ **poudre de diamant**   égrisé

poudrer v.tr. 1 - saupoudrer · 2 - enfariner

poudreuse n.f. 1 - coiffeuse · 2 - [Agric.] pulvérisateur

poudreux, -euse adj. 1 - pulvérulent · 2 - [littér.] → poussiéreux

pouf n.m. · coussin

pouffer v.intr. · s'esclaffer · éclater de rire · glousser · ricaner · rire

pouilleux, -euse
■ adj. 1 - déguenillé · dépenaillé · loqueteux · miséreux · pauvre · pitoyable · 2 - misérable · sordide · minable fam. · miteux fam. · 3 - [Géog.] stérile
■ n. pauvre · clochard · loqueteux · paria · va-nu-pieds · cloche fam. · clodo fam. · traîne-misère vieilli · gueux vieux

poulailler n.m. 1 - cage · mue · poulier vieux · 2 - [au théâtre] galerie · paradis

poulain n.m. 1 - jeune cheval · yearling · 2 - protégé · favori · chouchou fam.

poule n.f. 1 - volaille · poularde · cocotte lang. enfants · géline vieux · [petite] poulette · 2 - [au jeu] enjeu · cave · mise · 3 - [fam.] → prostituée · 4 - [fam.] → maîtresse
+ **poule mouillée**   → peureux

poulet n.m. 1 - [mâle] poussin · coquelet · 2 - [Cuisine] chapon · poularde · 3 - [affectueux] poussin · poule fam. · poulette fam. · poussinet fam. · poulot fam., vieux · 4 - [fam.] → policier

poulette n.f. 1 - → poule · 2 - [affectueux] cocotte fam. · poulet fam. · poupoule fam.

poulpe n.m. · pieuvre · âne marin · polype

poupard, e
■ n.m. bébé · poupon
■ adj. poupin · frais · joufflu · potelé · rond

poupe n.f. arrière · étambot

poupée n.f. 1 - baigneur · poupon · 2 - marionnette · 3 - [appellatif, fam.] chérie · 4 - pansement · sparadrap · 5 - [fam.] → femme

poupon n.m. 1 - bébé · bambin · nourrisson · poupard vieilli · 2 - baigneur

pouponner *v.intr.* · materner · cajoler · câliner · caresser · choyer · dorloter · chouchouter *fam.*

pouponnière *n.f.* · crèche · nursery

pour *prép.* 1 - à (destination de) · en direction de · vers · 2 - destiné à · à l'usage de · 3 - envers · à l'égard de · à destination de · 4 - en faveur de · en l'honneur de · dans l'intérêt de · au profit de · 5 - en échange de · contre · moyennant · 6 - au nom de · de la part de · 7 - à la place de · en tant que · 8 - du point de vue de · aux yeux de · d'après · du côté de · quant à · selon · 9 - comme · en fait de · en guise de · 10 - en ce qui concerne · quant à · du côté de · 11 - par rapport à · eu égard à · relativement à · 12 - à cause de · en raison de · 13 - durant · pendant · 14 - afin de, que · à l'effet de · dans le but de · dans l'intention de · de manière à · en vue de · 15 - [littér.] aussi · si

✦ **pour tout, pour seul** en guise de · en manière de
✦ **être pour** [+ infinitif] être sur le point de · aller · s'apprêter à
✦ **pour que** afin que

pourboire *n.m.* · service · gratification · pièce *fam.* · pourliche *fam.*

pourceau *n.m.* 1 - porc · cochon · 2 - [littér.] → épicurien

pourcentage *n.m.* · rapport · coefficient · proportion · tantième · taux

pourchasser *v.tr.* 1 - poursuivre · être aux trousses de · talonner · courir après *fam.* · courser *fam.* · 2 - chasser · poursuivre · traquer

pourfendre *v.tr.* 1 - mettre à mal · tuer · 2 - attaquer · blâmer · condamner · critiquer · s'en prendre à · faire le procès de · stigmatiser · tirer à boulets rouges sur · fustiger *littér.*

pourlécher (se) *v.pron.* · se régaler · se lécher les babines *fam.*

pourparlers *n.m.pl.* conférence · conversation · discussion · négociations · palabres *péj.* · tractations · sommet

✦ **entrer en pourparlers** s'aboucher · traiter

pourpre
▪ *n.f.* souveraineté
▪ *adj.* pourpré · purpurin *littér.* · pourprin *vieux*

pourquoi
▪ *adv. et conj.* 1 - [interrogatif] d'où vient que · pour quel motif · pour quelle raison · dans quel but · dans quelle intention · 2 - la raison pour laquelle · pour cela · 3 - à quoi bon ?
▪ *n.m. invar.* 1 - cause · explication · mobile · motif · motivation · origine · raison · sujet · 2 - interrogation · question

✦ **c'est pourquoi** aussi · ainsi

pourri, e *adj.*
I 1 - avarié · abîmé · corrompu · décomposé · faisandé · gâté · moisi · piqué · tourné · 2 - puant · infect · dégueulasse *très fam.* ▪ [Méd.] nidoreux
II 1 - perverti · gangrené · putride · 2 - corrompu · vendu · véreux · ripou *fam.* · pourav *lang. jeunes*
III 1 - [temps, climat] humide · pluvieux · malsain · 2 - [fam.] mauvais · insupportable

✦ **pourri de** [fam.] plein de · bourré de *fam.*

CONTR. mangeable – sain – honnête – agréable

pourrir
▪ *v.intr.* 1 - s'altérer · s'avarier · chancir · se corrompre · se décomposer · se gâter · moisir · se putréfier · tomber en putréfaction · tourner · 2 - [fam.] croupir · moisir · 3 - [fam.] se détériorer · s'aggraver · dégénérer · empirer · s'envenimer · se gangrener · se gâter
▪ *v.tr.* 1 - abîmer · avarier · corrompre · détériorer · gâter · infecter · ronger · 2 - [fam., un enfant] → gâter · 3 - [fam.] pervertir · corrompre · altérer · faire dégénérer · dénaturer · détériorer · empoisonner · gâter · vicier

pourriture n.f. 1 – putréfaction · décomposition · 2 – corruption · carie · dépravation · gangrène · perversion · 3 – [injurieux] ordure · charogne fam. · fumier fam. · pourri · enfoiré très fam. · salaud très fam. · salopard très fam. · salope très fam.

poursuite n.f. 1 – continuation · prolongation · prolongement · reprise · suite · 2 – chasse · pistage · traque · 3 – recherche · quête soutenu · 4 – procès · action (en justice) · procédure

CONTR. arrêt ı cessation

poursuivant, e n. [Droit] demandeur

poursuivre v.tr.
I 1 – donner la chasse à · être aux trousses de · pourchasser · talonner · traquer · courir après fam. · courser fam. · 2 – presser · acculer · s'acharner sur · assiéger · harceler · importuner · relancer · serrer de près · être après fam. · 3 – obséder · hanter · importuner · persécuter · tourmenter · torturer · 4 – [Chasse] chasser · courir · forcer
II 1 – rechercher · ambitionner · aspirer à · briguer · chercher · désirer · prétendre à · solliciter · 2 – conduire · mener · pousser · 3 – continuer · maintenir · persévérer dans · pousser · prolonger · 4 – [sans complément] aller de l'avant · passer (son chemin) · soutenir (l'effort)
III 1 – s'attaquer à · chasser · faire la guerre à · 2 – [devant la justice] attaquer · accuser · actionner · citer en justice · traduire en justice · traîner en justice
⇒ **se poursuivre** v.pron. 1 – continuer · se maintenir · tenir · 2 – durer · se prolonger · suivre son cours

CONTR. fuir ı éviter – commencer ı inaugurer – abandonner ı arrêter ı cesser

pourtant adv. · cependant · en attendant · mais · malgré cela · néanmoins · pour autant · toutefois · nonobstant soutenu

pourtour n.m. · tour · bord · bordure · cercle · circonférence · contour · extérieur · périphérie

CONTR. centre

pourvoi n.m. · appel · recours

pourvoir v.tr. 1 – fournir · alimenter · approvisionner · armer · assortir · équiper · garnir · munir · nantir · orner · 2 – [qqn] procurer à · donner à · doter · douer · gratifier • [d'un poste] nommer à
✦ **pourvoir à**   subvenir à · assurer · faire face à · parer à
✦ **pourvoir à ses (propres) besoins**   se suffire · être indépendant
⇒ **se pourvoir** v.pron. se munir · s'approvisionner · s'armer · s'équiper · se monter · prendre

CONTR. démunir ı déposséder

pourvoyeur, -euse n. 1 – fournisseur · approvisionneur · ravitailleur · 2 – [Milit.] servant
✦ **pourvoyeur de fonds**   financeur · mécène

pourvu, e adj. 1 – fourni · achalandé · 2 – doté · doué · nanti
✦ **être pourvu de**   avoir · disposer de · posséder · être armé de · être équipé de · être muni de · être nanti de

pourvu que loc. conj. 1 – si · à condition que · à supposer que · 2 – espérons que · fasse le ciel que littér.

pousse n.f. 1 – bourgeon · jet · recru · rejet · rejeton · scion · surgeon · talle · 2 – poussée

CONTR. chute ı défeuillaison

poussé, e adj. 1 – exagéré · fort · osé · culotté fam. · fort de café fam. · 2 – soigné · approfondi · détaillé · fouillé · pointu · soigneux · chiadé fam.
✦ **poussé vers**   attiré par · incliné à, vers · porté vers

pousse-café *n.m. invar.* • digestif • rincette *fam.*

poussée *n.f.* **1** - impulsion • élan • mouvement • pression • propulsion • souffle • **2** - force • charge • pesée • poids • **3** - accès • aggravation • bouffée • crise • éruption • paroxysme • **4** - augmentation • flambée • hausse • montée • **5** - croissance • pousse

¹**pousser** *v.intr.* **1** - croître • se développer • forcir • grandir • lever • pointer • sortir • venir • **2** - [fam.] → **exagérer**
+ **faire pousser** cultiver
+ **pousser rapidement, facilement** se multiplier • pulluler • pousser comme du chiendent, de la mauvaise herbe • pousser comme des champignons

²**pousser** *v.tr.*
I 1 - bousculer • écarter • repousser • **2** - déplacer • (faire) avancer • charrier • chasser • entraîner • porter en avant • projeter • propulser • souffler • faire voler • **3** - [une porte] ouvrir • fermer • tirer
II forcer • accentuer • accroître • exacerber • exagérer
III 1 - activer • animer • attiser • aviver • **2** - aiguillonner • faire agir • animer • diriger • emporter • entraîner • éperonner • exciter • mouvoir • solliciter • stimuler • travailler • **3** - soutenir • aider • encourager • épauler • favoriser • pistonner *fam.* • donner un coup de pouce à *fam.* • **4** - harceler • presser
IV produire • émettre • exhaler • faire • jeter • lâcher • lancer • proférer
V 1 - continuer • faire durer • poursuivre • prolonger • **2** - approfondir • développer • fouiller
+ **pousser à** amener à • acculer à • astreindre à • conduire à • conseiller de • contraindre à • décider à • déterminer à • disposer à • encourager à • engager à • exciter à • exhorter à • forcer à • inciter à • incliner à • induire à • inviter à • obliger à • porter à • prédisposer à • réduire à
+ **pousser dehors** chasser • refouler • rejeter • repousser • bouter *littér.*

+ **pousser à bout** exaspérer • agacer • énerver

» **se pousser** *v.pron.* **1** - se déplacer • s'écarter • s'éloigner • s'ôter • se reculer • se retirer • **2** - se bousculer • jouer des coudes

poussière *n.f.* **1** - saleté • ordure • mouton *fam.* • **2** - [au plur.] **particules** • cendres • débris • restes • scories • [charbon] poussier • **3** - poudre
+ **réduire en poussière** → **pulvériser**

poussiéreux, -euse *adj.* **1** - sale • poudreux *littér.* • **2** - archaïque • ancien • démodé • dépassé • fossilisé • périmé • rétrograde • suranné • vétuste • vieilli • vieillot • vieux • vieux jeu • ringard *fam.*

poussif, -ive *adj.* **1** - essoufflé • époumoné • haletant • **2** - asthmatique • dyspnéique • **3** - [économie, etc.] ralenti • mal en point

poussoir *n.m.* • bouton

poutre *n.f.* **1** - madrier • **2** - poutrelle • profilé • lattis • longeron

¹**pouvoir** *v.tr.* **1** - être en état de • avoir la capacité de • avoir la force de • être capable de • être à même de • être en mesure de • être en situation de • être susceptible de • être de taille à • n'être pas en peine de *littér.* • savoir *Belgique* • **2** - **avoir la possibilité de** • avoir l'autorisation de • avoir la permission de • **3** - savoir • avoir l'art de • **4** - **risquer de** • courir le risque de

²**pouvoir** *n.m.*
I 1 - capacité • art • don • faculté • **2** - efficacité • propriété • vertu • **3** - liberté • autorisation • droit • latitude • permission • possibilité
II 1 - souveraineté • autorité • hégémonie • mainmise • maîtrise • tutelle • prépotence *vieilli* • **2** - gouvernement • État •

régime · **3 - commandement** · **4 - délégation** · commission · mandat · mission · procuration · **5 - attribution** · ressort
III **1 - influence** · ascendant · autorité · charisme · charme · crédit · domination · empire · emprise · puissance · **2 - grandeur** · omnipotence · toute-puissance

✦ **au pouvoir de** **1 - en la possession de** · à la disposition de · entre les mains de · **2 - sous la dépendance de** · sous la coupe de · sous la férule de · sous le joug de

✦ **près du pouvoir, au pouvoir** en haut lieu · dans les hautes sphères · près du soleil *plaisant*

✦ **donner pleins pouvoirs** donner carte blanche · donner un blanc-seing

pragmatique *adj.* **1 - pratique** · concret · matériel · prosaïque · terre à terre · utilitaire · **2 - efficace** · commode · ingénieux · **3 - réaliste** · constructif · matérialiste · positif · pragmatiste · **4 - empirique** · expérimental

prairie *n.f.* · pré · herbage · pacage · pâturage

praticable *adj.* **1 - réalisable** · exécutable · faisable · possible · **2 - utilisable** · accessible · carrossable · empruntable
CONTR. irréalisable – impraticable ı inaccessible

praticien, -ienne *n.* **1 - homme de l'art** · professionnel · spécialiste · technicien · **2 - médecin** · clinicien · docteur · thérapeute · toubib *fam.*

pratiquant, -e *adj.* · croyant · dévot · fervent · pieux · religieux

¹**pratique** *adj.* **1 - expérimental** · empirique · pragmatique · **2 - utilitaire** · efficace · ingénieux · pragmatique · utile · **3 - commode** · aisé · fonctionnel · maniable · **4 - concret** · matériel · positif · pragmatique · réaliste · prosaïque · terre à terre · **5 -** [Philo.] normatif

CONTR. théorique – chimérique ı inefficace ı inutile – malcommode – abstrait

²**pratique** *n.f.* **1 - action** · expérience · praxis · **2 - habitude** · exercice · apprentissage · entraînement · perfectionnement · savoir-faire · **3 - utilisation** · emploi · usage · commerce *vieux* · fréquentation *vieux* · habitude *vieux* · **4 - coutume** · habitude · mode · tradition · usage · **5 - action** · actes · application · exécution · réalisation · **6 -** [Relig.] observance · culte

✦ **avoir de la pratique** s'y connaître · avoir de l'expérience

✦ **mettre en pratique** mettre en, à exécution · mettre en œuvre

pratiqué, e *adj.* · en usage · usité

pratiquement *adv.* **1 - à peu (de choses) près** · pour ainsi dire · presque · quasi · virtuellement · quasiment *fam.* · **2 - en fait** · concrètement · dans les faits · en pratique · en réalité · matériellement · objectivement

pratiquer *v.tr.* **1 - exécuter** · accomplir · appliquer · garder · mener · observer · opérer · réaliser · **2 - exercer** · s'adonner à · cultiver · se livrer à · **3 - utiliser** · adopter · appliquer · employer · éprouver · expérimenter · manier · recourir à · suivre · user de · **4 - fréquenter** · hanter · [des personnes] côtoyer · **5 - ménager** · frayer · ouvrir · percer · tracer

CONTR. délaisser – méconnaître

pré *n.m.* prairie · herbage · pacage · pâturage
✦ **au pré** au vert

préalable
■ *adj.* préliminaire · antécédent · antérieur · précédent · préparatoire
■ *n.m.* prérequis · condition (sine qua non)
✦ **au préalable** préalablement · d'abord · auparavant · avant (toute chose) · en premier (lieu) · premièrement

CONTR. postérieur – après

préalablement *adv.* · d'abord · auparavant · au préalable · avant (toute chose) · en premier (lieu) · premièrement

préambule *n.m.* 1 - entrée en matière · 2 - avant-propos · avertissement · exorde · exposition · introduction · préface · discours préliminaire · présentation · prologue · prolégomènes *soutenu* · prodrome *vieux* · 3 - prélude · avant-goût · prémices · prodrome *littér.*
CONTR. conclusion ι péroraison

préavis *n.m.* · avertissement · annonce · avis · notification · signification

précaire *adj.* 1 - incertain · fragile · instable · 2 - passager · court · éphémère · fugace · fugitif · temporaire · 3 - [santé] délicat · chancelant · fragile · qui ne tient qu'à un fil
CONTR. assuré ι durable ι éternel ι pérenne ι permanent ι solide ι stable

précariser *v.tr.* · fragiliser
CONTR. stabiliser

précarité *n.f.* 1 - fragilité · incertitude · insécurité · instabilité · vulnérabilité · 2 - inconstance · variabilité
CONTR. pérennité ι stabilité

précaution *n.f.* 1 - disposition · garantie · mesure · 2 - prudence · attention · circonspection · délicatesse · méfiance · prévoyance · soin · vigilance · 3 - diplomatie · discrétion · ménagement · réserve
✦ **avec précaution** à pas comptés · pas à pas · précautionneusement · en marchant sur des œufs
✦ **par précaution** 1 - en prévision · 2 - par prudence
✦ **prendre des, ses précautions** se prémunir · se précautionner · veiller au grain

précautionner (se) *v.pron.* se prémunir · veiller au grain
✦ **se précautionner contre** s'armer contre · s'assurer contre · se mettre en garde contre · se prémunir contre

précautionneusement *adv.* 1 - soigneusement · attentivement · délicatement · doucement · lentement · en marchant sur des œufs · 2 - prudemment · frileusement
CONTR. imprudemment

précautionneux, -euse *adj.* 1 - circonspect · défiant · méfiant · prévoyant · prudent · réfléchi · pusillanime *péj.* · 2 - soigneux · appliqué · méticuleux · minutieux · ordonné · précis · rigoureux · scrupuleux · zélé
CONTR. étourdi ι imprudent ι irréfléchi ι malavisé ι négligent

précédemment *adv.* · antérieurement · auparavant · avant · antécédemment *littér.* · ci-devant *littér.*
CONTR. après ι postérieurement

¹**précédent, -e** *adj.* 1 - antérieur · antécédent *littér.* · 2 - passé · dernier

> **précédent, antécédent, antérieur**
> Précédent et antécédent se disent d'une chose située avant une autre dans le temps. Antécédent, réservé à un usage didactique ou littéraire, qualifie uniquement ce qui *précède* dans le temps *(une délibération antécédente, une procédure antécédente)*. On emploie précédent pour ce qui précède immédiatement quelque chose ou ce dont on parle *(le jour précédent, le candidat, le gouvernement précédent)* ; il concerne aussi ce qui précède dans l'espace : « J'écrivais la page précédente dans le train qui me ramenait à Paris » (Gide, *Journal*). Antérieur concerne ce qui est situé avant le moment présent, sans précision quant à la durée *(la situation antérieure)* :

« Tout classicisme suppose un romantisme antérieur » (Valéry, *Variété, Œuvres*). **Antérieur** s'emploie aussi avec une valeur spatiale, qualifiant ce qui est placé en avant et opposé à *postérieur (les membres antérieurs)* : « Qu'est-ce que le visage de l'homme ou des animaux ? C'est la partie antérieure de la tête » (Ponge, *le Parti pris des choses*).

²**précédent** *n.m.* antécédent · exemple · fait antérieur analogue, semblable · référence

✦ **sans précédent** inédit · extraordinaire · inouï · jamais vu · qui n'a pas eu d'exemple · unique

précéder *v.tr.* **1 -** aller devant · dépasser · devancer · ouvrir la voie à · passer devant · prendre le pas sur · **2 -** annoncer · anticiper · être le signe avant-coureur de · préluder à · préparer · venir avant

✦ **faire précéder** placer devant • [un mot] antéposer

CONTR. suivre

↝ **devancer**

précepte *n.m.* **1 -** loi · commandement · dogme · instruction · règle · prescription · principe · **2 -** aphorisme · enseignement · formule · leçon · maxime · sentence · apophtegme *soutenu*

↝ **ordre**

précepteur, -trice *n.* · éducateur · maître · pédagogue

prêche *n.m.* · sermon · discours · exhortation · harangue · homélie · prédication · prône *littér.*

prêcher *v.tr.* **1 -** conseiller · encourager à · exhorter à · préconiser · prôner · recommander · **2 -** moraliser · sermonner · **3 -** enseigner · annoncer · **4 -** évangéliser · catéchiser

prêcheur, -euse
▪ *n.* prédicateur
▪ *adj.* moralisateur · sermonneur · raseur *fam.* · harangueur *péj.*

prêchi-prêcha *n.m.* **1 -** sermon · **2 -** rabâchage · radotage

précieusement *adv.* **1 -** soigneusement · avec soin · jalousement · pieusement · **2 -** [littér.] avec raffinement · délicatement · finement

CONTR. négligemment – simplement

précieux, -ieuse *adj.* **1 -** cher · apprécié · prisé · **2 -** de prix · de valeur · inestimable · introuvable · rare · rarissime · recherché · **3 -** fin · choisi · délicat · raffiné · **4 -** appréciable · avantageux · d'un grand secours · inappréciable · irremplaçable · profitable · utile · **5 -** [péj.] affecté · apprêté · contourné · emprunté · maniéré · recherché · tarabiscoté · chichiteux *fam.* · afféré *littér.*

CONTR. commun ׀ ordinaire – inutile ׀ sans intérêt – naturel ׀ simple

préciosité *n.f.* **1 -** raffinement · recherche · subtilité · **2 -** [péj.] affectation · concetti · entortillage · manière · mièvrerie · mignardise · affèterie *littér.* · **3 -** cultisme · euphuisme · gongorisme · maniérisme · marinisme · marivaudage

CONTR. simplicité

précipice *n.m.* **1 -** gouffre · abîme • [dans la mer] abysse · **2 -** désastre · catastrophe · faillite · ruine

précipitamment *adv.* **1 -** prestement · en courant · en hâte · en vitesse · à toute allure · rapidement · vite · vivement · à la galopade *fam.* · à toute vapeur *fam.* · à toute blinde *fam.* · à toute berzingue *fam.* · dare-dare *fam.* •[monter un escalier] quatre à quatre · **2 -** [péj.] avec précipitation · brusquement · en catastrophe · à la hâte · à la sauvette · hâtivement · sans réfléchir · tête baissée · la

tête la première • bille en tête *fam.* • à la diable *fam.* • à la va-comme-je-te-pousse *fam.* • à la va-vite *fam.* • à la six-quatre-deux *vieux*
CONTR. lentement ı posément

précipitation *n.f.* **1 - hâte** • brusquerie • empressement • fougue • frénésie • impatience • impétuosité • promptitude • rapidité • vitesse • **2 - irréflexion** • **3 - précipité**
✦ **avec précipitation** précipitamment • brusquement • en catastrophe • à la hâte • à la sauvette • hâtivement • sans réfléchir • tête baissée • la tête la première • à la diable *fam.* • à la va-comme-je-te-pousse *fam.* • à la va-vite *fam.* • à la six-quatre-deux *vieux*
»» **précipitations** *plur.* averses • pluie • neige • grêle
CONTR. lenteur – réflexion – lentement ı posément

¹**précipité, e** *adj.* **1 - rapide** • haletant • pressé • **2 - hâtif** • bâclé

²**précipité** *n.m.* • dépôt • précipitation

précipiter *v.tr.* **1 - jeter** • envoyer • lancer • pousser • **2 - accélérer** • activer • forcer • hâter • presser • **3 - mener rondement** • trousser *vieilli* • **4 - avancer** • brusquer • **5 - anéantir** • ruiner
✦ **précipiter les choses** aller plus vite que la musique, que les violons
»» **se précipiter** *v.pron.* **1 - sauter** • se jeter • plonger • tomber • **2 - accourir** • courir • s'élancer • se jeter • se lancer • se ruer • foncer *fam.* • **3 - s'empresser** • se dépêcher • se hâter • se presser • **4 - s'accélérer** • se bousculer • se brusquer • s'emballer
✦ **se précipiter sur** assaillir • s'abattre sur • bondir sur • fondre sur • sauter sur • se ruer sur
CONTR. retenir – différer ı ralentir ı retarder – attendre

¹**précis, -e** *adj.* **1 - clair** • certain • défini • déterminé • distinct • limpide • manifeste • marqué • net • **2 - méticuleux** • minutieux •

soigneux • **3 - exact** • correct • fidèle • juste • littéral • mathématique • parfait • rigoureux • strict • textuel • carré *fam.* • **4 -** [heure] **juste** • sonnant • pétant *fam.* • pile *fam.* • tapant *fam.* • **5 - détaillé** • catégorique • circonstancié • développé • explicite • exprès • formel • **6 - assuré** • ferme • sûr • **7 - concis** • condensé • dense • dépouillé • laconique • lapidaire • serré • simple • sobre • succinct • **8 -** [cas] **particulier** • isolé • ponctuel • spécifique • singulier • unique
CONTR. flou ı imprécis ı vague – approximatif – diffus ı prolixe ı verbeux

²**précis** *n.m.* **1 - abrégé** • aide-mémoire • condensé • mémento • résumé • digest *anglic.* • **2 - manuel** • livre

précisément *adv.* **1 - au juste** • exactement • vraiment • **2 - rigoureusement** • consciencieusement • fidèlement • méticuleusement • minutieusement • religieusement • scrupuleusement • soigneusement • **3 - clairement** • distinctement • expressément • formellement • nettement • **4 - à proprement parler** • stricto sensu • textuellement • **5 - particulièrement** • vraiment • terriblement *fam.* • **6 - oui** • exactement • justement
CONTR. approximativement ı confusément ı vaguement – ambigument – non

préciser *v.tr.* **1 - définir** • désigner • déterminer • énoncer • établir • fixer • **2 - indiquer** • dire • mentionner • relever • signaler • souligner • spécifier • stipuler • **3 - développer** • clarifier • donner corps à • détailler • dévoiler • expliciter • expliquer • exposer • exprimer • particulariser
»» **se préciser** *v.pron.* **1 - se dessiner** • apparaître (plus) clairement • se faire jour • prendre corps • prendre forme • prendre tournure • se matérialiser • **2 - se caractériser** • **3 - se confirmer** • se rapprocher
CONTR. effleurer – s'éloigner

précision *n.f.* **1 - exactitude** • fidélité • justesse • rigueur • sûreté • **2 - clarté** • netteté •

3 - adresse · dextérité · doigté · sûreté ·
4 - détail · développement · explication ·
information

CONTR. imprécision ı incertitude ı vague – ambiguïté –
approximation – généralité

précoce *adj.* **1** - prématuré · anticipé · **2** -
[végétaux] hâtif · primeur · **3** - [enfant] avancé
(pour son âge) · prodige · surdoué

CONTR. tardif – arriéré ı attardé ı retardé

préconçu, e *adj.* · préétabli · a priori ·
tout fait

préconiser *v.tr.* recommander ·
conseiller · indiquer · prêcher *souvent péj.* · prôner · vanter

✦ **préconiser de** inciter à · engager à ·
exhorter à · suggérer de

CONTR. déconseiller ı dénigrer ı interdire

précurseur
■ *n.m.* **1** - ancêtre · devancier · **2** - initiateur · novateur

■ *adj. m.* **1** - annonciateur · avant-coureur ·
2 - [Méd.] prodromique

prédécesseur *n.m.* · devancier · aîné ·
ancêtre

CONTR. successeur

prédestination *n.f.* **1** - détermination ·
prédétermination · **2** - vocation

prédestiner *v.tr.* · appeler · destiner ·
déterminer · vouer

prédéterminé, e *adj.* **1** - inévitable ·
nécessaire · **2** - préréglé

prédicant *n.m.* **1** - prêtre · **2** -
moralisateur · sermonneur

prédicat *n.m.* [Ling.] rhème

prédicateur *n.m.* **1** - prêcheur · orateur
(sacré, de la chaire) · **2** - apôtre

prédicatif, -ive *adj.* **1** - [Ling.]
attributif · **2** - [Épistém.] apodictique · catégorique

¹**prédication** *n.f.* · sermon · homélie ·
prêche · prône *littér.*

²**prédication** *n.f.* [Logique] attribution

prédiction *n.f.* **1** - prévision · conjecture · pronostic · **2** - prophétie · annonce ·
augure · oracle · **3** - divination ·
vaticination *littér.*

🕮 **prédiction, prophétie**
Prédiction et prophétie désignent des
paroles ou des écrits par lesquels est
annoncé un événement futur. Quand
elles concernent la vie d'un individu,
l'évolution de la société, c'est-à-dire
l'annonce de faits dont la probabilité
est faible, la **prédiction** et la **prophétie**
prétendent s'opérer par voyance ou
inspiration surnaturelle *(une prédiction/une prophétie par le marc de café,
les prédictions/les prophéties d'une
cartomancienne)*. Cependant, **prédiction** s'emploie aussi lorsque l'annonce
est fondée sur le calcul et le raisonnement *(la prédiction des éclipses)*
alors que la **prophétie**, pratiquée également dans le domaine religieux par
un *prophète*, est toujours indépendante de la raison *(le sens caché des
prophéties, une prophétie obscure)*.

prédilection *n.f.* goût · affection · appétence · attirance · attrait · faible · faiblesse ·
inclination · penchant · préférence · tendresse

✦ **de prédilection** favori · fétiche · préféré

CONTR. antipathie ı aversion

🕮 préférence

prédire *v.tr.* **1** - prévoir · annoncer ·
augurer · conjecturer · deviner · présager ·
pronostiquer · prophétiser · **2** - [sans
complément] dire l'avenir · dévoiler l'avenir ·
dire la bonne aventure · lire l'avenir dans les
lignes de la main · tirer les cartes ·
vaticiner *littér.*

prédisposé, e *adj.*
✦ **prédisposé à** enclin à · doué pour · porté à

prédisposer *v.tr.* · incliner · amener · appeler · inciter · influencer · porter · pousser · préparer

prédisposition *n.f.* 1 – disposition · aptitude · don · facilité · talent · 2 – penchant · goût · inclination · propension · tendance

prédominance *n.f.* · primauté · domination · hégémonie · prééminence · prépondérance · règne · supériorité · suprématie · leadership *anglic.*

prédominant, -e *adj.* · principal · dominant · majeur · premier · prépondérant · primordial
CONTR. négligeable ı secondaire

prédominer *v.intr.* · dominer · l'emporter · prévaloir · primer · régner · triompher · [en nombre] être majoritaire

prééminence *n.f.* · primauté · autorité · domination · excellence · pouvoir · prédominance · prépondérance · supériorité · suprématie · leadership *anglic.*
CONTR. infériorité

prééminent, e *adj.* · prédominant · dominant · majeur · premier · prépondérant · primordial · supérieur
CONTR. inférieur

préétabli, e *adj.* · prédéterminé · préconçu

préexistant, e *adj.* · antérieur · antécédent · préalable

préexistence *n.f.* · antériorité
CONTR. postériorité

préexister *v.intr.*
✦ **préexister à** être antérieur à · venir, être venu avant · précéder

préface *n.f.* · avant-propos · avertissement · avis (au lecteur) · introduction · notice · préambule · présentation · prolégomènes · prologue
CONTR. conclusion

préfecture *n.f.* · chef-lieu

préférable *adj.* · meilleur · mieux · plus souhaitable

préférablement à *loc.prép.* · de préférence à · au lieu de · avant · plutôt que · préférentiellement à

préféré, e
■ *adj.* 1 – de prédilection · bien-aimé · favori · fétiche · 2 – attitré
■ *n.* protégé · favori · chouchou *fam.*

préférence *n.f.* 1 – prédilection · attirance · faible · faiblesse · faveur · goût · penchant · 2 – choix · option · 3 – favoritisme · partialité
✦ **de préférence (à)** plutôt (que) · au lieu de · avant · préférablement (à) · préférentiellement (à)
✦ **donner la préférence à** 1 – se décider pour · choisir · élire · opter pour · 2 – favoriser

🕮 **préférence, prédilection**
Préférence et prédilection désignent le sentiment par lequel on place une personne, ou une chose, au-dessus d'une autre. Préférence est le terme le plus usuel *(chacun a ses préférences, donner la préférence à quelqu'un, je n'ai pas de préférence ; je marche tous les jours, de préférence le matin)*. Prédilection permet d'insister sur le caractère exclusif de sa préférence

(avoir une prédilection pour la mousse au chocolat ; c'est un de mes auteurs de prédilection).

préférentiellement à *loc.prép.* • de préférence à • au lieu de • avant • plutôt que • préférablement à

préférer *v.tr.* **1 - aimer le plus** • estimer le plus • chérir • distinguer ... parmi • **2 - aimer mieux** • avoir une préférence pour • incliner vers • pencher pour • **3 - adopter** • choisir • élire • opter pour • **4 - aimer** • se plaire à

préfigurer *v.tr.* • annoncer • être le signe avant-coureur de • préluder • présager

préhistorique *adj.* • antédiluvien • anachronique • ancien • démodé • suranné

préjudice *n.m.* **1 - dommage** • lésion • mal • **2 - atteinte** • détriment • tort • dam *vieux* • **3 - persécution**
✦ **au préjudice de** au désavantage de • au détriment de • contre • en défaveur de
✦ **porter préjudice à 1 - léser** • désavantager • défavoriser • desservir • frustrer • nuire à • faire du tort à • porter atteinte à • **2 - compromettre** • déconsidérer • discréditer • nuire à (la réputation de) • perdre • couler *fam.* • griller *fam.*
✦ **sans préjudice de** réserve faite de • sauf
CONTR. avantage ⁞ bénéfice ⁞ bien ⁞ aide ⁞ assistance ⁞ bienfait

préjudiciable *adj.* • dangereux • délétère • dommageable • malheureux • néfaste • nocif • nuisible • attentatoire *littér.*
CONTR. salutaire

préjugé *n.m.* • jugement préconçu • (idée) a priori • croyance • idée reçue • idée toute faite • idée préconçue • parti pris • préconception • présomption • prévention

prélasser (se) *v.pron.* • se reposer • se détendre • fainéanter • se laisser aller • paresser • se relaxer • buller *fam.* • coincer la bulle *fam.* • flemmarder *fam.* • lézarder *fam.* • avoir, rester les doigts de pied en éventail *fam.*

prélat *n.m.* **1 - dignitaire ecclésiastique** • pontife • **2 - monseigneur** • monsignor

prélèvement *n.m.* **1 - retenue** • [Droit] distraction • **2 - prise** • ponction • [Méd.] ponction • prise de sang

prélever *v.tr.* **1 - enlever** • extraire • lever • prendre • **2 - retenir** • ôter • retirer • retrancher

préliminaire
■ *adj.* **préalable** • introductif • liminaire • préparatoire
✦ **discours préliminaire** introduction • avant-propos • entrée en matière • exorde • préambule • préface • prélude • prologue
» **préliminaires** *plur.* **1 - préambule** • commencement • entrée en matière • prélude • **2 -** [amoureux] **caresses**
CONTR. conclusion

   🕮 **préliminaires, prélude**
Préliminaires et prélude ont en commun l'idée de début. Les **préliminaires** précèdent et préparent un événement, un acte plus important *(perdre son temps en préliminaires)* : « Les préliminaires terminés, Gilliatt se trouva face à face avec la difficulté » (Hugo, *les Travailleurs de la mer*, II, II, I). Le **prélude** constitue l'annonce ou le début d'une œuvre, d'un déroulement d'événements *(en prélude à des négociations)* : « Une clameur géante sortait des choses comme un prélude d'apocalypse jetant l'effroi des fins du monde » (Pierre Loti, *Pêcheurs d'Islande*, II, I).

prélude *n.m.* **1 - annonce** • avant-goût • présage • promesse • signe (avant-coureur) • **2 - introduction** • commencement • début • ouverture • préambule • préliminaire • prologue
» **préliminaire**

préluder à *v.tr.ind.* • préparer • annoncer • débuter • entamer • inaugurer • introduire
CONTR. conclure

prématuré, e *adj.* **1 - en avance** · avancé · (né) avant terme · hâtif · précoce · **2 - anticipé**
✦ **il est prématuré de** il est trop tôt pour · il n'est pas encore temps de
CONTR. à terme – tardif

prématurément *adv.* · avant l'heure · avant le temps · précocement · trop tôt

prémédité, e *adj.* · intentionnel · calculé · concerté · décidé · délibéré · mûri · pensé · préparé · prévu · réfléchi · résolu · volontaire · voulu
CONTR. involontaire ı irréfléchi ı spontané

préméditer *v.tr.* **1 -** projeter · **2 -** préparer · calculer · combiner · mûrir · tramer · machiner *fam.* · manigancer *fam.* · mijoter *fam.* · ourdir *littér.*

prémices *n.f.pl.* **1 -** amorce · annonce · commencement · début · embryon · **2 -** avant-goût · primeur

¹**premier, -ière** *adj.*
I **1 -** initial · originaire · original · originel · **2 -** primitif · brut · élémentaire · primaire · **3 -** antérieur · ancien · **4 -** liminaire · de tête · préalable
II **1 -** dominant · en tête · prédominant · prééminent · prépondérant · **2 - supérieur** · remarquable · **3 -** capital · essentiel · fondamental · primordial · principal · **4 - vital** · indispensable · nécessaire
✦ **premier âge** bas âge · petite enfance · prime enfance
✦ **première édition** édition originale · (édition) princeps

🙣   premier, primitif, initial

Premier, primitif et initial concernent ce qui est au commencement de quelque chose. En parlant de plusieurs éléments, **premier** s'applique à celui qui est le plus ancien ou l'un des plus anciens (*le premier jour de la semaine,* la première enfance, les premières impressions, les arts premiers*).* **Primitif** qualifie ce qui est la source, l'origine d'une chose de même nature que celle dont on parle maintenant *(la couleur primitive d'un vêtement, le projet primitif a été abandonné).* **Initial** se dit de ce qui est placé au début de quelque chose *(la lettre initiale d'un mot)* et caractérise le commencement d'un processus *(la vitesse initiale, le choc initial, le choix initial).*

²**premier, -ière** *n.* **1 - auteur** · initiateur · introducteur · inventeur · pionnier · promoteur · **2 - premier-né** · aîné · **3 - leader** · cacique · gagnant · maître · meilleur · vainqueur • [d'une promotion] major
✦ **en premier 1 - dès le, au commencement** · au départ · auparavant · d'abord · dès le, au début · dès le premier instant · **2 - au préalable** · avant tout · avant toute chose · en priorité · préalablement · pour commencer · premièrement · primo *fam.*

premièrement *adv.* · (tout) d'abord · au préalable · avant tout · avant toute chose · en premier (lieu) · primo *fam.*
CONTR. ensuite

prémisse *n.f.* · hypothèse · postulat · principe · supposition
CONTR. conclusion ı conséquence

prémonition *n.f.* · intuition · prescience · pressentiment · soupçon

prémonitoire *adj.* **1 - annonciateur** · avant-coureur · **2 - prophétique**

prémunir *v.tr.* armer · abriter · assurer · défendre · garder · immuniser · préserver · protéger · vacciner
⋙ **se prémunir** *v.pron.*
✦ **se prémunir de, contre** se garantir de, contre · se munir contre · prévenir · se protéger de, contre · se précautionner contre *littér. ou vieilli*

prenant, e *adj.* **1 - captivant** · envoûtant · fascinant · haletant · intéressant · palpitant · passionnant · **2 - absorbant** · accaparant · exigeant · occupant · **3 - séduisant** · attirant · attrayant

¹prendre *v.intr.* **1 - épaissir** · durcir · se figer · geler · se solidifier · **2 - marcher** · s'implanter · réussir · **3 - raciner** · reprendre

⋙ **se prendre** *v.pron.* se figer · caillebotter · cailler · coaguler · geler

²prendre *v.tr.*
I 1 - (se) saisir (de) · agripper · arracher · attraper · s'emparer de · empoigner · happer · ramasser · tirer · **2 - obtenir** · accaparer · s'approprier · s'attribuer • [au jeu] souffler • [par la force] confisquer · conquérir · enlever · envahir · forcer · occuper · **3 - trouver** · dénicher · dégoter *fam.* · pêcher *fam.* · **4 - emmener** · chercher · enlever · **5 - voler** · déposséder de · dépouiller de · dérober · faire main basse sur · piller · subtiliser · barboter *fam.* · carotter *fam.* · chiper *fam.* · chouraver *fam.* · faucher *fam.* · piquer *fam.* · rafler *fam.* · soustraire *littér.* · ravir *littér.* · **6 - appréhender** · arrêter · attraper · capturer · mettre la main au collet de · agrafer *fam.* · alpaguer *fam.* · choper *fam.* · coincer *fam.* · cravater *fam.* · cueillir *fam.* · embarquer *fam.* · épingler *fam.* · harponner *fam.* · pincer *fam.* · piquer *fam.* · poisser *fam.* · ramasser *fam.* • [un poisson] pêcher · **7 - surprendre** · attraper · pincer *fam.* · piquer *fam.* · prendre la main dans le sac *fam.* · **8 - acquérir** · gagner · grappiller · **9 - demander** · absorber · coûter · dévorer · exiger · nécessiter · occuper · réclamer · **10 - consommer** · absorber · avaler · boire · manger · toucher à · ingérer *soutenu* · **11 - acheter** · se procurer
II 1 - utiliser · se munir de · se pourvoir de · employer · user • [un vêtement, un accessoire] emporter · enfiler · mettre · **2 - choisir** · adopter · embrasser · épouser · **3 - s'adjoindre** · s'attacher · embaucher · engager · **4 - affecter** · adopter · se donner · **5 - contracter** · **6 - s'engager dans** · entrer dans · emprunter · suivre • [un virage] aborder · **7 -** [un véhicule] **monter dans** · embarquer dans · emprunter · **8 -** [fam.] → **subir**
III 1 - accueillir · recueillir · **2 - considérer** · aborder · envisager · **3 - interpréter** · entendre
IV 1 - amadouer · entortiller · persuader · séduire · **2 -** [une femme] **faire l'amour à** · avoir un rapport (sexuel) avec · connaître *Bible ou plaisant* · posséder · baiser *très fam.* · coucher avec *fam.* · s'envoyer *très fam.* · niquer *très fam.*

✦ **prendre dans** extraire de · extirper de · se servir dans · tirer de · taper dans *fam.*

✦ **prendre pour** **1 - regarder comme** · considérer comme · tenir pour · **2 - confondre avec**

✦ **prendre sur** déduire de · décompter de · défalquer de · enlever de · ôter de · prélever sur · retenir sur · retirer de · retrancher de · soustraire de

✦ **prendre sur soi** **1 - se dominer** · se maîtriser · **2 - assumer** · se charger de · couvrir · endosser · supporter

✦ **prendre sur soi de** s'efforcer de · faire en sorte de

✦ **faire prendre** administrer

✦ **se faire prendre** **1 - être dupé** · se faire abuser · se faire attraper · se faire berner · se faire mystifier · se faire piéger · se faire tromper · se faire avoir *fam.* · se faire embobiner *fam.* · tomber dans le panneau *fam.* · **2 - se faire escroquer** · se faire estamper *fam.* · se faire gruger *fam.* · se faire pigeonner *fam.* · se faire rouler *fam.* · se faire baiser *très fam.* · se faire couillonner *très fam.* · se faire entuber *très fam.* · **3 - se faire appréhender** · se faire attraper · se faire arrêter · se faire capturer · se faire mettre la main au collet · se faire choper *fam.* · se faire coincer *fam.* · se faire cravater *fam.* · se faire épingler *fam.* · se faire pincer *fam.* · se faire piquer *fam.* · se faire ramasser *fam.* · tomber *fam.*

⋙ **se prendre** *v.pron.*

✦ **se prendre à** [+ infinitif] commencer à · se mettre à

✦ **s'en prendre à** 1 - incriminer · accuser · attaquer · blâmer · mettre en cause · suspecter · 2 - **agresser** · (s')attaquer (à) · prendre à partie
✦ **se prendre de** éprouver · concevoir
✦ **s'y prendre** agir · faire · procéder
✦ **se prendre pour** se croire · se considérer · s'imaginer être

preneur, -euse *n.* 1 - **acheteur** · acquéreur · 2 - **locataire** · fermier

prénom *n.m.* · nom de baptême · petit nom *fam.*

prénommer *v.tr.* · appeler · baptiser · nommer

préoccupant, e *adj.* · inquiétant · alarmant · critique · ennuyeux · grave · sérieux · flippant *fam.*

préoccupation *n.f.* 1 - **souci** · angoisse · ennui · inquiétude · tracas · tourment *littér.* · 2 - **pensée** · sollicitude · 3 - **obsession** · idée fixe

préoccupé, e *adj.* 1 - **soucieux** · anxieux · inquiet · tendu · tracassé · chiffonné *fam.* · turlupiné *fam.* · 2 - **pensif** · absorbé · songeur
✦ **préoccupé de** attentif à · soucieux de
CONTR. indifférent à ı insouciant de

préoccuper *v.tr.* **absorber** · agiter · ennuyer · obséder · tourmenter · tracasser · chiffonner *fam.* · travailler *fam.* · trotter dans la tête de *fam.* · turlupiner *fam.*
≫ **se préoccuper** *v.pron.*
✦ **se préoccuper de** 1 - **s'intéresser à** · s'occuper de · penser à · songer à · 2 - **s'inquiéter de** · se soucier de
✦ **ne pas se préoccuper de** laisser de côté · oublier · ne pas prendre en considération, en compte · ne pas s'embarrasser de
CONTR. indifférer – se désintéresser ı se moquer

préparateur, -trice *n.* 1 - **laborantin** · 2 - **appariteur** *vieux*

préparatifs *n.m.pl.* · organisation · mise au point · mise en route, en train · préparation · apprêts *vieilli*

préparation *n.f.* 1 - **élaboration** · conception · étude · gestation · mise au point · organisation · préparatifs · 2 - [Cuisine] **apprêt** · confection · cuisson · 3 - **introduction** · apprentissage · éducation · entraînement · étude · exercice · formation · instruction · stage · 4 - **échauffement** · 5 - **composition** · concoction · mélange · [pharmaceutique] remède
✦ **en préparation** dans l'air · dans les tuyaux *fam.*
✦ **sans préparation** 1 - **impromptu** · improvisé · 2 - **abruptement** · au pied levé
CONTR. accomplissement

préparatoire *adj.* · préalable · exploratoire · préliminaire

préparé, e *adj.* · prêt · accommodé · fait

préparer *v.tr.*
I 1 - **apprêter** · aménager · arranger · disposer · dresser · mettre · 2 - **composer** · fabriquer · façonner · 3 - **cuisiner** · accommoder · apprêter · cuire · mijoter · mitonner · parer · 4 - **aplanir** · déblayer · défricher · faciliter · frayer · ouvrir
II 1 - **travailler à** · concevoir · ébaucher · élaborer · étudier · organiser · prévoir · projeter · 2 - **étudier pour** · bosser *fam.* · potasser *fam.*
III 1 - **méditer** · couver · mûrir · nourrir · préméditer · 2 - **tramer** · arranger · concerter · dresser · échafauder · former · monter · combiner *fam.* · goupiller *fam.* · machiner *fam.* · manigancer *fam.* · mijoter *fam.* · ourdir *littér.*
IV 1 - **destiner** · réserver · 2 - **annoncer** · (laisser) présager · laisser pressentir · 3 - **produire** · amener · entraîner · faciliter · faire le lit de · provoquer
V **former** · instruire · prédisposer

se préparer *v.pron.* **1 -** s'apprêter · faire sa toilette · s'habiller · se parer · se vêtir · **2 - être** imminent · couver · menacer · s'annoncer
✦ **se préparer à** se disposer à · s'apprêter à · se mettre en demeure de *soutenu*
✦ **se préparer pour** s'entraîner pour · s'exercer pour

CONTR. accomplir ı réaliser

prépondérance *n.f.* · domination · avantage · emprise · hégémonie · prédominance · prééminence · primauté · supériorité · suprématie · leadership *anglic.*

prépondérant, e *adj.* · dominant · essentiel · hégémonique · prédominant · prééminent · premier · primordial · principal

préposé, e *n.* **1 -** employé · agent · commis · **2 -** [au courrier] facteur · porteur

préposer *v.tr.* · charger de · affecter à · employer à · mettre à (la tête de) · nommer à · commettre à *littér.*

prérogative *n.f.* **1 - privilège** · apanage · attribut · avantage · droit · faveur · honneur · préséance · **2 -** [sortes] **exclusivité** · monopole · passe-droit · **3 -** [au plur.] **compétences** · attributions · possibilités · pouvoirs
⇝ privilège

près *adv. et prép.* **à une petite distance** · à côté · à deux, à quatre pas · à proximité · au coin de la rue · dans le voisinage · dans un lieu proche, voisin · la porte à côté *fam.*
✦ **près de** **1 - auprès de** · **2 - proche de** · à proximité de · voisin de · à côté de · au bord de · contre · lez *(Toponymie)* · **3 - approximativement** · à peu (de chose) près · autour de · environ · grossièrement · pas loin de · plus ou moins · pratiquement · presque · quasiment · dans les *fam.* · en gros *fam.* · grosso modo *fam.* · quasi *vieux* · **4 - à quelques jours de** · à la veille de · **5 -** [suivi de l'infinitif] **sur le point de** · prêt à

✦ **tout près (de)** à côté (de) · pas loin (de) · proche (de) · presque · à deux doigts de · à deux pas (de) · la porte à côté · sous le nez de · sur les talons de
✦ **de près** **1 - attentivement** · avec attention · avec soin · avec vigilance · soigneusement · **2 - à ras** · **3 - à bout portant**
✦ **passer près de** friser · côtoyer · coudoyer · frôler · raser
✦ **à peu (de chose) près** **1 - approximativement** · autour de · environ · grossièrement · pas loin de · plus ou moins · pratiquement · presque · quasiment *fam.* · à la louche *fam.* · à un cheveu, poil près *fam.* · à vue de nez *fam.* · dans les *fam.* · en gros *fam.* · grosso modo *fam.* · quasi *vieux* · **2 - assez** · comme qui dirait *fam.*
✦ **à cela près que** excepté que · sauf que

CONTR. loin

présage *n.m.* · annonce · avant-goût · avertissement · marque · menace · préfiguration · prélude · signe (avant-coureur) · symptôme · augure *littér.* · auspice *littér.*

présager *v.tr.* **1 - annoncer** · augurer · indiquer · laisser pressentir · préparer · promettre · **2 - prévoir** · conjecturer · prédire · présumer · promettre · pronostiquer

presbyte *n. et adj.* · hypermétrope

CONTR. myope

presbytère *n.m.* · cure · maison curiale

prescience *n.f.* **1 - pressentiment** · intuition · prémonition · **2 - clairvoyance** · anticipation · flair *fam.*

prescription *n.f.*
I **1 - commandement** · devoir · disposition · exigence · impératif · injonction · loi · obligation · précepte · principe · règle · **2 - indication** · clause · consigne · directive · instruction · (mot d') ordre · **3 -** [médicale] **ordonnance**

II [Droit] **invalidation** · annulation · caducité · extinction · invalidité · nullité · péremption · suppression
CONTR. interdiction

prescrire v.tr.
I **1 - commander** · demander · exiger · réclamer · requérir · vouloir · **2 - recommander** · conseiller · inciter à · **3 - dicter** · arrêter · disposer · édicter · fixer · imposer · indiquer · stipuler
II [Droit] **abolir** · annuler · éteindre · rendre caduc · résilier · supprimer
CONTR. interdire ı proscrire – observer ı subir – déconseiller

prescrit, e adj.
1 - imposé · requis · **2 - fixé** · recommandé · voulu · **3 -** [Droit] **nul** · éteint

préséance n.f.
prérogative
✦ **avoir la préséance sur** avoir le pas sur · l'emporter sur

présence n.f.
I **1 - existence** · **2 - compagnie** · vue · **3 - assistance** · assiduité · fréquentation
II **1 - personnalité** · caractère · tempérament · **2 - influence** · autorité · rayonnement · rôle
✦ **présence d'esprit** à-propos · pertinence · réactivité
✦ **en présence de** devant · au vu et au su de · à la vue de · devant, sous les yeux de
✦ **mettre en présence** confronter · mettre face à face
CONTR. absence – carence ı faute ı manque

¹présent, e adj.
1 - actuel · contemporain · de notre temps · moderne · **2 - frais** · immédiat · **3 - en vigueur**
CONTR. passé – obsolète

²présent n.m.
1 - actualité · modernité · **2 - instant** · immédiat
✦ **à présent** maintenant · actuellement · aujourd'hui · de nos jours · en ce moment · pour l'instant · pour le moment · présentement littér. ou Québec

✦ **jusqu'à présent** jusqu'ici · jusqu'à maintenant
↝ maintenant

³présent, e n.
· témoin · assistant · spectateur

⁴présent n.m.
1 - cadeau · don · étrenne · offrande · **2 - bienfait** · bien · cadeau · don · faveur

présentable adj.
1 - convenable · acceptable · correct · montrable · passable · potable fam. · **2 -** [personne] **sortable** fam.

présentateur, -trice n.
1 - animateur · annonceur · commentateur · **2 - démonstrateur**

présentation n.f.
1 - exposition · exhibition · production · représentation · **2 - introduction** · avant-propos · discours préliminaire · préambule · préface · **3 - exposé** · descriptif · développement · **4 - apparence** · allure · forme · maintien · tenue

présentement adv.
· actuellement · à présent · aujourd'hui · de nos jours · en ce moment · maintenant · pour le moment · pour l'instant · pour l'heure
↝ maintenant

présenter v.tr.
I **1 - faire voir** · exhiber · exposer · montrer · produire · **2 - fournir** · aligner · **3 - proposer** · donner · offrir · servir · **4 - faire faire la connaissance de** · introduire · **5 - tourner** · diriger · exposer · offrir · tendre
II **1 - exprimer** · amener · développer · exposer · formuler · soumettre · **2 - animer** · mettre en valeur
III **1 - comporter** · avoir · offrir · **2 - dessiner** · former

⇝ **se présenter** v.pron. **1 - se montrer** · se faire connaître · paraître · **2 - décliner son**

identité • **3 -** [devant un tribunal] **comparaître** • **4 - se porter candidat** • postuler • se proposer • **5 - se produire** • arriver • s'offrir • passer • surgir • survenir • tomber (sous la dent, sous les yeux) • se voir • venir • advenir *littér.*
✦ **se présenter comme** s'ériger en • s'autoproclamer
✦ **se présenter à l'esprit** traverser l'esprit
↠ **donner**

présentoir *n.m.* • support • gondole

préservatif *n.m.* [masculin] condom *vieux ou didact.* • capote (anglaise) *fam.* • [féminin] diaphragme • pessaire *anciennt*

préservation *n.f.* • protection • conservation • continuité • défense • garantie • garde • maintien • sauvegarde

préserver *v.tr.* **1 -** assurer • abriter • défendre • garantir • mettre à l'abri • prémunir • protéger • sauver • garer *fam.* • **2 -** conserver • garder • sauvegarder
✦ **préserver (qqn) de** épargner à ... de • exempter de • soustraire à
✦ **préserver l'essentiel** sauver les meubles *fam.*
↠ **se préserver** *v.pron.* se protéger
✦ **se préserver de** **1 -** éviter • se garder de • **2 -** parer à

CONTR. abandonner ׀ exposer ׀ livrer – supprimer
↠ **garantir**

présidence *n.f.* • direction • leadership *anglic.*

président, e *n.* **1 -** chef de l'État • [en France] locataire de l'Élysée • **2 -** P.-D. G. • chef • directeur • [d'université] doyen

présider *v.tr.* **1 -** siéger • animer • diriger • **2 -** régner sur • régler • avoir la haute main sur

présomption *n.f.* **1 -** conjecture • hypothèse • pressentiment • supposition • **2 -** indice • charge • soupçon • suspicion • **3 -** vanité • arrogance • audace • fatuité • fierté • hauteur • orgueil (démesuré) • prétention • suffisance • superbe • infatuation *littér.* • outrecuidance *littér.*

CONTR. certitude – humilité ׀ modestie
↠ **orgueil**

᷾   **présomption, conjecture**

On parle de **présomption** ou de **conjecture** à propos de ce qui est mal établi. Il y a **présomption** lorsqu'une opinion se construit à partir de signes de vraisemblance, d'apparences *(de fortes présomptions pèsent sur lui, n'avoir que des présomptions).* **Présomption** s'emploie en droit avec cette valeur *(bénéficier d'une présomption d'innocence, un acte public jouit d'une présomption d'authenticité, la présomption de paternité).* Pour la **conjecture**, il s'agit d'une idée non vérifiée, fondée seulement sur une probabilité *(en être réduit aux conjectures, se perdre en conjectures, une conjecture fantaisiste, incertaine, peu fondée).*

présomptueux, -euse *adj.* **1 -** prétentieux • ambitieux • arrogant • avantageux • content de soi • fanfaron • fat • fier • orgueilleux • suffisant • vaniteux • vantard • infatué *littér.* • outrecuidant *littér.* • vain *littér.* • faraud *vieilli* • **2 -** audacieux • hardi • imprudent • irréfléchi • osé • téméraire

CONTR. humble ׀ modeste – prudent ׀ réfléchi

presque *adv.* à peu (de chose) près • approximativement • environ • pas loin de • pour ainsi dire • près de • grosso modo *fam.* • quasiment *fam.* • quasi *vieux*
✦ **presque pas** très peu • à peine • pratiquement pas
✦ **ou presque** peu s'en faut • à peu de chose près

CONTR. absolument ׀ complètement ׀ tout à fait

pressant, e *adj.* **1 - urgent** · ardent · impérieux · pressé · **2 - appuyé** · autoritaire · impératif · insistant · instant *littér.* · **3 - suppliant** · insistant · **4 - chaleureux** · chaud ↪ urgent

presse *n.f.*
I **1 -** journalistes · **2 -** journaux
II [littér.] **1 - foule** · affluence · cohue · **2 - hâte** · affairement · précipitation · bourre *fam.*
III **1 -** rotative · **2 -** laminoir · pressoir
✦ **sous presse** à l'impression
✦ **avoir bonne, mauvaise presse** avoir bonne, mauvaise réputation · avoir bonne, mauvaise renommée

pressé, e *adj.*
I **1 - urgent** · pressant · **2 - hâtif** · précipité · rapide · **3 - empressé** · impatient · **4 - en retard** · à la bourre *fam.*
II **comprimé** · compact · serré
✦ **être très pressé** avoir le feu au derrière, aux fesses, aux trousses *fam.*

presse-citron *n.m. invar.* · presse-agrumes

pressentiment *n.m.* · prémonition · avertissement · impression · intuition · présage · prescience · sentiment · signe

pressentir *v.tr.* **1 - prévoir** · anticiper · s'attendre à · augurer · deviner · entrevoir · présager · **2 - déceler** · détecter · se douter de · flairer · pénétrer · percer · percevoir · sentir · soupçonner · subodorer · renifler *fam.* · **3 - sonder** · tâter

presser
▪ *v.tr.* **1 - appuyer** · comprimer · peser · serrer · tasser · **2 - écraser** · broyer · exprimer · fouler · pressurer · **3 - tordre** · essorer · **4 - entasser** · resserrer · serrer · tasser · **5 - embrasser** · étreindre · serrer · **6 - accélérer** · activer · bousculer · brusquer · chauffer · hâter · précipiter · dépêcher *soutenu* · [le pas] allonger · **7 - aiguillonner** · hâter · **8 -**

assaillir · assiéger · courir après · harceler · persécuter · poursuivre · talonner · **9 - accabler** · étrangler · oppresser · serrer · tourmenter
✦ **presser de 1 - inciter à** · conseiller de · encourager à · engager à · exciter à · exhorter à · inviter à · pousser à · faire instance de *vieux* · **2 - contraindre à** · forcer à
▪ *v.intr.* **être urgent** · ne pas pouvoir attendre · urger *fam.*
✦ **rien ne presse** y a pas le feu (au lac) *fam.*
⇒ **se presser** *v.pron.* **1 - se dépêcher** · accélérer · aller vite · courir · s'empresser · se hâter · hâter le mouvement · se précipiter · foncer *fam.* · se grouiller *fam.* · se manier (le train, le popotin, le cul) *fam.* · **2 - se bousculer** · affluer · s'entasser · se masser · se tasser
✦ **ne pas se presser** prendre son temps
✦ **se presser l'un contre l'autre, dans les bras l'un de l'autre** se blottir · se pelotonner · se serrer · s'embrasser
CONTR. effleurer – desserrer – attendre ׀ atermoyer – décourager de – ralentir ׀ prendre son temps – s'écarter

pressing *n.m.* → teinturerie

pression *n.f.*
I **1 - compression** · constriction · étreinte · pressage · pressurage · serrage · **2 - poussée** · effort · force · tension
II **influence** · empire
III [souvent au plur.] **1 - sollicitations** · demandes · **2 - contrainte** · chantage
✦ **haute pression** [Météo] anticyclone
✦ **basse pression** [Météo] dépression · cyclone
✦ **groupe de pression** lobby

pressurer *v.tr.* **1 - presser** · comprimer · écraser · **2 - épuiser** · abuser de · exploiter · profiter de · [sans complément] faire suer le burnou *fam.* · **3 - accabler** · saigner (à blanc)
⇒ **se pressurer** *v.pron.* **réfléchir** · se torturer les méninges *fam.*

prestance *n.f.* · allure · contenance · distinction · maintien · noblesse · tournure · port *littér.*

prestation *n.f.* **1 -** aide · allocation · indemnité · **2 -** fourniture · **3 -** représentation · exhibition · performance

preste *adj.* · agile · alerte · diligent · empressé · expéditif · léger · leste · rapide · vif · prompt *littér.*
CONTR. lent ı maladroit

prestement *adv.* · agilement · alertement · lestement · rapidement · rondement · vivement · promptement *littér.*
CONTR. lentement

prestesse *n.f.* · rapidité · adresse · agilité · aisance · diligence · promptitude · vélocité · vitesse · vivacité · célérité *littér.*
CONTR. lenteur ı maladresse

prestidigitateur, -trice *n.* · illusionniste · escamoteur · magicien · manipulateur

> **prestidigitateur, illusionniste**
> Prestidigitateur et illusionniste se rapportent à l'art de créer des *illusions*. Le **prestidigitateur** le fait grâce à l'adresse de ses mains, donnant au spectateur l'impression que des objets se déplacent, disparaissent et réapparaissent à son gré *(les tours, la dextérité du prestidigitateur)*. L'illusionniste utilise des tours de prestidigitation, mais trompe aussi les sens du public par des trucages et des procédés psychologiques.

prestidigitation *n.f.* · illusionnisme · escamotage · illusion · magie · manipulation · tour de passe-passe

prestige *n.m.* **1 -** ascendant · aura · auréole · autorité · éclat · importance · influence · **2 -** renommée · gloire · rayonnement · renom · réputation · **3 -** séduction · attrait · charme · illusion · magie

✦ **perdre son prestige** tomber, descendre, dégringoler de son piédestal

prestigieux, -ieuse *adj.* **1 - éminent** · brillant · éblouissant · émérite · extraordinaire · marquant · prodigieux · remarquable · **2 - glorieux** · de grande envergure · grand · grandiose · héroïque · **3 - réputé** · célèbre · fameux · illustre · de marque · renommé

présumé, e *adj.* **1 -** censé · réputé · soi-disant · supposé · **2 - hypothétique** · présomptif · regardé comme · supposé · putatif *littér.*

présumer *v.tr.* · croire · augurer · compter · conclure · conjecturer · estimer · penser · prétendre · supposer

¹**prêt, prête** *adj.* **1 - préparé** · paré · **2 - décidé** · disposé · mûr
✦ **prêt à l'usage** clés en main

²**prêt** *n.m.* · avance · crédit

prêt-à-porter *n.m.* · habillement · mode

prétendant, e *n.* **1 - amoureux** · fiancé · soupirant · futur *fam. ou région.* · promis *vieilli* · **2 - postulant** · aspirant · candidat

prétendre *v.tr.* **1 - affirmer** · alléguer · avancer · déclarer · dire · garantir · soutenir · **2 - se flatter de** · se vanter de · **3 - vouloir** · demander · entendre · exiger · réclamer · revendiquer
✦ **prétendre à** ambitionner · aspirer à · briguer · désirer · être sur les rangs pour · postuler à · poursuivre · souhaiter · tendre à, vers · viser · vouloir · lorgner *fam.*

prétendu, e *adj.* · soi-disant · faux · pseudo · supposé

> **prétendu, soi-disant**
> Ces deux mots ont en commun l'idée d'une affirmation fausse ou trompeuse sur une identité ou une qualité. **Prétendu** qualifie ce que l'on prétend à

tort être tel, ce qui passe à tort pour ce qu'il n'est pas *(la prétendue objectivité de la science, leur prétendue impuissance à agir)* : « Cette prétendue franchise à l'aide de laquelle on débite des opinions tranchantes ou blessantes est ce qui m'est le plus antipathique » (E. Delacroix, *Journal*, 8 mars 1949).
Soi-disant implique que seule la personne dont il s'agit se dit, se prétend telle ou telle *(ces soi-disant amis, une presse soi-disant indépendante)* : « Il n'engageait jamais ces soi-disant gastronomes qui ne sont que des gloutons dont le ventre est un abîme, et qui mangent partout, de tout et tout » (A. Brillat-Savarin, *Physiologie du goût*, 146, t. II).
L'emploi de soi-disant pour parler d'une chose, bien que courant, est critiqué.

prétendument *adv.* · soi-disant
CONTR. vraiment

prête-nom *n.m.* · homme de paille · intermédiaire · représentant · pantin *fam.*

prétentieux, -ieuse *adj. et n.* 1 - présomptueux · ambitieux · arrogant · conquérant · fat · fier · important · m'as-tu-vu · orgueilleux · poseur · suffisant · supérieur · vaniteux · bêcheur *fam.* · crâneur *fam.* · ramenard *fam.* · faraud *vieilli* · 2 - maniéré · académique · à effet · affecté · ampoulé · doctoral · emphatique · pédant · pompeux · pontifiant · précieux · ronflant · 3 - **tapageur** · clinquant · m'as-tu-vu · 4 - [femme] **mijaurée** · pimbêche · bêcheuse *fam.*
✦ **il est (très) prétentieux** il se prend pour le centre, le nombril du monde · il a les chevilles qui enflent *fam.* · il a la grosse tête *fam.* · il ne se mouche pas du coude, du pied *fam.* · il pète plus haut que son cul, son derrière *très fam.* · il ne se sent plus pisser *très fam.*
CONTR. modeste – simple

prétention *n.f.*
I [souvent au plur.] 1 - **exigence** · condition · revendication · 2 - **ambition** · désir · dessein · espérance · intention · visée

II 1 - **arrogance** · crânerie · fatuité · orgueil · pédantisme · pose · présomption · suffisance · vanité · 2 - **affectation** · bouffissure · emphase
✦ **sans prétention(s)** simple · sans apprêt
CONTR. modestie ı simplicité

prêter *v.tr.* 1 - **mettre à disposition** · avancer · donner · fournir · passer · 2 - **imputer** · attribuer · donner · reconnaître · supposer · 3 - **porter** · accorder · attacher
✦ **prêter assistance, main-forte, secours** aider · assister · secourir · soutenir · donner un coup de main *fam.* · donner un coup de pouce *fam.*
✦ **prêter l'oreille** dresser l'oreille · tendre l'oreille · écouter · être tout ouïe · ouïr *littér.*
✦ **prêter serment** jurer
✦ **prêter à** inciter à · donner à · donner lieu à · être sujet à · souffrir de
⟫ **se prêter à** *v.pron.* 1 - **céder à** · se plier à · souscrire à · supporter · 2 - **condescendre à** · s'abaisser à · accepter de · consentir à · daigner
✦ **se prêter bien à** convenir à · être propice à
CONTR. emprunter – rendre ı restituer

prêteur, -euse *n.* · bailleur (de fonds) · commanditaire · créancier · usurier *péj.*
CONTR. emprunteur

prétexte *n.m.* alibi · allégation · couverture · échappatoire · excuse · faux-fuyant · faux motif · (mauvaise) raison · faux-semblant · subterfuge
✦ **donner prétexte à** donner lieu, matière à · servir de point de départ à
✦ **prendre, tirer prétexte de** exciper de *littér.*
✦ **sous prétexte de, que** sous couleur de · sous le couvert de · parce que · sous le voile de *littér.* · sous le manteau de *vieux* · sous ombre de *vieux*
✦ **sous aucun prétexte** en aucun cas · à aucun prix

prétexter *v.tr.* · alléguer · arguer de · s'autoriser de · avancer · invoquer · objecter · opposer · simuler · exciper de *littér.*

prêtre *n.m.* • ecclésiastique • abbé • aumônier • confesseur • curé • directeur de conscience • homme d'Église • ministre du culte • serviteur de Dieu • officiant • pasteur • père • pope • prédicateur • vicaire

prêtrise *n.f.* • sacerdoce • état ecclésiastique, religieux

preuve *n.f.* **1 - confirmation** • affirmation • assurance • attestation • caution • gage • garantie • indice • manifestation • marque • signe • symptôme • témoignage • trace • vérification • **2 - pièce à conviction** • **3 - critère** • argument • **4 - démonstration**
+ **donner la preuve de** attester • démontrer • prouver
+ **faire preuve de 1 - manifester** • déployer • montrer • révéler • témoigner de • faire montre de *soutenu* • **2 - dénoter** • exprimer
+ **commencement de preuve** adminicule

preux
■ *adj. m.* **vaillant** • brave • héroïque
■ *n.m.* **héros**
CONTR. lâche

prévaloir *v.intr.* **1 - l'emporter** • avoir l'avantage • dominer • prédominer • primer • triompher
⇒ **se prévaloir de** *v.pron.* **1 - alléguer** • arguer de • citer • faire valoir • **2 - se flatter de** • se draper dans • s'enorgueillir de • faire grand bruit de • se glorifier de • prétendre • se recommander de • se targuer de • se vanter de

prévarication *n.f.* • concussion • corruption • déprédation • exaction • ingérence • malversation • trafic d'influence • trahison
⇒ malversation

prévenance *n.f.* • amabilité • attention • complaisance • délicatesse • égard • empressement • galanterie • gâterie • gentillesse • obligeance • serviabilité • soin • sollicitude

prévenant, e *adj.* • aimable • affable • agréable • attentionné • avenant • complaisant • courtois • déférent • délicat • dévoué • empressé • galant • gentil • obligeant • serviable
CONTR. désagréable ı hostile ı indifférent

prévenir *v.tr.* **1 - avertir** • annoncer à • aviser • faire savoir à • informer • instruire • mettre au courant • signaler à • **2 - mettre en garde** • alerter • [sans complément] crier casse-cou • **3 - détourner** • éviter • parer à • prémunir contre • obvier à *soutenu* • **4 - aller au-devant de** • anticiper • devancer • [sans complément] prendre les devants
+ **prévenir contre** indisposer • influencer contre
CONTR. taire – exciter ı provoquer – tarder

préventif, -ive *adj.* • prophylactique
CONTR. curatif

prévention *n.f.* **1 - parti pris** • animosité • antipathie • a priori négatif • défiance • méfiance • partialité • préjugé (défavorable) • **2 - mesure(s) préventive(s)** • prophylaxie • protection • prudence

prévenu, e *n.* • accusé • inculpé
⇒ accusé

prévisible *adj.* • attendu • probable • conjecturable *rare* • présumable *rare*
CONTR. imprévisible

prévision *n.f.* **1 - prédiction** • prophétie • vaticination *littér.* • **2 - prescience** • pressentiment • divination • **3 - clairvoyance** • prévoyance • **4 - prospective** • futurologie • **5 - anticipation** • attente • calcul • conjecture • croyance • espérance • estimation • extrapolation • hypothèse • pronostic • supposition
CONTR. aveuglement ı insouciance

prévoir *v.tr.* **1 - pressentir** • augurer • deviner • flairer • prédire • prophétiser

- [sans complément] voir loin · percer l'avenir ·
2 - anticiper · attendre · s'attendre à · conjecturer · entrevoir · envisager · imaginer · présager · présumer · pronostiquer ·
3 - préparer · calculer · organiser · planifier · programmer
+ **prévoir de**   songer à · envisager de · penser à
+ **tout prévoir**   penser à tout · tout calculer · voir loin

CONTR. être insouciant

prévoyance n.f. **1 - prudence** · circonspection · précaution · sagesse · vigilance · **2 - épargne** · économie · **3 - assurance**

CONTR. insouciance ı imprévoyance

prévoyant, e adj. **1 - avisé** · circonspect · diligent · précautionneux · prudent · raisonnable · sage · vigilant · **2 - économe**

CONTR. imprévoyant ı insouciant

prier
- v.intr. **se recueillir**
- v.tr. **1 - adorer** · invoquer · **2 - solliciter** · requérir l'aide de · **3 - supplier** · adjurer · implorer · **4 - appeler** · réclamer
+ **prier de, à**   **1 - demander de** · conjurer de · supplier de · **2 - ordonner** · enjoindre de · **3 - inviter à** · convier à · presser de
+ **je vous prie de**   veuillez
+ **se faire prier**   résister · se faire tirer l'oreille fam. · traîner des pieds fam.
+ **je te, je vous prie**   s'il te, s'il vous plaît

~ prier, supplier
Prier et supplier s'emploient indifféremment lorsqu'on demande avec humilité à quelqu'un de faire quelque chose. Dans certains cas, **prier** suppose aussi la déférence (je vous prie de bien vouloir m'excuser) ou prend les caractéristiques de l'ordre (je vous prie de vous taire). **Supplier** renchérit sur l'humilité, la satisfaction de la demande apparaissant comme une grâce (je vous supplie de me croire, il la suppliait à genoux).

prière n.f.
I **1 - cri** · adjuration · appel · imploration · invocation · supplication · supplique · **2 - demande** · instance · invitation · requête · sollicitation
II **1 -** [Relig.] **oraison** · chant · dévotion · litanie · patenôtre · **2 - intercession**

prieuré n.m. · **abbaye**

primaire adj. **1 - premier** · essentiel · fondamental · indispensable · primitif · basique fam. · **2 - simpliste** · caricatural · rudimentaire · sommaire · **3 -** [péj.] **arriéré** · attardé

CONTR. secondaire — complexe ı subtil

primauté n.f. · prédominance · avantage · domination · prééminence · prépondérance · préséance · primat · priorité · supériorité · suprématie
~ **priorité**

prime n.f. **1 - gratification** · avantage · pourcentage · récompense · **2 - bonus**
+ **en prime**   en plus · en outre · de plus · au surplus · en sus · par-dessus le marché fam. · pour couronner le tout iron. · de, par surcroît soutenu

¹**primer** v.tr. · **récompenser** · couronner · gratifier · honorer

²**primer** v.intr. · **dominer** · avoir la préséance · l'emporter · gagner · prédominer · prévaloir

primerose n.f. · **rose trémière** · passerose

primesautier, -ière adj. **1 - impulsif** · spontané · vif · **2 - guilleret** · allègre · badin ·

folâtre • frétillant • fringant • gai • jovial • joyeux • léger • réjoui • sémillant • **3** - **familier** • leste • gaillard

CONTR. pondéré ı réfléchi - grave - réservé

primeur *n.f.*
I nouveauté • commencement
II [en apposition] **1** - **nouveau** • **2** - **précoce** • hâtif • hâtiveau *vieux ou région.*
↝ priorité

primitif, -ive
■ *adj.* **1** - **sauvage** • brut • naturel • **2** - **archaïque** • rudimentaire • **3** - **grossier** • fruste • inculte • naïf • primaire • rustre • simple • simplet • **4** - **originel** • initial • originaire • original • premier • **5** - **fondamental** • élémentaire • essentiel • primordial • simple • basique *fam.*

■ *n.m.* aborigène • sauvage *péj.*

CONTR. moderne ı récent - civilisé ı évolué ı policé - pointu
↝ premier

primitivement *adv.* • originairement • initialement • originellement • premièrement • à l'origine • au départ • tout d'abord

primo *adv.* • premièrement • (tout) d'abord • pour commencer

primordial, e *adj.* **1** - **capital** • décisif • essentiel • fondamental • majeur • prédominant • principal • **2** - **indispensable** • incontournable • nécessaire • vital • **3** - **premier** • primitif

CONTR. accessoire ı secondaire

prince *n.m.* **1** - **altesse** • **2** - [régnant] **monarque** • souverain
✦ **bon prince** grand seigneur • accommodant

princeps *adj.* • original • premier

princesse *n.f.* • altesse

princier, -ière *adj.* • splendide • fastueux • luxueux • magnifique • royal • somptueux • superbe

¹principal, e
■ *n.* **proviseur** • directeur • protal *argot Scol., vieilli*
■ *n.m.* **essentiel** • quintessence • substance
✦ **le principal de** le plus gros de
✦ **le principal est de, que** le tout est de, que • il importe avant tout, au premier chef de, que

²principal, e *adj.* **1** - **central** • essentiel • clé • fondamental • important • majeur • **2** - **déterminant** • capital • décisif • dominant • prédominant • primordial • **3** - **cardinal** • élémentaire • primordial

principalement *adv.* **1** - **essentiellement** • avant tout • en majorité • majoritairement • en grande partie • surtout • **2** - **particulièrement** • notamment • singulièrement • spécialement

principe *n.m.* **1** - **cause (première)** • agent • auteur • créateur • essence (première) • facteur • ferment • germe • moteur • origine • point de départ • racine • raison • source • **2** - **commencement** • début • **3** - **base** • axe • centre • essence • fondement • pierre angulaire • **4** - **postulat** • axiome • définition • hypothèse • prémisse • proposition • **5** - **convention** • doctrine • dogme • loi • maxime • norme • précepte • règle • théorie • **6** - **opinion** • conviction

✦ **principe essentiel** règle d'or
✦ **en principe** théoriquement • logiquement • normalement
✦ **par principe** systématiquement • a priori • automatiquement • normalement

↝ **principes** *plur.* **1** - **bonnes mœurs** • catéchisme • credo • foi • morale • religion • **2** - **bases** • abc • notions élémentaires • rudiments

CONTR. conséquence ı fin - exception

printemps *n.m.* **1** - renouveau · **2** - [littér.] → jeunesse · **3** - [fam.] → an
CONTR. automne ι arrière-saison

priorité *n.f.* **1** - antériorité · **2** - primauté · préséance · primeur · **3** - tour de faveur
- **en priorité** en premier lieu · d'abord · premièrement · prioritairement · avant tout · avant toute chose
- **avoir (la) priorité sur** prendre, avoir le pas sur · l'emporter sur · passer devant

🕮 **priorité, primeur, primauté**

Priorité, primeur et primauté entretiennent tous trois une relation avec l'idée de ce qui est en *premier*. On parle de priorité pour ce qui passe en premier par rapport à d'autres éléments *(donner la priorité à la lutte contre le chômage ; au carrefour, vous n'avez pas la priorité)*. Primeur se dit de ce qui apparaît en premier, avant d'autres éléments de même nature *(avoir la primeur d'une nouvelle)* et, notamment, d'un produit agricole d'avant saison ou de début de saison *(des petits pois de primeur)*. Primauté caractérise ce qui vient au premier rang *(la primauté du droit sur la force, la primauté commerciale d'un pays)*.

pris, prise *adj.* **1** - occupé · absorbé · accaparé · affairé · **2** - attribué · affecté · réservé · **3** - enrhumé · [nez] enchifrené *fam.* · **4** - → marié
- **pris entre deux camps** tiraillé · entre le marteau et l'enclume · le cul entre deux chaises *fam.*

CONTR. inactif – libre ι vacant

prise *n.f.*
I 1 - absorption · ingestion · inhalation · **2** - dose · sniff *fam.*
II 1 - appropriation · captation · capture · détournement · conquête · enlèvement · prélèvement · **2** - butin · coup de filet · proie
III 1 - préhension · saisie · **2** - [Sport de combat] clé · **3** - [Alpinisme] aspérité · saillie · gratton *fam.*
IV emprise · ascendant · empire · influence · pouvoir
V solidification · coagulation · durcissement
- **prise de corps** [Droit] arrestation
- **prise de courant, prise électrique** plot
- **prise d'habit, prise de voile** vêture
- **prise de sang** prélèvement sanguin
- **prise de vue(s) 1** - cliché · photographie · **2** - tournage · filmage
- **prise à partie** attaque
- **être aux prises avec 1** - être aux mains avec · en découdre avec · **2** - être en butte à · combattre · être en lutte contre · lutter contre
- **donner prise à** s'exposer à · s'offrir à · fournir des armes à · prêter le flanc à

¹**priser** *v.tr.* [littér.] aimer · affectionner · apprécier · estimer · faire cas de · goûter

²**priser** *v.tr.* · renifler · sniffer *fam.*

prison *n.f.* **1** - centre pénitentiaire · centrale · centre de détention · maison d'arrêt · pénitencier *vieilli* · taule *fam.* · ballon *argot* · geôle *littér.* · bastille *vieux* · maison de justice *vieux* · cachot *ancienn.* · la paille humide des cachots *littér.* · **2** - emprisonnement · détention · privation de liberté · réclusion
- **en prison** sous les verrous · au bloc *fam.* · derrière les barreaux *fam.* · en cabane *fam.* · à l'ombre *fam.* · au placard *fam.* · au trou *fam.* · au gnouf *pop.* · au violon *pop.* · dans les fers *littér.*

CONTR. liberté – libéré ι libre

prisonnier, -ière
- *n.* **1** - détenu · taulard *fam.* · **2** - captif
- *adj.* emprisonné · captif · détenu · enfermé · incarcéré · interné
- **prisonnier de** attaché à · esclave de · ligoté à · soumis à · tenu par

CONTR. libre ι évadé

privation *n.f.*
I 1 - défaut · absence · manque · faute *vieux* · **2** - perte · suppression

II 1 - ascétisme · abstinence · continence · dépouillement · jeûne · renoncement · sacrifice · 2 - besoin · gêne · indigence · misère · pauvreté · 3 - restriction · frustration · renonciation · sacrifice

CONTR. jouissance

privauté *n.f.* [surtout plur.] familiarité · audace · hardiesse · liberté · licences *vieilli*

¹**privé, e** *adj.* 1 - intime · intérieur · personnel · propre · 2 - particulier · domestique · personnel · privatif · réservé · 3 - officieux · 4 - [enseignement] libre

+ **en privé** en particulier · dans l'intimité · en tête à tête · seul à seul · entre quat'z'yeux *fam.*

²**privé, e** *adj.*

+ **privé de** 1 - **sans** · démuni de · en manque de · 2 - **dénué de** · dépourvu de · exempt de · vide de · 3 - **amputé de** · appauvri de · déchu de · dépossédé de · dépouillé de · frustré de · sevré de

CONTR. pourvu de

priver *v.tr.* 1 - **déposséder** · démunir · dépouiller · destituer · spolier *littér.* · 2 - **frustrer** · sevrer

≫ **se priver** *v.pron.* · se restreindre · faire des sacrifices · se saigner aux quatre veines · se l'accrocher *pop.* · se serrer la ceinture *fam.* · se gêner *vieilli* · faire tintin *fam., vieilli*

+ **se priver de** 1 - **se refuser** · s'abstenir de · se passer de · renoncer à · faire une croix sur *fam.* · 2 - **se démunir de** · se dépouiller de · 3 - **s'empêcher de** · éviter de · se retenir de

CONTR. donner ı fournir ı gratifier ı nantir

~ priver, frustrer

Priver ou **frustrer** quelqu'un, c'est l'empêcher de jouir d'un avantage ou d'un bien. Priver implique qu'est refusé à la personne ce qu'elle attendait *(on l'a privé de dessert, de sortie)* ou l'usage de ce dont elle dispose habituellement *(la fatigue le prive de ses moyens, priver quelqu'un de ses droits)*. Frustrer insiste sur la privation d'un avantage qui était dû, d'une satisfaction à laquelle on était en droit de prétendre *(frustrer un associé de ses bénéfices, être frustré de ses espérances)*.

privilège *n.m.* 1 - **prérogative** · apanage · droit · faveur · passe-droit · 2 - **avantage** · acquis · bénéfice

+ **avoir le privilège de** avoir l'honneur de

~ privilège, prérogative

Privilège et **prérogative** s'emploient l'un et l'autre pour un avantage ou un droit possédé par un individu ou un groupe. Le **privilège** est accordé par une autorité hors de la loi commune *(concéder, retirer un privilège, la Révolution française a aboli les privilèges de la noblesse et du clergé)*. Une **prérogative** est attachée exclusivement à certaines fonctions ou à certaines dignités *(la parole est la prérogative de l'homme, les prérogatives parlementaires, user de ses prérogatives, renoncer à ses prérogatives)*.

privilégié, e

■ *adj.* 1 - **favori** · préféré · 2 - **exceptionnel** · idéal · parfait · unique · 3 - **favorisé** · avantagé · chanceux · gâté · heureux

■ *n.* **fortuné** · élu · favorisé · nanti · possédant · pourvu · riche

CONTR. défavorisé ı déshérité ı malheureux

privilégier *v.tr.* 1 - **avantager** · être partial envers · favoriser · 2 - **préférer** · faire pencher la balance du côté de · 3 - **encourager** · aider · faciliter

CONTR. désavantager ı défavoriser

prix *n.m.*

I 1 - **coût** · montant · valeur (vénale) · 2 - **tarif** · condition · 3 - **rémunération** · loyer · rétribution · salaire · 4 - **cotation** · cote · cours · taux

II contrepartie · conséquence · effet · rançon · tribut
III importance · valeur
IV récompense · cadeau · coupe · diplôme (d'honneur) · médaille · trophée
+ **prix de revient** coût
+ **à bas prix** bon marché · pour trois fois rien · pour une bouchée de pain
+ **de prix** précieux · coûteux
+ **hors de prix** inabordable · exorbitant · hors de portée · inaccessible
+ **c'est hors de prix** ça coûte les yeux de la tête · ça coûte la peau des fesses, du cul très fam. · [restaurant] c'est le coup de fusil fam.
+ **sans prix, de très grand prix** inappréciable
+ **à aucun prix** en aucun cas · pour rien au monde · pas pour tout l'or du monde
+ **à tout prix** coûte que coûte · absolument · à toute force · vaille que vaille
+ **au prix de** 1 - contre · aux dépens de · moyennant · 2 - à raison de
+ **pour prix de** en échange de

pro n. → professionnel

probabilité n.f. 1 - vraisemblance · chance · plausibilité · 2 - possibilité · chance · éventualité · 3 - conjecture · hypothèse · prévision
CONTR. certitude ı impossibilité ı improbabilité

probable adj. 1 - plausible · admissible · croyable · envisageable · possible · vraisemblable · 2 - virtuel
+ **il est (très) probable que** il y a gros à parier que · il ne serait pas étonnant que
CONTR. douteux ı improbable ı invraisemblable

~ probable, plausible, vraisemblable

Probable, plausible et vraisemblable concernent l'appréciation portée sur quelque chose dans sa relation au vrai. Probable s'applique à des faits, des phénomènes, etc. passés, présents ou futurs, dont la réalisation - même si elle n'est pas certaine - est affirmée à partir des éléments disponibles (son succès est probable, une catastrophe probable). Vraisemblable qualifie ce qui a toutes les apparences du vrai (c'est une nouvelle vraisemblable, une conclusion, une hypothèse, un prétexte vraisemblable). Plausible s'emploie à propos de ce que l'on peut admettre parce que vraisemblable : « Ils ont désormais de ma conduite une explication plausible, familière, rassurante » (Bernanos, Journal d'un curé de campagne).

probablement adv. · vraisemblablement · peut-être · sans doute · selon toute vraisemblance

probant, e adj. · concluant · convaincant · décisif · démonstratif · éloquent · parlant

probe adj. · droit · consciencieux · équitable · franc · honnête · impartial · incorruptible · intègre · irréprochable · juste · loyal · moral · régulier · scrupuleux
CONTR. dépravé ı malhonnête

probité n.f. · droiture · conscience · équité · franchise · honnêteté · impartialité · incorruptibilité · intégrité · justice · loyauté · moralité · rectitude · sens moral · sincérité
CONTR. déloyauté ı fourberie ı malhonnêteté
~ honnêteté

problématique
■ adj. 1 - aléatoire · hasardeux · hypothétique · 2 - équivoque · ambigu · douteux · incertain · louche · obscur · suspect · 3 - discutable · contestable · incontrôlable · invérifiable · sujet à caution · 4 - compliqué · confus · difficile
■ n.f. questionnement
CONTR. assuré ı certain ı sûr – clair – incontestable – simple

problème n.m. 1 - cas · affaire · question · sujet · thème · 2 - difficulté · écueil · ennui ·

blème *fam.* • cactus *fam.* • enquiquinement *fam.* • hic *fam.* • os *fam.* • pépin *fam.* • merde *très fam.* • **3 - controverse** • conflit • **4 - énigme** • casse-tête

+ **poser un problème** faire question

procédé *n.m.* **1 - méthode** • astuce • combinaison • dispositif • formule • moyen • procédure • processus • recette • secret • solution • système • technique • combine *fam.* • ficelle *fam.* • truc *fam.* • **2 -** [littér.] → **manière** • **3 -** [péj.] → **artifice**

procéder *v.intr.* opérer • agir • se comporter • se conduire

+ **procéder à** effectuer • accomplir • exécuter • se livrer à • opérer • pratiquer • réaliser
+ **procéder de** **1 - découler de** • dépendre de • dériver de • s'ensuivre de • provenir de • remonter à • résulter de • venir de • **2 - émaner de** • partir de • être issu de

procédure *n.f.* **1 - marche à suivre** • mécanisme • méthode • moyen • procédé • processus • stratégie • tactique • technique • **2 - formalité** • pratique • règle • règlement • usage • paperasserie *péj.* • **3 -** [Droit] **action** • instance • instruction • poursuites • procès

procédurier, -ière *adj.* • chicaneur • belliqueux • chicanier • querelleur • revendicateur • tatillon • tracassier • mauvais coucheur *fam.* • processif *soutenu*

CONTR. conciliant

procès *n.m.* **1 - action** • poursuites • **2 - affaire** • action • cas • cause • instance • procédure • **3 - litige** • conflit • désaccord • différend • chicane *péj.*

+ **sans autre forme de procès** sans autre formalité
+ **faire le procès de** incriminer • accuser • attaquer • blâmer • condamner • critiquer • mettre en cause • mettre au banc des accusés • réprouver • vitupérer *littér.*

processif, -ive *adj.* • chicaneur • belliqueux • chicanier • procédurier • querelleur • revendicateur • tatillon • tracassier • mauvais coucheur *fam.*

procession *n.f.* **1 - défilé** • cortège • file • queue • **2 - série** • succession • suite • théorie • **3 - cérémonie (religieuse)**

processus *n.m.* **1 - procédé** • méthode • procédure • technique • **2 - évolution** • cours • déroulement • développement • procès • progrès

procès-verbal *n.m.* **1 - constat** • acte • communication • compte rendu • exploit • rapport • relation • **2 - contravention** • amende • contredanse *fam.* • papillon *fam.* • prune *fam.* • p.-v. *fam.*

prochain, e

■ *adj.* **1 - proche** • adjacent • attenant • contigu • voisin • **2 - à venir** • imminent • premier • près d'arriver • qui vient • suivant • ultérieur

+ **un jour prochain** un de ces jours • bientôt • sous peu

■ *n.m.* autrui • l'autre • les autres • frère • semblable

CONTR. lointain ı dernier ı passé

prochainement *adv.* • bientôt • incessamment • sous peu

¹**proche** *adj.* **1 - prochain** • imminent • **2 - récent** • **3 - voisin** • adjacent • attenant • avoisinant • contigu • environnant • limitrophe • d'à côté *fam.* • circonvoisin *littér.* • **4 - accessible** • rapproché • **5 - comparable** • approchant • parallèle • ressemblant • semblable • similaire • voisin

+ **tout proche** tout près • à proximité
+ **proche de** **1 - auprès de** • à côté de • à proximité de • voisin de • **2 - sur le point de** • à deux doigts de

✦ **de proche en proche** progressivement · par degrés · par étapes (successives) · graduellement · de fil en aiguille

²**proche** *n.* **1 - parent** · ami · familier · intime · **2 -** [au plur.] **entourage** · famille · parenté · siens

proclamation *n.f.* **1 - annonce** · avis · ban · communiqué · déclaration · divulgation · publication · **2 - manifeste** · appel · cri public · dénonciation

proclamer *v.tr.* · clamer · affirmer · annoncer · claironner · crier · déclarer · dire · divulguer · manifester · professer · publier · révéler · crier sur les toits *fam.*
CONTR. celer ı taire

procrastination *n.f.* · ajournement · atermoiement · délai · report · remise · temporisation

procréateur, -trice *adj. et n.m.* · géniteur

procréation *n.f.* · conception · génération · engendrement

procréer *v.tr.* · concevoir · donner le jour à · engendrer · fabriquer · mettre au monde · produire · enfanter *littér.*

procuration *n.f.* · pouvoir · charge · délégation · mandat

procurer *v.tr.* **1 - fournir** · allouer · approvisionner en · assurer · donner · gratifier de · munir de · nantir de · octroyer · pourvoir de, en · **2 - produire** · amener · apporter · attirer · causer · donner · engendrer · entraîner · faire naître · occasionner · provoquer · rapporter · susciter · valoir

≫ **se procurer** *v.pron.* **1 - acquérir** · acheter · s'offrir · se payer *fam.* · **2 - obtenir** · dénicher · recueillir · trouver · décrocher *fam.* ·

dégoter *fam.* · pêcher *fam.* · **3 - s'attirer** · racoler · recruter · **4 -** [des appuis] **se concilier** · conquérir · se ménager · rallier

procureur *n.m.* · avocat général

prodigalité *n.f.* **1 - générosité** · largesse · libéralité · munificence *littér.* · **2 - abondance** · accumulation · avalanche · débauche · débordement · déluge · exagération · excès · foisonnement · gaspillage · infinité · luxe · orgie · profusion · surabondance
CONTR. avarice ı cupidité – rareté

prodige *n.m.* **1 - miracle** · merveille · **2 - chef-d'œuvre** · trésor · **3 - surdoué** · aigle · génie · phénomène · virtuose · as *fam.* · crack *fam.* · lumière *fam.* · phénix *fam.* · tête *fam.*
➣ miracle

prodigieusement *adv.* **1 - admirablement** · merveilleusement · **2 - étonnamment** · follement · incroyablement · **3 - considérablement** · colossalement · énormément · excessivement · extrêmement · immensément · incommensurablement · infiniment · puissamment

prodigieux, -ieuse *adj.* **1 - surnaturel** · fabuleux · fantastique · féerique · merveilleux · miraculeux · **2 - étonnant** · ahurissant · exceptionnel · extraordinaire · impensable · inconcevable · incroyable · inexplicable · inimaginable · inouï · invraisemblable · renversant · sensationnel · stupéfiant · surprenant · époustouflant *fam.* · fou *fam.* · **3 - considérable** · colossal · énorme · gigantesque · monstrueux · monumental · phénoménal · faramineux *fam.* · monstre *fam.* · **4 - admirable** · éblouissant · formidable · génial · magnifique · mirifique · parfait · prestigieux · remarquable · sublime · mirobolant *fam.* · terrible *fam.*

prodigue *adj.* **1 - généreux** · débordant · large · libéral · munificent *littér.* · **2 -**

dépensier · gaspilleur · panier percé *fam.* · dilapidateur *littér.* · dissipateur *littér.* · **3** - abondant · fécond · fertile · prolixe

CONTR. avare ׀ avide ׀ économe ׀ chiche ׀ parcimonieux

∾ **dépensier**

prodiguer *v.tr.* **1** - répandre · dépenser · distribuer · donner (à profusion) · épancher · **2** - manifester · déployer · exposer · **3** - [de l'argent] dilapider · dépenser · dissiper · gaspiller · jeter par les fenêtres · consumer *vieux ou littér.*

CONTR. accumuler ׀ économiser ׀ ménager ׀ mesurer

prodrome *n.m.* · préliminaire · préambule · signe avant-coureur · signe précurseur · symptôme

producteur, -trice *n.* **1** - fabricant · créateur · **2** - agriculteur

CONTR. consommateur ׀ intermédiaire

productif, -ive *adj.* **1** - fécond · fertile · généreux · **2** - prolifique · créatif · fécond · fertile · imaginatif · **3** - fructueux · lucratif · profitable · rentable · juteux *fam.*

CONTR. stérile ׀ ingrat ׀ pauvre – improductif – infructueux

production *n.f.* **1** - formation · dégagement · émission · **2** - apparition · éclosion · enfantement · génération · genèse · **3** - fabrication · création · **4** - récolte · fruit · produit · rendement · **5** - œuvre · écrit · ouvrage · **6** - présentation · exhibition

CONTR. destruction – consommation ׀ distribution

productivité *n.f.* **1** - fécondité · fertilité · **2** - créativité · **3** - rendement · efficacité · efficience

produire *v.tr.*
I 1 - créer · confectionner · construire · élaborer · fabriquer · façonner · faire · **2** - composer · écrire · forger · accoucher de *fam.* · pondre *fam.*

II 1 - voir naître · enfanter *littér.* · **2** - donner · fructifier · porter · procurer · rapporter · rendre · [sans complément, argent] travailler · faire des petits *fam.* · **3** - causer · amener · apporter · catalyser · constituer · créer · déclencher · déterminer · engendrer · entraîner · exercer · faire naître · former · occasionner · opérer · préparer · provoquer · susciter · **4** - dégager · émettre · exhaler

III 1 - présenter · exhiber · exhumer · fournir · montrer · tendre · **2** - alléguer · citer

⋙ **se produire** *v.pron.* **1** - advenir · arriver · se dérouler · avoir lieu · s'offrir · se passer · se présenter · survenir · **2** - s'accomplir · se réaliser · **3** - se montrer · s'exhiber

CONTR. détruire ׀ consommer

produit *n.m.* **1** - substance · **2** - article · bien · denrée · marchandise · **3** - production · ouvrage · **4** - fruit · bénéfice · gain · profit · rapport · recette · rendement · rente · revenu · **5** - résultat · artefact · conséquence · effet · rançon · résultante · suite · **6** - [d'une union] enfant · fruit · progéniture · rejeton *fam.*

CONTR. déficit ׀ perte – auteur ׀ cause

proéminence *n.f.* · protubérance · aspérité · avancée · bosse · éminence · mamelon · relief · saillie

proéminent, e *adj.* · protubérant · bombé · en avant · en relief · renflé · saillant

CONTR. creux ׀ rentrant

prof *n.* → professeur

profanateur, -trice
■ *n.* violateur
■ *adj.* impie · blasphémateur · sacrilège

profanation *n.f.* **1** - sacrilège · atteinte · attentat · outrage · **2** - violation · **3** - dégradation · avilissement · pollution

CONTR. respect

🕮 **profanation, sacrilège**
Profanation et sacrilège concernent une atteinte à ce qui est considéré communément comme sacré. La profanation se manifeste par un manque de révérence ou par un acte impie *(la profanation d'une église, d'une synagogue ; commettre une profanation dans un cimetière en maculant des tombes)*. Le sacrilège, dans le domaine religieux, est un outrage plus grave que la profanation, porté notamment sur les symboles du sacré, par exemple les sacrements : « J'avais commis pour elle un sacrilège ; j'avais (...) violé et volé les reliques sacrées » (Maupassant, *Contes et nouvelles, la Relique*).

profane *adj. et n.* **1 - laïc** · civil · mondain · séculier · **2 - ignorant** · béotien · candide · débutant · incompétent · inexpérimenté · novice
CONTR. religieux ι sacré – connaisseur ι expert ι initié

profaner *v.tr.* · avilir · dégrader · insulter · polluer · salir · souiller · vandaliser · violer
CONTR. respecter

proférer *v.tr.* · prononcer · articuler · débiter · dire · émettre · énoncer · jeter · pousser · sortir *fam.* · cracher *péj.* · vomir *péj.*

professer *v.tr.* **1 - proclamer** · afficher · déclarer · manifester · **2 -** [vieilli, sans complément] **enseigner** · donner des cours

professeur *n.* **1 - enseignant** · instructeur · maître · moniteur · prof *fam.* · **2 -** [titre] **docteur**

profession *n.f.* **1 - métier** · activité · occupation · partie · pratique · spécialité · **2 - carrière** · condition · voie · état *littér.* · **3 - emploi** · travail · boulot *fam.* · gagne-pain *fam.* · job *fam.*

✦ **profession de foi**   **1 - credo** · confession (de foi) · **2 - engagement** · déclaration de principes · manifeste · proclamation · programme · projet · promesse

✦ **homme de la profession**   homme de l'art · homme de la partie · spécialiste
🕮 **métier**

professionnel, -elle
■ *adj.* **1 - expérimenté** · averti · exercé · expert (en la matière) · qualifié · **2 - technique**
■ *n.* **spécialiste** · connaisseur · expert · orfèvre en la matière · pro *fam.*
CONTR. inexpérimenté ι novice – amateur ι dilettante

professoral, e *adj.* **1 - enseignant** · **2 - doctoral** · magistral · pédant *péj.* · pontifiant *péj.*

professorat *n.m.* · enseignement

profil *n.m.* **1 - contour** · dessin · galbe · ligne · linéament · silhouette · **2 - section** · côté · coupe · **3 - compétences** · aptitudes · caractéristiques

✦ **de profil**   de côté

profiler *v.tr.* **1 - découper** · **2 - caréner**
⋙ **se profiler** *v.pron.* **1 - se découper** · se dessiner · se détacher · se distinguer · ressortir · se silhouetter · **2 - s'esquisser** · apparaître · poindre · se préciser · se projeter · montrer le bout de son nez *fam.*

profit *n.m.* **1 - produit** · acquêt · avantage · bénéfice · bien · fruit · gain · plus-value · revenu · gâteau *fam.* · [secret, illicite] tour de bâton · **2 - intérêt** · avantage · fruit · parti · utilité

✦ **source de profit**   filon · mine · veine · vache à lait *fam.*

✦ **au profit de**   **1 - à l'intention de** · **2 - au bénéfice de** · en faveur de

✦ **tirer profit de**   **1 - exploiter** · faire son beurre de, avec *fam.* · **2 - profiter de** · utiliser · tirer parti de · faire valoir

✦ **tirer profit de tout**   manger à tous les râteliers *péj.* · jouer sur tous les tableaux

✦ **faire de petit profits de**   faire sa pelote de fam., vieilli

CONTR. désavantage ı détriment ı dommage ı perte ı préjudice

↝ **gain**

profitable adj. **1** – utile · enrichissant · formateur · fructueux · instructif · intéressant · **2** – productif · efficace · **3** – avantageux · lucratif · payant · rémunérateur · rentable · juteux fam. · **4** – **bénéfique** · bienfaisant · bon · sain · salutaire

CONTR. inutile ı vain – inefficace – ruineux – dommageable ı néfaste ı nuisible

profitablement adv. · avantageusement · fructueusement · lucrativement · utilement · à profit

profiter v.intr. · se développer · grandir · grossir · pousser
✦ **profiter à**   servir à · être utile à
✦ **profiter de**   **1** – **exploiter** · mettre à profit · se servir de · tirer avantage de · tirer parti de · tirer profit de · utiliser · **2** – **bénéficier de** · disposer de · jouir de · **3** – **savourer** · apprécier · déguster · goûter · **4** – [une occasion] **attraper** · saisir
✦ **en profiter sans tarder**   battre le fer pendant qu'il est chaud

CONTR. négliger ı perdre ı rater

¹**profond, e** adj.
I 1 – **bas** · inférieur · **2** – **enfoncé** · creux · encaissé · **3** – **éloigné** · caché · lointain · reculé · **4** – **abyssal** · **5** – [décolleté] **plongeant** · échancré · **6** – **épais** · impénétrable · sombre · **7** – **gros** · grave · lourd · sérieux · **8** – [voix] grave · caverneux · sépulcral
II 1 – **absolu** · complet · extrême · grand · immense · infini · total · vaste · **2** – **aigu** · ardent · fort · intense · puissant · vif · violent · **3** – **intime** · secret · **4** – **durable** · fidèle · solide · **5** – [sommeil] **lourd** · de plomb
III 1 – **difficile** · abstrait · abstrus · élevé · fort · mystérieux · obscur · savant · **2** – **pénétrant** · intelligent · perspicace · sagace

✦ **au plus profond de**   au cœur de · dans l'intimité de · dans le secret de · au tréfonds de

²**profond** adv. · profondément · bas · loin

profondément adv.
I loin · profond · très avant
II 1 – **fortement** · ardemment · extrêmement · intensément · vivement · **2** – **parfaitement** · complètement · pleinement · totalement
III 1 – **foncièrement** · intimement · **2** – **intérieurement** · dans son for intérieur · inconsciemment

CONTR. à peine ı superficiellement – légèrement ı peu

profondeur n.f.
I 1 – **abîme** · abysse · fosse · **2** – **épaisseur** · creux · enfoncement · fond · hauteur · **3** – **dimension** · distance · perspective
II 1 – **intérieur** · intériorité · intimité · secret · tréfonds littér. · **2** – **pénétration** · acuité · intelligence · perspicacité · sagacité
III 1 – **consistance** · densité · fermeté · substance · **2** – **force** · ardeur · authenticité · intensité · puissance · vigueur · violence · vivacité · **3** – **durabilité** · constance · fidélité · permanence · solidité · stabilité · **4** – **plénitude** · richesse

CONTR. superficie ı surface – aveuglement – inconsistance – faiblesse ı superficialité – fragilité

profus, e adj. · abondant · répandu

profusion n.f. **1** – **abondance** · avalanche · débauche · débordement · déluge · exubérance · foisonnement · flot · luxe · luxuriance · masse · multiplicité · multitude · pluie · prolifération · **2** – **excès** · pléthore · surabondance
✦ **à profusion**   **1** – **abondamment** · beaucoup · énormément · à foison · en abondance · en quantité · en masse · **2** – **à discrétion** · à satiété · à volonté · à gogo fam. · en veux-tu en voilà fam. • [donner] à pleines mains

✦ **donner, fournir à profusion**   prodiguer • comblér de

CONTR. dénuement ⅼ rareté – avarice ⅼ économie ⅼ parcimonie – peu

progéniture n.f. • descendance • enfant(s) • petit(s) • (petite) famille • héritiers *plaisant* • rejeton(s) *fam.*

programmation n.f. 1 - plan • grille • programmes • 2 - diffusion

programme n.m.
I 1 - projet • dessein • intention • objectif • plan • plate-forme • proclamation • profession de foi • résolution • 2 - planning • calendrier • emploi du temps • horaire • plan de travail • planification • stratégie • 3 - ordre du jour • menu *fam.*
II affiche • annonce
III 1 - émission • 2 - logiciel • application

programmer v.tr. • planifier • orchestrer • organiser • préparer • prévoir • régler

progrès n.m. 1 - amélioration • amendement • avancée • gain • mieux • pas en avant • perfectionnement • 2 - développement • ascension • croissance • essor • expansion • extension • montée • 3 - progression • avancement • cheminement • cours • évolution • marche • mouvement • 4 - propagation • avance • avancée
✦ **faire des progrès**   progresser • gagner (du terrain) • avancer (à grands pas)

CONTR. arrêt ⅼ immobilité – recul ⅼ régression ⅼ décadence – décliner ⅼ reculer

progresser v.intr.
I 1 - se développer • s'accroître • s'amplifier • augmenter • croître • s'étendre • monter en puissance • 2 - se propager • gagner du terrain • [en mal] s'aggraver • empirer
II 1 - s'améliorer • s'amender • mûrir • se perfectionner • 2 - réussir • faire du chemin • monter • prospérer

III 1 - avancer • évoluer • 2 - cheminer • aller • (s')avancer • marcher • se mouvoir

CONTR. s'arrêter ⅼ décliner ⅼ décroître ⅼ reculer ⅼ rétrograder

progressif, -ive adj. 1 - graduel • gradué • 2 - croissant • grandissant

CONTR. brusque – décroissant

progression n.f. 1 - essor • accroissement • augmentation • croissance • développement • expansion • extension • hausse • montée en puissance • progrès • propagation • 2 - avance • ascension • avancée • cheminement • marche • 3 - évolution • avancement • cours • courant • développement • marche • mouvement • progrès • [en bien] amélioration • [en mal] aggravation • 4 - échelonnement • gradation • paliers

CONTR. recul ⅼ régression – arrêt – interruption

progressiste adj. • avancé • anti-conformiste • d'avant-garde • révolutionnaire

CONTR. conservateur ⅼ réactionnaire

progressivement adv. • graduellement • doucement • lentement • par degrés • par paliers • pas à pas • petit à petit • peu à peu • (tout) doucettement *fam.* • pièce à pièce *vieilli*

CONTR. brusquement ⅼ instantanément

prohibé, e adj. • interdit • défendu • illégal • illicite

CONTR. autorisé ⅼ permis

↝ **défendu**

prohiber v.tr. • interdire • censurer • condamner • défendre • empêcher • exclure • mettre à l'index • proscrire

CONTR. autoriser ⅼ permettre

prohibitif, -ive adj. • inabordable • exagéré • excessif • exorbitant • ruineux

prohibition n.f. · interdiction · censure · condamnation · défense · interdit · proscription

CONTR. autorisation ı permission

proie n.f. 1 - capture · prise · 2 - victime · jouet
+ **en proie à** 1 - en pâture à · 2 - tourmenté par · hanté par · harcelé par · tarabusté par · tracassé par

projecteur n.m. 1 - spot · sunlight *anglic.* · gamelle *fam.* · projo *fam.* · 2 - épidiascope · rétroprojecteur

projection n.f. 1 - jet · éjection · émission · jaillissement · lancement · pulvérisation · vaporisation · 2 - giclée · éclaboussure · gerbe · 3 - prévision · extrapolation · 4 - dessin · perspective · plan · 5 - représentation · film · séance · 6 - [Psychol.] transfert · déplacement · identification
+ **salle de projection** (salle de) cinéma

projectionniste n. · opérateur

projet n.m. 1 - but · idée · intention · pensée · propos · résolution · visée · volonté · vue · dessein *littér.* · 2 - entreprise · plan · programme · 3 - maquette · canevas · dessin · ébauche · esquisse · plan

CONTR. exécution ı réalisation

> projet, dessein, intention, volonté
>
> Projet, dessein, intention et volonté ont en commun l'idée de but à atteindre. Le **projet** est l'image de ce que l'on pense atteindre *(faire des projets, ébaucher un projet, un projet à long terme, impraticable, un projet de voyage)*. Le **dessein** est une conception par l'esprit d'une fin à réaliser ; le mot est littéraire *(de funestes, de sombres desseins ; soupçonné de desseins criminels)*. **Intention**, plus courant, implique que l'on se propose plus ou moins fermement d'atteindre un but *(il a l'intention de partir à l'étranger, interrogez-le sur ses intentions)*. On réserve **volonté** à une décision ferme d'accomplir, ou de faire accomplir, quelque chose conformément à une intention *(la volonté de réussir, influencer la volonté de quelqu'un)*.

projeter v.tr. 1 - propulser · bombarder · cracher · éjecter · envoyer · expulser · jeter · lancer · pulvériser · vomir · 2 - préparer · développer · échafauder · méditer · combiner *fam.* · mijoter *fam.* · ourdir *littér.* · comploter *péj.* · manigancer *péj.* · tramer *péj.* · 3 - [une image, un film] passer
+ **projeter de** se proposer de · ambitionner de · avoir en vue de · avoir l'intention de · compter · envisager de · se mettre en tête de · préméditer de · penser (à) · songer à

prolapsus n.m. · abaissement · descente · hernie · procidence · ptose

prolégomènes n.m.pl. 1 - notions préliminaires · 2 - introduction · avant-propos · avertissement · avis · préambule · préface · présentation · prologue

prolepse n.f. · anticipation · prénotion

prolétaire
■ n. ouvrier · travailleur · prolo *fam.*
■ adj. prolétarien

CONTR. bourgeois ı capitaliste ı patron

prolétariat n.m. · peuple · masses laborieuses · ouvriers · travailleurs

CONTR. aristocratie ı bourgeoisie ı capitaliste

prolifération n.f. · multiplication · reproduction

proliférer v.intr. · se multiplier · s'accroître · s'agrandir · augmenter · se développer · envahir · grandir · se propager · pulluler ·

se reproduire · pousser (comme des champignons, du chiendent) *fam.* · champignonner *rare*
CONTR. disparaître

prolifique *adj.* · productif · abondant · fécond · fertile · généreux · prolixe · riche
CONTR. stérile

prolixe *adj.* **1 -** bavard · intarissable · loquace · volubile · disert *littér.* · **2 - abondant** · copieux · long · diffus *péj.* · verbeux *péj.* · **3 -** expansif · exubérant
CONTR. concis ׀ court ׀ laconique ׀ cursif

prolixité *n.f.* · volubilité · abondance · bagou · exubérance · faconde *littér.* · loquacité *littér.*
CONTR. brièveté ׀ laconisme ׀ sobriété

prologue *n.m.* **1 -** introduction · avant-propos · avertissement · avis · entrée en matière · préambule · préface · présentation · **2 - prélude** · avant-goût · préliminaires · prodrome
CONTR. épilogue

prolongateur *n.m.* · rallonge

prolongation *n.f.* **1 -** allongement · augmentation · continuation · extension · poursuite · prolongement · prorogation · suite · **2 - délai** · sursis
CONTR. diminution ׀ cessation

prolongé, e *adj.* **1 -** continu · suivi · tenu · **2 - interminable** · grand · **3 -** [fam.] **attardé**

prolongement *n.m.* **1 -** allongement · augmentation · extension · prolongation · **2 - continuation** · continuité · **3 - conséquence** · aboutissement · développement · effet · incidence · répercussion · suite · [mauvais] séquelle · **4 -** [Sciences naturelles] **appendice** · procès
CONTR. contraction ׀ raccourcissement

prolonger *v.tr.*
I allonger · continuer · rallonger · tirer en longueur
II 1 - faire durer · entretenir · perpétuer · proroger · traîner en longueur · [sans complément] faire durer le plaisir *fam.* · jouer les prolongations *fam.* · **2 - continuer** · poursuivre · pousser

» **se prolonger** *v.pron.* **1 -** continuer · s'allonger · s'étendre · s'étirer · se poursuivre · se perpétuer · **2 - durer** · se maintenir · persister · tenir · tirer en longueur · s'éterniser *péj.* · traîner (en longueur) *péj.*
CONTR. abréger ׀ diminuer ׀ raccourcir – mettre fin à · s'arrêter

promenade *n.f.* **1 -** sortie · circuit · course · excursion · flânerie · marche · randonnée · périple · voyage · balade *fam.* · tour *fam.* · vadrouille *fam.* · virée *fam.* · baguenaude *fam., vieilli* · échappée *littér.* · **2 - allée** · avenue · boulevard · cours · mail

promener *v.tr.* transporter · traîner · balader *fam.*

» **se promener** *v.pron.* **1 -** marcher · circuler · déambuler · voyager · **2 - flâner** · errer · baguenauder *fam.* · se balader *fam.* · vadrouiller *fam.* · ambuler *vieux* · buissonner *vieux*

✦ **envoyer promener 1 -** repousser · éconduire · envoyer au diable · rabrouer · envoyer balader *fam.* · envoyer bouler *fam.* · envoyer chier *très fam.* · envoyer se faire fiche *très fam.* · envoyer se faire foutre *très fam.* · envoyer paître *fam.* · envoyer se faire voir (chez les Grecs) *fam.* · envoyer sur les roses *fam.* · **2 - renoncer à** · abandonner · délaisser · dire adieu à · enterrer · faire son deuil de · en finir avec · quitter · renier · répudier · sacrifier · se défaire de · tirer un trait sur · laisser tomber *fam.*

✦ **aller se promener** sortir · aller prendre l'air · aller faire un tour *fam.*

promeneur, -euse *n.* **1 -** flâneur · badaud · passant · visiteur · [nocturne] noctambule · **2 - marcheur** · excursionniste · randonneur

promenoir n.m. · déambulatoire

promesse n.f. **1 - assurance** · déclaration · engagement · foi · parole (d'honneur) · protestation · serment · **2 - annonce** · présage · signe · **3 - convention** · contrat · engagement
✦ **belles promesses** [péj.] monnaie de singe
✦ **fausse promesse** serment d'ivrogne
✦ **des promesses en l'air** du vent · promesses de Gascon vieilli

prometteur, -euse adj. · engageant · de bon augure · encourageant · rassurant

promettre v.tr. **1 - assurer** · affirmer · certifier · garantir · jurer · **2 - annoncer** · augurer · laisser présager · laisser prévoir · prédire · préparer · **3 - proposer** · faire briller · faire miroiter · laisser espérer · **4 -** [sans complément] s'engager · donner sa parole
⋙ **se promettre** v.pron. escompter · attendre · compter sur · espérer
✦ **se promettre de** compter · décider de · se flatter de · se jurer de · faire le projet de

promis, e
■ adj. juré
✦ **promis à** voué à · condamné à · consacré à · destiné à · prédestiné à
■ n. [vieux] → **fiancé**

promiscuité n.f. · défaut, manque d'intimité · cohabitation · familiarité · mélange · proximité · voisinage

promo n.f. → **promotion**

promontoire n.m. · cap · avancée · bec · belvédère · éminence · éperon · hauteur · pointe · saillie

promoteur, -trice n. **1 - animateur** · âme · centre · dirigeant · incitateur · instigateur · leader · meneur · moteur · tête · héraut littér. · **2 - auteur** · concepteur · créateur · initiateur · inspirateur · père · pionnier · précurseur
CONTR. continuateur

promotion n.f. **1 - accession** · ascension · avancement · dignité · distinction · élévation · nomination · **2 - progrès** · amélioration · émancipation · **3 - publicité** · communication · lancement · promo fam. · **4 - année** · classe · volée Suisse · cuvée fam. · promo fam.

promouvoir v.tr. **1 - élever** · nommer · propulser · bombarder fam. · catapulter fam. · parachuter fam. · **2 - favoriser** · aider · améliorer · animer · encourager · porter · protéger · soutenir · **3 - lancer** · mettre en avant · pousser

prompt, e adj. **1 - empressé** · actif · bouillant · délié · diligent · éveillé · expéditif · fougueux · impétueux · leste · preste · rapide · vif · zélé · **2 - coléreux** · irascible · susceptible · soupe au lait fam. · **3 - rapide** · brusque · hâtif · immédiat · instantané · soudain · subit · **4 - de courte durée** · bref · court · succinct · **5 - prochain** · proche · rapide
CONTR. lent – patient – appesanti | long | pesant – long
↪ **expéditif**

promptement adv. **1 - rapidement** · rondement · vite · vivement · en hâte · en un rien de temps · en peu de temps · en vitesse · à la volée · à fond de train fam. · à toute vapeur fam. · en un clin d'œil fam. · prestement littér. · **2 - immédiatement** · au plus vite · **3 - tôt** · bientôt
CONTR. doucement | lentement

promptitude n.f. **1 - rapidité** · célérité · diligence · empressement · hâte · **2 - vivacité** · agilité · dextérité · prestesse · rapidité · vélocité · vitesse
CONTR. indolence | mollesse – lenteur
↪ **vitesse**

promulguer v.tr. · édicter · décréter · proclamer · publier
CONTR. abroger

prône n.m. · prêche · exhortation · harangue · sermon · homélie littér. · prédication littér.

prôner v.tr. **1 -** préconiser · conseiller · prêcher pour · recommander · vanter · **2 - célébrer** · approuver · encenser · exalter · glorifier · louer · vanter

CONTR. décrier ı dénigrer ı déprécier

prononcé, e adj. · accentué · accusé · appuyé · fort · marqué · souligné · très visible

CONTR. imperceptible ı insensible ı faible

prononcer

■ v.tr. **1 - émettre** · articuler · **2 - énoncer** · dire · exprimer · formuler · proférer · **3 - décréter** · déclarer · proclamer · rendre · **4 -** [bas] **chuchoter** · murmurer · **5 -** [distinctement] **accentuer** · appuyer · détacher · marquer · marteler · scander • [une lettre] faire sentir, sonner · **6 -** [mal] **écorcher** · **7 -** [indistinctement] **bafouiller** · balbutier · bégayer · bléser · bredouiller · chuinter · grasseyer · mâchonner · nasiller · nasonner · zézayer

■ v.intr. **juger**

»» **se prononcer** v.pron. **1 - opter** · choisir · se décider · se déclarer · se déterminer · pencher · prendre parti · **2 - conclure à** · juger · statuer · trancher

prononciation n.f. **1 -** énonciation · **2 - articulation** · élocution · **3 -** accentuation · inflexion · intonation · phrasé · prosodie · ton · **4 - diction** · accent

pronostic n.m. · prévision · anticipation · conjecture · extrapolation · prédiction

pronostiquer v.tr. · annoncer · anticiper · conjecturer · envisager · imaginer · prédire · pressentir · prévoir · prophétiser

pronunciamiento n.m. **1 - manifeste** · proclamation · **2 - putsch** · coup d'État · sédition

propagande n.f. · endoctrinement · intoxication · bourrage de crâne fam. · intox fam.

propagateur, -trice n. **1 - diffuseur** · colporteur · disséminateur · divulgateur · vulgarisateur · **2 - apôtre** · évangélisateur · missionnaire · propagandiste · prosélyte · zélateur

propagation n.f. **1 - multiplication** · reproduction · **2 - dissémination** · contagion · contamination · diffusion · irradiation · rayonnement · **3 - diffusion** · (mise en) circulation · colportage · divulgation · transmission · vulgarisation · **4 - extension** · expansion · invasion · marche · progrès · progression

propager v.tr. **1 - répandre** · disséminer · semer · **2 - diffuser** · enseigner · populariser · vulgariser · **3 - accréditer** · **4 - colporter** · crier sur les toits · divulguer · publier à son de trompe

»» **se propager** v.pron. **1 - se répandre** · circuler · s'étendre · gagner (du terrain) · faire tache d'huile · **2 - se développer** · augmenter · s'intensifier · **3 - se transmettre** · se diffuser · irradier · rayonner

CONTR. borner ı circonscrire ı limiter ı restreindre – arrêter ı cacher ı taire

propension n.f. · disposition · appétence · attirance · goût · inclination · penchant · tendance · vocation · pente vieux ou littér.

prophète n.m. · visionnaire · augure · devin · oracle · voyant · vaticinateur littér.

prophétie n.f. **1 - annonce** · oracle · prédiction · prévision · **2 - divination** · vaticination littér.

↝ **prédiction**

prophétique adj. · visionnaire · inspiré · prémonitoire

prophétiser v.tr. · prévoir · annoncer · conjecturer · deviner · entrevoir · prédire · pressentir · pronostiquer · vaticiner littér.

prophylactique *adj.* • préventif
CONTR. curatif

prophylaxie *n.f.* • prévention • précaution • protection • médecine préventive

propice *adj.* **1 - favorable** • opportun • **2 - convenable** • bon • faste • heureux
CONTR. défavorable ı désastreux ı fâcheux ı inopportun – adverse ı contraire

proportion *n.f.* **1 - dimension** • étendue • mesure • **2 - pourcentage** • dose • prorata • taux • **3 - dosage** • mesure • **4 - équilibre** • eurythmie • harmonie • rapport • symétrie
✦ **à proportion de**   à raison de
✦ **être à proportion de**   correspondre à • répondre à
✦ **en proportion de**   **1 -** eu égard à • en fonction de • en raison de • selon • suivant • **2 - au prorata de** • proportionnellement à • **3 - en comparaison de** • relativement à
CONTR. discordance ı disproportion

proportionné, e *adj.*
✦ **(bien) proportionné**   **1 -** équilibré • harmonieux • homogène • régulier • symétrique • **2 - beau** • harmonieux • bien bâti • bien fait • bien moulé • bien taillé • bien tourné • bien fichu *fam.* • bien foutu *fam.* • fait au moule • [femme] bien roulée *fam.* • bien prise *vieilli*

proportionnel, -elle *adj.* **relatif**
✦ **proportionnel à**   au prorata de • en rapport avec
CONTR. absolu ı indépendant

proportionnellement *adv.* • comparativement • relativement • au marc le franc (Droit)
✦ **proportionnellement à**   en, à proportion de • en fonction de • au prorata de • par rapport à • selon • suivant
CONTR. absolument

proportionner *v.tr.* **1 - doser** • calculer • calibrer • mesurer • **2 - approprier** • assortir • rapporter • répartir

propos *n.m.* **1 - discours** • déclaration • dire • mots • parole • phrase • **2 - objectif** • but • désir • intention • pensée • résolution • volonté • dessein *littér.* • **3 - sujet** • matière • objet • thème
✦ **à propos**   **1 - au fait** • **2 - opportunément** • à bon escient • à point nommé • à temps • à pic *fam.* • pile *fam.* • **3 - bon** • convenable • opportun • pertinent • expédient *littér.*
✦ **à propos de**   au sujet de • concernant • relatif à • relativement à
✦ **à tout propos**   constamment • continuellement • à chaque instant • pour un oui ou pour un non • à tout bout de champ *fam.*
✦ **mal à propos, hors de propos**   **1 - à contretemps** • hors de saison • **2 - inopportun** • déplacé • malséant *littér.*

proposer *v.tr.* **1 - présenter** • mettre en avant • soumettre • **2 - montrer** • présenter • **3 - offrir** • donner • **4 - suggérer** • conseiller • souffler
⋙ **se proposer** *v.pron.* **présenter sa candidature** • s'offrir • se porter volontaire
✦ **se proposer de**   projeter de • avoir en vue de • envisager de • penser • planifier de • préméditer de • programmer • songer à

proposition *n.f.* **1 - offre** • marché • ouverture • suggestion • [galante] avance • **2 - motion** • résolution • **3 - affirmation** • allégation • aphorisme • assertion • jugement • maxime • précepte • thèse • **4 -** [Logique] axiome • postulat • principe
✦ **sur la proposition de**   sur le conseil de • à l'initiative de

¹**propre** *adj.*
I 1 - immaculé • blanc • frais • lavé • net • propret • **2 - bien tenu** • bien entretenu • impeccable • nettoyé • pimpant • comme un sou neuf *vieilli* • **3 - soigné** • soigneux

II 1 - **individuel** · distinctif · exclusif · intrinsèque · particulier · personnel · spécifique · typique · **2 - privé** · à soi · personnel
III **adéquat** · adapté · ad hoc · approprié · convenable · exact · juste · précis · congru *littér.* · idoine *littér.*
IV **honnête** · bien · correct · intègre · moral · réglo *fam.* · probe *littér.*
V [sens] **littéral** · textuel

✦ **propre à** [+ infinitif] de nature à · à même de · apte à · capable de · fait pour · susceptible de
✦ **propre à rien** bon à rien · incapable · maladroit · médiocre · nul · nullité · minable *fam.* · nullard *fam.* · zéro *fam.*

propre, net
Propre et net s'appliquent tous deux à ce qui a été nettoyé et ne porte pas de tache, de trace de saleté, de poussière *(une chemise propre/nette)*. Propre a une valeur générale et des domaines d'application très larges *(une eau propre, un vêtement propre, des verres propres, avoir les mains propres)*. Net ajoute à l'idée de *propreté* celle de soin, de fraîcheur *(une maison propre et nette)*. Dans les emplois figurés, propre qualifie une personne à la conduite irréprochable *(j'ai confiance en lui, c'est un homme propre)* et net, familièrement, une personne claire dans son comportement *(il n'est pas très net, ton copain)*.

²**propre** *n.m.* **caractéristique** · attribut · nature · particularité · spécificité · apanage *littér.*
✦ **en propre** en propriété

proprement *adv.* **1 - typiquement** · exclusivement · spécifiquement · **2 - exactement** · en fait · pratiquement · précisément · véritablement · vraiment · **3 - littéralement** · **4 - bien** · comme il faut · convenablement · correctement · décemment · honnêtement · **5 - soigneusement** · avec propreté

✦ **proprement dit** stricto sensu
✦ **à proprement parler** à vrai dire

CONTR. peu - mal - malproprement ı salement - lato sensu

propreté *n.f.* **1 - pureté** · salubrité · **2 - hygiène** · tenue · toilette · **3 - fraîcheur** · blancheur · netteté · pureté

CONTR. crasse ı malpropreté ı saleté

propriétaire *n.* **1 - possesseur** · détenteur · maître · patron · **2 - hôte** · proprio *fam.*

propriété *n.f.*
I **1 - possession** · **2 - bien** · avoir · capital (en nature) · domaine · fonds · immeuble · patrimoine · terre
II **1 - attribut** · caractère · caractéristique · essence · nature · particularité · propre · **2 - pouvoir** · faculté · qualité · vertu
III **adéquation** · convenance · correction · efficacité · exactitude · justesse · précision

propulser *v.tr.* **1 - projeter** · lancer · envoyer · **2 -** [fam.] **nommer** · promouvoir · bombarder *fam.* · catapulter *fam.* · parachuter *fam.*

propulsion *n.f.* · élan · force · impulsion · poussée

prorata *n.m. invar.* **pourcentage** · proportion · quote-part · quotité · rapport
✦ **au prorata de** proportionnellement à · à, en proportion de · en fonction de · proportionné à · proportionnel à · selon · suivant

prorogation *n.f.* **1 - prolongation** · maintien · reconduction · renouvellement · **2 - délai** · moratoire · répit · sursis · **3 -** [Pol.] **ajournement** · renvoi · report

CONTR. cessation

proroger *v.tr.* **1 - prolonger** · allonger · rallonger · reconduire · renouveler · **2 - remettre** · repousser · retarder

prosaïque *adj.* **1 - commun** · banal · ordinaire · plat · quelconque · vulgaire · **2 - matériel** · matérialiste · physique · primaire · terre à terre · trivial · au ras des pâquerettes *fam.*
CONTR. remarquable – idéaliste ı noble ı poétique

prosaïquement *adv.* · banalement · platement

prosaïsme *n.m.* **1 - trivialité** · grossièreté · vulgarité · **2 - banalité** · ennui · grisaille · monotonie · platitude · tristesse · uniformité

proscription *n.f.* **1 - expulsion** · ban · banissement · exclusion · exil · ostracisme · **2 - élimination** · bannissement · refus · rejet · **3 - interdiction** · censure · condamnation · éviction · mise à l'index · prohibition

proscrire *v.tr.* **1 - expulser** · bannir · chasser · exiler · refouler · reléguer · renvoyer · **2 - éliminer** · bannir · écarter · enlever · exclure · refuser · rejeter · **3 - interdire** · censurer · condamner · défendre · mettre à l'index · prohiber
CONTR. rappeler – accepter ı admettre – autoriser ı permettre ı tolérer
➥ **exiler**

proscrit, e *adj.* · banni · exilé

prose *n.f.* · style · littérature · plume
CONTR. poésie ı vers

prosélyte *n.* · adepte · apôtre · militant · missionnaire · partisan · zélateur · sectateur *péj.*

prosélytisme *n.m.* · propagande · apostolat

prosodie *n.f.* · métrique · versification

prosopopée *n.f.* · évocation

prospecter *v.tr.* **1 - chercher** · rechercher · se mettre en quête de · partir à la chasse de · **2 - sonder** · creuser · fouiller · **3 - explorer** · couvrir · inspecter · parcourir · patrouiller · reconnaître · sillonner · traverser · visiter · **4 - consulter** · interroger

prospecteur, -trice *n.* **1 - explorateur** · chercheur · **2 - enquêteur**

prospection *n.f.* **1 - exploration** · fouille · investigation · enquête · recherche · reconnaissance · sondage · **2 -** [de clientèle] **démarchage** · mailing · publipostage

prospective *n.f.* · anticipation · avenir · futur · futurologie · prévisionnisme · prévisions

prospectus *n.m.* · brochure · réclame

prospère *adj.* **1 - riche** · aisé · fortuné · **2 - florissant** · resplendissant · **3 - faste** · favorable · heureux
CONTR. malheureux ı misérable ı pauvre – désastreux ı néfaste

prospérer *v.intr.* **1 - se développer** · s'étendre · être florissant · fructifier · progresser · réussir · avoir le vent en poupe · marcher *fam.* · **2 - croître** · s'épanouir · fleurir · foisonner · se multiplier · pulluler · **3 - s'enrichir** · faire ses affaires · réussir · engraisser *fam.* · faire son beurre *fam.*
CONTR. échouer ı faire faillite ı péricliter – dépérir ı s'étioler ı se faner – être ruiné

prospérité *n.f.* **1 - fortune** · richesse · réussite · succès · **2 - bonheur** · abondance · aisance · bien-être · opulence · splendeur · félicité *littér.* · **3 - activité** · développement · essor · expansion
CONTR. pauvreté – crise ı dépression ı marasme ı ruine

prosternation *n.f.* · génuflexion · prosternement · prostration

prosterner (se) *v.pron.* **1 - s'agenouiller** · fléchir le genou · mettre un genou à terre ·

se courber · s'incliner · **2 - s'abaisser** · s'humilier · ramper · s'aplatir *fam.* · se coucher par terre *fam.*

prostituée *n.f.* · professionnelle · péripatéticienne · belle-de-jour · belle-de-nuit · amazone · entraîneuse · fille de joie · fille publique · fille des rues · fille · racoleuse *fam.* · poule (de luxe) *fam.* · tapineuse *fam.* · michetonneuse *argot* · créature *péj.* · femme de mauvaise vie *péj.* · grue *fam., péj.* · putain *fam., péj.* · pute *fam., péj.* · morue *fam., injurieux* · pouffiasse *fam., injurieux* · roulure *fam., injurieux* · traînée *fam., injurieux* · paillasse *pop., injurieux* · courtisane *littér.* · demi-mondaine *littér.* · hétaïre *littér.* · fleur de macadam *littér.* · horizontale *vieilli* · marchande d'amour, de plaisir *vieilli* · biche *vieux* · catin *vieux* · cocotte *vieux* · gourgandine *vieux* · (vieille) peau *vieux, péj.* · asphalteuse *argot, vieux* · dégrafée *argot, vieux*

prostituer *v.tr.* **1 - dégrader** · avilir · déshonorer · galvauder · profaner · salir · souiller · vendre · **2 - débaucher** · dépraver · dévoyer · maquereauter *fam.*

≫ **se prostituer** *v.pron.* **1 - se vendre** · s'abaisser · **2 - vivre de ses charmes** · faire commerce de ses charmes · faire boutique mon cul *pop.* · faire le trottoir *fam.* · faire le tapin *fam.* · racoler *fam.* · tapiner *fam.* · trafiquer de ses charmes *vieux*

prostitution *n.f.* · racolage · tapin *fam.* · trottoir *fam.* · turbin *fam.* · business *argot* · turf *argot*

prostration *n.f.* · abattement · accablement · adynamie · anéantissement · apathie · dépression · hébétude · langueur · léthargie · torpeur

CONTR. surexcitation

prostré, e *adj.* · accablé · abattu · anéanti · apathique · écrasé · effondré · immobile

protagoniste *n.m.* **1 - participant** · acteur · **2 - personnage** · caractère · héros · rôle · **3 - animateur** · instigateur · leader · meneur · pionnier · promoteur

¹**protecteur, -trice** *adj.*
I **1 - tutélaire** · **2 - paternel** · bienveillant · **3 -** [*péj.*] **condescendant** · dédaigneux · hautain
II **conservateur** · mainteneur · prophylactique

²**protecteur, -trice** *n.* **1 - bienfaiteur** · ange gardien · appui · dieu tutélaire · mécène · soutien · support · tuteur · **2 - défenseur** · champion · gardien · pilier · sauveur · **3 -** [saint] **patron** · **4 - chaperon** · chevalier servant · **5 - proxénète** · souteneur · mac *argot* · maquereau *fam.* · alphonse *fam., vieux* · jules *fam., vieux* · julot *fam., vieux*

protection *n.f.*
I **1 - conservation** · préservation · sauvegarde · **2 - défense** · sécurité · sûreté · surveillance
II **1 - appui** · assistance · aide · recommandation · secours · **2 - garantie** · assurance · **3 - tutelle** · parrainage · patronage
III **1 - armure** · blindage · carapace · couverture · cuirasse · habillage · **2 - rempart** · bouclier · cache · écran · filtre · parapluie · paravent

✦ **prendre sous sa protection**   prendre sous son aile

✦ **sous la protection de**   sous la tutelle de · sous les auspices de · sous l'égide de

CONTR. agression | attaque | hostilité | oppression

protégé, e
■ *adj.* **1 - (à) couvert** · abrité · à l'abri · préservé · **2 - en lieu sûr** · **3 - sûr** · **4 - immunisé** · cuirassé · défendu · vacciné · blindé *fam.*

■ *n.* favori · chouchou *fam.* · poulain *fam.* · client *péj.* · créature *littér.*

protéger *v.tr.*
I **1 - sauvegarder** · conserver · garantir · préserver · **2 - mettre en sûreté** · accompagner · escorter · garder · surveiller · **3 - défendre** · abriter · assurer · garantir · prémunir · préserver · **4 - fortifier** · blinder · cuirasser · immuniser · vacciner

II 1 - **aider** · assister · secourir · soutenir · **2 - bénir** · garder · **3 - veiller sur** · mettre, prendre sous son aile · prendre sous sa protection · couver
III 1 - **appuyer** · épauler · parrainer · patronner · recommander · pistonner *fam.* · pousser *fam.* · **2 - encourager** · favoriser · promouvoir · soutenir
✦ **protéger de** soustraire à · préserver de
⋙ **se protéger** *v.pron.* se défendre · s'armer · s'assurer · ouvrir le parapluie *fam.*
✦ **se protéger de 1 - se mettre à couvert de** · se mettre à l'abri de · **2 - parer à** · être en garde contre · se garer de · prendre garde à

CONTR. menacer ı attaquer ı s'en prendre à – exposer – assaillir ı persécuter ı tyranniser – attaquer ı décourager ı défavoriser – s'exposer à

protestantisme *n.m.* · religion réformée

protestataire *adj. et n.* · opposant · contestataire

protestation *n.f.* **1 - objection** · dénégation · opposition · **2 - réclamation** · plainte · récrimination · revendication · [au plur.] doléances · **3 - murmure** · clameur · cri · levée de bouclier · tempête · beuglante *fam.* · coup de gueule *fam.* · gueulante *fam.* · **4 -** [littér.] témoignage · assurance · démonstration · promesse · serment

CONTR. résignation ı acceptation ı acquiescement ı approbation ı assentiment

protester *v.intr.* **1 - s'opposer** · broncher · se cabrer · s'exclamer · grogner · s'indigner · murmurer · se plaindre · pousser les hauts cris · se rebeller · se récrier · récriminer · regimber · résister · se révolter · ruer · tempêter · tonner · taper du poing sur la table · gueuler *fam.* · râler *fam.* · se rebiffer *fam.* · ronchonner *fam.* · rouscailler *fam.* · rouspéter *fam.* · ruer dans les brancards *fam.* · [en tournure négative] moufter *fam.* · **2 - dire** · criailler · clabauder *littér.*

✦ **protester contre** crier contre, après · attaquer · désapprouver · se dresser contre · s'élever contre · s'insurger contre · pester contre
✦ **protester de** affirmer · arguer de · assurer de · clamer

CONTR. accepter ı acquiescer ı admettre ı approuver ı consentir ı croire ı reconnaître ı soutenir – se résigner à

prothèse *n.f.* · appareil · appareillage

protocolaire *adj.* **1 - formaliste** · conventionnel · **2 - cérémonieux** · formel · solennel · guindé *fam.*

protocole *n.m.*
I **1 - étiquette** · bienséance · cérémonial · code · convenances · forme · règle · rite · rituel · **2 - norme** · règlement · **3 - décorum** · apparat · cérémonie
II **convention** · accord · acte · traité

prototype *n.m.* **1 - archétype** · étalon · modèle · type · **2 - original**

protubérance *n.f.* **1 - saillie** · bosse · apophyse · éminence · excroissance · tubérosité · tubercule · **2 - monticule** · mamelon

CONTR. cavité

protubérant, e *adj.* · proéminent · bombé · enflé · saillant

proue *n.f.* · avant · bout · devant · étrave · nez

CONTR. arrière ı poupe

prouesse *n.f.* **1 - exploit** · action d'éclat · haut fait · morceau de bravoure · performance · **2 -** [en amour] **succès**

CONTR. crime ı faute

prouvé, e *adj.* · certain · attesté · avéré · confirmé · constaté · démontré · établi · évident · sûr · testé · vérifié

prouver v.tr. **1 - démontrer (par A + B)** · établir · faire comprendre · mettre en évidence · vérifier · **2 - attester de** · affirmer · confirmer · être le signe de · exprimer · faire foi de · faire voir · illustrer · indiquer · laisser voir · manifester · marquer · montrer · révéler · témoigner · trahir

provenance n.f. · source · fondement · origine · point de départ · racine

provenir de v.tr. ind. **1 - émaner de** · partir de · sortir de · **2 - résulter de** · découler de · dépendre de · dériver de · procéder de · tenir à · tirer son origine, sa source de · être tiré de · venir de · **3 - descendre de** · être issu de · être né de

proverbe n.m. · adage · aphorisme · dicton · maxime · sentence

proverbial, e adj. · légendaire · admis · célèbre · connu · fameux · notoire · reconnu

providence n.f. **1 - ciel** · dieu · dieux · divinités · **2 - chance** · destin · hasard · sort · **3 - bienfaiteur** · ange (gardien) · protecteur · sauveur · secours

providentiel, -ielle adj. · opportun · bon · heureux · inespéré · miraculeux · opportun · salutaire

CONTR. fâcheux ı malencontreux

province n.f. · région · pays · contrée vieilli ou région.

CONTR. capitale

proviseur n. · directeur (de lycée) · protal fam.

provision n.f. **1 - réserve** · amas · approvisionnement · fourniture · munition · stock · cargaison fam. · **2 - acompte** · avance · dépôt
⇒ **provisions** plur. **1 - commissions** · courses · **2 - ravitaillement** · aliments · denrées (alimentaires) · viatique · victuailles · vivres · provende vieux

provisionner v.tr. · alimenter · approvisionner

provisoire adj. **1 - temporaire** · momentané · passager · transitoire · **2 - fugace** · court · bref · éphémère · fugitif · précaire · **3 - de fortune**

CONTR. définitif ı durable ı permanent

provisoirement adv. **1 - en attendant** · momentanément · **2 - temporairement** · par intérim · passagèrement · transitoirement

provoc n.f. → provocation

provocant, e adj. **1 - agressif** · batailleur · belliqueux · querelleur · **2 - agaçant** · irritant · **3 - suggestif** · aguichant · affriolant · coquet · émoustillant · excitant · racoleur · troublant · **4 - arrogant** · effronté · hardi · insolent · provocateur

CONTR. apaisant ı calmant – froid ı prude ı réservé – timide

provocateur, -trice

■ n. **1 - agitateur** · excitateur · fauteur de troubles · meneur · **2 - agresseur** · assaillant · attaquant · offenseur

■ adj. **provocant** · arrogant · effronté · hardi · insolent

provocation n.f. **1 - défi** · bravade · provoc fam. · **2 - attaque** · agression · menace · **3 - agacerie** · coquetterie

✦ **provocation à** appel à · excitation à · incitation à

CONTR. apaisement ı défense

provoquer v.tr.
I **1 - amener** · amorcer · appeler · apporter · attirer · catalyser · causer · créer · déchaîner · déclencher · déterminer · donner (lieu à) · engendrer · entraîner · favoriser · instiguer · faire naître · occasionner · produire · susciter · **2 - exciter** · aiguillonner · allumer · enflam-

mer · éveiller · inspirer · solliciter · soulever · mettre le feu aux poudres · **3 - prendre l'initiative de** · animer · promouvoir
II 1 - attaquer · agresser · menacer · mettre au défi · **2 - agacer** · harceler · **3 - narguer** · attaquer · braver · défier · se frotter à · **4 - aguicher** · émoustiller · allumer *fam.*

✦ **provoquer (qqn) à**   amener à · convier à · disposer à · encourager à · engager à · entraîner à · exciter à · exhorter à · inciter à · inviter à · porter à · pousser à · préparer à

CONTR. prévenir – amortir I apaiser – essuyer I subir – décourager (qqn) de

proxénète *n.* · protecteur · marchand de chair humaine · souteneur · maquereau *fam.* · mac *argot* · marlou *argot* · alphonse *fam., vieux* · jules *fam., vieux* · julot *fam., vieux*

proximité *n.f.* **1 - voisinage** · contiguïté · mitoyenneté · **2 - imminence** · approche · **3 - parenté** · affinité · analogie · points communs · ressemblance · similitude

✦ **à proximité**   (tout) près · à côté · à deux pas · aux alentours · aux environs · dans les parages · (tout) proche

CONTR. distance I éloignement – loin

prude

■ *adj.* **puritain** · pudique · bégueule *fam.* · collet monté *fam.* · pudibond *littér.*

■ *n.f.* **sainte-nitouche**

CONTR. dévergondé I grivois I léger I obscène

prudemment *adv.* **1 - sagement** · raisonnablement · **2 - pas à pas** · avec circonspection · précautionneusement

CONTR. imprudemment

prudence *n.f.* **1 - pondération** · discernement · mesure · prévoyance · réflexion · sagesse · **2 - ménagement** · doigté · tact · **3 - précaution** · attention · circonspection · vigilance · **4 - hésitation** · réticence

CONTR. imprévoyance I imprudence I insouciance I légèreté I négligence – imprudence I témérité

prudent, e *adj.* **1 - prévoyant** · attentif · averti · avisé · circonspect · mesuré · pondéré · raisonnable · réfléchi · sage · vigilant · **2 - hésitant** · réticent · **3 -** [à l'excès] **précautionneux** · timoré · pusillanime *littér.*

✦ **être prudent**   veiller au grain

CONTR. aventureux I imprévoyant I imprudent I insouciant I intrépide – décidé – téméraire

~ **prudent, avisé, circonspect**

Prudent, avisé et circonspect s'appliquent à une personne qui réfléchit avant d'agir. Est **prudent** celui qui pèse les conséquences de ses actes ou de ses propos et prend toutes les précautions pour éviter des erreurs *(il est trop prudent pour conclure rapidement cette affaire ; soyez prudent, les routes sont enneigées)*. **Circonspect** renchérit sur les précautions prises et la réflexion engagée : « Marin circonspect, il ne mettait jamais en mer pendant la tempête » (Chateaubriand, *Mémoires d'outre-tombe*, III, VII). **Avisé** permet surtout d'insister sur l'à-propos et l'intelligence mis en œuvre *(c'est un esprit avisé ; il était assez avisé pour éviter les ennuis)*.

pruderie *n.f.* · pudeur · puritanisme · pudibonderie *littér.*

prunelle *n.f.* · pupille · œil · regard

prurit *n.m.* · démangeaison · chatouillement · irritation · picotement

psalmodie *n.f.* · chant · cantique · plain-chant · psaume

psalmodier *v.tr.* **1 - chanter** · vocaliser · **2 - réciter** · débiter · déclamer

psaume *n.m.* · cantique · chant · hymne

pseudonyme *n.m.* · nom d'emprunt · cryptonyme · faux nom · nom d'artiste · nom de scène · nom de plume · nom de guerre · pseudo *fam.*

psychanalyse n.f. • psychothérapie analytique • analyse

psychanalyser v.tr. • analyser • étendre sur un divan *plaisant*

psychanalyste n. • analyste • psy *fam.*

¹psyché n.f. • glace • miroir

²psyché n.f. • âme • ego • psychisme • psychologie

psychiatre n. • psy *fam.* • aliéniste *vieux*

psychique adj. • mental • intérieur • psychologique
CONTR. organique I physique I somatique

psychisme n.m. • psychologie • état d'esprit • mental • psyché *littér.*

psychologie n.f. 1 - **psychisme** • caractère • comportement • mentalité • mœurs • 2 - **perspicacité** • clairvoyance • diplomatie • doigté • finesse (psychologique) • intuition • pénétration • sagacité • tact

psychologique adj. • psychique • mental
CONTR. physique I somatique

psychologiquement adv. • moralement • mentalement

psychologue adj. • perspicace • clairvoyant • diplomate • fin • sagace • subtil

psychopathe n. • déséquilibré • fou • malade (mental) • pervers

psychose n.f. 1 - folie • aliénation • délire • démence • vésanie *vieux* • 2 - obsession • angoisse • hantise

psychosomatique adj. • psychogène

puant, e adj. 1 - **malodorant** • écœurant • empesté • empuanti • fétide • infect • méphitique • nauséabond • pestilentiel • rance • répugnant • [Méd.] nidoreux • 2 - **vaniteux** • poseur • prétentieux • satisfait • snob • suffisant • fat
CONTR. odoriférant I parfumé

puanteur n.f. • fétidité • infection • miasmes • pestilence • relent • remugle *littér.*
CONTR. arôme
↪ **infection**

¹pub n.f. → **publicité**

²pub n.m. • bar • bistrot • brasserie • café

pubère adj. • formé • adolescent • nubile *didact.* • [fille] réglée
CONTR. impubère

↪ **pubère, nubile**
Pubère concerne un garçon ou une fille qui a atteint, ou dépassé depuis peu, l'âge de la maturation sexuelle *(une jeune fille, un garçon pubère).* Nubile s'applique plutôt aux filles avec la même valeur *(elle est nubile depuis peu)* et, par ailleurs, se dit d'un adolescent en âge d'être marié. Pubère est beaucoup moins en usage que **puberté**, alors que **nubilité** est d'emploi didactique.

puberté n.f. 1 - adolescence • âge ingrat • âge tendre • 2 - formation • nubilité *didact.* • pubescence *didact.* • efflorescence sexuelle *littér.*

pubis n.m. 1 - bas-ventre • 2 - [de la femme] mont-de-Vénus • touffe *fam.* • pénil *vieilli*

¹public, -ique adj. 1 - **commun** • collectif • communautaire • général • national • 2 - **accessible** • libre • ouvert à tous • 3 - **notoire** • connu • répandu • 4 - **manifeste** • visible • 5 - **officiel** • authentique • solennel • 6 - laïque
↪ **manifeste**

²public *n.m.* **1 - assistance** • assemblée • audience • auditeurs • auditoire • parterre • salle • spectateurs • galerie *fam.* • **2 - masse** • foule • multitude • peuple • population
✦ **en public** publiquement • à la vue de tous • au vu et au su de tous, de tout le monde

publication *n.f.*
I 1 - annonce • affichage • divulgation • proclamation • promulgation • [de mariage] ban • **2 - sortie** • édition • lancement • mise en vente • parution • tirage
II 1 - ouvrage • écrit • fascicule • livraison • livre • recueil • volume • **2 - périodique** • bulletin • journal • numéro • revue

publiciste *n.* • publicitaire

publicitaire
▪ *adj.* promotionnel
▪ *n.* publiciste

publicité *n.f.* **1 - message publicitaire** • spot publicitaire • pub *fam.* • réclame *vieilli* • [de film] bande-annonce • **2 - placard publicitaire** • affiche • affichage • [dans magazine] infopub • publireportage • **3 - propagande** • bruit • battage *fam.* • bourrage de crâne *fam.* • matraquage *fam.* • ramdam *fam.* • tam-tam *fam.* • **4 - retentissement** • renommée

publier *v.tr.* **1 - rendre public** • annoncer • claironner • clamer • communiquer • corner • crier • déclarer • dévoiler • divulguer • ébruiter • édicter • émettre • étaler (au grand jour) • exprimer • faire connaître • manifester • mettre en pleine lumière • proclamer • promulguer • répandre • trompeter • **2 - écrire** • donner • accoucher *fam.* • **3 - éditer** • faire paraître • imprimer • lancer • sortir

publiquement *adv.* **1 - en public** • officiellement • **2 - ouvertement** • à la face du monde • à visage découvert • au grand jour • devant tout le monde • haut et fort • tout haut • ostensiblement
CONTR. officieusement – secrètement

puceau *n.m.* → vierge

pucelle *n.f.* → vierge

pudeur *n.f.* **1 - confusion** • embarras • gêne • honte • scrupule • timidité • vergogne • **2 - discrétion** • délicatesse • modestie • réserve • respect • retenue • tact • **3 - décence** • bienséance • tenue • pudicité *littér.* • vertu *vieilli* • honnêteté *vieux* • pruderie *péj.* • pudibonderie *péj.*
CONTR. assurance ı désinvolture – cynisme ı effronterie – impudeur ı indécence

pudibond, e *adj.* • prude • pudique • puritain • bégueule *fam.* • collet monté *fam.*
CONTR. impudique

pudique *adj.* **1 - décent** • chaste • correct • sage • honnête *vieilli* • modeste *vieilli* • prude *péj.* • pudibond *péj.* • **2 - discret** • délicat • modeste • réservé • retenu
CONTR. impudique ı inconvenant ı indécent – cynique

pudiquement *adj.* **1 - avec retenue** • **2 - par euphémisme**
CONTR. impudemment

puer *v.intr. et tr.* • empester • empuantir • sentir mauvais • cocoter *fam.* • cogner *fam.* • fouetter *fam.* • ne pas sentir la rose *fam.* • schlinguer *fam.* • sentir *fam.* • dauber *argot*
CONTR. embaumer

puéril, e *adj.* **1 - enfantin** • candide • immature • infantile • naïf • niais • bébé *fam.* • bébête *fam.* • gamin *fam.* • **2 - frivole** • dérisoire • futile • superficiel • vain *littér.*
CONTR. mûr – sérieux
☞ enfantin

puérilité *n.f.* **1 - infantilisme** • naïveté • niaiserie • **2 - enfantillage** • frivolité • futilité
CONTR. maturité – sérieux

pugilat *n.m.* • combat • bataille • échauffourée • lutte • mêlée • rixe • bagarre *fam.*

pugnace *adj.* · combatif · accrocheur · agressif · bagarreur · batailleur · belliqueux · offensif
CONTR. pacifique
↝ **batailleur**

pugnacité *n.f.* · combativité · agressivité · allant · mordant · ténacité

puîné, e *adj. et n.* · cadet · junior
CONTR. aîné

puis *adv.* ensuite · alors · après · par la suite
✦ **et puis** d'ailleurs · en outre · de plus · au, du reste

puisard *n.m.* · égout · fosse

puiser *v.tr.* **1 –** tirer · pomper · **2 –** prendre · emprunter · glaner · récolter · piocher *fam.*

puisque *conj.* · étant donné que · attendu que · comme · dans la mesure où · dès l'instant que · du fait que · du moment où, que · parce que · pour la raison que · vu que

puissamment *adv.* **1 –** énergiquement · âprement · fortement · furieusement · passionnément · redoutablement · solidement · vigoureusement · violemment · **2 – considérablement** · beaucoup · énormément · extrêmement · fort · fortement · infiniment · intensément · prodigieusement · très
CONTR. faiblement – médiocrement ׀ peu

puissance *n.f.*
I **1 – force** · vigueur · virilité · **2 – efficacité** · force · pouvoir · **3 – capacité** · faculté · possibilité
II **intensité** · dimension · énergie · profondeur · [d'un son] volume
III **1 – autorité** · crédit · influence · pouvoir · souveraineté · **2 –** [légale] **droit** · autorité
IV **nation** · empire · État · pays · royaume · grand · super-grand
V [Mathématiques] **exposant**
✦ **en puissance** virtuel · potentiel
CONTR. impuissance – faiblesse – inaptitude ׀ incapacité

puissant, e *adj.* **1 –** vigoureux · fort · musclé · robuste · solide · balèze *fam.* · costaud *fam.* · **2 – influent** · considérable · haut placé · important · omnipotent · qui a le bras long · **3 – efficace** · agissant · énergique · tout-puissant · **4 – profond** · fort · intense · soutenu · vif · violent
✦ **être très puissant** faire la pluie et le beau temps · faire la loi
⋙ **les puissants** *n.m.pl.* les grands (de ce monde)
CONTR. chétif ׀ débile ׀ faible – insignifiant ׀ ordinaire ׀ petit ׀ sous-fifre – inefficace – assourdi ׀ faible

pull *n.m.* → pull-over

pull-over *n.m.* · chandail · pull · tricot

pulluler *v.intr.* **1 –** abonder · foisonner · fourmiller · grouiller · **2 – proliférer** · envahir · se répandre · pousser (comme des champignons, du chiendent) *fam.* · faire des petits *fam.*

pulpe *n.f.* · chair

pulsation *n.f.* · battement · frémissement · mouvement alternatif · oscillation · vibration

pulsion *n.f.* **1 – instinct** · besoin · envie · impulsion · **2 – tendance** · pente

pulsionnel, -elle *adj.* · instinctuel

pulvérisateur *n.m.* **1 – atomiseur** · aérosol · brumisateur *nom déposé* · nébuliseur · spray · vaporisateur · **2 – aérographe** · pistolet · **3 – poudreuse** · sulfateuse

pulvérisation *n.f.* **1 – désagrégation** · division · **2 – vaporisation**

pulvériser *v.tr.* **1 – écraser** · broyer · atomiser · concasser · effriter · égruger · émietter · moudre · piler · réduire en miettes, en poudre · **2 – vaporiser** · volatiliser · **3 – anéantir** · balayer · briser · déchiqueter · désagréger · désintégrer · détruire · fracasser ·

réduire en cendres, en poussière · tailler en pièces · bousiller *fam.* · écrabouiller *fam.* · mettre en charpie *fam.*

CONTR. agglomérer

punch *n.m.* · dynamisme · allant · énergie · force · mordant · tonus · vigueur · vitalité · peps *fam.*

punir *v.tr.* **1 - sanctionner** · infliger une peine à · sévir contre · taper sur les doigts de *fam.* · châtier *littér.* · faire justice de *vieux* · [un élève] consigner · coller *fam.* · **2 - battre** · corriger · frapper · châtier *littér.* · **3 - réprimer** · interdire · redresser · sanctionner · sévir contre · **4 - venger** · laver · faire payer

CONTR. épargner ׀ récompenser – excuser

🕮 **punir, châtier, corriger**

Punir, châtier ou corriger, c'est infliger une peine. On **punit** aussi bien le responsable d'un délit *(punir un délinquant, punir quelqu'un d'une amende, d'un emprisonnement)* qu'un enfant dont on veut sanctionner un acte ou un comportement répréhensible *(si tu n'obéis pas, tu seras puni)*. **Châtier,** d'usage littéraire, concerne le second cas mais implique toujours une peine sévère *(les mutins étaient impitoyablement châtiés)*. **Corriger** suppose que l'on veut ramener à une norme morale une personne qui s'en était écartée *(corriger des défauts, un vice, des mauvais penchants)*.

punition *n.f.* **1 - sanction** · condamnation · leçon · peine · pénalité · pénitence · prix *plaisant* · récompense *plaisant* · tarif *plaisant* · châtiment *littér.* · **2 - correction** · coups · fessée · raclée *fam.* · **3 - vengeance** · représailles · vindicte · **4 -** [fam.] → **pensum** · **5 -** [au jeu] **gage**

CONTR. récompense – pardon

pupille *n.f.* · prunelle · œil

pupitre *n.m.* **1 - lutrin** · **2 - bureau** · table · **3 - console** · clavier

pur, pure *adj.*
I **1 - brut** · entier · franc · sans mélange · nature · naturel · nu · **2 - affiné** · assaini · décanté · épuré · filtré · fin · purifié · rectifié · [eau] potable · **3 - clair** · cristallin · limpide · lumineux · serein · transparent · [ciel] bleu · sans nuage · [son] argentin
II **1 - soigné** · châtié · correct · délicat · élégant · raffiné · **2 - net** · clair · immaculé · impeccable · propre · sain · sans tache · blanc comme neige
III **1 - angélique** · candide · frais · ingénu · innocent · virginal · **2 - chaste** · continent · platonique · pudique · sage · vertueux · **3 - vierge** · inaltéré · intact · **4 - immatériel** · aérien · ailé · éthéré · séraphique · sublime
IV **1 - désintéressé** · authentique · sincère · véritable · vrai · **2 - honnête** · droit · franc · intègre · probe *littér.*
V [avant le nom] **absolu** · complet · idéal · parfait
VI [science, recherche] **théorique** · fondamental

CONTR. mêlé – altéré ׀ trouble – nuageux – incorrect ׀ grossier ׀ relâché – taché – fourbe ׀ rusé – lubrique – corrompu ׀ mauvais – hypocrite – douteux – appliqué

purée *n.f.* **1 - crème** · bouillie · coulis · suprême · [de pommes de terre] (pommes) mousseline · **2 - miettes** · bouillie · capilotade · charpie · compote · marmelade · poussière · **3 -** [fam.] → **pauvreté**

purement *adv.* **1 - exclusivement** · seulement · simplement · strictement · uniquement · **2 - absolument** · intégralement · totalement · **3 -** [vieilli] **honnêtement** · bien · candidement · ingénument · innocemment · vertueusement

CONTR. en partie – un peu

pureté *n.f.*
I **1 - limpidité** · clarté · luminosité · netteté · propreté · transparence · **2 - grâce** · délicatesse · finesse · perfection
II **1 - ingénuité** · candeur · fraîcheur · innocence · **2 - droiture** · franchise · honnêteté · intégrité · probité · **3 -**

désintéressement · authenticité · sincérité ·
4 - chasteté · continence · honneur · innocence · pudeur · vertu · virginité
III correction · élégance

CONTR. nébulosité ׀ trouble – imperfection – abjection ׀ bassesse – fourberie – fausseté – dépravation – grossièreté

purgatif, -ive

■ *adj. et n.m.* **dépuratif** · laxatif

■ *n.m.* **purgation** *vieux* · **purge** *vieux*

purge *n.f.* **1 - purgatif** · purgation *vieux* · **2 -** vidange · **3 - épuration** · lessive *fam.* · **4 -** [fam.]
→ pensum

purger *v.tr.*

I 1 - nettoyer · épurer · purifier · **2 - vidanger** · curer · désobstruer · vider · **3 - effacer** · laver
II 1 - expurger · débarrasser de · retrancher · **2 - chasser de** · balayer · débarrasser · éliminer de · libérer · vider
III s'acquitter de · accomplir · exécuter · subir

purification *n.f.* **1 - assainissement** ·
purge · **2 - lavage** · désinfection · nettoyage · **3 - épuration** · clarification · décantation · élimination · filtrage · **4 - affinage** · raffinage

CONTR. corruption

purifier *v.tr.* **1 - assainir** · désinfecter · purger · **2 - clarifier** · filtrer · rectifier · **3 - épurer** · affiner · raffiner

✦ **purifier de** débarrasser de · laver de · libérer de · nettoyer de

CONTR. corrompre ׀ polluer ׀ souiller

purisme *n.m.* **1 - affectation** · préciosité · **2 - perfectionnisme** · rigorisme

CONTR. laxisme

puritain, e *adj.* **1 - prude** · pudique · pudibond *littér.* · **2 - austère** · intransigeant · janséniste · rigide · rigoriste · rigoureux · sectaire · sévère · strict

puritanisme *n.m.* **1 - rigorisme** · ascétisme · austérité · intransigeance · jansénisme · rigidité · rigueur · sectarisme · sévérité · **2 - pruderie** · pudibonderie *littér.*

purpurin, e *adj.* · pourpre · garance · pourpré · pourprin

purulence *n.f.* · suppuration

pusillanime *adj.* · craintif · anxieux · faible · frileux · irrésolu · lâche · peureux · poltron · prudent · timoré · froussard *fam.* · lope *fam.* · lopette *fam.* · pétochard *fam.* · poule mouillée *fam.* · trouillard *fam.* · couard *littér.* · pleutre *littér.* · timide *littér.* · veule *littér.* · capon *vieilli*

CONTR. audacieux ׀ courageux ׀ entreprenant

pusillanimité *n.f.* · poltronnerie · faiblesse · frilosité · lâcheté · frousse *fam.* · couardise *littér.* · pleutrerie *littér.* · timidité *littér.* · veulerie

CONTR. audace ׀ hardiesse

pustule *n.f.* · grosseur · bouton · bubon · bulbe · furoncle · vésicule

putain *n.f.* **1 -** → prostituée · **2 -** → dévergondée

pute

■ *n.f.* → prostituée

■ *adj.* **vénal**

putréfaction *n.f.* · corruption · décomposition · gangrène · pourriture · putrescence *didact.*

putréfier *v.tr.* **corrompre** · décomposer · gâter

⋙ **se putréfier** *v.pron.* s'altérer · se corrompre · se décomposer · se dissoudre · pourrir

CONTR. conserver

putrescible *adj.* • corruptible • pourrissable • putréfiable

CONTR. imputrescible ı incorruptible

putride *adj.* **1 -** **putrescent** • décomposé • faisandé • gâté • pourri • [odeur] fétide • pestilentiel • **2 - malsain** • corrupteur • immoral • impur • morbide • pernicieux • pervers

putsch *n.m.* • coup d'État • coup de main • pronunciamiento

puzzle *n.m.* • (jeu de) patience • casse-tête *Québec*

P.-V. *n.m.* • contravention • procès-verbal • contredanse *fam.* • prune *fam.* • papillon *fam., vieilli*

pygmée *n.m.* [péj.] **nain** • gnome • tom-pouce *fam.* • myrmidon *fam., vieilli* • avorton *péj.* • nabot *péj.*

pylône *n.m.* • colonne • mât • pilier • poteau • sapine

pyromane *n.* • incendiaire

pythie *n.f.* • prophétesse • cassandre • devineresse • médium • visionnaire • voyante • pythonisse *littér.* • sibylle *littér.* • vaticinatrice *littér.*

q

quadrilatère *n.m.* · polygone · carré · losange · parallélogramme · quadrangle · rectangle · trapèze

quadrillage *n.m.* **1 -** grille · carreaux • [des rues] carroyage · **2 -** contrôle · ratissage

quadrillé, e *adj.* · à carreaux · écossais

quadriller *v.tr.* **1 -** carreler • [des rues] carroyer · **2 -** contrôler · ratisser · passer au peigne fin

quai *n.m.* **1 -** appontement · débarcadère · embarcadère · wharf *anglic.* · **2 -** plateforme

qualification *n.f.* **1 -** appellation · épithète · nom · qualité · titre · **2 -** éliminatoire · série · tour
CONTR. disqualification

qualifié, e *adj.* **1 -** compétent · apte · capable · exercé · expérimenté · expert · ferré · rompu (à) · calé *fam.* · trapu *fam.* · **2 -** autorisé · habilité

qualifier *v.tr.* **1 -** appeler · dénommer · désigner · intituler · nommer · mettre un nom sur • [une personne] traiter · **2 - caractériser** · déterminer · symboliser · **3 -** [Sport] **sélectionner**
CONTR. disqualifier ı éliminer

qualité *n.f.* **1 - attribut** · caractère · caractéristique · essence · particularité · propriété · signe distinctif · spécificité · **2 - classe** · carrure · distinction · envergure · étoffe · mérite · stature · valeur · calibre *fam.* · trempe *fam.* · **3 - aptitude** · capacité · compétence · disposition · don · mérite · talent · valeur · vertu · **4 - fonction** · condition · qualification · titre

✦ **de qualité supérieure** excellent · extra-fin · super-fin · surchoix · surfin · super *fam.*
✦ **en qualité de** comme · en tant que
CONTR. défaut ı faiblesse ı imperfection – faiblesse

quand *conj.* · lorsque · alors que · au moment où · comme · tandis que

   🙰   **quand, lorsque**

Quand et lorsque s'emploient tous deux pour marquer une relation de simultanéité *(quand/lorsque vous viendrez, il sera surpris)*. Cependant, **quand** indique un rapport temporel assez vague *(quand elle a eu appris sa réussite, elle a fait mille projets)* ; **lorsque**, d'usage plus littéraire, le restitue plus explicitement, soulignant plus nettement la circonstance : « Lorsqu'enfin son cœur cessa de battre, je sentis s'abîmer tout mon être » (Gide, *Si le grain ne meurt*).

quant à *loc. prép.* **en ce qui concerne** · concernant · pour ce qui est de · à la rubrique (de) · sur le plan de · côté *fam.* · question *fam.* · rapport à *fam.*

✦ **quant à moi**   pour ma part · de mon côté

quant-à-soi *n.m.*   réserve · retenue · discrétion

✦ **rester sur son quant-à-soi**   garder ses distances

quantième *n.m.* · date · jour · jour du mois · combien · combientième *fam.*

quantifiable *adj.* · calculable · chiffrable

quantification *n.f.* [Écon.] échantillonnage

quantifier *v.tr.* · calculer · chiffrer · évaluer · mettre un chiffre sur

quantité *n.f.* **1 -** volume · charge · dose · masse · stock · **2 -** nombre

✦ **en quantité**   abondamment · beaucoup · copieusement · énormément · largement · plein · en abondance · à foison · à profusion · à gogo *fam.* · en pagaille *fam.* · à la pelle *fam.* · en veux-tu en voilà *fam.*

✦ **grande quantité 1 -** abondance · arsenal · avalanche · collection · contingent · débauche · déluge · flot · foule · fourmillement · grêle · immensité · infinité · jonchée · kyrielle · luxe · moisson · monde · multiplicité · multitude · myriade · pluie · profusion · pullulement · ribambelle · série · tonne · chiée *très fam.* · flopée *fam.* · tripotée *fam.* · **2 - tas** · accumulation · masse · monceau · montagne · **3 -** [de personnes] **affluence** · armée · essaim · flot · foule · kyrielle · légion · multitude · nuée · pléiade · régiment · ribambelle · flopée *fam.* · tripotée *fam.*

✦ **petite quantité**   bout · bribe · brin · doigt · filet · goutte · grain · larme · nuage · once · parcelle · pincée · poignée · pointe · soupçon

CONTR. qualité

quarantaine *n.f.* **1 -** [Méd.] isolement · **2 -** boycott · boycottage · mise à l'index · interdit · ostracisme · proscription

✦ **mettre en quarantaine   1 -** isoler · écarter · éloigner · mettre à part · **2 -** boycotter · mettre à l'index · ostraciser

quart *n.m.*

✦ **être de quart**   être de garde · être de permanence · être de service · être de veille

quartier *n.m.* **1 -** quart · **2 -** morceau · fraction · part · partie · pièce · portion · ration · tranche · **3 -** [de lune] croissant · **4 -** secteur · arrondissement · district · zone · **5 -** [Milit.] **cantonnement** · campement · caserne · casernement

✦ **quartier général**   Q.G. · direction · siège

quartz *n.m.* · cristal de roche · silice

quasi *adv.* → quasiment

quasiment *adv.* [fam.] presque · pratiquement · à peu près · à peu de chose près · quasi *littér. ou région.*

quatre-vingt *adj. numéral et n.* · huitante *en Suisse* · octante *autrefois en Suisse et en Belgique*

quatrièmement *adv.* · quarto *rare*

quelconque *adj.* **1 -** banal · commun · courant · insignifiant · ordinaire · passe-partout · sans odeur ni saveur · [décor] impersonnel · **2 -** inintéressant · falot · médiocre · terne

CONTR. remarquable

quelque

■ *adv.* environ · à peu près · approximativement

■ *adj. indéf.* un · certain

≫ **quelques** *plur.* · un petit nombre de · un certain nombre de · plusieurs · une poignée de

✦ **et quelques** et des bananes *fam.* • et des broutilles *fam.* • et des cacahuètes *fam.* • et des poussières *fam.*

quelquefois *adv.* **1 - parfois** • certaines fois • quelques fois • **2 - de temps à autre** • de loin en loin • de temps en temps

> **quelquefois, quelques fois**
>
> Quelquefois et quelques fois ont en commun l'idée de nombre peu élevé. **Quelquefois** évoque des moments espacés *(il restait quelquefois silencieux ; quelquefois, je l'ai rencontré dans le parc).* **Quelques fois** permet d'insister sur l'indétermination du nombre *(il est allé quelques fois au cinéma l'année dernière, je l'ai rencontré quelques fois dans le parc).*

quelqu'un *pron. indéf.* **I 1 - on** • **2 - notabilité** • autorité • figure • personnalité • (grand) ponte • sommité • grosse légume *fam.* • (grosse) pointure *fam.* • V.I.P. *fam.*

CONTR. personne

quémander *v.tr.* • mendier • implorer • quêter • réclamer • solliciter

quémandeur, -euse *n.* • solliciteur • demandeur • quêteur • tapeur *fam.*

qu'en dira-t-on *n.m.* • commérages • on-dit • racontar • cancans *fam.* • potins *fam.* • ragots *fam.*

quenelle *n.f.* • godiveau

quenotte *n.f.* → dent

querelle *n.f.* **1 - dispute** • altercation • débat • démêlé • désaccord • différend • discorde • discussion • dissension • passe d'armes • bisbille *fam.* • bringue *fam., Suisse* •

brouille *fam.* • chamaillerie *fam.* • prise de bec *fam.* • **2 - conflit** • bataille • controverse • guerre • polémique

✦ **chercher querelle à** avoir maille à partir avec • chercher *fam.* • chercher des crosses à *fam.* • chercher (des) noise(s) à *fam.* • chercher des poux dans la tête à *fam.*

CONTR. accord

> dispute

quereller *v.tr.* [vieilli] **disputer** • gronder • houspiller • réprimander • tancer *littér.* • chanter pouilles à *littér.*

» **se quereller** *v.pron.* se disputer • s'accrocher • se bagarrer • se battre • se bringuer *fam., Suisse* • se chamailler *fam.* • s'engueuler *très fam.*

querelleur, -euse

■ *adj.* **agressif** • batailleur • belliqueux • boutefeu • chamailleur • chicaneur • ferrailleur • hargneux

✦ **être querelleur** ne rêver que plaies et bosses

■ *n.* • mauvais coucheur • mauvaise tête • [femme] harpie • pie-grièche *vieilli*

CONTR. conciliant । doux

quérir *v.tr.* → chercher

question *n.f.* **1 - interrogation** • demande • **2 - devinette** • énigme • colle *fam.* • **3 - affaire** • controverse • discussion • histoire • matière • point • problème • sujet • **4 -** [anciennt] **torture** • supplice • géhenne *vieilli*

✦ **mettre en question** mettre en cause • s'interroger sur

✦ **remettre en question** remettre en cause • reconsidérer • réexaminer • mettre, remettre à plat • revoir

✦ **mise en question** mise en cause

✦ **remise en question** réexamen • réévaluation • remise à plat

CONTR. réponse

questionnaire *n.m.* • formulaire • imprimé • [à choix multiple] Q.C.M.

questionner *v.tr.* • interroger • consulter • interviewer • poser des questions, la question à · sonder · tâter · [en insistant] cuisiner *fam.* · mettre, tenir sur le gril *fam.* · tenir sur la sellette *fam.*

quête *n.f.* · collecte

quêter
- *v.intr.* · faire la quête · recueillir des aumônes
- *v.tr.* · mendier · quémander · rechercher · réclamer · solliciter

queue *n.f.* **1 -** [Bot.] tige · pédicule · pédoncule · pétiole · **2 - arrière** · bout · extrémité · fin · **3 - file d'attente** · **4 - manche** · cognée · **5 -** [d'une lettre] **hampe** · **6 -** [fam.] → pénis
+ **à la queue leu leu** l'un derrière l'autre · à la file · à la file indienne · à la suite
CONTR. tête

quiconque *pronom* · n'importe qui · personne

quidam *n.m.* **1 - individu** · inconnu · personne · bonhomme *fam.* · mec *fam.* · type *fam.* · **2 - monsieur Tout-le-monde** · tout un chacun · l'homme de la rue · le citoyen lambda

quiet, quiète *adj.* · tranquille · calme · paisible
CONTR. inquiet

quiétude *n.f.* **1 - calme** · apaisement · paix · repos · sérénité · tranquillité · **2 -** [Philo.] **ataraxie** · détachement · sérénité · tranquillité d'âme
CONTR. agitation ı inquiétude

quincaillerie *n.f.* **1 - ferblanterie** · **2 -** [fam.] **pacotille** · camelote *fam.* · toc *fam.* · [bijoux] affûtiaux *fam.*

quintessence *n.f.* **1 - le meilleur** · le nec plus ultra · l'essentiel · le principal · la substantifique moelle *littér.* · **2 -** [vieilli] **extrait** · esprit · essence · substance · suc

quiproquo *n.m.* · malentendu · confusion · maldonne · méprise · embrouillamini *fam.*
↝ **malentendu**

quittance *n.f.* · acquit · décharge · récépissé · reçu

quitte *adj.* · délivré · débarrassé · dégagé · exempté · libéré · libre
+ **quitte à** au risque de · même s'il faut
CONTR. débiteur ı obligé

quitter *v.tr.* **1 - s'en aller de** · s'absenter de · déménager de · déserter · déguerpir de · s'échapper de · évacuer · laisser · **2 - abandonner** · fausser compagnie à · rompre avec · se séparer de · lâcher *fam.* · laisser choir, tomber *fam.* · lourder *fam.* · plaquer *fam.* · **3 - démissionner de** · se démettre de · planter là *fam.* · **4 - ôter** · enlever · retirer · se débarrasser de · se défaire de · se dépouiller de
+ **quitter les ordres** jeter le froc aux orties
↠ **se quitter** *v.pron.* · rompre · se séparer
CONTR. arriver dans – fréquenter – mettre ı enfiler

quitus *n.m.* · décharge · acquit · quittance

qui-vive *n.m. invar.*
+ **être sur le qui-vive** être sur ses gardes · être en alerte · être sur les dents

quoique *conj.* · bien que · encore que · malgré que *fam.*

quolibet *n.m.* · plaisanterie · moquerie · persiflage · pointe · raillerie · sarcasme · taquinerie · lazzi *littér.* · pique *fam.* · vanne *fam.*

quota *n.m.* · contingent · pourcentage

quote-part *n.f.* · contribution · apport · cotisation · écot · part · quotité *(Droit)*

[1]**quotidien, -ienne** *adj.* **1 - journalier** · **2 - habituel** · banal · commun · normal · ordinaire · régulier · rituel · usuel

🙞 **quotidien, journalier**

La notion de *jour* est commune à **quotidien** et **journalier**. **Quotidien** s'applique à ce qui revient régulièrement, chaque jour *(un trajet, un effort quotidien, la nourriture, la toilette quotidienne)*. **Journalier**, beaucoup moins courant, qualifie ce qui se produit chaque jour *(une expérience journalière, le travail journalier)* ; il partage donc certains contextes avec **quotidien**, qui a des emplois plus larges *(la presse quotidienne, la fatigue quotidienne)*. **Journalier** se distingue plus nettement de **quotidien** lorsqu'on parle de ce qui relève de la journée, sans idée de répétition *(tarif journalier ; indemnités, pénalités journalières)*.

²**quotidien** *n.m.* · journal · gazette · feuille de chou *péj.*

quotidiennement *adv.* · journellement · tous les jours · au quotidien

quotient *n.m.* · rapport · ratio

quotité *n.f.* · part · fraction · portion · quote-part

rab n.m. • surplus • excédent • supplément • rabiot *fam.*

rabâchage n.m. **1 - radotage** • redite • répétition • ressassement • **2 - rengaine** • litanie • refrain • ritournelle • antienne *littér.*

rabâcher v.tr. • radoter • redire • répéter • ressasser • chanter sur tous les tons • rebattre les oreilles (de) *fam.* • [sans complément] chanter toujours la même chanson, antienne *littér.*

rabâcheur, -euse n. et adj. • radoteur • ressasseur

rabais n.m. **réduction** • baisse • diminution • discount *anglic.* • escompte • remise • ristourne • solde

◆ **au rabais**   en solde • à bon compte • à bon marché

CONTR. augmentation ı hausse ı majoration

↝ réduction

rabaissant, e adj. • avilissant • dégradant • déshonorant • humiliant • infamant

rabaisser v.tr. **1 - diminuer** • abaisser • baisser • limiter • modérer • rabattre • réduire • restreindre • **2 - avilir** • abaisser • amoindrir • avilir • dégrader • dénigrer • déprécier • déshonorer • écraser • humilier • rapetisser • ravaler • ridiculiser • détracter *littér.*

⋙ **se rabaisser** v.pron. **1 - s'humilier** • s'abaisser • se déshonorer • **2 - se déprécier** • se dénigrer

CONTR. relever – exalter ı honorer – se glorifier

rabat n.m. **1 - pli** • fronce • ourlet • revers • **2 - jabot** • cravate

rabat-joie n. inv. • trouble-fête • bonnet de nuit • empêcheur de tourner en rond • éteignoir *fam.* • pisse-froid *fam.* • pisse-vinaigre *fam.*

rabattre v.tr. **1 - refermer** • abaisser • abattre • aplatir • baisser • coucher • rabaisser • replier • **2 - déduire** • diminuer • décompter • défalquer • modérer • réduire • retenir • retrancher • **3 - rabaisser** • abaisser • amoindrir • atténuer • baisser • calmer • diminuer • limiter • modérer • restreindre • tempérer • **4 - racoler** • attirer

⋙ **se rabattre sur** v.pron. se contenter de • accepter • faire avec • se satisfaire de

CONTR. relever – augmenter – repousser

rabelaisien, -ienne adj. • gaulois • gaillard • grivois • leste • licencieux • truculent

rabibochage n.m. → réconciliation

rabibocher v.tr. **1 -** → réparer • **2 -** → réconcilier

rabiot *n.m.* → rab

rabioter *v.tr.* · grappiller · rogner · gratter *fam.* · grignoter *fam.* · écornifler *fam., vieilli*

râble *n.m.* · dos · reins

râblé, e *adj.* · trapu · épais · courtaud · ramassé

rabot *n.m.* [sortes] bouvet · colombe · doucine · feuilleret · gorget · guillaume · guimbarde · mouchette · riflard · tarabiscot · varlope · wastringue · rugine

raboter *v.tr.* · aplanir · dégauchir · polir · varloper

raboteux, -euse *adj.* **1 - inégal** · râpeux · rêche · rude · rugueux · **2 -** [style] rude · heurté · rocailleux · saccadé
CONTR. égal ı uni – fondu ı harmonieux ı lisse

rabougri, e *adj.* · chétif · desséché · difforme · frêle · malingre · racorni · rachitique · ratatiné · recroquevillé
CONTR. fort ı sain

rabouter *v.tr.* · abouter · aboucher · raccorder
CONTR. disjoindre

rabrouer *v.tr.* · gronder · remettre à sa place · repousser · clouer le bec à *fam.* · envoyer au diable *fam.* · envoyer balader *fam.* · envoyer bouler *fam.* · envoyer promener *fam.* · envoyer sur les roses *fam.* · moucher *fam.* · remballer *fam.* · remonter les bretelles à *fam.* · rembarrer *fam.* · rebuter *vieux*
CONTR. choyer

racaille *n.f.* **1 - canaille** · escroc · vermine · crapule *fam.* · fripouille *fam.* · **2 - populace** · lie · rebut · plèbe *littér.* · tourbe *vieilli et littér.*

raccommodage *n.m.* · rapiéçage · remmaillage · réparation · reprisage · reprise · rhabillage · stoppage · rafistolage *fam.* · ravaudage *vieilli* · rapetassage *fam., vieilli* · passefilure *vieux*

raccommodement *n.m.* → réconciliation

raccommoder *v.tr.* **1 - rapiécer** · ravauder · recoudre · renforcer · remmailler · réparer · repriser · restaurer · stopper · rafistoler *fam.* · rapetasser *fam., vieilli* · passefiler *vieux* · raccoutrer *vieux* · rhabiller *vieux* · **2 - réconcilier** · rabibocher *fam.*
» **se raccommoder** *v.pron.* se réconcilier · enterrer la hache de guerre · se remettre (ensemble) · se rabibocher *fam.*
CONTR. détériorer – brouiller – se fâcher
↪ **rapiécer**

raccompagner *v.tr.* · reconduire · ramener · remmener

raccord *n.m.* **1 -** jonction · raccordement · **2 - enchaînement** · liaison · **3 - coude** · manchon · **4 - retouche**
CONTR. coupure

raccordement *n.m.* **1 - branchement** · connexion · **2 - enchaînement** · liaison · transition · **3 - embranchement** · bretelle (d'accès)

raccorder *v.tr.* · assembler · connecter · embrancher · joindre · rabouter · rattacher · relier · réunir · unir
CONTR. séparer ı déconnecter

raccourci *n.m.* · abrégé · ellipse · résumé
✦ **en raccourci** **1 - en abrégé** · en résumé · **2 - en bref** · en deux, quelques mots · pour faire court

raccourcir
■ *v.tr.* **1 - abréger** · couper · diminuer · écourter · rapetisser · réduire · rétrécir ·

accourcir *vieux* • **apetisser** *vieux* • **2 –** [des branches] **élaguer** • **ébouter** • [un arbre] **écimer** • **émonder** • **tailler** • **3 –** [fam.] **décapiter** • **guillotiner**
■ *v.intr.* **1 – rétrécir** • **rapetisser** • **2 – diminuer**
CONTR. allonger – rallonger

raccourcissement *n.m.* **1 – abrègement** • **contraction** • **diminution** • **réduction** • **2 –** [d'un muscle] **contraction** • **rétraction**
CONTR. allongement

raccrochage *n.m.* → **racolage**

raccrocher *v.tr.*
■ *v.intr.* [fam.] **renoncer** • **abandonner** • **se ranger des voitures** *fam.*
■ *v.tr.* **1 – racoler** • **accoster** • **2 – remettre** • **reposer**
»» **se raccrocher** *v.pron.* **1 – s'agripper** • **se cramponner** • **se rattraper** • **se retenir** • **2 – se rapporter** • **se rattacher** • **se relier**

race *n.f.* **1 – origine** • **ascendance** • **branche** • **ethnie** • **extraction** • **famille** • **filiation** • **lignage** • **lignée** • **maison** • **naissance** • **peuple** • **sang** • **souche** • **parage** *vieux* • **2 – descendance** • **enfants** • **fils** • **lignée** • **postérité** • **3 – espèce** • **genre** • **sorte** • **type** • **engeance** *péj.* • **gent** *littér.*

racé, e *adj.* • **distingué** • **élégant** • **qui a du chien**
CONTR. vulgaire

rachat *n.m.* **1 – remboursement** • **reprise** • [Droit] **réméré** • **2 – rédemption** • **délivrance** • **expiation** • **réhabilitation** • **salut**
CONTR. revente ı rétrocession

racheter *v.tr.* **1 – expier** • **compenser** • **délivrer de** • **effacer** • **faire oublier** • **libérer de** • **payer** • **rattraper** • **réparer** • **2 – sauver** • **réhabiliter** • [Relig.] **rédimer** • **3 –** [une entreprise] **reprendre** • **absorber** • **filialiser** • **récupérer**

rachis *n.m.* • **colonne vertébrale** • **échine** • **épine dorsale** • **vertèbres**

rachitique *adj.* • **chétif** • **atrophié** • **débile** • **difforme** • **étiolé** • **maigre** • **malingre** • **rabougri** • **maigrichon** *fam.* • **maigriot** *fam.* • **racho** *fam.* • **noué** *Méd., vieux*

racial, e *adj.* • **ethnique**

🙠 **racial, ethnique**
Racial et ethnique sont relatifs à ce qui rassemble et distingue des individus au sein de l'espèce humaine. Les partis pris idéologiques attachés à l'idée de *race* tendent à faire reculer l'emploi de **racial** au profit d'**ethnique**, qui renvoie à la notion non ambiguë d'*ethnie* (les *principaux caractères ethniques sont la langue et la culture*). On parlera ainsi plutôt de *différences ethniques* que de *différences raciales*. Racial est réservé à un contexte historique (*la ségrégation raciale durant le régime de l'apartheid*), politique (*la politique raciale d'un État*) ou à celui du *racisme* (*condamner l'incitation à la haine raciale, la discrimination raciale*). Des *émeutes raciales* peuvent résulter de l'affrontement entre *groupes ethniques* ; des *luttes ethniques* violentes peuvent dégénérer en *purification ethnique*, c'est-à-dire en extermination d'un groupe par un autre.

racine *n.f.* **1 – bulbe** • **bulbille** • **caïeu** • **griffe** • **oignon** • **pivot** • **radicelle** • **radicule** • **rhizome** • **2 – origine** • **base** • **commencement** • **naissance** • **souche** • **source** • **3 –** [Ling.] **radical** • **base** • **mot souche** • **morphème**

racisme *n.m.* **1 – xénophobie** • **antisémitisme** • **nationalisme** • **2 – discrimination** • **ségrégation**
CONTR. antiracisme – non-discrimination

raciste *n. et adj.* • **xénophobe** • **antisémite** • **nationaliste**
CONTR. antiraciste

racket *n.m.* • **rançonnement** • **chantage** • **extorsion**

racketter v.tr. • rançonner • faire chanter • mettre à l'amende *lang. jeunes*

raclée n.f. • correction • coups • dégelée *fam.* • dérouillée *fam.* • pile *fam.* • volée *fam.* • brossée *fam., vieilli* • brûlée *fam., vieilli* • danse *fam., vieilli* • peignée *fam., vieilli* • rossée *fam., vieilli* • tripotée *fam., vieilli* • frottée *fam., vieux*

racler v.tr. **1 -** gratter • curer • frotter • nettoyer • **2 -** râper

raclette n.f. • racloir

raclure n.f. • déchet • copeau • débris • épluchure • résidu • rognure

racolage n.m. **1 -** enrôlement • embrigadement • recrutement • **2 -** rabattage • raccrochage *vieilli* • retape *fam.* • tapin *fam.*

racoler v.tr. **1 -** embrigader • engager • enrôler • recruter • **2 -** accoster • aborder • attirer • [sans complément] faire de la retape *fam.*

racoleur, -euse
■ n. **1 -** recruteur • enrôleur *vieux* • **2 -** propagandiste
■ adj. • accrocheur • aguicheur • démagogique • raccrocheur • titillant • démago *fam.* • pute *vulg.*

racontar n.m. • commérage • bavardage • bruit • calomnie • conte • histoire • invention • médisance • on-dit • ragot • persiflage • cancan *fam.* • potin *fam.* • clabaudage *littér.*

raconter v.tr. **1 -** dire • décrire • débiter *péj.* • dépeindre • énoncer • expliquer • exposer • livrer • rapporter • réciter • relater • retracer • rendre compte de • retracer • conter *littér.* • narrer *littér.* **2 -** avouer • confesser
+ **tout raconter** tout déballer *fam.* • manger le morceau *fam.* • se mettre à table *fam.* • vider son sac *fam.* • dévider son chapelet, son écheveau *vieilli*

radar n.m. • détecteur

rade n.m. • bassin • port • havre
+ **en rade 1 - en attente** • en souffrance • en suspens • en carafe *fam.* • en plan *fam.* • **2 - en panne** • en carafe *fam.*

¹**radiation** n.f. **1 - exclusion** • destitution • expulsion • licenciement • mise à l'écart • renvoi • révocation • **2 - annulation** • effacement • élimination • suppression

²**radiation** n.f. **1 - rayon** • faisceau • onde • rai • rayonnement • **2 - propagation** • émanation • émission • irradiation • rayonnement

¹**radical, e** adj. **1 - absolu** • catégorique • complet • essentiel • extrême • foncier • fondamental • irrévocable • profond • total • **2 - draconien** • drastique • dur • féroce • strict • **3 - infaillible** • souverain • sûr • **4 -** jusqu'au-boutiste • catégorique • extrémiste • ferme • intransigeant • pur et dur • pur jus
CONTR. partiel – indulgent – douteux ı inefficace – modéré

²**radical** n.m. • racine • souche

radicalement adv. • absolument • catégoriquement • complètement • diamétralement • du tout au tout • entièrement • essentiellement • foncièrement • fondamentalement • intégralement • parfaitement • pleinement • totalement • tout à fait
CONTR. pas du tout

radicaliser v.tr. • durcir • raidir • renforcer

radier v.tr. **1 - congédier** • démettre • déposer • destituer • écarter • évincer • exclure • licencier • limoger • relever • renvoyer • révoquer • **2 - effacer** • annuler • barrer • biffer • éliminer • enlever • ôter • supprimer • rayer • retirer
CONTR. admettre – inscrire ı noter

radiesthésiste n. • sourcier • rhabdomancien *didact.*

radieux, -ieuse *adj.* **1 - éclatant** · beau · brillant · éblouissant · ensoleillé · étincelant · lumineux · rayonnant · resplendissant · splendide · **2 - content** · épanoui · heureux · joyeux · ravi · rayonnant · réjoui

CONTR. couvert ׀ voilé – morose ׀ sombre ׀ triste

radin, e

■ *adj.* · avare · économe · mesquin · pingre · regardant · chiche *fam.* · près de ses sous *fam.* · rapiat *fam.* · rat *fam.* · parcimonieux *littér.* · ladre *vieux ou littér.*

■ *n.* · avare · harpagon · pingre · picsou · grigou *fam.* · rapiat *fam.* · rat *fam.* · ladre *vieux ou littér.*

radinerie *n.f.* · avarice · pingrerie · ladrerie *littér.* · lésine *vieux*

radio *n.f.* · transistor · poste · [*anciennt*] (poste de) T.S.F. · poste à galène

✦ **à la radio** sur les ondes

radiodiffusion *n.f.* · diffusion · émission · transmission · retransmission

radiographie *n.f.* · scanographie · stratigraphie · tomographie

radotage *n.m.* rabâchage · redite · répétition · ressassement

radoter *v.intr.* **1 - divaguer** · débloquer *fam.* · délirer *fam.* · déménager *fam.* · dérailler *fam.* · déraisonner *littér.* · extravaguer *littér.* · **2 - rabâcher** · se répéter · chanter toujours la même chanson, antienne • [*avec complément*] redire · ressasser · chanter sur tous les tons

✦ **arrête de radoter !** change de disque ! *fam.*

radoucir *v.tr.* **1 - réchauffer** · adoucir · attiédir · **2 - atténuer** · alléger · amortir · calmer · diminuer · estomper · étouffer · réduire · soulager · **3 - modérer** · adoucir · apaiser · assouplir · mettre un bémol à · mitiger · tempérer

➢ **se radoucir** *v.pron.* **1 - se réchauffer** · s'attiédir · s'adoucir · tiédir · **2 - s'attendrir** · fléchir · s'adoucir · **3 - se modérer** · s'apaiser · s'assagir · se calmer · en rabattre · lâcher du lest · mettre de l'eau dans son vin

radoucissement *n.m.* · réchauffement · redoux

rafale *n.f.* **1 - bourrasque** · coup de vent · tornade · tourbillon • [Mar.] grain · risée · **2 - tir** · décharge · salve · giclée *fam.*

raffermir *v.tr.* **1 - renforcer** · affermir · cimenter · confirmer · consolider · durcir · endurcir · étayer · fortifier · raidir · resserrer · solidifier · soutenir · stabiliser · tonifier · **2 - ranimer** · attiser · aviver · exalter · ragaillardir · raviver · réactiver · réanimer · réchauffer · réconforter · relever · remonter · revigorer · revivifier · stimuler · tremper

CONTR. ramollir ׀ affaiblir ׀ ébranler – assoupir ׀ démolir ׀ miner

raffermissement *n.m.* · consolidation · durcissement · raidissement · renforcement

CONTR. ramollissement ׀ affaiblissement

raffinage *n.m.* **1 - affinage** · épuration · purification · **2 -** [du pétrole] craquage *recomm. offic.* · cracking *anglic.* · hydrocraquage · reformage • [du sucre] blanchissage

raffiné, e *adj.* **1 - délicat** · chic · de bon goût · distingué · élégant · épuré · fin · sophistiqué · subtil · stylé • [*personne*] bien élevé · bien éduqué · cultivé · **2 - recherché** · complexe · compliqué · étudié · ingénieux · minutieux · perfectionné · sophistiqué · subtil · travaillé · chiadé *fam.*

CONTR. commun ׀ fruste – brut ׀ grossier ׀ lourd

raffinement *n.m.* · délicatesse · art · classe · distinction · élégance · finesse · minutie · préciosité · recherche · sophistication · subtilité

CONTR. simplicité ׀ vulgarité

raffiner *v.tr.* **1 -** distiller · affiner · purifier · **2 -** perfectionner · affiner · châtier · épurer · policer · polir · fignoler *fam.*

raffoler de *v.tr.ind.* · être fou de · adorer · aimer · être épris de · s'enflammer pour · avoir un engouement pour · s'enthousiasmer pour · être entiché de · être épris de · être passionné de · avoir le virus de *fam.* · être accro à *fam.*

raffut *n.m.* [fam.] tapage · vacarme · barouf *fam.* · boucan *fam.* · potin *fam.* · raffut *fam.* · ramdam *fam.* · sabbat *fam.*

rafistoler *v.tr.* → **réparer**

rafle *n.f.* · razzia · arrestation · coup de filet · descente (de police) · raid

rafler *v.tr.* **1 -** dérober · accaparer · conquérir · emporter · enlever · faire une razzia sur · mettre la main sur · prendre · s'approprier · s'emparer de · soustraire · subtiliser · voler · chaparder *fam.* · faucher *fam.* · piquer *fam.* · ratiboiser *fam.* · **2 - gagner** · empocher · encaisser · obtenir · percevoir · rallier · ramasser · récolter · remporter · toucher · ravir *littér.* · souffler *fam.* · truster *fam.*

rafraîchi, e *adj.* [boisson] **frappé**

rafraîchir *v.tr.* **1 -** refroidir · réfrigérer · **2 - rajeunir** · raviver · ranimer · revigorer · revivifier · rénover · refaire · réparer · repeindre · retaper

» **se rafraîchir** *v.pron.* **1 -** boire · se désaltérer · étancher sa soif · **2 -** [température] fraîchir · baisser · diminuer · se refroidir

CONTR. réchauffer । tiédir – se radoucir

rafraîchissant, e *adj.* **1 -** [boisson] désaltérant · **2 -** [fig.] original · nouveau

CONTR. échauffant

rafraîchissement *n.m.* **1 -** boisson · consommation · pot *fam.* · **2 - refroidissement** · baisse des températures

ragaillardir *v.tr.* revigorer · fortifier · ranimer · raviver · réconforter · reconstituer · remonter *fam.* · ravigoter *fam.* · requinquer *fam.* · retaper *fam.* · revivifier *fam.*

» **se ragaillardir** *v.pron.* · reprendre du poil de la bête *fam.*

CONTR. abattre । affaiblir । déprimer । endormir । épuiser – se laisser aller

rage *n.f.* **1 - colère** · acharnement · énervement · emportement · exaspération · fureur · furie · hargne · indignation · rogne *fam.* · courroux *littér.* · ire *littér.* · **2 - frénésie** · ardeur · déchaînement · exaltation · explosion · fièvre · transport *littér.* · **3 - manie** · passion

✦ **en rage** furieux · déchaîné · en colère · enragé · exaspéré · furibond · hors de soi · remonté · fumasse *fam.* · furax *fam.* · furibard *fam.*

CONTR. calme – modération

rageant, e *adj.* · enrageant · agaçant · crispant · énervant · exaspérant · excédant · irritant · râlant *fam.*

rager *v.intr.* · enrager · fulminer · pester · râler · écumer (de rage, de colère) · bisquer *fam.* · fumer *fam.* · rouspéter *fam.*

rageur, -euse *adj.* **1 - coléreux** · colérique · irascible · irritable · soupe au lait · qui a la tête près du bonnet · **2 - hargneux** · agressif · emporté · furibond · vindicatif · violent

rageusement *adv.* · avec hargne · coléreusement

ragot *n.m.* · commérage · bavardage · bruit · calomnie · conte · histoire · invention · médisance · on-dit · racontar · persiflage · cancan *fam.* · potin *fam.* · clabaudage *littér.*

ragoût *n.m.* [sortes] fricassée · blanquette · bouillabaisse · cassoulet · civet · gibelotte · goulasch · haricot · irish stew · matelote ·

miroton · navarin · ratatouille · salmis · tajine · fricot *péj.* · ragougnasse *péj.* · rata *péj.* · salmigondis *vieux*

ragoûtant, e *adj.* **1 - appétissant** · alléchant · **2 - agréable** · affriolant · attrayant · engageant · séduisant · tentant

ragréer *v.tr.* · ravaler · lisser · nettoyer · rénover

raid *n.m.* **1 - commando** · attaque · campagne · coup de main · descente · expédition · incursion · mission · opération (éclair) · razzia · **2 - rallye** · expédition

raide *adj.* **1 - rigide** · dur · tendu · ferme · **2 - ankylosé** · engourdi · **3 - abrupt** · à pic · droit · escarpé · **4 - affecté** · collet monté · compassé · contraint · empesé · empoté · engoncé · guindé · gourmé *littér.* · **5 - austère** · autoritaire · grave · inflexible · intraitable · intransigeant · rigide · solennel · sévère · strict · **6 -** [fam.] **pauvre** · ruiné · désargenté *fam.* · sans le sou *fam.* · fauché *fam.* · à fond de cale *fam.* · à sec *fam.* · **7 -** [fam.] **licencieux** · cru · grivois · osé · salé

✦ **très raide** raide comme un piquet

CONTR. élastique | flexible | mou | souple – doux | plat – aisé | libre | naturel | simple

raideur *n.f.* **1 - ankylose** · contraction · engourdissement · raidissement · rigidité · tension · **2 - affectation** · componction · gravité · solennité · **3 - austérité** · intransigeance · rigueur · rigidité · sévérité

CONTR. souplesse | flexibilité – naturel | simplicité | spontanéité

raidillon *n.m.* · côte · montée · grimpette *fam.*

raidir *v.tr.* **1 - bander** · contracter · tendre · **2 - tirer** · roidir *littér.* · **3 - engourdir** · ankyloser · **4 - radicaliser** · durcir · renforcer

CONTR. assouplir | déraidir | se détendre

raidissement *n.m.* **1 - ankylose** · contraction · engourdissement · raidissement · rigidité · tension · **2 - radicalisation** · durcissement · renforcement

CONTR. assouplissement

raie *n.f.* · trait · bande · entaille · griffure · hachure · ligne · liseré · marbrure · rainure · rayure · sillon · strie · striure · zébrure

rail *n.m.* **1 -** [de sécurité] **barrière** · couloir · glissière · **2 -** [au plur.] **chemin de fer** · voie (ferrée)

railler *v.tr.* · se moquer de · bafouer · chiner · égratigner · montrer du doigt · persifler · plaisanter de · ridiculiser · se payer la tête de · charrier *fam.* · se ficher de *fam.* · se foutre de *fam.* · faire marcher *fam.* · mettre en boîte *fam.* · blasonner *littér.* · brocarder *littér.* · dauber *littér.* · draper *littér.* · satiriser *littér.* · se gausser de *littér.* · faire la figue à *vieux*

CONTR. louer

raillerie *n.f.* **1 -** [souvent au plur.] **plaisanterie** · moquerie · affront · critique · égratignure · épigramme · flèche · pointe · quolibet · sarcasme · satire · trait · lazzi *littér.* · gausserie *vieilli* · goguenardise *vieilli* · brocard *vieux* · **2 - persiflage** · dérision · ironie · malice · moquerie · risée · sarcasme · satire

↪ plaisanterie

railleur, -euse *n. et adj.* · ironique · blagueur · caustique · coquin · espiègle · facétieux · farceur · goguenard · gouailleur · impertinent · incisif · malicieux · moqueur · mordant · narquois · persifleur · piquant · sardonique · satirique · taquin · frondeur *littér.* · chineur *vieilli* · ironiste *vieilli*

rainure *n.f.* · entaille · cannelure · canal · coulisse · creux · fente · fissure · glissière · incision · ligne · raie · rayure · rigole · sillon · strie · trait · zébrure

raisin n.m. • vigne • cépage

raison n.f. **1 - intelligence** • entendement • esprit • intellect • jugement • lucidité • pensée • [Philo.] connaissance • **2 - bon sens** • compréhension • discernement • intelligence • sagesse • sens commun • jugeote fam. • **3 - cause** • argument • excuse • explication • fondement • jusification • mobile • motif • origine • pourquoi • prétexte • sujet

+ **avoir raison** être dans le vrai • dire vrai • ne pas se tromper
+ **avoir raison de** vaincre • surmonter • triompher de • venir à bout de
+ **se faire une raison** en prendre son parti • se résigner
+ **avec raison** à juste titre • à bon droit • à bon escient • légitimement
+ **sans raison** gratuitement • à plaisir • de manière arbitraire • de manière injustifiée • pour rien
+ **à plus forte raison** a fortiori
+ **à raison de 1 - suivant** • selon • à proportion de • **2 - sur la base de** • au prix de
+ **en raison de** à cause de • en conséquence de • en considération de • étant donné • eu égard à • en vertu de • du fait que • parce que • attendu que (Droit)
+ **raison d'être** destination • but • fin • fondement • justification • mobile • motif • objectif
+ **raison sociale** nom • désignation

CONTR. déraison ı folie ı instinct ı cœur ı sentiment – tort

raisonnable adj. **1 - intelligent** • pensant • rationnel • **2 - judicieux** • mûr • pondéré • posé • prudent • réfléchi • sage • sensé • **3 - convenable** • acceptable • correct • honnête • fondé • juste • légitime • logique • modéré • naturel • normal

CONTR. inconséquent – déraisonnable ı extravagant ı fou ı insensé ı passionné ı léger – aberrant ı absurde ı illégitime ı injuste ı excessif ı exorbitant

raisonnablement adv. • modérément • bien • correctement • convenablement • logiquement • prudemment • rationnellement • sagement • sans excès

CONTR. déraisonnablement ı exagérément ı excessivement ı follement

raisonné, e adj. **1 - logique** • rationnel • **2 - calculé** • réfléchi

CONTR. empirique ı approximatif – irraisonné

raisonnement n.m. **1 - démonstration** • argumentation • déduction • dialectique • explication • logique • argutie péj. • chicane péj. • **2 -** [Logique, types de raisonnement] **induction** • déduction • inférence • sophisme • sorite • syllogisme

CONTR. intuition ı sentiment

raisonner v.intr. **1 - penser** • calculer • déduire • induire • juger • méditer • philosopher • réfléchir • cogiter fam. • **2 - discuter** • chicaner fam. • discutailler fam. • ergoter fam. • couper les cheveux en quatre fam. • enculer les mouches très fam. • ratiociner littér.

raisonneur, -euse n. • argumentateur • ergoteur • discuteur • chicanier fam. • coupeur de cheveux en quatre fam. • discutailleur fam. • enculeur de mouches très fam. • pinailleur fam. • ratiocineur littér.

rajeunir v.tr. **moderniser** • actualiser • dépoussiérer • rafraîchir • ranimer • raviver • rénover • renouveler • retaper • reverdir • revigorer • infuser un sang nouveau, neuf à • donner un coup de jeune à fam.

+ **rajeunir les effectifs** secouer le cocotier fam.

rajeunissement n.m • renouvellement • actualisation • coup de jeune fam. • dépoussiérage fam.

rajout n.m. • ajout • addition • adjonction

rajouter v.tr. remettre · ajouter
+ **en rajouter** dramatiser · en faire trop · exagérer · forcer la vérité · en remettre une couche, une louche fam.
CONTR. enlever ı supprimer – dédramatiser

rajuster v.tr. · réajuster · adapter · arranger · réparer · rectifier · refaire · régler · remettre · reprendre · rétablir

râlant, e adj. · enrageant · agaçant · crispant · énervant · exaspérant · excédant · irritant · rageant · chiant très fam. · emmerdant très fam.

ralenti n.m. · bas régime
+ **au ralenti 1 - à vitesse réduite** · doucement · lentement · **2 - en veilleuse** · à petite vitesse · à vitesse réduite

ralentir
■ v.tr. **1 - entraver** · embarrasser · freiner · gêner · modérer · retarder · réduire · **2 - affaiblir** · atténuer · diminuer · faire baisser · freiner · modérer · réduire
■ v.intr. **1 - décélérer** · freiner · lever le pied fam. · **2 - baisser** · diminuer · **3 -** [économie, activité] s'essouffler · fléchir · marquer le pas
CONTR. favoriser · hâter ı activer – accélérer – à grande vitesse ı à toute vitesse

ralentissement n.m. **1 - décélération** · freinage · **2 - réduction** · affaiblissement · baisse · diminution · essoufflement · fléchissement · **3 - relâchement** · répit · repos · trêve · **4 - embouteillage** · bouchon · encombrement · retenue
+ **ralentissement économique** récession · dépression · marasme
CONTR. accélération

râler v.intr. · grogner · fulminer · enrager · maugréer · pester · protester · ronchonner · bisquer fam. · fumer fam. · maronner fam., région. · rager fam. · rouspéter fam.

râleur, -euse n. et adj. · grincheux · bougon fam. · grognon fam. · ronchon fam. · rouspéteur fam.

ralliement n.m. **1 - rassemblement** · regroupement · **2 - adhésion** · approbation
CONTR. débandade ı dispersion ı éparpillement – opposition ı désapprobation

rallier v.tr. **1 - rassembler** · assembler · regrouper · réunir · battre le rappel de · **2 - gagner** · acquérir · remporter · **3 - rejoindre** · regagner · réintégrer · rentrer à · retourner à · revenir à
⋙ **se rallier à** v.pron. **1 -** [une idée] **approuver** · adhérer à · adopter · croire à · se ranger à · souscrire à · **2 -** [un groupe] **rejoindre (les rangs de)** · adhérer à · grossir les rangs de
CONTR. disperser ı disséminer – perdre – quitter ı rompre (avec) ı s'opposer

rallonge n.f. **1 - allonge** · [électrique] prolongateur · **2 -** [fam.] **supplément** · augmentation · complément

rallonger
■ v.intr. **allonger** · augmenter · s'allonger
■ v.tr. **délayer** · liquéfier
CONTR. diminuer ı raccourcir

    rallonger, allonger

    Rallonger ou allonger quelque chose, c'est en augmenter la longueur *(allonger, rallonger un vêtement, une tenture)*. Dans un contexte spatial ou temporel, **rallonger** est plus courant qu'allonger pour exprimer ce qui devient plus long *(on dirait que les jours rallongent)* ou paraît plus long *(cet itinéraire nous rallonge beaucoup)*. Par ailleurs, les emplois d'**allonger** sont étendus à l'idée de développer *(allonger un article)* et de prolonger : « La vie est courte, mais l'ennui l'allonge » (J. Renard, *Journal*, 5 mars 1906).

rallumer v.tr. ranimer · raviver · réchauffer · ressusciter · réveiller
⋙ **se rallumer** v.pron. [la haine, l'espoir] **renaître** · revivre

rallye *n.m.* **1** - circuit (automobile) · course · **2** - réunion · bal · fête

ramage *n.m.* **1** - chant · gazouillement · gazouillis · pépiement · **2** - [vieux] **branchage** · rameau

ramassage *n.m.* **1** - collecte · collectage · [des ordures] enlèvement · **2** - récolte · cueillette · glanage · grappillage · moisson · [du foin] fenaison · râtelage

ramassé, e *adj.* **1** - blotti · pelotonné · recroquevillé · **2** - court · courtaud · épais · massif · puissant · râblé · trapu · mastoc *fam.* · **3** - concentré · bref · concis · condensé · dense
CONTR. étendu ı étiré – allongé ı élancé – prolixe ı verbeux

ramasser *v.tr.* **1** - collecter · amasser · assembler · prendre · rassembler · recueillir · regrouper · réunir · [des ordures] enlever · [des copies] relever · **2** - récolter · cueillir · glaner · grappiller · [du foin] râteler · **3** - se procurer · amasser · empocher · encaisser · gagner · recevoir · recueillir · attraper *fam.* · rafler *fam.* · **4** - concentrer · condenser · réduire · resserrer · résumer · **5** - [fam.] **arrêter** · attraper · prendre · cueillir *fam.* · épingler *fam.* · pincer *fam.* · piquer *fam.*

≫ **se ramasser** *v.pron.* **1** - se blottir · se pelotonner · se recroqueviller · se replier · **2** - [fam.] → **tomber** · **3** - [fam.] → **échouer**
CONTR. disperser ı disséminer ı éparpiller – répandre – donner – délayer – s'étirer ı s'étendre

ramassis *n.m.* **1** - amas · fatras · tas · ramas *vieux* · **2** - [péj., de gens] **bande** · meute · clique *péj.*

rambarde *n.f.* · balustrade · barrière · bastingage · garde-corps · garde-fou · main courante

ramdam *n.m.* · chahut · charivari · tapage · tumulte · vacarme · barouf *fam.* · boucan *fam.* · chambard *fam.* · raffut *fam.* · tintamarre *fam.* · bordel *très fam.*

rame *n.f.* · aviron · pagaie · godille

rameau *n.m.* **1** - brindille · branche · branchette · ramille · ramage *vieux* · **2** - subdivision · branche · division · embranchement · partie · ramification

ramée *n.f.* branchage · branches · feuillage · rameaux · ramure · frondaison *littér.*

ramener *v.tr.* **1** - raccompagner · reconduire · **2** - rapporter · rendre · restituer · **3** - réduire · limiter · restreindre · **4** - rabattre · remonter · tirer · **5** - restaurer · réintroduire · remettre · rétablir · faire revenir
+ **ramener à la vie** ranimer · ressusciter
≫ **se ramener** *v.pron.* [fam.] **arriver** · venir · se pointer *fam.* · rappliquer *fam.*
CONTR. emmener ı emporter – augmenter – écarter ı repousser – renverser

ramer *v.intr.* **1** - nager · godiller · pagayer · souquer · [vigoureusement] faire force de rames *soutenu* · **2** - [fam.] **se démener** · peiner · en chier *très fam.*

rameur, -euse *n.* · nageur

rameuter *v.tr.* **1** - ameuter · appeler · rassembler · regrouper · **2** - mobiliser · battre le rappel de · embrigader · enrégimenter · enrôler · recruter

ramier *n.m.* · pigeon · colombe · palombe
↝ **pigeon**

ramification *n.f.* **1** - rameau · arborescence · arborisation · inflorescence · **2** - division · branche · embranchement · partie · rameau · subdivision

ramifier (se) *v.pron.* **1** - se diviser · se dissocier · se partager · se scinder · se séparer · se subdiviser · **2** - s'étendre · se propager · se répandre

ramolli, e *adj.* **1** - mou · ramollo *fam.* · **2** - [fam.] **décrépit** · avachi · déliquescent · gâteux · mou · sénile · gaga *fam.*

ramollir v.tr. **1 -** amollir · attendrir · **2 -** affaiblir · alanguir · avachir · débiliter · aveulir littér. · amollir vieilli · **3 -** [la terre] ameublir · mollir vieux

⇢ **se ramollir** v. pron. **1 -** se distendre · s'avachir · se détendre · se relâcher · **2 -** [fam.] décliner · baisser · devenir gâteux

CONTR. durcir ı raffermir

rampant, e adj. **1 -** bas · plat · servile · soumis · vil · **2 -** flatteur · obséquieux

rampe n.f. **1 -** montée · côte · grimpée · inclinaison · pente · grimpette fam. · **2 -** balustrade · main courante • [Mar.] tire-veille

ramper v.intr. **1 -** se traîner · se glisser · **2 -** s'humilier · s'abaisser · s'aplatir · flatter · faire des courbettes · se mettre à plat ventre

ramure n.f. **1 -** branchage · branches · feuillage · rameaux · frondaison littér. · ramée littér. · **2 -** [d'un cerf] andouiller · bois · cornes · cors · épois · merrain · perche

rancarder v.tr. [fam.] → **renseigner**

rance adj. et n.m. · gâté · moisi · pourri
CONTR. frais

rancœur n.f. · aigreur · amertume · animosité · dépit · hostilité · rancune · ressentiment
CONTR. pardon

rançon n.f. [du plaisir, du succès, etc.] contrepartie · conséquence · envers · inconvénient · prix · tribut

rançonnement n.m. · racket · chantage · extorsion

rançonner v.tr. **1 -** racketter · dépouiller · mettre à l'amende lang. jeunes · **2 -** exploiter · pressurer · saigner · voler

rancune n.f. aigreur · amertume · animosité · dépit · hostilité · rancœur · ressentiment · inimitié soutenu

✦ **avoir, garder de la rancune contre** en vouloir à · tenir rigueur (de qqch.) à · garder un chien de sa chienne à · avoir, garder une dent contre fam.

CONTR. oubli ı pardon – pardonner

~~ rancune, inimitié, ressentiment

Rancune, inimitié et ressentiment ont en commun l'idée d'animosité. Inimitié, d'usage soutenu, désigne un sentiment d'hostilité durable à l'égard de quelqu'un ou d'une collectivité (une profonde, solide inimitié les sépare ; concevoir de l'inimitié envers quelqu'un). Avec le **ressentiment**, mot d'emploi péjoratif, l'animosité tenace à l'égard d'autrui naît du mal que l'on a subi et s'accompagne souvent de l'intention de se venger (cela a nourri, alimenté leur ressentiment envers les Occidentaux). Dans la **rancune**, un fort ressentiment se cristallise sur la personne que l'on considère comme responsable de ses maux et la volonté de se venger est affirmée (garder de la rancune à quelqu'un ; une rancune tenace ; de vieilles rancunes).

rancunier, -ière adj. · vindicatif · rancuneux vieux
CONTR. indulgent ı oublieux

randonnée n.f. · promenade · circuit · excursion · marche · tour · trek · trekking · balade fam.

rang n.m. **1 -** file · alignement · colonne · cordon · enfilade · haie · ligne · queue · rangée · série · succession · suite · **2 -** grade · caste · catégorie · classe · condition · degré · milieu · niveau · qualité · situation · état vieilli · **3 -** numéro · échelon · ordre · place · position · **4 -** [élevé] fonction · dignité · place · titre

✦ **au rang de** 1 - au grade de · dans la catégorie de · 2 - **parmi** · au nombre de
✦ **être sur les rangs pour** être candidat pour · ambitionner · briguer · postuler à · se présenter à · prétendre à · revendiquer
✦ **être au premier rang** tenir le haut du pavé

⋙ **rangs** *plur.* [dans certaines expressions] camp · bataillon · ensemble · groupe · masse · nombre · organisation · parti · société

rangé, e *adj.* **1 - ordonné** · aligné · classé · convenable · en ordre · propre · net · soigneux · **2 - sérieux** · classique · conformiste · sage

CONTR. désordonné – bohème ׀ dévergondé

rangée *n.f.* · file · alignement · chaîne · colonne · cordon · enfilade · haie · ligne · queue · rang · série · succession · suite

rangement *n.m.* **1 - classement** · agencement · arrangement · disposition · mise en ordre · ordre · organisation · **2 - placard** · armoire

CONTR. dérangement ׀ désordre

ranger *v.tr.* **1 - classer** · agencer · aménager · arranger · classifier · débrouiller · démêler · mettre de l'ordre dans · mettre en place · ordonner · organiser · réorganiser · remettre en place · trier · **2 - mettre à l'abri** · mettre en lieu sûr · remiser · **3 - placer** · disposer · mettre · caser *fam.* · [une voiture] garer · parquer · serrer *région.* · **4 - contraindre** · soumettre

⋙ **se ranger** *v.pron.* **1 - se mettre** · s'aligner · s'ordonner · se placer · s'installer · se garer · se parquer · **2 - s'effacer** · faire place · **3 - s'assagir** · se calmer · se soumettre · **4 - rentrer dans le rang** · s'assagir · se ranger des voitures *fam.*

✦ **se ranger à** [un avis] adopter · adhérer à · rejoindre · se rallier à

CONTR. déranger ׀ déclasser ׀ dérégler ׀ mélanger – déplacer – se dévergonder – rejeter

ranimer *v.tr.* **1 - ressusciter** · faire renaître · faire revivre · **2 - réveiller** ·

aiguillonner · aiguiser · animer · attiser · augmenter · aviver · encourager · éperonner · exalter · exciter · raffermir · rallumer · raviver · réactiver · réanimer · réchauffer · rehausser · relever · stimuler · **3 - encourager** · réchauffer · réconforter · remonter · rétablir · revigorer · revivifier · ravigoter *fam.*

CONTR. assoupir ׀ endormir – éteindre ׀ étouffer – affaiblir ׀ ébranler

🕮 **ranimer, ressusciter, raviver, réanimer**

Ranimer, réanimer et ressusciter se rejoignent autour de l'idée de redonner vie à une personne. Ressusciter, c'est faire revivre miraculeusement *(ressusciter un mort)*. Ranimer, c'est ramener à la conscience, au mouvement *(ranimer une personne noyée, évanouie)* ; dans le contexte médical ou chirurgical, on dit **réanimer**. Raviver, en revanche, ne peut pas concerner un corps mais s'emploie au figuré *(son espoir s'est ravivé ; une image, un souvenir qui ravive une vieille blessure ; raviver les craintes de quelqu'un)*. Dans un sens moral, **ranimer** ajoute la notion d'intensité, de force réactivée *(ranimer l'ardeur, le courage de quelqu'un)*. **Ressusciter** renchérit sur l'idée de force et de renouveau *(son succès inattendu l'a ressuscité ; ils essayaient de ressusciter d'anciennes traditions, le passé)*. « Alors Laurent essaya de parler d'amour, d'évoquer les souvenirs d'autrefois, faisant appel à son imagination pour ressusciter ses tendresses » (Zola, *Thérèse Raquin*, XXI).

rapace

■ *adj.* **1 - féroce** · impitoyable · **2 - avide** · âpre au gain · avare · cupide · insatiable · vorace

■ *n.m.* **1 - oiseau de proie** · **2 - requin** *fam.* · vautour *fam.*

rapacité *n.f.* **1 - férocité** · **2 - avidité** · âpreté au gain · avarice · cupidité · voracité

râpe *n.f.* · lime

râpé, e *adj.* **1 -** élimé · usagé · usé (jusqu'à la corde) · **2 -** [fam.] raté · cuit *fam.* · fichu *fam.* · foutu *fam.* · grillé *fam.*

râper *v.tr.* · gratter · racler

rapetasser *v.tr.* **1 -** → raccommoder · **2 -** → réparer
↝ rapiécer

rapetisser
■ *v.tr.* **1 -** réduire · amenuiser · diminuer · écourter · restreindre · rétrécir · apetisser *vieux* · **2 -** amoindrir · déprécier · écraser · rabaisser
■ *v.intr.* raccourcir · diminuer · accourcir *vieux*

↝ **se rapetisser** *v.pron.* se ratatiner · se recroqueviller
CONTR. agrandir ı allonger ı amplifier ı étendre ı grandir

râpeux, -euse *adj.* **1 -** [au toucher] rugueux · rêche · raboteux · **2 -** [au goût] âpre · aigre · **3 -** [son] rocailleux · rude
CONTR. doux – harmonieux

rapiat, e *adj. et n.* → radin

rapide *adj.* **1 -** alerte · actif · diligent · emmené · empressé · expéditif *péj.* · impétueux · prompt · vif · preste *littér.* · véloce *littér.* · **2 -** brusque · brutal · fulgurant · hâtif · instantané · précipité · soudain · **3 -** bref · accéléré · concis · court · cursif · éphémère · expéditif *péj.* · furtif · sommaire *péj.* · compendieux *vieux* · **4 -** [rythme] soutenu · enlevé · **5 -** [pente] abrupt · incliné · pentu · raide · **6 -** [train] express
CONTR. lent

rapidement *adv.* **1 -** vite · à la hâte · rondement · vivement · prestement *littér.* · à fond de train · à bride abattue · à grands pas · à tire d'aile · à toute allure · à toute vitesse · bon train · comme une flèche · comme un éclair · à fond la caisse *fam.* · à fond les manettes *fam.* · à toute blinde *fam.* · à toute vapeur *fam.* · à un train d'enfer *fam.* · à toute berzingue *fam.* · au galop *fam.* · au trot *fam.* · en moins de deux • [manger] sur le pouce *fam.* · avec un lance-pierre *fam.* • [écrire] d'un seul jet • [courir] ventre à terre • [rouler] à tombeau ouvert · **2 -** promptement · bientôt · d'urgence · en toute hâte · sans tarder · **3 - en un instant** · en moins de rien · en un tour de main · en deux temps trois mouvements · vite fait · tambour battant · en quatrième vitesse *fam.* · en deux coups de cuillère à pot *fam.* · dare-dare *fam.* · en cinq sec *fam.* · illico presto *fam.* · presto *fam.* · rapido(s) *fam.* · rapido-presto *fam., vieilli* · **4 -** brusquement · brutalement · soudainement · **5 -** [trop] expéditivement · à la sauvette · à la va-vite · au pas de course · hâtivement · précipitamment · **6 -** brièvement · comme un éclair · en coup de vent *fam.* · rapido(s) *fam.* · compendieusement *vieux* · **7 - en résumé** · brièvement · en abrégé
CONTR. lentement

rapidité *n.f.* **1 -** vitesse · agilité · célérité · diligence · promptitude · prestesse *littér.* · vélocité *littér.* • [d'élocution] volubilité · **2 -** hâte · précipitation · soudaineté
CONTR. lenteur – atermoiement ı calme

rapiécer *v.tr.* · raccommoder · rapetasser *fam.*

↝ **rapiécer, raccommoder, rapetasser**

Rapiécer, raccommoder et rapetasser concernent la remise en état de quelque chose. Raccommoder, vieilli à propos d'un objet *(raccommoder une montre, un jouet)*, s'emploie couramment quand la réparation s'effectue avec du fil et une aiguille *(raccommoder des chaussettes, du linge)*. Rapiécer un vêtement, du linge, un sac, etc. troué ou déchiré, c'est le raccommoder en y fixant une *pièce* de tissu. Rapetasser, d'usage familier, c'est rapiécer de manière sommaire, avec les moyens du bord. Rapiécer s'emploie assez couramment au participe passé *(porter un jean tout rapiécé)* et peut concerner des matières autres que textiles *(rapiécer un pneu, des chaussures)*. Rapetasser se dit au figuré, avec une connotation péjorative, d'une œuvre ou d'un travail écrit que l'on remanie ou que l'on complète à l'aide d'emprunts : « Journée consacrée au roman que je rapetasse » (F. Mauriac, *Bloc-Notes 1952-1957*).

rapine *n.f.* **1** - → pillage • **2** - → vol²

rappel *n.m.* **1** - évocation • allusion • citation • mention • commémoration • mémoire • souvenance *littér.* • **2** - [au spectacle] bis • **3** - avertissement • **4** - [de troupes] mobilisation • appel
CONTR. oubli

rappeler *v.tr.* **1** - évoquer • citer • commémorer • faire allusion à • redire • remémorer • retracer • **2** - ressembler à • évoquer • se rapprocher de • **3** - ramener • faire revenir • [un artiste] bisser • **4** - [une armée] mobiliser • appeler

✦ **rappeler certaines choses à** rafraîchir la mémoire, les idées à *fam.*

⋙ **se rappeler** *v.pron.* se souvenir • mémoriser • se remémorer • se remettre en mémoire
CONTR. chasser ı écarter ı effacer − différer de − démobiliser − oublier

rappliquer *v.intr.* → arriver

rapport *n.m.* **1** - compte rendu • récit • analyse • bulletin • description • expertise • exposé • procès-verbal • relation • témoignage • **2** - bénéfice • apport • fruit • gain • intérêt • produit • profit • rendement • revenu • **3** - lien • filiation • accord • affinité • analogie • concordance • cohérence • connexion • connexité • continuité • corrélation • correspondance • dépendance • rapprochement • liaison • parenté • relation • ressemblance • similitude • **4** - relation • fréquentation • liaison • union • commerce *vieux ou littér.* • [avec l'ennemi] intelligence • **5** - mesure • fraction • proportion • ratio • **6** - point de vue • angle • aspect • perspective

✦ **par rapport à** relativement à • au regard de • concernant • en ce qui concerne • en comparaison de, avec • en fonction de • envers • eu égard à • pour • quant à • relativement à • vis-à-vis de

✦ **rapport sexuel 1** - relation (sexuelle) • coït *didact.* • copulation *plaisant* • liaison • union • **2** - [entre animaux] accouplement • copulation

✦ **avoir des rapports sexuels 1** - faire l'amour • baiser *fam.* • coïter *didact.* • coucher *fam.* • s'accoupler *plaisant* • s'envoyer en l'air *fam.* • copuler *plaisant* • forniquer *Relig. ou plaisant* • niquer *vulg.* • quéner *lang. jeunes* • **2** - [animaux] s'accoupler • copuler

✦ **être en rapport** communiquer • correspondre • se fréquenter

✦ **avoir rapport à** concerner • avoir trait à • intéresser • être relatif à

rapporter *v.tr.* **1** - restituer • ramener • remettre (à sa place) • redonner • rendre • replacer • **2** - produire • apporter • donner • faire gagner • [sans complément] payer • être juteux *fam.* • **3** - raconter • citer • colporter • consigner • conter • dire • exposer • redire • relater • répéter • **4** - [fam.] répéter • [sans complément] cafarder *fam.* • cafter *fam.* • moucharder *fam.* • **5** - attribuer • imputer • raccrocher • ramener • rapprocher • rattacher • relier • **6** - [un décret] abroger • annuler

✦ **rapporter (qqch.) à** mettre en relation avec • ramener aux proportions de

⋙ **se rapporter** *v.pron.*

✦ **se rapporter à** concerner • avoir trait à • être afférent à • correspondre à • être relatif à • intéresser • regarder • se rattacher à • toucher à

✦ **s'en rapporter à** s'en remettre à • faire confiance à • se reposer sur
CONTR. conserver ı garder − coûter − taire − se méfier (de)

rapporteur, -euse *n. et adj.* • délateur • dénonciateur • mouchard • traître • balance *fam.* • cafard *fam.* • sycophante *littér.*

rapproché, e *adj.* **1** - proche · voisin · **2** - fréquent

rapprochement *n.m.* **1** - réconciliation · alliance · accommodement · accord · conciliation · réunion · union · **2** - contact · **3** - lien · amalgame · assimilation · association · comparaison · parallèle · rapport
CONTR. désunion ı rupture – éloignement – rupture ı séparation

rapprocher *v.tr.* **1** - approcher · avancer · **2** - accoler · assembler · grouper · joindre · presser · unir · **3** - réconcilier · concilier · réunir · tisser des liens entre · **4** - comparer · amalgamer · assimiler · mettre en parallèle · mettre en regard

➤ **se rapprocher** *v.pron.* · approcher · s'avancer

✦ **se rapprocher de** ressembler à · être proche de · avoisiner à · s'apparenter à · tirer sur
CONTR. éloigner – disjoindre ı dissocier ı diviser ı écarter – éloigner ı séparer – dissocier – s'éloigner – diverger

rapt *n.m.* · kidnapping · enlèvement · ravissement *vieux*
➥ kidnapping

raquer *v.tr.* → payer

rare *adj.* **1** - introuvable · raréfié · recherché · **2** - inhabituel · exceptionnel · extraordinaire · hors du commun · inaccoutumé · rarissime · remarquable · singulier · **3** - [cheveux, herbes] clairsemé · épars · peu fourni

✦ **personne, chose extrêmement rare** mouton à cinq pattes · merle blanc
CONTR. commun ı courant ı fréquent ı ordinaire – abondant ı dru ı fourni

raréfaction *n.f.* · diminution · amoindrissement · appauvrissement · disparition · épuisement · réduction · tarissement

raréfier (se) *v.pron.* · diminuer · s'amoindrir · s'appauvrir · disparaître · s'éclaircir · se faire rare · se réduire · se tarir

rarement *adv.* · guère · à peine · exceptionnellement · peu · peu souvent
CONTR. communément ı couramment ı fréquemment ı souvent

rareté *n.f.* **1** - pénurie · défaut · déficience · disette · insuffisance · manque · **2** - curiosité · phénomène · mouton à cinq pattes · merle blanc · **3** - denrée rare
CONTR. abondance ı profusion ı fréquence

ras, e
■ *adj.* · court · pelé · rasé · tondu
■ *adv.* · au plus court · au plus près · rasibus *fam., vieilli*

rasant, e *adj.* → ennuyeux

raser *v.tr.* **1** - tondre · tonsurer · couper · tailler · **2** - démolir · anéantir · casser · démanteler · détruire · dévaster · pulvériser · renverser · saccager • [un pays, une ville] rayer de la carte · **3** - effleurer · friser · frôler · longer · serrer · **4** - [fam.] → ennuyer

✦ **avoir le crâne rasé** avoir la boule à zéro *fam.*
CONTR. élever ı construire – intéresser

raseur, -euse *n.* → importun

ras-le-bol *n.m. invar.* · dégoût · exaspération

✦ **en avoir ras-le-bol** en avoir marre *fam.* · en avoir (plus qu')assez *fam.* · en avoir ras la casquette *fam.* · en avoir jusque-là *fam.* · en avoir plein le dos *fam.*

rasoir *n.m.* **1** - sabre *fam.* · **2** - → ennuyeux

rassasié, e *adj.* **1** - repu · assouvi · blindé *fam.* · bourré *fam.* · calé *fam.* · gavé *fam.* · soûl *vieux ou littér.* · **2** - comblé · content · satisfait · saturé

✦ **être rassasié** **1** - être blasé · être lassé · en avoir assez · en avoir plein le dos *fam.* · **2** - avoir le ventre plein · être plein *fam.*
CONTR. affamé ı à jeun – assoiffé ı avide ı insatiable

🕮 **rassasié, repu**

Rassasié et **repu** s'emploient en concurrence pour qualifier une personne qui a totalement assouvi sa faim, mais **repu** insiste sur l'idée de satiété : « Il s'empiffrait de nourriture, car il était vorace ; et repu, s'endormait sur place » (Jérôme et Jean Tharaud, *Marrakech*). On peut aussi appliquer **repu** à un animal *(des fauves bien repus)*. Au figuré, **repu** penche du côté de la satisfaction comblée : « La haine inassouvie et repue à la fois » (Verlaine, *Sagesse*, I, III) et **rassasié** du côté de la saturation : « (...) tout les ennuie, tout les excède, tout les assomme ; ils sont rassasiés, blasés, usés, inaccessibles. Ils connaissent d'avance ce que vous allez leur dire » (Th. Gautier, *Préface de Mlle de Maupin*).

rassasier *v.tr.* **combler** · apaiser · assouvir · contenter · satisfaire

✦ **se rassasier** manger à sa faim · se gaver · se gorger · se repaître · se soûler *fam.*

CONTR. affamer – être enthousiaste – crever de faim

rassemblement *n.m.* **1 - réunion** · assemblée · attroupement · concentration · forum · groupement · manifestation · meeting · ralliement · regroupement · rencontre · rendez-vous · union · concours *vieux* · **2 - collecte** · collection · concentration · regroupement · réunion

CONTR. dispersion ı éparpillement

rassembler *v.tr.* **1 - unir** · fusionner · mêler · réunir · unifier · **2 -** [des personnes] **réunir** · ameuter · assembler · attrouper · coaliser · concentrer · grouper · masser · rallier · regrouper · unir · **3 -** [des objets] **collecter** · accumuler · amasser · collectionner · concentrer · joindre · recueillir · regrouper · réunir

⧼ **se rassembler** *v.pron.* se réunir · s'amasser · s'assembler · confluer · s'assembler · se grouper · se masser · se regrouper · se rejoindre · se retrouver • [pour discussions mondaines] tenir salon

CONTR. disloquer ı disperser ı disséminer ı éparpiller ı fragmenter – se séparer

rasséréner *v.tr.* · apaiser · calmer · consoler · contenter · rassurer · réconforter · remonter · sécuriser · soulager · tranquilliser

⧼ **se rasséréner** *v.pron.* · retrouver son calme · reprendre des esprits

CONTR. obscurcir ı agiter ı inquiéter ı troubler

rassis, e *adj.* **1 - dur** · sec · **2 - posé** · calme · pondéré · raisonnable · réfléchi · sage · sensé · sérieux

CONTR. frais – impulsif

rassurant, e *adj.* · tranquillisant · apaisant · calmant · encourageant · lénifiant *souvent péj.* · réconfortant · sécurisant

CONTR. alarmant ı effrayant ı inquiétant ı menaçant

rassurer *v.tr.* · calmer · apaiser · consoler · rasséréner · réconforter · remettre en confiance · remonter · sécuriser · soulager · tranquilliser

CONTR. alarmer ı effrayer ı inquiéter ı menacer ı terrifier

rat *n.m.* [fam.] avare · harpagon · pingre · picsou · grigou *fam.* · rapiat *fam.* · ladre *vieux*

✦ **rat des champs** mulot · campagnol

ratage *n.m.* · échec · désastre · insuccès · bérézina · bide *fam.* · fiasco *fam.* · flop *fam.* · foirage *fam.* · gamelle *fam.* · loupage *fam.* · plantage *fam.* • [spectacle] four

CONTR. succès

ratatiné, e *adj.* **1 - rabougri** · desséché · **2 -** [fam.] **démoli** · cassé · fichu *fam.* · foutu *fam.*

CONTR. élancé ı épanoui

ratatiner *v.tr.* **1 - rapetisser** · dessécher · rabougrir · racornir · **2 -** [fam.] **démolir** · anéantir · casser · écraser

≫ **se ratatiner** *v.pron.* se rabougrir · se friper · s'étioler · se recroqueviller · se tasser

raté, e

■ *n.* · bon à rien · loser *fam.* · minus (habens) *fam.* · nul *fam.* · nullard *fam.* · tocard *fam.* · zéro *fam.*

■ *n.m.* **1 - à-coup** · saccade · soubresaut · **2 - échec** · ratage · revers

rater

■ *v.intr.* **échouer** · avorter · capoter *fam.* · faire un flop *fam.* · foirer *fam.* · louper *fam.* · merder *très fam.* · partir en couille *très fam.* · partir en vrille *fam.* · péter dans la main *fam.* · queuter *fam.*

■ *v.tr.* **1 - manquer** · passer à côté de · louper *fam.* · **2 - gâcher** · perdre

CONTR. atteindre ı obtenir ı réussir

ratification *n.f.* **1 - autorisation** · accord · adoption · agrément · approbation · confirmation · entérinement · **2 - authentification** · consécration · homologation · officialisation · reconnaissance · sanction · signature · validation

CONTR. annulation

ratifier *v.tr.* **1 - autoriser** · adopter · agréer · approuver · confirmer · entériner · **2 - authentifier** · consacrer · homologuer · officialiser · reconnaître · sanctionner · signer · valider

CONTR. abroger ı annuler ı démentir

ratiociner *v.intr.* · **argumenter** · chinoiser · débattre · discuter · épiloguer · ergoter · philosopher · subtiliser · tergiverser · vétiller *littér.* · pinailler *fam.* · chicaner *fam.* · chipoter *fam.* · discutailler *fam.* · chercher la petite bête *fam.* · couper les cheveux en quatre *fam.* · enculer les mouches *très fam.*

ratiocineur, -euse *n. et adj.* · **argumentateur** · chicaneur · chicanier · ergoteur · chipoteur *fam.* · discutailleur *fam.* · pinailleur *fam.* · coupeur de cheveux en quatre *fam.* · enculeur de mouches *très fam.* · vétilleux *littér.*

ration *n.f.* · **dose** · lot · mesure · part · portion · quantité

rationalisation *n.f.* · **normalisation** · standardisation · systématisation

rationaliser *v.tr.* · **normaliser** · standardiser · systématiser

rationnel, -elle *adj.* · **raisonnable** · cartésien · cohérent · équilibré · judicieux · juste · logique · mathématique · méthodique · ordonné · organisé · réfléchi · scientifique · sensé

CONTR. empirique ı irrationnel ı passionné ı déraisonnable

rationnellement *adv.* · **raisonnablement** · logiquement

rationnement *n.m.* **1 - répartition** · contingentement · **2 - restriction** · limitation

rationner *v.tr.* **1 - répartir** · contingenter · **2 - restreindre** · limiter

≫ **se rationner** *v. pron.* · **se limiter** · se priver · se restreindre · se surveiller · se serrer la ceinture *fam.*

ratisser *v.tr.* **1 - râteler** · **2 - fouiller** · inspecter · passer au peigne fin · **3 -** [fam.] **ruiner** · ratiboiser *fam.*

rattachement *n.m.* · **annexion** · adjonction · incorporation · raccrochement · réunion

CONTR. détachement

rattacher *v.tr.* **1 - relier** · raccrocher · rapporter · **2 - annexer** · adjoindre · incorporer · réunir

CONTR. détacher – séparer

rattraper v.tr. 1 - récupérer · regagner · reprendre · retrouver · 2 - compenser · atténuer · racheter · réparer · ravoir *fam.* · 3 - atteindre · rejoindre · serrer de près · 4 - ressaisir · retenir (au vol)

⟫ **se rattraper** v.pron. 1 - se raccrocher · s'accrocher · s'agripper · se cramponner · se retenir · 2 - se racheter · compenser · s'améliorer · se corriger · se réhabiliter · se refaire · 3 - se reprendre · se ressaisir

rature n.f. · biffure · correction · retouche · surcharge · trait (de plume)

raturer v.tr. · barrer · biffer · corriger · rayer · retoucher · surcharger

rauque adj. · éraillé · âpre · cassé · enroué · guttural · rocailleux · rude · voilé
CONTR. clair

ravage n.m. 1 - désastre · bouleversement · dégât · dégradation · destruction · détérioration · dévastation · dommage · saccage · casse *fam.* • [du temps] méfait · 2 - [vieux] pillage · sac · saccage

ravagé, e adj. [fam.] → fou

ravager v.tr. 1 - dévaster · anéantir · bouleverser · briser · délabrer · démolir · désoler · détruire · endommager · mettre à feu et à sang · piller · ruiner · saccager · 2 - [un visage, etc.] marquer · flétrir · rider
CONTR. épargner
↝ **dévaster**

ravageur, -euse adj. 1 - dévastateur · destructeur · 2 - saccageur · déprédateur · pillard

ravalement n.m. 1 - nettoyage · remise en état · grattage · 2 - [vieilli] avilissement · rabaissement

ravaler v.tr. 1 - nettoyer · gratter · refaire · remettre en état • [une façade] ragréer · 2 - avilir · abaisser · dénigrer · déprécier · humilier · rabaisser · 3 - contenir · dominer · étouffer · maîtriser · mettre dans sa poche · refouler · réfréner · rentrer · réprimer · retenir · surmonter · taire

⟫ **se ravaler** v.pron. · descendre · déchoir · s'abaisser · s'humilier · se rabaisser · tomber
CONTR. dégrader - élever ǀ exalter - exprimer

ravaudage n.m. → raccommodage

ravauder v.tr. → raccommoder

ravi, e adj. · enchanté · aux anges · charmé · comblé · content · heureux · joyeux · radieux · rayonnant · réjoui · satisfait · bien aise *littér.* · bienheureux *littér.*
CONTR. chagrin ǀ navré

ravigoter v.tr. · revigorer · fortifier · ranimer · raviver · réconforter · reconstituer · remonter *fam.* · ragaillardir *fam.* · remettre en selle *fam.* · requinquer *fam.* · retaper *fam.* · revivifier *fam.*

ravin n.m. · ravine

raviné, e adj. [visage] marqué · buriné · creusé · ravagé · ridé

ravinement n.m. · érosion · affouillement

raviner v.tr. · éroder · affouiller · creuser

ravir v.tr. 1 - dérober · arracher · confisquer · emporter · faire main basse sur · prendre · s'approprier · s'emparer de · subtiliser · voler · souffler *fam.* · 2 - [littér.] enlever · kidnapper · 3 - enchanter · charmer · combler · émerveiller · enthousiasmer · plaire · transporter · emballer *fam.*

✦ **à ravir** à merveille · admirablement · magnifiquement · merveilleusement · superbement

CONTR. donner - affliger ǀ attrister ǀ excéder - médiocrement

raviser (se) v.pron. · changer d'avis · faire volte-face · se dédire · se désister · faire machine, marche arrière · revenir sur sa décision · se reprendre · se rétracter

ravissant, e adj. · enchanteur · admirable · adorable · beau · charmant · engageant · gracieux · joli · magnifique · merveilleux · plaisant · séduisant · superbe · à croquer fam.

ravissement n.m. **1 - enchantement** · bonheur · délectation · émerveillement · enthousiasme · exaltation · extase · **2 -** [littér.] **enlèvement** · kidnapping · rapt
CONTR. affliction

ravisseur, -euse n. **1 - kidnappeur** · preneur d'otages · **2 -** [vieux] **voleur**

ravitaillement n.m. **1 - approvisionnement** · alimentation · réapprovisionnement • [d'un navire, d'un avion] avitaillement · **2 - provisions** · denrées · marchandises · provisions · réserves · stock · subsistances · victuailles · vivres

ravitailler v.tr. **1 - munir** · fournir · pourvoir · **2 - approvisionner** · alimenter · assurer la subsistance de · nourrir · réapprovisionner • [un navire, un avion] avitailler

raviver v.tr. **1 - ranimer** · aviver · attiser · faire renaître · faire repartir · faire revivre · ragaillardir · réactiver · ressusciter · réveiller · revivifier · **2 - rafraîchir** · rajeunir · ranimer · renouveler
CONTR. atténuer ı effacer ı endormir ı estomper ı éteindre
↪ ranimer

ravoir v.tr. **1 - récupérer** · retrouver · recouvrer littér. · **2 -** [fam.] → **rattraper**

rayé, e adj. · tigré · à rayures · vergeté · zébré

rayer v.tr. **1 - érafler** · couper · entailler · entamer · taillader · **2 - hachurer** · strier ·

zébrer · **3 - barrer** · annuler · biffer · effacer · éliminer · exclure · raturer · rejeter · supprimer
CONTR. immatriculer ı inscrire

¹**rayon** n.m. **jet** · faisceau · radiation · trait · rai littér.

✦ **rayon d'action** distance · envergure · étendue · portée · zone d'activité · zone d'influence

²**rayon** n.m. **1 - étagère** · planche · rayonnage · tablette · **2 -** [dans un grand magasin] **stand** · comptoir · **3 -** [fam.] **domaine** · branche · compétence · secteur

rayonnage n.m. · étagère · planche · rayon · tablette

rayonnant, e adj. **1 - en étoile** · radiant · **2 -** [lumière, chaleur] **irradiant** · radiant vieilli · **3 - éclatant** · brillant · éblouissant · étincelant · flamboyant · lumineux · radieux · resplendissant · splendide · **4 - épanoui** · gai · heureux · joyeux · radieux · ravi · réjoui · resplendissant · **5 - magnifique** · splendide
CONTR. obscur ı sombre − chagrin ı éteint − médiocre

rayonnement n.m. **1 - radiation** · diffusion · dispersion · dissémination · émanation · émission · irradiation · propagation · progression · transmission · **2 - éclat** · clarté · lumière · **3 - influence** · ascendant · éclat · impact · influence · prestige · **4 - essor** · expansion

rayonner v.intr. **1 - briller** · éclairer · irradier · luire · se diffuser · **2 - se développer** · se diffuser · s'étendre · se manifester · se propager · se répandre · **3 -** [chaleur] **se diffuser** · irradier · se propager · se répandre · **4 -** [de joie] **éclater** · irradier

rayure n.f. **1 - bande** · hachure · ligne · strie · trait · zébrure · **2 - éraflure** · coupure · entaille · griffure · raie · strie · taillade

raz(-)de(-)marée n.m. · lame de fond · tsunami

razzia *n.f.* **1 -** incursion · attaque · descente · raid · **2 -** pillage · sac · saccage · **3 -** rafle

razzier *v.tr.* **1 -** piller · saccager · **2 -** s'emparer de · accaparer · s'approprier · emporter · enlever · faire main basse sur · mettre la main sur · prendre · rafler *fam.*

réac *n.* → réactionnaire

réacteur *n.m.* · moteur · pile · propulseur

réaction *n.f.* **1 -** opposition · protestation · remous · résistance · **2 - réponse** · répartie · réplique · riposte · sursaut · réflexe · **3 - conséquence** · contrecoup · effet

réactionnaire *adj. et n.* · conservateur · obscurantiste · rétrograde · réac *fam.*
CONTR. avancé ı révolutionnaire ı novateur ı progressiste

réadapter *v.tr.* · réaccoutumer · réadapter · refamiliariser · réhabituer

réagir *v.intr.* **1 - reprendre (le dessus)** · remonter le courant · se reprendre · se ressaisir · se secouer *fam.* · **2 - se comporter** · se conduire
 ✦ **ne pas réagir**   ne pas bouger · rester de marbre · ne pas ciller · ne pas broncher *fam.* · [pour aider] ne pas lever le petit doigt *fam.*
 ✦ **réagir à**   **1 -** répliquer à · combattre · se défendre contre · s'élever contre · s'insurger contre · lutter contre · s'opposer à · répondre à · résister à · se révolter contre · riposter contre · **2 - être sensible à**
CONTR. se laisser abattre ı se laisser aller – se soumettre

réajuster *v.tr.* → rajuster

réalisable *adj.* · faisable · accessible · exécutable · possible · praticable
CONTR. impossible ı inexécutable ı irréalisable

réalisateur, -trice *n.* **1 -** exécuteur · **2 -** [Cinéma] **metteur en scène** · cinéaste · vidéaste • [Radio] metteur en ondes

réalisation *n.f.* **1 - accomplissement** · aboutissement · achèvement · concrétisation · exécution · fabrication · mise en œuvre · production · **2 - œuvre** · création · production · **3 -** [Cinéma] **mise en scène** · direction • [Radio] mise en ondes · **4 -** [Fin.] **liquidation** · vente
CONTR. ébauche – projet

réaliser *v.tr.* **1 - accomplir** · achever · actualiser · atteindre · concrétiser · créer · donner corps à · effectuer · exécuter · faire · matérialiser · mener à bien · mettre à exécution · mettre en œuvre · opérer · **2 -** [Cinéma] **mettre en scène** · diriger • [Radio] mettre en ondes · **3 - comprendre** · s'apercevoir · saisir · voir · **4 -** [Fin.] **liquider** · vendre
»» **se réaliser** *v.pron.* **1 - arriver** · avoir lieu · prendre corps · s'accomplir · se concrétiser · se faire · se passer · se produire • [rêve] devenir réalité · **2 - s'épanouir** · s'accomplir

réalisme *n.m.* **1 - pragmatisme** · bon sens · **2 -** [Art] **naturalisme** · vérisme · **3 -** [d'une description] **crudité** · brutalité
CONTR. idéalisme ı immatérialisme ı fantastique ı irréalisme

réaliste *n. et adj.* **1 - pragmatique** · concret · **2 -** [Art] **naturaliste** · vériste · **3 -** [description] **cru** · brutal
 ✦ **être réaliste**   avoir les pieds sur terre · avoir le sens des réalités · regarder les choses en face
CONTR. idéaliste ı idéologue – fantastique ı romantique – être irréaliste ı être rêveur

réalité *n.f.* **1 - vérité** · évidence · exactitude · véracité · **2 - existence** · historicité · matérialité · substance · **3 - réel** · faits
 ✦ **en réalité**   en fait · au fond · à dire vrai
CONTR. apparence ı illusion ı idéalité – idéal ı imagination ı rêve ı vision – chimère ı fiction

réanimer *v.tr.* → ranimer
➴ **ranimer**

réapparaître v.intr. • reparaître • recommencer • renaître • reprendre • se reproduire • resurgir • se réveiller • revenir • [mal] récidiver
CONTR. disparaître

réapparition n.f. • retour • recommencement • renaissance • renouveau • reprise • résurgence • réveil • [d'un mal] récidive
CONTR. disparition

rébarbatif, -ive adj. 1 - ennuyeux • aride • fastidieux • ingrat • barbant fam. • chiant très fam. • 2 - rebutant • désagréable • dur • farouche • hargneux • hostile • repoussant • revêche • rude
CONTR. attirant ı attrayant – affable ı engageant ı séduisant

rebattu, e adj. • éculé • banal • commun • connu • ressassé • usé • réchauffé fam.

rebelle adj. et n. 1 - insoumis • agitateur • dissident • factieux • insurgé • mutin • récalcitrant • rétif • révolté • révolutionnaire • séditieux • subversif • trublion • 2 - désobéissant • indiscipliné • indocile • insubordonné • 3 - [toux, mal] tenace • opiniâtre
✦ **rebelle à** opposé à • hostile à • fermé à • imperméable à • récalcitrant à • rétif à • réfractaire à
CONTR. disciplinable ı docile ı soumis ı souple – favorable à

rebeller (se) v.pron. 1 - s'insurger • se mutiner • se révolter • se soulever • se rebiffer fam. • ruer dans les brancards fam. • 2 - protester • regimber • renâcler • s'indigner • se récrier • se scandaliser
✦ **se rebeller contre** désobéir à • braver • défier • se dresser contre • s'opposer à • refuser • rejeter • résister à • tenir tête à

rébellion n.f. • révolte • désobéissance • dissidence • fronde • insoumission • insubordination • insurrection • mutinerie • opposition • refus • résistance • sédition • soulèvement
CONTR. docilité ı obéissance ı soumission

rebiffer (se) v.pron. → se rebeller

reboisement n.m. • reforestation • repeuplement
CONTR. déboisement

rebond n.m. • rebondissement

rebondi, e adj. 1 - dodu • bien en chair • bombé • charnu • généreux • gras • gros • opulent • rebondi • rondelet • plein • potelé • renflé • rond • boulot fam. • grassouillet fam. • rondouillard fam. • 2 - [joues] joufflu • mafflu • [ventre] bedonnant • ventripotent • ventru • pansu
CONTR. aplati ı maigre ı plat – émacié

rebondir v.intr. 1 - bondir • rejaillir • ricocher • sauter • 2 - repartir • renaître • reprendre • revenir

rebondissement n.m. • rebond • (nouveau) développement • coup de théâtre • péripétie

rebord n.m. • bordure • bord • limite • [d'un puits] margelle

rebours (à) loc. adv. et prép. 1 - à l'envers • à rebrousse-poil • à contrefil • à contre-poil • 2 - à contre-courant • à contresens
✦ **au rebours de** au contraire de • à l'inverse de • à l'opposé de • contrairement à

rebouteux, -euse n. • guérisseur • rebouteur vieilli • empirique vieux

reboutonner (se) v.pron. • se rajuster • se rebraguetter fam.

rebrousse-poil (à) loc. adv. • à rebours • à l'envers • à contre-poil

rebrousser v.tr.
+ **rebrousser chemin** retourner en arrière · faire demi-tour · revenir en arrière, sur ses pas · tourner bride

rebuffade n.f. · refus · affront · vexation · camouflet littér.
CONTR. avance

rebut n.m. **1 -** déchet · débris · détritus · ordure · **2 -** [littér.] **lie** littér. · écume vieilli · fond du panier fam.
+ **mettre, jeter au rebut** mettre, jeter aux ordures · se débarrasser de · balancer fam. · mettre au rancart fam. · virer fam.

🙰 **rebut, déchet**
On désigne par **rebut** ou **déchet** ce qui est bon à jeter. Le **déchet** est un résidu devenu inutilisable, généralement considéréré comme sale ou encombrant (les déchets de viande du boucher ; des déchets industriels, recyclables, biodégradables). Le **rebut** est ce qui reste de moins bon, sans être nécessairement à l'état de débris (mettre, jeter au rebut de vieilles chaussures, une table bancale). Au sens propre, le champ d'application de **rebut** est plus étroit que celui de **déchet**. L'idée de mise à l'écart est dominante dans les emplois figurés de **rebut** (le rebut de la société) : « Un vieillard n'existe que par ce qu'il possède. Dès qu'il n'a plus rien, on le jette au rebut » (Mauriac, le Nœud de vipères). **Déchet** est plutôt un terme de mépris (c'est un vieux déchet) : « Regardez-moi cette loque, clama-t-il, ce déchet. S'il ne se met pas à quatre pattes, c'est qu'il a peur de la fourrière. Vieux, pouilleux, pourri, à la poubelle » (S. Beckett, Nouvelles).

rebutant, e adj. **1 -** repoussant · dégoûtant · déplaisant · désagréable · écœurant · répugnant · répulsif littér. · **2 -** décourageant · démoralisant · fastidieux · fatigant · lassant · rébarbatif
CONTR. attrayant ı encourageant ı séduisant

rebuter v.tr. **1 -** repousser · dégoûter · répugner · **2 -** décourager · démoraliser · déplaire à · écœurer · fatiguer · lasser

récalcitrant, e adj. et n. · rétif · désobéissant · factieux · indiscipliné · indocile · insoumis · insurgé · mutin · rebelle · séditieux
CONTR. docile ı soumis ı souple

recaler v.tr. · ajourner · refuser · coller fam.
CONTR. admettre ı recevoir

récapitulation n.f. · récapitulatif · abrégé · condensé · inventaire · résumé · sommaire · synthèse

récapituler v.tr. · reprendre · condenser · faire la synthèse de · passer en revue · résumer

receler v.tr. **1 -** cacher · dissimuler · **2 -** être dépositaire de · garder · posséder · **3 -** contenir · renfermer

receleur, -euse n. · fourgue argot

récemment adv. **1 -** il y a peu · dernièrement · naguère littér. · **2 -** depuis peu · fraîchement · nouvellement
CONTR. anciennement ı autrefois ı jadis

recensement n.m. · dénombrement · compte · énumération · évaluation · inventaire · recension littér.

recenser v.tr. · dénombrer · compter · énumérer · évaluer · faire le compte, l'inventaire de

recension n.f. → recensement

récent, e adj. **1 -** frais · dernier · jeune · proche • [connaissance, etc.] de fraîche date · **2 -** moderne · neuf · nouveau
CONTR. ancien ı vieux

récépissé n.m. • reçu • accusé de réception • acquit • décharge • quittance • reconnaissance (de dettes)

réceptacle n.m. • récipient • bassin • contenant • cuve • cuvette • réservoir

récepteur n.m. • poste • appareil • syntoniseur • tuner anglic.
CONTR. émetteur

réception n.f. **1** – accueil • hospitalité • **2** – réunion • cérémonie • cocktail • gala • soirée • cinq à sept vieilli • garden-party vieilli • raout vieilli • surprise-party vieilli • **3** – admission • entrée • intronisation • investiture
CONTR. envoi ı expédition ı émission – exclusion

récession n.f. **1** – recul • éloignement • fuite • **2** – baisse • diminution • fléchissement • ralentissement • **3** – crise • dépression • marasme
CONTR. avance ı progrès – expansion
↝ régression

recette n.f. **1** – formule • manière • méthode • moyen • procédé • secret • système • combine fam. • ficelle fam. • truc fam. • **2** – bénéfice • boni • gain • produit • rentrée (d'argent) • revenu • **3** – [Comptabilité] **crédit** • **4** – [d'impôts] perception • recouvrement • **5** – [de marchandises] admission • réception
✦ **faire recette** avoir du succès • rapporter de l'argent • cartonner fam. • faire un carton fam. • marcher (bien, fort) fam.
CONTR. débours ı dépense

recevable adj. • acceptable • admissible • valable
CONTR. irrecevable ı inadmissible

recevoir v.tr. **1** – percevoir • acquérir • capter • encaisser • hériter de • obtenir • recueillir • toucher • **2** – donner l'hospitalité à • accueillir • convier • héberger • inviter • laisser entrer • recueillir • **3** – donner audience à • accueillir • **4** – traiter • **5** – subir • éprouver • essuyer • prendre • souffrir • écoper de fam. • trinquer fam. • **6** – accepter • admettre
✦ **être reçu** [à un examen] passer • réussir
CONTR. donner ı émettre ı envoyer ı offrir ı payer ı verser – éliminer ı exclure ı recaler ı refuser – échouer

réchappé, e adj. • rescapé • survivant

réchapper de v.tr.ind. • guérir de • sortir vivant de
✦ **en réchapper** s'en sortir • être (sain et) sauf • être indemne • être intact • passer à travers • se tirer d'affaire • s'en tirer fam.

recharge n.f. **1** – rechargement • **2** – cartouche

réchaud n.m. • fourneau • brasero • camping-gaz • cassolette • chaufferette • chauffe-plats

réchauffé, e adj. → rebattu

réchauffement n.m. • échauffement
CONTR. attiédissement ı refroidissement

réchauffer v.tr. **1** – chauffer • attiédir • dégeler • déglacer • échauffer • tiédir • **2** – réveiller • attiser • aviver • exalter • ranimer • [le cœur] réconforter
CONTR. refroidir – éteindre

rêche adj. **1** – dur • abrasif • râpeux • rude • rugueux • **2** – bourru • difficile • rétif • revêche • rude • sec
CONTR. lisse ı moelleux – doux

recherche n.f. **1** – exploration • chasse • fouille • prospection • quête • **2** – quête • poursuite • tentative • **3** – étude • enquête • examen • expérience • expérimentation • investigation • travail • **4** – raffinement • apprêt • art • délicatesse • soin • sophistication • [péj.] afféterie • affectation • maniérisme • préciosité • gongorisme littér.
✦ **à la recherche de** en quête de
CONTR. abandon ı laisser-aller ı négligence – simplicité

recherche, investigation

Recherche et **investigation** ont pour point commun l'action de *chercher* pour trouver quelque chose. Dans ce sens général, les deux mots s'emploient régulièrement en concurrence et au pluriel *(poursuivre ses recherches/investigations ; procéder à des recherches/des investigations minutieuses)*. Au singulier, on parle en particulier de **recherche** lorsqu'il s'agit de découvrir des connaissances ou des moyens d'expression *(faire de la recherche en agronomie, de la recherche chorégraphique ; consacrer sa vie à la recherche, à la recherche scientifique)*. **Investigation**, d'emploi plus restreint, se dit d'une recherche suivie, systématique, notamment dans les domaines judiciaire *(les méthodes d'investigation de la police)*, de l'information *(un journalisme d'investigation)* et scientifique *(une investigation clinique par palpation)*.

recherché, e *adj.* **1 - demandé** · couru · prisé · rare · à la mode · **2 - étudié** · délicat · raffiné · soigné · sophistiqué · travaillé · **3 -** [péj.] **affecté** · apprêté · compassé · maniéré · mignard · précieux

CONTR. banal ı commun − naturel ı négligé ı simple ı vulgaire

rechercher *v.tr.* **1 - explorer** · chasser · chercher · fouiller · poursuivre · prospecter · quêter • [qqn] être aux trousses de · pourchasser · poursuivre · **2 - étudier** · analyser · approfondir · enquêter sur · examiner · expérimenter · investiguer · observer · **3 - chercher** · ambitionner · briguer · convoiter · courir après · désirer · poursuivre · viser

CONTR. éviter ı fuir − dédaigner

rechigné, e *adj.* [air] maussade · boudeur · grognon · hargneux · renfrogné

rechigner *v.intr.* **bouder** · faire des difficultés · grogner · maugréer · râler · ronchonner *fam.* · rouspéter *fam.* • [en emploi négatif] sourciller · tiquer

✦ **rechigner à** renâcler à · ne pas être chaud pour · répugner à · se faire prier pour

rechute *n.f.* · récidive · aggravation · reprise · retour

rechute, récidive

Rechute et **récidive** s'emploient l'un et l'autre dans le contexte médical pour exprimer le fait de tomber de nouveau malade. La **rechute** survient lorsque l'on était, ou pensait être, en voie de guérison *(soyez prudent, évitez une rechute ; s'exposer à une rechute)*. La **récidive**, au contraire, est une réapparition de la maladie après la guérison. En terme médical, la **récidive** s'applique au processus récurrent d'une affection microbienne, mais on emploie assez couramment le mot pour d'autres pathologies, avec le sens de « nouvelle manifestation » *(récidive d'une tumeur cancéreuse après 5 ans de rémission)*. Avec la valeur morale de « retombée dans l'erreur », **rechute** est réservé au domaine religieux *(rechute dans le péché)* et **récidive** à l'usage juridique et courant *(être condamné pour coups et blessures, avec récidive)*.

récidive *n.f.* **1 - rechute** · **2 - réapparition** · recommencement · reprise
→ rechute

récidiver *v.intr.* **1 - rechuter** · recommencer · réitérer ses erreurs · retomber dans ses anciens travers · **2 - réapparaître** · recommencer · reprendre

récidiviste *n.* · cheval de retour · relaps · repris de justice

récif *n.m.* · brisant · écueil · rocher · roche · roc

récipiendaire *n.* · bénéficiaire · impétrant

récipient *n.m.* **contenant** • boîte • bol • container • réceptacle • saladier

réciprocité *n.f.* • corrélation • correspondance • simultanéité • solidarité • symétrie

réciproque
- *n.f.* • symétrique • pendant • inverse
- *adj.* **1 - bilatéral** • mutuel • simultané • symétrique • synallagmatique *(Droit)* • **2 - mutuel** • partagé

réciproquement *adv.* **mutuellement** • l'un ... l'autre • simultanément
✦ **et réciproquement** et vice versa • et inversement

récit *n.m.* **1 - compte rendu** • exposé • exposition • histoire • historique • narration • rapport • relation • **2 - annales** • chronique • mémoires • **3 - conte** • fable • histoire • historiette • légende • mythe • nouvelle • odyssée • roman

récital *n.m.* • **concert** • spectacle • tour de chant

récitatif *n.m.* • chant • mélopée

réciter *v.tr.* • déclamer • débiter *souvent péj.* • dire • énoncer • prononcer • raconter

réclamation *n.f.* **1 - demande** • doléance • requête • revendication • [Droit] pétition • **2 -** [vieilli] **plainte** • complainte • critique • doléance • grief • objection • protestation • reproche • revendication • récrimination • jérémiade *littér.*

réclame *n.f.* [vieilli] **publicité**
✦ **en réclame** en promotion • en solde

réclamer *v.tr.* **1 - exiger** • demander • implorer • prétendre à • quémander • requérir • revendiquer • solliciter • **2 - avoir besoin de** • appeler • commander • demander • exiger • imposer • mériter • nécessiter • ordonner •

requérir • supposer • vouloir • **3 - se plaindre** • protester • récriminer • se récrier • râler *fam.* • ronchonner *fam.* • rouspéter *fam.*

➤ **se réclamer de** *v.pron.* • **invoquer** • en appeler à • se prévaloir de • se recommander de

> 🕮 **réclamer, revendiquer**
> Réclamer et revendiquer se rejoignent autour de l'idée de demander instamment quelque chose. On **réclame** ce que l'on considère comme justifié ou dû *(réclamer de l'argent, un dédommagement, une compensation)*. On **revendique** ce à quoi on peut effectivement prétendre, notamment dans le domaine du droit de propriété *(revendiquer sa part dans une succession, la restitution d'un bien)* et, plus couramment, dans celui du droit social *(revendiquer l'amélioration des conditions de travail, le droit au travail)*. Dans tous les cas, **revendiquer** exprime plus fortement une demande que **réclamer** ; c'est un partage que l'on retrouve dans *revendication* et *réclamation*.

reclus, e
- *adj.* • **enfermé** • claquemuré • claustré • cloîtré • isolé • muré • renfermé • retiré • solitaire
- *n.* • ermite • anachorète • solitaire

réclusion *n.f.* • **détention** • captivité • claustration • emprisonnement • enfermement • incarcération • internement • prison • séquestration

recoin *n.m.* • **repli** • angle • coin • compartiment • renfoncement • tréfonds
✦ **dans les recoins de son âme** dans le tréfonds de son âme

recoller *v.tr.* → **coller**

récolte *n.f.* **1 - cueillette** • arrachage • collecte • fenaison • moisson • ramassage • vendange • **2 - collecte** • butin • gain • levée • moisson • profit

récolter v.tr. **1 - cueillir** · arracher · collecter · moissonner · ramasser · vendanger · **2 - obtenir** · butiner · collecter · glaner · grappiller · recueillir · retirer · tirer · [une punition] se prendre fam.
↝ **recueillir**

recommandable adj. · estimable · fiable · fréquentable · honnête · honorable · respectable
CONTR. vil ı indésirable

recommandation n.f. **1 - appui** · intervention · protection · parrainage · patronage · piston fam. · **2 - avertissement** · commandement · consigne · directive · exhortation · instruction · ordre · **3 - avis** · conseil
CONTR. condamnation ı défense

recommandé, e adj. **1 - conseillé** · indiqué · judicieux · opportun · **2 - pistonné** péj.

recommander v.tr. **1 - appuyer** · épauler · parler pour · parrainer · patronner · pistonner péj. · présenter · protéger · **2 - conseiller** · exhorter à · indiquer · préconiser · prescrire · prôner
⟫ **se recommander de** v.pron. · se réclamer de · en appeler à · invoquer · se prévaloir de
CONTR. condamner ı déconseiller ı dénigrer

recommencement n.m. · répétition · réapparition · récidive · réitération · reprise · retour

recommencer
■ v.tr. **reprendre (à zéro)** · refaire · réitérer · renouveler · répéter · reproduire · se remettre à
■ v.intr. **1 - récidiver** · revenir à la charge · remettre ça fam. · repiquer au truc fam. · **2 - se renouveler** · renaître · reprendre · revenir · se reproduire · se répéter

récompense n.f. **1 - compensation** · dédommagement · gratification · paiement · prime · rémunération · rétribution · **2 - prix** · accessit · décoration · médaille · mention · satisfecit · **3 - fruit** · bénéfice · prix · salaire · sanction
✦ **en récompense** pour la peine
CONTR. châtiment ı punition ı sanction

récompenser v.tr. **1 - compenser** · dédommager · payer · rémunérer · rétribuer · **2 - primer** · couronner · décorer · honorer · rendre hommage à · faire, rendre justice à
CONTR. châtier ı punir

recomposer v.tr. **1 - reconstruire** · refaire · refonder · reformer · **2 - [une œuvre]** remanier · récrire · refondre
CONTR. analyser ı décomposer

réconciliateur, -trice n. et adj. · médiateur

réconciliation n.f. **1 - rapprochement** · fraternisation · paix · rabibochage fam. · raccommodement fam. · [peu solide] replâtrage fam. · **2 - [Liturgie] bénédiction**
CONTR. brouille ı désunion ı division ı divorce ı rupture

réconcilier v.tr. **1 - rapprocher** · renouer les liens entre · réunir · rabibocher fam. · raccommoder fam. · **2 - accorder** · concilier · mettre d'accord
⟫ **se réconcilier** v.pron. **1 - renouer** · enterrer la hache de guerre · faire la paix · fumer le calumet de la paix · reprendre des relations · se rabibocher fam. · se raccommoder fam. · recoller les morceaux fam. · **2 - se remettre ensemble**
CONTR. brouiller ı désunir ı diviser – se fâcher

reconductible adj. · renouvelable · prorogeable

reconduction n.f. **1 - renouvellement** · prolongation · prorogation · **2 - confirmation** · maintien · **3 - continuation** · poursuite

reconduire v.tr.
I 1 - raccompagner · escorter · ramener · **2 - éconduire** · expulser · mettre à la porte **II 1 - renouveler** · prolonger · proroger · **2 - continuer** · confirmer · maintenir · poursuivre

réconfort n.m. · consolation · aide · appui · secours · soulagement · soutien · confort *vieux*
CONTR. découragement

réconfortant, e adj. **1 - consolant** · d'un grand soutien · **2 - revigorant** · remontant · stimulant · tonique · ravigotant *fam.*
CONTR. accablant ı désespérant – affaiblissant ı débilitant

réconforter v.tr. **1 - consoler** · encourager · faire chaud au cœur à · redonner le moral à · soutenir · **2 - revigorer** · ragaillardir · ranimer · raviver · remonter · soutenir · stimuler · ravigoter *fam.* · regonfler *fam.* · requinquer *fam.* · retaper *fam.*
CONTR. abattre ı accabler ı décourager ı déprimer – affaiblir ı débiliter

reconnaissable adj. · identifiable · distinguable
CONTR. méconnaissable

reconnaissance n.f. **1 - aveu** · confession · **2 - légitimation** · acception · **3 - exploration** · découverte · examen · inspection · observation · prospection · sondage · visite · **4 - gratitude**
✦ **reconnaissance de dettes** reçu · billet
CONTR. désaveu – ingratitude

reconnaissant, e adj. · obligé *soutenu*
✦ **être reconnaissant envers** savoir gré (de qqch.) à · avoir de la gratitude pour, envers
CONTR. ingrat ı oublieux

reconnaître v.tr. **1 - identifier** · se rappeler · retrouver · se souvenir de · remettre *fam.* · **2 - discerner** · deviner · différencier · discriminer · distinguer · **3 -**

admettre · accepter · avouer · concéder · confesser · constater · convenir de · **4 - accorder** · attribuer · concéder · prêter · **5 -** [un enfant] **légitimer** · **6 - explorer** · examiner · inspecter · observer · prospecter · sonder · visiter
✦ **reconnaître ses torts** faire amende honorable · faire son mea-culpa
» **se reconnaître** v.pron. **se repérer** · se diriger · s'orienter · se retrouver
✦ **se reconnaître dans** s'identifier à · se retrouver dans
CONTR. confondre ı oublier – contester ı dénier ı méconnaître ı refuser ı protester – se perdre

reconnu, e adj. **1 - célèbre** · connu · fameux · notoire · renommé · réputé · **2 - admis** · avéré · connu · de notoriété publique · flagrant · incontestable · indéniable · indiscutable · indiscuté · notoire · prouvé
CONTR. inconnu – discutable ı discuté

reconquérir v.tr. · retrouver · racheter · récupérer · regagner · reprendre · recouvrer *littér.*
CONTR. reperdre

reconsidérer v.tr. **1 - réexaminer** · réétudier · réviser · revoir · **2 - remettre en cause, en question**

reconstituant, e adj. et n.m. · fortifiant · réconfortant · remontant · revigorant · stimulant · tonifiant · tonique · vivifiant · roboratif *littér.* · analeptique *nom*
CONTR. débilitant

reconstituer v.tr. **1 - rétablir** · recréer · recomposer · reformer · renouveler · **2 - réparer** · régénérer · tonifier · vivifier

reconstitution n.f. **1 - reconstruction** · recréation · recomposition · réfection · régénération · renouvellement · **2 - restitution** · reproduction

reconstruction n.f. **1 - rénovation** · réfection · réparation · restauration · rétablissement · **2 - reconstitution** · reproduction

reconstruire v.tr. **1 – rebâtir** · redresser · refaire · relever · réparer · restaurer · rétablir · rénover · **2 – reconstituer** · reproduire

reconversion n.f. **1 –** recyclage · **2 –** transformation · conversion · recyclage

reconvertir (se) v.pron. · se recycler

record n.m. **1 – exploit** · prouesse · performance · **2 –** [en apposition] **maximum** · jamais atteint · jamais vu

recoudre v.tr. · raccommoder · rapiécer · repriser · ravauder vieilli
CONTR. découdre

recouper v.tr. · retailler
» **se recouper** v.pron. coïncider · concorder · correspondre · s'accorder

recourir à v.tr.ind. · faire appel à · appeler · faire usage de · s'appuyer sur · avoir recours à · employer · mettre en jeu · mettre en œuvre · passer par · s'adresser à · se servir de · solliciter · user de · utiliser

recours n.m. **1 – usage** · emploi · utilisation · **2 – soutien** · secours · refuge · ressource · **3 –** [Droit] appel · pourvoi · requête
◆ **dernier recours** planche de salut · ultime ressource · dernier moyen · [argument] dernières cartouches
◆ **avoir recours à** faire appel à · appeler · faire usage de · s'appuyer sur · employer · mettre en jeu · mettre en œuvre · passer par · recourir à · s'adresser à · se servir de · solliciter · user de · utiliser

recouvrable adj. · percevable
CONTR. irrécouvrable

recouvrement n.m. **1 – rétablissement** · récupération · **2 – perception** · encaissement · collecte · levée

recouvrer v.tr. **1 – retrouver** · ravoir · rattraper · reconquérir · récupérer · regagner · reprendre · ressaisir · **2 – encaisser** · percevoir · toucher
» retrouver

recouvrir v.tr. **1 – inclure** · s'appliquer à · coïncider avec · comprendre · correspondre à · embrasser · **2 – enduire** · coiffer · couvrir · enrober · envelopper · joncher · napper · parsemer · revêtir · saupoudrer · tapisser · tartiner · **3 – envahir** · ensevelir · s'étendre sur · inonder · **4 – dissimuler** · cacher · camoufler · déguiser · masquer · voiler
» **se recouvrir** v.pron. **se chevaucher** · s'imbriquer · se superposer
CONTR. découvrir ǀ dévoiler ǀ révéler

récréatif, -ive adj. · amusant · délassant · distrayant · divertissant · marrant fam.
CONTR. ennuyeux ǀ fastidieux ǀ sérieux

récréation n.f. **1 – amusement** · délassement · détente · distraction · divertissement · jeu · loisir · passe-temps · temps libre · **2 – pause** · relâche · repos · break fam. · [Scol.] interclasse · récré lang. enfants
CONTR. ennui ǀ travail
» réjouissance

récréer v.tr. · divertir · amuser · délasser · détendre · distraire

récrier (se) v.pron. **1 – protester** · s'indigner · s'insurger · objecter · se plaindre · se rebeller · récriminer · regimber · se révolter · ronchonner fam. · rouspéter fam. · se rebiffer fam. · **2 – s'exclamer** · s'écrier
◆ **se récrier contre** s'élever contre · s'opposer à

récrimination n.f. · protestation · critique · complainte · doléance · grief · objection · plainte · reproche · revendication · réclamation vieilli · jérémiade littér.

récriminer *v.intr.* • protester • critiquer • grogner • objecter • se plaindre • faire des reproches • trouver à redire • pester *fam.* • râler *fam.* • ronchonner *fam.* • rouspéter *fam.* • maugréer *littér.* • réclamer *vieilli*

récrire *v.tr.* • recomposer • rewriter *anglic.*

recroqueviller (se) *v.pron.* **1 - se replier** • se plisser • se presser • se rabougrir • se racornir • se ramasser • se ratatiner • se recourber • se refermer • se rétracter • se tasser • **2 - se blottir** • se lover • se pelotonner • se ramasser • se serrer

recru, e *adj.* • épuisé • à bout de course • à bout de forces • assommé • brisé • éreinté • fatigué • fourbu • harassé • las • moulu • rompu • à plat *fam.* • claqué *fam.* • crevé *fam.* • H.S. *fam.* • sur les genoux *fam.* • sur les rotules *fam.* • vanné *fam.* • vidé *fam.*

recrudescence *n.f.* • accroissement • aggravation • augmentation • exacerbation • hausse • intensification • progrès • progression • regain • redoublement • renforcement • reprise • revif *littér.*
CONTR. accalmie

recrue *n.f.* **1 -** [Milit.] **conscrit** • appelé • bleu *fam.* • **2 - adepte** • adhérent • membre • partisan

recrutement *n.m.* **1 -** [Milit.] **enrôlement** • appel • conscription • incorporation • mobilisation • rappel • racolage *péj.* • **2 - embauche** • embrigadement *péj.* • engagement

recruter *v.tr.* **1 -** [Milit.] **enrôler** • appeler • enrégimenter • incorporer • lever • mobiliser • rappeler • racoler *péj.* • **2 - embaucher** • embrigader *péj.* • employer • engager
CONTR. démobiliser – licencier ı renvoyer

recruteur, -euse *n.* **1 -** [Milit.] **enrôleur** *vieux* • racoleur *vieux* • **2 - embaucheur** • chasseur de têtes

recta *adv.* → ponctuellement

rectal, e *adj.* • anal

rectifiable *adj.* • corrigeable • réparable • remédiable

rectificatif *n.m.* • correctif • correction • mise au point

rectification *n.f.* • correction • mise au point • modification • remaniement • retouche • révision

rectifier *v.tr.* **1 -** [Chim.] **distiller** • épurer • **2 - corriger** • arranger • modifier • rajuster • redresser • remanier • rétablir • retoucher • réviser
CONTR. altérer

rectiligne *adj.* • droit • direct
CONTR. courbe ı curviligne ı sinueux

rectitude *n.f.* **1 - droiture** • honnêteté • **2 - exactitude** • fermeté • justesse • rigueur

recto *n.m.* • endroit • dessus
CONTR. envers ı dessus ı verso

reçu *n.m.* • récépissé • accusé de réception • acquit • décharge • quittance • reconnaissance de dettes

recueil *n.m.* **1 - anthologie** • choix • collection • compilation • corpus • florilège • **2 - assemblage** • réunion • **3 - catalogue** • [de renseignements] annuaire • almanach • répertoire • [de chansons] chansonnier • [de faits historiques] annales • chronique • [de lettres] correspondance • [de lois] code • [de fables] fablier • bestiaire • ysopet • [d'auteurs classiques] chrestomathie

recueillement *n.m.* • contemplation • méditation • concentration • récollection (Relig.)
CONTR. divertissement

recueilli, e *adj.* · absorbé · concentré · contemplatif · méditatif · pensif · songeur

recueillir *v.tr.* **1 - collecter** · amasser · assembler · capter · cueillir · glaner · grappiller · lever · moissonner · rassembler · récolter · réunir · **2 - obtenir** · acquérir · enregistrer · gagner · hériter · percevoir · recevoir · remporter · retirer · tirer · **3 - accueillir** · donner, offrir l'hospitalité à · donner refuge, donner asile à · prendre chez soi

> **recueillir, récolter**
> En emploi concret, seul **récolter** se dit dans l'usage moderne de la *cueillette* de produits de l'agriculture ou de la nature (*récolter le tournesol, le maïs ; récolter le miel des abeilles, la résine des pins*). Recueillir s'emploie en revanche couramment avec le sens général de *collecter* (*recueillir des fonds, des dons, recueillir des signatures pour une pétition*). Avec une valeur proche, **récolter** convient en parlant de choses plus modestes ou difficiles à glaner (*j'ai récolté quelques informations, mais je n'en sais pas davantage*). Au figuré, **récolter** peut être pris en mauvaise part (*récolter des ennuis, une mauvaise note*), contrairement à **recueillir** (*recueillir le fruit de ses efforts*).

recul *n.m.* **1 - régression** · affaiblissement · déclin · ralentissement · rétrogradation *didact.* · rétrogression *didact.* · **2 - retrait** · décrochage · reflux · repli · retraite · reculade *vieux* · **3 - distance** · distanciation · éloignement

✦ **prendre du recul** prendre du champ · prendre ses distances · s'éloigner · se distancier

CONTR. avance ı progrès ı progression

reculade *n.f.* · abandon · dérobade

reculé, e *adj.* **1 - éloigné** · écarté · isolé · lointain · perdu · retiré · paumé *fam.* · **2 - ancien** · antique · éloigné · lointain
↪ **lointain**

reculer

■ *v.intr.* **1 - s'éloigner** · aller à reculons · faire un, des pas en arrière · **2 - abandonner** · battre en retraite · céder du terrain · décrocher · se dérober · faire machine, marche arrière · fléchir · fuir · mollir · se replier · se retirer · renoncer · caler *fam.* · caner *fam.* · flancher *fam.* · lâcher pied *fam.* · **3 - régresser** · baisser · diminuer · perdre du terrain · refluer · rétrograder

■ *v.tr.* **reporter** · ajourner · décaler · déplacer · différer · éloigner · remettre · retarder · renvoyer · repousser

✦ **faire reculer** refouler · repousser

CONTR. avancer ı progresser – résister ı tenir – avancer – maintenir

reculons (à) *adv.* **1 - en allant en arrière** · **2 - contre son gré** · avec réticence · en freinant des quatre fers *fam.* · en se faisant tirer l'oreille

récupération *n.f.* · recyclage · récup *fam.*

récupérer *v.tr.* **1 - retrouver** · reprendre · ravoir · recouvrer *soutenu* · **2 - remettre en état** · arranger · réparer · recycler · sauver · ravoir *fam.* · **3 -** [des heures de travail] **compenser** · remplacer · **4 -** [sans complément] **se rétablir** · aller mieux · guérir · se remettre · reprendre du poil de la bête *fam.*

CONTR. perdre
↪ **retrouver**

récurer *v.tr.* · frotter · curer · nettoyer · écurer *vieux*

récurrent, e *adj.* · récursif · itératif · répétitif

récusable *adj.* · contestable · discutable · [Droit] reprochable

CONTR. irrécusable

récuser *v.tr.* **contester** · dénier · écarter · nier · refuser · rejeter · repousser

⤷ **se récuser** v.pron. s'abstenir · fuir · se défiler fam.
CONTR. accepter | agréer

recyclage n.m. 1 - récupération · réutilisation · 2 - reconversion

recycler v.tr. récupérer · réutiliser
⤷ **se recycler** v.pron. se reconvertir · se requalifier

rédacteur, -trice n. · journaliste · chroniqueur · correspondant · reporter

rédaction n.f. 1 - écriture • [d'un contrat] établissement · 2 - libellé · texte · 3 - dissertation · composition · narration · dissert fam. · rédac fam.

reddition n.f. · capitulation · abdication · abandon

rédempteur, -trice adj. · sauveur · libérateur
✦ **le Rédempteur** le Messie

rédemption n.f. · rachat · absolution · délivrance · expiation · pardon · réhabilitation · salut

redevable adj. débiteur · obligé
✦ **être redevable à** être en reste avec · être l'obligé de littér.
✦ **redevable de l'impôt** assujetti à l'impôt

redevance n.f. 1 - contribution · charge · droit · impôt · prestation · rente · taxe · tribut · royalties anglic. · 2 - [Hist.] cens · dîme · gabelle · patente · taille

rédhibition n.f. · annulation · abrogation · résiliation · résolution

rédiger v.tr. 1 - écrire · composer · formuler · noter • [rapidement] gribouiller · griffonner · jeter sur le papier · 2 - [un contrat] dresser · établir · libeller

rédimer v.tr. → racheter

redire v.tr. 1 - **rapporter** · raconter · répéter · révéler · 2 - **rabâcher** · répéter · ressasser · seriner · 3 - **récapituler** · rappeler · répéter · reprendre
✦ **avoir, trouver à redire** critiquer · blâmer · condamner · se plaindre de
✦ **redire toujours la même chose** radoter · chanter la même antienne, la même chanson

rediscuter v.tr. · recauser de · reparler de · remettre sur le tapis fam.

redistribution n.f. · répartition · transfert

redite n.f. · répétition · redondance

redondant, e adj. 1 - [style] ampoulé · bavard · délayé · diffus · enflé · surabondant · verbeux · 2 - **superflu** · pléonastique
CONTR. concis

redonner v.tr. rendre · ramener · rapporter · remettre · restituer · rétrocéder • [de l'argent] rembourser
CONTR. reprendre

redoublement n.m. 1 - répétition · réitération · réduplication soutenu · 2 - accroissement · accentuation · aggravation · amplification · augmentation · déchaînement · exacerbation · intensification · multiplication · recrudescence · renforcement
CONTR. diminution

redoubler v.tr. 1 - [une classe] **refaire** · recommencer · doubler Belgique · repiquer fam. · 2 - **répéter** · doubler · réitérer · renouveler · 3 - **accroître** · accentuer · aggraver · amplifier · augmenter · aviver · exacerber · intensifier · multiplier · renforcer
CONTR. cesser | diminuer

redoutable adj. 1 - **dangereux** · effrayant · menaçant · rude · terrible · 2 - **grave** · inquiétant · mauvais · sérieux · 3 - **puissant** · considérable · formidable
CONTR. inoffensif

redouter v.tr. • craindre • appréhender • avoir peur de • avoir une peur bleue de • s'effrayer de • s'inquiéter de

CONTR. souhaiter

redoux n.m. → radoucissement

redressement n.m. **1 -** relèvement • redémarrage • reprise • **2 -** [fiscal] correction • dégrèvement • majoration • rehaussement

CONTR. effondrement – réduction ı remise

redresser v.tr. **1 - lever** • hausser • relever • [les oreilles, pour le cheval] chauvir • **2 - détordre** • dégauchir • défausser • **3 - remettre droit** • remettre d'aplomb • remettre à la verticale • **4 - rectifier** • corriger • rattraper • réformer • réparer • rétablir • **5 -** [littér.] réprimander • corriger

⇒ **se redresser** v.pron. **1 - se relever** • redémarrer • se remettre • repartir • [Bourse] repartir à la hausse • **2 - se tenir droit** • bomber le torse, la poitrine

CONTR. baisser – courber ı gauchir – laisser – s'affaisser ı s'écrouler

redresseur n.m.

✦ **redresseur de torts** don Quichotte • justicier • défenseur de la veuve et de l'orphelin • défenseur des opprimés • Robin des bois

réducteur, -trice adj. • simplificateur • schématique

CONTR. amplificateur

réductible adj. • simplifiable

CONTR. irréductible

réduction n.f. **1 - diminution** • abaissement • amoindrissement • appauvrissement • atténuation • baisse • compression • limitation • modération • raréfaction • resserrement • restriction • rétrécissement • **2 - abrégement** • contraction • raccourcissement • **3 - remise** • abattement • décompte • déduction • dégrèvement • escompte • rabais • réfaction *(Commerce)* • ristourne • **4 - modèle (réduit)** • maquette • miniature

CONTR. accroissement ı agrandissement ı augmentation ı hausse ı relèvement

🕮 **réduction, remise, ristourne, rabais**

Réduction, remise, ristourne et rabais ont en commun l'idée de diminution consentie sur un prix. **Réduction** est le mot le plus général *(avoir, obtenir une réduction ; pouvez-vous me faire une petite réduction ? ; une carte de réduction)*. Une **remise** est une réduction accordée sur certains critères à certaines personnes, généralement automatiquement *(remise de 10 % aux adhérents)*. Le **rabais**, au contraire, est une réduction à caractère exceptionnel *(rabais de 30 % sur toutes les étiquettes à pastille ; les soldes sont des marchandises mises en vente au rabais)*. Une **ristourne** est une remise accordée par un fournisseur, un commerçant, etc., à un gros client *(éditeur consentant une ristourne annuelle à un libraire)*. Une **ristourne** peut prendre les apparences d'une commission plus ou moins licite faite hors facture.

réduire v.tr. **1 - diminuer** • abaisser • amincir • amoindrir • atténuer • baisser • écorner • entamer • écourter • minimiser • minorer • modérer • rabaisser • [effectifs] dégraisser • **2 - abréger** • comprimer • condenser • contracter • écourter • raccourcir • rapetisser • resserrer • tasser • **3 - rationner** • atténuer • borner • diminuer • limiter • restreindre • **4 -** [Cuisine] **épaissir** • concentrer • **5 -** [une fracture, une foulure] **remettre en place** • rebouter fam.

✦ **réduire à** acculer à • astreindre à • contraindre à • forcer à • obliger à • pousser à

✦ **en être réduit à** être acculé à • en venir à • n'avoir comme seul recours que

✦ **réduire à néant, à rien** anéantir • annihiler • détruire • faire crouler

◆ **réduire au silence**   faire taire · bâillonner · museler · clouer le bec à *fam.* · couper la chique à *fam.* · couper le sifflet à *fam.*
◆ **réduire à l'esclavage**   soumettre · asservir · dompter · mater · subjuguer
◆ **réduire en**   transformer en · convertir en
◆ **réduire en cendres**   brûler · carboniser · incinérer
◆ **réduire en poudre**   broyer · concasser · piler · pulvériser
◆ **réduire en miettes**   mettre en pièces · détruire
⋙ **se réduire** *v.pron.* se consumer · se brésiller *littér.*
◆ **se réduire à**   se limiter à · consister en · se ramener à · se résumer à

CONTR. agrandir ǀ augmenter ǀ développer

¹**réduit, e** *adj.* · limité · diminué · faible · maigre · mince · minime · modéré · pauvre · petit · restreint

²**réduit** *n.m.* **1** - cagibi · débarras · chambrette · bouge *péj.* · galetas *péj.* · soupente *péj.* · taudis *péj.* · souillarde *région.* · **2** - niche · alcôve

réécrire *v.tr.* → récrire

réécriture *n.f.* · rewriting *anglic.*

réédition *n.f.* **1** - réimpression · republication · reprint *anglic.* · **2** - [fam.] **répétition** · réplique

réel
■ *n.m.* **réalité** · vécu · vrai
■ *adj.* **1** - **authentique** · actuel · certain · concret · effectif · établi · évident · exact · factuel · certain · évident · indubitable · manifeste · notable · palpable · patent · positif · sensible · sérieux · solide · substantiel · tangible · véritable · véridique · vrai · visible · **2** - [valeur] **juste** · **3** - **historique** · existant

CONTR. abstraction ǀ idéal ǀ rêve – apparent ǀ chimérique ǀ fabuleux ǀ fictif ǀ idéal ǀ illusoire ǀ imaginaire ǀ inexistant ǀ irréel ǀ virtuel

réellement *adv.* · vraiment · bel et bien · certainement · concrètement · effectivement · en fait · en réalité · en vérité · pour de bon · sérieusement · tout bonnement · véritablement · vraiment · tout de bon *littér.* · pour de vrai *fam.*

CONTR. apparemment ǀ faussement ǀ fictivement

réexpédier *v.tr.* **1** - faire suivre · **2** - renvoyer · retourner

refaire *v.tr.* **1** - reprendre (à zéro) · [un ouvrage] refondre · récrire · **2** - **recommencer** · réitérer · renouveler · répéter · rééditer *fam.* · **3** - **réparer** · arranger · modifier · rafraîchir · rajuster · reconstruire · rénover · restaurer · **4** - [fam.] → **duper**
⋙ **se refaire** *v.pron.* se renflouer · se remettre à flot
◆ **se refaire une santé**   se rétablir · se ragaillardir · récupérer · recouvrer la santé · reprendre des forces · se ravigoter *fam.* · reprendre du poil de la bête *fam.* · se requinquer *fam.* · se retaper *fam.*

réfection *n.f.* **1** - restauration · rénovation · réparation · **2** - [Chir.] **plastie**

réfectoire *n.m.* · cantine · cafétéria · salle à manger

référence *n.f.* **1** - source · base · référent · repère · **2** - modèle · échantillon · étalon · standard · **3** - note · indication · coordonnées · renvoi · **4** - [Ling.] **dénotation**
◆ **être une référence**   faire autorité · servir de modèle
⋙ **références** *plur.* recommandation · attestation · certificat

référer *v.tr.ind.*
◆ **référer à**   **1** - faire référence à · avoir trait à · concerner · se rapporter à · renvoyer à · viser · **2** - reporter à · être soumis à
◆ **en référer à**   informer · en attester à · s'en remettre à · en appeler à · faire un rapport à · rapporter à

⋙ **se référer à** *v.pron.* **1 - faire référence à** · avoir trait à · concerner · se rapporter à · renvoyer à · viser · **2 - s'appuyer sur** · faire confiance à · se fonder sur · se reporter à · s'en remettre à · se reposer sur

refiler *v.tr.* **1 -→ donner** · **2 -→ remettre**

réfléchi, e *adj.* raisonnable · avisé · calculé · calme · circonspect · concentré · délibéré · étudié · mesuré · mûr · mûri · pensé · pesé · pondéré · posé · prudent · raisonné · rassis · sage · sérieux
+ **tout bien réfléchi** à la réflexion · réflexion faite · tout bien considéré, pesé

CONTR. irréfléchi ι étourdi ι impulsif ι inconséquent

réfléchir
■ *v.tr.* **refléter** · renvoyer · répercuter · réverbérer
■ *v.intr.* **1 - penser** · méditer · se concentrer · se recueillir · rentrer en soi · ruminer · songer · cogiter *fam.* · faire marcher ses méninges *fam.* · faire travailler sa matière grise, sa cervelle *fam.* · gamberger *fam.* · phosphorer *fam.* · se casser, se prendre la tête *fam.* · se creuser la tête *fam.* · se presser le citron *fam.* · se triturer les méninges *fam.* · **2 - hésiter** · tergiverser · délibérer *littér.*
+ **réfléchir à** considérer · contempler · envisager · étudier · examiner · mûrir · penser à · peser · ruminer · songer à
⋙ **se réfléchir** *v.pron.* **se refléter** · briller · chatoyer · étinceler · luire · miroiter · scintiller · se mirer *littér.*

réflecteur *n.m.* · cataphote · catadioptre

reflet *n.m.* **1 - réflexion** · image · **2 - expression** · écho · image · miroir · représentation · traduction · [*péj.*] imitation · **3 - éclat** · brillant · chatoiement · irisation · miroitement · moirure · scintillement

refléter *v.tr.* **1 - réfléchir** · renvoyer · répercuter · réverbérer · **2 - indiquer** · être le signe de · être le symptôme de · exprimer · manifester · montrer · représenter · reproduire · traduire
⋙ **se refléter** *v.pron.* **1 - se réfléchir** · se mirer *littér.* · **2 - transparaître** · être perceptible · se faire jour

réflexe
■ *adj.* **automatique** · instinctif · involontaire · machinal
■ *n.m.* **automatisme** · conditionnement

réflexion *n.f.* **1 - renvoi** · écho · rayonnement · reflet · répercussion · réverbération · **2 - concentration** · approfondissement · attention · considération · étude · examen · méditation · recueillement · cogitation *plaisant* · délibération *littér.* · **3 - discernement** · application · attention · circonspection · intelligence · prudence · sagesse · **4 - remarque** · commentaire · conclusion · considération · critique · idée · objection · observation · pensée
+ **à la réflexion** tout bien considéré, pesé · réflexion faite · tout bien réfléchi
+ **sans réflexion 1 - à l'aventure** · à l'aveuglette · au hasard · en aveugle · au pif *fam.* · **2 - aveuglément** · inconsciemment

CONTR. étourderie ι irréflexion ι légèreté

refluer *v.intr.* **1 - reculer** · baisser · battre en retraite · diminuer · remonter · se retirer · **2 - revenir** · resurgir · retourner

CONTR. affluer

reflux *n.m.* **1 - baisse (des eaux)** · baissant · **2 - marée descendante** · jusant · perdant · **3 - recul** · repli · retrait · refluement *soutenu*
+ **flux et reflux** oscillation · agitation · balancement · mouvement

CONTR. flux ι afflux

refondre *v.tr.* · refaire · changer · corriger · modifier · reformer · remanier · reprendre · retoucher · transformer

refonte n.f. • remaniement • changement • correction • modification • réfection • transformation

reforestation n.f. • reboisement • repeuplement
CONTR. déforestation

réformateur, -trice adj. et n. • rénovateur • progressiste

réforme n.f. **1 -** [Relig.] réformation vieux • **2 -** changement • amélioration • modification • révision • transformation • amendement vieux

réformer v.tr. **1 -** changer • améliorer • amender • annuler • corriger • modifier • rectifier • remanier • réviser • transformer • **2 -** [Milit.] radier • mettre hors service • retirer du service

> réformer, amender, corriger
>
> Réformer, amender ou corriger quelque chose, c'est le modifier en vue de l'améliorer. Dans le domaine moral, corriger est le plus courant (corriger un défaut, des mauvais penchants). Amender est littéraire : « Il y a des mauvais sujets que rien n'amende » (Gide, les Faux-Monnayeurs, III, 1) et réformer vieilli : « Le texte de la loi c'est bien, mais ce n'est rien si le cœur de l'homme ne se réforme » (Daniel-Rops, le Peuple de la Bible, III, III). Dans le domaine intellectuel, corriger est d'usage général pour parler d'un texte que l'on remanie (corriger un manuscrit, le style d'un roman, des fautes d'orthographe). Amender un texte peut s'employer avec cette valeur mais son usage est surtout réservé au contexte législatif : amender un projet de loi, la Constitution, c'est les soumettre à modification par une assemblée délibérante. Quant à réformer, c'est changer la forme de quelque chose qui a été institué (réformer les institutions, le système éducatif, des statuts ; réformer l'école).

refoulé, e adj. • inhibé • complexé • bloqué fam. • coincé fam.

refoulement n.m. **1 - rejet** • expulsion • renvoi • **2 - censure** • blocage • inhibition • refus • répression
CONTR. assouvissement | défoulement

refouler v.tr. **1 - chasser** • balayer • bannir • éconduire • évacuer • expulser • rejeter • renvoyer • repousser • éjecter fam. • envoyer au diable fam. • envoyer balader fam. • envoyer bouler fam. • envoyer promener fam. • envoyer sur les roses fam. • rabrouer fam. • rembarrer fam. • **2 - censurer** • bloquer • contenir • contraindre • dissimuler • dominer • enchaîner • endiguer • éteindre • étouffer • inhiber • maintenir • maîtriser • neutraliser • ravaler • refréner • rentrer • repousser • réprimer • retenir • comprimer vieilli • **3 - faire reculer** • faire refluer • maîtriser
CONTR. attirer | admettre – assouvir | défouler

réfractaire adj. et n. **1 - rebelle** • désobéissant • frondeur • indocile • insoumis • récalcitrant • rétif • révolté • résistant • séditieux • irréductible nom • **2 -** [à qqch.] **insensible** • étranger • fermé • hermétique • imperméable • inaccessible • rebelle • **3 -** [prêtre] **insermenté**
CONTR. docile | obéissant – ouvert

refrain n.m. • rengaine • chanson • leitmotiv • ritournelle • antienne littér. • disque fam. • scie fam. • bringue Suisse

◆ **changez de refrain !** changez de disque ! fam. • parlez d'autre chose !

refréner v.tr. • brider • atténuer • censurer • contenir • contraindre • contrôler • diminuer • dominer • endiguer • enrayer • freiner • inhiber • juguler • limiter • maîtriser • mettre un frein à • modérer • refouler • rentrer • réprimer • retenir • stopper • tempérer • tenir en bride

↠ **se refréner** v.pron. • se contenir • se contrôler • se dominer • se limiter • se maîtriser • se modérer • se retenir
CONTR. aiguillonner ı exciter

réfrigérant, e
■ *adj.* **1 -** **frigorifique** • rafraîchissant • **2 - désagréable** • froid • glaçant • glacial
■ *n.m.* **refroidisseur**
CONTR. calorifique ı cryogène – chaleureux

réfrigérateur *n.m.* • frigidaire nom déposé •
frigo *fam.* • glacière • [dans un hôtel] minibar

réfrigéré, e *adj.* 1 - transi • frigorifié *fam.* • gelé *fam.* • glacé *fam.* • 2 - congelé • glacé • surgelé

réfrigérer *v.tr.* 1 - frigorifier • congeler • surgeler • 2 - rafraîchir • refroidir • 3 - mettre mal à l'aise • glacer • refroidir
CONTR. chauffer – mettre à l'aise

refroidir *v.tr.* 1 - réfrigérer • congeler • frigorifier • geler • glacer • rafraîchir • 2 - décourager • affaiblir • attiédir • émousser • freiner • glacer • modérer • réfréner • réfrigérer • tempérer • doucher *fam.* • 3 - [fam.] → tuer
CONTR. chauffer ı réchauffer – enthousiasmer ı exalter

refroidissement *n.m.* 1 - réfrigération • congélation • 2 - attiédissement • affaiblissement • froid • 3 - grippe • froid • rhume
CONTR. échauffement ı réchauffement

refuge *n.m.* 1 - abri • asile • havre • retraite • [de montagne] cabane région. • 2 - [d'un animal] tanière • antre • gîte • repère • 3 - recours • ressource • secours • soutien • sauvegarde *littér.*

réfugié, e *n.* • exilé • expatrié • personne déplacée • asilé *rare*

réfugier (se) *v.pron.* 1 - s'abriter • s'évader • s'isoler • se retirer • se sauver • trouver refuge • 2 - [dans un pays étranger] émigrer • s'enfuir • s'exiler • s'expatrier • fuir

✦ **se réfugier dans** [une activité] se jeter dans • se plonger dans

refus *n.m.* rejet • fin de non-recevoir • non • opposition • protestation • résistance • veto • inacceptation Admin. • [humiliant] rebuffade

✦ **refus de comparaître** [Droit] contumace • défaut de comparution

✦ **ce n'est pas de refus** volontiers • avec plaisir • je ne dis pas non
CONTR. acceptation ı accord ı adhésion ı acquiescement ı approbation ı assentiment ı consentement

refuser *v.tr.* 1 - décliner • dédaigner • bouder • dire non à • écarter • exclure • opposer son refus à • ne pas vouloir • s'opposer à • rejeter • repousser • retoquer *fam.* • 2 - nier • contester • défendre • dénier • interdire • récuser • 3 - [un candidat] ajourner • coller *fam.* • recaler *fam.* • blackbouler *fam., vieilli* • 4 - [une marchandise] laisser pour compte

✦ **refuser d'obéir** se rebeller • regimber • se révolter • se rebiffer *fam.*

↠ **se refuser** *v.pron.* s'interdire • s'abstenir de • se priver de

✦ **se refuser à** 1 - [qqn] repousser • se dérober à • fuir • rejeter • résister à • 2 - [suivi d'un infinitif] se défendre de • se garder de • s'interdire de • se retenir de
CONTR. accepter ı approuver ı consentir (à) ı retenir – reconnaître – admettre ı recevoir – obéir – s'accorder – accepter

réfutable *adj.* [argument] attaquable • contestable • niable
CONTR. irréfutable

réfutation *n.f.* 1 - démenti • contradiction • critique • infirmation • négation • objection • 2 - [Rhétorique] prolepse
CONTR. approbation ı confirmation

réfuter *v.tr.* • démentir • contredire • infirmer • s'opposer à • répondre à • repousser
CONTR. approuver ı confirmer

regagner v.tr. **1 - rejoindre** · rallier · réintégrer · rentrer à · retourner à · revenir à · **2 - récupérer** · racheter · rattraper · ravoir · reconquérir · recouvrer · rentrer en possession de · reprendre · retrouver · se réapproprier

CONTR. reperdre

regain n.m. · recrudescence · accroissement · aggravation · augmentation · exacerbation · intensification · progression · redoublement · remontée · renforcement · renouveau · renouvellement · reprise · résurgence · retour · second souffle

CONTR. diminution

régal n.m. **1 - délice** · festin · délectation · **2 - plaisir** · bonheur · joie · jouissance · ravissement · volupté

¹**régaler** v.tr. · aplanir · égaliser · mettre de niveau · niveler

²**régaler** v.tr. · délecter · traiter littér.
≫ **se régaler** v.pron. · déguster · se délecter · savourer · faire bonne chère soutenu · se lécher les babines fam. · se taper la cloche fam.

régalien, -ienne adj. · royal · monarchique

regard n.m. **1 - coup d'œil** · clignement d'œil · œillade · **2 - point de vue** · œil · vision · vue · **3 - ouverture** · fente · lucarne · soupirail
✦ **au regard de** en ce qui concerne · en comparaison avec · à l'égard de · par rapport à · relativement à · vis-à-vis de
✦ **en regard** en face · en vis-à-vis · ci-contre

> 🙶 regard, coup d'œil, œillade
>
> Regard, coup d'œil et œillade concernent la manière dont une personne *regarde* quelqu'un ou quelque chose ; on ne destine cependant une œillade qu'à une personne. Regard est très général *(jeter un regard)* et le plus souvent qualifié *(un regard perçant, méchant, vide, direct, en coin)*. Un coup d'œil est un regard rapide, sans intention nécessaire *(jeter un coup d'œil sur un magazine, par la fenêtre, sur une passante)*, mais dont la rapidité peut exercer le discernement *(avoir le coup d'œil juste, pénétrant, le coup d'œil du professionnel)*. Une œillade est un regard assez bref et porteur de message, en particulier amoureux *(lancer, décocher une œillade langoureuse ; des œillades appuyées)*.

regardant, e adj. **1 - avare** · économe · mesquin · parcimonieux · pingre · près de ses sous fam. · radin fam. · avaricieux vieux ou plaisant · chiche vieilli · ladre vieux · **2 - vigilant** · minutieux · pointilleux · tatillon

CONTR. dépensier ı prodigue – laxiste

regarder v.tr. **1 - observer** · attacher, poser son regard sur · braquer ses yeux sur · considérer · consulter · contempler · examiner · diriger son regard sur · fixer · observer · parcourir · tourner les yeux vers · aviser littér. · mirer littér. · mater fam. · viser fam. · zieuter fam. · calculer lang. jeunes · téma lang. jeunes · **2 -** [rapidement] jeter un coup d'œil à · [avec beaucoup d'attention] inspecter · scruter · gaffer fam. · [avec avidité, envie] boire des yeux · caresser du regard, des yeux · couver des yeux · dévorer des yeux · lorgner · guigner fam. · loucher sur fam. · reluquer fam. · [avec insistance] dévisager · repaître ses yeux de · ne pas quitter des yeux · toiser · **3 -** [un livre] **consulter** · feuilleter · lire en diagonale · jeter un coup d'œil à · parcourir · survoler · **4 - concerner** · avoir affaire à · avoir trait à · intéresser · toucher · viser · **5 - faire attention à** · avoir en vue · considérer · envisager · rechercher · se préoccuper de · s'intéresser à

✦ **regarder à** veiller à · faire attention à · tenir compte de
✦ **regarder comme** envisager (comme) · considérer comme · croire · estimer ·

juger • prendre comme • prendre pour • tenir pour • trouver
🕭 voir

régénération n.f. 1 - reconstitution • rénovation • restauration • 2 - renaissance • purification • renouveau • renouvellement • résurrection • palingénésie *littér.*
CONTR. dégénérescence ı décadence

régénérer v.tr. 1 - reconstituer • améliorer • assainir • corriger • purifier • réactiver • redynamiser • réformer • relancer • renouveler • rénover • 2 - revigorer • donner un second souffle à • ragaillardir • redonner vie à • remettre d'aplomb • revivifier • ravigoter *fam.* • regonfler *fam.* • requinquer *fam.* • retaper *fam.*
CONTR. détériorer – accabler ı déprimer

régenter v.tr. • diriger • commander • conduire • contrôler • dominer • exercer son empire sur • gérer • gouverner • mener • orchestrer • régir • tenir en son pouvoir

regimber v.intr. • se rebeller • se cabrer • s'insurger • se mutiner • protester • résister • se révolter • se rebiffer *fam.* • ruer dans les brancards *fam.*
CONTR. céder ı se soumettre

régime n.m. 1 - pouvoir • État • gouvernement • institutions • 2 - réglementation • mode de fonctionnement • structure • système • 3 - alimentation • diète • nourriture • 4 - diète • cure • 5 - [d'un cours d'eau] débit • écoulement • 6 - [Ling.] complément • objet
+ **à plein régime** le plus vite possible • à fond de train • à fond la caisse *fam.* • à fond les manettes *fam.* • à un train d'enfer *fam.* • à pleins tubes *fam.* • à toute blinde *fam.* • à toute vapeur *fam.* • à toute berzingue *fam.*

régiment n.m. 1 - corps • unité • 2 - [fam.] service militaire • armée • 3 - multitude • armée • chapelet • cohorte • collection •

cortège • flot • kyrielle • légion • masse • nuée • quantité • série • suite • troupe • foule *fam.* • flopée *fam.* • ribambelle *fam.*

région n.f. 1 - circonscription • canton • district • province • pays • territoire • zone • contrée *vieux ou littér.* • rivage *littér.* • terre *littér.* • 2 - zone • coin • espace • étendue • partie • secteur • 3 - [littér.] domaine • sphère
+ **dans la région de** aux alentours de • du côté de • dans les environs de • dans les parages de

> 🕭 région, contrée, pays
> Région, contrée et pays ont en commun de désigner une étendue géographique plus ou moins délimitée. La notion de pays, très élastique en termes de superficie, est surtout considérée du point de vue physique *(les pays chauds, froids, un pays plat, maritime ; un pays d'élevage, de vignes)*. La région est dotée de caractères spécifiques (géographique, historique, économique, linguistique, etc.) qui en font une unité bien identifiable par rapport à ce qui l'avoisine ou l'inclut *(visiter une région, les sites d'une région ; une région industrielle, rurale)*. Contrée est un équivalent vieilli ou littéraire de région ou de pays *(autrefois, dans nos contrées)* : « La contrée que nous traversions était sauvage sans être pittoresque » (Th. Gautier, *Voyage en Espagne*).

régional, e adj. 1 - provincial • local • 2 - dialectal

régionaliser v.tr. • décentraliser • déconcentrer • délocaliser • départementaliser

régir v.tr. 1 - déterminer • commander • conduire • entraîner • gouverner • guider • imposer • orchestrer • policer • présider à • régenter • régler • 2 - [vieilli] administrer • diriger • gérer • gouverner • manager *anglic.*

régisseur, -euse n. • intendant • administrateur • gérant • gestionnaire

registre n.m. **1 - cahier** · album · calepin · carnet · journal · livre · recueil · répertoire · [dans l'Administration] cadastre · matrice · rôle · [de police] main courante · [d'un notaire] minutier · **2 - tonalité** · caractère · genre · style · ton · [Ling.] niveau de langue · **3 - domaine** · plan · ressort · **4 - gamme** · éventail · palette · spectre · **5 -** [d'une voix] ambitus · tessiture

réglable adj. · ajustable · variable

réglage n.m. · mise au point

règle n.f. **1 - double décimètre** · carrelet · réglet · réglette · [Imprimerie] composteur · lignomètre · typomètre · **2 - loi** · code · commandement · contrainte · discipline · dogme · instruction · ordre · précepte · prescription · [de conduite] ligne · [au plur.] règlement · réglementation · **3 - convention** · coutume · habitude · institution · norme · principe · usage · **4 -** [de la politesse] **étiquette** · cérémonial · convenances · protocole · **5 -** [d'un ordre religieux] observance
✦ **de règle** habituel · normal · de rigueur
✦ **en règle générale** généralement · communément · couramment · en général · habituellement · normalement
✦ **en règle** réglementaire · conforme · légal · régulier · valable · valide · régló fam.
≫ **règles** plur. · menstruations · flux menstruel · ragnagnas fam. · coquelicots fam., vieilli · menstrues vieux
✦ **avoir ses règles** être indisposée vieilli · avoir ses ragnagnas fam. · avoir ses coquelicots fam., vieilli · avoir ses ours fam., vieilli · les anglais ont débarqué fam., vieilli · avoir ses affaires vieux

CONTR. liberté – exception

réglé, e adj. **1 - organisé** · mesuré · ordonné · rangé · sage · **2 - régulier** · fixe · méthodique · systématique · uniforme · **3 - décidé** · calculé · déterminé · prévu · fixé · **4 -** [jeune fille] **formée** · nubile · pubère

✦ **parfaitement réglé** réglé comme du papier à musique

CONTR. déréglé – brouillon ı désordonné – indéterminé – impubère

règlement n.m. **1 - loi** · charte · code · consigne · constitution · convention · régime · règle · réglementation · statut · **2 - arrangement** · accord · arbitrage · conclusion · mise au point · solution · **3 - paiement** · acquittement · arrêté · liquidation · solde · **4 -** [Droit] **décision** · arrêté · décret · prescription · [de police] ordonnance
✦ **règlement de comptes** **1 - vengeance** · **2 - bagarre**

CONTR. dérèglement ı dérangement

réglementaire adj. **1 - administratif** · **2 - en règle** · conforme · en bonne et due forme · légal · licite · normal · régulier · valable · valide

réglementation n.f. **1 - aménagement** · codification · normalisation · organisation · rationalisation · standardisation · systématisation · [des prix, loyers] fixation · taxation · **2 - loi** · charte · code · consigne · convention · norme · régime · règle · réglementation · statut

CONTR. déréglementation ı liberté

réglementer v.tr. · fixer · aménager · codifier · légiférer sur · organiser · programmer · normaliser · rationaliser · régler · systématiser

CONTR. déréglementer

régler v.tr. **1 - établir** · aménager · arrêter · arranger · commander · codifier · conduire · convenir de · décider de · déterminer · dicter · diriger · fixer · gouverner · légiférer · mettre au point · organiser · programmer · réglementer · **2 - résoudre** · arbitrer · arranger · clore · conclure · en finir avec · expédier · liquider · statuer sur · terminer · trancher · vider · solutionner fam. · **3 - payer** · acquitter · arrêter · liquider · solder · [une dette] honorer · **4 - tirer, tracer des lignes sur**

✦ **régler (qqch.) sur**   accorder à · adapter à · ajuster sur · aligner sur · assujettir à · baser sur · conformer à · harmoniser avec · modeler sur

≫ **se régler** v.pron. [événements] rentrer dans l'ordre · revenir à la normale

✦ **se régler sur**   suivre · emboîter le pas de · s'adapter à · s'aligner sur · se conformer à · se mettre au diapason de · se mettre dans le ton de

CONTR. dérégler ׀ déranger

réglo adj. invar. et adv. 1 - → en règle · 2 - → régulier

règne n.m. 1 - gouvernement · pouvoir · 2 - époque · âge · cycle · ère · saison · siècle · temps · 3 - domination · empire · emprise · pouvoir · prédominance · primauté · suprématie · triomphe

régner v.intr. 1 - gouverner · diriger · être sur le trône · 2 - dominer · prédominer · prévaloir · primer · triompher · sévir péj. · 3 - exister · s'établir

✦ **régner sur**   asservir · assujettir · dominer · maîtriser · mettre sous le joug littér.

regonfler v.tr. [fam.] réconforter · redonner le moral à · ragaillardir · régénérer · remonter · revigorer · ravigoter fam. · requinquer fam. · booster le moral de fam.

regorger de v.tr.ind. · être plein de · abonder en · déborder de · être plein (à craquer) de · foisonner de, en · fourmiller de · grouiller de · être bourré de fam.

CONTR. manquer

régresser v.intr. · décliner · décroître · diminuer · reculer · rétrograder

CONTR. se développer ׀ progresser

régression n.f. · recul · baisse · déclin · diminution · récession · reflux · repli · rétrogradation soutenu · rétrogression soutenu

CONTR. développement ׀ progrès ׀ progression

🕭 **régression, récession**

Régression et récession partagent l'idée générale de recul, dans le contexte de quelques disciplines (économie, histoire, etc.). On parle de **régression**, par opposition à *progrès*, dans le cas d'un retour en arrière après une phase d'évolution *(le cours de l'histoire est ponctué d'avancées et de régressions)*. En termes d'économie, on appelle **récession** une régression de la production *(entrer, être en période de récession ; l'augmentation du chômage est un des effets de la récession)*. Pour **récession**, la notion de recul s'apparente à celle d'éloignement en astronomie *(récession des galaxies)* et en géographie *(récession glacière)*. Avec **régression**, on rejoint celle de diminution *(régression de la mortalité infantile ; le nombre des agriculteurs est en constante régression)*.

regret n.m. 1 - nostalgie · mélancolie · spleen littér. · 2 - remords · repentir · componction littér. · contrition littér. · résipiscence littér. ou Relig. · attrition (Relig.) · pénitence (Relig.) · 3 - affliction · peine · 4 - déception · contrariété · déplaisir

✦ **à regret**   à contrecœur · à son corps défendant · contre son gré · contre sa volonté · de mauvais cœur · de mauvaise grâce · la mort dans l'âme · malgré soi

✦ **tous mes regrets**   toutes mes excuses · désolé

regrettable adj. · déplorable · affligeant · attristant · contrariant · cruel · déplaisant · désespérant · désolant · dommage · embêtant · fâcheux · gênant · malheureux · navrant · pénible · triste

CONTR. désirable ׀ souhaitable

regretter v.tr. 1 - se repentir de · se reprocher · 2 - [suivi de l'infinitif] s'en vouloir de · se mordre les doigts de fam. · 3 - [sans complément] faire son mea-culpa · battre sa coulpe littér. · 4 - déplorer · désapprouver ·

pleurer • se lamenter de • **5 - s'excuser de** • demander pardon pour • être désolé de • être navré de • être au désespoir de • [suivi de l'infinitif] être au regret de

CONTR. se féliciter I se réjouir – désirer I souhaiter – être content

regrouper v.tr. **1 -** [des gens] **rallier** • masser • rassembler • réunir • unir • assembler vieilli • **2 -** [des choses] **collecter** • assembler • amasser • centraliser • rassembler • réunir

⋙ **se regrouper** v.pron. **1 - se réunir** • s'assembler • s'amasser • se grouper • se masser • se rassembler • se rejoindre • se rencontrer • se retrouver • [mondains] tenir salon • **2 - s'associer** • fusionner • se coaliser • se liguer

CONTR. séparer – disperser I disséminer I morceler – se quitter I se séparer

régulariser v.tr. **1 - régler** • légaliser • normaliser • officialiser • **2 - aménager** • organiser • programmer

régularité n.f. **1 - légalité** • conformité • validité • **2 - homogénéité** • cohérence • égalité • harmonie • symétrie • unité • **3 - exactitude** • assiduité • constance • discipline • ponctualité • rigueur • **4 - périodicité** • saisonnalité

CONTR. non-conformité – asymétrie I difformité – irrégularité

régulation n.f. **contrôle** • contingentement • limitation

✦ **régulation des naissances** contrôle des naissances • orthogénie • planning familial

régulier, -ière adj.
I 1 - homogène • cohérent • égal • équilibré • géométrique • harmonieux • mesuré • proportionné • symétrique • uniforme • **2 - constant** • continu • fixe • incessant • **3 - soutenu** • assidu • méthodique • suivi • systématique • **4 - assidu** • ponctuel

II fréquent • habituel • périodique • monotone péj. • réglé comme une horloge, comme du papier à musique fam.
III 1 - honnête • correct • normal • fair-play fam. • net fam. • réglo fam. • **2 - en règle** • légal • normal • rangé • réglementaire • statutaire • catholique fam. • fair-play fam. • net fam. • réglo fam.

CONTR. asymétrique I difforme I inégal – irrégulier – inégal – accidentel I exceptionnel I intermittent – aberrant I anormal – illégal

régulièrement adv. **1 - légalement** • réglementairement • **2 - uniformément** • également • uniment • **3 - en cadence** • en rythme • **4 - assidûment** • périodiquement • à date, jour fixe • à intervalles réguliers • **5 - fréquemment** • habituellement • **6 - constamment** • méthodiquement • systématiquement

CONTR. illégalement – irrégulièrement – accidentellement

régurgitation n.f. • rumination • mérycisme (Méd.) • vomissement

régurgiter v.tr. • vomir • dégueuler très fam. • dégobiller fam. • gerber très fam. • rendre fam.

réhabilitation n.f. **1 - réinsertion** • réintégration • rachat • **2 - rénovation** • modernisation • réfection • remise en état • réparation • restauration

CONTR. avilissement I dégradation I flétrissure

réhabiliter v.tr. **1 - innocenter** • absoudre • blanchir • disculper • excuser • laver • pardonner • racheter • **2 - réinsérer** • réintégrer • **3 - revaloriser** • rehausser • relever • rétablir • **4 - rénover** • moderniser • refaire • remettre en état • réparer • restaurer

⋙ **se réhabiliter** v.pron. • se racheter • se rattraper • [auprès de qqn] recouvrer l'estime de

CONTR. condamner I flétrir – discréditer

➥ restaurer

rehaussement n.m. • élévation • augmentation • hausse • majoration • redressement • relèvement • surélévation

CONTR. abaissement

rehausser v.tr. **1 -** élever • exhausser • hausser • hisser • lever • monter • relever • redresser • remonter • soulever • surélever • surhausser • **2 - augmenter** • accroître • élever • majorer • relever • **3 - mettre en valeur** • accentuer • faire ressortir • faire valoir • revaloriser • souligner • soutenir • **4 - agrémenter** • assaisonner • aviver • corser • orner • pimenter • ranimer • raviver • relever

CONTR. descendre ı rabaisser – atténuer – déprécier ı ternir

réifier v.tr. • chosifier

réincarnation n.f. • métempsycose • renaissance • palingénésie didact. • transmigration didact.

reine n.f. **1 - souveraine** • **2 -** [de la soirée, etc.] **héroïne** • vedette • **3 -** [aux échecs] **dame**
✦ **reine de beauté** miss

reins n.m.pl. **1 - lombes** • bas du dos • **2 - rognons** vieux ou Québec

réinsérer v.tr. **1 - réintroduire** • réintégrer • **2 - réadapter** • réhabiliter • réintégrer • resocialiser

réinsertion n.f. **1 - réintroduction** • réintégration • **2 - réadaptation** • réhabilitation • réintégration • resocialisation

réintégrer v.tr. **1 - rejoindre** • regagner • rentrer dans • retourner à • revenir à • **2 - rétablir** • réhabiliter • renommer • replacer

réitération n.f. • répétition • récidive • récurrence • redite • redoublement • renouvellement • reprise

réitéré, e adj. • fréquent • redoublé • renouvelé • répété • [Droit] itératif

réitérer v.tr. • recommencer • refaire • renouveler • répéter • reprendre • rééditer fam. • itérer littér.

reître n.m. • soldat • soudard littér.

rejaillir v.intr.
✦ **rejaillir sur** éclabousser • gicler sur • rebondir sur • retomber sur • ricocher sur

rejaillissement n.m. • conséquence • contrecoup • effet • prolongement • répercussion • retombée • [négatif] séquelle

rejet n.m. **1 - éjection** • évacuation • excrétion • **2 - refus** • abandon • **3 - exclusion** • élimination • éviction • expulsion • radiation • **4 - récusation** • inacceptation soutenu • enterrement fam. • **5 -** [Bot.] **rejeton** • bourgeon • cépée • drageon • jet • pousse • surgeon • tigelle • **6 -** [Poésie] **enjambement**

CONTR. adoption ı admission ı réception

rejeter v.tr. **1 - relancer** • renvoyer • repousser • **2 - évacuer** • cracher • expulser • rendre • restituer • vomir • **3 - bannir** • balayer • chasser • écarter • éliminer • éloigner • exclure • mettre à l'écart • refouler • reléguer • repousser • répudier • envoyer promener, balader, bouler fam. • envoyer au diable fam. • jeter fam. • [Relig.] excommunier • **4 - condamner** • proscrire • récuser • repousser • réprouver • **5 -** [une offre] **décliner** • dédaigner • [une solution] écarter • éliminer • **6 - réfuter** • repousser • nier • envoyer balader, promener fam. • jeter fam. • mettre au panier fam. • remballer fam. • rembarrer fam. • **7 - refuser** • dire non à • opposer un refus à • opposer une fin de non-recevoir à • [une demande, en Droit] débouter
✦ **rejeter la faute sur** accuser • attribuer la faute à • imputer la faute à • mettre la faute sur le dos de fam.

CONTR. accueillir ı admettre ı adopter ı agréer – garder ı conserver ı prendre ı retenir

rejeton n.m. **1 -** [Bot.] **rejet** • bourgeon • cépée • drageon • jet • pousse • surgeon •

tigelle · 2 - [fam.] **enfant** · descendant · [au plur.] progéniture · petite famille fam. · postérité littér. ou plaisant

rejoindre v.tr. **1 - rallier** · regagner · réintégrer · rentrer à · retourner à · revenir à · **2 - aboutir à** · atteindre · rattraper · retrouver · **3 -** [une personne] **rattraper** · recoller fam. · **4 -** [une idée, un témoignage] **recouper** · **5 - adhérer à** · adopter · partager · rallier · se rallier à · se ranger à

⋙ **se rejoindre** v.pron. **1 - confluer** · converger · se réunir · **2 - se recouper** · coïncider · concorder · correspondre

CONTR. quitter – distancer – abandonner ı quitter – bifurquer ı diverger

réjoui, e adj. · **joyeux** · allègre · content · enjoué · épanoui · gai · guilleret · heureux · hilare · jovial · radieux · ravi · rayonnant · riant · rieur

réjouir v.tr. **1 - ravir** · enchanter · faire plaisir à · mettre en joie · rendre joyeux · ébaudir vieux · **2 -** [vieilli] **amuser** · dérider · distraire · divertir · égayer

⋙ **se réjouir** v.pron. **jubiler** · déborder de joie · exulter

✦ **se réjouir de**   être heureux de · applaudir · se délecter de · se faire une fête de · se féliciter de · être bien, fort aise de soutenu · se frotter les mains de fam. · se gaudir de vieux

CONTR. affliger ı attrister ı chagriner ı contrister ı désoler – déplorer ı regretter

réjouissance n.f. **1 - allégresse** · gaieté · joie · jubilation · liesse littér. · **2 -** [généralement au plur.] **amusement** · divertissement · distraction · festivité · fête · récréation

CONTR. deuil ı tristesse

> ℜ   réjouissance,
>   divertissement,
>   amusement, récréation
>
> Réjouissance, divertissement, amusement et récréation se disent de ce qui distrait, délasse, en procurant le plus souvent du plaisir. La récréation est un moment de détente après un travail ou une occupation plus ou moins sérieuse (s'accorder, se donner une petite récréation). La dimension ludique est aussi présente dans l'**amusement** lorsqu'on parle des enfants (cet amusement n'est plus de ton âge). Plus largement, l'**amusement** est ce qui trompe l'ennui (compter les mouches, les avions qui passent est un amusement innocent). Le **divertissement** est une distraction dont on peut faire un passe-temps régulier (le sport, le cinéma sont des divertissements très partagés). Lorsqu'un divertissement prend une forme collective et engendre de la joie, on parle de **réjouissances** (une naissance, un mariage donnent lieu à des réjouissances familiales).

réjouissant, e adj. **1 - amusant** · cocasse · divertissant · gai · jouissant · jouissif · plaisant · marrant fam. · tordant fam. · [en tournure négative] folichon fam. · **2 - agréable** · drôle · jubilatoire

CONTR. attristant ı désolant ı lugubre ı assommant

relâche

▪ n.m. ou f. **1 - détente** · relaxation · repos · **2 - interruption** · pause · répit · suspension · trêve

✦ **sans relâche**   sans arrêt · continuellement · sans cesse · sans interruption · sans répit · sans trêve

▪ n.f. [Mar.] **escale** · port · échelle vieux

CONTR. travail – continuité – jamais ı quelquefois ı rarement

relâché, e adj. **1 - laxiste** · permissif · **2 - flasque** · avachi · distendu · mou · **3 - dissolu** · corrompu · débauché · libertin

relâchement n.m. **1 - laisser-aller** · laxisme · négligence · permissivité · **2 - desserrement** · **3 -** [des muscles] **relaxation** · décontraction · décrispation · **4 -** [des mœurs] **dissolution** · **5 -** [d'un détenu, vieilli] **libération** · élargissement (Droit) · relaxe (Droit)

CONTR. discipline – contraction ı tension ı constipation – décence – incarcération

relâcher v.tr. **1 - détendre** · décontracter · décrisper · relaxer · **2 - desserrer** · lâcher · **3 - adoucir** · assouplir · baisser · diminuer · ramollir · **4 - libérer** · délivrer · lâcher · remettre en liberté · élargir Droit · relaxer Droit · **5 -** [Mar.] **faire escale** · s'arrêter · faire relâche · toucher au port

» **se relâcher** v.pron. **1 - diminuer** · s'assouplir · baisser · chanceler · décroître · faiblir · fléchir · mollir fam. · **2 - se négliger** · se laisser aller · **3 - se détendre** · se décrisper · se délasser · se calmer · s'apaiser · se décontracter · se reposer · **4 - se distendre** · s'amollir · s'avachir

CONTR. raidir ı resserrer – renforcer – capturer ı incarcérer ı détenir ı retenir

relais n.m. **1 - étape** · halte · poste · **2 - auberge** · gîte · hôtel · **3 - intermédiaire** · médiateur · **4 -** [Techn.] **retransmetteur** · réémetteur · répéteur

✦ **prendre le relais de** relayer · prendre la relève de · succéder à · remplacer · reprendre le flambeau des mains de

relance n.f. **1 - reprise** · redémarrage · réveil · **2 - rappel** · nouvelle sollicitation

relancer v.tr. **1 - renvoyer** · rejeter · **2 - rappeler** · solliciter · **3 - poursuivre** · harceler · **4 - ranimer** · réactiver · donner un second souffle à · **5 -** [Jeu] **surenchérir**

relaps, e n. **1 -** [Relig.] **hérétique** · **2 - récidiviste**

relater v.tr. **1 - raconter** · dire · exposer · rapporter · rendre compte de · retracer · conter littér. · narrer littér. · **2 -** [Droit] **consigner** · mentionner

relatif, -ive adj. **1 - subjectif** · **2 - partiel** · imparfait · incomplet · insuffisant · limité · moyen · sommaire

✦ **relatif à** **1 - concernant** · se rapportant à · au sujet de · ayant trait à · **2 - proportionnel à** · dépendant de

CONTR. absolu ı idéal ı parfait

relation n.f.
I 1 - connexion · corrélation · correspondance · dépendance · interdépendance · liaison · lien (logique) · rapport · rapprochement · **2 - contact** · liaison · lien · rapport · commerce vieux ou littér.
II 1 - connaissance · attache · contact · familier · fréquentation · lien · accointance vieilli · piston fam. · **2 -** [amoureuse] **liaison** · aventure · flirt · intrigue vieilli · **3 -** [sexuelle] **rapport** · union
III compte rendu · exposé · histoire · narration · procès-verbal · rapport · récit · témoignage · version

✦ **être en relation** communiquer · correspondre · être en contact · être en rapport · se voir

   🔖 **relation, connaissance, familier**

On désigne par **relation**, **connaissance** ou **familier** une personne avec qui l'on est *lié* plus ou moins étroitement. Le *lien* est de nature essentiellement sociale pour la **relation** et la **connaissance**, contrairement au **familier**. Une **connaissance** est quelqu'un que l'on *connaît* simplement pour l'avoir rencontré *(faire une nouvelle connaissance, élargir son cercle de connaissances)*. **Relation** est moins neutre et implique souvent un lien d'intérêt professionnel, mondain *(avoir des relations, utiliser, entretenir ses relations ; obtenir un emploi par relation)* ou fondé sur l'habitude *(c'est plutôt une relation qu'un ami).* Avec le **familier**, en revanche, les liens sont de nature beaucoup plus intime, comparables à ceux que l'on aurait avec un membre de sa *famille (c'est une familière de la maison).* **Connaissance** peut avoir cette valeur dans un emploi un peu vieilli *(j'ai retrouvé une vieille connaissance).*

relativement adv. **1 - assez** · passablement · plutôt

✦ **relativement à** **1 - proportionnellement à** · comparativement à · en comparaison

avec · en fonction de · par rapport à · **2 -
au sujet de** · à l'égard de · à propos de ·
concernant · par rapport à · quant à

relax, e

■ *adj.* **décontracté** · à l'aise · calme · détendu ·
tranquille · cool *fam.* · coolos *fam.* · peinard *fam.* ·
zen *fam.*

■ *adv.* **pépère** *fam.* · piano *fam.*

✦ **relax !** du calme ! · cool ! *fam.* · zen ! *fam.*
CONTR. tendu

relaxant, e *adj.* · délassant · calmant ·
décontractant · décontracturant · défatigant ·
reposant

relaxation *n.f.* **1 -** [des muscles] **relâche-
ment** · décontraction · **2 - détente** ·
décontraction · délassement · détente · **3 -
sophrologie** · **4 - désinvolture** · aisance ·
naturel

¹relaxer *v.tr.* [un détenu] libérer · élargir
(Droit) · relâcher

²relaxer *v.tr.* décontracter · calmer ·
défatiguer · désénerver · délasser · détendre ·
reposer

⋙ **se relaxer** *v.pron.* · se décontracter ·
reprendre son souffle · s'abandonner · se
calmer · se délasser · se détendre · se laisser
aller · se reposer · décompresser *fam.*

relayer *v.tr.* **1 - prendre le relais de** ·
succéder à · relever · reprendre le flambeau
des mains de · **2 - remplacer** · se substituer à ·
3 - [Radio, TV] **retransmettre**

⋙ **se relayer** *v.pron.* alterner · se remplacer

relégation *n.f.* **1 - bannissement** · dépor-
tation · exil · **2 -** [Sports] **déclassement**

reléguer *v.tr.* **1 - bannir** · déporter ·
exiler · **2 - mettre à l'écart** · écarter · rejeter ·
remiser · **3 -** [Sports] **déclasser**

✦ **reléguer à** cantonner à · confiner à ·
limiter à

relent *n.m.* **1 - effluve** · émanation ·
miasme · mauvaise odeur · puanteur ·
remugle *littér.* · **2 - trace** · soupçon · ombre ·
pointe · reste · teinte

relevé, e *adj.* **1 - redressé** · remonté ·
retroussé · troussé *vieilli* · **2 -** [souvent en tournure
négative] **noble** · élevé · haut · soutenu · **3 -
épicé** · assaisonné · corsé · fort · pimenté ·
piquant
CONTR. rabattu – commun ǀ vulgaire – fade ǀ insipide

relevé *n.m.* **1 - liste** · décompte · détail ·
état · relèvement · tableau · **2 - dessin** · plan

relève *n.f.* · remplaçant(s)

✦ **prendre la relève de** relayer · remplacer ·
reprendre le flambeau des mains de · suc-
céder à

relèvement *n.m.* **1 - augmentation** ·
hausse · majoration · **2 - redressement** ·
reconstruction · réédification · rétablisse-
ment · revalorisation
CONTR. abaissement ǀ baisse ǀ diminution – effondre-
ment ǀ récession

relever *v.tr.*

I 1 - remettre debout · redresser · lever ·
remonter · retrousser · soulever ·
trousser *vieilli* · **2 - reconstruire** · rebâtir ·
redresser · remettre debout · renflouer ·
réparer · restaurer · rétablir · revaloriser
II augmenter · élever · hausser · majorer ·
monter · rehausser · remonter
III 1 - assaisonner · agrémenter · épicer ·
exalter · pimenter · **2 - faire ressortir** · donner
du relief à · ennoblir · exhausser · rehausser ·
souligner
IV 1 - constater · découvrir · faire remarquer ·
mettre en évidence · noter · observer · remar-
quer · souligner · trouver · **2 - noter** ·
consigner · copier · inscrire · retenir · **3 -** [un
plan] **dresser** · lever

V [des copies] **ramasser** · collecter
VI [un défi, une remarque] **répondre à**
VII 1 - [qqn] **relayer** · prendre le relais de · prendre la relève de · remplacer · **2 -** [qqn d'une fonction] **démettre** · destituer · limoger · révoquer · **3 -** [qqn d'un engagement] **libérer** · dégager · détacher · délier *soutenu*

✦ **relever de 1 -** [qqch.] **concerner** · appartenir à · dépendre de · faire partie de · regarder · se rapporter à · tenir de · toucher à · **2 -** [qqn, une autorité] **être du ressort de** · dépendre de · être de la compétence de *soutenu* · être de la dépendance de *soutenu* · ressortir à *soutenu*

⇒ **se relever** *v.pron.* **1 - se remettre debout** · se redresser · remonter · se ramasser *fam.* · **2 - renaître** · repartir · ressusciter · se rétablir · **3 - guérir** · recouvrer la santé · se remettre · se rétablir · [d'un chagrin] se consoler

CONTR. recoucher – abaisser ı descendre ı diminuer – mettre en faillite ı renverser – déprécier ı rabaisser ı ternir

relief *n.m.*
I 1 - saillie · bosse · monticule · proéminence · **2 -** [Géog.] **topographie** · configuration · modelé · **3 -** [Techn.] **modelé** · enlevure
II force · caractère · éclat · épaisseur · mordant · personnalité · piment · piquant · profondeur · vigueur · sel *fam.* · lustre *littér.*

✦ **donner du relief à, mettre en relief** souligner · accentuer · faire ressortir · mettre en évidence · rehausser
✦ **en relief 1 - saillant** · proéminent · **2 -** [Techn.] **bosselé** · estampé · gaufré · repoussé

CONTR. creux

relier *v.tr.* **1 - assembler** · associer · attacher · joindre · lier · raccorder · rapprocher · rassembler · rattacher · réunir · unir · établir des ponts, des passerelles entre · **2 - faire communiquer** · connecter · faire correspondre · joindre · raccorder · réunir · **3 -** [des idées] **enchaîner** · associer · lier ·

rapprocher · **4 - mettre en rapport** · faire le rapprochement entre · raccrocher · **5 -** [Imprimerie] **interfolier** · brocher · cartonner

CONTR. disjoindre ı éparpiller ı séparer – déconnecter

relieur, -ieuse *n.* · brocheur · assembleur

religieusement *adv.* **1 - pieusement** · dévotement · avec recueillement · **2 - scrupuleusement** · consciencieusement · exactement · minutieusement · rigoureusement · soigneusement

religieux, -ieuse *adj.* **1 - sacré** · divin · **2 - croyant** · fervent · orthodoxe · pieux · pratiquant · dévot *souvent péj.* · **3 - recueilli** · respectueux

CONTR. profane – agnostique ı areligieux ı athée ı irréligieux

religieux, -ieuse
▪ *n.m.* · moine · régulier
▪ *n.f.* · bonne sœur *fam.* · nonne *vieilli ou plaisant*

religion *n.f.* **1 - confession** · croyance · culte · foi · **2 - doctrine** · croyance · dogme · philosophie · morale · **3 - avis** · conviction · credo · opinion

✦ **sans religion** agnostique · areligieux · athée · impie · incrédule · incroyant · irréligieux · sceptique · mécréant *vieilli ou plaisant*
✦ **entrer en religion** prononcer ses vœux · [homme] prendre l'habit · [femme] prendre le voile

CONTR. doute ı irréligion

religiosité *n.f.* · spiritualité · mysticisme

reliquaire *n.m.* · châsse

reliquat *n.m.* **1 -** [compte] **reste** · solde · **2 - restant** · excédent · reste · complément · vestige

relique *n.f.* **1 - restes** · débris · ossements · **2 - amulette** · fétiche · talisman

reliure *n.f.* · couverture

reluire *v.intr.* · briller · chatoyer · étinceler · flamboyer · luire · miroiter · resplendir · rutiler · scintiller · brasiller *littér.*

reluisant, e *adj.* **1 - brillant** · chatoyant · étincelant · flamboyant · luisant · miroitant · resplendissant · rutilant · scintillant · **2 -** [en tournure négative] **fameux** · beau · brillant · florissant

reluquer *v.tr.* **1 - regarder** · lorgner · boire des yeux · couver des yeux · dévorer des yeux · loucher sur *fam.* · mater *fam.* · zieuter *fam.* · **2 - convoiter** · avoir des vues sur · briguer · courir après · lorgner sur · guigner *fam.*

remâcher *v.tr.* · ressasser · repenser à · retourner (dans sa tête) · rouler · ruminer

remake *n.m.* **nouvelle version** · nouvelle mouture

rémanence *n.f.* **1 - persistance** · **2 -** [Phys.] **hystérésis**

rémanent, e *adj.* · durable · persistant · subsistant

remaniement *n.m.* **1 - réorganisation** · remodelage · restructuration · révision · [d'un texte] refonte · **2 - bouleversement** · métamorphose · révolution · **3 - transformation** · changement · correction · modification · rectification · retouche · relookage *fam.*

remanier *v.tr.* **1 - réorganiser** · remodeler · restructurer · réviser · [un texte] refondre · **2 - changer** · arranger · corriger · modifier · rectifier · reprendre · retoucher · revoir · transformer · relooker *fam.* · **3 - bouleverser** · métamorphoser · révolutionner

remarquable *adj.* **1 - extraordinaire** · considérable · éblouissant · éclatant · épatant · étonnant · formidable · hors du commun · hors série · hors pair · marquant · mémorable · notable · particulier · saillant · saisissant · rare · **2 - prestigieux** · brillant · de haut vol · de haute volée · de la plus belle eau · de premier ordre · de premier plan · distingué · émérite · éminent · fameux · hors pair · important · insigne · sans égal · sans pareil · supérieur

CONTR. banal ı insignifiant ı négligeable – médiocre ı piètre

remarquablement *adv.* **1 - admirablement** · à merveille · brillamment · extraordinairement · formidablement · merveilleusement · supérieurement · **2 - considérablement** · étonnamment · extraordinairement · formidablement · particulièrement · notablement · totalement

CONTR. lamentablement – peu ı mal

remarque *n.f.* **1 - observation** · commentaire · considération · réflexion · [en passant] incise · **2 - annotation** · note · **3 - critique** · objection · remontrance · réprimande · reproche

remarquer *v.tr.* apercevoir · aviser · constater · découvrir · discerner · distinguer · noter · observer · percevoir · relever · se rendre compte de · repérer · s'apercevoir de · s'aviser de · trouver · voir

✦ **faire remarquer** **1 -** [qqch.] relever · signaler · **2 -** [à qqn] avertir · alerter

✦ **se faire remarquer** **1 - se signaler** · ne pas passer inaperçu · se faire connaître · se distinguer · se singulariser · **2 - détonner** · ne pas passer inaperçu

⋙ **se remarquer** *v.pron.* · se voir · apparaître · être visible

remballer *v.tr.* **1 - rempaqueter** · ranger · réemballer · **2 -** [fam.] → **rabrouer**

CONTR. déballer ı étaler

rembarrer *v.tr.* → **rabrouer**

remblai *n.m.* 1 - talus · 2 - chaussée · digue · levée
CONTR. déblai

remblayer *v.tr.* · hausser · combler
CONTR. déblayer

rembourrage *n.m.* 1 - capitonnage · matelassage · 2 - matelassure · bourre · garniture

rembourré, e *adj.* 1 - capitonné · matelassé · 2 - grassouillet · bien en chair · replet · rondouillard *fam.*

rembourrer *v.tr.* · bourrer · capitonner · matelasser

remboursement *n.m.* 1 - paiement · acquittement · amortissement • [d'une rente] rachat • [d'une dette] extinction · 2 - défraiement · indemnisation

rembourser *v.tr.* 1 - s'acquitter de · payer · rendre • [une dette] éteindre · 2 - défrayer · couvrir · indemniser
CONTR. débourser ı emprunter

rembruni, e *adj.* · triste · chagrin · contrarié · sombre · tristounet *fam.*

rembrunir *v.tr.* [littér.] attrister · peiner
» **se rembrunir** *v.pron.* s'assombrir · se refermer · se renfrogner
CONTR. réjouir – s'éclaircir ı s'épanouir ı s'illuminer

remède *n.m.* 1 - médicament · drogue · médication · préparation · soin · traitement · vaccin · médecine *vieux* · 2 - solution · antidote · dérivatif · expédient · exutoire · moyen · palliatif · panacée · potion magique · recours · ressource • [inefficace] emplâtre, cautère sur une jambe de bois
» médicament

remédiable *adj.* · réparable · corrigeable · rattrapable · rectifiable
CONTR. irrémédiable

remédier à *v.tr.ind.* 1 - calmer · guérir · soulager · 2 - pallier · compenser · parer à · pourvoir à · suppléer à · obvier à *littér.* · 3 - arranger · corriger · rattraper · rectifier · réparer

remémorer *v.tr.* [littér.] évoquer · rappeler · remettre en mémoire
» **se remémorer** *v.pron.* se souvenir de · se rappeler · évoquer

remerciement *n.m.* 1 - merci · 2 - [au plur.] gratitude · reconnaissance
+ **en remerciement de** en dédommagement de · en compensation de · en récompense de

remercier *v.tr.*
I 1 - dire merci à · rendre grâce à · savoir gré à · 2 - bénir · louer · 3 - dédommager · récompenser
II chasser · congédier · destituer · donner son compte à · éconduire · licencier · limoger · mettre à la porte · renvoyer · révoquer · se séparer de · balancer *fam.* · lourder *fam.* · sacquer *fam.* · vider *fam.* · virer *fam.* • [un domestique] donner ses huit jours à
CONTR. engager

remettre *v.tr.* 1 - replacer · ramener · rapporter · réintégrer · 2 - ajouter · rajouter · 3 - confier · déposer · donner · laisser · livrer · passer · rendre · restituer · commettre *vieilli* · filer *fam.* · refiler *fam.* · 4 - se rappeler · reconnaître · se souvenir de · 5 - différer · ajourner · atermoyer · reculer · renvoyer (à plus tard) · reporter · retarder · suspendre · postposer *Belgique* • [un jugement] renvoyer · surseoir à • [indéfiniment] renvoyer aux calendes grecques
+ **remettre à sa place** 1 - replacer • [une articulation] remboîter · 2 - → rabrouer
+ **remettre en état, à neuf** réparer · arranger · refaire · rafraîchir · réhabiliter · rénover · restaurer · retaper
+ **remettre en question** reconsidérer · réexaminer · revoir

se remettre *v.pron.* **1 - récupérer** · guérir · recouvrir la santé · se relever · se rétablir · s'en sortir · s'en tirer *fam.* · se retaper *fam.* · **2 - se calmer** · se tranquilliser · retrouver son calme
+ **se remettre à** **1 -** [suivi de l'infinitif] **recommencer à** · **2 -** [une activité] **recommencer** · replonger dans · retourner à · revenir à
+ **se remettre ensemble** se réconcilier · se rabibocher *fam.*
+ **s'en remettre à** faire confiance à · en appeler à · croire en · donner mandat à · s'en rapporter à · se reposer sur · se fier à

CONTR. enlever – confisquer ı enlever ı garder – hâter ı presser – déboîter ı démettre ı luxer – s'affaiblir ı s'épuiser – se méfier (de)

↝ rendre

réminiscence *n.f.* · souvenir · rappel · résurgence · trace

↝ souvenir

remise *n.f.* **1 - abri** · appentis · débarras · hangar · local · réserve · resserre · **2 - attribution** · délivrance · dépôt · distribution · don · livraison · **3 - réduction** · abattement · bonification · déduction · diminution · discount · escompte · prime · rabais · ristourne · **4 - ajournement** · atermoiement · délai · renvoi · retardement · sursis · **5 -** [d'une peine] **grâce** · rémission · **6 -** [d'un péché] **pardon** · absolution · rémission

CONTR. majoration ı supplément

↝ réduction

remiser *v.tr.* · ranger · enfermer · garer · mettre à l'abri · mettre en lieu sûr · placer · reléguer · serrer *région.*

rémissible *adj.* · pardonnable · excusable

CONTR. impardonnable ı irrémissible

rémission *n.f.* **1 - absolution** · effacement · pardon · **2 - grâce** · amnistie · **3 - accalmie** · apaisement · arrêt · atténuation · calme · cessation · détente · intermittence (Méd.) · interruption · intervalle · pause · répit · relâche · trêve · rémittence *littér.*

CONTR. condamnation – aggravation ı crise

remmener *v.tr.* · emmener · ramener · reconduire

remodelage *n.m.* **1 - réorganisation** · restructuration · **2 -** [du visage] **déridage** · lifting · lissage

remodeler *v.tr.* **1 - retravailler** · réorganiser · restructurer · **2 -** [visage] **dérider** · lisser

remontant, e
■ *adj.* **fortifiant** · excitant · réconfortant · reconstituant · revigorant · stimulant · roboratif *littér.* · analeptique (Méd.)
■ *n.m.* **tonique** · cordial · fortifiant · reconstituant · tonifiant

CONTR. déprimant ı fatigant

remonté, e *adj.* → **en colère**

remonte-pente *n.m.* · téléski · tire-fesses *fam.*

remonter
■ *v.intr.* **repartir (à la hausse)** · progresser · se redresser · reprendre · se rétablir
+ **remonter à** dater de · venir de
■ *v.tr.* **1 - élever** · exhausser · hausser · monter · relever · surélever · surhausser · **2 - retrousser** · relever · **3 - consoler** · mettre du baume au cœur de · raffermir · ragaillardir · ranimer · raviver · réchauffer · réconforter · revigorer · revivifier · soutenir · ravigoter *fam.* · regonfler *fam.* · requinquer *fam.* · retaper *fam.*

CONTR. descendre ı dévaler ı redescendre – baisser – affaiblir ı déprimer

remontrance *n.f.* · reproche · avertissement · blâme · critique · grief · observation · réprimande · sermon · engueulade *fam.*

admonestation *littér.* • harangue *littér.* • mercuriale *littér.* • objurgation *littér.* • semonce *littér.* • prêchi-prêcha *fam.* • savon *fam.*

remords *n.m.* **1 -** repentir • regret • contrition *littér.* • **2 -** [Relig.] contrition • attrition • pénitence • résipiscence
+ **avoir des remords** regretter • se repentir • s'en vouloir • s'en mordre les doigts *fam.*

> remords, repentir, contrition
>
> **Remords, repentir** et **contrition** expriment, à des degrés divers, le regret d'avoir agi à l'encontre de la morale. Le **remords** est un sentiment de honte coupable, qui ne s'exprime pas nécessairement, par faiblesse ou crainte des conséquences d'un aveu *(être déchiré, poursuivi par le remords ; être bourrelé de remords ; des remords cuisants).* Dans le **repentir,** la reconnaissance de la faute s'accompagne d'un désir de réparation qui, de ce fait, doit se faire connaître *(aveu et repentir des fautes ; exprimer des marques de repentir).* La **contrition** ajoute au repentir la priorité de la sincérité des sentiments par rapport à la crainte du châtiment. Le **repentir** est une notion essentiellement attachée à la morale chrétienne *(formules de repentir dans la liturgie catholique)* et **contrition** un terme de religion qui exprime le profond regret d'avoir offensé Dieu *(faire acte de contrition).*

remorquage *n.m.* [d'un bateau] halage • touage

remorque *n.f.* • caravane • roulotte

remorquer *v.tr.* **1 -** tracter • tirer • traîner • **2 -** [un bateau] haler • touer

remorqueur *n.m.* • haleur • toueur

rémouleur *n.m.* • aiguiseur • affileur • affûteur • repasseur

remous *n.m.* **1 -** bouillonnement • effervescence • tourbillon • tournoiement • turbulence • **2 - agitation** • mouvement • remue-ménage • trouble • tumulte
+ **provoquer des remous** faire des vagues

rempailler *v.tr.* • canner • empailler • pailler

CONTR. dépailler

rempart *n.m.* **1 -** enceinte • fortification • mur • muraille • épaulement *Milit.* • **2 - bastion** • citadelle • **3 - protection** • barrière • bouclier • cuirasse • paroi • sauvegarde

rempiler *v.intr.* → se rengager

remplaçant, e *n.* • substitut • adjoint • intérimaire • représentant • successeur • suppléant • [Théâtre, Cinéma] doublure

remplacement *n.m.* **1 - intérim** • suppléance • **2 - substitution** • échange • relève • **3 - changement** • renouvellement
+ **produit de remplacement** substitut • ersatz • succédané
+ **en remplacement** à la place • en échange

remplacer *v.tr.* **1 - changer** • renouveler • **2 - se substituer à** • relever • prendre le relais de • prendre la relève de • relayer • succéder à • supplanter • suppléer *littér.* • **3 - représenter** • faire fonction de • faire office de • jouer le rôle de • servir de • tenir la place de • tenir lieu de • suppléer à • [Théâtre, Cinéma] doubler

» **se remplacer** *v.pron.* alterner • se relayer • se succéder

rempli, e *adj.* **1 - plein** • bourré *fam.* • plein comme un œuf *fam.* • **2 -** [de monde] **bondé** • comble • complet • paqueté *Québec* • plein • bourré *fam.* • plein à craquer *fam.*
+ **rempli de 1 -** [de gens] peuplé de • grouillant de • plein de • saturé de • **2 -** [d'un

sentiment] **empli de** · débordant de · dévoré de · enflé de · enivré de · gonflé de · gorgé de · pénétré de · pétri de · plein de

CONTR. vide ı désert ı déserté ı inhabité – dépourvu – dépeuplé – exempt

remplir v.tr. **1 - emplir** · bourrer · charger · combler · garnir · gorger · **2 - peupler** · envahir · inonder · occuper · **3 -** [le temps] **meubler** · occuper · tuer fam. · **4 -** [un formulaire] **compléter** · renseigner Admin. · [un chèque] libeller · **5 -** [une obligation] **accomplir** · acquitter · effectuer · exécuter · exercer · faire · faire honneur à · mener à bien · observer · réaliser · répondre à · respecter · s'acquitter de · satisfaire à · tenir · **6 -** [une fonction] **exercer** · occuper · tenir

✦ **remplir de** farcir de · parsemer de · semer de · truffer de

CONTR. vider ı nettoyer – déserter – perdre – échapper à

remplissage n.m. **1 - verbiage** · bavardage · longueurs · délayage fam. · **2 -** [Constr.] **blocage** · remplage

remporter v.tr. **1 - reprendre** · remmener · repartir avec · **2 - gagner** · conquérir · emporter · enlever · obtenir · récolter · décrocher fam. · rafler fam. · truster fam.

remuant, e adj. **1 - actif** · animé · dynamique · frétillant · pétulant · sémillant · tonique · vif · **2 - déchaîné** · agité · excité · fougueux · turbulent

CONTR. calme ı inerte

remue-ménage n.m. invar. **1 - agitation** · animation · bouillonnement · branle-bas · confusion · désordre · effervescence · mouvement · pagaille · tohu-bohu · trouble · tumulte · chambardement fam. · **2 - chahut** · brouhaha · tintamarre · vacarme

remuer
■ v.tr. **1 - mélanger** · battre · brasser · brouiller · malaxer · pétrir · retourner · tourner · travailler · [la salade] fatiguer fam. · touiller fam. · **2 -** [la terre] **retourner** · bêcher · fouiller · retourner · [animal] fouir · **3 - secouer** · balancer · ballotter · bercer · **4 - émouvoir** · atteindre · attendrir · bouleverser · ébranler · frapper · pénétrer · perturber · retourner · secouer · toucher · troubler · chambouler fam. · émotionner fam. · prendre aux tripes fam.

■ v.intr. **1 -** [dans le vent] **frémir** · se balancer · frissonner · ondoyer · onduler · osciller · trembler · vaciller · **2 - s'agiter** · bouger · frétiller · gesticuler · gigoter fam. · se dandiner fam. · se tortiller fam. · se trémousser fam. · **3 -** [la tête] **hocher** · balancer · branler · dodeliner de · secouer

»» **se remuer** v.pron. **1 - bouger** · s'agiter · **2 - se démener** · faire des pieds et des mains · se démancher · se dépenser · se donner de la peine · se bouger fam. · se décarcasser fam. · se défoncer fam. · se mettre en quatre fam. · se casser le derrière, le cul très fam. · **3 - se dépêcher** · se bouger fam. · se grouiller fam. · se manier (le train, le popotin) fam.

CONTR. fixer ı immobiliser – laisser indifférent – rester tranquille – être passif

rémunérateur, -trice adj. · **lucratif** · avantageux · fructueux · intéressant · payant · profitable · rentable · juteux fam.

rémunération n.f. **1 - salaire** · appointements · émoluments · gages · honoraires · mensualité · paye · solde · traitement · vacation · **2 - avantage** · cachet · commission · gain · jeton (de présence) · pourcentage · prime · rétribution · guelte vieux · **3 -** [vieux] **récompense** · tribut

rémunérer v.tr. **payer** · rétribuer • [une personne] appointer · salarier

renâcler v.intr. **1 - rechigner** · se faire prier · freiner des quatre fers fam. · se faire tirer l'oreille fam. · traîner des pieds fam. · **2 -**

protester · râler *fam.* · rouspéter *fam.* · renauder *pop., vieux*

renaissance *n.f.* 1 - réincarnation · résurrection · 2 - renouveau · renouvellement · palingénésie *didact.* · régénération *didact.* · 3 - réapparition · résurgence · retour · réveil
CONTR. agonie ı mort

renaître *v.intr.* 1 - ressusciter · reprendre vie · revenir à la vie · revivre · 2 - resurgir · réapparaître · refaire surface · reparaître · repousser · revivre
CONTR. mourir – disparaître ı s'effacer

rénal, e *adj.* · néphrétique

renchérir *v.intr.* 1 - être en hausse · augmenter · enchérir · grimper · 2 - en rajouter *fam.* · en remettre *fam.*

✦ **renchérir sur** 1 - enchérir sur · surenchérir sur · 2 - dépasser · aller plus loin que
CONTR. baisser ı diminuer

renchérissement *n.m.* · augmentation · hausse
CONTR. baisse

rencogner *v.tr.* [vieux] coincer · acculer

» **se rencogner** *v.pron.* se blottir · se mettre en boule · se pelotonner · se recroqueviller · se tapir

rencontre *n.f.*
I 1 - entrevue · contact · conversation · rendez-vous · rancard *fam.* · 2 - colloque · conférence · meeting *anglic.* · réunion · sommet
II 1 - compétition · championnat · épreuve · match · partie · 2 - accrochage · bataille · combat · duel · échauffourée
III 1 - jonction · contact · réunion · 2 - collision · choc · heurt · télescopage · 3 - [littér.] coïncidence · conjoncture · hasard · occasion · occurrence

✦ **aller à la rencontre de** aller, se porter au-devant de

🙠 rencontre, entrevue

Rencontre et **entrevue** concernent le fait de se trouver en contact avec quelqu'un. Une **rencontre** n'est pas toujours prévue *(faire une heureuse, une fâcheuse rencontre, une rencontre inattendue ; c'est le hasard des rencontres),* contrairement à l'**entrevue** qui est une rencontre concertée *(demander, accorder une entrevue).* Rencontre peut cependant s'employer en concurrence avec **entrevue** lorsqu'une part d'aléatoire subsiste ou domine *(ménager, organiser une entrevue/une rencontre entre deux personnes).*

rencontrer *v.tr.* 1 - faire la connaissance de · connaître · croiser · 2 - apercevoir · atteindre · croiser · tomber sur · trouver · voir · 3 - affronter · disputer · combattre · 4 - joindre · approcher · toucher · voir · 5 - heurter · buter sur · se cogner à · percuter · toucher · 6 - [des difficultés] affronter · avoir affaire à · se heurter à · se mesurer à · se trouver face à · tomber sur · trouver (sur son chemin) · s'achopper à *littér.*

» **se rencontrer** *v.pron.* 1 - se croiser · faire connaissance · se connaître · 2 - apparaître · arriver · avoir lieu · exister · se présenter · se produire · se trouver · se voir · 3 - se rejoindre · confluer · se retrouver · se réunir · se toucher
CONTR. éviter ı manquer

rendement *n.m.* 1 - productivité · efficacité · fertilité · 2 - rentabilité · bénéfice · gain · produit · profit · rapport · revenu

rendez-vous *n.m.* rencontre · audience · entretien · entrevue · rancard *fam.*

✦ **manquer au rendez-vous** faire faux bond · poser un lapin *fam.*

rendre *v.tr.*
I 1 - restituer · ramener · rapporter · redonner · remettre · renvoyer · retourner · rétrocéder · 2 - [les armes] poser · mettre bas · 3 - [de l'argent] rembourser · s'acquitter de · 4 - [la santé] ramener · faire recouvrer *littér.*

II 1 - [un jugement] **prononcer** · émettre · 2 - [un son, etc.] **produire** · donner · émettre · 3 - **exprimer** · émettre · exhaler · présenter · produire · rendre · représenter · reproduire · restituer · traduire
III **vomir** · régurgiter · dégobiller *très fam.* · dégueuler *très fam.* · gerber *très fam.*

✦ **rendre la pareille** payer de retour · réciproquer *vieilli ou Belgique* · renvoyer l'ascenseur *fam.*

⋙ **se rendre** *v.pron.* 1 - **aller** · venir · porter ses pas · 2 - **capituler** · baisser les bras · baisser pavillon · céder · lever la crosse en l'air · s'avouer vaincu · se donner · se livrer · s'incliner · hisser le drapeau blanc *vieilli*

✦ **se rendre à** [l'avis de] **déférer à** · s'en rapporter à · s'en remettre à · se soumettre à

CONTR. emprunter ı prêter ı confisquer ı garder ı absorber ı digérer – résister

🕮 **rendre, remettre, restituer**
Rendre, remettre ou restituer, c'est donner quelque chose dont on n'est généralement pas propriétaire. On **rend** ce que l'on a pris ou reçu auparavant *(rendre de l'argent prêté, une voiture empruntée ; peux-tu me rendre mon livre ?)*. On **restitue** ce que l'on a pris illégalement ou abusivement *(restituer un bien volé, détourné ; restituer un territoire spolié, occupé)*. **Remettre**, en revanche, n'implique pas de retour et insiste sur le contact qui existe dans la transaction *(remettre un devoir au professeur, un rapport à son supérieur hiérarchique, remettre une lettre en mains propres ; remettre un coupable à la justice)*.

rêne *n.f.* · bride · guide

renégat, e *n.* 1 - **apostat** · hérétique · 2 - **traître** · déserteur · parjure · transfuge
CONTR. fidèle

renfermé, e *adj.* 1 - **reclus** · confiné · 2 - **dissimulé** · réservé · secret

renfermer *v.tr.* 1 - **comporter** · comprendre · contenir · enfermer · enserrer · englober · inclure · posséder · receler · 2 - **cacher** · dissimuler · receler · 3 - [vieilli] **borner** · circonscrire · enclore · entourer · limiter · localiser · réduire · restreindre

⋙ **se renfermer** *v.pron.* 1 - **se murer** · se claquemurer · 2 - **se replier sur soi** · se fermer (comme une huître) · se renfrogner

CONTR. libérer ı exclure ı montrer – s'ouvrir ı se détendre ı s'épanouir

renflé, e *adj.* · bombé · arrondi · courbé · enflé · galbé · gonflé · pansu · rond · ventru
CONTR. aplati ı creux ı mince

renflement *n.m.* · bombement · bosse · grosseur · panse · proéminence · rondeur · ventre
CONTR. concavité ı creux

renfler (se) *v.pron.* · s'enfler · ballonner · faire ventre · se bomber

renflouer *v.tr.* · remettre à flot · [Mar.] déséchouer

⋙ **se renflouer** *v.pron.* · se remplumer *fam.* · se refaire (la cerise) *fam.*

renfoncement *n.m.* · creux · alcôve · anfractuosité · coin · crevasse · encoignure · enfoncement · niche · recoin · trou
CONTR. avancée ı saillie

renforcement *n.m.* 1 - **consolidation** · affermissement · durcissement · étaiement · renfort · resserrement · 2 - **accentuation** · aggravation · augmentation · intensification · recrudescence
CONTR. adoucissement ı affaiblissement ı diminution

renforcer *v.tr.* 1 - **armer** · épaissir · fortifier · raffermir · 2 - **accentuer** · accroître · affermir · aggraver · agrandir · s'ajouter à · augmenter · aviver · confirmer · consolider · enfler · exacerber · fortifier · grossir · intensifier • **3 - appuyer** • asseoir • conforter • consolider • corroborer • étayer • soutenir • [qqn, dans son opinion] apporter de l'eau au moulin de

CONTR. atténuer – affaiblir ı détruire ı saper

renfort *n.m.* **1 -** renforcement • consolidation • **2 - aide** • appui • assistance • soutien • coup de main *fam.* • **3 - supplément** • complément • **4 -** [d'une chaussure] contrefort • [d'un vêtement] épaulement

✦ **en renfort** à l'aide • à la rescousse • au secours

renfrogné, e *adj.* • maussade • acariâtre • boudeur • bourru • grincheux • hargneux • morose • rabat-joie • rechigné

CONTR. enjoué ı aimable

renfrogner (se) *v.pron.* • s'assombrir • se rembrunir • se renfermer

rengager *v.tr.* réengager • réemployer • remployer

⟫ **se rengager** *v.pron.* **rempiler** *fam.*

rengaine *n.f.* • refrain • chanson • couplet • histoire • leitmotiv • litanie • rabâchage • répétition • ritournelle • disque *fam.* • scie *fam.* • antienne *littér.* • bringue *Suisse*

rengainer *v.tr.* • garder pour soi • ravaler *fam.* • renquiller *fam.*

CONTR. exprimer ı manifester

rengorger (se) *v.pron.* • faire le beau • bomber le torse, la poitrine • faire l'important • prendre de grands airs • plastronner • poser • se pavaner • crâner *fam.* • faire la roue *fam.* • frimer *fam.*

reniement *n.m.* **1 - abandon** • abjuration • apostasie • désaveu • désertion • répudiation • rejet • rétractation • **2 -** retournement • volte-face

renier *v.tr.* • abandonner • abjurer • désavouer • déserter • mentir à • nier • rejeter • renoncer à • répudier • rétracter • [sans complément] apostasier *(Relig.)* • retourner sa veste

CONTR. reconnaître

renifler
■ *v.intr.* [animal] renâcler
■ *v.tr.* **1 - sentir** • flairer • humer • **2 - deviner** • flairer • pressentir • soupçonner • subodorer *fam.* • **3 -** [du tabac] priser • [de la cocaïne] sniffer *fam.*

renom *n.m.* célébrité • considération • cote • crédit • gloire • notoriété • popularité • prestige • renommée • réputation • aura *littér.*

✦ **de renom** → renommé

renommé, e *adj.* • célèbre • connu • coté • fameux • illustre • populaire • prestigieux • de renom • réputé • qui fait parler de lui

↪ célèbre

renommée *n.f.* **1 -** [littér.] **bruit** • opinion publique • **2 - célébrité** • considération • cote • crédit • gloire • notoriété • popularité • prestige • renom • réputation • la déesse aux cent bouches *littér.* • aura *littér.*

renommer *v.tr.* • réélire

renoncement *n.m.* **1 -** renonciation • abandon • abnégation • détachement • privation • sacrifice • **2 -** [aux plaisirs] ascèse • abstinence • ascétisme

CONTR. attachement ı avidité

> ❦ **renoncement, renonciation**
> Les deux mots se disent du fait de *renoncer* à une chose morale. **Renoncement** insiste sur l'idée de détachement pour tendre vers un idéal *(renoncement aux biens de ce monde, au monde, aux plaisirs de la vie)*. Le

renoncement, dans un contexte religieux, est un sacrifice librement consenti *(vivre dans le renoncement)*. **Renonciation** implique seulement l'abandon de ce dont on jouissait : « Ses cheveux négligemment peignés, pendaient par mèches noires au long de sa face pâle (...) et montraient une renonciation absolue à toute idée de plaire » (Th. Gautier, *le Capitaine Fracasse*, I). C'est cette notion d'abandon, de désistement qui est retenue dans l'emploi spécifique en droit de **renonciation** *(renonciation à une succession, au trône ; procédure, clauses de renonciation)*.

renoncer *v.tr.ind.* abandonner · abdiquer · s'avouer vaincu · baisser les bras · battre en retraite · capituler · céder · déclarer forfait · démissionner · se désister · faire défection · lâcher prise · quitter la partie · se retirer · reculer · s'incliner · caler *fam.* · caner *fam.* · fermer, plier boutique *fam.* · jeter l'éponge *fam.* · jeter le manche après la cognée *fam.* · laisser tomber *fam.*

✦ **renoncer à** abandonner · délaisser · dire adieu à · enterrer · faire son deuil de · laisser · renier · se défaire de · se départir de · se dépouiller de · se détourner de · se passer de · se priver de · tirer un trait sur · faire une croix sur *fam.*

CONTR. persévérer ǀ persister ǀ résister ǀ tenir bon – conserver ǀ garder

↠ **abdiquer**

renonciation *n.f.* · abandon · délaissement · renoncement

CONTR. acceptation

↠ **renoncement**

renouer *v.tr.* rattacher · rétablir

✦ **renouer avec** se réconcilier avec · se rabibocher avec *fam.* · se raccommoder avec *fam.*

CONTR. dénouer ǀ interrompre – se fâcher

renouveau *n.m.* **1** - [littér.] retour du printemps · **2** - regain · recommencement · relance · renaissance · reprise · retour (en force) · **3** - modernisation · régénération · renaissance · renouvellement · rénovation · transformation

CONTR. arrière-saison – déclin

renouvelable *adj.* **1** - reconductible · prorogeable · **2** - [énergie] **propre**

renouveler *v.tr.* **1** - changer · corriger · dépoussiérer · faire souffler un vent de renouveau sur · moderniser · modifier · rajeunir · ranimer · raviver · rectifier · refondre · réformer · régénérer · remanier · remplacer · rénover · revigorer · revivifier · transformer · donner un coup de jeune à *fam.* · **2** - [une douleur] **aviver** · redoubler · réveiller · **3** - prolonger · proroger · reconduire · **4** - recommencer · refaire · réitérer · répéter

⋙ **se renouveler** *v.pron.* **1** - repousser · se reformer · renaître · **2** - changer · bouger · évoluer · se moderniser · se modifier · se transformer · varier · [complètement] faire peau neuve · **3** - recommencer · se répéter · se reproduire

CONTR. garder ǀ maintenir

renouvellement *n.m.* **1** - réapprovisionnement · remplacement · **2** - renouveau · changement · modernisation · rénovation · renaissance · transformation · **3** - reconduction · prolongement · prorogation

rénovateur, -trice *n.* · réformateur · refondateur

rénovation *n.f.* **1** - réforme · amélioration · dépoussiérage · remodelage · renouvellement · restructuration · revalorisation · transformation · **2** - remise à neuf · modernisation · rafraîchissement · rajeunissement · réfection · réhabilitation · remise en état · réparation · restauration · retapage

rénover *v.tr.* **1** - réformer · améliorer · dépoussiérer · remodeler · renouveler · restructurer · revaloriser · transformer · **2** -

remettre à neuf · moderniser · rafraîchir · rajeunir · réhabiliter · réparer · restaurer · retaper

renseignement *n.m.* **1 - information** · donnée · éclaircissement · indication · indice · lumière · précision · rancard *argot* · tuyau *fam.* · [au plur.] documentation · **2 - espionnage**

renseigner *v.tr.* informer · avertir · éclairer (la lanterne de) · instruire · brancher *fam.* · mettre au courant *fam.* · mettre au parfum *fam.* · rancarder *fam.* · tuyauter *fam.* · édifier *littér.*

≫ **se renseigner (sur)** *v.pron.* · enquêter · aller aux nouvelles · demander · se documenter · s'enquérir (de) · s'informer (sur) · s'instruire (de) · interroger (sur)

rentable *adj.* · lucratif · avantageux · fructueux · intéressant · payant · profitable · rémunérateur · juteux *fam.*

rente *n.f.* · redevance · arrérages · intérêt · pension · produit · revenu · retraite

rentré, e *adj.* **1 - creux** · creusé · cave *littér.* · **2 - contenu** · refoulé · réprimé

rentrée *n.f.* **1 - revenu** · gain · recette · **2 - encaissement** · perception · recette · recouvrement · **3 - reprise** · début · recommencement · come-back *anglic.*

CONTR. dépense – sortie

rentrer

■ *v.tr.* **1 - enfoncer** · faire pénétrer · introduire · plonger · ranger · rengainer · fourrer *fam.* · **2 - refouler** · avaler · contenir · cacher · dissimuler · étouffer · ravaler · réfréner · réprimer · retenir · rétracter · **3 -** [le ventre] **creuser**

■ *v.intr.* **revenir** · faire demi-tour · rebrousser chemin · se retirer · retourner · revenir sur ses pas

✦ **rentrer à** rallier · regagner · réintégrer · rejoindre · retourner à · revenir à

✦ **rentrer dans** **1 -** [une catégorie] **appartenir à** · concerner · dépendre de · entrer dans · être compris dans · être contenu dans · faire partie de · relever de · **2 - emboutir** · heurter · percuter · tamponner · télescoper · **3 - s'emboîter dans** · entrer dans · s'encastrer dans · s'enfoncer dans · s'insérer dans · **4 - s'enfoncer dans** · entrer dans · pénétrer dans · s'engager dans · s'introduire dans · s'infiltrer dans · **5 -** [ses frais] **recouvrer** · récupérer · retrouver

✦ **rentrer en soi** se recueillir · se concentrer · faire un retour sur soi-même · méditer

✦ **faire rentrer** enfoncer · ficher · planter · plonger

CONTR. exprimer – bomber ı sortir – ressortir (de) ı sortir (de) – éviter – être exclu (de)

renversant, e *adj.* · étonnant · ahurissant · décoiffant · ébouriffant · extraordinaire · fantastique · formidable · foudroyant · incroyable · inouï · sidérant · stupéfiant · surprenant · terrassant

renverse (à la) *loc. adv.* · en arrière · sur le dos · les quatre fers en l'air *fam.*

renversement *n.m.* **1 - interversion** · commutation · inversion · permutation · transposition · **2 - bouleversement** · basculement · changement · retournement · révolution · chambardement *fam.* · chamboulement *fam.* · **3 - chute** · anéantissement · destruction · écroulement · ruine · **4 -** [d'un bateau] **chavirement** · dessalage

CONTR. redressement ı relèvement

renverser *v.tr.* **1 - intervertir** · inverser · mettre à l'envers · permuter · retourner · transposer•[un bateau] chavirer · faire dessaler · **2 - vaincre** · abattre · anéantir · briser · broyer · défaire · démolir · détrôner · détruire · foudroyer · ruiner · terrasser · envoyer au tapis *fam.* · **3 -** [un piéton] **écraser** ·

faucher · **4 - bouleverser** · mettre sens dessus dessous · retourner · révolutionner · chambarder *fam.* · chambouler *fam.* · **5 - étonner** · abasourdir · couper le souffle à · couper bras et jambes à · ébahir · stupéfier · suffoquer · estomaquer *fam.* · sidérer *fam.* · souffler *fam.* · **6 - faire tomber** · répandre · verser · **7 - coucher** · pencher

⋙ **se renverser** *v.pron.* **1 - tomber** · basculer · culbuter · se retourner · **2 -** [bateau] **chavirer** · dessaler

CONTR. redresser ׀ rétablir – relever ׀ édifier ׀ fonder ׀ instaurer ׀ couronner

renvoi *n.m.* **1 - congé** · congédiement · destitution · exclusion · expulsion · licenciement · limogeage · mise à pied · révocation · **2 - retour** · réexpédition · **3 - ajournement** · remise · report · **4 - appel de note** · référence · [Droit] apostille · **5 - éructation** · régurgitation · rot · rototo *lang. enfants*

CONTR. embauche ׀ engagement ׀ rappel – expédition – maintien

renvoyer *v.tr.*
I 1 - chasser · balayer · écarter · éconduire · évincer · exclure · expulser · mettre dehors · mettre à la porte · se défaire de · envoyer balader *fam.* · envoyer bouler *fam.* · envoyer paître *fam.* · envoyer promener *fam.* · **2 - licencier** · congédier · donner son congé à · éjecter · limoger · mettre à pied · remercier · dégommer *fam.* · lourder *fam.* · sabrer *fam.* · sacquer *fam.* · vider *fam.* · virer *fam.* · [un domestique] donner ses huit jours à · **3 - destituer** · disgracier · **4 -** [un soldat] **démobiliser**
II 1 - réexpédier · retourner · **2 - refuser** · rendre · **3 - répercuter** · faire écho à · réfléchir · refléter · réverbérer

✦ **renvoyer à** faire référence à · être un clin d'œil · faire écho à

✦ **renvoyer à plus tard** ajourner · différer · reculer · remettre à plus tard · renvoyer aux calendes grecques *péj.* · reporter · repousser · retarder · suspendre · surseoir à *soutenu*

CONTR. mobiliser ׀ appeler – employer ׀ engager ׀ garder ׀ recruter – honorer

réorganisation *n.f.* · remaniement · réaménagement · remodelage · restructuration

CONTR. désorganisation

réorganiser *v.tr.* · remanier · réaménager · remodeler · restructurer

CONTR. désorganiser

repaire *n.m.* **1 - tanière** · gîte · terrier · antre *littér.* · retraite *littér.* · **2 - refuge** · abri · asile · cachette · nid

> 🙝 repaire, cachette
>
> Le **repaire** et la **cachette** sont des lieux de sauvegarde, connus seulement de ceux qui s'en servent. Le **repaire** sert de refuge aux animaux sauvages *(le repaire des fauves, des oiseaux de nuit)*. Il tient lieu aussi de **cachette** aux humains en situation de danger ou de conflit *(caves et grottes ont constitué des repaires sûrs)* et de lieu de rencontre à des individus en marge de la société *(repaire de brigands, de malfaiteurs)*. Contrairement au **repaire**, la **cachette** sert également à mettre de côté quelque chose *(découvrir un trésor dans une cachette)*. S'agissant de personnes, on parle surtout de **cachette** dans un contexte ludique *(sors de ta cachette !)*.

repaître (se) *v.pron.* assouvir sa faim · s'assouvir · dévorer · manger · se nourrir · se rassasier

✦ **se repaître de** savourer · faire ses délices de · se délecter de · se régaler de

répandre *v.tr.* **1 - déverser** · arroser · épandre · laisser tomber · renverser · verser · **2 - disperser** · disséminer · distiller · éparpiller · essaimer · jeter · parsemer · répartir · semer · **3 - dégager** · diffuser · distiller · émettre · exhaler · **4 -** [une nouvelle] **diffuser** · colporter *péj.* · divulguer · ébruiter · émettre · éventer · lancer · propager · **5 -** [un savoir] **étendre** · développer · généraliser · massifier ·

populariser · propager · véhiculer · vulgariser · **6 -** [des bienfaits] **distribuer** · dispenser · prodiguer

≫ **se répandre** *v.pron.* **1 - s'écouler** · couler · ruisseler · **2 - déborder** · s'échapper · **3 - s'étendre** · se dégager · se disséminer · essaimer · se propager · faire tache d'huile · **4 - proliférer** · pulluler · se reproduire · **5 - s'ébruiter** · circuler · courir · filtrer · gagner · se propager · transpirer

✦ **se répandre dans** emplir · envahir · gagner · inonder

↝ **verser**

répandu,e *adj.* **1 - épars** · diffus · profus *littér.* · **2 - commun** · banal · commun · connu · courant · fréquent

réparable *adj.* · remédiable · arrangeable · corrigeable · rachetable
CONTR. irréparable ı irrémédiable

reparaître *v.intr.* · réapparaître · récidiver · recommencer · renaître · reprendre · se reproduire · ressurgir · se réveiller · revenir · revenir à la surface
CONTR. disparaître

réparateur, -trice *adj.* · fortifiant · dynamisant · reconstituant · revigorant · stimulant · tonifiant · vivifiant

réparation *n.f.* **1 - restauration** · rafraîchissement · réfection · remise en état · retouche · rabibochage *fam.* · rafistolage *fam.* · retapage · **2 -** [d'un mur] **consolidation** · replâtrage • [d'une machine] dépannage • [d'un navire] carénage · calfatage · radoub · [d'un vêtement] raccommodage · rapiéçage · reprise · stoppage · rapetassage *fam.* • [de chaussures] ressemelage • [d'une montre] rhabillage · **3 -** [d'une faute] **expiation** · rachat · **4 - indemnisation** · compensation · dédommagement · dommages-intérêts · indemnité

✦ **demander réparation** demander raison
✦ **obtenir réparation** obtenir satisfaction

réparer *v.tr.* **1 - restaurer** · arranger · corriger · rafraîchir · refaire · remettre à neuf · remettre en état · reprendre · retaper · retoucher · rabibocher *fam.* · rafistoler *fam.* · **2 -** [un mur] **consolider** · refaire · relever · rempiéter · replâtrer • [une machine] dépanner • [un navire] caréner · calfater · radouber • [un vêtement] raccommoder · rapiécer · recoudre · repriser · stopper · rapetasser *fam.* • [des chaussures] ressemeler • [une montre] rhabiller · **3 -** [une erreur, un oubli] **corriger** · compenser · effacer · pallier · racheter · rattraper · remédier à · suppléer à · **4 -** [une faute] **expier** · effacer · racheter • [un tort] redresser · **5 - dédommager** · indemniser · compenser

reparler de *v.tr.ind.* · recauser de · rediscuter · remettre sur le tapis *fam.*

repartie *n.f.* réplique · réponse · riposte
✦ **avoir (le sens) de la répartie** avoir (le sens) de l'à-propos · avoir du répondant

repartir *v.intr.* · redémarrer · recommencer · reprendre
CONTR. s'arrêter

répartir *v.tr.* **1 - partager** · dispatcher · distribuer · diviser · séparer · [un risque, des frais] consolider · mutualiser · **2 - disperser** · disposer · disséminer · éparpiller · ventiler · **3 - classer** · catégoriser · classifier · disposer · grouper · ordonner · ranger · sérier · **4 -** [dans le temps] **échelonner** · étaler
CONTR. regrouper ı réunir

répartiteur *n.m.* [littér.] distributeur · dispensateur

répartition *n.f.* **1 - distribution** · attribution · partage · ventilation · **2 - agencement** · classement · classification · disposition · distribution · ordonnance · ordre · [dans le temps] échelonnement · étalement · **3 - disposition** · dispatching *anglic.* · zonage · **4 -** [d'un impôt] **péréquation** · coéquation · répartement

repas n.m. 1 - nourriture · cuisine · bouffe fam. · croûte fam. · frichti fam. · fricot vieilli · mangeaille péj. · pitance péj. · 2 - [du matin] petit déjeuner · brunch anglic. · [du midi] déjeuner · lunch anglic. · dîner Québec, Belgique · [du soir] dîner · souper · médianoche littér. · [léger] collation · dînette · goûter · pique-nique · 3 - [de fête] festin · gala · banquet · réveillon · gueuleton fam. · ripaille fam. · régal vieux
✦ le dernier repas [Relig.] la Cène

repassage n.m. · affûtage · affilage · aiguisage

repasser
■ v.intr. revenir · retourner · retraverser
■ v.tr. 1 - vérifier · 2 - réviser · apprendre · étudier · répéter · revoir · bachoter fam. · bûcher fam. · potasser fam. · 3 - évoquer · se remettre en mémoire · se remémorer · retracer · revivre · 4 - remettre · passer · filer fam. · fourguer fam. · refiler fam. · 5 - défriper · lisser · 6 - affûter · affiler · aiguiser · émoudre vieux
CONTR. chiffonner | froisser

repêcher v.tr. [fam.] rattraper · sauver

repenser v.tr. reconsidérer · réexaminer · remettre en cause, en question · revenir sur · réviser · revoir
✦ repenser sans cesse à remâcher · ressasser · ruminer

repentant, e adj. · contrit · confus · gêné · honteux · pénitent · marri vieux
CONTR. impénitent

repentir (se) v.pron. faire son mea-culpa · faire amende honorable · reconnaître ses torts · s'en vouloir · battre sa coulpe littér. · s'en mordre les doigts fam.
✦ se repentir de regretter · se reprocher

repentir n.m. 1 - regret · remords · contrition littér. · repentance littér. · résipiscence Relig. ou littér. · componction Relig. · 2 - mea-culpa
↝ remords

repérage n.m. 1 - localisation · découverte · dépistage · détection · identification · 2 - balisage

répercussion n.f. 1 - écho · réflexion · renvoi · réverbération · 2 - conséquence · contrecoup · effet · incidence · onde de choc · prolongement · retentissement · retombée · suite · [mauvaise] séquelle · [en chaîne] effet domino

répercuter v.tr. 1 - refléter · réfléchir · renvoyer · réverbérer · 2 - transmettre · communiquer · diffuser · passer · renvoyer · reporter · transférer
⋙ **se répercuter** v.pron. se transmettre · se propager
✦ se répercuter sur agir sur · avoir une incidence sur · déteindre sur · influencer · influer sur · jouer sur · peser sur · retentir sur

repère n.m. 1 - marque · balise · borne · jalon · piquet · taquet · témoin · trace · 2 - référence · indication · indice · norme · 3 - valeur · système de valeurs

repérer v.tr. 1 - apercevoir · déceler · dépister · détecter · discerner · flairer · localiser · situer · 2 - découvrir · remarquer · griller lang. jeunes · 3 - baliser · borner · marquer · jalonner
⋙ **se repérer** v.pron. s'orienter · se diriger · se reconnaître · se retrouver · se situer

répertoire n.m. 1 - catalogue · classement · énumération · état · fichier · index · inventaire · liste · nomenclature · recueil · relevé · sommaire · table · tableau · 2 - [d'adresses] agenda · carnet

répertorier v.tr. · cataloguer · classifier · dénombrer · ficher · inventorier · lister

répéter v.tr.
I 1 - redire · réitérer · rabâcher · radoter · rebattre les oreilles de · ressasser · seriner · dire sur tous les tons fam. · bourdonner vieux · 2 -

raconter · citer · ébruiter · rapporter · se faire l'écho de · **3** - **rapporter** · cafarder *fam.* · cafter *fam.* · moucharder *fam.*
II 1 - **refaire** · recommencer · réitérer · renouveler · reprendre · reproduire · itérer *soutenu* · **2** - **imiter** · reproduire · **3** - **réviser** · repasser · revoir
≫ **se répéter** *v.pron.* **1** - **recommencer** · se renouveler · se reproduire · revenir · **2** - **radoter** · être redondant · faire des redites · rabâcher · chanter toujours la même antienne *vieilli*

répétiteur, -trice *n.* · moniteur · maître d'internat · surveillant · pion *fam.*

répétitif, -ive *adj.* **1** - **monotone** · **2** - **itératif** *soutenu*

répétition *n.f.* **1** - **recommencement** · récurrence · réitération · reproduction · retour · **2** - [d'une faute] **récidive** · rechute · **3** - **redite** · redondance · **4** - [souvent au plur.] **rabâchage** · radotage · refrain · rengaine · **5** - **réplique** · copie · imitation · reproduction · **6** - **séance de travail** · répète *fam.* • [Théâtre] générale · couturière

repeupler *v.tr.* [une forêt] **reboiser** · replanter • [un étang] aleviner · empoissonner
CONTR. dépeupler – déboiser

repiquage *n.m.* **1** - **plantation** · transplantation · **2** - **enregistrement** · **3** - [fam., d'une classe] **redoublement**

repiquer *v.tr.* **1** - **planter** · mettre en terre · replanter · transplanter · **2** - **enregistrer** · faire un double de · **3** - [fam., une classe] **redoubler**

répit *n.m.* **1** - **délai** · moratoire · sursis · **2** - **repos** · battement · éclaircie · halte · pause · relâche · trêve · **3** - **calme** · détente · paix · **4** - [pour une douleur, une maladie] **rémission** · accalmie · interruption
✦ **sans répit** continuellement · en permanence · inlassablement · tout le temps · sans arrêt · sans cesse · sans discontinuer · sans trêve

replacer *v.tr.* **1** - **ranger** · réinstaller · remettre (en place) · recaser *fam.* · refourrer *fam.* · refoutre *très fam.* · **2** - [dans un contexte] **resituer** · rétablir
CONTR. déplacer

replanter *v.tr.* **1** - **repiquer** · transplanter · **2** - **reboiser** · repeupler
CONTR. déplanter – déboiser

replet, -ète *adj.* · dodu · charnu · gras · grassouillet · plantureux · plein · potelet · rebondi · rond · rondouillard *fam.* · rondelet *fam.*
CONTR. maigre ı maigrichon

repli *n.m.*
I 1 - **ourlet** · pli · rabat · rempli · revers · **2** - **ondulation** · bourrelet · sinuosité · **3** - [souvent au plur.] **recoin** · dédale · détour · labyrinthe · méandre · sinuosité • [d'une âme] **tréfonds**
II 1 - **baisse** · diminution · recul · reflux · **2** - [Milit.] **retraite** · recul
CONTR. augmentation ı hausse – avance ı avancée

replier *v.tr.* **rabattre** · refermer · retrousser
≫ **se replier** *v.pron.* **1** - **se blottir** · se pelotonner · se ramasser · se recroqueviller · se renfermer · se tasser · **2** - [sur soi] **se renfermer** · rentrer dans sa coquille · **3** - **reculer** · abandonner (le terrain) · battre en retraite · décrocher · fuir · refluer · se retirer · **4** - **se plier** · se courber · fléchir · ployer · se rabattre · se tordre · se tortiller
CONTR. s'épanouir ı s'ouvrir – avancer – se redresser

réplique *n.f.* **1** - **réponse** · repartie · riposte · **2** - **objection** · contestation · critique · discussion · observation · **3** - **copie** · calque · double · imitation · reproduction · **4** - **sosie** · clone · double · jumeau
✦ **sans réplique** catégorique · décisif · péremptoire · tranchant

répliquer *v.tr.* **1** - **répondre** · rétorquer · riposter · repartir *vieux ou littér.* • [sans complément] renvoyer la balle · **2** - [sans complément] **contester** · objecter · protester

replonger
- *v.tr.* remettre · enfoncer
- *v.intr.* [fam.] récidiver · retomber · repiquer au truc *fam.*

répondant, e *n. et n.m.* caution · garant · responsable
+ **avoir du répondant** 1 - avoir (le sens) de la repartie · avoir (le sens) de l'à-propos · répondre du tac au tac *fam.* · 2 - être nanti · avoir de quoi *fam.*

répondre *v.tr.* 1 - dire · réagir · repartir *vieux ou littér.* · 2 - objecter · contester · protester · répliquer · rétorquer · riposter · se défendre · récriminer *vieux*
+ **répondre à** 1 - [une critique, une objection] réfuter · faire face à · répliquer · 2 - [une attente, une exigence] concorder avec · combler · convenir à · correspondre à · être conforme à · obéir à · se rapporter à · remplir · s'accorder avec · satisfaire (à) · 3 - [une invitation, un salut] rendre · payer de retour · 4 - [un stimulus] obéir à · réagir à
+ **répondre de** 1 - garantir · affirmer · assurer · certifier · s'engager sur · 2 - [de qqn] prêter son crédit à · cautionner · se porter garant de · se porter fort pour *Admin.*

CONTR. demander ı interroger ı questionner

réponse *n.f.* 1 - réplique · réaction · repartie · riposte · 2 - explication · éclaircissement · justification · 3 - solution · clé

CONTR. demande ı question

report *n.m.* 1 - renvoi · ajournement · prorogation · remise · 2 - transcription · transfert

CONTR. déport

reportage *n.m.* · enquête · article · document · documentaire · papier

¹reporter *v.tr.* 1 - rapporter · déplacer · replacer · remporter · retourner · transporter · 2 - remettre (à plus tard) · ajourner · différer · reculer · renvoyer · reporter · repousser · retarder · surseoir à *littér. ou Droit* · 3 - transcrire · porter · transférer

⋙ **se reporter à** *v.pron.* · se référer à · consulter

²reporter *n.* · journaliste · chroniqueur · correspondant · envoyé spécial · baroudeur *fam.*

repos *n.m.* 1 - congé · inactivité · loisir · récréation · relâchement · vacances · 2 - tranquillité · calme · détente · délassement · paix · quiétude · sérénité · 3 - accalmie · arrêt · halte · interruption · pause · relâche · rémission · répit · 4 - [vieilli] sommeil · sieste
+ **au repos** 1 - immobile · tranquille · 2 - [terre] en friche · en jachère
+ **de tout repos** tranquille · sûr · [placement] de père de famille

CONTR. travail ı effort ı mouvement – agitation ı trouble

reposant, e *adj.* · apaisant · calmant · délassant · relaxant

CONTR. fatigant

reposé, e *adj.* · délassé · détendu · dispos · en forme · frais (comme une rose, comme un gardon) · relaxé · relax *fam.*

CONTR. fatigué ı las ı agité

repose-bras *n.m. invar.* · accoudoir · appui-bras

¹reposer
- *v.tr.* délasser · détendre · relaxer
- *v.intr.* 1 - rester au repos · décanter · 2 - [littér.] dormir · être immobile
+ **reposer sur** 1 - s'appuyer sur · porter sur · poser sur · 2 - avoir pour base · se baser sur · s'appuyer sur · dépendre de · être établi sur · se fonder sur

⋙ **se reposer** *v.pron.* se délasser · prendre du repos · reprendre haleine · reprendre son souffle · se détendre · se relaxer · souffler *fam.*

✦ **se reposer sur** s'abandonner à · compter sur · faire confiance à · se décharger sur · s'en remettre à · se fier à · s'en rapporter à

²**reposer** v.tr. · remettre en place · ranger · replacer

repoussant, e adj. **1 - affreux** · dégoûtant · difforme · effrayant · effroyable · hideux · horrible · laid · monstrueux · **2 - abject** · atroce · dégoûtant · détestable · écœurant · exécrable · ignoble · immonde · innommable · infect · rébarbatif · rebutant · répugnant · répulsif • [odeur] fétide · nauséabond · pestilentiel · puant
CONTR. attirant ı beau – appétissant ı attrayant ı engageant

repousser v.tr. **1 - pousser en arrière** · faire reculer · **2 - chasser** · bannir · éconduire · éjecter · éloigner · évincer · rabrouer · refouler · rejeter · renvoyer · envoyer au diable fam. · envoyer balader fam. · envoyer bouler fam. · envoyer dinguer fam. · envoyer paître fam. · envoyer promener fam. · envoyer valser fam. · remballer fam. · rembarrer fam. · blackbouler fam., vieilli · bouter vieux · **3 - écarter** · abandonner · décliner · dédaigner · dire non à · éliminer · exclure · mépriser · récuser · refuser · réfuter · résister à · rejeter · retoquer fam. · **4 - ajourner** · différer · reculer · remettre (à plus tard) · reporter · retarder · postposer Belgique • [indéfiniment] renvoyer aux calendes grecques · **5 - dégoûter** · déplaire à · écœurer · rebuter · répugner
CONTR. accueillir ı attirer – accepter – recevoir – avancer – plaire

répréhensible adj. **1 - condamnable** · coupable · délictueux · punissable · **2 - blâmable** · critiquable · reprochable vieux
CONTR. irrépréhensible ı irréprochable

reprendre
■ v.tr.
I 1 - continuer · poursuivre · **2 - regagner** · rejoindre · **3 - retrouver** · **4 -** [des relations] renouer · rétablir · **5 - récupérer** · recouvrer littér. · **6 - réparer** · changer · corriger · modifier · retoucher · revoir · **7 - redire** · répéter · **8 - récapituler** · résumer
II 1 - critiquer · blâmer · censurer · condamner · **2 - corriger** · chapitrer · gourmander · réprimander · sermonner · morigéner littér. · remettre à sa place fam. · rembarrer fam. · remonter les bretelles à fam.
■ v.intr. **recommencer** · redémarrer
✦ **reprendre des forces** recharger ses batteries fam.
» **se reprendre** v.pron. **1 - réagir** · se ressaisir · **2 - se corriger** · se rétracter
CONTR. abandonner – perdre – complimenter – approuver – cesser ı quitter – se laisser aller

représentant, e n. **1 - agent** · correspondant · délégué · envoyé · mandataire · porte-parole · **2 - aperçu** · échantillon · exemple · individu · modèle · spécimen · **3 -** [du peuple] **député** · élu · parlementaire
✦ **représentant de commerce** commercial · courtier · démarcheur · intermédiaire · placier · voyageur de commerce · V.R.P. · commis voyageur vieilli

représentatif, -ive adj. · caractéristique · remarquable · spécifique · typique

représentation n.f. **1 - description** · dessin · expression · évocation · illustration · image · mise en scène · peinture · photographie · portrait · reflet · reproduction · tableau · transcription · traduction · **2 - emblème** · allégorie · effigie · figure · image · incarnation · personnification · symbole · symbolisation · signe · **3 - diagramme** · carte · graphe · graphique · maquette · plan · schéma · tableau · **4 - vision** · idée · image · perception · **5 - séance** · spectacle • [Théâtre] première · **6 - délégation** · mandat · mission • [diplomatique] ambassade · légation

représenter v.tr. **1 - décrire** · brosser le portrait, le tableau de · camper · dessiner · dépeindre · exprimer · évoquer · exposer · figurer · imiter · mimer · montrer · peindre · photographier · présenter · rendre · reproduire · portraire littér. · **2 - symboliser** · désigner · figurer · signifier · **3 - incarner** · personnifier · **4 - correspondre à** · constituer · équivaloir à · être · **5 - montrer** · donner à voir · indiquer · rappeler · refléter · **6 -** [Théâtre] **donner** · interpréter · jouer · **7 - remplacer** · être le porte-parole de · tenir lieu de

➢ **se représenter** v.pron. **1 - concevoir** · comprendre · se faire une idée de · se figurer · s'imaginer · saisir · voir · **2 - penser à** · reconstituer · se rappeler · se souvenir de · se remémorer littér.

répression n.f. **1 - punition** · châtiment · sanction · **2 - étouffement** · écrasement

réprimande n.f. · avertissement · blâme · correction · critique · gronderie · leçon · remontrance · reproche · sermon · attrapade fam. · douche fam. · engueulade très fam. · lavage de tête fam. · savon fam. · scène fam. · cigare fam., Belgique · admonestation littér. · fustigation littér. · semonce littér.
CONTR. compliment

réprimander v.tr. · gronder · blâmer · corriger · critiquer · gourmander · moraliser · rappeler à l'ordre · sermonner · disputer fam. · engueuler très fam. · enguirlander fam. · faire les gros yeux à fam. · houspiller fam. · laver la tête à fam. · passer un savon à fam. · remettre à sa place fam. · remonter les bretelles à fam. · secouer fam. · sonner les cloches à fam. · admonester littér. · chapitrer littér. · fustiger littér. · morigéner littér. · semoncer littér. · tancer littér.

✦ **se faire réprimander** en prendre pour son grade fam. · se faire sonner les cloches fam. · se faire tirer les oreilles fam.
CONTR. complimenter ı féliciter ı louer – recevoir des compliments

réprimer v.tr. **1 - contenir** · arrêter · brider · calmer · contraindre · étouffer · modérer · ravaler · refouler · refréner · rentrer · retenir · **2 - punir** · sanctionner · sévir contre · châtier littér. · **3 - étouffer** · briser · écraser · noyer dans le sang
CONTR. exprimer – permettre ı tolérer

repris de justice n.m. · condamné · récidiviste

reprise n.f. **1 - fois** · coup fam. · **2 - recommencement** · continuation · redémarrage · regain · relance · remontée · renouveau · retour · **3 - reconquête** · récupération · **4 - répétition** · **5 -** [TV, Radio] **rediffusion** · **6 -** [chanson] **refrain** · **7 -** [Boxe] **round** · **8 - raccommodage** · ravaudage vieilli · retouche · stoppage · passefilure fam.
CONTR. arrêt ı interruption

repriser v.tr. · rapiécer · coudre · raccommoder · réparer · stopper · ravauder vieilli · passefiler vieux

réprobateur, -trice adj. · désapprobateur · critique · sévère · improbateur vieux
CONTR. approbateur

réprobation n.f. **1 -** [Relig.] **malédiction** · **2 - blâme** · anathème littér. · animadversion littér. · **3 - désapprobation** · condamnation · critique · improbation vieux
CONTR. salut – apologie ı approbation

reproche n.m. **1 - accusation** · admonestation · avertissement · blâme · remontrance · réprimande · semonce · admonestation littér. · objurgation littér. · **2 - grief** · plainte · récrimination · **3 - objection** · critique · observation · remarque

✦ **sans reproche** parfait · irréprochable

✦ **se faire des reproches** faire son mea-culpa · s'en vouloir
CONTR. compliment

reprocher v.tr. accuser de · blâmer de · critiquer · faire grief de

➢ **se reprocher** v.pron. s'en vouloir de · regretter · se repentir de · se mordre les doigts de fam.
CONTR. excuser ı complimenter ı féliciter – se féliciter (de)

reproducteur, -trice
- *adj.* **génital** · sexuel
- *n.m.* [animal] **géniteur** · [cheval] **étalon**

reproduction *n.f.* 1 - recommencement · renouvellement · répétition · retour · 2 - copie · calque · contrefaçon · double · duplicata · image · imitation · fac-similé · reflet · réplique · 3 - [techniques particulières] cliché · fac-similé · imprimé · lithographie · photocopie · photographie · polycopie · reprographie · sérigraphie · 4 - **génération** · multiplication

reproduire *v.tr.* 1 - copier · calquer · contrefaire · imiter · mimer · répéter · reprendre · 2 - [techniques particulières] clicher · imprimer · lithographier · photocopier · photographier · polycopier · reprographier · 3 - **représenter** · croquer · dessiner · dépeindre · exprimer · peindre · refléter · rendre · restituer · traduire · 4 - **éditer** · publier

➣ **se reproduire** *v.pron.* 1 - **recommencer** · se renouveler · se répéter · 2 - **se multiplier** · engendrer · se perpétuer · 3 - **proliférer** · se propager

réprouvé, e *n.* 1 - hors-la-loi · paria · 2 - [Relig.] **damné** · déchu · maudit
CONTR. élu ι juste

réprouver *v.tr.* 1 - condamner · bannir · blâmer · critiquer · désapprouver · détester · être ennemi de · interdire · prohiber · rejeter · stigmatiser · abominer *littér.* · fustiger *littér.* · honnir *littér.* · 2 - **maudire** · anathémiser · anathématiser · damner · frapper d'anathème
CONTR. approuver – bénir
↝ **blâmer**

repu, e *adj.* · assouvi · gavé · rassasié
CONTR. affamé ι inassouvi
↝ **rassasié**

répudiation *n.f.* 1 - rejet · abandon · désaveu · refus · reniement · 2 - [Droit] **renonciation**

répudier *v.tr.* 1 - rejeter · abandonner · désavouer · refuser · renier · repousser · 2 - [Droit] **renoncer (volontairement) à**
CONTR. épouser ι accepter

répugnance *n.f.* 1 - horreur · dégoût · répulsion · 2 - nausée · écœurement · haut-le-cœur · 3 - aversion · exécration · haine
✦ **avec répugnance** à contrecœur · à son corps défendant · contre son gré · contre sa volonté · de mauvais cœur · de mauvaise grâce · en traînant des pieds · en se faisant tirer l'oreille · la mort dans l'âme · malgré soi
CONTR. attirance ι goût – avec joie ι de bon cœur

répugnant, e *adj.* 1 - dégoûtant · exécrable · infâme · infect · ignoble · immonde · innommable · repoussant · rebutant · répulsif · dégueulasse *fam.* · [odeur] fétide · nauséabond · pestilentiel · puant · 2 - **méprisable** · dégoûtant · abject · affreux · détestable · écœurant · épouvantable · exécrable · hideux · horrible · infâme · infect · ignoble · immonde · innommable · odieux · révoltant · dégueulasse *fam.* · ignominieux *littér.*
CONTR. alléchant ι désirable ι séduisant – admirable

répugner *v.tr.* dégoûter · déplaire à · donner envie de vomir à · écœurer · faire horreur à · rebuter
✦ **répugner à** [+ infinitif] 1 - **abominer** *littér.* · avoir horreur de · haïr · 2 - **rechigner à** · renâcler à
CONTR. attirer ι charmer

répulsif, -ive *adj.* · dégoûtant · écœurant · immonde · nauséabond · rebutant · repoussant · répugnant
CONTR. attirant ι attractif

répulsion *n.f.* 1 - dégoût · écœurement · haut-le-cœur · horreur · répugnance · 2 - antipathie · aversion · haine · horreur · répugnance · exécration *littér.*
CONTR. attirance ι attraction ι désir ι envie ι goût

réputation *n.f.* **1 –** notoriété · célébrité · estime · gloire · popularité · prestige · renom · renommée · cote *fam.* · aura *littér.* · crédit *littér.* · considération *littér.* · **2 –** honneur · nom · vertu
+ **avoir mauvaise réputation** être mal famé · avoir mauvaise presse
+ **avoir bonne réputation** être renommé · avoir bonne presse

CONTR. décri ׀ discrédit

réputé, e *adj.* · célèbre · connu · coté · fameux · illustre · populaire · prestigieux · renommé
↝ **célèbre**

requérir *v.tr.* **1 –** solliciter · demander · exiger · réclamer · **2 –** nécessiter · appeler · demander · exiger · imposer · mobiliser · réclamer · vouloir
+ **requérir contre** [Droit] accuser

requête *n.f.* **1 –** demande · démarche · instance · prière · sollicitation · supplique · **2 –** [Droit] réquisition · demande · pétition · placet · pourvoi

requin *n.m.* **1 –** squale · **2 –** [fam.] rapace · pirate · vautour · forban *littér.* · filou *vieilli* · gredin *vieilli*

requis, e *adj.* · demandé · exigé · imposé · nécessaire · obligatoire · prescrit

réquisition *n.f.* **1 –** [Droit] requête · demande · **2 –** [Droit pénal] plaidoirie · réquisitoire

réquisitionner *v.tr.* · mobiliser · engager · enrôler · mettre à contribution · recruter

réquisitoire *n.m.* **1 –** accusation · attaque · critique · diatribe · discours · factum · pamphlet · satire · catilinaire *littér.* · philippique *littér.* · **2 –** [Droit pénal] plaidoirie · réquisition

CONTR. dithyrambe ׀ panégyrique ׀ plaidoyer

rescapé, e
■ *adj.* **indemne** · sauf · sauvé
■ *n.* **survivant** · réchappé *littér.*

CONTR. victime

🙢 **rescapé, survivant**
On parle de **rescapé** pour une personne qui a échappé à un accident grave ou à un sinistre *(les rescapés d'un naufrage, d'une avalanche, d'une catastrophe aérienne).* Le **survivant** est celui qui, dans une situation extrême, a échappé à la mort là où d'autres ont péri *(on recherche encore des survivants parmi les décombres, il y a peu de chances de retrouver des survivants).* À **rescapé** est attachée l'idée de hasard *(les miraculeux rescapés du tsunami),* à **survivant** celle de ténacité *(les survivants des camps d'extermination).*

rescinder *v.tr.* [Droit] annuler · casser

rescousse *n.f.*
+ **venir à la rescousse de** défendre · secourir · soutenir · venir à l'aide, au secours de

réseau *n.m.* **1 –** enchevêtrement · confusion · dédale · écheveau · entrecroisement · entrelacement · entrelacs · labyrinthe · lacis · **2 –** circuit · ensemble · organisation · structure · **3 –** [Anat.] plexus · lacis

réserve *n.f.*
I 1 – discrétion · quant-à-soi · retenue · timidité · **2 – modération** · circonspection · mesure · prudence · **3 – décence** · modestie · pudeur
II critique · doute · restriction · réticence
III 1 – entrepôt · arrière-boutique · magasin · dépôt · remise · resserre · **2 –** [naturelle] parc
+ **en réserve** de côté · en stock · sous le coude *fam.*
+ **être, se tenir sur la réserve** rester sur son quant-à-soi · garder ses distances · rester sur la défensive

+ sans réserve   1 - entièrement · corps et âme · 2 - entier · illimité · inconditionnel · pur et simple · sans borne · sans limite
+ sous réserve de   à condition de · seulement si
+ sous toutes réserves   sans garantie · sans certitude absolue · sans engagement
↬ réserves plur.   1 - économies · disponibilités · épargne · 2 - provision · stock
CONTR. audace ı familiarité ı hardiesse ı impudence

réservé, e adj.   1 - privé · gardé · personnel · protégé · 2 - réticent · dubitatif · hésitant · prudent · tiède · 3 - discret · calme · contenu · distant · effacé · froid · modeste · renfermé · retenu · sage · secret · taciturne · timide · 4 - prudent · circonspect · mesuré · modéré · 5 - décent · pudique · modeste vieux
CONTR. libre – décidé – audacieux ı effronté ı expansif ı familier – dévergondé

réserver v.tr.   1 - louer · faire mettre à part · retenir · 2 - garder · économiser · épargner · mettre de côté · 3 - conserver · garder · ménager · 4 - [un accueil, une surprise] préparer · offrir · prévoir · 5 - [un jugement] suspendre
+ réserver à   destiner à · prédestiner à
CONTR. dépenser

réservoir n.m.   1 - citerne · cuve · château d'eau · réceptacle · 2 - réserve · gisement · pépinière · vivier

résidence n.f.   1 - séjour · demeure · habitation · 2 - adresse · domicile · foyer · logement · 3 - logement · demeure · gîte · maison · propriété
↬ domicile

résident, e n.   1 - citoyen · ressortissant · 2 - habitant · occupant · pensionnaire
CONTR. étranger – non-résident

résider v.intr.   demeurer · être établi · habiter · crécher fam. · gésir littér. · gîter littér.

+ résider dans   consister en, dans · demeurer dans · siéger dans · se situer dans · se trouver dans
↬ loger

résidu n.m.   1 - déchet · débris · dépôt · détritus · fond · rebut · reste · scorie · 2 - boue · lie · tartre · 3 - [de combustion] cendre · cadmium · calamine · mâchefer · scorie • [au fond d'une pipe] culot

résignation n.f.   · fatalisme · abdication · acceptation · apathie · démission · renoncement · soumission
CONTR. lutte ı protestation ı révolte

résigné, e adj.   · fataliste · indifférent · philosophe · soumis
CONTR. révolté

résigner v.tr. [littér.] abandonner · se démettre de · démissionner de · quitter · renoncer à
↬ se résigner v.pron.   abdiquer · baisser les bras · céder · démissionner · en prendre son parti · se faire une raison · s'incliner
+ se résigner à   accepter de · s'accommoder de · consentir à · se plier à · se résoudre à · se soumettre à
CONTR. s'insurger ı se révolter

résiliation n.f.   · annulation · dissolution · invalidation · rescision · résolution · révocation · rupture • [d'un bail] renon Belgique

résilier v.tr.   · annuler · casser · dissoudre · invalider · mettre fin à · résoudre · révoquer · rompre • [un bail] renoncer Belgique

résille n.f.   · filet • [Antiquité] réticule

résine n.f.   1 - baume · cire végétale · gomme · 2 - [du pin] galipot · gemme

résineux n.m.   · conifère

résistance n.f.

I 1 - solidité · dureté · fermeté · robustesse · **2 -** endurance · courage · fermeté · force · solidité · ténacité · **3 -** [d'un animal, d'une plante] rusticité · **4 -** défense · insurrection · lutte · mutinerie · opposition · rébellion · révolte · sédition · **5 -** refus · désobéissance · levée de boucliers · opposition · regimbement littér. · **6 -** obstacle · accroc · barrière · blocage · difficulté · force · frein · obstruction · opposition · **7 -** inhibition · blocage · censure · refoulement
II [Électr.] **1 -** résistivité · impédance · **2 -** rhéostat · potentiomètre

CONTR. fragilité – soumission – assentiment – aide – excitation ı impulsion

résistant, e

- *n.* franc-tireur · maquisard
- *adj.* **1 -** solide · robuste · tenace · **2 -** endurant · coriace · fort · infatigable · résilient · solide · tenace · dur à cuire fam. · increvable fam. · **3 -** [animal, plante] rustique · [plante] vivace · **4 -** désobéissant · rebelle

✦ **être très résistant** avoir l'âme chevillée au corps · tenir bon · tenir le coup fam. · avoir la peau dure fam. · avoir la vie dure fam. · avoir une santé de fer fam.

CONTR. fragile – soumis ı capitulard ı collaborateur

résister v.tr.ind.
1 - tenir bon · s'accrocher · ne pas baisser les bras · ne pas se laisser faire fam. · ne pas lâcher fam. · tenir le coup, le choc fam. · **2 - durer** · se maintenir · survivre · tenir · **3 - se débattre** · se démener · opposer une résistance · **4 - regimber** · renâcler · se faire prier fam. · se faire tirer l'oreille fam. · traîner les pieds fam.

✦ **résister à 1 - se défendre contre** · faire face à · faire front à · faire obstacle à · lutter contre · regimber devant · repousser · réagir contre · se débattre contre · se cabrer contre · se dresser contre · s'insurger contre · s'opposer à · se rebeller contre · se refuser à · se révolter contre · **2 -** [à qqn] **désobéir à** · contrarier · s'opposer à · tenir tête à · se rebiffer contre fam. · **3 -** [un choc] **supporter** · être à l'épreuve de

✦ **ne pas résister** céder · succomber

CONTR. céder ı fléchir – capituler ı se rendre ı succomber – se soumettre

resituer v.tr.
replacer (dans son contexte)

résolu, e adj.
1 - décidé · assuré · convaincu · déterminé · énergique · ferme · opiniâtre · **2 -** [à faire qqch.] **prêt (à)** · déterminé · **3 - audacieux** · brave · courageux · farouche · hardi

CONTR. irrésolu – lâche

résoluble adj.
1 - soluble · décidable · **2 -** [Droit] **annulable**

résolument adv.
1 - franchement · âprement · délibérément · énergiquement · farouchement · fermement · obstinément · opiniâtrement · mordicus fam. · décidément vieux · **2 - courageusement** · hardiment · énergiquement · de pied ferme

résolution n.f.
1 - décision · choix · dessein · intention · parti · projet · programme · volonté · **2 - détermination** · acharnement · audace · caractère · constance · courage · énergie · fermeté · obstination · opiniâtreté · suite dans les idées · ténacité · volonté · **3 - dénouement** · achèvement · conclusion · fin · terme · **4 - annulation** · dissolution · invalidation · rédhibition · rescision · résiliation · révocation · rupture · **5 - analyse** · décomposition · solution · **6 -** [des muscles] **détente** · relâchement · **7 -** [Méd.] **résorption** · disparition

CONTR. incertitude ı irrésolution ı perplexité

résonance n.f.
1 - réverbération · **2 - son** · sonorité · **3 - écho** · retentissement

résonner v.intr.
retentir · sonner · tinter · vibrer

🐍 **résonner, retentir**
Résonner et retentir se rejoignent autour de l'idée de son amplifié.
Résonner évoque souvent les échos, les vibrations sonores qui accompagnent un bruit *(les cordes du piano résonnent, les rires résonnent sous la voûte).*
Retentir concerne toujours un bruit qui résonne fortement *(le canon retentit, les cloches retentissent, un pas lourd retentit dans l'escalier)* ou qui se fait entendre de façon éclatante *(des coups de marteau, des coups de sifflet, des cris retentissent).*

résorber *v.tr.* **faire disparaître** · absorber · avaler · effacer · éliminer · éponger · faire fondre · supprimer · résoudre *(Méd.)*

» **se résorber** *v.pron.* s'éteindre · s'apaiser · se calmer · cesser · disparaître · retomber · tomber
CONTR. éclater ı exploser

résoudre *v.tr.*
I 1 - **régler** · débrouiller · démêler · dénouer · en finir avec · trancher · vider · solutionner *fam.* · 2 - **deviner** · déchiffrer · élucider · pénétrer · tirer au clair · trouver · trouver la clé de
II [Droit] **annuler** · casser · dissoudre · invalider · rescinder · résilier · révoquer · rompre
III 1 - [Méd.] **résorber** · faire disparaître · 2 - **décomposer** · dissoudre · transformer

» **se résoudre** *v.pron.* 1 - **se régler** · rentrer dans l'ordre · 2 - **se résigner** · faire contre mauvaise fortune bon cœur · s'incliner · se faire une raison
✦ **se résoudre à** décider de · en venir à · prendre son parti de · se décider à · se déterminer à · se faire à l'idée de · se résigner à

respect *n.m.* 1 - **tolérance** · compréhension · indulgence · largeur d'esprit · 2 - **considération** · déférence · égard · estime · galanterie · politesse · pudeur · révérence *littér.* · 3 - **obéissance à** · culte · observance · observation · 4 - **adoration** · crainte · piété · vénération

✦ **sauf votre respect** révérence gardée
✦ **respect de soi** dignité · amour-propre · honneur

» **respects** *plur.* **salutations** · compliments · devoirs · hommages · civilités *vieilli*
CONTR. dédain ı inobservance – blasphème – insolence ı irrévérence

respectabilité *n.f.* · honorabilité · droiture · honnêteté · loyauté · probité · rectitude · réputation

respectable *adj.* 1 - **honorable** · convenable · digne · digne de respect · estimable · honnête · sérieux · vénérable · auguste *littér.* · 2 - **conséquent** · appréciable · important · non négligeable · remarquable · coquet *fam.* · gentil *fam.* · joli *fam.* · rondelet *fam.*
CONTR. bas ı méprisable – insignifiant ı négligeable

respecter *v.tr.* 1 - **tolérer** · accepter · 2 - **estimer** · avoir des égards pour · honorer · vénérer · révérer *littér.* · 3 - **se conformer à** · garder · observer · obéir à · se plier à · suivre · tenir compte de
CONTR. mépriser ı profaner – déroger ı enfreindre ı violer

respectueusement *adv.* · poliment · révérencieusement *littér.*

respectueux, -euse *adj.* · poli · déférent · humble · soumis · révérencieux *littér.*
✦ **respectueux de** attaché à · attentif à · soucieux de
CONTR. irrespectueux ı irrévérencieux ı méprisant – dédaigneux (de)

respiration *n.f.* 1 - **souffle** · haleine · 2 - **ventilation** · [phases] inspiration · aspiration · expiration · [cutanée] perspiration · 3 - **inhalation** · absorption · 4 - [Mus.] **phrasé** · cadence · tempo
✦ **respiration artificielle** bouche-à-bouche

respirer
■ *v.intr.* 1 - **inspirer** · aspirer · expirer · 2 - [avec difficulté] **haleter** · suffoquer · 3 - **souffler** · prendre l'air · prendre une bouffée d'oxygène

■ *v.tr.* **1 - absorber** · humer · inhaler · **2 - exprimer** · dégager · exhaler · manifester · marquer · transpirer

resplendir *v.intr.* · briller · étinceler · flamboyer · illuminer · irradier · luire · rayonner · reluire · rutiler · scintiller · éclater *vieux*

resplendissant, e *adj.* **1 - brillant** · éclatant · étincelant · flamboyant · lumineux · rayonnant · rutilant · scintillant · **2 - radieux** · splendide · superbe
CONTR. pâle ı terne

responsabilisation *n.f.* · autonomisation

responsabiliser *v.tr.* · autonomiser

responsabilité *n.f.* **1 - devoir** · obligation · **2 - poste** · charge · fonction · mission · **3 - faute** · implication
✦ **prendre sous sa responsabilité** prendre à son compte · endosser · faire à ses risques et périls · être de la responsabilité de · prendre sur soi · prendre sous son bonnet *vieilli*
✦ **être de la responsabilité de** être du ressort de · incomber à
CONTR. irresponsabilité

responsable
■ *adj.* **1 - garant** · comptable *littér.* · **2 - raisonnable** · mûr · pondéré · prudent · réfléchi · sérieux
■ *n.* **1 - auteur** · coupable · fautif · **2 - chef** · décideur · dirigeant · leader *anglic.*

resquille *n.f.* · fraude · tricherie

resquiller
■ *v.intr.* **frauder** · tricher · truander *fam.*
■ *v.tr.* **escroquer** · extorquer · carotter *fam.* · écornifler *fam., vieux*
CONTR. payer

resquilleur, -euse *n. et adj.* · fraudeur · tricheur · écornifleur *fam., vieux*

ressaisir *v.tr.* **raccrocher** · rattraper · reprendre
⪢ **se ressaisir** *v.pron.* **1 - se maîtriser** · se contrôler · **2 - réagir** · se reprendre · reprendre le dessus · reprendre du poil de la bête *fam.*
CONTR. se laisser aller – abandonner

ressasser *v.tr.* **1 - remâcher** · retourner dans sa tête · ruminer · rouler *littér.* · **2 - redire** · rebattre les oreilles de · répéter · seriner · rabâcher *fam.*

ressemblance *n.f.* **1 - similarité** · accord · affinité · analogie · concordance · conformité · correspondance · lien · parenté · point commun · proximité · rapport · relation · similitude · symétrie · voisinage · parité *littér.* · **2 - air de famille** · petit air *fam.*
CONTR. différence ı disparité ı dissemblance ı dissimilitude ı variété

☙ **ressemblance, conformité**
Ressemblance et conformité s'emploient pour exprimer le rapport entre des choses ou des personnes qui présentent des éléments identiques. Dans le cas de la **ressemblance**, ces éléments sont relativement nombreux et bien visibles (*une ressemblance parfaite, criante, lointaine, superficielle, troublante, vague ; la ressemblance de la mère et de la fille*). La **conformité**, uniquement à propos de choses, suppose que deux ou plusieurs éléments sont exactement semblables (*une conformité apparente entre deux documents, une conformité d'idées, la conformité d'un caractère et d'un autre*).

ressemblant, e *adj.* **similaire** · analogue · approchant · comparable · équivalent · proche · semblable · voisin

+ **ils sont très ressemblants** ils se ressemblent trait pour trait · ils se ressemblent comme deux gouttes d'eau

CONTR. contraire | différent | dissemblable

ressembler *v.tr.ind.*

+ **ressembler à** s'apparenter à · approcher de · avoir des airs de · avoir tout de · être comme, pareil à, semblable à · évoquer · rappeler · se rapprocher de · tenir de
+ **ressembler beaucoup à** [personne] être tout le portrait de · être le portrait craché de · ressembler comme deux gouttes d'eau à

»» **se ressembler** *v.pron.* **1 -** être similaire · avoir des points communs · **2 -** avoir un air de famille

+ **ils ne se ressemblent pas du tout** c'est le jour et la nuit

CONTR. contraster | différer | diverger | s'opposer

ressentiment *n.m.* aigreur · amertume · animosité · aversion · colère · haine · hostilité · rancœur · rancune

CONTR. amitié | amour | oubli | pardon

↝ rancune

ressentir *v.tr.* · éprouver · connaître · endurer · nourrir · être sensible à · goûter · sentir · souffrir · subir

resserre *n.f.* · réserve · dépôt · entrepôt · magasin · remise

resserré, e *adj.* **1 -** serré · rapproché · **2 -** encaissé · étroit · étranglé

resserrement *n.m.* **1 -** rapprochement **2 -** rétrécissement · réduction · restriction · **3 -** compression · étranglement · **4 -** [d'un organe] contraction · crispation · constriction · étranglement · **5 -** consolidation · intensification · renforcement

CONTR. élargissement | évasement | dilatation | relâchement

resserrer *v.tr.* **1 - rapprocher** · **2 - rétrécir** · abréger · borner · condenser · diminuer · ramasser · réduire · restreindre · étrécir *vieux* · **3 - comprimer** · étrangler · **4 - consolider** · cimenter · intensifier · raffermir · renforcer · **5 - serrer** · contracter · refermer · presser · tasser

»» **se resserrer** *v.pron.* **1 -** se rapprocher · **2 -** se rétrécir · se tasser · **3 -** se raffermir · se renforcer

CONTR. élargir – distendre – desserrer | dilater – se distendre

¹ressort *n.m.* **1 - énergie** · allant · ardeur · caractère · courage · dynamisme · élan · force · tonus · volonté · pêche *fam.* · punch *fam.* · **2 - cause** · agent · énergie · force · moteur · **3 -** suspension

²ressort *n.m.* **1 - domaine** · attributions · autorité · compétence · responsabilité(s)

+ **être du ressort de** concerner · dépendre de · être de la compétence, de la responsabilité de · relever de · ressortir de
+ **en dernier ressort 1 -** en dernière instance · en dernier lieu · **2 -** finalement · en définitive · en fin de compte

¹ressortir

■ *v.tr.* **1 - déterrer** · exhumer · ressusciter · tirer de l'oubli · **2 -** [fam.] **répéter** · rabâcher · recracher *fam.* · ressasser *fam.* · resservir *fam.*

■ *v.intr.* **se détacher** · apparaître · contraster · se découper · se dessiner · se distinguer · trancher

+ **faire ressortir** souligner · accuser · appuyer · aviver · dégager · exalter · mettre en évidence · mettre en relief · mettre l'accent sur · mettre en valeur · manifester · montrer · rehausser
+ **ressortir de** découler de · résulter de

²ressortir à *v.tr.ind.* dépendre de · appartenir à · concerner · participer de · relever de · se rattacher à

ressortissant, e n. · résident · citoyen · [d'un royaume] sujet

ressource n.f. **1 -** richesse · atout · faculté · potentiel · réserve · **2 - moyen** · arme · atout · expédient souvent péj. · possibilité · procédé · remède · ressort · solution · astuce fam. · combine fam. · truc fam. · **3 -** recours · issue · planche de salut · refuge · secours

⇒ **ressources** plur. argent · bourse · économies · finances · fonds · fortune · moyens · revenu · richesses

ressusciter

■ v.intr. **1 - renaître** · renaître à la vie · reprendre vie · revivre · **2 - réapparaître** · refleurir · renaître de ses cendres · resurgir · se rallumer · se ranimer · se réveiller

■ v.tr. **1 - guérir** · ramener à la vie · rétablir · sauver · **2 - ranimer** · déterrer · exhumer · redonner vie à · réhabiliter · renouveler · ressortir · restaurer · rétablir · réveiller · revitaliser · tirer de l'oubli, du sommeil

↪ ranimer

¹**restant, e** adj. · survivant · subsistant

²**restant** n.m. **1 - reste** · reliquat · résidu · **2 -** solde

restaurant n.m. · resto fam. · auberge · brasserie · hostellerie · rôtisserie · self · self-service · taverne · casse-croûte Québec · boui-boui péj. · gargote péj. · bouillon vieux · [à l'armée] mess

✦ **restaurant d'entreprise** cantine · cafétéria

restaurateur, -trice n. · aubergiste · bistrotier · rôtisseur · gargotier péj. · hôte vieux

restauration n.f. **1 - réparation** · embellissement · reconstruction · réfection · réhabilitation · remise en état · rénovation · retapage · **2 - rétablissement** · [Méd.] régénération

CONTR. dégradation ı détérioration

¹**restaurer** v.tr. **nourrir** · régaler · sustenter vieilli

⇒ **se restaurer** v.pron. s'alimenter · manger · se nourrir · se remplir le ventre · se sustenter plaisant · becter fam. · bouffer fam. · casser la croûte, la graine fam. · croûter fam. · grailler fam.

²**restaurer** v.tr. **1 - réparer** · reconstituer · reconstruire · refaire · réhabiliter · remettre en état · rénover · retaper · **2 - rétablir** · ramener · ranimer · réhabiliter · relever

↪ rétablir

   ℘ restaurer, réhabiliter

   Restaurer et réhabiliter concernent la remise en état de quelque chose qui était dégradé. Restaurer implique que l'on essaie de respecter l'état primitif de l'œuvre qui a une valeur historique ou artistique (restaurer un tableau, un bas-relief, un château, une statue). Réhabiliter s'emploie seulement quand on parle d'un quartier ou de bâtiments ; la restauration est sommaire et consiste, par exemple, à introduire un équipement sanitaire qui n'existait pas (réhabiliter un immeuble ancien).

reste n.m. **1 - complément** · différence · excédent · reliquat · résidu · restant · surplus · **2 -** [d'une somme à payer] solde · **3 -** [d'une histoire] suite

✦ **et tout le reste** et tout ce qui s'ensuit · et tout le bataclan fam. · et tout le tremblement fam. · et tout le toutim fam. · et tout le tintouin fam.

✦ **du reste, au reste** d'ailleurs · de plus · au surplus soutenu · au demeurant soutenu · en outre soutenu

⇒ **restes** plur. **1 - ruines** · décombres · [d'un bateau] épave · **2 - déchets** · bribes · débris · détritus · fragments · rebuts · [d'un repas] reliefs · rogatons fam. · **3 - cadavre** · cendres · dépouille · os · ossements · relique · **4 -** traces · vestiges

rester v.intr. **1 - habiter** · demeurer · résider · séjourner · stationner · crécher fam. ·

2 - se maintenir · demeurer · durer · perdurer · persister · se conserver · se perpétuer · subsister · tenir **3 -** s'attarder · attendre · s'éterniser · traîner · traînasser *fam.* · croupir *péj.* · moisir *péj.* · pourrir *péj.*

✦ **en rester là** s'en tenir là · ne pas aller plus loin

✦ **il reste que, il n'en reste pas moins que** toujours est-il que · il n'en est pas moins vrai que

✦ **y rester** [fam.] → **mourir**

CONTR. quitter – disparaître ׀ passer – bouger ׀ se déplacer ׀ s'esquiver

restituer *v.tr.* **1 - redonner** · rembourser · remettre · rendre · retourner · **2 - reproduire** · reconstituer · recréer · rétablir · simuler · **3 -** [une énergie] **dégager** · libérer · **4 - exprimer** · rendre · reproduire · traduire

CONTR. garder

↝ **rendre**

restitution *n.f.* **1 - reconstitution** · rétablissement · **2 - remboursement**

CONTR. confiscation

resto *n.m.* → **restaurant**

restreindre *v.tr.* **1 - diminuer** · abréger · amoindrir · borner · comprimer · contraindre · limiter · réduire · resserrer · **2 -** [les mouvements] **gêner** · entraver · limiter

⋙ **se restreindre** *v.pron.* **se rationner** · se limiter · se modérer · se priver · réduire ses dépenses · se serrer la ceinture *fam.*

✦ **se restreindre à** s'en tenir à · se borner à · se cantonner à · se contenter de · se limiter à

CONTR. accroître ׀ développer ׀ étendre ׀ propager

restreint, e *adj.* **1 - limité** · faible · réduit · **2 - étroit** · petit · confiné · exigu · grand comme un mouchoir de poche · **3 -** [sens d'un mot] **strict** · étroit

CONTR. élargi – ample ׀ étendu ׀ large

restrictif, -ive *adj.* · limitatif

restriction *n.f.*
I **1 - limitation** · amoindrissement · compression · diminution · réduction · resserrement · [budgétaire] coupe · **2 - rationnement** · contingentement · limitation
II **1 - réticence** · arrière-pensée · réserve · **2 - barrière** · obstacle

✦ **sans restriction 1 - entièrement** · sans arrière-pensée · sans condition · sans réserve · **2 - absolu** · illimité · inconditionnel · total

✦ **une période de restrictions** une période de vaches maigres

CONTR. accroissement ׀ augmentation – partiellement

restructuration *n.f.* · réorganisation · réaménagement · recomposition · remodelage

restructurer *v.tr.* · réorganiser · réaménager · recomposer · remodeler

resucée *n.f.* → **répétition**

résultante *n.f.* · conséquence · aboutissement · contrecoup · effet · fruit · produit · rançon · résultat · séquelle · suite (logique)

résultat *n.m.* **1 - conséquence** · aboutissement · conclusion · conséquence · contrecoup · effet · fruit · issue · répercussion · résultante · suite (logique) · **2 - bilan** · état · **3 -** [Sport, Pol.] **score** · [au plur., Scol.] notes · **4 - total** · produit · quotient · reste · somme

✦ **sans résultat 1 - en vain** · **2 - infructueux** · inefficace · stérile

✦ **résultat des courses** ... au bout du compte ... · finalement ...

résulter *v.intr.*

✦ **résulter de** découler de · dériver de · naître de · procéder de · provenir de · venir de

✦ **il résulte que** il apparaît que · il ressort que

¹**résumé, e** *adj.* · abrégé · concis · court · schématique · simplifié · succinct · compendieux *littér.*

²**résumé** *n.m.* **1** - récapitulation · aperçu · bilan · synthèse · **2** - abrégé · abstract *anglic.* · digest *anglic.* · condensé · extrait · précis · réduction · sommaire · compendium *littér.* · mémento *vieilli* · [de scénario] synopsis

✦ **en résumé** en bref · en peu de mots · en un mot · pour faire court · schématiquement · sommairement · succinctement · en gros *fam.* · grosso modo *fam.*

> **résumé, sommaire, abrégé**
>
> **Résumé**, **sommaire** et **abrégé** partagent l'idée de brièveté. Le **résumé**, écrit ou oral, présente en raccourci le contenu d'un texte ou d'un discours, en n'en retenant que l'essentiel *(le résumé des nouvelles, d'un rapport, un résumé très clair)*. Le **sommaire** est plus bref que le résumé, pouvant même prendre la forme d'une table des matières ou d'une liste de titres *(le sommaire d'un journal, d'une revue)*. L'**abrégé** présente en résumé ce que l'on sait d'une science ou d'une technique *(un abrégé d'astronomie, de botanique, un abrégé très dense)*.

résumer *v.tr.* **1** - récapituler · reprendre · synthétiser · **2** - abréger · condenser · écourter · raccourcir · réduire

⟫ **se résumer à** *v.pron.* se limiter à · consister en · se borner à · se réduire à

CONTR. développer – s'étendre à

résurgence *n.f.* · réapparition · regain · renaissance · retour · réveil

résurrection *n.f.* · renaissance · réapparition · renouveau · réveil · résurgence *littér.* · reviviscence *littér.*

rétablir *v.tr.* **1** - réparer · reconstituer · reconstruire · renouer · reprendre · restaurer · restituer · **2** - redresser · réédifier · refaire · réinstaller · relever · **3** - renouer · reprendre · restaurer · **4** - réintégrer · ramener · réhabiliter · remettre · remettre en place · remettre en vigueur · replacer · **5** - guérir · remettre sur pied · remettre en selle · ressusciter · sauver · remplumer *fam.* · requinquer *fam.* · retaper *fam.*

⟫ **se rétablir** *v.pron.* guérir · aller mieux · recouvrer la santé · récupérer · relever de maladie · se refaire une santé · se remettre · se remettre debout · se remettre en selle · se remettre sur pied · reprendre le dessus · reprendre du poil de la bête *fam.* · se remplumer *fam.* · se requinquer *fam.* · se retaper *fam.* · s'en tirer *fam.*

CONTR. détruire ׀ renverser ׀ altérer ׀ fausser – couper ׀ interrompre – abandonner – tomber malade

> **rétablir, restaurer**
>
> **Rétablir** ou **restaurer** quelque chose, c'est le remettre dans un état antérieur, a priori meilleur. **Rétablir** se dit de situations, phénomènes, etc., que l'on remet en vigueur ou fait exister de nouveau *(rétablir la monarchie, la royauté)*, valeur que partage **restaurer** dans un usage plus littéraire *(restaurer la paix, l'ordre social, une coutume, la liberté)*.

rétablissement *n.m.* **1** - recouvrement · remise en fonction · remise en vigueur · **2** - restauration · réinstallation · restitution · **3** - guérison · convalescence

CONTR. interruption – anéantissement – aggravation

retape *n.f.* → racolage

retaper *v.tr.* **1** - réparer · arranger · rafraîchir · refaire · remettre à neuf · remettre en état · reprendre · restaurer · retoucher · rabibocher *fam.* · rafistoler *fam.* · **2** - [fam.] guérir · remettre sur pied · remettre en selle · rétablir · remplumer *fam.* · requinquer *fam.*

⟫ **se retaper** *v.pron.* → se rétablir

retard *n.m.* **1** - délai · ajournement · retardement *vieilli* · **2** - piétinement · lenteur · ralentissement · **3** - [intellectuel] arriération · déficience

◆ **en retard** 1 – attardé · arriéré · retardé · 2 – **sous-développé** · anachronique · archaïque · démodé · d'arrière-garde · en queue de peloton · à la traîne · à la remorque *fam.*

CONTR. avance – accélération ׀ avancement ׀ empressement ׀ hâte – en avance ׀ précoce – développé

retardement *n.m.* [vieilli] → **retard**
◆ **à retardement** après coup · trop tard

retarder *v.tr.* 1 – attarder · mettre en retard · ralentir · 2 – **ajourner** · décaler · différer · reculer · remettre · repousser · temporiser

CONTR. avancer ׀ accélérer ׀ activer – anticiper ׀ hâter

retenir *v.tr.*
I 1 – garder · accaparer · confisquer · conserver · détenir · intercepter · saisir · 2 – **capter** · absorber · accaparer · attirer · 3 – [qqn] **accaparer** · garder · occuper · mettre le grappin sur *fam.* · tenir la jambe à *fam.* · 4 – **se souvenir de** · assimiler · enregistrer · garder en mémoire · mémoriser · prendre (bonne) note de · se rappeler · 5 – **sélectionner** · adopter · choisir · se décider pour · élire · opter pour · se prononcer pour · 6 – **réserver** · assurer · louer • [une date] arrêter · fixer
II 1 – **attacher** · accrocher · amarrer · arrêter · bloquer · clouer · coincer · cramponner · enchaîner · fixer · immobiliser · maintenir (en place) · river · soutenir · supporter · tenir · 2 – **réprimer** · arrêter · brider · calmer · comprimer · contenir · contraindre · contrôler · dominer · emprisonner · enchaîner · endiguer · éteindre · étouffer · maîtriser · modérer · museler · ravaler · refouler · réfréner · rentrer · tenir en bride
III prélever · décompter · déduire · défalquer · ôter · précompter · prendre · rabattre · retirer · retrancher · soustraire · ponctionner *fam.*

◆ **il ne retient rien** sa mémoire est une passoire · ça rentre par une oreille et ça ressort par l'autre *fam.* · il n'imprime pas *fam.*

⋙ **se retenir** *v.pron.* 1 – **se contenir** · garder son sang-froid · se calmer · se contraindre · se contrôler · se dominer · se faire violence · se maîtriser · se modérer · rester cool *fam.* · rester zen *fam.* · 2 – **s'accrocher** · s'agripper · s'attacher · se cramponner · se raccorder · se raccrocher · se rattacher · se rattraper · se tenir
◆ **se retenir de** s'empêcher de · s'abstenir de · s'interdire de · se priver de

CONTR. abandonner ׀ céder – lâcher ׀ laisser ׀ libérer – animer ׀ entraîner ׀ exciter

retentir *v.intr.* 1 – **résonner** · éclater · sonner · tinter · vibrer · 2 – **éclater**
◆ **retentir sur** se répercuter sur · influer sur
↬ résonner

retentissant, e *adj.* 1 – **bruyant** · assourdissant · sonore · • [voix] claironnant · tonitruant · tonnant · 2 – **éclatant** · fracassant · remarquable · spectaculaire • [succès] triomphal • [échec] cuisant

CONTR. étouffé ׀ sourd – modeste ׀ terne

retentissement *n.m.* 1 – **contrecoup** · conséquence · développement · impact · prolongement · répercussion · résonance *littér.* · 2 – **succès** · écho · éclat · publicité · succès · 3 – [littér.] écho · bruit · son

retenue *n.f.* 1 – **prélèvement** · précompte · 2 – **modération** · circonspection · mesure · pondération · réserve · 3 – **pudeur** · discrétion · dignité · modestie · tenue · 4 – [Scol.] **consigne** · colle *fam.* · 5 – **embouteillage** · encombrement · engorgement · ralentissement · bouchon *fam.* · 6 – [d'eau] **barrage** · réservoir

CONTR. audace ׀ désinvolture ׀ effusion ׀ familiarité ׀ impudence ׀ indiscrétion ׀ laisser-aller ׀ licence

réticence *n.f.* 1 – **hésitation** · arrière-pensée · circonspection · défiance · froideur · méfiance · réserve · restriction · tiédeur · 2 – [Droit] **dissimulation** · omission

CONTR. assurance

réticent, e *adj.* · hésitant · circonspect · défiant · dubitatif · froid · méfiant · réservé · tiède · pas très chaud *fam.*

réticule *n.m.* · filet · résille

rétif, -ive *adj.* · désobéissant · difficile · frondeur · indiscipliné · indocile · insoumis · insubordonné · rebelle · récalcitrant · réfractaire · regimbeur *littér.*

CONTR. discipliné ı docile ı doux ı facile ı maniable

retiré, e *adj.* · isolé · à l'écart · désert · éloigné · perdu · reculé · secret · solitaire · au diable vauvert · paumé *fam.*

retirer *v.tr.*
I 1 - **arracher** · couper · dégager · enlever · extirper · extraire · ôter · sortir · soustraire · tirer · 2 - **faire disparaître** · enlever · ôter · 3 - [ce qu'on a dit] **revenir sur** · ravaler · reprendre · 4 - **confisquer** · prendre · 5 - **décompter** · déduire · défalquer · enlever · ôter · prélever · retenir · retrancher · soustraire
II **obtenir (en retour)** · gagner · enlever · percevoir · recevoir · récolter · recueillir · sortir

»» **se retirer** *v.pron.* 1 - **partir** · disparaître · s'éclipser · s'esquiver · fausser compagnie · filer à l'anglaise *péj.* · vider les lieux · se barrer *fam.* · se casser *fam.* · filer *fam.* · ficher le camp *fam.* · 2 - **abandonner** · battre en retraite · décrocher · faire défection · reculer · se replier • [d'une compétition] déclarer forfait • [d'un engagement] se désister · démissionner • [d'une activité] raccrocher (les gants) • [d'un jeu, après avoir gagné] faire charlemagne *vieilli* · 3 - **se cloîtrer** · se cacher · se claustrer · se confiner · s'exiler · s'isoler · se murer · se réfugier · 4 - [mer] **baisser** · descendre · refluer

CONTR. mettre ı ajouter ı déposer ı engager ı rapprocher – donner ı rendre – s'avancer ı entrer ı envahir – résister

retombée *n.f.* · répercussion · conséquence · contrecoup · effet · effet secondaire · impact · implication · incidence · portée · résultat · suite • [négative] séquelle

retomber *v.intr.* 1 - **redescendre** · baisser · chuter · rebaisser · 2 - **faiblir** · s'apaiser · se calmer · s'éteindre · diminuer · disparaître · 3 - **pendre** · pendouiller *fam.* · 4 - **rechuter** · récidiver · recommencer

✦ **retomber sur** 1 - [responsabilité] **rejaillir sur** · incomber à · peser sur · 2 - [un sujet] **revenir sur**

rétorquer *v.tr.* · objecter · répliquer · répondre · riposter · repartir *littér.*

retors, e *adj. et n.m.* · rusé · fin · machiavélique · malin · vicieux · chafouin *fam.* · finaud *fam.* · artificieux *littér.* · madré *littér.* · matois *littér.* · roublard *fam.* · vicelard *fam.* · roué *littér.* · ficelle *vieux*

CONTR. direct ı droit ı simple

rétorsion *n.f.*
✦ **mesure(s) de rétorsion** · représailles · riposte · vengeance

retouche *n.f.* · rectification · amélioration · correction · modification

retoucher *v.tr.* **améliorer** · arranger · corriger · perfectionner · rectifier · remanier · reprendre · revenir sur · réviser · revoir
✦ **retoucher à** [la drogue, etc.] **retomber dans** · repiquer à *fam.*

retour *n.m.*
I 1 - **recommencement** · réapparition · renaissance · renouveau · répétition · reprise · réveil · 2 - **recrudescence** · accroissement · augmentation · intensification · progression · regain · renforcement · 3 - **rentrée** · come-back *anglic.*
II 1 - **réaction** · commentaire · écho · feedback *anglic.* · 2 - **répercussion** · effet boomerang · ricochet
III **renvoi** · réexpédition

✦ **retour en arrière** 1 - **flash-back** *anglic.* · rétrospective · 2 - **régression**
✦ **sans retour** · à jamais · pour toujours

✦ **en retour** en échange · à la place · en compensation · en contrepartie · réciproquement · en récompense · en revanche
✦ **retour d'âge** ménopause · climatère *(Méd.)*
✦ **retour à la vie** renaissance · résurrection · palingénésie *littér.*
✦ **retour des choses** renversement · retournement · revirement (de situation)

retournement *n.m.* **1** – revirement · bouleversement · changement · coup de théâtre · péripétie · renversement · volte-face · **2** – [d'un bateau] **chavirement** · dessalage

retourner

■ *v.intr.* **rentrer** · faire demi-tour · partir · repartir · revenir (sur ses pas) · rebrousser chemin · s'en aller

✦ **retourner à** **1** – retrouver · se rabattre sur · se remettre à · revenir à · **2** – rallier · regagner · réintégrer · rejoindre · rentrer à
✦ **s'en retourner** s'en aller · partir · rentrer · revenir

■ *v.tr.* **1** – inverser · intervertir · permuter · renverser · **2** – faire tomber · faire basculer · renverser · **3** – fouiller · remuer · fatiguer · [la terre] bêcher · labourer · [la salade] fatiguer *fam.* · touiller *fam.* · **4** – mettre sens dessus dessous · bouleverser · chambarder *fam.* · chambouler *fam.* · **5** – bouleverser · choquer · émouvoir · frapper · perturber · remuer · secouer · traumatiser · troubler · tournebouler *fam.* · **6** – réexpédier · renvoyer · refuser
✦ **de quoi il retourne** de quoi il s'agit · de quoi il est question
✦ **retourner sa veste** virer de bord · changer de camp · faire volte-face
⋙ **se retourner** *v.pron.* **1** – [bateau] **chavirer** · dessaler · se renverser · **2** – [voiture] **capoter** · faire un tonneau · **3** – regarder derrière soi · tourner la tête

retracer *v.tr.* · conter · décrire · évoquer · exposer · peindre · raconter · rapporter · relater · rendre compte de · narrer *littér.*

rétractation *n.f.* **1** – **désaveu** · abandon · abjuration · reniement · apostasie *littér.* · palinodie *littér.* · **2** – [Droit] **annulation**
CONTR. confirmation

¹**rétracter** *v.tr.* revenir sur · annuler · désavouer · démentir · renier · reprendre · retirer
⋙ **se rétracter** *v.pron.* se dédire · abandonner · abjurer · faire machine arrière · faire marche arrière · ravaler ses paroles · renoncer · revenir sur ses dires · se désavouer · se désister · se désolidariser · se raviser · se reprendre

²**rétracter** *v.tr.* rentrer · contracter · raccourcir
⋙ **se rétracter** *v.pron.* se recroqueviller · se contracter · se crisper · se raccourcir · se rétrécir

rétraction *n.f.* **1** – contraction · raccourcissement · rétrécissement · **2** – retrait · repli (sur soi)

retrait *n.m.* **1** – recul · évacuation · décrochage · désengagement · marche arrière · reflux · repli · retraite · **2** – abandon · défection · départ · renoncement · **3** – annulation · suppression
✦ **en retrait** derrière · en arrière
CONTR. avance ı dépôt

retraite *n.f.*
I **1** – recul · décrochage · désengagement · évacuation · marche arrière · reflux · repli · retrait · **2** – fuite · débâcle · débandade · défaite · déroute
II **1** – abri · asile · havre · nid · refuge · thébaïde *poétique* · **2** – [d'un animal, *littér.*] **terrier** · gîte · repaire · tanière · trou · antre *littér.*
III solitude · repos
IV pension · allocation vieillesse
✦ **battre en retraite** abandonner · céder · décrocher · fuir · reculer · renoncer · s'enfuir · se retirer · se replier · faire marche arrière · lâcher pied · se dégonfler *fam.* · flancher *fam.*
CONTR. avance ı invasion – activité ı occupation – résister ı s'insurger

retraité, e *n.* • pensionné

retranchement *n.m.* **1 -** [vieux] **suppression** • amputation • coupure • élagage • prélèvement • retenue • soustraction • taille • **2 - défense** • barricade • bastion • fortification • ligne • tranchée
✦ **poursuivre dans ses derniers retranchements** acculer • attaquer violemment
CONTR. addition

retrancher *v.tr.* **1 - couper** • élaguer • éliminer • enlever • ôter • prendre • retirer • soustraire • supprimer • **2 - rayer** • barrer • biffer • élaguer • enlever • **3 -** [une somme] **prélever** • décompter • déduire • défalquer • enlever • ôter • rabattre • retenir • soustraire • **4 -** [un membre] **amputer** • mutiler • réséquer (Chir.)
⋙ **se retrancher** *v.pron.* **se réfugier** • se protéger • se mettre à l'abri
✦ **se retrancher dans** s'enfermer dans • se cantonner dans • se murer dans • se renfermer dans
CONTR. additionner ı ajouter ı incorporer ı insérer

retransmettre *v.tr.* • relayer • rediffuser

rétrécir
■ *v.tr.* **1 - contracter** • rapetisser • raccourcir • réduire • resserrer • étrécir *vieux* • **2 - ratatiner** • racornir • **3 - limiter** • borner • diminuer • restreindre • **4 - ajuster** • reprendre • resserrer
■ *v.intr.* **rapetisser** • raccourcir • se rétracter
⋙ **se rétrécir** *v.pron.* **se resserrer** • rapetisser • s'étrangler
CONTR. élargir ı allonger ı dilater ı étirer ı gonfler – s'évaser

rétrécissement *n.m.* **1 - resserrement** • étranglement • **2 -** [Méd.] **sténose**
CONTR. élargissement ı évasement ı agrandissement ı amplification ı développement

rétribuer *v.tr.* • payer • appointer • rémunérer • salarier • avoir à sa solde *péj.*

rétribution *n.f.* • paye • appointements • cachet • commission • émoluments • gages • honoraires • rémunération • salaire • solde • traitement

rétro *adj. invar.* • kitsch • démodé • désuet • passé de mode

rétroaction *n.f.* • autorégulation • boucle • contre-réaction • feed-back *anglic.*

rétrocéder *v.tr.* • donner • céder • concéder • léguer • recéder • redonner • rendre • restituer • revendre • refiler *fam.*

rétrogradation *n.f.* • régression • recul • rétrogression *soutenu*
CONTR. avance ı avancement ı progression

rétrograde *adj.* **réactionnaire** • arriéré • obscurantiste • passéiste
✦ **dans le sens rétrograde** dans le sens des aiguilles d'une montre • dextrorsum (Sciences)
CONTR. novateur ı progressif ı progressiste
⇝ démodé

rétrograder
■ *v.intr.* **1 - reculer** • battre en retraite • se retirer • se replier • revenir en arrière • **2 - régresser** • baisser • déchoir • descendre
■ *v.tr.* **déclasser**
CONTR. avancer ı progresser

rétrospectivement *adv.* • après coup • avec le recul

retroussé, e *adj.* [nez] en trompette • relevé

retrousser *v.tr.* **relever** • remonter • replier • rouler • soulever • trousser *vieilli*
⋙ **se retrousser** *v.pron.* **se dresser** • se relever • rebiquer *fam.*
CONTR. baisser ı rabattre

retrouver v.tr. **1 -** récupérer · reconquérir · recouvrer · remettre la main sur · rentrer en possession de · reprendre · se réapproprier · **2 -** repérer · localiser · **3 -** rejoindre · rencontrer (à nouveau) · revoir · **4 -** [un fugitif] reprendre · repincer *fam.* · **5 -** revenir à · retourner à · **6 -** se souvenir de · se rappeler

≫ **se retrouver** v.pron. **1 -** se réunir · se donner rendez-vous · se rassembler · se regrouper · se rejoindre · se rencontrer · **2 -** se croiser · se rencontrer · se revoir · **3 -** s'orienter · se reconnaître · se repérer · se situer · **4 -** renaître · s'épanouir

CONTR. égarer ı oublier ı perdre ı dérouter

🙜 retrouver, récupérer, recouvrer

On retrouve, on recouvre ou on récupère quelque chose ou quelqu'un qui était perdu ou dont on était séparé. Retrouver a la valeur la plus générale (on a retrouvé l'enfant dans la forêt, il a retrouvé ses clés) ; il s'emploie aussi lorsqu'on se procure une chose comparable à celle que l'on avait perdue (retrouver un travail), ou lorsqu'on a à nouveau l'usage de quelque chose (retrouver la santé, la mémoire). Dans un usage littéraire, on peut dire recouvrer (recouvrer son énergie, la santé), qui concerne également l'argent ou des valeurs perdus (recouvrer ses biens), mais **récupérer** est plus courant dans ce contexte (récupérer son investissement). Lorsqu'on retrouve quelqu'un ou quelque chose après en avoir été séparé pour un temps plus ou moins long, on emploie **récupérer** dans la langue familière (récupérer des touristes à la gare, son fils à la garderie ; récupérer des livres prêtés).

rétroviseur n.m. · rétro *fam.*

rets n.m. · piège · embûche · filet · traquenard · lacs *vieux*

réunion n.f. **1 -** assemblée · assises · briefing · colloque · conférence · congrès · débat · meeting · rencontre · séance de travail · séminaire · symposium · table ronde • [solennelle] grand-messe · **2 -** combinaison · accumulation · agglomération · agrégation · alliance · assemblage · conjonction · concentration · convergence · enchaînement · fusion · groupement · jonction · liaison · mariage · mélange · rapprochement · rassemblement · rencontre · synthèse · union • [inopportune] confusion · amalgame · **3 -** [d'un territoire à un autre] annexion · adjonction · incorporation · rattachement · **4 -** [de choses] ensemble · amas · bloc · bouquet · chapelet · faisceau · groupe · masse · tas · **5 -** [de textes] recueil · choix · collection · groupement

✦ **réunion d'information** briefing *anglic.* · bref *recomm. offic.*

CONTR. désunion ı dispersion ı dissociation ı division ı éparpillement ı fractionnement ı partage ı séparation

réunir v.tr. **1 -** assembler · agglomérer · agglutiner · agréger · amalgamer · canaliser · centraliser · concentrer · fondre · intégrer · grouper · rassembler · recueillir · regrouper · **2 -** raccorder · accoupler · adjoindre · ajouter · annexer · appareiller · apparier · attacher · incorporer · joindre · lier · rassembler · rattacher · recomposer · rejoindre · relier · **3 -** accumuler · amasser · collecter · collectionner · entasser · grouper · masser · rassembler · récolter · recueillir · regrouper · **4 -** combiner · allier · associer · concilier · conjuguer · cumuler · englober · grouper · joindre · marier · ramasser · rassembler · regrouper · unir

≫ **se réunir** v.pron. **1 -** se rencontrer · s'assembler · se rassembler · se retrouver • [mondains] tenir salon · **2 -** s'associer · se coaliser · se joindre · se liguer · se regrouper · se rejoindre · **3 -** [voies] concourir · confluer · fusionner · se fondre

CONTR. couper ı désunir ı détacher ı disjoindre ı disperser ı dissocier ı diviser ı éparpiller ı fractionner ı fragmenter ı partager ı séparer – brouiller ı désunir ı se séparer

réussir

■ *v.tr.* **1 - mener à bien** · achever · aboutir · mener à bonne fin · mener à bon terme · y arriver • [un pari] **gagner** · **2 -** [un but] **marquer**

■ *v.intr.* **1 - parvenir à ses fins** · **2 - prospérer** · faire fortune · se développer · parvenir *vieilli* · **3 - marcher** · atteindre, toucher le but · fonctionner · **4 - triompher** · aller loin · avoir le vent en poupe · briller · faire carrière · faire du chemin · percer · faire son trou *fam.* • [brillamment] **cartonner** *fam.* · décrocher, gagner le coquetier *fam.* · décrocher la timbale *fam.* · faire un carton *fam.* · faire un malheur *fam.*

✦ **réussir à** **1 -** [suivi de l'infinitif] **arriver à** · parvenir à · trouver le moyen de · **2 -** [qqn] **profiter à** · convenir à · bien aller à

CONTR. échouer ı manquer ı rater

réussite
n.f. **1 - succès** · exploit · réalisation · triomphe · victoire · **2 -** [Cartes] **patience**

CONTR. désastre ı échec ı insuccès

revaloriser
v.tr. **1 - hausser** · majorer · réévaluer · rehausser · relever · remonter · **2 - réhabiliter** · rénover

CONTR. dévaloriser ı dévaluer

revanche
n.f. **1 - vengeance** · loi du talion · **2 - retour en force** · riposte

✦ **en revanche** par contre · à côté de ça · a contrario · à l'inverse · à l'opposé · au contraire · au moins · en compensation · en contrepartie · en retour · inversement · mais · seulement

rêvasser
v.intr. · rêver · avoir l'esprit, la tête ailleurs · être dans les nuages, dans la lune · méditer · penser · laisser errer sa pensée · bayer aux corneilles *fam.*

rêve
n.m. **1 - songe** • [mauvais] **cauchemar** · **2 - désir** · ambition · espoir · souhait · vœu · **3 - imagination** · chimère · fantasme · fiction · idée · illusion · mirage · utopie · vision · rêverie *littér.*

✦ **de rêve** idéal · enchanteur · fabuleux · idyllique · merveilleux · paradisiaque · parfait · sublime · édénique *littér.*

CONTR. action ı réalité ı réel

rêvé, e
adj. · idéal · parfait

revêche
adj. **1 - rebutant** · abrupt · acariâtre · aigre · bourru · désagréable · dur · grincheux · hargneux · intraitable · rébarbatif · renfrogné · rude · acrimonieux *littér.* · **2 -** [vieux] **rugueux** · rêche

CONTR. avenant ı doux

¹réveil
n.m. **retour** · regain · renaissance · renouveau · résurrection

✦ **au réveil** au saut du lit

CONTR. endormissement ı sommeil

²réveil
n.m. · **réveille-matin** *vieilli*

réveiller
v.tr. **1 - tirer du sommeil** · **2 -** [ses muscles] **dégourdir** · chauffer · déraidir · dérouiller · **3 - évoquer** · éveiller · faire renaître · rappeler · raviver · ressusciter · faire remonter à la surface, à la conscience · **4 - attiser** · aviver · exalter · exciter · galvaniser · raffermir · ragaillardir · raviver · ranimer · revigorer · revivifier · stimuler

» **se réveiller** *v.pron.* **1 - s'éveiller** · sortir du sommeil · ouvrir un œil *fam.* · **2 - se ranimer** · reprendre conscience · revenir à soi · **3 - réapparaître** · refaire surface · reprendre vie · sortir de l'oubli · **4 - réagir** · se remuer *fam.* · se secouer *fam.*

CONTR. endormir ı assoupir – apaiser ı engourdir ı s'endormir – s'évanouir – se laisser aller

révélateur, -trice
adj. · significatif · caractéristique · éloquent · emblématique · expressif · parlant · suggestif · symbolique · symptomatique · typique

CONTR. trompeur

révélation
n.f. **1 - dévoilement** · aveu · confidence · déclaration · découverte · divulgation · indiscrétion · **2 -** [de l'avenir] **prédic-**

tion · divination · prescience · prévision · **3 - vision** · intuition · prémonition · pressentiment · **4 - découverte** · baptême · initiation
CONTR. secret

révéler v.tr. **1 - communiquer** · déclarer · découvrir · dévoiler · dire · divulguer · étaler au grand jour · exposer · faire connaître · lever le voile sur · proclamer · rapporter · trahir · crier sur les toits · **2 - enseigner** · initier · instruire · **3 - indiquer** · accuser · annoncer · attester · déceler · démontrer · dénoncer · détecter · dévoiler · exhiber · faire foi de · manifester · marquer · mettre au jour · montrer · prouver · témoigner · trahir
≫ **se révéler** v.pron. **1 - apparaître** · se dessiner · se manifester · **2 -** [suivi d'un adj.] s'avérer · se montrer · se trouver
CONTR. cacher ǀ garder ǀ taire

🙢 **révéler, dévoiler, divulguer**

Révéler, dévoiler et divulguer ont en commun l'idée de faire connaître ce qui était caché, secret. Révéler est le terme général avec cette valeur *(révéler son identité, sa vraie personnalité, ses projets)*. Dévoiler s'emploie dans les cas où quelque chose était tenu caché à dessein *(dévoiler ses intentions, un mystère, un complot, ses pensées)*. Divulguer implique que ce qui est porté à la connaissance d'un large public était considéré comme confidentiel *(les journaux ont divulgué toute l'affaire, divulguer des plans secrets)*.

revenant, e n. · apparition · ectoplasme · esprit · fantôme · mort-vivant · spectre

revendeur, -euse n. · détaillant · [de drogue] dealer

revendication n.f. · demande · desiderata · exigence · prétention · réclamation · [au plur.] doléances

revendiquer v.tr. **1 - demander** · exiger · prétendre à · réclamer · requérir · solliciter · **2 - assumer** · s'arroger · s'attribuer · endosser · **3 -** [sans complément] **protester** · contester · se plaindre · récriminer · râler fam.
≫ **se revendiquer** v.pron. **se proclamer** · s'affirmer · se dire · se prétendre
🙢 **réclamer**

revendre v.tr. **1 - rétrocéder** · **2 - vendre au détail** · distribuer
✦ **à revendre** en abondance · en excès · de trop

revenir v.intr. **1 - recommencer** · réapparaître · renaître · se renouveler · reparaître · repartir · reprendre · se reproduire · ressurgir · **2 - repasser** · rappliquer fam.
✦ **revenir en arrière, sur ses pas** faire demi-tour · rebrousser chemin · reculer · refluer · rétrograder · tourner bride
✦ **être revenu de tout** être blasé · être désabusé · être fatigué · être lassé
✦ **revenir à** **1 - rentrer à** · rallier · regagner · réintégrer · rejoindre · repartir à · retourner à · **2 -** [une activité] **se remettre à** · retourner à · retrouver · **3 - appartenir à** · concerner · incomber à · intéresser · retomber sur · échoir à soutenu · **4 - équivaloir à** · consister à · signifier que · **5 - coûter** · s'élever à · se monter à · valoir · se vendre · **6 - être perçu par** · être touché par · tomber dans l'escarcelle de
✦ **revenir à soi** reprendre conscience · se réveiller · retrouver ses esprits · refaire surface fam.
✦ **revenir de** guérir de · échapper à · réchapper à · se remettre de · se rétablir de · se sortir de fam. · se tirer de fam.
✦ **revenir sur** reconsidérer · corriger · réexaminer · remettre en cause · reparler de · reprendre · retoucher · revoir
✦ **revenir sur ses paroles** se rétracter · manger son chapeau · se dédire · se déjuger · faire volte-face · se raviser · se renier
✦ **faire revenir** **1 - rissoler** · dorer · **2 - ramener** · rappeler
≫ **s'en revenir** v.pron. [littér.] s'en retourner

revente *n.f.* 1 - rétrocession · 2 - vente au détail
CONTR. rachat

revenu *n.m.* 1 - salaire · rémunération · traitement · 2 - bénéfice · fruit · gain · produit · profit · rapport · recette · rentrée d'argent · ressources • [de valeurs] dividende · intérêt · rente

rêver
- *v.intr.* 1 - rêvasser · avoir la tête dans les étoiles · avoir la tête, l'esprit ailleurs · être dans les nuages, dans la lune · être perdu dans ses pensées · laisser errer sa pensée · bayer aux corneilles *fam.* · 2 - fantasmer · bâtir des châteaux en Espagne · déraisonner *fam.* · divaguer *fam.* · délirer *fam.*
  + **rêver à** 1 - imaginer · se représenter · songer à · 2 - penser à · réfléchir à · songer à
  + **rêver de** convoiter · ambitionner · appeler de tous ses vœux · aspirer à · avoir envie de · désirer · espérer · souhaiter · vouloir · soupirer après *littér.*
- *v.tr.* inventer · forger · imaginer

réverbération *n.f.* · réflexion · renvoi · rayonnement

réverbère *n.m.* · lampadaire · lampe · lanterne · bec de gaz *vieux*

réverbérer *v.tr.* · réfléchir · propager · refléter · renvoyer · répercuter

révérence *n.f.* 1 - considération · déférence · égard · estime · respect · vénération · 2 - courbette · inclination · salut · salutation · plongeon *fam.*
  + **faire la révérence** s'incliner · se courber · se pencher · se prosterner · saluer
  + **révérence gardée** sauf votre respect
  + **tirer sa révérence** 1 - s'en aller · partir · 2 - raccrocher (les gants) · démissionner
CONTR. irrévérence

révérencieusement *adv.* · respectueusement

révérencieux, -ieuse *adj.* · cérémonieux · affecté · apprêté · compassé · déférent · formaliste · guindé · humble · obséquieux · poli · respectueux · solennel · gourmé *littér.*
CONTR. irrévérencieux

révérer *v.tr.* · honorer · admirer · adorer · célébrer · considérer · craindre · encenser · estimer · glorifier · respecter · vénérer · tenir en grand honneur *soutenu*

rêverie *n.f.* 1 - rêvasserie · méditation · songe · songerie · 2 - chimère · fantasme · illusion · mirage · rêve · utopie · 3 - [vieilli] pensée · réflexion

revers *n.m.* 1 - dos · arrière · derrière · envers · verso • [d'une pièce] côté pile · 2 - rabat · parement · repli · retroussis · 3 - déboire · accident · aventure (fâcheuse) · coup du sort · défaite · disgrâce · échec · épreuve · infortune · insuccès · orage · traverse *vieux* · fiasco *fam.*
CONTR. avers | endroit | face | recto – réussite | succès | victoire

revêtement *n.m.* · enduit · chape · chemise · cuirasse · enveloppe · placage

revêtir *v.tr.* 1 - habiller · parer · 2 - porter · arborer · emprunter · endosser · enfiler · mettre · passer · prendre · vêtir · 3 - couvrir · enduire · garnir · recouvrir · tapisser
  + **revêtir (qqn) de** pourvoir de · investir de
CONTR. dénuder | dépouiller | dévêtir – enlever | retirer

rêveur, -euse *adj. et n.* 1 - distrait · absent · contemplateur *(nom)* · contemplatif · méditatif · penseur · songeur · pensif · dans la lune *fam.* · dans les nuages *fam.* · 2 - idéaliste · imaginatif · poète · romanesque · romantique · utopiste · songe-creux *péj., vieilli*
  + **laisser rêveur** laisser perplexe
  ↪ **pensif**

rêveusement *adv.* · pensivement · distraitement · songeusement

revigorant, e *adj.* · remontant · fortifiant · réconfortant · reconstituant · remontant · stimulant · tonifiant · tonique · ravigotant *fam.*

revigorer *v.tr.* ragaillardir · fortifier · ranimer · réconforter · reconstituer · remonter · booster *fam.* · ravigoter *fam.* · requinquer *fam.* · retaper *fam.* · revivifier *fam.*
CONTR. abattre ı affaiblir ı déprimer ı endormir ı épuiser

revirement *n.m.* 1 - retournement · changement · 2 - volte-face · pirouette · palinodie *littér.*

réviser *v.tr.* 1 - modifier · améliorer · amender · corriger · reconsidérer · rectifier · réexaminer · réformer · remanier · reprendre · revenir sur · revoir · 2 - vérifier · contrôler · 3 - mettre à jour · actualiser · revoir · 4 - repasser · répéter · revoir
✦ **ne pas réviser** [Scol.] faire l'impasse sur

révision *n.f.* 1 - modification · amélioration · correction · reconsidération · rectification · remaniement · réforme · 2 - vérification · contrôle · maintenance · 3 - mise à jour · actualisation

révisionniste *adj. et n.* 1 - négationniste · 2 - réformiste

revisiter *v.tr.* 1 - repenser · reconsidérer · réexaminer · réviser · revoir · 2 - réinterpréter · faire une nouvelle lecture de

revitaliser *v.tr.* · ranimer · doper · raffermir · ranimer · raviver · réactiver · régénérer · relancer · réveiller · revigorer · revivifier · tonifier · booster *fam.* · ravigoter *fam.* · redonner du punch à *fam.*

revivifier *v.tr.* → revitaliser

revivre
■ *v.intr.* 1 - **ressusciter** · renaître · revenir à la vie · 2 - **resurgir** · réapparaître · renaître · se renouveler
■ *v.tr.* 1 - **passer par** · refaire l'expérience de · 2 - **se remémorer** · se rappeler
✦ **faire revivre** évoquer · rappeler · remémorer
CONTR. mourir ı s'éteindre

révocation *n.f.* 1 - abolition · abrogation · annulation · invalidation · résiliation · 2 - licenciement · congédiement · débauchage · destitution · exclusion · limogeage · mise à pied · renvoi
CONTR. maintien – nomination

revoir *v.tr.*
I 1 - corriger · améliorer · réformer · reprendre · retoucher · réviser · vérifier · 2 - remettre en cause · modifier · reconsidérer · réexaminer · 3 - réviser · relire · repasser · répéter · bûcher *fam.* · potasser *fam.*
II se souvenir de · se rappeler · se remémorer
✦ **au revoir** à plus tard · adieu · au plaisir · bonsoir · à la prochaine *fam.* · à la revoyure *fam.* · bye (bye) *fam.* · ciao *fam.* · salut *fam.* · bonjour *Québec*
⋙ **se revoir** *v.pron.* se retrouver · se rencontrer

révoltant, e *adj.* · choquant · abject · avilissant · dégoûtant · déshonorant · exaspérant · excédent · honteux · ignoble · inacceptable · indigne · infâme · inqualifiable · irritant · monstrueux · odieux · scandaleux

révolte *n.f.* 1 - insurrection · émeute · lutte · rébellion · sédition · soulèvement · [de marins, de soldats] mutinerie · [Hist., de paysans] jacquerie · 2 - contestation · fronde · levée de boucliers · résistance · 3 - indignation · colère · répulsion
CONTR. résignation ı soumission ı conformisme
➥ émeute

révolté, e *adj. et n.* **1 - insoumis** · agitateur · contestataire · dissident · émeutier · factieux · insurgé · mutin · rebelle · séditieux · **2 - outré** · indigné · scandalisé

CONTR. soumis ı résigné ı conformiste

révolter *v.tr.* **choquer** · dégoûter · écœurer · exaspérer · fâcher · horrifier · irriter · indigner · offusquer · outrer · scandaliser · ulcérer

≫ **se révolter** *v.pron.* **1 - s'insurger** · arborer, brandir l'étendard de la révolte · se rebeller · se soulever • [marins, soldats] se mutiner · **2 - s'indigner** · se cabrer · crier au scandale · protester · se rebiffer *fam.* · regimber *fam.*

✦ **se révolter contre** contester · s'élever contre · se dresser contre · s'inscrire en faux contre · s'opposer à · récuser · refuser · repousser · se rebiffer contre *fam.*

CONTR. charmer – obéir ı se résigner

révolu, e *adj.* **1 - accompli** · achevé · passé · sonné • [ans] bien sonné *fam.* · **2 - disparu** · dépassé · envolé · évanoui · passé · perdu · périmé

révolution *n.f.* **1 - bouleversement** · agitation · bouillonnement · cataclysme · changement · ébullition · effervescence · fermentation · feu · renversement · tourmente · chambardement *fam.* · chamboulement *fam.* · conflagration *littér.* · **2 - insurrection** · rébellion · révolte · **3 - rotation** · tour

CONTR. calme – contre-révolution ı réaction

révolutionnaire *adj.* **1 - insurrectionnel** · agitateur · factieux · insurgé · rebelle · révolté · séditieux · **2 - novateur** · d'avant-garde · futuriste · inédit · nouveau · original · subversif

CONTR. conservateur ı contre-révolutionnaire ı réactionnaire – conformiste ı traditionaliste

révolutionner *v.tr.* **1 - transformer** · bouleverser · bousculer · changer · métamorphoser · réinventer · repousser les limites de · chambarder *fam.* · chambouler *fam.* · **2 - bouleverser** · agiter · changer · ébranler · émouvoir · mettre en émoi · retourner · secouer · troubler

revolver *n.m.* · pistolet · browning · colt · feu *fam.* · flingue *fam.* · joujou *fam., plaisant* · pétard *fam.* · gun *lang. jeunes* · rigolo *argot, vieilli*

révoquer *v.tr.* **1 - destituer** · casser · congédier · démettre · licencier · limoger · mettre à pied · relever de ses fonctions · renvoyer · balancer *fam.* · débarquer *fam.* · déboulonner *fam.* · dégommer *fam.* · faire sauter *fam.* · lourder *fam.* · sacquer *fam.* · vider *fam.* · virer *fam.* · **2 - annuler** · abolir · abroger · casser · déclarer nul · invalider · rescinder · résilier · résoudre · rompre

revue *n.f.* **1 - inspection** · **2 - examen** · bilan · dénombrement · inventaire · récapitulation · recensement · **3 -** [Milit.] **parade** · défilé · prise d'armes · spectacle · **4 - magazine** · annales · bulletin · gazette · périodique · publication

✦ **passer en revue** examiner • [une succession d'événements] dérouler

révulser *v.tr.* révolter · bouleverser · dégoûter · écœurer · indigner · outrer · répugner · retourner · scandaliser

≫ **se révulser** *v.pron.* [yeux] **chavirer**

¹**rewriter** *v.tr.* · adapter · récrire · remanier · remodeler

²**rewriter** *n.m.* · adaptateur · rédacteur · réviseur

rewriting *n.m.* · adaptation · réécriture

rhabiller *v.tr.* **1 - revêtir** · **2 - moderniser** · renouveler · transformer · relooker *fam.*

rhéteur *n.m.* · orateur · argumentateur · déclamateur · logographe · sophiste · phraseur *péj.*

rhétorique n.f. • éloquence • emphase péj. • grandiloquence péj. • pompe péj.

riant, e adj. 1 - agréable • aimable • enchanteur • engageant • plaisant • 2 - [vieux] rieur • enjoué • gai • jovial • joyeux
CONTR. désertique ı sauvage ı sombre – chagrin ı morose ı triste

ribambelle n.f. • quantité • cascade • chapelet • cortège • défilé • kyrielle • légion • meute • multitude • nuée • procession • série • suite • théorie • troupeau péj. • flopée fam. • foule fam. • tapée fam. • tripotée fam. • [de célébrités] pléiade

ricanement n.m. • moquerie • persiflage • plaisanterie • quolibet • raillerie • ricanerie • sarcasme • lazzi littér.

ricaner v.intr. 1 - glousser • pouffer • 2 - se moquer • railler • se gausser littér. ou plaisant

riche
■ adj. 1 - aisé • argenté • cossu • fortuné • huppé • nanti • opulent • pourvu • prospère • friqué fam. • richard fam. • rupin fam. • blindé lang. jeunes • thuné lang. jeunes • galetteux fam., vieilli • calé vieux • 2 - luxueux • cossu • coûteux • fastueux • magnifique • somptueux • [quartier] chic • 3 - florissant • éclatant • généreux • luxuriant • nourri • opulent • plantureux • prospère • [pays] développé • industrialisé • 4 - fécond • fertile • productif • 5 - nourrissant • abondant • copieux • nutritif • substantiel
  ✦ **être très riche** être richissime • être cousu d'or • être riche à millions • nager dans l'opulence • être bourré de fric fam. • être riche comme Crésus fam. • avoir du blé, du fric, de l'oseille, du pèze fam. • être plein aux as fam. • rouler sur l'or fam. • avoir du foin dans ses bottes fam., vieilli
■ n. nanti • milliardaire • millionnaire • multimillionnaire • Crésus fam. • nabab fam. • richard fam. • satrape littér.
  ✦ **nouveau riche** parvenu • B.O.F. péj., vieilli
CONTR. pauvre

richement adv. 1 - abondamment • amplement • largement • 2 - luxueusement • fastueusement • magnifiquement • somptueusement
CONTR. pauvrement

richesse n.f.
I 1 - fortune • aisance • luxe • opulence • prospérité • 2 - luxe • faste • éclat • magnificence • somptuosité
II 1 - abondance • foisonnement • luxuriance • profusion • prospérité • 2 - fécondité • fertilité • productivité
⋙ **richesses** plur. 1 - bien • argent • capital • fortune • moyens • or • patrimoine • ressources • trésor • magot fam. • 2 - [d'un pays] ressources

richissime adj. • milliardaire • millionnaire • multimillionnaire • riche à millions

ricocher v.intr. • rebondir • faire ricochet • rejaillir • se répercuter

ricochet n.m. 1 - rebond • rebondissement • 2 - conséquence • choc en retour • contrecoup • éclaboussure • effet • rebondissement • répercussion
  ✦ **par ricochet** par contre-coup • indirectement
  ✦ **faire ricochet** → ricocher

ric-rac adv. 1 - très exactement • 2 - tout juste • de justesse

rictus n.m. • grimace

ride n.f. 1 - ridule • marque • patte-d'oie • 2 - plissement • froncement • onde • ondulation • 3 - creux • fente • fissure • ligne • pli • raie • sillon

rideau n.m. 1 - voile • courtine • draperie • moustiquaire • store • tenture • voilage • 2 - écran • barrage • barrière • haie • mur • obstacle

rider *v.tr.* plisser · flétrir · friper · froncer · marquer · onduler · sillonner · rabougrir · ratatiner · raviner

≫ **se rider** *v.pron.* se flétrir · se friper · se froncer · se plisser · se rabougrir · se ratatiner

ridicule *adj.* **1** - risible · burlesque · dérisoire · grotesque · saugrenu · **2** - minable · dérisoire · lamentable · miteux · nul · pathétique · piètre · piteux · pitoyable · ringard · tarte *fam.* · tartignole *fam.* · **3** - excessif · caricatural · **4** - absurde · bête · déraisonnable · idiot · sot

✦ **tourner en ridicule** → ridiculiser

ridiculement *adv.* **1** - grotesquement · burlesquement · dérisoirement · pathétiquement · **2** - incroyablement · honteusement · scandaleusement

ridiculiser *v.tr.* · se moquer de · s'amuser de · bafouer · caricaturer · chiner · dégrader · parodier · persifler · rabaisser · railler · rire de · tourner en dérision, en ridicule · charrier *fam.* · se ficher de *fam.* · se foutre de *très fam.* · mettre en boîte *fam.* · brocarder *littér.* · se gausser de *littér.* · moquer *littér.* · chansonner *vieux*

rien *pron. indéf. et n.m.* **1** - néant · inanité · vacuité · vide · zéro · **2** - broutille · babiole · bagatelle · baliverne · bêtise · bricole · détail · futilité · misère · niaiserie · vétille · **3** - que dalle *fam.* · peau de balle (et balai de crin) *fam., vieilli* · que couic *fam., vieilli* · bernique *fam., vieilli* · macache *fam., vieilli*

✦ **de rien du tout** insignifiant · dérisoire · infime · mineur · minime · négligeable · ridicule · pas méchant *fam.*

✦ **pour rien** **1** - inutilement · en vain · pour des prunes *fam.* · pour du beurre *fam.* · **2** - gratuitement · sans bourse délier *soutenu* · à l'œil *fam.* · gratis *fam.* · gratos *fam.* · **3** - à bas prix · pour une bouchée de pain *fam.* · pour une misère *fam.* · pour trois francs six sous *fam.* · pour des cacahouètes, des clopinettes, des clous, des haricots, peanuts *fam.*

✦ **en rien** aucunement · nullement · pas du tout

CONTR. quelque chose ɪ tout – beaucoup

rieur, -euse *adj.* · gai · allègre · enjoué · espiègle · guilleret · jovial · joyeux · réjoui · riant · souriant · boute-en-train *fam.* · rigolard *fam.*

CONTR. morne ɪ morose ɪ triste

rigide *adj.* **1** - dur · coriace · ferme · raide · résistant · solide · **2** - austère · autoritaire · discipliné · grave · puritain · sérieux · **3** - inflexible · exigeant · intolérant · intraitable · intransigeant · maniaque · précis · psychorigide · rigoriste · rigoureux · sévère · strict · **4** - sclérosé · fossilisé

CONTR. flexible ɪ mou ɪ souple – accommodant ɪ doux

rigidité *n.f.* **1** - dureté · solidité · **2** - raideur · roideur *vieux* · **3** - austérité · inflexibilité · intolérance · intransigeance · psychorigidité · puritanisme · rigorisme · rigueur · sévérité

CONTR. élasticité ɪ flexibilité ɪ souplesse – douceur ɪ indulgence

rigolade *n.f.* **1** - amusement · divertissement · fou rire · rire · **2** - farce · plaisanterie · blague *fam.* · foutaise *fam.*

rigole *n.f.* · canal · caniveau · conduit · fossé · goulotte · ruisseau · ruisselet · saignée · sillon · tranchée

rigoler *v.intr.* **1** - plaisanter · s'amuser · badiner · jouer · se moquer · blaguer *fam.* · déconner *fam.* · **2** - rire · s'esclaffer · se bidonner *fam.* · se fendre la pipe, la gueule *fam.* · se gondoler *fam.* · se marrer *fam.* · se poiler *fam.* · se tordre *fam.* · se désopiler *vieux*

rigolo, -ote

■ *adj.* amusant · comique · drôle · plaisant · marrant *fam.* · poilant *fam.* · tordant *fam.*

■ *adj. et n.* **1 - farceur** · blagueur · boute-en-train · comique · plaisantin · **2 - fumiste** · amateur · fantaisiste · plaisantin · charlot *fam.* · guignol *fam.*

rigorisme *n.m.* · austérité · ascétisme · dogmatisme · intransigeance · jansénisme · purisme · puritanisme · raideur · rigidité · rigueur · sévérité
CONTR. laxisme

rigoriste *n.* · austère · ascétique · dur · intraitable · intransigeant · janséniste · puriste · puritain · rigide · rigoureux · sévère · strict
CONTR. laxiste

rigoureusement *adv.* **1 - minutieusement** · étroitement · exactement · mathématiquement · précisément · scrupuleusement · **2 - absolument** · formellement · parfaitement · strictement · totalement · **3 -** [vieilli] **durement** · âprement · sévèrement
CONTR. approximativement – doucement

rigoureux, -euse *adj.* **1 - dur** · âpre · cruel · difficile · excessif · pénible · rude · inclément *littér.* · **2 - austère** · draconien · dur · implacable · inflexible · janséniste · raide · rigide · rigoriste · sévère · strict · **3 - minutieux** · absolu · certain · exact · étroit · géométrique · logique · mathématique · méticuleux · parfait · précis · scientifique · serré · strict
CONTR. clément – doux ı indulgent – approximatif ı incertain

rigueur *n.f.* **1 - dureté** · âpreté · rudesse · sévérité · inclémence *littér.* · **2 - austérité** · cruauté · dureté · fermeté · implacabilité · inflexibilité · intransigeance · rigidité · rigorisme · sévérité · **3 - exactitude** · cohérence · justesse · logique · minutie · netteté · précision · rectitude · régularité
✦ **de rigueur** obligatoire · exigé · imposé · indispensable · nécessaire · obligé
CONTR. clémence – douceur ı indulgence – approximation ı incertitude

rimer
■ *v.intr.* **rimailler** *péj.* · taquiner la muse *plaisant*
■ *v.tr.* **versifier** · mettre en vers
✦ **rimer à** **1 - correspondre à** · signifier · **2 - servir à** · mener à
✦ **rimer avec** aller de pair avec

rimeur, -euse *n.* · versificateur *souvent péj.* · rimailleur *péj.*

rimmel *n.m.* [nom déposé] mascara

rinçage *n.m.* **1 - nettoyage** · **2 - teinture**

rincer *v.tr.* **1 - laver** · nettoyer · passer à l'eau · **2 -** [fam.] → **ruiner**

ring *n.m.* **1 -** [vieux] **arène** · piste · **2 - estrade**

¹**ringard** *n.m.* · pique-feu · tisonnier

²**ringard, e** *n. et adj.*
■ *adj.* **1 - démodé** · dépassé · désuet · kitsch · passé de mode · périmé · rétro · ridicule · vieillot · tarte *fam.* · tartignole *fam.* · **2 - incapable** · médiocre · nul
■ *n.* · nullité · tocard *fam.*
↝ **démodé**

ringardise *n.f.* · mauvais goût · nullité

ripaille *n.f.* → **festin**

ripailler *v.intr.* → **festoyer**

riper *v.intr.* **1 - déraper** · chasser · glisser · patiner · **2 -** [fam.] → **partir**

riposte *n.f.* **1 - réponse** · répartie · réplique · **2 - contre-attaque** · contre-offensive · réaction · représailles · vengeance
CONTR. attaque

riposter v.intr. **1 - répondre** · répliquer · rétorquer · repartir *littér.* · **2 - contre-attaquer** · se défendre · réagir · se venger

riquiqui adj. invar. → **minuscule**

¹**rire** v.intr. **1 - s'esclaffer** · pouffer · ricaner · se dérider · rigoler *fam.* · se marrer *fam.* · [bêtement] glousser · **2 - plaisanter** · s'amuser · se divertir · se distraire · s'égayer · jouer · prendre du bon temps · blaguer *fam.* · badiner *littér.*

✦ **rire beaucoup** rire aux éclats · rire à gorge déployée · rire aux larmes · rire comme une baleine *fam.* · rire comme un bossu *fam.* · se bidonner *fam.* · se boyauter *fam.* · se dilater la rate *fam.* · se fendre la gueule, la pipe, la poire, la tirelire *fam.* · se gondoler *fam.* · pisser dans sa culotte *fam.* · se poiler *fam.* · se rouler par terre *fam.* · se tenir les côtes *fam.* · se tordre (de rire) *fam.* · se désopiler *vieux*

✦ **rire de** se moquer de · chiner · narguer · railler · ridiculiser · taquiner · tourner en dérision, en ridicule · charrier *fam.* · se ficher de *fam.* · se foutre de *fam.* · mettre en boîte *fam.* · brocarder *littér.* · se gausser de *littér.* · persifler *littér.* · se railler de *littér.*

✦ **faire rire** dérider · amuser · distraire · égayer

⋙ **se rire de** v.pron. · dédaigner · ignorer · se jouer de · mépriser · se moquer de · ne pas tenir compte de · faire fi de *littér.*

²**rire** n.m. **1 - hilarité** · bonne humeur · gaieté · jubilation · rigolade *fam.* · **2 - rictus** · ricanement · sourire · **3 - moquerie** · plaisanterie · raillerie

¹**risée** n.f. dérision · moquerie · raillerie

✦ **être la risée de** être la fable de · être un objet de moquerie pour

²**risée** n.f. [Mar.] **rafale** · vent

risible adj. · grotesque · amusant · bouffon · burlesque · cocasse · (d'un haut) comique · ridicule · saugrenu

risque n.m. **1 - danger** · aléa · hasard · inconvénient · péril · **2 -** [Assurances] **préjudice** · sinistre

✦ **sans risque** sans danger · sûr
✦ **au risque de** quitte à
✦ **prendre des risques** travailler sans filet

risqué, e adj. **1 - périlleux** · audacieux · aléatoire · aventureux · dangereux · hardi · hasardeux · imprudent · osé · téméraire · casse-cou *fam.* · casse-gueule *fam.* · **2 - scabreux** · hardi · leste · licencieux · osé

CONTR. sûr – pudique

risquer v.tr. **1 - engager** · aventurer · compromettre · éprouver · exposer · jouer avec · mettre en jeu · mettre en danger, en péril · commettre *vieilli* · hasarder *littér.* · **2 - oser** · entreprendre · tenter · **3 - encourir** · être passible de · s'exposer à

✦ **risquer de** **1 - être susceptible de** · avoir une chance de · pouvoir · **2 - manquer de** · faillir
✦ **risquer le tout pour le tout** jouer son va-tout · jouer sa dernière carte · jouer à quitte ou double

⋙ **se risquer à** v.pron. **1 - s'aventurer à** · s'engager dans · essayer de · se frotter à · se hasarder à · se lancer dans · **2 - s'aviser de** · oser · se permettre de

CONTR. assurer

🙢 **risquer, hasarder, exposer**

Risquer, hasarder et exposer partagent l'idée de mettre en danger une chose ou une personne. Risquer implique que le danger est plus ou moins prévisible, inhérent à une situation donnée, et que l'issue sera mauvaise *(il a risqué sa fortune dans cette affaire ; risquer sa vie, son bonheur ; qui ne risque rien n'a rien)*. Hasarder, d'usage littéraire, signifie qu'on livre quelque chose aux aléas du sort, avec une issue incertaine : « Mais l'incertitude de gagner est proportionnée à la certitude de ce qu'on hasarde (...) » (Pascal,

Pensées, III, 233). Exposer, dans cet emploi, concerne une personne, lorsqu'elle est placée dans une situation de menace ou en butte à la moquerie *(exposer quelqu'un au danger, au ridicule)*, ou que sa vie est en danger *(être exposé à une maladie, un virus)*.

risque-tout *n. et adj. invar.* • imprudent • casse-cou *fam.*

rissoler *v.tr.* • rôtir • blondir • dorer • faire revenir • faire sauter

ristourne *n.f.* • rabais • remise • réduction • discount *anglic.*

↝ **réduction**

rite *n.m.* **1** - liturgie • culte • religion • tradition • **2** - coutume • cérémonie • cérémonial • habitude • pratique • rituel • usage

ritournelle *n.f.* • refrain • chanson • couplet • histoire • leitmotiv • litanie • rabâchage • rengaine • disque *fam.* • scie *fam.* • antienne *littér.* • bringue *Suisse*

rituel, -elle
▪ *adj.* **1** - sacré • cultuel • liturgique • religieux • **2** - habituel • conventionnel • coutumier • ordinaire • sacramentel • traditionnel • usuel • **3** - précis • cérémoniel • ordinaire
▪ *n.m.* **1** - rite • coutume • cérémonie • cérémonial • habitude • pratique • usage • **2** - liturgie • culte • tradition • **3** - protocole • étiquette

rituellement *adv.* • invariablement • systématiquement • toujours • sans faillir *soutenu*

rivage *n.m.* **1** - bord • berge • côte • littoral • rive • **2** - grève • plage

rival, e
▪ *adj.* **antagonique** • antagoniste • adverse • concurrent • opposé

▪ *n.* **1** - **adversaire** • antagoniste • compétiteur • concurrent • ennemi • **2** - **égal** • émule *littér.*

✦ **sans rival** sans équivalent • hors ligne • inégalable • unique

CONTR. allié | associé | partenaire

rivaliser *v.intr.*

✦ **rivaliser avec 1** - **se comparer à** • approcher de • égaler • le disputer à • être comparable à • **2** - **défier** • combattre (contre) • concurrencer • lutter contre • se disputer avec • se mesurer avec

✦ **rivaliser de** faire assaut de • jouter de *littér.*

rivalité *n.f.* **1** - compétition • affrontement • antagonisme • combat • concurrence • conflit • duel • joute • lutte • opposition • **2** - émulation

CONTR. coopération

↝ **rivalité, émulation**
Rivalité concerne la situation de plusieurs, ou simplement de deux personnes, qui s'opposent pour obtenir des avantages auxquels chacune prétend pour elle seule *(une rivalité commerciale, des rivalités d'intérêts, entrer en rivalité)*. Émulation se rapporte à un sentiment qui entraîne quelqu'un à faire mieux que d'autres dans l'acquisition de compétences ou de connaissances *(une émulation entre des élèves, des sportifs pour obtenir le meilleur résultat)*.

rive *n.f.* • bord • berge • côte • littoral • rivage

river *v.tr.* **1** - **fixer** • assujettir • assembler • attacher • clouer • enchaîner • riveter • **2** - **immobiliser** • clouer • figer sur place

rivière *n.f.* • cours d'eau • affluent • fleuve • source • torrent • gave *(Pyrénées)* • oued *(régions arides)*

↝ **fleuve**

rixe n.f. dispute • accrochage • affrontement • altercation • bataille • combat • échauffourée • lutte • mêlée • pugilat • querelle • règlement de compte • bagarre fam. • baston fam. • castagne fam. • batterie vieux

robe n.f. 1 - tunique • fourreau • 2 - [Antiquité ou d'avocat, de professeur] toge • épitoge • tunique • [Antiquité grecque] chiton • 3 - [Relig.] soutane • aube • froc • 4 - [d'un cheval] pelage • 5 - [d'un cigare] cape • 6 - [d'un oignon] pelure • peau • 7 - [d'un vin] couleur

✦ **robe de chambre** peignoir • déshabillé • douillette

robinet n.m. • mitigeur • [d'un tonneau] chantepleure • [à double voie] by-pass anglic.

robot n.m. • automate • androïde • machine

robotisé, e adj. • automatisé

robuste adj. 1 - fort • bâti à chaud et à sable • bien portant • endurant • énergique • ferme • fort • inébranlable • infatigable • puissant • résistant • solide • solide comme un roc, comme le Pont-Neuf • vigoureux • balèze fam. • costaud fam. • 2 - [plantes] rustique • vivace • 3 - indestructible • durable • incassable • inusable • increvable fam.

✦ **homme robuste** athlète • armoire à glace fam. • balèze fam. • hercule fam. • malabar fam. • mastodonte fam.

CONTR. chétif ı débile ı délicat ı faible ı fragile ı malingre

↝ fort

robustesse n.f. • force • endurance • puissance • résistance • solidité • vigueur

CONTR. fragilité

roc n.m. • pierre • caillou • roche • rocher

rocaille
■ n.f. **pierraille** • caillasse fam.
■ adj. invar. [style] **rococo**

rocailleux, -euse adj. 1 - rocheux • caillouteux • graveleux • pierreux • 2 - dur • chaotique • confus • heurté • raboteux • râpeux • rêche • rude • rugueux • 3 - [voix] éraillé • enroué • guttural • râpeux • rauque

rocambolesque adj. • extravagant • abracadabrant(esque) • fantastique • invraisemblable • incroyable

roche n.f. 1 - **pierre** • bloc • caillou • roc • rocher • 2 - [Mar.] écueil • brisant • étoc • récif

rocher n.m. 1 - **pierre** • bloc • caillou • roc • roche • 2 - écueil • brisant • étoc • récif

rocking-chair n.m. • berceuse • berçante Québec

rococo adj. 1 - [style] rocaille • 2 - vieillot • démodé • désuet • kitsch • périmé • ridicule • suranné

rodage n.m. 1 - mise au point • ajustement • 2 - adaptation • familiarisation • mise en train

roder v.tr. • mettre au point • acclimater • accoutumer • adapter • entraîner • exercer • familiariser • habituer • mettre au courant • mettre en train

rôder v.intr. • errer • vagabonder • traîner • battre le pavé • traînailler fam. • traînasser fam. • vadrouiller fam.

rôdeur, -euse n. • vagabond • badaud • flâneur • promeneur • chemineau vieux

rodomontade n.f. • vantardise • bravade • fanfaronnade • forfanterie • bluff fam. • esbroufe fam.

rogatons n.m.pl. • restes • reliefs

rogne n.f. → colère

rogner v.tr. **1 -** [livre] **couper** · massicoter · **2 - diminuer** · écourter · raccourcir • [un angle] arrondir
+ **rogner sur 1 - lésiner sur** · regarder à la dépense sur · mégoter sur *fam.* · **2 - prélever sur** · entamer · retrancher sur
+ **rogner sur tout** faire des économies de bouts de chandelles
CONTR. allonger

rognure *n.f.* · déchet · chute · copeau · débris · éclat · miette · parure · recoupe · retaille · résidu · reste • [de métal] cisaille · gratture

rogue *adj.* · dédaigneux · arrogant · bourru · dur · fier · froid · hargneux · hautain · méprisant · renfrogné · revêche · rude
CONTR. aimable ı doux

roi *n.m.* **1 - monarque** · souverain · empereur • [Égypte] pharaon • [Iran] schah · **2 - magnat** · baron · grand manitou *fam.* · grand sachem *fam.* · **3 - numéro un** · leader *anglic.*

rôle *n.m.* **1 - personnage** · emploi • [insignifiant] panne · **2 - fonction** · attribution · devoir · emploi · métier · mission · position · responsabilité · statut · tâche · travail · utilité · vocation
3 - registre · liste

    rôle, personnage

On parle de **rôle** ou de **personnage** pour la partie tenue par l'acteur d'une œuvre théâtrale ou cinématographique. **Rôle** est limité à cet emploi *(tenir le rôle de confident dans le répertoire classique, du mari trompé dans un vaudeville ; jouer un rôle, savoir son rôle)*. **Personnage** a des valeurs plus larges ; il se dit des personnes incarnées par un acteur *(mettre en scène un personnage, le caractère d'un personnage)*, mais aussi des figures d'une œuvre littéraire, picturale, etc. *(les personnages d'un roman, d'un tableau de Rembrandt)*. De plus, on parle de **personnage** pour le rôle que quelqu'un tient dans la vie *(rester conforme à son personnage)* : « Leur seul souci, c'était le personnage qu'ils se fabriquaient » (Simone de Beauvoir, *les Mandarins*).

roman *n.m.* **1 - récit** · fiction · histoire · livre · ouvrage · bouquin *fam.* · **2 - fable** · affabulation · chimère · fantaisie · histoire · invention · bateau *fam.* · bobard *fam.* · craque *fam.* · galéjade *Provence*
+ **roman policier** polar *fam.* · roman noir
+ **roman fleuve** saga

romanesque *adj.* **1 - fabuleux** · extraordinaire · fantastique · légendaire · merveilleux · mythique · **2 - sentimental** · exalté · fleur bleue · passionné · romantique · rêveur
CONTR. banal ı plat – prosaïque ı réaliste

romantique *adj.* **1 - sentimental** · exalté · fleur bleue · passionné · romanesque · rêveur · **2 - idéaliste** · chimérique · utopiste
CONTR. prosaïque ı réaliste

rompre
■ *v.tr.* **1 - briser** · casser · facturer · fracasser · mettre en pièces · **2 - faire céder** · emporter · enfoncer · **3 - interrompre** · couper court à · en finir avec · faire cesser · se libérer de · mettre fin à · mettre un terme à · **4 - annuler** · dénoncer · dissoudre · faire cesser · invalider · mettre fin à · rescinder · résilier · révoquer · **5 - enfreindre** · déroger à · manquer à
■ *v.intr.* **1 - se fâcher** · se brouiller · couper les ponts · se désaccorder *rare* · **2 - se quitter** · se séparer
+ **rompre (qqn) à** accoutumer à · entraîner à · exercer à · façonner à · familiariser avec · former à · habituer à · plier à
+ **rompre avec** abandonner · cesser · renoncer à · se libérer de
»> **se rompre** *v.pron.* **se briser** · se casser · céder · craquer · éclater · lâcher · sauter · crever *fam.* · péter *fam.*

rompu, e *adj.* **épuisé** · à bout de forces · éreinté · exténué · fatigué · fourbu · harassé ·

las · moulu · à plat *fam.* · claqué *fam.* · crevé *fam.* · esquinté *fam.* · flapi *fam.* · flagada *fam.* · H.S. *fam.* · lessivé *fam.* · mort *fam.* · sur les genoux, les rotules *fam.* · vanné *fam.* · vidé *fam.*

✦ **rompu à** [littér.] **accoutumé à** · averti en · expérimenté en · expert en · habile à · habitué à

ronchon *n. et adj.* · grincheux · bougon *fam.* · grognon *fam.* · râleur *fam.* · ronchonneur *fam.* · rouspéteur *fam.*

ronchonner *v.intr.* · grogner · broncher · geindre · gémir · grognonner · grommeler · gronder · pester · se plaindre · protester · récriminer · bougonner *fam.* · maronner *fam., région.* · râler *fam.* · rognonner *fam.* · rouspéter *fam.* · maugréer *littér.*

ronchonneur, -euse *n. et adj.* → ronchon

rond, e *adj.* **1** - **circulaire** · cylindrique · orbiculaire · sphérique · **2** - **arrondi** · courbe · voûté · **3** - **dodu** · charnu · gras · grassouillet · gros · plein · potelé · rebondi · replet · rondelet · boulot *fam.* · rondouillard *fam.* · mafflu *vieux ou littér.* · **4** - [chiffre] **entier** · complet · **5** - **franc** · carré · direct · loyal · net · sans détour · simple · **6** - [fam.] → **ivre**

CONTR. anguleux ⎢ carré ⎢ pointu – maigre – sobre

rond *n.m.* **1** - **cercle** · cylindre · disque · globe · sphère · **2** - [fam.] **sou** • [au plur.] argent · radis *fam.* · liard *littér.*

✦ **en rond** en cercle · circulairement

rond-de-cuir *n.m.* · bureaucrate · fonctionnaire · paperassier · gratte-papier *fam., péj.* · scribouillard *fam., péj.*

ronde *n.f.* **1** - **inspection** · examen · guet · patrouille · tour · tournée · visite · **2** - **danse** · farandole

✦ **à la ronde** **1** - **alentour** · tout autour · **2** - [littér.] **tour à tour**

rondelet, -ette *adj.* **1** - **dodu** · charnu · gras · grassouillet · gros · plein · potelé · rebondi · replet · rondelet · boulot *fam.* · rondouillard *fam.* · mafflu *littér.* · **2** - **appréciable** · conséquent · considérable · important · substantiel · coquet *fam.* · gentil *fam.* · joli *fam.*

CONTR. maigrelet

rondelle *n.f.* · tranche · rond · rouelle *vieux*

rondement *adv.* **1** - **en vitesse** · lestement · prestement · promptement · rapidement · vite · vivement · dare-dare *fam.* · **2** - **franchement** · carrément · clairement · directement · loyalement · nettement · sincèrement

CONTR. mollement – hypocritement

rondeur *n.f.* **1** - **sphéricité** · circularité · convexité · rotondité *littér.* · **2** - **embonpoint** · [au plur.] formes · **3** - **franchise** · bonhomie · loyauté · simplicité · sincérité

CONTR. maigreur – fausseté ⎢ hypocrisie

rondouillard, e *adj.* → rondelet

rond-point *n.m.* · carrefour · croisement · embranchement · étoile · fourche · intersection

ronflant, e *adj.* · ampoulé · creux · déclamatoire · emphatique · grandiloquent · pompeux · prétentieux

ronflement *n.m.* **1** - **bourdonnement** · grondement · mugissement · murmure · ronronnement · rugissement · vrombissement · ronron *fam.* · **2** - **stertor** (Méd.)

ronfler *v.intr.* **1** - **bourdonner** · gronder · mugir · murmurer · ronronner · rugir · vrombir · **2** - [fam.] → **dormir**

rongé, e *adj.* [par des insectes] **vermoulu** · piqué

ronger v.tr. **1 -** grignoter · déchiqueter · entamer · mâchouiller fam. · mordiller · gruger Québec. **2 -** [insectes] **manger** · piquer · mouliner vieux · **3 -** altérer · attaquer · brûler · corroder · détruire · dissoudre · entamer · éroder · mordre · pourrir · **4 -** miner · consumer · dévorer · hanter · obséder · poursuivre · tenailler · tourmenter · tarabuster fam. · travailler fam.

ronron n.m. **1 -** ronronnement · **2 -** bourdonnement · grondement · murmure · ronflement · ronronnement · vrombissement · **3 - routine** · monotonie · train-train fam.

ronronnement n.m. **1 - ronron** fam. · **2 -** bourdonnement · grondement · murmure · ronflement · vrombissement · ronron fam.

roquet n.m. → chien

rosace n.f. · rose

rose adj. · rosé · chair · pêche · saumon · carné littér. · cuisse de nymphe émue vieux ou plaisant

roseau n.m. **1 - canne** · massette · phragmite · typha · **2 - calame**

rosée n.f. · aiguail région. · [du soir] serin littér. ou région.

rosse
- n.f. **teigne** · chameau · vache fam. · carne fam., vieilli
- adj. **dur** · injuste · méchant · sévère · vache fam.

rossée n.f. → correction

rosser v.tr. · battre · frapper · rouer de coups · taper · cogner fam. · démolir fam. · passer à tabac fam. · tabasser fam. · étriller vieux
↝ **frapper**

rosserie n.f. **1 - méchanceté** · crasse fam. · saloperie très fam. · vacherie fam. · **2 - dureté** · méchanceté

rossignol n.m. · crochet · passe-partout · passe fam.

rot n.m. · éructation · renvoi · rototo lang. enfants

rotatif, -ive adj. circulaire · giratoire · rotatoire · tournant

rotation n.f. **1 - cercle** · tour · **2 - révolution** · circumduction soutenu · giration soutenu · **3 - alternance** · cycle · roulement · succession · turn-over anglic.

roter v.intr. · éructer · avoir un renvoi

rôti n.m. · rôt vieux · [de bœuf] rosbif

rôtir
- v.tr. **griller** · dorer · rissoler
- v.intr. [au soleil, fam.] **brûler** · cuire · griller

rotondité n.f. **1 - sphéricité** · **2 -** embonpoint · formes · rondeurs · rotondité plaisant

roturier, -ière adj. et n. · plébéien · bourgeois · manant · serf · vilain
CONTR. aristocrate ı gentilhomme ı noble ı patricien

roublard, e adj. · astucieux · débrouillard · fin · finaud · futé · habile · malin · retors · roué · rusé · artificieux littér. · madré littér. · matois littér.

roublardise n.f. · astuce · fourberie · rouerie · ruse · cautèle littér. · matoiserie littér.

roucoulement n.m. · roucoulade · roucoulis

roucouler
- v.tr. [des mots tendres] susurrer · chanter
- v.intr. · filer le parfait amour

roue n.f. **1 - disque** · cylindre · [de fromage] meule · **2 - pneu**

faire la roue   se pavaner · fanfaronner · parader · plastronner · poser · se rengorger · crâner *fam.* · faire le beau *fam.* · frimer *fam.* · rouler des mécaniques *fam.*

roué, e *adj.* · rusé · astucieux · adroit · diplomate · fin · finaud · futé · habile · machiavélique · malicieux · malin · retors · subtil · combinard *fam.* · démerdard *fam.* · débrouillard *fam.* · roublard *fam.* · artificieux *littér.* · cauteleux *littér.* · madré *littér.* · matois *littér.* · finasseur *vieilli*

CONTR. ingénu ⋅ droit

rouelle *n.f.* [vieux] rondelle · tranche

rouer *v.tr.*

rouer de coups   battre · frapper · rosser · taper · tomber à bras raccourcis sur · cogner *fam.* · démolir *fam.* · passer à tabac *fam.* · tabasser *fam.* · étriller *vieux*

rouerie *n.f.* **1 -** malice · astuce · fourberie · intrigue · roublardise · ruse · cautèle *littér.* · matoiserie *littér.* · **2 -** ruse · manège · maquignonnage · stratagème · combine *fam.* · magouille *fam.*

rouflaquettes *n.f.pl* · favoris · pattes de lapin

rouge

■ *adj.* **1 -** écarlate · coloré · congestionné · couperosé · cramoisi · écarlate · empourpré · enflammé · enluminé · injecté · rougeaud · rubicond · sanguin · vermeil · rubescent *littér.* · vultueux *soutenu* · **2 -** incandescent · rougeoyant · **3 -** [sortes] carmin · amarante · andrinople · bordeaux · brique · cerise · coquelicot · corail · corallin · cramoisi · cuivré · écarlate · écrevisse · feu · fraise · garance · géranium · grenat · groseille · incarnat · lie de vin · nacarat · orangé · ponceau · pourpre · rosé · rubis · safrané · sang · sanglant · tomate · vermeil · vermillon · vineux · cinabre *littér.* · incarnadin *littér.*

être tout rouge   être rouge comme un coquelicot, une pivoine · être rouge comme une cerise, une tomate · être rouge comme une écrevisse

■ *n.m.* **1 -** [aux joues] feu · rougeur · **2 -** [vieilli] communiste · révolutionnaire · soviétique

rougeaud, e *adj.* · congestionné · coloré · couperosé · cramoisi · écarlate · enflammé · empourpré · enluminé · injecté · rouge · rougi · rubicond · sanguin · vermeil · rubescent *littér.* · vultueux *soutenu*

CONTR. blafard ⋅ blanc ⋅ pâle

rougeur *n.f.* · inflammation · couperose · érubescence · érythème · intertrigo · rubéfaction

rougir *v.intr.* · s'empourprer · piquer un fard *fam.* · piquer un soleil *fam.*

rougir de   avoir honte de · regretter · se repentir de

CONTR. blêmir ⋅ pâlir

rouille *adj. invar.* · roux · rouge-brun

rouiller

■ *v.intr.* (s')oxyder

■ *v.tr.* ankyloser · engourdir

≫ **se rouiller** *v.pron.* s'ankyloser · s'engourdir

roulage *n.m.* **1 -** camionnage · **2 -** émottage

roulant, e *adj.* [feu] continu · ininterrompu · soutenu

escalier roulant   escalator *anglic.* · escalier mécanique *recomm. offic.*

rouleau *n.m.* **1 -** bobine · cylindre · tube · **2 -** vague · déferlante · mouton

roulement *n.m.* **1 -** grondement · battement · rantanplan · **2 -** alternance · cycle · rotation · succession · turn-over *anglic.* · **3 -** [d'argent] circulation

✦ **par roulement** à tour de rôle · chacun (à) son tour · l'un après l'autre

rouler

■ *v.intr.* **1 -** dégringoler · couler · dévaler · s'écrouler · glisser · tomber · tourner · **2 -** [voiture] **se déplacer** · **3 -** [tonnerre] **gronder** · **4 -** [fam.] **fonctionner** · marcher

✦ **rouler pour** agir pour le compte de · agir dans l'intérêt de
✦ **rouler sur, autour de** [un sujet] porter sur · toucher à · tourner autour de · traiter de

■ *v.tr.* **1 -** enrouler · envelopper · enrober · mettre en boule · **2 - charrier** · emporter · entraîner · transporter · **3 -** [littér.] **ressasser** · méditer · remâcher · ruminer · **4 -** [fam.] → **tromper**
✦ **rouler sa bosse** voyager · circuler · traîner · vagabonder · voir du pays · bourlinguer *fam.*

⇒ **se rouler** *v.pron.* **1 - se pelotonner** · se lover · **2 -** s'enrouler · s'envelopper
CONTR. dérouler ı étaler

roulette *n.f.* **1 -** [d'artisan] **molette** · [de dentiste] **fraise** · **2 -** [sous un meuble] **galet**

roulis *n.m.* · oscillation · balancement

roulotte *n.f.* · caravane · carriole

roupiller *v.intr.* → **dormir**

roupillon *n.m.* → **somme**[2]

rouquin, e *adj. et n.* → **roux**

rouscailler *v.intr.* → **rouspéter**

rouspéter *v.intr.* · protester · broncher · fulminer · geindre · gémir · grogner · grognonner · grommeler · gronder · pester · se plaindre · récriminer · bougonner *fam.* · maronner *fam., région.* · râler *fam.* · rognonner *fam.* · maugréer *littér.* · rouscailler *fam., vieilli* · renauder *fam., vieux*

rouspéteur, -euse *n.* · grincheux · bougon *fam.* · grognon *fam.* · râleur *fam.* · ronchon *fam.* · ronchonneur *fam.* · rouspéteur *fam.* · rouscailleur *fam., vieilli*

roussâtre *adj.* · fauve · feuille d'automne · ventre de biche

rousseur *n.f.*
✦ **tache de rousseur** tache de son · éphélide

roussi, e *adj. et n.m.* · brûlé · grillé · cramé *fam.*

roussir *v.tr. et intr.* · brûler · griller · cramer *fam.*

routage *n.m.* · triage

route *n.f.* **1 - chaussée** · voie · [sortes] autoroute · départementale · nationale · **2 - itinéraire** · chemin · parcours · trajet · voie · **3 - voyage** · marche

✦ **mettre en route** **1 -** amorcer · commencer · débuter · engager · entamer · entreprendre · impulser · initier · lancer · mettre en branle · mettre sur les rails · mettre en train · **2 -** faire fonctionner · démarrer · mettre en marche · mettre en service · **3 -** déclencher · catalyser · provoquer
✦ **mise en route** **1 -** amorce · commencement · déclenchement · lancement · mise en branle · mise en train · **2 - démarrage** · mise en marche · mise en service
✦ **se mettre en route** s'en aller · démarrer · partir
⇒ **chemin**

routier, -ière *n.* · camionneur · tractionnaire

routine *n.f.* **1 - habitude** · métro, boulot, dodo *fam.* · ronron *fam.* · train-train *fam.* · **2 - traditionalisme** · conformisme · conservatisme

✦ **de routine** courant • habituel • systématique

CONTR. initiative ı innovation – exceptionnel

routinier, -ière *adj.* • habituel • conventionnel • rituel

CONTR. innovateur

roux, rousse *adj. et n.* **1 -** rouquin *fam.* • poil de carotte *fam.* • queue de vache *péj.* **2 - fauve** • auburn • roussâtre • [blond] vénitien • **3 -** [cheval] **alezan** • bai

royal, e *adj.* **1 -** monarchique • régalien • **2 - fastueux** • généreux • grandiose • magnifique • majestueux • princier • somptueux • splendide • **3 - absolu** • complet • parfait • souverain • total

royalement *adv.* **1 -** magnifiquement • fastueusement • généreusement • majestueusement • princièrement • richement • somptueusement • splendidement • superbement • **2 - absolument** • complètement • parfaitement • souverainement • totalement • tout à fait

royalisme *n.m.* • monarchisme

royaliste *n. et adj.* • monarchiste

CONTR. républicain

royalties *n.f.pl.* • redevance *recomm. offic.*

royaume *n.m.* **1 - monarchie** • royauté • **2 - domaine** • empire • fief • pays • **3 - paradis** • haut lieu • Mecque

royauté *n.f.* • monarchie • [par métaphore] couronne • sceptre • trône

ru *n.m.* → ruisseau

ruban *n.m.* **1 - bolduc** • faveur *vieilli* • **2 - galon** • extrafort • ganse • liseré • passement • **3 -** [insigne] **brassard** • cocarde • cordon

rubicond, e *adj.* • rougeaud • congestionné • coloré • couperosé • cramoisi • écarlate • enflammé • empourpré • enluminé • injecté • rouge • rougi • sanguin • vermeil • rubescent *littér.* • vultueux *soutenu*

CONTR. blafard ı blême ı pâle

rubrique *n.f.* catégorie • section • chapitre

✦ **sous cette rubrique** sous ce titre • sous cette désignation

ruche *n.f.* **1 -** [fig.] **fourmilière** • usine • **2 -** [Couture] **ruché**

rude *adj.* **1 - froid** • âpre • rigoureux • inclément *littér.* • **2 -** [au toucher] **raboteux** • dur • râpeux • rêche • rugueux • [à l'oreille] désagréable • heurté • rauque • **3 - austère** • fruste • rustique • sauvage • **4 - bourru** • cru • grossier • fruste • inculte • mal dégrossi • hérissé *vieilli* • **5 -** [coup] **violent** • brutal • dur • **6 - revêche** • sévère • [ton] agressif • abrupt • cassant • coupant • incisif • sec • tranchant • **7 - difficile** • âpre • cruel • dur • pénible • sévère • [adversaire] redoutable • dur à cuire *fam.* • **8 -** [fam.] **remarquable** • beau • joli • solide • drôle de • fameux *fam.* • sacré *fam.* • terrible *fam.*

CONTR. délicat ı raffiné – doux ı clément

rudement *adv.* **1 - brutalement** • âprement • brusquement • crûment • de belle manière • désagréablement • durement • grossièrement • froidement • à la hussarde • sèchement • sévèrement • [diriger] à la baguette • d'une main de fer • [tancer] vertement • **2 - cruellement** • méchamment • sauvagement • violemment • **3 -** [fam.] **extrêmement** • énormément • excessivement • follement • fortement • hautement • immensément • infiniment • prodigieusement • sérieusement • terriblement • bigrement *fam.* • bougrement *fam.* • diablement *fam.* • drôlement *fam.* • fameusement *fam.* • joliment *fam.* • sacrément *fam.* • vachement *fam.*

rudesse *n.f.* **1 -** [d'un climat] **dureté** • âpreté • rigueur • rusticité • inclémence *littér.*

2 - [au toucher] **rugosité** · **3** - **brutalité** · brusquerie · dureté · rigueur · sécheresse · sévérité · **4** - **grossièreté** · manque de raffinement · **5** - **aigreur** · verdeur *vieilli*

CONTR. gentillesse – douceur

rudiment *n.m.* **ébauche** · commencement · embryon · esquisse · germe · linéament *littér.*

≫ **rudiments** *plur.* **a.b.c.** · b.a-ba · bases · éléments · essentiel · notions · principes

rudimentaire *adj.* **1** - **élémentaire** · (à l'état) brut · embryonnaire · primitif · **2** - **fruste** · grossier · basique *fam.* · **3** - **insuffisant** · approximatif · imprécis · pauvre · simpliste · schématique · sommaire · succinct · superficiel

CONTR. complexe ı élaboré ı perfectionné

rudoyer *v.tr.* **1** - **brutaliser** · bousculer · malmener · maltraiter · mettre à mal · molester · secouer · violenter · **2** - **rabrouer** · brusquer · houspiller *fam.*

CONTR. cajoler ı câliner ı dorloter

rue *n.f.* **1** - **voie** · impasse · passage · [large] artère · avenue · boulevard · cours · mail · [étroite] boyau · ruelle · venelle · **2** - **chaussée** · route

+ **à la rue** **1** - **sans abri** · sans domicile · **2** - **dehors**

+ **l'homme de la rue** le premier venu · le citoyen, l'homme moyen · le vulgum pecus · l'individu, le citoyen lambda · Monsieur Tout-le-monde · n'importe qui

≫ chemin

ruée *n.f.* · **afflux** · déferlement · déluge · flot · marée · rush · torrent · vague

ruelle *n.f.* · **venelle**

ruer *v.intr.*

+ **ruer dans les brancards** → **protester**

≫ **se ruer** *v.pron.* · **s'élancer** · bondir · courir · s'empresser · se hâter · se lancer · plonger · se précipiter

+ **se ruer sur** assaillir · attaquer · foncer sur · fondre sur · se jeter sur · sauter sur · tomber sur

rugby *n.m.* · ballon ovale · football-rugby *vieux*

+ **le monde du rugby** l'ovalie

rugir *v.tr. et intr.* **1** - [félin] **feuler** · [tigre] rauquer *rare* · **2** - [personne] **crier** · hurler · vociférer · tonitruer · tonner · gueuler *fam.* · **3** - [moteur, etc.] **gronder** · mugir · ronfler · vrombir

rugissement *n.m.* **1** - [de félin] **feulement** · [de tigre] rauquement *rare* · **2** - [de personne] **cri** · hurlement · vocifération · **3** - [de moteur, etc.] **grondement** · mugissement · ronflement · vrombissement

rugosité *n.f.* **1** - **aspérité** · bosse · **2** - **rudesse**

CONTR. douceur ı poli

rugueux, -euse *adj.* · **râpeux** · accidenté · bosselé · irrégulier · inégal · raboteux · rêche · rude · âpre *vieux*

CONTR. doux ı lisse ı moelleux ı poli ı uni

ruine *n.f.* **1** - **délabrement** · dégradation · destruction · détérioration · dévastation · ravage · désolation *fam.* · **2** - **décadence** · débâcle · démantèlement · déliquescence · dépérissement · déroute · désagrégation · **3** - **fin** · anéantissement · échec · écroulement · effondrement · faillite · mort · naufrage · **4** - **banqueroute** · déconfiture · faillite · naufrage · **5** - **gouffre (financier)** · abîme · pompe à fric *fam.* · **6** - **loque (humaine)** · débris · déchet (humain) · épave · sous-homme

+ **en ruine** délabré · démoli · détruit · dévasté · saccagé · ravagé

✦ **tomber en ruine** s'effondrer · crouler · s'écrouler

➢ **ruines** *plur.* **vestiges** · débris · décombres · restes

CONTR. essor ı fortune

> 🕮 **ruines, décombres, débris**
>
> **Ruines, débris** et **décombres** concernent des choses qui ont été détruites. **Ruines** se dit d'un ensemble de constructions en partie ou en totalité détruites par le temps ou par les hommes *(un château en ruines, être enseveli sous les ruines, la ville était en ruines après le bombardement)*. **Débris** est réservé aux morceaux, aux restes d'une chose brisée, quelle que soit sa taille, par accident ou de manière naturelle *(des débris de verre, de végétaux, d'arbres ; le sol est encombré de débris)*. On parle de **décombres** pour les débris consécutifs à la destruction d'un ou de plusieurs édifices, et destinés à être enlevés *(enseveli sous les décombres, fouiller les décombres)*.

ruiné, e *adj.* **1 -** pauvre · misérable · désargenté *fam.* · fauché (comme les blés) *fam.* · sur la paille *fam.* · sans le sou *fam.* · sans sou ni maille *vieux* • [au jeu] décavé *fam.* · lessivé *fam.* · rincé *fam.* · flambé *fam., vieilli* · **2 - en ruine** · anéanti · délabré · démoli · détruit · dévasté · saccagé · ravagé

ruiner *v.tr.* **1 -** dévaster · abîmer · dégrader · délabrer · détériorer · détruire · endommager · ravager · saccager · saper · désoler *littér.* · **2 -** [la santé] **affaiblir** · altérer · dégrader · détériorer · endommager · miner · ravager · ronger · user · consumer *littér.* · esquinter *fam.* · **3 -** [les espoirs, chances, etc.] **anéantir** · annihiler · briser · réduire à néant · porter le coup de grâce à · **4 - dépouiller** · couler *fam.* · mettre sur la paille *fam.* · plumer *fam.* • [au jeu] lessiver *fam.* · nettoyer *fam.* · rincer *fam.*

➢ **se ruiner** *v.pron.* **1 -** faire faillite · perdre sa fortune · **2 -** dépenser beaucoup, trop

CONTR. construire – affermir ı édifier ı enrichir

ruineux, -euse *adj.* **coûteux** · cher · exorbitant · hors de prix · onéreux · prohibitif · dispendieux *soutenu*

✦ **c'est ruineux** ça coûte bonbon *fam.* · ça coûte les yeux de la tête *fam.* · ça coûte la peau des fesses, du cul *très fam.* · c'est une pompe à fric *fam.*

CONTR. économique

ruisseau *n.m.* **1 - ruisselet** · ru *vieux ou région.* · **2 -** [de larmes, de sang] **flot** · torrent

ruisselant, e *adj.* · mouillé · dégoulinant · inondé · trempé

ruisseler *v.intr.* · couler · dégouliner · dégoutter · se répandre · tomber

ruissellement *n.m.* · dégoulinement · écoulement

rumeur *n.f.* **1 - on-dit** · bruit (de couloir) · écho · nouvelle · cancan *fam.* · commérage *fam.* · racontar *fam.* · ragot *fam.* · **2 - bourdonnement** · brouhaha · bruit · murmure

✦ **rumeur publique** ouï-dire · radio-trottoir *fam.* · radio-baobab *Afrique* · radio-cancan *Afrique*

ruminer *v.tr.* · ressasser · méditer · remâcher · retourner (dans sa tête) · tourner et retourner (dans sa tête) · rouler (dans sa tête) *littér.*

rupestre *adj.* · pariétal

rupture *n.f.* **1 - fracture** · arrachement · brisure · cassage · cassure · déchirure · dislocation · dissolution · éclatement · fêlure · **2 - interruption** · arrêt · cessation · **3 - annulation** · dénonciation · invalidation · rescision · résiliation · révocation · **4 - décalage** · coupure · écart · fossé · fracture · **5 - séparation** · brouille · clash *anglic.* · divorce · fâcherie

✦ **en rupture avec** en désaccord (total) avec · en opposition (affirmée, nette) à

rural, e

■ *adj.* **1 - agricole** · paysan · terrien · **2 - rustique** · bucolique · campagnard · champêtre · pastoral · agreste *littér.*

■ *n.* paysan · agriculteur · campagnard · cultivateur · fermier · terrien

CONTR. urbain

ruse *n.f.*

1 - manœuvre · artifice · astuce · chausse-trappe · détour · feinte · intrigue · machination · piège · stratagème · subterfuge · attrape-nigaud *fam.* · combine *fam.* · ficelle *fam.* · truc *fam.* · attrape-couillon *très fam.* · piège à cons *très fam.* · rets *littér.* · **2 - adresse** · artifice · astuce · diplomatie · finesse · fourberie *péj.* · habileté · machiavélisme *péj.* · malice · perfidie *péj.* · roublardise *péj.* · rouerie *péj.* · subtilité *péj.* · cautèle *littér.* · matoiserie *littér.*

✦ **ruse très habile** ruse de sioux *fam.*

CONTR. candeur ı droiture

rusé, e *adj.*

1 - astucieux · adroit · diplomate · fin · finaud · futé · habile · machiavélique *péj.* · malicieux · malin · retors · roué *péj.* · subtil · combinard *fam.* · démerdard *fam.* · débrouillard *fam.* · roublard *fam.* · sioux *fam.* · artificieux *littér.* · cauteleux *littér.* · madré *littér.* · matois *littér.* · finasseur *vieilli* · **2 -** [air, mine] **malicieux** · chafouin · narquois · sournois

✦ **il est très rusé** c'est un renard · c'est une fine mouche

CONTR. candide ı droit ı niais

ruser *v.intr.*

· manœuvrer · biaiser · finasser · louvoyer · tergiverser · renarder *vieux*

rush *n.m.*

1 - afflux · déferlement · flot · marée · précipitation · ruée · vague · **2 -** [Cinéma] **épreuve de tournage** *recomm. offic.* · **3 -** [Sport] **sprint**

rustaud, e *adj. et n.* → **rustre**

rusticité *n.f.*

1 - grossièreté · lourdeur · rustrerie · balourdise *fam.* · **2 -** [Agric.] **résistance** · robustesse

rustique *adj.*

1 - champêtre · bucolique · campagnard · pastoral · paysan · rural · agreste *littér.* · **2 - grossier** · abrupt · fruste · rude · rustaud · rustre · **3 - austère** · brut · dépouillé · frugal · minimaliste · simple · **4 -** [Agric.] **résistant** · robuste · vivace

CONTR. raffiné ı urbain − orné ı chargé

rustre *n.m. et adj.*

1 - brute · discourtois · goujat · grossier (personnage) · impoli · malappris · mal élevé · malotru · mufle · rustaud · gougnafier *fam.* · pignouf *fam.* · incivil *littér.* · butor *vieilli* · croquant *vieilli* · manant *vieux* · **2 - balourd** · béotien · fruste · inculte · lourd · lourdaud · paysan · rustaud · rustique · péquenot *fam.* · plouc *fam.*

rut *n.m.*

chaleurs · œstrus

✦ **en rut** en chaleur · en chasse

rutilance *n.f.* → **rutilement**

rutilant, e *adj.*

· éclatant · ardent · brillant · chatoyant · éblouissant · étincelant · flamboyant · luisant · rayonnant · resplendissant

rutilement *n.m.*

· éclat · chatoiement · feu · flamboiement · lustre · miroitement · scintillement · brillance *littér.* · rayonnement *littér.* · rutilance *littér.*

rutiler *v.intr.*

· briller · chatoyer · étinceler · flamboyer · luire · miroiter · rayonner · resplendir · scintiller

rythme *n.m.*

1 - tempo · cadence · harmonie · mesure · mouvement · nombre · temps • [Jazz] swing · **2 - vitesse** · allure ·

cadence · **3 -** fréquence · périodicité · **4 -** alternance · rotation

✦ **au rythme de** au son de

rythmé, e *adj.* **1 -** cadencé · mesuré · rythmique · nombreux *littér.* · **2 - harmonieux** · mélodieux

rythmer *v.tr.* **1 - cadencer** · régler · scander · **2 - organiser** · articuler · structurer

rythmique *adj.* **1 - cadencé** · mesuré · rythmé · nombreux *littér.* · **2 - alternatif** · périodique

S

sabbat *n.m.* [vieilli] tapage · chahut · sarabande · tintamarre · tohu-bohu · vacarme · boucan *fam.* · raffut *fam.* · ramdam *fam.*

sabir *n.m.* · jargon · baragouin *fam.* · charabia *fam.* · galimatias *fam.*

sabler *v.tr.* [Techn.] décaper · dépolir

sableux, -euse *adj.* · sablonneux
↝ sablonneux

sablonneux, -euse *adj.* · sableux · aréneux *vieux*

↝ **sablonneux, sableux**
On qualifie de **sablonneux** ou de **sableux** une étendue, un sol, un élément géologique caractérisés par la présence de *sable*. Sablonneux est cependant plutôt réservé à ce qui est naturellement couvert ou constitué de sable *(un chemin, un rivage sablonneux ; une terre sablonneuse propice à la culture des asperges)*. Sableux, qui partage cette valeur *(une région sableuse)*, caractérise aussi ce qui contient une certaine quantité de sable, occasionnellement *(cette eau est un peu sableuse, manger des huîtres, des moules sableuses)* ou non *(une vallée d'alluvions sableuses)*.

saborder *v.tr.* **1 -** couler · envoyer par le fond · faire sauter · **2 -** ruiner · torpiller · couler *fam.*

sabot *n.m.* · galoche · socque

sabotage *n.m.* **1 -** détérioration · destruction · bousillage *fam.* · torpillage *fam.* · **2 -** bâclage · gâchage · gâchis

saboter *v.tr.* **1 -** détériorer · abîmer · détruire · gâcher · gâter · bousiller *fam.* · torpiller *fam.* · **2 -** bâcler · cochonner *fam.* · faire à la diable *fam.* · prendre par-dessus la jambe *fam.* · torcher *fam.*
CONTR. réparer – parfaire

saboteur, -euse *n.* · gâcheur · bousilleur *fam.*

sabrer *v.tr.* **1 -** enlever · biffer · censurer · couper · effacer · rayer · supprimer · balancer *fam.* · caviarder *fam.* · **2 -** [fam., candidat] **refuser** · coller *fam.* · recaler *fam.* · sacquer *fam.* · **3 -** [fam.] → **renvoyer**

¹**sac** *n.m.* **1 -** enveloppe · emballage · poche · sachet · pochon *région.* · **2 - sacoche** · bagage · besace · cabas · cartable · musette · serviette
✦ **sac de couchage** duvet · sac à viande

²**sac** *n.m.* · pillage · saccage · dévastation · déprédation *soutenu*

saccade *n.f.* · à-coup · heurt · secousse · soubresaut

saccadé, e *adj.* · discontinu · brusque · convulsif · entrecoupé · haché · heurté · irrégulier
CONTR. continu | fondu | lié

saccage *n.m.* **1** - destruction · dégât · dévastation · ravage · déprédation *soutenu* · **2** - pillage · sac

saccager *v.tr.* **1** - mettre à sac · dévaster · mettre à feu et à sang · piller · ravager · razzier · ruiner · désoler *littér.* · **2** - détruire · abîmer · gâter · massacrer *fam.* · **3** - bouleverser · chambarder *fam.* · chambouler *fam.*
🕮 dévaster

sacerdoce *n.m.* **1** - ministère · prêtrise · **2** - vocation · apostolat

sachet *n.m.* **1** - emballage · enveloppe · poche · sac · cornet *Suisse* · pochon *région.* · **2** - paquet · sac

sacoche *n.f.* · sac · musette

sacquer *v.tr.* **1** - noter sévèrement · sabrer *fam.* · **2** - → renvoyer
✦ ne pas pouvoir sacquer → détester

sacre *n.m.* **1** - couronnement · intronisation · **2** - consécration · apothéose · couronnement · triomphe

sacré, e
■ *adj.* **1** - saint · béni · consacré · divin · **2** - religieux · liturgique · rituel · **3** - intouchable · inaliénable · intangible · inviolable · révéré · sacro-saint · tabou · vénérable · **4** - [avant le nom, fam.] **incroyable** · extraordinaire · achevé · consommé · grand · parfait · bougre de *fam.* · fameux *fam.* · rude *fam.* · fieffé *péj.* · fier *littér.* · maudit *péj.* · satané *péj.* · fichu *péj., fam.* · fini *péj., fam.* · foutu *péj., fam.* · vache de *péj., fam.*
■ *n.m.*
✦ le sacré   le religieux
CONTR. profane

sacrément *adv.* · très · beaucoup · bougrement *fam.* · diablement *fam.* · drôlement *fam.* · foutrement *très fam.* · rudement *fam.* · terriblement *fam.* · vachement *fam.* · diantrement *littér.*

sacrer *v.tr.* **1** - couronner · introniser · **2** - consacrer · bénir · oindre · sanctifier

sacrificateur, -trice *n.* · immolateur

sacrifice *n.m.* **1** - offrande · holocauste · immolation · libation · lustration · oblation · **2** - don · offre · **3** - abnégation · désintéressement · dévouement · renoncement · résignation · **4** - privation · dépense · effort

sacrificiel, -ielle *adj.* · sacrificatoire

sacrifier *v.tr.* **1** - immoler · égorger · mettre à mort · offrir (en sacrifice) · **2** - renoncer à · abandonner · négliger · **3** - brader · liquider · solder · vendre (à) bon marché · bazarder *fam.*
✦ **sacrifier à**   **1** - consacrer à · donner à · **2** - se conformer à · obéir à · se plier à · se soumettre à · suivre
⟫ **se sacrifier** *v.pron.* se dévouer · faire don de soi · s'immoler *littér.*

> 🕮   **sacrifier, immoler**
> **Sacrifier** et **immoler** partagent le sens propre de « faire périr en offrande à une divinité » *(sacrifier/immoler un bœuf, victimes humaines sacrifiées/immolées)*. Alors que l'acte de mise à mort est dominant dans **immoler**, y compris dans des emplois modernes *(s'immoler par le feu)*, la dimension symbolique est en jeu dans **sacrifier**, dont les emplois étendus et figurés mettent l'accent sur la notion de renoncement *(sacrifier son intérêt, sa vie pour quelqu'un ; tout sacrifier, je lui ai tout sacrifié)*. Les emplois équivalents d'**immoler** sont très vieillis ou littéraires : « Vous laisserez sans honte immoler votre fille Aux folles visions qui tiennent la famille (...) ? » (Molière, *les Femmes savantes*, II, 9).

¹sacrilège n.m. **1 -** profanation · attentat · blasphème · impiété · outrage · violation · **2 -** [plaisant] crime · hérésie · péché
➥ profanation

²sacrilège
- adj. **1 -** impie · blasphématoire · **2 -** [plaisant] criminel
- n. profanateur

sacripant n.m. → garnement

sacristain n.m. · bedeau vieilli · suisse vieilli

sacro-saint, e adj. **1 -** intouchable · inaliénable · intangible · inviolable · révéré · sacré · tabou · vénérable · **2 -** traditionnel

sadique
- adj. **1 -** atroce · barbare · bestial · inhumain · sanguinaire · sauvage · **2 -** cruel · pervers
- n. **1 -** pervers · **2 -** tortionnaire

sadisme n.m. **1 -** cruauté · barbarie · bestialité · férocité · inhumanité · sauvagerie · **2 -** perversion

saga n.f. · histoire · cycle · légende · récit

sagace adj. · sage · avisé · clairvoyant · fin · intelligent · lucide · pénétrant · perspicace · pertinent · subtil
CONTR. naïf ı obtus

sagacité n.f. · perspicacité · clairvoyance · discernement · finesse · intelligence · intuition · lucidité · pénétration · pertinence
CONTR. aveuglement
➥ perspicacité

sage
- adj. **1 -** bon · judicieux · **2 -** averti · avisé · intelligent · sensé · **3 -** raisonnable · circonspect · équilibré · grave · mesuré · modéré · posé · prudent · réfléchi · sérieux · [vie] réglé · **4 -** éclairé · savant · **5 -** docile · calme · doux · gentil · obéissant · tranquille · **6 -** vertueux · chaste · continent · correct · décent · honnête · pudique · pur · réservé · modeste vieilli
- n. philosophe · savant

CONTR. fou ı insensé − déraisonnable ı désordonné ı irréfléchi − audacieux ı excentrique ı original − désobéissant ı insupportable ı turbulent − licencieux ı impudique

sage-femme n.f. · accoucheuse · matrone vieilli ou région.

sagement adv. **1 -** tranquillement · calmement · gentiment · comme un ange · **2 -** raisonnablement · prudemment
CONTR. follement ı absurdement − imprudemment

sagesse n.f. **1 -** discernement · circonspection · maturité · mesure · modération · pondération · prudence · bon sens · **2 -** calme · docilité · douceur · obéissance · tranquillité · **3 -** [vieux ou littér.] connaissance · philosophie · raison · sapience vieux · **4 -** [vieux ou Relig.] chasteté · continence · honnêteté · pudeur · retenue · vertu
CONTR. folie ı déraison ı imprudence ı inconséquence − turbulence − ignorance − impudeur

saignant, e adj. **1 -** ensanglanté · sanglant · **2 -** [viande] rouge · bleu · **3 -** [fam.] cruel · dur · rude

saignée n.f. **1 -** pli du coude · **2 -** entaille · **3 -** hémorragie · déperdition · fuite · perte · **4 -** coupe claire · coupe sombre

saignement n.m. · hémorragie

saigner
- v.intr. avoir une hémorragie · pisser (le sang) fam.
- v.tr. égorger · poignarder · tuer
- ✦ **saigner (à blanc)** **1 -** épuiser · vider · **2 -** dépouiller · pressurer · rançonner · ruiner

saillant, e *adj.* **1 - aigu** · anguleux · proéminent · protubérant · en saillie · **2 -** [yeux] **globuleux** · gonflé · gros · **3 - marquant** · frappant · mémorable · notable · remarquable · saisissant · qui fait date
CONTR. creux ı rentrant – insignifiant

saillie *n.f.*
I 1 - relief · angle (saillant) · arête · aspérité · avance · avancée · avancement · bec · bosse · bourrelet · coin · coude · crête · dent · éminence · éperon · ergot · nervure · pointe · proéminence · protubérance · **2 -** [Archit.] **avant-corps** · avant-toit · balèvre · bossage · chapiteau · console · corbeau · corniche · encorbellement · entablement · forjet · jarret · moulure · projecture
II boutade · bon mot · mot d'esprit · plaisanterie · pointe · trait (d'esprit)
III accouplement · copulation · monte
✦ **en saillie** saillant · en surplomb
✦ **faire, former saillie** saillir · avancer · dépasser · ressortir
CONTR. cavité ı creux ı renfoncement ı retrait – en creux

saillir
■ *v.tr.* **s'accoupler avec** · couvrir · monter · servir
■ *v.intr.* **faire saillie** · avancer · déborder · dépasser · se détacher · ressortir · sortir · être en surplomb

sain, saine *adj.* **1 - bien portant** · en bonne santé · florissant · frais · gaillard · robuste · valide · **2 - bon pour la santé** · équilibré · hygiénique · profitable · salubre · salutaire · tonique · **3 - sensé** · clair · droit · équilibré · juste · raisonnable · sage
✦ **sain et sauf** indemne · entier *fam.*
CONTR. malade ı malsain – dangereux ı nuisible – aberrant ı absurde – blessé

sainement *adv.* **1 - correctement** · **2 - judicieusement** · raisonnablement · rationnellement · sagement · sensément *vieux*

saint, sainte
■ *adj.* **1 - consacré** · sacré · **2 - respectable** · beau · pur · sacré · vénérable
■ *n.* **1 - élu** · bienheureux · glorieux · **2 -** [protecteur] **patron**

sainte-nitouche *n.f.* → **hypocrite**

saisie *n.f.* **1 - capture** · prise · **2 - enregistrement** · prise · **3 - dactylographie** · frappe · **4 -** [Droit] **confiscation** · appropriation · expropriation · mainmise · séquestre

☙ saisie, confiscation

Saisie et confiscation concernent la mainmise, décidée par les pouvoirs publics ou administratifs, sur des biens. La **saisie**, terme juridique courant, peut être décidée dans l'intérêt public ou privé *(débiteur menacé de saisie par son créancier, être sous le coup d'une saisie, procès-verbal de saisie)*. La **confiscation** est déclarée au seul profit de l'autorité publique et constitue une mesure de punition *(prononcer la confiscation des biens d'une personne condamnée)*. Avec cette même nuance, on emploie **saisie** et **confiscation** à propos d'objets prohibés *(la perquisition s'est conclue par une saisie d'armes ; l'ordre a été donné de procéder à la confiscation de marchandises non déclarées à la douane)*.

saisir *v.tr.*
I 1 - attraper · (s')accrocher (à) · (s')agripper (à) · atteindre · crocher · s'emparer de · empoigner · happer · **2 - s'emparer de** · conquérir · prendre · **3 -** [Droit] **confisquer** · réquisitionner · **4 -** [regard] **voir** · apercevoir · embrasser · **5 - profiter de** · attraper · exploiter · mettre à profit · se servir de · tirer avantage de · tirer parti de · tirer profit de · utiliser · sauter sur *fam.* · **6 - enregistrer** · dactylographier · taper
II 1 - comprendre · appréhender · concevoir · embrasser · entendre · étreindre · pénétrer · réaliser · imprimer *fam.* · piger *fam.* · se mettre

dans la tête, le crâne *fam.* • **2 - apercevoir** • apprécier • découvrir • discerner • percevoir • voir
III 1 - surprendre • ébahir • étonner • frapper • étourdir • méduser • pétrifier • sidérer • stupéfier • **2 - émouvoir** • étonner • empoigner • impressionner • retourner • secouer • **3 - transir**

⇨ **se saisir de** *v.pron.* **1 - s'approprier** • s'emparer de • monopoliser *péj.* • usurper *péj.* • **2 - conquérir** • se rendre maître de • **3 - appréhender** • arrêter • s'assurer de • capturer • agrafer *fam.* • alpaguer *fam.* • épingler *fam.* • harponner *fam.* • pincer *fam.*

CONTR. lâcher ı laisser – dessaisir

saisissant, e *adj.* **1 - impressionnant** • bouleversant • émouvant • frappant • poignant • touchant • **2 - surprenant** • étonnant • extraordinaire • inouï • renversant • sidérant • stupéfiant • décoiffant *fam.* • ébouriffant *fam.* • époustouflant *fam.* • soufflant *fam.* • **3 - captivant** • palpitant • troublant • **4 - saillant** • criant • percutant • **5 - piquant** • glacial • vif

saisissement *n.m.* **1 - émotion** • choc • commotion • coup • émoi • ébranlement • secousse • **2 - stupéfaction** • ahurissement • ébahissement • étonnement • stupeur • surprise

saison *n.f.* moment • âge • époque • période • temps

✦ **de saison** de circonstance • approprié • opportun • à propos

✦ **hors de saison** à contretemps • déplacé • hors de propos • inapproprié • inopportun • mal à propos

salace *adj.* • obscène • coquin • cru • égrillard • gaillard • gaulois • grivois • leste • libertin • licencieux • osé • paillard • rabelaisien • salé • cochon *fam.*

salacité *n.f.* • grivoiserie • crudité • gaillardise • gauloiserie • licence • obscénité • paillardise

salade *n.f.* **1 - verdure** *fam.* • **2 - macédoine** • mélange • **3 -** [fam.] → **confusion** • **4 -** [fam.] → **mensonge**

salaire *n.m.* **1 - rémunération** • appointements • cachet • émoluments • fixe • gages • honoraires • indemnités • revenu • solde • traitement • **2 - paie** • mensualité • mois *fam.* • **3 - gain** • profit • gratification • commission • pourboire • prime • **4 - rétribution** • châtiment • prix • récompense • sanction

salarié, e *adj. et n.* **1 - employé** • ouvrier • travailleur • **2 -** [au plur.] **personnel** • main d'œuvre

salarier *v.tr.* • appointer • payer • rémunérer • rétribuer • gager *vieux*

salaud

■ *n.m.* **1 - sale type** • charogne • crapule • ordure • pourriture • dégueulasse *fam.* • empaffé *fam.* • enflure *fam.* • enfoiré *très fam.* • fumier *très fam.* • pourri *fam.* • saligaud *très fam.* • salopard *très fam.* • salope *très fam.* • **2 - goujat** • malpropre • dégueulasse *fam.*

■ *adj.m.* méchant • rosse • dégueulasse *fam.* • vache *fam.*

sale *adj.*
I 1 - malpropre • boueux • crasseux • crotté • dégoûtant • douteux • graisseux • négligé • noir • poisseux • poussiéreux • souillé • terreux • dégueulasse *fam.* • cracra *fam.* • cradingue *fam.* • crado *fam.* • crapoteux *fam.* • crasse *fam.* • pisseux *fam.* • **2 - honteux** • bas • lâche • laid • malhonnête • **3 - grivois** • impudique • inconvenant • indécent • obscène • ordurier • scabreux • salé • cochon *fam.*
II 1 - antipathique • désagréable • détestable • ignoble • infect • méprisable • répugnant • **2 - désagréable** • difficile • **3 - dangereux** • ennuyeux • embêtant • **4 -** [temps] **mauvais** • méchant • vilain • de chien *fam.* • dégueulasse *fam.* • **5 - damné** • maudit

◆ **très sale**   répugnant · immonde · infâme · sordide • [personne] sale comme un cochon · sale comme un peigne
CONTR. blanc ı net ı propre − honnête − pudique − sympathique − beau ı clément

salé, e *adj.* **1 - salin** · saumâtre · **2 - grivois** · cru · gaulois · indécent · leste · licencieux · obscène · scabreux · cochon *fam.* · **3 - excessif** · cher · élevé · sévère · soigné *fam.*
CONTR. fade ı insipide − prude ı pudibond − bon marché

salement *adv.* **1 - malproprement** · mal · comme un cochon *fam.* · **2 - malhonnêtement** · perfidement · déloyalement *rare* · **3 −** [fam.] très · affreusement · horriblement · bigrement *fam.* · drôlement *fam.* · foutrement *fam.* · rudement *fam.* · sacrément *fam.* · vachement *fam.*
CONTR. proprement − honnêtement − peu

saleté *n.f.*
I 1 - malpropreté · crasse · **2 - ordure** · immondice · **3 - impureté** · salissure · tache · cochonnerie *fam.* · saloperie *très fam.* · **4 - boue** · gadoue · **5 - crotte** · excréments · merde *très fam.*
II pacotille · cochonnerie *fam.* · camelote *fam.* · merde *très fam.* · saloperie *très fam.* · toc *fam.*
III 1 - bassesse · abjection · indignité · **2 - obscénité** · grossièreté · **3 - mauvais, vilain tour** · méchanceté · rosserie · crasse *fam.* · saloperie *fam.* · tour de cochon *fam.* · vacherie *fam.* · vilenie *littér.*
IV rosse · ordure · chameau *fam.* · salaud *très fam.* · saligaud *très fam.* · salope *très fam.* · saloperie *très fam.* · vache *fam.* · carne *vieilli*
CONTR. netteté ı propreté

salir *v.tr.* **1 - souiller** · crotter · éclabousser · encrasser · graisser · maculer · noircir · poisser · tacher · barbouiller *fam.* · cochonner *fam.* · dégueulasser *fam.* · saloper *fam.* • [les dents, les doigts] jaunir · **2 - contaminer** · polluer · **3 −** [moralement] **corrompre** · abîmer · déshonorer · éclabousser · entacher · flétrir · nuire à · porter atteinte à · souiller · ternir · **4 - calomnier** · diffamer · discréditer · traîner dans la boue · baver sur *fam.*
CONTR. laver ı nettoyer − corriger − réhabiliter

salissure *n.f.* **1 - saleté** · souillure · **2 -** éclaboussure · tache

salive *n.f.* **1 - bave** · écume · **2 - crachat** · postillon

saliver *v.intr.* **1 - baver** · **2 - avoir l'eau à la bouche**

salle *n.f.* **1 - pièce** · **2 - auditoire** · assistance · auditeurs · public · spectateurs · **3 −** [de spectacle] **cinéma** · théâtre · **4 −** [de concert, de conférence] **auditorium**
◆ **salle de séjour**   séjour · salon · vivoir *Québec* · living(-room) *anglic.*
◆ **salle de bal**   dancing
◆ **salle d'audience**   prétoire · tribunal

salmigondis *n.m.* · mélange · confusion · embrouillement · enchevêtrement · fatras · fouillis · embrouillamini *fam.* · méli-mélo *fam.*

salon *n.m.* **1 - (salle de) séjour** · vivoir *Québec* · **2 - foire** · exposition

salope *n.f.* **1 −** → **dévergondée** · **2 −** → **salaud**

saloper *v.tr.* **1 −** → **salir** · **2 −** → **gâcher**

saloperie *n.f.* → **saleté**

salopette *n.f.* · combinaison · bleu · cotte

saltimbanque *n.* · forain · acrobate · banquiste · équilibriste · funambule · baladin *vieux* · bateleur *vieux*

salubre *adj.* · sain · bon · hygiénique · salutaire
CONTR. insalubre ı malsain ı nuisible

salubrité *n.f.* · hygiène · propreté · pureté

saluer *v.tr.* **1 - dire bonjour, au revoir à** · présenter ses civilités à *vieilli* · **2 - accueillir** · **3 −**

rendre hommage à · applaudir · honorer · s'incliner devant · donner un coup de chapeau à *fam.* · **4 - s'incliner** · se prosterner
✦ **entrer sans saluer**   entrer comme dans une écurie

salut *n.m.* **1 - salutation** · civilités *vieilli* • [parole] bonjour · bonsoir · au revoir · adieu · bye(-bye) *fam.* · ciao *fam.* · hello *fam.* • [geste] coup de chapeau · inclinaison de tête · poignée de main · révérence · courbette *péj.* · **2 - sauvegarde** · **3 -** [Relig.] **rachat** · rédemption
CONTR. damnation ı perdition

salutaire *adj.* **1 - profitable** · avantageux · bienfaisant · utile · **2 - sain** · salubre
CONTR. fâcheux ı inutile ı néfaste ı nocif ı pernicieux

salutation *n.f.* **1 - salut** · civilités *vieilli* · **2 - révérence** · courbette *péj.* • [exagérée] salamalec *péj., fam.*

salve *n.f.* **1 - décharge** · rafale · **2 - bordée** · volée

sanctifier *v.tr.* **1 - consacrer** · sacraliser · **2 - idolâtrer** · célébrer · déifier · diviniser · glorifier
CONTR. profaner

sanction *n.f.* **1 - punition** · amende · condamnation · peine · répression · châtiment *littér.* · **2 - approbation** · confirmation · consécration · entérinement · ratification · **3 - rançon** · envers · expiation · prix à payer
CONTR. récompense – désapprobation

sanctionner *v.tr.* **1 - punir** · réprimer · sévir contre · châtier *littér.* · **2 - consacrer** · approuver · confirmer · entériner · homologuer · ratifier
CONTR. récompense – démentir ı refuser

sanctuaire *n.m.* **1 - temple** · église · **2 - asile** · haut lieu · refuge · réserve

sandale *n.f.* · claquette · nu-pieds · spartiate · tong

sandwich *n.m.* · casse-croûte · panbagnat · panini · tartine · casse-dalle *fam.*

sang *n.m.* **lignée** · famille · hérédité · lignage · origine · race · souche
✦ **perdre du sang**   saigner
✦ **se faire du mauvais sang**   s'inquiéter · se faire du souci · se faire de la bile *fam.* · se faire du mouron *fam.*

sang-froid *n.m.* **maîtrise de soi** · aplomb · assurance · calme · fermeté · flegme · froideur · impassibilité · patience · tranquillité · cran *fam.* · self-control *fam.*
✦ **de sang-froid 1 - délibéré** · **2 - délibérément** · froidement · volontairement · avec préméditation · en toute, pleine, parfaite connaissance de cause
✦ **garder son sang-froid**   rester calme · faire bonne contenance · garder la tête froide · rester cool *fam.*
✦ **perdre son sang-froid**   s'émouvoir · perdre son calme · perdre pied · perdre la tête · se troubler
CONTR. angoisse ı émotion ı exaltation – involontairement

sanglant, e *adj.* **1 - ensanglanté** · sanguinolent · **2 - meurtrier** · sanguinaire · **3 - violent** · blessant · cuisant · injurieux · offensant · saignant

sangle *n.f.* · courroie · attache

sangler *v.tr.* · ceindre · gainer · mouler · serrer

sanglot *n.m.* **hoquet** · spasme
»› **sanglots** *plur.* **pleurs** · gémissements · larmes · plaintes

sangloter *v.intr.* · pleurer · pleurnicher · chialer *fam.* • [fort] pleurer à chaudes larmes · pleurer toutes les larmes de son corps

sang-mêlé *n. invar.* • métis

sangsue *n.f.* **1** - exploiteur • parasite • profiteur • **2** - pot de colle *fam.* • raseur *fam.*

sanguin, e *adj.* • rouge • congestionné • cramoisi • écarlate • rougeaud • rubicond

sanguinaire *adj.* **1** - cruel • barbare • féroce • sadique • altéré, ivre de sang • sauvage • violent • **2** - sanglant

sanguinolent, e *adj.* • ensanglanté • sanglant

sanie *n.f.* • pus

sans *prép.* **1** - dépourvu de • démuni de • privé de • **2** - faute de • **3** - s'il n'y avait pas eu
+ **sans cela, sans quoi** autrement • ou • sinon

CONTR. avec

sans-abri *n. invar.* **1** - sans-logis • S.D.F. • **2** - sinistré

sans-cœur *adj. et n. invar.* • égoïste • dur • endurci • indifférent • insensible • impitoyable • inhumain • méchant • cœur de pierre

sans-emploi *n. invar.* • chômeur • demandeur d'emploi • sans-travail

sans-gêne
■ *adj. invar.* **désinvolte** • cavalier • envahissant • familier
■ *n.m. invar.* **désinvolture** • audace • impolitesse • inconvenance • insolence • outrecuidance *littér.*

CONTR. respectueux ı discret ı sérieux – discrétion ı politesse ı savoir-vivre

sans-logis *n. invar.* • sans-abri

sansonnet *n.m.* • étourneau

sans-patrie *n. invar.* • apatride

santé *n.f.* **1** - vitalité • équilibre • forme • vie • **2** - complexion • constitution • tempérament
+ **recouvrer, retrouver la santé** guérir • aller mieux • se remettre • se rétablir • reprendre du poil de la bête *fam.* • se retaper *fam.* • se requinquer *fam.*
+ **en bonne, en pleine, en parfaite santé** bien portant • dispos • frais (comme une rose, un gardon) • gaillard • sain • solide • vaillant • valide • en pleine forme
+ **en mauvaise santé** malade • mal portant • mal en point *fam.*
+ **de santé fragile** délicat • chétif • fragile • frêle • malingre • souffreteux • crevard *fam.*

CONTR. maladie

saoûl, e *adj.* → soûl

sape *n.f.* • vêtement(s) • habillement • fringue(s) *fam.*

saper *v.tr.* **1** - attaquer • affouiller • creuser • éroder • excaver • miner • ronger • **2** - abattre • affaiblir • battre en brèche • défaire • démolir • détruire • dévaster • ébranler • miner
+ **saper le moral de** décourager • démoraliser • couper bras et jambes à *fam.*

CONTR. combler – consolider ı renforcer – encourager

saper (se) *v.pron.* → s'habiller

sapeur-pompier *n.m.* → pompier

saphisme *n.m.* • lesbianisme • homosexualité (féminine) • tribadisme *littér.*

sapidité *n.f.* goût • saveur
+ **agent de sapidité** exhausteur de goût, de saveur

CONTR. insipidité

sarabande *n.f.* **1** - danse • **2** - farandole • ribambelle • **3** - tapage • cavalcade • vacarme • boucan *fam.* • raffut *fam.* • sabbat *fam.*

sarcasme *n.m.* **1 -** dérision · humour (sarcastique) · ironie · moquerie · **2 - moquerie** · épigramme · flèche · lazzi · pique · pointe · quolibet · raillerie · vanne *fam.* · brocard *littér.* · trait *littér.* · lardon *vieux*

CONTR. compliment ı flatterie

sarcastique *adj.* · caustique · ironique · mauvais · moqueur · mordant · persifleur · railleur · sardonique

CONTR. bienveillant

sarclage *n.m.* · binage · désherbage · échardonnage · essartage · essartement

sarcler *v.tr.* **1 -** extirper · **2 -** désherber · biner · échardonner · essarter

sardonique *adj.* **1 -** caustique · ironique · mauvais · moqueur · mordant · persifleur · railleur · sarcastique · **2 - démoniaque**

sarrasin *n.m.* · blé noir · bucail *région.*

sas *n.m.* · crible · blutoir · tamis

satané, e *adj.* **1 -** maudit · sale · damné *fam.* · fichu *fam.* · foutu *fam.* · sacré *fam.* · **2 -** remarquable · exceptionnel · sacré *fam.*

satanique *adj.* **1 -** méchant · pervers · **2 - démoniaque** · diabolique · infernal · méphistophélique *littér.*

CONTR. divin ı angélique

satellite *n.m.* **1 -** astre · lunule · planète · **2 -** [en apposition] **dépendant** · annexé

satiété *n.f.* **1 -** satisfaction · **2 -** saturation · réplétion

◆ **à satiété** **1 -** à volonté · abondamment · en abondance · à profusion · à souhait · tout son soûl · à gogo *fam.* · **2 -** à l'excès · à réplétion *littér.*

CONTR. besoin ı désir ı envie

satiné, e *adj.* **1 -** brillant · lustré · **2 -** doux · lisse · soyeux · velouté

satire *n.f.* **1 -** dérision · moquerie · plaisanterie · raillerie · **2 - caricature** · charge · critique · épigramme · libelle · pamphlet · parodie · catilinaire *littér.*

CONTR. apologie ı éloge

satirique *adj.* **1 -** caustique · mordant · piquant · railleur · **2 - parodique**

CONTR. apologétique ı approbatif ı louangeur

➥ **caustique**

satiriser *v.tr.* · se moquer de · railler

satisfaction *n.f.* **1 -** assouvissement · apaisement · contentement · **2 - bonheur** · béatitude · contentement · euphorie · fierté · joie · jouissance · plaisir · volupté · **3 - gain de cause** · réparation · **4 - complaisance** · suffisance · triomphe · **5 - douceur** · avantage · consolation

◆ **donner satisfaction à** satisfaire · contenter · convenir à

CONTR. frustration ı inassouvissement ı non-satisfaction – insatisfaction ı peine – refus – mécontenter

satisfaire *v.tr.* **1 - convenir à** · contenter · plaire à · agréer à *littér.* · **2 - combler** · contenter · exaucer · **3 - assouvir** · apaiser · calmer · étancher · rassasier · **4 - donner suite à** · faire droit à · répondre à

◆ **satisfaire à** **1 - se conformer à** · accomplir · s'acquitter de · exécuter · faire face à · observer · remplir · respecter · se soumettre à · **2 - fournir à** · pourvoir à · répondre à · suffire à · **3 - accorder** · céder · **4 - correspondre à** · obéir à · répondre à · respecter

» **se satisfaire de** *v.pron.* **se contenter de** · s'accommoder de · s'arranger de · faire avec *fam.*

CONTR. déplaire · décevoir ı mécontenter – exacerber – manquer (à)

satisfaisant, e *adj.* • acceptable • convenable • correct • honnête • honorable • recevable • suffisant
CONTR. déplorable ı insatisfaisant ı insuffisant ı mauvais

satisfait, e *adj.* **1 - content** • heureux • béat *péj.* • **2 - comblé** • exaucé • rassasié • **3 - fier** • arrogant • avantageux • béat • complaisant • plein de soi-même • prétentieux • suffisant • vaniteux
CONTR. fâché – insatisfait ı mécontent – modeste
↝ **content**

saturateur *n.m.* • humidificateur

saturation *n.f.* **1 - engorgement** • **2 - satiété** • lassitude • ras-le-bol *fam.*

saturé, e *adj.* **1 - plein** • gonflé • rempli • **2 - encombré** • embouteillé • engorgé
✦ **être saturé de** être dégoûté de • être écœuré de • être fatigué de • avoir une indigestion de
CONTR. sans – dégagé – avoir envie de

saturer *v.tr.* **1 - emplir** • gaver • gorger • inonder • remplir • **2 - écœurer** • dégoûter • fatiguer • lasser • soûler

satyre *n.m.* **1 - faune** • ægipan • capripède *littér.* • chèvre-pied *littér.* • bouquin *vieux* • **2 - exhibitionniste** • pervers • **3 - obsédé** • vicieux • cochon *fam.*

sauce *n.f.* **1 - jus** • **2 -** [fam.] → **pluie**

saucer *v.tr.* • mouiller • tremper • rincer *fam.*

saucisson *n.m.* • saucisse sèche • sauciflard *fam.* • sifflard *fam.*

saucissonné, e *adj.* **1 - serré** • engoncé • boudiné *fam.* • **2 - habillé** • fagoté *fam.* • ficelé *fam.*

saucissonner *v.tr.* • découper • couper • trancher

sauf, sauve
■ *adj.* **intact** • entier • rescapé • sauvé
■ *prép.* **1 - excepté** • à l'exception de • à l'exclusion de • à part • hormis • hors • moins • fors *vieux* • **2 - sous réserve de** • à moins de
✦ **sain et sauf** indemne • entier *fam.*
✦ **sauf si** à moins que
✦ **sauf que** excepté que • hors que • hormis que • si ce n'est que • sinon que
CONTR. blessé ı endommagé – y compris

sauf-conduit *n.m.* • permis (de circuler) • laissez-passer • passeport

saugrenu, e *adj.* **1 - étrange** • aberrant • absurde • baroque • bizarre • burlesque • excentrique • extravagant • insolite • original • ridicule • singulier • farfelu *fam.* • loufoque *fam.* • **2 - impropre** • inattendu • incongru • insensé

saumâtre *adj.* **1 - salé** • **2 - désagréable** • amer • déplaisant • mauvais • pénible

sauna *n.m.* • bain de vapeur

saupoudrer *v.tr.* **1 - poudrer** • enfariner • fariner • **2 - consteller** • émailler • orner • parsemer • **3 - disperser** • éparpiller • répandre

saut *n.m.*
I **1 - bond** • bondissement • **2 - sautillement** • gambade • **3 - acrobatie** • cabriole • salto • voltige • **4 - chute** • plongeon
II **1 - cahot** • soubresaut • sursaut • tressautement • **2 - saute** • variation brusque
III **cascade** • cataracte • chute (d'eau)
↝ **bond**

saute *n.f.* • changement • modification • variation • saut

sauter
■ *v.intr.* **1 - bondir** • s'élancer • **2 - sautiller** • cabrioler • gambader • trépigner • **3 - sursauter** • tressauter • tressaillir • **4 -**

descendre • plonger • tomber • **5 - éclater** • exploser • péter • voler en éclats • **6 -** [bouchon] partir

■ *v.tr.* **1 -** franchir • enjamber • passer • **2 -** oublier • escamoter • manquer • omettre • passer • faire l'impasse sur • [une étape] brûler • **3 -** [fam.] baiser *très fam.* • s'enfiler *fam.* • s'envoyer *fam.* • se faire *fam.* • se taper *fam.*

✦ **sauter sur, dans** s'élancer sur, dans • bondir sur • fondre sur • se jeter sur, dans • plonger sur, dans • se précipiter sur, dans • se ruer sur, dans

✦ **sauter aux yeux** être manifeste • être flagrant • frapper (la vue) • crever les yeux *fam.*

✦ **sauter d'un sujet à l'autre** passer du coq à l'âne

✦ **faire sauter 1 -** [Cuisine] **faire revenir** • cuire • faire rissoler • **2 -** [fam.] → destituer

sauterelle *n.f.* • locuste • criquet *abusivt*

sauterie *n.f.* • soirée dansante • bal *vieux* • surprise-partie *vieux*

sauteur, -euse
■ *n.* **1 -** acrobate • **2 -** perchiste
■ *adj.* saltigrade *vieux*

sautillant, e *adj.* **1 -** haché • décousu • saccadé • **2 -** capricieux • mobile

sautillement *n.m.* • bond • bondissement • gambade

sautiller *v.intr.* • sauter • caracoler • gambader

sautoir *n.m.* • collier • châtelaine • pendentif

¹**sauvage** *adj.*
I 1 - fauve • inapprivoisable • inapprivoisé • indomptable • indompté • **2 - agreste** • champêtre • rustique • **3 - désert** • à l'écart • abandonné • désolé • infréquenté • inhabité • inhospitalier • retiré • solitaire • **4 - non civilisé** • à l'état de nature • primitif • incivilisé *vieux*
II 1 - farouche • craintif • distant • insociable • méfiant • misanthrope • ombrageux • timide • **2 - brut** • abrupt • âpre • mal dégrossi • mal élevé • mal embouché • fruste • grossier • inculte • rude
III barbare • bestial • cruel • féroce • inhumain • sanglant • sanguinaire • violent
IV illégal • illicite • irrégulier • parallèle

CONTR. domestique ı apprivoisé ı dompté – habité ı peuplé – civilisé – avenant ı sociable – fin ı cultivé – doux ı raffiné – légal

🙠 **sauvage, farouche**
Sauvage et farouche se disent d'une personne peu sociable. On qualifie de farouche celle qui redoute le contact avec autrui, soit par timidité *(c'est un enfant un peu farouche)*, soit par goût de la solitude : « Les jours, les soirs où je ne suis pas trop fatal et farouche, je me traîne à deux ou trois visites pour tuer une soirée » (Sainte-Beuve, *Correspondance*, 5 juil. 1830, t. I). On réserve **sauvage** à quelqu'un qui, par manque de sociabilité ou par misanthropie, évite la compagnie des hommes *(elle est devenue très sauvage ; il a choisi de vivre à l'écart : c'est un vrai sauvage)*. Appliqué à des comportements, **sauvage** est là encore plus fort que **farouche** : « Il se livre à son humeur violente et sauvage, sans plus se soucier de rien, sans égards au monde, aux conventions, aux jugements des autres » (R. Rolland, *Vie de Beethoven*).

²**sauvage** *n.* **1 - primitif** • barbare • **2 - solitaire** • ermite • misanthrope • ours • sauvageon • wisigoth • homme des bois • **3 - brute** • butor *vieilli ou plaisant* • goujat • grossier personnage • malotru • rustaud • rustre • ostrogoth *vieilli*

sauvagement *adv.* • violemment • brutalement • cruellement

sauvagerie *n.f.* **1 -** barbarie · bestialité · brutalité · cruauté · férocité · sadisme · violence · **2 -** misanthropie · insociabilité · timidité

CONTR. sociabilité ׀ civilisation – délicatesse

sauvegarde *n.f.* **1 -** protection · conservation · défense · maintien · préservation · salut · **2 -** abri · asile · barrière · bouclier · gage · garantie · rempart · refuge · soutien

✦ **sous la sauvegarde de** sous l'aile (protectrice) de · sous la bannière de · sous l'égide de · sous la protection de · sous la tutelle de

sauvegarder *v.tr.* · sauver · conserver · défendre · garantir · garder · maintenir · préserver · protéger

CONTR. dégrader ׀ détruire

sauve-qui-peut *n.m.* · débandade · déroute · fuite · panique

sauver *v.tr.* **1 -** guérir · rétablir · tirer d'affaire *fam.* · **2 -** préserver · conserver · défendre · garantir · garder · mettre à l'abri, en sûreté · protéger · sauvegarder · **3 -** racheter

✦ **sauver de** arracher à · préserver de · sortir de · soustraire à · tirer de *fam.*

⋙ **se sauver** *v.pron.* **1 -** s'échapper · s' enfuir · s'évader · prendre la fuite · jouer la fille de l'air *fam.* · prendre la poudre d'escampette *fam.* · prendre la clé des champs *fam.* · [soldat, pensionnaire] faire, sauter le mur *fam.* · **2 -** s'en aller · partir · déguerpir · disparaître · s'éclipser · s'esquiver · fuir · prendre congé · se barrer *fam.* · se carapater *fam.* · se débiner *fam.* · détaler *fam.* · filer *fam.* · filer à l'anglaise *fam.* · se tailler *fam.* · **3 -** [lait] **déborder**

CONTR. perdre – abîmer ׀ altérer ׀ détruire – accourir

sauvetage *n.m.* · secours

sauveteur *n.m.* · secouriste

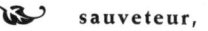 sauveteur, sauveur

Sauveur et **sauveteur** désignent une personne qui en *sauve* une autre, notamment d'un risque ou d'un danger de mort. Sauveur correspond à la valeur générale du verbe *(vous êtes mon sauveur, ce médecin a été mon sauveur)* et peut s'employer comme équivalent de *libérateur*, de *bienfaiteur*, avec pour complément un nom de collectivité *(le sauveur de la patrie)*. Sauveteur, en revanche, est réservé à la personne qui porte secours à un naufragé, aux victimes d'un sinistre dans le cadre d'un **sauvetage** *(une équipe de sauveteurs a fouillé les décombres)*.

sauvette (à la) *loc. adv.* **1 -** discrètement · furtivement · sous le manteau · **2 -** en toute hâte · hâtivement · précipitamment

sauveur *n.m.* sauveteur · ange gardien · bienfaiteur · homme providentiel · libérateur · protecteur · providence

✦ **le Sauveur** le Messie · le Rédempteur

⋙ sauveteur

savamment *adv.* **1 -** doctement *vieux ou plaisant* · doctoralement *péj.* · comme un livre *fam.* · **2 -** habilement · adroitement · finement · ingénieusement · intelligemment · **3 -** [*littér.*] sciemment · en connaissance de cause

CONTR. maladroitement ׀ simplement

¹**savant, e** *adj.* **1 -** cultivé · éclairé · érudit · instruit · lettré · docte *littér.* · **2 -** compétent · expert · fort · habile · maître dans · versé dans · calé *fam.* · fortiche *fam.* · **3 -** difficile · ardu · compliqué · recherché · **4 -** [*péj.*] pédant · **5 -** [animal] dressé · de cirque

CONTR. ignorant ׀ inculte – nul – simple – sauvage

²**savant, e** *n.* **1 -** chercheur · scientifique · spécialiste · **2 -** érudit · humaniste · lettré · philosophe · sage · clerc *anciennt ou littér.*

savetier *n.m.* · cordonnier

saveur *n.f.* **1** - goût · sapidité · **2** - agrément · charme · goût · piment · piquant · sel · plaisant *littér.*
CONTR. fadeur – platitude

¹savoir *v.tr.* **1** - connaître · être au courant de · être au fait de · être informé de · être instruit de · ne pas ignorer · **2** - maîtriser · connaître · dominer · posséder · **3** - [suivi de l'infinitif] pouvoir · être à même de · être capable de · être en état de · être en mesure de · parvenir à · [finement] avoir la manière (pour) · s'y connaître (pour) *fam.* · s'y entendre (pour) *fam.*
✦ **à savoir**   c'est-à-dire · i.e.
✦ **faire savoir**   annoncer · apprendre · aviser de · communiquer · faire connaître · faire part de · informer · prévenir · signaler · signifier · [avec force] claironner · crier sur les toits
✦ **tout savoir**   avoir la science infuse · être omniscient
CONTR. ignorer

²savoir *n.m.* · connaissance · acquis · bagage · culture · érudition · instruction · lumières · science *littér.* · [limité] lueurs · notions

savoir-faire *n.m. invar.* **1** - compétence · adresse · dextérité · habileté · ingéniosité · maestria · maîtrise · métier · pratique · qualification · talent · technique · tour de main · art *littér.* · know how *anglic.* · **2** - entregent · doigté · tact

savoir-vivre *n.m. invar.* **1** - éducation · correction · délicatesse · doigté · tact · **2** - bienséance · bonne éducation · civilité · convenances · politesse · urbanité *littér.*
CONTR. impolitesse
↪ politesse

savon *n.m.* **1** - savonnette · **2** - [fam.] réprimande · remontrance · admonestation *littér.* · algarade *littér.* · semonce *littér.* · engueulade *fam.* · attrapade *fam.* · lavage de tête *fam., vieux*

savonner *v.tr.* · laver

savourer *v.tr.* **1** - apprécier · déguster · se délecter de · goûter · se régaler de · [sans complément] se lécher les babines, les doigts *fam.* · **2** - prendre plaisir à · se délecter de · jouir de · profiter de · se gargariser de *péj.* · se repaître de *péj.*

savoureux, -euse *adj.* **1** - succulent · délicat · délicieux · doux · exquis · fameux *fam.* · délectable *littér.* · **2** - plaisant · croustillant · piquant · truculent
CONTR. mauvais – banal | insipide

> ☙ **savoureux, succulent**
> On qualifie de **savoureux** ou de **succulent** ce qui flatte le palais par la qualité de sa *saveur*. **Savoureux** est cependant d'usage plus courant et s'applique à des mets, des aliments particuliers (*un fruit savoureux, une daube savoureuse, une liqueur parfumée et savoureuse*). **Succulent**, d'usage plus soutenu, ajoute à l'idée de saveur agréable celle d'excellence et qualifie les choses de la table en général (*ce dîner était succulent, une cuisine succulente*). Au figuré, on retrouve les partages d'usage entre **savoureux**, courant (*une histoire savoureuse, un style savoureux*), et **succulent**, rare ou littéraire (*un récit succulent*).

saynète *n.f.* · sketch

sbire *n.m.* · homme de main · nervi · tueur · spadassin *vieux*

scabreux, -euse *adj.* **1** - licencieux · cru · égrillard · gras · graveleux · leste · obscène · osé · salé · cochon *fam.* · **2** - déplacé · hardi · inconvenant · indécent · libre · **3** - dangereux · délicat · difficile · hasardeux · osé · périlleux · risqué · **4** - embarrassant · délicat · épineux · inconfortable

scalpel *n.m.* · bistouri · lancette

scandale n.m. **1 - esclandre** · bruit · éclat · tapage · barouf fam. · bordel fam. · foin fam. · grabuge fam. · pétard fam. · **2 - honte** · horreur · abomination littér. · infamie littér. · turpitude littér. · **3 - affaire** · casserole fam. · **4 - indignation** · émotion
✦ **faire scandale** défrayer la chronique · faire des vagues

scandaleux, -euse adj. · honteux · choquant · déplorable · éhonté · épouvantable · horrifiant · inacceptable · indigne · obscène · révoltant
CONTR. édifiant ⏐ honorable ⏐ moral

scandaliser v.tr. **1 - choquer** · blesser · gêner · horrifier · indigner · offenser · offusquer · outrer · révolter · suffoquer
⋙ **se scandaliser** v.pron. **1 - s'indigner** · **2 - se formaliser** · se froisser · se hérisser · s'offenser · s'offusquer
CONTR. édifier

scander v.tr. · rythmer · accentuer · ponctuer · souligner

scanner n.m. **1 - scanographe** · tomodensitomètre · **2 - scanneur**

scaphandrier n.m. · homme-grenouille · plongeur

scarification n.f. · entaille · cicatrice · incision · marque • [au plur.] mouchetures

scarifier v.tr. · entailler · inciser · taillader

sceau n.m. **1 - cachet** · estampille · **2 - plomb** · scellé · **3 - marque** · cachet · coin · empreinte · griffe · patte · signature · signe · style
✦ **garde des Sceaux** [en France] ministre de la Justice

scélérat, e
■ adj. **criminel** · infâme · méchant · perfide littér.

■ n. **bandit** · canaille · criminel · vaurien · fripouille fam. · coquin vieux · gredin vieilli

scélératesse n.f. · méchanceté · déloyauté · perfidie littér.

sceller v.tr. **1 - fermer** · cacheter · plomber · **2 - assembler** · fixer · cimenter · plâtrer · **3 - affermir** · cimenter · confirmer · consacrer · consolider · entériner · ratifier · renforcer · sanctionner

scénario n.m. **1 - trame** · histoire · intrigue · pitch · **2 - canevas** · découpage · story-board · synopsis · script · **3 - plan** (d'action) · **4 - cas de figure**

scène n.f.
I **1 - plateau** · planches · tréteaux · théâtre · **2 - décor** · **3 - séquence** · passage · tableau · **4 - spectacle** · **5 -** [d'un crime, etc.] **lieu** · théâtre
II **querelle** · accrochage · altercation · dispute · drame · esclandre · heurt · comédie fam. · engueulade fam. · prise de bec fam. · séance fam. · algarade littér.
✦ **occuper le devant de la scène** être sous les feux de l'actualité · être sous les projecteurs

scénique adj. · théâtral
✦ **art scénique** scénographie

scepticisme n.m. **1 - athéisme** · incrédulité · pyrrhonisme (Philo.) · **2 - méfiance** · défiance · doute · incrédulité
CONTR. croyance ⏐ crédulité ⏐ foi – certitude ⏐ confiance ⏐ conviction ⏐ enthousiasme

sceptique
■ adj. **dubitatif** · défiant · incrédule
■ n. **1 - athée** · impie · incroyant · irréligieux · non-croyant · mécréant vieilli ou plaisant · **2 -** [Philo.] **aporétique** · pyrrhonien
CONTR. certain ⏐ convaincu ⏐ crédule ⏐ sûr – croyant
⤳ **incrédule**

sceptre *n.m.* **1** - bâton de commandement · main de justice · **2** - royauté · monarchie

schéma *n.m.* **1** - **diagramme** · arbre · croquis · dessin · plan · représentation · **2** - canevas · abrégé · cadre · ébauche · esquisse · grandes lignes · plan · schème · trame · linéaments *littér.*

schématique *adj.* **1** - **sommaire** · bref · concis · condensé · ramassé · résumé · simplifié · succinct · **2** - [*péj.*] **rudimentaire** · grossier · réducteur · simpliste · basique *fam.*
CONTR. complet ǀ détaillé ǀ nuancé

schématiquement *adv.* · sommairement · en gros · succinctement · grosso modo *fam.*
CONTR. soigneusement

schématisation *n.f.* · simplification · réduction

schématiser *v.tr.* · simplifier · abréger · condenser · résumer · synthétiser · donner les grandes lignes de
CONTR. développer

schisme *n.m.* **1** - scission · division · sécession · séparation · **2** - dissidence · déviation · hérésie
CONTR. unification

schiste *n.m.* · ardoise · phyllade

scie *n.f.* · rengaine · refrain · ritournelle · antienne *littér.*

sciemment *adv.* · exprès · consciemment · délibérément · en toute connaissance de cause · intentionnellement · volontairement · savamment *littér.*
CONTR. étourdiment ǀ inconsciemment ǀ involontairement

science *n.f.* **1** - savoir · connaissance · bagage · culture · érudition · expertise · instruction · **2** - **art** · adresse · capacité · compétence · expérience · maîtrise · savoir-faire · technique · **3** - **discipline** · domaine · matière · sujet
CONTR. ignorance – inaptitude

science-fiction *n.f.* · anticipation

scientifique
■ *adj.* **1** - objectif · logique · rationnel · **2** - didactique · savant
■ *n.* chercheur · savant
CONTR. empirique ǀ irrationnel ǀ subjectif

scientifiquement *adv.* · objectivement · logiquement · rationnellement
CONTR. empiriquement

scier *v.tr.* **1** - tronçonner · refendre · **2** - [*fam.*] → **surprendre**

scinder *v.tr.* · diviser · couper · déchirer · décomposer · disjoindre · fractionner · fragmenter · morceler · ramifier · sectionner · séparer
CONTR. associer ǀ unir

scintillant, e *adj.* **1** - **brillant** · chatoyant · étincelant · luisant · miroitant · **2** - clignotant · papillotant

scintillement *n.m.* **1** - miroitement · chatoiement · reflet · scintillation · **2** - **éclat** · feu · **3** - clignotement · papillotement

scintiller *v.intr.* **1** - **étinceler** · briller · chatoyer · flamboyer · luire · miroiter · pétiller · resplendir · rutiler · brasiller *littér.* · poudroyer *littér.* · **2** - clignoter · papilloter · palpiter

scion *n.m.* · rejet · drageon · jeune pousse · rejeton · surgeon

scission *n.f.* · dissidence · division · rupture · schisme · séparation
CONTR. accord ı association ı coalition ı concorde

sciure *n.f.* · bran (de scie)

sclérose *n.f.* · immobilisme · asphyxie · blocage · engourdissement · figement · immobilité · fossilisation · momification · paralysie
CONTR. dynamisme

scléroser *v.tr.* figer · asphyxier · engourdir · fossiliser · immobiliser · paralyser
» **se scléroser** *v.pron.* **se dessécher** · s'engourdir · se figer · se fossiliser · s'immobiliser · se momifier · s'encroûter *fam.*
CONTR. dynamiser – s'épanouir

scolarité *n.f.* · cursus · études · parcours scolaire

scoop *n.m.* · exclusivité

score *n.m.* **1 -** marque · décompte · note · résultat · **2 -** performance

scorie *n.f.* · déchet · cendre · laitier · poussière · mâchefer · résidu

¹**scotch** *n.m.* → whisky

²**scotch** *n.m.* [marque déposée] (ruban) adhésif

scotomisation *n.f.* · déni · forclusion

scribe *n.m.* **1 -** [ancienne] copiste · écrivain public · greffier · **2 -** [vieilli, péj.] **bureaucrate** · gratte-papier *fam.* · rond-de-cuir *fam.* · scribouillard *fam.*

script *n.m.* · scénario

scrupule *n.m.* **1 - sérieux** · attention · conscience · exigence · méticulosité · minutie · ponctualité · précision · rigueur · soin ·

zèle · **2 - doute** · cas de conscience · état d'âme · hésitation · **3 - honte** · pudeur · vergogne *littér.*

✦ **sans scrupule** sans honte · sans pudeur · sans hésiter · sans vergogne *littér.* · toute honte bue *littér.*

scrupuleusement *adv.* **1 - honnêtement** · consciencieusement · sérieusement · **2 - strictement** · à la lettre · avec rigueur · docilement · exactement · fidèlement · méticuleusement · minutieusement · précisément · religieusement · rigoureusement · soigneusement
CONTR. approximativement

scrupuleux, -euse *adj.* **1 - consciencieux** · correct · honnête · ponctuel · sérieux · **2 - attentif** · délicat · exact · fidèle · méticuleux · méthodique · minutieux · religieux · soigneux · **3 - strict** · étroit · formaliste *péj.*
CONTR. indélicat – approximatif

> **scrupuleux, consciencieux**
>
> Scrupuleux et consciencieux se disent d'une personne guidée dans sa vie privée ou sociale par une exigence morale et de ce qui dénote une telle attitude. Est consciencieux celui qui, obéissant à sa *conscience*, agit avec honnêteté et rigueur (*un élève consciencieux et appliqué ; un travail bien fait, très consciencieux*). Scrupuleux ajoute à l'exigence la crainte d'une défaillance morale qui caractérise le *scrupule* (*être d'une honnêteté scrupuleuse, il n'est pas très scrupuleux en affaires*) ; on pourra ainsi dire d'une personne **scrupuleuse** qu'*elle est consciencieuse jusqu'au scrupule*.

scrutateur, -trice *adj.* · observateur · attentif · investigateur · inquisiteur

scruter *v.tr.* **1 - observer** · examiner · inspecter · regarder · **2 - dévisager** · fixer · toiser · **3 - sonder** · analyser · approfondir ·

disséquer · étudier · examiner · explorer · fouiller · interroger · pénétrer · passer au crible · éplucher *fam.*

scrutin *n.m.* · vote

sculpter *v.tr.* · façonner · buriner · ciseler · fondre · former · modeler · mouler · tailler

sculptural, e *adj.* · plastique

sculpture *n.f.* **1** - statuaire · figurine · statue · statuette · **2** - bas-relief · glyptique · gravure · haut-relief

S.D.F. *n.* · sans-abri · clochard · sans-logis · clodo *fam.*

séance *n.f.* **1** - débat · audience · réunion · session · vacation *(Droit)* · **2** - représentation · spectacle · matinée · soirée · **3** - [fam.] → scène

✦ **séance tenante** sur-le-champ · à l'instant · aussitôt · immédiatement · sans délai · sans tarder · tout de suite · illico *fam.* · incontinent *littér.* · sur l'heure *littér.*

¹**séant, e** *adj.* · bienséant · convenable · correct · décent · opportun · poli

²**séant** *n.m.* · fessier · derrière · fesses · postérieur · siège · arrière-train *fam.* · cul *très fam.* · popotin *fam.*

¹**sec, sèche** *adj.*
I 1 - séché · déshydraté · desséché · rassis · **2** - aride · ingrat · stérile · **3** - sans accompagnement · brut · dry *anglic.* · **4** - maigre · décharné · efflanqué · émacié · étique
II 1 - bref · laconique · **2** - abrupt · acerbe · aigre · brusque · brutal · cassant · cinglant · désobligeant · glacial · incisif · mordant · pincé · **3** - insensible · dur · de marbre · de pierre · endurci · froid · indifférent · **4** -

autoritaire · raide · revêche · rude · pète-sec *fam.* · **5** - austère · étriqué · rébarbatif · rebutant

CONTR. humide – fertile – allongé – bien en chair – prolixe – bienveillant – sensible – doux ı conciliant – avenant

²**sec** *adv.* **1** - brutalement · rapidement · rudement · sèchement · **2** - beaucoup

✦ **à sec 1** - sans eau · asséché · tari · vide · **2** - [fam.] ruiné · désargenté *fam.* · fauché (comme les blés) *fam.* · raide *fam.* · sans un rond *fam.* · sans un sou *fam.* · sans un *fam.*

sécateur *n.m.* · cisaille

sécession *n.f.* **1** - dissidence · révolte · rupture · séparation · séparatisme · **2** - autonomie · indépendance

CONTR. fédération ı réunion

sécessionniste *adj. et n.* **1** - autonomiste · séparatiste · **2** - dissident

séchage *n.m.* **1** - dessiccation · évaporation · **2** - étendage

sèche-cheveux *n.m. invar.* · séchoir · casque · foehn *Suisse*

sèchement *adv.* **1** - brièvement · vivement · **2** - brusquement · brutalement · durement · froidement · rudement · sévèrement

sécher

■ *v.tr.* **1** - assécher · mettre à sec · tarir · vider · **2** - déshydrater · dessécher · étuver · **3** - faner · flétrir · dessécher · **4** - essuyer · éponger · étancher · **5** - [fam.] manquer · brosser *Belgique* · [sans complément] faire l'école buissonnière

■ *v.intr.* **1** - se dessécher · se déshydrater · s'évaporer · **2** - dépérir · se faner · se flétrir · se racornir · **3** - [fam.] ne pas savoir répondre · caler *fam.* · donner sa langue au chat *fam.*

⋙ **se sécher** *v.pron.* s'essuyer • s'éponger

CONTR. arroser ׀ détremper ׀ humecter ׀ imbiber ׀ inonder ׀ mouiller – fleurir – s'épanouir – avoir de la répartie – se mouiller

sécheresse *n.f.* **1** - aridité • dessèchement • siccité *didact.* • **2** - dureté • brutalité • froideur • indifférence • insensibilité • raideur • rudesse • sévérité • **3** - concision • brièveté • laconisme

CONTR. humidité ׀ fertilité ׀ luxuriance – amabilité ׀ attendrissement ׀ gentillesse – prolixité

séchoir *n.m.* **1** - sèche-linge • étendoir • **2** - étuve • **3** - sèche-cheveux • casque

¹**second, e** *adj.* **1** - deuxième • **2** - deux • **3** - autre • nouveau

✦ **de second ordre** inférieur • médiocre • mineur

↝ **deuxième**

²**second, e** *n.* • adjoint • aide • allié • alter ego • appui • assesseur • assistant • auxiliaire • bras droit • collaborateur • lieutenant

secondaire *adj.* **1** - accessoire • adventice • annexe • contingent • incident • marginal • mineur • subsidiaire • **2** - consécutif • collatéral • corollaire • dérivé • parallèle

CONTR. capital ׀ dominant ׀ essentiel ׀ fondamental ׀ primordial ׀ principal – primaire ׀ primitif

secondairement *adv.* • accessoirement • incidemment • marginalement

seconde *n.f.* instant • minute

✦ **en (moins d')une seconde** en un clin d'œil • en un éclair

seconder *v.tr.* • aider • accompagner • appuyer • assister • épauler • prêter main-forte à • servir • soutenir • faire le jeu de *péj.*

CONTR. contrarier ׀ desservir

secouer *v.tr.*

I 1 - agiter • remuer • **2** - [la tête] hocher • branler *vieux ou littér.* • **3** - ballotter • cahoter •

ébranler • faire vibrer • brimbaler *vieux ou littér.* • bringuebaler *vieux ou littér.* • **4** - **se libérer de** • s'affranchir de

II bouleverser • choquer • commotionner • émouvoir • perturber • remuer • retourner • traumatiser • ficher un coup à *fam.* • tournebouler *fam.*

III 1 - réprimander • harceler • houspiller • malmener • maltraiter • tourmenter • admonester *littér.* • engueuler *fam.* • sabouler *vieux* • **2** - **faire réagir** • inciter à agir • bousculer • pousser dans ses retranchements

⋙ **se secouer** *v.pron.* **1** - s'ébrouer • **2** - réagir • se prendre en main • se reprendre • se ressaisir • se réveiller • se bouger *fam.* • s'y mettre *fam.*

secourable *adj.* • bon • charitable • fraternel • généreux • humain • obligeant

secourir *v.tr.* **1** - porter secours à • assister • venir à la rescousse de • **2** - aider • prêter main-forte à • tendre la main à • donner un coup de main à *fam.* • **3** - défendre • intervenir en faveur de • protéger • soutenir

↝ **secourir, aider, assister**

Aider recouvre les valeurs de **secourir** et **assister** avec l'idée générale de soulager, épauler une personne dans une situation plus ou moins difficile *(aider de ses conseils, financièrement ; aider un enfant à faire ses devoirs, aider de son mieux).* Secourir implique cependant une urgence à porter secours à des personnes en danger *(secourir des blessés, les victimes d'une catastrophe ; secourir les sans-logis).* Assister, moins courant, se dit en particulier à propos de malades ou de pauvres *(assister les démunis, son prochain)* et surtout, aujourd'hui, pour le fait d'apporter secours à un mourant par sa seule présence : « Il est mort hors de France. Je n'ai pas pu l'assister dans ses derniers moments » (Edmond Jaloux, *Fumées dans la campagne,* II).

secouriste *n.* • sauveteur

secours *n.m.* **1 - aide** · appui · assistance · concours · coup de main · protection · providence · réconfort · ressource · service · soins · soutien · **2 - renfort** · rescousse · **3 - sauvetage** · secourisme · **4 - don** · aide · allocation · aumône · charité · subside · subvention · **5 - bienfaisance** · entraide
+ **de secours** de rechange
+ **porter secours à** secourir · assister · venir à la rescousse de

CONTR. abandon ı déréliction

secousse *n.f.* **1 - à-coup** · agitation · cahot · saccade · soubresaut · tremblement · trépidation · tressautement · **2 - choc** · commotion · coup · ébranlement · traumatisme · **3 - convulsion** · frisson · spasme
+ **secousse sismique** séisme · tremblement de terre • [secondaire] réplique

¹**secret, -ète** *adj.* **1 - enfoui** · caché · dérobé · discret · voilé · **2 - inconnu** · ignoré · invisible · **3 - clandestin** · furtif · sourd · sournois · souterrain · ténébreux · subreptice littér. · **4 - confidentiel** · caché · intime · **5 - impénétrable** · caché · chiffré · codé · énigmatique · ésotérique · hermétique · insondable · mystérieux · obscur · occulte · **6 - réservé** · insaisissable · renfermé · dissimulé péj. · fuyant péj. · cachottier péj., fam.

> secret, caché, confidentiel, intime
>
> Secret, caché, intime et confidentiel s'appliquent à ce qui est tu ou masqué aux yeux d'autrui. Caché met l'accent sur la dissimulation *(découvrir la réalité cachée sous les apparences, révéler le sens caché d'un message, une douleur cachée)*. Ce qui est secret n'est connu que d'une ou de quelques personnes et doit le rester *(ce projet est pour l'instant tenu secret)*. Intime, réservé au domaine de la vie privée, exprime ce qui échappe à tout autre que soi-même *(être perdu dans des pensées intimes, publier des carnets intimes, un journal intime)*. Confidentiel, d'emploi plus restreint, suggère que l'on protège le *secret* des indiscrétions par la voie de la *confidence (c'est une information très confidentielle, cela doit rester entre nous ; un pli, un entretien confidentiel)*. Secret se substitue à **confidentiel** lorsqu'on parle d'informations à caractère diplomatique, politique, etc. *(un document, un dossier secret ; des renseignements secrets)*.

²**secret** *n.m.* **1 - mystère** · cachotterie fam. · **2 - énigme** · mystère · pot aux roses fam. • [au plur.] dessous · coulisses · arcanes littér. · **3 - discrétion** · confidentialité · silence · **4 - astuce** · méthode · procédé · recette · combine fam. · truc fam. · **5 - motif** · clé · raison
+ **en secret** secrètement · à la dérobée · confidentiellement · dans l'anonymat · dans l'ombre · en cachette · en catimini · clandestinement · en coulisse · en secret · en silence · en sous-main · furtivement · incognito · subrepticement · en tapinois fam. · sans tambour ni trompette fam. · sous le manteau fam.
+ **mettre dans le secret** mettre au courant · mettre dans la confidence · mettre au parfum fam. · rancarder fam.
+ **dans les secrets de** au tréfonds de · dans les recoins · dans les replis de

secrétaire *n.* · bureau · bonheur-du-jour · scriban

secrètement *adv.* **1 - en secret** · à la dérobée · confidentiellement · dans l'anonymat · dans l'ombre · en cachette · en catimini · clandestinement · en coulisse · en silence · en sourdine · en sous-main · furtivement · incognito · subrepticement · en tapinois · sans tambour ni trompette · sous le manteau · en douce fam. · **2 - intérieurement** · à part soi · en, dans son for intérieur · en soi-même · intimement · in petto

CONTR. publiquement ı ostensiblement – ouvertement

sécréter *v.tr.* **1** - distiller · dégager · exhaler · exsuder · **2** - élaborer · produire

sécrétion *n.f.* · excrétion · écoulement

sectaire
- *adj.* fanatique · doctrinaire · intolérant · partisan
- *n.* sectateur · adepte

CONTR. éclectique ı libéral ı tolérant

↪ **fanatique**

sectarisme *n.m.* · fanatisme · étroitesse · intolérance · rigorisme

CONTR. libéralisme ı tolérance

secte *n.f.* **1** - religion · église · **2** - chapelle · clan · coterie · école · parti

secteur *n.m.* **1** - domaine · branche · partie · sphère · rayon *fam.* · **2** - emplacement · arrondissement · district · quartier · subdivision · zone · **3** - [fam.] alentours · environs · parages · voisinage · zone · coin *fam.*

section *n.f.* **1** - coupure · **2** - profil · coupe · **3** - division · partie · subdivision · [d'un texte] chapitre · paragraphe · **4** - segment · bout · morceau · portion · tronçon · **5** - cellule · groupe

sectionner *v.tr.* **1** - couper · débiter · trancher · **2** - fractionner · compartimenter · diviser · émietter · fragmenter · morceler · parcelliser · scinder · segmenter · subdiviser

séculaire *adj.* **1** - centenaire · **2** - ancien · âgé · ancestral · antique · immémorial

séculier, -ière *adj.* **1** - laïque · civil · **2** - temporel · profane · terrestre

CONTR. régulier

secundo *adv.* · deuxièmement · secondement · deuzio *fam.*

sécurisant, e *adj.* · rassurant · apaisant · tranquillisant

CONTR. angoissant ı dramatisant

sécuriser *v.tr.* **1** - rassurer · apaiser · calmer · désangoisser · tranquilliser · **2** - assurer, garantir la sécurité de · **3** - assurer · garantir

sécurité *n.f.* **1** - sérénité · abandon · assurance · calme · confiance · tranquillité · **2** - ordre · paix · **3** - protection · défense · police · sûreté · **4** - fiabilité
+ **en (toute) sécurité** **1** - en sûreté · à l'abri · à couvert · **2** - en confiance · tranquillement · les yeux fermés *fam.*

CONTR. insécurité

sédatif, -ive *adj. et n.m.* **1** - calmant · analgésique · antalgique · **2** - soporifique · dormitif · **3** - tranquillisant · anxiolytique · neuroleptique · psycholeptique

↪ **calmant**

sédentaire
- *adj.* permanent
- *n.* [péj.] casanier · cul-de-plomb *fam.* · pantouflard *fam.* · pot-au-feu *fam.*

CONTR. ambulant ı errant ı nomade

sédentariser *v.tr.* · fixer

sédiments *n.m.pl.* · alluvions · couche · dépôt · formation

> ↪ **sédiments, alluvions**
> Sédiments et alluvions évoquent tous deux les dépôts laissés par des éléments naturels. Les **sédiments**, provenant de matières d'origine organique ou de la désagrégation des roches, sont transportés et déposés par les eaux ou le vent *(la formation très lente des sédiments côtiers, marins, glaciaires ; l'accumulation de sédiments calcaires)*. Les **alluvions**, formées d'argile ou de sable, ont été laissées par les eaux sous forme de dépôts successifs de

sédiments *(des alluvions fluviales, des terrains d'alluvions)* : « Le fleuve (...) a comblé toute la plaine d'alluvions humides, de terres marécageuses coupées par les alignements de peupliers » (Daniel-Rops, *Mort, où est ta victoire*).

séditieux, -ieuse
- *adj.* contestataire · incendiaire · subversif
- *n.* factieux · agitateur · émeutier · insoumis · rebelle · révolutionnaire

sédition *n.f.* 1 - rébellion · agitation · émeute · insurrection · mutinerie · révolte · soulèvement · pronunciamiento · putsch · 2 - indiscipline

séducteur, -trice
- *adj.* charmeur · aguichant · cajoleur · enjôleur · engageant · entreprenant · ensorceleur · fascinant · galant · séduisant · tentateur
- *n.m.* don Juan · bourreau des cœurs · casanova · charmeur · enjôleur · homme à femmes · dragueur *fam.* · tombeur *fam.* · lovelace *littér.* · suborneur *vieux ou littér.*
- *n.f.* femme fatale · aguicheuse *fam.* · allumeuse *fam.* · vamp *fam.*

séduction *n.f.* 1 - attrait · agrément · beauté · charme · 2 - attraction · ascendant · autorité · ensorcellement · fascination · influence · magie · mirage · prestige · tentation · 3 - galanterie
CONTR. laideur – répugnance

séduire *v.tr.* 1 - charmer · affrioler · captiver · conquérir · faire la conquête de · ensorceler · envoûter · fasciner · plaire à · ravir · subjuguer · allumer *fam.* · emballer *fam.* · faire du gringue à *fam.* · lever *fam.* · taper dans l'œil à *fam.* · tourner la tête à *fam.* · tomber *fam.* · vamper *fam.* · 2 - tenter · allécher · attirer · intéresser · 3 - [vieux] tromper · abuser · attirer dans ses filets · circonvenir · égarer · embobeliner *fam.* · entortiller *fam.* · 4 - [vieux] débaucher · abuser de · déshonorer
CONTR. choquer ı déplaire

séduisant, e *adj.* 1 - charmant · agréable · aimable · beau · brillant · 2 - désirable · attirant · affriolant · aguichant · irrésistible · sexy *fam.* · 3 - tentant · alléchant · attrayant · intéressant
CONTR. laid – déplaisant ı repoussant ı répugnant

segment *n.m.* · morceau · division · fraction · part · partie · portion · section

segmentation *n.f.* · fractionnement · découpage · division · fragmentation · morcellement · sectionnement

segmenter *v.tr.* · découper · couper · diviser · fractionner · fragmenter · sectionner · scinder

ségrégation *n.f.* · discrimination · exclusion · [raciale] apartheid
CONTR. déségrégation

séide *n.m.* 1 - complice · 2 - sectateur · suppôt · zélateur

seigneur *n.m.* 1 - prince · roi · souverain · sire · 2 - suzerain · châtelain · hobereau · maître · 3 - noble · gentilhomme · grand · monsieur

seigneurie *n.f.* · fief · baronnie · châtellenie · comté · duché · vicomté

sein *n.m.* 1 - mamelle *fam.* · lolo *fam.* · néné *fam.* · nichon *fam.* · robert *fam.* · rotoplot *fam.* · téton *fam.* · 2 - [vieux ou littér.] ventre · giron · utérus · entrailles *littér.* · flanc *littér.*
- ✦ au sein de   dans · au centre de · au cœur de · à l'intérieur de · au milieu de · parmi
- ⋙ seins *plur.* poitrine · buste · gorge *vieilli* · appas *littér.*

séisme *n.m.* 1 - tremblement de terre · secousse sismique · secousse tellurique · 2 - bouleversement · cataclysme · commotion

séjour *n.m.* 1 - résidence · vacances · villégiature · 2 - salle de séjour · salon · living(-room)

séjourner *v.intr.* 1 - résider · demeurer · habiter · loger · 2 - s'arrêter · faire halte · 3 - rester · demeurer · croupir *péj.* · stagner *péj.*
CONTR. passer

sel *n.m.* · saveur · esprit · finesse · piment · piquant · plaisant *littér.*

sélect, e *adj.* 1 - distingué · b.c.b.g. · chic · choisi · élégant · 2 - fermé · exclusif · réservé
CONTR. vulgaire – libre

sélectif, -ive *adj.* · élitiste

sélection *n.f.* 1 - choix · tri · 2 - assortiment · choix · éventail · 3 - [Sport] critérium
CONTR. mélange

sélectionner *v.tr.* · choisir · opter pour · élire *littér.* · [Cinéma, etc.] nominer

self-service *n.m.* · libre-service · self *fam.*

selles *n.f.pl.* · excréments · déjections · fèces · caca *fam.* · crottes *fam.*

sellier *n.m.* · bourrelier

selon *prép.* 1 - conformément à · suivant · 2 - d'après · de l'avis de · suivant
+ **selon que** suivant que
CONTR. contre ı en dépit de
🌿 **suivant**

semailles *n.f.pl* · semis · ensemencement

¹**semblable** *adj.* 1 - identique · pareil · 2 - analogue · approchant · assimilé · comparable · équivalent · ressemblant · similaire · 3 - commun · même · 4 - tel · pareil
+ **ils sont semblables en tous points** c'est bonnet blanc et blanc bonnet *péj.*

²**semblable** *n.* · prochain · autrui · congénère · égal · frère · pareil

semblablement *adv.* · pareillement · à l'avenant

semblant *n.m.*
+ **un semblant de** 1 - l'apparence de · l'ombre de · un soupçon de · 2 - une manière de · un simulacre de
+ **faire semblant de** feindre de · faire mine de · affecter de

sembler *v.intr.* 1 - paraître · avoir l'air de · donner l'impression de · 2 - ressembler à
+ **sembler bon à** plaire à · agréer à *littér.*
+ **Il me semble (que)** à mon avis · de mon point de vue · pour ma part · je crois (que) · j'ai l'impression (que) · il me paraît (que) *littér.*

🌿 **sembler, paraître**

Sembler et paraître sont interchangeables dans bien des cas, au sens de « avoir l'air », « donner l'impression », notamment dans des phrases attributives, avec un complément indirect *(ce prix me semble/paraît raisonnable, je vais vous paraître/sembler indiscret)* ou sans complément *(cela semble/paraît vraisemblable ; l'annonce du résultat semble/paraît interminable)*. Lorsque l'attribut est un substantif, seul **sembler** peut se dire, en emploi littéraire, pour « ressembler à (qqch., qqn) » : « L'enfer semble une gueule effroyable qui mord » (Hugo, *l'Année terrible*, Octobre, III).
Sembler et paraître sont également équivalents employés devant un infinitif *(il ne paraît pas/ne semble pas me reconnaître)*, mais seul **paraître** est possible dans certains contextes, avec un des sens de « faire » *(elle paraît la trentaine, tu ne parais pas ton âge)*. En tournure impersonnelle, avec le sens de « avoir l'impression que », **sembler** est plus courant *(il me semble que le temps est en train de changer)*, et

paraître littéraire : « Il me paraît qu'on devrait (...) admirer l'inconstance (...) des hommes » (La Bruyère, *les Caractères*, XIII, 12).

semelle *n.f.* • patin

semence *n.f.* **1 -** grain • graine • **2 -** sperme • liquide séminal

semer *v.tr.* **1 -** ensemencer • **2 -** planter • **3 -** disséminer • couvrir de • disperser • éparpiller • jeter • joncher de • répandre • essaimer *littér.* • **4 - propager** • jeter • répandre • **5 -** [fam.] **distancer** • fausser compagnie à • laisser loin derrière • lâcher *fam.*

> semer, ensemencer
>
> **Semer** et **ensemencer** concernent l'action de répandre des *semences* sur une terre cultivable. **Ensemencer** est le terme plus spécifique à l'activité agricole *(ensemencer un champ ; une terre labourée, prête à être ensemencée)* ; il équivaut à « faire des *semailles* ». **Semer** partage ce domaine, surtout en construction absolue *(c'est le moment de semer)*, mais s'emploie plutôt à propos d'un jardin potager ou de toute étendue modeste de terrain ; il équivaut à « faire des *semis* ». Par ailleurs **semer**, contrairement à **ensemencer**, se construit le plus souvent avec un complément qui précise la nature de la semence *(semer des graines de fleurs, de légumes, semer de la luzerne)* ou le procédé *(semer à la volée)*.

sémillant, e *adj.* • pétillant • alerte • frétillant • fringant • gai • guilleret • pétulant • primesautier • vif • vivant

CONTR. terne

séminaire *n.m.* • cours • colloque • conférence • congrès • forum • rencontre • symposium • groupe de travail

semis *n.m.* **1 - plantation** • ensemencement • semailles • **2 - plant**

semonce *n.f.* **1 -** remontrance • réprimande • reproches • admonestation *littér.*

✦ **coup de semonce 1 -** [Mar.] **sommation** • **2 -** avertissement

sempiternel, -elle *adj.* **1 - continuel** • constant • éternel • incessant • ininterrompu • perpétuel • **2 - immuable** • indéfectible • invariable

sempiternellement *adv.* • continuellement • éternellement • perpétuellement • sans cesse • toujours

sénescence *n.f.* • vieillissement • vieillesse • [prématurée] gérontisme • sénilisme

sénile *adj.* gâteux • décrépit • retombé en enfance • gaga *fam.* • ramolli *fam.*

✦ **être sénile** sucrer les fraises *fam.*

CONTR. enfantin | infantile | juvénile

sénilité *n.f.* **1 - vieillesse** • décrépitude • ramollissement • **2 - affaiblissement intellectuel** • démence (sénile) • gâtisme • presbyophrénie

¹**sens** *n.m.*
I **1 - sensation** • **2 - conscience** • connaissance
II **1 - discernement** • entendement • jugement • raison • sagesse • **2 - instinct** • intuition • notion • sentiment
III **1 - signification** • acception • connotation • contenu • définition • valeur • signifié (Ling.) • **2 - esprit** • clé • lettre • **3 - raison d'être**

✦ **bon sens, sens commun** raison • jugement • réalisme • sagesse • jugeote *fam.*
✦ **de bon sens** sensé • réaliste • sage
✦ **à mon sens** d'après moi • à mon avis • d'après mon opinion • d'après mon sentiment • de mon point de vue
✦ **en un sens** d'une certaine manière • en quelque sorte
✦ **sixième sens** intuition • instinct • petit doigt *fam.*

⌦ **sens** *plur.* sexualité • libido • sensualité • chair *littér.*

²**sens** *n.m.* **1** - direction · côté · fil · **2** - orientation · but · perspective
✦ **sens devant derrière** à l'envers
✦ **sens dessus dessous** **1** - à l'envers · **2** - en désordre · pêle-mêle · **3** - bouleversé · troublé · retourné · tourneboulé *fam.*
✦ **mettre sens dessus dessous** **1** - retourner · renverser · **2** - mettre en désordre · bousculer · chambarder *fam.* · mettre le bazar, le bordel dans *fam.* · **3** - bouleverser · troubler

sensation *n.f.* **1** - émotion · impression · **2** - intuition · impression · sentiment · **3** - admiration · effet · étonnement · surprise
✦ **à sensation** sensationnel
✦ **faire sensation** faire son effet · étonner · décoiffer *fam.* · ébouriffer *fam.*

sensationnel, -elle *adj.* · spectaculaire · formidable · impressionnant · incroyable · inouï · prodigieux · renversant · stupéfiant · décoiffant *fam.* · d'enfer *fam.* · ébouriffant *fam.* · énorme *fam.* · époustouflant *fam.* · fantastique *fam.* · génial *fam.*
CONTR. banal

sensé, e *adj.* **1** - raisonnable · éclairé · équilibré · mesuré · pondéré · posé · prudent · rationnel · sage · **2** - intelligent · judicieux · pertinent
CONTR. absurde ׀ déraisonnable ׀ insensé

sensibilisation *n.f.* · allergie · intolérance · anaphylaxie

sensibiliser *v.tr.* · attirer l'attention de · atteindre · faire prendre conscience à · faire réagir · intéresser · toucher · conscientiser *didact.*

sensibilité *n.f.* **1** - excitabilité · réceptivité · susceptibilité · **2** - émotivité · affectivité · sensiblerie *péj.* · sentimentalité *péj.* · **3** - émotion · passion · sentiment · entrailles *fam.* · fibre *fam.* · **4** - humanité · bonté · cœur · compassion · pitié · sympathie · tendresse
CONTR. insensibilité ׀ froideur ׀ dureté

sensible *adj.*
I **1** - émotif · délicat · fragile · impressionnable · tendre · vulnérable · **2** - sensitif · sensoriel · **3** - bon · aimant · compatissant · généreux · humain · tendre
II susceptible · chatouilleux · ombrageux
III **1** - perceptible · apparent · concret · matériel · palpable · tangible · visible · phénoménal *didact.* · **2** - appréciable · clair · évident · important · marqué · net · notable · substantiel
IV dangereux · brûlant · chaud · délicat · difficile · douloureux · névralgique
✦ **sensible à** accessible à · attentif à · à l'écoute de · perméable à · réceptif à
CONTR. insensible – dur ׀ froid – paisible – imperceptible – négligeable – indifférent (à)

sensiblement *adv.* **1** - notablement · clairement · nettement · substantiellement · visiblement · **2** - presque · approximativement · à peu près · à peu de choses près · pour ainsi dire · pratiquement · quasiment *fam.* · grosso modo *fam.*
CONTR. insensiblement – pas du tout

sensiblerie *n.f.* · sentimentalisme · émotivité

sensualité *n.f.* · volupté · désir · érotisme · jouissance · libido · plaisir · sens *(plur.)* · sexualité · chair *littér.*
CONTR. froideur

sensuel, -elle *adj.* **1** - érotique · charnel · **2** - lascif · amoureux · voluptueux · chaud *fam.*
CONTR. chaste – frigide ׀ froid

> ∾ **sensuel, charnel**
> Sensuel et charnel s'appliquent à ce qui relève des *sens*, en tant que source de plaisir physique. **Sensuel** s'en tient à cette valeur générale *(des plaisirs sensuels, un amour sensuel, une humeur sensuelle)*, alors que **charnel**, mot de la famille de *chair*, y ajoute une dimension plus érotique *(désir, instinct*

charnel) : « L'amour, c'est le physique, c'est l'attrait charnel (...) c'est la réunion de deux êtres sexuellement faits l'un pour l'autre » (Paul Léautaud, *Propos d'un jour*). **Charnel** est cependant plus littéraire que *sensuel* : « (...) c'est une Vénus charnelle, qu'on rêve couchée en la voyant debout » (Maupassant, *la Vie errante*) et moins courant que *sexuel* dans certains contextes *(l'acte charnel)*.

sentence *n.f.* **1 - arbitrage** · arrêt · décision · décret · jugement · verdict · **2 - condamnation** · sanction · **3 - adage** · aphorisme · apophtegme · axiome · dicton · formule · maxime · pensée · phrase
↝ **jugement**

sentencieux, -ieuse *adj.* · solennel · docte · emphatique · grave · pompeux · prudhommesque *littér.*
CONTR. simple

senteur *n.f.* · parfum · effluve · exhalaison · odeur · fragrance *littér.*

sentier *n.m.* · chemin · layon · passage · piste · voie · sente *région. ou littér.*

sentiment *n.m.*
I 1 - perception · sens · sensation · **2 - connaissance intuitive** · conscience · impression · pressentiment · **3 - avis** · idée · jugement · opinion · pensée · point de vue · position · **4 - instinct** · intuition · sens · fibre *fam.*
II 1 - amour · affection · attachement · inclination · tendresse · **2 - humanité** · attendrissement · cœur · compassion
III 1 - émotion · affectivité · âme · chaleur · effusion · élan · feu · passion · transport · **2 - sensibilité** · délicatesse · finesse · justesse

sentimental, e *adj.* **1 - tendre** · romantique · sensible · fleur bleue *fam.* · **2 - affectif** · amoureux
CONTR. insensible – actif ı pratique

sentinelle *n.f.* · garde · factionnaire · guetteur · veilleur · vigie · planton *fam.*

sentir *v.tr.*
I humer · flairer · renifler · respirer
II ressentir · éprouver · percevoir
III 1 - comprendre · découvrir · deviner · discerner · flairer · pénétrer · percevoir · prendre conscience de · pressentir · prévoir · remarquer · se rendre compte de · savoir · soupçonner · subodorer *fam.* · **2 - apprécier** · comprendre · être sensible à · goûter · percevoir · savourer
IV 1 - avoir l'odeur de · fleurer *littér.* · **2 - indiquer** · respirer · révéler · trahir
✦ **sentir bon**   embaumer
✦ **sentir mauvais**   **1 - empester** · puer · **2 - se gâter** · être mal engagé
✦ **se faire sentir**   apparaître · s'exercer · se manifester
✦ **ne pas pouvoir sentir**   → détester

⇒ **se sentir** *v.pron.* **1 - s'estimer** · se juger · se trouver · **2 - se manifester** · être perceptible · être prévisible
✦ **se sentir bien**   **1 - être bien** · se trouver bien · **2 - être à l'aise** · avoir de bonnes vibrations *fam. ou plaisant*
✦ **se sentir mal**   **1 - s'évanouir** · tomber dans les pommes, les vapes *fam.* · tourner de l'œil *fam.* · défaillir *littér.* · **2 - être mal à l'aise** · avoir de mauvaises vibrations *fam. ou plaisant*

seoir à *v.intr.* · aller (bien) à · convenir à

séparable *adj.* · isolable · détachable · dissociable · sécable
CONTR. inséparable

séparation *n.f.* **1 - dissociation** · décollement · démembrement · désagrégation · désunion · disjonction · dislocation · dispersion · fragmentation · morcellement · rupture · **2 - démarcation** · barrière · borne · cloison · frontière · limite · mur · **3 - différence** · différenciation · distinction · **4 - absence** · distance · éloignement · exil · **5 -**

divorce · brouille · cassure · rupture · **6 - clivage** · dissidence · division · schisme · scission · sécession

CONTR. assemblage ı jonction ı réunion ı contact

séparatisme *n.m.* · autonomisme · dissidence · indépendantisme · sécessionnisme

séparatiste *n. et adj.* · autonomiste · dissident · indépendantiste · sécessionniste

séparé, e *adj.* **1 - différent** · cloisonné · dissocié · distinct · indépendant · particulier · à part · **2 - divorcé**

CONTR. lié – marié

séparément *adv.* **1 - isolément** · individuellement · un à un · un par un · **2 - de côté** · à part

CONTR. conjointement ı ensemble

séparer *v.tr.* **1 - isoler** · enlever · extraire · mettre à part · ôter · **2 - détacher** · couper · décomposer · démembrer · dépareiller · déparier · désagréger · désaccoupler · disjoindre · disperser · dissocier · fragmenter · morceler · **3 - cloisonner** · diviser · partager · **4 - espacer** · écarter · éloigner · **5 - différencier** · classer · départager · discerner · discriminer · distinguer · faire le départ entre *littér.* · départir *littér.* · **6 - désunir** · brouiller · éloigner · opposer · creuser un abîme, un fossé entre · s'interposer entre

◆ **séparer ... de** **1 - extraire de** · tirer de · **2 - détacher de** · arracher de · décoller de · **3 - discerner** · démêler · distinguer · dissocier · trier · débrouiller *fam.*

⇒ **se séparer** *v.pron.* **1 - se quitter** · rompre · divorcer · casser *fam.* · **2 - se diviser** · se dédoubler · fourcher · se ramifier · **3 - se dissoudre** · se disloquer

◆ **se séparer de** **1 - abandonner** · se couper de · se détacher de · se dégager de · divorcer de · quitter · rompre avec · se déprendre de *littér.* · **2 - se débarrasser de** · se défaire de · se démunir de · se dessaisir

de · **3 - congédier** · chasser · licencier · remercier · mettre à la porte *fam.* · virer *fam.* · **4 - se détacher de** · se désolidariser de

CONTR. assembler ı attacher ı réunir ı unir – confondre ı englober ı lier

septentrional, e *adj.* · nordique · du nord

CONTR. méridional

sépulcral, e *adj.* **1 - funèbre** · funéraire · lugubre · macabre · sinistre · **2 -** [voix] **caverneux**

sépulcre *n.m.* · monument funéraire · tombe · tombeau

⇒ **tombe**

sépulture *n.f.* · tombe · tombeau · monument funéraire · sépulcre *littér.*

⇒ **tombe**

séquelle *n.f.* **1 - reliquat** · trace · **2 - conséquence** · développement · effet · incidence · répercussion · retombée · suite · **3 - complication**

séquence *n.f.* **1 - suite** · **2 - passage** · **3 -** [Cinéma] **découpage** · plan · scène

séquentiel, -ielle *adj.* · successif · récurrent

séquestration *n.f.* · enfermement · arrestation · détention · emprisonnement · internement · claustration *littér.*

séquestre *n.m.* · saisie · confiscation · mainmise · réquisition

séquestrer *v.tr.* · enfermer · claquemurer · détenir · emprisonner · garder · interner · retenir · claustrer *littér.*

CONTR. libérer

séraphique *adj.* · angélique · céleste · éthéré · pur

serein, e *adj.* **1 -** calme · confiant · paisible · placide · tranquille · cool *fam.* · équanime *vieux* · **2 - sans nuage** · clair · pur
CONTR. inquiet I tourmenté I troublé – nuageux

sereinement *adv.* · tranquillement · calmement · paisiblement · placidement · en toute quiétude

sérénade *n.f.* **1 -** concert · chant · aubade · **2 -** [fam.] comédie · histoire · rengaine · **3 -** [fam.] engueulade *fam.*

sérénité *n.f.* **1 -** placidité · calme · égalité d'âme · équanimité *littér.* · **2 -** quiétude · bien-être · bonheur · calme · paix · tranquillité
CONTR. agitation I émotion

série *n.f.*
I 1 - suite · séquence · succession · **2 -** cycle · **3 -** quantité · cascade · chapelet · cortège · festival · foule · kyrielle · ribambelle · vague · flopée *fam.* · tas *fam.* • [d'attentats] vague
II collection · assortiment · choix · jeu
III feuilleton · soap(-opéra)
IV [Sport, Jeu] catégorie · classe · division · groupe

sérier *v.tr.* · classer · diviser · échelonner · hiérarchiser · ordonner · ranger
↝ classer

sérieusement *adv.* **1 -** consciencieusement · scrupuleusement · soigneusement · **2 -** réellement · véritablement · vraiment · pour de bon *fam.* · pour de vrai *fam.* · **3 -** activement · vigoureusement · **4 - sans rire** · gravement · **5 - grièvement** · gravement · sévèrement

¹**sérieux, -ieuse** *adj.*
I 1 - posé · adulte · conséquent · raisonnable · réfléchi · responsable · sage · **2 - appliqué** · bon · consciencieux · minutieux · scrupuleux · soigneux · **3 - fiable** · soigné · soigneux · solide · sûr · **4 - convenable** · honnête · rangé · réglé · sage · comme il faut *fam.*

II 1 - important · considérable · grand · grave · gros · substantiel · **2 - critique** · dangereux · dramatique · grave · inquiétant · préoccupant · **3 - sévère** · austère · froid · grave · solennel
III valable · bon · fondé · réel · solide
✦ **très sérieux** [personne] sérieux comme un pape
CONTR. irresponsable – négligent – bâclé – indécent – léger – rassurant – enjoué – inacceptable

↝ **sérieux, sévère, austère, grave**

Sérieux, sévère, austère et grave caractérisent une personne, une attitude, un comportement dénués de légèreté. Sérieux s'oppose à *gai* (avoir un air sérieux et absorbé, un visage sérieux qu'on ne voit jamais sourire), sans la connotation morale présente dans sévère, grave et austère. On qualifie en effet de sévère une personne exigeante envers autrui, encline à réprimer des écarts à la règle (*elle est très sévère et n'admet aucune faute ; prendre un air, un ton sévère*). Austère se dit d'une personne sévère avec elle-même (*c'est un homme austère qui vit en ascète, il mène une vie austère*), et de ce qui dénote une attitude rigoureuse ou rigide (*être d'un abord austère, afficher une mine austère*). Grave n'implique pas tant la rigueur que la réserve et la dignité (*parler d'un ton grave, un visage beau et grave*). Appliqués à une chose, grave et sérieux équivalent, dans certains contextes, à « important » (*c'est une question grave, un problème sérieux*). Austère et sévère partagent quant à eux l'idée de dépouillement, de froideur (*une tenue austère/sévère ; le style austère/sévère de l'art cistercien*).

²**sérieux** *n.m.* **1 -** gravité · importance · poids · **2 -** conscience · application · scrupule · soin · zèle · **3 - solidité** · fiabilité · **4 -** solennité · gravité
CONTR. légèreté – gaieté

serin *n.m.* · canari

seriner v.tr. · répéter · rabâcher · ressasser · rebattre les oreilles de · chanter sur tous les tons

serment n.m. **1 -** parole · assurance · engagement · promesse · **2 - vœu** · résolution
+ **faire (le) serment de** promettre de · s'engager à · jurer de

> 🕮   serment, vœu
>
> Serment et vœu ont en commun l'idée d'engagement, de promesse ferme. On parle de **vœu** pour une promesse faite librement, dans un cadre religieux *(faire vœu de pauvreté, d'obéissance)*, et de **serment** dans le contexte civil, notamment juridique, d'une affirmation solennelle qui tient lieu de garantie *(faire un serment sur l'honneur, prêter serment, témoigner sous serment)*. Dans le domaine de la vie privée, **serment** et **vœu** se disent d'une résolution personnelle que l'on se fait mutuellement *(un serment de fidélité, d'amour)* ou à soi-même : « Et que dans mon désert, où j'ai fait vœu de vivre » (Molière, *le Misanthrope*, V, 4).

sermon n.m. **1 -** homélie · prêche · prédication · prône · **2 - exhortation** · harangue · **3 - remontrance** · blâme · leçon · réprimande · reproches · semonce · savon *fam.* · admonestation *littér.*
+ **faire un sermon** prêcher

sermonner v.tr. · faire la morale à · blâmer · gourmander · gronder · réprimander · admonester *littér.* · chapitrer *littér.* · haranguer *littér.* · morigéner *littér.* · semoncer *littér.* · tancer *littér.* · disputer *fam.* · engueuler *fam.* · passer un savon à *fam.* · remonter les bretelles à *fam.*

serpent n.m. · reptile

serpenter v.intr. · sinuer · onduler · zigzaguer · faire des détours · faire des méandres

serpentin, e *adj.* · sinueux · ondoyant · ondulant · onduleux · tortueux · flexueux *littér.*

serpillière n.f. · toile à laver · panosse *Suisse* · torchon *Belgique* · wassingue *Belgique*

¹**serre** n.f. · griffe · ongle

²**serre** n.f. · jardin d'hiver · orangerie

serré, e *adj.*
I 1 - entassé · pressé · tassé · **2 -** dense · compact · dru · épais · fourni · touffu · **3 -** [café] tassé · fort
II 1 - ajusté · collant · étroit · moulant · près du corps · resserré · **2 - étriqué** · étroit · juste · petit · **3 - bridé** · corseté · sanglé · boudiné *fam.*
III précis · concis · rigoureux
IV [vieux] **1 - dans la gêne** · gêné · embarrassé · à l'étroit · **2 -** avare · chiche · économe
+ **très serrés** serrés comme des sardines, des harengs *fam.* · les uns sur les autres *fam.*

CONTR. clairsemé I lâche – ample I flottant I large – prolixe I redondant I verbeux

serrement n.m. · contraction · pincement · oppression

serrer v.tr.
I 1 - tenir · empoigner · pincer · presser · **2 - assembler** · attacher · bloquer · brider · caler · coincer · joindre · lier · visser · **3 - presser** · rapprocher · tasser · **4 - étreindre** · embrasser · enlacer · entourer · presser · **5 - contracter** · crisper · pincer · **6 - comprimer** · compresser · étrangler · gêner · **7 - acculer** · coincer · presser · **8 - mouler** · coller à · corseter · enserrer · épouser · gainer · sangler
II 1 - s'approcher de · effleurer · frôler · raser · **2 - poursuivre** · presser · talonner
III [vieux ou région.] **cacher** · enfermer · enserrer · placer · ranger · remiser · renfermer
+ **serrer de près 1 - talonner** · être aux trousses de · marcher sur les talons de · traquer · **2 - surveiller de près** · épier · espionner · faire attention à · garder à vue

suivre • tenir de près • veiller sur • avoir à l'œil *fam.* • avoir l'œil sur *fam.* • fliquer *fam., péj.* • [une jeune fille] chaperonner

≫ **se serrer** *v.pron.* **1 - se blottir** • se coller • se pelotonner • **2 - se rapprocher** • se resserrer • se tasser

CONTR. écarter ı éclaircir ı espacer – desserrer ı ouvrir – s'écarter

serre-tête *n.m.* • bandeau

serrurerie *n.f.* • métallerie • ferronnerie

sertir *v.tr.* • enchâsser • chatonner • fixer • monter

CONTR. dessertir

servage *n.m.* • esclavage • asservissement • servitude

servante *n.f.* • domestique • bonne (à tout faire) • employée de maison • femme de chambre • bonniche *fam., péj.* • chambrière *vieux* • camériste *vieux* • [au théâtre] soubrette

serveur *n.m.* • barman • garçon (de café)

serveuse *n.f.* • barmaid

serviabilité *n.f.* • gentillesse • amabilité • complaisance • obligeance *soutenu*

serviable *adj.* • obligeant *soutenu* • aimable • complaisant

CONTR. égoïste

> serviable, obligeant, complaisant
>
> Serviable, obligeant et complaisant caractérisent une personne d'une bienveillance aimable à l'égard d'autrui. On qualifie de **serviable** celui qui est toujours prêt à rendre *service (on peut lui demander ce que l'on veut, il est très serviable)*. **Obligeant**, réservé à un usage soutenu, met l'accent sur le fait que l'on aime à faire plaisir : « Le plus autorisé de nos érudits (...) est consulté de tous, très instruit et très obligeant » (Sainte-Beuve, *Correspondance*, IV). **Complaisant**, en revanche, met en avant le goût de plaire qui dicte une conduite plus ou moins indulgente, parfois accommodante *(se montrer trop complaisant envers quelqu'un ; elle est aimable et serviable mais jamais complaisante)*.

service *n.m.* **1 - département** • administration • bureau • direction • office • organe • organisation • organisme • permanence • **2 - travail** • activité (rémunérée) • emploi • **3 - aide** • appui • assistance • bienfait • bons offices • concours • collaboration • faveur • **4 -** [religieux] **cérémonie** • culte • liturgie • messe • office • **5 -** [funéraire] **funérailles** • **6 -** [militaire] **régiment** • **7 -** [Transport] **desserte** • **8 -** [Tennis] **engagement** • **9 - vaisselle** • **10 -** [vieilli] **utilité**

✦ **de service** de garde • d'astreinte • de corvée • de faction • de quart

✦ **en service** en marche

✦ **hors service** hors d'usage • en panne • bousillé *fam.* • fichu *fam.* • foutu *fam.* • fusillé *fam.* • h.s. *fam.* • mort *fam.*

✦ **au service de** au secours de

✦ **rendre service 1 - aider** • prêter main-forte • dépanner *fam.* • donner un coup de main *fam.* • obliger *littér.* • **2 - être utile** • être de quelque utilité

serviette *n.f.* **1 - essuie-main** • **2 - cartable** • porte-documents • sac

servile *adj.* • obséquieux • plat • rampant • de laquais • de valet • lèche-bottes *fam.* • lèche-cul *très fam.*

CONTR. libre

servilement *adv.* • obséquieusement • bassement • platement • vilement

servilité *n.f.* • obséquiosité • bassesse

servir

■ *v.tr.* **1 - être au service de** • travailler pour • être à la botte de *péj.* • être aux ordres de *péj.* • être à la solde de *péj.* • **2 - rendre service à •**

aider • appuyer • se dévouer à • seconder • secourir • soutenir • **3 – être utile à** • appuyer • favoriser • **4 – donner** • distribuer • payer • verser • **5 – présenter** • offrir • proposer • **6 –** [fam.] **dire** • débiter • raconter • **7 –** [Sport] **engager** • **8 – saillir** • couvrir • monter

■ *v.int.* faire de l'usage

✦ **servir à**   être utile à • bénéficier à
✦ **servir de**   être utilisé comme • faire fonction de • faire office de • remplacer • tenir lieu de

⤳ **se servir** *v.pron.* **se fournir** • [indûment] se sucrer *fam.*

✦ **se servir de**   utiliser • avoir recours à • employer • emprunter • exercer • exploiter • jouer de • mettre en œuvre • prendre • profiter de • recourir à • tirer avantage de • tirer parti de • user de

CONTR. commander – desservir ı gêner ı nuire

serviteur *n.m.* **1 –** [vieilli] **domestique** • employé de maison • homme de peine • valet • larbin *fam.* • **2 –** [péj.] **laquais** • séide • valet • suppôt *littér.*

CONTR. maître

servitude *n.f.* **1 – asservissement** • assujettissement • dépendance • esclavage • oppression • soumission • subordination • sujétion • chaînes *littér.* • joug *littér.* • **2 – contrainte** • obligation

✦ **réduire en servitude**   asservir • subjuguer • enchaîner *littér.* • mettre sous son joug *littér.*

CONTR. affranchissement ı émancipation ı liberté – affranchir ı délivrer ı libérer

session *n.f.* • séance • [Droit] assise

set *n.m.* • [Sport] manche

seuil *n.m.* **1 – pas de (la) porte** • entrée • **2 – lisière** • orée • **3 – limite** • point critique • **4 –** [soutenu] **début** • commencement • aube *littér.* • aurore *littér.* • printemps *littér.*

seul, e *adj.* **1 – unique** • simple • **2 – isolé** • abandonné • esseulé • **3 – célibataire** • **4 – solitaire** • **5 –** [adverbialement] **en solo**

✦ **seul à seul**   en particulier • en tête à tête • sans témoin • entre quat'z'yeux *fam.*

CONTR. ensemble

seulement *adv.* **1 – rien que** • exclusivement • ne ... que • uniquement • **2 – simplement** • tout bêtement *fam.* • tout bonnement *fam.* • **3 – juste** • en tout et pour tout • pour tout potage *fam., vieux* • **4 – mais** • cependant • néanmoins • toutefois • malheureusement

✦ **si seulement**   si au moins • si encore

sève *n.f.* **1 – suc** • **2 – vitalité** • activité • énergie • force • principe vital • puissance • vie • vigueur

sévère *adj.* **1 – exigeant** • autoritaire • dur • ferme • impitoyable • implacable • inexorable • inflexible • intraitable • intransigeant • puritain • rigide • rigoriste • rude • strict • pas commode *fam.* • pas tendre *fam.* • rosse *fam.* • vache *fam.* • **2 – critique** • cinglant • désapprobateur • réprobateur • qui a la dent dure • **3 – rigoureux** • draconien • dur • exact • sourcilleux • strict • **4 – lourd** • élevé • grave • gros • important • sérieux • salé *fam.* • **5 – austère** • aride • dépouillé • froid • sobre • **6 – difficile** • ardu • aride

CONTR. accommodant ı arrangeant ı conciliant ı débonnaire ı indulgent – aimable ı amène • léger ı orné ı surchargé ı facile

⤳ **sérieux**

sévèrement *adv.* **1 – durement** • âprement • rigoureusement • [mener] à la baguette *fam.* • **2 – grièvement** • gravement • sérieusement

CONTR. légèrement

sévérité *n.f.* **1 – dureté** • inflexibilité • intransigeance • rigidité • rigorisme • **2 – austérité** • aridité • dépouillement • froideur • sécheresse • **3 – gravité** • sérieux

CONTR. douceur ı indulgence – richesse

sévices *n.m.pl.* · brutalités · coups (et blessures) · maltraitance · mauvais traitements · violence(s) · voies de fait

sévir *v.intr.* **1 -** punir · **2 -** faire rage · se déchaîner
✦ **sévir contre** punir · réprimer · sanctionner · châtier *littér.* · serrer la vis à *fam.*

sevrage *n.m.* · désintoxication

sevrer *v.tr.* frustrer · priver
↠ **se sevrer** *v.pron.* se désintoxiquer

sex-appeal *n.m.* · charme · attrait (sexuel)

sexe *n.m.* **1 -** sexualité · chair · bagatelle *fam.* · chose *fam.* · cul *très fam.* · fesse *fam.* · gaudriole *fam.* · **2 -** organes génitaux · parties sexuelles · **3 -** [masculin] pénis · phallus · membre · verge · biroute *fam.* · bistouquette *fam.* · bite *fam.* · braquemart *fam.* · dard *fam.* · manche *fam.* · nœud *vulg.* · pine *vulg.* · quéquette *fam.* · queue *fam.* · zigounette *fam.* · zizi *fam.* · zob *fam.* · **4 -** [féminin] vulve · lèvres · nymphes · chatte *fam.* · con *vulg.* · foufoune *fam.* · foufounette *fam.* · minette *fam.* · motte *fam.* · moule *fam.*

sexologue *n.* · sexothérapeute

sexualité *n.f.* **1 -** génitalité · **2 -** désir · érotisme · libido · sens *(plur.)* · sensualité · chair *littér.*

sexuel, -elle *adj.* **1 -** génital · intime · honteux *vieux ou plaisant* · **2 -** charnel · érotique · physique · libidinal *(Psych.)*

sexuellement *adv.* · physiquement · charnellement · intimement

sexy *adj. invar.* **1 -** désirable · excitant · bandant *fam.* · **2 -** affriolant · aguichant · émoustillant · érotique · excitant · provoquant · sensuel · suggestif

1079 ▸ sidérant

seyant, e *adj.* **1 -** flatteur · avantageux · **2 -** élégant

shooter *v.intr.* tirer · botter · dégager
↠ **se shooter** *v.pron.* se piquer · se droguer

shopping *n.m.* · courses · achats · emplettes · magasinage *Québec*

show *n.m.* · spectacle · exhibition · numéro · représentation · revue

shunt *n.m.* **1 -** court-circuit · dérivation · **2 -** [Cinéma] fondu

si *conj.* **1 -** au cas où · dans le cas où · à supposer que · supposons que · en cas que *vieilli* · **2 - à condition que** · à condition de · **3 - quand** · à chaque fois que · lorsque · toutes les fois que
✦ **si seulement** pourvu que
✦ **si ce n'est** excepté · abstraction faite de · à l'exception de · à part · hormis · sauf
✦ **si ce n'est que** sinon que · excepté que · sauf que

CONTR. non

sibérien, -ienne *adj.* · glacial · polaire

sibylle *n.f.* · prophétesse · devineresse · pythie · voyante · pythonisse *littér. ou plaisant*

sibyllin, e *adj.* **1 -** énigmatique · ésotérique · hermétique · impénétrable · indéchiffrable · mystérieux · obscur · occulte · ténébreux · abscons *littér.* · abstrus *littér.* · **2 -** brumeux · fuligineux · fumeux · nébuleux

sida *n.m.* · V.I.H.

sidéral, e *adj.* astral · cosmique

sidérant, e *adj.* **1 -** stupéfiant · ahurissant · confondant · effarant · extraordinaire · inouï · renversant · époustouflant *fam.* · estomaquant *fam.* · soufflant *fam.*

sidéré, e adj. · ébahi · coi · hébété · stupéfait · estomaqué fam. · scié fam. · soufflé fam. · comme deux ronds de flan fam.

sidérer v.tr. · stupéfier · abasourdir · ahurir · confondre · couper le souffle de · ébahir · éberluer · époustoufler · interloquer · méduser · renverser · estomaquer fam. · scier fam. · souffler fam. · couper la chique, le souffle à fam.

sidérurgie n.f. · métallurgie

sidérurgique adj. · métallurgique

siècle n.m. · époque · âge · ère · période · temps

siège n.m. 1 - place · 2 - [sortes] chaise · fauteuil · pliant · strapontin · tabouret · 3 - base · centre · foyer · 4 - résidence principale · quartier général · 5 - encerclement · blocus · 6 - fesses · séant littér. · derrière fam. · postérieur fam.
✦ lever le siège → partir

siéger v.intr. 1 - tenir séance · 2 - occuper un siège · présider · trôner · 3 - résider · demeurer · se localiser · se situer · se trouver

sieste n.f. · méridienne vieux ou littér. · somme fam.

sifflant, e adj. · aigu · perçant · strident · sibilant rare

sifflement n.m. 1 - stridulation · chant · 2 - bruissement · crissement · chuintement

siffler
■ v.intr. 1 - siffloter · 2 - chanter · chuinter
■ v.tr. 1 - appeler · 2 - conspuer · chahuter · huer · 3 - [fam.] → boire
CONTR. acclamer ׀ applaudir

sifflet n.m. sifflement
⋙ **sifflets** plur. · huées · charivari · cris · tollé

sigisbée n.m. [iron.] chevalier servant · prétendant · soupirant

sigle n.m. · abréviation · acronyme

signal n.m. 1 - signe (convenu) · 2 - signalisation · indication · feu · panneau · 3 - annonce · amorce · commencement · début · prélude · prémices littér. · 4 - indice · marque · présage · promesse · signe avant-coureur · prodrome littér. · 5 - [lumineux] feu · balise · sémaphore · voyant · 6 - [sonore] avertisseur · appel · bip · cloche · gong · klaxon · sifflet · sirène · sonnerie
✦ signal de détresse   S.O.S.
⋙ signe

signalement n.m. · description · portrait-robot

signaler v.tr. 1 - avertir de · annoncer · aviser de · faire part de · faire savoir · indiquer · notifier · prévenir de · 2 - mentionner · citer · montrer · pointer · souligner · 3 - indiquer · annoncer · déceler · désigner · marquer · montrer · révéler · 4 - dénoncer · démasquer · vendre fam. · 5 - baliser · flécher · jalonner
⋙ **se signaler** v.pron. se distinguer · émerger · se faire remarquer · s'illustrer · se particulariser · se recommander · se singulariser · sortir du lot fam.

signalisation n.f. 1 - balisage · 2 - indication · panneau · 3 - [lumineuse] feu · balise · sémaphore · voyant

signaliser v.tr. 1 - matérialiser · 2 - baliser · flécher · jalonner

signataire n. · émetteur

signature n.f. 1 - paraphe · initiales · monogramme · visa · seing vieux ou Droit · 2 - émargement · 3 - nom · 4 - marque · empreinte · griffe · sceau

signe n.m. 1 - **signal** · geste · **2** - **indice** · démonstration · expression · indication · manifestation · marque · preuve · symptôme · témoignage · **3** - **annonce** · augure · auspice · avertissement · présage · promesse · **4** - **attribut** · caractère · caractéristique · trait · **5** - **symbole** · emblème · figure · image · insigne · marque · représentation · **6** - **notation** · caractère · chiffre · graphie · idéogramme · pictogramme

- **donner des signes de** manifester · témoigner de

  ◈ *signe, signal*

  On peut véhiculer une information par un **signe** ou un **signal**. Le **signe** apprend quelque chose, informe, notamment par le geste *(s'exprimer par signes, le langage des signes ; faites un signe au passage, un signe de tête)*. Le **signal** annonce, avertit, par un moyen naturel ou artificiel *(donner le signal du départ en se levant, les signaux du code de la route, un signal sonore vous préviendra)*. Le **signe** est un mode de communication de proximité *(faire un signe au chauffeur de taxi)*. Le **signal** porte un message à distance *(activer le signal d'alarme d'un train, apercevoir au loin un signal de détresse)*.

signer v.tr. **1** - **émarger** · parapher · viser · **2** - **attester** · authentifier · **3** - **approuver** · souscrire à · **4** - [Sport] **recruter** · engager

⇒ **se signer** v.pron. · faire le signe de la croix

significatif, –ive adj. **1** - **caractéristique** · représentatif · révélateur · signifiant · spécifique · symptomatique · typique · **2** - **éloquent** · évocateur · expressif · parlant · révélateur · **3** - **net** · important · marquant · non négligeable · tangible

signification n.f. **1** - **sens** · acception · définition · signifié *(Ling.)* · **2** - **portée** · valeur · **3** - **notification** · annonce · avis

signifier v.tr. **1** - **vouloir dire** · dénoter · désigner · exprimer · traduire · **2** - **manifester** · indiquer · marquer · montrer · révéler · témoigner de · **3** - **équivaloir à** · impliquer · revenir à · rimer à · **4** - **notifier** · avertir de · aviser de · faire connaître · faire savoir · informer de · **5** - **intimer** · commander · enjoindre · mettre en demeure de · ordonner · sommer de · mander *vieux*

↪ **notifier**

silence n.m. **1** - **mutisme** · **2** - **black-out** · **3** - **calme** · paix · tranquillité · **4** - **temps d'arrêt** · interruption · pause · [Mus.] soupir

- **silence !** **1** - **chut !** · la paix ! · la ferme ! *fam.* · ta gueule ! *très fam.* · camembert ! *lang. enfants* · **2** - **motus (et bouche cousue) !**
- **en silence** **1** - **silencieusement** · sans mot dire · **2** - **à pas feutrés** · sans bruit
- **garder le silence** se taire · ne rien dire · ne pas dire un mot · ne pas ouvrir la bouche
- **il y a eu un profond silence** on aurait entendu une mouche voler

CONTR. parole – bruit ı tapage – bruyamment – s'exprimer

silencieusement adv. **1** - **en silence** · sans mot dire · **2** - **à pas feutrés** · sans bruit · **3** - **en sourdine**

CONTR. bruyamment

silencieux, –ieuse adj. **1** - **muet** · [de stupeur] coi · sans voix · [d'embarras] sec · **2** - **calme** · endormi · muet · paisible · tranquille · **3** - **discret** · renfermé · réservé · secret · taciturne · timide · taiseux *Belgique* · réticent *vieilli* · **4** - **feutré** · étouffé · ouaté

- **rester silencieux** se taire · ne rien dire · ne pas souffler mot · tenir sa langue

CONTR. bavard ı volubile – expansif – bruyant ı sonore – s'exprimer

  ◈ *silencieux, taciturne*

  Silencieux et **taciturne** qualifient une personne peu communicative, qui reste ou se complaît dans le *silence*. On peut être **silencieux** par réserve naturelle *(c'est un enfant silencieux)* ou circonstancielle *(rester silencieux dans*

une réunion, au cours d'un repas). On est **taciturne** par nature *(il est froid et taciturne, c'est un grand taciturne)* ou bien parce que l'on est, occasionnellement, dans une disposition d'esprit morose : « À force de querelles, de coups, de lectures dérobées et mal choisies, mon humeur devint taciturne, sauvage (...) » (Rousseau, *les Confessions*, I). En parlant de comportements, de choses abstraites, **silencieux** équivaut à « muet » *(une douleur, une désapprobation silencieuse, un trajet silencieux)* ; **taciturne** en ce sens est rare ou littéraire *(un tête-à-tête taciturne)*.

silex *n.m.* **1 -** pierre à fusil, à briquet · **2 -** pierre (taillée)

silhouette *n.f.* **1 -** ligne · contour · forme · profil · **2 -** ombre · image · reflet

silhouetter (se) *v.pron.* · se découper · se dessiner · se détacher · se profiler

sillage *n.m.* trace
✦ **dans le sillage de** sur les traces de · sur les brisées de · dans les pas de

sillon *n.m.* **1 -** rainure · cannelure · raie · rayon · rigole · strie · **2 -** pli · ligne · ride · ridule · **3 -** fente · fissure · scissure *(Anat.)* · **4 -** piste · microsillon

sillonner *v.tr.* **1 -** traverser · **2 -** parcourir · courir · explorer · patrouiller dans · voyager en, dans · bourlinguer dans, sur *fam.* · **3 -** creuser · labourer · rayer · rider

silo *n.m.* · réservoir · dock · élévateur · fosse · grenier · magasin

simagrées *n.f.pl.* **1 -** minauderies · affectation · **2 -** comédie · embarras · façons · manières · mines · chichis *fam.* · histoires *fam.* · grimaces *littér.*

similaire *adj.* · semblable · analogue · apparenté · approchant · assimilable · comparable · égal · ressemblant · voisin
CONTR. différent

simili *n.m.* · faux · toc *fam.*

similitude *n.f.* **1 -** analogie · parenté · ressemblance · similarité · voisinage · **2 -** communauté · conformité · concordance · harmonie · identité · parité · **3 -** assimilation · comparaison
CONTR. différence ı dissimilitude

simple *adj.*
I 1 - élémentaire · indécomposable · indivisible · insécable · irréductible · **2 -** naturel · pur
II seul · unique • [chambre d'hôtel] single *anglic.*
III 1 - facile · aisé · commode · enfantin · **2 -** compréhensible · accessible · clair · intelligible · limpide
IV 1 - primitif · élémentaire · fruste · rudimentaire · sommaire · basique *fam.* · **2 -** dépouillé · austère · fruste · nu · sévère · sobre · basique *fam.* · **3 -** banal · commun · ordinaire · quelconque · **4 -** sans façon · familier · populaire · nature *fam.*
V 1 - candide · crédule · ingénu · innocent · pur · naïf · niais · simplet · **2 -** réservé · humble · modeste · pas fier *fam.*
✦ **simple d'esprit** arriéré · benêt · débile · dégénéré · demeuré · faible d'esprit · idiot · innocent · simplet
✦ **très simple** bête comme chou *fam.* · simple comme bonjour *fam.*
CONTR. composé ı complexe – complexe ı compliqué ı composé ı difficile – apprêté ı étudié ı recherché ı sophistiqué – remarquable – affecté ı orgueilleux – fin ı rusé

simplement *adv.* **1 -** facilement · aisément · naturellement · **2 -** sans cérémonie · familièrement · sans façon · sobrement · à la bonne franquette *fam.* · sans chichis *fam.* · **3 -** purement · seulement · tout bonnement · tout uniment · uniquement · **4 -** intelligiblement · en termes clairs · **5 -** franchement · clairement · ouvertement · sincèrement · sans ambages · sans détour · sans tourner autour du pot *fam.*

simplet, -ette *adj.* · ingénu · naïf · niais · simple (d'esprit)

simplicité *n.f.* **1 - facilité** · commodité · **2 - clarté** · limpidité · **3 - naturel** · bonhomie · cordialité · familiarité · **4 - dépouillement** · austérité · rusticité · sobriété · sévérité · **5 - naïveté** · candeur · crédulité · inexpérience · ingénuité · innocence · bêtise *péj.* · niaiserie *péj.* · **6 - droiture** · franchise

CONTR. complexité ı complication ı difficulté ı recherche – affectation ı prétention ı finesse – raffinement – ruse ı subtilité – rouerie

simplificateur, -trice *adj.* · schématique · réducteur

simplification *n.f.* · clarification · schématisation

CONTR. complication

simplifié, e *adj.* **1 - stylisé** · schématisé · **2 - schématique** · sommaire · basique *fam.*

simplifier *v.tr.* **1 - faciliter** · arranger · aplanir, réduire les difficultés de · [un travail] · mâcher *fam.* · **2 - clarifier** · schématiser · styliser

CONTR. compliquer ı développer

simpliste *adj.* · élémentaire · fruste · grossier · primaire · rudimentaire · schématique · scolaire · sommaire · basique *fam.* · court *fam.*

simulacre *n.m.* **1 - semblant** · apparence · caricature · faux-semblant · illusion · imitation · mensonge · parodie · simulation · frime *fam.* · **2 - fantôme** · ombre

simulateur, -trice *n.* · imposteur · contrefaiseur · menteur

simulation *n.f.* · affectation · comédie · feinte · imitation · chiqué *fam.* · cinéma *fam.* · cirque *fam.*

simulé, e *adj.* · faux · artificiel · factice · feint · de commande

CONTR. vrai

simuler *v.tr.* **1 - affecter** · contrefaire · faire semblant de · feindre · jouer · mimer · prétexter · singer · **2 - reproduire** · offrir l'apparence de · représenter · sembler

CONTR. éprouver

➥ **feindre**

simultané, e *adj.* · concomitant · coexistant · coïncident · contemporain · synchrone · synchronique

CONTR. récurrent ı séquentiel ı successif

simultanéité *n.f.* · concomitance · coexistence · coïncidence · contemporanéité · synchronisme

CONTR. succession

simultanément *adv.* **1 - en même temps** · au même moment · à la fois · de front · ensemble · **2 - de concert** · de conserve · à l'unisson

CONTR. successivement

sincère *adj.* **1 - franc** · direct · de bonne foi · honnête · loyal · ouvert · spontané · carré *fam.* · **2 - vrai** · authentique · réel · véridique · véritable · **3 - exact** · fidèle · sérieux

CONTR. hypocrite ı menteur ı simulateur ı tartufe ı affecté ı feint ı mensonger

sincèrement *adv.* **1 - franchement** · à cœur ouvert · honnêtement · loyalement · en toute bonne foi · en toute franchise · carrément *fam.* · **2 - réellement** · vraiment · de bonne foi · du fond du cœur · **3 - à dire vrai** · franchement · à franchement parler · en réalité

sincérité n.f. 1 - franchise · bonne foi · loyauté · spontanéité · 2 - authenticité · exactitude · réalité · sérieux · véracité · vérité
✦ **avec sincérité** à cœur ouvert · sincèrement

CONTR. hypocrisie ı insincérité

singe n.m. 1 - simien · 2 - clown · bouffon · pitre · charlot fam. · guignol fam. · mariole fam. · rigolo fam. · zouave fam. · 3 - [fam., vieux] corned-beef

singer v.tr. 1 - contrefaire · affecter · feindre · jouer · simuler · 2 - imiter · caricaturer · copier · mimer · parodier · pasticher

singerie n.f. 1 - bouffonnerie · clownerie · facétie · pitrerie · tour · 2 - affectation · contorsion · façons · grimaces · manières · minauderies · simagrées · simulation

singulariser v.tr. distinguer · faire remarquer

⟫ **se singulariser** v.pron. se distinguer · se caractériser · se différencier · se particulariser · se faire remarquer · se signaler

CONTR. généraliser – passer inaperçu

singularité n.f. 1 - particularité · individualité · originalité · unicité · 2 - · bizarrerie · anomalie · étrangeté · excentricité · extravagance

CONTR. banalité

singulier, -ière adj. 1 - atypique · anormal · différent · distinct · extraordinaire · inhabituel · insolite · inusité · isolé · à part · particulier · rare · spécial · unique · 2 - surprenant · bizarre · curieux · drôle · étonnant · étrange · inexplicable · paradoxal · 3 - excentrique · original · 4 - extraordinaire · incroyable · remarquable

CONTR. collectif ı banal ı commun ı général ı ordinaire ı normal ı fréquent ı régulier – pluriel

singulier, extraordinaire

Singulier et extraordinaire s'appliquent tous deux à ce qui n'est pas conforme à l'ordre commun, qu'il s'agisse de personnes ou de choses. Singulier exprime le caractère unique, particulier de la différence *(une personnalité singulière, un esprit, un charme singulier)* : « (...) une foule de talents évidents, trop reconnus pour être loués, pas assez singuliers pour servir de thème à la critique » (Baudelaire, *Curiosités esthétiques*, IX, x). Extraordinaire met l'accent sur l'aspect inhabituel ou exceptionnel de la distinction *(tenir une séance, une session extraordinaire ; des mesures, des dépenses extraordinaires)* et se dit couramment de ce qui, par son caractère peu *ordinaire*, provoque étonnement ou admiration *(il raconte des choses extraordinaires, tout cela n'a rien d'extraordinaire)*. Dans des contextes équivalents, singulier insiste surtout sur ce qui surprend, de façon positive ou négative *(avoir des idées, des opinions singulières ; c'est un spectacle singulier, un accoutrement bien singulier)*.

singulièrement adv. 1 - très · considérablement · énormément · extrêmement · fort · particulièrement · 2 - bizarrement · curieusement · étrangement · drôlement fam. · 3 - particulièrement · notamment · principalement · 4 - individuellement · personnellement

CONTR. communément ı peu ı ordinairement

¹sinistre adj. 1 - funeste · alarmant · angoissant · effrayant · inquiétant · mauvais · menaçant · sombre · terrible · de mauvais augure · 2 - lugubre · désolé · funèbre · macabre · mortel · sombre · triste · sépulcral littér. · ténébreux littér. · 3 - grave · sévère · sombre · triste · 4 - patibulaire · 5 - lamentable · pauvre · sombre · triste

✦ **avoir un air sinistre**   avoir une tête à caler des roues de corbillard *fam.* · avoir une tête d'enterrement *fam.*

CONTR. rassurant ι réconfortant – gai

²**sinistre** *n.m.* **1 - catastrophe** · accident · **2 -** [Assurances] dommage(s) · perte(s)

sinistré, e *adj.* · ravagé · détruit

sinistrement *adv.* · lugubrement · funestement

sinon *conj.* **1 - excepté** · à l'exception de · à l'exclusion de · à part · hormis · hors · sauf · si ce n'est · **2 - voire** · **3 - à défaut de** · **4 - autrement** · dans le cas contraire · faute de quoi · ou bien · sans quoi

sinuer *v.intr.* · serpenter · onduler · zigzaguer · faire des détours · faire des méandres

sinueux, -euse *adj.* **1 - courbe** · ondoyant · ondulé · onduleux · serpentin · flexueux *littér.* · **2 - zigzagant** · tortueux

CONTR. direct ι droit

sinuosité *n.f.* **1 - courbure** · galbe · **2 - courbe** · coude · détour · lacet · méandre · ondulation · retour · virage · **3 - pli** · repli

siphonné, e *adj.* → fou

sire *n.m.* · majesté

sirène *n.f.* · alarme · avertisseur

siroter *v.tr.* · déguster · boire · laper

sirupeux, -euse *adj.* **1 - épais** · gluant · poisseux · visqueux · **2 - doucereux** · mièvre · sucré · dégoulinant *fam.*

site *n.m.* **1 - situation** · emplacement · endroit · lieu · place · position • [d'un événement] · scène · théâtre · **2 - zone** · **3 - panorama** · paysage

sitôt *adv.* **1 - dès** · **2 - aussitôt**

✦ **pas de sitôt**   pas de tout de suite · avant longtemps

✦ **sitôt que**   aussitôt que · dès que

situation *n.f.*
I 1 - emplacement · endroit · lieu · localisation · place · position · site · **2 - exposition** · disposition · orientation
II 1 - circonstances · conditions · conjoncture · contexte · environnement · état de(s) choses · état de fait · paysage · **2 -** [Banque] bilan · solde
III 1 - emploi · fonction · métier · place · position · poste · profession · travail · job *fam.* · **2 - condition** · état · fortune · position · rang

✦ **en situation de**   capable de · en mesure de · de taille à

situer *v.tr.* **1 - détecter** · apercevoir · déceler · découvrir · discerner · localiser · remarquer · repérer · **2 - placer** · implanter · installer · localiser · mettre

⋙ **se situer** *v.pron.* **1 - se trouver** · résider · siéger · **2 - avoir lieu** · se dérouler · se passer

skaï *n.m.* [nom déposé] similicuir

skate-board *n.m.* · planche à roulettes

sketch *n.m.* **1 - saynète** · numéro · **2 - comédie**

ski *n.m.* · spatule *fam.*

skipper *n.m.* · barreur · capitaine

slip *n.m.* · (petite) culotte

slogan *n.m.* · devise · formule

snack(-bar) *n.m.* · café-restaurant · fast-food

snob *adj. et n.* **1 - poseur** · affecté · apprêté · prétentieux · bêcheur *fam.* · crâneur *fam.* · m'as-tu-vu *fam.* · **2 - fermé** · sélect

snober v.tr. · dédaigner · mépriser

snobisme n.m. · affectation · pose · affèterie littér.

sobre adj. **1** - abstinent · frugal · tempérant · **2** - classique · discret · simple · **3** - dépouillé · simple · **4** - austère · ascétique · sévère · **5** - modéré · mesuré · pondéré · réservé
✦ **très sobre** sobre comme un chameau fam.
CONTR. goinfre ı intempérant ı ivrogne – orné ı surchargé – tarabiscoté – excentrique ı tapageur – emphatique ı excessif

sobrement adv. **1** - modérément · légèrement · peu · raisonnablement · **2** - simplement · discrètement · sagement · sans ornement

sobriété n.f. **1** - abstinence · frugalité · tempérance · **2** - simplicité · discrétion · **3** - dépouillement · simplicité · **4** - austérité · ascétisme · sévérité · **5** - mesure · circonspection · modération · pondération · réserve · retenue
CONTR. gloutonnerie ı intempérance ı ivrognerie – tarabiscotage – excès ı excentricité – emphase

sobriquet n.m. · surnom · petit nom fam.

sociabilité n.f. · amabilité · aménité · liant · politesse · civilité vieilli
CONTR. asociabilité ı autisme ı insociabilité ı misanthropie

sociable adj. **1** - liant · accommodant · affable · agréable · aimable · amène · avenant · communicatif · engageant · ouvert · **2** - social
CONTR. sauvage ı bourru ı farouche ı inadapté ı misanthrope – insociable

   🕮 **sociable, aimable, liant**
   Sociable et aimable ont en commun l'idée de capacité à établir une relation agréable et attentive avec autrui. Est **aimable** celui qui aime à faire plaisir, par gentillesse ou prévenance, naturellement ou occasionnellement *(il est toujours souriant et aimable, vous êtes bien aimable d'être venue, elle n'a pas l'air aimable aujourd'hui).* Est **liant** quelqu'un qui a la capacité de nouer aisément des liens de familiarité avec autrui : « Je suis peu liant ; je n'ai, par nature, aucune ouverture de cœur » (Georges Duhamel, *Salavin, Journal, 7 janvier*). Une personne **sociable** est non seulement liante et portée à l'*amabilité*, mais aussi à rechercher la compagnie de ses semblables *(il est très sociable sans être envahissant, elle est devenue plus sociable au contact de son ami).* On **aime** spontanément une personne **aimable**, on s'*associe* volontiers avec un être **sociable**.

social, e adj. **1** - sociable · **2** - [obligations, etc.] mondain · **3** - humain · politique · sociologique

socialiser v.tr. · collectiviser · étatiser · nationaliser

sociétaire adj. et n. · associé · affilié · membre

société n.f.
I 1 - collectivité · communauté · corps social · **2** - groupe · cercle · clan · famille · tribu · **3** - assemblée · assistance · compagnie · public · **4** - association · club · fédération
II 1 - entourage · milieu · monde · **2** - fréquentation · compagnie · relation · commerce littér.
III entreprise · affaire · compagnie · établissement · firme · maison · boîte fam.
✦ **la bonne société** l'aristocratie · le (beau, grand) monde · le gotha · le beau linge fam. · le gratin fam. · la haute fam.

socle n.m. **1** - assise · base · soubassement · support · **2** - piédestal · acrotère · **3** - fondation · base · fondement

socque n.m. · sabot

sodomiser v.tr. • enculer vulg.

sœur n.f. frangine fam.
+ **(bonne) sœur** religieuse • nonne vieux ou plaisant

sofa n.m. • canapé • divan

soi pron. pers.
+ **à soi** en propre
+ **de soi** personnel • propre
+ **en soi** par essence • intrinsèquement

soi-disant
- adj. invar. **prétendu** • présumé • pseudo- • supposé
- adv. **prétendument**
↬ **prétendu**

soif n.f. 1 - pépie fam. • 2 - désir • appétit • besoin • envie • faim • fièvre • 3 - curiosité
+ **avoir très soif** être assoiffé • être desséché • tirer la langue fam. • avoir le gosier sec fam. • avoir la pépie fam.
+ **j'ai très soif** j'avalerais la mer et les poissons

CONTR. satiété – être rassasié

soiffard, e n. → alcoolique

soigné, e adj. 1 - **élégant** • avenant • bien tenu • coquet • impeccable • net • ordonné • pimpant • propre • tiré à quatre épingles fam. • sur son trente et un fam. • 2 - **appliqué** • consciencieux • délicat • (bien) fini • minutieux • peaufiné • soigneux • clean fam., anglic. • chiadé fam. • fignolé fam. • léché fam. • 3 - **étudié** • académique • châtié • littéraire • raffiné • recherché • soutenu

CONTR. négligé – bâclé – relâché

soigner v.tr. 1 - **traiter** • panser • 2 - **guérir** • rétablir • remettre sur pied • remettre d'aplomb fam. • 3 - **choyer** • couver • dorloter • gâter • être aux petits soins avec • bichonner fam. • chouchouter fam. • élever dans du coton fam. • pouponner fam. • 4 - **entretenir** • conserver • cultiver • ménager • 5 - **travailler** • ciseler • fignoler fam. • lécher fam. • mitonner fam. • peaufiner fam. • 6 - [fam.] **escroquer** • arranger fam.

CONTR. maltraiter – bâcler ı négliger

soigneur n.m. • masseur • kinésithérapeute

soigneusement adv. • avec soin • consciencieusement • délicatement • méticuleusement • minutieusement • précieusement

soigneux, -euse adj. **appliqué** • attentif • consciencieux • diligent • méticuleux • minutieux • ordonné • rigoureux • scrupuleux • sérieux • soigné • zélé
+ **soigneux de** attentif à • préoccupé de • soucieux de

CONTR. désordonné ı négligent ı sommaire – indifférent à

soin n.m. 1 - **hygiène (corporelle)** • toilette • 2 - **application** • attention • diligence • exactitude • minutie • sérieux • 3 - **délicatesse** • attention • ménagement • précaution • prudence • 4 - **sollicitude** • attention • dévouement • égard • empressement • prévenance • 5 - **charge** • devoir • mission • responsabilité • souci • tracas
+ **avec soin** soigneusement • méticuleusement
+ **avoir, prendre soin de** 1 - songer à • veiller à • faire gaffe à fam. • 2 - **prendre des précautions avec** • 3 - **faire attention à** • apporter du soin à • 4 - **assister** • aider • se charger de • entretenir • s'occuper de • soigner • veiller sur

⋙ **soins** plur. **traitement** • thérapeutique
+ **être aux petits soins avec** 1 - **soigner** • 2 - **cajoler** • choyer • couver • chouchouter fam.

CONTR. incurie ı négligence ı nonchalance – brusquerie – indifférence

soir n.m. 1 - crépuscule · tombée du jour · tombée de la nuit · **2** - soirée · **3** - [littér.] fin · déclin · automne littér. · hiver littér.

CONTR. matin

soirée n.f. 1 - soir · **2** - veillée · réunion · **3** - fête · bal · réception

CONTR. matinée ı après-midi

soit

■ conj. 1 - ou · **2** - à savoir · c'est-à-dire

■ adv. bien · bon · d'accord · entendu · admettons · si vous voulez · d'ac fam. · ok fam. · ça marche fam. · ça roule fam.

sol n.m. 1 - terre · terrain · terroir · **2** - territoire · pays · **3** - plancher

✦ **sol natal** patrie

soldat n.m. 1 - militaire · combattant · guerrier · homme de guerre · soudard péj. · reître péj., littér. · **2** - appelé · conscrit · recrue · bleu fam. · **3** - homme de troupe · homme du rang · bidasse fam. · deuxième pompe fam. · troufion fam. · pioupiou fam., vieilli · troupier fam., vieilli · **4** - [vieux] vétéran · vieux briscard fam. · **5** - champion · défenseur · serviteur

✦ **soldat du feu** pompier

¹**solde** n.f. rétribution · paie · rémunération · salaire

✦ **avoir à sa solde** soudoyer · stipendier littér.

✦ **être à la solde de** être payé par · être inféodé à · être aux ordres de

²**solde** n.m. 1 - balance · bilan · situation · **2** - complément · appoint · différence · reliquat · restant · reste · **3** - [créditeur] avoir

✦ **en solde** au rabais

⋙ **soldes** plur. 1 - liquidation · aubaine Québec · **2** - braderie · solderie

solder v.tr. 1 - acquitter · payer · **2** - clôturer · fermer · **3** - brader · discounter · liquider · casser les prix de · sacrifier · vendre au rabais · bazarder fam.

⋙ **se solder par** v.pron. aboutir à · se conclure par · se traduire par · se terminer par

soleil n.m. 1 - astre du jour littér. · phaéton littér. · **2** - tournesol

CONTR. ombre

solennel, -elle adj. 1 - grave · digne · **2** - [péj.] affecté · cérémonieux · compassé · doctoral · emphatique · guindé · magistral · pédant · pompeux · pontifiant · professoral · sentencieux · **3** - officiel · authentique · formel · protocolaire · public · **4** - cérémoniel · imposant · majestueux

CONTR. naturel ı simple – familier – intime ı privé

🙥   solennel, officiel

Solennel et officiel s'appliquent à ce qui a un caractère public et authentique. Ce sont les formalités, les actes publics qui rendent **solennels** un événement, une action, etc. *(une promesse, une proclamation solennelle ; un pacte, un contrat solennel).* C'est ce qui émane d'une autorité reconnue, constituée, qui leur confère un caractère **officiel** *(publier un communiqué officiel ; c'est une décision, une mesure officielle ; au cours d'une cérémonie officielle ; la visite officielle du ministre s'est conclue par une déclaration solennelle).*

solennellement adv. 1 - cérémonieusement · pompeusement · sentencieusement · en grande pompe · **2** - officiellement · publiquement

solennité n.f. 1 - gravité · sérieux · componction péj. · emphase péj. · **2** - apparat · majesté · pompe · **3** - [souvent plur.] célébration · cérémonie · cérémonial · fête · formalité

solidaire adj. 1 - coresponsable · **2** - uni · attaché · lié · soudé · **3** - dépendant · connexe · corrélatif · interdépendant

✦ **être parfaitement solidaire avec** faire corps avec • ne faire qu'un avec

CONTR. désuni ׀ divisé – indépendant

solidariser *v.tr.* unir • lier • souder

⋙ **se solidariser** *v.pron.* • s'allier • s'associer • s'entraider • se soutenir • s'unir • se serrer les coudes *fam.*

CONTR. désolidariser ׀ dissocier – se désolidariser

solidarité *n.f.* **1 - esprit de corps** • altruisme • camaraderie • cohésion • entraide • fraternité • sororité • **2 - dépendance** • connexion • corrélation • interaction • interdépendance • liaison

CONTR. indépendance ׀ individualisme

solide *adj.*
I dur • consistant • ferme
II 1 - résistant • incassable • indéchirable • inusable • robuste • costaud *fam.* • [santé] de fer *fam.* • **2 - vigoureux** • endurant • fort • musclé • résistant • robuste • vaillant • valide • bâti à chaux et à sable • costaud *fam.* • increvable *fam.*
III durable • ferme • fiable • fidèle • fort • indéfectible • indestructible • inébranlable • infrangible • stable • sûr • tenace • à toute épreuve • bon teint *plaisant* • (en) béton *fam.*
IV 1 - fondé • exact • positif • sérieux • sûr • valable • qui tient la route *fam.* • **2 - réel** • assuré • concret • effectif • tangible

CONTR. inconsistant ׀ liquide ׀ fluide ׀ gazeux ׀ labile – faible ׀ fragile – chimérique ׀ creux ׀ frivole ׀ incertain ׀ instable ׀ précaire – boiteux ׀ faible ׀ non fondé – douteux ׀ évasif

solidement *adv.* • fortement • fermement • robustement

CONTR. faiblement ׀ fragilement ׀ insuffisamment ׀ mal

solidification *n.f.* • durcissement • figement • gélification • prise

CONTR. amollissement ׀ fusion ׀ liquéfaction

solidifier *v.tr.* durcir • épaissir • gélifier

⋙ **se solidifier** *v.pron.* se figer • prendre • [lait] cailler • [sang] coaguler • [eau] geler

CONTR. fluidifier ׀ fondre ׀ gazéifier ׀ liquéfier ׀ vaporiser – se liquéfier

solidité *n.f.* **1 - consistance** • dureté • résistance • robustesse • **2 - force** • endurance • résistance • robustesse • vigueur • **3 - continuité** • durabilité • pérennité • permanence • persistance • stabilité • **4 - ténacité** • constance • courage • cran *fam.*

CONTR. fragilité – caducité ׀ faiblesse ׀ précarité – vulnérabilité

soliloque *n.m.* • monologue
CONTR. dialogue
↪ **monologue**

soliloquer *v.intr.* • monologuer

solitaire
■ *adj.* **1 - esseulé** • reclus • seul • **2 - retiré** • abandonné • dépeuplé • désert • écarté • inhabité • isolé • sauvage
■ *n.* **1 - ermite** • anachorète • **2 - misanthrope** • ours • sauvage
■ *n.m* diamant • brillant

CONTR. mondain ׀ sociable – fréquenté

solitude *n.f.* **1 - isolement** • **2 - abandon** • délaissement • déréliction *littér.* • **3 - désert**

CONTR. compagnie ׀ société

sollicitation *n.f.* **1 - incitation** • appel • excitation • invite • stimulation • **2 - demande** • instance • prière • requête

solliciter *v.tr.* **1 - demander** • réclamer • requérir • tirer la manche de • mander *vieilli* • mendier *péj.* • quémander *péj.* • quêter *péj.* • **2 - postuler à** • briguer • **3 - importuner** • assiéger • prier • **4 - attirer** • tenter

CONTR. recevoir – obtenir

solliciteur, -euse *n.* • demandeur • quémandeur • pilier d'antichambre *fam.*

sollicitude *n.f.* **1 - intérêt** • affection • attention • égard • prévenance • soin • **2 - inquiétude** • souci
CONTR. indifférence

solo (en) *adv.* • seul • en solitaire
✦ **spectacle (en) solo**   oneman show *anglic.*

soluble *adj.* • résoluble
CONTR. insoluble

solution *n.f.* **1 - explication** • clé • résolution • résultat • **2 - moyen** • astuce • méthode • expédient *souvent péj.* • procédé • combine *fam.* • truc *fam.* • **3 - achèvement** • aboutissement • conclusion • dénouement • épilogue • fin • issue • règlement • terme • **4 - soluté** • solvant • teinture
✦ **solution de continuité**   interruption • coupure • hiatus • pause • rupture

solvant *n.m.* • dissolvant

somatique *adj.* • organique • corporel • physiologique • physique

sombre *adj.*
I **1 - noir** • obscur • ombreux • opaque • ténébreux *littér.* • **2 - foncé** • basané • brun • hâlé • noirâtre • noiraud • **3 - assombri** • bas • brumeux • couvert • nuageux • voilé
II **1 - triste** • abattu • déprimé • funèbre • lugubre • mélancolique • morne • morose • sinistre • soucieux • taciturne • ténébreux *littér.* • chagrin *littér.* • **2 - pessimiste** • atrabilaire • bilieux • **3 - pauvre** • sinistre • triste
III **1 - inquiétant** • alarmant • angoissant • effrayant • menaçant • préoccupant • sinistre • funeste *littér.* • **2 - tragique** • dramatique • noir • **3 - mystérieux** • obscur • occulte • sourd • souterrain
CONTR. éclairé ı éblouissant ı éclatant ı illuminé ı lumineux – clair ı pâle – dégagé ı serein ı gai ı enjoué ı jovial ı joyeux – rassurant

sombrer *v.intr.* **1 - s'abîmer** • chavirer • couler • disparaître • s'engloutir • faire naufrage • se perdre • périr (corps et biens) • **2 - s'effondrer** • péricliter • aller à sa ruine • **3 - s'abandonner** • s'enfoncer • s'enliser • se laisser aller • se noyer • glisser • tomber
CONTR. flotter – prospérer ı réussir – se reprendre

¹**sommaire** *adj.* **1 - court** • bref • concis • condensé • laconique • lapidaire • résumé • schématique • succinct • **2 - rudimentaire** • élémentaire • fruste • grossier • primaire • réducteur • simple • simpliste • succinct • superficiel • basique *fam.* • **3 - expéditif** • hâtif • précipité • rapide • **4 -** [repas] **léger** • frugal • pris sur le pouce *fam.*
CONTR. détaillé ı exhaustif – élaboré ı sophistiqué – long ı minutieux

²**sommaire** *n.m.* **1 - table des matières** • **2 - abrégé** • analyse • aperçu • argument • digest • extrait • précis • résumé • compendium *littér.*
☞ **résumé**

sommairement *adv.* **1 - en abrégé** • brièvement • en résumé • schématiquement • succinctement • dans les grandes lignes • en gros *fam.* • grosso modo *fam.* • **2 - grossièrement** • rudimentairement • simplement • superficiellement • **3 - rapidement** • expéditivement • hâtivement • précipitamment • en deux, trois coups de cuillère à pot *fam.*

sommation *n.f.* **1 - commandement** • demande • **2 - mise en demeure** • injonction • ordre • ultimatum • **3 - assignation** • citation • intimation

¹**somme** *n.f.* **1 - montant** • chiffre • **2 - total** • addition • compte • résultat • **3 - masse** • ensemble • totalité • **4 - œuvre** • compendium *littér.*
✦ **somme toute, en somme**   finalement • après tout • au total • bref • en définitive • pour tout dire • tout bien considéré • tout compte fait

²**somme** *n.m.* • sieste • dodo *fam.* • roupillon *fam.*

sommeil n.m. 1 - **assoupissement** · somnolence · torpeur · 2 - **somme** · dodo fam. · roupillon fam. · dormition (Relig.) · somnescence rare · 3 - **inactivité** · engourdissement · inertie
- **en sommeil**   en suspens
- **tomber de sommeil**   dormir debout · piquer du nez fam. · cogner des clous Québec
- **il tombe de sommeil**   le marchand de sable est passé fam.

CONTR. éveil ı réveil ı veille ı vigilance – activité

sommeiller v.intr. · dormir · somnoler · pioncer fam. · roupiller fam. · pousser un roupillon fam.

CONTR. se réveiller

¹**sommer** v.tr. · ordonner à · commander à · enjoindre à · intimer à · mettre en demeure · signifier à · requérir vieilli

²**sommer** v.tr. · additionner · totaliser

sommet n.m. 1 - **dessus** · 2 - **faîte** · cime · crête · haut · point culminant · pointe · tête · 3 - **montagne** · massif · pic · pointe · 4 - **couronnement** · apogée · faîte · zénith · pinacle littér. · 5 - **summum** · comble · perfection · cime vieilli ou littér. · 6 - **conférence** · rencontre · réunion

CONTR. bas ı base ı pied

> **sommet, cime, comble, faîte**
>
> Chacun de ces mots désigne la partie la plus haute de quelque chose. Sommet a l'emploi le plus large ; on parle du *sommet d'un arbre, d'une tour, d'une maison, de la tête, d'une montagne*, etc. Cime est réservé à l'extrémité pointue d'éléments naturels *(les cimes neigeuses des montagnes, la cime d'un arbre, des vagues)* ou pas *(la cime d'un clocher)*. Faîte, d'usage plus soutenu, concerne en particulier un édifice *(apercevoir, réparer le faîte d'une maison)* et comble désigne exclusivement la partie supérieure d'un bâtiment, juste sous les toits *(aménager des combles, loger sous les combles)*.
> Au figuré, sommet et faîte se disent du degré supérieur, suprême de quelque chose *(arriver au sommet/au faîte du pouvoir, de la hiérarchie, de la gloire)*. Cime est vieilli ou littéraire en ce sens, mais comble est courant à propos d'un événement, d'un sentiment positif *(être au comble de la joie)* ou négatif *(c'est le comble du malheur)*.

sommité n.f. · célébrité · autorité · figure · gloire · (grand) maître · lumière · mandarin · monsieur · (grand) nom · notabilité · notable · personnage · personnalité · quelqu'un · ténor · vedette · phare littér. · gros bonnet fam. · grosse légume fam. · grosse pointure fam. · huile fam. · (grand) ponte fam.

somnifère n.m. · narcotique · barbiturique · soporifique

somnolence n.f. 1 - **assoupissement** · demi-sommeil · sommeil · torpeur · 2 - **engourdissement** · atonie · apathie · inertie · léthargie · mollesse · torpeur

somnolent, e adj. 1 - **assoupi** · endormi · ensommeillé · 2 - **apathique** · inactif · indolent · mou · nonchalant · avachi fam. · mollasse fam.

CONTR. dispos ı éveillé – actif ı dynamique

somnoler v.intr. · sommeiller · s'assoupir · dormir d'un œil

somptueusement adv. · fastueusement · luxueusement · magnifiquement · superbement · royalement

CONTR. modestement ı petitement ı pauvrement

somptueux, -euse adj. 1 - **magnifique** · beau · éblouissant · fastueux · luxueux · opulent · princier · riche · royal · splendide · superbe · 2 - **coûteux**

CONTR. modeste ı pauvre ı simple

somptuosité *n.f.* • magnificence • apparat • beauté • faste • luxe • opulence • pompe • richesse • splendeur
↠ **luxe**

son *n.m.* **1 -** bruit • **2 -** sonorité • accents • intonation • résonance • timbre • ton • voix • **3 -** musique • rythme

sondage *n.m.* **1 -** consultation • enquête • questionnaire • radio-trottoir • **2 -** prospection • **3 -** [Méd.] cathétérisme • tubage

sonde *n.f.* **1 -** tube • cathéter • drain • **2 -** tarière • trépan

sonder *v.tr.* **1 -** interroger • consulter • enquêter auprès de • prendre la température de • pressentir • tâter (le pouls de) *fam.* • [sans complément] tâter le terrain • **2 - analyser** • approfondir • creuser • étudier • examiner • explorer • fouiller • inspecter • pénétrer • reconnaître • scruter • **3 -** forer • percer

songe *n.m.* **1 -** rêve • **2 -** apparence • chimère • fantasme • illusion • imagination • invention • mirage • rêve • utopie • château en Espagne
CONTR. réalité

songer *v.tr.ind.* rêver • méditer • rêvasser *péj.*
✦ **songer à 1 -** se souvenir de • se rappeler • se remémorer • **2 - penser à** • réfléchir à • **3 - tenir compte de** • considérer • faire attention à • se préoccuper de • **4 - s'occuper de** • prendre soin de • soigner • veiller à • **5 - avoir comme objectif** • avoir en ligne de mire • avoir des vues sur *fam.* • **6 -** [suivi de l'infinitif] **envisager de** • avoir l'idée de • penser • projeter de • se mettre en tête de • se proposer de
✦ **songer que** se rendre compte que • s'aviser que
CONTR. réaliser – omettre ı oublier

songerie *n.f.* • rêverie • méditation • rêvasserie • songe

songeur, -euse *adj.* **1 -** rêveur • contemplatif • méditatif • **2 - pensif** • absent • absorbé • préoccupé • soucieux
↠ **pensif**

songeusement *adv.* • rêveusement • pensivement

sonnant, e *adj.* • précis • juste • pétant *fam.* • pile *fam.* • tapant *fam.*

sonné, e *adj.* **1 - passé** • accompli • révolu • **2 - assommé** • étourdi • estourbi *fam.* • groggy *fam.* • k.-o. *fam.* • **3 -** [fam.] → **fou**

sonner
■ *v.intr.* **1 -** carillonner • corner • résonner • vibrer • tintinnabuler *littér.* • **2 - siffler** • tinter
■ *v.tr.* **1 - frapper** • **2 -** [fam.] **assommer** • étourdir • estourbir *fam.* • mettre k.-o. *fam.* • **3 -** [fam.] **ébranler** • bouleverser • tournebouler *fam.*

sonnerie *n.f.* **1 -** sonnette • **2 -** son • timbre

sonnette *n.f.* **1 -** clochette • cloche • **2 -** sonnerie • carillon

sonneur *n.m.* • carillonneur

sonore *adj.* **1 -** retentissant • ample • éclatant • fort • plein • tonitruant • tonnant • vibrant • **2 - bruyant**
CONTR. étouffé ı mat ı sourd – muet ı silencieux

sonorité *n.f.* **1 -** tonalité • **2 -** résonance • acoustique

sophisme *n.m.* • paralogisme • paradoxe

sophistication *n.f.* **1 - complexité** • complication • **2 - raffinement** • recherche • subtilité • [péj.] affectation • maniérisme • préciosité

sophistiqué, e *adj.* **1 - complexe** · de pointe · performant · **2 - recherché** · évolué · raffiné · [péj.] affecté · maniéré · précieux
CONTR. obsolète – naturel ı simple

soporifique

■ *adj.* **1 - narcotique** · dormitif · hypnotique · sédatif · somnifère · **2 - ennuyeux** · assommant · endormant · mortel · barbant *fam.* · chiant *très fam.* · mortel *fam.* · mortifère *fam.* · rasoir *fam.*

■ *n.m.* somnifère

sorbet *n.m.* · glace

sorcellerie *n.f.* **1 - magie** · diablerie · féerie · **2 - ensorcellement** · envoûtement · maléfice · sortilège

sorcier *n.m* · magicien · chaman · devin · enchanteur · envoûteur · jeteur de sorts · marabout · thaumaturge *littér.*

sorcière *n.f* **1 - magicienne** · devineresse · envoûteuse · jeteuse de sorts · enchanteresse · méchante fée *lang. enfants* · **2 - mégère** · harpie

sordide *adj.* **1 - sale** · crasseux · dégoûtant · immonde · infect · innommable · malpropre · pouilleux · repoussant · répugnant · **2 - ignoble** · abject · écœurant · hideux · infâme · **3 - mesquin** · vil
CONTR. propre – désintéressé ı généreux ı noble

sornettes *n.f.pl.* · bêtises · balivernes · sottises · fables *littér.* · fadaises *vieilli* · fariboles *vieilli* · billevesées *vieux* · calembredaines *vieux* · contes *vieux*

sort *n.m.* **1 - hasard** · providence · fortune *littér.* · **2 - avenir** · destin · destinée · étoile · fortune *littér.* · **3 - condition** · état · lot · position · apanage *littér.* · **4 - sortilège** · charme · enchantement · ensorcellement · envoûtement · maléfice

✦ **mauvais sort** adversité · fatalité · mauvais œil

☙ charme

sortable *adj.* · convenable · correct · décent · montrable · présentable
CONTR. insortable

sorte *n.f.* **1 - catégorie** · classe · famille · forme · genre · groupe · ordre · type · variété · **2 - nature** · espèce · race · trempe · **3 - façon** · manière · guise *vieux*

✦ **de la sorte** ainsi · de cette manière · de cette façon
✦ **de même sorte** de même acabit · de la même farine · du même tabac *fam.* · du même tonneau *fam.*
✦ **en quelque sorte** pour ainsi dire
✦ **de sorte que** de manière à ce que · afin que · pour que
✦ **faire en sorte de, que** s'arranger pour · tâcher de, que

sortie *n.f.* **1 - issue** · débouché · porte · [sur autoroute] bretelle · **2 - promenade** · balade · escapade · tour · échappée *littér.* · **3 - lancement** · mise en circulation · édition · parution · publication · **4 - apparition** · émergence · **5 - échappement** · écoulement · évacuation · **6 - invective** · algarade

✦ **sortie d'argent** dépense · débours
✦ **sortie de bain** peignoir
✦ **à la sortie de** à la fin de · à l'issue de · au sortir de
CONTR. accès ı entrée

☙   **sortie, issue**
Sortie et issue désignent l'un et l'autre l'endroit par lequel quelqu'un ou quelque chose sort. La **sortie** est le passage qui est ordinairement emprunté, par convention ou habitude, et aisément repérable *(vous trouverez la sortie au bas de l'escalier ; une sortie de tunnel, de garage, de métro, d'usine)*. L'**issue** est une ouverture par où l'on peut sortir, qu'il est possible d'utiliser en cas de besoin ou d'urgence (la *sortie de*

secours est une *issue* signalée) mais qui peut être masquée *(chercher une issue pour s'enfuir, une issue secrète)* : « Là où la vie emmure, l'intelligence perce une issue (...) » (Proust, *À la recherche du temps perdu*, t. XV).

sortilège *n.m.* **1 - sort** · ensorcellement · envoûtement · charme · enchantement · incantation · jettatura · maléfice · sorcellerie · **2 - magie** · fascination

¹sortir *v.intr.*
I 1 - aller dehors · s'aérer · mettre le nez dehors *fam.* · s'oxygéner *fam.* · **2 - aller se promener** · s'absenter · se dégourdir les jambes · faire un tour *fam.* · **3 - partir** · s'en aller · s'éclipser · s'esquiver · se retirer · décamper · déguerpir · débarrasser le plancher *fam.*
II 1 - déborder · se répandre · sourdre *littér.* · **2 - surgir** · affleurer · se détacher · émerger · jaillir · lever · percer · poindre · pousser · ressortir · faire saillie · saillir
✦ **sortir de** **1 - quitter** · abandonner · **2 - descendre de** · **3 - être issu de** · venir de · naître de · provenir de · **4 - résulter de** · découler de · **5 - se dégager de** · déborder de · s'échapper de · émaner de · s'exhaler de · fuser de · jaillir de · sourdre de · **6 - réchapper de** · se dégager de · guérir de · relever de · se tirer de · **7 - s'écarter de** · dévier de · échapper à · s'éloigner de · outrepasser · **8 - se départir de** · **9 - déborder de** · dépasser de · **10 - dépêtrer de** · délivrer de · tirer de · **11 - enlever de** · dégager de · extirper de · extraire de · ôter de · prendre dans · retirer de · tirer de
✦ **sortir avec**   fréquenter
✦ **faire sortir**   évacuer · déloger · mettre à la porte *fam.* · vider *fam.*
⟫ **se sortir** *v.pron.*
✦ **se sortir de** **1 - réchapper de** · se relever de · **2 - se dépêtrer de** · se tirer de
✦ **s'en sortir** **1 - reprendre le dessus** · se tirer d'affaire · s'en tirer *fam.* · **2 - y arriver** · se débrouiller · se démerder *très fam.* · se dépatouiller *fam.* · tirer son épingle du jeu *fam.*

²sortir *v.tr.* **1 - promener** · balader *fam.* · **2 - lancer** · éditer · faire paraître · publier · **3 -** [*fam.*] **dire** · débiter · proférer · raconter · **4 -** [*fam.*] **expulser** · vider *fam.* · virer *fam.* · **5 -** [Sport] **battre** · éliminer

sortir de (au) *loc. prép.* **1 - à la sortie de** · **2 - à la fin de** · à l'issue de

S.O.S *n.m.* · appel au secours · signal de détresse

sosie *n.* · double · clone · jumeau · réplique · ménechme *rare*

sot, sotte
■ *adj.* **1 - bête** · borné · idiot · imbécile · inintelligent · stupide · balourd *fam.* · nunuche *fam.* · relou *lang. jeunes* · **2 - absurde** · déraisonnable · inepte · insensé · malavisé · ridicule · **3 - confus** · déconcerté · penaud
■ *n.* **1 - âne** · abruti · benêt · dadais · étourdi · idiot · imbécile · niais · nigaud · andouille *fam.* · bêta *fam.* · bourrique *fam.* · buse *fam.* · cloche *fam.* · con *très fam.* · cornichon *fam.* · couillon *très fam.* · crétin *fam.* · cruche *fam.* · nouille *fam.* · **2 -** [*fém.*] **gourde** · oie · pécore · pimbêche · péronnelle *fam., vieilli*
✦ **il n'est pas sot**   il a oublié d'être bête *fam.*
CONTR. avisé ⅼ fin ⅼ habile ⅼ intelligent ⅼ spirituel ⅼ brillant ⅼ éveillé

sottement *adv.* · bêtement · absurdement · idiotement · stupidement · connement *fam.*

sottise *n.f.* **1 - bêtise** · balourdise · crétinerie · idiotie · imbécillité · inintelligence · niaiserie · stupidité · **2 - ânerie** · absurdité · baliverne · bêtise · énormité · fadaise · faribole · ineptie · insanité · sornette · **3 - bévue** · faute · impair · maladresse · bourde *fam.* · gaffe *fam.* · **4 - babiole** · bagatelle · bêtise · bricole · broutille · futilité · misère · rien · vétille · foutaise *fam.*
CONTR. finesse ⅼ intelligence – prouesse

sottisier *n.m.* • bêtisier

sou *n.m.* **pièce** • centime • kopeck *fam.* • liard *fam.* • radis *fam.* • rond *fam.* • penny *fam., vieilli* • rotin *fam., vieilli* • cent *Québec*
- **(gros) sous** argent • espèces sonnantes et trébuchantes *plaisant* • blé *fam.* • cacahuètes *fam.* • flouze *fam.* • fric *fam.* • galette *fam.* • nerf de la guerre • oseille *fam.* • pépètes *fam.* • pèze *fam.* • pognon *fam.* • ronds *fam.* • thune *lang. jeunes* • picaillons *fam., vieilli* • trèfle *fam., vieilli* • grisbi *argot* • braise *argot, vieilli* • finance *vieux*
- **sans le sou** désargenté *fam.* • à sec *fam.* • fauché (comme les blés) *fam.* • sans un radis *fam.* • raide *fam.* • raide comme un passe-lacet *fam., vieilli* • sans un denier *vieux*

soubassement *n.m.* **1 - assiette** • assise • base • embasement • fondation • fondement • infrastructure **2 - socle** • piédestal • stylobate

soubresaut *n.m.* **1 - frisson** • convulsion • haut-le-corps • spasme • tressaillement • **2 - saccade** • cahot • secousse • trépidation

soubrette *n.f.* • servante • lisette *vieux*

souche *n.f.* **1 - racine** • **2 - origine** • ascendance • extraction • famille • filiation • lignage • lignée • naissance • race • sang • **3 - talon**

souci *n.m.* **1 - angoisse** • alarme • anxiété • crainte • inquiétude • préoccupation • **2 - contrariété** • désagrément • difficulté • embarras • ennui • problème • tourment • tracas • embêtement *fam.* • emmerdement *très fam.* • empoisonnement *fam.*
- **se faire du souci** s'inquiéter • s'affoler • s'angoisser • se tourmenter • se tracasser • se biler *fam.* • se faire de la bile *fam.* • se faire des cheveux *fam.* • se faire du mauvais sang *fam.* • se faire du mouron *fam.* • s'en faire *fam.* • se mettre martel en tête *fam.* • se ronger les sangs *fam.* • se mettre la rate au court-bouillon *fam., vieilli*

CONTR. agrément | joie | plaisir – se rassurer | se tranquilliser

soucier *v.tr.* **inquiéter** • ennuyer • préoccuper • tourmenter • tracasser • turlupiner *fam.*

≫ **se soucier** *v.pron.* s'inquiéter • se tourmenter
- **se soucier de** se préoccuper de • s'intéresser à • s'occuper de
- **ne pas se soucier de** ne pas s'occuper de • ne pas s'embarrasser de • ne pas songer à • se désintéresser de • se moquer de

soucieux, -ieuse *adj.* • **inquiet** • angoissé • anxieux • contrarié • ennuyé • préoccupé • sombre • tourmenté • tracassé • turlupiné *fam.*
- **soucieux de** attentif à • préoccupé de

CONTR. décontracté – indifférent (à)

soucoupe *n.f.* • sous-tasse *région.*

¹**soudain, e** *adj.* **1 - brusque** • brutal • foudroyant • fulgurant • instantané • prompt • rapide • subit **2 - imprévu** • fortuit • inattendu • inopiné

²**soudain** *adv.* • soudainement • brusquement • brutalement • subitement • tout à coup • tout d'un coup • sans crier gare

> **soudain, soudainement, tout à coup**
>
> **Soudain, soudainement** et **tout à coup** caractérisent la rapidité et l'imprévisibilité d'une action. **Soudain** met l'accent sur la brusquerie et le contraste entre deux situations, notamment lorsqu'il est placé en tête de phrase ou juste après une conjonction *(soudain retentit un grand cri ; je la regardais s'éloigner quand, soudain, elle s'écroula)*. **Soudainement**, d'usage plus littéraire, exprime plutôt la manière dont l'action se déroule *(il a disparu aussi soudainement qu'il était arrivé)*. La locution **tout à coup** peut se substituer aux emplois de chacun des adverbes *(tout à coup une porte s'ouvrit)* : « L'amour, croyait-elle, devait arriver tout à coup avec de grands éclats et des fulgurations » (Flaubert, *Madame Bovary*, II, 4).

soudainement *adv.* • brusquement • brutalement • subitement • tout d'un coup • [demander] à brûle-pourpoint • de but en blanc
CONTR. lentement ׀ graduellement ׀ progressivement
☙ soudain

soudaineté *n.f.* • brusquerie • brutalité • rapidité • vivacité
CONTR. lenteur

soudard *n.m.* • reître • traîneur de sabre

souder *v.tr.* • unir • accoler • agglutiner • conglomérer • joindre • réunir
CONTR. diviser ׀ rompre ׀ séparer ׀ concasser

soudoyer *v.tr.* • acheter • corrompre • payer • arroser *fam.* • graisser la patte à *fam.* • stipendier *littér.* • [un témoin] suborner

soudure *n.f.* **1** - jonction • **2** - assemblage • raccord • soudage • **3** - brasure

soufflant, e *adj.* → **stupéfiant**[1]

souffle *n.m.*
I 1 - haleine • expiration • respiration • soupir • **2** - bouffée • effluve • émanation • exhalaison • **3** - vent • air • courant • rafale • **4** - onde de choc
II 1 - âme • esprit • vie • **2** - inspiration • créativité • enthousiasme • exaltation • lyrisme • veine
✦ **avoir du souffle** **1** - avoir de l'aplomb • avoir du culot *fam.* • avoir du toupet *fam.* • ne pas manquer d'air *fam.* • **2** - [chanteur] **avoir du coffre** *fam.*

soufflé, e *adj.* **1** - pulsé • **2** - gonflé • bombé • boursouflé • **3** - [fam.] → **étonné**

souffler
■ *v.intr.* **1** - expirer • **2** - haleter • s'essouffler • **3** - se reposer • se délasser • se détendre • reprendre haleine • reprendre son souffle • respirer

■ *v.tr.* **1** - exhaler • cracher • vomir • **2** - éteindre • **3** - suggérer • conseiller • insinuer • inspirer • laisser entendre • **4** - [fam.] → **étonner** • **5** - [fam.] → **impressionner** • **6** - [fam.] → **s'approprier**

✦ **souffler (à l'oreille)** chuchoter • glisser (dans le tuyau de l'oreille) • murmurer • susurrer

soufflet *n.m.* **1** - affront • humiliation • mortification • offense • outrage • camouflet *littér.* • **2** - [vieux] → **gifle**

souffleter *v.tr.* → **gifler**

souffrance *n.f.* **1** - douleur • **2** - affliction • chagrin • détresse • croix • larmes • peine • **3** - épreuve • calvaire • supplice • torture • tourment

✦ **en souffrance** en attente • en retard • en suspens • dans les cartons *fam.* • en carafe *fam.* • en panne *fam.* • en plan *fam.* • en rade *fam.*

CONTR. bonheur ׀ indolence ׀ joie ׀ plaisir
☙ douleur

souffrant, e *adj.* **1** - malade • incommodé • indisposé • mal en point • mal fichu *fam.* • patraque *fam.* • tout chose *fam.* • **2** - maladif • dolent *littér.*

souffre-douleur *n.m.* • victime • bête noire • bouc émissaire • jouet • martyr • tête de Turc

souffreteux, -euse *adj.* • maladif • chétif • débile • malingre • rachitique • dolent *littér.* • égrotant *vieux ou littér.*
CONTR. robuste ׀ vigoureux

souffrir
■ *v.intr.* **1** - avoir mal • être à la torture • déguster *fam.* • dérouiller *fam.* • en baver *fam.* • morfler *fam.* • trinquer *fam.* • **2** - peiner • en baver *fam.* • galérer *fam.* • **3** - s'abîmer • se détériorer • morfler *fam.*

◆ **souffrir de**   1 - pâtir de · 2 - être victime de · essuyer · subir
◆ **faire souffrir**   affliger · endolorir · lanciner · martyriser · ravager · tourmenter · torturer · en faire voir à *fam.*
■ *v.tr.* **1** - endurer · éprouver · subir · supporter · encaisser *fam.* · **2** - admettre · accepter · autoriser · permettre · tolérer · **3** - supporter · sentir · voir
◆ **ne pas pouvoir souffrir**   détester · ne pas pouvoir sentir *fam.* · ne pas pouvoir blairer *fam.* · ne pas pouvoir pifer *fam.*

CONTR. jouir ι bénéficier – refuser – aimer ι apprécier

↝ **permettre**

souhait *n.m.* **1** - aspiration · ambition · attente · désir · envie · rêve · volonté · **2** - vœu
◆ **à souhait**   **1** - abondamment · à gogo *fam.* · en veux-tu en voilà *fam.* · **2** - convenablement · parfaitement · bien · aux petits oignons *fam.*

CONTR. crainte

souhaitable *adj.* **1** - indiqué · adéquat · approprié · à propos · conseillé · convenable · opportun · recommandé · requis · **2** - enviable · désirable

souhaiter *v.tr.* **1** - appeler (de ses vœux) · ambitionner · aspirer à · attendre · avoir envie de · demander · désirer · espérer · rêver de · avoir en tête de · vouloir · **2** - convoiter · avoir des vues sur · viser · lorgner sur *fam.*

CONTR. craindre ι regretter

souillé, e *adj.* **1** - sale · maculé · taché · **2** - pollué · infecté

souiller *v.tr.*
I **1** - salir · tacher · **2** - polluer · contaminer · infecter · corrompre *vieilli*
II **1** - avilir · corrompre · entacher · gâter · gangrener · [une réputation] flétrir · porter atteinte à · ternir · **2** - **déshonorer** · profaner · violer · **3** - calomnier · diffamer · éclabousser

CONTR. blanchir ι laver – purifier ι régénérer ι sanctifier – défendre ι glorifier

souillure *n.f.* **1** - contamination · pollution · **2** - avilissement · corruption · flétrissure · **3** - faute · péché · tache · tare

CONTR. propreté ι pureté

souk *n.m.* **1** - marché · bazar · **2** - [fam.] → désordre

soûl, e *adj.* **1** - ivre · beurré *fam.* · bituré *fam.* · blindé *fam.* · bourré *fam.* · déchiré *fam.* · gai *fam.* · gris *fam.* · noir *fam.* · paf *fam.* · parti *fam.* · pinté *fam.* · plein (comme une huître, comme une outre, comme une barrique) *fam.* · rond (comme une queue de pelle) *fam.* · paqueté *fam., Québec* · **2** - saturé · gavé · rassasié · repu
◆ **complètement soûl**   soûl comme un cochon, comme un âne, comme une grive, comme une bourrique · soûl comme un Polonais
◆ **tout son soûl**   son content · à (sa) suffisance · jusqu'à plus soif *fam.*

soulagement *n.m.* **1** - apaisement · adoucissement · allègement · délivrance · détente · diminution · **2** - aide · consolation · palliatif · réconfort · remède

CONTR. aggravation ι accablement

soulager *v.tr.* **1** - secourir · aider · assister · faire du bien à · décharger · ôter une épine du pied à · **2** - alléger · adoucir · apaiser · atténuer · calmer · consoler · diminuer · endormir · lénifier · modérer · réduire · tempérer
◆ **soulager de**   décharger de · débarrasser de · délivrer de · libérer de

CONTR. accabler ι gêner ι aggraver – charger de

soûlant, e *adj.* → **ennuyeux**

soûlaud, e *n.* → **ivrogne**

soûler *v.tr.* **1** - enivrer · étourdir · griser · monter à la tête à · **2** - abrutir · assommer · étourdir · fatiguer · gaver *fam.*

⋙ **se soûler** *v.pron.* s'enivrer • boire (plus que de raison) • se beurrer *fam.* • se biturer *fam.* • se bourrer (la gueule) *fam.* • se cuiter *fam.* • se péter la gueule *fam.* • picoler *fam.* • se pinter (la gueule) *très fam.* • prendre une biture, une caisse, une cuite *fam.*

✦ **se soûler de**   se gaver de • se gorger de • se rassasier de • se repaître de

soûlerie *n.f.* • beuverie • bacchanale *littér. ou vieilli*

soulèvement *n.m.* • émeute • insurrection • rébellion • révolte • sédition • [de marins, de soldats] mutinerie • [de paysans, Hist.] jacquerie
CONTR. affaissement

soulever *v.tr.*
I 1 - lever • élever • hausser • hisser • 2 - retrousser • relever • remonter • trousser *vieilli*
II 1 - **provoquer** • causer • déclencher • déterminer • engendrer • entraîner • occasionner • produire • susciter • 2 - **poser** • aborder • élever • évoquer • 3 - **enflammer** • agiter • ameuter • déchaîner • enthousiasmer • exalter • exciter • remuer • transporter

✦ **soulever le cœur**   dégoûter • écœurer • donner des haut-le-cœur

⋙ **se soulever** *v.pron.* 1 - se dresser • se lever • 2 - se rebeller • s'insurger • se mutiner • se rebiffer • se révolter
CONTR. abaisser ı affaisser – baisser – se coucher – se soumettre

soulier *n.m.* • chaussure • godasse *fam.* • grole *fam.* • pompe *fam.* • tatane *fam.*

souligner *v.tr.* 1 - accentuer • accuser • faire ressortir • mettre en avant • mettre en relief • mettre en valeur • ponctuer • relever • 2 - **insister sur** • appuyer sur • faire remarquer • marquer • mettre en évidence • noter • préciser • signaler • s'étendre sur

soûlographie *n.f.* • débauche • orgie • bacchanale *littér. ou vieilli*

soulte *n.f.* • complément • compensation

soumettre *v.tr.* 1 - **assujettir** • asservir • conquérir • contraindre • dominer • dompter • enchaîner • inféoder • maîtriser • mater • museler • opprimer • pacifier *euph.* • ranger sous ses lois • réduire • subjuguer • 2 - **exposer** • offrir • présenter • proposer

✦ **soumettre à**   assujettir à • astreindre à • subordonner à

⋙ **se soumettre** *v.pron.* 1 - abandonner (le combat, la lutte) • capituler • se livrer • se rendre • 2 - **s'abaisser** • courber la tête, le front, l'échine • ployer le genou • baisser pavillon • baisser son froc *fam.* • filer doux *fam.* • 3 - **céder** • fléchir • s'incliner • obéir • obtempérer • plier • se résigner • mettre les pouces *fam.*

✦ **se soumettre à** 1 - **reconnaître** (l'autorité de) • déférer à • être aux genoux de *péj.* • trembler devant *péj.* • 2 - **accepter** • s'accommoder de • acquiescer à • s'adapter à • s'assujettir à • se conformer à • consentir à • écouter • obéir à • observer • se plier à • respecter • sacrifier à • satisfaire à • suivre
CONTR. délivrer – exempter – se rebeller – relever la tête – refuser

soumis, e *adj.* 1 - discipliné • déférent • docile • gouvernable • maniable • obéissant • souple • 2 - résigné • humble • 3 - servile • bas • 4 - asservi • pacifié

✦ **soumis à** 1 - assujetti à • 2 - inféodé à • assujetti à • sous le joug de *littér.* • 3 - dépendant de • astreint à • prisonnier de • tributaire de
CONTR. indocile

soumission *n.f.* 1 - docilité • obéissance • obédience *littér.* • servilité *péj.* • 2 - humilité • acceptation • résignation • 3 - asservissement • assujettissement • dépendance • esclavage • inféodation • servitude • sujétion • vassalité • 4 - observance • obéissance • 5 - conquête • réduction • 6 - capitulation • reddition
CONTR. désobéissance ı indiscipline ı insoumission – affranchissement ı émancipation ı libération – inobservance – résistance

soupape n.f. **1** - obturateur · clapet · **2** - exutoire · dérivatif · diversion · issue

soupçon n.m. **1** - doute · présomption · suspicion · **2** - méfiance · défiance · suspicion
- **un soupçon de** un peu de · une goutte de · une larme de · une lueur de · un nuage de · une miette de · une ombre de · une once de · une pointe de · un semblant de · une trace de · un chouïa de *fam.*

CONTR. certitude – confiance – beaucoup de ǀ énormément de

↝ **suspicion**

soupçonner v.tr. **1** - suspecter · se défier de · douter de · se méfier de · incriminer · **2** - se douter · imaginer · avoir idée · **3** - croire à · deviner · entrevoir · penser à · pressentir · présumer · supposer · flairer *fam.* · subodorer *fam.* · conjecturer *littér.*

soupçonneux, -euse adj. **1** - défiant · méfiant · suspicieux · **2** - jaloux · craintif · ombrageux

CONTR. crédule

soupe n.f. potage · bouillon
- **soupe au lait** → coléreux

soupente n.f. · réduit

¹**souper** n.m. · dîner · repas du soir · médianoche *vieux ou littér.* · réveillon *vieux*

²**souper** v.intr. · dîner

soupeser v.tr. · apprécier · estimer · évaluer · jauger · juger de · peser · supputer

soupir n.m. **1** - souffle · **2** - gémissement · plainte · **3** - [Mus.] silence

soupirant n.m. · galant · amant · amoureux · prétendant · sigisbée *vieux ou iron.*

soupirer v.intr. **1** - souffler · expirer · **2** - pleurer · gémir · geindre · se plaindre · se lamenter
- **soupirer sur** déplorer · pleurer sur · regretter
- **soupirer après** appeler de ses vœux · désirer · convoiter · guigner *fam.* · lorgner (sur) *fam.*

souple adj.
I 1 - mou · élastique · extensible · flexible · malléable · maniable · moelleux · onctueux · pliable · **2** - agile · alerte · délié · leste · preste · vif · **3** - décontracté · aisé · dégagé · félin · gracieux · léger · ondoyant
II 1 - liant · accommodant · compréhensif · conciliant · diplomate · habile · politique · **2** - docile · complaisant · flexible · malléable
- **être très souple** être souple comme un gant *péj.* · avoir l'échine souple, les reins souples · être du bois dont on fait les flûtes

CONTR. ferme ǀ raide ǀ rigide – buté ǀ indocile ǀ têtu ǀ intransigeant – cassant ǀ désagréable ǀ sec – inflexible – être raide comme la justice

↝ **souple, docile, flexible**
Souple, docile et flexible s'appliquent à quelqu'un qui n'offre pas de résistance à la volonté ou aux directives d'autrui. Une personne **docile** l'est par discipline (*c'est un enfant docile qui apprend bien*) ou par soumission (*il cède toujours, il est trop docile*). **Souple** ajoute à la docilité l'idée de calcul et d'habileté à répondre aux exigences d'une situation donnée (*un négociateur, un politicien souple*) ; on peut être **souple** par excès de complaisance (*avoir l'échine souple, être souple comme un gant*). **Flexible** se dit d'une personne malléable par nature plus que par calcul ou intérêt : « Je n'ai point cette roideur d'esprit des vieillards (...) je suis flexible comme une anguille, et vif comme un lézard » (Voltaire, *Lettre à d'Argental*, 22 oct. 1759).

souplesse n.f. **1** - élasticité · flexibilité · malléabilité · maniabilité · plasticité · **2** -

agilité · adresse · légèreté · **3 - adaptabilité** · **4 - diplomatie** · adresse · compréhension · doigté

CONTR. raideur – intransigeance ı automatisme

souquer *v.intr.* · ramer

source *n.f.* **1 - point d'eau** · fontaine · résurgence · **2 -** [lumineuse] **foyer** · **3 - cause** · base · commencement · étincelle · ferment · fondement · générateur · germe · motif · naissance · origine · point de départ · principe · racine · raison · **4 - mine** · filon · trésor · veine
↪ origine

sourcier, -ière *n.* · radiesthésiste · rhabdomancien

sourciller *v.intr.* · ciller · broncher *fam.* · tiquer *fam.*

sourcilleux, -euse *adj.* · exigeant · chatouilleux · intransigeant · maniaque · strict · scrupuleux · pointilleux *péj.* · tatillon *péj.* · vétilleux *péj., littér.*

sourd, sourde
■ *adj.* **1 - malentendant** · dur d'oreille · dur de la feuille *fam.* · sourdingue *fam.* · **2 - assourdi** · cotonneux · étouffé · feutré · mat · mou · **3 - enroué** · voilé · **4 - diffus** · caché · indistinct · latent · secret · souterrain · vague
✦ **sourd à**   indifférent à · fermé à · imperméable à · insensible à · rebelle à · réfractaire à
✦ **être sourd**   être sourd comme un pot *fam.* · avoir les portugaises ensablées *fam.*
■ *n.* malentendant

CONTR. éclatant ı sonore – clair

sourdine *n.f.* étouffoir · pédale douce
✦ **en sourdine**   **1 - silencieusement** · doucement · faiblement · **2 - discrètement** · secrètement

✦ **mettre une sourdine à**   diminuer · modérer · rabattre · mettre un bémol à

sourdre *v.intr.* **1 - couler** · s'échapper · filtrer · fuser · jaillir · se répandre · sortir · suinter · **2 - paraître** · apparaître · éclore · émerger · naître · poindre

souriant, e *adj.* · gai · enjoué · épanoui · jovial · joyeux · réjoui · rieur · tout sourire

CONTR. morose ı triste

souricière *n.f.* **1 - ratière** · tapette · **2 - piège** · traquenard

sourire *v.intr.* · être tout sourire
✦ **sourire à**   **1 - favoriser** · servir · **2 - convenir** à · amuser · plaire à · agréer à *littér.* · chanter à *fam.*
✦ **sourire de**   se moquer de · s'amuser de · ironiser sur · plaisanter de, sur

sournois, e *adj.* **1 - hypocrite** · dissimulateur · faux · fourbe · **2 - insidieux** · perfide · traître · subreptice *littér.*

CONTR. franc

sournoisement *adv.* · en cachette · en catimini · à la dérobée · en dessous · en sous-main · en tapinois · hypocritement · insidieusement · en douce *fam.* · mine de rien *fam.* · par en dessous *fam.*

CONTR. franchement

sournoiserie *n.f.* **1 - hypocrisie** · dissimulation · duplicité · fausseté · fourberie · simulation · **2 - perfidie** · feinte

CONTR. candeur ı franchise

sous-alimentation *n.f.* · dénutrition · faim · insuffisance alimentaire

CONTR. suralimentation

souscription *n.f.* **1 - signature** · **2 - participation** · **3 - abonnement**

souscrire à v.tr.ind. • accepter • accéder à • acquiescer à • adhérer à • admettre • consentir à • se prêter à • se rallier à

sous-cutané, e adj. • hypodermique • sous-épidermique

sous-développé, e adj. 1 - [Écon.] en voie de développement • moins avancé • 2 - en retard • 3 - sous-équipé

sous-entendre v.tr. 1 - insinuer • laisser deviner • laisser entendre • suggérer • 2 - vouloir dire • impliquer • indiquer

¹**sous-entendu, e** adj. • implicite • inexprimé • informulé • tacite

> sous-entendu, tacite, implicite
>
> Sous-entendu, tacite et implicite qualifient ce qui, sans être exprimé, contient un message, une information. **Sous-entendu** est le terme le plus général pour exprimer ce qu'on laisse *entendre* sans le dire (*dans cette phrase, le verbe est sous-entendu ; il est sous-entendu que ...*) et s'emploie couramment comme nom (*parler par sous-entendus*). On réserve **tacite** (proprement « que l'on *tait* ») à ce qui est sous-entendu entre plusieurs personnes (*une alliance tacite, par un accord tacite, contrat renouvelable par tacite reconduction*). **Implicite** (« qui est *impliqué* ») est réservé à ce qui peut être déduit ou induit d'un énoncé, d'un fait, etc. (*une clause, une condition implicite ; c'est la reconnaissance implicite de son erreur*).

²**sous-entendu** n.m. • allusion • ellipse • insinuation • implicite • non-dit • réticence *vieilli*

sous-estimation n.f. • sous-évaluation • dépréciation • mésestimation *littér.*
CONTR. surestimation

sous-estimer v.tr. • déprécier • dévaloriser • méconnaître • méjuger • mésestimer • minimiser • sous-évaluer • avoir mauvaise opinion de • ne pas apprécier à sa juste valeur
CONTR. surestimer

sous-fifre n.m. → subalterne

sous-jacent, e adj. 1 - implicite • latent • occulte • 2 - inférieur • subjacent

sous-main (en) n.m. • secrètement • à la dérobée • confidentiellement • dans l'anonymat • dans l'ombre • en cachette • en catimini • clandestinement • en coulisse • en secret • en silence • furtivement • incognito • subrepticement • en tapinois *fam.* • sans tambour ni trompette *fam.* • sous le manteau *fam.*

sous-marin, e
■ adj. 1 - immergé • 2 - subaquatique
■ n.m. submersible • bathyscaphe

sous-ordre n.m. • subordonné • inférieur • subalterne • sous-fifre *fam.* • sous-verge *vieilli*

sous-sol n.m. • cave

sous-tasse n.f. • soucoupe

soustraction n.f. 1 - décompte • déduction • 2 - détournement • vol
CONTR. addition

soustraire v.tr. 1 - décompter • déduire • défalquer • enlever • ôter • prélever • retirer • retrancher • distraire *littér.* • 2 - s'approprier • confisquer • délester de *iron.* • dérober • détourner • divertir • escamoter • escroquer • ôter • prendre • subtiliser • voler • chaparder *fam.* • débarrasser de *fam.* • faucher *fam.* • ravir *littér.*

✦ **soustraire à** dégager de • dispenser de • libérer de • préserver de • protéger de • sauver de

⋙ **se soustraire à** *v.pron.* échapper à • se dégager de • se dérober à • éluder • esquiver • éviter • manquer à • couper à *fam.* • s'affranchir de *littér.*

CONTR. additionner ׀ ajouter – donner – affronter

sous-vêtements *n.m.pl* • dessous • linge de corps • lingerie

soute *n.f.* • cale

soutenable *adj.* **1 - supportable** • endurable • tenable • tolérable • vivable • **2 - défendable** • explicable • justifiable

CONTR. insoutenable – injustifiable

souteneur *n.m.* • proxénète • protecteur • maquereau *fam.* • marlou *fam.* • jules *pop.* • julot *pop.* • barbeau *fam., vieilli*

soutenir *v.tr.*
I 1 - maintenir • porter • supporter • tenir • **2 - consolider** • accoter • appuyer • caler • étayer • renforcer
II 1 - aider • appuyer • assister • donner la main à • encourager • épauler • prêter main-forte à • seconder • secourir • servir • venir à la rescousse de • **2 - fortifier** • conforter • réconforter • remonter • stimuler • sustenter • **3 - favoriser** • pistonner • protéger • **4 - défendre** • épouser la cause de • plaider pour • prendre fait et cause pour • prendre le parti de • recommander • **5 - financer** • parrainer • sponsoriser • subventionner
III affirmer • assurer • attester • avancer • certifier • faire valoir • maintenir • prétendre • professer
IV continuer • persévérer dans • persister dans • poursuivre
V résister à • faire face à • endurer • souffrir • supporter • tenir contre

⋙ **se soutenir** *v.pron.* **1 - se tenir debout** • se tenir droit • **2 - durer** • se continuer • subsister • **3 - s'entraider** • se prêter assistance • se prêter main-forte • être solidaire • se donner un coup de main *fam.* • se serrer les coudes *fam.*

soutenu, e *adj.* **1 - assidu** • constant • continu • incessant • ininterrompu • persévérant • persistant • régulier • suivi • **2 - intense** • profond • vif • **3 - recherché** • académique • châtié • élevé • étudié • littéraire • noble • soigné

CONTR. irrégulier ׀ variable – pâle – relâché

¹**souterrain, e** *adj.* • secret • caché • clandestin • larvé • occulte • sourd • ténébreux • subreptice *littér.*

²**souterrain** *n.m.* • tunnel • galerie

soutien *n.m.* **1 - support** • (point d')appui • béquille • contrefort • étai • soutènement • **2 - aide** • appui • assistance • défense • patronage • protection • recommandation • secours • ▸ [d'un vieillard] bâton de vieillesse • [financier] allocation • subsides • subvention • **3 - accord** • appui • collaboration • concours • coopération • encouragement • **4 - défenseur** • adepte • appui • auxiliaire • champion • garant • partisan • pilier • pivot • protecteur • tenant

CONTR. abandon – adversaire

soutirer *v.tr.* **1 - prélever** • **2 - transvaser** • clarifier • [du vin] élier *(Techn.)* • **3 - extorquer** • arracher • escroquer • taper *fam.* • tirer *fam.*

souvenir *n.m.* **1 - réminiscence** • évocation • image • impression • pensée • rappel • **2 - mémoire** • souvenance • ressouvenance *littér.* • **3 - trace** • arrière-goût • ombre • relique • vestige • **4 - cadeau**

⋙ **souvenirs** *plur.* **1 - passé** • **2 - mémoires** • autobiographie

CONTR. oubli

    🕮   souvenir, mémoire, réminiscence

Mémoire, souvenir et réminiscence concernent la faculté du cerveau à emmagasiner et restituer de l'information. La **mémoire** est l'espace mental dans lequel est conservé le **souvenir** *(garder, recueillir, retrouver quelque chose dans sa mémoire ; encombrer, perdre la mémoire ; faire resurgir de vieux souvenirs de sa mémoire).* Le souvenir est une image mémorisée que l'on peut localiser dans le temps et l'espace *(des souvenirs d'enfance, de voyage, le souvenir d'une belle journée).* Une **réminiscence** est une remontée de sensations, de perceptions à tonalité surtout affective, dont on ne peut identifier l'origine : « La réminiscence est comme l'ombre du souvenir » (Joubert, *Pensées*, III, xxxvi). **Réminiscence** s'emploie aussi, et plus couramment, au sens de « souvenir imprécis » : « (...) les vagues réminiscences d'une vieille oraison qu'on me faisait réciter dans mon enfance, avant de m'endormir, pour conjurer les démons de la nuit » (H. Bosco, *Hyacinthe).*

souvenir de (se) *v.pron.* **1 - se rappeler** · se représenter · revoir · reconstituer · retrouver · se remémorer *littér.* · avoir souvenance de *littér.* · **2 - reconnaître** · remettre *fam.* · **3 - retenir** · penser à · prendre bonne note de

✦ **je m'en souviendrai !** ce n'est pas tombé dans l'oreille d'un sourd ! · [menace] tu ne perds rien pour attendre !

souvent *adv.* **1 - plusieurs fois** · à maintes reprises · à plusieurs reprises · fréquemment · moult fois *vieux ou iron.* · **2 - généralement** · communément · d'ordinaire · en général · habituellement · la plupart du temps

✦ **pas souvent** guère · tous les trente-six du mois *fam.*

✦ **très souvent** de nombreuses fois · cent fois · les trois-quarts du temps · toujours · maintes fois *soutenu*

CONTR. rarement

¹**souverain, e** *adj.*
I **1 - tout-puissant** · absolu · omnipotent · suprême · **2 - régnant** · **3 - indépendant** · autonome · libre

II **1 - supérieur** · absolu · divin · extrême · idéal · parfait · suprême · **2 - efficace** · absolu · infaillible · magistral · puissant · radical · sûr

☙ souverain, suprême

Souverain et **suprême** se rejoignent pour exprimer ce qui, dans son genre ou son domaine, est très *supérieur* aux autres. On qualifie de **souverain** ce qui est au plus haut degré *(calme, bonheur souverain ; force, liberté souveraine ; le souverain bien)* et notamment une personne ou une divinité qui règne en maître *(seigneur, juge souverain, Dieu souverain).* En insistant sur la valeur superlative, **suprême** caractérise ce qui est au-dessus de tout ; il qualifie en particulier, dans une hiérarchie de pouvoir, ce qui exerce une *suprématie (autorité, conseil suprême ; une juridiction, un tribunal suprême)* et, dans une hiérarchie de valeurs, ce qui occupe la première place *(plaisir suprême, suprême élégance).* En parlant de sentiments, d'attitudes, **souverain** et **suprême** peuvent avoir une connotation péjorative *(afficher un mépris souverain, une suprême insolence).*

²**souverain, e** *n.* **1 - monarque** · prince · roi · **2 - maître** · arbitre · chef · seigneur

✦ **Souverain Pontife** pape

souverainement *adv.* **1 - extrêmement** · absolument · supérieurement · suprêmement · terriblement *fam.* · **2 - parfaitement** · divinement · excellemment

souveraineté *n.f.* **1 - couronne** (royale, impériale) · empire · royauté · **2 - pouvoir** · autorité · empire · maîtrise · omnipotence · puissance · toute-puissance · supériorité · **3 - autonomie** · indépendance

CONTR. dépendance

soyeux, -euse *adj.* · doux · lustré · satiné

spacieux, -ieuse *adj.* · étendu · ample · grand · immense · large · vaste
CONTR. étroit ı petit
☞ **grand**

spadassin *n.m.* **1 - bretteur** · batteur de fer · ferrailleur · **2 - tueur à gages** · nervi · sbire · sicaire *vieux ou littér.*

spartiate *adj.* · ascétique · austère · rigide · rigoureux · sévère · sobre · strict

spasme *n.m.* · contraction · contracture · convulsion · crispation · soubresaut · tiraillement · tremblement

spasmodique *adj.* · convulsif · nerveux · saccadé

spatial, e *adj.* · cosmique · interplanétaire · intersidéral · interstellaire

spationaute *n.* · astronaute · cosmonaute · taïkonaute
☞ **astronaute**

spatule *n.f.* · abaisse-langue · cuiller · gâche

speaker *n.m.* · présentateur · animateur · annonceur

speakerine *n.f.* · présentatrice · animatrice · annonceuse

spécial, e *adj.* **1 - caractéristique** · distinctif · particulier · propre · spécifique · **2 - [cas] individuel** · d'espèce · ponctuel · **3 - singulier** · à part · atypique · extraordinaire · exceptionnel · hors du commun · original · particulier · unique · pas banal *fam.* · **4 - bizarre** · étrange
CONTR. commun – général – banal ı habituel ı ordinaire

spécialement *adv.* **1 - notamment** · par exemple · en particulier · entre autres · particulièrement · surtout · singulièrement *littér.* · **2 - exprès** · exclusivement · spécifiquement

spécialisation *n.f.* · qualification · spécialité

spécialiste *n.* · expert · grand clerc (en la matière) · homme de l'art · professionnel · technicien
CONTR. amateur

spécialité *n.f.* **1 - discipline** · branche · domaine · partie · sphère · rayon *fam.* · **2 - mets** · plat · **3 - spécialisation**

spécieux, -ieuse *adj.* · fallacieux · faux · sophistique · trompeur · captieux *littér.*
CONTR. sérieux ı sincère

spécification *n.f.* **1 - caractérisation** · définition · détermination · **2 - précision** · indication · mention

spécificité *n.f.* · caractéristique · particularité · propre · singularité

spécifier *v.tr.* **1 - fixer** · caractériser · déterminer · définir · **2 - indiquer** · mentionner · préciser · stipuler

spécifique *adj.* · particulier · caractéristique · propre · spécial · sui generis · typique
☞ **typique**

spécifiquement *adv.* **1 - exprès** · exclusivement · spécialement · uniquement · **2 - typiquement** · proprement · uniquement · **3 - particulièrement** · à proprement parler

spécimen *n.m.* **1 - modèle** · archétype · exemple · prototype · type · **2 - échantillon** · exemplaire · individu · représentant

spectacle *n.m.* **1 - représentation** · divertissement · exhibition · gala · revue · séance · show · **2 - scène** · tableau · vue

✦ **au spectacle de** à la vue de
✦ **se donner, s'offrir en spectacle** se faire remarquer • s'exhiber • se montrer

spectaculaire *adj.* • impressionnant • extraordinaire • frappant • prodigieux • remarquable • saisissant • sensationnel

spectateur, -trice *n.* **1 -** observateur • témoin • **2 -** assistant • auditeur • téléspectateur
>>> **spectateurs** *plur.* assistance • auditoire • parterre • public • salle • galerie *fam.*
CONTR. acteur

spectre *n.m.* **1 -** fantôme • apparition • ectoplasme • esprit • ombre • mort • revenant • **2 -** menace • épouvantail • obsession • peur

spéculateur, -trice *n.* • agioteur • boursicoteur *fam.*

spéculatif, -ive *adj.* • théorique • abstrait • conceptuel
CONTR. pratique

spéculation *n.f.* **1 -** raisonnement • théorie • **2 -** calcul • réflexion • supputation • **3 -** agiotage • opérations boursières • jeu boursier • boursicotage *fam.* • coup de Bourse *fam.*
CONTR. pratique – réalisation

spéculer *v.intr.* • agioter • jouer en Bourse • boursicoter *fam.*
✦ **spéculer sur** **1 -** méditer sur • penser à • raisonner sur • réfléchir à • **2 -** compter sur • miser sur • tabler sur

speech *n.m.* • discours • laïus *fam.* • topo *fam.*

speedé, e *adj.* → énervé

sperme *n.m.* • semence • liquide séminal

sphère *n.f.* **1 -** boule • globe • **2 -** [terrestre] globe • Terre • mappemonde • **3 -** milieu • cadre • champ • domaine • mouvance • secteur • univers • zone

sphérique *adj.* • rond • circulaire • globeux *vieux*

spirale *n.f.* • volute • arabesque • enroulement • hélice • serpentin • torsade • vrille
✦ **en spirale** **1 -** [feuille] convoluté • **2 -** à vis • en colimaçon • en tire-bouchon • en vrille

spiritisme *n.m.* • divination • nécromancie • occultisme • typtologie

spiritualité *n.f.* **1 -** esprit • **2 -** mysticisme • dévotion • foi • religiosité • **3 -** [Philo.] immatérialité • abstraction • incorporéité
CONTR. matérialité

spirituel, -elle *adj.* **1 -** intérieur • moral • **2 -** mystique • métaphysique • religieux • **3 -** intellectuel • mental • **4 -** amusant • brillant • drôle • fin • humoristique • malicieux • malin • pétillant • piquant • plaisant • satirique • subtil • vif • **5 -** [Philo.] immatériel • abstrait • incorporel
CONTR. charnel ׀ corporel ׀ matériel ׀ palpable ׀ temporel – lourd ׀ plat

spirituellement *adv.* **1 -** intellectuellement • moralement • **2 -** avec beaucoup d'esprit • finement • malicieusement
CONTR. charnellement ׀ corporellement ׀ matériellement – lourdement

spiritueux *n.m.* • alcool • liqueur

spleen *n.m.* • mélancolie • ennui • idées noires • neurasthénie • nostalgie • tristesse • vague à l'âme • blues *fam.* • bourdon *fam.* • cafard *fam.* • déprime *fam.*

splendeur *n.f.* **1 -** beauté • **2 -** magnificence • apparat • brillant • faste • luxe •

pompe · richesse · somptuosité · **3 - gloire** ·
éclat · grandeur · lustre · panache · prestige ·
rayonnement · **4 - prospérité**

splendide *adj.* **1 - superbe** · beau ·
admirable · magnifique · merveilleux ·
sublime • [temps] radieux · **2 - somptueux** ·
brillant · éblouissant · étincelant · fastueux
CONTR. médiocre

splendidement *adv.* · admirablement ·
brillamment · divinement · magnifiquement ·
merveilleusement · somptueusement · superbement

spoliation *n.f.* · dépouillement · dépossession · dessaisisement · vol

spolier *v.tr.* · voler · déposséder ·
dépouiller · dessaisir · frustrer · léser · priver ·
gruger *fam.*

sponsor *n.m.* · mécène · commanditaire *recomm. offic.* · parrain *recomm. offic.* ·
parraineur *recomm. offic.*

sponsorisation *n.f.* · mécénat · financement · parrainage · sponsoring *anglic.*

sponsoriser *v.tr.* · commanditer · financer · parrainer · soutenir

spontané, e *adj.* **1 - naturel** · authentique · direct · franc · libre · sincère ·
nature *fam.* · primesautier *littér.* · **2 - impulsif** ·
automatique · inconscient · instinctif · involontaire · irréfléchi · machinal · mécanique ·
3 - sauvage
CONTR. apprêté ı étudié ı calculateur – volontaire

spontanéité *n.f.* · naturel · authenticité ·
fraîcheur · franchise · franc-parler · sincérité
CONTR. calcul

spontanément *adv.* **1 - librement** · de
soi-même · par nature · sponte sua *(Droit)* · **2 -
instinctivement** · d'instinct · naturellement ·
3 - sans calcul · sincèrement

sporadique *adj.* · intermittent · épisodique · irrégulier · isolé · occasionnel
CONTR. constant ı régulier

sporadiquement *adv.* · irrégulièrement · de temps à autre · de temps en temps ·
épisodiquement · occasionnellement · par
accès · par intermittence · par moments ·
rarement
CONTR. constamment

sport *n.m.* · exercice (physique) · culture
physique · éducation physique · gymnastique

sportif, -ive
■ *adj.* **1 - fair-play** *anglic.* · carré · droit · juste ·
honnête · sport *vieilli* · **2 - [fam.] difficile** · ardu
■ *n.* **athlète**

sportivement *adv.* · loyalement · honnêtement

sportivité *n.f.* · fair-play *anglic.* · esprit
sportif

spot *n.m.* · projecteur · projo *fam.*

spray *n.m.* · atomiseur · bombe · pulvérisateur · vaporisateur

sprint *n.m.* · course · pointe · finish *anglic.* ·
rush *anglic.*

sprinter *v.intr.* · foncer · courir · piquer un
cent mètres *fam.*

spumeux, -euse *adj.* · écumeux

squame *n.f.* · écaille

squameux, -euse *adj.* · écailleux

squelette *n.m.* **1 - ossature** · carcasse · **2 -
ossements** · os · restes · **3 - structure** ·
architecture · armature · canevas · charpente ·
grandes lignes · grandes orientations · plan ·
schéma

squelettique *adj.* **1 - maigre** · décharné · efflanqué · émacié · étique · maigrelet · **2 - réduit** · peu nombreux
✦ **il est squelettique** on peut lui compter, on lui voit les côtes *fam.* · il est maigre comme un clou, comme un coucou *fam.*

stabilisation *n.f.* **1 - consolidation** · affermissement · renforcement · **2 - équilibrage** · **3 - blocage** · gel

stabiliser *v.tr.* **1 - équilibrer** · régler · **2 - renforcer** · affermir · consolider · **3 - bloquer** · fixer · geler
CONTR. déséquilibrer ı déstabiliser

stabilité *n.f.* **1 - équilibre** · aplomb · assiette · **2 - constance** · continuité · fermeté · permanence · solidité · **3 - calme** · aplomb · équilibre · fermeté
CONTR. instabilité – discontinuité ı intermittence – fragilité

stable *adj.* **1 - équilibré** · d'aplomb · solide · **2 - constant** · continu · durable · ferme · fixe · immuable · inaltérable · invariable · permanent · persistant · **3 - stationnaire** · sans changement · statique
CONTR. déséquilibré – instable ı changeant – en mouvement

stade *n.m.* **1 - étape** · degré · échelon · étage · niveau · palier · partie · période · phase · point · position · rang · **2 - terrain (de sport)** · arène

staff *n.m.* **1 - personnel** · **2 - encadrement** · cadres

stage *n.m.* · formation · apprentissage · préparation · séminaire

stagnant, e *adj.* · dormant · immobile · mort

stagnation *n.f.* **1 - immobilité** · **2 - engourdissement** · arrêt · ankylose · croupissement · immobilisme · inertie · langueur · marasme · paralysie · piétinement · ralentissement

stagner *v.intr.* **1 - croupir** · **2 - végéter** · s'encroûter · s'enliser · faire du sur-place · patiner · piétiner · plafonner · tourner en rond

stalle *n.f.* · box · loge

¹**standard**
■ *n.m.* **1 - norme** · étalon · modèle · moyenne · règle · type · **2 - [Jazz] classique**
■ *adj. invar.* **1 - courant** · commun · habituel · ordinaire · **2 - normalisé** · conforme

²**standard** *n.m.* · central (téléphonique)

standardisation *n.f.* **1 - normalisation** · homogénéisation · rationalisation · unification · **2 - uniformisation** · alignement · nivellement

standardiser *v.tr.* **1 - normaliser** · homogénéiser · rationaliser · unifier · **2 - uniformiser** · aligner · niveler

standardiste *n.* · opérateur · téléphoniste

standing *n.m.* **1 - niveau de vie** · classe · position · pouvoir d'achat · rang · train de vie · condition *littér.* · **2 - luxe** · classe · confort

star *n.f.* · célébrité · étoile · vedette

starter *n.m.* · démarreur

station *n.f.* **1 - arrêt** · gare · **2 - halte** · arrêt · pause · **3 - posture** · attitude · position
✦ **station thermale** thermes · bains · ville d'eaux

stationnaire *adj.* · stable · étale · fixe · immobile · invariable · stagnant · statique
CONTR. variable

stationnement *n.m.* · arrêt · parcage · garage *rare*

stationner *v.intr.* · se garer · se parquer
CONTR. circuler

station-service *n.f.* · pompe (à essence)

statique *adj.* **1** - immobile · figé · **2** - stable · stationnaire
CONTR. dynamique - évolutif

statistiques *n.f.pl.* · données chiffrées · chiffres

statuaire
- *n.* · sculpteur
- *n.f.* · sculpture

statue *n.f.* **1** - sculpture · **2** - idole

statuer *v.tr.* **1** - décider · arrêter · établir · juger · ordonner · **2** - trancher · régler · résoudre

statufier *v.tr.* **1** - figer · pétrifier · tétaniser · **2** - mettre sur un piédestal

stature *n.f.* **1** - taille · gabarit · grandeur · hauteur · mensurations · **2** - envergure · carrure · classe · dimension · étoffe · importance · qualité · trempe · valeur

statut *n.m.* **1** - position · état · situation · condition *vieux* · **2** - règlement

steak *n.m.* · bifteck

stèle *n.f.* **1** - pierre tombale · monument (funéraire) · **2** - monolithe

stellaire *adj.* **1** - astral · sidéral · **2** - étoilé

stéréotype *n.m.* · cliché · banalité · généralité · lieu commun · poncif · truisme

stéréotypé, e *adj.* · banal · conventionnel · figé · tout fait

stérile *adj.* **1** - aseptique · **2** - infécond · infertile · **3** - aride · désertique · improductif · inculte · incultivable · infructueux · ingrat · maigre · pauvre · pouilleux · sec · **4** - inefficace · inutile · vain · **5** - oiseux · vide
CONTR. contaminé ı pathogène - fertile ı riche - fécond ı efficace ı fructueux ı utile - constructif

stérilement *adv.* · vainement · inutilement · pour rien

stérilisant, e *adj.* · antiseptique · désinfectant
CONTR. épanouissant ı stimulant

stérilisateur *n.m.* · autoclave · étuve

stérilisation *n.f.* **1** - aseptisation · assainissement · désinfection · pasteurisation · **2** - appauvrissement · dessèchement · **3** - castration · émasculation

stériliser *v.tr.* **1** - aseptiser · désinfecter · étuver · javelliser · pasteuriser · purifier · **2** - appauvrir · dessécher · épuiser · tarir · **3** - castrer · châtrer · couper · émasculer

stérilité *n.f.* **1** - infécondité · infertilité · agénésie *didact.* · **2** - improductivité · aridité · pauvreté · **3** - inutilité · inefficacité · vanité *littér.*
CONTR. conception ı fécondité ı abondance - fertilité ı richesse - efficacité ı utilité

stick *n.m.* **1** - bâton · bâtonnet · **2** - badine · baguette · cravache · jonc

stigmate *n.m.* **1** - cicatrice · marque · trace · **2** - empreinte · flétrissure · signe · symptôme · vestige

stigmatiser *v.tr.* · condamner · anathématiser · blâmer · critiquer · dénoncer · désapprouver · jeter l'anathème sur · réprouver · fustiger *littér.*

¹stimulant, e *adj.* 1 - **vivifiant** · fortifiant · réparateur · revigorant · tonifiant · tonique · 2 - **excitant** · analeptique · dopant · réconfortant · 3 - **encourageant** · incitatif · motivant

CONTR. lénifiant – calmant – décourageant

²stimulant *n.m.* 1 - **excitant** · fortifiant · reconstituant · remontant · psychotonique · tonique · cordial *vieilli* · 2 - **encouragement** · aiguillon · coup de fouet · éperon · incitation · motivation · stimulation

stimulateur, -trice *adj. et n.m.* · excitateur · stimulant

✦ **stimulateur cardiaque** pacemaker

stimulation *n.f.* 1 - **encouragement** · dynamisation · incitation · motivation · 2 - **excitation** · stimulus

stimuler *v.tr.* 1 - **accélérer** · activer · aider · pousser · 2 - **encourager** · donner du cœur à l'ouvrage à · dynamiser · éperonner · motiver · booster *fam.* · 3 - **aviver** · aiguillonner · aiguiser · animer · enflammer · éveiller · exalter · exciter · fouetter · 4 - **doper** · donner un coup de fouet à · fortifier · réconforter · remonter · réveiller · revigorer · tonifier · vivifier · booster *fam.* · ravigoter *fam.*

CONTR. ralentir – calmer ׀ endormir – décourager – endormir

stipendier *v.tr.* · acheter · corrompre · payer · avoir à sa solde

stipulation *n.f.* 1 - **clause** · condition · mention · 2 - **précision**

stipuler *v.tr.* · préciser · dire · énoncer · indiquer · mentionner · porter · spécifier

stock *n.m.* 1 - **provision** · réserve · 2 - **lot** · assortiment

stockage *n.m.* · emmagasinage · entassement · entreposage

CONTR. déstockage ׀ écoulement

stocker *v.tr.* · emmagasiner · accumuler · conserver · engranger · entasser · entreposer · faire provision de · faire une réserve de • [Agric.] ensiler

CONTR. déstocker ׀ écouler

stoïcisme *n.m.* 1 - **courage** · caractère · fermeté · dureté · héroïsme · impassibilité · imperturbabilité · 2 - [Philo.] **(doctrine du) Portique**

stoïque *adj.* · courageux · dur · ferme · héroïque · impassible · imperturbable · inébranlable

stoïquement *adv.* · courageusement · fermement · héroïquement

stomacal, e *adj.* · gastrique · stomachique

stop *interj. et n.m.* **halte**

✦ **faire du stop** voyager sur le pouce *Québec*

stoppage *n.m.* · raccommodage · ravaudage · reprise

stopper

■ *v.tr.* 1 - **immobiliser** · arrêter · mettre au point mort · 2 - **faire cesser** · barrer la route, le chemin à · bloquer · cesser · enrayer · interrompre · juguler · mettre fin à · mettre un terme à · suspendre • [des dérèglements] mettre le holà à · mettre bon ordre à · 3 - **repriser** · raccommoder · ravauder · rentraire *vieux*

■ *v.intr.* **s'arrêter** · s'immobiliser · faire halte

CONTR. démarrer ׀ repartir

strabisme *n.m.* · loucherie *vieilli*

strangulation *n.f.* · étranglement

stratagème *n.m.* · ruse · acrobatie · artifice · astuce · combinaison · subterfuge · subtilité · tour (de passe-passe) · combine *fam.* · ficelle *fam.* · truc *fam.*

strate *n.f.* **1** - niveau · classe · couche · **2** - [Géol.] banc · assise · couche · lit

stratège *n.* **1** - conducteur (d'armée) · général en chef · **2** - manœuvrier *vieilli*

stratégie *n.f.* · tactique · plan (d'action) · politique

🕮 **stratégie, tactique**
Stratégie et tactique sont des parties opposées mais complémentaires de la science militaire. La **stratégie** traite de la conduite générale d'une guerre et de l'organisation de la défense d'une nation *(stratégie défensive, de dissuasion ; stratégie nucléaire)*. La **tactique** combine tous les moyens – humains, logistiques – pour appliquer une stratégie définie *(tactique d'encerclement, tactique de la terre brûlée)*.
On retrouve dans les emplois figurés un clivage analogue entre la **stratégie**, grâce à laquelle on déploie un plan d'action *(la stratégie financière d'une entreprise, une stratégie de communication)* et la **tactique**, par quoi on coordonne les moyens de parvenir à un résultat *(il faut changer de tactique et jouer la carte de la diplomatie ; le plan tactique d'une stratégie syndicale)*.

stratégique *adj.* **1** - déterminant · crucial · essentiel · important · **2** - tactique · militaire

stress *n.m.* **1** - agression · pression · tension · **2** - angoisse · anxiété · nervosité

stressé, e *adj.* · angoissé · anxieux · crispé · nerveux · oppressé · tendu

strict, e *adj.* **1** - précis · exact · rigoureux · [sens] étroit · littéral · **2** - exigeant · autoritaire · dur · inflexible · intraitable · intransigeant · pointilleux · rigide · sévère · **3** - **astreignant** · assujettissant · contraignant · draconien · dur · rigoureux · sévère · **4** - **sobre** · austère · classique · sévère

✦ **strict sur** à cheval sur *fam.*
CONTR. lâche ı large ı approximatif – laxiste ı souple – débraillé ı fantaisie

strictement *adv.* **1** - absolument · complètement · entièrement · totalement · **2** - rigoureusement · étroitement · proprement · stricto sensu · uniquement · [appliquer, respecter] à la lettre · au pied de la lettre

stricto sensu *adv.* · au sens strict · à la lettre · au pied de la lettre · à proprement parler · littéralement · proprement
CONTR. lato sensu

strident, e *adj.* · perçant · aigu · criard · sifflant · sonore · suraigu
CONTR. doux

strie *n.f.* **1** - rayure · cannelure · raie · rainure · rayon · ride · sillon · striure · **2** - ligne · hachure · trait

strier *v.tr.* · rayer · hachurer · zébrer · vermiculer *littér.*

string *n.m.* · cache-sexe

strip-tease *n.m.* **1** - déshabillage · effeuillage *fam.* · **2** - confidences · déboutonnage · déballage *fam.*

strophe *n.f.* **1** - [de chanson] couplet · **2** - [Poésie lyrique] stance

structure *n.f.* **1** - agencement · architecture · arrangement · composition · configuration · disposition · économie · forme · ordonnance · ordonnancement · ordre · organisation · plan · **2** - armature · carcasse · charpente · ossature · squelette · **3** - construction · bâtiment · **4** - constitution · contexture · texture

structurer *v.tr.* **1** - organiser · **2** - agencer · arranger · bâtir · charpenter · construire · ordonner
CONTR. déstructurer

studieusement *adv.* • sérieusement • assidûment • avec application

studieux, -ieuse *adj.* • travailleur • appliqué • assidu • sérieux • bûcheur *fam.*
CONTR. dissipé ı oisif ı paresseux

studio *n.m.* • appartement • garçonnière

stupéfaction *n.f.* • stupeur • abasourdissement • ahurissement • ébahissement • effarement • étonnement

stupéfaire *v.tr.* • stupéfier • abasourdir • ébahir • éberluer • effarer • méduser • renverser • suffoquer • époustoufler *fam.* • estomaquer *fam.* • scier *fam.* • sidérer *fam.* • souffler *fam.*

stupéfait, e *adj.* • abasourdi • ahuri • bouche bée • coi • déconcerté • ébahi • éberlué • interloqué • médusé • muet • pantois • stupéfié • suffoqué • confondu *littér.* • interdit *littér.* • baba *fam.* • époustouflé *fam.* • estomaqué *fam.* • scié *fam.* • sidéré *fam.* • soufflé *fam.* • comme deux ronds de flan *fam.* • le derrière par terre *fam.*

¹**stupéfiant, e** *adj.* • ahurissant • éberluant • effarant • extraordinaire • inconcevable • incroyable • inouï • médusant • renversant • saisissant • suffoquant • à couper le souffle *fam.* • époustouflant *fam.* • estomaquant *fam.* • sidérant *fam.* • soufflant *fam.* • confondant *littér.*

²**stupéfiant** *n.m.* • drogue

stupéfier *v.tr.* • stupéfaire • abasourdir • ébahir • éberluer • méduser • renverser • suffoquer • époustoufler *fam.* • estomaquer *fam.* • scier *fam.* • sidérer *fam.* • souffler *fam.*
CONTR. stimuler

stupeur *n.f.* **1 -** stupéfaction • abasourdissement • ahurissement • ébahissement • saisissement • **2 -** hébétude • abattement • abrutissement • anéantissement • obnubilation • prostration

stupide *adj.* **1 -** bête • abruti • absurde • borné • idiot • imbécile • inepte • inintelligent • insensé • niais • obtus • sot • bouché *fam.* • con *très fam.* • crétin *fam.* • débile *fam.* • bête comme ses pieds *fam.* • bête à manger du foin *fam.* • bête comme un âne, une oie *fam.* • con comme la lune *fam.* • **2 - abasourdi** • ahuri • ébahi • éberlué • hébété • interloqué • médusé • stupéfait • stupéfié • suffoqué • confondu *littér.* • interdit *littér.* • sidéré *fam.* • comme deux ronds de flan *fam.* • sur le cul *très fam.*
CONTR. fin ı intelligent ı perspicace

> **stupide, bête, idiot**
> On qualifie de **bête** une personne qui manque d'intelligence (*comme il est bête !, bête comme ses pieds, bête à pleurer, bête et méchant*). **Idiot** ajoute à la *bêtise* un défaut de bon sens, de finesse (*il faut être idiot pour se faire avoir comme ça, ses histoires idiotes ne font rire personne*). Idiot et bête peuvent s'employer sans valeur intellectuelle (*c'est idiot/bête de réagir ainsi, c'est trop idiot/bête*), ou qualifier simplement quelque chose d'absurde (*c'est un accident bête/idiot*). **Stupide**, en revanche, reste centré sur l'absence d'intelligence, accentuée par une sorte d'inertie mentale (*c'est un stupide béotien*) : « Les galères font le galérien (...) le bagne m'a changé. J'étais stupide, je suis devenu méchant » (Hugo, *les Misérables*, I, VII, XI).

stupidement *adv.* • bêtement • idiotement • inintelligemment • sottement

stupidité *n.f.* **1 -** bêtise • absurdité • balourdise • crétinerie • crétinisme • débilité • idiotie • imbécillité • ineptie • inintelligence • niaiserie • sottise • connerie *très fam.* • **2 - ânerie** • bévue • boulette • bourde • crétinerie • erreur • faute • ineptie • blague *fam.* • connerie *fam.* • gaffe *fam.*
CONTR. intelligence ı finesse

stupre *n.m.* • luxure • débauche • dépravation • lubricité • péché • vice

¹style *n.m.* **1 -** écriture • expression • langue • plume • rhétorique • **2 -** manière • empreinte • façon • facture • genre • main • patte • ton • touche • tour • **3 -** goût • caractère • design • esthétique • forme • mode • **4 -** classe • allure • cachet • **5 -** tournure • air • allure • apparence • aspect • genre • dégaine *fam.* • look *fam.* • touche *fam.* • **6 -** catégorie • calibre • genre • ordre • sorte • type • acabit *péj.* • farine *péj.*

²style *n.m.* **1 -** tige • **2 -** stylet • poinçon

stylet *n.m.* **1 -** style • **2 -** [Zool.] rostre

styliser *v.tr.* • schématiser • simplifier • symboliser

styliste *n.* • créateur • designer *anglic.*

stylo *n.m.* • crayon à bille • marqueur • stylo-feutre • Bic *(marque déposée)*

stylo-feutre *n.m.* • feutre • marqueur

suaire *n.m.* • linceul

suave *adj.* **1 -** agréable • délicat • délicieux • doux • exquis • délectable *soutenu* • **2 -** harmonieux • céleste • enchanteur • gracieux • mélodieux
CONTR. acide ı âcre ı amer ı désagréable ı fétide – strident

suavité *n.f.* • délicatesse • douceur • grâce
CONTR. acidité ı âcreté ı aigreur ı amertume

subalterne
■ *adj.* inférieur • mineur • petit • secondaire • de second ordre
■ *n.* subordonné • exécutant • inférieur • second • sous-ordre *péj.* • sous-fifre *fam., péj.* • sous-verge *vieilli*
CONTR. supérieur – chef ı maître ı supérieur

subaquatique *adj.* • sous-marin

subconscient, e *adj.* • préconscient • inconscient • instinctif • subliminal

subdiviser *v.tr.* diviser • compartimenter • fractionner • morceler • partager • segmenter
≫ **se subdiviser** *v.pron.* se ramifier

subdivision *n.f.* **1 -** division • catégorie • classe • classification • embranchement • famille • genre • groupe • ordre • ramification • sous-division • **2 -** case • compartiment • **3 -** [d'un texte] chapitre • morceau • partie

subir *v.tr.* **1 -** faire l'objet de • essuyer *fam.* • **2 -** supporter • endurer • éprouver • souffrir • écoper *fam.* • prendre *fam.* • ramasser *fam.* • [sans complément] déguster *fam.* • payer *fam.* • trinquer *fam.* • **3 -** [un importun] s'appuyer *fam.* • se faire *fam.* • se taper *fam.* • **4 -** [une loi] obéir à • suivre • **5 -** [un examen] passer • se soumettre à • **6 -** [une peine] purger
CONTR. imposer ı infliger ı provoquer ı agir ı faire

subit, e *adj.* **1 -** soudain • brusque • brutal • foudroyant • fulgurant • rapide • **2 -** inopiné • imprévu
CONTR. graduel ı progressif – prévu

subitement *adv.* • soudain • brusquement • brutalement • instantanément • soudainement • tout à coup • du jour au lendemain • subito *fam.* • [demander] à brûle-pourpoint • de but en blanc
CONTR. graduellement ı peu à peu

subjectif, -ive *adj.* **1 -** individuel • particulier • personnel • **2 -** relatif • partial • partisan • tendancieux *péj.*
CONTR. objectif

subjectivement *adv.* **1 -** personnellement • **2 -** partialement • tendancieusement *péj.*
CONTR. objectivement

subjuguer v.tr. **1 - captiver** · charmer · conquérir · éblouir · émerveiller · enchanter · ensorceler · envoûter · fasciner · ravir · séduire · **2 - circonvenir** · gagner · embobiner fam. · entortiller fam.
CONTR. choquer

sublimation n.f. **1 - exaltation** · purification · **2 - vaporisation** · volatilisation

sublime adj. **1 - transcendant** · admirable · divin · élevé · éthéré · grand · haut · ineffable · noble · supérieur · **2 - beau** · divin · extraordinaire · magique · merveilleux · parfait · prodigieux · **3 -** [fam.] **excellent** · délicieux · fameux · remarquable · épatant fam. · pas piqué des vers, des hannetons fam.
CONTR. bas ı vil ı vulgaire – laid

sublimer v.tr. **1 - transcender** · élever · ennoblir · purifier · spiritualiser · **2 - idéaliser** · magnifier · **3 - gazéifier** · vaporiser

submerger v.tr. **1 - inonder** · couvrir · engloutir · noyer · **2 - accabler** · déborder · dépasser · écraser · envahir · surcharger

submersible adj. et n.m. **1 - inondable** · **2 - sous-marin**
CONTR. insubmersible

subodorer v.tr. · deviner · se douter de · entrevoir · flairer · pressentir · sentir · soupçonner

subordination n.f. **1 - dépendance** · assujettissement · infériorité · obéissance · soumission · sujétion · tutelle · vassalité · joug littér. · **2 - hiérarchie** · ordre
CONTR. autonomie

¹**subordonné, e** adj.
✦ **subordonné à** dépendant de · lié à · tributaire de

²**subordonné, e** n. · subalterne · adjoint · employé · inférieur · sous-ordre péj. · sous-fifre fam., péj. · sous-verge vieilli

subordonner v.tr. · **soumettre** · attacher · faire dépendre · asservir littér. · assujettir fam.

subornation n.f. · corruption

suborner v.tr. **1 - corrompre** · acheter · soudoyer · **2 -** [littér. ou vieux] **séduire** · débaucher

suborneur, -euse n. **1 - corrupteur** · **2 -** [littér. ou vieux] **séducteur**

subreptice adj. · souterrain · caché · clandestin · furtif · secret · sournois
CONTR. manifeste ı ostensible ı visible

subrepticement adv. · secrètement · à la dérobée · en cachette · clandestinement · furtivement · sournoisement · en catimini · en tapinois · en douce fam.
CONTR. ostensiblement ı ouvertement

subséquemment adv. · en conséquence de quoi · après · ensuite

subside n.m. · aide · allocation · contribution · don · secours · subvention
➥ **subvention**

subsidiaire adj. **1 - annexe** · auxiliaire · complémentaire · supplémentaire · **2 - secondaire** · accessoire · contingent · incident · marginal · mineur
CONTR. dominant ı principal

subsidiairement adv. · accessoirement · secondairement

subsistance n.f. **1 - existence** · besoins · entretien · pain · vie · pitance plaisant · **2 - nourriture** · alimentation · aliment · **3 -** [vieux] **permanence**
✦ **assurer la subsistance du ménage** faire bouillir la marmite fam. · ramener le bifteck à la maison fam.

subsister v.intr. **1 - rester** · se conserver · continuer · demeurer · durer · se maintenir · perdurer · se pérenniser · persister · résister à l'épreuve du temps · survivre · tenir · **2 - vivre** · exister · survivre · végéter · vivoter · surnager *fam.*
CONTR. changer ı devenir – disparaître ı périr

substance n.f. **1 - corps** · matière · **2 - essence** · nature · quintessence · substantifique moelle · substrat · suc · **3 - contenu** · essentiel · fond · matière · objet · sujet
✦ **en substance** en résumé · en quelques mots · sommairement · en gros *fam.*
CONTR. accident ı apparence ı attribut ı forme

substantiel, -ielle adj. **1 - nourrissant** · consistant · nutritif · riche · **2 - important** · appréciable · conséquent · considérable · gros · notable · sérieux • [somme] coquet *fam.* · joli *fam.* · rondelet *fam.*
CONTR. insuffisant ı maigre ı pauvre – faible ı négligeable ı nul

substantif n.m. · nom

substituable adj. · remplaçable · commutable · interchangeable · permutable

substituer v.tr. **changer** · remplacer par · mettre à la place de
⟫ **se substituer à** v.pron. · prendre la place de · remplacer · tenir lieu de · suppléer *littér.*

substitut n.m. **1 - suppléant** · remplaçant · représentant · **2 - succédané** · produit de remplacement · produit de substitution · ersatz *péj.*

substitution n.f. · remplacement · échange · changement · commutation · permutation

substrat n.m. · fond · essence · substance

subterfuge n.m. · ruse · artifice · astuce · détour · stratagème

subtil, e adj. **1 - léger** · délicat · imperceptible · ténu · **2 - fin** · clairvoyant · perspicace · sagace *littér.* · **3 - aiguisé** · affûté · aigu · délié · fin · pénétrant · vif · **4 - adroit** · astucieux · délicat · diplomate · fin · habile · ingénieux · raffiné · rusé · sophistiqué · futé · malin · **5 -** [péj.] **abstrait** · compliqué · difficile · alambiqué *fam.* · tiré par les cheveux *fam.* · quintessencié *littér.*
CONTR. entêtant ı lourd – balourd ı grossier ı épais – maladroit – clair ı compréhensible

subtilement adv. **1 - finement** · adroitement · astucieusement · habilement · ingénieusement · savamment · **2 - imperceptiblement** · délicatement

subtiliser v.tr. · voler · dérober · faire disparaître · faire main basse sur · barboter *fam.* · chaparder *fam.* · chiper *fam.* · chouraver *fam.* · chourer *fam.* · escamoter *fam.* · faucher *fam.* · piquer *fam.* · rafler *fam.* · souffler *fam.*

subtilité n.f. **1 - finesse** · adresse · ingéniosité · intelligence · **2 - délicatesse** · raffinement · préciosité *péj.* · **3 - complication** · difficulté · casuistique *péj.* · **4 -** [péj.] **argutie** · artifice · chicane · finasserie
CONTR. bêtise ı balourdise ı épaisseur ı lourdeur

suburbain, e adj. **1 - périphérique** · périurbain · **2 - banlieusard**

subvenir à v.tr.ind. · pourvoir à · fournir à · satisfaire à · suffire à

subvention n.f. · allocation · aide · contribution · don · financement · secours · subside (souvent plur.)

> 🕮 **subvention, subside**
> On parle de **subvention** ou de **subside** pour une somme versée à titre d'aide. Une **subvention** a un caractère toujours officiel et favorise le développement d'activités d'intérêt général ; elle est allouée par l'État, une collectivité locale ou un organisme privé

(voter, consentir une subvention à une association, attribution d'une subvention annuelle, exceptionnelle, communale, gouvernementale). On emploie **subside**, généralement au pluriel, lorsque l'aide financière est accordée en rémunération de certains services, et notamment à titre de secours : « (...) tous les journaux vont être obligés tôt ou tard d'accepter des subsides privés (...) » (S. de Beauvoir, *les Mandarins*). Contrairement à la **subvention**, le **subside** peut prendre la forme d'un don fait par une personne au profit d'une autre *(vivre des subsides de sa famille).*

subventionner *v.tr.* · financer · doter · soutenir (financièrement)

subversif, -ive *adj.* · contestataire · destructeur · pernicieux · révolutionnaire · séditieux

subversion *n.f.* · contestation · sédition
CONTR. appui | construction

suc *n.m.* **1** - jus · eau · sève · **2** - quintessence · essentiel · principal · substance · substantifique moelle

succédané *n.m.* · substitut · produit de remplacement · produit de substitution · ersatz *péj.*

succéder à *v.tr.ind.* **1** - suivre · venir après · **2** - remplacer · relayer · relever · prendre la suite de · prendre la relève de

➤ **se succéder** *v.pron.* **1** - passer · défiler · se dérouler · s'enchaîner · se suivre · **2** - alterner
CONTR. devancer | précéder – coexister

succès *n.m.* **1** - réussite · issue heureuse · **2** - prospérité · réussite · **3** - vogue · mode · **4** - performance · exploit · prouesse · tour de force · triomphe · victoire · tabac *fam.* · **5** - tube *fam.* · hit *fam.*

✦ **succès de libraire**   best-seller *anglic.*
✦ **avoir, remporter un gros succès**   casser la baraque *fam.* · faire un carton *fam.* · faire un malheur *fam.* · marcher du feu de Dieu *fam.*
CONTR. insuccès – déconfiture | échec | fiasco | four | revers – échouer

successeur *n.m.* · continuateur · épigone · héritier · remplaçant · [désigné] dauphin
CONTR. devancier | prédécesseur

succession *n.f.* **1** - suite · chaîne · chronologie · cours · course · déroulement · enchaînement · fil · ordre · **2** - alternance · **3** - série · cascade · chapelet · cortège · défilé · enfilade · énumération · kyrielle · procession · ribambelle · suite · **4** - remplacement · relève · **5** - héritage · legs · mutation (par décès)
CONTR. coexistence | simultanéité

successivement *adv.* **1** - alternativement · tantôt ... tantôt · tour à tour · **2** - à tour de rôle · chacun à son tour · l'un après l'autre · **3** - à la file · de suite · coup sur coup
CONTR. à la fois | simultanément

succinct, e *adj.* **1** - court · abrégé · bref · concis · condensé · ramassé · rapide · résumé · schématique *péj.* · sommaire *péj.* · **2** - elliptique · laconique · lapidaire · **3** - léger · peu abondant · maigre · modeste
CONTR. long | verbeux – prolixe – abondant

> ### succinct, concis, laconique
>
> **Succinct, concis** et **laconique** caractérisent tous trois ce qui est bref. **Concis** qualifie des propos, un écrit réduits à l'essentiel et exprimés en peu de mots *(une intervention claire et concise, un rapport concis).* **Succinct** implique aussi la brièveté, mais ne suppose pas que l'essentiel a été dit *(un récit, un compte rendu succinct)* ; il s'emploie dans d'autres contex-

tes avec cette même idée de volume réduit *(un repas succinct, une toilette succincte)*. Laconique insiste sur le fait que tout détail inutile à la compréhension est exclu de l'expression *(une réponse, un communiqué laconique)*.

succinctement *adv.* • brièvement • rapidement • en résumé • schématiquement • sommairement • dans les grandes lignes • en quelques mots
CONTR. longuement

succomber *v.intr.* • mourir • décéder • disparaître • trouver la mort • expirer *littér.* • périr *littér.*
✦ **succomber à** 1 - mourir des suites de • mourir de • 2 - **céder à** • s'abandonner à • se laisser séduire par • ne pas résister à • craquer pour *fam.*
CONTR. résister

succube *n.m.* • diablesse

succulence *n.f.* • délicatesse • saveur

succulent, e *adj.* • délicieux • excellent • exquis • fameux • savoureux • délectable *soutenu*
CONTR. mauvais
↝ **savoureux**

succursale *n.f.* • agence • annexe • comptoir • dépendance • filiale

sucer *v.tr.* 1 - **aspirer** • absorber • boire • manger • téter • pomper *fam.* • 2 - **lécher** • suçoter

sucrage *n.m.* • [du vin] chaptalisation

sucré, e *adj.* 1 - **doux** • miellé • sirupeux • 2 - **doucereux** • hypocrite • mielleux • onctueux • melliflu *littér.* • patelin *littér.*
CONTR. aigre ׀ amer ׀ sec (vin) – franc

sucrer *v.tr.* • adoucir • édulcorer • [du vin] chaptaliser
⟩⟩⟩ **se sucrer** *v.pron.* [fam.] se servir • faire de gros bénéfices • s'en mettre plein les poches, les fouilles *fam.*

sucrerie *n.f.* • confiserie • bonbon • douceur • friandise • gâterie • gourmandise

sucrier *n.m.* • saupoudreuse

sud
■ *n.m.* Midi
■ *adj. invar.* méridional • austral
CONTR. nord

suer
■ *v.tr.* 1 - **secréter** • exsuder • 2 - **exhaler** • distiller • respirer • sentir
■ *v.intr.* 1 - **transpirer** • être en eau • être en nage • n'avoir plus un poil de sec *fam.* • 2 - **peiner** • s'échiner • travailler dur • 3 - **suinter** • dégouliner • dégoutter • ruisseler
✦ **faire suer** 1 - fatiguer • pressurer • 2 - [fam.] → **ennuyer**

sueur *n.f.* transpiration • perspiration • sudation
✦ **en sueur** transpirant • dégoulinant • en eau • en nage • trempé

suffire *v.intr.* • aller • convenir • faire l'affaire
✦ **ça suffit !** (c'est) assez ! • basta ! *fam.*

suffisamment *adv.* • assez • à sa suffisance • en suffisance • à satiété *littér.*
CONTR. insuffisamment

suffisance *n.f.* • vanité • orgueil • présomption • prétention • satisfaction • fatuité *littér.* • infatuation *littér.*
CONTR. bonhomie ׀ familiarité ׀ modestie

suffisant, e *adj.* 1 - **assez** • 2 - **convenable** • correct • honnête • honorable •

passable · raisonnable · satisfaisant · **3 - vaniteux** · arrogant · avantageux · fat · fier · glorieux · infatué · pédant · poseur · prétentieux · satisfait · bêcheur *fam.* · crâneur *fam.* · frimeur *fam.* · vain *littér.*

CONTR. insuffisant – mauvais – modeste

suffixe *n.m.* · terminaison · affixe

suffocant, e *adj.* **1 - oppressant** · accablant · asphyxiant · étouffant · **2 - stupéfiant** · ahurissant · éberluant · effarant · médusant · renversant · confondant *littér.* · époustouflant *fam.* · estomaquant *fam.* · sidérant *fam.* · soufflant *fam.*

suffocation *n.f.* · étouffement · asphyxie · essoufflement · étranglement · gêne respiratoire · oppression

suffoqué, e *adj.* → stupéfait

suffoquer
■ *v.intr.* **étouffer** · manquer d'air
■ *v.tr.* **1 - prendre à la gorge** · asphyxier · étouffer · oppresser · **2 - stupéfier** · abasourdir · couper le souffle à · laisser sans voix · estomaquer *fam.* · scier *fam.* · sidérer *fam.* · souffler *fam.*
↝ **étouffer**

suffrage *n.m.* **1 - vote** · voix · **2 - scrutin** · **3 - approbation** · acceptation · acquiescement · adhésion · assentiment · [massif] plébiscite

suggérer *v.tr.* **1 - conseiller** · dicter · inspirer · recommander · souffler · **2 - insinuer** · faire allusion à · sous-entendre · laisser entendre · **3 - faire penser à** · évoquer · rappeler

suggestif, -ive *adj.* **1 - évocateur** · éloquent · **2 - provoquant** · aguichant · affriolant · excitant · lascif

suggestion *n.f.* **1 - proposition** · conseil · indication · recommandation · **2 -** [littér.] **influence**

suggestionner *v.tr.* · manipuler · influencer · influer sur · manœuvrer

suicidaire *adj.* · autodestructeur

suicide *n.m.* **1 - autodestruction** · autolyse (Méd.) · **2 -** [en apposition] **kamikaze**

suicidé, e *n.* · désespéré

suicider (se) *v.pron.* · se tuer · se détruire · se donner la mort · mettre fin à ses jours · se supprimer · se faire hara-kiri

sui generis *loc. adj. invar.* · personnel · original · particulier · propre · spécial · spécifique

suintement *n.m.* · écoulement · exsudation · infiltration

suinter
■ *v.intr.* **couler** · dégoutter · s'échapper · s'égoutter · perler · pleurer · ruisseler · sourdre *littér.*
■ *v.tr.* **exsuder** · distiller · sécréter · suer · transsuder

suite *n.f.*
I série · cascade · chaîne · chapelet · défilé · enfilade · file · kyrielle · procession · ribambelle · succession
II 1 - cours · déroulement · enchaînement · fil · succession · **2 - cohérence** · fil (conducteur) · liaison · lien · ordre
III 1 - conséquence · choc en retour · contrecoup · effet · implication · incidence · lendemain · prolongement · reliquat · répercussion · résultat · retombée · [négative] séquelle · **2 - développement** · continuation · **3 - séquence** · cycle
IV escorte · accompagnement · cortège · cour · gens · équipage *littér.* · train *vieux*

- ◆ **à la suite** 1 - bout à bout · 2 - après · derrière · ensuite · puis · 3 - successivement · d'affilée · coup sur coup
- ◆ **à la suite de** 1 - à cause de · 2 - après
- ◆ **de suite** consécutif · d'affilée · coup sur coup
- ◆ **tout de suite** sur-le-champ · illico *fam.* · immédiatement · incessamment · à l'instant · sans tarder
- ◆ **par la suite** ensuite · plus tard · postérieurement · ultérieurement · à l'avenir · dans l'avenir
- ◆ **par suite de** à cause de · du fait de · grâce à
- ◆ **faire suite à** succéder à · suivre · prolonger
- ◆ **sans suite** incohérent · décousu

¹**suivant, e** *adj.* 1 - prochain · futur · postérieur · ultérieur · 2 - ci-après · ci-dessous

²**suivant** *prép.* 1 - conformément à · 2 - selon · d'après · 3 - en fonction de · à proportion de · à raison de

> **suivant, selon**
> **Suivant** et **selon** se substituent couramment l'un à l'autre avec le sens de « conformément à » (*suivant/selon l'usage, la tradition, les habitudes*), y compris dans le cas où la phrase qui suit exprime plusieurs éventualités (*prendre une décision selon/suivant les circonstances*). Cependant, on attend plutôt **selon** dans certains énoncés figés où la préposition équivaut à « dans » (*tout faire selon les règles*) ou « d'après » (*selon l'expression consacrée, selon le témoignage de*). **Selon** est seul possible lorsque, exprimant une réserve, il est suivi d'un pronom (*selon moi, selon eux*).

suivante *n.f.* · confidente · dame de compagnie

suiveur, -euse *n.* · imitateur · copieur · épigone

¹**suivi, e** *adj.* 1 - régulier · assidu · constant · continu · ininterrompu · soutenu · 2 - cohérent · logique

²**suivi** *n.m.* · contrôle · monitoring *anglic.*

suivisme *n.m.* · copie · imitation

suivre *v.tr.*
I succéder à · découler de · s'ensuivre · résulter de · venir de
II 1 - parcourir · descendre · emprunter · prendre · remonter · 2 - longer · côtoyer · épouser
III 1 - accompagner · emboîter le pas de · escorter · marcher sur les talons de · venir avec · 2 - pister · pourchasser · poursuivre · talonner · traquer · filer (le train à) *fam.* · filocher *fam.* · s'accrocher aux basques de *fam.* · 3 - imiter · marcher sur les brisées de · marcher sur les pas, les traces de
IV 1 - être d'accord avec · adhérer à · adopter · embrasser · se joindre à · marcher avec · se régler sur · soutenir · 2 - se conformer à · accomplir · écouter · obéir à · observer · remplir · respecter · sacrifier à
V 1 - s'intéresser à · assister à · se passionner pour · regarder · 2 - comprendre · entraver *fam.* · piger *fam.*
VI surveiller · épier · observer · regarder
VII s'abandonner à · se laisser aller à

≫ **se suivre** *v.pron.* se succéder · s'enchaîner · se relayer

CONTR. devancer ǀ précéder ǀ diriger – s'écarter ǀ s'éloigner ǀ fuir – s'opposer – enfreindre ǀ transgresser – être indifférent (à)

¹**sujet, -ette** *adj.*
- ◆ **sujet à** 1 - enclin à · exposé à · porté à · prédisposé à · susceptible de · 2 - [vieux ou Droit] soumis à · astreint à

²**sujet** *n.m.*
I 1 - matière · champ · objet · point · question · 2 - thème · argument · fond · 3 - affaire · problème · question · 4 - raison · cause · fondement · mobile · motif · pourquoi · source

II 1 - [Psych.] **personne · 2 -** [Méd.] **malade ·
patient · 3 -** [Art] **modèle**
+ **à ce sujet**   à ce propos · sur cet article · sur
ce chapitre · sur ce point
+ **au sujet de**   concernant · à propos de ·
relativement à · sur · sur le compte de

³**sujet, -ette** *n.* **1 -** **citoyen ·**
ressortissant · **2 - gouverné ·** inférieur · vassal
+ **mauvais sujet**   voyou · bandit · drôle *vieilli*

sujétion *n.f.* **1 - obéissance ·** asservissement · assujettissement · dépendance · esclavage · oppression · soumission · subordination · servitude · chaînes *littér.* · joug *littér.* · **2 - contrainte ·** gêne · incommodité
CONTR. indépendance

summum *n.m.* · apogée · comble · faîte ·
fin du fin · maximum · nec plus ultra ·
perfection · sommet · top *fam.*

super *adj. invar.* → **formidable**

¹**superbe** *adj.* **1 - très beau ·** de toute
beauté · magnifique · merveilleux · somptueux · splendide • [personne] canon *fam.* · **2 -
admirable ·** excellent · fantastique ·
remarquable · **3 -** [vieux ou littér.] **imposant ·**
somptueux · **4 -** [vieux ou littér.] **dédaigneux ·**
fier · orgueilleux

²**superbe** *n.f.* · orgueil · arrogance ·
dédain · hauteur

superbement *adv.* · magnifiquement ·
admirablement · divinement · merveilleusement · somptueusement · splendidement

supercherie *n.f.* · tromperie · duperie ·
fraude · imposture · mensonge · mystification · pot aux roses *fam.*

supérette *n.f.* · libre-service · supermarché

superfétatoire *adj.* · superflu · inutile

superficie *n.f.* · surface · aire · dimension · espace · étendue
CONTR. fond ı profondeur

   ~~   **superficie, surface**

Superficie et surface ont en commun
de désigner la partie d'un corps considéré dans son étendue. Surface rend
compte de l'aspect visible, apparent de
la *face* de quelque chose *(la surface de
la Terre, de la mer ; polir la surface d'un
meuble)*, alors que superficie renvoie à
la mesure de l'étendue *(calculer la
superficie de la Terre, d'un terrain)*.
Surface partage cette valeur dans
quelques cas *(calculer la surface au sol
d'un logement, cent mètres carrés de
surface habitable)*. Au figuré, surface
est beaucoup plus courant que superficie pour évoquer l'extérieur d'une
situation *(rester à la surface des choses)* et rejoint *superficiel* pour caractériser une personne *(il est aimable en
surface)*.

superficiel, -ielle *adj.* **1 - apparent ·**
extérieur · **2 - bénin ·** léger · **3 - sommaire ·**
incomplet · succinct · à la surface des choses ·
4 - inconsistant · creux · oiseux · vain · vide ·
5 - frivole · évaporé · futile · insouciant · léger
CONTR. profond

superficiellement *adv.* **1 -
légèrement ·** en surface · **2 - sommairement ·**
brièvement · rapidement · schématiquement •
[lire] en diagonale · cursivement · **3 - à la
légère ·** par-dessus la jambe *fam.*
CONTR. profondément ı à fond

superflu, e
■ *adj.* **1 - surabondant ·** en trop ·
superfétatoire *littér.* · **2 - inutile ·** oiseux ·
redondant · vain
■ *n.m.* luxe
CONTR. essentiel ı indispensable ı nécessaire ı obligatoire ı utile

¹**supérieur, e** *adj.*
I élevé · haut · du dessus *fam.* · du haut *fam.*
· plafond

II 1 - **suprême** · prééminent · prépondérant · 2 - **dominant** · dirigeant · possédant
III 1 - **de qualité** · (des) meilleur(s) · haut de gamme · excellent · fameux · extra *fam.* · **2 - éminent** · distingué · émérite · d'exception · exceptionnel · hors ligne · hors pair · incomparable · sans pareil · unique
IV **arrogant** · condescendant · dédaigneux · fier · hautain · prétentieux · suffisant

²**supérieur, e** *n.* 1 - **chef** · patron · [au plur.] hiérarchie · encadrement · 2 - **prieur** · abbesse

supérieurement *adv.* · admirablement · à merveille · éminemment · excellemment · magistralement · merveilleusement · parfaitement · remarquablement

supériorité *n.f.* 1 - **avantage** · atout · dessus · longueur d'avance · 2 - **primauté** · éminence · hégémonie · prédominance · prééminence · prépondérance · suprématie · précellence *littér.* · 3 - **distinction** · excellence · transcendance · 4 - **arrogance** · condescendance · dédain · orgueil · suffisance
CONTR. infériorité ı insuffisance

supermarché *n.m.* · grande surface · hypermarché

superposer *v.tr.* empiler · amonceler · entasser · étager

≫ **se superposer** *v.pron.* se recouvrir · se chevaucher

superposition *n.f.* 1 - **empilement** · amoncellement · entassement · 2 - **chevauchement** · 3 - **stratification**

superstition *n.f.* 1 - **croyance** · 2 - **pensée magique** · crédulité

superviser *v.tr.* · contrôler · chapeauter · diriger · mener

supervision *n.f.* · contrôle · direction

supplanter *v.tr.* · prendre la place de · évincer · détrôner · éclipser · remplacer · se substituer à · suppléer *littér.*

suppléance *n.f.* · remplacement · intérim

suppléant, e *n.* 1 - **remplaçant** · intérimaire · 2 - **adjoint** · assesseur

suppléer *v.tr.* 1 - **compenser** · combler · contrebalancer · corriger · pallier · racheter · remédier à · réparer · 2 - **remplacer** · se substituer à · prendre la place de

supplément *n.m.* 1 - **complément** · appoint · bonus · à côté *fam.* · extra *fam.* · rab *fam.* · rabiot *fam.* · rallonge *fam.* · 2 - **surplus** · excédent · surcroît · 3 - **addenda** · additif · annexe · appendice

> **supplément, complément**
>
> **Supplément** et **complément** désignent ce qui est ajouté à quelque chose. Lorsqu'on procède à un ajout pour qu'il s'intègre à la chose et la *complète*, on parle de **complément** (*demander un complément d'information, prendre un complément alimentaire, cela vient en complément de l'allocation*). Lorsque l'ajout vient se juxtaposer ou se superposer à une chose déjà complète, **supplément** s'impose (*le juge demande un supplément d'enquête, je me passerais bien d'un supplément de travail, percevoir un supplément de salaire*). De même, on parle de **supplément**, et non de **complément**, pour un élément autonome ajouté à un ouvrage ou une publication (*le supplément hebdomadaire d'un journal*).

supplémentaire *adj.* 1 - **complémentaire** · additionnel · adjoint · ajouté · en plus · en extra *fam.* · 2 - **adventice** · autre

supplétif, -ive *adj. et n.* 1 - **suppléant** · 2 - **auxiliaire**

suppliant, e adj. • implorant

supplication n.f. • prière • conjuration • imploration • supplique • adjuration littér.

supplice n.m. **1 – torture** • sévices • **2 – châtiment** • exécution • peine • **3 – calvaire** • angoisse • douleur • martyre • peine • souffrance • tourment • affres littér.
+ **mettre au supplice** torturer • tourmenter

supplicier v.tr. • martyriser • torturer

supplier v.tr. • prier • conjurer • implorer • tomber aux genoux, aux pieds de • se traîner aux pieds de • adjurer littér.
↪ prier

supplique n.f. • prière • requête

support n.m. **1 – appui** • soutien • **2 – assise** • base • piédestal • socle • soubassement • **3 – étai** • béquille • colonne • pied • pilier • pylône • poutre

supportable adj. **1 – tenable** • soutenable • tolérable • vivable • **2 – excusable** • acceptable • admissible • passable
CONTR. insupportable ı intolérable – inadmissible

¹supporter v.tr. **1 – soutenir** • étayer • maintenir • **2 – être à l'épreuve de** • résister à • tenir bon contre • tolérer • **3 – subir** • endurer • résister à • digérer fam. • encaisser fam. • se farcir fam. • se faire fam. • **4 – admettre** • accepter • s'accommoder de • tolérer • avaler fam. • souffrir littér. • **5 – se charger de** • assumer • endosser • prendre à sa charge • prendre sur soi • s'appuyer fam. • se coltiner fam. • **6 –** [Sport] encourager • soutenir
+ **ne pas pouvoir supporter** [qqn] ne pas pouvoir sentir fam. • ne pas pouvoir voir (en peinture) fam. • ne pas pouvoir blairer fam. • ne pas pouvoir encadrer fam. • ne pas pouvoir encaisser fam. • ne pas pifer fam.

²supporter n.m. • partisan • aficionado • fan fam. • [italiens] tifosi

supposé, e adj. **1 – censé** • **2 – prétendu** • soi-disant • pseudo- • **3 – présumé** • hypothétique • putatif (Droit)

supposer v.tr. **1 – croire** • penser • présumer • imaginer • conjecturer littér. • **2 – postuler** • admettre • poser • prendre comme prémisse • **3 – impliquer** • avoir comme corollaire • induire • nécessiter • réclamer • **4 –** [qqch. à qqn] **attribuer** • prêter
+ **laisser supposer** dénoter • indiquer • révéler

supposition n.f. • hypothèse • conjecture • estimation • extrapolation • présomption • spéculation • supputation

 ↪ **supposition, hypothèse**
 Supposition et hypothèse partagent, dans l'usage courant, l'idée d'opinion que l'on avance pour étayer une explication ou évoquer la probabilité d'un événement (c'est une supposition/une hypothèse gratuite, une simple hypothèse/supposition). On réserve cependant hypothèse à tout contexte où domine le raisonnement (l'hypothèse d'une vie en dehors de la Terre n'est pas à exclure ; cette hypothèse reste à démontrer ; ils n'ont pas retenu l'hypothèse du complot). Supposition convient mieux à toute conjecture reposant sur le jugement personnel plutôt que sur la démonstration (je ne fais là qu'une simple supposition ; à moins, pure supposition, qu'il t'ait menti).

suppôt n.m. • agent • partisan • séide • serviteur

suppression n.f. **1 – abolition** • abandon • abrogation • annulation • levée • **2 – cessation** • disparition • extinction • **3 – destruction** • anéantissement • **4 – assassinat** •

meurtre · **5 - coupure** · amputation · coupe claire · coupe sombre · diminution · élimination · mutilation · retranchement

✦ **suppression d'emplois** débauchage · licenciement

CONTR. mise en place – création ι apparition – ajout ι additif

supprimer v.tr. **1 - enlever** · couper · amputer · éliminer · éradiquer · ôter · retirer · retrancher · **2 - barrer** · biffer · déléaturer · effacer · rayer · **3 - faire cesser** · arrêter · éteindre · mettre fin à · **4 - empêcher** · briser · étouffer · inhiber · **5 - abolir** · abroger · annuler · casser · lever · **6 - faire disparaître** · aplanir · balayer · bannir · chasser · écarter · escamoter · **7 - détruire** · anéantir · annihiler · démolir · éliminer · **8 - tuer** · abattre · assassiner · éliminer · buter fam. · dégommer fam. · descendre fam. · faire la peau de fam. · rectifier fam. · refroidir fam.

≫ **se supprimer** v.pron. se suicider · se donner la mort · mettre fin à ses jours · se tuer · se faire hara-kiri

CONTR. instituer ι maintenir ι proroger – additionner ι adjoindre ι introduire – faire ι former

supputation n.f. **1 - hypothèse** · conjecture · extrapolation · prévision · supposition · **2 - calcul** · computation · estimation · évaluation · spéculation

supputer v.tr. **1 - supposer** · conjecturer · imaginer · **2 - calculer** · estimer · évaluer · examiner · jauger

supra adv. · ci-dessus · plus haut

CONTR. infra

suprasensible adj. · surnaturel · supranaturel

suprématie n.f. **1 - hégémonie** · domination · omnipotence · **2 - primauté** · ascendant · prédominance · prépondérance · prééminence · supériorité

suprême adj. **1 - souverain** · supérieur ● [Relig.] divin · **2 - extrême** · grand · magistral · parfait · **3 - dernier** · final · ultime ● [effort] désespéré

CONTR. inférieur – dérisoire – premier

≫ **souverain**

suprêmement adv. **1 - énormément** · extrêmement · au dernier point, degré · **2 - divinement** · magistralement · prodigieusement

¹**sur** prép. **1 - au dessus de** · **2 - contre** · à même · **3 - derrière** · **4 - vers** · **5 - autour de** · aux environs de · vers · **6 - parmi** · entre · **7 - d'après** · **8 - à propos de** · concernant · quant à · relativement à · au sujet de

✦ **sur ce** **1 - là-dessus** · sur ces entrefaites · **2 - en conséquence**

²**sur, sure** adj. · acide · aigre · aigrelet · suret

sûr, sûre adj. **1 - vrai** · assuré · authentique · avéré · certain · clair · constant · établi · évident · exact · formel · garanti · incontestable · indubitable · irrécusable · officiel · positif · **2 - convaincu** · assuré · certain · confiant · persuadé · **3 - éprouvé** · bon · fiable · infaillible · sérieux · solide ● [placement] de père de famille · **4 - de confiance** · dévoué · fidèle · franc · indéfectible · de parole · loyal · sincère · véritable · **5 - ferme** · assuré · exercé · expert · **6 - inéluctable** · fatal · immanquable · inévitable · **7 - sans danger** · calme · paisible · tranquille

✦ **à coup sûr** immanquablement · infailliblement

✦ **bien sûr !** évidemment ! · assurément ! · certainement ! · certes ! · sûrement !

✦ **être sûr que** ne pas avoir le moindre doute que · parier que · mettre sa main au feu que fam. · mettre sa main, sa tête à couper que fam.

✦ **c'est sûr !** c'est bien vrai ! · c'est clair !

✦ **c'était sûr** ça n'a pas fait un pli *fam.* · c'était couru d'avance *fam.*

CONTR. douteux ׀ faux ׀ inexact – méfiant ׀ sceptique ׀ défiant ׀ incertain – dangereux ׀ infidèle – aventureux ׀ chanceux ׀ illusoire ׀ incertain ׀ problématique ׀ trompeur

surabondamment *adv.* · excessivement · abusivement · à l'excès · trop

surabondance *n.f.* **1 -** excès · redondance · saturation · surcharge · surproduction · **2 -** profusion · débauche · débordement · déluge · exubérance · luxuriance · pléthore · prodigalité

CONTR. insuffisance ׀ pénurie

surabondant, e *adj.* **1 -** excessif · pléthorique · **2 -** exubérant · envahissant · luxuriant

CONTR. insuffisant

surabonder *v.intr.* abonder · foisonner · fourmiller · pulluler
✦ **surabonder en** déborder de · abonder en · fourmiller de · regorger de

CONTR. manquer

suraigu, -uë *adj.* · perçant · criard · strident

suralimenter *v.tr.* · gaver

CONTR. sous-alimenter

suranné, e *adj.* **1 -** désuet · ancien · démodé · inactuel · vieilli · vieillot · vieux · antique *vieilli* · gothique *vieux* · **2 -** [péj.] dépassé · antédiluvien · archaïque · arriéré · attardé · caduc · fossile · obsolète · périmé · rétrograde · ringard *fam.*

CONTR. actuel ׀ neuf ׀ nouveau – moderne

surcharge *n.f.* **1 -** excédent · excès · surcroît · surplus · **2 -** surabondance · débauche · débordement · excès · **3 -** correction · rajout · rature · **4 -** [Turf] handicap

surchargé, e *adj.* **1 -** bondé · bourré · comble · complet • [classe] pléthorique · **2 -** chargé · lourd · **3 -** corrigé · raturé
✦ **être surchargé (de travail)** être débordé (de travail) · être submergé (de travail) · crouler sous le travail · ne plus savoir où donner de la tête

surcharger *v.tr.* **1 -** charger · alourdir · encombrer · remplir · bourrer *fam.* · **2 -** accabler · écraser • [d'impôts] grever · surimposer · surtaxer · ponctionner *fam.*

CONTR. alléger ׀ décharger

surchauffé, e *adj.* **1 -** brûlant · bouillant · étouffant · **2 -** surexcité · agité · bouillonnant · déchaîné · électrisé · enflammé · exalté · fougueux · frénétique · galvanisé · sous pression · survolté

surchauffer *v.tr.* · surexciter · agiter · déchaîner · électriser · exalter · survolter

surclasser *v.tr.* · surpasser · distancer · dominer · laisser loin derrière · enfoncer *fam.* · faire la pige à *fam.*

surcroît *n.m.* **1 -** surplus · excédent · surcharge · **2 -** augmentation · accroissement · supplément
✦ **de surcroît, par surcroît** encore · de plus · en outre · en plus · par-dessus le marché *fam.* · au surplus *littér.*

surdité *n.f.* · dureté d'oreille · hypoacousie

surdose *n.f.* · overdose

surdoué, e *n.* · génie · prodige · fort en thème *fam.*

surélévation *n.f.* · exhaussement · surhaussement

surélever *v.tr.* · exhausser · élever · hausser · rehausser · surhausser

CONTR. abaisser

sûrement *adv.* 1 - oui • 2 - assurément • à coup sûr • à l'évidence • à n'en pas douter • certainement • certes • fatalement • forcément • immanquablement • inévitablement • infailliblement • obligatoirement • sans faute • à tous les coups *fam.* • 3 - sans doute

surenchère *n.f.* 1 - suroffre • 2 - escalade • flambée
✦ **faire de la surenchère** rivaliser

surenchérir *v.intr.* 1 - faire une suroffre • monter • 2 - augmenter • enchérir

surenchérissement *n.m.* • renchérissement

surestimation *n.f.* 1 - majoration • surévaluation • 2 - exagération • amplification
CONTR. sous-estimation

surestimer *v.tr.* 1 - majorer • surévaluer • 2 - gonfler • amplifier • (s')exagérer • surfaire
CONTR. sous-estimer

suret, -ette *adj.* • acidulé • aigrelet • sur

sûreté *n.f.* 1 - sécurité • ordre • 2 - adresse • agilité • assurance • dextérité • fermeté • habileté • justesse • précision • 3 - acuité • clairvoyance • justesse • lucidité • 4 - fiabilité • efficacité • 5 - caution • assurance • gage • garantie
✦ **en sûreté** à l'abri • à couvert • en sécurité
✦ **mettre en sûreté** 1 - protéger • cacher • sauver • 2 - assurer • garantir
CONTR. danger – maladresse – aveuglement – inefficacité – en danger

surévaluation *n.f.* • surestimation • majoration

surévaluer *v.tr.* • surestimer • amplifier • (s')exagérer • gonfler • majorer • surfaire
CONTR. sous-évaluer

surexcitation *n.f.* • exaltation • déchaînement • échauffement • énervement • fièvre • frénésie
CONTR. abattement ı apaisement ı calme

surexcité, e *adj.* • exalté • agité • déchaîné • en délire • enflammé • enragé • frénétique • survolté • excité comme une puce *fam.*

surexciter *v.tr.* 1 - exalter • déchaîner • échauffer • enfiévrer • enflammer • surchauffer • survolter • transporter • survolter • 2 - augmenter • stimuler
CONTR. apaiser ı calmer

surf *n.m.*
✦ **surf des neiges** snowboard

surface *n.f.* 1 - étendue • espace • plan • 2 - superficie • aire • dimension • 3 - dehors • apparence • extérieur • façade • 4 - [fam.] influence
✦ **grande surface** hypermarché • grand magasin • supérette • supermarché
✦ **de surface** superficiel
✦ **en surface** superficiellement • en apparence • extérieurement
✦ **faire surface** affleurer • émerger
CONTR. fond ı profondeur
☞ **superficie**

surfaire *v.tr.* • surestimer • amplifier • (s')exagérer • gonfler • majorer • surévaluer

surfait, e *adj.* • surestimé • exagéré • surévalué

surfer *v.intr.* [Internet] naviguer

surgeler *v.tr.* • congeler

surgeon *n.m.* • pousse • drageon • rejeton

surgir *v.intr.* 1 - jaillir • bondir • déboucher • émerger • faire irruption • se montrer • paraître • poindre • sortir • venir • 2 - naître •

apparaître • se développer • s'élever • se faire jour • se manifester • percer • pointer • se présenter • se produire • survenir

surhausser v.tr. • surélever • exhausser

surhomme n.m. • héros • géant • superman
CONTR. sous-homme

surhumain, e adj. **1** - titanesque • **2** - surnaturel • surréel

surimposer v.tr. • surtaxer • traire *fam.*

sur-le-champ loc. adv. • aussitôt • immédiatement • séance tenante • sur l'heure • sans délai • sans retard • sans tarder • illico (presto) *fam.* • incontinent *littér.* • sans désemparer *littér.*

surmenage n.m. • fatigue • épuisement

surmené, e adj. • épuisé • exténué • éreinté • harassé • crevé *fam.* • vidé *fam.*

surmener v.tr. • épuiser • abrutir • éreinter • exténuer • fatiguer • harasser • crever *fam.* • tuer *fam.* • vider *fam.* ▪ [un cheval] forcer

surmonter v.tr. **1** - coiffer • couronner • dominer • surplomber • **2** - vaincre • l'emporter sur • franchir • triompher de • venir à bout de • **3** - maîtriser • contenir • contrôler • dominer • dompter • tenir en bride

surnager v.intr. **1** - flotter • nager • **2** - survivre • garder la tête hors de l'eau • se maintenir (à flot) • rester • subsister
CONTR. couler ı s'enfoncer ı se noyer ı plonger – disparaître

surnaturel, -elle adj. **1** - extraordinaire • fabuleux • fantastique • irréel • merveilleux • prodigieux • **2** - divin • magique • miraculeux

✦ **être surnaturel** esprit • démon • fée • génie
CONTR. naturel ı commun

surnom n.m. **1** - pseudonyme • nom de guerre • nom de plume • nom de scène • pseudonyme • pseudo *fam.* • **2** - sobriquet • petit nom *fam.*

surnombre (en)
▪ loc. adv. **en excédent** • en surplus • en trop
▪ loc. adj. **excédentaire** • surnuméraire

surnommé, e adj. • dit • alias

surnommer v.tr. • appeler • baptiser

surnuméraire adj. • excédentaire • en surnombre • en surplus • en trop

surpasser v.tr. **1** - devancer • battre • couper, faucher l'herbe sous le pied à • damer le pion à • dépasser • distancer • dominer • éclipser • effacer • l'emporter sur • être au-dessus de • être supérieur à • primer sur • surclasser • enfoncer *fam.* • griller *fam.* • faire la pige à *fam.* • perdre dans la brume *fam., Québec* • **2** - excéder • dépasser

»> **se surpasser** v.pron. **se dépasser** • s'arracher *fam.*

surpeuplé, e adj. • grouillant • fourmillant • populeux
CONTR. dépeuplé ı désert ı sous-peuplé ı vide

surpeuplement n.m. • surpopulation
CONTR. sous-peuplement

surplace n.m. • immobilité • immobilisme • stagnation
✦ **faire du surplace** rester immobile • ne pas avancer • stagner

surplomb (en) adv. • en saillie • en encorbellement

surplomber *v.tr.* • avancer sur • dépasser • dominer • surmonter

surplus *n.m.* **1 -** surproduction • **2 -** excédent • excès • reliquat • restant • reste • trop-plein • **3 -** complément • rab *fam.* • rabiot *fam.* • rallonge *fam.* • **4 - surcroît** • augmentation • supplément • surcharge

✦ **au surplus** par ailleurs • de surcroît • en outre • en plus

surpopulation *n.f.* • surpeuplement

surprenant, e *adj.* **1 -** étonnant • déconcertant • stupéfiant • **2 - inattendu** • inopiné • **3 - remarquable** • étourdissant • incroyable • inouï • prodigieux • spectaculaire • époustouflant *fam.* • **4 - curieux** • bizarre • étrange • insolite • singulier

surprendre *v.tr.* **1 -** étonner • déconcerter • ébahir • prendre au dépourvu • prendre de court • renverser • stupéfier • ébouriffer *fam.* • épater *fam.* • estomaquer *fam.* • scier *fam.* • souffler *fam.* • suffoquer *fam.* • **2 - capter** • apercevoir • déceler • découvrir • dérober • discerner • intercepter • remarquer • saisir • voir • **3 - prendre (sur le fait)** • attraper • coincer *fam.* • pincer *fam.* • piquer *fam.* • prendre la main dans le sac *fam.* • trouver le lièvre au gîte *fam.* • **4 -** [vieux ou littér.] **duper** • attraper • circonvenir • décevoir • induire en erreur • tromper

surpris, e *adj.* étonné • déconcerté • désorienté • ébahi • frappé (d'étonnement, de stupeur) • renversé • saisi • stupéfait • baba *fam.* • comme deux ronds de flan *fam.* • ébouriffé *fam.* • épaté *fam.* • estomaqué *fam.* • scié *fam.* • sidéré *fam.* • soufflé *fam.* • suffoqué *fam.* • ébaubi *vieilli*

✦ **être très surpris** tomber de haut • tomber de la lune • tomber des nues

surprise *n.f.* **1 - étonnement** • consternation • ébahissement • stupéfaction • stupeur • épatement *vieilli* • **2 - cadeau** • présent *soutenu* • **3 -** [en apposition] **inattendu** • imprévu • impromptu

✦ **par surprise** à l'improviste • au dépourvu • inopinément • sans crier gare *fam.*

> 🙰 **surprise, étonnement**
>
> **Surprise** et **étonnement** sont équivalents dans bien des contextes pour exprimer l'état d'une personne saisie par quelque chose d'inattendu *(cacher, exprimer sa surprise/son étonnement ; à mon grand étonnement/à ma grande surprise ; constater avec surprise/étonnement)*. On peut distinguer cependant la **surprise**, qui frappe l'esprit par un caractère insolite, imprévu *(avoir un mouvement de surprise, laisser échapper un cri de surprise)* et l'**étonnement** qui naît d'un motif plus extraordinaire, d'une sensation plus puissante *(être frappé, rempli d'étonnement)* : « Il [Le Ménil] était stupide de surprise, dans un abîme d'étonnement » (France, *le Lys rouge*, XXI). Ainsi, seul **surprise** peut être associé à l'idée de plaisir *(c'est une agréable surprise ; je vous laisse le plaisir de la surprise)*.

surprise-partie *n.f.* • fête • soirée • boum *fam.*

surproduction *n.f.* • surplus

CONTR. sous-production

surréaliste *adj.* • inimaginable • incroyable • dément

sursaut *n.m.* **1 -** frisson • haut-le-corps • soubresaut • tressaillement • tressautement • **2 - effort** • tentative

sursauter *v.intr.* **1 - tressaillir** • sauter • tressauter • **2 - bondir** • réagir

surseoir à *v.tr.ind.* • différer • reculer • remettre • reporter • retarder • suspendre • postposer *Belgique*

CONTR. avancer

sursis n.m. · délai · répit · moratoire

surtout adv. **1 - par dessus tout** · plus que tout · **2 - principalement** · notamment · en particulier · particulièrement · spécialement · singulièrement

surveillance n.f. **1 - garde** · guet · veille · **2 - vigilance** · attention · contrôle · inspection · observation · **3 - conduite** · contrôle · direction · suivi · **4 - sécurité** · défense · protection · espionnage · contre-espionnage

surveillant, e n. **1 - garde** · gardien · vigile · **2 -** [Scol.] **maître d'études** vieux · répétiteur vieux · pion fam. · surgé argot · **3 -** [de prison] **gardien** · garde-chiourme péj., fam. · maton argot

surveiller v.tr. **1 - épier** · espionner · garder à vue · guetter · ne pas quitter des yeux · observer · suivre · tenir de près · avoir à l'œil fam. · fliquer fam., péj. · **2 - veiller sur** · faire attention à · garder, avoir l'œil sur fam. · avoir dans le collimateur fam. · marquer à la culotte fam. · [jeune fille] chaperonner · **3 - vérifier** · conduire · contrôler · examiner · inspecter · présider à · suivre · **4 -** [son langage] **modérer** · faire attention à · peser

↠ **se surveiller** v.pron. **1 - s'espionner** · **2 -** faire attention à sa ligne

survenir v.intr. · apparaître · arriver · se déclarer · faire irruption · intervenir · se manifester · se présenter · se produire · surgir · venir · advenir littér.

survenue n.f. · arrivée · apparition

survêtement n.m. · jogging · training

survivance n.f. **1 - reste** · vestige · **2 -** [littér.] **immortalité** · survie

survivant, e n. · rescapé · réchappé littér.
↬ rescapé

survivre v.intr. **1 - se maintenir** · se conserver · demeurer · durer · passer à la postérité · persister · rester · subsister · surnager · tenir · **2 - végéter** · subsister · vivoter

✦ **survivre à 1 - réchapper de** · se tirer de fam. · **2 -** [une personne] **enterrer** fam.

↠ **se survivre** v.pron. **se perpétuer** · se prolonger

survoler v.tr. **1 - effleurer** · glisser sur · **2 - parcourir** · lire en diagonale, cursivement

survolté, e adj. · exalté · agité · déchaîné · électrisé · en délire · énervé · enflammé · galvanisé · surchauffé · surexcité · comme une pile électrique fam.

survolter v.tr. · exalter · déchaîner · électriser · enflammer · galvaniser · surchauffer · surexciter

sus (en) loc. adv. et prép. **en plus** · en complément · par-dessus le marché fam.

✦ **en sus de** en plus de

susceptibilité n.f. · hypersensibilité · délicatesse littér.

susceptible adj. **chatouilleux** · irritable · ombrageux · sensitif littér.

✦ **susceptible de 1 - sujet à** · de nature à · **2 - apte à** · à même de · capable de · de force à · de taille à · en état de · en mesure de

✦ **il est très susceptible** il prend vite la mouche fam.

susciter v.tr. **1 - occasionner** · amener · attirer · catalyser · causer · créer · déclencher · déterminer · donner lieu à · engendrer · entraîner · provoquer · valoir · **2 - éveiller** · allumer · animer · déchaîner · exciter · faire naître · soulever · **3 -** [littér.] **fomenter**

susdit, e adj. · **sus-mentionné** · sus-dénommé · sus-nommé · mentionné plus haut

suspect, e adj. **1 - douteux** · équivoque · interlope · louche · trouble · **2 - peu sûr** · peu fiable · sujet à caution

CONTR. certain ı sûr

suspecter v.tr. **1 - soupçonner** · mettre en cause · mettre en doute · incriminer · **2 - entrevoir** · conjecturer · deviner · présumer · pressentir · subodorer · supposer · flairer *fam.*

suspendre v.tr. **1 - accrocher** · attacher · fixer · pendre · **2 - arrêter** · abandonner · bloquer · couper (court à) · enrayer · discontinuer · (faire) cesser · fermer · geler · interrompre · lever · stopper · **3 - ajourner** · différer · reculer · remettre · renvoyer · reporter · repousser · retarder · surseoir à *soutenu* · **4 - démettre** · dégrader · destituer · interdire · mettre à pied · mettre en disponibilité · relever de ses fonctions

CONTR. décrocher ı dépendre – continuer ı prolonger ı maintenir – anticiper ı avancer

suspendu, e adj. **1 - en suspens** · **2 - accroché** · pendu · [jardin] en terrasse

♦ **suspendu à** dépendant de · tributaire de

suspens (en) loc. adv. **1 - en attente** · en sommeil · inachevé · interrompu · remis à plus tard · suspendu · à l'abandon · en carafe *fam.* · en panne *fam.* · en plan *fam.* · en rade *fam.* · en souffrance *littér.* · **2 - irrésolu** · flottant · hésitant · incertain · indécis · perplexe

suspension n.f. **1 - lustre** · plafonnier · **2 - amortisseurs** · ressorts · **3 - abandon** · arrêt · cessation · **4 - interruption** · discontinuation · pause · repos · temps d'arrêt · vacances · **5 - délai** · moratoire

♦ **suspension d'armes** cessez-le-feu · trêve

CONTR. continuité

suspicieux, -ieuse adj. · soupçonneux · défiant · méfiant · sur la défensive · sur ses gardes

suspicion n.f. **1 - défiance** · doute · méfiance · **2 - soupçon**

CONTR. confiance

    suspicion, soupçon, doute

Suspicion, soupçon et doute se disent des interrogations que l'on peut avoir vis-à-vis du comportement, des actes d'une personne. On parle de **doute** lorsque l'incertitude, ou l'inquiétude, domine *(j'ai des doutes sur ses compétences, cela confirme mes doutes)* : « La jalousie se nourrit dans les doutes » (La Rochefoucauld, *Maximes*, 32). Le **soupçon** est un doute appuyé où l'on tient déjà pour suspecte la personne *(de graves soupçons pèsent sur lui, être l'objet de soupçons, être au-dessus de tout soupçon)*. **Suspicion** insiste sur la méfiance qu'inspire la personne *(tenir en suspicion, un regard plein de suspicion)*.

sustenter v.tr. [vieilli] **alimenter** · nourrir

»» **se sustenter** v.pron. [plaisant] **se nourrir** · s'alimenter · manger · se restaurer

susurrement n.m. · chuchotement · murmure

susurrer
- v.tr. **glisser (à l'oreille)** · souffler
- v.intr. **murmurer** · chuchoter

suturer v.tr. · recoudre

svelte adj. · élancé · délié · effilé · élégant · fin · fuselé · léger · longiligne · mince

CONTR. épais ı lourd ı massif

sveltesse n.f. · finesse · élégance · minceur

swinger v.intr. · balancer *fam.*

sybarite n. et adj. · bon vivant · jouisseur · raffiné · sensuel · voluptueux

CONTR. ascète

sybaritisme *n.m.* · sensualité · indolence · mollesse

CONTR. ascétisme

syllabaire *n.m.* · alphabet

syllogisme *n.m.* · raisonnement · déduction · démonstration

sylphe *n.m.* · elfe

sylvestre *adj.* · forestier

sylviculteur, -trice *n.* · forestier · arboriculteur

sylviculture *n.f.* · arboriculture · foresterie

symbiose *n.f.* · harmonie · accord · entente · union

symbole *n.m.* **1 -** emblème · attribut · insigne · marque · signe · **2 - représentation** · allégorie · figure · image · **3 - archétype** · incarnation · personnification · type · **4 - notation** · signe · chiffre · nombre · logo

> ᘯ symbole, emblème
>
> Le **symbole** et l'**emblème** ont en commun de représenter une chose abstraite ou absente, sous une forme identifiable par une association d'idées. Le **symbole** a un caractère plus général et universel que l'**emblème** ; il peut être immédiatement reconnu par un groupe social important *(le noir est le symbole du deuil dans le monde occidental ; la croix est un symbole chrétien ; la colombe, symbole de la paix)*. L'**emblème** est plus souvent le résultat d'une création particulière, un insigne interprétable par un groupe d'individus plus restreint *(la violette, emblème de la modestie ; les emblèmes de la franc-maçonnerie ; la femme au bonnet phrygien est l'emblème de la République française)*.

symbolique *adj.* **1 -** emblématique · allégorique · figuratif · métaphorique · **2 -** théorique · formel

symboliquement *adv.* · figurativement · emblématiquement · allégoriquement

symboliser *v.tr.* **1 -** représenter · figurer · **2 -** incarner · personnifier

symétrie *n.f.* **1 -** régularité · balancement · équilibre · harmonie · **2 - concordance** · correspondance · ressemblance

CONTR. désordre ׀ irrégularité – discordance

symétrique
- *adj.* **1 -** régulier · **2 -** inverse · opposé
- *n.m.* pendant

CONTR. antisymétrique ׀ asymétrique ׀ dissymétrique ׀ irrégulier

sympathie *n.f.* **1 -** amitié · affection · attachement · fraternité · tendresse · **2 - attirance** · affinité · attraction · faible · inclination · intérêt · penchant · **3 - bienveillance** · complaisance · **4 - compassion** · pitié · sensibilité · **5 -** [vieux] accord · affinité · conformité · convenance · écho · harmonie · unisson

CONTR. animosité ׀ antipathie ׀ aversion ׀ prévention – indifférence

sympathique *adj.* **1 -** chaleureux · agréable · amical · accueillant · cordial · fraternel · chouette *fam.* · épatant *fam.* · sympa *fam.* · **2 - avenant** · aimable · charmant · gentil · plaisant · amène *littér.*

CONTR. déplaisant ׀ exécrable – antipathique ׀ désagréable ׀ déplaisant

sympathisant, e *n.* · adepte · militant · compagnon de route

sympathiser *v.intr.* · s'entendre · fraterniser · se lier · avoir de bons rapports · être en bons termes · copiner *fam.*

symphonie *n.f.* · harmonie · chœur

symposium *n.m.* · colloque · forum · séminaire · table ronde

symptomatique *adj.* · caractéristique · emblématique · révélateur · significatif · typique

symptôme *n.m.* · indice · manifestation · marque · signe · stigmate *péj.*

synallagmatique *adj.* · bilatéral · réciproque
CONTR. unilatéral

synchrone *adj.* · simultané · coïncidant · concomitant · synchronique
CONTR. asynchrone

synchronisation *n.f.* 1 - coordination · harmonisation · 2 - concordance · coïncidence · concomitance · simultanéité

synchroniser *v.tr.* · coordonner · faire correspondre
CONTR. désynchroniser

synchronisme *n.m.* · concordance · coïncidence · concomitance · correspondance · simultanéité

syncope *n.f.* évanouissement · défaillance · éblouissement · étourdissement · faiblesse · malaise · perte de connaissance · pâmoison *vieilli ou plaisant.* · lipothymie *didact.* · vapeurs *plaisant.*
✦ **tomber en syncope** s'évanouir · perdre connaissance · se pâmer *vieilli ou plaisant.* · tomber dans les pommes, les vapes *fam.*

syncrétisme *n.m.* 1 - fusion · 2 - œcuménisme · réunion des Églises

syndic *n.m.* · représentant · mandataire

syndicat *n.m.* 1 - groupement (professionnel) · association · coopérative · 2 - coordination · fédération · union

syndrome *n.m.* · affection · maladie

synode *n.m.* 1 - concile · 2 - consistoire

synonyme *n.m.* · équivalent · substitut
CONTR. antonyme ӏ contraire

synopsis *n.m.* · scénario · canevas · intrigue · plan · trame

syntaxe *n.f.* · construction · grammaire · structure

synthèse *n.f.* 1 - combinaison · alliance · association · composition · jonction · mariage · reconstitution · réunion · 2 - déduction · raisonnement déductif · généralisation · 3 - conclusion · enseignement · 4 - [d'une protéine] **traduction**
CONTR. analyse ӏ dissociation ӏ dissolution

synthétique *adj.* 1 - global · 2 - [Philo.] empirique · 3 - fabriqué · artificiel
CONTR. analytique – naturel

synthétiser *v.tr.* 1 - résumer · condenser · récapituler · schématiser · 2 - [une protéine] **traduire**

syphilis *n.f.* · vérole *fam.* · mal français *vieux* · mal napolitain *vieux* · mal de Naples *vieux* · mal de Vénus *vieux*

syphilitique *n.* · vérolé *fam.*

systématique *adj.* **1 -** méthodique · déductif · logique · ordonné · organisé · rationnel · réglé · **2 -** [péj.] **doctrinaire** · dogmatique · intolérant · **3 -** constant · automatique · habituel · invariable · machinal · régulier · entêté *péj.* · têtu *péj.*
CONTR. empirique

systématiquement *adv.* **1 -** méthodiquement · rationnellement · **2 -** automatiquement · constamment · invariablement · par principe · régulièrement

systématiser *v.tr.* · normaliser · réglementer

système *n.m.* **1 -** mécanisme · appareil · dispositif · **2 - procédé** · astuce · combinaison · manière · méthode · moyen · plan · programme · tactique · technique · combine *fam.* · recette *fam.* · truc *fam.* · **3 -** doctrine · dogme · école · idéologie · opinion · philosophie · théorie · thèse · **4 -** régime · gouvernement · règle · structure · **5 -** [fam.] → **nerf**

tabac *n.m.* • pétun *vieux* • perlot *fam., vieux* • trèfle *fam., vieux*

- **faire un tabac** avoir un gros succès • casser la baraque *fam.* • faire un carton *fam.* • faire un malheur *fam.*
- **débit, bureau de tabac** tabagie *Québec*

tabagisme *n.m.* • nicotinisme *vieux* • tabacomanie *didact.*

tabasser *v.tr.* → **battre**

table *n.f.*
I 1 - **bureau** • comptoir • console • crédence • desserte • établi • guéridon • pupitre • **2 - plateau** • banc • plan • tableau • tablette • tablier
II 1 - **restaurant** • **2 - bonne chère** • chère • cuisine • gastronomie
III **index** • bibliographie • catalogue des rubriques • liste • répertoire • sommaire • tableau

- **mettre la table** mettre le couvert
- **table d'opération** billard *fam.*
- **tables de la Loi** Décalogue
- **table ronde** carrefour • commission • conférence • débat • journée d'études • rencontre • réunion • symposium

tableau *n.m.* **1 - peinture** • toile • croûte *péj.* • [sortes] diptyque • retable • triptyque • **2 - scène** • image • spectacle • vision • vue • **3 - récit** • analyse • fresque • peinture • portrait • représentation • vue d'ensemble • **4 -** [de prix] **tarif** • barème • **5 -** [d'affichage] **valves** *Belgique*

tabler *v.intr.*
- **tabler sur** compter sur • escompter • espérer • miser sur

tablette *n.f.* **1 - rayon** • degré • étagère • planchette • rayon • rayonnage • tirette • **2 - plaque** • plaquette

tablier *n.m.* **1 - blouse** • sarrau • devantier *vieux* • serpillière *vieux* • **2 -** [Techn.] **rideau** • protection • trappe • **3 -** [anciennt] **damier** • échiquier

tabou
■ *n.m.* **interdit**
■ *adj.* **1 - inviolable** • interdit • intouchable • sacré • sacro-saint • **2 - prohibé** • brûlant • interdit • intouchable

tabouret *n.m.* • escabeau • pliant • siège • [de sculpteur] sellette

tache *n.f.* **1 - marque** • moucheture • tacheture • tiqueture • **2 -** [d'un fruit] **meurtrissure** • tavelure • **3 -** [d'un oiseau] **maille** • goutte • madrure • maillure • panachure • tacheture • **4 -** [Méd.] **nævus** • macule • pétéchie • rougeur •[sur l'ongle] albugo • **5 -**[de coup] **bleu** • ecchymose • noir • **6 - salissure** •

bavure · éclaboussure · macule · souillure · trace • [de doigts] marque · trace · **7** – [moral, vieux] **déshonneur** · péché · tare · souillure littér. · flétrissure littér.
+ **tache de rousseur, de son**   éphélide
+ **tache d'encre**   pâté
+ **tache de vin**   envie

tâche n.f. **1** – activité · besogne · occupation · corvée péj. · pensum péj. · labeur littér. · ouvrage vieux ou littér. · boulot fam. · job fam. · **2** – devoir · obligation · fonction · mission · rôle · office littér.
+ **à la tâche**   à la pige
+ **c'est une tâche infinie**   c'est le tonneau des Danaïdes

taché, e adj. **1** – maculé · ensanglanté · graisseux · sali · souillé · cochonné fam. · **2** – [naturellement] **moucheté** · piqueté · tacheté · tavelé · tiqueté · tigré
CONTR. immaculé ı propre ı uni

tacher v.tr. **1** – maculer · barbouiller · gâter · graisser · marquer · moucheter · noircir · salir · souiller · cochonner fam. · **2** – [vieux] **éclabousser** · entacher · flétrir · salir · souiller · ternir
CONTR. détacher ı nettoyer

tâcher v.tr. et tr.ind.
+ **tâcher de**   s'efforcer de · s'appliquer à · chercher à · essayer de · faire des efforts pour · faire son possible pour · s'employer à · s'escrimer à · s'évertuer à · s'ingénier à · œuvrer pour · tenter de · tout faire pour · travailler à
+ **tâcher que**   veiller à ce que · faire en sorte que · s'arranger pour que
CONTR. éviter

tacheté, e adj. **1** – moucheté · bariolé · bigarré · marqueté · piqué · piqueté · **2** – [cheval] **tisonné** · pommelé · truité · **3** – [oiseau] **grivelé** · ocellé · tiqueté · **4** – [fruits] tigré · **5** – [bois] **madré**

tacheter v.tr. · moucheter · marqueter · piqueter · pointiller · tacher

tacite adj. · implicite · inexprimé · informulé · sous-entendu
CONTR. exprimé ı formel ı manifeste
↬ **sous-entendu**

tacitement adv. · implicitement

taciturne adj. · silencieux · avare de paroles · morose · renfermé · secret · silencieux · sombre · taiseux Belgique · ténébreux littér.
CONTR. communicatif ı disert ı loquace ı parleur
↬ **silencieux**

tacot n.m. → **voiture**

tact n.m. **1** – délicatesse · atttention · diplomatie · doigté · éducation · élégance · finesse · habileté · jugement · obligeance · politesse · prévenance · savoir-faire · **2** – [vieux] **intuition**

tacticien, -ienne n. · stratège

tactile adj. **palpable**
+ **poil tactile**   vibrisse

¹**tactique** adj. **1** – adroit · astucieux · malin · **2** – stratégique · préstratégique

²**tactique** n.f. · plan (d'action) · astuce · ligne de conduite · manœuvre · marche à suivre · méthode · politique · recette · stratégie · technique · truc fam.
↬ **stratégie**

tag n.m. · graffiti · bombage · graff fam.

taguer v.tr. · graffiter · bomber

tagueur, -euse n. · graffiteur · bombeur

taie n.f. **1** – fourre Suisse · **2** – [Méd.] **albugo** · leucome · néphélion

taillade *n.f.* 1 - **balafre** · blessure · coupure · entaille · estafilade · plaie · 2 - [anciennt manches vêtements] **crevé**

taillader *v.tr.* 1 - **balafrer** · charcuter · couper · déchiqueter · déchirer · entailler · lacérer · labourer · 2 - **buriner** · raviner · 3 - [vieux] **censurer** · sabrer

taille *n.f.*
I 1 - **coupe** · ébranchage · écimage · élagage · émondement · étêtage · taillage · 2 - **gravure** · contre-taille · entretaille · taille-douce
II 1 - **grandeur** · carrure · gabarit · hauteur · pointure · stature · 2 - **dimension** · calibre · format · grandeur · grosseur · importance · longueur · proportion
III ceinture
✦ **être de taille à**   être capable de · être apte à · être de force à · être en mesure de

taillé, e *adj.* · bâti · charpenté
✦ **taillé pour**   capable de · à même de · en mesure de · fait pour

tailler
■ *v.tr.* 1 - **couper** · [en pointe] appointer · [en biseau] biseauter · ébiseler · [en dents de scie] denteler · [en arrondi] échancrer · inciser · trancher · 2 - [des arbres] **ébourgeonner** · ébrancher · écimer · éclaircir · élaguer · émonder · ergoter · étêter · étronçonner · ravaler · recéper · 3 - [une haie, un espalier] **dresser** · ébarber · 4 - [du bois] **chantourner** · charpenter · débillarder · équarrir · 5 - [une pierre] **bretteler** · chanfreiner · épanneler · retondre · rustiquer · 6 - **sculpter** · ciseler · 7 - [une pierre précieuse] **brillanter** · facetter · 8 - [les cheveux] **couper** · rafraîchir · 9 - [Couture] **couper** · découper · patronner
■ *v.intr.* **couper** · faire une entaille · inciser
⤳ **se tailler** *v.pron.* 1 - **remporter** · s'adjuger · s'approprier · s'arroger · gagner · obtenir · 2 - [fam.] → **s'enfuir** · 3 - [fam.] → **partir**

tailleur *n.m.* · coupeur · couturier · culottier · essayeur · giletier · [de diamants] lapidaire

taillis *n.m.* · buissons · bois · cépée · fourrés · gaulis · maquis · taille · breuil *région.*

tailloir *n.m.* 1 - [Archit.] **abaque** · 2 - [anciennt] **tranchoir**

taire *v.tr.* 1 - **passer sous silence** · cacher · dissimuler · enfouir · faire abstraction de · garder secret · omettre · voiler · celer *vieux ou littér.* · 2 - [littér.] **dissimuler** · étouffer · ravaler · refouler
✦ **faire taire**   1 - **empêcher de parler** · clouer le bec à *fam.* · couper la chique à *fam.* · couper le sifflet à *fam.* · 2 - **imposer silence à** · bâillonner · censurer · faire cesser · faire disparaître · museler · réduire au silence · supprimer
⤳ **se taire** *v.pron.* 1 - **faire silence** · demeurer, rester bouche cousue · demeurer, se tenir coi · avoir avalé, perdu sa langue · ne pas desserrer les dents · ne pas dire un mot · se fermer comme une huître · la boucler *fam.* · s'écraser *fam.* · la fermer *fam.* · fermer son bec *fam.* · fermer sa gueule *très fam.* · mettre sa langue dans sa poche *fam.* · ne pas piper *fam.* · 2 - **garder un secret** · être discret · ne rien dire · être une tombe · 3 - **s'éteindre** · s'apaiser · se calmer · s'arrêter
CONTR. révéler – afficher ı exprimer – bavarder ı parler – confesser – éclater

talent *n.m.* 1 - **aptitude** · aisance · capacité · compétence · disposition · don · génie · faculté · instinct · prédisposition · qualité *vieilli* · 2 - **adresse** · art · brio · dextérité · doigté · maestria · virtuosité · savoir-faire · 3 - **prodige** · génie · star · virtuose
✦ **avoir le talent de**   avoir le don de · avoir le chic pour *fam.*
✦ **de grand talent**   talentueux

🙥   **talent, génie**
Talent et génie évoquent les capacités particulières dont une personne peut être dotée. Le talent, acquis ou naturel, permet de réussir dans une activité donnée *(avoir un talent d'imitateur, talent oratoire ; un styliste de talent ; il a des talents cachés)*. Employé à

propos d'une activité intellectuelle ou artistique, **talent** signale des capacités remarquables mais **génie** renchérit sur le caractère hors du commun des aptitudes *(les découvertes d'un mathématicien de génie, le génie créateur de Mozart)* : « Le génie, même le grand talent, vient moins d'éléments intellectuels et d'affinement social supérieur à ceux d'autrui, que de la faculté de les transformer » (Proust, *À l'ombre des jeunes filles en fleurs*).

talentueusement *adv.* · avec brio · brillamment · de main de maître · magistralement

talentueux, -euse *adj.* · doué · capable · de grand talent · de haut vol · de haute volée · émérite · fort
CONTR. médiocre ׀ nul

taler *v.tr.* **1 - meurtrir** · abîmer · fouler · **2 -** [région.] **importuner** · ennuyer · harceler · tourmenter · tanner *fam.*

talisman *n.m.* · amulette · charme · fétiche · grigri · mascotte · phylactère · porte-bonheur

taloche *n.f.* → **claque**

talon *n.m.* **1 -** [Anat.] **calcanéum** · **2 -** [de chéquier] **souche**

talonner *v.tr.* **1 - serrer de près** · être aux trousses de · marcher sur les talons de · marquer à la culotte · pourchasser · poursuivre · traquer · **2 - harceler** · assiéger · persécuter · presser · relancer · tarabuster · tourmenter

talus *n.m.* · remblai · ados · butte · chaussée · glacis · levée · parapet · pente

tambouille *n.f.* → **cuisine**

tambour *n.m.* **1 -** [sortes] **tambourin** · conga · darbouka · tam-tam · timbale · bamboula *vieux* · **2 - barillet** · cylindre · tourniquet

tambouriner
■ *v.intr.* **marteler** · pianoter · tapoter
■ *v.tr.* [vieux] **claironner** · clamer · proclamer · propager · crier sur les toits

tamis *n.m.* **1 - crible** · blutoir · claie · sas · van · **2 - passoire** · chinois

tamiser *v.tr.* **1 - cribler** · bluter · filtrer · passer · sasser · trier · vanner · **2 - adoucir** · atténuer · estomper · filtrer · voiler

tampon *n.m.* **1 - bouchon** · bonde · bondon • [Techn.] couvercle · **2 - protection périodique** · tampax *nom déposé* · **3 -** [de train] **amortisseur** · **4 - cachet** · flamme · oblitération
✦ **en tampon**   en tapon · en boule · froissé

tamponnement *n.m.* **1 - tamponnage** · **2 - collision** · choc · coup · heurt · secousse · télescopage

tamponner *v.tr.* **1 - frotter** · étendre · imbiber · **2 - essuyer** · étancher · sécher · **3 - emboutir** · défoncer · démolir · entrer dans · heurter · percuter · télescoper · emplafonner *fam.* · froisser la tôle de *fam.* · **4 - timbrer** · estampiller · oblitérer · poinçonner

tam-tam *n.m.* **1 -** → **tambour** · **2 - tapage** · bruit · charivari · tumulte · boucan *fam.* · chambard *fam.* · foin *fam.* · raffut *fam.* · ramdam *fam.*

tancer *v.tr.* · réprimander · chapitrer · gourmander · gronder · houspiller · rabrouer · sermonner · admonester *littér.* · morigéner *littér.* · engueuler *très fam.* · enguirlander *fam.* · laver la tête de *fam.* · passer un savon à *fam.* · remonter les bretelles à *fam.* · sonner les cloches à *fam.*

tandem *n.m.* · paire · binôme · couple · duo

tandis que *conj.* · alors que · cependant que · comme · au moment où · pendant que

tangage *n.m.* **1** - balancement · oscillation · **2** - houle

tangent, e *adj.* juste · limite *fam.*
+ **c'était tangent !** il s'en est fallu de peu, d'un cheveu ! · c'était moins une ! *fam.* · c'était limite ! *fam.*

tangible *adj.* **1** - palpable · charnel · matériel · sensible · **2** - concret · authentique · certain · effectif · établi · exact · incontestable · manifeste · matériel · réel · véridique · véritable · vrai

tanguer *v.intr.* **1** - se balancer · onduler · osciller · **2** - vaciller · bouger · chanceler · tituber · zigzaguer

tanière *n.f.* **1** - antre · bauge · gîte · repaire · **2** - cachette · refuge · repaire · retraite · trou *fam.*

tank *n.m.* **1** - citerne · réservoir · **2** - char d'assaut · automitrailleuse · blindé · char · panzer · **3** - [fam.] → **voiture**

tanker *n.m.* · superpétrolier · butanier · méthanier · pétrolier · propanier

tannant, e *adj.* → **agaçant**

tanner *v.tr.* **1** - préparer · chromer · mégisser · **2** - bronzer · boucaner · brunir · hâler · **3** - [fam.] → **agacer**
+ **tanné par le soleil** basané · boucané · bruni · cuivré · doré · hâlé · noiraud · moricaud *fam.*

tannerie *n.f.* **1** - tannage · chamoisage · mégisserie · **2** - peausserie · maroquinerie

tanneur, -euse *n.* · mégissier · peaussier

tant *adv. et nominal.* **1** - si · tellement · **2** - autant

+ **tant bien que mal** péniblement · cahin-caha *fam.* · clopin-clopant *fam.*
+ **tant que** à tel point que
+ **en tant que** comme · en qualité de

tante *n.f.* tata *lang. enfants* · tantine *lang. enfants*
+ **ma tante** [fam.] le Crédit municipal · le mont-de-piété · le clou *fam.*

tantinet (un) *adv.* · un peu · légèrement · un brin *fam.* · un chouïa *fam.*

tantôt *adv.* **1** - cet après-midi · **2** - [vieux ou région.] il y a peu de temps · plus tôt · **3** - [vieux] bientôt · dans un proche avenir · presque · tout à l'heure
+ **tantôt ... tantôt** à tel moment ... à un autre moment · parfois ... parfois · un coup ... un coup *fam.*

tapage *n.m.* **1** - vacarme · chahut · charivari · tintamarre · tohu-bohu · barouf *fam.* · bastringue *fam.* · bazar *fam.* · bordel *fam.* · boucan *fam.* · chambard *fam.* · foin *fam.* · pétard *fam.* · potin *fam.* · raffut *fam.* · ramdam *fam.* · sabbat *fam.* · tam-tam *fam.* · tintouin *fam.* · **2** - scandale · désordre · esclandre · éclat *vieilli ou littér.* · foin *fam.* · **3** - battage · bruit · publicité · ramdam *fam.* · tam-tam *fam.*
CONTR. silence

tapageur, -euse *adj.* **1** - bruyant · braillard · vociférant · gueulard *fam.* · piaillard *fam.* · **2** - criard · clinquant · outrancier · provocateur · tape-à-l'œil · voyant

tapant, e *adj.* [heure] juste · précis · sonnant · pétant *fam.* · pile *fam.*

tape *n.f.* · claque · gifle · tapette

tapé, e *adj.* **1** - [fruits] talé · meurtri · taché · **2** - [fam.] → **fou**

tape-à-l'œil *adj. invar.* · criard · clinquant · outrancier · provocateur · tapageur · voyant

tapée *n.f.* • quantité • armée • foule • masse • multitude • ribambelle • tas • chiée *très fam.* • floppée *fam.* • foultitude *fam.* • tripotée *fam.*

taper

■ *v.tr.* **1 - battre** • boxer • brutaliser • calotter • cogner • fesser • frapper • rosser • dérouiller *fam.* • talocher *fam.* • **2 - pianoter** • tambouriner • tapoter • **3 - dactylographier** • saisir • **4 -** [fam.] **demander** • emprunter • quémander • réclamer

■ *v.intr.* **1 - frapper** • cogner • donner des coups • tambouriner • tapoter • **2 -** [soleil] **brûler** • chauffer • cogner *fam.* • **3 -** [vin] monter à la tête • cogner *fam.*

✦ **taper dans** puiser dans • prendre dans • se servir de, dans

✦ **taper sur** critiquer • médire de • dire pis que pendre de • casser du sucre sur le dos de *fam.*

» **se taper** *v.pron.* **1 - se battre** • **2 -** [fam.] **s'offrir** • s'enfiler *fam.* • s'envoyer *fam.* • **3 -** [fam.] **subir** • supporter • s'appuyer *fam.* • se cogner *fam.* • se coltiner *fam.* • s'envoyer *fam.* • se farcir *fam.* • se payer *fam.* • **4 -** [très fam., sexuellement] **s'envoyer** *fam.* • se faire *fam.* • se farcir *très fam.*

tapette *n.f.* **1 - battoir** • **2 - piège à souris** • souricière • **3 -** [fam.] → **homosexuel**

tapi, e *adj.* • caché • blotti • embusqué • niché • pelotonné • ramassé • recroquevillé • terré • planqué *fam.*

tapin *n.m.*

✦ faire le tapin → **se prostituer**

tapiner *v.intr.* → **se prostituer**

tapinois (en) *loc. adv.* • en cachette • à la dérobée • en catimini • en dessous • en secret • furtivement • secrètement • sournoisement • sous cape • subrepticement • en douce *fam.*

tapir (se) *v.pron.* • se blottir • se cacher • se dissimuler • se nicher • se pelotonner • se recroqueviller • se réfugier • se retirer • se terrer • se planquer *fam.* • [lapin] se clapir *rare*

> se tapir, se blottir
>
> Se tapir et se blottir ont en commun l'action de se replier sur soi-même dans une posture qui prend le moins de place possible. Se blottir implique le plus souvent une position en boule (*l'enfant se blottit dans les bras de sa mère*) : « Il donnait en exemple les oiseaux qui se mettent la tête sous l'aile, tous les animaux qui se blottissent pour dormir » (Gide, *les Faux-Monnayeurs*, II, 4). Se tapir suppose toujours que la personne ou l'animal se blottit pour se cacher, la posture étant alors plutôt ramassée (*être tapi à l'affût, derrière un buisson*).

tapis *n.m.* **1 - carpette** • descente de lit • kilim • lirette • moquette • [de couloir, d'escalier] **chemin** • **2 - natte** • paillasson • [de judo] **tatami** • **3 - lit** • couche • jonchée • revêtement

✦ **tapis de jeu** velours *argot*

✦ **tapis roulant** convoyeur • transporteur

tapis-brosse *n.m.* • paillasson

tapisser *v.tr.* **1 -** [personne] **tendre** • coller • couvrir • orner • recouvrir • revêtir • **2 -** [chose] **recouvrir** • cacher • couvrir • joncher • parsemer

tapisserie *n.f.* **1 - tenture** • rideau • **2 - papier mural** • papier peint

tapoter *v.tr.* caresser • donner une petite tape à

✦ **tapoter sur** pianoter sur • marteler • tambouriner sur • taper sur

taquin, e *adj. et n.* • malicieux • badin • coquin • espiègle • facétieux • farceur • gamin • goguenard • moqueur • narquois • pince-sans-rire • lutin *vieux*

taquiner v.tr. 1 - **agacer** · chiner · faire enrager · exciter · plaisanter · asticoter fam. · blaguer fam. · faire bisquer fam. · faire marcher fam. · mettre en boîte fam. · 2 - **chatouiller** · agacer · picoter

taquinerie n.f. · malice · agacerie · espièglerie · facétie · farce · moquerie · pique · plaisanterie · blague fam.

tarabiscoté, e adj. 1 - **affecté** · alambiqué · amphigourique · ampoulé · contourné · embrouillé · foisonnant · quintessencié littér. · 2 - [explication] **embarrassé** · emprunté · 3 - **chargé** · baroque · de mauvais goût · maniéré · précieux · lourd · orné · surchargé

CONTR. simple ı sobre

tarabuster v.tr. 1 - **agacer** · fatiguer · harceler · importuner · presser · tourmenter · asticoter fam. · 2 - **obséder** · contrarier · miner · préoccuper · ronger · tracasser · travailler · chiffonner fam. · turlupiner fam.

tarauder v.tr. 1 - **percer** · fileter · forer · perforer · transpercer · trouer · vriller · 2 - **obséder** · miner · ronger · tenailler · torturer · tourmenter · turlupiner fam.

tard adv. **tardivement** · à une heure avancée · à une heure indue · à la dernière minute

✦ **plus tard** ultérieurement · tout à l'heure · à un autre moment · une autre fois

CONTR. tôt

tarder v.intr. 1 - **traîner** · atermoyer · attendre · faire traîner · lambiner · lanterner · perdre son temps · traînasser · 2 - **se faire attendre** · être lent à venir · se faire désirer

✦ **il me tarde de, que** j'ai hâte de, que · je brûle de · je suis impatient de, que · je suis pressé de, que

CONTR. se dépêcher ı se hâter

tardif, -ive adj. 1 - **retardé** · en retard · hors de saison · 2 - [heure] avancé · indu

CONTR. hâtif ı précoce – convenable

tardivement adv. → **tard**

tare n.f. 1 - **poids** · 2 - **malformation** · altération · déficience · handicap · maladie · 3 - **imperfection** · défaut · défectuosité · malfaçon · travers · vice

taré, e adj. et n. 1 - **débile** · déficient mental · dégénéré · retardé mental · 2 - [fam.] **imbécile** · demeuré · idiot · con fam. · crétin fam.

targette n.f. · verrou

targuer de (se) v.pron. 1 - [qqch.] **s'enorgueillir de** · se donner les gants de · être fier de · se flatter de · se piquer de · se prévaloir de · se vanter de · tirer vanité de · 2 - [suivi de l'infinitif] **se faire fort de** · compter · espérer · prétendre

tari, e adj. · asséché · à sec

tarif n.m. 1 - **barème** · 2 - **prix** · cote · coût · montant · taux

tarifer v.tr. · établir, fixer le montant de · coter

tarin n.m. → **nez**

tarir

▪ v.tr. 1 - **assécher** · dessécher · épuiser · sécher · mettre à sec · 2 - **consumer** · dissiper · engloutir · éteindre

▪ v.intr. 1 - **cesser de couler** · s'arrêter · s'assécher · 2 - **s'appauvrir** · s'éteindre · s'épuiser · stopper

⟫ **se tarir** v.pron. → v.intr.

tarissement n.m. · assèchement · épuisement

tartan n.m. · plaid

tarte
- *adj.* → **ridicule**
- *n.f.* **1** - **tartelette** • [salée] quiche • tourte • **2** - [fam.] → **gifle**

tartelette *n.f.* [allongée] barquette

Tartempion *n.pr.* • un tel • chose *fam.* • machin *fam.* • truc *fam.* • trucmuche *fam.*

tartignole *adj.* **1** - → laid • **2** - → ridicule

tartine *n.f.* **1** - rôtie *vieux ou région.* • beurrée *vieux ou région.* • **2** - [fam.] laïus • développement • discours • palabres • tirade

tartiner *v.* **1** - étaler • beurrer • enduire • napper • recouvrir • **2** - [fam.] écrire • composer • délayer • rédiger

tartufe *n.m.* **1** - hypocrite • fourbe • sainte nitouche • sournois • faux cul *très fam.* • faux derche *très fam.* • faux jeton *fam.* • **2** - [vieux] faux dévot • bigot • jésuite • papelard *littér.* • cagot *vieilli* • cafard *vieux*

tartuferie *n.f.* **1** - hypocrisie • dissimulation • duplicité • fausseté • fourberie • perfidie • **2** - [vieux] bigoterie • bondieuserie • jésuitisme • pharisaïsme • papelardise *littér.* • cagoterie *vieilli*

CONTR. franchise ı loyauté

tas *n.m.* amas • accumulation • amoncellement • cargaison • empilement • entassement • monceau • montagne • pile • pyramide • superposition • [de foin, de blé] meule
- **un tas de, des tas de** une grande quantité de • beaucoup • une bande de • une collection de • une foule de • une masse de • une multitude de • une flopée de *fam.* • une foultitude de *fam.* • une tapée de *fam.* • une tripotée de *fam.* • une chiée de *très fam.*

CONTR. éparpillement – peu de

tassage *n.m.* • tassement

tasse *n.f.*
- **ce n'est pas ma tasse de thé** cela ne me convient guère • ce n'est pas à mon goût • ce n'est pas mon truc *fam.* • ce n'est pas mon trip *fam.*
- **boire la tasse** échouer • subir des pertes • boire le bouillon *fam.* • faire le plongeon *fam.*

tassé, e *adj.* **1** - court • **2** - ratatiné • **3** - contracté • recroquevillé
- **bien tassé** serré

tassement *n.m.* **1** - tassage • compactage • compression • damage • pilonnage • pressage • **2** - affaissement • effondrement • **3** - récession • baisse • crise • perte de vitesse • recul

tasser *v.tr.* **1** - presser • bourrer • compacter • comprimer • damer • pilonner • **2** - entasser • empiler • encaquer *vieilli* • masser • presser • resserrer • serrer
- **se tasser** *v.pron.* **1** - s'affaisser • s'effondrer • **2** - se voûter • rapetisser • se ratatiner • se recroqueviller • **3** - se serrer • se blottir • s'entasser • se presser • se rapprocher • **4** - [fam.] s'arranger • aller mieux • s'améliorer • se calmer

tatane *n.f.* → **chaussure**

tâter *v.tr.* **1** - toucher • fouiller • palper • tâtonner • manier *vieux* • **2** - sonder • ausculter • interroger • prendre le pouls, la température de
- **se tâter** *v.pron.* hésiter • atermoyer • balancer • être en balan *Suisse* • être indécis • être irrésolu • s'interroger • tergiverser
- **toucher**

tatie *n.f.* → **tata**

tatillon, -onne *adj.* pointilleux • maniaque • méticuleux • minutieux • scrupuleux • strict • tracassier • chipoteur *fam.* • pinailleur *fam.* • vétilleux *littér.*

✦ **il est très tatillon**   il cherche toujours la petite bête *fam.* • il faut toujours qu'il coupe les cheveux en quatre *fam.* • c'est un enculeur de mouches *très fam.*

tâtonnement *n.m.* • essai • balbutiement • bégaiement • expérience • flottement • hésitation • tergiversation

tâtonner *v.intr.* **1 –** tâter • **2 –** essayer • chercher • errer • expérimenter • hésiter • avancer sur la pointe des pieds

tâtons (à) *loc. adv.* **1 –** à l'aveugle • à l'aveuglette • en tâtonnant • **2 –** au hasard • sans méthode

taudis *n.m.* • bouge • bidonville • cambuse • gourbi • masure • galetas *vieux*

taulard, e *n. et adj.* [fam.] → **prisonnier**

taule *n.f.* **1 –** [fam.] → **chambre** • **2 –** [fam.] → **prison**

taupe *n.f.* [fam.] sous-marin • agent secret • espion • indicateur • barbouze *fam.* • indic *fam.* • mouchard *fam.*

taureau *n.m.*
✦ **course de taureaux**   corrida • tauromachie *vieux*

tautologie *n.f.* • répétition • lapalissade • pléonasme • redite • redondance • réitération • truisme

taux *n.m.* **1 –** barème • tarif • **2 –** cours • cote • valeur • **3 –** quotient • pourcentage • rapport • ratio
✦ **taux de change**   cours • pair • parité

tavelé, e *adj.* • marqué • marqueté • piqueté • tacheté

taverne *n.f.* [vieilli] auberge • brasserie • buvette • cabaret • café • estaminet *région.* • guinguette • gargote *péj.*

taxable *adj.* • imposable • assujetti (à l'impôt)

taxation *n.f.* • imposition • assujettissement à l'impôt
CONTR. exonération d'impôt

taxe *n.f.* **contribution** • charge • fiscalité • imposition • impôt • redevance • [Hist.] dîme • gabelle • taille
✦ **hors taxe**   net
✦ **boutique hors taxes**   boutique franche • duty free *anglic.*
CONTR. détaxe | remise
↪ **impôt**

taxer *v.tr.* **1 –** imposer • **2 –** [fam.] → **voler**[2] • **3 –** qualifier • appeler • baptiser • nommer • traiter • **4 –** accuser • charger • reprocher

taxidermie *n.f.* • empaillage • naturalisation

taxidermiste *n.* • empailleur • naturaliste

taxi-girl *n.f.* • entraîneuse

taxinomie *n.f.* • classification • catégorisation • systématique

tchao *interj.* ciao • au revoir • bye-bye • salut

tchatcher *v.intr.* → **bavarder**

tchin-tchin *interj.* à votre santé ! • à la vôtre !

technicien, -ienne *n.* • professionnel • exécutant • expert • homme de l'art • praticien • spécialiste

technique
▪ *adj.* **1 –** spécial • pointu • professionnel • scientifique • spécialisé • **2 –** mécanique
▪ *n.f.* **1 –** procédé • art • méthode • métier • pratique • technologie • **2 –** astuce • recette •

combine *fam.* · ficelles (du métier) *fam.* · truc *fam.* · **3 - habileté** · adresse · art · patte · savoir-faire · technicité *emploi critiqué* · tour de main · virtuosité

technologie *n.f.* · science des techniques · technique

teigne *n.f.* **1 -** gerce · gallérie · mite · **2 -** [Méd.] pelade · favus · **3 -** [fam., péj.] gale · chameau · peste · poison · vipère

teigneux, -euse *adj.* · mauvais · agressif · batailleur · hargneux · méchant

teindre *v.tr.* **1 -** teinter · brésiller · colorer · cocheniller · garancer · raciner · safraner · **2 -** [littér.] nuancer · colorer · teinter

> teindre, teinter
>
> Teindre et teinter concernent l'action d'appliquer une couleur sur quelque chose. Teinter, c'est couvrir d'une teinte légère *(teinter des cuirs, des bois)* ; le verbe s'emploie plus couramment au participe passé *(être teinté de rouge)*. Teindre, c'est imprégner d'une substance colorante pour changer la couleur naturelle ou d'origine *(teindre un drap, de la laine, des textiles synthétiques ; teindre ses cheveux)*.

teint *n.m.* **1 -** nuance · coloration · coloris · ton · **2 -** [de peau] carnation · coloris

teinte *n.f.* **1 -** nuance · coloris · ton · **2 -** soupçon · brin · dose · grain · semblant · soupçon · touche · trace

teinté, e *adj.* **1 -** coloré · **2 -** fumé
+ **teinté de** empreint de · nuancé de · avec une pointe de

teinter *v.tr.* **1 -** colorer · **2 -** fumer
➢ **se teinter de** *v.pron.* · se nuancer de
➢ **teindre**

teinture *n.f.* **1 - coloration** · couleur · **2 -** [Pharm.] alcoolé · élixir · **3 - apparence** · dehors · faux-semblant · vernis

teinturerie *n.f.* · blanchisserie · pressing · nettoyeur *Québec*

teinturier, -ière *n.* · blanchisseur · nettoyeur *Québec*

tel, telle *adj. pron. et nominal.* **1 - pareil** · de ce genre · de cette sorte · semblable · **2 - comme** · semblable à · **3 - ainsi**
+ **tel quel** en l'état · identique · inchangé · pareil · sans changement

télamon *n.m.* · atlante

télé *n.f.* → téléviseur

télécommande *n.f.* · zapette *fam.* · piton *Québec*

télécommander *v.tr.* **1 -** téléguider · radioguider · télépiloter · **2 -** [péj.] manipuler · piloter · téléguider

télécopie *n.f.* · fax · fac-similé

télécopieur *n.m.* · fax

télédiffuser *v.tr.* · téléviser

télégramme *n.m.* · dépêche · télex · câblogramme *vieux* · câble *vieux* · petit bleu *fam., vieux*

télégraphe *n.m.* · téléscripteur · télétype

télégraphier *v.tr.* · câbler · transmettre

télégraphique *adj.* · elliptique

téléguidage *n.m.* · pilotage · guidage · radioguidage

téléguider *v.tr.* **1 -** télécommander · **2 -** [péj.] manipuler · piloter · télécommander

téléimprimeur n.m. · téléscripteur · télex · télétype nom déposé

télémessagerie n.f. · messagerie électronique · courrier électronique · courriel

télépathie n.f. · transmission de pensée · télesthésie

téléphérique n.m. · télécabine · œuf · télébenne · télésiège

téléphone n.m. **1 - appareil** · cellulaire · mobile · portable · bigophone fam. · biniou vieux · grelot vieux · **2 - combiné**
+ **coup de téléphone** appel · coup de fil fam.

téléphoner à v.tr.ind. · appeler · donner, passer un coup de fil à fam. · bigophoner fam.

télescopage n.m. · choc · accrochage · carambolage · collision · heurt · tamponnement

télescope n.m. · lunette astronomique · radiotélescope

télescoper v.tr. · accrocher · cogner · emboutir · heurter · percuter · rentrer dans · tamponner

téléscripteur n.m. · téléimprimeur · télétype nom déposé · télex

télésiège n.m. · téléphérique

téléski n.m. · remonte-pente · tire-fesses fam.

téléviser v.tr. · télédiffuser

téléviseur n.m. · télévision · télé fam. · poste (de télévision) · récepteur

télévision n.f. **1 - télédistribution · 2 - le huitième art** · le petit écran · les étranges lucarnes · **3 - téléviseur** · télé fam.

télex n.m. · téléscripteur · téléimprimeur · télétype nom déposé

tellement adv. si · aussi · tant
+ **tellement que** **1 -** si · **2 -** au point que · à tel point que
+ **tellement de** tant de · une telle quantité de

tellurique adj. · sismique

téméraire adj. **1 - audacieux** · aventureux · casse-cou · entreprenant · hardi · hasardeux · imprudent · présomptueux · risque-tout · tête brûlée · **2 - périlleux** · aventureux · dangereux · hasardé · imprudent · insensé · osé · risqué

CONTR. lâche ı peureux ı timoré – réfléchi ı prudent ı sage

témérité n.f. · audace · hardiesse · imprudence · intrépidité · présomption

CONTR. circonspection ı prudence

témoignage n.m. **1 - déposition** · déclaration · rapport · relation littér. · **2 - démonstration** · attestation · gage · manifestation · marque · preuve · signe · témoin

témoigner v.tr. **1 - affirmer** · attester · certifier · déposer · jurer · **2 - manifester** · exprimer · faire montre de · montrer · signaler · souligner · **3 - attester** · assurer · démontrer · indiquer · marquer · montrer · révéler
+ **témoigner de** **1 - confirmer la vérité de** · **2 - manifester** · être la marque · être le signe

témoin n.m. **1 - spectateur** · assistant · auditeur · observateur · déposant (Droit) · **2 - attestation** · marque · repère · signe · souvenir · témoignage · trace · vestige · **3 -** [de course de relais] **bâton**

tempérament n.m. **1 - nature** · caractère · constitution · disposition · état d'âme ·

état d'esprit · humeur · idiosyncrasie · mentalité · naturel · penchant · personnalité · **2 - sensualité** · appétit sexuel

✦ **à tempérament** à crédit

tempérance *n.f.* **1 - mesure** · modération · **2 - frugalité** · sobriété · **3 - continence** · ascétisme

CONTR. excès ׀ intempérance – gourmandise ׀ alcoolisme – hédonisme

tempérant, e *adj.* **1 - mesuré** · modéré · raisonnable · **2 - frugal** · sobre · **3 - continent** · ascète

CONTR. intempérant – gourmand ׀ alcoolique – hédoniste

température *n.f.* · chaleur · [Méd.] fièvre

tempéré, e *adj.* **1 - doux** · clément · **2 - modéré** · doux · équilibré · pondéré · posé · raisonnable

CONTR. excessif ׀ extrême

tempérer *v.tr.* **1 - adoucir** · attiédir · rafraîchir · réchauffer · **2 - atténuer** · apaiser · assagir · calmer · contenir · diminuer · freiner · juguler · lénifier · mitiger · modérer · mettre en mode mineur · mettre un bémol à · rabattre · **3 –** [une boisson, vieux] **couper**

CONTR. exciter ׀ renforcer

tempête *n.f.* **1 - bourrasque** · cyclone · coup de chien · coup de tabac · gros temps · ouragan · tornade · tourmente · trombe · typhon · **2 - déchaînement** · débordement · déferlement · explosion · tonnerre · **3 - agitation** · bouleversement · chaos · désordre · tourmente · trouble

CONTR. bonace ׀ calme ׀ embellie ׀ sérénité – apaisement ׀ calme

tempêter *v.intr.* · **se déchaîner** · crier · s'emporter · exploser · fulminer · gronder · pester · tonner · gueuler *très fam.* · pousser un coup de gueule, une gueulante *très fam.*

tempétueux, -euse *adj.* · **agité** · déchaîné · houleux · mouvementé · orageux · tumultueux

CONTR. calme

temple *n.m.* **1 - sanctuaire** · lieu saint · **2 - haut lieu** · Mecque

tempo *n.m.* · cadence · rythme · vitesse

temporaire *adj.* **1 - provisoire** · court · de courte durée · éphémère · momentané · passager · transitoire · **2 - intérimaire** · intermittent · occasionnel · précaire · remplaçant · saisonnier

CONTR. définitif ׀ durable ׀ permanent – définitif ׀ à durée indéterminée

temporairement *adv.* · **momentanément** · passagèrement · provisoirement

temporel, -elle *adj.* **1 - éphémère** · fini · mortel · **2 - séculier** · matériel · terrestre

CONTR. éternel ׀ intemporel ׀ spirituel

temporisation *n.f.* · **ajournement** · atermoiement · attentisme · manœuvres dilatoires · procrastination *littér.*

temporiser

■ *v.intr.* **attendre** · atermoyer · différer · gagner du temps · remettre les choses à plus tard · voir venir · user de manœuvres dilatoires *péj.*

■ *v.tr.* [Techn.] **retarder**

CONTR. se hâter

temps *n.m.* **1 - durée** · temporalité · **2 - époque** · âge · ère · moment · période · saison · siècle · **3 - délai** · marge · répit · sursis · **4 - distance** · recul · **5 - pause** · arrêt · interruption · **6 - étape** · stade · **7 - météo** · conditions atmosphériques, climatiques · couleur du ciel · températures · fond de l'air *fam.*

✦ **temps fort** [Versification] ictus
✦ **temps libre** loisir · délassement · repos
✦ **à temps** à point · à point nommé

✦ **de temps en temps** par moments · occasionnellement · ponctuellement · quelquefois · parfois · des fois *fam.*

✦ **en même temps 1 - simultanément** · concomitamment · ensemble · [dire] dans le même souffle · **2 - en chœur** · à la fois · à l'unisson · collectivement · en accord · de pair · conjointement · de concert · de conserve · ensemble

✦ **il est temps de** il faut · il est urgent de · l'heure a sonné, est venue de

✦ **prender du bon temps** s'amuser · s'éclater *fam.* · faire la fête *fam.* · faire la foire *fam.* · faire la java *fam.* · faire la noce *fam.* · faire la nouba *fam.* · prendre son pied *fam.* · bambocher *fam., vieux* · avoir du fun *Québec*

tenable *adj.* · supportable · endurable · soutenable · tolérable · vivable

tenace *adj.* **1 - durable** · indéracinable · indestructible · ineffaçable · inextirpable · irréductible · persistant · résistant · **2 - acharné** · buté · accrocheur · entêté · ferme · infatigable · irréductible · obstiné · opiniâtre · têtu · coriace *fam.* · crampon *fam.*

CONTR. fugace ⟋ volatil – changeant ⟋ velléitaire ⟋ versatile

ténacité *n.f.* · acharnement · entêtement · fermeté · obstination · opiniâtreté · patience · persévérance · résolution · solidité

CONTR. velléité ⟋ versatilité

tenaille *n.f.* · pince · [de forgeron] écrevisse · [de maréchal-ferrant] croche · moraille · tricoises · [de vétérinaire] tord-nez

tenailler *v.tr.* · étreindre · faire souffrir · hanter · mettre au supplice · miner · obséder · oppresser · ronger · tarauder · torturer · tourmenter

tenancier, -ière *n.* · directeur · gérant · patron · taulier *péj.*

tenant *n.m.* **1 - détenteur** · **2 - adepte** · apôtre · appui · avocat · champion · défenseur · partisan · soutien · sympathisant

CONTR. adversaire

tendance

■ *n.f.* **1 - inclination** · penchant · appétit · aptitude · disposition · facilité · impulsion · pente · prédisposition · propension · pulsion · appétence *littér.* · **2 - direction** · orientation · sens · **3 - mouvement** · couleur politique · courant · école · mouvance

■ *adj.* **(à la) mode** · en vogue · branché *fam.* · in *fam.*

tendancieux, -ieuse *adj.* · partial · orienté · partisan · subjectif

CONTR. objectif

tendeur *n.m.* · sandow *nom déposé*

tendineux, -euse *adj.* · nerveux

tendon *n.m.* · nerf *vieux* · tirant *(Boucherie)*

¹**tendre** *v.tr.* **1 - tirer** · bander · contracter · raidir · **2 - donner** · avancer · présenter · **3 -** [partie du corps] **allonger** · avancer · étendre · lancer · présenter · **4 -** [un piège] **disposer** · dresser · **5 -** [un mur, une pièce] **tapisser** · recouvrir

⟫ **se tendre** *v.pron.* s'aggraver · dégénérer · se dégrader · se détériorer · empirer · se gâter

✦ **tendre à, vers 1 - viser à** · aspirer à · s'attacher à · s'efforcer de · prétendre à · travailler à · **2 - approcher de** · friser · frôler · **3 - concourir à** · contribuer à · converger vers · conspirer à *littér.*

²**tendre** *adj.* **1 - délicat** · fondant · moelleux · mou · **2 - câlin** · affectueux · aimant · amoureux · bienveillant · cajoleur · caressant · doux · enjôleur · gentil · langoureux · sensible · sentimental · **3 - attendrissant** · charmant · délicieux · touchant · **4 -** [couleur] **pastel** · délicat · doux · pâle

✦ **très tendre** [viande, légumes] tendre comme la rosée

CONTR. dur – froid ı sec – sévère – éclatant ı vif

tendrement *adv.* • affectueusement • amoureusement • avec amour • avec tendresse • chèrement • doucement • gentiment

tendresse *n.f.* **1 -** affection • amitié • amour • attachement • bonté • sympathie • **2 -** penchant • faible • goût

⋙ **tendresses** *plur.* cajoleries • amabilités • caresses • chatteries • égards • gentillesse

CONTR. dureté ı froideur – dégoût

tendron *n.m.* • gamine • jeune (fille) • jeunesse *fam.* • minette *fam.*

tendu, e *adj.* **1 -** raide • dur • rigide • **2 -** contracté • à bout de nerfs • à cran • anxieux • crispé • inquiet • préoccupé • soucieux • stressé • **3 -** difficile • brûlant • épineux • explosif • lourd • pénible • pesant

CONTR. souple – détendu ı décontracté – calme ı serein

ténèbres *n.f.pl.* **1 -** obscurité • noir • ombre • noirceur *littér.* • **2 -** obscurantisme

CONTR. lumière

ténébreux, -euse *adj.* **1 -** noir • couvert • obscur • ombreux • sombre • **2 -** incompréhensible • complexe • compliqué • difficile • fumeux • impénétrable • inextricable • abscons *littér.* • abstrus *littér.* • **3 -** énigmatique • mystérieux • secret • **4 -** taciturne • mélancolique • sombre

CONTR. brillant ı clair ı lumineux – clair ı compréhensible – communicatif

ténesme *n.m.* [Méd.] épreintes

teneur *n.f.* **1 -** contenu • fond • objet • sujet • **2 -** degré de concentration • proportion • quantité • pourcentage • taux • titre

ténia *n.m.* • bothriocéphale • ver solitaire • [du mouton] cénure • [du chien] échinocoque

tenir

■ *v.tr.* **1 -** fixer • accrocher • amarrer • attacher • immobiliser • retenir • **2 -** soutenir • maintenir • **3 -** conserver • détenir • garder • posséder • **4 -** contenir • jauger • recevoir • renfermer • **5 -** contrôler • maîtriser • retenir • **6 -** [une position] défendre • **7 -** [une charge, une fonction] exercer • occuper • remplir • **8 -** [une affaire] administrer • diriger • gérer • gouverner • mener • s'occuper de • **9 -** [un rôle] jouer • avoir • remplir • **10 -** [un engagement] respecter • être fidèle à • observer

■ *v.intr.* **1 -** adhérer • accrocher • s'attacher • coller • **2 -** résister • ne pas céder • ne pas baisser les bras • tenir bon • tenir bon la rampe *fam.* • tenir le choc, le coup *fam.* • **3 -** continuer • durer • persister • subsister

✦ **tenir à** **1 -** aimer • être attaché à • avoir des sentiments pour • **2 -** dépendre de • découler de • dériver de • émaner de • provenir de • résulter de • venir de

✦ **tenir beaucoup à** tenir à ... comme à la prunelle de ses yeux

✦ **tenir de** **1 -** ressembler à • copier • évoquer • imiter • renvoyer à • **2 -** s'apparenter à • participer de • relever de

✦ **tenir pour** considérer comme • estimer • juger • prendre pour • regarder comme

⋙ **se tenir** *v.pron.* **1 -** s'accrocher • s'agripper • se cramponner • se retenir • **2 -** se comporter • se conduire • **3 -** se camper • se dresser • **4 -** habiter • demeurer • loger • séjourner • se trouver

✦ **s'en tenir à** s'arrêter à • se borner à • se confiner à • se contenter de • se limiter à • en rester à • se restreindre à

CONTR. décrocher ı détacher – lâcher ı laisser ı quitter – abandonner ı capituler ı céder ı fléchir – branler ı chanceler – manquer (à)

tennis *n.m. invar.*

✦ **tennis de table** ping-pong

tenon *n.m.* • about • arrêt • languette

ténor n.m. • célébrité • figure • sommité • star • vedette • pointure fam.

tension n.f. **1 - contraction** • bandage • érection • raidissement • **2 - attention** • application • concentration • effort • contention littér. • éréthisme littér. • **3 - crise** • antagonisme • brouille • crispation • discorde • froid • mésentente • tiraillement • tirage fam.
CONTR. laxité ι relâchement − abandon − entente

tentant, e adj. • alléchant • affriolant • aguichant • appétissant • désirable • engageant • ensorcelant • excitant • grisant • séduisant • troublant

tentateur n.m. • démon • diable • serpent (biblique)

tentation n.f. **1 - appel** • aiguillon • attraction • attrait • séduction • sollicitation • **2 - envie** • désir • inclination • penchant • démangeaison fam.

tentative n.f. • essai • ballon d'essai • démarche • effort • entreprise • expérience • expérimentation • manœuvre • recherche • velléité

> tentative, essai
>
> Tentative et essai sont relatifs à l'action d'entreprendre quelque chose. Avec la tentative, on cherche à faire réussir ce qui présente des difficultés ou qui est dangereux (une tentative d'évasion, de meurtre ; une tentative inutile, vaine). Tentative s'emploie surtout quand le résultat visé n'est pas atteint ou après un échec (faire une nouvelle, une dernière tentative). L'essai implique que l'on s'engage dans une entreprise pour tester les moyens utilisés (c'est un premier essai, prendre quelqu'un à l'essai ; les essais cliniques pour vérifier l'efficacité du médicament).

tente n.f. • abri • canadienne •[indienne] tipi • wigwam • [d'Asie centrale] yourte • [de cirque] chapiteau

tenter v.tr. **1 - essayer** • aventurer • entreprendre • expérimenter • hasarder • oser • risquer • **2 - allécher** • attirer • faire envie à • inviter (au plaisir) • plaire à • séduire • solliciter • **3 - intéresser** • attirer • enthousiasmer • chanter à fam. • démanger fam.
✦ **tenter de** [+ infinitif]   s'efforcer de • s'évertuer à • s'ingénier à • tâcher de • tendre à • viser à
✦ **ça ne me tente guère**   ça ne me dit rien fam.
✦ **tenter le tout pour le tout**   jouer à quitte ou double • jouer son va-tout • jouer sa dernière carte

tenture n.f. • tapisserie • draperie • écran • portière • rideau • tapis

tenu, e adj. occupé • absorbé • accaparé • pris
✦ **bien tenu**   entretenu • propre • soigné
✦ **être tenu de**   devoir • être astreint à • être contraint de • être forcé de • être obligé de • être dans l'obligation de

ténu, e adj. **1 - délicat** • frêle • gracile • grêle • menu • mince • délié littér. • [fil] arachnéen littér. • **2 - subtil** • faible • fragile • impalpable • léger
CONTR. épais ι gros − fort ι notable

tenue n.f. **1 - habit** • accoutrement péj. • costume • habillement • mise • toilette • vêtements • atours littér. • effets littér. • fringues fam. • frusques fam. • nippes fam. • sapes fam. • équipage vieux • **2 - comportement** • attitude • conduite • **3 - correction** • décence • distinction • manières • politesse • retenue • savoir-vivre • **4 - maintien** • attitude • port • posture • prestance • **5 - administration** • direction • gestion

ténuité n.f. **1 - délicatesse** • gracilité • minceur • **2 - subtilité** • finesse • fragilité • impalpabilité

térébrant, e adj. [douleur] perçant • déchirant • taraudant • torturant • vrillant

tergiversation n.f. • atermoiement • dérobade • détour • esquive • faux-fuyant • finasserie • flottement • hésitation • incertitude • indécision • lenteur • réticence • errements *littér.* • procrastination *littér.*

tergiverser v.intr. • atermoyer • balancer • biaiser • ergoter • finasser • hésiter • louvoyer • se tâter • temporiser • tourner autour du pot *fam.*

terme n.m.
I 1 - **fin** • achèvement • aboutissement • bout • conclusion • dénouement • issue • **2 - échéance** • expiration • limite
II mot • nom • vocable

◆ **mettre un terme à** faire cesser • couper court à • donner un coup d'arrêt à • mettre fin à • stopper

⋙ **termes** *plur.* **rapports** • relations

CONTR. commencement ׀ début ׀ départ – faire durer
↝ limite   ↝ mot

terminaison n.f. **1 - bout** • extrémité • **2 - désinence** • flexion • suffixe

◆ **terminaison nerveuse** synapse

CONTR. commencement ׀ début

¹**terminal, e** adj. • final • dernier • extrême • suprême • ultime

CONTR. initial ׀ premier

²**terminal** n.m. **1 - station de travail** • **2 - aérogare**

terminer v.tr. **1 - achever** • conclure • finir • en finir avec • mettre la dernière main à • mener à terme • mettre un point final à • mettre un terme à • venir à bout de • boucler *fam.* • liquider *fam.* • torcher *fam.* • **2 - clore** • arrêter • clôturer • conclure • fermer • mettre fin à • régler • [sans complément] lever le siège, le camp, la séance • **3 - vider** • faire un sort à

⋙ **se terminer** v.pron. **1 - s'arrêter** • arriver à son terme • cesser • finir • s'interrompre • prendre fin • **2 - se dénouer** • se résoudre • **3 - se conclure** • se solder (par) • se traduire (par)

CONTR. amorcer ׀ commencer ׀ continuer ׀ engager ׀ durer – ouvrir – débuter

terminologie n.f. • vocabulaire • jargon • langage • langue • lexique • nomenclature

terne adj. **1 - décoloré** • défraîchi • délavé • effacé • éteint • fade • fané • passé • **2 - blafard** • blanc • blême • décoloré • pâle • terreux • **3 - falot** • atone • effacé • inconsistant • inexpressif • inintéressant • inodore et sans saveur • insignifiant • médiocre • quelconque • **4 - triste** • gris • maussade • morose • sombre

CONTR. brillant ׀ éclatant ׀ étincelant – frais ׀ radieux ׀ vif – expressif ׀ intéressant ׀ remarquable – gai

ternir v.tr. **1 - décolorer** • défraîchir • délaver • effacer • faner • **2 - avilir** • déprécier • diffamer • discréditer • entacher • flétrir • salir • souiller • **3 -** [vieux] **éclipser** • effacer • éteindre • obscurcir

⋙ **se ternir** v.pron. **se dépolir** • se décolorer • se faner • pâlir • passer

CONTR. aviver – encenser ׀ exalter ׀ honorer – briller

terrain n.m. **1 - sol** • terre • formation (Géol.) • **2 - aire** • espace • place • secteur • territoire • zone • **3 - emplacement** • lotissement • parcelle • **4 - camp** • base • **5 - domaine** • matière • partie • secteur • spécialité • sphère • sujet • rayon *fam.*

terrasse n.f. • belvédère • plateforme

terrassement n.m. déblai • remblai

◆ **engin de terrassement** angledozer • bulldozer • décapeuse • défonceuse • dragline • dumper • excavateur • niveleuse • pelleteuse • scraper

¹**terrasser** v.tr. [Techn.] creuser

²**terrasser** *v.tr.* **1 - renverser** · abattre · démolir · dompter · écraser · jeter à terre · mater · mettre à terre · réduire à l'impuissance · vaincre **2 - accabler** · anéantir · atterrer · briser · **3 - foudroyer** · faucher · frapper

terre *n.f.* **1 - globe** · monde · planète · univers · **2 - sol** · champ · terrain · terroir · **3 - domaine** · bien · exploitation · foncier · fonds · propriété · **4 - région** · lieu · pays · territoire · contrée *vieux ou littér.* · **5 - continent** · île

- **terre à terre** concret · matérialiste · pragmatique · prosaïque · réaliste · au ras des pâquerettes *fam.*
- **sur la terre** dans ce bas monde · ici-bas
- **sur la terre ferme** sur le plancher des vaches *fam.*

terreau *n.m.* · humus · terre végétale

terrer (se) *v.pron.* **1 - se cacher** · s'abriter · se dissimuler · s'embusquer · se mettre à couvert · se réfugier · se retirer · se tapir · se planquer *fam.* · **2 - s'isoler** · se calfeutrer · se claquemurer · se claustrer · se cloîtrer

CONTR. sortir ı s'exposer

terrestre *adj.* **1 - tellurique** · tellurien · terraqué *vieux ou littér.* · **2 - temporel** · mondain · séculier · **3 - matériel** · charnel · corporel · grossier · physique

CONTR. aquatique ı marin ı aérien – céleste ı religieux – spirituel

terreur *n.f.* **1 - effroi** · angoisse · crainte · épouvante · frayeur · horreur · panique · peur bleue · affres *littér.* · frousse *fam.* · trouille *fam.* · **2 - terrorisme** · intimidation · **3 - dur** · bandit · fripouille · vaurien · frappe *fam.*

terreux, -euse *adj.* **1 - sale** · boueux · crotté · maculé · **2 - blafard** · blême · cadavérique · cireux · hâve · pâle · pâlichon *fam.*

terrible *adj.* **1 - effrayant** · atroce · épouvantable · cauchemardesque · horrible · paniquant · terrifiant · tragique · horrifique *vieux ou plaisant* · à donner la chair de poule · à faire frémir · à glacer le sang · **2 - pénible** · affreux · catastrophique · désastreux · **3 - méchant** · inquiétant · patibulaire · sinistre · **4 - déchaîné** · furieux · violent · **5 - turbulent** · désobéissant · indiscipliné · indocile · infernal · intenable · **6 -** [fam.] **fantastique** · formidable · génial · remarquable · dément *fam.* · super *fam.* · sensationnel *fam.* · cool *lang. jeunes*

- **ce n'est pas terrible** ça ne casse pas trois pattes à un canard *fam.*

CONTR. rassurant – bienveillant – doux ı faible – calme ı docile ı obéissant – nul

terriblement *adv.* **1 - énormément** · excessivement · extrêmement · formidablement · prodigieusement · bigrement *fam.* · bougrement *fam.* · diablement *fam.* · drôlement *fam.* · rudement *fam.* · sacrément *fam.* · vachement *fam.* · **2 - affreusement** · épouvantablement · horriblement · redoutablement

terrien, -ienne
- *adj.* **1 - foncier** · **2 - terrestre**
- *adj. et n.* **paysan** · campagnard · rural

terrier *n.m.* · tanière · abri · cache · cavité · creux · gîte · repaire · trou · rabouillère *région*

terrifiant, e *adj.* **1 - affolant** · effrayant · atroce · épouvantable · cauchemardesque · horrible · paniquant · terrible · tragique · horrifique *vieux ou plaisant* · à donner la chair de poule · à faire frémir · à glacer le sang · **2 - méchant** · inquiétant · patibulaire · sinistre

↪ **effrayant**

terrifier *v.tr.* · affoler · alarmer · angoisser · apeurer · effrayer · épouvanter · donner la chair de poule à · donner des sueurs froides à · faire froid dans le dos à · figer, glacer le sang à · faire dresser les cheveux sur la tête à · paniquer · terroriser · saisir d'effroi

CONTR. rassurer

terril *n.m.* · crassier

terrine *n.f.* · pâté · mousse

territoire *n.m.* **1 - état** · nation · patrie · pays · sol · **2 - zone** · aire · région · secteur · contrée *vieux ou littér.* · **3 -** [Admin.] **circonscription** · canton · district · province · région

terroir *n.m.* **1 - terre** · sol · terrain · **2 - pays** · campagne · province · région · territoire

terrorisant, e *adj.* · effrayant · effroyable · épouvantable · à donner la chair de poule · à faire frémir · à glacer le sang · horrifique *vieux ou plaisant*

terroriser *v.tr.* · affoler · apeurer · effrayer · épouvanter · faire peur à · figer, glacer le sang à · faire dresser les cheveux sur la tête à · horrifier · pétrifier · remplir de terreur · saisir d'effroi · terrifier

tertio *adv.* · troisièmement · en troisième lieu

tertre *n.m.* · butte · dune · éminence · hauteur · mamelon · mont · monticule · [tombe] tumulus

tessiture *n.f.* · registre · ambitus

¹**test** *n.m.* [Zool.] coquille · carapace · coque · cuirasse

²**test** *n.m.* **1 - essai** · expérience · expérimentation · **2 - vérification** · contrôle · épreuve · essai · expertise · mesure · **3 -** [Scol.] examen · contrôle · évaluation · interrogation · colle *fam.* · interro *fam.*

testament *n.m.* · dernières dispositions · dernières volontés

✦ **sans testament**   ab intestat

tester *v tr* **1 - essayer** · expérimenter · **2 - contrôler** · éprouver · mettre à l'épreuve · vérifier

testicules *n.m.pl.* · bourses · balles *fam.* · bijoux de famille *fam.* · bonbons *fam.* · boules d'amour *fam.* · burettes *très fam.* · burnes *vulg.* · couilles *très fam.* · génitoires *vieux ou plaisant* · joyeuses *fam.* · roubignolles *fam.* · roupettes *fam.* · roustons *fam.* · valseuses *fam.*

têt *n.m.* [Chimie] coupelle

tétaniser *v.tr.* · paralyser · clouer (sur place) · figer · glacer · pétrifier · statufier

tête *n.f.*
I 1 - figure · visage · bille *fam.* · binette *fam.* · bobine *fam.* · bougie *fam.* · bouille *fam.* · gueule *très fam.* · trogne *fam.* · trombine *fam.* · tronche *fam.* · frime *argot* · **2 - caboche** *fam.* · caberlot *fam.* · cafetière *fam.* · calebasse *fam.* · carafe *fam.* · carafon *fam.* · cassis *fam.* · ciboulot *fam.* · cigare *fam.* · citron *fam.* · citrouille *fam.* · coloquinte *fam.* · margoulette *fam.* · tirelire *fam.* · chef *vieux*
II 1 - facultés · lucidité · **2 - raison** · bon sens · esprit · cerveau · cervelle · jugement · présence d'esprit · réflexion
III 1 - meneur · cerveau · chef · leader · **2 - génie** · cerveau · fort en thème
IV 1 - début · avant-garde · commencement · devant · **2 -** [d'arbre] cime · faîte · haut · sommet · **3 -** [de pièce de monnaie] avers · face

✦ **mal de tête**   céphalalgie · céphalée · migraine · mal de crâne *fam.* · entêtement *vieux*

✦ **tête de lecture**   cellule · phonocapteur

✦ **tête de Turc**   souffre-douleur · bête noire · bouc émissaire

✦ **faire la tête**   bouder · faire la gueule *fam.*

✦ **perdre la tête**   **1 - perdre la raison** · déraisonner · devenir fou · dérailler *fam.* · disjoncter *fam.* · perdre la boule *fam.* · perdre la boussole *fam.* · yoyoter (de la touffe) *fam.* · **2 - paniquer** · s'affoler

✦ **être en tête** mener • [dans des sondages, etc.] caracoler
✦ **se monter la tête** se monter le bourrichon *fam.* • se faire du cinéma *fam.* • se monter la bobèche *vieux*

tête-à-tête *n.m.* entretien • conciliabule • conversation privée • dialogue • entrevue • face-à-face
✦ **en tête-à-tête** seul à seul • en particulier • nez à nez • entre quat'z'yeux *fam.* • en frime *argot*

tête-de-mort *n.f.* • crâne

tétée *n.f.*
✦ **donner la tétée à** allaiter • donner le sein à • nourrir

téter *v.tr.* • sucer • suçoter • tirer sur

tétine *n.f.* **1 -** [de vache, truie] pis • mamelle • **2 -** sucette

téton *n.m.* [fam.] → sein

têtu, e
■ *adj.* entêté • acharné • buté • obstiné • opiniâtre • persévérant • résolu • tenace • cabochard *fam.*
■ *n.* • forte tête • bourricot *fam.* • cabochard *fam.* • tête de cochon *fam.* • tête de lard *fam.* • tête de mule *fam.* • tête de pioche *fam.*
✦ **être très têtu** avoir la tête dure • être têtu comme une mule, un mulet, une bourrique
CONTR. souple

texte *n.m.* **1 - source** • document • écrit • **2 - copie** • manuscrit • tapuscrit • **3 -** [d'un acte, d'un devoir] **énoncé** • formulation • libellé • **4 -** [d'un opéra] **livret** • [d'une chanson] paroles
✦ **textes choisis** morceaux choisis • anthologie • extrait • florilège • pages

textile *n.m.* • étoffe • tissu

texto *adv.* [fam.] → **textuellement**

textuel, -elle *adj.* **1 - exact** • authentique • conforme • fidèle • **2 - littéral** • mot à mot

textuellement *adv.* • mot à mot • mot pour mot • de point en point • exactement • texto *fam.*

texture *n.f.* **1 - structure** • composition • consistance • constitution • contexture • **2 - trame** • agencement • composition • construction • organisation • ossature • plan • structure
✦ **agent de texture** texturant • émulsifiant • épaississant • gélifiant

thalassothérapie *n.f.* • balnéothérapie • hydrothérapie • thalasso *fam.*

thaumaturge *n.m.* • magicien • faiseur de miracles

théâtral, e *adj.* **1 - scénique** • dramatique • spectaculaire *didact.* • **2 - grandiloquent** • ampoulé • déclamatoire • emphatique • forcé • pompeux • ronflant • histrionique *littér.*

théâtre *n.m.* **1 - planches** • scène • tréteaux • **2 - compagnie** • troupe • **3 -** [genres] **comédie** • boulevard • café-concert • café-théâtre • drame • farce • mélodrame • opéra • revue • tragédie • tragi-comédie • vaudeville • **4 - cadre** • emplacement • endroit • scène • site
✦ **faire du théâtre** monter sur les planches • jouer

thébaïde *n.f.* [littér.] refuge • retraite • solitude • tour d'ivoire

théisme *n.m.* • déisme
CONTR. athéisme

thème *n.m.* **1 - sujet** • fond • idée • matière • objet • point • prétexte • propos • question • thématique • **2 - traduction** • **3 -** [Mus.] **motif** • leitmotiv

théogonie *n.f.* • mythologie

théoricien, -ienne n. • penseur • doctrinaire • idéologue

¹théorie n.f. 1 - conception • doctrine • dogme • idées • opinion • pensée • philosophie • position • précepte • système • thèse • 2 - loi • principe • règle • système • 3 - spéculation • hypothèse
* **en théorie** en principe • dans l'abstrait • sur le papier

²théorie n.f. [littér.] cortège • défilé • procession

théorique adj. 1 - spéculatif • abstrait • conceptuel • doctrinal • rationnel • 2 - [valeur] conventionnel • arbitraire • de principe • fictif • 3 - abstrait • chimérique • idéal • imaginaire • hypothétique • irréaliste
CONTR. pratique ι clinique ι empirique ι expérimental – réel – concret ι matériel ι réel

théoriquement adv. • en principe • dans l'abstrait • logiquement • normalement • sur le papier
CONTR. pratiquement

thérapeute n. 1 - médecin • guérisseur • 2 - analyste • psychanalyste • psychiatre • psychothérapeute • 3 - [Antiq.] moine
↝ médecin

thérapeutique
■ adj. curatif • médical • médicamenteux • médicinal
■ n.f. médecine • cure • médicament(s) • médication • remède • soins • thérapie • traitement

thérapie n.f. 1 - thérapeutique • cure • médicament(s) • médication • remède • soins • traitement • 2 - analyse • psychanalyse • psychothérapie

thermal, e adj.
* établissement thermal spa
* station thermale   ville d'eaux • bains *vieux*

thermes n.m. plur. • bains • bains turcs • hammam

thermique adj. • calorifique • thermogène

thermomètre n.m. indicateur • baromètre
* thermomètre enregistreur thermographe

thésard, e n. • doctorant

thésaurisation n.f. • épargne • capitalisation

thésauriser v.tr. et intr. • épargner • accumuler • amasser • capitaliser • économiser • entasser • mettre de côté • mettre à gauche *fam.*
CONTR. dépenser

thésaurus n.m. invar. • dictionnaire • nomenclature • trésor

thèse n.f. 1 - doctrine • système • théorie • [Univ.] doctorat • 2 - argument • allégation • assertion • conception • conviction • opinion • pensée • raisonnement
CONTR. antithèse

thorax n.m. • poitrine • buste • cage thoracique • cavité thoracique • torse • tronc • caisse *fam.* • coffre *fam.*

thune n.f. → argent

thym n.m. farigoule *Provence*
* thym bâtard, thym sauvage   serpolet *région. ou littér.*

tic n.m. 1 - grimace • mimique • rictus • 2 - manie • bizarrerie • habitude • travers *péj.*

↝ tic, manie
Tic et **manie** ont en commun d'évoquer un geste, une attitude ou une habitude plus ou moins ridicules. Le tic, qui peut

être un mouvement convulsif, est répétitif *(être agité de tics)* : « (...) les mêmes tics : cligner de l'œil de temps en temps, se gratter le nez avec l'index » (Paul Léautaud, *le Théâtre de M. Boissard*, XXVII). La **manie** concerne plutôt une manière d'être, des goûts que des gestes, et elle suscite chez ceux qui l'observent l'agacement ou la moquerie *(une vieille manie, des manies de célibataires, avoir des manies)* : « Elle se grattait souvent, n'importe où, avec indifférence du public, par une sorte de manie qui touchait au tic » (Maupassant, *En famille*).

ticket *n.m.* · billet · bulletin · carte · coupon · place • [Transport] titre de transport
✦ **ticket-repas** ticket-restaurant *nom déposé*

tiédasse *adj.* · tiède · attiédi · tiédi

tiède *adj.* **1 - doux** · attiédi · légèrement chaud · moite · tiédi · tiédasse *péj.* · tépide *vieux ou littér.* · **2 - mou** · hésitant · indécis · indifférent · mitigé · modéré · réticent · timide
CONTR. brûlant ı frais ı froid – ardent ı chaleureux ı fanatique ı fervent

tiédeur *n.f.* **1 - douceur** · attiédissement · moiteur · tépidité *vieux ou littér.* · **2 - mollesse** · détachement · impassibilité · indifférence · manque de ferveur · modération · neutralité · réticence · timidité
CONTR. fraîcheur ı froid – ardeur ı chaleur ı ferveur ı zèle

tiédir
■ *v.intr.* **s'atténuer** · diminuer · faiblir · mollir · se tempérer
■ *v.tr.* **rendre tiède** · chauffer · climatiser · réchauffer · refroidir · attiédir *littér.*
CONTR. se renforcer – refroidir

tiers, tierce
■ *n.m.* **1 - étranger** · autrui · inconnu · intrus · tierce personne · **2 - médiateur** · intermédiaire · négociateur
■ *adj.* **troisième**

tif *n.m.* → cheveu

tige *n.f.* **1 - bâton** · baguette · barre · bielle · broche · cheville · cylindre · fût · tringle · **2 -** [de fleur] **hampe** · pédoncule · queue · **3 -** [de céréales] **chaume** · chalumeau · éteule · paille · tuyau · **4 -** [de céleri, d'asperge] **branche** · **5 -** [de muguet] **brin**

tignasse *n.f.* → cheveux

tigré, e *adj.* **1 - moucheté** · grivelé · marqueté · ocellé · pommelé · taché · tacheté · tiqueté · truité · **2 - rayé** · vergeté · zébré

timbale *n.f.* **1 - tambour** · tabla (Inde) · **2 - gobelet** · godet · **3 - vol-au-vent** · bouchée à la reine

timbalier *n.m.* · percussionniste

timbre *n.m.* **1 - sonorité** · son · ton · tonalité · **2 - sonnerie** · cloche · clochette · grelot · sonnette · **3 - cachet** · marque · sceau · tampon · vignette · **4 - patch**

¹**timbré, e** *adj.* [fam.] → fou

²**timbré, e** *adj.* · affranchi

timbrer *v.tr.* · affranchir · estampiller · marquer · tamponner

timide *adj.* **1 - craintif** · complexé · effarouchable · effarouché · gauche · gêné · introverti · mal à l'aise · peureux · réservé · timoré · pusillanime *littér.* · coincé *fam.* · [amoureux] transi · **2 - faible** · frileux · hésitant · indécis · mou
CONTR. brave ı courageux ı fort – énergique ı fort ı hardi

timidement *adv.* **1 - craintivement** · avec hésitation · avec réserve · avec retenue · maladroitement · pudiquement · **2 - faiblement** · frileusement · mollement
CONTR. carrément ı hardiment – violemment

timidité *n.f.* **1 - crainte** · appréhension · confusion · embarras · gaucherie · gêne · honte · humilité · inhibition · introversion · modestie · pusillanimité *littér.* · **2 - faiblesse** · frilosité · indécision · tiédeur
CONTR. audace ı hardiesse – aplomb ı cynisme ı effronterie ı insolence ı outrecuidance ı sans-gêne

timon *n.m.* **1 - flèche** · palonnier · **2 -** [vieux] **gouvernail**

timonier *n.m.* · pilote · homme de barre · nautonier *vieux*

timoré, e *adj.* · craintif · effarouché · peureux · poltron · couard *littér.* · pleutre *littér.* · pusillanime *littér.* · dégonflé *fam.* · froussard *fam.* · pétochard *fam.* · trouillard *fam.* · poule mouillée *fam.*
CONTR. audacieux ı courageux ı effronté ı entreprenant ı hardi ı téméraire

tin *n.m.* [Mar.] · béquille · billot · chantier

tintamarre *n.m.* · tapage · cacophonie · charivari · brouhaha · fracas · remue-ménage · tohu-bohu · vacarme · barouf *fam.* · boucan *fam.* · bousin *fam.* · bordel *fam.* · foin *fam.* · raffut *fam.* · ramdam *fam.* · tintouin *fam.*
CONTR. calme

tintement *n.m.* **carillon** · tintinnabulement *littér.*
✦ **tintement d'oreille**   acouphène

tinter *v.intr.* · résonner · carillonner · corner · retentir · sonnailler · sonner · tintinnabuler *littér.*

tintinnabuler *v.intr.* → **tinter**

tintouin *n.m.* **1 -** → **tintamarre** · **2 -** souci · tracas

tiquer *v.intr.* **1 - tressaillir** · hausser les sourcils · sourciller · **2 - rechigner**
✦ **faire tiquer**   indisposer

tir *n.m.* **1 - coup de feu** · décharge · feu · rafale · salve · **2 -** [Football] **shoot** · **3 - stand**
✦ **tir au but**   penalty
✦ **tir au pigeon**   ball-trap

tirade *n.f.* **1 -** [Théâtre] **monologue** · morceau de bravoure · réplique · **2 - discours** · couplet · développement · laïus *fam.* · tartine *fam.*

tirage *n.m.*
I 1 - [de métaux] **étirage** · tréfilage · **2 -** [vieux ou Techn.] **traction** · halage · trait
II 1 - [Imprimerie] **édition** · impression · typographie · **2 - gravure** · **3 - cliché** · épreuve · photo
III [fam.] **difficultés** · conflit · friction · heurt · tension · tiraillements
✦ **tirage au sort**   loterie

tiraillement *n.m.* **1 - écartèlement** · **2 - conflit** · accrochage · anicroche · désaccord · difficulté · dispute · dissension · friction · mésentente · tirage *fam.* · **3 - contraction** · crampe · spasme

tirailler
■ *v.tr.* **1 - écarteler** · ballotter · déchirer · **2 - harceler** · houspiller · importuner · tourmenter
■ *v.intr.* **tirer**

tirant *n.m.* **1 -** [de bourse] **cordon** · **2 -** [Archit.] **entrait**
✦ **tirant d'eau**   calaison

tire *n.f.* [fam.] → **voiture**

tiré, e *adj.* [visage, traits] **fatigué** · défait

tire-au-cul *n. invar.* → **tire-au-flanc**

tire-au-flanc *n. invar.* · paresseux · feignant · simulateur · cossard *fam.* · flemmard *fam.* · tire-au-cul *très fam.*

tire-bouchon *n.m.* · vrille

tire-fesses n.m. • remonte-pente • téléski

tirelire n.f. • cagnotte • caisse • cassette

tirer
- v.tr. **1 - allonger** • détirer • distendre • étendre • lisser • raidir • tendre • [ses chaussettes] relever • remonter • **2 - fermer** • amener • **3 - traîner** • entraîner • haler • ramener • remorquer • touer • tracter • **4 -** [un trait, une droite] tracer • abaisser • **5 -** [une arme] **dégainer** • sortir • **6 -** [un liquide] **exprimer** • extraire • [d'un puits] pomper • puiser • **7 -** [une idée] **dégager** • déduire • inférer • **8 - emprunter** • extraire • prendre • puiser • pomper fam. • **9 - imprimer** • éditer • photocopier • reproduire • sortir • **10 - gagner** • obtenir • recevoir • recueillir • **11 - tuer** • abattre • descendre fam. • flinguer fam. • **12 -** [fam.] → **voler**²
- v.intr. **1 - faire feu** • ouvrir le feu • mitrailler • canarder fam. • **2 -** [Foot] **shooter**
+ **tirer (qqn) de** délivrer de • arracher à • dégager de • extirper de • guérir de • libérer de • sortir de
+ **tirer sur, vers** ressembler à • évoquer • se rapprocher de
» **se tirer** v.pron. [fam.] → **partir**
+ **se tirer de** se débrouiller de • se dépêtrer de • se sortir de • venir à bout de • se démerder de très fam. • se dépatouiller de fam.
+ **s'en tirer 1 - réussir • 2 - en réchapper** • sortir indemne

CONTR. détendre | relâcher – ouvrir | pousser – éloigner | repousser – enfoncer | entrer

tiret n.m. • division • coupure • trait • trait d'union

tireur, -euse n. **1 - fusil** • gâchette • sniper • **2 - escrimeur**
+ **tireuse de cartes** cartomancienne • diseuse de bonne aventure • voyante

tiroir n.m. • case • casier • compartiment

tisane n.f. • décoction • infusion • macération

tison n.m. • braise • brandon

tisonner v.tr. • fourgonner vieilli

tisonnier n.m. • pique-feu • râble • ringard • fourgon vieilli

tisser v.tr. **1 - entrelacer** • brocher • fabriquer • tresser • **2 - tramer** • arranger • combiner • comploter • échafauder • manigancer • ourdir littér.

tisserand, e n. • tisseur • licier

tisseur, -euse n. • tisserand • licier

tissu n.m. **1 - étoffe** • textile • [de laine] **drap** • lainage • [de soie] brocart • satin • soierie • [de coton] cotonnade • [de lin] toile • [synthétique] dacron nom déposé • lycra nom déposé • nylon nom déposé • orlon nom déposé • perlon nom déposé • tergal nom déposé • **2 - enchaînement** • enchevêtrement • enfilade • mélange • série • succession • **3 - peau** • chair • membrane

~ *tissu, étoffe*
Tissu est le terme général pour désigner un assemblage de fils entrelacés par tissage ou par maillage (*un tissu de laine, de coton, de soie ; un tissu synthétique, métallique, plastifié ; des fleurs en tissu*). Étoffe se dit des tissus de confection ou d'ameublement (*une étoffe de fil et coton, de laine et soie ; une étoffe brodée, à carreaux, à fleurs*). Contrairement à **tissu**, **étoffe** s'emploie aussi pour des produits non tissés, que l'on constitue par agglomération, comme le feutre.

titan n.m. • colosse • force de la nature • géant • goliath • hercule • mastodonte • surhomme • malabar fam.

titanesque adj. • colossal • cyclopéen • démesuré • énorme • formidable • gigantesque • herculéen • monstrueux • monumental • prométhéen

titi n.m.
✦ **titi parisien** gavroche

titillation n.f. · chatouillement · caresse · chatouillis · frôlement

titiller v.intr. **1** - chatouiller · **2** - tracasser · préoccuper · chicoter fam., Québec · tarabuster fam. · turlupiner fam. · **3** - **taquiner** · agacer · provoquer · asticoter fam. · **4** - allécher · attirer · faire venir l'eau à la bouche de

titre n.m.
I 1 - nom · appellation · dénomination · intitulé · **2** - [de journal] **rubrique** · en-tête · manchette · **3** - [Imprimerie] **frontispice**
II 1 - fonction · qualification · spécification · **2** - grade · diplôme
III cause · motif · raison
IV 1 - [Droit] acte · certificat · document · instrument · papier · pièce · **2** - [Fin.] **billet** · bon · effet · traite · valeur · warrant
V 1 - [d'un alliage] **aloi** vieux · loi · **2** - [d'un alcool] degré · titrage
✦ **titre de transport** billet · carte · coupon · lettre de voiture · ticket · [Comm.] connaissement
✦ **à titre de** en qualité de · comme · en tant que
✦ **à titre privé** officieusement
✦ **en titre** titulaire

tituber v.intr. · chanceler · flageoler · osciller · trébucher · vaciller · zigzaguer

titulaire n. · détenteur · possesseur · tenant

toast n.m. **1** - allocution · discours · **2** - rôtie vieux ou région.

toasteur n.m. · grille-pain

toc n.m. imitation · pacotille · quincaillerie · verroterie · camelote fam. · cochonnerie fam. · saloperie fam.
✦ **en toc** faux · de pacotille

tocade n.f. · caprice · coup de tête · engouement · envie · fantaisie · lubie · passade · entichement littér.

tocard, e
▪ adj. ridicule · tarte fam. · tartignolle fam.
▪ n. nullité · nullard fam. · ringard fam. · zéro fam.

tocsin n.m. · signal · glas

tohu-bohu n.m. **1** - brouhaha · tapage · vacarme · tintamarre · barouf fam. · chahut fam. · charivari fam. · foire fam. · ramdam fam. · **2** - [vieilli] **désordre** · confusion · fatras · fouillis · méli-mélo

toile n.f. **1** - tissu · [de lin] batiste · hollande · linon · [de coton] coutil · indienne · mousseline · **2** - [plastifiée, vernie] **linoléum** · moleskine · **3** - peinture · tableau · croûte péj. · **4** - [fam.] film · **5** - [Mar.] voiles, voilure
✦ **la Toile** Internet · le Net · le Web
✦ **toile d'araignée** arantèle vieux

toilette n.f. **1** - ablutions littér. · [d'un animal] toilettage · [d'une chose] astiquage · nettoiement · toilettage · **2** - tenue · habillement · mise · parure · vêtements · atours plur.
⋙ **toilettes** plur. w.-c. · cabinets · cabinet, lieu d'aisances · latrines · water-closet · waters · petit coin fam. · pipi-room fam. · chiottes très fam. · gogues très fam. · goguenots très fam. · buen retiro vieux · garde-robe vieux

toiletter v.tr. **1** - nettoyer · laver · pomponner · **2** - retoucher · corriger

toiser v.tr. · dévisager · examiner · inspecter · observer · regarder de haut · scruter · zieuter fam.

toison n.f. **1** - fourrure · laine · pelage · poil · **2** - cheveux · chevelure · crinière fam. · tignasse péj.

toit *n.m.* **1 - couverture** · toiture · [plat] terrasse · **2 - asile** · abri · gîte · refuge · retraite · havre *littér.* · **3 - domicile** · demeure · habitation · logement · logis *vieilli ou littér.*

toiture *n.f.* · toit · couverture

tôle *n.f.* → **taule**

tolérable *adj.* · supportable · acceptable · admissible · endurable · tenable · vivable
CONTR. insupportable | intolérable

tolérance *n.f.* **1 - compréhension** · indulgence · largeur d'esprit · libéralisme · non discrimination · ouverture d'esprit · respect · mansuétude *littér.* · tolérantisme *vieilli, Relig.* · **2 -** [excessive] **complaisance** · laisser-faire · laxisme · permissivité · relâchement · **3 - résistance** · solidité · tenue · **4 - latitude** · délai · marge · temps · volant
CONTR. intolérance | intransigeance | sectarisme

tolérant, e *adj.* **1 - compréhensif** · accommodant · débonnaire · doux · indulgent · large d'esprit · libéral · ouvert · coulant *fam.* · **2 - complaisant**
CONTR. borné | dogmatique | intolérant

tolérer *v.tr.* **1 - autoriser** · accepter · consentir à · laisser passer · passer sur · permettre · souffrir *littér.* · **2 - excuser** · fermer les yeux sur · pardonner · laisser passer · **3 - endurer** · souffrir · supporter · avaler *fam.*
CONTR. sanctionner – défendre | interdire | réprimer
↪ **permettre**

tollé *n.m.* · clameur · chahut · charivari · cri · haro · huées · protestations · sifflets
CONTR. acclamation

tomate *n.f.* **1 - pomme d'amour** · pomme dorée *vieux* · **2 -** [en apposition] **rouge vif** · cramoisi

tombant, e *adj.* · pendant · retombant · [chair] flasque

tombe *n.f.* · sépulture · fosse · tombeau · dernier asile *littér.* · dernière demeure *littér.* · sépulcre *littér. ou Relig.*

> **tombe, tombeau, sépulcre, sépulture**
>
> Tombe, tombeau, sépulcre et sépulture désignent des fosses où l'on ensevelit un mort. **Sépulture** est le terme le plus général, qui peut se substituer à tous les autres *(une sépulture familiale)* et peut s'appliquer, dans la langue littéraire, à tout lieu d'inhumation : « (...) le corps avait été remonté de la chambre vers midi pour être jeté par-dessus bord, quand le second (...) ordonna aux hommes de le coudre dans son hamac et de lui octroyer la sépulture ordinaire des marins » (Baudelaire, trad. E. Poe, *les Aventures d'A. Gordon Pym*, VII). La **tombe** est recouverte ou non d'une dalle *(descendre un cercueil dans la tombe, fleurir une tombe)*. Le **tombeau** se présente comme un monument funéraire, contenant en général plusieurs morts *(la pierre d'un tombeau)*. **Sépulcre**, dans un usage très littéraire, s'emploie pour **tombeau**, surtout à propos de l'Antiquité *(le sépulcre d'un pharaon)* et du tombeau du Christ.

tombé, e *adj.*
✦ **à la nuit tombée**   à la nuit close *littér.*

tombeau *n.m.* · caveau · cénotaphe · mausolée · sépulture · tombe · sépulcre *littér.* · dernière demeure *littér.* · [Égypte ancienne] mastaba · sarcophage · [Archéol.] hypogée
↪ **tombe**

tombée *n.f.*
✦ **à la tombée du jour**   le soir · au crépuscule · à la tombée de la nuit · entre chien et loup

tomber *v.intr.*
I **1 - culbuter** · s'affaler · basculer · dégringoler · s'écrouler · s'effondrer · être précipité ·

faire une chute · mordre la poussière · trébucher · choir *vieux ou littér.* · chuter *fam.* · se casser la figure *fam.* · se casser la binette, la figure, la gueule *fam.* · dinguer *fam.* · s'étaler *fam.* · faire pouf *lang. enfants* · se ficher, se foutre, se flanquer par terre *fam.* · prendre, ramasser une bûche *fam.* · prendre, ramasser un gadin *fam.* · prendre, ramasser une gamelle *fam.* · prendre, ramasser une pelle *fam.* · se rétamer *fam.* · se vautrer *fam.* · valdinguer *fam.* · prendre un billet de parterre *vieux, fam.* · **2** - [avion] **piquer** · s'abattre · **3** - [liquide] **couler** · dégoutter · **4** - **pleuvoir** · s'abattre
II [cheveux, pli] **pendre**
III 1 - **baisser** · s'affaiblir · s'apaiser · s'atténuer · se calmer · décliner · diminuer · s'éteindre · faiblir · se réduire · **2** - [jour] **diminuer** · décliner · s'affaiblir
IV 1 - **capituler** · être renversé · être vaincu · **2** - [sport] **être éliminé** · **3** - **mourir** · disparaître · périr · succomber · verser son sang

✦ **faire tomber**   dégommer *fam.*
✦ **tomber sur**   **1** - **rencontrer** · croiser · surprendre · trouver · voir · **2** - **aboutir à** · déboucher · donner · **3** - **attaquer** · agresser · charger · foncer sur · fondre sur · se jeter sur · se précipiter sur · se ruer sur

CONTR. se relever | monter | remonter

tombereau *n.m.* **1** - **banne** · galère · **2** - **quantité** · avalanche · bordée · déferlement · flot · pluie · torrent · flopée *fam.*

tombeur *n.m.* · séducteur · bourreau des cœurs · casanova · don Juan · homme à femmes · lovelace *littér.*

tombola *n.f.* · loterie

tome *n.m.* · volume

    🕮   tome, volume

Tome et volume ont en commun de se rapporter à l'objet livre. Le volume réunit un nombre variable de cahiers, qui sont brochés ensemble ou reliés *(un volume de petit format, un volume ancien ; ouvrir, feuilleter, ranger un volume).* Un **tome** est une division d'un ouvrage, comme l'est à un autre niveau le chapitre, décidée en général par l'auteur et qui ne correspond pas toujours au partage en volumes *(le premier tome est en deux volumes, un tome du dictionnaire de Littré).*

ton *n.m.* **1** - **accent** · inflexion · intonation · manière de parler · modulation · registre · timbre · tonalité · voix · **2** - **style** · coloration · facture · forme · langue · manière · patte · registre · style · plume · touche · tournure · **3** - **teinte** · coloris · couleur · degré · nuance · tonalité ● [de chair] carnation · **4** - [Mus.] **note** · modulation · tonalité

✦ **être dans le ton**   être dans la note · être au diapason
✦ **donner le ton**   donner le la
✦ **baisser le ton**   mettre une sourdine
✦ **faire baisser le ton de**   rabattre le caquet de
✦ **de bon ton**   **1** - **convenable** · bienséant · comme il faut · de bon goût · politiquement correct · **2** - **chic** · distingué · B.C.B.G. *fam.*

tonalité *n.f.* **1** - **intonation** · timbre · **2** - **teinte** · coloris · couleur · degré · nuance · ton ● [de chair] carnation · **3** - **style** · coloration · facture · forme · touche · tournure

tondre *v.tr.* **1** - **raser** · couper (court) · tailler · ratiboiser *fam.* · **2** - **dépouiller** · déposséder · plumer *fam.* · saigner *fam.* · écorcher *vieux* · égorger *vieux* · **3** - **escroquer** · estamper *fam.* · rouler *fam.*

tondu, e *adj.* · ras · rasé

tonicité *n.f.* · tonus (musculaire)

tonifiant, e *adj.* · stimulant · fortifiant · reconstituant · remontant · réparateur · revigorant · tonique · vivifiant · roboratif *littér.*

tonifier *v.tr.* **1** - **raffermir** · durcir · **2** - **stimuler** · fortifier · ragaillardir · raviver · revivifier · donner un coup de fouet à *fam.* · retaper *fam.*

tonique

■ *adj.* **1 - dynamique** · énergique · **2 - revigorant** · bienfaisant · excitant · remontant · tonifiant · roboratif *littér.* · **3 -** [voyelle] **accentué**

■ *n.m.* **1 - fortifiant** · cordial · remontant · **2 - lotion**

CONTR. atone – amollissant ı débilitant

tonitruant, e *adj.* · éclatant · assourdissant · bruyant · énorme · perçant · résonnant · sonore · strident · tonnant · vibrant

CONTR. étouffé ı sourd

tonitruer *v.intr.* [littér.] crier · s'égosiller · s'époumoner · exploser · fulminer · tempêter · tonner · vociférer · brailler *fam.* · gueuler *très fam.*

tonnage *n.m.* · jauge · contenance

tonnant, e *adj.* → tonitruant

tonneau *n.m.* **1 - barrique** · baril · boucaut · feuillette · foudre · fût · futaille · muid · pièce · poinçon *région.* · quartaut *région.* · botte *vieux* · **2 -** [Mar.] **jauge** · tonnage

tonnelet *n.m.* · baril · fût

tonnelle *n.f.* · berceau · charmille · gloriette · pavillon de verdure · pergola

tonner *v.intr.* **1 -** [tonnerre] **éclater** · gronder · **2 - crier** · exploser · fulminer · gronder · hurler · s'indigner · pester · râler · tempêter · tonitruer · vitupérer · gueuler *très fam.* · rouspéter *fam.*

tonnerre *n.m.* **1 - foudre** · éclair · **2 - grondement** · fracas · orage · tempête

✦ **du tonnerre** → formidable

tonte *n.f.* [d'animaux] tondage · coupe *Arbor.* · taille *Arbor.* ● [d'un drap] tonture

tonton *n.m.* → oncle

tonus *n.m.* **1 -** [musculaire] **tonicité** · **2 - dynamisme** · énergie · ressort · frite *fam.* · pêche *fam.* · punch *fam.*

topique *adj.* **1 - pertinent** · adapté · congruent · **2 - caractéristique** · spécifique · typique

top-modèle *n.* · mannequin · cover girl · modèle

topo *n.m.* [fam.] discours · exposé · laïus *fam.* · speech *fam.*

✦ **c'est toujours le même topo** c'est toujours la même histoire · c'est toujours le même refrain · c'est toujours la même rengaine · c'est toujours le même baratin *fam.*

topographie *n.f.* **1 - cartographie** · **2 - aspect** · configuration · relief

topographique *adj.* · cartographique

toquade *n.f.* → tocade

toque *n.f.* **1 - bonnet** · coiffure · **2 -** [Équitation] **bombe** · **3 - chef-cuisinier**

toqué, e *adj. et n.* → fou

toquer de (se) *v.pron.* · s'amouracher de · s'emballer pour · s'engouer de · s'enflammer pour · s'éprendre de · s'enticher de *fam.*

torche *n.f.* **1 - flambeau** · torchère · **2 -** [Techn.] **tortillon** · torque

torcher *v.tr.* **1 -** [Maçonnerie] **bousiller** · **2 - bâcler** · gâcher · cochonner *fam.* · saloper *fam.* · torchonner *fam.*

torchère *n.f.* · flambeau · torche

torchis *n.m.* [Maçonnerie] bousillage · mortier

torchon *n.m.* **1 -** linge de cuisine • chiffon • essuie-mains • essuie-verres • patte *Suisse* • serviette • torchette *vieux* • **2 -** [Belgique, Québec] serpillière • **3 -** [fam.] torche-cul *très fam.*

torchonner *v.tr.* → torcher

tordant, e *adj.* [fam.] → **drôle**

tord-boyaux *n.m. invar.* [fam.] casse-gueule *vieux* • casse-pattes *vieux*

tordre *v.tr.* • courber • déformer • distordre • fausser • forcer • gauchir • tortiller • mailler *Suisse*

>>> **se tordre** *v.pron.* **1 -** vriller • se déformer • s'entortiller • gondoler • s'incurver • se plier • se tortiller • **2 - se fouler** • se faire une entorse à

+ **se tordre (de rire)** rire à gorge déployée • se désopiler • s'esclaffer • rigoler *fam.* • se boyauter *fam.* • se fendre la pipe, la poire *fam.* • se gondoler *fam.* • se marrer *fam.* • se poiler *fam.* • se rouler par terre *fam.* • se mailler de rire *vieilli*

tordu, e *adj.*
I 1 - courbe • arqué • biscornu • cagneux • contourné • déformé • déjeté • dévié • difforme • gauche • recroquevillé • tors • **2 -** vrillé • contourné • tors
II [fam.] **1 - bizarre** • baroque • compliqué • extravagant • farfelu • saugrenu • **2 - embrouillé** • contourné • tortueux • biscornu *fam.* • **3 - tourmenté** • torturé

tore *n.m.* [Archit.] boudin

torero *n.m.* • matador • toréador *vieux*

torgnole *n.f.* → **gifle**

tornade *n.f.* • bourrasque • cyclone • hurricane • ouragan • typhon

torpeur *n.f.* **1 - somnolence** • assoupissement • atonie • engourdissement • léthargie • **2 - inactivité** • abattement • dépression • inaction • langueur • prostration
CONTR. activité । vivacité

torpiller *v.tr.* **1 - couler** • **2 - saboter** • démolir • faire échec à • faire échouer • ruiner • saper

torréfacteur *n.m.* • brûloir

torréfier *v.tr.* • griller • brûler

torrent *n.m.* **1 - gave** *Pyrénées* • **2 - déluge** • avalanche • bordée • déferlement • flot • pluie • tombereau
+ **à torrents** à verse

torrentiel, -ielle *adj.* **1 - torrentueux** • **2 - diluvien** • abondant • diluvial • impétueux • violent

torride *adj.* **1 - brûlant** • bouillant • caniculaire • desséchant • équatorial • étouffant • saharien • tropical • **2 - ardent** • sensuel • chaud *fam.*
CONTR. froid

tors, torse *adj.* **1 - torsadé** • contourné • tordu • vrillé • **2 - difforme** • tordu

torsade *n.f.* • tresse • [Archit.] rudenture
+ **en torsade** en hélice

torsadé, e *adj.* • tortillé • enroulé • tors • [Archit.] rudenté

torsader *v.tr.* • tordre • cordeler • corder • tortiller • tresser

torse *n.m.* • poitrine • buste • thorax • tronc

torsion *n.f.* **1 -** [Techn.] **tordage** • bistournage • **2 - contraction** • contorsion • crispation • déformation • distorsion • [du cou] torticolis

tort *n.m.* **1 - défaut** • erreur • faute • travers • démérite *littér.* • **2 - dommage** • atteinte • dégât • préjudice • lésion *(Droit)* • **3 - affront** • atteinte • injustice • mal

✦ **faire du tort à**   porter préjudice à · déconsidérer · desservir · léser · nuire à · porter atteinte à

✦ **à tort**   faussement · indûment · injustement

✦ **à tort et à travers**   inconsidérément · à la légère · étourdiment · légèrement · n'importe comment · sans discernement · sans réfléchir

CONTR. droit ı raison – bienfait – avantager – dûment – avec discernement

tortillement *n.m.* · balancement · déhanchement · trémoussement

tortiller

▪ *v.tr.* tordre · cordeler · corder · tresser

▪ *v.intr.* **1 - balancer** · remuer · **2 -** [fam.] **atermoyer** · balancer · hésiter · tergiverser · tourner autour du pot

⋙ **se tortiller** *v.pron.* se balancer · s'agiter · se déhancher · gigoter · se trémousser

CONTR. détortiller – se tenir tranquille

tortionnaire *n.* · bourreau · exécuteur · tourmenteur *vieux*

tortu, e *adj.* **1 -** [littér.] **retors** · tortueux · **2 -** [vieux ou littér.] **tordu** · arqué · bancal · tors · tortueux · bancroche *fam., vieilli*

CONTR. droit

tortueux, -euse *adj.* **1 - sinueux** · anfractueux · ondoyant · flexueux *littér.* · serpentin *littér.* · **2 - hypocrite** · dissimulé · fourbe · oblique · retors · sournois · traître · artificieux *littér.* · perfide *littér.*

CONTR. droit – direct ı franc ı net

torturant, e *adj.* · cruel · crucifiant · douloureux · obsédant · pénible · taraudant · tenaillant

torture *n.f.* **1 - supplice** · géhenne *vieux* · gêne *vieux* · question (Hist.) · **2 - martyre** · agonie · calvaire · épreuve · mal · peine · souffrance · affres *littér.* · tourment *littér.*

torturer *v.tr.* **1 - supplicier** · martyriser · soumettre à la question (Hist.) · questionner (Hist.) · **2 - dévorer** · hanter · mettre au supplice · ronger · tarauder · tenailler · tourmenter *littér.* · **3 -** [un texte] **dénaturer** · défigurer · déformer · forcer · violenter

tôt *adv.* **1 - de bonne heure** · à la première heure · à l'aube · à l'heure du laitier · au chant du coq · au matin · au point du jour · au saut du lit · aux premières lueurs du jour · de bon, grand matin · dès potron-minet *littér.* · aux aurores *fam.* • [se lever] avec les poules · **2 - précocement**

✦ **assez tôt**   à temps

✦ **tôt ou tard**   avec le temps · à la longue · à un moment ou un autre · inéluctablement · le temps aidant · un jour ou l'autre

✦ **plus tôt**   avant · auparavant

✦ **au plus tôt**   dès que possible · le plus rapidement possible · incessamment

CONTR. tard

¹**total, e** *adj.* **1 - complet** · général · intégral · molaire (Philo.) · **2 - global** · **3 - absolu** · entier · inconditionnel · parfait · plein · sans borne · sans limite · sans réserve · sans restriction

CONTR. partiel – limité ı restreint

²**total** *n.m.* **1 - addition** · ensemble · masse · montant · somme · totalité · tout · **2 -** [fam., en tête de phrase] **finalement** · en fin de compte · résultat des courses *fam.*

✦ **au total**   dans l'ensemble · en définitive · en somme · finalement · globalement · somme toute · tout bien considéré

³**totale** *n.f.* [fam.] hystérectomie

totalement *adv.* · complètement · absolument · de A à Z · de fond en comble · entièrement · en totalité · fondamentalement · intégralement · parfaitement · pleinement · radicalement · tout à fait · à fond *fam.*

CONTR. partiellement

totaliser *v.tr.* **1 -** additionner • sommer *(Math.)* • **2 -** compter • cumuler • grouper • rassembler • réunir

totalitaire *adj.* • absolu • arbitraire • autocratique • despotique • dictatorial • omnipotent • oppressif • tyrannique
CONTR. libéral

totalitarisme *n.m.* • despotisme • dictature • tyrannie
CONTR. libéralisme

totalité *n.f.* ensemble • entièreté • globalité • intégralité • intégrité • masse • plénitude • total • tout • universalité
✦ **en totalité** en bloc • au complet • complètement • intégralement • parfaitement • pleinement • radicalement • totalement
✦ **dans sa totalité** en entier
CONTR. fraction ∣ partie

¹**touchant** *prép.* • concernant • au sujet de • sur • à propos de • relativement à • rapport à *fam.*

²**touchant, e** *adj.* • attendrissant • attachant • désarmant • émouvant • pathétique • poignant • prenant
⤳ **pathétique**

touche *n.f.* **1 -** style • cachet • expression • genre • griffe • main • manière • patte *fam.* • **2 -** [*fam.*] allure • air • apparence • tournure • dégaine *fam.* • look *fam.* • **3 -** note • brin • nuance • teinte

touché, e *adj.* • ému • affecté • attendri • bouleversé • ébranlé • remué

¹**toucher** *v.tr.*
I 1 - palper • tâter • tripoter • [légèrement] caresser • chatouiller • effleurer • frôler • titiller • **2 - atteindre** • frapper • cogner • heurter • taper
II 1 - avoisiner • être en contact avec • confiner • côtoyer • jouxter • **2 - aborder** •

arriver à • atteindre • faire escale à • gagner • parvenir à • rallier • **3 - contacter** • atteindre • entrer en contact avec • joindre • se mettre en rapport avec • s'aboucher avec *littér.*
III 1 - attendrir • aller droit au cœur de • bouleverser • désarmer • ébranler • émouvoir • faire quelque chose à • frapper • interpeller • prendre aux entrailles • remuer • prendre aux tripes *fam.* • **2 - offenser** • affecter • blesser • heurter
IV encaisser • émarger à • empocher • gagner • percevoir • recevoir • se faire *fam.* • se mettre dans la poche *fam.* • palper *fam.* • ramasser *fam.*
✦ **toucher juste** faire mouche • mettre, taper dans le mille
✦ **toucher à 1 -** essayer • expérimenter • faire l'expérience de • goûter de • s'essayer à • tâter de • **2 - concerner** • avoir pour objet • avoir rapport à • avoir trait à • intéresser • porter sur • regarder • relever de • ressortir à • **3 - porter atteinte à**

⤳ **se toucher** *v.pron.* être contigu • être en contact • être voisin

🙥 **toucher, tâter, palper**
Toucher, tâter et palper concernent l'action d'entrer en contact avec une personne ou une chose en éprouvant la sensation du toucher. Toucher, de valeur très générale, n'exige pas que l'on opère avec une partie précise du corps, ni intentionnellement, ni dans un but précis *(toucher avec la main, avec son pied, sa tête, du bout des doigts)*. Toucher accepte pour sujet une chose *(l'obus a touché la cible)*. Tâter a des emplois plus restreints, supposant un *toucher* délicat et attentif avec la main pour éprouver une qualité, une caractéristique *(tâter le fil d'une lame, un fruit, le pouls)*. Palper implique que le toucher soit répété, pour connaître ou examiner *(palper un tissu, une bosse, palper un corps pour l'ausculter)*.

²**toucher** *n.m.* • contact • palpation • tact *vieux*

touffe n.f. 1 - [d'arbres, de végétaux] bouquet · bosquet · buisson · trochée · trochet · 2 - [de poils, cheveux] épi · crinière · houppe · mèche · toupet · crêpe *vieux* · 3 - [fam.] → **pubis**

touffeur n.f. [vieux ou littér.] moiteur · étouffement

touffu, e adj. 1 - **dense** · broussailleux · foisonnant · impénétrable · 2 - **épais** · abondant · dru · fourni · hirsute · luxuriant · 3 - **compliqué** · compact · dense · embrouillé
CONTR. clairsemé I maigre – rare – concis I simple

touiller v.tr. [fam.] remuer · agiter · [la salade] fatiguer

toujours adv. 1 - **constamment** · à toute heure · continuellement · en toute saison · en toutes circonstances · en tout temps · hiver comme été · jour et nuit · perpétuellement · sans cesse · sans discontinuer · sans relâche · sans répit · tout le temps · continûment *littér.* · 24 heures sur 24 · 2 - **encore** · 3 - **systématiquement** · inéluctablement · immanquablement · invariablement · 4 - **cependant** · du moins · en tout cas · en tout état de cause · quoiqu'il en soit
+ **depuis toujours** de tout temps · de toute éternité · depuis que le monde est monde
+ **pour toujours** définitivement · à jamais · à perpétuité · pour la vie · sans retour · ad vitam æternam · pour les siècles des siècles
+ **presque toujours** habituellement · généralement · ordinairement
+ **toujours est-il que** néanmoins · cependant · reste que …
CONTR. jamais I parfois I exceptionnellement

toupet n.m. 1 - **houppe** · épi · touffe · 2 - [fam.] aplomb · audace · effronterie · impertinence · impudence · sans-gêne · culot *fam.* · outrecuidance *littér.*

toupie n.f. · moine *vieux* · pirouette *vieux* · sabot *vieux* · toton *vieux*

¹**tour** n.f. 1 - **gratte-ciel** · building • [de guet] beffroi • [d'église] campanile • [de château] donjon • [de mosquée] minaret · 2 - [Archéol.] **hélépole** · tourelle

> **tour, gratte-ciel, building**
>
> Tour, gratte-ciel et building désignent tous trois des immeubles de grande hauteur. L'anglicisme **building**, qui tend à vieillir, et **gratte-ciel** (calque de l'anglais *skyscraper*) sont encore employés quand on parle des États-Unis : « Le gratte-ciel est pour nos artistes le symbole de l'Amérique » (Paul Morand, *New-York*). **Tour** est devenu le terme courant pour les immeubles très élevés *(la tour Montparnasse à Paris ; les tours et les barres des villes nouvelles)*.

²**tour** n.m.
I 1 - **circonférence** · bordure · contour · périphérie · pourtour · 2 - **détour** · circonvolution · coude · courbe · méandre · sinuosité
II **promenade** · balade · circuit · excursion · marche · périple · randonnée · sortie · tournée · voyage · virée *fam.* · pérégrination *(souvent plur.)*
III 1 - **révolution** · giration · mouvement giratoire · rotation · circumduction *didact.* · 2 - **pirouette** · cabriole · virevolte · volte
IV 1 - **astuce** · artifice · stratagème · subterfuge · combine *fam.* · coup *fam.* · ficelle *fam.* · truc *fam.* · 2 - **farce** · facétie · mystification · plaisanterie · supercherie · taquinerie · blague *fam.* · attrape *fam., vieilli* · niche *vieilli*
V **tournure** · air · allure · évolution · façon · forme
+ **tour de force** exploit · performance · prouesse · réussite
+ **tour de cochon, mauvais tour, sale tour** crasse · mauvais tour · méchanceté · entourloupe *fam.* · entourloupette *fam.* · saloperie *fam.* · vacherie *fam.*
+ **tour de main** adresse · expertise · habileté · métier · savoir-faire

♦ **en un tour de main** en un tourne-main littér. • **en deux (trois, cinq) coups de cuillère à pot** fam. • **en deux temps trois mouvements** fam.

♦ **tour à tour, à tour de rôle** alternativement • l'un après l'autre • par roulement • successivement

¹**tourbe** n.f. [littér. et vieilli] peuple • populace péj. • plèbe vieilli, péj.

²**tourbe** n.f. • tourbière • bousin • charbon fossile

tourbillon n.m. **1 - cyclone** • coup de vent • grain • ouragan • tempête • tornade • turbulence • typhon • **2 - maelström** • remous • vortex • **3 - agitation** • affolement • effervescence • maelström • remue-ménage • valse

tourbillonnant, e adj. • tournoyant • pirouettant • tournant • virevoltant • voletant

tourbillonnement n.m. • tournoiement • valse

tourbillonner v.intr. • tournoyer • pirouetter • tourner • virevolter • voleter

tourelle n.f. **1 - lanterne** • **2 -** [d'un char] **chambre de tir** • casemate

touriste n. vacancier • voyageur • aoûtien • croisiériste • estivant • hivernant • juillettiste

♦ **en touriste** en dilettante • en amateur

tourment n.m. **1 - affliction** • angoisse • anxiété • chagrin • contrariété • déchirement • désolation • enfer • fardeau • inquiétude • martyre • peine • préoccupation • souci • supplice • torture • tracas • affres littér. • embêtement fam. • **2 -** [vieux] **supplice** • sévices • torture

CONTR. consolation ı plaisir

tourmente n.f. **1 - bourrasque** • cyclone • orage • ouragan • tempête • tornade • **2 - troubles** • agitation • bouleversement • commotion • ébranlement • perturbations • tumulte littér.

tourmenté, e adj. **1 - accidenté** • bosselé • chaotique • inégal • irrégulier • vallonné • montueux littér. • **2 - angoissé** • agité • anxieux • soucieux • torturé • troublé • tracassé • **3 - agité** • fiévreux • houleux • mouvementé • orageux • tempétueux littér. • tumultueux littér. • **4 - compliqué** • alambiqué • contourné • torturé • tarabiscoté fam.

CONTR. plat – calme ı égal ı simple – tranquille – simple

tourmenter v.tr. **1 - maltraiter** • brutaliser • martyriser • molester • **2 - harceler** • persécuter • rendre la vie dure à • tarabuster • être toujours après fam. • faire tourner en bourrique fam. • **3 - préoccuper** • troubler • chiffonner fam. • tracasser fam. • turlupiner fam. • **4 - angoisser** • assaillir • assiéger • déchirer • dévorer • mettre au supplice • obséder • ronger • tenailler • torturer • **5 -** [vieux] **torturer** • supplicier

≫ **se tourmenter** v.pron. s'alarmer • s'angoisser • se chagriner • se désespérer • s'inquiéter • se soucier • se tracasser • se mettre martel en tête • se biler fam. • s'en faire fam. • se faire des cheveux (blancs) fam. • se faire du mauvais sang fam. • se faire de la bile fam. • se faire du mouron fam. • se faire un sang d'encre fam. • se mettre la tête à l'envers fam. • se mettre la rate au court-bouillon fam., vieilli

tournage n.m. • filmage • réalisation

tournailler v.intr. • rôder • tourner en rond • tourniquer • tournicoter fam.

¹**tournant, e** adj. **1 - pivotant** • **2 - circulatoire** • giratoire • rotatif • rotatoire

²**tournant** n.m. **1 - virage** • angle • coin • coude • courbure • croisement • détour •

épingle à cheveux • lacet • méandre • zigzag • **2 - changement (de direction)** • bouleversement • renversement • rupture • virage

tourné, e *adj.* **1 - exposé** • disposé • orienté • **2 - aigre** • piqué • sur

tournebouler *v.tr.* [fam.] bouleverser • affoler • perturber • secouer • traumatiser • chambouler *fam.* • retourner *fam.*

tournebroche *n.m.* **1 - rôtissoire** • **2 -** [vieux] **gâte-sauce** • marmiton

tourne-disque *n.m.* **1 - platine** • **2 -** chaîne haute-fidélité • électrophone • phono *vieux* • pick-up *vieux*

tournée *n.f.* **1 - voyage** • balade • circuit • déplacement • inspection • parcours • périple • ronde • tour • visite • virée *fam.* • pérégrination (souvent plur.) • **2 -** [fam.] → **correction**

tourner

■ *v.tr.* **1 - orienter** • braquer • disposer • exposer • présenter • **2 - retourner** • changer de côté • changer de sens • **3 -** [en déformant] **tordre** • tortiller • bistourner *vieux* • **4 -** [Cuisine] **mélanger** • brasser • malaxer • remuer • touiller *fam.* • [la salade] fatiguer *fam.* • **5 - éviter** • contourner • éluder • **6 -** [l'ennemi] **déborder** • contourner • prendre à revers • **7 - filmer** • réaliser • **8 - exprimer** • formuler • présenter

■ *v.intr.* **1 - graviter** • orbiter • pivoter • rouler • tournoyer • tournailler *fam.* • tournicoter *fam.* • tourniquer *fam.* • **2 - pirouetter** • chavirer • pivoter • se retourner • tournoyer • virevolter • **3 - papillonner** • tourner • voltiger • **4 - virer** • braquer • obliquer • se rabattre • **5 - alterner** • changer de place, de rôle • permuter • se relayer • se succéder • **6 - fonctionner** • être en marche • **7 -** [bien ou mal] **se dérouler** • évoluer • marcher • se passer • **8 - s'altérer** • s'aigrir • cailler • se corrompre • dégénérer • se gâter • se piquer • surir

✦ **tourner à, en** se transformer en • finir en • dégénérer en *péj.*

✦ **tourner court** s'arrêter net • s'en aller en eau de boudin

✦ **tourner en rond** faire du surplace • se mordre la queue

✦ **tourner la tête à** griser • enivrer • monter à la tête de • donner le tournis à *fam.*

⋙ **se tourner** *v.pron.* **1 - se retourner** • se détourner • [vivement] faire volte-face • **2 - s'orienter** • **3 - faire appel à** • recourir à

tournesol *n.m.* • soleil • hélianthe

tournicoter *v.intr.* • tourner • tournailler *fam.* • tourniquer *fam.*

tourniquet *n.m.* **1 - tambour** • **2 - moulinet** • dévidoir • **3 - garrot** • **4 - présentoir** • **5 - arroseur**

tournis *n.m.* • vertige • étourdissement

tournoi *n.m.* • championnat • challenge • compétition • épreuve • joute

tournoiement *n.m.* • tourbillonnement • tourbillon • [de l'eau] remous

tournoyer *v.intr.* • tourner • pirouetter • pivoter • tourbillonner • virevolter • tournailler *fam.* • tourniquer *fam.*

tournure *n.f.* **1 - allure** • apparence • aspect • extérieur • maintien • physionomie • port • touche *fam.* • **2 - cours** • allure • développement • direction • face • évolution • marche • tendance • **3 - expression** • construction • formule • locution • tour

✦ **prendre tournure** se dessiner • prendre corps, forme

tour-opérateur *n.m.* • voyagiste

¹**tourteau** *n.m.* • pain • gâteau

²**tourteau** *n.m.* • dormeur • poupart *région.*

tousser *v.intr.* **1 - toussailler** • toussoter • **2 - expectorer** • cracher • graillonner

¹**tout** *n.m.* totalité · ensemble · globalité · intégralité
✦ **le tout est de** l'important est de · ce qui compte, c'est de · le principal est de
✦ **du tout au tout** complètement · entièrement · intégralement · de A à Z

²**tout, toute** *adj. et pron.* **1 - complet** · entier · intégral · total **2 - chaque**
✦ **toute personne** chacun · quiconque
⟫ **tous** *plur.* · tout le monde

³**tout** *adv.* **1 - extrêmement** · très **2 - entièrement** · absolument · complètement · pleinement · totalement
✦ **tout à coup** brusquement · brutalement · soudain · subitement
✦ **tout à fait 1 - complètement** · absolument · parfaitement · pleinement · totalement · vraiment · cent pour cent · à fond *fam.* **2 - exactement**
✦ **tout de go** directement · de but en blanc · sans détour · sans préambule · bille en tête *fam.* · tout à trac *vieilli*
✦ **tout de même** malgré tout · pourtant
✦ **tout de suite** immédiatement · aussitôt · sur-le-champ · illico *fam.* · subito *fam.* · incontinent *littér.*
⟿ **soudain**

toutefois *adv.* · cependant · malgré cela · néanmoins · pourtant · seulement · pour autant *littér.* · nonobstant *vieilli*

toute-puissance *n.f. invar.* · omnipotence · absolutisme · domination · empire · hégémonie · souveraineté · suprématie · prépotence *vieilli ou littér.*

toutou *n.m.* → chien

tout-petit *n.m.* · bébé · nourrisson · bout de chou *fam.* · petit bout *fam.*

tout-puissant, e *adj.* **omnipotent** · absolu · puissant · souverain

✦ **le Tout-Puissant** Dieu · le Créateur · l'Être suprême · le Grand Architecte · le Seigneur · le Très-Haut

tout-terrain *n.m.* **1 - jeep** · quatre-quatre **2 - trial 3 - V.T.T.**

toxicité *n.f.* · nocivité · malignité · nocuité (*Méd.*)

toxicomane *n.* · drogué · cocaïnomane · éthéromane · héroïnomane · intoxiqué · morphinomane · opiomane · intoxiqué · accro *fam.* · camé *fam.* · junkie *fam.* · toxico *fam.*

toxicomanie *n.f.* · intoxication · accoutumance · addiction · assuétude · toxicodépendance · toxicophilie

toxique
▪ *adj.* **empoisonné** · mauvais · nocif · nuisible · pathogène · [champignon] vénéneux · [gaz] délétère · asphyxiant · méphitique · suffocant
▪ *n.m.* **poison** · toxine
CONTR. inoffensif

trac *n.m.* · crainte · angoisse · anxiété · appréhension · frousse *fam.* · pétoche *fam.* · trouille *fam.*

tracas *n.m.* **1 - souci** · crainte · inquiétude · souci · tourment *littér.* · aria *vieux* **2 - difficulté** · embarras · embêtement · ennui · cassement de tête *fam.*

tracasser *v.tr.* **inquiéter** · contrarier · ennuyer · miner · obséder · préoccuper · tarabuster · tourmenter · chicaner *Québec* · embêter *fam.* · travailler *fam.* · turlupiner *fam.*
⟫ **se tracasser** *v.pron.* se soucier · s'angoisser · se tourmenter · se mettre martel en tête · se biler *fam.* · se faire de la bile *fam.* · s'en faire *fam.* · se faire des cheveux (blancs) *fam.* · se faire du mauvais sang *fam.* · se faire du mouron *fam.* · se faire un sang d'encre *fam.* · se

ronger les sangs *fam.* • se mettre la tête à l'envers *fam.* • se prendre la tête *fam.* • se mettre la rate au court-bouillon *fam., vieilli*

tracasserie *n.f.* • ennui • chicane • chinoiserie • complication • ergotage

tracassier, -ière *adj.* • chicaneur • chicanier • ergoteur • procédurier • vétilleux *littér.*

trace *n.f.*
I 1 - **empreinte** • pas • 2 - **piste** • voie • trac *vieux* • 3 - [Vénerie] **erres** • foulées • pas • passée
II 1 - **marque** • auréole • traînée • tache • 2 - **cicatrice** • couture • stigmate • 3 - **impression** • marque • souvenir • stigmate • 4 - **reste** • indication • indice • témoignage • témoin • vestige • 5 - **conséquence** • séquelle
III **particule** • lueur • ombre • soupçon
✦ **trace directe** [Ski] descente • schuss
✦ **marcher sur les traces de** marcher dans, sur les pas de • marcher sur, suivre les brisées de • être dans le sillage de • suivre l'exemple de • suivre la voie tracée par

 trace, vestige
Une **trace**, un **vestige**, c'est ce qui subsiste de quelque chose. **Trace**, dans des contextes très variés, se rapporte à ce qui permet de reconnaître que quelque chose a existé *(la trace des grandes glaciations, les traces d'une fuite précipitée)*, y compris quand cette chose est peu ou pas matérielle *(les traces d'un parfum)* : « Les hommes, durant leur apparition éphémère sur ce globe, se persuadent qu'ils laissent d'eux quelques traces » (Chateaubriand, *Mémoires d'outre-tombe*, IV, 5). D'usage soutenu, **vestige** évoque toujours une trace de ce qui a disparu ou a été détruit en parlant de l'activité humaine ou de monuments *(les vestiges d'une armée, les vestiges d'une abbaye en ruine)*.

tracé *n.m.* • dessin • forme • configuration • figure • graphique • parcours • plan

tracer *v.tr.* **1 - dessiner** • brosser • crayonner • ébaucher • esquisser • tirer • **2** - [une courbe] **décrire** • circonscrire • inscrire • **3** - [une figure géométrique] **construire** • **4** - [une voie] **frayer** • indiquer • montrer • ouvrir • **5** - **baliser** • jalonner • matérialiser • signaliser • **6** - [fam.] → **aller vite**

tractations *n.f.pl.* • négociations • discussions • marchandages • pourparlers

traction *n.f.* **1 - remorquage** • remorque • **2 - pompe** *fam.*

tradition *n.f.* **1 - folklore** • légende • croyance • mythe • **2 - coutume** • convention • habitude • pratique • rite • usage • us et coutumes • us *vieux* • **3** - [Droit] **délivrance** • livraison

traditionalisme *n.m.* • conformisme • conservatisme • [Relig.] intégrisme

traditionaliste *adj. et n.* **1 - conservateur** • conformiste • [Relig.] intégriste • **2** - [français d'Afrique] **griot**

traditionnel, -elle *adj.* **1 - rituel** • orthodoxe • **2 - conformiste** • conventionnel • vieux jeu *péj.* • **3 - habituel** • classique • consacré • coutumier • rituel • **4 - folklorique** • populaire

traditionnellement *adv.* **1 - habituellement** • classiquement • en règle générale • généralement • **2 - conventionnellement** • rituellement

traducteur, -trice *n.* • interprète • truchement *vieux*

traduction *n.f.* **1 - transcodage** • [Scol.] version • thème • **2 - expression** • manifestation • reflet • représentation • transposition

 traduction, version
Traduction et **version** se disent l'un et l'autre de la transposition d'un texte d'une langue dans une autre. **Traduc-**

tion est utilisé quelle que soit la langue de départ et celle d'arrivée *(une traduction en anglais, en français des œuvres de Goethe)*. Sans contexte, le mot se comprend toujours d'une traduction en français, qui peut avoir certaines caractéristiques *(une traduction libre, littérale, en prose)*, et être faite ou non par une personne *(la traduction automatique)*. **Version** est surtout en usage quand il s'agit de la traduction d'un texte ancien *(la version latine des textes grecs)* et, plus couramment, de l'exercice scolaire de traduction dans la langue de l'élève *(une épreuve de version latine, être bon en version)*.

traduire v.tr. **1 - transcoder** · déchiffrer · décoder · décrypter · transcrire · transposer · **2 - révéler** · dénoter · exprimer · laisser paraître · laisser passer · manifester · montrer · refléter · trahir
✦ **traduire en justice** assigner · attraire en justice Admin. · citer à comparaître · convoquer · déférer · traîner devant les tribunaux

trafic n.m. **1 - circulation** · mouvement · passage · **2 -** [péj.] **commerce** · carambouillage · contrebande · maquignonnage · magouille fam. ● [d'esclaves] traite
✦ **trafic d'influence** concussion · malversation · prévarication

traficoter v.intr. [fam.] → **trafiquer**

trafiquer v.tr. **1 - altérer** · contrefaire · dénaturer · falsifier · frelater · truquer · bricoler fam. · **2 - faire** · combiner · manigancer · tramer · fabriquer fam. · ficher fam. · foutre fam. · fricoter fam. · magouiller fam. · traficoter fam.

tragédie n.f. · drame · calamité · catastrophe · désastre · malheur

tragique adj. **1 - dramatique** · abominable · catastrophique · effroyable · émouvant · funeste · pathétique · terrible · calamiteux vieux ou littér. · **2 - sombre** · théâtral

✦ **prendre au tragique** dramatiser
CONTR. comique ı amusant ı cocasse – dédramatiser

tragiquement adv. · **dramatiquement** · affreusement · effroyablement · épouvantablement · funestement

trahir v.tr.
I 1 - dénoncer · livrer · vendre fam. · donner fam. · **2 - divulguer** · dévoiler · livrer · révéler · **3 - manifester** · déceler · dénoncer · dénoter · laisser paraître · prouver · révéler · signaler · témoigner de
II 1 - abandonner · lâcher fam. · jouer un tour de cochon à fam. · faire une vacherie, une saloperie à fam. · **2 -** [sans complément] **passer à l'ennemi** · déserter · faire défection · **3 - abuser de** · tromper · **4 - être infidèle à** · tromper · cocufier fam. · faire porter des cornes à fam. ● [sans complément] donner des coups de canif dans le contrat de mariage
III dénaturer · altérer · déformer · desservir · fausser · pervertir

» **se trahir** v.pron. **1 - se couper** · se contredire · **2 - se montrer sous son vrai jour** · montrer le bout de l'oreille
CONTR. cacher – taire – rallier – être fidèle – rétablir

trahison n.f. **1 - défection** · désertion · **2 - infidélité** · adultère · inconstance · perfidie littér. · coup de canif dans le contrat de mariage · **3 - déloyauté** · coup de poignard dans le dos · duperie · fourberie · traîtrise · baiser de judas littér. · félonie littér. · forfaiture littér. · perfidie littér. · lâchage fam.
CONTR. ralliement – fidélité – loyauté

train n.m. **1 -** [Transport] **chemin de fer** · rail · transport ferroviaire · **2 - convoi** · rame · [sortes] direct · aérotrain · auto-couchettes · convoi · express · omnibus · rapide · tortillard fam. · T.G.V. · turbotrain · **3 - allure** · cadence · pas · rythme · tempo · vitesse · **4 - série** · batterie · panoplie · succession · suite · **5 -** [vieux] **équipage** · suite · arroi littér. · **6 -** → **derrière**
✦ **train de vie** standing · niveau de vie

+ **en train**   en forme · plein d'allant
+ **en train de**   en voie de
+ **mettre en train**   amorcer · démarrer · engager · lancer · mettre en route · mettre sur les rails

traînant, e *adj.* **1 - pendant** · **2 - lent** · monotone · morne · mou · sans nerf

traînard, e *n. et adj.* · lambin · à la traîne · à la remorque *fam.* · lanterne rouge · retardataire · tortue · clampin *région., vieux*

traînasser *v.intr.* → traîner

traîne *n.f.* **1 - queue** · **2 -** [Pêche] **senne**

traîneau *n.m.* **1 - luge** · briska · troïka · glisse *Suisse* • [à bois] schlitte · **2 -** [Chasse, Pêche] **senne**

traînée *n.f.* **1 - trace** · marque · **2 - coulure** · dégoulinade · **3 - sillage** · [d'une comète] chevelure · **4 -** [fam., injurieux] → prostituée

traîner

■ *v.tr.* **1 - tirer** · amener · remorquer · [bateau] haler · touer · **2 - transporter** · trimbaler *fam.*

■ *v.intr.*

I **1 - pendre** · tomber · pendouiller *fam.* · **2 - durer** · s'allonger · s'éterniser · se perpétuer · se poursuivre · se prolonger · tarder · n'en pas finir · **3 - stagner** · piétiner · ne pas avancer · faire du sur-place

II **1 - flâner** · musarder · muser *vieilli ou littér.* · traînailler *fam.* · traînasser *fam.* · **2 - s'attarder** · lanterner · lambiner *fam.* · **3 - errer** · battre le pavé · déambuler · traîner ses bottes · vagabonder · vadrouiller *fam.* · zoner *fam.*

+ **faire traîner**   faire durer · prolonger · retarder

⇾ **se traîner** *v.pron.* · ramper · s'abaisser · s'humilier

CONTR. pousser ׀ soulever – s'accélérer – avancer – se dépêcher – courir

training *n.m.* · survêtement · jogging

train-train *n.m.* · routine · monotonie · ronron *fam.* · tran-tran *vieux ou littér.*

trait *n.m.* **1 - marque** · barre · coup de crayon · hachure · ligne · rature · rayure · tracé · **2 -** [Imprimerie] **filet** · glyphe · ligne · tiret · **3 - caractéristique** · attribut · caractère · marque · particularité · signe · spécificité · symbole · **4 - raillerie** · attaque · flèche · pique · pointe · sarcasme · brocard *vieux* · **5 -** [en buvant] **gorgée** · lampée *fam.* · **6 -** [vieilli] **flèche** · dard · javelot · lance · pique

+ **trait d'esprit**   bon mot · saillie
+ **trait de génie**   illumination
+ **trait d'union**   **1 - tiret** · **2 -** [fig.] **pont** · passerelle
+ **avoir trait à**   concerner · intéresser · porter sur · se rapporter à · traiter de

⇾ **traits** *plur.* · visage · physionomie

traitable *adj.* [littér.] accommodant · facile · maniable · sociable

CONTR. inflexible ׀ intraitable

traite *n.f.* **1 - lettre de change** · billet · effet de commerce · **2 - trafic** · commerce · négoce · **3 -** [Agric.] **mulsion** *didact.* · **4 -** [vieilli] **chemin** · course · parcours

+ **d'une (seule) traite**   en une seule fois · sans interruption · sans s'arrêter · d'un coup · d'un trait *vieilli*

traité *n.m.* **1 - cours** · discours · dissertation · essai · étude · livre · manuel · mémoire · thèse · **2 - convention** · accord · alliance · charte · concordat · engagement · entente · pacte · protocole

traitement *n.m.* **1 - soins** · cure · intervention · médication · thérapie · thérapeutique · **2 - salaire** · appointements · émoluments · gages · honoraires · paie · rémunération · solde · **3 - opération** · conditionnement · manipulation · procédé · transformation

✦ **mauvais traitements** maltraitance · coups · sévices · violences

traiter

■ *v.tr.* **1 - soigner** · s'occuper de · prodiguer des soins à · **2 - se comporter avec** · se conduire avec • [rudement] malmener · brusquer · maltraiter · en user avec littér. · **3 - qualifier** · appeler • [lang. jeunes] insulter · **4 -** [une question] **aborder** · agiter · débattre de · discuter · étudier · examiner · mettre sur le tapis · parler de · **5 - brasser** · conclure · mener · négocier · s'occuper de · **6 -** [avec qqn] **négocier** · composer · discuter · parlementer · transiger

✦ **traiter de** concerner · avoir trait à · intéresser · parler de · porter sur · se rapporter à

traître, traîtresse

■ *adj.* **1 - déloyal** · faux · félon · fourbe · infidèle · lâche · perfide littér. · **2 -** [vin, virage] **trompeur**

■ *n.* **délateur** · déserteur · espion · judas · parjure · renégat · transfuge · félon littér. · vendu fam.

CONTR. fidèle ı loyal

traîtreusement *adv.* · déloyalement · dans le dos · sournoisement · perfidement littér.

traîtrise *n.f.* **1 - déloyauté** · fourberie · trahison · félonie littér. · perfidie littér. · **2 - piège** · chausse-trappe · coup fourré · tromperie · baiser de judas

trajectoire *n.f.* **1 - cheminement** · itinéraire · parcours · route • [d'un satellite] orbite · **2 - direction** · orientation

trajet *n.m.* · voyage · chemin · course · distance · itinéraire · parcours · route · traite vieilli

tralala *n.m.* [fam.] apparat · façons · luxe · chichi fam. · flafla fam.

✦ **en grand tralala** en grande pompe

trame *n.f.* **1 - texture** · enchevêtrement · **2 -** [d'une histoire] **canevas** · intrigue · plan · ossature · scénario · squelette · synopsis · **3 -** [vieux ou littér.] **complot** · manigance · ruse

tramer *v.tr.* **1 - tisser** · **2 - comploter** · combiner · concerter · conspirer · couver · échafauder · machiner · manigancer · préparer · ourdir littér. · fricoter fam. · magouiller fam. · mijoter fam. · trafiquer fam. · conjurer vieux

» **se tramer** *v.pron.* se préparer · s'apprêter

tranchant, e

■ *adj.* **1 - aigu** · affûté · aiguisé · coupant · émoulu vieux · **2 - cassant** · autoritaire · brutal · coupant · impérieux · incisif · péremptoire · sans réplique · sec

■ *n.m.* **fil** · taille · coupant vieux

CONTR. contondant ı émoussé — conciliant

tranche *n.f.* **1 - part** · morceau · partie · portion · [de lard] barde • [de viande] bifteck · escalope • [de melon] côte • [de poisson] darne • [de fruit] quartier • [de pain] tartine · toast • [de saucisson, etc.] rondelle · **2 -** [Agric.] **ados** · **3 - côté** · bord • [d'un ski] carre · **4 - phase** · partie · portion · tronçon · **5 - classe** · plage

tranché, e *adj.* **1 - catégorique** · clair · défini · déterminé · net · sans nuance péj. · **2 - différent** · distinct · séparé · **3 -** [couleurs] **franc** · net

CONTR. confus ı évasif — indistinct — nuancé

tranchée *n.f.* **1 - fossé** · boyau · sillon · **2 -** [Milit.] **circonvallation** · sape

trancher

■ *v.intr.* **contraster** · détonner · se détacher · ressortir

■ *v.tr.* **1 - couper** · cisailler · hacher · rompre · sectionner · tailler · **2 - régler** · arbitrer · en finir avec · juger · résoudre · solutionner critiqué · [sans complément] choisir · se décider

◆ **trancher la tête de**   décapiter · guillotiner · raccourcir *fam.*

tranchoir *n.m.* · planche à découper · tailloir

tranquille *adj.* **1** - calme · immobile · sage · **2** - paisible · en paix • [vie, bonheur] sans nuage · **3** - silencieux · quiet *littér.* • [personne] coi *littér.* · **4** - placide · pacifique · impassible · pondéré · serein · **5** - pépère *fam.* · cool *fam.* · peinard *fam.* · relax *fam.* · tranquillos *fam.* · **6** - certain · assuré · sûr · **7** - confiant

◆ **laisser tranquille**   **1** - ficher la paix à *fam.* · foutre la paix à *très fam.* · **2** - ne pas toucher à

◆ **se tenir tranquille**   bien se tenir · se faire oublier *fam.* · se tenir à carreau *fam.*

CONTR. bruyant ı agité – anxieux ı inquiet ı troublé – agité – incertain – méfiant

tranquillement *adv.* **1** - calmement · paisiblement · placidement · posément · sagement · sereinement · **2** - lentement · mollement · piano · à la papa *fam.* · peinardement *fam.* · pépère *fam.* · tranquillos *fam.* · **3** - en confiance · les yeux fermés · sans inquiétude

CONTR. anxieusement – vivement

tranquillisant, e

▪ *adj.* **rassurant** · apaisant · calmant · sécurisant

▪ *n.m.* **calmant** · antidépresseur · anxiolytique · neuroleptique · sédatif

tranquilliser *v.tr.* · calmer · apaiser · rasséréner · rassurer · sécuriser

CONTR. affoler ı alarmer ı angoisser ı effrayer ı inquiéter

tranquillité *n.f.* **1** - calme · paix · repos · sécurité · quiétude *littér.* • [publique] ordre · **2** - sérénité · assurance · flegme · placidité · sang-froid · quiétude *littér.*

◆ **en toute tranquillité**   en toute quiétude · l'esprit tranquille

CONTR. agitation ı désordre ı trouble – angoisse ı appréhension ı inquiétude

transaction *n.f.* **1** - **arrangement** · accommodement · accord · compromis · conciliation · entente · **2** - **affaire** · commerce · échange · marché · négoce · opération · transfert · **3** - [Droit] **composition** · concordat

transat *n.m.* → transatlantique

transatlantique *n.m.* **1** - paquebot · **2** - chaise longue · transat

transbahuter *v.tr.* [fam.] transporter · déménager · balader *fam.* · coltiner *fam.* · trimballer *fam.*

transbordeur *n.m.* · ferry-boat · car-ferry

transcendance *n.f.* · supériorité · éminence · excellence · perfection

CONTR. immanence

transcendant, e *adj.* · éminent · exceptionnel · incomparable · sublime · supérieur

CONTR. élémentaire ı immanent

transcender *v.tr.* **1** - [Psych.] **sublimer** · **2** - dépasser · prendre le pas sur · surpasser

transcodage *n.m.* · traduction · transcription

transcoder *v.tr.* · traduire · transcrire

transcription *n.f.* **1** - copie · enregistrement · report · **2** - translittération · notation

transcrire *v.tr.* **1** - copier · coucher par écrit · enregistrer · inscrire · mentionner · porter · reporter · **2** - traduire · transcoder · transposer · **3** - translittérer

CONTR. oraliser

transe n.f. 1 - hypnose · 2 - enthousiasme · exaltation · extase

≫ **transes** plur. · appréhension · crainte · inquiétude · affres littér.

transférable adj. [Droit] cessible · négociable

transfèrement n.m. · translation · transfert

transférer v.tr. 1 - transporter · déplacer · convoyer · mener · transplanter · véhiculer · transbahuter fam. · 2 - délocaliser · déménager · 3 - transmettre · aliéner · céder · donner · léguer

transfert n.m. 1 - transport · déplacement · transplantation · [d'un prisonnier] translation · 2 - **délocalisation** · déménagement · 3 - transmission · aliénation · cession · 4 - [Psych.] identification · déplacement · projection

transfiguration n.f. · transformation · métamorphose

transfiguré, e adj. · transformé · métamorphosé

transfigurer v.tr. · transformer · changer (radicalement) · métamorphoser

transformable adj. · modifiable · convertible · métamorphosable

transformateur n.m. · convertisseur · élévateur de tension · transfo fam.

transformation n.f. · modification · aménagement · changement · conversion · métamorphose · rénovation
CONTR. fixité | permanence

transformer v.tr. 1 - modifier · aménager · changer · refaire · remanier · transmuer · [radicalement] métamorphoser · transfigurer ·

2 - [en bien] améliorer · arranger · moderniser · rénover · 3 - [en mal] dénaturer · altérer · défigurer · déformer · travestir · 4 - [une matière première] traiter · élaborer

♦ **transformer en** changer en · convertir en · muer en

≫ **se transformer** v.pron. évoluer · changer · se modifier · se métamorphoser
CONTR. maintenir – rester le même

    🙰   transformer, métamorphoser

Transformer et métamorphoser sont relatifs à l'action de donner une autre forme à une personne ou à une chose. Transformer s'emploie lorsque sont concernés les apparences, les manières d'être de quelqu'un *(le maquillage transforme son visage)* ou bien son caractère, sa nature *(l'argent a transformé sa vie)*. Le changement intervient aussi pour des choses *(le nouvel éclairage a transformé la maison, le prestidigitateur transforme un foulard en oiseau)*. Métamorphoser est en usage dans des contextes analogues *(cette coiffure la métamorphose)*, mais implique toujours un changement de forme total avec l'idée de merveilleux ou d'inattendu, l'objet ou la personne métamorphosés devenant méconnaissables : « La poésie métamorphose le monde, l'artiste métamorphose tout en or » (Jean Cocteau, *Potomak*).

transformisme n.m. · évolutionnisme · darwinisme · lamarckisme · mutationnisme
CONTR. fixisme

transformiste n. · évolutionniste
CONTR. fixiste

transfuge n. 1 - traître · déserteur · espion · parjure · félon littér. · judas littér. · renégat littér. · 2 - dissident · rebelle · révolté
CONTR. fidèle

transgresser v.tr. · contrevenir à · aller au-delà (des limites) de · déroger à · désobéir à · enfreindre · faire une entorse à · manquer à · passer, franchir les bornes de · passer outre · tourner · violer

CONTR. observer ı respecter

transgression n.f. · infraction · contravention · désobéissance · entorse · infraction · manquement · viol · violation · inobservation *littér.*

CONTR. obéissance ı respect

transhumance n.f. · migration · remue *région.*

transi, e adj. 1 – [de froid] gelé · engourdi · glacé · refroidi · saisi · 2 – [de peur] paralysé · cloué · figé · médusé · pétrifié · saisi · tétanisé

transiger v.intr. composer · s'arranger · s'entendre · faire des concessions · lâcher du lest · négocier · pactiser (avec) · traiter · couper la poire en deux *fam.*

✦ transiger sur   céder sur

transit n.m. · passage

transitaire n. · commissionnaire · consignataire

transiter v.intr. → **passer**

transition n.f. 1 – enchaînement · liaison · lien · 2 – évolution · adaptation · ajustement · changement · progression

transitoire adj. 1 – court · de courte durée · éphémère · fugace · fugitif · passager · précaire · 2 – provisoire · intérimaire · temporaire · transitionnel

CONTR. durable ı permanent – définitif

translation n.f. · transfert

translucide adj. · diaphane · clair · cristallin · hyalin · limpide · lucide *vieux ou poétique* · pellucide *rare* • [verre] dépoli

CONTR. opaque

↬ transparent

transmettre v.tr. 1 – donner · céder · léguer · passer · transférer • [un effet de commerce] négocier · 2 – déléguer · 3 – communiquer · diffuser · faire connaître · faire passer · faire parvenir · répercuter · révéler · 4 – propager · communiquer · inoculer · véhiculer

CONTR. acquérir ı garder ı hériter ı recevoir – conserver

transmigration n.f. · métempsycose · réincarnation

transmissible adj. 1 – [Droit] cessible · transférable · 2 – contagieux · communicable · infectieux

CONTR. incommunicable ı intransmissible

transmission n.f. 1 – [Droit] cession · dévolution · passation · transfert · 2 – communication · 3 – diffusion · émission · 4 – propagation · contagion · contamination · inoculation

transmuer v.tr. [littér.] changer · convertir · muer · métamorphoser

transmutation n.f. · transformation · conversion · métamorphose · mutation

transparaître v.intr. · apparaître · affleurer · émerger · paraître · percer · poindre · se faire jour · se manifester · se profiler · se révéler

transparence n.f. 1 – clarté · limpidité · diaphanéité *littér.* · 2 – [d'une pensée] compréhensibilité · clarté · intelligibilité · limpidité · netteté · 3 – [Pol.] glasnost

CONTR. opacité

¹**transparent, e** adj. 1 – translucide · cristallin · limpide · pur • [tissu, teint] diaphane · 2 – compréhensible · clair · évident · intelligible · pénétrable · 3 – accessible · ouvert à tous

✦ papier transparent   papier calque · papier cristal · papier de soie

🙠 **transparent, diaphane, translucide**

Transparent, diaphane et **translucide** s'appliquent à ce qui laisse passer la lumière. **Transparent**, terme le plus général et le plus usité, se dit d'une substance, d'une matière qui laissent également paraître les objets avec netteté *(une eau, une vitre transparente ; un voile, un papier transparent)*. **Transparent** se substitue couramment à **translucide**, d'usage didactique, pour qualifier ce qui ne permet pas de distinguer les contours ou les couleurs des objets *(le verre dépoli est translucide ; une porcelaine translucide)*. **Diaphane**, d'usage soutenu, a la même valeur *(une coupe de jade diaphane, un papier huilé diaphane)*, mais est surtout employé au figuré *(une peau, un teint diaphane)*.

²**transparent** *n.m.* [film, photo] diapositive • slide *anglic.*

transpercer *v.tr.* **1** – percer • crever • éventrer • forer • perforer • tarauder • trouver • vriller • darder *vieux* • embrocher *fam.* • **2** – [pluie] **traverser** • mouiller • pénétrer • tremper (jusqu'aux os)

transpiration *n.f.* **1** – sudation • perspiration • **2** – sueur • moiteur • suée

transpirer *v.intr.* **1** – suer • dégouliner • être en eau • être en nage • être en sueur • ruisseler • **2** – suinter • dégoutter • exsuder • perler • se répandre • sourdre • **3** – s'ébruiter • se faire jour • s'éventer • filtrer • percer • se montrer • se répandre • se révéler

transplantation *n.f.* **1** – repiquage • plantation • **2** – [d'organe] greffe • **3** – transfert • déplacement

transplanter *v.tr.* **1** – repiquer • replanter • **2** – greffer • **3** – transférer • déplacer

transport *n.m.*
I 1 – déplacement • locomotion • **2** – acheminement • envoi • expédition • portage • transfert • transit • translation • [à cheval] roulage • [en chariot] charroi • [rail et route] ferroutage • **3** – [du courrier] messagerie • poste
II ardeur • déchaînement • délire • élan • exaltation • enthousiasme • excitation • extase • ivresse • passion • ravissement

transportable *adj.* **1** – portable • portatif • **2** – déplaçable
CONTR. intransportable

transporté, e *adj.* **1** – enivré • éperdu • ivre • **2** – enthousiasmé • enthousiaste

transporter *v.tr.* **1** – déplacer • camionner • conduire • charrier • convoyer • déménager • transférer • voiturer • transbahuter *fam.* • trimballer *fam.* • **2** – enthousiasmer • électriser • enivrer • entraîner • exalter • exciter • galvaniser • ravir • survolter

»» **se transporter** *v.pron.* aller • se déplacer • se rendre • voyager

transporteur *n.m.* **1** – camionneur • transitaire • roulier *anciennt* • **2** – convoyeur • cargo • [de méthane] méthanier • [de pétrole] pétrolier • [de conteneurs] porte-conteneurs • [de matières solides] stéroduc • [de vrac] vraquier

transposer *v.tr.* **1** – intervertir • inverser • modifier • permuter • renverser l'ordre de • **2** – traduire • adapter

transposition *n.f.* **1** – interversion • changement • inversion • permutation • renversement • **2** – [de lettres] anagramme • [de syllabes] métathèse • **3** – [d'une œuvre] adaptation

transsuder *v.intr. et tr.* • suinter • exsuder • filtrer

transvasement *n.m.* • transfusion *vieux*

transvaser *v.tr.* • transvider • faire couler • transférer • transfuser *vieux* • [du vin] soutirer

transversal, e *adj.* **1 –** latitudinal • transverse • **2 –** de biais • oblique • penché • **3 –** pluridisciplinaire

transversalement *adv.* en, de travers

trappe *n.f.* **1 –** [Chasse] piège • chausse-trape • nasse • **2 –** [Mar.] écoutille

trapu, e *adj.* **1 –** costaud • courtaud • épais • lourd • massif • puissant • râblé • robuste • balèze *fam.* • baraqué *fam.* • mastoc *fam.* • [cheval] bouleux • **2 –** ramassé • massif • **3 –** [fam.] ferré • fort • instruit • savant • calé *fam.* • **4 –** [fam.] difficile • ardu • chiadé *fam.* • musclé *fam.*

CONTR. élancé

traque *n.f.* **1 –** [Chasse] battue • rabat • rabattage • **2 –** chasse à l'homme

traquenard *n.m.* **1 –** [Chasse] traquet • **2 –** piège • chausse-trape • embûche • embuscade • guêpier • guet-apens • leurre • nasse • souricière

traquer *v.tr.* **1 –** [Chasse] forcer • rabattre • **2 –** poursuivre • chasser • harceler • pourchasser • talonner • courir après *fam.*

traquet *n.m.* [Techn.] battant

traumatisant, e *adj.* choquant • bouleversant • perturbant

traumatiser *v.tr.* • choquer • abasourdir • affecter • bouleverser • commotionner • ébranler • frapper • perturber • secouer *fam.*

traumatisme *n.m.* • choc • commotion • coup • ébranlement

travail *n.m.*
I 1 – action • activité • œuvre • ouvrage • labeur *littér.* • **2 –** emploi • business *anglic.* • fonction • intérim • métier • occupation • place • poste • profession • situation • spécialité • boulot *fam.* • charbon *fam.* • gagne-pain *fam.* • job *fam.* • turbin *fam.* • turf *fam., vieilli* • taff *lang. jeunes* • trime *lang. jeunes* • état *vieux ou littér.* • **3 –** [facile] sinécure • bon filon • planque *fam.* • **4 –** [imposé, pénible] besogne • corvée • pensum • tâche • collier de misère *littér.* • labeur *littér.* • **5 –** [intellectuel, difficile] casse-tête • travail de bénédictin • **6 –** peine • effort • huile de coude *fam.* • **7 –** façon • exécution • facture • boulot *fam.*
II étude • livre • œuvre • ouvrage • recherche • texte
III accouchement • enfantement • gésine *vieux*

✦ **avoir beaucoup de travail** avoir du pain sur la planche *fam.* • être submergé *fam.* • avoir du travail par-dessus la tête *fam.*

➤ **travaux** *plur.* réparations • aménagements • rénovations • transformations

CONTR. inaction | oisiveté | repos | loisir | vacances – chômage

travaillé, e *adj.* **1 –** ouvragé • **2 –** [style, texte] ciselé • léché • soigné • peaufiné • recherché • sophistiqué • chiadé *fam.* • fignolé *fam.*

travailler

■ *v.tr.* **1 –** [une matière] façonner • [le marbre] ciseler • élaborer • [la pâte] malaxer • fatiguer • triturer • [la terre] cultiver • modeler • ouvrager • pétrir • **2 –** [son style, etc.] aiguiser • ciseler • fouiller • polir • (re)mettre sur l'enclume • chiader *fam.* • fignoler *fam.* • **3 –** [une discipline, un talent] cultiver • **4 –** occuper • inquiéter • obnubiler • obséder • préoccuper • tourmenter • tracasser • troubler • gêner *vieux* • **5 –** [littér.] exciter • agiter • troubler

■ *v.intr.* **1 –** œuvrer • abattre de la besogne • tâcher *littér.* • bosser *fam.* • boulonner *fam.* • bûcher *fam.* • gratter *fam.* • marner *fam.* • trimer *fam.* • taffer *lang. jeunes* • turbiner *fam., vieilli* • buriner *fam., vieux* • besogner *vieux* • labourer *vieux* • ouvrer *vieux* • **2 –** [avec fatigue, peine] se crever *fam.* • galérer *fam.* • ramer *fam.* • trimer *fam.* • **3 –** apprendre • étudier • bloquer *fam., Belgique* •

bûcher *fam.* · piocher *fam.* · potasser *fam.* · **4 -** [bois] **se déformer** · gauchir · gondoler · gonfler · jouer · **5 -** [vin] **fermenter**

◆ **travailler d'arrache-pied** abattre de la besogne · mettre du cœur à l'ouvrage · ne pas bouder l'ouvrage · prendre de la peine · bomber *fam.* · cravacher *fam.* · en mettre un coup *fam.* · donner un coup de collier *fam.* · [élève] bûcher *fam.*

◆ **travailler beaucoup** suer · se crever, se tuer au travail *fam.* · travailler comme une bête, comme un bœuf

◆ **ne pas travailler** ne rien faire · coincer la bulle *fam.* · ne pas en ficher une rame *fam.* · ne pas en ficher une secousse *fam.* · ne rien ficher *fam.* · ne rien foutre *très fam.* · peigner la girafe *fam.* · regarder les mouches voler *fam.* · se tourner les pouces *fam.* · flemmarder *fam.*

◆ **travailler à** participer à · mettre, prêter la main à · [suivi de l'infinitif] chercher à · essayer de · s'efforcer de · s'ingénier à · tâcher de

CONTR. s'amuser | chômer | flâner | se reposer

travailleur, -euse

■ *adj.* **courageux** · appliqué · consciencieux · diligent · laborieux · sérieux · studieux · zélé · bosseur *fam.* · bûcheur *fam.*

■ *n.* **1 - salarié** · actif · compagnon · employé · journalier · manœuvre · manouvrier · ouvrier · prolétaire · tâcheron *souvent péj.* · **2 - bourreau de travail** · bosseur *fam.* · bûcheur *fam.* · piocheur *fam., vieilli*

CONTR. fainéant | paresseux – inactif | oisif

travelo *n.m.* → travesti

travers *n.m.*

I **1 - imperfection** · défaut · faiblesse · tare · tort · vice · **2 -** [Boucherie] **aloyau**

◆ **de travers** **1 - de guingois** · bancal · de biais · dévié · oblique · tortu · de traviole *fam.* · **2 -** [regarder] **avec animosité** · avec suspicion · d'un œil torve

◆ **en travers** obliquement · transversalement

traverse *n.f.* **1 - barlotière** · traversine · traversin *vieux ou Techn.* · **2 -** [vieux ou littér.] **contrariété** · difficulté · épreuve · revers

◆ **chemin de traverse** chemin direct · passage · raccourci · traboule *région.*

traversée *n.f.* **1 - passage** · franchissement · **2 - croisière** · voyage par mer

traverser *v.tr.*
I **1 - percer** · perforer · trouer · **2 - transpercer** · passer au travers de · pénétrer dans
II **1 - franchir** · passer · **2 - parcourir** · courir · sillonner · **3 -** [fleuve, rivière] **arroser** · baigner · irriguer
III **croiser** · barrer · s'étendre au travers de
IV **vivre** · faire l'expérience de · passer par

traversin *n.m.* · polochon · boudin *Belgique*

travesti *n.m.* · travelo *fam.* · drag-queen *anglic.*

travestir *v.tr.* **1 - costumer** · déguiser · **2 - déformer** · altérer · contrefaire · dénaturer · fausser · gauchir · transformer · **3 - falsifier** · camoufler · dissimuler · maquiller · masquer · trafiquer · truquer

travestissement *n.m.* **1 - déguisement** · **2 -** [Psych.] **transvestisme** · travestisme · **3 - déformation** · altération · distorsion · **4 - parodie** · pastiche · simulacre

traviole (de) *adv.* → de travers

trébucher *v.intr.* · buter · se cogner · faire un faux pas · perdre l'équilibre · s'emmêler les pieds *fam.* · broncher *vieux* · chopper *vieux*

trèfle *n.m.* **1 -** → argent · **2 -** → tabac

tréfonds *n.m.* · profondeur · secret

treillage *n.m.* **1 -** [en voûte] **berceau** · tonnelle · **2 - claire-voie** · grillage · treillis · **3 - claie** · maille · sas · tamis

treille *n.f.* • vigne • pampre *littér.*

treillis *n.m.* • claire-voie • grillage • treillage

trekking *n.m.* • randonnée (pédestre)

tremblant, e *adj.* **1** - chancelant • frémissant • oscillant • tremblotant • **2** - [voix] **vacillant** • bredouillant • chevrotant • tremblotant • **3** - craintif • alarmé • apeuré • peureux

CONTR. ferme | immobile | stable – assuré – hardi

tremblement *n.m.* **1** - frémissement • ébranlement • frisson • saccade • secousse • soubresaut • trépidation • vacillation • **2** - [convulsif] **convulsion** • spasme • tressaillement • [Méd.] trémulation • clonus • **3** - [de la voix] **chevrotement** • trémolo • vibrato

✦ **tremblement de terre** séisme • secousse tellurique

✦ **et tout le tremblement** et tout ce qui s'ensuit • et tout le reste • et tout le bataclan *fam.* • et tout le tralala *fam.* • et tout le toutim *fam.*

trembler *v.intr.*
I 1 - s'agiter • frémir • frissonner • remuer • trembloter • [vieilleri] sucrer les fraises *fam.* • **2** - [de froid, de peur] **frémir** • claquer des dents • frissonner • grelotter • trembler comme une feuille, de tous ses membres • tressaillir • [jambes] flageoler • **3** - [sol] **trépider** • vibrer • **4** - [lumière] **scintiller** • clignoter • papilloter • scintiller • trembloter • **5** - [voix] **chevroter** • trembloter
II avoir peur • s'alarmer • appréhender • craindre • s'inquiéter • avoir froid dans le dos • avoir des sueurs froides

✦ **faire trembler** ébranler • agiter • branler • brinquebaler • faire osciller • secouer

trembleur *n.m.* • vibreur

tremblote *n.f.* • tremblements

✦ **avoir la tremblote** trembloter • sucrer les fraises *fam.*

trembloter *v.intr.* → trembler

trémie *n.f.* • auge • mangeoire

trémolo *n.m.* **1** - vibrato • **2** - tremblement

trémoussement *n.m.* • balancement • déhanchement • mouvement ondulant • tortillement

trémousser (se) *v.pron.* **1** - s'agiter • frétiller • remuer • se tortiller • gigoter *fam.* • **2** - [en marchant] se dandiner • se déhancher

trempe *n.f.* **1** - qualité • caractère • carrure • énergie • envergure • stature • valeur • **2** - [fam.] → correction

trempé, e *adj.* mouillé • dégoulinant • dégouttant • humide • imbibé • imprégné • ruisselant • suintant

✦ **bien trempé** **1** - [caractère] **aguerri** • endurci • énergique • fort • **2** - être trempé jusqu'aux os, comme une soupe *fam.* • ne plus avoir un poil de sec *fam.*

tremper
■ *v.tr.* **1** - imbiber • arroser • baigner • doucher • humecter • immerger • imprégner • inonder • mouiller • plonger • **2** - [Techn.] **détremper** • imprégner • mouiller • **3** - affermir • aguerrir • durcir • endurcir • façonner • fortifier • blinder *fam.* • **4** - [du vin] **couper** • diluer

■ *v.intr.* macérer • baigner • mariner

✦ **tremper dans** se compromettre dans • participer à • fricoter dans *fam.* • se mouiller dans *fam.*

»> **se tremper** *v.pron.* • se baigner • nager • patauger • faire trempette *fam.*

tremplin *n.m.* **1** - plongeoir • **2** - [fig.] marchepied

trémulation *n.f.* → tremblement

trépan *n.m.* • drille • foreuse • couronne

trépas *n.m.* · décès · disparition · mort

trépasser *v.intr.* · décéder · mourir · s'éteindre · rendre le dernier souffle, le dernier soupir

trépidant, e *adj.* · agité · animé · bouillonnant · échevelé · effervescent · frénétique · mouvementé · tumultueux
CONTR. immobile ı calme

trépidation *n.f.* **1 -** tremblement · à-coup · agitation · cahot · oscillation · saccade · vibration · **2 -** [Méd.] **clonus** · trémulation

trépider *v.intr.* · trembler · branler · être agité · être secoué · osciller · vibrer · trémuler *rare*

trépied *n.m.* **1 -** [Cuisine] **chevrette** · **2 -** [Techn.] **selle**

trépigner *v.intr.* · piaffer · s'impatienter · piétiner · sauter · sautiller · taper du pied

très *adv.* · bien · au dernier point · exceptionnellement · excessivement · à l'extrême · extrêmement · fantastiquement · follement · formidablement · grandement · hautement · parfaitement · prodigieusement · remarquablement · terriblement · tout · tout à fait · fort *littér.* · bigrement *fam.* · bougrement *fam.* · diablement *fam.* · drôlement *fam.* · fichtrement *fam.* · foutrement *fam.* · hyper *fam.* · méchamment *fam.* · passablement *fam.* · rudement *fam.* · sacrément *fam.* · salement *fam.* · super *fam.* · superlativement *fam.* · tout plein *fam.* · vachement *fam.*
CONTR. faiblement ı guère ı légèrement ı pas ı peu

trésor *n.m.* **1 -** richesse · argent · fortune · pactole · réserve · magot *fam.* · [du roi] cassette · **2 -** chef-d'œuvre · merveille · richesse · [au plur.] patrimoine · ressources · **3 -** [fam.] amour · ange · chéri
✦ **Trésor public** fisc

✦ **un, des trésors de** une mine de · une abondance de · une montagne de · une profusion de · une source de

trésorerie *n.f.* **1 - paierie** · finances · trésor · **2 - disponibilités** · fonds · liquidités · ressources · réserves

trésorier, -ière *n.* · caissier · comptable · argentier *Hist. ou plaisant.*

tressaillement *n.m.* **1 - sursaut** · haut-le-corps · soubresaut · tressautement · **2 -** frisson · tremblement · **3 - vibration**

tressaillir *v.intr.* **1 - sursauter** · bondir · tressauter · **2 - trembler** · frémir · frissonner · **3 - vibrer**

tressautement *n.m.* · cahot · secousse · tressaillement

tresse *n.f.* **1 - natte** · dreadlocks *anglic.* · [Hist., de soldat] cadenette · **2 - galon** · cordon · passement · soutache · [de chapeau] bourdalou · **3 -** [Mar., ancienn.] **baderne** · garcette

tresser *v.tr.* · natter · entrelacer · tortiller · [du fil] cordonner

tréteau *n.m.* · chevalet
✦ **les tréteaux** les planches · la scène · le théâtre

treuil *n.m.* · cabestan · cric · élévateur · haleur · machine · pouliot · singe · winch

trêve *n.f.* **1 - cessez-le-feu** · cessation des hostilités · suspension d'armes · **2 - relâche** · halte · interruption · pause · répit
✦ **sans trêve** continuellement · constamment · continûment · sans débander · sans relâche · sans répit · tout le temps
CONTR. continuation

tri *n.m.* **1 - triage** · classement · **2 - sélection** · choix · écrémage

triage *n.m.* **1 -** tri · classement · **2 -** [de grains, etc.] **criblage** · calibrage
CONTR. mélange

tribu *n.f.* **1 - groupe** · clan · ethnie · peuplade · phratrie · société · **2 -** [fam.] famille · maisonnée · smala *fam., péj.* · **3 -** coterie · corporation · parti

tribulations *n.f.pl.* · mésaventures · déboires · vicissitudes

tribun *n.m.* **1 - orateur** · harangueur *vieilli* · **2 - défenseur** · don Quichotte

tribunal *n.m.* **1 - palais de justice** · parquet · prétoire • [anciennt, à Athènes] aréopage • [anciennt, en Palestine] sanhédrin · **2 - juridiction** · cour · **3 -** [ecclésiastique] **pénitencerie** • [de l'Inquisition] Saint-Office · **4 -** [militaire] **cour martiale**

tribune *n.f.* **1 - estrade** • [d'église] ambon · chaire · échafaud *vieux* • [Rome antique] rostres · **2 - débat** · discussion · forum

tribut *n.m.* **1 - imposition** · contribution · impôt · **2 -** [littér.] **prix** · châtiment · punition · récompense · salaire · sanction · **3 -** [littér.] hommage

tributaire *adj.* [Géog.] affluent
✦ **tributaire de** dépendant de · soumis à · subordonné à

triche *n.f.* → tricherie

tricher *v.intr.* **1 - frauder** · truander *fam.* · **2 - copier** · pomper *fam.*
✦ **tricher sur** mentir sur · dissimuler (le vrai ...)

tricherie *n.f.* **1 - triche** *fam.* · truandage *fam.* · **2 - fraude** · malhonnêteté · supercherie · tromperie · arnaque *fam.* · truandage *fam.* · filouterie *vieilli*

tricheur, -euse *n.* **1 - fraudeur** · truqueur · arnaqueur *fam.* • [aux cartes] biseauteur *vieux* • [aux dés] pipeur *vieux* · **2 - copieur**

tricot *n.m.* **1 - chandail** · cardigan · gilet · lainage · pull · pull-over · sweater · (petite) laine *fam.* · **2 - maille**
✦ **tricot de corps** maillot de corps · débardeur

tricycle *n.m.* [de livreur] triporteur

trier *v.tr.* **1 - choisir** · écrémer · filtrer · sélectionner · **2 -** [des grains, etc.] **cribler** · émonder · monder · sasser · tamiser • [des fruits] calibrer · **3 - classer** · classifier · ordonner · mettre de l'ordre dans
CONTR. mélanger ı mêler

trifouiller *v.tr. et intr.* → tripoter

trimaran *n.m.* · multicoque

trimballer *v.tr.* → transporter

trimer *v.intr.* → travailler

tringle *n.f.* · barre · baguette · broche · tige · verge *vieux*

trinquer *v.intr.* **1 - boire à la santé de** · lever son verre à · porter un toast à · **2 -** [fam.] → souffrir

triomphal, e *adj.* **1 -** [entrée, succès] **éclatant** · retentissant · **2 -** [accueil] **enthousiaste** · chaleureux · délirant

triomphalement *adv.* **1 - victorieusement** · **2 - fièrement** · avec jubilation

triomphant, e *adj.* **1 - victorieux** · **2 - content** · heureux · radieux · rayonnant · satisfait · jubilant *rare*

triomphateur, -trice *n.* · vainqueur · champion

triomphe *n.m.* **1 -** victoire • **2 -** consécration • apothéose • **3 - satisfaction** • exaltation • **4 - succès** • réussite • [chanson] tube *fam.* • [livre] best-seller

✦ **faire un triomphe à** acclamer • applaudir • ovationner

CONTR. défaite ı déconfiture ı déroute – annulation – échec – huer

triompher *v.intr.* **1 - gagner** • vaincre • **2 -** jubiler • chanter victoire • être fou de joie • exulter • ne plus se sentir de joie • pavoiser • se réjouir • **3 - exceller** • être à son meilleur • réussir brillamment

✦ **triompher de** **1 - dominer** • avoir l'avantage sur • avoir le dessus sur • battre • l'emporter sur • s'imposer à • mettre en déroute • tailler en pièces • terrasser • vaincre • venir à bout de • déconfire *vieux* • **2 - surmonter** • se jouer de • vaincre • venir à bout de

tripatouillage *n.m.* **1 - fraude** • manœuvre • magouille *fam.* • **2 -** → tripotage

tripatouiller *v.tr.* **1 - falsifier** • trafiquer • truquer • magouiller *fam.* • **2 -** → tripoter

tripes *n.f.pl.* **1 - intestins** • boyaux • entrailles • viscères • [fam.] ventre • **2 -** [Cuisine] gras-double • tripous *région.*

✦ **saisir, prendre aux tripes** bouleverser • empoigner

tripotage *n.m.* **1 - manipulation** • [attouchements] pelotage *fam.* • **2 - manigances** • intrigue • manœuvres • trafic • fricotage *fam.* • magouille *fam.* • micmac *fam.* • patouillage *fam.* • trifouillage *fam.* • tripatouillage *fam.* • **3 -** [électoral] **fraude** • cuisine • manipulations

tripotée *n.f.* [fam.] → **quantité**

tripoter *v.tr.* **1 - toucher** • malaxer • manipuler • palper • tâter • triturer • **2 -** [attouchements] lutiner • peloter *fam.* • **3 -** fouiner • farfouiller *fam.* • patouiller *fam.* • trifouiller *fam.* • tripatouiller *fam.* • **4 - trafiquer** • fricoter *fam.* • grenouiller *fam.* • magouiller *fam.*

tripoteur, -euse *n.* **1 - trafiquant** • fricoteur • magouilleur *fam.* • **2 - frôleur** • peloteur

trique *n.f.* • gourdin • bâton • casse-tête • matraque • tricot *vieux*

trisomique *adj. et n.* • mongolien

triste *adj.*
I 1 - attristé • affligé • désolé • éploré • malheureux • peiné • sombre • chagrin *littér.* • **2 - abattu** • découragé • cafardeux *fam.* • **3 - mélancolique** • morose • rabat-joie • trouble-fête • **4 - lugubre** • austère • dépouillé • froid • gris • morne • nu • sévère • sinistre • **5 -** [couleur] **obscur** • terne
II 1 - accablant • affligeant • affreux • attristant • calamiteux • cruel • déchirant • douloureux • funeste • grave • navrant • pénible • regrettable • rude • tragique • **2 -** [en général avant le nom] **déplorable** • fâcheux • lamentable • mauvais • médiocre • misérable • navrant • pauvre • piètre • pitoyable

✦ **être triste** avoir des idées noires • avoir la mort dans l'âme • avoir le cœur, l'âme en deuil • être comme une âme en peine

✦ **une triste figure** un air de chien battu • une tête d'enterrement *fam.* • une tête de bonnet de nuit *fam.* • une tête de six pieds de long *fam.* • une tête à caler des roues de corbillard *fam., vieilli*

CONTR. content ı gai ı joyeux ı réjoui ı rieur – enthousiaste – amusant ı comique ı drôle ı riant – réconfortant ı réjouissant – éclatant ı brillant ı vif – beau ı bon

tristement *adv.* **1 - sinistrement** • affreusement • cruellement • **2 - douloureusement** • **3 - mélancoliquement**

CONTR. gaiement ı joyeusement

tristesse *n.f.* **1 - peine** • affliction • désarroi • **2 - abattement** • accablement • cafard • dépression • mélancolie • morosité •

blues fam. · bourdon fam. · cafard fam. · spleen littér. · **3 - grisaille** · austérité · désolation · froideur · monotonie

CONTR. allégresse | enjouement | entrain | euphorie | gaieté | joie - plaisir | satisfaction

triturer v.tr. **1 - broyer** · concasser · piler · pulvériser · [avec les dents] mâcher · mastiquer · [du sel] égruger · **2 - malaxer** · pétrir · **3 - jouer avec** · manier · tripoter

trivial, e adj. **1 - choquant** · bas · grossier · obscène · sale · vulgaire · populacier soutenu · poissard littér. · au ras des pâquerettes fam. · qui ne vole pas haut fam. · **2 -** [vieilli ou littér.] **banal** · commun · éculé · ordinaire · plat · rebattu · ressassé · usé

CONTR. distingué | noble | sublime - exceptionnel | rare

trivialement adv. · grossièrement · vulgairement

trivialité n.f. **1 - grossièreté** · bassesse · obscénité · vulgarité · **2 - prosaïsme** · banalité · platitude · **3 - lieu commun** · banalité · évidence · platitude · truisme

CONTR. dignité | noblesse - originalité

troc n.m. **1 - échange** · change vieux · **2 -** [Comm. international] **clearing** · compensation

trogne n.f. → tête

trombe n.f. **cyclone** · colonne · tornade · tourbillon

✦ **trombe d'eau** cataracte · déferlement · déluge · flot · torrent

✦ **en trombe** comme un éclair · comme un ouragan · comme un cyclone

trombine n.f. → tête

tromblon n.m. · espingole · escopette

trompe n.f. **1 - corne** · cornet · **2 -** [anciennt] **avertisseur** · **3 -** [Zool.] **suçoir** · **4 -** [Archit.] **trompillon**

trompé adj.m.
✦ **mari trompé** cocu · cornard fam.

trompe-l'œil n.m. invar. · façade · apparence · faux-semblant · illusion · mirage

tromper v.tr. **1 - abuser** · attraper · bercer de vaines promesses · berner · circonvenir · duper · endormir · enjôler · en conter à · en faire accroire à · leurrer · se jouer de · se moquer de · mystifier · séduire littér. · surprendre littér. · avoir fam. · baiser très fam. · blouser fam. · bourrer le mou à fam. · couillonner très fam. · dorer la pilule à fam. · embobiner fam. · empaumer fam. · entuber très fam. · faire marcher fam. · faire prendre des vessies pour des lanternes à fam. · mener en bateau fam. · monter un bateau à fam. · posséder fam. · rouler (dans la farine) fam. · jobarder fam., vieilli · embabouiner fam., vieux · **2 - escroquer** · flouer · voler · empiler fam. · enfiler fam. · entôler fam. · entuber fam. · estamper fam. · pigeonner fam. · rouler fam. · piper vieilli ou littér. · repasser argot, vieux · **3 - déjouer** · donner le change à · endormir · **4 -** [regards, vigilance] **échapper à** · se soustraire à · **5 -** [attente, espoir] **décevoir** · frustrer · **6 - être infidèle à** · trahir soutenu · faire cocu fam. · cocufier fam. · faire porter des cornes à fam.

» **se tromper** v.pron. **1 - faire erreur** · commettre une erreur · faire fausse route · se fourvoyer · s'enferrer jusqu'à la garde · être loin du compte · être à côté de la plaque fam. · se ficher, se foutre, se mettre dedans fam. · se gourer fam. · se planter fam. · **2 - s'abuser** · se bercer d'illusions · s'égarer · s'illusionner · se méprendre · avoir tort · se laisser prendre · prendre Le Pirée pour un homme littér. · se mettre le doigt dans l'œil (jusqu'au coude) fam. · prendre des vessies pour des lanternes fam. · se faire des idées fam. · croire au Père Noël fam.

✦ **se tromper de** **1 - confondre** · prendre (.... pour) · **2 -** [d'interlocuteur] **frapper à la mauvaise porte**

CONTR. désabuser | détromper | instruire

🙰 **tromper, leurrer, duper**

Tromper, leurrer et duper se rapportent tous à l'idée d'induire quelqu'un en erreur. **Tromper** a la valeur la plus générale et concerne des intentions ou des faits *(tromper un client, son mari ; sa vue l'a trompé)*. **Leurrer** implique que l'on trompe la personne par des espérances vaines *(leurrer les électeurs par des promesses, leurrer les espoirs de quelqu'un)*. **Duper** suppose que l'on abuse de la crédulité d'autrui *(il s'est laissé duper)* : « Ce n'est pas seulement pour duper nos enfants que nous les entretenons dans la croyance au Père Noël : leur ferveur nous réchauffe, nous aide à nous tromper nous-mêmes, et à croire, puisqu'ils y croient, qu'un monde de générosité sans contrepartie n'est pas absolument incompatible avec la réalité » (Claude Lévi-Strauss, *Tristes Tropiques*).

tromperie *n.f.* **1 - feinte** · bluff · imposture · mensonge · mystification · tricherie · duperie *littér.* · **2 - fourberie** · fausseté · hypocrisie · **3 - escroquerie** · falsification · fraude · supercherie · arnaque *fam.* · **4 - attrape** · farce · tour de passe-passe · blague *fam.* · **5 - illusion** · chimère · leurre

trompeter
- *v.tr.* **clamer** · crier sur les toits · carillonner · claironner · proclamer
- *v.intr.* [aigle] **glatir**

trompette
- *n.f.* **1 - bugle** · corne · cornet · [romaine] buccin · **2 - clairon**
- **en trompette** retroussé · recourbé
- *n.m.* **trompettiste**

trompeur, -euse *adj.* **1 - menteur** · double · à double face · fourbe · hypocrite · mystificateur · artificieux *littér.* · perfide *littér.* · **2 - fallacieux** · chimérique · décevant · faux · illusoire · insidieux · mensonger · captieux *littér.* · spécieux *littér.*

CONTR. sincère | vrai – réel

trompeusement *adv.* · faussement · menteusement *rare*

tronc *n.m.* **1 - fût** · écot · [coupé] bille · billot · grume · rondin · souche · **2 - buste** · bassin · poitrine · thorax · torse · **3 - boîte** · coffre · coffret

tronche *n.f.* → tête

tronçon *n.m.* **1 - morceau** · fragment · part · partie · portion · segment · tranche · **2 -** [de bois] **bille** · billon · billot · grume · rondin · **3 -** [de route] **portion** · segment · **4 -** [de texte, de musique] **passage** · extrait

CONTR. totalité

tronçonner *v.tr.* · débiter · couper · diviser · fragmenter · hacher · scier · sectionner · trancher

trône *n.m.* · couronne · pouvoir · souveraineté

tronquer *v.tr.* · abréger · amputer · écourter · élaguer · estropier · mutiler · raccourcir · réduire · rogner

trop *adv.* **1 - à l'excès** · exagérément · excessivement · surabondamment · **2 - très** · bien · fort *soutenu*

- **de trop, en trop** **1 - en excédent** · en excès · en surplus · en surcharge · en surnombre · surnuméraire · **2 - superflu** · superfétatoire *littér.* · **3 - indésirable** · gênant · importun · mal venu
- **c'en est trop !** la coupe est pleine ! · c'est la goutte d'eau qui fait déborder le vase !

trophée *n.m.* **1 - butin** · capture · dépouille · prise · **2 - coupe** · médaille · prix · récompense

trop-plein *n.m.* **1 - excédent** · excès · surcharge · surplus · **2 -** [Techn.] **déversoir** · dégorgeoir · puisard · souillard

troquer *v.tr.* **1 - échanger** · **2 - changer** · remplacer

troquet *n.m.* → bistrot

trotte *n.f.* [fam.] long chemin · tirée *fam.*
✦ **ça fait une trotte** c'est pas la porte à côté *fam.*

trotter *v.intr.* courir · cheminer · marcher vite · trottiner
✦ **trotter dans la tête de** préoccuper · tourmenter · tarabuster *fam.* · turlupiner *fam.*

trottinette *n.f.* · patinette

trottoir *n.m.* **1 - accotement** · banquette · **2 - terrasse**

trou *n.m.*
I 1 - cavité · alvéole · anfractuosité · creux · dépression · excavation • [de la peau] pore • [pour semis] poquet · **2 -** [sur la route] **fondrière** · nid de poules · ornière · **3 - abri** · tanière · terrier · **4 - brèche** · crevasse · fente · fissure · ouverture · trouée · **5 - orifice** • [d'une aiguille] chas • [pour chat] chatière · [d'un navire] dalot · [avec foret] forure • [pour poutre] ope • [de flûte, clarinette] perce · perforation · **6 -** [dans un vêtement] **accroc** · déchirure · **7 - déficit** · gouffre
II 1 - lacune · manque · omission · oubli · vide · **2 - perte de mémoire** · absence · blanc · **3 -** [temps libre] **créneau** · fenêtre
III [fam.] **1 - coin perdu** · bled *fam.* · patelin *fam.* · **2 -** → prison

troubadour *n.m.* · jongleur · ménestrel · musicien

troublant, e *adj.* **1 - déconcertant** · déroutant · étonnant · saisissant · surprenant · **2 - inquiétant** · alarmant · **3 - ensorcelant** · charmeur · émoustillant · envoûtant · suggestif
CONTR. rassurant

¹**trouble** *adj.* **1 - brouillé** · flou · indistinct · **2 - boueux** · bourbeux · troublé · vaseux · fangeux *littér.* · turbide *littér.* · **3 -**

ambigu · confus · équivoque · nébuleux · ténébreux · **4 - inavouable** · malsain · suspect · louche *fam.*

²**trouble** *n.m.* **1 - bouleversement** · agitation · confusion · désordre · remue-ménage · tumulte · tourmente *littér.* · **2 -** [Droit] **nuisance** · **3 - émotion** · émoi *littér.* · **4 - désarroi** · affolement · détresse · inquiétude · **5 - embarras** · confusion · malaise · perplexité · **6 - délire** · égarement · folie · **7 -** [Méd.] **dérèglement** · altération · désordre · désorganisation · dysfonctionnement · perturbation

⟫⟫ **troubles** *plur.* **désordre** · chaos · émeute · insurrection · manifestation · mutinerie · révolte · révolution · soulèvement

troublé, e *adj.*
I 1 - brouillé · trouble · **2 - boueux** · turbide *littér.*
II 1 - agité · houleux · incertain · mouvementé · orageux · tourmenté · tumultueux · **2 - ému** · déboussolé · émotionné *fam.* · **3 - embarrassé** · confus · **4 - inquiet** · affolé · perplexe
CONTR. clair ı pur – paisible ı tranquille – indifférent – assuré ı sûr – calme

trouble-fête *n. invar.* · importun · empêcheur de tourner en rond · éteignoir · gêneur · rabat-joie · pisse-froid *fam.* · pisse-vinaigre *fam.*

troubler *v.tr.* **1 - obscurcir** · assombrir · brouiller · **2 - dérégler** · bouleverser · contrarier · contrecarrer · déranger · désorganiser · embrouiller · entraver · perturber · **3 - désorienter** · confondre · décontenancer · démonter · désarçonner · déstabiliser · ébranler · mettre mal à l'aise · déboussoler *fam.* · **4 - embarrasser** · contrarier · déranger · gêner · incommoder · tracasser *fam.* · turlupiner *fam.* · **5 - affoler** · inquiéter · tourmenter · chambouler *fam.* · tournebouler *fam.* · **6 - émouvoir** · bouleverser · remuer · toucher · **7 - enivrer** · émoustiller · ensorceler · séduire

⋙ **se troubler** v.pron. **1 -** se brouiller · devenir flou, trouble · **2 - perdre contenance** · s'affoler · se décontenancer · perdre la tête · perdre le nord · perdre pied · perdre son sang-froid · perdre la boussole fam. · perdre les pédales fam.

CONTR. clarifier ǀ purifier – maintenir ǀ rétablir – calmer ǀ apaiser ǀ tranquilliser

trouée n.f. **1 -** clairière · percée · **2 -** [dans le ciel] déchirure · échappée · **3 -** [Milit.] brèche · percée

trouer v.tr. **1 -** percer · perforer · transpercer · **2 -** [les nuages] déchirer

troufion n.m. [vieilli, fam.] → soldat

trouillard, e adj. et n. → peureux

trouille n.f. → peur

troupe n.f. **1 -** [Milit.] unité · corps · bataillon · brigade · colonne · commando · compagnie · détachement · escadron · escouade · patrouille · peloton · régiment · section · unité · **2 -** [d'animaux] troupeau · [de chiens] meute · [de cerfs] harde · harpail · [d'oiseaux] nuée · volée · [d'insectes] colonie · essaim · **3 - bande** · cohorte · cortège · essai · foule · groupe · horde · légion · multitude · rassemblement · flopée fam. · ramassis péj. · **4 -** [Théâtre] compagnie

✦ **homme de troupe** simple soldat · homme du rang · griveton · pioupiou fam., vieilli · troupier vieilli · troufion fam.

⋙ **troupes** plur. forces armées · armée

troupeau n.m. **1 -** cheptel · bétail · bestiaux · troupe · manade région. · [de cerfs] harde · harpail · **2 -** [péj.] foule · attroupement · bande · multitude · plèbe littér. · peuple fam., péj. · populace péj. · populo fam.

troupier n.m. → soldat

trousse n.f. étui · boîte · poche · pochette · sacoche

✦ **trousse à ongles** onglier
✦ **trousse de toilette** nécessaire de toilette
✦ **être aux trousses de** → poursuivre

trousser v.tr. **1 -** [une volaille] brider · **2 -** [littér.] retrousser · lever · remonter · soulever · **3 -** [vieilli ou littér.] expédier · torcher · **4 -** [vieux] mettre en botte · botteler foin

trouvaille n.f. **1 -** découverte · **2 -** création · astuce · invention · idée · illumination · innovation · nouveauté · trait de génie

CONTR. banalité ǀ cliché ǀ lieu commun

⋙ découverte

trouver v.tr.
I 1 - se procurer · découvrir · dénicher fam. · mettre la main sur fam. · dégoter fam. · déterrer fam. · pêcher fam. · **2 - détecter** · déceler · localiser · repérer · **3 -** [qqn] atteindre · contacter · joindre · rejoindre · toucher · tomber sur fam.
II 1 - imaginer · concevoir · créer · innover · inventer · **2 - aller chercher** · puiser · tirer
III comprendre · déchiffrer · deviner · éclaircir · élucider · faire (toute) la lumière sur · percer · résoudre · saisir
IV considérer comme · estimer · juger · regarder comme · tenir pour soutenu

⋙ **se trouver** v.pron. **1 - exister** · s'offrir · se rencontrer · **2 - se situer** · avoir lieu · figurer · se placer · siéger · **3 - être** · assister · **4 -** s'avérer · se révéler · **5 - se sentir** · aller · pâtir de

✦ **se trouver mal** défaillir · s'évanouir · faire un malaise · tomber dans les pommes, les vapes fam.
✦ **il se trouve** il y a · il se rencontre · il est · il existe
✦ **il se trouve que** il s'avère que · il se fait que

CONTR. perdre

🙦 **trouver, découvrir, déceler**

Trouver, découvrir et déceler concernent l'action de mettre au jour quelque chose. Trouver suppose que l'on voit, que l'on rencontre ce que l'on cherchait *(trouver la solution d'un problème, trouver un logement, une adresse, trouver du travail)*. Découvrir implique que l'on parvient à connaître ce qui était resté ignoré ou caché *(découvrir une erreur ; découvrir une qualité à quelqu'un)*. Déceler, c'est faire apparaître ce qui était jusque-là caché *(déceler un complot, la présence d'un animal ; sa voix décelait sa contrariété)*.

trouvère n.m. · ménestrel

truand n.m. · bandit · gangster · malfaiteur · voleur · malfrat fam.

truander
- v.intr. → tricher
- v.tr. → escroquer

trublion n.m. · perturbateur · agitateur · comploteur · fauteur de troubles · provocateur

truc n.m. **1 -** astuce · artifice · expédient · méthode · procédé · recette · ruse · secret · stratagème · tour · combine fam. · ficelle fam. · **2 -** chose · bidule fam. · engin fam. · machin fam. · trucmuche fam. · zinzin fam. · bébelle Québec, fam. · **3 - Tartempion** fam. · bidule fam. · machin fam. · trucmuche fam. · **4 - domaine** · secteur · spécialité

✦ **ce n'est pas mon truc**   je n'aime pas cela · ce n'est pas ma tasse de thé · ce n'est pas mon trip fam.

trucage n.m. **1 -** fraude · contrefaçon · **2 -** [souvent au plur.] effets spéciaux

truchement n.m. [littér.] **porte-parole** · interprète · représentant

✦ **par le truchement de**   par l'entremise de · par le canal de · par l'intermédiaire de · grâce à la médiation de · par la voie de · via

trucider v.tr. → tuer

truculent, e adj. **1 - pittoresque** · original · haut en couleur · picaresque · **2 -** coloré · imagé · savoureux

truffe n.f. **1 - museau** · nez · **2 - (crotte en) chocolat** · muscadine

truffer v.tr. · bourrer · charger · emplir · émailler · farcir · garnir · larder · remplir

truie n.f. · coche vieux ou région.

truisme n.m. · banalité · évidence · platitude · lapalissade · tautologie

truquer v.tr. · fausser · falsifier · maquiller · trafiquer · travestir · [une photo] retoucher · [une émission] bidonner fam. · [des dés] piper · [des cartes] biseauter

truqueur, -euse n. [Cinéma] truquiste

trust n.m. **1 - holding** · combinat · conglomérat · groupe · société · **2 - entente** · cartel · consortium · groupe · pool

truster v.tr. · accaparer · monopoliser · faire main basse sur · rafler fam.

tuant, e adj. **1 - fatigant** · épuisant · éreintant · exténuant · crevant fam. · vannant fam. · **2 - énervant** · assommant · pénible · usant

tube n.m. **1 -** [Méd.] **canule** · drain · sonde · **2 - canal** · boyau · canalisation · conduit · conduite · oléoduc · pipeline · tuyau · **3 -** [fam.] **succès** · hit fam. · **4 -** [ancienn¹] **haut-de-forme** · huit-reflets · tuyau de poêle

✦ **tube à essai**   éprouvette

tuberculeux, -euse *adj. et n.* • phtisique *vieux* • poitrinaire *vieux* • tubard *fam.*

tuberculose *n.f.* • bacillose • consomption *vieux* • maladie de poitrine *vieux* • maladie du poumon *vieux* • phtisie *vieux*

tubéreux, -euse *adj.* • tuberculeux *vieux*

tubérosité *n.f.* [d'un os] apophyse • tubercule

tubulaire *adj.* • cylindrique

tubulure *n.f.* • tube • tuyau

tuer *v.tr.*
I [personne] **1 - assassiner** • abattre • exécuter • occire *vieux ou plaisant* • percer le cœur de *littér.* • répandre le sang de *littér.* • avoir la peau de *fam.* • bousiller *fam.* • crever *fam.* • crever la paillasse à *fam.* • envoyer ad patres *fam.* • étendre *fam.* • expédier dans l'autre monde *fam.* • faire passer le goût du pain à *fam.* • faire la peau à *fam.* • faire son affaire à *fam.* • liquider *fam.* • nettoyer *fam.* • rectifier *fam.* • refroidir *fam.* • trucider *fam.* • zigouiller *fam.* • **2 -** [avec une arme à feu] buter *fam.* • descendre *fam.* • dessouder *argot* • flinguer *fam.* • **3 -** [autres méthodes] empoisonner • étouffer • étrangler • noyer • poignarder • égorger • lapider • **4 -** [au combat, à la guerre] anéantir • décimer • écraser • exterminer • faucher • massacrer • échiner *vieux* • **5 -** [un animal] abattre • saigner • [en sacrifice] immoler • sacrifier
II [maladie, travail, etc.] **1 - emporter** • foudroyer • **2 - ruiner** • détruire • supprimer • **3 -** [fam.] **fatiguer** • épuiser • exténuer • claquer *fam.* • lessiver *fam.* • mettre sur les rotules *fam.* • vanner *fam.* • vider *fam.* • **4 -** [fam.] **chagriner** • dégoûter • désespérer • peiner

≫ **se tuer** *v.pron.* **1 - se suicider** • se donner la mort • mettre fin à ses jours • se détruire *littér.* • se faire sauter la cervelle *fam.* • se faire sauter le caisson *fam.* • se foutre en l'air *fam.* • se supprimer *fam.* • se faire hara-kiri *fam.* • **2 - mourir** • perdre la vie • trouver la mort

✦ **se tuer à** s'acharner à • s'épuiser à • s'escrimer à • s'évertuer à • se fatiguer à • s'user à

CONTR. épargner ı sauver

tuerie *n.f.* • boucherie • carnage • hécatombe • massacre • saignée
↪ **massacre**

tueur, -euse *n.* **1 - assassin** • criminel • meurtrier • **2 -** [à gages] **nervi** • sbire • sicaire • spadassin

tuile *n.f.* [fam.] → catastrophe
✦ **tuile creuse** noue

tuméfaction *n.f.* • enflure • boursouflure • gonflement • grosseur • œdème • intumescence *didact.*

tuméfié, e *adj.* • boursouflé • enflé • gonflé

tumescence *n.f.* **1 - turgescence** • intumescence *didact.* • **2 -** [pathologique] **tuméfaction** • tumeur • **3 - érection**
CONTR. détumescence

tumeur *n.f.* **1 - enflure** • excroissance • granulation • grosseur • intumescence • kyste • tubérosité • **2 -** [bénigne] **adénome** • fibrome • lipome • molluscum • papillome • polype • verrue • **3 -** [maligne] **cancer** • carcinome • épithélioma • néoplasme • sarcome • squirrhe • **4 -** [congénitale] **angiome** • nævus

tumulte *n.m.* • agitation • brouhaha • bruit • chahut • charivari • tapage • tohubohu • vacarme • hourvari *littér.* • barouf *fam.* • boucan *fam.* • foin *fam.* • ramdam *fam.*

CONTR. calme ı ordre ı paix ı silence ı tranquillité
↪ **vacarme**

tumultueux, -euse *adj.* **1 - mouvementé** • agité • houleux • orageux • passionné • **2 - bouillonnant** • chaotique • violent
CONTR. calme ı silencieux ı tranquille

tumulus *n.m.* • tertre • cairn • galgal • mound

tuner *n.m.* • syntoniseur *recomm. offic.*

tunique *n.f.* **1 - robe** • boubou • gandoura • kimono • **2 -** [Antiq.] **angusticlave** • calasiris • chiton • dalmatique • éphod • laticlave • péplum

tunnel *n.m.* • galerie • passage souterrain • souterrain

turban *n.m.* • bandeau

turbine *n.f.* • machine • moteur • turbocompresseur • turbomoteur • turbopropulseur

turbiner *v.tr.* **1 - essorer** • **2 -** [fam., vieilli] → **travailler**

turbulence *n.f.* **1 - dissipation** • pétulance • vivacité • **2 -** [surtout au plur.] **tourbillon** • appel d'air • **3 -** [surtout au plur.] **trouble** • remous • tourmente
CONTR. calme ı tranquillité ı sagesse

turbulent, e *adj.* **1 - agité** • bruyant • chahuteur • dissipé • pétulant • remuant • vif • **2 -** [littér.] **troublé** • tumultueux
CONTR. calme ı paisible ı silencieux ı tranquille ı discipliné ı sage

turf *n.m.* **1 - champ de courses** • hippodrome • pelouse • **2 - courses** • sport hippique • **3 -** [argot] → **prostitution**

turfiste *n.* • parieur

turgescence *n.f.* **1 - congestion** • dilatation • gonflement • tumescence • intumescence *didact.* • **2 - érection**

turlupiner *v.tr.* [fam.] → **tracasser**

turpitude *n.f.* **1 - ignominie** • abjection • débauche • déshonneur • honte • immoralité • infamie • laideur • ordure • vice • **2 - bassesse** • compromission • horreur • lâcheté • trahison

tutélaire *adj.* • protecteur

tutelle *n.f.* **1 - garde** • administration • **2 - emprise** • autorité • dépendance • mainmise • surveillance
✦ **sous la tutelle de** sous l'égide de • sous la patronage de • sous la protection de
CONTR. autonomie ı indépendance

¹**tuteur** *n.m.* • piquet • bâton • échalas • étai • perche • rame

²**tuteur, -trice** *n.* [Droit] responsable

tuyau *n.m.* **1 - canalisation** • buse • boyau • conduite • flexible • oléoduc • pipeline • tube • tubulure • tuyauterie • tuyère • feeder *anglic.* • **2 -** [Méd.] **drain** • canule • **3 -** [d'instrument à vent] **porte-vent** • **4 -** [fam.] → **renseignement**
✦ **tuyau de cheminée** souche
✦ **tuyau d'échappement** pot d'échappement

tuyauter *v.tr.* [fam.] → **renseigner**

tuyauterie *n.f.* • tuyaux • canalisations • tuyautage

type *n.m.*
I 1 - [Techn.] **matrice** • forme • moule • **2 - archétype** • étalon • figure • modèle • original • prototype • stéréotype • symbole • [de beauté] canon • idéal • **3 - exemple** • échantillon • modèle • personnification • représentant • spécimen • **4 - classe** • espèce • famille • genre • modèle • ordre • variété • **5 -** [en apposition] **par excellence**
II [fam.] **individu** • asticot *fam.* • bonhomme *fam.* • bougre *fam.* • coco *fam.* • gars *fam.* • gus *fam.* • mec *fam.* • zèbre *fam.* • zigoto *fam.* • zigue *fam.* • pingouin *argot* • gazier *vieux* • gonze *vieux* • citoyen *vieux*
✎ **modèle**

typé, e *adj.* • caractéristique • accusé • marqué

typhon *n.m.* · cyclone · hurricane · ouragan · tornade

typique *adj.* · caractéristique · distinctif · original · particulier · remarquable · représentatif · significatif · singulier · spécifique

CONTR. atypique

> 🕮 **typique, spécifique, particulier**
>
> **Typique, spécifique** et **particulier** se rapportent tous trois à ce qui est singulier. On qualifie de **typiques** les principaux caractères propres à un groupe d'individus ou d'objets *(la toiture typique de la maison landaise, un personnage typique de la commedia dell'arte)*. **Spécifique** caractérise ce qui est propre à une chose et à une seule *(le bouquet spécifique d'un vin, un médicament spécifique à une affection)*. **Particulier** se dit de ce qui donne à quelqu'un ou quelque chose son caractère distinctif, original *(le charme particulier d'un paysage d'automne)*.

typiquement *adv.* · spécifiquement · par excellence · proprement

typo *n.f.* → typographie

typographe *n.* · composeur · compositeur · imprimeur · metteur en pages · minerviste · prote *vieilli* · paquetier *vieux*

typographie *n.f.* · imprimerie · composition · typo *fam.*

typologie *n.f.* **1 - classification** · catégorisation · classement · nomenclature · taxinomie · **2 - systématique**

tyran *n.m.* · oppresseur · autocrate · despote · dictateur · potentat

tyrannie *n.f.* **1 - autoritarisme** · autocratie · despotisme · dictature · oppression · joug *littér.* · **2 - contrainte** · emprise · diktat · servitude

tyrannique *adj.* **1 - absolu** · arbitraire · autocratique · despotique · dictatorial · oppressif · **2 - autoritaire** · despote · dominateur · impérieux

CONTR. libéral – débonnaire ı doux

tyranniquement *adv.* · impérieusement · irrésistiblement

tyranniser *v.tr.* **1 - opprimer** · asservir · assujettir · contraindre · forcer · écraser · persécuter · **2 - dominer** · régenter

ubiquité n.f.
✦ **avoir le don d'ubiquité**   se dédoubler · être omniprésent · être partout à la fois

ukase n.m. · diktat · commandement · ordre

ulcération n.f. · lésion · plaie · ulcère

ulcère n.m. · ulcération · chancre vieux

ulcéré, e adj. **1 -** froissé · blessé · contrarié · humilié · mortifié · vexé · **2 -** exaspéré · hors de soi · révolté · scandalisé

ulcérer v.tr. **1 -** froisser · affliger · blesser · contrarier · heurter · humilier · mortifier · piquer · vexer · **2 -** exaspérer · irriter · révolter · scandaliser

ultérieur, -ieure adj. · prochain · futur · postérieur · suivant · à venir · subséquent vieux ou littér.
CONTR. antécédent ׀ antérieur

ultérieurement adv. · après · ensuite · par la suite · plus tard · postérieurement · subséquemment vieux ou littér.
CONTR. antérieurement

ultimatum n.m. · sommation · commandement · exigence · intimation · injonction · mise en demeure · ordre

ultime adj. · dernier · extrême · final · suprême · terminal

ultra n. · extrémiste · jusqu'au-boutiste · maximaliste · pur et dur

ultramoderne adj. · de pointe · d'avant-garde · dernier cri fam.

un adj., article et pron.
✦ **ne faire qu'un avec**   faire corps avec · être en parfaite symbiose avec
✦ **un à un**   l'un après l'autre · à la file · à la queue leu leu · en file indienne
✦ **l'un dans l'autre**   tout bien considéré · en définitive · tout compte fait

unanime adj. **1 - général** · absolu · collectif · commun · complet · entier · sans exception · total · universel · **2 -** [au plur.] d'accord · du même avis · de la même opinion · unis
CONTR. contradictoire ׀ partagé – en désaccord

unanimement adv. · d'un commun accord · en chœur · collectivement · complètement · entièrement · par tous · sans exception · totalement · à l'unanimité · comme un seul homme fam.

unanimité n.f. **1 - accord** · assentiment · entente · consensus · consentement · **2 -**

communauté de vues • conformité • ensemble • harmonie
CONTR. contradiction ı discorde – minorité ı partage

uni, e *adj.*
I 1 - joint • connexe • indissociable • réuni • d'un seul tenant • 2 - solidaire • soudé • 3 - homogène • cohérent
II 1 - lisse • égal • nivelé • plan • plat • plain *vieux* • 2 - monochrome • unicolore • 3 - calme • monotone • tranquille • uniforme
✦ **très unis** inséparables • comme les (deux) doigts de la main • comme cul et chemise *fam.*
CONTR. disjoint – désuni – accidenté ı inégal ı rugueux – bigarré ı orné – passionnant

unification *n.f.* 1 - normalisation • alignement • harmonisation • homogénéisation • nivellement • standardisation • uniformisation • 2 - réunion • fusion • intégration • jonction • rassemblement • regroupement • union
CONTR. division ı schisme ı séparation ı fédéralisme

unifier *v.tr.* 1 - normaliser • aligner • égaliser • harmoniser • homogénéiser • niveler • standardiser • uniformiser • 2 - unir • fusionner • rassembler • regrouper • réunir
CONTR. désunir ı séparer ı différencier ı diversifier ı contraster ı s'opposer

¹uniforme *adj.* 1 - régulier • constant • continu • égal • invariable • réglé • régulier • 2 - homogène • cohérent • uni • 3 - identique • analogue • même • pareil • semblable • standardisé • 4 - monotone • égal • insipide • régulier • simple • uni
CONTR. inégal ı irrégulier – distinct – divers ı original – divertissant ı passionnant

²uniforme *n.m.* tenue • habit

uniformément *adv.* 1 - régulièrement • également • 2 - identiquement • également • pareillement • semblablement

uniformisation *n.f.* • égalisation • homogénéisation • nivellement • normalisation • standardisation • unification

uniformiser *v.tr.* • égaliser • aplanir • homogénéiser • niveler • normaliser • standardiser • unifier
CONTR. diversifier

uniformité *n.f.* 1 - régularité • égalité • 2 - homogénéité • cohérence • unité • 3 - monotonie • égalité • platitude • régularité • 4 - identité • ressemblance • standardisation
CONTR. diversité ı inégalité ı variété ı contraste

unilingue *adj.* • monolingue

uniment *adv.* • également • régulièrement • invariablement
✦ **tout uniment** franchement • sans ambages • sans détour • sans façon • simplement • sans tourner autour du pot *fam.*

union *n.f.* 1 - mariage • hymen *littér. ou vieux* • hyménée *littér. ou vieux* • 2 - conjonction • alliance • assemblage • association • combinaison • conjugaison • fusion • liaison • 3 - entente • accord • amitié • attachement • camaraderie • communion • concorde • fraternité • solidarité • 4 - fédération • association • coalition • confédération • entente • groupement • ligue • parti • 5 - accouplement • coït
✦ **union libre** concubinage • collage *fam.* • mariage de la main gauche *vieux*
CONTR. divorce ı rupture ı séparation – dissonance ı opposition – désunion ı division ı discorde ı dissension

unique *adj.* 1 - seul • exclusif • isolé • à part • particulier • singulier • 2 - exceptionnel • d'exception • extraordinaire • hors du commun • hors ligne • hors pair • incomparable • inégalable • inimitable • irremplaçable • sans égal • sans pareil • sans rival • sans second • nonpareil *littér. ou vieux* • 3 - [fam.] inouï • curieux • étonnant • incroyable • spécial • stupéfiant • impayable *fam.* • trop *lang. jeunes*
CONTR. multiple ı plusieurs ı différent ı divers – commun ı habituel

uniquement *adv.* • exclusivement • purement • rien que • seulement • simplement • spécialement • strictement

unir *v.tr.* **1 - agglutiner** • agréger • amalgamer • assembler • attacher • confondre • fondre • fusionner • joindre • lier • marier • mélanger • mêler • raccorder • réunir • souder • **2 - allier** • fédérer • réunir **3 - lier** • assortir • joindre • raccorder • rapprocher • relier • réunir

➤ **s'unir** *v.pron.* **1 - se marier** • s'épouser • se pacser • se mettre la bague au doigt *fam.* • convoler (en justes noces) *vieux ou plaisant* • **2 - s'allier** • s'associer • se coaliser • faire bloc • faire front commun • se liguer • se solidariser • **3 - se mêler** • confluer • se fondre • fusionner • se mélanger • se joindre
CONTR. disjoindre ׀ dissocier ׀ isoler ׀ séparer – opposer – désassortir ׀ opposer – se séparer

➥ **joindre**

unisson *n.m.* [Mus.] consonance
✦ **à l'unisson 1 - de concert** • de conserve • en même temps • en chœur • d'un même ton • d'une même voix • ensemble • simultanément • **2 - en accord** • en harmonie
CONTR. dissonance ׀ polyphonie – séparément – en désaccord

unité *n.f.*
I **1 - cohérence** • cohésion • homogénéité • harmonie • régularité • **2 - communauté** • accord • conformité • identité • similitude • uniformité • **3 -** [Droit] **indivisibilité • 4 -** [Relig.] **consubstantialité**
II **1 - élément** • composant • composante • constituant • partie (constitutive) • pièce • **2 - troupe** • bataillon • compagnie • corps • division • régiment • section
✦ **à l'unité** à la pièce • un par un • [prix] unitaire
CONTR. discordance ׀ incohérence ׀ hétérogénéité – diversité – ensemble

univers *n.m.* **1 - cosmos** • ciel • espace • galaxie • monde • nature • **2 - globe** • monde • planète • terre • **3 - domaine** • champ d'activité • cercle • milieu • sphère

universaliser *v.tr.* • diffuser • généraliser • globaliser • mondialiser • propager • répandre

universel, -elle *adj.* **1 - cosmique** • astral • céleste • **2 - mondial** • global • international • planétaire • **3 - général** • commun • unanime • **4 - encyclopédique** • complet • érudit • omniscient • savant
CONTR. individuel ׀ particulier ׀ partiel – spécialisé

universellement *adv.* • mondialement • internationalement • planétairement • à l'échelle mondiale, planétaire
CONTR. individuellement

université *n.f.* • faculté • fac *fam.* • alma mater *souvent plais.*

univitellin, e *adj.* • monozygote • uniovulaire

univoque *adj.* **1 -** [mot] **monosémique** • **2 - unique**

untel *n.m.* • Tartempion *fam.* • machin *fam.* • truc *fam.* • trucmuche *fam.*

uppercut *n.m.* • crochet

urbain, e *adj.* **1 - citadin** • **2 - municipal** • communal • **3 -** [littér.] **courtois** • affable • amène • poli • civil *vieux*
CONTR. agreste ׀ campagnard ׀ rural – grossier ׀ inconvenant

urbanité *n.f.* • courtoisie • affabilité • aménité • politesse • civilité *vieux*

urgemment *adv.* → d'urgence

urgence *n.f.* **1 - empressement** • hâte • **2 - gravité**
✦ **d'urgence** sans délai • en toute hâte • immédiatement • sans attendre • sans tarder • sur-le-champ • tout de suite • urgemment
CONTR. plus tard

urgent, e *adj.* · pressé · impératif · impérieux · pressant

> **urgent, pressant**
> On qualifie d'**urgent** ou de **pressant** ce qui contraint à agir sans délai. Par rapport à urgent *(des travaux urgents, une réparation, une lettre, une tâche urgente)*, **pressant** renchérit sur la nécessité de faire rapidement ce qui doit l'être *(régler des affaires pressantes, céder à des ordres pressants)* et s'applique à ce qui exige une solution urgente *(faire face à un danger pressant)* ; par euphémisme, il se dit d'un besoin naturel urgent *(c'est un besoin pressant)*.

urger *v.intr.* [fam.] → **presser**

urine *n.f.* · pipi *fam.* · pisse *fam.* • [d'animaux] pissat

uriner *v.intr.* · faire pipi *fam.* · faire ses besoins *fam.* · pisser *fam.* · se soulager *fam., euph.* • [involontairement] s'oublier *fam., euph.*

urinoir *n.m.* · vespasienne · pissotière *fam.* · pissoir *région.*

urne *n.f.* · vase • [Archéol.] cérame · cratère
+ **urne funéraire** canope

us et coutumes *n.m.pl.* · habitudes et usages

usage *n.m.* **1 -** emploi · utilisation • [de drogue] consommation • [Droit] usufruit · jouissance · **2 -** fonction · destination · utilité · **3 -** coutume · habitude · mode · mœurs · us *vieilli* · **4 -** activité · exercice · fonctionnement

+ **d'usage** courant · habituel · rituel · traditionnel
+ **à l'usage de** destiné à · dédié à
+ **en usage** employé · usité · usuel
+ **faire usage de** utiliser · employer · se servir de · user de

+ **hors d'usage** cassé · hors service · irréparable · H.S. *fam.* · fichu *fam.* · foutu *fam.*

≫ **usages** *plur.* **1 -** bienséance · civilité · convenances · politesse · savoir-vivre · **2 -** cérémonial · décorum · étiquette · forme · protocole · rites

CONTR. non-usage – inhabituel

↪ **emploi** ↪ **habitude**

usagé, e *adj.* · usé · décrépit · défraîchi · délabré · détérioré · éculé · fatigué · passé · vétuste · vieilli

usager *n.m.* · abonné · client · utilisateur

usant, e *adj.* · épuisant · éreintant · exténuant · crevant *fam.* · tuant *fam.*

usé, e *adj.*
I **1 -** élimé · abîmé · abrasé · détérioré · émoussé · entamé · râpé · rogné · usagé · vieux · **2 -** avachi · déchiré · déformé · défraîchi · fatigué · fripé · râpé · usagé · **3 -** décrépit · amoindri · délabré · détruit · dévasté · épuisé · fatigué
II **1 -** émoussé · démodé · éteint · fini · **2 -** banal · commun · éculé · facile · rebattu · réchauffé · ressassé · archiconnu *fam.* · bateau *fam.*

+ **très usé** usé jusqu'à la corde

user *v.tr.* **1 -** élimer · abîmer · abraser · émousser · entamer · mordre · râper · roder · rogner · **2 -** consommer · absorber · dépenser · détruire · dévorer · épuiser · manger · **3 -** miner · affaiblir · amoindrir · consumer · détruire · épuiser · fatiguer · gâter

+ **user de** utiliser · déployer · disposer de · employer · exercer · faire jouer · faire usage de · jouer de · jouer la carte de · mettre en œuvre · avoir recours à · recourir à · se servir de · tirer parti de · tirer profit de

≫ **s'user** *v.pron.* **1 -** se fatiguer · s'épuiser · perdre ses forces · **2 -** faiblir · chanceler · mollir · perdre ses forces · se relâcher · vaciller

usine *n.f.* • fabrique • industrie • manufacture

usiner *v.tr.* • façonner • fabriquer

usité, e *adj.* • banal • courant • coutumier • employé • fréquent • habituel • ordinaire • répandu • usuel • utilisé
➣ usuel

ustensile *n.m.* **1 -** accessoire • appareil • engin • instrument • matériel • outil • récipient • **2 -** chose • engin *fam.* • machin *fam.* • truc *fam.* • zinzin *fam.*

usuel, -elle *adj.* • commun • banal • courant • familier • fréquent • ordinaire • usité
CONTR. archaïque ∣ désuet

➣ **usuel, usité**
Usuel et usité s'appliquent tous deux à la langue, à une forme, à un terme, etc. en *usage*. Usité est d'emploi didactique *(le vocabulaire le plus usité, une orthographe usitée, les expressions usitées)*. Usuel marque qu'un mot, une forme linguistique sont dans l'usage courant *(le langage, le sens usuel ; une formule, une périphrase usuelle, le temps le plus usuel pour exprimer le passé)*. Usuel s'emploie également dans d'autres contextes *(un outil, un fait usuel ; des procédés usuels)*, notamment à la forme impersonnelle *(il est, il n'est pas usuel de voir cela)*.

usuellement *adv.* • communément • couramment • habituellement • d'ordinaire • ordinairement • régulièrement

usufruit *n.m.* • jouissance • usage
✦ **avoir l'usufruit de** jouir de • avoir la jouissance • avoir l'usage de • bénéficier de • disposer de

¹**usure** *n.f.* • intérêt, taux excessif

²**usure** *n.f.* **1 -** dégradation • abrasion • corrosion • détérioration • dommage • éraillement • érosion • vétusté • [d'une monnaie] frai • **2 -** diminution • affaiblissement • amoindrissement • érosion

usurier, -ière *n.* • prêteur sur gages • fesse-mathieu *vieux*

usurpateur, -trice *n.* • imposteur

usurpation *n.f.* • appropriation • confiscation • empiètement • mainmise • prise (de possession)

usurper *v.tr.* **1 -** s'approprier • s'arroger • s'attribuer • s'emparer de • saisir • **2 -** voler • dérober • ravir
✦ **usurper sur** [des droits] empiéter sur

utérus *n.m.* • matrice • ventre • entrailles *littér.* • flanc *vieux* • sein *vieux*

utile *adj.* **1 -** avantageux • commode • indispensable • fructueux • payant • profitable • salutaire • expédient *littér.* • **2 -** efficace • secourable • **3 -** judicieux • prudent
✦ **en temps utile** au moment opportun • le moment venu
CONTR. inutile – inefficace – superflu ∣ nuisible

utilement *adv.* • efficacement • avantageusement • fructueusement • profitablement
CONTR. inutilement

utilisable *adj.* • employable • exploitable • [voie] carrossable • praticable
CONTR. inexploitable ∣ inutilisable

utilisateur, -trice *n.* • usager

➣ **utilisateur, usager**
L'idée d'utiliser quelque chose est commune à **utilisateur** et **usager**. Utilisateur s'emploie dans des contextes variés pour une personne qui *utilise*

une machine, un appareil, un programme, etc. *(l'utilisateur d'une calculatrice, d'un logiciel ; les utilisateurs de l'énergie électrique ; les utilisateurs de l'écrit, de l'oral)*. **Usager** est réservé aux utilisateurs de la langue *(les usagers du français)* et aux utilisateurs d'un service public, du domaine public *(les usagers de la route, les usagers du métro ; une redevance payée par les usagers)*.

utilisation *n.f.* **1 - emploi** · exploitation · maniement · usage · **2 - fonction** · application · destination · utilité

utiliser *v.tr.* **1 - employer** · manier · avoir recours à · recourir à · s'aider de · se servir de · user de · **2 - exploiter** · faire appel à · jouer de · jouer la carte de · mettre à profit · mettre en jeu · profiter de · tirer profit de · tirer parti de

✦ **utiliser tous les moyens** faire feu, flèche de tout bois

utilitaire *adj.* **1 - pratique** · fonctionnel · **2 - matérialiste** · intéressé · pratique · prosaïque · réaliste · terre à terre

CONTR. désintéressé ı gratuit

utilité *n.f.* · avantage · bienfait · efficacité · intérêt · profit · secours · usage

✦ **jouer les utilités** avoir un rôle secondaire · faire le bouche-trou · faire le second couteau

CONTR. futilité ı gratuité ı inefficacité ı inutilité – avoir le premier rôle

utopie *n.f.* **1 - idéal** · **2 - chimère** · fantasme · illusion · mirage · rêve

    🙰   **utopie, idéal**

    Utopie et **idéal** évoquent tous deux une conception de l'esprit qui vise à construire quelque chose. Un **idéal** est ce qui, imaginé conforme à la perfection, est pris pour but d'une action *(un idéal de liberté, de justice)* : « Il me fallait trouver (...) au-dessus de moi-même, un idéal de force, de vérité, un type de perfection immuable à embrasser » (George Sand, *Histoire de ma vie*). Une **utopie** a la forme d'un plan, d'un système imaginaire pour fonder une société future idéale *(une utopie sociale, humanitaire, pacifiste)* : « Des gens se font tuer pour que leur sang fasse descendre l'utopie du ciel sur la terre » (Gide, *Journal, juin 1933*).

utopique *adj.* **1 - idéaliste** · **2 - chimérique** · illusoire · imaginaire · impossible · inaccessible · irréalisable · irréaliste · mythique • [vision] rose *fam.*

utopiste *n. et adj.* **1 - idéaliste** · **2 - rêveur** · illuminé · poète · songe-creux *péj.*

vacance *n.f.* **1** - disponibilité · carence · inoccupation · **2** - vacuité · vide · **3** - [Droit] vacation

⋙ **vacances** *plur.* congé · détente · permission · loisirs · relâche · repos · villégiature
CONTR. rentrée – occupation ı travail

vacancier, -ière *n.* · estivant · aoûtien · hivernant · juillettiste · touriste · villégiateur *vieilli*

vacant, e *adj.* **1** - inoccupé · disponible · inhabité · libre · vide · abandonné *(Droit)* · **2** - [poste] **à pourvoir** · disponible
CONTR. occupé ı pris ı rempli
↬ disponible

vacarme *n.m.* · tumulte · bruit · chahut · charivari · raffut · tapage · tintamarrre · tohu-bohu · barouf *fam.* · bordel *fam.* · boucan *fam.* · chambard *fam.* · raffut *fam.* · ramdam *fam.* · sabbat *fam.*
CONTR. murmure ı silence

> ✎ vacarme, tumulte
> **Vacarme** et **tumulte** évoquent l'idée de grand bruit. On parle de **vacarme** lorsque ce bruit est provoqué par des gens qui se querellent, crient ou s'amusent *(faire du vacarme, arrêtez ce vacarme !, un vacarme assourdissant)* ; le **vacarme** peut provenir de choses *(le vacarme de la rue, un vacarme de casseroles, de sirènes, de pétards)*. Le **tumulte**, toujours confus comme le *brouhaha*, est souvent accompagné de désordre ; il est provoqué par une foule ou une assemblée de personnes *(parler fort pour dominer le tumulte)* : « Toutes sortes de propos s'ensuivirent (...) un tumulte de paroles qui bientôt s'éparpilla en conversations particulières » (Flaubert, *l'Éducation sentimentale*, II, 1).

vacataire *adj. et n.* · auxiliaire · contractuel · intérimaire

vacation *n.f.* **1** - séance · audience · débat · réunion · session · **2** - honoraires · commission · émoluments · indemnité · rétribution

vacciner *v.tr.* **1** - immuniser (par un vaccin) · **2** - [souvent au passif] **préserver de** · prémunir contre · protéger de

vache
■ *adj.* méchant · dur · sévère · chien *fam.* · dégueulasse *fam.* · rosse *fam.* · salaud *très fam.* · vachard *fam.*
■ *n.f.*
I **1** - [jeune] génisse · taure · **2** - [fam.] chameau *fam.* · carne *fam.* · rosse *fam.* · saleté *fam.*
✦ **vache marine** dugon
CONTR. chic ı gentil ı indulgent

vachement *adv.* · très · formidablement · incroyablement · bigrement *fam.* · bougrement *fam.* · drôlement *fam.* · fichtrement *fam.* · foutrement *très fam.* · hyper *fam.* · rudement *fam.* · sacrément *fam.* · super *fam.*

vacher, -ère *n.* · gardien de troupeaux · bouvier · cow-boy · toucheur de bœufs *vieux* · [en Camargue] gardian · manadier · [en Amérique du Sud] gaucho

vacherie *n.f.* · méchanceté · crasse · saleté · sale tour · entourloupe *fam.* · entourloupette *fam.* · mistoufle *fam.* · saloperie *fam.* · tour de cochon *fam.*
CONTR. gentillesse

vacillant, e *adj.* **1 -** chancelant · branlant · flageolant · titubant · tremblant · **2 - clignotant** · clignant · frissonnant · oscillant · papillotant · palpitant · scintillant · tremblant · tremblotant · tressautant · **3 - incertain** · flottant · hésitant · indécis · instable · irrésolu · mobile · versatile
CONTR. fixe | immobile | assuré | ferme | sûr | décidé

vacillement *n.m.* **1 - balancement** · clignotement · frissonnement · oscillation · palpitation · tremblement · tremblotement · **2 - doute** · incertitude · indécision · irrésolution · mobilité · valse-hésitation · variabilité

vaciller *v.intr.* **1 - se balancer** · branler · chanceler · chavirer · flageoler · tanguer · tituber · trembler · **2 - clignoter** · cligner · frissonner · osciller · papilloter · palpiter · scintiller · trembler · trembloter · tressauter · **3 - faiblir** · s'affaiblir · chanceler · fléchir

vacuité *n.f.* · vide · néant · viduité *abusivt*
CONTR. plénitude

vade-mecum *n.m.* **1 - guide** · manuel · **2 - aide-mémoire** · calepin · répertoire

¹**vadrouille** *n.f.* [Mar.] balai · faubert

²**vadrouille** *n.f.* **promenade** · balade *fam.* · virée *fam.* · baguenaude *vieux*
✦ **être toujours en vadrouille** ne jamais être chez soi · être toujours sorti · être toujours par monts et par vaux

vadrouiller *v.intr.* → vagabonder

va-et-vient *n.m. invar.* **1 - oscillation** · balancement · branle · mouvement alternatif · **2 - allées et venues** · navette · **3 - circulation** · passage · trafic

vagabond, e
■ *adj.* nomade · errant · instable · itinérant
■ *n.* **1 - clochard** · rôdeur · sans-abri · S.D.F. · cloche *fam.* · clodo *fam.* · va-nu-pieds *vieilli* · chemineau *vieux* · galvaudeux *vieux* · gueux *vieux* · **2 -** [littér.] **aventurier** · voyageur · bourlingueur *fam.*

vagabondage *n.m.* · flânerie · errance *littér.*

vagabonder *v.intr.* **1 - se promener** · se baguenauder · courir les rues · déambuler · errer · flâner · musarder · traînasser · traîner · traînailler *fam.* · vadrouiller *fam.* · **2 - divaguer** · errer · flotter · vaguer *littér.*

vagissement *n.m.* → cri

¹**vague** *adj.* [terrain] à l'abandon

²**vague**
■ *adj.*
I 1 - confus · flou · imprécis · incertain · indécis · indéfini · indéterminé · **2 -** [vêtement] **ample** · flottant · flou · lâche · large · vaporeux
II 1 - approximatif · ambigu · confus · imprécis · nébuleux · obscur · fumeux *fam.* · **2 - indéfini** · indiscernable · indéterminable · sourd · trouble · **3 - obscur** · insignifiant · quelconque
■ *n.m.* · flou · imprécision · indétermination

✦ **vague à l'âme**   mélancolie · blues *fam.* · cafard *fam.* · spleen *littér.*

CONTR. défini ı déterminé ı distinct – précision

³**vague** *n.f.* **1 - lame** · brisant · mouton · rouleau · vaguelette · **2 - déferlement** · afflux · avalanche · flot · marée · ruée · rush · onde *littér.*

✦ **vague déferlante**   barre · mascaret
✦ **vague de fond**   lame de fond · raz-de-marée · tsunami

⇝ **vagues** *plur.* **1 - flots** · moutonnement · onde *littér.* · [grosses] houle · **2 - scandale** · difficultés · remous

   ↪   vague, flot, onde

   Vague, flot et onde évoquent les mouvements de l'eau qui se soulève et s'abaisse sous l'action des courants, du vent, etc. **Vague**, au singulier ou au pluriel, s'emploie plutôt pour les eaux de la mer ou d'un lac *(une vague déferlante, puissante, l'écume, le clapotis des vagues)*. **Flot**, au pluriel, concerne toutes les eaux en mouvement *(les flots de l'océan, d'une rivière, des flots agités, mouvants, la surface des flots)*. Dans un usage littéraire, **onde** a la même valeur que flot *(l'onde du fleuve, l'onde bouillonnante, les ondes écumantes)*.

vaguelette *n.f.* · vague · ondulation · ride · [au plur.] clapotement · clapot · clapotis

vaguement *adv.* **1 - confusément** · indistinctement · imparfaitement · **2 - approximativement** · évasivement · imprécisément *littér.* · **3 - un peu** · à peine · faiblement · légèrement

CONTR. distinctement ı nettement ı précisément

vaillamment *adv.* · bravement · courageusement · gaillardement · hardiment · héroïquement · intrépidement · valeureusement

vaillance *n.f.* · bravoure · cœur · courage · hardiesse · héroïsme · intrépidité

CONTR. lâcheté ı faiblesse

vaillant, e *adj.* **1 - brave** · courageux · gaillard · hardi · héroïque · intrépide · preux *littér.* · sans peur et sans reproche *souvent plaisant* · crâne *vieilli* · **2 - en forme** · dispos · solide · vigoureux · pêchu *fam.*

CONTR. lâche – paresseux ı faible

vain, vaine *adj.* **1 - inefficace** · infructueux · inutile · stérile · superflu · **2 - dérisoire** · creux · frivole · futile · insignifiant · puéril · superficiel · captieux *littér.* · spécieux *littér.* · **3 - chimérique** · fallacieux · faux · illusoire · imaginaire · mensonger · trompeur · **4 -** [littér.] **prétentieux** · fat · infatué · orgueilleux · suffisant · vaniteux · puant *fam.*

✦ **en vain**   inutilement · peine perdue · en pure perte · sans résultat · sans succès · vainement · pour des prunes *fam.*

CONTR. efficace ı utile ı fondé

vaincre *v.tr.* **1 - battre** · abattre · anéantir · avoir raison de · écraser · l'emporter sur · mettre en déroute · mettre, tailler en pièces · renverser · défaire *littér.* · enfoncer *fam.* · laminer *fam.* · filer une raclée à *fam.* · filer la pâtée à *fam.* · **2 - surmonter** · dominer · faire disparaître · maîtriser · avoir raison de · triompher de · venir à bout de

vaincu, e *adj. et n.* · perdant · loser *anglic., fam.*

✦ **s'avouer vaincu**   abandonner · capituler · mettre les pouces · se rendre

CONTR. vainqueur

vainement *adv.* · inutilement · en pure perte · en vain · sans succès

vainqueur *n.m. et adj.*
I champion · gagnant · lauréat · triomphateur · victorieux

II [air] **triomphant** · prétentieux · avantageux · conquérant · suffisant

CONTR. vaincu

vaisseau *n.m.* **1 -** **artère** · capillaire · veine · **2 -** [vieilli] **navire** · bateau · bâtiment · **3 -** nef

✦ **vaisseau spatial**   engin spatial · astronef · spationef *vieilli*

↝ **bateau**

vaisselier *n.m.* · dressoir · crédence

vaisselle *n.f.* · plonge *fam.*

val *n.m.* → **vallée**

valable *adj.* **1 -** **valide** · en bonne et due forme · en règle · réglementaire · **2 -** **acceptable** · admissible · bon · fondé · justifié · légitime · recevable · sérieux · solide · **3 -** **autorisé** · qualifié · **4 -** [fam.] **compétent** · capable · efficace · estimable · de valeur

CONTR. caduc ı nul ı périmé – inacceptable ı injustifié

valablement *adv.* **1 -** **utilement** · efficacement · **2 -** **correctement** · convenablement · dûment

valdinguer *v.intr.* · tomber · dégringoler · rouler · chuter *fam.* · dinguer *fam.* · valser *fam.*

valet *n.m.* **domestique** · camérier · laquais · page · serviteur · larbin *péj.*

valétudinaire *adj.* · maladif · débile · mal en point · malingre · souffreteux · égrotant *littér.* · cacochyme *vieux*

↝ **maladif**

valeur *n.f.*
I **1 -** **prix** · cotation · cote · cours · coût · évaluation · montant · tarif · **2 -** **titre** · action · bon du trésor · effet de commerce · emprunt · obligation · part · rente · sicav

II **1 -** **mérite** · calibre · carrure · classe · envergure · étoffe · grandeur · pointure · qualité · stature · trempe · **2 -** [littér.] **bravoure** · courage · fermeté (d'âme) · héroïsme · vaillance · crânerie *vieilli* · **3 -** **noblesse** · dignité · générosité · grandeur (d'âme)
III validité · efficacité · intérêt · portée · utilité
IV équivalent · mesure

✦ **mettre en valeur**   accentuer · faire ressortir · faire un sort à · rehausser

✦ **de grande valeur**   inestimable · sans prix

✦ **sans valeur**   **1 -** **de quatre sous** · qui ne vaut pas un clou, un pet de lapin, tripette *fam.* · **2 -** **mauvais** · nul · à la gomme *fam.* · à la noix (de coco) *fam.* · à la flan *fam., vieilli* · à la graisse (d'oie, de chevaux de bois) *fam., vieilli* · à la mie de pain *fam., vieilli*

CONTR. médiocrité ı nullité ı non-valeur ı lâcheté

↝ **courage**

valeureux, -euse *adj.* · brave · courageux · vaillant · héroïque · sans peur et sans reproche *souvent plaisant* · preux *littér.*

CONTR. lâche

validation *n.f.* · confirmation · approbation · authentification · consécration · entérinement · homologation · ratification · sanction

CONTR. annulation ı invalidation

valide *adj.* **1 -** **bien portant** · en forme · fort · gaillard · robuste · sain · vigoureux · **2 -** **valable** · autorisé · en cours · légal · réglementaire

CONTR. impotent ı invalide ı malade – nul ı périmé

valider *v.tr.* · confirmer · approuver · authentifier · entériner · homologuer · ratifier · sanctionner

CONTR. annuler ı invalider

validité *n.f.* · conformité · régularité

valise *n.f.* · bagage · paquetage · balluchon *fam.* · valoche *fam.* • [petite] attaché-case · mallette · vanity-case

vallée *n.f.* • vallon • canyon • cluse • combe • défilé • dépression • gorge • goulet • ravin • ravine • val *vieilli ou Toponymie*

> **vallée, vallon**
>
> Vallée et vallon désignent, en géographie et couramment, une dépression naturelle. La **vallée**, plus ou moins évasée, doit sa formation à un glacier ou à un cours d'eau *(une vallée étroite, longue ; une vallée fertile ; le fond de la vallée ; la vallée de la Loire, du Nil)*. Le vallon, beaucoup plus petit, est une dépression logée entre deux collines *(un vallon resserré, boisé)* : « [Il] montra la gorge étroite qui semblait fermer ce vallon au-dessous de sa maison » (Balzac, *le Curé de village*).

vallon *n.m.* • vallée • val *vieilli ou Toponymie*
↪ **vallée**

vallonnement *n.m.* • courbe • mouvement (de terrain) • ondulation • relief

valoche *n.f.* → **valise**

valoir
- *v.tr.* **attirer** • apporter • causer • procurer
- *v.intr.* **1 - coûter** • se monter à • revenir à • se vendre à • **2 - égaler** • équivaloir à • peser • **3 - mériter** • être digne de • donner droit à
+ **valoir pour** concerner • intéresser • être applicable à
+ **valoir la peine de** gagner à • mériter de
+ **faire valoir** **1 - faire ressortir** • exalter • mettre en évidence • souligner • valoriser • **2 - exploiter** • faire fructifier • mettre en valeur
+ **se faire valoir** paraître • pavaner • se mettre en vedette • se mettre en valeur • se montrer à son avantage • frimer *fam.* • se faire mousser *fam.* • se pousser du col *fam.*
+ **vaille que vaille** tant bien que mal
↪ **se valoir** *v.pron.* avoir la même valeur
+ **ça se vaut** c'est du pareil au même • c'est blanc bonnet et bonnet blanc • c'est kif-kif (bourricot) *fam.*

valorisant, e *adj.* • gratifiant

valorisation *n.f.* **1 - plus-value** • **2 - mise en valeur** • amélioration • amendement • bonification • enrichissement • **3 - recyclage**
CONTR. dévalorisation

valoriser *v.tr.* **1 - donner une plus-value à** • faire prendre de la valeur à • **2 - recycler**
CONTR. dévaloriser

valser *v.intr.* [fam.] tomber • être projeté • dinguer *fam.* • valdinguer *fam.*

valve *n.f.* [Techn.] détecteur • charnière • clapet • diode • obturateur • redresseur • robinet • soupape

vamp *n.f.* • séductrice • femme fatale

vamper *v.tr.* • séduire • aguicher • allumer *fam.*

vandale *n.* • destructeur • dévastateur • hooligan *anglic.* • iconoclaste • saccageur • déprédateur *littér.* • casseur *fam.* • [de tombes, etc.] profanateur

vandaliser *v.tr.* • saccager • détériorer • dévaster • détruire • piller • [des tombes, etc.] profaner

vandalisme *n.m.* • déprédation • dégradation • destruction • détérioration • dévastation • saccage • [des tombes, etc.] profanation

vanité *n.f.* **1 - fatuité** • complaisance • fierté • morgue • orgueil • ostentation • présomption • prétention • suffisance • infatuation *littér.* • outrecuidance *littér.* • **2 -** [littér.] **futilité** • fragilité • frivolité • inconsistance • insignifiance • néant • précarité • vide • **3 - inutilité** • inanité • inefficacité
CONTR. modestie ı simplicité – utilité ı valeur
↪ **orgueil**

vaniteux, -euse *adj. et n.* • fat • avantageux • content de soi • faraud • imbu de soi-même • infatué • m'as-tu-vu • orgueilleux • poseur • prétentieux • satisfait de soi • suffisant • vain *littér.* • bêcheur *fam.* • crâneur *fam.*

✦ **être très vaniteux** être orgueilleux comme un paon, comme un pou

CONTR. modeste

vaniteusement *adv.* • prétentieusement • orgueilleusement • présomptueusement

¹**vanne** *n.f.* • barrage • bonde • déversoir • écluse

²**vanne** *n.f.* [fam.] sarcasme • pique • pointe • quolibet • raillerie • rosserie *fam.*

vanné, e *adj.* → fatigué

vanner *v.tr.* **1 - tamiser** • bluter • cribler • filtrer • passer • sasser **2 -** [fam.] → **fatiguer**

vantail *n.m.* • battant • panneau • volet

vantard, e *adj. et n.* • bluffeur • fabulateur • fanfaron • hâbleur • matamore • menteur • rodomont *littér.* • tartarin *fam.* • mytho *lang. jeunes*

vantardise *n.f.* • bluff • cabotinage • exagération • fanfaronnade • forfanterie • hâblerie • jactance • rodomontade • bidon *fam.* • chiqué *fam.* • épate *fam.* • esbroufe *fam.* • flafla *fam.* • frime *fam.*

vanter *v.tr.* louer • célébrer • complimenter • exalter • faire le panégyrique de • glorifier • porter au pinacle • porter aux nues • recommander • faire mousser *fam.*

✦ **vanter sa marchandise** faire l'article

⋙ **se vanter** *v.pron.* • fanfaronner • plastronner • se pousser du col • ramener sa fraise *fam.* • se faire mousser *fam.* • crâner *fam.* • frimer *fam.* • la ramener *fam.*

✦ **se vanter de** [+ infinitif] se flatter de • être fier de • se glorifier de • s'enorgueillir de • se prévaloir de • prétendre • se piquer de • se targuer de • se donner les gants de

CONTR. abaisser | dénigrer | déprécier – se rabaisser

🕮   **vanter, louer**

Vanter et louer partagent l'idée de faire l'éloge de quelqu'un ou de quelque chose. **Louer**, d'usage littéraire ou soutenu, met l'accent sur l'estime, l'admiration que l'on éprouve *(louer les qualités, la sagesse d'un ami ; louer le courage de son adversaire)*, la *louange* pouvant être exprimée en présence de l'intéressé. **Vanter** indique que l'éloge, souvent exagéré, a pour but d'attirer l'attention ou l'intérêt d'autrui sur la personne ou la chose vantée, éventuellement en leur absence *(vanter l'œuvre d'un architecte, l'intelligence de ses enfants, vanter les charmes du désert ; il nous vantait sa lessive)*.

va-nu-pieds *n. invar.* → vagabond

¹**vapeur** *n.f.* **1 - humidité** • brouillard • brume • buée • nuage **2 -** [vieilli] **émanation** • esprit • exhalaison • fumée • gaz

²**vapeur** *n.m.* • steamer *anglic.* • steamboat *anglic., vieilli*

vaporeux, -euse *adj.* **1 - nébuleux** • brumeux • flou • fondu • sfumato • voilé **2 - aérien** • délicat • éthéré • fin • inconsistant • léger • transparent • arachnéen *littér.*

vaporisateur *n.m.* • aérosol • atomiseur • brumisateur *nom déposé* • nébuliseur • pulvérisateur • spray

vaporisation *n.f.* • pulvérisation • atomisation • sublimation • volatilisation

vaporiser *v.tr.* • pulvériser • atomiser • disperser • dissiper • imprégner • parfumer • répandre • volatiliser

vaquer à v.intr. ind. s'adonner à · se consacrer à · se livrer à · s'occuper de · s'appliquer à

varappe n.f. · escalade · grimpe

varapper v.intr. · escalader · grimper

varappeur, -euse n. · grimpeur · escaladeur · rochassier vieux

varech n.m. · algues · fucus · goémon

vareuse n.f. → veste

variabilité n.f. · changement · évolution · fluctuation · incertitude · inconstance · instabilité · irrégularité · mobilité · versatilité

CONTR. constance ɪ immutabilité ɪ invariabilité

variable adj. · changeant · discontinu · fluctuant · imprévisible · incertain · inconstant · insaisissable · instable · irrégulier · mobile · modulable · mouvant · versatile

variable n.f. · paramètre · facteur · donnée

CONTR. constant ɪ immuable ɪ invariable

variante n.f. · leçon • [d'un film, etc.] mouture · version · remake anglic.

variation n.f. 1 - changement · évolution · fluctuation · modification · mouvement · mutation · oscillation · transformation • [dans l'humeur, le courant] saute · **2 - aléa** · vicissitude · **3 - écart** · amplitude · **4 -** [Statistiques] **dispersion** · oscillation · variance

varié, e adj. 1 - divers · diversifié · éclectique · multiple · **2 - hétéroclite** · complexe · composite · disparate · mélangé · mêlé · **3 -** [couleurs] **bigarré** · bariolé · chamarré · chatoyant · moiré · taché

CONTR. monotone ɪ uniforme

varier

▪ v.tr. **diversifier** · modifier · renouveler · transformer

▪ v.intr. **évoluer** · changer · diverger · fluctuer · osciller · se modifier · se transformer · bouger fam.

CONTR. (se) fixer

variété n.f. 1 - diversité · différence · éclectisme · hétérogénéité · pluralité · **2 - collection** · assortiment · choix · échantillon · éventail · gamme · ligne · mélange · mosaïque · palette · **3 - variante** · espèce · forme · genre · manière · type · variation · version · **4 - chanson** · music-hall

CONTR. monotonie ɪ uniformité

variole n.f. 1 - petite vérole · alastrim · **2 -** [d'animaux] **vaccine** · clavelée · picote

¹**vase** n.m. · coupe · bol · cruche · jarre · pot · potiche · récipient · urne • [Antiquité] amphore · canope · cérame · cratère · lécythe

²**vase** n.f. · boue · gadoue · limon · bouillasse fam. · bourbe littér. · fange littér.
⮩ boue

vaseux, -euse adj. 1 - boueux · bourbeux · limoneux · fangeux littér. · **2 -** [fam.] **abruti** · fatigué · mal en point fam. · mal fichu fam. · mal foutu fam. · vasouillard fam. · **3 -** [fam.] **confus** · brumeux · embarrassé · embrouillé · obscur

vasouiller v.intr. · s'embrouiller · patauger · cafouiller fam. · s'emberlificoter fam. · s'emmêler les pieds, les pédales, les pinceaux fam. · merder très fam. · merdoyer fam. · s'embarbouiller fam., vieilli

vassal n.m. 1 - [Moyen Âge] sujet · chevalier · feudataire · homme-lige · **2 - soumis** · assujetti · inféodé · inférieur · subordonné · satellite (Pol.)

vassaliser v.tr. · asservir · assujettir · inféoder · mettre sous son joug · subordonner · satelliser (Pol.) · subjuguer vieilli

vassalité *n.f.* • soumission • allégeance • asservissement • assujettissement • dépendance • servitude • subordination • satellisation *(Pol.)*

CONTR. autonomie

vaste *adj.* **1 - spacieux** • ample • de belles dimensions • étendu • grand • gigantesque • immense • imposant • large • **2 - considérable** • ambitieux • colossal • d'envergure • énorme • important

CONTR. exigu ı petit – limité ı succinct

↪ **grand**

va-t-en-guerre *n. invar.* • belliciste • batailleur • belliqueux • épervier • faucon

vaticinateur *n.* • devin • augure • prophète

vaticination *n.f.* • oracle • prophétie

vaticiner *v.intr.* • prédire • prophétiser

vaudeville *n.m.* → **comédie**

vaudevillesque *adj.* **1 - rocambolesque** • abracadabrant(esque) • à dormir debout *fam.* • tiré par les cheveux *fam.* • **2 - burlesque** • cocasse • d'un haut comique

vaurien, -ienne *n.* **1 - chenapan** • coquin • galopin • garnement • polisson • fripon *fam.* • galapiat *fam.* • mauvaise graine *fam.* • **2 - voyou** • canaille • gredin • fripouille *fam.* • petite frappe *fam.*

vautour *n.m.* **1 - charognard** • condor • griffon • gypaète • rapace • **2 - pirate** • requin • chacal • charognard • rapace

vautrer (se) *v.pron.* **1 - s'affaler** • se coucher • s'étaler • se prélasser • se rouler • se traîner • s'avachir *fam.* • **2 - s'adonner** • s'abandonner • se complaire • se livrer • sombrer • **3 -** [fam.] → **tomber**

va-vite (à la) *adv.* • hâtivement • à la hâte • précipitamment • à la six-quatre-deux *fam.* • [manger] sur le pouce *fam.* • avec un lance-pierres *fam.*

veau *n.m.* **1 - broutard** • bouvillon • taurillon • **2 -** [cuir] **box** • box-calf • daim • vélin • **3 -** [fam.] **nigaud** • paresseux

✦ **veau marin**   phoque

vécu, e

■ *adj.* **réel** • authentique • véridique • véritable • vrai

■ *n.m.* **expérience** • parcours (personnel)

vedette *n.f.* **1 - étoile** • star *anglic.* • superstar • tête d'affiche • **2 - sommité** • célébrité • gloire • personnalité • pointure *fam.* • **3 - embarcation** • bateau • canot

✦ **mettre en vedette**   mettre en évidence • mettre en vue

végétal *n.m.* • plante

végétatif, -ive *adj.* • inactif • désœuvré • inoccupé

végétation *n.f.* **1 - flore** • plantes • verdure • **2 - arborisation** • arborescence • arbre • dendrite

végéter *v.intr.* **1 - dépérir** • s'anémier • s'atrophier • s'étioler • se faner • se rabougrir • **2 - vivoter** • languir • s'encroûter *fam.* • moisir *fam.* • **3 - stagner** • ne pas avancer • patiner • patauger • piétiner

véhémence *n.f.* • impétuosité • ardeur • feu • flamme • fougue • frénésie • passion • vigueur • vivacité • violence

CONTR. calme ı froideur

véhément, e *adj.* • ardent • bouillant • bouillonnant • emporté • enflammé • fougueux • frénétique • impétueux • passionné • vif • violent

véhicule n.m.
I 1 - **automobile** · voiture · 2 - **autobus** · autocar · 3 - **moto** · motocycle · motocyclette
II **vecteur** · média · organe · support
✦ **véhicule spatial**   astronef · capsule · engin spatial · vaisseau spatial · spationef *vieilli*

véhiculer v.tr. 1 - **acheminer** · convoyer · transporter · voiturer · 2 - **diffuser** · faire passer · répandre · répercuter · transmettre

veille n.f. 1 - **insomnie** · éveil · vigilance · 2 - **surveillance** · faction · garde · quart · veillée · 3 - **jour précédent**
✦ **à la veille de**   sur le point de · juste avant
CONTR. sommeil – lendemain

veillée n.f. · soirée · après-dîner

veiller v.intr. 1 - **être éveillé** · être en éveil · 2 - **être de garde**
✦ **veiller à**   faire attention à · s'assurer de · avoir l'œil à · s'occuper de · prendre garde à · prendre soin de
✦ **veiller sur**   protéger · garder · préserver · s'occuper de · prendre soin de · surveiller · garder un œil sur *fam.*
CONTR. dormir

veilleur, -euse n. · garde · factionnaire · gardien · guetteur · sentinelle · vigie · rondier *rare*

veilleuse n.f. 1 - **feu de position** · lanterne · 2 - **lumignon**

veinard, e adj. et n. **chanceux** · chançard *fam.* · verni *fam.*

veine n.f. 1 - **vaisseau** · 2 - [de feuille] **nervure** · [de bois] veinure · 3 - **gisement** · filon · 4 - **verve** · inspiration · souffle · 5 - [fam.] **chance** · aubaine · baraka *fam.* · bol *fam.* · cul *très fam.* · fion *très fam.* · pot *fam.*
✦ **être en veine de**   être disposé à · être d'humeur à

✦ **avoir beaucoup de veine**   avoir une veine de cocu, de pendu *fam.* · avoir le cul bordé de nouilles *très fam.*

veiné, e adj. · marbré · marqueté · taché · veineux · vergeté · zébré · madré *vieux*

véliplanchiste n. · planchiste · windsurfiste

velléitaire adj. · hésitant · changeant · inconstant · indécis · instable · irrésolu · mou · ondoyant · pusillanime · sans volonté · versatile · aboulique *(Méd.)*

vélo n.m. · bicyclette · bécane *fam.* · biclou *fam.* · bicycle *Québec, fam.* · petite reine *fam., vieilli* · vélocipède *ancienn.*

véloce adj. · rapide · prompt · vif · vite *littér. ou Sport*

vélocité n.f. · rapidité · promptitude · vitesse · vivacité · célérité *littér.*

vélomoteur n.m. · cyclomoteur · motocyclette · mobylette *nom déposé*

velouté, e
■ adj. 1 - **duveté** · doux · duveteux · lustré · pelucheux · satiné · soyeux · velouteux · 2 - **onctueux** · moelleux
■ n.m. 1 - **douceur** · 2 - **onctuosité** · suavité
CONTR. âpre | dur | rêche

velu, e adj. · poilu · [Bot.] lanugineux · peluché · pubescent · tomenteux · villeux
CONTR. glabre

vénal, e adj. · corruptible · corrompu · cupide · intéressé · mercenaire

vénalité n.f. · corruptibilité · corruption · cupidité · mercantilisme

venant (à tout) *n.* · à chacun · à tout le monde · au premier venu

vendeur, -euse
- *adj.* accrocheur · alléchant · racoleur
- *n.* **1** - marchand · commerçant · camelot · **2** - représentant · V.R.P · commis-voyageur *vieilli*
+ **vendeur en gros** grossiste
+ **vendeur au détail** détaillant

CONTR. acheteur ı acquéreur ı client ı importateur

vendre *v.tr.* **1** - céder · aliéner *(Droit)* · **2** - [Commerce] écouler · débiter · faire commerce de · remettre *Belgique* · **3** - monnayer · négocier · se faire payer · **4** - se débarrasser de · se défaire de · bazarder *fam.* · **5** - [Bourse] liquider · brader · échanger · réaliser · rétrocéder · revendre · **6** - [fam.] trahir · dénoncer · livrer · donner *fam.*

⟫ **se vendre** *v.pron.* **1** - s'écouler · s'enlever · **2** - se donner · se prostituer

CONTR. acheter ı acquérir ı payer − conserver ı garder − donner

vendu, e
- *adj.* corrompu · ripou *fam.*
- *n.* crapule · délateur · félon · judas · traître

CONTR. intègre ı probe

venelle *n.f.* · ruelle

vénéneux, -euse *adj.* **1** - toxique · dangereux · empoisonné · nocif · vireux *didact.* · **2** - [littér.] néfaste

vénérable *adj.* **1** - respectable · apprécié · considéré · digne · éminent · estimable · honorable · respecté · révéré · auguste *littér.* · **2** - [âge] avancé · canonique · respectable · **3** - [Relig.] sacré · saint

vénération *n.f.* **1** - respect · admiration · considération · révérence · **2** - amour · adoration · idolâtrie · **3** - [Relig.] adoration · culte · dévotion · piété

CONTR. dédain ı mépris

vénérer *v.tr.* **1** - respecter · admirer · révérer · **2** - chérir · adorer · idolâtrer · vouer un culte à · **3** - [Relig.] adorer · honorer · révérer

CONTR. dédaigner ı mépriser

vénerie *n.f.* · chasse à courre · chasse à bruit · chasse noble, royale

vengeance *n.f.* **1** - revanche · représailles · rétorsion · riposte · loi du talion · vendetta *(Corse)* · **2** - châtiment · punition

venger *v.tr.* réparer · dédommager · laver · redresser

⟫ **se venger** *v.pron.* se faire justice · exercer des représailles · prendre sa revanche · rendre le mal pour le mal · riposter

+ **je me vengerai !** il ne perd rien pour attendre ! · ce sera œil pour œil, dent pour dent ! · je lui garde un chien de ma chienne !
+ **se venger de** rendre la monnaie de sa pièce à · avoir la peau de *fam.* · régler son compte à *fam.*

vengeur, -euse *adj.* · justicier

véniel, -ielle *adj.* **1** - excusable · anodin · bénin · insignifiant · léger · négligeable · pardonnable · sans gravité · **2** - [Relig.] rémissible

venimeux, -euse *adj.*
I **1** - haineux · malfaisant · malintentionné · malveillant · médisant · perfide · sournois · **2** - calomnieux · aigre · corrosif · empoisonné · fielleux · enfiellé *littér.*
II toxique · dangereux · empoisonné · [plante] vénéneux

venin *n.m.* **1** - poison · **2** - calomnie · acrimonie · fiel · haine · malignité · médisance · perfidie

venir *v.intr.*
I **1** - aller · se déplacer · passer · se rendre · radiner *fam.* · rappliquer *fam.* · s'amener *fam.* · se pointer *fam.* · viendre *barbarisme, plaisant* · **2** - approcher · avancer · se rapprocher

II 1 - pousser · apparaître · croître · se développer · **2 - apparaître** · arriver · se produire · survenir

✦ **venir naturellement**   couler de source
✦ **venir de**   **1 - être originaire de** · provenir de · **2 - émaner de** · provenir de · arriver de · avoir pour origine · avoir pour source · **3 - résulter de** · découler de · dériver de · se déduire de · procéder de · reposer sur · être le résultat de
✦ **à venir**   prochain · qui va arriver
✦ **faire venir**   **1 - appeler** · convoquer · demander · réclamer · solliciter · mander *littér.* · sonner *fam.* · **2 - commander** · faire apporter
✦ **en venir à**   **1 - aborder** · entamer · parler de · **2 -** [suivi de l'infinitif] **en arriver à** · en être réduit à · finir par

vent *n.m.* **1 - bise** · aquilon *poétique* · zef *argot* · [léger] brise · souffle · zéphyr *poétique* · **2 -** [sortes] alizé · autan · blizzard · bora · chergui · fœhn · harmattan · khamsin · mistral · noroît · simoun · sirocco · suroît · tramontane · **3 - flatulence** · flatuosité · gaz · pet · vesse *vieilli*

✦ **coup de vent**   bourrasque · rafale · grain · tornade · tourbillon
✦ **dans le vent**   actuel · (à la) mode · au goût du jour · branché *fam.* · in *anglic.*
✦ **c'est du vent !**   c'est des paroles en l'air ! · c'est des bobards ! *fam.* · c'est du pipeau ! *fam.*

vente *n.f.* **1 - cession** · **2 - débit** · écoulement · [au rabais] braderie · solde · liquidation
✦ **mettre en vente**   commercialiser · lancer · sortir
✦ **mise en vente**   commercialisation · lancement · sortie
✦ **vente à domicile**   démarchage · porte-à-porte

CONTR. acquisition ı achat

venté, e *adj.* · venteux · éventé

venteux, -euse *adj.* · vénté · éventé

ventilateur *n.m.* · aérateur · soufflerie · ventilo *fam.*

ventilation *n.f.* **1 - aération** · aérage · tirage · **2 - ventilateur** · soufflerie · **3 - répartition** · partage · péréquation · dispatching *anglic.*

ventiler *v.tr.* **1 - aérer** · souffler (sur) · **2 - répartir** · dispatcher · trier

ventral, e *adj.* · abdominal

ventre *n.m.* **1 - abdomen** · bedaine *fam.* · bedon *fam.* · bide *fam.* · bidon *fam.* · brioche *fam.* · buffet *fam.* · panse *fam.* · **2 -** [littér.] **sein** · entrailles · giron *littér.* · **3 - renflement** · panse
✦ **ventre à terre**   à toute vitesse · à bride abattue · à fond de train · en trombe · à fond les manettes *fam.* · à tout berzingue *fam.* · à donf *lang. jeunes*

ventripotent, e *adj.* · ventru · bedonnant · pansu

ventru, e *adj.* **1 - ventripotent** · bedonnant · pansu · **2 - renflé** · bombé · pansu

venue *n.f.* **1 - arrivée** · apparition · entrée · **2 - avènement** · approche · commencement · début · irruption · surgissement · **3 -** [de plantes] croissance · développement · pousse

CONTR. départ

vénus *n.f.* · beauté · déesse · houri · tanagra

ver *n.m.* · asticot · [petit] vermisseau · [des sables] arénicole · [parasites] oxyure · ankylostome · ascaride · filaire · strongle · ténébrion
✦ **ver solitaire**   ténia
✦ **ver de terre**   lombric

véracité *n.f.* **1 - exactitude** · authenticité · fidélité · justesse · vérité · véridicité *littér.* · **2 -** [littér.] **sincérité** · franchise

CONTR. fausseté ı mensonge – hypocrisie

verbal, e *adj.* • oral
CONTR. écrit
↳ **oral**

verbalement *adv.* • oralement • de vive voix

verbalisme *n.m.* [péj.] logomachie • verbalisme • verbiage • verbosité

verbe *n.m.* **1 -** [Théol.] **logos** • **2 - parole** • discours • propos • **3 - langage** • langue

verbeux, -euse *adj.* • bavard • délayé • diffus • logomachique • logorrhéique • phraseur • prolixe
CONTR. bref ı compendieux ı concis ı laconique ı lapidaire

verbiage *n.m.* • bavardage • délayage • logomachie • logorrhée • longueurs • phraséologie • remplissage • blabla *fam.*

verdâtre *adj.* • blafard • blême • glauque • olivâtre • plombé

verdeur *n.f.* **1 - énergie** • jeunesse • vitalité • **2 - gaillardise** • crudité • truculence
CONTR. débilité ı faiblesse

verdict *n.m.* • sentence • arrêt • arrêté • décision • jugement • ordonnance
↳ **jugement**

verdir *v.intr.* **1 - verdoyer** • **2 - blêmir** • pâlir • perdre ses couleurs

verdunisation *n.f.* • désinfection • épuration • javellisation

verdure *n.f.* **1 - végétation** • plantes • vert • **2 -** [fam.] **légumes verts**

véreux, -euse *adj.* **1 - corrompu** • indélicat • malhonnête • marron • pourri • ripou *fam.* • **2 - douteux** • louche • suspect • **3 -** [fruit] **gâté**

verge *n.f.* **1 - tige** • baguette • **2 - pénis** • phallus • membre viril • biroute *fam.* • bite *fam.* • braquemart *fam.* • manche *fam.* • pine *vulg.* • quéquette *fam.* • queue *fam.* • zizi *fam.* • zob *vulg.* • vit *vieux ou littér.* • [en érection] priape • ithyphalle *didact.*

verger *n.m.* • fruitier • ouche *région.*

vergeté, e *adj.* • rayé • tigré • zébré

vergetures *n.f.pl.* • vibices

verglas *n.m.* • gelée (blanche) • givre • glace • frimas *poétique*

vergogne (sans) *adv.* • effrontément • sans honte • sans pudeur • sans scrupule

vergue *n.f.* • agrès • antenne • envergure • balancine • bout-dehors • estrope • étrier • marchepied

véridicité *n.f.* → **véracité**

véridique *adj.* **1 - exact** • authentique • avéré • fidèle • juste • véritable • vrai • **2 -** [littér.] **sincère** • vrai
CONTR. faux ı inexact ı mensonger ı trompeur

vérificateur, -trice *n.* • contrôleur • inspecteur • vérifieur
♦ **vérificateur orthographique** correcteur orthographique

vérification *n.f.* **1 - contrôle** • épreuve • contre-épreuve • essai • examen • expertise • **2 -** [de comptes] **audit** • apurement • **3 - pointage** • récolement • **4 - confirmation** • preuve

vérifier *v.tr.* **1 - contrôler** • examiner • expertiser • réviser • [des comptes] auditer • apurer • [inventaire] pointer • récoler • **2 - essayer** • s'assurer de • éprouver • expérimenter • tester • **3 - confirmer** • corroborer • prouver • **4 - constater**

⇾ **se vérifier** *v.pron.* • se confirmer • être corroboré • se réaliser
CONTR. infirmer ׀ contredire

véritable *adj.* **1 –** réel • authentique • effectif • véridique • **2 –** naturel • authentique • pur • vrai • **3 –** vrai • avéré • franc • incontestable • sincère • sûr
CONTR. faux ׀ inexact ׀ apparent ׀ imaginaire ׀ inventé – artificiel ׀ imaginaire

véritablement *adv.* • réellement • assurément • bel et bien • en effet • par le fait • proprement • vraiment
CONTR. faussement

vérité *n.f.*
I 1 – authenticité • exactitude • fidélité • évidence • justesse • rigueur • valeur • véracité • vrai • véridicité *littér.* • **2 –** réalité
II 1 – axiome • loi • postulat • principe • **2 –** certitude • conviction • croyance • dogme • évidence
III 1 – justesse • naturel • ressemblance • vraisemblance • **2 –** franchise • authenticité • bonne foi • sincérité
✦ **vérité de La Palice** lapalissade • truisme
✦ **en vérité** vraiment • assurément • effectivement • en effet • en fait • réellement • véritablement • à vrai dire
✦ **c'est une vérité incontestable** c'est la loi et les prophètes *souvent plaisant* • c'est parole d'évangile
CONTR. erreur ׀ fausseté ׀ illusion ׀ ignorance ׀ contrevérité ׀ mensonge – absurdité – bobard ׀ conte ׀ invention – apparence ׀ fiction

vermeil, –eille *adj.* [teint] fleuri • cramoisi • écarlate • empourpré • rougeaud • rubicond • sanguin
CONTR. blafard ׀ pâle

vermifuge *adj.* • anthelminthique

vermillon *n.m.* → rouge

vermine *n.f.* **1 –** racaille • canaille • crapule • **2 –** parasites • gale • poux • puces • punaises

vermoulu, e *adj.* • piqué • piqueté • rongé

verni, e *adj.* **1 –** vernissé • luisant • brillant • **2 –** → chanceux

vernir *v.tr.* **1 –** laquer • peindre • **2 –** lustrer

vernis *n.m.* **1 –** enduit • émail • laque • **2 –** apparence • brillant • croûte • dehors • éclat trompeur • écorce • façade • teinture

vernissé, e *adj.* • luisant • brillant • verni

vérole *n.f.* [fam.] syphilis
✦ **petite vérole** variole

verre *n.m.* **1 –** cristal • pyrex *nom déposé* • securit *nom déposé* • **2 –** carreau • face-à-main • lorgnon • monocle • **3 –** chope • coupe • flûte • gobelet • godet • [à café] mazagran • **4 –** [fam.] pot *fam.* • bock *fam.* • canon *fam.* • coup *fam.* • drink *anglic., fam.* • godet *fam.*
⇾ **verres** *plur.* lunettes • bésicles *fam.* • binocles *fam.*
✦ **verres de contact** lentilles cornéennes

verrerie *n.f.* • cristallerie • miroiterie • vitrerie

verroterie *n.f.* • pacotille • clinquant • toc *fam.*

verrou *n.m.* • targette • fermeture • loquet

verrouillage *n.m.* • fermeture • blocage • [de portes] condamnation • [de quartier] bouclage • encerclement

verrouiller *v.tr.* **1 –** cadenasser • barricader • fermer au verrou • **2 –** bloquer • fermer • [des portes] condamner • [un quartier] boucler • encercler • **3 –** [une personne] enfermer • mettre sous les verrous • boucler *fam.* • coffrer *fam.* • **4 –** paralyser • bloquer
CONTR. déverrouiller

verrue n.f. • nævus • envie • grain de beauté • lentigo • papillome • poireau fam.

¹**vers** prép. **1 - en direction de** • à destination de • à la rencontre de • sur • **2 - du côté de** • dans les, aux environs de • aux abords de • à l'approche de • à proximité de • dans le voisinage de • au large de (Mar.)

²**vers** n.m.pl. poème • poésie
♦ **écrire des vers** [en amateur] taquiner la muse • [mauvais] rimailler vieilli

versant n.m. **1 - pente** • côté • face • pan • raillère région. • [nord] ubac • [sud] adret • **2 - aspect** • côté • facette

versatile adj. • changeant • capricieux • incertain • inconstant • instable • irrésolu • lunatique • ondoyant • variable • velléitaire
CONTR. entêté ı obstiné ı opiniâtre ı persévérant

versatilité n.f. • inconstance • caprices • changement • incohérence • instabilité • mobilité • variabilité
CONTR. entêtement ı obstination ı opiniâtreté ı persévérance

verse (à) loc. adv. • à torrents

versé, e adj.
♦ **versé dans** expert en • spécialiste de, en • savant en • passé maître dans

versement n.m. • paiement • dépôt • règlement • remise

verser
■ v.tr. **1 - répandre** • déverser • épandre • faire couler • [à table] servir • **2 - payer** • déposer • donner • régler • remettre • virer • **3 - apporter** • déposer • mettre • **4 - incorporer** • affecter • muter • nommer
■ v.intr. **tomber** • basculer • culbuter • capoter • se coucher • se renverser
♦ **verser dans** tomber dans • s'égarer dans

☙ **verser, répandre**
Verser et **répandre** s'emploient en concurrence au sens de « faire couler quelque chose ». **Verser** se dit couramment à propos d'un liquide contenu dans un récipient que l'on incline (*verser le café dans des tasses, verser de l'huile dans la poêle*) ; **verser** concerne aussi une substance solide mais pulvérulente (*verser du sable*). **Répandre**, dans des contextes analogues, implique une certaine dispersion ou un étalement de ce qui est versé (*répandre de l'eau sur sa chemise ; répandre une couche de goudron, des graines sur le sol*). Dans quelques emplois figés, **répandre** suppose une plus grande abondance que **verser** (*verser/répandre des larmes, verser/répandre le sang*).

versicolore adj. • multicolore • bariolé • bigarré • chamarré • polychrome

versificateur, -trice n.f. • rimeur péj. • rimailleur vieilli, péj.

versification n.f. • poésie • métrique • prosodie

versifier v.tr. • mettre en vers • faire rimer

version n.f. **1 - traduction** • **2 - état** • mouture • variante • **3 - interprétation** • compte rendu • exposé • narration • rapport • récit • relation
☙ traduction

verso n.m. • dos • derrière • envers • revers
CONTR. endroit ı recto

vert, verte
■ adj. **1 - blême** • blafard • bleu • livide • verdâtre • **2 -** [nuances] absinthe • amande • bronze • céladon • anis • émeraude • épinard • glauque • jade • olivâtre • olive • pistache • pomme • tilleul • [blason] sinople • **3 - alerte** • allègre • dispos • fringant • gaillard • ingambe •

vaillant · vif · vigoureux · **4 - acide** · aigre · sur · **5 - cru** · égrillard · gaulois · graveleux · osé · polisson · **6 - écologiste** · écolo *fam.*
■ *n.m.* **1 - verdure** · **2 - campagne**
CONTR. blet ı mûr ı passé – desséché ı sec

vertébral, e *adj.* · rachidien · spinal

vertèbres *n.f.* · colonne vertébrale · échine · épine dorsale · rachis

vertement *adv.* · brutalement · crûment · durement · rudement · sans ménagement · sèchement

vertical, e *adj.* · d'aplomb · debout · droit · perpendiculaire *vieux*
CONTR. horizontal ı oblique

verticalement *adv.* · d'aplomb · à pic · debout · droit · perpendiculairement *vieux*
CONTR. horizontalement ı obliquement

vertige *n.m.* **1 - éblouissement** · étourdissement · malaise · tournis *fam.* · acrophobie *(Méd.)* · **2 - enivrement** · euphorie · exaltation · excitation · folie · griserie · ivresse · trouble
✦ **donner le vertige** faire tourner la tête · donner le tournis *fam.*

vertigineux, -euse *adj.* · démesuré · astronomique · colossal · exorbitant

vertu *n.f.* **1 - qualité** · don · valeur · **2 - propriété** · capacité · caractéristique · faculté · pouvoir · qualité · **3 - honnêteté** · mérite · moralité · probité · valeur · **4 -** [vieilli ou plaisant, d'une femme] **chasteté** · fidélité · pudeur · pureté · sagesse · **5 -** [vieux] **courage** · cœur · force d'âme · valeur
CONTR. défaut ı vice – immoralité ı imperfection – débauche ı libertinage – lâcheté

vertueux, -euse *adj.* **1 -** [vieilli ou plaisant, femmes] **chaste** · fidèle · pur · **2 -**
[vieilli] **honnête** · impartial · intègre · méritant · moral · sage · **3 -** [vieux ou littér.] édifiant · exemplaire · méritoire
CONTR. corrompu ı débauché ı dépravé ı immoral ı lâche ı mauvais ı vicieux

verve *n.f.* **1 - éloquence** · brio · loquacité · prolixité · faconde *littér.* · bagou *fam.* · **2 -** [vieux] **inspiration** · fureur · souffle · veine
CONTR. platitude ı froideur

vésicule *n.f.* · ampoule · boursouflure · bouton · bulle · cloque · papule · phlyctène · pustule

vésiculeux, -euse *adj.* · vésiculaire

vespasienne *n.f.* urinoir · pissotière *fam.*

veste *n.f.* **1 - veston** · blazer · cardigan · jaquette · saharienne · vareuse • [courte] blouson · spencer • [chaude] anorak · caban · canadienne · doudoune · **2 -** [ancienn] **dolman** · hoqueton · soubreveste · **3 -** [fam.] → **échec**

vestiaire *n.m.* · dressing-room

vestibule *n.m.* · antichambre · entrée · hall · porche · salle d'attente • [d'église] narthex • [de temple] prostyle
↝ **hall**

vestige *n.m.* **1 -** [surtout au plur.] **débris** · décombres · ruine · trace · **2 - souvenir** · empreinte · marque · reste
↝ **trace**

vêtement *n.m.* **1 - habit** · vêture *vieux ou littér.* · fringue *fam.* · nippe *fam.* · guenille *fam., péj.* · loque *fam. péj.* · **2 -** [de travail] **bleu** · combinaison · livrée · salopette · **3 -** [Milit.] **uniforme** · **4 -** [Relig.] **aube** · chasuble · soutane · surplis
↝ **vêtements** *plur.* **1 - toilette** · mise · tenue · atours *littér.* · accoutrement *péj.* · affublement *péj.* · fripes *fam.* · frusques *fam.* · sapes *fam.* · **2 -** [de qqn] **affaires** · effets · garde-robe

vétéran n.m. 1 - ancien combattant · 2 - briscard · ancien · doyen · vieux de la vieille · vieux routier

CONTR. bleu ı commençant ı nouveau

vétille n.f. · bagatelle · babiole · bêtise · broutille · détail · misère · rien · bricole fam. · minutie vieux

➤ bagatelle

vétilleux, -euse adj. · chicaneur · chicanier · exigeant · formaliste · maniaque · méticuleux · minutieux · pointilleux · sourcilleux · tatillon · pinailleur fam. · coupeur de cheveux en quatre · enculeur de mouches très fam.

vêtir v.tr. 1 - habiller · couvrir · accoutrer péj. · affubler péj. · fagoter fam., péj. · fringuer fam. · 2 - déguiser · costumer · travestir

➤➤ **se vêtir** v.pron. · s'habiller · se couvrir · s'accoutrer péj. · s'attifer péj. · se fagoter fam., péj. · se fringuer fam. · se nipper fam. · se saper fam.

CONTR. dépouiller ı déshabiller ı dévêtir

veto n.m. invar. · opposition · refus

CONTR. accord ı assentiment

vêtu, e adj. · habillé · accoutré péj. · affublé péj. · mis · paré · fringué fam. · nippé fam. · sapé fam.

CONTR. nu

vétuste adj. · délabré · abîmé · antique · branlant · croulant · dégradé · détérioré · endommagé · en mauvais état · vieilli · qui a fait son temps

CONTR. moderne ı neuf ı récent

vétusté n.f. · délabrement · ancienneté · antiquité · dégradation · détérioration · mauvais état

CONTR. modernité

veule adj. · lâche · apathique · avachi · faible · inerte · mou · sans caractère · sans volonté · chiffe molle fam. · couille molle très fam.

CONTR. énergique ı ferme

veulerie n.f. · lâcheté · apathie · avachissement · faiblesse · mollesse

CONTR. énergie ı fermeté ı volonté

veuvage n.m. · viduité (Droit)

vexant, e adj. 1 - blessant · cinglant · désobligeant · froissant · humiliant · insultant · mortifiant · offensant · ulcérant · 2 - contrariant · agaçant · crispant · exaspérant · excédant · irritant · rageant fam. · râlant fam.

vexation n.f. · humiliation · brimade · gifle · insulte · mortification · persécution · rebuffade · sarcasme · tracasserie · avanie littér. · molestation rare

vexatoire adj. [littér.] humiliant

vexer v.tr. · blesser · choquer · dépiter · fâcher · froisser · heurter · humilier · indigner · mortifier · offenser · piquer au vif · scandaliser · ulcérer

➤➤ **se vexer** v.pron. se fâcher · se formaliser · se froisser · prendre la mouche fam.

CONTR. flatter

via prép. 1 - par le chemin, la route de · en passant par · en traversant · 2 - par l'intermédiaire de · par l'entremise de

viabilité n.f. · praticabilité

viable adj. 1 - durable · sain · stable · 2 - carrossable · praticable

CONTR. non-viable

viande n.f. · chair · barbaque fam. · bidoche fam. · [dure] carne fam. · semelle fam.

viatique n.m. · aide · secours · soutien · planche de salut

vibrant, e *adj.* **1 - retentissant** · cuivré · éclatant · intense · sonore · de stentor · tonnant · **2 - bouleversant** · ardent · déchirant · émouvant · lyrique · passionné · pathétique · prenant · touchant

vibration *n.f.* **1 - battement** · ébranlement · trépidation · **2 - onde** · **3 - frémissement** · frisson · tremblement

vibrer *v.intr.* **1 - trépider** · trembler · trémuler *rare* · **2 - retentir** · résonner · sonner · tinter · vrombir · **3 - être ému** · frémir · frissonner · palpiter · trembler

vice *n.m.* **1 - défectuosité** · défaut · imperfection · malfaçon · **2 - travers** · défaut · faible · faiblesse · tare · **3 - passion** · maladie · manie · virus *fam.* · **4 - dépravation** · débauche · dérèglement · dévergondage · inconduite · libertinage · luxure · mal · stupre *littér.*

CONTR. vertu
↝ **défaut**

vice-versa *adv.* · réciproquement · inversement

vicié, e *adj.* · pollué · impur · pestilentiel · souillé · corrompu *littér.*

CONTR. pur ı sain

vicier *v.tr.* **1 -** [Droit] **annuler** · **2 -** [vieux ou littér.] **altérer** · empester · gâter · infecter · polluer · souiller · corrompre *littér.*

CONTR. purifier

vicieusement *adv.* · perversement

vicieux, -ieuse *adj. et n.* **1 - débauché** · dévergondé · libertin · roué *littér.* · **2 - obscène** · dégoûtant · lubrique · libidineux · pervers · salace · cochon *fam.* · vicelard *fam.* · **3 - mauvais** · vachard *fam.* · **4 -** [cheval] **ombrageux** · rétif · **5 -** [vieux ou littér.] **corrompu** · immoral · mauvais · pervers · taré · **6 -** [vieux] **fautif** · impropre · incorrect · mauvais

CONTR. chaste ı pur ı vertueux – bon ı correct

vicissitudes *n.f.pl.* · aléas · accidents · coups du destin · hasards · incertitudes · mésaventures · tribulations · infortunes *littér.*

victime *n.f.* **1 - mort** · blessé · sinistré · tué · [offerte en sacrifice] hostie *vieux* · **2 - proie** · prise · **3 - bouc émissaire** · martyr · souffre-douleur

✦ **être victime de** souffrir · endurer · essuyer · être le jouet de · être la proie de · pâtir de · subir

✦ **traiter comme une victime** victimiser

CONTR. rescapé – meurtrier – bourreau

victoire *n.f.* **1 - succès** · réussite · triomphe · **2 - exploit** · performance · prouesse

CONTR. défaite ı déroute – contre-performance ı échec

victorieusement *adv.* · triomphalement

victorieux, -ieuse *adj.* **1 - vainqueur** · champion · gagnant · glorieux · triomphateur · **2 -** [air] **triomphant** · conquérant

CONTR. battu ı perdant ı vaincu

victuailles *n.f.pl.* · nourriture · provisions de bouche · vivres

vidange *n.f.* **1 - écoulement** · purge · **2 - tout-à-l'égout** · **3 - gadoue** · eaux-vannes · **4 - bonde** · nable

vidanger *v.tr.* · purger · vider

¹**vide** *adj.* **1 - asséché** · à sec · **2 - inoccupé** · disponible · inhabité · libre · vacant · **3 - désert** · abandonné · dépeuplé · **4 - dénudé** · nu · **5 - creux** · **6 - futile** · creux · insignifiant · insipide · inutile · morne · vain

✦ **vide de** dénué de · dépourvu de · vierge de

CONTR. plein ı rempli – occupé – surpeuplé

²vide
n.m. **1 -** cosmos · espace · **2 - néant** · rien · vacuité · **3 - cavité** · espace · fente · fissure · ouverture · trou · **4 - blanc** · lacune · manque · **5 - futilité** · inanité · néant · vacuité
CONTR. plein | plénitude

vidé, e
adj. → fatigué

vider
v.tr. **1 - vidanger** · purger · **2 - déverser** · écoper · évacuer · transvaser · transvider · **3 - assécher** · dessécher · mettre à sec · tarir · **4 - avaler** · boire · finir · ingurgiter · nettoyer fam. · sécher fam. · **5 - déblayer** · désencombrer · désobstruer · **6 - évacuer** · jeter · ôter · retirer · **7 -** [un animal] étriper · éviscérer · nettoyer · **8 -** [fam.] → expulser · **9 -** [fam.] → fatiguer
✦ **vider son verre d'un trait** faire cul sec
⟫ **se vider** v.pron. **1 - couler** · s'écouler · **2 - désemplir**
CONTR. emplir | remplir

viduité
n.f. · veuvage

vie
n.f.
I **1 - existence** · jours · peau fam. · **2 - biographie** · **3 - âme** · esprit · souffle · **4 - destin** · destinée · sort
II **1 - agitation** · animation · mouvement · **2 - énergie** · animation · dynamisme · entrain · force · santé · vigueur · vitalité · pétulance littér. · **3 - chaleur** · pittoresque
✦ **gagner sa vie** gagner son biftech fam. · gagner sa croûte fam.
✦ **vie professionnelle** activité · carrière · occupation
✦ **mode, style de vie** mœurs · existence · habitudes
CONTR. mort

vieillard
n.m. · vieux · aîné · ancien · patriarche · personne âgée · papi fam. · (vieux, petit) pépé fam. · géronte vieux · débris péj. · fossile fam., péj. · ruine péj. · croulant fam., péj. · vieux birbe fam., péj. · vieux tableau fam., péj. · vioque fam., péj.
CONTR. jeune homme | enfant

vieillarde
n.f. · vieille · aînée · ancienne · matriarche · personne âgée · mamie fam. · (petite) mémé fam. · mémère fam., péj. · débris péj. · fossile fam. péj. · ruine péj. · vieille taupe fam., péj. · vieux tableau fam., péj. · vioque fam., péj.
CONTR. jeune femme | enfant

vieillerie
n.f. · antiquaille · bric-à-brac · friperie · rogaton fam., vieux
CONTR. nouveauté

vieillesse
n.f. **1 - troisième âge** · quatrième âge · vieillerie fam., plaisant. · crépuscule, soir de la vie littér. · **2 - grand âge** · déclin · décrépitude · sénilité · sénescence didact. · cheveux blancs · vieux jours · **3 - ancienneté** · antiquité · vétusté
CONTR. enfance | jeunesse

vieilli, e
adj. **1 - défraîchi** · fané · flétri · **2 - dépassé** · désuet · passé de mode · périmé · suranné · usé · vieillot · **3 -** [langage] **archaïque** · obsolète

vieillir
■ v.intr. **1 - prendre de l'âge** · avancer en âge · ne plus être de la première jeunesse · être sur le retour fam. · se faire vieux · **2 - se décatir** · décliner · s'affaiblir · se faner · se flétrir · s'user · prendre un coup de vieux fam. · **3 - se démoder** · appartenir au passé · dater · passer de mode
■ v.tr. **affiner** · mûrir
CONTR. rajeunir

vieillissement
n.m. **1 - sénescence** didact. · coup de vieux fam. · **2 - désuétude** · obsolescence didact.
CONTR. rajeunissement – actualité

vieillot, e
adj. · ancien · démodé · dépassé · désuet · passé de mode · périmé · suranné · usé
⟿ **démodé**

vierge
■ n.f. **1 - pucelle** · vestale · rosière fam., plaisant, vieilli · **2 - Marie** · Madone · Notre-Dame

■ *adj.* **1 - puceau** · pucelle · chaste · innocent · **2 - blanc** · immaculé · intact · net · pur · **3 - brut** · cru · naturel · pur · **4 - inexploré** · inexploité · sauvage · **5 - inutilisé** · inaltéré · intact · neuf

CONTR. impur ׀ souillé

vieux, vieille

■ *adj.* **1 - âgé** · chargé d'ans *littér.* · rassasié de jours *lang. biblique* · vioque *fam.* · **2 - décrépit** · gâteux · sénile · usé · croulant *fam.* · **3 - usagé** · défraîchi · délabré · élimé · fatigué · usé · vétuste · **4 - ancien** · ancestral · antique · d'autrefois · de jadis · historique · **5 - confirmé** · ancien · vétéran · **6 - ancré** · enraciné · invétéré · long · **7 - démodé** · caduc · dépassé · désuet · suranné · vieillot · **8 - lointain** · révolu · ancien

■ *n.* → vieillard

✦ **c'est très vieux** ça ne date pas d'hier · ça date · c'est vieux comme le monde, comme Hérode · c'est vieux comme les rues, comme les chemins *vieilli*

CONTR. jeune ׀ juvénile ׀ frais ׀ moderne ׀ neuf ׀ nouveau ׀ récent – adolescent ׀ enfant

¹vif, vive *adj.*

I vivant
II 1 - agile · alerte · fringant · guilleret · léger · leste · pétulant · sémillant · **2 - aigu** · brillant · éveillé · pénétrant · prompt · rapide · **3 -** [rythme] **enlevé** · rapide · [Mus.] allegro · allegretto
III 1 - intense · aigu · extrême · forte · profond · **2 -** [froid, vent] **saisissant** · aigre · âpre · mordant · perçant · piquant · **3 - tonique** · vivifiant · **4 - criard** · coloré · cru · éclatant · franc · gai · intense · voyant
IV 1 - ardent · brusque · de feu · emporté · fougueux · impétueux · impulsif · irascible · primesautier · sanguin · volcanique · **2 - acerbe** · caustique · cinglant · cuisant · dur · mordant

CONTR. mort – apathique ׀ indolent ׀ mou ׀ nonchalant ׀ paresseux – mesuré ׀ patient – faible ׀ pâle

²**vif** *n.m.*

✦ **le vif du sujet** le cœur du sujet · le fond du sujet
✦ **sur le vif** d'après nature

vigie *n.f.* · sentinelle · factionnaire · garde · gardien · guetteur · planton · veilleur · vigie

vigilance *n.f.* **1 - éveil** · (état de) veille · **2 - surveillance** · attention · **3 - circonspection** · précaution · soin

CONTR. distraction ׀ étourderie ׀ sommeil

vigilant, -ante *adj.* **1 - attentif** · à l'écoute · **2 - circonspect** · précautionneux · prudent · **3 - aux aguets** · en garde · **4 -** [soins] **assidu** · empressé

CONTR. endormi ׀ étourdi

vigile *n.m.* · sentinelle · factionnaire · garde · gardien · guetteur · planton · veilleur · vigie

vigne *n.f.* **1 - raisin** · pampre *poétique* · **2 - vignoble** · clos

✦ **pied de vigne** cep
✦ **plant de vigne** cépage

vigneron, -onne *n.* · viticulteur · vendangeur

vignette *n.f.* **1 - timbre** · étiquette · ex-libris · image · **2 -** [vieux] **dessin** · figure · gravure · illustration · image

vignoble *n.m.* · vigne · clos

vigoureusement *adv.* **1 - énergiquement** · activement · fermement · vivement · **2 - brutalement** · durement · fortement · fort · puissamment · sans ménagement · [secouer] comme un prunier *fam.*

CONTR. faiblement ׀ mollement

vigoureux, -euse *adj.* **1 - fort** · athlétique · gaillard · nerveux · puissant · robuste · solide comme le Pont-Neuf ·

vaillant · costaud *fam.* · **2 - énergique** · ferme · nerveux · puissant · **3 -** [plantes] **résistant** · robuste · vivace

CONTR. chétif ı débile ı faible ı frêle – mièvre ı mou
🙶 **fort**

vigueur *n.f.* **1 - force** · puissance · robustesse · verdeur · vitalité · **2 - énergie** · ardeur · dynamisme · fermeté · nerf · puissance · véhémence · **3 - puissance sexuelle** · virilité · **4 - couleur** · style

✦ **en vigueur**   en cours · en application · en usage

CONTR. atonie ı débilité ı faiblesse ı mollesse ı mièvrerie – abandon ı désuétude

vil, vile *adj.* **1 - abject** · affreux · bas · corrompu · dépravé · ignoble · impur · indigne · infâme · innommable · lâche · méprisable · mesquin · misérable · petit · répugnant · servile · **2 -** [vieux] **de basse condition** · de rien

CONTR. estimable ı noble

vilain, e

■ *adj.* **1 - laid** · disgracieux · hideux · horrible · moche *fam.* · **2 -** [temps] **mauvais** · détestable · sale · de chien *fam.* · **3 - insupportable** · désagréable · exécrable · **4 - méchant** · malhonnête · sale *fam.* · **5 - mauvais** · inquiétant · sale *fam.* · traître

■ *n.* [vieux] **manant** · paysan · roturier

✦ **il va y avoir du vilain**   ça va barder *fam.* · ça va chauffer *fam.* · ça va faire des étincelles *fam.* · il va y avoir du grabuge *fam.*

CONTR. beau ı joli – gentil – bourgeois ı gentilhomme ı noble

vilainement *adv.* · salement

vilebrequin *n.m.* · chignole · foret · fraise

vilenie *n.f.* **1 - infamie** · saleté · crasse *fam.* · saloperie *fam.* · vacherie *fam.* · **2 - abjection** · bassesse

CONTR. générosité ı noblesse

vilipender *v.tr.* · attaquer · bafouer · décrier · dénigrer · honnir · injurier · mettre au pilori · traîner dans la boue · vouer aux gémonies · honnir *vieux ou littér.* · vitupérer *littér.*

CONTR. louer

villa *n.f.* **1 - pavillon** · bungalow · chalet · cottage · maison · maisonnette · camp *Québec* · **2 - cité**

village *n.m.* **1 - bourg** · agglomération · bourgade · commune · localité · bled *fam.* · patelin *fam.* · trou *fam.* · [petit] hameau · lieudit · écart *Admin. ou région.* · **2 - population** · villageois

CONTR. cité ı ville

🙶 **village, hameau, bourg**
Village, hameau et bourg sont tous trois relatifs aux groupes d'habitations en milieu rural. Le **hameau** est le groupement le plus petit, plus ou moins éloigné du centre du village *(un hameau abandonné, isolé ; un hameau de trois maisons)*. Le **village** est suffisamment important, ou l'a été, pour former une unité administrative, la commune *(un grand, un petit village, la place du village, quitter son village pour la ville)*. L'agglomération rurale que l'on désigne par **bourg** est plus importante que le village, moins que la ville *(un gros bourg, la rénovation du bourg)* ; traditionnellement, c'est dans le bourg que se tenaient le marché et les foires des villages avoisinants.

villageois, -e *adj.* [vieilli] **campagnard** · paysan · rural

CONTR. citadin ı urbain

ville *n.f.* **1 - agglomération** · cité · cité-dortoir · commune · municipalité · **2 - capitale** · centre urbain · conurbation · mégalopole · métropole · **3 -** [Antiquité, Hist.] **bastide** · acropole · cité · municipe · oppidum

CONTR. campagne ı village

villégiature *n.f.* · vacances · congé · séjour

vin *n.m.* **1 -** jus de la treille *plaisant* · dive bouteille *plaisant* · pinard *fam.* · jaja *argot* · gros qui tache *fam., péj.* · gros rouge *fam., péj.* · picrate *fam., péj.* · piquette *fam., péj.* · pousse-au-crime *fam.* · rouquin *fam.* · vinasse *fam., péj.* **2 - cru**

vinasse *n.f.* → vin

vindicatif, -ive *adj.* **1 -** rancunier · revanchard · **2 - agressif** · coléreux · haineux · hostile

vindicte *n.f.* · justice · châtiment · punition

vinicole *adj.* · viticole
↝ viticole

vinification *n.f.* · cuvage · cuvaison

viol *n.m.* **1 - crime sexuel** · derniers outrages *vieilli* · **2 - inobservation** · atteinte · inobservance · manquement · **3 - profanation** · violation

violateur, -trice *n.* **1 - profanateur** · **2 -** [vieux] **violeur**

violation *n.f.* · infraction · atteinte · contravention · entorse · manquement · outrage · profanation · transgression

violemment *adv.* **1 - brutalement** · fort · fortement · rudement · **2 - énergiquement** · âprement · furieusement · intensément · passionnément · vigoureusement · vivement
CONTR. doucement ι légèrement – mollement

violence *n.f.* **1 - brutalité** · agressivité · force · **2 - intensité** · ardeur · déchaînement · fougue · frénésie · fureur · furie · véhémence · virulence
✦ **se faire violence** se contenir · se contraindre · réprimer ses désirs · se vaincre
⋙ **violences** *plur.* · brutalités · mauvais traitements · coups · maltraitance · sévices · voies de fait
CONTR. non-violence – calme ι douceur ι mesure ι paix

violent, -e *adj.*
I 1 - brutal · agressif · brusque · dur · **2 -** coléreux · enragé · impétueux · irascible · tyrannique · virulent
II 1 - intense · aigu · extrême · fort · puissant · **2 -** [désir] **ardent** · éperdu · furieux · irrépressible · térébrant *littér.* · **3 -** [douleur] **terrible** · fulgurant · térébrant *littér.* · [mal de tête] carabiné *fam.*
CONTR. non-violent ι pacifique – calme ι doux – léger – anodin ι bénin

violenter *v.tr.* **1 -** [euph.] **violer** · **2 -** [vieux] **brutaliser** · forcer · brusquer · contraindre · **3 -** [littér.] **dénaturer** · altérer · torturer

   ↝   violenter, violer

   Violenter et **violer** partagent l'idée de *violence* exercée à l'égard de la personne. Seul **violer** se dit couramment de l'action d'avoir un rapport sexuel par la force *(violer une femme, un enfant)*. **Violenter**, utilisé par euphémisme avec cette valeur, est littéraire dans tous ses emplois. Il peut concerner, contrairement à **violer**, d'autres violences commises envers autrui. Appliqué à une chose ou une notion abstraite, **violenter** exprime la contrainte exercée pour faire prendre une certaine forme *(violenter la nature, l'histoire)*, alors que **violer** contient l'idée de transgression, de profanation *(violer une promesse, la paix, violer une sépulture)*.

violer *v.tr.* **1 - abuser de** · forcer · outrager · souiller · violenter *euph.* · **2 - contrevenir à** · déroger à · désobéir à · enfreindre · fausser · manquer à · passer par-dessus · transgresser · **3 - profaner** · souiller
CONTR. respecter – consacrer ι observer
↝ **violenter**

violet, -ette *adj.* · lilas · aubergine · incarnat · lie de vin · mauve · parme · prune · violacé · violine · zinzolin *vieux ou littér.*

violon *n.m.* **1 - crin-crin** *fam., péj.* · **2 -** [fam.] → **prison**

+ **violon d'Ingres**   passe-temps · dada fam. · hobby anglic.

violoniste n. · violon · violoneux fam., péj. · [de village] ménétrier

vioque adj. et n. → **vieux**

vipère n.f. **1 -** péliade · aspic · céraste · **2 -** [fam.] peste · mauvaise langue · poison

virage n.m. **1 -** tournant · boucle · coude · courbe · épingle à cheveux · lacet · méandre · **2 -** [Ski] stem · christiania · télémark vieux · **3 -** changement de direction · retournement

virago n.f. · mégère · démon · dragon · gendarme · harpie · (vieille) sorcière

virée n.f. [fam.] promenade · balade · sortie · tour · tournée

+ **faire une virée**   se balader · se promener · partir en baguenaude fam. · partir en vadrouille fam.

virement n.m. · transfert

virer
■ v.tr. **1 -** verser · déposer · transférer · **2 -** [fam.] → licencier
■ v.intr. **1 -** changer de direction · braquer · faire demi-tour · prendre un virage · tourner · **2 -** [couleur] tourner

+ **virer de bord**   changer de cap

virevolte n.f. **1 -** volte-face · demi-tour · pirouette · **2 -** [littér.] **revirement** · palinodie · retournement

virevolter v.intr. · pirouetter · tourbillonner · tournoyer

virginal, -e adj. · pur · blanc · candide · innocent · sans tache · vierge

virginité n.f. **1 -** pucelage fam. · **2 -** [vieilli] candeur · chasteté · fraîcheur · grâce · ingénuité · innocence · pudeur · pureté

viril, -e adj. **1 -** mâle · masculin · **2 -** brutal · énergique · ferme · puissant · costaud fam.
CONTR. efféminé ı féminin

virilité n.f. **1 -** masculinité · **2 -** vigueur sexuelle · **3 -** énergie · fermeté · poigne · puissance
CONTR. féminité – impuissance ı froideur – mollesse

virtualité n.f. · potentialité · éventualité · possibilité · possible

virtuel, -elle adj. **1 -** potentiel · en puissance · éventuel · latent · possible · théorique · **2 -** [monde] simulé
CONTR. actuel ı effectif ı formel ı réel

virtuellement adv. **1 -** potentiellement · en puissance · **2 -** pratiquement · presque · selon toute probabilité · quasiment fam.

virtuose n. **1 -** maestro · **2 -** expert · maître · prodige · as fam. · crack fam.

virtuosité n.f. **1 -** brio · maestria · **2 -** maîtrise · expertise · facilité · habileté · talent · technique

virulence n.f. **1 -** violence · âpreté · fougue · frénésie · fureur · impétuosité · véhémence · feu littér. · **2 -** nocivité

virulent, -e adj. **1 -** violent · âpre · cinglant · corrosif · cuisant · incisif · venimeux · vif · **2 - contagieux** · infectieux · nocif

virus n.m. · passion · manie · vice

vis n.f. piton · manillon · tire-fond
+ **à vis**   en colimaçon · en hélice · en spirale · en vrille
+ **vis d'Archimède**   limace

visa *n.m.* · certificat · autorisation

visage *n.m.* **1 - face** · figure · binette *fam.* · bobine *fam.* · bouille *fam.* · gueule *très fam.* · poire *fam.* · pomme *fam.* · trogne *fam.* · trombine *fam.* · tronche *fam.* · tête *fam.* · balle *fam., vieilli* · margoulette *fam., vieilli* · [mignon] frimousse *fam.* · minois *fam.* · museau *fam.* · **2 - mine** · air · expression · traits · **3 - allure** · aspect · caractère · physionomie · tournure · tête *fam.*

✦ **à visage découvert** franchement · ouvertement · sans masque

vis-à-vis de *loc. prép.* **1 - en face de** · à l'opposé de · à l'opposite de · en regard de · nez à nez avec · **2 - en comparaison de** · en regard de · par rapport à · **3 - envers** · avec · à l'égard de · à l'endroit de · en ce qui concerne

viscéral, -e *adj.* · instinctif · inconscient · irraisonné · profond · tripal *fam.*

viscères *n.m.pl.* **1 - boyaux** · entrailles · intestins · tripes *fam.* · **2 - abats** · triperie · tripes

↪ intestins

visée *n.f.* [surtout au plur.] ambition · but · désir · intention · objectif · prétention · vues · dessein *littér.*

viser *v.tr.* **1 - mettre en joue** · ajuster · pointer son arme sur · mirer *vieux* · **2 - ambitionner** · aspirer à · briguer · chercher · convoiter · désirer · prétendre à · poursuivre · rechercher · rêver de · guigner *fam.* · lorgner sur *fam.* · **3 - concerner** · s'appliquer à · intéresser · **4 -** [suivi de l'infinitif] **chercher à** · avoir pour objectif de · tendre à

visible *adj.* **1 - apparent** · distinct · observable · perceptible · **2 - évident** · clair · flagrant · manifeste · ostensible

CONTR. caché | invisible – secret | douteux

↪ **visible, apparent**
Visible et apparent sont tous deux en rapport avec le sens de la vue. On qualifie d'apparent ce qui se montre clairement aux yeux *(des poutres, des coutures apparentes ; présenter des vices apparents)* ou à l'esprit *(sans raison apparente)*. Visible s'applique à ce qui est - ou peut être - perçu par la vue et constitue la preuve ou le signe de quelque chose *(la face visible de la lune, des traces visibles de son passage)*. En parlant de sentiments, d'attitudes, etc., apparent évoque ce qui est trompeur *(une sincérité plus apparente que réelle ; sous son apparente décontraction se cache une grande inquiétude)*. Visible s'applique à ce qui est manifeste aux sens, notamment à la vue *(un changement visible de comportement ; un ennui visible)*.

visiblement *adv.* · manifestement · apparemment · clairement · de toute évidence · incontestablement · indubitablement

CONTR. invisiblement

vision *n.f.* **1 - vue** · acuité visuelle · œil · **2 - conception** · appréhension · idée · image · opinion · représentation · vue · **3 - apparition** · chimère · fantasme · fantôme · hallucination · illusion · mirage · rêve · **4 - idée** · image mentale · [obsédante] hantise · obsession · **5 - intuition** · clairvoyance

CONTR. réalité

↪ apparition

visionnaire
■ *n.* **1 - halluciné** · illuminé · prophète · songe-creux · vaticinateur *littér.* · **2 - précurseur** · annonciateur

■ *adj.* **chimérique** · extravagant · rêveur · romanesque

visite *n.f.* **1 - entrevue** · démarche · rencontre · réception · **2 - inspection** ·

examen · ronde · [de la police] descente · fouille · perquisition · **3 -** **excursion** · tour · tournée · voyage

✦ **rendre visite à** aller voir · aller auprès de · faire un saut chez · passer voir · saluer · visiter

visiter v.tr. **1 - se rendre auprès de** · aller voir · rendre visite à · saluer · **2 -** [un musée] **faire le tour de** · aller voir · courir · pénétrer dans · [un pays] parcourir · sillonner · [sans complément] faire le tour du propriétaire · **3 - inspecter** · examiner · fouiller · explorer

visiteur, -euse n. **1 - invité** · commensal · hôte · visite · **2 - touriste** · estivant · excursionniste · vacancier · voyageur · **3 - démarcheur**

visqueux, -euse adj. **1 - collant** · poisseux · gras · huileux · sirupeux · **2 - mielleux** · doucereux · hypocrite · sirupeux · melliflu littér. · papelard littér. · patelin littér.

CONTR. fluide – franc

➤ visqueux

visser v.tr. **1 - tourner** · **2 -** [fam.] **mater** · réprimer · tenir · serrer la vis à fam.

visualisation n.f. · affichage

visualiser v.tr. **1 - afficher** · rendre visible · **2 - imaginer** · se faire une idée de · se représenter

visuel, -elle
■ adj. · optique
■ n.m. · console de visualisation · visu

vital, -e adj. · **indispensable** · capital · décisif · essentiel · fondamental · incontournable · majeur · de première nécessité · primordial

vitalisme n.m. · animisme · finalisme · organicisme

vitalité n.f. · **dynamisme** · allant · énergie · entrain · pétulance · santé · tonus · vie · vigueur · pep fam. · punch fam.

CONTR. atonie ı langueur ı léthargie

vite
■ adj. [Sport ou littér.] **rapide** · véloce littér.
■ adv. **1 - à toute vitesse** · à fond de train · à bride abattue · à toute allure · à un train d'enfer · au pas de course · comme un boulet de canon · comme une flèche · en trombe · rapidement · vélocement littér. · à fond la caisse fam. · à toute berzingue fam. · à toute blinde fam. · à toute vapeur fam. · à toute pompe fam. · à pleins gaz fam. · à la vitesse grand V fam. · en quatrième vitesse fam. · fissa fam. · [courir] à toutes jambes · ventre à terre · **2 - hâtivement** · à la hâte · en coup de vent · expéditivement · à la six-quatre-deux fam. · **3 - en très peu de temps** · en un clin d'œil · en un temps record · en vitesse · en un instant · en un rien de temps · en un tour de main · lestement · prestement · promptement · rapidement · rondement · dare-dare fam. · en moins de deux fam. · en trois coups de cuiller à pot fam. · presto fam. · **4 - bientôt** · dans peu de temps · rapidement · sous peu

✦ **aller vite** aller bon train · foncer fam. · tracer fam. · dropper argot Sport
✦ **aller trop vite** se précipiter · aller plus vite que la musique, que les violons fam.
✦ **faire vite** se dépêcher · se hâter · se presser · faire diligence soutenu · s'activer fam. · se dégrouiller fam. · se grouiller fam. · se magner (le train, le popotin, le cul) fam. · bourrer fam. · speeder fam.

CONTR. lent – lentement ı doucement ı piano ı tranquillement

vitesse n.f. **1 - rapidité** · promptitude · célérité littér. · diligence littér. · vélocité littér. · **2 - allure** · régime · rythme · train
✦ **à toute vitesse** à fond de train · à bride abattue · à toute allure · à toutes jambes · à un train d'enfer · au pas de course · rapidement · à fond (les manettes) fam. · à toute berzingue fam. · à toute blinde fam. · à

toute vapeur *fam.* · à toute pompe *fam.* · à pleins gaz *fam.* · plein pot *fam.* · à donf *lang. jeunes* · vélocement *littér.*

+ **en vitesse** en très peu de temps · en un clin d'œil · en un temps record · en un instant · en un rien de temps · en un tour de main · lestement · prestement · promptement · rapidement · rondement · dare-dare *fam.* · en moins de deux *fam.* · en trois coups de cuiller à pot *fam.* · presto *fam.*

> **vitesse, promptitude, célérité, diligence**
>
> **Vitesse, promptitude, célérité** et **diligence** ont en commun l'idée de rapidité. Le terme le plus général, **vitesse**, s'applique au fait de se déplacer rapidement *(la vitesse d'une automobile, d'un coureur ; la vitesse d'un geste, d'une réaction, la vitesse du son, d'une pierre qui tombe)*. On parle de **promptitude** à propos d'une personne qui agit avec rapidité *(obéir avec promptitude, la promptitude à se décider)* ou de quelque chose exécuté en peu de temps *(la promptitude d'une réponse, des secours)*. **Célérité**, d'usage littéraire, renchérit sur la rapidité à agir ou à se déplacer *(répondre avec célérité)* : « Les héritiers (...) accoururent avec la célérité des oiseaux de proie » (Balzac, *Ursule Mirouët*). **Diligence**, également d'usage littéraire, ajoute à l'idée de célérité celle d'exactitude dans l'exécution d'une tâche *(faire preuve d'une grande diligence)* : « Les ordres (...) s'exécutaient avec tant de diligence que les préparatifs étaient déjà fort avancés » (A.-R. Lesage, *le Diable boiteux*, V).

viticole *adj.* · vinicole

> **viticole, vinicole**
>
> **Viticole** et **vinicole** s'appliquent à la production du *vin*. **Vinicole** n'a que cette valeur *(la production, l'industrie vinicole ; une région, une zone vinicole)*, alors que **viticole** *(la crise viticole, un département viticole)* qualifie aussi une personne dont l'activité consiste à cultiver la vigne *(un exploitant viticole)*. La production du vin impliquant la culture de la *vigne*, les deux mots sont confondus ; cependant **viticole** tend à être plus fréquent.

viticulteur, -trice *n.* · vigneron

vitrail *n.m.* · gemmail · rosace · rose · verrière

vitre *n.f.* · carreau · fenêtre · glace

vitreux, -euse *adj.* **1** - vitré · transparent · **2** - blafard · blême · cadavérique · cireux · hâve · livide · terne · terreux

vitrine *n.f.* **1** - devanture · étalage · montre *vieux* · **2** - armoire vitrée

vitupérer *v.tr.* [*littér.*] blâmer · stigmatiser · fustiger *littér.*

+ **vitupérer contre** fulminer contre · s'emporter contre · s'indigner contre · pester contre · tonner contre

CONTR. approuver ı louer

vivable *adj.* · supportable · acceptable · tenable · tolérable · soutenable *vieux*

CONTR. invivable

vivace *adj.* **1** - robuste · coriace · endurant · résistant · vigoureux · **2** - durable · bien ancré · enraciné · impérissable · indestructible · persistant · solide · qui a la vie dure

vivacité *n.f.* **1** - entrain · activité · animation · ardeur · impétuosité · pétulance · alacrité *littér.* · **2** - rapidité · promptitude · prestesse *littér.* · vélocité *littér.* · **3** - réactivité · présence d'esprit · **4** - emportement · ardeur · fougue · mordant · véhémence · violence · **5** - éclat · brillant · couleur · intensité

CONTR. apathie ı indolence ı langueur ı lenteur ı lourdeur ı mollesse ı nonchalance

vivant, e *adj. et n.m.*

I 1 - **en vie** · sain et sauf · sauvé · ressuscité · vif · **2** - **de chair et de sang**

II 1 - **dynamique** · énergique · éveillé · plein d'entrain · **2 - fréquenté** · animé · **3 - durable** · vivace · **4 - pétillant** · expressif · vif · **5 - ressemblant** · expressif · parlant · **6 - haut en couleur** · imagé · pittoresque

CONTR. inanimé ׀ inorganique – mort ׀ endormi ׀ figé

vivats *n.m.pl.* · acclamations · bravos · hourras

vivement *adv.* **1 - rapidement** · prestement · rondement · tambour battant · promptement *littér.* · au trot *fam.* · **2 - brutalement** · crûment · durement · sèchement · vertement · violemment · **3 - intensément** · ardemment · fortement · infiniment · profondément

CONTR. doucement ׀ lentement ׀ faiblement

viveur *n.m.* [vieilli] débauché · jouisseur · fêtard *fam.* · noceur *fam.* · sybosite *littér.*

CONTR. ascète

vivier *n.m.* **1 -** alevinier · **2 -** pépinière · terreau

vivifiant, -e *adj.* · stimulant · dopant · excitant · fortifiant · ravigotant · reconstituant · réparateur · revigorant · tonique · [repas] roboratif *littér.*

CONTR. étouffant ׀ mortel

vivifier *v.tr.* **1 - stimuler** · doper · fortifier · ragaillardir · revigorer · tonifier · ravigoter *fam.* · remonter *fam.* · **2 - ranimer** · reconstituer · revitaliser

CONTR. débiliter ׀ déprimer

vivoter *v.intr.* · subsister · s'encroûter · s'étioler · dépérir · stagner · survivre · tenir · végéter

vivre

■ *v.intr.* **1 - être en vie** · exister · être au monde · **2 - durer** · subsister · **3 - habiter** · demeurer · être domicilié · habiter · loger · résider · rester · séjourner · **4 - demeurer** · se perpétuer · subsister

■ *v.tr.* **1 -** [une épreuve] **subir** · connaître · endurer · éprouver · supporter · traverser · **2 -** [des jours] **couler** · passer

✦ **avoir vécu**   être dépassé · être désuet
✦ **vivre de**   se nourrir de
✦ **vivre pour**   se dévouer à · se consacrer à · se donner à · se sacrifier pour
✦ **vivre intensément**   brûler la chandelle par les deux bouts
✦ **vivre misérablement**   traîner la semelle, la savate *fam.*

vivres *n.m.pl.* · aliments · denrées · nourriture · produits alimentaires · provisions (de bouche) · ravitaillement · réserves · victuailles · provende *vieux ou littér.*

CONTR. mourir

vocable *n.m.* **1 -** mot · terme · **2 -** appellation · nom

vocabulaire *n.m.* **1 -** lexique · glossaire · **2 -** mots · jargon *péj.* · langage · langue · terminologie
➥ **dictionnaire**

vocation *n.f.* **1 -** inclination · attirance · disposition · goût · passion · penchant · prédilection · **2 - mission** · fonction · raison d'être · rôle

vociférations *n.f.pl.* · cris · braillements · clameur · invectives · huées · hurlements · beuglante *fam.* · beuglements *fam.* · gueulante *très fam.* · gueulements *très fam.*

vociférer *v.intr.* · crier · brailler · élever la voix · s'égosiller · s'époumoner · hurler · tonner · beugler *fam.* · gueuler *très fam.*

vœu *n.m.* **1 - désir** · demande · desiderata (plur.) · espoir · prière · souhait · **2 - promesse** · engagement · résolution
✦ **faire vœu de**   s'engager à · promettre (de)

vogue n.f. cote · célébrité · cours · crédit · faveur · popularité · renom · réputation
✦ **en vogue** (à la) mode · branché fam. · in anglic. · tendance fam.
CONTR. impopularité ı désuétude
↝ **serment**

voguer v.intr. [littér. ou vieux] naviguer · cingler · faire route · faire voile (vers)

voie n.f.
I 1 - chemin · passage · 2 - axe routier · artère · autoberge · autoroute · avenue · boulevard · chaussée · chemin · passage · pénétrante · radiale · rocade · route · rue · 3 - couloir · file · 4 - direction · chemin · itinéraire · ligne · parcours · route · trajet
II 1 - brisées · sillage · trace · 2 - [Chasse] piste · trace · foulée
III moyen · façon · méthode · possibilité · procédé
IV carrière · fonction · métier
V [Méd.] canal · conduit
✦ **voies de fait** brutalités · sévices · violence
✦ **voie ferrée** chemin de fer
✦ **voie sans issue** impasse · cul-de-sac
✦ **être en voie de** commencer (à) · devenir · être en train de · être sur le point de
✦ **par la voie de** par le canal de · par l'intermédiaire de · par le truchement de · via
✦ **mettre sur la voie** aiguiller · guider · donner un indice à · orienter
↝ **chemin**

¹**voilage** n.m. · rideau · store · voile

²**voilage** n.m. [de roue] gauchissement · voilement

¹**voile** n.m.
I 1 - rideau · store · voilage · 2 - foulard · crêpe · haïk · litham · tchador · voilette
II 1 - enveloppe · manteau · 2 - apparence · couvert · masque · prétexte

✦ **jeter un voile sur** 1 - cacher · dissimuler · 2 - passer sous silence · condamner à l'oubli

²**voile** n.f. · toile · voilure · [sortes] brigantine · bonnette · civadière · clinfoc · dériveur · houari · petit et grand foc · petit cacatois · petit hunier · grand cacatois · grand hunier · misaine · petit perroquet · trinquette

¹**voilé, e** adj. 1 - brumeux · couvert · embrumé · nuageux · 2 - flou · 3 - atténué · estompé · obscur · opaque · 4 - cassé · enroué · éraillé · rauque
CONTR. éclatant ı net ı pur – clair ı sonore

²**voilé, e** adj. [roue] gauchi · faussé · tordu

¹**voiler** v.tr. 1 - obscurcir · éclipser · embrumer · tamiser · ternir · 2 - masquer · envelopper · estomper · 3 - dissimuler · cacher · camoufler · couvrir · farder
⋙ **se voiler** v.pron. s'obscurcir · s'assombrir · se boucher · se brouiller · s'opacifier · [soleil] se cacher · disparaître

²**voiler (se)** v.pron. [roue] se gauchir · se fausser · se tordre

voilier n.m. · brick · caneton · caravelle · catamaran · clipper · dériveur · fifty-fifty · goélette · monocoque · quillard · trois-mâts · yacht

¹**voilure** n.f. · voiles · toiles

²**voilure** n.f. · gauchissement · voilage · voilement

voir v.tr.
I 1 - apercevoir · discerner · embrasser · entrevoir · regarder · remarquer · 2 - assister à · connaître · être témoin de · subir · vivre · 3 - examiner · étudier · observer · regarder · vérifier · 4 - constater · découvrir · discerner · distinguer

II 1 - rencontrer · croiser · fréquenter · rendre visite à · visiter · tomber sur *fam.* · **2 - consulter** · avoir affaire à · faire appel à
III 1 - imaginer · concevoir · envisager · se figurer · se représenter · trouver · **2 - apprécier** · considérer · estimer · juger · **3 - comprendre** · se rendre compte de · se représenter · saisir

+ **aller voir**   rendre visite à · visiter
+ **aller voir si**   **1 - s'enquérir de** · s'informer de · **2 - s'assurer que** · vérifier que
+ **faire voir**   montrer
+ **laisser voir**   **1 - dévoiler** · découvrir · livrer aux regards, à la vue · montrer · révéler · **2 - laisser paraître** · manifester · montrer

⋙ **se voir** *v.pron.* **1 - se considérer** · se jauger · se juger · se percevoir · se sentir · **2 - se montrer** · paraître · sauter aux yeux · **3 - arriver** · advenir · avoir lieu · se passer · survenir · se présenter · se produire

voirie *n.f.* · voie publique

voisin, -e *adj.* **1 - proche** · attenant · avoisinant · adjacent · attenant · contigu · côte à côte · frontalier · juxtaposé · limitrophe · mitoyen · rapproché · **2 - ressemblant** · apparenté · approchant · comparable · germain · semblable · similaire

+ **voisin de**   à côté de · jouxtant

CONTR. distant ׀ éloigné ׀ lointain – différent ׀ opposé

voisinage *n.m.* **1 - approche** · proximité · **2 - voisins**

+ **dans le voisinage**   dans les environs · aux alentours · dans les parages

CONTR. éloignement

voisiner *v.intr.*

+ **voisiner avec**   **1 - être placé près de** · se trouver près de · **2 - coexister avec** · cohabiter avec

voiture *n.f.* **1 - automobile** · bagnole *fam.* · caisse *fam.* · char *fam., Québec* · chignole *fam., péj.* · chiotte *fam.* · guimbarde *fam., péj.* · tacot *fam., péj.* · tire *fam.* · veau *fam., péj.* · **2 -** [sortes] berline · break · buggy · cabriolet · coupé · limousine · roadster • [à cheval] carriole · char · chariot · **3 -** [Chemin de fer] rame · fourgon · wagon · wagon-lit

+ **voiture de course**   bolide · monoplace
+ **voiture d'enfant**   landau · poussette

voiturer *v.tr.* · transporter · acheminer · charrier · convoyer · véhiculer · transbahuter *fam.* · trimbaler *fam.*

voix *n.f.* **1 - organe** *souvent plaisant* · **2 - ton** · accent · intonation · timbre · **3 - appel** · avertissement · conseil · inspiration · suggestion · **4 - suffrage** · vote

+ **rester sans voix**   rester bouche bée · rester coi · être interdit · être interloqué · rester sec *fam.*
+ **à voix basse**   doucement · dans un murmure · mezza voce
+ **à voix haute**   clairement · distinctement · intelligiblement

¹**vol** *n.m.* **1 - envol** · envolée · essor · **2 - trajet** · traversée · **3 -** [d'insectes, d'oiseaux] nuée · bande · nuage · volée

²**vol** *n.m.* **1 - cambriolage** · détournement de fonds · brigandage · chapardage · hold-up · maraudage · maraude · pillage · larcin *littér.* · rapine *littér.* · fauche *fam.* · dépouillage *lang. jeunes* · **2 - escroquerie** · carambouillage · filouterie · fraude · grivèlerie · resquille · arnaque *fam.*

volage *adj.* · inconstant · changeant · frivole · infidèle · léger · cavaleur *fam.* · coureur *fam.*

CONTR. constant ׀ fidèle

⬫ changeant

volaille *n.f.* · volatile · oiseau de basse-cour

¹**volant, -e** *adj.* **1 - aérien** · **2 - navigant** · **3 - mobile**

²volant *n.m.* **1 - fanfreluche** · falbala · **2 - marge** · réserve · stock · **3 - badminton**

volatil, -e *adj.* **1 - changeant** · fluctuant · instable · mouvant · variable · **2 - évaporable**

volatile *n.m.* · oiseau · volaille

volatilisation *n.f.* · sublimation · vaporisation

volatiliser *v.tr.* · vaporiser · sublimer
⇒ **se volatiliser** *v.pron.* **1 - se dissiper** · se vaporiser · s'évaporer · s'exhaler · **2 - disparaître** · s'éclipser · s'envoler · s'enfuir · s'évanouir · s'évaporer · décamper *fam.* · filer *fam.*

vol-au-vent *n.m. invar.* · timbale · bouchée à la reine

volcanique *adj.* **1 - explosif** · éruptif · **2 -** [littér.] **ardent** · bouillonnant · de feu · fougueux · véhément · vif · violent

volée *n.f.* **1 - envol** · essor · vol · **2 - nuée** · bande · essaim · groupe · nuage · troupe · **3 - décharge** · rafale · salve • [de coups] pluie · **4 -** [fam.] → **correction**

¹voler *v.intr.* **1 - s'envoler** · fendre l'air · planer · voleter · voltiger · **2 - flotter** · onduler · ondoyer *littér.*

²voler *v.tr.* **1 - s'emparer de** · s'approprier · détourner · escamoter · extorquer · faire main basse sur · grappiller · marauder · piller · prendre · soustraire · subtiliser · dérober *littér.* · ravir *littér.* · barboter *fam.* · calotter *fam.* · carotter *fam.* · chaparder *fam.* · chauffer *fam., vieux* · chiper *fam.* · choper *fam.* · chouraver *fam.* · chourer *fam.* · faucher *fam.* · gratter *fam.* · piquer *fam.* · rafler *fam.* · taxer *fam.* · filouter *vieilli* · butiner *vieux* · **2 - déposséder** · cambrioler · dépouiller · dévaliser · escroquer · faire les poches de · piller · délester *plaisant* · détrousser *vieux* ou *plaisant* · arnaquer *fam.* ·

arranger *fam.* · écorcher *fam.* · empiler *fam.* · entôler *fam.* · estamper *fam.* · étriller *fam.* · gruger *fam.* · pigeonner *fam.* · plumer *fam.* · rouler *fam.* · ratiboiser *fam.* · refaire *fam.* · repasser *fam.* · tondre *fam.* · truander *fam.* · flouer *vieux*

> 🙰 **voler, dérober**
>
> **Voler** ou **dérober**, c'est prendre ce qui appartient à autrui. **Voler**, d'usage courant, s'emploie quand on dépouille quelqu'un de son bien à son insu ou contre son gré *(voler de l'argent, une voiture, voler des vêtements dans un grand magasin)*. **Dérober**, seulement d'usage littéraire, implique que l'on vole un bien de manière furtive *(dérober un portefeuille, on lui a dérobé sa montre dans le métro)*.

volet *n.m.* **1 - persienne** · contrevent · jalousie · **2 - abattant** · vantail · **3 - feuillet** · volant · **4 - partie** · étape · pan · phase

voleter *v.intr.* **1 - voltiger** · planer · tourbillonner · tournoyer · virevolter · **2 - flotter** · onduler · voler · ondoyer *littér.*

voleur, -euse *n.* **1 - malfaiteur** · bandit · brigand · cambrioleur · cleptomane · gangster · pickpocket · rat d'hôtel · resquilleur · truand · détrousseur *vieux* · escamoteur *vieux* · larron *vieux* · malandrin *vieux* · monte-en-l'air *vieux* · tire-laine *vieux* · vide-gousset *vieux* · **2 - escroc** · aigrefin · canaille · coquin · crapule · filou · fripon · arnaqueur *fam.* · faisan *argot* · forban *littér.* · griveleur *vieux*
CONTR. honnête

volière *n.f.* · cage · gloriette

volontaire *adj.* **1 - bénévole** · consentant · libre · **2 - délibéré** · conscient · intentionnel · pesé · prémédité · réfléchi · voulu · **3 - décidé** · déterminé · énergique · fort · obstiné · opiniâtre · résolu · tenace
CONTR. involontaire ı forcé

volontairement *adv.* **1 - bénévolement** · de son plein gré · **2 - délibérément** · à dessein · en connaissance de cause · exprès · de propos délibéré · intentionnellement · sciemment

CONTR. involontairement

volontariat *n.m.* · bénévolat

volonté *n.f.* **1 - désir** · intention · projet · résolution · vœu · dessein *littér.* · **2 - exigence** · demande · prière · requête · **3 - détermination** · acharnement · caractère · courage · énergie · fermeté · obstination · opiniâtreté · persévérance · résolution · suite dans les idées · ténacité · cran *fam.*

✦ **à volonté** beaucoup · à discrétion · à loisir · sans limite · ad libitum · à profusion · à satiété *littér.* · à gogo *fam.*

CONTR. faiblesse

🙠 projet

volontiers *adv.* **1 - de bon cœur** · avec plaisir · de bonne grâce · de gaieté de cœur · de bon gré · sans se faire prier · plutôt deux fois qu'une *fam.* · **2 - souvent** · couramment · fréquemment · habituellement · ordinairement · **3 - aisément** · facilement · **4 - oui** · avec plaisir

CONTR. à contrecœur

voltage *n.m.* · tension

volte-face *n.f. invar.* **1 - demi-tour** · **2 - revirement** · changement · pirouette · reniement · retournement · virevolte · palinodies *littér.*

voltige *n.f.* **1 - saut** · **2 - acrobatie**

voltiger *v.intr.* · voleter · aller et venir · flotter · papillonner · planer · virevolter · tourbillonner · tournoyer · zigzaguer

voltigeur, -euse *n.* · acrobate

volubile *adj.* · bavard · éloquent · loquace · prolixe · verbeux · causant *fam.* · disert *littér.*

CONTR. silencieux

volubilité *n.f.* · bagout · exubérance · prolixité · faconde *littér.* · loquacité *littér.* · tchatche *fam.*

🙠 **volubilité, faconde**

Volubilité et **faconde** ont en commun l'idée de parole abondante et facile. **Faconde** garde cette valeur dans des emplois littéraires : « Il avait une faconde extraordinaire, une voix surtout, un instrument de charme » (Zola, *Rome*), mais s'emploie surtout de manière dépréciative *(la faconde d'un bonimenteur)*. Avec **volubilité**, d'emploi soutenu, on insiste également sur la rapidité de l'élocution *(parler avec volubilité)* : « [Elle] parlait sans s'arrêter (...), avec une telle volubilité qu'elle n'avait pas le temps de respirer : elle perdait haleine au milieu d'une phrase » (Romain Rolland, *Jean-Christophe, L'adolescent*).

volume *n.m.*
I **1 - livre** · opuscule · ouvrage · recueil · bouquin *fam.* · **2 - tome**
II **1 - espace** · place · **2 - dimension** · ampleur · encombrement · gabarit · grosseur · importance
III **1 - capacité** · calibre · contenance · cubage · jauge · tonnage · **2 - masse** · quantité · somme

🙠 tome

volumineux, -euse *adj.* · gros · encombrant · imposant

CONTR. menu

volupté *n.f.* **1 - plaisir** · bien-être · délice · délectation · jouissance · **2 - sensualité** · sybaritisme *littér.*

🙠 plaisir

voluptueusement *adv.* **1 - agréablement** · délicieusement · **2 - lascivement** · charnellement

voluptueux, -euse *adj.* **1 - agréable** · caressant · chaud · doux · **2 - érotique** · émoustillant · excitant · lascif · luxurieux · troublant · sexy *fam.* · **3 - sensuel** · charnel · épicurien · jouisseur · sybarite *littér.*

CONTR. ascétique ı chaste

volute *n.f.* · circonvolution · arabesque · courbe · enroulement · hélice · ondulation · repli · serpentin · sinuosité · spire

vomir *v.tr.* **1 - régurgiter** · rendre · dégobiller *fam.* · dégueuler *très fam.* · [sans complément] rendre tripes et boyaux · gerber *fam.* · écorcher le, piquer un renard *pop., vieilli* · **2 -** [volcan] **cracher** · évacuer · expulser · **3 -** [des insultes] **éructer** · cracher · jeter · lancer · proférer · balancer *fam.* · sortir *fam.* · **4 - détester** · avoir en horreur · haïr · abhorrer *littér.* · abominer *littér.* · exécrer *littér.* · honnir *vieux ou littér.* · ne pas pouvoir sentir, encaisser, gober *fam.*

✦ **avoir envie de vomir** avoir la nausée · avoir le cœur sur le bord des lèvres · avoir mal au cœur · avoir l'estomac barbouillé

CONTR. absorber ı manger

vomissement *n.m.* · vomissure · vomi *fam.* · dégueulis *très fam.* · renard *pop., vieilli*

vomitif, -ive *adj. et n.m.* · émétique

vorace *adj.* **1 - goulu** · avide · boulimique · glouton · goinfre · insatiable · gueulard *région., fam.* · **2 - affamé** · inassouvi · insatiable · inextinguible *littér.* · **3 - cupide** · avide · rapace

CONTR. frugal

voracement *adv.* · avidement · âprement · gloutonnement · goulûment

voracité *n.f.* **1 - appétit** · avidité · boulimie · gloutonnerie · goinfrerie · insatiabilité *littér.* · **2 - cupidité** · avidité · rapacité

CONTR. frugalité

vote *n.m.* **1 - suffrage** · voix · **2 - consultation** · plébiscite · référendum · scrutin · votation *vieux ou Suisse* · **3 - scrutin** · élection

CONTR. abstention

voter

■ *v.tr.* · adopter · choisir

■ *v.intr.* · aller aux urnes · faire son devoir de citoyen *souvent plaisant*

✦ **voter pour**   élire · plébisciter

CONTR. s'abstenir

~~~ voter, délibérer

Voter, c'est exprimer son opinion, ses choix par un suffrage, par un *vote* (*voter aux élections, être en âge de voter, voter pour un parti, pour élire un député*). Délibérer, c'est examiner à plusieurs ou en soi-même les divers éléments d'une question avant de décider, le débat ne s'achevant pas nécessairement par un vote (*délibérer sur un sujet, sur une décision à prendre, ils ont longtemps délibéré avant de voter*).

vouer *v.tr.* **1 - consacrer** · dédier · dévouer · donner · employer · offrir · **2 - destiner** · prédestiner · promettre · [à l'échec] condamner

¹**vouloir** *v.tr.* **1 - désirer** · ambitionner · aspirer à · avoir envie de · briguer · convoiter · prétendre à · souhaiter · tenir à · viser · **2 - exiger** · commander · demander · entendre que · ordonner · prescrire · réclamer · requérir · revendiquer

✦ **vouloir bien** accepter · accorder · acquiescer à · agréer à · autoriser · approuver · concéder · consentir à · daigner · endurer · laisser · permettre · supporter · tolérer · souffrir *littér.*

✦ **vouloir dire** 1 – signifier · désigner · exprimer · **2 – laisser entendre** · suggérer · **3 – impliquer** · entraîner · signifier · supposer

⋙ **se vouloir** v.pron. se prétendre · s'autoproclamer · se déclarer

✦ **s'en vouloir** regretter · avoir des remords · être désolé · (se) culpabiliser · se repentir · s'en mordre les doigts fam.

²**vouloir** n.m. · volonté · détermination · résolution · volition Psych.

voulu, e adj. **1 – volontaire** · délibéré · fait exprès · intentionnel · prémédité · **2 – exigé** · désiré · fixé · prescrit · requis · souhaité · **3 – opportun**

voûte n.f. · arc · arceau · berceau · caisson · cintre · coupole · dais · dôme · voussure

voûter v.tr. **1 – courber** · plier · **2 – cintrer**

⋙ **se voûter** v.pron. · se courber · se casser

voyage n.m. **1 – excursion** · circuit · périple · tour · balade fam. · virée fam. • [par mer] croisière · traversée • [scientifique] exploration · expédition · **2 – trajet** · aller (et retour) · cheminement · itinéraire · parcours · **3 – déplacement** · route · tournée · **4 – va-et-vient** · allées et venues · navette · **5 – défonce** fam. · trip anglic.

✦ **être toujours en voyage** être toujours par monts et par vaux · être toujours en vadrouille fam.

voyager v.intr. **1 – courir le monde** · se promener · vagabonder · se balader fam. · bourlinguer fam. · rouler sa bosse fam. · vadrouiller fam. • [par mer] naviguer · **2 – se déplacer** · circuler · faire l'aller-retour, des allers-retours

voyageur, -euse

■ adj. migrateur · nomade

■ n. **1 – passager** · touriste · **2 – globe-trotter** · aventurier · explorateur · promeneur · routard · bourlingueur fam.

✦ **voyageur de commerce** représentant · démarcheur · placier · visiteur · V.R.P. · commis voyageur vieux

¹**voyant, e** n. · devin · cartomancien · extralucide · médium · sibylle · spirite · pythonisse littér.

✦ **je ne suis pas un voyant !** je ne lis pas dans les boules de cristal, le marc de café !

²**voyant, e** adj. **1 – criard** · coloré · criant · éclatant · outrancier · tapageur · tape-à-l'œil · **2 – évident** · clair · distinct · flagrant · manifeste · observable · ostensible · perceptible · visible

CONTR. discret

voyeur, -euse n. **1 – mateur** argot · regardeur vieux · **2 –** [vieux] curieux · spectateur

voyou n.m. **1 – crapule** · canaille · fripouille · vaurien · (petite) frappe fam. · gouape fam. · apache fam., vieux · arsouille fam., vieux · **2 –** [de banlieue] sauvageon · loubard fam. · hooligan anglic. · loulou fam. · caillera lang. jeunes · zonard fam. · blouson noir vieilli · **3 – chenapan** · coquin · fripon · galopin · garnement · polisson · vaurien

vrac (en) loc. adv. **1 – pêle-mêle** · en désordre · en tas · **2 – au poids**

¹**vrai, e** adj. **1 – exact** · avéré · certain · indubitable · sûr · véridique · **2 – fidèle** · juste · **3 – authentique** · véritable · **4 – effectif** · réel · **5 – franc** · authentique · loyal · pur · sincère · spontané · **6 – naturel** · senti · vécu · **7 –** [intensif, avant le nom] achevé · complet · fieffé · parfait · sacré fam.

CONTR. erroné ׀ faux ׀ inexact ׀ mensonger – artificiel ׀ factice ׀ feint – imaginaire ׀ illusoire – forcé ׀ imité

²**vrai** n.m. · réel · réalité · vécu

CONTR. erreur

vraiment *adv.* **1 -** effectivement · assurément · authentiquement · bel et bien · en effet · véritablement · en vérité · à dire vrai · réellement · véritablement · pour de vrai *fam.* · **2 - franchement** · en vérité · sans mentir · sérieusement · sincèrement · **3 - absolument** · parfaitement · réellement · tout à fait · **4 - extrêmement** · au plus haut point · terriblement

vraisemblable *adj.* **1 - crédible** · croyable · plausible · **2 - possible** · envisageable · probable

CONTR. invraisemblable

↬ **probable**

vraisemblablement *adv.* · probablement · plausiblement · sans doute

CONTR. invraisemblablement

vraisemblance *n.f.* **1 - crédibilité** · plausibilité *littér.* · **2 - probabilité**

CONTR. invraisemblance

vrille *n.f.* · foret · drille · mèche · percerette · tarière

✦ **en vrille** en hélice · en colimaçon · en spirale · en tire-bouchon · à vis

vriller

■ *v.intr.* **s'enrouler** · se tordre

■ *v.tr.* **tarauder** · pénétrer · percer

vrombir *v.intr.* **1 - bourdonner** · **2 - gronder** · mugir · ronfler · rugir

vrombissement *n.m.* **1 - bourdonnement** · **2 - grondement** · mugissement · ronflement · rugissement

¹**vu, e** *adj.* [fam.] compris

✦ **bien vu** apprécié · bien considéré · bien en cour · chouchou *fam.*

✦ **mal vu** peu apprécié

✦ **au vu de** d'après · après examen de · à la lumière de

✦ **au vu et au su de tous** au grand jour · ostensiblement · ouvertement

²**vu** *prép.* · étant donné · compte tenu de · eu égard à

✦ **vu que** attendu (que) · étant donné que

vue *n.f.* **1 - vision** · acuité visuelle · œil · regard · yeux · **2 - panorama** · paysage · perspective · point de vue · **3 - spectacle** · image · scène · tableau · vision · **4 - opinion** · appréciation · conception · idée · jugement · pensée · point de vue · position · **5 - coupe** · profil · section

✦ **en vue 1 - en évidence** · au premier plan · en valeur · **2 - connu** · renommé · réputé

✦ **être bien en vue** crever les yeux

✦ **à première vue 1 - au premier abord** · a priori · au premier coup d'œil · **2 - à peu près** · approximativement · à vue de nez *fam.* · en gros *fam.*

✦ **avoir vue sur** donner sur · être dirigé vers

✦ **en vue de** afin de · à l'effet de · dans l'intention de · pour · à dessein de *soutenu* · aux fins de *soutenu*

✦ **avoir la vue courte** ne pas voir plus loin que le bout de son nez *fam.*

✦ **avoir une très bonne vue, une vue perçante** avoir des yeux de lynx

✦ **avoir une mauvaise vue, la vue basse** être myope comme une taupe

↬ **vues** *plur.* **intentions** · projets · plans

✦ **avoir des vues sur 1 - convoiter** · guigner · loucher sur *fam.* · lorgner sur *fam.* · reluquer *fam.* · **2 - songer à** · penser à

vulgaire *adj.* **1 - grossier** · obscène · populacier · trivial · poissard *littér.* · **2 - commun** · bas · banal · grossier · ordinaire · prosaïque · terre à terre · trivial ·

3 - [nom] **courant** · usuel ، **4 -** [avant le nom] **banal** · ordinaire · pauvre · quelconque

CONTR. distingué ı fin − original ı remarquable

◦⃝ **banal**

vulgairement adv. **1 -** grossièrement · trivialement · **2 -** couramment · communément · usuellement

vulgarisateur, -trice n. et adj. [vieilli ou littér.] diffuseur · divulgateur · propagateur

vulgarisation n.f. · diffusion · démocratisation · généralisation · massification didact. · propagation

vulgariser v.tr. · propager · démocratiser · diffuser · généraliser · massifier didact. · populariser · répandre · simplifier

vulgarité n.f. · grossièreté · obscénité · trivialité

CONTR. délicatesse ı distinction ı raffinement

vulnérabilité n.f. **1 -** précarité · **2 -** fragilité · délicatesse · faiblesse

vulnérable adj. **1 -** attaquable · exposé · précaire · **2 -** fragile · faible · sans défense · sensible

CONTR. insensible ı invulnérable

vulve n.f. · sexe · chatte vulg. · con vulg. · foufoune fam. · frifri fam. · minette fam. · moule vulg.

W - Y

wagon *n.m.* **1 -** fourgon · plateau · [à plateforme] truck · **2 -** [Rail] voiture · pullman *vieilli*

wagonnet *n.m.* · benne · chariot · lorry

walkman *n.m.* [nom déposé] baladeur

warning *n.m.* · feu de détresse

warrant *n.m.* · gage · caution · contrat de garantie · récépissé

wassingue *n.f.* · serpillière · toile à laver

waters *n.m.pl.* → toilettes

Web *n.m.* · Internet · le Net · la Toile

week-end *n.m.* · fin de semaine *surtout Québec*

whisky *n.m.* [écossais] scotch · [irlandais] whiskey · [américain] bourbon · [canadien] rye

winch *n.m.* · cabestan

X

xénophobe *adj. et n.* · chauvin · nationaliste

CONTR. xénophile

xénophobie *n.f.* · chauvinisme · nationalisme

CONTR. xénophilie

xérès *n.m.* · sherry · manzanilla

xylophone *n.m.* · balafon · marimba · vibraphone

y

yachting *n.m.* [vieilli] sport nautique · navigation de plaisance · plaisance · voile

yachtman *n.m.* [vieilli] plaisancier

youpi *interj.* · hourra

Z

zapper *v.intr.* **1 -** **pitonner** *Québec* · **2 -** **papillonner** · s'éparpiller · passer à autre chose

zapping *n.m.* · pitonnage *Québec*

zèbre *n.m.* [fam.] → **type**

zébrure *n.f.* **1 - rayure** · raie · **2 - strie** · marque · sillon · traînée

zélateur, -trice *n.* · adepte · défenseur · fanatique · fervent · panégyriste · propagateur · prosélyte

zèle *n.m.* **1 - ardeur** · application · chaleur · cœur · dévouement · empressement · enthousiasme · flamme · passion · **2 -** [littér. ou vieilli] **dévotion** · ferveur

CONTR. laisser-aller | négligence | tiédeur

zélé, e *adj.* · dévoué · ardent · assidu · attentif · chaleureux · chaud · courageux · diligent · enflammé · enthousiaste · fervent · fougueux · passionné

CONTR. indifférent | négligent

zénith *n.m.* · apogée · pinacle · point culminant · sommet · summum

zéro *n.m.* **1 - bulle** *argot scol.* · **2 -** [fam.] **nullité** · bon à rien · incapable · nul · mauvais · tocard *fam.* · **3 - néant** · rien · **4 -** [comme adjectif] **aucun**

zeste *n.m.* **1 -** écorce · **2 - pointe** · pincée · soupçon

zézaiement *n.m.* · blésement · zozotement *fam.*

zézayer *v.intr.* · bléser · zozoter *fam.* · avoir un cheveu, un fil sur la langue *fam.*

> **zézayer, zozoter**
> Zézayer s'emploie pour un défaut de prononciation, provisoire ou non, qui consiste à prononcer un *z* pour un *j* (*ze dis* pour *je dis*) ou un *s* pour un *ch* (*le sat* pour *le chat*). Zozoter, d'usage familier, a la même valeur, mais se dit plus souvent pour la substitution du *z* au *s*. Zézaiement et zozotement sont dans un rapport analogue.

zieuter *v.tr.* → **regarder**

zigoto *n.m.* → **individu**

zigouiller *v.tr.* → **tuer**

zigzag *n.m.* · détour · crochet · dents de scie · lacet · méandre · sinuosité · virage

zigzaguer *v.intr.* · aller de travers · faire des virages · faire des zigzags · onduler · serpenter · slalomer · tourner • [bateau] louvoyer

zinc *n.m.* **1 -** → bistrot · **2 -** → avion

zinzin
- *n.m.* → objet
- *adj.* → fou

zizanie *n.f.* · désaccord · brouille · désunion · discorde · mésentente · tension · mésintelligence *littér.*

CONTR. concorde ı entente

zizi *n.m.* → pénis

zodiacal, e *adj.* · astral

zombi *n.m.* **1 -** fantôme · ectoplasme · esprit · revenant · **2 -** fantoche · marionnette · pantin

zonard, e *n. et adj.* **1 -** [péj.] **marginal** · loubard *fam.* · loulou *fam.* · **2 -** zonier

zone *n.f.* **1 -** espace · endroit · lieu · périmètre · quartier · région · secteur · territoire · **2 - domaine** · champ · sphère · **3 -** [fam.] bidonville

zoophilie *n.f.* · bestialité *vieilli*

zozotement *n.m.* → zézaiement

zozoter *v.intr.* · zézayer · bléser · avoir un cheveu, un fil sur la langue *fam.*
↪ zézayer

zut *interj.* · flûte *fam.* · crotte *fam.* · merde *très fam.* · saperlipopette *fam., vieilli* · mercredi *fam., vieilli*

INDEX DES NUANCES

Ci-dessous, dans la colonne de gauche, les mots qui sont traités dans les encadrés sur les *Nuances* ; dans la colonne de droite, les articles sous lesquels se trouvent ces encadrés.

MOT	SOUS L'ENTRÉE	MOT	SOUS L'ENTRÉE	MOT	SOUS L'ENTRÉE
abandonner	➤ négliger	affecter	➤ feindre	anthropophage	➤ cannibale
abasourdi	➤ ébahi	afficher	➤ afficher	antichambre	➤ hall
abdiquer	➤ abdiquer	affirmation	➤ affirmation	anxiété	➤ angoisse
abhorrer	➤ détester	affluence	➤ foule	apercevoir	➤ voir
abolir	➤ abolir	agenda	➤ calendrier	apologie	➤ apologie
aborder	➤ aborder	agrément	➤ consentement	apparence	➤ extérieur
aborigène	➤ autochtone	agriculteur	➤ cultivateur	apparent	➤ visible
abrégé	➤ résumé	aider	➤ secourir	apparition	➤ apparition
abroger	➤ abolir	aigu	➤ pointu	appétit	➤ faim
absent (être)	➤ manquer	aimable	➤ sociable	applaudissement	➤ bravo
absolution	➤ pardon	aimer	➤ aimer	appointements	➤ appointements
absorber	➤ engloutir	aisé	➤ facile	appréhension	➤ crainte
abstinence	➤ abstinence	allégation	➤ affirmation	apprendre	➤ apprendre
absurde	➤ absurde	allégorie	➤ allégorie	approbation	➤ consentement
acclamation	➤ bravo	allonger	➤ rallonger	argot	➤ jargon
accoler	➤ joindre	alluvions	➤ sédiments	arôme	➤ parfum
accompagner	➤ accompagner	almanach	➤ calendrier	arrêt	➤ arrêté
accord	➤ contrat	altercation	➤ dispute	arrêt	➤ jugement
accoster	➤ aborder	alternative	➤ alternative	arrêté	➤ arrêté
accoucher	➤ accoucher	altitude	➤ hauteur	art	➤ métier
accumuler	➤ amasser	amasser	➤ amasser	artificiel	➤ artificiel
accusateur	➤ accusateur	amateur	➤ dilettante	ascension	➤ montée
accusé	➤ accusé	ambiguïté	➤ ambiguïté	assassinat	➤ assassinat
acéré	➤ pointu	amender	➤ réformer	assembler	➤ joindre
achat	➤ achat	ami	➤ ami	assertion	➤ affirmation
acquisition	➤ achat	amnistie	➤ amnistie	assistant	➤ adjoint
acte	➤ acte	amonceler	➤ amasser	assister	➤ secourir
acteur	➤ acteur	amoral	➤ immoral	associé	➤ collègue
action	➤ acte	ampoulé	➤ emphatique	astronaute	➤ astronaute
actuellement	➤ maintenant	amusement	➤ réjouissance	attention	➤ égards
addition	➤ note	an	➤ an	attractif	➤ attrayant
adhésion	➤ consentement	analgésique	➤ calmant	attraper	➤ happer
adjoint	➤ adjoint	analphabète	➤ analphabète	attrayant	➤ attrayant
adresse	➤ adresse	anciennement	➤ jadis	austère	➤ sérieux
adversaire	➤ opposant	androgyne	➤ androgyne	auteur	➤ écrivain
aérodrome	➤ aéroport	angoisse	➤ angoisse	autochtone	➤ autochtone
aérogare	➤ aéroport	ankylosé	➤ ankylosé	autonome	➤ libre
aéroport	➤ aéroport	annales	➤ chronique	autrefois	➤ jadis
aérostat	➤ ballon	année	➤ an	auxiliaire	➤ adjoint
affairé	➤ occupé	anonymat	➤ anonymat		
affecter	➤ afficher	antagoniste	➤ opposant		
		antécédent	➤ précédent		
		antérieur	➤ précédent		

avisé	➤ prudent	cacochyme	➤ maladif	clan	➤ parti
babil	➤ bavardage	cadreur	➤ caméraman	clarifier	➤ éclaircir
babillage	➤ bavardage	cajoler	➤ caresser	clarté	➤ lumière
babiole	➤ bagatelle	calamité	➤ calamité	classer	➤ classer
bagatelle	➤ bagatelle	calendrier	➤ calendrier	classifier	➤ classer
balancer	➤ hésiter	câliner	➤ caresser	cochon	➤ cochon
balbutier	➤ bredouiller	calmant	➤ calmant	cœur (de bon)	➤ gré
balle	➤ cosse	calomniateur	➤ accusateur	cogner	➤ frapper
ballon	➤ ballon	camarade	➤ ami	coïncidence	➤ hasard
banal	➤ banal	caméraman	➤ caméraman	colère	➤ colère
bannir	➤ exiler	camoufler	➤ cacher	collectif	➤ général
banqueroute	➤ faillite	camp	➤ parti	collègue	➤ collègue
baraque	➤ baraque	candide	➤ naïf	collision	➤ choc
bariolé	➤ bariolé	cannibale	➤ cannibale	colombe	➤ pigeon
bataille	➤ conflit	capiteux	➤ grisant	combat	➤ conflit
batailleur	➤ batailleur	captivité	➤ captivité	combatif	➤ batailleur
bateau	➤ bateau	carburant	➤ carburant	comble	➤ sommet
bâtisse	➤ construction	caresser	➤ caresser	combustible	➤ carburant
battre	➤ frapper	cargo	➤ bateau	comédien	➤ acteur
bavardage	➤ bavardage	carnage	➤ massacre	commandement	➤ ordre
beau	➤ beau	carnassier	➤ carnivore	commander	➤ commander
bégayer	➤ bredouiller	carnivore	➤ carnivore	commémorer	➤ fêter
belliqueux	➤ batailleur	carrefour	➤ carrefour		
bénéfice	➤ gain	castrer	➤ castrer	commentaire	➤ commentaire
benêt	➤ niais	catalogue	➤ nomenclature	commenter	➤ expliquer
bête	➤ stupide	catastrophe	➤ calamité	commisération	➤ pitié
bévue	➤ erreur	caustique	➤ caustique		
bicoque	➤ baraque	célèbre	➤ célèbre	commode	➤ facile
bienséance	➤ convenance	célébrer	➤ fêter	commun	➤ banal
bigarré	➤ bariolé	célérité	➤ vitesse	compassion	➤ pitié
bijou	➤ bijou	chamarré	➤ bariolé	complaisant	➤ serviable
blafard	➤ pâle	changeant	➤ changeant	complément	➤ supplément
blâmer	➤ blâmer	charlatan	➤ imposteur		
blême	➤ pâle	charme	➤ charme	complet	➤ complet
blottir (se)	➤ tapir (se)	charnel	➤ sensuel	complexe	➤ compliqué
bond	➤ bond	chasteté	➤ abstinence	complimenter	➤ féliciter
bonheur	➤ bonheur	châtier	➤ punir		
borne	➤ limite	châtrer	➤ castrer	compliqué	➤ compliqué
boucherie	➤ massacre	chemin	➤ chemin	complot	➤ complot
boue	➤ boue	chérir	➤ aimer	compromis	➤ compromis
bouffi	➤ gonflé	choc	➤ choc	concert (de)	➤ concert
bourg	➤ village	choisir	➤ choisir	conciliation	➤ compromis
boursouflé	➤ emphatique	chronique	➤ chronique	concis	➤ succinct
boursouflé	➤ gonflé	cime	➤ sommet	conclusion	➤ dénouement
bravo	➤ bravo	cingler	➤ fouetter	concussion	➤ malversation
bravoure	➤ courage	circonlocution	➤ périphrase	conduire	➤ guider
bredouiller	➤ bredouiller			confidentiel	➤ secret
broutille	➤ bagatelle	circonspect	➤ prudent	confiscation	➤ saisie
building	➤ tour	circonstance	➤ circonstance		
cabale	➤ complot			conflit	➤ conflit
cabane	➤ baraque	civilité	➤ politesse	conformité	➤ ressemblance
caché	➤ secret	civisme	➤ patriotisme	confrère	➤ collègue
cacher	➤ cacher	clair	➤ clair	congénital	➤ congénital
cachette	➤ repaire	clameur	➤ cri		

congratuler	➤ féliciter	cosse	➤ cosse	délaisser	➤ négliger
conjecture	➤ présomption	côtés (de tous)	➤ côté	délateur	➤ accusateur
conjoncture	➤ circonstance			délié	➤ mince
conjuration	➤ complot	coup d'œil	➤ regard	délire	➤ délire
connaissance	➤ relation	couple	➤ paire	delta	➤ estuaire
		courage	➤ courage	démantibuler	➤ disloquer
consciencieux	➤ scrupuleux	courroux	➤ colère		
		coutume	➤ habitude	démettre (se)	➤ abdiquer
consentement	➤ consentement	crainte	➤ crainte		
		cravacher	➤ fouetter	demeure	➤ maison
conserve (de)	➤ concert	crédible	➤ croyable	demeurer	➤ loger
		crédule	➤ naïf	démodé	➤ démodé
conspiration	➤ complot	cri	➤ cri	démystifier	➤ démystifier
		crime	➤ assassinat	démythifier	➤ démystifier
constance	➤ fidélité	croisement	➤ carrefour	dénonciateur	➤ accusateur
constant	➤ durable	croyable	➤ croyable		
consternation	➤ surprise	croyance	➤ croyance	dénouement	➤ dénouement
		cultivateur	➤ cultivateur		
construction	➤ construction	débâcle	➤ défaite	dénué	➤ dépourvu
		débat	➤ débat	dénutrition	➤ malnutrition
conte	➤ conte	déboîter	➤ disloquer	dépensier	➤ dépensier
content	➤ content	débraillé	➤ débraillé	déplorable	➤ lamentable
contestation	➤ débat	débrayage	➤ grève	dépoitraillé	➤ débraillé
		débris	➤ ruines	déposition	➤ destitution
continence	➤ abstinence	décadence	➤ décadence	dépourvu	➤ dépourvu
continuation	➤ continuation	décédé	➤ mort	dépression	➤ mélancolie
		déceler	➤ trouver	dérober	➤ voler
continuité	➤ continuation	décence	➤ convenance	déroute	➤ défaite
contraindre	➤ obliger	décharge	➤ décharge	dérouté	➤ déconcerté
contraire	➤ contraire	déchet	➤ rebut	désapprouver	➤ blâmer
contrarier	➤ contrarier	déchetterie	➤ décharge		
contrat	➤ contrat	déchiffrer	➤ déchiffrer	désarçonné	➤ déconcerté
contrecarrer	➤ contrarier	déclin	➤ décadence	désarticuler	➤ disloquer
		décoder	➤ déchiffrer	désemparé	➤ déconcerté
contrée	➤ région	décombres	➤ ruines	désert	➤ désert
contrefaire	➤ copier	déconcerté	➤ déconcerté	désœuvré	➤ inactif
contretemps	➤ obstacle	découverte	➤ découverte	désoler	➤ dévaster
		découvrir	➤ trouver	dessein	➤ projet
contribution	➤ impôt	décrypter	➤ déchiffrer	destin	➤ destin
		dédale	➤ labyrinthe	destinée	➤ destin
contrition	➤ remords	dédicacer	➤ dédicacer	destitution	➤ destitution
convaincre	➤ convaincre	dédier	➤ dédicacer	détention	➤ captivité
convenance	➤ convenance	dédommagement	➤ dédommagement	détestable	➤ haïssable
convention	➤ contrat			détester	➤ détester
convoler	➤ marier (se)	défaite	➤ défaite	détroit	➤ défilé
copain	➤ ami	défaut	➤ défaut	deuxième	➤ deuxième
copier	➤ copier	défectuosité	➤ défaut	devancer	➤ devancer
coquetterie	➤ coquetterie			dévaster	➤ dévaster
correct	➤ exact	défendre	➤ justifier	devinette	➤ énigme
corriger	➤ punir	défendu	➤ défendu	dévoiler	➤ révéler
corriger	➤ réformer	défilé	➤ défilé	dextérité	➤ adresse
cosmogonie	➤ cosmologie	défunt	➤ mort	dialecte	➤ dialecte
cosmographie	➤ cosmologie	dégradation	➤ destitution	diaphane	➤ transparent
		degré	➤ grade	diapré	➤ bariolé
cosmologie	➤ cosmologie	dehors	➤ extérieur	dictionnaire	➤ dictionnaire
cosmonaute	➤ astronaute				

difficile	➤ difficile	élastique	➤ élastique	épître	➤ lettre
difficulté	➤ obstacle	élévation	➤ hauteur	éplucher	➤ éplucher
digne (être)	➤ mériter	élève	➤ élève	épouser	➤ marier (se)
dilapidateur	➤ dépensier	éliminer	➤ éliminer	épouvantable	➤ effrayant
dilapider	➤ gaspiller	élire	➤ choisir		
dilemme	➤ alternative	éloge	➤ apologie	épris (être)	➤ aimer
dilettante	➤ dilettante	éloigné	➤ lointain	équitable	➤ juste
diligence	➤ vitesse	émasculer	➤ castrer	équivoque	➤ ambiguïté
diligent	➤ expéditif	emblème	➤ symbole	erreur	➤ erreur
dirigeable	➤ ballon	embouchure	➤ estuaire	escorter	➤ accompagner
disciple	➤ élève			espérance	➤ espoir
disloquer	➤ disloquer	embryon	➤ embryon	espoir	➤ espoir
disparu	➤ mort	émeute	➤ émeute	essai	➤ tentative
disponible	➤ disponible	émoluments	➤ appointements	est	➤ est
dispute	➤ dispute			estuaire	➤ estuaire
dissimuler	➤ cacher	empêchement	➤ obstacle	éternel	➤ éternel
dissiper	➤ gaspiller			ethnique	➤ racial
divagation	➤ délire	emphatique	➤ emphatique	étoffe	➤ tissu
divertissement	➤ réjouissance	emplette	➤ achat	étonnement	➤ surprise
		emploi	➤ emploi	étouffer	➤ étouffer
divulguer	➤ révéler	emportement	➤ colère	étudier	➤ apprendre
docile	➤ souple			évident	➤ clair
docteur	➤ médecin	emprisonnement	➤ captivité	évincer	➤ éliminer
domicile	➤ domicile			exact	➤ exact
donner	➤ donner	émulation	➤ rivalité	exclure	➤ éliminer
double sens	➤ ambiguïté	enceindre	➤ entourer	excuse	➤ excuse
douleur	➤ douleur	enchantement	➤ charme	exigeant	➤ difficile
doute	➤ suspicion			exiler	➤ exiler
duper	➤ tromper	enclore	➤ entourer	expéditif	➤ expéditif
durable	➤ durable	endroit	➤ lieu	expliquer	➤ éclaircir
durant	➤ pendant	en effet	➤ effectivement	expliquer	➤ expliquer
ébahi	➤ ébahi	enfanter	➤ accoucher	exposer	➤ risquer
ébaubi	➤ ébahi	enfantin	➤ enfantin	exprimer	➤ exprimer
éberlué	➤ ébahi	enflé	➤ gonflé	extensible	➤ élastique
ébullition	➤ ébullition	engendrer	➤ accoucher	extérieur	➤ extérieur
échelon	➤ grade	engloutir	➤ engloutir	extraordinaire	➤ singulier
éclaircir	➤ éclaircir	engourdi	➤ ankylosé		
éclat	➤ fragment	énigme	➤ énigme	fable	➤ conte
écolier	➤ élève	enivrant	➤ grisant	facétieux	➤ facétieux
écouter	➤ entendre	enlèvement	➤ kidnapping	facile	➤ facile
écrivain	➤ écrivain	ennemi	➤ opposant	faconde	➤ volubilité
édifice	➤ construction	énoncer	➤ exprimer	factice	➤ artificiel
éducation	➤ éducation	enseignement	➤ éducation	faction	➤ parti
effectivement	➤ effectivement			facture	➤ note
		enseigner	➤ enseigner	fade	➤ fade
effervescence	➤ ébullition	ensemencer	➤ semer	faillite	➤ faillite
		entasser	➤ amasser	faim	➤ faim
effrayant	➤ effrayant	entendre	➤ entendre	fainéantise	➤ paresse
effroyable	➤ effrayant	entier	➤ complet	faîte	➤ sommet
égards	➤ égards	entourer	➤ entourer	fameux	➤ célèbre
égarement	➤ délire	entrailles	➤ intestins	familier	➤ relation
égocentrisme	➤ égoïsme	entrée	➤ hall	famille	➤ famille
		entrevue	➤ rencontre	fanatique	➤ fanatique
égoïsme	➤ égoïsme	environner	➤ entourer	fané	➤ fané
égotisme	➤ égoïsme	éphéméride	➤ calendrier	fange	➤ boue

farouche	➤ sauvage	garantir	➤ garantir	honnêteté	➤ honnêteté
faste	➤ luxe	garde	➤ garde	honoraires	➤ appointements
fatal	➤ fatal	gardien	➤ garde	hutte	➤ baraque
fatigué	➤ fatigué	gaspiller	➤ gaspiller	hypocrite	➤ hypocrite
faux	➤ artificiel	gastronome	➤ gourmand	hypothèse	➤ supposition
faux	➤ faux	général	➤ général	idéal	➤ utopie
fébrile	➤ fiévreux	générique	➤ général	idiot	➤ stupide
fécond	➤ fécond	genèse	➤ origine	ignare	➤ ignorant
feindre	➤ feindre	génie	➤ talent	ignorant	➤ ignorant
félicité	➤ bonheur	gens	➤ gens	illégal	➤ illégal
féliciter	➤ féliciter	glabre	➤ glabre	illettré	➤ analphabète
fermentation	➤ ébullition	glose	➤ commentaire	illicite	➤ illégal
		glossaire	➤ dictionnaire	illogique	➤ absurde
fertile	➤ fécond	gluant	➤ gluant	illusionniste	➤ prestidigitateur
fêter	➤ fêter	gonflé	➤ gonflé		
fictif	➤ faux	gorge	➤ défilé	illustre	➤ célèbre
fidélité	➤ fidélité	gourd	➤ ankylosé	imaginaire	➤ faux
fiévreux	➤ fiévreux	gourmand	➤ gourmand	imberbe	➤ glabre
financier	➤ financier	gourmet	➤ gourmand	imiter	➤ copier
flageller	➤ fouetter	gousse	➤ cosse	immoler	➤ sacrifier
flatter	➤ caresser	grâce	➤ amnistie	immoral	➤ immoral
fléau	➤ calamité	grâce (de bonne)	➤ gré	immortel	➤ éternel
flétri	➤ fané			imperfection	➤ défaut
fleuve	➤ fleuve	grade	➤ grade		
flexible	➤ souple	grand	➤ grand	implicite	➤ sous-entendu
flot	➤ vague	gratte-ciel	➤ tour	imposteur	➤ imposteur
fœtus	➤ embryon	grave	➤ sérieux	impôt	➤ impôt
foi	➤ croyance	gravement	➤ gravement	imprévu	➤ inattendu
forcer	➤ obliger	gré (de bon)	➤ gré	inactif	➤ inactif
fort	➤ fort	grève	➤ grève	inaptitude	➤ incapacité
fouetter	➤ fouetter	grièvement	➤ gravement	inattendu	➤ inattendu
fouiller	➤ fouiller	grisant	➤ grisant	incapacité	➤ incapacité
fouiner	➤ fouiller	guenille	➤ haillons	incarcération	➤ captivité
foule	➤ foule	guider	➤ guider		
fourbe	➤ hypocrite	habileté	➤ adresse	incognito	➤ anonymat
foyer	➤ famille	habitation	➤ maison	incompréhensible	➤ incompréhensible
fragment	➤ fragment	habitude	➤ habitude		
frapper	➤ frapper	haillons	➤ haillons	inconcevable	➤ inimaginable
friche	➤ friche	haïr	➤ détester		
frustrer	➤ priver	haïssable	➤ haïssable	inconstant	➤ changeant
fugitif	➤ fugitif	hall	➤ hall	incorporer	➤ intégrer
fugitif	➤ passager	hameau	➤ village	incrédule	➤ incrédule
funèbre	➤ funèbre	happer	➤ happer	inculpé	➤ accusé
funérailles	➤ obsèques	harassé	➤ fatigué	inculquer	➤ enseigner
funéraire	➤ funèbre	hasard	➤ hasard	inculte	➤ ignorant
funeste	➤ fatal	hasarder	➤ risquer	incurable	➤ incurable
fureter	➤ fouiller	hauteur	➤ hauteur	indécis	➤ indécis
furibond	➤ furieux	héritage	➤ héritage	indélébile	➤ ineffaçable
furieux	➤ furieux	hermaphrodite	➤ androgyne	indemnité	➤ dédommagement
fustiger	➤ fouetter				
fuyard	➤ fugitif	hésiter	➤ hésiter	indépendant	➤ libre
gager	➤ parier	heureux	➤ content		
gages	➤ appointements	heurt	➤ choc	indicible	➤ indicible
gain	➤ gain	hiberner	➤ hiberner	indigène	➤ autochtone
galanterie	➤ coquetterie	hiverner	➤ hiberner	indigent	➤ pauvre

indigné	➤ outré	joindre	➤ joindre	maison	➤ famille
indispensable	➤ indispensable	joli	➤ beau	maison	➤ maison
ineffable	➤ indicible	jouissance	➤ plaisir	mal	➤ douleur
ineffaçable	➤ ineffaçable	journalier	➤ quotidien	maladif	➤ maladif
inénarrable	➤ indicible	joyau	➤ bijou	malentendu	➤ malentendu
inespéré	➤ inattendu	jugement	➤ jugement	malheur	➤ calamité
inexprimable	➤ indicible	juriste	➤ légiste	malnutrition	➤ malnutrition
infantile	➤ enfantin	juste	➤ juste	malsain	➤ insalubre
infection	➤ infection	justifier	➤ justifier	malversation	➤ malversation
infirme	➤ maladif	kidnapping	➤ kidnapping	manie	➤ tic
ingénu	➤ naïf	krach	➤ faillite	manifeste	➤ clair
inguérissable	➤ incurable	labyrinthe	➤ labyrinthe	manifeste	➤ manifeste
inhabité	➤ désert	laconique	➤ succinct	manquer	➤ manquer
inimaginable	➤ inimaginable	lamentable	➤ lamentable	marais	➤ marais
		lande	➤ friche	marécage	➤ marais
inimitié	➤ rancune	langoureux	➤ languissant	marier	➤ marier
inintelligible	➤ incompréhensible	languissant	➤ languissant	marin	➤ marin
		larmes	➤ larmes	maritime	➤ marin
initial	➤ premier	las	➤ fatigué	marivaudage	➤ coquetterie
injonction	➤ ordre	lecteur	➤ lecteur		
injurier	➤ injurier	légende	➤ légende	massacre	➤ massacre
inné	➤ congénital	léger	➤ changeant	médecin	➤ médecin
inoccupé	➤ disponible	légiste	➤ légiste	médiateur	➤ intermédiaire
inopiné	➤ inattendu	lettre	➤ lettre	médicament	➤ médicament
insalubre	➤ insalubre	leurrer	➤ tromper		
insipide	➤ fade	levant	➤ est	méditatif	➤ pensif
instant	➤ moment	lexique	➤ dictionnaire	mélancolie	➤ mélancolie
instruction	➤ éducation	liant	➤ sociable	mélanger	➤ mélanger
intégrer	➤ intégrer	libre	➤ disponible	mêler	➤ mélanger
intégrité	➤ honnêteté	libre	➤ libre	mémoire	➤ souvenir
intention	➤ projet	lier	➤ joindre	mémoires	➤ chronique
interdit	➤ défendu	lieu	➤ lieu	ménage	➤ famille
intermédiaire	➤ intermédiaire	limer	➤ limer	ménagements	➤ égards
		limite	➤ limite		
internement	➤ captivité	limon	➤ boue	mener	➤ guider
		limpide	➤ clair	menu	➤ mince
interprète	➤ interprète	liseur	➤ lecteur	méprise	➤ erreur
interpréter	➤ expliquer	liste	➤ nomenclature	méprise	➤ malentendu
intestins	➤ intestins	livide	➤ pâle	mériter	➤ mériter
intime	➤ secret	logement	➤ maison	merveille	➤ miracle
intolérant	➤ fanatique	loger	➤ loger	métamorphoser	➤ transformer
intrépidité	➤ courage	lointain	➤ lointain		
intrigue	➤ complot	longtemps	➤ longtemps	métier	➤ métier
invectiver	➤ injurier	longuement	➤ longtemps	meurtre	➤ assassinat
invention	➤ découverte	loque	➤ haillons	mignon	➤ beau
inverse	➤ contraire	lorsque	➤ quand	mince	➤ mince
investigation	➤ recherche	louer	➤ vanter	miracle	➤ miracle
		lueur	➤ lumière	mixer	➤ mélanger
		lumière	➤ lumière	modèle	➤ modèle
		lutte	➤ conflit	moment	➤ moment
irrationnel	➤ absurde	luxe	➤ luxe	monologue	➤ monologue
irrésolu	➤ indécis	macabre	➤ funèbre	montée	➤ montée
issue	➤ sortie	magnificence	➤ luxe	montgolfière	➤ ballon
jadis	➤ jadis				
jargon	➤ jargon	maintenant	➤ maintenant		

monument	➤ construction	ondulant	➤ ondoyant	pendant	➤ pendant
moquerie	➤ plaisanterie	onduleux	➤ ondoyant	pénétrant	➤ pénétrant
mordant	➤ caustique	opérateur	➤ cadreur	pénétration	➤ perspicacité
mort	➤ mort	opposant	➤ opposant	pensif	➤ pensif
mot	➤ mot	opposé	➤ contraire	perçant	➤ pénétrant
multitude	➤ foule	oral	➤ oral	périphrase	➤ périphrase
mythe	➤ légende	ordinaire	➤ banal	permanent	➤ durable
naguère	➤ jadis	ordonner	➤ commander	permettre	➤ permettre
naïf	➤ naïf	ordre	➤ ordre	permission	➤ consentement
nation	➤ peuple	orgueil	➤ orgueil	perpétuel	➤ éternel
nationalisme	➤ patriotisme	orient	➤ est	personnage	➤ rôle
		origine	➤ origine	personnes	➤ gens
naturel	➤ congénital	osciller	➤ hésiter	perspicacité	➤ perspicacité
nautique	➤ naval	ostensible	➤ ostensible	persuader	➤ convaincre
naval	➤ naval	ostentatoire	➤ ostensible	peuple	➤ peuple
navire	➤ bateau	ostraciser	➤ exiler	pigeon	➤ pigeon
nécessaire	➤ indispensable	ouïr	➤ entendre	pire	➤ pire
nécessiteux	➤ pauvre	outré	➤ outré	pis	➤ pire
négliger	➤ négliger	ouvrage	➤ œuvre	pitié	➤ pitié
nègre	➤ noir	pacte	➤ contrat	place	➤ lieu
net	➤ propre	paire	➤ paire	plagiat	➤ pastiche
neurasthénie	➤ mélancolie	pâle	➤ pâle	plaisant	➤ facétieux
		palper	➤ toucher	plaisanterie	➤ plaisanterie
niais	➤ niais	panaché	➤ bariolé	plaisir	➤ bonheur
nigaud	➤ niais	panégyrique	➤ apologie	plaisir	➤ plaisir
noir	➤ noir			plausible	➤ probable
nomenclature	➤ nomenclature	paquebot	➤ bateau	pleurs	➤ larmes
		parabole	➤ allégorie	pointilleux	➤ difficile
notable	➤ notable	paraître	➤ sembler	pointu	➤ pointu
note	➤ note	pardon	➤ excuse	polir	➤ limer
notifier	➤ notifier	pardon	➤ pardon	politesse	➤ politesse
notoire	➤ manifeste	paresse	➤ paresse	porc	➤ cochon
notoire	➤ notable	parfum	➤ parfum	portable	➤ portable
nourricier	➤ nourrissant	parier	➤ parier	portatif	➤ portable
nourrissant	➤ nourrissant	parler	➤ dialecte	portion	➤ part
nuage	➤ nuage	parodie	➤ pastiche	précédent	➤ précédent
nubile	➤ pubère	part	➤ part	précéder	➤ devancer
nue	➤ nuage	parti	➤ parti	précepte	➤ ordre
nuée	➤ nuage	particulier	➤ typique	prédiction	➤ prédiction
nutritif	➤ nourrissant	partie	➤ part	prédilection	➤ préférence
obligeant	➤ serviable	parts (de toutes)		préférence	➤ préférence
obliger	➤ obliger		➤ côté	préliminaire	➤ préliminaire
obsèques	➤ obsèques	pas	➤ défilé	prélude	➤ préliminaire
obstacle	➤ obstacle	passager	➤ passager	premier	➤ premier
occupé	➤ occupé	passé	➤ fané	prérogative	➤ privilège
odieux	➤ haïssable	pastiche	➤ pastiche	présent (à)	➤ maintenant
odorant	➤ odorant	pathétique	➤ pathétique	présentement	➤ maintenant
odoriférant	➤ odorant	patois	➤ dialecte		
œillade	➤ regard	patrimoine	➤ héritage	présenter	➤ donner
œuvre	➤ œuvre	patriotisme	➤ patriotisme	préserver	➤ garantir
officiel	➤ solennel	pauvre	➤ pauvre	présomption	➤ orgueil
offrir	➤ donner	pays	➤ région		
oisif	➤ inactif	paysan	➤ cultivateur	présomption	➤ présomption
onde	➤ vague	pécuniaire	➤ financier		
ondoyant	➤ ondoyant	peler	➤ éplucher	pressant	➤ urgent

prestidigitateur	➤ prestidigitateur	ravager	➤ dévaster	restaurer	➤ rétablir
prétendu	➤ prétendu	raviver	➤ ranimer	restituer	➤ rendre
prévarication	➤ malversation	réanimer	➤ ranimer	résumé	➤ résumé
		rebut	➤ rebut	rétablir	➤ rétablir
prévenu	➤ accusé	récession	➤ régression	retentir	➤ résonner
prier	➤ prier	recherche	➤ recherche	rétrograde	➤ démodé
primauté	➤ priorité	rechute	➤ rechute	retrouver	➤ retrouver
primeur	➤ priorité	récidive	➤ rechute	révéler	➤ révéler
primitif	➤ premier	réclamer	➤ réclamer	revendiquer	➤ réclamer
priorité	➤ priorité	récolter	➤ recueillir	rêveur	➤ pensif
priver	➤ priver	recouvrer	➤ retrouver	révolte	➤ émeute
privilège	➤ privilège	récréation	➤ réjouissance	ringard	➤ démodé
probable	➤ probable	recueillir	➤ recueillir	risquer	➤ risquer
probité	➤ honnêteté	reculé	➤ lointain	ristourne	➤ réduction
prodige	➤ miracle	récupérer	➤ retrouver	rivalité	➤ rivalité
prodigue	➤ dépenser	réduction	➤ réduction	rivière	➤ fleuve
profanation	➤ profanation	réformer	➤ réformer	robuste	➤ fort
profession	➤ métier	regard	➤ regard	rôle	➤ rôle
profit	➤ gain	regarder	➤ voir	rosser	➤ frapper
prohibé	➤ défendu	région	➤ région	route	➤ chemin
projet	➤ projet	régression	➤ régression	rue	➤ chemin
prompt	➤ expéditif	réhabiliter	➤ restaurer	ruines	➤ ruines
promptitude	➤ vitesse	réjouissance	➤ réjouissance	sableux	➤ sablonneux
				sablonneux	➤ sablonneux
prophétie	➤ prédiction	relation	➤ relation	saccager	➤ dévaster
propre	➤ propre	remède	➤ médicament	sacrifier	➤ sacrifier
proscrire	➤ exiler	remettre	➤ rendre	sacrilège	➤ profanation
prudent	➤ prudent	réminiscence	➤ souvenir	sagacité	➤ perspicacité
puanteur	➤ infection			saisie	➤ saisie
pubère	➤ pubère	remise	➤ réduction	satirique	➤ caustique
public	➤ manifeste	remords	➤ remords	satisfait	➤ content
puéril	➤ enfantin	rencontre	➤ rencontre	saut	➤ bond
pugnace	➤ batailleur	rendre	➤ rendre	sauvage	➤ sauvage
punir	➤ punir	renommé	➤ célèbre	sauveteur	➤ sauveteur
quand	➤ quand	renoncement	➤ renoncement	sauveur	➤ sauveteur
quelquefois	➤ quelquefois	renoncer	➤ abdiquer	savoir-vivre	➤ politesse
quelques fois	➤ quelquefois	renonciation	➤ renoncement	savoureux	➤ savoureux
				sceptique	➤ incrédule
querelle	➤ dispute	repaire	➤ repaire	scrupuleux	➤ scrupuleux
quiproquo	➤ malentendu	répandre	➤ verser	second	➤ deuxième
quotidien	➤ quotidien	repentir	➤ remords	secourir	➤ secourir
rabais	➤ réduction	réprouver	➤ blâmer	secret	➤ secret
raccommoder	➤ rapiécer	repu	➤ rassasié	sectaire	➤ fanatique
		réputé	➤ célèbre	sédatif	➤ calmant
racial	➤ racial	rescapé	➤ rescapé	sédiments	➤ sédiments
raillerie	➤ plaisanterie	résidence	➤ domicile	selon	➤ suivant
rallonger	➤ rallonger	résider	➤ loger	sembler	➤ sembler
ramier	➤ pigeon	résonner	➤ résonner	semer	➤ semer
rancune	➤ rancune	ressemblance	➤ ressemblance	sensuel	➤ sensuel
ranimer	➤ ranimer			sentence	➤ jugement
rapetasser	➤ rapiécer	ressentiment	➤ rancune	sépulcre	➤ tombe
rapiécer	➤ rapiécer			sépulture	➤ tombe
rapt	➤ kidnapping	ressusciter	➤ ranimer	sérier	➤ classer
rassasié	➤ rassasié	restaurer	➤ restaurer	sérieux	➤ sérieux
				serment	➤ serment

Index • 1245

serviable	➤ serviable	survivant	➤ rescapé	utopie	➤ utopie
sévère	➤ sérieux	suspicion	➤ suspicion	vacant	➤ disponible
signal	➤ signe	symbole	➤ symbole	vacarme	➤ vacarme
signe	➤ signe	tacite	➤ sous-entendu	vague	➤ vague
signifier	➤ notifier	taciturne	➤ silencieux	vaisseau	➤ bateau
silencieux	➤ silencieux	tactique	➤ stratégie	valétudinaire	➤ maladif
simuler	➤ feindre	taïkonaute	➤ astronaute	valeur	➤ courage
singulier	➤ singulier	talent	➤ talent	vallée	➤ vallée
s'instruire	➤ apprendre	tapir (se)	➤ tapir (se)	vallon	➤ vallée
sociable	➤ sociable	tâter	➤ toucher	vanité	➤ orgueil
soi-disant	➤ prétendu	taxe	➤ impôt	vanter	➤ vanter
solennel	➤ solennel	teindre	➤ teindre	vase	➤ boue
soliloque	➤ monologue	teinter	➤ teindre	vaste	➤ grand
sommaire	➤ résumé	tentative	➤ tentative	verbal	➤ oral
sommet	➤ sommet	terme	➤ limite	verdict	➤ jugement
somptuosité	➤ luxe	terme	➤ mot	verser	➤ verser
		terrifiant	➤ effrayant	version	➤ traduction
songeur	➤ pensif	thérapeute	➤ médecin	vestibule	➤ hall
sort	➤ charme	tic	➤ tic	vestige	➤ trace
sortie	➤ sortie	tissu	➤ tissu	vétille	➤ bagatelle
soudain	➤ soudain	tolérer	➤ permettre	vice	➤ défaut
soudainement	➤ soudain	tombe	➤ tombe	vieillot	➤ démodé
		tombeau	➤ tombe	vigoureux	➤ fort
souffrance	➤ douleur	tome	➤ tome	village	➤ village
souffrir	➤ permettre	touchant	➤ pathétique	vinicole	➤ viticole
soupçon	➤ suspicion	toucher	➤ toucher	violenter	➤ violenter
souple	➤ souple	tour	➤ tour	violer	➤ violenter
source	➤ origine	tout à coup	➤ soudain	viscères	➤ intestins
sous-entendu	➤ sous-entendu	trace	➤ trace	visible	➤ visible
		traducteur	➤ interprète	vision	➤ apparition
souvenir	➤ souvenir	traduction	➤ traduction	visqueux	➤ gluant
souverain	➤ souverain	transformer	➤ transformer	vitesse	➤ vitesse
spacieux	➤ grand	translucide	➤ transparent	viticole	➤ viticole
spationaute	➤ astronaute	transparent	➤ transparent	vocabulaire	➤ dictionnaire
spécifique	➤ typique	tromper	➤ tromper	vœu	➤ serment
stratégie	➤ stratégie	trouvaille	➤ découverte	voie	➤ chemin
stupide	➤ stupide	trouver	➤ trouver	volage	➤ changeant
subside	➤ subvention	tuerie	➤ massacre	voler	➤ voler
subvention	➤ subvention	tumulte	➤ vacarme	volonté	➤ projet
succinct	➤ succinct	type	➤ modèle	volubilité	➤ volubilité
succulent	➤ savoureux	typique	➤ typique	volume	➤ tome
suffoquer	➤ étouffer	unir	➤ joindre	volupté	➤ plaisir
suivant	➤ suivant	urgent	➤ urgent	vraisemblable	➤ probable
superficie	➤ superficie	usage	➤ emploi		
supplément	➤ supplément	usage	➤ habitude	vulgaire	➤ banal
supplier	➤ prier	usager	➤ utilisateur	zeppelin	➤ ballon
supposition	➤ supposition	usité	➤ usuel	zézayer	➤ zézayer
suprême	➤ souverain	usuel	➤ usuel	zozoter	➤ zézayer
surface	➤ superficie	utilisateur	➤ utilisateur		
surprise	➤ surprise				

Table des matières

Préface	V
Abréviations, marques et symboles	XI
DICTIONNAIRE	1
Index des nuances	1235